Karl Lackner

Strafgesetzbuch

Strafgesetzbuch

mit Erläuterungen

Herausgegeben von

Prof. Dr. Karl Lackner

Erläutert von

Dr. Karl Lackner
em. o. Professor
an der Universität Heidelberg

Dr. Dr. Kristian Kühl
o. Professor
an der Universität Gießen

22., neubearbeitete Auflage
des von
Dr. Eduard Dreher und Dr. Hermann Maassen
begründeten Werkes

C. H. BECK'SCHE VERLAGSBUCHHANDLUNG
MÜNCHEN 1997

Es haben bearbeitet:
Lackner: §§ 1–121, §§ 218–219 b StGB
Kühl: §§ 123–217, §§ 220 a–358 StGB

Zitiervorschlag:
Lackner (soweit von Lackner bearbeitet)
Lackner/Kühl (soweit von Kühl bearbeitet)

Die Deutsche Bibliothek – CIP-Einheitsaufnahme

Strafgesetzbuch : mit Erläuterungen / hrsg. von Karl Lackner. Erl. von Karl Lackner ; Kristian Kühl. – 22., neubearb. Aufl. des von Eduard Dreher und Hermann Maassen begr. Werkes. – München : Beck, 1997
ISBN 3 406 42251 9

ISBN 3 406 42251 9

Druck der C. H. Beck'schen Buchdruckerei Nördlingen
Gedruckt auf säurefreiem, alterungsbeständigem Papier
(hergestellt aus chlorfrei gebleichtem Zellstoff)

Vorwort zur zweiundzwanzigsten Auflage

Die mit der Vorauflage begonnene stufenweise Übertragung des Werkes in jüngere Hände wird in dieser Auflage noch nicht weiter fortgesetzt. Für dieses Mal ist es bei der bisherigen Aufteilung des Stoffs geblieben. Der Allgemeine Teil (§§ 1 bis 79b), die ersten Abschnitte des Besonderen Teils (§§ 80 bis 121) und das Strafrecht des Schwangerschaftsabbruchs (§§ 218 bis 219b) sind weiter von Lackner und die übrigen Abschnitte des Besonderen Teils von Kühl bearbeitet worden. Beide Verfasser waren nach wie vor bemüht, durch engen Kontakt die Einheitlichkeit in Zielsetzung und Methode der Erläuterungen zu erhalten und damit die Kontinuität des Werkes zu sichern.

Aus der Gesetzgebung waren in dieser Neuauflage zu berücksichtigen:

- das Schwangeren- und Familienhilfeänderungsgesetz, das aus dem Urteil des Bundesverfassungsgerichts (E 88, 203) die Konsequenzen gezogen und die ihm notwendig erscheinenden Anpassungen an das Urteil vollzogen hat (§§ 170b, 201 I Nr 4a, §§ 218a I bis III, 218b, 218c, 219, 240 I). Es hat damit die Auseinandersetzungen um den Schutz der Ungeborenen zu einem vorläufigen, in seinen Ergebnissen problematischen Abschluß gebracht (20 bis 26 vor § 218);
- das 32. Strafrechtsänderungsgesetz, das eine überholte Privilegierung ausländischer Kraftfahrzeugführer durch Aufhebung des § 44 II und Neufassung des § 69b I beseitigt hat (vor 1 zu § 69b);
- das Ausführungsgesetz zum Seerechtsübereinkommen, das den § 5 Nr 11 zur Erfüllung internationaler Verpflichtungen der Bundesrepublik neugefaßt hat (3 zu § 5);
- das Gesetz zur Rechtsvereinheitlichung der Sicherungsverwahrung, das durch Neufassung des Art 1a EGStGB den Anwendungsbereich der Maßregel auf das Beitrittsgebiet erstreckt hat (23 bis 26 zu § 66).

In den Ausschüssen der gesetzgebenden Körperschaften werden zur Zeit noch zahlreiche weitere Gesetzesvorhaben beraten. Soweit sie wichtig sind, gehen die Erläuterungen in dem jeweils einschlägigen Sachzusammenhang darauf näher ein. Dasselbe gilt für das vorerst am Einspruch des Bundesrates gescheiterte „. . Strafrechtsänderungsgesetz – §§ 177 bis 179 –“ (BR-Dr 349/96), das vor allem die Privilegierung der Vergewaltigung in der Ehe beseitigen sollte (9 vor § 174).

Der laufend zu bearbeitende Rechtsstoff zeigt infolge der Vielzahl von Veröffentlichungen strafrechtlichen Inhalts eine ständig steigende Tendenz. Es waren deshalb wieder zahlreiche Eingriffe in den Text der Erläuterungen erforderlich. Das gilt vor allem für das in der ehemaligen DDR begangene Unrecht (§ 2). Hier waren die Entscheidungen des Bundesverfassungsgerichts zur Spionage und zur Verantwortlichkeit für die Todesschüsse an der Mauer sowie die inzwischen gefestigte Rechtsprechung des Bundesgerichtshofs zur Rechtsbeugung von DDR-Richtern und Staatsanwälten einzuarbeiten. Da sich die Entwicklung auf diesem Gebiet inzwischen weitgehend konsolidiert hat, kann damit gerechnet werden, daß die Befassung der Justiz mit dem DDR-Unrecht kontinuierlich abnehmen wird. – Schwerpunktmäßig waren ferner zu berücksichtigen: die neue einschränkende Rechtsprechung des Bundesgerichtshofes zur actio libera in causa (§ 20); die Entwicklung von Rechtsprechung und Lehre zum Täter-Opfer-Ausgleich (§ 46 a); die Konsequenzen aus den verfassungsgerichtlichen Entscheidungen zur Aussetzung des Strafrestes bei lebenslanger Freiheitsstrafe (§ 57 a) und zur Unterbringung in einer Entziehungsanstalt (§ 64), die noch immer zahlreiche Zweifelsfragen aufwerfen; die strafrechtliche Behandlung außerdeutscher Kraftfahrzeugführer, die durch die Umsetzung der Zweiten EU-Führerscheinrichtlinie nicht unerheblich kompliziert worden ist; die Rechtsprechung des Bundesverfassungsgerichts und der Strafgerichte zur Volksverhetzung (§ 130) und zur Beleidigung (§ 185, 186, 193); die Reaktionen der Strafgerichte und des Schrifttums auf das zweite Sitzblockadenurteil des Bundesverfassungsgerichts; die Umsetzung von neuen verwaltungsrechtlichen Vorschriften und EG-Richtlinien im Umweltstrafrecht (namentlich bei § 326).

Rechtsprechung und Schrifttum sind durchgängig bis zum 1. Februar 1997 und, soweit der Fortgang der Satzarbeiten es erlaubte, auch noch später berücksichtigt. Allerdings konnten Monographien sowie Neuauflagen und Loseblattsammlungen, die erst in jüngerer Vergangenheit erschienen sind, noch nicht systematisch, aber doch schon in erheblichem Umfang punktuell ausgewertet werden.

Bei der Sammlung und Auswertung von Material, der Erstellung des Manuskripts und der Korrektur der Druckbogen haben wir wieder viel Unterstützung erfahren. Allen Helfern danken wir herzlich, in Heidelberg namentlich Frau Weinstabl und den Herren Dr. Römer und Pöltl sowie in Gießen Frau Kronstein, Frau Rieger, Frau Weimer und den Herren Christmann und Gragert.

Heidelberg/Gießen, im März 1997

Karl Lackner Kristian Kühl

Aus dem Vorwort zur ersten Auflage

Die hier vorgelegte Textausgabe des Strafgesetzbuchs mit Erläuterungen nimmt eine alte Tradition des Verlages wieder auf, der schon in den Jahren von 1900 bis 1935 eine ähnliche, erst von Staudinger, später von Schmitt betreute Ausgabe hatte erscheinen lassen. Daß sie 20 Auflagen erreichte, zeigt, daß ein Bedürfnis für eine derartige Bearbeitung des Strafgesetzbuchs besteht.

Die Ausgabe kann und will kein Kommentar im üblichen Sinne sein; wir haben uns darauf konzentriert, zu allen Vorschriften nur das Wichtigste zu sagen, haben dabei aber folgende Ziele nicht aus den Augen gelassen: Zunächst haben wir versucht, die Systematik des Ganzen sowie der einzelnen Bestimmungen herauszuarbeiten, das eine vor allem durch Vorbemerkungen im Allgemeinen Teil, das andere durch das Bemühen, die innere Struktur der wichtigeren und schwierigeren Vorschriften deutlich werden zu lassen. Dabei sind überall die bedeutsamsten Fragen wenigstens gestreift. Zweitens ist die Rechtsprechung des Bundesgerichtshofs bis in die jüngste Zeit in möglicher Vollständigkeit, auch mit zahlreichen unveröffentlichten Entscheidungen, verarbeitet und zitiert, meist mit entsprechenden Urteilen des Reichsgerichts, das dort allein angeführt ist, wo Entscheidungen des Bundesgerichtshofs noch fehlen. Im übrigen sind höchstrichterliche Rechtsprechung und Schrifttum allenthalben mit dankbarer Anerkennung verwertet, konnten aber mit Rücksicht auf die Natur des Ganzen nur mit äußerster Sparsamkeit zitiert werden. Wir haben uns auch nicht gescheut, zu manchen Fragen unsere eigene abweichende Meinung zu sagen. Drittens ist den Änderungen durch die Strafrechtsnovellen seit 1951, an deren Entwürfen die Verfasser seit 1952 einen gewissen Anteil haben, besondere Aufmerksamkeit gewidmet. So ist eine Ausgabe entstanden, die bei aller Knappheit doch nicht als oberflächlich gelten möchte und denen nützlich sein kann, die nur das Wesentlichste an Zweifelsfragen und Rechtsprechung kennenlernen wollen, weil sie erst im Eindringen in den Stoff begriffen sind oder weil ihnen das Strafrecht nicht im Mittelpunkt ihrer Arbeit steht. Aber auch dem strafrechtlichen Praktiker soll eine erste zuverlässige Orientierung geboten werden.

Aus dem Vorwort zur vierten Auflage

Die dritte Auflage des „Dreher-Maassen" ist seit 1960 vergriffen. Da Eduard Dreher damals den bekannten und für die Praxis unentbehrlichen Kurzkommentar von Schwarz übernahm, war ihm eine gleichzeitige Betreuung auch dieses Erläuterungsbuches nicht mehr möglich. In der Zwischenzeit ist aber die Nachfrage nicht verstummt; das Bedauern um die entstandene Lücke ist aus den verschiedensten Kreisen immer nachhaltiger zum Ausdruck gebracht worden. Der Verlag hat sich deshalb entschlossen, wieder an die alte, bis zum Jahre 1900 zurückreichende Tradition anzuknüpfen. Er läßt ein Erläuterungsbuch erscheinen, das den Zweck erfüllen soll, dem Lernenden – vornehmlich an Hand der höchstrichterlichen Rechtsprechung, unter Berücksichtigung aber auch des wichtigsten Schrifttums – die Grundlinien des Strafrechts sichtbar zu machen und dem strafrechtlichen Praktiker eine erste zuverlässige Orientierung zu bieten. Es war das besondere Anliegen des neu eingetretenen Mitverfassers, an diesem Grundcharakter des Buches nichts zu ändern. Wie bisher soll es der Praxis und der juristischen Ausbildung dienen.

Aus dem Vorwort zur einundzwanzigsten Auflage

Beginnend mit dieser Neuauflage soll das nun seit mehr als 25 Jahren im „Ein-Mann-Betrieb" betreute Erläuterungsbuch stufenweise in jüngere Hände gegeben werden. Die Weiterbearbeitung etwa der Hälfte des Gesamtwerkes ist inzwischen auf den neu eingetretenen Mitautor übergegangen. Dabei wurde der Stoff so aufgeteilt, daß beim Allgemeinen Teil (§§ 1–79 b), bei den ersten Abschnitten des Besonderen Teils (§§ 80–121) und beim Strafrecht des Schwangerschaftsabbruchs (§§ 218–219 b) keine Änderung eingetreten ist, während der Besondere Teil im übrigen (§§ 123–217, 220–358) dem neuen Autor übertragen wurde. Mit diesem „gleitenden" Übergang versuchen wir, die Einheitlichkeit des Ganzen zu wahren und vor allem die Kontinuität in der Zielsetzung des Buches und der Methode der Sachbehandlung zu gewährleisten. Wie weit wir dieses Ziel erreicht haben, wird der Leser zu beurteilen haben.

Inhaltsverzeichnis

Strafgesetzbuch

v 15. 5. 1871, idF der Bekanntmachung v 10. 3. 1987 (BGBl I 945),
zuletzt geändert durch Ges v 21. 8. 1995 BGBl I 1050)

Allgemeiner Teil

Besonderer Teil

Anhang

Abkürzungsverzeichnis

Schrifttumshinweise ohne Bezeichnung von Verfasser oder Gericht beziehen sich auf Entscheidungen des Bundesgerichtshofes. Entscheidungen der Oberlandesgerichte sind in der Regel durch Angabe des Ortes bezeichnet, an dem das Gericht seinen Sitz hat (zB Köln NJW . . .).

aaO	am angegebenen Ort
AbfG	Gesetz über die Vermeidung und Entsorgung von Abfällen (Abfallgesetz) v 27. 8. 1986 (BGBl I 1410; ber 1501), letztes ÄndG v 12. 9. 1996 (BGBl I 1354, 1356). Mit Wirkung vom 6. 10. 1996 aufgehoben durch Art. 13 des Gesetzes zur Vermeidung, Verwertung und Beseitigung von Abfällen v 27. 9. 1994 (BGBl I 2705)
AbfVerbrG	Gesetz über die Überwachung und Kontrolle der grenzüberschreitenden Verbringung von Abfällen (Abfallverbringungsgesetz) idF des Art 1 des Ausführungsgesetzes zum Basler Übereinkommen v 30. 9. 1994 (BGBl I 2771)
abl	ablehnend
ABl	Amtsblatt
Abs	Absatz
abw	abweichend
AcP	Archiv für die civilistische Praxis (zitiert nach Jahr und Seite)
AdoptionsG	Gesetz über die Annahme als Kind und zur Änderung anderer Vorschriften (Adoptionsgesetz) v 2. 7. 1976 (BGBl I 1749)
AdVermiG	Gesetz über die Vermittlung der Annahme als Kind und über das Verbot der Vermittlung von Ersatzmüttern (Adoptionsvermittlungsgesetz) idF v 27. 11. 1989 (BGBl I 2016), ÄndG v 16. 2. 1993 (BGBl I 239, 252)
AE	Alternativ-Entwurf eines Strafgesetzbuches – Allgemeiner Teil – (2. Aufl, Tübingen 1969)
AE (PersStR)	Alternativ-Entwurf eines Strafgesetzbuches – Besonderer Teil, Straftaten gegen die Person – Erster Halbband (Tübingen 1970). Zweiter Halbband (Tübingen 1971)
AE (PolStR)	Alternativ-Entwurf eines Strafgesetzbuches – Besonderer Teil, Politisches Strafrecht – (Tübingen 1968)
AE (SexStR)	Alternativ-Entwurf eines Strafgesetzbuches – Besonderer Teil, Sexualdelikte, Straftaten gegen Ehe, Familie

	und Personenstand, Straftaten gegen den religiösen Frieden und die Totenruhe – (Tübingen 1968)
AE (SterbeH)	Alternativentwurf eines Gesetzes über Sterbehilfe (AE-Sterbehilfe). Entwurf eines Arbeitskreises von Professoren des Strafrechts und der Medizin sowie ihrer Mitarbeiter (Stuttgart 1986)
AE (StPO)............	Alternativ-Entwurf – Novelle zur Strafprozeßordnung, Strafverfahren mit nichtöffentlicher Hauptverhandlung – (Tübingen 1980)
AE (WGM)...........	Alternativ-Entwurf Wiedergutmachung (AE-WGM). Entwurf eines Arbeitskreises deutscher, österreichischer und schweizerischer Strafrechtslehrer (München 1992)
AE (WirtschStR)...	Alternativ-Entwurf eines Strafgesetzbuches – Besonderer Teil, Straftaten gegen die Wirtschaft – (Tübingen 1977)
aF	alte Fassung
AFG	Arbeitsförderungsgesetz v 25. 6. 1969 (BGBl I 582), letztes ÄndG v 20. 12. 1996 (BGBl I 2049, 2080)
AfP	Archiv für Presserecht (zitiert nach Jahr und Seite)
AG	Amtsgericht oder Aktiengesellschaft
AG	Die Aktiengesellschaft, Zeitschrift für das gesamte Aktienwesen (zitiert nach Jahr und Seite)
AIFO	AIDS-Forschung (zitiert nach Jahr und Seite)
AK	Rudolf Wassermann (Hrsg), Kommentar zum Strafgesetzbuch aus der Reihe Alternativkommentare. – Bd 1, §§ 1–21 (Neuwied 1990). – Bd 3, §§ 80–145 d (Neuwied 1986). Zitiert mit Angabe des Verfassers nach §§ und Randzahlen
AkadG	Gesetz über die Führung akademischer Grade v 7. 6. 1939 (RGBl I 985), ÄndG v 2. 3. 1974 (BGBl I 469, 557)
AktG.....................	Aktiengesetz v 6. 9. 1965 (BGBl I 1089), letztes ÄndG v 28. 10. 1994 (BGBl I 3210, 3260)
AkadWissNRW	Nordrhein-Westfälische Akademie der Wissenschaften (Geisteswissenschaften – Vorträge G)
allg	allgemein
AltölG	Gesetz über Maßnahmen zur Sicherung der Altölbeseitigung idF v 11. 12. 1979 (BGBl I 2113)
aM	anderer Meinung
AMG	Gesetz über den Verkehr mit Arzneimitteln (Arzneimittelgesetz) idF v 19. 10. 1994 (BGBl I 3018), ÄndG v 20. 12. 1996 (BGBl I 2084)
ÄndG	Änderungsgesetz
ÄndVO	Änderungsverordnung
Anh	Anhang

Anl .... Anlage
Anm .... Anmerkung
AnwBl .... Anwaltsblatt (zitiert nach Jahr und Seite)
AO .... Anordnung oder Abgabenordnung
AO .... Abgabenordnung v 16. 3. 1976 (BGBl I 613), letztes ÄndG v 20.12. 1996 (BGBl I 2049, 2074)
AOK .... Allgemeine Ortskrankenkasse
AöR .... Archiv des öffentlichen Rechts (zitiert nach Jahr und Seite)
ArchKrim .... Archiv für Kriminologie (zitiert nach Band und Seite)
ArchPF .... Archiv für das Post- und Fernmeldewesen (zitiert nach Jahr und Seite)
ArchPT .... Archiv für Post und Telekommunikation (Umbenennung des Archivs für das Post- und Fernmeldewesen ab Januar 1992; zitiert nach Jahr und Seite)
ARSP .... Archiv für Rechts- und Sozialphilosophie (zitiert nach Jahr und Seite)
Art .... Artikel
Arztrecht .... Arztrecht, Zeitschrift für Rechts- und Vermögensfragen (zitiert nach Jahr und Seite)
Arzt und Krankenhaus .... Arzt und Krankenhaus, Fachzeitschrift für das Krankenhauswesen (zitiert nach Jahr und Seite)
Arzt/Weber BT 1–5 .... Arzt/Weber, Strafrecht, Besonderer Teil. – Lehrheft 1, Delikte gegen die Person (3. Aufl, Bielefeld 1988). – Lehrheft 2, Delikte gegen die Person (Randbereich), Schwerpunkt: Gefährdungsdelikte (Bielefeld 1983). – Lehrheft 3, Vermögensdelikte (Kernbereich) (2. Aufl, Bielefeld 1986). – Lehrheft 4, Wirtschaftsstraftaten, Vermögensdelikte (Randbereich), Fälschungsdelikte (2. Aufl, Bielefeld 1989). – Lehrheft 5, Delikte gegen den Staat, gegen Amtsträger und durch Amtsträger (Bielefeld 1982). Alle Hefte zitiert nach Randzahlen
AsylVfG .... Asylverfahrensgesetz idF v 27. 7. 1993 (BGBl I 1361), letztes ÄndG v 1. 11. 1996 (BGBl I 1626, 1629)
AT .... Allgemeiner Teil
AtG .... Gesetz über die friedliche Verwendung der Kernenergie und den Schutz gegen ihre Gefahren (Atomgesetz) idF v 15. 7. 1985 (BGBl I 1565), letztes ÄndG v 12. 9. 1996 (BGBl I 1354, 1356)
Aufl .... Auflage
AÜG .... Arbeitnehmerüberlassungsgesetz idF v 3.2.1995 (BGBl I 158), letztes ÄndG v 7. 8. 1996 (BGBl I 1246, 1253)
AuR .... Arbeit und Recht. Zeitschrift für Arbeitsrechtspraxis (zitiert nach Jahr und Seite)

AuslG	Gesetz über die Einreise und den Aufenthalt von Ausländern im Bundesgebiet (Ausländergesetz) idF des Gesetzes zur Neuregelung des Ausländerrechts v 9. 7. 1990 (BGBl I 1354), letztes ÄndG v 24. 2. 1997 (BGBl I 310)
AuslInvestmG	Gesetz über den Vertrieb ausländischer Investmentanteile und über die Besteuerung der Erträge aus ausländischen Investmentanteilen v 28. 7. 1969 (BGBl I 986), letztes ÄndG v 11. 10. 1995 (BGBl I 1250, 1387)
ausschl	ausschließlich
AV	Allgemeine Verfügung
AVG	Angestelltenversicherungsgesetz idF v 28. 5. 1924 (RGBl I 563), letztes ÄndG v 28. 2. 1992 (BGBl I 376)
AVO	Ausführungsverordnung
AWG	Außenwirtschaftsgesetz v 28. 4. 1961 (BGBl I 481), letztes ÄndG v 11. 12. 1996 (BGBl I 1850)
AWG/StGBÄndG	Gesetz zur Änderung des Außenwirtschaftsgesetzes, des Strafgesetzbuches und anderer Gesetze v 28. 2. 1992 (BGBl I 372)
BA	Blutalkohol, Wissenschaftliche Zeitschrift für die medizinische und juristische Praxis (zitiert nach Jahr und Seite)
BAG	Bundesarbeitsgericht
BAK	Blutalkoholkonzentration
BannMG	Bannmeilengesetz v 6. 8. 1955 (BGBl I 504), ÄndG v 28. 5. 1969 (BGBl I 449)
BÄO	Bundesärzteordnung idF v 16. 4. 1987 (BGBl I 1218), letztes ÄndG v 27. 4. 1993 (BGBl I 512, 515)
BAnz	Bundesanzeiger
BApothO	Bundes-Apothekerordnung idF v 19. 7. 1989 (BGBl I 1478; ber 1842), letztes ÄndG v 27. 4. 1993 (BGBl I 512, 515)
Baumann-FS	Günther Arzt ua (Hrsg), Festschrift für Jürgen Baumann zum 70. Geburtstag (Bielefeld 1992)
Baumann/Weber/Mitsch AT	Baumann/Weber/Mitsch, Strafrecht, Allgemeiner Teil (10. Aufl, Bielefeld 1995). Zitiert nach §§ und Randzahlen
Baumgärtel-FS	Hanns Prütting (Hrsg), Festschrift für Gottfried Baumgärtel zum 70. Geburtstag (Köln 1990)
Baur-FS	Wolfgang Grunsky ua (Hrsg), Festschrift für Fritz Baur (Tübingen 1981)
bay	bayerisch

Bay	Bayerisches Oberstes Landesgericht; ohne Zusatz: Sammlung von Entscheidungen in Strafsachen (neue Folge zitiert nach Jahr und Seite)
BaySchwBerG	Gesetz über die Schwangerenberatung (Bayerisches Schwangerenberatungsgesetz) v 9. 8. 1996 (GVBl 320)
BaySchwHEG	Gesetz über ergänzende Regelungen zum Schwangerschaftskonfliktgesetz und zur Ausführung des Gesetzes zur Hilfe für Frauen bei Schwangerschaftsabbrüchen in besonderen Fällen (Bayerisches Schwangerenhilfeergänzungsgesetz) v 9. 8. 1996 (GVBl 328)
BayVBl	Bayerische Verwaltungsblätter (zitiert nach Jahr und Seite)
BB	Der Betriebs-Berater (zitiert nach Jahr und Seite)
BBG	Bundesbeamtengesetz idF v 27. 2. 1985 (BGBl I 479), letztes ÄndG v 19. 7. 1996 (BGBl I 1019)
BBiG	Berufsbildungsgesetz v 14. 8. 1969 (BGBl I 1112), letztes ÄndG v 25. 9. 1996 (BGBl I 1476, 1479)
Bd	Band
BDH	Bundesdisziplinarhof
BDO	Bundesdisziplinarordnung idF v 20. 7. 1967 (BGBl I 750), letztes ÄndG v 27. 12. 1993 (BGBl I 2378, 2407)
BDSG	Bundesdatenschutzgesetz idF des Art 1 des Gesetzes zur Fortentwicklung der Datenverarbeitung und des Datenschutzes v 20. 12. 1990 (BGBl I 2954), letztes ÄndG v 14. 9. 1994 (BGBl I 2325, 2385)
Begr	Begründung
bei	Rechtsprechungsübersichten werden mit Angabe des Verfassers der Übersicht, der Fundstelle und dem Zusatz „bei" zitiert (zB „bei Holtz MDR . . .". Fehlt dabei die Angabe des Gerichts, so handelt es sich um Rspr des BGH)
Beil	Beilage
Bek	Bekanntmachung
Bengl-FS	August R Lang (Hrsg), Festschrift für Karl Bengl (München 1984)
ber	berichtigt
BerechnungsG	Gesetz über die Berechnung strafrechtlicher Verjährungsfristen v 13. 4. 1965 (BGBl I 315), letztes ÄndG v 25. 6. 1969 (BGBl I 645)
BetrVG	Betriebsverfassungsgesetz idF v 23. 12. 1988 (BGBl 1989 I 1), letztes ÄndG v 25. 9. 1996 (BGBl I 1476, 1478)
Beulke StPR	Werner Beulke, Strafprozeßrecht (2. Aufl, Heidelberg 1996). Zitiert nach Randzahlen

BeurkG	Beurkundungsgesetz v 28. 8. 1969 (BGBl I 1513), letztes ÄndG v 17. 12. 1990 (BGBl I 2847, 2858)
BewH	Bewährungshilfe (zitiert nach Jahr und Seite)
BezG	Bezirksgericht
BFH	Bundesfinanzhof
BGA	Bundesgesundheitsamt
BGB	Bürgerliches Gesetzbuch
BGBl I, II, III	Bundesgesetzblatt Teil I, Teil II, Teil III
BGH	Bundesgerichtshof
BGH-FS	Gerda Krüger-Nieland (Hrsg), Festschrift: 25 Jahre Bundesgerichtshof am 1. Oktober 1975 (München 1975)
BGHR	BGH-Rechtsprechung Strafsachen. Herausgegeben von den Richtern des Bundesgerichtshofs (zitiert entsprechend der Systematik der Sammlung)
BGHSt	Entscheidungen des Bundesgerichtshofes in Strafsachen (zitiert nach Band und Seite. Entscheidungen des Großen Senats für Strafsachen sind durch den Zusatz „-GS-" gekennzeichnet)
BGHZ	Entscheidungen des Bundesgerichtshofes in Zivilsachen (zitiert nach Band und Seite)
BImSchG	Gesetz zum Schutz vor schädlichen Umwelteinwirkungen durch Luftverunreinigungen, Geräusche, Erschütterungen und ähnliche Vorgänge (Bundes-Immissionsschutzgesetz) idF v 14. 5. 1990 (BGBl I 880), letztes ÄndG v 9. 10. 1996 (BGBl I 1498)
4. BImSchV	Vierte Verordnung zur Durchführung des Bundesimmissionsschutzgesetzes idF v 24. 7. 1985 (BGBl I 1586), letzte ÄndVO v 26. 10. 1993 (BGBl I 1782, 1898)
BJagdG	Bundesjagdgesetz idF v 29. 9. 1976 (BGBl I 2849), letztes ÄndG v 21. 11. 1996 (BGBl I 1779)
BKA	Bundeskriminalamt
BKatV	Verordnung über Regelsätze für Geldbußen und über die Anordnung eines Fahrverbots wegen Ordnungswidrigkeiten im Straßenverkehr (Bußgeldkatalog-Verordnung) v 4. 7. 1989 (BGBl I 1305), letzte ÄndVO v 14. 12. 1993 (BGBl I 2043, 2044)
Blau-FS	Hans-Dieter Schwind ua (Hrsg), Festschrift für Günter Blau zum 70. Geburtstag (Berlin 1985)
Blei	Hermann Blei, Strafrecht. – AT: I. Allgemeiner Teil (18. Aufl des von Edmund Mezger begründeten Werkes, München 1983). – BT: II. Besonderer Teil (12. Aufl des von Edmund Mezger begründeten Werkes, München 1983)
BlnFG	Gesetz zur Förderung der Berliner Wirtschaft (Berlinförderungsgesetz 1990) idF v 2. 2. 1990

	(BGBl I 173), letztes ÄndG v 21. 12. 1993 (BGBl I 2310, 2350)
BMI	Bundesminister oder Bundesministerium des Inneren
BMinG	Bundesministergesetz idF v 27. 7. 1971 (BGBl I 1166), letztes ÄndG v 18. 12. 1989 (BGBl I 2218, 2230)
BMJ	Bundesminister oder Bundesministerium der Justiz
BNatSchG	Gesetz über Naturschutz und Landschaftspflege (Bundesnaturschutzgesetz) idF v 12. 3. 1987 (BGBl I 889), letztes ÄndG v 6. 8. 1993 (BGBl I 1458)
BNotO	Bundesnotarordnung v 24. 2. 1961 (BGBl I 97), letztes ÄndG v 5. 10. 1994 (BGBl I 2911, 2916)
Bockelmann	Paul Bockelmann, Strafrecht. – BT 1: Besonderer Teil/1, Vermögensdelikte (2. Aufl, München 1982). – BT 2: Besonderer Teil/2, Delikte gegen die Person (München 1977). – BT 3: Besonderer Teil/3, Ausgewählte Delikte gegen Rechtsgüter der Allgemeinheit (München 1980)
Bockelmann-FS	Arthur Kaufmann ua (Hrsg), Festschrift für Paul Bokkelmann zum 70. Geburtstag (München 1979)
Bockelmann/Volk AT	Bockelmann/Volk, Strafrecht. Allgemeiner Teil (4. Aufl des von Paul Bockelmann begründeten Werkes, München 1987)
BodSchG	Bodenschutzgesetz (Gesetze der Länder)
BörsG	Börsengesetz idF v 17. 7. 1996 (BGBl I 1030)
Boujong-FS	Carsten Th Ebenroth ua (Hrsg), Verantwortung und Gestaltung. Festschrift für Karlheinz Boujong zum 65. Geburtstag (München 1996)
BPräs	Bundespräsident
BRAGO	Bundesgebührenordnung für Rechtsanwälte v 26. 7. 1957 (BGBl I 907), letztes ÄndG v 28. 10. 1994 (BGBl I 3210, 3265)
BRAO	Bundesrechtsanwaltsordnung v 1. 8. 1959 (BGBl I 565), letztes ÄndG v 5. 10. 1994 (BGBl I 2911, 2916)
BRat	Bundesrat
BR-Dr	Drucksache des Bundesrates
BReg	Bundesregierung
Bruns-FS	Frisch/Schmid (Hrsg), Festschrift für Hans-Jürgen Bruns zum 70. Geburtstag (Köln 1978)
Bruns, RStZ	Hans-Jürgen Bruns, Das Recht der Strafzumessung (2. Aufl des Leitfadens des Strafzumessungsrechts, Köln 1985)
BSeuchG	Bundes-Seuchengesetz idF v 18. 12. 1979 (BGBl I 2262), letztes ÄndG v 7. 8. 1996 (BGBl I 1254, 1312)

BSG	Bundessozialgericht
BSGE	Entscheidungen des Bundessozialgerichts (zitiert nach Band und Seite)
BSHG	Bundessozialhilfegesetz idF v 23. 3. 1994 (BGBl I 646; ber 2975), letztes ÄndG v 20. 12. 1996 (BGBl I 2083)
BStatG	Gesetz über die Statistik für Bundeszwecke (Bundesstatistikgesetz) v 22. 1. 1987 (BGBl I 462, ber 565), letztes ÄndG v 17. 1. 1996 (BGBl I 34, 37)
BT	Besonderer Teil
BTÄO	Bundes-Tierärzteordnung idF v 20. 11. 1981 (BGBl I 1193), letztes ÄndG v 27. 4. 1993 (BGBl I 512, 549)
BTag	Bundestag
BT-Dr	Drucksache des Bundestages (zitiert nach Wahlperiode und Nummer)
BtG	Gesetz zur Reform des Rechts der Vormundschaft und Pflegschaft für Volljährige (Betreuungsgesetz) v 12. 9. 1990 (BGBl I 2002)
BtMG	Gesetz über den Verkehr mit Betäubungsmitteln (Betäubungsmittelgesetz) idF v 1. 3. 1994 (BGBl I 358), letztes ÄndG v 4. 4. 1996 (BGBl I 582)
Btx-System	Bildschirmtext-System
BuB	Buch und Bibliothek (zitiert nach Jahr und Seite)
BVerfG	Bundesverfassungsgericht
BVerfGE	Entscheidungen des Bundesverfassungsgerichts (zitiert nach Band und Seite)
BVerfGG	Gesetz über das Bundesverfassungsgericht idF v 11. 8. 1993 (BGBl I 1473)
BVerwG	Bundesverwaltungsgericht
BVerwGE	Entscheidungen des Bundesverwaltungsgerichts (zitiert nach Band und Seite)
BVFG	Gesetz über die Angelegenheiten der Vertriebenen und Flüchtlinge (Bundesvertriebenengesetz) idF v 2. 6. 1993 (BGBl I 829), ÄndG v 26. 5. 1994 (BGBl I 1014, 1060)
BWG	Bundeswahlgesetz idF v 23. 7. 1993 (BGBl I 1288, ber 1594), letztes ÄndG v 15. 11. 1996 (BGBl I 1712)
BWO	Bundeswahlordnung idF v 8. 3. 1994 (BGBl I 495)
BZRG	Gesetz über das Zentralregister und das Erziehungsregister (Bundeszentralregistergesetz) idF v 21. 9. 1984 (BGBl I 1229; ber 1985 I 195), letztes ÄndG v 20. 12. 1996 (BGBl I 2090, 2091)
Calliess/Müller-Dietz	Calliess/Müller-Dietz, Strafvollzugsgesetz (6. Aufl, München 1994). Zitiert nach §§ und Randzahlen
Celle-FS	JurFak Göttingen (Hrsg), Göttinger Festschrift für das Oberlandesgericht Celle (Göttingen 1961)

ChemG .... Gesetz zum Schutz vor gefährlichen Stoffen (Chemikaliengesetz) idF v 25. 7. 1994 (BGBl I 1703), letztes ÄndG v 29. 7. 1994 (BGBl I 2705, 2726)
Chirurg .... Der Chirurg, Zeitschrift für alle Gebiete der operativen Medizin (zitiert nach Jahr und Seite)
Coimbra-Symposium .... Schünemann/de Figueiredo Dias (Hrsg), Bausteine des europäischen Strafrechts, Coimbra-Symposium für Claus Roxin (Köln 1995)
Coing-FS .... Bergfeld/Buchholz (Hrsg), Europäisches Rechtsdenken in Geschichte und Gegenwart. Festschrift für Helmut Coing zum 70. Geburtstag (München 1982)
Constantinesco-GedSchr .... Lücke/Ress (Hrsg), Rechtsvergleichung, Europarecht und Staatenintegration. Gedächtnisschrift für Léontin-Jean Constantinesco (Köln 1983)
CR .... Computer und Recht, Forum für die Praxis des Rechts der Datenverarbeitung, Information und Automation (zitiert nach Jahr und Seite)
Cramer StVerkR .. Peter Cramer, Straßenverkehrsrecht, Bd I: StVO – StGB (2. Aufl, München 1977). Zitiert nach §§ – bei solchen des StGB ohne Gesetzesangabe – und Randzahlen

DA .... Deutschland-Archiv (zitiert nach Jahr und Seite)
DÄBl .... Deutsches Ärzteblatt (zitiert nach Ausgabe, Jahr und Seite)
Dallinger/Lackner Dallinger/Lackner, Jugendgerichtsgesetz (2. Aufl, München 1965). Zitiert nach §§ und Randzahlen
DAR .... Deutsches Autorecht (zitiert nach Jahr und Seite)
DAV .... Deutscher Anwaltverein
DB .... Der Betrieb, Wochenschrift (zitiert nach Jahr und Seite)
DDR .... Deutsche Demokratische Republik
DDT-G .... Gesetz über den Verkehr mit DDT v 7. 8. 1972 (BGBl I 1385), letztes ÄndG v 24. 6. 1994 (BGBl I 1416, 1421)
ders .... derselbe
dh .... das heißt
diff .... differenzierend
Diss .... Dissertation
DJ .... Deutsche Justiz (zitiert nach Jahr und Seite)
DJT .... Deutscher Juristentag
DMW .... Deutsche Medizinische Wochenschrift (zitiert nach Jahr und Seite)
DNotZ .... Deutsche Notar-Zeitschrift (zitiert nach Jahr und Seite)
DNP .... Die neue Polizei (zitiert nach Jahr und Seite)

DÖV	Deutsche Öffentliche Verwaltung (zitiert nach Jahr und Seite)
DR	Deutsches Recht (zitiert nach Jahr und Seite)
Dreher-FS	Jescheck/Lüttger (Hrsg), Festschrift für Eduard Dreher zum 70. Geburtstag (Berlin 1977)
DRiAkad	Deutsche Richterakademie
DRiAkad-FS	Schmidt-Hieber/Wassermann (Hrsg), Justiz und Recht. Festschrift aus Anlaß des 10jährigen Bestehens der Deutschen Richterakademie (Heidelberg 1983)
DRiB	Deutscher Richterbund
DRiG	Deutsches Richtergesetz idF v 19. 4. 1972 (BGBl I 713), letztes ÄndG v 2. 9. 1994 (BGBl I 2278, 2292)
DRiZ	Deutsche Richterzeitung (zitiert nach Jahr und Seite)
DRZ	Deutsche Rechtszeitschrift (zitiert nach Jahr und Seite)
DStR	Deutsches Steuerrecht (zitiert nach Jahr und Seite)
DStZ	Deutsche Steuer-Zeitung (zitiert nach Jahr und Seite)
DSWR	Datenverarbeitung in Steuer, Wirtschaft und Recht (zitiert nach Jahr und Seite)
DtZ	Deutsch-Deutsche Rechts-Zeitschrift (zitiert nach Jahr und Seite)
Dünnebier-FS	Ernst-Walter Hanack ua (Hrsg), Festschrift für Hanns Dünnebier zum 75. Geburtstag (Berlin 1982)
DuD	Datenschutz und Datensicherheit (zitiert nach Jahr und Seite)
DuR	Demokratie und Recht, Vierteljahres-Zeitschrift (zitiert nach Jahr und Seite)
DVBl	Deutsches Verwaltungsblatt (zitiert nach Jahr und Seite)
DVO	Durchführungsverordnung
DVR	Datenverarbeitung im Recht (zitiert nach Jahr und Seite)
DWiR	Deutsche Zeitschrift für Wirtschaftsrecht (zitiert nach Jahr und Seite)
E	Entwurf
E 1962	Regierungsentwurf eines Strafgesetzbuches mit Begründung (BT-Dr IV/650, inhaltsgleich mit Initiativentwurf ohne Begr BT-Dr V/32)
EbSchmidt-FS	Bockelmann/Gallas (Hrsg), Festschrift für Eberhard Schmidt zum 70. Geburtstag (Göttingen 1961)
EDV	Elektronische Datenverarbeitung
EG	Einführungsgesetz oder Europäische Gemeinschaft
EGBGB	Einführungsgesetz zum Bürgerlichen Gesetzbuch idF v 21. 9. 1994 (BGBl I 2494), letztes ÄndG v 20. 12. 1996 (BGBl I 2028)
EGGVG	Einführungsgesetz zum Gerichtsverfassungsgesetz v 27. 1. 1877 (RGBl 77), letztes ÄndG v 24. 6. 1994 (BGBl I 1374, 1376)

EGInsO .... Einführungsgesetz zur Insolvenzordnung v 5. 10. 1994 (BGBl I 2911), ÄndG v 28. 10. 1996 (BGBl I 1546, 1547)
EGOWiG .... Einführungsgesetz zum Gesetz über Ordnungswidrigkeiten v 24. 5. 1968 (BGBl I 503), letztes ÄndG v 2. 3. 1974 (BGBl I 469, 633)
EGStGB .... Einführungsgesetz zum Strafgesetzbuch v 2. 3. 1974 (BGBl I 469), letztes ÄndG v 16. 6. 1995 (BGBl I 818)
EheG .... Ehegesetz v 20. 2. 1946, KRG Nr 16 (ABl 77, 294), letztes ÄndG v 24. 6. 1994 (BGBl I 1325, 1365)
Einl .... Einleitung
einschl .... einschließlich
einschr .... einschränkend
EinwG/DDR .... Gesetz über die Einweisung in stationäre Einrichtungen für psychisch Kranke v 11. 6. 1968 (GBl/DDR I 273)
Eisenberg .... Ulrich Eisenberg, Jugendgerichtsgesetz mit Erläuterungen (6. Aufl, München 1995). Zitiert nach §§ und Randzahlen
Eisenberg Krim ..... Ulrich Eisenberg, Kriminologie (4. Aufl, Köln ua 1995)
Engisch-FS .... Bockelmann/Kaufmann (Hrsg), Festschrift für Karl Engisch zum 70. Geburtstag (Frankfurt/Main 1969)
entspr .... entsprechend
Erbs/Kohlhaas .... Erbs/Kohlhaas, Strafrechtliche Nebengesetze, Loseblattausgabe (121. Lieferung. Stand Oktober 1996)
ERPWirtschG .... Gesetz über die Feststellung des Wirtschaftsplans des ERP-Sondervermögens für das Jahr 1997 (ERP-Wirtschaftsplangesetz 1997) v 20. 12. 1996 (BGBl I 2093)
ESchG .... Gesetz zum Schutz von Embryonen (Embryonenschutzgesetz) v 13. 12. 1990 (BGBl I 2746)
Eser II–IV .... Albin Eser, Juristischer Studienkurs Strafrecht (München). – Bd II (4. Aufl, 1986), Bd III (2. Aufl, 1981), Bd IV (4. Aufl, 1983). Zitiert nach Band und Seite
Eser/Burkhardt I ... Eser/Burkhardt, Juristischer Studienkreis Strafrecht – Bd I (4. Aufl des von Albin Eser begründeten Werkes, München 1992)
Eser RuE I – IV .... Rechtfertigung und Entschuldigung – Rechtsvergleichende Perspektiven. Beiträge aus dem Max-Planck-Institut für ausländisches und internationales Strafrecht Freiburg. – Bd I: Herausgegeben von Eser/Fletcher (Freiburg 1987). – Bd II: Herausgegeben von Eser/Fletcher (Freiburg 1988). – Bd III: Deutsch-Italienisch-Portugiesisch-Spanisches Strafrechtskolloquium 1990 in Freiburg. Herausgegeben von Eser/Perron (Freiburg

	1991). – Bd IV: Ostasiatisch-Deutsches Strafrechtskolloquium 1993 in Tokio. Herausgegeben von Eser/Nishihara (Freiburg 1995)
EU	Europäische Union
EuABl	Amtsblatt der Europäischen Gemeinschaften. Ausgabe in deutscher Sprache L (Rechtsvorschriften)
EuGH	Europäischer Gerichtshof
EuGRZ	Europäische Grundrechte, Zeitschrift (zitiert nach Jahr und Seite)
EuKomm	Europäische Kommission für Menschenrechte
EuZW	Europäische Zeitschrift für Wirtschaftsrecht (zitiert nach Jahr und Seite)
EV	Vertrag zwischen der Bundesrepublik Deutschland und der Deutschen Demokratischen Republik über die Herstellung der Einheit Deutschlands (Einigungsvertrag) v 31. 8. 1990 mit Einigungsvertragsgesetz v 23. 9. 1990 (BGBl II 885, 889), letztes ÄndG v 21. 8. 1995 (BGBl I 1050, 1057)
EWR	Schriftenreihe zum europäischen Weinrecht (Herausgegeben vom Institut für Weinrecht der Gesellschaft für Rechtspolitik, Trier). Zitiert nach Jahr, Heft und Seite
expl	exemplarisch
EzSt	Entscheidungssammlung zum Straf- und Ordnungswidrigkeitenrecht. Loseblattausgabe (Neuwied. Stand Dezember 1990). Zitiert nach Ges, § und laufender Nummer (Hinweise ohne Angabe des Ges beziehen sich auf das StGB)
FAG	Gesetz über Fernmeldeanlagen idF v 3. 7. 1989 (BGBl I 1455), letztes ÄndG v 25. 7. 1996 (BGBl I 1120, 1148)
Faller-FS	Wolfgang Zeidler ua (Hrsg), Festschrift für Hans Joachim Faller (München 1984)
FamRZ	Ehe und Familie im privaten und öffentlichen Recht (zitiert nach Jahr und Seite)
Feldhaus	Feldhaus/Vallendar, Bundesimmissionsschutzrecht, Kommentar, Loseblattausgabe (2. Aufl, Wiesbaden, Stand November 1996
Fezer StPR	Gerhard Fezer, Juristischer Studienkurs, Strafprozeßrecht (2. Aufl, München 1995)
ff	folgende
FGG	Gesetz über Angelegenheiten der freiwilligen Gerichtsbarkeit idF v 20. 5. 1898 (RGBl 771), letztes ÄndG v 28. 10. 1996 (BGBl I 1546, 1547)
FilmFG	Filmförderungsgesetz idF v 25. 1. 1993 (BGBl I 66), ÄndG v 27. 4. 1993 (BGBl I 512, 537)

FlaggRG .... Flaggenrechtsgesetz idF v 26. 10. 1994 (BGBl I 3140), ÄndG v 6. 6. 1995 (BGBl I 778)

FleischHG .... Fleischhygienegesetz idF v 8. 7. 1993 (BGBl I 1189), letztes ÄndG v 17. 7. 1996 (BGBl I 991, 999)

Forensia .... Forensia, Interdisziplinäre Zeitschrift für Recht – Neurologie, Psychiatrie und Psychologie (zitiert nach Jahr und Seite)

FR .... Finanzrundschau (zitiert nach Jahr und Seite)

Frank .... Reinhard Frank, Kommentar zum StGB (18. Aufl, Tübingen 1931)

FS .... Festschrift

FuR .... Familie und Recht (zitiert nach Jahr und Seite)

G 10 .... Gesetz zur Beschränkung des Brief-, Post- und Fernmeldegeheimnisses (Gesetz zu Artikel 10 Grundgesetz) v 13. 8. 1968 (BGBl I 949), letztes ÄndG v 28. 4. 1995 (BGBl I 582)

GA .... Goltdammer's Archiv für Strafrecht (zunächst zitiert nach Band und Seite, ab 1953 zitiert nach Jahr und Seite)

140 Jahre GA .... Jürgen Wolter (Hrsg), 140 Jahre Goltdammer's Archiv für Strafrecht (Heidelberg 1993)

Gallas, Beiträge ..... Wilhelm Gallas, Beiträge zur Verbrechenslehre (Berlin 1968)

Gallas-FS .... Karl Lackner ua (Hrsg), Festschrift für Wilhelm Gallas zum 70. Geburtstag (Berlin 1973)

GaststG .... Gaststättengesetz v 5. 5. 1970 (BGBl I 465, ber 1298), letztes ÄndG v 19. 7. 1996 (BGBl I 1019, 1022)

GBA .... Generalbundesanwalt

GBG .... Gesetz über die Beförderung gefährlicher Güter vom 6. 8. 1975 (BGBl I 2121), letztes ÄndG v 19. 7. 1996 (BGBl I 1019, 1022)

GBl .... Gesetzblatt

Geerds-FS .... Ellen Schlüchter (Hrsg), Kriminalistik und Strafrecht. Festschrift für Friedrich Geerds zum 70. Geburtstag (Lübeck 1995)

Geiger-FS .... Hans-Joachim Faller ua (Hrsg), Verantwortlichkeit und Freiheit. Festschrift für Willi Geiger zum 80. Geburtstag (Tübingen 1989)

GeistBeh .... Geistige Behinderung. Fachzeitschrift der Bundesvereinigung Lebenshilfe für geistig Behinderte (zitiert nach Jahr und Seite)

GenG .... Gesetz betr die Erwerbs- und Wirtschaftsgenossenschaften idF v 19. 8. 1994 (BGBl I 2202), ÄndG v 28. 10. 1994 (BGBl I 3210, 3263)

GenTG	Gesetz zur Regelung der Gentechnik (Gentechnikgesetz) idF v 16. 12. 1993 (BGBl I 2066), ÄndG v 24. 6. 1994 (BGBl I 1416, 1419)
GeräteSichG	Gesetz über technische Arbeitsmittel (Gerätesicherheitsgesetz) idF v 23. 10. 1992 (BGBl I 1793), letztes ÄndG v 19. 7. 1996 (BGBl I 1019, 1022)
GerS	Der Gerichtssaal (zitiert nach Band und Seite)
Ges	Gesetz
GeschlkrG	Gesetz zur Bekämpfung der Geschlechtskrankheiten v 23. 7. 1953 (BGBl I 700), letztes ÄndG v 2. 8. 1994 (BGBl I 1963, 1983)
GewO	Gewerbeordnung idF v 1. 1. 1987 (BGBl I 425), letztes ÄndG v 20. 12. 1996 (BGBl I 2154, 2157)
GG	Grundgesetz für die Bundesrepublik Deutschland
ggf	gegebenenfalls
Gieseke	Gieseke/Wiedemann/Czychowski, Wasserhaushaltsgesetz unter Berücksichtigung der Landeswassergesetze und des Wasserstrafrechts (6. Aufl, München 1992). Zitiert nach §§ und Randzahlen
GjS	Gesetz über die Verbreitung jugendgefährdender Schriften idF v 12. 7. 1985 (BGBl I 1502), letztes ÄndG v 28. 10. 1994 (BGBl I 3186, 3197)
GKG	Gerichtskostengesetz idF v 15. 12. 1975 (BGBl I 3047), letztes ÄndG v 1. 11. 1996 (BGBl I 1626, 1630)
GmbH	Gesellschaft mit beschränkter Haftung
GmbHG	Gesetz betr die Gesellschaften mit beschränkter Haftung idF v 20. 5. 1898 (RGBl 846), letztes ÄndG v 28. 10. 1994 (BGBl I 3210, 3257)
GmbHR	GmbH-Rundschau (zitiert nach Jahr und Seite)
GMBl	Gemeinsames Ministerialblatt
GO	Geschäftsordnung oder Gemeindeordnung
Göhler	Erich Göhler, Gesetz über Ordnungswidrigkeiten (11. Aufl, München 1995). Zitiert nach §§ und Randzahlen
Göhler (Lexikon)	Erbs/Kohlhaas, Strafrechtliche Nebengesetze, Registerband – Lexikon des Nebenstrafrechts von Göhler, Buddendiek und Lenzen, Loseblattausgabe (München. Stand März 1995)
Göppinger	Hans Göppinger, Kriminologie (4. Aufl München 1980)
Göppinger-FS	Kerner/Kaiser (Hrsg), Kriminalität: Persönlichkeit, Lebensgeschichte und Verhalten. Festschrift für Hans Göppinger zum 70. Geburtstag (Berlin 1990)
Gössel BT	Karl Heinz Gössel, Strafrecht. Besonderer Teil, Bd 1: Delikte gegen immaterielle Rechtsgüter des Individu-

	ums (Heidelberg 1987); Bd 2: Straftaten gegen materielle Rechtsgüter des Individuums (Heidelberg 1996). Zitiert nach §§ und Randzahlen
Göttinger Studien	Rechtswissenschaft und Rechtsentwicklung, Bd 111 der Göttinger rechtswissenschaftlichen Studien (Göttingen 1980)
Götz	Albrecht Götz, Das Bundeszentralregister, Kommentar zum Bundeszentralregistergesetz (3. Aufl, Köln 1985). Zitiert nach §§ und Randzahlen
GrenzG/DDR	Grenzgesetz der Deutschen Demokratischen Republik v 25. 3. 1982 (GBl/DDR I 197)
Grünhut-GedSchr	Hilde Kaufmann ua (Hrsg), Erinnerungsgabe für Max Grünhut (Marburg 1965)
Grützner-FS	Oehler/Pötz (Hrsg), Aktuelle Probleme des Internationalen Strafrechts. Heinrich Grützner zum 65. Geburtstag (Hamburg 1970)
GRUR	Gewerblicher Rechtsschutz und Urheberrecht (zitiert nach Jahr und Seite)
GS	Großer Senat
GStA	Generalstaatsanwalt oder Generalstaatsanwaltschaft
GÜG	Gesetz zur Überwachung des Verkehrs mit Grundstoffen, die für die unerlaubte Herstellung von Betäubungsmitteln mißbraucht werden können (Grundstoffüberwachungsgesetz) v 7. 10. 1994 (BGBl I 2835)
GVBl	Gesetz- und Verordnungsblatt
GVBlNRW	Gesetz- und Verordnungsblatt für das Land Nordrhein-Westfalen
GVG	Gerichtsverfassungsgesetz idF v 9. 5. 1975 (BGBl I 1077), letztes ÄndG v 19. 7. 1996 (BGBl I 1014, 1016)
GWB	Gesetz gegen Wettbewerbsbeschränkungen idF v 20. 2. 1990 (BGBl I 235), letztes ÄndG v 28. 10. 1994 (BGBl I 3210, 3264)
GwG	Gesetz über das Aufspüren von Gewinnen aus schweren Straftaten (Geldwäschegesetz) v 25. 10. 1993 (BGBl I 1770)
Gynäkologe	Der Gynäkologe (zitiert nach Jahr und Seite)
GynArch	Archives of Gynecology (zitiert nach Band und Seite)
Häußling-FS	Brand/Busch (Hrsg), Marginalien zur unsichtbaren Universität. Festschrift für Josef Maria Häußling zum 65. Geburtstag (Otterbach 1990)
Haft	Fritjof Haft, Strafrecht. – AT: Allgemeiner Teil (7. Aufl, München 1996) – BT: Besonderer Teil (5. Aufl, München 1995)
Halbs	Halbsatz

HebG	Gesetz über den Beruf der Hebamme und des Entbindungspflegers (Hebammengesetz) v 4. 6. 1985 (BGBl I 902), letztes ÄndG v 27. 4. 1993 (BGBl I 512, 521)
Heidelberg-FS	Richterliche Rechtsfortbildung. Festschrift der Juristischen Fakultät zur 600-Jahr-Feier der Ruprecht-Karls-Universität Heidelberg (Heidelberg 1986)
HeilprG	Gesetz über die berufsmäßige Ausübung der Heilkunde ohne Bestallung (Heilpraktikergesetz) v 17. 2. 1939 (RGBl I 251), ÄndG v 2. 3. 1974 (BGBl I 469, 550)
HeilwWerbG	Gesetz über die Werbung auf dem Gebiet des Heilwesens idF v 19. 10. 1994 (BGBl I 3068), ÄndG v 25. 10. 1994 (BGBl I 3082, 3115)
HeimArbG	Heimarbeitsgesetz v 14. 3. 1951 (BGBl I 191), letztes ÄndG v 19. 10. 1995 (BGBl I 1250, 1407)
Heinitz-FS	Hans Lüttger (Hrsg), Festschrift für Ernst Heinitz zum 70. Geburtstag (Berlin 1972)
Helmrich-FS	Klaus Letzgus ua (Hrsg), Für Recht und Staat. Festschrift für Herbert Helmrich zum 60. Geburtstag (München 1994)
Henkel-FS	Claus Roxin ua (Hrsg), Grundfragen der gesamten Strafrechtswissenschaft. Festschrift für Heinrich Henkel zum 70. Geburtstag (Berlin 1974)
Hentschel/Born	Hentschel/Born, Trunkenheit im Straßenverkehr (6. Aufl, Düsseldorf 1992). Zitiert nach Randzahlen
HESt	Höchstrichterliche Entscheidungen in Strafsachen (zitiert nach Band und Seite)
Heusinger-Ehreng	Roderich Glanzmann (Hrsg), Ehrengabe für Bruno Heusinger (München 1968)
HGB	Handelsgesetzbuch
Himmelreich/Bücken	Himmelreich/Bücken, Verkehrsunfallflucht (Heidelberg 1991)
Himmelreich/Hentschel	Himmelreich/Hentschel, Fahrverbot – Führerscheinentzug – Bd I: Straf- und Ordnungswidrigkeitenrecht (8. Aufl, Düsseldorf 1995) – Bd II: Verwaltungsrecht (7. Aufl, Düsseldorf 1992). Zitiert nach Band und Randzahlen
Hirsch-FS	JurFak Berlin (Hrsg), Festschrift für Ernst E Hirsch (Berlin 1968)
HK	Herder-Korrespondenz, Monatshefte für Gesellschaft und Religion (zitiert nach Jahr und Seite)
hM	herrschende Meinung
Honig-FS	JurFak Göttingen (Hrsg), Festschrift für Richard M Honig zum 80. Geburtstag (Göttingen 1970)

HRR .... Höchstrichterliche Rechtsprechung (zitiert nach Jahr und Nummer)
Hrsg...................... Herausgeber
Hruschka AT .... Joachim Hruschka, Strafrecht nach logisch-analytischer Methode. Systematisch entwickelte Fälle mit Lösungen zum Allgemeinen Teil (2. Aufl, Berlin ua 1988)
HSW .... Das Hochschulwesen (zitiert nach Jahr und Seite)
HuSt...................... Hochverrat und Staatsgefährdung, Urteile des BGH, herausgegeben von Walter Wagner (Karlsruhe 1957)
HWiStR............... Wilhelm Krekeler ua (Hrsg), Handwörterbuch des Wirtschafts- und Steuerstrafrechts, Loseblattausgabe (Köln. Bis 5. Ergänzungslieferung 1990). Zitiert nach Verfasser und Stichwort

idF .... in der Fassung
idR .... in der Regel
ieS .... im engeren Sinne
IndividProg........... Dieter Dölling (Hrsg), Die Täter-Individualprognose. Beiträge zu Stand, Problemen und Perspektiven der kriminologischen Prognoseforschung (Heidelberg 1995)
InfUR .... Informationsdienst Umweltrecht (zitiert nach Jahr und Seite)
InsO .... Insolvenzordnung v 5. 10. 1994 (BGBl I 2866), letztes ÄndG v 28. 10. 1996 (BGBl I 1546, 1547)
Internist .... Der Internist, Organ des Berufsverbandes deutscher Internisten (zitiert nach Jahr und Seite)
IntVO.................... Verordnung über internationalen Kraftfahrzeugverkehr v 12. 11. 1934 (RGBl I 1137), letzte ÄndVO v 14. 2. 1996 (BGBl I 216, 217)
InvZulG 1996....... Investitionszulagengesetz 1996 idF v 22. 1. 1996 (BGBl I 60)
IRG...................... Gesetz über die internationale Rechtshilfe in Strafsachen idF v 27. 6. 1994 (BGBl I 1537), ÄndG v 10. 4. 1995 (BGBl I 485, 487)
iS .... im Sinne
iSv .... im Sinne von
IuR .... Informatik und Recht, vereinigt mit „Datenverarbeitung im Recht" (zitiert nach Jahr und Seite)
iVm .... in Verbindung mit
iwS .... im weiteren Sinne

JA .... Juristische Arbeitsblätter für Ausbildung und Examen (zitiert nach Jahr und Seite)
Jaeger KO .... Konkursordnung mit Einführungsgesetzen. Großkommentar, begründet von Ernst Jaeger (8. Aufl, Berlin 1973, 2. Band, 2. Halbband §§ 207–213, bearbeitet

	von Friedrich Weber, und §§ 239–244, bearbeitet von Ulrich Klug). Zitiert mit Angabe des Verfassers nach §§ und Randzahlen
JagdzeitV	Verordnung über die Jagdzeiten v 2. 4. 1977 (BGBl I 531)
Jagusch/Hentschel	Heinrich Jagusch, fortgeführt von Peter Hentschel, Straßenverkehrsrecht (33. Aufl des von Floegel begründeten und von Hartung fortgeführten Werkes, München 1995)
JahrbRuE	Jahrbuch für Recht und Ethik (zitiert nach Jahr und Seite)
Jakobs AT	Günther Jakobs, Strafrecht, Allgemeiner Teil – Die Grundlagen und die Zurechnungslehre. Lehrbuch (2. Aufl, Berlin 1991). Zitiert nach Abschnitten und Randzahlen
JArbSchG	Gesetz zum Schutze der arbeitenden Jugend (Jugendarbeitsschutzgesetz) v 12. 4. 1976 (BGBl I 965), letztes ÄndG v 31. 5. 1994 (BGBl I 1168)
JBl	Juristische Blätter (Österreich; zitiert nach Jahr und Seite)
Jescheck/Weigend AT	Jescheck/Weigend, Lehrbuch des Strafrechts. Allgemeiner Teil (5. Aufl, Berlin 1996)
Jescheck-FS	Theo Vogler (Hrsg), Festschrift für Hans-Heinrich Jescheck zum 70. Geburtstag (Berlin 1985)
JGG	Jugendgerichtsgesetz idF v 11. 12. 1974 (BGBl I 3427), letztes ÄndG v 28. 10. 1994 (BGBl I 3186, 3193)
JK	Jura-Rechtsprechungskartei, Beilage der Zeitschrift Juristische Ausbildung (Jura). Zitiert mit Angabe des Verfassers nach Ges, § und laufender Nummer (Hinweise ohne Angabe des Ges beziehen sich auf das StGB)
JMBl	Justizministerialblatt
JMBlNRW	Justizministerialblatt für das Land Nordrhein- Westfalen (zitiert nach Jahr und Seite)
JÖSchG	Gesetz zum Schutze der Jugend in der Öffentlichkeit (Jugendschutzgesetz) idF des Gesetzes zur Neuregelung des Jugendschutzes in der Öffentlichkeit v 25. 2. 1985 (BGBl I 425), letztes ÄndG v 28. 10. 1994 (BGBl I 3186, 3197)
JÖSchNG	Gesetz zur Neuregelung des Jugendschutzes in der Öffentlichkeit v 25. 2. 1985 (BGBl I 425)
JR	Juristische Rundschau (zitiert nach Jahr und Seite)
Jura	Juristische Ausbildung (zitiert nach Jahr und Seite)
JurA	Juristische Analysen (zitiert nach Jahr und Seite)
JurFak	Juristische Fakultät

JuS .... Juristische Schulung (zitiert nach Jahr und Seite)
Justiz .... Die Justiz, Amtsblatt des Justizministeriums Baden-Württemberg (zitiert nach Jahr und Seite)
JW .... Juristische Wochenschrift (zitiert nach Jahr und Seite)
JZ .... Juristenzeitung (zitiert nach Jahr und Seite)
JZ-GD-................. Juristenzeitung – Gesetzgebungsdienst –, Beilage der Juristenzeitung über die Bundesgesetzgebung (zitiert nach Jahr und Seite)

KAGG .... Gesetz über Kapitalanlagegesellschaften idF v 14. 1. 1970 (BGBl I 127), letztes ÄndG v 20. 12. 1996 (BGBl I 2049, 2076)
Kaiser Krim .... Günther Kaiser, Kriminologie (3. Aufl, Heidelberg 1996)
Kap .... Kapitel
KastrG.................. Gesetz über die freiwillige Kastration und andere Behandlungsmethoden v 15. 8. 1969 (BGBl I 1143), letztes ÄndG v 31. 5. 1994 (BGBl I 1168)
Kaufmann (Arm)-GedSchr .... Gerhard Dornseifer ua (Hrsg), Gedächtnisschrift für Armin Kaufmann (Köln 1989)
Kaufmann (Arm), StrDog .... Armin Kaufmann, Strafrechtsdogmatik zwischen Sein und Wert. Gesammelte Aufsätze und Vorträge (Köln 1982)
Kaufmann (Arth)-FS .... Fritjof Haft ua (Hrsg), Strafgerechtigkeit. Festschrift für Arthur Kaufmann zum 70. Geburtstag (Heidelberg 1993)
Kaufmann (Arth)-GbSchr .... Philipps/Scholler (Hrsg), Jenseits des Funktionalismus. Arthur Kaufmann zum 65. Geburtstag (Heidelberg 1989)
Kaufmann (Arth), StrR.................. Arthur Kaufmann, Strafrecht zwischen Gestern und Morgen. Ausgewählte Aufsätze und Vorträge (Köln 1983)
Kaufmann (H)-GedSchr .... Hirsch/Kaiser (Hrsg), Gedächtnisschrift für Hilde Kaufmann (Berlin 1986)
Kern-FS .... JurFak Tübingen (Hrsg), Tübinger Festschrift für Eduard Kern (Tübingen 1968)
Kfz........................ Kraftfahrzeug
KG........................ Kammergericht oder Kommanditgesellschaft
KJ .... Kritische Justiz, Vierteljahresschrift (zitiert nach Jahr und Seite)

KJHG .... Gesetz zur Neuordnung des Kinder- und Jugendhilferechts (Kinder- und Jugendhilfegesetz) v 26. 6. 1990 (BGBl I 1163), letztes ÄndG v 16. 2. 1993 (BGBl I 239, 252). Das Gesetz ist inzwischen als SGB VIII in das Sozialgesetzbuch eingestellt worden

KK .... Gerd Pfeiffer (Hrsg), Karlsruher Kommentar zur Strafprozeßordnung und zum Gerichtsverfassungsgesetz (3. Aufl, München 1993). Zitiert mit Angabe des Verfassers nach §§ und Randzahlen

KKOWiG .... Karlheinz Boujong (Hrsg), Karlsruher Kommentar zum Ordnungswidrigkeitengesetz (München 1989). Zitiert mit Angabe des Verfassers nach §§ und Randzahlen

Kleinknecht-FS ..... Gössel/Kauffmann (Hrsg), Strafverfahren im Rechtsstaat. Festschrift für Theodor Kleinknecht zum 75. Geburtstag (München 1985)

Kleinknecht/Meyer-Goßner .. Theodor Kleinknecht und Karlheinz Meyer, fortgeführt von Lutz Meyer-Goßner, Strafprozeßordnung (42. Aufl, München 1995). Zitiert nach §§ und Randzahlen

Klein/Orlopp AO Abgabenordnung – einschließlich Steuerstrafrecht (Kommentar). Begründet von Franz Klein undGerd Orlopp (5. Aufl, München 1995)

Klug-FS .... Günter Kohlmann (Hrsg), Festschrift für Ulrich Klug zum 70. Geburtstag (Köln 1983)

KO .... Konkursordnung idF v 20. 5. 1898 (RGBl 612), letztes ÄndG v 28. 10. 1996 (BGBl I 1546, 1547)

Koch-Festg .... Rainer Brüssow (Hrsg), Strafverteidigung und Strafprozeß. Festgabe für Ludwig Koch (Heidelberg 1989)

Koch/Scheuing ..... Koch/Scheuing (Hrsg), Gemeinschaftskommentar zum BlmSchG – Loseblattausgabe – Stand Februar 1996 (Düsseldorf). Zitiert mit Angabe des Verfassers nach §§ und Randzahlen

Köln-FS .... Festschrift der Rechtswissenschaftlichen Fakultät zur 600-Jahr-Feier der Universität zu Köln (Köln 1988)

Körner .... Harald Hans Körner, Betäubungsmittelgesetz (3. Aufl, München 1990). Zitiert nach §§ und Randzahlen

KonsG .... Gesetz über die Konsularbeamten, ihre Aufgaben und Befugnisse v 11. 9. 1974 (BGBl I 2317)

Krause-FS .... Schlüchter/Laubenthal (Hrsg), Recht und Kriminalität. Festschrift für Friedrich-Wilhelm Krause zum 70. Geburtstag (Köln 1990)

KreisG .... Kreisgericht

Krey .... Volker Krey, Strafrecht, Besonderer Teil. – BT 1: Bd 1 ohne Vermögensdelikte (10. Aufl, Stuttgart

	1996). – BT 2: Bd 2 Vermögensdelikte (10. Aufl, Stuttgart 1995). Zitiert nach Randzahlen
KRG	Kontrollratsgesetz
KrimGgwFr	Kriminologische Gegenwartsfragen (zitiert nach Heft und Seite)
KrimHW	Handwörterbuch der Kriminologie, herausgegeben von Sieverts und Schneider, Bd I–V, Nachtrags- und Registerband (Berlin 1966–1991)
Kriminalistik	Kriminalistk, Zeitschrift für die gesamte kriminalistische Wissenschaft und Praxis (zitiert nach Jahr und Seite)
KrimJ	Kriminologisches Journal (zitiert nach Jahr und Seite)
KritV	Kritische Vierteljahresschrift für Gesetzgebung und Rechtswissenschaft (zitiert nach Jahr und Seite)
KrPflG	Krankenpflegegesetz v 4. 6. 1985 (BGBl I 893), letztes ÄndG v 27. 4. 1993 (BGBl I 512, 523)
KrW-/AbfG	Gesetz zur Förderung der Kreislaufwirtschaft und Sicherung der umweltverträglichen Beseitigung von Abfällen (Kreislaufwirtschafts- und Abfallgesetz) idF des Gesetzes zur Vermeidung, Verwertung und Beseitigung von Abfällen v 27. 9. 1994 (BGBl I 2705), ÄndG v 12. 9. 1996 (BGBl I 1354)
KTS	Konkurs-, Treuhand- und Schiedsgerichtswesen (zitiert nach Jahr und Seite)
Küchenhoff-GedSchr	Manfred Just ua (Hrsg), Recht und Rechtsbesinnung. Gedächtnisschrift für Günther Küchenhoff (Berlin 1987)
Kühl AT	Kristian Kühl, Strafrecht – Allgemeiner Teil (München 1994). Zitiert nach §§ und Randzahlen
Kühne	Hans-Heiner Kühne, Strafprozeßlehre (4. Aufl, Heidelberg 1993)
Küper BT	Wilfried Küper, Strafrecht – Besonderer Teil: Definitionen mit Erläuterungen (Heidelberg 1996)
Küpper BT 1	Georg Küpper, Strafrecht – Besonderer Teil 1 (Berlin ua 1996). Zitiert nach Teilen, §§ und Randzahlen
KuG	Kirche und Gesellschaft, herausgegeben von der Katholischen Sozialwissenschaftlichen Zentralstelle Mönchengladbach (zitiert nach Nummer und Seite)
k+v	Kraftfahrt und Verkehrsrecht, Rechtszeitschrift der Deutschen Akademie für Verkehrswissenschaft (zitiert nach Jahr und Seite)
KWG	Gesetz über das Kreditwesen idF v 22. 1. 1996 (BGBl I 64; ber 519)
KWKG	Ausführungsgesetz zu Artikel 26 Abs 2 des Grundgesetzes (Gesetz über die Kontrolle von Kriegswaffen) idF v 22. 11. 1990 (BGBl I 2506), letztes ÄndG v 28. 10. 1994 (BGBl I 3186, 3193)

KWL	Kriegswaffenliste. Anlage zum KWKG idF v 22. 11. 1990 (BGBl I 2506, 2515), letzte ÄndVO v 19. 4. 1991 (BGBl I 913)
Lackner-FS	Wilfried Küper (Hrsg), Festschrift für Karl Lackner zum 70. Geburtstag (Berlin 1987)
LAG	Landesarbeitsgericht
Lange-FS	Günter Warda ua (Hrsg), Festschrift für Richard Lange zum 70. Geburtstag (Berlin 1976)
Larenz-FS	Canaris/Diederichsen (Hrsg), Festschrift für Karl Larenz zum 80. Geburtstag (München 1983)
Laufs, Arztrecht	Adolf Laufs, Arztrecht (5. Aufl, München 1993). Zitiert nach Randzahlen
Lb	Lehrbuch
LdR	Gerhard Ulsamer (Hrsg), Lexikon des Rechts/ Strafrecht, Strafverfahrensrecht (2. Aufl, Neuwied 1996)
LebSchrR	Schriftenreihe der Juristen-Vereinigung Lebensrecht e. V. zu Köln (zitiert nach Nummer und Seite des jeweiligen Heftes)
Leferenz-FS	Hans-Jürgen Kerner ua (Hrsg), Kriminologie – Psychiatrie – Strafrecht. Festschrift für Heinz Leferenz zum 70. Geburtstag (Heidelberg 1983)
Lerche-FS	Badura/Scholz (Hrsg), Wege und Verfahren des Verfassungslebens. Festschrift für Peter Lerche zum 65. Geburtstag (München 1993)
LG	Landgericht
Lit	Literatur
LJV	Landesjustizverwaltung
LJZ	Liechtensteinische Juristen-Zeitung (zitiert nach Jahr und Seite)
LK	Strafgesetzbuch (Leipziger Kommentar). 1. bis 24. Lieferung der 11. Aufl (Einl, §§ 1, 2, 13–21, 25–35, 44–51, 56–67, 68–72, 77–92 b, 102–122, 125–141, 174–184 c, 242–262, 264–265 b, 283–283 d, 302 a–311 c, 317–323 c), herausgegeben von Jähnke, Laufhütte und Odersky (Berlin 1992), im übrigen 10. Aufl, herausgegeben von Jescheck, Ruß und Willms (Berlin 1978–1989). Zitiert mit Angabe des Verfassers nach §§ und Randzahlen
LM	Entscheidungen des Bundesgerichtshofs im Nachschlagewerk des Bundesgerichtshofs von Lindenmaier-Möhring
LMBG	Gesetz über den Verkehr mit Lebensmitteln, Tabakerzeugnissen, kosmetischen Mitteln und sonstigen Bedarfsgegenständen (Lebensmittel- und Bedarfsgegenständegesetz) idF v 8. 7. 1993 (BGBl I 1169), letztes ÄndG v 25. 11. 1994 (BGBl I 3538)

Löffler/Ricker	Handbuch des Presserechts, begr von Martin Löffler und Reinhart Ricker, bearb von Reinhart Ricker (3. Aufl, München 1994)
LR	Löwe-Rosenberg, Die Strafprozeßordnung und das Gerichtsverfassungsgesetz mit Nebengesetzen. Großkommentar. 24. Aufl, herausgegeben von Peter Rieß (Berlin 1984–1993. Nachtrag 1992). Zitiert mit Angabe des Verfassers nach §§ und Randzahlen
LS	Leitsatz
LStVG	Bayerisches Landesstraf- und Verordnungsgesetz idF v 13. 12. 1982 (GVBl 1098), letztes ÄndG v 14. 9. 1994 (GVBl I 2325, 2394)
LT-Dr	Landtagsdrucksache
Lüttger, Abh	Hans Lüttger, Vorträge und Abhandlungen (Berlin 1986)
LuftVG	Luftverkehrsgesetz idF v 14. 1. 1981 (BGBl I 61), letztes ÄndG v 19. 10. 1994 (BGBl I 2978, 2999)
LuftVO	Luftverkehrs-Ordnung idF v 14. 11. 1969 (BGBl I 2117), letzte ÄndVO v 21. 3. 1995 (BGBl I 391)
LuftVZO	Luftverkehrs-Zulassungs-Ordnung idF v 13. 3. 1979 (BGBl I 308), letzte ÄndVO v 26. 10. 1994 (BGBl I 3178)
Madrid-Symposium	Schünemann/González (Hrsg), Bausteine eines europäischen Wirtschaftsstrafrechts. Madrid-Symposium für Klaus Tiedemann (Köln 1994)
Mahrenholz-FS	Herta Däubler-Gmelin ua (Hrsg), Gegenrede. Aufklärung – Kritik – Öffentlichkeit. Festschrift für Ernst Gottfried Mahrenholz (Baden-Baden 1994)
Maihofer-FS	Arthur Kaufmann ua (Hrsg), Rechtsstaat und Menschenwürde. Festschrift für Werner Maihofer zum 70. Geburtstag (Frankfurt/M 1988)
v Mangoldt	v Mangoldt/Klein, Das Bonner Grundgesetz (3. Aufl von Bd 1 [Präambel und Art 1–5 GG], 1985, Bd 6 [Art 38–49 GG], 1991, Bd 14 [Art 136–146 GG], 1991, München. Im übrigen 2. Aufl, Bd I 1957, Bd II 1964, Bd III 1974, Berlin/Frankfurt)
Martens-GedSchr ..	Selmer/v Münch (Hrsg), Gedächtnisschrift für Wolfgang Martens (Berlin 1987)
Mat	Materialien zur Strafrechtsreform, 15 Bände (Bonn 1954–1962). Zitiert nach Band und Seite
Maunz/Dürig	Maunz/Dürig ua, Grundgesetz, Kommentar, Loseblattausgabe (München. Stand Oktober 1996). Zitiert mit Angabe des Verfassers nach Art und Randzahlen
Maurach-FS	Schroeder/Zipf (Hrsg), Festschrift für Reinhart Maurach zum 70. Geburtstag (Karlsruhe 1972)

M-Zipf AT 1 .... Heinz Zipf, Strafrecht. – Allgemeiner Teil, Teilband 1 (8. Aufl des von Reinhart Maurach begründeten Werkes, Heidelberg 1992). Zitiert nach §§ und Randzahlen

M-Gössel AT 2 ..... Karl Heinz Gössel, Strafrecht. – Allgemeiner Teil, Teilband 2, III. Teil (7. Aufl des von Reinhart Maurach begründeten Werkes, Heidelberg 1989). Zitiert nach §§ und Randzahlen

M-Zipf AT 2 .... Heinz Zipf, Strafrecht. – Allgemeiner Teil, Teilband 2, IV. Teil (7. Aufl des von Reinhart Maurach begründeten Werkes, Heidelberg 1989). Zitiert nach §§ und Randzahlen

M-Schroeder/Maiwald BT 1.... Schroeder/Maiwald, Strafrecht. – Besonderer Teil, Teilband 1 (8. Aufl des von Reinhart Maurach begründeten Werkes, Heidelberg 1995). Zitiert nach §§ und Randzahlen

M-Schroeder/Maiwald BT 2 ... Schroeder/Maiwald, Strafrecht. – Besonderer Teil, Teilband 2 (7. Aufl des von Reinhart Maurach begründeten Werkes, Heidelberg 1991). Zitiert nach §§ und Randzahlen

Mayer AT .... Hellmuth Mayer, Strafrecht, Allgemeiner Teil (Stuttgart 1967)

Mayer-FS .... Geerds/Naucke (Hrsg), Beiträge zur gesamten Strafrechtswissenschaft. Festschrift für Hellmuth Mayer zum 70. Geburtstag (Berlin 1966)

MBl .... Ministerialblatt

MDR .... Monatsschrift für deutsches Recht (zitiert nach Jahr und Seite)

MedKlinik .... Medizinische Klinik, Wochenschrift für Klinik und Praxis (zitiert nach Jahr und Seite)

MedR .... Medizinrecht (zitiert nach Jahr und Seite)

Meyer-GedSchr ... Geppert/Dehnicke (Hrsg), Gedächtnisschrift für Karlheinz Meyer (Berlin 1990)

Mezger-FS .... Engisch/Maurach (Hrsg), Festschrift für Edmund Mezger zum 70. Geburtstag (München 1954)

MfS .... Ministerium für Staatssicherheit (DDR)

Michalke .... Regina Michalke, Umweltstrafsachen (Heidelberg 1991)

MiStra .... Anordnung über Mitteilungen in Strafsachen. AV des BMJ v 15. 3. 1985 (BAnz 3053)

Mitsch OWi .... Wolfgang Mitsch, Recht der Ordnungswidrigkeiten (Berlin 1995)

Miyazawa-FS .... Hans-Heiner Kühne (Hrsg), Festschrift für Koichi Miyazawa: Dem Wegbereiter des japanisch-deutschen Strafrechtsdiskurses (Baden-Baden 1995)

MMW	Münchner Medizinische Wochenschrift (zitiert nach Jahr und Seite)
MOG	Gesetz zur Durchführung der gemeinsamen Marktorganisationen idF v 20. 9. 1995 (BGBl I 1146), ÄndG v 2. 5. 1996 (BGBl I 656, 657)
MRK	Konvention zum Schutze der Menschenrechte und Grundfreiheiten v 4. 11. 1950. ZustimmungsG v 7. 8. 1952 (BGBl II 685, 953)
MschrKrim	Monatsschrift für Kriminologie und Strafrechtsreform (zitiert nach Jahr und Seite)
MStGB	Militärstrafgesetzbuch
Mühlhaus/Janiszewski	Hermann Mühlhaus, fortgeführt von Horst Janiszewski, Straßenverkehrs-Ordnung (14. Aufl, München 1995)
v Münch/Kunig GG	v Münch/Kunig (Hrsg), Grundgesetz-Kommentar, Bd 1 (4. Aufl, München 1992)
mwN	mit weiteren Nachweisen
Narr-FS	Kamps/Laufs (Hrsg), Arzt- und Kassenarztrecht im Wandel. Festschrift für Helmut Narr zum 60. Geburtstag (Berlin 1988)
Naucke	Wolfgang Naucke, Strafrecht. Eine Einführung (7. Aufl, Neuwied 1995). Zitiert nach §§ und Randzahlen
Ndschr	Niederschriften über die Sitzungen der Großen Strafrechtskommission, 14 Bände (Bonn 1956 bis 1960). Zitiert nach Band und Seite
NdsRpfl	Niedersächsische Rechtspflege (zitiert nach Jahr und Seite)
NEG	Gesetz über die rechtliche Stellung der nichtehelichen Kinder v 19. 8. 1969 (BGBl I 1243), ÄndG v 17. 7. 1970 (BGBl I 1099)
NervA	Der Nervenarzt (zitiert nach Jahr und Seite)
nF	neue Fassung
NJ	Neue Justiz (zitiert nach Jahr und Seite)
NJW	Neue Juristische Wochenschrift (zitiert nach Jahr und Seite)
NJW-RR	Neue Juristische Wochenschrift-Rechtsprechungs-Report Zivilrecht (zitiert nach Jahr und Seite)
NK	Nomos Kommentar zum Strafgesetzbuch. 1.–3. Lieferung (vor § 1, nach § 2, §§ 3–18, § 32, vor § 38, §§ 40–44, 49–55, 61–70 b, 73–77 e, 153–168, 185–205, 242–248 c, 267–274, 283–283 d, 302 a, 323 a–323 c, 348). Gesamtredaktion: Ulfried Neumann und

	Wolfgang Schild (Baden-Baden 1995). Zitiert mit Angabe des Verfassers nach §§ und Randzahlen
NKrimPol	Neue Kriminalpolitik. Forum für Praxis, Politik und Wissenschaft (zitiert nach Jahr, Heft und Seite)
Noll-GedSchr	Robert Hauser ua (Hrsg), Gedächtnisschrift für Peter Noll (Zürich 1984)
Nr	Nummer
NRW	Nordrhein-Westfalen
NStE	Kurt Rebmann ua, Neue Entscheidungssammlung für Strafrecht – Loseblatt-Sammlung (München. Stand 1995). Zitiert nach Ges, § und laufender Nr (Hinweise ohne Angabe des Ges beziehen sich auf das StGB)
NStZ	Neue Zeitschrift für Strafrecht (zitiert nach Jahr und Seite)
NStZ-RR	NStZ-Rechtsprechungs-Report Strafrecht (zitiert nach Jahr und Seite)
NuR	Natur + Recht, Zeitschrift für das gesamte Recht zum Schutze der natürlichen Lebensgrundlagen und der Umwelt (zitiert nach Jahr und Seite)
NVwZ	Neue Zeitschrift für Verwaltungsrecht (zitiert nach Jahr und Seite)
NVwZ-RR	Neue Zeitschrift für Verwaltungsrecht-Rechtsprechungs-Report Verwaltungsrecht (zitiert nach Jahr und Seite)
NZV	Neue Zeitschrift für Verkehrsrecht (zitiert nach Jahr und Seite)
NZWehrr	Neue Zeitschrift für Wehrrecht (zitiert nach Jahr und Seite)
Odersky-FS	Reinhard Böttcher ua (Hrsg), Festschrift für Walter Odersky zum 65. Geburtstag (Berlin 1996)
OEG	Gesetz über die Entschädigung für Opfer von Gewalttaten idF v 7. 1. 1985 (BGBl I 1), letztes ÄndG v 7. 8. 1996 (BGBl I 1254, 1316)
Oehler-FS	Rolf-Dietrich Herzberg (Hrsg), Festschrift für Dietrich Oehler zum 70. Geburtstag (Köln 1985)
Oehler IntStR	Dietrich Oehler, Internationales Strafrecht (2. Aufl, Köln 1983)
ÖJZ	Österreichische Juristen-Zeitung (zitiert nach Jahr und Seite)
ÖRiZ	Österreichische Richterzeitung (zitiert nach Jahr und Seite)
OGHSt	Rechtsprechung des Obersten Gerichtshofs für die Britische Zone in Strafsachen (zitiert nach Band und Seite)
OHG	offene Handelsgesellschaft
OLG	Oberlandesgericht

OLGSt	Entscheidungen der Oberlandesgerichte zum Straf- und Strafverfahrensrecht (zitiert nach Ges, §§ und Seite). – Seit 1983 Entscheidungen der Oberlandesgerichte in Straf-, Ordnungswidrigkeiten- und Ehrengerichtssachen. – Seit 1991 Entscheidungen der Oberlandesgerichte in Strafsachen und über Ordnungswidrigkeiten (herausgegeben von Michael Lemke. Stand Juli 1996). Zitiert nach Ges, §§ und innerhalb der §§ nach Nummern
OpferSchG	Erstes Gesetz zur Verbesserung der Rechtsstellung des Verletzten im Strafverfahren (Opferschutzgesetz) v 18. 12. 1986 (BGBl I 2496), ÄndG v 27. 1. 1987 (BGBl I 475, 480)
OrgKG	Gesetz zur Bekämpfung des illegalen Rauschgifthandels und anderer Erscheinungsformen der Organisierten Kriminalität v 15. 7. 1992 (BGBl I 1302)
OsnabrRAbh	Osnabrücker Rechtswissenschaftliche Abhandlungen, herausgegeben von den Professoren des Fachbereichs Rechtswissenschaften der Universität Osnabrück (zitiert nach Band und Seite)
OstEurR	Osteuropa-Recht (zitiert nach Jahr und Seite)
Otto	Harro Otto, Grundkurs Strafrecht. – GK 1: Allgemeine Strafrechtslehre (5. Aufl, Berlin 1996) – GK 2: Die einzelnen Delikte (4. Aufl, Berlin 1995)
OWiG	Gesetz über Ordnungswidrigkeiten idF v 19. 2. 1987 (BGBl I 602), letztes ÄndG v 28. 10. 1994 (BGBl I 3186, 3193)
OWiGÄndG	Gesetz zur Änderung des Gesetzes über Ordnungswidrigkeiten, des Straßenverkehrsgesetzes und anderer Gesetze v 7. 7. 1986 (BGBl I 977), letztes ÄndG v 27. 1. 1987 (BGBl I 475, 479)
Pallin-FS	Walter Melnigky ua (Hrsg), Strafrecht, Strafprozeßrecht und Kriminologie. Festschrift für Franz Pallin zum 80. Geburtstag (Wien 1989)
ParlStG	Gesetz über die Rechtsverhältnisse der Parlamentarischen Staatssekretäre v 24. 7. 1974 (BGBl I 1538), letztes ÄndG v 18. 12. 1989 (BGBl I 2218, 2231)
ParteienG	Gesetz über die politischen Parteien (Parteiengesetz) idF v 31. 1. 1994 (BGBl I 149), ÄndG v 18. 12. 1995 (BGBl I 1959, 1967)
PaßG	Paßgesetz v 19. 4. 1986 (BGBl I 537), letztes ÄndG v 30. 7. 1996 (BGBl I 1182)
PatAnwO	Patentanwaltsordnung v 7. 9. 1966 (BGBl I 557), letztes ÄndG v 25. 10. 1994 (BGBl I 3082, 3120)
PatG	Patentgesetz idF v 16. 12. 1980 (BGBl 1981 I 1), letztes ÄndG v 28. 10. 1996 (BGBl I 1546, 1547)

PersAuswG .... Gesetz über Personalausweise idF v 21. 4. 1986 (BGBl I 548), ÄndG v 30. 7. 1996 (BGBl I 1182)

Peters-Festg .... Wasserburg/Haddenhorst (Hrsg), Wahrheit und Gerechtigkeit im Strafverfahren. Festgabe für Karl Peters aus Anlaß seines 80. Geburtstages (Heidelberg 1984)

Peters-FS .... Baumann/Tiedemann (Hrsg), Einheit und Vielfalt des Strafrechts. Festschrift für Karl Peters zum 70. Geburtstag (Tübingen 1974)

Pfeiffer/Fischer ..... Pfeiffer/Fischer, Strafprozeßordnung. Kommentar (München 1995)

Pfeiffer-FS............. Otto Friedrich v Gamm ua (Hrsg), Strafrecht, Unternehmensrecht, Anwaltsrecht. Festschrift für Gerd Pfeiffer zum Abschied aus dem Amt als Präsident des Bundesgerichtshofes (Köln 1988)

Pfeiffer/Maul/Schulte .... Pfeiffer/Maul/Schulte, Strafgesetzbuch, Kommentar an Hand der Rechtsprechung des BGH (Essen 1969)

PflSchG .... Gesetz zum Schutz der Kulturpflanzen (Pflanzenschutzgesetz) v 15. 9. 1986 (BGBl I 1505), letztes ÄndG v 27. 6. 1994 (BGBl I 1440, 1445)

PHI .... Produktionshaftpflicht International, herausgegeben von der Kölnischen Rückversicherungsgesellschaft (zitiert nach Jahr und Seite)

Platzgummer-FS ... Fuchs/Brandstetter (Hrsg), Festschrift für Winfried Platzgummer zum 65. Geburtstag (Wien 1995)

Pohlmann/Jabel .... Pohlmann/Jabel, Strafvollstreckungsordnung (6. Aufl, Bielefeld 1981). Zitiert nach §§ und Randzahlen

PolG .... Polizeigesetz

Polizei .... Die Polizei (zitiert nach Jahr und Seite)

PostG.................... Gesetz über das Postwesen idF v 3. 7. 1989 (BGBl I 1449), letztes ÄndG v 14. 9. 1994 (BGBl I 2325, 2368)

PostO.................... Postordnung v 16. 5. 1963 (BGBl I 341), letzte ÄndVO v 10. 8. 1988 (BGBl I 1573)

PostStruktG .... Gesetz zur Neustrukturierung des Post- und Fernmeldewesens und der Deutschen Bundespost (Poststrukturgesetz) v 8. 6. 1989 (BGBl I 1026)

Preisendanz........... Holger Preisendanz, Strafgesetzbuch, Lehrkommentar mit Erläuterungen und Beispielen (30. Aufl, Berlin 1978)

probl..................... problematisch

Prot 4 .... Protokolle über die Sitzungen des Sonderausschusses „Strafrecht" in der 4. Wahlperiode (Bonn)

Prot 5–7................ Protokolle über die Sitzungen des Sonderausschusses für die Strafrechtsreform in der 5., 6. und 7. Wahlperiode (Bonn)

PStG .... Personenstandsgesetz idF v 8. 8. 1957 (BGBl I 1125), letztes ÄndG v 16. 12. 1993 (BGBl I 2054, 2056)

Radbruch-GedSchr Arthur Kaufmann (Hrsg), Gedächtnisschrift für Gustav Radbruch (Göttingen 1968)

Rasch-FS .... Norbert Leygraf ua (Hrsg), Die Sprache des Verbrechens – Wege zu einer klinischen Kriminologie. Festschrift für Wilfried Rasch (Stuttgart 1993)

RBerG .... Rechtsberatungsgesetz v 13. 12. 1935 (RGBl I 1478), letztes ÄndG v 25. 10. 1994 (BGBl I 3082, 3116)

RdA .... Recht der Arbeit (zitiert nach Jahr und Seite)

RdJ .... Recht der Jugend und des Bildungswesens (zitiert nach Jahr und Seite)

Rdn .... Randnote, Randnummer oder Randzahl

RDV .... Recht der Datenverarbeitung (zitiert nach Jahr und Seite)

Rebmann-FS .... Heinz Eyrich ua (Hrsg), Festschrift für Kurt Rebmann zum 65. Geburtstag (München 1989)

Rechtstheorie........ Rechtstheorie, Zeitschrift für Logik, Methodenlehre, Kybernetik und Soziologie des Rechts (zitiert nach Jahr und Seite)

RegBl .... Regierungsblatt

RegEntw .... Regierungsentwurf

RegUnterhV .... Regelunterhalt-Verordnung vom 27. 6. 1970 (BGBl I 1010), letztes ÄndG v 18. 12. 1995 (BGBl I 1959, 1962)

Rehbinder-WidmSchr .... Raimund Jakob ua (Hrsg), Psyche – Recht – Gesellschaft. Widmungsschrift für Manfred Rehbinder. Schriften zur Rechtspsychologie. Bd I (Bern/München 1995)

RennwG .... Rennwett- und Lotteriegesetz v 8. 4. 1922 (RGBl I 393), letztes ÄndG v 20. 12. 1993 (BGBl I 2254, 2255)

RG .... Reichsgericht

RGBl I, II .... Reichsgesetzblatt Teil I, Teil II

RGSt .... Entscheidungen des Reichsgerichts in Strafsachen (zitiert nach Band und Seite)

RGZ .... Entscheidungen des Reichsgerichts in Zivilsachen (zitiert nach Band und Seite)

RiStBV .... Richtlinien für das Strafverfahren und das Bußgeldverfahren in der ab 1. 10. 1988 (bundeseinheitlich) geltenden Fassung. Letzte ÄndBek v 25. 8. 1994 (BAnz 9689). Zitiert nach Nummern

RöV .... Verordnung über den Schutz vor Schäden durch Röntgenstrahlen (Röntgenverordnung) v 8. 1. 1987 (BGBl I 114), letzte ÄndVO v 25. 7. 1996 (BGBl I 1172)

ROW	Recht in Ost und West (zitiert nach Jahr und Seite)
Roxin AT I	Claus Roxin, Strafrecht, Allgemeiner Teil, Bd I – Grundlagen. Der Aufbau der Verbrechenslehre (2. Aufl, München 1994). Zitiert nach §§ und Randzahlen
Rpfleger	Der Deutsche Rechtspfleger (zitiert nach Jahr und Seite)
RPflEntlG	Gesetz zur Entlastung der Rechtspflege v 11. 1. 1993 (BGBl I 50)
RPflG	Rechtspflegergesetz v 5. 11. 1969 (BGBl I 2065), letztes ÄndG v 28. 10. 1994 (BGBl I 3210, 3265)
Rspr	Rechtsprechung
RuG	Recht und Gesellschaft, Zeitschrift für Rechtskunde (zitiert nach Jahr und Seite)
RuP	Recht und Politik, Vierteljahreshefte für Rechts- und Verwaltungspolitik (zitiert nach Jahr und Seite)
R & P	Recht & Psychiatrie (zitiert nach Jahr und Seite)
RVO	Reichsversicherungsordnung idF v 15. 12. 1924 (RGBl I 779), letztes ÄndG v 20. 12. 1996 (BGBl I 2110, 2111)

s	siehe
S	Seite oder Satz
Sack	Hans-Jürgen Sack, Umweltschutz-Strafrecht, Loseblattausgabe (4. Aufl, Stuttgart. Stand Januar 1995). Zitiert nach §§ und Randzahlen
SÄB	Saarländisches Ärzteblatt (zitiert nach Jahr und Seite)
Salger-FS	Albin Eser ua (Hsrg), Straf- und Strafverfahrensrecht, Recht und Verkehr, Recht und Medizin. Festschrift für Hannskarl Salger zum Abschied aus dem Amt als Vizepräsident des Bundesgerichtshofes (Köln 1995)
Sarstedt-FS	Rainer Hamm (Hrsg), Festschrift für Werner Sarstedt zum 70. Geburtstag (Berlin 1981)
SBer 1–13	Stenographische Berichte über die Sitzungen des Deutschen Bundestages in der 1.–13. Wahlperiode
Schäfer-FS	Helwig Hassenpflug (Hrsg), Festschrift für Karl Schäfer zum 80. Geburtstag (Berlin 1980)
Schaffstein-FS	Gerald Grünwald ua (Hrsg), Festschrift für Friedrich Schaffstein zum 70. Geburtstag (Göttingen 1975)
ScheideMG	Gesetz über die Ausprägung von Scheidemünzen v 8. 7. 1950 (BGBl I 323), letztes ÄndG v 10. 12. 1986 (BGBl I 2414)
Schewe-FS	Harald Schütz ua (Hrsg), Medizinrecht – Psychopathologie – Rechtsmedizin. Festschrift für Günter Schewe (Berlin 1991)
SchiffObG	Schiffahrtsobergericht

SchKG .... Gesetz zur Vermeidung und Bewältigung von Schwangerschaftskonflikten (Schwangerschaftskonfliktgesetz) idF des Art 1 des Schwangeren- und Familienhilfeänderungsgesetzes v 21. 8. 1995 (BGBl I 1050)

Schleswig-FS .... Heribert Ostendorf (Hrsg), Strafverfolgung und Strafverzicht. Festschrift zum 125jährigen Bestehen der Staatsanwaltschaft Schleswig-Holstein (Köln 1992)

SchlHA .... Schleswig-Holsteinische Anzeigen (zitiert nach Jahr und Seite)

Schlüchter, 2. WiKG .... Ellen Schlüchter, Zweites Gesetz zur Bekämpfung der Wirtschaftskriminalität (Heidelberg 1987)

Schmidhäuser .... Eberhard Schmidhäuser, Strafrecht. – AT: Allgemeiner Teil (2. Aufl, Tübingen 1975). – Stub: Allgemeiner Teil, Studienbuch (2. Aufl, Tübingen 1984). – BT: Besonderer Teil (2. Aufl, Tübingen 1983). – Alle Bände zitiert nach Kapiteln und Randzahlen

Schmidt-Leichner-FS .... Hamm/Matzke (Hrsg), Festschrift für Erich Schmidt-Leichner zum 65. Geburtstag (München 1977)

Schmitt-FS .... Klaus Geppert ua (Hrsg), Festschrift für Rudolf Schmitt zum 70. Geburtstag (Tübingen 1992)

Schölz/Lingens...... Schölz/Lingens, Wehrstrafgesetz (3. Aufl des von Dreher, Lackner und Schwalm begründeten Werkes, München 1988)

SchriftlBer .... Schriftlicher Bericht

Schröder-GedSchr Walter Stree ua (Hrsg), Gedächtnisschrift für Horst Schröder (München 1978)

Sch/Sch .... Schönke/Schröder, Strafgesetzbuch (25. Aufl, München 1997). Zitiert unter Hinzufügung des Bearbeiters nach §§ und Randzahlen

Schüler-Springorum-FS .. Peter-Alexis Albrecht ua (Hrsg), Festschrift für Horst Schüler-Springorum zum 65. Geburtstag (Köln 1993)

Schultz-Festg......... Walder/Trechsel (Hrsg), Lebendiges Strafrecht. Festgabe zum 65. Geburtstag von Hans Schultz (Schweizerische Zeitschrift für Strafrecht, Bern 1977)

SchwBG................ Schweizerisches Bundesgericht

Schwinge-FS .... Hans-Ulrich Evers ua (Hrsg), Persönlichkeit in der Demokratie. Festschrift für Erich Schwinge zum 70. Geburtstag (Köln-Bonn 1973)

SchwJZ .... Schweizerische Juristenzeitung (zitiert nach Jahr und Seite)

SchwZStr .... Schweizerische Zeitschrift für Strafrecht (zitiert nach Jahr und Seite)

SeefischG .... Seefischereigesetz v 12. 7. 1984 (BGBl I 876), letztes ÄndG v 2. 8. 1994 (BGBl I 2018, 2031)

SeemannsG	Seemannsgesetz v 26. 7. 1957 (BGBl II 713), letztes ÄndG v 20. 7. 1995 (BGBl I 946, 947)
Sexuologie	Sexuologie. Herausgegeben von der Akademie für Sexualmedizin (zitiert nach Jahr und Seite)
SFHÄndG	Schwangeren- und Familienhilfeänderungsgesetz v 21. 8. 1995 (BGBl I 1050)
SFHG	Gesetz zum Schutz des vorgeburtlichen/werdenden Lebens, zur Förderung einer kinderfreundlichen Gesellschaft, für Hilfen im Schwangerschaftskonflikt und zur Regelung des Schwangerschaftsabbruchs (Schwangeren- und Familienhilfegesetz) v 27. 7. 1992 (BGBl I 1398)
SG	Sozialgericht
SGB I	Sozialgesetzbuch – Allgemeiner Teil – v 11. 12. 1975 (BGBl I 3015), letztes ÄndG v 23. 7. 1996 (BGBl I 1078)
SGB IV	Sozialgesetzbuch – Gemeinsame Vorschiften für die Sozialversicherung – v 23. 12. 1976 (BGBl I 3845), letztes ÄndG v 20. 12. 1996 (BGBl I 2049, 2077)
SGB V	Sozialgesetzbuch – Fünftes Buch. Gesetzliche Krankenversicherung (Artikel 1 des GRG v 20. 12. 1988 [BGBl I 2477]), letztes ÄndG v 12. 12. 1996 (BGBl I 96, 1859)
SGB VI	Sozialgesetzbuch – Sechstes Buch. Gesetzliche Rentenversicherung (Artikel 1 des RRG 1992 v 18. 12. 1988, [BGBl I 2261]), letztes ÄndG v 12. 12. 1996 (BGBl I 96, 1859)
SGB VIII	Sozialgesetzbuch – Achtes Buch. Kinder- und Jugendhilfe idF v 15. 3. 1996 (BGBl I 477), ÄndG v 23. 7. 1996 (BGBl I 1088)
SGB X	Sozialgesetzbuch – Verwaltungsverfahren – v 18. 8. 1980 (BGBl I 1469), letztes ÄndG v 23. 7. 1996 (BGBl I 1088)
SGB X/Kap 3	Sozialgesetzbuch – Zusammenarbeit der Leistungsträger und ihre Beziehungen zu Dritten – v 4. 11. 1982 (BGBl I 1450), letztes ÄndG v 18. 12. 1989 (BGBl I 2261; 1990 I 1337)
SGB XI	Sozialgesetzbuch – Elftes Buch. – Soziale Pflegeversicherung (Art 1 PflegeVG v 26. 5. 1994 [BGBl I 1014, 2797]), letztes ÄndG v 12. 12. 1996 (BGBl I 1859)
SGb	Die Sozialgerichtsbarkeit (zitiert nach Jahr und Seite)
SichVG	Gesetz zur Rechtsvereinheitlichung der Sicherungsverwahrung v 16. 6. 1995 (BGBl I 818)
Sieder/Zeitler	Sieder/Zeitler ua, Wasserhaushaltsgesetz, Loseblattausgabe (3. Aufl, München. Stand März 1996)

Simon-FS .... Willy Brandt ua (Hrsg), Ein Richter, ein Bürger, ein Christ. Festschrift für Helmut Simon (Baden-Baden 1987)

SJZ .... Süddeutsche Juristenzeitung (zitiert nach Jahr und Spalte)

SK........................ Hans-Joachim Rudolphi ua, Systematischer Kommentar zum Strafgesetzbuch. – Bd I : Allgemeiner Teil – Loseblattausgabe – 25 Lieferungen. Stand der letzten Lieferung August 1995 (6. Aufl, Neuwied) – Bd II: Besonderer Teil – Loseblattausgabe – 38 Lieferungen. Stand der letzten Lieferung August 1996 (5. Aufl, Neuwied). Zitiert mit Angabe des Verfassers nach §§ und Randzahlen

SKStPO .... Hans-Joachim Rudolphi ua, Systematischer Kommentar zur Strafprozeßordnung und zum Gerichtsverfassungsgesetz – Loseblattausgabe – 15 Aufbaulieferungen. Stand der letzten Lieferung März 1996 (Neuwied). Zitiert mit Angabe des Verfassers nach §§ und Randzahlen

SklavRG .... Gesetz betreffend die Bestrafung des Sklavenraubes und des Sklavenhandels v 28. 7. 1895 (RGBl 425), letztes ÄndG v 2. 3. 1974 (BGBl I 496, 577)

sog .... sogenannt

SoldG.................... Gesetz über die Rechtsstellung der Soldaten idF v 15. 12. 1995 (BGBl I 1737)

Spann-FS .... Wolfgang Eisenmenger ua (Hrsg), Medizin und Recht. Festschrift für Wolfgang Spann zum 65. Geburtstag (Berlin 1986)

Spendel-FS........... Manfred Seebode (Hrsg), Festschrift für Günter Spendel zum 70. Geburtstag (Berlin 1992)

SpielV .... Verordnung über Spielgeräte und andere Spiele mit Gewinnmöglichkeit (Spielverordnung) idF v 11. 12. 1985 (BGBl I 2245), letztes ÄndG v 20. 12. 1993 (BGBl I 2254)

SprengG................ Gesetz über explosionsgefährliche Stoffe (Sprengstoffgesetz) idF v 17. 4. 1986 (BGBl I 577), letztes ÄndG v 19. 10. 1994 (BGBl I 2978, 2999)

Sp*u*Rt .... Zeitschrift für Sport und Recht (zitiert nach Jahr und Seite)

SRÜ .... Seerechtsübereinkommen der Vereinten Nationen v 10. 12. 1982, Vertragsgesetz v 2. 9. 1994 (BGBl II 1798)

SRÜAusfG........... Gesetz zur Ausführung des Seerechtsübereinkommens der Vereinten Nationen v 10. Dezember 1982 sowie des Übereinkommens v 28. Juli 1994 zur Durchführung des Teils XI des Seerechtsübereinkommens v 6. 6. 1995 (BGBl I 778)

StA .... Staatsanwalt oder Staatsanwaltschaft
StaatsGH .... Staatsgerichtshof
StÄG .... Strafrechtsänderungsgesetz
Strafrechtsänderungsgesetz v 30. 8. 1951 (BGBl I 739), ÄndG v 2. 3. 1974 (BGBl I 469, 632)
Zweites Strafrechtsänderungsgesetz v 6. 3. 1953 (BGBl I 42)
Drittes Strafrechtsänderungsgesetz v 4. 8. 1953 (BGBl I 735), letztes ÄndG v 2. 3. 1974 (BGBl I 469, 632)
Viertes Strafrechtsänderungsgesetz v 11. 6. 1957 (BGBl I 597), letztes ÄndG v 19. 12. 1986 (BGBl I 2566, 2567)
Sechstes Strafrechtsänderungsgesetz v 30. 6. 1960 (BGBl I 478)
Siebentes Strafrechtsänderungsgesetz v 1. 6. 1964 (BGBl I 337)
Achtes Strafrechtsänderungsgesetz v 25. 6. 1968 (BGBl I 741), letztes ÄndG v 2. 3. 1974 (BGBl I 469, 632)
Neuntes Strafrechtsänderungsgesetz v 4. 8. 1969 (BGBl I 1065)
Elftes Strafrechtsänderungsgesetz v 16. 12. 1971 (BGBl I 1977)
Zwölftes Strafrechtsänderungsgesetz v 16. 12. 1971 (BGBl I 1979)
Dreizehntes Strafrechtsänderungsgesetz v 13. 6. 1975 (BGBl I 1349)
Vierzehntes Strafrechtsänderungsgesetz v 22. 4. 1976 (BGBl I 1056)
Fünfzehntes Strafrechtsänderungsgesetz v 18. 5. 1976 (BGBl I 1213)
Sechzehntes Strafrechtsänderungsgesetz v 16. 7. 1979 (BGBl I 1046)
Siebzehntes Strafrechtsänderungsgesetz v 21. 12. 1979 (BGBl I 2324)
Achtzehntes Strafrechtsänderungsgesetz – Gesetz zur Bekämpfung der Umweltkriminalität – v 28. 3. 1980 (BGBl I 373)
Neunzehntes Strafrechtsänderungsgesetz v 7. 8. 1981 (BGBl I 808)
Zwanzigstes Strafrechtsänderungsgesetz v 8. 12. 1981 (BGBl I 1329), ÄndG v 20. 12. 1984 (BGBl I 1654, 1657)
Einundzwanzigstes Strafrechtsänderungsgesetz v 13. 6. 1985 (BGBl I 965)
Zweiundzwanzigstes Strafrechtsänderungsgesetz v 18. 7. 1985 (BGBl I 1510)

	Dreiundzwanzigstes Strafrechtsänderungsgesetz – Strafaussetzung zur Bewährung – v 13. 4. 1986 (BGBl I 393)
	Vierundzwanzigstes Strafrechtsänderungsgesetz – § 168 StGB – v 13. 1. 1987 (BGBl I 141).
	Fünfundzwanzigstes Strafrechtsänderungsgesetz – § 201 StGB – v 20. 8. 1990 (BGBl I 1764)
	Sechsundzwanzigstes Strafrechtsänderungsgesetz – Menschenhandel – v 14. 7. 1992 (BGBl I 1255)
	Siebenundzwanzigstes Strafrechtsänderungsgesetz – Kinderpornographie – v 23. 7. 1993 (BGBl I 1346)
	Achtundzwanzigstes Strafrechtsänderungsgesetz – Abgeordnetenbestechung – v 31. 1. 1994 (BGBl I 84)
	Neunundzwanzigstes Strafrechtsänderungsgesetz – §§ 175, 182 StGB – v 31. 5. 1994 (BGBl I 1168)
	Dreißigstes Strafrechtsänderungsgesetz – Verjährung von Sexualstraftaten an Kindern und Jugendlichen – v 23. 6. 1994 (BGBl I 1310)
	Einunddreißigstes Strafrechtsänderungsgesetz – Zweites Gesetz zur Bekämpfung der Umweltkriminalität – v 27. 6. 1994 (BGBl I 1440; ber 1995 I 249)
	(Zweiunddreißigstes Strafrechtsänderungsgesetz – §§ 44, 69b StGB – v 1. 6. 1995 (BGBl I 747)
StBerG	Steuerberatungsgesetz idF v 4. 11. 1975 (BGBl I 2735), letztes ÄndG v 12. 12. 1996 (BGBl I 1851, 1855)
StGB	Strafgesetzbuch
StGB/DDR	Strafgesetzbuch der Deutschen Demokratischen Republik idF v 14. 12. 1988 (GBl 1989 I 33), letztes ÄndG v 29. 6. 1990 (GBl I 526)
StGB/StPOÄndG	Gesetz zur Änderung des Strafgesetzbuches, der Strafprozeßordnung, des Gerichtsverfassungsgesetzes, der Bundesrechtsanwaltsordnung und des Strafvollzugsgesetzes v 18. 8. 1976 (BGBl I 2181), ÄndG v 28. 3. 1980 (BGBl I 373, 377)
1. StGB/VersGÄndG	Gesetz zur Änderung des Strafgesetzbuches und des Versammlungsgesetzes v 18. 7. 1985 (BGBl I 1511)
2. StGB/VersGÄndG	Gesetz zur Änderung des Strafgesetzbuches, der Strafprozeßordnung und des Versammlungsgesetzes und zur Einführung einer Kronzeugenregelung bei terroristischen Straftaten v 9. 6. 1989 (BGBl I 1059), letztes ÄndG v 19. 1. 1996 (BGBl I 58)
StimmtZt	Stimmen der Zeit (zitiert nach Jahr und Seite)

Stock-FS	Günter Spendel (Hrsg), Festschrift für Ulrich Stock (Würzburg 1966)
StPO	Strafprozeßordnung
StProbGgw	Strafrechtliche Probleme der Gegenwart (Österreich; zitiert nach Band und Seite)
StR	Strafrecht
str	streitig oder strittig
Stratenwerth AT	Günter Stratenwerth, Strafrecht, Allgemeiner Teil I (3. Aufl, Köln 1981). Zitiert nach Randzahlen
Stree/Wessels-FS	Küper/Welp (Hrsg), Festschrift für Walter Stree und Johannes Wessels zum 70. Geburtstag (Heidelberg 1993)
StrEG	Gesetz über die Entschädigung für Strafverfolgungsmaßnahmen v 8. 3. 1971 (BGBl I 157), letztes ÄndG v 29. 10. 1992 (BGBl I 1814, 1820)
StREG	Gesetz über ergänzende Maßnahmen zum 5. Strafrechtsreformgesetz (Strafrechtsreform-Ergänzungsgesetz) v 28. 8. 1975 (BGBl I 2289)
StrK	Strafkammer
StrlSchV	Verordnung über den Schutz vor Schäden durch ionisierende Strahlen (Strahlenschutzverordnung) idF v 30. 6. 1989 (BGBl I 1321; ber 1926), letzte ÄndVO v 25. 7. 1996 (BGBl I 1172)
StrRG	Gesetz zur Reform des Strafrechts Erstes Gesetz zur Reform des Strafrechts v 25. 6. 1969 (BGBl I 645), letztes ÄndG v 28. 8. 1969 (BGBl I 1509, 1512) Zweites Gesetz zur Reform des Strafrechts v 4. 7. 1969 (BGBl I 717), letztes ÄndG v 20. 12. 1984 (BGBl I 1654, 1655) Drittes Gesetz zur Reform des Strafrechts v 20. 5. 1970 (BGBl I 505), ÄndG v 2. 3. 1974 (BGBl I 469, 632) Viertes Gesetz zur Reform des Strafrechts v 23. 11. 1973 (BGBl I 1725), ÄndG v 2. 3. 1974 (BGBl I 469, 502) Fünftes Gesetz zur Reform des Strafrechts v 18. 6. 1974 (BGBl I 1297), letztes ÄndG v 21. 8. 1995 (BGBl I 1050, 1056)
stRspr	ständige Rechtsprechung
StS	Strafsenat
Stutte-FS	Remschmidt/Schüler-Springorum (Hrsg), Jugendpsychiatrie und Recht. Festschrift für Hermann Stutte zum 70. Geburtstag (Köln 1979)
StuW	Steuer und Wirtschaft. Zeitschrift für die gesamte Steuerwissenschaft (zitiert nach Jahr und Seite)

StV .... Strafverteidiger (zitiert nach Jahr und Seite)
StVÄG 1987.......... Strafverfahrensänderungsgesetz 1987 v 27. 1. 1987 (BGBl I 475)
StVerkSichG .... Gesetz zur Sicherung des Straßenverkehrs v 19. 12. 1952 (BGBl I 832)
Zweites Gesetz zur Sicherung des Straßenverkehrs v 26. 11. 1964 (BGBl I 921)
StVG..................... Straßenverkehrsgesetz v 19. 12. 1952 (BGBl I 837), letztes ÄndG v 14. 9. 1994 (BGBl I 2325, 2394)
StVO .... Straßenverkehrs-Ordnung v 16. 11. 1970 (BGBl I 1565), letzte ÄndVO v 14. 2. 1996 (BGBl I 216, 217)
StVollstrO .... Strafvollstreckungsordnung v 15. 2. 1956 (BAnz Nr 42; bundeseinheitlich), letzte ÄndAV v 20. 6. 1991 (BAnz 4260)
StVollzÄndG......... Gesetz zur Änderung des Strafvollzugsgesetzes v 20. 12. 1984 (BGBl I 1654)
StVollzG .... Gesetz über den Vollzug der Freiheitsstrafe und der freiheitsentziehenden Maßregeln der Besserung und Sicherung (Strafvollzugsgesetz) v 16. 3. 1976 (BGBl I 581, ber 2088), letztes ÄndG v 17. 12. 1990 (BGBl I 2847, 2859)
StVZO................. Straßenverkehrs-Zulassungs-Ordnung idF v 28. 9. 1988 (BGBl I 1793), letzte ÄndVO v 12. 12. 1996 (BGBl I 1738)
SubvG.................. Gesetz gegen mißbräuchliche Inanspruchnahme von Subventionen (Subventionsgesetz) idF des Art 2 des 1. WiKG v 29. 7. 1976 (BGBl I 2034, 2037)
SuchtmittelG/DDR Gesetz über den Verkehr mit Suchtmitteln – Suchtmittelgesetz – vom 19. 12. 1973 (GBl/DDR I 572)
SÜG .... Gesetz über die Voraussetzungen und das Verfahren der Sicherheitsüberprüfungen des Bundes (Sicherheitsüberprüfungsgesetz) v 20. 4. 1994 (BGBl I 867)

TALärm................ Technische Anleitung zum Schutz gegen Lärm v 16. 7. 1968 (Beil zum BAnz Nr 137)
TALuft.................. Technische Anleitung zur Reinhaltung der Luft v 27. 2. 1986 (GMBl S 95)
TerrBekG .... Gesetz zur Bekämpfung des Terrorismus v 19. 12. 1986 (BGBl I 2566)
Tiedemann GmbHG .... Klaus Tiedemann, Kommentar zum GmbH-Strafrecht (3. Aufl, Köln 1995). Zitiert nach §§ und Randzahlen
TierKBG.............. Gesetz über die Beseitigung von Tierkörpern, Tierkörperteilen und tierischen Erzeugnissen (Tierkörperbeseitigungsgesetz) v 2. 9. 1975 (BGBl I 2313, 2610)

TierschG	Tierschutzgesetz idF v 17. 2. 1993 (BGBl I 254), letztes ÄndG v 27. 4. 1993 (BGBl I 512, 553)
TierSG	Tierseuchengesetz idF v 20. 12. 1995 (BGBl I 2038)
TitelG	Gesetz über Titel, Orden und Ehrenzeichen v 26. 7. 1957 (BGBl I 844), letztes ÄndG v 23. 9. 1990 (BGBl II 885, 910)
Tjong-GedSchr	Hans-Heinrich Jescheck ua (Hrsg), Gedächtnisschrift für Zong Uk Tjong (Tokio 1985)
TKG	Telekommunikationsgesetz v 25. 7. 1996 (BGBl I 1120)
Triffterer-FS	Kurt Schmoller (Hrsg), Festschrift für Otto Triffterer zum 65. Geburtstag (Wien 1996)
Tröndle	Herbert Tröndle, Strafgesetzbuch und Nebengesetze (48. Aufl des von Otto Schwarz begründeten und in der 23. bis 37. Aufl von Eduard Dreher bearbeiteten Werkes, München 1997). Zitiert nach §§ und Randzahlen
Tröndle-FS	Jescheck/Vogler (Hrsg), Festschrfit für Herbert Tröndle zum 70. Geburtstag (Berlin 1989)
Tübingen-FS	Joachim Gernhuber (Hrsg), Tradition und Fortschritt im Recht. Festschrift zum 500jährigen Bestehen der Tübinger Juristenfakultät (Tübingen 1977)
ua	unter anderem, und andere
ÜberwachungsG	Gesetz zur Überwachung strafrechtlicher und anderer Verbringungsverbote v 24. 5. 1961 (BGBl I 607), letztes ÄndG v 14. 9. 1994 (BGBl I 2325, 2384)
UHaft	Untersuchungshaft
UmweltHG	Gesetz über die Umwelthaftung (Umwelthaftungsgesetz) v 10. 12. 1990 (BGBl I 2634)
Universitas	Universitas, Zeitschrift für interdisziplinäre Wissenschaft (zitiert nach Jahr und Seite)
UPR	Umwelt- und Planungsrecht (zitiert nach Jahr und Seite)
UrhG	Urheberrechtsgesetz v 9. 9. 1965 (BGBl I 1273), letztes ÄndG v 19. 7. 1996 (BGBl I 1014, 1017)
usw	und so weiter
uU	unter Umständen
UWG	Gesetz gegen den unlauteren Wettbewerb v 7. 6. 1909 (RGBl 499), letztes ÄndG v 25. 7. 1994 (BGBl I 1738)
v	vom oder von
Venzlaff-FS	Hermann Pohlmeier ua (Hrsg), Forensische Psychiatrie heute: Ulrich Venzlaff zum 65. Geburtstag gewidmet (Heidelberg 1986)

VerbrBG .... Gesetz zur Änderung des Strafgesetzbuches, der Strafprozeßordnung und anderer Gesetze (Verbrechensbekämpfungsgesetz) v 28. 10. 1994 (BGBl I 3186)
VerbrKrG .... Verbraucherkreditgesetz v 17. 12. 1990 (BGBl I 2840), ÄndG v 27. 4. 1993 (BGBl I 509, 510)
VereinsG .... Gesetz zur Regelung des öffentlichen Vereinsrechts (Vereinsgesetz) v 5. 8. 1964 (BGBl I 593), letztes ÄndG v 28. 10. 1994 (BGBl I 3186, 3196)
VerfGH .... Verfassungsgerichtshof
VerglO .... Vergleichsordnung v 26. 2. 1935 (RGBl I 321), letztes ÄndG v 28. 10. 1996 (BGBl I 1546)
VerjährungsG .... Gesetz zur Verjährung von SED-Unrechtstaten (VerjährungsG) v 26. 3. 1993 (BGBl I 392)
2. VerjährungsG .... Gesetz zur Verlängerung strafrechtlicher Verjährungsfristen (2. Verjährungsgesetz) v 27. 9. 1993 (BGBl I 1657)
5. VermBG .... Fünftes Vermögensbildungsgesetz idF v 4. 3. 1994 (BGBl I 406), ÄndG v 21. 7. 1994 (BGBl I 1630, 1665)
VerpflG .... Gesetz über die förmliche Verpflichtung nichtbeamteter Personen (Verpflichtungsgesetz) idF des Art 42 EGStGB v 2. 3. 1974 (BGBl I 469, 547), ÄndG v 15. 8. 1974 (BGBl I 1942)
VersG .... Gesetz über Versammlungen und Aufzüge (Versammlungsgesetz) idF v 15. 11. 1978 (BGBl I 1789), letztes ÄndG v 9. 6. 1989 (BGBl I 1059)
VersR .... Versicherungsrecht. Juristische Rundschau für die Individualversicherung (zitiert nach Jahr und Seite)
VerwArch .... Verwaltungsarchiv, Zeitschrift für Verwaltungslehre, Verwaltungsrecht und Verwaltungspolitik (zitiert nach Jahr und Seite)
VerwRspr .... Verwaltungsrechtsprechung in Deutschland, Sammlung höchstrichterlicher Entscheidungen aus dem Verfassungs- und Verwaltungsrecht (zitiert nach Band und Seite)
VG .... Verwaltungsgericht
VGH .... Verwaltungsgerichtshof
vgl .... vergleiche
VM .... Verkehrsrechtliche Mitteilungen (zitiert nach Jahr und Seite)
VO .... Verordnung
VR .... Verwaltungsrundschau, Zeitschrift für Verwaltung in Praxis und Wissenschaft (zitiert nach Jahr und Seite)
VRS .... Verkehrsrechtssammlung (zitiert nach Band und Seite)
VVDStRL .... Veröffentlichungen der Vereinigung der Deutschen Staatsrechtslehrer. Zitiert nach Heft und Seite
VVG .... Versicherungsvertragsgesetz vom 30. 5. 1908 (RGBl 263), letztes ÄndG v 5. 10. 1994 (BGBl I 2911, 2946)

VwGO .... Verwaltungsgerichtsordnung idF v 19. 3. 1991 (BGBl I 686), letztes ÄndG v 1. 11. 1996 (BGBl I 1626)

VwVfG .... Verwaltungsverfahrensgesetz v 25. 5. 1976 (BGBl I 1253), letztes ÄndG v 12. 9. 1996 (BGBl I 1354)

WaffG .... Waffengesetz idF v 8. 3. 1976 (BGBl I 432), letztes ÄndG v 12. 12. 1996 (BGBl I 1695)

Wassermann-FS..... Christian Broda ua (Hrsg), Festschrift für Rudolf Wassermann zum 60. Geburtstag (Neuwied 1985)

WBeauftrG .... Gesetz über den Wehrbeauftragten des Deutschen Bundestages (Gesetz zu Artikel 45 b des Grundgesetzes) idF v 16. 6. 1982 (BGBl I 677), letztes ÄndG v 30. 3. 1990 (BGBl I 599)

WDO .... Wehrdisziplinarordnung idF v 4. 9. 1972 (BGBl I 1665), letztes ÄndG v 24. 7. 1995 (BGBl I 962, 964)

v Weber-FS .... Hans Welzel ua (Hrsg), Festschrift für Hellmuth von Weber zum 70. Geburtstag (Bonn 1963)

WehrpflG.............. Wehrpflichtgesetz idF v 15. 12. 1995 (BGBl I 1756)

WeinG .... Weingesetz idF des Art 1 des Gesetzes zur Reform des Weinrechts v 8. 7. 1994 (BGBl I 1467)

Welzel................... Hans Welzel, Das Deutsche Strafrecht (11. Aufl, Berlin 1969)

Welzel-FS .... Günter Stratenwerth ua (Hrsg), Festschrift für Hans Welzel zum 70. Geburtstag (Berlin 1974)

Wessels................. Johannes Wessels, Strafrecht. – AT: Allgemeiner Teil. Die Straftat und ihr Aufbau (26. Aufl, Heidelberg 1996). – BT 1: Besonderer Teil – 1. Straftaten gegen Persönlichkeits- und Gemeinschaftswerte (20. Aufl, Heidelberg 1996). – BT 2: Besonderer Teil – 2. Straftaten gegen Vermögenswerte 19. Aufl, Heidelberg 1996). Zitiert nach Randzahlen

WHG .... Gesetz zur Ordnung des Wasserhaushalts (Wasserhaushaltsgesetz) idF v 12. 11. 1996 (BGBl I 1695)

WiB .... Wirtschaftsrechtliche Beratung (zitiert nach Jahr und Seite)

WiKBer .... Tagungsberichte der Sachverständigenkommission zur Bekämpfung der Wirtschaftskriminalität – Reform des Wirtschaftsstrafrechts – (Bonn 1972–1979)

1. WiKG............... Erstes Gesetz zur Bekämpfung der Wirtschaftskriminalität v 29. 7. 1976 (BGBl I 2034)

2. WiKG............... Zweites Gesetz zur Bekämpfung der Wirtschaftskriminalität v 15. 5. 1986 (BGBl I 721)

WiKSchlußBer...... Schlußbericht der Sachverständigenkommission zur Bekämpfung der Wirtschaftskriminalität (BMJ 1980)

WirtschPrüfO........ Gesetz über eine Berufsordnung der Wirtschaftsprüfer (Wirtschaftsprüferordnung) idF v 5. 11. 1975 (BGBl I 2803), letztes ÄndG v 5. 10. 1994 (BGBl I 2911, 2941)

WiStG	Gesetz zur weiteren Vereinfachung des Wirtschaftsstrafrechts (Wirtschaftsstrafgesetz 1954) idF v 3. 6. 1975 (BGBl I 1313), letztes ÄndG v 21. 7. 1993 (BGBl I 1257, 1258)
wistra	Zeitschrift für Wirtschaft. Steuer. Strafrecht (zitiert nach Jahr und Seite)
WiVerw	Wirtschaft und Verwaltung. Vierteljahresbeilage zum Gewerbearchiv (zitiert nach Jahr und Seite)
WM	Wertpapier-Mitteilungen Teil IV. Zeitschrift für Wirtschafts- und Bankrecht (zitiert nach Jahr und Seite)
2. WohnBG	Zweites Wohnungsbaugesetz idF v 19. 8. 1994 (BGBl I 2137), letztes ÄndG v 18. 12. 1995 (BGBl I 1959, 1966)
Wolf-FS	Dietrich Bickel ua (Hrsg), Recht und Rechtserkenntnis. Festschrift für Ernst Wolf zum 70. Geburtstag (Köln 1985)
WRP	Wettbewerb in Recht und Praxis (zitiert nach Jahr und Seite)
WRV	Weimarer Reichsverfassung
WStG	Wehrstrafgesetz idF v 24. 5. 1974 (BGBl I 1213), ÄndG v 21. 12. 1979 (BGBl I 2326)
Würtenberger-FS	Rüdiger Herren ua (Hrsg), Festschrift für Thomas Würtenberger zum 70. Geburtstag (Berlin 1977)
ZahnHKG	Gesetz über die Ausübung der Zahnheilkunde idF v 16. 4. 1987 (BGBl I 1225), letztes ÄndG v 27. 4. 1993 (BGBl I 512, 518)
ZAkDR	Zeitschrift der Akademie für Deutsches Recht (zitiert nach Jahr und Seite)
ZaöRV	Zeitschrift für ausländisches öffentliches Recht und Völkerrecht (zitiert nach Jahr und Seite)
zB	zum Beispiel
ZBJV	Zeitschrift des Bernischen Juristenvereins (zitiert nach Jahr und Seite)
ZBlJR	Zentralblatt für Jugendrecht und Jugendwohlfahrt (zitiert nach Jahr und Seite), später fortgeführt als Zentralblatt für Jugendrecht (ZfJ)
ZDG	Gesetz über den Zivildienst der Kriegsdienstverweigerer (Zivildienstgesetz) idF v 28. 9. 1994 (BGBl I 2811), letztes ÄndG v 7. 8. 1996 (BGBl I 1254, 1312)
ZEE	Zeitschrift für Evangelische Ethik (zitiert nach Jahr und Seite)
ZfB	Zeitschrift für Binnenschiffahrt und Wasserstraßen (zitiert nach Jahr und Seite)
ZfBR	Zeitschrift für deutsches und internationales Baurecht (zitiert nach Jahr und Seite)

ZfJ .... Zentralblatt für Jugendrecht (zitiert nach Jahr und Seite)
ZfL .... Zeitschrift für Lebensrecht (zitiert nach Jahr und Seite)
ZfP .... Zeitschrift für Politik. Organ der Hochschule für Politik München (zitiert nach Jahr und Seite)
ZfRV .... Zeitschrift für Rechtsvergleichung (zitiert nach Jahr und Seite)
ZfS .... Zentralblatt für Sozialversicherung, Sozialhilfe und Versorgung (zitiert nach Jahr und Seite)
ZfSch .... Zeitschrift für Schadensrecht (zitiert nach Jahr und Seite)
ZfTransplMed .... Zeitschrift für Transplantationsmedizin (zitiert nach Jahr und Seite)
ZfW .... Zeitschrift für Wasserrecht (zitiert nach Jahr und Seite)
ZfZ .... Zeitschrift für Zölle und Verbrauchsteuern (zitiert nach Jahr und Seite)
ZGR .... Zeitschrift für Unternehmens- und Gesellschaftsrecht (zitiert nach Jahr und Seite)
ZHR .... Zeitschrift für das gesamte Handels- und Wirtschaftsrecht (zitiert nach Jahr und Seite)
ZIP .... Zeitschrift für Wirtschaftsrecht (zitiert nach Jahr und Seite)
Zipf, Kriminalpolitik .... Heinz Zipf, Kriminalpolitik. Ein Lehrbuch (2. Aufl, Heidelberg 1980)
ZKredW .... Zeitschrift für das gesamte Kreditwesen (zitiert nach Jahr und Seite)
ZME .... Zeitschrift für medizinische Ethik (zitiert nach Jahr und Seite)
ZMR .... Zeitschrift für Miet- und Raumrecht (zitiert nach Jahr und Seite)
ZollG .... Zollgesetz idF v 18. 5. 1970 (BGBl I 529), letztes ÄndG v 21. 12. 1992 (BGBl I 2125, 2132)
ZonenrandFG .... Zonenrandförderungsgesetz v 5. 8. 1971 (BGBl I 1237), letztes ÄndG v 6. 6. 1994 (BGBl I 1184, 1193)
ZPO .... Zivilprozeßordnung
ZRG Germ Abt .... Zeitschrift der Savigny-Stiftung für Rechtsgeschichte, Germanistische Abteilung (zitiert nach Jahr und Seite)
ZRP .... Zeitschrift für Rechtspolitik (zitiert nach Jahr und Seite)
ZStW .... Zeitschrift für die gesamte Strafrechtswissenschaft (zitiert nach Band und Seite)
ZStW Beiheft .... Beiheft zur Zeitschrift für die gesamte Strafrechtswissenschaft (zitiert nach Jahr und Seite)
zT .... zum Teil
ZUM .... Zeitschrift für Urheber- und Medienrecht (zitiert nach Jahr und Seite)

ZUR	Zeitschrift für Umweltrecht (zitiert nach Jahr und Seite)
zusf	zusammenfassend
zust	zustimmend
ZustStR	Institut für Kriminalwissenschaften Frankfurt a. M. (Hrsg), Vom unmöglichen Zustand des Strafrechts (Frankfurt 1995)
ZVR	Zeitschrift für Verkehrsrecht (Österreich; zitiert nach Jahr und Seite)
zw	zweifelhaft
zZ	zur Zeit

Tabelle der Änderungen des StGB

Laufende Nr.	Änderndes Gesetz	Datum	Reichsgesetzbl. (ab 1923 T. I) Seite	geänderte Paragraphen des StGB	Art. d. Änderung
1.	Ges. betr. Ergänz. d. StGB	10. 12. 71	442	130 a	eingef.
2.	Ges. betr. d. Abänderung von Bestimmungen des StGB und die Ergänzung desselben	26. 2. 76	25	4, 55, 64, 70, 88, 95, 102, 103, 104, 113, 114, 117, 130 a, 135, 140, 144, 145, 176, 177, 178, 183, 194, 200, 208, 223, 228, 232, 240, 241, 247, 263, 275, 292, 296, 303, 319, 321, 360, 361, 363, 366, 367, 369, 370	geänd.
				49 a, 103 a, 223 a, 296 a, 353 a, 366 a, 361	eingef.
3.	EG zur Konkursordnung	10. 2. 77	390	281–283	aufgeh.
4.	Ges. betr. d. Wucher	24. 5. 80	109	360	geänd.
				302 a–d	eingef.
5.	Ges. betr. die unter Ausschluß der Öffentlichkeit stattfindenden Gerichtsverhandlungen	5. 4. 88	133	184 II	eingef.
6.	Ges. betr. Änderung d. StGB	13. 5. 91	107	317, 318, 360	geänd.
				276 II, 318 a, 364 II, 367 a	eingef.
7.	Ges. betr. d. Abänderung des § 69 StGB	26. 3. 93	133	69	geänd.
8.	Ges. betr. Ergänzung der Bestimmung über den Wucher	19. 6. 93	197	302 a, d	geänd.
				302 e, 367	eingef.
9.	Ges. gegen den Verrat militärischer Geheimnisse	3. 7. 93	205	89, 90	geänd.
10.	Ges. betr. die Änderung d. Ges. über den Unterstützungswohnsitz u. d. Ergänzung d. StGB	12. 3. 94	259	361 II	geänd.
				361	eingef.
11.	EG z. Bürgerlichen Gesetzbuch	18. 8. 96	604	34, 55, 65, 171 I, III, 195, 235, 237, 238	geänd.
				145 a	eingef.
12.	Ges. betr. die Abänderung des § 316 StGB	27. 12. 99	729	316 I	geänd.
13.	Ges. betr. Änderungen und Ergänzungen des StGB	25. 6. 00	301	180, 181, 184, 362	geänd.
				181 a, 184 a u. b	eingef.
14.	Ges. betr. die Bestrafung der Majestätsbeleidigung	17. 2. 08	25	95, 97, 99, 101	geänd.
15.	Maß- u. Gewichtsordnung	30. 5. 08	349	369 I u. II	aufgeh.
16.	Ges. betr. Änderung d. StGB	19. 6. 12	395	114 II, 123, 136, 137, 235, 239 I, 288 I, 327 I, 328 I, 355, 369, 370,	geänd.
				223 a II, 248 a, 264 a	eingef.
17.	Ges. gegen den Verrat militärischer Geheimnisse	3. 6. 14	195	360 II	geänd.
				360	aufgeh.

Laufende Nr.	Änderndes Gesetz	Datum	Reichsgesetzbl. (ab 1923 T. I) Seite	geänderte Paragraphen des StGB	Art. d. Änderung
18.	Ges. gegen das Glücksspiel	23. 12. 19	2145	284, 285, 360 284 a u. b, 285 a	geänd. eingef.
19.	Jugendgerichtsgesetz	16. 2. 23	135	55–57	aufgeh.
20.	Ges. zur Änderung des StGB	23. 5. 23	296	107 a	eingef.
21.	VO über Vermögensstrafen u. Bußen	6. 2. 24	44	1 II, III, 27–29, 70 I, 78 27 a–c, 28 a u. b	geänd. eingef.
22.	Ges. über die Bestrafung des Zweikampfes	30. 4. 26	201	210 a	eingef.
23.	Ges. zur Abänderung des StGB	18. 5. 26	239	218 219, 220	geänd. aufgeh.
24.	Arbeitsgerichtsgesetz	23. 12. 26	507	334	geänd.
25.	Ges. zur Bekämpfung der Geschlechtskrankheiten	18. 2. 27	61	361, 362 III Satz 2 180 II u. III, 184 a, 361 a	geänd. eingef.
26.	Ges. über den Verkehr mit Lebensmitteln und Bedarfsgegenständen (Lebensmittelgesetz)	5. 7. 27	134	367	aufgeh.
27.	Gaststättengesetz	28. 4. 30	146	365	aufgeh.
28.	Dritte VO des Reichspräsidenten zur Sicherung von Wirtschaft und Finanzen und zur Bekämpfung politischer Ausschreitungen	6. 10. 31	537	86 I 86 a	geänd. eingef.
29.	VO des Reichspräsidenten zur Erhaltung des inneren Friedens	19. 12. 32	548	49 b, 134 a 94	eingef. geänd.
30.	Ges. zur Abänderung strafrechtlicher Vorschriften	26. 5. 33	295	4 II, 17 IV, 20, 87–90, 92 II, 164, 210 a, 266, 360, 361 a, 362 III 39 a, 92 a, b, 145 b, 219, 220, 223 b, 226 a, 263 IV, 361 b, c 223 a II	geänd. eingef. aufgeh.
31.	Ges. zur Änderung des Verfahrens in bürgerl. Rechtsstreitigkeiten	27. 10. 33	780	153 Satz 2	eingef.
32.	Tierschutzgesetz	24. 11. 33	987	145 b, 360	aufgeh.
33.	Gesetz gegen gefährliche Gewohnheitsverbrecher und über Maßregeln der Sicherung und Besserung	24. 11. 33	995	36, 51, 58, 60, 71, 72, 76, 181 a, 285 a I, 345 I, 346 I 2 a, 20 a, 42 a – n, 67 V, 70 II, 122 a, b, 145 c, 245 a, 257 a, 330 a, b, 347 III 39 a, 362 II–IV	geänd. eingef. aufgeh.
34.	Ges. über Reichsverweisungen	23. 3. 34	213	67, 76, 257 a 39, 42 a, 42 m, 285 a II, 361	geänd. aufgeh.
35.	Ges. zur Änderung von Vorschriften des Strafrechts und des Strafverfahrens	24. 4. 34	341	4, 16 III, 80–93, 102 90 a–i, 91 a, b, 92 a–f, 93 a 329	geänd. eingef. aufgeh.
36.	Ges. zur Änderung des StGB	28. 6. 35	839	2, 2 a, 117 I, 140–143, 175, 292–296, 310, 315, 316, 321, 360 I, 368 2 b, 42 I, IV, 132 a, 134 b,	geänd.

Laufende Nr.	Änderndes Gesetz	Datum	Reichsgesetzbl. (ab 1923 T. I) Seite	geänderte Paragraphen des StGB	Art. d. Änderung
				140 a, b, 141 a, 143 a, 175 a, b, 265 a, 310 a, 330 c, 368 a	eingef.
				319, 320, 322, 323, 360 I, 368, 370	aufgeh.
37.	Ges. gegen erpresserischen Kindesraub	22. 6. 36	493	239 a	eingef.
38.	Ges. z. Änderung des StGB	2. 7. 36	532	139, 143 a	geänd.
				353 b, c	eingef.
39.	Reichsapothekerordnung	18. 4. 37	457	300	geänd.
40.	Ges. zur Änderung von Vorschriften des allgemeinen Strafverfahrens, des Wehrmachtstrafverfahrens und des StGB	16. 9. 39	1841	89 III, 90 II	aufgeh.
41.	VO zur Ergänzung der Strafvorschriften zum Schutz der Wehrkraft des deutschen Volkes	25. 11. 39	2319	143 a	aufgeh.
42.	VO zur Änderung der Strafvorschriften über fahrlässige Tötung, Körperverletzung und Flucht bei Verkehrsunfällen	2. 4. 40	606	222, 230, 232	geänd.
				139 a	eingef.
43.	VO über den Geltungsbereich des Strafrechts	6. 5. 40	754	3–5	geänd.
				8,37	aufgeh.
44.	Ges. zur Änderung des StGB	4. 9. 41	549	211, 212, 309, 310 a, 330 a	geänd.
				143 a, 281	eingef.
				214, 215, 363	aufgeh.
45.	VO zur Durchführung des Ges. zur Änderung d. StGB	24. 9. 41	581	42 f III–V, 42 h I	geänd.
				42 f VI	eingef.
46.	VO zur Erweiterung und Verschärfung des strafrechtlichen Schutzes gegen Amtsanmaßung	9. 4. 42	174	132	geänd.
47.	Ges. zur Ergänzung der Vorschriften gegen Landesverrat	22. 11. 42	668	92 f	geänd.
				92 IV	eingef.
48.	VO über die Änderung der Strafvorschrift gegen die Verletzung fremden Fischereirechts und über die Einführung reichsrechtlicher usw.	23. 1. 43	67	293 II	geänd.
49.	VO zur Durchführung der VO zum Schutze von Ehe, Familie und Mutterschaft	18. 3. 43	169	218, 219, 361 II	geänd.
				170 a, b, c, d, 226 b	eingef.
				361 I	aufgeh.
				171, 172	vom 13. n 12. Abschn. umgest.
50.	VO zur Angleichung des Strafrechts des Altreichs und der Alpen- und Donau-Reichsgaue (StrafrechtsangleichungsVO)	29. 5. 43	339	49 a, b, 50, 64, 66, 113, 117, 153, 156–160, 174, 189, 216, 240, 253, 259, 267, 274, 348	geänd.

Laufende Nr.	Änderndes Gesetz	Datum	Reichsgesetzbl. (ab 1923 T. I) Seite	geänderte Paragraphen des StGB	Art. d. Änderung
				63, 254, 268–270, 339, 349	aufgeh.
				145 d, 156 a	eingef.
51.	DVO zur Strafrechtsangleichungs VO	29. 5. 43	341	44, 48, 49, 253	geänd.
52.	VO über die Vereinfachung und Vereinheitlichung des Jugendstrafrechts (JugendstrafrechtsVO)	6. 11. 43	635	139 b	eingef.
53.	Zweite DVO zur Strafrechtsangleichungs VO	20. 1. 44	41	153, 154, 159, 161 II, 163 I	geänd.
				156 a	aufgeh.
54.	Ges. zur Änderung der Vorschriften gegen Landesverrat	20. 9. 44	225	90 b–f, 90 i, 91, 91 b, 92 b	geänd.
				92	aufgeh.
55.	Kontrollratsgesetz Nr. 11	30. 1. 46	KtrR-ABl. 55	2, 2 b, 9, 10, 16 III, 42 a, 42 k, 80–94, 102, 103, 112, 134 a, 134 b, 140–143 a, 189 III, 210 a, 226 b, 291, 353 a, 370	aufgeh.
56.	VO zur Änderung des § 219 StGB	3. 2. 47		219	geänd.
57.	Ges. zum Schutz der persönlichen Freiheit	15. 7. 51	448	234 a, 241 a	eingef.
				139 I	geänd.
58.	Strafrechtsänderungsgesetz	30. 8. 51	739	80–101, 106 a, 106 b, 129 a, 187 a, 316 a, 353 a	eingef.
				4 III, 129, 317	geänd.
				135, 318, 318 a	aufgeh.
59.	Ges. über den Kapitalverkehr	15. 12. 52	801	145 a	aufgeh.
60.	Ges. zur Sicherung des Straßenverkehrs	19. 12. 52	832	90, 94, 315, 316	geänd.
				42 a Nr. 7, 42 m, 315 a, 316 a	eingef.
				316 a wurde 316 b	
61.	Zweites Strafrechtsänderungsgesetz	6. 3. 53	42	141	eingef.
62.	Drittes Strafrechtsänderungsgesetz	4. 8. 53	735	1, 3 II, 4 III, 7, 11, 12, 17, 20, 21, 23, 24, 25, 26, 27 II, 28 III, 28 b II, 29 VI, 31, 32 I, 34, 42 b I, 42 f, 42 h I, 44 II, 49 a, 52 II, 67 I, 70 I, 74 III, 75 I u. II, 93, 104, 105, 106, 106 a I, 107, 107 a, 108, 109, 111 II, 117 II, 132, 132 a, 139, 143, 147, 149, 159, 163 II, 166, 168, 170 a II, 173 II, 176 I, 177 I, 179 I, 181 a I, 197, 201, 202, 203, 205, 206, 211 I, 212 I, 216, 217 II, 218 III, 219, 228, 232 III, 236 I, 237 I, 239 a, 240, 253,	

Laufende Nr.	Änderndes Gesetz	Datum	Reichsgesetzbl. (ab 1923 T. I) Seite	geänderte Paragraphen des StGB	Art. d. Änderung
				263 IV, 266 II, 275, 276 II, 294, 300, 301 I, 314, 325, 326, 330 c, 345 II, 352 I, 355, 356 I, 358, 359, 360, 361, 364 II, 367 II, 368	geänd.
				2, 16 III, 24 a, 56, 102, 103, 104 a, b, 107 b, c, 108 a, b, 109 a, 114 III, 138, 140, 173 V, 212 II, 248 b, c, 260 II, 265 a III, 266 III, 302 d II	eingef.
				2 a, 13, 27 b II, 66 II, 103 a, 113 IV, 117 IV, 130 a, 138, 153 II, 156 II, 162, 195, 211 III, 338, 361 II, 367	aufgeh.
				§ 58 wurde § 55, § 139 a wurde § 142 und § 139 b wurde § 143	
63.	Neue Bekanntmachung	25. 8. 53 bericht. 1954	1083 33		redaktionelle Änderungen
64.	Ges. über den Beitritt der Bundesrepublik Deutschland zu der Konvention vom 9. Dezember 1948 über die Verhütung und Bestrafung des Völkermordes	9. 8. 54	II 729	220 a	eingef.
65.	Viertes Strafrechtsänderungsgesetz	11. 6. 57	597	4 III, 91 I, 94 I, 114 I, 360	geänd.
				141	aufgeh.
				109–109 i, 363	eingef.
				§ 109 wurde § 108 c § 109 a wurde § 108 d	
66.	Seemannsgesetz	26. 7. 57	II 713	298	aufgeh.
67.	Fünftes Strafrechtsänderungsgesetz	24. 6. 60	477	361 Nr. 6 c	geänd.
68.	Sechstes Strafrechtsänderungsgesetz	30. 6. 60	478	96 a	eingef.
				130, 189	geänd.
69.	Entscheidung des Bundesverfassungsgerichts vom 21. 3. 1961	13. 4. 61	455	90 a I	geänd.
				90 a III	aufgeh.
70.	Arzneimittelgesetz	16. 5. 61	533	367 I Nr. 3	teilw. aufgeh.
71.	Siebentes Strafrechtsänderungs gesetz	1. 6. 64	337	311	geänd.
				311 a–c	eingef.
				94 I, 140 I, 325	geänd.
72.	Vereinsgesetz	5. 8. 64	593	90 a, 129 a	aufgeh.
				90 a, 90 b	eingef.
				128 II, III, 129	geänd.
73.	Zweites Straßenverkehrssicherungsgesetz	26. 11. 64	921	1 II, III, 27 II, 42 m, 70 I, 94, 315, 315 a, 316	geänd.

Laufende Nr.	Änderndes Gesetz	Datum	Reichsgesetzbl. (ab 1923 T. I) Seite	geänderte Paragraphen des StGB	Art. d. Änderung
				37, 42 n, 42 o, 42 p, 60 II, 315 b–d	eingef.
74.	Ges. über die Werbung auf dem Gebiete des Heilwesens	11. 7. 65	604	184	geänd.
75.	Ges. zum strafrechtlichen Schutz gegen den Mißbrauch von Tonaufnahme- und Abhörgeräten	22. 12. 67	1360	298, 353 d	eingef.
76.	Einführungsges. zum Ges. über Ordnungswidrigkeiten	24. 5. 68	503	42, 50 II, 145, 284 b, 296 IV, 298 V, 311 c	aufgeh.
				27 II, 40, 41, 153, 184 I, 245 a III, 295, 296 III, 296 a II, 360 II, 366, 367	geänd.
				40 a–c, 41 a–c, 42, 50 II, III, 50 a, 132 a IV, 184 III, 219 III, 282, 285 b, 298 V, VI, 325 a	eingef.
77.	Bundeswaffengesetz	14. 6. 68	633	367 I Nr. 9	aufgeh.
78.	Achtes Strafrechtsänderungsgesetz	25. 6. 68	741	20, 80 – 101, 109 i II, 128 aufgeh.	
				4 III, 104 b I, 105, 106, 108, 129 II, V, VI, 138 I, 187 a I, 353 b, 353 c	geänd.
				46 a, 80 – 101 a, 109 k	eingef.
79.	Erstes Gesetz zur Reform des Strafrechts	25. 6. 69	645	7, 14 bis 19, 20 a, 21, 22, 23 bis 26, 27 b, 27 c, 28 III, 31 – 36, 42 d, 45, 119, 121 II, 143 III, 161, 172, 175 – 175 b, 179, 201 – 210, 243 – 245 a, 261, 264, 296, 316 b III, 362	aufgeh.
				1, 29, 42 a, 42 e – 42 i, 42 l III, 42 m I, 44, 49 a I, 60, 67, 70, 73–77, 83 a I, 84 IV, V, 87 III, 90 II, 92 a, 95, 96 II, 98 II, 101, 104 b I, 108 c, 109 i, 122 a, 129 IV–VI, 157, 158 I, 164, 166, 167, 176 I, 181, 184, 216, 218, 219 III, 232 II, 233, 235 – 238, 240 I, 246, 248, 250 I, 256, 258 I, 262, 263, 266 II, 271, 272, 274 I, 281, 282, 285 a, 311 a I, 311 b I, 313 II, 315 VI, 316 a II, 317, 325, 333, 334, 347, 358, 361	geänd.
				13, 14 – 19, 20, 21, 23 – 26, 27 b, 27 c, 31 – 33,	

Laufende Nr.	Änderndes Gesetz	Datum	Reichsgesetzbl. (ab 1923 T. I) Seite	geänderte Paragraphen des StGB	Art. d. Änderung
				167 a, 174 II, 175, 181 II, 243, 244, 268	eingef.
80.	Zweites Gesetz zur Reform des Strafrechts	4. 7. 69	717	1 – 77, 92 b II, 101 II, 109 k II, 335, 360 – 370	aufgeh.
				80 a, 83 a, 84 IV, V, 86 II, 86 a I, 87 III, 90 I, II, 90 a I, 90 b I, 91, 92 b, 98 II, 101 a, 109 h, 109 k, 110, 129 V, VI, 139 III, 145 c, 157 I, II, 158 I, 159, 184 I, 184 a, 186, 187 I, 187 a I, 196, 200 I, 233, 245, 256, 262, 264, 285 b, 295, 296 a II, 298 V, 311 b I, 315 VI. 316 a II, 330 a, 357 I	geänd.
				1 – 79 b, 145, 145 a, 181 b, 184 c, 184 d, 223 a II, 228 a, 245, 264	eingef.
81.	Gesetz über das Postwesen	28. 7. 69	1006	367 I Nr 5 a	aufgeh.
82.	Neuntes Strafrechtsänderungsgesetz	4. 8. 69	1065	66, 67, 70	geänd.
83.	Gesetz über die freiwillige Kastration und andere Behandlungsmethoden	15. 8. 69	1143	228	geänd.
84.	Gesetz über explosionsgefährliche Stoffe	25. 8. 69	1358	367 I Nr 4	aufgeh.
				367 I Nr 5, 8	geänd.
85.	Neue Bekanntmachung	1. 9. 69	1445		redaktionelle Änderungen
86.	Zehntes Strafrechtsänderungsgesetz	7. 4. 70	313	361 Nr 6 c	geänd.
87.	Drittes Gesetz zur Reform des Strafrechts	20. 5. 70	505	110, 114–118	aufgeh.
				111, 113, 125	geänd.
				114, 125 a	eingef.
88.	Gesetz über das Zentralregister und das Erziehungsregister	18. 3. 71	243	25 a I S 3	aufgeh.
				26	geänd.
89.	Weingesetz	14. 7. 71	893	368 Nr 1	aufgeh.
90.	Gesetz zur Verbesserung des Mietrechts usw	4. 11. 71	1745	302 f	eingef.
91.	Elftes Strafrechtsänderungsgesetz	16. 12. 71	1977	4, 316 a	geänd.
				316 c	eingef.
92.	Zwölftes Strafrechtsänderungsgesetz	16. 12. 71	1979	138, 239 a	geänd.
				239 b	eingef.
93.	Gesetz zur Änderung des Straßenverkehrsgesetzes	20. 7. 73	870	37 I S 2	eingef.
94.	Viertes Gesetz zur Reform des Strafrechts	23. 11. 73	1725	131, 143, 170, 170 a, 170 c, 174–184 b, 361 Nr 6–6 c, 9	aufgeh.
				4 III, 41, 80 a, 86 II, 86 a I, 90 I, 90 a I, 90 b I,	

Laufende Nr.	Änderndes Gesetz	Datum	Reichsgesetzbl. (ab 1923 T. I) Seite	geänderte Paragraphen des StGB	Art. d. Änderung
				111 I, 138 I, 166 I, II,	geänd.
				169, 170 b, 170 d, 171,	
				173, 186, 187 I, 187 a I,	eingef.
				200 I, 219 III, 223 b I,	
				235 II, 236, 237	
				68 IV, 131, 174–184 c	
95.	Einführungsgesetz zum Straf-	2. 3. 74	469	49 I Nr 4, 104 b,	
	gesetzbuch			108 b III, 109 b, 109 c,	
				120 – 122 b, 136, 137,	
				146–152, 188, 189 II, III,	
				191, 196–198, 227 II,	
				228, 231, 248, 248 a,	
				257–258, 264 a, 275, 276,	
				285, 285 a, 294 S 2, 298–	
				302, 311 a, 311 b, 327,	
				328, 331 – 335, 341, 342,	
				346, 347, 350, 351, 353 d,	
				355, 359–370	aufgeh.
				2, 4, 5, 6, 11, 12 III, 19,	
				40 II, 41, 44 I, 47 II, 48 I,	
				50, 52 IV, 55 II, 56 d III,	
				56 f, 56 g I, 57, 61, 63,	
				64 I, 65, 67, 67 a, 67 b,	
				67 c I, 67 d, 67 e, 67 g,	
				68 II, 68 a, 68 d, 68 f,	
				69 II, 70, 70 b IV, 71 I,	
				72 III, 73 d II, 74 III,	
				74 d IV, 77 a, 77 b I,	
				77 d I, 78, 78 a, 78 c, 79 I,	
				79 a, 80 a, 81, 82, 83 a I,	
				84, 86, 86 a, 87, 89 III,	
				90, 90 a I, 90 b I, 91, 92 a,	
				92 b, 94, 95, 96, 97,	
				97 b II, 98 II, 101, 101 a,	
				102, 103, 104 a, 106 a I,	
				106 b I, 107 b, 108 c,	
				108 d, 109 II, 109 a I,	
				109 e, 109 f, 109 g, 109 h,	
				109 i, 109 k, 111, 113,	
				114, 123, 125 I, 129,	
				131 I, 132 a–134, 138,	
				139, 140, 142 I, 145 c,	
				145 d, 153, 154, 156, 157,	
				158 I, 159, 164, 165, 166,	
				174 b I, 184, 185, 186,	
				187, 187 a I, 190, 194,	
				200, 212 I, 213, 217,	
				219 II, 220 a, 221, 223,	
				223 a, 223 b II, 229, 230,	
				232, 233, 234, 234 a,	
				235 I, 236, 238, 239,	
				239 a, 240, 241, 241 a,	

Laufende Nr.	Änderndes Gesetz	Datum	Reichsgesetzbl. (ab 1923 T. I) Seite	geänderte Paragraphen des StGB	Art. d. Änderung
				242, 243, 246, 247, 248 b, 248 c III, 249, 250, 251, 253, 256, 259, 260, 262, 263, 265, 265 a, 266, 267, 271, 272 I, 273, 281 I, 282, 285 b, 286 I, 288 II, 289, 295, 296 a, 297, 302 a, 303, 304 I, 305 I, 306, 307, 308, 309, 310 a, 311, 312, 313 I, 315 VI, 315 c I, 316 a, 316 b I, 316 c IV, 317 I, 321, 324, 325, 325 a, 330 – 330 b, 336, 340, 343–242, 243, 246, 247, 248 b, 248 c III, 249, 250, 251, 253, 256, 259, 260, 262, 263, 265, 265 a, 266, 267, 271, 272 I, 273, 281 I, 282, 285 b, 286 I, 288 II, 289, 295, 296 a, 297, 302 a, 303, 304 I, 305 I, 306, 307, 308, 309, 310 a, 311, 312, 313 I, 315 VI, 315 c I, 316 a, 316 b I, 316 c IV, 317 I, 321, 324, 325, 325 a, 330 – 330 b, 336, 340, 343–345, 348, 352 I, 353, 353 a I, 353 b, 354, 356 I, 357, 358	geänd.
				120, 121, 136, 145, 145 a, 146–152, 181 b, 201–205, 224 II, 225 II, 226 II, 228, 239 c, 245, 248 a, 257–258 a, 275, 310 b, 311 a – 311 c, 331–335 a, 353 d, 355	eingef.
96.	Fünftes Gesetz zur Reform des Strafrechts	18. 6. 74	1297	218–220 218–219 b	aufgeh. eingef.
97.	Gesetz zur Änderung des Einführungsgesetzes zum Strafgesetzbuch	15. 8. 74	1942	52 I, 203 II, 233, 238 II	geänd.
98.	Gesetz zur Ergänzung des Ersten Gesetzes zur Reform des Strafverfahrensrechts	20. 12. 74	3686	155	geänd.
99.	Neue Bekanntmachung	2. 1. 75	1		redaktionelle Änderungen
100.	Dreizehntes Strafrechtsänderungsgesetz	13. 6. 75	1349	69 II, 142	geänd.

Laufende Nr.	Änderndes Gesetz	Datum	Reichsgesetzbl. (ab 1923 T. I) Seite	geänderte Paragraphen des StGB	Art. d. Änderung
101.	Vierzehntes Strafrechtsänderungsgesetz	22. 4. 76	1056	86 III, 111 II, 126, 140, 145 d, 241 88 a, 130 a	geänd. eingef.
102.	Fünfzehntes Strafrechtsänderungsgesetz	18. 5. 76	1213	218 a–219 b 203 I, 218 I–III 218 a–219 d	aufgeh. geänd. eingef.
103.	Adoptionsgesetz	2. 7. 76	1749	11 I, 77 II, 173, 174 I, 221 II	geänd.
104.	Erstes Gesetz zur Bekämpfung der Wirtschaftskriminalität	29. 7. 76	2034	302 a–302 e 6, 265 a I 264, 265 b, 283–283 d, 302 a	aufgeh. geänd. eingef.
105.	Gesetz zur Änderung des Strafgesetzbuches, der Strafprozeßordnung, des Gerichtsverfassungsgesetzes, der Bundesrechtsanwaltsordnung und des Strafvollzuggesetzes	18. 8. 76	2181	138, 139 III 129 a	geänd. eingef.
106.	Sozialgesetzbuch – Gemeinsame Vorschriften für die Sozialversicherung –	23. 12. 76	3845	108 d 107 b II	geänd. eingef.
107.	Gesetz über die Wahl der Abgeordneten des Europäischen Parlaments aus der Bundesrepublik Deutschland	16. 6. 78	709	108 d	geänd.
108.	Sechzehntes Strafrechtsänderungsgesetz	16. 7. 79	1046	78	geänd.
109.	Siebzehntes Strafrechtsänderungsgesetz	21. 12. 79	2324	97 b II, 353 b, 358 353 c	geänd. aufgeh.
110.	Achtzehntes Strafrechtsänderungsgesetz – Gesetz zur Bekämpfung der Umweltkriminalität	28. 3. 80	373	5, 69 II, 87 II, 126 I, 129 a I, 138 I, 304 I 311 d, 311 e, 324–330 d § 321 wurde § 318, § 324 wurde § 319, § 326 wurde in geänderter Fassung § 320, § 325 wurde § 321, § 325 a wurde in geänderter Fassung § 322, § 330 wurde § 323, § 330 a wurde § 323 a, § 330 b wurde § 323 b und § 330 c wurde § 323 c	geänd. eingef.
111.	Neunzehntes Strafrechtsänderungsgesetz	7. 8. 81	808	88 a, 130 a	aufgeh.
112.	Zwanzigstes Strafrechtsänderungsgesetz	8. 12. 81	1329	56 f I, 57 57 a	geänd. eingef.
113.	Seefischereigesetz	12. 7. 84	876	296 a	aufgeh.
114.	Gesetz zur Verbesserung des Wahlrechts für die Sozialversicherungswahlen	27. 7. 84	1029	107 b II	geänd.

Laufende Nr.	Änderndes Gesetz	Datum	Reichsgesetzbl. (ab 1923 T. I) Seite	geänderte Paragraphen des StGB	Art. d. Änderung
115.	Gesetz zur Änderung des Strafvollzugsgesetzes	20. 12. 84	1654	61, 66, 67 I, 67 a I, 67 b I, 67 d I, 67 e II, 67 f, 67 g II, 68 e III, 71 I, 121 IV	geänd.
				63 II, 65	aufgeh.
116.	Gesetz zur Neuregelung des Jugendschutzes in der Öffentlichkeit	25. 2. 85	425	131, 184 IV	geänd.
				184 I Nr. 3 a	eingef.
117.	Einundzwanzigstes Strafrechtsänderungsgesetz	13. 6. 85	965	76 a II, 78 I, 86 a, 194 I, II	geänd.
118.	Zweiundzwanzigstes Strafrechtsänderungsgesetz	18. 7. 85	1510	303 III	geänd.
119.	Gesetz zur Änderung des Strafgesetzbuches und des Versammlungsgesetzes	18. 7. 85	1511	125, 125 a	geänd.
120.	Dreiundzwanzigstes Strafrechtsänderungsgesetz – Strafaussetzung zur Bewährung	13. 4. 86	393	48	aufgeh.
				51 II, 53 I, II, 54 I, II, 56 II, 56 d I, 56 f I, II, 56 g II, 57 II, III, IV, 57 a I, 59 I, 59 a Überschrift, 66 III, 67 II, IV, V, 68 I, II, 129 a VII, 181 b, 218 II, 228, 239 c, 245, 256, 262, 263 V, 321	geänd.
				57 V (bisher 57 V wurde 57 VI), 57 b, 59 a III, 67 d V	eingef.
					eingef.
121.	Zweites Gesetz zur Bekämpfung der Wirtschaftskriminalität	15. 5. 86	721	303 III	aufgeh.
				6 Nr. 7, 14 II, 78 c I, 138 I Nr. 4, 202 III, 205 II, 271 I, 273, 274 I, 348 I	geänd.
				152 a, 202 a, 263 a, 264 a, 266 a, 266 b, 269, 270, 303 a, 303 b, 303 c	eingef.
122.	Gesetz zur Änderung des Gesetzes über Ordnungswidrigkeiten, des Straßenverkehrsgesetzes und anderer Gesetze	7. 7. 86	977	315 c I Nr. 2	geänd.
123.	Gesetz über die Vermeidung und Entsorgung von Abfällen (Abfallgesetz)	27. 8. 86	1410	327 II Nr. 2	geänd.
124.	Erstes Gesetz zur Verbesserung der Stellung des Verletzten im Strafverfahren (Opferschutzgesetz)	18. 12. 86	2496	46 II	geänd.
125.	Gesetz zur Bekämpfung des Terrorismus	19. 12. 86	2566	129 a, 140	geänd.
				130 a, 305 a	eingef.
126.	Vierundzwanzigstes Strafrechtsänderungsgesetz – § 168 StGB	13. 1. 87	141	168 I	geänd.
127.	Strafverfahrensänderungsgesetz 1987	27. 1. 87	475	77 b V	eingef.

Laufende Nr.	Änderndes Gesetz	Datum	Reichsgesetzbl. (ab 1923 T. I) Seite	geänderte Paragraphen des StGB	Art. d. Änderung
128.	Neue Bekanntmachung	10. 3. 87	945		redaktionelle Änderungen
129.	Gesetz zur Neustrukturierung des Post- und Fernmeldewesens und der Deutschen Bundespost (Poststrukturgesetz)	8. 6. 89	1026	354 III	geänd.
130.	Gesetz zur Änderung des Strafgesetzbuches, der Strafprozeßordnung und des Versammlungsgesetzes und zur Einführung einer Kronzeugenregelung bei terroristischen Straftaten	9. 6. 89	1059	125, 239 a, 239 b, 243	geänd.
131.	Gesetz zu dem Übereinkommen vom 26. Oktober 1979 über den physischen Schutz von Kernmaterial	24. 4. 90	II 326	126 I Nr. 7	geänd.
132.	Gesetz zu dem Übereinkommen vom 10. März 1988 zur Bekämpfung widerrechtlicher Handlungen gegen die Sicherheit der Seeschiffahrt und zum Protokoll vom 10. März 1988 zur Bekämpfung widerrechtlicher Handlungen gegen die Sicherheit fester Plattformen, die sich auf dem Festlandsockel befinden	13. 6. 90	II 493	6 Nr. 3, 316 c	geänd.
133.	Gesetz zur Neuordnung des Kinder- und Jugendhilferechts (Kinder- und Jugendhilfegesetz)	26. 6. 90	1163	203 I Nr. 4	geänd.
134.	Fünfundzwanzigstes Strafrechtsänderungsgesetz – § 201 StGB	20. 8. 90	1764	201 II	geänd.
135.	Gesetz zur Reform des Rechts der Vormundschaft und Pflegschaft für Volljährige (Betreuungsgesetz)	12. 9. 90	2002	247 77 III S 2	geänd. aufgeh.
136.	Vertrag zwischen der Bundesrepublik Deutschland und der Deutschen Demokratischen Republik über die Herstellung der Einigung Deutschlands – Einigungsvertrag –	23. 9. 90	II 885	5 Nr 8, 9, 66, 144, 175, 182, 218 – 219 d, 236	Geltung partiell eingeschränkt
137.	Gesetz zur Änderung des Außenwirtschaftsgesetzes, des Strafgesetzbuches und anderer Gesetze	28. 2. 92	372	73 I, III, IV, 73 b	geänd.
138.	Sechsundzwanzigstes Strafrechtsänderungsgesetz – Menschenhandel	14. 7. 92	1255	180 a III–V 6 Nr 4, 138 I Nr 5, 181, 181 b 180 b	aufgeh. geänd. eingef.

Laufende Nr.	Änderndes Gesetz	Datum	Reichsgesetzbl. (ab 1923 T. I) Seite	geänderte Paragraphen des StGB	Art. d. Ände-rung
139.	Gesetz zur Bekämpfung des illegalen Rauschgifthandels und anderer Erscheinungsformen der Organisierten Kriminalität (OrgKG)	15. 7. 92	1302	52 IV, 53 III, IV, 54 II S 2, 55 II, 74 e III, 76, 150, 152 a V, 245, 260, 262, 285 b	geänd.
				41 S 2, 43 a, 74 d (der bisherige 74 d wird 74 e), 181 c, 244 III, 244 a, 260 a, 261, 284 III	eingef.
140.	Gesetz zum Schutz des vorgeburtlichen/werdenden Lebens, zur Förderung einer kinderfreundlicheren Gesellschaft, für Hilfen im Schwangerschaftskonflikt und zur Regelung des Schwangerschaftsabbruchs (Schwangeren- und Familienhilfegesetz)	27. 7. 92	1398	218–219 d	aufgeh.
				203 I Nr 4 a	geänd.
				218–219 b	eingef.
				Die §§ 218–219 b sind aufgrund Urteils des BVerfG v 4. 8. 1992 (BGBl I 1585) einstweilen nicht in Kraft getreten.	
141.	Gesetz zur Entlastung der Rechtspflege	11. 1. 93	50	78 b IV	eingef.
142.	Siebenundzwanzigstes Strafrechtsänderungsgesetz – Kinderpornographie	23. 7. 93	1346	5 Nr 8	neugef.
				6 Nr 6, 184 III, VI (bisher IV)	geänd.
				184 IV, V, VII	eingef.
143.	Gesetz zur Ausführung des Übereinkommens der Vereinten Nationen vom 27. Dezember 1988 gegen den unerlaubten Verkehr mit Suchtstoffen und psychotropen Stoffen (Ausführungsgesetz Suchtstoffübereinkommen 1988)	2. 8. 93	1407	261 I Nr 2	geänd.
144.	Achtundzwanzigstes Strafrechtsänderungsgesetz – Abgeordnetenbestechung	13. 1. 94	84	108 e	eingef.
145.	Neunundzwanzigstes Strafrechtsänderungsgesetz – §§ 175, 182 StGB	31. 5. 94	1168	182	neugef.
				175	aufgeh.
146.	Dreißigstes Strafrechtsänderungsgesetz – Verjährung von Sexualstraftaten an Kindern und Jugendlichen	23. 6. 94	1310	78 b I	neugef.
147.	Einunddreißigstes Strafrechtsänderungsgesetz – Zweites Gesetz zur Bekämpfung der Umweltkriminalität –	27. 6. 94	1440	325, 326, 327, 328, 330–330 c	neugef.
				75 S 1, 311 c (bisher 311 e), 311 d, 311 e (bisher 311 c), 322, 324, 329, 330 d	geänd.
				324 a, 325 a	eingef.
148.	Gesetz zur Vermeidung, Verwertung und Beseitigung von Abfällen	27. 9. 94	2705	327 II Nr 3 (Inkrafttreten 6. 10. 96)	geänd.

Laufende Nr.	Änderndes Gesetz	Datum	Reichsgesetzbl. (ab 1923 T. I) Seite	geänderte Paragraphen des StGB	Art. d. Änderung
149.	Ausführungsgesetz zu dem Basler Übereinkommen vom 22. März 1989 über die Kontrolle der grenzüberschreitenden Verbringung gefährlicher Abfälle und ihrer Entsorgung (Ausführungsgesetz zum Basler Übereinkommen)	30. 9. 94	2771	326, 330 I Nr 1, 330 c	geänd.
150.	Einführungsgesetz zur Insolvenzordnung	5. 10. 94	2911	283, 283 d (Inkrafttreten 1. 1. 99)	geänd.
151.	Gesetz zur Überwachung des Verkehrs mit Grundstoffen, die für die unerlaubte Herstellung von Betäubungsmitteln mißbraucht werden können (Grundstoffüberwachungsgesetz)	7. 10. 94	2835	261 I Nr 2	geänd.
152.	Gesetz zur Änderung des Strafgesetzbuches, der Strafprozeßordnung und anderer Gesetze (Verbrechensbekämpfungsgesetz)	28. 10. 94	3186	56 b II, 59 a II (bisher 59 a II, III), 130, 223, 225, 282	neugef.
				86 I, 86 a, 131, 184, 223 a I, 223 b, 224 II, 253, 256, 261, 275 I, 340	geänd.
				46 a, 56 II S 2, 276, 276 a	eingef.
153.	Zweiunddreißigstes Strafrechtsänderungsgesetz – §§ 44, 69 b StGB –	1. 6. 95	747	§ 44 II	aufgeh.
				69 b I	neugef.
154.	Gesetz zur Ausführung des Seerechtsübereinkommens der Vereinten Nationen vom 10. Dezember 1982 sowie des Übereinkommens vom 28. Juli 1994 zur Durchführung des Teils XI des Seerechtsübereinkommens (Ausführungsgesetz Seerechtsübereinkommen 1982/1994)	6. 6. 95	778	5 Nr 11	neugef.
155.	Schwangeren- und Familienänderungsgesetz (SFHÄndG)	21. 8. 95	1050	218 a I – III, 219	neugef.
				170 b, 203 I Nr 4 a, 218 b	geänd.
				218 c, 240 I S 2	eingef.

Strafgesetzbuch

vom 15. Mai 1871

in der Fassung der Bekanntmachung vom 10. 3. 1987
(BGBl I 945, ber 1160), letztes ÄndG v 28. 10. 1994 (BGBl I 3186)

Vorbemerkung

1 **1.** Die Vereinigung der beiden deutschen Staaten durch den Beitritt der DDR hat das **Strafgesetzbuch** nur am Rande berührt. Selbst hat es dadurch keine Änderung erfahren, ist aber weitgehend auf das Beitrittsgebiet erstreckt worden und dort am 3. 10. 1990 in Kraft getreten (Art 1 I, 8 EV). Ausgenommen sind nur wenige, in der Zwischenzeit schon weitgehend überholte Vorschriften, an deren Stelle früheres DDR-Recht vorläufig fortgilt oder fortgegolten hat (4–6 zu § 3). Mit dieser Einschränkung gilt das Gesetz nunmehr im gesamten Bundesgebiet.

2 **2.** Den **Inhalt des Strafgesetzbuches** haben die systematischen gesetzgeberischen Bemühungen um eine **Gesamtreform des Strafrechts** in den Jahren von 1953 bis etwa 1974 nachhaltig geprägt. Sie haben eine umfassende Strukturveränderung des materiellen Rechts bewirkt, die in den **fünf Gesetzen zur Reform des Strafrechts** (StrRG) Ausdruck gefunden hat. Während für den AT mit dem Inkrafttreten des 2. StrRG ein gewisser Abschluß erreicht werden konnte, ist die Reform des BT nur teilweise durchgesetzt worden, obwohl die noch der Umgestaltung bedürftige Materie durch den Inhalt des E 1962 und der verschiedenen Entwürfe des AE bis zu einem gewissen Grade konkretisiert war. Spätestens seit der 8. Wahlperiode kann von einer systematischen Fortsetzung der Reformarbeiten nicht mehr die Rede sein. Seither knüpft die Strafgesetzgebung immer nur an aktuelle Anlässe oder Bedürfnisse im politischen, gesellschaftlichen oder justitiellen Bereich an und läßt daher von vornherein nur punktuelle Rechtsänderungen (sog ad-hoc-Gesetze) erwarten. Das ist aus mancherlei Gründen nicht vermeidbar, aber doch deshalb bedauerlich, weil die längst überfällige Neuordnung zentraler Materien, namentlich der Vorschriften über Tötung (25 vor § 211), Nötigung (2, 3 zu § 240) und Untreue (1 zu § 266), die noch aus der Zeit des Nationalsozialismus stammen, auf der Strecke geblieben ist (nicht unberechtigt, aber überzogen die Kritik von Wolf JuS 96, 189 mit Erwiderung Spendel JuS 96, 871; s auch Große NStZ 96, 220). Die Reformbemühungen und ihre Ergebnisse sind ua in den Materialien zur Strafrechtsreform (Mat), den Niederschriften über die Sitzungen der Großen Strafrechtskommission (Ndschr), den Entwürfen zu den Reformgesetzen mit ihren Begründungen und den Protokollen des BTag-Sonderausschusses (Prot 4–7)

dokumentiert (vgl auch Horstkotte/Kaiser/Sarstedt, Tendenzen in der Entwicklung des heutigen Strafrechts, 1973; Madlener/Papenfuss/ Schöne [Hrsg], Strafrecht und Strafrechtsreform, 1974; Sturm, Dreher-FS, S 513; Jescheck, in: Max-Planck-Gesellschaft, Jahrb 1980, S 18; Hirsch, Kaufmann [H]-GedSchr, S 133; Baumann und Lenckner, in: JurFak Tübingen [Hrsg], 40 Jahre Bundesrepublik Deutschland. 40 Jahre Rechtsentwicklung, 1990, S 293 und 325; rechtsvergleichend Jescheck SchwZStr 75, 1, Lange-FS, S 365, ZStW 90, 777, 91, 1037 und 98, 1, 18; Serini, Dreher-FS, S 729; Lüttger [Hrsg], Strafrechtsreform und Rechtsvergleichung, 1979, S 12, 39, 66, 86, 115). – Zusf läßt sich der Verlauf der Gesetzgebungsarbeiten wie folgt kurz skizzieren (Gesetze von nur technischer Bedeutung sind ausgeschieden):

3 a) Die **4. und 5. Wahlperiode** haben die ersten **wichtigen Teilergebnisse der Strafrechtsreform** erbracht. Zu ihnen gehören schon die Vorschriften über den Tonaufnahmemißbrauch (Ges v 22. 12. 1967, BGBl I 1360), die Neuordnung des Rechts der Einziehung im EGOWiG (§§ 40–42 aF) und die Reform des Staatsschutzrechts im 8. StÄG (Übersichtsbeiträge: Krauth/Kurfess/Wulf JZ 68, 577, 609, 731; Woesner NJW 68, 2129; Müller-Emmert NJW 68, 2134). Eine umfassende Strukturveränderung des StGB haben aber erst die beiden ersten, am Ende der 5. Wahlperiode verkündeten **Gesetze zur Reform des Strafrechts** (1. und 2. StrRG) bewirkt (Übersichtsbeiträge zu beiden Gesetzen: Müller-Emmert/Friedrich JZ 69, 245; Schultz MDR 69, 904).

4 b) Den Kern der Reformgesetzgebung bildet das **2. StrRG,** das an die Stelle der Einleitenden Bestimmungen und des Ersten Teils des StGB einen neuen Allgemeinen Teil gesetzt hat und am 1. 1. 1975 in Kraft getreten ist (Ges v 13. 7. 1973, BGBl I 909). Seine Schwerpunkte liegen auf dem Gebiet der Kriminalpolitik. Vor allem die Einführung einer einheitlichen Freiheitsstrafe (§§ 38, 39, 46ff), die Umgestaltung der Geldstrafe nach dem Tagessatzsystem (§§ 40 bis 43), die Erweiterung der Strafaussetzung zur Bewährung (§§ 56 bis 58), die Einführung der Verwarnung mit Strafvorbehalt (§§ 59 bis 59c) und die grundlegende Umstrukturierung des Maßregelsystems (§§ 61 bis 72) sind hervorzuheben (Übersichtsbeiträge zum 2. StrRG: Müller-Emmert/ Friedrich DRiZ 69, 273; Hohler NJW 69, 1225; Hassemer JuS 65, 597 und 70, 97; Reiss Rpfleger 70, 322). – Demgegenüber hat das **1. StrRG** nur noch historische Bedeutung.

5 c) Das als Ergänzung zum 2. StrRG unerläßliche **EGStGB** ist im Frühjahr 1974 verkündet worden. Es enthält in erster Linie die zur Anpassung an den neuen AT erforderlichen Vorschriften, geht aber insofern über diesen Rahmen weit hinaus, als es im AT das 2. StrRG einer punktuellen Revision unterzogen und im BT weniger umstrittene Tatbestände oder Tatbestandsgruppen durch Neuregelungen ersetzt hat (Übersichtsbeitrag: Göhler NJW 74, 825).

d) In der **6. Wahlperiode** hat das **3. StrRG** die umstrittene Neuordnung der Straftaten gegen den Gemeinschaftsfrieden (§§ 111, 113, 114, 125, 125 a) gebracht (Übersichtsbeitrag: Dreher NJW 70, 1153). Außerdem sind in § 316 c und in den §§ 239 a, 239 b neue Tatbestände gegen Luftpiraterie (**11. StÄG;** Übersichtsbeitrag: Kunath JZ 72, 199) und Menschenraub (**12. StÄG;** Übersichtsbeiträge: Müller-Emmert/Maier MDR 72, 97; Bohlinger JZ 72, 230) eingeführt worden. 6

e) In der **7. Wahlperiode** hat zunächst das **4. StrRG** die Straftaten gegen Personenstand, Ehe und Familie (§§ 169–173) und die Sexualstraftaten (§§ 174–184 c) neu geregelt (Übersichtsbeiträge: Sturm/Laufhütte/Horstkotte JZ 74, 1, 46, 84; Hanack NJW 74, 1; Dreher JR 74, 45; Jung JuS 74, 126). – Ihm ist als weiterer Schritt zur Reform des BT das noch nach seiner Verkündung umstrittene **5. StrRG** gefolgt, das den Strafschutz gegen Abtreibung durch Einführung einer Fristenregelung auf eine neue Grundlage stellen wollte, aber in seinem Kern durch Urteil des BVerfG v 25. 2. 1975 (BGBl I 625; s auch BVerfGE 39, 1) für verfassungswidrig erklärt (2, 3 vor § 218) und deshalb durch das **15. StÄG** geändert worden ist. – In dieser Wahlperiode wurden ferner verkündet: Das **13. StÄG**, das Anwendungs- und Auslegungsschwierigkeiten beseitigen sollte, zu denen die seit 1940 geltende Fassung des Tatbestandes der Verkehrsunfallflucht geführt hatte (Übersichtsbeiträge: Sturm JZ 75, 406; Janiszewski DAR 75, 169; Müller-Emmert/Maier DRiZ 75, 176; Jagusch NJW 75, 1631), das **14. StÄG**, das zur wirksameren Bekämpfung des Terrorismus neue oder erweiterte Tatbestände gegen das Androhen, Vortäuschen, Befürworten und Billigen von Gewalttaten und gegen das Anleiten zu ihrer Begehung einführte (Übersichtsbeiträge: Sturm JZ 76, 347; Laufhütte MDR 76, 441; Stree NJW 76, 1177; Jung JuS 76, 477), das **StGB/StPOÄndG,** das den Kampf gegen den organisierten Terrorismus zu intensivieren suchte (Übersichtsbeiträge: Jung JuS 76, 760; Dahs NJW 76, 2146; Sturm MDR 77, 6; Maul DRiZ 77, 207), und das **1. WiKG**, das für den Bereich des StGB neue Vorschriften zur Bekämpfung der Wirtschaftskriminalität in Kraft setzte (Übersichtsbeiträge: Müller-Emmert/Maier NJW 76, 1657; Göhler/Wilts DB 76, 1609, 1657; Jung JuS 76, 757; Berz BB 76, 1435; Heinz GA 77, 193, 209, 225). 7

f) Die **8. Wahlperiode** ist dadurch gekennzeichnet, daß der Sonderausschuß für die Strafrechtsreform wegfiel und damit die systematische Fortführung der Reformarbeiten praktisch beendet wurde. Während dieser Periode sind **Gesetz** geworden: das **16. StÄG,** das die Unverjährbarkeit des Mordes bestimmt (Übersichtsbeiträge: Jung JuS 79, 832; Schulz MDR 79, 901), das **17. StÄG,** das den Strafschutz staatlicher Geheimnisse zur besseren Gewährleistung der Pressefreiheit eingeschränkt (Übersichtsbeiträge: Möhrenschlager JZ 80, 161; Jung JuS 80, 308; Rogall NJW 80, 751), und das **18. StÄG,** das den strafrechtlichen Umweltschutz neu gestaltet hat (Übersichtsbeiträge: Rogall JZ-GD-80, 8

101; de With RuP 80, 33; Sack NJW 80, 1424; Bottke JuS 80, 539; Vogel ZRP 80, 178, 180; Sander DB 80, 1249; Schultz MDR 80, 905, 906; Laufhütte/Möhrenschlager ZStW 92, 912; Schroeder ZStW Beiheft 82, 1, 16).

9 g) In der **9. Wahlperiode** sind nur zwei, gegen Ende der vorausgegangenen Periode am Einspruch des Bundesrates gescheiterte, Gesetze ergangen: das **19. StÄG,** das die §§ 88a, 130a (Verfassungsfeindliche Befürwortung von Straftaten, Anleitung zu Straftaten) aufgehoben (vor 1 zu § 125), und das **20. StÄG,** das die Aussetzung des Restes einer lebenslangen Freiheitsstrafe eingeführt hat (Übersichtsbeiträge: Kunert NStZ 82, 89; Jung JuS 82, 222).

10 h) Die **10. Wahlperiode** hat zahlreiche punktuelle Änderungen gebracht: die Einführung der Vollzugslösung für die Unterbringung in einer Sozialtherapeutischen Anstalt (§ 65 aF) durch das **StVollzÄndG** (Übersichtsbeiträge: Jung JuS 85, 248; krit Böhm NJW 85, 1813); die dem Jugendschutz dienende Umgestaltung der §§ 131, 184 durch das **JÖSchNG** (Übersichtsbeiträge: v Hartlieb NJW 85, 830; Jung JuS 85, 565; Greger NStZ 86, 8); die gegen rechtsextremistische Bestrebungen gerichtete Änderung der §§ 76a II, 78 I, 86a, 194 I, II durch das **21. StÄG** (Übersichtsbeiträge: Ostendorf NJW 85, 1062; Marqua DRiZ 85, 226; Vogelsang NJW 85, 2386); die Einschränkung des Antragserfordernisses in § 303 III durch das **22. StÄG;** die Erweiterung der Landfriedensbruchstatbestände in § 125 durch das **1. StGB/VersGÄndG** (Übersichtsbeiträge: Kühl NJW 85, 2379; Strohmaier StV 85, 469; Kast BAnz 86, Nr 132a; s auch Werle, Lackner-FS, S 481); der weitere Ausbau der Strafaussetzung zur Bewährung durch das **23. StÄG** (Übersichtsbeiträge: Jung JuS 86, 741; Greger JR 86, 353; Dölling NJW 87, 1041); die Fortentwicklung des Wirtschaftsstrafrechts durch das **2. WiKG** (Übersichtsbeiträge: Möhrenschlager wistra 86, 123; Joecks wistra 86, 142; Otto wistra 86, 150; Martens wistra 86, 154; Schroth wistra 86, 158; Achenbach NJW 86, 1835; Granderath DB 86, Beil 18, 1; Lenckner/Winkelbauer CR 86, 483, 654, 824; Tiedemann JZ 86, 865; Weber NStZ 86, 481; Schmidt-Lademann WM 86, 1241; Haft NStZ 87, 6; Knauth NJW 87, 28; Bühler MDR 87, 448; Frommel JuS 87, 667); die Einbeziehung des Fahrens in falscher Fahrtrichtung auf Autobahnen und Kraftfahrstraßen in den Tatbestand der Straßenverkehrsgefährdung durch das **OWiGÄndG;** die stärkere Betonung der Opferinteressen in § 46 II durch das **OpferSchG;** die Verschärfung der Strafvorschriften gegen terroristische Aktivitäten durch das **TerrBekG** (Übersichtsbeiträge: Dencker StV 87, 117; Achenbach Kriminalistik 87, 296; Kühl NJW 87, 737); die Ergänzung des § 168 zur Verhütung kommerziellen Mißbrauchs toter menschlicher Embryonen und Feten durch das **24. StÄG** (Übersichtsbeiträge: Sternberg-Lieben NJW 87, 2962; krit Koch NJW 88, 2286); und das Ruhen der Strafantragsfrist beim Sühneversuch durch das **StVÄG 1987.**

i) Aus der **11. Wahlperiode** sind hervorzuheben: das **2. StGB/ VersGÄndG,** das eine Verbesserung der Sicherheitslage angestrebt hat (vor 1 zu § 125); die Erstreckung des **§ 316 c** auf Angriffe gegen den Seeverkehr durch das Ratifikationsgesetz zu dem Übereinkommen zur Bekämpfung widerrechtlicher Handlungen gegen die Sicherheit der Seeschiffahrt (vor 1 zu § 316 c); das **25. StÄG,** das die persönlichkeitsverletzende Verwertung von Informationen aus illegalen Abhöraktionen verbietet (vor 1 zu § 201); und der **Einigungsvertrag,** der das Strafrecht der Bundesrepublik mit Wirksamwerden des Beitritts der DDR (Art 1 I EV) mit gewissen Einschränkungen und Maßgaben (dazu 4–6 zu § 3) auf das Beitrittsgebiet erstreckt hat (Art 8 EV). Das **KJHG** (vor 1 zu § 203) und das **BtG** (vor 1 zu § 77) haben den Text des StGB nur geringfügig geändert, sind aber für die Anwendung zahlreicher Tatbestände des BT bedeutsam. 11

k) In der **12. Wahlperiode** sind verkündet worden: das **AWG/ StGBÄndG** mit einer Verschärfung der Vorschriften über den Verfall (1, 2 vor § 73); das **26. StÄG** zur Verstärkung des Strafschutzes gegen den internationalen Menschenhandel (6 vor § 174); das **OrgKG**, das neue materiell- und verfahrensrechtliche Maßnahmen zur intensiveren Bekämpfung der organisierten Kriminalität einführt (1, 2 vor § 73); das **SFHG**, das die gesamtdeutsche Neuregelung des Schwangerschaftsabbruchs bringen sollte, von dem aber im Normenkontrollverfahren wichtige Einzelvorschriften für nichtig erklärt und durch eine vorläufige Anordnung des BVerfG ersetzt wurden (9 vor § 218); das **RPflEntlG**, das für Großverfahren eine zusätzliche Möglichkeit des Ruhens der Verjährung einführt (vor 1 zu § 78 b); das **VerjährungsG,** das für Unrechtstaten, die während des SED-Unrechtsregimes begangen, aber aus rechtsstaatswidrigen Gründen nicht verfolgt wurden, das Ruhen der Verjährung vorsieht (27 a zu § 2); das **27. StÄG,** das dem Schutz vor sexuellem Mißbrauch von Kindern durch Verschärfung der Vorschriften gegen kinderpornographische Schriften und Darstellungen dient (7 vor § 174); das **2. VerjährungsG,** das im Hinblick auf besondere personelle und organisatorische Schwierigkeiten der Strafverfolgung in den neuen Bundesländern die Verjährung von Taten der unteren und mittleren Kriminalität aufgeschoben hat (27 b zu § 2); das **28. StÄG,** das die Abgeordnetenbestechung mit Strafe bedroht (vor 1 zu § 108 e); das **29. StÄG,** das unter Aufhebung der §§ 175, 182 eine einheitliche Jugendschutzvorschrift gegen sexuellen Mißbrauch einführt (8 vor § 174); das **30. StÄG,** das für schwere Sexualstraftaten an Kindern und Jugendlichen das Ruhen der Verjährung bis zur Vollendung des 18. Lebensjahres des Opfers vorsieht (vor 1 zu § 78 b); das **31. StÄG,** mit dem das Umweltstrafrecht weiterentwickelt wird (6 a vor § 324); das Grundstoffüberwachungsgesetz v 7. 10. 1994 (BGBl I 2835), das den § 261 I Nr 2 geringfügig ergänzt; das **VerbrBG,** das einerseits den Opferschutz verbessern und andererseits die Möglichkeiten der Bekämpfung von Gewalt-, Massen- und organisierter Kriminalität erwei- 12 tern soll (4 vor § 38). Weitere Änderungen des StGB treten erst im Oktober 1996 (§ 327 II Nr 3 aufgrund des Ges zur Vermeidung, Verwertung und Beseitigung von Abfällen v 27. 9. 1994 [BGBl I 2705]) oder im Januar 1999 (§§ 283, 283 d aufgrund des EG zur Insolvenzordnung v 5. 10. 1994 [BGBl I 2911]) in Kraft.

13 l) In der laufenden **13. Wahlperiode** sind bisher verkündet worden: das **32. StÄG,** das eine nach internationalem Recht nicht gebotene Privilegierung von ausländischen Kraftfahrzeugführern beseitigt hat (vor 1 zu § 69b); das **SRÜAusfG,** das durch Neufassung des § 5 Nr 11 die Verfolgung von Straftaten auf See an das internationale Seerecht angepaßt hat (3 zu § 5); das **SichVG,** das den Anwendungsbereich der Sicherungsverwahrung auf das Beitrittsgebiet erstreckt hat (vor 1 zu § 66); und das **SFHÄndG,** das zur Umsetzung der zweiten verfassungsgerichtlichen Entscheidung zum Schwangerschaftsabbruch (BVerfGE 88, 203) erlassen werden mußte (19 vor § 218). Darüber hinaus sind noch zahlreiche weitere Entwürfe, mit deren Verabschiedung in naher Zukunft gerechnet werden kann, in den gesetzgebenden Körperschaften anhängig. Mit den wichtigeren Vorhaben befassen sich die Erläuterungen in dem jeweils einschlägigen Sachzusammenhang. Zum (vorläufigen) Scheitern des „... Strafrechtsänderungsgesetzes – §§ 177 bis 179 StGB –" (BR-Dr 349/96) vgl 8 vor § 174. – Hinzuweisen ist schließlich auf den Referentenentwurf eines 6. StrRG (Stand 15. Juli 1996), den das BMJ zur Vorbereitung von Beratungen mit den Ländern vorgestellt hat. Er soll die Reform des Besonderen Teils mit dem Ziel fortführen, „Strafrahmen zu harmonisieren, Strafvorschriften zu ändern, zu ergänzen und neu zu fassen, um den Strafschutz zu verbessern und die Rechtsanwendung zu erleichtern sowie nicht mehr zeitgemäße oder entbehrliche Strafvorschriften aufzuheben". Da die weitere Entwicklung dieses Projekts noch nicht absehbar ist, erscheint es verfrüht, darauf näher einzugehen. Von der Strafrechtsreform nicht mehr erfaßte zentrale Materien des Besonderen Teils (dazu 2) sind jedenfalls in den Entwurf nicht einbezogen.

14 **3.** Das **Strafgesetzbuch** enthält den Kernbestand des materiellen Strafrechts. Während sein Besonderer Teil (§§ 80–358) im wesentlichen die strafrechtlich erheblichen Handlungen abstrakt beschreibt und sie jeweils mit einer Strafdrohung verbindet, liegt der Schwerpunkt des Allgemeinen Teils (§§ 1–79b) auf der Festlegung der allgemeinen Grundsätze, welche die Anwendung des BT und des Nebenstrafrechts präzisieren, erweitern oder einschränken (§§ 1–37; 77–79b), und auf der Darstellung des Systems der Strafen (§§ 38–60), der Maßregeln (§§ 61–72) und der sonstigen strafrechtlichen Maßnahmen (§§ 73–76a). Zum systematischen Zusammenhang der beiden Teile des StGB ua Naucke, Welzel-FS, S 761; Fincke, Das Verhältnis des Allgemeinen zum Besonderen Teil des Strafrechts, 1975 mit Bespr Gössel JA 75, 385 und Ebert JZ 77, 199; Tiedemann, Baumann-FS, S 7.

Allgemeiner Teil

1. Abschnitt. Das Strafgesetz

1. Titel. Geltungsbereich

§ 1 Keine Strafe ohne Gesetz

Eine Tat kann nur bestraft werden, wenn die Strafbarkeit gesetzlich bestimmt war, bevor die Tat begangen wurde.

1. Die Vorschrift normiert in wörtlicher Übereinstimmung mit Art 103 II GG den Grundsatz **nullum crimen sine lege, nulla poena sine lege** (sog **Gesetzlichkeitsprinzip**). Er gilt für den Straftatbestand und für die Strafdrohung (BVerfGE 45, 363); daher erfaßt er auch die im Gesetz nicht vorgesehene Strafschärfung (JZ 97, 142, 144) und das Übergehen einer gesetzlich bestimmten Strafmilderung (Langer, Dünnebier-FS, S 421). Ob er als Ausfluß des Rechtsstaatsprinzips (so mit Recht die hM; vgl Schreiber, Gesetz und Richter, 1976, S 213; Welke KJ 95, 369, beide mwN), der Prinzipien der Demokratie und der Gewaltenteilung (so Grünwald ZStW 76, 1, 13 und Kaufmann [Arth]-FS, S 433; ähnlich Ransiek, Gesetz und Lebenswirklichkeit, 1989, S 45; diff Schünemann, Nulla poena sine lege?, 1978, S 9), des Schuldprinzips (so ua Kielwein, Grundgesetz und Strafrechtspflege, 1960, S 127, 135) oder eines als Objektivitätsgarantie wirkenden Allgemeinheitsprinzips (so Marxen GA 85, 533, 545; Jakobs AT 4/9) verstanden werden muß, ist umstritten, aber für die Gesetzesanwendung nur in Ausnahmefällen relevant (zu seiner Dogmengeschichte Krey, Keine Strafe ohne Gesetz, 1983; zu seiner Abgrenzung von dem allgemeinen öffentlichrechtlichen Gesetzesvorbehalt Krey/Weber-Linn, Blau-FS, S 123). Jedenfalls enthält er die folgenden verfassungsrechtlichen Garantien: 1

a) Die Beschränkung des Strafrechts auf **Gesetze** (iS jeder geschriebenen Rechtsnorm), die alles bei Strafe verbotene Verhalten und die jeweils angedrohte Strafe so konkret umschreiben, daß Strafbarkeit und Anwendungsbereich der Tatbestände zu erkennen sind und sich durch Auslegung ermitteln lassen (**Bestimmtheitsgrundsatz**; vgl. ua BVerfGE 71, 108, 114; 87, 209, 223); das schließt aber nicht die Verwendung von Begriffen aus, die in besonderem Maße der Deutung durch den Richter bedürfen (stRspr). Diese unvermeidbare innere Spannung hat bewirkt, daß über die verfassungsrechtliche Bedeutung der Garantie und ihre Auswirkungen auf die Grenzen zulässiger Auslegung (vgl 6) zwar im Ausgangspunkt zunehmend Einigkeit besteht, daß aber ihre Tragweite im Einzelfall, dh ihre mehr oder weniger strikte Durchset- 2 zung, noch wenig geklärt ist (vgl etwa BVerfGE 73, 206, 234; 92, 1, 12; BGHSt 28, 72; Lemmel, Unbestimmte Strafbarkeitsvoraussetzungen im Besonderen Teil des Strafrechts und der Grundsatz nullum crimen sine lege, 1970; Schünemann aaO [vgl 1] S 29; Ransiek aaO [vgl 1] S 4; krit Krahl, Die Rechtsprechung des Bundesverfassungsgerichts und des Bundesgerichtshofs zum Bestimmtheitsgrundsatz im Strafrecht [Art 103 Abs 2 GG], 1986; Maiwald, in: Behrends/Henckel [Hrsg], Gesetzgebung und Dogmatik, 1989, S 120; Grünwald, Kaufmann [Arth]-FS, S 433; Süß, ZustStr, S 207; speziell zur Bestimmtheit bei Verweisungs- und Blankettatbeständen BVerfGE 75, 329; 78, 374; BVerfG NJW 92, 35 und 93, 1909; BGHSt 37, 266, 272; JZ 82, 301 mit abl Bespr Ulsenheimer wistra 83, 12; NJW 96, 3220; Lenzen JR 80, 133; Volkmann ZRP 95, 220 und bei Fahrlässigkeitstatbeständen Bohnert ZStW 94, 68, alle mwN; zur rechtsstaatlichen und rechtspolitischen Bedenklichkeit unbestimmter Strafbarkeitsvoraussetzungen Naucke, JuS 89, 862).

3 **b)** Die Beschränkung des Strafrechts auf **geschriebene Gesetze.** Damit ist strafbegründendes und strafschärfendes **Gewohnheitsrecht** nicht vereinbar; jedoch sind die Beseitigung von Strafgesetzen durch Gewohnheitsrecht (BGHSt 5, 12, 23; 8, 360, 381), die Auswirkung gewohnheitsrechtlicher Sätze anderer Rechtsgebiete auf das Strafrecht (BGHSt 11, 241) sowie die gewohnheitsrechtliche Verfestigung der Auslegung strafrechtlicher Begriffe und der Entwicklung dogmatischer Lehren zum AT nicht ausgeschlossen (str; vgl etwa Baumann, Jescheck-FS, S 104, 111; Schmitt, Jescheck-FS, S 223; Jakobs AT 4/46, 47; Gribbohm LK 71; Hirsch LK 35–41 vor § 32).

4 **c)** Das **Verbot der Rückwirkung** von Strafbarkeit und Strafe zum Nachteil des Täters (Rückwirkungsverbot; vgl ua BVerfGE 46, 188; Grünwald ZStW 76, 1). Es erfaßt nur die Änderung des Gesetzes, auch gesetzlich umschriebener Rechtfertigungsgründe (BVerfG JZ 97, 142, 144), nicht der richterlichen Auslegung (hM; vgl etwa BVerfGE 18, 224, 240; Frankfurt NJW 69, 1634; Tröndle, Dreher-FS, S 117; Schünemann, Bruns-FS, S 223, 233; Dannecker, Das intertemporale Strafrecht, 1993, S 364; anders Müller-Dietz, Maurach-FS, S 41; Schreiber JZ 73, 713; Neumann ZStW 103, 331; Ranft JuS 92, 468, alle mwN; s auch 6 d zu § 315 c).

5 **d)** Das **Verbot der Analogie** zur Begründung der Strafbarkeit oder der Strafe; zugunsten des Täters ist Analogie jedoch auch im Strafrecht zulässig (BGHSt 7, 190; 9, 310). **Analogie** ist Ausfüllung einer Gesetzeslücke durch Übertragung eines einem Tatbestand (Gesetzesanalogie) oder einer Mehrheit untereinander ähnlicher Tatbestände (Rechtsanalogie) zugrundeliegenden Rechtssatzes auf einen vom Gesetz nicht geregelten ähnlichen Fall. Das Verbot gilt mit Einschränkungen auch für Bestimmungen des AT (hM; expl NJW 96, 2663 und 97, 138), namentlich für die gesetzlich umschriebenen Rechtfertigungs-, Entschuldigungs- und Strafausschließungsgründe (vgl etwa Seebode, Krause-FS,

S 375, 379; Dannecker aaO [vgl 4] S 274; Gribbohm, Salger-FS, S 39; Erb ZStW 108, 266; Hirsch LK 35–39 vor § 32; anders Krey JZ 79, 711; Lampe JuS 89, 610, 612; einschr Roxin ZStW 93, 68, 79, alle mwN; zw). – Ebenso unzulässig wie Analogie ist auch eine die Wortlautschranke (vgl 6) überschreitende tatbestandliche Reduktion einer Vorschrift zum Nachteil des Täters (NJW 96, 2663 mwN). – Den Gegensatz zur analogen Anwendung eines Rechtssatzes bildet die bloße Konkretisierung seines maßgeblichen Sinns durch grammatische, historische, systematische und teleologische **Auslegung** (BVerfGE 2, 266; beachte auch 4 vor § 13).

aa) Die **Auslegung** hat sich nach überwiegender Meinung am sog „objektivierten" Willen des Gesetzes (objektive Auslegungstheorie; vgl Schwalm, Heinitz-FS, S 47 und Dreher-FS, S 53, 65), also nicht ausschließlich am subjektiven Willen des historischen Gesetzgebers (subjektive Auslegungstheorie; Naucke, Engisch-FS, S 274) zu orientieren. Wieweit allerdings dessen Vorstellungen vom Regelungsgehalt und dessen Zwecksetzungen als Auslegungshilfsmittel heranzuziehen und als Auslegungsgrenzen verbindlich sind, ist noch nicht abschließend geklärt (zum Ganzen vgl etwa Engisch, in: Enzyklopädie der geisteswissenschaftlichen Arbeitsmethoden, 1973, S 39, 47; Krey, Studien zum Gesetzesvorbehalt im Strafrecht, 1977 [Studien], S 199; Schünemann, Bockelmann-FS, S 117; Schroth, Theorie und Praxis subjektiver Auslegung im Strafrecht, 1983; Loos, Wassermann-FS, S 123; Kratzsch, Verhaltenssteuerung und Organisation im Strafrecht, 1985, S 142, 395; Dopslaff, Wortbedeutung und Normzweck als die maßgeblichen Kriterien für die Auslegung von Strafrechtsnormen, 1985). Dasselbe gilt für die erst in jüngerer Vergangenheit relevant gewordene Frage, wieweit für die Bundesrepublik verbindliche EWG-Richtlinien die Auslegung von Strafvorschriften beeinflussen (näher dazu Hugger NStZ 93, 421; Dannecker JZ 96, 869, 871; s auch Weigend ZStW 105, 774). – Auslegung, auch extensive, wird vom Analogieverbot nicht berührt; sie kann sich zum Nachteil des Täters auswirken (BVerfG NJW 82, 1512; BGHSt 6, 131), findet in diesem Falle aber – mit Rücksicht auf den Grundsatz nullum crimen sine lege – ihre Grenze an der sog **Wortlautschranke**, die durch den äußerst möglichen (enger Velten/Mertens ARSP 90, 516) umgangssprachlichen Wortsinn gebildet wird (hM; vgl ua BVerfGE 75, 329 und NJW 95, 2776 und 96, 2663; in der Begr probl NJW 96, 328 mit krit Bespr Otto JK 15; Schünemann, Klug-FS, S 169, 180; Lackner, Heidelberg-FS, S 39; Krey ZStW 101, 838, 842; Scheffler Jura 96, 505; Roxin AT I 5/26–44; anders Schmidhäuser, Martens-GedSchr, S 231; Jakobs AT 4/39–41, alle mwN). 6

bb) Die **Grenzen** zwischen Analogie und Auslegung sind fließend, und zwar vor allem deshalb, weil die richterliche Rechtsfindung sich nicht in Subsumtionsakten erschöpft, sondern Elemente der Rechtssetzung enthält (hM; vgl ua Krey, Studien [vgl 6], S 80). Daher ist auch Auslegung nur in einem Verfahren möglich, das mit Analogieschlüssen arbeitet (Arthur Kaufmann, Analogie und „Natur der Sache", 2. Aufl 7

1982; krit Schünemann, Klug-FS, S 169). Die Abgrenzung wird ferner dadurch erschwert, daß die im Strafrecht verwendeten Begriffe – wenn sie nicht an das Begriffsinstrumentarium eines anderen Rechtsgebiets anknüpfen – grundsätzlich selbständig sind. Auch bei sprachlicher Übereinstimmung sind sie daher nach Sinn und Funktion des jeweiligen Strafrechtssatzes zu interpretieren, also nicht notwendig „begriffsakzessorisch". Das folgt schon aus den allgemeinen Auslegungsregeln und erfordert daher nicht die Annahme einer eigenständigen strafrechtsspezifischen Auslegungsmethode (Otto Jura 89, 328; aM Bruns JR 84, 133, beide mwN). Allerdings bewirkt diese Möglichkeit unterschiedlicher Begriffsbildung eine mehr „tatsächliche (faktische) Betrachtungsweise" im Strafrecht, die den Spielraum der Auslegung erweitert. Sie sollte, um die Einheit der Rechtsordnung nicht unnötig zu gefährden, nur mit großer Vorsicht wahrgenommen werden. In zahlreichen einschlägigen, meist Gesetzesumgehungen betreffenden Fallgruppen sind die Ergebnisse umstritten (vgl etwa Bruns GA 82, 1, 19 und 86, 1; Cadus, Die faktische Betrachtungsweise, 1984; Schmidt, Rebmann-FS, S 419; Joerden wistra 90, 1; Gübel, Die Auswirkungen der faktischen Betrachtungsweise auf die strafrechtliche Haftung faktischer GmbH-Geschäftsführer, 1994, S 23, alle mwN).

8 **2.** Schon **verfassungsrechtlich** gilt der Grundsatz des § 1 nicht nur für Hauptstrafen (Freiheitsstrafe, Geldstrafe, Jugendstrafe, Strafarrest), sondern auch für Nebenstrafen und alle strafrechtlichen Rechtsfolgen mit poenalem Charakter (Schmidt-Aßmann, in: Maunz/Dürig 195 zu Art 103 II). Erfaßt werden daher – unabhängig von ihrer besonderen Hervorhebung in § 2 – ua auch Nebenstrafen (zB Vermögensstrafe nach § 43 a; Fahrverbot nach § 44; öffentliche Bekanntmachung nach §§ 103 II, 165, 200), Nebenfolgen (§§ 45–45 b) und Verfall (§§ 73–73 e, NStZ 94, 123), ferner die Einziehung, soweit sie strafähnlichen Charakter hat (1 zu § 74). Auf vorbeugende Maßnahmen, wie etwa die Maßregeln der Besserung und Sicherung (BGHSt 16, 49, 56) und die Sicherungseinziehung (BGHSt 23, 64), erstreckt sich die verfassungsrechtliche Garantie dagegen nicht (BGHSt 24, 103; diff Gribbohm LK 16–19 mwN; str), und zwar auch dann nicht, wenn das Gesetz (zB in § 2 V) sie ausdrücklich dem Rückwirkungsverbot unterwirft. Es fehlt an einem Anhalt dafür, daß der Begriff „Strafbarkeit" die reine Präventivmaßnahme einschließt. Auch aus Art 7 I S 2 MRK läßt sich eine vergleichbare Garantie nicht ableiten (Begr zu § 2 E 1962 S 108). Jedoch können sich Schranken aus dem Rechtsstaatsprinzip (Schroeder JR 71, 379), namentlich aus dem allgemeinen öffentlich-rechtlichen Gesetzesvorbehalt ergeben, der auch ein Analogieverbot in malam partem einschließt (Krey ZStW 101, 838, 853; Dannecker aaO [vgl 4] S 290, beide mwN).

9 **3.** Der Grundsatz des § 1 steht der Zulässigkeit einer sog **Wahlfeststellung** nicht entgegen (hM). Diese beruht stets auf mehrdeutiger Tatsachengrundlage, kann aber je nach den anwendbaren Strafgesetzen

als **echte** Wahlfeststellung zu einer alternativen oder als **unechte** Wahlfeststellung zu einer eindeutigen Verurteilung führen (eingehend Wolter, Alternative und eindeutige Verurteilung auf mehrdeutiger Tatsachengrundlage im Strafrecht, 1972 und Wahlfeststellung und in dubio pro reo, 1987; Günther, Verurteilungen im Strafprozeß trotz subsumtionsrelevanter Tatsachenzweifel, 1976; Montenbruck, Wahlfeststellung und Werttypus in Strafrecht und Strafprozeßrecht, 1976; Joerden, Dyadische Fallsysteme im Strafrecht, 1986, S 114; zusf Eschenbach Jura 94, 302; zum vergleichbaren österreichischen Recht Schmoller, Alternative Tatsachenaufklärung im Strafrecht, 1986).

a) Die **Rechtsprechung** billigt echte Wahlfeststellungen unter folgenden, nebeneinander zu erfüllenden Voraussetzungen (Grundfälle dazu Wolter JuS 83, 363, 602, 769 und 84, 37, 530, 606; Dokumentation und Analyse der Rspr bei Wolter aaO [Wahlfeststellung; vgl 9] S 153): 10

aa) Nach Ausschöpfung aller Ermittlungsmöglichkeiten darf eine **eindeutige Feststellung nicht möglich** sein, und zwar auch nicht mit Hilfe des Grundsatzes in dubio pro reo (BGHSt 11, 100; 22, 154; 38, 83 mit Anm Schmoller JR 93, 247; bei Holtz MDR 91, 482). Dieser schließt bei Vorliegen eines „begriffs-logischen" oder „normativ-ethischen" (dazu ua BGHSt 32, 48) Stufenverhältnisses die Wahlfeststellung aus (stRspr). Auch in Fällen sog Postpendenz (vgl 19) hat die eindeutige Verurteilung Vorrang, wenn ihre materiellen Voraussetzungen ungeachtet der mehrdeutigen Tatsachengrundlage als erfüllt gelten können (BGHSt 35, 86 mit Bespr Joerden JZ 88, 847 und Wolter NStZ 88, 456; NJW 90, 130 mit Anm Wolter JR 90, 471; NStZ 95, 500 mit Bespr Körner wistra 95, 311 und Otto JK § 261/1; Hamburg MDR 94, 712, alle mwN; beachte auch NJW 90, 2476; str). 11

bb) **Jede** der in Frage kommenden, bestimmt umschriebenen (GA 67, 184) tatsächlichen Möglichkeiten muß – unter Ausschluß jeder weiteren Möglichkeit (BGHSt 12, 386; 15, 63; 42, NJW 96, 2042, 2043; StV 87, 378 s auch NJW 83, 405 mit Bespr Kratzsch JA 83, 338) – zusammen mit dem eindeutig festgestellten Sachverhalt ein Strafgesetz verletzen. 12

cc) Bei Verschiedenheit der möglicherweise verletzten Gesetze müssen die aus ihnen folgenden Schuldvorwürfe **psychologisch und rechtsethisch vergleichbar (gleichwertig)** sein (BGHSt-GS-9, 390), dh eine im wesentlichen gleiche seelische Beziehung des Täters zu den Verhaltensalternativen aufweisen und ihn mit einer im wesentlichen gleichen ethischen Mißbilligung belasten (bei Holtz MDR 85, 89; Bay JR 74, 208; krit Saarbrücken NJW 76, 65, 67). 13

b) aa) Bei sog **Gesetzesalternativität** hat die Rspr **echte Wahlfeststellungen zB zugelassen:** zwischen verschiedenen Begehungsformen desselben Delikts (BGHSt 22, 12; bei Holtz MDR 92, 632); zwischen verschiedenen gleichwertigen Formen der Täterschaft, dh Allein-, Mit- und Nebentäterschaft sowie mittelbare Täterschaft (BGHSt 11, 18; NJW 96, 2042, 2043; Düsseldorf DAR 70, 190); zwi- 14 schen Täterschaft und Anstiftung (BGHSt 1, 127; Düsseldorf NJW 76, 579); zwischen Diebstahl einerseits und Hehlerei (BGHSt 1, 302; auch gewerbsmäßiger, BGHSt 11, 26), Begünstigung (BGHSt 23, 360 mit Anm Schröder JZ 71, 141), Unterschlagung (Köln GA 74, 121) oder Pfandkehr (Düsseldorf NJW 89, 115) andererseits; zwischen Unterschlagung einerseits und Hehlerei (BGHSt 16, 184) oder Untreue (Braunschweig MDR 51, 180) andererseits; zwischen Raub und räuberischer Erpressung (BGHSt 5, 280); zwischen Betrug einerseits und Unterschlagung (Hamm NJW 74, 1957; Saarbrücken NJW 76, 65), Hehlerei (NJW 74, 804) oder Untreue (GA 70, 24) andererseits; zwischen falscher Verdächtigung einerseits und Meineid (Bay MDR 77, 860 mit Anm Hruschka JR 78, 26) oder falscher uneidlicher Aussage (BGHSt 32, 146; Bay NJW 91, 3163) andererseits; zwischen fahrlässiger Trunkenheit im Verkehr und fahrlässigem Gestatten des Fahrens ohne Fahrerlaubnis (Hamm NJW 82, 192 mit Bespr Schulz NJW 83, 265); zwischen Erwerb von indischem Hanf und von Haschischzubereitungen (Bay JR 74, 208). Liegt Gleichwertigkeit zweier Sachverhalte nur im Hinblick auf ein Teilgeschehen vor, das Element eines umfassenderen Gesamtgeschehens ist, so kann es erforderlich sein, die Würdigung auf das Teilgeschehen zu beschränken; bei Alternativität zwischen Raub (der stets einen Diebstahl enthält, 1 zu § 249) und Unterschlagung oder Hehlerei ist daher Wahlfeststellung zwischen Diebstahl und Unterschlagung (BGHSt 25, 182) oder Hehlerei (bei Holtz MDR 86, 793) zulässig (krit Hruschka NJW 73, 1804 und Schulz JuS 74, 635).

15 bb) **Verneint** hat die Rspr echte Wahlfeststellungen dagegen zB zwischen vorsätzlicher Tötung und Beihilfe zur Körperverletzung (GA 67, 182); zwischen Diebstahl einerseits und Erpressung (DRiZ 72, 30), Betrug (NStZ 85, 123; einschr für Trickdiebstahl und ähnliche Fälle Karlsruhe NJW 76, 902) oder Vortäuschen einer Straftat (Köln NJW 82, 347) andererseits; zwischen schwerem Raub und Hehlerei (BGHSt 21, 152 mit Anm Deubner NJW 67, 738 und Oellers MDR 67, 506); zwischen Betrug einerseits und Schwangerschaftsabbruch (bei Dallinger MDR 58, 739) oder Bestechlichkeit (BGHSt 15, 88, 100) andererseits; zwischen Landesverrat und landesverräterischer Fälschung (BGHSt 20, 100); zwischen Beihilfe zum Raub und Strafvereitelung (wistra 89, 19); zwischen einem Vergehen nach dem BtMG und versuchter Strafvereitelung (BGHSt 30, 77 mit Anm Günther JR 82, 81).

16 cc) **Verneint** hat die Rspr echte Wahlfeststellungen ferner zwischen Beihilfe einerseits und Täterschaft (BGHSt 23, 203 mit Bespr Schröder JZ 70, 422 und Löhr JuS 76, 715; NStZ 96, 434) oder Anstiftung (BGHSt 31, 136 mit Bespr Baumann JZ 83, 116, Dingeldey NStZ 83, 166 und Hruschka JR 83, 177) andererseits. Aufgrund wertender Betrachtung bejaht sie hier ein normativ-ethisches Stufenverhältnis (vgl 11), das zur (analogen) Anwendung des Grundsatzes in dubio pro reo führe (str); bei dieser Annahme wird sie künftig auch das Verhältnis zwischen Täterschaft und Anstiftung (vgl 14) nicht anders behandeln können, weil hier ein entsprechendes Stufenverhältnis besteht. **Ver-**

neint hat die Rspr schließlich auch Wahlfeststellungen zwischen vorsätzlicher und fahrlässiger Begehung (BGHSt-GS-9, 390, 393) sowie zwischen Vollrausch und der im Rausch begangenen Straftat (BGHSt 1, 275 und 327), die Strafbarkeit des Täters aber dennoch stets bejaht: zunächst mit Hilfe der fragwürdigen Konstruktion von „Auffangtatbeständen" (zum Fahrlässigkeitsdelikt BGHSt 17, 210; zum Vollrausch BGHSt-GS-9, 390) und später durch Anwendung des Grundsatzes in dubio pro reo aufgrund eines normativ-ethischen Stufenverhältnisses (BGHSt 32, 48, 55; s auch 4, 5 zu § 323 a).

c) Auch sog **Sachverhalts-(Tatsachen-, Tat-)Alternativität** steht nach der Rspr einer (echten oder unechten) Wahlfeststellung nicht entgegen (bei Dallinger MDR 67, 548; Bay JR 78, 25 mit krit Anm Hruschka); sie liegt vor, wenn offen bleibt, durch welchen konkreten von mehreren verschiedenen Handlungskomplexen (zB zwei sich widersprechenden Aussagen) der Täter dasselbe Gesetz (Karlsruhe NJW 80, 1859 mwN) oder verschiedene Gesetze verletzt hat (vgl auch 15 zu § 154). Ebenso wie bei Gesetzesalternativität (vgl 14) kommt auch hier in Frage, daß der Grundsatz in dubio pro reo der Wahlfeststellung ganz oder teilweise vorgeht oder daß die alternativen Sachverhalte nur in einem Teilgeschehen gleichwertig sind (vgl etwa BGHSt 35, 305; 36, 262 mit Anm Rudolphi JZ 90, 197 und Otto JR 90, 205; NJW 90, 130 mit Anm Wolter JR 90, 471; NStZ 94, 339, alle mwN; s auch Hruschka JuS 82, 317, 321; Küper, Probleme der Hehlerei bei ungewisser Vortatbeteiligung, 1989, S 80; Eschenbach Jura 94, 302, 304; str). 17

d) Das **prozessuale** Erfordernis der **Tatidentität** ist von den Voraussetzungen der Wahlfeststellung unabhängig und bedarf deshalb selbständiger Prüfung (BGHSt 32, 146 mit Bespr Schröder NJW 85, 780; NJW 89, 1867; Celle NJW 88, 1225 mit Bespr Kröpil NJW 88, 1188; Bay NJW 91, 3163; eingehend Wolter aaO [Wahlfeststellung; vgl 9] S 132, alle mwN). Auch sonst kann das Prozeßrecht auf die Möglichkeiten der Wahlfeststellung begrenzend wirken (speziell zur Opfer-Wahlfeststellung Tiedemann/Tiedemann, Schmitt-FS, S 139). 18

e) Die Haltung des **Schrifttums** zur Wahlfeststellung reicht von völliger Ablehnung (zB Schmidhäuser Stub 3/88–91; Alwart GA 92, 545, 562) über die sehr eingeschränkte Billigung bei Alternativität verschiedener gleichwertiger Begehungsformen desselben Delikts (zB Heinitz JZ 52, 100; für das vergleichbare österreichische Recht ebenfalls sehr eng Schmoller aaO [vgl 9] S 78) bis hin zur Anerkennung im Rahmen des durch das KRG Nr 11 aufgehobenen § 2 b aF (Nüse GA 53, 33; Zeiler ZStW 72, 4; v Hippel NJW 63, 1533). Indessen überwiegen vermittelnde Standpunkte. Wegen seiner Unbestimmtheit zunehmend abgelehnt wird das Erfordernis psychologischer und rechtsethischer Vergleichbarkeit bzw Gleichwertigkeit (vgl etwa Tröndle JR 74, 133; Günther aaO [vgl 9] S 106, 123; Wolter aaO [Wahlfeststellung; vgl 9] S 110; Montenbruck GA 88, 531). Statt dessen wird häufig auf die **Identität des Unrechtskerns** abgestellt, der den jeweils in Frage 19 kommenden tatsächlichen Möglichkeiten zugrundeliegen muß (Jakobs GA 71, 257, 270; Otto, Peters-FS, S 373, 390; Hruschka JR 78, 26, alle mwN; ähnlich Montenbruck aaO [vgl 9] S 117, 124, der sich auf einen durch Abstraktion gewonnenen „Werttypus" stützt; weiter diff Günther JZ 76, 665, der auf graduelle Unwertverschiedenheit abstellt). Mit beachtlichen Gründen wird auch versucht, die Rspr-Formel durch präzisere Elemente zu konkretisieren. So wird zB vorausgesetzt, daß die wahldeutig festgestellten Straftaten „sich in ihrem typischen kriminellen Unrechtsgehalt nach Art und Umfang wesentlich gleichen" (Rudolphi SK 42 nach § 55) oder daß sie „in ihrem gesetzlich vertypten Unrechtsgehalt sowie in der Tatschuld konkret rechtsethisch vergleichbar" sind (Wolter aaO S 128). – Gegenstand intensiver Auseinandersetzungen mit der Rspr sind ferner: die Abgrenzung zwischen Wahlfeststellungslagen und Stufenverhältnissen (Schmoller aaO S 157; Wolter aaO S 36, beide mwN); die vollständige oder teilweise Ausgrenzung sog konkurrenz- oder tatbestandsrelevanter Postpendenzfeststellungen (Hruschka JZ 70, 637 und NJW 71, 1392; Küper, Lange-FS, S 65 und Probleme der Hehlerei bei ungewisser Vortatbeteiligung, 1989; Schmoller aaO S 173; Wolter aaO S 39; Joerden aaO [vgl 9] S 135; Gössel GA 90, 318; Richter Jura 94, 130; Geppert Jura 94, 441, 445, alle mwN; s auch 11); die Anerkennung der Sachverhaltsalternativität (Jakobs GA 71, 257, 265; Montenbruck aaO S 289); und die Konstruktion von „Auffangtatbeständen" (Günther aaO [vgl 9] S 138, 149; Gribbohm LK 119, 120 mwN). Im ganzen ist die Kritik an der Rspr auch unter anderen Gesichtspunkten vielfältig (vgl etwa Dreher MDR 70, 369; Röhmel JA 75, 371; die Entwicklung der Rspr zusf Gribbohm LK 100–131).

20 f) Zur **Urteilsformel** BGHSt 1, 302; 4, 128; zusf Gribbohm LK 138 mwN. Die Strafe ist dem Gesetz zu entnehmen, das konkret die geringste Strafe zuläßt (bei Dallinger MDR 57, 397; Wolter aaO [Wahlfeststellung; vgl 9] S 139).

§ 2 Zeitliche Geltung

(1) **Die Strafe und ihre Nebenfolgen bestimmen sich nach dem Gesetz, das zur Zeit der Tat gilt.**

(2) **Wird die Strafdrohung während der Begehung der Tat geändert, so ist das Gesetz anzuwenden, das bei Beendigung der Tat gilt.**

(3) **Wird das Gesetz, das bei Beendigung der Tat gilt, vor der Entscheidung geändert, so ist das mildeste Gesetz anzuwenden.**

(4) **Ein Gesetz, das nur für eine bestimmte Zeit gelten soll, ist auf Taten, die während seiner Geltung begangen sind, auch dann anzuwenden, wenn es außer Kraft getreten ist. Dies gilt nicht, soweit ein Gesetz etwas anderes bestimmt.**

(5) **Für Verfall, Einziehung und Unbrauchbarmachung gelten die Absätze 1 bis 4 entsprechend.**

(6) **Über Maßregeln der Besserung und Sicherung ist, wenn gesetzlich nichts anderes bestimmt ist, nach dem Gesetz zu entscheiden, das zur Zeit der Entscheidung gilt.**

I. 1. Die Vorschrift **konkretisiert das Rückwirkungsverbot** (4 zu § 1) näher. Sie geht in **Abs 1** von dem Grundsatz aus, daß sich die Strafe (einschl aller strafähnlichen Maßnahmen, 8 zu § 1) nach dem **zur Zeit der Tat** (§ 8) geltenden Gesetz bestimmt (zur str Einordnung der Vorschrift in das Strafrechtssystem Schroeder, Bockelmann-FS, S 785; Sommer, Das „mildeste Gesetz" iS des § 2 III StGB, 1979, S 62; Tiedemann, Die gesetzliche Milderung im Steuerstrafrecht, 1985, S 13; Dannecker, Das intertemporale Strafrecht, 1993, S 251; zum vergleichbaren österreichischen Recht Seiler, Platzgummer-FS, S 39). 1

2. Abs 2 ist namentlich bedeutsam für Dauerdelikte (11 vor § 52) und fortgesetzte Taten (beachte 13 vor § 52), bei denen sich die Tatbegehung über längere Zeiträume erstrecken kann. Er stellt auf die Beendigung des einheitlichen Geschehens ab (hM; vgl etwa BGHSt 29, 124, 128). Wird jedoch durch ein späteres Gesetz erst die Strafbarkeit begründet, so können frühere Teilakte der Handlungseinheit – auch wenn sie als Ordnungswidrigkeiten mit Geldbuße bedroht waren (bei Holtz MDR 87, 280) – nicht in die Bewertung einbezogen werden; im Falle einer Verschärfung der Strafdrohung muß das zuvor mildere Gesetz bei der Strafzumessung und der Anordnung von Nebenstrafen, Nebenfolgen und Maßnahmen in der Weise berücksichtigt werden, daß den Tatteilen, die vor der Sanktionsverschärfung lagen, kein größeres Gewicht zukommt, als sie früher tatsächlich hatten (BVerfG NStZ 96, 192; s auch StV 84, 202; NStZ 94, 123 und 95, 92; Bay NJW 96, 1422, alle mwN). 2

3. Nach **Abs 3** gilt bei Verschiedenheit der Gesetze von der Tatzeit bis zur Entscheidung das **mildeste Gesetz** (sog Meistbegünstigungsklausel; eingehend Sommer, Das „mildeste Gesetz" iS des § 2 III StGB, 1979). An dieser Verschiedenheit fehlt es, wenn zwischen den zu vergleichenden Gesetzen mit übereinstimmender Schutzrichtung kein Schwereunterschied besteht (so zum Verhältnis zwischen § 175 aF und § 182 nF NStZ 95, 179; beachte jedoch auch NStZ-RR 96, 33 und für das Zusammentreffen mit Kindesmißbrauch Bay NStZ 95, 500 mit Anm Schroeder JR 96, 40). Ob das auch gilt, wenn ein Strafgesetz unverändert bleibt und lediglich seinen Anwendungsbereich verliert (so KG NStZ 94, 244; offen gelassen in NStZ 96, 549 [GS]), ist nicht mehr aktuell, weil der einzige einschlägige Fall, der die Strafbarkeit von Verstößen gegen Art VIII MRG Nr 53 (Interzonenhandelsgeschäfte) betraf, mit anderer Begründung gelöst worden ist (BGH aaO mit abl Anm Kirsch wistra 96, 267). 3

a) Welches Gesetz das **mildeste** ist, entscheidet sich nicht nach der abstrakten Strafdrohung, sondern danach, „welche Regelung für den Einzelfall nach seinen besonderen Umständen die mildere Beurteilung zuläßt" (BGHSt 14, 156; 20, 121, 124; NStZ 83, 268 und 96, 32; krit Tiedemann, Peters-FS, S 193). Das kann auch ein sog „Zwischengesetz" selbst dann sein, wenn es eine Strafvorschrift – sei es auch nur infolge eines Versehens (NStZ 92, 535) – ganz aufhebt. Teils das alte und teils das neue Gesetz anzuwenden, ist nicht zulässig (BGHSt 20, 22, 29; 24, 94; 37, 320, 322; StV 93, 640; NJW 95, 2861; Gribbohm LK 20; aM Schröder JR 66, 68; Sommer aaO S 85; diff Sch/Sch-Eser 30, 34, alle mwN; zw).

4 aa) Maßgebend ist der **gesamte sachlich-rechtliche Rechtszustand** (BGHSt 37, 320, 322; NStZ 83, 80 und 94, 231), für den auch das Verschlechterungsverbot relevant sein kann (BGHSt 38, 66 mwN). Zu berücksichtigen ist vor allem die Änderung einer die Anwendbarkeit des Strafgesetzes begründenden (namentlich einer blankettausfüllenden) Norm (BGHSt 20, 177; 34, 272, 282; StA Stuttgart wistra 94, 271; speziell zu blankettausfüllenden EG-Vorschriften Koblenz NStZ 89, 188; Stuttgart NJW 90, 657; beachte auch Gribbohm LK 30). Das gilt nach der Rspr auch dann, wenn diese Änderung nur mittelbare, das Unrecht der begangenen Tat nicht berührende Bedeutung hat (BGHSt 14, 156 zu § 257 aF; Düsseldorf NJW 69, 1679 zu § 145 d; Bay MDR 74, 685 zu § 164; zust Mazurek JZ 76, 233; Tiedemann aaO [vgl 1] S 18; aM Meyer JR 75, 69; Wenner MDR 75, 161; Jakobs AT 4/72, alle mwN; zw). Keine Milderung im Hinblick auf § 370 AO (Steuerhinterziehung) bildet idR die nur für die Zukunft wirksame Änderung von Steuertarifen oder -vergünstigungen. Sie beruht im allgemeinen nicht auf einer Änderung der für die Strafwürdigkeit maßgebenden Wertvorstellungen, hat ihren Grund vielmehr meistens in einer erst für die Zukunft wirksamen Umverteilung der Steuerlasten. Bei der Parteispendenaffäre, die allerdings unter zahlreichen anderen Gesichtspunkten Probleme aufwirft (vgl etwa Ulsenheimer NJW 85, 1929; Felix NJW 85, 1935; Kirchhof NJW 85, 2977; de Boor ua [Hrsg], Parteispendenproblematik, 1986; Bergmann JuS 87, 864; Schreiber, Parteispenden und Strafrecht, 1989), liegt dieser Grund – jedenfalls auch – in der Umgestaltung des Chancenausgleichs für die benachteiligten Parteien (dazu BVerfGE 85, 264). Daß in solchen Fällen der Steueranspruch für vorausgegangene Besteuerungsabschnitte in vollem Umfang aufrecht erhalten bleibt, ist deshalb sachlich begründet und kann nicht durch Annahme einer Milderung des Strafgesetzes unterlaufen werden (BGHSt 34, 272 mit abl Bespr Tiedemann NJW 87, 1247; s auch BVerfG NJW 92, 35; Tiedemann, Die gesetzliche Milderung im Steuerstrafrecht, dargestellt am Beispiel der Abzugsfähigkeit von Parteispenden, 1985; Flämig, Steuerrecht als Dauerrecht, 1985, S 104; Schreiber, Kaufmann [Arm]-GedSchr, S 819, 828; Otto ZStW 107, 631, alle mwN; str). – Zu einer die „Rauschtat" nach § 323 a betreffenden Rechtsänderung Braunschweig NJW 66, 1878.

5 bb) Ein neues Gesetz, das im Verhältnis zum Tatzeitgesetz ein nach Schutzzweck oder Angriffsweise **artverschiedenes Unrecht** beschreibt, darf in den Vergleich nicht einbezogen werden (BGHSt 39,

54, 68; GA 78, 147; Schünemann, Nulla poena sine lege?, 1978, S 26; probl Bay JR 96, 299 mit Anm Heine; zu weit BGHSt-GS-26, 167 mit abl Bespr Tiedemann JZ 75, 692; zu eng Mohrbotter JZ 77, 53; Schroeder, Bockelmann-FS, S 785, 796 und NStZ 93, 216; Sommer aaO [vgl 1] S 163).

cc) Wird ein Straftatbestand nach der Tat in eine **Ordnungswidrigkeit** umgewandelt, so bewirkt § 2 iVm § 4 OWiG, daß die Tat als Ordnungswidrigkeit zu behandeln ist (BGHSt 12, 148, 153; Karlsruhe MDR 74, 858; s auch Saarbrücken NJW 74, 1009). 6

dd) Da sich die Vorschrift nur auf das materielle Recht (auch das Strafanwendungsrecht nach §§ 3–7, BGHSt 20, 22, 25) bezieht, bleibt ein Wechsel des **Verfahrensrechts** (zB Wegfall des Antragserfordernisses) unberücksichtigt. Folgt man wie hier (1 zu § 78) der gemischten Verjährungstheorie, so muß die Verjährung wegen ihrer Zugehörigkeit (auch) zum materiellen Recht berücksichtigt werden (Tröndle 7); jedoch ist die Verkürzung von Verjährungsfristen unabhängig vom Theorienstreit – allerdings mit der Maßgabe des § 78 c V – stets zu beachten (BGHSt 21, 367; Gribbohm LK 8; vgl auch die ausdrückliche Regelung in Art 309 EGStGB); dasselbe gilt für ihre Verlängerung, wenn sie sich nur aus einer Verschärfung der Strafdrohung ergibt (GA 54, 22). Zu **DDR-Alttaten** beachte jedoch 27–27 b. 6 a

b) Entscheidung ist auch die der Revisionsinstanz, in der das mildere Gesetz angewendet werden **muß** (BGHSt 20, 77; beachte auch BVerfG NJW 93, 2167; BGHSt 26, 94 mit krit Bespr Küper, Pfeiffer-FS, S 425). Das Revisionsgericht hat das mildere Gesetz auch anzuwenden, wenn bei ihm nur noch der Strafausspruch (BGHSt 20, 116; Düsseldorf NJW 91, 710), uU sogar nur noch die Entscheidung über Strafaussetzung zur Bewährung (BGHSt 26, 1), anhängig ist. 7

4. Abs 4 schließt die Anwendung des Abs 3 für sog **Zeitgesetze** aus. „Zeitgesetz ist nicht nur ein Gesetz, das kalendermäßig begrenzt ist, sondern auch ein solches, das, mag es auch nicht ausdrücklich nur vorübergehend Geltung beanspruchen, nach seinem Inhalt eine nur als vorübergehend gedachte Regelung für wechselnde Zeitverhältnisse treffen will" (NJW 52, 72; s auch BGHSt 6, 30, 37; 18, 12; Düsseldorf NJW 91, 710; Naumburg NZV 93, 410; krit zu dieser nur materiellen Begrenzung Tiedemann, Peters-FS, S 193, 198; Rüping NStZ 84, 450); dabei kommt es bei blankettausfüllenden Normen (vgl 4) auf deren konkreten Inhalt und Zweck an (Stuttgart NJW 90, 657), so daß nicht etwa die Steuergesetze im ganzen (oder andere entspr Rechtsgebiete) als zeitgesetzliche Regelungen in Anspruch genommen werden können (Kunert NStZ 82, 276; Rüping aaO; Tiedemann aaO [vgl 1] S 35; Flämig aaO [vgl 4] S 86; aM Franzheim NStZ 82, 137, 138; Samson wistra 83, 235; s auch die Nachw zu § 370 AO unter 4). 8

5. Abs 5 unterwirft den Verfall, die Einziehung und die Unbrauchbarmachung (§§ 73–76 a), die nur zum Teil strafähnlichen Charakter haben (8 zu § 1; 1 zu § 73; 1, 2 zu § 74; 1 zu § 74 d), aus Gründen der 9

Rechtsstaatlichkeit und der Vereinfachung durchgängig dem Rückwirkungsverbot.

10 **6.** Zu **Abs 6** vgl 8 zu § 1. Etwas anderes bestimmen zB Art 303, 305, 315 I S 2, 3 EGStGB für die Führungsaufsicht (§ 68) und das Berufsverbot (§ 70).

11 **II.** Auch auf Taten, die vor Wirksamwerden des **Beitritts** (Art 1 I EV) **in der DDR begangen wurden (Alttaten)**, ist § 2 nach dem EGStGB (Anh I) mit folgenden Maßgaben anwendbar: Es ist von Strafe abzusehen, wenn nach dem zur Tatzeit (§ 8) geltenden (DDR-)Recht weder Freiheitsstrafe noch Verurteilung auf Bewährung noch Geldstrafe verwirkt waren (Art 315 I S 1 EGStGB); die Geldstrafe folgt allgemein den Regeln des StGB, unterliegt aber bei Anwendbarkeit des DDR-Rechts Beschränkungen des Höchstmaßes (Art 315 II S 3, 4 EGStGB); die Anordnung von Sicherungsverwahrung (§ 66) und Führungsaufsicht (§ 68 I) ist ausgeschlossen, wenn das StGB als das mildere Gesetz anzuwenden ist (Art 315 I S 2 EGStGB); Führungsaufsicht nach § 68 f tritt nicht ein (Art 315 I S 3 EGStGB); im Bereich der Aussetzung zur Bewährung unterliegen bestimmte nachträgliche Entscheidungen (Aussetzung des Strafrestes, Widerruf der Aussetzung) unmittelbar dem StGB, soweit sich nicht aus § 2 etwas anderes ergibt (Art 315 III EGStGB). § 2 gilt jedoch nicht, wenn für die Tat das Strafrecht der Bundesrepublik schon vor Wirksamwerden des Beitritts gegolten hat (Art 315 IV EGStGB).

12 Diese **Übergangsregelung** hat eine **Fülle von Streitfragen** aufgeworfen, die in wichtigen Bereichen nicht zu einem Konsens geführt haben. Der ungewöhnlich kontroverse Diskussionsstand ist nicht zuletzt aus dem Umstand erklärbar, daß über die Frage, ob und wieweit es rechtspolitisch wünschenswert und rechtsstaatlich vertretbar ist, auf das Unrecht des untergegangenen DDR-Regimes mit strafrechtlichen Mitteln zu reagieren, tiefgreifende Meinungsverschiedenheiten bestehen (aus dem schwer überschaubaren Schrifttum expl: Dencker KritV 90, 299; Starck, Berg und Pieroth, in: VVDStRL, Heft 51, S 9, 46, 91; Isensee [Hrsg], Vergangenheitsbewältigung durch Recht, 1992; Lüderssen, Der Staat geht unter – das Unrecht bleibt? Regierungskriminalität in der ehemaligen DDR, 1992; Wassermann RuP 92, 121, NJW 93, 895 und 94, 2666; Odersky, Die Rolle des Strafrechts bei der Bewältigung politischen Unrechts, 1992; Limbach DtZ 93, 66; Weber GA 93, 195; Lampe [Hrsg], Deutsche Wiedervereinigung, Bd II, Die Verfolgung von Regierungskriminalität der DDR nach der Wiedervereinigung, 1993; Quaritsch, FS für W Thieme, 1993, S 329; Jakobs GA 94, 1 und NStZ 94, 332; Lorenz JZ 94, 388; Schaefgen RuP 94, 150; allg zu Unrechtssystemen Lampe ZStW 106, 683; Schünemann ARSP, Beiheft Nr 65 [1996], S 97; krit zu der im Positivismus begründeten Besserstellung staatlich organisierter Kriminalität Naucke, Die strafjuristische Privilegierung staatsverstärkter Kriminalität, 1996). Es ist unverkennbar, daß die zum Teil polarisierten Grundeinstellungen hierzu

sowohl bei den Entscheidungsträgern als auch bei den Autoren rechtswissenschaftlicher Analysen auf die jeweiligen Ergebnisse abgefärbt haben. Das spiegelt sich vor allem in Beiträgen wider, die sich schon mit der Rspr der letzten Jahre kritisch auseinandersetzen konnten (expl Weber/Piazolo [Hrsg], Eine Diktatur vor Gericht: Aufarbeitung von SED-Unrecht durch die Justiz, 1995; Schreiber ZStW 107, 157; Welke KJ 95, 369; Peschel-Gutzeit NJ 95, 450, 453; Buchholz, in: Heuer [Hrsg], Die Rechtsordnung der DDR, 1995, S 273 mit krit Bespr Rottleuthner NJ 95, 580 und Hoffmann KJ 96, 580; Arnold, Die Normalität des Strafrechts in der DDR [2 Bände], 1995/1996; Weinke RuP 96, 29; Amelung GA 96, 51; Schroeder DRiZ 96, 81; Wolff DRiZ 96, 88; Werketin RuP 96, 139). – Bei dieser Lage kann Ausgangspunkt der Beurteilung nur der Gesetzeswortlaut sein. Dieser zwingt zu der Annahme, daß **Art 315 EGStGB** eine abschließende (BGHSt 39, 317), wenn auch nicht ganz widerspruchsfreie, gesetzgeberische Entscheidung bildet, die auf folgenden Prinzipien beruht:

1. Im **Anwendungsbereich der Absätze 1–3 aaO** wird das frühere DDR-Recht für das Beitrittsgebiet als das vorausgegangene Recht behandelt, das der EV aufgehoben und durch das Recht der Bundesrepublik ersetzt hat (hM; vgl etwa BGHSt 37, 320; 38, 1, 18 und 88, alle mwN). Dieses hat daher den Regelungsbereich des DDR-Rechts in sich aufgenommen (BGHSt 39, 317, 318). Es erfaßt nunmehr alle im Beitrittsgebiet begangenen einschlägigen Taten, und zwar auch dann, wenn es ausdrückliche oder stillschweigende Anwendungsbeschränkungen auf das Gebiet, die Institutionen oder die Interessen der Bundesrepublik vorsieht (zB in den §§ 108 d, 113 I iVm § 11 I Nr 2). Es ist deshalb nicht von vornherein ausgeschlossen, daß es auch in diesen Fällen Nachfolgeregelung für das DDR-Recht sein kann (vgl namentlich 18–20), selbst wenn dieses auf das Gebiet, die Institutionen oder die Interessen der DDR beschränkt war (Tröndle 48 a vor § 3; ebenso für das Gebiet BGHSt 38, 1; 40, 30, 33; für die Kommunalwahlen BVerfG NJW 93, 2524; BGHSt 39, 54). Die Zuordnung eines Tatbestandes zum einen oder zum anderen Bereich bildet deshalb keine allgemeine Schranke für die Anwendbarkeit des DDR-Rechts. Eine vor dem Beitritt begründete Strafbarkeit ist vielmehr nur daraufhin zu prüfen, ob und wieweit sie nach den Regeln des § 2 vor dem neuen Recht Bestand hat. Insoweit verdient die sog Inlandstheorie, nach der die Bundesrepublik in die Verantwortung für die Überleitung des DDR-Strafrechts eingerückt ist, Zustimmung (KG NJW 91, 2653; Riedel DtZ 92, 162, 163; Höchst JR 92, 360). Diese Deutung ergibt sich überdies unmittelbar aus dem Gesetzeswortlaut. Sie ist als allgemeiner, allenfalls durch Ausnahmen einzuschränkender, Grundsatz mit dem GG und dem Völkerrecht vereinbar (BGHSt 39, 317). Alle weitergehenden, auf theoretische Konstrukte (Inlands-, Auslands-, Beitrittstheorie) oder auf das internationale Strafrecht gestützten Modifizierungen sind aus dem Gesetz nicht ableitbar (vgl namentlich 22–26; ebenso Tröndle 13

46 vor § 3 mwN). Art 315 EGStGB schließt es als Spezialregelung namentlich auch aus, die vor dem Beitritt begangenen Taten deshalb dem Recht der Bundesrepublik zu unterstellen, weil die Bürger der DDR durch den Beitritt Deutsche im Sinne des § 7 II Nr 1 geworden seien (BGHSt 39, 54, 60 und 317, 320, beide mwN; str), oder umgekehrt nur das DDR-Recht zur Grundlage zu machen und es lediglich durch analoge Anwendung des neuen Rechts zu begrenzen (so Luther NJ 91, 395 und DtZ 91, 433; aM Renzikowski NJ 92, 152, 153 und JR 92, 273, alle mwN). Nach § 2 ist vielmehr grundsätzlich das **Tatzeitrecht** (der DDR) maßgebend, es sei denn, daß ein milderes Zwischengesetz oder das zur Zeit der Aburteilung geltende Gesetz die Strafbarkeit aufgehoben oder gemildert hat, wobei auch die in Art 315 I–III EGStGB vorgesehenen Milderungen des DDR-Rechts (vgl 11) zu berücksichtigen sind. – Die Umsetzung dieser Regel kann im Einzelfall Schwierigkeiten machen, weil zahlreiche Gesetzesänderungen in der DDR und der aus Anlaß des Grundlagenvertrages vollzogene Übergang der bundesdeutschen Rspr von der Anwendung interlokalen zum internationalen Strafrecht (§§ 3–7) zu berücksichtigen sind (dazu expl KG NStZ 92, 542; str). Solche Schwierigkeiten müssen im Einzelfall durch den Vergleich der insgesamt beteiligten Gesetze bewältigt werden (dazu 21; Zusammenstellung der DDR-Gesetze bei Tröndle 43 vor § 3). – Daß auch allgemeine, in der DDR erlassene **Amnestien** (namentlich die Amnestiebeschlüsse v 17. 7. 1987 [GBl/DDR I 191], v 27. 10. 1989 [GBl/DDR I 237] und v 6. 12. 1989 [GBl/DDR I 266] sowie das Ges zum teilweisen Straferlaß v 28. 9. 1990 [GBl/DDR I 1987]) grundsätzlich zu berücksichtigen sind, ergibt sich zwar nicht aus dem nur das sachliche Strafrecht betreffenden § 2, wohl aber aus dem Umstand, daß die Amnestien – vorbehaltlich der Nachprüfung ihres jeweiligen Inhalts – Vertrauenstatbestände geschaffen haben können, die nach übergeordneten Rechtsgrundsätzen nicht übergangen werden dürfen (Bohnert DtZ 93, 167 mwN; offen gelassen in BGHSt 39, 353, 358 mit krit Bespr Bohnert JR 94, 256; beachte auch unten 31); es ist jedoch nicht vertretbar, die Wirkung der Amnestien über ihren ausdrücklich festgelegten Anwendungsbereich auszudehnen (BGH aaO; DtZ 96, 393; Miehe, FS für Wolfgang Gitter, 1995, S 647, 648; aM Bohnert DtZ 93, 167, 173).

14 a) **Allgemein** kommt jedoch wegen der grundsätzlichen Unterschiede zwischen den zu vergleichenden Rechtsordnungen (dazu Lilie NStZ 90, 153; Roggemann JZ 90, 363; Buchholz NStZ 90, 519) häufig in Frage, daß eine Vorschrift des DDR-Rechts **artverschiedenes Unrecht** beschreibt, das im Recht der Bundesrepublik keine Entsprechung hat (vgl 5). Die näheren Voraussetzungen der damit erforderlichen **Unrechtskontinuität** sind umstritten und noch nicht abschließend geklärt (eingehend Höchst JR 92, 360; Dannecker aaO [vgl 1] S 516; krit Schroeder NStZ 93, 216; zusf Tröndle 47 vor § 3):

aa) Bei den Tatbeständen zum Schutz von **Individualrechtsgütern,** wie zB Leben, körperliche Unversehrtheit, persönliche Freiheit (NJW 94, 3174), Ehre, Eigentum (beachte BGHSt-GS- 41, 187 mit krit Anm Otto JZ 96, 582) und Vermögen, besteht idR Unrechtskontinuität. – Auch für Diebstahl und Betrug **zum Nachteil sozialistischen Eigentums** (§§ 158, 159 StGB/DDR aF) ist sie zu bejahen, weil das Recht der Bundesrepublik (und vor ihm schon das 6. StÄG/DDR) zwischen privatem und öffentlichem Vermögen (einschl Eigentum) nicht unterscheidet und ihnen gleichermaßen Schutz gewährt (wistra 91, 213). 15

Bei Tötungshandlungen sog **Mauerschützen zur Verhinderung der Republikflucht** ist nicht die Unrechtskontinuität, sondern schon das Erfordernis der Strafbarkeit zur Zeit der Tat umstritten; die Frage wird allerdings nur relevant, wenn für die Tat nicht schon vor dem Beitritt das Recht der Bundesrepublik gegolten hat (vgl 22–26), was namentlich in Frage kommt, wenn der Deliktserfolg erst im Bundesgebiet eingetreten ist (2, 5, 6 zu § 9). – Tötungshandlungen an der Mauer waren zwar im Sinne des § 112 StGB/DDR tatbestandsmäßig, aber im Verständnis des praktizierten DDR-Rechts gerechtfertigt, wenn sie sich im Rahmen der einschlägigen Dienstvorschriften über den Schußwaffengebrauch (expl LG Magdeburg DtZ 95, 380) und ab 1982 im Rahmen des § 27 GrenzG/DDR hielten (näher dazu Polakiewicz EuGRZ 92, 177, 178; Renzikowski NJ 92, 152, 154; Roggemann DtZ 93, 10, 15), und darüber hinaus entschuldigt, wenn sie den Voraussetzungen des § 258 StGB/DDR (Handeln auf Befehl) genügten (eingehend zu Rechtfertigung und Entschuldigung im DDR-Strafrecht Renzikowski ZStW 106, 93). An sich entsprachen das GrenzG/DDR und auch ein Teil der vorausgegangenen innerdienstlichen Anweisungen völkerrechtlichem Mindeststandard insoweit, als sie den Schußwaffengebrauch nur als letztes Mittel und nur zur Verhinderung des Grenzübertritts unter möglichster Schonung des Lebens zuließen (eingehend Polakiewicz aaO S 181; Miehe, FS für Wolfgang Gitter, 1995, S 647, 650). Das Erfordernis der Verhältnismäßigkeit wurde jedoch durch die Ausreisepolitik der DDR überspielt; denn diese widersprach dem UNO-Pakt über bürgerliche und politische Rechte von 1966 (IPBPR; BGHSt 39, 1, 16; Polakiewicz aaO S 186; Rittstieg DuR 91, 404, 416), vor dessen Inkrafttreten auch schon dem Art 3 der Allgemeinen Erklärung der Menschenrechte von 1948 (BGHSt 40, 241 mit abl Bespr Amelung NStZ 95, 29 und Gropp NJ 96, 393), und hatte damit rechtfertigende Wirkung des Schußwaffengebrauchs auch in Fällen zur Folge, in denen jemand nur das ihm verweigerte, völkerrechtlich aber zustehende Ausreiserecht durchsetzen wollte. Überdies hat die Staatspraxis durch überwiegend geheimgehaltene Anweisungen eine „Befehlslage" geschaffen, in der dem Soldaten auch eindeutig unverhältnismäßiger Waffeneinsatz abgefordert und im nachhinein regelmäßig belobigt wurde (BGHSt 39, 1, 11; LG Berlin JZ 92, 691). Deshalb hat die in der Bundesrepublik hM diesem Rechtfertigungsgrund schon vor dem Beitritt die Anerkennung versagt (vgl etwa Stuttgart NJW 64, 63; Düssel- 16 dorf NJW 79, 59 und 83, 1277; aM Grünwald JZ 66, 633; Jakobs AT 5/18, 29, alle mwN). Die **Rechtsprechung** hat an diesem Standpunkt auch nach dem Beitritt festgehalten und sich zunächst auf „allgemein anerkannte rechtsstaatliche Grundsätze" gestützt (KG NJW 91, 2653; LG Berlin aaO). Dem hat sich der BGH in einer ersten Grundsatzentscheidung mit näher konkretisierter Begründung angeschlossen. Dabei hat er die Rechtswidrigkeit der Taten aus „vorgeordneten allgemeinen Rechtsprinzipien" hergeleitet und das Ergebnis mit völkerrechtlichen Argumenten und dem Hinweis auf die schon dem DDR-Recht immanente Möglichkeit „menschenrechtsfreundlicher Auslegung" untermauert (BGHSt 39, 1 mit Bespr Günther StV 93, 18, Schroeder JR 93, 45, Fiedler JZ 93, 206 und OstEuR 93, 259, Herrmann NStZ 93, 118, Wullweber KJ 93, 49, 56, Spendel RuP 93, 61, Amelung JuS 93, 637 und Dannecker JuS 94, 585); auf der Schuldebene hat er Entschuldigung sowohl wegen Verbotsirrtums als auch wegen Handelns auf Befehl verneint (BGH aaO S 32, 35). Diese Linie hat er in einer Reihe weiterer Entscheidungen bestätigt und sie zur gefestigten Rspr fortentwickelt (vgl ua BGHSt 39, 168 mit Anm Herrmann NStZ 93, 487; BGHSt 39, 199 und 353; 40, 48, 113, 218 und 241; 41, 101 und 149; NJW 95, 2732 und 96, 2042). Dabei hat er vor allem folgende im Schrifttum erhobenen Einwendungen als unbegründet zurückgewiesen: der Rückgriff auf allgemeine Rechtsprinzipien über die weltweit anerkannten Normen des Völkerrechts (zusf dazu Gornig NJ 92, 4) hinaus sei nicht legitimierbar (so Polakiewicz aaO S 181; Pawlik GA 94, 472; ähnlich Rittstieg aaO S 413; Renzikowski NJ 92, 152, 153; Arnold/Kühl JuS 92, 991, 994; Roggemann DtZ 93, 10, 16); es sei unzulässig, bei Verstößen eines Staates gegen von ihm zwar übernommene, aber nicht in innerstaatliches Recht umgesetzte völkerrechtliche Pflichten eine strafrechtliche Verantwortlichkeit des Individuums zu begründen (so Polakiewicz aaO S 186; Roggemann aaO S 17; Amelung aaO S 642; Gropp NJ 96, 393, 395); das Übergehen eines Rechtfertigungsgrundes, den das Völkerrecht nicht zwingend ausschließe, könne nicht auf die Möglichkeit „menschenrechtsfreundlicher Auslegung" des DDR-Rechts gestützt werden (so Miehe aaO S 654; krit auch Schünemann ARSP, Beiheft Nr 65 [1996], S 97, 111); diese müsse deshalb – wenn das Ergebnis nicht mit anderem Ansatz gerechtfertigt werden könne (dazu ua Lüderssen StV 91, 482, 484; Schünemann aaO) – als rückwirkende, Art 103 II GG und Art 7 MRK widersprechende Begründung von Strafbarkeit gedeutet werden (expl Polakiewicz aaO S 187; Rittstieg aaO S 410; Pieroth aaO [vgl 12] S 102; Scholten ZRP 92, 476, 479; Kuhlen/Gramminger JuS 93, 32, 37; Dannecker aaO S 588, Renzikowski ARSP 95, 335, 341; Dannecker/Stoffers JZ 96, 490; Gropp aaO S 394; Schmidt-Aßmann, in: Maunz/Dürig 255 zu Art 103 II; nur im Ergebnis der Rspr zum Rückwirkungsverbot zust Schulz ARSP, Beiheft Nr 65 [1996], S 173; schließlich werde die Annahme, für die Grenzsoldaten, die meist auf Befehl gehandelt hätten (dazu Rittstieg aaO S 419) und besonderer ideologischer Indoktrination ausgesetzt gewesen seien, sei die Rechtswidrigkeit des Befohlenen offensichtlich und in ihrer Lage ein Verbotsirrtum vermeidbar gewesen, den tatsächlichen Verhältnissen nicht gerecht (so ua Arnold/Kühl aaO S 996; Amelung aaO S 642; Miehe aaO S 663; einschr Eser, Odersky-FS, S 337, der nach den verschiedenen Ebenen in der militärischen Hierarchie abstuft; krit ferner Neumann NK 99 – 102 zu § 17; anders auch der BGH bei bedingtem Vorsatz bloßer gefährlicher Körperverletzung (BGHSt 41, 10, 14; NStZ 95, 286; NStZ-RR 96, 323) oder der Tötung eine bewaffneten Fahnenflüchtigen (5 StR 137/96 v. 17. 12. 1996 – für die AmtlSamml bestimmt). – Inzwischen hat das **BVerfG** (JZ 97, 142 mit Anm Starck; krit Albrecht NJ 97, 1. Ambos StV 97, 39) die (gefestigte) Rspr der Strafgerichte als verfassungskonform gebilligt. Es geht davon aus, daß gesetzlich geregelte Rechtfertigungsgründe weiter anzuwenden sind, auch wenn sie zur Zeit des Strafverfahrens nicht mehr gelten. Da jedoch das Rückwirkungsverbot des Art 103 II GG seine rechtsstaatliche Rechtfertigung in der besonderen Vertrauenslage finde, welche die Strafgesetze tragen, müsse es zurücktreten, wenn der Träger der Staatsmacht für den Bereich schwersten kriminellen Unrechts die Strafbarkeit durch Rechtfertigungsgründe in der Weise ausschließe, daß er über die geschriebenen Normen hinaus zu solchem Unrecht auffordere, es begünstige und so die in der Völkerrechtsgemeinschaft allgemein anerkannten Menschenrechte in schwerwiegender Weise mißachte (BVerfG aaO S 144). Außerdem seien die Gründe, mit denen die Strafgerichte die Schuld der Grenzsoldaten bejaht hätten, verfassungsrechtlich nicht zu beanstanden. Für die Praxis ist damit die Behandlung der noch nicht erledigten Fälle abschließend vorgezeichnet.

Im **Schrifttum** ist die Frage der Strafbarkeit von Tötungen an der Mauer so kontrovers, daß jedenfalls für den Begründungsweg weder ein Konsens noch auch nur eine eindeutig hM auszumachen ist. Überwiegend wird jedoch das angesichts der Brutalität des Grenzregimes vorzugswürdige Ergebnis der Rspr mit verschiedenartigen, überwiegend auf überpositives Recht, ua die sog Radbruch-Formel (dazu Saliger, Radbruchsche Formel und Rechtsstaat, 1995) verweisenden Ansätzen gebilligt (über die vorstehend nachgewiesenen zust Urteilsbesprechungen hinaus expl: Küpper/Wilms ZRP 92, 91, 92; Jesse, in: Isensee aaO [vgl 12] S 22; Starck aaO [vgl 12] S 27; Kinkel JZ 92, 485, 487; Wassermann RuP 92, 121, 124; Schaefgen RuP 92, 191, 198; Hruschka JZ 92, 665; Odersky aaO [vgl 12] S 15; Alexy, Mauerschützen – Zum Verhältnis von Recht, Moral und Strafbarkeit, 1993, S 22; Herzog, Die strafrechtliche Verantwortlichkeit von Todesschützen an der innerdeutschen Grenze, 1993, S 29, 47, 71; Schreiber und Bottke, in: Lampe aaO [vgl 12] S 53 und 203; Eser, Odersky-FS, S 337; Hirsch AkadWissNRW, Vorträge G 342, S 13; Tröndle 52–52 d vor § 3; s auch Frommel, Kaufmann [Arth]-FS, S 81; Füßer ZRP 93, 180; Laskowski JA 94, 151; Arthur Kaufmann NJW 95, 81; Rosenau, Tödliche Schüsse im staatlichen Auftrag, 1996; Zimmermann JuS 96, 865, 868). – Weitgehend anerkannt ist schließlich, daß jedenfalls **Exzesse** rechtswidrig 16 a waren, wenn sie auf Schieß- oder Geheimbefehlen beruhten, die auch im Kontext des DDR-Systems mit dem GrenzG oder mit der allgemein praktizierten „Befehlslage“ unvereinbar waren (hM; speziell zu einem Entführungsfall 5 StR 67/96 v. 3. 12. 1996 – für die Amtl-Samml bestimmt; anders Jakobs und Isensee in: Isensee aaO [vgl 12] S 54 und 105; Wolff, in: Lampe aaO [vgl 12] S 67; Jakobs GA 94, 1, alle mwN).

16 b Für die **Abgrenzung von Täterschaft und Teilnahme** und für die Rechtsfolgen der verschiedenen Beteiligungsformen gilt § 22 StGB/DDR, nach dem die leitenden Funktionäre eines Machtapparates nicht mittelbare Täter, sondern nur Anstifter waren (KG NJW 91, 2653; Renzikowski NJ 92, 152, 154); das schließt jedoch nicht aus, sie nach dem uU anwendbaren milderen Gesetz der Bundesrepublik als Täter zu erfassen (BGHSt 40, 218; 2 zu § 25).

17 bb) Taten, die **gegen die DDR als solche oder ihre verfassungsmäßige Ordnung** gerichtet waren (§§ 96–111 StGB/DDR aF), scheiden ganz aus, weil sie im Verhältnis zu den Staatsschutzbestimmungen der Bundesrepublik (und auch schon zu denen des 6. StÄG/DDR) artverschiedenes Unrecht (vgl 5) beschrieben haben (BGHSt 39, 54, 68; Vormbaum StV 91, 176, 179; Höchst JR 92, 360, 363; Tröndle 47 vor § 3; einschr Schroeder NStZ 93, 216, 218).

18 cc) Bei den Straftaten gegen die **staatliche oder öffentliche Ordnung** (§§ 210–224 StGB/DDR aF), **gegen die Rechtspflege** (§§ 225–244 StGB/DDR aF) und gegen **sonstige Gemeinschaftsgüter** (zB die Volksgesundheit; beachte dazu 24) ist zu differenzieren: Soweit die Tatbestände schon nach ihrem Schutzzweck allein der Systemerhaltung dienten, fehlt es an der Unrechtskontinuität. Deshalb können zB die Angehörigen des DDR-Machtapparates nicht mit Hilfe des **§ 129** (Kriminelle Vereinigungen) erfaßt werden, weil alle etwa in Frage kommenden Tatbestände des DDR-Rechts artverschiedenes Unrecht beschreiben (Krehl DtZ 92, 113). Bei Tatbeständen dagegen, die es zur Gewährleistung der inneren Sicherheit und Ordnung in allen zivilisierten Staaten gibt, liegt es meist anders. So ist zB die Einbeziehung der **Verkehrs-** und der **Umweltdelikte** (dazu Heine DtZ 91, 423, 428) regelmäßig unproblematisch. Auch bei **Amtsanmaßung** kommt Unrechtskontinuität in Frage; jedoch erfüllt das Abhören von Telefonen durch dazu gesetzlich nicht ermächtigte Dienststellen des MfS nicht die Voraussetzungen des § 132 (BGHSt 40, 8 mwN; s auch 3 zu § 132; str). Ferner kann bei **Widerstand gegen staatliche Maßnahmen** (§ 212 StGB/DDR aF) **§ 113** in den Vergleich einbezogen werden (Liebig NStZ 91, 372, 374; Tröndle 48 vor § 3; aM KreisG Dresden MDR 91, 659; Vormbaum StV 91, 176, 179; Dannecker aaO [vgl 1] S 520; v Bubnoff LK 10 vor § 110), wenn die DDR-Maßnahme nicht nur im Sinne des DDR-Rechts gesetzmäßig, sondern auch mit den der Nachfolgeschrift immanenten rechtsstaatlichen Grenzen vereinbar war (ähnlich Höchst JR 92, 360, 365). Dasselbe dürfte auch bei **falscher Aussage** (§ 230 StGB/DDR) für **§ 153** gelten.

Auch bei **Rechtsbeugung** (§ 244 StGB/DDR) liegt Unrechtskontinuität vor, wenn die Strafbarkeit der Tat sowohl nach DDR-Recht als auch nach § 336 und den ihnen zugrunde liegenden rechtsstaatlichen Maßstäben begründbar ist (stRspr; aM Vormbaum StV 91, 176 und NJ 93, 212; Dannecker aaO [vgl 1] S 516; Hohmann NJ 95, 128 und DtZ 96, 230). Die nach dem Zusammenbruch der DDR möglichen Einblicke in deren Justizpraxis haben gezeigt, daß in politischen Verfahren mannigfaltiger Druck auf die Justiz ausgeübt wurde (näher ua Schuller, Geschichte und Struktur des politischen Strafrechts der DDR bis 1968, 1980; Henrich DRiZ 92, 85; Arnold, in: Lampe aaO [vgl 12] S 85 und KritV 94, 187; Rottleuthner [Hrsg], Steuerung der Justiz in der DDR, Einflußnahme der Politik in der DDR auf Richter, Staatsanwälte und Rechtsanwälte, 1994; BMJ, Im Namen des Volkes. Über die Justiz im Staat der SED, 1994; Fricke, Zur politischen Strafrechtsprechung des Obersten Gerichts der DDR, 1994; Bericht der Enquête-Kommission „Aufarbeitung von Geschichte und Folgen der SED-Diktatur in Deutschland [BT-Dr 12/7820 S 86, 95]; Werketin, Politische Strafjustiz in der Ära Ulbricht, Bd. 1, 1995; Beckert, Die erste und letzte Instanz. Schau- und Geheimprozesse vor dem Obersten Gericht der DDR, 1995; Dreier ua [Hrsg], Rechtswissenschaft in der DDR 1949–1971, 1996). Das hat nicht nur vereinzelt zu exzessiven, dem § 224 StGB/DDR eindeutig widersprechenden Sachverhaltsverfälschungen, Strafvereitelungen und falschen rechtlichen Würdigungen geführt, bei denen die Annahme von Unrechtskontinuität nach der Rspr begründbar ist. Nähere Prüfung von Einzelfällen (zB der sog Waldheimer Prozesse; dazu schon KG NJW 54, 1901) könnte sogar ergeben, daß auch reine Scheinverfahren zur Verschleierung willkürlicher Machtsprüche (11 zu § 336) durchgeführt worden sind (dazu BezG Dresden NStZ 92, 137; Fricke NJ 91, 209 und Politik und Justiz in der DDR, 2. Aufl 1992, S 205; Werketin KJ 91, 333; Eisert, Die Waldheimer Prozesse, 1993; Helbig NJ 94, 409, alle mwN). Ob und mit welchen Maßgaben darüber hinaus auch Entscheidungen erfaßt werden können, wenn sie sich im Rahmen der regelmäßig weiten Spielräume gehalten haben, die durch die Unklarheit der vielfach verwendeten unbestimmten Rechtsbegriffe, die Weite der einschlägigen Strafrahmen, die Meinungsäußerungen (zB Richtlinien, Beschlüsse und Orientierungen) des Obersten DDR-Gerichts, die Einflußnahmen des Justizministeriums und die Neigung zu extensiver Auslegung der Rechtsmittelgerichte geschaffen worden sind, ist umstritten. Die Problematik ist im Kern dieselbe wie bei der Tötung von Republikflüchtigen an der Mauer (dazu 16). In einer ersten Grundsatzentscheidung hat der BGH die Frage bejaht, die Tatbestandsmäßigkeit aber erst angenommen, wenn die Rechtswidrigkeit der Entscheidung, von Einzelexzessen abgesehen, so offensichtlich ist und in denen insbesondere die Rechte anderer, hauptsächlich ihre Menschenrechte, derart schwerwiegend verletzt worden sind, daß sich die Entscheidung als Willkürakt darstellt (BGHSt 40, 30 mit Bespr Lamprecht NJW 94, 562, Rudolph NJW 94, 1201, Wolf NJW 94, 1390, Spendel JR 94, 221, 19

Roggemann JZ 94, 769, Bandel NStZ 94, 439 und Lorenz StV 95, 187). Diese Linie hat er in zahlreichen weiteren Entscheidungen näher konkretisiert und zur stRspr fortentwickelt (BGHSt 40, 169 und 272 mit Anm Spendel JR 95, 214 und Schoreit StV 95, 195; BGHSt 41, 157 mit Anm Schroeder NStZ 95, 546; BGHSt 41, 247 und 317 mit Anm Maiwald JZ 96, 861; NJ 96, 152 und 163; NStZ-RR 96, 65, 69 und 97, 36; NStZ 96, 386). Danach kommt Rechtsbeugung namentlich in drei Fallgruppen in Frage: wenn Straftatbestände eindeutig überdehnt worden sind; wenn die verhängte Strafe in einem unerträglichen Mißverhältnis zu der abgeurteilten Handlung gestanden hat; oder wenn schwere Menschenrechtsverletzungen durch die Art und Weise des Verfahrens begangen worden sind (zusf BGHSt 41, 247, 254).

19 a Im **Schrifttum** gehen die Meinungen, ob Rechtsbeugung überhaupt und unter welchen Voraussetzungen erfaßbar ist, weit auseinander. Die insgesamt wohl überwiegende Position lehnt die Rspr mit Recht als zu restriktiv und in der Grenzziehung zu unbestimmt ab; sie ist aber schon in den Ansätzen sehr uneinheitlich und bietet deshalb unterschiedliche Ergebnisse an (zum Ganzen vgl neben den vorstehenden Nachw auch Starck aaO [vgl 12] S 27; Lüderssen StV 91, 482, 486; Limbach ZRP 92, 170, 172; Wassermann, Spendel-FS, S 629, RuP 92, 125 und 96, 132 sowie NJW 95, 2965; Schaefgen RuP 92, 192; Limbach, Schroeder und Bottke, in: Lampe aaO [vgl 12] S 99, 109, 203; Weber GA 93, 195, 210; Rautenberg/Burges DtZ 93, 71; Maiwald NJW 93, 1881, 1887; Schroeder GA 93, 389, 404 und DRiZ 96, 81; Letzgus, Helmrich-FS, S 73; Spendel JZ 95, 375, 378, NJW 96, 809 und JR 96, 177; Stanglow JuS 95, 971; Schulz ARSP, Beiheft Nr 65 [1996] S 173, 190; Hirsch AkadWissNRW, Vorträge G 342, S 23; Lehmann NJ 96, 561; Tröndle 49 g vor § 3; s auch Bemmann, in: Bemmann/Manoledakis [Hrsg], Der Richter in Strafsachen, 1992, S 157; Schöneburg NJ 95, 138).

19 b Obwohl im DDR-Recht eine **Sperrwirkung des Rechtsbeugungstatbestandes** (dazu 11 zu § 336) nicht anerkannt war, kann sie dem Richter oder Staatsanwalt auch dann nicht versagt werden, wenn seine Tat nach DDR-Recht zu beurteilen ist (BGHSt 41, 247, 255 und 317, 321 mit abl Anm Begemann NStZ 96, 389, alle mwN; s auch Bottke, in: Lampe aaO [vgl 12] S 226). Als allgemeines Prinzip ist sie auch aus § 244 StGB/DDR ableitbar; dabei sind jedoch die unter 11 zu § 336 behandelten Einschränkungen für reine Scheinverfahren zu beachten, die möglicherweise für die Waldheimer Prozesse relevant sind (grundsätzlich zust Wassermann NJW 92, 878; Schroeder aaO S 401; abl Maiwald NJW 93, 1881, 1885; Tröndle 49 g vor § 3; für Einzelfälle verneinend LG Leipzig NJ 94, 111; s auch Gribbohm NStZ 96, 489 zur vergleichbaren Problematik bei NS-Verbrechen).

20 In diesem Zusammenhang bilden die Tatbestände **zum Schutz von Wahlen** (§§ 210, 211 StGB/DDR aF) einen Grenzfall. Einerseits waren sie Bestandteil des DDR-Unrechtssystems und haben durch ihre Ausgestaltung auch dessen Erhaltung gedient (die Unrechtskontinuität abl daher Günther ZStW 103, 851, 855; Vormbaum StV 91, 176, 179;

Liebig NStZ 91, 372, 375; Samson StV 92, 141; Rudolphi SK 5–7 vor § 105). Andererseits wurde aber speziell durch das Kommunalwahlrecht der Bürgerschaft eine – wenn auch bescheidene – Möglichkeit eingeräumt, ihre politische Einstellung zu dem Regime zu artikulieren, und dadurch ein systemunabhängiges Bürgerinteresse an unverfälschter Feststellung des Wahlergebnisses begründet. Der Schutz dieses Interesses, dem das demokratische Wahlrecht in gleicher Weise dient, läßt die Annahme von Unrechtskontinuität im Hinblick sowohl auf den durch das 6. StÄG/DDR geänderten § 211 StGB/DDR (BGHSt 39, 54, 62 mit Anm König JR 93, 207) als auch auf die Wahldelikte des StGB vorzugswürdig erscheinen (BGH aaO S 67 mwN; s auch BGHSt 40, 307 mit Bespr Weber JR 95, 403; LG Dresden NJ 93, 493 mit Bespr Lorenz JZ 94, 388, 394; Schroeder NStZ 93, 216, 218; Hirsch AkadWissNRW, Vorträge G 342, S 25; Tröndle 50 vor § 3; Laufhütte LK 1 vor § 107; zur Verfassungsmäßigkeit BVerfG NJW 93, 2524 mit krit Bespr Lorenz MDR 93, 705).

b) Liegt Unrechtskontinuität vor (vgl 14–20), so bestimmt sich 21
das **mildere Gesetz** ausschließlich nach den Regeln des § 2 (vgl 3–7). Bei dem Vergleich bleibt die Zuordnung der Tatbestände zu dem Gebiet, den Institutionen oder den Interessen der DDR oder der Bundesrepublik außer Ansatz (vgl 13). Dasselbe gilt für die Verjährungsfrage, die in Art 315 a I EGStGB speziell geregelt ist (BGHSt 40, 48 mwN). Im übrigen kommt es nicht auf die Identität des Wortlauts der zu vergleichenden Vorschriften, sondern nur auf die Unrechtskontinuität und darauf an, ob das Verhalten sowohl unter den Tatbestand des Tatzeitgesetzes als auch unter den des zu vergleichenden Gesetzes subsumiert werden kann. Für *diesen* Vergleich ist das DDR-Recht unter Beachtung geltenden Verfassungsrechts und der Grundsätze rechtsstaatlichen Strafens, nicht nach den politischen Anschauungen in der DDR oder nach der Erwartung auszulegen, welche Strafe ein DDR-Gericht verhängt hätte (BGHSt 38, 18; Laufhütte LK 38 vor § 80; s auch Klein ZRP 92, 208, 213). Das Ergebnis hängt weitgehend von den Besonderheiten des Einzelfalls ab. Eine Kasuistik zur Klärung von Grenzfällen hat sich – abgesehen von den unter 16 und 19 bis 20 behandelten Fällen – bisher nur in bescheidenem Umfang entwickelt (vgl etwa BGHSt 37, 320 mit Anm Schroeder JR 91, 305 [betr § 223 a]; BGHSt 38, 18 [betr § 212 I]; BGHSt 40, 8 mit abl Anm Weiß JR 95, 29 [betr §§ 132, 133, 246]; wistra 91, 213 [betr § 266]; bei Holtz MDR 91, 1022 [betr § 211] und 92, 631 [betr §§ 223, 226]; ZIP 94, 159 und NStZ 94, 231 mit krit Bespr Baumann NStZ 94, 546 und Arnold wistra 94, 323 [betr § 266]; NStZ 94, 234 [betr § 176]; NStZ 94, 542 [betr § 246]; KreisG Dresden MDR 91, 659 [betr §§ 223, 240]; AG Tiergarten NStZ 93, 46 [betr § 241 I StGB/DDR]; LG Berlin NJ 95, 381 [betr § 131 StGB/DDR]).

c) Wie und mit welcher Maßgabe **§ 2 II** (vgl 2) anwendbar ist, wenn 21 a
eine zeitlich gestreckte Tat (namentlich Fortsetzungs- oder Dauerstraftat) vor dem Beitritt strafbar (nach DDR-Recht) begonnen und über

den Beitritt hinaus fortgesetzt wurde, ist in Art 315 I–III EGStGB nicht geklärt (beachte 13 vor § 52). Die Rspr wendet auf das Gesamtgeschehen grundsätzlich das Strafrecht der Bundesrepublik an, fordert aber, daß eine etwa mildere Strafdrohung des DDR-Rechts bei der Strafzumessung zu berücksichtigen ist (NStZ 93, 535 mit krit Anm Gribbohm; NStZ 94, 234; ähnlich BezG Meiningen NStZ 91, 490, alle mwN).

22 **2.** Die Übergangsregelung des § 315 I–III (vgl 13–21 a) ist nicht anzuwenden, wenn für die Tat das Strafrecht der Bundesrepublik **schon vor dem Wirksamwerden des Beitritts gegolten hat** (Art 315 IV EGStGB). Das trifft zu, wenn es im Hinblick auf einen auch in der Bundesrepublik begründeten Tatort (4 zu § 9) oder nach internationalem Strafrecht, namentlich nach den §§ 4–7, anwendbar war. Deshalb ist **stets vorab zu prüfen**, ob sich die Strafbarkeit in dieser Weise begründen läßt. Ist das der Fall, dann gilt nur das Strafrecht der Bundesrepublik mit der Folge, daß eine etwa konkurrierende Strafbarkeit nach DDR-Recht zurücktritt (zur Verjährung beachte 27) und die Frage nach dem milderen Gesetz nicht relevant wird (Lemke/Hettinger NStZ 92, 21, 23). Im einzelnen:

23 **a)** Erfaßt werden hier namentlich alle Taten, für die aufgrund der Weite des **Ubiquitätsprinzips** (5 zu § 9) oder der **uneingeschränkten Anwendbarkeit des Schutzprinzips** (namentlich § 5 Nr 1, 2, 3 b, 4, 5 a) deutsches Strafrecht gilt. Aus dem Gesetzeswortlaut, dem systematischen Zusammenhang und der Entstehungsgeschichte des EV ergibt sich zwingend, daß der Gesetzgeber die Strafbarkeit für diesen ganzen Bereich nicht in Frage stellen wollte (NJW 91, 2498, 2500; aM KG NJW 91, 2501, 2502). Allerdings war in Rspr und Lehre von vornherein umstritten, ob unter diesem Gesichtspunkt auch Spionagetätigkeit für die DDR (§§ 94, 96, 98, 99) erfaßt werden konnte, soweit sie von deren Boden aus oder in anderen sog „sicheren" Staaten entfaltet wurde. Der **BGH** hat das bejaht und sich mit zahlreichen Einwendungen auseinandergesetzt, die sich namentlich auf das Völkerrecht, den Gleichheitssatz, das Rückwirkungsverbot, den Vertrauensschutz und den Gesichtspunkt der innerstaatlichen Rechtsnachfolge stützten (BGHSt 39, 260; ebenso auch BGHSt 37, 305; NJW 91, 2498; DtZ 92, 62; dem BGH folgend Bay NStZ 92, 281 und 543; Stuttgart NJW 93, 1406; aM KG NJW 91, 2501). Das **BVerfG** hat zwar zutreffend anerkannt, daß nach der geltenden Gesetzeslage die Strafbarkeit nicht verneint werden kann, meint aber, daß der Grundsatz der Verhältnismäßigkeit zu folgenden – in der Entscheidung näher umschriebenen – Einschränkungen zwinge: für Bürger der DDR, die Spionage gegen die Bundesrepublik allein vom Boden der DDR aus oder in Staaten betrieben haben, in denen sie vor Strafverfolgung aus Rechtsgründen sicher waren, greift unmittelbar ein Verfolgungshindernis ein; bei Bürgern der DDR, die in der Bundesrepublik oder in Staaten gehandelt haben, in denen sie mit Strafverfolgung rechnen mußten, bedarf es einer Abwägung der Umstände des Einzelfalls, ob und wie weit die Bestrafung mit

dem Übermaßverbot vereinbar ist; je nach dem Abwägungsergebnis ist auch hier ein Strafverfolgungshindernis oder mindestens ein Grund zu deutlicher Strafmilderung gegeben (BVerfGE 92, 277). – Da die Entscheidung in ihren tragenden Gründen für die Strafgerichte **bindend** ist (§ 31 BVerfGG), muß sie zur Grundlage der Rspr gemacht werden (BGHSt 41, 292; NStZ-RR 96, 129). Sie betrifft aber nur die Spionagetätigkeit als solche, also nicht damit verbundene sog Begleittaten, für die die allgemeinen Regeln gelten (BVerfG aaO S 339; s auch BVerfG NJW 95, 2706; BGHSt 41, 292, 301 mit Bespr Schlüchter/Duttge NStZ 96, 457; str). – Im **Schrifttum** ist der Diskussionsstand allerdings nach wie vor kontrovers. Teils wird das Ergebnis der bisherigen Rspr befürwortet (Nachw in BGHSt 39, 260; s auch Starck VVDStR, Heft 51, S 9, 28; Bottke, in: Lampe [Hrsg] aaO [vgl 12] S 231; J Lampe NJW 93, 1407; Träger NStZ 94, 282; Tröndle 1 b–1 e zu § 99); jedoch meist mit der Forderung nach einer Amnestie für diese Taten verbunden (Simma/Volk NJW 91, 871; Volk JR 91, 431, 433; Schuster ZaöRV 91, 651, 676; aM Doehring ZRP 95, 293). Eine starke Meinungsgruppe schließt dagegen mit sehr verschiedenartigen Ansätzen eine strafgerichtliche Verurteilung nach Völkerrecht, Verfassungsrecht oder materiellem Strafrecht aus (Nachw in BGHSt 39, 260; s auch Neumann, in: Lampe [Hrsg] aaO [vgl 12] S 161; Rittstieg NJW 94, 912; Kasper MDR 94, 545; Ridder, Die deutsch-deutsche Spionage, 1996; Schlüchter/Duttge NStZ 96, 457). – Der Begründungsweg des BVerfG ist weithin auf Ablehnung gestoßen, weil der Verhältnismäßigkeitsgrundsatz nach dem in der Staatsrechtsdogmatik maßgebenden Verständnis für die Annahme eines Verfolgungshindernisses nicht tragfähig sei (so überzeugend die überstimmten Richter in ihrem Sondervotum aaO S 341; krit auch Arndt NJW 95, 1803; Classen NStZ 95, 371; Widmaier NJ 95, 345; Schroeder JR 95, 441; Sachs JuS 96, 96; Heselhaus JA 96, 9; Huber Jura 96, 301, 306; Ridder aaO S 15; Schlüchter/Duttge aaO; Gehrlein, Die Strafbarkeit der Ost-Spione auf dem Prüfstand des Verfassungs- und Völkerrechts, Diss Saarbrücken 1996; zust aber Albrecht NJ 95, 337). Überdies bildet ein Verfolgungshindernis in der vom Gericht postulierten Form einen Fremdkörper im Strafprozeßrecht (Volk NStZ 95, 367; s auch Bay NJW 96, 669 mit Anm Schmidt JR 96, 427). Auf der Grundlage der von ihm vertretenen Strafbarkeit hat das BVerfG eine nur dem Gesetzgeber zustehende Amnestie gewährt, die in ihren Auswirkungen problematisch ist, weil sie die leitenden Funktionäre in den Zentralen straffrei stellt, die Agenten vor Ort aber, die in der Organisationskette nur vollziehende Organe sind, dem Strafbarkeitsrisiko aussetzt. Die dadurch entstehende widersprüchliche Lage sollte für den Gesetzgeber Anlaß sein, das den Plänen der BReg (BT-Dr 11/7871) widersprechende Scheitern einer auf die Spionage beschränkten Amnestie zu überdenken; wahrscheinlich wird es nur so möglich sein, die geheimdienstlich tätigen Bürger der ehemaligen DDR gleich zu behandeln (Hillenkamp JZ 96, 179, 180; aM Leutheusser-Schnarrenberger ZRP 95, 308; anders auch

Schmidt aaO, der meint, daß die Amnestie durch Einstellung der meisten einschlägigen Verfahren nach §§ 153 ff StPO praktisch bereits gewährt worden sei).

24 **b)** An sich müßten hier auch alle Taten erfaßt werden, die den **Vertrieb von Betäubungsmitteln** zum Gegenstand haben; denn für sie hat nach **§ 6 Nr 5** das Strafrecht der Bundesrepublik schon vor dem Beitritt gegolten. Es müßte deshalb nach Art 315 IV EGStGB unabhängig vom DDR-Recht anwendbar sein (M-Zipf AT 1 11/58; Tröndle 48 b vor § 3; ohne Begr aM BGHSt 38, 1 und Laufhütte LK 37 vor § 80, wonach § 2 anzuwenden ist; krit dazu BGHSt 39, 317, 319). Jedenfalls ist aber die Unrechtskontinuität (vgl 18, 21) zwischen den Vorschriften des SuchtmittelG/DDR und des BtMG regelmäßig unproblematisch (BGH aaO).

25 **c)** Erfaßt werden hier ferner alle Taten, auf die **schon vor dem Beitritt § 7 anwendbar** war. Praktisch kommt das jedoch nur in Ausnahmefällen in Frage:

aa) **Deutsche mit Lebensgrundlage in der DDR** (2 zu § 5) hat die Rspr nach ihrem Übergang zum internationalen Strafrecht (BGHSt 30, 1) unter Berufung auf den Geist des Grundlagenvertrages von 1972 nicht in den **Schutzbereich des § 7 I** einbezogen und eine Ausnahme nur für den Fall anerkannt, daß das Opfer eine Verschleppung oder eine politische Verdächtigung nach §§ 234 a, 241 a (BGH aaO) oder aufgrund einer solchen Tat eine Freiheitsberaubung (§ 239) erlitten hatte (BGHSt 32, 293, 297). Nicht nur diese Rspr, sondern vor allem die Einbeziehung weiterer Fallgruppen in den Schutzbereich des Strafrechts der Bundesrepublik war umstritten (zusf Krey/Arenz JR 85, 399 mwN). Da Art 315 I–III EV nunmehr für die Alttaten eine adäquate Lösung vorsieht, hat der BGH bei erster sich bietender Gelegenheit eine Ausdehnung des Anwendungsbereichs von § 7 I und damit zugleich von Art 315 IV EGStGB über den Bestand der früheren Rspr hinaus abgelehnt (hM; vgl BGHSt 39, 1, 7; anders Wilms/Ziemske ZRP 94, 170, beide mwN). Inzwischen hat er seine frühere Auffassung, daß die gegen einen DDR-Bürger gerichtete politische Verdächtigung vor dem Beitritt nach § 5 Nr 6 dem Strafrecht der Bundesrepublik unterlag, ausdrücklich bestätigt (BGHSt 40, 125 mit krit Anm Reimer NStZ 95, 83 und Seebode JZ 95, 417; NJ 97, 36; beachte dazu auch 1 a zu § 241 a), seine weitergehende Annahme aber, daß das auch für eine aus der Verdächtigung erwachsene Freiheitsberaubung gelte, mit Recht aufgegeben (BGH aaO S 130; vgl auch NStZ 95, 288; Lemke/Hettinger NStZ 92, 21, 23; Renzikowski JR 92, 270).

26 bb) Auch **§ 7 II** scheidet als Grundlage für Art 315 IV EGStGB weitgehend aus. Seine **1. Alternative** (Täter zur Tatzeit Deutscher) war vor dem Beitritt auf Deutsche mit Lebensgrundlage in der DDR (2 zu § 5) nicht anwendbar, weil dem der Grundlagenvertrag entgegenstand (BGHSt 39, 1, 7 mwN). Übrig bleiben nur Taten, die Bundesbürger vor dem Beitritt in der DDR begangen haben und die auch am

Tatort mit Strafe bedroht waren (dazu 2 zu § 7). Bei Ermittlung der „identischen Norm" versagt die Rspr die Anerkennung von Rechtfertigungs- und Entschuldigungsgründen, die universal anerkannten Rechtsgrundsätzen widersprechen, ebenso wie bei entsprechenden Taten von DDR-Bürgern (vgl 16, 16 a, 19–19 b); soweit sie jedoch deren strafrechtliche Haftung auf Willkürakte beschränkt hat (oben 19 sowie 1 a zu § 241 a), soll das für Taten von Bundesbürgern nicht gelten (5 StR 183/95 v. 23. 10. 1996 – zur Veröffentl bestimmt; zw). – Auch seine **2. Alternative** (Neubürger) fällt regelmäßig aus: der Beitritt selbst begründet die Anwendbarkeit nicht, weil insoweit Art 315 I EGStGB eine abschließende Sonderregelung trifft (vgl 13); auch der vor dem Beitritt eingereiste Übersiedler wird nicht erfaßt, weil die Neubürgerregelung schwerpunktmäßig stellvertretende Strafrechtspflege bezweckt (1 zu § 7) und der Grund für ihre Ausübung durch den Beitritt weggefallen ist (so im Ergebnis mit Recht Samson NJW 91, 335, 337; Laufhütte LK 37 vor § 80; aM BGHSt 39, 317 mit abl Anm Lackner NStZ 94, 235; zw).

3. a) Für die **Verjährung von Alttaten** (zusf Otto Jura 94, 611) gilt **27**
der (abschließende) Art 315 a EGStGB (Anh I). Er beruht auf dem EV, ist inzwischen aber durch die beiden Verjährungsgesetze (12 vor § 1) ergänzt worden (zusf Letzgus NStZ 94, 57 mwN). Für seine Auslegung ist nur der Inhalt seiner Einzelvorschriften maßgebend; die engere Fassung der Überschrift (Beschränkung auf in der DDR bereits verfolgte oder abgeurteilte Taten), die zu unverständlichen inneren Widersprüchen führen würde, findet im Wortlaut keinen Niederschlag (BGHSt 39, 353, 356 mwN; str). Der Berechnung des Verjährungsablaufs bis zum Beitritt sind bei Alttaten, **die nach Art 315 I–III EGStGB überzuleiten sind,** die Fristen des DDR-Rechts (dazu BGHSt 41, 72, 81 mit Bespr Widmaier NStZ 95, 361, 364 und Schuster NJW 95, 2698; Naumburg NJ 96, 208), bei Taten dagegen, für die **das Recht der Bundesrepublik schon vor dem Beitritt gegolten hat** (Art 315 IV EGStGB), die Fristen des § 78 III zugrundezulegen (Bay NJW 96, 669; beachte jedoch 27 a); dabei kann für die letzteren Taten ein Ruhen der Verjährung nicht angenommen werden, weil ihrer Verfolgung nach dem Recht der Bundesrepublik kein gesetzliches, sondern nur ein tatsächliches Hindernis entgegenstand (hM; anders Cramer NStZ 95, 114). Soweit danach die Verjährung zur Zeit des Beitritts noch nicht abgelaufen war, gilt sie als unterbrochen (§ 78 c) und wird alsdann nach den Fristen des § 78 III unter Beachtung der Modifizierungen nach Art 315 a II, III berechnet (zur Verfassungsmäßigkeit dieser Regelung BGHSt 39, 353, 357; Pieroth/Kingreen NJ 93, 385; Heuer/Lilie DtZ 93, 354, alle mwN; str). Die absolute Verjährungsfrist (Abs 1 S 3 Halbs 2 iVm § 78 c III S 2) beginnt mit Tatbeendigung (§ 78 a) und ist nach den Fristen des § 78 III (nicht denen des DDR-Rechts) zu berechnen (Letzgus NStZ 94, 57, 58; Tröndle 9 vor § 78). – Bei Agententätigkeit nach §§ 98, 99 beginnt die Verjährung erst mit

dem Abbruch oder dem sonstigen Ende der Beziehung (3 zu § 78 a), und zwar je nach den Umständen (dazu 7 zu § 98) auch dann, wenn der Agent DDR-Bewohner war (beachte 23) und seine Aktivitäten in der Bundesrepublik schon zu einem früheren Zeitpunkt eingestellt hatte (Bay aaO; speziell zur Beendigung der Tätigkeit für das MfS nach der Wende in der DDR Schmidt NStZ 95, 262).

27 a **b)** Das **VerjährungsG** (12 vor § 1) sieht vor, daß bei Berechnung der Verjährungsfrist für die Verfolgung von Taten, die während der Herrschaft des SED-Unrechtsregimes begangen wurden, aber entsprechend dem ausdrücklichen oder mutmaßlichen Willen der Staats- und Parteiführung aus politischen oder sonst mit wesentlichen Grundsätzen einer freiheitlichen rechtsstaatlichen Ordnung unvereinbaren Gründen nicht geahndet worden sind, die Zeit vom 11. 10. 1949 bis zum 2. 10. 1990 außer Ansatz bleibt. In dieser Zeit hat die Verjährung geruht (§ 78 b). Außerdem bestimmt der (eingefügte) Art 315 a I S 2 EGStGB, daß die in dessen S 1 getroffene Verjährungsregelung auch dann gilt, wenn für die Tat vor dem Wirksamwerden des Beitritts auch das Strafrecht der Bundesrepublik gegolten hat. Das VerjährungsG verfolgt nur den Zweck, die vor seinem Erlaß umstrittene Rechtslage klarzustellen (BGHSt 40, 48, 55 und 113, 115; s auch NJW 95, 2732 und 2861). Kontrovers wurde zuvor vor allem die Frage beantwortet, ob während der Herrschaft des Regimes in Anlehnung an die Rspr zu den NS-Verbrechen die Verjährung solcher Taten geruht hat, die von den zuständigen Staatsorganen aus rechtsstaatswidrigen Gründen nicht verfolgt wurden. Außerdem war bei Taten, für die das Strafrecht der Bundesrepublik schon vor dem Beitritt gegolten hat (Art 315 IV EGStGB) oder die in der Zeit vor dem Grundlagenvertrag von 1972 aufgrund interlokalen Strafrechts verfolgt werden konnten, umstritten, ob nach Ablauf der nach dem Strafrecht der Bundesrepublik maßgebenden Fristen endgültig Verjährung eingetreten war oder ob der Rückgriff auf eine konkurrierende, infolge Ruhens der Verjährung, längerer Verjährungsfristen nach §§ 82, 83 StGB/DDR oder Unverjährbarkeit nach § 84 StGB/DDR noch nicht verjährte Strafbarkeit nach DDR-Recht zulässig war. Das VerjährungsG (vgl die BRats-Vorlage zum VerjährungsG, BT-Dr 12/3080 S 5 sowie die Beschlußempfehlung und den Bericht des BT-Rechtsausschusses, BT-Dr 12/4140) hat beide Fragen bejaht; die Rspr (BGHSt 40, 48, 55 mit Anm Jakobs NStZ 94, 332 und König JR 94, 339; BGHSt 40, 113 mit Anm König aaO) und überwiegend auch das Schrifttum sind ihm dabei gefolgt, im wesentlichen mit der Begründung, daß sich in diesem Punkt die Problemlage von der beim NS-Unrecht nicht unterscheide und daß es außerdem aus Gründen der Gerechtigkeit unerträglich wäre, von der Strafverfolgung nach DDR-Recht solche Taten auszunehmen, die nach dem an sich anwendbaren Strafrecht der Bundesrepublik bereits verjährt seien (Tröndle 11 vor § 78; Jähnke LK 53 zu § 78 c; aM ua Otto Jura 94, 611, 613, alle mwN).

c) Das **2. VerjährungsG** bezieht sich nicht nur auf Alttaten, es bestimmt vielmehr durch Anfügung der Absätze 2, 3 an den § 315 a EGStGB (Anh I) allgemein, daß die Verfolgung von Taten der unteren und mittleren Kriminalität, sofern sie vor einem bestimmten Stichtag begangen wurden und noch nicht verjährt waren, frühestens mit Ablauf der Jahre 1995 bzw 1997 verjähren und daß Verbrechen, die den Tatbestand des Mordes (§ 211) erfüllen, für die sich die Strafe jedoch nach DDR-Recht bestimmt, von der Verjährung ausgeschlossen sind. Mit der Begründung, daß die Ahndung der SED-Unrechtstaten und der sog Vereinigungskriminalität in den neuen Bundesländern auf besondere personelle und organisatorische Schwierigkeiten der Strafverfolgungsbehörden gestoßen sei, verfolgt es den Zweck, die unzeitgemäße Verjährung von Straftaten so weit hinauszuschieben, daß eine geordnete Strafverfolgung möglich bleibt (Beschlußempfehlung und Bericht des Rechtsausschusses BT-Dr 12/5701; krit Jordan NJ 96, 294). **27 b**

d) Auf die **Verjährung** von Alttaten, die im Sinne der **§§ 176–179** tatbestandsmäßig, aber nach § 315 I EGStGB iVm § 2 nach DDR-Recht zu beurteilen sind, **ist § 78 b I Nr 1 nicht entsprechend anwendbar.** Es fehlt an einer planwidrigen Regelungslücke, weil in den Gesetzesberatungen durchaus erkannt wurde, daß gegenüber den einschlägigen Alttaten kein Wertungswiderspruch entstehen dürfe (BT-Dr 12/6980 S 5); offenbar hat man angesichts des allgemeinen Aufschubs der Verjährung von Alttaten bis Ende 1997 (vgl 27 b) das kriminalpolitische Bedürfnis verneint (aM Puls DtZ 95, 392). **27 c**

4. Zur Modifizierung der **Strafdrohungen** des DDR-Rechts und zu ihrer möglichst weitgehenden Anpassung an das Strafensystem des StGB durch Art 315 I, II EGStGB vgl 11 (s auch 8 zu § 53; 8 zu § 54). **28**

5. Für die **Strafzumessung** sind ebenso wie bei dem zur Strafbegründung erforderlichen Vergleich der beiden Rechtsordnungen (vgl 21) die Grundsätze rechtsstaatlichen Strafens maßgebend, nicht die Erwartung, mit welcher Strafe in der DDR zu rechnen gewesen wäre (BGHSt 38, 18). Die ideologische Überzeugung des Täters rechtfertigt deshalb nicht schon als solche eine Strafmilderung (bei Schmidt MDR 92, 545; Koblenz StV 91, 464; krit Widmaier und Fletscher StV 91, 465), wohl aber kann seine Verstrickung in das Unrechtssystem und die damit verbundene Minderung des Unrechtsbewußtseins zu Buch schlagen. – In der DDR erlittene **Vorstrafen** können nach den allgemeinen Regeln (36, 37 zu § 46) strafschärfend berücksichtigt werden; jedoch scheiden solche Vorstrafen aus, die wegen nicht mehr mit Strafe bedrohter Taten (namentlich Republikflucht, DtZ 93, 373) verhängt worden sind oder bei denen Anhaltspunkte dafür bestehen, daß sie das Maß des Schuldangemessenen in nicht hinnehmbarem Umfang überschritten haben (BGHSt 38, 71). Umgekehrt kann besondere Härte des DDR-Strafvollzugs auch nur in den Grenzen der allgemeinen Regeln (BGH aaO) zur Milderung führen (NStZ 92, 327). **29**

30 **6.** Auf die **Anrechnung von UHaft** ist § 51 IV S 2 (im Ausland erlittene Freiheitsentziehung) nicht anwendbar (BGHSt 38, 88 mit Anm Terhorst JR 92, 341); jedoch wirkt eine etwa vorliegende besondere Härte des Haftvollzugs in der DDR strafmildernd (BGH aaO).

30 a **7.** Beim **Zusammentreffen mehrerer selbständiger Taten (Tatmehrheit),** die im Beitrittsgebiet teils vor und teils nach Wirksamwerden des Beitritts begangen wurden und gleichzeitig abgeurteilt werden, ist es unzulässig, eine Hauptstrafe nach §§ 63, 64 StGB/DDR und eine Gesamtstrafe nach §§ 53, 54 zu verhängen und nebeneinander bestehen zu lassen. Es ist vielmehr nur eine Gesamtstrafe nach dem StGB zu bilden (NStZ 96, 275 mit Anm Dölling NStZ 97, 77).

31 **8.** Im Bereich der **Aussetzung zur Bewährung** kommt im Erkenntnisverfahren in Frage, daß auch § 33 StGB/DDR (Verurteilung auf Bewährung), der im Recht der Bundesrepublik keine Parallele hat, als das mildere Gesetz anwendbar ist (NJW 95, 2861). – Umgekehrt ist im DDR-Recht eine Strafaussetzung zur Bewährung im Sinne des § 56 nicht vorgesehen (BGHSt 41, 247, 277), so daß aus diesem Grunde das Recht der Bundesrepublik milder sein kann. – Im Vollstreckungsverfahren sind die Vorschriften des StGB über die Aussetzung eines Strafrestes und den Widerruf ausgesetzter Strafen (§§ 56 f, 57, 57 a) nur anzuwenden, wenn die entsprechenden Vorschriften des DDR-Rechts im Sinne des § 2 nicht milder sind (Art 315 III EGStGB; vgl 11; s auch Celle DtZ 93, 188). Im Falle einer Verurteilung auf Bewährung nach § 33 StGB/DDR ist deshalb zu prüfen, ob die Gründe für den Vollzug der angedrohten Freiheitsstrafe nach § 35 III StGB/DDR im Einzelfall eine mildere Beurteilung zulassen (3 zu § 2). In den Fällen der Aussetzung des Strafrestes einer zeitigen Freiheitsstrafe und des Widerrufs einer solchen Aussetzung kommt es auf den entsprechenden Vergleich mit den Voraussetzungen der Aussetzung nach § 45 I StGB/DDR bzw des Widerrufs nach § 45 V, VI StGB/DDR an (Koblenz DtZ 93, 188; Brandenburg NJ 94, 535 und NStZ 94, 510; Siegert NStZ 92, 118). Die Aussetzung des Restes einer lebenslangen Freiheitsstrafe (§ 57 a) ist stets milder, weil das DDR-Recht insoweit keine Aussetzung vorsieht (Brandenburg NStZ 95, 547); für die Frage, ob in diesen Fällen die besondere Schwere der Schuld weitere Vollstreckung gebietet (§ 57 a I Nr 2), ist neben den allgemeinen Voraussetzungen auch zu berücksichtigen, ob das Urteil unter rechtsstaatlichen Gesichtspunkten der Bewertung der Schuldschwere überhaupt zugrundegelegt werden kann und ob die nach DDR-Recht verhängte Strafe auch nach dem Recht der Bundesrepublik hätte verhängt werden können (Brandenburg aaO). – Ist die Strafe wegen einer Alttat aufgrund des Amnestiebeschlusses vom 17. 7. 1987 (GBl/DDR 191), des Gesetzes zum teilweisen Straferlaß vom 28. 9. 1990 (GBl/DDR I 1987) oder im Kassationsverfahren ermäßigt worden, so dürfte – anders als bei gewöhnlichen Gnadenentscheidungen – Grundlage für die Berechnung der Mindestverbüßungszeit (2–6 zu § 57; 8 zu § 57 a) nicht die gerichtlich verhängte, sondern

die ermäßigte Strafe sein; da diese Maßnahmen einen Eingriff nicht nur in die Vollstreckung, sondern schon in die Strafe selbst bezweckten, würde es dem hier gebotenen Vertrauensschutz widersprechen, in die Ermäßigung nicht auch die Mindestverbüßungszeit einzubeziehen (für die Amnestie von 1987 im Ergebnis ebenso BVerfG NStZ 95, 205 mit Anm Alex NStZ 95, 615, beide mwN; für das Ges von 1990 wie hier auch LG Potsdam MDR 94, 713; Alex aaO; zw). – Ist die Strafe aufgrund des Amnestiebeschlusses vom 6. 12. 1989 (GBl/DDR I 266) bedingt erlassen worden, so ist die Anordnung des Vollzugs der Strafe nicht mangels zureichender Rechtsgrundlage ausgeschlossen (so aber Koblenz MDR 92, 1175), sondern unter den Bedingungen des Amnestiebeschlusses und in entsprechender (nach KG JR 94, 75 in unmittelbarer) Anwendung der für die Aussetzung des Strafrestes geltenden Zuständigkeits- und Verfahrensvorschriften der §§ 453 I, 462 a I StPO iVm § 56 f StGB zulässig (Stuttgart NStZ 93, 359; aM Dresden NStZ 93, 557 und Rostock MDR 93, 1231, die die Zuständigkeit der Vollstreckungsbehörde annehmen; zw).

9. Eine **Verwarnung mit Strafvorbehalt** kommt zwar als das mil- 31 a
dere Recht der Bundesrepublik durchaus in Frage. Sie muß aber den engen Voraussetzungen des § 59 entsprechen und ist deshalb schon mit Rücksicht auf Art 315 I EGStGB, der bei Taten von geringer Schwere das Absehen von Strafe vorschreibt, auf Unrechtstaten der Funktionäre des SED-Regimes regelmäßig nicht anwendbar (BGHSt 40, 307, 320).

10. Für die Anordnung von **Maßregeln der Besserung und Si-** 32
cherung (§ 61) sind Art 315 I S 2 EGStGB (Ausschluß von Sicherungsverwahrung und Führungsaufsicht), Art 315 IV EGStGB (Geltung des Strafrechts der Bundesrepublik), das SichVG (Erstreckung der Sicherungsverwahrung auf das Beitrittsgebiet; dazu 22–25 zu § 66) und im übrigen das zur Zeit der Entscheidung geltende Recht (der Bundesrepublik) maßgebend (§ 2 VI; beachte auch 5 zu § 69 b). Soweit im Einzelfall nach DDR-Recht eine vergleichbare vorbeugende Maßnahme nicht zulässig war, ist der allgemeine öffentlich-rechtliche Gesetzesvorbehalt zu beachten (8 zu § 1). – Ist vor dem Beitritt nach §§ 15 II oder 16 III StGB/DDR (iVm § 11 EinwG/DDR) die Einweisung in eine psychiatrische Einrichtung angeordnet worden, so ist es verfassungsrechtlich nicht zulässig, sie als Maßregel im Sinne des § 63 zu behandeln und nach den §§ 67–67 g abzuwickeln (so aber KG NStZ 94, 148 mit Anm Toepel, beide mwN; ebenso auch die Voraufl); anwendbar sind vielmehr die §§ 70ff FGG (BVerfG NStZ 95, 399 mit krit Anm Toepel NStZ 96, 101, beide mwN; zw).

11. Zum **Strafantrag** sieht der – inzwischen weitgehend bedeu- 33
tungslos gewordene – Art 315 b EGStGB eine (modifizierte) Geltung der §§ 77 ff vor.

12. Die Frage, ob eine umfassende oder auf weniger schwere Delikte 34
begrenzte **Amnestie** die Verfolgung von Alttaten beenden oder ein-

schränken sollte, ist im Einigungsvertrag nicht entschieden und dem gesamtdeutschen Gesetzgeber vorbehalten worden. Sie ist eine politische, hier nicht zu erörternde Frage. Bisher hat das anfangs überwiegend verneinte Bedürfnis nach einem „Schlußstrich" in der öffentlichen Diskussion zwar an Boden gewonnen, sich aber noch nicht zu einem konkreten Gesetzesvorschlag verdichtet (expl Schätzler NJ 95, 57; Eberan NJ 95, 299; Schaefgen RuP 95, 135; Zuck NJW 95, 1801; Leutheusser-Schnarrenberger ZRP 95, 308; Greive [Hrsg], Amnestie für Straftaten unter der SED-Diktatur?, Loccumer Protokolle, 1996; Hillenkamp JZ 96, 179).

Vorbemerkung zu den §§ 3 bis 7

1 **1.** Die §§ 3–7 regeln das sog **internationale Strafrecht** (Strafanwendungsrecht; eingehend Oehler, IntStr). Sie sind einseitige Kollisionsnormen (str), da sie nicht die Anwendung ausländischen Strafrechts vorsehen, sondern nur den Umfang der innerstaatlichen Strafgewalt dadurch festlegen (Jescheck/Weigend AT S 163), daß sie den Anwendungsbereich deutschen Strafrechts für Taten, die Beziehungen zum Ausland aufweisen, begrenzen (Makarov, Kern-FS, S 253, 257; s auch Schroeder DA 68, 353). – **Deutsches Strafrecht** ist die Summe aller Normen der Bundesrepublik Deutschland (in den Grenzen des EV) und ihrer Länder, soweit sie Voraussetzungen und Folgen rechtswidriger Taten (18 zu § 11) bestimmen. Es umfaßt danach auch das Nebenstrafrecht und neben den Deliktstatbeständen grundsätzlich – vorbehaltlich allerdings von Ausnahmen, die sich aus der Einheit der jeweiligen ausländischen Rechtsordnung ergeben können – auch die blankettausfüllenden Normen (Karlsruhe NStZ 85, 317) sowie die Unrechts-, Schuld- und Strafausschließungsgründe des deutschen Rechts (Köln MDR 73, 688). Ist es im Einzelfall anwendbar, so wird damit die Berücksichtigung auch ausländischer Rechtssätze im Rahmen der Subsumtion (zB Beurteilung der Fremdheit einer Sache beim Diebstahl) nicht schlechthin ausgeschlossen (Bay NJW 72, 1722; Karlsruhe aaO; Nowakowski JZ 71, 633; Liebelt GA 94, 21; eingehend Cornils, Die Fremdrechtsanwendung im Strafrecht, 1978).

2 **2.** Für die Anknüpfung kommen vor allem in Frage: der **Gebietsgrundsatz** (Territorialitätsprinzip), der die Geltung des Strafrechts auf das Staatsgebiet und damit auf solche Taten beschränkt, die innerhalb des staatlicher Souveränität unterliegenden Raumes begangen werden; das mit dem Gebietsgrundsatz verwandte **Flaggenprinzip,** nach dem das innerstaatliche Strafrecht auf Taten an Bord von Schiffen und Luftfahrzeugen erstreckt wird, die bei dem jeweiligen Staat registriert sind; der **aktive Personalgrundsatz** (Personalitätsprinzip, Staatsangehörigkeitsprinzip), der sich in Systemen, denen er als herrschendes Prinzip zugrunde liegt, auf eine Treuepflicht des Täters gegenüber seiner Heimat und ihren Gesetzen stützt; der **Schutzgrundsatz** (Realprinzip), der die Geltung des Strafrechts an den Belangen der eigenen Rechts-

gemeinschaft orientiert und deshalb auch den sog **passiven Personalgrundsatz** (Individualschutzprinzip) umfaßt, weil er die Strafbarkeit von der Verletzung eines eigenen Staatsangehörigen abhängig macht; der **Weltrechtsgrundsatz** (Universalprinzip), der im Interesse der ganzen Menschheit, jedoch in den Grenzen des Völkerrechts (1 zu § 6), unbeschränkte Strafbarkeit vorsieht; der **Grundsatz der stellvertretenden Strafrechtspflege,** der die Geltung des Strafrechts in Fällen bestimmt, in denen eine ausländische Strafgewalt am Einschreiten gehindert ist (zusf Oehler, Grützner-FS, S 110; Tröndle LK 3–15; krit Zieher, Das sog Internationale Strafrecht nach der Reform, 1977, S 75); das **Kompetenzverteilungsprinzip,** das auf dem Gedanken beruht, aufgrund zwischenstaatlicher Vereinbarungen die Zuständigkeit zur Aburteilung von Taten aus Zweckmäßigkeitsgründen und um der Gerechtigkeit willen so zu bestimmen, daß Überschneidungen konkurrierender Strafrechte möglichst eingeschränkt und Doppelbestrafungen vermieden werden (Tröndle LK 15).

3. Das **geltende Recht** ist im 2. StrRG (4 vor § 1) wieder zu dem deutscher Rechtstradition entsprechenden, durch die GeltungsbereichsVO v 6. 5. 1940 (RGBl I 754) vorübergehend beseitigten System zurückgekehrt (Vogler DAR 82, 73). Es macht den Gebietsgrundsatz zum tragenden Prinzip des Strafanwendungsrechts und gibt den übrigen Grundsätzen nur insoweit Raum, als überwiegende kriminalpolitische Gründe eine Erweiterung des Anwendungsbereichs erfordern. Das aktive Personalitätsprinzip hat danach nur noch ergänzende Funktion, die sich im wesentlichen aus dem Gedanken internationaler Solidarität erklärt (Tröndle LK 10) oder auf Spezialgebieten, etwa dem des Sexualstrafrechts (§ 5 Nr 8 Buchst b), namentlich der Herstellung und Verbreitung kinderpornographischen Filmmaterials (dazu 3 zu § 5), oder dem des Kriegswaffenkontroll- und Außenwirtschaftsrechts (§ 21 KWKG, § 35 AWG) friedensgefährdenden Aktivitäten Deutscher im Ausland entgegenwirken soll (verfassungsrechtliche Bedenken bei Pottmeyer NStZ 92, 57 mit Erwiderung Holthausen NStZ 92, 268). 3

4. a) Inland (§§ 3, 5 Nr 6, 8, § 7 II Nr 2) ist ein funktioneller Begriff. Er umfaßt das Gebiet, in dem deutsches Strafrecht aufgrund hoheitlicher Staatsgewalt seine Ordnungsfunktion geltend macht (BGHSt 30, 1). Seit Wirksamwerden des Beitritts der DDR (Art 1 I EV) deckt er sich mit dem staatsrechtlichen Inlandsbegriff und umfaßt die in der Präambel des GG genannten Länder. Zum Inland gehören neben dem Landgebiet auch die Eigengewässer, das Küstenmeer und der Luftraum über dem Staatsgebiet, nicht jedoch der Festlandsockel (unstr). Für den Bereich der Zoll- und Einfuhrgesetze sind Inland auch die Zollstellen der Bundesrepublik, die außerhalb des Bundesgebiets liegen (Bay NJW 83, 529; Tröndle LK 58 mwN) und die Reisezüge, in denen deutsche Zollbeamte zur Grenzabfertigung auf fremdem Staatsgebiet befugt sind (Oldenburg MDR 74, 329). 4

5 **b)** Das StGB verwendet häufig auch noch (zB in § 5) den Begriff des **räumlichen Geltungsbereichs dieses Gesetzes.** Dieser deckt sich seit Wirksamwerden des Beitritts der DDR (Art 1 I EV) grundsätzlich mit dem Begriff des Inlands.

6 **c) Ausland** ist jedes Gebiet außerhalb des Inlands (vgl 4), also auch das offene Meer und Gebiete ohne Staatshoheit.

7 **5. a) Deutscher** ist, wer die deutsche Staatsangehörigkeit im Sinne des Art 116 I GG besitzt, grundsätzlich also auch der deutsche Volkszugehörige (BVerfGE 36, 1, 30; BGHSt 11, 63). Jedoch werden Taten, die Deutsche mit Lebensgrundlage in den Gebieten jenseits der Oder-Neiße-Grenze dort begangen haben, nicht erfaßt; ihre Einbeziehung wäre mit den von der Bundesrepublik im Warschauer Vertrag übernommenen Pflichten unvereinbar.

8 **b) Ausländer** ist jeder, der nicht Deutscher ist, also auch der Staatenlose.

9 **6.** Der Geltungsbereich des deutschen Strafrechts hängt nicht nur von den §§ 3 ff, sondern vorrangig von der **Auslegung** der einzelnen Tatbestände ab. Die Anwendung deutschen Strafrechts ist nur begründet, wenn der zugrundeliegende Sachverhalt mit den Ordnungsaufgaben des inländischen Rechts sinnvoll verbunden ist (Saarbrücken NJW 75, 506). Bei Individualrechtsgütern (zB auch dem Hausrecht in ausländischen Botschaften, Köln NJW 82, 2740 mit abl Anm Bernsmann StV 82, 578; s auch Lenckner JuS 88, 349; zw) ist das idR schon nach den Grundsätzen des völkerrechtlichen Fremdenrechts zu bejahen (Vogler NJW 77, 1866 mwN; zu Besonderheiten bei Unterhaltspflichtverletzung nach § 170 b dort 2). Auch bei Universalrechtsgütern sind ausländische Interessen häufig einbezogen (vgl etwa BGHSt 18, 333, 334; 21, 277, 280; 29, 85, 87; wistra 93, 224); jedoch kann hier, namentlich bei Rechtsgütern des Staates, die Auslegung ergeben, daß nur inländische Interessen geschützt werden sollen (Oehler JR 80, 485; eingehend Lüttger, Jescheck-FS, S 121; zusf Stoffers JA 94, 76). Das trifft zB zu für die Tatbestände über Hochverrat, Rechtsstaatsgefährdung und Landesverrat, über den Schutz der Landesverteidigung nach §§ 109 ff, über Widerstand gegen die Staatsgewalt nach § 113 (Hamm NJW 60, 1536 mit Anm Schröder JZ 60, 578), über Gefangenenbefreiung nach § 120 (Vogler aaO), über falsche uneidliche Aussage und Meineid (2 vor § 153), über Vortäuschen einer Straftat nach § 145 d (dort 1), über Kreditbetrug nach § 265 b (dort 1) und über Steuerhinterziehung (Hamburg NJW 64, 935; Bay VRS 58, 196).

10 **7.** Die §§ 3–7 sind Teil des **materiellen** Strafrechts (hM). Sie haben jedoch im Hinblick auf die Strafgerichtsbarkeit zugleich die Wirkung eines Prozeßhindernisses, weil der deutsche Richter nur deutsches Strafrecht anwenden darf (BGHSt 34, 1). Das Fehlen ihrer Voraussetzungen führt daher nicht zum Freispruch, sondern wegen des Vorrangs der prozessualen Wirkung zur Einstellung des Verfahrens. – Demge-

genüber hat die Befreiung **Exterritorialer** von der deutschen Gerichtsbarkeit (§§ 18–20 GVG) keine materiell-rechtliche Bedeutung; sie gewährt nur Immunität und bildet daher lediglich ein Prozeßhindernis (hM; vgl Düsseldorf NStZ 87, 87 mit Anm Jakobs; Tröndle LK 74; anders Bloy JuS 93, L 33, 35; Lemke NK 56, alle mwN; zw). Auch die (begrenzte) **Ausnahme ausländischer Streitkräfte** von der deutschen Gerichtsbarkeit nach dem NATO-Truppenstatut hat nur verfahrensrechtliche Bedeutung (näher Tröndle LK 76–80).

§ 3 Geltung für Inlandstaten

Das deutsche Strafrecht gilt für Taten, die im Inland begangen werden.

I. Die Vorschrift verwirklicht den **Gebietsgrundsatz** als Haupt- 1
prinzip des internationalen Strafrechts (2, 3 vor § 3).

II. Deutsches Strafrecht 1 vor § 3. **Inland** 4 vor § 3. **Tatort** § 9. 2

III. Welches Recht anzuwenden ist, wenn in Teilgebieten des In- 3
landes verschiedenes Strafrecht gilt (sog **interlokales Strafrecht**), ist in den §§ 3 ff nicht geregelt. Die Frage stellt sich, wenn Bundesrecht im Geltungsbereich des GG nicht einheitlich gilt (vgl 4–9) oder wenn die Anwendung unterschiedlichen Landesrechts in Frage kommt (vgl 10).

1. Im Bereich des Kernstrafrechts war die Frage partiell geltenden 4
Bundesrechts bis zum Wirksamwerden des Beitritts der DDR (Art 1 I EV) praktisch bedeutungslos geworden. Der EV (Art 8) hat zwar grundsätzlich das Recht der Bundesrepublik, also auch das **StGB und das EGStGB**, auf das Beitrittsgebiet erstreckt, aber Ausnahmen bestimmt, die bis zur Änderung durch den gesamtdeutschen Gesetzgeber **partiell unterschiedlich geltendes Bundesrecht** zur Folge hatten (Übersichtsbeiträge: Schneiders MDR 90, 1049; Wasmuth NStZ 91, 160; Vormbaum StV 91, 176; Eser GA 91, 241; Geppert Jura 91, 610). Diese Ausnahmen sind inzwischen überwiegend weggefallen.

a) Von der Anwendung des **StGB** sind bis auf weiteres nur noch die §§ 144 (dort vor 1) und 236 (dort 9) ausgenommen. Die im EV (Anh II 1 c) außerdem für die Vorschriften über die Sicherungsverwahrung (vor 1 zu § 66) sowie für § 5 Nr 8, 9, §§ 175, 182 und 218–219 d vorgesehenen Ausnahmen sind überholt (vor 1, 3 zu § 5; 8 vor § 174; 6 vor § 218). Von der Anwendung des **EGStGB** sind nur Vorschriften ausgenommen, die für die Überleitung des DDR-Strafrechts (Art 1 a, 1 b, 315–315 c EGStGB) bedeutungslos sind (Anh II 1 c).

b) Im **Beitrittsgebiet** gelten übergangsweise aus dem StGB/DDR 5
nur noch die §§ 84 (13 zu § 78) und 238 (14 zu § 336) fort (Anh III 1). Die im EV (Anh II 2) außerdem bestimmte Fortgeltung der §§ 149, 153–155, 191 a StGB/DDR sowie der §§ 1 II–4 I, V des Gesetzes über die Unterbrechung der Schwangerschaft und der §§ 1–4 II S 1, §§ 4 III–9 der Durchführungsbestimmung zum Gesetz über die Unterbrechung

der Schwangerschaft ist dagegen entfallen (8 vor § 174; 6 vor § 218; Art 12 des 31. StÄG). Zur (umstrittenen) beschränkten Fortgeltung des § 10 des 6. StÄG/DDR beachte Anh III 2. – Fortgeltendes DDR-Strafrecht ist nur nach Maßgabe des **Art 315 c EGStGB** anwendbar.

6 **c)** Das im Bundesgebiet **gespaltene Recht** (vgl 4, 5), das nicht schon wegen der Geltungsunterschiede gegen den Gleichheitssatz verstößt (Günther ZStW 103, 851, 860; ebenso zu § 175 aF BGHSt 40, 64, 65; NStZ 92, 383 mit abl Anm Kusch), ist danach auf einen geringfügigen, für die Praxis nahezu bedeutungslosen Rest zusammengeschrumpft. In diesem Erläuterungsbuch werden deshalb nur noch die Grundprinzipien des interlokalen Strafrechts dargestellt, auf Hinweise aber, die nicht mehr aktuelle Einzelheiten der Anwendung partiellen Strafrechts betreffen, verzichtet. Rechtsänderungen, durch die solches Recht aufgehoben wurde, sind nach § 2 zu behandeln.

7 **2. a)** Auf Taten, die im Inland begangen werden und für die Bundesrecht im Geltungsbereich des GG nicht einheitlich gilt, ist nach den ungeschriebenen Regeln des interlokalen Strafrechts das **Recht des Tatorts** anzuwenden (BGHSt 4, 396; 11, 365). Eine (alternative oder kumulative) Anwendung des am Gerichtsort (lex fori) oder am Täterwohnsitz (iS der Lebensgrundlage, 2 zu § 5) geltenden Rechts, ist grundsätzlich ausgeschlossen; denn die Anknüpfung an die lex fori würde die Strafbarkeit vom Zufall prozessualer Zuständigkeit abhängig machen, während die Heranziehung des Heimatrechts nur auf das seit dem 2. StrRG aufgegebene aktive Personalitätsprinzip gestützt werden könnte (hM; vgl Tröndle LK 91 vor § 3 mwN).

8 **b)** Das Tatortrecht ist von jedem **zuständigen inländischen Gericht** anzuwenden, auch wenn es am Gerichtsort nicht gilt (BGHSt 11, 365, 366; zu Unrecht einschr Samson NJ 91, 143, 145). Das interlokale Strafrecht ist danach **innerstaatliches Kollisionsrecht,** das dem Richter – anders als das internationale Strafrecht (1 vor § 3) – auch die Anwendung für ihn fremden Rechts aufgibt. Die Unbedenklichkeit dieser Rechtslage folgt daraus, daß die Teilrechtsordnungen durch die gemeinsame Staatsgewalt anerkannt und jederzeit änderbar sind (Tröndle LK 86 vor § 3 mwN).

9 **c)** Der **Tatort** bestimmt sich nach § 9 (dort 6). Ergeben sich danach mehrere Tatorte in verschiedenen Teilrechtsgebieten, so gilt das bei konkreter Betrachtung **strengere** Gesetz (hM; vgl Bay 62, 93; Tröndle LK 92 mwN; einschr RGSt 75, 104; beachte auch 5, 6 zu § 9; zw).

10 **3.** Auch bei **unterschiedlichem Landesstrafrecht** gelten die Grundsätze des interlokalen Strafrechts (hM). Auch hier ist das Wohnsitzrecht nicht (hM; vgl Sch/Sch-Eser 51–56 vor § 3; diff Jescheck/Weigend AT S 191) und bei einer Mehrheit von Tatorten nur das strengere Gesetz anzuwenden (hM; anders Jedamzik, Das rundfunkrechtliche Sonderdelikt als Anwendungsfall interlokalrechtlicher Grundsätze, 1979, S 32 mwN).

§ 4 Geltung für Taten auf deutschen Schiffen und Luftfahrzeugen

Das deutsche Strafrecht gilt, unabhängig vom Recht des Tatorts, für Taten, die auf einem Schiff oder Luftfahrzeug begangen werden, das berechtigt ist, die Bundesflagge oder das Staatszugehörigkeitszeichen der Bundesrepublik Deutschland zu führen.

1. Die Vorschrift beruht auf dem **Flaggenprinzip** (2 vor § 3), das völkerrechtlich mit gewissen Begrenzungen anerkannt ist (dazu Lenzen JR 83, 181). Sie gilt **unabhängig** davon, ob das Recht des Tatorts (§ 9) Strafe androht und ob sich das Fahrzeug innerhalb oder außerhalb fremden Hoheitsgebiets befindet (eingehend Wille, Die Verfolgung strafbarer Handlungen an Bord von Schiffen und Luftfahrzeugen, 1974). Jedoch ist der Verfolgungszwang gelockert, wenn die Tat außerhalb des räumlichen Geltungsbereichs des Gesetzes (5 vor § 3) begangen wurde (§ 153 c I Nr 1 StPO; s auch § 10 StPO). 1

2. a) Für **Schiffe** (gleichgültig ob Staats- oder Privat-, See- oder Binnenschiffe) ergibt sich die Berechtigung, die Bundesflagge zu führen, aus §§ 1, 2, 10, 11 FlaggRG; Schiffe, deren Berechtigung nach § 7 IV FlaggRG nicht ausgeübt werden darf, werden nicht erfaßt (BT-Dr 7/550 S 307). 2

b) Für **Luftfahrzeuge** (zum Begriff § 1 II LuftVG; Wille aaO [vgl 1] S 25; Lemke NK 8 mwN) ergibt sich die Berechtigung, das Staatszugehörigkeitszeichen zu führen, aus §§ 2 V, 3 LuftVG. 3

§ 5 Auslandstaten gegen inländische Rechtsgüter

Das deutsche Strafrecht gilt, unabhängig vom Recht des Tatorts, für folgenade Taten, die im Ausland begangen werden:

1. Vorbereitung eines Angriffskrieges (§ 80);

2. Hochverrat (§§ 81 bis 83);

3. Gefährdung des demokratischen Rechtsstaates

a) in den Fällen der §§ 89, 90 a Abs. 1 und des § 90 b, wenn der Täter Deutscher ist und seine Lebensgrundlage im räumlichen Geltungsbereich dieses Gesetzes hat, und

b) in den Fällen der §§ 90 und 90 a Abs. 2;

4. Landesverrat und Gefährdung der äußeren Sicherheit (§§ 94 bis 100 a);

5. Straftaten gegen die Landesverteidigung

a) in den Fällen der §§ 109 und 109 e bis 109 g und

b) in den Fällen der §§ 109 a, 109 d und 109 h, wenn der Täter Deutscher ist und seine Lebensgrundlage im räumlichen Geltungsbereich dieses Gesetzes hat;

6. **Verschleppung und politische Verdächtigung (§§ 234 a, 241 a), wenn die Tat sich gegen einen Deutschen richtet, der im Inland seinen Wohnsitz oder gewöhnlichen Aufenthalt hat;**
7. **Verletzung von Betriebs- oder Geschäftsgeheimnissen eines im räumlichen Geltungsbereich dieses Gesetzes liegenden Betriebs, eines Unternehmens, das dort seinen Sitz hat, oder eines Unternehmens mit Sitz im Ausland, das von einem Unternehmen mit Sitz im räumlichen Geltungsbereich dieses Gesetzes abhängig ist und mit diesem einen Konzern bildet;**
8. **Straftaten gegen die sexuelle Selbstbestimmung**
   a) **in den Fällen des § 174 Abs. 1 und 3, wenn der Täter und der, gegen den die Tat begangen wird, zur Zeit der Tat Deutsche sind und ihre Lebensgrundlage im Inland haben, und**
   b) **in den Fällen des § 176 Abs. 1 bis 4, 5 Nr. 2 und Abs. 6, wenn der Täter Deutscher ist und seine Lebensgrundlage im Inland hat;**
9. **Abbruch der Schwangerschaft (§ 218), wenn der Täter zur Zeit der Tat Deutscher ist und seine Lebensgrundlage im räumlichen Geltungsbereich dieses Gesetzes hat;**
10. **falsche uneidliche Aussage, Meineid und falsche Versicherung an Eides Statt (§§ 153 und 156) in einem Verfahren, das im räumlichen Geltungsbereich dieses Gesetzes bei einem Gericht oder einer anderen deutschen Stelle anhängig ist, die zur Abnahme von Eiden oder eidesstattlichen Versicherungen zuständig ist;**
11. **Straftaten gegen die Umwelt in den Fällen der §§ 324, 326, 330 und 330 a, die im Bereich der deutschen ausschließlichen Wirtschaftszone begangen werden, soweit völkerrechtliche Übereinkommen zum Schutze des Meeres ihre Verfolgung als Straftat gestatten;**
12. **Taten, die ein deutscher Amtsträger oder für den öffentlichen Dienst besonders Verpflichteter während eines dienstlichen Aufenthalts oder in Beziehung auf den Dienst begeht;**
13. **Taten, die ein Ausländer als Amtsträger oder für den öffentlichen Dienst besonders Verpflichteter begeht;**
14. **Taten, die jemand gegen einen Amtsträger, einen für den öffentlichen Dienst besonders Verpflichteten oder einen Soldaten der Bundeswehr während der Ausübung ihres Dienstes oder in Beziehung auf ihren Dienst begeht.**

Fassung: Nr 8 idF des 27. StÄG (vor 1 zu § 184). Die hier bisher enthaltene Verweisung auf § 175 ist schon im Vorgriff auf dessen spätere Aufhebung (8 vor § 174) gestrichen worden (BT-Dr 12/4883 S 7). Außerdem wurde Nr 8 Buchst b im Hinblick auf § 176 dadurch erweitert, daß dessen

Abs 5 Nr 2 einbezogen und der Strafschutz auch auf ausländische Kinder erstreckt wurde (BT-Dr aaO; krit Schomberg/Lagodny StV 94, 393, 395). – **Nr 9** gilt im Beitrittsgebiet erst seit dem 1. 10. 1995 (Inkrafttreten des SFHÄndG, dessen Art 10 die zuvor versehentlich unterbliebene Aufhebung der Maßgabe des EV nachgeholt hat, wonach die Vorschrift im Beitrittsgebiet nicht gilt [Anh II 1 c]). – **Nr 11** idF des AusfG Seerechtsübereinkommen 1982/1994. – Eine Gesetzesinitiative der BReg (BT-Dr 13/587), in einer neuen **Nr 15** den bisher nicht mit Strafe bedrohten Organhandel (§ 298 idF des Entwurfs) einzubeziehen, wenn der Täter zur Zeit der Tat Deutscher war, ist noch im BTag anhängig.

1. Die Vorschrift konkretisiert den **Schutzgrundsatz,** beruht 1
zum Teil aber auch (zB in Nr 8, 9) auf dem Personalgrundsatz (2, 3 vor § 3; eingehend Zieher, Das sog Internationale Strafrecht nach der Reform, 1977, S 103). Unabhängig vom Recht des Tatorts gilt sie – mit Rücksicht auf die allgemeine Strafbarkeit von Inlandstaten (§ 3) – nur für Taten, die im Ausland (6 vor § 3) begangen werden (näher dazu § 9).

2. Zu den in der Vorschrift mehrfach verwendeten Merkmalen: 2
Deutsches Strafrecht, Inland, Ausland, Deutscher, Ausländer, räumlicher Geltungsbereich des Gesetzes 1, 4–8 vor § 3. – **Lebensgrundlage** ist die Summe derjenigen Beziehungen, die den persönlichen und wirtschaftlichen Schwerpunkt im Verhältnis des Menschen zu seiner Umwelt ausmachen. Vorübergehende, uU auch längere, Auslandsaufenthalte von Diplomaten, konsularischen Vertretern, Geschäfts- oder Dienstreisenden (namentlich Amtsträgern und Soldaten) und von Urlaubern berühren die Lebensgrundlage idR nicht (vgl auch BGHSt 10, 46). – **Amtsträger, für den öffentlichen Dienst besonders Verpflichteter** 3–17 zu § 11.

3. Nr 1–5: Die besonderen Geltungsbereichsregelungen für die 3
Staatsschutzdelikte iwS (in den §§ 80 a, 84 I, 85 I, 86 I, 86 a I, 91, 100 I) sind für Taten, die nach Wirksamwerden des **Beitritts der DDR** (Art 1 I EV) begangen werden, nicht mehr relevant, weil sich insoweit der räumliche Geltungsbereich des Gesetzes mit dem Inland deckt (5 vor § 3; für zuvor begangene Taten beachte 23 zu § 2). – **Nr 6: Wohnsitz** ist der Ort, an dem jemand ordnungsrechtlich gemeldet ist, also auch der Zweitwohnsitz (Tröndle 6), **gewöhnlicher Aufenthalt** der Ort, an dem jemand zur Tatzeit eine Wohnung oder Unterkunft nicht nur ganz vorübergehend (etwa zur Tatvorbereitung) tatsächlich benutzt (Lemke NK 9; weiter Sch/Sch-Eser 12, beide mwN). Die Vorschrift gilt auch im **Beitrittsgebiet** (4, 5 zu § 3; zu den sog Alttaten beachte jedoch 25 zu § 2). – **Nr 7:** Vgl § 20 a UWG, § 18 I AktG; sog Gleichordnungskonzerne (§ 18 II AktG) und Unternehmen, die sich lediglich in Händen deutscher Anteilseigner befinden, sind nicht geschützt (BT-Dr V/4095 S 5). Erfaßt werden nicht nur spezifische Geheimnisschutzvorschriften wie §§ 201–204 StGB oder §§ 17,

18, 20 UWG, sondern zB auch die §§ 242, 246, 266 StGB, soweit die Tat der Beschaffung von Geschäfts- oder Betriebsgeheimnissen dient (Zieher aaO [vgl 1] S 133; Weber ZStW 96, 376, 384). – **Nr 8 Buchst a:** Täter **und** Opfer müssen die einschränkenden Voraussetzungen erfüllen (krit Sch/Sch-Eser 15; Lemke NK 15; Samson SK 17). – **Nr 8 Buchst b:** Hier muß der Täter nur Deutscher mit Lebensgrundlage im Inland sein. Diese auf dem aktiven Personalgrundsatz (2, 3 vor § 3) beruhende Neuerung (vgl vor 1) will der Herstellung und Verbreitung kinderpornographischen Filmmaterials durch Deutsche im Ausland wegen der damit verbundenen Gefährdung auch des deutschen Marktes unabhängig davon entgegenwirken, ob die Tat am Tatort – etwa wegen geringerer Schutzaltersgrenzen – mit Strafe bedroht ist (BT-Dr 12/4883 S 7). – **Nr 9:** Nur Verstöße gegen § 218, nicht gegen §§ 218 b, 219 a, 219 b werden erfaßt (beachte auch vor 1). Für deutsche Teilnehmer (§§ 26, 27) an dem Schwangerschaftsabbruch eines Ausländers an einer Ausländerin gilt die Vorschrift nicht (Tröndle LK 18); im übrigen ist bei Beteiligung mehrerer, die teils Täterschaft und teils Teilnahme ist und auch nur teilweise im Ausland begangen wird, die Abgrenzung schwierig und noch wenig geklärt (Mitsch Jura 89, 193). – **Nr 10:** Zur Zuständigkeit deutscher Stellen 3 zu § 153; 3 zu § 154; 2 zu § 156. – **Nr 11:** Gewässer im Sinne der §§ 324, 326, 330 und 330 a ist auch das Meer, und zwar ohne räumliche Einschränkung (§ 330 d Nr 1). Die Vorschrift dient der Anpassung an internationale Verpflichtungen der Bundesrepublik zur Verhütung von Meeresverschmutzung (SRÜ und SRÜAusfG). Sie erfaßt nur Taten, die im Bereich der deutschen ausschließlichen Wirtschaftszone, deren genaue Begrenzung von einer noch ausstehenden Proklamation der BReg abhängt, begangen werden. Außerdem dürfen sie als Straftaten nur verfolgt werden, wenn völkerrechtliche Übereinkommen zum Schutz des Meeres es gestatten. Die dafür maßgebenden Regelungen enthält das SRÜ; soweit die Taten von Schiffen aus begangen werden, sind die Art 220, 228, 230 sowie Art 216 I a SRÜ einschlägig (zu Taten auf Seeplattformen beachte BT-Dr 13/193 S 28). Die Vorschrift wird ergänzt durch Art 12 SRÜAusfG, der eine Erweiterung des Geltungsbereichs für Taten vorsieht, die in der Nord- oder Ostsee begangen werden. – Für Taten im deutschen Küstenmeer gilt § 3 mit einer Einschränkung durch Art 230 II SRÜ, der – abgesehen vom Fall einer vorsätzlichen schweren Verschmutzungshandlung im Küstenmeer – nur Geldstrafen zuläßt. – Für Taten außerhalb des durch Nr 11 und Art 12 SRÜAusfG erweiterten Geltungsbereichs bedarf es eines Anknüpfungspunktes nach §§ 4, 7 II. – **Nr 12:** Bei dienstlichem Aufenthalt kommt es auf einen Zusammenhang mit der Amts- oder Dienststellung nicht an. – **Nr 13:** Ausländer als Amtsträger sind namentlich die Wahlkonsuln (§ 177 BBG); der Täter muß zwar „als" Amtsträger usw, dh im Zusammenhang mit seiner dienstlichen Aufgabe handeln, jedoch kann er auch andere als Amtsdelikte begehen (hM; anders Tröndle 13).

4. Die Vorschrift erfaßt nur die Katalogstaten, nicht auch andere mit ihnen konkurrierende Taten (so zu § 6 NJW 91, 3104). – **Lockerung des Verfolgungszwangs** § 153 c I Nr 1 StPO. 4

§ 6 Auslandstaten gegen international geschützte Rechtsgüter

Das deutsche Strafrecht gilt weiter, unabhängig vom Recht des Tatorts, für folgende Taten, die im Ausland begangen werden:

1. Völkermord (§ 220 a);

2. Kernenergie-, Sprengstoff- und Strahlungsverbrechen in den Fällen der §§ 310 b, 311 Abs. 1 bis 3, des § 311 a Abs. 2 und des § 311 b;

3. Angriff auf den Luft- und Seeverkehr (§ 316 c);

4. Menschenhandel (§ 180 b) und schwerer Menschenhandel (§ 181);

5. unbefugter Vertrieb von Betäubungsmitteln;

6. Verbreitung pornographischer Schriften in den Fällen des § 184 Abs. 3 und 4;

7. Geld- und Wertpapierfälschung und deren Vorbereitung (§§ 146, 149, 151 und 152) sowie die Fälschung von Vordrucken für Euroschecks und Euroscheckkarten (§ 152 a);

8. Subventionsbetrug (§ 264);

9. Taten, die auf Grund eines für die Bundesrepublik Deutschland verbindlichen zwischenstaatlichen Abkommens auch dann zu verfolgen sind, wenn sie im Ausland begangen werden.

Fassung: Nr 3 durch Ges v 13. 6. 1990 (BGBl II 493) auf den Seeverkehr erstreckt (vor 1 zu § 316 c). **Nr 4** durch 26. StÄG an die Neufassung der Vorschriften über den Menschenhandel angepaßt (6 vor § 174). **Nr 6** durch 27. StÄG an die neuen Vorschriften über Kinderpornographie angepaßt (vor 1 zu § 184).

1. Die Vorschrift konkretisiert den **Weltrechtsgrundsatz** (2, 3 vor § 3; eingehend Zieher, Das sog Internationale Strafrecht nach der Reform, 1977, S 142). Unabhängig vom Recht des Tatorts gilt sie – mit Rücksicht auf die allgemeine Strafbarkeit von Inlandstaten (§ 3) – nur für Taten, die im Ausland (6 vor § 3) begangen werden (näher dazu § 9). Über den Gesetzeswortlaut hinaus erfordert das sog Nichteinmischungsprinzip, daß kein völkerrechtliches Verbot entgegensteht und ein legitimierender Anknüpfungspunkt im Einzelfall einen unmittelbaren Bezug zur Strafverfolgung im Inland herstellt (BGHSt 27, 30; 34, 334; NStZ 94, 232 mit Anm Oehler NStZ 94, 485; Roggemann NJW 94, 1436, alle mwN). – Die Auswahl der dem Weltrechtsgrundsatz unterliegenden Tatbestände beruht überwiegend auf **zwischenstaatlichen Abkommen,** durch die sich die Bundesrepublik verpflichtet hat, bestimmte, das gemeinschaftliche Interesse der Vertragsparteien verletzende Verhaltensweisen mit Strafe zu bedrohen. Um sicherzustellen, 1 daß durch die Kasuistik des Katalogs keine Lücken entstehen, unterwirft Nr 9 sämtliche Taten dem Universalprinzip, zu deren Verfolgung auch für den Fall der Begehung im Ausland eine solche Verpflichtung besteht; die Generalklausel ist ua für die vollständige Erfüllung der in Art 4 I des Haager Abkommens über die widerrechtliche Inbesitznahme von Luftfahrzeugen v 16. 12. 1970 übernommenen strafrechtlichen Verpflichtungen praktisch bedeutsam (BT-Dr VI/2721 S 2; s auch NJW 91, 3104; Vogler ZStW Beiheft 82, 89, 94).

2 **2. Nr 1:** 1 zu § 220 a. – **Nr 2:** Die Einbeziehung dieser Verbrechen beruht auf deren weltweiter Gefährlichkeit (Lemke NK 5; krit Oehler IntStR S 536). In besonders schweren Fällen des § 311 a II ist die Strafe – weil es sich insoweit nur um eine Strafzumessungsregel handelt (7 zu § 46) – aus § 311 a III zu entnehmen (aM Zieher aaO [vgl 1] S 148; zw). – **Nr 3:** 1, 16 zu § 316 c. – **Nr 4:** 6 vor § 174. – **Nr 5:** Vertrieb ist jede Tätigkeit, die ein Betäubungsmittel entgeltlich in den Besitz eines anderen bringen soll. Das kann nicht nur durch Verkauf, sondern auch durch Ankauf geschehen, wenn dieser zugleich unselbständiger Teil des Handeltreibens ist (BGHSt 27, 30; zw); entgeltlicher Erwerb zum Eigenverbauch scheidet jedoch aus (BGHSt 34, 1 mit Anm Herzog StV 86, 474; StV 92, 65, alle mwN). Im übrigen vgl das Einheits-Übereinkommen v 30. 3. 1961 über Suchtstoffe (Ges v 4. 9. 1973, BGBl II 1353; s auch BGHSt 27, 30 mit krit Bespr Wengler JZ 77, 257, Oehler JR 77, 424 und Kunig JuS 78, 594; BGHSt 34, 334 mit krit Bespr Rüter JR 88, 136 und Vogler JR 88, 139; Körner NStZ 86, 306). – **Nr 6:** 16 zu § 184. – **Nr 7:** 16 zu § 146; 8 zu § 149; 6 zu § 152 a. – **Nr 8:** 32 zu § 264.

3 **3.** Die Ausführungen unter 4 zu § 5 gelten sinngemäß.

§ 7 Geltung für Auslandstaten in anderen Fällen

(1) **Das deutsche Strafrecht gilt für Taten, die im Ausland gegen einen Deutschen begangen werden, wenn die Tat am Tatort mit Strafe bedroht ist oder der Tatort keiner Strafgewalt unterliegt.**

(2) **Für andere Taten, die im Ausland begangen werden, gilt das deutsche Strafrecht, wenn die Tat am Tatort mit Strafe bedroht ist oder der Tatort keiner Strafgewalt unterliegt und wenn der Täter**

1. **zur Zeit der Tat Deutscher war oder es nach der Tat geworden ist oder**
2. **zur Zeit der Tat Ausländer war, im Inland betroffen und, obwohl das Auslieferungsgesetz seine Auslieferung nach der Art der Tat zuließe, nicht ausgeliefert wird, weil ein Auslieferungsersuchen nicht gestellt oder abgelehnt wird oder die Auslieferung nicht ausführbar ist.**

1 **1.** Die Vorschrift konkretisiert in Abs 1 den **passiven Personalgrundsatz** (str) und in Abs 2 den **Grundsatz der stellvertretenden Strafrechtspflege** (2 vor § 3); Abs 2 Nr 1 ist allerdings zugleich Aus-

druck des aktiven Personalgrundsatzes (diff Sch/Sch-Eser 1; aM Tröndle JR 77, 1, 2 und LK 1 mwN, der die Vorschrift nur auf den Personalgrundsatz stützt).

2. Deutsches Strafrecht, Inland, Ausland, Deutscher, Ausländer 1, 4–8 vor § 3. 2

3. Die **Strafdrohung am Tatort** (das Erfordernis der „identischen Norm") setzt voraus, daß für die konkrete Tat im Sinne des § 264 StPO unter irgendeinem rechtlichen Gesichtspunkt (hM; vgl NJW 97, 334; MDR 97, 181) kriminelle Strafe oder eine gleichwertige Sanktion angedroht ist; bloß ordnungsrechtliche Maßnahmen, die den Rechtsfolgen einer Ordnungswidrigkeit vergleichbar sind, genügen nicht (BGHSt 27, 5; Bay 81, 36 mit Anm Oehler JR 82, 160; Vogler DAR 82, 73; Lemke NK 5 mwN). – Dabei kommt es nicht nur auf die am Tatort geltenden Verbots- und Gebotsnormen, sondern auch auf Rechtfertigungs- und Entschuldigungsgründe an (hM). Ob allerdings solche Gründe ausscheiden, die universal anerkannten Rechtsgrundsätzen widersprechen, ist bisher nur bei Taten aktuell geworden, die vor dem Beitritt in der DDR begangen wurden (16, 16 a, 19–19 b, 26 zu § 2). Als allgemeine Problematik kann sich die Frage in gleicher Weise auch im Verhältnis zu anderen Staaten stellen. – Nach hM sollen Hindernisse, die nur der Verfolgung am Tatort rechtlich (Tröndle LK 6 mwN) oder tatsächlich (Düsseldorf NJW 83, 1277) entgegenstehen, unterschiedslos ohne Bedeutung sein (vgl etwa BGHSt 2, 160; 20, 22, 27; GA 76, 242; KG JR 88, 345). Während das in den Fällen des Abs 1 und des Abs 2 Nr 1 im Hinblick auf das zugrundeliegende Personalitätsprinzip (vgl 1) hinreichend legitimiert ist, dürfte in den Fällen des Abs 2 Nr 2 der hier allein maßgebende Grundsatz stellvertretender Strafrechtspflege erfordern, nicht nur das materielle Strafrecht, sondern auch die rechtlichen Verfolgungshindernisse am Tatort, soweit sie nicht gegen anerkannte Grundsätze des Völkerrechts verstoßen, zu respektieren (Düsseldorf MDR 92, 1161; Eser JZ 93, 875; aM Scholten NStZ 94, 266; offen gelassen in NJW 93, 2775 und JR 94, 161 mit abl Anm Lagodny/Pappas, alle mwN; zw).

4. **Abs 1:** Es muß sich um einen bestimmten oder wenigstens bestimmbaren Deutschen (7 vor § 3; beachte auch 25 zu § 2) handeln (BGHSt 18, 283), der unmittelbar in seinen Rechtsgütern widerrechtlich verletzt wird oder verletzt werden soll (BGHSt 39, 54, 49; Lemke NK 15; Tröndle LK 10, alle mwN). 3

5. **a) Abs 2 Nr 1** ist auf alle Deutschen, ohne Rücksicht auf den Ort ihrer Lebensgrundlage (2 zu § 5), anwendbar (zu DDR-Alttaten beachte 26 zu § 2). Die Vorschrift folgt aus dem Auslieferungsverbot des Art 16 II S 1 GG (krit Vogler NJW 77, 1866 mwN) und ist daher nicht einschlägig, wenn der verwirklichte Tatbestand nur inländische Interessen schützt (9 vor § 3; s auch NJW 86, 1444). – Seine **2. Alternative** (Neubürger) ist verfassungsrechtlich bedenklich, weil sie deut- 4

sches Strafrecht auf Täter für anwendbar erklärt, die ihm zur Tatzeit noch nicht unterworfen waren (aM BGHSt 20, 22); ein milderes Tatortrecht wirkt deshalb begrenzend (hM; vgl Lemke NK 22 mwN).

5 **b) Abs 2 Nr 2:** Es muß feststehen, daß nicht ausgeliefert werden kann oder ausgeliefert wird (NStZ 85, 545; NJW 91, 3104; Vogler ZStW Beiheft 82, 89, 98); ist ein Auslieferungsersuchen gestellt, so bedarf es der Entscheidung der für die Auslieferung zuständigen Behörde (BGHSt 18, 283). Für die Zulässigkeit der Auslieferung „nach Art der Tat" kommt es nur auf die einschlägigen Vorschriften des IRG (dort §§ 3–9), nicht auf die Auslieferungsverträge an (BGH aaO).

6 **6.** Daß für eine Tat **im Inland unterschiedliches Bundesrecht** gilt, kommt nach Vereinheitlichung des in den Teilgebieten geltenden Rechts nur noch ausnahmsweise in Frage (6 zu § 3). Die Meinungsverschiedenheiten, mit welcher Maßgabe Art 1 b EGStGB anwendbar ist, wenn der Täter seine Lebensgrundlage im Ausland hat (dazu 6 der Vorauf1), ist daher weitgehend bedeutungslos.

7 **7. Lockerung des Verfolgungszwangs** § 153 c I Nr 1 StPO.

§ 8 Zeit der Tat

Eine Tat ist zu der Zeit begangen, zu welcher der Täter oder der Teilnehmer gehandelt hat oder im Falle des Unterlassens hätte handeln müssen. Wann der Erfolg eintritt, ist nicht maßgebend.

1 **1.** Die **Begriffsbestimmung der Tatzeit** ist namentlich bedeutsam für §§ 2, 19, 55 I, 56 g II, 59 II, 66 I, III. Für den Beginn der Verfolgungsverjährung gilt eine abweichende Regelung (§ 78 a).

2 **2.** Sind an einer Tat mehrere beteiligt, so ist für jeden Tatbeitrag die Tatzeit selbständig zu beurteilen (Tröndle LK 5; zu einer Besonderheit bei nachträglicher Gesamtstrafenbildung beachte 4 zu § 55).

3 **3.** Verbindet ein Tatbestand mehrere natürliche Handlungen zu einer Bewertungseinheit oder liegt eine natürliche oder rechtliche Handlungseinheit vor (4–19 a vor § 52), so kann sich die Tatzeit auf einen längeren Zeitraum erstrecken. Sie endet nach der sog **Tätigkeitstheorie** bei positivem Tun, wenn der Täter mit dem deliktischen Handeln aufhört, und im Falle des Unterlassens, wenn die Rechtspflicht zum Handeln erlischt oder vom Täter nicht mehr deliktisch verletzt wird (BGHSt 11, 119, 124; str).

§ 9 Ort der Tat

(1) **Eine Tat ist an jedem Ort begangen, an dem der Täter gehandelt hat oder im Falle des Unterlassens hätte handeln müssen oder an dem der zum Tatbestand gehörende Erfolg eingetreten ist oder nach der Vorstellung des Täters eintreten sollte.**

(2) **Die Teilnahme ist sowohl an dem Ort begangen, an dem die Tat begangen ist, als auch an jedem Ort, an dem der Teilnehmer**

gehandelt hat oder im Falle des Unterlassens hätte handeln müssen oder an dem nach seiner Vorstellung die Tat begangen werden sollte. Hat der Teilnehmer an einer Auslandstat im Inland gehandelt, so gilt für die Teilnahme das deutsche Strafrecht, auch wenn die Tat nach dem Recht des Tatorts nicht mit Strafe bedroht ist.

1. Die Vorschrift normiert das sog **Ubiquitätsprinzip** (zusf Lemke NK 3–6). Sie ist Grundlage für die Ausübung staatlicher Hoheitsgewalt, **nicht Bestandteil des Unrechtstatbestandes** (Jescheck/Weigend AT S 180; str). Der Vorsatz braucht sich daher nicht auf den Tatort zu erstrecken. 1

2. Tatort bei **Taten mit Auslandsberührung.** 2

a) Abs 1: Ein **Tatort** ist als **Handlungsort** bei mehraktigen und fortgesetzten Taten (beachte dazu 13 vor § 52) sowie bei Dauer- und Distanzdelikten überall begründet, wo Teilakte der einheitlichen Tat verwirklicht (NStZ 86, 415; bei Holtz MDR 92, 631), namentlich wo im natürlichen Sinne selbständige Einzelakte vorgenommen werden. Begehung nur eines Einzelakts im Inland genügt (RGSt 50, 423). Entsprechendes gilt, wenn im Inland nur der Tatbeitrag eines Mittäters geleistet wird (NJW 91, 2498; KG NJW 91, 2501, beide mwN), und zwar nach der Rspr (beachte 11 zu § 25) selbst dann, wenn dieser Beitrag für sich betrachtet nur eine Vorbereitungshandlung ist (BGHSt 39, 88 mit Anm Küpper JR 93, 292; NStZ 96, 502), ferner wenn mit der Ausführung eines Versuchs begonnen (NJW 75, 1610 mit krit Anm Schroeder NJW 76, 490) oder eine selbständig mit Strafe bedrohte Vorbereitungshandlung begangen wird (BGHSt 34, 101; 39, 88). Bei mittelbarer Täterschaft wirkt auch die Tätigkeit des Tatmittlers tatortbegründend (wistra 91, 135 mwN). Bei Unterlassungsdelikten ist als Handlungsort der Ort maßgebend, an dem der Täter spätestens hätte handeln müssen, um den Erfolg noch rechtzeitig abzuwenden (Sch/Sch-Eser 5). – **Erfolg** ist grundsätzlich nur der im Tatbestand beschriebene Erfolg, auch die qualifizierende besondere Folge im Sinne des § 18, nicht dagegen schädliche Auswirkungen des Erfolges auf Dritte (Frankfurt NJW 89, 675; probl Koblenz wistra 84, 79). Auch reine, als solche nicht mit Strafe bedrohte Transitverbrechen ohne Auswirkungen auf das Inland begründen keinen Tatort (Lemke NK 11; einschr Oehler, FS für H Hübner, 1994, S 759). Bei **konkreten Gefährdungsdelikten** ist Erfolg schon der Eintritt der Gefahr (NJW 91, 2498; KG NJW 91, 2501, beide mwN). Bei abstrakten Gefährdungsdelikten, die keinen Gefahrerfolg voraussetzen (32 vor § 13), kann – ebenso wie bei schlichten Tätigkeitsdelikten (München StV 91, 504) – an einen solchen nicht angeknüpft werden (hM; anders Martin, Strafbarkeit grenzüberschreitender Umweltbeeinträchtigungen, 1989, S 79, 118 und ZRP 92, 19; wohl auch Jescheck/Weigend AT S 179), und zwar auch dann nicht, wenn er nach Tatbegehung als konkrete Gefahr eintritt (hM; vgl Sch/Sch-Eser 6; anders Lüttger JZ 64, 569, 570, beide mwN; zw). Entsprechendes gilt, wenn nach Vollendung ein die Tat nur beendigender Erfolg (zB Bereicherung beim Betrug, 2 vor § 22) eintritt (hM; vgl Bay NJW 92, 1248; aM Stuttgart NJW 74, 914; Jescheck/Weigend AT S 178, alle mwN; zw). Nach dem Schutzzweck der Vorschrift werden auch Erfolge erfaßt, die nicht zum Unrechtstatbestand ieS, sondern nur zu weiteren Elementen der Strafdrohung gehören, namentlich die Erfolge, die in Regelbeispielen für besonders schwere Fälle (Tröndle LK 6) oder in objektiven Bedingungen der Strafbarkeit beschrieben werden, etwa bei der Rauschtat nach § 323 a (NZV 96, 500 mwN; diff Spendel LK 254 zu § 323 a) oder bei den Konkursdelikten (Tröndle LK 6). – Zur str Tatortbestimmung bei Presse- und Rundfunkdistanzdelikten vgl ua Oehler, Das deutsche Strafrecht und die Piratensender, 1970 und Hübner-FS, S 753, 758; Jedamzik, Das rundfunkrechtliche Sonderdelikt als Anwendungsfall interlokalrechtlicher Grundsätze, 1979, S 19; v d Horst ZUM 93, 227; Weigend ZUM 94, 133; Beisel/Heinrich JR 96, 95. Jedenfalls ist es bei Distanzdelikten, die keinen durch die Tathandlung bewirkten tatbestandsmäßigen Erfolg voraussetzen (zB § 130 III), weitgehend unbestritten, daß es als Erfolg im Sinne des § 9 auch zu bewerten ist, wenn eine im Ausland vorgenommene Tathandlung durch Datenübertragung zur Verfügbarkeit (auch) im Inland bestimmt ist und dort empfangen wird.

3 **b) Abs 2:** Bei **Teilnahme** ist Tatort sowohl der Ort der (versuchten, vollendeten oder vorgestellten) Haupttat (NJW 91, 2498), als auch der Ort der Teilnahme. Bei versuchter Beteiligung (§ 30) begründet auch der Begehungsort des in Aussicht genommenen Verbrechens einen Tatort. Satz 2 enthält nur einen klarstellenden Hinweis, der schon aus Satz 1 ableitbar ist (aM Samson NJ 91, 143, 144, der zu Unrecht Fälle des Satzes 2 im Bereich des interlokalen Strafrechts [vgl 6] für straflos hält).

4 **c)** Eine Tat im Sinne des § 264 I StPO ist **im ganzen** eine Inlandstat, auch wenn nur Teile von ihr einen inländischen Tatort begründen (Tröndle LK 10 mwN).

5 **d)** Das in § 9 **extrem** durchgeführte Ubiquitätsprinzip kann, namentlich bei **Distanz- und Teilnahmedelikten,** zu unbefriedigenden Ergebnissen führen, weil in Grenzfällen vom Täter (oder Teilnehmer) ohne zureichenden Grund die Beachtung eines für ihn fremden Rechts gefordert wird (zur Kritik und zu dogmatisch verschiedenartigen Ansätzen der Abhilfe Jung JZ 79, 325; Lemke NK 17; Tröndle LK 15; Samson SK 15–20, alle mwN). Entsprechendes gilt auch für die Teilnahme am Datenverkehr in internationalen Computernetzen, zB im Internet (zur strafrechtlichen Verantwortlichkeit der Beteiligten 7 zu § 184); die hier offensichtliche Problematik ist allenfalls durch Gesetzesänderung oder durch prozessuale Maßnahmen, aber kaum durch eine auf diese Fälle beschränkte restriktive Auslegung des § 9 lösbar (Sieber JZ 96, 429, 430; aM Collardin CR 95, 618; zweifelnd Conradi/Schlömer NStZ 96, 366, 368).

6 **3.** § 9 gilt für das **gesamte Strafrecht** (beachte jedoch § 91), also auch für das interlokale Strafrecht (3–10 zu § 3). Hier können bei Di-

stanz- und Teilnahmedelikten ähnliche Schwierigkeiten auftreten wie bei Delikten mit Auslandsberührung (vgl 5).

4. Zur **Lockerung des Verfolgungszwangs** bei Inlandsteilnahme an einer außerhalb des räumlichen Geltungsbereichs (5 vor § 3) begangenen Haupttat und bei Distanzdelikten, die durch eine außerhalb dieses Bereichs ausgeübte Tätigkeit begangen werden, § 153 c I Nr 1, II StPO. Die Vorschrift ist auf Inlandstaten in verschiedenen Teilrechtsgebieten (9 zu § 3) nicht entsprechend anwendbar. 7

§ 10 Sondervorschriften für Jugendliche und Heranwachsende

Für Taten von Jugendlichen und Heranwachsenden gilt dieses Gesetz nur, soweit im Jugendgerichtsgesetz nichts anderes bestimmt ist.

1. Für **Jugendliche** enthält das JGG folgende grundsätzlichen Abweichungen vom allgemeinen Strafrecht: 1

a) Schuldfähigkeit des Jugendlichen setzt Altersreife voraus (§ 3 JGG).

b) Ein **selbständiges System jugendgemäßer Reaktionsmittel** (Erziehungsmaßregeln, Zuchtmittel, Jugendstrafe), das auch die Aussetzung zur Bewährung und das Zusammentreffen mehrerer Gesetzesverletzungen einschließt (§§ 5–32, 88–89 a JGG), tritt an die Stelle des allgemeinen Strafensystems. 2

c) Nebenfolgen nach § 45 treten weder als Rechtswirkungen der Strafe ein, noch können sie verhängt werden; die Bekanntgabe der Verurteilung ist unzulässig (§ 6 JGG). 3

d) Von den **Maßregeln der Besserung und Sicherung** dürfen nur die Unterbringung in einem psychiatrischen Krankenhaus oder einer Entziehungsanstalt, die Führungsaufsicht und die Entziehung der Fahrerlaubnis angeordnet werden (§ 7 JGG). 4

2. Bei **Heranwachsenden** ist nach dem Reifestand oder der Art der Straftat (Jugendverfehlung) im Einzelfall zu entscheiden, ob das Rechtsfolgensystem des JGG oder allgemeines Strafrecht anzuwenden ist (§ 105 JGG). 5

2. Titel. Sprachgebrauch

§ 11 Personen- und Sachbegriffe

(1) **Im Sinne dieses Gesetzes ist**

1. Angehöriger:

wer zu den folgenden Personen gehört:

a) Verwandte und Verschwägerte gerader Linie, der Ehegatte, der Verlobte, Geschwister, Ehegatten der Geschwister, Ge-

schwister der Ehegatten, und zwar auch dann, wenn die Beziehung durch eine nichteheliche Geburt vermittelt wird, wenn die Ehe, welche die Beziehung begründet hat, nicht mehr besteht oder wenn die Verwandtschaft oder Schwägerschaft erloschen ist,

b) Pflegeeltern und Pflegekinder;

2. Amtsträger:

wer nach deutschem Recht

a) Beamter oder Richter ist,

b) in einem sonstigen öffentlich-rechtlichen Amtsverhältnis steht oder

c) sonst dazu bestellt ist, bei einer Behörde oder bei einer sonstigen Stelle oder in deren Auftrag Aufgaben der öffentlichen Verwaltung wahrzunehmen;

3. Richter:

wer nach deutschem Recht Berufsrichter oder ehrenamtlicher Richter ist;

4. für den öffentlichen Dienst besonders Verpflichteter:

wer, ohne Amtsträger zu sein,

a) bei einer Behörde oder bei einer sonstigen Stelle, die Aufgaben der öffentlichen Verwaltung wahrnimmt, oder

b) bei einem Verband oder sonstigen Zusammenschluß, Betrieb oder Unternehmen, die für eine Behörde oder für eine sonstige Stelle Aufgaben der öffentlichen Verwaltung ausführen,

beschäftigt oder für sie tätig und auf die gewissenhafte Erfüllung seiner Obliegenheiten auf Grund eines Gesetzes förmlich verpflichtet ist;

5. rechtswidrige Tat:

nur eine solche, die den Tatbestand eines Strafgesetzes verwirklicht;

6. Unternehmen einer Tat:

deren Versuch und deren Vollendung;

7. Behörde:

auch ein Gericht;

8. Maßnahme:

jede Maßregel der Besserung und Sicherung, der Verfall, die Einziehung und die Unbrauchbarmachung;

9. Entgelt:

jede in einem Vermögensvorteil bestehende Gegenleistung.

(2) **Vorsätzlich im Sinne dieses Gesetzes ist eine Tat auch dann, wenn sie einen gesetzlichen Tatbestand verwirklicht, der hinsicht-**

lich der Handlung Vorsatz voraussetzt, hinsichtlich einer dadurch verursachten besonderen Folge jedoch Fahrlässigkeit ausreichen läßt.

(3) **Den Schriften stehen Ton- und Bildträger, Abbildungen und andere Darstellungen in denjenigen Vorschriften gleich, die auf diesen Absatz verweisen.**

1. Die Vorschrift dient der **gesetzestechnischen Vereinfachung** (krit Stratenwerth ZStW 76, 669). Sie bestimmt einige im Strafrecht häufig vorkommende Begriffe abschließend und entbindet daher von der Notwendigkeit, sie an jeder einschlägigen Stelle jeweils neu zu umschreiben. In dieser Formalisierung liegt eine den Richter bindende Entscheidung, die ihm die Möglichkeit nimmt, aus Gründen des konkreten Zusammenhangs, in dem ein Begriff vorkommt, zu einer den Wortlaut des § 11 überschreitenden Auslegung zu kommen (so zu § 11 I Nr 2 Welp, Lackner-FS, S 761, 771; aM Lenckner ZStW 106, 502, 507; zw). Diese Bindungswirkung erstreckt sich nach der Eingangsformel der Vorschrift nur auf das StGB. Jedoch werden die Begriffe regelmäßig, aber nicht notwendig auch im Nebenstrafrecht in demselben Sinne verwendet (zum Umgang mit Definitionen in der Rechtswissenschaft Puppe, Kaufmann [Arm]-GedSchr, S 15). 1

2. Abs 1 Nr 1: Angehöriger (vgl zB § 35 I). **Verwandtschaft und Schwägerschaft** können nicht nur durch blutsmäßige Abstammung, sondern gleichwertig auch durch Annahme als Kind (§§ 1741 ff, 1754 BGB) begründet sein; ihr Erlöschen, das bei Annahme als Kind (vgl §§ 1755, 1756 BGB) und bei Aufhebung einer solchen Annahme (§ 1764 II BGB) in Frage kommt, berührt die Angehörigeneigenschaft nicht (beachte jedoch § 77 II S 2). – Für die Beziehungen, die aus der **Ehe** abgeleitet werden, genügt deren formelle Gültigkeit (RGSt 60, 246; s auch 2 zu § 171). Nach Nichtigerklärung oder Auflösung der Ehe dauert die Beziehung fort (so schon BGHSt 7, 383); wo das Gesetz jedoch unmittelbar an die Ehegatteneigenschaft anknüpft (zB § 181 a III), wird idR eine bestehende Ehe vorausgesetzt. Eine auf Analogie gestützte Einbeziehung von Partnern **eheähnlicher Gemeinschaften** scheidet im allgemeinen schon deshalb aus, weil es an einer planwidrigen Gesetzeslücke fehlt, und ist meist auch aus Gründen der Rechtssicherheit bedenklich (hM; eingehend Konrad, Probleme der eheähnlichen Gemeinschaft im Strafrecht, 1986, S 66; zT abw Skwirblies, Nichteheliche Lebensgemeinschaft und Angehörigenbegriff im Straf- und Strafprozeßrecht, 1990, beide mwN; s auch 9 zu § 157; 4 zu § 213). – **Verlöbnis** ist ein ernsthaftes (JZ 89, 256), nicht sittenwidriges (jedoch nicht unbedingt zivilrechtlich wirksames, RGSt 38, 242) gegenseitiges (bei Holtz MDR 86, 98) Eheversprechen. Es fehlt namentlich beim Heiratsschwindler (BGHSt 3, 215) und meist auch beim noch verheirateten Partner (NStZ 83, 564 mit Anm Pelchen; NJW 84, 135), es sei denn, daß dieser ein Recht auf Scheidung hat und sie bereits betreibt (so die im Schrifttum hM; anders Bay NJW 83, 831 mit krit 2

Bespr Strätz JR 84, 127; zusf Füllkrug StV 86, 37; Pelchen, Pfeiffer-FS, S 287, alle mwN); das mögliche, aber nicht erwiesene Verlöbnis ist zugunsten des Täters zu berücksichtigen (Bay NJW 61, 1222). – **Pflegeelternschaft** setzt eine Beziehung voraus, die – wie die natürliche Elternschaft – eine dauernde, sittlich gleichwertige Verbundenheit zum Kind herstellt (RGSt 58, 61). – Zum **Irrtum** über die Angehörigeneigenschaft Stree FamRZ 62, 55.

3 **3. Abs 1 Nr 2: Amtsträger** (vgl zB §§ 331–334).

4 **a) Beamter** (Buchst a) ist im staatsrechtlichen Sinne zu verstehen. Es kommt auf die förmliche Berufung in ein Beamtenverhältnis durch Aushändigung einer Ernennungsurkunde, nicht auf die Art der übertragenen Aufgaben an (BGHSt 37, 191, 192 mwN; beachte auch 10).

5 **b)** Das **sonstige öffentlich-rechtliche Amtsverhältnis** (Buchst b) ist einschränkend auszulegen, da es sonst die Fälle des Buchst c voll mitumfassen würde. Es setzt die Übertragung eines Geschäftskreises im Bereich der vollziehenden Gewalt (beachte 11) voraus, durch die ein beamtenähnliches Dienst- und Treueverhältnis begründet wird (Welp, Lackner-FS, S 761, 764). Hierher gehören etwa der Minister (§ 1 BMinG), der Parlamentarische Staatssekretär (§ 1 III ParlStG), der Wehrbeauftragte (§ 15 I WBeauftrG) sowie der Notar und Notarassessor (§§ 1, 7 IV S 1, 2 BNotO), nicht der Vormund, der Konkursverwalter und der Testamentsvollstrecker. – Abweichend vom früheren Recht (BGHSt 12, 108; 25, 204) werden auch die Träger solcher Ehrenämter erfaßt, deren Übernahme staatsbürgerliche Pflicht ist (zB Wahlvorsteher); da § 11 auch die ehrenamtlichen Richter einbezogen hat (vgl 12), kann für die Ehrenbeamten nichts anderes gelten.

6 **c)** Die **Amtsträgereigenschaft nach Buchst c** setzt voraus,

aa) eine **Bestellung,** dh eine Übertragung der Tätigkeit durch **rechtlichen Akt.** Einer besonderen Form bedarf es nicht (Stuttgart Justiz 76, 261). Daher kommt auch Bestellung durch nichtöffentlichrechtlichen Akt, zB einen Privatdienstvertrag (BGHSt 31, 264; NJW 52, 191; aM Bay NJW 96, 268; Otto Jura 97, 47; zw) oder einen Auftrag (NJW 96, 3158), durch schlüssige Erklärung (Tröndle 20 mwN; aM Dingeldey NStZ 84, 503, 504) oder zu bloß vorübergehendem Zweck in Frage (auf allgemeine, nicht nur den Einzelfall betreffende Bestellung einschr Haft NJW 95, 1113; Zeiler MDR 96, 439, beide mwN); die aushilfsweise Heranziehung eines Arbeiters, der allgemein im Reinigungsdienst tätig ist, zu einzelnen Verrichtungen öffentlichrechtlicher Art genügt jedoch nicht (GA 53, 49);

7 bb) die Bestellung durch eine rechtlich **zuständige Stelle,** die im Urteil zu bezeichnen ist (LM Nr 1 zu § 359 aF);

8 cc) die Wahrnehmung des Aufgabenkreises bei einer **Behörde** (vgl 20) oder einer **sonstigen Stelle** oder in deren Auftrag. **Sonstige Stellen** sind alle Institutionen, ohne Rücksicht auf ihre Organisationsform, die keine Behörden, rechtlich aber befugt sind, bei der Ausfüh-

rung von Gesetzen mitzuwirken, namentlich Körperschaften und Anstalten des öffentlichen Rechts, organisatorisch ausgrenzbare Teile von Behörden und zur Erfüllung öffentlicher Aufgaben berufene Vereinigungen, Ausschüsse oder Beiräte (BT-Dr 7/550 S 209);

dd) die Wahrnehmung von **Aufgaben der öffentlichen Verwaltung.** Damit sollen im wesentlichen diejenigen Tätigkeiten erfaßt werden, die im Sinne der Rspr zu § 359 aF (BGHSt 9, 203, 222; 11, 345) aus der Staatsgewalt abgeleitet sind und staatlichen Zwecken dienen (BGHSt 37, 191, 194; 38, 199, 201, beide mwN). Dazu gehört jedenfalls die **Eingriffsverwaltung,** die Aufgaben der staatlichen Anordnungs- und Zwangsgewalt wahrnimmt, außerdem aber auch die **Leistungsverwaltung zur Daseinsvorsorge,** die unmittelbar – sei es in öffentlich- oder privatrechtlichen Formen – für die Daseinsvoraussetzungen der Allgemeinheit oder ihrer Glieder sorgt (BGHSt 12, 89). Allerdings kann die Abgrenzung bei Zuziehung Privater zur Vorbereitung hoheitlicher Maßnahmen oder bei privatrechtlich organisierten Aktivitäten des Staates, die nur mittelbar Daseinsvorsorge bezwecken, schwierig sein (zu Unrecht gegenüber der früheren Rspr einschr BGHSt 38, 199 mit abl Anm Ossenbühl JR 92, 473; beachte auch KG NStZ 94, 242; LG Frankfurt NStZ-RR 96, 259; Weiser NJW 94, 968; Otto Jura 97, 47, alle mwN); zur Verhütung einer Ausuferung des Amtsträgerbegriffs in diesem Bereich ist jedenfalls der Begriff der Wahrnehmung von Aufgaben der öffentlichen Verwaltung in Fällen des Handelns nur im Auftrag (also nicht bei) einer Behörde auf hoheitliche Tätigkeit (zB Beleihung von Privaten mit öffentlichrechtlichen Befugnissen) zu beschränken (so überzeugend Lenckner ZStW 106, 502; Haft NJW 95, 1113, beide mwN). – Ob auch die **rein erwerbswirtschaftlich-fiskalische Betätigung** des Staates und anderer Körperschaften des öffentlichen Rechts erfaßt wird, ist von der Rspr zum früheren Beamtenbegriff (§ 359 aF) nicht einheitlich beantwortet, überwiegend aber verneint worden (BGHSt 12, 89; KG JR 61, 228; Welp, Lackner-FS, S 761, 784 mwN). Die Gesetzesmaterialien zu § 11 sind in diesem Punkt widersprüchlich: Einerseits drücken sie die Meinung aus, daß der neugefaßte Amtsträgerbegriff „im wesentlichen mit dem bisherigen Begriff des Beamten im strafrechtlichen Sinne" übereinstimme (BT-Dr 7/550 S 208); andererseits bekräftigen sie aber zugleich die Auffassung, daß auch die erwerbswirtschaftlich-fiskalische Tätigkeit einzubeziehen sei, weil der Begriff der „öffentlichen Verwaltung" weit ausgelegt werden müsse und deshalb nur gegenüber der sonstigen staatlichen Tätigkeit, nämlich der Gesetzgebung und der Rechtsprechung (nicht dagegen der Verwaltungstätigkeit im Bereich der Rechtspflege), abgrenzend wirke (BT-Dr aaO S 209; zust Tröndle 22; abl Samson SK 15; offen gelassen in BGHSt 31, 264, 269). Beide Annahmen sind nicht miteinander vereinbar; denn die in den Gesetzesmaterialien postulierte weite Auslegung hat eine – mindestens theoretisch – erhebliche Ausweitung des früheren Beamtenbegriffs, wie er von der Rspr geprägt worden ist, zur Folge (überzeugend Welp aaO S 782). Obwohl mit ihr

Randnummer 9 (am Beginn von dd)

eine größere Trennschärfe des Abgrenzungsmaßstabs verbunden wäre (dazu Tröndle LK 25), ist sie weder sachlich noch aufgrund eines Vergleichs mit dem Verwaltungsrecht hinreichend begründbar (Welp aaO). Rein erwerbswirtschaftlich-fiskalische Tätigkeit scheidet daher aus. – Auszuscheiden sind ferner solche Personen, die erst **zur Wahrnehmung von Verwaltungsaufgaben herangebildet werden,** zB Verwaltungslehrlinge und -praktikanten (BT-Dr 7/1261 S 4). Auch muß der Bestellte die Aufgaben selbst sachlich wahrnehmen; nur untergeordnete und mechanische Hilfstätigkeiten (Schreibarbeiten, Reinigung usw) reichen nicht aus (Tröndle 22). – Knüpft man in dieser Weise an die **Rspr zum strafrechtlichen Beamtenbegriff** im Sinne des § 359 aF an, so ist sie weitgehend auf den Amtsträger übertragbar. Zwar ergibt sich diese Auslegung aus den verwendeten Begriffen nicht zwingend und läßt daher auch die alten Streitfragen über die Einbeziehung der Daseinsvorsorge und der fiskalischen Tätigkeit des Staates fortbestehen (vgl etwa Jessen MDR 62, 526; Wiedemann NJW 65, 852; zusf Wagner, Amtsverbrechen, 1975, S 119 mwN); sie dürfte aber am ehesten den Intentionen des Gesetzgebers entsprechen. – Als Amtsträger kommen daher **auch in Frage:** Abrechnungskassierer eines städtischen Licht- und Kraftwerkes (KG JR 61, 228); Mitglieder der Ordnungsgruppe eines staatlichem Mitsprache- und Kontrollrecht unterworfenen U-Bahn- und Busbetriebes (Hamburg NJW 84, 624 mit krit Bespr Schröder NJW 84, 2510 und Wagner JZ 87, 594, 595); Frachtabfertiger einer Gemeindekleinbahn (BGHSt 12, 89); Fleischbeschauer (Karlsruhe Justiz 67, 152); Angestellte einer Berufsgenossenschaft (BGHSt 6, 276) oder Ortskrankenkasse (BGHSt 6, 17); Prüfer in einer Prüfstelle des TÜV für den Kraftfahrzeugverkehr (NJW 96, 3158); Ärzte in öffentlichen Krankenanstalten (Karlsruhe NJW 83, 352 mit Bespr Wagner aaO S 596); Leiter von öffentlichen Sparkassen (BGHSt 31, 264, 271 mwN). Ob und wieweit auch Vorstandsmitglieder von Landesbanken oder anderen überregionalen öffentlich-rechtlichen Kreditinstituten Amtsträger sind (so für die Westdeutsche Landesbank – Girozentrale – BGHSt 31, 264 mit Bespr Dingeldey NStZ 84, 503 und Wagner aaO S 597), hängt von deren gesetzlich oder satzungsmäßig bestimmtem öffentlich-rechtlichen Pflichtenkreis (dazu Schmidt ZIP 83, 1038) und von der meist zu verneinenden Möglichkeit ab, ihre den öffentlichen Auftrag erfüllende Tätigkeit im Staats-, Kommunal- oder Sparkassenbereich von der Tätigkeit im allgemeinen Geschäftsbereich zu trennen (zusf Otto, Banktätigkeit und Strafrecht, 1983, S 157 mwN; krit Welp aaO S 785). – **Verneint** hat die Rspr die Amtsträgereigenschaft für sog V-Leute (private Informanten und Helfer) der Kriminalpolizei (NJW 80, 846 mit krit Bespr Wagner aaO S 595; zw).

10 **d)** Die Amtsträger müssen **nach deutschem Recht** zu ihren Aufgaben bestellt sein. Beurteilungsgrundlage ist danach das in der Bundesrepublik geltende Bundes-, Landes- und Kommunalrecht. Nach ihm

werden alle im Dienst des Bundes, der Länder, der Gemeinden, der Gemeindeverbände sowie der Körperschaften, Anstalten und Stiftungen des öffentlichen Rechts tätigen Amtsträger erfaßt (BT-Dr 7/550 S 209). Nicht hierher gehören Träger von Ämtern in Religionsgesellschaften des öffentlichen Rechts, es sei denn, daß ihnen Aufgaben der öffentlichen (staatlichen oder kommunalen) Verwaltung besonders übertragen sind (BGHSt 37, 191 mwN).

e) Nach den Intentionen des Gesetzgebers soll die gesetzgebende Gewalt im ganzen aus dem Amtsträgerbegriff ausgenommen sein (BT-Dr 7/550 S 209). Danach werden **Abgeordnete des BTages und der Länderparlamente** auch dann nicht erfaßt, wenn sie innerhalb der gesetzgebenden Körperschaften Funktionsträger (zB BTagspräsident) sind (zw). Auch Mitglieder von **Gemeindevertretungen** (Gemeinderäte, Stadträte usw) sind – wie jetzt auch aus § 108 e (dort 8) zu schließen ist – nicht als solche Amtsträger (Tröndle LK 27; aM LG Krefeld NJW 94, 2036, beide mwN); soweit jedoch das Gremium im Sinne der Nr 2 c Aufgaben der öffentlichen Verwaltung wahrnimmt (hM; vgl Sch/Sch-Eser 23 mwN) oder ein einzelnes Mitglied – sei es auch unentgeltlich – zu solcher Wahrnehmung bestellt wird (Tröndle aaO), ist die Amtsträgereigenschaft zu bejahen. Für **Soldaten** geht § 48 WStG als abschließende Sonderregelung vor (BT-Dr aaO). 11

4. Abs 1 Nr 3: Richter (vgl zB § 336). Ausländische Richter werden nicht erfaßt; ebenso auch nicht Schiedsrichter, die jedoch in den Tatbeständen über Bestechlichkeit und Rechtsbeugung dem Richter weitgehend gleichgestellt sind. – **Berufsrichter** §§ 2 ff DRiG. **Ehrenamtliche Richter** §§ 44, 45 DRiG. Hierher gehören namentlich die Laienrichter, die nach § 45 a DRiG in der Strafgerichtsbarkeit die Bezeichnung „Schöffen" und in der Zivil-, Verwaltungs-, Finanz-, Arbeits- und Sozialgerichtsbarkeit die Bezeichnung „ehrenamtliche Richter" führen, ferner zB die anwaltlichen Richter in der Ehrengerichtsbarkeit (§§ 92, 100 BRAO) und die Beisitzer bei den Disziplinargerichten (BT-Dr 7/550 S 210). 12

5. Abs 1 Nr 4: für den öffentlichen Dienst besonders Verpflichteter (vgl zB §§ 331–334). 13

a) Zu **Buchst a** vgl 8, 9. Da die besonders Verpflichteten nicht Amtsträger sein dürfen, werden Beamte und solche Angestellte, die selbst öffentliche Aufgaben wahrnehmen, hier nicht erfaßt (NStZ 94, 277). 14

b) Buchst b: Die **genannten Organisationen** müssen für eine Behörde oder sonstige Stelle (vgl 8) Aufgaben der öffentlichen Verwaltung ausführen, dh gleichsam als deren verlängerter Arm (BT-Dr 7/550 S 211) staatliche Daseinsvorsorge in privatrechtlicher Form (sog Verwaltungsprivatrecht) betreiben (Zechlin BB 82, 439). – **Verband** ist ein Zusammenschluß von natürlichen oder juristischen Personen oder Vereinigungen zur Förderung gemeinsamer, namentlich wirtschaftlicher, 15 sozialer, kultureller oder politischer Interessen. Der **sonstige Zusammenschluß** umfaßt zB auch Beiräte, Ausschüsse und ähnliche Einrichtungen (BT-Dr aaO). **Betrieb** ist eine, gleichgültig in welcher Rechtsform, auf Dauer angelegte organisatorische Zusammenfassung von persönlichen und sachlichen Mitteln zur Erreichung des – nicht notwendig wirtschaftlichen – Zwecks, Güter oder Leistungen zu erzeugen oder zur Verfügung zu stellen (nicht nur Produktionsbetriebe, sondern zB auch Reparaturwerkstätten, Handelsgeschäfte, Geldinstitute, Arzt-, Architekten- und Anwaltspraxen, uU sogar Forschungsinstitute). Das neben dem Betrieb erwähnte **Unternehmen** soll die hier gebotene weite Auslegung gewährleisten (BT-Dr V/1319 S 65).

16 **c)** Der Täter muß entweder „bei" einer der genannten Stellen **beschäftigt** sein, dh in einem Dauerbeschäftigungsverhältnis zu ihr stehen, etwa als Schreibkraft, Bürokraft, Bote, Raumpfleger usw, oder „für" sie vorübergehend herangezogen werden, etwa als Gutachter, als freier Architekt oder Ingenieur zur Ausführung von Planungsarbeiten (Lenckner ZStW 106, 502, 540) oder als Mitglied eines beratenden Ausschusses (BT-Dr V/1319 S 65).

17 **d)** Die ferner erforderliche (wirksame, NJW 80, 846) **förmliche Verpflichtung** soll nach § 1 I Nr 1, 2 VerpflG in jedem Falle vorgenommen werden, in dem die übrigen Voraussetzungen der Nr 4 a oder b erfüllt sind (überzogen die Kritik von Zechlin BB 82, 439).

18 **6. Abs 1 Nr 5: rechtswidrige Tat** (vgl zB § 12 II). Voraussetzung ist eine tatbestandsmäßige (15 vor § 13) und rechtswidrige (16 vor § 13) Handlung. Ob diese bei den Vorsatzdelikten natürlichen Vorsatz und bei den Fahrlässigkeitsdelikten eine objektive Sorgfaltspflichtverletzung erfordert (dazu 20 vor § 13; 34, 38 zu § 15; 9 vor § 25), wird durch die Begriffsbestimmung nicht präjudiziert (BT-Dr 7/550 S 211).

19 **7. Abs 1 Nr 6: Unternehmen** (vgl zB § 81 I). Die kriminalpolitische Funktion der sog **echten Unternehmenstatbestände** besteht darin, den Versuch im Sinne des § 22 (hM; einschr Burkhardt JZ 71, 352, 356) in bestimmten Fällen der Vollendung gleichzustellen und dadurch die Strafmilderung nach § 49 I auszuschließen (zusf Berz, Formelle Tatbestandsverwirklichung und materialer Rechtsgüterschutz, 1986, S 126; Sowada GA 88, 195 mwN). Das Unternehmen umfaßt nicht die Vorbereitung der Tat. Ein strafbarer Versuch des Unternehmens wird teilweise schon begrifflich ausgeschlossen (hM; vgl Tröndle LK 74 mwN); er ist mindestens aber als dem Gesetzeszweck zuwiderlaufend auszuscheiden (Rudolphi SK 24). § 24 ist unanwendbar; jedoch sind bei den Unternehmenstatbeständen häufig besondere Vorschriften über tätige Reue vorgesehen (29 zu § 24). – Für die sog **unechten Unternehmensdelikte** gilt die Begriffsbestimmung nicht. Unter dieser nach Inhalt und Grenzen umstrittenen Bezeichnung werden solche Tatbestände zusammengefaßt, die insofern Versuchsstruktur aufweisen, als sie erfolgsgerichtete Tätigkeit („Tendenztätigkeit") schon als solche mit

Strafe bedrohen, ohne daß dieser Erfolg eintreten müßte (dazu Schröder, Kern-FS, S 457, 464; Berz aaO S 132; Tröndle LK 78–81). Die Leistungsfähigkeit dieses rein klassifikatorischen Begriffs ist gering; denn ob und wieweit ein Tatbestand einem echten Unternehmenstatbestand strukturgleich ist, hängt von der Auslegung des betroffenen Tatbestandes ab und ist oft zweifelhaft (Sowada aaO S 198 mwN; str).

8. Abs 1 Nr 7 stellt lediglich die Behördeneigenschaft der Gerichte klar. **Behörden** sind ständige, von der Person ihres Trägers unabhängige Organe der inländischen (nach dem jeweiligen Schutzzweck uU auch ausländischen, NJW 63, 1318; 9 vor § 3) Staatsgewalt, die dazu berufen sind, unter öffentlicher Autorität für die Erreichung der Zwecke des Staates tätig zu sein (BVerfGE 10, 20, 48; MDR 64, 68), zB auch Dienststellen von Gemeinden (RGSt 40, 161), Spruchkörper der Industrie- und Handelskammern (RGSt 52, 198), Fakultäten (Fachbereiche) der Universitäten (RGSt 75, 112) und selbständige Strafvollzugsanstalten (GA 68, 84). 20

9. Abs 1 Nr 8: Maßnahme (vgl zB § 78 I). Der zusammenfassende Begriff dient nur gesetzestechnischen Zwecken. 21

10. Abs 1 Nr 9: Entgelt (vgl zB § 180 II). Der Begriff erfaßt nur die vermögenswerte Gegenleistung. Immaterielle und solche Vorteile, die nicht in einem Austauschverhältnis gewährt werden, scheiden daher aus. 22

11. Abs 2 betrifft die sog **Vorsatz-Fahrlässigkeits-Kombination,** die vorsätzliche Begehung einer Tathandlung, aber nur fahrlässige Verursachung einer daraus erwachsenden besonderen Folge voraussetzt. Sie kommt im StGB in der Form der sog **erfolgsqualifizierten Delikte** (§ 18) und außerdem in zahlreichen Gefährdungstatbeständen vor (zB § 315 c III Nr 1). 23

a) Ob sie im Hinblick auf die Tathandlung als **Vorsatztat** zu behandeln ist und die Anwendung der Regeln fahrlässiger Nebentäterschaft auf die besondere Folge beschränkt bleibt, war – von den erfolgsqualifizierten Delikten abgesehen (4 zu § 18) – im früheren Recht umstritten (Tröndle LK 95–97 mwN). Abs 2 entscheidet die Frage mit Recht im Sinne der Vorsatztat: In den umstrittenen Fällen wird stets durch eine vorsätzliche Tathandlung fahrlässig eine konkrete Gefahr verursacht. Der Handlungsteil bildet hier den Kern der Tat, während die als Folge verursachte Gefahr zu ihm in demselben Verhältnis steht wie die fahrlässig verursachte Folge beim erfolgsqualifizierten Delikt (hM; anders Gössel, Lange-FS, S 219). Daß der Vorsatzteil – abweichend von den Fällen des § 18 – als solcher meist nicht selbständig mit Strafe bedroht ist, steht dieser Annahme nicht entgegen; denn jedenfalls ist diese Handlung stets rechtswidrig (im Verkehrsrecht eine Ordnungswidrigkeit, in anderen Rechtsgebieten ein Disziplinarverstoß oder sonst unerlaubt). Daß solche Handlungen nicht schon allgemein mit Strafe bedroht sind, hängt allein damit zusammen, daß die ganze Handlungs- 24 gruppe zu viele nicht ausreichend gefährliche Verhaltensweisen einschließt, denen gegenüber strafrechtliche Reaktion unverhältnismäßig wäre (Lackner, Das konkrete Gefährdungsdelikt im Verkehrsstrafrecht, 1967, S 10). Ihre Poenalisierung bei konkreter Gefährdung verfolgt daher nur den Zweck, die Strafbarkeit auf ausreichend gefährliche Handlungen zu beschränken.

25 **b)** Die Behandlung der Vorsatz-Fahrlässigkeits-Kombination als Vorsatztat (VRS 57, 271) ist namentlich bedeutsam im Hinblick auf den **Versuch** (1 zu § 23), auf die **Teilnahme** (4–7 zu § 18; 9 vor § 25; 7 zu § 26) sowie auf die Voraussetzungen der **Sicherungsverwahrung** (§ 66) und der **Einziehung** (§ 74).

26 **12. Abs 3:** Die für die Gleichstellung erforderliche **Verweisung** zB in § 184 I.

27 **a) Schriften** sind sinnlich wahrnehmbare, auf einige Dauer angelegte Verkörperungen von gedanklichen Inhalten durch Buchstaben, Bilder oder andere stoffliche Zeichen (BGHSt 13, 375), die geeignet sind, die Vorstellung eines Sinnzusammenhangs zu erwecken (auch Geheim-, Kurz- und Bilderschriften). Daß sie bereits den jeweils vorgesehenen Endzustand als Buch, Zeitschrift, Flugblatt usw erreicht haben, ist nicht unbedingt erforderlich; auch Platten, Drucksätze, Negative und Matritzen kommen je nach dem Inhalt des einschlägigen Tatbestandes in Frage (BGHSt 32, 1).

28 **b) Darstellungen,** die als Oberbegriff Schriften, Ton- (RGSt 47, 223) und Bildträger sowie Abbildungen umfassen (RGSt 47, 404), sind stoffliche oder sonst fixierte Zeichen, welche die Vorstellung eines wahrnehmbaren Vorgangs oder eines Gedankens vermitteln, also zB auch Plastiken (RG GA Bd 57, 400), Datenträger (Stuttgart NStZ 92, 38; Walther NStZ 90, 523), auch solche in Computernetzen (Sieber JZ 96, 494, 495; s auch Stange CR 96, 424, 426), und Videokassetten.

§ 12 Verbrechen und Vergehen

(1) **Verbrechen sind rechtswidrige Taten, die im Mindestmaß mit Freiheitsstrafe von einem Jahr oder darüber bedroht sind.**

(2) **Vergehen sind rechtswidrige Taten, die im Mindestmaß mit einer geringeren Freiheitsstrafe oder die mit Geldstrafe bedroht sind.**

(3) **Schärfungen oder Milderungen, die nach den Vorschriften des Allgemeinen Teils oder für besonders schwere oder minder schwere Fälle vorgesehen sind, bleiben für die Einteilung außer Betracht.**

1 **1.** Die **Zweiteilung** (Dichotomie) der rechtswidrigen Taten (18 zu § 11) und damit auch der Straftaten in Verbrechen und Vergehen bedeutet eine Abstufung der Delikte nach ihrem Unrechtsgehalt und ihrer allgemeinen Strafwürdigkeit. Sie gestattet zugleich, die einzelnen Kate-

gorien sowohl im materiellen (zB §§ 23 I, 30 StGB) wie auch im formellen Strafrecht (zB §§ 153, 153 a StPO) unterschiedlich zu behandeln.

2. Für die Einordnung sind die **Hauptstrafen** maßgebend, die dem anwendbaren Tatbestand abstrakt zugeordnet sind (sog **abstrakte** gegen konkrete oder spezialisierende **Betrachtungsweise,** BGHSt 2, 393; zusf Stöckl GA 71, 236). 2

a) Es entscheidet das **Mindestmaß** der Hauptstrafe, die für die im Tatbestand beschriebene Handlung abstrakt angedroht ist. Die Deliktskategorie kann sich also ändern, wenn das Gesetz aus einem Tatbestand durch Hinzufügen weiterer Merkmale **(benannte Strafänderungen)** einen neuen Tatbestand bildet, gleichgültig ob dieser ein qualifizierter (zB §§ 224–226), ein privilegierter (zB § 216) oder ein eigenständiger Tatbestand (zB § 249 im Verhältnis zu § 242) ist, gleichgültig auch, ob die Merkmale die Tat oder nur den Täter betreffen. 3

b) Nach **Abs 3** sind Änderungen des Strafrahmens durch Vorschriften des **Allgemeinen Teils,** etwa nach § 49, und die nur allgemein umschriebenen Änderungen in besonders schweren und minder schweren Fällen **(unbenannte Strafänderungen)** für die Einteilung unerheblich (so schon BGHSt 2, 181). – Erfaßt werden danach auch die strafbegründenden Vorschriften über Versuch (§ 22), Teilnahme (§§ 26, 27) und versuchte Beteiligung (§ 30); sie sind nach dem Sinnzusammenhang des Gesetzes als unselbständige Erscheinungsformen der Deliktstatbestände ebenso wie diese einzuordnen (hM; für die Beihilfe anders Triffterer NJW 80, 2049). – Werden benannte Strafänderungen nur als zwingende Beispiele für insgesamt unbenannte Milderungs- oder Schärfungsgründe verwendet (zB in § 213), so gehen sie in der unbenannten Strafänderung auf, so daß die Deliktskategorie selbst dann unberührt bleibt, wenn das Beispiel verwirklicht ist (BGHSt 11, 233, 241; 20, 184; NJW 67, 1330; aM Dreher JZ 65, 455). Dasselbe gilt, wenn ein besonders schwerer Fall nur durch sog Regelbeispiele verdeutlicht wird (BT-Dr V/4094 S 4; vgl 11 zu § 46). 4

c) Nebenstrafen, Nebenfolgen (§ 45) und **Maßnahmen** (§ 11 I Nr 8) berühren die Einteilung nicht. 5

2. Abschnitt. Die Tat

1. Titel. Grundlagen der Strafbarkeit

Vorbemerkung

I. Der **1. Titel** des Abschnitts, der sich mit den allgemeinen Merkmalen der Tat befaßt, regelt in einer Anzahl systematisch nur lose zusammenhängender Vorschriften wichtige Grundvoraussetzungen der Strafbarkeit und setzt damit der **Lehre vom Wesen der Straftat** nicht 1 lediglich einen festen Rahmen, sondern trägt auch unmittelbar zu ihrem Inhalt bei.

2 **II.** Die **Straftat** ist nach Inhalt und Grenzen nicht – jedenfalls nicht unmittelbar – aus vorrechtlichen oder sonst ungeschriebenen Kriterien abzuleiten, sondern ein Produkt der positiven Rechtssetzung, der das Prinzip der gesetzlichen Beschreibung allen strafrechtlich relevanten Verhaltens zugrundeliegt (formeller Verbrechensbegriff; s auch 1–3 zu § 1). Die Frage, ob und wieweit das Verbrechen auch nach sachlichen, dem Gesetz vorgegebenen Kriterien umschrieben werden kann **(materieller Verbrechensbegriff),** ist weder im Grundsätzlichen noch in den Einzelheiten abschließend geklärt (krit Androulakis ZStW 108, 300, der die Strafe für primär und die Bildung eines materiellen Verbrechensbegriffs für einen sinnlosen Umweg hält).

3 **1.** Für **Strafwürdigkeit** und **Strafbedürftigkeit** menschlichen Verhaltens (dazu Otto, Schröder-GedSchr, S 53 mwN) sind nicht nur Aspekte der Kriminalpolitik, namentlich der Schutzaufgabe des Strafrechts (Rechtsgüterschutz) und des kriminologischen Erkenntnisstandes (krit dazu Bock JuS 94, 89; Kühne GA 94, 503) bedeutsam, sondern auch Erfordernisse der Menschenrechte, der Bürgerrechte und des sonstigen Verfassungsrechts, aus denen vor allem die Subsidiarität des Strafrechts abgeleitet wird. Dieses Grundprinzip ist – mindestens verbal – allgemein anerkannt (zur einschlägigen Rspr des BVerfG Vogel StV 96, 110; s auch Brandt, Die Bedeutung des Subsidiaritätsprinzips für Entpoenalisierungen im Kriminalrecht, 1988). Es geht dabei vornehmlich um die Legitimation des Strafrechts, namentlich seiner allgemein- und verfassungsrechtlichen Schranken, und um die Kriminalpolitik des Gesetzgebers. Wenig geklärt sind vor allem die rechtspolitischen Fragen, ob und wie weit die zunehmende Instrumentalisierung und Funktionalisierung des modernen Strafrechts, sein Einsatz auch zur Zukunftssicherung und das Anwachsen sog „symbolischer Gesetzgebung“ zu billigen sind (expl Gallas, Beiträge, S 1; Roxin JuS 66, 377, 382; Jakobs ZStW 97, 751; Naucke, Die Wechselwirkung zwischen Strafziel und Verbrechensbegriff, 1985; Wolff, in: Hassemer [Hrsg], Strafrechtspolitik, 1987, S 137; Lüderssen StV 87, 163, Die Krise des öffentlichen Strafanspruchs, 1989, Kaufmann [Arth]-FS, S 487, Abschaffen des Strafens?, 1995 und ZustStR, S 159; Albrecht KritV 88, 182 und StV 94, 265; Kindhäuser, Gefährdung als Straftat, 1989, S 29 und GA 89, 493; Voß, Symbolische Gesetzgebung, 1989; Lüderssen ua [Hrsg], Modernes Strafrecht und ultima-ratio-Prinzip, 1990; Tiedemann, Verfassungsrecht und Strafrecht, 1991; Herzog, Gesellschaftliche Unsicherheit und strafrechtliche Daseinsvorsorge, 1991; Prittwitz StV 91, 435, Strafrecht und Risiko, 1993 und ZustStR, S 387; Lampe, Schmitt-FS, S 77; Müller-Dietz, Schmitt-FS, S 95; Hassemer ZRP 92, 378 und Produktverantwortung im modernen Strafrecht, 1994, S 1; Kühl, Spendel-FS, S 75; Wolter NStZ 93, 1; Hilgendorf NStZ 93, 10; Baratta, Kaufmann [Arth]-FS, S 393; Frisch, Stree/Wessels-FS, S 69; Jäger, Schüler-Springorum-FS,

S 229; Stratenwerth ZStW 105, 679; Hirsch, in: Kühne/Miyazawa [Hrsg], Neue Strafrechtsentwicklungen im deutsch-japanischen Vergleich, 1995, S 11; Schünemann GA 95, 201; Jescheck, Miyazawa-FS, S 363; Krüger Kriminalistik 95, 306; Vormbaum ZStW 107, 734; Frehsee StV 96, 222; Weigend, Triffterer-FS, S 695; Heine, in: J Arnold ua [Hrsg], Grenzüberschreitungen, 1996, S 51; Kargl ARSP 96, 485; vgl auch 32). Diese Hinweise zeigen, daß die Diskussion vor allem des letzten Jahrzehnts durch eine bedauerliche Polarisierung gekennzeichnet ist, die häufig eine sachbezogene Abwägung der komplexen und sich ständig wandelnden Interessenlage vermissen läßt und dadurch einen Konsens über die kriminalpolitischen Notwendigkeiten nahezu unmöglich macht. Auch in der Gesetzgebungsebene stehen sich gegenläufige Maßnahmen und Vorhaben zur weiteren Entkriminalisierung, namentlich im Bereich des Sanktionensystems (3 vor § 38), einerseits und zur nachdrücklichen Verschärfung des Strafrechts gegen die wachsende Gewalt- und Massenkriminalität andererseits gegenüber. Die Kriminalpolitik wird hier jedes Extrem vermeiden und zur gleichgewichtigen Gewährleistung von Freiheit und innerer Sicherheit einen Mittelweg suchen müssen. Im Bereich des StGB wird die hektische ad-hoc-Gesetzgebung der jüngeren Vergangenheit diesem Anspruch nicht gerecht (vgl etwa 4 vor § 38; 1 zu § 43 a; 1 vor § 73; 1 zu § 73 d).

2. a) Diese verfassungsrechtliche und rechtspolitische Begrenzung des Strafrechts hat **Ausstrahlungen in die praktische Anwendung des StGB** insofern, als alle geltenden Strafrechtssätze an der Verfassung zu messen sind und als kriminalpolitische Gesichtspunkte und kriminologische Erkenntnisse (dazu Rácz JR 84, 234) ihre Auslegung beeinflussen können. Im Vordergrund steht dabei ihr Schutzzweck, namentlich das jeweils geschützte Rechtsgut (vgl ua Sina, Die Dogmengeschichte des strafrechtlichen Begriffs „Rechtsgut", 1962; Rudolphi, Honig-FS, S 151; Otto, Rechtsgutsbegriff und Deliktstatbestand, in: Müller-Dietz [Hrsg], Strafrechtsdogmatik und Kriminalpolitik, 1971, S 1; Amelung, Rechtsgüterschutz und Schutz der Gesellschaft, 1972 und in: Jung ua [Hrsg], Recht und Moral, 1991, S 269; Hassemer, Theorie und Soziologie des Verbrechens, 1973, NStZ 89, 553 und NK 285–290 vor § 1; Weigend ZStW 98, 44, 49; Kindhäuser aaO [vgl 3] S 132; Graul, Abstrakte Gefährdungsdelikte und Präsumtionen im Strafrecht, 1991, S 41; Müssig, Schutz abstrakter Rechtsgüter und abstrakter Rechtsgüterschutz, 1994; Kargl, ZustStR, S 53). Das hat nicht nur zu der verbreiteten Forderung nach einer vorwiegend **„teleologischen" Auslegung** (6, 7 zu § 1) der Deliktstatbestände geführt (zum sog Geringfügigkeitsprinzip als Auslegungsregel Ostendorf GA 82, 333), sondern weitergehend einer Methode durchgängig teleologischer (meist normativer) Begriffsbildung und -bestimmung auch bei den allgemeinen strafrechtlichen Lehren zum Durchbruch verholfen (Schmidhäuser, Würtenberger-FS, S 91 und JuS 87, 373; Bloy, Die Beteiligungsform als Zurechnungstypus im Strafrecht, 1985, S 20; Rudolphi, in: Schünemann [Hrsg], 4

Grundfragen des modernen Strafrechtssystems, 1984, S 69; Keller ZStW 107, 457; krit zu einer „folgenorientierten" Auslegung Hassemer, Coing-FS, S 493 und Kaufmann [Arth]-GbSchr, S 85; krit auch Küpper, Grenzen der normativierenden Strafrechtsdogmatik, 1990, der sich grundsätzlich gegen die zunehmende Normativierung wendet, und Stratenwerth, Was leistet die Lehre von den Strafzwecken?, 1995, der meint, daß die Funktionalisierung der strafrechtlichen Begriffsbildung nicht leisten kann, was sie verspricht).

4 a Wieweit auch die Beziehungen zum **Opfer** und dessen Verhalten als Elemente teleologischer Auslegung einbezogen werden dürfen (sog viktimologisches Prinzip), ist umstritten. Sicher ist diese Möglichkeit nicht auszuschließen (Arzt MschrKrim 84, 105; Kratzsch, Oehler-FS, S 65, 71); jedoch ist bei der praktischen Umsetzung Vorsicht geboten, weil es ohne Willkür und ohne Gefährdung der Rechtssicherheit oft nicht möglich ist, aus dem allgemeinen Erfordernis der Strafbedürftigkeit zu Lasten des Verbrechensopfers teleologische Restriktionen einzelner Tatbestandsmerkmale oder Einschränkungen des Schutzbereichs der Norm abzuleiten, die in Wortlaut, Sinn und historischer Entwicklung des jeweiligen Tatbestandes keine Grundlage haben (vgl etwa Hillenkamp, Vorsatztat und Opferverhalten, 1981 und Der Einfluß des Opferverhaltens auf die dogmatische Beurteilung der Tat, 1983; W Hassemer, Klug-FS, S 217; zusf Roxin AT I 14/15–24; weiter ausdehnend Amelung GA 77, 1 und 84, 579; R Hassemer, Schutzbedürftigkeit des Opfers und Strafrechtsdogmatik, 1981; Schünemann, in: Schneider [Hrsg], Das Verbrechensopfer in der Strafrechtspflege, 1982, S 407, Faller-FS, S 357, NStZ 86, 439 und Schmitt-FS, S 117, 127; s auch Seelmann JZ 89, 670).

5 **b)** aa) Die rechtspolitisch gebotene Begrenzung des Strafrechts auf strafwürdige und strafbedürftige Handlungen hat außerdem den Ansatzpunkt dafür geboten, aus dem Bereich des kriminellen Strafrechts die **Ordnungswidrigkeiten** als Typen minderen Unrechts auszuscheiden und ihre Regelung dem OWiG zu überlassen (dazu im einzelnen Göhler Einl 1–15; Bohnert KKOWiG Einl 50–111).

5 a bb) Noch nicht wirklich bewältigt ist dagegen die Problematik der sog **Bagatelldelikte,** dh derjenigen Taten, die zwar nach ihrem Typus strafwürdig sind, nach den Umständen des Einzelfalls aber einer Kriminalstrafe nicht bedürfen (eingehend Krümpelmann, Die Bagatelldelikte, 1966; Dreher, Welzel-FS, S 917; Kaiser ZStW 90, 877; Kunz, Das strafrechtliche Bagatellprinzip, 1984; Sagel-Grande, in: Zieger/Schroeder [Hrsg], Die strafrechtliche Entwicklung in Deutschland – Divergenz oder Konvergenz, 1988, S 23; Frisch, Stree/Wessels-FS, S 69, 98; Lampe [Hrsg], Deutsche Wiedervereinigung, Bd I: Vorschläge zur prozessualen Behandlung der Kleinkriminalität, 1993; Ostendorf ZRP 95, 18; s auch 3 vor § 38; rechtsvergleichend Hirsch, Nowakowski, Hauser, Cosmo, Hulsman und Beckmann ZStW 92, 218, 255, 295, 561, 568 und 592; Müller-Dietz, Constantinesco-GedSchr, S 517). Die geltende, überwiegend prozeßrechtliche Konzeption (namentlich §§ 153, 153 a StPO), die im Bereich der Aneignungs-, Bereicherungs- und Begünstigungsdelikte durch die §§ 248 a, 257 IVS 2, 259 II, 263 IV, 263 a II, 265 a III und 266 III ergänzt wird (1 zu § 248 a), war im Zusammenhang mit ihrer Einführung Gegenstand heftiger, teils überzogener Kritik (vgl etwa AE [StPO], S 20; Baumann ZRP 72, 1; Dencker JZ 73, 144; Hanack, Gallas-FS, S 339; Schmidhäuser JZ 73, 529; Kunz, Die Einstellung wegen Geringfügigkeit durch die Staatsanwaltschaft, 1980; Kausch, Der Staatsanwalt – Ein Richter vor dem Richter?, 1980; Walter ZStW 95, 32, 53). Sie wird zunehmend aber – trotz zahlreicher begründeter Bedenken gegen die unbestimmte, unkontrollierbare Ermessensspielräume eröffnende Gesamtregelung (vgl etwa Naucke, Lackner-FS, S 695) – zunehmend als kriminalpolitischer Fortschritt gewertet, der allerdings noch weiter zu entwickeln ist (vgl etwa Hünerfeld ZStW 90, 905; Rieß, Schäfer-FS, S 155, 199 und ZRP 83, 93; Schlothauer StV 82, 449; Kaiser/Meinberg NStZ 84, 343; Blau/Franke ZStW 96, 485, 497; Hund ZRP 94, 4; Bertram NJW 95, 238; Dölling, Geerds-FS, S 239; zusf Dölling, in: Lampe [Hrsg] aaO S 3; krit Backes KritV 86, 315; Hohendorf NJW 87, 1177; Hauf ZRP 94, 3 und MschrKrim 95, 366; s auch Blum, Strafbefreiungsgründe und ihre kriminalpolitischen Begründungen, 1996, S 41, 92). – Speziell zum **Laden- und Betriebsdiebstahl** ist ein umfangreiches Schrifttum entstanden (vgl namentlich folgende Entwürfe, Gutachten und Monographien: Entwürfe eines Gesetzes gegen Ladendiebstahl [AE-GLD], 1974, und eines Gesetzes zur Regelung der Betriebsjustiz [AE-BJG], 1976; Meurer, Die Bekämpfung des Ladendiebstahls, 1976; Naucke und Deutsch, 51. DJT, Bd 1, Gutachten Teil D, E; Schoreit [Hrsg], Problem Ladendiebstahl, 1979; Wagner, Staatliche Sanktionspraxis beim Ladendiebstahl, 1979; Schmechting, Personaldelikte, 1982).

III. Auf der Grundlage des formellen Verbrechensbegriffs ist die Straftat, soweit das Gesetz nicht ausnahmsweise noch weitere Voraussetzungen aufstellt (vgl 28), **tatbestandsmäßige, rechtswidrige und schuldhafte Handlung** (hM). Dabei ist **tatbestandsmäßig** eine Handlung, wenn sie der abstrakten Beschreibung eines Strafgesetzes (einem Tatbestand oder Deliktstypus) entspricht. Sie ist dann Tat, der Handelnde Täter. Die Handlung ist **rechtswidrig,** wenn ihre Bewertung nach rechtlichen Maßstäben einen Widerspruch zur Rechtsordnung im ganzen ergibt; das Gesetz bezeichnet sie dann als rechtswidrige Tat (18 zu § 11). Die Handlung ist schließlich **schuldhaft,** wenn die rechtswidrige Tat dem Täter zum Vorwurf gereicht. Die Grundlagen dieses Systems sind das Ergebnis einer langen historischen Entwicklung (dazu Jescheck ZStW 93, 3, 4; Müller-Dietz GA 92, 99; rechtsvergleichend Hünerfeld ZStW 93, 979; Jescheck ZStW 98, 1, 2). Diese schien zunächst auf einen übersichtlichen Streitstand zwischen kausaler und finaler Verbrechenslehre hinauszulaufen, ist in der Folgezeit aber durch eine nachhaltige Tendenz zur Funktionalisierung des Strafrechts über- 6 holt worden und hat zahlreiche Systementwürfe hervorgebracht, die zwar durchweg miteinander verwandt sind, aber sowohl in den normtheoretischen Ansätzen wie auch in der Einzelausgestaltung differieren (expl sei nur auf die von Frisch, Jakobs, Roxin, Schmidhäuser und Wolter entwickelten Modelle verwiesen). Dadurch ist auf allen Stufen des Verbrechensaufbaues eine Fülle von Streitfragen entstanden, die bisher nicht abschließend geklärt sind (näher dazu die folgenden Erläuterungen). Umstritten ist auch, ob Strafwürdigkeit und Strafbedürftigkeit in einem funktionalen System selbständige Elemente des Verbrechens bilden (so etwa Langer, Das Sonderverbrechen, 1972, S 274; Sax JZ 76, 9, 11; Schmidhäuser AT 2/14) oder nur als allgemeine Leitlinien für die Auslegung dienen (so die überwiegende Meinung; rechtsvergleichend Romano und Costa Andrade, Coimbra- Symposium, S 107, 121). Empfohlen wird schließlich auch eine (modifizierte) Einbeziehung der Strafzumessung und von Teilen des Strafprozeßrechts in das Straftatsystem (zB Frisch, Stree/Wessels-FS, S 69, 98; Wolter, 140 Jahre GA, S 269; Freund GA 95, 4; Wolter/Freund [Hrsg], Straftat, Strafzumessung und Strafprozeß im gesamten Strafrechtssystem, 1996). Im ganzen ist das Schrifttum zur Verbrechenssystematik, das durch die erst in jüngerer Vergangenheit herausgearbeitete, inzwischen weitgehend anerkannte normtheoretische Unterscheidung von Verhaltens- und Sanktionsnormen neue Impulse erfahren hat (zusf Haffke, Coimbra-Symposium, S 89), kaum mehr übersehbar (expl Roxin, Kriminalpolitik und Strafrechtssystem, 2. Aufl 1973; Rödig, Lange-FS, S 39; Naucke, Grundlinien einer rechtsstaatlich-praktischen allgemeinen Straftatlehre, 1979; Marxen, Straftatsystem und Strafprozeß, 1984, S 13 und ARSP, Beiheft 18, S 55; Schünemann [Hrsg], Grundfragen des modernen Strafrechtssystems, 1984; Hruschka JZ 85, 1; Schmidhäuser, Form und Gehalt der Strafgesetze, 1988 und Stub 4/1–31; Hirsch, Köln-FS, S 399, 411; Kindhäuser, Gefährdung als Straftat, 1989, S 29; Altpeter, Strafwürdigkeit und Straftatsystem, 1990; Kargl, Handlung und Ordnung im Strafrecht, 1991; Vogel, Norm und Pflicht bei den unechten Unterlassungsdelikten, 1992; Wolter, Coimbra-Symposium, S 3 und GA 96, 207; Otto Jura 95, 468; Jakobs ZStW 107, 841 und AT S VII; Lüderssen ZStW 107, 877; Schünemann, Coimbra-Symposium, S 149; Mir Puig ZStW 108, 759; Roxin AT I 7/50–75; Puppe NK 1–19; krit Lackner, 140 Jahre GA, S 149).

6 a Mit der neueren Entwicklung der Verbrechenslehre sind auch Bestrebungen verbunden, die in einem internationalen Diskurs einer **einheitlichen europäischen Strafrechtsdogmatik** näherzukommen suchen. Aufgrund der schon seit Jahrzehnten bestehenden engen wissenschaftlichen Beziehungen zu den Ländern im deutschen und im südeuropäischen Raum stehen die Chancen dafür gut; ob und zum britischen Rechtskreis wesentliche Fortschritte zu erzielen, bleibt abzuwarten (näher dazu das Coimbra- und das Madrid-Symposium; s auch Hirsch, Spendel-FS, S 43; Vogel JZ 95, 331; Tiedemann, Geerds-FS, S 95 und JZ 96, 647; Dannecker JZ 96, 869).

1. a) Der Begriff der **Handlung** im strafrechtlichen Sinne ist umstritten. 7
Während die kausalen Handlungslehren zunächst von dem naturalistischen Handlungsbegriff ausgegangen waren (v Liszt), hat sich später teils als Fortbildung dieses Begriffs, teils aber auch unabhängig von ihm (zuerst begründet von EbSchmidt JZ 56, 188) in verschiedenen Varianten der „soziale Handlungsbegriff" entwickelt, der unter Handlung – bei zahlreichen Unterschieden im einzelnen – jedes sozialerhebliche Verhalten im Sinne einer „Antwort des Menschen auf eine erkannte oder wenigstens erkennbare Situationsanforderung durch Verwirklichung einer ihm nach seiner Freiheit zu Gebote stehenden Reaktionsmöglichkeit" versteht (Jescheck/Weigend AT S 223). Beiden Begriffen ist gemeinsam, daß der Inhalt der dem Verhalten zugrundeliegenden Willensrichtung kein entscheidendes Abgrenzungskriterium ist. Demgegenüber sieht die „finale Handlungslehre" das Wesentliche der Handlung in der finalen Zwecktätigkeit, in der Steuerung des kausalen Geschehens auf eine vorgestellte Umweltveränderung (Welzel S 33; M-Zipf AT 1 16/38, beide mwN). Daß menschliches Handeln im allgemeinen final gesteuert wird, ist ein unbezweifelbarer psychologischer Befund. Fraglich ist nur, ob die Finalität als ontologisches Strukturelement, als „Rückgrat der Handlung" stets relevant ist, wenn die Handlung selbst strafrechtlicher Bewertung unterliegt. Dafür gibt es einen vorrechtlichen, nach der Natur der Sache zwingenden Grund nicht; denn es ist – zB bei unbewußter Fahrlässigkeit – keineswegs immer die Finalität als solche Gegenstand der Bewertung, sondern das Abweichen der Handlung von einer bestimmten Norm ohne Rücksicht auf ihren finalen Gehalt (so auch Welzel JuS 66, 421; anders jedoch Armin Kaufmann, Welzel-FS, S 393, 408; Weidemann GA 84, 408). Die Dogmatik ist deshalb nicht auf einen angeblich vorrechtlichen finalen Handlungsbegriff festgelegt (hM; anders Hirsch ZStW 93, 831 und Köln-FS, S 399 sowie Küpper, aaO [vgl 4] S 44, die hier die abw Position der finalen Handlungslehre näher begründen; s auch Gössel, Miyazawa-FS, S 317). Auch die Rspr hat diesen Ausgangspunkt der finalistischen Lehre nicht übernommen, obwohl sie eine ganze Anzahl ihrer Folgerungen billigt (BGHSt-GS-2, 194). Im ganzen ist der Meinungsstreit auch heute noch nicht ausgetragen (zu den Konsequenzen für das Verfassungsrecht BVerfG NJW 95, 248). Da ein zweckentsprechend umschriebener Handlungsbegriff immerhin gewisse Funktionen der Klassifizierung, Verbindung und Begrenzung erfüllen und die Begründung systematisch widerspruchsfreier Straftatlehren die Problematik nicht aussparen kann, beschäftigt sich das Schrifttum bis in die Gegenwart immer wieder mit der Handlung oder einem anderen Oberbegriff, in dem die Phänomene menschlichen Verhaltens zusammengefaßt werden können. Dabei gehen die methodischen Ableitungen und die verwendeten Begriffe weit auseinander, während die Ergebnisse sich der Sache nach nur geringfügig unterscheiden und zugleich deutlich machen, daß die Leistungsfähigkeit eines dem Tatbestand vorgelagerten Handlungsbegriffs nur geringfügig ist (vgl etwa Herzberg, Die Unterlas-

sung im Strafrecht und das Garantenprinzip, 1972, S 156 und GA 96, 1 mit Erwiderung Schmidhäuser GA 96, 303; Maiwald ZStW 86, 626; Hruschka, Strukturen der Zurechnung, 1976, S 10; Bloy ZStW 90, 609; Puppe, Idealkonkurrenz und Einzelverbrechen, 1979, S 231, 243 und NK 38–66; Kindhäuser, Intentionale Handlung, 1980 und GA 82, 477, 487; Schmidhäuser, Kaufmann [Arm]-GedSchr, S 131; Kargl, Handlung und Ordnung im Strafrecht, 1991; Jakobs, Der strafrechtliche Handlungsbegriff, 1992 und AT 6/24–32; Wolter, 140 Jahre GA, S 269, 283; Kelker, Der Nötigungsnotstand, 1993, S 87; Murmann, Die Nebentäterschaft im Strafrecht, 1993, S 174; Schild GA 95, 101 und AK 73–108; auf psychoanalytischer Grundlage Behrendt, Die Unterlassung im Strafrecht, 1979, Jescheck-FS, S 303 und GA 93, 67). Allerdings wird der Handlungsbegriff zunehmend auch – etwa im Rahmen einer teleologischen Systematik (Schmidhäuser AT 7/33, 8/20) – als wenig ergiebig dem Unrechtstatbestand eingeordnet (zB Armin Kaufmann, Welzel-FS, S 393; Moos JR 77, 309; krit Hirsch ZStW 93, 831, 844; Jescheck LK 22) oder sogar als umfassende Begriffsbestimmung für unmöglich oder jedenfalls systematisch wertlos erklärt (zB Brammsen JZ 89, 71; krit Überblick über die verschiedenen Handlungsbegriffe und die ihnen zugeschriebenen Funktionen bei Otter, Funktionen des Handlungsbegriffs im Verbrechensaufbau, 1973). – Weitgehend unbestritten (aM Herzberg GA 96, 1) ist wohl nur, daß mit Hilfe dieses Grundbegriffs jedenfalls solche physiologischen Vorgänge des sensitiv-somatischen Bereichs, die ohne Mitwirkung der Geisteskräfte ablaufen und damit der Beherrschbarkeit durch den Willen gänzlich entzogen sind (Schleswig VRS 64, 430 mwN), ausgeschieden werden können, namentlich also Körperbewegungen, die im Zustand der Bewußtlosigkeit ausgeführt, durch vis absoluta hervorgerufen oder durch äußere Reize als reine Körperreflexe ausgelöst worden sind. Nicht abschließend geklärt ist dagegen die heute mit Recht überwiegend bejahte Frage, ob unbewußt gesteuerte Verhaltensweisen, wie sie zB bei automatisierten Reaktionen des Kraftfahrers im Verkehr oder bei Affektentladungen vorkommen, ungeachtet ihrer nur „unbewußten Finalität“ als Handlungen verstanden werden können (vgl etwa Hamm NJW 75, 657; Schewe, Reflexbewegung, Handlung, Vorsatz, 1972, S 27; Jakobs, Welzel-FS, S 307; Stratenwerth, Welzel-FS, S 289; Krauß, Bruns-FS, S 11, 15; Gimbernat, Kaufmann [Arm]-GedSchr, S 159, 164; Roxin AT I 8/42–68).

8 **b)** Die Grundformen der Handlung sind **positives Tun und Unterlassen** (2–5 zu § 13).

9 **c)** In zahlreichen Deliktstypen wird vorausgesetzt, daß die Handlung eine Änderung in der Außenwelt, einen „tatbestandsmäßigen Erfolg“ **verursacht.** Für die Frage, ob ein solcher Erfolg auf eine bestimmte Handlung zurückgeführt werden kann, sind verschiedene Theorien entwickelt worden, von denen allerdings nur zwei die Gerichtspraxis nachhaltig beeinflußt haben. Die in der strafrechtlichen Rspr anerkann-

te **Bedingungs-(Äquivalenz-)theorie** läßt als Ursache jede Bedingung genügen, die nicht hinweggedacht werden kann, ohne daß der konkrete Erfolg entfiele (conditio sine qua non, BGHSt 1, 332; 2, 20, 24). Sie behandelt alle Bedingungen, von denen der Erfolg abhängt, gleich (äquivalent), mit der Folge, daß auch der entgegen allgemeiner Erwartung eingetretene Erfolg erfaßt wird (RGSt 54, 349). Demgegenüber sieht die in der zivilrechtlichen Rspr herrschende **Adäquanztheorie** als Ursache nur diejenige Bedingung an, die allgemein nach der Lebenserfahrung geeignet ist, den tatbestandsmäßigen Erfolg herbeizuführen (BGHZ 7, 198, 204). Sie hat sich in der strafgerichtlichen Praxis vor allem deshalb nicht durchgesetzt, weil spätestens seit Einführung des § 56 aF (§ 18 nF), der auch für die erfolgsqualifizierten Delikte vollen Schuldzusammenhang voraussetzt, das Bedürfnis nach Einschränkung des Kausalitätserfordernisses nicht mehr als dringlich empfunden wurde (beachte jedoch 14). Im einzelnen gilt für die Bedingungstheorie (Grundfälle dazu Schlüchter JuS 76, 312, 378, 518, 793; 77, 104; s auch Ebert/Kühl Jura 79, 561) folgendes:

aa) Die conditio-sine-qua-non-Formel ist nur ein **methodisches** 10
Hilfsmittel (hM; krit Otto Jura 92, 90, 92; Toepel, Kausalität und Pflichtwidrigkeitszusammenhang beim fahrlässigen Erfolgsdelikt, 1992, S 52, 95; Erb JuS 94, 449; Dencker, Kausalität und Gesamttat, 1996, S 25). Sie erleichtert es, die gesetzmäßige, erkenntnistheoretisch und naturwissenschaftlich allerdings höchst problematische (dazu ua Maiwald, Kausalität und Strafrecht, 1980; Kindhäuser GA 82, 477; Puppe ZStW 92, 863; Schulz, Lackner-FS, S 39; Hilgendorf Jura 95, 514; Hoyer GA 96, 161, 162), Verknüpfung der menschlichen Handlung mit dem Erfolg zu prüfen, hat aber keinen unmittelbaren Erkenntniswert für das Bestehen dieser Verknüpfung (Engisch, Die Kausalität als Merkmal der strafrechtlichen Tatbestände, 1931; Wolff, Kausalität von Tun und Unterlassen, 1965, S 11; Samson, Hypothetische Kausalverläufe im Strafrecht, 1972, S 23; abw Lampe, Kaufmann [Arm]-GedSchr, S 213, der Kausalität nicht als vorwiegend naturalen Zusammenhang, sondern als normative Funktion versteht). Das gilt namentlich auch für psychisch vermittelte Kausalität, die naturwissenschaftlich nicht als gesetzmäßiger Zusammenhang beweisbar, sondern nur als Motivationszusammenhang erklärbar ist (näher dazu Engisch, v Weber-FS, S 247; Bernsmann ARSP 82, 536; Puppe ZStW 95, 287, 297, JR 94, 515 und NK 115–118; Koriath, Kausalität, Bedingungstheorie und psychische Kausalität, 1988, S 217; krit Dencker aaO S 29; s auch 54 zu § 263). Die Rspr wendet die Formel dagegen überwiegend als selbständige Kausalitätsformel in der Weise an, daß sie den wirklichen Kausalverlauf mit dem hypothetischen vergleicht, der sich bei Fehlen der Handlung ergeben hätte (NJW 57, 1526), und Ursächlichkeit verneint, wenn der Erfolg in seiner konkreten Gestalt (krit dazu Puppe ZStW 99, 595 und GA 94, 297, 299; Hilgendorf GA 95, 515; Dencker aaO S 86) auch ohne die Handlung eingetreten wäre. Oft führt das zu richtigen Ergebnissen. Jedoch ist inzwischen unbestritten, daß diese Formel teils zu

weit und teils zu eng ist. Sie verdeckt vor allem das Problem, ob und in welchem Umfang anstelle der hinweggedachten Bedingung bereitstehende, aber nicht wirksam gewordene hypothetische Ersatzbedingungen hinzugedacht werden dürfen. Das ist grundsätzlich, wenn auch nicht ausnahmslos, zu verneinen (Spendel, Engisch-FS, S 509, 513; Lenckner NJW 71, 599; Kühl JR 83, 32) und wird bei wirkenden Bedingungen, namentlich bei psychisch vermittelter Kausalität, auch von der Rspr verneint (zB BGHSt 2, 20, 24; 13, 13). Im Schrifttum sind Versuche mit verschiedenartigem Ansatz unternommen worden, um dieser Schwierigkeit, mit der vor allem die Frage der Erfolgsrelevanz verbunden ist, Herr zu werden (vgl zB Wolff aaO S 19; Jakobs, Studien zum fahrlässigen Erfolgsdelikt, 1972, S 19; Puppe NK 83–97 mit krit Bespr Erb JuS 94, 449, 451; Hilgendorf GA 95, 515); sie haben zwar keinen Durchbruch erzielt, aber nachhaltig zu der Erkenntnis beigetragen, daß schlichter Ursachenzusammenhang im herkömmlichen Sinne allein nicht ausreicht, um die objektive Zurechnung einer Handlung zu begründen (dazu 14; diff Hilgendorf Jura 95, 514, 521).

11 bb) Die Ursächlichkeit einer Bedingung wird **nicht dadurch in Frage gestellt,** daß noch andere wichtigere oder spätere Bedingungen, sei es auch das vorsätzliche Verhalten eines zurechnungsfähigen Menschen (BGHSt 4, 360; bei Dallinger MDR 56, 527) oder das Verhalten des Opfers (NStZ 83, 72), zum Erfolg beigetragen haben (BGHSt 39, 195 und 322, beide mwN). Deshalb gibt es **keine Unterbrechung des Kausalzusammenhangs** im strengen Sinne des Wortes und auch kein für die Kausalität relevantes Regreßverbot (zusf Schlüchter JuS 76, 378 mwN; zur Dogmengeschichte des Regreßverbots Linge, Die Unterbrechung des Kausalzusammenhangs durch willentliches Dazwischentreten eines Dritten, 1996); jedoch kann ein Rückgriff auf Vorverhalten Dritter, des Opfers oder auch des Handelnden selbst nach den für die objektive Zurechnung geltenden Regeln ausgeschlossen sein (vgl 14). – Unerheblich ist ferner, ob andere Bedingungen den gleichen Erfolg später herbeigeführt hätten (RGSt 69, 321). Bei der Konkurrenz verschiedener Bedingungen kommt sog **„überholende“ Kausalität** in Frage (dazu Seebald GA 69, 193, 198); sie setzt voraus, daß ein intervenierendes Ereignis die Fortwirkung einer früheren Bedingung ausschaltet (sog „abgebrochene“ Kausalität; zu eng Stuttgart NJW 82, 295 mit abl Anm Ebert JR 82, 421, 422) und unabhängig von ihr den Erfolg herbeiführt (NJW 89, 2479 mwN). – **Alternative Kausalität** (Doppelkausalität, Mehrfachkausalität) liegt vor, wenn mehrere Bedingungen zwar alternativ, aber nicht kumulativ hinweggedacht werden können, ohne daß der Erfolg entfiele; im Ergebnis ist sie zwar als Ursächlichkeit überwiegend anerkannt, in der Begründung aber umstritten (BGHSt 39, 195 mit Bespr Rogall JZ 93, 1066, Murmann/Rath NStZ 94, 215, Wolter JR 94, 468 und Toepel JuS 94, 1009; NStZ 94, 539; Bay NJW 60, 1964; Joerden, Dyadische Fallsysteme im Strafrecht, 1986, S 151; Lampe, Kaufmann [Arm]-GedSchr, S 189, 208; Dencker aaO [vgl 10] S 50, alle mwN). Diese Konstellation kann sich auch bei

Kollektiventscheidungen in Gremien ergeben (Franke JZ 92, 579); hier bleiben die die Entscheidung tragenden Stimmen auch dann ursächlich, wenn einzelne von ihnen ohne Auswirkung auf die Entscheidung hinweggedacht werden können (Weber BayVBl 89, 166, 169; Puppe JR 92, 30, 32; Hilgendorf NStZ 94, 561; Dencker aaO S 179, aM Nettesheim BayVBl 89, 161, 165; Jakobs, Miyazawa-FS, S 64; methodisch abw Röh, Die kausale Erklärung überbedingter Erfolge im Strafrecht, 1995, der die Fälle, in denen mehr als die notwendigen Bedingungen erfüllt sind, nach Fallgruppen aufgliedert und das Ergebnis nach Maßgabe differenzierter „Adäquanzbedingungen" und „Regeln" begründet). Entsprechendes gilt bei kollektivem Unterlassen, wenn sämtliche Handlungspflichtigen untätig bleiben, die Vornahme der erfolgsabwendenden Handlung aber nur von ihrer Mehrheit beschlossen werden muß (BGHSt 37, 106, 130; Meier NJW 92, 3193, 3197; Otto WiB 95, 929, 934; Dencker aaO S 167; Deutscher/Körner wistra 96, 327, 330; krit Hassemer, Produktverantwortung im modernen Strafrecht, 1994, S 66; Seelmann NK 61 a zu § 13). – Auch **kumulative Kausalität,** bei der unabhängig voneinander vorgenommene Handlungen erst durch ihr Zusammentreffen den Erfolg bewirken, ist allgemein anerkannt (Sch/Sch-Lenckner 83). – Läßt sich ein Kausalzusammenhang unter Ausschluß jeder anderen Möglichkeit **unbezweifelbar feststellen,** so kommt es nach der Rspr nicht darauf an, ob der zugrundeliegende Wirkungsmechanismus naturwissenschaftlich geklärt oder aufklärbar ist (sog **generelle Kausalität;** BGHSt 37, 106, 111; LG Aachen JZ 71, 507; LG Frankfurt ZUR 94, 33, alle mwN); jedoch muß die Überzeugungsbildung des Gerichts durch eine Gesamtwürdigung aller Umstände untermauert sein, die den Gesetzen der Logik und dem gesicherten wissenschaftlichen Erfahrungswissen nicht widersprechen darf (BGHSt 41, 206 mwN). Im **Schrifttum** ist der Fragenkreis unter dem Gesichtspunkt der Erheblichkeit genereller Kausalität für den Tatbestand oder für das Beweisrecht umstritten und noch nicht abschließend geklärt (dem Ergebnis der Rspr zust Kuhlen NStZ 90, 566 und 94, 1142, 1145; Otto Jura 92, 90, 94 und WiB 95, 929; Beulke/Bachmann JuS 92, 737, 738; Hilgendorf, Produzentenhaftung in der „Risikogesellschaft", 1993, S 121; Erb JuS 94, 449; Schulz, in: Lübbe [Hrsg], Kausalität und Zurechnung, 1994, S 41; Wohlers JuS 95, 1019; Schmidt-Salzer NJW 96, 1, 5; Dencker aaO S 36; Deutscher/Körner wistra 96, 292, 294; krit Armin Kaufmann JZ 71, 569; Brammsen Jura 91, 533; Samson StV 91, 182; Puppe aaO S 30, JZ 94, 1147 und 96, 318; Braum KritV 94, 179, 181; Hassemer aaO S 27; Volk NStZ 96, 105; Hoyer GA 96, 160, 168; Schulz JA 96, 185, alle mwN; zw). – Davon zu unterscheiden ist die namentlich bei der strafrechtlichen Produkthaftung und bei klinischen Arzneimittelprüfungen bedeutsame, aber noch wenig geklärte **statistische Kausalität,** die dadurch gekennzeichnet ist, daß zwar die Verursachung tatbestandsmäßiger Erfolge feststeht, ihre Zuordnung zu bestimmten Rechtsgutsobjekten aber nicht möglich ist. Sie reicht nur in den Grenzen prozessual zulässiger Opfer-

Wahlfeststellung aus (Tiedemann/Tiedemann, Schmitt-FS, S 139; weiter Kuhlen, Fragen einer strafrechtlichen Produkthaftung, 1989, S 59; Rolinski, Miyazawa-FS, S 483; s auch LG Frankfurt ZUR 94, 33 mit krit Bespr Schulz ZUR 94, 26; Hilgendorf Jura 95, 514, alle mwN). – **Bleibt ungeklärt,** ob ein Erfolg durch die eine oder die andere Handlung des Täters verursacht wurde, so kann der Grundsatz in dubio pro reo einer Zurechnung entgegenstehen (BGHSt 32, 25, 27; StV 86, 200).

12 cc) Die Rspr wendet die conditio-sine-qua-non-Formel mit Recht auch auf **Unterlassungen** an, obwohl nach wie vor umstritten ist, ob es hier Kausalität im Sinne der gesetzmäßigen Bedingung überhaupt gibt (bejahend ua Engisch, v Weber-FS, S 247, 264; Puppe JR 92, 30, 33; Hilgendorf NStZ 94, 561, 564; verneinend Armin Kaufmann, Die Dogmatik der Unterlassungsdelikte, 1959, S 61; Stoffers GA 93, 262, 265; vermittelnd Maiwald, Kausalität und Strafrecht, 1980, S 78); weitere dogmatische Ansätze verknüpfen hier das Erfordernis bloßer Kausalität mit Elementen der Zurechnung (expl Lampe, Kaufmann [Arm]-GedSchr, S 189, 204, der die funktionale Verknüpfung des Erfolges mit der ausgebliebenen Handlung für wesentlich hält; Wolff aaO [vgl 10] S 53, 55 und Kahlo, Das Problem des Pflichtwidrigkeitszusammenhanges bei den unechten Unterlassungsdelikten, 1990, S 306, 319, die unter Einbeziehung des Garantengedankens darauf abstellen, ob der Täter durch sein Unterlassen diejenige Möglichkeit ergriffen hat, die es dem anderen „zum Schlechten wendet"; Matt, Kausalität aus Freiheit, 1994, S 210, der sich auf eine Zurechnungskonzeption der „Kausalität aus Freiheit" stützt). Ungeachtet dieses Meinungsstreits ist jedenfalls eine Bewertung des Zusammenhangs zwischen Unterlassen und Erfolg mindestens im Sinne sog Quasikausalität möglich und zugleich erforderlich, um dem sozialen Sinngehalt des Geschehens gerecht zu werden. Für die Beurteilung kommt es nach hM (anders ein Teil der Anhänger der Risikoerhöhungslehre; vgl 14) darauf an, ob die unterbliebene Handlung nicht „hinzugedacht" werden kann, ohne daß der Erfolg entfiele, dh ob sie mit an Sicherheit grenzender Wahrscheinlichkeit den Erfolg verhindert hätte (BGHSt 6, 1; NJW 87, 2940; Düsseldorf StV 93, 477; probl BGHSt 38, 332 mit krit Bespr Nestler GA 94, 514; speziell zur Produkthaftung BGHSt 37, 106, 126 mit krit Bespr Brammsen Jura 91, 533, 536 und Puppe JR 92, 30, 31, alle mwN; abschwächend Wachsmuth/Schreiber NJW 82, 2094 mit abl Erwiderung Scholl NJW 83, 319; s auch Burgstaller JBl 96, 192). Für die Zurechnung genügt es jedoch nicht, wenn der Täter den konkret drohenden Erfolg nur unwesentlich hätte beeinflussen (beachte dazu 2 zu § 212) oder ihn durch einen anderen gleichwertigen Erfolg (zB Tod durch Sturz aus dem Fenster statt Flammentod, bei Dallinger MDR 71, 361) hätte ersetzen können (Jakobs aaO [vgl 10] S 25; Ulsenheimer JuS 72, 252, 253; aM Herzberg MDR 71, 881). Die Möglichkeit, Wahrscheinlichkeit oder sichere Erwartung, daß bei Vornahme der unterbliebenen Handlung ein anderer Geschehensablauf (dh eine hypothetische Ersatzbedingung) den

Erfolg herbeigeführt hätte, schließt die Ursächlichkeit nicht aus (bei Dallinger MDR 63, 369).

dd) Zu besonderen Kausalitätsfragen bei Fahrlässigkeitsdelikten 41–45 zu § 15. 13

ee) Weitere allgemeine Voraussetzungen der **objektiven Zurechnung** stellt die Rspr neben der Kausalität für das vorsätzliche Begehungsdelikt nicht auf (zust ua Armin Kaufmann, Jescheck-FS, S 251, Hirsch, Köln-FS, S 399, 404 und Küpper aaO [vgl 7], S 83, die das Problem auf dem Boden der finalen Handlungslehre dem subjektiven Tatbestand zuordnen). Gegen diese Position haben schon sehr früh die sog Relevanztheorie (dazu Blei AT S 104) und inzwischen auch das überwiegende Schrifttum zahlreiche Gesichtspunkte herausgearbeitet, aus denen sich eine weitergehende Beschränkung objektiver Zurechnung ableiten läßt (krit Maiwald, Miyazawa-FS, S 465, der bemängelt, daß die objektive Zurechnung im Widerspruch zu ihren historischen Wurzeln zum Lösungsansatz für ganz heterogene Problemstellungen geworden sei). Allerdings ist der gegenwärtige Diskussionsstand durch eine Vielzahl zum Teil divergierender, jedoch untereinander eng verwandter Vorschläge gekennzeichnet, die bisher noch nicht zu einem allgemeinen Konsens geführt haben (zusf Ebert/Kühl Jura 79, 561). Immerhin ist aber weitgehend anerkannt, daß ein tatbestandsmäßiger Erfolg nur dann zurechenbar ist, wenn das ihn verursachende Verhalten eine rechtlich mißbilligte (bzw unerlaubte, verbotene oder relevante) Gefahr für den Erfolgseintritt geschaffen und sich diese Gefahr in dem konkreten Erfolg realisiert hat. Im einzelnen wird dieses Ergebnis unterschiedlich begründet. Anfänglich wurde es unmittelbar aus dem sozialen Handlungsbegriff (vgl 7) abgeleitet (Gesichtspunkt der objektiven Bezweckbarkeit, Maihofer, EbSchmidt-FS, S 173). Heute wird das Erfordernis objektiver Zurechnung überwiegend selbständig neben der Kausalität postuliert (zB Jescheck/Weigend AT S 277; Wessels AT Rdn 180); teils wird es aber auch an ihre Stelle gesetzt (zB Schmidhäuser Stub 5/57–78) oder durch Umgestaltung der Kausalität in eine normative Kategorie in einen funktionalen Kausalitätsbegriff eingebracht (Lampe, Kaufmann [Arm]-GedSchr, S 189; ähnlich Puppe ZStW 99, 595). Die neuen Lehren stützen sich überwiegend auf die Prinzipien der Risikoerhöhung oder der Schaffung eines unerlaubten (rechtlich mißbilligten) Risikos (Otto, Maurach-FS, S 91; Volk GA 76, 161, 167; Ebert JR 82, 421; Roxin, Kaufmann [Arm]-GedSchr, S 237 und AT I 11/36–112; Wolter GA 91, 531; Freund, Erfolgsdelikt und Unterlassen, 1992, S 9; Jakobs 7/39–50; Schmidhäuser aaO; Rudolphi SK 57–81 a vor § 1, alle mwN; s auch Wolter, Objektive und personale Zurechnung von Verhalten, Gefahr und Verletzung in einem funktionalen Straftatsystem, 1981, 140 Jahre GA, S 269 und in: Gimbernat ua [Hrsg], Internationale Dogmatik der objektiven Zurechnung und der Unterlassungsdelikte, 1995, S 3, ferner Frisch, Tatbestandsmäßiges Verhalten und Zurechnung des Erfolgs, 1988, die auf dieser Grundlage – mit allerdings abw Ansätzen und Zuordnungen – eine umfassende

Handlungs- und Zurechnungslehre entwickeln). Außerdem werden auch Gesichtspunkte der Adäquanz (Triffterer, Bockelmann-FS, S 201 und Klug-FS, S 419), der Steuerbarkeit (Otto Jura 92, 90), der Intensivierung (Samson, Hypothetische Kausalverläufe im Strafrecht, 1972, S 96), der Organisations- und institutionellen Zuständigkeit (Jakobs, Die strafrechtliche Zurechnung von Tun und Unterlassen, 1996 und AT 7/56–71), der gesetzlichen Aufgaben- und Risikoverteilung (Kratzsch, Verhaltenssteuerung und Organisation im Strafrecht, 1985, S 357, Oehler-FS, S 65 und GA 89, 49, 64) sowie der Selbstverantwortung (Schumann, Strafrechtliches Handlungsunrecht und das Prinzip der Selbstverantwortung der Anderen, 1986) herangezogen. Soweit diese Lehren allerdings beim unechten Unterlassungsdelikt die Risikoerhöhung an die Stelle der Kausalität setzen (Stratenwerth, Gallas-FS, S 227, 237; Otto NJW 80, 417, 423; Brammsen MDR 89, 123 und JR 94, 373; Rudolphi SK 16, alle mwN), dürften sie mit dem Gesetz (zB „verursachen" in §§ 222, 230) nur schwer vereinbar sein (Schünemann GA 85, 341, 357; Lampe ZStW 101, 3, 10; Frisch aaO S 520; für das vergleichbare österreichische Recht Burgstaller JBl 96, 192; vermittelnd Puppe ZStW 95, 287). Auch ist ihre praktische Bedeutung – wenn man von der Notwendigkeit einer Einschränkung in Bereichen arbeitsteiligen Zusammenwirkens (zB in Betrieben) absieht (dazu ua Rudolphi, Lackner-FS, S 863, 867 mwN; s auch 40 zu § 15) – für das Vorsatzdelikt gering (hM; anders Herzberg JZ 88, 573, 635 mwN und Puppe, Vorsatz und Zurechnung, 1992, S 21, 35, die schon für die objektive Zurechnung einer Vorsatztat die Schaffung einer erhöhten [„unabgeschirmten" bzw „qualifizierten"] Gefahr fordern); beim Fahrlässigkeitsdelikt ist dagegen eine Beschränkung schon der objektiven Zurechnung unerläßlich und dort auch von der Rspr anerkannt (41–45 zu § 15).

15 **2.** Die Handlung muß **tatbestandsmäßig** sein, dh ihre konkreten Umstände müssen den abstrakten Merkmalen einer im Gesetz beschriebenen und mit Strafe bedrohten Handlung entsprechen (Unrechtstatbestand oder Unrechtstypus; str). Der Begriff „Tatbestand" ist nicht nur ein umstrittener Grundbegriff der Lehre vom Aufbau des Verbrechens, sondern vor allem ein sehr viel umfassenderer Begriff der allgemeinen Rechtslehre. Er ist auch für andere rechtliche Zusammenhänge verwendbar (zB Garantietatbestand, Erlaubnistatbestand, Irrtumstatbestand), sein Inhalt daher je nach der Zweckbestimmung wechselnd. – Soweit ihm die Aufgabe zufällt, im Schichtenaufbau des Verbrechens die Elemente einer Handlung zu beschreiben, an die überhaupt strafrechtliche Folgen anknüpfen können, wird darunter überwiegend der sog Unrechtstatbestand im Sinne der gesetzlichen Unrechtsbeschreibung verstanden. Er umfaßt die Summe derjenigen Merkmale, die ein bestimmtes strafrechtliches Verbot (oder Gebot) begründen (hM; anders Schmidhäuser, Form und Gehalt der Strafgesetze, 1988, S 36, JZ 89, 419 und Stub 6/9–15, der den Verbots- [bzw Gebots-] Charakter des Unrechtstatbestandes leugnet und ihn ausschließlich als materiale

Rechtsgutsverletzung versteht; anders auch Sax JZ 76, 9 und 80, 429, der zwischen dem gesetzlichen Tatbestand und dem Unrechtstatbestand als einer strafwürdigen Rechtsgutsverletzung unterscheidet; ähnlich Arthur Kaufmann, Lackner-FS, S 185). In diesem Sinne ist der Tatbestand die abstrakte Vertypung einer Handlung, deren konkrete Vornahme rechtswidrig ist, wenn sie nicht durch einen vorgehenden Erlaubnissatz gestattet wird (Unrechtstypus). Zu ihm gehören alle unrechtsrelevanten sowohl positiven und negativen als auch objektiven und subjektiven Elemente der Handlungsbeschreibung (zur Abgrenzung von anderen unrechtsrelevanten Verbrechenselementen beachte unten 17 sowie 2–7 vor § 32). Auch Wissen und Wollen des Handelnden schließt er ein (34 zu § 15; str), nicht jedoch die Rechtswidrigkeit als solche. Mit dem sog Gesamt-Unrechtstatbestand deckt er sich nicht (dazu 17). Merkmale der Handlungsbeschreibung, die unrechtsneutral sind und nur die Schuld charakterisieren (besondere Schuldmerkmale oder schuldtypisierende Merkmale), werden im Schrifttum vielfach als Schuldtatbestand zusammengefaßt und dem Unrechtstatbestand, mit dem zusammen sie den Deliktstatbestand bilden, gegenübergestellt (zum Ganzen Gallas ZStW 67, 1; Engisch, Mezger-FS, S 127; Roxin, Offene Tatbestände und Rechtspflichtmerkmale, 2. Aufl 1970, S 106; Schaffstein, Celle-FS, S 181; Schmidhäuser, Engisch-FS, S 433; Schünemann GA 85, 341, 347; zusf Sch/Sch-Lenckner 43–47, alle mwN).

3. Die Handlung muß weiter **rechtswidrig** sein, dh zur Rechtsordnung im ganzen in Widerspruch stehen. Sie ist dann eine rechtswidrige Tat (18 zu § 11), die zwar für eine Bestrafung nicht ausreicht, zB aber für bestimmte präventive Maßnahmen (nach §§ 63, 64, 69, 70, 73, 74, 74 d), für die Beteiligung an fremdem Unrecht (§§ 26, 27, 259 I) und für die Strafbarkeit des Vollrauschs (§ 323 a) relevant ist. **16**

a) Da der Tatbestand vertyptes Unrecht ist, „indiziert" (krit dazu Schmidhäuser, Lackner-FS, S 77, 80) die tatbestandsmäßige Handlung ihre **Rechtswidrigkeit** in dem Sinne, daß sie wegen ihrer allgemeinen Verbotswidrigkeit grundsätzlich vom Recht mißbilligt wird (krit Herzberg GA 93, 439, 444; Otto Jura 95, 468). Dieses Indiz, das hier keine beweisrechtliche Kategorie bezeichnen, sondern die prinzipiell unrechtsbegründende Bedeutung der Tatbestandsverwirklichung charakterisieren soll, kann nur durch einen Rechtfertigungsgrund (Unrechtsausschließungsgrund) ausgeräumt werden. Die hM versteht darunter jeden dem generellen Verbot vorgehenden Erlaubnissatz (krit Schmidhäuser aaO S 84), der sich wegen der „Einheit der Rechtsordnung" aus den Normen des gesamten geschriebenen und ungeschriebenen Rechts ergeben kann; denn die Frage nach der Rechtmäßigkeit einer Handlung kann für alle Rechtsgebiete nur einheitlich beantwortet werden, so daß sich das Straftatmerkmal „rechtswidrig" als das negative Ergebnis eines Messens der tatbestandsmäßigen Handlung an der Gesamtrechtsordnung darstellt (zu den Rechtfertigungsgründen im einzelnen 2–29 vor § 32). – Die Rechtswidrigkeit gehört nicht zum Tatbestand, son- **17**

dern ist allgemeines Verbrechensmerkmal (BGHSt-GS-2, 194). Ob jedoch die Umstände, die einen Rechtfertigungsgrund ergeben, als sog „negative Tatbestandsmerkmale" zum Unrechtstatbestand gehören, ist umstritten. Diese im Schrifttum verbreitete Ansicht führt dazu, daß Tatbestandsmäßigkeit und Rechtswidrigkeit zu einer einheitlichen Wertungsstufe, dem Gesamt-Unrechtstatbestand (vielfach auch nur als Gesamt- oder als Unrechtstatbestand bezeichnet), zusammengefaßt werden und daß dadurch ein nur **zweigliedriger Verbrechensaufbau** entsteht (vgl ua Arthur Kaufmann JZ 54, 653 und Lackner-FS, S 185; Schaffstein, Celle-FS, S 175; Schünemann GA 85, 341, 347, Schmitt-FS, S 117, 125 und Coimbra-Symposium, S 149, 173; ähnlich Puppe, Stree/Wessels-FS, S 183 und NK 7–14; Hruschka AT S 196, 197, 225; zusf Rudolphi/Samson SK 10–12 zu § 16 und 7–12 vor § 32 mwN; zur normtheoretischen Problematik Rödig, Lange-FS, S 39, 56; Hruschka GA 80, 1; Paeffgen, Kaufmann [Arm]-GedSchr, S 399; Otto Jura 95, 468, 473). Dafür spricht zwar, daß es zur Begründung einer Straftat nur zwei abschließende Wertungen (Rechtswidrigkeit und Schuld) gibt und daß in dem hier und wohl auch von der hM vertretenen **dreigliedrigen Verbrechensaufbau** die Stufen der Tatbestandsmäßigkeit und Rechtswidrigkeit Basis desselben Urteils über das Unrecht sind und insoweit keine jeweils selbständige Funktion erfüllen. Gleichwohl verdient dieser Aufbau den Vorzug, weil er den vielfältigen strukturellen Unterschieden der beiden Stufen, die sich namentlich aus der Verschiedenheit der Beziehungen zur Gesamtrechtsordnung (dazu 5 vor § 32) und der jeweiligen Bewertungsrichtung (Jescheck LK 44) ergeben, besser Rechnung trägt (zusf Sch/Sch-Lenckner 15–19 mwN; zust auch Schroth, Kaufmann [Arth]-FS, S 595 und Roxin AT 1 10/13–26, die allerdings hervorheben, daß sich daraus keine Konsequenzen für die Irrtumslehre ergeben). Da der Erlaubnistatbestandsirrtum nach ganz hM (9–16 zu § 17) die Strafbarkeit wegen eines Vorsatzdelikts ausschließt, hat die Streitfrage ihre praktische Bedeutung weitgehend verloren.

18 **b)** Die rechtswidrige Tat bildet zugleich **Unrecht.** Während die Rechtswidrigkeit nur den Widerspruch zwischen Handlung und Norm ausdrückt und daher nicht abstufbar ist, bedeutet das Unrecht den durch die Handlung verwirklichten, von der materialen Wertordnung des Rechts mißbilligten Unwert als solchen, der nach Qualität und Quantität differieren kann (hM). Der Unrechtsbegriff ist bis heute nicht abschließend geklärt.

19 aa) Aufgrund der Vorstellung, daß die Rechtsnormen vornehmlich Bewertungsnormen sind, hat die ältere – jahrzehntelang ganz herrschende – **objektive Unrechtslehre** alle menschlichen Verhaltensweisen als Unrecht qualifiziert, sofern sie nur einen rechtlich mißbilligten Zustand zur Folge hatten, und daraus das Grundprinzip abgeleitet, daß alle „objektiven", dh der äußeren Tatseite zugehörigen, Merkmale dem Unrecht und alle „subjektiven", dh täterpsychischen, der Schuld zuzu-

ordnen seien. In der Folgezeit hat diese Lehre – namentlich nach Entdeckung der zwingend beweisbaren subjektiven Unrechtselemente (dazu Blei AT S 73) – zwar dadurch tiefgreifende Veränderungen erfahren, daß auch bestimmte psychische Merkmale – unter Ausschluß allerdings des Vorsatzes – in den Unrechtstatbestand einbezogen wurden, damit aber ihr im wesentlichen objektives Unrechtsverständnis nicht preisgegeben (vgl etwa Nowakowski ZStW 63, 287; Engisch, FS für Theodor Rittler, 1957, S 165).

bb) Erst in der modernen strafrechtlichen Dogmatik hat sich eine in 20 zahlreichen Varianten (dazu Gallas, Bockelmann-FS, S 155) vertretene und noch nicht abschließend geklärte **personale Unrechtslehre** durchgesetzt, die den Schwerpunkt der Rechtsnormen in ihrer Funktion als Bestimmungsnormen sieht und daher das Unrecht vornehmlich im menschlichen Verhalten sucht, soweit es dem gebietenden Imperativ des Rechts widerspricht. Unter diesen Gesichtspunkten werden heute überwiegend **Handlungs- (Verhaltens- oder Akt-)Unwert** einerseits und **Erfolgs- (Sachverhalts-)Unwert** andererseits als die beiden Elemente des Unrechts unterschieden (vgl ua Krauß ZStW 76, 19; Otto ZStW 87, 539; Puppe, Stree/Wessels-FS, S 183; ähnlich auch Kindhäuser, Gefährdung als Straftat, 1989, S 50; aM Spendel DRiZ 78, 327; zusf Ebert/Kühl Jura 81, 225; Hirsch ZStW 93, 831 und 94, 239; rechtsvergleichend Hünerfeld ZStW 93, 979, 981). Daß der Erfolgsunwert allein zur Begründung des Unrechts nicht ausreicht, folgt zwingend aus dieser Lehre; sie muß voraussetzen, daß auch das Täterverhalten selbst fehlerhaft ist. Der Wertung unterliegt dabei nach überwiegender Meinung das Verhalten als final-kausale Sinneinheit, die auch durch die im Tatbestand beschriebenen Handlungsmodalitäten und objektiv-täterschaftlichen Elemente mitgeprägt wird (so mit Recht Gallas aaO S 159; Ebert/Kühl aaO S 236; diff Wolter, 140 Jahre GA, S 269, 294), während häufig auch der Verhaltensunwert auf einen reinen Intentionsunwert reduziert wird (so zB Rudolphi, Maurach-FS, S 57; abl Hirsch ZStW 94, 239 mwN). Jedenfalls beziehen alle Spielarten der personalen Unrechtslehre bei den Vorsatzdelikten das Wissen und Wollen des Täters (Roxin ZStW 80, 694, 716; Jescheck/Weigend AT S 242 sowie die Anhänger der finalen Handlungslehre) und bei den Fahrlässigkeitsdelikten den Sorgfaltsmangel (hM; vgl 37, 38 zu § 15) in den Unrechtstatbestand ein (anders Kindhäuser GA 94, 197); daß beide dann später auch für die Schuldbewertung bedeutsam werden können, ist dadurch nicht ausgeschlossen (Hünerfeld ZStW 93, 979, 999; Sch/Sch-Lenckner 120 mwN).

cc) Darüber hinaus wird im Rahmen der **personalen Unrechtslehren** 21 auch vertreten, daß der aus der Handlung erwachsende **schädliche Erfolg** für die Unrechtsbewertung überhaupt belanglos sei und nur als objektive Bedingung der Strafbarkeit (als Manifestation begangenen Unrechts) das Strafbedürfnis begründe (Horn, Konkrete Gefährdungsdelikte, 1973, S 78, 95; Zielinski, Handlungs- und Erfolgsunwert im Unrechtsbegriff, 1973, S 128, 143; Armin Kaufmann, Welzel-FS,

S 393, 411; Schaffstein GA 75, 342; Schöne, Kaufmann [H]-GedSchr, S 649, 654; Lüderssen, Bockelmann-FS, S 181; Stein, Die strafrechtliche Beteiligungsformenlehre, 1988, S 81; Silva-Sanchez ZStW 101, 352, 369; Dornseifer, Kaufmann [Arm]-GedSchr, S 427); jedoch dürfte diese Auffassung die abgestuften Straf- und Bußgeldrahmen des geltenden Rechts, die jeweils denselben Verhaltensfehler je nach dem eingetretenen Erfolg höchst unterschiedlich bewerten (zB auf Fahrlässigkeit beruhende Verkehrswidrigkeit, Körperverletzung oder Tötung), kaum hinreichend erklären (mit Recht abl daher Schünemann, Schaffstein-FS, S 159, 169; Stratenwerth, Schaffstein-FS, S 177; Gallas, Bockelmann-FS, S 155, 156; Hirsch ZStW 94, 239, 240 und Köln-FS, S 399, 409; Paeffgen, Kaufmann [Arm]-GedSchr, S 399, 412; Puppe NK 17, 18; eingehend Mylonopoulos, Über das Verhältnis von Handlungs- und Erfolgsunrecht im Strafrecht, 1981, S 30, 129; Wolter, Objektive und personale Zurechnung von Verhalten, Gefahr und Verletzung in einem funktionalen Straftatsystem, 1981, S 75, 197; Maiwald in: Schöch (Hrsg), Wiedergutmachung und Strafrecht, 1987, S 64; Kratzsch GA 89, 49, 71; Freund, Erfolgsdelikt und Unterlassen, 1992, S 88, 92; mit neuen Ansätzen krit Dencker, Kaufmann [Arm]-GedSchr, S 441; Degener ZStW 103, 357).

22 **4.** Die Handlung (die rechtswidrige Tat, 18 zu § 11) muß schließlich **schuldhaft** sein, dh dem Täter zum Vorwurf gereichen. Die daraus folgende, im einzelnen allerdings sehr differenzierte Anerkennung des **Schuldprinzips** im Strafrecht ist ganz hM (anders jedoch zB Gimbernat ZStW 82, 379; Foth ARSP 76, 249; Kargl, Kritik des Schuldprinzips, 1982; Scheffler, Kriminologische Kritik des Schuldstrafrechts, 1985 und Grundlegung eines kriminologisch orientierten Strafrechtssystems, 1987; Baurmann, Zweckrationalität und Strafrecht, 1987, alle mwN; s auch 1–5 zu § 46). Die Schuld kann in drei verschiedenen Fragestellungen relevant werden: als Umschreibung der Frage nach der Rechtfertigung der Strafsanktion überhaupt (Schuldidee), als Bezeichnung für den Anknüpfungstatbestand der Strafzumessung (Strafzumessungsschuld, 22–49 zu § 46) oder als Summe der Voraussetzungen, unter denen dem Täter die von ihm begangene rechtswidrige Tat als eine vorwerfbare zugerechnet wird (Strafbegründungsschuld). Für die Begründung der Straftat kommt es nur auf die letztere an (Achenbach, Historische und dogmatische Grundlagen der strafrechtssystematischen Schuldlehre, 1974, S 2).

23 **a)** aa) In diesem Sinne bedeutet Schuld vor allem **Vorwerfbarkeit** (BGHSt-GS-2, 194, 200; str). Den Kern des Schuldvorwurfs wird man darin zu finden haben, daß der Täter rechtswidrig gehandelt hat, obwohl er unter den konkreten Umständen fähig war, sich von der Rechtspflicht zu normgemäßem Verhalten bestimmen zu lassen (str). Damit ist allerdings nach heute überwiegender und zutreffender Ansicht kein aus dem ethischen Indeterminismus abgeleiteter Vorwurf wegen einer individuellen sittlichen Verfehlung gemeint, sondern nur ein so-

zialer Tadel (krit Lampe, Schmitt-FS, S 77, 87) wegen des Zurückbleibens hinter Verhaltensanforderungen, die der freiheitlich verfaßte und daher menschliche Freiheit anerkennende Staat an seine Bürger mit normaler Motivierbarkeit durch soziale Normen als Grundbedingung friedlichen Zusammenlebens stellen muß (sog **sozialer Schuldbegriff;** str). Auch die Deutung der Schuld als „Gesinnungsunwert" (Gallas ZStW 67, 1, 45; Jescheck/Weigend AT S 426), als „rechtsgutsverletzendes geistiges Verhalten" (Schmidhäuser AT 6/16), als „mangelnde Loyalität gegenüber der kommunikativen Autonomie anderer" (Kindhäuser ZStW 107, 701, 728) oder als Ergebnis eines „Schulddialogs" (Haft, Der Schulddialog, 1978; ähnlich Kunz ZStW 98, 823 und Schüler-Springorum-FS, S 459) oder einer „psychosozialen" Interaktion (Böllinger MschrKrim 93, 3), begründet trotz der jeweils verschiedenen theoretischen Ansätze (vgl etwa Schmidhäuser, Jescheck-FS, S 485) im Hinblick auf diese zentrale Aussage keinen signifikanten Unterschied (zusf Müller-Dietz, Grundfragen des strafrechtlichen Sanktionensystems, 1979, S 1). Dasselbe gilt für die Anknüpfung von Schuld an ein Handeln, das in „relativer Freiheit" (Tiemeyer ZStW 100, 527), „selbstbestimmt" (Frister, Schuldprinzip, Verbot der Verdachtsstrafe und Unschuldsvermutung als materielle Grundprinzipien des Strafrechts, 1988, S 17 und MschrKrim 94, 316 mit Erwiderung Haddenbrock MschrKrim 94, 324) oder „geistig (intelligibel) frei" (Haddenbrock, Salger-FS, S 633, 647, NStZ 95, 581 und MschrKrim 96, 50) vollzogen wird.

bb) Schuld kann **nicht völlig zweckfrei,** sondern nur auf der 24
Grundlage ihrer Funktion in einem auf Rechtsgüterschutz gerichteten System bestimmt werden (Burkhardt GA 76, 321; Stratenwerth, Die Zukunft des strafrechtlichen Schuldprinzips, 1977; Arthur Kaufmann, Wassermann-FS, S 889; aM Dreher, Die Willensfreiheit, 1987, S 50); deshalb ist nicht ausgeschlossen, daß präventive Gesichtspunkte in die Beurteilung einfließen (Rudolphi JBl 81, 289 und in: Bönner/de Boor [Hrsg], Unrechtsbewußtsein, 1982, S 1; Schreiber, DRiAkad-FS, S 73, 79; Lackner, Kleinknecht-FS, S 245, 255; Tiemeyer ZStW 100, 527; Roxin, Kaufmann [Arth]-FS, S 519), oder daß in Grenzfällen ein an sich begründeter Schuldvorwurf nach dem Gesetz (zB bei entschuldigendem Notstand nach § 35) außer Ansatz bleibt, weil der Rechtsgüterschutz eine strafrechtliche Reaktion nicht erfordert (Roxin SchwZStr 87, 356, 373; krit Hirsch ZStW 106, 746, 756).

cc) Eine Reduzierung der Schuld auf ein **rein generalpräventives** 25
Derivat (so Jakobs, Schuld und Prävention, 1976, ZStW 101, 516 sowie AT 1/4–7 a und 17/18–56, der sein funktionales Straftatsystem im ganzen auf die generalpräventive Leitidee der „Einübung von Rechtstreue" gründet; ähnlich Achenbach, in: Schünemann [Hrsg], Grundfragen des modernen Strafrechtssystems, 1984, S 135; Lesch JA 94, 590, 596) oder auf eine **generalpräventive Funktion** (so auf psychoanalytischer Grundlage Haffke, Tiefenpsychologie und Generalprävention, 1976, S 57 und GA 78, 33; Streng ZStW 92, 637 und 101, 273, JZ 93, 109 und NStZ 95, 161; diff Neumann ZStW 99, 564; Schneider,

Grund und Grenzen des strafrechtlichen Selbstbegünstigungsprinzips, 1991, S 54, 71) ist mit dem Schuldverständnis des geltenden Rechts schwerlich vereinbar (Schünemann, in: Schünemann [Hrsg] aaO S 153, 170; Maiwald, Lackner-FS, S 149; Kindhäuser GA 89, 493; Schreiber, in: Thomas [Hrsg], Schuld: Zusammenhänge und Hintergründe, 1990, S 61; Kahlo aaO [vgl 12] S 213; Griffel MDR 91, 109; Bock ZStW 103, 636; Lampe, in: Jung ua [Hrsg], Recht und Moral, 1991, S 305, alle mwN; anders Frister, Die Struktur des „voluntativen Schuldelements", 1993, S 74, nach dem die „Zurechnungsperspektive" im traditionellen und im generalpräventiven Schuldbegriff identisch sein soll; s auch Stratenwerth, Was leistet die Lehre von den Strafzwecken?, 1995, der ganz allgemein eine Funktionalisierung des Systems mit Hilfe der Strafzwecklehre nicht für weiterführend hält). – Bedenken bestehen auch gegen die Einbettung der Schuld in eine neue, die präventiven Strafzwecke einbeziehende Systemkategorie der persönlichen Verantwortlichkeit (so Roxin, Henkel-FS, S 171 und ZStW 96, 641; Schünemann aaO S 168 und GA 86, 293, 299; ähnlich Jäger, Henkel-FS, S 125, 133; Amelung JZ 82, 618, 620), weil damit eine problematische Verkürzung des Schuldprinzips auf seine die Strafe nach oben limitierende Funktion verbunden wird (krit namentlich Schöneborn ZStW 92, 682; Stratenwerth aaO [vgl 24]; Otto GA 81, 481; Krümpelmann GA 83, 337; Arthur Kaufmann Jura 86, 225; Hirsch, Köln-FS, S 399, 417 und LK 182 a–182 c vor § 32, alle mwN). Solche inneren Verknüpfungen von Schuld und Prävention bergen bei dem gegenwärtigen, durch zahlreiche Mißverständnisse belasteten Diskussionsstand (dazu Roxin, Bockelmann-FS, S 279) die Gefahr, daß der in der Freiheitsidee verwurzelte Schuldbegriff, der im Verhältnis zu präventiver Zweckverfolgung auf einer anderen Ebene liegt, über seine immanenten Schranken hinaus durch utilitaristische Elemente verwässert wird (Arthur Kaufmann, Wassermann-FS, S 889; Hirsch ZStW 106, 154; diff Kunz ZStW 98, 823; aM Jakobs ZStW 101, 516). – Schließlich ist es auch nicht möglich, die Schuld auf eine bloße Ausprägung des Verhältnismäßigkeitsgrundsatzes (so Ellscheid/Hassemer, in: Civitas-Jahrbuch für Sozialwissenschaften, 9. Bd, 1970, S 27; Scheffler, Grundlegung aaO [vgl 22] S 90) zu reduzieren (Arthur Kaufmann, Lange-FS, S 27; Stratenwerth aaO S 36).

26 **b)** Ob die Fähigkeit, schuldhaft zu handeln, **Willensfreiheit** des Menschen voraussetzt und damit eine Parteinahme in den philosophischen und naturwissenschaftlichen Auseinandersetzungen um Indeterminismus und Determinismus erfordert, ist umstritten (vgl ua Engisch, Die Lehre von der Willensfreiheit in der strafrechtsphilosophischen Doktrin der Gegenwart, 1963; Griffel, Der Mensch, Wesen ohne Verantwortung?, 1975 und GA 96, 457; Danner, Gibt es einen freien Willen?, 4. Aufl 1977; Lackner, Kleinknecht-FS, S 245, 248; Tiemeyer GA 86, 203 und ZStW 105, 483; Dreher, Die Willensfreiheit, 1987; Schünemann, in: Hirsch/Weigend [Hrsg], Strafrecht und Kriminalpolitik in

Japan und Deutschland, 1989, S 147; Pothast JA 93, 104, alle mwN). Die Frage ist zu verneinen. Für die im Schrifttum überwiegend vertretenen Spielarten eines „sozialen" Schuldbegriffs (vgl 23) ergibt sich das schon aus dessen Prämissen (vgl etwa Roxin, Henkel-FS, S 171, 174 und ZStW 96, 641, 650; Krümpelmann GA 83, 337; s auch Patzig, in: Thomas [Hrsg], Schuld: Zusammenhänge und Hintergründe, 1990, S 157; Haddenbrock JR 91, 225 und Salger-FS, S 633), hat sich aber auch allgemein als hM durchgesetzt (zB Lenckner, Strafe, Schuld und Schuldfähigkeit, 1972, S 97; Streng, Leferenz-FS, S 397 und ZStW 101, 273; Tiemeyer ZStW 100, 527; Schmidhäuser AT 10/6; Jescheck LK 66, 67, alle mwN). Die hier vertretene Position geht davon aus, daß Willensfreiheit naturwissenschaftlich weder beweisbar noch widerlegbar ist. Das schließt aber nicht aus, daß der Mensch als ein auf Selbstverantwortung angelegtes Wesen das Postulat der relativen Freiheit in Entscheidungslagen und damit zugleich der Motivierbarkeit durch Normen als notwendige Grundbedingung des Zusammenlebens versteht und es deshalb zur Basis der gesamten Rechts- und Gesellschaftsordnung macht. So gesehen ist das Rechtssystem auf den Freiheitsanspruch des Menschen und seinen Erlebnishorizont gegründet und deshalb inhaltlich von einem auf relativem Indeterminismus beruhenden System nicht verschieden (aM Tiemeyer ZStW 105, 483, 511). Das zeigt sich nicht zuletzt daran, daß die empirische Unbeweisbarkeit der Willensfreiheit auch von den meisten Vertretern indeterministischer Positionen anerkannt wird; sie halten sie nur weder für beweisfähig noch für beweisbedürftig (vgl etwa Lange, Göppinger-FS, S 103; Otto GA 81, 481, 486; Griffel ZStW 98, 28, GA 89, 193, ARSP 94, 96 und GA 96, 457; Dreher aaO S 379 und Spendel-FS, S 13; Grasnick JR 91, 364; Hirsch ZStW 106, 746, 759; s auch Jähnke LK 7–12 zu § 20).

c) aa) Die Schuld kann im Einzelfall wegen Schuldunfähigkeit (§§ 19, 20 StGB; § 3 JGG), unvermeidbaren Verbotsirrtums (7 zu § 17) oder rechtwidrigen Befehls (BGHSt 5, 239; § 11 II SoldG; § 5 I WStG) ausgeschlossen (sog **Schuldausschließungsgrund**) oder wegen Unzumutbarkeit (30–32 vor § 32) nicht zurechenbar sein (sog **Entschuldigungsgrund**). Ob ein Bedürfnis für die Unterscheidung dieser beiden Kategorien besteht, wird überwiegend bejaht (Sch/Sch-Lenckner 108 vor § 32 mwN), zum Teil aber auch in Frage gestellt (zusf Hirsch LK 189, 194 vor § 32 mwN). Eine andersartige Differenzierung, die Maurach mit der Lehre von der **Tatverantwortung,** einer Zwischenstufe zwischen Unrecht und Schuld, vorgeschlagen hat (M-Zipf AT 1 31/1–18), ist im Schrifttum ohne Resonanz geblieben (zusf Hirsch LK 186 vor § 32 mwN; für ihre Wiederbelebung jedoch Bacigalupo, Kaufmann [Arm]-GedSchr, S 459). 27

bb) Zur Frage, ob und wieweit der **Vorsatz** Schuldelement ist, 31–34 zu § 15.

5. Für Ausnahmefälle sieht das Gesetz über die tatbestandsmäßige, rechtswidrige und schuldhafte Handlung hinaus (hM; anders Jakobs AT 28

10/1–25, der alle Fälle auf Unrecht oder Schuld zurückbezieht) weitere materiellrechtliche Voraussetzungen vor, welche die Strafbarkeit einschränken (zusf und zT krit Volk ZStW 97, 871):

29 a) **Strafausschließungsgründe** (zB in §§ 36, 173 III, 258 VI) und **Strafaufhebungsgrunde** (zB in §§ 24, 31, 310). Sie sind überwiegend persönlicher Natur und bewirken, daß der Täter trotz Begehung einer rechtswidrigen und schuldhaften Tat aus kriminalpolitischen Gründen straffrei bleibt oder straffrei wird. Ihre Rechtsnatur ist umstritten (eingehend Bloy, Die dogmatische Bedeutung der Strafausschließungs- und Strafaufhebungsgründe, 1976; s auch Roxin JuS 88, 425, 431). Jedenfalls lassen sie sich nicht auf einen einheitlichen Grundgedanken zurückführen. In der Rspr und zum Teil auch in der Lehre werden sogar einige Vorschriften, die wegen verminderter Schuld Strafausschluß vorsehen (zB §§ 139 III S 1, 173 III, 258 VI) den Strafausschließungsgründen zugeschlagen, obwohl sie aus der Schuld abgeleitet sind und sich daher von den Schuldausschließungsgründen allenfalls dem Grade nach unterscheiden (Bay JR 79, 252; Ruß LK 33 zu § 258; aM Bloy aaO S 122, 125; Hirsch LK 197 vor § 32, alle mwN).

30 b) **Objektive Bedingungen der Strafbarkeit** (zu ihrer Problematik Bemmann, Zur Frage der objektiven Bedingungen der Strafbarkeit, 1957; Schmidhäuser ZStW 71, 545; Stratenwerth ZStW 71, 565; Stree JuS 65, 465; Krause Jura 80, 449; Frister, Schuldprinzip, Verbot der Verdachtsstrafe und Unschuldsvermutung als materielle Grundprinzipien des Strafrechts, 1988, S 49; Vest ZStW 103, 584, 598; zu ihrer Entstehungsgeschichte Haß, Wie entstehen Rechtsbegriffe?, 1973). Sie sind außerhalb der tatbestandsmäßigen, rechtswidrigen und schuldhaften Handlung stehende selbständige Strafvoraussetzungen, die das Gesetz bisweilen aus Zweckmäßigkeitsgründen zur Strafeinschränkung verwendet, zB die „rechtswidrige Tat“ in § 323 a I (dort 5) und die schwere Folge in § 227 (dort 5). Ihr Fehlen schließt die Strafbarkeit aus; der Vorsatz braucht sie nicht zu umfassen (Warda Jura 79, 286, 290).

31 **IV.** Nach der Struktur der Deliktstypen und der Schwere der angedrohten Strafen werden **verschiedene Arten von Straftaten** unterschieden.

1. Die Unterteilung in **Verbrechen und Vergehen** beruht auf der Schwere der angedrohten Strafen (§ 12).

31 a **2. Grundform** der Straftat ist das **vollendete Vorsatzdelikt** (zum Vorsatz 3–34 zu § 15), das überwiegend durch positives Tun **(Begehungsdelikt)**, aber auch durch Unterlassen **(Unterlassungsdelikt)** begangen werden kann (7, 8 vor § 13; 2–5 zu § 13). Es wird ergänzt durch das **Fahrlässigkeitsdelikt** (zur Fahrlässigkeit 35–54 zu § 15), das ebenfalls als Begehungs- oder Unterlassungsdelikt vorkommt. Daneben steht das **Versuchsdelikt,** das dadurch gekennzeichnet ist, daß die Tatbestandsverwirklichung zwar vollständig gewollt, aber nur unvollständig erreicht wird (1 zu § 22). Die Lehrbuch- und Kommentarliteratur ori-

entiert sich mit Recht überwiegend an dieser Einteilung. Das ist vor allem deshalb sinnvoll, weil so die Regelform der gesetzlichen Tatbestände als Grundform behandelt werden kann und erst daraus die auch in der Praxis weniger bedeutsamen Sonderformen abgeleitet werden. Dem steht nicht entgegen, daß sich das vollendete vorsätzliche Begehungsdelikt auch als „qualifiziertes Versuchs-, Fahrlässigkeits- und Unterlassungsdelikt" deuten läßt (so Herzberg JuS 96, 377 mwN). Es wäre verfehlt, daraus den Schluß zu ziehen, daß deshalb das vorsätzliche Begehungsdelikt nur eine qualifizierte Deliktsform sein könne; damit würde das Verhältnis zwischen den gesetzlichen Tatbeständen und den aus ihnen abzuleitenden Deliktsformen auf den Kopf gestellt.

3. Für die Unterscheidung von **Erfolgsdelikten** (zB § 211) und 32
schlichten Tätigkeitsdelikten (zB § 153) ist der Gesichtspunkt maßgebend, ob zur Vollendung der Tat ein durch die Handlung verursachter Erfolg gehört oder ob bloßes Tätigwerden genügt; eine Mischform bilden die sog erfolgsverbundenen Tätigkeitsdelikte (bzw verhaltensgebundenen Erfolgsdelikte), bei denen es zwar auf die Verursachung eines Erfolges ankommt, aber nur bestimmt beschriebene Tätigkeiten vom Tatbestand erfaßt werden (zB Vermögensbeschädigung durch Täuschung beim Betrug). Unter den Erfolgsdelikten sind die **Verletzungsdelikte** und die **konkreten Gefährdungsdelikte** zu unterscheiden. Bei jenen besteht der tatbestandsmäßige Erfolg in der Verletzung (zB § 223), bei diesen in der bloßen Gefährdung (zB § 315 c; vgl dort 1, 20–27) eines bestimmten Angriffsobjekts (hM; weiter diff Kuhlen GA 86, 389 und ZStW 105, 697, 711, der unter Schutzzweckgesichtspunkten als weitere Form das sog Kumulationsdelikt postuliert); ob das Objekt individualisierbar sein muß oder ob es – etwa bei gesundheitsschädlichen Wirkungen von Produkten und Arzneimitteln – genügt, sein Vorhandensein in einer nicht weiter konkretisierbaren Mehrzahl von Objekten aufzuweisen, ist umstritten und noch nicht abschließend geklärt (bejahend Kuhlen, Fragen einer strafrechtlichen Produkthaftung, 1989, S 57; aM Tiedemann NJW 90, 2051, beide mwN). Im Gegensatz zu den konkreten stehen die **abstrakten Gefährdungsdelikte** (mit Recht krit zu dieser ungenauen, aber allgemein üblichen Bezeichnung Hirsch, Kaufmann [Arth]-FS, S 545, 557), für die das Gesetz nur die Bedingungen einer generellen Gefährlichkeit beschreibt, ohne die Gefährdung eines bestimmten Objekts im Einzelfall vorauszusetzen (zB § 316). Hierher gehören auch solche Tatbestände (etwa §§ 126 I, 130 I, III, 325 I), in denen die generelle Gefährlichkeit der Handlung durch das Erfordernis der „Eignung" zur Herbeiführung eines bestimmten Erfolges umschrieben wird (sog **potentielle Gefährdungsdelikte**). Obwohl bei ihnen auch konkrete Umstände in die Bewertung einzubeziehen sind, begründet das keine echte Mischform, also kein **„abstrakt-konkretes Gefährdungsdelikt"** (so Schröder ZStW 81, 7 und JZ 67, 522), weil es auch hier nicht auf einen Gefahrerfolg, sondern nur auf die (abstrakte) Gefährlichkeit der Tathandlung ankommt (Gallas,

Heinitz-FS, S 171; Berz, Tatbestandsverwirklichung und materialer Rechtsgüterschutz, 1986, S 58; Hoyer, Die Eignungsdelikte, 1987; Fischer GA 89, 445; Jescheck/Weigend AT S 264 mwN; str). Die Abgrenzung der Gefährdungsdelikte im einzelnen, ihre Legitimation unter dem Gesichtspunkt der Vorverlegung des Rechtsgüterschutzes und die kriminalpolitische Vorzugswürdigkeit ihrer verschiedenen Formen sind umstritten. Auch hier ist ähnlich wie beim Problem der allgemeinen Legitimierung strafrechtlicher Sanktionen (dazu oben 3) eine bedauerliche Polarisierung zu verzeichnen (expl Horn, Konkrete Gefährdungsdelikte, 1973, S 57; Brehm, Zur Dogmatik des abstrakten Gefährdungsdelikts, 1973 und JuS 76, 22; Schünemann JA 75, 787, 792, 797; Wolter, Objektive und personale Zurechnung von Verhalten, Gefahr und Verletzung in einem funktionalen Straftatsystem, 1981, S 64; Ostendorf JuS 82, 426; Otto ZStW 96, 339, 362 und Madrid-Symposium, S 453; Jakobs ZStW 97, 751, 767; Berz aaO S 53; Kindhäuser, Gefährdung als Straftat, 1989, S 163 und in: Madrid-Symposium, S 125; Kratzsch GA 89, 49, 67 und JuS 94, 372; Graul, Abstrakte Gefährdungsdelikte und Präsumtionen im Strafrecht, 1991; Meyer, Die Gefährlichkeitsdelikte, 1992; Hirsch aaO S 545; Prittwitz, Strafrecht und Risiko, 1993, S 245; Kuhlen GA 94, 347; Weigend, Triffterer-FS, S 695, 701; überzogen die Kritik von Herzog aaO [vgl 3]; speziell zur zunehmenden Einführung von abstrakten, durch echtes Unterlassen begehbaren Gefährdungsdelikten Volk, Tröndle-FS, S 219, 230; zusf Schroeder ZStW Beiheft 82, 1, 2; rechtsvergleichend Weber, Platzgummer, Grasso, Györgyi, Spotowski und Maier ZStW Beiheft 87, 1, 37, 57, 97, 125 und 141). – Diese für die Begehungsdelikte entwickelten Differenzierungen sind überwiegend, jedoch nicht durchgängig und nicht immer mit der gleichen Abgrenzung, auch auf Unterlassungsdelikte (2–5 zu § 13) anwendbar (Dedes GA 77, 230).

33 4. **Sonderdelikte** sind dadurch charakterisiert, daß ihr Tatbestand nicht von jedermann, sondern nur von bestimmten Tätern (zB Amtsträgern, § 11 I Nr 2, §§ 331 ff) verwirklicht werden kann (hM; anders Langer, Das Sonderverbrechen, 1972, S 389 und Deichmann, Grenzfälle der Sonderstraftat, 1994, S 4, die über die Beschränkung des Täterkreises hinaus spezifisches tatbestandliches Sonderunrecht und eine Sonderstrafdrohung voraussetzen). Vor allem im Nebenstrafrecht ist die Abgrenzung, die von der Auslegung des einzelnen Tatbestandes abhängt, häufig umstritten (vgl etwa NJW 92, 3114 mit krit Bespr Holthausen NStZ 93, 568). Man unterscheidet echte Sonderdelikte, bei denen das Tätermerkmal strafbegründend wirkt (zB in § 331), und unechte, bei denen es nur die Strafe schärft (zB in § 340) oder mildert (zB in § 217). – Der Begriff des Sonderdelikts wird bisweilen auch als Synonym für das eigenständige Verbrechen, das sog **delictum sui generis,** verwendet, mit dem ein Delikt bezeichnet wird, das tatbestandlich zwar auf einer schon anderweit geregelten Deliktsart fußt, mit ihr also ganz oder teilweise substanzgleich ist, aber formell als selbständige Neubil-

dung auftritt (Nagler LK, 7. Aufl, S 44). Tragweite und Leistungsfähigkeit dieses Begriffs sind umstritten (vgl ua Haffke JuS 73, 402; V Hassemer, Delictum sui generis, 1974).

5. Zu den **eigenhändigen Delikten** 3 zu § 25. 34

§ 13 Begehen durch Unterlassen

(1) **Wer es unterläßt, einen Erfolg abzuwenden, der zum Tatbestand eines Strafgesetzes gehört, ist nach diesem Gesetz nur dann strafbar, wenn er rechtlich dafür einzustehen hat, daß der Erfolg nicht eintritt, und wenn das Unterlassen der Verwirklichung des gesetzlichen Tatbestandes durch ein Tun entspricht.**

(2) **Die Strafe kann nach § 49 Abs. 1 gemildert werden.**

1. Die Dogmatik des **unechten Unterlassungsdelikts** ist im Rahmen des früheren Rechts ausschließlich von Rspr und Lehre entwickelt worden. Dabei hat sich überwiegendes Einverständnis nur im Hinblick auf die grundsätzliche Möglichkeit ergeben, daß auch durch die Nichtvornahme einer gebotenen Handlung der Tatbestand eines Begehungsdelikts verwirklicht werden kann. Voraussetzungen und Grenzen dieser Deliktsfigur sind dagegen nach wie vor umstritten. Der durch das 2. StrRG (4 vor § 1) eingeführte § 13 hat sich im wesentlichen darauf beschränkt, das unechte Unterlassen als solches im Gesetz zu verankern, die Fülle der Streitfragen aber der weiteren Klärung durch Wissenschaft und Praxis überlassen (BGHSt 36, 227; krit Roxin JuS 73, 197 mwN; zum Stand der internationalen Diskussion Jescheck ua ZStW 97, 707, 710, 731; Jescheck, Tröndle-FS, S 795). 1

2. a) Das **Unterlassen** ist neben dem positiven Tun die zweite Grundform der Handlung (7, 8, 31 a vor § 13). 2

aa) Ob es sachlogisch überhaupt **als Handlung** verstanden werden kann oder nicht vielmehr als ihr genaues Gegenteil erscheint (so Gallas ZStW 67, 1, 8; Armin Kaufmann, Die Dogmatik der Unterlassungsdelikte, 1959, S 59; s auch Schmidhäuser, Kaufmann [Arm]-GedSchr, S 131) oder ob es umgekehrt im Rahmen eines negativen Handlungsbegriffs die Grundform der Handlung bildet (so Herzberg JZ 88, 573, 575 und GA 96, 1, 9 mwN), kann auf sich beruhen, weil unbestritten beide Formen wegen ihres vergleichbaren sozialen Sinngehalts in gleicher Weise strafrechtlicher Bewertung zugänglich sind. Während das positive Tun ein vom Willen ausgelöstes aktives Eingreifen in die Außenwelt ist (vgl zB VRS 61, 213), wird die Unterlassung dadurch gekennzeichnet, daß der Täter, obwohl er es könnte (nach aM: einer rechtlichen Erwartung zuwider), nicht in einen Kausalverlauf eingreift (grundlegend und krit Maiwald JuS 81, 473 mwN; beachte 7 vor § 13).

bb) Die **Abgrenzung** kann im Einzelfall problematisch sein, namentlich wenn Elemente von Tun und Unterlassen zusammentreffen (eingehend Stoffers, Die Formel „Schwerpunkt der Vorwerfbarkeit" bei der Abgrenzung von Tun und Unterlassen?, 1992). Die Rspr stellt in- 3 soweit wertend „auf den Schwerpunkt des Vorwurfs“ ab (BGHSt 6, 46, 59; s auch NJW 95, 204; krit Stoffers JuS 93, 23; Struensee, Stree/Wessels-FS, S 133, 136, alle mwN). Das Schrifttum stützt sich überwiegend auf andere – teils aus vorrechtlichen Strukturen, teils aus normativen Erwägungen abgeleitete – Kriterien (zusf Roxin, Engisch-FS, S 380; Engisch, Gallas-FS, S 163; Sieber JZ 83, 431; Gössel ZStW 96, 321, 323; krit Volk, Tröndle-FS, S 219); zB auf das Fehlen einer gewillkürten Körperbewegung (Struensee aaO S 143), auf die Kausalität im Sinne der gesetzmäßigen Bedingung für den Eintritt des Erfolges (Samson, Welzel-FS, S 579; Küpper, Grenzen der normativierenden Strafrechtsdogmatik, 1990, S 72; Stoffers GA 93, 262; Jescheck LK 90 vor § 13 mwN), auf den grundsätzlichen Vorrang positiven Tuns (Arthur Kaufmann, EbSchmidt-FS, S 200, 212; Kienapfel ÖJZ 76, 281), auf den äußerlich vermittelten Eingriff in die Wirklichkeit der betroffenen Person (Kahlo NJW 90, 1521), auf die Herbeiführung einer Verschlechterung im Gegensatz zum Ausbleiben einer Verbesserung der Lage des Schutzobjekts (Schmidhäuser AT 16/104–106) oder auf die „soziale Sinnhaftigkeit des Geschehens“ (EbSchmidt, Engisch-FS, S 339). – Positives Tun kann grundsätzlich nicht in ein Unterlassen umgedeutet werden. Für bestimmte Fallgruppen sind jedoch Ausnahmen überwiegend anerkannt (zusf, aber durchgängig abl Stoffers JA 92, 138, 177; im Ergebnis zust Freund, Erfolgsdelikt und Unterlassen, 1992, S 68; s auch Unberath JahrbRuE 95, 437; 8 vor § 211). So wird ein Unterlassen angenommen, wenn sich der Täter durch positives Tun außerstande gesetzt hat, eine erst später aktuell werdende Handlungspflicht zu erfüllen (ommissio libera in causa, Roxin aaO S 384; Joerden, Strukturen des strafrechtlichen Verantwortlichkeitsbegriffs: Relationen und ihre Verkettungen, 1988, S 52; Rudolphi SK 46 vor § 13; mit abw Begr ebenso Struensee aaO S 146, alle mwN; str), oder wenn er einen von ihm selbst zur Erfüllung einer Rettungspflicht angestoßenen Kausalverlauf wieder abbricht, bevor die rettende Kausalreihe den Gefährdeten erreicht hat (Rücktritt vom Gebotserfüllungsversuch, Roxin aaO S 386; einschr Rudolphi SK 47 vor § 13 mwN; str). Die aktive Vereitelung eines vom Täter nicht selbst eingeleiteten rettenden Kausalverlaufs ist dagegen positives Tun (Ebert JuS 76, 319; Küper, Grund- und Grenzfragen der rechtfertigenden Pflichtenkollision im Strafrecht, 1979, S 78; aM Gössel ZStW 96, 321, 328; Seelmann NK 25; diff Ranft JuS 63, 340, alle mwN).

4 **b)** Das Unterlassen kann als solches strafbar sein (**echtes Unterlassungsdelikt,** zB §§ 138, 323 c) oder den Tatbestand eines Begehungsdelikts verwirklichen **(unechtes Unterlassungsdelikt).** Das für die Abgrenzung der beiden Kategorien maßgebende Kriterium ist umstritten. Es dürfte darin zu finden sein, daß sich beim echten Unterlassen das Unrecht in der Nichtvornahme einer vom Gesetz geforderten Handlung erschöpft (BGHSt 14, 281; Jescheck LK 91 vor § 13; aM Schünemann ZStW 96, 287, 302; Kahlo, Das Problem des Pflichtwid-

rigkeitszusammenhanges bei den unechten Unterlassungsdelikten, 1990, S 26, 35; Sch/Sch-Lenckner 137 vor § 13, alle mwN; krit Seelmann JuS 91, 290, 291).

c) Tatbestandsmäßig setzt jede Unterlassung die Nichtvornahme einer positiven Handlung voraus, die beim echten Unterlassen im Tatbestand beschrieben ist und beim unechten die Erfolgsabwendung erwarten läßt, also etwa im Bereich der Produkthaftung auch in einer Rückrufpflicht bestehen kann (BGHSt 37, 106, 119 mit Bespr Schmidt-Salzer NJW 90, 2966, Kuhlen NStZ 90, 588 und Brammsen GA 93, 97; aM Schünemann, in: Breuer ua [Hrsg], Umweltschutz und technische Sicherheit im Unternehmen, 1994, S 137, 163, alle mwN). Die Handlung muß dem Täter nach den Umständen möglich (BGHSt 6, 46, 57; GA 68, 336; grundlegend Maiwald JuS 81, 473, 476) und zumutbar sein (Sch/Sch-Stree 155 vor § 13 mwN; anders die hM, nach der die Zumutbarkeit ein stets vorauszusetzendes Schuldelement ist; anders auch Schünemann ZStW 96, 287, 316 und Jescheck LK 98 vor § 13, die einen Unterschied gegenüber dem Begehungsdelikt leugnen; diff Küper aaO [vgl 3] S 86; zusf Rudolphi SK 30–34 vor § 13). Die Pflichterfüllung ist nur dann unzumutbar, wenn durch sie eigene billigenswerte Interessen in einem dem drohenden Erfolg – bei Mitbewertung auch der jeweiligen Rettungschancen (NJW 94, 1357 mit Anm Loos JR 94, 511) – nicht angemessenen Umfang gefährdet würden (NStZ 84, 164; Sch/Sch-Stree 156 vor § 13; s auch BGHSt 41, 113, 116); die Gefahr eigener Strafverfolgung schließt die Zumutbarkeit idR nicht aus (BGHSt 11, 353, 355; NStZ 85, 24; Ulsenheimer GA 72, 1, 8, 22). 5

3. Bei den **unechten Unterlassungsdelikten** muß als **Kern des Tatbestandes** (str) hinzukommen, daß der Täter durch sein Unterlassen den tatbestandsmäßigen Erfolg eines Strafgesetzes **verursacht** (12, 14 vor § 13), obwohl er rechtlich dafür einzustehen hat, daß der Erfolg nicht eintritt (**Garantenpflicht**). In engen Grenzen können auch schlichte Tätigkeitsdelikte, namentlich wenn sie abstrakte Gefährdungsdelikte sind, erfaßt werden (Bay JR 79, 289 mit krit Anm Horn; Tenckhoff, Spendel-FS, S 347; aM Jescheck, Tröndle-FS, S 795 und LK 2, alle mwN; str). – Die Voraussetzungen der Garantenpflicht werden in Rspr und Lehre als **Garantenstellung** bezeichnet (zusf Arzt JA 80, 553, 647, 712; Schünemann ZStW 96, 287, 304; Otto/Brammsen Jura 85, 530, 592, 646; rechtsvergleichend Jescheck, 140 Jahre GA, S 115). Die Notwendigkeit einer Garantenstellung (nicht ihre Voraussetzungen im einzelnen; dazu 7–15) ist in Rspr und Lehre weitgehend **anerkannt** (aus dem monographischen Schrifttum expl Armin Kaufmann, Die Dogmatik der Unterlassungsdelikte, 1959; Androulakis, Studien zur Problematik der unechten Unterlassungsdelikte, 1963; Rudolphi, Die Gleichstellungsproblematik der unechten Unterlassungsdelikte und der Gedanke der Ingerenz, 1966; Schünemann, Grund und Grenzen der unechten Unterlassungsdelikte, 1971; Herzberg, Die Un- 6 terlassung im Strafrecht und das Garantenprinzip, 1972; Schöne, Unterlassene Erfolgsabwendungen und Strafgesetz, 1974; Brammsen, Die Entstehungsvoraussetzungen der Garantenpflichten, 1986; Gallas, Studien zum Unterlassungsdelikt, 1989; Sangenstedt, Garantenstellung und Garantenpflicht von Amtsträgern, 1989; Vogel, Norm und Pflicht bei den unechten Unterlassungsdelikten, 1993; Gimbernat ua [Hrsg], Internationale Dogmatik der objektiven Zurechnung und der Unterlassungsdelikte, 1995, S 49; abw Freund, Erfolgsdelikt und Unterlassen, 1992, der das Erfordernis einer Garantenstellung verwirft, die Tatbestandsmäßigkeit vielmehr von einschränkenden Kriterien abhängig macht, die für Tun und Unterlassen übereinstimmen [aaO S 51, 124]; insoweit ähnlich Jakobs, Die strafrechtliche Zurechnung von Tun und Unterlassen, 1996 [s auch AT 28/26–73], der die Zurechnung bei Begehungs- und Unterlassungsdelikten gleichermaßen auf Organisations- und institutionelle Zuständigkeit stützt).

7 **a)** Eine **Garantenstellung** wird nicht durch die aus echten Unterlassungstatbeständen (zB § 323 c, JR 56, 347) folgende, für jedermann geltende Handlungspflicht begründet (BGHSt 3, 65; s auch bei Holtz MDR 81, 100). Sie ist vielmehr eine besondere Pflichtenstellung, die von der uneinheitlichen, erst in jüngerer Vergangenheit um Einschränkung bemühten **Rechtsprechung** auf folgende, sich vielfältig überschneidende (Arzt JA 80, 647, 648) Entstehungsgründe (Rechtsquellen) zurückgeführt werden:

8 aa) Auf **Gesetz,** zB auf § 1353 BGB, der den Ehegatten ua verpflichtet, dem anderen in Gefahr beizustehen (BGHSt 2, 150) oder ihn von Straftaten im gemeinsamen, durch das Zusammenleben bedingten Herrschaftsbereich abzuhalten (BGHSt 6, 322; GA 67, 115; s auch Stuttgart NJW 86, 1767 mit Bespr Ranft JZ 87, 908, 909); auf § 1618 a BGB, der Eltern und Kinder zu gegenseitigem Beistand verpflichtet, aber nur in engen Grenzen die Ableitung von Garantenpflichten zuläßt (beachte 10); auf § 30 Nr 2 LMBG, der das Inverkehrbringen bestimmter gesundheitsgefährdender Gegenstände oder Mittel verbietet (BGHSt 37, 106, 117); auf Polizeigesetzen iwS, die Amtsträger im Rahmen ihrer Zuständigkeit und ihres Pflichtenkreises zur Abwehr von Gefahren für bestimmte, ihnen anvertraute Rechtsgüter verpflichten (BGHSt 38, 388; NJW 87, 199, beide mwN; beachte auch 14); schließlich auch auf § 21 I Nr 2, II Nr 1, 3 StVG, § 31 II StVZO, die bestimmte Pflichten des Kraftfahrzeughalters begründen (probl Bay JR 79, 289 mit Anm Horn).

9 bb) Auf **freiwilliger Übernahme** (Kinderschwester, Arzt; vgl zB BGHSt 5, 187, 190; 7, 211; Hamm NJW 75, 604; Stree, Mayer-FS, S 145). Wer dabei die Garantenpflicht eines anderen übernimmt, tritt auch in eine Garantenstellung gegenüber den durch die Pflicht Begünstigten ein (BGHSt 19, 286, 289). Die Garantenstellung wird nicht schon durch Abschluß eines Vertrages über den Schutz des Rechtsgutes begründet, auf dessen zivilrechtliche Wirksamkeit es ohnehin nicht an-

kommt (RGSt 64, 81, 84), sondern idR erst dadurch, daß der Täter in seine Schutzfunktion tatsächlich eintritt (Celle NJW 61, 1939: krit Maiwald JuS 81, 473, 481) und dadurch für den Gefährdeten eine Vertrauenslage schafft (Düsseldorf NJW 91, 2979 mit Anm Meurer JR 92, 38; Jescheck LK 27). Das kann auch ohne Vertrag geschehen, zB wenn jemand die Überwachung einer Gefahrenquelle in einer Weise übernimmt, daß bei anderen das Vertrauen auf den Fortbestand des Schutzes entsteht (Arzt JA 78, 557, 560 und 80, 712), oder wenn er durch eine begonnene Hilfeleistung (§ 323 c) den Hilfsbedürftigen in eine nicht nur wesentlich (so mißverständlich NJW 93, 2628), sondern auch nachteilig veränderte Lage bringt (so mit Recht Hoyer NStZ 94, 85; Jung JuS 94, 262; Mitsch JuS 94, 555; s auch Otto JK 24).

cc) Auf enger **Familien-** (speziell dazu Geilen FamRZ 61, 147), 10
Lebens- oder Gefahrengemeinschaft. Hier ergibt sich allerdings die Garantenstellung häufig schon aus Gesetz oder Übernahme (vgl 8, 9). In Frage kommen zB Verwandtschaft gerader Linie (BGHSt 7, 268; 19, 167 mit Bespr Geilen FamRZ 64, 385; zu weit KG JR 69, 27 mit abl Anm Lackner), Beziehung zwischen Vater und nichtehelichem Kind (RGSt 66, 71) und Verlöbnis bei tatsächlicher Lebensgemeinschaft (JR 55, 104; NJW 60, 1821; str). Die Haus- oder sonstige Wohngemeinschaft genügt als solche nicht; sie erfordert vielmehr die aus den Umständen hervorgehende Übernahme von Schutzfunktionen durch die Beteiligten (NStZ 84, 163 mit Bespr Rudolphi NStZ 84, 149; s auch NStZ 85, 122; NJW 87, 850, alle mwN; beachte auch 14, 15). Dasselbe gilt für die Gefahrengemeinschaft, namentlich für die Gemeinschaft von Bergsteigern oder am Arbeitsplatz. Bei der bloßen Zechgemeinschaft (NJW 54, 1047; NStZ 83, 454) und der Gemeinschaft beim Erwerb oder Konsum von Betäubungsmitteln (Stuttgart NJW 81, 182) fehlt es regelmäßig an dieser Übernahme.

dd) Auf vorausgegangenem, die nahe Gefahr des Erfolgseintritts (dazu 11
NJW 92, 1246 mit krit Bespr Seelmann StV 92, 416 und Neumann JR 93, 161; Schleswig NStZ 82, 116) begründenden Verhalten **(Ingerenz).** Im allgemeinen soll dazu pflichtwidriges verschuldetes oder unverschuldetes (BGHSt 2, 279, 283; 4, 20; 11, 353) positives Tun oder Unterlassen ausreichen (StV 82, 218 mit krit Bespr Stree, Klug-FS, S 395; NStZ 85, 24, alle mwN). Darüber hinaus und auch in zahlreichen Einzelfragen, namentlich bei rechtmäßigem Vorverhalten, hat die Rspr die Abgrenzung noch nicht abschließend geklärt. Während sie anfangs die Garantenstellung allgemein auch bei rechtmäßigem Vorverhalten bejaht hatte (expl BGHSt 11, 353) und damit die Verkehrssicherungspflicht bei Eröffnung von Gefahrenquellen umfassend begründen konnte (NJW 71, 1093), erkennt sie zunehmend Ausnahmen an. So verneint sie eine Garantenstellung, wenn die verursachte Gefahr auf einer Notwehrhandlung beruht (BGHSt 23, 327 mit Bespr Herzberg JuS 71, 74 und Welp JZ 71, 433; NJW 87, 850 mit Bespr Ranft JZ 87, 865) oder wenn sie keine adäquate (Bay NJW 53, 556; Oldenburg NJW 61, 1938) oder nur eine durch sozialübliches, allgemein gebilligtes

Verhalten verursachte Gefahr gewesen ist (BGHSt 26, 35; Stuttgart NJW 86, 1767). Unter dem letzteren Gesichtspunkt scheidet zB als Garant idR aus, wer durch rechtmäßiges Verhalten die Gefahr einer fremden Straftat verursacht und diese dann nicht verhindert oder deren Folgen nicht abgewendet hat (BGHSt 19, 152; s jedoch Köln NJW 73, 861); die Rspr hält diesen Gedanken auch für tragfähig, wenn jemand trotz verkehrsrichtigen Verhaltens in einen Unfall verwickelt wird und alsdann die Rettung des verletzten Verkehrsopfers unterläßt (BGHSt 25, 218 mit Anm Rudolphi JR 74, 160; einschr BGHSt 34, 82 mit krit Bespr Herzberg JZ 86, 986, Rudolphi JR 87, 162 und Ranft JZ 87, 864; beachte auch 13).

12 **b)** aa) Im **Schrifttum** ist – nicht zuletzt infolge divergierender normtheoretischer Ansätze – schon die Kernfrage umstritten, aus welchen Grundgedanken die Garantenpflichten herzuleiten sind (dazu unter Zusammenfassung der verschiedenen Lehren Otto/Brammsen Jura 85, 530, 532). Ungeklärt ist namentlich, ob ihnen ein einheitliches Prinzip zugrundeliegt. Als solche werden namentlich diskutiert: das Vertrauensprinzip (Blei, Mayer-FS, S 119; s auch Matt, Kausalität aus Freiheit, 1994, S 204, nach dem Obhuts- und Sicherungspflichten nur aus „intersubjektiven" Willenserklärungen oder aus Vertrauensbeziehungen hervorgehen können); die Herrschaft über den Grund des Erfolges (Schünemann aaO [vgl 6] S 229, GA 85, 341, 374 und in: Gimbernat ua [Hrsg] aaO [vgl 6] S 49; krit Maiwald JuS 81, 473, 480; Timpe, Strafmilderungen des Allgemeinen Teils des StGB und das Doppelverwertungsverbot, 1983, S 163) oder die Entscheidungshoheit über ihn (Sangenstedt aaO [vgl 6] S 378, 412); die tatsächlichen gesellschaftlichen Erwartungsverhältnisse (Brammsen aaO [vgl 6]); oder ein umfassender negativer Handlungsbegriff (Herzberg aaO [vgl 6] S 156, 197; krit dazu Brammsen JZ 89, 71, 72). Damit hängt die Frage zusammen, ob die Begründung der Garantenpflicht ausschließlich selbständigen strafrechtlichen Regeln folgt (so die hM im Schrifttum; vgl etwa Schünemann ZStW 96, 287, 304; Gallas aaO [vgl 6] S 67, 78) oder ob, wovon die Rspr ausgeht (vgl 7; offen gelassen in BGHSt 37, 106, 114), ganz oder teilweise auf außerstrafrechtliche Pflichten zurückgegriffen werden muß (sog Rechtsquellenlehre). – Zur **Abgrenzung der Garantenstellungen** verwendet das Schrifttum überwiegend andere oder differenziertere Kriterien als die Rspr. Diskutiert wird vor allem, ob und wie weit aus natürlicher Verbundenheit, Übernahme, Gefahrengemeinschaft, Ingerenz, Sacherrschaft, Herrschaft über einen Gefahrenbereich und Innehabung eines rechtlich geschützten Herrschaftsbereichs Garantenstellungen erwachsen (expl Schünemann ZStW 96, 287, 304; Otto/Brammsen Jura 85, 530, 592; 646; Sch/Sch-Stree 7 ff, alle mwN). Auf dieser Grundlage hat sich eine funktionelle Zweiteilung in Garantenstellungen entweder zum Schutz konkreter Rechtsgüter (Obhutspflichten des Beschützergaranten) oder zur Überwachung von Gefahrenquellen (Sicherungspflichten des Überwachungsgaranten) durchge-

setzt (sog Funktionenlehre; vgl etwa Armin Kaufmann aaO [vgl 6] S 283; Rudolphi aaO [vgl 6] S 103; Freund aaO [vgl 6] S 159, 265; Jescheck ZStW 77, 109, 123; Schlüchter, Salger-FS, S 139, 145).

bb) Auch bei den einzelnen Garantenstellungen ist noch vieles umstritten. Das gilt namentlich für die Frage, ob sog natürliche Verbundenheit aufgrund enger **familienrechtlicher Beziehung** (vgl 8, 10) unabhängig vom Bestehen einer konkreten Vertrauenslage pflichtbegründend wirkt (so mit Recht BGHSt 19, 167; Geilen FamRZ 61, 148; Otto/Brammsen Jura 85, 530, 538; ähnlich Lilie JZ 91, 541, der eine Begrenzung auf „nahestehende" Personen vorschlägt; aM Rudolphi NStZ 84, 149; Gallas aaO [vgl 6] S 86; Freund aaO [vgl 6] S 288, alle mwN). – Ferner gilt das für die Handlungspflicht aus **Ingerenz.** Hier wird inzwischen überwiegend angenommen, daß nur pflichtwidrige Vorhandlungen genügen (Celle VRS 41, 98; Karlsruhe Justiz 75, 151; Rudolphi aaO [vgl 6] S 157 und JR 87, 162; Gallas aaO S 92; Otto WiB 95, 929, 933; aM Behrendt, Affekt und Vorverschulden, 1983, S 80; Timpe aaO [vgl 12] S 181, alle mwN). Dieser Ansatz gibt jedoch den Grund für die Haftung nicht zutreffend an (so überzeugend Herzberg JZ 86, 986; Rengier JuS 89, 802, 807; Freund aaO S 180 und JuS 90, 213, 216; krit ua auch Arzt JA 80, 712, 713; Otto WiB 95, 929, 933). Sicherungspflichten können jedenfalls auch entstehen, wenn aus erlaubten Risikovorhandlungen Dauergefahren erwachsen (Rengier aaO S 807), was übrigens bei rechtmäßiger Eröffnung von Gefahrenquellen unter dem Gesichtspunkt der Sachherrschaft unbestritten ist (Weber, Oehler-FS, S 83; Sch/Sch-Stree 43, beide mwN). Neuerdings wird versucht, die gebotene Begrenzung auf anderem Wege zu erreichen: teils dient die Lehre vom Schutzzweckzusammenhang (Stree, Klug-FS, S 395; s auch 43 zu § 15), namentlich das Risikoerhöhungsprinzip iVm einem eingeschränkten Regreßverbot (Otto/Brammsen Jura 85, 646, 648), als Ausgangspunkt; teils wird allgemeiner die Lehre von den Verantwortungsbereichen bzw Organisationskreisen herangezogen (Rengier aaO; Jakobs AT 29/29–36); schließlich wird auch als bisher noch nicht diskutierte Voraussetzung gefordert, daß die Vorhandlung im Hinblick auf den subjektiven Tatbestand oder sonst die Strafbarkeit defizitär sein, im übrigen aber einem strikt objektiven Unrechtstatbestand entsprechen müsse (Dencker, Stree/Wessels-FS, S 159). Mit einem Teil dieser neuen Ansätze ist die Entscheidung zur Produkthaftung in BGHSt 37, 106, 115 vereinbar, wo allerdings zu Unrecht ein pflichtwidriges Vorverhalten bejaht und darauf fußend Ingerenz angenommen wird (krit dazu Kuhlen NStZ 90, 566, 568; Samson StV 91, 182, 184; Puppe JR 92, 30; Beulke/Bachmann JuS 92, 737, 739; Meier NJW 92, 3193, 3196; Brammsen GA 93, 97; Hassemer, Produktverantwortung im modernen Strafrecht, 1994, S 51; Otto aaO; Deutscher/Körner wistra 96, 292, 299). – Vereinzelt wird der Handlungspflicht aus Ingerenz auch jede selbständige Berechtigung abgesprochen (Pfleiderer, Die Garantenstellung aus vorausgegangenem Tun, 1968, S 76; Langer, Das Sonder-

13

verbrechen, 1972, S 504; Schünemann GA 74, 231; Sangenstedt aaO [vgl 6] S 319, alle mwN).

14 c) Am wenigsten geklärt ist bisher die **Garantenpflicht zur Verhinderung fremder Straftaten,** die auf verschiedenen Verpflichtungsgründen beruhen kann.

aa) Die Gerichte haben sie bisher in viel zu weitem Umfang anerkannt (vgl zB oben 8 sowie 7 vor § 153). Mit Recht verneint die im Schrifttum hM eine Pflicht zur Beaufsichtigung der Lebensführung des anderen **Ehegatten** (Geilen FamRZ 61, 147, 157; Tenckhoff JuS 78, 308, 311 mwN). – Auch die Begrenzung strafrechtlich relevanten **Unterlassens von Amtsträgern** (vgl 8) ist umstritten. Immerhin dürfte aber die vorzugswürdige Meinung überwiegen, daß Amtsträgern (namentlich Polizeibeamten) nicht nur in Ausnahmefällen im Rahmen ihrer Zuständigkeit und ihres Pflichtenkreises die Obhut konkreter Allgemein- oder Individualrechtsgüter anvertraut sein kann (vgl etwa Böhm JuS 61, 181; Wagner, Amtsverbrechen, 1975, S 242; Schultz, Amtswalterunterlassen, 1984, S 163; Brammsen aaO [vgl 6] S 190; Sangenstedt aaO [vgl 6] S 610; Freund aaO [vgl 6] S 291; Laubenthal JuS 93, 907; aM Herzberg aaO [vgl 6] S 356; Schünemann aaO [vgl 6] S 329, 363; Winkelbauer JZ 86, 1119; Rudolphi JR 87, 336 und 95, 167; Ranft JZ 87, 908, 914; Mitsch NStZ 93, 384; Bergmann StV 93, 518; s auch LG Osnabrück NStZ 96, 437 mit abl Anm Bringewat und die Nachw unter 7 a zu § 258; 4 zu § 258 a; 8–13 vor § 324). – Schließlich werden auch in anderen Zusammenhängen weitgehende Einschränkungen empfohlen (vgl etwa Rudolphi aaO [vgl 6] S 125; Welp, Vorausgegangenes Tun als Grundlage einer Handlungsäquivalenz der Unterlassung, 1968, S 274). Umgekehrt wird im Bereich der Wirtschaftskriminalität zunehmend – allerdings mit sehr verschiedenen Begründungsansätzen (Bottke wistra 91, 81, 85), im Ergebnis aber wohl mit Recht – die sog **Geschäftsherrenhaftung,** dh eine generelle Garantenpflicht des Betriebsinhabers und leitender Funktionäre im Betrieb zur Verhinderung von betriebsbezogenen Straftaten nachgeordneter Betriebsangehöriger befürwortet (Schubarth SchwZStr 76, 370; Schünemann ZStW 96, 287, 310 und Madrid-Symposium, S 265, 274; Rogall ZStW 98, 573, 613; Bottke, Haftung aus Nichtverhütung von Straftaten Untergebener in Wirtschaftsunternehmen de lege lata, 1994; s auch BGHSt 37, 106; Göhler, Dreher-FS, S 611; Brammsen GA 93, 97, 110; Rengier KKOWiG 47–50 zu § 8; abl Hsü, Garantenstellung des Betriebsinhabers zur Verhinderung strafbarer Handlungen seiner Angestellten?, 1986; Jescheck LK 45; Rudolphi SK 35 a; speziell zur Garantenpflicht des Aufsichtsrats zur Verhinderung solcher Straftaten der Organe des Unternehmens Cramer, Stree/Wessels-FS, S 563).

15 bb) In jedem Fall setzt eine solche Verhinderungspflicht eine die Verantwortung begründende besondere Beziehung voraus (dazu Tenckhoff JuS 78, 308; näher konkretisierend Freund aaO [vgl 6]

S 252), die meistens in einer **Vertrauenslage** besteht, in der sich der von der Straftat Bedrohte auf das verhindernde Tätigwerden eines anderen verlassen durfte (Karlsruhe GA 71, 281; Braunschweig GA 77, 240). Das kann zutreffen, wenn ein Gastwirt (NJW 66, 1763) oder ein Wohnungsinhaber (BGHSt 27, 10 mit Bespr Naucke JR 77, 290 und Tenckhoff aaO; zusf Otto/Brammsen Jura 85, 646) körperliche Angriffe auf die von ihm aufgenommenen Gäste geschehen läßt; jedoch hat ein Rauminhaber nicht schon als solcher dafür einzustehen, daß in seinen Räumen keine Straftaten begangen werden (BGHSt 30, 391; NJW 93, 76; s auch wistra 93, 59; Zweibrücken StV 86, 483; Reus/Vogel MDR 90, 869; eingehend Landscheidt, Zur Problematik der Garantenpflichten aus verantwortlicher Stellung in bestimmten Räumlichkeiten, 1985, alle mwN).

4. Nach Abs 1 muß das unechte Unterlassen ferner der **Verwirklichung des gesetzlichen Tatbestandes durch ein Tun entsprechen.** Diese sog **Entsprechensklausel** ist umstritten (den Meinungsstand zusf Nitze, Die Bedeutung der Entsprechensklausel beim Begehen durch Unterlassen [§ 13 StGB], 1989, S 15, der sie zu Unrecht für funktionslos hält). Mindestens schränkt sie bei den erfolgsverbundenen Tätigkeitsdelikten, die durch eine gesetzliche Beschreibung der Tatmodalitäten charakterisiert sind (32 vor § 13), die Möglichkeit der Begehung auf solche Fälle der Untätigkeit ein, die denselben sozialen Sinngehalt aufweisen, wie das im Tatbestand beschriebene positive Tun (sog Modalitätenäquivalenz; vgl Rudolphi ZStW 86, 70). Darüber hinaus ist eine vorsichtige Erweiterung auf Tatbestände mit beliebiger Art der Erfolgsverursachung möglich, weil die Bewirkensäquivalenz nicht notwendig schon durch die Garantenstellung als solche hergestellt wird (Arzt JA 80, 712, 716; Kahlo aaO [vgl 4] S 322; Tröndle 17; aM Roxin JuS 73, 197, 198; Küper aaO [vgl 3] S 99; Rudolphi aaO [vgl 6] S 55; Jescheck, 140 Jahre GA, S 115, 125; krit Schünemann ZStW 96, 287, 312; zw). Eine Erstreckung der Klausel auch auf Fälle der Unzumutbarkeit des gebotenen Handelns (vgl 5) scheidet jedoch aus (hM; anders Karlsruhe MDR 75, 771). 16

5. a) Abs 2 sieht im unechten Unterlassen einen **fakultativen besonderen gesetzlichen Milderungsgrund** im Sinne des § 49 I (dort 2). Er beruht im wesentlichen auf Schulderwägungen, weil es zur Vornahme einer positiven Handlung idR stärkerer Willensintensität bedarf als zu einem untätigen Geschehenlassen (Roxin JuS 73, 197, 200; krit Jescheck, 140 Jahre GA, S 115, 127, beide mwN); jedoch kann auch der Unrechtsgehalt unechten Unterlassens hinter dem entsprechenden Begehungsdelikt zurückbleiben (NJW 82, 393 mit Anm Bruns JR 82, 465; Jescheck LK 61; str). 17

b) Zunächst ist zu entscheiden, ob von der Milderungsmöglichkeit **überhaupt Gebrauch gemacht wird** (dazu und zu der Frage, wel- 18 chen Regeln diese Würdigung folgt, 4 zu § 49). Danach sind auf dieser Stufe grundsätzlich nur „unterlassungsrelevante" Umstände zu prüfen (NJW 82, 393; diff Bruns, Tröndle-FS, S 125, 130). Außerdem sollte hier die Mehrzahl der Fälle ausgeschieden werden, in denen eine konkrete Schulddifferenz zwischen Tun und Unterlassen schon nach der Art des Tatbestandes unwahrscheinlich ist; das dürfte nicht nur für die Pflichtdelikte, zB Untreue (2 zu § 266) und Rechtsbeugung (5 zu § 336), sondern auch für die meisten erfolgsverbundenen Tätigkeitsdelikte (32 vor § 13) zutreffen (Roxin JuS 73, 197, 200; mit anderem Ansatz diff Timpe JR 90, 428). Außerdem wird die Milderung zu versagen sein, wenn der Schuldgehalt des Unterlassens nach den Umständen des Einzelfalls nicht hinter vergleichbarem positiven Tun zurückbleibt (bei Detter NStZ 93, 473). – Wird von der Milderungsmöglichkeit Gebrauch gemacht, so ändert sich zunächst **nur der Strafrahmen** nach dem Maßstab des § 49 I (beachte auch § 50). Zur Strafzumessung innerhalb dieses Rahmens 10 zu § 49.

19 **c)** Soweit das Gesetz in einzelnen Tatbeständen nicht nur die positive Herbeiführung eines schädlichen Erfolges, sondern auch die Begehungsform des pflichtwidrigen Unterlassens beschreibt (zB in §§ 223 b I, 340 I), liegt eine spezielle Regelung der Gleichstellungsfrage vor, auf die Abs 2 nicht anwendbar ist (BGHSt 36, 227; Rudolphi ZStW 86, 68, 69; aM Schünemann ZStW 96, 287, 317; zw).

20 **6.** Zu **Vorsatz und Irrtum** beim Unterlassungsdelikt 7, 23 zu § 15; 5 zu § 16; zum fahrlässigen Unterlassen 54 zu § 15. – Wann eine Unterlassung **vollendet** ist, läßt sich nicht allgemein, sondern nur nach dem jeweils verletzten Tatbestand bestimmen (zusf Schaffstein, Dreher-FS, S 147); zum **Versuch** beim unechten Unterlassungsdelikt 17 zu § 22. – Zur **Teilnahme** durch Unterlassen oder durch Beteiligung am Unterlassungsdelikt 3 zu § 26; 5, 6 zu § 27.

21 **7.** Auch nach Einführung des § 13 ist die **verfassungsrechtliche Problematik** des unechten Unterlassungsdelikts im Hinblick auf den Bestimmtheitsgrundsatz (2 zu § 1) nicht voll ausgeräumt. Das Gesetz hat alle wesentlichen Sachfragen, die für die Abgrenzung relevant sind, ungelöst gelassen. Jedoch dürfte nach den allgemeinen Grundsätzen, die in der verfassungsrechtlichen Rspr entwickelt worden sind (zB BVerfGE 26, 41), die Verfassungsmäßigkeit nicht in Zweifel zu ziehen sein (Roxin JuS 73, 197; Fünfsinn, Der Aufbau des fahrlässigen Verletzungsdelikts durch Unterlassen im Strafrecht, 1985, S 9; krit Lilie JZ 91, 541; aM Schürmann, Unterlassungsstrafbarkeit und Gesetzlichkeitsgrundsatz, 1986, S 126, 187; Seebode, Spendel-FS, S 317, alle mwN; s auch Nikkel, Die Problematik der unechten Unterlassungsdelikte im Hinblick auf den Grundsatz „nullum crimen sine lege" [Artikel 103 Abs 2 GG], 1972).

§ 14 Handeln für einen anderen

(1) **Handelt jemand**

1. als vertretungsberechtigtes Organ einer juristischen Person oder als Mitglied eines solchen Organs,

2. als vertretungsberechtigter Gesellschafter einer Personenhandelsgesellschaft oder

3. als gesetzlicher Vertreter eines anderen,

so ist ein Gesetz, nach dem besondere persönliche Eigenschaften, Verhältnisse oder Umstände (besondere persönliche Merkmale) die Strafbarkeit begründen, auch auf den Vertreter anzuwenden, wenn diese Merkmale zwar nicht bei ihm, aber bei dem Vertretenen vorliegen.

(2) **Ist jemand von dem Inhaber eines Betriebs oder einem sonst dazu Befugten**

1. beauftragt, den Betrieb ganz oder zum Teil zu leiten, oder

2. ausdrücklich beauftragt, in eigener Verantwortung Aufgaben wahrzunehmen, die dem Inhaber des Betriebs obliegen,

und handelt er auf Grund dieses Auftrags, so ist ein Gesetz, nach dem besondere persönliche Merkmale die Strafbarkeit begründen, auch auf den Beauftragten anzuwenden, wenn diese Merkmale zwar nicht bei ihm, aber bei dem Inhaber des Betriebs vorliegen. Dem Betrieb im Sinne des Satzes 1 steht das Unternehmen gleich. Handelt jemand auf Grund eines entsprechenden Auftrags für eine Stelle, die Aufgaben der öffentlichen Verwaltung wahrnimmt, so ist Satz 1 sinngemäß anzuwenden.

(3) **Die Absätze 1 und 2 sind auch dann anzuwenden, wenn die Rechtshandlung, welche die Vertretungsbefugnis oder das Auftragsverhältnis begründen sollte, unwirksam ist.**

1. a) Der **Grundgedanke** der Vorschrift besteht darin, im Rahmen 1
des kriminalpolitischen Bedürfnisses den Anwendungsbereich solcher Tatbestände, die sich an bestimmte Normadressaten richten, auch auf deren Vertreter zu erstrecken, soweit diese tatsächlich oder rechtlich die Erfüllung der den Normadressaten obliegenden Sonderpflichten übernommen haben. § 14 ist danach keine allgemeine Regelung der strafrechtlichen Haftung natürlicher Personen für Pflichtverletzungen in Unternehmen oder anderen Verbänden, sondern in seinem Anwendungsbereich auf solche Tatbestände beschränkt, die nicht für jedermann gelten, sondern nur für (natürliche oder juristische) Personen Sonderpflichten begründen (hM; vgl etwa Kuhlen WiVerw 91, 181, 241; Winkemann, Probleme der Fahrlässigkeit im Umweltstrafrecht, 1991, S 143; Schlüchter, Salger-FS, S 139, 143). Deshalb ist stets vorab zu prüfen und in Grenzfällen durch Auslegung zu ermitteln, ob der in Frage kommende Tatbestand wirklich ein solches Sonderdelikt be-

schreibt und ob er keine dem § 14 vorgehende Sonderregelung für Vertreter (iwS) enthält (Schünemann LK 19–26). Die dogmatische Ableitung der Vertreterhaftung ist umstritten (eingehend Schünemann LK 10–18), für die praktische Anwendung aber nur von untergeordneter Bedeutung. Jedenfalls handelt es sich um einen allgemeinen Strafausdehnungsgrund, der für das gesamte Strafrecht gilt, aber im Nebenstrafrecht seinen Schwerpunkt hat (s auch § 9 OWiG). – An der Vorschrift, die im Bereich des Abs 2 schwer vertretbare Strafbarkeitslücken läßt (hM; anders Marxen JZ 88, 286 und NK 8–18), ist vielfältige Kritik geübt worden (vgl etwa Schünemann, Unternehmenskriminalität und Strafrecht, 1979, S 127; Bruns GA 82, 1, 28; Weber ZStW 96, 376, 409; Tiedemann NJW 86, 1842). Das 2. WiKG (2 vor § 263) hat ihr nur in sehr engen Grenzen Rechnung getragen (zu fortbestehenden Reformforderungen Achenbach JuS 90, 601, 602; Bottke wistra 91, 81, 83; Schünemann LK 77, 78, alle mwN). Auch ein Vorschlag der SPD-Fraktion (BT-Dr 12/376 S 3, 13) und das BRates (BT-Dr 12/192 S 37), im 31. StÄG (6 a vor § 324) den Anwendungsbereich des Abs 2 Nr 2 durch Streichung des Wortes „ausdrücklich" zu erweitern, ist im Gesetzgebungsverfahren gescheitert (BT-Dr 12/7300 S 26).

1 a **b)** Die Regelung des § 14 hängt nicht zuletzt auch mit der Problematik der sog **Verbands- (Unternehmens-)Haftung** zusammen. Täter und Teilnehmer einer Straftat können nur **natürliche Personen** sein. Juristische Personen (vgl 2) und andere Personenmehrheiten sind als solche im strafrechtlichen Sinne nicht handlungsfähig. Es trifft sie daher auch keine strafrechtliche Verantwortlichkeit für Handlungen ihrer Organe und Vertreter. Umgekehrt hängt deren Strafbarkeit allein davon ab, ob sie in ihrer Person die gesetzlichen Voraussetzungen erfüllen; § 14 hat insoweit lückenschließende Funktion. Zu der Möglichkeit gegen juristische Personen oder Personenvereinigungen eine Geldbuße zu verhängen, wenn deren leitende Funktionäre eine Straftat oder Ordnungswidrigkeit begangen haben, beachte § 30 OWiG (zu nur teilweise begründeten Unterschieden zwischen Straf- und Ordnungswidrigkeitenrecht Achenbach, Stree/Wessels-FS, S 545). – Auf der Grundlage des geltenden Rechts ist der Ausschluß der Unternehmenshaftung **unbestritten. Reformbestrebungen,** das nach dem Vorbild ausländischer Regelungen (zB Frankreich, Koch ZStW 107, 405; England und Wales, Wells ZStW 107, 676) zu ändern, sind während des ganzen Jahrhunderts wirksam gewesen. Sie haben bisher zwar noch nicht zum Erfolg geführt, aber nach dem gegenwärtigen Diskussionsstand gute Aussicht, sich in absehbarer Zeit durchzusetzen (vgl etwa Jescheck ZStW 65, 210; Schmitt, Strafrechtliche Maßnahmen gegen Verbände, 1958; Schünemann, Unternehmenskriminalität und Strafrecht, 1979, S 155 und in: Madrid-Symposium, S 265; Ackermann, Die Strafbarkeit juristischer Personen im deutschen Recht und in ausländischen Rechtsordnungen, 1984; Stratenwerth, Schmitt-FS, S 295; Hirsch, Die Frage der Straffähigkeit von Personenverbänden, 1993 und ZStW 107,

285; Schroth, Unternehmen als Normadressaten und Sanktionsobjekte, 1993; Volk JZ 93, 429; Otto, Die Strafbarkeit von Unternehmen und Verbänden, 1993; Alwart ZStW 105, 752; Ehrhardt, Unternehmensdelinquenz und Unternehmensstrafe, 1994; Vadillo, Madrid-Symposium, S 297; Achenbach, Coimbra-Symposium, S 283; Heine, Die strafrechtliche Verantwortlichkeit von Unternehmen, 1995 und ÖJZ 96, 211; Tiedemann, in: Schoch ua [Hrsg], Freiburger Begegnung, 1996, S 30; Ransiek, Unternehmensstrafrecht. Strafrecht, Verfassungsrecht, Regelungsalternativen, 1996; s auch Lampe ZStW 106, 683, 697, 707, 728; Heine JZ 95, 651; Mäder ZStW 107, 689; Seelmann ZStW 108, 652; Sch/Sch-Cramer 112 vor § 25; rechtsvergleichend Achenbach ua, Coimbra-Symposium, S 283–366).

2. Persönlicher Anwendungsbereich 2

a) Abs 1: Juristische Personen sind Organisationen mit eigener Rechtspersönlichkeit (zB AG, GmbH, eingetragener Verein, Stiftung; zur sog Vor-GmbH beachte Deutscher/Körner wistra 96, 8); bei der Einmann-GmbH ist nur der Geschäftsführer, nicht der Einmann-Gesellschafter oder dessen Generalbevollmächtigter Organ (Binz NJW 78, 802; aM Fleischer NJW 78, 96, beide mwN). – **Personenhandelsgesellschaften** sind die OHG und die KG (krit dazu Schulte NJW 83, 1773 mwN); nicht erfaßt sind die BGB-Gesellschaft und der nichtrechtsfähige Verein. Bei der GmbH und Co-KG fällt der Geschäftsführer der GmbH unter die Vorschrift (Stuttgart MDR 76, 690; s auch Demuth/Schneider BB 70, 641, 643; Bruns GA 82, 1, 11). – **Gesetzliche Vertreter** sind auch die Parteien kraft Amtes, wie zB Konkursverwalter, Vergleichsverwalter, Nachlaßverwalter und Testamentsvollstrecker (BT-Dr V/1319 S 63; zusf Demuth/Schneider aaO).

b) Abs 2 hat für den BT nur geringe Bedeutung (zu § 323 beachte Hamm NJW 69, 2211). Sein Schwerpunkt liegt im Nebenstrafrecht. 3

aa) **Betrieb** vgl 15 zu § 11. – Mit der **Betriebsleitung beauftragt** (Nr 1) ist, wem ausdrücklich oder stillschweigend (MDR 90, 41) die Geschäftsführung so übertragen wurde, daß er (ganz oder teilweise) selbständig und verantwortlich für den Betriebsinhaber handelt; teilweise Leitung kann Leitung eines räumlich selbständigen Betriebsteils (Zweigniederlassung) oder eines selbständigen Aufgabenbereichs im Gesamtbetrieb sein (BGH aaO; krit zur Unbestimmtheit der Abgrenzung BT-Dr 10/318 S 15; Marxen JZ 88, 286 mwN). – **Ausdrücklich** (krit dazu BT-Dr aaO; s auch 1) **beauftragt** (Nr 2) ist, wem durch (schriftliche oder mündliche) Erklärung des Befugten bestimmte Aufgaben zugewiesen sind. Dabei ist nur die Umschreibung des Aufgabenbereichs im ganzen (zB Bearbeitung der Personal- oder der Steuersachen), nicht die Angabe jeder einzelnen Aufgabe und auch nicht die Angabe der mit den Aufgaben verbundenen Pflichten erforderlich (BT-Dr 10/5058 S 25). **In eigener Verantwortung** setzt selbständige Wahrnehmung des Aufgabenbereichs (BGH aaO), dh mindestens Entscheidungsbefugnis mit einem gewissen Bewegungsspielraum voraus (BT-Dr zu V/2601 S 15).

4 bb) Die Vorschrift bezieht sich nur auf **betriebsbezogene Aufgaben,** dh auf solche, die dem Betriebsinhaber in dieser Eigenschaft obliegen. Die Haftung des Beauftragten tritt nicht ein, wenn die Zuweisung des Aufgabenbereichs rechtlich verboten oder sozialinadäquat ist (Marxen JZ 88, 286, 288; aM Schünemann LK 62, beide mwN; zw).

5 cc) Wieweit der Normadressat durch die Übertragung von **eigener Verantwortlichkeit frei** wird, bestimmt sich nicht nach § 14, sondern nach allgemeinen Regeln, namentlich nach dem Umfang der Aufsichtspflicht (Celle NJW 69, 759; zusf Schünemann LK 65, 66).

6 **c) Abs 3** bezieht die **faktische,** wegen Unwirksamkeit der Bestellung aber rechtlich nicht legitimierte Tätigkeit von Organen, Vertretern und Beauftragten in den Anwendungsbereich ein (bei Holtz MDR 80, 453). Die bloße Ausfüllung einer den Abs 1, 2 entsprechenden tatsächlichen Stellung genügt daher nicht; es muß vielmehr ein (unwirksamer) Bestellungsakt hinzukommen (Demuth/Schneider BB 70, 641, 646; Hoyer NStZ 88, 369). Diese zweite Begrenzung wird allerdings durch die in der Rspr anerkannte, im Hinblick auf Art 103 II GG nicht unproblematische Lehre vom sog **„faktischen" Organ** weitgehend überspielt (vgl etwa BGHSt 21, 101, 103; 31, 118 mit Bespr Bruns JR 84, 133; StV 84, 461 mit Anm Otto; Düsseldorf NStZ 88, 368 mit Anm Hoyer; Bay MDR 91, 890; Tiedemann NJW 86, 1842, 1845; Schäfer wistra 90, 81; Hildesheim wistra 93, 166; Dierlamm NStZ 96, 153; zusf Löffeler wistra 89, 121; Fuhrmann, Tröndle-FS, S 139; Gübel, Die Auswirkungen der faktischen Betrachtungsweise auf die strafrechtliche Haftung faktischer GmbH-Geschäftsführer, 1994; Schünemann LK 67–72).

7 **3. a) Handeln** (Abs 1) kann positives Tun oder pflichtwidriges Unterlassen (2–15 zu § 13) sein. Ist der Aufgabenbereich der Vertretung intern auf mehrere Personen, zB bei einer juristischen Person oder einer Handelsgesellschaft auf mehrere Mitglieder eines Organs oder mehrere Gesellschafter aufgeteilt, so bleiben sie alle Normadressaten (Bruns GA 82, 1, 12; aM Schünemann LK 52); jedoch ist Untätigkeit außerhalb ihres Verantwortungsbereichs meist nicht als Unterlassungsdelikt tatbestandsmäßig, weil es an der Möglichkeit, der Erkennbarkeit oder der Zumutbarkeit der gebotenen Handlung und uU auch an der Pflichtwidrigkeit des Unterlassens fehlt (vgl etwa Hamm NJW 71, 817; Bay NJW 74, 1341; Demuth/Schneider BB 70, 641, 644).

8 **b)** Handeln **„als"** (Abs 1) oder **„auf Grund des Auftrags"** (Abs 2) setzt einen objektiven Zusammenhang mit dem Pflichtenkreis des Normadressaten voraus (NJW 69, 1494), an dem es nach der Rspr bei Handeln in ausschließlich eigenem Interesse fehlen soll (BGHSt 30, 127; wistra 86, 262; NStZ 87, 279 mit abl Anm Gössel JR 88, 256; Schünemann LK 50, 51 mwN; einschr BGHSt 34, 221 mit krit Anm Winkelbauer JR 88, 33; aM Labsch wistra 85, 1, 4, 59, Lampe GA 87,

241, 251, Weber StV 88, 16, Reiß wistra 89, 81, Schäfer wistra 90, 81, 83, Arloth NStZ 90, 570, 574 und Deutscher/Körner wistra 96, 8, die die Interessenformel ablehnen und das Ergebnis aus dem Pflichtenkreis des Täters ableiten).

4. Die **besonderen persönlichen Merkmale** nach Abs 1 sind mit denen des § 28 (dort 3) nicht gleichbedeutend (Gallas ZStW 80, 1, 21; Blauth, Handeln für einen anderen nach geltendem und kommenden Strafrecht, 1968, S 109, 113; Herzberg ZStW 88, 68, 110; Bruns GA 82, 1, 13; aM Langer, Lange-FS, S 241, 254). Ihr sachlicher Gehalt ist noch nicht abschließend geklärt (vgl etwa Wiesener, Die strafrechtliche Verantwortlichkeit von Stellvertretern und Organen, 1971; Bruns, Heinitz-FS, S 317, 324 und GA 82, 1; Schünemann aaO [Unternehmenskriminalität; vgl 1] S 127, 227, GA 86, 293, 334 und LK 31–40). 9

a) Da die Vorschrift die Strafdrohung gegen bestimmte Normadressaten auf deren Vertreter erstreckt (vgl 1), kommen nach wohl noch herrschender, aber umstrittener Meinung nur solche Merkmale in Frage, die **den Täter, objektiv kennzeichnen** und die eine Vertretung (iwS) nicht ausschließen (zw; mit zT beachtlichen Erwägungen grundsätzlich anders Schünemann aaO [vgl 1, 9] und Bruns GA 82, 1). Daher scheiden aus: 10

aa) alle **subjektiven Merkmale** (Gesinnungs-, Motiv- und Absichtsmerkmale, 4 zu § 28) sowie alle finalen Merkmale, die – wie zB das Sich-Zueignen bei der Unterschlagung (BGHSt 40, 8, 19; 41–GS–, 187, 198) – eine bestimmte Innentendenz des Delikts begründen; sie sind untrennbar mit dem Handlungsvollzug verbunden und können deshalb nicht selbständig beim Vertretenen vorliegen (hM; anders Bruns GA 82, 1, 33); 11

bb) alle **höchstpersönlichen Merkmale,** bei denen der Normadressat nicht durch einen Extraneus gleichwertig repräsentiert werden kann (str). Hierher gehören namentlich alle Merkmale, die den Täter in einer tatsächlichen, nicht auswechselbaren Lage beschreiben (zB Gefangener, § 121; Schiffsmann, § 297) oder die aus rechtlichen Gründen an seine Person gebunden sind (zB Amtsträger, § 11 I Nr 2; Arzt, Zahnarzt usw, § 203 I; Unfallbeteiligter, § 142). 12

b) Was übrigbleibt, sind Merkmale, die namentlich in **drei Tatbestandsgruppen** vorkommen: 13

aa) In Tatbeständen, die bestimmten Personengruppen (einschl juristischen Personen) die **Sonderpflicht** auferlegen, daß in einzelnen sozialen Bereichen ein von der Rechtsordnung erwünschter Zustand gewährleistet wird, und ihnen deshalb (zB als Unternehmer, Arbeitgeber, Hersteller, Veranstalter, Betreiber von Anlagen) Sonderpflichten auferlegen. Das gilt auch, wenn ein Sacheigentümer oder -besitzer nach den allgemeinen Regeln (13 zu § 13) Sicherungspflichten hat (LG Koblenz NStZ 87, 281 mwN). Ob diese Pflichten von ihnen selbst oder anderen erfüllt werden, ist für die Schutzwirkung idR gleichgültig.

14 bb) In Tatbeständen, die Verletzungshandlungen nur bestimmten, in besonderer Beziehung zum geschützten Rechtsgut stehenden Personengruppen bei Strafe verbieten, weil von ihnen erfahrungsgemäß spezifische Gefahren für das Rechtsgut ausgehen (zB der Gemeinschuldner nach § 283; der Vollstreckungsschuldner nach § 288). Hier kann der Vertreter den Normadressaten regelmäßig gleichwertig repräsentieren.

15 cc) In Tatbeständen, in denen die Täterbeschreibung auch Personenmehrheiten und natürliche Personen einschließt, für die Organe, gesetzliche Vertreter (Abs 1) oder Beauftragte (Abs 2) gleichwertig handeln können, wie zB Veranstalter oder Halter nach § 284 (Bay NJW 79, 2258; aM Meurer/Bergmann JuS 83, 668, 673; anders auch Wiesener aaO [vgl 9] S 49, Schünemann LK 20 und Marxen NK 19, 20, die aufgrund tatsächlicher Betrachtungsweise unmittelbar die Vertreter als Veranstalter usw ansehen; zw) und Verteiler von Gegenständen nach § 5 AMG (Bruns, Heinitz-FS, S 317, 327). Sogar Zahlungseinstellung und Konkurseröffnung nach § 283 VI werden hier einbezogen (Bay NJW 69, 1495; zw).

16 **5.** Der **Vorsatz** des Vertreters oder Beauftragten muß bei Vorsatzdelikten auch die Umstände umfassen, aus denen sich die Vertreterhaftung ergibt. Bei Kenntnis dieser Umstände ist das Fehlen des Bewußtseins, die dem Vertretenen (Auftraggeber) obliegenden Pflichten erfüllen zu müssen, für den Vorsatz unerheblich (14, 15 zu § 15).

§ 15 Vorsätzliches und fahrlässiges Handeln

Strafbar ist nur vorsätzliches Handeln, wenn nicht das Gesetz fahrlässiges Handeln ausdrücklich mit Strafe bedroht.

1 **I. 1.** Nach ihrem **Regelungsgehalt** hat die Vorschrift nur technische Bedeutung. Sie ermöglicht es, in den Deliktsbeschreibungen die Strafbarkeit auf vorsätzliches Handeln zu beschränken, ohne auf das Vorsatzerfordernis besonders hinweisen zu müssen. Abweichend vom früheren Recht (vgl zB BGHSt 6, 131) ist es daher nicht zulässig, bei Fehlen eines solchen Hinweises aus Sinn und Zweck der Vorschrift zu ermitteln, ob auch fahrlässiges Handeln mit Strafe bedroht ist. Das EGStGB (5 vor § 1) hat die durch diese Formalisierung gebotene technische Bereinigung des gesamten Strafrechts durchgeführt, so daß nunmehr jedem Tatbestand die verbindliche gesetzgeberische Entscheidung über Erfassung oder Ausschluß fahrlässigen Handelns zugrunde liegt.

2 **2.** Da das Gesetz auf eine Begriffsbestimmung von Vorsatz und Fahrlässigkeit verzichtet (zu den Gründen BT-Dr V/4095 S 8), müssen sie von Rspr und Lehre näher konkretisiert und in den Verbrechensaufbau eingeordnet werden.

3 **II.** Eine **unpräzise Kurzformel** beschreibt den **Vorsatz** als Wissen und Wollen der Tatbestandsverwirklichung (RGSt 51, 305, 311). Im

Schrifttum ist sie überwiegend nur mit näheren, zum Teil umstrittenen Konkretisierungen anerkannt (dazu 23–25); von einer Mindermeinung wird sie auch ganz verworfen (dazu 27).

1. Wissen und Wollen müssen sich auf die **Tatbestandsverwirklichung,** dh auf diejenigen Merkmale **(Tatumstände)** erstrecken, die nach dem jeweiligen Deliktstypus den sog äußeren Tatbestand bilden (hM; anders Frisch, Vorsatz und Risiko, 1983, S 118, der nicht die Summe der Tatumstände, sondern nur das Verhaltenselement der Tatbestände [das „tatbestandsmäßige Verhalten"] in seiner Risikobezogenheit auf das Rechtsgut als Gegenstand des Vorsatzes ansieht; ähnlich Schlehofer, Vorsatz und Tatabweichung, 1996, S 169; Silva-Sanchez ZStW 101, 352, 370; s dazu auch Küper GA 87, 479, 506; Brammsen JZ 89, 71, 80). 4

a) Die **Tatbestandsmerkmale** beschreiben die Tatumstände in abstrakten Begriffen, und zwar nicht nur in **deskriptiven** (zB Sache, wegnehmen), sondern auch in mehr oder weniger **normativen** (wertausfüllungsbedürftigen; zB Urkunde), die bisweilen sogar reine Rechtsbegriffe sind (zB Fremdheit der Sache). Die Unterscheidung ist dogmatisch umstritten (zusf Kindhäuser Jura 84, 465; abl Dopslaff GA 87, 1; Puppe GA 90, 145; krit auch Koriath Jura 96, 113, 125, alle mwN), für die Qualität eines Merkmals als Tatumstand aber unerheblich (vgl jedoch 14–17). 5

b) Nicht zu den **Tatumständen** gehören die objektiven Bedingungen der Strafbarkeit (30 vor § 13). Auch die **Rechtswidrigkeit** der tatbestandsmäßigen Handlung ist kein Tatbestandsmerkmal; sie ist mit Rücksicht auf die Funktion des Unrechtstypus, die Rechtswidrigkeit zu indizieren (17 vor § 13), allgemeines Verbrechensmerkmal (BGHSt-GS-2, 194). Das gilt unabhängig davon, ob die Strafvorschrift einen Hinweis auf den Widerspruch zum Recht enthält (zB „rechtswidrig" in § 303; „widerrechtlich" in § 239; „unbefugt" in § 168). Jedoch kann sich in Fällen, in denen ein Tatbestand das Unrecht nicht abschließend umschreibt, in einem solchen Hinweis ein zusätzliches Tatbestandselement verbergen, das den Tatbestand erst zum Unrechtstypus macht (vgl etwa 8 zu § 132; 10 zu § 132 a; 4 zu § 303 a). Es kommen auch weitere Ausnahmen in Frage, etwa wenn in einem Tatbestand nur ein einzelner Umstand (zB „zu Unrecht bereichern" in § 253, BGHSt 4, 105; „rechtswidriger Vermögensvorteil" in § 263, BGHSt 3, 160 MDR 97, 182) als rechtswidrig charakterisiert wird (GA 62, 144; unklar BGHSt 17, 87) oder wenn speziell Verwaltungsrechtswidrigkeit der Handlung vorausgesetzt wird (zB „unter Verletzung verwaltungsrechtlicher Pflichten", 4–12 zu § 325). Grundsätzlich kann daher die Einordnung nicht nach abstrakten Regeln, sondern nur durch Auslegung des einzelnen Tatbestandes bestimmt werden (hM; vgl unten 14–17 sowie 22 zu § 17). 6

c) Bei den **unechten Unterlassungsdelikten** (§ 13) gehören zum Tatbestand nicht nur die für das Begehungsdelikt vorausgesetzten Merkmale, sondern auch die Umstände, aus denen sich die Möglichkeit 7 und Zumutbarkeit (str) der zur Erfolgsabwendung gebotenen Handlung sowie die Garantenstellung des Täters ergeben (5–15 zu § 13). Die aus der Garantenstellung folgende Garantenpflicht ist dagegen kein Tatumstand, sondern ebenso wie die Rechtswidrigkeit allgemeines Verbrechensmerkmal (hM; vgl etwa BGHSt-GS-16, 155; anders Wolff, Kausalität von Tun und Unterlassen, 1965, S 49; Stratenwerth AT Rdn 1038, 1039). Auch bei den **echten Unterlassungsdelikten** (4 zu § 13) ist die aus dem Gebotstatbestand folgende Handlungspflicht als solche kein Tatumstand; denn sie ist mit dem rechtlichen Handlungsgebot identisch, dessen Verletzung die Rechtswidrigkeit indiziert (BGHSt 19, 295). – Zum Unterlassungsvorsatz gehört jedenfalls das **Bewußtsein möglicher Erfolgsabwendung** (hM); im übrigen ist seine Struktur umstritten (vgl etwa Armin Kaufmann, Die Dogmatik der Unterlassungsdelikte, 1959, S 66, 116, 309 und v Weber-FS, S 207; Grünwald, Mayer-FS, S 281; Spendel JZ 73, 137, 141; s auch Jakobs JuS 69, 485; Haffke ZStW 87, 44, 47 sowie unten 23).

8 **d)** Rein **subjektive (täterpsychische) Merkmale,** wie Absichten (zB Bereicherungsabsicht, § 253 I), Motive (zB Beweggrund, § 211 II), Tendenzen (zB beharrlich, § 184 a) und Gesinnungen (zB rücksichtslos, § 315 c I Nr 2) können nicht in dem vorstehenden Sinne vom Vorsatz umfaßt sein. Sie gehören, da sie innerseelische Vorgänge und Zustände beim Täter beschreiben, nicht zum äußeren, sondern neben dem Vorsatz als selbständige Unrechts- oder Schuldelemente zum inneren Tatbestand (zusf Warda Jura 79, 71, 74; zur psychologischen Problematik dieser Merkmale Jäger, Henkel-FS, S 125, 136).

9 **2.** Auf der **Wissensseite** erfordert der Vorsatz als **intellektuelles Element,** daß sich der Täter zur Zeit der Handlung – dh im Regelfall während der Zeitspanne des Täterverhaltens vom Beginn (3, 4 zu § 22) bis zur Beendigung (3–7 zu § 24) des Versuchs, nicht notwendig bis zum Eintritt der Vollendung (Wolter, Leferenz-FS, S 545, 547; Herzberg, Oehler-FS, S 163, beide mwN) – des Vorliegens aller Umstände des äußeren Tatbestandes (vgl 4–7) bewußt ist (hM; krit Frisch aaO [vgl 4] S 57 und Kaufmann [Arm]-GedSchr, S 311, 339). – Grundsätzlich muß dieses Bewußtsein **aktuell** sein (NJW 53, 152). Jedoch sind Abschwächungen oder Ausnahmen für unreflektiertes, aber jederzeit verfügbares Wissen – mit allerdings noch nicht abschließend geklärten Begrenzungen – weithin anerkannt (zusf Schild, Stree/Wessels-FS, S 241; Otto Jura 96, 468); sie werden teils auf die Möglichkeit sachgedanklicher Erfassung von Sinnzusammenhängen gestützt (Schmidhäuser, Mayer-FS, S 317), teils auf die Anerkennung eines unreflektierten Mitbewußtseins (Bay NJW 77, 1974; Platzgummer, Die Bewußtseinsform des Vorsatzes, 1964; ähnlich Schewe, Bewußtsein und Vorsatz, 1967) und teils auch auf die Notwendigkeit normativer, tatbestandsabhängiger Bestimmung der subjektiven Anforderungen an eine „Entscheidung gegen das Rechtsgut“ (Frisch, Kaufmann [Arm]-GedSchr, S 311; beachte auch Köhler GA 81, 285; Jakobs AT 8/11, 12). Wenig geklärt ist na-

mentlich die Frage der Bewußtseinsform bei Affekttaten; für den Regelfall wird hier der Vorsatz (nicht zuletzt auch aus kriminalpolitischen Gründen) zu bejahen sein (hM; vgl Roxin 12/112 mwN; für den bedingten Vorsatz anders Prittwitz GA 94, 454). – Die **Gründe** für das Fehlen des erforderlichen Bewußtseins sind unerheblich; auch die Verkennung der Wirklichkeit aufgrund von Wahnvorstellungen schließt den Vorsatz aus (BGHSt 35, 347, 350; Roßmüller/Rohrer Jura 90, 582; aM Herzberg Jura 90, 16, 19). – Früheres, nicht mehr bewußtes (bzw jederzeit verfügbares) Wissen (dolus antecedens, BGHSt 6, 329) und nachträglich erlangte Kenntnis (**dolus subsequens,** BGHSt 10, 151; JZ 83, 864 mit Anm Hruschka; NStZ 84, 214) genügen nicht.

a) Im einzelnen muß die Vorstellung alle Tatumstände umfassen, die 10
der Tatbestand als Ausgangslage voraussetzt, ferner die Vornahme der Tathandlung selbst, den künftigen tatbestandsmäßigen Erfolg und den ihn mit der Handlung verbindenden Kausalverlauf (hM).

aa) Dazu ist keine volle Kongruenz zwischen wirklichem Geschehen und Vorstellungsbild des Täters erforderlich, wohl aber ein solches Maß an **Konkretisierung**, daß sich der wesentliche Gehalt der im objektiven Sachverhalt auffindbaren Tatumstände in der Tätervorstellung widerspiegelt (zu dem Grad der erforderlichen Bestimmtheit Schröder JR 68, 305; Backmann JuS 72, 196). Darüber hinaus haben sich einige Regeln entwickelt, nach denen bestimmte Unterschiede zwischen Wirklichkeit und Vorstellung für die Zurechnung erheblich oder unerheblich sind. Die Rspr hat solche Abweichungen traditionell nur im Rahmen des Vorsatzes, dh ausschließlich unter dem Gesichtspunkt subjektiver Zurechnung, behandelt (vgl dazu etwa Hillenkamp, Die Bedeutung von Vorsatzkonkretisierungen bei abweichendem Tatverlauf, 1971; zusf Backmann JuS 71, 113 und 72, 196, 326; Schreiber JuS 85, 873; offen gelassen in BGHSt 38, 32). Nachdem die hM früher der Rspr gefolgt war, haben sich inzwischen zahlreiche, im dogmatischen Ansatz unterschiedliche Lehren entwickelt, die bei der objektiven Zurechnung (14 vor § 13) und der subjektiven Kenntnis von deren Voraussetzungen ansetzen, aber nur ausnahmsweise zu abweichenden Ergebnissen führen (zusf Roxin, Kaufmann [Arm]-GedSchr, S 237; s auch Wolter, 140 Jahre GA, S 269, 276, 292; aM Armin Kaufmann, Jescheck-FS, S 251, 261; Hirsch, Köln-FS, S 399, 404; anders auch Puppe, Vorsatz und Zurechnung, 1992, S 21, 35 und NK 88–130 zu § 16, die schon für die objektive Zurechnung von Vorsatzunrecht die Schaffung einer „qualifizierten" Gefahr fordert und alle Abweichungen nach dem Maßstab der wissentlichen Setzung einer solchen Gefahr bewertet; ähnlich auch Schlehofer aaO [vgl 4] S 25, 57, der beim Versuchsdelikt auf die „Vorstellung" und beim vollendeten Delikt auf die „Kenntnis" der auf den Zeitpunkt des unmittelbaren Ansetzens (§ 22) zu beziehenden unmittelbaren Gefahr der Tatbestandsverwirklichung abstellt; ferner Moojer, Die Diskrepanz zwischen Risikovorstellung und Risikoverwirklichung, 1985; beachtenswerte Kritik an der Rspr und dem Diskussionsstand bei Frisch, Tatbestandsmäßiges Verhalten und Zurechnung des Erfolgs, 1988, S 571).

11 bb) Namentlich der **Kausalverlauf** braucht nur in seinen wesentlichen Zügen, nicht in allen Einzelheiten von der Tätervorstellung gedeckt zu sein. – Nach der **Rechtsprechung** berühren **unwesentliche Abweichungen** den Vorsatz nicht; unwesentlich ist dabei, was sich noch innerhalb der Grenzen des nach allgemeiner Lebenserfahrung Voraussehbaren hält (Adäquanzurteil) und keine andere Bewertung der Tat rechtfertigt (vgl etwa BGHSt 7, 325, 329; 38, 32; NJW 89, 176, alle mwN). – Im **Schrifttum** ist die Problematik nur in den dogmatischen Ansätzen, aber weniger in den Ergebnissen umstritten (vgl etwa Wolter ZStW 89, 649, GA 91, 531, 542 und in: Schünemann [Hrsg], Grundfragen des modernen Strafrechtssystems, 1984, S 103, 112; Schroeder GA 79, 321, 327; Herzberg JA 81, 369, 470; Schmoller ÖJZ 82, 449, 487; Driendl GA 86, 253; Joerden JahrbRuE 94, 307; Schlehofer aaO [vgl 4]; Puppe NK 95–101 zu § 16). – Unwesentliche Abweichungen **kommen namentlich in Frage** bei andersartiger Wirkungsweise der Handlung und uU auch bei verfrühtem Erfolgseintritt (hM; anders Hruschka JuS 82, 317, 320; Struensee, Kaufmann [Arm]-GedSchr, S 523, 533; Schroeder LK 34 zu § 16; einschr Wolter, Leferenz-FS, S 545, 559; Frisch aaO [vgl 10] S 621, alle mwN). Nach hM soll das sogar beim sog **dolus generalis** gelten, der dadurch gekennzeichnet ist, daß der Erfolg vermeintlich durch eine vorsätzliche Handlung, wirklich aber erst nachträglich unvorsätzlich herbeigeführt wurde, zB wenn der Täter das von ihm vermeintlich schon getötete Opfer erst durch eine nachträgliche Handlung zu Tode bringt, etwa dadurch, daß er es ins Wasser wirft oder in der Erde vergräbt (BGHSt 14, 193; nur für den Regelfall zust Puppe NK 102–106 zu § 16; einschr Roxin, Würtenberger-FS, S 109 und AT I 12/157–165; Wolter, Leferenz-FS, S 545, 559; Frisch aaO S 620; Schlehofer aaO S 176; Rudolphi SK 35, 35 a zu § 16; aM Maiwald ZStW 78, 30; Hruschka JuS 82, 317, 319; Hettinger, Spendel-FS, S 237; Toepel JuS 94, 1009, 1012; Schroeder LK 30, 31 zu § 16, alle mwN). Die Rspr bezieht hier auch den Fall der sog **sukzessiven Schuldunfähigkeit** ein, dh den Eintritt der Voraussetzungen des § 20 nach Beginn, aber vor Beendigung der Tathandlung (sehr weit BGHSt 23, 133 mit Anm Oehler JZ 70, 380; einschr Wolter, Leferenz-FS, S 545, 551; Schlehofer aaO S 175; Puppe NK 111, 112 zu § 16; krit Geilen JuS 72, 73, 76; Schroeder LK 33 zu § 16). Nicht unwesentlich ist dagegen die Abweichung, wenn ein außenstehender **Dritter** vor Erfolgseintritt in den Geschehensablauf eingreift und ihn selbständig auf den (oder einen gleichwertigen) Erfolg steuert (so für das „Einführen" von Drogen, die vor Überschreiten der Grenze gestohlen und vom Dieb selbst eingeführt werden, BGHSt 38, 32 mit krit Anm Graul JR 92, 114, beide mwN).

12 cc) Eine wesentliche Abweichung liegt auch vor, wenn ein Angriff fehlgeht, dh statt des ausersehenen ein anderes gleichwertiges Objekt verletzt (sog **aberratio ictus,** RGSt 58, 27). Hier kommen – wenn das

andere Objekt nicht aufgrund bedingten Vorsatzes einbezogen ist (BGHSt 34, 53) – nur Versuch und je nach den Umständen auch eine tateinheitlich begangene Fahrlässigkeitstat in Frage (hM); zur Vermeidung von Wertungswidersprüchen und nicht zuletzt auch aus Gerechtigkeitsgründen ist es nicht hinreichend begründbar, auch Objekte in den Zurechnungszusammenhang einzubeziehen, die von Vorstellung und Willen des Täters nicht gedeckt sind (sog Konkretisierungstheorie; vgl etwa Hettinger GA 90, 531; Streng JuS 91, 910, 911; Joerden JahrbRuE 94, 307, 321; Toepel JahrbRuE 94, 413 und JA 96, 886; eingehend Rath, Zur strafrechtlichen Behandlung der aberratio ictus und des error in objecto des Täters, 1993, S 247, alle mwN). Eine Ausscheidung von Fällen, in denen die Individualität des Objekts für das im Tatbestand vertypte Unrecht ohne Belang ist (sog materielle Gleichwertigkeitstheorie, Hillenkamp aaO [vgl 10] S 85) oder in denen es nach dem Tatplan nicht auf die Identität des Objekts ankommt (sog Tatplantheorie, Roxin AT I 12/149), erweckt wegen der Zurechnung vom Täter nicht gewollten Unrechts Bedenken. Die auf § 16 I S 1 gestützte Gegenposition, nach der die Konkretisierung des Vorsatzes auf bestimmte Objekte der jeweiligen Gattung unerheblich ist (sog Gleichwertigkeitstheorie; vgl ua Puppe NK 115–123 zu § 16; Kuhlen, Die Unterscheidung von vorsatzausschließendem und nichtvorsatzausschließendem Irrtum, 1987, S 479), hat zwar manche Gründe für sich, orientiert sich aber zu sehr an formalen Kriterien, deren Ableitung aus dem Gesetz nicht zwingend ist (zu Grenzfällen beachte 13 a).

dd) Die Verwechslung des Angriffsobjekts mit einem gleichwertigen **13**
anderen (sog **error in persona vel in obiecto**) berührt den Vorsatz grundsätzlich nicht (für die Standardfälle unstr). Sie liegt vor, wenn der Vorsatz auf ein bestimmtes, im Tatbestand vertyptes Objekt konkretisiert ist, dieses durch den Angriff auch verletzt wird, aber hinsichtlich seiner Identität oder sonstiger Eigenschaften nicht der Tätervorstellung entspricht. Dieser Irrtum betrifft keinen Tatumstand im Sinne des § 16 I S 1 und ist auch als Motivirrtum (krit dazu Rath, Zur Unerheblichkeit des error in persona vel in objecto, 1996, S 11) unerheblich (BGHSt 11, 268; 37, 214, 216; Bay JR 87, 431 mit Anm Streng; s auch Warda, Blau-FS, S 159).

ee) Die **Abgrenzung** der aberratio ictus vom error in obiecto kann **13 a**
in Grenzfällen schwierig sein. Insoweit ist der Streitstand noch sehr kontrovers (krit dazu Puppe NK 116–119 zu § 16). Vor allem für die Fälle, in denen der Täter das Tatobjekt nicht vor Augen hat, werden mit verschiedenen Ansätzen Differenzierungen vorgeschlagen, über die noch kein Konsens erzielt wurde (zusf Rath aaO [vgl 12] S 283; zum Streitstand im ganzen ua Herzberg JA 81, 369, 470; Prittwitz GA 83, 110, 127; Wolter, in: Schünemann aaO [vgl 11] S 103; Geppert Jura 92, 163; Rath aaO [vgl 13] S 13, 25; Schlehofer aaO [vgl 4] S 170; Toepel JA 96, 886; Roxin AT 12/168–176, alle mwN; beachte auch 6 zu § 26).

14 **b)** Die Vorstellung der Tatumstände muß lediglich deren Bedeutung richtig erfassen **(Bedeutungskenntnis).** Namentlich bei den normativen Tatbestandsmerkmalen (vgl 5) braucht der Täter nicht die aus den Gesetzesbegriffen folgende rechtliche Wertung zu vollziehen; hier genügt sog **Parallelwertung in der Laiensphäre** (oder besser: Parallelwertung im Täterbewußtsein), die voraussetzt, daß der Täter die Tatsachen kennt, die dem normativen Begriff zugrundeliegen, und auf der Grundlage dieses Wissens den sozialen Sinngehalt des Begriffs richtig begreift (hM; vgl etwa BGHSt 3, 248, 255; 4, 347; Mezger JZ 51, 179; zusf Roxin AT I 12/81–105 mwN; krit Arthur Kaufmann, Die Parallelwertung in der Laiensphäre, 1982 und Lackner-FS, S 185 sowie Groteguth, Norm- und Verbots[un]kenntnis § 17 Satz 2 StGB, 1993, S 78, 86, die auch das Begreifen des Unrechts selbst oder ein materiell-konkretes Verletzungswissen einbeziehen; Schlüchter, Irrtum über normative Tatbestandsmerkmale im Strafrecht, 1983 und JuS 93, 14, die zur Abgrenzung auf eine „teleologisch reduzierte Sachverhaltssicht" abstellt; in den Ansätzen abw auch Kuhlen aaO [vgl 12] S 204, der im Ergebnis zur Irrtumslehre des RG zurückkehrt; Frisch, in: Eser RuE III, S 217, 276 und Heidingsfelder, Der umgekehrte Subsumtionsirrtum, 1991, S 33, die die erforderliche Wertung nicht als Parallelwertung, sondern als Problem der Normkonkretisierung verstehen; Kindhäuser GA 90, 407, der die Parallelwertung erst im Rahmen der Vermeidbarkeit des Verbotsirrtums thematisiert; sowie Joerden JahrbRuE 94, 307, 322, der sich für die Abgrenzung auf eine logisch-analytische Methode stützt; ganz abl Dopslaff GA 87, 1, der die Unterscheidung zwischen deskriptiven und normativen Merkmalen überhaupt verwirft; ähnlich Puppe GA 90, 145, NK 28–33 vor § 13 und 48–55 zu § 16, die den Begriff der normativen Tatbestandsmerkmale schon im Ansatz abw definiert). – Daß der Täter den in seiner Bedeutung zutreffend erkannten Umstand rechtlich unrichtig subsumiert (er hält zB ein für den Rechtsverkehr erhebliches Beweiszeichen nicht für eine Urkunde nach § 267), ist als sog **Subsumtionsirrtum** für den Vorsatz unerheblich (hM; krit Frisch aaO S 282, der schon das Vorliegen eines Irrtums verneint); er kann aber als Verbotsirrtum Bedeutung gewinnen (dazu 22 zu § 17).

15 aa) Die **Abgrenzung** ist bisweilen schwierig und wegen der noch nicht abschließend geklärten Strukturelemente einer Parallelwertung (dazu Schlüchter aaO [vgl 14] S 67) seit langem umstritten (zur Dogmengeschichte des Abgrenzungsproblems Tischler, Verbotsirrtum und Irrtum über normative Tatbestandsmerkmale, 1984). Das gilt namentlich bei Taten nach §§ 153, 154, 156 (BGHSt 1, 13; 3, 248), § 184 (Stuttgart Justiz 77, 240) oder § 356 (BGHSt 5, 301; 9, 341; 18, 192) und ganz besonders bei Zuwiderhandlungen gegen Blankettatbestände des Nebenstrafrechts (22 zu § 17). Ferner gilt es auch bei den früher sog Komplexbegriffen (v Weber GA 53, 161), wie zB dem des Amtsträgers: Die Rspr läßt hier die Kenntnis der tatsächlichen Umstände genügen, aus denen sich die Amtsträgereigenschaft ergibt (BGHSt 2, 119; 8, 321),

sieht also vom Erfordernis der Parallelwertung ab. Dogmatisch erweckt das Bedenken, die jedoch im Ergebnis unschädlich sind; denn wer die Umstände seiner Bestellung als Amtsträger kennt, begreift regelmäßig auch die tatsächliche Bedeutung seiner Position als die eines staatlichen Aufgabenbereichs (Roxin AT I 12/97); ob er sich auch für einen Amtsträger hält, ist unerheblich (Subsumtionsirrtum, GA 59, 348).

bb) Ebenso umstritten ist auch die Behandlung der sog **gesamttat-bewertenden Tatbestandsmerkmale,** dh solcher Merkmale, die nicht nur das unrechtsbegründende Verhalten als solches beschreiben, sondern wegen ihres hohen normativen Gehalts zugleich schon die sonst dem allgemeinen Rechtswidrigkeitsurteil vorbehaltene Gesamtbewertung mitumfassen (zB grob verkehrswidrig in § 315 c I Nr 2; zumutbar in § 323 c); soweit hier bei der Subsumtion unter den normativen Begriff das Rechtswidrigkeitsurteil von den ihm zugrundeliegenden tatsächlichen Umständen getrennt werden kann, genügt für den Vorsatz die Kenntnis dieser Umstände, während die rechtliche Bewertung den Regeln über den Verbotsirrtum folgt (vgl etwa Hamm NJW 68, 212; Bay NJW 69, 565; Schaffstein, Celle-FS, S 175, 191; Schlüchter JuS 85, 373 und 617; Puppe GA 90, 145, 170, NK 34, 35 vor § 13 und 76, 77 zu § 16; Jescheck/Weigend AT S 296; Roxin AT I 12/89; krit Baumann, Welzel-FS, S 533; Arthur Kaufmann, Lackner-FS, S 185; Otto, Meyer-GedSchr, S 583, 586; die Rechtsfigur überhaupt abl Schmidhäuser AT 9/12). – Noch weitergehend nimmt die Lehre von den sog **Rechtspflichtmerkmalen** gewisse Elemente der Deliktsbeschreibung, deren Funktion darin besteht, die Pflichtwidrigkeit der Tatbestandsverwirklichung zu konkretisieren oder zu begrenzen, aus dem Tatbestand aus mit der Folge, daß der Irrtum über sie einen Verbotsirrtum bildet (Welzel JZ 52, 19, 133 und ZStW 67, 196, 224); die Lehre ist überwiegend auf Ablehnung gestoßen und auch inhaltlich eingeschränkt worden (dazu Armin Kaufmann, Klug-FS, S 277). 16

cc) Umstritten ist schließlich die Behandlung von Tatbestandsmerkmalen, die negative **Wertprädikate** ausdrücken (zB „pornographisch", 2, 9 zu § 184; „niedriger" Beweggrund, 5 zu § 211; „roh" mißhandeln, 5 zu § 223 b; „rücksichtslos" fahren, 19 zu § 315 c). Hier genügt es sowohl bei Merkmalen, die vom Vorsatz umfaßt sein müssen, als auch bei rein täterpsychischen Merkmalen (vgl 8), daß der Täter die Bedeutung der Umstände, die dem Wertprädikat unterliegen, richtig begreift; ob er das besondere Unwerturteil auch für sich selbst nachvollzieht, zB seinen Beweggrund selbst als niedrig bewertet (NJW 67, 1140), ist unerheblich (hM; expl Schaffstein, Celle-FS, S 197; diff Puppe NK 69–79 zu § 16; aM Kunert, Die normativen Merkmale der strafrechtlichen Tatbestände, 1958, S 102, alle mwN). 17

c) Das intellektuelle Element kann in der Weise erfüllt sein, daß der Täter die Tatbestandsverwirklichung **sicher kennt oder als sicher voraussieht** (Gewißheitsvorstellung) oder daß er das Vorliegen von 18

Tatumständen nur für **möglich** hält oder mit der **Möglichkeit** ihres Eintritts rechnet (Möglichkeitsvorstellung). Während bei der Absicht (vgl 20) jede der beiden Vorstellungen ausreicht, kommt bei der Wissentlichkeit (vgl 21) nur die Gewißheits- und beim bedingten Vorsatz (vgl 23) nur die Möglichkeitsvorstellung in Betracht (zu den danach möglichen Kombinationen Spendel, Lackner-FS, S 167).

19 **3.** Auf der **Willensseite** setzt der Vorsatz als **voluntatives Element** eine bestimmte psychische (emotionale) Einstellung des Täters zur Tatbestandsverwirklichung voraus (hM; beachte jedoch 26, 27), die sich bei den verschiedenen Vorsatzformen unterschiedlich ausprägt und deren Mindestinhalt noch nicht abschließend geklärt ist (zur psychologischen Problematik Schewe, Reflexbewegung, Handlung, Vorsatz, 1972, S 78; Krauß, Bruns-FS, S 11, 21; Janzarik ZStW 104, 65; Morselli ZStW 107, 324; s auch Stratenwerth ZStW 85, 469; zur Abgrenzung gegenüber der Motivation Krümpelmann ZStW 87, 888). Auf dieser Grundlage wird zwischen **direktem (unbedingtem) Vorsatz** mit seinen Spielarten der Absicht (vgl 20) und der Wissentlichkeit (vgl 21, 22) sowie dem **bedingten Vorsatz** (vgl 23–27) unterschieden (krit Puppe, Vorsatz und Zurechnung, 1992, S 35, 63, die das voluntative Element ausschl normativ bestimmt und deshalb die Unterscheidung verschiedener Vorsatzformen für gegenstandslos hält). Das voluntative Element ist stets – wie sich zwingend aus dem inneren Zusammenhang mit dem intellektuellen Element, aber im Gegensatz zu ihm ergibt – nicht auf jeden einzelnen Tatumstand, sondern auf die Verwirklichung des Tatbildes im ganzen zu beziehen.

20 **a)** Zu den Formen des **direkten Vorsatzes:**

aa) **Absicht:** Die Tatbestandsverwirklichung ist das Ziel, auf dessen Erreichung es dem Täter ankommt (vgl §§ 16, 17 I E 1962). Sie braucht nicht Endziel, dh Beweggrund (Motiv) zu sein; es genügt, wenn sie als Mittel zur Erreichung eines außertatbestandlichen Zwecks angestrebt wird (BGHSt 4, 107; 16, 1). Als intellektuelles Element, das auch hier unverzichtbar ist (aM Schroeder LK 76 zu § 16), genügt die bloße Möglichkeitsvorstellung (vgl 18), zB A schießt auf B, um ihn zu töten, rechnet aber mit einem Fehlgehen des Schusses (BGHSt 21, 283; unrichtig BGHSt 16, 1, 5). – Das Gesetz setzt Absicht häufig auch voraus, um den Tatbestand auf bestimmte Vorsatzformen zu beschränken oder um eine die Tathandlung begleitende Zweckvorstellung des Täters besonders zu erfassen, verfährt dabei aber uneinheitlich: Der Absichtsbegriff hat idR die Funktion, entweder nur den bedingten Vorsatz (vgl 23–27) auszuschließen (zB in § 288, RGSt 59, 314) oder, wie es hier vorausgesetzt wird, das auf den Erfolg zielgerichtete Wollen zu beschreiben (zB in § 263 I, BGHSt 16, 1), was der häufig vorkommenden Wendung „um zu“ (zB in § 253) entspricht; vereinzelt wird Absicht auch dem Beweggrund gleichgesetzt (zusf Oehler NJW 66, 1633; eingehend Gehrig, Der Absichtsbegriff in den Straftatbeständen des Besonderen Teils des StGB, 1986). Die Auslegung richtet sich stets nach dem jeweiligen Sinn- und Zweckzusammenhang, in dem das Merkmal vorkommt.

bb) **Wissentlichkeit:** Der Täter handelt, obwohl er weiß oder als sicher voraussieht, daß er den Tatbestand verwirklicht (vgl §§ 16, 17 II E 1962, § 17 III AE). Hier folgt der unbedingte Verwirklichungswille aus dem Handeln trotz Gewißheitsvorstellung (vgl 18), zB A setzt ein Haus in Brand und sieht als unerwünschte, aber unvermeidliche Nebenwirkung den Tod der Hausbewohner voraus. – Auch den Begriff „wissentlich" und andere inhaltsgleiche Begriffe verwendet das Gesetz bisweilen zur Ausgrenzung der bloßen Möglichkeitsvorstellung. In neueren Gesetzen stimmen sie mit der hier gegebenen Begriffsbestimmung überein (zB in §§ 87 I, 258 I, II). 21

cc) **Beabsichtigter unsicherer Erfolg mit sicherer Nebenfolge:** Der Täter strebt einen nur für möglich gehaltenen außertatbestandlichen Erfolg an, sieht für den Fall des Erfolgseintritts aber die Tatbestandsverwirklichung als sicher voraus; zB A legt zur Begehung eines Versicherungsbetrugs auf einem Schiff eine Zeitbombe und zweifelt an dem zeitgerechten Funktionieren des Zeitzünders, hält aber für den Fall der Zündung den Tod der Mannschaft für sicher. 22

b) Bedingter Vorsatz kommt nur in Frage, wenn der Täter handelt (mit unbedingtem Handlungswillen, GA 63, 147), obwohl er die Tatbestandsverwirklichung für möglich hält (vgl 18); beim unechten Unterlassungsdelikt kann sich diese Vorstellung auch auf die Ursächlichkeit (12 vor § 13) beziehen, so daß der Täter nicht anzunehmen braucht, die „von ihm erwartete Handlung (werde) mit an Sicherheit grenzender Wahrscheinlichkeit den strafrechtlichen Erfolg verhindern" (so mißverständlich bei Dallinger MDR 71, 361 mit krit Bespr Herzberg MDR 71, 881, Ulsenheimer JuS 72, 252 und Spendel JZ 73, 137, 141). Daß zu dem intellektuellen ein **voluntatives** Element hinzukommen muß, wird überwiegend (beachte 26, 27) bejaht; sein genauer Inhalt ist jedoch umstritten (zusf Geppert Jura 86, 610; Otto Jura 96, 468, 472; zur historischen Entwicklung dieses Streits Jescheck ZStW 93, 3, 29): 23

aa) Wohl noch herrschend sind die in zahlreichen Varianten vertretenen **Einwilligungstheorien,** die eine bestimmte, allerdings jeweils unterschiedlich beschriebene, voluntative (emotionale) Haltung des Täters voraussetzen. Insoweit wird in bezug auf die Tatbestandsverwirklichung etwa vorausgesetzt: „zustimmen" oder „einverstanden" sein (M-Zipf AT 1 22/36), „billigen" oder „billigend in Kauf nehmen" (so meist die Rspr, zB BGHSt 7, 363; 19, 101; NStZ 83, 365; Bay StV 93, 641 mit Anm Dannecker/Stoffers), „ernst nehmen" (Stratenwerth ZStW 71, 51; Wolff, Gallas-FS, S 197), „sich" (um anderer Ziele willen) „abfinden" (§ 16 E 1962; auch BGHSt 36, 1, 9; NStZ-RR 96, 2) oder bloß „in Kauf nehmen" (§ 17 II AE). Die meisten Vertreter dieser Richtung stellen darauf ab, daß der Täter die Tatbestandsverwirklichung ernstlich für möglich hält und sich mit ihr abfindet (Jescheck/ 24

Weigend AT S 299; Wessels AT Rdn 224; Rudolphi SK 43 zu § 16, alle mwN; krit ua Weigend ZStW 93, 657, 667; Schünemann GA 85, 341, 360). Alle diese Formeln sind infolge ihres umgangssprachlich unklaren und schillernden Inhalts nicht hinreichend präzise und trennscharf (zusf Küpper ZStW 100, 758, 764). Das kennzeichnende Abgrenzungskriterium wird man darin zu finden haben, daß der Täter um seines außertatbestandlichen Zieles willen der Vornahme der Handlung den Vorzug gibt vor dem Verzicht auf sie, obwohl er das Risiko der Tatbestandverwirklichung nicht psychisch verdrängt, sondern innerlich angenommen („einkalkuliert") und sich damit für die Möglichkeit der Rechtsgutsverletzung entschieden hat (Roxin JuS 64, 53 und AT I 12/21–31; krit ua Prittwitz JA 88, 486, 490; str). Er muß danach seinen Verwirklichungswillen gegenüber dem Gewicht dieses voll erfaßten Risikos durchhalten (ähnlich Hassemer, Kaufmann [Arm]-GedSchr, S 289, 300; Schroth JuS 92, 1; von anderen Ansätzen aus auch Frisch aaO [vgl 4] S 473 und Meyer-GedSchr, S 533, 536; aus vorrechtlicher Sicht zust Janzarik ZStW 104, 65). Auf eine gefühlsmäßige Bejahung des schädlichen Erfolges im Sinne einer erwünschten Wirkung kommt es daher nicht an (hM; krit Engisch NJW 55, 1688); bei an sich unerwünschten Nebenfolgen ist aber eine bewußte oder infolge Risikogewöhnung unreflektierte Abwägung erforderlich, an der es fehlt, wenn der Täter in dem – sei es auch unvernünftigen und ihn selbst korrumpierenden – Vertrauen handelt, die Tatbestandsverwirklichung werde ausbleiben. Auch die bloß gefahrmindernde „Manifestation des Vermeidewillens" ist als solche nicht ausschlaggebend (hM; anders Armin Kaufmann ZStW 70, 64); Vermeidebemühungen können aber, wenn der Täter ihretwegen die Tatbestandsverwirklichung nicht mehr in Betracht zieht, schon die erforderliche Möglichkeitsvorstellung ausschließen oder sonst je nach Sachlage mehr oder weniger das Fehlen einer Entscheidung gegen das Rechtsgut indizieren (Hillenkamp, Kaufmann [Arm]-GedSchr, S 351; Hassemer aaO S 291; weiter Schroth NStZ 90, 324, 325 und JuS 92, 1, 8). Das alles kommt auch in der sog 2. Frank'schen Formel (Frank V zu § 59 aF) zum Ausdruck: „Mag es so oder anders sein, so oder anders werden – auf jeden Fall handle ich".

25 Auch die **Rechtsprechung,** die verbal auf „billigen" oder „billigend in Kauf nehmen" abstellt, dürfte dieses Abgrenzungsprinzip zugrundelegen (vgl etwa BGHSt 36, 1, 9 mwN). Sie verfährt allerdings nicht einheitlich, oft formelhaft und auch nicht widerspruchsfrei (krit ua Herzberg JZ 88, 635, 637; Brammsen JZ 89, 71, 77; Bauer wistra 91, 168, alle mwN). Das beruht vor allem auf der Schwierigkeit, daß das selbständig abzuklärende (NStZ 88, 175 mit abl Bespr Schumann JZ 89, 427; StV 93, 307 und 94, 640) voluntative Element (iS der beschriebenen Risikobereitschaft) im Prozeß **nicht als solches feststellbar** ist. Als innere Tatsache kann es nur aus – oft nicht hinreichend aussagekräftigen – äußeren Indizien (Indikatoren, Hassemer aaO [vgl 24] S 305) erschlossen werden (allg zur Feststellung des Vorsatzes im Prozeß Loos, in: Göttinger Studien, S 261, 267; Hruschka, Kleinknecht-FS,

S 191; Freund, Normative Probleme der „Tatsachenfeststellung", 1987; s auch NJW 91, 2094; Volk, Kaufmann [Arth]-FS, S 611; Scheffler Jura 95, 349). Leider hat die Revisions-Rspr bisher noch keine gleichmäßig anwendbaren Kriterien für Relevanz und Gewichtung einschlägiger Indiztatsachen entwickelt, sondern sich meist entweder mit mehr oder minder pauschalen Beanstandungen oder mit unzureichend konkretisierten Hinweisen auf die Unvollständigkeit der Würdigung begnügt (krit ua Puppe NStZ 87, 363; Freund JR 88, 116 und StV 91, 232; Frisch, Meyer-GedSchr, S 533, 550; s auch Prittwitz JA 88, 486, 495, der im Rahmen einer sog Indizientheorie die in Frage kommenden Beweisanzeichen zu gewichten sucht). Immerhin hält sie aber Gewicht und Nähe der Gefahr für wichtig. Ist im Einzelfall das Risiko der Tatbestandsverwirklichung hoch und überläßt der Täter es dem Zufall, ob sich die von ihm erkannte Gefahr verwirklicht, so liegt bedingter Vorsatz zwar nicht notwendig vor (BGHSt 35, 21, 25; 38, 345, 350 mit krit Bespr Scheffler StV 93, 470, Beulke JR 94, 116 und Stumpf NStZ 97, 7; s auch die Nachw der zT überzogenen Rspr zum Tötungsvorsatz unter 3 zu § 212), ist aber doch naheliegend (JZ 81, 35 mit Anm Köhler; NStZ 94, 584 und 96, 227). Weitere Anhaltspunkte, mit denen sich der Tatrichter je nach Sachlage befassen muß (NStZ 94, 585; StV 94, 654), bieten namentlich: die Motivation des Täters; sein Wissensstand, auch sein konkretes Wissen um die Gefährlichkeit der von ihm gewählten Angriffsart (zB von Brandanschlägen auf Ausländerwohnungen, NStZ-RR 96, 35); der Grad seiner Intelligenz; Einsichts- und Steuerungsfähigkeit (StV 92, 10), namentlich auch die jeweilige seelische Belastung (zB durch Alkohol, Drogen, Affekt); die Gefährlichkeit seiner Angriffsweise im Hinblick auf die jeweilige Tatsituation (NStZ 94, 483), und seine Vermeidebemühungen (vgl 24); der Umstand, ob er zugleich sich selbst (Köln NZV 92, 80) oder ihm nahestehende Personen gefährdet hat; sein Nachtatverhalten, soweit es Rückschlüsse auf den psychischen Zustand zur Tatzeit zuläßt; Besonderheiten seiner Persönlichkeit, aus denen Hinweise auf die Motivlage ableitbar sind (zusf Schroth NStZ 90, 324 mit Erwiderung Frisch NStZ 91, 23, beide mwN; speziell zur AIDS-Problematik 10 zu § 223 a). – Der (auch zur Überwindung der Beweisschwierigkeiten) unterbreitete Vorschlag von Puppe (ZStW 103, 1, 14, 40 und Vorsatz und Zurechnung, 1992, S 40), das voluntative Element nicht als psychologischen Befund, sondern normativ im Sinne einer „vernünftigen" Einstellung zur jeweiligen Risikolage zu verstehen, ist problematisch, weil er die individuelle Entscheidung des Täters für die mögliche Rechtsgutsverletzung, die allein für die Begründung personalen Vorsatzunrechts tragfähig ist, ihres personalen Charakters entkleidet (abl Rudolphi SK 5 a zu § 16; für durchgängige Normativierung aber auch Schild, Rehbinder-WidmSchr, S 119 und AK 168–172 vor § 13). Da überdies in diesem Modell der Maßstab der Vernünftigkeit weitgehend im Dunkeln bleibt, liegt es nahe, daß er nicht weniger unsicher und für Willkürentscheidungen anfällig ist als der Maßstab der Rspr, und zwar namentlich auch deshalb, weil die abschließende Bewertung in jedem Falle auf dem ebenso schwer beweisbaren Wissenselement (den Vorstellungen des Täters über die Risikolage) fußen muß (vgl etwa NStZ 87, 424, 88, 361 und 91, 126). Dessen Feststellung wird gerade bei völliger Gleichgültigkeit des Täters gegenüber dem geschützten Rechtsgut nicht selten scheitern (StV 95, 511).

26 bb) Die in der Vergangenheit vielfach, heute aber kaum mehr vertretene **Wahrscheinlichkeitstheorie** leugnet ein voluntatives Element ganz und stellt für die Abgrenzung zur bewußten Fahrlässigkeit allein auf das Maß der vom Täter angenommenen Wahrscheinlichkeit der Tatbestandsverwirklichung ab (Mayer AT S 121). Allerdings stehen dieser Lehre einige Varianten der Einwilligungstheorie verhältnismäßig nahe. Das gilt zB für die Ansicht von Welzel (S 68), nach der es darauf ankommt, ob der Täter mit dem Eintritt des Erfolges rechnet oder auf sein Ausbleiben vertraut, ferner für die sog „Gefährdungstheorie“, nach der ausschlaggebend ist, ob sich der Täter von seinem Vorhaben nicht abhalten läßt, obwohl er die konkrete Gefahr der Tatbestandsverwirklichung erkennt (Otto NJW 79, 2414; Brammsen JZ 89, 71, 78, beide mwN), und schließlich auch für die sog „Vereinigungstheorie“, die voraussetzt, daß der Täter die Tatbestandsverwirklichung billigt, für wahrscheinlich hält oder ihr völlig gleichgültig gegenübersteht (Schroeder LK 85–93 zu § 16).

27 cc) In Teilen des neueren Schrifttums wird ein selbständiges voluntatives Element auch auf der **Grundlage abweichender Vorsatzkonzeptionen verneint** und bedingter Vorsatz – von Grenzfällen abgesehen – schon bei jedem Handeln im Bewußtsein möglicher Tatbestandsverwirklichung angenommen (**Möglichkeitstheorie;** vgl ua Schmoller ÖJZ 82, 259, 281; Schmidhäuser, Oehler-FS, S 135; Kindhäuser ZStW 96, 1 und GA 94, 197, 203; Hruschka, Kleinknecht-FS, S 191, 193; Schumann JZ 89, 427; Langer GA 90, 435, 458; Jakobs AT 8/8; Zielinski AK 18, 72–80 zu §§ 15, 16; im Ergebnis auch Joerden, Strukturen des strafrechtlichen Verantwortlichkeitsbegriffs: Relationen und ihre Verkettungen, 1988, S 150; einschr Kargl, Der strafrechtliche Vorsatz auf der Basis der kognitiven Handlungstheorie, 1993, S 70, der das Bewußtsein überwiegender Wahrscheinlichkeit fordert). Diese Lehren suchen zwar unbestreitbare Schwächen der Einwilligungstheorien zu vermeiden. Meist verlagern sie diese aber nur ohne spürbare Verbesserung der Abgrenzungskriterien (vgl 25) in andere systematische Zusammenhänge (krit dazu Puppe ZStW 103, 1, 6, 9); denn sie sind genötigt, die nach ihrem Ausgangspunkt allein maßgebende Relevanz der Möglichkeitsvorstellung wieder einzugrenzen, um eine unangemessene Ausdehnung des Vorsatzbereichs zu verhüten (abl daher ua Spendel, Lackner-FS, S 167; Küpper ZStW 100, 758; Brammsen JZ 89, 71; Schultz, Spendel-FS, S 303). So wird zB das Erfordernis der Möglichkeitsvorstellung einschränkend interpretiert (so Schmidhäuser aaO, JuS 80, 241 und 87, 373, 377 sowie Stub 7/36–43) oder das kognitive und das voluntative Element in einem bestimmt strukturierten, auch Willensmomente einbeziehenden Risikobewußtsein (ein „Für-sich-so-Se-

hen") konfundiert (so Frisch aaO [vgl 4] S 118, 162; Freund JR 88, 116; ähnlich Bottke, in: Schünemann/Pfeiffer [Hrsg], Die Rechtsprobleme von AIDS, 1988, S 171, 193) oder noch weitergehend eine Einschränkung schon des objektiven Tatbestandes der Vorsatzdelikte auf die Setzung „unabgeschirmter" Gefahren postuliert (so Herzberg JuS 86, 249 und 87, 777, NJW 87, 1461, 1463 und 87, 2283 sowie JZ 88, 635 und 89, 470, 476; zust Schlehofer NJW 89, 2017, 2018; ähnlich Puppe NK 85–125, ferner 88–94 zu § 16, die auf die Setzung einer „qualifizierten" Gefahr abstellt; abl ua Prittwitz StV 89, 123, 124; Jakobs AT 8/29 a). Im ganzen ist die Diskussion noch zu wenig fortgeschritten, um darauf einen grundsätzlichen, auch für die Rspr annehmbaren Umbau der Vorsatzlehre gründen zu können. Unergiebig ist jedenfalls eine sprachliche Kontroverse. Zwar werden die voluntativen Voraussetzungen des Vorsatzes umgangssprachlich nur zum Teil von dem in der Kurzformel (vgl 3) verwendeten Begriff des Wollens gedeckt (so mit Recht Schmidhäuser, Oehler-FS, S 135; s auch Morselli ZStW 107, 324). Das hat aber für die Konstituierung des Vorsatzbegriffs keine Aussagekraft (Spendel aaO) und ist deshalb auch untauglich, als Sachargument für die Forderung nach vollständigem Verzicht auf das voluntative Element zu dienen (hM; anders Schmidhäuser aaO S 137, 146; s auch Langer, Geerds-FS, S 51, 68). Der sprachliche Einwand legt allenfalls eine Präzisierung der (unexakten) Kurzformel nahe.

c) Grundsätzlich reicht **jede Vorsatzform** zur Erfüllung des inneren Tatbestandes aus, es sei denn, daß sich aus Wortlaut oder Zweck der einzelnen Vorschrift etwas anderes ergibt. – Bei den konkreten Gefährdungsdelikten (32 vor § 13) braucht sich der (direkte oder bedingte) Vorsatz nur auf die Gefährdung zu beziehen (sog **Gefährdungsvorsatz**). Er deckt sich nicht mit dem Verletzungsvorsatz; denn die Erwartung, den Schaden vermeiden zu können, schließt nicht aus, daß der Täter die Gefahr (nicht den Schaden) als notwendige Folge der Tathandlung ansieht oder sie als deren mögliche Folge billigend in Kauf nimmt (BGHSt 22, 67, 73; 26, 244, 246; v Hippel ZStW 75, 433; Küpper ZStW 100, 758, 768; im Ergebnis auch Frisch aaO [vgl 4] S 290; Joerden aaO [vgl 27] S 151; aM Horn, Konkrete Gefährdungsdelikte, 1973, S 204; Wolter JuS 81, 168, 171; Schmidhäuser, Oehler-FS, S 135, 153, alle mwN); allerdings setzt dabei die erforderliche Bedeutungskenntnis (vgl 14) voraus, daß diese Folge auch vom Täter als bedrohlicher Zustand begriffen wird (Meyer-Gerhards JuS 76, 228; s auch NZV 96, 457). **28**

d) Bisweilen treffen **mehrere Vorsatzformen** in der Weise zusammen, daß der Täter zwar nur eine Handlung vornehmen will, dabei aber mehrere, einander nach den Umständen ausschließende Tatbestandsverwirklichungen anstrebt oder in Kauf nimmt (sog **Alternativvorsatz**), etwa wenn er Wild entwendet, das nach seiner Kenntnis entweder noch herrenlos ist (§ 292) oder schon einem anderen gehört (§ 242), oder wenn er einen Schuß abgibt, um entweder einen Men- **29**

schen (§§ 211, 212) oder wenigstens den ihn begleitenden Hund (§ 303) tödlich zu treffen. Der Alternativvorsatz bildet **keine Sonderform** (str). Da der Täter in solchen Fällen jeweils alle beteiligten Rechtsgüter verletzt oder gefährdet hat, kommt Strafbarkeit in bezug auf alle Möglichkeiten (bei dem jeweils objektiv nicht verwirklichten Tatbestand uU wegen Versuchs) in Frage (Schlehofer aaO [vgl 4] S 173; Roxin AT I 12/78–80; Sch/Sch-Cramer 90–92; aM Kühl JuS 80, 273, 275; Joerden ZStW 95, 565 und JZ 90, 298; Silva-Sanchez ZStW 101, 352, 379; Schroeder LK 106 zu § 16, alle mwN; zw); dabei ist das Zusammentreffen nach den allgemein für Tat- und Gesetzeseinheit geltenden Regeln (3–30 vor § 52; 2–7 zu § 52) zu behandeln. Daß der Täter nur eine der konkurrierenden Möglichkeiten, aber nicht beide zugleich verwirklichen wollte, ist strafmildernd zu berücksichtigen.

30 **4.** Die Wissens- und Willensseite des Vorsatzes sind nur verschiedene Elemente **desselben** komplexen psychologischen Sachverhalts. Der Versuch, das Wesen des Vorsatzes vornehmlich aus seinem Wissenselement (Vorstellungstheorie) oder seinem Willenselement (Willenstheorie) zu erklären, hat überwiegend nur noch dogmengeschichtliche Bedeutung (M-Zipf AT 1 22/14–17).

31 **5.** Der unter 4–30 erläuterte Vorsatz ist ein wertfreier psychologischer Sachverhalt (str für den bedingten Vorsatz). Daß er als solcher selbständige Bedeutung erlangen kann (zB im Rahmen des § 20), ist allgemein anerkannt. Ein Kernpunkt der wissenschaftlichen Auseinandersetzungen in den letzten Jahrzehnten (zu deren historischem Ablauf Jescheck ZStW 93, 3, 32) war jedoch die Frage, ob der Vorsatz sich in der psychologischen Beziehung des Täters zur Tat erschöpft (sog „natürlicher" Vorsatz) oder ob er als **dolus malus** noch ein zusätzliches Moment voraussetzt, nämlich das Bewußtsein (die Einsicht), Unrecht zu tun (Unrechtsbewußtsein, 2 zu § 17).

32 **a)** Das **Reichsgericht** (zB RGSt 61, 242, 258; 62, 289; 63, 215, 218) hat das Erfordernis des Unrechtsbewußtseins unter Hinweis auf den Wortlaut des § 59 aF grundsätzlich verneint (error iuris nocet).

33 **b)** Die **Vorsatztheorie,** die in Frontstellung zu der mit dem Schuldprinzip unvereinbaren Rspr des RG entstanden ist und auch heute noch vereinzelt in der Wissenschaft vertreten wird (1 zu § 17), sieht im Unrechtsbewußtsein das Kernstück des Vorsatzes (Sch/Sch-Cramer, 19. Aufl, 101 mwN). Sie ist trotz mancher gewichtiger Argumente von der Rspr vor allem deshalb verworfen worden, weil sie zu dem kriminalpolitisch unbefriedigenden Ergebnis führt, daß der vorwerfbar (sog Rechtsfahrlässigkeit), aber ohne Unrechtsbewußtsein handelnde Täter straffrei bleiben muß, wenn die fahrlässige Begehung nicht mit Strafe bedroht ist. Das 2. StrRG hat der Vorsatztheorie durch § 17 den Boden entzogen.

34 **c)** Die **Schuldtheorie,** der sich die Rspr seit BGHSt-GS-2, 194 angeschlossen hat und die jetzt auch durch § 17 (dort 1) bestätigt wird, trennt Vorsatz und Unrechtsbewußtsein. Sie geht davon aus, daß die tatbestandsmäßige und rechtswidrige Handlung, die auch die erforderliche psychische Beziehung des Täters zur Tat aufweist, als Objekt der Schuldbewertung von der Wertung selbst zu scheiden sei. Bei dieser Betrachtung kann der Vorsatz nur ein selbständiges, vom normativen Schuldurteil unabhängiges Schuldelement (so wohl noch die Rspr) oder schon ein Element der tatbestandsmäßigen Handlung sein (so mit Recht die personalen Unrechtslehren, 20 vor § 13); dabei schließt die letzte Ansicht nicht aus, dem Vorsatz eine Doppelfunktion in dem Sinne zuzuweisen, daß er im Unrechtstatbestand Träger des subjektiven Handlungssinns ist und zugleich im Schuldbereich (etwa als Träger des Gesinnungsunwerts, Gallas, Beiträge, S 55) eine besondere Schuldform bildet (Wessels AT Rdn 142; aM Schroth, Kaufmann [Arth]-FS, S 595, 601, beide mwN; s auch Hirsch ZStW 94, 239, 257; Schünemann GA 85, 341, 360; ferner Ziegert, Vorsatz, Schuld und Vorverschulden, 1987, S 162, der aus der finalen Handlungslehre einen zweiteiligen Vorsatzbegriff ableitet, in dem die Handlungsentscheidung dem Tatbestand und die Entscheidung für die Rechtsgutsverletzung der Schuld zugeordnet wird). Da die Unrechtshandlung stets vorwerfbar ist, wenn der Täter die Fähigkeit hatte, sich durch die entgegenstehende Rechtsnorm zur Nichtvornahme der Handlung motivieren zu lassen, ist zur Begründung des Schuldurteils kein aktuelles Unrechtsbewußtsein erforderlich; es genügt die ungenutzte Möglichkeit, zu ihm vorzudringen (potentielles Unrechtsbewußtsein). Daraus folgt, daß das fehlende Unrechtsbewußtsein den Vorsatz unberührt läßt, wohl aber die Schuld ausschließt, wenn der Täter nach den Umständen nicht in der Lage war, das Unrecht der Tat zu erkennen (vgl zB BGHSt-GS-2, 194).

III. Fahrlässig handelt, wer entweder die Sorgfalt außer acht läßt, **35**
zu der er nach den Umständen und seinen persönlichen Verhältnissen verpflichtet und fähig ist, und deshalb die Tatbestandsverwirklichung nicht erkennt (unbewußte Fahrlässigkeit; vgl § 18 I E 1962) oder wer die Tatbestandsverwirklichung für möglich hält, jedoch pflichtwidrig und vorwerfbar im Vertrauen darauf handelt, daß sie nicht eintreten werde (bewußte Fahrlässigkeit; vgl § 18 II E 1962). – Sowohl der genaue Inhalt des Fahrlässigkeitsbegriffs wie auch seine Integration in den Deliktsaufbau sind **noch nicht abschließend geklärt** und in Teilbereichen sehr umstritten. Die Meinungsverschiedenheiten beruhen auf unterschiedlichen (zB normlogischen, normtheoretischen usw) Ansätzen und den daraus folgenden divergierenden Entwicklungen in der Unrechtslehre (18–21 vor § 13). Sie führen nur selten zu abweichenden Ergebnissen, wohl aber zu einer schwer überschaubaren Vielfalt von Aufbaumodellen und Systembegriffen (zu ausgearbeiteten Konzeptionen außerhalb der Lehrbuch- und Kommentarliteratur vgl etwa Welzel, Fahrlässigkeit und Verkehrsdelikte, 1961; Armin Kaufmann ZfRV 64, 41; Jescheck, Aufbau und Behandlung der Fahrlässigkeit im modernen Strafrecht, 1965; Burgstaller, Das Fahrlässigkeitsdelikt im Strafrecht,

1974; Jakobs ZStW Beiheft 74, 6; Schünemann JA 75, 435, 511, 575, 647, 715, 787; Schmidhäuser, Schaffstein-FS, S 129; Gössel, Bruns-FS, S 43 und Bengl-FS, S 23; Fünfsinn, Der Aufbau des fahrlässigen Verletzungsdelikts durch Unterlassen im Strafrecht, 1985; Schöne, Kaufmann [H]-GedSchr, S 649; Donatsch, Sorgfaltsbemessung und Erfolg beim Fahrlässigkeitsdelikt, 1987; s auch Schroeder ZStW 91, 257; Gössel ZStW 91, 270; Maiwald JuS 89, 186; Kindhäuser GA 94, 197; Quentin JuS 94, L 41, 49, 57; Burkhardt, in: Wolter/Freund [Hrsg], Straftat, Strafzumessung und Strfprozeß im gesamten Strafrechtssystem, 1996, S 99). – Zu **Reformbestrebungen,** fahrlässiges Verhalten bei geringfügiger Schuld zu entkriminalisieren, expl § 16 II AE; Schlüchter, Grenzen strafbarer Fahrlässigkeit, 1996 mwN.

36 **1.** Das **Fahrlässigkeitsunrecht** setzt nach hM eine **objektive Sorgfaltspflichtverletzung** (vgl 37–40) und die **objektive Voraussehbarkeit (Erkennbarkeit)** der Tatbestandsverwirklichung voraus (vgl 46, 47). Beide Merkmale sind innerlich verbunden, so daß sie nicht isoliert beurteilt werden können (eingehend Kaminski, Der objektive Maßstab im Tatbestand des Fahrlässigkeitsdelikts, 1992, S 14). Im Schrifttum wird das erste Erfordernis zum Teil geleugnet und allein auf die objektive Erkennbarkeit abgestellt (so zB Schroeder JZ 89, 776 und LK 157–162 zu § 16; Schmidhäuser, Schaffstein-FS, S 129 und JuS 87, 373, 377). Zum Teil wird es auch als entbehrlich bezeichnet, weil es über die allgemeinen Zurechnungskriterien nicht hinausführe (so zB Roxin AT I 24/8–12; Wolter GA 77, 257, 267 und 140 Jahre GA, S 269, 310).

37 **2. a)** Die **objektive Sorgfaltspflichtverletzung** (vgl 36) ist nach dem allgemeinen Maßstab der Anforderungen zu bestimmen, die an einen einsichtigen und besonnenen Menschen (Welzel S 132) in der konkreten Lage des Täters, namentlich in dem jeweiligen Verkehrskreis (dazu Kaminski aaO [vgl 36] S 121, 135) zu stellen sind (hM; zur Argumentation mit Maßstabfiguren Schmoller JBl 90, 631); über die Rückführung dieses Maßstabes auf bestimmte materielle Rechtsprinzipien besteht noch keine Einigkeit (vgl etwa Schünemann JA 75, 575; M-Gössel AT 2 43/28–42 mwN).

38 aa) Als Trägerin des Handlungsunwerts (20 vor § 13) ist die objektive Pflichtwidrigkeit **Element des Tatbestandes** (hM; vgl zB Gallas ZStW 67, 1, 26; Armin Kaufmann, Welzel-FS, S 393, 406; Burgstaller aaO [vgl 35] S 26; Maiwald, Dreher-FS, S 437, 448; Hirsch ZStW 94, 239, 266; krit Bohnert ZStW 94, 68, 80). Auch in der Rspr ist anerkannt, daß sie jedenfalls kein bloßes Schuldelement, sondern schon Gegenstand des Rechtswidrigkeitsurteils ist (BGHZ 24, 21; VRS 14, 30; Köln NJW 63, 2381). Im übrigen sind die Gegenmeinungen differenziert: Teils wird die objektive Pflichtwidrigkeit als selbständiges Erfordernis überhaupt geleugnet, und zwar entweder auf dem Boden einer objektiven Unrechtslehre (zB Oehler, EbSchmidt-FS, S 232, 246) oder auf der Grundlage einer Abgrenzung schon des Tatbestandes mit Hilfe

eines individuellen, am Täter orientierten Maßstabes (zB Stratenwerth, Jescheck-FS, S 285; Mir Puig, Kaufmann [Arm]-GedSchr, S 253, 268 und ZStW 108, 759, 781; Castaldo GA 93, 495; Jakobs AT 9/5–13; Zielinski AK 90–95 zu §§ 15, 16; ähnlich Freund GA 91, 387, 396; abl ua Schünemann, Schaffstein-FS, S 159; Wolter GA 77, 257, 265; Hirsch, Köln-FS, S 399, 410; diff Roxin AT I 24/46–58); teils wird sie als bloßes Zurechnungskriterium gekennzeichnet (Kindhäuser GA 94, 197, 208 und JahrbRuE 94, 339, der zwischen Pflicht- und Obliegenheitsverletzungen unterscheidet), nur allgemein dem Unrechtsbereich zugewiesen (Maihofer ZStW 70, 159, 187) oder ihrem Fehlen – namentlich in Fällen eines aufgrund Güterabwägung noch erlaubten Risikos (BGHZ 24, 21) – rechtfertigende Wirkung zugeschrieben (Baumann/Weber/Mitsch AT 22/34; diff Lampe ZStW 101, 3); teils wird sie auch als selbständiges Element der Schuld (Roeder, Die Einhaltung des sozialadäquaten Risikos und ihr systematischer Standort im Verbrechensaufbau, 1969, S 94) behandelt. Bei diesem Meinungsstreit spielt neben den Differenzen in der Unrechtslehre (19–21 vor § 13) auch die – im Ergebnis unbegründete (Schünemann, Schaffstein-FS, S 159, 165; Wolter GA 77, 257, 269; Hirsch ZStW 94, 239, 272; krit Castaldo aaO S 503) – Sorge eine Rolle, daß die Anwendung eines doppelten Prüfungsmaßstabs zu ungerechtfertigter Privilegierung von Tätern mit überdurchschnittlichen Kenntnissen oder Fähigkeiten führen könnte (zusf Schünemann JA 75, 435, 511; Sch/Sch-Cramer 133–142, alle mwN).

bb) Die objektive Sorgfaltspflicht ist auf zahlreichen Sachgebieten **39**
durch **Verhaltensvorschriften** (sog Sondernormen, zB Verkehrsregeln, Unfallverhütungsvorschriften, Spielregeln beim Kampfsport usw) oder allgemeine **Erfahrungssätze** (zB ärztliche Kunstregeln, anerkannte Regeln der Technik usw) konkretisiert und verallgemeinert. Diese sind das Ergebnis einer auf Erfahrung und Überlegung beruhenden umfassenden Voraussicht möglicher Gefahren (BGHSt 4, 182; 12, 75) und machen damit die Grenzen des erlaubten (rechtlich nicht mißbilligten) Risikos (29 vor § 32) deutlich (zur Bedeutung technischer Normen für dieses Risiko Lenckner, Engisch-FS, S 490). Die Verletzung solcher Vorschriften oder Regeln ist daher für die Annahme eines Sorgfaltsmangels zwar in hohem Maße indiziell, aber nicht zwingend (für „durchnormierte" Sachgebiete aM M-Gössel AT 2 43/47–50), während umgekehrt deren Einhaltung – namentlich bei außergewöhnlichen Gefährdungssachverhalten (BGHSt 37, 184) – Fahrlässigkeit nicht notwendig ausschließt (BGHSt 4, 182, 185; Köln NJW 86, 1947; eingehend zum Verhältnis zwischen Sorgfaltspflicht und Sondernorm Bohnert JR 82, 6). Soweit die Rechtsordnung anerkennt, daß sich jeder an einem gefahrenträchtigen Vorgang Beteiligte unter gewissen Voraussetzungen auf die Beachtung dieser Vorschriften oder Regeln durch die anderen Beteiligten verlassen darf (**Vertrauensgrundsatz;** vgl zB BGHSt 7, 118; Böhmer MDR 64, 100 und JR 67, 291; Burgstaller aaO [vgl 35] S 58), hat sie auch nach dieser Richtung die Grenzen des erlaubten Risikos näher bestimmt. – Im **Straßenver-**

kehrsrecht ist der Maßstab der Sorgfaltspflicht anhand der Verkehrsvorschriften (vor allem der StVO und StVZO) durch eine unübersehbare Fülle von Gerichtsentscheidungen und der Vertrauensgrundsatz durch eine umfangreiche, nicht durchweg widerspruchsfreie Kasuistik näher konkretisiert worden (vgl etwa Kirschbaum, Der Vertrauensschutz im deutschen Straßenverkehrsrecht, 1980; Schumann, Strafrechtliches Handlungsunrecht und das Prinzip der Selbstverantwortung der Anderen, 1986, S 7; Krümpelmann, Lackner-FS, S 289; Sch/Sch-Cramer 211–215). Vergleichbares gilt für gefahrgeneigte **berufliche Tätigkeiten,** für die bestimmte Berufspflichten herausgearbeitet worden sind; zB Verletzung der ärztlichen Kunstregeln (8–10 zu § 223) oder der Besuchspflicht des behandelnden Arztes (NJW 61, 2068; NStZ 83, 263; Köln NJW 91, 764), speziell des Bereitschafts- (BGHSt 7, 211) und des Sportarztes (zur Frage des Doping 5, 10 zu § 223); Überwachung des Pflegepersonals (BGHSt 6, 282); Unfallverhütungspflichten der beim Bauen Beteiligten (BGHSt 19, 286; MDR 78, 504; Karlsruhe NJW 77, 1930; Stuttgart NJW 84, 2897; Gallas, Die strafrechtliche Verantwortlichkeit der am Bau Beteiligten, 1964), des Kfz-Werkstattleiters (Köln NJW 66, 1468), des Fahrlehrers (Hamm NJW 79, 993), des Sicherheitspersonals beim Übungsschießen (BGHSt 20, 315) und des Bergbahnunternehmers für Skiabfahrtstrecken (NJW 73, 1379 mit Bespr Hepp NJW 73, 2085 und Hummel NJW 74, 170; s auch Kürschner NJW 82, 1966). – Zur Sorgfaltspflicht des **Hundehalters** Bay NJW 91, 1695 und 93, 2001; Düsseldorf NJW 92, 2583 und 93, 1609 mit Anm Brammsen JR 94, 373; Hamm NJW 96, 1295.

39 a cc) Beim Erfolgsdelikt kann der Sorgfaltsmangel auch in einem Verhalten gefunden werden, das den Täter in eine Lage bringt, in der ihm der Erfolg, weil unvermeidbar, nicht mehr vorgeworfen werden kann; eines Rückgriffs auf die Rechtsfigur der alic bedarf es dazu nach der Rspr nicht (BGHSt 40, 341, 343; NJW 97, 138, 139; s auch NStZ-RR 96, 100; 25, 28 zu § 20; zw). Er kann auch darin liegen, daß jemand, etwa als Arzt (zB BGHSt 3, 91), Aufgaben übernimmt, denen er nicht gewachsen ist (sog **Übernahmefahrlässigkeit;** zB BGHSt 10, 133; JR 86, 248 mit Anm Ulsenheimer; krit zu ihrer Zurechnungsstruktur Neumann, Zurechnung und „Vorverschulden", 1985, S 186).

40 dd) Bei **arbeitsteiligem Handeln** hängt es von den jeweiligen Verantwortungsbereichen und von dem auch hier mit gewissen Modifikationen anwendbaren Vertrauensgrundsatz (vgl 39) ab, welche Beteiligten ihre Sorgfaltspflicht verletzt haben und in welchem Umfang die für den Gesamtvorgang Verantwortlichen im Hinblick auf das mitwirkende Personal Kontroll-, Aufsichts- und Auswahlpflichten treffen (eingehend Schumann aaO [vgl 39] S 19) und wieweit sie für Organisationsmängel selbst einzustehen haben (dazu Schmidt-Salzer BB 92, 1866). Die Frage ist ua bedeutsam: bei **Operationen** oder sonst arbeitsteiligen ärztlichen Behandlungen (zB NJW 80, 649, 650 und 91, 1539; MedR 83, 104; StV 88, 251; Stratenwerth, EbSchmidt-FS, S 383; Kamps, Ärztliche Arbeitsteilung und strafrechtliches Fahrlässigkeitsdelikt, 1981; Wilhelm,

Verantwortung und Vertrauen bei Arbeitsteilung in der Medizin, 1984; Majunke, Anästhesie und Strafrecht, 1988; Peter, Arbeitsteilung im Krankenhaus aus strafrechtlicher Sicht, 1992; zusf Wilhelm Jura 85, 183; Ulsenheimer, Arztstrafrecht in der Praxis, 1988, S 90, alle mwN); bei **Aufgabenteilung in Unternehmen** zwischen Organen und Betriebsangehörigen (speziell zur Produkthaftung in Betrieben BGHSt 37, 106, 123 mit Bespr Schmidt-Salzer NJW 90, 2966 und 94, 1305, 1309, Kuhlen NStZ 90, 566, Beulke/Bachmann JuS 92, 737 und Deutscher/Körner wistra 96, 292, 327; LG Frankfurt ZUR 94, 33 mit Bespr Schulz ZUR 94, 26, Rönnau wistra 94, 203 und Braum KritV 94, 179; BGHSt 41, 206 mit Bespr Otto WiB 95, 929 und Schmidt-Salzer NJW 96, 1; NJW 95, 2933 mit krit Anm. Samson StV 96, 93; eingehend Schmidt-Salzer, Produkthaftung, Bd I: Strafrecht, 2. Aufl 1988 mit krit Bespr Schumann StV 94, 106; Frisch, Tatbestandsmäßiges Verhalten und Zurechnung des Erfolgs, 1988, S 208; Kuhlen, Fragen einer strafrechtlichen Produkthaftung, 1989; Hilgendorf, Strafrechtliche Produzentenhaftung in der „Risikogesellschaft", 1993; Hassemer, Produktverantwortung im modernen Strafrecht, 2.Aufl. 1996; Schünemann, in: Breuer ua [Hrsg], Umweltschutz und technische Sicherheit im Unternehmen 1994, S 137; s auch Dreher ZGR 92, 22, 43; Meier NJW 92, 3193; Hilgendorf NStZ 93, 10, 15; Kuhlen JZ 94, 1142; Kassebohm/Malorny BB 94, 1361; Hoyer GA 96, 160; zur **Verantwortlichkeit nach Arbeitsunfällen** in Betrieben Herzberg DB 81, 690 und Die Verantwortung für Arbeitsschutz und Unfallverhütung im Betrieb, 1984, S 143; Benz BB 91, 1185; zur Verantwortlichkeit in **Betrieben für den Umweltschutz** 16 zu § 324; zur sog Geschäftsherrenhaftung 14 zu § 13); ferner bei **Delegation** von **Sicherungspflichten** auf Subunternehmen (bei Holtz MDR 83, 985).

b) Bei Erfolgsdelikten genügt es nicht, daß die sorgfaltswidrige Hand- 41
lung den tatbestandsmäßigen Erfolg lediglich verursacht hat (Kausalzusammenhang). Zur sachgemäßen weiteren Begrenzung der **objektiven Zurechnung** (14 vor § 13) muß der Erfolg seinen **Grund gerade in der Sorgfaltspflichtverletzung** haben, sich also als Realisierung der in ihr angelegten Gefahr darstellen; daran fehlt es, wenn er auch bei Beachtung gehöriger Sorgfalt eingetreten wäre (hM; anders Spendel JuS 64, 14; Bindokat JZ 77, 549; Ranft NJW 84, 1425; beachte auch 45). Tragweite und dogmatische Einordnung dieses sog **Pflichtwidrigkeitszusammenhangs** sind umstritten:

aa) Die **Rechtsprechung** behandelt ihn im Gegensatz zur überwie- 42
genden Lehre als bloßes Kausalitätsproblem. Sie hält die Handlung dann nicht im Rechtssinne für ursächlich, wenn der gleiche Erfolg nach den Umständen – allerdings nicht lediglich als Folge pflichtwidrigen Verhaltens Dritter (BGHSt 30, 228 mit Bespr Puppe JuS 82, 660 und Kühl JR 83, 32) – auch bei Beachtung gehöriger Sorgfalt eingetreten wäre (vgl zB BGHSt 11, 1; 21, 59; Karlsruhe JR 85, 479 mit krit Anm Kindhäuser); dabei hat die Prüfung der Ursächlichkeit erst mit Eintritt der kon-

kreten Gefahrenlage (krit dazu Krümpelmann, Lackner-FS, S 289, 294) einzusetzen, wobei es dann ohne weitere Differenzierungen auf die Pflichtwidrigkeit des Täterverhaltens in dieser Situation ankommen soll (BGHSt 24, 31 mit abl Bespr Maiwald, Dreher-FS, S 437; BGHSt 33, 61 mit krit Bespr Puppe JZ 85, 295, Ebert JR 85, 356, Streng NJW 85, 2809 und Peters JR 92, 50; MedR 88, 149; Bay NZV 94, 283 mit krit Anm Schmid BA 94, 330; Düsseldorf VRS 88, 268; s auch JR 89, 382 mit Bespr Krümpelmann JR 89, 353; Frankfurt JR 94, 77 mit Anm Lampe, alle mwN).

43 bb) Das **Schrifttum** macht verschiedenartige Erklärungsversuche: Während man zunächst einen besonderen Rechtswidrigkeitszusammenhang angenommen (Engisch, Die Kausalität als Merkmal der strafrechtlichen Tatbestände, 1931, S 67) oder eine Erklärung aus dem allgemeinen Gesichtspunkt der Vermeidbarkeit versucht hatte (Wessels JZ 67, 449; Tröndle 17 c vor § 13), ist heute weithin die Annahme einer Tatbestandsvoraussetzung anerkannt. – Die heute wohl noch hM deutet sie mit Recht als Begrenzung der objektiven Zurechnung durch den **Schutzbereich der Norm** (sog **Risikozusammenhang;** vgl die Nachw unter 14 vor § 13; ferner ua Rudolphi JuS 69, 549; Burgstaller aaO [vgl 35] S 96; Schünemann GA 85, 341, 358; aM Maiwald JuS 84, 439, 442; Hirsch, Köln-FS, S 399, 406; Frisch aaO [vgl 40] S 81; Otto Jura 92, 90, 96; Kindhäuser GA 94, 197, 204; diff Lampe ZStW 101, 3). – Dabei wird der Schutzzweckgedanke auch zu **weiteren,** allerdings im einzelnen umstrittenen Einschränkungen der Fahrlässigkeitshaftung herangezogen (sog **Schutzzweckzusammenhang;** expl Roxin, Gallas-FS, S 241 und AT I 11/85–107, 24/44; Schünemann JA 75, 715; Burgstaller, Jescheck-FS, S 357; ohne Heranziehung des Schutzzweckgedankens kommen zu vergleichbaren Einschränkungen auch Frisch aaO und NStZ 92, 1, 62; Wolter GA 91, 531, 536 und 140 Jahre GA, S 269, 300; Freund, Erfolgsdelikt und Unterlassen, 1992, S 199, 226; Derksen, Handeln auf eigene Gefahr, 1992 und NJW 95, 240). Auf dieser Grundlage können nicht vorhersehbare **Folgeschäden** (dazu Namias, Die Zurechnung von Folgeschäden im Strafrecht, 1993) und **Spätfolgen** von der Zurechnung ausgeschlossen werden. Besonders wichtig ist aber, daß der Schutzzweckgedanke die Ausscheidung auch von Fällen ermöglicht, denen ein mit der Tathandlung einhergehendes oder ihr nachfolgendes Verhalten eines **Dritten** (sog „Drittschädigungseffekte") der Zurechnung des Erfolges entgegensteht. Zu diesen Fällen gehört namentlich die (umstrittene) fehlerhafte ärztliche Behandlung von fahrlässig verursachten Verletzungen (näher dazu Frisch aaO [vgl 40] S 423; Schmoller, Triffterer-FS, S 223, 227; Roxin AT I 11/108–110, alle mwN), bei der inzwischen auch die Rspr den Schutzzweckgedanken zunehmend heranzieht (Stuttgart JZ 80, 618 und NJW 82, 295 mit krit Anm Ebert JR 82, 421). Auch das intervenierende **Verhalten des Verletzten** (sog Selbstgefährdung und einverständliche Fremdgefährdung) gehört hierher (näher dazu 12 vor § 211; 2, 2 a zu § 226 a).

cc) Im Rahmen der Lehre von der objektiven Zurechnung stehen sich im Schrifttum vor allem **zwei Grundpositionen** gegenüber: Die eine fordert – übereinstimmend mit der Rspr (vgl etwa BGHSt 11, 1; 33, 61; 37, 106, 126; StV 94, 425; Bay NZV 92, 452) – auf der Grundlage der sog **Vermeidbarkeitstheorie,** daß der Erfolg bei gehöriger Sorgfalt mit an Sicherheit grenzender Wahrscheinlichkeit vermieden worden wäre (Ulsenheimer JZ 69, 364; Niewenhuis, Gefahr und Gefahrverwirklichung im Verkehrsstrafrecht, 1984, S 43; Wessels AT Rdn 680–682; Samson SK 27 a nach § 16, alle mwN). Demgegenüber läßt es die – im ganzen und in zahlreichen Einzelheiten unterschiedlich ausgeprägte – **Risikoerhöhungslehre** genügen, wenn die Sorgfaltspflichtverletzung auch bei ex-post-Betrachtung das Risiko des Erfolgseintritts gegenüber dem erlaubten Risiko signifikant erhöht hat (vgl etwa Roxin ZStW 74, 411; Stratenwerth, Gallas-FS, S 227; Burgstaller aaO [vgl 35] S 129; Otto JuS 74, 702, 708; Schünemann GA 85, 341, 354; Kahlo GA 88, 66 und Das Problem des Pflichtwidrigkeitszusammenhanges bei den unechten Unterlassungsdelikten, 1990, S 259; abl ua Arthur Kaufmann, Jescheck-FS, S 273; Küpper, Grenzen der normativierenden Strafrechtsdogmatik, 1990, S 100; Erb, Rechtmäßiges Alternativverhalten und seine Auswirkungen auf das Strafrecht, 1991, S 120; Freund aaO [vgl 43] S 128; Kindhäuser GA 94, 197, 219; Toepel, Kausalität und Pflichtwidrigkeitszusammenhang beim fahrlässigen Erfolgsdelikt, 1992, S 146; Jakobs AT 7/98 ff; zusf Roxin AT I 11/72–84). In diesem Streit ist die Risikoerhöhungslehre dogmatisch und kriminalpolitisch vorzugswürdig. Da die Ursächlichkeit des sorgfaltswidrigen Verhaltens für den Erfolg und die Realisierung der darin angelegten Gefahr feststehen, ist es eine normativ zu beantwortende Frage der objektiven Zurechnung, also nicht des Grundsatzes in dubio pro reo, ob schon die bloße Möglichkeit der Erfolgsverursachung durch erlaubtes Alternativverhalten als Haftungsausschluß anzuerkennen ist, obwohl dem schutzbedürftigen Opfer konkrete Rettungschancen entzogen wurden (so mit Recht Frisch aaO [vgl 40] S 537, der zu einer verneinenden sowie Küper, Lackner-FS, S 247 und Zielinski AK 119, 120 zu §§ 15, 16, die zu einer bejahenden Antwort kommen; mit abw dogmatischer Begr ebenfalls bejahend Lampe ZStW 101, 3 und Kaufmann [Arm]-GedSchr, S 189, 202). 44

dd) Der **gegenwärtige Diskussionsstand** ist von einer abschließenden Klärung weit entfernt. Gerade in jüngerer Vergangenheit mehren sich die Stimmen, die sich kritisch, differenzierend oder auch ganz ablehnend mit den bisher vorgeschlagenen Lösungsmodellen auseinandersetzen und zum Teil andere Wege beschreiten. Neue Ansätze finden sich namentlich in **Konzeptionen,** die von **folgenden Annahmen** ausgehen: die Reichweite der Kausalität sei dadurch einzugrenzen, daß die Eigenschaften der Handlung, welche die Sorgfaltspflichtverletzung begründen, für die Erklärung des Erfolgseintritts notwendig sein müßten (mit Unterschieden schon in den Ansätzen Jakobs, Lackner-FS, S 53 und AT 7/78 ff; Puppe ZStW 99, 595, GA 94, 45

297, 308 und NK 183–207 vor § 13; Toepel aaO [vgl 44] S 49); die „Gefährdetheit" des Opfers (Krümpelmann, Bockelmann-FS, S 443, GA 84, 491 und Jescheck-FS, S 313; Erb aaO [vgl 44] S 146, 153 und JuS 94, 449, 454) oder dessen „Defektlage" (Ranft NJW 84, 1425) sei in die Beurteilungsbasis einzubeziehen; der Schwerpunkt der Problematik liege nicht im Beziehungsverhältnis der Handlung zum Erfolg, sondern schon in der Handlung selbst und deren Unrechtsqualität (Frisch aaO [vgl 40] S 9); mit dem Gesichtspunkt der Trennung von Verantwortungsbereichen sei die gebotene Einschränkung schon beim Handlungsunrecht erreichbar (Schumann aaO [vgl 39] S 107); der Pflichtwidrigkeitszusammenhang auf der Grundlage mißbilligter Finalität sei als Problem der Kongruenz von objektivem und subjektivem Tatbestand zu erfassen (Struensee GA 87, 97; ähnlich Küpper aaO [vgl 44] S 104; s auch Struensee JZ 87, 53, 541 mit Erwiderung Herzberg JZ 87, 536); oder die Legitimation für den Pflichtwidrigkeitsvorwurf sei aus der Differenz zwischen der Gefährdung durch das pflichtwidrige Verhalten des Täters einerseits und der (minderen) Gefährdung durch ein gedachtes pflichtmäßiges Verhalten andererseits herzuleiten (Lampe ZStW 101, 3).

46 **3. a) Objektive Voraussehbarkeit** der Tatbestandsverwirklichung (vgl 36) liegt nach der Rspr vor, wenn der eingetretene (Saarbrücken VRS 47, 343) tatbestandsmäßige Erfolg nach allgemeiner Lebenserfahrung, sei es auch nicht als regelmäßige, so doch als nicht ungewöhnliche Folge erwartet werden konnte (sog **Adäquanzzusammenhang,** RGSt 65, 135; für Fälle sog Risikogewöhnung einschr Jakobs, Bruns-FS, S 31). Unwesentliche Besonderheiten des Kausalverlaufs brauchen nicht erkennbar gewesen zu sein; darüber hinaus soll es entgegen der im Schrifttum hM (Sch/Sch-Cramer 200 mwN; anders Wolter, 140 Jahre GA, S 269, 293) genügen, daß der Erfolg nur im Endergebnis, nicht auch im Kausalverlauf voraussehbar war, es sei denn, daß der konkrete (Karlsruhe NJW 76, 1853) Ablauf der Ereignisse außerhalb aller Lebenserfahrung lag (BGHSt 12, 75; NStZ 92, 333; Düsseldorf NJW 91, 2979 mit Anm Meurer JR 92, 38; krit Puppe JuS 89, 728, 732), namentlich daß ohne das fernliegende hinzutretende Verhalten eines Dritten der Erfolg nicht eingetreten wäre (BGHSt 3, 62, 64; Bay JZ 82, 731; Hamm NJW 83, 2456). Allerdings verneint auch die Rspr die Voraussehbarkeit zunehmend häufiger, wenn der eingetretene Erfolg nicht vom Schutzzweck der Norm (vgl 43) gedeckt war (Hamm VRS 61, 353; Bay NZV 89, 359 mit Anm Deutscher; s auch 43).

47 **b)** Die **systematische Einordnung** der objektiven Voraussehbarkeit in den Deliktsaufbau ist unter denselben Gesichtspunkten wie bei der objektiven Pflichtwidrigkeit (vgl 38) umstritten (zusf Triffterer, Bockelmann-FS, S 201).

48 **4.** Für die **Rechtswidrigkeit** der Fahrlässigkeitstat gelten die allgemeinen Regeln, nach denen die tatbestandsmäßige Handlung die Rechtswidrigkeit indiziert, diese aber durch einen Rechtfertigungs-

grund ausgeschlossen sein kann (hM; vgl 16–21 vor § 13; 2 vor § 32; anders Otto Jura 95, 468, 475). Allerdings bedingt die besondere Struktur des Fahrlässigkeitsdelikts, daß nicht alle allgemeinen Rechtfertigungsgründe in Frage kommen und daß auch Einschränkungen im Hinblick auf die subjektiven Rechtfertigungselemente (6 vor § 32) geboten sind (vgl etwa Schünemann JA 75, 787; Frisch, Lackner-FS, S 113, 130; Roxin AT I 24/91–101; krit Alwart GA 83, 433, 455; eingehend Jungelaussen, Die subjektiven Rechtfertigungselemente beim Fahrlässigkeitsdelikt, 1987). Auf der Grundlage divergierender Begriffsbestimmungen ist außerdem umstritten, ob und mit welcher Begrenzung ein übergesetzlicher Rechtfertigungsgrund des erlaubten Risikos (bzw der Güterkollision) anzuerkennen ist (29 vor § 32; s auch M-Gössel AT 2 44/26–39). Zur Bedeutung der Einwilligung bei fahrlässig verursachten Verletzungen beachte 2, 2 a zu § 226 a.

5. a) Zur Begründung des **Schuldvorwurfs** muß der Täter nach seinen **persönlichen Kenntnissen und Fähigkeiten** – namentlich nach seiner Intelligenz und Kritikfähigkeit, die auch durch Altersabbau beeinträchtigt sein können (Bay NJW 96, 2045 mwN) – in der Lage gewesen sein, die objektive Sorgfaltspflichtverletzung zu vermeiden und die Tatbestandsverwirklichung vorauszusehen (hM; vgl etwa BGHSt 40, 341, 348 mit Anm. Kaatsch BA 95, 293; anders Schmidhäuser, Schaffstein-FS, S 129, 141; zusf Schünemann JA 75, 787, 790; Herzberg Jura 84, 402, alle mwN). In Teilen des Schrifttums wird die subjektive Voraussehbarkeit schon als Tatbestandselement (vgl 38; s auch Struensee JZ 87, 53) oder speziell als Element des subjektiven Tatbestandes (Wolter, Objektive und personale Zurechnung von Verhalten, Gefahr und Verletzung in einem funktionalen Straftatsystem, 1981, S 42 und 140 Jahre GA, S 269, 279; M-Gössel AT 2 43/110, 111) eingeordnet. 49

b) Nach den Regeln der Schuldtheorie (oben 31, 34 sowie 2–8 zu § 17) setzt die **Schuld** ferner mindestens **potentielles Unrechtsbewußtsein** voraus, dh die nach den Fähigkeiten und Kenntnissen des Täters ungenutzte Möglichkeit, zur Unrechtseinsicht vorzudringen (hM; anders Arzt ZStW 91, 857). 50

c) Der **Schuldvorwurf** entfällt allgemein auch dann, wenn dem Täter anderes Handeln **nicht zumutbar** war (hM; vgl zB RGSt 30, 25; Bay bei Bär DAR 91, 363; Roxin AT I 24/115–121; krit Maiwald, Schüler-Springorum-FS, S 475; Zielinski AK 134, 135 zu §§ 15, 16; diff M-Gössel AT 2 44/42–51 mwN); die Gefahr eigener Strafverfolgung genügt dazu idR nicht (Ulsenheimer GA 72, 1 mwN). 51

d) Zum Verhältnis zwischen den **gesetzlich normierten Schuldregeln** der §§ 17, 19, 20, 21, 33, 35 StGB, § 3 JGG beachte Herzberg Jura 84, 402, 411 mwN. 52

6. Unter dem Gesichtspunkt objektiver und subjektiver Voraussehbarkeit kann der Vorwurf gegen den Täter dahin gehen, daß er die 53

Tatbestandsverwirklichung überhaupt nicht in seine Betrachtung einbezogen habe **(unbewußte Fahrlässigkeit),** oder daß er sie zwar für möglich gehalten (Stuttgart NJW 76, 1852 mit Anm Gollwitzer JR 77, 207), aber im Vertrauen auf ihr Ausbleiben (StV 81, 549) gehandelt habe (**bewußte Fahrlässigkeit**; krit Köhler, Die bewußte Fahrlässigkeit, 1982). Die Abgrenzung dieser zweiten Form ergibt sich aus der Begriffsbestimmung des bedingten Vorsatzes. Je nach den Anforderungen, die man dort an das voluntative Element stellt (23–27), verändert sich der Bereich der bewußten Fahrlässigkeit. Deshalb wird diese überhaupt geleugnet von denen, die ein Handeln trotz Vorstellung möglicher Tatbestandsverwirklichung stets als bedingten Vorsatz ansehen (dazu 27). Bewußte Fahrlässigkeit wiegt nicht generell schwerer als unbewußte (Karlsruhe VRS 35, 365; Tenckhoff ZStW 88, 897, 904; Jakobs AT 9/3, 23; aM Arzt, Schröder-GedSchr, S 119, 127; diff Roxin AT I 24/61; zw).

54 **7.** Auch **(echtes oder unechtes) Unterlassen** (4, 6 zu § 13) ist fahrlässig begehbar (stRspr). Ob und wieweit sich allerdings aus dem Unterlassungsbegriff und dem damit zusammenhängenden sog Umkehrprinzip Einschränkungen für die Möglichkeit der Tatbestandsverwirklichung ergeben, ist umstritten. Mit Recht lehnt die hM eine Beschränkung der Unterlassungsfahrlässigkeit auf den fehlgeschlagenen Gebotserfüllungsversuch ab (so aber Armin Kaufmann, Die Dogmatik der Unterlassungsdelikte, 1959, S 41, 170); es genügt, wenn das Unterbleiben der gebotenen Handlung sorgfaltswidrig und die tatbestandsmäßige Situation im Hinblick sowohl auf das Handlungsziel wie auch die Handlungsmittel erkennbar war (vgl ua Grünwald, Mayer-FS, S 281; Haffke ZStW 87, 44; Schöne JZ 77, 150; Struensee JZ 77, 217 und Stree/Wessels-FS, S 133, 152). – Beim fahrlässigen Verletzungsdelikt durch Unterlassen sind Garantenpflicht (6 zu § 13) und Sorgfaltspflicht zwar begrifflich auseinanderzuhalten, fallen aber meist inhaltlich zusammen, weil die Garantenpflicht nur durch sorgfaltsgemäßes Verhalten erfüllt werden kann (Fünfsinn aaO [vgl 35] S 98 mwN).

55 **IV. Leichtfertigkeit** (zB in § 176 IV) ist ein erhöhter Grad von (auch bewußter, StV 94, 480) Fahrlässigkeit (krit dazu Weigend ZStW 93, 657). Sie entspricht objektiv der groben Fahrlässigkeit des bürgerlichen Rechts (BGHSt 14, 240, 255; 33, 66; BGHZ 106, 204; Hamm NStZ 83, 459 mit Anm Müller-Dietz; Tenckhoff ZStW 88, 897; diff Wegscheider ZStW 98, 624; krit Arzt, Schröder-GedSchr, S 119); vorauszusetzen ist danach, daß der Täter die sich ihm aufdrängende Möglichkeit der Tatbestandsverwirklichung aus besonderem Leichtsinn oder besonderer Gleichgültigkeit außer acht läßt. Subjektiv sind die persönlichen Fähigkeiten und Kenntnisse des Täters zugrundezulegen (vgl 49).

56 **V.** Nach hM sollen Vorsatz und Fahrlässigkeit **einander ausschließen,** weil das voluntative Element (vgl 24, 25) einen qualitativen Unterschied begründe (vgl etwa BGHSt 4, 341; anders Jakobs AT 9/4; Schroeder LK 8–11, beide mwN). Das ist jedoch insofern problema-

tisch, als im Rahmen der Lehre von der objektiven Zurechnung überwiegend die konstitutiven Erfordernisse des Fahrlässigkeitstatbestandes auch für den Vorsatztatbestand postuliert werden (14 vor § 13; s auch Herzberg JuS 96, 377, 379; zur übereinstimmenden österreichischen Rechtslage Triffterer, Klug-FS, S 419; Schmoller ÖJZ 83, 655, 657). Jedenfalls steht bloßer Verdacht des Vorsatzes der Bestrafung wegen fahrlässigen Handelns nach einhelliger, aber unterschiedlich begründeter Ansicht (Stufenverhältnis, Auffangtatbestand, Wahlfeststellung) nicht entgegen (vgl etwa BGHSt 17, 210; 32, 48, 50; Wolter, Wahlfeststellung und in dubio pro reo, 1987, S 57; Mylonopoulos ZStW 99, 685, alle mwN).

§ 16 Irrtum über Tatumstände

(1) **Wer bei Begehung der Tat einen Umstand nicht kennt, der zum gesetzlichen Tatbestand gehört, handelt nicht vorsätzlich. Die Strafbarkeit wegen fahrlässiger Begehung bleibt unberührt.**

(2) **Wer bei Begehung der Tat irrig Umstände annimmt, welche den Tatbestand eines milderen Gesetzes verwirklichen würden, kann wegen vorsätzlicher Begehung nur nach dem milderen Gesetz bestraft werden.**

1. Die Bestimmung des **Tatbestandsirrtums** in § 16 spiegelt im wesentlichen die Ergebnisse wider, die sich in den Auseinandersetzungen um die verschiedenen Vorsatzlehren (31–34 zu § 15) herauskristallisiert haben. 1

a) Das **RG** hatte noch auf dem Boden seiner Grundposition (32 zu § 15) eine inkonsequente Irrtumslehre entwickelt, die auf der Unterscheidung zwischen „Tatirrtum" und „Rechtsirrtum" beruhte. Während es jenem als Irrtum über Tatsachen vorsatzausschließende Wirkung beilegte, sollte dieser für den Vorsatz nur dann erheblich sein, wenn er sich auf einen „außerstrafrechtlichen" Rechtsbegriff bezog (zB RGSt 42, 26; 72, 305, 309). Diese mit dem Schuldprinzip unvereinbare Rspr ist seit 1952 überholt (BGHSt-GS-2, 194). Sieht man jedoch von der einhelligen Anerkennung des unvermeidbaren Verbotsirrtums ab, so ist eine auffallende Kontinuität in den Rspr-Ergebnissen über die 1952 vollzogene Wende hinaus zu verzeichnen. Das hat zu beachtenswerten, aber noch diskussionsbedürftigen Versuchen geführt, auf die Unterscheidung des RG zurückzugreifen, sie aber dogmatisch neu zu begründen (näher dazu 14 zu § 15).

b) In den **modernen Lehren zum Vorsatz** ist zwar umstritten, ob und in welcher näheren Ausprägung das Unrechtsbewußtsein (2–5 zu § 17) Voraussetzung des Vorsatzes ist (31–34 zu § 15). Das hindert aber nicht, wenngleich die Abgrenzung nicht abschließend geklärt (14–17 zu § 15) und bisweilen auch schwierig ist (22 zu § 17), zwischen der Nichtkenntnis von Tatumständen und dem Fehlen des Unrechtsbewußtseins zu unterscheiden und sie in den verschiedenen Kategorien 2 des Tatbestandsirrtums (§ 16) und des Verbotsirrtums (§ 17) zu erfassen (anders die Anhänger der Vorsatztheorie [1 zu § 17]; deren Kritik zusf Geerds Jura 90, 421 mwN). Für die Schuldtheorie wird der Meinungsstreit erst bei den Fragen relevant, ob der Verbotsirrtum den Vorsatz ausschließt (33, 34 zu § 15) und wie der Erlaubnistatbestandsirrtum einzuordnen ist (9–18 zu § 17).

3 **2.** Fehlt das Wissenselement des Vorsatzes im Hinblick auch nur auf einen Tatumstand (ein Merkmal des äußeren Tatbestandes), so ist der Vorsatz ausgeschlossen (4–18 zu § 15). Der Täter handelt im **Tatbestandsirrtum** (zusf Krümpelmann ZStW Beiheft 78, 6, 12; Warda Jura 79, 1, 3, 71, 113). Dieser bildet die Kehrseite des Wissenselements und ist daher nicht mit dem „Tatirrtum" des RG zu verwechseln; abweichend davon kann er sich einerseits auch auf normative Begriffe (uU reine Rechtsbegriffe) beziehen (14 zu § 15), und andererseits ist er auf die Merkmale des äußeren Tatbestandes beschränkt. Ob und wieweit die für ihn geltenden Regeln auch auf entsprechende Irrtümer in anderen Bereichen des Verbrechensaufbaus anwendbar sind, bedarf jeweils besonderer Prüfung (zum Irrtum über einen Erlaubnistatbestand 9–18 zu § 17 und über die Voraussetzungen eines Entschuldigungsgrundes 13 zu § 35). Im einzelnen gilt für Tatbestände von Vorsatzdelikten folgendes:

4 **a)** Bezieht sich der Tatbestandsirrtum auf **strafbegründende Merkmale,** so entfällt damit die Tatbestandsmäßigkeit (9–17 zu § 15); bei **straferhöhenden Merkmalen** hat es mit der Verwirklichung des Grundtatbestandes sein Bewenden (Abs 1 S 1). Ob das ohne Einschränkung auch für den Irrtum über **Tatbestandsalternativen** (sog doppelter Tatbestandsirrtum) gilt, ist in der Rspr kaum behandelt (beachte jedoch RGSt 35, 286), in der Lehre aber umstritten. Teils wird die Frage bejaht (zB Kuhlen, Die Unterscheidung von vorsatzausschließendem und nichtvorausatzausschließendem Irrtum, 1987, S 508). Teils werden Ausnahmen unter der Voraussetzung angenommen, daß die Alternativen qualitativ gleichwertig sind (so Sch/Sch-Cramer 11) oder daß sie vom Gesetz als erschöpfende Beschreibung eines gedachten Gattungsbegriffs gewollt sind (so Schroeder GA 79, 321; Rudolphi SK 28 d). Soweit sich das Ergebnis nicht schon aus den allgemeinen Abweichungsregeln ergibt (zB bei der aberratio ictus oder dem Subsumtionsirrtum), ist die Unerheblichkeit des Irrtums jedenfalls dann zu bejahen, wenn die jeweils vom Vorsatz umfaßte Alternative lediglich eine quantitative oder qualitative Herabstufung der verwirklichten Alternative bedeutet oder wenn sie als Bestandteil einer vom Gesetz ausdrücklich oder stillschweigend intendierten erschöpfenden Kasuistik eines Gattungsbegriffs erscheint (näher Warda, Stree/Wessels-FS S 267).

5 **b)** Bei den **Unterlassungsdelikten** kann sich der Tatbestandsirrtum auch auf Umstände beziehen, aus denen sich die Möglichkeit und Zumutbarkeit (str) des gebotenen Handelns sowie die Garantenstellung ergeben (7 zu § 15). Der Irrtum lediglich über die Handlungspflicht als

solche (sog **Gebotsirrtum**) betrifft dagegen nur das Unrechtsbewußtsein und ist nach den für den Verbotsirrtum geltenden Regeln zu behandeln (7 zu § 15; 6 zu § 17).

c) Bezieht sich der Tatbestandsirrtum auf Umstände, die den Tatbe- 6
stand **eines milderen Gesetzes** ergeben würden, so kann nur nach dem milderen Gesetz bestraft werden (Abs 2). Der Täter wird also auch hier so behandelt, als ob seine Vorstellung richtig gewesen wäre (Warda Jura 79, 113; beachte auch Küper GA 68, 321). Die Vorschrift gilt unterschiedslos für alle objektiven Elemente des Deliktstatbestandes; ihren Regelungsbereich auf Unrechtsmerkmale zu beschränken, weil bei Schuldmerkmalen das mildere Gesetz ohnehin anwendbar sei, ist dogmatisch nicht geboten (Puppe NK 4; aM Franke JuS 80, 172; Rudolphi SK 28 a, alle mwN).

d) Vom Tatbestandsirrtum zu unterscheiden ist der sog **umgekehrte** 7
Irrtum. Hält der Täter irrig einen strafbegründenden oder -erhöhenden Umstand für gegeben, so kommt untauglicher Versuch in Frage (12, 13 zu § 22). Verkennt er das Vorliegen eines Umstandes, der die Anwendung eines milderen Gesetzes begründet (zB irrige Annahme der Ehelichkeit eines nichtehelichen Kindes im Falle des § 217), so entfällt die Privilegierung mit der Folge, daß der Grundtatbestand anwendbar bleibt (Maihofer, Mayer-FS, S 185, 187; Warda Jura 79, 113, 114; diff Jescheck/Weigend AT S 310; Rudolphi SK 28 b, alle mwN; str).

3. Ist die Strafbarkeit wegen vorsätzlicher Begehung infolge Tatbe- 8
standsirrtums ausgeschlossen, so bleibt Strafbarkeit wegen **fahrlässiger Begehung** übrig, wenn diese selbständig mit Strafe bedroht ist und ihre Voraussetzungen (35–54 zu § 15), was bei Vorwerfbarkeit des Irrtums regelmäßig zutrifft, voll erfüllt sind.

§ 17 Verbotsirrtum

Fehlt dem Täter bei Begehung der Tat die Einsicht, Unrecht zu tun, so handelt er ohne Schuld, wenn er diesen Irrtum nicht vermeiden konnte. Konnte der Täter den Irrtum vermeiden, so kann die Strafe nach § 49 Abs. 1 gemildert werden.

1. Die Vorschrift regelt den sog **Verbotsirrtum** auf dem Boden der 1
Schuldtheorie (34 zu § 15); sie ist verfassungsmäßig (BVerfGE 41, 121 mit krit Bespr Langer GA 76, 193; zur Bindungswirkung der Entscheidung Kramer/Trittel JZ 80, 393; Schmidhäuser JZ 80, 396). Ihr liegt die verbindliche gesetzgeberische Entscheidung zugrunde, daß die Tatbestände der Vorsatzdelikte nicht nur bei aktuellem, sondern auch bei potentiellem (virtuellem) Unrechtsbewußtsein anwendbar sind (hM; anders Langer aaO S 206 und Schmidhäuser Stub 7/68–90, die trotz § 17 an der Vorsatztheorie festhalten; ähnlich auch Otto, Meyer-GedSchr, S 583, 597 und Jura 96, 468, 474; Koriath Jura 96, 113; zusf Geerds Jura 90, 421). Im Kern ist die Entscheidung kriminalpolitischer

Natur (Lackner JZ 78, 210). Der Gesetzgeber hält den Übergang zur Vorsatzstrafe nicht erst gegenüber dem für erforderlich, der sich gegen das Recht auflehnt; er läßt es vielmehr ohne Verstoß gegen das Schuldprinzip (krit Koriath aaO S 124) genügen, daß der Täter weiß und will, was er tut, wenn er nur den Widerspruch zum Recht hätte einsehen können (krit Schmidhäuser NJW 75, 1807 und JuS 87, 373, 378; Schünemann NJW 80, 735; Arthur Kaufmann, Lackner-FS, S 185; zusf Neumann JuS 93, 793; Lesch JA 96, 346).

2 **2. a)** Die Einsicht, Unrecht zu tun (das **Unrechtsbewußtsein**), ist nicht für das Unrecht (hM; anders Mir Puig, in: Eser RuE III, S 303), sondern nur für die Schuldbewertung relevant (hM; die Annahme von Spendel, Tröndle-FS, S 89, der das Unrechtsbewußtsein als psychische Beziehung dem subjektiven Tatbestand zuweist, daraus aber nur Folgerungen für die Schuld zieht, begründet keinen inhaltlichen Unterschied). Sie ist die Erkenntnis, daß die Tat gegen die verbindliche materiale Wertordnung des Rechts verstößt und daher rechtlich verboten ist (Sch/Sch-Cramer 4; einschr Neumann JuS 93, 793, beide mwN; speziell zum Prozeß der Bildung von Unrechtsbewußtsein Groteguth, Norm- und Verbots[un]kenntnis § 17 Satz 2 StGB, 1993, S 35). Einerseits ist danach nicht genügend das bloße Bewußtsein der Sozialschädlichkeit (Rudolphi JBl 81, 289, 291), des Widerspruchs zur Sittenordnung (GA 69, 61) oder des nur formalen Verstoßes gegen ein hinsichtlich seines Schutzzwecks unverstandenes Gesetz (Rudolphi, Unrechtsbewußtsein, Verbotsirrtum und Vermeidbarkeit des Verbotsirrtums, 1969, S 44; aM Jescheck/Weigend AT S 453; zw). Andererseits ist nicht erforderlich, daß der Täter die verletzte Rechtsnorm im einzelnen kennt oder gar um die Strafbarkeit (Sanktionierbarkeit) seines Verhaltens weiß (hM; anders Schroeder LK 7, 8; Neumann NK 20–26, beide mwN); es genügt die Einsicht, daß die Tat Unrecht von der im Tatbestand beschriebenen Art ist (dazu Stuttgart NStZ 93, 344 mwN; s auch unten 6), auch wenn der Täter sie nicht für tatbestandsmäßig (probl KG NJW 90, 782) oder nur für eine Ordnungswidrigkeit hält (Celle NJW 87, 78; Neumann NK 28 mwN). Bei Tätern aus fremden Kulturkreisen kann die Abgrenzung schwierig sein (Krauß, in: Bönner/de Boor [Hrsg], Unrechtsbewußtsein, 1982, S 30). – Im Falle des sog **Gültigkeitsirrtums** (zusf Rudolphi aaO [Unrechtsbewußtsein] S 181) bleibt das Unrechtsbewußtsein unberührt, wenn der Täter die Wertung des Rechts kennt, sie aber aufgrund abweichender Gewissensentscheidung (Gewissenstäter) oder aus anderen außerrechtlichen Gründen (Überzeugungstäter) für unrichtig hält (BGHSt 4, 1, 3; allg zum Gewissens- und Überzeugungstäter Heinitz ZStW 78, 615; Greffenius, Der Täter aus Überzeugung und der Täter aus Gewissensnot, 1969; Bopp, Der Gewissenstäter und das Grundrecht der Gewissensfreiheit, 1974; Müller-Dietz, Peters-FS, S 91; Roxin, Henkel-FS, S 171, 195 und Maihofer-FS, S 389; Ebert, Der Überzeugungstäter in der neueren Rechtsentwicklung, 1975 und JuS 76, 319, 321; Gödan, Die Rechtsfigur des

Überzeugungstäters, 1975; Peters ZStW 89, 103 und Stree/Wessels-FS, S 3; Küper JZ 89, 617, 622; Sproß, Die Unrechts- und Strafbegründung bei dem Überzeugungs- und Gewissenstäter, 1992; Hirsch, Strafrecht und Überzeugungstäter, 1996; zu Einschränkungen der Strafbarkeit durch das Grundrecht des Art 4 GG beachte 32 vor § 32; 1 zu § 323 c). Dagegen fehlt das Unrechtsbewußtsein, wenn der Täter glaubt, eine Verbotsnorm des einfachen Rechts widerspreche einer höheren Rechtsnorm, etwa eine RechtsVO einem förmlichen Gesetz oder dieses dem GG (BGHSt 4, 1, 3).

b) Für die **Aktualität** des Unrechtsbewußtseins ergeben sich dieselben Fragen wie beim Vorsatz (9 zu § 15). 3

c) Auch wenn der Täter **nur für möglich hält,** Unrecht zu tun (sog **Unrechtszweifel**), hat er das Unrechtsbewußtsein, wenn er diese Möglichkeit in derselben Weise wie beim bedingten Vorsatz in seinen Willen aufnimmt (hM; vgl etwa BGHSt 4, 1, 4; NStZ 96, 338; Kienapfel ÖJZ 76, 113, 116; Groteguth aaO [vgl 2] S 71; Schroeder LK 23; einschr Lesch JA 96, 504; Jakobs AT 19/30; zw). Demgegenüber verneint eine Mindermeinung mit bedenkenswerten Gründen (ebenso, jedoch ohne Begr Düsseldorf MDR 84, 866) den Verbotsirrtum hier allgemein, also ohne Rücksicht auf ein voluntatives Element, befürwortet dafür aber Strafmilderung nach § 49 I oder Strafausschluß, soweit nach den Umständen die Vorwerfbarkeit erheblich vermindert oder ausgeschlossen war (Warda, Welzel-FS, S 499; s auch Paeffgen JZ 78, 738, 745; Kunz GA 83, 457; Seier JuS 86, 217, 220; Neumann JuS 93, 793, 795). 4

d) Bleibt das Unrechtsbewußtsein **zweifelhaft,** so gilt der Grundsatz in dubio pro reo (Bay NJW 54, 811). Hat der Täter aufgrund einer nicht umstrittenen Gerichtsentscheidung oder einer nach den Umständen verläßlichen Rechtsauskunft gehandelt, so wird es idR entweder schon am Unrechtszweifel (vgl 4) fehlen oder dieser jedenfalls nicht beweisbar sein (hM; anders Kunz GA 83, 457 mwN). 5

3. Fehlt dem Täter einer rechtswidrigen Tat das Unrechtsbewußtsein (vgl 2), so befindet er sich im **Verbotsirrtum** (zusf Otto Jura 90, 645). Das gilt grundsätzlich unabhängig davon, ob er schon das Verbot als solches nicht kennt (abstrakter Verbotsirrtum) oder ob er nur aus besonderen Gründen, etwa aufgrund Subsumtionsirrtums (14 zu § 15), Gültigkeitsirrtums (vgl 2) oder Erlaubnisirrtums (vgl 19), die Tat für rechtmäßig hält (konkreter Verbotsirrtum). Ebensowenig kommt es darauf an, ob er schon über die Verbotsnorm als solche (direkter Verbotsirrtum) oder erst über Bestehen oder Grenzen eines Rechtfertigungsgrundes irrt (indirekter Verbotsirrtum); ferner auch, ob er von dem Unrecht eine falsche Vorstellung hat oder ob ihm eine Vorstellung überhaupt fehlt (Bay MDR 63, 333; Stree JuS 73, 461, 467). Die Ursache des Irrtums ist unerheblich; deshalb handelt auch im Verbotsirrtum, wer seine Tat aufgrund abergläubischer Wahnvorstellungen (BGHSt 35, 6

347, 350; aM Herzberg Jura 90, 16, 19; Schumann NStZ 90, 32, 35; beachte auch Struensee ZStW 102, 21; Roßmüller/Rohrer Jura 90, 582) oder eines Irrtums über einen persönlichen Strafausschließungsgrund oder eine objektive Bedingung der Strafbarkeit (Tröndle 6; aM M-Zipf AT 1 38/11) rechtlich für erlaubt hält (zw). – Das Unrechtsbewußtsein ist jeweils auf das dem Tatbestand zugrunde liegende Verbot zu beziehen, so daß es bei Zusammentreffen mehrerer Gesetzesverletzungen „teilbar" ist (BGHSt 10, 35; 22, 314; NStZ-RR 96, 24; zu dem damit zusammenhängenden sog doppelten Irrtum Hirsch, Die Lehre von den negativen Tatbestandsmerkmalen, 1960, S 229; Rudolphi aaO [vgl 2] S 89; Haft JuS 80, 430, 588, 659; Kuhlen, Die Unterscheidung von vorsatzausschließendem und nichtvorsatzausschließendem Irrtum, 1987, S 494; Puppe GA 90, 145, 164; Brocker JuS 94, L 17). Nach der Rspr reicht es jedoch bei qualifizierten Tatbeständen aus, wenn der Täter das spezifische Unrecht des Grunddelikts erkannt hat, weil sich hier das Unrechtsbewußtsein auch auf die Qualifikation erstrecke (BGHSt 15, 377, 383 mit Bespr Schmidhäuser NJW 75, 1807, 1812; NJW 96, 2804 mit Anm Seelmann StV 96, 672; Jescheck/Weigend AT S 456; aM Rudolphi SK 9; Sch/Sch-Cramer 8, alle mwN), und zwar auch dann, wenn die Qualifikation ein qualitativ anderes Rechtsgut schützt (mit Recht insoweit diff Schroeder LK 15; Neumann NK 36, 37). – Der Gebotsirrtum beim **Unterlassungsdelikt** (5 zu § 16) ist nur eine besondere Form des Verbotsirrtums, die sich aus der andersartigen Struktur des Unterlassens ergibt (7 zu § 15).

7 **4. a)** Der Verbotsirrtum läßt den Vorsatz unberührt, schließt jedoch die Schuld aus, wenn der Täter ihn **nicht vermeiden** konnte. – Die **Rechtsprechung** hält (wohl zu Unrecht) den Maßstab der Vermeidbarkeit für strenger als den einer vorwerfbaren Sorgfaltspflichtverletzung bei der Fahrlässigkeit (BGHSt 4, 236; 21, 18, 20; s auch 36–39 zu § 15). Danach kommt es darauf an, ob der konkrete Täter nach seinen individuellen Fähigkeiten (BGHSt 3, 357, 366; NJW 62, 1831) bei Einsatz „aller seiner Erkenntniskräfte und sittlichen Wertvorstellungen" (BGHSt 4, 1), uU auch durch Erkundigung (BGHSt 4, 236; Düsseldorf NStZ 81, 444; Köln NJW 96, 472), zur Unrechtseinsicht hätte kommen können. Dazu ist eine umfangreiche, nicht widerspruchsfreie **Kasuistik** entstanden, die sich namentlich auf folgende Fragen bezieht: ob und wieweit dem Täter die Unkenntnis strafrechtlicher Sondernormen für spezielle Tätigkeiten (etwa als Geschäftsführer, Lebensmittelhändler, Gastwirt, Kraftfahrer, Rechtsberater usw) zur Last fällt (zB wistra 84, 178; Köln GA 56, 326; Oldenburg NJW 92, 2438; Rudolphi JBl 81, 289, 296); welche Bedeutung der Motivation durch unrichtige, überholte oder widersprechende Gerichtsentscheidungen oder Rechtsauskünfte zukommt (zB BGHSt 20, 342, 372; KG JR 77, 379 mit Anm Rudolphi; KG JR 78, 166 mit Bespr Meyer JuS 79, 250; Stuttgart JR 78, 294 mit Anm Sack; Bay NJW 80, 1057 und StV 92, 421; Hamm NJW 82, 659, 661; s auch Zweibrücken StV 92, 119); ob das Unterlas-

sen der Erkundigung für den Verbotsirrtum ursächlich geworden sein muß (mit Recht bejahend die hM; vgl BGHSt 37, 55, 67; Bay NJW 89, 1744 mit Bespr Rudolphi JR 89, 387 und Zaczyk JuS 90, 889, alle mwN; anders noch BGHSt 21, 18, 21). – Im **Schrifttum** wird die Vermeidbarkeit überwiegend verneint, wenn der Täter keinen Anlaß hatte sich zu informieren, wenn er trotz sorgfältiger Prüfung oder Erkundigung in seinem Irrtum befangen blieb oder wenn er bei unterbliebener Erkundigung auch durch sie nicht zur Unrechtskenntnis gelangt wäre (Neumann JuS 93, 793, 797 mwN). Allerdings hat die bisherige, durch verschiedenartige Ansätze gekennzeichnete Diskussion noch nicht zur abschließenden Klärung geführt (vgl etwa Rudolphi aaO [Unrechtsbewußtsein; vgl 2] S 93, 193, 241; Horn, Verbotsirrtum und Vorwerfbarkeit, 1969, S 55; Roxin, Henkel-FS, S 171, 187; und AT I 21/37–43; Schünemann NJW 80, 735, 741 und in: Hirsch/Weigend [Hrsg], Strafrecht und Kriminalpolitik in Japan und Deutschland, 1989, S 147, 172; Timpe GA 84, 51; Stratenwerth, Kaufmann [Arm]-GedSchr, S 485, 486; Groteguth aaO [vgl 2] S 122; Lesch JA 96, 607; Jakobs AT 19/35–45).

b) Konnte der Täter den Verbotsirrtum **vermeiden,** so ist seine Schuld nicht ausgeschlossen. Jedoch sieht Satz 2 einen **fakultativen besonderen gesetzlichen Milderungsgrund** im Sinne des § 49 I vor. Es ist daher zunächst zu entscheiden, ob von der Milderungsmöglichkeit überhaupt Gebrauch gemacht wird (dazu und zu der Frage, welchen Regeln diese Würdigung folgt, 4 zu § 49). Im allgemeinen ist die Milderung angezeigt; Ausnahmen kommen jedoch namentlich in Frage, wenn der Verbotsirrtum auf Rechtsblindheit oder Rechtsfeindschaft beruht. Wird von der Milderungsmöglichkeit Gebrauch gemacht, so ändert sich zunächst **nur der Strafrahmen** nach dem Maßstab des § 49 I (beachte auch § 50); dabei darf jedoch zur Vermeidung eines Wertungswiderspruchs die für fahrlässige Begehung angedrohte Strafe nicht unterschritten werden (Bay MDR 57, 434; zw). Zur Strafzumessung innerhalb des danach maßgebenden Rahmens 10 zu § 49. 8

5. a) Nach der sog **strengen Schuldtheorie** (Welzel, Maurach, Bockelmann, Hirsch, Gössel ua; zusf Schroeder LK 47–52 zu § 16) ist unerheblich, ob der Verbotsirrtum darauf beruht, daß sich der Täter vorwerfbar Umstände vorgestellt hat, die sein Verhalten rechtfertigen würden (**Irrtum über einen Erlaubnistatbestand,** vielfach auch als Irrtum über die sachlichen Voraussetzungen eines Rechtfertigungsgrundes, über eine objektive Rechtfertigungslage oder über rechtfertigende Umstände bezeichnet). Fühlt sich zB jemand angegriffen und tötet er deshalb einen anderen in der irrigen Annahme der Notwehrvoraussetzungen (Putativnotwehr), so wird er nach dieser Theorie bei Vermeidbarkeit des Irrtums nicht nach § 222, sondern wegen Mordes oder Totschlags nach §§ 211, 212, 17 S 2 bestraft. 9

b) Da dieses Ergebnis fragwürdig ist, hat sich als hM eine **Gegenposition** durchgesetzt, die – allerdings ungenau und mit umstrittener 10

Begrenzung – unter der Sammelbezeichnung **„eingeschränkte Schuldtheorie“** zusammengefaßt wird und den Erlaubnistatbestandsirrtum denselben Rechtsfolgen unterwirft wie den Tatbestandsirrtum (vom Ergebnis her ist auch die sog unselbständige Schuldtheorie von Jakobs AT 11/43–59, die Strafbarkeit wegen vorsätzlicher Tat zwar bejaht, sie aber auf den Fahrlässigkeitsstrafrahmen reduziert, hier einzuordnen). Sie anerkennt damit die besondere Qualität dieses Irrtums. Er ist dadurch gekennzeichnet, daß er sich auf das Objekt der Wertung bezieht und nicht – wie der Verbotsirrtum – eine falsche Wertung des Objekts bedeutet. Insofern ist er dem Tatbestandsirrtum (ieS) eng verwandt; denn er bezieht sich wie dieser auf Umstände, die einen Tatbestand ausfüllen, allerdings nicht einen unrechtsbegründenden, sondern einen unrechtsausschließenden. Im Hinblick auf sein Gesamtverhalten weiß der Irrende regelmäßig ebensowenig, was er tut, wie der im Tatbestandsirrtum Handelnde; denn nicht nur in zahlreichen Deliktstatbeständen (dazu Herzberg JA 86, 190, 194), sondern häufig auch in der sozialen Wirklichkeit sind die Umstände des Unrechts- und Erlaubnistatbestandes zu einer inneren Einheit verbunden. Die Begründung des Ergebnisses gehört allerdings zu den noch ungelösten dogmatischen Problemen des AT (krit zu allen systemabhängigen Lösungsmodellen v Hippel, Spendel-FS, S 23, 24):

11 aa) Die **Rechtsprechung** (BGHSt 3, 105, 194, 271; 31, 264, 286; 32, 243, 248; JR 96, 69, 71) greift inkonsequent auf die alte Unterscheidung des RG zwischen Tat- und Rechtsirrtum zurück und hält den Vorsatz für ausgeschlossen, wenn der Täter nur über Tatsachen geirrt hat; dann sei er an sich rechtstreu, wisse aber nicht, was er tue (mit eingehender Begr zust Kuhlen aaO [vgl 6] S 331). Das widerspricht jedoch dem in der Rspr anerkannten dreigliedrigen Verbrechensaufbau, nach dem sich der Vorsatz nur auf die Verwirklichung des Unrechtstatbestandes (iS des Unrechtstypus), nicht auch auf das Fehlen von Rechtfertigungsgründen bezieht (Herdegen, BGH-FS, S 195, 206; 17 vor § 13).

12 bb) Im **Schrifttum** ist die dogmatische Begründung umstritten. Zwar hat das Ergebnis der Rspr (keine Strafbarkeit wegen vorsätzlicher Tat) überwiegend Billigung gefunden. Jedoch setzen die dafür maßgebenden, auf divergierenden normtheoretischen Grundlagen beruhenden (dazu Gössel, Triffterer-FS, S 93) dogmatischen Ableitungen teils am Tatbestand, teils am Unrecht und teils erst an der Schuld an. Außerdem besteht keine Einigkeit, ob der Erlaubnistatbestandsirrtum in eine der herkömmlichen Irrtumskategorien eingeordnet werden kann (krit Grünwald, Noll-GedSchr, S 183, der hier nur bedeutungslose terminologische Differenzen sieht). Das 2. StrRG (4 vor § 1) hat in diesem Meinungsstreit nicht Stellung genommen, sondern die weitere Klärung, ob es sich „um einen Tatbestands- oder Verbotsirrtum oder um einen Irrtum eigener Art handelt“, ausdrücklich der Rspr und Rechtslehre überlassen (BT-Dr V/4095 S 9). Auf dieser Grundlage hat sich eine kaum mehr übersehbare Vielfalt von durchweg systemabhängigen

Deutungen entwickelt. Diese haben alle ihre Stärken und Schwächen; in gewissen Grenzfällen können sie Widersprüchen und Ungereimtheiten nur mit fragwürdigen dogmatischen Konstruktionen begegnen. Im wesentlichen lassen sich folgende – unter sich keineswegs homogene und überdies mit unterschiedlicher Terminologie arbeitende (vgl etwa Roxin AT I 14/53–58) – Meinungsgruppen unterscheiden:

cc) Die (problematische) Lehre von den **negativen Tatbestandsmerkmalen** (17 vor § 13) hält den Erlaubnissachverhalt für einen (negativen) Teil der Tatbestandsvoraussetzungen und muß deshalb dem Irrtum über ihn vorsatzausschließende Wirkung beimessen. 13

dd) Eine damit verwandte Lehre hält zwar nicht den Tatbestandsvorsatz, aber doch das **Vorsatzunrecht** für ausgeschlossen, weil auch der auf der Rechtswidrigkeitsebene zu prüfende Erlaubnistatbestand eine subjektive Seite habe, deren Erfüllung es erst rechtfertige, das spezifische Unrecht eines Vorsatzdelikts zu bejahen (vorsatzunrechtsverneinende eingeschränkte Schuldtheorie). Die Begründungen im einzelnen, die überwiegend eine analoge Anwendung des § 16 I befürworten, sind allerdings schon im Ansatz uneinheitlich und noch nicht zu einem fest umrissenen Lösungsmodell fortentwickelt (vgl etwa Frisch, Vorsatz und Risiko, 1983, S 243 und in: Eser RuE III, S 217, 268; Schumann, Strafrechtliches Handlungsunrecht und das Prinzip der Selbstverantwortung der Anderen, 1986, S 32; Herzberg , Stree/Wessels-FS, S 203; Kuhlen aaO [vgl 6] S 331; Puppe, Stree/Wessels-FS, S 183; Scheffler Jura 93, 617; Dieckmann Jura 94, 178; Graul JuS 95, 1049; Roxin AT I 14/62–76; Sch/Sch-Lenckner 19 vor § 13, alle mwN; beachte auch 5 vor § 32). 14

ee) Die sog **rechtsfolgenverweisende Schuldtheorie** sieht in dem Erlaubnistatbestandsirrtum einen **Irrtum eigener Art,** der erst auf der Schuldebene relevant wird und einerseits zwar Quelle eines Verbotsirrtums ist, andererseits aber die beschriebenen (vgl 10) strukturellen Gemeinsamkeiten mit dem Tatbestandsirrtum aufweist. Aufgrund der nach beiden Richtungen bestehenden Übereinstimmungen und Unterschiede ist dieser Irrtum deshalb nach seinem Gewicht für die Unrechts- und Schuldbewertung zwischen den anderen Irrtümern einzuordnen. An sich werden deshalb weder die Rechtsfolgen des § 17 noch die des § 16 seinen Besonderheiten voll gerecht (Dreher, Heinitz-FS, S 207; Krümpelmann ZStW Beiheft 78, 6, 47), so daß die Problematik befriedigend nur durch Gesetzesänderung lösbar ist (Dreher aaO). Da jedoch das geltende Recht nur zwei Maßstäbe der Reaktion auf irrtumsbedingtes Verhalten kennt, ist es berechtigt, den zwar andersartigen Irrtum, der immerhin aber mit dem Tatbestandsirrtum eng verwandt ist, dessen Rechtsfolgen zu unterwerfen und eine Bestrafung wegen vorsätzlicher Tat auszuschließen. Da der Täter keinen Handlungsunwert verwirklichen wollte, verdient er auch keinen der Vorsatzschuld gleichwertigen Vorwurf (Dreher aaO; Gallas, Bockelmann-FS, S 155, 168; mit gleicher oder ähnlicher Begr ebenso Engisch ZStW 70, 566, 583; Lesch JA 96, 504, 507; Jescheck/Weigend AT S 464; M-Zipf AT 1 37/41–43; Stra- 15 tenwerth AT Rdn 491–500; Wessels AT Rdn 478; aM Paeffgen, Der Verrat in irriger Annahme eines illegalen Geheimnisses [§ 97 b StGB] und die allgemeine Irrtumslehre, 1979 [Verrat], S 93 und Krümpelmann aaO, die zwar von der Andersartigkeit des Irrtums ausgehen, aber daran festhalten, daß gemindertes vorsätzliches Unrecht und damit notwendig auch vorsätzliche Schuld vorliege, die andere Rechtsfolgen als die des § 16 erforderten; s auch Paeffgen, Kaufmann [Arm]-GedSchr, S 399).

16 **c)** Ist der Erlaubnistatbestandsirrtum **vorwerfbar,** so tritt Bestrafung aus dem Fahrlässigkeitstatbestand ein, sofern ein solcher vorgesehen ist (Hamburg NJW 75, 603 mit Anm Rudolphi JR 75, 512; aM Paeffgen aaO [Verrat; vgl 15] und die Anhänger der strengen Schuldtheorie [vgl 9]). Das läßt sich mindestens darauf stützen, daß das Verhalten des Irrenden unabhängig von dem vorliegenden natürlichen Vorsatz sorgfaltswidrig ist (Gallas aaO [vgl 15] S 171).

17 **d)** Für Rechtfertigungsgründe, die eine **komplexe Güter- und Interessenabwägung** erfordern, namentlich für den übergesetzlichen Notstand früheren Rechts, hat die Rspr die eingeschränkte Schuldtheorie nicht angewendet, weil sie insoweit als „subjektives Rechtfertigungselement" stets eine umfassende Prüfung der Sach- und Rechtslage durch den Täter verlangt und bei einer vorwerfbaren Verletzung dieser Pflicht die Rechtfertigung versagt hat (BGHSt 2, 114; 3, 7; krit Welzel ZStW 67, 219; Lenckner, Der rechtfertigende Notstand, 1965, S 198). – Für den **rechtfertigenden Notstand** (§ 34) ist diese Rspr überholt (Herdegen, BGH-FS, S 195, 208; Rudolphi, Schröder-GedSchr, S 73; Küper, Der „verschuldete" rechtfertigende Notstand, 1983, S 115; aM Hamm VRS 50, 464; M-Zipf AT 1 37/53–56; für Irrtumsfälle auch Paeffgen aaO [Verrat; vgl 15] S 154; Krümpelmann ZStW Beiheft 78, 6, 48; zw). Sie wird durch § 34 nicht gestützt (Stree JuS 73, 461, 464). Auch besteht für sie kein zwingendes Bedürfnis: Zwar kann sich der Erlaubnistatbestandsirrtum – ebenso wie der Tatbestandsirrtum (3 zu § 16) – nicht nur auf Tatsachen, sondern auch auf normative Begriffe, namentlich auf reine Rechtsbegriffe, beziehen (Herdegen, BGH-FS, S 195, 201; str), so daß über die Irrtumsqualität erst die Bedeutungskenntnis (14–17 zu § 15) entscheidet; jedoch sind gerade bei den Rechtfertigungsgründen mit komplexer Güter- und Interessenabwägung sog gesamttatbewertende Merkmale häufig, bei denen die rechtliche Bewertung den Regeln über den Verbotsirrtum folgt (16 zu § 15; krit Geerds Jura 90, 421, 425 mwN). Ferner ist das Unterbleiben der Prüfung idR ein Indiz dafür, daß der Täter im Hinblick auf das Fehlen rechtfertigender Umstände im Zweifel war (vgl 18). – Bei Rechtfertigungsgründen dagegen, die sich aus dem Gedanken **erlaubten Risikos** erklären lassen und deshalb die Herbeiführung auch objektiv unrichtiger Ergebnisse zulassen (zB mutmaßliche Einwilligung, 19 vor § 32, und Wahrnehmung berechtigter Interessen, 10 zu § 193), ist auch im Schrifttum eine Prüfungspflicht des Täters mit Recht überwiegend an-

erkannt (Lenckner, Mayer-FS, S 165; Jescheck/Weigend AT S 466; aM Rudolphi aaO; Puppe, Stree/Wessels-FS, S 183, 194; Roxin AT I 14/81–84, alle mwN).

e) Ein Irrtum über rechtfertigende Umstände liegt nach herrschender, aber noch wenig geklärter Meinung nicht vor, wenn der Täter solche Umstände **nur für möglich hält,** ihr Fehlen aber nach den für den bedingten Vorsatz geltenden Regeln (24, 25 zu § 15) in seinem Willen aufnimmt (bei Holtz MDR 78, 108; diff Schroth, Kaufmann [Arth]-FS, S 595, 608; Roxin AT I 14/87–89; anders Frisch, in: Eser RuE III, S 415; Herzberg JA 89, 243, 247). Zu der noch ungeklärten Frage, ob und unter welchen Voraussetzungen in diesen Fällen die Schuld gemindert oder ausgeschlossen sein kann, Warda, Lange-FS, S 119. **18**

f) Von dem Erlaubnistatbestandsirrtum ist zu unterscheiden: **19**

aa) der bloße **Erlaubnisirrtum,** dh der Irrtum über das Bestehen eines rechtlich nicht anerkannten (Bestandsirrtum) oder die Grenzen eines rechtlich anerkannten (Grenzirrtum) Rechtfertigungsgrundes; er ist Verbotsirrtum (zB BGHSt 22, 223; beachte auch Küper JZ 89, 617, 622);

bb) der Irrtum über Umstände, die einen **Entschuldigungsgrund** ergeben würden (dazu § 35 II). **20**

6. Dem Verbotsirrtum (vgl 6) und dem Erlaubnistatbestandsirrtum (vgl 9–18) entspricht jeweils ein **umgekehrter Irrtum.** Wer sein Handeln irrig für verboten hält (zB das Verbot homosexueller Betätigung annimmt), begeht ein strafloses **Wahndelikt** (zu dessen Verhältnis zum untauglichen Versuch 15 zu § 22). Die Umkehrung des Erlaubnistatbestandsirrtums besteht darin, daß jemand unter den objektiven Voraussetzungen eines Rechtfertigungsgrundes handelt, ohne sie zu kennen (dazu 16 zu § 22). **21**

7. Im **Tatbestandsaufbau** wird die Frage nach dem Verbotsirrtum erst relevant, wenn zuvor Tatbestandsmäßigkeit und Rechtswidrigkeit der Tat bejaht sind, die Zurechnung also nur noch durch das Fehlen des Unrechtsbewußtseins in Frage gestellt werden kann. Deshalb ist die **Unterscheidung** des Verbotsirrtums vom Tatbestandsirrtum (§ 16) und vom Erlaubnistatbestandsirrtum (vgl 9–16) erforderlich. Sie ist bisweilen **schwierig.** Häufig hängt das mit der besonderen Struktur des einzelnen Tatbestandes (vgl etwa NJW 96, 1604; Meyer JuS 83, 513, 514), mit der problematischen Abgrenzung des Tatbestandsirrtums vom Subsumtionsirrtum (15 zu § 15) oder mit den Meinungsverschiedenheiten über gesamttatbewertende Tatbestandsmerkmale und deren Umsetzung im konkreten Fall zusammen (16 zu § 15). Auf dem Gebiet des Nebenstrafrechts ist namentlich bei Blankettatbeständen noch vieles umstritten (vgl zB Warda, Die Abgrenzung von Tatbestands- und Verbotsirrtum bei Blankettstrafgesetzen, 1955; Tiedemann ZStW 81, 869, Schaffstein-FS, S 195, 209 und Geerds-FS, S 95; Weber ZStW 96, 376, **22**

392; Puppe GA 90, 145, 162 und NK 16–26 zu § 16; Kindhäuser GA 90, 406; Bachmann, Vorsatz und Rechtsirrtum im allgemeinen Strafrecht und im Steuerstrafrecht, 1993; s auch NJW 94, 61 mit Anm Puppe NStZ 93, 595). Bei ihnen dürfte die Auslegung des einzelnen Tatbestandes entscheiden, und zwar unter dem Gesichtspunkt, ob die bloße Kenntnis der in der ausfüllenden Verbotsnorm vorausgesetzten tatsächlichen Umstände ausreicht, um eine zutreffende Parallelwertung (14 zu § 15) zu ermöglichen, oder ob dazu auch die Kenntnis des Verbots selbst erforderlich ist (ähnlich Roxin AT I 12/91–94 mwN; anders Herzberg GA 93, 439 und JZ 93, 1017, der sich allein an der oft zufälligen Gesetzestechnik und dem darauf fußenden Gesetzeswortlaut orientiert). Deshalb gehört zB bei der Steuerhinterziehung (§ 370 AO) und der Unterhaltspflichtverletzung (§ 170 b) die Kenntnis des Steuer- bzw Unterhaltsanspruchs zum Vorsatz (näher zum Streitstand im Steuerstrafrecht GA 78, 278; NStZ 91, 89; wistra 95, 191; Bay NJW 76, 635 und MDR 92, 1077; Bremen StV 85, 282; Volk DStZ 83, 223; Samson, in: Kohlmann [Hrsg], Strafverfolgung und Strafverteidigung im Steuerstrafrecht, 1983, S 99; Lüderssen wistra 83, 223; Maiwald, Unrechtskenntnis und Vorsatz im Steuerstrafrecht, 1984; Schlüchter wistra 85, 43; Meyer NStZ 86, 443 und 87, 500; Thomas NStZ 87, 260; Frisch, in: Eser RuE III, S 217, 286; Tiedemann ZStW 107, 639, alle mwN).

§ 18 Schwerere Strafe bei besonderen Tatfolgen

Knüpft das Gesetz an eine besondere Folge der Tat eine schwerere Strafe, so trifft sie den Täter oder den Teilnehmer nur, wenn ihm hinsichtlich dieser Folge wenigstens Fahrlässigkeit zur Last fällt.

1 **1. a)** Das **erfolgsqualifizierte Delikt** ist die Verwirklichung eines vorsätzlichen oder fahrlässigen, durch den Eintritt einer besonderen Folge qualifizierten Grundtatbestandes. Es beruht auf der Erwägung, daß die Begehung eines Grunddelikts erhöhte Strafe verdienen kann, wenn sie eine nach der Lebenserfahrung typische, für den Täter voraussehbare besondere Schadensfolge verursacht. Seine Rechtfertigung ist unter verfassungsrechtlichen, dogmatischen und kriminalpolitischen Gesichtspunkten umstritten und auch im Hinblick auf die Frage nicht abschließend geklärt, ob und wieweit verfassungskonforme Auslegung bei einzelnen Tatbeständen Restriktionen erfordert (vgl etwa Hirsch GA 72, 65; Wolter JuS 81, 168; Küpper, Der „unmittelbare" Zusammenhang zwischen Grunddelikt und schwerer Folge beim erfolgsqualifizierten Delikt, 1982, S 24; Küper GA 84, 187; Rengier, Erfolgsqualifizierte Delikte und verwandte Erscheinungsformen, 1986; Paeffgen JZ 89, 220 und NK 44–54; Dornseifer, Kaufmann [Arm]-GedSchr, S 427; völlig abl Lorenzen, Zur Rechtsnatur und verfassungsrechtlichen Problematik der erfolgsqualifizierten Delikte, 1981).

b) Soweit die einschlägigen Tatbestände für die Verknüpfung der Tathandlung mit dieser Folge **nur Ursächlichkeit** voraussetzen, werden sie allgemein durch § 18 um das Schulderfordernis erweitert. In diesem Sinne ist die Vorschrift im Bereich des StGB bedeutsam für die §§ 221 III, 224, 226, 229 II, 239 II, III, 307 Nr 1, 309, 312, 314, 318 II, 319, 320, 340 II. Nicht hierher gehören die Tatbestände, bei denen, wie etwa in § 227 I (NJW 54, 765) oder § 323 a (BGHSt 6, 89), ein besonderer Erfolg die Strafbarkeit erst begründet (str). 2

2. Problematik und praktische Bedeutung der erfolgsqualifizierten Delikte konzentrieren sich auf die Kombination eines vorsätzlichen Grunddelikts mit einer fahrlässig bewirkten Folge (Vorsatz-Fahrlässigkeitskombination, 23–25 zu § 11; echtes erfolgsqualifiziertes Delikt). Zwar wird auch das Zusammentreffen mit einer vorsätzlichen Folge erfaßt (hM; anders Rengier aaO [vgl 1] S 98), jedoch ist dann idR ein schwererer Tatbestand erfüllt, wie etwa Mord oder Totschlag, wenn es sich um die Todesfolge handelt; es gibt aber Ausnahmen, bei denen ein schwererer Vorsatztatbestand fehlt, zB bei § 239 II, wenn eine Freiheitsberaubung über eine Woche gedauert hat. Das Gesetz enthält außerdem eine Anzahl von Tatbeständen, die als Erfolgsqualifizierung eine leichtfertig verursachte Folge voraussetzen (zB in §§ 176 IV, 225 I); für sie gelten, da Leichtfertigkeit nur eine erschwerte Form der Fahrlässigkeit ist (55 zu § 15; speziell zur leichtfertigen Herbeiführung qualifizierter Tatfolgen Tenckhoff ZStW 88, 897 mwN), die folgenden Regeln sinngemäß. 3

3. Die Vorsatz-Fahrlässigkeits-Kombination beim erfolgsqualifizierten Delikt bildet eine **Sinneinheit,** die das Grunddelikt als den eigentlichen Kern und die besondere Folge als nur zusätzliche Kennzeichnung des Unrechts zusammenschließt (hM). Die Präponderanz des Kerndelikts rechtfertigt es einerseits, an ihm die Möglichkeit von Täterschaft und Teilnahme am erfolgsqualifizierten Delikt im ganzen zu messen, hindert andererseits aber nicht, die besondere Folge für jeden Beteiligten selbständig nach den Regeln der fahrlässigen Nebentäterschaft zu beurteilen (vgl etwa Hirsch GA 72, 65, 75; Arthur Kaufmann, Das Schuldprinzip, 1961, S 240; s auch Lorenzen aaO [vgl 1] S 62; str). Daraus folgt: 4

a) Täterschaft und Teilnahme sind nach der Beteiligungsform am Grunddelikt zu bestimmen (hM; anders Gössel, Lange-FS, S 219). 5

b) Ob der Täter oder Teilnehmer wegen des Grunddelikts oder des erfolgsqualifizierten Delikts zu bestrafen ist, hängt nicht von den Beiträgen der anderen Beteiligten, sondern allein von seiner Beziehung zu der besonderen Folge ab (BGHSt 19, 339 mit Anm Cramer JZ 65, 31; NJW 87, 77; zusf Sowada Jura 95, 644, 646, alle mwN); dabei ist die Beurteilung von Exzessen (17 zu § 25) noch nicht abschließend geklärt (dazu Sowada aaO S 647). 6

c) Genügt für die besondere Folge Fahrlässigkeit, so soll es nach der Rspr regelmäßig nur auf die objektive und subjektive Voraussehbarkeit 7 dieser Folge ankommen (46, 49 zu § 15), weil die Sorgfaltspflichtverletzung (37, 38 zu § 15) schon wegen der Begehung des Grunddelikts zu bejahen sei (BGHSt 24, 213 mit krit Anm Meisenberg NJW 72, 694; NStZ 82, 27; aM Wolter JuS 81, 168, 171 und GA 84, 443, 445; weiter einschr Paeffgen NK 44–54, der für die Todesfolge sog Leichtfertigkeitszusammenhang fordert; zw).

8 **4.** Ob und wieweit bei den erfolgsqualifizierten Delikten und den übrigen Vorsatz-Fahrlässigkeits-Kombinationen (23–25 zu § 11) die schwere Folge durch die Tathandlung **unmittelbar** verursacht sein muß, ist umstritten (zusf Sowada Jura 94, 643; Bloy JuS 95, L 17). Allerdings ist schon die Fragestellung problematisch, weil es nicht eigentlich um Unmittelbarkeit geht, sondern um die komplexere Frage, ob und nach welchen dogmatischen Regeln angesichts der durchweg sehr hohen Strafdrohungen die objektive Zurechnung der besonderen Folge zu begrenzen ist (näher dazu mit jeweils eigenen Lösungsvorschlägen Geilen, Welzel-FS, S 655; Wolter GA 84, 443; Küpper aaO [vgl 1] S 80; Maiwald JuS 84, 439; Rengier aaO [vgl 1] S 144 und Jura 86, 143; Altenhain GA 96, 19). Die Rspr stellt dagegen mehr auf die Unmittelbarkeit ab und fordert sie nach zum Teil widersprüchlichen Entscheidungen jetzt für die Körperverletzung mit Todesfolge (2 zu § 226) und mit gewissen Einschränkungen auch für die konkrete Gefahr bei den Gefährdungsdelikten (27 zu § 315 c). Bei der Freiheitsberaubung (9 zu § 239), der Geiselnahme (9 zu § 239 a) und dem Raub mit Todesfolge (1 zu § 251) bezieht sie dagegen auch einzelne Fallgruppen ein, in denen der Tod durch eigenes Verhalten des Opfers (zB Selbstmord des der Freiheit Beraubten) oder durch Eingreifen Dritter (zB Gegenmaßnahmen der Polizei) – also im Verhältnis zur Tathandlung mittelbar – verursacht wird. Im ganzen ist die Frage noch nicht abschließend geklärt. Anerkannt ist lediglich, daß sich in der besonderen Folge eine im Grunddelikt typischerweise angelegte Gefahr realisiert haben muß (hM). Darüber hinaus dürfte eine einheitliche Lösung kaum möglich sein, das Ergebnis vielmehr von der Auslegung der einzelnen Erfolgsqualifizierungen abhängen (BGHSt 33, 322; 38, 295; Küpper aaO; Wolter JR 86, 465; einschr Rengier Jura 86, 143; Altenhain aaO).

9 **5. a)** Tritt die fahrlässig verursachte besondere Folge schon mit dem **Versuch** des Grunddelikts ein (sog erfolgsqualifizierter Versuch), so ist wegen Versuchs des erfolgsqualifizierten Delikts zu strafen, wenn die besondere Folge – wie zB in § 251 (RGSt 62, 422) – eine typische Auswirkung schon der Tathandlung ist (zum Rücktritt in diesen Fällen beachte 22 zu § 24). Ist sie dagegen nach der tatbestandlichen Struktur erst eine typische Auswirkung des zum Grunddelikt gehörenden Erfolges, so muß man annehmen, daß auch das Gesetz die besondere Folge nicht lediglich an die Handlung, sondern erst an den aus ihr erwachsenden Erfolg anknüpfen wollte (Vogler LK 74–81 vor § 22 mwN; str). Daher scheidet in solchen Fällen die Annahme eines Versuchs aus; nach der Rspr soll jedoch Versuch nach § 226 (dort 2) und nach § 307 (dort

2) in Frage kommen, wenn die besondere Folge unmittelbar durch die Tathandlung bewirkt wurde (s auch 8).

b) Kann die besondere Folge nach dem Deliktstypus **auch vorsätzlich** herbeigeführt werden, so ist Versuch möglich, wenn der Entschluß die besondere Folge zwar umfaßt, die Handlung sie aber nicht herbeiführt (sog versuchte Erfolgsqualifizierung, BGHSt 21, 194; GA 58, 304); das trifft zB für § 239 II (BGHSt 10, 206) und für § 224 aF (jetzt § 225 I) bei bedingtem Vorsatz zu (BGHSt 21, 194 mit abl Anm Schröder JZ 67, 368), nach der Exklusivitätsthese (dazu 4 zu § 251) aber nicht für §§ 176 IV, 177 III, 178 III, 239 a III, 239 b II, 251 und 316 c II. Ob dabei das Grunddelikt schon vollendet wurde, ist unerheblich (Hirsch LK 29 zu § 224; aM M-Schroeder/Maiwald BT 1 9/25, beide mwN; str). 10

c) Die **Strafbarkeit des Versuchs** (§ 23 I) bestimmt sich ausschließlich nach dem erfolgsqualifizierten Delikt; auf Strafbarkeit des versuchten Grunddelikts kommt es nicht an (Stree GA 60, 289, 294; Otto Jura 85, 671; Laubenthal JZ 87, 1067; aM Paeffgen NK 112, 113; für den erfolgsqualifizierten Versuch anders die hM; vgl etwa Kühl JuS 81, 193, 196; Rengier aaO [vgl 1] S 245; Rudolphi SK 7, alle mwN; zw). 11

d) Zum Versuch des erfolgsqualifizierten Delikts **im ganzen** Ulsenheimer GA 66, 257; Kühl JuS 81, 193, 196; Küpper aaO [vgl 1] S 113; Rengier aaO [vgl 1] S 234; Laubenthal JZ 87, 1065, 1067; Sowada Jura 95, 644, 649; Paeffgen NK 109–124 (zum Rücktritt beachte 22 zu § 24). 12

6. Zum **Verhältnis** zwischen den erfolgsqualifizierten Delikten und den Tatbeständen, welche die Herbeiführung der besonderen Folge schon für sich mit Strafe bedrohen (zB §§ 211, 212, 222), BGHSt 8, 54; 9, 135; 19, 101, 106; 20, 269; 28, 18; NJW 65, 2116; Schröder NJW 56, 1737; Hruschka GA 67, 42. 13

§ 19 Schuldunfähigkeit des Kindes

Schuldunfähig ist, wer bei Begehung der Tat noch nicht vierzehn Jahre alt ist.

1. Dogmatisch enthält die Vorschrift eine **unwiderlegliche Vermutung** der Schuldunfähigkeit von Kindern (hM). Sie begründet deren absolute Strafunmündigkeit. Dabei kommt es auf die Zeit der Tat (§ 8), nicht des Verfahrens an. 1

2. Verfahrensrechtlich ist die absolute Strafunmündigkeit Prozeßhindernis (hM; vgl Eisenberg 31 zu § 1 JGG mwN). Sie führt daher nicht zum Freispruch, sondern wegen des Vorrangs der prozessualen Wirkung zur Einstellung des Verfahrens (§§ 260 III, 206 a StPO). 2

§ 20 Schuldunfähigkeit wegen seelischer Störungen

Ohne Schuld handelt, wer bei Begehung der Tat wegen einer krankhaften seelischen Störung, wegen einer tiefgreifenden Bewußtseinsstörung oder wegen Schwachsinns oder einer schweren anderen seelischen Abartigkeit unfähig ist, das Unrecht der Tat einzusehen oder nach dieser Einsicht zu handeln.

1 **1.** Für die Bestimmung der **Schuldfähigkeit** des (erwachsenen) Menschen legt das Gesetz eine **gemischte, ungenau als biologisch-psychologisch bezeichnete, Methode** zugrunde, nach der Ausschluß (§ 20) und Minderung (§ 21) der Schuldfähigkeit bestimmte biologische Zustände voraussetzen, die sich in bestimmter Weise auf die Psyche des Täters auswirken (vgl etwa Krümpelmann ZStW 88, 6; Leferenz ZStW 88, 40; Meyer ZStW 88, 46; Venzlaff ZStW 88, 57; Gschwind ZStW 88, 66; Wolfslast JA 81, 464; Blau/Franke Jura 82, 393; Rasch/Volbert MschrKrim 85, 137; Roxin, Spann-FS, S 457; Schreiber, in: Venzlaff [Hrsg], Psychiatrische Begutachtung, 1986, S 3; Blau MschrKrim 89, 71; krit Frister, Die Struktur des „voluntativen Schuldelements“, 1993, S 175, der die biologischen Eingangsmerkmale für funktionslos hält; krit zu dem Begriffspaar „biologisch-psychologisch“ Rasch StV 84, 264, 265).

2 **2.** Die **biologische Komponente** der Schuldunfähigkeit beschreibt das Gesetz in drei Gruppen von biologisch anomalen Zuständen, die sich zum Teil überschneiden und wegen der Komplexität psychisch abnormer Zustände auch keine sichere Grenzziehung ermöglichen (zusf zur Zuordnung der psychiatrisch-psychologischen Diagnosen zu den einzelnen Merkmalsgruppen Rasch StV 84, 264; krit zur Umsetzung dieser Zuordnung in der Praxis Verrel MschrKrim 94, 272). Es knüpft dabei an den – inzwischen allerdings zunehmend überholten – Krankheitsbegriff der Psychiatrie an (krit Schreiber, in: Venzlaff aaO [vgl 1] S 13), versucht zugleich, Widersprüche zur psychologischen Begriffsbildung zu vermeiden, und macht durch Einbeziehung auch nicht krankhafter Zustände den früher maßgebenden juristischen Krankheitsbegriff überflüssig (Begr zu § 21 E 1962 S 137; zusf Jähnke LK 20–23; überzogen die Kritik von Thoss NJW 79, 1909, 1910). Im einzelnen kommen alternativ in Frage:

3 **a)** Die **krankhafte seelische Störung.** Der Begriff **Störung** ist weit auszulegen; er umfaßt auch angeborene Zustände (Begr zu § 24 E 1962 S 137). **Seelisch** bedeutet so viel wie psychisch und deckt den Bereich des Intellektuellen und des Emotionalen ab (aaO). **Krankhaft** ist eine Störung, wenn sie nachweislich auf eine somatische Ursache zurückgeht oder wenn eine solche Ursache nach psychiatrischer Erkenntnis vermutet (postuliert) werden muß (str; diff Witter, Lange-FS, S 723; krit Venzlaff ZStW 88, 57; Schreiber NStZ 81, 46; Rasch NStZ 82, 177 und StV 84, 264, 265). Zu dieser **ersten Gruppe** gehören daher namentlich:

aa) Die auf einem nachweisbaren **hirnorganischen Prozeß** beruhenden Geisteskrankheiten **(exogene Psychosen),** zB Paralyse, Hirnarteriosklerose (RGSt 73, 121) und Epilepsie, sowie andere Störungen auf somatischer Grundlage, zB Zustände nach Hirnverletzungen oder Vergiftungen, altersbedingte Hirnabbauprozesse (StV 89, 102), Folgeerscheinungen von Alkohol-, Drogen- oder Medikamentenabhängigkeit (NJW 69, 563; bei Holtz MDR 77, 982 und 78, 109; NJW 95, 1229 mit Bespr Pluisch NZV 96, 98; Täschner NJW 84, 638). – Auch der durch Alkohol (vgl 18) oder durch andere Mittel (Drogen, Psychopharmaka) ausgelöste Rausch gehört hierher, weil mit ihm eine toxische Beeinträchtigung der Hirntätigkeit verbunden ist (Jähnke LK 24, 42; aM Krümpelmann ZStW 88, 6, 16); allerdings kann er – wie es häufig in Rspr und Lehre geschieht (vgl etwa Arbab-Zadeh NJW 78, 2326) – ebensogut auch als tiefgreifende Bewußtseinsstörung (vgl 6–8) erfaßt werden, weil sich die beiden Merkmale überschneiden und keines von ihnen Vorrang hat (bei Spiegel DAR 82, 197). Auch beim sog erweiterten Suizid (Tötung des Intimpartners oder von Kindern vor dem Suizidversuch), kommt solche wahlweise Zuordnung in Frage (Mielke NStZ 96, 477). 4

bb) Die zu den Formenkreisen der **Schizophrenie** (dementia praecox; dazu Huber, Leferenz-FS, S 463) und der **Zyklothymie** (manisch-depressives Irresein) gehörenden Geisteskrankheiten **(endogene Psychosen),** bei denen die Psychiatrie die somatische Ursache nur postuliert (zusf Jähnke LK 37–40). 5

b) Die **tiefgreifende Bewußtseinsstörung.** Zu dieser **zweiten Gruppe** gehören Tätigkeitsakte in voller Bewußtlosigkeit nicht (vgl 14); für krankhafte Bewußtseinsstörungen ist sie wegen Überschneidung mit der ersten Gruppe praktisch bedeutungslos (zum Alkohol- und Drogenrausch beachte jedoch 4). Das Adjektiv **„tiefgreifend“** soll die Vorschrift auf Bewußtseinsstörungen von solcher Intensität einschränken, die das Persönlichkeitsgefüge in vergleichbar schwerwiegender Weise beeinträchtigen wie eine krankhafte seelische Störung (NStZ 83, 280 und 90, 231; krit Jähnke LK 26, 27). 6

aa) Einen **selbständigen Anwendungsbereich** hat danach die tiefgreifende Bewußtseinsstörung bei nichtkrankhaften Zuständen. Diese können zB auf Erschöpfung (NStZ 83, 280), Übermüdung, Schlaftrunkenheit oder Hypnose beruhen, haben insoweit aber kaum praktische Bedeutung (krit Glatzel StV 82, 434 und 83, 339). Dagegen ist der hochgradige **Affekt** theoretisch und praktisch wichtig (BGHSt 11, 20 mwN). Er kann in Ausnahmefällen (bei Dallinger MDR 74, 721) die Voraussetzungen der §§ 20, 21 auch dann erfüllen, wenn der Täter an keiner Krankheit leidet und sein Zustand auch nicht von anderen Ausfallerscheinungen begleitet ist (NStZ 84, 259 und 95, 539). Zu seiner Feststellung bedarf es einer umfassenden Ermittlung aller Umstände (dazu NStZ 95, 175), denen erfahrungswissenschaftlich aufgrund von relativ unbestimmten und auch umstrittenen Kriterien (dazu ua Rasch 7

NJW 80, 1309 und 93, 757; Saß NervA 83, 587; Steller MschrKrim 88, 16; Rösler NervA 91, 49; krit Glatzel Kriminalistik 95, 97) Affektrelevanz beigelegt wird (allgemein zur Affektproblematik aus psychiatrischer Sicht Mende, Bockelmann-FS, S 311; Venzlaff, Blau-FS, S 391; aus psychologischer Sicht Undeutsch, in: Handwörterbuch der Rechtsmedizin, Bd II, 1974, S 91; Wegener, Einführung in die forensische Psychologie, 1981, S 73; in interdisziplinärer Überschau Saß [Hrsg], Affektdelikte, 1993; zu sozialpsychologischen Aspekten Grosbüsch, Die Affekttat, 1981, alle mwN). Solche Umstände können sich nicht nur aus der Affektgenese (dazu StV 93, 185; Glatzel StV 93, 220; krit Krümpelmann, Rasch-FS, S 157) und dem Affektverlauf (dazu StV 91, 18 und 94, 13), namentlich dem Verhalten vor und während der Tat, ergeben; als Indizien kommen auch Nachtatumstände in Frage, zB totale oder zeitlich begrenzte Erinnerungslücken oder Fassungslosigkeit über die Folgen der Affektentladung (NStZ 88, 268 mit Anm Venzlaff und Schlothauer StV 88, 59; StV 92, 569 und 93, 637; krit Maisch StV 95, 381; krit auch Bernsmann NStZ 89, 160, der den hier sachfremden, in der Praxis offenbar aber virulenten Aspekt der Täter-Opfer-Beziehung in die Beurteilung einbezieht). Diese Umstände sind Gegenstand einer sowohl empirischen als auch normativen Gesamtwürdigung (NStZ 90, 231, 95, 539 und 96, 77; Blau, Tröndle-FS, S 109, 123; zusf Salger, Tröndle-FS, S 201 mwN). – Nach früher weitergehender (zB bei Holtz MDR 87, 444), inzwischen aber eingeschränkter **Rechtsprechung** muß der Affekt in dem Sinne **unverschuldet** sein, daß der Täter unter den konkreten Umständen den Aufbau des Affekts zu verhindern und die Folgen seiner Entladung, also auch die Begehung der Affekttat selbst, vorauszusehen nicht imstande war (BGHSt 35, 143 mit Anm Blau JR 88, 514 und Frisch NStZ 89, 263; einschr Jähnke LK 62, alle mwN). Im **Schrifttum** ist die Ausscheidung verschuldeter Affekte überwiegend anerkannt (aM v Winterfeld NJW 75, 2229; Schroth, Kaufmann [Arth]-GbSchr, S 109; krit Neumann, Zurechnung und „Vorverschulden", 1985, S 240); jedoch ist die dogmatische Begründung schon in den Ansätzen umstritten und das Ausmaß der Einschränkung daher wenig geklärt (vgl etwa Geilen, Maurach-FS, S 173; Rudolphi, Henkel-FS, S 199; Behrendt, Affekt und Vorverschulden, 1983, S 64, 77; Krümpelmann, Affekt und Schuldfähigkeit, 1988, S 229; Landgraf, Die „verschuldete" verminderte Schuldfähigkeit, 1988, S 99; Frisch ZStW 101, 538; Stratenwerth, Kaufmann [Arm]-GedSchr, S 485, 495; Otto Jura 92, 329; Jähnke LK 60). – Zur Bedeutung des Affekts für die Schuld vgl auch Schewe, Reflexbewegung, Handlung, Vorsatz, 1972, S 130; Krümpelmann, Welzel-FS, S 327, 338 und GA 83, 337, 352; Moos ZStW 89, 796; Bresser, Leferenz-FS, S 429, 430 (beachte ferner 21).

8 bb) Auch **gruppendynamische Einflüsse** genügen für sich allein nicht, um ihre Auswirkungen als Bewußtseinsstörungen erfassen zu können (Jäger, Individuelle Zurechnung kollektiven Verhaltens, 1985, S 43; Jakobs AT 18/17; aM Schumacher NJW 80, 1880 und StV 93, 549).

c) Der **Schwachsinn oder eine andere schwere seelische Abartigkeit.** Gemeinsames Merkmal dieser **dritten Gruppe** ist die **seelische Abartigkeit** (krit zum diskriminierenden Charakter des Begriffs Rasch NStZ 82, 177 und StV 84, 264, 266). Sie setzt eine Abweichung von einer zugrundegelegten Durchschnittsnorm des seelischen Zustandes voraus, die nicht krankhaft (pathologisch) ist (BGHSt 34, 22; 35, 76; NStZ 92, 380; StV 94, 598), dh nicht auf nachweisbaren oder „postulierbaren" organischen Prozessen oder Defekten beruht (Begr zu § 25 E 1962 S 141; krit Schreiber NStZ 81, 46; Rasch aaO) und daher in diesem Sinne auch keinen „Krankheitswert" hat (NJW 89, 918; NStZ 89, 430 und 91, 330). Erfaßt werden damit seelische Fehlanlagen und -entwicklungen (Begr zum E 1962 aaO). 9

aa) Unter **Schwachsinn** ist daher nur die angeborene oder auf seelischer Fehlentwicklung beruhende Intelligenzschwäche ohne nachweisbare organische Ursache zu verstehen. Schwachsinn als Folge intrauteriner, geburtstraumatischer oder frühkindlicher Hirnschädigung oder als Symptom eines hirnorganischen Krankheitsprozesses (zB Verblödung iS einer organischen Demenz) gehört zur ersten Gruppe. – In der Psychiatrie ist zum Teil auch heute noch die zunehmend fragwürdiger gewordene Unterscheidung folgender Formen des Schwachsinns nach dem Schweregrad gebräuchlich: die Idiotie als Intelligenzgrad auf der durchschnittlichen Stufe eines Kindes unter sechs Jahren, die Imbezillität als entsprechende Stufe bis zu 14 Jahren und die Debilität als Stufe bis zu 18 Jahren (krit Wegener aaO [vgl 7] S 90 mit näheren Angaben über Definitionen, Schweregrad, Ursachengruppen und Diagnose des Schwachsinns). 10

bb) Die **anderen schweren seelischen Abartigkeiten** umfassen namentlich die – in den Seinswissenschaften nach Inhalt und Grenzen umstrittenen (vgl etwa Lange, Leferenz-FS, S 25, 28 mwN) – Psychopathien, Neurosen (dazu de Boor, Klug-FS, S 571; Merkel und Bochnik/Gärtner MedR 86, 53, 57) und Triebstörungen (dazu NJW 89, 2958; JR 90, 119 mit Anm Blau; NStZ 93, 181, 94, 75 und 96, 401, alle mwN). Jedoch können sich seelische Fehlanlagen und Fehlentwicklungen auch in anderen Abweichungen ausprägen (Schmitt ZStW 92, 346; zusf Rasch StV 91, 126; Blau, Rasch-FS, S 113; s auch Glatzel StV 82, 40; Albrecht GA 83, 193, 203). In Frage kommen etwa Taubstummheit, nichtstoffgebundene Abhängigkeit (zusf Mende, Rasch-FS, S 32), wie zB Spielleidenschaft (NStZ 89, 113 mit Anm Kröber JR 89, 380; StV 91, 155; LG Berlin StV 93, 251; Meyer ua StV 90, 464; Schreiber Kriminalistik 93, 469, alle mwN), Stehlsucht (dazu Osburg, Psychisch kranke Ladendiebe, 1992 und Rasch-FS, S 38), Fetischismus, Hörigkeit (Schumacher, Sarstedt-FS, S 361; Achner/Bischof MschrKrim 92, 136; aM BGHR § 21 seelische Abartigkeit 18; Jähnke LK 66; zw), suchtmäßiger Konsum von Horror-Videos (probl LG Passau NStZ 96, 601) und Hang zum Querulieren (Düsseldorf GA 83, 473). – Die Abartigkeit muß **„schwer"**, dh im Einzelfall so erheblich sein, daß sie von der Durchschnittsnorm des seelischen Zustandes nicht 11 weniger abweicht als die krankhafte seelische Störung und daher – aufgrund einer Ganzheitsbetrachtung von Täter und Tat (BGHSt 37, 397 mit Anm Grasnick JR 92, 120; StV 93, 185; NStZ 94, 75, alle mwN) – als Beeinträchtigung des Persönlichkeitskerns gedeutet werden kann (NJW 82, 2009 mit Anm Blau JR 83, 69; krit Leferenz ZStW 88, 40, 42). Für die Quantifizierung des Schweregrades bieten die in der forensischen Psychiatrie entwickelten operationalisierten Klassifikationssysteme wichtige Anhaltspunkte für das Vorliegen einer psychischen Störung (krit Kröber ua MschrKrim 94, 339); sie sind aber nicht schon als solche verbindlich (NStZ 95, 176) und machen daher eine konkrete psychiatrische und juristische Gesamtwürdigung nicht überflüssig (NStZ 92, 380; Saß/Wiegand, Göppinger-FS, S 349, beide mwN; zur Quantifizierung beachte auch Foerster NStZ 88, 444 und MschrKrim 89, 83). Bloße biologische Retardierung genügt nicht (BGHSt 22, 41; In der Beeck/Wuttke NJW 73, 2245). Deshalb hat die ältere Rspr „bloße Willensschwäche und sonstige Charaktermängel" als für die Schuldfähigkeit unerheblich behandelt (BGHSt 23, 176, 190; NJW 62, 1779 und 66, 1871; krit Jähnke LK 30, 32; s auch Haddenbrock NJW 67, 285; Bresser, Leferenz-FS, S 429, 435). – Auch schwere seelische Abartigkeiten, die das Willens-, Gefühls- oder Triebleben betreffen (vgl etwa BGHSt 14, 30, 32), schließen die Schuldfähigkeit selten ganz aus; meist werden sie nur im Rahmen des § 21 bedeutsam (NStZ 91, 31; Hamm NJW 77, 1498; Witter, Lange-FS, S 723, 733; krit Rasch NStZ 82, 177; Schreiber, in: Venzlaff aaO [vgl 1] S 23), reichen hier aber im Hinblick auf das Merkmal „schwer" regelmäßig zur Annahme einer erheblich verminderten Schuldfähigkeit aus (StV 91, 511; NStZ 96, 380; AG München NStZ 96, 334 mit Anm Kellermann). Zu den Bemühungen im Gesetzgebungsverfahren um eine „differenzierende" Lösung, nach der die „anderen seelischen Abartigkeiten" nur Grundlage für die Annahme verminderter Schuldfähigkeit sein sollten, § 25 E 1962 (zusf Blau/Franke Jura 82, 393, 401).

12 **3. a)** Die **psychologische Komponente** der Schuldfähigkeit erfordert einen anomalen biologischen Zustand von solchem Grade (dh solcher Quantität, Schüler-Springorum, in: Pohlmeier ua [Hrsg], Forensische Psychiatrie heute, 1986, S 52), daß er die Fähigkeit ausschließt, entweder das Unrecht der Tat einzusehen (intellektueller Faktor: **Einsichtsfähigkeit,** Unterscheidungsvermögen) oder nach dieser Einsicht zu handeln (voluntativer Faktor: **Steuerungsfähigkeit,** Hemmungsvermögen). Ob er schon aus einem einzigen biologischen Mangel oder erst aus dem Zusammenwirken mehrerer, von der Vorschrift erfaßter Mängel hergeleitet werden kann, macht keinen Unterschied (stRspr; Schaffstein, Stutte-FS, S 253, 266). – Die **Einsichtsfähigkeit** fehlt, wenn der Täter nicht zum Unrechtsbewußtsein (2 zu § 17) durchdringen kann (aus psychiatrischer Sicht krit Janzarik NervA 91, 423), die **Steuerungsfähigkeit,** wenn er trotz Unrechtseinsicht auch bei Aufbietung aller ihm eigenen Widerstandskräfte seinen Willen nicht durch

vernünftige Erwägungen bestimmen kann (zB BGHSt 14, 30, 32; 23, 176, 190; krit Streng, Leferenz-FS, S 397, 403; krit auch Frister aaO [vgl 1] S 118, der die Schuldfähigkeit abw vom Gesetzeswortlaut als Fähigkeit zu einer hinreichend differenziert strukturierten Willensbildung definiert und die beiden Fähigkeiten lediglich als kognitive und affektive Komponenten desselben Willensbildungsprozesses versteht). Der Schuldfähige muß daher beide Fähigkeiten haben (VRS 23, 209). Nicht verantwortlich ist danach der durch Rechtsnormen **nicht motivierbare** Täter (23 vor § 13). Ob damit zugleich Willensfreiheit im Sinne des Indeterminismus vorausgesetzt wird, ist umstritten, aber im Ergebnis zu verneinen (26 vor § 13; Kurt Schneider, Die Beurteilung der Zurechnungsunfähigkeit, 4. Aufl 1961; Krümpelmann ZStW 88, 6, 14; Venzlaff, DRiAkad-FS, S 277, 283; Haddenbrock, Soziale oder forensische Schuldfähigkeit [Zurechnungsfähigkeit], 1992, MschrKrim 94, 44, 324 und 96, 50 sowie NStZ 95, 581; Frister MschrKrim 94, 316, alle mwN).

b) Der für die Beurteilung anzulegende **Maßstab** ist ein **normativer,** die traditionelle Bezeichnung als „psychologische" Komponente daher irreführend. Auszugehen ist von der Erkenntnis, daß schon prinzipiell eine wissenschaftlich nachprüfbare Aussage darüber ausgeschlossen ist, ob ein bestimmter Mensch in einer bestimmten Lage fähig war, eine bestimmte Handlung zu vermeiden (Jescheck/Weigend AT S 407 mwN; aM Schünemann GA 86, 293, 295; diff Cerezo Mir ZStW 108, 9, 18). Darüber hinaus ist auch die allgemeine Frage nach den Grenzen menschlicher Motivierbarkeit durch Normen in weiten Bereichen offen, weil sie entweder schon prinzipiell oder jedenfalls nach dem gegenwärtigen Wissensstand nicht beantwortbar ist (hM; vgl etwa NJW 91, 852; Kurt Schneider aaO [vgl 12]; krit Schreiber, in: Venzlaff aaO [vgl 1] S 28; Tiemeyer ZStW 100, 527, 553; Haddenbrock MschrKrim 94, 44). Deshalb ist jeder erwachsene Mensch grundsätzlich – auch aus general- und spezialpräventiven Gründen (dazu Roxin, Bockelmann-FS, S 279, 293) – als verantwortliches Mitglied der Rechtsgemeinschaft zu behandeln, solange seine Unansprechbarkeit durch Normen nicht methodisch einwandfrei aufweisbar ist (zum Grundsatz in dubio pro reo beachte 23). Das setzt neben dem Vorliegen der biologischen Merkmale (vgl 2–11) voraus, daß der psychische Ausnahmezustand des Täters zu solchen Zuständen gehört, für die nach naturwissenschaftlicher Erfahrung schwere Beeinträchtigungen der Kontroll- und Steuerungsfunktion des Bewußtseins über die Handlungsantriebe kennzeichnend sind (Lackner, Kleinknecht-FS, S 245, 265; Salger, Pfeiffer-FS, S 379, 380; Maatz BA 96, 233, 235; ähnlich Krümpelmann GA 83, 337; weiter diff Jähnke LK 15–19; s auch v Gerlach, in: Ebert [Hrsg], Aktuelle Probleme der Strafrechtspflege, 1991, S 165; Jähnke LK 94, alle mwN; str). 13

4. a) Tätigkeitsakte, die **nicht vom Willen getragen und vom Bewußtsein völlig unkontrolliert** sind, wie Reflexbewegungen, Bewegungen in voller Bewußtlosigkeit (Schlaf, Ohnmacht, Delirium usw) 14 und gänzlich automatische Akte, werden von § 20 nicht berührt (bei Holtz MDR 94, 127). Sie sind strafrechtlich schon keine Handlungen (7 vor § 13). Betroffen sind dagegen Trieb- und Affekthandlungen; sie sind willensgesteuerte Akte, mögen ihre Antriebe sich bisweilen auch impulsiv in Aktion umsetzen, ehe eine wirksame Kontrolle durch Gegenvorstellungen einsetzen kann (zur Handlungsproblematik des Affekts vgl Schewe aaO [vgl 7] S 31, 63; Krümpelmann, Welzel-FS, S 327, 329; Stratenwerth, Welzel-FS, S 289, 300). Dasselbe gilt auch für Handlungen während des sog Schlafwandelns, das meist durch fortbestehende äußere Handlungsfähigkeit, aber nachfolgende Erinnerungslosigkeit charakterisiert ist (Payk MedR 88, 125).

15 **b)** Einsichts- oder Steuerungsunfähigkeit (vgl 12), die auf **anderen als den unter 2–11 genannten Gründen beruht,** ist für § 20 unerheblich (NJW 66, 1871; Blau/Franke Jura 82, 393, 397; aM Roxin, Spann-FS, S 457, 468; krit Haffke R & P 91, 94, 96; Frister aaO [vgl 1] S 171; zw); allerdings ist die Frage ohne praktische Bedeutung, weil das Merkmal der „seelischen Abartigkeit" nach dem gegenwärtigen (umstrittenen) Diskussionsstand so konturlos ist, daß es alle psychischen Ausnahmezustände von hinreichender Intensität aufnehmen kann (Blau, Rasch-FS, S 113, 123). Zu beachten ist überdies, daß jegliche Einsichtsunfähigkeit, die dem Täter die Unrechtseinsicht verschließt, einen Unterfall des Verbotsirrtums bildet (NStZ 85, 309 und 86, 264) und daher schon nach dessen Regeln zum Ausschluß oder zur Minderung der Schuld führt (7, 8 zu § 17). Die praktische Bedeutung (nicht zugleich auch die rechtliche; dazu Küper JZ 89, 617, 621; Jähnke LK 5) der Einsichtsunfähigkeit nach § 20 ist daher durch die Entwicklung der Lehre vom Verbotsirrtum weitgehend entfallen (Dreher GA 57, 98; Schröder GA 57, 297; Armin Kaufmann, EbSchmidt-FS, S 319).

16 **5.** Für die Beurteilung der Schuldfähigkeit kommt es auf die **konkrete Tat** und die Zeit ihrer Begehung (§ 8) an (BGHSt 14, 114; NJW 83, 350; beachte auch StV 95, 406). Bei länger dauerndem Tatgeschehen ist die Prüfung auf den gesamten Zeitraum der strafrechtlich relevanten Handlungen zu erstrecken (NStZ 94, 481). Schuldunfähigkeit ist rechtlich keine Dauereigenschaft; sie bewirkt nur den Ausschluß der Schuld im Hinblick auf eine bestimmte Tat.

17 **a)** Bei **schweren biologischen Störungen,** namentlich den zum Kernbereich der Psychosen (vgl 4, 5) gehörenden Erkrankungen, ist die Schuldfähigkeit zwar nicht notwendig, aber doch regelmäßig ausgeschlossen; das gilt auch für die Schizophrenie (NStZ 91, 527), vor allem für deren akute Schübe (StV 95, 405; diff Huber, Leferenz-FS, S 463). – In den **übrigen Fällen,** namentlich bei Folgeerscheinungen von Alkohol- oder Drogenabhängigkeit (vgl 4; die uneinheitliche Rspr zur Drogenabhängigkeit zusf Theune NStZ 97, 57), bei Affektzuständen (vgl 7), bei leichteren Formen des Schwachsinns (vgl 10) und bei Psychopathien, Neurosen und Triebstörungen (vgl 11), für die meist nur

§ 21 in Frage kommt, bedarf die psychologische Komponente (vgl 12, 13) dagegen sorgfältiger Prüfung. Einerseits ist hier zu beachten, daß **planmäßiges Handeln,** Alkoholgewöhnung, unauffälliges Verhalten nach der Tat und ungetrübtes Erinnerungsvermögen nicht ohne weiteres einen Schluß auf die Steuerungsfähigkeit zulassen (BGHSt 34, 22; 35, 308; NJW 89, 1043; NStZ 92, 78; StV 95, 407; NStZ-RR 96, 289, alle mwN) und daß sie auch die Annahme von Einsichtsunfähigkeit nicht unbedingt ausschließen (GA 55, 271 und 71, 365). Andererseits kommt aber durchaus in Frage, daß sie in ihrer Gesamtheit für die Begründung der Schuldfähigkeit ausreichen (BGHSt 36, 286, 292 mwN; s auch StV 91, 155 und den Beschluß des 1. StS des BGH StV 96, 593, 601). Überhaupt bildet der Umstand, daß der Täter in einem sinnentsprechenden, für den normalen Menschen nachvollziehbaren Motivationszusammenhang gehandelt hat, ein wichtiges Indiz für seine Schuldfähigkeit (Haddenbrock, Sarstedt-FS, S 35, 42 und MschrKrim 94, 44, der bemängelt, daß die Rspr diesen Gesichtspunkt infolge Überbetonung des indeterministischen Elements der Steuerungsfähigkeit vernachlässige); das gilt selbst dann, wenn der Entschluß zur Tat eine lange Vorgeschichte hat und aus einer folgerichtigen, bis zu einem gewissen Grade zwangsläufig erscheinenden Entwicklung erklärbar ist (Witter, Leferenz-FS, S 441, 451).

b) Sorgfältig zu prüfen sind auch die Fälle der **Trunkenheit.** Diese **18**
braucht keine „sinnlose" zu sein (BGHSt 1, 384; Bay NJW 53, 1523; s auch BA 85, 486). Für das Ausmaß der alkoholbedingten Beeinträchtigung bildet die BAK ein wichtiges Indiz (stRspr; vgl etwa BGHSt 36, 286; NJW 91, 852; krit Luthe/Rösler ZStW 98, 314). Sie ist daher im allgemeinen, wenn auch nicht ausnahmslos (StV 89, 12 mit krit Anm Weider; NStZ 94, 334; s auch Düsseldorf NJW 90, 1492, alle mwN), unter Beachtung des Grundsatzes in dubio pro reo (dazu 23) zu ermitteln und anzugeben (NStZ 91, 126; StV 93, 466; krit Rengier/Forster BA 87, 161, alle mwN). Nach einem – wegen der unterschiedlichen Wirkung des Alkohols nicht schematisch anwendbaren (NJW 69, 1585; GA 77, 56; Düsseldorf NZV 94, 367) – statistischen Erfahrungssatz liegt bei einer BAK von 3 Promille aufwärts Schuldunfähigkeit nahe, ist aber nicht notwendig gegeben (stRspr; vgl etwa StV 87, 385; GA 88, 271; NStZ 91, 126; krit Rengier/Forster aaO; Schmidt/Schmitt BA 95, 268). Bei Vorliegen besonderer Umstände, zB beim Fahren nach erstmaligem Alkoholgenuß (Düsseldorf NZV 94, 324 mit Anm Schneble BA 94, 264), beim pathologischen Rausch (BGHSt 40, 198 mit Anm Blau JR 95, 117; LG Kreuznach NStZ 92, 338) und beim Zusammenwirken von Alkohol mit Medikamenten (Köln BA 75, 279; Karlsruhe BA 91, 190, beide mwN), Rauschmitteln (StV 88, 294 und 92, 569) oder affektiver Spannung (StV 89, 104; bei Holtz MDR 92, 631), kommt sie schon viel früher in Frage (StV 90, 259; Zweibrücken NJW 83, 1386; Düsseldorf NJW 92, 992; zusf Zabel BA 86, 262). Maßgebend ist eine Gesamtwürdigung, in der neben der BAK, die nicht schon

als Indiz relativiert werden darf (NStZ 95, 539), alle wesentlichen Umstände im Erscheinungsbild und Verhalten des Täters vor, während und nach der Tat zu beurteilen und abzuwägen sind (StV 89, 14; NStZ 91, 126 und 96, 227; s auch Jähnke LK 45, 46, alle mwN). Danach ist die BAK nicht isoliert zu würdigen (unstr). Im Rahmen der Gesamtbewertung schlägt sie umso mehr zu Buch, je höher sie ist, verliert aber an Indizwert, je mehr nach Zahl und Gewicht erhebliche Gegenindizien in die Abwägung einfließen (zu Besonderheiten bei verminderter Schuldfähigkeit beachte 3 zu § 21); bei Fehlen jeglicher weiterer Indizien wird daher der nach dem Zweifelssatz errechnete Maximalwert ausschlaggebend (BGHSt 36, 286; Bay VRS 82, 182). Bei der Würdigung ist auch zu berücksichtigen, daß die Hemmschwelle eines Betrunkenen meist um so höher liegt, je schwerer die Tat wiegt (bei Spiegel DAR 79, 176), so daß zB bei Tötungsdelikten, bei denen nach statistischer Erfahrung erst ab etwa 3,3 Promille Schuldunfähigkeit naheliegt (NStZ 91, 126; s auch Maatz BA 96, 233, 238), die Steuerungsfähigkeit infolge Alkoholkonsums nur selten ganz fehlen wird (NStZ 87, 453 mwN; beachte jedoch StV 96, 204); umgekehrt liegt die Hemmschwelle regelmäßig niedriger, wenn die Tat durch Unterlassen begangen wurde, weil der Alkoholgenuß die Neigung fördert, einem Geschehen einfach seinen Lauf zu lassen (StV 95, 406). Die Selbsteinschätzung des Täters hat im allgemeinen nur geringen Beweiswert (StV 92, 62).

19 **6. a)** Die Schuldfähigkeit bedarf keiner näheren **Prüfung und Begründung,** wenn Anhaltspunkte für ihre Beeinträchtigung völlig fehlen (stRspr). Sind jedoch tatsächliche Umstände behauptet oder auch nur erkennbar (dazu Düsseldorf NStZ-RR 96, 134; s auch Schewe, Geerds-FS, S 561), die ihren Ausschluß oder ihre Verminderung möglich erscheinen lassen, so bedarf es der Erörterung im Urteil (unvollständige Würdigung ist idR sachlich-rechtlicher Fehler, Köln MDR 75, 858; Düsseldorf VRS 88, 444). Das kommt namentlich in Frage: bei Geisteskrankheiten ieS und bei Hirnschädigungen (bei Holtz MDR 78, 459 und 86, 441); bei großem Alkoholgenuß (bei Dallinger MDR 56, 526), namentlich wenn die BAK den statistischen Erfahrungssatz (vgl 18) überschreitet oder ihm schon mit mehr als 2,5 Promille nahekommt (Frankfurt NStZ-RR 96, 85); bei langjähriger Abhängigkeit von Alkohol (Karlsruhe VRS 85, 347), Drogen (StV 88, 198; Köln MDR 81, 953; beachte 2 zu § 21) oder Psychopharmaka (Salger DAR 86, 383); bei Anhaltspunkten für Schwachsinn (Köln MDR 80, 245); bei sexuell motivierten Triebhandlungen (NStZ 89, 190; Zweibrücken StV 86, 436); bei totalen oder zeitlich begrenzten Erinnerungslücken (NStZ 88, 268); bei Ersttaten in vorgerücktem Alter, denen oft ein altersbedingter Abbauprozeß zugrundeliegt (NStZ 83, 34; StV 93, 186, 94, 14, 15; Köln StV 92, 321 und 95, 633); bei der Möglichkeit des Zusammenwirkens verschiedener biologischer Störungen (StV 89, 102, 103; bei Holtz MDR 91, 294). Auch bei anderen auffälligen Umständen sind nähere Ausführungen unverzichtbar (StV 95, 408; KG VRS 14, 288).

Eine anomale Chromosomenkombination kann jedoch allein keinen Zweifel an der Schuldfähigkeit begründen (bei Dallinger MDR 71, 185).

b) aa) Sowohl die biologischen Regelwidrigkeiten wie deren psychologische Auswirkungen sind durch einen **Sachverständigen** zu begutachten (NJW 67, 299; NStZ 89, 190; Karlsruhe BA 91, 190), wenn das Gericht nicht ausnahmsweise selbst über die erforderliche, idR näher darzulegende (StV 88, 52; wistra 94, 29; Düsseldorf NJW 89, 1559) besondere Sachkunde verfügt (dazu StV 86, 45, 138; Düsseldorf StV 84, 236; Karlsruhe VRS 85, 347). Die aus dem Gutachten folgende Entscheidung hat dann das Gericht eigenverantwortlich nach Maßstäben des Rechts zu treffen (BGHSt 7, 238; 8, 113; Sarstedt, Schmidt-Leichner-FS, S 171; Haddenbrock, Sarstedt-FS, S 35; Arthur Kaufmann JZ 85, 1065; krit Roxin, Spann-FS, S 457, 466; Tiemeyer ZStW 100, 527, 553); jedoch kann ihn der Sachverständige dabei regelmäßig wirksam unterstützen (Venzlaff, in: Thomas [Hrsg], Schuld: Zusammenhänge und Hintergründe, 1990, S 41; Jähnke LK 90), so daß dessen Äußerung auch zu dieser Frage keinen Rechtsfehler bedeutet (bei Spiegel DAR 76, 87; krit Streng, Leferenz-FS, S 397). Weicht das Gericht von dessen Ansicht ab, so muß es sich mit ihr im Urteil auseinandersetzen (NStZ 84, 259; StV 90, 248), uU einen weiteren Sachverständigen zuziehen (GA 77, 275; StV 86, 138). Zur Problematik der tatsächlichen Kooperation zwischen Richter und Sachverständigem Wolff StV 92, 292; Streng NStZ 95, 12 und 161; Schmitt, Geerds-FS, S 541 (s auch Rasch, Schüler-Springorum-FS, S 561; Verrel ZStW 106, 332). 20

bb) Über Möglichkeiten und Grenzen forensischer Begutachtung der Schuldfähigkeit bestehen zwischen den verschiedenen Forschungsrichtungen der Seinswissenschaften, namentlich zwischen Psychiatrie und Psychologie, zum Teil grundsätzliche Meinungsverschiedenheiten, die zu einer bis heute nicht überwundenen **Uneinheitlichkeit der Gutachtenpraxis** geführt haben (vgl etwa Sarstedt, Haddenbrock, Albrecht und Streng aaO [vgl 20]; Rasch MschrKrim 82, 257; Venzlaff, DRiAkad-FS, S 277 und NStZ 83, 199; Foerster NJW 83, 2049 und DRiZ 91, 197; Schreiber, DRiAkad-FS, S 74, 82; Saß Forensia 85, 33; Schorsch StV 85, 522; Haddenbrock mit Erwiderung Luthe und Witter JR 91, 225, alle mwN; s auch Gschwind/Petersohn/Rautenberg, Die Beurteilung psychiatrischer Gutachten im Strafprozeß, 1982; Heinz, Fehlerquellen forensisch-psychiatrischer Gutachten, 1982; Plewig, Funktion und Rolle des Sachverständigen aus der Sicht des Strafrichters, 1983; Barton, Der psychowissenschaftliche Sachverständige im Strafverfahren, 1983; Glatzel, Forensische Psychiatrie, 1985; Rasch, Forensische Psychiatrie, 1986; Venzlaff [Hrsg], Psychiatrische Begutachtung, 1986; Baer, Psychiatrie für Juristen, 1988; Luthe, Forensische Psychopathologie, 1988; Beck-Mannagetta/Reinhardt [Hrsg], Psychiatrische Begutachtung im Strafverfahren unter besonderer Berücksichtigung der Psychodynamik, 1989; Witter, Unterschiedliche Perspektiven in der 21 allgemeinen und in der forensischen Psychiatrie, 1990; Frank/Harrer [Hrsg], Der Sachverständige im Strafrecht. Kriminalitätsverhütung, 1990; Rode/Legnaro, Psychiatrische Sachverständige im Strafverfahren, 1994; Janzarik, Grundlagen der Schuldfähigkeitsprüfung, 1995; Luthe, die zweifelhafte Schuldfähigkeit, 1996; speziell zu Gutachten über Affekttäter [vgl 7] und ihre Uneinheitlichkeit Diesinger, Der Affekttäter, 1977; Albrecht GA 83, 193, 203; Venzlaff, Blau-FS, S 391; über Drogenabhängige Täschner BA 93, 313).

22 cc) Als **Gutachter** kommt meist ein Psychiater in Frage (Rauch, Leferenz-FS, S 379; krit Bauer/Thoss NJW 83, 305). Bei Hirnverletzten ist jedoch nach der Rspr regelmäßig ein für die Beurteilung von Hirnschädigungen besonders vorgebildeter Facharzt zuzuziehen (Nr 63 RiStBV; bei Holtz MDR 90, 95 mwN; krit Glatzel StV 90, 132; beachte auch NStZ 91, 80; NJW 93, 1540); auch zur Klärung möglicher altersbedingter Abbauprozesse bedarf es besonderer Erfahrungen auf diesem psychiatrischen Spezialgebiet (StV 89, 102 mwN). – Ob bei nichtkrankhaften Zuständen (vgl 6–11) statt des Psychiaters ein Fachpsychologe (ggf auch Psychoanalytiker; vgl Duncker MschrKrim 88, 381) den Vorzug verdient oder zusätzlich zuzuziehen ist (krit zur gutachterlichen Kompetenz der beiden Fachrichtungen im Einzelfall Wolff NStZ 83, 537 mit Erwiderung Rauch NStZ 84, 497), unterliegt pflichtmäßigem Ermessen (BGHSt 34, 355 mit Anm Meyer NStZ 88, 87; NStZ 90, 400, alle mwN; s auch Undeutsch, Lange-FS, S 703, 714; Kühne, Psychologie im Rechtswesen, 1988, S 89; Rasch NStZ 92, 257 mit Erwiderung Täschner NStZ 94, 221). Zur Frage, ob und wieweit auch Gutachten von Molekularbiologen (Genom-Analysen) zur Klärung genetischer Belastung hilfreich sein können, Triffterer/Mitterauer MedR 94, 290.

23 **c)** aa) In Fällen **nicht behebbaren, begründeten Zweifels** sind die Voraussetzungen zugunsten des Täters anzunehmen (BGHSt 8, 113, 124; bei Holtz MDR 83, 619). Begründet ist ein Zweifel nur dann, wenn nach der festgestellten Tatsachengrundlage die Möglichkeit der Schuldunfähigkeit nicht weit hergeholt ist (Schwalm JZ 70, 487, 492). Außerdem muß der Zweifel Tatsachen betreffen, sich also auf Art und Grad des psychischen Ausnahmezustandes beziehen; ist nur die rechtliche Wertung zweifelhaft, so ist nach den unter 13 dargelegten Grundsätzen zu entscheiden (BGHSt 14, 68, 73; NStZ 96, 328; Lackner, Kleinknecht-FS, S 245, 264; Maatz BA 96, 233, 236, alle mwN).

23 a bb) Bei **Ermittlung der BAK** muß die Rückrechnungsmethode den nach den Umständen höchstmöglichen Abbauwert zugrunde legen, um dadurch eine Benachteiligung des Täters auszuschließen; die Rspr geht dabei von einem maximalen stündlichen Abbauwert von 0,2 Promille zuzüglich eines einmaligen Sicherheitszuschlags von 0,2 Promille aus (BGHSt 37, 231, 237; NStZ 95, 539, beide mwN; s auch Gerchow/Heifer ua BA 85, 77), dessen Unterschreitung aufgrund eines

niedrigeren „individuellen" Abbauwertes sie nicht für zulässig hält (NJW 91, 2356 mit Anm Grüner JR 92, 117; Salger DRiZ 89, 174, alle mwN). Bei dieser Rückrechnung sind die beiden ersten Stunden nach Trinkende nicht auszusparen (Bay NJW 74, 1432; Zweibrücken NJW 83, 1386). – Bei fehlender Blutprobe kommt eine Berechnung aufgrund der Trinkmenge nach der Widmark-Formel in Frage (dazu 10 zu § 315 c). Jedoch ist auch hier der Grundsatz in dubio pro reo zu wahren; dazu genügt es nach der Rspr, wenn ein stündlicher Abbau von 0,1 Promille zugrundegelegt und ein Resorptionsdefizit von 10% berücksichtigt wird (BGHSt 34, 29; 36, 286; NStZ 89, 473; bei Detter NStZ 93, 474; beachte jedoch NStZ 94, 334; LG Ravensburg NStZ-RR 97, 36; zusf Salger DRiZ 89, 174, alle mwN; s auch Schewe, Salger-FS, S 715, 721). Die Berechnungsgrundlagen sind im Urteil anzugeben (StV 92, 317).

7. Wird Schuldunfähigkeit bejaht, so ist zu prüfen, ob die Voraussetzungen der Unterbringung in einem **psychiatrischen Krankenhaus** nach § 63 oder in einer **Entziehungsanstalt** nach § 64 erfüllt sind (beachte auch § 126 a StPO). 24

8. Der bei Begehung der Tat schuldunfähige Täter kann unter dem Gesichtspunkt der **actio libera in causa** (alic) verantwortlich sein. Alic ist eine Handlung, für die der Täter in willensfreiem Zustand eine Ursache setzt, die dann erst in willensunfreiem Zustand die Verwirklichung des Tatbestandes zur Folge hat (str). Hauptanwendungsfall ist das verantwortliche In-Gang-Setzen eines Geschehensablaufs, der im Zustand der Schuldunfähigkeit (zB im Alkoholrausch) oder der Handlungsunfähigkeit (zB Unterlassen während des Schlafs; str) zu Ende geführt wird; wie weit sich die alic auch auf andere strafbegründende Merkmale beziehen kann, ist umstritten (dazu Maurach JuS 61, 373; Cramer, Der Vollrauschtatbestand als abstraktes Gefährdungsdelikt, 1962, S 129; Krause, Mayer-FS, S 305). – Die **Rechtsprechung** betrachtet als Strafgrund ausschließlich die Steuerungsvorgänge zur Zeit der Schuldfähigkeit und knüpft deshalb auch nur an diese an; danach ist die alic nur eine scheinbare Ausnahme von dem Grundsatz (vgl 16), daß für die Verantwortlichkeit die Zeit der Tat maßgebend ist (BGHSt 17, 333, 335); neuerdings scheidet sie aber solche Tatbestände aus, die nicht lediglich die Herbeiführung eines schädlichen Erfolges, sondern die Vornahme einer bestimmten, unmittelbar auszuführenden Tathandlung (zB Führen eines Kraftfahrzeugs) voraussetzen (NJW 97, 138 mit Bespr Hruschka JZ 97, 22 und Neumann StV 97, 23; anders noch BGH aaO). – Im **Schrifttum** gehen die Meinungen über die dogmatische Struktur der alic weit auseinander (zusf Krause Jura 80, 169; Otto Jura 86, 426; Hruschka JZ 89, 310; Rath JuS 95, 405; Sch/Sch-Lenckner 35 mwN; s auch die Nachw in NJW 97, 138; schon im Ansatz abw Schild, Triffterer-FS, S 203, der die alic als grundsätzliches, bei jeder Straftat mögliches Problem der Zurechnung von Unfreiheit versteht). Es stehen sich verschiedene Konzeptionen gegenüber. Teils erkennen sie die 25

Rechtsfigur nur in den Grenzen der allgemein anerkannten dogmatischen Regeln an (LG Münster NStZ-RR 96, 266; Horn GA 69, 289; Paeffgen ZStW 97, 513; ganz abl Hettinger, Die „actio libera in causa": Strafbarkeit wegen Begehungstat trotz Schuldunfähigkeit?, 1988, GA 89, 1 und Geerds-FS, S 623 sowie Salger/Mutzbauer NStZ 93, 561, nach denen nicht nur die Struktur der Vorsatz-, sondern auch der Fahrlässigkeitstat die Einbeziehung von alic-Fällen ausschließt; abl inzwischen auch Hruschka JZ 96, 64, der das von ihm bisher vertretene Ausnahmemodell für verfassungswidrig hält und Vorschläge zur Gesetzesänderung unterbreitet). Überwiegend bieten sie aber weiterreichende Konstruktionen an. Diese suchen – auf der Grundlage allerdings sehr divergierender Ansätze – die Lösung teils schon im Tatbestandsbereich (hM; vgl etwa Puppe JuS 80, 346; Küper, Der „verschuldete" rechtfertigende Notstand, 1983, S 80 und Leferenz-FS, S 573; Wolter, Leferenz-FS, S 545, 567; Roxin, Lackner-FS, S 307; Schünemann, in: Hirsch/Weigend [Hrsg], Strafrecht und Kriminalpolitik in Japan und Deutschland, 1989, S 147, 169; Herzberg, Spendel-FS, S 203; Spendel LK 21–46 zu § 323 a; Rudolphi SK 28–28 e; krit Stratenwerth, Kaufmann [Arm]-GedSchr, S 485, 491) oder auf der Ebene des Unrechts (Schmidhäuser, Die actio libera in causa: ein symptomatisches Problem der deutschen Strafrechtswissenschaft, 1992 mit krit Bespr Frister ZStW 108, 645). Teils setzen sie auch erst auf der Schuldebene an und postulieren eine Ausnahme vom Koinzidenzprinzip (Jähnke LK 78 mwN); als nähere dogmatische Begründungen dienen ihnen ein auf teleologischer Reduktion der §§ 20, 21 beruhendes „Ausnahmemodell" (Hruschka JuS 68, 554 und SchwZStr 74, 48, 61; Joerden, Strukturen des strafrechtlichen Verantwortlichkeitsbegriffs: Relationen und ihre Verkettungen, 1988, S 35), ein aus funktionalem Schuldverständnis abgeleitetes „Ausdehnungsmodell" (Streng ZStW 101, 273, 308 und JZ 94, 709), eine die Zurechnung erweiternde „Surrogationstheorie" (Kindhäuser, Gefährdung als Straftat, 1989, S 120) oder eine Abkehr vom Koinzidenzprinzip durch Erweiterung des Schuldurteils über die Grenzen der rechtswidrigen Tat hinaus (Neumann, Kaufmann [Arth]-FS, S 581). – **Vorzugswürdig** ist das Tatbestandsmodell, bei dem die Vorverlegung auf die Steuerungsvorgänge zur Zeit der Schuldfähigkeit zwar dogmatische Schwierigkeiten macht, aber doch – jedenfalls für die nur durch den Erfolg charakterisierten Delikte – zu bewältigen ist; die geringsten inneren Spannungen dürften mit dem von Spendel (LK 32–34 zu § 323 a) begründeten und von Herzberg (aaO) näher konkretisierten Modell verbunden sein, nach dem die Versuchsschwelle zur unfreien Tat erst nach Eintritt des unfreien Zustandes überschritten wird, die Steuerungsvorgänge zuvor aber in die Tatbegehung einbezogen werden (krit dazu Hettinger, Geerds-FS, S 623, 637).

26 **a)** aa) Bei **vorsätzlicher** alic erstreckt sich der mindestens bedingte (Koblenz BA 89, 294) Vorsatz des (sei es auch nur vermindert, Düsseldorf NJW 62, 684) schuldfähigen Täters darauf, daß er in unfreiem Zustand eine bestimmte (BGHSt 17, 259; 21, 381; NStZ 92, 536), nicht notwendig schon in allen Einzelheiten konkretisierte (NJW 77, 590) Tat begehen oder zu Ende führen werde (ähnlich BGHSt 2, 14; NJW 55, 1037; einschr Schleswig MDR 89, 761); dabei sind die allgemeinen Regeln über Abweichungen des Vorstellungsbildes von der Wirklichkeit (10–13 a zu § 15) anwendbar, aus denen ua folgt, daß sich der error in persona des unfrei Handelnden als aberratio ictus in bezug auf den zuvor gefaßten Vorsatz auswirkt (Sch/Sch-Lenckner 37; aM Jähnke LK 80, beide mwN; zw). – Darüber hinaus muß sich der Vorsatz auch auf die Herbeiführung des unfreien Zustandes selbst erstrecken (BGHSt 23, 356, 358; NStZ 95, 329; Rudolphi JuS 69, 461, 465; Puppe JuS 80, 346, 348; Roxin, Lackner-FS, S 307, 320; aM Cramer JZ 68, 273; Hruschka JuS 68, 554, 558 und SchwZStr 74, 48, 73; Jähnke LK 81, alle mwN; zw). Der Hauptfall vorsätzlicher alic besteht darin, daß sich jemand vor einer geplanten Tat Mut antrinkt und sie dann in schuldunfähigem Zustand ausführt.

bb) **Versuchte alic** liegt nicht schon mit Eintritt der Schuldunfähigkeit vor, sondern erst mit dem unmittelbaren Ansetzen zu der im unfreien Zustand ausgeführten rechtswidrigen Tat (hM; vgl Vogler LK 105–108 zu § 22; anders Roxin, Maurach-FS, S 213, 230; Rudolphi SK 21 zu § 22, alle mwN; zw). Rücktritt vom Versuch auch während des unfreien Zustandes wirkt strafbefreiend (Roxin, Lackner-FS, S 319; Mitsch Jura 89, 485, 489; aM Kusch, Der Vollrausch 1984, S 129; Jakobs AT 17/68, alle mwN; zw). 27

b) Auch **fahrlässige** alic, bei welcher der schuldfähige Täter den unfreien Zustand vorsätzlich oder fahrlässig herbeigeführt und dabei entweder fahrlässig nicht bedacht oder sich im Vertrauen darauf, daß es schon gutgehen werde, über die Möglichkeit hinweggesetzt hat, daß er in diesem Zustand eine bestimmte Tat (vgl 26) begehen oder zu Ende führen werde, war bisher in der Rspr anerkannt (expl BGHSt 17, 333, 335; Bay NJW 69, 1583) und namentlich bei Trunkenheitsfahrten nach §§ 315 c, 316 praktisch bedeutsam (expl Bay JR 79, 289 mit Anm Horn; Hamm NJW 83, 2456; Bay bei Janiszewski NStZ 88, 264, alle mwN); mit der neuen in NJW 97, 138 eingeleiteten Rspr (vgl 25) ist das nicht mehr vereinbar. Auch soweit fahrlässige alic in anderen Fällen bejaht wurde (zB Spiegel DAR 68, 283, 291), greift die Rspr nicht mehr darauf zurück, weil solche Fälle unmittelbar mit den für das Fahrlässigkeitsdelikt geltenden Regeln bewältigt werden könnten (39 a zu § 15; mit Recht krit Hruschka JZ 97, 22, 24; beachte auch 25). 28

c) Über das Verhältnis der alic zu § 21 vgl dort 6 und zu § 323 a dort 19. 29

§ 21 Verminderte Schuldfähigkeit

Ist die Fähigkeit des Täters, das Unrecht der Tat einzusehen oder nach dieser Einsicht zu handeln, aus einem der in § 20 bezeichneten Gründe bei Begehung der Tat erheblich vermindert, so kann die Strafe nach § 49 Abs. 1 gemildert werden.

1 **1. Vermindert schuldfähig** ist, wessen Einsichts- oder Steuerungsfähigkeit (12, 13 zu § 20) infolge der unter 2–11 zu § 20 genannten biologischen Ursachen zwar nicht ausgeschlossen, aber erheblich vermindert ist (RGSt 67, 149); mit dem wenig geklärten (dazu Jähnke LK 8, 9) Erfordernis der Erheblichkeit werden bloße Unterschiede innerhalb einer nicht eng zu verstehenden Spielbreite der Normalität ausgeschieden; sie können aber für die Strafzumessung relevant bleiben (39 zu § 46). Die Vorschrift beruht auf der Erwägung, daß auch dem Schuldfähigen unter diesen Voraussetzungen ein normgemäßes Verhalten wesentlich schwerer fallen kann (Sch/Sch-Lenckner 1 mwN; krit Bresser NJW 78, 1188, Göppinger, Leferenz-FS, S 411, Weinschenk Forensia 86, 55 und Haffke R & P 91, 94, die verminderte Schuldfähigkeit mit beachtlichen Gründen für eine reine Strafzumessungsfrage halten; s auch Müller-Dietz NJW 92, 1276, 1280; Frister, Die Struktur des „voluntativen Schuldelements", 1993, S 188). Der Anwendungsbereich der Vorschrift ist **eingeschränkt.** Zum einen scheidet sie aus, wenn nur die Einsichtsfähigkeit vermindert war, der Täter aber das Unrecht eingesehen hat (BGHSt 21, 27; 34, 22, 25; NStZ 88, 24, alle mwN); zum anderen muß das Fehlen der Einsicht dem Täter vorzuwerfen sein (BGHSt 40, 341, 349 mit Anm Foerster/Winckler NStZ 95, 344; NJW 91, 762; Jähnke LK 3–5, alle mwN). Daraus folgt zugleich, daß beide Alternativen nicht gleichzeitig gegeben sein können (NStZ 89, 430 mwN) und daß sich der Richter Klarheit darüber verschaffen muß, welche von ihnen vorliegt (NJW 95, 1229 mit Anm Pluisch NStZ 95, 330).

2 **2. a)** Für die verminderte Schuldfähigkeit haben vor allem **Psychopathien, Neurosen, Triebstörungen, leichtere Formen des Schwachsinns** (Koblenz MDR 80, 1043), **Affektzustände, Folgeerscheinungen von Alkohol-, Drogen- oder Medikamentenabhängigkeit,** jedoch nicht schon Abhängigkeit als solche (JR 87, 206 mit Anm Blau und Kanischke StV 88, 199; StV 94, 304; bei Detter NStZ 96, 425; BVerwGE 93, 358; Köln NStZ 89, 90; aM Celle NStZ 87, 407, die unheitliche Rspr des BGH zusf Theune NStZ 97, 57, 59, alle mwN), und **alkoholbedingte Rauschzustände** (18 zu § 20) beträchtliche Bedeutung.

3 **b)** In Fällen **alkoholischer Beeinträchtigung** liegt nach einem bisher anerkannten **statistischen Erfahrungssatz** bei einer BAK von 2 Promille (bei Tötungsdelikten von 2,2 Promille, NStZ-RR 96, 161)

aufwärts erheblich verminderte Schuldfähigkeit nahe, ist von 2,6 Promille an in hohem Grade wahrscheinlich und kann bei 3 Promille regelmäßig nicht ausgeschlossen werden (BGHSt 34, 29, 31; 35, 308, 312; NStZ 88, 450; StV 89, 14, alle mwN). Eine unmittelbar konstante Abhängigkeit besteht indessen nicht, so daß bei Vorliegen besonderer Umstände, zB bei alkoholtypischen Ausfallerscheinungen (NStZ 90, 384; StV 90, 402), auch schon geringere Werte Anlaß zur Prüfung sein können, deren Ergebnis näher zu begründen ist (18, 19 zu § 20; beachte auch NStZ 94, 239). Jedoch neigt die überwiegend vom 4. StS des BGH getragene Rspr zu einer problematischen Schematisierung, indem sie einerseits auf die Feststellung des zurückgerechneten Maximalwerts der BAK (23 a zu § 20), auch wenn keine Blutprobe zur Verfügung steht (StV 93, 519; NStZ-RR 97, 33), besonderes Gewicht legt (BGHSt 34, 29; 37, 231; bei Detter NStZ 93, 177) und andererseits die Summe der individuellen Faktoren im Erscheinungsbild und Verhalten des Täters regelmäßig für unzureichend hält, um eine Ausnahme von dem Erfahrungssatz zu Lasten des Täters zu begründen (zusf BGHSt 37, 231 mit krit Anm Mayer NStZ 91, 526; StV 96, 478 und 535; Salger, Pfeiffer-FS, S 379, alle mwN). Allenfalls bei der unteren und mittleren (Massen-)Kriminalität ist dieser Trend zur Vermeidung unverhältnismäßigen Ermittlungsaufwands hinnehmbar (Blau JR 88, 210). Bei ernsteren Straftaten ist er nicht akzeptabel. Der 1. StS hat deshalb unter Berufung auf das einhellig kritische rechtsmedizinische Schrifttum die These vertreten, daß die BAK als Indiz zwar nicht bedeutungslos werden könne (StV 90, 107 mit krit Anm Weider), daß ihre Indizwirkung aber umso schwächer werde, je mehr sie als zurückgerechneter Maximalwert die Wirklichkeit verfehlen könne (BGHSt 35, 308; 36, 286 mit Anm Blau JR 90, 294; NStZ 93, 278 und 95, 226; v Gerlach BA 90, 305 und in: Ebert [Hrsg], Aktuelle Probleme der Strafrechtspflege, 1991, S 165); demgegenüber hält der 4. StS das für einen Verstoß gegen den Zweifelssatz (BGHSt 37, 231 mwN; ähnlich auch Jähnke LK 49; krit Foth NStZ 96, 423; Maatz BA 96, 233). Der Kern der Meinungsverschiedenheit dürfte in der unterschiedlichen Beurteilung der (vom 4. StS wohl unterbewerteten) Möglichkeiten liegen, den statistischen Erfahrungssatz mit Hilfe psycho-diagnostischer Methoden beweiskräftig zu widerlegen (ähnlich Foth NJ 91, 386; s auch StV 95, 406). Die BGH-Rspr wird diesen internen Dissens auszuräumen haben (krit Heifer/Pluisch BA 90, 241, 244; Rösler/Blocher BA 96, 329; abschwächend Goydke DAR 90, 241, 244; zusf Schembecker JuS 93, 674, 676); neuerdings hat der 1. StS eine Anfrage an die anderen Senate gerichtet, dabei seine von deren Rspr abw Auffassung näher konkretisiert und in seiner Begründung die Grundlagen der bisherigen Praxis, namentlich die Annahme statistischer Erfahrungssätze, in Frage gestellt (StV 96, 593; s auch Kröber NStZ 96, 569). – Der Meinungsstreit ändert allerdings nichts daran, daß es bei Überschreiten des Erfahrungssatzes stets einer näheren Prüfung (BA 85, 486; Dresden NZV 95, 236; Düsseldorf NZV 97, 46) und idR auch einer Begründung bedarf

(Köln VRS 39, 38 mwN; einschr Hamm VRS 59, 415; Hamburg VRS 61, 341).

4 **3. a)** Verminderte Schuldfähigkeit ist ein **fakultativer besonderer gesetzlicher Milderungsgrund** im Sinne des § 49 I. Es ist daher zunächst zu entscheiden – was auch bei lebenslanger Freiheitsstrafe (gegenüber vermindert schuldfähigen Mördern) verfassungsrechtlich unbedenklich ist (BVerfGE 50, 5) –, ob von der Milderungsmöglichkeit überhaupt Gebrauch gemacht wird (dazu und zu der Frage, welchen Regeln diese Würdigung folgt, 4 zu § 49). Die Rspr geht dabei von der problematischen Annahme aus, daß eine erhebliche Minderung der Einsichts- oder Steuerungsfähigkeit zwar stets zu einer Verminderung der Schuldfähigkeit führt (bei Dallinger MDR 68, 372), aber nur grundsätzlich (StV 91, 254), also nicht notwendig, zu einer solchen Minderung der Schuld im ganzen, daß stets eine Bestrafung aus dem milderen Rahmen geboten wäre (stRspr; vgl etwa BGHSt 7, 28; NJW 81, 1221; NStZ 82, 200; zusf Jähnke LK 20–27; aM Kotsalis, Baumann-FS, S 33; Sch/Sch-Lenckner 14; zw). An die Ablehnung der Milderung sind strenge Anforderungen zu stellen, die um so höher sind, je stärker sich der gemilderte vom ordentlichen Strafrahmen unterscheidet (StV 90, 157), vor allem wenn zwischen lebenslanger und zeitiger Freiheitsstrafe zu wählen ist (StV 93, 355; NStZ 94, 183; bei Detter NStZ 96, 425; aM Roxin AT I 20/43, der hier die Milderung für zwingend hält). Immerhin ermöglicht es die Kann-Vorschrift, in engen Grenzen (dazu Theune NStZ 86, 153, 154; Bruns JR 86, 337) die schuldhafte Herbeiführung des biologischen Defekts zu berücksichtigen (NStZ 86, 114; bei Detter NStZ 91, 272; s auch NStZ 90, 537 und 92, 547, alle mwN; str) und die Strafe bei Psychopathen an deren häufig geringere Strafempfindlichkeit anzupassen (bei Dallinger MDR 53, 146; aM Landgraf, Die „verschuldete" verminderte Schuldfähigkeit, 1988, S 90; Roxin AT I 20/38 mwN; zw). Jedoch darf die Milderung nicht lediglich aus präventiven Gründen und daher nicht aufgrund solcher Umstände versagt werden, die ihrerseits durch den biologischen Defekt bedingt sind (BGHSt 16, 360, 364; NStZ 86, 114; Köln NJW 86, 2328; Jena BA 95, 303; aM Terhorst MDR 82, 368, alle mwN), es sei denn, daß dieser zur Schuld voll zurechenbar ist (NStZ 93, 342 und 96, 328; Jena VRS 90, 174); bei Trunkenheit fordert die Rspr deshalb nicht nur, daß der Täter den Rausch zurechenbar herbeigeführt hat, sondern auch, daß er nach Alkoholgenuß zu Handlungen neigt, die der begangenen Tat vergleichbar sind (dazu NJW 93, 2544), und daß er das wußte oder wissen mußte (BGHSt 35, 143, 145; s auch NJW 92, 1519; NStZ 93, 278; Karlsruhe DAR 91, 393; krit Foth DRiZ 90, 417, NJ 91, 386 und Salger-FS, S 31; krit auch Rautenberg DtZ 97, 45, der eine Gesetzesänderung vorschlägt, alle mwN; zw). Auch gibt es keinen Erfahrungssatz des Inhalts, daß fehlende Unrechtseinsicht (infolge verminderter Einsichtsfähigkeit) die Strafmilderung grundsätzlich eher nahelegt als bloß verminderte Steuerungsfähigkeit (NStZ 85, 357; StV 89, 15, beide mwN).

b) Wird von der Milderungsmöglichkeit Gebrauch gemacht, so ändert sich zunächst **nur der Strafrahmen** nach dem Maßstab des § 49 I (beachte auch § 50 und 10 zu § 213). Bei der Strafzumessung innerhalb dieses Rahmens (dazu 10 zu § 49) sind auch Art und Maß der psychischen Störung relevant (Schöch MschrKrim 83, 333; s auch Bay VRS 67, 219; Maisch MschrKrim 83, 343). Vor allem dürfen erschwerende Umstände im Täterverhalten (zB besondere Brutalität) nicht strafschärfend berücksichtigt werden, wenn sie eine unverschuldete (dazu bei Holtz MDR 88, 98). Folge des schuldmindernden psychischen Zustandes sind (BGHSt 16, 360, 364; NStZ 87, 453; s auch NJW 88, 1153; NStZ 89, 318; StV 89, 198); auch als verschuldete Folge dürfen sie nur nach dem Maßstab der geminderten Schuld erschwerend zu Buch schlagen (NStZ 88, 310, 89, 18 und 91, 581; NJW 88, 2621; NStZ-RR 96, 193; krit speziell zur Praxis bei Tötungsdelikten Legnaro/Aengenheister MschrKrim 95, 212). Ferner darf einer nach dem Zweifelsatz angenommenen verminderten Schuldfähigkeit (23 zu § 20) kein geringeres Gewicht nur deshalb beigemessen werden, weil sie nicht erwiesen, sondern nur zugunsten des Täters zugrundegelegt worden ist (NStZ 96, 328 mwN). – Unabhängig von der Wahl des Strafrahmens ist es unzulässig, anstelle einer nach § 63 gebotenen Unterbringung auf eine übermäßige, der Schuld nicht entsprechende Freiheitsstrafe zu erkennen (BGHSt 20, 264). 5

4. Auch die Strafmilderung wegen verminderter Schuldfähigkeit kann unter dem Gesichtspunkt der **alic** (25 zu § 20) ausgeschlossen sein (hM; vgl bei Dallinger MDR 67, 725; Hamm NJW 74, 614; anders Landgraf, Die „verschuldete" verminderte Schuldfähigkeit, 1988, S 15, 132; Roxin AT I 20/66). 6

5. Die Anforderungen an **Feststellung und Begründung** der verminderten Schuldfähigkeit stimmen mit denen bei Schuldunfähigkeit überein (19–23 a zu § 20). Hat das Gericht § 20 verneint, so darf § 21 idR nicht übergangen werden (bei Dallinger MDR 68, 372; Koblenz VRS 47, 340). – Zur Möglichkeit der **Unterbringung** in einem psychiatrischen Krankenhaus oder einer Entziehungsanstalt 24 zu § 20. 7

2. Titel. Versuch

Vorbemerkung

1. Das Verbrechen durchläuft bis zu seiner vollständigen Beendigung idR die **Stadien** der Vorbereitung, des Versuchs und der Vollendung (Grundfälle dazu Kühl JuS 79, 718, 874; 80, 120, 273, 506, 650, 811; 81, 193; 82, 110, 189; krit zu dieser der hM zugrundeliegenden Stufenlehre Alwart GA 86, 245). 1

2. Vollendung der Tat liegt vor, wenn der Tatbestand in allen seinen Voraussetzungen verwirklicht ist, ohne Rücksicht darauf, ob das Gesamtgeschehen damit bereits seinen Abschluß erreicht hat (Kühl JuS 82, 110). Von ihr ist daher die **Beendigung** zu unterscheiden. Sie tritt nach 2 herrschender, allerdings nicht einheitlicher Lehre erst ein, wenn das Geschehen, soweit es aus tatsächlichen oder rechtlichen Gründen eine Einheit bildet, abgeschlossen vorliegt und wenn namentlich auch die Umstände verwirklicht sind, die nach dem jeweiligen Deliktstypus infolge Vorverlegung der Vollendung zwar nicht mehr zur Tatbestandsbeschreibung gehören, aber das Unrecht der Tat mitprägen (sog materielle Beendigungslehre). Soweit dabei die Verwirklichung des Tatbestandes infolge der iterativen Delikts- (zB Dauerdelikt) oder Handlungsstruktur (zB Körperverletzung durch mehrere Schläge) oder infolge natürlicher oder rechtlicher Handlungseinheit (4–19 a vor § 52) nach Vollendung fortgesetzt wird, ist das Hinausschieben des Beendigungszeitpunktes unproblematisch. Der hM liegt jedoch die Annahme zugrunde, daß auch Handlungen nach Vollendung, die als solche auch bei weitester Auslegung kein Tatbestandsmerkmal mehr erfüllen (zB die Sicherung des Gewahrsams an der Beute beim Diebstahl oder die Verwirklichung der Bereicherungsabsicht beim Betrug), zur Begehung der Tat gehören können (BGHSt 4, 132; 8, 390; 19, 323; 20, 194; 21, 377; 28, 224, 229; NJW 87, 2687; JZ 89, 759; Stratenwerth JZ 61, 95; Furtner JR 66, 169; eingehend Hau, Die Beendigung der Straftat und ihre rechtlichen Wirkungen, 1974; zusf Jescheck, Welzel-FS, S 683). Diese Ansicht wird mit zum Teil beachtlichen Gründen, namentlich wegen Vernachlässigung der Handlungsseite der Tat, in Frage gestellt (Isenbeck NJW 65, 2326; Gössel ZStW 85, 591, 644; Herzberg, Täterschaft und Teilnahme, 1977, S 71; Hruschka JZ 83, 217; Rudolphi, Jescheck-FS, S 559; Bitzilekis ZStW 99, 723; diff Kühl, Die Beendigung des vorsätzlichen Begehungsdelikts, 1974, JZ 78, 549 und JuS 82, 110, 113, 189). Die Streitfrage betrifft ein Problem der Tatbestandsauslegung und läßt sich deshalb nicht losgelöst von den einzelnen Tatbeständen beantworten (Küper JZ 81, 251 und 86, 862, 868). Sie hat vor allem Bedeutung für Mittäterschaft (12 zu § 25) und Beihilfe (3 zu § 27), für Abgrenzung und Konkurrenz von Teilnahme und Begünstigung (3 zu § 27), für die Verwirklichung qualifizierender Umstände nach Vollendung (BGHSt 20, 194; 22, 227 mit Anm Hruschka JZ 69, 607; NStZ 93, 538; wistra 93, 264; krit Schünemann JA 80, 393, 394) und für die Bildung von Handlungseinheiten aufgrund eines Verhaltens nach Vollendung (BGHSt 26, 24; StV 84, 374 und 95, 298; NJW 92, 2103, 2104; NStZ 93, 77 und 95, 588; Bay MDR 83, 247; Warda JuS 64, 87; Mitsch JuS 93, 385, 386). Ob diese Einzelfragen überhaupt durch Annahme einer eigenständigen Beendigungsphase ohne Blick auf die jeweiligen Systemzusammenhänge gelöst werden können (so die hM), ist zweifelhaft (krit Otto, Lackner-FS, S 715, 716; für Mittäterschaft und Beihilfe verneinend Lesch, Das Problem der sukzessiven Beihilfe, 1992, S 66). – Zur Beendigung der Tat als Anknüpfung für die Verjährung 1 zu § 78 a.

3 **3. Vorbereitung und Versuch** sind Stadien des Verbrechens vor der Vollendung. Vorbereitung ist eine Tätigkeit, die für die Durchführung der geplanten Tat geeignete Vorbedingungen schaffen soll, aber

noch nicht zur Verwirklichung des Tatbestandes unmittelbar ansetzt (zur Abgrenzung vom Versuch 4 zu § 22). Die Vorbereitung ist grundsätzlich straflos (Ausnahme § 30 II). Jedoch hat das Gesetz eine Anzahl gefährlicher Handlungen, die inhaltlich Vorbereitungshandlungen zu schwereren Taten sind, entweder durch unselbständige Ausdehnung von Tatbeständen in den Vorbereitungsbereich (zB § 83) oder durch Schaffung selbständiger Tatbestände (zB §§ 96 I, 149) mit Strafe bedroht. Ihre Begehung ist stets eine vollendete Tat; ihre versuchte Begehung ist nur bei den selbständig vertypten Tatbeständen möglich (Vogler LK 89, 90 mwN).

§ 22 Begriffsbestimmung

Eine Straftat versucht, wer nach seiner Vorstellung von der Tat zur Verwirklichung des Tatbestandes unmittelbar ansetzt.

1 **1.** Versuch ist **vollständig gewollte, aber unvollständig gebliebene Tat.** Damit wird im Sinne der Stufenlehre das zweite Stadium der Entwicklung des Verbrechens beschrieben (1 vor § 22) und zugleich verdeutlicht, daß dieses Stadium mit dem Eintritt der Vollendung zum Abschluß kommt. Das bedeutet aber nicht, daß die Nichtvollendung ein Begriffsmerkmal des Versuchs in dem Sinne wäre, daß bei ihrem Wegfall auch der vorausgegangene Versuch als nicht existent behandelt werden müßte (das wird zu Unrecht von Herzberg JuS 96, 377, 378 und Hardtung Jura 96, 293 unterstellt). Die Umschreibung des Versuchs will insoweit nur klarstellen, daß die nächsthöhere Verbrechensstufe erreicht wurde und daß es deshalb nicht mehr sinnvoll ist, die niedere Stufe zur Argumentationsbasis zu machen. Da der Versuch aber ganz unbestritten in der Vollendung aufgeht (26, 33 vor § 52), ist es deshalb nicht ausgeschlossen, daß er trotz Eintritts der Vollendung noch die Anknüpfung für Folgerungen bietet, die aus der vollendeten Tat nicht gezogen werden können. – Der Versuch setzt den **Entschluß** voraus, eine Straftat zu begehen (vgl 2), ferner die **Betätigung des Entschlusses** durch Handlungen, die mindestens unmittelbar zur Tatbestandsverwirklichung ansetzen (vgl 3–7). Kennzeichnend ist daher die vollständige Erfüllung des subjektiven Tatbestandes (hM; anders Struensee, Kaufmann [Arm]-GedSchr, S 523, der den subjektiven Tatbestand bis zur Beendigung des Versuchs noch nicht für erfüllt hält, dabei aber nicht hinreichend bedenkt, daß der Vorsatz während der gesamten Tathandlung, dh vom Beginn bis zur Beendigung des Versuchs, vorliegen muß, mag er sich auch während dieser Zeitspanne durchaus konkretisieren oder sogar verändern). Nach überwiegender Meinung muß ihr ein Mangel im objektiven Tatbestand gegenüberstehen (BGHSt 36, 221, 222; StV 86, 201; weiter Hardtung aaO S 296, alle mwN). Ob der Versuch auch den Fall einschließt, daß zwar der objektive Tatbestand vollständig erfüllt, aber eine Rechtfertigungslage gegeben ist, die der Täter nicht erkennt, ist umstritten (vgl 16). Zu den **Voraussetzungen** im einzelnen:

2 a) **Entschluß** bedeutet die Verwirklichung des gesamten subjektiven Tatbestandes, also nicht nur des Vorsatzes (bedingter genügt, sofern er auch zur Vollendung genügen würde, RGSt 61, 159; s auch MDR 97, 182; krit Puppe NStZ 84, 488, 490; Streng JZ 90, 212, 219; Herzberg NStZ 90, 311; Bauer wistra 91, 168; zusf Pahlke, Rücktritt bei dolus eventualis, 1993, S 20, alle mwN), sondern auch der im Tatbestand vorausgesetzten subjektiven Merkmale (Absichten, Motive usw), die als solche gegenüber dem Vorsatz selbständig sind (8 zu § 15). Nach hM ist daher nicht entschlossen, wer über das Ob der Tat noch nicht abschließend entschieden hat (GA 63, 147; Kratzsch JA 83, 578 mwN) oder es nur bis zum Versuch kommen lassen will (agent provocateur), wohl aber, wer die Ausführung von einer Bedingung abhängig macht, deren Eintritt er nicht beherrscht (BGHSt 21, 14; Schmid ZStW 74, 48; Spendel JuS 69, 314; Schultz, Spendel-FS, S 303, 313). Im Schrifttum werden mit zum Teil beachtlichen Gründen Erweiterungen vorgeschlagen, etwa in dem Sinne, daß ein „Vorbehalt späterer Entschlußfassung" nach Eintritt in die Ausführungsphase unerheblich sein soll (so Arzt JZ 69, 54; ähnlich für das vergleichbare österreichische Recht Fuchs, Triffterer-FS, S 73; krit Schultz aaO S 312) oder daß es schon genügt, wenn die zur Tat hindrängenden Motive das Übergewicht über die Hemmungsvorstellungen erlangt haben (so Roxin, Schröder-GedSchr, S 145, 159 und JuS 79, 1, 3; Neuhaus GA 94, 224, 228; krit dazu Puppe GA 84, 101, 116; zusf Kühl JuS 80, 273).

3 b) Für die **Betätigung des Entschlusses** genügt es nicht notwendig, wenn ein im Tatbestand beschriebenes Handlungsmerkmal bereits ganz oder teilweise verwirklicht ist, bedeutet aber doch ein Indiz für den Eintritt ins Versuchsstadium. Maßgebend ist allein die Ansatzformel (vgl 4), die auch bei an sich tatbestandsentsprechenden, das Rechtsgut aber (noch) nicht gefährdenden Handlungen wegen Fehlens der Unmittelbarkeit der Annahme des Versuchsbeginns entgegenstehen kann (Küper JZ 92, 338; aM Vogler, Stree/Wessels-FS, S 285, 297, der bei Teilverwirklichung des Tatbestandes zwar stets Versuch bejaht, die gebotene Einschränkung aber dadurch erreicht, daß er nur „tatbestandsspezifische", dh dem Unrecht der vollendeten Tat entsprechende, Handlungen genügen läßt). Im Ergebnis liegt auch die Rspr auf dieser Linie, wenn sie als Täuschung beim Betrug nur diejenige genügen läßt, die auf Herbeiführung gerade des Irrtums gerichtet ist, der unmittelbar die Vermögensverfügung auslösen soll (BGHSt 37, 294 mit Bespr Kienapfel JR 92, 122 und Küper aaO; NStZ 97, 31). Auch das Schrifttum versucht mit verschiedenen Ansätzen dem Unmittelbarkeitserfordernis Genüge zu tun (zusf Küper aaO mwN). Die bisher uneinheitliche, zum Teil weitergehende Rspr kann deshalb nur noch maßgebend sein, soweit sie diesem Erfordernis entspricht. Das kommt etwa in Frage für die Täuschung beim Betrug (BGHSt 31, 178 mit Bespr Lenckner NStZ 83, 409, Maaß JuS 84, 25 und Bloy JR 84, 123; Karlsruhe NJW 82, 59 mit Bespr Burkhardt JuS 83, 426; s auch Berz Jura 84, 511, 512; Seier

ZStW 101, 563; Vogler LK 35, 35 a), für die Gewaltanwendung beim Raub (RGSt 69, 327) und für die Herstellung eines falschen Führerscheins bei der Urkundenfälschung, wenn nur noch die Eintragung des Berechtigten fehlt (bei Holtz MDR 78, 625). – Bei **fortgeschrittener Tatbestandsverwirklichung** (vgl etwa NJW 86, 2896 und 87, 720) kann der Eintritt der Vollendung (2 vor § 22) zweifelhaft sein (zusf Sonnen/Hansen-Siedler JA 88, 17, 22).

c) Für die **Abgrenzung des Versuchs von der Vorbereitung** (3 vor § 22) kommt es darauf an, ob der Täter nach seiner Vorstellung von der Tat **unmittelbar zur Tatbestandsverwirklichung angesetzt** hat (Ansatzformel). Nach dieser auf dem 2. StrRG (4 vor § 1) beruhenden Begriffsbestimmung ist die Grenzziehung an der (subjektiven) Vorstellung des Täters zu orientieren (GA 55, 123), aber nach objektiven Maßstäben durchzuführen (hM; krit Bockelmann JZ 54, 468). Lange Zeit ist die ältere Rspr von der sog Frank'schen Formel (Frank II 2 b) ausgegangen, nach der zum Anfang der Ausführung schon alle Handlungen gehören, die „vermöge ihrer notwendigen Zusammengehörigkeit mit der Tatbestandshandlung für die natürliche Auffassung als deren Bestandteil erscheinen" (RGSt 77, 162). Später hat sie das Erfordernis der Unmittelbarkeit und den Gefährdungsgedanken stärker herausgestellt und Versuch nur angenommen, wenn nach dem Gesamtplan des Täters „die Einzelhandlungen in ihrer Gesamtheit einen derartigen unmittelbaren Angriff auf das geschützte Rechtsgut bilden, daß es dadurch schon gefährdet ist" (BGHSt 2, 380). Nichts wesentlich anderes drückt auch die Ansatzformel aus. Sie bestätigt die frühere Rspr insofern, als der (subjektive) Gesamtplan des Täters die Beurteilungsgrundlage bildet, der Bewertungsmaßstab selbst aber ein objektiver ist. Ferner kommt es nach wie vor auf die Unmittelbarkeit des Angriffs an, dh auf das Vorliegen von Handlungen, die im ungestörten Fortgang ohne Zwischenakte oder jedenfalls in engem zeitlichen Zusammenhang in die Tatbestandsverwirklichung einmünden sollen (BGHSt 26, 201 mit Bespr Otto NJW 76, 578, Gössel JR 76, 249 und Meyer JuS 77, 19; BGHSt 28, 162; 35, 6; NJW 94, 3019; NStZ 96, 38 und 97, 83, alle mwN; s auch Kühl JuS 80, 650; Berz Jura 84, 511, 514; abw Schmidhäuser AT 15/50, der sich für eine „ganzheitliche" Abgrenzung ausspricht; Kratzsch, Verhaltenssteuerung und Organisation im Strafrecht, 1985, S 35, 428, der die Lösung aus einem systemtheoretischen Ansatz ableitet; Vehling, Die Abgrenzung von Vorbereitung und Versuch, 1991, S 135, der „Ansetzen" als Setzung eines rechtlich mißbilligten Risikos durch rolleninadäquates Verhalten und die „Unmittelbarkeit" als tatbestandsindizierenden Zusammenhang dieses Verhaltens mit dem geplanten Delikt versteht [krit dazu Mitsch GA 96, 297]); daneben dürfte auch das im früheren Recht anerkannte Erfordernis der unmittelbaren Gefährdung des geschützten Rechtsguts (nicht notwendig zugleich eines bestimmten Rechtsgutsobjekts) in die Ansatzformel eingegangen sein, weil insoweit eine Rechtsänderung nicht beabsichtigt war 4

(BGHSt 30, 363; NStZ 83, 482; Hillenkamp MDR 77, 242; ähnlich einschr Vogler, Stree/Wessels-FS, S 285 und LK 55–57; aM Kühl JuS 83, 180; Kratzsch JA 83, 578, 584; Berz aaO S 513, alle mwN; zw). Im Schrifttum bestehen noch erhebliche Meinungsunterschiede über Inhalt und Tragweite des Unmittelbarkeitserfordernisses (vgl etwa Meyer ZStW 87, 598, 602; Kratzsch JA 83, 420; Vogler LK 29–57). Roxin (JuS 79, 1, 4) stellt beim unbeendigten Versuch (3 zu § 24) unter Berufung auf die Eindruckstheorie (vgl 11) auf zwei nebeneinander notwendige Kriterien ab: auf die „Berührung der Sphären" von Täter und Opfer und auf einen „engen zeitlichen Zusammenhang zwischen Täterhandlung und erwartetem Erfolgseintritt" (krit Kühl JuS 80, 506, 507; Kratzsch JA 83, 578, 579; Berz aaO S 516; Vehling aaO S 56). Jedoch dürfte diese für den Regelfall zutreffende Konkretisierung nur in der Mehrzahl der einschlägigen Sachverhalte eine brauchbare Entscheidungshilfe bieten. Es gibt Fallgruppen, bei denen sie versagen muß, etwa weil der Tatbestand kein konkretes Angriffsobjekt oder keinen tatbestandsmäßigen Erfolg voraussetzt oder weil schon nach seinem Inhalt Begehung in zeitlich gestreckter Form typisch ist (s auch 10). Namentlich im Wirtschafts- und Steuerstrafrecht macht die Anknüpfung wegen solcher Besonderheiten bisweilen Schwierigkeiten (zB Karlsruhe JR 73, 425 mit Bespr Tiedemann JR 73, 412; Karlsruhe MDR 77, 600 mit Anm Hübner MDR 77, 1040; Bay JR 78, 38 mit Anm Hübner; Gribbohm/Utech NStZ 90, 209, 210). Der Kern der Problematik liegt darin, daß es sich um eine Frage der Tatbestandsauslegung handelt, die sich nicht losgelöst von den einzelnen Tatbeständen beantworten läßt (NJW 88, 3109; StV 94, 21; Stuttgart Justiz 96, 92). Jedenfalls will aber die Neufassung mit der Hervorhebung des „unmittelbaren" Ansetzens der in der älteren Rspr verbreiteten Tendenz einer zu weiten Ausdehnung des Versuchsstadiums entgegenwirken (Begr zu § 26 E 1962 S 144).

5 aa) **Versuch** ist – vorbehaltlich besonderer Umstände, die im Einzelfall eine abweichende Beurteilung rechtfertigen können – von der Rspr **zutreffend bejaht** worden: wenn ein zur Tötung Entschlossener eine Schußwaffe anlegt, auch wenn der Hahn noch nicht gespannt ist (RGSt 59, 386); wenn er eine geladene Waffe herauszieht, um sofort zu entsichern und zu schießen (RGSt 68, 336; str); wenn er in einen Raum eindringt, um das Opfer sofort zu erschießen (NStZ 87, 20), nicht aber, wenn er erst prüfen will, ob er eine für die Tatbegehung günstige Situation antrifft (NJW 93, 2125); wenn er sich in einen Raum einschleicht, den nach seiner Meinung das Opfer zu betreten im Begriffe steht (LM Nr 22 zu § 211); wenn der Täter einen Güterzug anhält (OGHSt 2, 157), auf das Trittbrett eines Wagens aufspringt (RGSt 54, 328) oder einen Raum betritt, um daraus sofort zu stehlen, selbst wenn die diebische Absicht noch nicht auf bestimmte Sachen konkretisiert ist (Hamm JMBlNRW 76, 19); wenn ein Taschendieb im Gedränge fremden Taschen mit den Händen nahekommt (GA 58, 191); wenn jemand zum Einführen von Betäubungsmitteln im Straßenverkehr oder

auf Schmuggelwegen so nahe an die Grenze (oder eine vor ihr eingerichtete Kontrollstelle) herankommt, daß sein Vorgehen nach dem Tatplan und den Umständen des Einzelfalls (Unterschiede zB nach der Art des Transports) dem Überschreiten der Grenze unmittelbar vorgelagert erscheint (BGHSt 36, 249; Düsseldorf MDR 94, 1235, beide mwN; s auch Winkler NStZ 83, 462), wenn er im Flugreiseverkehr sein Gepäck vor dem unmittelbar bevorstehenden Abflug in deutsches Hoheitsgebiet eincheckt (NJW 90, 2072 mwN) oder wenn er im Fracht- oder Postverkehr das Transportgut zur Beförderung aufgibt (BGH aaO; beachte auch NJW 94, 2164; Düsseldorf NJW 93, 2253); wenn ein Sexualtäter ein Kind an einen geeigneten Ort führt, um es dort sofort zu mißbrauchen (BGHSt 35, 6, mwN; str); wenn ein Räuber den Begleiter des Opfers gewaltsam ausschaltet, um die dadurch eintretende Schutzlosigkeit unmittelbar für die Tat auszunutzen (BGHSt 3, 297; Berz Jura 84, 511, 518, beide mwN; zw); wenn der Täter den Wachhund eines Anwesens beseitigt (RGSt 53, 217) oder den Wächter besticht (RGSt 55, 191), um sofort nach Ausschaltung des Hindernisses aus dem dann unbewachten Raum zu stehlen (zusf Roxin JuS 79, 1, 6 mwN; str); wenn der Täter prüft, ob sich ein Objekt für den unmittelbar anschließenden Angriff eignet (BGHSt 22, 80; str), zB wenn er die Schwangere unmittelbar vor Beginn des Schwangerschaftsabbruchs untersucht (bei Dallinger MDR 53, 19; str), nicht aber wenn sich die Prüfung auf mehrere Gegenstände erstreckt und die Bestimmung des Tatobjekts noch offen ist (Oldenburg StV 83, 506) oder wenn im Falle eines Einbruchsdiebstahls nach der Prüfung erst noch die Angriffsmittel aus einem Versteck geholt werden müssen (zu weit bei Dallinger MDR 66, 892).

bb) **Bloße Vorbereitung** ist von der Rspr mit dem unter 5 gemachten Vorbehalt **zutreffend** angenommen worden: wenn ein Sexualtäter ein späteres Zusammentreffen mit einem Kind verabredet (bei Dallinger MDR 74, 545, 722; anders noch BGHSt 6, 302; s auch Celle NJW 72, 1823 mit Bespr Rudolphi JuS 73, 20) oder wenn er es an einen geeigneten Ort führt, um es dort zur freiwilligen Vornahme oder Duldung sexueller Handlungen zu verführen (BGHSt 35, 6; krit Vehling aaO [vgl 4] S 151); wenn Räuber vor einer Bank vorfahren, aber noch ihre Waffen aus den mitgeführten Tragetaschen holen und ihre Masken überstreifen müssen (bei Holtz MDR 78, 985), oder wenn sie einen Supermarkt betreten, um vor dem geplanten Überfall zu prüfen, ob die Anwesenheit zu vieler Kunden der Ausführung ihres Plans entgegensteht (NStZ-RR 96, 34); wenn Einbrecher mit ihrem Werkzeug bereits in Angriffsposition gegangen sind, aber erst noch einen günstigen Zeitpunkt für den Einsatz des Werkzeugs abwarten wollen (NStZ 89, 473); wenn der Mittäter eines geplanten Raubes, der erst Stunden später nach Hinzukommen weiterer Komplizen gemeinschaftlich ausgeführt werden soll, beim Opfer erfolglos Einlaß begehrt (KG GA 71, 54; aM Otto JA 80, 641, 643; s auch StV 94, 240); wenn jemand in der Absicht, einen Fahrzeugdiebstahl zu begehen, das Tankschloß eines 6

Fahrzeugs ausbaut, um es als Muster für die Anfertigung eines Nachschlüssels zu verwenden (StV 92, 62), oder wenn er sich sonst einen Nachschlüssel für das Fahrzeug beschafft (BGHSt 28, 162); wenn ein Fahrzeugführer zur Begehung einer Urkundenfälschung einen gefälschten Führerschein nur mit sich führt, um ihn für den Fall einer Kontrolle vorzuzeigen (bei Holtz MDR 76, 987 mit abl Bespr Meyer MDR 77, 444); wenn ein Versicherter eine diebstahlsversicherte Sache beiseiteschafft (NJW 52, 430) oder eine schadensversicherte beschädigt (Koblenz VRS 53, 27), um den Vorgang als Versicherungsfall zu melden; wenn jemand, der Zuhälterei begehen will, eine Frau zu bestimmen sucht, der Prostitution nachzugehen (BGHSt 6, 98; s jedoch BGHSt 19, 350); wenn ein HIV-Infizierter in einer Bar einer Prostituierten ungeschützten Geschlechtsverkehr lediglich ansinnt (Bay NJW 90, 781); wenn jemand mit der Absicht des Inverkehrbringens einem anderen Falschgeld anbietet, das er sich erst noch von einem „Hintermann" beschaffen muß (NStZ 86, 548); wenn beim Einführen von Betäubungsmitteln (§ 29 I Nr 1 BtMG) der Transport sich noch aus größerer Entfernung der Grenze nähert (NStZ 83, 511), unmittelbar vor deren Überschreiten zum Zwecke des Übernachtens unterbrochen wird (NStZ 83, 224) oder im Straßenverkehr noch nicht das Gelände kurz vor der Grenze erreicht hat (BGHSt 36, 249 mwN); wenn beim Erwerb von Betäubungsmitteln lediglich ein Verpflichtungsgeschäft abgeschlossen ist, aber die Übertragung der tatsächlichen Verfügungsgewalt durch den Vorbesitzer noch nicht unmittelbar bevorsteht (BGHSt 40, 208) oder wenn sich der Vermittler von Verträgen über Kriegswaffen (§ 16 I Nr 7 KWKG) auf bloße Sondierung der Vertragsbereitschaft möglicher Partner beschränkt (NJW 88, 3109; Bay NJW 91, 855 mit krit Anm Oswald NStZ 91, 46; Lohberger NStZ 90, 61, alle mwN).

7 cc) **Entgegen der Annahme der Rechtsprechung** (namentlich der älteren) dürfte Versuch mit dem unter 5 gemachten Vorbehalt idR zu verneinen sein: wenn der Täter das Opfer am Tatort erwartet oder ihm dort auflauert (hM; vgl Roxin JuS 79, 1, 6; Vehling aaO [vgl 4] S 145, beide mwN; anders NJW 52, 514), es sei denn, daß er die Angriffsmittel bereits „in tätige Beziehung" (BGHSt 2, 380) zu dem vermeintlich in den Angriffsbereich eingetretenen Opfer gesetzt hat (BGHSt 26, 201; s auch bei Holtz MDR 89, 1050); wenn ein Sexualtäter ein Kind zur Vornahme oder Duldung sexueller Handlungen zu überreden sucht (Roxin aaO S 5 mwN; aM 1 StR 108/74 v 11. 6. 1974; str) oder wenn er mit ihm ein Kino besucht, um es danach zu mißbrauchen (aM GA 66, 164); wenn ein Einbruchsdieb eine Winde lediglich aus einem nahegelegenen Versteck hervorholt, um damit ein Fenstergitter auseinanderzubiegen (Rudolphi JuS 73, 20, 24; Roxin aaO S 5; aM BGHSt 2, 380; zw); wenn jemand, der die Selbstbefreiung eines Gefangenen fördern will, die Haftanstalt betritt (Roxin aaO S 5; Rudolphi SK 15; aM BGHSt 9, 62); wenn ein Wirtschaftstäter Ware auf ein Fahrzeug lädt, um sie unter Verletzung des AWG alsbald über die Grenze zu bringen (Tröndle 17 a; aM BGHSt 20, 150);

oder wenn jemand mit dem Vorhaben der Zollhinterziehung sich lediglich von einem grenznahen Ort der Grenze nähert (Roxin aaO S 5; aM BGHSt 4, 333; 7, 291; hier bedarf es derselben Einschränkungen, die für das Einführen von Betäubungsmitteln entwickelt worden sind [vgl 5, 6]).

d) Die Ansatzformel (vgl 4) schließt nicht aus, daß der Versuch auch noch **nach Beendigung der Handlung** des jeweils Tatbeteiligten beginnt. 8

aa) Das ist bedeutsam namentlich, wenn jemand – wie beim beendigten Versuch (3 zu § 24) – **alles zur Tatbestandsverwirklichung Erforderliche** bereits getan hat. Die neuere **Rechtsprechung** nimmt Versuchsbeginn hier erst an, wenn das deliktische Geschehen (uU erst durch das Verhalten eines anderen) soweit fortgeschritten ist, daß es bei ungestörtem Fortgang unmittelbar in die Tatbestandsverwirklichung einmündet (NJW 92, 1635; München NStZ-RR 96, 71; ähnlich Gössel JR 76, 251, Otto JA 80, 641, 645 und Vogler LK 75, 76, die ausschl auf die unmittelbare Gefährdung des Rechtsguts abstellen). Im **Schrifttum** wird Versuch hier überwiegend schon bejaht, wenn der Täter das Geschehen endgültig aus der Hand gegeben oder wenn er das Rechtsgut unmittelbar gefährdet hat (Roxin, Maurach-FS, S 213 und JuS 79, 1, 9; Papageorgiou-Conatas, Wo liegt die Grenze zwischen Vorbereitungshandlungen und Versuch?, 1988, S 243, 265, beide mwN; aM Schilling, Der Verbrechensversuch des Mittäters und des mittelbaren Täters, 1975, S 100, der Versuch durchgängig bejaht; diff Meyer ZStW 87, 598, 609; Kratzsch JA 83, 578, 585).

bb) Die Frage ist außerdem im Bereich der **Beteiligung relevant** 9
(rechtsvergleichend Jescheck ZStW 99, 111). **Bei Mittäterschaft** nimmt die hM mit Recht an, daß alle Mittäter einheitlich in das Versuchsstadium eintreten, sobald einer von ihnen zur Ausführungshandlung unmittelbar ansetzt, und zwar unabhängig davon, ob einzelne ihren vollen Tatbeitrag (11 zu § 25) schon im Vorbereitungsstadium erbracht haben (sog Gesamtlösung; vgl zB BGHSt 11, 268; 36, 249; bei Holtz MDR 86, 974; Küper, Versuchsbeginn und Mittäterschaft, 1978 und JZ 79, 775; Stoffers MDR 89, 208; Ingelfinger JZ 95, 704, 711; Erb NStZ 95, 424, 426; Dencker, Kausalität und Gesamttat, 1996, S 20, 132, 142, 244; Vogler LK 88–95; aM Schilling aaO [vgl 8] S 104; Rudolphi, Bockelmann-FS, S 369, 383; Bloy, Die Beteiligungsform als Zurechnungstypus im Strafrecht, 1985, S 266; Valdágua ZStW 98, 839; Stein, Die strafrechtliche Beteiligungsformenlehre, 1988, S 314; Roxin, Odersky-FS, S 489 und LK 199 zu § 25; diff Kratzsch JA 83, 578, 587; zw). Allerdings muß der zur Ausführung Ansetzende wirklich Mittäter sein. Hat er sich schon vorher von der Tat distanziert und nur noch zum Schein mitgemacht, so ist die Zurechnung zu Lasten anderer Mittäter ausgeschlossen (BGHSt 39, 236 mit abl Bespr Hauf NStZ 94, 263; zw). Dasselbe gilt, wenn der zur Ausführung Ansetzende in Wahrheit ahnungslos ist, infolge einer Täuschung aber von dem (oder den) ande-

ren täterschaftlich Beteiligten als Tatgenosse angesehen wird; obwohl hier Strafbarkeit wegen untauglichen Versuchs naheliegt (so BGHSt 40, 299), dürfte dem das (auch) objektiv zu verstehende Erfordernis unmittelbaren, auf dem Tatentschluß beruhenden Ansetzens entgegenstehen (Kühne NJW 95, 934; Küpper/Mosbacher JuS 95, 488; Ingelfinger JZ 95, 704; Joerden JZ 95, 735; Erb NStZ 95, 424; Joecks wistra 95, 58; Zopfs Jura 96, 19; Ahrens JA 96, 664; Dencker aaO S 241; Geppert JK § 25 II/9 a, b; krit auch Graul JR 95, 427; Roxin, Odersky-FS, S 488, 495; dem Ergebnis der Rspr jedoch zust Jung JuS 95, 360; Sonnen JA 95, 361; Roßmüller/Rohrer MDR 96, 986, ferner die Voraufl; zw). – Bei **mittelbarer Täterschaft** ist die Frage umstritten. Nach überwiegender und vorzugswürdiger Ansicht sind die im Schrifttum für den beendigten Versuch entwickelten Grundsätze nach hier zu übertragen (vgl 8); maßgebend ist danach im Sinne einer modifizierten Einzellösung der Zeitpunkt, in dem der mittelbare Täter die Herrschaft über das Geschehen endgültig aus der Hand gibt oder das geschützte Rechtsgut unmittelbar gefährdet wird (Roxin, Maurach-FS, S 218, Lackner-FS, S 307, 315 und LK 150–152 zu § 25; Herzberg JuS 85, 1, 9; Jescheck/Weigend AT S 672; ähnlich Rudolphi SK 20 a). Die Rspr stellt darauf ab, ob der Täter nach seiner Vorstellung die Einwirkung auf den Tatmittler abgeschlossen hat, dieser nach dem Tatplan in unmittelbarem Anschluß die Tat ausführen soll und das geschützte Rechtsgut damit bereits in diesem Zeitpunkt gefährdet ist (BGHSt 30, 363 mit abl Bespr Kühl JuS 83, 180 und Sippel NJW 83, 2226; BGHSt 40, 257, 268 mit Bespr Otto JK § 25 I/5; NStZ 86, 547, alle mwN). In Teilen des Schrifttums wird der Versuchsbeginn im Sinne einer reinen Einzellösung auch mit der (beginnenden oder abgeschlossenen) Einwirkung auf den Tatmittler (Baumann JuS 63, 85, 92; Schilling aaO S 101; ähnlich Puppe JuS 89, 361, 362) oder im Sinne einer Gesamtlösung erst mit dessen Ansetzen zur Ausführungshandlung (Küper JZ 83, 361; Kadel GA 83, 299; Küpper GA 86, 437, 447; Eschenbach Jura 92, 637, 645; Vogler LK 96–104; diff Kratzsch JA 83, 578, 586, alle mwN) gleichgesetzt (zum Ganzen eingehend Krüger, Der Versuchsbeginn bei mittelbarer Täterschaft, 1994).

10 **e)** Bei **mehrgliedrigen Tatbeständen** ist die Ansatzformel (vgl 4) im allgemeinen nicht auf die Verwirklichung irgendeines tatbestandlichen Handlungsmerkmals (so die früher hM; vgl etwa Bamberg NStZ 82, 247), sondern auf die **Tatbestandsverwirklichung im ganzen** zu beziehen (BGHSt 31, 178; Burkhardt JuS 83, 426 mwN). Die Frage ist namentlich bedeutsam für mehraktige Delikte sowie für Qualifikations- und Privilegierungstatbestände. Hier führt die Verwirklichung eines erschwerenden oder mildernden Umstandes nur dann zum Versuch, wenn sie sich auch in bezug auf den Grundtatbestand als unmittelbares Ansetzen darstellt (Roxin JuS 79, 1, 7; Laubenthal JZ 87, 1065, 1066, beide mwN). Wird ein erschwerender Umstand erst nach Überschreiten der Versuchsschwelle des Grundtatbestandes verwirklicht, so be-

ginnt der Versuch des qualifizierten Delikts erst mit dem unmittelbaren Ansetzen zur Verwirklichung der Strafschärfung (NStZ 95, 339 mit Anm Wolters). – In einzelnen Bereichen, etwa bei tatbestandlichen Abwandlungen (vgl Kühl JuS 80, 506, 509; zusf Stree, Peters-FS, S 179), kann die Deliktstruktur Abweichungen erfordern. Gerade bei Delikten, die typischerweise in zeitlich gestreckter Form begangen werden, kann die Anknüpfung des Unmittelbarkeitserfordernisses erst an spätere Phasen der Tatbestandsverwirklichung zweckwidrig sein (aM Kratzsch JA 83, 578, 582); das gilt jedenfalls dann, wenn schon die vorausgehenden Phasen zum Tatbestandskern gehören (Laubenthal aaO). – Zum Versuchsbeginn bei **Regelbeispielen** 15 zu § 46.

2. a) Strafgrund des Versuchs ist der **betätigte rechtsfeindliche** 11
Wille, dh der durch Handlungen, die in der Außenwelt in Erscheinung treten, manifest gewordene Verbrechensvorsatz. Diese **subjektive Versuchstheorie** entspricht ständiger **Rechtsprechung** (BGHSt 11, 324). § 22 bekennt sich ausdrücklich zu ihr. Im **Schrifttum** wird sie überwiegend in der modifizierten Form der sog **Eindruckstheorie** vertreten, die den betätigten verbrecherischen Willen als Strafgrund nur unter der weiteren Voraussetzung anerkennt, daß durch die Willensäußerung das Vertrauen der Allgemeinheit auf die Geltung der Rechtsordnung erschüttert und der Rechtsfrieden beeinträchtigt werden kann (vgl etwa Roxin JuS 79, 1; Jescheck/Weigend AT S 514, 530; Vogler LK 52 vor § 22; eingehend Papageorgiou-Conatas aaO [vgl 8] S 200; ähnlich Niepoth, Der untaugliche Versuch beim unechten Unterlassungsdelikt, 1994, alle mwN); damit soll die Ausscheidung des irrealen Versuchs (vgl 14) erklärt und auch sonst eine Überdehnung der Strafbarkeit verhütet werden. Demselben Ziel dienen auch die meisten neueren Lehren, die das Versuchsunrecht und namentlich das Verhältnis von subjektiver und objektiver Tatseite dogmatisch näher zu klären suchen (vgl etwa Alwart, Strafwürdiges Versuchen, 1982 und Schmidhäuser AT 15/21–58, die intentionale und nichtintentionale Versuche unterscheiden und darauf eine Differenzierung stützen; Kratzsch, Verhaltenssteuerung und Organisation im Strafrecht, 1985, S 63, 430, der den Versuch als abstraktes Gefährdungsdelikt deutet, bei dem das Überschreiten einer rechtlich nicht mehr tolerierbaren Gefahrenschwelle vorausgesetzt wird; Zaczyk, Das Unrecht der versuchten Tat, 1989, S 126, der das Versuchsunrecht als Zugriff auf rechtlich konstituierte Freiheit differenziert bestimmt; Adams/Shavell GA 90, 337, die eine ökonomische Versuchstheorie zugrundelegen; Vehling aaO [vgl 4] S 87 und Jakobs AT 25/13–23, die den Versuch unter Rückgriff auf die Theorie der positiven Generalprävention als Expressivwerden eines Normbruchs beschreiben; zur Kritik an den Versuchstheorien Weigend, in: Hirsch/Weigend [Hrsg], Strafrecht und Kriminalpolitik in Japan und Deutschland, 1989, S 113; zusf Berz, Formelle Tatbestandsverwirklichung und materialer Rechtsgüterschutz, 1986, S 39). – Auf der Grundlage des § 22 bedeutet Ansetzen zur Tatbestandsverwirklichung nicht, daß auch

eine Vollendung der Tat möglich gewesen sein müßte (so aber die überholte Lehre vom „Mangel am Tatbestand", Frank I). Es ist deshalb unerheblich, ob die Versuchshandlung das angegriffene Rechtsgut objektiv gefährdet oder überhaupt zur Gefährdung geeignet ist; nach der Rspr ist allein entscheidend, ob das nach der Vorstellung des Täters von der Tat zutrifft (BGHSt 30, 363, 366). Die sog objektiven Versuchstheorien, die anfangs zwischen absolut und relativ untauglichem Versuch unterschieden und später auf die konkrete Gefährlichkeit des Angriffs abgestellt haben (Spendel NJW 65, 1881 und JuS 69, 314; Dicke JuS 68, 157), sind überholt.

12 **b)** aa) Strafbar ist danach auch der sog **untaugliche Versuch,** dh der Versuch, der unter keinen Umständen zur Vollendung hätte führen können. Dessen Strafwürdigkeit ist in der Rspr bisweilen auch auf einen anfechtbaren, in Wahrheit nur sehr begrenzt tragfähigen Umkehrschluß aus § 59 aF (§ 16 I nF) gestützt worden, wonach der Irrtum über das Vorhandensein von Tatumständen dem Täter ebenso schaden müsse, wie ihm das Fehlen solcher Umstände nach dieser Vorschrift zugute komme (RGSt 42, 92; krit Engisch, Heinitz-FS, S 185; Herzberg JuS 80, 469, 478; Puppe, Lackner-FS, S 199 und Stree/Wessels-FS, S 183, 196). Aus der subjektiven Betrachtungsweise folgt, daß es genügt, wenn irgendetwas (beachte jedoch 14) – sei es der tatbestandsmäßige Erfolg oder ein anderer Umstand – an der Verwirklichung des objektiven Tatbestandes fehlt, während der subjektive voll verwirklicht sein muß (hM; Einschränkungen werden zT in den neueren Versuchslehren [vgl 11] vertreten; s auch Jakobs, Kaufmann [Arm]-GedSchr, S 271, 277, der auf der objektiven Seite nur „kommunikativ relevantes" Verhalten genügen läßt; einschr ferner Struensee ZStW 102, 21, der aus dem Verursachungsvorsatz die nicht durch „realtaugliche" Umstände gestützte sog Wahnkausalität ausscheidet). Entscheidend ist allein die Vorstellung des Täters von der **Tauglichkeit** seiner Handlung (bei Dallinger MDR 73, 900), wobei unerheblich ist, ob er über die Tauglichkeit des Objekts oder des Mittels irrt (RGSt 34, 127).

13 bb) Dasselbe gilt auch für den Gesamtbereich des Irrtums über die **Tauglichkeit des Subjekts,** also nicht nur für die täterschaftlich eingeschränkten Gemeindelikte (insoweit unstr); denn das Fehlen der für den Täter kennzeichnenden Pflichtenstellung bildet allein keinen zureichenden Grund, um die Betätigung des Tatentschlusses zum bloßen Wahndelikt (vgl 15) abzuwerten (RGSt 72, 109; Bruns GA 79, 161; aM RGSt 8, 198; Langer, Lange-FS, S 241, 244; Tiedemann, Schröder-GedSchr, S 289, 295; Zaczyk aaO [vgl 11] S 268, 285, 298; diff Armin Kaufmann, Klug-FS, S 277, 283; Schünemann GA 86, 293, 317; Vogler LK 153–160, alle mwN; zw); das 2. StrRG (4 vor § 1) hat zwar die Streitfrage in der Erwartung unentschieden gelassen, die Rspr werde auch ohne ausdrückliche Regelung zur Straflosigkeit kommen (BT-Dr V/4095 S 11), sich aber mit den Argumenten der Gegenmeinung nicht auseinandergesetzt (Rudolphi SK 27, 28).

cc) Als untauglicher Versuch nicht erfaßt wird lediglich der sog **irreale Versuch,** bei dem der Täter auf die Wirksamkeit nicht existierender (oder nach dem Stand der wissenschaftlichen Erkenntnis jedenfalls nicht nachweisbarer) magischer Kräfte baut (RGSt 33, 321; Gössel GA 71, 225, 232; Meyer ZStW 87, 598, 614; Alwart aaO [vgl 11] S 201; s auch 5 zu § 23). 14

c) Nicht hierher gehört das straflose **Wahnverbrechen,** bei dem der Täter irrig annimmt, er verletze ein Strafgesetz, das es in Wahrheit nicht gibt (RGSt 66, 126; s auch BGHSt 1, 13; NJW 94, 1357 mit Anm Loos JR 94, 510). Allerdings ist die Abgrenzung des untauglichen Versuchs vom Wahnverbrechen bei Irrtümern über normative Tatbestandsmerkmale (14–17 zu § 15) bisweilen schwierig und noch nicht abschließend geklärt; denn es kann zweifelhaft sein, ob ein Täter, der alle dem normativen Merkmal zugrundeliegenden Tatsachen kennt (probl insoweit Mitsch NStZ 94, 88), über einen Tatumstand (Parallelwertung in der Laiensphäre) oder über den Anwendungsbereich einer Norm (umgekehrter Subsumtionsirrtum, 21 zu § 17) geirrt hat (vgl zB BGHSt 7, 53, 58; 13, 235, 240). Die Rspr hat namentlich die Fälle bisher nicht einheitlich behandelt, in denen der Täter infolge irriger Ausdehnung des Anwendungsbereichs einer außerhalb des Straftatbestandes liegenden, von diesem nur in Bezug genommenen Norm zur Vorstellung eines Umstandes gekommen ist, der nach seinem sachlichen Bedeutungsgehalt das normative Tatbestandsmerkmal erfüllt; zB der Eigentümer hält seine Sache infolge falscher rechtlicher Wertung für fremd (Stuttgart NJW 62, 65; Bay NJW 63, 310 mit krit Bespr Bindokat NJW 63, 745, 746); der Täter hält einen nichtigen Vertrag irrig für wirksam und deshalb für vermögensschädigend (LG Mannheim NJW 95, 3398 mit Bespr Behm NStZ 96, 117, Krauss NJW 96, 2850, Scheffler JuS 96, 1070 und Geppert JK § 263/44); er glaubt irrig, die einen Eid abnehmende Stelle sei zuständig (BGHSt 3, 248, 254; 12, 56, 58) oder eine bestimmte Angabe falle unter die Wahrheitspflicht (BGHSt 2, 74, 76; 3, 221, 226; 25, 244, 246; anders BGHSt 14, 345); er wertet im Rahmen des § 258 (Strafvereitelung) das Verhalten des Vortäters (möglicherweise also auch dessen Ordnungswidrigkeit, Puppe, Lackner-FS, S 199, 227; aM Bay NJW 81, 772 mit abl Anm Stree JR 81, 297) irrig als Straftat (BGHSt 15, 210 mit abl Anm Weber MDR 61, 426); er macht gegenüber der Steuerbehörde falsche Angaben in der irrigen Meinung, daß das wirkliche Geschehen eine Steuerschuld begründet (BGHSt 16, 283, 285), oder er hält das Unterlassen, die objektiv nicht vorgeschriebene Einkommensteuererklärung abzugeben, irrig für pflichtwidrig nach § 370 AO (KG NStZ 82, 73 mit abl Bespr Burkhardt wistra 82, 178). Daß diese Fälle einheitlich dem untauglichen Versuch (so zB Herzberg JuS 80, 469; Nierwetberg Jura 85, 238; Rudolphi SK 32 a, b; beachte auch Engisch, Heinitz-FS, S 185) oder einheitlich dem Wahndelikt (so zB Burkhardt JZ 81, 681; Dopslaff GA 87, 1, 26; Endrulat, Der „Umgekehrte Rechtsirrtum“: untauglicher Ver- 15 such oder Wahndelikt?, 1994; Jakobs AT 25/38–42 a, alle mwN) zugeschlagen werden müssen, war bisher überwiegende Meinung (zur Dogmengeschichte Tischler, Verbotsirrtum und Irrtum über normative Tatbestandsmerkmale, 1984, S 264). Beide Alternativen befriedigen nicht. Deshalb werden zunehmend differenziertere Kriterien herausgearbeitet, über die allerdings noch kein Konsens erzielt werden konnte (vgl etwa Schlüchter, Irrtum über normative Tatbestandsmerkmale im Strafrecht, 1983, S 164 und JuS 85, 527; Schünemann GA 86, 293, 312; Kuhlen, Die Unterscheidung von vorsatzausschließendem und nichtvorsatzausschließendem Irrtum, 1987, S 558; Heidingsfelder, Der umgekehrte Subsumtionsirrtum, 1991, S 108; Roxin JZ 96, 981; Vogler LK 146–149; im Ansatz abw Kindhäuser GA 90, 407). Jedenfalls sind diejenigen Fälle als Wahndelikte zu bewerten, in denen sich der Täter infolge irriger Überdehnung einer außerstrafrechtlichen, durch Verweisung in den Tatbestand integrierten Pflicht (zB der Wahrheitspflicht bei den Aussagedelikten oder der Steuerpflichtigkeit bei den Steuerdelikten) zu Unrecht für einen Normadressaten hält (näher dazu Armin Kaufmann, Klug-FS, S 277, 289; ähnlich auch Puppe GA 90, 145, 154, die zwischen Irrtümern über „rechtlich-institutionelle Tatbestandsmerkmale" und „Blankettmerkmale" unterscheidet; Frisch, in: Eser RuE III, S 217, 276, der darauf abstellt, ob sich der Täter nach seiner Vorstellung gegen das geschützte Rechtsgut entscheidet, und Heidingsfelder aaO S 152, der den jeweiligen Normbereich zu konkretisieren sucht und dazu zwischen merkmalsumschreibenden, -ausfüllenden, -begrenzenden und normbereichsneutralen Normen unterscheidet; ähnlich Roxin aaO; speziell zum Steuerrecht beachte auch Düsseldorf NStZ 89, 370, 372 mit krit Anm Rainer; Reiß wistra 86, 193).

16 **d)** Umstritten sind die Fälle, in denen jemand einen Tatbestand voll verwirklicht, aber unter den **objektiven Voraussetzungen eines Rechtfertigungsgrundes** handelt, ohne es zu wissen. Wegen Fehlens des erforderlichen subjektiven Rechtfertigungselements (6 vor § 32) bleibt die Handlung jedenfalls rechtswidrig (hM; anders Spendel LK 138 zu § 32 mwN), so daß, da begrifflich auch kein Versuch vorliegt (hM; anders Schünemann GA 85, 341, 373; Herzberg JA 86, 190; Frisch, Lackner-FS, S 113, 138, alle mwN; zw), an eine Bestrafung wegen vollendeter Tat zu denken wäre (so zB BGHSt 2, 111, 114; Gössel, Triffterer-FS, S 93, 99; Schmidhäuser Stub 6/24; Hirsch LK 59–61 a vor § 32, alle mwN; diff Gallas, Bockelmann-FS, S 155, 172; Paeffgen, Kaufmann [Arm]-GedSchr, S 399, 421); jedoch wird mit Recht überwiegend Strafbarkeit nur wegen Versuchs angenommen, weil es hier – der versuchten Tat gleichwertig – am Unrechtserfolg (Erfolgsunwert) fehlt (KG GA 75, 213; Rudolphi SK 29; Sch/Sch-Lenckner 15 vor § 32; s auch BGHSt 38, 144, 155, alle mwN; den Streitstand zusf Scheffler Jura 93, 617).

17 **3.** Auch der Versuch einer **Unterlassungstat** – sogar der untaugliche (hM; vgl BGHSt 38, 356 mit abl Anm Niepoth JA 94, 337; BGHSt

40, 257, 272; Radtke JuS 96, 878; anders Niepoth aaO [vgl 11] S 287, 340, 360, alle mwN) – ist möglich und im Rahmen der allgemeinen Regeln (1 zu § 23) strafbar. Jedoch ist beim unechten Unterlassen (4, 6 zu § 13) der Versuchsbeginn (vgl 4) umstritten (den Streitstand zusf BGHSt 38, 356). Zu Unrecht wird dafür teils auf das Versäumen der ersten Rettungsmöglichkeit nach Fassen des Tatentschlusses (Schröder JuS 62, 86; Herzberg MDR 73, 89) und teils umgekehrt auf das Vergeben der letztmöglichen Rettungschance abgestellt (Armin Kaufmann, Die Dogmatik der Unterlassungsdelikte, 1959, S 210). Maßgebend dürfte vielmehr der Zeitpunkt sein, von dem ab die Erfolgsabwendung aus der Sicht des Täters geboten ist. Das trifft idR erst zu, sobald nach seiner Vorstellung von der Sachlage das geschützte Rechtsgut ohne sofortige Abhilfe konkret gefährdet wird, die Lage des Bedrohten also sich in bezug auf dieses Rechtsgut jederzeit verschlechtern kann (Otto JA 80, 641, 645; Sch/Sch-Eser 50, 51; s auch BGHSt 40, 257, 272; zT abw Vehling aaO [vgl 4] S 163; Rudolphi SK 51–54 vor § 13; Vogler LK 115–122); darüber hinaus genügt es jedoch schon, wenn der Täter sich von der Gefahrstelle entfernt und den Bedrohten seinem Schicksal überläßt (Grünwald JZ 59, 46; aM Otto aaO; Vogler LK 113; zusf Roxin JuS 79, 1, 12; Papageorgiou-Conatas aaO [vgl 8] S 270, 291).

§ 23 Strafbarkeit des Versuchs

(1) **Der Versuch eines Verbrechens ist stets strafbar, der Versuch eines Vergehens nur dann, wenn das Gesetz es ausdrücklich bestimmt.**

(2) **Der Versuch kann milder bestraft werden als die vollendete Tat (§ 49 Abs. 1).**

(3) **Hat der Täter aus grobem Unverstand verkannt, daß der Versuch nach der Art des Gegenstandes, an dem, oder des Mittels, mit dem die Tat begangen werden sollte, überhaupt nicht zur Vollendung führen konnte, so kann das Gericht von Strafe absehen oder die Strafe nach seinem Ermessen mildern (§ 49 Abs. 2).**

1. Abs 1: Verbrechen § 12 I. Als **Vergehen** (§ 12 II) kommen nur 1
vorsätzliche in Frage; der Versuch einer fahrlässigen Tat fällt nicht unter § 22, ein fahrlässiger Versuch ist nicht denkbar. Dagegen ist Versuch im Gesamtbereich der Vorsatz-Fahrlässigkeits-Kombinationen (23 zu § 11; 9 zu § 18) begrifflich möglich; jedoch fehlt es bei den Vergehen meist an der erforderlichen ausdrücklichen Strafdrohung.

2. a) Abs 2 sieht nur einen **fakultativen besonderen gesetzli-** 2
chen Milderungsgrund im Sinne des § 49 I vor. Es ist daher zunächst zu entscheiden, ob von der Milderungsmöglichkeit überhaupt Gebrauch gemacht wird (dazu und zu der Frage, welchen Regeln diese Würdigung folgt, 4 zu § 49). Für die danach gebotene Gesamtwürdigung der versuchsbezogenen Umstände haben namentlich die Gefährlichkeit des Versuchs, für die kriminelle Intensität, verbrecherischer

Wille und Tauglichkeit der eingesetzten Mittel mitbestimmend sind, und die Nähe zur Tatvollendung Gewicht (4 zu § 49); daneben sind ua auch die Gründe für das Ausbleiben des Erfolges und die Vornahme rücktrittsähnlicher Bemühungen (Jakobs AT 25/79) bedeutsam (hM; anders Frisch, Spendel-FS, S 381, der die Milderung von einer spezifischen Unwertdifferenz abhängig macht; beachte auch Timpe, Strafmilderungen des Allgemeinen Teils des StGB und das Doppelverwertungsverbot, 1983, S 91). Der Umstand allein, daß die Vollendung entgegen der Vorstellung des Täters nur zufällig oder sonst ohne sein Verdienst ausgeblieben ist (BGHSt 36, 1, 19; NJW 62, 355; StV 85, 411) oder daß es sich um einen beendigten Versuch im Sinne des § 24 (dort 4) gehandelt hat (bei Detter NStZ 96, 426), reicht zur Versagung der Milderung nicht aus.

3 **b)** Wird von der Milderungsmöglichkeit Gebrauch gemacht, so ändert sich zunächst **nur der Strafrahmen** nach dem Maßstab des § 49 I (beachte auch § 50). Zur Strafzumessung innerhalb dieses Rahmens 10 zu § 49.

4 **3.** Zu **Abs 3** vgl zunächst 5–11 zu § 49; das sonst unübliche Vorziehen der milderen Rechtsfolge soll ausdrücken, daß das **Absehen von Strafe** die Regel und die Milderung nach Ermessen nur die Ausnahme bildet (BT-Dr V/4095 S 12).

5 **a)** Abs 3 setzt einen **strafbaren untauglichen Versuch** voraus; für den irrealen Versuch, der im Sinne des § 22 kein Versuch ist (dort 14), gilt er daher nicht (Gössel GA 71, 225, 234; Roxin JuS 73, 329, 331). Seine analoge Anwendung auf Versuche mit nur bedingtem Vorsatz (2 zu § 22) ist mit den für die richterliche Rechtsschöpfung geltenden Regeln unvereinbar (hM; anders Herzberg NStZ 90, 311, 317).

6 **b)** Unter welchen Voraussetzungen ein Versuch **„überhaupt" nicht zur Vollendung führen konnte,** ist zweifelhaft. Eine scharfe Grenze läßt sich, wie die erfolglosen Bemühungen um die Abgrenzung zwischen absolut und relativ untauglichen Versuchen bewiesen haben, nicht ziehen (Gössel GA 71, 225, 227), ist im Hinblick auf das zusätzliche Erfordernis des groben Unverstandes aber auch nicht geboten (Roxin JuS 73, 329, 330). Der SchriftlBer des Sonderausschusses (BT-Dr V/4095 S 12) stellt auf das Fehlen konkreter und abstrakter Gefährlichkeit ab (ebenso BGHSt 41, 94); darüber hinaus dürfte erforderlich sein, daß der Versuch nach dem durchschnittlichen Erfahrungswissen der Bürger (also nicht dem Fachwissen einzelner) offensichtlich untauglich war (Jescheck/Weigend AT S 531; ähnlich Gössel aaO S 228; nur im Ansatz, nicht in den Ergebnissen abw Timpe aaO [vgl 2] S 118; anders Struensee ZStW 102, 21, 44, dessen Vorschlag zur Ausscheidung sog Wahnkausalität den Abs 3 praktisch gegenstandslos macht und deshalb mit ihm unvereinbar ist).

7 **c)** Die Untauglichkeit muß sich aus der **Art des Tatobjekts oder des Tatmittels** ergeben. Mit dieser Beschränkung sollte nur eine aus-

drückliche Anerkennung des Versuchs bei untauglichem Subjekt (13 zu § 22) vermieden werden (BT-Dr V/4095 S 11); sie steht deshalb einer entsprechenden Anwendung der Vorschrift auch auf diese Fälle, sofern man ihre Strafbarkeit bejaht, nicht entgegen (Gössel GA 71, 225, 235; zw).

d) Grober Unverstand, der nicht auf Schwachsinn zu beruhen 8
braucht (Begr zu § 27 E 1962 S 145), liegt vor, wenn der Täter von gemeinhin bekannten naturgesetzlichen Zusammenhängen völlig abwegige Vorstellungen hat, deren Unrichtigkeit nach durchschnittlichem Erfahrungswissen offenkundig ist (BGHSt 41, 94 mit Bespr Radtke JuS 96, 878; Roxin JuS 73, 329, 331); der bloße Irrtum über die erforderliche Dosis eines wirksamen Giftes genügt dazu im allgemeinen nicht (BGH aaO).

§ 24 Rücktritt

(1) **Wegen Versuchs wird nicht bestraft, wer freiwillig die weitere Ausführung der Tat aufgibt oder deren Vollendung verhindert. Wird die Tat ohne Zutun des Zurücktretenden nicht vollendet, so wird er straflos, wenn er sich freiwillig und ernsthaft bemüht, die Vollendung zu verhindern.**

(2) **Sind an der Tat mehrere beteiligt, so wird wegen Versuchs nicht bestraft, wer freiwillig die Vollendung verhindert. Jedoch genügt zu seiner Straflosigkeit sein freiwilliges und ernsthaftes Bemühen, die Vollendung der Tat zu verhindern, wenn sie ohne sein Zutun nicht vollendet oder unabhängig von seinem früheren Tatbeitrag begangen wird.**

I. 1. Der Rücktritt ist **persönlicher Strafaufhebungsgrund** (hM; 1
anders Roxin, Heinitz-FS, S 251, 273, Rudolphi ZStW 85, 104, 121, Ulsenheimer, Grundfragen des Rücktritts vom Versuch in Theorie und Praxis, 1976, S 90 und Streng ZStW 101, 273, 322, die ihn als Schuldausschließungs- oder Entschuldigungsgrund verstehen; Bottke, Strafrechtswissenschaftliche Methodik und Systematik bei der Lehre vom strafbefreienden und strafmildernden Täterverhalten, 1979, S 603, 611, der ihn als strafzumessungsnahen Verantwortungsausschluß einordnet; Burkhardt, Der „Rücktritt" als Rechtsfolgebestimmung, 1975, S 121, der ihn als vorwiegend präventiv orientierte Strafzumessungsregel deutet; anders auch v Scheurl, Rücktritt vom Versuch und Tatbeteiligung mehrerer, 1972, S 14; Bloy, Die dogmatische Bedeutung der Strafausschließungs- und Strafaufhebungsgründe, 1976, S 147, 166; Jäger, Der Rücktritt vom Versuch als zurechenbare Gefährdungsumkehr, 1996).

2. Der **Grund der Strafbefreiung** ist umstritten (zusf Ulsenheimer 2
aaO [vgl 1] S 33; Berz, Formelle Tatbestandsverwirklichung und materialer Rechtsgüterschutz, 1986, S 18; Herzberg, Lackner-FS, S 325). Er dürfte darin zu finden sein, daß sich der freiwillig Zurücktretende zwar nicht in jedem Einzelfall, aber doch typischerweise als minder gefährlich

erweist und dadurch den Verzicht auf Prävention vertretbar macht (sog **Strafzwecktheorie,** BGHSt 9, 48, 52; Roxin aaO [vgl 1] S 269; Bottke aaO [vgl 1] S 565; Krauß JuS 81, 883, 888, alle mwN); meist wird dabei auf das Präventionsbedürfnis schlechthin (zB BGH aaO), teils mit besseren Gründen aber auch nur auf den generalpräventiven Aspekt der Normbekräftigung (28 zu § 46) abgestellt (v Scheurl aaO [vgl 1] S 26; Gores, Der Rücktritt des Tatbeteiligten, 1982, S 149; Schünemann GA 86, 293, 323; Ranft Jura 87, 527, 532; Bergmann ZStW 100, 329; Jerouschek ZStW 102, 793, 812; unter Einbeziehung des Versöhnungsgedankens auch Lampe JuS 89, 610, alle mwN). Das übrige Schrifttum stützt sich – selbständig oder ergänzend – auch noch auf andere, nur zum Teil mit der Strafzwecktheorie verwandte Erwägungen: zB auf den Gedanken des Anreizes zur Rückkehr in die Gesetzmäßigkeit (Theorie von der „goldenen Brücke", Stratenwerth AT Rdn 706), auf den Bewährungsgedanken (Konfliktbewährungstheorie, Walter, Der Rücktritt vom Versuch als Ausdruck des Bewährungsgedankens im zurechnenden Strafrecht, 1980, S 5 und GA 81, 403), auf das Prinzip zurechenbarer Gefährdungsumkehr (Jäger aaO [vgl 1] S 62), auf die erledigende Erfüllung einer durch den Versuch begründeten Rechtsschuld (Schulderfüllungstheorie, Herzberg aaO S 342 und NStZ 89, 49), auf die Prämiierung freiwilliger Nichtvollendung der Tat (Prämientheorie, Bockelmann NJW 55, 1417) bzw auf einen Gnadenerweis aus diesem Grunde (Gnadentheorie, Jescheck/Weigend AT S 539), auf die freiwillige Änderung der Verhaltensrichtung, weil und solange der Täter alle unerlaubten Risiken noch plangemäß sicher in der Hand hat (Jakobs ZStW 104, 82), auf einen begrenzten Systembruch zugunsten der Wahrung des Opferinteresses (Weinhold, Rettungsverhalten und Rettungsvorsatz beim Rücktritt vom Versuch, 1990, S 41) und allgemein auf das Fehlen der Strafbedürftigkeit (Muñoz-Conde ZStW 84, 756; Bloy aaO [vgl 1] S 242). – Alle Theorien haben Vorzüge und Schwächen. Auf der Grundlage des geltenden Normtextes ist eine durchgängig befriedigende Erklärung bisher nicht gelungen. Die gegen die Strafzwecktheorie namentlich von Herzberg (aaO) erhobenen Einwendungen haben Gewicht, treffen aber nicht unterschiedslos auf deren verschiedene Ausprägungen zu (dazu Bergmann aaO S 336) und können auch die Schulderfüllungstheorie nicht als vorzugswürdige Alternative erweisen (Rudolphi NStZ 89, 508, 510 mit Erwiderung Herzberg NStZ 90, 172; Weinhold aaO S 23; Bauer wistra 92, 201, 203).

3 **II.** Im Rahmen des **Abs 1 S 1** ist zwischen **unbeendigtem** und **beendigtem** Versuch zu unterscheiden (stRspr). Die Unterscheidung dient nur der zweckentsprechenden Abgrenzung der gesetzlichen Rücktrittsmöglichkeiten (Otto Jura 92, 423; Kampermann, Grundkonstellationen beim Rücktritt vom Versuch, 1992, S 65; Pahlke, Rücktritt bei dolus eventualis, 1993, S 111; ähnlich Jäger aaO [vgl 1] S 65, der nicht nach den Versuchsstadien, sondern danach abgrenzt, ob eine [umzukehrende] Gefährdung eingetreten ist). Sie kann daher nur als Ableitung aus

den gesetzlichen Merkmalen des Aufgebens und des Verhinderns verstanden werden, auch wenn die beiden Versuchsformen in Rspr und Lehre häufig als selbständige Rechtsfiguren behandelt und um den sog fehlgeschlagenen Versuch (vgl 10) ergänzt werden (krit namentlich Herzberg JZ 89, 114, 120, NJW 89, 862 und 91, 1633 sowie NStZ 90, 311). – Beendigt ist der Versuch, wenn der Täter glaubt, alle zur Verwirklichung des Tatbestandes erforderlichen Handlungen vorgenommen zu haben (BGHSt 4, 180; 31, 170; im Ergebnis unrichtig Karlsruhe NJW 78, 331 mit abl Bespr Küper NJW 78, 956 und Schroeder JuS 78, 824), unbeendigt, wenn er glaubt, daß es zur Verwirklichung des Tatbestandes noch weiterer Handlungen bedürfe. Es ist also ausschließlich auf die (subjektive) Vorstellung des Täters vom Geschehensablauf, nicht auf die objektive Lage abzustellen (hM; anders Borchert/Hellmann GA 82, 429; diff Jäger aaO S 89).

1. Der Versuch ist **jedenfalls beendigt,** wenn der Täter bei Ab- 4
bruch der Tatausführung mit der nach den Umständen nicht fernliegenden Möglichkeit rechnet (nicht nur rechnen muß, NStZ 92, 434), daß es zur Vollendung keiner weiteren Tätigkeit mehr bedürfe, und zwar unabhängig vom Vorhandensein und vom Inhalt eines Tatplans (stRspr und hM; vgl BGHSt –GS – 39, 221, 227 mwN; krit Weinhold aaO [vgl 2] S 115, 138; anders Feltes GA 92, 395, 416); eine Ausnahme gilt hier nur, wenn der Täter noch in unmittelbarem Zusammenhang mit der letzten Ausführungshandlung seine Vorstellung als irrig erkennt und deshalb zur Vollendung weitere Tätigkeit für erforderlich hält (BGHSt 36, 224 mit abl Anm Ranft JZ 89, 1128; StV 96, 23; NStZ-RR 97, 33, alle mwN). Nach der Rspr sind an die Annahme, daß der Täter noch nicht mit dem Erfolgseintritt gerechnet habe, strenge Anforderungen zu stellen (bei Holtz MDR 94, 1069; s auch bei Holtz MDR 96, 117); danach soll es schon genügen, wenn er die tatsächlichen Umstände erkannt hat, die den Erfolgseintritt nach der Lebenserfahrung nahelegen (BGHSt – GS – 39, 221, 231; NStZ 94, 76; mit Recht krit Roxin JZ 93, 896, 897). Für die Beendigung unerheblich ist ferner der Umstand, daß sich der Täter zugleich die alternative Möglichkeit, zur Vollendung noch weiterhandeln zu müssen, vorgestellt hat (unstr); die Rspr hält diese Konstellation ohne nähere Begründung auch für gegeben, wenn sich der Täter nach der letzten Ausführungshandlung überhaupt keine Vorstellungen über die Folgen seines Tuns gemacht hat (BGHSt 40, 304 mit krit Bespr Schmidt JuS 95, 650; im Ergebnis, jedoch mit anderem Ansatz zust Puppe NStZ 95, 304, Murmann JuS 96, 590, Heckler NJW 96, 2490 und Otto JK 23).

2. a) In **allen übrigen Fällen** sollte nach der inzwischen aufge- 5
gebenen **Rechtsprechung** über die Abgrenzung grundsätzlich der sog „Planhorizont“, dh die Vorstellung bei Beginn der Tatausführung, entscheiden (sog **Tatplantheorie;** BGHSt 14, 75;). Nur wenn der Täter in diesem Zeitpunkt keine bestimmten Vorstellungen über den Umfang des erforderlichen Handelns hatte (BGHSt 22, 330) oder

wenn er nur von dem Willen beherrscht war, so lange weiterzuhandeln, bis er das seinem Vorsatz entsprechende Ziel erreicht hatte (BGHSt 22, 176), sollte zur Annahme eines unbeendigten Versuchs der Abbruch der Tatausführung in der Vorstellung genügen, zur Verwirklichung des Erfolges noch weiterhandeln zu müssen (GA 74, 77; StV 81, 67). Danach sollte es vom Tatplan abhängen, ob ein wiederholter Angriff auf dasselbe Rechtsgut Fortführung eines unbeendigten oder Wiederholung eines fehlgeschlagenen Versuchs war (BGHSt 4, 180; 10, 129; 21, 319). Unter dem Eindruck nahezu einhelliger Kritik aus dem Schrifttum (dazu 6) stellt die Rspr jetzt grundsätzlich auf den „Rücktrittshorizont nach Abschluß der letzten Ausführungshandlung“ ab. Sie ist damit weitgehend zu der in Teilen des Schrifttums vertretenen sog „Gesamtbetrachtung“ (vgl 6) übergegangen (stRspr; näher dazu 7–15).

6 **b)** Im **Schrifttum** hatte sich als gut begründete Gegenposition zur Tatplantheorie die sog **Gesamtbetrachtungslehre** entwickelt, die inzwischen hM geworden ist und einen Versuch regelmäßig noch für unbeendigt hält, wenn der Täter glaubt, daß zur Tatbestandsverwirklichung im Rahmen der begonnenen Tatausführung weitere Tätigkeit unerläßlich und ihm nach den konkreten Umständen auch möglich sei, und wenn die vorgenommenen und die noch vorzunehmenden Einzelakte in einem derart engen zeitlich-räumlichen Zusammenhang stehen, daß sie einen einheitlichen Lebensvorgang (nach aM: eine natürliche Handlungseinheit) bilden würden (BGHSt 40, 75 mit krit Bespr Haft NStZ 94, 536; NStZ 94, 493 mit Bespr Otto JK 22; NStZ 96, 96, alle mwN; s auch Roxin JuS 81, 1, 6 und JR 86, 424; Puppe NStZ 86, 14; Streng JZ 90, 212; Schall JuS 90, 263; einschr Schlüchter, Baumann-FS, S 71). Allerdings sind unter den Anhängern dieser Lehre sowohl in der Rspr als auch im Schrifttum noch zahlreiche Einzelfragen umstritten (näher dazu 7–15). Außerdem ist einzuräumen, daß die Gesamtbetrachtung nicht zu durchgängig befriedigenden Ergebnissen führt. Deshalb haben die als Gegenpositionen entwickelten Lehren, die einer in unterschiedlicher Weise differenzierenden **Einzelbetrachtung** den Vorzug geben (zB Geilen JZ 72, 335; Jakobs JuS 80, 714 und ZStW 104, 82; Kühl JuS 81, 193, 194; eingehend v Scheurl aaO [vgl 1] S 54; Burkhardt aaO [vgl 1] S 17; Ulsenheimer aaO [vgl 1] S 217, 240 und JZ 84, 852), und einige weitere **vermittelnde Konzeptionen** (Herzberg, Blau-FS, S 97, NJW 86, 2466, 88, 1559, 89, 197 und 91, 1633, 1635 sowie JuS 90, 273, 277; Schlüchter aaO; Jäger aaO [vgl 1] S 122) durchaus gewichtige Argumente für sich. Der gegenwärtige Diskussionsstand ist durch eine verwirrende Fülle von Streitfragen gekennzeichnet. Das bisher unbewältigte Dilemma beruht nicht zuletzt auch darauf, daß nach dem Gesetz für höchst ungleichwertige Rücktrittsleistungen nur die sachwidrige Alternative voller Versuchsstrafbarkeit oder Straffreiheit zur Verfügung steht (weiterführend Bergmann ZStW 100, 329, 351; krit Streng JZ 90, 212, 220; Herzberg NStZ 90, 311, 312).

III. Rücktritt vom **unbeendigten** Versuch setzt voraus: 7

1. Das **Aufgeben** der weiteren Tatausführung und den **Abbruch** der tatbestandsverwirklichenden Handlung (Tun oder Unterlassen), die nach der Vorstellung des Täters zur Vollendung noch fortgesetzt werden müßte (LG Berlin MDR 64, 1023).

a) Aufgeben erfordert vor allem den **Entschluß,** auf die Vollendung der **konkreten Tat** endgültig (hM) **zu verzichten** (BGHSt 7, 296). 8

aa) Die Anforderungen an die hiernach notwendige **Identität** der noch nicht voll ausgeführten mit der aufgegebenen Tat sind umstritten. Problematisch sind dabei die Fälle, in denen der Täter die geplante Ausführungshandlung zwar abbricht, sich aber weiteres Handeln vorbehält (vgl etwa Küper JZ 79, 775, 778; Streng JZ 84, 652). Dieses gehört nach der neueren, früher uneinheitlichen Rspr nur dann zur konkreten Tat, wenn es mit dem vorausgegangenen Geschehen in engem zeitlich-räumlichen Zusammenhang stehen und denselben materiellrechtlichen Tatbestand verwirklichen würde (BGHSt 33, 142 mit krit Anm Streng NStZ 85, 359; BGHSt – GS – 39, 221, 230; zust Günther, Kaufmann [Arm]-GedSchr, S 541; beachte auch unten 14). Das Erfordernis eines solchen Zusammenhangs verdient Zustimmung (Lenckner, Gallas-FS, S 281, 320; Weinhold aaO [vgl 2] S 61 mwN); es bedarf nur des endgültigen Verzichts auf die konkrete Tat, nicht auch auf die Erreichung des Tatziels durch eine – sei es auch gleichartige – spätere Tat (so aber BGHSt 7, 296; GA 68, 279; ähnlich auch Rudolphi SK 18 a; str). Die Einschränkung auf Fälle der Tatbestandsidentität ist dagegen zu eng. Zu erfassen ist auch solches Handeln, das sich aus der Sicht des Täters als einheitliche Fortsetzung desselben Angriffs auf das dasselbe Rechtsgut ohne wesentliche planwidrige Abweichungen im Hinblick auf Angriffsobjekt und Angriffsmodalitäten darstellt (Herzberg, Blau-FS, S 97, 100, 102), sich der Tatbestandswechsel also aus mehr oder weniger zufälligen Differenzierungen der Tatbestände ergibt, wie das zB beim Übergang vom Trickdiebstahl zum Betrug oder vom Raub zur räuberischen Erpressung zutrifft (zu weit Streng aaO). 9

bb) Aufgeben setzt ferner **Wahlmöglichkeit** voraus. Es liegt daher nicht vor, wenn der Täter sich nicht mehr in der Lage sieht, das Ziel seiner konkreten Tat zu erreichen, wenn er also weitere Tätigkeit in dem durch die Gesamtbetrachtung abgesteckten Rahmen (vgl 6) nicht mehr für möglich hält (hM; diff Jäger aaO [vgl 1] S 66, der teilweise auch das objektive Fehlen einer Gefährdung einbezieht). Aus seiner Sicht ist der Versuch dann nicht unbeendigt, sondern **fehlgeschlagen** (BGHSt 33, 295; 34, 53; BGHSt – GS – 39, 221, 227; StV 94, 181; NStZ-RR 96, 195, alle mwN). 10

Die **Grenzen dieses Ausschlusses** sind in der Rspr noch nicht abschließend geklärt. So dürfte zB schon das Aufgeben und nicht erst die Freiwilligkeit zu verneinen sein (so zT aber die Rspr), wenn dem Täter das Weiterhandeln infolge psychischer Schockwirkung unmöglich ist (bei Holtz MDR 79, 279) oder wenn er beim Diebstahl (krit dazu Fel- 11 tes GA 92, 395, 409) wider Erwarten nichts findet (BGHSt 4, 56), wenn er eine bestimmte gesuchte Sache nicht findet (BGHSt 13, 156; beachte jedoch Bloy JuS 86, 986), wenn er eine gesuchte Sache als wertlos erkennt und sie deshalb nicht nimmt (RGSt 45, 6) oder wenn er zu bestimmtem Zweck viel stehlen will und das Wenige, das er findet, deshalb verschmäht (BGHSt 4, 56; zw). – Ferner bejaht die **Rechtsprechung** einen fehlgeschlagenen Versuch nur bei tatsächlicher, nicht auch bei „rechtlicher" Unmöglichkeit der weiteren Tatausführung, etwa wenn das Opfer nach Ansetzen des Täters zur Vergewaltigung in den sofortigen Vollzug des Geschlechtsverkehrs wirksam (sei es auch nur aus der Sicht des Täters) eingewilligt hat (BGHSt 39, 244 mit krit Bespr Streng NStZ 93, 582, Bottke JZ 94, 71, Bauer MDR 94, 134 und Vitt JR 94, 199). Im **Schrifttum** ist der aus tatsächlichen Gründen fehlgeschlagene Versuch im Ergebnis weithin anerkannt, während der Fall der „rechtlichen" Unmöglichkeit umstritten ist (vgl die Nachw in BGH aaO und den Bespr dazu). **Vorzugswürdig** ist die Ansicht, daß es auch hier am Aufgeben der weiteren Tatausführung fehlt, weil infolge der Einwilligung des Opfers die Wahlmöglichkeit, die Vergewaltigung zu vollenden oder aufzuhören, weggefallen ist. Die abw Begründung des BGH (aaO), der Täter habe deshalb nicht aufgegeben, weil er darauf bestanden habe, den Geschlechtsverkehr genau seinem Tatplan entsprechend durchzuführen, ist nicht tragfähig; sie übersieht, daß der bewilligte und daher tatbestandslose Geschlechtsverkehr nicht als weitere Tatausführung gedeutet werden kann.

12 Ob darüber hinaus **weitere Fallgruppen** des fehlgeschlagenen (oder sonst nicht fortsetzungsfähigen) Versuchs anzuerkennen sind, ist in der Gesamtbetrachtungslehre umstritten. – Die **Rechtsprechung** hat bisher noch keine eindeutige Grenze gezogen, sondern für den unbeendigten Versuch „jedenfalls" genügen lassen, daß der (uU auch der die Tat bestreitende, StV 96, 373) Täter nach seiner Vorstellung die Tat mit den bereits eingesetzten oder anderen (bei Holtz MDR 95, 1089; StV 96, 372) zur Hand liegenden einsatzbereiten Mitteln noch vollenden kann (stRspr; vgl BGHSt 35, 90, 94; StV 89, 246, beide mwN); sie hat dabei mit Recht nicht das Bereitstehen „artgleicher" Tatmittel verlangt (so aber Ranft Jura 87, 527), was zu formal und daher zu eng gewesen wäre (Rengier JZ 88, 931). Nach anfänglichem Schwanken des BGH und einer Anzahl miteinander kaum vereinbarer Senatsentscheidungen (vgl etwa NJW 84, 1693, 90, 263, 522 und 91, 1189; NStZ 89, 317) hat der GS die Fortsetzungsfähigkeit des Versuchs auch für den Fall bekräftigt, daß der Täter von weiteren Handlungen deshalb absieht, weil er sein mit der Tat verfolgtes außertatbestandliches Ziel (das Primärziel) erreicht hat (BGHSt –GS– 39, 221 mit überwiegend abl Bespr Roxin JZ 93, 896, Hauf MDR 93, 922, Bauer NJW 93, 2590, Jung JuS 94, 82 und Otto JK 20; s auch NStZ-RR 96, 195 sowie den Vorlagebeschluß des 1. StS NJW 93, 943 mit Bespr Puppe JZ 93, 361, Streng NStZ 93, 257 und Bauer StV 93, 356). Im **Schrifttum** wird die Rücktrittsmöglichkeit bei vollständiger Erreichung des Primärziels

überwiegend, allerdings mit unterschiedlicher Begründung, verneint (wie der BGH jedoch Pahlke aaO [vgl 3] S 110 und GA 95, 72; Hauf aaO und JuS 95, 524, 526; im Ausgangspunkt auch Streng JZ 90, 212 und M-Gössel AT 2 41/29, 72, 119, die jedoch die Freiwilligkeit des Rücktritts in einzelnen Fallgruppen oder allgemein verneinen; ähnlich auch Jäger aaO [vgl 1] S 109). Meist wird angenommen, daß ein Täter, dessen Vorsatz mit Zielerreichung erloschen sei, keinen Rücktrittsentschluß fasse und deshalb die Tatausführung auch nicht aufgebe (so etwa Puppe, Roxin und Otto aaO; Seier JuS 89, 102; Bottke JZ 94, 71, 73; aus psychologischer Sicht ähnlich Göttlicher ua MschrKrim 96, 128); teils wird das Ergebnis auch mit verschiedenartigen Ansätzen unmittelbar aus dem Zweck der Rücktrittsregelung abgeleitet (so etwa Walter aaO [vgl 2] S 107; Schall JuS 90, 623; Rudolphi JZ 91, 525, 527; Bauer wistra 92, 201). **Vorzugswürdig** ist die Auffassung, nach der es am Merkmal des Aufgebens fehlt, wenn die weitere Tatausführung aus der Sicht des Täters völlig sinnlos geworden ist. In diesem Falle entfällt der Tatvorsatz und damit zugleich die Möglichkeit, das Zweckelement des finalen Begriffs „Aufgeben" noch zu verwirklichen. Wer auf nichts verzichtet, gibt auch nichts auf. Diese Auslegung ist zwar nicht zwingend, aber unbedenklich und wird den Zwecken der Rücktrittsregelung (vgl 2) besser gerecht als die Rspr (näher dazu Bauer aaO). Sie bedeutet auch keinen Rückfall in die Tatplantheorie (vgl 5), sondern ist Ausdruck des Umstandes, daß das Tatgeschehen im ganzen mit der Zielerreichung abgeschlossen ist. Daraus folgt dann auch, daß ein Aufgeben so lange möglich bleibt, als es aus der Sicht des Täters noch sinnvoll ist, zur Sicherung oder Festigung des jeweils erreichten Ziels die Tatausführung fortzusetzen (näher dazu Bauer aaO). – Daß nach der hier vertretenen Auffassung für Tathandlungen mit bedingtem Vorsatz geringere Chancen eröffnet werden als für solche mit direktem Vorsatz, ist nicht unbedenklich (krit namentlich Herzberg NJW 88, 1561, 1564, JuS 90, 273, NStZ 90, 311 und JR 91, 159; eingehend Pahlke aaO [vgl 3] S 159), aber als eine aus der Grundstruktur des Rücktrittsprivilegs hervorgehende Folgerung hinzunehmen (Schall aaO S 627; Puppe NStZ 90, 433; Otto Jura 92, 423, 427; Weinhold aaO [vgl 2] S 47).

b) Teilweises Aufgeben der Tatausführung in der Weise, daß der 13 Täter nach Versuchsbeginn statt eines geplanten qualifizierten Delikts nur das Grunddelikt begeht (zB Wegwerfen der mitgeführten Schußwaffe vor der Wegnahme bei Diebstahl oder Raub, §§ 244 I Nr 1, 250 I Nr 1), ist mit der Wirkung eines **Teilrücktritts** einzubeziehen, soweit auch bei ihm die Gründe der Privilegierung (vgl 2) vorliegen (Streng JZ 84, 652; Sch/Sch-Eser 113; aM NStZ 84, 216 mit abl Anm Zaczyk; Otto JZ 85, 21, 27; s auch Kadel JR 87, 117, 119, alle mwN; zw).

c) Auch die weitere Ausführung des **Einzelakts einer fortgesetzten Tat** (beachte 13 vor § 52) kann aufgegeben werden (NJW 57, 14 190); da der endgültige Verzicht auf die Tat die Aufgabe des Gesamtvorsatzes einschließt, ist Rücktritt immer nur vom letzten Einzelakt der Fortsetzungstat möglich. Er erfaßt idR nur den jeweiligen Teilakt einer Handlungseinheit, kann sich aber auch auf vorausgegangene Teilakte erstrecken, soweit sie zusammen mit dem letzten noch nicht zur Vollendung geführt haben und mit diesem in dem erforderlichen zeitlich-räumlichen Zusammenhang (vgl 9) stehen (StV 94, 367 mit Bespr Hauf wistra 95, 260; weiter BGHSt 21, 319, 321).

15 **d)** Tritt der **tatbestandsmäßige Erfolg** bei unwesentlicher Abweichung des Kausalverlaufs (11 zu § 15) entgegen der Vorstellung des Täters verfrüht ein, so ist die Tat vollendet und Rücktritt deshalb ausgeschlossen (hM; anders Wolter ZStW 89, 649, 695 und Leferenz- FS, S 545, 559 sowie Bottke aaO [vgl 1] S 552, die nur Versuch annehmen, aber die Rücktrittsmöglichkeit verneinen, während Schroeder LK 34 zu § 16 auch diese bejaht; diff Sch/Sch-Eser 22–25 mwN).

16 **2. Freiwilligkeit.** Nach der Rspr handelt der Täter – unabhängig davon, ob bei seinem Entschluß äußere Umstände mitwirken oder nicht (StV 82, 259) – freiwillig, wenn ihm nach seinem Vorstellungsbild (StV 88, 527; bei Holtz MDR 95, 878) die Tat – sei es auch mit anderen Mitteln (StV 93, 189) – ohne unvertretbar erhöhtes Risiko (NStZ 93, 76 und 279; StV 93, 189; krit Feltes GA 92, 395, 411, alle mwN; str, noch ausführbar und ihr Zweck noch erreichbar erscheint (BGHSt 7, 296; NJW 84, 2169; str), wenn er also „Herr seiner Entschlüsse" geblieben ist (StV 96, 86 mwN). – Für Tatsachenzweifel über die Freiwilligkeit gilt der Grundsatz in dubio pro reo (StV 93, 189 und 95, 509, beide mwN; probl NStZ 89, 18).

17 **a)** Freiwilligkeit liegt regelmäßig vor, wenn die vorgefundene Handlungssituation gegenüber dem Tatplan keinen Grund zum Rücktritt bietet (ähnlich Krauß JuS 81, 883, 886). Unfreiwilligkeit setzt danach eine aus dieser Situation erwachsene äußere Zwangslage oder innere Hemmung (NStZ 94, 428) voraus, die dem Täter trotz fortbestehender Wahlmöglichkeit (vgl 10) als zwingender Hinderungsgrund erscheint (BGHSt 35, 184; StV 92, 224; NJW 93, 2125, alle mwN; str). Deshalb nimmt die Rspr zutreffend Unfreiwilligkeit an, wenn der Täter das erhöhte Tatrisiko nicht mehr für vertretbar hält (vgl 16). Sie überdehnt jedoch den Bereich der Freiwilligkeit, wenn sie auch den Täter privilegiert, der unter dem Druck der Umstände deshalb aufgibt, weil ihm die Erfüllung eines ihn plötzlich herausfordernden Handlungsbedarfs dringlicher erscheint als die Fortsetzung des Versuchs, zB wenn er beim Tötungsversuch von einem Opfer abläßt, um sich einem anderen zuwenden zu können (BGHSt 35, 184). Bloße Mutlosigkeit (NStZ 92, 537) oder Furcht vor Strafe (MDR 51, 359) ist regelmäßig unschädlich, es sei denn, daß der Täter die Tat vernünftigerweise nicht auf sich nehmen kann, weil ihm äußere Umstände die Besorgnis alsbaldiger Entdeckung und Bestrafung aufdrängen (BGHSt 9, 48; bei Holtz MDR 83, 983; s auch NStZ 92, 587; str). Auch wer erkennt, daß der Zweck der Tat nur durch eine vom Tatplan abweichende, wesentlich gravie-

rendere Begehungsweise erreicht werden kann, gibt häufig nicht freiwillig auf, weil sich sein Risiko unvertretbar erhöht hat (LG Arnsberg NJW 79, 1420; beachte dazu StV 93, 189; NStZ-RR 96, 161). Schuldunfähigkeit als solche ist dagegen kein Hinderungsgrund (BGHSt 23, 356; bei Dallinger MDR 71, 362). Freiwillig handelt meist auch, wer mit der Tatausführung im Affektstau anfängt, nach Affektentladung (bei Dallinger MDR 75, 541) oder nach Beruhigung durch Dritte (NStZ 88, 69) aber aufgibt oder wer beim Diebstahl nichts Bestimmtes stehlen will, nur wenig findet und deshalb nichts nimmt (RGSt 70, 1; zum Diebstahl beachte auch 11). Beim Versuch der Vergewaltigung ist die Abgrenzung bisweilen schwierig (bei Holtz MDR 89, 857 und 91, 432; Zweibrücken JR 91, 214 mit Anm Otto); hier handelt jedenfalls freiwillig, wer aufgibt, weil ihm das Opfer rechtmäßige Zielerreichung durch die Zusage späteren freiwilligen Geschlechtsverkehrs angeboten hat (BGHSt 20, 279 mit Anm Lackner JR 66, 106; NStZ 88, 550; zur Vergewaltigung beachte auch 11).

b) Das Gesetz zwingt zu der unter 17 vertretenen Abgrenzung nach 18
Kriterien, die sich am **Willen,** dh der vom jeweiligen Maß psychischen Drucks abhängigen Entschließungsfreiheit des Zurücktretenden, orientieren. Der Begriff „freiwillig" schließt die gänzliche Eliminierung dieses psychologischen Elements aus (BGHSt 35, 184 mit Bespr Jakobs JZ 88, 519, Lackner NStZ 88, 405, Bloy JR 89, 70, Lampe JuS 89, 610 und Grasnick JZ 89, 821; Küpper, Grenzen der normativierenden Strafrechtsdogmatik, 1990, S 179, alle mwN; str). Seine theoriegeleitete, rein normative Deutung ist wegen Überschreitung der verfassungsrechtlich gewährleisteten Wortlautschranke (BVerfGE 73, 206, 235 mwN) insoweit unzulässig, als sie eindeutige Fälle freiwilligen, dh nicht auf äußerem Druck oder innerer Hemmung beruhenden, Rücktritts mit teleologischen Erwägungen für strafbar erklärt (Herzberg, Lackner-FS, S 325, 335; Schall JuS 90, 623, 629; Otto JR 91, 215; aM Lampe aaO S 612, alle mwN; str). Ausschließlicher Maßstab kann daher nicht sein, ob das Rücktrittsmotiv sittlich billigenswert ist (BGHSt 7, 296; NJW 80, 602 mit krit Bespr Walter GA 81, 403), ob es mit der Motivation zur konkreten Tat unverträglich ist (so Jakobs AT 26/30), ob es aus der Sicht der Verbrechermoral unvernünftig ist (so Roxin, Heinitz-FS, S 251; Rudolphi SK 25), ob es bei strafzweckorientierter Bewertung eine Rückkehr zu rechtstreuem Verhalten bedeutet (so Bottke aaO [vgl 1] S 471 und JR 80, 441), ob der Täter den mit der Versuchshandlung hervorgerufenen Eindruck persönlicher Gefährlichkeit nachträglich widerlegt (so Krauß JuS 81, 883, 888), ob er durch sein Verhalten die mit dem Versuch verbundene Erschütterung des Normvertrauens der Allgemeinheit wieder rückgängig macht (so Schünemann GA 86, 293, 323; ähnlich Streng NStZ 93, 582), ob er zur Normbefolgung hinreichend bereit ist (so Walter aaO [vgl 2] S 59) oder ob er in die Bahnen des Rechts zurückkehrt (so Ulsenheimer aaO [vgl 1] S 314; Borchert/Hellmann Jura 82, 658, 662). Diese normativen Lehren mö-

gen zwar den Grund des Rücktrittsprivilegs deutlicher herausarbeiten und auch einzelne unbefriedigende Ergebnisse vermeiden; sie überschreiten aber die Grenze zulässiger Auslegung (BGHSt 35, 184; s auch 6 zu § 1). Unerläßlich ist vielmehr stets eine psychische Druck- oder Hemmungslage, die dann allerdings im Hinblick auf ihre Mindestintensität normativ zu bewerten ist und deshalb nicht das von der Rspr geforderte Maß erreichen muß (nur zum Teil auf dieser Linie liegt der Vorschlag von Jäger aaO [vgl 1] S 98, die Freiwilligkeit nach dem für mittelbare Täterschaft maßgebenden Verantwortungsprinzip zu bestimmen).

19 **IV.** Rücktritt vom **beendigten** Versuch (tätige Reue) setzt voraus:

1. Eigene, zur Verhinderung der Tatvollendung geeignete Tätigkeit, bei welcher der Täter noch an den Eintritt der Vollendung glaubt (NJW 69, 1073; Gössel ZStW 87, 3, 36; beachte auch BGHSt 41, 10, 12 mit abl Bespr Otto JK § 17/3), mag er auch vorher vorübergehend schon einen Fehlschlag des Versuchs angenommen haben (NStZ 81, 388). **Tätigkeit Dritter** kann ausreichen, wenn der Täter sie veranlaßt hat (BGHSt 33, 295; StV 94, 304; Herzberg NJW 89, 862, 866, alle mwN). Bloß **passives Verhalten** genügt nicht (RGSt 39, 220; s auch bei Dallinger MDR 69, 532), es sei denn, daß ausnahmsweise – was allerdings meist nur beim Beteiligtenrücktritt (vgl 25) oder in den Fällen des § 31 (dort 5) vorkommt – schon das Unterlassen ein geeignetes Mittel der Erfolgsabwendung ist (BGHSt 4, 200; 32, 133; NJW 84, 2169; probl Karlsruhe NJW 78, 331 mit abl Bespr Küper NJW 78, 956 und Schroeder JuS 78, 824).

19 a **a)** Welche **Mindestvoraussetzungen** das Eingreifen des Täters erfüllen muß, ist umstritten: Die uneinheitliche **Rechtsprechung** läßt teils schon jedes Verhalten genügen, das aus Tätersicht – sei es auch nur möglicherweise – den Erfolg verhindern kann (BGHSt 33, 295, 301; NJW 85, 813, beide mwN), teils fordert sie zusätzlich eine auf Verhinderung der Tatvollendung gerichtete (NJW 89, 2068), also nicht ausschließlich anderen Zwecken dienende Tätigkeit (NJW 86, 1001) und teils stellt sie noch weitergehend darauf ab, ob der Täter die jeweils erkannten Verhinderungschancen ausgeschöpft hat (BGHSt 31, 46, 49; bei Dallinger MDR 72, 751). Im **Schrifttum** hält die überwiegende Meinung ein im Hinblick auf die Erfolgsverhinderung zurechenbares Verhalten für ausreichend (Bloy JR 89, 70; Rudolphi NStZ 89, 508, 511; Weinhold aaO [vgl 2] S 139, 168, alle mwN), während zunehmend in Übereinstimmung mit Abs 1 S 2 ernsthaftes Bemühen (vgl 20) des Täters verlangt wird (Walter aaO [vgl 2] S 136, 139; Roxin JR 86, 424, 427; Herzberg NJW 89, 862 und 91, 1633, 1637; Römer MDR 89, 945, 947; Jakobs ZStW 104, 82, 89; Vogler LK 122, alle mwN).

19 b **b)** Nach dem problematischen Wortlaut und dem umstrittenen Schutzzweck des § 24 (vgl 2) dürfte zur Minderung der unvermeidlichen Spannungen **wie folgt zu differenzieren** sein: Handelt der Täter allein, so genügt es, wenn ihm das Ausbleiben des Erfolges als sein

Werk zurechenbar ist (Rudolphi aaO [vgl 19 a] S 512; Jäger aaO [vgl 1] S 96); wirkt er mit einem Dritten zusammen, muß er das Geschehen wie ein Täter (auch Mittäter oder mittelbarer Täter) beherrschen, also nicht lediglich Beihilfe leisten (Rudolphi aaO S 513; Herzberg NJW 89, 862, 866); hat er den Dritten nur zum Eingreifen veranlaßt, so muß seine Initiative als eigene, den Erfolg mitverhindernde Leistung zu Buch schlagen, darf also das Ob und Wie der Tätigkeit des Dritten nicht dem Zufall überlassen (im Ergebnis zutreffend daher BGHSt 31, 46; NJW 89, 2068 mit abl Anm Rudolphi aaO und Herzberg JR 89, 449; NJW 90, 3219).

2. Eintritt des Verhinderungserfolges. Nach der zu weiten und der Einschränkung bedürftigen Rspr (vgl 19 a, 19 b) muß der Täter für die Nichtvollendung nur (mit-)ursächlich sein (BGHSt 33, 295, 301; NJW 86, 1001; bei Holtz MDR 92, 15, alle mwN). Daß er objektiv mehr oder anderes hätte tun können, um die Vollendung mit größerer Sicherheit zu verhindern, ist unschädlich (NStZ 81, 388; Puppe NStZ 84, 488, alle mwN). – Tritt die Vollendung trotz des Bemühens des Täters ein (mißlungener Rücktritt), so ist die Tat, wenn keine wesentliche Abweichung des Kausalverlaufs (11, 12 zu § 15) vorliegt, zwar nicht als versuchte (Herzberg JZ 89, 114, 116 mwN; str), wohl aber als vollendete strafbar (hM; vgl Krauß JuS 81, 883, 886 mwN; krit Lenckner, Gallas-FS, S 281, 290; zT abw Schröder JuS 62, 81; Walter aaO [vgl 2] S 143; Bottke aaO [vgl 1] S 557). – Bleibt die Vollendung ohne Zutun des Täters aus (krit zu dieser Voraussetzung Herzberg NJW 91, 1633, 1637), so genügt das **Bemühen um die Abwendung,** wenn es freiwillig (vgl 16–18) und ernsthaft ist, dh die Verhinderungsmöglichkeiten ausschöpft, soweit sie dem Täter bekannt sind (BGHSt 31, 46; 33, 295; NJW 86, 1001; StV 92, 62; ähnlich Herzberg NJW 89, 864, 866; Römer MDR 89, 945; eingehend Römer, Fragen des „Ernsthaften Bemühens" bei Rücktritt und tätiger Reue, 1987, alle mwN; str). 20

3. Freiwilligkeit des Rücktritts (vgl 16–18). Obwohl das 2. StrRG (4 vor § 1) die umstrittene Regelung des früheren Rechts, die nach ihrem Wortlaut ausschließlich auf den Zeitpunkt der Tatentdeckung abstellt, durch das dahinterstehende Prinzip der Freiwilligkeit ersetzt hat, bleibt die Entdeckung nach wie vor bedeutsam (bei Dallinger MDR 75, 365): Wer sich entdeckt weiß, handelt zwar nicht notwendig (StV 83, 413 und 92, 62, 224; Knapp JuS 76, 801, 802), aber doch häufig unfreiwillig (bei Dallinger MDR 75, 724). Entdeckt ist die Tat, wenn jemand, der nicht zum engeren Kreis des Täters gehört, uU auch der Verletzte (BGHSt 24, 48; NJW 72, 2004 mit Anm v Löbbecke NJW 73, 62), von ihr erfahren und sie als Straftat erkannt hat mit der Möglichkeit, sie zu verhindern oder anzuzeigen (JR 52, 414). 21

V. Der Rücktritt ist beim Versuch eines **erfolgsqualifizierten Delikts** (9 zu § 18) auch dann nicht unbedingt ausgeschlossen, wenn die Tathandlung die besondere Folge schon verursacht hat (hM; vgl NJW 22

96, 2663 mwN); eine Änderung dieser zwingend aus § 24 folgenden, aber unbefriedigenden Rechtslage ist nur durch Gesetz möglich (zusf Sowada Jura 95, 644, 653).

23 **VI.** Der Rücktritt wirkt nur für den Versuch **als solchen.** Er macht die in Tat- oder Gesetzeseinheit stehende vollendete Tat nicht straflos **(qualifizierter Versuch).** Beispiele: § 178 I bei Versuch nach § 177 I (BGHSt 17, 1; Düsseldorf NJW 83, 767); § 223 a bei Versuch nach § 212 (JR 52, 414; s auch BGHSt 16, 122; 8 zu § 212); § 241 I bei Versuch nach § 255 (Karlsruhe NJW 78, 331); zu Einschränkungen in besonderen Fällen beachte Vogler LK 197–199. – Es ist unzulässig, den auf die versuchte Tat gerichteten Vorsatz und ausschließlich darauf bezogene Tatumstände strafschärfend zu berücksichtigen; jedoch können solche Umstände schärfend zu Buch schlagen, die sich auf das Tatgeschehen insgesamt beziehen und den Unrechts- und Schuldgehalt auch des vollendeten Delikts charakterisieren (BGHSt 42, 43 mwN).

24 **VII.** Als persönlicher Strafaufhebungsgrund wirkt der Rücktritt nur **für den Beteiligten, der in seiner Person die Voraussetzungen erfüllt** (BGHSt 1, 172, 179; eingehend zum Beteiligtenrücktritt v Scheurl aaO [vgl 1]; Otto JA 80, 707; Krauß JuS 81, 883, 888; Gores aaO [vgl 2] S 138; zusf Vogler ZStW 98, 331, 340; rechtsvergleichend Jescheck ZStW 99, 111, 141).

25 **1. Abs 2** fordert ausnahmslos, daß der Täter entweder die Vollendung durch die übrigen Beteiligten verhindert oder sich unter den Voraussetzungen des Satzes 2 freiwillig und ernsthaft darum bemüht (dazu 20; krit Herzberg NJW 91, 1633, 1638, der Abs 2 zu Unrecht für funktionslos hält). Verhinderung durch Untätigbleiben (Unterlassen) kommt bisweilen unter denselben Voraussetzungen wie beim Rücktritt vom Versuch der Beteiligung in Frage (5 zu § 31), zB wenn Mittäter nach unbeendigtem Versuch einvernehmlich nicht mehr weiterhandeln (NStZ 89, 317; MDR 96, 1168) oder wenn nur der Zurücktretende die Vollendung noch herbeiführen könnte (StV 92, 10; s auch Otto Jura 92, 423, 430). – An sich gilt Abs 2 auch für den angestifteten oder unterstützten Alleintäter; da dieser jedoch durch sein Aufgeben die Vollendung der Tat unmöglich macht, decken sich für ihn im Ergebnis die Voraussetzungen des Beteiligtenrücktritts mit denen des Abs 1 (ebenso Mitsch, Baumann-FS, S 89, der jedoch den Rücktritt des Alleintäters dem Anwendungsbereich des Abs 2 entzieht; diesen noch weiter einschr Loos Jura 96, 518).

26 **2.** Daß der Beteiligte **lediglich seinen Tatbeitrag rückgängig macht** (vgl 27), genügt allein nicht (krit Roxin JuS 73, 329, 333; Meyer ZStW 87, 598, 619; Walter JR 76, 100). Dieses nicht unbedenkliche, aber nach dem Gesetzeswortlaut zwingende Ergebnis ist hinzunehmen, seine Ausschaltung durch korrigierende Auslegung jedenfalls nicht möglich (hM; anders Walter aaO [vgl 2] S 133; Herzberg NJW 91, 1633, 1638; diff Haft JA 79, 306, 311). Im übrigen ist seine Trag-

weite nicht groß; denn das Rückgängigmachen des Tatbeitrags bleibt insoweit erheblich, als es nach Satz 2 bewirkt, daß nicht Verhinderung der Vollendung, sondern nur ernsthaftes Bemühen um sie erforderlich ist, wenn die anderen Beteiligten die Tat dennoch vollenden (Grünwald, Welzel-FS, S 701, 705 mwN).

3. Eine Tat ist im Sinne von Abs 2 S 2 **unabhängig von dem früheren Tatbeitrag** begangen, wenn in ihr nichts mehr enthalten ist, was mit diesem Beitrag in ursächlichem Zusammenhang steht (NJW 51, 410), oder wenn sie dem Beteiligten aus anderen Gründen (etwa wegen einer wesentlichen Abweichung des Kausalverlaufs) nicht zugerechnet werden kann (Gores aaO [vgl 2] S 180). Ob das zutrifft, hängt von den Umständen ab; namentlich bei psychischer Beihilfe dürfen die Anforderungen nicht überspannt werden (Gores aaO S 106, 113; Sch/Sch-Eser 99). Im übrigen kommt es nicht nur auf das Fehlen der Zurechenbarkeit an. Die begangene Tat muß auch mit derjenigen identisch sein, zu welcher der frühere Beitrag geleistet wurde (näher zu dieser Identität Lenckner, Gallas-FS, S 281, 303; Grünwald, Welzel-FS, S 701, 713; Küper JZ 79, 775, 778; Gores aaO S 217; Streng JZ 84, 652, alle mwN; str); das kann namentlich dann zweifelhaft sein, wenn jemand den Haupttäter umstimmt und zur Aufgabe des Tatentschlusses überredet, dieser später aber das ursprünglich Geplante aufgrund eines neuen Entschlusses doch verwirklicht; hier dürfte oft schon das Fortwirken der durch die Anstiftung gesetzten Motive zu verneinen sein (Stree GA 74, 63; aM Herzberg JZ 89, 114, 116; zw). – Aus S 2 ergibt sich für den Fall, daß eine Tat von den anderen Beteiligten vollendet wurde, namentlich folgendes: War die Tat von dem früheren Tatbeitrag unabhängig, fehlt aber das erforderliche Bemühen (dazu Grünwald aaO S 714; Gores aaO S 185) des zuvor Beteiligten um Verhinderung der Vollendung, so bleibt er wegen Versuchs strafbar (Scheurl aaO [vgl 1] S 144; Haft JA 79, 306, 309; aM Walter JR 76, 100); unabhängig von solchem Bemühen liegt dagegen Beteiligung an der vollendeten Tat vor, wenn schon die Wirksamkeit des früheren Tatbeitrags – sei es auch unter dem Einfluß von List oder Gewalt (hM; anders Otto JA 80, 707, 711; s auch 20; zw) – nicht beseitigt wurde (BGHSt 28, 346, 348; abw Backmann JuS 81, 336). 27

4. Der Beteiligtenrücktritt setzt voraus, daß die Haupttat ins **Versuchsstadium** eingetreten ist. Wer schon vorher eine geplante Tat verhindert oder seinen Tatbeitrag mit allen Auswirkungen rückgängig macht, tritt nicht zurück, sondern ist schon nicht Beteiligter an einer Haupttat (BGHSt 28, 346, 347; Haft JA 79, 306, 309; Otto JA 80, 707, alle mwN). Kann der nur im Vorbereitungsstadium Beteiligte seinen Beitrag nicht unwirksam machen, so bleibt er bei Tatidentität Teilnehmer der vollendeten Haupttat; Mittäterschaft scheidet jedoch wegen Fehlens der (funktionellen) Tatherrschaft aus (10 zu § 25; str). 28

29 **VIII.** Soweit Versuchshandlungen (namentlich in der Form des Unternehmens, 19 zu § 11) in **selbständigen Tatbeständen** mit Strafe bedroht sind (zB §§ 81 I, 82 I, 316 a I, 316 c I Nr 2), gilt § 24 nicht (BGHSt 15, 198). Jedoch sind sowohl im BT wie auch im Nebenstrafrecht **besondere Rücktrittsvorschriften** für diese Fälle, für tatbestandlich verselbständigte Vorbereitungshandlungen und für einige andere Taten vorgesehen (zB §§ 83 a, 87 III, 149 II, III, 152 a IV, 158, 163 II, 264 IV, 311 e, 316 c III, 330 b). Meist entspricht die Struktur dieser Vorschriften – unter im einzelnen wechselnden Voraussetzungen und unter Einbeziehung auch zusätzlicher Elemente (etwa aus dem Formenkreis der sog Kronzeugenregelungen, Bernsmann JZ 88, 539; Behrendt GA 91, 337) – der **tätigen Reue** (vgl 19–21). Die gewährte Vergünstigung besteht allerdings häufig nicht in obligatorischer Strafaufhebung (so zB aber in §§ 98 II S 2, 310, 311 c III, 315 VI S 2, 330 b I S 2); sie reicht vielmehr je nach dem kriminalpolitischen Bedürfnis über fakultative Strafaufhebung in der Form des Absehens von Strafe (zB in § 87 III) und fakultative Strafmilderung nach Ermessen gemäß § 49 II (zB in §§ 311 c I, 316 c IV) bis zur eingeschränkten fakultativen Strafmilderung nach § 49 I (zB in § 239 a IV). Häufig werden Strafmilderung nach Ermessen und Absehen von Strafe auch wahlweise zugelassen (dazu 7 zu § 49). – Im ganzen verfährt das Gesetz bei der Eröffnung solcher Rücktrittsmöglichkeiten auffallend **uneinheitlich** (krit mit Reformvorschlägen Berz, Formelle Tatbestandsverwirklichung und materialer Rechtsgüterschutz, 1986; Hillenkamp, in: Schöch [Hrsg], Wiedergutmachung und Strafrecht, 1987, S 81; Schmidt-Hieber NJW 92, 2001, 2003). Bei zahlreichen Tatbeständen ohne ausdrückliche Rücktrittsregelung ist daher die Frage einer Analogie zugunsten des Täters umstritten (vgl etwa 12 zu § 125; 38 zu § 142; 10 zu § 164; 1 zu § 310; 3 zu § 357; weiterführend Berz, Stree/Wessels-FS, S 331; rechtsstaatliche Bedenken erhebt Blum, Strafbefreiungsgründe und ihre kriminalpolitischen Begründungen, 1996, S 22, 49, 91).

3. Titel. Täterschaft und Teilnahme

Vorbemerkung

1 **1. a)** Die **Grundformen** der **Beteiligung** mehrerer an einer Tat sind **Täterschaft und Teilnahme.** Täterschaft ist eigene, nicht unbedingt eigenhändige, Begehung der Tat, während Teilnahme Beteiligung an der Begehung der Tat durch einen anderen ist. Eine Alternative zu diesem differenzierenden System bildet die Zusammenfassung aller Beteiligungsformen in dem sog Einheitstäterbegriff. Sie ist im Schrifttum vereinzelt befürwortet (Geerds GA 65, 216, 218; Schwalm, Engisch-FS, S 551; Kienapfel, Der Einheitstäter im Strafrecht, 1971), in einigen ausländischen Rechten verwirklicht (zB in Österreich; vgl Kienapfel JuS 74, 1; Burgstaller ÖRiZ 75, 13, 29; Schmoller ÖJZ 83, 337, 379) und für das Recht der Ordnungswidrigkeiten in § 9 aF (jetzt § 14) OWiG

eingeführt worden (dazu BGHSt 31, 309 mit Bespr Göhler wistra 83, 242; s auch Kienapfel NJW 83, 2236; Seier JA 90, 342, 382; Bloy, Schmitt-FS, S 33; eingehend Schumann, Zum Einheitstätersystem des § 14 OWiG, 1979, alle mwN). Als Lösung auch für das allgemeine Strafrecht ist sie überwiegend auf Ablehnung gestoßen (Roxin JuS 73, 329, 334; Maiwald, Bockelmann-FS, S 343; Bloy, Die Beteiligungsform als Zurechnungstypus im Strafrecht, 1985, S 149).

b) Das differenzierende System ist nur für die **vorsätzliche** Beteiligung durchgeführt. Beim Fahrlässigkeitsdelikt, jedenfalls bei unbewußter Fahrlässigkeit, scheitert die Unterscheidung schon deshalb, weil für die Abschichtung verschiedener Beteiligungsformen weder die Tatherrschaft noch der Täterwille in Frage kommen und ein anderes Abgrenzungskriterium fehlt (Jescheck/Weigend AT S 573, 654, 676; aM Otto Jura 90, 47, 48 und Spendel-FS, S 271; Eschenbach Jura 92, 637; zusf Seier JA 90, 342, 343, alle mwN). Für jede fahrlässige Beteiligung kommt es vielmehr gleichermaßen auf die objektive Zurechenbarkeit an (41–45 zu § 15), gleichgültig, ob die einzelnen Tatbeiträge den Erfolg unmittelbar verursacht oder ihn nur veranlaßt, ermöglicht oder gefördert haben (hM; im Ausgangspunkt ebenso Otto aaO). Allerdings dürfte das nicht ausschließen, daß auf der Fahrlässigkeitsebene gewisse Strukturunterschiede zwischen unmittelbar und nur mittelbar erfolgsverursachenden Handlungen zu berücksichtigen sind, die sich aber nicht aus den Beteiligungsformen des Vorsatzdelikts herleiten (so aber Otto und Eschenbach aaO; ähnlich auch Dencker, Kausalität und Gesamttat, 1996, S 174, der § 25 II als Ausprägung eines allgemeinen Prinzips versteht, das auch fahrlässiges Zusammenwirken einschließt), sondern aus der andersartigen Ausgangslage beim Fahrlässigkeitsdelikt zu entwickeln sind (zur fahrlässigen Mittäterschaft 13 zu § 25; zur fahrlässigen Teilnahme am Vorsatzdelikt 1 zu § 26; 1 zu § 27). 2

2. Der für die Abgrenzung von Täterschaft und Teilnahme maßgebende Gesichtspunkt ist umstritten. Während die Rspr und ein Teil des Schrifttums von dem sog extensiven Täterbegriff ausgehen (krit Roxin LK 9–12), ist in der Lehre überwiegend der sog restriktive Täterbegriff anerkannt (zusf Bloy aaO [vgl 1] S 115). Nach diesem sind die Deliktstatbestände nur auf den anwendbar, der alle Deliktsvoraussetzungen in seiner Person erfüllt, so daß sich die Teilnahmevorschriften des AT als Erweiterung der Strafbarkeit, als sog Strafausdehnungsgründe, darstellen. Jener sieht dagegen alle kausalen Beiträge zur Tatbestandsverwirklichung als gleichwertig und damit grundsätzlich als Täterschaft an, so daß hier die Teilnahmevorschriften als sog Strafeinschränkungsgründe die Strafbarkeit begrenzen (krit Spendel JuS 74, 749, 754). 3

a) Die ältere Rspr hat die Unterscheidung von Täterschaft und Teilnahme auf der Grundlage des extensiven Täterbegriffs im Hinblick auf die Gleichwertigkeit aller Tatbeiträge (RGSt 9, 75) nach rein subjektiven Gesichtspunkten vorgenommen **(subjektive Teilnahmelehre),** während im Schrifttum überwiegend (anders jedoch Baumann/Weber/ 4

Mitsch AT 29/59) auf dem Boden des restriktiven Täterbegriffs nach mehr oder minder objektiven Maßstäben abgegrenzt wird (diff Sch/Sch-Cramer 51 ff). Zwar ist die in der Lehre ursprünglich herrschende **formell-objektive Theorie,** die nur den als Täter ansah, der den Tatbestand unmittelbar selbst verwirklichte, einer differenzierteren Betrachtung gewichen, bei der es vor allem darum geht, auch die Formen geistiger Tatbeherrschung ohne unmittelbaren Beitrag zur Tatbestandsverwirklichung als Täterschaft zu erfassen. Zur Bewältigung namentlich dieser Problematik haben sich die – in Einzelheiten unterschiedlichen – **materiell-objektiven Theorien** entwickelt. Deren letzte und im Schrifttum jetzt ganz herrschende Ausprägung ist die **Tatherrschaftslehre,** die unter Einbeziehung auch subjektiver Elemente in der **finalen Tatherrschaft,** dem vom Vorsatz umfaßten „In-den-Händen-Halten" des Tatgeschehens, das maßgebliche Unterscheidungskriterium sieht (zB Gallas, Beiträge, S 78, 130; Jescheck/Weigend AT S 651; Roxin LK 7–10 zu § 25, alle mwN; Grundfälle zur Tatherrschaftslehre Herzberg, Täterschaft und Teilnahme, 1977 [TuT]). Allerdings ist auch diese Lehre nicht einheitlich. Weil der Herrschaftsgedanke nicht für alle Tatbestände paßt, ist sie in Grenzbereichen, namentlich bei den sog Pflichtdelikten, darauf angewiesen, modifizierende oder ergänzende Abgrenzungskriterien heranzuziehen, über die keine Einigkeit besteht (vgl etwa Roxin, Täterschaft und Tatherrschaft, 6. Aufl 1994, S 335; Bloy aaO [vgl 1] S 229; Schünemann GA 86, 293, 331; Murmann, Die Nebentäterschaft im Strafrecht, 1993, S 160; s auch Bottke, Täterschaft und Gestaltungsherrschaft, 1992 und Coimbra-Symposium, S 235, der den problematischen [mit Recht krit Lesch GA 94, 112] Versuch unternimmt, als „Baustein" eines gemeineuropäischen Strafrechtssystems den Oberbegriff der „Gestaltungsherrschaft" zu entwickeln, aus dem er die verschiedenen Formen der Täterschaft ableitet). – Eine gewisse Synthese der widerstreitenden Lehren versucht Schmidhäuser (Stub 10/163–168) mit einer wertenden Ganzheitsbetrachtung (sog Ganzheitstheorie) zu erreichen (ähnlich auch Geerds Jura 90, 173, der den Theoriengegensatz ablehnt und die wichtigsten Kriterien beider Theorien als Grundlage einer normativen Abgrenzung heranzieht). Auch neuere Lehren verhalten sich insoweit ablehnend (vgl etwa Stein, Die strafrechtliche Beteiligungsformenlehre, 1988, der die von ihm empfohlene andersartige Abgrenzung auf die Unterscheidung von Verhaltensnormen und strafrechtlichen Sanktionsnormen stützt [krit dazu Küper ZStW 105, 445; Samson SK 23–27 zu § 25]; Joerden, Strukturen des strafrechtlichen Verantwortlichkeitsbegriffs: Relationen und ihre Verkettungen, 1988, der aufgrund einer formalen Strukturanalyse jeweils direkte und indirekte Verantwortlichkeit mit Täterschaft und Teilnahme gleichsetzt; Lesch, Das Problem der sukzessiven Beihilfe, 1992, der bei Beteiligung mehrerer Mittäterschaft und Beihilfe nicht nach der Tatherrschaft [bzw dem Täterwillen], sondern nach dem Anteil des Beteiligten an dem jeweiligen, durch die Gesamttat entstandenen Normgeltungsschaden bestimmt; einschr auch Schild, Täterschaft als Tatherrschaft, 1994, der die für die Tatherrschaftslehre zentrale Unterscheidung von Handlungs- und Willensherrschaft leugnet).

b) Auf der Grundlage der subjektiven Teilnahmelehre hat die **Rechtsprechung** ursprünglich sehr undifferenziert darauf abgestellt, ob der Beteiligte „die Tat als eigene oder als fremde wollte" (sog **animus-Formel,** zB RGSt 2, 160; 3, 181; 35, 13). Danach kommt in extremen Fällen einerseits als Mittäter in Frage, wer selbst keinen tatbestandsverwirklichenden Beitrag leistet (RGSt 66, 236, 240), und andererseits als Gehilfe, wer in seiner Person den Tatbestand unmittelbar voll erfüllt (RGSt 74, 84; sog Badewannenfall). Trotz einiger Schwankungen ist der BGH dieser Rspr gefolgt (zB BGHSt 6, 226, 248; 8, 70; 28, 346, 348), hat aber versucht, die animus-Formel durch faßbarere Elemente zu objektivieren, und sie damit der Tatherrschaftslehre angenähert. So fordert er für den „Täterwillen" eine wertende Beurteilung aller Umstände (NStZ 88, 406 und 91, 91), die von der Vorstellung des Täters umfaßt sind (BGHSt 36, 363, 367); dabei bezeichnet er als wesentliche Anhaltspunkte den „Willen zur Tatbeherrschung" (BGHSt 13, 162), die objektive Mitbeherrschung des Geschehensablaufs (BGHSt 8, 393; 28, 346, 349; NStZ 87, 364), den Umfang der Tatbeteiligung (BGHSt 2, 150; NStZ 90, 80 und 130), das enge Verhältnis zur Tat und das eigene Interesse am Taterfolg (BGHSt 16, 12; 34, 124; NStZ 93, 444; wistra 94, 57, alle mwN); eine einseitige Orientierung an der Interessenlage (sog Interessentheorie, RGSt 74, 84) lehnt er ausdrücklich ab (BGHSt 8, 393). Jedoch hat er auf der anderen Seite in einer mit § 25 I nF (dort 1) nicht mehr vereinbaren Weise die Möglichkeit bestätigt, daß die vollständige unmittelbare Tatbestandsverwirklichung auch zu bloßer Gehilfenschaft führen könne (BGHSt 18, 87 [Stachynskij-Fall]; VRS 23, 207; bei Dallinger MDR 74, 547), während er für den Sonderfall des einseitig fehlgeschlagenen Doppelselbstmords eine subjektive Abgrenzung überhaupt verwirft (BGHSt 19, 135). Im ganzen bietet die Rspr kein einheitliches Bild (zusf Bloy aaO [vgl 1] S 99; Roxin LK 14–29 zu § 25). Sie bekennt sich zwar verbal meist noch zur subjektiven Teilnahmelehre, übernimmt häufig aber Maßstäbe der Tatherrschaftslehre (zB BGHSt 8, 393; 19, 135) und hat neuerdings ausdrücklich auch auf die „vom Täterwillen getragene objektive Tatherrschaft" abgestellt (BGHSt 35, 347, 353; ähnlich auch StV 94, 241). Diese Unsicherheit der Anknüpfung erschwert es sehr, hinreichend bestimmte Abgrenzungskriterien zu entwickeln. Zahlreiche Untersuchungen haben ergeben, daß es in der Rspr überwiegend Strafwürdigkeitserwägungen des Einzelfalls sind, die letztlich den Ausschlag geben (Roxin aaO [vgl 4] S 623; Herzberg TuT [vgl 4] S 6; Jescheck/Weigend AT S 651, alle mwN). 5

c) Die im Schrifttum überwiegend vertretene **Tatherrschaftslehre** (vgl 4) verdient angesichts der Rechtsunsicherheit, die mit der subjektiven Lehre verbunden ist, den Vorzug. Obwohl auch in ihrem Bereich 6 noch manches nicht abschließend geklärt ist, gewährleistet sie doch Ergebnisse, die im Durchschnitt bestimmter und damit eher vorausberechenbar sind als die der subjektiven Lehre (vgl die Nachw unter 4 sowie Roxin JZ 66, 293 und LK 33–36 zu § 25; Otto Jura 87, 246; aM Baumann JuS 63, 85; Arzt JZ 81, 412, 414) und auch die der strukturärmeren Ganzheitstheorie (hM; anders Schmidhäuser, Stree/Wessels-FS, S 343). Allerdings haben sich die Gegensätze infolge der Annäherung der Rspr an die Tatherrschaftslehre (vgl 5) erheblich verringert (Küpper GA 86, 437; s auch Geerds Jura 90, 173).

7 **3.** Zu den **Formen der Täterschaft** vgl § 25.

8 **4. Teilnahme** im Sinne der Beteiligung an fremder Tat kann **Anstiftung** oder **Beihilfe** sein (§§ 26, 27). Nach der sog akzessorietätsorientierten Förderungs- oder Verursachungstheorie ist Strafgrund der Teilnahme, daß Anstifter und Gehilfen die vom Täter begangene rechtswidrige Tat fördern bzw mitverursachen (hM; vgl Samson SK 4–18 vor § 26 mwN; anders Schumann, Strafrechtliches Handlungsunrecht und das Prinzip der Selbstverantwortung der Anderen, 1986, S 49, der auf die Solidarisierung mit fremdem Unrecht abstellt; Jakobs GA 96, 253, der Voraussetzungen gemeinsamer Organisation entwikkelt, aus denen er die objektive Zurechnung der Haupttat als jeweils eigene Tat auch der anderen Beteiligten ableitet; diff Roxin, Stree/Wessels-FS, S 365, der neben akzessorischen auch nichtakzessorische Elemente des Teilnahmeunrechts anerkennt). Die sog Schuldteilnahmetheorie, die den Strafgrund daraus herleitet, daß der Teilnehmer den Täter schuldig werden läßt (Mayer AT S 155) ist überholt. Dagegen ist auf der Grundlage einiger, nicht ganz übereinstimmender Verursachungstheorien umstritten, ob und mit welchen Maßgaben selbständige Straftatbestände der Teilnahme (sog Teilnehmerdelikte) angenommen werden können. Lüderssen (Der Strafgrund der Teilnahme, 1967 und Miyazawa-FS, S 449), Meyer (GA 79, 252), Stein (aaO [vgl 4] S 86) und Schmidhäuser (Stub 10/6 ff) treten dafür ein, behaupten jedoch eine Loslösung vom Unrecht der Haupttat in unterschiedlichem Umfang (krit Herzberg ZStW 99, 49, 61). Im ganzen sind die Meinungsverschiedenheiten von untergeordneter Bedeutung, weil die sachlichen Differenzen über den Umfang der Abhängigkeit von der Haupttat vergleichsweise gering sind und meist auch ohne Zuhilfenahme des Strafgrundes der Teilnahme erklärt werden können (zusf Otto JuS 82, 557; Roxin LK 1–22 vor § 26; krit Bloy aaO [vgl 1] S 172 und JA 87, 490, 492; beachte auch die von der hM teilweise abw Konzeptionen von Herzberg GA 71, 1 und Sax ZStW 90, 927).

9 **a)** aa) Teilnahme setzt das Vorliegen (oder den mit Strafe bedrohten Versuch) einer **fremden Tat,** der sog **Haupttat,** voraus, von der die Beurteilung der nichttäterschaftlichen Tatbeiträge abhängt. Als Haupttat genügt eine rechtswidrige Tat (18 zu § 11), bei der die Schuld des Täters unerheblich ist (sog **limitierte Akzessorietät,** 1 zu § 29). Allerdings muß sie ein Rechtsgut verletzen, das auch **für den Teilnehmer**

fremd ist (hM; anders Sch/Sch-Stree 19 zu § 26); denn nach ihrem Strafgrund (vgl 8) erfordert Teilnahme an vollendeter Tat einen Angriff des Haupttäters auf ein auch gegenüber dem Teilnehmer geschütztes Rechtsgut (Roxin, Stree/Wessels-FS, S 365, Jakobs AT 22/8, beide mwN). – Ferner muß die Haupttat mit **Vorsatz** (uU auch im Rahmen einer Vorsatz-Fahrlässigkeitskombination, 23 zu § 11) im Sinne des Wissens und Wollens der Tatbestandsverwirklichung (3–30 zu § 15) begangen sein. Davon entbindet § 29 nicht (so schon BGHSt 9, 370). Die §§ 26, 27 I stellen das ausdrücklich klar. Teilnahme an vorsatzloser Tat (sog Urheberschaft) gibt es daher nicht (Baumann JuS 63, 132; Gimbernat, Henkel-FS, S 151, 157; Samson SK 25–27 vor § 26; aM Roxin aaO [Täterschaft; vgl 4], S 364 und JZ 66, 293; Rudolphi GA 70, 353, 360 und Maurach-FS, S 51, 67). Mindestens ist sie nach §§ 26, 27 nicht mehr mit Strafe bedroht (hM); jedoch schließt der Erlaubnistatbestandsirrtum (9–18 zu § 17) des Haupttäters die Vorsätzlichkeit seiner Tat nicht aus (Roxin LK 26, 27 vor § 26; Rudolphi SK 13 zu § 16; im Ergebnis ebenso Frisch, Vorsatz und Risiko, 1983, S 252; aM die meisten Anhänger der unter 17 vor § 13 behandelten Lehre von den negativen Tatbestandsmerkmalen sowie Herzberg JA 89, 294, 297; Sch/Sch-Cramer 29–32).

bb) Außerdem ergibt ein argumentum a maiore ad minus, daß **10**
mindestens **wie ein Anstifter** erfaßt werden müßte, wer bei Leistung seines Tatbeitrags irrig annimmt, der Haupttäter handele vorsätzlich (so aufgrund früheren Rechts Gallas, Beiträge, S 78, 106; aM BGHSt 9, 370, 382; Bockelmann, Gallas-FS, S 261). Hier steuert der Hintermann das Geschehen objektiv wie ein (mittelbarer) Täter, während er subjektiv als bloßer Teilnehmer zu handeln glaubt. Da Täterschaft im Verhältnis zur Teilnahme wertmäßig nur eine schwerere Beteiligungsform, dh eine höhere Stufe derselben Rechtsgutsverletzung ist, gibt es dogmatisch keinen Hinderungsgrund, den irrenden „Anstifter", der objektiv auf der höheren Beteiligungsstufe handelt, wie einen solchen zu erfassen (so Schöneborn ZStW 87, 911; Baumann/Weber/Mitsch AT 30/26; Tröndle 10); denn wenn Täterschaft und Teilnahme gleichermaßen mit Strafe bedroht sind, läßt sich dem Gesetz der Sinn entnehmen, daß ein Verhalten, das sich ausschließlich aus deren Elementen zusammensetzt, auf der niedrigeren Stufe einzubeziehen ist. Auch die Gesetzesgeschichte steht dem nicht entgegen. Da jedoch § 26 ausdrücklich eine (hier nicht gegebene) „vorsätzliche" Haupttat voraussetzt, wird man über die Wortlautschranke (6 zu § 1) nicht hinwegkommen und die sinnwidrige Einschränkung der Strafbarkeit hinnehmen müssen (so im Ergebnis die hM; vgl etwa KG NJW 77, 817, 819 mit Bespr Schall JuS 79, 104, 106; Herzberg TuT [vgl 4] S 46; Maiwald ZStW 88, 712, 730; Cramer, Bockelmann-FS, S 389, 399; Otto JuS 82, 557, 560; Roxin LK 142–145 zu § 25, alle mwN). – Zu dem umgekehrten Fall, daß der Hintermann den deliktisch handelnden Täter irrig für sein Werkzeug hält, 5 zu § 25.

11 **b)** Teilnahme auch **ohne Begehung oder Versuch einer Haupttat** ist nur nach § 30 strafbar. Handlungen, die strukturell als Teilnahme oder versuchte Teilnahme an fremdem Tun erscheinen, sind bisweilen auch selbständig mit Strafe bedroht (zB in §§ 111, 120, 160, 180); ihre Begehung ist Täterschaft.

12 **5.** Von **notwendiger Teilnahme,** die hier nicht unbedingt Beteiligung an „fremder“ Tat bedeutet, spricht man, wenn die Tatbestandsverwirklichung die Mitwirkung mehrerer begrifflich voraussetzt. Sie macht bei den sog Konvergenzdelikten, bei denen die notwendig Mitwirkenden in derselben Rolle handeln (zB der Gefangenenmeuterei nach § 121), keine Schwierigkeiten. Bei den sog Begegnungsdelikten, in denen die notwendig Beteiligten verschiedene Rollen haben (zB Sexueller Mißbrauch von Schutzbefohlenen, § 174; Förderung sexueller Handlungen Minderjähriger, § 180 I), ist ihre besondere Problematik zwar allgemein anerkannt, in ihrer dogmatischen Ableitung und den Einzelheiten aber umstritten (vgl etwa Lange, Die notwendige Teilnahme, 1939; Otto, Lange-FS, S 197; Wolter JuS 82, 343; Bohnert, Meyer-GedSchr, S 519, alle mwN). Immerhin besteht aber für die Mehrzahl der einschlägigen Vorschriften Einverständnis, daß die im Tatbestand nicht mit Strafe bedrohten Beteiligten, zB der begünstigte Gläubiger in § 283 c I (hM; dort 8), straflos sind, soweit sie nicht das notwendige Maß der Mitwirkung überschreiten (BGHSt 10, 386; 15, 377; 19, 107). Darüber hinaus sind diejenigen notwendig Beteiligten, zu deren Schutz ein Tatbestand dient, auch wegen weitergehender Beteiligung straflos, wenn sie kein anderes Strafgesetz verletzen (BGHSt 10, 386; speziell zu § 180 I dort 14 und zu § 216 II dort 7). Während anfangs die Straflosigkeit dogmatisch meist unmittelbar aus der Teilnahmelehre abgeleitet wurde (zB Lange aaO), hat sich das Schwergewicht zunehmend auf die Auslegung der einschlägigen Deliktstatbestände verlagert. So verwirft Sowada, Die „notwendige Teilnahme“ als funktionales Privilegierungsmodell im Strafrecht, 1992, ein einheitliches Prinzip und stützt statt dessen seine Ergebnisse entweder auf allgemeingültige Prinzipien (namentlich zur Begr der Straflosigkeit des geschützten Tatopfers, aaO S 62) oder auf die Besonderheiten der jeweiligen Tatbestände (aaO S 161, 195, 221 und GA 95, 60). Ähnlich arbeitet Gropp, Deliktstypen mit Sonderbeteiligung, 1992, typische Fallgruppen heraus, bei denen aufgrund einer methodisch geleiteten Auslegung der jeweiligen Tatbestände die Straflosigkeit des notwendig Beteiligten begründbar ist (aaO S 125).

13 **6.** Ist jemand an derselben Tat **mehrfach** beteiligt (zB als Mittäter und Anstifter), so geht die leichtere als subsidiäre (26 vor § 52) Beteiligungsform regelmäßig in der schwereren auf (RGSt 62, 74; 63, 133), also Anstiftung und Beihilfe in Täterschaft (BGHSt 30, 28) und Beihilfe in Anstiftung (BGHSt 4, 244). Teilnahme an Anstiftung oder Beihilfe ist (mittelbare) Teilnahme an der Haupttat (vgl auch 8 zu § 26); treffen dabei ungleichwertige Teilnahmehandlungen zusammen (Anstiftung zur

Beihilfe, RGSt 59, 396; Beihilfe zur Anstiftung, RGSt 14, 318), so entscheidet die mildere Form (str; vgl Schwind MDR 69, 13; Herzberg GA 71, 1).

7. Von den Beteiligungsformen sind die sog **Anschlußstraftaten** (zB Begünstigung, Strafvereitelung, Hehlerei und Geldwäsche, §§ 257 bis 261) und **Bezugsstraftaten** (zB Nichtanzeige von Verbrechen, § 138) zu unterscheiden. Sie sind selbständige Taten. 14

§ 25 Täterschaft

(1) **Als Täter wird bestraft, wer die Straftat selbst oder durch einen anderen begeht.**

(2) **Begehen mehrere die Straftat gemeinschaftlich, so wird jeder als Täter bestraft (Mittäter).**

1. Abs 1 unterscheidet im Rahmen der Täterschaft (1 vor § 25) 1
zwischen dem unmittelbaren und dem mittelbaren Täter (krit Schild, Täterschaft als Tatherrschaft, 1994, nach dem beide Formen der Täterschaft in einem umfassenden Täterbegriff aufgehen, so daß auch der mittelbare Täter die Tat „selbst" begeht [abl Bloy GA 96, 239]).

a) Unmittelbarer Täter ist, wer die Tat "selbst" begeht. Nach den Begründungen zu § 29 E 1962 (S 49) und § 27 AE (S 67) trifft das für den zu, der alle Tatbestandsmerkmale in seiner Person verwirklicht. Er wäre danach stets Täter (uU auch Mittäter [sog additive Mittäterschaft; dazu Bloy GA 96, 424, 426; Dencker, Kausalität und Gesamttat, 1996, S 127]), könnte also nicht nach der subjektiven Teilnahmelehre (4, 5 vor § 25) wegen fehlenden Täterwillens bloßer Gehilfe sein (so jetzt Stuttgart NJW 78, 715; offen gelassen in NStZ 87, 224; s auch StV 90, 203). In den Beratungen des Sonderausschusses ist jedoch die volle Gleichsetzung des Begriffs der Tatbegehung mit dem der Tatausführung in Frage gestellt und der Rspr die Prüfung der Frage vorbehalten worden, ob nicht auch bei eigenhändiger Verwirklichung aller Tatbestandsmerkmale Extremfälle – zB Tötungen im Rahmen von Erschießungskommandos – denkbar sind, in denen die Annahme von Täterschaft der Rolle des Beteiligten nicht gerecht wird (Prot 5, 1825). Der Streit um die Abgrenzung ist deshalb auch durch Abs 1 nicht notwendig gegen die extreme Form der subjektiven Lehre entschieden, die uU auch den als Teilnehmer ansieht, der alle Tatbestandsmerkmale in seiner Person verwirklicht (Gössel GA 77, 60; Baumann, Jescheck-FS, S 104, 108; Otto Jura 87, 246, 252; Lesch, Das Problem der sukzessiven Beihilfe, 1992, S 84; Jähnke LK 6 zu § 212; aM Jescheck SchwZStr 75, 1, 31; Maiwald ZStW 88, 712, 729; Cramer, Bockelmann-FS, S 389, 392; Herzberg ZStW 99, 49, 51; Roxin LK 47–51). Immerhin fällt aber ins Gewicht, daß Abs 1 – das war in den Beratungen unbestritten (Prot aaO) – der Tendenz, eigenhändige Tatbestandsverwirklichung unter Berufung lediglich auf den angeblich fehlenden Täterwillen zu bloßer Teilnahme abzuwerten, entgegenwirken und Entscheidungen wie im

Badewannen- und im Stachynskij-Fall (5 vor § 25) ausschließen will (krit zum Stand der Dogmatik zur unmittelbaren Täterschaft Samson SK 33–53). – Im Rahmen der **Produkthaftung** rechnet die Rspr neuerdings die in einem Betrieb verursachten schädlichen Erfolge auch demjenigen zu, der sie durch betriebliche Maßnahmen tätig veranlaßt hat (BGHSt 37, 106, 114; vgl dazu 40 zu § 15); nähere Voraussetzungen und Grenzen dieser Haftung sind noch weitgehend ungeklärt (expl Schünemann, in: Breuer ua [Hrsg], Umweltschutz und technische Sicherheit im Unternehmen, 1994, S 144; krit Heine, in: Arnold ua [Hrsg], Grenzüberschreitungen, 1996, S 51, 59). Sie erfüllt jedenfalls nicht durchgängig die Voraussetzungen mittelbarer Täterschaft und muß deshalb mindestens in Teilbereichen als unmittelbare Täterschaft verstanden werden (beachte dazu Dencker aaO S 165, der die Zurechnung der von einem Kollektiv begangenen Tat zum Individuum auf den Grundgedanken des § 25 II stützt).

2 **b) Mittelbarer Täter** ist, wer die Tat "durch einen anderen" begeht, dh einen anderen als Tatmittler (Werkzeug) für sich handeln läßt. Das setzt nach der Tatherrschaftslehre seine Tatherrschaft (nach der subjektiven Lehre seinen Täterwillen, BGHSt 9, 370, 380) voraus (hM; prinzipiell abw Schumann, Strafrechtliches Handlungsunrecht und das Prinzip der Selbstverantwortung der Anderen, 1986, S 69); das Gesamtgeschehen muß sich als Werk des Hintermanns darstellen, dieser also den Tatmittler – etwa infolge Irrtums, Zwanges oder Schuldunfähigkeit – in der Hand haben (Cramer, Bockelmann-FS, S 389, 397; Jescheck/Weigend AT S 663; eingehend Meyer, Ausschluß der Autonomie durch Irrtum, 1984; zusf Hünerfeld ZStW 99, 228, 234). Tatmittler kann daher im allgemeinen nicht sein, wer den Tatbestand – sei es auch aufgrund eines vom Hintermann verursachten Motivirrtums – selbst vorsätzlich, rechtswidrig und schuldhaft verwirklicht; denn die Bewertung des Gesetzes, die den Vormann für seine Tat verantwortlich macht, schließt es regelmäßig aus, ihn zugleich als Werkzeug eines anderen anzusehen (Verantwortungsprinzip). Ob dieses Prinzip überhaupt als maßgebendes Abgrenzungskriterium taugt (dazu Herzberg Jura 90, 16) und ob es Ausnahmen verträgt, ist umstritten (vgl etwa Schroeder, Der Täter hinter dem Täter, 1965; Herzberg, Täterschaft und Teilnahme, 1977 [TuT] S 13, 14, 27; Roxin, Lange-FS S 173 und Täterschaft und Tatherrschaft, 6. Aufl 1994, S 211; Bloy, Die Beteiligungsform als Zurechnungstypus im Strafrecht, 1985, S 345; Joerden, Strukturen des strafrechtlichen Verantwortlichkeitsbegriffs: Relationen und ihre Verkettungen, 1988, S 62; Küper JZ 89, 935). Die bisher uneinheitliche Rspr (dazu BGHSt 40, 218) erkennt neuerdings mit Recht Ausnahmen vom Verantwortungsprinzip in Fallgruppen an, die dadurch gekennzeichnet sind, daß der Hintermann durch Organisationsstrukturen vorgegebene Rahmenbedingungen ausnutzt, innerhalb deren sein Tatbeitrag regelhafte Abläufe auslöst (BGH aaO mit zT krit Bespr Roxin JZ 95, 49, Jakobs NStZ 95, 26, Jung JuS 95, 173, Schroeder JR 95, 177,

Gropp JuS 96, 13, Murmann GA 96, 269 und Otto JK § 25 I/3; s auch BGHSt 40, 257, 266 und 307, 316; Bloy GA 96, 424, 437; Hirsch, AkadWissNRW, Vorträge G 342, S 22); probl NJW 96, 2042 mit krit Bespr Otto JK § 25 I/6). Erforderlich ist danach Handeln in einer hierarchischen Machtstruktur, in der die leitenden Funktionäre aufgrund ihrer faktisch anerkannten Autorität die ausführenden Befehls- oder Weisungsempfänger reibungslos und austauschbar einsetzen können. Hier hat der Hintermann trotz der Verantwortlichkeit des Vormanns die Fäden in einem Maße in der Hand, das es rechtfertigt, ihn als Tatherrn (Täter hinter dem Täter) anzusehen (krit Jakobs aaO). Solche Organisationsstrukturen kommen nicht nur in staatlichen, sondern auch unternehmerischen oder sonst geschäftsähnlichen Gebilden vor und erlauben es deshalb, auch Bereiche des organisierten Verbrechens einzubeziehen (BGHSt 40, 218; insoweit abl Murmann aaO; krit Heine, in: Arnold ua [Hrsg], Grenzüberschreitungen, 1996, S 51, 61).

aa) Die **Tatbestandsmäßigkeit,** dh der äußere und innere Tatbestand, ist nicht in der Person des Tatmittlers, sondern in der des mittelbaren Täters zu prüfen. Es ist daher unerheblich, ob der Tatmittler tatbestandsmäßig handelt; außerdem kann sich sein error in obiecto für den Hintermann – ebenso wie bei der Anstiftung (6 zu § 26) – als aberratio ictus auswirken (Roxin LK 149; aM Streng JuS 91, 910, 916, beide mwN; str). – Mittelbare Täterschaft **scheidet danach aus,** wenn dem Hintermann eine besondere, im Tatbestand vorausgesetzte Täterqualität fehlt (sog Sonderdelikte, 33 vor § 13; BGHSt 2, 169) oder wenn der Tatbestand nach der ihm zugrundeliegenden gesetzgeberischen Entscheidung unmittelbares Handeln voraussetzt (sog **eigenhändige Delikte**). Diese zweite Deliktskategorie ist zwar als solche überwiegend anerkannt, jedoch im Hinblick auf die sie begründenden Merkmale und die Abgrenzung im einzelnen noch nicht abschließend geklärt (zusf Herzberg ZStW 82, 896; Schall JuS 79, 104; Haft JA 79, 651; Roxin LK 40–46; s auch Auerbach, Die eigenhändigen Delikte unter besonderer Berücksichtigung der Sexualdelikte des 4. StrRG, 1978; die Rechtsfigur ganz abl Schubarth SchwZStr 96, 325; zweifelnd auch Jakobs AT 21/19 – 22); zu ihr gehören nach hM namentlich Delikte, bei denen ein spezifischer Handlungsunwert im Vordergrund steht, wie zB Beischlaf zwischen Verwandten (6 zu § 173) und sexueller Mißbrauch Widerstandsunfähiger (2 zu § 179), nicht aber Vergewaltigung (2 zu § 177) und sexuelle Nötigung (2 zu § 178), daneben auch einige weitere Delikte, wie zB Aussagedelikte (7 vor § 153) und das Führen von Fahrzeugen in fahruntüchtigem Zustand (4 zu § 315 c). 3

bb) Mittelbare Täterschaft kraft Willens- oder Wissensherrschaft (namentlich Nötigungs- oder Irrtumsherrschaft) **kommt** vor allem **in Frage:** Wenn der Tatmittler tatbestandslos handelt (hM; einschr Jakobs GA 96, 253, 267), zB bei Selbstverletzung oder -tötung (BGHSt 32, 38; bei Holtz MDR 81, 631; Roxin LK 66–68, 106–117; eingehend Meyer aaO [vgl 2] S 3; beachte auch 13–13 b vor § 211); wenn er sich im Tatbestandsirrtum befindet (BGHSt 30, 363, 364; s auch NJW 96, 4

2042; zu str Fällen der Steuerhinterziehung beachte BFH wistra 87, 150; Maier MDR 86, 358; Wüllenkemper wistra 89, 46, alle mwN); wenn er gerechtfertigt ist, zB bei zulässiger durch Täuschung veranlaßter Verhaftung oder bei provozierter Notwehrlage (BGHSt 3, 4; BGHSt 10, 306); wenn er durch eine wahre Anzeige bewußt einen rechtswidrig handelnden Staatsapparat für eigene Ziele ausnutzt (5 StR 183/95 v 23. 10. 1996 [zu Veröffentl bestimmt] mwN); wenn er schuldunfähig (NJW 83, 462) oder wegen eines Einsichtsmangels, der stets einen Verbotsirrtum begründet (BGHSt 21, 27), vermindert schuldfähig ist (Roxin LK 120–124; weiter Schaffstein NStZ 89, 153 und Sch/Sch-Cramer 41 mwN, die verminderte Schuldfähigkeit voll einbeziehen; aM Herzberg TuT [vgl 2] S 12, Schumann aaO [vgl 2] S 76 und Jakobs AT 21/94 mwN, die Fälle des § 21 ganz ausscheiden; zw); wenn er in unvermeidbarem (unstr) oder auch nur in vermeidbarem (BGHSt 35, 347 mit durchweg krit, dem Ergebnis aber zust Bespr Schaffstein aaO, Küper JZ 89, 935, Herzberg Jura 90, 16 und Schumann NStZ 90, 32, alle mwN; s auch BGHSt 40, 257, 266 mit krit Bespr Otto JK § 25 I/4; Otto Jura 87, 246, 254; Bottke JuS 92, 765, 767) Verbotsirrtum handelt; wenn er wegen Notstands (§ 35 I) entschuldigt ist (RGSt 31, 395; 64, 30); oder wenn er bei einem manipulierten error in persona (13 zu § 15) oder sonst einer gleichwertigen Manipulation den konkreten Handlungssinn verkennt (Roxin, Lange-FS, S 173, 189; Meyer aaO S 99; Neumann JA 87, 244, 250; aM Bloy aaO [vgl 2] S 358; Schumann aaO [vgl 2] S 76; Otto aaO S 255; Herzberg Jura 90, 16, 25; Muñoz Conde ZStW 106, 547, 561; Samson SK 104, alle mwN; zw). Von der subjektiven Teilnahmelehre aus folgerichtig rechnet der BGH hierher auch den Fall, daß der die Tathandlung unmittelbar Ausführende nur Gehilfe ist (doloses Werkzeug, BGHSt 2, 169, 170; krit Spendel, Lange-FS, S 147, 160). – Aufgrund normativer Deutung des Tatherrschaftsbegriffs kann Zentralgestalt des Geschehens und daher mittelbarer Täter auch sein: wer als **Amtsträger** dem gutgläubigen Tatmittler eine wirksame, aber **materiell rechtswidrige behördliche Erlaubnis** erteilt (10 vor § 324); wer sich eines anderen, dem nur die im Tatbestand (zB in § 242) geforderte Absicht fehlt **(absichtsloses doloses Werkzeug),** als Tatmittler bedient (Gallas, Beiträge, S 78, 100; Cramer, Bockelmann-FS, S 389, 398; Hünerfeld ZStW 99, 228, 239; Jescheck/Weigend AT S 669; aM Herzberg TuT [vgl 2] S 34; Bloy aaO S 241; Roxin LK 140, 141; zw); oder wer beim echten Sonderdelikt einen anderen, dem nur die im Tatbestand (zB in § 336) vorausgesetzte Täterqualität fehlt **(qualifikationsloses doloses Werkzeug),** als Tatmittler für sich handeln läßt (Gallas und Jescheck/Weigend aaO; im Ergebnis ebenso Herzberg aaO S 31 und Roxin LK 134, 138, die allerdings die Täterschaft des Hintermanns nicht auf die Tatherrschaft, sondern auf dessen Pflichtbindung stützen; aM Bloy aaO S 237 und Stratenwerth AT Rdn 792–798, die eine nicht mit Strafe bedrohte Mischform annehmen; abw ferner Wagner, Amtsverbrechen, 1975, S 378; Spendel aaO S 155; Samson SK 106–109, alle mwN).

cc) Soweit es auf die Abgrenzung zwischen mittelbarer Täterschaft und **Anstiftung** ankommt (zB Bestimmung eines Schuldunfähigen zur Begehung einer rechtswidrigen Tat; vgl 18 zu § 11; 1 zu § 29), entscheidet das Vorliegen oder Fehlen der Tatherrschaft bzw nach subjektiver Lehre des Täterwillens; damit hat die Täterschaft – auch als mittelbare – grundsätzlichen Vorrang vor der Teilnahme (primärer Täterbegriff). – Wer den Mangel in der Person des Tatmittlers kennt, hat idR (aber nicht notwendig) Tatherrschaft (Täterwillen). Handelt ein unmittelbarer Täter volldeliktisch, hält ihn aber der Hintermann irrig für sein Werkzeug (zB irrige Annahme der Schuldunfähigkeit), so fehlt es an der Tatherrschaft, so daß Anstiftung als die mindere Beteiligungsform (arg a maiore ad minus) anzunehmen ist (Gallas, Beiträge, S 78, 107; Tenckhoff JuS 76, 526, 528; Cramer Bockelmann-FS, S 389, 399; Roxin LK 147; aM Letzgus, Vorstufen der Beteiligung, 1972, S 30; Herzberg TuT [vgl 2] S 45 und Samson SK 112, die nur versuchte mittelbare Täterschaft annehmen); nach der subjektiven Theorie bleibt dagegen in diesen Fällen der Täterwille unberührt (Baumann JZ 58, 230, 232). Zu dem umgekehrten Fall, daß der Hintermann irrig volldeliktisches Handeln des Vormanns annimmt, 10 vor § 25. 5

c) Zum **Versuch** bei mittelbarer Täterschaft 9 zu § 22. 6

2. Unter dem Gesichtspunkt der Beteiligung mehrerer ist im Rahmen der Täterschaft (1 vor § 25) zwischen **dem Alleintäter, dem Nebentäter und dem Mittäter** zu unterscheiden. **Abs 2** behandelt nur den Fall der Mittäterschaft. 7

a) Bei **Allein- und Nebentäterschaft** verwirklicht der Täter den Tatbestand vollständig (NStZ 94, 91), und zwar entweder als alleiniger Täter oder unter kausaler Mitwirkung des Beitrags eines unabhängig von ihm handelnden anderen Täters; im letzteren Falle sind beide selbständig als Täter zu behandeln (BGHSt 4, 20; bei Holtz MDR 96, 117; eingehend Murmann, Die Nebentäterschaft im Strafrecht, 1993, S 183; krit Fincke GA 75, 161). 8

b) Mittäterschaft ist bewußtes und gewolltes Zusammenwirken mehrerer (nicht nur Handeln aus einer Gruppe, BGHSt 41, 149 [beachte jedoch NJW 96, 2042], aus familiärer Verbundenheit, NStZ 96, 227, aufgrund gemeinsam gewonnener Erkenntnisse oder gemeinsam angestellter Überlegungen, BGHSt 24, 286, 288; s auch StV 92, 160) bei Begehung ein und derselben Tat (NJW 58, 349; zusf Roxin JA 79, 519; Seelmann JuS 80, 571); fehlt es am Zusammenwirken, so kommt Nebentäterschaft in Frage (vgl 8). Jeder Mittäter führt die Tat selbst und zugleich dadurch aus, daß er die anderen für sich handeln läßt; sein Tatbeitrag ergänzt die übrigen zum Ganzen der Tat, die ihm deshalb voll zugerechnet wird (RGSt 71, 23; krit Lampe ZStW 106, 683, 716, der die volle Verantwortung aller Mittäter aus der Begehung von „Systemunrecht" ableitet; ähnlich auch Dencker, Kausalität und Gesamttat, 1996, S 120, der Abs 2 als Ausprägung eines allgemeinen 9

Prinzips versteht, dem die Anerkennung einer von mehreren gemeinschaftlich begehbaren Tat zugrundeliegt [„Haftungsprinzip Gesamttat"] und das die Lösung von Kausalitätsproblemen über die Grenzen des § 25 hinaus bei Beteiligung mehrerer am Gesamtgeschehen überzeugender als die hM erklären soll). Nur wer als **Täter tauglich** ist, kann Mittäter sein. Deshalb scheidet aus: wer beim eigenhändigen Delikt (vgl 3) nicht unmittelbar handelt; wem beim echten Sonderdelikt (33 vor § 13) die besondere Täterqualität fehlt (BGHSt 14, 123); wer beim Unterlassungsdelikt nicht zum Handeln verpflichtet ist (Bay MDR 91, 890 mwN); wer bei Unterschlagung keinen Gewahrsam hat (BGHSt 2, 317; aM Charalambakis, Der Unterschlagungstatbestand de lege lata und de lege ferenda, 1985, S 122; Roxin LK 168; zw); oder wer beim unerlaubten Entfernen vom Unfallort nicht Unfallbeteiligter ist (BGHSt 15, 1). In diesen Fällen kommt nur Teilnahme in Frage (1 zu § 26; 1 zu § 27). Im übrigen setzt Mittäterschaft voraus:

10 aa) Den **gemeinschaftlichen Entschluß** (hM; anders Derksen GA 93, 163, Lesch ZStW 105, 271 und Jakobs AT 21/43, die für die Zurechnung der Tatbeiträge einen „Einpassungsentschluß" oder eine „Einpassung in einen durch Fremdplanung bestimmten Kontext" genügen lassen; krit dazu Küpper ZStW 105, 295; Ingelfinger JZ 95, 704, 707). Er erfordert das gegenseitige (GA 85, 233; Köln JR 80, 422 mit Anm Beulke), auf gemeinsamem Wollen beruhende (wistra 88, 106) Einverständnis (BGHSt 6, 248; NStZ 94, 339), eine bestimmte Tat durch gemeinsames, arbeitsteiliges (StV 92, 376) Handeln zu begehen (speziell zu den str Voraussetzungen des Einverständnisses bei Kollektiventscheidungen in Gremien Franke JZ 82, 579; Nettesheim BayVBl 89, 161; Weber BayVBl 89, 166; Franzheim NJW 93, 1836; Jakobs, Miyazawa-FS, S 419; Hoyer GA 96, 160, 172; Dencker aaO [vgl 9] S 179, alle mwN; beachte auch 11 vor § 13). Es kann ausdrücklich oder stillschweigend (BGHSt 37, 289, 292; NStZ 94, 394; NJW 96, 2042; aM Puppe NStZ 91, 571, 573) und auch noch nach Beginn der Tatausführung jedenfalls so lange hergestellt werden, als auf seiner Grundlage (weitere) tatbestandsverwirklichende Handlungen (oder Unterlassungen) vorgenommen werden (unstr; vgl ua BGHSt 37, 106, 130; Gössel, Jescheck-FS, S 537; zur weiterreichenden sukzessiven Mittäterschaft beachte 12). Umgekehrt muß das Einverständnis mindestens bis zum Überschreiten der Versuchsschwelle der „Gesamttat" (vgl dazu 9 zu § 22) fortbestehen; wer sich schon vorher vom gemeinschaftlichen Entschluß distanziert, ist nicht Mittäter, sondern wegen Fehlens der (funktionellen) Tatherrschaft allenfalls Teilnehmer (Rudolphi SK 36 zu § 24; weiter BGHSt 28, 36, NStZ 94, 29 und Sch/Sch-Eser 76, 77 zu § 24, die eine Distanzierung im Vorbereitungsstadium bei fortwirkendem Tatbeitrag regelmäßig nur für relevant halten, wenn damit zugleich ein notwendiges Tatbestandsmerkmal, etwa die Zueignungsabsicht beim Raub, entfällt [krit dazu Otto JK 8]; diff Vogler LK 164 zu § 24, alle mwN). Wie sich das Zurückziehen des Einverständnisses nach Eintritt der „Gesamttat" in das Versuchsstadium auswirkt, bestimmt sich

nach den für den Rücktritt geltenden Regeln (StV 92, 376 mit abl Anm Zaczyk; s auch Hauf NStZ 94, 263, 264); wird es schon vor Beendigung des Gesamtverhaltens zurückgezogen, ist damit regelmäßig der Verlust der Tatherrschaft verbunden (auf dem Boden der subjektiven Lehre weiter BGHSt 37, 289 mit überwiegend abl Bespr Roxin JR 91, 206, Herzberg JZ 91, 856, Puppe NStZ 91, 571, Erb JuS 92, 197, Stein StV 93, 411 und Hauf NStZ 94, 263, alle mwN).

bb) Einen **objektiven Tatbeitrag,** der für die Tatbestandsverwirklichung mitursächlich ist (GA 85, 233; zur Mitursächlichkeit bei Kollektiventscheidungen 11 vor § 13), und den der Beteiligte als Mitträger der Tatherrschaft (oder nach subjektiver Lehre mit Täterwillen) leistet (3–6 vor § 25). – Auch nach der **Tatherrschaftslehre** braucht der Beitrag nicht unbedingt ein Tatbestandsmerkmal zu erfüllen und auch nicht Ausdruck der Herrschaft gerade über die Tatbestandsverwirklichung zu sein. Es genügt, wenn er ein Teilstück der gemeinschaftlich beschlossenen, eine Sinneinheit bildenden Tatausführung in dem Sinne ist, daß er im Rahmen des arbeitsteiligen Zusammenwirkens den Tatablauf – sei es auch nur durch Planung und Organisation (str) – wesentlich mitgestaltet („Gestaltungsherrschaft", Jakobs AT 21/48) und dadurch eine durchgängige Abhängigkeit der Beteiligten untereinander begründet (Jescheck/Weigend AT S 679 mwN; weiterführend Ingelfinger JZ 95, 704, 708; str). Eine weitergehende Beschränkung dieser sog **„funktionellen Tatherrschaft"** auf den Geschehensausschnitt der jeweiligen Tatbestandsverwirklichung (so Rudolphi, Bockelmann-FS, S 369; Bloy aaO [vgl 2] S 196; und GA 96, 424, 436; Herzberg ZStW 99, 49, 58; Eschenbach Jura 92, 637, 644; Zieschang ZStW 107, 361; Roxin, Odersky-FS, S 489, alle mwN) bedeutet einen partiellen Rückfall in die inzwischen überwundene formell-objektive Theorie (4 vor § 25) mit ihren zum Teil unbefriedigenden Ergebnissen; das zeigt sich namentlich an der Ausschaltung wichtiger Tatgenossen, zB des Bandenchefs, der den gesamten Einsatz organisiert, aber am Tatort nicht mitgewirkt hat (vgl zB BGHSt 33, 50), oder des Diebstahlskomplizen, dem im Rahmen der Arbeitsteilung erst das Verladen und Abtransportieren der Beute zufällt (eingehend zu der noch nicht abschließend geklärten Problematik Herzberg TuT [vgl 2] S 65; Cramer, Bockelmann-FS, S 389, 400; Seelmann JuS 80, 571, 573; Küpper GA 86, 437, 444; Dencker aaO [vgl 9] S 200; Roxin LK 154, 179, 190; zusf Stoffers MDR 89, 208; speziell zur Tatherrschaft bei mehraktigen Delikten mit mehreren Beteiligten Woelk, Täterschaft bei zweiaktigen Delikten – Am Beispiel des § 307 Nr 3 StGB, 1994). – Die **Rechtsprechung** stellt auf der Grundlage der subjektiven Lehre geringere Anforderungen (5 vor § 25). Nach ihr kann uU auch ausreichen: Nur vorbereitende oder unterstützende Tätigkeit (BGHSt 16, 12, 14; 28, 346, 348; 39, 381, 386; 40, 299; NJW 85, 1035 mit abl Anm Roxin StV 85, 278; StV 86, 384 mit abl Anm Roxin; NStZ 93, 137, 444 und 95, 285; StV 93, 474, alle mwN), die jedoch nach Beendigung der Tat nicht mehr in Frage kommt (BGHSt 2, 344); bloß psychisches Veranlassen, zB ein

11

Rat (BGHSt 11, 268, 271), oder psychisches Bestärken (BGHSt 37, 289, 292 mit abl Anm Schirrmacher JR 95, 386; NStZ 95, 122 mit abl Bespr Küpper NStZ 95, 331 und Geppert JK § 25 II/10; beachte jedoch StV 94, 422); dagegen regelmäßig nicht die bloße Zusage späterer Beuteverwertung, die nur Beihilfe ist (BGHSt 8, 390; s auch StV 92, 579). Hat umgekehrt der Beteiligte den Tatbestand vollständig selbst verwirklicht, so ist er grundsätzlich Mittäter (BGHSt 38, 315 mit Bespr Wiegmann JuS 93, 1003; NStZ 93, 138; MDR 95, 442, alle mwN; s auch 1). Bei mehraktigen Delikten ist eine Verteilung der verschiedenen Akte auf die Mittäter denkbar (RGSt 58, 279; 71, 350, 353; s auch BGHSt 27, 205; Woelk aaO S 46, 119). Ferner ist Tun des einen und Unterlassen (2–5 zu § 13) des anderen Mittäters oder sogar einverständliches Unterlassen nicht ausgeschlossen (BGHSt 37, 106, 129 mit krit Bespr Brammsen Jura 91, 533, 536 und Samson StV 91, 182, 184; NJW 66, 1763; str).

12 cc) **Rechtsprechung** und früher hM halten sog **sukzessive Mittäterschaft** über die unter 10 beschriebene Grenze hinaus für möglich. Danach soll das erforderliche Einverständnis der Beteiligten auch nach der Tatbestandsverwirklichung bis zur Tatbeendigung (2 vor § 22) hergestellt werden können (krit Bitzilekis ZStW 99, 723, 732). Dabei werden dem Mittäter die vor seinem Eintreten verwirklichten und ihm bekannten Umstände (bei Holtz MDR 95, 117) – und zwar auch solche, die nur das Regelbeispiel eines besonders schweren Falles begründen (StV 94, 240) – zugerechnet, soweit sie in der gemeinschaftlichen Weiterführung fortwirken und noch nicht als tatbestandliches Geschehen abgeschlossen vorliegen (BGHSt 2, 344; NStZ 85, 70; Köln NJW 86, 333 mwN; zu weit JZ 81, 596 mit Bespr Küper JZ 81, 586 und Kühl JuS 82, 189). Allerdings wird es, wenn der Beteiligte erst spät, namentlich nach Vollendung der Tat, eintritt, meist am Täterwillen oder an dem für die Tatbestandsverwirklichung mitursächlichen Beitrag fehlen (NStZ 84, 548). – Mit den Grundlagen der **Tatherrschaftslehre** ist diese Erweiterung nicht vereinbar, vor allem deshalb, weil der nachträglich eintretende Mittäter über Vorgänge der Vergangenheit schon begrifflich keine Tatherrschaft haben kann (Roxin JA 79, 519, 525; Rudolphi, Bockelmann-FS, S 369, 377; Gössel, Jescheck-FS, S 537; Otto Jura 87, 246, 253; aM Küpper GA 86, 437, 447; mit anderem Ansatz auch Dencker aaO [vgl 9] S 251, alle mwN).

13 dd) Mittäterschaft beim **Fahrlässigkeitsdelikt** (zusf Otto Jura 90, 47) ist zwar – bezogen auf das sorgfaltswidrige Verhalten – begrifflich denkbar, fällt aber wegen Fehlens eines gemeinsamen Tatentschlusses nicht unter § 25 II (hM; vgl 2 vor § 25; anders auch Bindokat JZ 79, 434; Schmidhäuser Stub 10/68, 69). Fahrlässiges Zusammenwirken mehrerer wird vielmehr in den Grenzen objektiver Zurechenbarkeit unterschiedslos als Nebentäterschaft erfaßt, weil das Gesetz hier keine Differenzierung der Beteiligungsformen vorsieht. Schwierigkeiten kann es nur in Grenzfällen geben, zB wenn ungeklärt bleibt, welche von mehreren arbeitsteilig vorgenommenen Handlungen den Erfolg verur-

sacht hat (sog additive Kausalität). Das Ergebnis hängt davon ab, ob und wieweit auch im Fahrlässigkeitsbereich eine gemeinschaftliche Verantwortlichkeit arbeitsteilig Zusammenwirkender anzuerkennen ist (verneinend die hM; vgl etwa Herzberg TuT [vgl 2] S 73; anders Otto aaO S 49, Spendel-FS, S 282 und Die Strafbarkeit von Unternehmen und Verbänden, 1993, S 9; Eschenbach Jura 92, 637; Dencker aaO [vgl 9] S 174, alle mwN). Die Bejahung dürfte indessen vorzugswürdig sein (s auch Brammsen/Kaiser Jura 92, 35, 37; Beulke/Bachmann JuS 92, 737, 744); sie ist jedoch nicht aus den Teilnahmeformen des Vorsatzdelikts ableitbar (so aber Otto aaO), sondern bedarf einer selbständigen Begründung, die meistens darauf gestützt werden kann, daß alle Beteiligten ihre Garantenpflicht zur Verhütung der aus dem arbeitsteiligen Vorgehen erwachsenen Gefahren verletzt haben (Walder, Spendel-FS, S 363; beachte auch die Ansätze von Eschenbach aaO, Lesch GA 94, 112, 119 und Jakobs GA 96, 253, 265).

c) Alle Mittäter haften im Umfang der Willensübereinstimmung für die **Tat im ganzen.** Daraus folgt jedoch nicht ihre Strafbarkeit aus demselben Tatbestand. Unterschiede können sich ergeben **14**

aa) aus §§ 28 II, 29, die auch bei Mittäterschaft gelten (1 zu § 28; 1 zu § 29); **15**

bb) aus **verschiedenem Umfang** der Verbrechensentschlüsse, die nur teilweise übereinstimmen (zB Körperverletzung beim einen, Tötung beim anderen Mittäter, RGSt 44, 321); **16**

cc) aus **Exzeß** eines Mittäters, für den die anderen nicht haften (bei Dallinger MDR 66, 197). Exzeß ist Überschreitung des gemeinschaftlichen Entschlusses. Unwesentliche Abweichungen (11 zu § 15), namentlich solche, mit denen nach den Umständen gewöhnlich zu rechnen ist (GA 85, 270; Düsseldorf NJW 87, 268) oder bei denen die verabredete Tatausführung nur durch eine in ihrer Schwere und Gefährlichkeit gleichwertige ersetzt wird, sind dabei unerheblich (NJW 73, 377; bei Holtz MDR 93, 1041). Überwiegend wird das auch für den error in obiecto (13 zu § 15) angenommen, der nicht nur für den Handelnden, sondern auch für die übrigen Mittäter unerheblich sein soll (zusf Küper, Versuchsbeginn und Mittäterschaft, 1978, S 35; str); deshalb liege bei verabredeter gezielter Abwehr von Verfolgern Tötungsversuch beider Mittäter vor, wenn der eine auf den anderen schieße, weil er ihn irrig für einen Verfolger halte (BGHSt 11, 268; Küper aaO; Streng JuS 91, 910, 915; Scheffler JuS 92, 920; aM Herzberg TuT [vgl 2] S 63; Rudolphi, Bockelmann-FS, S 369, 380; Roxin LK 178, alle mwN; zw); **17**

dd) bei **erfolgsqualifizierten Delikten** aus einer unterschiedlichen Haftung nach § 18 (dort 4–6; beachte dazu NStZ 97, 82). **18**

d) Zum **Versuch** bei Mittäterschaft 9 zu § 22; zum **Rücktritt** 24–28 zu § 24. **19**

3. Wahlfeststellung zwischen den verschiedenen Formen der Täterschaft ist möglich (14 zu § 1). **20**

§ 26 Anstiftung

Als Anstifter wird gleich einem Täter bestraft, wer vorsätzlich einen anderen zu dessen vorsätzlich begangener rechtswidriger Tat bestimmt hat.

1 1. **Anstifter** ist, wer vorsätzlich einen anderen zu dessen vorsätzlich (nicht fahrlässig) begangener rechtswidriger Tat (18 zu § 11; 9 vor § 25; 1 zu § 29) bestimmt hat, über die nicht er selbst, sondern der andere die Tatherrschaft hatte (sonst mittelbare Täterschaft, 2–5 zu § 25; 1 zu § 29). Fahrlässige Anstiftung ist nicht als solche strafbar (RGSt 73, 5), kann es jedoch als Täterschaft eines Fahrlässigkeitsdelikts sein (2 vor § 25; zusf Herzberg, Täterschaft und Teilnahme, 1977, S 100 mwN). Haupttat kann auch ein eigenhändiges Delikt (3 zu § 25) oder ein Sonderdelikt (33 vor § 13; BGHSt 5, 75) sein.

2 2. **a) Bestimmen** bedeutet Verursachen (auch Mitverursachen, NStZ 94, 29) des Tatentschlusses in einem anderen, gleichgültig durch welches Mittel (BGHSt 2, 279). Auch eine Frage (GA 80, 183), uU sogar bloßes Schaffen einer sozialinadäquaten, zur Tat anreizenden Sachlage kann genügen (Herzberg aaO [vgl 1] S 53, 146; Bloy, Die Beteiligungsform als Zurechnungstypus im Strafrecht, 1985, S 328; Kuhlen/Roth JuS 95, 711, 712; Samson SK 5; zw). Demgegenüber schränkt das Schrifttum überwiegend auf kommunikative Beeinflussung ein (Meyer MDR 75, 982; Otto JuS 82, 557, 560; Roxin, Stree/Wessels-FS, S 365, 376 und LK 3, 4, alle mwN). Eine im Rahmen des Vertretbaren erteilte „reine" Rechtsauskunft genügt nicht; sie ist verfassungsrechtlich nicht verbietbar und wird daher entweder schon als nicht tatbestandsmäßig (so Maiwald ZStW 93, 885, 889) oder jedenfalls als gerechtfertigt angesehen (so Mallison, Rechtsauskunft als strafbare Teilnahme, 1979, S 134; krit Müller-Dietz GA 82, 282; Hruschka JR 84, 258; s auch NJW 92, 3047; Düsseldorf JR 84, 257; Stuttgart NJW 87, 2883).

2a **b)** Ist der andere schon zur Tat entschlossen **(omni modo facturus,** NStE 5), so liegt nur psychische Beihilfe (NStZ-RR 96, 1) oder versuchte Anstiftung nach § 30 (RGSt 72, 373) vor; anders jedoch, wenn er nur allgemein tatbereit, aber noch nicht zu bestimmter Tat (vgl 4, 5) entschlossen ist (NStZ 94, 29), wenn er noch schwankt (bei Dallinger MDR 72, 569) oder wenn er einen zunächst gefaßten Tatentschluß wieder aufgegeben hat. Bloßes Bestimmen zur Änderung von Tatmodalitäten reicht im allgemeinen nicht (NStZ-RR 96, 1). Wird jedoch der zur Begehung eines Grunddelikts Entschlossene zur Tat in qualifizierter Form (zB schwerer Raub statt einfacher Raub) bestimmt, so genügt das – jedenfalls idR – für die Anstiftung zur qualifizierten Tat (BGHSt 19, 339 mit Bespr Cramer JZ 65, 31). Für diese und weitere Fälle, in denen der andere schon gewisse Vorstellungen von der Tat hat, ist das für die Abgrenzung zur Beihilfe maßgebende Kriterium umstritten (zusf Küpper JuS 96, 23). Überwiegend wird als entscheidend angesehen, ob der hervorgerufene Entschluß gegenüber diesen Vorstellungen ein aliud bedeutet, was dann allerdings häufig aufgrund einer mehr analytisch trennenden (zB Grünwald JuS 65, 311, 313; Bemmann, Gallas-FS, S 273) oder einer mehr ganzheitlichen (Stree, Heinitz-FS, S 277; Roxin LK 25–43) Unrechtsbetrachtung unterschiedlich beantwortet wird.

c) Im **neueren Schrifttum** werden zur allgemeinen Einschränkung gegenüber der Beihilfe auch andere Gesichtspunkte als Abgrenzungskriterien herangezogen (zusf Schulz JuS 86, 933; Hilgendorf Jura 96, 9): zB die Planherrschaft des Anstifters (Schulz, Die Bestrafung des Ratgebers, 1980, S 137; Bloy aaO [vgl 2] S 330); die Abhängigkeit des Täters vom Willen des Anstifters (Jakobs AT 22/21, 22); kollusives Zusammenwirken zwischen beiden (Roxin LK 4); der zwischen ihnen geschlossene Unrechtspakt (Puppe GA 84, 101); ein spezielles Lenkungsmoment in der Anstiftungshandlung oder eine voluntative Dominanz des Anstifters (Ingelfinger, Anstiftervorsatz und Tatbestimmtheit, 1992, S 175, 210); oder der Aufforderungscharakter der Anstiftung im Gegensatz zu bloßer „Entscheidungshilfe“ (Joerden, Strukturen des strafrechtlichen Verantwortlichkeitsbegriffs: Relationen und ihre Verkettungen, 1988, S 119). Darüber hinaus wird mit Recht auch allgemein eine über das Kausalitätserfordernis hinausgehende Begrenzung des Anstiftungsunrechts durch Kriterien der objektiven Zurechnung (14 vor § 13) gefordert (Herzberg JuS 87, 617; Weßlau ZStW 104, 105; ähnlich auch Hilgendorf aaO S 10, der schon im Rahmen der Kausalitätsprüfung eine sozial inadäquate Risikoerhöhung fordert). 2 b

3. Anstiftung **durch Unterlassen** ist regelmäßig, aber nicht notwendig (Joerden aaO [vgl 2 b] S 118; M-Gössel AT 2 51/17; aM Grünwald GA 59, 110, 122; Jescheck LK 56 zu § 13, alle mwN; zw) ausgeschlossen, weil Untätigkeit nur in Ausnahmefällen zum Fassen eines Tatentschlusses motiviert (zusf Bloy JA 87, 490). Dagegen ist Anstiftung (ebenso wie Beihilfe, 6 zu § 27) durch positives Tun zur **Begehung eines Unterlassungsdelikts** rechtlich ohne Einschränkung möglich (BGHSt 14, 280, 282; Stree GA 63, 1; Roxin, Täterschaft und Tatherrschaft, 6. Aufl 1994, S 510; Arzt JA 80, 553; aM Armin Kaufmann, Die Dogmatik der Unterlassungsdelikte, 1959, S 190, 317). 3

4. a) Der **Vorsatz** (bedingter genügt, BGHSt 2, 279) des Anstifters ist ein „doppelter“: Einerseits muß er die Anstiftungshandlung als solche umfassen. Andererseits muß er sich auf eine bestimmte, dh ausreichend konkretisierte (dazu 5), Handlung beziehen, welche die Voraussetzungen einer vorsätzlich begangenen rechtswidrigen Tat erfüllt (hM), also nicht notwendig auch Unrechtsbewußtsein des Anstifters erfordert (Schumann, Stree/Wessels-FS, S 383; aM Herzberg GA 93, 439, 454, beide mwN; s auch 6 zu § 15; 2, 22 zu § 17); außerdem muß die rechtswidrige Tat nach der Vorstellung des Anstifters nicht nur versucht (agent provocateur), sondern auch vollendet werden sollen (hM; vgl Küper GA 74, 321 mwN). Darüber hinaus wird nach verbreiteter An- 4 sicht auch nicht erfaßt, wer zwar die Vollendung der Haupttat in Kauf nimmt, aber durch rechtzeitiges Eingreifen deren erfolgreiche Beendigung oder jedenfalls den Eintritt einer Rechtsgutsverletzung verhindert (Herzberg JuS 83, 737; Roxin aaO [vgl 3] S 374 und LK 73; Sch/Sch-Cramer 20; krit Seier/Schlehofer JuS 83, 50, 52; Bitzilekis ZStW 99, 723, 744, alle mwN). Aufgrund dieser Lehre kann die Strafbarkeit von **Lockspitzeln,** die im Auftrag oder mit Billigung staatlicher Behörden agieren (Verdeckte Ermittler [§§ 110 a–110 e StPO] und sog V-Leute), durch Einsatz polizeilicher Sicherungsmaßnahmen nicht unerheblich eingeschränkt werden; jedoch sind die Grenzen im einzelnen, namentlich im Bereich der abstrakten Gefährdungsdelikte, im Hinblick sowohl auf die Tatbestandsmäßigkeit wie auch die Möglichkeiten der Rechtfertigung umstritten und noch nicht abschließend geklärt (vgl etwa Dencker, Dünnebier-FS, S 447, 471; Ostendorf/Meyer-Seitz StV 85, 73; Lüderssen StV 85, 178; Schünemann GA 86, 293, 319; Sommer JR 86, 485; Drywa, Die materiell-rechtlichen Probleme des V-Mann-Einsatzes, 1986; Schwarzburg, Tatbestandsmäßigkeit und Rechtswidrigkeit der polizeilichen Tatprovokation, 1991, S 17, 35 und NStZ 95, 469; Krey, Rechtsprobleme des strafprozessualen Einsatzes Verdeckter Ermittler einschließlich des „Lauschangriffs" zu seiner Sicherung und als Instrument der Verbrechensaufklärung, 1993, Rdn 70–93, 431–632; Harzer StV 96, 336; Hirsch LK 17 a zu § 34, alle mwN; beachte auch 24 vor § 32). Dasselbe gilt für die damit unmittelbar zusammenhängende, hier nicht zu erörternde prozeßrechtliche Frage, ob und unter welchen Voraussetzungen zugunsten des Provozierten ein Verfahrenshindernis, sonst ein Verfahrensmangel, ein Beweisverwertungsverbot oder ein Strafausschließungsgrund angenommen werden kann.

5 **b)** In **bezug auf die Haupttat ausreichend konkretisiert** (vgl 4) ist nach hM der Vorsatz, wenn ihm die Vorstellung einer in ihren Grundzügen, namentlich ihrem wesentlichen Unrechtsgehalt und ihrer Angriffsrichtung, umrissene, nicht notwendig schon in allen Einzelheiten umschriebene Tat zugrundeliegt (vgl etwa BGHSt 15, 276; 34, 63 mit krit Anm Roxin JZ 86, 908, alle mwN; anders Herzberg JuS 87, 617 und Weßlau ZStW 104, 105, die die notwendige Konkretisierung auf eine Begrenzung der objektiven Zurechnung stützen; zw). Die bloße Bestimmung eines anderen zur Begehung irgendwelcher unbestimmter oder nur nach dem gesetzlichen Tatbestand (zB Diebstahl) umschriebener Taten genügt danach regelmäßig nicht. Auch die etwas weitergehende Individualisierung durch bloße Angabe abstrakter Tattypen (zB Bankraub) oder Tatobjekte (zB Gelddiebstahl) ändert daran im allgemeinen nichts (BGHSt 34, 63, 66). Gefordert wird vielmehr mindestens die Vorstellung der „wesentlichen Dimensionen" des Haupttatunrechts (so Roxin aaO und Salger-FS, S 129) oder die Vorstellung eines nicht einheitlich definierten zeitlichen oder örtlichen Rahmens, innerhalb dessen sich die Haupttat abspielen soll (BGH aaO). Alle diese Versuche der Begrenzung sind zwar hilfreich, aber nicht abschließend.

Entscheidend ist nämlich allein, ob der Anstifter in bezug auf alle Umstände der Haupttat vorsätzlich handelt (§ 16 I) und ob er Angriffsziel oder Angriffsrichtung maßgeblich beeinflussen will; deshalb kann es auch nur darauf ankommen, ob das im Einzelfall feststellbare Maß an Konkretisierung ausreicht, um den Vorsatz des Anstifters nach den allgemeinen Regeln zu begründen (Wolf JR 92, 428; Wild JuS 92, 911; ähnlich NStZ 96, 434, alle mwN) und seinen Willen zu bestimmender Einflußnahme hinreichend deutlich zu machen (beachte dazu Ingelfinger aaO [vgl 2 b]). – In **bezug auf den Haupttäter nicht ausreichend konkretisiert** ist die Aufforderung eines individuell unbestimmten Personenkreises zur Begehung bestimmter Taten (Hamm VRS 26, 105; Rogall GA 79, 11, 12; aM Dreher, Gallas-FS, S 307, 321; s auch 1, 3 zu § 111), wohl aber die Aufforderung an die eine oder andere unbestimmte Person aus einem individuell bestimmten Personenkreis (2 StR 699/77 v 15. 3. 1978; s auch NJW 94, 2703, 2705).

c) Der **Irrtum** des Anstifters über Abweichungen des Kausalverlaufs ist ebenso zu beurteilen wie beim Täter. Dagegen verfehlt beim Irrtum des Haupttäters über das Tatobjekt (13 zu § 15) der Rechtsgutsangriff des Anstifters infolge der Objektsverwechslung sein Ziel; er wirkt sich daher meistens, wenn auch nicht in jedem Falle, als aberratio ictus aus (Roxin LK 90–97 mwN; str). Die von der Rspr inzwischen bevorzugte und dem Rechtsgefühl auch besser entsprechende Gleichbehandlung von Haupttäter und Anstifter (BGHSt 37, 214) ist in ihrer Begründung mit den für die aberratio ictus anerkannten Regeln nicht vereinbar (Roxin JZ 91, 680 und Spendel-FS, S 289; Schlehofer GA 92, 307; Bemmann, Stree/Wessels-FS, S 397; Sowada Jura 94, 37, 41). Die im Schrifttum unternommenen Versuche, diese Rspr zu stützen, gehen von divergierenden dogmatischen Ansätzen aus (Puppe NStZ 91, 124; Streng JuS 91, 910; Geppert Jura 92, 163; Weßlau ZStW 104, 105; Küpper JR 92, 294; Stratenwerth, Baumann-FS, S 57). Eine Klärung des Streitstandes haben sie noch nicht erreicht. Als diskussionswürdiges Abgrenzungskriterium bietet sich aber die Fragestellung an, ob der Haupttäter sich im Rahmen der Vorgaben des Anstifters zur Identifizierung des Opfers gehalten hat (so namentlich Stratenwerth aaO). – Zur Behandlung des Irrtums über die Qualität des Vormanns als Haupttäter oder bloßer Tatmittler 10 vor § 25; 5 zu § 25. 6

5. Die **Haupttat** (die vorsätzlich begangene rechtswidrige Tat, 9 vor § 25) muß – durch die Anstiftung verursacht oder mitverursacht – begangen worden sein. Versuch genügt, wenn er als solcher mit Strafe bedroht ist; ebenso die Vorsatz-Fahrlässigkeits-Kombination, wenn sich die Anstiftung auf deren Vorsatzelement bezieht (Stuttgart MDR 76, 335; 25 zu § 11; beachte auch Schroeder JuS 94, 846). Vorbehaltlich der Modifikationen durch § 28 (dort 2–12) werden die Grenzen der Haftung des Anstifters durch die Haupttat bestimmt. Deshalb liegt nur Anstiftung zum Grunddelikt vor, wenn der Haupttäter trotz Aufforderung zum qualifizierten Delikt (zB Meineid, schwerer Raub) nur das 7

Grunddelikt begeht (zB falsche Aussage, einfacher Raub); damit trifft uU versuchte Anstiftung zu dem qualifizierten Delikt (§ 30 I) tateinheitlich zusammen (BGHSt 9, 131). Im übrigen haftet der Anstifter nur im Rahmen der von ihm vorgestellten Tat, wobei es auf unwesentliche Abweichungen nicht ankommt (LM Nr 37 zu § 154; s auch NJW 87, 77; weiter Montenbruck ZStW 84, 323). Ein Tatbestandsirrtum (§ 16) kommt ihm deshalb zugute. Für einen Exzeß (17 zu § 25) des Haupttäters haftet er nicht (RGSt 60, 1; diff Weßlau ZStW 104, 105; eingehend Altenhain, Die Strafbarkeit des Teilnehmers beim Exzeß, 1994). Zu seiner Haftung bei erfolgsqualifizierten Delikten 5–7 zu § 18.

8 **6.** Wer einen anderen zur Anstiftung anstiftet **(Kettenanstiftung),** begeht (mittelbare) Anstiftung zur Haupttat ohne Rücksicht auf die Zahl der Zwischenpersonen (BGHSt 6, 359; eingehend Joerden aaO [vgl 2 b] S 137). Er braucht weder den Haupttäter noch die Zahl der Zwischenglieder zu kennen (NStZ 94, 29) und kann sich auch eines gutgläubigen Mittelsmannes bedienen (BGHSt 8, 137; krit Gallas JR 56, 226; Meyer JuS 73, 755). Wenn mehrere sich an einer Anstiftung beteiligen oder zum Tatentschluß eines anderen beitragen, können sie untereinander in demselben Verhältnis wie Mittäter und Teilnehmer (bei Dallinger MDR 53, 400; aM Schmitt Jura 82, 549, 553) oder wie Nebentäter (Düsseldorf SJZ 48, 470) stehen; der hier als Gehilfe Beteiligte leistet (mittelbare) Beihilfe zur Haupttat (NStZ 96, 562; 13 vor § 25).

9 **7.** Zum **Rücktritt** von der Anstiftung 24–28 zu § 24.

10 **8.** Ob **mehrfache** Anstiftung oder Anstiftung zu mehreren Taten eine **Handlungseinheit oder -mehrheit** bildet, ist nicht nach der Haupttat, sondern allein nach der Einheit oder Mehrheit der Anstiftungshandlungen zu beurteilen (22 vor § 52).

§ 27 Beihilfe

(1) **Als Gehilfe wird bestraft, wer vorsätzlich einem anderen zu dessen vorsätzlich begangener rechtswidriger Tat Hilfe geleistet hat.**

(2) **Die Strafe für den Gehilfen richtet sich nach der Strafdrohung für den Täter. Sie ist nach § 49 Abs. 1 zu mildern.**

1 **1. Gehilfe** ist, wer vorsätzlich einem anderen zu dessen vorsätzlich (nicht fahrlässig) begangener rechtswidriger Tat (18 zu § 11; 9 vor § 25; 1 zu § 29) Hilfe leistet. Er darf nicht selbst Tatherrschaft – sei es auch nur zusammen mit dem anderen – haben (sonst Mittäterschaft, 11 zu § 25). Fahrlässige Beihilfe ist nicht als solche strafbar, kann es aber als Täterschaft eines Fahrlässigkeitsdelikts sein (2 vor § 25; aM Spendel JuS 74, 749; einschr auch Bindokat JZ 86, 421). Vorsätzliche Beihilfe zu fahrlässiger Tat ist uU als mittelbare Täterschaft (2–4 zu § 25) erfaßbar. – Die Haupttat kann auch ein eigenhändiges Delikt (3 zu § 25), ein Sonderdelikt (33 vor § 13) oder eine mitbestrafte Nachtat (RGSt 67, 70; 32 vor § 52) sein.

2. a) **Hilfeleisten** ist ein für die Begehung der Haupttat im Sinne der gesetzmäßigen Bedingung (10 vor § 13) kausaler Tatbeitrag, der die Rechtsgutsverletzung ermöglicht oder verstärkt oder die Durchführung der Tat erleichtert oder absichert und der nicht Täterschaft (1, 2, 7 zu § 25) oder Anstiftung ist (1–2 b zu § 26). Ob die Haupttat ohne die Beihilfe unterblieben oder fehlgeschlagen wäre, ist idR unerheblich, weil ein Tatbeitrag seine Wirkung nicht dadurch verliert, daß im Falle seines Ausbleibens eine andere, aber konkret nicht wirksam gewordene Bedingung (hypothetische Ersatzbedingung) an seine Stelle getreten wäre (10 vor § 13). Deshalb genügt im allgemeinen das Schaffen günstigerer Vorbedingungen für die Haupttat, zB psychische Stärkung der Tatbereitschaft, Erleichterung der Tatausführung, Übernahme von Abwehr- oder Warnfunktionen gegen mögliche Störungen, Beschleunigung des Taterfolgs usw (zur Begrenzung beachte NStZ 85, 318). Über dieses Ergebnis besteht – von Grenzfällen abgesehen (dazu Spendel, Dreher-FS, S 167, 174) – Einigkeit. Umstritten ist jedoch die Begründung. Die Rspr glaubt, auch für den Erfolg „nichtkausales" Fördern oder Erleichtern der Tat einbeziehen zu müssen (zB NStZ 83, 462 mit Anm Winkler, beide mwN), ohne allerdings erkennbar zu machen, daß in der Mehrzahl der mit der „Förderungsformel" entschiedenen Fälle in Wahrheit Ursächlichkeit gegeben war (Samson, Hypothetische Kausalverläufe im Strafrecht, 1972, S 55). Im Schrifttum wird zum Teil auf sog „Zufluß- oder Verstärkerkausalität" abgestellt (Class, Stock-FS, S 126; Dreher MDR 72, 553; Letzgus, Vorstufen der Beteiligung, 1972, S 71, 75), die aber im Sinne der gesetzmäßigen Bedingung Kausalität ist und daher keine Erweiterung des Haftungsrahmens bedeutet (Samson, Peters-FS, S 121, 123; Roxin, Miyazawa-FS, S 501, 502). Zur Grenzziehung werden auch – zum Teil unter ausdrücklicher Verneinung des Kausalitätserfordernisses – Gesichtspunkte der Risikoerhöhung (Salamon, Vollendete und versuchte Beihilfe, Diss Göttingen 1968; Schaffstein, Honig-FS, S 169; Otto JuS 82, 557, 562; Ranft ZStW 97, 269; s auch Küper JuS 86, 862, 864), der abstrakten Gefährdung (Herzberg GA 71, 1) oder der Solidarisierung mit dem Haupttäter (Vogler, Heinitz-FS, S 295; Schumann, Strafrechtliches Handlungsunrecht und das Prinzip der Selbstverantwortung der Anderen, 1986, S 54; Schild Trappe, Harmlose Gehilfenschaft?, 1995, S 96) herangezogen (krit Bloy, Die Beteiligungsform als Zurechnungstypus im Strafrecht, 1985, S 270). Bei dem gegenwärtigen Streitstand dürfte der Verzicht auf das Kausalitätserfordernis kaum gerechtfertigt sein, weil er die Abgrenzung zur versuchten, nicht mit Strafe bedrohten Beihilfe weitgehend verwischt (Spendel aaO S 185; Rudolphi, Bruns-FS, S 315, 327 und StV 82, 518; Gores, Der Rücktritt des Tatbeteiligten, 1982, S 42; Roxin; Miyazawa-FS, S 501 und LK 2–5, 23–25). 2

Darüber hinaus ist eine weitere Begrenzung der Strafbarkeit durch Heranziehung von Elementen der **objektiven Zurechnung** (14 vor § 13) erforderlich. Soweit ein an sich kausaler Tatbeitrag keine Risikoerhöhung bewirkt, sondern die Chancen der Haupttat nur verringert 2a (zB Ablenken des auf den Kopf des Opfers gezielten Schlages auf die Schulter), scheidet er aus dem Anwendungsbereich aus (Sch/Sch-Lenckner 94 vor § 13 mwN). – Dasselbe gilt für allgemein übliche und deshalb gesellschaftlich tolerierte Alltagsgeschäfte (zusf Tag JR 97, 49 mit Hinweisen auf die uneinheitliche Rspr). Im Schrifttum wird deren Ausscheidung teils nur auf den Gesichtspunkt erlaubten Risikos (so Otto ZKredW 94, 775, 776; Niedermair ZStW 107, 507; Schmoller, Triffterer-FS, S 223, 246, mwN) und teils auch auf das Erfordernis eines besonderen, im einzelnen nicht abschließend geklärten Sinnbezugs der Teilnahme auf die Haupttat gestützt wird (Schumann aaO S 60; Frisch, Tatbestandsmäßiges Verhalten und Zurechnung des Erfolgs, 1988, S 283, 289; Meyer-Arndt wistra 89, 281; Roxin, Stree/Wessels-FS, S 365, 378 und LK 17; Jakobs GA 96, 253, 260 und AT 24/13, 17; Puppe NK 155, 156, 159 vor § 13, alle mwN); praktische Bedeutung hat die Frage auch für berufsbedingte Handlungen (eingehend Wolff-Reske, Berufsbedingtes Verhalten als Problem mittelbarer Erfolgsverursachung, 1995), namentlich von Bankbediensteten in bezug auf Steuerhinterziehung von Bankkunden erlangt (expl wistra 88, 261; Carl/Klos wistra 94, 211; Löwe-Krahl wistra 95, 210, alle mwN).

3 **b)** Hilfeleisten ist schon möglich, wenn die Haupttat erst vorbereitet wird (NJW 85, 1035), selbst wenn der Haupttäter noch nicht zur Tat entschlossen (BGHSt 2, 344) oder diese für den Gehilfen noch nicht konkretisiert ist (RGSt 31, 35). Sie soll nach der Rspr noch möglich sein, wenn die Haupttat vollendet, aber im Sinne der hM (dazu 2 vor § 22) noch nicht beendigt ist (BGHSt 6, 248, 251; NJW 85, 814 und 90, 654; Düsseldorf MDR 88, 515; aM Herzberg, Täterschaft und Teilnahme, 1977, S 71; Rudolphi, Jescheck-FS, S 559; Roxin LK 32–38, alle mwN; s auch 40 zu § 142; zw); jedoch können dem Gehilfen, der sich erst während der Begehung der Haupttat beteiligt, schon zuvor eingetretene Tatfolgen nur nach den für die sukzessive Mittäterschaft geltenden Regeln (10, 12 zu § 25) zugerechnet werden (NStZ 94, 123 mit krit Bespr Otto JK 10; beachte auch Lesch, Das Problem der sukzessiven Beihilfe, 1992, der die materielle Beendigungslehre zwar verwirft, aber den spätesten Zeitpunkt sukzessiver Beihilfe nach einem andersartigen [normativen] Ansatz bestimmt). Folgt man der Rspr, so hängt die Frage, ob Beihilfe nach Vollendung oder Begünstigung vorliegt, von der Willensrichtung ab; Überschneidungen sind dann möglich (BGHSt 4, 132, 133; Köln NJW 90, 587; Furtner JR 66, 169; aM Vogler, Dreher-FS, S 405, 416; Seelmann JuS 83, 32, 33; Laubenthal Jura 85, 630; Geppert Jura 94, 441, 443, alle mwN; zw).

4 **3.** Beihilfe kann als **physische** (technische) oder **psychische** (intellektuelle; beachte ua BGHSt 40, 307, 315; Bay NJW 84, 1366; Karlsruhe MDR 84, 1045) geleistet werden. Beseitigung letzter Hemmungen des Tatentschlossenen kann genügen (NJW 51, 451). In Frage kommt auch bloße Stärkung des Tatentschlusses, die zB aus der Zusage von Hilfeleistung nach der Tat erwachsen (wistra 94, 94; beachte auch

9 zu § 257) oder das Sicherheitsgefühl des Täters erhöhen kann (NStZ 93, 535; Rudolphi StV 92, 518, 520; Roxin, Miyazawa-FS, S 501, 505; krit Otto JuS 82, 557, 564). Die Rspr hat das sogar für bloße Anwesenheit bei Tatausführung unter der Voraussetzung angenommen, daß dadurch der Tatentschluß bestärkt wird (StV 82, 517 mit überwiegend krit Bespr Rudolphi aaO, Sieber JZ 83, 431 und Ranft JZ 87, 859; abl Stoffers Jura 93, 11; s auch Freund JuS 90, 213, 218, alle mwN; zw); sie hat diese Annahme aber durch die Klarstellung eingeschränkt, daß jedenfalls bloßes, dem Haupttäter nicht vermitteltes Billigen der Tat – ebenso wie bloßes Wissen um sie (NStZ 96, 563, 564) oder ein Interesse am Taterfolg (NStZ 93, 233 und 385; StV 94, 22 und 175) – dazu allein nicht ausreicht (NStZ 95, 490; bei Holtz MDR 96, 117; NStZ-RR 96, 290). – Ob der Haupttäter von der Hilfeleistung Kenntnis hat, ist unerheblich (StV 81, 72; Roxin LK 9).

4. a) Ob und unter welchen Voraussetzungen Beihilfe **durch Unterlassen der Verhinderung eines Begehungsdelikts** begangen werden 5
kann, ist umstritten (zusf Sowada Jura 86, 399; s auch Bloy JA 87, 490; Mitsch Jura 89, 193; 7 vor § 153). Erforderlich ist jedenfalls Garantenstellung (6 zu § 13) des Gehilfen (NJW 89, 914, 916; wistra 93, 59). Im übrigen wendet die Rspr zur Abgrenzung die animus-Formel (5 vor § 25) an (zB BGHSt 2, 150; 13, 162, 166; StV 86, 59 mit Bespr Arzt StV 86, 337 und Ranft JZ 87, 908, 917; NJW 92, 1246 mit Bespr Seelmann StV 92, 416), was jedoch wegen der andersartigen Struktur des Unterlassens zu einer Verschärfung der mit der subjektiven Lehre verbundenen Unsicherheiten führt (hM; anders Arzt JA 80, 553, 558). Aus dieser Struktur ist vielmehr abzuleiten, daß der untätig bleibende Garant gegenüber dem voll verantwortlich handelnden Begehungstäter nur Randfigur des Tatgeschehens und daher Gehilfe ist (Gallas JZ 52, 371 und 60, 686, 687; Ranft ZStW 94, 815; Jescheck/Weigend AT S 696; Schmidhäuser Stub 13/12–15). Demgegenüber wird in Teilen des Schrifttums die Möglichkeit von Beihilfe durch Unterlassen für den Regelfall überhaupt verneint (Armin Kaufmann, Die Dogmatik der Unterlassungsdelikte, 1959, S 291; Grünwald GA 59, 110; Bloy aaO [vgl 2] S 216 und JA 87, 490), teils aber auch nach verschiedenartigen Kriterien, unter denen namentlich die Art der Garantenstellung („Beschützer-" oder „Überwachungsgarant") eine Rolle spielt, zwischen Unterlassungstäterschaft und -beihilfe differenziert (vgl etwa Rudolphi, Die Gleichstellungsproblematik der unechten Unterlassungsdelikte und der Gedanke der Ingerenz, 1966, S 138; Herzberg aaO [vgl 3] S 83; Otto Jura 87, 246, 250; Sch/Sch-Cramer 101 ff vor § 25; krit Nestler GA 94, 514, 527). In vergleichbarer Weise umstritten ist auch die von der Rspr (zB NJW 53, 1838) grundsätzlich bejahte Frage, ob das **Unterlassen der Erschwerung eines Begehungsdelikts** Beihilfequalität haben kann (so zutreffend Ranft ZStW 97, 269; aM Roxin LK 44, beide mwN; zw).

b) Auch zum **Unterlassungsdelikt** kann Beihilfe durch positives 6
Tun (dazu 3 zu § 26) oder durch Unterlassen geleistet werden; sie kann

regelmäßig nur psychische Beihilfe (vgl 4) sein (Bay NJW 90, 1861 mit krit Bespr Seelmann JuS 91, 290) und setzt im letzteren Falle Garantenstellung (Aufsichtspflicht) gegenüber dem Täter voraus (Sch/Sch-Cramer 110 vor § 25).

7 **5.** Der **Vorsatz** des Gehilfen ist ein „doppelter": Er muß die Unterstützungshandlung als solche, dh gerade in ihrer unterstützenden Wirkung (NStZ 83, 462 und 85, 318), umfassen (BGHSt 3, 65) und sich außerdem auf eine bestimmte (NStZ 96, 493), ihrem wesentlichen Unrechtsgehalt und der Angriffsrichtung nach umrissene, nicht notwendig schon in allen Einzelheiten konkretisierte (BGHSt 11, 66; NJW 82, 2453 und 96, 2517; Bay NJW 91, 2582 mit Bespr Wolf JR 92, 428 und Wild JuS 92, 911, alle mwN) Handlung beziehen, welche die Voraussetzungen einer vorsätzlich begangenen rechtswidrigen Tat erfüllt (hM; vgl 4 zu § 26) und nach der Vorstellung des Gehilfen nicht nur versucht (zB Lieferung eines, wie er weiß, zur Tatbestandsverwirklichung untauglichen Mittels, RGSt 60, 23), sondern vollendet werden soll (JA 85, 364 mit Bespr Sonnen; einschr VRS 61, 213). Da die Beihilfe nicht den Willen zu bestimmender Einflußnahme auf die Haupttat erfordert, sind die Anforderungen an deren Konkretisierung hier weniger streng als bei der Anstiftung (Roxin, Salger-FS, S 129, 136); so kann es uU genügen, wenn der Gehilfe weiß, daß seine Handlung den Haupttäter zu einer sonst noch nicht weiter konkretisierten Haupttat bestimmter Art (zB zu einem Betrug aufgrund eines falschen Wertgutachtens, NJW 96, 2517 mit Bespr Fahl JA 97, 11 und Roxin JZ 97, 210) instandsetzen wird. – Der Gehilfe braucht die Person des Haupttäters nicht unbedingt zu kennen (BGHSt 3, 65). Auch ist Beihilfe, weil **bedingter Vorsatz genügt** (BGHSt 2, 279, 281; wistra 93, 181), nicht notwendig ausgeschlossen, wenn der Gehilfe den Erfolg der Haupttat nicht wünscht oder ihn sogar gegenüber dem Täter ausdrücklich mißbilligt (bei Holtz MDR 90, 293). – **Bei mehraktigen Haupttaten ist Beurteilungsgegenstand nur** das vom Vorsatz umfaßte Geschehen; dem Gehilfen nicht **bekannte Teilakte (zB Verschaffen von Falschgeld mit nach**folgendem In-Verkehr-Bringen nach § 146 I Nr. 3, NStZ 97, 80) **bleiben unberücksichtigt**. – Im übrigen gelten die Ausführungen unter 5, 6 zu § 26 sinngemäß.

8 **6.** Die **Haupttat** muß ebenso wie bei der Anstiftung begangen, mindestens versucht worden sein (7 zu § 26; speziell zur Beihilfe zum Versuch Küper JuS 86, 862, 864 mwN); daß sie für den Haupttäter eine mitbestrafte Nachtat (32 vor § 52) ist, schließt nach der Rspr die Strafbarkeit der Beihilfe nicht aus (BGHSt-GS-14, 38, 45; BGHSt 30, 28, beide mwN; str).

9 **7.** Der **Versuch der Beihilfe** ist nicht – auch nicht nach § 30 – mit Strafe bedroht (NStZ 83, 462 und 94, 501, beide mwN). – Zum **Rücktritt** von der Beihilfe 24–28 zu § 24.

8. Abs 2 S 2 enthält einen **obligatorischen besonderen gesetzlichen Milderungsgrund** im Sinne des § 49 I; der gemilderte Strafrahmen ist für die Einteilung nach § 12 (dort 4) und für die Verjährung nach § 78 (dort 9) unerheblich. Zur rechtlichen Bedeutung und zum Umfang der Milderung 2, 3, 8–11 zu § 49 (beachte auch 1–4 zu § 50). Bei Beihilfe zum Versuch, nicht aber bei Beihilfe zu Beihilfe kommt doppelte Milderung in Frage (5 zu § 50). **10**

9. Für das **Zusammentreffen** mehrerer Beihilfehandlungen gilt dasselbe wie bei der Anstiftung (10 zu § 26). **11**

10. Sog **verselbständigte Beihilfe** liegt vor, wenn das Gesetz neben den zentralen Tathandlungen auch solche Begehungsformen (zB Unterstützen, Fördern, Hilfeleisten usw) mit Strafe bedroht, die materiell nur Beihilfe zu diesen Handlungen sind (krit Sommer JR 81, 490). Sie ist Täterschaft und geht in den Grenzen ihres Anwendungsbereichs der Beihilfe vor. Ob sie zugleich als abschließende Strafbarkeitserweiterung zu verstehen ist, also eine Anwendung des § 27 überhaupt sperrt, ist nicht einheitlich, sondern nur aufgrund teleologischer Auslegung der einschlägigen Tatbestände zu beantworten (Sommer aaO). **12**

§ 28 Besondere persönliche Merkmale

(1) **Fehlen besondere persönliche Merkmale (§ 14 Abs. 1), welche die Strafbarkeit des Täters begründen, beim Teilnehmer (Anstifter oder Gehilfe), so ist dessen Strafe nach § 49 Abs. 1 zu mildern.**

(2) **Bestimmt das Gesetz, daß besondere persönliche Merkmale die Strafe schärfen, mildern oder ausschließen, so gilt das nur für den Beteiligten (Täter oder Teilnehmer), bei dem sie vorliegen.**

1. Die Vorschrift beruht auf dem **Grundgedanken,** daß für Umstände, die Unrecht, Schuld oder Strafwürdigkeit mitbestimmen, aber nur die Person charakterisieren, nicht die allgemeinen Regeln gelten dürfen; soweit die Strafgerechtigkeit es erfordert, sollen sie nur dem Beteiligten (Mittäter oder Teilnehmer) zugerechnet werden, bei dem sie vorliegen. Das Gesetz verfährt dabei unterschiedlich, je nachdem, ob es sich um strafbegründende (Abs 1) oder um strafändernde oder – ausschließende (Abs 2) Umstände handelt. Dieser umstrittenen Unterscheidung liegt kein einheitliches Prinzip zugrunde (krit daher Armin Kaufmann ZStW 80, 34, 36; Langer, Das Sonderverbrechen, 1972, S 485; Stratenwerth AT Rdn 941). Der damit verbundene Widerspruch ist als gesetzgeberische Willensentscheidung hinzunehmen; ihn dadurch auflösen zu wollen, daß man Abs 2 nicht auf die jeweils anwendbaren Tatbestände bezieht, sondern nur als Modifizierung des Strafrahmens versteht (so ua Stein, Die strafrechtliche Beteiligungsformenlehre, 1988, S 41, 49; Hake, Beteiligtenstrafbarkeit und „besondere persönliche Merkmale", 1994, S 86; Roxin LK 1–9; abl Grünwald, Kaufmann [Arm]-GedSchr S 555, 564; Küper ZStW 104, 559, 581, alle mwN), verbietet sich vor allem deshalb, weil dem Wortlaut und Entstehungsge- **1**

schichte des EGOWiG entgegenstehen: § 50 II aF (jetzt § 28 I) ist bei voller Kenntnis des Strukturunterschiedes zu § 50 III aF (jetzt § 28 II) eingeführt worden; er sollte die Ungerechtigkeit ausgleichen, die mit der zuvor maßgebenden Unerheblichkeit der strafbegründenden persönlichen Merkmale für die Strafrahmenbestimmung verbunden war (BT-Dr V/1319 S 61). – Umstritten ist ferner die Tragweite des Abs 2: teils wird er im Verhältnis zu § 29 als spezielle Schuldregelung (BGHSt 8, 205, 209) und teils ausschließlich als Tatbestands- oder Unrechtsproblem (Welzel JZ 52, 72; Langer, Lange-FS, S 241, 261; Hake aaO) aufgefaßt. Dem Zweck der Vorschrift dürfte aber ihre Beschränkung weder auf den Unrechts- noch auf den Schuldbereich entsprechen (Roxin LK 19; Sch/Sch-Cramer 2–6). Sie erfaßt vielmehr als spezielle Regelung alle einschlägigen personalen Umstände des besonderen Deliktstatbestandes (des Deliktstypus), gleichgültig, ob sie zum Unrecht oder zur Schuld gehören oder ob sie erst die Strafbarkeit ausschließen oder aufheben (krit Herzberg ZStW 88, 68, 70; Samson SK 8–14; str).

2 **2. Abs 1** schreibt für den Teilnehmer Strafmilderung vor, wenn bei ihm **besondere persönliche Merkmale fehlen, welche die Strafbarkeit des Täters begründen.** Dadurch wird die kriminalpolitisch bedenkliche Spannung abgemildert, die nach früherem Recht darin bestand, daß zwar die strafändernden persönlichen Merkmale unmittelbar jedem Beteiligten zuzurechnen waren (§ 50 II idF vor dem EGOWiG; dazu 8–12), während die strafbegründenden nur bei der Strafzumessung innerhalb des ordentlichen Strafrahmens berücksichtigt werden konnten.

3 **a) Besondere persönliche Merkmale** stimmen inhaltlich nicht mit den entsprechenden Merkmalen des § 14 I überein (dort 9–15).

aa) Als **persönliche** Merkmale erfassen sie solche Eigenschaften (körperliche, seelische oder rechtliche Wesens- oder Charaktermerkmale eines Menschen), Verhältnisse (dessen Umweltbeziehungen) und andere Umstände, die zum Deliktstypus gehören und sich auf den Täter beziehen, unabhängig davon, ob sie für eine gewisse Dauer Bestand haben oder nur in der Tat hervortreten (str).

4 bb) Sie sind **besondere** Merkmale, wenn sie den Täter charakterisieren, dh vornehmlich aus Gründen, die in seiner Person oder in einer besonderen, an die Person gebundenen Inpflichtnahme liegen, das Unrecht, die Schuld oder auch nur die Strafbarkeit (den Tatunwert im weiteren Sinne) mitbestimmen (str). Die hM nennt sie dann täterbezogen. Den Gegensatz bilden Merkmale, die nur der sachlichen Charakterisierung der Tat (der Rechtsgutsverletzung) dienen und unter diesem Gesichtspunkt tatbezogen sind. Diese sehr unbestimmt beschriebene und durch vielfältige Mißdeutungen belastete Unterscheidung ist schon grundsätzlich umstritten: Teils werden nur solche Umstände anerkannt, die eine Sonderpflicht des Täters begründen (Langer aaO [vgl 1] S 436, Lange-FS, S 241, 261 und Wolf-FS, S 335; Deichmann, Grenzfälle der Sonderstraftat, 1994, S 4); teils werden nur die speziellen Schuldmerkmale und die Tätermerkmale der Pflichtdelikte erfaßt (Roxin LK 51–

57); teils wird auch jedes Merkmal einbezogen, das nicht in mittelbarer Täterschaft verwirklicht werden kann (Schünemann Jura 80, 354 und GA 86, 293, 336). Die neuerdings vertretene Auffassung, daß ein persönliches Merkmal nur dann streng akzessorisch zu behandeln sei, wenn es entweder funktionell ein sachliches sei oder keine Bedeutung für den Tatunwert habe (so Herzberg GA 91, 145, 176; s auch Herzberg ZStW 88, 68), kommt in der Sache, nicht in der Terminologie, der hM sehr nahe; denn ein so beschriebenes Merkmal ist regelmäßig tatbezogen, weil es nicht aus Gründen, die in der Person des Täters liegen, den Tatunwert mitbestimmt (ähnlich auch Schwerdtfeger, Besondere persönliche Unrechtsmerkmale, 1991, S 263 und Hake aaO [vgl 1] S 97, die mit Unterschieden in der Terminologie ein solches Merkmal annehmen, wenn es den Tatbeteiligten nicht in gleicher Weise belastet wie den, der das Merkmal aufweist). Auch die Abgrenzung im einzelnen ist noch nicht abschließend geklärt (vgl zB BGHSt 8, 205, 209; 22, 375, 378; 39, 326; 40, 1; Gallas, Beiträge, S 154; Blauth, Handeln für einen anderen nach geltendem und kommendem Strafrecht, 1968, S 92; Grünwald, Kaufmann [Arm]-GedSchr, S 555). Sie wird vor allem dadurch erschwert, daß sich die Einordnung nicht nach dem abstrakten Inhalt des Merkmals, sondern nach seiner Funktion im Zusammenhang des Tatbestandes richtet und daß es auch prinzipielle Unterschiede zwischen strafbegründenden und strafändernden Merkmalen gibt (Arzt JZ 73, 681, 685; Heidland, Die besonderen persönlichen Merkmale iS des § 50 II StGB, Diss Heidelberg 1971; Herzberg aaO S 177). Mit Recht wird überwiegend angenommen, daß Merkmale, die das Handlungssubjekt in einer besonderen Pflichtenstellung kennzeichnen (zB Stellung als Amtsträger oder als Treunehmer iS des § 266), regelmäßig (einschr Grünwald aaO S 561), sowie Gesinnungs-, Motiv- und Absichtsmerkmale häufig (einschr Stratenwerth AT Rdn 933) hierher gehören.

b) aa) Danach sind **strafbegründende** persönliche Merkmale namentlich: die Soldateneigenschaft bei militärischen Straftaten (§ 2 Nr 1 WStG), die Amtsträgereigenschaft bei den eigentlichen Amtsdelikten (2 vor § 331), die Gewerbs- oder Gewohnheitsmäßigkeit, soweit sie für die Strafbarkeit konstitutiv ist (zB in § 180 a I), das Treueverhältnis nach § 266 I (dort 2) und das Schutzverhältnis nach § 223 b (dort 3). Auch rein schuldtypisierende subjektive Merkmale (zB böswillig, § 90 a I Nr 1; roh, § 223 b I) kommen in Frage; da sie den Deliktstatbestand mitkonstituieren (vgl 1), können sie, obwohl das einen Wertungswiderspruch bedeutet (Küper ZStW 104, 559, 586), nicht mit Hilfe des § 29 ausgeschieden werden (Gallas bei Grebing ZStW 88, 162, 173; Grünwald, Kaufmann [Arm]-GedSchr, S 555, 568; aM Herzberg ZStW 88, 68, 71; Hake aaO [vgl 1] S 153; diff Roxin LK 14–16); der Vorrang des § 28 wird durch historische Auslegung gedeckt und ist vor allem vorzugswürdig, weil die Rechtsnatur der Gesinnungsmerkmale überwiegend umstritten ist und ihre Verwirklichung regelmäßig auch auf das Unrecht ausstrahlt (im Ergebnis ebenso Niedermair ZStW 106, 388; 5

aM Küper aaO). Der BGH rechnet schließlich auch die Motiv- und Absichtsmerkmale beim Mord hierher (vgl 9).

6 bb) Zu den **tatbezogenen** (hier nicht erfaßten) Merkmalen gehören ua die Absicht bei den meisten erfolgskupierten (zB §§ 236, 242 I, 253 I, 263 I, BGHSt 22, 375; aM Schünemann Jura 80, 568, 581; Samson SK 20) und den verkümmert zweiaktigen (zB § 146) Delikten (Blauth aaO [vgl 4] S 101), die Eigenschaft als Gefangener nach § 121 (dort 2), als Unfallbeteiligter nach § 142 (dort 39), als Zeuge oder Sachverständiger nach § 153 (dort 7), als Verheirateter nach § 171 (dort 7), als Verwandter nach § 173 (dort 6) oder als Arbeitgeber nach § 266 a (dort 2), die Erklärungs-, Auskunfts-, Mitwirkungs- und Anzeigepflichten im Steuerrecht (BGHSt 41, 1 mit Anm Ranft JZ 95, 1186 und Hake JR 96, 161) und meist auch die Garantenstellung bei den unechten Unterlassungsdelikten (Geppert ZStW 82, 40; Ranft aaO; aM Langer, Lange-FS, S 241, 262; Vogler, Lange-FS, S 265; Hake aaO; Roxin LK 64; Seelmann NK 90 zu § 13; diff BGH aaO S 4; Herzberg GA 91, 145, 161, alle mwN; zw).

7 **c)** Abs 1 enthält einen **obligatorischen besonderen gesetzlichen Milderungsgrund** im Sinne des § 49 I. Zur rechtlichen Bedeutung und zum Umfang der Milderung 2, 3, 8–11 zu § 49 (beachte auch § 50).

8 **3. a) Abs 2** verselbständigt die Handlungen der Beteiligten, soweit besondere persönliche Merkmale (vgl 4) **die Strafe schärfen, mildern oder ausschließen.** In diesen Grenzen lockert er damit zugleich das Akzessorietätserfordernis (hM; anders Cortes Rosa ZStW 90, 413, 438; Hake aaO [vgl 1] S 86). Hier sind namentlich folgende Merkmale zu unterscheiden:

9 aa) **strafschärfende,** zB Gewerbs- und Gewohnheitsmäßigkeit (BGHSt 6, 260; StV 96, 87 mwN), Bandenmäßigkeit bei Diebstahl und Raub (7 zu § 244), die Amtsträgereigenschaft bei den uneigentlichen Amtsdelikten (2 vor § 331), das Anvertrautsein einer Sache im Falle des § 246 (13 zu § 246) und die Motiv- und Absichtsmerkmale beim Mord (16 zu § 211); der BGH anerkennt zwar die persönliche Natur dieser Merkmale, hält sie zu Unrecht aber für strafbegründend (22 vor § 211; 16 zu § 211);

10 bb) **strafmildernde.** Erfaßt werden hier namentlich die besonderen Schuldmerkmale (zB die Eigenschaft als Mutter eines nichtehelichen Kindes in § 217, BGHSt 1, 235, 240), die den Deliktstypus verändern (Gallas, Beiträge, S 130, 154);

11 cc) **strafausschließende,** zB tätige Reue nach vollendetem Delikt (29 zu § 24) und Angehörigeneigenschaft bei der Strafvereitelung (17 zu § 258; str).

dd) Auch strafändernde **reine Schuldmerkmale** gehören hierher (zusf Küper ZStW 104, 559). Sie fallen ausnahmslos als zum Tatbestand gehörig (vgl 1) nicht erst unter den allgemeineren § 29 (Grünwald, Kaufmann [Arm]-GedSchr, S 555, 567; Roxin LK 17; aM Langer, Lange-FS, S 241, 252, 260; Hake aaO [vgl 1] S 153; Jescheck/Weigend AT S 658, 659, alle mwN).

b) Wenn in einem sog **Mischtatbestand** ein besonderes persönliches Merkmal eine **Ordnungswidrigkeit zu einer Straftat qualifiziert** (zB „beharrlich“ in § 184 a), so gilt die Qualifizierung nach § 14 IV OWiG nur für den Beteiligten, bei dem das Merkmal vorliegt (Bay NJW 85, 1566 mit Anm Geerds JR 85, 472, beide mwN). Im Ergebnis wird damit das Prinzip des § 28 II in den Grenzbereich zwischen Ordnungswidrigkeiten und Straftaten erstreckt mit der Folge, daß auch die Ordnungswidrigkeit eines Beteiligten als „Haupttat“ für die strafbare Teilnahme eines anderen Beteiligten in Frage kommt (Cramer, Grundbegriffe des Rechts der Ordnungswidrigkeiten, 1971, S 84). Nach Wortlaut und Sinn erfaßt § 14 IV OWiG auch die Konstellation, daß der Übergang von der Ordnungswidrigkeit zur Straftat nicht ausschließlich vom Vorliegen eines besonderen persönlichen Merkmals abhängt, sondern daneben auch mit einer allgemein umschriebenen Anhebung des objektiven Schweregrades der Tathandlung verbunden ist (anders die hM; vgl etwa Roxin LK 14; Rengier KKOWiG 50 zu § 14); wenn also mehrere an einer grob verkehrswidrig begangenen Straßenverkehrsgefährdung (§ 315 c I Nr 2) beteiligt sind, aber nur einer von ihnen „rücksichtslos“ handelt, so begeht nur er eine Straftat in der Beteiligungsform, wie sie sich aus den §§ 25–27 ergibt, während die übrigen Beteiligten Täter (§ 14 OWiG) einer Ordnungswidrigkeit nach § 24 StVG sind. 12

§ 29 Selbständige Strafbarkeit des Beteiligten

Jeder Beteiligte wird ohne Rücksicht auf die Schuld des anderen nach seiner Schuld bestraft.

1. Die Vorschrift normiert den Grundsatz der **limitierten Akzessorietät.** Danach sind Mittäter, Anstifter und Gehilfen (§§ 25 II, 26, 27) von der Schuld der anderen Beteiligten unabhängig. Namentlich für Anstiftung und Beihilfe genügt das Vorliegen einer vorsätzlich begangenen rechtswidrigen Haupttat (9 vor § 25), bei der die Schuld fehlen kann (hM; anders Jakobs GA 96, 253 mwN). Unter dem Gesichtspunkt der Beteiligung ist es daher unerheblich, ob der Mit- oder Haupttäter schuldfähig ist, ob er in unvermeidbarem Verbotsirrtum handelt oder ob ihm ein Entschuldigungsgrund, zB nach § 35 (dort 15), zur Seite steht. Kennt der Beteiligte allerdings den die Schuld ausschließenden Mangel in der Person des Mit- oder Haupttäters, so liegt idR mittelbare Täterschaft vor (2–5 zu § 25), die sich bei gemeinschaftlichem (arbeitsteiligem) Handeln (9–11 zu § 25) mit dem unmittelbaren mittäterschaftlichen Tatbeitrag des Hintermanns zum Ganzen der Tat verbindet (Roxin LK 171 zu § 25). Wirklich praktische Bedeutung hat danach die Limitierung der Akzessorietät nur außerhalb des Anwendungsbereichs mittelbarer Täterschaft, namentlich bei eigenhändigen (3 zu § 25) und Sonderdelikten (33 vor § 13), die der Extraneus nicht als Täter begehen kann. 1

2 **2.** Die Vorschrift geht in ihrer Bedeutung über die Regelung der Abhängigkeit zwischen Täterschaft und Teilnahme hinaus. Sie besagt allgemein, daß bei **jedem** an einer rechtswidrigen Tat Beteiligten die Schuld und ihr Ausmaß (bei Holtz MDR 78, 623) gesondert und selbständig zu prüfen sind (beachte dazu Bruns GA 88, 339). Ihr Rechtsgedanke gilt außerdem überall, wo mehrere an einem Tatgeschehen im weitesten Sinne, etwa als notwendig Beteiligte (12 vor § 25) oder Täter eines Anschlußdelikts (14 vor § 25), beteiligt sind.

§ 30 Versuch der Beteiligung

(1) **Wer einen anderen zu bestimmen versucht, ein Verbrechen zu begehen oder zu ihm anzustiften, wird nach den Vorschriften über den Versuch des Verbrechens bestraft. Jedoch ist die Strafe nach § 49 Abs. 1 zu mildern. § 23 Abs. 3 gilt entsprechend.**

(2) **Ebenso wird bestraft, wer sich bereit erklärt, wer das Erbieten eines anderen annimmt oder wer mit einem anderen verabredet, ein Verbrechen zu begehen oder zu ihm anzustiften.**

1 **1.** Die Vorschrift behandelt in **Abs 1** einen Fall vorweggenommener Teilnahme **(versuchte Anstiftung)** und in **Abs 2** weitere verwandte **Beteiligungsformen im Vorbereitungsstadium,** die wegen der konspirativen Bindung mehrerer gefährlich sind (vgl ua Dreher GA 54, 11; Schröder JuS 67, 289; Letzgus, Vorstufen der Beteiligung, 1972; zusf Roxin JA 79, 169; Kühl JuS 79, 874). Sie enthält keine selbständigen Tatbestände, sondern nur eine Erweiterung der Strafbarkeit bei rechtswidrigen Taten (18 zu § 11), die als Verbrechen (§ 12 I) mit Strafe bedroht sind (krit zur gesetzgeberischen Legitimation der Vorschrift Jakobs ZStW 97, 751, 752, 756).

2 **a)** Die **Verbrechensnatur** der künftigen Tat ist jeweils nach der – sei es auch irrigen – Vorstellung von den Tatumständen dessen zu beurteilen, der nach § 30 handelt (NJW 82, 2738 mwN). Hängt die Beurteilung als Verbrechen vom Vorliegen oder Fehlen eines besonderen persönlichen Merkmals ab (zB Tötung auf Verlangen im Verhältnis zum Totschlag, 2 zu § 216), so kommt es nach § 28 II, der auch hier anwendbar ist, auf die Qualifikation des nach § 30 Handelnden, nicht des in Aussicht genommenen Täters an (Schröder JuS 67, 289, 292; Langer, Lange-FS, S 241, 249; Vogler/Kadel JuS 76, 245, 249; Kühl JuS 79, 874, 876; aM BGHSt 6, 308; StV 87, 386; Letzgus aaO [vgl 1] S 201, alle mwN; im Ergebnis wie hier jedoch BGHSt 3, 228; 4, 17; 14, 353). Der Gegenstandpunkt führt zu dem schwer erträglichen Ergebnis, daß das Prinzip der nichtakzessorischen Zurechnung persönlicher Merkmale ohne zureichenden Grund nur für die erfolgreiche, nicht aber für die nur versuchte Teilnahme durchgeführt wird; die Bestimmung lediglich des Strafrahmens nach § 28 II, die auch von der Gegenmeinung eingeräumt wird, mildert diesen Einwand allenfalls, räumt ihn aber nicht aus. Auch die differenzierende Auffassung von

Roxin, der nur die unrechtsrelevanten persönlichen Merkmale zur Strafbegründung heranzieht (Roxin LK 34–43, 73–75), befriedigt nicht, weil § 28 II in den Grenzen seines Anwendungsbereichs die Zurechnung von Verbrechens- oder Vergehensunrecht gerade von den persönlichen Verhältnissen des jeweils Beteiligten abhängig macht. Mit Recht ist deshalb auch § 35 III E 1962, der das von der Rspr vertretene Ergebnis bestätigen wollte, wegen seiner problematischen Konsequenzen gestrichen worden (Prot 5, 1835). Allerdings ist auch der hier vertretene Standpunkt Einwendungen ausgesetzt, die sich aus der inneren Widersprüchlichkeit des § 28 ergeben (dort 1).

b) Das in Aussicht genommene Verbrechen muß nicht notwendig schon in allen Einzelheiten **konkretisiert,** aber doch so bestimmt sein, daß der andere es – und zwar ohne notwendige Hilfestellung des Anstifters (aM Hamm MDR 92, 601 mit abl Bespr Bloy JR 92, 493; zw) – begehen könnte, wenn er wollte (1 StR 280/69 v 2. 9. 1969; s auch BGHSt 15, 276; 18, 160; MDR 60, 595; Roxin JA 79, 169, 172). 3

2. a) Versuchte Anstiftung nach **Abs 1** kommt in drei Formen vor: Entweder faßt der andere keinen Tatentschluß (hM; anders Letzgus aaO [vgl 1] S 127, 141), oder er führt ihn nicht aus, oder er war schon vor dem Anstiftungsversuch zur Tat entschlossen (RGSt 72, 373, 375). Die Abgrenzung bestimmt sich nach den allgemeinen, zu §§ 22, 26 entwikkelten Grundsätzen (BGHSt 8, 261; einschr Schröder JuS 67, 289; Herzberg ZStW 99, 49, 78; Bloy aaO [vgl 3] S 496; zw). Daher braucht die Anstiftungserklärung dem anderen nicht zuzugehen (BGHSt 8, 261; Roxin JA 79, 169, 171 mwN; str); er braucht sie auch nicht zu verstehen (RGSt 47, 230). Versuchte Kettenanstiftung (8 zu § 26) wird jetzt kraft ausdrücklicher Bestimmung erfaßt (so früher schon BGHSt 7, 234); jedoch ist Beihilfe zur versuchten Anstiftung nicht strafbar (BGHSt 14, 156 mit abl Anm Dreher NJW 60, 1163; str). 4

b) Subjektiv ist der volle „doppelte" Anstiftungsvorsatz (4–6 zu § 26) erforderlich (hM); er muß namentlich auch die Ausführung der Tat, also nicht nur den Umstand umfassen, daß der andere die Anstiftung ernst nehme (BGHSt 18, 160; Roxin JA 79, 169, 171 mwN). 5

3. a) In **Abs 2** bedeutet **Sichbereiterklären** die ernstgemeinte (BGHSt 6, 346) Kundgabe der Bereitwilligkeit zur Begehung eines Verbrechens gegenüber einem anderen; es erfaßt das Sicherbieten (Bay 53, 154) und die Annahme einer Aufforderung zur Begehung eines Verbrechens. – Die **Annahme des Erbietens** muß vom Erklärungsempfänger ernst gemeint sein; ob das Erbieten selbst ernstlich war, ist unerheblich (BGHSt 10, 388; Roxin JA 79, 169, 172 mwN; str). – **Verabredung** ist die – auch stillschweigende – Übereinkunft von mindestens zwei Personen, eine bestimmte Tat als Mittäter zu begehen (NStZ 93, 137) oder einen anderen gemeinschaftlich zu ihrer Begehung anzustiften (NStZ 88, 406 mwN); die Zusage bloßer Beihilfe genügt deshalb nicht (bei Holtz MDR 88, 452 mwN). Vom Willen der Betei- 6 ligten unabhängige Bedingungen schließen die Annahme einer Übereinkunft nicht aus (BGHSt 12, 306; NJW 73, 156; s auch Oswald NStZ 91, 46). Der Verabredende muß die Tat ernstlich wollen (RGSt 58, 392; s auch NJW 56, 30; bei Holtz MDR 87, 798).

7 **b) Versuch** und Vorbereitung von Handlungen nach Abs 2 sind nicht strafbar (RGSt 58, 394); jedoch kann eine versuchte Verabredung zugleich versuchte Anstiftung oder Sichbereiterklären sein. – Da die Zusage einer Verbrechensbeihilfe von Abs 2 nicht erfaßt wird (vgl 6), muß auch die Beihilfe zur Verbrechensverabredung aus dem Anwendungsbereich ausscheiden (bei Holtz MDR 82, 446).

8 **4.** Zum **Rücktritt** vgl § 31.

9 **5.** Die **Strafe** ist die Versuchsstrafe (§ 23) für das in Aussicht genommene Verbrechen; dessen Strafrahmen ist nach den konkreten Umständen, also unter Berücksichtigung auch unbenannter Strafänderungen (besonders schwere und minder schwere Fälle), zu ermitteln (BGHSt 32, 133; beachte auch NStZ 86, 453 und 90, 96). Die Strafmilderung nach § 49 I ist jedoch abweichend von § 23 II obligatorisch (2, 3, 8–11 zu § 49; 1–4 zu § 50). Doppelte Milderung – etwa bei Fehlen besonderer persönlicher Merkmale – kommt in Frage (5 zu § 50). – Bei der **Strafzumessung** ieS (32–44 zu § 46) fallen namentlich die Beschaffenheit der Verabredung selbst und das Ausmaß ins Gewicht, in dem sich die Beteiligten durch abredegemäße Vorbereitungshandlungen bereits dem Tatbeginn genähert hatten (NStZ 89, 571; bei Holtz MDR 97, 20).

10 **6. Tateinheit** mit anderen Taten, zB Nötigungsversuch (BGHSt 1, 305) oder Bestechung (BGHSt 6, 308), ist möglich. Die Begehung oder der Versuch der in Aussicht genommenen Tat – auch mit anderen Teilnehmern als den erfolglos angestifteten (BGHSt 8, 38) – verdrängt den § 30 (BGHSt 14, 378; BGHR, Abs 1 S 1, Konkurrenzen 2); außerdem geht die Verabredung nach Abs 2 (NStZ 94, 383) und, wenn die Haupttat mindestens versucht wird, auch § 26 dem Abs 1 vor. Das alles gilt auch, wenn statt einer geplanten leichteren eine diese umfassende schwerere Tat verübt wird, nicht dagegen, wenn die ausgeführte Tat leichter ist als die geplante; dann liegt Tateinheit mit der ausgeführten Tat vor (BGHSt 9, 131; str). Hinter den spezielleren §§ 83 (Köln NJW 54, 1259) und 357 (RGSt 68, 90) tritt § 30 zurück. In Verbindung mit § 234 a I geht er dem § 234 a III vor (BGHSt 6, 85).

§ 31 Rücktritt vom Versuch der Beteiligung

(1) **Nach § 30 wird nicht bestraft, wer freiwillig**

1. **den Versuch aufgibt, einen anderen zu einem Verbrechen zu bestimmen, und eine etwa bestehende Gefahr, daß der andere die Tat begeht, abwendet,**
2. **nachdem er sich zu einem Verbrechen bereit erklärt hatte, sein Vorhaben aufgibt oder,**

3. nachdem er ein Verbrechen verabredet oder das Erbieten eines anderen zu einem Verbrechen angenommen hatte, die Tat verhindert.

(2) **Unterbleibt die Tat ohne Zutun des Zurücktretenden oder wird sie unabhängig von seinem früheren Verhalten begangen, so genügt zu seiner Straflosigkeit sein freiwilliges und ernsthaftes Bemühen, die Tat zu verhindern.**

1. Der **Rücktritt** vom Beteiligungsversuch (eingehend Bottke, Rücktritt vom Versuch der Beteiligung nach § 31 StGB, 1980; zusf Vogler ZStW 98, 331, 352) ist ebenso wie der vom Versuch Strafaufhebungsgrund (1 zu § 24) und in seiner Wirkung auf Handlungen nach § 30 beschränkt (BGHSt 15, 198). 1

2. **Abs 1** setzt in allen Alternativen den endgültigen (hM; anders Bottke aaO [vgl 1] S 30) Verzicht auf das verbrecherische Vorhaben (7–9 zu § 24) und Freiwilligkeit (16–18 zu § 24; s auch Bottke aaO S 36) voraus; an der auch hier erforderlichen Tatidentität (9 zu § 24) fehlt es, wenn das Vorhaben wegen des Ausscheidens eines Tatbeteiligten auch von den übrigen zunächst aufgegeben, später aber aufgrund eines neuen Entschlusses ausgeführt wird (NStZ 92, 537). Ist der Rücktritt mißlungen, weil das Verbrechen begangen oder versucht wurde, so tritt idR Strafbarkeit wegen Beteiligung ein (NStZ 87, 118 mwN); die Ausführungen unter 24–28 zu § 24 gelten sinngemäß (aM Bottke aaO S 66). Im übrigen gilt folgendes: 2

a) Beim **Anstiftungsversuch** (Nr 1) genügt das Aufgeben der Einwirkung auf den anderen, solange dieser noch keinen Tatentschluß gefaßt hat und auch noch keine Gefahr entstanden ist, daß er die Tat begeht. Besteht jedoch eine solche Gefahr, so muß der Täter sie abwenden, was idR nur durch positives Tun möglich ist. Ist der Anstiftungsversuch beendigt (3 zu § 24), so bedarf es nur der Abwendung der Gefahr. Es hängt daher von den Umständen ab, ob der Rücktritt beide Voraussetzungen der Nr 1 erfüllen muß oder ob eine von ihnen genügt (Begr zu § 36 E 1962 S 155). – Ist der Täter infolge **Verkennung der Gefahr** untätig geblieben, so schließt das – abweichend vom Gesetzeswortlaut, aber zur Vermeidung eines Wertungswiderspruchs zu § 24 (dort 3) – die Vergünstigung nicht aus (Herzberg JZ 89, 114; Roxin LK 5–8; aM Bottke aaO [vgl 1] S 54, alle mwN; zw). – Von einem **fehlgeschlagenen** Anstiftungsversuch ist Rücktritt nur unter den Voraussetzungen des Abs 2 und nur dann möglich, wenn der Täter den Fehlschlag noch nicht kennt. 3

b) Bei der **Bereitschaftserklärung** (Nr 2) muß der Täter sein Vorhaben in einer nach außen erkennbaren Weise (Jescheck/Weigend AT S 706; aM Bottke aaO [vgl 1] S 48; Roxin LK 17, 18 mwN; zw), zB durch Widerruf, aufgeben. 4

c) Bei der Verabredung eines Verbrechens oder der **Annahme eines Erbietens** (Nr 3) ist – ähnlich wie beim Beteiligtenrücktritt nach 5

§ 24 II S 1 – Verhinderung der Tat erforderlich. Das setzt idR positives Tun voraus; jedoch ist hier auch bloßes Unterlassen häufiger als in den Fällen des § 24 (dort 19, 25) ein geeignetes Mittel der Erfolgsabwendung, zB wenn der Täter seinen eigenen, nach seiner Vorstellung für die Durchführung der Tat unerläßlichen Beitrag nicht erbringt, um die Tat oder jedenfalls ihre Vollendung zu verhindern (BGHSt 32, 133; NJW 84, 2169, beide mit Anm Kühl JZ 84, 292; Küper JR 84, 265).

6 **3.** Zu **Abs 2** vgl 20, 26, 27 zu § 24 (beachte auch NStZ 87, 118).

7 **4.** Ist eine Tat **zum Versuch gediehen,** so lebt bei Rücktritt vom Versuch die Strafbarkeit nach § 30 nicht wieder auf (BGHSt 14, 378; NStZ 83, 364; s auch Küper JZ 79, 775, 782; str), es sei denn, daß die versuchte Tat leichter ist als die geplante (Vogler, Bockelmann-FS, S 715, 728; aM Roxin JA 79, 169, 175; str).

4. Titel. Notwehr und Notstand

Vorbemerkung

1 **I.** Der Titel unterscheidet zwischen **Rechtfertigungs- und Entschuldigungsgründen** (17, 27 vor § 13), deren systematische Trennung nicht in allen Strafrechtsordnungen durchgeführt ist, für das deutsche Strafrecht aber zwingend aus den Vorschriften des AT folgt (hM; anders von der Linde, Rechtfertigung und Entschuldigung im Strafrecht?, 1988; rechtsvergleichend Eser RuE I–IV; s auch Perron ZStW 99, 902). – Geregelt sind hier nur der Unrechtsausschluß wegen Notwehr (§ 32) oder rechtfertigenden Notstandes (§ 34) und der Schuldausschluß wegen Notwehrexzesses (§ 33) oder entschuldigenden Notstandes (§ 35). Sie bilden lediglich einen kleinen Ausschnitt aus der Gesamtheit dieser Gründe.

2 **II. Rechtfertigungsgründe** (Unrechtsausschließungsgründe) sind geschriebene oder ungeschriebene Erlaubnissätze, die das Indiz der Rechtswidrigkeit einer tatbestandsmäßigen Handlung widerlegen und damit die Rechtmäßigkeit der Tat, dh ihre Vereinbarkeit mit der Gesamtrechtsordnung, begründen (hM; vgl 15–17 vor § 13).

3 **1.** Ob sich die Rechtfertigungsgründe auf ein **einheitliches Grundprinzip** zurückführen lassen oder nur aus verschiedenen Leitgesichtspunkten erklärbar sind, ist umstritten, für ihre Anwendung aber ohne praktische Bedeutung (vgl etwa Stratenwerth ZStW 68, 41; Noll ZStW 77, 1; Lenckner, Der rechtfertigende Notstand, 1965, S 133 und GA 85, 295, 302; Rudolphi, Kaufmann [Arm]-GedSchr, S 371; Schmidhäuser GA 91, 97, 99; s auch Hruschka, Dreher-FS, S 189; Jakobs, in: Eser RuE IV, S 143).

4 **2.** Umstritten ist ferner, ob neben den Rechtfertigungsgründen eine allgemeine Kategorie spezifischer **Strafunrechtsausschließungsgründe** anzuerkennen ist (so Günther, Strafrechtswidrigkeit und Strafun-

rechtsausschluß, 1983, S 257 und Spendel-FS, S 189, der zwischen echten und unechten Strafunrechtsausschließungsgründen unterscheidet und nur der letzteren Wirkung für die Gesamtrechtsordnung beimißt). Diese Lehre macht zwar eine Anzahl von Streitfragen leichter lösbar, wird mit Recht aber wegen der Unbestimmtheit ihrer Grenzziehungen überwiegend als problematisch und nicht unbedingt notwendig abgelehnt (näher dazu Amelung JZ 82, 617, 619; Schünemann GA 85, 341, 351; Roxin, Oehler-FS, S 181 und JuS 88, 425, 430; Reichert-Hammer JZ 88, 617; Rudolphi, Kaufmann [Arm]-GedSchr, S 371, 373; Gössel GA 93, 276, 277; Kelker, Der Nötigungsnotstand, 1993, S 65; Cortes Rosa, Coimbra-Symposium, S 183, 201).

3. Einen weiteren Streitpunkt bildet die Frage, ob über das Vor- 5
liegen der einen Rechtfertigungsgrund ausfüllenden Umstände durchgängig eine objektiv nachträgliche Prognose (**ex-ante-Urteil,** 22 zu § 315 c) entscheidet (so ua Armin Kaufmann, Welzel-FS, S 393, 399; Frisch, Vorsatz und Risiko, 1983, S 419, 424; Herzberg JA 89, 243, 247 und Stree/Wessels-FS, S 203; Rudolphi, Kaufmann [Arm]-GedSchr, S 371, 377; Freund GA 91, 387, 406, alle mwN) oder ob solche Umstände, die nicht schon nach der Struktur des jeweiligen Rechtfertigungsgrundes prognostischen Gehalt haben, sämtlich oder wenigstens zum Teil wirklich vorliegen müssen, möglicherweise also erst ex-post verifizierbar sind (so die bisher hM; vgl etwa Gallas, Bokkelmann-FS, S 154, 166; Sch/Sch-Lenckner 10–12, 20; zur zeitlichen Struktur von ex-ante- und ex-post-Beurteilungen Krümpelmann, Triffterer-FS, S 137). Der Meinungsstreit hat seinen Ursprung in der Frage, ob die rechtfertigenden Erlaubnissätze (17 vor § 13) ebenso wie die unrechtsbegründenden Verbote und Gebote (15 vor § 13) ausschließlich als Verhaltensregeln (Bestimmungsnormen) zu deuten sind oder ob auch allgemeine Wertaspekte, etwa die Perspektive des Opfers oder die Gewährleistung des Rechtsgutes gegenüber objektiv unbegründeten Eingriffen, einbezogen werden müssen (bejahend Paeffgen, Kaufmann [Arm]-GedSchr, S 399, 412; Hirsch, Kaufmann [Arth]-FS, S 545, 546; Schroth, Kaufmann [Arth]-FS, S 595, 604; Gössel, Triffterer-FS, S 93; aM Frisch, in: Eser RuE III, S 217, 260, alle mwN). Die Frage läßt sich nicht zwingend beantworten, weil beide Auffassungen gewichtige Gründe für sich haben, zugleich aber auch nicht spannungsfrei und mit durchgängig überzeugenden Ergebnissen durchgehalten werden können. Deshalb hat sich eine Vielzahl widerstreitender Lehrmeinungen und daraus folgend eine weitgehend ungeklärte dogmatische Lage entwickelt. Das tritt namentlich hervor beim Erlaubnistatbestandsirrtum (9–16 zu § 17) und seiner Umkehrung (16 zu § 22), beim Unrechtszweifel (18 zu § 17) und bei der Beurteilung des Verhältnisses von Erlaubnissätzen zu negativ formulierten Tatbestandseinschränkungen (dazu Herzberg JA 89, 243, 294), deren Abgrenzung ohnehin häufig zweifelhaft ist (dazu Triffterer, Oehler-FS, S 209). Auch in dem Streit um einen zwei- oder dreigliedrigen Verbrechensaufbau hat die Fragestellung

Gewicht (17 vor § 13). Nach dem gegenwärtigen Diskussionsstand dürfte die übergewichtige Betonung der Bestimmungsfunktion von Normen, die mit einer Ausblendung der Opferperspektive und einer Schwächung des Rechtsgüterschutzes einhergeht, nicht hinreichend begründet sein, um darauf prinzipielle Änderungen der in diesem Erläuterungsbuch zugrundegelegten systematischen Vorgaben stützen zu können.

6 **4.** Im Gegensatz zur früheren objektiven Unrechtslehre (19 vor § 13) genügt zum Unrechtsausschluß eine bloß objektive Rechtfertigungslage nicht (hM; anders Spendel, Bockelmann-FS, S 245 mwN). Das hier mögliche Versuchsunrecht (dazu 16 zu § 22) wird nur ausgeschlossen, wenn der Täter mindestens in Kenntnis dieser Lage handelt (so zB Schünemann GA 85, 341, 371; Sch/Sch-Lenckner 14; überzeugend Frisch, Lackner-FS, S 113, 133). Nach überwiegender, im Ansatz allerdings sehr unterschiedlich begründeter (krit dazu Frisch aaO S 115) Meinung soll dagegen eine der Rechtfertigungslage entsprechende Willensrichtung des Täters erforderlich sein (Jescheck/Weigend AT S 328; Hirsch LK 53–56; diff Gallas, Bockelmann-FS, S 155, 172; M-Zipf AT 1 25/26–28, alle mwN; zw). Im einzelnen sind Inhalt und Grenzen dieser sog **subjektiven Rechtfertigungselemente** noch nicht abschließend geklärt (vgl zB Rudolphi, Maurach-FS, S 51; Alwart GA 83, 433; Loos, Oehler-FS, S 227; Herzberg JA 86, 190, 541; Frisch aaO; diff Wolter, Objektive und personale Zurechnung von Verhalten, Gefahr und Verletzung in einem funktionalen Straftatsystem, 1981, S 136; zusf Geppert Jura 95, 103).

7 **5.** Zur **Konkurrenz** mehrerer Rechtfertigungsgründe Warda, Maurach-FS, S 143; Seelmann, Das Verhältnis von § 34 StGB zu anderen Rechtfertigungsgründen, 1978; Peters GA 81, 445; Renzikowski, Notstand und Notwehr, 1994, S 18; Jakobs AT 11/16, 17; s auch Sternberg-Lieben JA 96, 129, 131.

8 **III.** Als Rechtfertigungsgründe kommen namentlich **in Frage:**

1. Die Notwehr (§ 32).

2. Der rechtfertigende Notstand (§ 34) und die rechtfertigende Pflichtenkollision (15 zu § 34).

9 **3.** Die bürgerlich-rechtlichen Notrechte nach §§ 228, 229 (Bay NJW 91, 934 mit krit Bespr Schroeder JZ 91, 681, Laubenthal JR 91, 519, Joerden JuS 92, 23 und Duttge Jura 93, 416; Düsseldorf NJW 91, 2716 mit krit Bespr Scheffler Jura 92, 352), § 859 (Schleswig NStZ 87, 75 mit abl Anm Hellmann NStZ 87, 455) und § 904 BGB (krit Hellmann, Die Anwendbarkeit der zivilrechtlichen Rechtfertigungsgründe im Strafrecht, 1987; s auch Weber, Der zivilrechtliche Vertrag als Rechtfertigungsgrund im Strafrecht, 1986). Dagegen soll die berechtigte Geschäftsführung ohne Auftrag (§§ 677–687 BGB) als solche keinen strafrechtlichen Rechtfertigungsgrund bilden, weil sie nur Ausgleichsrechte und -pflichten regele (hM; vgl Hirsch LK 130 mwN); obwohl die meisten einschlägigen Handlungen auch aufgrund rechtfertigenden

Notstandes (4 zu § 34) oder mutmaßlicher Einwilligung (vgl 19) gerechtfertigt werden können, widerspricht die prinzipielle, allerdings praktisch kaum bedeutsame Ausscheidung der Geschäftsführung ohne Auftrag dem Grundsatz der Einheit der Rechtsordnung (Weber, Baur-FS, S 133, 139; Schroth JuS 92, 476, beide mwN).

4. Die Wahrnehmung berechtigter Interessen (§ 193).

5. Die **Einwilligung des Verletzten.** Sie ist zwar ausdrücklich nur für die Körperverletzung in § 226 a geregelt, kann aber als Verzicht des Verletzten auf Rechtsschutz (Sch/Sch-Lenckner 33 mwN; str) auch in anderen Tatbeständen rechtfertigende Wirkung entfalten. Ihre Einordnung als Rechtfertigungsgrund entspricht stRspr (zB BGHSt 16, 309) und wird mit Recht in großen Teilen des Schrifttums auch heute noch vertreten (zB Geppert ZStW 83, 947, 959; Jescheck/Weigend AT S 375; Otto GK 1 S 140; Hirsch LK 96–105, alle mwN; s auch Hruschka, Dreher-FS, S 189, 197). Auf der Grundlage divergierender Deutungen des Rechtsgutsbegriffs hat jedoch zunehmend die Ansicht an Boden gewonnen, daß es bei Einwilligung stets an einer Rechtsgutsverletzung und damit schon am Tatbestand fehle (zB Schmidhäuser, Geerds-FS, S 593 und Stub 5/107; Kientzy, Der Mangel am Straftatbestand infolge Einwilligung des Rechtsgutsträgers, 1970, S 32; Rudolphi ZStW 86, 68, 86; Zipf ÖJZ 77, 379; Armin Kaufmann, Klug-FS, S 277, 282; Weigend ZStW 98, 44; Roxin, Über die Einwilligung im Strafrecht, 1987 und AT 1 13/12–16; Göbel, Die Einwilligung im Strafrecht als Ausprägung des Selbstbestimmungsrechts, 1992, S 68; diff Kohlmann, FS für W Werner, 1984, S 387; Jakobs AT 7/111 und 14/4–6). 10

a) Als **Rechtfertigungsgrund** hat die Einwilligung keine große praktische Bedeutung. Sie kommt als solcher namentlich dann nicht in Frage, wenn der Tatbestand 11

aa) ausdrücklich (zB in §§ 237, 248 b) oder sinngemäß (zB eindringen, § 123 I; nötigen, § 240 I; wegnehmen, § 242 I; einsperren, § 239 I, Geppert JuS 75, 384, 386 mwN) ein Handeln gegen oder ohne den Willen des Verletzten voraussetzt. Dessen Einverständnis (Geerds GA 54, 262) schließt dann schon den Tatbestand aus. Wieweit dabei Willensmängel die Wirksamkeit des Einverständnisses in Frage stellen, ist nicht allgemein zu beantworten (so aber mit zT entgegengesetzten Ergebnissen Geerds aaO; Kientzy aaO [vgl 10] S 65; Kühne JZ 79, 241, 242), sondern eine Frage der Auslegung des jeweiligen Tatbestandes (Jescheck/Weigend AT S 374 mwN; s auch Otto, Geerds-FS, S 603) und auch nicht durch Gleichbehandlung von Einverständnis und Einwilligung auf der Grundlage der Lehre von den „rechtsgutsbezogenen Willensmängeln" (Arzt, Willensmängel bei der Einwilligung, 1970, S 24) befriedigend zu lösen (hM; anders Schlehofer, Einwilligung und Einverständnis, 1985);

bb) auch den Schutz des zustimmenden Verletzten (etwa wegen seiner Minderjährigkeit, Abhängigkeit oder Hilflosigkeit) bezweckt (zB §§ 174, 302 a); 12

13 cc) ein Rechtsgut der Allgemeinheit, sei es auch nur neben anderen Rechtsgütern, schützt (zB BGHSt 5, 66; 6, 232; Düsseldorf NJW 62, 1263; zu Grenzfragen 32 zu § 315 c);

14 dd) ein Individualrechtsgut schützt, über das der Träger keine Dispositionsbefugnis hat, weil allgemeine Interessen berührt sind (NJW 92, 250 mwN). An dieser Befugnis fehlt es, wie § 216 ergibt, namentlich bei den Tötungsdelikten (Hirsch, Welzel-FS, S 775), auch bei fahrlässiger Tötung (BGHSt 7, 114; Celle MDR 80, 74; Dölling GA 84, 71, 86 mwN; beachte jedoch 2 zu § 226 a), und mit Einschränkungen auch bei der Körperverletzung (10 zu § 226 a).

15 **b)** Angesichts dieser Ausnahmen (vgl 11–14) ist die Einwilligung als Rechtfertigungsgrund idR nur für Taten gegen die Körperintegrität, die Ehre (beachte 12 zu § 185), den persönlichen Geheimbereich und das Vermögen bedeutsam (hM).

16 **c)** Voraussetzungen und Wirksamkeit der rechtfertigenden Einwilligung bestimmen sich weitgehend nach der für die Körperverletzung in § 226 a getroffenen Regelung (vgl die Anm dort). Auf folgende Besonderheiten ist jedoch hinzuweisen:

aa) Die Wirksamkeit der Einwilligung hängt allgemein, nicht nur bei der Körperverletzung, von der konkreten Einsichts- und Urteilsfähigkeit des Verletzten ab (5 zu § 226 a), also nicht von dessen zivilrechtlicher Geschäftsfähigkeit. Das gilt auch für Taten gegen das Vermögen (hM; anders Sch/Sch-Lenckner 39; s auch Weber, Baur-FS, S 133, 141).

17 bb) Ist eine juristische Person (auch Gebietskörperschaft) Trägerin des verletzten Rechtsguts, so setzt die Wirksamkeit der Einwilligung auch die zivil- oder öffentlichrechtliche Befugnis des Einwilligenden voraus, für die betroffene Körperschaft zu handeln.

18 cc) Der für die Körperverletzung geltende Ausschluß der Rechtfertigung, wenn die Tat trotz der Einwilligung sittenwidrig ist (10 zu § 226 a), beruht auf dem besonderen Rang des Rechtsgutes der Körperintegrität und kann daher nicht allgemein auf die Einwilligung erstreckt werden (Noll ZStW 77, 1, 21; Berz GA 69, 145; Jescheck/Weigend AT S 380 mwN; aM BGHSt 6, 251; diff Göbel aaO [vgl 10] S 62; Sch/Sch-Lenckner 37; s auch Amelung, Die Einwilligung in die Beeinträchtigung eines Grundrechtsgutes, 1981, S 56).

19 **6.** Die **mutmaßliche Einwilligung.** Sie kommt in zwei Formen vor (Koblenz VRS 57, 13): als Handeln im Interesse des Betroffenen, das mit der zivilrechtlichen Geschäftsführung ohne Auftrag (vgl 9) eng verwandt ist (zB ärztliche Eingriffe an Bewußtlosen; speziell zur Problematik im Zusammenhang mit der Sterbehilfe 8 vor § 211), und als Handeln zu eigenem, dem Interesse des Betroffenen nicht ernstlich widerstreitenden Nutzen (sog „mangelndes Interesse“, zB bei vorübergehender Benutzung des Fahrzeugs eines Freundes).

20 **a)** Ihre **Rechtsnatur** ist umstritten. Nach der Rspr bildet sie einen eigenständigen Rechtfertigungsgrund (BGHSt 35, 246) und ist am ehe-

sten wohl als selbständige Ausprägung erlaubten Risikos zu erklären (Roxin, Welzel-FS, S 447; s auch Lenckner, Mayer-FS, S 165, 175; rechtsvergleichend Cortes Rosa, Coimbra-Symposium, S 183, 207). Im Schrifttum wird ihr selbständige Bedeutung teils überhaupt abgesprochen (Zipf, Einwilligung und Risikoübernahme im Strafrecht, 1970, S 52; anders jedoch M-Zipf AT 1 28/4); teils wird sie auch als Sonderform der Einwilligung (Hruschka, Dreher-FS, S 189, 205) oder des rechtfertigenden Notstandes verstanden.

b) Bei beiden Formen ist **erforderlich,** daß der Betroffene zu rechtfertigender Einwilligung befugt ist und zu ihr vermutlich auch willens wäre, daß er aber nicht rechtzeitig (Frankfurt MDR 70, 694; Roxin, Welzel-FS, S 447, 461) oder nicht ohne Gefährdung seines Interesses (Samson NJW 78, 1182 mwN; str) gefragt werden kann (für den Fall „mangelnden Interesses" aM Tiedemann JuS 70, 108, 109; diff Hirsch LK 136, 139). Der Inhalt des mutmaßlichen Willens ist vornehmlich aus den persönlichen Umständen des Betroffenen, seinen individuellen Interessen, Wünschen und Wertvorstellungen, zu ermitteln. Der Maßstab objektiver Vernünftigkeit hat nur indizielle Bedeutung; liegen jedoch für einen entgegenstehenden Willen keine Anhaltspunkte vor, so ist von dem auszugehen, was gemeinhin als vernünftig gilt (BGHSt 35, 246 mit problematischem, auf unzutreffender Beurteilung von Irrtumsfragen beruhendem Ergebnis; abl daher Weitzel, Geppert und Giesen JZ 88, 1022 sowie Müller-Dietz JuS 89, 280 und Hoyer StV 89, 245, alle mwN). 21

c) Zum **Irrtum** über die Voraussetzungen mutmaßlicher Einwilligung beachte 17 zu § 17.

7. Das Züchtigungsrecht (11, 12 zu § 223). 22

8. Das **Festnahmerecht** nach § 127 I S 1 StPO. Nicht erforderlich ist eine wirklich begangene Straftat (so aber die sog Tatlösung; vgl etwa Hamm NJW 72, 1826 und 77, 590; Wiedenbrüg JuS 73, 418; Schumann JuS 79, 559, 560; Schlüchter JR 87, 309; Jescheck/Weigend AT S 398; offen gelassen in Düsseldorf NJW 91, 2716); es dürfte vielmehr mit gewissen, noch nicht abschließend geklärten Einschränkungen dringender Tatverdacht genügen (so die sog Verdachtslösung; vgl etwa NJW 81, 745; Fincke JuS 73, 87; Borchert JA 82, 338; Arzt, Kleinknecht-FS, S 1; Roxin AT I 17/22–24; krit zum Meinungsstand Marxen, Stree/Wessels-FS, S 705, der sich für eine eingeschränkte Verdachtslösung ausspricht). – Die Vorschrift rechtfertigt nur solche Handlungen, die im allgemeinen für eine Festnahme notwendig sind, daher regelmäßig nicht – vorbehaltlich der Ausübung von Notwehr während der Auseinandersetzung – die Zufügung gravierender Körperverletzungen oder den Einsatz von Hieb-, Stich- oder Schußwaffen (hM; vgl Stuttgart NJW 84, 1694; Roxin AT I 17/27, beide mwN; sehr weit bei Holtz MDR 79, 985). – Zur Anwendbarkeit des § 127 I StPO auch auf Festnahmen durch Polizeibeamte und zum Verhältnis 23 der Vorschrift zu § 163 b I StPO Kramer MDR 93, 111; Benfer MDR 93, 828 (str).

24 **9.** Die **Dienstrechte** der Beamten und Soldaten. Sie sind bedeutsam zB bei Festnahmen (Bay NStZ 88, 518 mit Anm Molketin NStZ 89, 488) und Waffengebrauch (BGHSt 26, 99 mit krit Bespr Triffterer MDR 76, 355; BGHSt 35, 379 mit Anm Waechter StV 90, 23 und Dölling JR 90, 170; LG Ulm NStZ 91, 83 mit Anm Arzt) und allgemein bei Diensthandlungen von Vollstreckungsbeamten (2 zu § 113), vor allem von Polizeivollzugsbeamten (zusf Amelung JuS 86, 329). Die Grenzen solcher Rechte ergeben sich aus dem öffentlichen Recht und sind unter verschiedenen Gesichtspunkten umstritten (Sch/Sch-Lenckner 87–89 mwN; s auch 7–14 zu § 113), etwa beim Handeln auf Befehl oder andere dienstliche Weisung (vgl zB Stratenwerth, Verantwortung und Gehorsam, 1958; Schumann, Strafrechtliches Handlungsunrecht und das Prinzip der Selbstverantwortung der Anderen, 1986, S 36; Küper JuS 87, 81, 91; Huth NZWehrr 88, 252; Lenckner, Stree/Wessels-FS, S 223; Hirsch LK 177) und bei nachrichtendienstlicher Tätigkeit staatlicher Stellen (zB Evers NJW 87, 153). Bei Kampfhandlungen im Kriege und im bewaffneten Konflikt ist auch das Völkerrecht für die Rechtfertigung bedeutsam (BGHSt 23, 103; Schwenck, Lange-FS, S 97). Auch soweit Verdeckte Ermittler (§§ 110 a–110 e StPO) zum Einsatz kommen, ist die Rechtslage noch nicht abschließend geklärt. Sie dürfen zwar nach Strafprozeßrecht (§§ 110 a III, 110 c S 1, 2 StPO) und zur Gefahrenabwehr auch nach den PolG der Länder (zB § 20 II, III PolG NRW) einzelne möglicherweise tatbestandsmäßige Handlungen vornehmen, die ihre „Legende" und den Zutritt zu Wohnungen betreffen; im übrigen ist ihnen aber – nach der (umstrittenen) gesetzgeberischen Entscheidung (dazu Prot Nr 36 des BT-Rechtsausschusses v 1. 4. 1992, S 11) – die Begehung von Straftaten nicht erlaubt (hM; zusf Schwarzburg NStZ 95, 469; beachte auch 4 zu § 26). Ob und wie weit sie sich bei Beteiligung an sog „Milieutaten" strafbar machen, bestimmt sich daher nach den allgemeinen, für diesen Bereich zum Teil umstrittenen Regeln (vgl die Gemeinsamen Richtlinien über . . . den Einsatz von . . . Verdeckten Ermittlern im Rahmen der Strafverfolgung, Anl D der RiStBV, Abschn II Nr 2.2).

25 **10.** Die **behördliche Erlaubnis** (Genehmigung, Gestattung, Bewilligung usw). Sie kann je nach der Struktur der anwendbaren Vorschrift schon auf der Tatbestandsebene relevant werden, bisweilen aber auch nur rechtfertigend wirken (zusf Winkelbauer NStZ 88, 201; Rengier ZStW 101, 874; Hirsch LK 160–172; eingehend Marx, Die behördliche Genehmigung im Strafrecht, 1993, alle mwN; beachte namentlich 12 zu § 284; 9–11 vor § 324; 9–13 zu § 324; 10 zu § 325; 2 zu § 327; 14–18 zu § 331; str).

26 **11.** Das **Streikrecht** (expl Niese, Streik und Strafrecht, 1954; Franke JuS 80, 891; Ostendorf, Kriminalisierung des Streikrechts, 1987).

12. Das **Widerstandsrecht** nach Art 20 IV GG. Es verleiht keine Befugnis, die nicht schon durch Staatsnotwehr (3 zu § 32) oder rechtfertigenden Notstand (§ 34) gedeckt wäre (Schneider, Widerstand im Rechtsstaat, 1969; Doehring Der Staat 69, 429; s auch Wenzel DRiZ 95, 7; Zippelius, Recht und Gesellschaft in der offenen Gesellschaft, 2. Aufl 1996 S 337). Auch der tatbestandsmäßige sog **zivile Ungehorsam** (eingehend dazu Glotz [Hrsg], Ziviler Ungehorsam im Rechtsstaat, 1983) ist nicht schon als solcher, sondern nur bei Vorliegen eines anerkannten Rechtfertigungsgrundes erlaubt (BVerfGE 73, 206, 250; Hassemer, Wassermann-FS, S 325; Lenckner JuS 88, 349; Hirsch, Strafrecht und Überzeugungstäter, 1996, S 28; aM Dreier, FS für H U Scupin, 1983, S 573; Roth-Stielow RuP 91, 215, alle mwN). 27

13. Die **Kollision von Grundwerten der Verfassung.** Tatbestandsmäßiges Verhalten kann uU deshalb gerechtfertigt sein, weil eine Wertabwägung nach Maßgabe der grundgesetzlichen Wertordnung und unter Berücksichtigung der Einheit dieses grundlegenden Wertsystems das Übergewicht des vom Täter gewahrten Interesses ergibt (zB BVerfGE 30, 173). Hierher gehört namentlich die grundrechtsimmanente Begrenzung an sich nicht durch Gesetzesvorbehalt eingeschränkter Grundfreiheiten, etwa der Kunstfreiheit nach Art 5 III S 1 GG (14 zu § 193) oder der Freiheit der Religionsausübung nach Art 4 II GG (zur Problematik des Schächtens nach jüdischem oder islamischem Ritus Gucht JR 74, 15 mwN; s auch AG Balingen NJW 82, 1006; 15 zu § 34). Darüber hinaus sind auf dieser Grundlage aber auch die Fälle zu lösen, in denen ein Grundrecht (zB die Meinungs- oder Pressefreiheit nach Art 5 GG) zwar durch die allgemeinen Gesetze begrenzt wird, diese aber ihrerseits aufgrund der „Wechselwirkung" zwischen ihnen und dem betroffenen Grundrecht der Einschränkung bedürfen (BVerfGE 7, 198; stRspr); im Beleidigungsrecht gehen sie in der Wahrnehmung berechtigter Interessen auf (1 zu § 193), können aber auch in anderen Bereichen vorkommen und dort, wenn keine spezielle Regelung (zB § 201 II S 3) getroffen ist, einen unmittelbaren Rückgriff auf die Verfassung erfordern. 28

14. Das **erlaubte Risiko.** Es ist nach Rechtsnatur, Umfang und Grenzen umstritten. Früher wurde es meist nur als allgemeines Strukturprinzip verstanden, dh als Sammelbegriff für Begrenzungen, die in anderen Rechtfertigungsgründen enthalten oder sonst unter anderen rechtlichen Gesichtspunkten einzuordnen sind (Kienapfel, Das erlaubte Risiko, 1966; Hirsch ZStW 74, 78, 88; Preuß, Untersuchungen zum erlaubten Risiko im Strafrecht, 1974, S 225; Maiwald, Jescheck-FS, S 405). In der neueren Lehre wird es überwiegend als allgemein-gültiger Ausschluß der objektiven Zurechnung (14 vor § 13) gedeutet (Kindhäuser GA 94, 197, 215; s auch Kindhäuser JahrbRuE 94, 339), der nach überwiegender Meinung tatbestandsausschließend wirkt (Frisch, Vorsatz und Risiko, 1983, S 118; Herzberg JR 86, 6 und JZ 89, 470, 474; Prittwitz JA 88, 427, 436; Schlehofer JuS 92, 659; Roxin AT I 29

11/56; offen gelassen in BGHSt 36, 1, 16). In bestimmten Fallgruppen wird ihm auch rechtfertigende (Schmidhäuser, Schaffstein-FS, S 129, 138; Gössel, Bengl-FS, S 23, 37; s auch Schaffstein, Lackner-FS, S 795) oder vereinzelt sogar schuldausschließende Wirkung (Roeder, Die Einhaltung des sozialadäquaten Risikos und ihr systematischer Standort im Verbrechensaufbau, 1969) beigemessen (zusf zu den verschiedenen Möglichkeiten erlaubten Risikos Sch/Sch-Cramer/Lenckner 144–147 zu § 15 und 100–107 vor § 32 mwN). Jedenfalls weist es auf der Grundlage der personalen Unrechtslehre (20 vor § 13) eine gemeinsame Struktur insofern auf, als es Fälle gefährlicher Handlungen zusammenfaßt, bei denen der Handlungsunwert einschließlich des darauf bezogenen Vorsatzes ausgeschlossen ist (Maiwald aaO S 425). – Ähnliches gilt auch für das sog **sozialadäquate Verhalten,** das zwar die Merkmale eines Tatbestandes erfüllt, sich aber völlig im Rahmen der normalen, geschichtlich gewordenen sozialen Ordnung bewegt (BGHSt 23, 226, 228; Hirsch aaO; Zipf ZStW 82, 633; beachte auch Klug, EbSchmidt-FS, S 249). Allerdings ist die Sozialadäquanz nicht als Rechtfertigungsgrund begreifbar (hM); sie bildet vielmehr nur den nicht näher konkretisierten Ausgangspunkt für eine teleologisch zu begründende einschränkende Auslegung oder Reduktion einschlägiger Tatbestände (ähnlich München NStZ 85, 549; Ebert/Kühl Jura 81, 225, 226; Roxin, Klug-FS, S 303; ganz abl Hirsch LK 29, alle mwN; s auch Wolter aaO [vgl 6] S 57 und Coimbra-Symposium, S 3, 22; Dölling ZStW 96, 36, 57; Kindhäuser GA 94, 197, 198, 215; Meliá GA 95, 179). Dasselbe gilt auch für das sog **Geringfügigkeitsprinzip,** das in vielfältiger Weise durch teleologische Auslegung von Tatbeständen und Erlaubnissätzen konkretisierbar ist (Ostendorf GA 82, 333 mwN).

30 **IV. Entschuldigungsgründe** schließen bei rechtswidrigen Taten (18 zu § 11) die Schuld unter dem Gesichtspunkt der Unzumutbarkeit aus (s auch 27 vor § 13). Ein allgemeiner Schuldausschließungsgrund wegen Unzumutbarkeit ist nur bei den Unterlassungsdelikten (sofern man die Zumutbarkeit nicht schon als Tatbestandselement versteht, 5 zu § 13) und bei den Fahrlässigkeitsdelikten (51 zu § 15) anerkannt. Bei den vorsätzlichen Begehungsdelikten reichen dagegen nur folgende Einzelausprägungen der Unzumutbarkeit aus (hM; mit unzureichender Begr weiter Wittig JZ 69, 546 und Lücke JR 75, 55 mit abl Bespr Achenbach JR 75, 492):

31 **1.** Der entschuldigende Notstand (§ 35).

2. Der Notwehrexzeß (§ 33).

3. Der **übergesetzliche** (den Anwendungsbereich des § 35 überschreitende) **schuldausschließende Notstand** (im Schrifttum hM). Er setzt voraus, daß jemand in einer nicht anders behebbaren Notlage (2, 3 zu § 34) gehandelt hat, die Abwägung aber nicht das Überwiegen, sondern nur die Gleichwertigkeit des geschützten Interesses ergibt (Gallas, Beiträge, S 59; Welzel ZStW 63, 47; Küper JuS 71, 474, 477 und JZ

89, 617, 625; zusf Hirsch LK 212–214; krit Spendel, Engisch-FS, S 509, 518; zur irrigen Annahme einer solchen Notlage 13 zu § 35). Demgegenüber hat die Rspr nur einen Strafausschließungsgrund angenommen (OGHSt 1, 321; 2, 117, 120; anders aber Hamm NJW 76, 721). Im Schrifttum wird zum Teil auch die Anerkennung eines „rechtsfreien Raumes" (Arthur Kaufmann, Maurach-FS, S 327; Comes, Der rechtsfreie Raum, 1975; Schild JA 78, 449, 570, 631; Dingeldey Jura 79, 478; abl Hirsch, Bockelmann-FS, S 89; Roxin JuS 88, 425, 429, alle mwN) oder einer „notstandsähnlichen Lage" gefordert, die das Verhalten des Täters zwar nicht erlaubt, aber das Strafunrecht ausschließt (Günther aaO [vgl 4] S 326; zust Schünemann, Coimbra-Symposium, S 149, 180). – Zur eng verwandten rechtfertigenden Pflichtenkollision 15 zu § 34.

4. Schließlich sind auch Rechtsverletzungen, bei denen die Ausstrah- 32
lungswirkung des Grundrechts der **Gewissensfreiheit** (Art 4 I GG) einer Bestrafung entgegensteht (BVerfGE 32, 98; s auch BVerfGE 33, 23; Herdegen GA 86, 97; 1 zu § 323 c), wegen Unzumutbarkeit als entschuldigt anzusehen (hM; vgl etwa AG Lüneburg StV 85, 64 mit Bespr Nestler-Tremel StV 85, 343; Müller-Dietz, Peters-FS, S 91; Rudolphi, Welzel-FS, S 605, 630; Roxin, Henkel-FS, S 171, 195 und Maihofer-FS, S 389, 405; Ebert, Der Überzeugungstäter in der neueren Rechtsentwicklung, 1975 und JuS 76, 319, 321; Tenckhoff, FS für A Rauscher, 1993, S 437; aM Bockelmann, Welzel-FS, S 543 und GA 76, 314; diff Bopp, Der Gewissenstäter und das Grundrecht der Gewissensfreiheit, 1974; Hirsch aaO [vgl 27] S 10; s auch 2 zu § 17). – In Fällen **zivilen Ungehorsams** (vgl 27) hält Roxin (Schüler-Springorum-FS, S 441, 451) abweichend von der hM einen Ausschluß der Verantwortlichkeit für möglich.

§ 32 Notwehr

(1) **Wer eine Tat begeht, die durch Notwehr geboten ist, handelt nicht rechtswidrig.**

(2) **Notwehr ist die Verteidigung, die erforderlich ist, um einen gegenwärtigen rechtswidrigen Angriff von sich oder einem anderen abzuwenden.**

1. Die Notwehr bezweckt sowohl den **Schutz von Rechtsgütern** 1
als auch die **Bewährung des Rechts** (hM; zusf Kühl JuS 93, 177; anders Haas, Notwehr und Nothilfe, 1978, S 171, 215, 223, Bitzilekis, Die neue Tendenz zur Einschränkung des Notwehrrechts, 1984, S 51, 57 und Schmidhäuser GA 91, 97, die den Güterschutz als maßgebliches Zweckelement verneinen, während umgekehrt Wagner, Individualistische oder überindividualistische Notwehrbegründung, 1984, S 29, Hoyer JuS 88, 89, Neumann, in: Lüderssen ua [Hrsg], Modernes Strafrecht und ultima-ratio-Prinzip, 1990, S 215 und Lüderssen, ZustStR, S 159, die Bewährung des Rechts als mittragenden Zweck ausscheiden;

insoweit krit auch Pitsounis, in: Lüderssen aaO S 227, 257; grundsätzlich abw ferner Renzikowski, Notstand und Notwehr, 1994, S 275, der die Notwehrbefugnis als Sicherung der Gleichordnung von koordinierten Rechtssubjekten versteht). Sie ist, wie Abs 1 ausdrücklich klarstellt, ein **Rechtfertigungsgrund,** so daß Notwehr gegen Notwehr nicht möglich ist (RGSt 67, 337).

2 **2.** Zu den **Voraussetzungen** der Notwehr nach Abs 2 (zusf Sternberg-Lieben JA 96, 299):

a) Angriff ist die von einem Menschen drohende (krit Schroeder JuS 80, 336; Jakobs, in: Eser RuE IV, S 143, 147) Verletzung rechtlich geschützter Interessen (hM; mit einschr Tendenz weiter konkretisierend Kratzsch StV 87, 224); unbewußt fahrlässiges Verhalten (so Otto, Würtenberger-FS, S 129, 141) und das Verhalten von Schuld- oder Willensunfähigen (so Otto aaO; Marxen, Die „sozialethischen" Grenzen der Notwehr, 1979, S 61) schon nicht als Angriff zu deuten, ist nicht hinreichend begründbar (Roxin ZStW 93, 68, 82; s auch Geilen Jura 81, 200, 202). Der Angriff eines Tieres genügt nicht (hM; vgl Krause, Kaufmann [H]-GedSchr, S 673, 676; anders Spendel LK 38–45, 58, beide mwN), es sei denn, daß sich seiner ein Mensch bedient (sonst Sachwehr nach § 228 BGB; dazu Seier JuS 82, 521). Auch bloße Untätigkeit kommt in Frage, wenn der Täter zum Handeln rechtlich verpflichtet ist (Bay NJW 63, 824; Geilen aaO; eingehend Lagodny GA 91, 300; Renzikowski aaO [vgl 1] S 289; krit Joerden JuS 92, 23, 26; str), zB ein Gefangener nach Wegfall des Haftgrundes nicht entlassen wird.

3 **b) Wehrfähig** ist vor allem jedes Individualrechtsgut beliebiger Art, ua auch der Besitz (RGSt 60, 273), das Hausrecht (bei Holtz MDR 79, 986) und das Persönlichkeitsrecht (NJW 75, 2075 mit Bespr Schmidt JZ 76, 31 und Paeffgen JZ 78, 738) mit seinen speziellen Ausprägungen der Ehre (BGHSt 3, 217; Celle NJW 68, 1342), des Rechts am eigenen Bild (Karlsruhe NStZ 82, 123; s auch Jarass JZ 83, 280, 282; Haberstroh JR 83, 314, alle mwN) und der Privatsphäre (NJW 66, 2353; Düsseldorf NStZ 94, 343; Schünemann JuS 79, 275, 276; beachte jedoch Bay NJW 62, 1782). Dasselbe gilt für den Gemeingebrauch (Bay NJW 63, 824 und 95, 2646 mit Bespr Otto JK 20; aM Stuttgart NJW 66, 745 mit Anm Bockelmann; Tröndle 28 a zu § 240, alle mwN; zw) und das Recht, sich im Straßenverkehr vorschriftsmäßig zu bewegen (Bay NJW 93, 211 mit Bespr Jung JuS 93, 427, Heinrich JuS 94, 17 und Dölling JR 94, 113, alle mwN). Für die allgemeine Handlungsfreiheit gilt die Einschränkung, daß die Schwelle zur Nötigung einschließlich des § 240 II überschritten sein muß (Düsseldorf NJW 94, 1232 mwN). Auch Rechtsgüter des Staates sind grundsätzlich, allerdings mit Einschränkungen, wehrfähig (Staatsnotwehr, RGSt 63, 215, 220; Sch/Sch-Lenckner 6; aM Roxin ZStW 93, 68, 75; Wagner aaO [vgl 1] S 46; zw). Auch Rechtsgüter der Allgemeinheit sind insoweit einbezogen, als ein einzelner durch den Angriff unmittelbar betroffen ist. Dagegen ist Nothilfe

(vgl 12) zugunsten bloßer Allgemeininteressen, wie der öffentlichen Ordnung im Straßenverkehr oder der Rechtsordnung im ganzen, nicht möglich (BGHSt 5, 245; Düsseldorf NJW 61, 1783; Stuttgart NJW 66, 745).

c) Der Angriff ist **gegenwärtig** vom Augenblick seines unmittelbaren Bevorstehens (NJW 95, 973; beachte Bay NJW 85, 2600 mit Bespr Bottke JR 86, 291 und Kratzsch StV 87, 224; Stuttgart NJW 92, 850) bis zu seinem vollständigen Abschluß (BGHSt 27, 336, 339; NStZ 87, 20; NJW 92, 516; zusf Geilen Jura 81, 200, 205); daher darf auch dem flüchtenden Dieb in unmittelbarem Zusammenhang mit der Tat (Mitsch JA 89, 79, 83 mwN) die Beute abgejagt werden (bei Holtz MDR 79, 985). Auch die Schaffung eines unmittelbar bedrohlichen, dh akut zugespitzten, Dauerzustandes genügt (Schroeder JZ 74, 113 und NJW 78, 2577). Ein solcher liegt zB vor, wenn und solange der Angegriffene unter dem Druck einer nötigenden oder erpresserischen Drohung steht (Amelung GA 82, 381; Roxin AT I 15/28; aM KG JR 81, 254 mit Anm Tenckhoff; Arzt MDR 65, 344; Baumann MDR 65, 346; Müller NStZ 93, 366, alle mwN; beachte jedoch 15). Die Gegenwärtigkeit ist idR auch bei unbefugten, das Persönlichkeitsrecht verletzenden Bildaufnahmen zu bejahen (hM; vgl etwa Karlsruhe NStZ 82, 123; Düsseldorf NJW 94, 1971; anders Haberstroh JR 83, 314 alle mwN). Darüber hinaus genügt aber eine bloße Dauergefahr im Sinne des § 34 nicht (dort 2); deshalb ist auch die Tötung des sog Familientyrannen regelmäßig nicht durch Notwehr gerechtfertigt (hM; vgl Hillenkamp, Miyazawa-FS, S 141, 152; weiter Byrd, in: Bottke [Hrsg], Familie als zentraler Grundwert demokratischer Gesellschaften, 1994, S 117, 120, beide mwN). Auch ist § 32 auf präventive, anders nicht mögliche Abwehr künftiger Angriffe (sog notwehrähnliche Lage) nicht entsprechend anwendbar (hM; vgl zB NJW 79, 2053; Roxin AT I 15/26; anders Suppert, Studien zur Notwehr und „notwehrähnlichen Lage", 1973, S 356, 381; beachte jedoch 9 zu § 34). 4

d) Der Angriff ist **rechtswidrig,** wenn das objektive Recht das Angriffsverhalten negativ bewertet, dh als **Handlungsunwert** mißbilligt (Hirsch, Dreher-FS, S 211; Roxin ZStW 93, 68, 84; Graul JuS 95, 1049, 1051; Sch/Sch-Lenckner 19–21, alle mwN). Demgegenüber orientiert sich die weitergehende hM am drohenden Erfolgsunwert, dh an der Duldungspflicht des Angegriffenen (Jescheck/Weigend AT S 341; Spendel LK 55–57, beide mwN). Nach beiden Auffassungen ist Notwehr auch gegen Schuldunfähige, namentlich Geisteskranke, Betrunkene und Kinder, möglich (hM; zusf Geilen Jura 81, 256). In Teilen des Schrifttums werden jedoch Einschränkungen vorgeschlagen; danach soll der Angriff etwa vorsätzlich und schuldhaft (Renzikowski aaO [vgl 1] S 279), vorwerfbar vorsätzlich oder bewußt fahrlässig (Frister GA 88, 291, 305), vorsätzlich oder subjektiv sorgfaltswidrig (Samson SK 32–35), verschuldet (Krause, Bruns-FS, S 71, 83 und GA 79, 329; Hoyer JuS 88, 89; Jakobs AT 12/14–20), „zurechenbar" (Hruschka, Dreher- 5

FS, S 189, 202; Eue JZ 90, 765) oder „unter grober Rechtsmißachtung" (Schmidhäuser GA 91, 97, 127) begangen sein. Nicht erforderlich ist jedenfalls, daß der Angriff den Tatbestand eines Strafgesetzes verwirklicht (15 vor § 13; zB furtum usus). – Bei einer einverständlichen Rauferei sind regelmäßig schon die jeweiligen Angriffshandlungen der Beteiligten nicht rechtswidrig; mindestens ist, weil beide Seiten gleichermaßen Angreifer und Verteidiger sind, eine Berufung auf Notwehr für den ausgeschlossen, der den kürzeren zieht und zu einer lebensgefährlichen Waffe greift (NJW 90, 2263; Stuttgart NJW 92, 850; LG Köln MDR 90, 1033, alle mwN).

6 **e)** Die Voraussetzungen der Notwehrlage (vgl 2–5; zusf Kühl Jura 93, 57) müssen **objektiv** – sei es auch erst aufgrund eines ex-post-Urteils – **vorliegen** (hM; vgl 5 vor § 32). Sind sie nicht voll erfüllt, so kommt für die Lösung der Kollision **Defensivnotstand** (4, 9 zu § 34) in Frage (BGHSt 39, 133, 136; NJW 89, 2479 mit krit Bespr Küpper JuS 90, 184 und Eue JZ 90, 765, alle mwN).

7 **f)** aa) Die Abwehrhandlung setzt als subjektives Rechtfertigungselement **Verteidigungswillen** voraus (hM; anders Spendel, Oehler-FS, S 197 und LK 138–144). Er wird überwiegend, namentlich in der Rspr, als Absicht im Sinne zielgerichteten Wollens verstanden, den Angriff abzuwehren oder wenigstens zu erschweren (6 vor § 32; zw). Bei dieser Deutung wird er weder durch unbedingten Tötungsvorsatz noch durch Überschreiten der Notwehrgrenzen zwingend ausgeschlossen (bei Holtz MDR 78, 279); auch andere Zwecke oder Tatmotive (zB Wut) können hinzutreten, sofern sie den Verteidigungszweck nicht völlig überlagern (BGHSt 3, 194; NStZ 83, 500 und 96, 29; Stuttgart NJW 92, 850). Demgegenüber stellt eine Mindermeinung im Schrifttum mit Recht nicht auf zweckhaftes Handeln ab, sondern läßt bloße Kenntnis der rechtfertigenden Umstände genügen (6 vor § 32; s auch Prittwitz Jura 84, 74; Kühl Jura 93, 233; Sch/Sch-Lenckner 63 mwN). – Zur Rechtslage beim Fehlen des Verteidigungswillens 16 zu § 22.

8 bb) Verteidigung kann defensive Abwehr **(Schutzwehr)** oder Gegenangriff **(Trutzwehr)** sein (Bay NJW 63, 824); auch automatisierte Gegenwehr durch Selbstschußanlagen (sog antizipierte Notwehr) ist nicht ausgeschlossen (Kunz GA 84, 539, 541).

9 **g)** aa) **Erforderlich** ist diejenige Verteidigungshandlung, die einerseits die sofortige Beendigung des Angriffs erwarten läßt (BGHSt 27, 336; Bay NStZ 88, 408, beide mwN), die endgültige Beseitigung der Gefahr also gewährleistet (NStZ 87, 322), die andererseits aber das schonendste, dh am wenigsten schädliche oder gefährliche, Mittel zur Erreichung des Abwehrerfolges bildet (GA 56, 49; zusf Kühl Jura 93, 118). Der Angegriffene braucht sich daher nicht auf das Risiko einer ungenügenden Abwehrhandlung einzulassen (NJW 80, 2263 mit krit Anm Arzt JR 80, 211; NStZ 83, 500 und 96, 29; s auch Warda Jura 90, 393, 396; Murmann/Rath NStZ 94, 215, alle mwN; zu Einschränkungen beachte 14), darf umgekehrt aber Intensität und Gefährlichkeit des

Angriffs nicht unnötig überbieten (BGHSt 24, 356, 358; NStZ 87, 172), namentlich eine lebensgefährliche Schußwaffe nur als letztes Mittel der Verteidigung einsetzen (NStZ 94, 581, 96, 380 und 97, 96); unter dieser Voraussetzung hat er dann grundsätzlich nicht für ungewollte Auswirkungen einzustehen, die aus der Gefährlichkeit des angewendeten Mittels erwachsen (BGHSt 27, 313 mit krit Bespr Hassemer JuS 80, 412; Bay NStZ 88, 408). Nicht ausgeschlossen ist auch eine geringere als die erforderliche Abwehr. Diese muß aber, weil die Erfolgseignung Begriffselement der Erforderlichkeit ist (Kühl aaO S 120 mwN), mindestens in dem Sinne zur Abwehr geeignet sein, daß sie die Chance eröffnet, den Angriff – sei es auch nur geringfügig – abzuschwächen, zu erschweren oder zu verzögern (hM; vgl Düsseldorf NJW 94, 1971; Warda Jura 90, 344, 393, der allerdings bei Angriffen mit einer Mehrzahl von Angriffsmitteln zwar denkgesetzlich nicht ausschließbare, in der Praxis aber kaum umsetzbare Fälle ungeeigneter Abwehr für möglich hält, Warda GA 96, 405; anders Alwart JuS 96, 953); wenn jemand sich freiwillig auf eine solche Abwehr einläßt und dabei fahrlässig einen schädlichen Erfolg verursacht, den er bei Ausschöpfung der zulässigen Verteidigung vorsätzlich hätte herbeiführen dürfen, so schließt das die Rechtfertigung nicht aus (BGHSt 25, 229 mit krit Bespr Schwabe NJW 74, 670; s auch Karlsruhe NJW 86, 1358).

bb) Die Erforderlichkeit bestimmt sich nach einem **objektiven Ur-** 10
teil ex ante (22 zu § 315 c; 5 vor § 32), und zwar nach der „Kampflage“, dh der Stärke und Hartnäckigkeit des Angriffs und den Abwehrmitteln, die dem Angegriffenen in der konkreten Situation zu Gebote stehen (NStZ 87, 322; NJW 91, 503 mit Anm Rudolphi JR 91, 210; im Ergebnis probl Bay 90, 141 mit Bespr Spendel JR 91, 250, Schmidhäuser JZ 91, 937 und Rogall JuS 92, 551, alle mwN; krit zur Maßgeblichkeit allein der Kampflage Bernsmann ZStW 104, 290, 313); daß er diese verbotswidrig mitführt (zB eine Schußwaffe ohne behördliche Erlaubnis), begründet nicht zugleich die Rechtswidrigkeit der Abwehr (NJW 86, 2716 mit krit Anm Hassemer JuS 86, 913; StV 90, 543; krit Bernsmann aaO S 317). – **Automatisierte Gegenwehr** (vgl 8) muß – soweit erforderlich durch Warnungen und ein System abgestufter Reaktionen der Selbstschutzanlage – so programmiert sein, daß es nicht zu Überreaktionen kommt (Kunz GA 84, 539, 549; Spendel LK 248–253 mwN). – Bei **Ehrangriffen** ist tätliche Abwehr nur ausnahmsweise erforderlich (BGHSt 3, 217; Bay NJW 91, 2031 mit Bespr Mitsch JuS 92, 289 und Vormbaum JR 92, 163, alle mwN).

cc) Auf **Verhältnismäßigkeit** der Schäden, die durch den Angriff 11
und durch die Verteidigung drohen, kommt es grundsätzlich (vgl jedoch 13) nicht an (hM; anders Klose ZStW 89, 61, 90 mwN; s auch Schroeder, Maurach-FS, S 127, 138 und NJW 78, 2577, 2578; zur geschichtlichen Wurzel dieser Abkehr vom Prinzip der Güterproportionalität rechtsvergleichend Kühl, Triffterer-FS, S 149); daran hat Art II 2 a MRK auch für die Fälle nichts geändert, in denen der Privatmann (für den Einsatz staatlicher Macht gilt uU anderes, Jescheck/Weigend

AT S 349 mwN; str) einen Sachangriff durch Verletzung von Leib oder Leben des Angreifers abwehrt (Bockelmann, Engisch-FS, S 456; Krey JZ 79, 702, 707; aM Frister GA 85, 553 und 88, 291, 314; Trechsel ZStW 101, 819, 820; diff Wagner aaO [vgl 1] S 65; zusf Geilen Jura 81, 370, 377, alle mwN; zw).

11 a dd) Private **Notwehr** ist im Verhältnis zur staatlichen Gefahrenabwehr grundsätzlich nur **subsidiär** (hM). Ist daher in einer Notwehrlage ausreichende **polizeiliche (oder sonst staatliche) Hilfe** präsent und zu ebenso wirksamer Abwehr fähig und bereit, so fehlt es an der Erforderlichkeit, weil die in erster Linie zur Wahrung des Rechts berufene staatliche Gewalt Vorrang hat (hM; vgl Geilen Jura 81, 308, 316; Burr JR 96, 230; anders Seebode, Krause-FS, S 375, 388; Pelz NStZ 95, 305, alle mwN). Muß jedoch polizeiliche Hilfe erst herbeigerufen werden, so kann dies vom Angegriffenen nur verlangt werden, wenn es ohne weiteres (VRS 30, 281), dh ohne das Risiko einer nicht ganz unerheblichen Gütereinbuße (so Haas aaO [vgl 1] S 302 mwN), möglich ist (beachte auch BGHSt 39, 133 mit Anm Roxin NStZ 93, 335 und Lesch StV 93, 578; NJW 80, 2263). Präsenz **privater Hilfe** kann dagegen für die Erforderlichkeit nur relevant werden, wenn ihre Inanspruchnahme eine schonendere Abwehr des Angriffs ermöglichen würde (Sch/Sch-Lenckner 41 mwN). Muß sie erst angefordert werden, so kann dies vom Täter außerdem nur verlangt werden, wenn es ohne weiteres möglich ist (BGHSt 27, 336, 337). – Aus dem **Subsidiaritätsgedanken** folgt weiter, daß die Abwehr von rechtswidrigen **Unterlassungen** (vgl 2) nicht erforderlich ist, wenn und soweit die Rechtsordnung den Angegriffenen (zB bei Nichterfüllung von Ansprüchen) auf den Rechtsweg verweist oder seine Abwehrbefugnis (zB beim Selbsthilferecht nach § 229 BGB) einschränkt (zusf Lagodny GA 91, 300 mwN; str).

12 **h)** Ob der Verteidiger den Angriff von sich oder einem anderen abwenden will, bleibt sich gleich. Für die sog **Nothilfe** gelten keine grundsätzlichen Besonderheiten. Sie ist weder dem Verhältnismäßigkeitsgrundsatz unterworfen (hM; anders Seelmann ZStW 89, 36) noch für Fälle der sog „professionellen" privaten Nothilfe eingeschränkt (Kunz ZStW 95, 973, 985; aM Hoffmann-Riem ZRP 77, 277, 283). Allerdings können hier die Erforderlichkeit (vgl 9–11 a) und die Notwendigkeit sozialethischer Einschränkungen (vgl 13–16) im Hinblick auf die Beteiligung einer weiteren Person anders als im Normalfall zu beurteilen sein (zu provozierten Angriffen Mitsch GA 86, 533). Außerdem darf einem Angegriffenen, der berechtigt und fähig ist, über die verletzten Rechtsgüter zu verfügen, keine Nothilfe geleistet werden, wenn er selbst sich nicht verteidigen will (BGHSt 5, 245; StV 87, 59). Das gilt jedenfalls in Fällen wirksamer Einwilligung des Angegriffenen, weil es dann schon an einer Notwehrlage fehlt (unstr), soll aber auch dann gelten, wenn sich dessen Verhalten nur als Hinnahme des Angriffs darstellt (hM). Demgegenüber hält eine Mindermeinung den entgegenstehenden Willen des Angegriffenen für schlechthin unbeachtlich (Schroeder, Maurach-FS, S 127, 141; Haas [vgl 1] S 281; Schmidhäuser Stub 6/80; Spendel LK 145, 146). Beide Auffassungen befriedigen nicht. Vorzugswürdig ist folgende Differenzierung: Beachtlich ist dieser Wille nur insoweit, als der Angegriffene die mit der Nothilfe verbundenen Risiken aus Gründen des Selbstschutzes (Lange JZ 76, 546; Klose ZStW 89, 69, 96; M-Zipf AT 1 26/52) oder der Schonung des Angreifers (Seier NJW 87, 2476, 2483; Jakobs AT 12/60) nicht einzugehen wünscht und seine Einstellung entsprechend den für die mutmaßliche Einwilligung geltenden Grundsätzen (19–21 vor § 32) zu respektieren ist (ähnlich Bitzilekis aaO [vgl 1] S 72; Wagner aaO [vgl 1] S 36; weiter einschr Geilen Jura 81, 308, 312, alle mwN).

3. a) Eine Notwehrhandlung nach Abs 2 ist rechtmäßig, wenn sie **„geboten"** ist (Abs 1). IdR ergibt sich das Gebotensein aus den **Voraussetzungen des Abs 2 von selbst,** weil die Bewährung der Rechtsordnung grundsätzlich erfordert, daß das Recht dem Unrecht nicht zu weichen braucht. Es wird jedoch überwiegend angenommen, daß **sozialethische** oder **übergeordnete rechtliche** Erwägungen **Einschränkungen** des Notwehrrechts begründen: 13

aa) Die **Rechtsprechung** versagt unter diesem Gesichtspunkt – allerdings nicht immer nach denselben Maßstäben (dazu Lenckner JR 84, 206) – die Rechtfertigung, wenn einem Angriff ohne unzumutbare Preisgabe eigener Interessen (ehrenrührige Flucht ist stets unzumutbar, GA 65, 147; probl JR 80, 210 mit krit Anm Arzt) verteidigungslos ausgewichen werden kann (BGHSt 5, 245) oder wenn die Verteidigung nach den Umständen, etwa in Fällen sog Absichtsprovokation (NJW 83, 2267 mit krit Bespr Berz JuS 84, 340 und Lenckner aaO), einen Mißbrauch des Notwehrrechts bedeutet (NJW 62, 308; Hamm NJW 77, 590 mit Bespr Schumann JuS 79, 559; Bay NJW 95, 2646; krit Drescher JR 94, 423). – Bei schuldhaft provozierten Angriffen – nicht jedoch bei Angriffen, die lediglich aus einem rechtlich oder sozialethisch nicht zu mißbilligenden Vorverhalten des Angegriffenen erwachsen sind (BGHSt 27, 336 mit Anm Kienapfel JR 79, 72; NStZ 89, 474 mit Anm Beulke JR 90, 380; NStZ 93, 332; StV 96, 87) – hat der Täter danach ein erhöhtes Risiko in Kauf zu nehmen (BGHSt 26, 143 mit krit Anm Kratzsch NJW 75, 1933; BGHSt 42, 97 mit Bespr Krack JR 96, 466, Lesch JA 96, 833 und Martin JuS 97, 177; Stuttgart NJW 92, 850; aM Hinz JR 93, 353, alle mwN; speziell zur Einschränkung bei einem bedingt vorsätzlich herbeigeführten Schußwechsel BGHSt 39, 374 mit Anm Arzt JZ 94, 314, 315 und Spendel NStZ 94, 279). Dasselbe soll – allerdings in der neueren Rspr mit einschränkender Tendenz (NJW 84, 986 mit Bespr Spendel JZ 84, 507, Schroth NJW 84, 2562, Montenbruck JR 85, 115 und Loos JuS 85, 859) – auch bei Angriffen unter Ehegatten oder sonst persönlich eng verbundenen Personen gelten, wenn sie nur die Gefahr leichter Körperverletzungen mit sich bringen (NJW 75, 62 mit Bespr Kratzsch JuS 75, 435, Geilen JR 14

76, 314 und Marxen, in: Lüderssen/Sack [Hrsg], Vom Nutzen und Nachteil der Sozialwissenschaft für das Strafrecht, 1980, S 63; aM Engels GA 82, 109; Frister GA 88, 291, 307; aus kriminologischer Sicht krit Legnaro/Aengenheister MschrKrim 95, 203, alle mwN). In solchen Fällen muß der Täter dem Angriff möglichst ausweichen und darf zur Trutzwehr mit einer lebensgefährlichen Waffe erst Zuflucht nehmen, wenn er alle Möglichkeiten der Schutzwehr ausgeschöpft hat (sog Dreistufentheorie; BGHSt 24, 356; NStZ 88, 269 mit abl Anm Hohmann/Matt JR 89, 161; NStZ 93, 133); nur wenn sich ihm diese Möglichkeit nicht bietet, ist er zu der erforderlichen Verteidigung befugt (BGHSt 26, 256; NStZ 88, 450 mit Anm Sauren; NJW 91, 503; StV 96, 87). – Bedeutsam sind solche Einschränkungen des Notwehrrechts ferner bei Angriffen von Kindern, Geisteskranken, Betrunkenen (speziell dazu Radtke JuS 93, 577) und Irrenden (bei Dallinger MDR 75, 194; Bay NJW 91, 2031 mit Bespr Mitsch JuS 92, 289 und Vormbaum JR 92, 163) und bei der sog Unfugabwehr (Arzt, Schaffstein-FS, S 77, 82; str) einschließlich der kraß unverhältnismäßigen Abwehr von unerheblichen Angriffen auf Sachgüter (bei Holtz MDR 79, 985; Bay 54, 65; Krause, Kaufmann [H]-GedSchr, S 673; Frister GA 88, 291, 310; zusf Krey JZ 79, 702; Kühl Jura 90, 244, 249; zu weit Schmidhäuser GA 91, 97, 134; zu weit einschr LG München NJW 88, 1860 mit krit Bespr Schroeder JZ 88, 567, Beulke Jura 88, 644, Mitsch NStZ 89, 26 und JA 89, 79 sowie Puppe JuS 89, 728; s auch Mayr, Error in persona vel obiecto und aberratio ictus bei der Notwehr, 1992; Jakobs, in: Eser RuE IV, S 143, 153, der Strafbarkeit des Angegriffenen wegen unterlassener Hilfeleistung annimmt).

15 bb) Im **Schrifttum** sind diese Einschränkungen im Ergebnis überwiegend anerkannt (zusf Roxin ZStW 93, 68; Geilen Jura 81, 370; Schünemann GA 85, 341, 367; Kühl Jura 90, 244; Sternberg-Lieben JA 96, 568; krit Hassemer, Bockelmann-FS, S 225; Pitsounis aaO [vgl 1] S 227, 232; abl Matt NStZ 93, 271; Renzikowski aaO [vgl 1] S 301; Spendel LK 255–320, alle mwN); jedoch sind ihr Umfang im einzelnen und namentlich ihre dogmatische Begründung umstritten (vgl ua Lenckner GA 61, 229; Rudolphi JuS 69, 461, 464; Schroeder Maurach-FS, S 127; Seelmann ZStW 89, 36, 38; Krause, Bruns-FS, S 71; Schünemann JuS 79, 275, 277; eingehend Courakis, Zur sozialethischen Begründung der Notwehr, 1978; Bitzilekis aaO [vgl 1] S 81, 136; Montenbruck, Thesen zur Notwehr, 1983). Weitgehende Einigkeit besteht darin, daß die von der Rspr verwendeten Generalklauseln zu unbestimmt sind und daß eine sinnvolle Begrenzung nur aus den der Notwehrregelung zugrunde liegenden Rechtsgedanken gewonnen werden kann (aM Koch ZStW 104, 785, der eine Abwägung des Notwehrprinzips mit einem andersartigen, ihm gegenläufigen Prinzip für erforderlich hält). Als Grundlage wird dabei vorwiegend das die Notwehr mitbestimmende Zweckelement der Bewährung des Rechts herangezogen (Otto, Würtenberger-FS, S 129; abl Wagner aaO [vgl 1] S 64). Nicht abschließend geklärt sind namentlich die Fragen: ob sich

ein Teil der kritischen Fallgruppen durch einschränkende Auslegung einzelner Elemente des Notwehrtatbestandes (zB des Angriffs oder dessen Rechtswidrigkeit) bewältigen läßt (Schmidhäuser GA 91, 97, 127 und Honig-FS, S 185; Otto aaO S 138; Müller NStZ 93, 366; beachte auch 2, 5); ob bei der Absichts- und den weiteren Formen der Notwehrprovokation (zusf dazu Kühl Jura 91, 57, 175) das Vorverhalten des Angegriffenen rechtswidrig gewesen sein muß (so zB Schumann aaO S 564; Roxin ZStW 93, 68, 89; Bitzilekis aaO S 139; diff Lenckner JR 84, 206, 208); ob bei solchen Angriffen der Gedanke der actio illicita in causa fruchtbar gemacht werden kann (so Bertel ZStW 84, 1; Sch/Sch-Lenckner 57; aM NJW 83, 2267; Roxin ZStW 75, 541 und 93, 68, 91; Constadinidis, Die „actio illicita in causa", 1982, S 49; Neumann GA 85, 389, 394; s auch Küper, Der „verschuldete" rechtfertigende Notstand, 1983, S 36, alle mwN); ob und in welchem Umfang eine etwa bestehende Garantenstellung des Angegriffenen (zB der Ehefrau oder des Provokateurs) eine Begrenzung legitimiert (Marxen aaO [vgl 2]; Loos JuS 85, 859); schließlich ob und wie die heimliche Abwehr erpresserischer Androhung kompromittierender Enthüllungen durch Tötung oder Verletzung des Erpressers oder durch andere Selbsthilfemaßnahmen einzuschränken ist (Amelung GA 82, 281; Roxin AT I 15/28, 50, 87; krit Wagner aaO S 74; Müller NStZ 93, 366).

cc) **Art 103 II GG** steht diesen Einschränkungen, die als immanente Schranken des Notwehrrechts erklärbar sind, nicht entgegen (hM; anders Kratzsch GA 71, 65 und JuS 75, 435; Koch ZStW 104, 785, 816; Erb ZStW 108, 266, 294; krit Seebode, Krause-FS, S 375, 379, alle mwN). Ob sie schon aus Abs 2 abzuleiten sind oder sich erst aus Abs 1 ergeben (so die hM), ist eine nur terminologische Frage (Lenckner GA 68, 1; Roxin ZStW 93, 68, 78; s auch Kühl Jura 90, 244, 245). 16

b) Ob **hoheitliche (vor allem polizeiliche) Maßnahmen** zum Schutz eines Angegriffenen ausschließlich nach den öffentlich-rechtlichen Vorschriften über unmittelbaren Zwang (namentlich über Schußwaffengebrauch) zu beurteilen sind (so ua Krüger NJW 70, 1483 und 73, 1; Hoffmann-Riem ZRP 77, 277, 282; Kunz ZStW 95, 973, 981; Amelung JuS 86, 329, 331; Thewes, Rettungs- oder Todesschuß?, 1988, S 35), oder ob Rechtfertigung durch Notwehr (Nothilfe) auch in Fällen in Frage kommt, in denen eine öffentlich-rechtliche Eingriffsermächtigung fehlt (so ua Bockelmann, Engisch-FS, S 456, 467 und Dreher-FS, S 235; Rupprecht JZ 73, 263; R Lange JZ 76, 546; W Lange MDR 77, 10) ist umstritten. Die Frage ist unter dem Stichwort des „gezielten Todesschusses der Polizei" ausführlich diskutiert worden (vgl §§ 35 II, 41 II des Musterentwurfs eines einheitlichen Polizeigesetzes mit Rechtsgutachten von Bockelmann, Lange, Lerche, Merten und Schmidhäuser sowie den Alternativentwurf einheitlicher Polizeigesetze des Bundes und der Länder, 1979, S XI; s auch Schmidhäuser und Kirchhof, in: Merten [Hrsg], Aktuelle Probleme des Polizeirechts, 1977, S 53 und 67; Riegel ZRP 78, 73; Günther, Strafrechtswidrigkeit 17 und Strafunrechtsausschluß, 1983, S 47, 72; Spendel LK 263–280; Hirsch LK 6–20 zu § 34, alle mwN). Sie ist ebenso wie die umfassendere Frage, ob sich bei hoheitlichem Handeln die Rechtfertigung ausschließlich nach den öffentlich-rechtlichen Eingriffsnormen bestimmt (so ua Amelung aaO; de Lazzer/Rohlf JZ 77, 207, 212; Jakobs AT 12/41–45; Hirsch LK aaO) oder ob sie wenigstens durch den alles staatliche Handeln begrenzenden Verhältnismäßigkeitsgrundsatz eingeschränkt wird (so ua Jung, Das Züchtigungsrecht des Lehrers, 1977, S 75; Seelmann ZStW 89, 36, 48; Schaffstein, Schröder-GedSchr, S 97, 111), von einer abschließenden Klärung noch weit entfernt. Die Rspr hat die Relevanz allgemeiner Rechtfertigungsgründe auch für hoheitliches Handeln bisher idR bejaht (zB BGHSt 27, 260 mit Bespr Amelung NJW 78, 623 und Lange NJW 78, 784; Hamburg JR 73, 69 mit krit Anm Schroeder; Bay 91, 141 mit Bespr Spendel JR 91, 250, Schmidhäuser JZ 91, 937 und Rogall JuS 92, 551; s auch 14 zu § 34) und sie als Eingriffsgrundlage nur ausnahmsweise als unzureichend angesehen, etwa für das Anhalten von beleidigenden Briefen aus der Haftanstalt (BVerfGE 35, 35; Celle NJW 73, 659; aM Kreuzer NJW 73, 1262; Wimmer GA 83, 145 mwN). Bei der widersprüchlichen Gesetzeslage ist die Frage ohne Inkaufnahme von Ungereimtheiten nicht befriedigend lösbar. Jedenfalls dürfte sich nach geltendem Recht kaum hinreichend begründen lassen, daß bei Fehlen einer öffentlichrechtlichen Eingriffsermächtigung die unrechtsausschließende Wirkung allgemeiner Erlaubnissätze, denen ebenso wie den Deliktstatbeständen keine Ausnahme für hoheitliches Handeln zu entnehmen ist, grundsätzlich ausgeschaltet wird (Gössel JuS 79, 162; Seebode, Klug-FS, S 359 und StV 91, 80; Schmidhäuser GA 91, 97, 137; Roxin AT I 15/89–96; Sch/Sch-Lenckner 42–42 d; einschr Ostendorf JZ 81, 165, 172, alle mwN; str). Die Nothilfe eines Amtsträgers ist daher ebensowenig Unrecht, wie das nach hM (anders Haas aaO [vgl 1] S 319; Jakobs AT 12/42) für die Notwehr des zum Selbstschutz handelnden Amtsträgers zutrifft. Ob der Unrechtsausschluß allerdings eine öffentlich-rechtliche Eingriffsermächtigung bedeutet (verneinend die im Polizeirecht hM; s auch Böckenförde NJW 78, 1881; bejahend Roxin AT I 15/93; Spendel LK 273–275 mwN) und ob das Handeln des Amtsträgers ohne solche besondere Ermächtigung hoheitsrechtlichen Charakter behält (vgl Schwabe NJW 74, 670 und 77, 1902), läßt sich nicht allein nach strafrechtlichen, sondern nur nach übergeordneten, aus der Gesamtrechtsordnung abgeleiteten Gesichtspunkten beantworten, die der Annahme bereichsbeschränkter Rechtswidrigkeit nicht zwingend entgegenstehen (zusf Seebode StV 91, 80; Rogall JuS 92, 551; Kühl Jura 93, 233, 236; s auch Günther aaO S 365).

18 **4.** Notwehr rechtfertigt nur, soweit sich die Verteidigung **gegen Rechtsgüter des Angreifers** richtet (BGHSt 39, 374, 380; Frankfurt MDR 70, 694). Die Verletzung von Rechtsgütern unbeteiligter **Dritter** kann – auch im Falle der Beschädigung oder Vernichtung der An-

griffsmittel (Geilen Jura 81, 256, 258; Renzikowski aaO [vgl 1] S 299; Hirsch LK 66 vor § 32; aM Tröndle 15, alle mwN; zw) – nur aus anderen Gründen (zB Notstand; zur Annahme erweiterter polizeilicher Eingriffsbefugnisse krit Bernsmann, Blau-FS, S 23, 27) gerechtfertigt oder entschuldigt sein (BGHSt 5, 245, 248); dasselbe gilt für die mit der Verteidigung verbundene, mit Strafe bedrohte Beeinträchtigung von Allgemeininteressen (Widmaier JuS 70, 611; Maatz MDR 85, 881; aM Celle NJW 69, 1775; wohl auch NStZ 81, 299, alle mwN; zw).

5. Der **Irrtum** über die tatsächlichen Voraussetzungen der Notwehr, 19
namentlich das Bestehen einer Notwehrlage (Putativnotwehr), ist ein Erlaubnistatbestandsirrtum (10 zu § 17). Er liegt namentlich vor, wenn der Angegriffene das Verhalten des anderen irrig als Angriff auffaßt (StV 93, 241; Stuttgart NJW 92, 850; Düsseldorf NJW 94, 1232), die Stärke eines Angriffs in falscher Beurteilung der „Kampflage" (StV 90, 543) überschätzt (BGHSt 3, 194; NStZ 88, 269 mwN) oder die Möglichkeit, den Angriff durch ein weniger gefährliches Mittel abzuwehren, nicht erkennt (bei Holtz MDR 80, 453; s jedoch Celle NJW 69, 1775 mit abl Anm Horn NJW 69, 2156). Regelmäßig nicht hierher gehört der Fall, daß mittels einer „Scheinwaffe" ein besonders intensiver Angriff vorgetäuscht und der Angegriffene zu einer nach der objektiven Lage nicht erforderlichen Reaktion veranlaßt wird; da nach dem hier maßgebenden ex-ante-Urteil (vgl 10) meist schon die Erforderlichkeit der Abwehr zu bejahen ist, kann die Tat gerechtfertigt sein, auch wenn sich ex post die mindere Gefährlichkeit des Angriffs herausstellt (Born, Die Rechtfertigung der Abwehr vorgetäuschter Angriffe, 1984, S 151; Schroth, Kaufmann [Arth]-FS, S 595, 609; Roxin AT I 15/45; ferner die Anhänger der Lehre, die für alle Rechtfertigungsumstände eine objektive nachträgliche Prognose fordern [5 vor § 32]; aM Schmidhäuser GA 91, 97, 131, 132; Spendel LK 29, 335–340; anders auch Sch/Sch-Lenckner 34, der die ex-ante-Beurteilung der Erforderlichkeit nur auf die künftige Entwicklung, nicht auf die zur Zeit der Abwehr gegebene tatsächliche Lage bezieht, und Otto Jura 88, 330, der zwar die Erforderlichkeit verneint, die Rechtfertigung aber auf das Prinzip der Wahrung des höherrangigen Interesses stützt). – Da die Rechtswidrigkeit des Angriffs als normatives Merkmal des Erlaubnistatbestandes, also nicht als allgemeines Verbrechensmerkmal zu deuten ist (hM; vgl 6 zu § 15; krit Otto, Meyer-GedSchr, S 583, 591; zw), liegt ferner ein Erlaubnistatbestandsirrtum nicht nur vor, wenn der Angegriffene sich irrig Umstände vorstellt, aus denen die Rechtswidrigkeit des Angriffs folgt (Karlsruhe NStZ 82, 123; Paeffgen JuS 78, 738, 742), sondern auch, wenn er aufgrund fehlerhafter Parallelwertung (14 zu § 15) einen gerechtfertigten Angriff als rechtswidrig bewertet (hM; vgl Lange, Zum Bewertungsirrtum über die Rechtswidrigkeit des Angriffs bei der Notwehr, 1994; Sch/Sch-Cramer 20 zu § 16 mwN). In keinem Falle darf er ein gefährlicheres Abwehrmittel einsetzen, als es auf der Grundlage seines Irrtums in wirklicher Notwehr zulässig wäre (NStZ 87, 322 und 88, 269; s auch

Vogt Jura 81, 380, 383). – Hat der Täter aus Verwirrung, Furcht oder Schrecken die Situation verkannt, so ist § 33 nicht anwendbar (dort 2). Jedoch kann aus diesem Grunde der Fahrlässigkeitsvorwurf und damit uU jegliche Strafbarkeit entfallen (NJW 68, 1885; Frankfurt GA 70, 286); außerdem wendet ein Teil der Lehre bei bewußter Überschreitung der Erforderlichkeitsschwelle § 35 II entsprechend an (Sauren Jura 88, 567, 572, beide mwN). – Bei richtiger Einschätzung der Sachlage ist die Annahme, jedes beliebige oder ein zur Abwehr nicht erforderliches Verteidigungsmittel benutzen zu dürfen, Verbotsirrtum (NStZ 88, 269 mwN).

§ 33 Überschreitung der Notwehr

Überschreitet der Täter die Grenzen der Notwehr aus Verwirrung, Furcht oder Schrecken, so wird er nicht bestraft.

1 **1.** Der **Notwehrexzeß** ist ein **Entschuldigungsgrund** (hM; vgl etwa BGHSt 3, 194, 197; Roxin, Schaffstein-FS, S 105, 125 mwN), dessen Grenzen (beachte dazu Hardtung ZStW 108, 26, 49) und dogmatische Rechtfertigung umstritten sind (zusf Sauren Jura 88, 573; Müller-Christmann JuS 89, 717, beide mwN). Notwehr gegen Notwehrexzeß ist möglich (RGSt 66, 288).

2 **2.** Die Vorschrift betrifft nur den **intensiven Notwehrexzeß,** dh den Fall, daß die Abwehrhandlung des Täters gegenüber einem wirklichen rechtswidrigen Angriff die Grenzen des Erforderlichen überschreitet. Auf den extensiven Notwehrexzeß, dh die Vornahme von Abwehrhandlungen, wenn ein Angriff überhaupt nicht, noch nicht oder nicht mehr (dazu NStZ 87, 20) vorliegt, ist sie nicht anwendbar (hM; vgl etwa Rudolphi JuS 69, 461; Geilen Jura 81, 370, 379; Müller-Christmann JuS 89, 717, 718; weiter Roxin aaO [vgl 1] S 111; Timpe JuS 85, 117, 120; Otto Jura 87, 604, 606; Jakobs AT 20/31, alle mwN; zw). Deshalb werden auch Fälle der **Putativnotwehr** (19 zu § 32) nicht erfaßt (NStZ 83, 453; Jakobs AT 20/33; Jescheck/Weigend AT S 493; einschr Sch/Sch-Lenckner 8, alle mwN; zw). Ob ihre analoge Anwendung bei Überschreitung **anderer Rechtfertigungslagen** (zB § 34 StGB, § 127 StPO) in Frage kommt, ist umstritten und noch nicht abschließend geklärt (zusf Otto aaO S 607 mwN).

3 **3.** Die Überschreitung kann auch **bewußt** geschehen (NStZ 89, 474 mit Anm Beulke JR 90, 380; Roxin aaO [vgl 1] S 107; Müller-Christmann JuS 89, 717, 719, alle mwN; str). Für sie müssen die genannten – sei es auch verschuldeten – psychischen Zustände (**asthenischen Affekte;** zusf Spendel LK 60–69) mindestens mitursächlich (BGHSt 3, 194; GA 69, 23), also nicht notwendig motivationsdominant sein (Otto Jura 87, 604, 606 mwN; str); sie müssen aber so intensiv sein, daß sie die Fähigkeit, das Geschehen richtig zu verarbeiten, erheblich beeinträchtigen (NStZ 95, 76 mit krit Bespr Otto JK 2; zw). Notwehrexzeß ist selbst bei vorhergesehenen und schon lange erwarteten Angriffen nicht ganz ausgeschlossen (1 StR 382/79 v 21. 8. 1979).

4. Die Rspr (NJW 62, 308 mit abl Anm Schröder JR 62, 187; Hamm NJW 65, 1928 mit krit Bespr Rudolphi JuS 69, 461) hat bisher die Vorschrift zu Unrecht nicht für anwendbar gehalten, wenn der Täter den Angriff durch grob mißbilligenswertes Verhalten provoziert hat (Roxin, Schaffstein-FS, S 105, 122; Bitzilekis, Die neue Tendenz zur Einschränkung des Notwehrrechts, 1984, S 194; Spendel LK 74, alle mwN); auch die neuerdings (BGHSt 39, 133 mit insoweit abl oder krit Bespr Roxin NStZ 93, 335, Lesch StV 93, 578, Arzt JZ 94, 314, Müller-Christmann JuS 94, 649 und Otto JK § 32/19; zust jedoch Drescher JR 94, 421) eingeräumte Einschränkung auf Fälle, in denen sich der Angegriffene planmäßig auf eine Auseinandersetzung eingelassen hat, ist mit dem Gesetz schwerlich vereinbar; keinesfalls ist der Ausschluß allein schon deshalb begründet, weil sich der Angegriffene dem Angriff durch Flucht oder vorsorgliche Einschaltung der Polizei hätte entziehen können (NJW 95, 973). 4

§ 34 Rechtfertigender Notstand

Wer in einer gegenwärtigen, nicht anders abwendbaren Gefahr für Leben, Leib, Freiheit, Ehre, Eigentum oder ein anderes Rechtsgut eine Tat begeht, um die Gefahr von sich oder einem anderen abzuwenden, handelt nicht rechtswidrig, wenn bei Abwägung der widerstreitenden Interessen, namentlich der betroffenen Rechtsgüter und des Grades der ihnen drohenden Gefahren, das geschützte Interesse das beeinträchtigte wesentlich überwiegt. Dies gilt jedoch nur, soweit die Tat ein angemessenes Mittel ist, die Gefahr abzuwenden.

1. Dem Notstand im Sinne des § 34 liegt das **Prinzip des überwiegenden Interesses** zugrunde (hM; vgl Hirsch LK 3 mwN; anders Renzikowski, Notstand und Notwehr, 1994, S 33, 199, der die Rechtfertigung auf den gebotenen Ausgleich zwischen der Eigenständigkeit des Individuums und dessen Verantwortung für fremde Rechtssphären aus Solidarität stützt). Er ist **Rechtfertigungsgrund,** Notwehr gegen die Notstandshandlung daher nicht möglich. 1

2. Zu den **Voraussetzungen** (eingehend Lenckner, Der rechtfertigende Notstand, 1965; zusf Lampe NJW 68, 88; Bergmann JuS 89, 109; s auch Küper JuS 87, 81): 2

a) Gefahr ist ein Zustand, in dem nach den konkreten Umständen der Eintritt eines Schadens naheliegt (21, 22 zu § 315 c); der Gefahrbegriff ist hier nicht anders als auch sonst im StGB zu verstehen (hM; vgl etwa Hirsch, Kaufmann [Arth]-FS, S 545, 555; anders Dimitratos, Das Begriffsmerkmal der Gefahr in den strafrechtlichen Notstandsbestimmungen, 1989, S 5; Roxin AT I 16/11). Maßstab ist die objektive nachträgliche Prognose eines sachkundigen, über das Spezialwissen des Täters verfügenden Beurteilers (ex-ante-Urteil, 22 zu § 315 c), über deren Bezugspunkte auch hier keine Einigkeit besteht (zusf Schaffstein,

Bruns-FS, S 89; Hirsch aaO; str). – **Gegenwärtig** ist eine Gefahr, auch eine Dauergefahr (NJW 79, 2053 mit Bespr Hruschka NJW 80, 21, Hirsch JR 80, 115 und Schroeder JuS 80, 336), dann, wenn nach menschlicher Erfahrung der ungewöhnliche Zustand bei natürlicher Weiterentwicklung jederzeit in einen Schaden umschlagen kann, wenn also der Eintritt eines Schadens sicher oder doch höchstwahrscheinlich ist, sofern nicht alsbald Abwehrmaßnahmen ergriffen werden (NJW 89, 176; s auch Spendel StV 84, 45, 46; Lesch StV 93, 578, 580, alle mwN). – Die **Ursache der Gefahr** ist unerheblich; auch Nötigung durch einen anderen (Nötigungsnotstand) scheidet daher nicht von vornherein aus (Krey Jura 79, 316, 321; Küper, Darf sich der Staat erpressen lassen?, 1986, S 47 und GA 95, 138; Göbel, Die Einwilligung im Strafrecht als Ausprägung des Selbstbestimmungsrechts, 1992, S 105; Jakobs AT 13/14; aM Kelker, Der Nötigungsnotstand, 1993, S 87; Sch/Sch-Lenckner 41 b; diff Günther, Strafrechtswidrigkeit und Strafunrechtsausschluß, 1983, S 355; Roxin, Oehler-FS, S 181, 187; Neumann JA 88, 329, alle mwN; zw); jedenfalls schlägt aber der Umstand, daß der Genötigte auf der Seite des Unrechts steht, bei der Interessenabwägung zu Buch. – Weder die Verursachung der Gefahr noch die der Notstandslage müssen unverschuldet sein (VRS 36, 23; Bay NJW 78, 2046; Celle VRS 63, 449). Verschulden fällt jedoch bei der Interessenabwägung (vgl 6–13) ins Gewicht (Küper JZ 76, 515, 518 und Der „verschuldete" rechtfertigende Notstand, 1983, S 24, 160; aM Meißner, Die Interessenabwägungsformel in der Vorschrift über den rechtfertigenden Notstand [§ 34 StGB], 1990, S 252); außerdem kann sich – allerdings in sehr engen Grenzen (dazu Küper aaO [Notstand] S 36, 164) – bei unmittelbarer Anknüpfung an das schuldhafte Vorverhalten als solches (actio illicita in causa) das Vorliegen einer rechtswidrigen Tat ergeben (Hamm VM 70, 86; Bay aaO mit abl Bespr Hruschka JR 79, 125 und Dencker JuS 79, 779; Celle VRS 63, 449; str).

3 **b)** Die Gefahr darf durch **kein anderes** (milderes) **Mittel abwendbar** sein. Das ist nach der Rspr streng zu beurteilen (BGHSt 3, 7; Koblenz MDR 72, 885) und entspricht inhaltlich dem Merkmal der Erforderlichkeit bei der Notwehr (Grebing GA 79, 81, 85; 9, 10 zu § 32), allerdings mit der Maßgabe, daß auch das Herbeirufen rechtzeitiger obrigkeitlicher Hilfe (BGHSt 39, 133 mit Anm Roxin NStZ 93, 335) sowie Ausweichen und Flucht Möglichkeiten der Gefahrabwendung sind. In schwierigen Gefahrlagen können für die Auswahl der einsetzbaren Mittel komplexe Prognosen und Abwägungen notwendig werden (Lenckner, Lackner-FS, S 95).

4 **c) Notstandsfähig** sind Rechtsgüter aller Art, auch solche der Allgemeinheit (bei Dallinger MDR 75, 723; StV 88, 432, beide mwN). Deshalb kann der Rechtfertigungsgrund bei Güter- und Interessenkollisionen jeder Art vorkommen (hM; vgl BGHSt 12, 299; NJW 68, 2288; einschr Roxin AT I 16/10, der nicht notwehrfähige Rechtsgüter [3 zu § 32] ausscheidet); namentlich im Verkehrsrecht hat er erhebliche

praktische Bedeutung erlangt (Koblenz NJW 88, 2316 mit krit Bespr Mitsch JuS 89, 964; s auch Karlsruhe JZ 84, 240 mit krit Anm Hruschka; Bay NJW 91, 1626; Köln NZV 95, 119; Düseldorf NZV 96, 122 und 250; Frankfurt NStZ-RR 96, 136; Hamm NJW 96, 2437, alle mwN). Das Eingriffsgut braucht auch nicht als das von vornherein verfügbare Rettungsmittel für das gefahrbedrohte Gut (das Erhaltungsgut) zu erscheinen (Küper JZ 76, 515; Grebing GA 79, 81, 86, beide mwN; str). – IdR nimmt die Abwehrhandlung das Eingriffsgut eines Unbeteiligten in Anspruch (sog Aggressivnotstand). Es ist jedoch – wenn die Voraussetzungen der Notwehr (§ 32) fehlen – nicht ausgeschlossen, daß nur in die Gütersphäre dessen eingegriffen wird, von dem die Gefahr ausgeht (sog Defensivnotstand); hier gelten für die Interessenabwägung Besonderheiten (vgl 9). Darüber hinaus ist denkbar, daß die Kollision auf denselben Rechtsgutsträger beschränkt bleibt (hM; anders Schroth JuS 92, 476, 478; Samson SK 12–14, beide mwN), so etwa, wenn eine Rettungshandlung vorgenommen wird, die den Tod eines Suizidenten verhindern soll (Bottke GA 82, 346, 356; Bernsmann Jura 82, 261, 271) oder die den Zweck verfolgt, einen sicheren Nachteil für den Bedrohten abzuwenden, selbst aber auch ein erhebliches Risiko in sich birgt (Ulsenheimer JuS 72, 252, 255; s auch Spendel JZ 73, 137, 140; str); meist – allerdings nicht bei unmittelbarer Lebensgefahr (Lenckner aaO [vgl 2] S 99) – werden diese Fälle, bei denen sich die Interessenabwägung auf eine bloße Chancenabwägung reduziert, schon wegen mutmaßlicher Einwilligung (19 vor § 32) gerechtfertigt sein.

d) „Um zu“ erfordert als subjektives Rechtfertigungselement den **Rettungswillen** des Täters, der überwiegend, namentlich in der Rspr, als Absicht im Sinne zielgerichteten Wollens verstanden wird, die Gefahr abzuwenden (Hirsch LK 45–47 mwN; zw). Demgegenüber stellt eine Mindermeinung mit Recht nicht auf zweckhaftes Handeln ab, sondern läßt bloße Kenntnis der rechtfertigenden Umstände genügen (6 vor § 32; s auch Sch/Sch-Lenckner 48). Beseitigt der Täter daher unwissend eine Gefahrenlage, so bleibt sein Verhalten rechtswidrig (BGHSt 2, 111, 114; beachte 16 zu § 22). Ein Pflichtenwiderstreit ist nicht erforderlich (Düsseldorf NJW 70, 674; s auch 15). 5

e) Die **Interessenabwägung** dient dem Zweck zu ermitteln, ob aufgrund der konkreten Lage des Einzelfalls das vom Täter geschützte gegenüber dem von ihm verletzten Interesse wertmäßig den Vorzug verdient; dabei ist für die „Wesentlichkeit“ des Übergewichts keine quantitativ große, sondern nur eine ganz eindeutige, begründetem Zweifel entrückte Wertdifferenz zu fordern (Küper GA 83, 289; aM Hirsch LK 76, beide mwN; zw). Das Abwägungsergebnis hängt von der Gesamtheit aller widerstreitenden Interessen und Gründe ab; namentlich der Rang der betroffenen Rechtsgüter, der Grad der ihnen drohenden Gefahren und das Bestehen besonderer Gefahrtragungspflichten (dazu Küper JZ 80, 753; Bernsmann, Blau-FS, S 23, 33; ein- 6 gehend Lugert, Zu den erhöht Gefahrtragungspflichtigen im differenzierten Notstand, 1991) auf der einen und die Angemessenheit im Sinne der sozialethischen Bewertung der Notstandshandlung im Rahmen der Gesamtrechtsordnung (hM; anders Joerden GA 91, 411, der die Angemessenheitsklausel des S 2 als regelutilitaristisches Korrektiv versteht) auf der anderen Seite bilden wichtige Richtpunkte der Bewertung (Ebert JuS 76, 319, 322; Lenckner GA 85, 295; Jescheck/Weigend AT S 362; krit Stree JuS 73, 461, 464; anders diff Meißner aaO [vgl 2], S 182, 218 mit krit Bespr Küper ZStW 106, 822; speziell zu Fällen, in denen der Notstandseingriff die Rechtsgüter mehrerer Betroffener beeinträchtigt, Joerden GA 93, 245). Die bisher nicht ausgetragene Streitfrage, ob Satz 2 gegenüber der Interessenabwägung eine selbständige Wertungsstufe bedeutet (so mit Recht Grebing GA 79, 81; Hruschka JuS 79, 385, 390; Joerden GA 91, 411; Meißner aaO S 212, alle mwN) oder nur als Kontrollklausel fungiert (so ua Lenckner aaO [vgl 2] S 146), hat keine praktische Bedeutung, weil sie nach hM auf das Ergebnis der Gesamtwürdigung keinen Einfluß hat (zusf Hirsch LK 78–81; s auch Küper, Darf sich der Staat erpressen lassen?, 1986, S 52; Merkel, ZustStR, S 171, 176). Im einzelnen:

7 aa) Das **menschliche Leben** schlägt bei der Abwägung als absoluter Wert zu Buch. Es ist nicht nach Alter, Gesundheit, sozialer Leistungsfähigkeit usw abstufbar. Auch das „vom Tod gezeichnete, unrettbar verlorene“ Menschenleben darf deshalb nicht zur Rettung eines anderen durch lebensverkürzenden Eingriff geopfert werden (hM; zusf Küper JuS 81, 785 mwN); die hM hält jedoch indirekte Euthanasie als gerechtfertigtes Notstandshandeln für zulässig (7 vor § 211).

8 bb) Während bei materiellen Gütern, wie Eigentum und Vermögen, eine rechnerische Abwägung nicht ausgeschlossen ist (BGHSt 12, 299), aber auch nur selten den Ausschlag gibt (NJW 76, 680 mit Bespr Küper JZ 76, 515 und Kienapfel JR 77, 27), ist eine quantitative Abstufung bei **höchstpersönlichen Gütern,** namentlich dem Leben, grundsätzlich nicht möglich (beachte jedoch 9); daher keine Rechtfertigung, wenn der sichere Tod weniger Menschen zur Rettung vieler in Kauf genommen wird (OGHSt 1, 321; 2, 117; Lenckner GA 85, 295, 309; Küper JZ 89, 617, 623; eingehend Küper, Grund- und Grenzfragen der rechtfertigenden Pflichtenkollision im Strafrecht, 1979, S 48, 121); es kommt jedoch entschuldigender Notstand in Frage (§ 35; s auch 31 vor § 32).

9 cc) Eine Abwehrhandlung im **Defensivnotstand** (vgl 4), die zwar weder die Voraussetzungen des § 32 (dort 6) noch die des § 228 BGB erfüllt, immerhin aber nur in die Gütersphäre dessen eingreift, der die Gefahr erst geschaffen hat, kann nach § 34 gerechtfertigt sein (Küper aaO [Grund- und Grenzfragen; vgl 8] S 72, 122; Hirsch JR 80, 115; Roxin AT I 16/72–74, alle mwN; aM Hruschka, Dreher-FS, S 203, JuS 79, 385, 391 und NJW 80, 21 sowie Lugert aaO [vgl 6] S 36, die sich für diese Fälle auf eine Analogie zu § 228 BGB stützen; ferner Günther aaO [vgl 2] S 337 und JR 85, 268, 273, der einen Strafun-

rechtsausschließungsgrund der „notwehrähnlichen Lage" annimmt; str). Sie kann quantitativ und qualitativ weitergehen als die Abwehr im Aggressivnotstand (hM; anders Meißner aaO [vgl 2] S 250). Hier schlägt der Gesichtspunkt der notwehrähnlichen Verteidigung gegen eine von einem anderen verursachte Gefahr bei der Interessenabwägung zusätzlich zu Buch, so daß sich trotz Höherwertigkeit des betroffenen Rechtsgutes ein Wertvorzug des verteidigten Interesses ergeben kann (hM; nur in den Ansätzen, nicht den Ergebnissen abw Eue JZ 90, 765; Renzikowski aaO [vgl 1] S 238). In Extremfällen kann sogar die Tötung eines Menschen gerechtfertigt sein (Jakobs, in: Eser RuE IV, S 143, 166); das gilt zB für die **Perforation,** dh die zur Rettung der Mutter gebotene Tötung eines Kindes in der Geburt (Hirsch LK 74; Jähnke LK 10 zu § 212; aM Tröndle 21 und Rudolphi SK 15 vor § 218, die – soweit nicht rechtfertigende Pflichtenkollision in Frage kommt [vgl 15] – nur einen übergesetzlichen Schuldausschließungsgrund anerkennen; zweifelnd Jakobs AT 13/22; zw); regelmäßig gilt das aber nicht für die Tötung des sog **Familientyrannen,** weil es hier fast immer an der für eine Tötung zu fordernden Zuspitzung der Notlage (vgl 2) fehlt (hM; Hillenkamp, Miyazawa-FS, S 141, 154; Roxin AT I 16/75; anders Byrd, in: Bottke [Hrsg], Familie als zentraler Grundwert demokratischer Gesellschaften, 1994, S 117, 125, alle mwN). Bedeutsam ist diese Sonderform des Defensivnotstandes namentlich bei Abwehrhandlungen gegen Dauergefahren, etwa gegen Nötigungen und Erpressungen, wenn sie den Voraussetzungen des § 32 nicht genügen (dort 4; s auch 13 zu § 201).

dd) Wer **Garant** (6 zu § 13) für das Erhaltungsgut ist, darf in Rechts- 10
güter Unbeteiligter nur wie jeder Dritte eingreifen, und zwar auch dann, wenn die Garantenstellung auf enger Familienbindung beruht (hM; zusf Küper aaO [Grund- und Grenzfragen; vgl 8] S 110, 120).

ee) Bei der **Kollision verschiedenartiger Rechtsgüter** (zB bei ei- 11
ner nach § 168 tatbestandsmäßigen Entnahme von Leichenblut zur Wahrnehmung eines Beweisinteresses) können gesetzliche Wertungen in vergleichbaren Zusammenhängen (zB Zulässigkeit von Blutentnahmen nach der StPO) Hinweise für die Abwägung bieten (Roxin JuS 76, 505, 510).

ff) Speziell zur Interessenabwägung bei **staatlicher** Gefangenenfrei- 12
gabe aufgrund Erpressung nach Geiselnahme (zB Entführungsfälle Lorenz und Schleyer) vgl ua BVerfGE 46, 160 und 214; Krey ZRP 75, 97; Küper, Darf sich der Staat erpressen lassen?, 1986, alle mwN.

gg) Eine selbständige Pflicht zu **sorgfältiger Prüfung der Sachlage** 13
(iS eines subjektiven Rechtfertigungselements) ist dem § 34 nicht zu entnehmen (zusf Hirsch LK 77 mwN); jedoch kann das Fehlen einer solchen Prüfung für den Rettungswillen und die Beurteilung von Irrtümern des Täters erheblich sein (17, 18 zu § 17).

3. Spezielle gesetzliche Konkretisierungen von Notrechten, zB 14
die Notwehr (§ 32), der Defensiv- und der Aggressivnotstand des bür-

gerlichen Rechts (§§ 228, 904 BGB) und das Festnahmerecht des Bürgers (§ 127 I StPO), gehen dem § 34 vor; wieweit sie allerdings bei Fehlen ihrer Voraussetzungen auch den Rückgriff auf diese Vorschrift versperren, ist noch nicht abschließend geklärt und hängt von dem Verhältnis der Rechtfertigungsgründe untereinander und ihren Regelungsbereichen ab (vgl ua Warda, Maurach-FS, S 143; Seelmann, Das Verhältnis von § 34 StGB zu anderen Rechtfertigungsgründen, 1978 und ZStW 95, 797, 808; Peters GA 81, 445; s auch Günther aaO [vgl 2] S 361). Wenn besondere Vorschriften aufgrund gesetzlicher Bewertung bestimmter Interessenkonflikte staatliche Eingriffsbefugnisse abschließend regeln, wie das zB für die StPO im Hinblick auf die Beschaffung von Beweismitteln zutrifft (BGHSt 34, 39), scheidet § 34 als Auffangnorm grundsätzlich aus (Sch/Sch-Lenckner 6, 7 mwN; str); soweit jedoch solche speziellen Regelungen fehlen oder nicht als abschließend zu verstehen sind, kann bei hoheitlichem Handeln von Amtsträgern die rechtfertigende Wirkung des § 34 nicht grundsätzlich ausgeschlossen werden (BGHSt 27, 260; Frankfurt NJW 75, 271; Saarbrücken NStZ 91, 386 mit krit Anm Krehl; Schaffstein, Schröder-GedSchr, S 97, 114; Gössel JuS 79, 162; Bottke JA 80, 93, 95; Ostendorf JZ 81, 165, 171; aM de Lazzer/Rohlf JZ 77, 207, 212; Amelung NJW 77, 833; Jakobs, in: Eser RuE IV, S 143, 162; Hirsch LK 6–20; s auch Hassemer, Coing-FS, S 493, 508, 523; Küper aaO [vgl 12] S 77); jedoch fließen hier – mindestens unter dem Gesichtspunkt der Angemessenheit – auch öffentlich-rechtliche Wertungen der Gesamtrechtsordnung, namentlich des Grundgesetzes, in die Beurteilung ein (Grebing GA 79, 81, 93, 99, 102). Ob rechtfertigender Notstand zugleich eine öffentlich-rechtliche Eingriffsermächtigung begründet, ist ebenso wie bei der Nothilfe umstritten (17 zu § 32).

15 **4.** Im Gesetz nicht geregelt ist die sog **Pflichtenkollision,** die voraussetzt, daß der Träger zweier rechtlicher (nicht nur sittlicher oder religiöser; unrichtig AG Balingen NJW 82, 1006) Pflichten durch Erfüllung der einen zwangsläufig die andere verletzen muß (RGSt 59, 404). Soweit sie – wie häufig – die Voraussetzungen des rechtfertigenden Notstandes erfüllt, steht der Anwendung des § 34 nichts entgegen (Jescheck/Weigend AT S 365; aM Hirsch LK 74 vor § 32 mwN; str). Wenn eine Handlungs- mit einer Unterlassungspflicht kollidiert, ist das zugleich die einzige Möglichkeit der Rechtfertigung (Küper aaO [Grund- und Grenzfragen; vgl 8] S 29; aM Hruschka, FS für Karl Larenz, 1983, S 257, 274, beide mwN; zw). Bei einer Kollision gleichwertiger oder nur geringfügig verschiedenwertiger Handlungspflichten bildet dagegen der Pflichtenwiderstreit nach herrschender, in Einzelheiten allerdings sehr differenzierter Meinung die Grundlage für einen selbständigen übergesetzlichen Unrechtsausschluß (vgl ua Mangakis ZStW 84, 447; Küper aaO S 18, 118 und JuS 87, 81, 88; Hruschka JZ 84, 241, 242; Lenckner GA 85, 295, 304; Joerden, Dyadische Fallsysteme im Strafrecht, 1986, S 82; Cortes Rosa, Coimbra-

Symposium, S 183, 205; Schmidhäuser Stub 12/61–65; Hirsch LK 71–82 vor § 32). Nach verschiedenen Mindermeinungen werden diese Fälle auch dem Tatbestandsbereich (Freund, Erfolgsdelikt und Unterlassen, 1992, S 281), dem sog „rechtsfreien Raum" (31 vor § 32), den „Strafunrechtsausschließungsgründen" (Günther aaO [vgl 2] S 331) oder dem übergesetzlichen schuldausschließenden Notstand (31 vor § 32; Gallas, Beiträge, S 59, 69; Jescheck/Weigend AT S 368, 501) zugeordnet.

§ 35 Entschuldigender Notstand

(1) **Wer in einer gegenwärtigen, nicht anders abwendbaren Gefahr für Leben, Leib oder Freiheit eine rechtswidrige Tat begeht, um die Gefahr von sich, einem Angehörigen oder einer anderen ihm nahestehenden Person abzuwenden, handelt ohne Schuld. Dies gilt nicht, soweit dem Täter nach den Umständen, namentlich weil er die Gefahr selbst verursacht hat oder weil er in einem besonderen Rechtsverhältnis stand, zugemutet werden konnte, die Gefahr hinzunehmen; jedoch kann die Strafe nach § 49 Abs. 1 gemildert werden, wenn der Täter nicht mit Rücksicht auf ein besonderes Rechtsverhältnis die Gefahr hinzunehmen hatte.**

(2) **Nimmt der Täter bei Begehung der Tat irrig Umstände an, welche ihn nach Absatz 1 entschuldigen würden, so wird er nur dann bestraft, wenn er den Irrtum vermeiden konnte. Die Strafe ist nach § 49 Abs. 1 zu mildern.**

1. Der **Notstand** im Sinne des § 35 ist nach der sog Differenzie- 1
rungstheorie (zusf dazu Küper JuS 87, 81; Müller-Christmann JuS 95, L 65) **Entschuldigungsgrund** (hM; vgl schon BGHSt 2, 242; anders Gimbernat, Welzel-FS, S 485; anders auch Bernsmann, „Entschuldigung" durch Notstand: Studien zu § 35 StGB, 1989, S 374, der einen Strafausschließungsgrund annimmt). Er ist deshalb von dem rechtfertigenden Notstand nach § 34 und den rechtfertigenden zivilrechtlichen Notständen nach §§ 228, 904 BGB zu unterscheiden. Seine Anwendung ist subsidiär; sie kommt immer erst in Frage, wenn die Notstandshandlung eine rechtswidrige Tat bildet. Gegen diese ist Notwehr möglich (hM). – Die **dogmatische Begründung** der Entschuldigung ist umstritten. Überwiegend wird sie auf das Zusammentreffen eines gesteigerten Motivationsdrucks mit einer Unrechtsminderung gestützt, die sich aus dem Handeln zur Rettung des Erhaltungsguts ergibt (Jescheck/Weigend AT S 477; s auch Schmidhäuser, Form und Gehalt der Strafgesetze, 1988, S 58; rechtsvergleichend Wasek ZStW 105, 306), teils als Konkretisierung der an den Täter auf der Schuldebene zu stellenden Anforderungen verstanden (Frister, Die Struktur des „voluntativen Schuldelements", 1993, S 206) und teils auch nur mit generalpräventiven Gründen erklärt (Timpe JuS 84, 859, 860; Roxin JA 90, 97, alle mwN).

2 **2.** Die **Voraussetzungen** des Abs 1 S 1:

a) Gegenwärtige, nicht anders abwendbare Gefahr 2, 3 zu § 34 (zusf Roxin JA 90, 97, 99 mwN). Sie muß eine wirkliche, nicht nur angenommene sein. Ihre Ursache ist nicht für die Notstandslage, uU aber für die Zumutbarkeit (vgl 6–8) bedeutsam; sie kann auch in dem nötigenden Druck eines Dritten bestehen (sog Nötigungsnotstand, § 52 aF; vgl 2 zu § 34). – Da die Notstandshandlung rechtswidrig ist, darf dem Täter keine andere rechtmäßige oder schonendere (Bay GA 73, 208) – sei es auch weniger bequeme (NJW 52, 111) – Möglichkeit der Abwehr oder des Ausweichens (zB Notwehr oder Flucht) zu Gebote stehen (NJW 66, 1823, 1825). Die Maßstäbe decken sich weitgehend, aber nicht voll mit denen, die für die Notstandslage nach § 34 maßgebend sind (Lenckner, Lackner-FS, S 95, 110). Daß der Täter eine Dauergefahr, die – auch als Bedrohung durch einen Gewalttäter (dazu Spendel, Schmitt-FS, S 205) – eine gegenwärtige sein kann (NJW 51, 769), lediglich hinauszuschieben vermag, begründet die anderweitige Abwendbarkeit nicht (BGHSt 5, 371; NJW 79, 2053).

3 **b) Notstandsfähige Rechtsgüter** sind nur: das **Leben** (beachte dazu Küper JZ 89, 617, 624), hier mangels eines kriminalpolitischen Bedürfnisses nicht auch das ungeborene (Roxin JA 90, 97, 101; Hirsch LK 12, beide mwN; str); der **Leib** im Sinne körperlicher Unversehrtheit (§§ 223 ff); jedoch genügt nach dem Normzweck (vgl auch 11) nur die Gefahr erheblicher Verletzungen (DAR 81, 226; Roxin aaO S 101; weiter einschr auf die Gefahr einer schweren Körperverletzung iS des § 224 Bernsmann ZStW 104, 290, 322); die **Freiheit** im Sinne körperlicher Bewegungsfreiheit nach § 239 I (hM; vgl etwa Hruschka NJW 80, 21, 23; Schroeder JuS 80, 336, 338), nicht auch der Freiheit zur sexuellen Selbstbestimmung (hM; anders Roxin aaO; Hirsch LK 15, beide mwN; zw). Eine analoge Anwendung auf andere Güter- und Interessenkollisionen ist nicht möglich (hM; vgl Frankfurt StV 89, 107; anders Timpe JuS 84, 859, 863, beide mwN); jedoch ist damit die Annahme eines selbständigen übergesetzlichen Notstandes nicht zwingend ausgeschlossen (31 vor § 32).

4 **c)** In **persönlicher Hinsicht** ist die Notstandshandlung beschränkt auf den Schutz von Rechtsgütern des **Täters,** eines **Angehörigen** (2 zu § 11) oder einer **nahestehenden Person,** dh einer mit dem Täter in Hausgemeinschaft lebenden oder ihm in ähnlicher Weise wie ein Angehöriger persönlich verbundenen Person (Koblenz VRS 73, 287; Hirsch LK 33–35 mwN; beachte auch BVerfG NJW 95, 2776).

5 **d) Subjektiv** ist das Bewußtsein und der Wille zur Gefahrenabwehr erforderlich (hM; vgl etwa BGHSt 3, 271; NJW 53, 112; anders Timpe JuS 84, 859, 860; Jakobs AT 20/11); andere Motive können daneben wirksam sein. Die Ursächlichkeit der psychischen Bedrängnis für den Handlungsentschluß wird bei Vorliegen der Gefahrabwendungsabsicht unwiderleglich vermutet (Hirsch LK 39 mwN; krit Küper JZ 89, 617, 625).

3. Liegen die Voraussetzungen des **Abs 1 S 1** vor, so ist die Annahme eines Notstandes idR begründet. **Satz 2** bildet nur eine Ausnahme (BT-Dr V/4095 S 16; zu seiner dogmatischen Problematik Neumann, Zurechnung und „Vorverschulden", 1985, S 207; Roxin JA 90, 137, beide mwN). Nach ihm tritt Entschuldigung nicht ein, wenn dem Täter die Hinnahme der Gefahr zumutbar war (Oldenburg NJW 88, 3217). 6

a) Die **beiden Beispiele** der selbstverursachten Gefahr und des Bestehens eines besonderen Rechtsverhältnisses sollen den Bewertungsmaßstab der Zumutbarkeit verdeutlichen (BT-Dr V/4095 S 16). Sie sind nicht abschließend und binden auch nicht in dem Sinne, daß ihre Bejahung zwingend den Ausschluß des Notstandes ergibt (Jescheck SchwZStr 75, 1, 28; Hirsch LK 48 mwN; aM Baumann/Weber/Mitsch AT 23/26–32; diff Rudolphi SK 12–17); vielmehr entscheidet auch hier letztlich die Zumutbarkeit (hM; krit zur Unbestimmtheit der Gefahrtragungsregel Bernsmann, Blau-FS, S 23). 7

aa) Bei der **selbstverursachten Gefahr** sind die näheren Voraussetzungen der Zumutbarkeit umstritten. Mit Unterschieden im einzelnen wird ua darauf abgestellt, ob die Notstandslage objektiv pflichtwidrig (Hirsch LK 49 mwN) oder schuldhaft (Sch/Sch-Lenckner 20 mwN) herbeigeführt wurde oder ob der Täter für ihren Grund zuständig war (Timpe JuS 85, 35, 36 mwN). Vorzugswürdig dürfte der Gesichtspunkt sein, ob der Täter sich ohne zureichenden Grund in eine Gefahr begeben hat, die voraussehbar zur Notstandslage führen konnte (Roxin JA 90, 137, 139 mwN). 8

bb) Das Merkmal des **besonderen Rechtsverhältnisses** stellt klar, daß die mit ihm verbundene Verschärfung des Maßstabs nicht allein aus moralischer Verpflichtung, sondern nur aus einem „Rechtsverhältnis", zB der Berufspflicht als Polizeibeamter, Soldat, Feuerwehrmann, Seemann, Richter oder Arzt (NJW 64, 730), abgeleitet werden kann (BT-Dr V/4095 S 16). Die Pflichtenstellung muß gegenüber der Allgemeinheit bestehen (Sch/Sch-Lenckner 22; aM Hirsch LK 53, beide mwN; zw); hier nicht erfaßt werden daher Schutzpflichten gegenüber Einzelnen (dazu 11), wohl aber gesetzliche Duldungspflichten, die sich aus rechtmäßigen Einwirkungen staatlicher Organe ergeben (Roxin JA 90, 137, 138; Hirsch LK 68, alle mwN; zw), zB die Vollstreckung eines Haftbefehls (RGSt 54, 338), die Vollziehung einer Freiheitsstrafe (LM Nr 8 zu § 52 aF) oder die Verurteilung eines Unschuldigen zu Strafe (Vormbaum JuS 80, 367, 368; aM Sch/Sch-Lenckner 26, beide mwN). 9

cc) Auch bei **Notstandshilfe** ist die Zumutbarkeit auf den Notstandstäter, nicht auf die Sympathieperson, zu beziehen (hM; zusf Gropengießer/Mutschler Jura 95, 155, 158). – Bei **selbstverursachter Gefahr** wird ihm jedoch häufig nicht zumutbar sein, auf die Rettung der von ihm in Gefahr gebrachten Person zu verzichten (Jescheck/Weigend AT S 485; aM Hirsch LK 65, beide mwN), während bei Bestehen eines **besonderen Rechtsverhältnisses** die Erfüllung der 10

Schutzaufgabe regelmäßig vorgeht (hM; anders Rudolphi SK 14). – Hat umgekehrt der **gefährdete Dritte** die Gefahr selbst verursacht oder steht er in einem besonderen Rechtsverhältnis, so ist meist auch dem zu seinen Gunsten handelnden Notstandstäter die Hinnahme der Gefahr nach der Generalklausel des Satzes 2 zuzumuten (hM; vgl etwa Krey Jura 79, 316, 323; Timpe JuS 85, 35, 38; diff Roxin JA 90, 137, 139).

11 **b) Über die Regelbeispiele** (dazu 7–10) hinaus hat S 2 vor allem Bedeutung, wenn gegenüber Einzelnen besondere Schutz- oder Obhutspflichten bestehen (zB aus freiwilliger Übernahme oder aus enger Familien-, Lebens- oder Gefahrengemeinschaft, 9, 10 zu § 13). Ferner folgt aus S 2, daß zwischen der Schwere der Gefahr und der rechtswidrigen Notstandstat eine gewisse **Proportionalität** bestehen muß (hM; vgl RGSt 66, 397; krit Hirsch LK 62); sog „Jedermannsgefahren", denen in Hungersnöten, Kriegs- und Nachkriegszeiten oder ähnlichen Mangellagen die ganze Bevölkerung (oder doch deren Mehrheit) ausgesetzt ist, sind hinzunehmen, wenn dem nicht besondere Umstände entgegenstehen (Roxin JA 90, 97, 101, der allerdings schon das Vorliegen einer Leibesgefahr verneint).

12 **c)** Die in S 2 vorgesehene **fakultative besondere gesetzliche Milderung** im Sinne des § 49 I (dort 2–4, 8–11; beachte auch § 50) gilt grundsätzlich, wenn zwar die Voraussetzungen des Satzes 1 erfüllt sind, dem Täter aber die Hinnahme der Gefahr zuzumuten war. Ausgenommen sind nur die Fälle, in denen die Zumutbarkeit für den Täter (nicht lediglich für die nahestehende Person, Krey Jura 79, 316, 324) auf dem Bestehen eines besonderen Rechtsverhältnisses beruht. Wer spezifische Schutzpflichten übernommen hat, soll nicht darauf vertrauen können, daß er bei Versagen milde angefaßt wird (Prot 5, 2111; krit Stree JuS 73, 461, 471); das schließt jedoch eine mildernde Berücksichtigung des auch hier meist gesteigerten Motivationsdrucks im ordentlichen Strafrahmen nicht aus (BT-Dr V/4095 S 16).

13 **4. Abs 2** enthält eine ausdrückliche Regelung des früher (BGHSt 5, 371; 18, 311; Vogler GA 69, 103) umstrittenen Irrtums über die tatsächlichen Voraussetzungen des Notstandes; der Irrtum ist auch beachtlich, wenn er sich nur auf die negativen Voraussetzungen des Abs 1 S 2 bezieht (hM; vgl Hardtung ZStW 108, 26; aM Jakobs AT 17/78; zw). Als solcher ist er weder Tatbestands- noch Verbotsirrtum, sondern ein Irrtum eigener Art (hM; krit Frister aaO [vgl. 1] S 234; rechtsvergleichend Cortes Rosa, Coimbra-Symposium, S 183, 188), der lediglich den für den Verbotsirrtum geltenden Regeln unterworfen ist (7, 8 zu § 17); jedoch behandelt S 2 den Irrtum mit Rücksicht auf den gesteigerten Motivationsdruck, der der wirklichen Notstandslage psychologisch gleichwertig ist (BT-Dr V/4095 S 16), als **obligatorischen besonderen gesetzlichen Milderungsgrund** im Sinne des § 49 I (dort 2, 3, 8–11; beachte auch § 50). – Abs 2 ist auf den Irrtum über die tatsächlichen Voraussetzungen eines **übergesetzlichen schuldausschließenden Notstandes** (31 vor § 32) entsprechend anwendbar (Küper JZ

89, 617, 626; Hardtung aaO S 48, beide mwN; zw); ob weitere Möglichkeiten analoger Anwendung bestehen, ist noch wenig geklärt (näher dazu Hardtung aaO S 46; s auch 29 vor § 13).

5. Nach der **Rechtsprechung** ist der Notstandstäter zu **gewissenhafter Prüfung** der möglichen Auswege aus der Gefahr verpflichtet (NStZ 92, 487 mwN); die Anforderungen sind umso strenger, je schwerer die Notstandshandlung wiegt (BGHSt 18, 311), während umgekehrt die Prüfungspflicht ganz entfallen kann, wenn nach den Umständen sofortiges Handeln zur Vermeidung von Rechtseinbußen geboten ist und Überlegungszeit nicht zur Verfügung steht oder die zumutbare Anwendung milderer Mittel nur entfernt in Frage kommt (StV 93, 583). Ebensowenig wie beim rechtfertigenden Notstand (13 zu § 34; 17 zu § 17) ergibt sich aber eine selbständige Pflicht dieser Art aus dem Gesetz. Jedoch kann das Unterlassen einer solchen Prüfung die Vermeidbarkeit des Irrtums über die Notstandsvoraussetzungen (vgl 13) begründen, uU sogar für die Zumutbarkeit (vgl 6) Bedeutung gewinnen, wenn nach den Umständen vom Täter erwartet werden mußte, daß er zur Schadensbegrenzung zunächst die Wirksamkeit milderer Mittel erprobte (im Ergebnis ebenso NStZ 92, 487). 14

6. Bei **Beteiligung mehrerer** ist nach § 29 nur entschuldigt, wer in seiner Person die Notstandsvoraussetzungen erfüllt (hM; vgl Roxin JA 90, 137, 143; anders Rudolphi SK 21, beide mwN). 15

5. Titel. Straflosigkeit parlamentarischer Äußerungen und Berichte

§ 36 Parlamentarische Äußerungen

Mitglieder des Bundestages, der Bundesversammlung oder eines Gesetzgebungsorgans eines Landes dürfen zu keiner Zeit wegen ihrer Abstimmung oder wegen einer Äußerung, die sie in der Körperschaft oder in einem ihrer Ausschüsse getan haben, außerhalb der Körperschaft zur Verantwortung gezogen werden. Dies gilt nicht für verleumderische Beleidigungen.

1. § 36 betrifft die **Indemnität** von Mitgliedern bestimmter Verfassungsorgane. Staatsrechtlich ist die Frage für die Mitglieder des BTages in Art 46 I GG, der Bundesversammlung in § 7 des Ges v 25. 4. 1959 (BGBl I 230) und der Gesetzgebungsorgane der Länder in den Landesverfassungen geregelt. Da diese jedoch nicht voll übereinstimmen, besteht die Funktion des § 36 darin, für den Anwendungsbereich des materiellen Strafrechts (StaatsGH Bremen MDR 68, 24; München JuS 75, 326; str) Voraussetzungen und Grenzen der Indemnität in Übereinstimmung mit Art 46 I GG bundeseinheitlich zu regeln (BT-Dr V/4095 S 17); insoweit abweichendes Landesrecht, auch Landesverfassungsrecht (zB Art 51 II BayGO, Kuhn BayVBl 89, 169), ist unwirksam. 1

2 **2. Bundestag** vgl Art 38 ff GG. **Bundesversammlung** Art 54 GG. Welche Körperschaften **Gesetzgebungsorgane der Länder** sind, ergibt sich aus den Landesverfassungen; auch die Bürgerschaften der Stadtstaaten (Berlin, Bremen, Hamburg) und der Bayerische Senat werden erfaßt. – **Regierungsmitglieder** gehören dagegen nicht hierher; sind sie zugleich Abgeordnete, so genießen sie Indemnität nur, wenn sie sich in dieser Rolle, also nicht in ihrer Eigenschaft als Regierungsmitglieder äußern (hM; anders Graul NJW 91, 1717 mwN; zw).

3 **3.** Die Indemnität schafft nur einen persönlichen **Strafausschließungsgrund,** so daß nicht nur Notwehr, sondern auch strafbare Teilnahme möglich ist (hM; anders Schünemann GA 86, 293, 304 und in: Hirsch/Weigend [Hrsg], Strafrecht und Kriminalpolitik in Japan und Deutschland, 1989, S 147, 163; Jakobs AT 10/16); auf die irrige Annahme ihrer Voraussetzungen ist § 16 I daher unanwendbar (Warda Jura 79, 286, 291).

4 **4.** Mit der Indemnität nicht zu verwechseln ist die **Immunität,** die für BTags-Abgeordnete in Art 46 II–IV GG und für Landtagsabgeordnete in den Landesverfassungen sowie in § 152 a StPO geregelt ist. Sie bildet nur ein Verfahrenshindernis (hM).

5 **5.** Geschützt sind nur Äußerungen in der Körperschaft oder einem ihrer Ausschüsse. Auch die Fraktionen und deren Arbeitskreise gehören dazu (BT-Dr V/4095 S 17; aM Sch/Sch-Lenckner 4; zw), jedoch nicht der Gemeinsame Ausschuß nach Art 53 a GG, der Vermittlungsausschuß nach Art 77 II GG und der Richterwahlausschuß nach Art 95 II GG, weil sie keine Ausschüsse des BTages, sondern gemischte Gremien sind (zweifelnd BT-Dr V/4095 S 17; aM Tröndle LK 10 mwN).

6 **6.** Strafausschluß tritt nicht ein bei **verleumderischen Beleidigungen** nach §§ 187, 187 a II, 90 III, 103.

§ 37 Parlamentarische Berichte

Wahrheitsgetreue Berichte über die öffentlichen Sitzungen der in § 36 bezeichneten Körperschaften oder ihrer Ausschüsse bleiben von jeder Verantwortlichkeit frei.

1 **1.** Die Rechtsnatur der hier gewährten **Indemnität** (Freistellung von jeder Verantwortlichkeit) ist umstritten. Die hM nimmt Rechtfertigung an (Braunschweig NJW 53, 516; M-Schroeder/Maiwald BT 1 26/3; Tröndle LK 2 mwN). Soweit jedoch ein Bericht nicht schon durch Wahrnehmung berechtigter Interessen gerechtfertigt ist, trägt der Grundgedanke des § 37 die Annahme rechtmäßigen Verhaltens nicht. Es liegt deshalb nur ein Strafausschließungsgrund vor, der nicht auf die Person des Berichterstatters beschränkt ist, sondern sachlich wirkt und dadurch strafbare Teilnahme ausschließt (Baumann/Weber/Mitsch AT 7/29; Jescheck/Weigend AT S 188).

2. Die Vorschrift betrifft nur **öffentliche Sitzungen** der in § 36 bezeichneten Körperschaften und ihrer Ausschüsse (dort 2, 5); für Berichte aus dem BTag bedeutet sie nur eine Wiederholung des Art 42 III GG. Im übrigen erfaßt die Indemnität nur wahrheitsgemäße schriftliche und mündliche **Berichte,** die den Verlauf der Sitzungen sachlich schildern, dagegen nicht die Wiedergabe einzelner Reden oder Äußerungen (RGSt 18, 207), auch nicht Berichte über Sitzungen von nicht zur Bundesrepublik gehörenden Körperschaften (NJW 54, 1252). 2

3. Abschnitt. Rechtsfolgen der Tat

Vorbemerkung

1. Das **Rechtsfolgensystem** des StGB ist ein **zweispuriges** (dualistisches) **System** (rechtsvergleichend Jescheck, in: Jescheck [Hrsg], Die Freiheitsstrafe und ihre Surrogate im deutschen und ausländischen Recht, 1984, Bd 3, S 1939; s auch Zieschang, Das Sanktionensystem in der Reform des französischen Strafrechts im Vergleich zum deutschen Strafrecht, 1992). Es unterscheidet grundsätzlich zwischen **Strafen** (Haupt- und Nebenstrafen), die dem Schuldprinzip unterworfen sind (§§ 38 ff), und **Maßregeln,** die dem Schutz der Allgemeinheit vor dem gefährlichen Täter dienen (§§ 61 ff); einige besondere strafrechtliche Maßnahmen, bei denen der Straf- oder Maßregelcharakter nicht eindeutig bestimmt oder bestimmbar ist (zB Verfall, Einziehung, Unbrauchbarmachung), bilden nur Ausnahmen von der Regel (krit Müller-Dietz, Grundfragen des strafrechtlichen Sanktionensystems, 1979, S 67). Diese Entscheidung für die Zweispurigkeit beruht auf der früher unbestrittenen, in jüngerer Vergangenheit aber auch international zunehmend in Frage gestellten Annahme, daß der Schutzzweck des Strafrechts mit dem Mittel der Strafe allein nicht hinreichend erfüllt werden kann (näher dazu 2 zu § 61). 1

2. Zur **tatsächlichen Anwendung** des geltenden Rechtsfolgensystems in der Praxis unter dem Gesichtspunkt, ob und wieweit die mit ihm verfolgten gesetzgeberischen Ziele erreicht wurden, vgl ua Heinz ZStW 94, 632; Terdenge, Strafsanktionen in Gesetzgebung und Gerichtspraxis, 1983; Dölling ZStW 104, 259; eingehend Streng, Strafrechtliche Sanktionen, 1991). 2

3. In der **kriminalpolitischen Diskussion** um die vorzugswürdige Gestaltung des **Strafensystems** (zum Maßregelsystem 2 zu § 61) haben sich seit Inkrafttreten des 2. StrRG (4 vor § 1) die Gewichte nicht unerheblich verschoben. Gegenwärtig stehen sich – zum Teil nur schwer vereinbar – Tendenzen gegenüber, die einerseits auf deutliche Verstärkung der in der Strafrechtsreform angelegten Entkriminalisierung des Strafrechts, andererseits aber auf dessen nachdrückliche Verschärfung zur Gewährleistung der inneren Sicherheit gerichtet sind (zu den Gründen für diese Spannungen Jung GA 96, 507). Im einzelnen (beachte auch 3 vor § 13): 3

a) Seit der Resozialisierungsgedanke – auch international – wegen der insgesamt enttäuschenden Erfolge stationärer Behandlung von Straftätern unter dem Stichwort „Behandlungseuphorie" an Boden verloren hat (Jescheck ZStW 91, 1037 mwN; diff Lüderssen JA 91, 222), außerdem über die Möglichkeiten und Ergebnisse praxisunterstützender kriminologischer Forschung Ernüchterung eingetreten ist (Bock ZStW 102, 504 mwN) und dadurch in der Kosten-Nutzen-Analyse die negativen Aspekte der Freiheitsstrafe stärker zu Buch schlagen, haben sich zahlreiche, noch nicht ausdiskutierte Tendenzen entwickelt mit dem Ziel, die Freiheitsstrafe durch ambulante Sanktionsformen weiter zurückzudrängen (zusf Dölling ZStW 104, 259; Schöch, Schüler-Springorum-FS, S 245; Jung/Müller-Dietz [Hrsg], Langer Freiheitsentzug – wie lange noch?, 1994; krit Bertram NJW 94, 1045). Meist geht es dabei um die (teilweise oder vollständige) Ersetzung der Strafe durch selbständige oder ergänzende Ersatzsanktionen und um die Erweiterung von Bewährungsmöglichkeiten. Hierher gehören namentlich der Täter-Opfer-Ausgleich und die Intensivierung der Schadenswiedergutmachung (dazu 1 zu § 46 a) sowie die Ermöglichung freier Arbeit (dazu 21 zu § 40), die inzwischen im Gesetz – wenn auch unvollkommen – geregelt sind. Auf der Gesetzgebungsebene werden ferner erörtert die Erstreckung des Anwendungsbereichs der Strafaussetzung auf längere Freiheitsstrafen, die Einführung der Möglichkeit, Geldstrafen zur Bewährung auszusetzen, die Erweiterung des Anwendungsbereichs der Verwarnung mit Strafvorbehalt und die Umwandlung des Fahrverbots in eine Hauptstrafe (vgl dazu den Bericht der BReg zur Beurteilung des strafrechtlichen Sanktionensystems [BT-Dr 10/5828], die Beschlußempfehlung und den Bericht des BT-Rechtsausschusses dazu [BT-Dr 11/2597] sowie die Beratungen im Plenum des BTages [SBer 11, 10105]; die Große Anfrage der SPD-Fraktion über Weiterentwicklung des strafrechtlichen Sanktionensystems [BT-Dr 12/1768], die Antwort der BReg darauf [BT-Dr 12/3718) und die Beratungen im Plenum des BTages [SBer 12, 11879]; den von der SPD-Fraktion eingebrachten Entwurf eines Gesetzes zur Reform des strafrechtlichen Sanktionensystems [BT-Dr 13/4462]). Auch der Vorschlag, die Verurteilung auf Bewährung als selbständige Ersatzsanktion einzuführen, gehört hierher (dazu Horn ZRP 90, 81; s auch Dünkel/Spiess BewH 92, 117; § 33 StGB/DDR). Schließlich wird unter dem Stichwort **„Diversion"** die Vermehrung informeller, justizielle Verfahren möglichst aussparender Formen der Erledigung von Straftaten angestrebt (dazu ua Kerner [Hrsg], Diversion statt Strafe?, 1983; Herrmann ZStW 96, 455; Blau/Franke ZStW 96, 485; Blau Jura 87, 25; Heinz MschrKrim 87, 129; Dölling KrimHW, Bd 5, S 275; Jung, Sanktionensysteme und Menschenrechte, 1992, S 129 und GA 93, 535; vd Woldenberg, Diversion im Spannungsfeld zwischen „Betreuungsjustiz" und Rechtsstaatlichkeit, 1993). – Der gesamte Fragenkreis war Gegenstand des 59. DJT (vgl dazu die Verhandlungen der Strafrechtlichen Abteilung zum Thema „Empfehlen sich Änderungen und Ergänzungen bei den Strafrechtlichen Sanktionen ohne Freiheitsentzug?", Sitzungsbericht O, und die Beiträge zu deren Vorbereitung: Schöch, 59. DJT, Bd I, Gutachten, Teil D; Horn JZ 92, 828; Pfeiffer ZRP 92, 338; Rössner NStZ 92, 409; Weigend GA 92, 345; zusf Berichte über den DJT und die Beschlüsse der strafrechtlichen Abteilung in NJW 92, 3011, 3021 und JZ 93, 84; beachte auch die zum Teil zu weit gehenden Vorschläge bei Albrecht ua [Hrsg], Strafrecht – ultima ratio. Empfehlungen der Niedersächsischen Kommission zur Reform des Strafrechts und des Strafverfahrensrechts, 1992, und Albrecht ua [Hrsg], Rechtsgüterschutz durch Entkriminalisierung. Vorschläge der Hessischen Kommission „Kriminalpolitik" zur Reform des Strafrechts, 1992).

b) Unter dem Eindruck **wachsender Kriminalität,** namentlich der organisierten Kriminalität, der Gewalt- und der Massenkriminalität, hat sich in den letzten Jahren die Tendenz zur Aktivierung auch des materiellen Strafrechts zum Schutz der inneren Sicherheit signifikant verstärkt und zu einem höchst kontroversen Diskussionsstand in bezug auf die Möglichkeiten geführt, mittels Ausdehnung des Strafbarkeitsbereichs zu dieser Sicherheit beizutragen. Bestrebungen zu weiterer rechtsstaatlich-liberaler Entkriminalisierung und Humanisierung (vgl 3) stehen Forderungen nach Verschärfung, namentlich bei der Gewaltkriminalität, aber auch der mittleren Kriminalität zum Teil schroff gegenüber (dazu 3 vor § 13). In der Gesetzgebungsebene spiegeln die materiellrechtlichen Programme des **OrgKG** mit seinen zahlreichen Qualifikationstatbeständen (dazu 1 vor § 73) und des **Verbrechensbekämpfungsgesetzes** (12 vor § 1), das einerseits den Täter-Opfer-Ausgleich weiter im Gesetz verankert (dazu 1 zu § 46 a), andererseits aber im Besonderen Teil viele Verschärfungen von Tatbeständen und Strafrahmen gebracht hat, die auseinanderstrebenden Tendenzen wider. Schwerpunkte des VerbrBG sind erweiterte Vorschriften gegen den Rechtsextremismus (dazu vor 1 zu § 130), die Schließung von Strafbarkeitslücken im Bereich der organisierten Kriminalität (§§ 253, 256, 261, 275–276 a) und die **Verschärfung von Strafrahmen** im Bereich der Körperverletzung (§§ 223–225, 340; krit dazu Hettinger GA 95, 399). Beide Gesetze sind aus unmittelbar zeitbedingten Bedürfnissen entstanden und unter unangemessenem Zeitdruck verabschiedet worden. Als ad-hoc-Gesetze sind sie daher problematisch; erfahrungsgemäß kommt es bei ihnen leicht zu Überreaktionen oder zu Rechtsänderungen mit bloßer Alibi-Funktion (überzogen jedoch die am Entw des VerbrBG geübte Kritik des Strafrechtsausschusses des DAV StV 94, 153 sowie von Neumann StV 94, 273 und Frommel KJ 94, 323, 327). Die Änderung von langfristig angelegtem Kernstrafrecht erfordert mehr Gelassenheit, mehr Streben nach innerer Geschlossenheit und Widerspruchsfreiheit des Gesamtsystems und damit eine zeitlich ausreichende Spanne umfassender Vorbereitung. Gerade jetzt, wo es auf eine sorgfältige Abwägung der gegenläufigen Tendenzen entschei- 4 dend ankommt (dazu Kaiser Kriminalistik 94, 762 und Rehbinder-WidmSchr, S 31), ist hektische Eile nicht hilfreich. – Aus dem **Gesetzesmaterial** zum VerbrBG vgl ua die Initiativvorlage der Koalitionsfraktionen (BT-Dr 12/6853), den Gesetzentwurf des BRates (BT-Dr 12/4825), die Beschlußempfehlung des BT-Rechtsausschusses (BT-Dr 12/7584), dessen Bericht (BT-Dr 12/8588), die Beratungen im Plenum des BTages (SBer 12, 19867), den Gesetzesbeschluß des BTages (BR-Dr 416/94) und die Beschlußempfehlung des Vermittlungsausschusses (BT-Dr 12/7837). **Inkrafttreten:** 1. 12. 1994. **Übersichtsbeiträge:** König/Seitz NStZ 95, 1; Krüger Kriminalistik 95, 41; Dahs NJW 95, 553; König Kriminalistik 95, 471. – Gesetzentwürfe zur intensiveren **Bekämpfung der Korruption** werden zur Zeit im BTag beraten (1 zu § 331).

1. Titel. Strafen

– Freiheitsstrafe –

§ 38 Dauer der Freiheitsstrafe

(1) **Die Freiheitsstrafe ist zeitig, wenn das Gesetz nicht lebenslange Freiheitsstrafe androht.**

(2) **Das Höchstmaß der zeitigen Freiheitsstrafe ist fünfzehn Jahre, ihr Mindestmaß ein Monat.**

1 **1.** Das StGB bezeichnet als **Freiheitsstrafe** sowohl die im allgemeinen Strafrecht vorgesehene besondere Strafart als auch jede Form der freiheitsentziehenden Strafe, also auch Jugendstrafe und Strafarrest (zusf Kürzinger, in: Jescheck [Hrsg], Die Freiheitsstrafe und ihre Surrogate im deutschen und ausländischen Recht, 1984, Bd 3, S 1800; s auch Mitsch JA 93, 225; rechtsvergleichend Jescheck aaO S 1990). Was die einzelne Vorschrift jeweils meint, ist durch Auslegung zu ermitteln. § 38 bezieht sich auf die besondere Strafart.

2 **2. Lebenslange** Freiheitsstrafe zB in §§ 211, 212 II (zu ihrer Verfassungsmäßigkeit BVerfGE 45, 187 mit krit Bespr Schmidhäuser JR 78, 265 und Beckmann GA 79, 441; s auch BVerfGE 50, 5; 86, 288; BVerfG NJW 86, 2241 und 95, 3244; Jescheck/Triffterer [Hrsg], Ist die lebenslange Freiheitsstrafe verfassungswidrig?, 1978, alle mwN). Zur rechts- und kriminalpolitischen Problematik ihrer Verhängung, ihres Vollzugs und dessen Auswirkungen für den Gefangenen ua LG Verden NJW 76, 980; Röhl, Über die lebenslange Freiheitsstrafe, 1969; Einsele/Feige/Müller-Dietz, Die Reform der lebenslangen Freiheitsstrafe, 1971; Goemann, Das Schicksal der Lebenslänglichen: Erhebungen zur Sozialprognose von begnadigten Langzeitgefangenen, 1977; Kreuzer ZRP 77, 49; Laubenthal, Lebenslange Freiheitsstrafe, 1987; Weber/Scheerer (Hrsg), Leben ohne Lebenslänglich, 1988; Baltzer StV 89, 42; Hille NStZ 95, 227; speziell zu ihrer Anwendung bei Tötungsdelik-

ten Kerner ZStW 98, 874; rechtsvergleichend Huber JZ 77, 16; Jescheck aaO [vgl 1] S 2005.

3. Höchst- und Mindestmaß der zeitigen Freiheitsstrafe nach Abs 2 gelten nur, soweit der Einzelstrafrahmen kein geringeres Höchstmaß und kein erhöhtes Mindestmaß androht. **Überschreitung** des Höchstmaßes ist auch bei Tatmehrheit nicht möglich (§ 54 II S 2); die Vollzugsdauer von fünfzehn Jahren kann jedoch überschritten werden, wenn mehrere Verurteilungen vorliegen (BGHSt 33, 367 mwN) oder wenn neben einer Freiheitsstrafe die Ersatzfreiheitsstrafe für eine kumulativ verhängte Geldstrafe (zB nach § 53 II S 2) zu verbüßen ist (Tröndle LK 8 mwN; str). Das Mindestmaß gilt nicht für die Ersatzfreiheitsstrafe (2 zu § 43). 3

4. Bemessung in Strafeinheiten § 39. Nebenfolgen der Freiheitsstrafe §§ 45–45 b. Strafbemessung im allgemeinen §§ 46–51; bei mehreren Gesetzesverletzungen §§ 52–55. Strafaussetzung zur Bewährung bei zeitiger Freiheitsstrafe §§ 56, 57, 58; bei lebenslanger Freiheitsstrafe § 57 a. 4

5. Zu den in der **DDR** begangenen **Alttaten** 11 ff zu § 2. 5

§ 39 Bemessung der Freiheitsstrafe

Freiheitsstrafe unter einem Jahr wird nach vollen Wochen und Monaten, Freiheitsstrafe von längerer Dauer nach vollen Monaten und Jahren bemessen.

1. Auf **Tage** und auf **Bruchteile** von Wochen, Monaten oder Jahren darf nicht erkannt werden (bei Mösl NStZ 84, 159). Wird dennoch ein halber Monat verhängt, so sind das zwei Wochen (BGHSt 7, 322, wo ein halber Monat mit 15 Tagen gleichgesetzt wurde, ist überholt, weil die Freiheitsstrafe nicht mehr nach Tagen bemessen werden darf, Tröndle LK 4). Die Vorschrift gilt nicht für die Ersatzfreiheitsstrafe (2 zu § 43). 1

2. Die **kleinste Strafeinheit** von einer Woche oder einem Monat darf grundsätzlich nicht unterschritten werden (zu Ausnahmen bei der Gesamtstrafenbildung 4 zu § 54; 3 zu § 55). 2

3. Freiheitsstrafen, die nach Wochen bemessen sind (beachte Bay NJW 76, 1951; Koblenz VRS 51, 350), enden mit dem Wochentag, dessen Bezeichnung dem des Strafantritts entspricht. Dasselbe gilt bei der Bemessung nach Monaten oder Jahren für das Datum des Strafantritts; fehlt dieses infolge der Ungleichheit der Jahre (Schaltjahr) oder Monate, so endet die Strafe am letzten Tag des Monats (RGSt 29, 75). Zur Strafzeitberechnung im einzelnen vgl §§ 37 ff StVollstrO (beachte jedoch BVerfG NStZ 94, 452; Saarbrücken NStZ 94, 408). 3

– Geldstrafe –

Vorbemerkung

1 **1.** Die Umstellung der Geldstrafe auf das sog **Tagessatzsystem,** dem das skandinavische Tagesbußensystem als Vorbild gedient hat, bildet einen Kernpunkt der Strafrechtsreform. Mit der Aufspaltung der Strafe in der Weise, daß die Zahl der Tagessätze im wesentlichen den Schuldgehalt der Tat, die Höhe des einzelnen Tagessatzes dagegen die wirtschaftliche Leistungsfähigkeit des Täters widerspiegelt, sollte eine gerechtere Strafzumessung, vor allem mehr Opfergleichheit für wohlhabende und minderbemittelte Täter erreicht werden (BT-Dr V/4095 S 20).

2 **a)** Die **Einführung** dieses Systems ist im Vorbereitungsstadium des 2. StrRG (4 vor § 1) nahezu einhellig befürwortet worden. Umstritten war lediglich die nähere Ausgestaltung, für die als Alternative zu den Vorschlägen des E 1962 die in § 49 AE näher geregelte sog Laufzeitgeldstrafe zur Diskussion stand (dazu Baumann, Beschränkung des Lebensstandards statt kurzfristiger Freiheitsstrafen, 1968). Das 2. StrRG hat sich für die flexiblere Lösung des Regierungsentwurfs entschieden (BT-Dr aaO [vgl 1]). Es hatte sich außerdem für die Bemessung des Tagessatzes in Anlehnung an das skandinavische Recht auf das sog **Einbußeprinzip** gestützt, nach dem unter einem Tagessatz derjenige als Bewertungseinheit gedachte Geldbetrag zu verstehen ist, „dessen Einbuße dem Täter auf Grund seiner erzielbaren Einkünfte, seines verwertbaren Vermögens und seines tatsächlichen Lebenszuschnitts unter Berücksichtigung seiner Unterhalts- und sonstigen angemessenen Zahlungsverpflichtungen sowie seiner persönlichen Verhältnisse im Durchschnitt täglich zuzumuten ist“ (BT-Dr aaO). Modellvorstellung für den Tagessatz sollte danach die Einsparung sein, die der Täter im Durchschnitt bei bescheidener Lebensführung täglich erwirtschaften konnte. Da diese Größenordnung bei dem Umrechnungsverhältnis von 1 : 1 zwischen einem Tag Freiheitsstrafe und einem Tagessatz (§ 43 S 2) in offensichtlichem Widerspruch zu der belastenderen Wirkung der Freiheitsstrafe stand, außerdem auch im Verhältnis zur Geldstrafenpraxis der Gerichte als entschieden zu gering erschien, ist das EGStGB (5 vor § 1) durch Änderung des § 40 II zum sog **Nettoeinkommensprinzip** übergegangen, das die gesamten – tatsächlichen oder erzielbaren – Nettoeinkünfte zum Ausgangspunkt der Bewertung macht (BT-Dr 7/1261 S 4); Vorschlägen, statt dessen den Umrechnungsmaßstab des § 43 S 2 zugunsten der Freiheitsstrafe zu verändern (zB Tröndle ZStW 86, 545, 575; aM Horn JR 77, 95, 100), ist das Gesetz nicht gefolgt. Darin liegt eine verbindliche gesetzgeberische Entscheidung, nach der die allgemeine Größenordnung des Tagessatzes nicht auf das beschränkt bleibt, was ein Täter täglich einsparen kann, sondern grundsätzlich die Nettoeinkünfte im ganzen umfaßt (hM; anders Brandis, Geldstrafe und Nettoeinkommen, 1987, S 179). Die dem Täter abverlangte Einbuße orientiert sich also an einem Maßstab, der zwar nach wie vor das Prin-

zip der Opfergleichheit gewährleisten, aber nicht mehr die der Tageszahl entsprechende Reduzierung des Täters auf einen bescheidenen Lebensstandard widerspiegeln soll (BT-Dr aaO; Tröndle JR 75, 472).

3 **b)** Das 2. StrRG hatte außerdem das **Höchstmaß** des Tagessatzes im Hinblick auf den Bestimmtheitsgrundsatz auf 1000,– DM festgesetzt (BT-Dr V/4095 S 21); das EGStGB hat diese Grenze, um auch besonders wohlhabende Täter ausreichend treffen zu können, auf 10 000,– DM erhöht (BT-Dr 7/1261 S 6), damit aber für die Geldstrafe Größenordnungen erschlossen, die in keinem Verhältnis mehr zu Taten stehen, die zur unteren oder mittleren Kriminalität gehören; das Prinzip der Opfergleichheit läßt sich nicht schrankenlos, dh ohne Überschreitung absoluter, aus Verhältnismäßigkeit und Gerechtigkeit abzuleitender Grenzen, verwirklichen (Naucke, Tendenzen in der Strafrechtsentwicklung, 1975, S 6; Jescheck SchwZStr 75, 1, 35; Tröndle LK 23; aM Horn JR 77, 95, 98).

4 **c)** Die Geldstrafe hat nicht die Aufgabe, das für die Tat erlangte Entgelt und den aus ihr gezogenen Gewinn **abzuschöpfen.** Da das Tagessatzsystem bei Einbeziehung auch dieser Funktion nicht durchführbar wäre, ist die Aufgabe der Abschöpfung dem Verfall (§§ 73–73 e) zugewiesen worden (bei Dallinger MDR 75, 541).

5 **2.** Aus dem **Schrifttum** zum Tagessatzsystem vgl ua Zipf ZStW 86, 516; Tröndle ZStW 86, 545 und ÖJZ 75, 589; Meyer MDR 75, 188; Grebing JZ 76, 745 und ZStW 88, 1049; Frank NJW 76, 2329; Horn ZStW 89, 547, 556 und JR 77, 95; Driendl ZStW 88, 1137; Jescheck, Würtenberger-FS, S 257; Brustbauer JR 78, 100; Jescheck/Grebing (Hrsg), Die Geldstrafe im deutschen und ausländischen Recht, 1978.

§ 40 Verhängung in Tagessätzen

(1) **Die Geldstrafe wird in Tagessätzen verhängt. Sie beträgt mindestens fünf und, wenn das Gesetz nichts anderes bestimmt, höchstens dreihundertsechzig volle Tagessätze.**

(2) **Die Höhe eines Tagessatzes bestimmt das Gericht unter Berücksichtigung der persönlichen und wirtschaftlichen Verhältnisse des Täters. Dabei geht es in der Regel von dem Nettoeinkommen aus, das der Täter durchschnittlich an einem Tag hat oder haben könnte. Ein Tagessatz wird auf mindestens zwei und höchstens zehntausend Deutsche Mark festgesetzt.**

(3) **Die Einkünfte des Täters, sein Vermögen und andere Grundlagen für die Bemessung eines Tagessatzes können geschätzt werden.**

(4) **In der Entscheidung werden Zahl und Höhe der Tagessätze angegeben.**

1 **1.** Die Geldstrafe ist die **mildeste Strafart** des Kriminalrechts (auch im Verhältnis zum Strafarrest nach § 9 WStG). Im Strafensystem ist sie **Hauptstrafe,** auch wenn sie neben Freiheitsstrafe verhängt wird (RGSt

52, 342). Grundsätzlich zu der Strafart im ganzen Zipf, Die Geldstrafe, 1966; zusf Mitsch JA 93, 304; Schütz Jura 95, 399, 407; zu ihrer historischen Entwicklung und ihrem Verhältnis zu anderen Geldsanktionen Rüping ZStW 85, 672; Stapenhorst, Die Entwicklung des Verhältnisses von Geldstrafe zu Freiheitsstrafe seit 1882, 1993; zu ihrer Zumessung Albrecht, Strafzumessung und Vollstreckung bei Geldstrafen, 1980, S 97; speziell zur Abwälzbarkeit ihrer Wirkungen auf andere Hillenkamp, Lackner-FS, S 455).

2 **2.** In den **Strafrahmen des Besonderen Teils und des Nebenstrafrechts** ist die Geldstrafe nach der Konzeption des EGStGB (BT-Dr 7/550 S 192, 204) grundsätzlich nicht allein (Ausnahmen: WStG und ZDG, Art 10 II, 12 I EGStGB), sondern nur wahlweise neben Freiheitsstrafe angedroht, und zwar immer dann, wenn deren gesetzliches Mindestmaß nicht erhöht ist. Sie deckt damit den Gesamtbereich der unteren und mittleren Kriminalität ab. Gegenüber der kurzfristigen Freiheitsstrafe hat sie Vorrang nach Maßgabe des § 47 (dort 2–7). Soweit dieser nicht anwendbar ist, steht sie neben der Freiheitsstrafe zur Wahl. Deren Ausübung unterliegt pflichtmäßigem Ermessen (50 zu § 46) und bestimmt sich nach den allgemeinen Strafzumessungsregeln des § 46 (hM; anders Grünwald, Schaffstein-FS, S 219, 234 und Horn, Schaffstein-FS, S 241, 244, die hier nur präventive Gesichtspunkte gelten lassen). Jedoch ist es nicht zulässig, nur wegen der Wohlhabenheit des Täters (BGHSt 3, 259, 263; Bay NJW 95, 3264) oder wegen der Besorgnis, daß der Täter die Geldstrafe voraussichtlich nicht aus eigenen Mitteln aufbringen muß (Bay NJW 94, 1167 mwN; str) Freiheitsstrafe statt Geldstrafe zu verhängen; dasselbe gilt für den Fall voraussehbarer Zahlungsunfähigkeit (GA 68, 84; Hamm MDR 75, 329 mwN). – Kumulative Geldstrafe neben Freiheitsstrafe ist in den Strafdrohungen beseitigt (Art 12 III EGStGB) und nur unter den Voraussetzungen des § 41 allgemein zugelassen.

3 **3.** Für die Verhängung der Geldstrafe gilt das **Tagessatzsystem** (1–4 vor § 40). Es spaltet den Strafzumessungsvorgang in zwei getrennte Akte in der Weise auf, daß zunächst die Zahl der Tagessätze nach dem Schuldgehalt der Tat und der Präventionsbedürftigkeit des Täters (str) bestimmt und alsdann die Höhe der Tagessätze aus Gründen der gleichen Fühlbarkeit der Belastung nach den persönlichen und wirtschaftlichen Verhältnissen des Täters (seiner Belastbarkeit) festgesetzt wird (Zipf JuS 74, 137, 139; s auch 5). Von der sorgfältigen Trennung dieser Akte hängt das richtige Ergebnis ab. Wer den Gesamtbetrag der Geldstrafe vorweg festlegt und ihn erst nachträglich in Tagessätze zerlegt, vereitelt Sinn und Funktion des ganzen Systems (Zipf aaO; Tröndle LK 61 vor § 40).

4 **4.** Die **Mindestgrenzen** für Zahl (Abs 1 S 2) und Höhe (Abs 2 S 3) der Tagessätze gelten auch bei Vorliegen besonderer gesetzlicher Milderungsgründe im Sinne des § 49 (dort 2, 5). Heraufsetzung der **Höchst-**

zahl in § 54 II S 2 (dort 3); Herabsetzung in § 49 I Nr 2 (dort 2). Zum **Höchstmaß** des einzelnen Tagessatzes 3 vor § 40.

5. Die **Zahl der Tagessätze** ist nach den allgemeinen Strafzumessungsregeln (32–49 zu § 46) zu bestimmen (Bay JZ 75, 538; Tröndle LK 9–15). Dabei können auch generalpräventive Erwägungen, soweit man sie überhaupt für zulässig hält (28–30 zu § 46; Klussmann NJW 74, 1275), und sogar spezialpräventive Gesichtspunkte (Zipf JuS 74, 137, 139; Tröndle LK 60 vor § 40; aM Klussmann aaO; Horn JR 77, 95, 98; diff Grebing ZStW 88, 1049, 1092) zu Buch schlagen. Außer Betracht bleibt lediglich die wirtschaftliche Belastbarkeit (NJW 76, 634) und die auf ihr beruhende Strafempfindlichkeit des Täters, für die es auf seine gesamten persönlichen und wirtschaftlichen Verhältnisse ankommt (Grebing aaO S 1056; Frank NJW 76, 2329). 5

6. Für die (in vollem DM-Betrag festzusetzende, Köln MDR 76, 597) **Höhe der Tagessätze** gilt Abs 2, der allerdings keine starre Bindung des Richters bezweckt, sondern nur allgemeine Anhaltspunkte für die Bewertung des Einzelfalls gibt (BGHSt 27, 212 mit krit Anm Zipf JR 78, 163; Celle JR 77, 382 mit Anm Tröndle). – Er beruht auf dem **Nettoeinkommensprinzip** (2 vor § 40). 6

a) aa) Das **Nettoeinkommen** ist im Gesetz nicht definiert. Nach dem Zweck der Vorschrift ist es nicht steuerrechtlich zu verstehen (hM; anders Rüth DAR 75, 1, 2). Es umfaßt alle Einkunftsarten, auch aus Kapitalvermögen (Celle NStZ 83, 315 mit Anm Schöch), Vermietung (beachte Bay NJW 77, 2088 mit krit Anm Frank JR 78, 30), Verpachtung usw, ohne Rücksicht auf Pfändungsfreigrenzen. Auch Kindergeld (Celle NJW 77, 1248 mit Anm Tröndle JR 77, 247; Meyer MDR 81, 275, 276; str) und Einkünfte aus laufenden Renten-, Versorgungs- und Unterhaltsbezügen gehören hierher; dabei können letztere uU auch in Naturalleistungen (zB bei Hausfrauen, Köln MDR 79, 691; Frank aaO, beide mwN; str), Arbeitslosenunterstützung (Hamburg NJW 75, 2030), Sozialhilfe (Köln NJW 77, 307; Düsseldorf NJW 94, 744; Stuttgart NJW 94, 745), Studienförderung (Köln NJW 76, 636; s auch Hamm NJW 76, 1221; Nierwetberg JR 85, 316) oder Gefangenenentlohnung (Bay NJW 86, 2842; LG Freiburg StV 91, 521) bestehen. Auch Einkünfte aus Vermögenswerten, die auf andere Personen übertragen sind, kommen in Frage, wenn sie ungeachtet der formell fremden Rechtsträgerschaft tatsächlich dem Täter unmittelbar oder mittelbar (zB durch Minderung seiner Unterhaltspflicht) zufließen oder sonst seiner Verfügung unterliegen (NJW 93, 408 mit Anm Krehl NStZ 93, 336). Sogar „unbare" Vorteile sind uU als Einkommen erfaßbar (Hamm MDR 83, 1043 mwN); so kann etwa der Mietwert eines selbstgenutzten Eigenheims (Hamm aaO; Brandis, Geldstrafe und Nettoeinkommen, 1987, S 160 mwN) oder, wenn jemand in Erwartung der Erbschaft im elterlichen Betrieb gegen bloßes Taschengeld mitarbeitet, der volle wirtschaftliche Wert der Arbeitskraft veranschlagt werden (Köln MDR 79, 7

691). Reine Vermögensveränderungen, wie Erbschaften, Schenkungen usw, scheiden jedoch aus (hM; anders Brandis aaO S 156). Treffen Gewinn aus einer und Verlust aus einer anderen Einkunftsart zusammen, so kommt es idR auf den Saldo an (Bay NJW 77, 2088). Von den Einkünften abzuziehen sind namentlich die laufenden Steuern (beachte Hamm JR 78, 165, 166), bei Unselbständigen die Sozialversicherungsbeiträge und bei Selbständigen die Betriebsausgaben, Werbungskosten (Bay bei Rüth DAR 76, 173), Verluste (beachte jedoch Zweibrücken MDR 93, 887) und wohl auch solche Versicherungsleistungen, die der Sozialversicherung Nichtselbständiger vergleichbar sind (Bay bei Rüth DAR 82, 248; Tröndle ÖJZ 75, 589, 591). – Bei **Ehegatten,** von denen der eine keine eigenen Arbeitseinkünfte hat, das Nettoeinkommen aus Gründen der Gleichberechtigung hälftig aufzuteilen, bedeutet eine ungerechtfertigte Übertragung von Rechtssätzen, die anderen Zwecken dienen (BGHSt 27, 228; Düsseldorf MDR 84, 959; aM Frommel NJW 78, 862); hier wird es für den im Haushalt tätigen Partner idR auf die Höhe des ihm tatsächlich zufließenden oder zustehenden Unterhalts ankommen (Celle JR 77, 382 mit Anm Tröndle; Köln JMBlNRW 83, 126; Frank MDR 76, 626; aM Grebing ZStW 88, 1049, 1080, der auf den hypothetischen Unterhaltsanspruch bei Getrenntleben abstellt; eingehend Schaeffer, Die Bemessung der Tagessatzhöhe unter Berücksichtigung der Hausfrauenproblematik, 1978, S 93; zusf Geppert Jura 85, 497). – Zum **Nettoeinkommen im ganzen** Ising, Die Feststellung des Nettoeinkommens als Bemessungsgrundlage bei Bestimmung der Tagessatzhöhe nach § 40 StGB, 1979; Krehl, Die Ermittlung der Tatsachengrundlage zur Bemessung der Tagessatzhöhe bei der Geldstrafe, 1985; Brandis aaO; zusf Frank MDR 76, 626 und NJW 76, 2329; Meyer MDR 81, 275.

8 bb) Der **Tagesdurchschnitt** wird nach der durchschnittlichen Einkommenshöhe aller, dh auch der arbeitsfreien, Tage eines Einkommenszeitraums bestimmt (bei Holtz MDR 79, 454). Bei Tätern mit wechselnden Einkünften ist ein Querschnitt für einen von der Gegenwart ausgehenden und so weit zurückreichenden Zeitraum zu bilden, daß erkennbar wird, was der Täter nachhaltig verdient. Umgekehrt kann uU auch eine in die Zukunft reichende Zeitspanne mitbewertet werden, wenn eine Veränderung der Einkommensverhältnisse zuverlässig absehbar ist (BGHSt 26, 325; Hamm JR 78, 165; Frank MDR 76, 626; Meyer MDR 77, 17; Grebing JR 78, 142, 144).

9 cc) Das **erzielbare Einkommen** nach S 2 ist Bewertungsgrundlage nur dann, wenn zumutbare Erwerbsmöglichkeiten ohne billigenswerten Grund nicht wahrgenommen werden und deshalb kein oder nur ein herabgesetztes Nettoeinkommen erzielt wird (Hamm NJW 78, 230; Frankfurt NJW 88, 2624; unklar Hamburg JR 82, 160 mit abl Anm v Spiegel). Im allgemeinen – dh ohne starre Bindung des Tatrichters (BGHSt 27, 212) – ist dabei maßgebend, was der Täter nach seinen persönlichen und wirtschaftlichen Verhältnissen verdienen könnte, wenn er nur wollte (bei Dallinger MDR 75, 541; Koblenz MDR 76,

418). Für den Arbeitsunfähigen scheidet daher das erzielbare Nettoeinkommen als Bewertungsgrundlage aus. Eine Ehefrau, deren ausschließliche Tätigkeit im Haushalt für die Betreuung einer mehrköpfigen Familie notwendig oder auch nur sinnvoll ist, kann nicht auf die abstrakte Möglichkeit, eine Arbeitsstelle anzunehmen, verwiesen werden; für sie ist Nettoeinkommen nur das, was ihr als Unterhalt zufließt oder zusteht (Horstkotte Prot 7, 635; s auch 7). Dasselbe gilt darüber hinaus auch für solche Ehefrauen, die sich grundsätzlich für eine sog Hausfrauenehe entschieden haben; denn die Freiheit zu dieser Lebensentscheidung verbietet es, durch Zumutung der Aufnahme von Erwerbstätigkeit in entgegengesetzter Richtung Druck auszuüben (Köln NJW 79, 277; Meyer MDR 86, 103; aM Baumann NStZ 85, 393). Auch bei Studenten wird im Hinblick auf ihre jeweilige Studiensituation häufig kein durch Arbeitsaufnahme erzielbares Einkommen zugrunde gelegt werden können (Frankfurt NJW 76, 635; Köln NJW 76, 636; Frank MDR 76, 626, 628; diff Meyer MDR 81, 275, 279; Tröndle LK 31). – Bildet bei diesen und vergleichbaren Tätergruppen das Nettoeinkommen keine sinnvolle Ausgangsgrundlage, so ist auf den Lebenszuschnitt abzustellen, den der Täter mit Hilfe der ihm verfügbaren Mittel aufrechterhalten kann (Tröndle ÖJZ 75, 589, 593). Wer dagegen zur Vermeidung der Geldstrafe unangemessen schlecht bezahlte Arbeit annimmt, ist auf seine bessere Fähigkeit festzulegen (Horstkotte aaO).

b) Nach Abs 2 S 2 ist idR von dem tatsächlichen oder erzielbaren 10
Nettoeinkommen (vgl 7–9) **auszugehen.** Dieses bildet danach nur den regelmäßigen Ausgangspunkt der Bewertung, die sich alsdann **zur Erzielung einer für alle möglichst gleichen Strafwirkung** der jeweiligen wirtschaftlichen Belastbarkeit des Täters (nach oben oder unten) anzupassen hat (Hamm NJW 80, 1534). Diese Anpassung unterliegt tatrichterlicher Würdigung, für die es keine schematischen Regeln und keine rechnerisch fixierbaren Ergebnisse gibt (BT-Dr 7/1261 S 5; Tröndle LK 19, 20). Sie besteht in einer Abwägung aller aus den persönlichen und wirtschaftlichen Verhältnissen des Täters abzuleitenden Gründe, soweit sie unter dem Gesichtspunkt der Belastbarkeit für oder gegen ein Abweichen vom Nettoeinkommen sprechen; andere Gründe, zB die Annahme eines Mißverhältnisses zwischen Tatschwere und Geldstrafenendbetrag (Schleswig NStZ 83, 317) oder die Billigkeitserwägung, daß der Täter sein Einkommen freimütig angegeben habe und eine Schätzung (vgl 17) zu einem niedrigeren Ergebnis geführt hätte (1 StR 437/80 v 14. 10. 1980), sind nicht tragfähig. – Die Anpassung bedarf der Begründung (NStZ 89, 178), die vom Revisionsgericht nur begrenzt nachprüfbar ist (Bay MDR 75, 1038). Legen die Umstände eine Anpassung nahe, so darf sie in den Urteilsgründen nicht übergangen werden (Bay JR 76, 161 mit Anm Tröndle; Karlsruhe NStZ 88, 500). Im einzelnen:

aa) **Belastungen mit Unterhaltsverpflichtungen** werden regel- 11
mäßig in ihrem tatsächlichen Umfang (Bay NStZ 88, 499 mit Anm

Terhorst; Krehl NStZ 89, 463) mindernd zu Buch schlagen, weil sie den wirtschaftlichen Bewegungsspielraum ohne jeglichen Ausgleich einschränken (Celle NJW 75, 2029 und JR 77, 382 mit Anm Tröndle; Bay NJW 77, 2088; Meyer MDR 81, 275, 277, alle mwN). Für das Maß ihrer Berücksichtigung können die RegUnterhV und die unterhaltsrechtlichen Leitlinien der OLG (NJW 96, Beil zu Heft 4; NJW 97, 568) Anhaltspunkte bieten (Hamm NJW 76, 722; Seib NJW 76, 2202; krit Tröndle ÖJZ 75, 589, 591; Meyer NJW 76, 1110), jedoch mit der Einschränkung, daß zur Verfügung stehende konkretere Bemessungsgrundlagen vorgehen (Celle NJW 77, 1248 und JR 77, 382; Tröndle JR 77, 247 und 385; Krehl aaO; str). – **Andere Verpflichtungen** dürften eine Minderung der Tagessatzhöhe nur rechtfertigen, wenn sie keine Kosten der Lebenshaltung sind, die jedermann treffen, sondern den Lebenszuschnitt des Täters im Verhältnis zum Durchschnitt der Bezieher gleicher Einkommen fühlbar einschränken und wenn ihre Berücksichtigung zur Vermeidung einer unbilligen Härte angezeigt ist (Karlsruhe NStZ 88, 500 mit krit Bespr Krehl aaO S 465; s auch Celle JR 77, 382 mit Anm Tröndle; speziell zu Schulden aus Steuerrückständen Hamm JR 78, 165 mit krit Bespr Grebing JR 78, 142, 145 und Stuttgart NJW 95, 67; aus BAFöG-Krediten Bay NJW 92, 2582 mit krit Anm Streng JR 93, 472). – Daß bei vermögenslosen Tätern laufende Verpflichtungen stets abzuziehen sind, läßt sich aus dem Nettoeinkommensprinzip, das nur einen Bewertungsmaßstab liefert, aber keine Zurückstufung des Täters auf das Existenzminimum im Auge hat (2 vor § 40), nicht ableiten (Meyer MDR 75, 188, 190; aM Horn JZ 74, 287, 288). Deshalb kann auch berücksichtigt werden, ob die überdurchschnittlichen Verpflichtungen von „rentierlichen Aufwendungen" (zB vermögenswirksamen Investitionen) herrühren (bei Holtz MDR 80, 104), ob sie eine wirtschaftlich sinnvolle Grundlage haben (zB Bau eines Eigenheims, Krankheit usw) oder ob sie Ausdruck einer leichtsinnigen Lebensführung sind (Köln VRS 64, 114; Tröndle LK 49 mwN; krit Grebing JR 78, 142, 145).

12 bb) Das **Vermögen** ist nicht als solches Bewertungsgrundlage. Das folgt schon aus der ausdrücklichen Anknüpfung in Abs 2 S 2 an das Nettoeinkommen und aus der Überlegung, daß ein konfiskatorischer Charakter der Geldstrafe problematisch wäre (Meyer MDR 75, 188; Zipf JBl 77, 304, 308; weniger einschr Frank MDR 79, 99). Maßgebender Gesichtspunkt ist daher nicht lediglich, ob dem Täter die Verwertung von Vermögensstücken zumutbar ist (aM Krehl NStZ 88, 62). Es kommt vielmehr darauf an, ob die mit dem – uU auch formell fremden, dem Täter aber für eigene Zwecke zur Verfügung stehenden (NJW 93, 408 mit Anm Krehl NStZ 93, 336) – Vermögen regelmäßig verbundene geringere Empfindlichkeit gegen Geldstrafen zur besseren Verwirklichung des Gedankens der Opfergleichheit die volle Ausschöpfung des Nettoeinkommens oder – namentlich bei einem Mißverhältnis zwischen Einkommen und Lebenszuschnitt – auch dessen Überschreitung erfordert (Bay bei Rüth DAR 78, 207; Grebing ZStW 88, 1049, 1083; Tröndle LK 52; enger Meyer MDR 80, 16; weiter Frank aaO,

alle mwN). Betriebsvermögen, aus denen die Einkünfte erwirtschaftet werden, bleiben im Regelfall außer Ansatz (Bay NJW 87, 2029 mit Anm Zipf JR 87, 380; krit Krehl NStZ 88, 62); dasselbe gilt für kleine Vermögen und Kapitalansammlungen, die eine gesetzliche Alterssicherung ersetzen (Frank aaO S 101). Bei Vermögen dagegen, die aus wirtschaftlichen Erwägungen zur Wertsteigerung angelegt sind und deshalb keine oder nur geringe Einkünfte abwerfen, bietet sich die potentielle Ertragskraft als Maßstab an (Celle NStZ 83, 315 mit krit Anm Schöch). Im ganzen kommt es darauf an, Art und Umfang des Vermögens, seine Liquidität und seine Funktion für den Vermögensträger (zB Eigenheim) so zu berücksichtigen, daß eine unangemessene Bevorzugung von Wohlhabenden vermieden, die Grenze der Konfiskation aber nicht überschritten wird (beachte auch die Kritik von Naucke, Tendenzen in der Strafrechtsentwicklung, 1975, S 13).

cc) Ferner bildet **§ 46 I S 2** eine wichtige Schranke. Gerade bei 13
haltlosen Tätern und bei solchen mit Einkommen am (Hamm NJW 80, 1534 mit krit Anm Meyer NJW 80, 2480; Köln StV 93, 365) oder unter dem Existenzminimum (Köln NJW 77, 307 mit Anm Meyer NJW 77, 724) ist die wirtschaftliche Belastbarkeit häufig eingeschränkt (näher dazu Stuttgart MDR 93, 887). Deshalb ist stets zu erwägen, ob und wie weit der rigorose Entzug von finanziellen Mitteln Gefahren für die künftige Lebensführung mit sich bringt (BGHSt 26, 325; AG Lübeck NStZ 89, 75; Tröndle LK 57, 58; aM Grebing JZ 76, 745, 746; Frank NJW 76, 2329, 2331; Heghmanns NStZ 94, 519, alle mwN; zw); da diese Frage speziell die wirtschaftliche Belastbarkeit und damit das Prinzip der Opfergleichheit betrifft, ist sie nicht schon bei der Tagessatzzahl, sondern erst bei deren Höhe zu berücksichtigen (vgl 5; aM Vogler JR 78, 353, 354; zw). – Daraus folgt zugleich, daß auch die **Zahl der Tagessätze** für ihre Höhe bedeutsam sein kann. Zwar wirkt sich der Gesichtspunkt, daß jede Strafe mit zunehmender Höhe nicht lediglich linear, sondern progressiv fühlbarer wird (Begr zu § 68 E 1962 S 193), schon auf die Tagessatzzahl aus (Vogler aaO). Speziell für die Geldstrafe gilt aber insofern Besonderes, als sie stets zunächst auf die für die wirtschaftliche Bedürfnisbefriedigung weniger wichtigen und alsdann mit zunehmender Höhe auf immer existenznotwendigere Mittel zugreift. Dieser Zusammenhang, der bei der Freiheitsstrafe keine Entsprechung hat, zwingt dazu, die wirtschaftliche Belastbarkeit und die Gefahr der Entsozialisierung wegen fehlender finanzieller Mittel bei hohen Geldstrafen anders zu beurteilen als bei niedrigen. Er betrifft schwerpunktmäßig auch die Voraussetzungen der Tagessatzhöhe, weil er sich speziell auf die wirtschaftliche Belastbarkeit auswirkt (vgl 5; aM Vogler aaO; Heghmanns aaO). Es ist deshalb legitim, die zusätzliche Belastung, die bei einer hohen Tagessatzzahl in der vollen Ausschöpfung des Nettoeinkommens steckt, durch eine Minderung des einzelnen Tagessatzes auszugleichen (BGHSt 26, 325; LG Waldshut-Tiengen MDR 77, 420; Tröndle JR 76, 162; Horn JR 77, 95, 99; aM Frank aaO; Meyer MDR 81, 275, 276; Kadel, Die Bedeutung des Verschlech-

terungsverbotes für Geldstrafenerkenntnisse nach dem Tagessatzsystem, 1984, S 27, 35; Heghmanns aaO, alle mwN; zw).

14 dd) Der durch die Tat erzielte **Gewinn** kann allenfalls berücksichtigt werden, soweit er die wirtschaftliche Belastbarkeit des Täters erhöht (bei Holtz MDR 76, 633); wird er nach §§ 73 ff für verfallen erklärt oder durch den Verletzten abgeschöpft, so ist er für die Tagessatzhöhe unerheblich.

15 **c)** Vom Nettoeinkommen wird **ausnahmsweise** (Abs 2 S 2) dann nicht auszugehen sein, wenn der Täter ohne ins Gewicht fallendes Einkommen aus seinem Vermögen lebt (krit Frank MDR 79, 99, 101) oder wenn hinreichende Anhaltspunkte für die Schätzung seiner Einkünfte (Abs 3) fehlen. In solchen Fällen wird der **allgemeine Lebenszuschnitt** Bewertungsgrundlage (Hamburg MDR 81, 953).

16 **d)** Für die Höhe des Tagessatzes kommt es auf die Verhältnisse **zur Zeit der Entscheidung** an (NJW 76, 634; beachte jedoch unten 19 sowie 11–14 zu § 55). Nach ihnen und ihrer voraussichtlichen Weiterentwicklung bestimmt sich die belastende Strafwirkung. Deshalb wird die Frage, wann der Täter die Geldstrafe zahlen kann, erst im Rahmen des § 42 erheblich. Die mutmaßliche Bewilligung von Zahlungserleichterungen ist daher kein Grund, wegen der Erstreckung des Eingriffs auf einen längeren Zeitraum dessen belastende Wirkung geringer zu veranschlagen und deshalb den Tagessatz zu erhöhen (Horn NJW 74, 625, 626; Grebing ZStW 88, 1049, 1096).

17 **7.** Der Täter ist zu Auskünften über die **tatsächlichen Grundlagen für die Bemessung des Tagessatzes** nicht verpflichtet. Auch das Steuergeheimnis ist nicht eingeschränkt (Zipf JuS 74, 137, 140; krit Baumann JZ 63, 733, 738; Schöch ZStW 92, 143, 171 mwN), so daß Auskünfte der Finanzämter nur insoweit zulässig sind, als nach § 30 IV, V AO eine Offenbarungsbefugnis besteht (Köpp DRiZ 84, 314; krit Kohlmann, Spendel-FS, S 257). Das Bankgeheimnis genießt wegen seiner rein privaten Natur gegenüber der StA keinen besonderen Schutz (Meyer-Goßner LR 5 zu § 161); dennoch werden Bankauskünfte wegen der damit verbundenen Ermittlungsschwierigkeiten nur selten erreichbar sein. – Deshalb hat die in Abs 3 vorgesehene **Schätzung** große praktische Bedeutung. Sie setzt voraus, daß der Täter keine, unzureichende oder unzutreffende Angaben über seine wirtschaftlichen Verhältnisse macht (Düsseldorf StV 95, 643). Sie wird aber nicht erst zulässig, wenn alle anderen Ermittlungsmöglichkeiten erschöpft sind (Bay VRS 60, 103). Es muß vielmehr nur eine hinreichend konkrete, im Urteil näher darzulegende (Frankfurt StV 84, 157) Schätzungsgrundlage erarbeitet werden können (Koblenz NJW 76, 1275; Grebing JR 78, 142; zu pauschal Celle NJW 84, 145 mit krit Anm Stree JR 83, 205), die – anders als die Schätzung selbst – nach den allgemeinen Beweisgrundsätzen, also auch unter Beachtung des Zweifelssatzes, zu ermitteln ist (NStZ 89, 361). Alsdann kommt es darauf an, ob bei Anlegung eines

zur Vermeidung ungerechtfertigter Bevorzugung Wohlhabender strengen Maßstabes (Köpp aaO) der Aufwand weiterer Ermittlungen im Verhältnis zum Ausmaß der noch bestehenden Ungewißheit nach pflichtmäßigem Ermessen (50 zu § 46) unangebracht wäre (Nierwetberg JR 85, 316, 318; Tröndle LK 59–63; enger BT-Dr V/4095 S 21; näher zum Übergang in das Schätzungsverfahren Krehl aaO [vgl 7] S 93, 186).

8. a) Im **Urteil** müssen nur Zahl und Höhe der Tagessätze angegeben werden (Abs 4; § 260 IV S 3 StPO). Die Angabe der Gesamtsumme im Urteilstenor steht im Ermessen des Gerichts (§ 260 IV S 6 StPO); sie ist idR aus Gründen der Klarstellung zu empfehlen (Naucke NJW 78, 407; Tröndle LK 68, 69; aM Horn SK 16; krit Vogler JR 78, 353 mwN). 18

b) Eine **Anfechtung des Urteils** kann wegen des unter 13 beschriebenen Zusammenhangs nicht auf die Zahl (Horn JR 77, 95, 97; Grünwald JR 78, 71; Tröndle LK 77; aM Koblenz NJW 76, 1275; Grebing JR 81, 1, 5; Kadel aaO [vgl 13] S 29; zw), im allgemeinen aber auf die Höhe der Tagessätze beschränkt werden (BGHSt 27, 70; Bay JR 76, 161 mit Anm Tröndle; Köln NJW 77, 307). – Das **Verschlechterungsverbot** nach §§ 331 I, 358 II StPO schließt wegen der Koppelung mit der Ersatzfreiheitsstrafe (§ 43) eine Erhöhung der Zahl der Tagessätze aus (Bay JZ 75, 538; beachte jedoch 12 zu § 44). Dagegen bleibt die Nachholung einer versehentlich unterbliebenen Bestimmung der Tagessatzhöhe möglich (BGHSt 30, 93 mit Anm Meyer JR 82, 73; BGHSt 34, 90), ferner auch deren Heraufsetzung, wenn nur die Gesamtsumme nicht überschritten wird (Celle NJW 76, 121; Köln VRS 60, 46; Meyer NJW 79, 148; s auch Düsseldorf JR 86, 121 mit krit Anm Welp; zw); die abweichende Auffassung von Schröter (NJW 78, 1302) und Grebing (JR 81, 1, 2), die jede Auswirkung auf die Tagessatzhöhe verneinen, verkennt den Vorrang des Verschlechterungsverbots vor dem materiellen Recht (Dencker NStZ 82, 152, 153), während umgekehrt die volle Einbeziehung der Tagessatzhöhe in das Verbot (so Kadel aaO S 43 und GA 79, 459) über das Gebotene hinausgeht. Daraus folgt auch, daß eine rechtsirrig hinter der gesetzlichen Mindestzahl der Tagessätze zurückbleibende Geldstrafe nicht etwa aufzuheben und von Strafe abzusehen ist (BGHSt 27, 176 mwN; str). 19

9. a) Kumulative Geldstrafe § 41. Zahlungserleichterungen § 42. Ersatzfreiheitsstrafe § 43. 20

b) Vollstreckung §§ 459–459 d, 459 h StPO (dazu Albrecht, Strafzumessung und Vollstreckung bei Geldstrafen, 1980, S 223; krit Janssen, Die Praxis der Geldstrafenvollstreckung, 1994). Zur Möglichkeit der Tilgung uneinbringlicher Geldstrafen durch **freie Arbeit** beachte Art 293 EGStGB; von der dort erteilten Ermächtigung haben die Länder Gebrauch gemacht. – Die Eröffnung dieser Möglichkeit ist ein

Teilergebnis intensiver, auf **Zurückdrängung der Freiheitsstrafe gerichteten Bestrebungen** in jüngerer Vergangenheit (näher dazu 3 vor § 38; zu Entwicklung und Stand der Diskussion um den Einbau der freien Arbeit in das Strafrechtssystem vgl ua Pfohl, Gemeinnützige Arbeit als strafrechtliche Sanktion, 1983; Krieg ua MschrKrim 84, 28; Schall NStZ 85, 104; Kerner/Kästner [Hrsg], Gemeinnützige Arbeit in der Strafrechtspflege, 1986; Blau, Kaufmann [H]-GedSchr, S 191; Albrecht/Schädler ZRP 88, 278; Jehle ua, Gemeinnützige Arbeit statt Ersatzfreiheitsstrafe, 1990, Feuerhelm, Gemeinnützige Arbeit als Alternative in der Geldstrafenvollstreckung, 1991; Jung, Sanktionensysteme und Menschenrechte, 1992, S 129; rechtsvergleichend Jescheck ZStW 98, 1, 24; Albrecht/Schädler [Hrsg], Community Service, 1986; Cornils MschrKrim 95, 322).

21 **10.** Zur Geldstrafe bei den in der **DDR** begangenen **Alttaten** 11 ff zu § 2.

§ 41 Geldstrafe neben Freiheitsstrafe

Hat der Täter sich durch die Tat bereichert oder zu bereichern versucht, so kann neben einer Freiheitsstrafe eine sonst nicht oder nur wahlweise angedrohte Geldstrafe verhängt werden, wenn dies auch unter Berücksichtigung der persönlichen und wirtschaftlichen Verhältnisse des Täters angebracht ist. Dies gilt nicht, wenn das Gericht nach § 43 a eine Vermögensstrafe verhängt.

Fassung: Satz 2 durch OrgKG (1, 2 vor § 73) angefügt.

1 **1. a)** Die Vorschrift hat **Ausnahmecharakter,** weil sich die **Kumulation** von Freiheitsstrafe und Geldstrafe für die Wiedereingliederung des Täters meist ungünstig auswirkt und deshalb uU gegen § 46 I S 2 verstößt (abl daher Zipf JuS 74, 137, 140; Grebing JZ 76, 745, 749; einschr auch BGHSt 26, 325; krit Eberbach NStZ 87, 486). Im Bereich der Wirtschafts- und Steuerkriminalität kann es nach den persönlichen und wirtschaftlichen Verhältnissen des Täters angezeigt sein, ihn nicht nur an der Freiheit, sondern auch am Vermögen zu treffen (BGH aaO); dasselbe gilt für organisierte Kriminalität, jedoch mit der Einschränkung, daß eine Strafe nach § 41 nicht mit einer Vermögensstrafe kumuliert werden darf (S 2; s auch 9 zu § 43 a).

1 a **b)** Es ist eine **unzulässige Umgehung** der zeitlichen Schranken des § 56 I (BGHSt 32, 60 mit Anm Horn JR 84, 211) oder des § 56 II (NJW 85, 1719 mit Anm Bruns JR 86, 71; aM AG Saarbrücken NStZ 84, 76 mit Anm Horn), wenn eine nach allgemeinen Strafzumessungsregeln verwirkte Freiheitsstrafe ausschließlich zu dem Zweck ermäßigt und mit einer auf § 41 gestützten Geldstrafe kumuliert wird, um sie aussetzungsfähig zu machen; im übrigen steht aber die kumulierte Geldstrafe der Aussetzung auch einer 2-jährigen Freiheitsstrafe nicht entgegen (BGH aaO mwN; str).

2 **2. a) Sich bereichern** bedeutet, sich (unbedingt oder bedingt) vorsätzlich einen Vermögensvorteil (59 zu § 263) verschaffen; Bereicherungsabsicht im Sinne zielgerichteten Wollens (20 zu § 15) ist nicht erforderlich, weil das Gesetz für diese Einschränkung keinen Anhalt bietet (Tröndle LK 4 mwN; aM Hamm NJW 75, 1370; Düsseldorf GA 76, 117). Es ist unerheblich, ob die Bereicherung Tatbestandsmerkmal des anwendbaren Gesetzes ist (so schon BGHSt 17, 35).

3 **b) „Durch die Tat"** erfordert nicht notwendig unmittelbare Bereicherung aus der Tat; auch ein für die Tat erlangtes oder erwartetes Entgelt genügt (BGHSt 32, 60 mit krit Anm Horn JR 84, 211; zw).

4 **3. a)** Die **Höhe der Freiheitsstrafe** und die **Zahl der Tagessätze** dürfen zusammen das Schuldmaß nicht überschreiten, müssen sich also – aufeinander abgestimmt – innerhalb des Schuldrahmens halten, mit der Folge, daß sich Verhängung und Ausmaß der Geldstrafe auf die Höhe der Freiheitsstrafe mildernd auswirken können (BGHSt 32, 60). Da die Vorschrift nach pflichtmäßigem Ermessen (50 zu § 46) anzuwenden ist (bei Holtz MDR 91, 294), ermöglicht sie eine flexiblere Gestaltung der nach den allgemeinen Strafzumessungsregeln (22–49 zu § 46) zu bestimmenden Strafartreaktion.

5 **b)** Aus dem Erfordernis der Schuldangemessenheit der Gesamtreaktion (vgl 4) wird gefolgert, daß die kumulativ angedrohte Geldstrafe **keine Strafrahmenerweiterung** bewirkt. Vielmehr sollen vom Höchstmaß der angedrohten Strafe die Tagessätze der Geldstrafe abgezogen werden (beachte § 43 S 2), damit das im Strafrahmen zum Ausdruck kommende Schuldhöchstmaß nicht überschritten wird (hM; vgl Horn SK 3; Sch/Sch-Stree 8; anders M-Zipf AT 2 59/33); obwohl das für Delikte, die keine Bereicherungsdelikte sind, problematisch ist, erscheint das Ergebnis zur Vermeidung eines Wertungswiderspruchs mit § 43 a (dort 6, 7) hinnehmbar.

§ 42 Zahlungserleichterungen

Ist dem Verurteilten nach seinen persönlichen oder wirtschaftlichen Verhältnissen nicht zuzumuten, die Geldstrafe sofort zu zahlen, so bewilligt ihm das Gericht eine Zahlungsfrist oder gestattet ihm, die Strafe in bestimmten Teilbeträgen zu zahlen. Das Gericht kann dabei anordnen, daß die Vergünstigung, die Geldstrafe in bestimmten Teilbeträgen zu zahlen, entfällt, wenn der Verurteilte einen Teilbetrag nicht rechtzeitig zahlt.

1 **1.** Die Vorschrift bezieht sich nur auf die Bewilligung von Zahlungserleichterungen im **Urteil** (oder Strafbefehl). Für entsprechende, zum Teil weitergehende Vergünstigungen im Vollstreckungsverfahren – auch für die etwa erforderliche Änderung der Bewilligung im Urteil – ist die Vollstreckungsbehörde nach § 459 a StPO zuständig (Kölsch NJW 76, 408). Die Vergünstigung erfaßt die Verfahrenskosten, auf die sie auch beschränkt werden kann (§ 459 a IV StPO).

2 **2.** § 42 wird erst relevant, wenn die Strafzumessung abgeschlossen ist, dh Zahl und Höhe der Tagessätze feststehen (16 zu § 40). **Nicht zuzumuten** ist die sofortige Zahlung idR, wenn der Verurteilte keine ausreichenden Rücklagen besitzt und die Geldstrafe so hoch ist, daß er sie im Hinblick auf seinen Lebensbedarf (einschl Familie) und seine laufenden Verpflichtungen nicht auf einmal aus seinen Einkünften aufbringen kann (Tröndle LK 6, 7). Ist von vornherein nicht zu erwarten, daß er innerhalb angemessener Frist (dazu Stuttgart MDR 93, 996) wirklich zahlt, so braucht keine Vergünstigung bewilligt zu werden (BGHSt 13, 356; beachte aber Bremen NJW 62, 217; zw).

3 **3.** Satz 1 ist **Muß-Vorschrift,** mit der sich das Urteil auch ohne Antrag auseinanderzusetzen hat (bei Detter NStZ 90, 578). Da jedoch bei Geldstrafen bis zur Höhe eines Monatseinkommens die sofortige Zahlung idR zumutbar ist, bedeutet das Fehlen eines ablehnenden Ausspruchs in diesem unteren Bereich nur dann einen sachlichrechtlichen Fehler, wenn nach den Umständen eine Ausnahme von der Regel nahe lag (Schleswig NJW 80, 1535 mit Anm Zipf JR 80, 425). Die Rspr hält die Bewilligung, obwohl ihre Ausgestaltung eine typische Aufgabe des Tatrichters ist, durch das Revisionsgericht für nachholbar (bei Holtz MDR 80, 453; Karlsruhe MDR 79, 515; Meyer MDR 76, 714; aM Tröndle LK 8; zw). – Satz 2 ist **Kann-Vorschrift,** über deren Anwendung pflichtmäßiges Ermessen (50 zu § 46) entscheidet.

4 **4.** Solange dem Verurteilten die Vergünstigung eingeräumt ist, darf die **Vollstreckung** weder der Geld- noch der Ersatzfreiheitsstrafe eingeleitet oder fortgesetzt werden (Hamburg MDR 75, 330 mwN); die Vollstreckungsverjährung ruht (§ 79 a Nr 2 Buchst c). Zum Vollstreckungsverfahren im übrigen §§ 459–459 d StPO (krit dazu Meier ZRP 91, 68).

§ 43 Ersatzfreiheitsstrafe

An die Stelle einer uneinbringlichen Geldstrafe tritt Freiheitsstrafe. Einem Tagessatz entspricht ein Tag Freiheitsstrafe. Das Mindestmaß der Ersatzfreiheitsstrafe ist ein Tag.

1 **1.** Die Ersatzfreiheitsstrafe ist **echte Strafe,** nicht Beugemaßnahme (BGHSt 20, 13, 16). Ihre Verbüßung tilgt daher zugleich die Geldstrafe, so daß deren spätere Beitreibung ausgeschlossen ist (RGSt 45, 332). Die Vorschrift gilt nicht für den Verfall und die Einziehung des Wertersatzes nach §§ 73 a, 74 c und auch nicht für die Abführung des Mehrerlöses nach §§ 8–11 WiStG (NJW 54, 1734). Ihrer Art nach ist die Ersatzstrafe grundsätzlich Freiheitsstrafe (beachte jedoch § 11 WStG).

2 **2.** Wegen des feststehenden (beachte 2 vor § 40) Umrechnungsverhältnisses bedarf es **keiner Festsetzung im Urteil** (Bremen NJW 75, 1524 mwN). Das von §§ 38 II, 40 I S 2 abweichende Mindestmaß erklärt sich aus dem festen Verhältnis der Ersatzstrafe zur Geldstrafe und aus der Tatsache, daß im Einzelfall ein Teil der Geldstrafe bezahlt und

daher die Ersatzstrafe nur für den Rest relevant sein kann (BT-Dr V/ 4095 S 22).

3. a) Zur **Vollstreckung der Ersatzstrafe** §§ 459 e, 459 f StPO (beachte auch § 456 a StPO). – Die richterliche Anordnung, daß die Vollstreckung der Ersatzstrafe **unterbleibt,** weil sie eine unbillige Härte wäre (§ 459 f StPO), setzt eine Gesamtwürdigung der Verhältnisse des Verurteilten voraus. Trotz der Bedenken, die allgemein gegen kurzfristige Freiheitsstrafen bestehen (1 zu § 47), wird zu berücksichtigen sein, daß eine großzügige Handhabung der Härteklausel die generalpräventive Wirksamkeit des Geldstrafensystems in Frage stellen kann. Die Anordnung ist daher nur begründet, wenn der Verurteilte an der Uneinbringlichkeit (§ 459 e IV StPO) schuldlos und die Tilgung durch freie Arbeit (20 zu § 40) nicht möglich war, wenn selbst außergewöhnliche Anstrengungen ihn nicht in die Lage versetzen, die erforderlichen Mittel ratenweise aufzubringen, und wenn es zur Erreichung des Strafzwecks keiner weiteren Einwirkung mehr bedarf (hM; vgl etwa BGHSt 27, 90, 93; Düsseldorf MDR 83, 341 und 85, 76; probl Dortmund StV 96, 218; krit Frank NJW 78, 141; v Selle NStZ 90, 118; Hennig ZRP 90, 99; Bublies BewH 92, 178, alle mwN). 3

b) Eine **Aussetzung der Ersatzfreiheitsstrafe zur Bewährung** ist unzulässig. Dieser generalpräventiv motivierte Ausschluß erzeugt Spannungen zu den §§ 47, 56, die durch Anwendung des § 459 d (dazu Volckart NStZ 82, 496, 498) und des § 459 f StPO nur zum Teil ausgeglichen werden können. 4

– Vermögensstrafe –

§ 43 a Verhängung der Vermögensstrafe

(1) **Verweist das Gesetz auf diese Vorschrift, so kann das Gericht neben einer lebenslangen oder einer zeitigen Freiheitsstrafe von mehr als zwei Jahren auf Zahlung eines Geldbetrages erkennen, dessen Höhe durch den Wert des Vermögens des Täters begrenzt ist (Vermögensstrafe). Vermögensvorteile, deren Verfall angeordnet wird, bleiben bei der Bewertung des Vermögens außer Ansatz. Der Wert des Vermögens kann geschätzt werden.**

(2) **§ 42 gilt entsprechend.**

(3) **Das Gericht bestimmt eine Freiheitsstrafe, die im Fall der Uneinbringlichkeit an die Stelle der Vermögensstrafe tritt (Ersatzfreiheitsstrafe). Das Höchstmaß der Ersatzfreiheitsstrafe ist zwei Jahre, ihr Mindestmaß ein Monat.**

Fassung des OrgKG (1, 2 vor § 73).

1. Die **Vermögensstrafe** (zusf Lemke StV 90, 87; Mitsch JA 94, 425) beruht auf einer zwiespältigen Konzeption und bildet deshalb im Strafensystem einen Fremdkörper. Einerseits soll sie erklärtermaßen 1

Strafe sein und dem **Schuldprinzip** unterliegen, andererseits aber den schuldunabhängigen Zweck verfolgen, dem Täter die **Mittel** für den Aufbau oder die Erhaltung einer auf kriminellen Erwerb gerichteten Organisation **zu entziehen** (BT-Dr 11/5461 S 5, 6; 12/989 S 22; aM BGHSt 41, 20, wo im Wege verfassungskonformer Auslegung der Zweck der Vermögensentziehung eliminiert wird). Gegen diese Konzeption sind in der Anhörung des BT-Rechtsausschusses (1 vor § 73; zusf Möhrenschlager wistra 92, 281, 283) und im Schrifttum zahlreiche Einwendungen erhoben worden. Die wichtigsten, mit denen zum Teil auch die Verfassungsmäßigkeit der Vorschrift wegen Verletzung des Schuldgrundsatzes oder der Eigentumsgarantie (dazu Perron JZ 93, 918) in Frage gestellt wird, sind folgende (BGHSt 41, 20): Die Vermögensstrafe lasse allein wegen der Begehung einer Straftat die Entziehung nicht nachgewiesen tatbefangenen, sondern nur verdächtigen Vermögens zu und habe deshalb konfiskatorischen Charakter, der sie in die Nähe der eindeutig rechtsstaatswidrigen Vermögenseinziehung des früheren Rechts rücke; wegen Fehlens jeder gesetzlichen Konkretisierung sei es nicht möglich, einen Maßstab für das Umsetzungsverhältnis zwischen dem zu entziehenden Vermögenswert auf der einen und der Schuldschwere auf der anderen Seite zu gewinnen, und zwar auch nicht mit Hilfe der angedrohten Ersatzfreiheitsstrafe, weil es insoweit an jedem Umrechnungsschlüssel fehle; die daraus folgende Unbestimmtheit könne den Richter dazu verführen, den erklärten Gesetzeszweck der Mittelentziehung zu überspannen und uU auf bloßen Verdacht hin existenzvernichtend zu wirken; für die Ablösung der Vermögensstrafe vom bewährten Tagessatzsystem (§ 40) gebe es keinen hinreichenden Grund, weil eine (durch Gesetzesänderung vorzusehende) stärkere Berücksichtigung des Vermögens bei der Bestimmung der Tagessatzhöhe (12 zu § 40), eine Erweiterung des § 41 oder eine andersartig strukturierte Nebenstrafe (BT-Dr 12/731) einen rechtsstaatlich vorzugswürdigen Ausweg geboten hätte; die Notwendigkeit, die Vermögensstrafe zur Wahrung des Schuldprinzips bei der daneben verwirkten Freiheitsstrafe zu berücksichtigen (vgl 7), könne je nach den Umständen den Vermögenslosen ungerechtfertigt begünstigen oder benachteiligen; außerdem bedeute sie bei strikter Wahrung des Schuldprinzips (dazu 7) eine Privilegierung des Täters, der sich durch Einsatz (uU illegal erworbener) Vermögenswerte ein Stück Freiheit vom Strafvollzug erkaufen könne; schließlich fehle es auch an einer gesetzlichen Beschränkung des Zugriffs auf den Bereich der organisierten Kriminalität, weil die einschlägigen Verweisungstatbestände überwiegend nur an bandenmäßige Begehung anknüpften (vgl 2), die häufig (zB Schülerbanden) keinen Zusammenhang mit dieser Kriminalitätsform habe (zur Kritik im einzelnen LG Kreuznach StV 94, 140; Arzt NStZ 90, 1, 5; Schoreit MDR 90, 1 und StV 91, 535; Meyer ZRP 90, 85; Deutscher Richterbund DRiZ 90, 105; Weßlau StV 91, 226, 233; Köhler/Beck JZ 91, 797; DAV [Strafrechtsausschuß] StV 92, 29, 32; Dessecker, Gewinnabschöpfung im Strafrecht und in der Strafrechtspraxis, 1992, S 348; Forthauser,

Geldwäscherei de lege lata et ferenda, 1992, S 183; Krey/Dierlamm JR 92, 353, 356; Eser, Stree/Wessels-FS, S 833, 836; Körner NJW 93, 233, 235; Bringewat NStZ 93, 316; v Selle wistra 93, 216; Lampe JZ 94, 123, 132; Meyer, Helmrich-FS, S 565; Mitsch aaO S 432; Kreuzer, Miyazawa-FS, S 177, 193; Müller-Tuckfeld wistra 95, 330, 332; Hörnle ZStW 108, 333; Albrecht NK 7–13; Tröndle 3). Die Vermögensstrafe ist danach für ein rechtsstaatlich-liberales Strafrecht ein Rückschritt. Ihre Verfassungsmäßigkeit ist nach den Schrifttumsäußerungen mindestens zweifelhaft (aM BGHSt 41, 20 mit abl Anm Dierlamm NStZ 95, 334 und Park JR 95, 343; BGHSt 41, 278; NStZ 94, 429; StV 95, 16 und 17 mit abl Anm Barton/Park; Horn SK 8, 9). Allerdings ist einzuräumen, daß sie sich als brauchbares Instrument zur Verminderung des Machtpotentials organisierter Kriminalität erweisen könnte. Offenbar um diese Chance nicht zu versäumen, hat der BGH die verfassungsrechtlichen Einwendungen dadurch auszuräumen versucht, daß er das vom Gesetzgeber eindeutig als Mittel der Abschöpfung gedachte Rechtsinstitut im Wege verfassungskonformer Auslegung in eine reine schuldabhängige Geldsummenstrafe umgedeutet hat, mit der das Ziel der Vermögensentziehung nicht verfolgt werden dürfe (BGHSt 41, 20, 24). Damit hat er zwar die verfassungsrechtliche Problematik erheblich entschärft, sich aber, was mit den allgemeinen Auslegungsregeln schwerlich vereinbar ist, über die erklärten Zielvorstellungen des Gesetzgebers hinweggesetzt und auch zahlreiche Fragen, zu deren Erörterung der entschiedene Fall Anlaß gab, offen gelassen (näher dazu Park aaO; Hörnle aaO S 343). Es ist deshalb nach wie vor eine noch nicht zureichend gelöste Aufgabe der Rspr, die Vorschrift so zu strukturieren und auszulegen, daß Verstöße gegen die Strafzwecke und den Verhältnismäßigkeitsgrundsatz möglichst ausgeschlossen werden.

2. Die nach Abs 1 S 1 **erforderliche Verweisung** beschränkt den 2
Anwendungsbereich der Vermögensstrafe auf bestimmte Delikte (einschl Versuch, Teilnahme und versuchter Beteiligung nach § 30, Sch/Sch-Stree 3), die das Gesetz unter dem Gesichtspunkt ausgewählt hat, ob sie nach den Erfahrungen der Praxis in einem für die organisierte Kriminalität milieutypischen Bereich (Geld- und Wertzeichenfälschung, Menschenhandel, Prostitution, Diebstahl, Hehlerei, Erpressung, Geldwäsche und Glücksspiel) begangen werden (BT-Dr 12/989 S 22). Im Hinblick auf die Schwere des Eingriffs setzen die im StGB vorgesehenen Verweisungstatbestände außerdem voraus, daß der Täter als Mitglied einer Bande handelt, die sich zur fortgesetzten Begehung der jeweils einschlägigen Taten verbunden hat (zur Kritik vgl 1). Solche Verweisungen enthalten die §§ 150 I, 181 c, 244 III, 244 a III, 256 II, 260 III, 260 a III, 261 VII, 265 b I (zur weiterreichenden Zulassung im Betäubungsmittelrecht § 30 c BtMG). Eine Erstreckung auf weitere – sei es auch milieutypische – Taten widerspricht dem Analogieverbot (5 zu § 1).

3 **3.** Die Struktur der Vermögensstrafe weist sie als **Nebenstrafe** besonderer Art aus, die ebenso wie die Geldstrafe einen Zahlungsanspruch des Staates begründet (so im Ergebnis auch BGHSt 41, 20, 24; Park JR 95, 343, 344). Wegen der Schwere des Eingriffs (BT-Dr 11/5461 S 6; 12/2720 S 39) darf sie nur neben einer Freiheitsstrafe von mehr als zwei Jahren verhängt werden, bei der die Ermäßigung durch Anrechnung von Freiheitsentziehung (§ 51) außer Betracht bleibt.

4 **4.** Das **Höchstmaß** der Vermögensstrafe bestimmt sich nach dem **Wert des Tätervermögens** (Abs 1 S 1), unter Abzug von Vermögensvorteilen, deren Verfall zugleich angeordnet wird (Abs 1 S 2). – Unter **Vermögen** ist hier – ebenso wie im Betrugstatbestand (33–35 zu § 263) – die Summe aller wirtschaftlichen (geldwerten) Güter des Täters nach Abzug der Verbindlichkeiten zu verstehen (BGHSt 41, 278 mit Anm Park JR 96, 380). Nach dem Gesetzeszweck bestimmt sich das Vermögen hier nach dem rein wirtschaftlichen Vermögensbegriff (33 zu § 263; s auch Park aaO). Eine Beschränkung auf Güter, die dem Täter unter den Schutz der Rechtsordnung oder wenigstens nicht ohne deren Mißbilligung zustehen (33 zu § 263), wäre zweckwidrig; denn in diesem Bereich der organisierten Kriminalität ist die Herkunft von Vermögensgegenständen regelmäßig schwer aufklärbar und der jeweilige Eigenbesitzer Inhaber der erforderlichen Herrschaftsposition. Selbst bei dieser weiten Auslegung sind gehäuft typische Beweisschwierigkeiten zu erwarten, weil hier, namentlich bei der Drogenkriminalität, die Möglichkeiten der Aufspürung von Vermögensgegenständen und ihrer Zuordnung zu bestimmten Personen wegen der gezielten Streuung der Vermögensmassen (meist im In- und Ausland) und der Einschaltung von vorgeschobenen Strohmännern erheblich beeinträchtigt sein können. Die nach Abs 1 S 3 zulässige **Schätzung** (BGH aaO S 281) hilft nur begrenzt weiter, weil sie erst zulässig wird, wenn hinreichende Schätzungsgrundlagen erarbeitet sind (17 zu § 40). Nach dem Zweifelssatz darf nur vermutetes Vermögen nicht einbezogen werden (BT-Dr 11/5461 S 6). Wie weit diese Rechtslage der allgemeinen Wirksamkeit der Vermögensstrafe abträglich ist, läßt sich nach der kurzen Anlaufszeit der Neuregelung noch nicht zuverlässig abschätzen. – Ein **Mindestmaß** bestimmt das Gesetz nicht; zweckentsprechende Anwendung erfordert aber eine Beschränkung auf die Entziehung nicht unerheblicher Vermögenswerte, die dem Mindestmaß der Ersatzfreiheitsstrafe von einem Monat (vgl 8) entsprechen (BGH aaO S 280).

5 **5.** Da die Vermögensstrafe Nebenstrafe ist (vgl 4), darf sie den Zweck, verdächtiges Vermögen zu entziehen (vgl 1), nur in den Grenzen der **Schuldangemessenheit und unter Beachtung der allgemeinen Strafzumessungsregeln** verfolgen. Die weitere Einschränkung in BGHSt 41, 20, 24, wonach der Zweck der Abschöpfung verdächtigen Vermögens überhaupt auszuscheiden habe und nur die Neigung des Täters, aus seinen Taten Gewinn zu ziehen, berücksichtigt werden dürfe, ist nicht zwingend und widerspricht den Intentionen des

Gesetzgebers. Zwischen Freiheits- und Vermögensstrafe besteht eine Wechselwirkung insofern, als beide zusammen das Maß der Schuld nicht überschreiten dürfen (BT-Dr 11/5461 S 6). Im einzelnen:

a) Die Möglichkeit der Verhängung von Vermögensstrafe bewirkt 6
keine Strafrahmenerweiterung. Freiheitsstrafe und Vermögensstrafe müssen sich vielmehr in den jeweiligen Strafrahmen so einfügen, daß die Summe aus der verhängten Freiheitsstrafe und der für den Fall der Uneinbringlichkeit festgesetzten Ersatzfreiheitsstrafe (Abs 3) das Höchstmaß der angedrohten Strafe nicht überschreitet (BGHSt 41, 20, 24 mwN).

b) Das Gewicht der Vermögensstrafe gilt **einen Teil der Schuld** 7
ab, der damit für die Bemessung der Freiheitsstrafe verbraucht ist und deshalb für diese strafmildernd wirkt. Eine nähere Konkretisierung des Maßstabes für die Umsetzung von Schuld in Vermögensstrafe hat der Gesetzgeber bewußt unterlassen (BT-Dr 11/5461 S 6) und damit alles dem Richter zugeschoben (zur Kritik vgl 1; Hörnle ZStW 108, 333, 345; Tröndle 6). Angesichts des schuldunabhängigen Zwecks des Eingriffs, der Offenheit des Rahmens nach oben und der erklärten Ablösung vom Tagessatzsystem gibt es kaum Anhaltspunkte dafür, welche durchschnittliche Vermögensmenge in etwa als Ausgleich für ein bestimmtes Schuldmaß und ein daraus folgendes Maß der (Ersatz-) Freiheitsstrafe gelten kann. Bei dieser bedenklichen Unbestimmtheit bietet sich nur die Möglichkeit an, das Höchstmaß der Vermögensstrafe (das jeweils ermittelte oder geschätzte Gesamtvermögen des Täters) mit dem Höchstmaß der Ersatzfreiheitsstrafe (vgl 8) gleichzusetzen und nach diesem Maßstab zu bestimmen, welcher Teil der Schuld durch die jeweils zu verhängende Vermögensstrafe abgegolten wird (so Bringewat NStZ 93, 316, 318; wohl auch Sch/Sch-Stree 5–8; ähnlich, aber einschr BGHSt 41, 20, 26 mit Anm v Selle StV 95, 582; anders Horn SK 6, der aufgrund einer Analogie zu dem hier nicht vergleichbaren Tagessatzsystem [vgl § 40 II S 3] die höchste noch schuldangemessene Geldsumme mit 7,2 Millionen DM beziffert); allerdings kann dieser Maßstab im Einzelfall zu unverhältnismäßigen und vor allem mit § 46 I S 2 (dazu BGH aaO S 28) unvereinbaren Ergebnissen führen, die dann unter dem Gesichtspunkt der mit dem Eingriff verbundenen individuellen Belastung des Täters der Korrektur bedürfen. Wie die Strafzumessung allgemein muß auch diese Umwertung auf einer Gesamtwürdigung aller Umstände beruhen (47 zu § 46). Dabei erfordern die Wahrung der Schuldangemessenheit und der Strafzweck der Spezialprävention häufig eine differenzierte Erfassung nur von Teilen des Vermögens und schließen eine Totalabschöpfung nicht nur wegen Unverhältnismäßigkeit, sondern auch wegen der damit verbundenen existenzvernichtenden Wirkung aus. Je größer allerdings ein Vermögen ist, desto höher kann auch der durch Abschöpfung zu erfassende Anteil sein; denn der Eingriff belastet um so weniger, je mehr Vermögen dem Täter übrig bleibt (Sch/Sch-Stree 9; zu einem Vorschlag näherer Strukturie-

rung, der allerdings wegen der Eröffnung weiter Beurteilungsspielräume die Unbestimmtheit der Umwertung nicht mildert, vgl v Selle aaO und wistra 95, 161).

8 **c)** Für die Bemessung der **Ersatzfreiheitsstrafe** (Abs 3) ist der Gesichtspunkt wichtig, wie hoch im Verhältnis zur verhängten Freiheitsstrafe der Schuldanteil zu bewerten ist, der durch die Vermögensstrafe abgegolten wird (im übrigen vgl 1 zu § 43).

9 **6. a)** § 43 a ist **Kann-Vorschrift;** dem steht nicht entgegen, daß die Verweisungsvorschriften (vgl 2) die Anwendung des § 46 a zwingend vorschreiben (Sch/Sch-Stree 3). Für die Ausübung des danach maßgebenden pflichtmäßigen Ermessens (50 zu § 46) sollte leitender Gesichtspunkt vor allem die Frage sein, ob die Tat der organisierten Kriminalität, deren Begriff kriminologisch zwar nicht abschließend geklärt, aber als Typus hinreichend beschreibbar ist, **zugeordnet** werden kann (LG Kreuznach StV 94, 140; Horn SK 10). Nach den Gesetzesmaterialien (BT-Dr 12/989 S 24) ist darunter eine von Gewinnstreben bestimmte planmäßige Begehung von Straftaten durch mehrere Beteiligte zu verstehen, die auf längere oder unbestimmte Dauer arbeitsteilig zusammenwirken, und zwar entweder unter Verwendung gewerblicher oder geschäftsähnlicher Strukturen oder unter Anwendung von Gewalt oder anderer zur Einschüchterung geeigneter Mittel oder unter dem Bemühen, auf Politik, Medien, öffentliche Verwaltung, Justiz oder Wirtschaft Einfluß zu nehmen. Dabei sind Taten einbezogen, die dem Machtaufbau oder dem Machterhalt der Organisation dienen (näher Schneider, Stree/Wessels-FS, S 813; weiter Möhn Kriminalistik 94, 534). – Sind zugleich die Voraussetzungen der **kumulativen Geldstrafe** (§ 41) erfüllt, so ist auch zu erwägen, ob ihre Verhängung unter Strafzweckgesichtspunkten vorzugswürdig ist. Trifft das zu, so hat es bei der Verhängung der Geldstrafe sein Bewenden; eine **Kumulation** mit der Vermögensstrafe ist ausgeschlossen (§ 41 S 2 und dort 1; zu den Gründen BT-Dr 11/5461 S 7).

10 **b)** Für die Gewährung von **Zahlungserleichterungen** (Abs 2) gelten die Ausführungen unter 1–5 zu § 42, soweit sie sich nicht auf Besonderheiten des Tagessatzsystems beziehen, sinngemäß. Wegen der Gefahr, daß Vermögenswerte kriminellen Organisationen zugeführt werden, sind an die Unzumutbarkeit sofortiger Zahlung strenge Anforderungen zu stellen (Sch/Sch-Stree 10).

10 a **7.** Zum notwendigen Inhalt des **Urteilsspruchs** beachte Düsseldorf StV 96, 549.

11 **8.** Vermögensstrafe und **Konkurrenzen** §§ 52 IV, 53 III, IV, 54 II S 2, § 55 II StGB, § 460 S 2 StPO. Verhältnis der Vermögensstrafe zum **Erweiterten Verfall** 12 zu § 73 d. **Verfahren** (dinglicher Arrest und Vermögensbeschlagnahme) §§ 111 o, 111 p StPO. **Vollstreckung** § 459 i StPO. – **Zur str Anwendung der Vermögensstrafe auch im Jugendstrafrecht** Nibbeling NStZ 97, 63 mwN.

– Nebenstrafe –

§ 44 **Fahrverbot**

(1) **Wird jemand wegen einer Straftat, die er bei oder im Zusammenhang mit dem Führen eines Kraftfahrzeugs oder unter Verletzung der Pflichten eines Kraftfahrzeugführers begangen hat, zu einer Freiheitsstrafe oder einer Geldstrafe verurteilt, so kann ihm das Gericht für die Dauer von einem Monat bis zu drei Monaten verbieten, im Straßenverkehr Kraftfahrzeuge jeder oder einer bestimmten Art zu führen. Ein Fahrverbot ist in der Regel anzuordnen, wenn in den Fällen einer Verurteilung nach § 315 c Abs. 1 Nr. 1 Buchstabe a, Abs. 3 oder § 316 die Entziehung der Fahrerlaubnis nach § 69 unterbleibt.**

(2) **(aufgehoben)**

(3) **Das Fahrverbot wird mit der Rechtskraft des Urteils wirksam. Für seine Dauer wird ein von einer deutschen Behörde erteilter Führerschein amtlich verwahrt. In ausländischen Fahrausweisen wird das Fahrverbot vermerkt.**

(4) **Ist ein Führerschein amtlich zu verwahren oder das Fahrverbot in einem ausländischen Fahrausweis zu vermerken, so wird die Verbotsfrist erst von dem Tage an gerechnet, an dem dies geschieht. In die Verbotsfrist wird die Zeit nicht eingerechnet, in welcher der Täter auf behördliche Anordnung in einer Anstalt verwahrt worden ist.**

Fassung: Abs 2 durch Art 1 Nr 1 des 32. StÄG aufgehoben (vor 1 zu § 69 b).

1. Das Fahrverbot ist **Nebenstrafe** (im Gegensatz zu § 69 nicht Maßregel) und als Denkzettelstrafe namentlich für Kraftfahrer gedacht, die im Verkehr aus Nachlässigkeit oder Leichtsinn erheblich versagt haben, aber zum Führen von Kraftfahrzeugen noch geeignet sind (zusf Hartung NJW 65, 86; Lackner JZ 65, 92, 120; Nüse JR 65, 41; Warda MDR 65, 1; s auch Zabel BA 95, 254). – Zu **Reformvorschlägen** beachte 1 zu § 69. 1

2. Zu den **Voraussetzungen:** 2

a) Straftat ist eine rechtswidrige Tat (18 zu § 11), die schuldhaft begangen wurde (einschl Versuch, Teilnahme und versuchter Beteiligung). Für Verkehrsordnungswidrigkeiten ist das Fahrverbot nach § 25 StVG unter engeren Voraussetzungen vorgesehen; die dort entwickelten Grundsätze für das Regelfahrverbot können nicht ohne weiteres auf § 44 übertragen werden (Köln NZV 96, 286).

b) aa) **Zusammenhang mit dem Führen eines Kraftfahrzeugs.** 3
– **Kraftfahrzeug** ist nach § 1 II StVG das durch Maschinenkraft angetriebene, nicht an Gleise gebundene Landfahrzeug (BGHSt 39, 249

mwN). Nicht ausreichend ist ein Zusammenhang lediglich mit dem Führen eines abgeschleppten, betriebsunfähigen Kraftfahrzeugs (Hentschel JR 91, 113), eines Fahrrades (BVerwG NJW 89, 1623) oder eines Schienenfahrzeugs (hM; vgl Bay NZV 93, 239 mwN; anders LG München NZV 93, 83 mit abl Anm Hentschel), wohl aber mit dem Führen eines führerscheinfreien Kraftfahrzeugs (bei Martin DAR 72, 119; Oldenburg NJW 69, 199), und zwar auch eines sog Leichtmofas, einer Zwischenform zwischen Fahrrad und Mofa (LG Oldenburg DAR 90, 72; Grohmann DAR 87, 365; s auch VO v. 26. 3. 1993 [BGBl I 394]). – Im übrigen muß eine Beziehung gerade zum **Führen** (3 zu § 315 c), sei es auch nur im nichtöffentlichen Verkehrsraum (LG Stuttgart NZV 96, 213; aM Sch/Sch-Stree 12 zu § 69; zw), bestehen (zusf Sonnen JA 83, 300, 301). In diesem Rahmen legt die Rspr den Begriff sehr weit aus (krit Kulemeier NZV 93, 212; Geppert LK 34 zu § 69). Zwar genügt Benutzen des Fahrzeugs nur bei Gelegenheit der Tat nicht (Stuttgart NJW 73, 2213), wohl aber zu ihrer Vorbereitung, Durchführung, Deckung oder Ausnutzung (zusf Rüth LK 12–18 zu § 69). Danach wird idR auch erfaßt: Verbringen des Opfers zum Tatort, Herbeiführen eines manipulierten „Unfalls" zur Vorbereitung eines Versicherungsbetrugs (StV 92, 64; München NJW 92, 2776, beide mwN), Einsatz beim Drogenhandel (NStZ 92, 586; Düsseldorf NZV 92, 331), Abtransport der Beute bei Diebstahl oder Schmuggel (Düsseldorf VRS 67, 255) und vorausgeplante Benutzung des Fahrzeugs zur Flucht (NStZ 95, 229; in bezug auf das Erfordernis der Vorausplanung unklar BGHSt 22, 328). Auch Tätlichkeiten bei Auseinandersetzungen über Verkehrsverhalten (Köln NJW 63, 2370; LG Koblenz NStZ-RR 96, 117 mwN), falsche Anzeigen (§ 145 d) zur Vertuschung von Trunkenheitsfahrten (Hamm VRS 57, 184; zw) und Fälschungen von Führerscheinen zum Zweck der Vorlage bei möglichen Verkehrskontrollen (Cramer MDR 72, 558; einschr Sch/Sch-Stree 16 zu § 69 und Himmelreich/Hentschel I Rdn 30, die den Zusammenhang nur bei wirklicher Vorlage bejahen; beachte auch Köln MDR 72, 621; zw) reichen idR aus. – Der Zusammenhang soll nach der Rspr nicht notwendig eigenhändiges Führen erfordern (BGHSt 10, 333 mit abl Anm Hartung JZ 58, 131; München NJW 92, 2777; aM Himmelreich/Hentschel I Rdn 23–25; Geppert LK 45 zu § 69 mwN; zw). Auch das Überlassen eines Fahrzeugs an einen Fahruntüchtigen oder an einen Fahrer ohne Fahrerlaubnis (Stuttgart NJW 61, 690; s auch Koblenz NJW 88, 152) und die Anordnung der Inbetriebnahme eines vorschriftswidrigen Fahrzeugs (Sch/Sch-Stree 13 zu § 69; zw) werden daher erfaßt (zu weit LG Memmingen NZV 89, 82; LG Ravensburg NZV 93, 325 mit abl Anm Körfer). Deshalb ist der erforderliche Zusammenhang, wenn er nur in der Person eines Mittäters besteht, im Rahmen des gemeinschaftlichen Tatentschlusses (10 zu § 25) auch dem anderen zuzurechnen (bei Holtz MDR 78, 968; München NJW 92, 2777). Die Rspr bezieht zu Unrecht (hM; vgl etwa Hartung JZ 54, 137; Himmelreich/Hentschel I Rdn 27; Geppert LK 40 zu § 69, alle mwN) auch Fälle ein, in denen ein Zusammenhang **nur mit dem Besitz** des Fahrzeugs besteht (BGHSt 5, 179 betr Betrug durch Vorspiegelung von Kreditwürdigkeit; VRS 30, 275 betr Erschleichen von Tankstellenleistungen) oder die Tat sogar erst der Erlangung des Besitzes an dem Fahrzeug dient (BGHSt 17, 218).

bb) Als **Verletzung der Pflichten eines Kraftfahrzeugführers** 4
(Celle MDR 67, 1026) kommen ua in Frage: Widerstand gegen Blutentnahme (Hamm VRS 8, 46) und ruhestörender Lärm durch Laufenlassen des Motors.

c) Mangels Verurteilung zu **Freiheitsstrafe oder Geldstrafe** ist das 5
Fahrverbot unzulässig, wenn von Strafe abgesehen (zB nach §§ 60, 316 a II) oder eine Verwarnung mit Strafvorbehalt nach § 59 (dort 3) ausgesprochen wird, dagegen zulässig neben Erziehungsmaßregeln und Zuchtmitteln (§ 8 III JGG) und neben Aussetzung der Verhängung der Jugendstrafe nach § 27 JGG (Lackner JZ 65, 92, 95; Schöch JR 78, 74, 75; aM Warda GA 65, 65, 68; Geppert LK 12 mwN; zw). – Zum Fahrverbot beim **Zusammentreffen mehrerer Gesetzesverletzungen** 9 zu § 52; 6 a, 7 zu § 53; 17, 18 zu § 55.

d) aa) Da das Fahrverbot Nebenstrafe ist, gelten die allgemeinen 6
Strafzumessungsregeln, namentlich das Erfordernis der Schuldangemessenheit (23–25 zu § 46); zwischen Haupt- und Nebenstrafe besteht eine Wechselwirkung insofern, als beide zusammen das Maß der Tatschuld nicht überschreiten dürfen und als sie – wenn auch mit verschiedenen Mitteln – überwiegend dieselben Strafzwecke verfolgen (BGHSt 24, 11; Köln VRS 81, 21). Unter ihnen hat die Spezialprävention (Warnung des Täters) besondere (Celle NJW 68, 1101; Düsseldorf StV 86, 20), aber keine ausschließliche Bedeutung (Bay 67, 7; weiter einschr Köln DAR 96, 154). Zu berücksichtigen sind ferner ua das Nachtatverhalten (Düsseldorf NZV 93, 76) und die Strafempfindlichkeit des Täters, namentlich das Ausmaß, in dem er auf den Gebrauch seines Fahrzeugs angewiesen ist (Celle VRS 62, 38 mwN). Wegen seiner einschneidenden Wirkung ist das Verbot nur gerechtfertigt, wenn der mit ihm angestrebte spezialpräventive Zweck mit der Hauptstrafe allein nicht erreicht werden kann (Köln NZV 92, 159 und DAR 96, 154; Düsseldorf VRS 84, 335, alle mwN; zu seiner Anwendung gegenüber Drogensüchtigen Theisinger NStZ 81, 294; Braun NStZ 82, 191). Es scheidet daher bei Taten aus, deren Unwert sich in einem bloßen Ordnungsverstoß erschöpft (zB Hamm VRS 36, 177; Saarbrücken VRS 37, 310); jedoch brauchen die strengeren Voraussetzungen des § 25 StVG (Fahrverbot bei Ordnungswidrigkeiten) nicht erfüllt zu sein (BGHSt 24, 348). Umgekehrt reicht die Schwere fahrlässig verursachter Folgen (zB fahrlässige Tötung) für sich allein nicht aus (Molketin MDR 82, 896).

bb) **Abs 1 S 2** enthält eine an die Regelbeispiele der Nr 1, 2 des 7
§ 69 II (nicht an dessen weitere Regelbeispiele, Bay VRS 58, 362) anknüpfende Strafbemessungsregel, die der Koordinierung mit § 25 StVG

dient (beachte Hamm NJW 75, 1983; Köln DAR 92, 152); sie gilt trotz der unexakten Verweisung auf den ganzen Abs 3 des § 315 c ersichtlich nur für Fälle der Trunkenheit im Verkehr (Geppert LK 34 mwN), hier allerdings auch dann, wenn die Entziehung der Fahrerlaubnis allein wegen der Auswirkung einer länger dauernden vorläufigen Maßnahme unterbleibt (8 zu § 69) und das Fahrverbot infolge Anrechnung nach § 51 V nur noch symbolische Bedeutung hat (BGHSt 29, 58 mwN; aM LG Frankfurt StV 81, 268).

8 3. Der aufgehobene **Abs 2** (vgl vor 1) enthielt eine den **ausländischen Fahrzeugführer** begünstigende Regelung (vor 1 zu § 69 b).

9 4. Neben **Entziehung der Fahrerlaubnis** (§ 69) ist das Fahrverbot idR sinnlos; ein Nebeneinander ist jedoch zB denkbar, wenn die Sperre (§ 69 a) auf bestimmte Arten von Kraftfahrzeugen beschränkt wurde (Düsseldorf VM 72, 23).

10 5. **Verboten** wird mit Wirkung für das Inland (dazu Bouska DAR 95, 93) das Führen von Kraftfahrzeugen **jeder oder einer bestimmten Art.** Durch das Verbot bleibt – anders als im Falle des § 69 (dort 11) – die Fahrerlaubnis (§ 2 StVG) in ihrem Bestande unberührt. – **Bestimmte Arten** sind nur solche, auf die nach § 5 I S 2 StVZO im Hinblick auf Bauartbesonderheiten (Bay NJW 89, 2959 und NZV 91, 397, beide mwN), die Fahrerlaubnis beschränkt werden kann oder deren Verwendungszweck durch besondere Bauart oder Ausrüstung bestimmt ist (zusf Jagusch/Hentschel 6 zu § 69 a; aM Weihrauch NJW 71, 829, beide mwN). Andere Beschränkungen auf das Fahren unter bestimmten Bedingungen, zB zu bestimmten Zwecken oder Zeiten, in bestimmten Bezirken, mit bestimmten Fahrzeugen oder nur mit einem Anhänger, sind unzulässig (Hamm NJW 75, 1983; Bay VRS 66, 446; Celle DAR 96, 64; Orlich NJW 77, 1179; Mollenkott DAR 82, 217; aM LG Göttingen NJW 67, 2320; diff Zabel BA 80, 95 und 83, 477, alle mwN). – Die **Beschränkung des Verbots** auf bestimmte Arten kann (zB bei Berufskraftfahrern) zur Wahrung der Schuldangemessenheit (vgl 6) geboten sein (Bay StV 91, 265; Köln VRS 81, 21; s auch Düsseldorf NStZ-RR 96, 247).

11 6. Anordnung durch **Urteil** oder Strafbefehl (§ 407 II Nr 1 StPO). Das Verbot wird mit **Rechtskraft** wirksam. Unbeschadet der Wirksamkeit rechnet die Verbotsfrist jedoch regelmäßig (zu Ausnahmen NZV 93, 199; Hentschel NJW 82, 1073, 1082 und DAR 88, 156) erst vom Tage des Beginns der amtlichen Verwahrung an (Koch DAR 66, 343). Besteht aber eine solche Verwahrung, so wird bei **mehrfacher Anordnung** eines Fahrverbots der Beginn der Verbotsfrist durch ganz oder teilweise zeitgleiche Verbotsfristen in anderen Sachen nicht gehemmt; eine im Hinblick auf den Strafcharakter des Fahrverbots an sich naheliegende Vollstreckung „nacheinander" ist mit dem insoweit eindeutigen Gesetzeswortlaut unvereinbar (Celle NZV 93, 157; Bay VRS 86, 71 mit krit Anm Hentschel DAR 94, 75; Geppert LK 81, 82; s

auch AG Bottrop DAR 95, 262, alle mwN; str). – Als Zeiten **behördlicher** (auch im Ausland erlittener, BGHSt 24, 62) **Verwahrung** nicht einzurechnen sind namentlich Freiheitsstrafe, Jugendarrest, UHaft und Unterbringung nach §§ 63–66; dabei sind Freigangs-, Urlaubs- und Ausgangstage Teil des Verwahrungsvollzugs und deshalb nicht abziehbar (Stuttgart NStZ 83, 429; Frankfurt NJW 84, 812; s auch 3–7 zu § 120; 4 zu § 68 c). Auf die materielle Rechtmäßigkeit der Verwahrung kommt es nicht an (NJW 69, 1678; Düsseldorf Rpfleger 92, 173; s jedoch BGHSt 7, 160). – Zur **Anrechnung** einer vorläufigen Maßnahme nach §§ 111 a, 94 StPO (5 zu § 69 a) vgl § 51 V StGB, § 450 II StPO.

7. Zum **Verfahren** vgl auch §§ 111 a V, 232 I S 1, 233 I S 1, 268 c, 409 I S 2 und 463 b StPO. – Eine **Beschränkung der Anfechtung** auf das Fahrverbot ist wegen des inneren Zusammenhangs mit der Hauptstrafe idR – jedoch nicht notwendig (Hamm VRS 49, 275) – unzulässig (Düsseldorf NZV 93, 76; Händel NJW 71, 1472, beide mwN). – Das **Verschlechterungsverbot** (beachte auch 10 zu § 69 a) steht der Verhängung eines Fahrverbots dann nicht entgegen, wenn dadurch eine wegfallende Freiheitsstrafe von gleicher oder längerer Dauer ersetzt werden soll (Bay MDR 78, 422); dagegen schließt es aus, eine verhängte Geldstrafe herabzusetzen und statt dessen auf ein Fahrverbot zu erkennen, weil dieses gegenüber der Geldstrafe die strengere Sanktion ist (Himmelreich/Hentschel I Rdn 313; aM Schleswig NStZ 84, 90; s auch Düsseldorf NZV 93, 123, alle mwN; zw). Umgekehrt läßt es, wenn ein neben Geldstrafe verhängtes Fahrverbot aufgehoben wird, eine angemessene Erhöhung der Geldstrafe zu (hM). Das gilt jedenfalls für die Tagessatzhöhe (Bay NJW 80, 849), die allerdings an § 40 II gebunden bleibt (Bay bei Bär DAR 89, 364; Meyer DAR 81, 33 mwN; str). Doch dürfte auch eine Erhöhung der Anzahl der Tagessätze nicht ausgeschlossen sein, wenn nur die Ersatzfreiheitsstrafe entgegen § 43 auf die ursprüngliche Höhe festgesetzt wird (anders die hM; vgl Geppert LK 108, 109 mwN; zw); denn es ist eine allgemeine Eigenart des Verschlechterungsverbots, daß es uU zu materiellrechtlich unzulässigen Rechtsfolgen zwingen kann. – **Vollstreckung** § 59a StVollstrO; Seib DAR 82, 283; Mürbe DAR 83, 45; Grohmann DAR 88, 45, 46. 12

8. Zuwiderhandlungen: § 21 I, II StVG. 13

9. Auch der von einer **DDR-Behörde** erteilte Führerschein ist in amtliche Verwahrung zu nehmen (Abs 3 S 2); die bis zum Beitritt bestehende Notwendigkeit, ihn zur Erfüllung des Grundlagenvertrages als „ausländischen Fahrausweis" (Abs 3 S 3) zu behandeln, ist mit dem Beitritt weggefallen (Nettesheim DtZ 91, 363, 368). 14

– Nebenfolgen –

§ 45 Verlust der Amtsfähigkeit, der Wählbarkeit und des Stimmrechts

(1) **Wer wegen eines Verbrechens zu Freiheitsstrafe von mindestens einem Jahr verurteilt wird, verliert für die Dauer von fünf Jahren die Fähigkeit, öffentliche Ämter zu bekleiden und Rechte aus öffentlichen Wahlen zu erlangen.**

(2) **Das Gericht kann dem Verurteilten für die Dauer von zwei bis zu fünf Jahren die in Absatz 1 bezeichneten Fähigkeiten aberkennen, soweit das Gesetz es besonders vorsieht.**

(3) **Mit dem Verlust der Fähigkeit, öffentliche Ämter zu bekleiden, verliert der Verurteilte zugleich die entsprechenden Rechtsstellungen und Rechte, die er innehat.**

(4) **Mit dem Verlust der Fähigkeit, Rechte aus öffentlichen Wahlen zu erlangen, verliert der Verurteilte zugleich die entsprechenden Rechtsstellungen und Rechte, die er innehat, soweit das Gesetz nichts anderes bestimmt.**

(5) **Das Gericht kann dem Verurteilten für die Dauer von zwei bis fünf Jahren das Recht, in öffentlichen Angelegenheiten zu wählen oder zu stimmen, aberkennen, soweit das Gesetz es besonders vorsieht.**

1 **1. Öffentliche Ämter** sind solche, deren Träger Dienste verrichten, die aus der Staatsgewalt abgeleitet sind und staatlichen Zwecken dienen (RGSt 62, 24, 27); für Notare, Laienrichter und Rechtsanwälte ergibt sich das Erfordernis der Amtsfähigkeit aus § 49 BNotO, § 32 Nr 1 GVG und § 14 II Nr 2 BRAO. Ausländische Ämter bleiben unberührt. **Öffentliche Wahlen** sind (weiter als Wahlen iS des § 108 d) alle Wahlen in öffentlichen Angelegenheiten.

2 **2. Abs 1** betrifft nur Verbrechen (2–4 zu § 12), und zwar auch Versuch, Teilnahme und versuchte Beteiligung (§ 30). Die Nebenfolgen treten mit Rechtskraft der Verurteilung ein, **ohne daß es eines besonderen Ausspruchs bedarf** (krit Jekewitz GA 77, 161, 169 und 81, 433, 438; Nelles JZ 91, 17). Für das Mindestmaß der Freiheitsstrafe kommt es bei Tatmehrheit auf die Einzelstrafen an (6 a, 7 zu § 53).

3 **3.** Soweit die Aberkennung eines **besonderen Ausspruchs** bedarf (Abs 2, 5), handelt es sich materiell um Nebenstrafen, die das Gesetz allerdings, um den hier nur am Rande mitspielenden Strafgedanken nicht zu betonen, als **Nebenfolgen** bezeichnet (hM; anders Nelles JZ 91, 17). Daher sind die allgemeinen Strafzumessungsregeln anwendbar (bei Dallinger MDR 56, 9).

4 **4.** Die **Aberkennung nach Abs 2, 5** ist nur zulässig, soweit das Gesetz sie besonders vorsieht (vgl namentlich §§ 92 a, 101, 102 II, 108 c,

108 e II, 129 a VI, 264 V S 1, 358). Unter dieser Voraussetzung kommt sie auch bei Versuch, Teilnahme und versuchter Beteiligung (§ 30) in Frage. Der Ausspruch unterliegt pflichtmäßigem Ermessen (50 zu § 46) und kann auf einzelne Fähigkeiten beschränkt werden.

5. Der **Verlust der Rechtsstellungen und Rechte,** den Abs 3, 4 regeln, ist endgültig, ihr Neuerwerb nach Ablauf der gesetzlichen oder im Urteil bestimmten Frist aber möglich. Eine andere Bestimmung im Sinne des Abs 4 trifft § 47 BWG. 5

6. § 45 ist unter dem Gesichtspunkt **rechtspolitisch** umstritten, ob Statusfolgen als strafrechtliche Sanktionen überhaupt vertretbar sind (verneinend Nelles JZ 91, 17; Schwarz, Die strafgerichtliche Aberkennung der Amtsfähigkeit und des Wahlrechts, 1991; s auch Jekewitz GA 77, 161 und 92, 589). 6

§ 45 a Eintritt und Berechnung des Verlustes

(1) **Der Verlust der Fähigkeiten, Rechtsstellungen und Rechte wird mit der Rechtskraft des Urteils wirksam.**

(2) **Die Dauer des Verlustes einer Fähigkeit oder eines Rechts wird von dem Tage an gerechnet, an dem die Freiheitsstrafe verbüßt, verjährt oder erlassen ist. Ist neben der Freiheitsstrafe eine freiheitsentziehende Maßregel der Besserung und Sicherung angeordnet worden, so wird die Frist erst von dem Tage an gerechnet, an dem auch die Maßregel erledigt ist.**

(3) **War die Vollstreckung der Strafe, des Strafrestes oder der Maßregel zur Bewährung oder im Gnadenwege ausgesetzt, so wird in die Frist die Bewährungszeit eingerechnet, wenn nach deren Ablauf die Strafe oder der Strafrest erlassen wird oder die Maßregel erledigt ist.**

1. Die Wirkungen der Nebenfolgen (§ 45) treten mit **Rechtskraft** ein. Die Fristen beginnen jedoch erst nach Erledigung der Freiheitsstrafe (auch einer Gesamtstrafe) oder der freiheitsentziehenden Maßregel (§§ 63–66); die im Urteil festgesetzte Dauer verlängert sich also um die Zeit zwischen Rechtskraft und Erledigung (RGSt 67, 95; krit Jekewitz GA 77, 161, 170); verfassungskonforme Auslegung erfordert jedoch eine Ausnahme für das Stimmrecht, das grundsätzlich auch Strafgefangenen zusteht und ihnen deshalb nicht über die im Urteil bestimmte Verbotsfrist hinaus vorenthalten werden darf (G Hirsch LK 4; aM Tröndle 3; zw). 1

2. Zu **Abs 3** vgl §§ 56, 56 a, 56 g I, 57, 67 b, 67 c I, II S 2, 67 d II, 67 g V. 2

§ 45 b Wiederverleihung von Fähigkeiten und Rechten

(1) **Das Gericht kann nach § 45 Abs. 1 und 2 verlorene Fähigkeiten und nach § 45 Abs. 5 verlorene Rechte wiederverleihen, wenn**

1. **der Verlust die Hälfte der Zeit, für die er dauern sollte, wirksam war und**
2. **zu erwarten ist, daß der Verurteilte künftig keine vorsätzlichen Straftaten mehr begehen wird.**

(2) **In die Fristen wird die Zeit nicht eingerechnet, in welcher der Verurteilte auf behördliche Anordnung in einer Anstalt verwahrt worden ist.**

1 **1.** Die **Wiederverleihung (Rehabilitation) durch Richterspruch** stellt nur die Amtsfähigkeit, die Wählbarkeit und das Stimmrecht für die Zukunft wieder her. Nach § 45 III, IV verlorene Rechtsstellungen und Rechte sind daher endgültig erloschen; sie können nur nach den allgemeinen beamten- und wahlrechtlichen Vorschriften neu erworben werden.

2 **2.** Die Hälfte der Zeit (dh der im Urteil bestimmten Dauer) rechnet ab Rechtskraft des Urteils; jedoch werden Zeiten behördlicher Verwahrung (11 zu § 44) nicht eingerechnet (Abs 2).

3 **3.** Zum Erfordernis der **günstigen Täterprognose** (Abs 1 Nr 2) vgl 8–14 zu § 56; abweichend von § 56 I genügt hier die Erwartung, daß der Verurteilte künftig keine **vorsätzlichen** Taten mehr begehen wird.

4 **4. Verfahren** § 462 I S 2 StPO.

2. Titel. Strafbemessung

§ 46 Grundsätze der Strafzumessung

(1) **Die Schuld des Täters ist Grundlage für die Zumessung der Strafe. Die Wirkungen, die von der Strafe für das künftige Leben des Täters in der Gesellschaft zu erwarten sind, sind zu berücksichtigen.**

(2) **Bei der Zumessung wägt das Gericht die Umstände, die für und gegen den Täter sprechen, gegeneinander ab. Dabei kommen namentlich in Betracht:**

die Beweggründe und die Ziele des Täters,
die Gesinnung, die aus der Tat spricht, und der bei der Tat aufgewendete Wille,
das Maß der Pflichtwidrigkeit,
die Art der Ausführung und die verschuldeten Auswirkungen der Tat,

das Vorleben des Täters, seine persönlichen und wirtschaftlichen Verhältnisse sowie
sein Verhalten nach der Tat, besonders sein Bemühen, den Schaden wiedergutzumachen, sowie das Bemühen des Täters, einen Ausgleich mit den Verletzten zu erreichen.

(3) **Umstände, die schon Merkmale des gesetzlichen Tatbestandes sind, dürfen nicht berücksichtigt werden.**

I. Die Vorschrift konkretisiert einige allgemeine Grundsätze der Strafzumessung, ohne in dem Meinungsstreit über **Sinn und Zweck der Strafe** abschließend Partei zu ergreifen. Obwohl das Strafrecht wie alles Recht ein Schutzrecht ist, dh nur zur Gewährleistung des friedlichen Zusammenlebens der Menschen beitragen soll, ist die Strafe nicht ausschließlich an diesem Zweck ausgerichtet. Ihr **Sinn** liegt vielmehr darin, durch staatliche Mißbilligung und Übelszufügung den durch die schuldhafte Tat angemaßten Eingriff in fremde Rechtsgüter auszugleichen, dem Täter zugleich Sühne durch Annahme und Verarbeitung des Übels zu ermöglichen (str) und dadurch die Unverbrüchlichkeit der Rechtsordnung und die Verantwortlichkeit des Täters für ihre Verletzung herauszustellen (ähnlich BVerfGE 64, 261; Gallas ZStW 80, 1, 3; s auch Androulakis ZStW 108, 300; str). Das Strafrecht bedient sich dieses Mittels vornehmlich deshalb, weil die Strafe durch ihren Appell an die Verantwortlichkeit dem Wesen des Menschen, namentlich seinem Freiheitsbewußtsein, in besonderer Weise gemäß ist, weil sie ihn als Persönlichkeit und in seinen Menschenrechten respektiert (dazu Jung GA 93, 535), weil sie ihm garantiert, nur nach dem Maß des „Verdienten" in Anspruch genommen zu werden, und weil solche Art staatlichen Eingriffs in sinnfälliger Weise durch das Erfordernis der Gerechtigkeit begrenzt wird (Theune, Pfeiffer-FS, S 449). Daraus folgt das in der Rspr als Verfassungsrechtssatz (BVerfGE 86, 288, 313; BVerfG NJW 95, 248; BayVerfGH NJW 83, 1600, alle mwN) anerkannte Prinzip, daß es keine Strafe ohne Schuld geben darf (**nulla poena sine culpa; Schuldprinzip**). Zugleich werden damit auch Art und Höhe der Strafe von der Schuld des Täters abhängig gemacht (vgl 22–25). 1

1. Für die absoluten Straftheorien (Kant, Hegel, Binding) war diese Abhängigkeit eine vollständige, weil sich für sie der Sinn der Strafe im Schuldausgleich erschöpfte (diff Schild, in: Heintel [Hrsg], Philosophische Elemente der Tradition des politischen Denkens, 1979, S 199 und SchwZStr 82, 364; Seelmann JuS 79, 687 und ARSP 93, 228; Bielefeldt GA 90, 108). Demgegenüber betonten die **relativen Straftheorien** (namentlich Franz v Liszt) einseitig den Präventionszweck der Strafe (zusf zu den Problemen utilitaristischer Strafrechtfertigung Koller ZStW 91, 45). Die Entwicklung ist über beide Extreme hinweggegangen (krit zur undifferenzierten Entgegensetzung von absoluten und relativen Theorien Frommel, Präventionsmodelle in der deutschen Strafzweck-Diskussion, 1987; Scheffler JahrbRuE 95, 375). 2

In einer freiheitlichen Gesellschaft hat die Strafe nicht die Aufgabe, Schuldausgleich und Gerechtigkeit um ihrer selbst willen zu üben (Arthur Kaufmann, Henkel-FS, S 89, 100; Stratenwerth, Die Zukunft des strafrechtlichen Schuldprinzips, 1977); sie ist vielmehr nur gerechtfertigt, wenn sie sich zugleich als ein notwendiges Mittel zur Erfüllung der präventiven Schutzaufgabe des Strafrechts erweist (BGHSt 24, 40). Deshalb hat sich in einem langen Entwicklungsprozeß, der über zahlreiche sog **Vereinigungstheorien** geführt hat (näher dazu Koriath Jura 95, 625), eine Fülle von Konzeptionen herausgebildet, die untereinander stark differieren, überwiegend aber darin übereinstimmen, daß sie die Strafe als eine vielschichtige Rechtsfolge verstehen, die zwar aus Gründen der Gerechtigkeit und zum Schutze des Bürgers durch die Schuld begrenzt wird, innerhalb dieser Grenzen aber eine ganze Anzahl einander zum Teil widerstreitender präventiver Zwecke verfolgt, die unter den Begriffen **Generalprävention und Spezialprävention** (vgl 26–30) zusammengefaßt werden (krit ua Kindhäuser GA 89, 493; Naucke KritV 93, 135; Bock Jura 94, 46; Jäger, Schüler-Springorum-FS, S 229; krit auch Stratenwerth, Was leistet die Lehre von den Strafzwecken?, 1995, der eine konsistente Strafzwecklehre für die Begriffsbildung im Straftatsystem und für die Rechtsfolgen der Tat nicht für weiterführend hält). Als Gegenposition wird auch eine modifizierte, von Kant und Hegel ausgehende absolute Straftheorie vertreten (so namentlich Wolff ZStW 97, 786; Köhler, Der Begriff der Strafe, 1986 und Lackner-FS, S 11; Beck, Unrechtsbegründung und Vorfeldkriminalisierung, 1992, S 53, 61; Harzer, ZustStR, S. 31; mit abw Ansatz ähnlich Hörnle/v Hirsch GA 95, 261, nach denen Strafe und Strafmaß ausschl durch die Schwere des den Täter treffenden ethischen Tadels zu legitimieren ist). – Die normativen Straftheorien und die in der Kriminologie entwickelten Kriminalitätstheorien verfolgen unterschiedliche Zwecke und sind deshalb wesensverschieden (zu ihrer Kompatibilität Hermann GA 92, 516; Scheffler aaO; beachte auch den Übersichtsbeitrag von Schneider Jura 96, 337, 397).

3 **2.** Aus der vielschichtigen Aufgabe des Strafrechts ergibt sich die sog **„Antinomie der Strafzwecke"**, die nicht restlos aufgelöst werden kann (hM; anders Köhler, Über den Zusammenhang von Strafrechtsbegründung und Strafzumessung, 1983, S 26, 33; s auch Wolff und Köhler aaO [vgl 2]) und den Grund dafür bildet, warum die Auseinandersetzungen um Sinn und Zweck der Strafe ständig in Fluß bleiben (zB Roxin JuS 66, 377, JA 80, 221 und in: Stolleis (Hrsg), Die Bedeutung der Wörter, 1991, S 341; Gallas ZStW 80, 1; Henkel, Die „richtige" Strafe, 1969, S 6; Stratenwerth, Tatschuld und Strafzumessung, 1972; Calliess, Theorie der Strafe im demokratischen und sozialen Rechtsstaat, 1974 und NJW 89, 1338; Müller-Dietz, Grundfragen des strafrechtlichen Sanktionensystems, 1979, S 16; Arthur Kaufmann, Kaufmann [H]-GedSchr, S 425; zusf und zT krit Streng, Strafrechtliche Sanktionen, 1991, S 5; Lesch JA 94, 510, 590; Schütz Jura 95, 399; s

auch Schultz ZStW 92, 611; Schreiber ZStW 94, 279; Benda, Faller-FS, S 307; Montenbruck, in: Fachbereich Rechtswissenschaft der Freien Universität Berlin [Hrsg], Fachbereichstag, 1995, S 13; zur historischen Entwicklung des Meinungsstreits Jescheck ZStW 93, 3, 44; Naucke ZStW 94, 525; Schmidt JA 82, 406).

a) Die einander gegenüberstehenden Theorien, die meist das 4
Schuldprinzip anerkennen, legen ihren Schwerpunkt zunehmend auf **generalpräventive** Aspekte (zB Schmidhäuser, Vom Sinn der Strafe, 2. Aufl 1971 und AT 3/8–29; ebenso, jedoch unter Ablehnung des Schuldprinzips, Gimbernat ZStW 82, 379), wobei in jüngerer Vergangenheit die sog **positive Generalprävention** ganz in den Vordergrund gerückt ist (näher dazu 28, 30). – Vorwiegend **spezialpräventiv** orientiert ist die in der internationalen Bewegung der „Défense Sociale" diskutierte Theorie der „Neuen sozialen Verteidigung" (Melzer JZ 70, 764 und ZStW 84, 648 mwN; s auch Jescheck, Blau-FS, S 425). Die Forderung nach einem reinen, auf Resozialisierung ausgerichteten Maßnahmenrecht (Plack, Plädoyer für die Abschaffung des Strafrechts, 1974; Foth ARSP 76, 249), die zum Teil mit dem Fehlen einer verfassungsrechtlichen Legitimation für repressive Strafen begründet wird (Klose ZStW 86, 33), ist weitgehend in den Hintergrund getreten (krit zu den spezialpräventiven Straftheorien Bockelmann, Lange-FS, S 1; Schulz JA 82, 532; s auch Walter, Oehler-FS, S 693). – Andere Konzeptionen schließlich vermeiden solche Schwerpunktbildungen. Sie berücksichtigen general- und spezialpräventive Elemente je nach den kriminalpolitischen Einzelbedürfnissen (zB Gössel, Pfeiffer-FS, S 3) und begrenzen sie durch die Erfordernisse eines rechtsstaatlichen Strafrechts (dazu Hassemer JuS 87, 257).

b) Auf der anderen Seite bedeutet es eine gewisse **Abwendung** von 5
der Gedankenwelt der Prävention, wenn die Rechtfertigung für moderne sozialtherapeutische Bemühungen im Strafvollzug oft nicht mehr auf die spezialpräventive Schutzaufgabe des Strafrechts gestützt, sondern aus der Mitverantwortung der Gesellschaft für das Verbrechen und ihrer Solidaritätspflicht gegenüber dem Rechtsbrecher (Gewährung von Hilfe zur Selbsthilfe) abgeleitet wird (Stratenwerth, Bockelmann-FS, S 901); im Schrifttum zum Strafvollzug (vgl namentlich § 2 S 1 StVollzG) ist dieser Gesichtspunkt inzwischen dominierend (expl Jung/Müller-Dietz [Hrsg], Langer Freiheitsentzug – wie lange noch?, 1994). Mit anderen Ansätzen verwerfen verschiedene soziologische, namentlich systemtheoretische Richtungen und die dem sog labeling-Ansatz folgende „kritische Kriminologie" aus sehr einseitiger Position nicht nur das Schuldprinzip als Manifestation struktureller Gewalt (vgl etwa Kargl, Kritik des Schuldprinzips, 1982 mit krit Bespr Müller-Dietz GA 85, 139; Scheffler, Grundlegung eines kriminologisch orientierten Strafrechtssystems, 1987 mit krit Bespr Kunz GA 88, 430); sie lehnen auch eine spezialpräventive Ausrichtung der Straffolgen als nicht zu legitimierende „Behandlungsideologie" ab, weil sie ein Instrument selektiver Strafverfol-

gung sei und die gesamtgesellschaftlichen Ursachen der Kriminalität verschleiere (vgl etwa Hilbers/Lange KrimJ 73, 52; Foucault, Überwachen und Strafen. Die Geburt des Gefängnisses, 1976; Baratta ZStW 92, 107, alle mwN; s auch Christ KrimJ 73, 60; Driendl ZStW 92, 185, 196; Neumann/Schroth, Neuere Theorien von Kriminalität und Strafe, 1980; Schreiber ZStW 94, 279, 295; Albrecht ZStW 97, 831; Bock ZStW 102, 504, 518 und JuS 94, 89; Kargl, Die Funktion des Strafrechts in rechtstheoretischer Sicht, 1995 und ARSP 96, 485; Schumann KJ 95, 88 mit Erwiderung Frommel KJ 95, 226).

6 **II.** Daß das StGB grundsätzlich (gewisse Widersprüche enthalten ua die §§ 21, 323 a) auf dem Schuldprinzip beruht, zeigen schon die gesetzlichen **Strafdrohungen,** die idR Strafrahmen sind und für den jeweiligen Deliktstypus durch die unterschiedliche Bestimmung der Mindest- und der Höchststrafe eine abstrakte Unrechts- und Schuldbewertung zum Ausdruck bringen (zusf Schütz Jura 95, 399, 402; krit zur übergroßen Weite der meisten Strafrahmen Zipf, Kriminalpolitik, S 99, 203; Streng, Strafzumessung und relative Gerechtigkeit, 1984, S 293, beide mwN). Als Voraussetzung für die abschließende Strafzumessung ist zunächst, und zwar in jedem Falle (Schleswig NStZ 86, 511), der für die konkrete Tat anwendbare, also auch der für besonders schwere oder minder schwere Fälle vorgesehene (hM; vgl NStZ 83, 407; anders Zipf, Die Strafmaßrevision, 1969, S 28), Strafrahmen zu ermitteln. IdR ergibt er sich unmittelbar aus dem jeweils anwendbaren Strafgesetz, das allerdings häufig eine nach pflichtmäßigem Ermessen (vgl 50) auszuübende Wahlmöglichkeit zwischen mehreren Strafrahmen eröffnet, zB zwischen lebenslanger und zeitiger Freiheitsstrafe (NStZ 94, 485) oder zwischen Freiheitsstrafe und Geldstrafe (2 zu § 40). Er kann auch durch Vorschriften des AT (zB Strafmilderung bei unechtem Unterlassen, § 13 II, Versuch, § 23 II, und Beihilfe, § 27 II S 2) modifiziert sein.

7 **1.** Zur Vermeidung unangemessen weiter Strafrahmen bildet das Gesetz für denselben Deliktstypus häufig verschiedene Wertstufen, und zwar entweder dadurch, daß es den Regelstrafrahmen bei Hinzutreten bestimmt beschriebener Merkmale durch einen verschärften oder gemilderten Strafrahmen ergänzt (sog **benannte Strafänderungen,** zB § 223 a), oder dadurch, daß es ohne tatbestandliche Ausformung (sog **unbenannte Strafänderungen**) in **„besonders schweren“** (zB §§ 212 II, 263 III) oder **„minder schweren“** (zB §§ 224 II, 249 II) Fällen die Bestrafung aus einem höheren oder geringeren Strafrahmen vorsieht. – Umstände, auf denen eine benannte Strafänderung beruht, sind gewöhnliche Tatbestandsmerkmale (hM). Die unbenannten Strafänderungen sieht die Rspr dagegen als bloße **Strafzumessungsregeln** an (stRspr; vgl etwa BGHSt 2, 181; 3, 47; 4, 226), die voraussetzen, daß die Tat im ganzen unter Berücksichtigung auch der Täterpersönlichkeit – namentlich im Hinblick auf die Schwere des angerichteten Schadens (wistra 95, 188), die Hartnäckigkeit und Stärke des verbrecherischen Willens und die besondere Gefährlichkeit der an-

gewendeten Mittel – so sehr von den erfahrungsgemäß gewöhnlich vorkommenden und deshalb vom Gesetz für den Spielraum des ordentlichen Strafrahmens schon bedachten Fällen an Strafwürdigkeit abweicht, daß der ordentliche Strafrahmen unangemessen erscheint (stRspr; vgl BGHSt 29, 319 mwN). Diese Formel hat mit Recht im Schrifttum vielfältige Kritik erfahren, die zum Teil in ausgearbeitete, hier nicht im einzelnen zu erörternde – Lösungsmodelle zur wenigstens partiellen Überwindung der mit der Rspr verbundenen Unbestimmtheit und inneren Widersprüchlichkeit einmündet (vgl etwa Wahle GA 69, 161; Zipf aaO [vgl 6] S 28; Callies JZ 75, 112; Hettinger, Das Doppelverwertungsverbot bei strafrahmenbildenden Umständen, 1982, S 217; Timpe, Strafmilderungen des Allgemeinen Teils des StGB und das Doppelverwertungsverbot, 1983, S 64; Montenbruck, Strafrahmen und Strafzumessung, 1983, S 50, 67, 93 und NStZ 87, 311; Maiwald NStZ 84, 433; Frisch/Bergmann JZ 90, 944; Horn, Kaufmann [Arm]-GedSchr, S 573, 579 und SK 56–61 und 65–66 b; Grasnick JZ 92, 260; speziell zum minder schweren Fall des Totschlags auch Maatz, Salger-FS, S 91).

a) Im **früheren Recht** hat es neben den besonders schweren und minder schweren Fällen noch weitere unbenannte Strafänderungen gegeben, namentlich die „schweren Fälle" (zB § 267 III aF) und die „mildernden Umstände" (zB § 249 II aF). Dementsprechend hat die Rspr zwischen den verschiedenen Schärfungs- und Milderungsgründen auch geringfügige Unterschiede gemacht. Es war das erklärte Ziel der Reduzierung auf nur noch eine nach oben und eine nach unten abweichende Stufe, solche Unterschiede zu beseitigen und die Bestrafung aus dem geschärften oder gemilderten Strafrahmen bei Fehlen einer tatbestandlichen Umschreibung einem einheitlichen Maßstab zu unterwerfen; dabei wurde vorausgesetzt, daß die Beschränkung auf minder schwere Fälle keine Verschärfung bedeutet, daß vielmehr überall da, wo mildernde Umstände oder andere jetzt nicht mehr vorgesehene Strafmilderungsgründe vorgelegen haben, künftig ein minder schwerer Fall anzunehmen ist (BGHSt 26, 97 mit krit Anm Zipf JR 76, 24; Sturm JZ 75, 6, 8; Horstkotte, Dreher-FS, S 265, 267; krit Hettinger, 140 Jahre GA, S 77, der in einem historischen Überblick zutreffend herausarbeitet, daß die Strafdrohungen des Besonderen Teils an diese dreistufige Wertgruppenbildung niemals sinnvoll angepaßt worden sind; diesen Einwand relativierend Montenbruck, Triffterer-FS, S 649; beachte dazu auch unten 48). 8

b) Nach der **Rechtsprechung** (zur Kritik vgl 7) sind nur einzelne strafschärfende oder -mildernde Umstände, wie etwa die ungewöhnliche Schwere oder Geringfügigkeit des angerichteten Schadens (NStZ 84, 413; StV 96, 34) oder die erheblich verminderte Schuldfähigkeit des Täters, allein keine zureichende Grundlage für eine unbenannte Strafänderung. Es bedarf vielmehr einer die unrechts- und schuldrelevante Vorgeschichte einbeziehenden (JR 86, 75 mit krit Anm Timpe) **Wür-** 9

digung der Tat und der Täterpersönlichkeit im ganzen (BGHSt 28, 318, 319; NStZ 91, 529; StV 94, 17; NStZ-RR 96, 133; Frankfurt StV 94, 131; s auch Eser JZ 81, 821 mwN), bei der dann allerdings auch ein einziger Milderungsgrund den Ausschlag geben kann (NStZ 86, 117; NStZ-RR 96, 228; krit Hettinger JZ 82, 849, 852). Für den Übergang zum minder schweren Fall sind nicht nur die der Tat vorausgehenden oder sie begleitenden Umstände, zB das Zusammentreffen mit anderen Gesetzesverletzungen (NStZ 89, 72) oder das Fehlen oder Vorliegen von Vorstrafen (bei Holtz MDR 90, 97), zu berücksichtigen; auch der Tat nachfolgende Umstände können zu Buch schlagen, soweit sie für das Tat- und Täterbild im ganzen relevant sind (StV 89, 152; s auch 40–44); lediglich den Schuldspruch begründende Umstände als solche scheiden nach dem Grundgedanken des Abs 3 aus (NStZ-RR 96, 228; Jena NStZ-RR 96, 294). Außerdem gehört der drohende Verlust einer Amts- oder vergleichbaren Berufstellung (vgl 36 a) nicht hierher, weil er lediglich eine mittelbare, das Tatbild nicht berührende Bestrafungsfolge ist und daher nur bei der konkreten Strafzumessung als präventionsrelevant im Sinne des Abs 1 S 2 zu Buch schlagen kann (Streng NStZ 88, 485; Nicolaus, Die Berücksichtigung mittelbarer Straftatfolgen bei der Strafzumessung, 1992, S 103; aM BGHSt 35, 148; NStZ 96, 539; Frankfurt StV 94, 131; Jena aaO; Schäfer, Tröndle-FS, S 395, alle mwN; zw). – Zur Wahrung des Grundsatzes der Verhältnismäßigkeit kommt in Frage, daß bei Regelstrafrahmen mit besonders hohen Mindeststrafen der Übergang zum gemilderten Strafrahmen schon früher erfolgt, als dies bei anders strukturierten Tatbeständen mit geringeren Regelmindeststrafen begründbar wäre (NJW 96, 2316 mwN). – Zu dem hier einschlägigen Grundsatz in dubio pro reo beachte 32.

10 aa) Die **Einordnung** in den einen oder anderen Strafrahmen ist Aufgabe tatrichterlicher Würdigung und daher nur begrenzt nachprüfbar (NStZ 84, 359 mit Anm Zipf; NStZ 91, 529; die BGH-Rspr zusf Kalf NJW 96, 1447).

10 a bb) Da die unbenannten Strafänderungen nur die **Ermittlung des Strafrahmens** betreffen, lassen sie die Strafzumessung ieS unberührt. Das **Verbot der Doppelverwertung von Tatbestandsmerkmalen** (Abs 3) versperrt hier nur die Möglichkeit, den abstrakten Gesichtspunkt, daß es sich um einen besonders schweren oder minder schweren Fall handelt, zu Buch schlagen zu lassen (NJW 89, 3230 mwN; s auch 45, 46). Im übrigen ist es aber zulässig, uU sogar geboten (StV 84, 151), Umstände, die zuvor schon zur Ermittlung des Strafrahmens beigetragen haben, in die abschließende Gesamtwürdigung (vgl 47) einzubeziehen (StV 91, 346; s auch 10 zu § 49).

11 **2.** Zwischen den benannten und unbenannten Strafänderungen gibt es **Mischformen,** in denen beide Methoden der Wertstufenbildung kombiniert werden. Das gilt seit langem für die Fälle, in denen ausdrücklich benannte Änderungsgründe als Beispiele für eine im übrigen unbenannte Strafänderung verwendet werden (zB §§ 129 IV, 213, 241 a IV, 292 II, 293 II). Hier sind die Beispiele zwingend (Gribbohm LK 22 vor § 46) und daher gewöhnliche Tatbestandsmerkmale (4 zu § 12). – In jüngeren Gesetzen ist daneben die Methode der Exemplifizierung besonders schwerer Fälle durch sog **Regelbeispiele** getreten (zB in § 243). Diese sind keine Tatbestandsmerkmale, sondern nur Elemente der Strafzumessungsregel (vgl 7) des besonders schweren Falls (hM; vgl BGHSt 23, 254, 256; 26, 104; 33, 370, 373, alle mwN; anders Kindhäuser, Triffterer-FS, S 123, der das Regelbeispiel als unselbständigen Qualifikationstatbestand deutet, der zusammen mit dem Grundtatbestand einen Gesamttatbestand bildet und deshalb Tatbestandsmerkmale enthält). Sie zwingen den Richter nicht zur Annahme eines besonders schweren Falles, hindern ihn aber auch nicht (Stuttgart NJW 82, 1659). Vielmehr soll die Gesamtheit der Regelbeispiele nur einen konkreten Hinweis geben, welchen ungefähren Schweregrad das Gesetz für die Strafrahmenverschiebung zugrundelegt. Außerdem bedarf, wenn die Voraussetzungen eines Regelbeispiels erfüllt sind, die Annahme eines besonders schweren Falles idR (beachte 13) keiner näheren Begründung; dem Richter obliegt dann nur die Prüfung, ob die generelle gesetzliche Bewertung durch Umstände erschüttert wird, die im Einzelfall Unrecht, Schuld oder Strafwürdigkeit wesentlich mindern (zur dogmatischen, nicht widerspruchsfrei lösbaren Problematik vgl die Nachw unter 7; s auch Fabry NJW 86, 15; speziell zu § 243 Wessels, Maurach-FS, S 295; Arzt JuS 72, 385, 515; Blei, Heinitz-FS, S 419; Zipf, Dreher-FS, S 389; Schmitt, Tröndle-FS, S 313; Kindhäuser aaO; zur Verfassungsmäßigkeit der Regelbeispielstechnik BVerfGE 45, 363; krit Maiwald, Gallas-FS, S 137). Im einzelnen:

a) Die **Voraussetzungen der Regelbeispiele** sind nach den allgemeinen Auslegungsgrundsätzen festzustellen und in der Revision nachprüfbar. Vor allem ist, wenn sich aus der anwendbaren Vorschrift nichts anderes ergibt, Vorsatz erforderlich (BGHSt 26, 244). **12**

b) aa) Ist die **Tat vollendet und sind die Voraussetzungen eines Regelbeispiels erfüllt,** so ist idR ein besonders schwerer Fall anzunehmen (sog Indizwirkung des Regelbeispiels; zusf Wessels, Lackner-FS, S 423). Das gilt nur dann nicht, wenn besondere Umstände, die in der Tat oder der Persönlichkeit des Täters liegen (2 zu § 47), das Unrecht, die Schuld (dazu NStZ 83, 268) oder die Strafwürdigkeit (str) gegenüber dem Durchschnittsfall des Regelbeispiels (dazu Arzt JuS 72, 385, 389) so wesentlich mindern, daß bei Bewertung aller entlastenden und belastenden Umstände die Zuordnung der Tat zu der höheren Strafrahmenstufe unangemessen wäre (NStZ 82, 425 und 84, 27, beide mwN). Ob das zutrifft, unterliegt tatrichterlicher Würdigung (NJW 87, 2450; Karlsruhe NJW 78, 1697, 1699; beachte auch StV 94, 314) und bedarf ausdrücklicher Begründung, wenn nach dem Sachverhalt das Vorliegen solcher Umstände naheliegt (NJW 89, 1680; NStZ-RR 96, 33; die BGH-Rspr zusf Kalf NJW 96, 1447). In Frage kommt nament- **13**

lich, daß die Rechtsgutsverletzung nur geringen Schaden angerichtet hat (beachte auch § 243 II), daß gerade die Gründe nicht vorliegen, die zur Typisierung des Regelbeispiels geführt haben, oder daß der Täter Opfer tatprovozierenden Verhaltens eines Lockspitzels geworden ist (BGHSt 32, 345, 355).

13 a bb) Sieht das Gesetz neben dem Regelstrafrahmen **sowohl für besonders schwere wie auch für minder schwere Fälle** Sonderstrafrahmen vor (zB § 176 I, III), so kommt bei Erfüllung eines Regelbeispiels die Annahme eines minder schweren Falles, dh eine doppelte Strafrahmenmilderung, nur bei Vorliegen außergewöhnlicher Umstände in Frage (Bay NJW 91, 1275 mit Anm Grasnick JZ 92, 260; beachte auch 17).

14 **c)** Ist die **Tat vollendet, sind aber die Voraussetzungen eines Regelbeispiels nicht erfüllt,** so ist die Annahme eines besonders schweren Falles nicht unbedingt ausgeschlossen (hM; anders Calliess JZ 75, 112, 117). Er darf jedoch nur bejaht werden, wenn die gebotene (GA 78, 242) und in Zweifelsfällen näher zu begründende (BGHSt 28, 318 mit Bespr Bruns JR 79, 353) Gesamtwürdigung (StV 85, 272) ergibt, daß die Anwendung lediglich des Regelstrafrahmens unangemessen wäre (BGHSt 29, 319; Köln NStZ 91, 585). Dabei dienen die Regelbeispiele als allgemeiner Maßstab. Sie bilden ihrerseits Typen von Taten, die für den Tatbestand kennzeichnende schwere Begehungsformen beschreiben und bei denen schon nach der Bewertung des Gesetzes regelmäßig eine wesentliche Erhöhung von Unrecht und Schuld vorliegt. Wo zwar ein Regelbeispiel nicht erfüllt ist, aber einer der Schärfungsgründe, die in ihm Ausdruck gefunden haben, der Art oder dem Gewicht nach (dazu NJW 90, 1489) in gleichwertiger Weise zutrifft, liegt die Annahme eines besonders schweren Falles nahe (Stuttgart NStZ 85, 76 mit Bespr Dölling JuS 86, 688; Bay JR 87, 466 mit Anm Dölling; ähnlich Wessels, Maurach-FS, S 295, 303; Montenbruck aaO [vgl 7] S 95; einschr Arzt JuS 72, 385, 390, 545; Kadel JR 85, 386; krit Maiwald NStZ 84, 433, 438, alle mwN). Jedoch kann uU auch die verschuldete Anrichtung eines besonders großen Schadens im Hinblick auf die damit verbundene Erhöhung schon des Unrechts (BGHSt 29, 319 mit Anm Bruns JR 81, 335; NStZ 83, 455; krit Wessels aaO S 304; Otto JZ 85, 21, 24) und wiederholte Begehung im Hinblick auf die Erhöhung der Schuld genügen; umgekehrt kann Mitverschulden des Opfers für die Anwendung des Regelstrafrahmens ausschlaggebend sein (LG Gera NStZ-RR 96, 167). – Ein besonders schwerer Fall kommt auch in Frage, wenn bei vollendeter Tat die Verwirklichung des Regelbeispiels nur versucht worden ist, wie zB im Fall BGHSt 10, 230 (v Löbbecke MDR 73, 374; aM Arzt aaO S 517); hier kommt es darauf an, ob die Gefährlichkeit der Tathandlung und die kriminelle Intensität trotz objektiven Fehlens des Erschwerungsgrundes Unrecht und Schuld wesentlich erhöht haben (hM; anders Zipf JR 81, 119, 121).

15 **d)** Auch der **Versuch der Tat** kann, wenn er mit Strafe bedroht ist (§ 23 I), als besonders schwerer Fall der Strafschärfung unterliegen (hM;

anders Calliess JZ 75, 112, 118; Degener, Stree/Wessels-FS, S 305; krit Arzt StV 85, 104). Die unter 13, 14 dargelegten Grundsätze gelten sinngemäß (zusf Sternberg-Lieben Jura 86, 183). Jedoch tritt die Indizwirkung – ebenso wie bei vollendeter Tat (vgl 13) – nur ein, wenn das Regelbeispiel verwirklicht wurde (Düsseldorf NJW 83, 2712; Wessels, Lackner-FS, S 423, 430; Otto JZ 93, 559, 565; Zopfs GA 95, 320, 322; aM BGHSt 33, 370 mit Bespr Küper JZ 86, 518 und Schäfer JR 86, 522; Laubenthal JZ 87, 1065, 1069; Kindhäuser aaO [vgl 11] S 130; diff NStZ 95, 339 mit Anm Wolters, alle mwN; zw); wurde es nur versucht, so ist die Annahme eines unbenannten besonders schweren Falles (vgl 14) zu erwägen (Bay NJW 80, 2207). – Auch für den Strafrahmen der versuchten Tat in einem besonders schweren Fall gilt die **fakultative Strafmilderung** nach § 23 II; der Richter kann daher die Mindeststrafe des geschärften Rahmens in den Grenzen des § 49 I Nr 3 unterschreiten (Köln MDR 73, 779; Wessels, Maurach-FS, S 295, 307; Zipf, Dreher-FS, S 389, 392; Sternberg-Lieben aaO S 186; aM Dreher MDR 74, 57; zw). – Ob die Merkmale eines Regelbeispiels als solche zur **Abgrenzung des Versuchs von der Vorbereitungshandlung** herangezogen werden dürfen, ist umstritten. Dagegen spricht die Rechtsnatur der besonders schweren Fälle als bloße Strafzumessungsregeln (Wessels aaO S 305; Stree, Peters-FS, S 179, 181; Sternberg-Lieben aaO S 185; Gössel, Tröndle-FS, S 357, alle mwN). Andererseits typisieren sie aber rechtlich relevante, gegenüber dem jeweiligen Tatbestand spezialisierte Taten, die das Gesetz im ganzen richterlicher Bewertung unterwirft, so daß es vertretbar ist, sie nicht anders als Qualifikationsmerkmale zu behandeln (Hamm MDR 76, 155 mit abl Anm Hillenkamp MDR 77, 242). Die Frage ist allerdings kaum jemals entscheidungserheblich, weil eine schematische Vorverlegung des Versuchsbeginns auf das unmittelbare Ansetzen zur Verwirklichung eines straferhöhenden Umstandes mit Recht überwiegend abgelehnt wird (10 zu § 22).

e) Ob **Teilnahme** (Anstiftung oder Beihilfe) an der Tat ein besonders schwerer Fall ist, bestimmt sich – unter Berücksichtigung allerdings auch der Haupttat – nach dem Tatbeitrag des Teilnehmers, der selbständig zu würdigen ist (BGHSt 29, 239, 244; StV 92, 372 und 96, 87; eingehend Bruns GA 88, 339; Horn, Kaufmann [Arm]-GedSchr, S 573, 592; beachte auch 22 vor § 52). Für besondere persönliche Merkmale in den Regelbeispielen ist vom Grundgedanken des § 28 II auszugehen (hM; anders Bruns aaO S 350; Gössel, Tröndle-FS, S 357, 366; zw). Im übrigen hängt aber das Ergebnis der Gesamtwürdigung (vgl 7) entscheidend vom Umfang und Gewicht des Teilnehmerbeitrags und der daraus abzuleitenden Schuld ab (NJW 83, 54; NStZ 83, 217; beachte auch 2 zu § 29). 16

f) Liegt ein **besonderer gesetzlicher Milderungsgrund** (§ 49) vor, so kann das Anlaß geben, ihn schon bei der Frage zu berücksichtigen, ob ein besonders schwerer Fall in Frage kommt, und diesen uU zu 17 verneinen (NJW 86, 1699; NStZ 86, 368; Wessels, Maurach-FS, S 295, 302; aM Braunsteffer NJW 76, 736; Horn, Kaufmann [Arm]-GedSchr, S 573, 591; zw). Nach dem Grundgedanken des § 50 (Verbot der Doppelverwertung von Milderungsgründen) ist jedoch eine Doppelmilderung in dem Sinne, daß sowohl von der Annahme eines besonders schweren Falles abgesehen und das Mindestmaß des Regelstrafrahmens unterschritten wird, nicht zulässig (BGH aaO mwN).

18 **g)** Da die Regelbeispiele nur Elemente einer Strafzumessungsregel sind (vgl 11), gibt es im Verhältnis zu den Tatbeständen, auf denen sie aufbauen, **keine Konkurrenz** (StV 96, 94); der Richter hat bei vollendeter oder versuchter Verwirklichung des Regelbeispiels lediglich zu beurteilen, ob die Tat den erforderlichen Schweregrad erreicht und deshalb aus dem geschärften Strafrahmen zu ahnden ist.

19 **h)** Trägt eine Handlung, welche die Voraussetzungen eines Regelbeispiels erfüllt, zugleich zur Verwirklichung eines anderen Tatbestandes bei, so führt das idR zu **Tateinheit** (oder Gesetzeseinheit), weil auch die spezielle Typisierung der Tat, die in dem Regelbeispiel zum Ausdruck kommt, einen hinreichenden Grund bildet, das Gesamtgeschehen zu einer Bewertungseinheit zusammenzufassen (10 vor § 52).

20 **i)** Zwischen mehreren Regelbeispielen, die zum selben Tatbestand gehören, ist **Wahlfeststellung** (14 zu § 1) möglich (str).

21 **k)** Im **Urteilsspruch** die Tat als besonders schweren Fall zu kennzeichnen, ist nicht erforderlich, weil nach § 260 IV S 1, 2 StPO nur benannte Strafänderungen (vgl 7) für die rechtliche Bezeichnung der Tat im Tenor relevant sind (BGHSt 27, 287 mwN). Umgekehrt ist eine solche Kennzeichnung aber auch kein Rechtsfehler (NJW 70, 2120 und 77, 1830; bei Dallinger MDR 75, 543; krit Schmitt, Tröndle-FS, S 313, 315), wenn sie auch der Tendenz der Rspr zuwiderläuft, den Tenor möglichst von allem Unwesentlichen zu entlasten (BGHSt 23, 254; Granderath MDR 84, 988 mwN). – Bei Beschränkung eines Rechtsmittels auf die Straffrage sind auch die Regelbeispielsvoraussetzungen nachzuprüfen, es sei denn, daß diese – was häufig zutreffen wird – als sog doppelrelevante Tatsachen schon dem Schuldspruch zugrundeliegen (BGHSt 29, 359 mwN; str).

22 **III. Abs 1** betrifft die **Strafzumessung ieS,** dh die Ermittlung der Strafhöhe innerhalb des anwendbaren Strafrahmens. Der Bestrafungsvorgang im ganzen erschöpft sich darin nicht. Er umfaßt vielmehr auch die Ermittlung des anwendbaren Strafrahmens, die Bestimmung der Strafart, bei der nur ausnahmsweise ein Wahlrecht nach Ermessen besteht (beachte namentlich § 47), und die Entscheidungen über Strafaussetzung (§§ 56 ff), Verwarnung mit Strafvorbehalt (§§ 59 ff) oder Absehen von Strafe (zB § 60). Alle diese Vorgänge und die Strafzumessung ieS werden meist unter dem Oberbegriff der Strafzumessung iwS (auch Strafbemessung) zusammengefaßt (zur systematischen Reihenfolge der hier erforderlichen Schritte Horn, Die strafrechtlichen Sanktionen,

1975 und Jura 80, 113; Günther JZ 89, 1025) und den Rechtsfolgevoraussetzungen gegenübergestellt (Gössel, Tröndle-FS, S 357).

1. Mit der Bestimmung des **Abs 1 S 1,** daß für die Strafzumessung ieS **die Schuld des Täters die Grundlage bildet,** wird das Schuldprinzip ausdrücklich im Gesetz verankert (vgl 1). Unter **Schuld** ist hier nicht die Strafbegründungsschuld (22 vor § 13) zu verstehen; Anknüpfungspunkt ist vielmehr das nach seiner Schwere abstufbare verschuldete Unrecht (Bruns, RStZ, S 145; krit Frisch ZStW 99, 349, 384; Montenbruck, Abwägung und Umwertung, 1989, S 68; Streng, Strafrechtliche Sanktionen, 1991, S 165; aus psychologischer Sicht auch Oswald GA 88, 147). – Die Vorschrift ist ein Kompromiß (Lackner, Gallas-FS, S 117, 128). Nach ihrem Wortsinn braucht die Schuld nur die Basis der Strafzumessung zu bilden; daß auch andere Strafzwecke mitwirken dürfen, ist damit eingeräumt. Ausgeschlossen ist nur, die Antinomie der Strafzwecke (vgl 3) in der Weise zu lösen, daß die Strafe aufhört, eine gerechte Antwort auf die schuldhafte Tat zu sein. In dieser Allgemeinheit ist das Schuldprinzip heute überwiegend anerkannt (BVerfGE 6, 389, 439; 73, 206, 253). Die weitere Konkretisierung seiner Grenzen hat das Gesetz Rspr und Lehre überlassen (zusf Horstkotte JZ 70, 122). 23

2. Die Rspr und ein Teil des Schrifttums haben bisher versucht, der Antinomie der Strafzwecke durch die sog **Spielraum- oder Rahmentheorie** gerecht zu werden. Diese wird durch Abs 1 S 1 nicht ausgeschlossen (Horstkotte aaO [vgl 23]). 24

a) Ihr liegt folgender **Gedankengang** zugrunde: aus Gründen der Gerechtigkeit und zum Schutz des Bürgers darf die Strafe das Maß der Schuld nicht überschreiten (BGHSt 7, 28, 32; GA 74, 78; ebenso BVerfGE 54, 100 mwN). Dieses Maß kann allenfalls theoretisch (krit Neumann, Spendel-FS, S 435), aber im Hinblick auf die Komplexität der Schuldbewertung, die ihr immanenten vielfältigen Abwägungen und die Unzulänglichkeit menschlicher Erkenntnis nicht praktisch so bestimmt angegeben werden, daß sich daraus eine feste Strafgröße ableiten ließe. Es ergibt sich vielmehr nur ein gegenüber dem gesetzlichen Strafrahmen wesentlich engerer Rahmen, innerhalb dessen die Strafe – schon oder noch – schuldangemessen ist (BGHSt 20, 264, 266). Dessen Grenzen sind allerdings ebenso wie die schuldangemessene Strafe selbst nicht exakt bestimmbar, sondern nur aufgrund der richterlichen Wertung, welche Strafgrößen nach allgemeinem Verständnis noch als gerechte Antwort auf die konkrete Tat erlebt werden können, in etwa faßbar (Bruns NJW 79, 289, 292; krit Dreher, Bruns-FS, S 141, 156). Unter diesem konkreten Schuldrahmen kann, da Gerechtigkeit nicht um ihrer selbst willen geübt wird, noch ein weiterer Bereich des Strafrahmens zur Verfügung stehen, wenn spezialpräventive Gründe es zwingend erfordern und die Verteidigung der Rechtsordnung es noch gestattet, hinter der schuldangemessenen Strafe zurückzubleiben (Horstkotte JZ 70, 122, 124; Roxin, Schultz-Festg, S 463, 473 und Bockelmann-FS, S 279, 304; Lackner, Über neue Entwicklungen in der

Strafzumessungslehre und ihre Bedeutung für die richterliche Praxis, 1978, S 23; Wolter GA 80, 81, 94; Frisch ZStW 99, 349, 367; Günther JZ 89, 1025, 1029; aM BGHSt 29, 319 mit Anm Bruns JR 81, 335; Gribbohm LK 12, 14, alle mwN; s auch Schaffstein, Gallas-FS, S 99, 105; Bruns, Welzel-FS, S 739, 746; Horn, Bruns-FS, S 165, 174; Müller-Dietz, Grundfragen des strafrechtlichen Sanktionensystems, 1979, S 29; Grasnick JA 90, 81, 87; zw). Der dadurch entstehende Spielraum ist vom Richter für die Verfolgung der anerkannten Strafzwecke auszunutzen (krit Neumann aaO S 443); deren Berücksichtigung in diesem Rahmen ist also nicht nur erlaubt, sondern substantieller Bestandteil der Strafzumessung (zusf zu den Grundsätzen der BGH-Rspr Theune StV 85, 162, 205; Schütz Jura 95, 399, 404).

25 **b)** Die Rahmentheorie ist ein **brauchbares,** allerdings nicht zwingend beweisbares **Modell** zur planmäßigen Einordnung und Abwägung der uU widerstreitenden Zumessungsgesichtspunkte, aber kein Allheilmittel zur Auflösung der Strafzweckantinomie (krit Streng, Strafrechtliche Sanktionen, 1991, S 183). In der Rspr wird sie nur unzureichend durchgeführt (krit Grasnick JA 90, 81, 83; s auch Meine NStZ 94, 159; Michel MDR 94, 341). Im Schrifttum ist sie umstritten (dafür ua Spendel, Zur Lehre vom Strafmaß, 1954, S 168, 176; Schaffstein aaO [vgl 24]; Zipf JuS 74, 137, 143 und ÖJZ 79, 179; Schöneborn GA 75, 272; Mösl DRiZ 79, 165; Gribbohm LK 17–20; im Ergebnis ebenso Grasnick, Über Schuld, Strafe und Sprache, 1987 und JA 90, 81, der von einem phänomenologischen Ansatz aus die Anerkennung des Schuldrahmens befürwortet; zusf Bruns, RStZ, S 105; mit näherer Konkretisierung und Beschränkung des Schuldrahmens auf seine limitierende Funktion Zipf, Die Strafmaßrevision, 1969, S 55).

25 a Die **Gegenpositionen** sind vielfältig. Zum Teil fordern sie dem Richter unter Einräumung lediglich eines revisionsrechtlich nicht nachprüfbaren Beurteilungsspielraums ab, eine genaue Entsprechung von Schuld und Strafe zu finden (sog Punktstrafe, Horn SK 8, 33–40) oder in einem gestaltenden sozialen Wertungsakt ohne Berücksichtigung präventiver Gesichtspunkte die schuldangemessene Strafe verantwortlich zu bestimmen (Henkel, Die „richtige" Strafe, 1969, S 33). Keinen inhaltlichen Gegensatz zur Spielraumtheorie bildet die Lehre, die den Strafzumessungsvorgang als einen gestaltenden sozialen Wertungsakt unter Einbeziehung auch der Prävention versteht (so Dreher JZ 67, 41 und 68, 209; ähnlich auch Frisch ZStW 99, 349, 361, 369); denn daß Strafzumessung nur in einem solchen wertenden Akt möglich ist, wird auch von den Anhängern der Spielraumtheorie nicht bestritten (Bruns NJW 79, 289). Dagegen reduziert die Theorie vom sog Schuldüberschreitungsverbot, die in §§ 2, 59 AE de lege ferenda vorgeschlagen wird, das Schuldprinzip auf seine nach oben begrenzende Funktion und orientiert die Strafzumessung selbst ausschließlich an den präventiven Gesichtspunkten der Wiedereingliederung des Täters und des Schutzes der Rechtsgüter (Schultz JZ 66, 115; Roxin ZStW 81, 613,

632 und JA 80, 545, 547; Stratenwerth, Tatschuld und Strafzumessung, 1972, S 26; methodisch ähnlich Rudolphi ZStW 86, 68, 76; krit Schöneborn ZStW 88, 349; Streng, Strafrechtliche Sanktionen, 1991, S 185 und in: IndividProg, S 99; krit neuerdings auch Stratenwerth aaO [Lehre von den Strafzwecken; vgl 2]). Auf ähnlicher Linie liegen mehrere – im Ansatz unterschiedliche – folgenorientierte Strafzumessungslehren, wie zB die schwerpunktmäßig generalpräventiv ausgerichtete Tatproportionalitätstheorie von Schünemann (in: Schünemann [Hrsg], Grundfragen des modernen Strafrechtssystems, 1984, S 153, 187 und in: Eser/Cornils, Neuere Tendenzen der Kriminalpolitik, 1987, S 209), ferner die soziologisch orientierte Theorie von Giehring (in: Pfeiffer/Oswald [Hrsg], Strafzumessung. Empirische Forschung und Strafrechtsdogmatik im Dialog, 1989, S 77). Zur Rahmentheorie ablehnend verhalten sich schließlich auch die an positive Generalprävention anknüpfenden funktionalen Vergeltungstheorien (vgl etwa Lesch JA 94, 590, 596; Jakobs AT 1/4–16; s auch 25 vor § 13). Im Anschluß an neuere ausländische Entwicklungen empfehlen v Hirsch/Jareborg, Strafmaß und Strafgerechtigkeit, 1991, eine völlige Abkehr von general- und spezialpräventiver Fundierung der Strafe und eine Anknüpfung ausschließlich an das Maß des jeweils verschuldeten Tatunrechts. Insgesamt erkennen aber die abweichenden Ansichten überwiegend die Garantiefunktion des Schuldprinzips an (zusf zu den älteren Modellen Lackner, Gallas-FS, S 117; Müller-Dietz, in: Wadle [Hrsg], Recht und Gesetz im Dialog, 1982, S 43, 56; krit zur Unfähigkeit aller Modelle, hinreichende Gleichmäßigkeit der Strafzumessung in der Praxis zu gewährleisten, Streng, Strafzumessung und relative Gerechtigkeit, 1984, S 1 und Heidelberg-FS, S 501).

3. Die **Präventionszwecke,** die innerhalb des konkreten Schuldrahmens zu berücksichtigen sind, bestehen darin, den Täter von Straftaten abzuhalten, ihn in die Gemeinschaft wieder einzugliedern, die Allgemeinheit vor ihm zu sichern (Spezialprävention) oder Dritte von der Begehung von Straftaten abzuhalten (Generalprävention). 26

a) Daß jedenfalls der Teilaspekt der **Spezialprävention,** den Täter zu resozialisieren oder seine Entsozialisierung tunlichst zu vermeiden (dazu BGHSt 24, 40), für die Strafzumessung ieS unmittelbar bedeutsam ist, wird durch **Abs 1 S 2** ausdrücklich bestätigt (hM; vgl ua NStZ 87, 550; wistra 90, 98; StV 95, 296; Blau MschrKrim 77, 329; zu eng Koblenz VRS 44, 181; krit Hassemer, Coing-FS, S 493, 518; Müller-Dietz, Spendel-FS, S 413). Die Vorschrift läßt also auch bei der Strafhöhenbemessung die Berücksichtigung spezialpräventiver Gründe zu (str), jedenfalls soweit sie sich strafmildernd auswirken (hM). Ihre Heranziehung auch zur Strafschärfung kommt dagegen nur in Ausnahmefällen in Frage, weil für eine weite Grauzone aus den ungesicherten empirischen Grundlagen kein hinreichend umsetzbarer Maßstab ableitbar ist (Strafschärfung ganz abl Grasnick JA 90, 81, 87; zu Forschungsperspektiven zur Verbesserung spezialpräventiver Strategien bei Gewaltde- 27 likten Meier JZ 95, 433). Gegenüber dieser differenzierenden Bewertung wird im Schrifttum zu Unrecht vereinzelt angenommen, daß die Strafhöhe ausschließlich von Schulderwägungen getragen werde, während die Präventionszwecke nur in anderen Stadien des Bestrafungsvorgangs (bei der Wahl der Strafart, der Strafaussetzung, der Verwarnung mit Strafvorbehalt und dem Absehen von Strafe) verfolgt werden dürften (sog Stellenwert- oder Stufentheorie, Horn, Schaffstein-FS, S 241, Bruns-FS, S 165 und SK 33–40; mit Einschränkungen auch Grasnick aaO S 87; krit Bruns ZStW 92, 724; Schaffstein, Würtenberger-FS, S 449, 451; abl Roxin, Bruns-FS, S 183; Lackner aaO [vgl 24] S 10; Müller-Dietz aaO [vgl 24] S 28; Schreiber NStZ 81, 338).

28 **b)** Ob für die Strafhöhe auch **generalpräventive Gesichtspunkte** mitbestimmend sein dürfen, ist umstritten. Die Meinungsverschiedenheiten hängen nicht nur mit dem Grundlagenstreit über die Strafzwecke zusammen, sondern auch damit, daß die empirischen Fragen der Generalprävention, dh Art und Grad der Wirkungen, die vom Bestehen und von der Durchsetzung des Strafrechts auf das Verhalten der Menschen ausgehen, weitgehend ungeklärt und auch nur in engen Grenzen durch kriminologische Forschung aufklärbar sind (vgl etwa Schumann, Positive Generalprävention, 1989, S 26; Dölling ZStW 102, 1; Bönitz, Strafgesetze und Verhaltenssteuerung, 1991; Bock JuS 94, 89, alle mwN; s auch 29). Hinzu kommt, daß sich in der jahrzehntelangen Diskussion das Verständnis vom Begriff der Generalprävention gewandelt hat. Es geht jetzt nicht mehr in erster Linie um negative Generalprävention (sog **Abschreckungsgeneralprävention**), dh den Zweck, Dritte von der Begehung von Straftaten abzuhalten (Allgemeinabschreckung), sondern vornehmlich um positive Generalprävention (sog **Integrationsgeneralprävention**), dh die Funktion der Normbekräftigung im Sinne der Stabilisierung des allgemeinen Wertbewußtseins in der Bevölkerung durch eine gerechte und gleichmäßige Strafrechtspflege (vgl die Nachw unter 25 vor § 13; s auch Roxin, Bockelmann-FS, S 279, 304; Schünemann GA 86, 293, 349; Hassemer JuS 87, 257; Hart-Hönig, Gerechte und zweckmäßige Strafzumessung, 1992; Baurmann GA 94, 368; Streng, in: Lampe [Hrsg], Rechtsgleichheit und Rechtspluralismus, 1995, S 279; krit Luzón GA 84, 395; Wolff ZStW 97, 786; v Hirsch/Jareborg aaO [vgl 25 a] S 9; Bock ZStW 103, 636; Hörnle/v Hirsch GA 95, 261; zusf Müller-Dietz aaO [vgl 24] S 40; Neumann/Schroth, Neuere Theorien von Kriminalität und Strafe, 1980, S 33, alle mwN). Sie wird vereinzelt – allerdings zu Unrecht – als Element oder Funktion schon des Schuldbegriffs verstanden (25 vor § 13), hat jedenfalls aber für die Strafzumessung eine differenziertere Bedeutung als die reine Allgemeinabschreckung. Daher ist zu unterscheiden:

29 aa) Eine Strafschärfung zur **Allgemeinabschreckung** hält die **Rechtsprechung** innerhalb des konkreten Schuldrahmens (vgl 24) für zulässig (BGHSt 28, 318, 326; NStZ 95, 77, beide mwN), und zwar auch bei Fahrlässigkeitstaten (bei Holtz MDR 80, 813). Einschränkend

erkennt sie jedoch an, daß eine schwerere als die sonst verdiente Strafe nur gerechtfertigt werden kann, wenn die Tat die Gefahr der Nachahmung begründet hat (GA 86, 509), wenn bereits eine gemeinschaftsgefährliche Zunahme solcher oder ähnlicher Straftaten, wie sie zur Aburteilung stehen, zu verzeichnen ist (BGHSt 17, 321, 324; NStZ 92, 275; StV 94, 424; Düsseldorf StV 92, 232; krit Foth NStZ 90, 219; probl NStZ 96, 79, alle mwN), oder wenn festzustellen ist, daß Praktiken organisierter Kriminalität auf das Inland übergegriffen haben (wistra 92, 212; diff Streng JZ 93, 109, 114). – Im **Schrifttum** wird diese Form der Strafschärfung überwiegend, allerdings mit unterschiedlicher Begründung, abgelehnt (zusf Kausch JA 83, 283): teils mit dem auf Kant zurückgehenden Argument, daß der Täter nicht als Mittel zur Erreichung eines außerhalb seiner selbst liegenden Zwecks benutzt werden dürfe (Warda, Dogmatische Grundlagen des richterlichen Ermessens, 1962, S 167; Badura JZ 64, 337; Köhler JZ 82, 772; Wolff ZStW 97, 786), teils mit Erwägungen, die sich auf § 46 I stützen (Roxin, Schultz-Festg, S 463, 469 und Bruns-FS, S 183, 196), und teils auch mit dem Hinweis, daß generalpräventiv motivierte Strafschärfung wegen der ungesicherten empirischen Grundlagen nicht legitimiert sei (Hassemer, in: Hassemer ua, Hauptprobleme der Generalprävention, 1979, S 29; Wolfslast NStZ 82, 112; Frisch ZStW 99, 349, 370; s auch Schöch, Jescheck-FS, S 1081).

bb) Die Schwerpunktverlagerung auf die **Integrationsprävention** 30
(vgl 28) hat das Meinungsbild nicht unwesentlich verändert und zu differenzierteren Auffassungen im Schrifttum geführt (vgl etwa Horstkotte JZ 70, 122, 124; Lange ZStW 95, 606, 607; Schmidhäuser AT 20/67). Der Gedanke der Normstabilisierung hat – unabhängig von den Bestrebungen, ihn zur Grundlage eines veränderten Schuldbegriffs zu machen (dazu 25 vor § 13) – zahlreiche neue Gesichtspunkte ins Blickfeld treten lassen. So wird er zB für eine zweckorientierte Erklärung des Vergeltungs- (bzw Schuldausgleichs-) Prinzips herangezogen (Ebert, in: Krummacher [Hrsg], Geisteswissenschaften – wozu?, 1988, S 35). Ferner hat er zu den Fragestellungen geführt, ob bei dem unbestrittenen Mangel an empirischem Wissen die durchgängige Verhängung möglichst schuldangemessener Strafen nicht am ehesten geeignet ist, Normstabilisierung zu erreichen (Müller-Dietz, Jescheck-FS, S 813; krit Mir Puig ZStW 102, 914, 925) oder ob umgekehrt nicht die den durchschnittlichen Erwartungen der rechtstreuen Bürger entsprechende staatliche Reaktion als die jeweils gerechte Strafe erscheint (Streng ZStW 101, 273 und in: Lampe aaO [vgl 28] S 279, 281; krit Hörnle/v Hirsch GA 95, 261, 264). Das provoziert die weitere Überlegung, ob die positive Generalprävention nicht als übergreifender Strafzweck die übrigen präventiven Zwecke weitgehend in sich aufnehmen und zugleich begrenzen kann (Streng aaO [ZStW] S 328). Schließlich kommen auch zahlreiche schuldunabhängige Bewertungsfaktoren ins Spiel, etwa das Interesse an der Erhaltung des Rechtsfriedens (Müller-Dietz GA 83, 481), die Genugtuung für den Verletzten durch Wiedergutmachung (3

vor § 38) und die Möglichkeit der Strafmilderung unter dem Gesichtspunkt, daß ein nicht Tatbereiter durch polizeiliche Lockspitzel in Schuld und Strafe verstrickt wurde (probl NStZ 86, 162 mit Bespr Puppe NStZ 86, 404 und Bruns MDR 87, 177; s auch bei Holtz MDR 88, 626; bei Schmidt MDR 89, 1036; NStZ 92, 275, 94, 335 und 95, 506; StV 95, 131 und 247).

31 **c)** Zu dem **Spannungsverhältnis** zwischen den materiell-rechtlichen Strafzwecken und dem spezialpräventiv ausgerichteten **Vollzugsziel** (§ 2 S 1 StVollzG) vgl neben der vollzugsrechtlichen Spezialliteratur ua BVerfGE 64, 261 mit krit Bespr Dürholt, Mahrenholz-FS, S 797; Kaufmann (Arth), StrR, S 53; Müller-Dietz, Strafzwecke und Vollzugsziel, 1973; Haffke MschrKrim 75, 40; Bemmann, Bockelmann-FS, S 891; Benda, Faller-FS, S 307; Arloth GA 88, 403.

32 **IV.** Für die Ermittlung des **Maßes der Schuld** und der präventiven Erfordernisse zählt **Abs 2** beispielhaft Umstände auf, die überwiegend ambivalent formuliert sind, dh je nach Lage des Falles schärfend oder mildernd ins Gewicht fallen können. Die richterliche Aufgabe besteht darin, die sog **Strafzumessungstatsachen** (realen Strafzumessungsgründe), dh alle erkennbaren schuld- oder präventionsrelevanten Umstände, nach den Regeln des Strafprozeßrechts (NStZ 91, 182 mwN), also auch unter Beachtung des Grundsatzes in dubio pro reo (StV 88, 328; s auch NStZ 87, 70; StV 90, 9 und 96, 26), zu ermitteln und in den sog **Strafzumessungserwägungen** (logischen Strafzumessungsgründen) jeweils ihr Gewicht und ihre schärfende oder mildernde Wirkung (Bewertungsrichtung) für die abschließende Abwägung und Umwertung in ein bestimmtes Strafmaß (vgl 47–49) festzulegen (expl NJW 87, 2685; s auch Günther JZ 89, 1025 und Göppinger-FS, S 453; Montenbruck aaO [vgl 23] S 22; Grasnick JA 90, 81; Schall/Schirrmacher Jura 92, 514, 624; Schütz Jura 95, 399, 404; abl Frisch, 140 Jahre GA, S 1, der den Strafzumessungsvorgang am Straftatsystem ausrichtet und als Lösung schrittweises Vergleichen mit Falltypen ohne ausgeprägte Besonderheiten [Ausgangsfalltypen] vorschlägt). Dabei ist der schon aus Gründen der Logik nicht bezweifelbare Grundsatz zu wahren, daß das bloße Fehlen eines Strafschärfungsgrundes nicht mildernd und das Fehlen eines Milderungsgrundes nicht schärfend bewertet werden darf (so die frühere stRspr). Dafür kommt es aber nicht auf mehr oder weniger zufällige positive oder negative Formulierungen der Strafzumessungsgründe, sondern auf deren sachlichen Gehalt an (NStZ 87, 550; StV 95, 24; beachte schon NStZ 81, 60). Ob danach das in einem Urteil beschriebene Fehlen entlastender bzw belastender Umstände schärfend bzw mildernd bewertet werden darf, kann nur nach Lage des Einzelfalls beurteilt werden (BGHSt-GS-34, 345 mit Anm Bruns NStZ 87, 451 und Grasnick JZ 88, 157; s auch den Vorlagebeschluß NStZ 87, 119 mit Bespr Bruns JR 87, 89, Hettinger StV 87, 146 und Hassemer JuS 87, 660, alle mwN; str); selbst ein und derselbe Umstand kann sowohl strafschärfende als auch strafmildernde Gesichtspunkte ergeben

(NJW 95, 1038 mit abl Anm Joerden JZ 95, 907; nur das Ergebnis abl Streng StV 95, 411; zw). – Bei dieser Bewertung ist es – wegen der damit verbundenen Schwierigkeiten der Konkretisierung – kaum möglich, vom Maßstab eines gedachten oder empirisch zu bestimmenden Durchschnittsfalls auszugehen, etwa vom sog „normativen" Normalfall (so Theune StV 85, 162, 168, 205; ähnlich Grasnick JA 90, 81, 85, JZ 91, 933 und 92, 260; aM BGH-GS aaO; krit Neumann, Spendel-FS, S 435, 444) oder vom Regelfall im Sinne des tatsächlich am häufigsten vorkommenden Falles (so Horn StV 86, 168; Bruns JZ 88, 1053; aM Frisch GA 89, 338, 352). Der erforderliche Bezugspunkt ergibt sich vielmehr aus einer Basisbeurteilung, mit der die Tat anhand der im Tatbestand vertypten Umstände grob in den Strafrahmen „eingerastert" wird (ähnlich Frisch aaO S 369; Streng NStZ 89, 393, 397) und damit zugleich die sog „Einstiegsstelle" (Bruns) konkretisiert wird (beachte dazu 48). Diese Wertung orientiert sich sowohl an normativen, im Gesetz vorfindbaren Maßstäben (so mit Schwerpunkt Frisch aaO S 355) als auch an den Erfahrungen der Praxis mit Falltypen von vergleichbarer Ausprägung der tatbestandlichen Leitmerkmale (so Streng aaO und JuS 93, 919, 926; ähnlich Grasnick aaO; Frisch, 140 Jahre GA, S 1, 28). Erst von diesem Bezugspunkt aus, der das zugleich empirisch und normativ zu deutende „Regeltatbild" ergibt, wird bei den übrigen Tatumständen die Möglichkeit ihrer Einordnung als schärfend oder mildernd eröffnet (Frisch GA 89, 338, 369; eingehend Fahl, Zur Bedeutung des Regeltatbildes bei der Bemessung der Strafe, 1996, S 100; aM Hettinger GA 93, 1). – Zur Frage, wieweit sich das Urteil zu den Strafzumessungstatsachen und -erwägungen äußern muß, vgl 51.

1. Die Umstände im **ersten Teil des Katalogs** betreffen das objektive Gewicht der Tat sowie ihre Gefährlichkeit und Verwerflichkeit (zB BGHSt 3, 179; Hamm NJW 68, 998). 33

a) Die **Beweggründe** (Motive) des Täters, seine **Ziele,** die aus der Tat sprechende **Gesinnung** (beachte dazu auch 47), der bei der Tat **aufgewendete Wille** (die verbrecherische Energie oder Handlungsintensität; dazu wistra 86, 24; krit Walter GA 85, 197 und Kaufmann [H]-GedSchr, S 493), und das **Maß der Pflichtwidrigkeit** (dazu Stuttgart NZV 91, 80; Hamm VRS 87, 288) sind für die Schuld von wesentlicher Bedeutung (NJW 81, 2204). Wie sie sich auswirken, ist schwerpunktmäßig nach rechtlichen, unterstützend auch nach ethischen Maßstäben zu beurteilen (ähnlich Bruns, RStZ, S 210; einschr Frisch ZStW 99, 751, 767) und hängt von den Umständen des Einzelfalls ab; zu diesen gehören ua die jeweils gegebenen äußeren Tatanreize (KG NJW 82, 838), speziell auch das tatprovozierende oder – fördernde – sei es auch zulässige (NStZ 92, 488) – Verhalten verdeckter Ermittler oder polizeilicher Lockspitzel (BGHSt 32, 345; NStZ 93, 585 und 94, 289; StV 94, 15 und 369, alle mwN; s auch 30), die Häufung von Taten (zB Serientaten; beachte auch 37 a), die Hindernisse, die bei der Tat überwunden werden müssen (wistra 83, 145) und das unterschiedliche

Gewicht der Tatbeiträge mehrerer Beteiligter (StV 96, 661 mwN). Auch die Wirksamkeit gruppendynamischer Einflüsse (8 zu § 20) kann im Einzelfall erheblich sein (StV 93, 520). Bewirkt bei **verminderter Schuldfähigkeit** die psychische Ausnahmesituation des Täters eine Steigerung der Handlungsintensität (zB besonders brutales Vorgehen), so schlägt diese nur auf der Grundlage der geminderten Schuld erschwerend zu Buch (5 zu § 21). – Obwohl bedingter **Vorsatz** (23–27 zu § 15) im allgemeinen leichter wiegt als unbedingter und deshalb bisweilen auch milder als dieser bewertet werden kann (NJW 81, 2204), ist die Vorsatzform nicht für sich allein, sondern nur im Zusammenhang mit den Vorstellungen und Zielen des Täters eine taugliche Beurteilungsgrundlage (StV 90, 304 und 93, 72; bei Holtz MDR 92, 633; Düsseldorf MDR 90, 564; s auch Schall JuS 90, 623, 628); auf jeden Fall ausgeschlossen ist eine Abstufung nur nach den verschiedenen Formen des direkten Vorsatzes (20–22 zu § 15), weil sich hier Anhaltspunkte für die Schuldschwere überhaupt erst aus der Motivation des Täters ableiten lassen (BGH NJW 81, 2204 mit Anm Bruns JR 81, 512). – Unter den Motiven sind als solche nur die dem Täter **bewußten** schuldrelevant (Trechsel ZStW 93, 397); unbewußte Antriebe (auch die in der Tiefenpsychologie anerkannten unbewußten Motive) können allenfalls für den Grad der Steuerungsfähigkeit (vgl 39) Gewicht haben. – Die Motivation durch **Gewissensgründe,** die den Täter zu einer achtbaren, durch ernste innere Auseinandersetzung gewonnenen Entscheidung gebracht haben, begründet, soweit nicht Straflosigkeit eintritt (dazu 32 vor § 32), ein „Wohlwollensgebot", das sich strafmildernd auswirkt (expl BVerfGE 23, 127, 134; Bay 76, 70 mit Anm v Hippel JR 77, 119; Bay NJW 80, 2424 und JR 81, 171 mit Anm Peters; Hamm NJW 80, 2425 mit Anm Crummenerl StV 81, 76; Stuttgart MDR 88, 1080; Düsseldorf NStZ-RR 96, 90; Bremen StV 96, 378; Bay NStZ-RR 96, 349, alle mwN); zur **politischen Motivation** NJW 95, 340; Schünemann, in: de Boor (Hrsg), Politisch motivierte Kriminalität – echte Kriminalität?, 1978, S 49, 87.

33 a **b)** aa) **Art der Ausführung** betrifft die Durchführung der Tat im einzelnen, namentlich Umfang, Dauer und Gefährlichkeit des Verhaltens, meist auch die Größe des zurechenbaren (dazu StV 89, 105) tatbestandsmäßigen Schadens. Ihre Bewertung hängt ganz von den Umständen des Einzelfalls ab (näher zum äußeren Tatbild Gribbohm LK 110–144 mwN).

34 bb) Nur **verschuldete,** dh mindestens vorhersehbare und dem Täter vorwerfbare (BGHSt 37, 179 mwN; s auch Berz NStZ 86, 86), außertatbestandliche **Auswirkungen** der Tat dürfen für das Schuldurteil berücksichtigt werden (NStZ 93, 385; Bay NJW 74, 1778 mit Bespr Bruns NJW 74, 1745; Zipf JuS 74, 137, 142; zu Besonderheiten beim Vollrausch 16 zu § 323 a); sie müssen überdies geeignet sein, das Tatbild zu prägen, und in den Schutzbereich der verletzten Strafrechtsnorm fallen (NStZ 93, 337 mwN). – Die für die frei verantwortliche Selbstgefährdung entwickelten Regeln können eine solche Zurechnung ausschließen (12 vor § 211); jedoch hindern sie bei Verstößen gegen das BtMG im Hinblick auf dessen besondere Schutzrichtung nicht, den durch die Tat verursachten Tod oder Gesundheitsschaden des Rauschmittelempfängers strafschärfend zu berücksichtigen (BGHSt 37, 179 mit Bespr Rudolphi JZ 91, 572, Beulke/Schröder NStZ 91, 393, Hohmann MDR 91, 1117 und Nestler-Tremel StV 92, 273; NStZ 92, 489 mit Anm Hoyer StV 93, 128 und Helgerth JR 93, 419; Otto Jura 91, 443; krit Köhler MDR 92, 739, alle mwN; str). – Umstritten und noch nicht abschließend geklärt ist, ob jede schuldhaft verursachte Auswirkung zu Buch schlagen darf und wieweit die mit der Begrenzung durch den Schutzbereich der Norm verbundenen Einschränkungen reichen. Mit Recht wird zur Frage der Verursachung in der Rspr und überwiegend auch im Schrifttum das Prinzip des § 18 auf die Auswirkungen angewendet (Gribbohm LK 151 mwN); zum Teil wird aber bei Vorsatzdelikten in Analogie zu § 16 eine Beschränkung auf Vorsatz postuliert (Sch/Sch-Stree 26 mwN). Mit Erwägungen zum Schutzbereich der Norm oder anhand weiterer Kriterien werden mit verschiedenartigen Ansätzen differenzierte, in ihrer Reichweite unterschiedliche Lösungen vorgeschlagen (expl Frisch GA 72, 321 und ZStW 99, 751; Lampe ZStW 89, 325, 338; Warda Jura 79, 286, 288; Puppe, Spendel-FS, S 451; Bloy ZStW 107, 576; Horn SK 103–109). – Die Auswirkungen der Tat (einschl des Deliktserfolges) erscheinen nicht allein deshalb in milderem Licht, weil sie wegen bereitstehender Ersatzursachen ohnehin gewiß oder wahrscheinlich waren (Spendel, Bruns-FS, S 249 mwN); anders jedoch, wenn bei einer Steuerhinterziehung dem Deliktserfolg Gegenansprüche des Täters gegenüberstehen, die wegen des Kompensationsverbots nach § 370 IV S 3 AO für den Tatbestand unerheblich sind (bei Holtz MDR 85, 981; Bay wistra 94, 118, 119; beachte auch NStZ-RR 96, 83, alle mwN).

c) Ein festgestelltes oder nicht auszuschließendes (VRS 36, 273, 362; KG VRS 31, 67) **Mitverschulden** Dritter (bei Holtz MDR 79, 986), namentlich des Verletzten (BGHSt 3, 218), uU sogar dessen nur rechtswidriges (VRS 18, 121; Hamm VRS 25, 445) oder mitursächliches (Frisch ZStW 99, 751, 759) Verhalten kann (muß aber nicht in jedem Falle, Bay NJW 94, 1358) mildernd zu Buch schlagen (zusf Bruns, RStZ, S 166), zB bei Verkehrsunfällen das Nichtanlegen des Sicherheitsgurtes (Bay VRS 55, 269; Hamm VRS 60, 32). Dasselbe gilt, wenn der Verletzte anderweit – zB durch Zuerkennung von Schmerzensgeld – Genugtuung für die Tat erlangt hat (Meyer JuS 75, 87). Die Annahme jedoch, daß die Vergewaltigung (§ 177) einer Prostituierten grundsätzlich weniger schwer wiege als die einer anderen Frau (so bei Dallinger MDR 73, 555), ist nicht vertretbar (bei Dallinger MDR 71, 895). – Im ganzen kann das **Opferverhalten** unter zahlreichen Gesichtspunkten relevant werden. Es ist nicht nur allgemein (4 vor § 13), sondern speziell auch im Hinblick auf seine Strafzumessungsproblematik Gegenstand dogmatischer Untersuchungen und viktimologischer Forschungen 35 (vgl zB Schüler-Springorum, Honig-FS, S 201; Hillenkamp, Der Einfluß des Opferverhaltens auf die dogmatische Beurteilung der Tat, 1983, S 18; Maeck, Opfer und Strafzumessung, 1983; Ebert JR 83, 633, 636, 638; Arzt MschrKrim 84, 105; s auch Seelmann JZ 89, 670). Beachtlich ist vor allem der Versuch von Hillenkamp (aaO S 211), die in Frage kommenden Fallgruppen im wesentlichen aus ihrer Nähe zur Einwilligung (aaO S 240), zur Notwehr (S 269), zur Verwirkung (S 287) und zur Beteiligung (S 294) abzuleiten (s auch Hillenkamp StV 86, 150 und 89, 532 sowie Miyazawa-FS, S 141, 149).

36 **2.** Die im **zweiten Teil des Katalogs** genannten persönlichen Umstände können in unterschiedlicher Weise **„schuldrelevant"** sein: Entweder sind sie zur Tat gehörende oder auf deren Folgen wirkende Faktoren und unterliegen deshalb schon als solche dem Schuldurteil. Oder sie stehen als vorausgehende oder nachfolgende Umstände nur mit ihr im Zusammenhang, müssen dann aber als Indizien für das Maß der aus der Tat sprechenden kriminellen Intensität und Gesinnung Gewicht haben (zusf zu dieser umstrittenen, in der Rspr anerkannten Indizkonstruktion Bruns NStZ 81, 81, JR 81, 249 und RStZ, S 220, 231; krit Stratenwerth, Tatschuld und Strafzumessung, 1972, S 15; Schaffstein, Gallas-FS, S 99, 108; Frisch ZStW 99, 751, 772, 779). Namentlich die allgemeine Lebensführung kann sich, auch wenn sie sittlich zu mißbilligen ist, nur dann schulderhöhend auswirken, wenn aus einem der beiden Gesichtspunkte ein Zusammenhang mit der Tat besteht (NJW 88, 1153; StV 91, 106, beide mwN). Umstände, bei denen ein solcher Zusammenhang fehlt, sind zur Bildung des Schuldurteils unbrauchbar (sog **unzulässige Strafzumessungserwägungen**).

36 a Die persönlichen Umstände können aber unabhängig von ihrer Bedeutung für die Schuld insoweit **„präventionsrelevant"** sein, als sie im Sinne des Abs 1 S 2 Wirkungen erwarten lassen, die für das künftige Leben des Täters in der Gesellschaft bedeutsam sind (krit Terhorst JR 89, 184; Müller-Dietz, Spendel-FS, S 413, 424, 429, beide mwN). In diesen Zusammenhang gehören namentlich die sog mittelbaren Straftatfolgen (eingehend dazu Nicolaus aaO [vgl 9]). Zu Buch schlagen können unter diesem Gesichtspunkt zwingende dienstrechtliche Folgen, etwa der Verlust der Beamten- oder Soldatenstellung bei rechtskräftiger Verurteilung zu Freiheitsstrafe von mindestens einem Jahr wegen einer vorsätzlichen Tat nach § 48 BBG oder §§ 54 II Nr 2, 48 Nr 2 SoldG (BGHSt 32, 68, 79; 35, 148; NStZ 85, 215; JZ 89, 652, alle mwN). Dasselbe gilt für sonst drohende berufliche Nebenfolgen, etwa die Ausschließung aus der Rechtsanwaltschaft (NStZ 87, 550; StV 91, 207; beachte jedoch bei Holtz MDR 89, 491), die Untersagung des Berufs als Steuerberater (StV 91, 207; wistra 91, 300), den Widerruf der Approbation als Apotheker (StV 91, 157; NStZ 96, 539) oder die unehrenhafte Entlassung aus der Bundeswehr (StV 91, 106). Auch andere belastende Straftatfolgen können Gewicht haben (StV 92, 155). Bei Rückfall- und Wiederholungstätern kann sich die Präventionsrelevanz

ferner darauf gründen, daß die wiederholte Tatbegehung auf bestimmten Persönlichkeits- oder Sozialisationsdefiziten oder auf bestimmten Milieueinflüssen beruht und deshalb eine Sanktion erfordert, die – im Rahmen der Schuldangemessenheit – der Verbrechensdisposition des Täters am besten entgegenwirkt (Zipf, Tröndle-FS, S 439, 446).

Weder schuld- noch präventionsrelevant sind Umstände, die nach dem **Gleichheitssatz** (Art 3 III GG) dem Betroffenen nicht zum Nachteil gereichen dürfen, zB die **Ausländereigenschaft** (auch die Eigenschaft als Asylbewerber, NStZ 93, 337) als solche (NJW 72, 2191; StV 91, 105 und 557; s auch NJW 97, 403), nicht aber die aus ihr folgenden Besonderheiten von Tat oder Täterpersönlichkeit (NStZ 93, 337; StV 96, 25; NStZ-RR 97, 1; probl NStZ 82, 112 mit krit Anm Wolfslast, Köhler JZ 82, 772 und Hilger JZ 82, 773; beachte auch Grundmann NJW 85, 1251 und 87, 2129; Nestler-Tremel StV 86, 83 und NJW 86, 1408; weiterführend Streng JZ 93, 109 und in: Lampe aaO [vgl 28] S 293). Auch die Erwägung, der Täter hätte für die gleiche Tat in seiner Heimat mit höherer Strafe rechnen müssen, widerspricht dem Gleichheitssatz (NStZ-RR 96, 71). **36 b**

Nicht relevant sind schließlich Verhaltensweisen, mit denen der Täter ein **ihm zustehendes Recht** wahrnimmt (NJW 69, 244 und 86, 2716; s auch Düsseldorf StV 86, 342). **36 c**

a) Aus dem **Vorleben** können mit diesen Einschränkungen namentlich relevant sein: **37**

aa) Die **Warnung durch Vorstrafen** (stRspr; krit Geiter ZRP 88, 376; Janssen ZRP 91, 52; Erhard, Strafzumessung bei Vorbestraften unter dem Gesichtspunkt der Strafzumessungschuld, 1992, alle mwN), uU auch nur durch frühere Strafverfahren (NStZ 82, 326; bei Theune NStZ 87, 494; diff Tepperwien, Salger-FS, S 189, 195). Auch die Relevanz von „nicht einschlägigen" Vorstrafen (BGHSt 24, 198 mit Anm Maurach JZ 72, 130 und Koffka JR 72, 471; str) und von Verurteilungen im Ausland (Bay MDR 79, 72) ist nicht notwendig ausgeschlossen. – Vorstrafen, namentlich weit zurückliegende (StV 92, 225; Köln StV 96, 321), müssen nicht zwingend zur Schärfung führen (vgl etwa BGHSt 5, 124, 131; MDR 63, 331); unter Schuldgesichtspunkten (zur Prävention beachte 36) ist vielmehr maßgebend, ob und wieweit dem Täter in bezug auf die konkrete Tat vorzuwerfen ist, daß er sich die früheren Verurteilungen nicht hat zur Warnung dienen lassen (Zipf, Tröndle-FS, S 439). Getilgte, tilgungsreife (StV 81, 67; NStZ 91, 591 mit Anm Kalf) und in das Zentralregister nicht zu übernehmende Verurteilungen dürfen nach §§ 51 I, 66 BZRG nicht zum Nachteil des Betroffenen (beachte StV 90, 348) verwertet werden (sonst sachlichrechtlicher Fehler, BGHSt 24, 378; krit Dreher JZ 72, 618; Granderath ZRP 85, 319; Tepperwien aaO S 189; s auch BGHSt 25, 64, 81, 100; 28, 338; Willms, Dreher-FS, S 137, 143, alle mwN), und zwar auch dann nicht, wenn ihre Verwertung für die Beurteilung des Geisteszustandes nach § 52 I Nr 2 BZRG (BGHSt 25, 141) oder für die Entziehung der Fahrerlaubnis nach § 52 II BZRG (Hamm VRS 64, 317) zulässig ist. – Soweit das für die getroffene Entscheidung von Bedeutung ist (NStZ-RR 96, 266), muß der Tatrichter über verwertete Vorstrafen genaue Angaben machen (Koblenz StV 94, 291; Hamm VRS 87, 288; Köln StV 96, 321, alle mwN).

37 a bb) **Vortaten,** auch wenn sie nicht rechtskräftig abgeurteilt sind (BGHSt 34, 209; NStZ-RR 96, 334; zusf Bruns, RStZ, S 223; einschr Frisch ZStW 99, 751, 771). Das soll nach der Rspr namentlich auch für verjährte (wistra 94, 223; NJW 94, 2966; Jähnke, Salger-FS, S 47 mwN; krit Foth NStZ 95, 375; zw) und nach § 154 StPO ausgeschiedene (NStZ 95, 227; krit Geppert NStZ 96, 57, 63 mwN) Vortaten gelten; diese dürfen aber nicht zu einer Strafe führen, die einer Verurteilung auch wegen der verjährten oder ausgeschiedenen Taten gleichkommt (StV 94, 423; Ruppert MDR 94, 973; s auch Tepperwien aaO [vgl 37] S 197). Alle strafschärfend berücksichtigten Vortaten müssen konkret festgestellt werden (NStZ 95, 227 und 439; zur Unschuldsvermutung gelten die Ausführungen unter 41 sinngemäß). – Bei der Berücksichtigung von Vortaten können auch gegenläufige Gesichtspunkte ins Spiel kommen. Während die Häufung von Straftaten im allgemeinen auf erhöhte verbrecherische Energie (vgl 33) hinweist, kann mit Serientaten gegen dasselbe Opfer, namentlich wenn ihnen eine persönliche Beziehung zugrundeliegt (bei Holtz MDR 95, 879), eine durch die Situation bedingte Herabsetzung der Hemmschwelle verbunden sein, die dem Täter nicht voll anzulasten ist und deshalb schon bei der Einzelstrafe mildernd wirken kann. Strafen für mehrere gleichartige Taten dürfen deshalb in demselben Verfahren nicht allein deshalb verschärft werden, weil sie der ersten angeklagten Tat nachgefolgt sind (Jena JR 95, 510 mit Anm Terhorst).

38 cc) **Vorausgegangene Lebensbewährung** (BGHSt 8, 186; GA 56, 154). Nach der Rspr soll darüber hinaus ein im wesentlichen straffreies Vorleben regelmäßig schon als solches (also nicht erst als Indiz für vorausgegangene Lebensbewährung) mildernd zu Buch schlagen (NStZ 88, 70; StV 96, 205; mit Recht krit Frisch GA 89, 338, 358, alle mwN).

39 **b)** Die **persönlichen und wirtschaftlichen Verhältnisse** sind, wenn sie in innerer Beziehung zur Tat stehen, häufig schuldrelevant. Sie können zugleich oder auch nur präventionsrelevant sein (Zipf, Die Strafmaßrevision, 1969, S 119). Hier können vor allem bedeutsam sein: der Grad der Einsichts- und Steuerungsfähigkeit (12 zu § 20), der sich bei alkoholischer Enthemmung (bei Dallinger MDR 74, 365; s auch StV 96, 89), bei Drogenabhängigkeit (bei Dallinger MDR 74, 544: Arbab-Zadeh NJW 78, 2326, 2328; Kreuzer NJW 79, 1241) oder bei im Sinne des § 21 nicht erheblichen Beeinträchtigungen der Schuldfähigkeit (NStZ 93, 33; bei Detter NStZ 94, 174) häufig, aber nicht notwendig, strafmildernd auswirken wird (beachte auch 5 zu § 21); Strafempfindlichkeit, namentlich hohes Alter (StV 91, 206) oder schwere Erkrankung (StV 90, 259 und 91, 207; NStZ 91, 527, alle mwN; zur

str und noch wenig geklärten Berücksichtigung der AIDS-Erkrankung Dencker StV 92, 125; Nestler-Tremel, AIDS und Strafzumessung, 1992; Streng StV 95, 556; Nestler und Kunz, in: Szwarc [Hrsg], AIDS und Strafrecht, 1996, S 211 und 229) und Strafempfänglichkeit (BGHSt 7, 28, 31; NStZ 83, 408; StV 89, 152; sehr weit Schäfer, Tröndle-FS, S 395; einschr Streng NStZ 88, 485; Horn SK 121; eingehend Henkel, FS für Heinrich Lange, 1970, S 179; zusf Müller-Dietz, Spendel-FS, S 413, 421; Gribbohm LK 26, 27); Begabung; Erziehung und Bildung; soziale Stellung, namentlich Beruf, unternehmerische Tätigkeit (Düsseldorf StV 95, 525) und gesellschaftliche Funktionen (bei Theune NStZ 87, 494; NStZ 88, 175; NJW 96, 3089; Frisch ZStW 99, 751, 763; zusf Bruns, RStZ, S 193); Familie; Wohnung; Einkommen und Vermögen (zur Bedeutung der wirtschaftlichen Verhältnisse bei der Geldstrafe 3, 6–16 zu § 40).

c) Bei den **Umständen nach der Tat** (eingehend Hertz, Das Ver- 40
halten des Täters nach der Tat, 1973; zusf Bruns, RStZ, S 230) ist zu beachten, daß Nachtatverhalten – zB die Begehung neuer Straftaten (vgl 41) oder das Verhindern oder Unterlassen der Schadenswiedergutmachung (NStZ 94, 582; Köln StV 89, 533 mwN) – grundsätzlich nur als Indiz schuldrelevant sein (zur Prävention vgl 36 a), nicht aber schon als solches schuldmindernd oder -schärfend ins Gewicht fallen kann (NJW 71, 1758; NStZ 83, 453; StV 88, 340; Köln StV 84, 75); der Nachtrunk in Fällen des § 142 bildet dabei nach der Rspr eine Ausnahme von dieser Regel (BGHSt 17, 143).

aa) Bedeutsam kann vor allem die **Begehung neuer Straftaten** sein 41
(zusf Bruns NStZ 81, 81 und JR 81, 249), selbst wenn sie (zB wegen Einstellung des Verfahrens nach § 154 StPO) nicht verfolgt werden (BGHSt 30, 165 mit Anm Bruns StV 82, 18 und Terhorst JR 82, 247; mit Einschränkungen auch BGHSt 30, 197; NStZ 83, 20) oder noch nicht rechtskräftig abgeurteilt sind (Schleswig MDR 76, 1036; Zweibrücken GA 79, 112; einschr Saarbrücken NJW 75, 1040 mit Anm Zipf JR 75, 470; zw); dem dürfte die **Unschuldsvermutung** (Art 6 II MRK) nicht entgegenstehen, weil deren Anforderungen im Bereich der Strafzumessung dadurch genügt werden kann, daß sich das Gericht durch prozeßordnungsmäßige Feststellungen von der Tatbegehung überzeugt (BGHSt 34, 209 mit abl Anm Vogler NStZ 87, 127; StV 95, 520; Meyer, Tröndle-FS, S 61, 73; aM Haberstroh NStZ 84, 289, 291; Ostendorf StV 90, 230; beachte auch BVerfGE 74, 358; 3 zu § 56 f, alle mwN; zw).

bb) Ferner können als Nachtatumstände relevant werden: Einsichts- 42
losigkeit, die Wiederholungsgefahr begründet (NJW 55, 1158); fehlender oder vorhandener Wiedergutmachungswille (GA 75, 84); Inhalt und Ausmaß der Bemühungen um Wiedergutmachung (StV 92, 145) oder um einen Ausgleich mit dem Verletzten (§ 46 a), der nicht notwendig auf materielle Entschädigung gerichtet sein muß (BT-Dr 10/6124 S 17; probl Hamburg NStZ 89, 226 mit krit Anm Hillenkamp StV 89, 532,

Weigend JR 90, 29 und Grasnick JZ 90, 704); Treffen von Verdeckungsmaßnahmen zur Sicherung der Tatvorteile (1 StR 420/77 v 25. 10. 1977); freiwillige Teilnahme an einer verkehrserzieherischen Nachschulung (Bode BA 84, 31, 32; s auch 8 zu § 69); besondere, mit bloßer Anrechnung nicht hinreichend erfaßte Belastungen durch den UHaft-Vollzug (bei Detter NStZ 94, 198; Deckers/Püschel NStZ 96, 419 mwN; str).

43 cc) Das **Verhalten im Strafprozeß** kann nur in sehr engen Grenzen relevant werden (die früher zT weitergehende Rspr ist überholt). Den Beschuldigten kann es nicht von Rechts wegen belasten, daß er seine Tat – meist auch wenn der Schuldspruch schon rechtskräftig ist (StV 94, 125 und 96, 88; s auch StV 95, 132) – bestreitet (StV 85, 455; NStZ 87, 171). Das gilt selbst dann, wenn er hartnäckig falsche Angaben macht (NStZ 96, 80), dem Anklagevorwurf unter Anpassung an die Entwicklung der Beweislage mit wechselndem wahrheitswidrigem Vorbringen zu begegnen sucht (StV 96, 88), die Schuld anderen zuschiebt (StV 94, 423 und 95, 633; beachte jedoch NStZ 91, 181 und 95, 78 mit abl Anm Jahn StV 96, 259, alle mwN) oder die (uU psychisch belastende) Vernehmung von Zeugen unvermeidlich macht (NJW 66, 894; Düsseldorf StV 90, 13). Unerheblich ist ferner, daß er kein (Düsseldorf StV 96, 217) oder nur ein Teilgeständnis ablegt (StV 92, 13), daß er Tatspuren beseitigt (NStZ 85, 21; StV 95, 131 mwN), daß er zur Verdeckung seiner Täterschaft ein gefälschtes Tagebuch vorlegt (StV 91, 255), daß er seine Hintermänner nicht nennt (StV 96, 88) oder daß er sich der Festnahme oder sonst der Strafverfolgung entzieht (NJW 89, 176). Auch kann von einem leugnenden Beschuldigten nicht erwartet werden, daß er seine Verteidigungsposition durch Bekundung von Einsicht, Reue (dazu Hammerstein, Odersky-FS, S 401) oder Bedauern (StV 82, 223; wistra 88, 303; s auch wistra 89, 57; Düsseldorf DAR 94, 284), durch Angaben zur Verhütung drohenden Schadens (Schmidt MDR 81, 881, 883), durch Schadenswiedergutmachung (StV 92, 145; NStZ 93, 77; NStZ-RR 96, 233; beachte jedoch NStZ 94, 582) oder vergleichbar indizielles Verhalten (zB StV 89, 388; Koblenz StV 96, 14) gefährdet oder daß er sich sonst in der Wahrnehmung von Verteidigungsrechten zurückhält (StV 90, 403, 404 und 94, 305). Leugnen ist daher regelmäßig nicht relevant und sein Inhalt in den übrigbleibenden Ausnahmefällen nur in den Grenzen der Indizkonstruktion (vgl 36) verwertbar. Auch das Geständnis hat als dem Beschuldigten freistehendes Verteidigungsverhalten nicht schon als solches Gewicht (Dencker ZStW 102, 51; weiter Jerouschek ZStW 102, 793, 807), kann es aber nach der Rspr aufgrund der Indizkonstruktion (stRspr; aM Dencker aaO S 56 mwN) und jedenfalls auch dadurch erlangen, daß es die Beweislage verändert (Dencker aaO S 74); ein rein prozeßtaktisch motiviertes Geständnis allein deshalb zu belohnen, weil es sonst notwendigen Verfahrensaufwand erspart hat, ist dagegen bedenklich (Dencker aaO S 58; aM LG Berlin StV 89, 108 mit abl Anm Nestler-Tremel; Jerouschek aaO S 816; Schmidt-Hieber NJW 92, 2001, 2004;

wohl auch NJW 96, 3018, alle mwN), während opferschonende Motivation (etwa Vermeidung sekundärer Viktimisierung des sexuell mißbrauchten Kindes) als Milderungsgrund anerkannt ist (hM; vgl. Dencker aaO S 60; anders Weßlau KJ 93, 461, beide mwN). Auch Schweigen im Prozeß – sei es auch nur zu bestimmten Einzelfragen (NStZ-RR 96, 71) – schlägt als solches nicht zu Buch (näher dazu BGHSt 20, 281, 298; Wessels JuS 66, 169; Günther JR 78, 89); dasselbe gilt für das bloße Dulden der falschen Aussage eines Zeugen (StV 94, 125), und zwar selbst dann, wenn dem Beschuldigten bewußt ist, daß dem Zeugen besonders schwere Konsequenzen aus der Falschaussage (zB Bewährungswiderruf) drohen (StV 95, 297).

dd) **Verstöße der Strafverfolgungsbehörden** gegen Verfahrens- 44
recht sind nicht schon als solche relevant, sondern regelmäßig nur, wenn sie mit der Tat selbst zusammenhängen, strafähnliche Auswirkungen haben oder wegen Verletzung der MRK einen Ausgleich durch Strafmilderung erfordern (NStZ 89, 526; wistra 92, 26, beide mwN; beachte auch BGHSt 37, 10 mit Anm Scheffler wistra 90, 319 und Gatzweiler NStZ 91, 46). Namentlich überlange Verfahrensdauer gehört hierher (BGHSt 24, 239; zusf Schroth NJW 90, 29; eingehend Scheffler, Die überlange Dauer von Strafverfahren, 1991, S 201); sie wirkt schon als solche strafmildernd (NJW 90, 56; NStZ 96, 328 und 97, 29 mit Anm Scheffler; aM Wohlers JR 94, 138, 141, alle mwN); verstößt sie zugleich gegen Art 6 I MRK, bildet sie neben dem Gesichtspunkt des Zeitablaufs einen eigenständigen Milderungsgrund (NStZ 92, 78; StV 92, 452 mit krit Anm Scheffler StV 93, 568; StV 94, 652; wistra 96, 19; Bay wistra 94, 352; Ulsamer, Faller-FS, S 373; Imme Roxin, Die Rechtsfolgen schwerwiegender Rechtsstaatsverstöße in der Strafrechtspflege, 2. Aufl 1995, S 45, 91, 164, alle mwN); in diesem Falle hat das Gericht die Verletzung des Beschleunigungsgebots ausdrücklich festzustellen und das Ausmaß der Berücksichtigung dieses Umstandes näher zu bestimmen (BVerfG NJW 93, 3254 und 95, 1277; NStZ 96, 328; s auch BVerfG NJW 84, 967 und StV 93, 352; BGHSt 35, 137).

3. a) Von der Berücksichtigung ausgeschlossen sind Umstände, die 45
schon **Merkmale des gesetzlichen Tatbestandes sind (Abs 3).** Das hängt damit zusammen, daß alle Tatbestandsmerkmale zur Bestimmung des Strafrahmens beitragen und sich daher in jeder konkreten Strafe insofern auswirken, als diese sich nur innerhalb des Rahmens bewegen darf und dort vornehmlich nach dem Maßstab der Schuldschwere abzustufen ist (Stuttgart MDR 61, 343; Hamm VRS 31, 287). Infolge dieses Funktionszusammenhangs sind die Tatumstände, soweit sie lediglich ein Tatbestandsmerkmal ausfüllen (zB der Tod eines Menschen im Falle des § 222, Bay NJW 54, 1211), für die Strafzumessung verbraucht (eingehend Hettinger, Das Doppelverwertungsverbot bei strafrahmenbildenden Umständen, 1982, S 153; Timpe, Strafmilderungen des Allgemeinen Teils des StGB und das Doppelverwertungsverbot, 1983, S 32). Sie dürfen als solche, dh in ihrer mit dem Tatbestandsmerkmal

übereinstimmenden generellen Bedeutung, weder schärfend noch mildernd berücksichtigt werden (**Verbot der Doppelverwertung von Tatbestandsmerkmalen;** vgl ua BGHSt 17, 321, 324; NStZ 82, 113 und 84, 358). Dasselbe muß dann auch für den gesetzgeberischen Zweck gelten, der einem Tatbestand im ganzen zugrundeliegt (StV 91, 558; NStZ-RR 96, 316, beide mwN). Die hM hat hier früher auch solche Umstände einbezogen, die zwar nicht notwendig, aber doch typischerweise mit der Verwirklichung eines Tatbestandes verbunden sind und daher dessen Unrechtsgehalt mitprägen (StV 91, 106 und 94, 306; Bay VRS 86, 339, alle mwN), zB das (nicht übersteigerte, NStZ-RR 97, 50) Streben nach Gewinn bei Betrug und Untreue (NStZ 81, 343) oder beim Handeltreiben mit Betäubungsmitteln (NJW 80, 1344; StV 81, 72; Düsseldorf StV 94, 23) oder der nicht besonders hohe Alkoholisierungsgrad bei Trunkenheit im Verkehr (Bay NZV 92, 453). Deren Einbeziehung folgt zwar nicht aus dem Doppelverwertungsverbot (Timpe aaO S 57), ist aber dennoch begründet, weil diese Umstände jedenfalls zum „Regeltatbild“ gehören und deshalb nicht erschwerend zu Buch schlagen können (vgl 32). Bei der Vergewaltigung hält demgegenüber die neuere Rspr (anders noch NStZ 85, 215; beachte auch bei Miebach NStZ 92, 226 und 93, 225) den ungeschützten, bis zum Samenerguß ausgeführten Geschlechtsverkehr als erschwerte Tatmodalität für einen Schärfungsgrund, obwohl diese Angriffsweise nach allen Erfahrungen der Praxis die Regelform der Vergewaltigung ist (BGHSt 37, 153 mit krit Bespr Neumann StV 91, 256, Weßlau StV 91, 259, Hassemer JuS 91, 516 und Grasnick JZ 91, 933, alle mwN). Damit bildet die Rspr die in BGHSt-GS-34, 345 entwickelten Grundsätze (vgl 32) zwar widerspruchsfrei fort, vollzieht aber eine grundsätzliche Abkehr von der hM, indem sie – insofern weiter als die Entscheidung des GS – den Bezugspunkt für die Unterscheidung von schärfenden und mildernden Umständen ganz preisgibt und alles einer weniger strukturierten Gesamtwürdigung überläßt (Schall/Schirrmacher Jura 92, 624; in der Bewertung wie hier auch Fahl aaO [vgl 32] S 138; aM Hettinger GA 93, 1,alle mwN). Mit diesem neuen Maßstab sind zahlreiche frühere – und auch neuere (zB NStZ-RR 96, 228) – Entscheidungen zum Doppelverwertungsverbot nicht vereinbar. – Jenseits der durch das „Regeltatbild“ gezogenen Grenze können konkrete, nach Quantität oder Qualität steigerungsfähige Ausprägungen eines Tatbestandsmerkmals strafschärfend oder -mildernd berücksichtigt werden. Differenzierungen sind hier im Hinblick auf die Gleichheit aller Menschen nicht lediglich nach dem (jugendlichen oder fortgeschrittenen) Alter des Opfers einer Tötung möglich (StV 95, 634 und 96, 148; Bay NJW 74, 250 mit Anm Schroeder; Frankfurt JR 80, 76 mit Anm Bruns, alle mwN), wohl aber zB nach der Größe des tatbestandsmäßigen Schadens (speziell zur Abstufung nach endgültigem Schaden und bloß schadensgleicher Vermögensgefährdung beim Betrug StV 96, 25), etwa der Schwere einer Körperverletzung, oder nach dem Ausmaß einer verursachten Gefahr (Koblenz VRS 55, 278, 281; speziell zur unterschiedlichen Gefährlichkeit von

Rauschmitteln bei Holtz MDR 79, 986; Bay StV 93, 29; KG JR 95, 34). Bei Tötungsdelikten schlägt jedoch nur solche Gewaltanwendung besonders zu Buch, die das zur Herbeiführung des Todes notwendige Maß überschreitet (StV 96, 148). Berücksichtigungsfähig sind ferner graduierbare Auswirkungen auf von der Tat nur mittelbar Betroffene (Bay NZV 94, 115). Schließlich kann (dazu NStZ 87, 70 und 93, 434) strafschärfend wirken, daß die Tat zugleich mehrere Gesetze mit unterschiedlicher Schutzrichtung (dazu BGHSt – GS – 39, 100, 108; s auch NStZ 93, 537 und 591) oder dasselbe Gesetz in gleichartiger Idealkonkurrenz (bei Holtz MDR 92, 932) oder in mehreren Begehungsformen verletzt (NJW 94, 2034; diff Montenbruck, Strafrahmen und Strafzumessung, 1983, S 135; beachte auch 29 vor § 52; 10 zu § 52). – Daß nach § 154 a StPO ausgeschiedene Gesetzesverletzungen zur Gewährleistung eines fairen Verfahrens nicht ohne besonderen Hinweis berücksichtigt werden dürfen (BGHSt 30, 147 mwN), ist keine Frage des Doppelverwertungsverbots.

b) Abs 3 gehört in den Zusammenhang der umfassenderen Proble- 46
matik der **Doppelverwertung von Strafzumessungstatsachen,** die in Rspr und Lehre noch nicht abschließend geklärt ist (vgl etwa Dreher JZ 57, 155 und 68, 209, 212; Zipf, Die Strafmaßrevision, 1969, S 96; Bruns JR 80, 226; Hettinger aaO [vgl 45]; zusf Bruns, RStZ, S 138; beachte auch oben 10 a sowie 4, 10 zu § 49; 6 zu § 54). Einen weiteren Fall ausdrücklicher gesetzlicher Regelung enthält § 50 (dort 1–4).

V. Den Kern des Strafzumessungsaktes bildet die **Abwägung der** 47
Umstände (vgl 32), **die für und gegen den Täter sprechen (Abs 2 S 1),** und ihre **Umsetzung in ein bestimmtes Strafmaß.**

1. Dabei ist davon auszugehen, daß die einzelnen Strafzumessungstatsachen jeweils relative, vom Gewicht der anderen Strafzumessungstatsachen abhängige Größen sind. Deshalb ist eine einseitige Betonung der günstigen persönlichen Umstände ohne Berücksichtigung der objektiven Tatschwere (BGHSt 3, 179) ebenso fehlerhaft wie die einseitige Erfassung nur der äußeren Tatumstände ohne Berücksichtigung der persönlichen und wirtschaftlichen Verhältnisse (NJW 76, 2220 mit Anm Bruns JR 77, 162; NStZ 91, 231; Köln StV 96, 321, alle mwN). Auch eine bloße Aufzählung der Schärfungs- und Milderungsgründe genügt nicht (GA 79, 59; Koblenz VRS 56, 338; probl Hamburg JR 82, 160 mit abl Anm v Spiegel). Erforderlich ist vielmehr eine **Gesamtwürdigung** (Ganzheitsbetrachtung) von Tatgeschehen und Täterpersönlichkeit (NJW 76, 2220 mwN). Diese darf aber nicht die tatunabhängige rechtsfeindliche Gesinnung (NJW 79, 1835; MDR 80, 240; im Ergebnis zu eng Bay NStZ 82, 288 mit abl Anm Bruns) oder schuldhaft verfehlte Lebensführung als solche (Lebensführungs- oder Charakterschuld) erfassen (BGHSt 5, 124, 132; StV 82, 567; NStZ 88, 125; bei Detter NStZ 90, 221). – Demgegenüber hält Frisch (140 Jahre GA, S 1) eine solche Ganzheitsbetrachtung nicht für möglich, fordert vielmehr ein schrittweises vergleichendes Vorgehen, das sich am Straftatsystem ausrichtet und als Vergleichsgegenstand jeweils einen in der

Praxis anerkannten Falltyp ohne ausgeprägte Besonderheiten (Ausgangsfalltyp) heranzieht. Richtig ist an dieser Kritik, daß die Gesamtwürdigung nicht unstrukturiert möglich ist, sondern eine schrittweise Bewertung des schärfenden oder mildernden Gewichts einer Vielzahl von Faktoren erfordert, die aber auch die herkömmliche Lehre nicht ausschließt und die in der Tat am besten anhand der Straftatsystematik – dh beginnend mit dem verschuldeten Unrecht – durchgeführt wird.

48 **2.** Zu beachten ist ferner, daß die nach dem jeweiligen Strafrahmen zulässigen Strafen eine vornehmlich am Maßstab der Schuldschwere orientierte und für das Gericht verbindliche (NStZ 84, 117) **Stufenfolge** bilden, der die konkret zu beurteilende Tat zuzuordnen ist (Schleswig MDR 86, 869; Dreher, Bruns-FS, S 141, 149; Bruns NJW 79, 289, 292; krit Streng JuS 93, 919, 922 mwN). Ein gedachter Fall mittlerer Schwere wird daher – von gewissen, aus dem Gesamtsystem der Strafrahmen und dem ständigen Wandel des Wertbewußtseins abzuleitenden Abweichungen abgesehen – seine Entsprechung etwa in der Mitte des Strafrahmens haben (BGHSt 27, 2 mwN; zusf Bruns, RStZ, S 60; krit Horn SK 94). Mit diesem gedachten Fall stimmt jedoch der sog Regelfall im Sinne des erfahrungsgemäß immer wieder vorkommenden Durchschnittsfalls nicht überein; er wird im allgemeinen deutlich unter der Mitte des Schweregrades der vom Normalstrafrahmen erfaßten Tatbestandsverwirklichungen liegen (BGH aaO; BGHSt 34, 355 mit krit Anm Meyer NStZ 88, 87; zusf Bruns JZ 88, 1053). Einzuräumen ist allerdings, daß vor allem der theoretische Durchschnittsfall, mit Einschränkungen aber auch der Regelfall, nur Abstraktionen aus einer unübersehbaren Lebensvielfalt sind und sich deshalb nur undeutlich konkretisieren lassen (abl daher Zipf JR 76, 512; Frank NJW 77, 686; Hettinger aaO [vgl 45] S 128, 143, 149; Timpe aaO [vgl 45] S 67; Streng aaO; krit Horn aaO; diff Montenbruck aaO [vgl 45] S 30, 111). Sie bilden deshalb keinen unmittelbar anwendbaren Maßstab für das Auffinden der sog **„Einstiegsstelle"** in den zugehörigen Strafrahmenbereich (vgl 32). Bei der Aufgabe des Richters, die erforderliche erste Basisbeurteilung der Tat vorzunehmen (dazu 32), bieten sie aber eine gewisse Hilfe (krit Fahl aaO [vgl 32] S 198) und zugleich auch eine begrenzte (dazu 50–52) Möglichkeit der revisionsrichterlichen Nachprüfung (NStZ 84, 117). Die richtige Bestimmung dieses Ausgangspunktes, die ohne eine ständige Beobachtung der Praxis in vergleichbaren Fällen nicht auskommt (vgl 49), ist besonders wichtig, weil davon die Gerechtigkeit und Gleichmäßigkeit staatlichen Strafens weitgehend abhängt. – Allerdings wird die Aufgabe der gerechten Einordnung des Falles in den maßgebenden Strafrahmen durch einen schwerwiegenden Mangel des geltenden Rechts erschwert. Infolge des Scheiterns der Gesamtreform des Besonderen Teils (8 vor § 1) ist die schon seit Jahrzehnten als notwendig erkannte Harmonisierung aller gesetzlichen Strafrahmen nach einem einheitlichen Maßstab der Unrechtsbewertung unterblieben. Viele Strafdrohungen stammen noch aus früheren Epo-

chen der Rechtsentwicklung und entsprechen zu einem erheblichen Teil nicht mehr heutigen Anschauungen. Die daraus folgenden Wertungswidersprüche kann der Richter auf der Grundlage des geltenden Rechts nicht oder nur unzureichend ausgleichen. Es ist deshalb eine vordringliche Aufgabe des Gesetzgebers, diese längst fällige Gesamtüberprüfung der Strafdrohungen baldmöglichst vorzunehmen (zu gesetzgeberischen Plänen, das Versäumte endlich nachzuholen, 13 vor § 1). Punktuelle Anpassungen, wie sie das VerbrBG im Bereich der Körperverletzungsdelikte versucht hat (4 vor § 38), vermindern die Spannungen nur, werfen dafür aber neue Zweifelsfragen auf (krit Hettinger GA 95, 399; s auch BT-Dr 12/8588 S 4).

3. Im ganzen wird die „richtige" Strafe aufgrund einer Fülle ver- 49
schiedenartiger Strafzumessungstatsachen und -erwägungen bestimmt, die in jedem Falle eine individuelle Gesamtwürdigung von Tat und Täter erfordern (krit Schünemann, in: Schünemann [Hrsg], Grundfragen des modernen Strafrechtssystems, 1984, S 153, 187; s auch Montenbruck aaO [vgl 23] S 41, 69). Die Notwendigkeit solcher Individualisierung fördert die Gefahr erheblicher Ungleichheiten in der Strafzumessungspraxis, ein bisher noch ungelöstes Problem (vgl etwa Streng, Strafzumessung und relative Gerechtigkeit, 1984, S 1; Heinz, in: Jehle [Hrsg], Individualprävention und Strafzumessung, 1992, S 85, 118; Jung, Sanktionensystem und Menschenrechte, 1992, S 193; s auch Streng, in: Lampe [Hrsg], Rechtsgleichheit und Rechtspluralismus, 1995, S 279). Sie mindert vor allem die **Vergleichbarkeit einander ähnlicher Fälle** und erschwert damit zugleich die Verallgemeinerungsfähigkeit von Strafmaßbegründungen (krit R Hassemer MschrKrim 83, 26). Beim gegenwärtigen Stand wird sich eine allgemeine, als richtig zu bewertende Praxis überhaupt nur bei gehäuft vorkommenden Taten typischer Prägung herausbilden und in diesem Rahmen auch die einzelne Strafzumessung beeinflussen können (BGHSt 28, 318, 323 mit Bespr Bruns JR 79, 353). Darüber hinaus ist eine Anpassung an Entscheidungen anderer Gerichte jedenfalls dann rechtsfehlerhaft, wenn sie der eigenen Wertung des Gerichts widerspricht (BGH aaO; bei Holtz MDR 79, 986; bei Detter NStZ 92, 479; krit zur Bedeutung des Gleichheitssatzes für die Strafzumessung Arzt, Stree/Wessels-FS, S 49). Deshalb sind allgemeine Empfehlungen für die Strafzumessung auf Richtertagungen und ähnlichen Veranstaltungen nicht problemlos. Sie fördern zwar die Einheitlichkeit der Rspr (Schultz BA 77, 307 mwN), verführen aber leicht zu generalisierendem, mit § 46 unvereinbarem schematischem Vorgehen (Leonhard DAR 79, 89; Scherer DAR 80, 107); auch ist die Übereinstimmung solcher Empfehlungen mit den Intentionen des Gesetzes nicht ohne weiteres gesichert (krit Lackner JR 70, 1, 4, 9). Aus ähnlichen Gründen bieten auch Vorschläge, mit Hilfe mathematischer Methoden, namentlich schematisierender Bewertungsverfahren, zu rational besser fundierten Ergebnissen zu kommen (so etwa Haag, Rationale Strafzumessung, 1970; v Linstow, Berechenbares

Strafmaß, 1974), keine wirkliche Reformchance (v Hippel, Lange-FS, S 285; Hassemer ZStW 90, 64; Bruns NJW 79, 289 und ZStW 92, 736; Schreiber NStZ 81, 338, 340; Köberer, Iudex non calculat, 1996). Dagegen könnte eine Verbesserung des Informationsaustauschs durch gezielte empirische Untersuchungen auf abgegrenzten Teilgebieten (zB Wirtschafts-, Steuer- oder Verkehrsstrafrecht) weiterführend sein (zB Schöch, Strafzumessungspraxis und Verkehrsdelinquenz, 1973; Meine wistra 86, 94; s auch Streng, Heidelberg-FS, S 501, 520; Weigend, Köln-FS, S 579). – Im ganzen hat die moderne **Sanktionsforschung** noch keine wirksame Abhilfe anbieten können, wenngleich das Wissen um die Auswirkungen strafrechtlicher Sanktionen auf das Sozialgefüge deutlich zugenommen hat (vgl etwa Albrecht, in: Kerner/Kury/Sessar [Hrsg], Deutsche Forschungen zur Kriminalitätsentstehung und Kriminalitätskontrolle, 1983, S 1297; Kunz, in: Kielwein [Hrsg], Entwicklungslinien der Kriminologie, 1985; Pfeiffer/Oswald [Hrsg], Strafzumessung. Empirische Forschung und Strafrechtsdogmatik im Dialog, 1989; skeptisch Bock ZStW 102, 504; **rechtsvergleichend** Bruns, Burgstaller, Dubs, Stile, Weigend und Meyer ZStW 94, 111, 127, 161, 173, 200, 227; Dolcini ZStW 94, 373; v Hirsch ZStW 94, 1047; Albrecht, Pallin-FS, S 11 und ZStW 102, 596; Dessecker ZStW 102, 627; s auch den zusf Bericht von Jung, Miyazawa-FS, S 437 über die Empfehlung des Europarates zur Strafzumessung von 1993).

50 **VI. 1.** Die Strafzumessung ist ein Akt **tatrichterlicher Würdigung.** Ob und wieweit damit Ermessensausübung verbunden, dh dem Richter ein **Rechtsfolgeermessen** in dem Sinne eingeräumt ist, daß er zwischen mehreren „richtigen" Strafen wählen darf, ist umstritten und nicht zuletzt auch von der Bestimmung des Ermessensbegriffs abhängig (Engisch, Peters- FS, S 15). Unbestritten schließt das Rechtsstaatsprinzip es aus, Art und Maß der strafrechtlichen Reaktion von Rechts wegen dem richterlichen Belieben zu überlassen (so schon Drost, Das Ermessen des Strafrichters, 1930, S 38). Der Richter ist insoweit nicht frei, sondern strikt an die Wert- und Zweckvorstellungen des Gesetzes gebunden. Das gilt nicht nur für die Bestimmung der Strafhöhe innerhalb des Strafrahmens, sondern auch für die Wahl der Strafart und sogar jenseits der Strafzumessung für alle Fälle, in denen das Gesetz dem Richter die Anordnung strafrechtlicher Rechtsfolgen zur Wahl stellt (vgl etwa 7 zu § 49). Bei diesem unbestrittenen Ausgangspunkt reduzieren sich die Auseinandersetzungen um den Ermessenscharakter der Strafzumessung auf ein rechtstheoretisches Problem (aM Bruns JR 77, 160, 162). Auch wenn der Richter sich an alle gesetzlichen und von Rspr und Lehre entwickelten Richtlinien für die Findung der Strafe hält, ist sein Ergebnis wegen der Komplexität der maßgebenden Erwägungen niemals zwingend als das allein „richtige" zu erweisen. In dem Spielraum des rational nicht mehr Überprüfbaren kommt daher die persönliche gestaltende Willensentscheidung des Richters notwendig zum Tragen (Dreher JZ 67, 41, 44). Sieht man

schon darin Ermessensausübung, dann ist auch der Strafzumessungsakt ieS eine Ermessensentscheidung (Engisch aaO S 36). Setzt man jedoch für das Ermessen eine Befugnis zur Wahl zwischen mehreren „gleich richtigen" Entscheidungsalternativen voraus, so scheidet bei Konkretisierung der Strafe innerhalb des anwendbaren Strafrahmens Ermessen überhaupt aus (so Frisch, Revisionsrechtliche Probleme der Strafzumessung, 1971, NJW 73, 1345 und ZStW 99, 751, 802; Grasnick JA 90, 81 und JZ 92, 260; näher zum Ganzen Warda, Dogmatische Grundlagen des richterlichen Ermessens im Strafrecht, 1962; Bruns, Engisch-FS, S 708 und Welzel-FS, S 739, 740; Zipf aaO [vgl 46] S 161, alle mwN). Dann wird die Grenze erst überschritten, wenn das Gesetz in sog „Kann-Vorschriften" die Wahl einer Rechtsfolge ausdrücklich dem Richter überläßt; allerdings ist auch dies kein prinzipieller Übergang, weil dem Richter auch hier nur **pflichtmäßiges,** dh an die Wert- und Zweckvorstellungen des Gesetzes gebundenes, **Ermessen** eingeräumt ist (BGHSt 1, 175, 177).

2. Eine sorgfältige **Begründung** der Strafzumessung ieS ist sowohl prozessual wie auch materiell-rechtlich geboten. Es ist ein **Verfahrensfehler** nach § 267 III S 1 StPO (beachte auch § 344 II S 2 StPO), wenn die für die Zumessung der Strafe wirklich (Bruns JR 77, 162, 163) bestimmend gewesenen Umstände, dh die für das Gericht „tragenden" Strafzumessungsgründe, im Urteil nicht angeführt sind (stRspr; zusf Bruns, RStZ, S 263). Außerdem liegt ein **sachlich-rechtlicher Fehler** vor, wenn das Urteil mangels hinreichender Darlegung der Strafzumessungsgründe – namentlich bei hohen Strafen (Karlsruhe StV 93, 403) – nicht zuverlässig auf seine materiell-rechtliche Richtigkeit nachgeprüft werden kann (stRspr; vgl etwa NJW 76, 2220; NStZ-RR 96, 133, beide mwN). Das kommt vor allem in Frage: wenn die Begründung in sich fehlerhaft ist (NJW 95, 340), namentlich unauflösbare Widersprüche enthält (bei Mösl NStZ 83, 161); wenn der Tatrichter die persönlichen Verhältnisse (StV 92, 463) oder sonst Umstände, deren Erörterung sich nach dem Sachzusammenhang aufdrängte, übergangen (NStZ 86, 312; s auch JZ 88, 264; Köln NJW 86, 2328) oder rechtlich anerkannte Strafzwecke überhaupt nicht in den Kreis seiner Erwägungen einbezogen hat (BGHSt 17, 35, 36; NJW 79, 2621); oder wenn der neu entscheidende Tatrichter ohne nähere Begründung eine gleich hohe Strafe wie im früheren Urteil verhängt hat, obwohl er von einem wesentlich geringeren Strafrahmen oder sonst erheblichen Milderungsgründen ausgegangen ist (StV 91, 19; Zweibrücken StV 92, 469; Hamburg StV 95, 643, alle mwN). Darüber hinaus hält die Rspr mit Recht auch die Verhängung einer vom Üblichen abweichenden, unvertretbar hohen (MDR 92, 399 mit abl Anm Schäfer; NStZ 92, 381 mit krit Anm Pauli NStZ 93, 233; StV 95, 173 und 96, 661) oder niedrigen (BGHSt 17, 35; NJW 77, 1247 mit Anm Bruns JR 77, 160; NStZ 94, 494; StV 96, 427 mit abl Anm Köberer; Bay NStZ 88, 408 mit krit Anm Meine NStZ 89, 553) Stra- 51 fe für fehlerhaft (BGHSt 29, 319; 34, 345; zust Streng JuS 93, 919, 923; krit Terhorst JR 88, 272). Dasselbe gilt für eine unvertretbar ungleiche Behandlung von Tatbeteiligten (StV 91, 557 und 94, 375; Streng aaO). Im ganzen ist die Rspr zum sachlich-rechtlichen Fehler durch eine schwer überschaubare, nicht immer widerspruchsfreie Kasuistik gekennzeichnet (zusf zur neueren BGH-Rspr Theune, Pfeiffer-FS, S 449). Prozeß- und sachlich-rechtliche Begründungsmängel können in einem sog **Doppelfehler** zusammentreffen, der seine materiell-rechtliche Relevanz auch dann behält, wenn keine formgerechte Verfahrensrüge erhoben wurde (vgl etwa Köln NJW 54, 1053). – Nicht verlangt wird eine erschöpfende Darstellung aller Strafzumessungserwägungen; sie ist nicht vorgeschrieben und idR auch nicht möglich (stRspr; vgl etwa BGHSt 3, 179; 24, 268; NStZ 96, 539; Hamm NJW 77, 2087). Deshalb ist das Übergehen einzelner im Katalog des Abs 2 erwähnter Umstände nicht für sich allein (bei Dallinger MDR 71, 720), sondern nur dann ein sachlich-rechtlicher Fehler, wenn der jeweilige Umstand für die konkrete Strafzumessung erkennbar Gewicht hatte (Koblenz VRS 47, 256).

52 **3.** In der **Revisionsinstanz** ist die Strafzumessung nur insoweit angreifbar, als ob sie Verfahrensfehler (die gerügt werden müssen) oder sachlich-rechtliche Fehler aufweist (vgl 51). Wie allerdings die Grenzen dieser Nachprüfung im Hinblick auf das Element tatrichterlicher Würdigung näher zu bestimmen sind, ist umstritten. Während die Rspr dem Tatrichter einen relativ weiten Spielraum des Unüberprüfbaren einräumt, ist im Schrifttum eine nachhaltig einschränkende Tendenz spürbar (vgl etwa Schünemann, in: Pönometrie-Rationalität oder Irrationalität der Strafzumessung, 1977, S 73; Streng aaO [vgl 48] S 296; Frisch ZStW 99, 751, 802; Theune, Pfeiffer-FS, S 449).

53 **VII. 1.** Zur **Konzeption des § 46 im ganzen** Stratenwerth, Tatschuld und Strafzumessung, 1972; Lackner, Gallas-FS, S 117; Zipf JuS 74, 142; die Entwicklungstendenzen zusf Bruns, Welzel-FS, S 739. Zur Konzeption des österreichischen StGB (§ 32) Zipf ÖJZ 79, 197; rechtsvergleichend Buchala, Triffterer-FS, S 561.

54 **2.** Zur **Strafzumessung im ganzen** beachte ferner die folgenden Gesamtdarstellungen, von denen auch die älteren heute noch bedeutsam sind: Dreher, Über die gerechte Strafe, 1947; Spendel, Zur Lehre vom Strafmaß, 1954; v Weber, Die richterliche Strafzumessung, 1956; Bruns, Strafzumessungsrecht, 2. Aufl 1974; Zipf, Die Strafzumessung, 1977; Streng, Strafrechtliche Sanktionen, 1991, S 153. Gesamtdarstellung der Rspr-Grundsätze bei Schäfer, Praxis der Strafzumessung, 1990; speziell zum Steuerstrafrecht Meine, Die Strafzumessung bei der Steuerhinterziehung, 1990.

§ 46 a Täter-Opfer-Ausgleich, Schadenswiedergutmachung

Hat der Täter

1. **in dem Bemühen, einen Ausgleich mit dem Verletzten zu erreichen (Täter-Opfer-Ausgleich), seine Tat ganz oder zum überwiegenden Teil wiedergutgemacht oder deren Wiedergutmachung ernsthaft erstrebt oder**
2. **in einem Fall, in welchem die Schadenswiedergutmachung von ihm erhebliche persönliche Leistungen oder persönlichen Verzicht erfordert hat, das Opfer ganz oder zum überwiegenden Teil entschädigt,**

so kann das Gericht die Strafe nach § 49 Abs. 1 mildern oder, wenn keine höhere Strafe als Freiheitsstrafe bis zu einem Jahr oder Geldstraafe bis zu dreihundertsechzig Tagessätzen verwirkt ist, von Strafe absehen.

Fassung des VerbrBG (4 vor § 38).

1. Die Vorschrift dient zusammen mit den Änderungen der §§ 56 (dort 19), 56 b (dort 3, 4 a, 4 b) und 59 a (dort 2) etwa gleichgewichtig der Verbesserung des Opferschutzes und der Zurückdrängung repressiver Bestrafung im unteren und mittleren Kriminalitätsbereich, um auf diesem Wege die friedensstiftende Wirkung des Strafverfahrens sinnvoll zu ergänzen. Sie versucht, Teilergebnisse der intensiven Diskussionen des letzten Jahrzehnts um den **Täter-Opfer-Ausgleich** und die **Schadenswiedergutmachung** im Gesetz zu verankern (aus dem kaum übersehbaren Schrifttum zur Gesamtproblematik expl folgende Entwürfe, Monographien, Sammelwerke und Erfahrungsberichte: AE [WGM]; Schöch [Hrsg], Wiedergutmachung und Strafrecht, 1987; Frehsee, Schadenswiedergutmachung als Instrument strafrechtlicher Sozialkontrolle, 1987; Frühauf, Wiedergutmachung zwischen Täter und Opfer, 1988; Marks/Rössner [Hrsg], Täter-Opfer-Ausgleich, 1989; Weigend, Deliktsopfer und Strafverfahren, 1989; Eser ua [Hrsg], Neue Wege der Wiedergutmachung im Strafrecht, 1990; BMJ [Hrsg], Täter-Opfer-Ausgleich. Zwischenbilanz und Perspektiven, 1991; Schreckling ua, Bestandsaufnahme zur Praxis des Täter-Opfer-Ausgleichs in der Bundesrepublik Deutschland, 1991; Baurmann/Schädler, Das Opfer nach der Straftat, 1991; Jung, Sanktionensysteme und Menschenrechte, 1992, S 113, 147; Sessar, Wiedergutmachung oder Strafen?, 1992; Hering/Rössner [Hrsg], Täter-Opfer-Ausgleich im allgemeinen Strafrecht, 1993; Marks ua [Hrsg], Wiedergutmachung und Strafrechtspraxis, 1993; Rössner/Wolf, Opferbezogene Strafrechtspflege, 1994; Kerner ua [Hrsg], Täter-Opfer-Ausgleich – auf dem Weg zur bundesweiten Anwendung, 1994; Hartmann, Schlichten oder Richten – Der Täter-Opfer-Ausgleich und das [Jugend-]Strafrecht, 1995; Kilchling, Opferinteressen und Strafverfolgung, 1995; Kaiser/Jehle [Hrsg], Kriminologi- 1 sche Opferforschung, Teilbände I und II, 1994, 1995; Brauns, Die Wiedergutmachung der Folgen der Straftat durch den Täter, 1996; Trenczek, Restitution – Wiedergutmachung, Schadensersatz oder Strafe?, 1996; s auch Hirsch, Kaufmann [Arm]-GedSchr, S 699 und ZStW 102, 534; Voß MschrKrim 89, 34; Seelmann JZ 89, 670; Luther NJ 92, 400; Dölling JZ 92, 493; Roxin, Baumann-FS, S 243 und Lerche-FS, S 301; Prenczek ZRP 92, 130; Müller-Dietz BewH 92, 153; Baumann, Stree/Wessels-FS, S 41; Loos ZRP 93, 51; Lampe GA 93, 485; Jung MschrKrim 93, 50; Pfeiffer, Schüler-Springorum-FS, S 53; Böttcher BewH 94, 45; Streng ÖJZ 94, 145; Driebold BewH 95, 82; Kury MschrKrim 95, 84; Sessar MschrKrim 95, 99; Kilchling NStZ 96, 309; rechtsvergleichend Dünkel/Rössner ZStW 99, 845; Weigend MschrKrim 92, 105; Marck MschrKrim 92, 115; Bieri/Ferel, Täter-Opfer-Ausgleich – Ansatz einer kriminalpolitischen Reform im Strafrecht, 1994; Korošec MschrKrim 95, 254). Die Vorschrift knüpft an Erfahrungen an, die im Rahmen zahlreicher Modellprojekte (zusf Bannenberg, Wiedergutmachung in der Strafrechtspraxis, 1993, S 85, 261), namentlich in der Jugendstrafrechtspflege, gesammelt worden sind (BT-Dr 12/6853 S 21; zusf Meier JuS 96, 436). Obwohl überwiegend (aM Albrecht, Schüler-Springorum-FS, S 81), anerkannt ist, daß der Täter-Opfer-Ausgleich breiteren Raum im Gesetz finden sollte, ist die Frage der Umsetzung in eine konkrete Regelung kontrovers (BT-Dr 12/8588 S 4). § 46 a kann deshalb nur als vorläufiger und begrenzter Versuch der Schaffung eines gesetzlichen Rahmens verstanden werden (beachte etwa die abw Vorschläge der SPD-Fraktion in dem Entwurf eines Ges zur Reform des strafrechtlichen Sanktionensystems [BT-Dr 12/6141 S 4, 7] mit einer erläuternden [Meyer, Triffterer-FS, S 629] und einer kritischen [Kaiser ZRP 94, 314], den Diskussionsstand referierenden Bespr; vgl ferner die Verhandlungen und Ergebnisse des 59. DJT, soweit sie dieses Thema betreffen [3 vor § 38]; s auch Meier aaO S 441; Jescheck/Weigend AT S 864). Ob er sich kriminalpolitisch positiv auswirken wird, ist ungewiß. Da er die Durchführung des Täter-Opfer-Ausgleichs völlig ungeregelt läßt (krit Kaiser aaO S 319; Dahs NJW 95, 553; Hamm StV 95, 491; Meier aaO S 441), hängt seine Akzeptanz durch die bisher zurückhaltende Praxis entscheidend davon ab, ob flächendeckend der unverzichtbare organisatorische Hintergrund geschaffen werden kann, der sicherstellt, daß die erfahrungsgemäß schwierigen Kontakte zwischen Täter und Opfer durch fachkundige Berater vermittelt und gefördert werden können. Insoweit bedarf es noch großer Anstrengungen im Bereich der Sozialarbeit. Überdies kann erst die Entwicklung zeigen, ob sich die beiden wichtigsten Bedenken ausräumen lassen, daß nämlich die durchgängige Institutionalisierung des Rechtsinstituts einen verantwortlicher Nutzen-Kosten-Analyse widersprechenden Aufwand fordern und möglicherweise die Freiwilligkeit im Verhalten der Beteiligten gefährden könnte (in mancher Hinsicht berechtigt, aber überzogen die Kritik von Hamm aaO; krit auch Loos aaO S 54; Lampe aaO S 487; unter Gesichtspunkten der Rechtsstaatlichkeit ferner Blum, Strafbefreiungsgründe und ihre kriminalpolitischen Begründungen, 1996, S 16, 89).

2. Der Täter-Opfer-Ausgleich und die Schadenswiedergutmachung sind **keine Strafen.** Sie bilden zwar keine „selbständige dritte Spur im Sanktionensystem" (so Roxin, Baumann-FS, S 243 in bezug auf den AE [WGM]), aber doch eigenständige Reaktionsmittel, die Strafe überflüssig machen oder mildern sollen (hM; für den Täter-Opfer-Ausgleich anders Schild, Geerds-FS, S 157, der dessen Umgestaltung in eine echte Strafe empfiehlt). 1 a

3. Die Vorschrift gilt **allgemein,** also auch bei Verbrechen (krit die strafrechtliche Abteilung des 59. DJT, NJW 92, 3021); die gänzliche Ausscheidung bestimmter Tatbestandsgruppen (zB der Gewaltdelikte) ist daher unzulässig (NStZ 95, 492; s auch Karlsruhe NJW 96, 3286; Meier JZ 95, 434, 436). Nicht einschlägig ist die Vorschrift jedoch bei sog „opferlosen" Delikten, bei denen keine bestimmte (natürliche oder juristische) Person materiell oder immateriell geschädigt wurde; sog „symbolische" Wiedergutmachung einer Tat ohne Opfer ist – abweichend von Vorschlägen im Gesetzgebungsverfahren und im Schrifttum (expl BT-Dr 12/6141 S 4, 10; AE [WGM] § 1 I S 3) – nicht einbezogen und kann daher nur im Rahmen der allgemeinen Strafzumessungsregeln berücksichtigt werden (hM; anders Brauns [vgl. 1] S 317). – Auch bei **Steuerhinterziehung** (§ 370 AO) kommt es darauf an, ob im Einzelfall die Voraussetzungen erfüllt sind (str). Ein Täter-Opfer-Ausgleich im Sinne der Nr 1 scheidet allerdings bei einer der Gesetzesentwicklung entsprechenden Auslegung in aller Regel, aber nicht notwendig (Brauns wistra 96, 214; aM Bay NJW 96, 2806; Tröndle 4) aus. Die Anwendbarkeit der Nr 2 kommt aber in Frage. Daß der Staat die Allgemeinheit repräsentiert, steht seiner Eigenschaft als durch die Tat Geschädigter nicht entgegen. Auch daß die Selbstanzeige nach § 371 AO dem Täter eine weiterreichende Vergünstigung gewährt, ist kein Hinderungsgrund; da sie andere Voraussetzungen und andere Rechtsfolgen hat als § 46 a, kann sie nicht als vorgehende Spezialregelung gedeutet werden (Schwedhelm/Spatschek DStR 95, 1449; Brauns aaO; Briel NStZ 97, 33; aM Blesinger wistra 96, 90; zw). 1 b

4. Im Zentrum der Vorschrift steht die **Wiedergutmachung des durch die Tat verursachten Schadens,** auch des immateriellen, selbst wenn dieser zivilrechtlich nicht geschuldet ist (Sch/Sch-Stree 2). Meistens, aber nicht notwendig (zB Widerruf einer ehrenrührigen Behauptung), geht es um den Ausgleich des materiellen Schadens und um Schmerzensgeld (die Annahme in NStZ 95, 492, daß Nr 1 vor allem den Ausgleich der immateriellen Folgen einer Tat und Nr 2 den materiellen Schadensersatz betreffe, findet im Ges keine Stütze, Brauns aaO [vgl 1] S 324). Da die Vorschrift aber in **Nr 1** für den Täter einen Anreiz zur Erreichung des Täter-Opfer-Ausgleichs schaffen oder ihm in **Nr 2** einen besonderen persönlichen Einsatz abfordern will (BT-Dr 12/6853 S 21), genügt nur vollständige oder überwiegende, dh minde- 2 stens die Hälfte des Gesamtschadens übersteigende, Wiedergutmachung oder im Falle der Nr 1 auch das ernsthafte Streben nach Wiedergutmachung, soweit sie dem Täter nach den Umständen möglich und zumutbar ist (ähnlich Kilchling NStZ 96, 309, 314; Horn SK 3), allein nicht. Hinzukommen muß eine besondere Leistung des Täters (näher dazu unter krit Würdigung der bisherigen Rspr Brauns aaO [vgl 1] S 320; Kilchling aaO S 312):

3 **a) Nr 1:** Hier muß der Täter zusätzlich im Rahmen von Bemühungen um einen **Täter-Opfer-Ausgleich,** dh um Schadenswiedergutmachung und Aussöhnung mit dem Verletzten (vgl die Initiativvorlage der SPD-Fraktion BT-Dr 12/6141 S 8), gehandelt haben. Er muß danach mindestens ernsthaft – sei es auch erfolglos (zB wegen Weigerung des Verletzten) – versucht haben, die Aussöhnung zu erreichen. Das erfordert einen kommunikativen Prozeß, in den neben dem Opfer, das hier nur eine natürliche Person sein kann (näher dazu Meier JuS 96, 436, 440), regelmäßig (aber nicht notwendig, Stuttgart NJW 96, 2109; Brauns aaO [vgl 1] S 311; Tröndle 4; aM König/Seitz NStZ 95, 1, 2) auch sachkundige Berater einbezogen sind. Der Täter muß danach in umfassenden Ausgleichsbemühungen möglichst eine Lösung des Gesamtkonflikts angestrebt haben (NStZ 95, 492; s auch Stuttgart aaO). Mit dieser Einschränkung soll sichergestellt werden, daß die grundlose Privilegierung reicher Täter, die jederzeit zur Wiedergutmachung imstande sind, verhindert wird (BT-Dr aaO [vgl 2] S 21).

4 **b) Nr 2:** Hier muß der Täter freiwillig – sei es auch unter dem Druck des Opfers oder des Strafverfahrens – die erbrachte Wiedergutmachung (vgl 2) durch erhebliche **persönliche** (also nicht von Dritten übernommene, Brauns aaO [vgl 1] S 317) **Leistungen oder persönlichen Verzicht** erreicht haben. Das erfordert besondere persönliche Anstrengungen, die Ausdruck der Übernahme von Verantwortung gerade gegenüber dem Opfer sind (dazu Stuttgart NJW 96, 2109), zB umfangreiche Arbeiten in der Freizeit oder erhebliche Einschränkungen im finanziellen Bereich (BT-Dr 12/6853 S 22); daß der Täter solche Leistungen erst erbracht hat, nachdem er auf Zahlung in Anspruch genommen worden ist, schließt die Vergünstigung nicht notwendig aus (NStZ 95, 284).

4 a **c)** Beide Alternativen beschreiben **selbständige Voraussetzungen,** die übereinstimmend Schadensausgleich bezwecken. Die **Nr 1** legt jedoch zusätzlich besonderes Gewicht auf den Täter-Opfer-Ausgleich, dh auf die Überwindung der immateriellen Tatfolgen, während die **Nr 2** sich mit besonderem persönlichen Einsatz bei der materiellen Wiedergutmachung begnügt (NStZ 95, 492). Das Gericht kann die Strafmilderung auf jede der beiden Alternativen stützen; liegen jedoch die Voraussetzungen beider vor, sollten sie wegen ihrer Bedeutung für die Ermessensausübung (vgl 5) nebeneinander festgestellt werden.

5 **5. a)** Die **1. Alt** der Strafdrohung sieht nur einen **fakultativen besonderen gesetzlichen Milderungsgrund** im Sinne des § 49 I vor

(krit Brauns aaO [vgl 1] S 302). Es ist daher zunächst zu entscheiden, ob von der Milderungsmöglichkeit überhaupt Gebrauch gemacht wird (dazu und zu der Frage, welchen Regeln diese Würdigung folgt, 4 zu § 49). Für die danach gebotene Gesamtwürdigung haben vor allem Gewicht: die Intensität der Täterbemühungen und die mit ihnen erreichte friedensstiftende Wirkung; das Maß der Freiheit des Täters von äußerem Druck, für das auch der Zeitpunkt seiner Leistungen indiziell sein kann; die Größe des verschuldeten Unrechts, namentlich die verbrecherische Energie (bei Vergewaltigungen wird Nr 2 als Grundlage regelmäßig nicht ausreichen, NStZ 95, 492) und die Höhe des Schadens; schließlich die mutmaßlichen Auswirkungen auf die Rechtstreue der Bevölkerung (näher konkretisierend Meier JuS 96, 436, 441; Sch/Sch-Stree 5). – Wird von der Milderungsmöglichkeit Gebrauch gemacht, so ändert sich zunächst **nur der Strafrahmen** nach dem Maßstab des § 49 I (beachte auch § 50, namentlich die danach gebotene Reihenfolge der Prüfungsschritte, dort 3). Zur Strafzumessung innerhalb dieses Rahmens 10 zu § 49. – Ausgleichsbemühungen des Täters, die den Anforderungen des § 46 a nicht genügen, können nur innerhalb des jeweils anwendbaren Strafrahmens berücksichtigt werden (42 zu § 46).

b) Das in der **2. Alt** der Strafdrohung vorgesehene **Absehen von Strafe** ist zur Sicherung eines angemessenen Schuldausgleichs und aus generalpräventiven Gründen nur bei Strafen (auch Gesamtstrafen) bis zu der angegebenen Höhe zulässig (BT-Dr 12/6853 S 22). Die Ausführungen unter 7 zu § 49 gelten sinngemäß. 6

6. Liegen Anhaltspunkte dafür vor, daß der Täter nach der Tat Schadensersatzleistungen erbracht oder sich um Schadenswiedergutmachung bemüht hat, so muß der Tatrichter Voraussetzungen und Rechtsfolgen des § 46 a prüfen und, wenn das Ergebnis nicht offensichtlich ist, erörtern (Bay NJW 95, 2120). 7

7. Da die Vorschrift die Anwendbarkeit des **§ 153 b StPO** begründet, werden die Möglichkeiten erweitert, den Täter-Opfer-Ausgleich schon im Ermittlungsverfahren zu praktizieren. 8

§ 47 Kurze Freiheitsstrafe nur in Ausnahmefällen

(1) **Eine Freiheitsstrafe unter sechs Monaten verhängt das Gericht nur, wenn besondere Umstände, die in der Tat oder der Persönlichkeit des Täters liegen, die Verhängung einer Freiheitsstrafe zur Einwirkung auf den Täter oder zur Verteidigung der Rechtsordnung unerläßlich machen.**

(2) **Droht das Gesetz keine Geldstrafe an und kommt eine Freiheitsstrafe von sechs Monaten oder darüber nicht in Betracht, so verhängt das Gericht eine Geldstrafe, wenn nicht die Verhängung einer Freiheitsstrafe nach Absatz 1 unerläßlich ist. Droht das Gesetz ein erhöhtes Mindestmaß der Freiheitsstrafe an, so bestimmt sich**

das Mindestmaß der Geldstrafe in den Fällen des Satzes 1 nach dem Mindestmaß der angedrohten Freiheitsstrafe; dabei entsprechen dreißig Tagessätze einem Monat Freiheitsstrafe.

1 **1.** Die Vorschrift (zu ihrer Verfassungsmäßigkeit BVerfGE 28, 386) bezweckt, die nach hM regelmäßig **schädliche** und kriminalpolitisch meist auch nicht gebotene (dazu Weigend JZ 86, 260) **kurzfristige Freiheitsstrafe** zur Ausnahme zu machen (sog ultima-ratio-Klausel, BGHSt 24, 40; krit mit Hinweisen auf die Gesetzesgeschichte und auf Tendenzen in der jüngeren kriminalpolitischen Entwicklung Kohlmann, Triffterer-FS, S 603, der zur Ergänzung des Sanktionensystems die Herabsetzung des Mindestmaßes der Freiheitsstrafe auf eine Woche vorschlägt). – § 47 gilt allgemein (beachte jedoch § 10 WStG; § 56 ZDG), namentlich auch für Verbrechen (zB bei Strafmilderung nach § 49), und unabhängig davon, ob Strafaussetzung nach § 56 in Frage kommt (BGHSt 24, 164). Die gänzliche Ausscheidung bestimmter Tatbestandsgruppen (zB fahrlässige Tötung, Trunkenheit im Verkehr) ist unzulässig (Düsseldorf NJW 70, 767; Frankfurt NJW 70, 957). Bei Tatmehrheit kommt es auf die Einzelstrafen (bei Detter NStZ 92, 479), nicht auf die Gesamtstrafe an (Stuttgart NJW 70, 820; s auch Köln NStZ 83, 264).

2 **2. Voraussetzungen des Abs 1** (zusf zu seiner kriminalpolitischen Problematik Lackner JR 70, 1; Dünnebier JR 70, 241; Schultz JR 71, 353; Janiszewski BA 71, 179; Tröndle LK 43 vor § 40 mwN):

a) Besondere Umstände in der Tat oder der Persönlichkeit des Täters liegen vor, wenn entweder bestimmte Tatsachen die konkrete Tat von den durchschnittlichen, gewöhnlich vorkommenden Taten gleicher Art unterscheiden oder wenn bestimmte Eigenschaften (zB kriminelle Neigungen) oder Verhältnisse (zB Begehung mehrerer Taten, Vorstrafen) beim Täter einen Unterschied gegenüber dem durchschnittlichen Täter solcher Taten begründen (Frankfurt StV 95, 27; Bay NJW 95, 3264 und 96, 798; Düsseldorf VRS 89, 193, alle mwN); es genügt auch, wenn erst die Umstände in Tat **und** Persönlichkeit zusammen die Freiheitsstrafe unerläßlich machen (Frankfurt VRS 42, 188).

3 **b) Einwirkung auf den Täter** kann hier bedeuten: die psychisch-disziplinäre Beeinflussung durch Verhängung der schwersten Strafart oder die komplexe Einwirkung durch Strafaussetzung und die mit ihr verbundenen Bewährungsmaßnahmen (BGHSt 24, 164; Grünwald, Schaffstein-FS, S 219, 227). Begrifflich gehört auch die konkrete Behandlung im Strafvollzug hierher; sie hat jedoch deshalb keine praktische Bedeutung, weil sie schon wegen der Kurzfristigkeit der Strafe keine Erfolgsaussicht bietet (Horstkotte NJW 69, 1601, 1602; Dünnebier JR 70, 241, 245; krit Weigend JZ 86, 260). Besteht unter keinem der einschlägigen Gesichtspunkte Aussicht auf eine positive Wirkung beim Täter, so ist diese Alternative nicht anwendbar (aM Bay NStZ 89,

75 mit abl Anm Köhler JZ 89, 697). – Voraussehbare Zahlungsunfähigkeit oder die Besorgnis, daß der Täter die Geldstrafe voraussichtlich nicht aus eigenen Mitteln aufbringen muß, ist allein kein Grund, um auf ihn durch Verhängung von Freiheitsstrafe einzuwirken (2 zu § 40).

c) aa) **Verteidigung der Rechtsordnung** ist ein wegen seiner Un- 4
bestimmtheit problematischer Begriff (zusf Dreher JR 70, 228; Zipf, Bruns-FS, S 205; Maiwald GA 83, 49; krit Koch NJW 70, 328; Arthur Kaufmann, Henkel-FS, S 89, 102; Grünwald, Schaffstein-FS, S 219, 228; Hassemer, Coing-FS, S 493, 521; abl Naucke ua, Verteidigung der Rechtsordnung, 1971). Aus seiner Entstehungsgeschichte (BT-Dr V/4094 S 6), seiner Anwendung in der Praxis und der wissenschaftlichen Diskussion ergibt sich folgende **negative Abgrenzung:** Auf eine umfassende Abwägung aller Strafzwecke (vgl Bruns GA 56, 193 mwN) kommt es nicht an (BGHSt 24, 40). Gesichtspunkte der Sühne für begangenes Unrecht, die Belange des Verletzten (Bay NJW 78, 1337) und für sich allein auch die Schwere der Schuld oder der Tatfolgen (zu letzteren Bay MDR 72, 339) reichen nicht aus (BGH aaO). Die Schuld ist als selbständiger Gesichtspunkt in den Ausschußberatungen bewußt eliminiert worden (Prot 5, 2134, 2798); sie hat daher für die Verhängung von Freiheitsstrafe auch keine einschränkende Wirkung, weil die Schuldangemessenheit nach dem Verhältnis von Schuld und Strafe der Höhe nach zu bestimmen ist (Horn JR 87, 294; aM Köhler JZ 89, 697). Schließlich ist hier auch nicht die Verteidigung der Rechtsordnung durch Behandlung oder Abschreckung des Täters gemeint; denn sie ist durch das Merkmal „Einwirkung auf den Täter" speziell erfaßt (Lenckner JurA 71, 319, 345).

bb) **Positiv** erfordert die Verteidigung der Rechtsordnung, die gene- 5
ralpräventive Wirksamkeit der Strafrechtsordnung durch gleichmäßigen, nicht schwächlichen Einsatz der strafrechtlichen Reaktionsmittel in einem Maße zu erhalten, daß die rechtliche Gesinnung der Bevölkerung nicht erschüttert wird (ähnlich BGHSt 24, 40; NJW 72, 832; krit Koch DAR 71, 263; abw Köhler, Über den Zusammenhang von Strafrechtsbegründung und Strafzumessung, 1983, S 60). Der Maßstab für diese rechtliche (dem Tatsachenbeweis daher nicht zugängliche, Celle JR 80, 256 mit Anm Naucke; Maiwald GA 83, 49, 66) Wertung ergibt sich aus dem Strafzweck der Integrationsprävention (30 zu § 46). Es kommt darauf an, ob der Verzicht auf Freiheitsstrafe nach den Umständen eine Gefahr für die Wirksamkeit der staatlichen Rechtspflege, dh für ihr Ernstgenommenwerden in der rechtstreuen (dazu KG StV 93, 120) Bevölkerung, bedeuten würde (Zipf, Bruns-FS, S 205, 216; s auch Celle StV 93, 195) und daher als ungerechtfertigtes Zurückweichen vor dem Verbrechen erscheinen müßte (Hamm MDR 70, 693; weiter einschr Horstkotte JZ 70, 122, 127). Das kann namentlich zutreffen, wenn der Täter aus ungewöhnlicher Rechtsfeindschaft (Frankfurt NJW 71, 1813 und 77, 2175), Brutalität (Koblenz MDR 74, 768; s auch LG Koblenz NStZ 91, 283) oder Gleichgültigkeit (uU also auch fahrlässig, Hamm

NJW 70, 870) Rechtsgüter angreift oder mißachtet (Bay NJW 70, 1382; Hamm NJW 70, 1614), wenn er schon bei Tatbegehung darauf spekuliert, von Freiheitsstrafe verschont zu bleiben (BGHSt 24, 40, 47), wenn die Tat einen erheblichen „Nachahmungseffekt" für andere befürchten läßt (NStZ 85, 165) oder wenn sie Ausdruck einer in der Bevölkerung verbreiteten Einstellung ist, welche die verletzte Norm nicht ernst nimmt (BGHSt 24, 40, 47); der nicht eindeutig auf solcher Einstellung beruhende Anstieg einer Deliktsart genügt für sich allein nicht (Frankfurt NJW 71, 666; Karlsruhe VRS 48, 341).

6 **d) Unerläßlich** ist die Verhängung einer Freiheitsstrafe dann, wenn sie die erforderliche Einwirkung auf den Täter oder die Verteidigung der Rechtsordnung voraussichtlich besser erreichen wird als jedes andere, im konkreten Fall zulässige (zu eng insoweit Eickhoff NJW 71, 272) Reaktionsmittel, namentlich also besser als eine hohe, aber noch schuldangemessene Geldstrafe (Köln StV 84, 378; Bay VRS 82, 126) oder als eine Verbindung von Geldstrafe mit Fahrverbot oder Entziehung der Fahrerlaubnis (Frankfurt NJW 71, 669; str), und wenn sie bei Berücksichtigung auch der Unzuträglichkeiten, die mit der kurzfristigen Freiheitsstrafe verbunden sind, unverzichtbar erscheint (ähnlich Horstkotte JZ 70, 122, 126; s auch NStZ 96, 429; Hamm MDR 86, 72; Bremen StV 94, 130; Saarbrücken NStZ 94, 192). Bei Ersttaten (Frankfurt VRS 42, 184; Hamm wistra 89, 234, beide mwN) und bei Taten, die auf einer echten Gewissensentscheidung beruhen (Bay NJW 92, 191 mwN), wird Freiheitsstrafe regelmäßig nicht unerläßlich sein. Auch bei mehreren Taten und bei Rückfall ist der Ausnahmecharakter der Vorschrift zu beachten (Schleswig NJW 82, 116; Zweibrücken StV 92, 323). Jedoch wird bei einer Häufung von Taten (bei Dallinger MDR 70, 196) und bei mehrfach rückfälligen Tätern (BGHSt 24, 64; Hamm MDR 71, 66; beachte jedoch Bay StV 92, 322) Freiheitsstrafe häufiger unerläßlich sein, und zwar uU auch dann, wenn der jeweils angerichtete Schaden geringfügig (Düsseldorf JR 87, 292 mit Anm Horn), die Tat aber nicht im ganzen bagatellhaft war (Karlsruhe MDR 97, 85; zu streng Bay NStZ 89, 75 mit abl Anm Köhler JZ 89, 697). – Die Beurteilung erfordert eine **Gesamtwürdigung** von Tat und Täter (StV 94, 370; Frankfurt StV 95, 27); dabei gibt es für Männer und Frauen keinen grundsätzlichen Unterschied (so für die Strafaussetzung BGHSt 17, 354).

7 **3.** Die Bejahung der Ausnahmevoraussetzungen des Abs 1 (uU auch deren Verneinung, wistra 83, 146; Köln GA 80, 267) bedarf schon materiell-rechtlich sorgfältiger **Begründung** (bei Mösl NStZ 82, 453; beachte jedoch Köln NStZ 83, 264) und kann als tatrichterliche Würdigung vom Revisionsgericht nur begrenzt nachgeprüft werden (Koblenz VRS 51, 428; Schleswig NJW 82, 116; bedenklich Zweibrücken VRS 45, 108). Zum formellen Begründungszwang § 267 III S 2 StPO.

8 **4. Abs 2** ist überwiegend **obsolet** geworden, weil alle Strafdrohungen, die durch Art 12 I EGStGB um eine Geldstrafdrohung erweitert

worden sind, schon unmittelbar unter Abs 1 fallen. Für Abs 2 bleiben jedoch neben den Strafdrohungen mit erhöhtem Mindestmaß der Freiheitsstrafe (S 2) auch Strafdrohungen aus dem WStG und ZDG übrig, für die Art 12 I EGStGB nicht gilt (dort Art 10 II); für diese bleibt die Vorschrift anwendbar (Bay NJW 92, 191 mwN; abw Horn NStZ 90, 270). – Die **allein angedrohte Freiheitsstrafe** wird nicht – auch nicht als Rechnungsposten – festgesetzt. Entspricht ihr Mindestmaß dem gesetzlichen, so ist die Geldstrafe nach ihrem gesetzlichen Mindestmaß (5 Tagessätze, § 40 I) zu bestimmen (Horn aaO).

§ 48 *(weggefallen)*

§ 49 Besondere gesetzliche Milderungsgründe

(1) **Ist eine Milderung nach dieser Vorschrift vorgeschrieben oder zugelassen, so gilt für die Milderung folgendes:**

1. **An die Stelle von lebenslanger Freiheitsstrafe tritt Freiheitsstrafe nicht unter drei Jahren.**
2. **Bei zeitiger Freiheitsstrafe darf höchstens auf drei Viertel des angedrohten Höchstmaßes erkannt werden. Bei Geldstrafe gilt dasselbe für die Höchstzahl der Tagessätze.**
3. **Das erhöhte Mindestmaß einer Freiheitsstrafe ermäßigt sich**
   im Falle eines Mindestmaßes von zehn oder fünf Jahren auf zwei Jahre,
   im Falle eines Mindestmaßes von drei oder zwei Jahren auf sechs Monate,
   im Falle eines Mindestmaßes von einem Jahr auf drei Monate,
   im übrigen auf das gesetzliche Mindestmaß.

(2) **Darf das Gericht nach einem Gesetz, das auf diese Vorschrift verweist, die Strafe nach seinem Ermessen mildern, so kann es bis zum gesetzlichen Mindestmaß der angedrohten Strafe herabgehen oder statt auf Freiheitsstrafe auf Geldstrafe erkennen.**

1. § 49 bestimmt **zwei allgemeine Maßstäbe,** nach denen sich die 1
Strafrahmen ändern (hM), wenn das Gericht die Strafe nach einer Vorschrift mildert, die den einen oder den anderen Maßstab ausdrücklich für anwendbar erklärt.

2. a) Abs 1 gibt den Maßstab für die Fälle an, in denen eine **um-** 2
fangsmäßig beschränkte Strafmilderung vorgeschrieben oder zugelassen ist (zB in §§ 17 S 2, 21, 23 II, 27 II). In diesen Fällen begrenzen die Nummern 1–3 die Ermäßigung des Strafrahmens sowohl für das Höchst- wie auch für das Mindestmaß; den Übergang auf eine mildere

Strafart lassen sie nicht zu. Läßt das Gesetz die Wahl zwischen mehreren Strafrahmen (zB zwischen lebenslanger und zeitiger Freiheitsstrafe), muß vor der Milderung der anzuwendende Strafrahmen bestimmt werden (bei Holtz MDR 79, 279); deshalb setzt Nr 2 auch das Höchstmaß der wahlweise neben Freiheitsstrafe angedrohten Geldstrafe regelmäßig auf 270 Tagessätze herab (hM; anders Horn NStZ 90, 270).

3 **b)** Die Strafmilderung ist in der jeweils anwendbaren Vorschrift nur ausnahmsweise **zwingend** vorgeschrieben (zB in § 27 II S 2).

4 **c)** Bei **fakultativer** (dh nur zugelassener) **Milderung** ist zunächst zu entscheiden, ob von der Milderungsmöglichkeit überhaupt Gebrauch gemacht wird (hM; anders Zipf, Die Strafmaßrevision, 1969, S 32, der nur eine Erweiterung des ordentlichen Strafrahmens bis zur unteren, aus Abs 1 folgenden Grenze annimmt). Diese Entscheidung bestimmt sich nicht nach § 49, sondern nach den allgemeinen Strafzumessungsregeln. Sie erfordert eine **Gesamtwürdigung** (hM; krit Timpe, Strafmilderungen des Allgemeinen Teils des StGB und das Doppelverwertungsverbot, 1983, S 82, 107, 206, 238, 297; Horn, Kaufmann [Arm]-GedSchr, S 573, 586; Frisch/Bergmann JZ 90, 944; Frisch, Spendel-FS, S 381, 399), die jedoch nur auf eine eingeschränkte Tatsachenbasis gestützt werden darf (str). Demgegenüber nimmt die hM an, daß alle schuldrelevanten Umstände, uU also auch Vorstrafen (aM Hamm NJW 58, 561), in einer Gesamtwürdigung von Tat und Täter zu berücksichtigen seien und später auch in der abschließenden Straffestsetzung (dazu 10) zu Buch schlagen könnten (so etwa BGHSt 16, 351; 17, 266; NJW 89, 3230 zum Versuch; BGHSt 7, 28 zur verminderten Schuldfähigkeit; eingehend Hettinger, Das Doppelverwertungsverbot bei strafrahmenbildenden Umständen, 1982, S 174). Dem ist zu widersprechen. Mit Recht beschränkt eine starke Meinungsgruppe die Gesamtwürdigung auf solche Umstände, die auf den jeweiligen gesetzlichen Milderungsgrund bezogen sind (vgl etwa Dreher JZ 56, 682, 57, 155 und 68, 209, 213; Rudolphi SK 3 zu § 23; Sch/Sch-Eser 7 zu § 23; Vogler LK 10, 11 zu § 23; krit Frisch/Bergmann aaO S 949; Frisch aaO). Zwar steht das Doppelverwertungsverbot einer umfassenden Gesamtwürdigung nicht entgegen (hM; anders Dreher aaO); diese ist aber mit dem Zweck der auf einen bestimmten Grund begrenzten Milderung nicht vereinbar, weil sie das Ergebnis von Bedingungen außerhalb des gesetzlichen Zweckzusammenhangs abhängig macht (ähnlich Dreher JZ 57, 155, 156: „Umgehung"; s auch Bergmann, Die Milderung der Strafe nach § 49 Abs 2 StGB, 1988, S 20; Frisch aaO S 382). Im übrigen ist die Annahme der Rspr (BGHSt 17, 266) unzutreffend, daß auf den Milderungsgrund bezogene und von ihm unabhängige Umstände nicht hinreichend unterscheidbar seien; gerade diese Unterscheidung wird seit Einführung des § 50 zur Beantwortung der Frage, ob eine Doppelmilderung zulässig ist, verlangt (3 zu § 50) und in der Praxis ohne Schwierigkeiten durchgeführt (dazu Hettinger aaO S 237). Immerhin erkennt die Rspr inzwischen aber an, daß bei der Gesamtwürdigung den auf

den Milderungsgrund bezogenen Umständen, beim Versuch also namentlich dessen Gefährlichkeit und Nähe zur Tatvollendung, besonderes Gewicht zukommt (BGHSt 35, 347, 355; 36, 1, 18; NJW 89, 3230; NStZ 93, 134 und 95, 285, alle mwN).

3. a) Abs 2 enthält den Maßstab für die **umfangsmäßig unbegrenzte Milderung,** die das StGB in zahlreichen Vorschriften (zB § 23 III) vorsieht (eingehend Bergmann, die Milderung der Strafe nach § 49 Abs 2 StGB, 1988). In diesen Fällen ist die Milderungsmöglichkeit nur insofern begrenzt, als das Mindestmaß der angedrohten Hauptstrafe bzw der hier wahlweise zugelassenen Geldstrafe verbindlich bleibt. Zur Vermeidung von Wertungswidersprüchen dürfte allerdings von einer Herabsetzung auch des Höchstmaßes der Strafe nach dem Maßstab des Abs 1 auszugehen sein (so mit Recht Bergmann aaO S 34 mwN). 5

b) Die Milderung nach Abs 2 ist ausnahmslos dem (pflichtmäßigen, 50 zu § 46) Ermessen des Gericht anheimgestellt und daher stets nur **fakultativ.** Deshalb ist auch hier nach den zu Abs 1 entwickelten Regeln (vgl 4) zu entscheiden, ob von der Milderungsmöglichkeit überhaupt Gebrauch gemacht wird (für den Regelfall ebenso Bergmann aaO [vgl 5] S 63). 6

c) In der Mehrzahl der auf Abs 2 verweisenden Vorschriften ist neben der Milderung auch das **Absehen von Strafe** zugelassen (29 zu § 24). In diesen Fällen entscheidet das Gericht nach (pflichtmäßigem, 50 zu § 46) Ermessen, ob es die Vergünstigung überhaupt gewährt und ob es die Strafe nur mildert oder ganz von ihr absieht (eingehend Bergmann aaO [vgl 5] S 73). 7

4. a) Zu der Möglichkeit, statt der Milderung nach § 49 einen **minder schweren Fall** anzunehmen, 2 zu § 50. 8

b) Die **Urteilsgründe** müssen erkennen lassen, daß die Milderung erwogen (bei Dallinger MDR 69, 358; KG JR 66, 307; Saarbrücken VRS 75, 33) und welcher Strafrahmen zugrundegelegt wurde (StV 84, 205; JZ 89, 860). 9

5. Die Bedeutung der Vorschrift erschöpft sich in der **Veränderung der Strafrahmen** (beachte auch 2–4 zu § 50). Einerseits folgt daraus, daß die Strafe jeweils unmittelbar aus dem Strafrahmen zu entnehmen ist, der sich aus Abs 1 oder 2 ergibt (BGHSt 1, 115; 33, 92). Milderung bedeutet daher nicht notwendig, daß auf eine Strafe erkannt wird, die unter der allgemein angedrohten erhöhten Mindeststrafe liegt (JZ 56, 500; Dreher JZ 56, 682; aM Börker JZ 56, 477). Andererseits gelten für die Strafzumessung innerhalb des gemilderten Rahmens die allgemeinen Regeln (32–49 zu § 46); dabei ergibt sich aus dem Verbot der Doppelverwertung von Tatbestandsmerkmalen (§ 46 III; vgl dort 45), daß die Milderungsgründe (zB verminderte Schuldfähigkeit, Versuch, Beihilfe) nicht als solche nochmals berücksichtigt werden dürfen (NJW 89, 3230 mwN; krit Horstkotte, Dreher-FS, S 265, 280); jedoch ist auf ihre Konkretisierungen zurückzukommen, soweit sie nach Art und Maß 10 graduierbar sind und daher für die Strafzumessung unterschiedliches Gewicht haben (BGHSt 26, 311; NStZ 84, 548, 85, 164 und 92, 538; StV 87, 530; GA 89, 569).

11 **6.** Der **Deliktscharakter** nach § 12 bleibt durch die Strafrahmenänderung unberührt (dort 4). Dasselbe gilt für die Zulässigkeit von **Nebenstrafen** und von Maßnahmen im Sinne des § 11 I Nr 8 (zB 2 zu § 44; 3 zu § 74).

§ 50 Zusammentreffen von Milderungsgründen

Ein Umstand, der allein oder mit anderen Umständen die Annahme eines minder schweren Falles begründet und der zugleich ein besonderer gesetzlicher Milderungsgrund nach § 49 ist, darf nur einmal berücksichtigt werden.

1 **1.** Die Vorschrift verbietet neben § 46 III die sog **Doppelverwertung von Strafzumessungstatsachen** (46 zu § 46) in einem weiteren Bereich ausdrücklich. Sie betrifft **nur die Strafrahmenwahl** in Fällen, in denen ein vertypter gesetzlicher Milderungsgrund nach § 49 vorliegt (NStZ 87, 504; s auch Schütz Jura 95, 399, 403).

2 **2. a)** Sind die Voraussetzungen eines obligatorischen (str) oder fakultativen besonderen gesetzlichen Milderungsgrundes (2–6 zu § 49) erfüllt, so kann die Strafmilderung statt durch Anwendung des § 49 (auch dessen Abs 2, BGHSt 33, 92) durch Annahme eines im Gesetz vorgesehenen und im Einzelfall zu bejahenden (NStZ 93, 278) **minder schweren Falles** (7 zu § 46) gewährt werden (BGHSt 16, 360; 27, 298; NJW 83, 350; NStZ 84, 118; aM Timpe JR 86, 76; eingehend Hettinger, Das Doppelverwertungsverbot bei strafrahmenbildenden Umständen, 1982, S 233; krit auch Goydke, Odersky-FS, S 371, der vereinfachende Reformvorschläge unterbreitet). Das gilt nicht nur, wenn auch andere mildernde Umstände vorliegen, sondern der gesetzliche Milderungsgrund allein den minder schweren Fall begründet (NStZ 84, 357, 85, 367 und 90, 96; aM Sch/Sch-Stree 3; speziell zum minder schweren Fall des Totschlags beachte Horn, Kaufmann [Arm]-GedSchr, S 573, 589; Maatz, Salger-FS, S 91; Sch/Sch-Eser 14 zu § 213; s auch 10 zu § 213). Ob das Gericht von dieser Möglichkeit Gebrauch macht, unterliegt grundsätzlich pflichtmäßigem Ermessen (BGHSt 21, 57; NStZ 82, 200; aM Frisch JR 86, 89 und Horn SK 5, die den jeweils günstigeren Strafrahmen für maßgebend halten); das Urteil muß erkennen lassen, daß sich das Gericht dieser Wahlmöglichkeit bewußt war (StV 88, 385; bei Detter NStZ 93, 176 mwN). Im allgemeinen wird von der meist günstigeren Strafdrohung für minder schwere Fälle auszugehen sein (StV 96, 89); ist allerdings ein minder schwerer Fall ausnahmsweise mit einer für den Täter ungünstigeren Strafe bedroht, als sie sich bei Anwendung des § 49 I ergibt (zB in § 249 II), so hat ein obligatorischer gesetzlicher Milderungsgrund (3 zu § 49) Vorrang, weil eine generelle Vorschrift nicht einen Vorteil entziehen kann, der durch

eine speziellere ohne Einschränkung gewährt wird (Hettinger aaO S 250, 285 mwN). Für den günstigeren Strafrahmen kommt es nicht notwendig auf die jeweils angedrohten Strafmindestmaße an; je nach Lage des Einzelfalls kann auch ein Vergleich der Höchstmaße ausschlaggebend sein (BGHSt 33, 92; Frisch aaO). Im übrigen ist beim Zusammentreffen mehrerer Milderungsgründe nach dem inneren Zusammenhang der Regelung eine bestimmte Prüfungsreihenfolge einzuhalten (dazu 3).

b) § 50 schließt eine **Doppelverwertung** in dem Sinne aus, daß 3
derselbe Milderungsgrund zugleich zur Begründung einer allgemeinen Strafrahmenermäßigung wegen eines minder schweren Falles und einer darauf aufbauenden weiteren Ermäßigung nach der besonderen Milderungsvorschrift iVm § 49 herangezogen wird. – Möglich bleibt dagegen eine (uU obligatorische, NStZ 87, 72) Doppelmilderung, wenn nicht erst Konkretisierungen des vertypten besonderen Milderungsgrundes, sondern schon andere Gründe allein die Annahme eines minder schweren Falles rechtfertigen (NJW 80, 950 mit Bespr Bruns JR 80, 226; Hettinger aaO [vgl 2] S 290; s auch StV 94, 315; NStZ 95, 287). In solchen Fällen sind zunächst die gesetzlich nicht vertypten Milderungsgründe heranzuziehen (NStZ 84, 118, 357; StV 87, 531 und 92, 371). Reichen sie zur Annahme eines minder schweren Falles aus, so ergibt sich zugleich, daß der außerdem vorliegende besondere gesetzliche Milderungsgrund nicht verbraucht ist (NStZ 88, 128; StV 91, 557 und 92, 372, alle mwN). Reichen sie nicht aus, ist alsdann zu prüfen, ob der gesetzliche Milderungsgrund allein oder zusammen mit den anderen Umständen einen minder schweren Fall begründen kann (NStZ-RR 96, 194) und ob diese Möglichkeit zu wählen ist (vgl 2). Wird auch das verneint, hat es bei dem besonderen gesetzlichen Milderungsgrund sein Bewenden (zusf Goydke aaO [vgl 2] S 378).

c) Darf ein Umstand nur einmal berücksichtigt werden, so schließt er 4
zunächst nur eine doppelte **Strafrahmenermäßigung** aus. Bei der Strafzumessung innerhalb des gemilderten Rahmens gelten für seine Berücksichtigung dieselben Beschränkungen wie in den Fällen des § 49 (dort 10; weiter Horstkotte, Dreher-FS, S 265, 277; s auch GA 93, 230; Bruns JR 80, 226, 228; str); alle anderen Milderungs- und Schärfungsgründe sind dagegen voll zu berücksichtigen (Dreher JZ 57, 155).

3. Das **Zusammentreffen mehrerer besonderer Milderungs-** 5
gründe im Sinne **des Abs 1** ist im Gesetz nicht geregelt. Eine mehrfache Strafrahmenermäßigung ist daher nicht ausgeschlossen, etwa bei verminderter Schuldfähigkeit und Versuch (BGHSt 30, 166 mit Anm Bruns JR 82, 166) oder Provokation nach § 213 (dort 10), bei Versuch und solcher Provokation (bei Holtz MDR 94, 1071), bei Beihilfe zum Versuch (RGSt 2, 383) oder bei Beihilfe, die durch Unterlassen (§ 13 II) begangen wurde (bei Holtz MDR 89, 491), nicht aber bei Beihilfe zur Beihilfe, weil diese Beihilfe zur Haupttat ist (RGSt 23, 300; 13 vor § 25; krit Joerden, Strukturen des strafrechtlichen Verantwort-

lichkeitsbegriffs: Relationen und ihre Verkettungen, 1988, S 139). Die Milderungsgründe müssen aber jeweils eine selbständige sachliche Grundlage haben (Bruns JR 80, 226); daher keine Doppelmilderung bei Beihilfe, die lediglich deshalb – also nicht auch aus anderen Gründen (NStZ 81, 299; wistra 94, 139) – keine Täterschaft ist, weil beim Beteiligten ein strafbegründendes besonderes persönliches Merkmal (§ 28 I) fehlt (BGHSt 26, 53 mit Anm Bruns JR 75, 510; wistra 88, 303; Herzberg GA 91, 145, 159; aM Roxin LK 88 zu § 28; anders auch Gribbohm, Salger-FS, S 39, 42, 44, nach dem die Rspr gegen das Analogieverbot [5–7 zu § 1] verstößt; zw).

§ 51 Anrechnung

(1) **Hat der Verurteilte aus Anlaß einer Tat, die Gegenstand des Verfahrens ist oder gewesen ist, Untersuchungshaft oder eine andere Freiheitsentziehung erlitten, so wird sie auf zeitige Freiheitsstrafe und auf Geldstrafe angerechnet. Das Gericht kann jedoch anordnen, daß die Anrechnung ganz oder zum Teil unterbleibt, wenn sie im Hinblick auf das Verhalten des Verurteilten nach der Tat nicht gerechtfertigt ist.**

(2) **Wird eine rechtskräftig verhängte Strafe in einem späteren Verfahren durch eine andere Strafe ersetzt, so wird auf diese die frühere Strafe angerechnet, soweit sie vollstreckt oder durch Anrechnung erledigt ist.**

(3) **Ist der Verurteilte wegen derselben Tat im Ausland bestraft worden, so wird auf die neue Strafe die ausländische angerechnet, soweit sie vollstreckt ist. Für eine andere im Ausland erlittene Freiheitsentziehung gilt Absatz 1 entsprechend.**

(4) **Bei der Anrechnung von Geldstrafe oder auf Geldstrafe entspricht ein Tag Freiheitsentziehung einem Tagessatz. Wird eine ausländische Strafe oder Freiheitsentziehung angerechnet, so bestimmt das Gericht den Maßstab nach seinem Ermessen.**

(5) **Für die Anrechnung der Dauer einer vorläufigen Entziehung der Fahrerlaubnis (§ 111 a der Strafprozeßordnung) auf das Fahrverbot nach § 44 gilt Absatz 1 entsprechend. In diesem Sinne steht der vorläufigen Entziehung der Fahrerlaubnis die Verwahrung, Sicherstellung oder Beschlagnahme des Führerscheins (§ 94 der Strafprozeßordnung) gleich.**

1 **1. Anrechnung von Freiheitsentziehung nach Abs 1: a) Anrechnungsfähig** sind UHaft im Sinne der §§ 112 ff StPO und andere Freiheitsentziehung, die der Täter bis zur Rechtskraft des Urteils (Frankfurt NJW 80, 537; Düsseldorf MDR 90, 172, beide mwN) **aus Anlaß der Tat** erlitten hat; deren Verhängung und Fortsetzung muß also in ursächlichem Zusammenhang mit den Handlungen stehen, die den Gegenstand des Verfahrens bilden, namentlich: einstweilige Unterbringung nach § 126 a StPO oder nach §§ 71 II, 72 IV JGG; Un-

terbringung zur Beobachtung nach § 81 StPO (BGHSt 4, 325) oder nach § 73 JGG; Polizeihaft nach § 127 II StPO oder § 19 S 1 IRG; Auslieferungshaft nach §§ 15, 16 IRG, Durchlieferungshaft nach § 45 II IRG und andere Zulieferungshaft (GA 56, 120 und 68, 336; Köln MDR 82, 70); Abschiebehaft (Hamm NJW 77, 1018); Anstaltsunterbringung nach Landesrecht (bei Dallinger MDR 71, 363); Freiheitsentziehung aufgrund vorläufiger Festnahme durch eine Privatperson nach § 127 I StPO (Pohlmann Rpfleger 70, 265, 270; aM Baumgärtner MDR 70, 190; zw). **Nicht** anrechnungsfähig sind die bloße Aufenthaltsbeschränkung (Zweibrücken NJW 75, 509) und die Zeit einer Untersuchung nach § 81 a StPO (LG Oldenburg Rpfleger 70, 175 mit abl Anm Pohlmann; Waldschmidt NJW 79, 1920; aM LG Osnabrück NJW 73, 2256; zw). Zur Anrechnung von Disziplinararrest vgl 17 und von Drogenbehandlung § 36 BtMG.

b) Anrechenbar ist die Freiheitsentziehung auf die im Urteil verhängte Strafe, und zwar **nur auf zeitige Freiheitsstrafe und Geldstrafe,** also nicht auf lebenslange Freiheitsstrafe, Vermögensstrafe und auf Maßnahmen im Sinne des § 11 I Nr 8; die im früheren Recht überwiegend bejahte Anrechenbarkeit auf Verfall und Einziehung (BGHSt 10, 235) ist mit der eindeutigen Neuregelung nicht vereinbar (hM; vgl Gribbohm LK 37 mwN). Wird der Vorwegvollzug eines Teils der Strafe angeordnet (4, 5 zu § 67), so ist auf diesen Teil anzurechnen (NJW 91, 2431; aM Schleswig NStZ 90, 407 mit krit Anm Volckart StV 90, 458 und Funck JR 92, 476; diff LG Hagen StV 91, 218; zw). 2

c) Satz 1 legalisiert den **Grundsatz der Verfahrenseinheit** (Frankfurt MDR 88, 794; Celle MDR 89, 665, beide mwN; beachte auch BVerfG NJW 94, 2219; Schleswig MDR 80, 70). Danach sind auch solche Freiheitsentziehungen anrechenbar, die der Verurteilte aus Anlaß einer Tat erlitten hat, deretwegen er nicht bestraft wird, wenn sie nur Gegenstand **desselben,** sei es auch vor dem Urteil abgetrennten (GA 66, 210), **Verfahrens** ist oder gewesen ist. Das gilt auch dann, wenn die erlittene Freiheitsentziehung bereits beendigt war, bevor die Tat, deretwegen eine Verurteilung ausgesprochen wird, begangen wurde (BGHSt 28, 29 mit Anm Tröndle JR 79, 73); darüber hinaus dürften aufgrund analoger Anwendung (str) auch die Verfahren einzubeziehen sein, die zwar – etwa im Hinblick auf eine Verfahrenseinstellung nach § 154 I, II StPO – nicht zur Verfahrenseinheit verbunden wurden, aber hätten verbunden werden können (Nürnberg NStZ 90, 406; Düsseldorf StV 94, 549; Saarbrücken wistra 96, 70; aM Düsseldorf StV 91, 266 mit abl Anm Maatz; Hamm NStZ-RR 96, 377; Düsseldorf NStZ-RR 96, 378; s auch BVerfG NStZ 94, 607 mit krit Anm Funck StV 95, 31, alle mwN; zw). – Zur Anrechnung bei Gesamtstrafenbildung nach § 55 BGHSt 23, 297; Gribbohm LK 16–18; s auch Hamm NJW 72, 2192; Frankfurt GA 80, 262. 3

d) Die Anrechnung ergibt sich, sofern keine (verbindliche, Karlsruhe MDR 94, 1032) Anordnung nach S 2 ergeht (vgl 6–8), **unmittelbar** 4

aus dem Gesetz (S 1). Die Vollstreckungsbehörde hat sie daher bei der Strafzeitberechnung (§ 39 StVollstrO) von Amts wegen zu berücksichtigen. Ein besonderer Ausspruch im Tenor ist idR nicht geboten (hM; anders Dreher MDR 70, 965, 966 mwN), aber als deklaratorischer Hinweis (NStZ 94, 335) in nicht ganz eindeutigen Fällen empfehlenswert (weiter einschr BGHSt 27, 287; str). Notwendig ist ein Ausspruch jedoch namentlich dann, wenn der Anrechnungsmaßstab (vgl 16) zweifelhaft ist oder wenn bei Verhängung mehrerer Strafen (zB nach §§ 52 III, 53 II S 2 oder § 55 I) der Klärung bedarf, auf welche Strafe oder in welcher Verteilung auf die einzelnen Strafen anzurechnen ist (BGHSt 24, 29); dabei ist zugunsten des Verurteilten darauf zu achten, daß er das Ende der Mindestverbüßungszeiten seiner Strafen möglichst früh erreichen kann (Frankfurt NStZ 90, 147); fehlt es in Zweifelsfällen an einer solchen Bestimmung, so kann sie im Verfahren nach §§ 458, 462 StPO nachgeholt werden (Kleinknecht/Meyer-Goßner 3 zu § 458; Wendisch LR 3 zu § 458; str).

5 **e)** Da S 1 den ganzen Zeitraum bis zur Rechtskraft abdeckt (vgl 1), wird nicht nur die bis zum Urteil erlittene Freiheitsentziehung erfaßt, sondern auch die zwischen Urteilserlaß und Eintritt der Voraussetzungen des § 450 I StPO (hM; vgl Pohlmann Rpfleger 70, 265, 269; Dreher MDR 70, 965). Zur entsprechenden Anwendbarkeit des Abs 1 auf Freiheitsentziehungen, die nach Rechtskraft des Urteils erlitten wurden, aber nicht unter § 450 StPO fallen, Hamm MDR 89, 1120, mwN.

6 **f)** Die **Anordnung nach Satz 2,** daß die Anrechnung unterbleibt, hat Ausnahmecharakter (zusf Dreher MDR 70, 965; Dencker MDR 71, 627). Sie bezieht sich nur auf bereits erlittene Freiheitsentziehung (Pohlmann RPfleger 69, 378; Dencker aaO S 629; zw) und bedarf des besonderen Ausspruchs im Urteil sowie sorgfältiger, nicht nur formelhafter Begründung (Köln NJW 53, 769); auch eine Versagung durch das Revisionsgericht ist nicht ausgeschlossen (Sch/Sch-Stree 20; aM NJW 72, 730; diff Gribbohm LK 64; zw).

7 aa) Die Versagung darf nicht auf die Tat als solche, sondern nur **auf das Verhalten nach der Tat** gestützt werden. Daher ist unerheblich, ob die Tat besonders verwerflich war oder der Verurteilte durch ihre Begehung die UHaft selbst verschuldet hat (bei Dallinger MDR 54, 16). Darüber hinaus genügen auch die gesetzlichen Voraussetzungen der UHaft (Fluchtverdacht, Verdunkelungsgefahr) für sich allein zur Begründung nicht (BGHSt 23, 307; Düsseldorf NJW 69, 439). Dasselbe gilt für hartnäckiges Leugnen und Uneinsichtigkeit, auch wenn sie erhöhte Schuld oder Gefährlichkeit indizieren; denn das Nachtatverhalten muß sich auf die Haft, nicht auf Schwere oder Gefährlichkeit der Tat beziehen (BT-Dr V/4094 S 25; s auch BGHSt 23, 307). Schließlich scheidet auch erlaubtes Prozeßverhalten, wie etwa die Stellung im Ergebnis unbegründeter Beweisanträge (StV 89, 152; bei Holtz MDR 90, 885) oder die Einlegung eines aussichtslosen Rechtsmittels, selbst dann

aus, wenn damit nur eine Verlängerung der UHaft bezweckt wurde (Gribbohm LK 47; aM Pohlmann RPfleger 69, 378, 379).

bb) Die Versagung ist namentlich gerechtfertigt, wenn und soweit die UHaft (nicht lediglich durch erlaubtes Prozeßverhalten; vgl 7) in der Absicht herbeigeführt oder verlängert wurde, den Prozeß zu verschleppen oder die Vorteile der UHaft möglichst lange zu erhalten (BGHSt 23, 307). Darüber hinaus kommt die Versagung auch in Frage, wenn der Verurteilte zum Zwecke der Prozeßverschleppung Fluchtversuche unternommen (GA 62, 115; bei Dallinger MDR 70, 730), Fluchtabsichten ausdrücklich erklärt (Düsseldorf GA 68, 58) oder die bei Haftverschonung angeordnete Meldepflicht verletzt (Hamm NJW 66, 2177) und dadurch auch tatsächlich eine Verschleppung des Verfahrens verursacht hat (BGHSt 23, 307 mit krit Anm Schröder JR 71, 28; bei Holtz MDR 79, 455; aM Dreher MDR 70, 965, 968; Dencker MDR 71, 627). 8

g) Angerechnete Freiheitsentziehung gilt für die Voraussetzungen der **Aussetzung des Strafrestes (§ 57 IV)** und die der Sicherungsverwahrung (§ 66 III) als verbüßte Strafe. 9

2. Anrechnung von Strafe nach Abs 2: 10

a) Die Ersetzung einer rechtskräftig verhängten Strafe in einem späteren Verfahren kommt ua in Frage bei **nachträglicher Bildung einer Gesamtstrafe** (§ 55 StGB, § 460 StPO), bei Erledigung eines rechtskräftigen Strafbefehls durch spätere Verurteilung (Bay NJW 76, 2139), nach Aufhebung eines rechtskräftigen Urteils im Wiederaufnahmeverfahren und nach Wiedereinsetzung in den vorigen Stand (beachte auch Bay JR 87, 511 mit Anm Berz; Mürbe JR 89, 1). – Anrechenbar ist die frühere Strafe nur, soweit sie vollstreckt oder durch Anrechnung (zB nach §§ 57 IV, 67 IV) erledigt ist, nicht dagegen, wenn die Erledigung auf anderen Gründen (zB Begnadigung) beruht.

b) Die Anrechnung ist hier ebenso wie in Abs 1 (vgl 4) **auch ohne besonderen Ausspruch** bei der Strafzeitberechnung zu berücksichtigen. 11

3. Anrechnung nach Abs 3: 12

a) Gegenüber ausländischen Strafurteilen gilt das Verbot der Doppelbestrafung nach Art 103 III GG idR (Ausnahme zB in § 56 III IRG) nicht (BVerfGE 12, 62, 66; NJW 69, 1542; Frankfurt NJW 79, 1101). Zur Vermeidung ungerechtfertigter Härten ist deshalb eine wegen derselben Tat **im Ausland** – sei es auch nur wegen des Einzelakts einer Handlungseinheit (BGHSt 29, 63) – **verhängte und vollstreckte Strafe** (auch eine durch Anrechnung erledigte) nach S 1 zwingend anzurechnen. Daß die Tat im Ausland im Hinblick auf das verletzte Rechtsgut oder aus anderen Gründen rechtlich abweichend beurteilt worden ist oder daß sie nur Gegenstand eines Verwaltungsverfahrens war (Bay NJW 72, 1631), steht der Anrechnung nicht entgegen (beachte auch § 153 c I Nr 3 StPO). Auch hier gilt der Grundsatz der Verfahrenseinheit (vgl 3), so daß die Anrechnung selbst dann geboten ist, wenn die ausländische Strafvollstreckung eine selbständige Tat betrifft, die nicht mit abgeurteilt wird, aber Gegenstand des inländischen Verfahrens – sei es auch nur zur Herbeiführung der Verfahrenseinstellung nach § 153 c I Nr 1 StPO (NJW 90, 1428) – gewesen ist (BGHSt 35, 172).

13 **b)** S 2 bezieht sich nur auf solche **Freiheitsentziehung** (namentlich UHaft und Auslieferungshaft), die im Ausland nicht zu einer Verurteilung geführt hat oder die in dem ausländischen Urteil nicht angerechnet oder erst während des Vollstreckungsverfahrens erlitten worden ist (BVerfGE 29, 322). Nach dem Grundsatz der Verfahrenseinheit (vgl 3) ist die Freiheitsentziehung selbst dann auf eine Gesamtstrafe voll anzurechnen, wenn sie die Einzelstrafe wegen der im Ausland abgeurteilten Tat übersteigt (Hamm MDR 73, 154). Außerdem ergibt sich die Rechtsfolge der Anrechnung unmittelbar aus dem Gesetz (vgl 4), so daß es eines besonderen Ausspruchs nur bedarf, wenn der Anrechnungsmaßstab (vgl 16) ungewiß ist (str; unklar insoweit BVerfG aaO).

14 **4. Anrechnung nach Abs 5:**

a) Die genannten vorläufigen Maßnahmen (zur vorläufigen Entziehung der Fahrerlaubnis beachte LG Frankenthal DAR 79, 341; Maatz StV 88, 84) sind nur auf das Fahrverbot im Sinne des § 44, also nicht auf die als Fahrverbot wirkende Entziehung der Fahrerlaubnis nach § 69 b I (LG Köln MDR 81, 954 mit Bespr Hentschel MDR 82, 107) und auch nicht auf andere Strafen oder Maßnahmen (§ 11 I Nr 8) anrechenbar. Zu den vorläufigen Maßnahmen gehört auch die Sicherstellung (iwS) des Führerscheins als Beweismittel nach § 94 I, II StPO, weil sie den Täter von der Verkehrsteilnahme ausschließt (aM Grohmann DAR 88, 45; Geppert LK 72 zu § 44); soweit jedoch während der Sicherstellung ein Ersatzführerschein erteilt war, ist die Anrechnung wegen Wegfalls ihres Grundes unzulässig. – Es ist nicht erforderlich, daß die Tat, die zu der vorläufigen Maßnahme geführt hat, zugleich Grundlage des Fahrverbots ist (vgl 3); es genügt, daß sie Gegenstand desselben Verfahrens war (Dreher/Tröndle 19; aM Warda GA 65, 65, 82). – Wenn die jeweils anzurechnende Dauer die der Verbotsfrist erreicht oder übersteigt, ist das Fahrverbot erledigt (7 zu § 44).

15 **b)** Wird kein Fahrverbot, sondern nur die **Entziehung der Fahrerlaubnis** angeordnet, so ist nicht Abs 4, sondern § 69 a IV–VI anwendbar. Tritt das Fahrverbot ausnahmsweise neben die Entziehung (9 zu § 44), so ist die vorläufige Maßnahme jedenfalls dann anrechenbar, wenn die mit ihr verbundenen Einschränkungen einschneidender waren als die der endgültigen Maßregel; in den übrigen Fällen dürfte dagegen § 69 a IV–VI vorgehen (weiter Karl DAR 87, 283, der eine Anrechnung in diesen Fällen ganz ausschließt).

16 **5.** § 51 versteht unter **Tat** durchgängig den einheitlichen geschichtlichen Vorgang im Sinne des § 264 StPO (BGHSt 29, 63; zusf Kleinknecht/Meyer-Goßner 1–6 zu § 264 mwN). – Der **Anrechnungsmaßstab** ist idR fest bestimmt: Ein Tag UHaft oder anderer Freiheits-

entziehung steht einem Tag Freiheitsstrafe und bei Geldstrafe **(Abs 4 S 1)** einem Tagessatz gleich; eine Strafe kann daher nicht durch eine nach diesem Maßstab kürzere (BGHSt 27, 287 mwN) oder längere (bei Dallinger MDR 74, 544) UHaft für verbüßt erklärt werden. Wegen dieser Bestimmtheit kann die idR ohnehin nur deklaratorische (NStZ 83, 524) Angabe des Anrechnungsmaßstabs im Urteil unterbleiben (BGHSt 24, 29). Nur in Ausnahmefällen ist der Maßstab nach pflichtmäßigem Ermessen (50 zu § 46) zu bestimmen. Das gilt nach **Abs 4 S 2** namentlich für ausländische Strafen oder andere Freiheitsentziehungen (NStZ 83, 455, 84, 214 und 85, 21, 497; zusf Müller-Dietz, Salger-FS, S 105), bei denen das Ermessen in der Weise auszuüben ist, daß der im Ausland erlittene Eingriff nach Art und Schwere abgeschätzt und in ein dem inländischen Strafensystem zu entnehmendes Äquivalent umgesetzt wird (NStZ 86, 312; s auch Frankfurt StV 88, 20; Koblenz GA 89, 310; Zweibrücken GA 93, 126 und NStZ-RR 96, 241; Düsseldorf MDR 94, 937 und StV 95, 426; LG Zweibrücken MDR 95, 84; LG Kleve NStZ 95, 192). Hier bedarf es dann eines besonderen Ausspruchs, der im Hinblick auf die zwingend vorgeschriebene Anrechnung auch nachträglich nach § 458 StPO herbeigeführt werden kann (aM Oldenburg NJW 82, 2741).

6. Die Anrechnung einer wegen derselben Tat verhängten **disziplinarischen Arreststrafe** (dagegen nicht Arrest im Strafvollzug nach § 103 I Nr 9 StVollzG, Hamm NJW 72, 593) ist verfassungsrechtlich geboten (BVerfGE 21, 378). Sie ist kein Fall des § 51 (aM Gribbohm LK 6; zw). Jedoch ist die technische Methode der Anrechnung (Frankfurt NJW 71, 852) in beiden Fällen gleich (Oldenburg NJW 68, 2256). 17

7. Zur Anrechnung in der **DDR** erlittener Freiheitsentziehung 30 zu § 2. 18

3. Titel. Strafbemessung bei mehreren Gesetzesverletzungen

Vorbemerkung

I. Der Inhalt des Titels über die **Strafbemessung bei mehreren Gesetzesverletzungen** beruht im wesentlichen auf dem **1. StrRG,** das sich für die Beibehaltung des sog Gesamtstrafenprinzips entschieden hat (BT-Dr V/4094 S 25, 26). Die Entscheidung ist umstritten (zum gegensätzlichen Einheitsstrafenprinzip namentlich Niese Mat Bd 1 S 155; Schmitt ZStW 75, 179; Zipf JuS 74, 137, 145; Rebmann, Bengl-FS, S 99; krit auch Schoreit, Rebmann-FS, S 443, alle mwN); sie wird zur Zeit in der Gesetzgebungsebene nachgeprüft (vgl etwa die Beschlußempfehlung und den Bericht des Rechtsausschusses, BT-Dr 11/2597 S 5, mit der Aufforderung an die BReg, den Dialog mit den Ländern zur Einführung der Einheitsstrafe verstärkt fortzusetzen). 1

2 **II.** Der Titel sieht für den Fall, daß eine einzige Handlung mehrere Strafgesetze verletzt (§ 52), und für den anderen zugleich das Verfahrensrecht berührenden Fall, daß der Richter mehrere Handlungen desselben Täters abzuurteilen hat (§§ 53– 55), unterschiedliche Rechtsfolgen vor (zusf zu den Konkurrenzen Warda JuS 64, 81; Kühl JA 78, 475; Geppert Jura 82, 358, 418; Mitsch JuS 93, 385; eingehend Geerds, Zur Lehre von der Konkurrenz im Strafrecht, 1961; krit zur Begriffsbildung des Gesetzes und zur Strukturierung der Konkurrenzlehre durch die hM Schmidhäuser, Dünnebier-FS, S 407 und in: 140 Jahre GA, S 191). Deshalb kommt es darauf an, ob im Rechtssinne nur **eine Handlung oder eine Mehrheit** von ihnen vorliegt.

3 **III. 1. Eine Handlung** liegt zunächst vor, wenn im natürlichen Sinne nur eine Willensbetätigung (der bei den Unterlassungstaten die pflichtwidrige Nichtbetätigung des Willens gleichsteht) stattgefunden hat (hM; vgl BGHSt 1, 20; abw Puppe, Idealkonkurrenz und Einzelverbrechen, 1979, S 247, GA 82, 143 und NK 36–54 zu § 52). Eine solche **„natürliche Handlung"** ist stets auch rechtlich eine Handlung, selbst wenn sie mehrere tatbestandliche Erfolge verursacht oder sogar mehrere höchstpersönliche Rechtsgüter verletzt (BGHSt 1, 20; 16, 397).

4 **2.** Der Begriff der Handlung ist **kein naturwissenschaftlicher,** sondern ein durch den sozialen Sinnzusammenhang bestimmter.

a) Deshalb können nach der – allerdings mit beachtlichen Gründen angreifbaren (vgl 8) – **Rechtsprechung** auch mehrere in engem zeitlich-räumlichen Zusammenhang stehende Willensbetätigungen, die denselben Deliktstatbestand (uU auch mehrere Tatbestände, die nur Schwerestufen desselben Delikts bilden, NStZ 96, 383) mehrfach (iterativ) oder fortschreitend (sukzessiv) verwirklichen, nach natürlicher Betrachtungsweise als ein einheitliches Tun erscheinen und daher eine sog **natürliche Handlungseinheit** bilden (zusf Warda, Oehler-FS, S 241; Sowada Jura 95, 245).

5 aa) **Gekennzeichnet** ist diese Einheit durch einen „solchen unmittelbaren Zusammenhang zwischen mehreren menschlichen, strafrechtlich erheblichen Verhaltensweisen . . ., daß sich das gesamte Tätigwerden an sich (objektiv) auch für einen Dritten als ein einheitlich zusammengefaßtes Tun bei natürlicher Betrachtungsweise erkennbar macht" (BGHSt 4, 219; s auch BGHSt 10, 129, 230; 22, 67, 76; 41, 368 mit Anm Beulke/Satzger NStZ 96, 432; NStZ 95, 46; NJW 95, 1766 mit krit Bespr Sowada NZV 95, 465; StV 96, 481 und 605; zu weit LG Frankfurt ZUR 94, 33, 36 mit Bespr Schulz ZUR 94, 26, 28, alle mwN). Die Einzelakte müssen auf einem einheitlichen Willen (NJW 84, 1568 mwN) im Sinne derselben Willensrichtung, also nicht notwendig auf demselben Entschluß (BGHSt 4, 219; aM NJW 77, 2321 mit abl Bespr Maiwald NJW 78, 300; bei Holtz MDR 81, 452) oder einem Gesamtvorsatz (VRS 48, 18; Bay bei Bär DAR 90, 363), beru-

hen. Im ganzen kommt es darauf an, wie die Lebensauffassung das äußere Tatbild beurteilt (Koblenz DAR 76, 138).

bb) Der Begriff wird in der Rspr **sehr weit ausgedehnt** und bisweilen auch mit dem Ziel verwendet, mehrere an sich selbständige Tatbestandsverwirklichungen zur Tateinheit zu verbinden (dazu 3 zu § 52). 6
In Frage kommen ua: Wegnahme mehrerer Gegenstände bei Diebstahl oder Raub (NStZ 96, 493); mehrere falsche Angaben in einer Aussage (Köln StV 83, 507). Einbezogen werden auch Fälle sukzessiver Tatbestandsverwirklichung, bei denen sich der Täter durch eine Folge von Einzelakten dem tatbestandlichen Erfolg nähert (wistra 96, 348), wie zB bei mehreren Täuschungen zur Herbeiführung derselben Steuerverkürzung (BGHSt 36, 105, 116; 38, 37; Schlüchter NStZ 90, 180, 182; aM Kratzsch JR 90, 177, 181), beim Übergang von einer fehlgeschlagenen Ausführungshandlung zu einer anderen wirksameren Ausführungsart (BGHSt 10, 129), bei Fortführung einer zunächst erfolglosen Anstiftungshandlung durch eine weitere (StV 83, 456) oder bei Tötung eines zunächst nur verletzten, aber irrig schon für tot gehaltenen Opfers nach Erkennen des Irrtums (NJW 90, 2896). Ob in solchen Fällen eine Handlungseinheit angenommen werden kann, bestimmt die Rspr allgemein (dh ohne die gebotene Orientierung an dem jeweils anwendbaren Tatbestand) nach den Grundsätzen, die für die Identität der Tat im Bereich des Rücktritts entwickelt worden sind (9 zu § 24): nur solange dem Täter noch die Möglichkeit des Rücktritts offenstehe, liege eine Handlungseinheit vor; andernfalls ist die vorausgegangene Tat gescheitert und eine weitere begangen worden (BGHSt 41, 368; beachte dazu die zT krit Bespr von Beulke/Satzger NStZ 96, 432, Lesch JA 96, 629, Puppe JR 96, 513 und Geppert JK § 52/9).

cc) Zu **verneinen** ist die Einheit nur regelmäßig, aber nicht notwendig (zB NStZ 85, 217; NJW 85, 1565; StV 94, 537; anders StV 81, 396; Maiwald JR 85, 513, alle mwN), bei Angriffen auf höchstpersönliche Rechtsgüter, zB Tötungen, Körperverletzungen oder Beleidigungen, die sich nacheinander gegen verschiedene Personen richten (zB BGHSt 16, 397; NStZ 84, 311 und 96, 129 mit Bespr Heintschel-Heinegg JA 96, 537 und Geppert JK § 52/8). 7

b) Im **Schrifttum** werden gegen die Rechtsfigur der natürlichen Handlungseinheit Einwendungen vor allem unter den Gesichtspunkten erhoben, daß die rechtliche Zusammenfassung mehrerer Verwirklichungen desselben Tatbestandes nicht auf eine vorjuristische natürliche Betrachtung, sondern nur auf normative Erwägungen gestützt werden könne (Wolter StV 86, 315; Bringewat, Die Bildung der Gesamtstrafe, 1987, S 14; aM Warda, Oehler-FS S 241, 257; Mitsch JuS 93, 385, 388; Samson/Günther SK 34–39, alle mwN) und daß die Annahme von Tateinheit zwischen mehreren Gesetzen im bloßen Vorliegen einer natürlichen Handlungseinheit keine zureichende Grundlage habe (dazu 3 zu § 52). Soweit allerdings das Schrifttum die natürliche Handlungseinheit anerkennt, schränkt es deren Anwendungsbereich gegenüber 8 der Rspr meist erheblich ein, verfährt dabei aber uneinheitlich (Nachw bei Samson/Günther SK 32, 33).

9 **IV. Eine Handlung** liegt auch vor, wenn mehrere natürliche Handlungen (oder Handlungseinheiten) aus Rechtsgründen eine Bewertungseinheit, eine sog **rechtliche Handlungseinheit,** bilden (krit Wolter StV 86, 315, der als Ergänzung eine sog normative Handlungseinheit vorschlägt). Im einzelnen:

10 **1.** Vor allem kann der **Tatbestand eines Strafgesetzes** mehrere Handlungen zu einer sog **tatbestandlichen Handlungseinheit** verbinden (hM; krit Puppe NK 12 zu § 52). Die Rspr verwendet diesen Begriff nicht, spricht vielmehr „von gesetzlicher (oder gesetzlich vertypter) Handlungseinheit" oder von „tatbestandlicher Bewertungseinheit" und ordnet einen Teil der einschlägigen Fälle auch der natürlichen Handlungseinheit oder der Fortsetzungstat zu (dazu 16). Unter diesem Gesichtspunkt erfaßt werden jedenfalls mehraktige Delikte (zB In-Verkehr-Bringen von Falschgeld, das sich der Täter verschafft hat, § 146 I Nr 3; vgl dort 14), zusammengesetzte Delikte (zB Gewaltanwendung und Wegnahme beim Raub, § 249, oder Zusammenrotten und Nötigen bei der Gefangenenmeuterei, § 121 I Nr 1) und überhaupt solche Delikte, bei denen der Tatbestand eine Mehrheit gleich- oder verschiedenartiger Handlungen zwingend oder wenigstens im Rahmen einer pauschalierenden Handlungsbeschreibung als möglich voraussetzt, zB: mehrere Aktionen im Rahmen derselben Agententätigkeit (§§ 98, 99, BGHSt 28, 169; NStZ 96, 129); Beschaffen mehrerer Nachrichten beim militärischen Nachrichtendienst (§ 109 f, BGHSt 16, 26, 32); mehrere Tätigkeitsakte der Beteiligung als Mitglied einer kriminellen Vereinigung (§ 129, BGHSt 29, 288); mehrfaches Ausgeben als Träger eines Amtes bei unbefugtem Führen einer Amtsbezeichnung (§ 132 a, GA 65, 373); wiederholte Verletzungshandlungen beim Quälen von Schutzbefohlenen (§ 223 b, BGHSt 41, 113 mit krit Bespr Wolfslast/Schmeissner JR 96, 338 und Otto JK § 223 b/2) oder beim Raufhandel (§ 227); mehrfache (ratenweise) Annahme oder Gewährung von Vorteilen bei Bestechlichkeit oder Bestechung (§§ 332, 334), wenn sie auf einer Unrechtsvereinbarung beruhen, die den Gesamtvorteil genau festlegt (BGHSt 41, 292, 302; StV 95, 84; NStZ-RR 96, 354); mehrere Akte des Handeltreibens oder sonst verbotenen Umgangs mit Betäubungsmitteln im Rahmen desselben – in der Rspr uneinheitlich umschriebenen (krit Geppert NStZ 96, 57, 59) – Güterumsatzes (§ 29 I Nr 1 BtMG, BGHSt 30, 28; NStZ 94, 547, 95, 37 und 96, 442; NJW 95, 739, 2300 und 96, 469; s auch bei Zschockelt NStZ 96, 222, alle mwN); mehrfaches Sich-Hinwegsetzen über die Unwirksamkeit einer Kartellabsprache (§ 38 I Nr 1 GWB, NJW 96, 1973, 1975 mit krit Anm Kindhäuser JZ 97, 101); gleichzeitige verbotswidrige Beschäftigung mehrerer Kinder (§ 58 I Nr 1 JArbSchG, Bay GA 75, 54) oder mehrere falsche Angaben über verschiedene steuerpflichtige Vorgänge in einer Umsatzsteuervoranmeldung (NJW 80, 2591; s auch wistra 96, 231). Ei-

ne Bewertungseinheit kommt auch beim Verbreiten von Schriften (zB § 74 d) in Frage, wenn sie Bestandteil einer zusammengehörigen, für den sukzessiven Vertrieb bestimmten Auflage sind (aM AG Weinheim NStZ 96, 203 mit abl Anm Wilhelm; s auch Bay NStZ-RR 96, 135). Auch wenn erst die Summierung von Handlungen, die als solche nicht mit Strafe bedroht sind, die Tatbestandsverwirklichung ergibt, wie zB bei mehrfacher Verletzung von Fürsorge- und Erziehungspflichten, die erst wegen der Summierung eine gröbliche Verletzung nach § 170 d ergibt, bei mehreren Verstößen gegen die Buchführungspflicht, die erst die Buchführung insgesamt nach § 283 I Nr 5, Alt 2 unordentlich machen (NStZ 95, 347) oder beim Verrat mehrerer Geheimnisse, die erst zusammen als Staatsgeheimnis zu bewerten sind (NStZ 96, 492), liegt eine Bewertungseinheit vor (Schröder JZ 72, 651); dabei macht es keinen Unterschied, ob in solchen Fällen schwerwiegende Einzelakte auch schon für sich allein die Schwelle der Tatbestandsmäßigkeit erreichen können, wie das zB bei der Verletzung der Unterhaltspflicht (§ 170 b) und der Vernachlässigung der Sorgepflicht gegenüber Schutzbefohlenen (§ 223 b) in Frage kommt (beachte dazu BGHSt-GS-40, 138, 164). Ferner werden im Schrifttum die von der Rspr schon als natürliche Handlungseinheiten erfaßten Fälle wiederholter gleichartiger Tatbestandsverwirklichung in unmittelbarer zeitlich-räumlicher Abfolge (Vogler LK 31 mwN; aM Warda, Oehler-FS, S 241, 257) und sukzessiver Tatbestandsverwirklichung (vgl 6) überwiegend als tatbestandliche Handlungseinheiten verstanden. – Bei tatsächlichen Zweifeln über die Verbindung mehrerer Handlungen zu einer Bewertungseinheit gilt der Grundsatz in dubio pro reo (NStZ 94, 547 und 95, 193; einschr NJW 95, 2300; krit zu dieser Divergenz in der Rspr Geppert aaO S 60).

2. Im **Dauerdelikt** werden solche natürlichen Handlungen (einschl Unterlassungen; dazu Struensee, Die Konkurrenz bei Unterlassungsdelikten, 1971, S 57) zu einer tatbestandlichen Handlungseinheit (str) verbunden, mit denen der Täter die Tat nicht lediglich vollendet, sondern den Tatbestand entweder durch pflichtwidriges Aufrechterhalten eines von ihm geschaffenen rechtswidrigen Zustandes oder durch ununterbrochenes Fortsetzen der Tathandlung weiterverwirklicht (NJW 96, 3424 mwN). Dauerdelikte sind zB Freiheitsberaubung (§ 239), Hausfriedensbruch (§ 123) und Fahren in fahruntüchtigem Zustand (§ 316). Vom Dauerdelikt zu unterscheiden ist das bloße Zustandsdelikt (zB Personenstandsfälschung, § 169), bei dem die Aufrechterhaltung des durch die Tat geschaffenen Zustandes keine selbständige kriminelle Bedeutung hat (Mezger JW 38, 494). Dauerdelikte werden mit der Begründung des rechtswidrigen Zustandes vollendet, aber erst mit dessen Wiederaufhebung beendigt (2 vor § 22). Wird der rechtswidrige Zustand vorübergehend aufgehoben (zB Unterbrechen einer Trunkenheitsfahrt), so hängt die Annahme mehrerer Taten davon ab, ob der Täter sich aufgrund veränderter Umstände zur Wiederbegründung des rechtswidrigen Zustandes neu entschließen mußte (BGHSt 21, 203) 11 oder ob er infolge der veränderten Motivationslage zu einem solchen Entschluß Anlaß hatte (Celle JR 82, 79 mit Anm Rüth; Düsseldorf VRS 87, 290, 292); nach der uneinheitlichen Rspr ist das zwar häufig (Bay NJW 73, 1657 und JR 82, 249 mit Anm Hentschel), aber nicht notwendig (BGHSt 22, 67, 76; NJW 83, 1744; Bay DAR 95, 411), zu bejahen (zusf und krit Seier NZV 90, 129, 131 mwN; s auch Peters JR 93, 265; 42 zu § 142). Strafbare Beihilfe ist nach der Rspr während des ganzen Zeitraums bis zur Beendigung möglich; jedoch ist nach Vollendung auch Begünstigung denkbar (3 zu § 27). Verjährung (7 zu § 78 a) und andere an die Tatbegehung anknüpfende Fristen beginnen erst mit der Beendigung. Zum Zusammentreffen mit anderen Gesetzesverletzungen 7 zu § 52.

12 **3. a)** Als weitere rechtliche Handlungseinheit hat die Rspr aufgrund einer schon im letzten Jahrhundert wurzelnden Tradition (zB RGSt 17, 103, 111) die sog **fortgesetzte Tat** bis in die jüngere Vergangenheit anerkannt (zusf Jung JuS 89, 289; Heintschel-Heinegg JA 93, 136). Danach setzte die Zusammenfassung zur Handlungseinheit die Begehung von Einzelakten voraus, die jeder für sich tatbestandsmäßig, im wesentlichen gleichartig und von einem Gesamtvorsatz getragen waren. Objektiv mußten sie danach dasselbe rechtliche Verbot verletzen, einander in der Ausführungsweise ähneln und in einem gewissen räumlichen und zeitlichen Zusammenhang stehen (BGHSt 8, 34; Vogler LK 50–56; s auch NStZ 93, 35). Subjektiv mußte der (Gesamt-)Vorsatz von vornherein oder wenigstens vor Beendigung des jeweils vorausgegangenen Teilakts sämtliche Teile der Handlungsreihe als Teilstücke eines einheitlichen Geschehens so umfassen, daß die einzelnen Teilakte als unselbständige Bestandteile einer Tat erschienen; dazu mußte das Wissen und Wollen den späteren Verlauf zwar nicht in seinen Einzelheiten, aber mindestens insoweit vorweg begreifen, als es sich um das zu verletzende Rechtsgut, seinen Träger, den Umfang des Gesamterfolges und den ungefähren Tatrahmen nach Ort, Zeit und Art der Begehung handelte (BGHSt 1, 313; 15, 268; 36, 105; 37, 45, alle mwN). Über diese Grundvoraussetzungen bestand in der Rspr verbal Einverständnis. Über ihre nähere Konkretisierung hat sich jedoch, namentlich auch innerhalb der Senate des BGH, eine widersprüchliche und kaum mehr überschaubare Kasuistik entwickelt, die zur Verunsicherung der Praxis geführt und zunehmende Kritik an dem Rechtsinstitut im ganzen herausgefordert hat (zB Jähnke GA 89, 376; Timpe JA 91, 12; Fischer NStZ 92, 415; Geppert Jura 93, 649; Jung NJW 94, 916). Entzündet hat sich diese vor allem an der Möglichkeit, den Gesamtvorsatz noch bis zur Beendigung eines Teilakts zu fassen (BGHSt 19, 323; 21, 319; 23, 33; 33, 35), an der schwer erträglichen Verschiebung des Verjährungsbeginns bis zur Beendigung des letzten Teilakts (BGHSt 1, 84; 24, 218; 36, 105, alle mwN) und schließlich auch an den erst in jüngerer Vergangenheit entwickelten Rechtsfiguren der „institutionalisierten“ Steuerhinterziehung (BGHSt 39, 256; NJW 91, 3225), des „eingespiel-

ten Bezugs- und Vertriebssystems" bei Drogendelikten (BGHSt 33, 122; 35, 318) und des „häuslichen und familiären Beziehungsgeflechts" bei Sexualdelikten (NStZ 92, 553 und 93, 237; StV 93, 191), mit denen das Erfordernis des auf einen konkreten Gesamterfolg gerichteten Vorsatzes überspielt wurde.

b) Angesichts der ständig wachsenden Rechtsunsicherheit und der damit verbundenen Ausuferung des Anwendungsbereichs der Fortsetzungstat hat die höchstrichterliche Rspr **auf das Rechtsinstitut grundsätzlich verzichtet** und Ausnahmen nur noch in sehr eingeschränktem, im einzelnen noch nicht abschließend geklärtem Umfang zugelassen (BGHSt -GS- 40, 138). Sie hält die Verbindung mehrerer Verhaltensweisen, die jede für sich einen Straftatbestand erfüllen, zu einer fortgesetzten Handlung nur noch für gerechtfertigt, wenn dies, was am Straftatbestand zu messen sei, zur sachgerechten Erfassung des verwirklichten Unrechts und der Schuld unumgänglich sei (die Begr zusf Schmidt JuS 94, 1076). **13**

aa) Für diese **grundsätzliche Kehrtwendung** (Jahrhundertentscheidung, Hamm NJW 94, 1636), die übrigens auch das SchwBG (NStZ 93, 331) vollzogen hat, spricht viel (abl Gribbohm, Odersky-FS, S 387; krit auch Aden JZ 94, 1109, der eine hinreichende Auseinandersetzung mit der Frage vermißt, ob der Fortsetzungszusammenhang nicht auf einem zu Gewohnheitsrecht erstarkten Rechtssatz beruhen könnte). Sie räumt vor allem folgende prinzipiellen Einwendungen aus (näher dazu BGH aaO [vgl 13] S 145; BGHSt 36, 105): Der Strafrahmen für die fortgesetzte Tat ist enger als bei Tatmehrheit (§ 54), was leicht zu einer ungerechtfertigt milden Strafe verführt; gehören mehrere Taten zu den Voraussetzungen einer Rechtsfolge, so ist die fortgesetzte Tat nur eine Tat (vgl zB 8 zu § 66; 6 zu § 244), obwohl ihre serienmäßige Begehung uU schon für sich allein zB bei der Sicherungsverwahrung die erforderliche Schlechtprognose (13–16 zu § 66) und beim Bandendiebstahl die Bandenmäßigkeit begründen könnte; Verjährung (vgl 12) und Amnestie (NJW 56, 1059) knüpfen erst an den letzten Teilakt an, was den Täter ohne zureichenden Grund benachteiligen kann; im Strafverfahren nicht ermittelte Teilakte werden grundsätzlich – nach einer uneinheitlichen und zum Teil widersprüchlichen Rspr aber nicht ausnahmslos (vgl etwa BGHSt 33, 122; NJW 85, 1174) – von der materiellen Rechtskraft erfaßt (BGHSt 15, 268; NStZ 92, 142, beide mwN), was einer gleichmäßigen Strafrechtspflege abträglich sein kann. **14**

bb) Die Annahme von Fortsetzungszusammenhang bietet andererseits aber **auch Vorteile,** die vor allem in der Vermeidung umständlicher Strafzumessungsakte liegen, die der GS allerdings als geringfügig bewertet und nicht für ausschlaggebend hält (BGH aaO [vgl 13] S 157; ebenso Zschockelt NStZ 94, 361; Ruppert MDR 94, 973; Dannecker WiB 94, 669 und 699; Keppler NJ 94, 530; Geisler Jura 95, 74; Geppert NStZ 96, 57, 118; Puppe NK 21–28 zu § 52; Samson/Günter SK 55–77; aM Gribbohm, Odersky-FS, S 387). Diese Vorteile sind aber **15** von den Tatgerichten zum Teil exzessiv genutzt worden und erklären deshalb bis zu einem gewissen Grade die Zählebigkeit des Rechtsinstituts. Offenbar ihretwegen hatten jedenfalls die vorlegenden Senate des BGH keinen zureichenden Grund gesehen, den Fortsetzungszusammenhang grundsätzlich in Frage zu stellen (NStZ 93, 434 und 585). Ob der nahezu vollständige Verzicht die in der gegenwärtigen Lage optimale Lösung ist oder nicht besser durch eine weniger rigorose Einschränkung des Anwendungsbereichs ersetzt worden wäre, läßt sich erst nach einer ausreichend langen Anlaufzeit beurteilen („die fortgesetzte Handlung geht, die Probleme bleiben“, Arzt JZ 94, 1000).

15 a Der Erfolg des eingeschlagenen Weges hängt weitgehend davon ab, ob die **Praxis** die mit der neuen Rechtslage verbundenen veränderten Anforderungen an die Feststellung der einzelnen Taten und an die Strafbemessung (§§ 53, 54) sinnvoll verarbeiten, namentlich die dafür in der Entscheidung gegebenen Hinweise (BGH aaO [vgl 13] S 158; s auch BGHSt 40, 374 mit krit Anm Bohnert NStZ 95, 460; NJW 94, 2556 mit krit Anm Peters NStZ 94, 591; NJW 94, 2557, 2966 und 95, 2234, 2933; NStZ 94, 393, 502 und 95, 78; StV 95, 60; Erb GA 95, 430; krit Arzt aaO) ohne erhöhten Zeit- und Arbeitsaufwand umsetzen kann und welche Vermeidungsstrategien sie entwickelt, um sich (zB durch Erweiterung der Rechtsfiguren der natürlichen oder tatbestandlichen Handlungseinheit und der Bewertungseinheit) den Fortsetzungszusammenhang wenigstens in einem Teilbereich noch zu erhalten (krit zu der damit verbundenen Unsicherheit Gribbohm, Odersky-FS, S 387, 397). Ansätze dazu gibt es zB in der uneinheitlichen Rspr zur Abgrenzung des Begriffs „desselben Güterumsatzes“ im Betäubungsmittelstrafrecht (vgl 10) und zur Behandlung von Serienstraftaten im Prozeß (2 zu § 53). Im ganzen ist jedoch die Entwicklung der Rspr bisher vergleichsweise reibungslos verlaufen. Die Erwartung, daß die Umstellungsschwierigkeiten in absehbarer Zukunft überwunden werden können, ist deshalb nicht unbegründet. – Wenig geklärt sind allerdings noch die Auswirkungen auf das **Ordnungswidrigkeitenrecht** (näher dazu Göhler wistra 95, 300; Geppert NStZ 96, 118, 119; beachte auch NJW 96, 1973, 1975). Da dort abweichend von den §§ 53, 54 das Kumulationsprinzip gilt (§ 20 OWiG), kann es bei Serientaten durch die Summierung der Einzelbußen zu verfassungsrechtlich bedenklichen, mit dem Gebot der Schuldangemessenheit schwer vereinbaren Ahndungen kommen, bei denen nur durch eine problematische Ermäßigung der Bußen oder teilweise Ausscheidung der Taten aus dem Verfahren (so Bay NJW 94, 2305; Samson/Günther SK 77 mwN) oder durch (begrenzte) Beibehaltung des Fortsetzungszusammenhangs Abhilfe möglich ist (Hinweise zur Vermeidung unerwünschter Folgen bei Göhler aaO S 901). Entsprechendes gilt für strafähnliche Maßnahmen des bürgerlichen und öffentlichen Rechts (Vertragsstrafe, Ordnungsgeld, Ordnungshaft usw), wo der Fortsetzungszusammenhang ebenfalls – zum Teil noch weitergehend als im Strafrecht – anerkannt war; hier bedarf es jeweils gesonderter Prüfung, ob das strafrechtliche Modell unmittelbar übertragbar ist (vgl etwa Frankfurt NJW 95, 2567; beachte auch VG Gießen DAR 95, 379 mit Anm Otting zum Mehrfachtäterpunktesystem nach § 15 b StVZO).

Die bisher überwiegend zustimmende (vgl 15) Haltung des **Schrifttums** hat sich noch nicht abschließend konsolidiert. So ist zB die Forderung erhoben worden, den Fortsetzungszusammenhang unter der Bezeichnung „fortgesetzte Handlungseinheit" für die klassischen, nach früherem Verständnis unproblematischen Fallgruppen beizubehalten (Schlüchter/Duttge NStZ 96, 457, 465; Schlüchter SKStPO 21 zu § 264) oder wenigstens die Sachverhalte zu erfassen, in denen der Täter aufgrund *eines* Entschlusses einen genau umschriebenen Gesamterfolg ratenweise herbeiführt (Tröndle 25 e; im Ergebnis ebenso Geppert NStZ 96, 57, 60, der hier natürliche Handlungseinheit annimmt; ähnlich auch Sowada NZV 95, 465, 468). Auch sonst werden Vorschläge zur Erweiterung anderer anerkannter Handlungseinheiten diskutiert (expl Bittmann/Dreier NStZ 95, 105 mit Bespr Zschockelt NStZ 95, 109; Bohnert NStZ 95, 460; Geppert aaO). Zu bedenken ist ferner, daß die Fortsetzungstat in ihren Voraussetzungen und ihrem kriminalpolitischen Wert umstritten, überwiegend aber doch – sei es auch mit einschränkender Tendenz und mit Unterschieden in Einzelheiten – als vertretbar akzeptiert war. Neben völliger Ablehnung (zB Timpe JA 91, 12; Schmidhäuser Stub 14/18) oder der Forderung nach weitreichender Einschränkung (zB Jähnke GA 89, 376) gab es auch Bestrebungen zur Erweiterung. Das gilt namentlich für die inzwischen in den Hintergrund getretene Lehre, nach der anstelle des Gesamtvorsatzes bloßer **Fortsetzungsvorsatz** genügen soll, der lediglich voraussetzt, daß jeder Entschluß zu einem späteren Teilakt als Fortsetzung des vorausgegangenen erscheint, so daß alle Einzelentschlüsse eine fortlaufende psychische Linie bilden (Bringewat, Die Bildung der Gesamtstrafe, 1987, S 37; M-Gössel AT 2 54/79, 80; Sch/Sch-Stree 52). Bei dem gegenwärtigen Diskussionsstand wird allerdings diese Lehre den grundsätzlichen Verzicht auf die Rechtsfigur nicht mehr in Frage stellen können. 15 b

cc) Künftig soll **Fortsetzungszusammenhang nur noch möglich sein,** wenn der Tatbestand zur sachgerechten Erfassung **von Unrecht und Schuld** die Verbindung mehrerer Einzelakte unumgänglich macht (BGH aaO [vgl 13] S 162). Das soll nur in Ausnahmefällen in Frage kommen, ist zunächst aber ausdrücklich nur für die §§ 173, 174, 176 und 263 (aaO S 165) ausgeschlossen und für die §§ 174 a, 174 b und 179 als naheliegend bezeichnet worden (BGH aaO [vgl 13] S 166; daß die Entscheidung keinen Maßstab für die Beurteilung dieser „Unumgänglichkeit" anbietet, moniert Gribbohm, Odersky-FS, S 387, 397). Inzwischen hat die Rspr den Ausschluß erstreckt: auf § 177 (5 StR 275/94 v 21. 6. 1994); § 178 (3 StR 39/94 v 16. 5. 1994); § 242 (5 StR 242/94 v 17. 5. 1994); § 266 (StV 95, 298); § 267 (Bay wistra 96, 237); § 331 (StV 95, 84); § 334 (BGHSt 41, 292, 302); ferner auf Steuerhinterziehung (BGHSt 40, 195; BFH NJW 95, 16

2872; beachte dazu auch Messner DB 95, 1735); unerlaubtes Handeltreiben, Veräußern, Erwerben oder Einführen von Betäubungsmitteln (NStZ 94, 494, 547 und 95, 141; NJW 94, 3020); unerlaubte Besorgung von Rechtsangelegenheiten (Bay MDR 95, 87); unerlaubte Ausübung der Heilkunde (Bay MDR 95, 190); und Fahren ohne Fahrerlaubnis (Zweibrücken StV 95, 124; Bay NZV 95, 456; aM Sch/Sch-Stree 31; zw) oder ohne Haftpflichtversicherung (Oldenburg VRS 90, 435; zw). Im ganzen geht der Anwendungsbereich nicht über das hinaus, was in der Rspr als „gesetzliche Handlungseinheit" (BGHSt 15, 259, 262; 16, 26, 32) oder „tatbestandliche Bewertungseinheit" (BGHSt 30, 28, 31) und mit weiterem Anwendungsbereich in der Lehre als tatbestandliche Handlungseinheit (dazu 10) eingeordnet wurde; denn wenn es darauf ankommt, ob schon die Auslegung des Tatbestandes zur sachgerechten Erfassung von Unrecht und Schuld die Verbindung mehrerer Tathandlungen zu einer Bewertungseinheit erfordert, ist das gerade der Gesichtspunkt, der für den Begriff der tatbestandlichen Handlungseinheit konstituierend ist (ähnlich Geisler Jura 95, 74, 80; Geppert NStZ 96, 57; Samson/Günther SK 55, 67; weiter Tröndle 25 e; beachte auch NStZ 95, 92; anders Sch/Sch-Stree 31). Die Rspr wird deshalb diese Fälle im Rahmen ihrer begrifflichen Unterscheidungen im Konkurrenzbereich entweder schon als tatbestandliche Bewertungseinheit oder, wenn deren Voraussetzungen fehlen, als Fortsetzungstaten zu erfassen haben (krit Heintschel-Heinegg JA 94, 586, der für vollständige Aufgabe des Fortsetzungszusammenhangs eintritt).

17 **c)** Soweit danach eine fortgesetzte Tat **überhaupt noch in Frage kommt,** gilt folgendes:

aa) Unüberwindbare Tatsachenzweifel am Vorliegen des Gesamtvorsatzes sind nach dem Grundsatz in dubio pro reo zu lösen (BezG Meiningen NStZ 91, 490; Bringewat JuS 70, 329; Stree, Krause-FS, S 393, 401; aM BGHSt 23, 33; 35, 318, 324; GA 87, 180; Jähnke GA 89, 376, 391; s auch Montenbruck, In dubio pro reo aus normtheoretischer, straf- und strafverfahrensrechtlicher Sicht, 1985, S 115, alle mwN; zw).

17 a bb) Sämtliche Einzelakte bilden rechtlich **eine einzige Straftat** (RGSt 68, 297).

cc) In den Zusammenhang können nur Einzelakte einbezogen werden, die als solche **alle Voraussetzungen der Strafbarkeit** erfüllen und darüber hinaus prozessual verfolgbar sind (BGHSt 17, 157). Sollte es, was nach Einschränkung des Fortsetzungszusammenhangs (vgl 13) nur noch höchst selten in Frage kommt, für Strafbarkeit oder Strafschärfung auf Umfang oder Menge des von der Tat betroffenen Rechtsgutsobjekts ankommen (zB mehrere Akte des Handeltreibens „in nicht geringer Menge" nach § 30 I BtMG im Rahmen desselben Güterumsatzes; vgl dazu 10 und Ruppert MDR 94, 973, 974), so ist der aus allen Einzelakten resultierende Gesamtumfang oder die entsprechende Gesamtmenge maßgebend (hM; vgl etwa StV 91, 19 und 92, 162; anders Ostendorf DRiZ 83, 426; zw).

dd) Setzt sich die Tat aus Teilakten zusammen, die **teils eine leichtere, teils eine schwerere Form** desselben Delikts ausmachen, so ist auf die fortgesetzte Tat einheitlich die schwerere Vorschrift anwendbar (RGSt 67, 183). Dasselbe gilt, wenn die Teilakte Vollendungs- und Versuchshandlungen sind (bei Dallinger MDR 75, 542 mwN), jedoch mit der Einschränkung, daß bei Begehung lediglich eines vollendeten leichteren und eines versuchten schwereren Einzelakts Tateinheit zwischen der vollendeten leichteren und der versuchten schwereren Tat anzunehmen ist (bei Dallinger MDR 58, 564). Die Strafe wird dem Strafrahmen für den schwersten verwirklichten Einzelakt entnommen. **18**

ee) Beim **Zusammentreffen** der fortgesetzten Tat mit anderen Gesetzesverletzungen, das nach den allgemeinen Regeln zu behandeln ist (2–6 zu § 52), sind die Möglichkeiten nur teilweiser Identität der Ausführungshandlungen und das Prinzip der Verklammerung (4, 5 zu § 52) häufig bedeutsam. **19**

d) Der Wegfall des Fortsetzungszusammenhangs ist auch im **laufenden Verfahren** zu beachten (stRspr). In der Revisionsinstanz wird er allerdings häufig, aber keineswegs immer (vgl etwa Bay wistra 95, 351), unerheblich sein, weil der Angeklagte nicht beschwert ist (zur Behandlung von Verfahren, in denen die Anklageschrift die Einzelakte der Fortsetzungstaten nicht hinreichend konkretisiert hat, Koblenz NJW 95, 3066; Tenter DRiZ 95, 306 mwN). **19 a**

4. Als rechtliche Handlungseinheit kannte die frühere Rspr auch die sog **Sammelstraftat** (Kollektivdelikt), die aus Einzelakten gewerbsmäßiger, gewohnheitsmäßiger oder geschäftsmäßiger Begehung zu einer rechtlichen Handlungseinheit zusammengefaßt wurde (RGSt 61, 147). Seit RGSt 72, 164 sieht die Rspr jedoch solche Handlungen mit Recht als selbständige Straftaten an (BGHSt 1, 41; 26, 284). – **Gewerbsmäßig** (zB §§ 180 a I, 243 I Nr 3, 260 I Nr 1) handelt, wem es darauf ankommt, sich aus wiederholter (uU auch nur fortgesetzter, BGHSt 26, 4; StV 93, 249 mit Anm Endriß; beachte jedoch 13) Begehung eine fortlaufende Haupt- oder auch nur Nebeneinnahmequelle (bei Holtz MDR 76, 633) von einiger Dauer und einigem Umfang (StV 83, 281) zu schaffen (beachte NJW 92, 381), ohne daß er daraus ein „kriminelles Gewerbe“ zu machen braucht (BGHSt 1, 383; Köln NStZ 91, 585). – **Gewohnheitsmäßig** (zB §§ 284 II, 292 III, 293 III) handelt, wer aus einem durch Übung ausgebildeten, selbständig fortwirkenden Hang tätig wird, dessen Befriedigung ihm bewußt oder unbewußt ohne innere Auseinandersetzung gleichsam von der Hand geht (BGHSt 15, 377; Bay MDR 62, 325). – **Geschäftsmäßig** (zB Art 1 § 8 I Nr. 1 iVm § 1 I RBerG) handelt, wer bei der Tat die Absicht hat, die Wiederholung gleichartiger Taten zu einem dauernden oder mindestens wiederkehrenden Bestandteil seiner wirtschaftlichen oder beruflichen Betätigung zu machen (Bay NStZ 81, 29 mwN). – Ge- **20**

wohnheitsmäßig setzt mehrere (mindestens zwei, RGSt 70, 338, 340) spezifisch deliktsbezogene Taten voraus (GA 71, 209), während bei Gewerbsmäßigkeit (Sch/Sch-Stree 2 zu § 260 mwN) und Geschäftsmäßigkeit (Bay aaO) eine einzige Tat mit dem erforderlichen Fortsetzungswillen genügen kann. Dieser Wille muß sich jeweils auf das Delikt beziehen, dessen Tatbestand das Merkmal der Gewerbs- (NJW 96, 1069) oder Geschäftsmäßigkeit voraussetzt.

21 **5.** Auch das sog **Massenverbrechen** (zB Euthanasieprogramm, Endlösung der Judenfrage) bildet als solches keine rechtliche Handlungseinheit (BGHSt 1, 219); jedoch hat die Rspr einheitliche Vernichtungsaktionen häufig als natürliche Handlungseinheiten (vgl 4–8) zusammengefaßt (JZ 67, 643; NJW 69, 2056; zu weit Bauer JZ 67, 625).

22 **V.** Ob **Beteiligung** (1 vor § 25) an einer Tat eine Handlungseinheit oder -mehrheit bildet, ist nicht nach der Gesamttat der mehreren Tatgenossen oder der Haupttat zu beurteilen, sondern allein nach dem Tatbeitrag des einzelnen Beteiligten. Deshalb unterliegen bei Mittäterschaft die verschiedenen Tatbeiträge jeweils selbständiger Beurteilung (NJW 95, 2933; NStZ 96, 296; NStZ-RR 96, 227; aM Sch/Sch-Stree 21 zu § 52, alle mwN); auch wenn jemand durch dieselbe Handlung oder pflichtwidrige Unterlassung zu mehreren selbständigen Taten Beihilfe leistet (NStZ 93, 584; wistra 96, 140; Bay NJW 89, 2142) oder wenn er als mittelbarer Täter den (oder mehrere) Tatmittler durch nur einen Auftrag zur Vornahme mehrerer Handlungen veranlaßt (NStZ 94, 35; wistra 96, 230 und 303), liegt Handlungseinheit vor. Bei fortgesetzter Tat (beachte 13) ist Teilnahme an einem Teilakt zwar Teilnahme an der Tat im ganzen (RGSt 62, 246, 248); ob sie jedoch ihrerseits eine Handlungseinheit oder -mehrheit bildet, bestimmt sich nach dem Verhältnis der einzelnen Teilnahmeakte (NJW 91, 2574; NStZ 93, 35 und 96, 296, alle mwN).

23 **VI.** Eine Handlung (dh jede Handlungseinheit) kann zugleich **mehrere Gesetze** verletzen **(Konkurrenz).** Ob das zur Annahme mehrerer Straftaten zwingt (Einheits- oder Mehrheitstheorie; vgl Puppe aaO [vgl 3] S 27; Schmidhäuser, 140 Jahre GA, S 191, 198, beide mwN) ist umstritten, aber nur von theoretischer und dogmengeschichtlicher Bedeutung. Praktisch wichtig ist dagegen die Unterscheidung von **echter und unechter Konkurrenz.**

24 **1. a)** Die Struktur des Strafrechtssystems, in dem die Vorschriften sich gegenseitig ergänzen und überdecken, bringt es mit sich, daß das systematische Verhältnis verschiedener zusammentreffender, dem Wortlaut nach verletzter Gesetze ergeben kann, daß einzelne von ihnen nicht anwendbar sind, weil der deliktische Gehalt einer Tat jeweils schon durch ein anderes Gesetz erschöpfend erfaßt wird (**unechte Konkurrenz;** vgl etwa BGHSt 31, 380; 39, 100, 108; 41, 113, 115, alle mwN). Für ihre Abgrenzung von der echten Konkurrenz (vgl 30) kommt es in Zweifelsfällen darauf an, ob der Klarstellung bedarf, daß

der deliktische Gehalt der Tat durch Anwendung nur eines der verletzten Gesetze nicht erschöpfend erfaßt werden kann (eingehend Abels, Die „Klarstellungsfunktion" der Idealkonkurrenz, 1991). Der unechten Konkurrenz, die in Fällen der Handlungseinheit auch als **Gesetzeseinheit** oder **Gesetzeskonkurrenz** bezeichnet wird, liegen folgende Gesichtspunkte zugrunde (zusf Mitsch JuS 93, 471; krit zur uneinheitlichen Rspr und Lehre Fahl, Zur Bedeutung des Regeltatbildes bei der Bemessung der Strafe, 1996, S 250; s auch Fahl GA 96, 476, 480).

aa) **Spezialität.** Das spezielle Gesetz, das einen schon von einem anderen Gesetz allgemein erfaßten Sachverhalt besonders regelt, geht dem allgemeinen vor, zB § 249 den §§ 240, 242; § 177 dem § 178 (BGHSt 1, 152). **25**

bb) **Subsidiarität.** Das Gesetz, das ausdrücklich (Subsidiaritätsklausel; formelle Subsidiarität) oder sonst erkennbar (materielle Subsidiarität) nur für den Fall Geltung beansprucht, daß kein anderes eingreift, tritt zurück. Nach dem Ausmaß der Subsidiarität (im Verhältnis zu allen anderen Gesetzen, zu Gesetzen bestimmter Art oder zu ganz bestimmten Gesetzen) ist zwischen absoluter, relativer (zB § 265 a) und spezieller (zB §§ 145 d, 316) Subsidiarität zu unterscheiden. Materiell subsidiär sind zB die fahrlässige Begehungsform gegenüber der vorsätzlichen (BGHSt 39, 195 mwN) der Versuch gegenüber der Vollendung (GA 56, 26, 28), § 30 gegenüber § 26 (BGHSt 14, 378) und § 221 gegenüber § 212 (RGSt 68, 407). **26**

cc) **Konsumtion.** Ein Gesetz, das den Unrechtsgehalt der Verletzung eines anderen Gesetzes deshalb mitberücksichtigt, weil dieses zum sog „Regeltatbild" gehört (dazu Fahl aaO [vgl 24] S 293) und deshalb regelmäßig mitverletzt wird (sog „typische Begleittat"), geht dem anderen vor (zB § 218 dem § 223, BGHSt 10, 312). **27**

b) Die **Abgrenzung** der verschiedenen Formen von Gesetzeseinheit ist umstritten (Klug ZStW 68, 399; Puppe aaO [vgl 3] S 313 und GA 82, 143, 160; Abels aaO [vgl 24] S 17, 33; zusf Seier Jura 83, 225, alle mwN); zum Teil wird die Konsumtion der Subsidiarität zugeschlagen (Sch/Sch-Stree 131, 132; aM Jescheck/Weigend AT S 735; eingehend Geerds, Zur Lehre von der Konkurrenz im Strafrecht, 1961, S 203; Vogler, Bockelmann-FS, S 715). Anwendbar ist nur das vorgehende Gesetz; wenn dessen Anwendung ein Strafaufhebungsgrund (zB Rücktritt vom Versuch) oder ein Prozeßhindernis (zB Fehlen des Strafantrags) entgegensteht, kommt es auf das Verhältnis der verletzten Gesetze untereinander an, ob das an sich zurücktretende anwendbar wird (zB BGHSt 1, 152; 19, 188, 320; MDR 72, 251; Vogler aaO S 726). – Stehen zwei vollendete Delikte in Gesetzeseinheit, so ist das nicht ohne weiteres auch für den Versuch des schwereren im Verhältnis zur Vollendung des minderschweren Delikts anzunehmen. Daß der Täter nicht allein die schwerere Tat versucht, sondern auch die minderschwere vollendet hat, kann nur durch Annahme von Tateinheit klargestellt werden; das gilt zB für versuchten Mord und vollendeten Totschlag **28**

(NStZ 94, 583), für Raubversuch und vollendeten Diebstahl (BGHSt 21, 78) sowie für Versuch nach § 224 und Vollendung nach § 223 a (BGHSt 21, 194). Daß die Rspr bei versuchter Tötung und vollendeter Körperverletzung (9 zu § 212), bei versuchter Vergewaltigung und vollendeter sexueller Nötigung (11 zu § 177) sowie bei versuchter Nötigung und Bedrohung (4 zu § 241) anders verfährt, widerspricht ohne zureichenden Grund diesem Prinzip (Schröder JZ 67, 368; Vogler, Bockelmann-FS, S 715, 725; Maatz NStZ 95, 209; neuerdings auch bei Holtz MDR 95, 880; NStZ 95, 589, alle mwN). Es stellt die Unterscheidung auch in den anderen Bereichen in Frage (daher durchgängig für Gesetzeskonkurrenz Hirsch ZStW 81, 917, 929).

29 **c)** Bei Gesetzeseinheit darf – wenn sich aus dem Zweckzusammenhang der verwirklichten Tatbestände nichts anderes ergibt (dazu Warda JuS 64, 81, 92) – das **Mindestmaß** der in dem verdrängten Gesetz angedrohten Hauptstrafe nicht unterschritten werden (BGHSt 1, 152; bei Holtz MDR 81, 99; beachte auch BGHSt 30, 166 mit Anm Bruns JR 82, 166; str). Auch die **Vermögensstrafe** (§ 43 a) kann auf dieses Gesetz gestützt werden (Mitsch JA 94, 425, 428). Dasselbe gilt für **Nebenstrafen,** Nebenfolgen und Maßnahmen im Sinne des § 11 I Nr 8 (BGHSt 7, 307, 312; 8, 46). In der **Strafzumessung** ist die schärfende Berücksichtigung des verdrängten Gesetzes nicht ausgeschlossen (BGHSt 21, 183, 185; aM Fahl aaO [vgl 24] S 319; diff Seier Jura 83, 225, 234; s auch 45 zu § 46).

30 **2.** Verletzt eine Handlung mehrere anwendbare (dh nicht in Gesetzeseinheit stehende) Gesetze **(echte Konkurrenz),** so liegt **Tateinheit** (Idealkonkurrenz) vor (Anm zu § 52).

31 **VII.** Die §§ 53–55 regeln die **Tatmehrheit** (Realkonkurrenz), dh den Fall, daß mehrere Handlungen (Handlungseinheiten) mehrere Gesetze verletzen. Die verschiedenen Gesetze müssen aber anwendbar sein; auch hier gibt es wie bei der Handlungseinheit (24–28) Fälle, in denen sich aus dem Verhältnis der verletzten Gesetze die Unanwendbarkeit eines von ihnen ergibt. Man spricht hier zwar nicht von Gesetzeseinheit, sondern von **mitbestrafter (strafloser) Nachtat oder Vortat;** die Unanwendbarkeit der zurücktretenden Gesetze folgt aber wie bei der Gesetzeseinheit aus den Gesichtspunkten der Subsidiarität oder der Konsumtion (vgl v Krog, Die straflosen Vor- und Nachtaten, Diss Hamburg 1975; Vogler, Bockelmann-FS, S 715, 716; Bringewat, Die Bildung der Gesamtstrafe, 1987, S 67, alle mwN; str).

32 **1.** Eine **Nachtat** ist straflos (in der Haupttat mitbestraft), wenn sie sich in der Sicherung oder Auswertung der durch die Vortat erlangten Position erschöpft; zB Sachbeschädigung der gestohlenen oder unterschlagenen Sache (RGSt 59, 174), Abheben der Einlage auf gestohlenem Sparbuch (StV 92, 272; beachte jedoch NStZ 93, 591 mit krit Bespr Otto JK § 263/39, alle mwN), Untreue an betrügerisch erlangten Gegenständen (BGHSt 6, 67). Die Nachtat ist dagegen nicht straflos,

wenn sie einen neuen, andersartigen Schaden bewirkt (BGHSt 5, 295, 297; NStZ 87, 23) oder den durch die Vortat entstandenen Schaden durch einen weiteren vergrößert (BGHSt 6, 67; s auch BGHSt 16, 280); zB Betrug zum Nachteil eines Dritten durch Verkauf einer gestohlenen Sache (RGSt 49, 16), Wiederverwendung gestohlener entwerteter Wertzeichen (BGHSt 3, 289), Herstellen unechter Urkunden aus gestohlenen Vordrucken und deren betrügerische Verwendung (bei Holtz MDR 82, 280), unerlaubter Waffenbesitz (§ 53 III Nr 1 a WaffG) nach Diebstahl der Waffe (Hamm NJW 79, 117), Betrug einer Versicherung nach vorsätzlicher Schadensverursachung durch Eingriff in den Straßenverkehr (Fleischer NJW 76, 878, 880) oder Betrug zur Abwendung einer Vertragsstrafe nach vorausgegangener Beförderungserschleichung (Dylla-Krebs NJW 90, 888; zw). Dagegen kommt Unterschlagung als mitbestrafte Nachtat nach einem Aneignungsdelikt nicht in Frage, da Manifestationen des Zueignungswillens nach vorausgegangenem Zueignungsakt den Tatbestand des § 246 nicht erfüllen (7 zu § 246). Kann die Vortat nicht bestraft werden, so entfällt die Straflosigkeit der Nachtat stets, wenn die Vortat nicht erwiesen (bei Dallinger MDR 55, 269) oder nach §§ 154, 154 a StPO aus dem Verfahren endgültig ausgeschieden ist (GA 71, 83); wieweit die Nachtat strafbar ist, wenn der Bestrafung der Vortat ein Strafaufhebungsgrund (zB Rücktritt) oder ein Verfahrenshindernis (zB Verjährung, Fehlen des Strafantrags) entgegensteht, hängt von der Art des Hindernisses ab und ist in der Mehrzahl der einschlägigen Fallgruppen umstritten (vgl zB BGHSt 18, 324; 38, 366, 368 mit abl Anm Stree JZ 93, 476; BGHSt 39, 233, 235; NJW 68, 2115; Vogler, Bockelmann-FS, S 715, 732; Bringewat aaO [vgl 31] S 78; Otto Jura 94, 276; Geppert Jura 94, 441, 444). Zur Teilnahme an der mitbestraften Nachtat beachte 8 zu § 27.

2. Eine **Vortat** ist straflos (in der Nachtat mitbestraft), wenn ihr 33
Unrechtsgehalt durch die Nachtat voll erfaßt und deshalb durch deren Bestrafung mit abgegolten wird (NJW 67, 60; Hamm MDR 79, 421), zB das Gefährdungsdelikt gegenüber dem nachfolgenden Verletzungsdelikt, wenn die Gefährdung sich als bloße Vorstufe derselben Rechtsgutsverletzung darstellt (BGHSt 8, 243), die Vorbereitungshandlung oder der Versuch gegenüber dem später vollendeten Delikt (BGHSt 10, 230) oder die Anstiftung im Verhältnis zu der Tat, an welcher sich der Teilnehmer später als Mittäter beteiligt (13 vor § 25).

§ 52 Tateinheit

(1) **Verletzt dieselbe Handlung mehrere Strafgesetze oder dasselbe Strafgesetz mehrmals, so wird nur auf eine Strafe erkannt.**

(2) **Sind mehrere Strafgesetze verletzt, so wird die Strafe nach dem Gesetz bestimmt, das die schwerste Strafe androht. Sie darf nicht milder sein, als die anderen anwendbaren Gesetze es zulassen.**

(3) **Geldstrafe kann das Gericht unter den Voraussetzungen des § 41 neben Freiheitsstrafe gesondert verhängen.**

(4) **Läßt eines der anwendbaren Gesetze die Vermögensstrafe zu, so kann das Gericht auf sie neben einer lebenslangen oder einer zeitigen Freiheitsstrafe von mehr als zwei Jahren gesondert erkennen. Im übrigen muß oder kann auf Nebenstrafen, Nebenfolgen und Maßnahmen (§ 11 Abs. 1 Nr. 8) erkannt werden, wenn eines der anwendbaren Gesetze sie vorschreibt oder zuläßt.**

Fassung: Abs 4 durch OrgKG (1, 2 vor § 73) neugefaßt.

1 **1.** Vgl zunächst 2–30 vor § 52.

2 **2. Tateinheit (Idealkonkurrenz)** setzt voraus, daß ein und dieselbe Handlung (auch natürliche oder rechtliche Handlungseinheit) mehrere anwendbare, dh nicht in Gesetzeseinheit stehende (24 vor § 52), Gesetze verletzt. Die Mehrheit kann sich aus der Verletzung verschiedener Gesetze (sog **ungleichartige** Tateinheit) oder aus der mehrmaligen Verletzung desselben Gesetzes (sog **gleichartige** Tateinheit; dazu BGHSt 1, 20; 26, 284; 40, 307, 314) ergeben. Bleibt aus tatsächlichen Gründen zweifelhaft, ob Tateinheit oder -mehrheit vorliegt, so ist die dem Täter günstigere Möglichkeit anzunehmen (StV 92, 54; bei Holtz MDR 92, 632).

3 **a) Mehrere Gesetze** werden durch **dieselbe Handlung** verletzt, wenn mindestens Teile des Handlungsvollzugs, die nach der Rspr auch in der Phase nach Vollendung aber vor Beendigung liegen können (2 vor § 22; zw), zugleich zur Verwirklichung des einen und des anderen Gesetzes beitragen (hM; vgl zB BGHSt 22, 206 mit krit Anm Schröder JZ 69, 32; abw Puppe, Idealkonkurrenz und Einzelverbrechen, 1979, S 125, GA 82, 143 und NK 36–54). Ein einheitlicher Entschluß zu mehreren Handlungen (Bay GA 73, 112), ein einheitlicher Zweck oder Beweggrund (BGHSt 7, 149; 22, 206, 208), eine Mittel-Zweck- oder Grund-Folge-Verknüpfung (NStZ 85, 70; NJW 96, 1973) oder Handeln am selben Ort, zur selben Zeit (BGHSt 18, 29, 32) oder während derselben Autofahrt (Hamm VRS 52, 131) reichen allein nicht aus (bei Holtz MDR 92, 17 mwN). Die Rspr ist insoweit nicht ganz einheitlich; sie greift bisweilen auf den in diesem Zusammenhang systemfremden Gedanken natürlicher Handlungseinheit (4–7 vor § 52) zurück und begnügt sich – namentlich bei der sog Polizeiflucht (BGHSt 22, 67, 76; NJW 89, 2550; beachte aber bei Dallinger MDR 74, 13; DRiZ 76, 141) – mit enger zeitlich-räumlicher Verbundenheit der Handlungsvollzüge (zB NJW 77, 2321 und 95, 1766; bei Holtz MDR 85, 283; MDR 95, 731; mit Recht abl Maiwald, Die natürliche Handlungseinheit, 1964 und NJW 78, 300; Kindhäuser JuS 85, 100; Warda, Oehler-FS, S 241, 248; Sowada NZV 95, 465, 466). – Wird dasselbe Gesetz nur einmal, aber in mehreren im wesentlichen gleichwertigen Tatbestandsalternativen verletzt (zB Mord unter Verwirklichung mehrerer Mordmerkmale), so liegt nicht Tateinheit, sondern nur eine Gesetzes-

verletzung vor (NJW 94, 2034 mit Bespr v Hippel JR 95, 125; bei Dallinger MDR 68, 201; Altenhain ZStW 107, 382; s auch 17 zu § 211, 12 zu § 223 a; 10 zu § 244); das gilt jedoch nicht, soweit die Alternativen jeweils eigenständiges Unrecht beschreiben (hM; anders Altenhain aaO).

b) Erforderlich und stets hinreichend (auch bei Angriffen gegen verschiedene höchstpersönliche Rechtsgüter, bei Holtz MDR 80, 272; bei Miebach NStZ 92, 177) ist **teilweise Identität** der Ausführungshandlungen (BGHSt 7, 149; GA 81, 168; StV 83, 456; speziell zur Steuerhinterziehung BGHSt 33, 163 mit krit Anm Hamm NStZ 86, 68; wistra 96, 62). Solche Teilüberdeckung liegt auch vor, wenn nur ein Teilakt einer natürlichen oder rechtlichen Handlungseinheit zur Verwirklichung eines anderen Tatbestandes beiträgt, wenn mehrere natürliche oder rechtliche Handlungseinheiten (4–19 a vor § 52) nur in einem Teilakt einen identischen Handlungsvollzug aufweisen (BGHSt 6, 81; NStZ 91, 81 und 93, 225) oder wenn mehrere an sich selbständige Handlungen im Hinblick auf ein anderes Gesetz Bestandteile derselben Handlungseinheit sind (VRS 49, 177), zB mehrere Körperverletzungen, die zur Aufrechterhaltung derselben Freiheitsberaubung begangen werden. 4

aa) Daraus folgt das **Prinzip der Verklammerung** unter sich selbständiger Handlungen durch eine andere (dritte) Handlung zur Tateinheit. Es ist aus materiellen und prozessualen Gründen problematisch (krit Wahle GA 68, 97; Puppe aaO [Idealkonkurrenz; vgl 3] S 199; Werle JR 79, 93, 96 und NJW 80, 2671; Lippold, Die Konkurrenz bei Dauerdelikten als Prüfstein der Lehre von den Konkurrenzen, 1985; Jakobs AT 33/11, 12). Die Rspr schließt seine Anwendbarkeit allerdings für den Fall aus, daß die mehreren selbständigen Handlungen (nicht nur eine von ihnen, BGHSt 31, 29; NStZ 93, 39; anders noch BGHSt 3, 165) gegenüber der verklammernden Handlungseinheit einen größeren Unwert verkörpern (probl BGHSt 33, 4 mit krit Bespr Peters JR 93, 265), was zB für mehrere Tötungen im Rahmen derselben Gewaltanwendung beim Raub zutrifft (BGHSt 2, 246; NJW 96, 2802; s auch JR 83, 210 mit Anm Keller; NStZ 89, 20, 91, 549 und 93, 133; JR 95, 71 mit Anm Geerds; StV 96, 668; Schöneborn NJW 74, 734; Erb JR 95, 169; 13 zu § 129; 42 zu § 142, alle mwN). Dasselbe gilt, wenn beim Zusammentreffen mehrerer Handlungseinheiten der das Bindeglied bildende Teilakt an Unrechtsgehalt hinter den übrigen Teilen der Handlungseinheiten zurückbleibt (BGHSt 18, 26; NJW 63, 57). Die für die Entklammerung angeführten Gründe sind dogmatisch anfechtbar und letztlich nur auf Gerechtigkeitserwägungen gestützt (eingehend Werle, Die Konkurrenz bei Dauerdelikt, Fortsetzungstat und zeitlich gestreckter Gesetzesverletzung, 1981, S 48; s auch Bringewat, Die Bildung der Gesamtstrafe, 1987, S 56). 5

bb) Zu den umstrittenen Zusammenhängen zwischen materiellrechtlicher Tateinheit und dem Begriff **derselben Tat im prozes-** 6

sualen Sinne beachte ua BVerfGE 56, 22; BGHSt 29, 288; 33, 122; 36, 151 mit Anm Mitsch JR 90, 162 und Neuhaus StV 90, 342; BGHSt 38, 37; NStZ 91, 549; NJW 96, 1973 mit krit Anm Kindhäuser JZ 97, 101; Hamm NStZ 86, 278 mit Anm Grünwald StV 86, 243, Puppe JR 86, 205 und Neuhaus NStZ 87, 138; Bay StV 86, 532 mit Anm Brauns; Zweibrücken NJW 86, 2841 mit Anm Mitsch NStZ 87, 457; Bay JZ 91, 1095 mit Bespr Schlüchter JZ 91, 1057; Krauth, Kleinknecht-FS, S 215; Erb GA 94, 265).

7 **c)** Nach der Rspr kommt Tateinheit **auch in Frage** zwischen vorsätzlicher und fahrlässiger Tat (BGHSt 1, 278), ferner zwischen Unterlassungsdelikten (BGHSt 18, 376, 379; NStZ 83, 29), wenn die mehreren Handlungsgebote durch eine Handlung zu erfüllen sind (BGHSt 37, 106, 134; NJW 85, 1719 mit krit Anm Puppe JR 85, 245), im allgemeinen aber nicht zwischen einem Begehungs- und einem echten Unterlassungsdelikt (BGHSt 6, 229); Tateinheit liegt hier nur dann vor, wenn gerade – wie zB im Verhältnis zwischen §§ 142 und 323 c (42 zu § 142) – die Begehung der einen Tat der Erfüllung des dem Unterlassungstatbestand zugrundeliegenden Handlungsgebots entgegenstand (insoweit probl Bay VRS 60, 112). Im ganzen sind die Möglichkeiten des Zusammentreffens bei **Unterlassungsdelikten** noch nicht abschließend geklärt (eingehend Struensee, Die Konkurrenz bei Unterlassungsdelikten, 1971, S 16; s auch Bringewat aaO [vgl 5] S 49; Puppe NK 55–59; Samson/Günther SK 40, 41 vor § 52). – Beim Zusammentreffen mit **Dauerdelikten** (11 vor § 52) kommt es darauf an, ob die zur Verwirklichung eines anderen Tatbestandes beitragende Handlung zugleich als Begründung oder Aufrechterhaltung des durch das Dauerdelikt geschaffenen rechtswidrigen Zustandes erscheint (BGHSt 18, 29; 27, 66; 29, 233, 239). So trifft zB Fahren ohne Fahrerlaubnis (§ 21 StVG) oder in fahruntüchtigem Zustand (§ 316) häufig tateinheitlich mit Diebstahl eines Kraftwagens (BGHSt 18, 66; VRS 30, 283) oder mit unerlaubtem Entfernen vom Unfallort (Bay NJW 63, 168) zusammen. Dasselbe gilt für Freiheitsberaubung mit Körperverletzung, wenn die Mißhandlung der Aufrechterhaltung der Freiheitsentziehung dient, und für Hausfriedensbruch, in dessen Verlauf Widerstand gegen die Staatsgewalt geleistet wird (Bay GA 57, 219; s auch Köln NJW 82, 296). Dagegen genügt es nicht, wenn nur gelegentlich eines Dauerdelikts, sei es auch in zeitlich-räumlicher Verbundenheit, ein anderer Tatbestand erfüllt wird (BGHSt 18, 29; Koblenz NJW 78, 716), und zwar auch dann nicht, wenn dessen Verwirklichung erst durch das Dauerdelikt ermöglicht wird (hM; anders Sch/Sch-Stree 91 vor § 52 mwN). Mit dem Dauerdelikt tateinheitlich zusammentreffende, unter sich jedoch selbständige Gesetzesverletzungen sind nach dem Prinzip der Verklammerung (vgl 5) zu behandeln. Die Abgrenzung ist oft deshalb umstritten, weil über den Inhalt der zusammentreffenden Tatbestände Zweifel bestehen und die Annahme von Tateinheit wegen des Verklammerungsprinzips zu unerwünscht weit ausgedehnten Hand-

lungseinheiten mit problematischen Auswirkungen auf den Strafklageverbrauch führt (vgl etwa die Kontroverse um die Konkurrenz zwischen unerlaubtem Führen einer Waffe nach dem WaffG und einem mit der Waffe begangenen Totschlag, BGHSt 31, 29; Hamm NStZ 86, 278; Zweibrücken NJW 86, 2841; s auch 6).

3. Der Regelung der Rechtsfolgen in **Abs 2** liegt das sog **Absorptionsprinzip** zugrunde, das allerdings zur Verdeutlichung der vorbehaltenen Wirkungen auch der milderen Gesetze (vgl 9, 10) besser als **Kombinationsprinzip** bezeichnet wird (Sch/Sch-Stree 34). Danach ist bei ungleichartiger Tateinheit zwar auch aus dem (bzw den) milderen Gesetz(en) zu verurteilen (RGSt 49, 401), die Strafe aber nur dem Gesetz zu entnehmen, das die schwerste Strafe, dh grundsätzlich die schwerste Strafart (Rangfolge: Freiheitsstrafe, Strafarrest nach § 9 WStG, Geldstrafe) und nur bei gleicher Strafart die höchste Strafe, androht. Für die Ermittlung der Strafdrohung gilt nicht die abstrakte Betrachtungsweise des § 12 (dort 2); vielmehr sind die konkret vorliegenden unbenannten oder im AT vorgesehenen Strafschärfungs- und Strafmilderungsgründe mit ihren besonderen Strafrahmen zu berücksichtigen (NStZ 81, 301; bei Detter NStZ 94, 177 und 474). Für die Schwere der Strafe kommt es auf das angedrohte Höchstmaß der Hauptstrafe, bei gleicher Art und Schwere der Hauptstrafe auf Nebenstrafen oder Nebenfolgen und erst dann auf das Mindestmaß der Strafen an (RGSt 54, 29); bei Zusammentreffen von Verbrechen und Vergehen kann die schwerste Strafe auch im Vergehenstatbestand angedroht sein (bei Dallinger MDR 70, 560). 8

4. Die nach **Abs 2 S 1 an sich zurücktretenden milderen Gesetze** bleiben zum Teil bedeutsam: 9

a) Die Hauptstrafe darf das **Mindestmaß** der in den milderen Gesetzen angedrohten Hauptstrafen nicht unterschreiten (Abs 2 S 2). Die kumulative Geldstrafe (§ 41) kann auch auf die Verletzung eines milderen Gesetzes gestützt werden (Abs 2 S 2, Abs 3, 4). Ebenso kann die Vermögensstrafe (§ 43 a) neben einer lebenslangen oder einer zeitigen Freiheitsstrafe von mehr als zwei Jahren auch dann gesondert verhängt werden, wenn sie nur in einem milderen Gesetz zugelassen ist (Abs 4 S 1); ob der Schuldgehalt der Verletzung des milderen Gesetzes für sich allein die erforderliche Höhe der Strafe rechtfertigen würde, ist unerheblich (BT-Dr 11/5461 S 7; aM Sch/Sch-Stree 4 zu § 43 a; zw). Für Nebenstrafen usw bleiben die milderen Gesetze voll anwendbar (Abs 4 S 2).

b) Bei der **Strafzumessung** kann die Verletzung auch des milderen Gesetzes schärfend ins Gewicht fallen (45 zu § 46). 10

§ 53 Tatmehrheit

(1) **Hat jemand mehrere Straftaten begangen, die gleichzeitig abgeurteilt werden, und dadurch mehrere Freiheitsstrafen oder mehrere Geldstrafen verwirkt, so wird auf eine Gesamtstrafe erkannt.**

(2) **Trifft Freiheitsstrafe mit Geldstrafe zusammen, so wird auf eine Gesamtstrafe erkannt. Jedoch kann das Gericht auf Geldstrafe auch gesondert erkennen; soll in diesen Fällen wegen mehrerer Straftaten Geldstrafe verhängt werden, so wird insoweit auf eine Gesamtgeldstrafe erkannt.**

(3) **Hat der Täter nach dem Gesetz, nach welchem § 43 a Anwendung findet, oder im Fall des § 52 Abs. 4 als Einzelstrafe eine lebenslange oder eine zeitige Freiheitsstrafe von mehr als zwei Jahren verwirkt, so kann das Gericht neben der nach Absatz 1 oder 2 zu bildenden Gesamtstrafe gesondert eine Vermögensstrafe verhängen; soll in diesen Fällen wegen mehrerer Straftaten Vermögensstrafe verhängt werden, so wird insoweit auf eine Gesamtvermögensstrafe erkannt. § 43 a Abs. 3 gilt entsprechend.**

(4) **§ 52 Abs. 3 und 4 Satz 2 gilt sinngemäß.**

Fassung: Abs 3, 4 durch OrgKG (1, 2 vor § 73) neugefaßt.

1 **1.** Vgl zunächst 23–33 vor § 52.

2 **2. a) Tatmehrheit (Realkonkurrenz)** liegt vor (beachte 2 zu § 52), wenn jemand durch mehrere selbständige Straftaten mehrere anwendbare, dh nicht in unechter Konkurrenz stehende (31–33 vor § 52), Gesetze verletzt, und zwar mehrere verschiedene Gesetze oder dasselbe Gesetz mehrmals (**ungleichartige** und **gleichartige** Tatmehrheit). Noch nicht abschließend geklärt ist die mit dem Verzicht auf die Rechtsfigur des Fortsetzungszusammenhangs (13 vor § 52) notwendig gewordene Neuorientierung in der Behandlung von fortgesetzt begangenen **Serienstraftaten.** Die Problematik betrifft überwiegend (zum materiellen Recht 15 b vor § 52) das Prozeßrecht. Hier sind noch Entwicklungen im Gange, die darauf abzielen, die Folgen der neuen Rechtslage abzumildern, namentlich durch Herabsetzung der Anforderungen an die Bestimmtheit der Anklageschrift und des Eröffnungsbeschlusses, durch Zulassung der Verteilung eines festgestellten Gesamtschadens auf die Einzeltaten im Wege der Schätzung, durch Ausdehnung des Begriffs derselben Tat im prozessualen Sinne (§ 264 StPO) mit der daraus folgenden Rechtskraftwirkung und durch Erweiterung der Möglichkeit des Revisionsgerichts, trotz Veränderung der Konkurrenzverhältnisse die für eine Mehrheit von Gesetzesverletzungen verhängte (Gesamt-)Strafe aufrecht zu erhalten (zusf Geppert NStZ 96, 57, 63; s auch NJW 96, 2107; StV 96, 410; Kalf NStZ 97, 66, alle mwN).

2 a Die Vorschrift regelt nur den Fall, daß die Taten **gleichzeitig** abgeurteilt, dh in demselben Verfahren und vor demselben Gericht ver-

handelt und entschieden werden (Bringewat, Die Bildung der Gesamtstrafe, 1987, S 85; zur str Frage der Gleichzeitigkeit in Fällen der Verbindung nach § 237 StPO BGHSt 37, 42 mit abl Bespr Bringewat JR 91, 74 und Steinmetz JR 93, 228); sie ist jedoch unter den Voraussetzungen des § 55 auch anzuwenden, wenn ein Teil der Taten schon abgeurteilt ist.

3. a) § 53 führt das sog **Asperationsprinzip** für alle Hauptstrafen 3
(auch den Strafarrest nach §§ 9, 13 WStG) mit Ausnahme der Jugendstrafe (§§ 31, 32 JGG, BGHSt 10, 100) durch (zur Vermögensstrafe beachte 6). Es besteht darin, daß beim Zusammentreffen mehrerer selbständiger Handlungen nicht die verwirkten Einzelstrafen kumuliert, sondern die jeweils verwirkte schwerste Einzelstrafe (die Einsatzstrafe) – soweit sie nicht ohnehin schon lebenslang ist – erhöht wird. Nach den für alle Taten erforderlichen Schuldfeststellungen ist zunächst für jede Tat die konkret verwirkte Einzelstrafe (mit Strafzumessungsgründen, BGHSt 1, 252) zu bestimmen, und zwar unter Beachtung des § 38 II (probl LG Stuttgart NStZ-RR 96, 292 zur Auswirkung des Verschlechterungsverbots) und ggf des § 47 (MDR 69, 1022) und bei Geldstrafen mit Angabe auch der Tagessatzhöhe (BGHSt 30, 93; Hamm MDR 78, 420 mit Bespr Meyer MDR 78, 894 und Gössel JR 79, 75). Erst dann ist die Gesamtstrafe in den durch § 54 gezogenen Grenzen zu verhängen; ist auch nur eine Einzelstrafe nicht bestimmt, so ist die Gesamtstrafe fehlerhaft (BGHSt 4, 345). – **Erkannt ist dabei nur auf die Gesamtstrafe,** die alle im Schuldspruch genannten Taten abgilt (deshalb keine Teilvollstreckung einer rechtskräftig festgesetzten Einzelstrafe, RGSt 74, 387). Die Einzelstrafen sind aber keine bloßen Rechnungsgrößen. Sie behalten insofern selbständige Bedeutung, als sie Grundlage für die Verhängung der Vermögensstrafe (Abs 3) und von Nebenstrafen usw (Abs 4) sein können, als sie im Rechtsmittel- und Wiederaufnahmeverfahren von der Aufhebung der Gesamtstrafe und anderer Einzelstrafen idR unberührt bleiben (Köln JMBlNRW 77, 139), als die nicht angefochtenen Einzelstrafen in Teilrechtskraft erwachsen und als das Verbot der Schlechterstellung (§§ 331, 358 II StPO) verletzt ist, wenn zwar keine höhere Gesamtstrafe aber höhere Einzelstrafen festgesetzt werden (BGHSt 1, 252).

b) Das Asperationsprinzip gilt nicht nur beim Zusammentreffen 4
mehrerer Freiheitsstrafen oder mehrerer Geldstrafen (Abs 1), sondern auch beim **Zusammentreffen von Freiheitsstrafe mit Geldstrafe** (Abs 2 S 1). Im letzten Falle kann jedoch das Gericht (nach pflichtmäßigem Ermessen, 50 zu § 46) auf die Geldstrafe gesondert erkennen (Abs 2 S 2). Ob es davon Gebrauch macht, bestimmt sich nach den allgemeinen Strafzumessungsgrundsätzen (JR 89, 425 mit Anm Bringewat). Die gesonderte Verhängung kommt namentlich in Frage, wenn die Gesamtstrafe als das schwerere Übel erscheint, weil die Einzelstrafe zur Bewährung ausgesetzt werden kann (BGH aaO; NJW 90, 2897; s auch wistra 94, 61, alle mwN) oder weil sonst Gründe der Gerechtig-

keit, der Spezialprävention oder der Vermeidung zwingender beamtenrechtlicher Folgen (NStZ 89, 572 mwN) gegen die sonst gebotene Erhöhung der Freiheitsstrafe sprechen (s auch LG Frankenthal StV 92, 234); neben lebenslanger oder hoher zeitiger Freiheitsstrafe und neben Vermögensstrafe (BT-Dr 11/5461 S 7) ist sie dagegen meist nicht angezeigt. Im übrigen ist bei der Beurteilung nicht von einem Regel-Ausnahme-Verhältnis auszugehen (hM; anders JR 89, 425; Bay MDR 82, 770, beide mwN), sondern von den Umständen des Einzelfalls (zusf Bringewat aaO [vgl 2] S 93). Das begründungslose Übergehen dieser Möglichkeit ist jedenfalls dann ein sachlich-rechtlicher Fehler, wenn sie nach den Umständen naheliegt (NJW 89, 2900; Bay aaO). Wird die Geldstrafe gesondert verhängt, so kann auch die Ersatzfreiheitsstrafe nicht in die Gesamtstrafenbildung einbezogen werden (Bay MDR 71, 860; Bringewat aaO S 103 mwN; str). – Besteht eine Einzelstrafe aus Freiheitsstrafe und kumulativer Geldstrafe (§ 41), so sollte die letztere auch im Gesamtstrafenausspruch gesondert verhängt werden (Abs 4 iVm § 52 III; vgl Küper NJW 75, 547; Bringewat aaO S 100). – Die verschiedenen Möglichkeiten, auf Geldstrafe gesondert zu erkennen, können auch zum Zusammentreffen mehrerer Einzelgeldstrafen führen; für diese ist dann – und zwar nach dem Gesetzeszweck ohne Rücksicht darauf, ob sie selbständig oder neben Freiheitsstrafe (§ 41) verhängt werden (BGHSt 23, 260; 25, 380, 382 mit Anm Küper aaO) – eine Gesamtgeldstrafe zu bilden (Abs 2 S 2).

5 **c)** Soweit das Asperationsprinzip im Falle des Abs 2 nicht angewendet wird, ist auf die verwirkten Einzelstrafen nebeneinander zu erkennen (Kumulationsprinzip). Dasselbe gilt, wenn Kriminalstrafen mit Geldbußen nach dem OWiG zusammentreffen (Köln NJW 79, 379 mwN).

6 **4. a)** Die Zulässigkeit der **Vermögensstrafe** (§ 43 a) hängt – insoweit anders als bei Tateinheit (9 zu § 52) – davon ab, ob ihre Voraussetzungen in bezug auf eine Einzelstrafe voll erfüllt sind (Abs 3 S 1). Sie wird dann neben der Gesamtstrafe verhängt. Bei Vorliegen der Voraussetzungen ist es nach Abs 3 S 1 Halbs 2 auch möglich, neben mehreren oder allen Einzelstrafen je eine Vermögenseinzelstrafe zu verhängen und aus ihnen eine Gesamtstrafe zu bilden (näher dazu Bringewat NStZ 93, 316). Jedoch sollte zur Vermeidung rechtlicher Komplikationen davon nur ausnahmsweise Gebrauch gemacht werden, was durch entsprechende Ermessensausübung (9 zu § 43 a) möglich ist (BGHSt 41, 278, 282). Bei mehreren Vermögenseinzelstrafen sind nur die jeweils zugehörigen Hauptstrafen nach § 43 a (dort 5–7) zu mildern und in der Gesamtstrafenbildung zu berücksichtigen (BGH aaO S 283).

6 a **b)** Auch die Notwendigkeit oder Zulässigkeit von **Nebenstrafen** usw (Abs 4 iVm § 52 IV S 2) hängt davon ab, ob sie neben einer Einzelstrafe, die nicht notwendig die Einsatzstrafe sein muß, vorgeschrieben oder zugelassen sind (BGHSt 34, 138; eingehend Bringewat aaO [vgl 2] S 107); daß erst die Gesamtstrafe die Voraussetzungen der Nebenstrafen usw erfüllt, genügt nicht (NJW 68, 115). – Sie sind grund-

sätzlich **neben der Gesamtstrafe** (neben den Einzelstrafen nur im Falle der Kumulation) einheitlich und unter Einhaltung ihrer Höchstgrenzen anzuordnen (BGHSt 24, 205, 207; 34, 138). Das gilt namentlich für das Fahrverbot (Bay VRS 51, 221; Widmaier NJW 71, 1158, 1159), das auch in Fällen des Abs 2 S 2 zur Vermeidung unbegründeter Schlechterstellung nicht mehrfach verhängt werden darf (hM; anders Bringewat aaO [vgl 2] S 115); entsprechendes gilt, wenn wegen einer Straftat die Voraussetzungen des § 44 und wegen einer realkonkurrierenden Ordnungswidrigkeit die des § 25 StVG erfüllt sind (Celle NZV 93, 157).

c) Sind **verschiedene Rechtsfolgen** neben verschiedenen Einzel- 7
strafen anzuordnen, so können sie idR neben der Gesamtstrafe kumuliert werden (BGHSt 12, 85); bei Maßregeln kann jedoch die Anordnung der einen die andere ausschließen (§ 72).

5. Unter den Voraussetzungen des § 53 sind in die Gesamtstrafenbil- 8
dung auch Einzelstrafen einzubeziehen, die nach DDR-Recht (11 zu § 2; 5 zu § 3) verhängt worden sind. Eine solche Strafe kann auch Einsatzstrafe sein (beachte auch 8 zu § 54).

§ 54 Bildung der Gesamtstrafe

(1) **Ist eine der Einzelstrafen eine lebenslange Freiheitsstrafe, so wird als Gesamtstrafe auf lebenslange Freiheitsstrafe erkannt. In allen übrigen Fällen wird die Gesamtstrafe durch Erhöhung der verwirkten höchsten Strafe, bei Strafen verschiedener Art durch Erhöhung der ihrer Art nach schwersten Strafe gebildet. Dabei werden die Person des Täters und die einzelnen Straftaten zusammenfassend gewürdigt.**

(2) **Die Gesamtstrafe darf die Summe der Einzelstrafen nicht erreichen. Sie darf bei zeitigen Freiheitsstrafen fünfzehn Jahre, bei Vermögensstrafen den Wert des Vermögens des Täters und bei Geldstrafe siebenhundertzwanzig Tagessätze nicht übersteigen; § 43 a Abs. 1 Satz 3 gilt entsprechend.**

(3) **Ist eine Gesamtstrafe aus Freiheits- und Geldstrafe zu bilden, so entspricht bei der Bestimmung der Summe der Einzelstrafen ein Tagessatz einem Tag Freiheitsstrafe.**

Fassung: Abs 2 S 2 durch OrgKG (1, 2 vor § 73) neugefaßt.

1. Die Vorschrift bestimmt die **Methode,** nach der bei Tatmehrheit 1
(§ 53) die **Gesamtstrafe zu bilden ist** (eingehend Bringewat, Die Bildung der Gesamtstrafe, 1987, S 117; krit Montenbruck JZ 88, 332).

2. Bestehen eine (oder mehrere) der Einzelstrafen in **lebenslanger** 2
Freiheitsstrafe, so ist nur diese als Gesamtstrafe zu verhängen (Abs 1 S 1). Zu den Auswirkungen der Einzelstrafen auf die Mindestverbüßungszeit bei Aussetzung des Strafrestes zur Bewährung beachte § 57 b.

3 **3. In allen übrigen Fällen** (Abs 1 S 2) gilt folgendes:

a) Zunächst ist die verwirkte höchste Einzelstrafe (bei Geldstrafe entscheidet allein die Tagessatzzahl, NJW 86, 1117), bei Strafen verschiedener Art die ihrer Art nach schwerste Einzelstrafe (Rangfolge: Freiheitsstrafe, Strafarrest nach §§ 9, 13 WStG, Geldstrafe) zu ermitteln (sog **Einsatzstrafe**). Zur Gewinnung der Gesamtstrafe ist sie um mindestens eine Strafeinheit (nach § 39 bei Freiheitsstrafe unter einem Jahr eine Woche und über einem Jahr ein Monat; nach § 40 I bei Geldstrafe ein Tagessatz) zu erhöhen, muß aber hinter der Summe der Einzelstrafen um mindestens eine Strafeinheit zurückbleiben (**konkretes Höchstmaß,** Abs 2 S 1); außerdem darf sie die in Abs 2 S 2 bestimmten absoluten Grenzen nicht übersteigen (**abstraktes Höchstmaß;** beachte 3 zu § 38). Auch eine Einsatzgeldstrafe ist lediglich zu erhöhen (dh nicht nach § 47 II als Freiheitsstrafe zu verhängen), wenn die zugrundeliegenden Einzelgeldstrafen nach § 47 I festgesetzt worden sind und die Gesamtstrafe 180 Tagessätze oder mehr beträgt (NStZ 95, 178). – In diesen Vorgang ist die **Vermögensstrafe** (§ 43 a) nicht einbezogen, weil sie grundsätzlich neben der Gesamtstrafe zu verhängen ist (6 zu § 53). Es kommt aber in Frage, daß sie wegen mehrerer Straftaten verwirkt ist und insoweit nach den Regeln des Abs 1 S 2, 3 eine Gesamtvermögensstrafe gebildet werden muß (§ 53 III S 1). Für diesen Fall ändert sich an der Begrenzung des Eingriffs auf den Wert des Tätervermögens (4 zu § 43 a) und an der Möglichkeit seiner Schätzung nichts (Abs 2 S 2); jedoch ist wegen der inneren Abhängigkeit der Vermögensstrafe von der zugehörigen Freiheitsstrafe ein schrittweises Vorgehen bei der Bildung der Gesamtvermögensstrafe geboten (näher dazu Bringewat NStZ 93, 316; beachte auch BGHSt 41, 278, 282).

4 **b)** Erreicht bereits die Einsatzstrafe das **abstrakte Höchstmaß,** so muß ihre Erhöhung unterbleiben (bei Dallinger MDR 71, 545). Kann § 39 nicht eingehalten werden, weil sonst die Summe der Einzelstrafen erreicht oder überschritten würde (zB Einzelstrafen von einem Jahr und von einer Woche Freiheitsstrafe), so tritt er zurück (zu Grenzfällen beachte auch Karlsruhe MDR 95, 404; Bringewat aaO [vgl 1] S 129); namentlich die langfristige Freiheitsstrafe muß daher ausnahmsweise nicht nach vollen Monaten bemessen werden (BGHSt 16, 167).

5 **c)** Zur **Ersatzfreiheitsstrafe** vgl § 43.

6 **d)** aa) Die **zusammenfassende Würdigung der Person des Täters und der einzelnen Straftaten** (Abs 1 S 3) erfordert einen gesonderten Zumessungsakt. Die Strafzumessung im ganzen ist danach zweistufig (hM; anders Montenbruck JZ 88, 332). Die auf der ersten Stufe gebotene Festsetzung der Einzelstrafen (3 zu § 53) beruht auf einer den allgemeinen Regeln folgenden Würdigung der Einzeltaten, dh auf ihrer Bewertung unter allen für sie relevanten Gesichtspunkten (hM; einschr Dreher JZ 57, 155; s auch Schweling GA 55, 289);

Strafänderungsgründe, die unmittelbar den Unrechts- oder Schuldgehalt der Einzeltaten betreffen (zB § 21), sind daher schon bei den Einzelstrafen, nicht erst bei der Gesamtstrafe zu berücksichtigen (NJW 66, 509). Auf der zweiten Stufe folgt dann eine **Würdigung des Gesamtkomplexes der Taten,** bei der vor allem zu berücksichtigen sind: die Zahl und Schwere der Taten, ihr Verhältnis zueinander, ihr sachlicher, zeitlicher und situativer Zusammenhang (dazu NStZ 88, 126, 95, 77 und 96, 187; StV 92, 225 und 93, 302; bei Holtz MDR 95, 879), ihre größere oder geringere Selbständigkeit, namentlich aber auch die Verhältnisse des Verurteilten, seine Strafempfänglichkeit, seine Schuld im Hinblick auf das Gesamtgeschehen und die Frage, ob die Taten auf einem kriminellen Hang (Serientäter) oder bei Fahrlässigkeitsdelikten einer allgemein gleichgültigen Einstellung beruhen (hM; vgl BGHSt 24, 268; StV 94, 370; NJW 95, 2234; schon im Ansatz anders Bohnert ZStW 105, 846 und GA 94, 97, 109). – Daß die bei den Einzeltaten verwerteten Strafzumessungstatsachen auf der zweiten Stufe in ihrer Bedeutung für die Gesamtheit der Taten nochmals zu berücksichtigen sind, bedeutet keinen Verstoß gegen das **Doppelverwertungsverbot** (BGHSt 24, 268; s auch Bringewat aaO [vgl 1] S 143). Sie sind nämlich nur insoweit verbraucht, als sich Aspekte des Gesamtkomplexes schon in einer Einzelstrafe ausgewirkt haben; dieser innere Zusammenhang zwischen den beiden Stufen ist zur Vermeidung materieller Doppelverwertungen sorgfältig zu beachten (krit Montenbruck aaO S 336).

bb) Die Gesamtstrafenbildung bedarf einer besonderen, rechtlich nachprüfbaren **Begründung** (BGHSt 24, 268; StV 83, 237), die umso eingehender sein muß, je mehr sich die Gesamtstrafe der unteren oder oberen Grenze des Zulässigen nähert (NJW 95, 2234; Düsseldorf StV 86, 376; zusf Bruns ZStW 92, 723; Bringewat aaO [vgl 1] S 137) oder sich sonst auffallend von der Einsatzstrafe entfernt (StV 94, 424). Der Hinweis des Gerichts, es hätte dieselbe Gesamtstrafe auch verhängt, wenn die eine oder andere Tat nicht erwiesen worden wäre, ist fehlerhaft (LM Nr 17 zu § 74 aF). **7**

4. Sind sämtliche Einzelstrafen nach **DDR-Recht** verhängt worden (vgl 8 zu § 53), so darf die zu bildende Gesamtgeldstrafe – abw von Abs 2 S 2 – das bisherige (DDR-) Höchstmaß und 360 Tagessätze nicht übersteigen (Art 315 II, IV, 315 c EGStGB); daß diese Einschränkung nicht nur für die Strafrahmen der jeweiligen Tatbestände, sondern auch für den Gesamtstrafrahmen gilt, folgt aus dem Umstand, daß § 64 StGB/DDR auch bei Tatmehrheit ein Überschreiten des Höchstmaßes der Geldstrafe nicht zugelassen hat. – Beruhen die Einzelstrafen zum Teil auch auf dem Strafrecht der Bundesrepublik, so dürfte Abs 2 S 2 anwendbar sein, wenn sich die Einsatzstrafe auf dieses Recht stützt oder der Schwerpunkt der Einzelstrafen dort liegt (zw). **8**

§ 55 Nachträgliche Bildung der Gesamtstrafe

(1) **Die §§ 53 und 54 sind auch anzuwenden, wenn ein rechtskräftig Verurteilter, bevor die gegen ihn erkannte Strafe vollstreckt, verjährt oder erlassen ist, wegen einer anderen Straftat verurteilt wird, die er vor der früheren Verurteilung begangen hat. Als frühere Verurteilung gilt das Urteil in dem früheren Verfahren, in dem die zugrundeliegenden tatsächlichen Feststellungen letztmals geprüft werden konnten.**

(2) **Vermögensstrafen, Nebenstrafen, Nebenfolgen und Maßnahmen (§ 11 Abs. 1 Nr. 8), auf die in der früheren Entscheidung erkannt war, sind aufrechtzuerhalten, soweit sie nicht durch die neue Entscheidung gegenstandslos werden. Dies gilt auch, wenn die Höhe der Vermögensstrafe, auf die in der früheren Entscheidung erkannt war, den Wert des Vermögens des Täters zum Zeitpunkt der neuen Entscheidung übersteigt.**

Fassung: Abs 2 durch OrgKG (1, 2 vor § 73) neugefaßt.

1 **1.** Die Vorschrift ermöglicht es, Einzelstrafen (nicht Urteile, KG JR 86, 119), die bei gleichzeitiger Aburteilung nach §§ 53, 54 Grundlage einer Gesamtstrafenbildung gewesen wären, auch bei **getrennter Aburteilung** durch Einbeziehung in das letzte Urteil noch nachträglich ebenso zu behandeln. Der Täter soll durch den verfahrensrechtlichen Zufall gemeinsamer oder getrennter Aburteilung weder besser noch schlechter gestellt werden (BGHSt 7, 180, 182; 32, 190; 33, 230 und 367; eingehend Bringewat, Die Bildung der Gesamtstrafe, 1987, S 151, alle mwN). Dieser Grundsatz erleidet nur insofern eine Ausnahme, als erledigte (vollstreckte, verjährte oder erlassene) Strafen nicht mehr in ein neues Urteil einbezogen werden können. Die **Voraussetzungen** im einzelnen:

2 **a)** Der Täter muß in einem früheren Verfahren (beachte jedoch JR 84, 121 mit Anm Bloy) durch Urteil oder eine dem Urteil gleichstehende Entscheidung eines deutschen Gerichts (LM Nr 1 zu § 335 aF) zu einer Freiheitsstrafe oder Geldstrafe **verurteilt** worden sein. Die Einbeziehung einer Jugendstrafe ist jedoch unzulässig (hM; vgl BGHSt 36, 270 mit krit Bespr Schoreit ZRP 90, 175, Bringewat JuS 91, 24 und Böhm/Büch-Schmitz NStZ 91, 131, alle mwN; zw); die daraus folgende Härte ist durch Herabsetzung der verwirkten Strafe auszugleichen (BGH aaO; s auch BGHSt 36, 294, 297), was je nach Sachlage auch durch Herabsetzung aller verwirkten Einzelstrafen möglich sein soll (BGHSt 36, 270, 275; aM Bringewat aaO; zw). Die nach Abs 1 S 1 außerdem vorausgesetzte Rechtskraft der Verurteilung (NStZ 90, 448) schließt deren Nachprüfung auf materielle Richtigkeit und auf die Frage aus, ob ihr ein Verfahrenshindernis entgegenstand (MDR 82, 1031 mwN). Für den genauen Zeitpunkt der früheren Verurteilung kommt es nach Abs 1 S 2 auf die Verkündung des letzten tatrichterlichen Ur-

teils an, das über die Schuld- und die Straffrage (sei es auch nur die Strafaussetzung zur Bewährung, BGHSt 15, 66; Schleswig NStZ 90, 359) entschieden hat (BGHSt 2, 230). Als solche Urteile kommen danach auch in Frage: Das Urteil des Berufungsgerichts, wenn dieses die Berufung nicht als unzulässig verworfen hat (BGHSt 17, 173), das Urteil in der Tatsacheninstanz nach Revision, selbst wenn die Zurückverweisung nur zur Berichtigung der Gesamtstrafenbildung erfolgt ist (Celle NJW 73, 2214; Karlsruhe GA 74, 347; str), und das letzte tatrichterliche Urteil nach Wiederaufnahme des Verfahrens (Bay JR 82, 335 mit Anm Stree; str). Falls die frühere Verurteilung nicht verkündet, sondern (namentlich beim Strafbefehl) durch Mitteilung bekanntgemacht worden ist, kommt es auf den Erlaß an (BGHSt 33, 230 mwN; str), der mit der Unterzeichnung zusammenfällt (BGH aaO; aM Bringewat aaO [vgl 1] S 159; zw).

b) Die durch die frühere Verurteilung verhängte Strafe (nicht lediglich Maßregel, Bay bei Bär DAR 91, 364) darf nicht erledigt, also **nicht vollständig vollstreckt** (dh die Freiheits- oder Ersatzfreiheitsstrafe verbüßt oder die Geld- oder Vermögensstrafe bezahlt), **verjährt oder erlassen** sein (NJW 82, 2080). Daß die Strafe zur Bewährung ausgesetzt ist, steht danach einer Einbeziehung nicht entgegen, und zwar auch dann nicht, wenn die Bewährungszeit bereits abgelaufen, die Strafe aber noch nicht erlassen ist (NJW 91, 2847; NStZ 93, 235, beide mwN; beachte dazu auch 1 zu § 56 g; 2 a zu § 58). – Ob eine Strafe erledigt ist, bestimmt sich nach dem Zeitpunkt des letzten tatrichterlichen Urteils in dem neuen Verfahren, in dem die der neuen Tat zugrundeliegenden Feststellungen – sei es auch nur zur Straffrage oder zu Teilen der Straffrage (BGHSt 15, 66, 69; NStZ-RR 96, 162) – letztmalig geprüft werden konnten (hM; vgl BGHSt 12, 94; anders Sch/Sch-Stree 25, 26; s auch Schrader MDR 74, 718, dessen Kritik die Grenzen der Auslegung überschreitet). – Kann eine Gesamtstrafe nur deshalb nicht mehr gebildet oder eine frühere Einzelstrafe nur deshalb nicht mehr einbezogen werden, weil sich die frühere Strafe erledigt hat, und hat der Täter dadurch einen Nachteil erlitten (dazu NStZ 83, 261 und 90, 436; StV 90, 348), so ist als **Härteausgleich** die verwirkte Einzelstrafe oder die übrigbleibende Gesamtstrafe angemessen – allerdings nicht notwendig im Wege über die Bildung einer fiktiven Gesamtstrafe (BGHSt 31, 102 mit krit Anm Vogt JR 83, 250; Bringewat NStZ 87, 385; aM Loos NStZ 83, 260, alle mwN) – herabzusetzen (stRspr); dabei bilden das angedrohte gesetzliche Mindestmaß (bei Holtz MDR 80, 454) und die Regel des § 39 (NJW 89, 236 mit abl Anm Bringewat JR 89, 248; NStZ 96, 187; zw), keine unüberschreitbare Schranke. Wohl aber sind die aus § 54 II S 2 folgenden Höchstgrenzen zu beachten (BGHSt 33, 131). Wird die Gesamtstrafenbildung erst nach Einlegung eines Rechtsmittels infolge Erledigung der früheren Strafe unzulässig, so kann das Verbot der Schlechterstellung für das Ausmaß des Härteausgleichs bedeutsam sein (BGHSt 12, 94). – Ist in einem 3

Urteil lediglich die Bildung einer Gesamtstrafe aus mehreren fehlerfrei bemessenen Einzelstrafen unterblieben oder fehlerhaft vorgenommen worden, so soll das nach der Rspr des BGH einer späteren Nachholung oder Berichtigung der Gesamtstrafenbildung durch den Tatrichter auch dann nicht entgegenstehen, wenn inzwischen die frühere Strafe erledigt ist (BGHSt 15, 66, 71; NJW 82, 2080; aM Schleswig MDR 81, 866; Bringewat aaO [vgl 1] S 191, alle mwN; zw).

4 **c)** Die **neue Tat** muß – sei es auch nur möglicherweise (Oldenburg GA 60, 28) – **vor der früheren Verurteilung** begangen, und zwar nicht nur vollendet, sondern auch beendigt sein (hM; anders Bringewat aaO [vgl 1] S 162). Bei fortgesetzten Taten (beachte 13 vor § 52) kommt es daher auf die Beendigung (NJW 91, 2847) des letzten Teilakts (BGHSt 9, 370, 383; aM Bringewat JZ 79, 556, beide mwN; str) und bei Dauerstraftaten (11 vor § 52) auf die Wiederaufhebung des rechtswidrigen Zustandes an (Hamm NJW 57, 1937). – Nach dem Zweck der Vorschrift (vgl 1) ist für **Teilnahmehandlungen** (abw von § 8) auf die Beendigung der Haupttat abzustellen (Stuttgart MDR 92, 177; s auch NStZ 94, 482).

5 **2. a)** Die nachträgliche Anwendung der §§ 53, 54 läßt die in den verschiedenen Verfahren ausgesprochenen **Einzelstrafen** unberührt; sie kann deshalb auch nicht deren Wegfall bewirken (BGHSt 12, 99). Wurden in der früheren Verurteilung, deren Gesamtstrafe zu neuer Gesamtstrafenbildung aufzulösen ist (vgl 6), für einzelne Taten keine bestimmten Einzelstrafen festgesetzt, so dürfen diese im neuen Verfahren nicht durch fiktive Strafen ersetzt werden; sie bleiben vielmehr bei der neuen Gesamtstrafenbildung außer Betracht (so für das Fehlen einer Einzelstrafe BGHSt 41, 374). Was gilt, wenn überhaupt keine Einzelstrafen festgesetzt wurden, ist noch wenig geklärt (dazu Stuttgart NJW 68, 1731).

6 **b)** Das **Prinzip des § 55** gilt unabhängig davon, ob in der früheren Verurteilung bereits eine Gesamtstrafe nach §§ 53–55 gebildet war und ob alle durch die neue Verurteilung verwirkten Einzelstrafen die Voraussetzungen der Einbeziehung erfüllen. Soweit erforderlich, ist deshalb eine frühere Gesamtstrafe **aufzulösen** (BGHSt 9, 5) und für diejenigen Einzelstrafen, bei denen die Voraussetzungen der Einbeziehung vorliegen, eine neue Gesamtstrafe zu bilden (GA 63, 374; beachte auch LG Ulm NStZ 84, 361 mit Anm Sick). In diesen Grenzen ist also eine Durchbrechung der Rechtskraft zugelassen, und zwar auch dann, wenn die frühere Gesamtstrafe fehlerhaft gebildet war (BGHSt 35, 243 mit krit Anm Stree JR 88, 517, beide mwN). Rspr und ein Teil der Lehre beschränken sie jedoch mit Recht – vor allem zur Verhütung unbegründet unterschiedlicher Zumessung der Gesamtstrafe (6 zu § 54) in der früheren und der neuen Verurteilung – auf das für eine sinnvolle Gesamtstrafenbildung unerläßliche Maß: Danach darf die neue Gesamtstrafe die frühere nicht unterschreiten (BGHSt 7, 180, 183; beachte auch NJW 73, 63; StV 91, 513) und sie auch nicht um mehr als die

Summe der einzubeziehenden Einzelstrafen überschreiten (BGHSt 15, 164; Gollwitzer JR 83, 165; aM LG Halle NStZ 86, 456; Bringewat MDR 87, 793, alle mwN; str). – Die einbezogenenen Einzelstrafen werden so angesehen, als sei die ihnen zugrunde liegende Aburteilung schon zusammen mit der früheren Verurteilung erfolgt (GA 56, 50; Zweibrücken NJW 68, 310; Karlsruhe GA 74, 347). Daraus folgt, daß Einzelstrafen für Taten, die erst nach der früheren Verurteilung begangen worden sind, daneben selbständig bleiben (NJW 91, 1763 mit Anm Bringewat JR 91, 513; aM LG Frankenthal NJW 67, 794 mit abl Anm Mecker NJW 67, 1382; Samson SK 9 zu § 53); aus ihnen ist uU eine besondere Gesamtstrafe zu bilden (StV 81, 620; zur sog „doppelten Gesamtstrafe" Hamm MDR 76, 162; Sacksofsky NJW 63, 894; Bender NJW 64, 807; eingehend Bringewat aaO [vgl 1] S 169).

c) aa) Aus der Maßgeblichkeit der jeweils frühesten Verurteilung (vgl 6) ergibt sich der **Grundsatz,** daß von der frühesten unerledigten Vorverurteilung (sei es auch nur zu Geldstrafe, bei Detter NStZ 92, 172) auszugehen ist, die eine Zäsur bildet und eine Zusammenfassung nur mit Einzelstrafen wegen vorausgegangener Taten ermöglicht (krit dazu Frister StV 93, 431). Liegen mehrere noch nicht erledigte Vorverurteilungen vor, die schon vorher zu einer rechtlich fehlerfreien (dazu Zweibrücken NJW 73, 2116) Gesamtstrafenbildung geführt haben, und sind im neuen Verfahren mehrere Taten abzuurteilen, so bildet jede weitere Vorverurteilung eine Zäsur, die eine Zusammenfassung wiederum nur mit Einzelstrafen wegen Taten ermöglicht, die vor dieser, aber nach der vorausgegangenen Verurteilung begangen wurden (BGHSt 9, 370, 383; 35, 243). Das kann für die Gesamtheit der Taten zu mehreren Gesamtstrafen führen, im Hinblick auf die Zäsurwirkung aber auch ergeben, daß Einzelstrafen in die Gesamtstrafenbildung nicht einbezogen werden können (BGHSt 33, 367; s auch Greib JuS 94, 690). Dabei ist allein die materielle Rechtslage maßgebend (NJW 96, 668 mit krit Anm Bringewat NStZ 96, 330), aus der sich ua folgende Konsequenzen ergeben: Sind dem neuen Verfahren zwei (oder mehr) Verurteilungen vorausgegangen, bei denen § 55 nicht erfüllt war, so bildet eine neu verwirkte Einzelstrafe auch dann keine ausreichende Klammer für die Bildung einer einzigen Gesamtstrafe, wenn sie gegenüber allen Vorverurteilungen die Voraussetzungen der Einbeziehung erfüllt; hier kann nur mit den Einzelstrafen der frühesten Verurteilung eine Gesamtstrafe gebildet werden (StV 93, 26; bei Holtz MDR 93, 1038; diff Stree JR 87, 73; unrichtig Nöldeke ZRP 70, 33; s auch Ries und Dreher NJW 72, 673). Ist die einer neu verwirkten Einzelstrafe zugrunde liegende Tat zwischen zwei Vorverurteilungen begangen worden, für die nach § 460 StPO eine Gesamtstrafe zu bilden ist, so darf die Strafe aus der zweiten Verurteilung nicht zur Bildung einer Gesamtstrafe mit der neuen Einzelstrafe herangezogen werden (BGHSt 32, 190 mwN; str); das gilt auch, wenn in der ersten Vorverurteilung nur auf Geldstrafe erkannt worden ist (BGH aaO; aM bei Holtz MDR 7

80, 454; speziell zur Zäsurwirkung von Vorverurteilungen, in denen nach § 53 II S 2 auf Geldstrafe gesondert erkannt wurde, Karl MDR 88, 365).

8 bb) Nach der Rspr des BGH geht die beschriebene Zäsurwirkung (vgl 7) entsprechend dem Regelungsbereich des § 55 nur von **noch nicht erledigten** Vorverurteilungen aus (BGHSt 32, 190, 193; NJW 82, 2080; Bay NJW 93, 2127). Demgegenüber wollte der 3. StS diese Wirkung unterschiedslos allen Vorverurteilungen zuschreiben (BGHSt 33, 367 mit abl Anm Stree JR 87, 73). Das erweitert aber den Regelungsbereich des § 55 in einer mit dem eindeutigen Gesetzeswortlaut unvereinbaren Weise (NJW 88, 1801 mit abl Anm Bringewat JR 88, 215; NStZ 88, 270; GA 89, 132; Saarbrücken NStZ 89, 120, alle mwN; zurückhaltend inzwischen auch der 3. StS selbst in NStZ 88, 552).

9 cc) Stellt sich erst **nach Bildung einer Gesamtstrafe** heraus, daß die dabei berücksichtigten Taten sämtlich oder zum Teil vor einer früheren Verurteilung begangen worden sind, so hindert die Rechtskraft der Gesamtstrafe nicht, die Einzelstrafen zur Bildung einer oder mehrerer neuer Gesamtstrafen anders zusammenzufassen (Bay NJW 55, 1488; Hamburg MDR 65, 760); hat jedoch eine Einzelstrafe bereits zur Bildung einer anderen, noch nicht rechtskräftigen Gesamtstrafe gedient, so darf sie zur Vermeidung von Doppelbestrafungen nicht einbezogen werden (BGHSt 20, 292).

9a dd) Ergibt sich aufgrund einer **zufälligen Zäsurwirkung,** die zur Kumulierung mehrerer selbständiger Gesamtstrafen (oder einer Gesamtstrafe und einer selbständigen Einzelstrafe) zwingt (vgl 6), so können – namentlich bei Serienstraftaten – die kumulierten Strafen in ihrer Summe nicht mehr schuldangemessen sein, so daß sie zur Erreichung eines insgesamt gerechten Ergebnisses herabgesetzt werden müssen (BGHSt 41, 310 mit krit Anm Peters NStZ 96, 383; NStZ-RR 96, 227).

10 **d)** Dem § 55 liegt **kein ungeschriebenes Verschlechterungsverbot** zugrunde (Gollwitzer JR 83, 165 mwN). Seine Anwendung ist daher nicht ausgeschlossen, wenn die Gesamtstrafenbildung – etwa bei Einbeziehung einer Geldstrafe in den Fällen des § 53 II S 1 – zum Nachteil des Täters ausschlägt (BGHSt 35, 208; NStZ 93, 235; zusf Bringewat StV 93, 47, alle mwN). Hat jedoch der Täter durch einen rechtskräftigen oder nur von ihm angefochtenen Strafausspruch einen über das in §§ 53–55 vorgesehene Maß hinausgehenden Vorteil erlangt, so darf dieser durch die Gesamtstrafe nicht mehr beeinträchtigt werden (BGHSt 8, 203; NJW 91, 1763 mit Anm Bringewat JR 91, 513; StV 93, 26; Düsseldorf StV 93, 31). Dasselbe gilt, wenn der Erstrichter über die Gesamtstrafenbildung schon ausdrücklich oder stillschweigend zugunsten des Täters entschieden, zB auf eine Geldstrafe nach § 53 II S 2 gesondert erkannt hatte (Düsseldorf MDR 91, 1192 und StV 93, 34), nicht aber, wenn ihm die Möglichkeit der Einbeziehung einer anderen

Strafe unbekannt war (BGHSt 35, 208 mit Bespr Böttcher JR 89, 205 und Bringewat JuS 89, 527; beachte auch Frankfurt NStZ-RR 96, 177, alle mwN).

e) Ist aus mehreren Einzelgeldstrafen, bei denen die **Tagessatzhöhe unterschiedlich festgesetzt** ist, eine Gesamtstrafe zu bilden, so ist Einsatzstrafe (3 zu § 54) die Einzelstrafe mit der höchsten Tagessatzzahl (BGHSt 27, 359). Ihre nach § 54 vorgeschriebene Erhöhung ist für die Tagessatzzahl unproblematisch. Für die Bestimmung der Tagessatzhöhe ist dagegen die Regel des § 40 II (dort 16), auf die wirtschaftlichen Verhältnisse zur Zeit der Entscheidung abzustellen, mit dem Grundprinzip der Gesamtstrafenbildung unvereinbar, den Täter so zu stellen, wie er gestanden hätte, wenn alle Taten im ersten Verfahren abgeurteilt worden wären (1, 6). Die Tagessatzhöhe läßt sich daher nicht widerspruchsfrei bestimmen. **11**

aa) Haben sich die **Verhältnisse des Täters verschlechtert,** so ist für deren Beurteilung nach § 40 II grundsätzlich auf die Zeit der Gesamtstrafenbildung abzustellen. Dem steht jedoch entgegen, daß die Rechtskraft der früheren Verurteilung jedenfalls erfordert, den § 54 nicht nur auf die Tagessatzzahl, sondern auch auf das Produkt aus Zahl und Höhe der Tagessätze zu beziehen, so daß die Endsumme der Gesamtgeldstrafe einerseits die entsprechende Endsumme aus der früheren Verurteilung überschreiten und andererseits hinter der Endsumme aus der Gesamtheit der Einzelstrafen zurückbleiben muß (Tröndle LK 72 zu § 40 mwN; s auch Vogt NJW 81, 899; str). Der Tagessatzhöhe hier jegliche Bindungswirkung abzusprechen (so LG Flensburg MDR 78, 158 mwN), hieße den Täter unvertretbar begünstigen (Vogler JR 78, 353, 357). Auch die in der Rspr zur Behebung des Widerspruchs zunächst eingeführte Methode, die Tagessatzhöhe so aufzuspalten (zu „splitten"), daß sie im Umfang einer Einzelstrafe unverändert übernommen und nur für den Rest an der anderen orientiert wird (Regel MDR 77, 446; Kadel, Die Bedeutung des Verschlechterungsverbotes für Geldstrafenerkenntnisse nach dem Tagessatzsystem, 1984, S 85; Vogler LK 31, 32, alle mwN), befriedigt nicht, weil sie bei zwei gleichwertigen Einzelstrafen die eine in der Tagessatzhöhe voll zur Wirkung bringt, während sie die Wirkung der anderen grundlos auf den Rest der Gesamtstrafe beschränkt. Die Kollision zwischen den widerstreitenden Prinzipien läßt sich dadurch auf ein Minimum reduzieren, daß die Tagessatzhöhe nach § 40 II bestimmt, das Ergebnis aber so weit (also nicht weiter) korrigiert wird, als zur Wahrung der beschriebenen Mindestwirkung des § 54 unerläßlich ist (so BGHSt 27, 359; eingehend Bringewat aaO [vgl 1] S 222, beide mwN). **12**

bb) Haben sich die **Verhältnisse des Täters verbessert,** so ist die Kollision nach den gleichen Grundsätzen zu lösen. Danach ist die gemäß § 40 II ermittelte Tagessatzhöhe so weit zu senken, daß die Endsumme der Gesamtgeldstrafe hinter der Endsumme aus der Gesamtheit aller Einzelstrafen zurückbleibt (BGHSt 28, 360; mwN; str). Einem **13**

„Splitting" stehen hier mit umgekehrtem Vorzeichen die unter 12 dargelegten Bedenken entgegen.

14 cc) Hat der Täter in den unter 12, 13 behandelten Fällen einen Teil der einbezogenen Geldstrafe bereits bezahlt, so bestimmen Rspr und hM die Wirkung der Anrechnung (§ 51 II) nicht nach dem Nennbetrag der Gesamtstrafe, sondern nach dem Maßstab der früheren Strafe (BGH aaO; Bay MDR 78, 1043; Vogler LK 32; Bringewat aaO [vgl 1] S 232; aM LG Konstanz MDR 91, 171 mit Anm Tulatz; Meyer-Goßner NStZ 91, 434; widersprüchlich LG Hildesheim NStZ 91, 136, alle mwN). Diese Berechnungsmethode ist bedenklich. Sie trägt zwar der unterschiedlichen belastenden Wirkung der bezahlten Geldstrafe sinnvoll Rechnung (BGH aaO S 364), verkürzt zugleich aber ungerechtfertigt das Gewicht der neuen Strafe, namentlich in Fällen, in denen die Anrechnung weiter reicht als dem sachlichen Anteil der früheren Strafe an der Gesamtstrafe entspricht; beim Zusammentreffen von mehr als zwei Einzelstrafen wäre zB denkbar, daß sich die Gesamtstrafe durch die Teilleistungen überhaupt erledigt und der Täter im Ergebnis zu viel bezahlt hat. Die Ungereimtheiten erfordern eine Gesetzesänderung. Auf der Grundlage der hM lassen sich ungerechte Ergebnisse (uU auch für die Ersatzfreiheitsstrafe) nur durch wenig geklärte Ausnahmen und Gegenausnahmen von der Berechnungsmethode vermeiden (näher Siggelkow Rpfleger 94, 93 und 285).

15 **3. a)** Die Anwendung des § 55 ist **obligatorisch,** wenn seine Voraussetzungen im Zeitpunkt des Urteils vorliegen; sie darf auch nicht deshalb unterbleiben, weil für die in der früheren Verurteilung verhängte Strafe bereits ein Härteausgleich (vgl 3) dafür gewährt worden ist, daß damals eine Gesamtstrafenbildung wegen Verbüßung einer anderen Strafe nicht mehr möglich war (NJW 94, 2493). Die Verletzung der Vorschrift ist **Revisionsgrund.** Der Rechtsmittelführer darf nicht auf das Verfahren nach § 460 StPO verwiesen werden (BGHSt-GS-12, 1; BGHSt 25, 382; krit Fitzner NJW 66, 1206), es sei denn, daß der Bestand der einzubeziehenden Einzelstrafen – zB aufgrund eines aussichtsreichen Wiedereinsetzungsantrags – zweifelhaft ist (BGHSt 23, 98 mit krit Bespr Küper MDR 70, 885) oder daß die Entscheidung weitere mit erheblichem Zeitaufwand verbundene – nicht lediglich auf mangelnder Terminsvorbereitung beruhende (Köln MDR 83, 423; Celle NdsRpfl 93, 165) – Ermittlungen erforderlich macht (bei Mösl NStZ 82, 454; Hamm NJW 70, 1200 mit Anm Küper NJW 70, 1559; beachte jedoch Hamburg NStZ 94, 508).

15 a **b)** Es ist ein **sachlich-rechtlicher Fehler,** wenn eine Entscheidung über die Einbeziehung einer früheren Verurteilung schweigt, obwohl sie naheliegt (Stuttgart Justiz 68, 233).

16 **4.** § 55 ist nur anwendbar, wenn mindestens eine Tat zur **Aburteilung steht** und die ihretwegen verwirkte Einzelstrafe im Verhältnis zu früher verwirkten Einzelstrafen die Anwendung der §§ 53, 54 begründet. Allerdings kann sich in einem solchen Falle ergeben, daß die Mög-

lichkeiten der gesonderten Verhängung von Geldstrafe (§ 53 II S 2, IV) nicht zur Bildung einer Gesamtstrafe zwingen (Bender NJW 71, 791; Gollmer NJW 71, 1247; s auch BGHSt 25, 382). – Ist bei mehreren rechtskräftigen Verurteilungen die Bildung einer Gesamtstrafe – gleich aus welchen Gründen – unterblieben, so bestimmt sich die nachträgliche Gesamtstrafenbildung nach **§§ 460, 462 a III StPO** (beachte auch 4 zu § 57 b). Sind die Voraussetzungen des § 55 (oder des § 460 StPO) nicht erfüllt, so hat es bei der Kumulation der Strafen sein Bewenden; das gilt auch dann, wenn die Summe mehrerer Einzelfreiheitsstrafen das gesetzliche Höchstmaß von 15 Jahren (§ 38 II) überschreitet (BGHSt 33, 367 mwN; krit Sch/Sch-Stree 8 zu § 53).

5. a) Nach **Abs 2** gilt auch für § 55 der allgemeine Grundsatz, daß 17 **Vermögensstrafen** und **Nebenstrafen usw** nicht in die Gesamtstrafenbildung einbezogen, sondern selbständig und zum Teil einheitlich neben der Gesamtstrafe angeordnet werden (6–7 zu § 53; beachte jedoch 3 zu § 54). Das gilt jedoch nur, wenn es zur Gesamtstrafenbildung kommt; sind nur diese Nebenrechtsfolgen noch nicht erledigt, so begründet das deren einheitliche Anordnung nicht (Dresden NZV 93, 402 mwN; str). Aus Abs 2 folgt ferner, daß die Rechtsfolgen entfallen, wenn die Gesamtstrafe aufgehoben wird. Sie sind daher grundsätzlich neu auszusprechen (Hamm VRS 57, 184, 185). Da jedoch dieser Ausspruch unter bestimmten Voraussetzungen den Inhalt haben muß, daß die in der früheren Entscheidung angeordneten Rechtsfolgen aufrechterhalten werden (vgl 18), erscheinen diese in den Grenzen der gesetzlichen Bindung nicht als Teil des Gesamtstrafenausspruchs, sondern als fortgeltender Bestandteil des Rechtsfolgenausspruchs für die zugrundeliegende Einzeltat, dessen Rechtskraft zu respektieren ist (BGH NJW 79, 2113 mwN).

b) Die in der früheren Entscheidung angeordneten Rechtsfolgen 18 sind **aufrechtzuerhalten,** soweit sie nicht durch die neue Entscheidung gegenstandslos werden, dh nach ihrer Wirkung in den Rechtsfolgen enthalten sind, die neu angeordnet werden (Köln VRS 61, 348; Schmitt ZStW 75, 191; Geppert MDR 72, 280, 285; str). So macht idR eine Freiheitsstrafe nach § 45 I wegen ihrer automatischen Statusfolgen einen besonderen Ausspruch nach § 45 II, die Entziehung der Fahrerlaubnis wegen der längerfristigen Ausschaltung des Täters aus dem Verkehr ein Fahrverbot und die Sicherungsverwahrung wegen ihrer zeitlich nicht begrenzten Verwahrungsmöglichkeit meist auch (s jedoch 1 zu § 72) die Unterbringung in einer Entziehungsanstalt gegenstandslos (BGHSt 30, 305). Das alles gilt jedoch nur, wenn die neue Tat eine Grundlage für die Anordnung einer weiterreichenden Rechtsfolge bietet, die nach ihrer Wirkung die früher angeordnete mitumfaßt. Wäre diese lediglich aufgrund einer neuen Tat mit unverändertem Inhalt anzuordnen, so hat es bei der Aufrechterhaltung sein Bewenden; denn nur so kann das Grundprinzip des § 55 gewahrt werden, den Täter nicht schlechter zu stellen, als er bei Aburteilung aller Taten in der früheren Entscheidung gestanden hätte (BGHSt 30, 305 mwN; str). Dieses Prinzip zwingt auch dazu, bei Neuanordnung einer Entziehung der Fahrerlaubnis den Beginn der neuen Sperre abweichend von § 69 a V auf die Rechtskraft der früheren Entscheidung zu beziehen (BGHSt 24, 205; Stuttgart VRS 71, 275 mwN; s auch NStZ 96, 433) und für den Fall, daß die alte Sperrfrist bereits abgelaufen ist, eine das Prinzip wahrende Regelung zu treffen (Düsseldorf NZV 91, 317 mwN). Damit ist zwar eine mit dem Wesen der Maßregel unvereinbare Anrechnung verbunden, die aber im Hinblick auf den Zweck des § 55 hinzunehmen ist (Sch/Sch-Stree 69, 70 und LK 62–66 zu § 69 a; im Ergebnis ebenso Bringewat [vgl 1] S 245; aM Geppert aaO S 283; Himmelreich/Hentschel I Rdn 147, alle mwN; zw). – Der Gesamtstrafenrichter ist an die Rechtskraft der früheren Entscheidung insoweit gebunden, als er eine durch sie angeordnete und noch nicht erledigte (bei Spiegel DAR 78, 152) Rechtsfolge aufrecht erhalten muß, wenn die neue Tat keine Grundlage für die Anordnung einer weiterreichenden Rechtsfolge bietet, die nach ihrer Wirkung die früher angeordnete mitumfaßt (NStZ 92, 231; Geppert aaO S 285; s auch NJW 79, 2113); dem entspricht auch die ausdrückliche Klarstellung in Abs 3 S 2, daß eine Vermögensstrafe auch dann aufrechtzuerhalten ist, wenn ihre in der früheren Entscheidung festgesetzte Höhe den Wert des Tätervermögens zur Zeit der neuen Entscheidung übersteigt (näher dazu BT-Dr 11/5461 S 8). Im Rahmen der beschriebenen Bindung steht dem Richter nur die Prüfung zu, ob die alte Rechtsfolge gesetzmäßig angeordnet worden ist (BGHSt 30, 305). – Die Aufrechterhaltung bedarf des ausdrücklichen Ausspruchs (BGH aaO; Köln VRS 48, 85). Sie bewirkt, daß die Rechtsfolgen mit dem Inhalt fortbestehen, den sie nach der früheren Entscheidung hatten. Dadurch kommt dem Täter zB bei Entziehung der Fahrerlaubnis der bereits abgelaufene Teil der Sperre zugute; diese Rechtslage wird zweckmäßig im Urteil klargestellt (Geppert aaO S 285).

19 **6.** Zur Anrechnung von **UHaft** oder anderer Freiheitsentziehung auf die nach § 55 gebildete Gesamtstrafe BGHSt 23, 297 mit zust Anm Koffka JR 71, 336; Gribbohm LK 16–18 zu § 51.

4. Titel. Strafaussetzung zur Bewährung

Vorbemerkung

1 **1.** Die durch das 3. StÄG eingeführte und durch das 1. StrRG (4 vor § 1) erweiterte **Strafaussetzung zur Bewährung** gehört zu den wichtigsten Reformen des Strafrechts nach dem Krieg (zu Entstehungsgeschichte und Entwicklung Dünkel ZStW 92, 1039; Kerner/Hermann/Bockwoldt, Straf[rest]aussetzung und Bewährungshilfe, 1984, S 6; Gribbohm LK 1–7; rechtsvergleichend Dünkel aaO S 1058; Dünkel/Spiess [Hrsg], Alternativen zur Freiheitsstrafe. Strafaussetzung zur Bewährung und Bewährungshilfe im internationalen Vergleich, 1983;

Jescheck, in: Jescheck [Hrsg], Die Freiheitsstrafe und ihre Surrogate im deutschen und ausländischen Recht, 1984, S 2096; s auch Lüderssen in: Hassemer [Hrsg], Strafrechtspolitik, 1987, S 83). Schon seit geraumer Zeit sind Bestrebungen wirksam, die darauf abzielen, den Anwendungsbereich der Strafaussetzung nochmals zu erweitern (vgl etwa Bietz ZRP 77, 62; Schöch ZStW 92, 143, 146; Roxin JA 80, 545, 550; Dünkel aaO S 1043, 1052, 1072; Feltes, Strafaussetzung zur Bewährung bei freiheitsentziehenden Strafen von mehr als einem Jahr, 1982; Zipf, Jescheck-FS, S 977; Dölling ZStW 104, 259, 276; Dünkel/Spiess BewH 92, 117, alle mwN); s auch den von der SPD-Fraktion in der 12. Wahlperiode eingebrachten, aber nicht mehr erledigten Entwurf eines Gesetzes zur Reform des strafrechtlichen Sanktionensystems (BT-Dr 12/6141 S 5, 11).

2. Das **23. StÄG** (10 vor § 1) hat eine solche – allerdings sehr zurückhaltend bemessene – Erweiterung vorgenommen. Dabei ist von größerer kriminalpolitischer Bedeutung nur die Vorschrift, die bei Erstbestraften die Aussetzung des Restes von Freiheitsstrafen bis zu zwei Jahren unter erleichterten Voraussetzungen zuläßt (§ 57 II Nr 1; dort 13–16). Im übrigen bemüht sich das Gesetz darum, die praktische Anwendung der Straf- und Maßregelaussetzung durch nähere Konkretisierungen, technische Korrekturen und flexiblere Verfahrensregeln zu erleichtern. – Auch das **VerbrBG** (4 vor § 38) beschränkt sich darauf, bei den Voraussetzungen und den Folgeentscheidungen der Strafaussetzung nur punktuell den Gedanken der Wiedergutmachung stärker zu betonen. 2

§ 56 Strafaussetzung

(1) **Bei der Verurteilung zu Freiheitsstrafe von nicht mehr als einem Jahr setzt das Gericht die Vollstreckung der Strafe zur Bewährung aus, wenn zu erwarten ist, daß der Verurteilte sich schon die Verurteilung zur Warnung dienen lassen und künftig auch ohne die Einwirkung des Strafvollzugs keine Straftaten mehr begehen wird. Dabei sind namentlich die Persönlichkeit des Verurteilten, sein Vorleben, die Umstände seiner Tat, sein Verhalten nach der Tat, seine Lebensverhältnisse und die Wirkungen zu berücksichtigen, die von der Aussetzung für ihn zu erwarten sind.**

(2) **Das Gericht kann unter den Voraussetzungen des Absatzes 1 auch die Vollstreckung einer höheren Freiheitsstrafe, die zwei Jahre nicht übersteigt, zur Bewährung aussetzen, wenn nach der Gesamtwürdigung von Tat und Persönlichkeit des Verurteilten besondere Umstände vorliegen. Bei der Entscheidung ist namentlich auch das Bemühen des Verurteilten, den durch die Tat verursachten Schaden wiedergutzumachen, zu berücksichtigen.**

(3) **Bei der Verurteilung zu Freiheitsstrafe von mindestens sechs Monaten wird die Vollstreckung nicht ausgesetzt, wenn die Verteidigung der Rechtsordnung sie gebietet.**

(4) **Die Strafaussetzung kann nicht auf einen Teil der Strafe beschränkt werden. Sie wird durch eine Anrechnung von Untersuchungshaft oder einer anderen Freiheitsentziehung nicht ausgeschlossen.**

Fassung: Abs 2 S 2 durch VerbrBG (4 vor § 38) angefügt.

1 **1.** Vgl zunächst 1, 2 vor § 56.

2 **2.** Die **Rechtsnatur** der Strafaussetzung, die jedenfalls nicht als bloßer Gnadenerweis verstanden werden kann (NJW 54, 39), ist in Rspr und Wissenschaft nicht abschließend geklärt.

a) Nach ihrer **rechtlichen Konstruktion** ist die Aussetzung keine Strafe eigener Art und auch keine Maßregel, sondern nur eine Modifikation der Vollstreckung. Sie bewirkt lediglich, daß die Vollstreckung der Freiheitsstrafe aufgeschoben und diese dann später erlassen wird, wenn der Täter die Widerrufsvoraussetzungen (§ 56 f) nicht erfüllt (vgl etwa BGHSt 7, 180). Deshalb ist die Strafhöhe grundsätzlich unabhängig von der Aussetzung zuzumessen (BGHSt 29, 319; NStZ 88, 309; Karlsruhe NStZ-RR 97, 2; beachte auch unten 5; 1 a zu § 41; 4 zu § 53).

3 **b)** Nach ihrer **kriminalpolitischen Aufgabe** ist die Aussetzung iVm der Freiheitsstrafe ein eigenartiges Rechtsinstitut, das weder durch den Strafzweck noch durch den Präventionszweck allein voll erklärt werden kann, sondern Elemente beider in sich vereinigt. Unter diesem Gesichtspunkt bezeichnen die im Schrifttum vertretenen Ansichten, die Strafaussetzung sei der Sache nach anzusehen als bessernde Maßregel (EbSchmidt ZStW 64, 1, 7), als spezialpräventive Resozialisierungsmaßnahme (Armin Kaufmann JZ 58, 297) oder als selbständige, der Freiheitsstrafe gleichberechtigte Sanktionsart (Geerds JZ 69, 341), sämtlich einen zutreffenden Aspekt (zusf Müller-Dietz, Grundfragen des strafrechtlichen Sanktionensystems, 1979, S 58). Zu beachten bleibt jedoch, daß der Zweck der Aussetzung vielschichtig ist; während er sich bei bestimmten Tätergruppen (zB den Gelegenheitstätern) in einer Vergünstigung erschöpft, um die schädlichen Wirkungen der Freiheitsstrafe zu vermeiden, kommt es bei anderen Gruppen darauf an, die Chance der Resozialisierung sinnvoll zu nutzen (BGHSt 24, 40).

4 **3. a)** Nur **Freiheitsstrafe** (nicht Ersatzfreiheitsstrafe, Gribbohm LK 4) kann nach § 56 zur Bewährung ausgesetzt werden. Zur Aussetzung von Maßregeln § 67 b; zu Sonderregelungen für Jugendliche § 21 JGG und für Soldaten §§ 14, 14 a WStG.

5 **b)** Die **Jahresgrenze** nach Abs 1 und die Zwei-Jahresgrenze nach Abs 2 bestimmen sich – auch bei Verbrechen und bei Gesamtstrafen (§ 58 I) – nach der Höhe der erkannten Strafe; deshalb keine Aussetzung, wenn nur infolge Anrechnung von Freiheitsentziehung (§ 51) eine geringere Freiheitsstrafe zu verbüßen ist (BGHSt 5, 377). – Die jeweilige Höchstgrenze darf nicht nur deshalb unter- oder überschritten

werden, damit die Aussetzung möglich bleibt (BGHSt 29, 319; NStZ 92, 489; s auch 1 a zu § 41) oder umgekehrt ausgeschlossen wird (StV 96, 263); jedoch hat der Richter hier einen Spielraum, innerhalb dessen er nach § 46 I S 2 die von der Strafe ausgehenden Wirkungen für das künftige Leben des Täters zu berücksichtigen hat (StV 91, 513; NStZ 93, 584; s auch 24, 27, 36 zu § 46).

c) Aussetzung eines **Teils der Strafe** ist unstatthaft (Abs 4 S 1). 6
Bloße Anrechnung von Freiheitsentziehung (§ 51) steht jedoch nicht entgegen (Abs 4 S 2), es sei denn, daß die Strafe durch die Anrechnung voll aufgezehrt wird (BGHSt 31, 25 mit abl Anm Stree NStZ 82, 327; StV 92, 157; aM Haberstroh NStZ 84, 289, 293; zw). Im übrigen ist Teilvollstreckung nur durch Aussetzung des Strafrestes nach § 57 erreichbar; faßt der Richter sie schon im Urteil ins Auge, so bedarf die Ablehnung der Aussetzung eingehender Begründung (NJW 55, 996).

d) Daß neben der Freiheitsstrafe eine **Maßregel** angeordnet wird 7
(BGHSt 15, 316; NJW 78, 599; Gribbohm LK 3 mwN) oder daß in anderer Sache noch eine freiheitsentziehende Maßregel zu vollstrecken ist (aM Hamburg MDR 76, 773; zw), steht der Aussetzung nicht notwendig entgegen; jedoch werden meist die weiteren Voraussetzungen fehlen (beachte auch § 67 b).

4. a) Sachliche Voraussetzung ist nach **Abs 1** die **günstige Tä-** 8
terprognose (Ausnahmen in § 183 III, IV). Für sie kommt es auf die Erwartung straffreier (Bay StV 92, 15), dh einer die Strafgesetze allgemein – also nicht nur für die Dauer der Bewährungszeit (bei Nehm DAR 93, 162; Bay VRS 62, 37) – respektierenden künftigen Lebensführung an (krit zu dieser Beschränkung auf lediglich straffreie Führung Peters, Heinitz-FS, S 501, 504). Die Erwartung von Bagatelltaten, nicht jedoch hinter der begangenen Tat lediglich zurückbleibenden Taten (Gribbohm LK 14; aM Sch/Sch-Stree 15; zw), bleibt dabei außer Ansatz; auch die bloße Aussicht, daß sich die begangene Tat nicht wiederholen werde, genügt allein nicht (Bay 67, 35). Andererseits kann aber nur eine Verhaltens-, nicht auch eine Gesinnungsänderung verlangt werden; Aussetzung kommt daher auch bei Überzeugungstätern in Frage (BGHSt 6, 186; 7, 6; Hamm NJW 69, 890), erfordert hier aber konkrete Anhaltspunkte für die Verhaltensänderung (NJW 95, 340, 341; Karlsruhe NStZ-RR 96, 58, beide mwN). Bei Gewissenstätern, die nach der Rspr im Hinblick auf ihre ein für allemal getroffene Gewissensentscheidung auch wegen künftiger Wiederholung der begangenen Tat nicht mehr bestraft werden können (BVerfGE 23, 191; zusf Eisenberg/Wolke JuS 93, 285), darf jedoch der verfassungsrechtliche Schutzzweck nicht dadurch unterlaufen werden, daß die bloße Erwartung einer solchen Wiederholungstat, deren Strafbarkeit ohnehin zweifelhaft ist (Struensee JZ 84, 645), zur Begründung einer ungünstigen Prognose herangezogen wird (Oldenburg NJW 89, 1231; Bremen StV 89, 395; Gribbohm LK 13, alle mwN). – **Erwartung** setzt keine siche-

re Gewähr für künftig straffreie Führung voraus; es genügt eine durch Tatsachen begründete Wahrscheinlichkeit (BGHSt 7, 6; NStZ 88, 451; StV 91, 514; Bay StV 92, 15, alle mwN; abw Frisch, Prognoseentscheidungen im Strafrecht, 1983, S 49). Für diese Tatsachen gilt der Grundsatz **in dubio pro reo** uneingeschränkt (bei Dallinger MDR 73, 900; Bay StV 94, 186; Gribbohm LK 16; einschr Horn SK 12, alle mwN). Das Prognoseurteil selbst ist davon schon deshalb nicht betroffen, weil es keine Tatsache, sondern eine Schlußfolgerung ist. Für diese ergeben Wortlaut und Zweck des Gesetzes vielmehr, daß das Gericht die Wahrscheinlichkeit (dh qualifizierte Möglichkeit) künftig straffreier Führung positiv bejahen, Zweifel also zum Nachteil des Täters ausschlagen lassen muß (hM; vgl etwa bei Detter NStZ 92, 172; Düsseldorf JR 88, 72 mit Anm Greger; anders Terhorst MDR 78, 973, 975, alle mwN; anders auch LG Hamburg MDR 92, 978, Frisch aaO S 50, 61, Montenbruck, In dubio pro reo aus normtheoretischer, straf- und strafverfahrensrechtlicher Sicht, 1985, S 96 und Streng, IndividProg, S 114, die den Zweifelssatz im Prognosebereich nicht für einschlägig halten; zw).

9 **b)** Die Täterprognose erfordert eine **individuelle Würdigung** aller, also nicht nur der in Abs 1 S 2 beispielhaft aufgeführten Umstände, die Rückschlüsse auf das künftige Verhalten des Täters zulassen (Düsseldorf JR 88, 72 mwN); bei Straftaten bestimmter Art, etwa bei Sexualdelikten, auf eine solche Würdigung zu verzichten, ist unzulässig, weil das Gesetz keine allgemeine Ausnahme vorsieht (BGHSt 6, 298; allg zur Problematik schematischer Handhabung Lackner JR 70, 1, 9). Unerheblich ist, ob der Täter ungünstige Umstände verschuldet hat; auch krankhafte Eigenschaften können daher berücksichtigt werden (BGHSt 10, 287). Im Rahmen der Gesamtheit der körperlichen, geistigen und seelischen Eigenschaften fallen häufig ins Gewicht:

10 aa) Aus dem **Vorleben** frühere Erziehungsmaßnahmen und Vorstrafen (Koblenz MDR 71, 235; beachte jedoch StV 91, 346), soweit sie nicht getilgt oder tilgungsreif sind (§ 51 I BZRG; Karlsruhe Justiz 73, 27), ferner begangene, nicht notwendig schon rechtskräftig abgeurteilte oder auch nur einem schwebenden Verfahren zugrundeliegende Straftaten, soweit sie zweifelsfrei beweisbar sind (BVerfG NStZ 88, 21; Hamm NStZ 92, 350; Gribbohm LK 19, alle mwN; zur Vereinbarkeit mit der Unschuldsvermutung 3 zu § 56 f), und früheren Strafverfahren zugrundeliegende Vorgänge, soweit sie prognostisches Gewicht haben (Hamm NJW 65, 925 mwN; str). – Daß die Tat während einer in anderer Sache schwebenden Bewährungszeit begangen wurde, spricht im allgemeinen gegen eine günstige Prognose (Saarbrücken NJW 75, 2215; Koblenz BA 89, 53), es sei denn, daß besondere Umstände, etwa ein grundlegender Einstellungswandel (Bay StV 92, 15; Braunschweig StV 92, 588) oder eine günstige Veränderung (Stabilisierung) der Lebensverhältnisse (Bay StV 94, 187) des Täters, dieses Indiz entkräften (NStZ 83, 454; StV 91, 261; Bay NJW 93, 805).

bb) Aus den **Tatumständen** die Beweggründe und Ziele des Täters. – Bei Fahrlässigkeitsdelikten ist die Schwere der verschuldeten Folgen allein nicht indiziell (Dede MDR 70, 721). 11

cc) Aus dem **Verhalten nach der Tat** die Einstellung des Täters zur Tat (näher dazu Zabel ua BA 90, 260), für die zB das Verheimlichen des Verbleibs der Beute (Karlsruhe MDR 78, 71) sowie namentlich auch das Bemühen um Schadenswiedergutmachung (beachte 19) und um einen Ausgleich mit dem Verletzten (42 zu § 46; 1, 3 zu § 46 a) Anhaltspunkte bieten; fehlende Wiedergutmachung allein ist allerdings kein ausreichender Grund für die Annahme künftigen Versagens (BGHSt 5, 238). Auch gegenüber dem Prozeßverhalten ist Vorsicht geboten, weil die Ausnahmesituation des Strafverfahrens nur geringen Indizwert hat (expl VRS 26, 22; Hamm NJW 60, 61; LG Köln StV 88, 255; s auch Hamm StV 88, 348). Außerdem darf – ebenso wie bei der Strafzumessung (43 zu § 46) – Schweigen im Prozeß (StV 93, 521 mwN) oder sonst ein Verhalten nach der Tat, mit dem sich der Täter lediglich der Bestrafung entziehen wollte (StV 88, 61 und 93, 533; probl Hamm NStZ 89, 27 mit krit Anm Eisenberg NStZ 89, 366), nicht negativ bewertet werden. 12

dd) Aus den **Lebensverhältnissen** vor allem deren mutmaßliche Weiterentwicklung, dh die Verhältnisse, unter denen der Täter voraussichtlich leben wird. Es macht keinen Unterschied, ob sich diese von selbst ergeben oder ob sie planmäßig durch Bewährungsmaßnahmen, andere behördliche Vorkehrungen oder private Hilfsangebote (zB Rehabilitationsmöglichkeiten für Drogensüchtige; vgl etwa Oldenburg StV 91, 420; Hamm StV 91, 427; Tröndle MDR 82, 1; Adams/Eberth NStZ 83, 193; Lesting MschrKrim 93, 320, alle mwN) geschaffen werden (BGHSt 8, 182; s auch StV 87, 63 und 91, 514); dabei hat das Gericht je nach Sachlage deren Anordnung im Rahmen seiner Zuständigkeit zu prüfen (StV 92, 63), uU sich auch um ihre Herbeiführung zu bemühen (NJW 91, 3289; Düsseldorf NJW 93, 805). Daraus folgt, daß bei Drogensüchtigen auch Unterschiede in den konkreten Rehabilitationschancen, die sich bei Anordnung der Strafaussetzung oder bei Wahrnehmung von Behandlungsmöglichkeiten im Vollstreckungsverfahren nach §§ 35, 36 BtMG ergeben, für die Prognose Gewicht haben (Slotty NStZ 81, 321, 327). Aus demselben Grunde kann ferner zu Buch schlagen, daß im Urteil zugleich die Unterbringung in einer Entziehungsanstalt nach § 67 b ausgesetzt wird (NStZ 88, 451). Schließlich ist es auch nicht widersprüchlich, wenn der Richter einerseits die Verhängung einer Freiheitsstrafe zur Einwirkung auf den Täter für unerläßlich hält (3, 6 zu § 47), andererseits aber die günstige Prognose bejaht (BGHSt 24, 164 mwN; str). Diese wird auch nur idR, aber nicht notwendig (aM Hamburg JR 77, 515 mit Anm Grunau; Düsseldorf MDR 85, 165; zw), durch die Tatsache ausgeschlossen, daß in anderer Sache noch längere Freiheitsentziehung zu vollstrecken ist. Widersprüchlich wäre dagegen die Aussetzung einer Strafe wegen einer neu begangenen Tat allein im Hinblick darauf, daß ihretwegen der Wider- 13 ruf der Strafaussetzung wegen früherer Taten zu erwarten ist (aM Köln NStZ 94, 205 mit abl Anm Berg). – Speziell zur Prognose bei AIDS-Kranken Dencker StV 92, 125, 130.

14 **c)** Im ganzen unterliegt die Prognose **tatrichterlicher Würdigung,** die vom Revisionsgericht nur begrenzt nachgeprüft werden kann (bei Holtz MDR 78, 279; Düsseldorf NStZ-RR 96, 260; zusf Gribbohm LK 27–27 b, alle mwN). Bei naheliegenden Zweifeln – namentlich bei erheblicher Vorstrafenbelastung (Karlsruhe NJW 80, 133, 134; Düsseldorf JR 94, 39 mit Anm Terhorst) und bei Begehung der Tat während einer laufenden Bewährungszeit (Bay bei Bär 92, 364) – bedarf sie eingehender Begründung (NStZ 83, 454; Bay NJW 93, 805); formelhafte Wiederholung des Gesetzeswortlauts, allgemeine, nicht auf den Einzelfall bezogene Ausführungen (StV 96, 207) oder ein bloßer Hinweis auf den Eindruck in der Hauptverhandlung genügen idR nicht (Köln MDR 67, 416). In zweifelhaften Fällen kann sich die Zuziehung eines Sachverständigen empfehlen (Celle JR 85, 32 mit Anm Meyer). – In der Praxis steht die sog **intuitive Prognose,** dh die auf die kriminologischen Erfahrungen des Tatrichters gestützte Gesamtbewertung, im Vordergrund (krit Böllinger, in: Lüderssen/Sack [Hrsg], Vom Nutzen und Nachteil der Sozialwissenschaften für das Strafrecht, 1980, S 283). Wegen der mit ihr verbundenen Fehlerquellen hat die kriminologische Forschung die differenzierteren Verfahren der **klinischen** und der **statistischen Prognose** entwickelt, die sich teils wegen des großen Aufwandes und teils wegen Fehlens von Beweisen für ihre größere Treffsicherheit (dazu Kerner, in: Lüderssen/Sack aaO S 307) bisher nicht in nennenswertem Umfang durchgesetzt haben (vgl etwa Fenn, Kriminalprognose bei jungen Straffälligen, 1981; Tenckhoff DRiZ 82, 95; Nedopil Forensia 86, 167; Baur MDR 90, 473, 478; Göppinger S 338; Streng, Strafrechtliche Sanktionen, 1991, S 223; Schneider, Grundlagen der Kriminalprognose, 1996, alle mwN; speziell zum aktuellen Stand der Prognoseforschung Dölling [Hrsg], Die Täter-Individualprognose, 1995; umfangreiches Informationsmaterial zur Theorie und praktischen Problematik der Prognose in dem Sammelband Frisch/Vogt [Hrsg], Prognoseentscheidungen in der strafrechtlichen Praxis, 1994). Zu bedenken ist auch, daß das empirische Wissen über die Prognose von Durchschnittstätern ohne besondere Auffälligkeiten gering ist und daß es überdies im Bereich der Massenkriminalität, namentlich der Vermögens- und Verkehrsdelikte, schon aus Zeitgründen meist nicht möglich und oft auch nicht wünschenswert ist, die erforderlichen Fakten für eine erschöpfende Prognose zu erheben (vgl die Kritik von Frisch aaO [vgl 8] S 4, 44). In solchen, die große Mehrzahl bildenden Fällen entscheiden die Gerichte durchweg nach nur oberflächlicher Prüfung intuitiv und verschaffen damit zwar der Strafaussetzung einen breiteren Anwendungsbereich, lassen aber die wirklichen Entscheidungskriterien im Dunkeln. Daraus sind Bestrebungen erwachsen, das Prognoseerfordernis normativ umzudeuten: Die Summe der Prognosefälle soll den

drei Gruppen eindeutig positiver, „fraglicher" und eindeutig negativer Prognosen zugeordnet werden. Alsdann soll je nach dem Zweck der anwendbaren Vorschrift normativ entschieden werden, ob die Gruppe der „fraglichen" Fälle bei Beachtung der Prinzipien der Geeignetheit und der Erforderlichkeit zur Auslösung der jeweils vorgesehenen Rechtsfolge ausreicht, was bei der Strafaussetzung zur Bewährung schon zur Erhaltung ihres weiten Anwendungsbereichs regelmäßig zu bejahen ist (Frisch aaO S 133 mit krit Bespr Bock NStZ 90, 457; ähnlich Krainz MschrKrim 84, 298; s auch Frisch StV 88, 359 und R & P 92, 110; Bock ZStW 102, 504, 512; Streng, IndividProg, S 97, 117; speziell zur Entwicklung der Prognoseforschung Nedopil, IndividProg, S 83 und zu Perspektiven künftiger Prognoseforschung Dölling, IndividProg, S 129).

5. Abs 3 bildet einen Ausschlußgrund, der sich nach den Verhältnis- 15
sen zur Zeit der Entscheidung bestimmt (NJW 56, 919). Er wird erst relevant, wenn die Voraussetzungen von Abs 1 oder 2 bejaht sind (StV 91, 19; Köln NZV 93, 357; s auch StV 95, 20).

a) Die Beschränkung des Abs 3 auf Strafen von **mindestens sechs Monaten** dient der Zurückdrängung der kurzfristigen Freiheitsstrafe (BT-Dr V/4094 S 11). Es wäre eine unzulässige Umgehung des Gesetzes, diesen Zweck durch Verschärfung der Anforderungen an eine günstige Täterprognose zu vereiteln (Hamm DAR 73, 101); das gilt namentlich auch für die Fälle, in denen der Richter nach § 47 (dort 3) eine Freiheitsstrafe zur Einwirkung auf den Täter (BGHSt 24, 164) oder zur Verteidigung der Rechtsordnung für unerläßlich gehalten hat.

b) Zur **Verteidigung der Rechtsordnung** vgl zunächst 4, 5, 7 zu 16
§ 47. Bei einem Sachverhalt, der Anhaltspunkte für die Notwendigkeit der Strafvollstreckung aus diesem Grunde aufweist, ist ausdrückliche Erörterung geboten (NStZ 89, 527 Nr 4, 5 und 91, 581; Düsseldorf JR 94, 39, alle mwN). Im übrigen unterliegt die Entscheidung aber tatrichterlicher, vom Revisionsgericht nur begrenzt nachprüfbarer Würdigung (7 zu § 47; speziell zu Abs 3 NStZ 94, 336; Karlsruhe NStZ-RR 96, 198, beide mwN).

aa) Die Aussetzung ist zu **versagen,** wenn die Zweckerwägungen, die diesem Begriff zugrundeliegen, gegenüber dem spezialpräventiven Zweck der Aussetzung so sehr das Übergewicht haben, daß der bloße Strafausspruch ohne Vollstreckung im Hinblick auf schwerwiegende Besonderheiten des Einzelfalls als ungerechtfertigtes Zurückweichen vor dem Verbrechen erscheinen müßte und daher die rechtliche Gesinnung in der über die Einzelheiten des Falles unterrichteten (StV 89, 150 mwN) Bevölkerung – also nicht lediglich bei bestimmten Einzelpersonen (Karlsruhe DAR 93, 397) – erschüttern könnte (BGHSt 24, 40, 64; Bay NJW 78, 1337 mit krit Anm Horn JR 78, 514; Hamburg NStZ 84, 140). Deshalb kann der Versagungsgrund nicht allgemein mit dem Verstoß gegen bestimmte Tatbestände oder Tatbestandsgruppen (StV 96, 265) oder lediglich mit solchen Erwägungen begründet werden, die dem verletzten Tatbestand im ganzen zugrunde liegen (BGHSt 24, 40, 46; NJW 90, 193; Stuttgart NZV 91, 80; s auch StV 90, 548, alle mwN). Auch die Ausländereigenschaft ist als solche nicht relevant (Düsseldorf StV 95, 526; s auch StV 95, 414; 36 b zu § 46). Überhaupt bildet die Versagung (auch bei Vorliegen von Vorstrafen, Bay JR 74, 519 mit Anm Zipf) eine Ausnahme, die nur durch schwerwiegende, den Besonderheiten des Einzelfalls entnommene Gründe zu rechtfertigen ist (BGHSt 22, 192; 24, 40, 46). Für deren Bewertung geben die in § 56 vorgesehenen Strafgrenzen gewisse Anhaltspunkte. Danach gebietet die Verteidigung der Rechtsordnung bei Strafen unter 6 Monaten die Vollstreckung niemals, bei Strafen von mehr als einem Jahr dagegen häufiger; deshalb liegt die Annahme des Ausschlußgrundes umso ferner, je weniger die Strafe das Mindestmaß von 6 Monaten überschreitet (Dreher JR 70, 228, 230; s auch NStZ 85, 459; Hamm NJW 70, 1615).

17 bb) Die Anwendung des Abs 3 **kommt etwa in Frage,** wenn eine Tat mit der Tendenz begangen wird, die Rechtstreue in der Bevölkerung zu untergraben (GA 76, 113). Außerdem weist uU schon die Art des Tatbestandes darauf hin, daß die Verteidigung der Rechtsordnung häufiger als bei anderen Taten die Vollstreckung gebietet. So hat die Rspr für bestimmte Sexualdelikte (BGHSt 6, 298), für Wirtschaftsdelikte (JZ 75, 183, 185; GA 79, 59), für Delikte, die sich, wie zB die Volksverhetzung (NStZ 85, 165 und 95, 128; JZ 95, 106) oder der Mißbrauch nationalsozialistischer Kennzeichen (bei Schmidt MDR 85, 183), gegen die staatliche oder öffentliche Ordnung als solche richten (Frankfurt NJW 71, 1813; Karlsruhe NStZ-RR 96, 58), und für Delikte, die den ordnungsmäßigen Gang der Rechtspflege gefährden (LG Koblenz NStZ 91, 283 mit Anm Molketin), den Gedanken herausgearbeitet, daß die Versagung der Aussetzung näher liegt als bei anderen Deliktsgruppen (zusf Maiwald GA 83, 49, 57), daß sie ausnahmsweise sogar bei Ersttaten angezeigt sein kann (Koblenz VRS 75, 37). Entsprechendes gilt für Delikte, mit denen eine zur Förderung von Allgemeininteressen gewährte privilegierte Rechtsstellung (zB als Rechtsanwalt, NStZ 88, 126; wistra 95, 186) oder sonst eine Vertrauensstellung (NJW 91, 2574) mißbraucht wird, und für Trunkenheitsdelikte (BGHSt 24, 64; Hamm NZV 93, 317 mit Anm Molketin BA 94, 133), bei denen Abs 3 allerdings wegen des Mindestmaßes der Freiheitsstrafe im allgemeinen nur bei schweren, nicht wiedergutzumachenden Unfallfolgen in Frage kommt (Karlsruhe VRS 57, 189; Koblenz NZV 92, 451), aber auch hier nicht notwendig zu bejahen ist (Köln NZV 93, 357; Karlsruhe NStZ-RR 96, 198; die Rspr zu Trunkenheitsfahrten zusf Molketin NZV 90, 289; s auch Zabel BA 90, 260). – Die Ausländereigenschaft ist ebenso wie allgemein bei der Strafzumessung (36 b zu § 46) ohne Bedeutung; aus ihr folgende Besonderheiten von Tat oder Täterpersönlichkeit können jedoch Gewicht haben (Düsseldorf VRS 89, 444). – Auch wenn die Umstände eines Einzelfalls so schwerwiegend sind, daß sie schon bei einer Ersttat zur Versagung führen müßten, können geringe Lebenserwartung des Täters (zB eines AIDS-Kranken,

Dencker StV 92, 125, 130), schwere psychische Tatfolgen für ihn selbst (Karlsruhe StV 94, 188), überlange Verfahrensdauer (StV 85, 411; Bay VRS 69, 283; zu streng Koblenz VRS 59, 339) oder Verbüßung langdauernder UHaft (StV 90, 496 und 91, 157) das Bedürfnis nach Verteidigung der Rechtsordnung relativieren oder ganz hinfällig machen.

6. Abs 2 erweitert die Aussetzung von Freiheitsstrafen auf das Höchstmaß von zwei Jahren, setzt dabei aber das Vorliegen von Milderungsgründen voraus, die aus dem Durchschnitt herausragen (zusf Gribbohm LK 29–32; krit Horn, Kaufmann [Arm]-GedSchr, S 573, 577). 18

a) Die **besonderen Umstände** (dazu 2 zu § 47), die hier nur mildernde sein können (Römer JR 73, 448, 451), müssen vorliegen oder nach dem Zweifelssatz jedenfalls nicht ausschließbar sein (bei Dallinger MDR 73, 900). Das Schweigen des Angeklagten im Prozeß ist kein zureichender Grund, ihr Vorliegen zu verneinen (StV 93, 521). – Da sie die Grundlage einer **Gesamtwürdigung von Tat und Täterpersönlichkeit** bilden (dazu ua NStZ 82, 114; StV 92, 13), müssen sie zwar Bezug zu Tat oder Täter haben (Koblenz wistra 88, 238), können aber sehr vielgestaltig sein; auch die Vorgeschichte der Tat (StV 83, 18), Verstrickung in die Tat durch polizeiliche Lockspitzel (Koblenz MDR 91, 787), geringe Lebenserwartung (bei Spiegel DAR 81, 192; Dencker StV 92, 125, 130) und nach der Tat eingetretene Umstände (BGHSt 29, 370; NStZ 83, 218; s auch LG Bremen StV 95, 142), zB die Stabilisierung der Lebensverhältnisse (StV 86, 529) und durch die Tat bedingte berufliche Nachteile (NStZ 87, 172), können erheblich sein. Sogar Nachtatverhalten kommt in Frage (StV 83, 281; diff Karlsruhe GA 79, 469), namentlich das Bemühen um Schadenswiedergutmachung, dem der neue S 2 (vgl vor 1) durch ausdrückliche Erwähnung mehr Gewicht verleihen soll (BT-Dr 12/6853 S 22); auch geleistete Aufklärungshilfe nach § 31 BtMG gehört hierher (Frankfurt NStZ-RR 96, 213). Die Gesamtwürdigung, bei der auch die günstige Sozialprognose (Abs 1) zu berücksichtigen ist (StV 95, 20; bei Tolksdorf DAR 96, 168), führt zur Annahme besonderer Umstände, wenn diese ein solches Gewicht haben, daß die Strafaussetzung „als nicht unangebracht und als den allgemeinen vom Strafrecht geschützten Interessen nicht zuwiderlaufend" erscheint (BGHSt 29, 370; NStZ 86, 27; zusf Schlothauer StV 83, 209, alle mwN). Eine Beschränkung der Vorschrift auf außergewöhnliche Konfliktlagen findet im Gesetz keine Grundlage (so schon BGHSt 29, 370 mwN). 19

b) Die Aussetzung kommt namentlich in Frage, wenn schweren Tatfolgen ein vergleichsweise geringes Verschulden gegenübersteht (NStZ 81, 434; Grünwald, Schaffstein-FS, S 219, 235; beachte jedoch BA 95, 61). Bloß straffreies Vorleben (GA 78, 80), andere Strafmilderungsgründe, die nicht nur ausnahmsweise (Stuttgart MDR 80, 1038), sondern auch bei Durchschnittstaten häufig vorkommen (BGHSt 29, 319, 324 mwN; beachte auch NStZ 88, 133), und die zu erwartenden 20

Folgen des Vollzugs der Strafe (bei Holtz MDR 82, 623) genügen idR nicht. Jedoch können Umstände, die bei einer Einzelbewertung nur durchschnittliche Milderungsgründe wären, durch ihr Zusammentreffen das Gewicht besonderer Umstände erlangen (NStZ 91, 581; StV 92, 13; Stuttgart NZV 91, 80, alle mwN). Außerdem können konkrete spezialpräventive Bedürfnisse, zB die Wahrnehmung von therapeutischen Chancen bei Alkohol- oder Drogensüchtigen, zu Buch schlagen (Köln NJW 86, 2328; Tröndle MDR 82, 1, 4).

21 **c)** Die Gesamtwürdigung ist Aufgabe des Tatrichters und daher nur begrenzt nachprüfbar (stRspr; vgl etwa NStZ 94, 336; wistra 94, 193; BA 95, 61; Karlsruhe NStZ-RR 96, 198). Sie bedarf umso sorgfältigerer Begründung, je mehr sich die Strafe der 2-Jahresgrenze nähert (NStZ 87, 21; Hamm NZV 93, 317 mit Anm Molketin BA 94, 133, alle mwN). Erkennbar aus dem Rahmen fallende Milderungsgründe müssen in die Gesamtwürdigung einbezogen werden (StV 94, 126); bei ihrem Vorliegen darf die Aussetzungsfrage nicht übergangen (NStZ 86, 374) oder mit einer formelhaften Wiederholung des Gesetzeswortlauts verneint werden (NJW 83, 1624; StV 84, 375, 376; Düsseldorf VRS 88, 270).

22 **7.** Die Voraussetzungen der Aussetzung sind **von Amts wegen** zu prüfen. Liegen sie vor, so ist ihre Anordnung im Falle des Abs 1 **obligatorisch** (BGHSt 24, 40, 43) und im Falle des Abs 2 **pflichtmäßigem,** vom Revisionsgericht nur begrenzt nachprüfbarem (StV 84, 174; NStZ 84, 360; Düsseldorf NStZ 88, 325) **Ermessen** (50 zu § 46) überlassen (JR 56, 426; einschr Ventzke StV 88, 367). Es ist daher unzulässig, bei Drogenabhängigen die an sich nach Abs 1 begründete Aussetzung zu versagen und die Bemühungen um Rehabilitation dem nachrangigen (Vollstreckungs-) Verfahren nach §§ 35, 36 BtMG zu überlassen (Oldenburg StV 91, 420; Tröndle MDR 82, 1, 2; Kreuzer NJW 89, 1505, 1510, alle mwN; beachte jedoch 13); auch im Falle des Abs 2 ist solches Vorgehen sachwidrig (beachte 20).

23 **8. Zuständigkeit und Verfahren** §§ 160 III, 260 IV, 267 III, 268 a, 305 a, 453–453 b, 462 a StPO.

a) Die Aussetzung kann nur im **Urteil** angeordnet werden. Die weiteren Entscheidungen nach §§ 56 a ff gehören dagegen in den selbständigen (NJW 74, 1518), mit dem Urteil (ggf auch dem Berufungsurteil, Köln NStZ 91, 453 mit Anm Horn JR 91, 476; Hamm MDR 92, 989) zu verkündenden Beschluß nach § 268 a I StPO. – Über den verfahrensrechtlichen Begründungszwang hinaus (§ 267 III S 4 StPO) bedarf die Ablehnung der Aussetzung einer Begründung dann (sonst sachlich-rechtlicher Fehler), wenn ihre Anordnung nach dem festgestellten Sachverhalt naheliegt (BGHSt 6, 167) oder wenn der Eindruck erweckt werden kann, daß die Möglichkeit der Aussetzung übersehen wurde (BGHSt 6, 68; Düsseldorf StV 96, 217 mwN).

24 **b)** Die Aussetzung ist – wie sich aus ihrer rechtlichen Struktur ergibt (vgl 2) – grundsätzlich **abtrennbar**. Daher sind Teilrechtskraft des

Schuld- und Strafausspruchs im übrigen sowie Beschränkung des Rechtsmittels auf die Aussetzungsfrage denkbar (BGSt 11, 393; Hamburg JR 79, 258 mit Anm Zipf; Karlsruhe NJW 80, 133, alle mwN), bisweilen jedoch deshalb ausgeschlossen, weil ein erneutes Eingehen auf den nicht angefochtenen Teil der Entscheidung unumgänglich ist (Köln NStZ 89, 90; Gribbohm LK 64, beide mwN). Zur umstrittenen Tragweite des Verbots der Schlechterstellung (§§ 331, 358 II StPO) JZ 56, 101; Hamburg MDR 82, 776; zusf Armin Kaufmann JZ 58, 297; Gribbohm LK 65; s auch 10 zu § 56 b.

§ 56 a Bewährungszeit

(1) **Das Gericht bestimmt die Dauer der Bewährungszeit. Sie darf fünf Jahre nicht überschreiten und zwei Jahre nicht unterschreiten.**

(2) **Die Bewährungszeit beginnt mit der Rechtskraft der Entscheidung über die Strafaussetzung. Sie kann nachträglich bis auf das Mindestmaß verkürzt oder vor ihrem Ablauf bis auf das Höchstmaß verlängert werden.**

1. Die **Dauer der Bewährungszeit** wird im Beschluß nach § 268 a I StPO in Zeiteinheiten (idR Jahren und Monaten) festgesetzt (NJW 54, 522). Ihr Beginn bestimmt sich nach der Rechtskraft des Urteils, in dem die Aussetzung angeordnet wurde (beachte Schleswig NStZ 90, 359). Behördliche Verwahrung des Täters wirkt nicht verlängernd (Braunschweig NJW 64, 1581 mit Anm Dreher). 1

2. a) Nachträgliche Verlängerung der Bewährungszeit ist – vorbehaltlich der weitergehenden Sonderregelung für Fälle der Abwendung des Widerrufs nach § 56 f II (dort 9–13) – nur vor ihrem Ablauf, also nicht bis zur Entscheidung über den Straferlaß, und nur bis zum gesetzlichen Höchstmaß zulässig (Düsseldorf MDR 91, 556), innerhalb dieser Grenzen allerdings auch mehrmals (Tröndle 1). 2

b) Die **Anordnung** nachträglicher Verkürzung oder Verlängerung unterliegt, soweit nicht § 56 f II anwendbar ist, pflichtmäßigem Ermessen (50 zu § 46; aM Hein NStZ 83, 552). Dessen Ausübung hat sich an der Entwicklung des Verurteilten zu orientieren. Im Falle der Verkürzung kann es (muß aber nicht, LG Hamburg MDR 92, 1165) angezeigt sein, einen längeren Zeitraum (der Bewährung) zwischen der Tat und der (spät eingetretenen) Rechtskraft des Urteils zu berücksichtigen. Eine Verlängerung kann abwendbar sein, wenn sich die Bewährungschancen durch Umgestaltung der Auflagen oder Weisungen verbessern lassen (Düsseldorf VRS 74, 358). Fehler bei der vorausgegangenen Rechtsanwendung können dagegen nicht auf diesem Wege berichtigt werden (Düsseldorf NStZ 91, 53). 2 a

3. Ruhen der **Vollstreckungsverjährung** 2 zu § 79 a. **Zuständigkeit und Verfahren** §§ 305 a, 453, 462 a StPO. 3

§ 56 b Auflagen

(1) **Das Gericht kann dem Verurteilten Auflagen erteilen, die der Genugtuung für das begangene Unrecht dienen. Dabei dürfen an den Verurteilten keine unzumutbaren Anforderungen gestellt werden.**

(2) **Das Gericht kann dem Verurteilten auferlegen,**

1. **nach Kräften den durch die Tat verursachten Schaden wiedergutzumachen,**
2. **einen Geldbetrag zugunsten einer gemeinnützigen Einrichtung zu zahlen, wenn dies im Hinblick auf die Tat und die Persönlichkeit des Täters angebracht ist,**
3. **sonst gemeinnützige Leistungen zu erbringen oder**
4. **einen Geldbetrag zugunsten der Staatskasse zu zahlen.**

Eine Auflage nach Satz 1 Nr. 2 bis 4 soll das Gericht nur erteilen, soweit die Erfüllung der Auflage einer Wiedergutmachung des Schadens nicht entgegensteht.

(3) **Erbietet sich der Verurteilte zu angemessenen Leistungen, die der Genugtuung für das begangene Unrecht dienen, so sieht das Gericht in der Regel von Auflagen vorläufig ab, wenn die Erfüllung des Anerbietens zu erwarten ist.**

Fassung: Abs 2 durch VerbrBG (4 vor § 38) neugefaßt.

1 **1.** Die §§ 56 b, 56 c spalten die aufgrund der Aussetzung zulässigen gerichtlichen Maßnahmen in Auflagen und Weisungen auf. **Auflagen** sind strafähnliche Maßnahmen, die der Genugtuung für das begangene Unrecht dienen (Zweibrücken JR 91, 290; Schleswig SchlHA 95, 16, beide mwN). Sie eignen sich besonders für Täter, die der Aufsicht und Hilfe während der Bewährungszeit nicht bedürfen, denen ihre Verurteilung aber fühlbar zu machen ist.

2 **2.** Die Auflagen dürfen nicht **gesetzwidrig** sein und keine **unzumutbaren** Anforderungen stellen. Im Hinblick auf den abschließenden Auflagenkatalog (vgl 3) liegt das Schwergewicht möglicherweise rechtswidriger oder unzumutbarer Bewährungsmaßnahmen bei den Weisungen; die Ausführungen unter 2, 3, 5 zu § 56 c gelten sinngemäß (speziell zur Zumutbarkeit von Wiedergutmachungsauflagen Düsseldorf NStZ 93, 136).

3 **3. Abs 2** enthält einen **erschöpfenden Katalog** der Auflagen, so daß andere Auflagen (zB die Auflage, die Einkommensverhältnisse zum Nachweis der Erfüllung einer Schadenswiedergutmachungsauflage offenzulegen, BVerfG NJW 95, 2279 mwN) unzulässig sind (unstr). Seine abschließende, erst im Vermittlungsausschuß festgelegte Neufassung (vgl vor 1) räumt der Schadenswiedergutmachung insoweit Vorrang ein, als andere Auflagen nicht erteilt werden sollen, wenn sie der Erfüllung einer Wiedergutmachungsauflage entgegenstehen. Diese geht also vor,

wenn die Verbindung mit anderen Auflagen zu einer die Wiedergutmachung gefährdenden Belastung führen würde. Ein Abweichen von dieser Soll-Vorschrift ist nur ausnahmsweise und nur mit eingehender Begründung zulässig.

a) Die Auflage der **Schadenswiedergutmachung** (S 1 Nr 1) darf keine höheren Leistungen fordern, als der zivilrechtlichen Schadensersatzpflicht entspricht (hM; zusf Müller-Dietz in: Jahr [Hrsg], GedSchr für Dietrich Schultz, 1987, S 253; anders Frehsee, Schadenswiedergutmachung als Instrument strafrechtlicher Sozialkontrolle, 1987, S 237). Nach dem Gesetzeszweck dürfte jedoch die Anordnung der Wiedergutmachung immaterieller Schäden auch dann zulässig sein, wenn sie zivilrechtlich nicht begründbar ist (Sch/Sch-Stree 9; aM Stuttgart NJW 80, 1114 mit abl Bespr v Spiegel NStZ 81, 101 und Frehsee NJW 81, 1253; Hamburg MDR 82, 340, alle mwN; zw). Die Auflage geht auch insofern über das Zivilrecht hinaus, als sie die Erfüllung durch strafrechtlichen Zwang sichert (Frankfurt MDR 94, 498; Baur GA 57, 338, beide mwN) und als Anspruchsverjährung keinen Hinderungsgrund bildet (Hamm NJW 76, 527; Schall NJW 77, 1045). Eine nähere Konkretisierung der Auflage durch speziellere Wiedergutmachungsanordnungen ist zulässig und häufig auch angezeigt (Bremen StV 86, 253). – Ob in Fällen des § 153 a StPO die sog Beratungsauflage (psychotherapeutische Beratung von Tätern, die im sozialen Nahraum gewalttätig geworden sind) als Wiedergutmachungsauflage verstanden werden kann, ist zweifelhaft und noch nicht abschließend geklärt (bejahend Beulke/Therkorn NStZ 95, 474; Schall/Schirrmacher, Gewalt gegen Frauen und Möglichkeiten staatlicher Intervention, 1995, S 48). – Zahlung von Gerichtskosten ist keine Wiedergutmachung und kann daher nicht durch Auflage angeordnet werden (BGHSt 9, 365; München MDR 57, 500). 3 a

b) Die **Geldauflage** (S 1 Nr 2, 4) kann im Rahmen (beachte Hamm NStZ 91, 583) der vorrangigen Genugtuung für das begangene Unrecht auch Gewinnabschöpfung bezwecken (Eberbach NStZ 87, 486). Es gibt für sie kein bestimmtes Mindest- und Höchstmaß (hM; anders Fünfsinn JuS 87, 97, 98 und Horn StV 92, 537, die eine Bindung an die Geldstrafe annehmen; zw). Sie muß aber zumutbar sein (Hamm VRS 37, 262; Hamburg MDR 71, 66); zur Konkretisierung dieser Grenze können die für die Berechnung der Tagessatzhöhe geltenden Grundsätze (6–16 zu § 40) Anhaltspunkte bieten (Frankfurt StV 89, 250). – Dem Verurteilten in Anlehnung an Art 293 EGStGB die Abwendung der Bußzahlung durch **freie Arbeit** zu gestatten, ist mangels gesetzlicher Grundlage unzulässig (aM Celle NStZ 90, 148 mit abl Anm Arloth). 4

aa) Daß die Geldauflage zugunsten einer **gemeinnützigen Einrichtung** (S 1 Nr 2) „im Hinblick auf die Tat und die Persönlichkeit des Täters angebracht" sein muß, soll den Vorrang der Schadenswiedergutmachung unterstreichen, zugleich aber darauf hinweisen, daß die 4 a

Auflage im Einzelfall aufgrund besonderer Umstände (in Tat- und Täterpersönlichkeit) auch neben der Schadenswiedergutmachung sinnvoll sein kann, zB wenn bei günstiger finanzieller Lage des Täters die Entschädigung des Opfers ohnehin außer Frage steht (BT-Dr 12/6853 S 22).

4b bb) Die Geldauflage zugunsten der **Staatskasse** (S 1 Nr 4) sollte erst erwogen werden, wenn eine Geldauflage nach S 1 Nr 2 nicht erteilt wird (so schon BT-Dr V/4094 S 12). Daß im Vermittlungsausschuß der im Gesetzesbeschluß des BTages vorgesehene Vorrang der Geldauflage nach S 1 Nr 2 vor der nach S 1 Nr 4 (dazu BT-Dr 12/6853 S 22) gestrichen worden ist (aus fiskalischen Gründen?), steht dem nicht entgegen.

5 **c)** Als **gemeinnützige Leistungen** (S 1 Nr 3) kommen namentlich Arbeitsauflagen in Form von Hilfsdiensten in Krankenanstalten, Altersheimen oder ähnlichen gemeinnützigen Einrichtungen in Frage (Bay GA 71, 375). Sie dienen der Genugtuung für das begangene Unrecht (Abs 1) und setzen deshalb nicht voraus, daß der Verurteilte Störungen in seinem Arbeitsverhalten aufweist, die spezialpräventiver Beeinflussung bedürfen (so aber Celle aaO [vgl 4]; s auch 23 zu § 57).

6 **d)** Eine Konkretisierung der Auflagen nach Satz 1 Nr 1, 3 dahin, daß der Täter zur Schadenswiedergutmachung oder zur Erbringung der gemeinnützigen Leistung eine **berufliche** Arbeit aufzunehmen habe, ist als **gesetzlich nicht legitimierter Eingriff** in die Freiheit der Berufswahl unzulässig (BVerfGE 58, 358; s auch 2 zu § 56 c). Von dieser Begrenzung abgesehen sind solche Auflagen jedoch verfassungsrechtlich unbedenklich, weil sie nicht mit der Anordnung von Zwangsarbeit im Sinne des Art 12 II GG gleichgesetzt werden können (BVerfGE 83, 119 mit krit Bespr Sachs JuS 91, 770, beide mwN; s auch BVerfGE 74, 102 mit Anm Schaffstein NStZ 87, 502; Gusy JuS 89, 710).

7 **4.** Die Anordnung von Auflagen unterliegt – mit den unter 4 a, 4 b behandelten Maßgaben – **pflichtmäßigem Ermessen** (50 zu § 46).

8 **5. Abs 3** soll dem Täter die Möglichkeit freiwilliger Mitarbeit durch selbstgewählte Leistungen eröffnen. Daß diese auch durch Auflagen verlangt werden könnten, ist nicht erforderlich. Ein unzureichendes Anerbieten ist unbeachtlich. Liegt dagegen ein angemessenes Anerbieten vor, so darf von der gesetzlichen Regel nur abgewichen werden, wenn besondere Umstände dies rechtfertigen (Begr zu § 74 E 1962 S 201). Kommt der Täter der Verpflichtung nicht nach, so kann die Anordnung von Auflagen nach § 56 e nachgeholt werden.

9 **6. Nachträgliche Anordnung** von Auflagen § 56 e.

10 **7. Zuständigkeit und Verfahren** §§ 265 a, 268 a, 305 a, 453, 453 b, 462 a II StPO. – Die Überwachung der Auflagen und Anerbieten obliegt dem Gericht, nicht der StA (§ 453 b StPO). – Eine gegen die Strafaussetzung gerichtete Berufung erfaßt zwar nicht unmittel-

bar den Beschluß nach § 268 a StPO (23 zu § 56); jedoch hat das Berufungsgericht, wenn es die Aussetzung aufrechterhält, auch über die Auflagen (und Weisungen) neu zu beschließen (Bay bei Rüth DAR 70, 263) und ist dabei nicht an das Verbot der Schlechterstellung nach § 331 I StPO (Hamburg NJW 81, 470 mit Anm Loos NStZ 81, 363; Oldenburg NStZ-RR 97, 9; s auch NJW 82, 1544 mit Anm Meyer JR 82, 338), wohl aber an die Voraussetzungen des § 56 e (dort 1–3) gebunden (Hamm NJW 78, 1596 mwN; zusf Gribbohm LK 28, 28 a).

§ 56 c Weisungen

(1) **Das Gericht erteilt dem Verurteilten für die Dauer der Bewährungszeit Weisungen, wenn er dieser Hilfe bedarf, um keine Straftaten mehr zu begehen. Dabei dürfen an die Lebensführung des Verurteilten keine unzumutbaren Anforderungen gestellt werden.**

(2) **Das Gericht kann den Verurteilten namentlich anweisen,**

1. **Anordnungen zu befolgen, die sich auf Aufenthalt, Ausbildung, Arbeit oder Freizeit oder auf die Ordnung seiner wirtschaftlichen Verhältnisse beziehen,**
2. **sich zu bestimmten Zeiten bei Gericht oder einer anderen Stelle zu melden,**
3. **mit bestimmten Personen oder mit Personen einer bestimmten Gruppe, die ihm Gelegenheit oder Anreiz zu weiteren Straftaten bieten können, nicht zu verkehren, sie nicht zu beschäftigen, auszubilden oder zu beherbergen,**
4. **bestimmte Gegenstände, die ihm Gelegenheit oder Anreiz zu weiteren Straftaten bieten können, nicht zu besitzen, bei sich zu führen oder verwahren zu lassen oder**
5. **Unterhaltspflichten nachzukommen.**

(3) **Die Weisung,**

1. **sich einer Heilbehandlung oder einer Entziehungskur zu unterziehen oder**
2. **in einem geeigneten Heim oder einer geeigneten Anstalt Aufenthalt zu nehmen,**

darf nur mit Einwilligung des Verurteilten erteilt werden.

(4) **Macht der Verurteilte entsprechende Zusagen für seine künftige Lebensführung, so sieht das Gericht in der Regel von Weisungen vorläufig ab, wenn die Einhaltung der Zusagen zu erwarten ist.**

1. Die Vorschrift behandelt von den Bewährungsmaßnahmen 1
(§§ 56 b, 56 c) nur die **Weisungen** (beachte auch § 68 b I). Sie sind richterliche Gebote oder Verbote, die dem Verurteilten helfen sollen, künftig **Straftaten** zu vermeiden. Wegen ihrer spezialpräventiven Ziel-

setzung kommen sie vornehmlich für kriminell Gefährdete in Frage (Lackner JZ 53, 428, 431).

2 **2. a)** Weisungen dürfen nicht **gesetzwidrig** sein, namentlich nicht gegen das GG verstoßen (BVerfG NJW 83, 442; zusf zur verfassungsrechtlichen Problematik Stree, Deliktsfolgen und Grundgesetz, 1960, S 137; Bruns NJW 59, 1393 und GA 59, 193; Mrozynski JR 83, 397). – Unzulässig sind Weisungen, die nicht hinreichend **bestimmt** sind; schon das Gericht, nicht erst der Bewährungshelfer, hat Art, Umfang, Zeit und Ort des gebotenen Verhaltens so weit zu konkretisieren, daß Verstöße einwandfrei feststellbar sind und der Verurteilte die Möglichkeit eines Widerrufs abschätzen kann (Frankfurt NStZ-RR 97, 2; Sch/Sch-Stree 15/16, beide mwN). – Unzulässig sind ferner Weisungen, welche die in Art 1 GG geschützte Menschenwürde oder solche **Grundrechte** verletzen, die nicht unter besonderem Gesetzesvorbehalt stehen, etwa gegen die Glaubens-, Gewissens- und Bekenntnisfreiheit nach Art 4 GG (zB Weisung zum Kirchenbesuch; Weisung an einen Totalverweigerer, einer erneuten Einberufung zum Zivildienst Folge zu leisten, LG Köln NJW 89, 1171) oder gegen die Koalitionsfreiheit nach Art 9 GG (zB Verbot, einem Verein beizutreten) verstoßen. Weisungen, die in ein unter Gesetzesvorbehalt stehendes Grundrecht eingreifen, sind zulässig, soweit sie in Abs 2 ausdrücklich genannt sind; denn die Beispielsfälle füllen den Gesetzesvorbehalt des GG aus (Hamburg NJW 72, 168; weiter Stuttgart Justiz 87, 234, Mrozynski aaO S 398 und Gribbohm LK 20 mwN, die diese Wirkung schon Abs 1 beilegen; zw); Art 5 GG schließt daher auch das Verbot aus, Reden in der Öffentlichkeit zu halten (aM Braunschweig NJW 57, 759). – Unzulässig sind schließlich auch Weisungen, die zur Bedeutung der begangenen Tat **außer Verhältnis stehen** (Verhältnismäßigkeitsgrundsatz; dazu 1, 2 zu § 62). Weiterreichende Eingriffe in Grundrechte auf Eingriffsbefugnisse im Strafvollzug zu stützen, ist verfassungsrechtlich nicht mehr vertretbar (BVerfGE 58, 358 mwN). Art 19 I S 2 GG wird durch Abs 1, 2 nicht verletzt (Dürig, in: Maunz/Dürig 78 zu Art 2 I; aM LG Limburg NJW 57, 1246).

3 **b)** Zur umstrittenen Frage, wieweit Weisungen Eingriffe anordnen dürfen, die **gesetzlich anderweitig geregelt** sind (zB Berufsverbot, Entziehung der Fahrerlaubnis, Ableisten des Zivildienstes), vgl ua BGHSt 9, 258; Bay NJW 80, 2424; Hamm StV 81, 75; Bruns GA 56, 193, 209; Peters JZ 57, 64; Mrozynski JR 83, 397, 401 (zusf Gribbohm LK 23–26).

4 **c)** Weisungen müssen – mindestens auch – **den Zweck verfolgen,** dem Verurteilten bei der Vermeidung von Straftaten in seiner künftigen Lebensführung (außerhalb des Strafvollzugs, München NStZ 85, 411; str) zu **helfen.** Nicht zulässig sind daher ausschließlich der Sicherung (Koblenz NStZ 87, 24 mit Anm Meyer) oder der Überwachung (Köln NStZ 94, 509 mit krit Bespr Bringewat BewH 94, 463) dienende Gebote; so ist zB die Weisung an einen Drogenabhängigen, seinen behan-

delnden Arzt von der Schweigepflicht zu entbinden, nicht zulässig (Mrozynski JR 83, 397, 402), während die Weisung, sich regelmäßig einem Urintest zu unterziehen, wegen ihrer mittelbar präventiven Wirkung noch vertretbar ist (BVerfG NJW 93, 3315 mwN). – Zur Problematik sog „spiegelnder", dh an die Art der begangenen Tat unmittelbar anknüpfender, Weisungen Ebert, Lackner-FS, S 399.

d) Anforderungen an die Lebensführung sind **unzumutbar** (Abs 1 S 2), wenn sie billigenswerte Interessen des Verurteilten unangemessen beeinträchtigen (Nürnberg NJW 59, 1451; Hamm VRS 37, 362; zusf Gribbohm LK 2). 5

3. a) Der **Katalog der Weisungen in Abs 2** ist nicht erschöpfend. 6
Andere Weisungen, zB ein Alkoholverbot (Düsseldorf MDR 84, 686; aM Mrozynski JR 83, 397, 398), ein Verbot des Drogenkonsums (BVerfG StV 93, 465) oder das Gebot, an einem Verkehrsunterricht oder einer gruppenpädagogischen Nachschulung für Alkoholtäter teilzunehmen (Schädler BA 84, 319; Kunkel BA 84, 332), kommen in Frage, sind allerdings oft problematisch (Seiler DAR 74, 260; Händel DAR 77, 309). Der Beispielscharakter des Katalogs ist verfassungsrechtlich unbedenklich (Stree aaO [vgl 2] S 33, 144).

b) Nr 1: Der generalklauselartige Charakter des Beispiels läßt An- 7
ordnungen verschiedensten Inhalts zu; in der Praxis spielen namentlich eine Rolle: Aufenthaltsbeschränkungen und -verbote, zB in der Drogenszene (BVerfG StV 93, 465) oder in Spielcasinos, Vergnügungsstätten oder Dirnenquartieren; Beschränkungen in der Berufsausübung (Hamburg NJW 72, 168); Anweisungen, eine Arbeits- oder Lehrstelle anzunehmen (Hamm NStZ 85, 310; s auch BVerfGE 55, 28, 31), vorübergehend in gemeinnützigen Einrichtungen zu arbeiten (Kohlhaas NJW 65, 1068; beachte jedoch 6 zu § 56 b) oder Schulden nach einem Tilgungsplan abzutragen. – **Nr 3** dient einerseits der Unterbrechung des Kontakts mit Kriminellen und andererseits der Verhütung des Mißbrauchs Abhängiger zur Begehung von Straftaten (s auch bei Holtz MDR 78, 623). – **Nr 4** richtet sich namentlich gegen den Besitz von Waffen, Diebeswerkzeug, Wildereigerät, Fälschungsmitteln usw. – **Nr 5** wird vorwiegend bei Verletzung der Unterhaltspflicht (§ 170 b) praktisch (Bremen JR 61, 226); höhere Leistungen als die zivilrechtlich geschuldeten dürfen nicht verlangt werden (Schleswig NStZ 85, 269; zw).

4. a) Heilbehandlung und **Entziehungskur** im Sinne des **Abs 3** 8
Nr 1 müssen geeignet und darauf gerichtet sein, den Verurteilten gegen Straftaten weniger anfällig zu machen (vgl etwa Redhardt MschrKrim 58, 164; Demski NJW 58, 2100). Sie können stationär oder ambulant (dazu v Schumann JR 77, 269) durchgeführt werden. Gefährliche Behandlungen (zB mit Elektroschocks, Bruns GA 56, 213) sind idR unabhängig von der erteilten Einwilligung unzumutbar (Abs 1 S 2; zu medizinisch umstrittenen Behandlungen beachte Hamm NJW 80, 1909).

9 **b)** Die erforderliche **Einwilligung** kann der Verurteilte bis zur Erteilung der Weisung (dazu Celle MDR 87, 956) zurücknehmen. – Eine spätere Rücknahme berührt die Rechtmäßigkeit der Weisung nicht (Celle aaO; Hamburg NStZ 92, 301, beide mwN; offen gelassen in BGHSt 36, 97; str); sie entzieht nur dem weiteren Klinik-, Anstalts- oder Heimaufenthalt die Rechtsgrundlage, steht aber dem Widerruf nach § 56 f I Nr 2 nicht entgegen, sofern dessen Voraussetzungen erfüllt sind (Karlsruhe MDR 82, 341; Hamburg aaO; einschr BGH aaO mit krit Anm Terhorst JR 90, 72, alle mwN). IdR wird die Weisung nach § 56 e zu ändern oder aufzuheben sein.

10 **5. Nachträgliche Anordnung** von Weisungen § 56 e. Für die Möglichkeit **freiwilliger Zusagen** (Abs 4) sowie die **Zuständigkeit und das Verfahren** gelten die Ausführungen zu den Auflagen entsprechend (8, 10 zu § 56 b).

§ 56 d Bewährungshilfe

(1) **Das Gericht unterstellt den Verurteilten für die Dauer oder einen Teil der Bewährungszeit der Aufsicht und Leitung eines Bewährungshelfers, wenn dies angezeigt ist, um ihn von Straftaten abzuhalten.**

(2) **Eine Weisung nach Absatz 1 erteilt das Gericht in der Regel, wenn es eine Freiheitsstrafe von mehr als neun Monaten aussetzt und der Verurteilte noch nicht siebenundzwanzig Jahre alt ist.**

(3) **Der Bewährungshelfer steht dem Verurteilten helfend und betreuend zur Seite. Er überwacht im Einvernehmen mit dem Gericht die Erfüllung der Auflagen und Weisungen sowie der Anerbieten und Zusagen. Er berichtet über die Lebensführung des Verurteilten in Zeitabständen, die das Gericht bestimmt. Gröbliche oder beharrliche Verstöße gegen Auflagen, Weisungen, Anerbieten oder Zusagen teilt er dem Gericht mit.**

(4) **Der Bewährungshelfer wird vom Gericht bestellt. Es kann ihm für seine Tätigkeit nach Absatz 3 Anweisungen erteilen.**

(5) **Die Tätigkeit des Bewährungshelfers wird haupt- oder ehrenamtlich ausgeübt.**

1 **1. a)** Die **Unterstellung des Verurteilten unter die Aufsicht und Leitung eines Bewährungshelfers** ist eine Weisung im Sinne des § 56 c I (zu ihrer Verfassungsmäßigkeit BVerfG bei Bringewat BewH 94, 210). Sie ermöglicht die besondere spezialpräventive Behandlungsmethode der Bewährungshilfe (Lackner JZ 53, 428), zu der es zwar eine kaum mehr übersehbare Fachliteratur gibt, die aber dennoch in ihren tatsächlichen Chancen, Risiken und Mängeln empirisch noch wenig geklärt ist (vgl etwa Bockwoldt, Strafaussetzung und Bewährungshilfe in Theorie und Praxis, 1982 und GA 83, 546; Hermann MschrKrim 83, 267; Pfeiffer, Kriminalprävention im Jugendgerichtsver-

fahren, 1983 und BewH 84, 66; Hausmann BewH 84, 259; Damian BewH 92, 325; Schipholt NStZ 93, 470; s auch 1 vor § 56). Sie eignet sich vornehmlich für kriminell Gefährdete, die zur Vermeidung des Vollzugs der Freiheitsstrafe einer nachhaltigen Einwirkung auf die Lebensführung bedürfen (zusf Schöch NStZ 92, 364).

b) Die Weisung ist **angezeigt,** wenn ihre Anordnung erwarten läßt, daß der Verurteilte von Straftaten abgehalten wird, wenn schwächere Weisungen zu diesem Zweck nicht ausreichen oder weniger geeignet sind (BT-Dr V/4094 S 12) und wenn damit – auch im Verhältnis zur Schwere der Tat – keine unzumutbare Anforderung an die Lebensführung gestellt wird (§ 56 c I S 2). Hält der Richter diese Voraussetzungen für erfüllt, so muß er die Weisung erteilen. 2

c) Auch **Abs 2** setzt die Erfüllung der Voraussetzungen des Abs 1 voraus; jedoch geht das Gesetz davon aus, daß das idR zutrifft. Daher bedarf die positive Anordnung hier nur dann der Begründung, wenn Tatsachen festgestellt sind oder naheliegen, aus denen sich das Fehlen dieser Voraussetzungen ergibt. Als Ausnahme ist das Absehen von der Weisung stets zu begründen. 3

2. Die **Unterstellungszeit** kann auf einen Teil der Bewährungszeit beschränkt werden. Mit dieser Möglichkeit flexibler Anpassung soll einerseits die Weisung auf das jeweils notwendige Maß begrenzt und andererseits der Erfahrung Rechnung getragen werden, daß es des Einsatzes von Bewährungshelfern meist nicht bis zum Ende der Bewährungszeit bedarf und daß es einer konsequenten Rückführung des Verurteilten in die volle Freiheit förderlicher ist, behördliche Stützungsmaßnahmen schon von vornherein nur nach dem mutmaßlichen Bedürfnis auszusprechen. Im Regelfall empfiehlt es sich, die Unterstellungszeit auf nicht mehr als 2 Jahre festzusetzen (beachte dazu BT-Dr 10/1116 S 2, 7; 10/2720 S 21; 10/4391 S 17). Soweit notwendig, kann sie später veränderten Bedürfnissen angepaßt werden (1, 2 zu § 56 e). 4

3. Abs 3 beschreibt die **Aufgaben des Bewährungshelfers.** Dieser unterliegt nach Abs 4 S 2 – unabhängig davon, ob er dienstrechtlich den Justiz- oder Sozialbehörden unterstellt ist – bei seiner Arbeit im Einzelfall ausschließlich den Anweisungen und der Fachaufsicht des Gerichts (näher dazu und zT krit Rohnfelder, Die Bewährungshilfe, 1974, S 138; Cornel GA 90, 55; Jung, Göppinger-FS, S 511; Block, Rechtliche Strukturen der sozialen Dienste in der Justiz, 1993; Sohn, in: Jehle/Sohn [Hrsg], Organisation und Kooperation der sozialen Dienste in der Justiz, 1994, S 59; Böhm BewH 95, 297, alle mwN); deshalb kann er bei dem Gericht nicht zugleich als Bevollmächtigter handeln, zB Rechtsmittel einlegen (Koblenz NStZ-RR 96, 300). Ein verbindliches Weisungsrecht gegenüber dem Verurteilten hat er nicht. 5

4. Das Nähere über die **haupt- oder ehrenamtliche Tätigkeit des Bewährungshelfers** (Abs 5) ist durch Landesrecht geregelt (Zusammenstellung der einschlägigen Gesetze und Verwaltungsvorschriften bei Tröndle 2). 6

§ 56 e Nachträgliche Entscheidungen

Das Gericht kann Entscheidungen nach den §§ 56 b bis 56 d auch nachträglich treffen, ändern oder aufheben.

1 **1. Nachträgliche Entscheidungen,** die bei Auflagen und Weisungen in gleicher Weise zulässig sind, setzen neue, bei der Aussetzung noch nicht bestehende oder bekannt gewesene Umstände voraus (Stuttgart NJW 69, 1220; Schleswig SchlHA 95, 16). Ob sie angezeigt sind, bestimmt das Gericht nach pflichtmäßigem Ermessen (50 zu § 46; diff Horn MDR 81, 13).

2 **a)** Bei der **Weisung** nach § 56 d I (Bewährungshilfe) kann sich die nachträgliche Änderung auf eine bloße – durch die Bewährungszeit begrenzte – Verlängerung oder Verkürzung der Unterstellungszeit beschränken (beachte auch § 56 f II). Im übrigen kommt es bei den Weisungen auf die jeweiligen spezialpräventiven Bedürfnisse an.

3 **b)** Bei den repressiven **Auflagen** ist Zurückhaltung geboten; jedoch ist eine Veränderung zuungunsten des Verurteilten nicht schlechthin ausgeschlossen (Nürnberg GA 62, 91; s auch LG Baden-Baden NStZ 87, 478), sofern nur die neuen Umstände das Genugtuungsbedürfnis, etwa durch Veränderung der Vermögensverhältnisse oder der Wiedergutmachungsvoraussetzungen (Zweibrücken JR 91, 290 mit Anm Horn), vergrößert haben (NJW 82, 1544 mit Anm Meyer JR 82, 338; Celle NStZ 92, 336; Frankfurt NStZ-RR 96, 220, alle mwN; str).

4 **2. Zuständigkeit und Verfahren** §§ 453, 462 a StPO. – Zum Verbot der Schlechterstellung 24 zu § 56; 10 zu § 56 b.

§ 56 f Widerruf der Strafaussetzung

(1) **Das Gericht widerruft die Strafaussetzung, wenn der Verurteilte**

1. **in der Bewährungszeit eine Straftat begeht und dadurch zeigt, daß die Erwartung, die der Strafaussetzung zugrunde lag, sich nicht erfüllt hat,**
2. **gegen Weisungen gröblich oder beharrlich verstößt oder sich der Aufsicht und Leitung des Bewährungshelfers beharrlich entzieht und dadurch Anlaß zu der Besorgnis gibt, daß er erneut Straftaten begehen wird, oder**
3. **gegen Auflagen gröblich oder beharrlich verstößt.**

Satz 1 Nr. 1 gilt entsprechend, wenn die Tat in der Zeit zwischen der Entscheidung über die Strafaussetzung und deren Rechtskraft begangen worden ist.

(2) **Das Gericht sieht jedoch von dem Widerruf ab, wenn es ausreicht,**

1. weitere Auflagen oder Weisungen zu erteilen, namentlich den Verurteilten einem Bewährungshelfer zu unterstellen, oder

2. die Bewährungs- oder Unterstellungszeit zu verlängern.

In den Fällen der Nummer 2 darf die Bewährungszeit nicht um mehr als die Hälfte der zunächst bestimmten Bewährungszeit verlängert werden.(3) **Leistungen, die der Verurteilte zur Erfüllung von Auflagen, Anerbieten, Weisungen oder Zusagen erbracht hat, werden nicht erstattet. Das Gericht kann jedoch, wenn es die Strafaussetzung widerruft, Leistungen, die der Verurteilte zur Erfüllung von Auflagen nach § 56 b Abs. 2 Nr. 2 oder 3 oder entsprechenden Anerbieten nach § 56 b Abs. 3 erbracht hat, auf die Strafe anrechnen.**

1. Die **Widerrufsgründe nach Abs 1** sind abschließend, dh durch andere Gründe nicht erweiterungsfähig (Frank MDR 82, 353). Dagegen schließt eine fehlerhafte oder unterbliebene Belehrung nach §§ 268 a III, 454 III StPO den Widerruf nicht notwendig aus (hM; anders Koch NJW 77, 419; beachte auch BVerfG NJW 92, 2877; Hamm StV 92, 22 mit Anm Budde); sie kann aber im Einzelfall für die Beurteilung der Widerrufsgründe relevant sein (Celle NJW 58, 1009). 1

a) Nr 1: Die **Straftat** (bei Handlungseinheiten genügt ein Teilakt, Celle NJW 57, 113) muß alle materiellen Voraussetzungen der Strafbarkeit erfüllen; auch das Fehlen von persönlichen Strafausschließungsgründen (einschl Strafaufhebungsgründen, Streck/Spatscheck NStZ 95, 269) oder objektiven Bedingungen der Strafbarkeit (29, 30 vor § 13) ist daher relevant, nicht dagegen der Strafantrag, der nach hM (2 zu § 77) Prozeßvoraussetzung ist (krit Frank MDR 82, 353, 354 mwN). 2

aa) Die Tat muß **während der Bewährungszeit** begangen sein (Düsseldorf wistra 93, 153 mwN); daß sie gegenüber einer vor der Bewährungszeit begangenen Tat als subsidiär zurücktritt (28 vor § 52), wie das zB beim Besitz gegenüber dem Erwerb von Betäubungsmitteln zutrifft (§ 29 BtMG), hindert die Anknüpfung nicht (Düsseldorf NStZ 95, 256). Dagegen genügt es nicht, wenn die Tat im Falle nachträglicher Verlängerung nach Abs 2 Nr 2 (vgl 12) in den rückwirkend einbezogenen Ausschnitt der Bewährungszeit fällt (Düsseldorf StV 94, 382 mwN); da der Verurteilte in dieser Zeit dem Bewährungsregime tatsächlich nicht unterworfen war, würde die rückwirkende Begründung dieses Regimes nicht nur dem gebotenen Vertrauensschutz (so aber BVerfG NStZ 95, 437 mit abl Bespr Lammer StV 96, 161 und Bringewat BewH 96, 167), sondern auch den allgemeinen Regeln über die Rückwirkung nachteiliger Rechtsfolgen widersprechen (8 zu § 1). Das Schrifttum hat bisher die Möglichkeit der Anknüpfung an einschlägige Taten ohne Einschränkung verneint (Dölling NStZ 89, 345, 348; Tröndle 3 a, 8; Gribbohm LK 6; Horn SK 9, alle mwN); die Annahme, daß sie durch einen rechtzeitigen, das Vertrauen des Verurteilten in den Ablauf der Bewährungszeit zerstörenden Hinweis des Gerichts eröffnet 3 werden könnte, ist daher problematisch (aM BVerfG aaO). – **Vor der Bewährungszeit,** dh vor Rechtskraft der Entscheidung über die Strafaussetzung (§ 56 a II S 1), begangene Taten können den Widerruf nur unter den Voraussetzungen des Abs 1 S 2 begründen (beachte Düsseldorf MDR 89, 281); allerdings erfordern solche Taten uU die nachträgliche Bildung einer Gesamtstrafe und damit eine neue Entscheidung über die Aussetzung (2–2 b zu § 58). – Aus der **Unschuldsvermutung** (Art 6 II MRK) folgt nicht zwingend, daß die Tat **schon abgeurteilt** sein muß (BVerfG NStZ 87, 118) oder auch nur eine Aburteilung erwarten läßt (Hamburg MDR 79, 515 mit Anm Zipf JR 79, 380; Karlsruhe MDR 93, 780 mwN). Das war in der Rspr unbestritten, bis die EuKomm in einem gegen die Bundesrepublik gerichteten Verfahren den Gegenstandpunkt einnahm (dazu Ostendorf StV 90, 231). Seither ist die Rspr gespalten. Teils hält sie in Übereinstimmung mit einer Kammerentscheidung des BVerfG (NStZ 91, 30; s auch BVerfG NJW 94, 377) an der bisherigen Linie fest und konkretisiert die Rechtslage nur insofern näher, als sie es für ausreichend, zugleich aber auch für notwendig hält, daß die Begehung der Tat aufgrund eigener, prozeßordnungsmäßig getroffener Feststellungen des Gerichts außer jedem Zweifel steht (Düsseldorf NStZ 92, 131 mit abl Anm Blumenstein; Hamburg NStZ 92, 130; Hamm StV 92, 284; Düsseldorf NJW 93, 1280 und StV 95, 31; s auch BVerfG StV 96, 163; BGHSt 34, 209 mit abl Anm Vogler NStZ 87, 127). Teils scheidet sie aber aufgrund der Unschuldsvermutung die Anknüpfung an nicht rechtskräftig abgeurteilte Taten aus (Celle MDR 91, 76; Bamberg StV 91, 174; Koblenz NStZ 91, 253; München NJW 91, 2302; Schleswig NJW 91, 2303), läßt allerdings aufgrund einer neueren Entscheidung der EuKomm (StV 92, 282) eine Ausnahme in Fällen zu, in denen ein glaubwürdiges, vor einem Richter in Gegenwart eines Verteidigers abgelegtes und nicht widerrufenes Geständnis vorliegt (Schleswig NJW 92, 2646 mit abl Anm Stree JR 93, 39; einschr Schleswig bei Lorenzen SchlHA 96, 85). Unter Sachgesichtspunkten verdient die bisherige Rspr den Vorzug. Die Beschränkung auf rechtskräftig abgeurteilte Taten gefährdet wegen der aus ihr folgenden, oft sinnlosen Verfahrensverzögerungen den kriminalpolitischen Zweck der Strafaussetzung im ganzen (Stree NStZ 92, 153; Wendisch JR 92, 126; Geppert Jura 93, 160, 162; Mitsch Jura 93, 381, 384; s auch Brunner NStZ 91, 534; aM Ostendorf StV 92, 288). Immerhin ist unbestritten, daß bei Ermittlungsschwierigkeiten, namentlich wenn der Verurteilte kein (zweifelsfrei glaubwürdiges) Geständnis abgelegt hat (Zweibrücken StV 85, 465; Köln NJW 91, 505), oder sonst bei nicht abschließend geklärter Rechtslage (Bremen StV 90, 118; Düsseldorf StV 95, 31) regelmäßig die Rechtskraft der Verurteilung abzuwarten ist (s auch 1 zu § 56 g). Diese entfaltet prozeßrechtlich keine Bindungswirkung (Düsseldorf NStZ 90, 541; Stree aaO S 156, beide mwN; str); jedoch darf sich das Gericht auf die Verurteilung stützen (Zweibrücken StV 85, 466), es sei denn, daß diese erkennbar fehlerhaft ist (Düsseldorf StV 94, 198 und 96, 45; s auch Frankfurt NStZ-RR 96,

59) oder auf einer bloß summarischen Prüfung (Strafbefehl) beruht (Zweibrücken JR 91, 477 mit Anm Stree; s auch LG Zweibrücken NStZ-RR 96, 186).

bb) Die Begehung der neuen Straftat (uU auch erst einer Mehrheit solcher Taten) **muß** (aufgrund einer Gesamtwürdigung, Düsseldorf StV 94, 200 und 96, 45) **zeigen,** daß die Erwartung straffreier Führung (8 zu § 56; beachte jedoch 7 zu § 183) oder bei Aussetzung des Strafrestes die Verantwortbarkeit der Erprobung (7 zu § 57) **nicht mehr besteht** (LG Kassel NJW 71, 475; Meynert MDR 74, 807; krit zur widerrufsfreundlichen Rspr Boetticher NStZ 91, 1), dh vor allem, daß die in der Verurteilung liegende Warnung mißachtet wurde (zusf Stree NStZ 92, 153, 158). Das ist nicht notwendig (Schleswig bei Lorenzen SchlHA 96, 85; s auch Schleswig SchlHA 96, 278), aber regelmäßig zu verneinen, wenn die neue Tat Bagatellcharakter hat oder wenn die ihretwegen verhängte Strafe zur Bewährung ausgesetzt wurde (BVerfG NStZ 85, 357; Köln StV 93, 429; Düsseldorf StV 94, 198 und VRS 89, 33; probl BVerfG NJW 95, 713 mit krit Bespr Bringewat BewH 94, 348 und ter Veen NStZ 95, 437, alle mwN). Im übrigen ist nicht unbedingt eine Vergleichbarkeit der früheren und neuen Taten nach Art und Schwere erforderlich (Schleswig StV 82, 527; Düsseldorf StV 83, 338; Frank MDR 82, 353, 355); Gelegenheits- und Fahrlässigkeitstaten schließen aber die günstige Prognose idR (zu Grenzfällen Hamm MDR 71, 942; Koblenz VRS 48, 263) nicht aus, wenn sie keinen inneren Zusammenhang mit der Tat haben, die der Aussetzung zugrunde lag (Frankfurt StV 82, 369; Gribbohm LK 13 mwN). Der Widerruf kann nicht allein darauf gestützt werden, daß ein **Gewissenstäter** seine ein für allemal getroffene Gewissensentscheidung durch eine neue Tat manifestiert hat (BVerfG NJW 89, 1211 mit krit Anm Struensee StV 90, 443 mwN; s auch 8 zu § 56). 4

cc) Schweben **mehrere Strafaussetzungen,** so ist aufgrund der neuen Straftat in jedem Verfahren der Widerruf selbständig zu prüfen (Klussmann NJW 73, 685; beachte jedoch die Konzentration der Zuständigkeit nach § 462 a IV StPO). 5

b) Nr 2, 3: Gröblicher Verstoß ist die schuldhafte (Hamm StV 93, 259; s auch LG Köln StV 94, 250) nach objektivem Gewicht und Vorwerfbarkeit schwerwiegende Zuwiderhandlung gegen eine zulässige (BVerfG NJW 95, 2279; Köln NStZ 94, 509; Frankfurt NStZ-RR 97, 2, alle mwN), dem Täter bekanntgemachte (Düsseldorf StV 85, 464) und nicht durch eine Gesamtstrafenentscheidung (§ 58) überholte (KG JR 87, 217) Weisung oder Auflage (LG Mainz MDR 75, 772; enger Hamm GA 59, 59; Bremen StV 90, 118); bei Geldauflagen (4 zu § 56 b) setzt er (dem Täter nachzuweisende) Zahlungsfähigkeit voraus (Düsseldorf VRS 90, 177 mwN). – Der **beharrliche Verstoß** braucht nicht schwer zu sein (hM); erforderlich ist wiederholte Zuwiderhandlung in ablehnender Haltung gegen den Zweck der Weisung oder Auflage; Abmahnung ist nicht unbedingt erforderlich, Beharrlichkeit ohne 6 sie idR aber nicht beweisbar (LG Mainz aaO). – Der Verstoß gegen Anerbieten (§ 56 b III) oder Zusagen (§ 56 c IV) genügt nicht; hier bedarf es zunächst der nachträglichen Anordnung nach § 56 e. – **Entziehen** bedeutet Ausschaltung der Einflußmöglichkeiten des Bewährungshelfers in häufiger Wiederholung oder auf längere Dauer (Koblenz NStZ-RR 96, 300); einzelne Unbotmäßigkeiten genügen nicht. – Die nur (krit dazu Kratzsch JR 72, 369) im Falle der Nr 2 erforderliche ungünstige Prognose, die sich auf Straftaten (nicht nur rechtswidrige Taten, KG JR 83, 423) beziehen muß, wird durch den Weisungsverstoß oder die Ausschaltung des Bewährungshelfers nicht ohne weiteres indiziert (Düsseldorf StV 86, 25 und 96, 443; Zweibrücken JR 91, 290 mit Anm Horn).

7 **2. a)** Der Widerruf ist **obligatorisch,** sobald eine Voraussetzung nach Abs 1 eintritt und nicht nach Abs 2 vom Widerruf abzusehen ist (vgl 9). Vor Rechtskraft der Aussetzung (Hamm NJW 55, 1000; Köln MDR 56, 759) und nach Straferlaß ist er jedoch nicht zulässig, während der bloße Ablauf der Bewährungszeit grundsätzlich (beachte 1 zu § 56 g) nicht entgegensteht. Vom Zwang zum Widerruf sind keine weiteren Ausnahmen vorgesehen. Es ist deshalb nicht zureichend begründbar, bei Bagatelltaten den Widerruf für unverhältnismäßig zu erklären (so aber Zweibrücken MDR 89, 477) oder nach Wegfall aller Verlängerungsmöglichkeiten die Strafe nach Maßgabe des Abs 2 zu erlassen (so Celle NStZ 91, 206; Düsseldorf NStZ 94, 559; aM Stree NStZ 92, 153, 160); Härtefälle sind bei zutreffender Auslegung der Widerrufsvoraussetzungen regelmäßig vermeidbar, hier etwa durch die Annahmen, daß Bagatelltaten die der Aussetzung zugrundeliegende Erwartung nicht enttäuschen (vgl 4) oder daß am Ende der Bewährungszeit die Beurteilung der Prognose zweifelhaft geblieben sei (1 zu § 56 g). Begründet ist jedoch die Rspr, die einen vorläufigen Aufschub des Widerrufs in Fällen der Konkurrenz mit einem Therapieverfahren nach §§ 35, 36 BtMG zuläßt; hier könnte der sofortige Widerruf den Therapieerfolg im anderen Verfahren sachwidrig gefährden und deshalb unverhältnismäßig sein (dazu Zweibrücken MDR 83, 150; Düsseldorf StV 89, 159 mit Anm Hellebrand).

8 **b)** Ob widerrufen werden muß, ist **in jeder Lage** des Bewährungsverfahrens **von Amts wegen** zu prüfen. Für Sachverhaltszweifel gilt der Grundsatz in dubio pro reo (Hamm StV 87, 69; s auch 8 zu § 56; 4 zu § 61). Im übrigen muß das Gericht in den Fällen der Nummern 1, 2 die vorausgesetzte ungünstige Prognose vorbehaltlos bejahen; solange es insoweit noch zweifelt, ist der Widerruf nicht begründet (Frank MDR 82, 353, 359 mwN; zur Bedeutung solcher Zweifel am Ende der Bewährungszeit 1 zu § 56 g).

9 **3. a) Abs 2** ist eine Ausprägung des Verhältnismäßigkeitsgrundsatzes (Düsseldorf StV 91, 29 und 94, 198). In den Fällen des Abs 1 Nr 1, 2 setzt das **Absehen vom Widerruf** voraus, daß nach der Überzeugung des Gerichts die nach § 56 I (oder bei Strafrestaussetzung nach § 57 I) –

also nicht nach strengeren Regeln (hM; anders Bremen MDR 74, 593) – erstellte Prognose gegenwärtig ungünstig ist (Zweibrücken NStZ 93, 510; LG Zweibrücken wistra 95, 352), daß aber die Erwartung besteht, sie könne bei Fortsetzung oder Änderung der Bewährungsmaßnahmen oder unter der Wirkung anderweitig getroffener Resozialisierungsmaßnahmen (zB der Langzeittherapie eines Drogenabhängigen, Düsseldorf StV 94, 199, 200) so weit verbessert werden, daß sie den Widerruf nicht mehr begründet (ähnlich Düsseldorf StV 96, 442; LG Aachen StV 91, 527; Frank MDR 82, 353, 359; unklar Celle StV 90, 117; Düsseldorf StV 95, 31; diff Horn JR 81, 5 mwN). Auf die mutmaßlichen Wirkungen des nach dem Widerruf zu erwartenden Strafvollzugs kommt es nicht an (Klier NStZ 81, 301; Dencker NStZ 82, 152, 155; Gribbohm LK 26 mwN; aM Schleswig NJW 80, 2320 mit zust Anm Schöch JR 81, 161; Boetticher NStZ 91, 1, 3). Auch der Sühnezweck rechtfertigt keine Einschränkung (aM LG Saarbrücken MDR 89, 179). – Das Absehen ist, solange die höchstzulässige Verlängerung der Bewährungszeit noch nicht abgelaufen ist (vgl 13), bei Vorliegen seiner Voraussetzungen **obligatorisch** (Bremen aaO; zur Ausfüllung der richterlichen Beurteilungsspielräume Hermann MschrKrim 88, 315).

b) Die nach **Abs 2 Nr 1** zulässigen Bewährungsmaßnahmen sind so 10
auszuwählen, daß sie in ihrer Gesamtheit zur Verbesserung der gegenwärtig ungünstigen Prognose möglichst gut geeignet sind.

c) Die **nachträgliche Verlängerung der Bewährungszeit** vor 11
ihrem Ablauf und innerhalb des gesetzlichen Höchstmaßes ist – uU auch mehrmals – schon nach § 56 a II S 2 zulässig (dort 2). Abweichend davon ist jedoch unter den Voraussetzungen des **Abs 2 Nr 2** eine solche Verlängerung obligatorisch, und zwar auch dann, wenn die **Bewährungszeit bereits abgelaufen ist** (BVerfG NStZ 95, 437; Zweibrücken NStZ 93, 510, beide mwN) oder wenn dadurch das **gesetzliche Höchstmaß** (§ 56 a I) **überschritten** wird (Oldenburg NStZ 88, 502 mit abl Anm Kusch; Braunschweig StV 89, 85; Maatz MDR 88, 1017; aM LG Kiel NStZ 88, 501; Schrader MDR 90, 391).

aa) Die Verlängerung **nach Ablauf der Bewährungszeit** schließt 12
sich nach dem Gesetzeswortlaut und im Interesse der Vermeidung überlanger Bewährungsverfahren nahtlos, dh rückwirkend (hM; vgl BVerfG NStZ 95, 437 mwN; anders Horn NStZ 86, 356), an die Bewährungszeit an (zur Einschränkung des Widerrufs beachte 3). – Eine **Verlängerung der Unterstellungszeit** ist nur in den Grenzen der (uU zu verlängernden) Bewährungszeit möglich (4 zu § 56 d).

bb) Die **höchstzulässige Verlängerung** (das Anderthalbfache) 13
wirkt, wie sich aus einem Vergleich mit § 56 a und aus den – allerdings nicht widerspruchsfreien – gesetzgeberischen Beratungen (dazu Dölling NStZ 89, 345; Schrader MDR 90, 391) ergibt, nur dann begrenzend, wenn sie über die allgemeine Verlängerungsmöglichkeit nach § 56 a II S 2 hinausgeht, meist also nur, wenn das gesetzliche Höchstmaß der Bewährungszeit (§ 56 a I) überschritten wird (hM; vgl etwa Frankfurt

StV 89, 25; Düsseldorf MDR 90, 356 und StV 96, 218; KG JR 93, 75; Maatz MDR 88, 1017; Dölling aaO; anders Zweibrücken NStZ 87, 328 mit Anm Horn JR 88, 31; Schrader aaO, alle mwN; zw). Ihre Berechnung knüpft nicht an dieses Höchstmaß, sondern an die richterlich bestimmte Bewährungszeit an (BT-Dr 8/3857 S 12). Da es auf die „zunächst bestimmte" Bewährungszeit ankommt, sind zwischenzeitliche Verlängerungen für die Berechnung unerheblich (Celle StV 90, 117; Düsseldorf MDR 94, 142; Dölling aaO; Gribbohm LK 30; aM LG Itzehoe SchlHA 87, 186; Maatz aaO, alle mwN; zw). Das schließt jedoch nicht aus, daß sich die auf diese Weise berechnete Verlängerung an eine vorausgegangene, in den Grenzen des § 56 a II S 2 angeordnete Verkürzung oder Verlängerung anschließt (Hamm NStZ 88, 291 mit abl Anm Funck NStZ 89, 46; einschr Gribbohm LK 34; zw). Nach ihrem Ablauf ist eine weitere Verlängerung unzulässig (Celle NStZ 91, 206; LG Zweibrücken MDR 94, 1032; Dölling aaO; aM Zweibrücken aaO; Düsseldorf MDR 94, 931 und NStZ-RR 96, 185); sie wäre mit dem Zweck der Begrenzung, überlange Bewährungsverfahren zu verhüten, unvereinbar.

14 4. Die **Anrechnung nach Abs 3 S 2** ist nur in den angegebenen Fällen vorgesehen, kann also nicht auf Leistungen zur Schadenswiedergutmachung nach § 56 b II Nr 1 (München MDR 80, 517) oder zur Erfüllung von Weisungen nach § 56 c (LG Saarbrücken MDR 89, 763; aM LG Freiburg StV 83, 292) erstreckt werden; als Analogie zulässig bleibt jedoch die Anrechnung von Geldauflagen zugunsten der Staatskasse (§ 56 b II Nr. 4), weil der Gesetzgeber die insoweit gebotene Anpassung der Vorschrift an die Änderung des § 56 b II durch das VerbrBG (vor 1 zu § 56 b) offensichtlich übersehen hat (Dresden NStZ 96, 256; aM Hamm NStZ-RR 96, 357). – Die Anrechnung wird nach pflichtmäßigem Ermessen (50 zu § 46) bestimmt (Bay JR 81, 514 mit Anm Bloy, beide mwN). Das gilt sowohl für das Ob der Anrechnung (Bamberg MDR 73, 154) wie auch für den Maßstab (LG Frankfurt NJW 70, 2121). Sie zu versagen, ist jedoch nur in Ausnahmefällen ermessensfehlerfrei begründbar (Frank JR 86, 378 mwN; probl Koblenz VRS 71, 80). Sie ist mit dem Widerruf zu verbinden und nicht durch nachträgliche Entscheidung nachholbar (Celle NdsRpfl 88, 142; Neumann NJW 77, 1185; str).

15 5. **Zuständigkeit und Verfahren** §§ 453, 462 a StPO (krit dazu Boetticher NStZ 91, 1, 3; s auch Düsseldorf StV 96, 442); soweit die mündliche Anhörung des Verurteilten vorgesehen ist (Soll-Vorschrift), darf davon nur in begründeten Ausnahmefällen abgesehen werden (Stuttgart NStZ 87, 43; Hamm NStZ 87, 247; Düsseldorf NStZ 88, 243; Frankfurt NStZ-RR 96, 91; probl KG JR 88, 39; Koblenz MDR 88, 992, alle mwN). – § 453 c StPO läßt die Anordnung von Sicherungsmaßnahmen, auch eines Haftbefehls, vor Rechtskraft des Widerrufsbeschlusses zu. Bleibt der Anspruch auf rechtliches Gehör (dazu BGHSt 26, 127) gewahrt, so unterliegt es pflichtmäßigem Ermessen des

Gerichts (50 zu § 46), ob es statt des Sicherungshaftbefehls den Widerrufsbeschluß erläßt und öffentliche Zustellung anordnet (hM; vgl Zweibrücken MDR 88, 1077; Düsseldorf JR 89, 166 mit Anm Wendisch, alle mwN; zw). – Ein rechtskräftiger Widerruf kann zurückgenommen werden, wenn im Hinblick auf die Umstände, die ihn begründet haben, die Voraussetzungen der Wiederaufnahme vorliegen würden (Düsseldorf MDR 93, 67; Schall, Stree/Wessels-FS, S 735; aM Stuttgart NStZ-RR 96, 176; Zweibrücken NStZ 97, 55; Gössel JR 92, 125, alle mwN; zw).

6. Zum Widerruf **bei Verurteilung nach DDR-Recht (Alttaten)** 16
31 zu § 2.

§ 56 g Straferlaß

(1) **Widerruft das Gericht die Strafaussetzung nicht, so erläßt es die Strafe nach Ablauf der Bewährungszeit. § 56 f Abs. 3 Satz 1 ist anzuwenden.**

(2) **Das Gericht kann den Straferlaß widerrufen, wenn der Verurteilte im räumlichen Geltungsbereich dieses Gesetzes wegen einer in der Bewährungszeit begangenen vorsätzlichen Straftat zu Freiheitsstrafe von mindestens sechs Monaten verurteilt wird. Der Widerruf ist nur innerhalb von einem Jahr nach Ablauf der Bewährungszeit und von sechs Monaten nach Rechtskraft der Verurteilung zulässig. § 56 f Abs. 1 Satz 2 und Abs. 3 gilt entsprechend.**

1. Der **Straferlaß nach Abs 1** setzt voraus, daß die Bewährungszeit 1
abgelaufen ist und nach der Überzeugung des Gerichts die Voraussetzungen für den Widerruf endgültig fehlen (NStZ 93, 235; Düsseldorf VRS 89, 365). Über ihn (und damit zugleich auch über den Widerruf nach § 56 f) ist baldmöglichst zu entscheiden (näher konkretisierend Horn, Kaufmann [H]-GedSchr, S 545). Jede Verzögerung, die nicht auf durchschlagenden Gründen beruht, etwa der nach den Umständen gegebenen Notwendigkeit, das Ergebnis des Strafverfahrens wegen der Tat nach § 56 f I Nr 1 (Schleswig MDR 79, 1042; Zweibrücken MDR 89, 178; Frank MDR 82, 353, 361 mwN; s auch 3 zu § 56 f) oder eine unmittelbar bevorstehende Gesamtstrafenbildung in einem anderen Verfahren abzuwarten (BVerfG NJW 91, 558 mit abl Bespr Thietz-Bartram wistra 90, 259; NJW 91, 2847; NStZ 93, 235; beachte dazu 3 zu § 55; 2 a zu § 58), ist rechtsstaatswidrig (Düsseldorf MDR 69, 683; Hamburg NJW 70, 65). Sie schließt bei ungebührlicher Länge den Widerruf aus, wenn der Verurteilte mit ihm nach den Umständen nicht mehr zu rechnen brauchte (Hamm NStZ 84, 362; Stuttgart StV 85, 380; Zweibrücken NStZ 88, 501; Düsseldorf VRS 89, 35); jedoch hat eine formelle Befristung auf 6 Monate (so Hamm MDR 66, 165) oder auf ein Jahr (so Sch/Sch-Stree 13 zu § 56 f) im Gesetz keine Grundlage (Hamm NJW 74, 1520; Düsseldorf VRS 90, 284; Schroeder JZ 74, 683). Bei zweifelhafter Sachlage sind die erforderlichen Ermittlungen

regelmäßig noch in der Bewährungszeit durchzuführen. Bleibt am Ende die Beurteilung der Prognose zweifelhaft, so ist weder der Widerruf noch das Vorgehen nach § 56 f II (dort 9) begründet, allenfalls noch eine Verlängerung der Bewährungszeit unter den Voraussetzungen des § 56 a II S 2 zulässig.

2 **2. a) Abs 2** läßt es aus kriminalpolitischen Gründen in engen Grenzen (dazu Hamm NStZ 89, 180) zu, durch **Widerruf des Straferlasses** sachlich ungerechtfertigte Entscheidungen (dazu Düsseldorf MDR 87, 865) nach pflichtmäßigem Ermessen (diff Gribbohm LK 10–12; aM Sch/Sch-Stree 10; Horn SK 12) zu beseitigen. Die Verurteilung muß **rechtskräftig** sein. Der Widerruf kann auch auf eine Verurteilung vor Rechtskraft des Erlaßbeschlusses gestützt werden (LG Frankfurt StV 82, 118). – **Räumlicher Geltungsbereich** 5 vor § 3.

3 **b)** Die den Widerruf auslösende Straftat muß die **gleichen Anforderungen** wie die Tat im Rahmen des § 56 f I Nr 1 (dort 2–4) erfüllen (Schleswig SchlHA 91, 82). Es genügt, wenn sie zwar vor der Bewährungszeit, aber nach Anordnung der Strafaussetzung begangen wurde (S 3; vgl 3 zu § 56 f). Bei einer **Verurteilung zu Gesamtstrafe** muß mindestens eine Einzelstrafe den Anforderungen des Abs 2 genügen (Hamburg MDR 87, 1046 mwN; str).

4 **c)** Der Widerruf versetzt das Verfahren nur **in die Lage vor dem Straferlaß** zurück, bewirkt also nicht zugleich die Vollstreckbarkeit der verhängten Freiheitsstrafe (Hamm NStZ 89, 323; Düsseldorf MDR 92, 506; aM Zweibrücken NStZ 95, 206; Gribbohm LK 14, 15, alle mwN). Dazu bedarf es vielmehr der weiteren Entscheidung über den Widerruf der Strafaussetzung. Die Gegenmeinung schließt ohne zureichenden Grund die Möglichkeit aus, nach § 56 f II (Absehen vom Widerruf) zu verfahren (Hamm und Düsseldorf aaO).

5 **3. Zuständigkeit und Verfahren** §§ 453, 462 a StPO.

§ 57 Aussetzung des Strafrestes bei zeitiger Freiheitsstrafe

(1) **Das Gericht setzt die Vollstreckung des Restes einer zeitigen Freiheitsstrafe zur Bewährung aus, wenn**

1. zwei Drittel der verhängten Strafe, mindestens jedoch zwei Monate, verbüßt sind,

2. verantwortet werden kann zu erproben, ob der Verurteilte außerhalb des Strafvollzugs keine Straftaten mehr begehen wird, und

3. der Verurteilte einwilligt.

Bei der Entscheidung sind namentlich die Persönlichkeit des Verurteilten, sein Vorleben, die Umstände seiner Tat, sein Verhalten im Vollzug, seine Lebensverhältnisse und die Wirkungen zu berücksichtigen, die von der Aussetzung für ihn zu erwarten sind.

(2) **Schon nach Verbüßung der Hälfte einer zeitigen Freiheitsstrafe, mindestens jedoch von sechs Monaten, kann das Gericht die Vollstreckung des Restes zur Bewährung aussetzen, wenn**

1. der Verurteilte erstmals eine Freiheitsstrafe verbüßt und diese zwei Jahre nicht übersteigt oder

2. die Gesamtwürdigung von Tat, Persönlichkeit des Verurteilten und seiner Entwicklung während des Strafvollzugs ergibt, daß besondere Umstände vorliegen,

und die übrigen Voraussetzungen des Absatzes 1 erfüllt sind.

(3) **Die §§ 56 a bis 56 g gelten entsprechend; die Bewährungszeit darf, auch wenn sie nachträglich verkürzt wird, die Dauer des Strafrestes nicht unterschreiten. Hat der Verurteilte mindestens ein Jahr seiner Strafe verbüßt, bevor deren Rest zur Bewährung ausgesetzt wird, so unterstellt ihn das Gericht in der Regel für die Dauer oder einen Teil der Bewährungszeit der Aufsicht und Leitung eines Bewährungshelfers.**

(4) **Soweit eine Freiheitsstrafe durch Anrechnung erledigt ist, gilt sie als verbüßte Strafe im Sinne der Absätze 1 bis 3.**

(5) **Das Gericht kann davon absehen, die Vollstreckung des Restes einer zeitigen Freiheitsstrafe zur Bewährung auszusetzen, wenn der Verurteilte unzureichende oder falsche Angaben über den Verbleib von Gegenständen macht, die dem Verfall unterliegen oder nur deshalb nicht unterliegen, weil dem Verletzten aus der Tat ein Anspruch der in § 73 Abs. 1 Satz 2 bezeichneten Art erwachsen ist.**

(6) **Das Gericht kann Fristen von höchstens sechs Monaten festsetzen, vor deren Ablauf ein Antrag des Verurteilten, den Strafrest zur Bewährung auszusetzen, unzulässig ist.**

1. Die Vorschrift gilt nur für die Aussetzung des Strafrestes bei **zeitiger Freiheitsstrafe,** nach überwiegender, wegen ihrer Ergebnisse aber problematischer (Koblenz NStZ 87, 120; Weber, Schröder-GedSchr, S 175; Dölling NStZ 81, 86) Rspr nicht bei Ersatzfreiheitsstrafe (Stuttgart MDR 86, 1043; Oldenburg MDR 88, 1072; eingehend Bublies, Die Aussetzung des Restes der Ersatzfreiheitsstrafe, 1989, alle mwN) und auch nicht bei Geldstrafe (zu ihrer kriminalpolitischen Bedeutung 1 vor § 56; zu ihrer Anwendung in der Praxis ua Aufsattler ua MschrKrim 82, 305; Böhm/Erhard MschrKrim 84, 365; Dünkel/Ganz MschrKrim 85, 157; Eisenberg/Ohder, Aussetzung des Strafrestes zur Bewährung, 1987). Besonders geregelt sind die entsprechende Aussetzung bei **lebenslanger Freiheitsstrafe** (§ 57 a), bei **Jugendstrafe** (§§ 88, 89 JGG) und bei **Strafarrest** (§ 14 a II WStG) sowie die Aussetzung von **Maßregeln** nach Vollzugsbeginn (vgl etwa § 67 d II). 1

2 2. Die **Voraussetzungen des Abs 1:**

a) Nr 1: Die **zeitliche Schranke** ist nach der im Urteil verhängten Strafe zu berechnen; hält man die Aussetzung bei Ersatzfreiheitsstrafe für zulässig (vgl 1), so ist auch hier die verhängte Strafe maßgebend (so überzeugend Zweibrücken MDR 87, 782; Koblenz NStZ 95, 254, beide mwN; anders ua Preisendanz JR 76, 467 und Zipf JR 77, 122, nach denen die unter Berücksichtigung von Teilzahlungen tatsächlich zu vollstreckende Strafe Berechnungsgrundlage ist; ebenso auch die Voraufl).

3 aa) **Milderungen der verhängten Strafe im Gnadenwege** bleiben außer Ansatz, weil sie Vergünstigungen sind, die ohne Bindung an rechtliche Maßstäbe bewilligt werden und deshalb nicht widerspruchsfrei in das Strafensystem integriert werden können (Saarbrücken NJW 73, 2037; Oldenburg MDR 84, 772; Gribbohm LK 7, alle mwN; str; beachte auch 8 zu § 57 a).

4 bb) Freiheitsstrafe wird vor allem durch **Anrechnung von UHaft oder anderer Freiheitsentziehung** – und zwar im Hinblick auf deren verbüßungsgleiche Wirkung auch durch gnadenweise Anrechnung (Hamburg MDR 77, 771 mwN) – erledigt. Darüber hinaus genügt aber, wie sich aus **Abs 4** ergibt, auch Anrechnung von Geldstrafe nach § 51 II, von Leistungen nach § 56 f III S 2 und von Zeiten freiwilligen Aufenthalts in einer Therapieeinrichtung nach § 36 I, III BtMG.

5 cc) Der Verurteilte muß sich zur Zeit der Entscheidung nicht unbedingt in **Strafhaft** befinden (Düsseldorf StV 94, 194). Die Aussetzung ist daher zB auch zu prüfen, wenn die im Urteil angerechnete Freiheitsentziehung (§ 51) die mindestens zu verbüßende Zeit voll abdeckt (so schon MDR 59, 1022; s auch Celle NStZ 85, 188) oder wenn die Strafvollstreckung nach § 455 a StPO unterbrochen ist (KG NStZ 83, 334). – Umgekehrt steht ein in anderer Sache bestehender Haftbefehl als solcher der Aussetzung nicht entgegen (Hamm JMBlNRW 73, 68).

6 dd) Sind **mehrere selbständige Freiheitsstrafen** zu vollstrecken, so ist § 454 b StPO zu beachten, mit dem das Gesetz die im früheren Recht umstrittene Rechtslage im Sinne des von der Rspr nahezu einhellig anerkannten sog Unterbrechungsmodells (zusf Jabel MDR 80, 718 mwN) entschieden und dem sog Ganzheitsmodell (zusf Doller ZRP 78, 55 mwN) die Grundlage entzogen hat (vgl 31–33).

7 **b) Nr 2:** Ähnlich wie in § 56 I bedarf es einer **günstigen,** in ihren Anforderungen allerdings weniger restriktiven, **Täterprognose** (8–14 zu § 56; krit zur ungenügenden Treffsicherheit aller Prognosemethoden Frisch ZStW 102, 707, 725 mwN).

aa) Nicht erforderlich ist die Erwartung (8 zu § 56) künftig straffreier Führung; die **Erprobung des Verurteilten** durch Aussetzung des Strafrestes kann vielmehr schon dann verantwortet werden, wenn im Laufe des Vollzugs die Möglichkeit einer solchen Lebensführung so viel wahrscheinlicher geworden ist, daß nach der Überzeugung des Gerichts eine Bewährungschance besteht und daß deshalb im Interesse der konsequenten Rückführung des Verurteilten in die Freiheit das Risiko seiner Entlassung auch bei Berücksichtigung des Sicherheitsbedürfnisses der Allgemeinheit (Koblenz NJW 81, 1522) vertretbar erscheint (Düsseldorf NStZ 88, 272 und StV 95, 32; Karlsruhe StV 93, 260; s auch BVerfGE 70, 297; Mrozynski JR 83, 133, 136 alle mwN). Dieses Risiko ist um so größer, je gefährlicher die Straftaten sind, die der Verurteilte möglicherweise in der Freiheit begehen wird (bei Schmidt MDR 91, 185; KG JA 86, 457 mit Bespr Sonnen), und je kriminogener die künftigen Umweltverhältnisse voraussichtlich sind. Speziell bei triebhaft motivierten, an Kindern oder Frauen begangenen Taten hat dieses Risiko hohen Stellenwert (speziell zum Kindesmißbrauch KG JR 70, 428; Düsseldorf NJW 73, 2255); in diesen Fällen sollte grundsätzlich ein Sachverständigengutachten eingeholt werden, das dem Gericht aber die Letztverantwortung nicht abnehmen kann. Abzuwägen ist dabei auch, ob und wieweit der bloß zeitliche Aufschub des Sicherheitsrisikos durch Versagung der Aussetzung die Preisgabe der mit einer Aussetzung verbundenen spezialpräventiven Vorteile (Hilfs- und Kontrollmaßnahmen nach der Entlassung; Motivationsdruck usw) rechtfertigen kann (Frisch ZStW 102, 707, 735).

bb) Nach ihrer Entstehungsgeschichte hat die Nr 2 nur den Sinn, mit **8**
Rücksicht auf die Gegebenheiten des Vollzugs gegenüber § 56 I die Anforderungen an die Täterprognose **abzumildern** (Begr zu § 79 E 1962 S 204). Diesem ausschließlich spezialpräventiven Zweck würde es zuwiderlaufen, mit Hilfe des Merkmals „verantworten“ in Anlehnung an das frühere Recht (zB KG JR 67, 149) Gesichtspunkte der Generalprävention oder das Erfordernis allseitiger Abwägung der Strafzwecke ins Spiel zu bringen (BVerfG NJW 94, 378 mwN). Das schließt indessen nicht aus, schuldbezogene Umstände, namentlich auch die Schuldschwere und die entfaltete kriminelle Energie, als Indizien für die Prognose heranzuziehen; selbständige Bewertungsfaktoren sind sie aber nicht und überwiegend auch (zB Schuldeinsicht, Schuldverarbeitung) von zweifelhaftem und schwer abschätzbarem Indizwert (mißverständlich Bamberg NStZ 89, 389 mit krit Anm Müller-Dietz StV 90, 29).

cc) Zur **Beurteilung der Prognose** im einzelnen 9–14 zu § 56 **9**
(einschr Frisch, Prognoseentscheidungen im Strafrecht, 1983, S 142); für sie fallen auch das Verhalten im Vollzug (beachte Köln StV 91, 568) und die während des Vollzugs eingetretenen Veränderungen (zB Kastration) ins Gewicht (vgl jedoch KG NJW 72, 2228 und 73, 1420; krit Müller-Dietz NJW 73, 1065; Terhorst MDR 73, 627). Beim Zusammentreffen mehrerer selbständiger Strafen (vgl 6) sind alle Strafen zu berücksichtigen (Friedrichs MDR 56, 148; Schmidt NJW 60, 278).

dd) **Zweifel** über das Prognoseurteil gehen – ebenso wie bei den **10**
Entlassungsprognosen im Maßregelrecht (5 zu § 61) – zu Lasten des Verurteilten (Düsseldorf VRS 86, 113; Terhorst MDR 78, 973, 976, beide mwN).

11 c) **Nr 3:** Mit der hier vorausgesetzten **Einwilligung** räumt das Gesetz ein Recht auf Vollverbüßung ein (hM; anders Laubenthal JZ 88, 951; krit Böhm, in: Ebert [Hrsg], Aktuelle Probleme der Strafrechtspflege, 1991, S 199); damit soll namentlich verhütet werden, daß dem Verurteilten die von seiner Mitarbeit abhängige Maßnahme aufgezwungen wird (krit Böhm aaO S 209). Deshalb ist es nicht geboten (Düsseldorf [3. StS] NStZ 94, 454; aM Düsseldorf [6. StS] NStZ 93, 1665; Laubenthal aaO S 955, alle mwN), bisweilen aber doch sinnvoll, das Aussetzungsverfahren nach Verweigerung der Einwilligung nicht lediglich mit einem Aktenvermerk, sondern mit einer Entscheidung abzuschließen. – Die Einwilligung kann auch noch im Beschwerdeverfahren erteilt (Karlsruhe MDR 77, 333; Stuttgart MDR 90, 845) und bis zur Rechtskraft des Aussetzungsbeschlusses zurückgenommen werden (Düsseldorf MDR 95, 304 mwN). Daß der Verurteilte die Einwilligung verweigert hat, darf in einem späteren Verfahren nicht strafschärfend berücksichtigt werden (NJW 69, 244).

12 3. **Abs 2** läßt die Aussetzung des Strafrestes schon **nach Verbüßung der Hälfte einer zeitigen Freiheitsstrafe** zu, wenn mindestens 6 Monate verbüßt sind (vgl 18) und wenn neben den Voraussetzungen des Abs 1 Nr 2, 3 (vgl 7–11) auch die Voraussetzungen **entweder der Nr 1 oder der Nr 2** vorliegen.

13 a) **Nr 1: Erstmalige Verbüßung einer Freiheitsstrafe von nicht mehr als zwei Jahren.** Mit dieser Privilegierung soll die Resozialisierungschance genutzt werden, die darin liegt, daß der erstmalige Vollzug einer Freiheitsstrafe idR „am spürbarsten" empfunden wird (BT-Dr 10/2720 S 11).

14 aa) Zu den möglichen Arten der **zur Aussetzung anstehenden Freiheitsstrafe** vgl 1 (s auch Maatz MDR 85, 797, 799). Die **Zwei-Jahresgrenze** bestimmt sich – auch bei Gesamtstrafen – nach der Höhe der erkannten Strafe; deshalb keine Aussetzung, wenn die Grenze nur infolge Anrechnung (Abs 4) unterschritten wird (beachte auch 16).

15 bb) **Erstmals** wird Freiheitsstrafe verbüßt, wenn zuvor keine andere Freiheitsstrafe ganz oder teilweise – sei es auch in einem kurzen Zeitraum (zB Vollstreckung einer kurzfristigen Strafe nach Widerruf der Aussetzung) – tatsächlich verbüßt worden ist. – Diese **vorverbüßte Freiheitsstrafe** ist nicht technisch im Sinne des § 38 zu verstehen. Nach dem Zweck des Abs 2 genügt auch Jugendstrafe (hM; vgl Karlsruhe NStZ 89, 323 mwN; anders Eisenberg NStZ 87, 167). Nach dem Gesetzeswortlaut müßten ferner Ersatzfreiheitsstrafe (§ 43) und Strafarrest (§ 9 WStG) ausreichen, weil sie ebenfalls Freiheitsstrafen sind (1 zu § 43; 1 zu § 38). Die Ersatzfreiheitsstrafe scheidet jedoch aufgrund teleologischer Reduktion aus, weil ihre Einbeziehung eine unvertretbare Schlechterstellung mittelloser Verurteilter bedeuten würde (Zweibrükken MDR 88, 984; Stuttgart StV 94, 250; Greger JR 86, 353, 356). Offenbar sollte auch der Strafarrest ausgenommen werden (so ohne Begr BT-Dr 10/2720 S 11). Dafür sprechen in der Tat sein eng be-

grenzter Zeitrahmen, seine spezifisch militärische Zielsetzung und die Möglichkeit, Strafaussetzung auch zur Wahrung der Disziplin zu versagen (§ 14 a I WStG); seine Ausscheidung ist deshalb vertretbar (im Ergebnis ebenso Maatz MDR 85, 797, 799; Sch/Sch-Stree 23 a), und zwar auch bei Berücksichtigung des Umstandes, daß die Aussetzungsregelungen in Abs 1 und in § 14 a II WStG völlig übereinstimmen (aM Greger aaO; Gribbohm LK 33; Horn SK 16; zw). – Nicht ausreichend ist wegen der andersartigen Haftsituation und des entgegenstehenden Gesetzeswortlauts auch der Vollzug von **Maßregeln** (Horn SK 16) und von **UHaft** oder anderer Freiheitsentziehung (§ 51), auch wenn er auf die Strafe angerechnet worden ist (Stuttgart NStZ 90, 103; Düsseldorf NStZ-RR 96, 186; aM Karlsruhe StV 90, 119 mit abl Anm Groß, alle ınwN). Abs 4 steht dem nicht entgegen, weil die Fiktion der Verbüßung den Verurteilten begünstigen soll und deshalb nicht gegen ihn gewendet werden darf (Gribbohm LK 39). – Die Vorverbüßung einer nachträglich (§ 55 StGB, § 460 StPO) in eine **Gesamtstrafe** einbezogenen Freiheitsstrafe ist für die Verbüßung der Gesamtstrafe unschädlich. Das folgt zwar nicht zwingend aus dem Wortlaut der Nr 1, wohl aber aus dem Grundgedanken des § 55 StGB, wonach der Täter durch den Zufall gemeinsamer oder getrennter Aburteilung weder besser noch schlechter gestellt werden soll (Maatz aaO S 801; Greger aaO; Sch/Sch-Stree 23 a; probl Zweibrücken MDR 87, 603). – Gegenüber Vorverbüßungen von Freiheitsstrafen, deren **Eintragung im Bundeszentralregister getilgt oder tilgungsreif** ist, greift das Verwertungsverbot des § 51 II BZRG zwar nicht seinem Wortlaut, wohl aber seinem Schutzzweck nach durch (unstr). – Vorverbüßung **außerhalb des räumlichen Geltungsbereichs** des Gesetzes (5 vor § 3) bildet keinen Ausschlußgrund (Maatz aaO S 802; Sch/Sch-Stree 23 a; aM Greger aaO; Tröndle 9 c; Gribbohm LK 34; beachte auch 40).

cc) Nicht ausdrücklich geregelt ist die Behandlung **mehrerer, nacheinander zu vollstreckender selbständiger Freiheitsstrafen** (§ 454 b StPO). Das ist ein bedauerlicher gesetzestechnischer Mangel, vor allem weil der Normtext eindeutig an die Freiheitsstrafe im technischen, dh vollstreckungsrechtlichen Sinne anzuknüpfen scheint („eine" Freiheitsstrafe), der Gesetzeszweck aber eher dafür spricht, jeden zusammenhängenden Erstvollzug – sei es auch mehrerer Strafen – als privilegierungswürdig anzuerkennen (so mit Recht schon Maatz MDR 85, 797, 800). Rspr und Schrifttum stellen deshalb überwiegend auf den tatsächlichen Erstvollzug ab, beziehen grundsätzlich also auch den Anschlußvollzug ein (Zweibrücken NStZ 86, 572; Oldenburg MDR 87, 602; München MDR 88, 601; Karlsruhe NStZ 89, 323; Düsseldorf MDR 89, 927; Stuttgart StV 94, 250; Eisenberg NStZ 87, 167; Maatz NStZ 88, 114, alle mwN). Das erweckt Bedenken. Zwar mag der Gesetzeswortlaut diese extensive Auslegung zur Not noch decken. Ihre nicht einmal ansatzweise geregelten Konsequenzen sind aber ohne Wertungswidersprüche und Inkaufnahme unbilliger Ergebnisse nicht sinnvoll begrenzbar. Das zeigen schon die zwischen den Befürwortern 16 des Modells entstandenen Streitfragen, ob die Summe der in den Erstvollzug einbezogenen Strafen die Zwei-Jahresgrenze (vgl 13) nicht überschreiten darf (so Karlsruhe aaO; Stuttgart MDR 88, 879; aM Stuttgart NStZ 88, 128 und StV 94, 250; Zweibrücken MDR 88, 983 mit abl Anm Bietz JR 89, 512; Düsseldorf StV 90, 271 sowie München und Maatz aaO), und ob Erstvollzug auch dann noch zu bejahen ist, wenn sich die Zweitstrafe nicht unmittelbar anschließt, die zugrundeliegende Tat aber vor Vollzugsbeginn begangen wurde (so Zweibrükken NStZ 87, 175 und Sch/Sch-Stree 23 a; aM Maatz aaO; Horn SK 16). Darüber hinaus läßt sich nicht ausschließen, daß zufällige Zäsurwirkungen (7 zu § 55) darüber entscheiden, ob eine (uU nicht aussetzungsfähige) Gesamtstrafe oder eine selbständige Anschlußstrafe zu verhängen ist. Hinnehmbar ist ferner nicht, daß Strafen wegen Taten, die erst während des Erstvollzugs begangen werden, als Anschlußstrafen privilegierungsfähig sind und daß in Einzelfällen zufälliges oder gezieltes Prozeßverhalten, das verfahrensbeschleunigend oder -verzögernd wirkt, den Anschlußvollzug ermöglichen oder vereiteln kann. Deshalb begründet bei mehreren selbständigen Strafen im vollstreckungsrechtlichen Sinne nur **die erstvollzogene** den erstmaligen Strafvollzug (Hamm MDR 87, 512; Greger JR 86, 353, 356 und NStZ 86, 573; Bietz JR 87, 517; Tröndle 9 d; Gribbohm LK 37); hier kann (§ 43 IV StVollstrO) und sollte zugunsten des Verurteilten mit der Vollstreckung der längsten Strafe begonnen werden (krit Maatz StV 87, 71). Umgekehrt kann die Verbüßung des Restes einer Freiheitsstrafe, dessen gnadenweise Aussetzung zunächst angeordnet, später aber widerrufen worden ist, nicht als Zweitvollzug behandelt werden, obwohl nur *eine* Strafe verbüßt wurde (so aber Karlsruhe JR 89, 512 mit zust Anm Bietz; zw).

17 **b) Nr 2: Besondere Umstände.** Von der Besonderheit abgesehen, daß hier die Entwicklung im Strafvollzug als Beurteilungselement ausdrücklich hervorgehoben wird und als solches zu Buch schlägt (Böhm StV 87, 354; s auch Koblenz StV 91, 428; Stuttgart MDR 93, 157; Frankfurt NStZ-RR 96, 213), verschärft die Vorschrift die Anforderungen an die Aussetzung in demselben Sinne und nach den gleichen Maßstäben (Stuttgart StV 85, 831; München NStZ 87, 74; s auch Bamberg StV 94, 252) wie § 56 II (dort 18–21; aus der [früher zT strengeren] Rspr vgl ua Düsseldorf NStZ 87, 328 und StV 88, 160; Koblenz StV 89, 540; Brandenburg NStZ 94, 510; LG Dortmund StV 88, 70; LG Bremen StV 95, 142 mit abl Anm Bringewat BewH 95, 236; krit zur unzureichenden Anwendung der Nr 2 Walter/Geiter/Fischer NStZ 89, 405 und 90, 16). In die danach erforderliche Gesamtwürdigung (19 zu § 56) sind auch die im Urteil des erkennenden Gerichts bereits berücksichtigten Umstände einzubeziehen (Zweibrücken StV 91, 223; Hamburg StV 94, 551; Frankfurt NStZ-RR 96, 213); die Tatumstände können jedoch infolge des größeren zeitlichen Abstandes von der Tat gegenüber den persönlichen Umständen an Gewicht verlieren (Stuttgart

StV 95, 261). – Hat das Urteil im Rahmen einer mehrstufigen Strafdrohung das Vorliegen eines minder schweren Falles verneint, so schließt das die Vergünstigung nicht notwendig aus (München NStZ 88, 129; Düsseldorf StV 91, 223). Umgekehrt bildet die Annahme eines minder schweren Falles im Urteil nicht schon als solche ein Indiz für das Vorliegen besonderer Umstände (aM Barton JR 91, 344); denn für deren Beurteilung kommt es nicht auf das Verhältnis zu den Regelfällen, sondern gerade zu den minder schweren Fällen der jeweiligen Tat an. – Zur Anwendung der Nr 2 in Fällen, in denen schon mehr als die Hälfte, aber noch nicht zwei Drittel der Strafe verbüßt sind, KG NStZ-RR 97, 27.

c) Zur Berechnung der aus Strafhälfte und Mindestverbüßungszeit 18
von 6 Monaten (krit dazu Groß StV 85, 81, 82) abzuleitenden **zeitlichen Schranken** vgl 2. Praktisch können nur Strafen von mehr als 9 Monaten zur Anwendung des Abs 2 führen.

4. a) Unter den Voraussetzungen des **Abs 1** ist die Aussetzung des 19
Strafrestes **obligatorisch.** Deshalb ist es unzulässig, innerhalb eines Ermessensspielraums auch andere Strafzwecke als den der Spezialprävention zu berücksichtigen (s auch 8).

b) Abs 2 ist Kann-Vorschrift. Die Aussetzung unterliegt daher 20
pflichtmäßigem Ermessen (50 zu § 46). In den Fällen der Nr 1, die mit Abs 1 strukturgleich ist, muß sie jedoch die Regel bilden; Versagungen sind hier nur bei Vorliegen besonderer Umstände (zB zwingenden Erwägungen positiver Generalprävention) begründbar (NStZ 88, 495; Hamburg StV 90, 414, beide mwN; probl Karlsruhe MDR 88, 879). In Fällen der Nr 2 können dagegen – wegen der dominierenden spezialpräventiven Zielsetzung allerdings auch nur ausnahmsweise (probl Düsseldorf StV 87, 353 mit abl Anm Böhm; Hamburg JR 91, 344 mit abl Anm Barton) – Schuldgesichtspunkte und generalpräventive Erwägungen erheblich sein (Karlsruhe MDR 87, 782; Stuttgart MDR 93, 157; aM Roxin, Bruns-FS, S 183, 193; Mrozynski JR 83, 133, 137; offen gelassen in Celle NStZ 86, 456 mit Anm Schöch, alle mwN; s auch BVerfGE 64, 261; Boetticher und Dürholt, Mahrenholz-FS, S 763 und 797).

5. Ist **neben der Strafe eine freiheitsentziehende Maßregel** 21
(§§ 63–66) angeordnet, so ist zu unterscheiden:

a) Wird die Strafe vor der Maßregel vollzogen, was bei der Sicherungsverwahrung stets, bei den übrigen Maßregeln nur unter den Voraussetzungen des § 67 II, III (dort 3–6) vorgesehen ist, so hindert das Bestehen der Unterbringungsanordnung die Aussetzung nicht (Stuttgart MDR 75, 241). Allerdings wird es häufig an der erforderlichen günstigen Prognose fehlen (KG GA 56, 155; 57, 148); ist sie aber gegeben, so ist zugleich nach § 67 c I die Aussetzung der Unterbringung anzuordnen; denn es ist mit den Zwecken des Rechtsfolgensystems im ganzen unvereinbar, zwar die Voraussetzungen der Aussetzung des Strafrestes zu bejahen, aber eine weitere Unterbringung für erforderlich zu halten (Stuttgart aaO; Mrozynski JR 83, 133, 138; str); die Unterbringungsmöglichkeit muß vielmehr bei der Prognose, ob der Täter „außerhalb des Strafvollzugs" keine Straftaten mehr begehen wird, außer Ansatz bleiben (Frankfurt NJW 80, 2535).

22 **b)** Wird die Maßregel ganz oder zum Teil vor der Strafe vollzogen, so wird nach § 67 IV S 1, V die Zeit des Vollzugs bis zur Zweidrittel-Grenze auf die Strafe angerechnet und zugleich eine vorzeitige Entscheidung über die Aussetzung des Strafrestes zugelassen (7–10 zu § 67). Daher ist idR über die Aussetzung der Unterbringung und des Strafrestes gleichzeitig zu entscheiden, wobei auch hier eine unterschiedliche Bewertung der Prognose nicht in Betracht kommt (vgl 21).

23 **6. a) Abs 3** (weitere Anordnungen): Die Dauer des Strafrestes bildet für die **Bewährungszeit** ein spezielles, in keinem Falle unterschreitbares Mindestmaß. Die Bewährungszeit beginnt nach § 56 a II S 1 mit Rechtskraft der Entscheidung über die Strafaussetzung, dh hier des die Aussetzung des Strafrestes anordnenden Beschlusses. Das ergibt sich zwingend aus dem Gesetz (Gribbohm LK 56 mwN). Zur Verlängerung der Bewährungszeit nach § 454 a I StPO vgl 36. – Die Erteilung von **Auflagen** ist idR unzweckmäßig, aber dann nicht ausgeschlossen, wenn die Genugtuung für das begangene Unrecht sie ausnahmsweise noch erfordert (hM; vgl Celle StV 81, 454; Gribbohm LK 61; anders Celle NStZ 90, 148 mit abl Anm Arloth). – Die **Unterstellung unter einen Bewährungshelfer** kann in Fällen des Abs 3 S 2 namentlich bei kurzen Strafresten unterbleiben; bei Strafverbüßungen von weniger als 1 Jahr kommt sie nicht nur ausnahmsweise in Frage. – Dem **Widerruf** der Aussetzung (vgl 7, 8 zu § 56 f) steht nicht entgegen, daß der Verurteilte noch nicht aus dem Strafvollzug entlassen ist (§ 454 a II S 2 StPO); jedoch ist vor der Entlassung die Aufhebung des Aussetzungsbeschlusses nach § 454 a II S 1 StPO unter weniger strengen Voraussetzungen möglich (dazu 36).

24 **b)** Zum möglichen Zusammentreffen der Bewährungsaufsicht nach § 57 mit einer **Führungsaufsicht** vgl § 68 g.

25 **7. Abs 5** (zu seiner Funktion und Entstehungsgeschichte BT-Dr 10/2720 S 11):

a) Verfall und Anspruch des Verletzten aus der Tat 1–10 zu § 73. Der Anwendungsbereich erstreckt sich namentlich auf die Tatbeute, aber auch auf alle anderen, in bestimmten Gegenständen konkretisierten unmittelbaren Vermögensvorteile, Nutzungen und Ersatzvorteile im Sinne des § 73 I–III. – Für die **unzureichenden oder falschen Angaben** ist Vorsatz (nicht notwendig Vereitelungsabsicht, Terhorst JR 88, 295) erforderlich.

26 **b)** Das Absehen von der Aussetzung, für das es auf die Sachlage zur Zeit der Entscheidung ankommt (Terhorst aaO [vgl 25]), unterliegt

pflichtmäßigem Ermessen (München JR 88, 294; 50 zu § 46). Es liegt vor allem nahe, wenn es dem Verurteilten darauf ankommt, den Schadensausgleich oder den Verfall zu vereiteln oder zu erschweren. Zwar wird in solchen Fällen die Aussetzung häufig schon wegen schlechter Prognose unbegründet sein (Hamburg NStZ 88, 274 mit abl Anm Geiter/Walter StV 89, 212; s auch Hamm NStZ-RR 96, 382). Wenn das aber ausnahmsweise – etwa weil der Verurteilte nur aus Furcht vor Repressalien der Mittäter handelt – nicht zutrifft, wird von der Aussetzung meistens, wenn auch nicht notwendig (BT-Dr 10/4391 S 18), abzusehen sein (BT-Dr 10/2720 S 12).

8. Zuständigkeit und Verfahren §§ 454–454 b, 462 a StPO. 27

a) Zuständig ist idR die **Strafvollstreckungskammer** (§ 462 a I StPO, §§ 78 a, 78 b GVG), und zwar auch für die uU notwendigen und zu koordinierenden (vgl 21, 22) Entscheidungen über die Vollstreckung einer neben der Strafe angeordneten Unterbringung und für alle nachträglichen Entscheidungen. – Näher zu Organisation, Zuständigkeit, Aufgaben und praktischer Tätigkeit der Strafvollstreckungskammern Treptow NJW 75, 1105, 76, 222 und 77, 1037; Schmidt NJW 76, 224; Blau, in: Schwind/Blau (Hrsg), Strafvollzug in der Praxis, 1976, S 359; Doller MDR 77, 272; Peters GA 77, 97 und JR 77, 397; Jähnke DRiZ 77, 236; Stromberg MDR 79, 353; Müller-Dietz Jura 81, 57, 113; Valentin NStZ 81, 128; Northoff, Strafvollstreckungskammer. Anspruch und Wirklichkeit, 2. Aufl 1987; Dünkel BewH 92, 196.

b) Die Entscheidung setzt **Rechtskraft** der Verurteilung voraus (GA 28 82, 219; Düsseldorf DRiZ 73, 24; diff Sandermann JZ 75, 628; str). Ihr steht nicht entgegen, daß eine vorausgegangene Aussetzung widerrufen worden ist (Stuttgart NStZ 84, 363 mit Anm Ruß; Frankfurt StV 85, 25, alle mwN), selbst wenn mit der Vollstreckung des Strafrestes noch nicht begonnen wurde (LG Hamburg NStZ 92, 253 mwN).

c) Die Anordnung der Aussetzung ergeht auf **Antrag oder von** 29 **Amts wegen** (zur Mitwirkung der Vollstreckungs- und der Vollzugsbehörde § 36 II StVollstrO).

aa) Ist ein **Antrag** – sei es auch nur ein wiederholter (Oldenburg JZ 55, 23) – **gestellt,** so ist er ohne vermeidbare zeitliche Verzögerung zu bescheiden, ggf als unzulässig (Abs 6) oder als verfrüht (dazu Düsseldorf MDR 87, 1046) zurückzuweisen. – Eine **Antragsbefugnis** mit Beschwerdeberechtigung steht nur den Verfahrensbeteiligten zu (KG JR 72, 430; Oske MDR 64, 726), also zB nicht der Ehefrau (Schleswig SchlHA 58, 288).

bb) Auch bei **Fehlen eines Antrags** hat das Gericht **in den Fällen** 30 **des Abs 1** – wenn keine Anschlußvollstreckung ansteht (vgl 6, 31) – rechtzeitig vor Wegfall der zeitlichen Schranke (vgl 2) mit der Prüfung zu beginnen (BGHSt 27, 302) und bei positivem Ergebnis die Aussetzung auf den Zeitpunkt des Eintritts ihrer Zulässigkeit anzuordnen (Celle NJW 72, 2054; aM KG JR 72, 430 und 73, 120); dadurch soll gewährleistet werden, daß der Verurteilte nicht nur deshalb mehr als das vorgeschriebene Mindestmaß seiner Strafe verbüßen muß, weil bei dessen Ablauf die Entscheidung noch aussteht (Zweibrücken GA 79, 277 und 81, 43). Diese Prüfung von Amts wegen ist auch dann nicht entbehrlich, wenn zuvor eine Aussetzung nach Abs 2 abgelehnt wurde (für Abs 2 Nr 1 aM Oldenburg StV 87, 70 mit abl Anm Maatz; LG Braunschweig MDR 94, 607 mit abl Bespr Bringewat BewH 94, 468). – Sie ist ferner **in den Fällen des Abs 2 Nr 1** geboten, weil nur so das zweckentsprechende Funktionieren der in § 454 b II Nr 1 StPO getroffenen Regelung sichergestellt werden kann (Oldenburg und Maatz aaO; aM München MDR 87, 74). – Liegt kein Antrag vor, so ist eine **förmliche ablehnende Entscheidung** zwar stets (auch bei fehlender Einwilligung nach Abs 1 Nr 3, vgl 11) möglich, aber nicht in jedem Falle geboten (Celle aaO; LG Mainz MDR 74, 857; Wolf NJW 75, 1962; aM KG JR 73, 120 mit Anm Peters; Hamm NJW 73, 337; Düsseldorf NJW 93, 1665, alle mwN; zw), und zwar auch dann nicht, wenn die StA auf eine solche angetragen hat (Hamburg MDR 79, 516; aM Celle MDR 73, 695; beachte auch KG JR 94, 372, alle mwN).

31 cc) Steht bei Wegfall der zeitlichen Schranken (vgl 2, 18) die **Anschlußvollstreckung einer anderen Freiheitsstrafe** (nicht Jugendstrafe, Düsseldorf MDR 88, 79) der Entlassung in die Freiheit entgegen, so gilt nach § 454 b StPO folgendes: Mehrere Freiheitsstrafen sind unmittelbar nacheinander zu vollstrecken; jedoch ist grundsätzlich die Vollstreckung jeder vorausgehenden Strafe – mit Ausnahme solcher Strafen, die aufgrund Widerrufs einer Aussetzung vollstreckt werden (hM; anders ter Veen, Mahrenholz-FS, S 781), also nicht auch der Strafen, die nach einem Widerruf erst noch vollstreckt werden sollen (NStZ-RR 96, 221) oder für welche die Aussetzung lediglich abgelehnt wurde (Zweibrücken MDR 89, 843) – jeweils bei Erreichen der für die Aussetzung des Strafrestes maßgebenden zeitlichen Schranke zu unterbrechen und über die Aussetzung des Strafrestes erst zu entscheiden, wenn das für die Reste aller Strafen gleichzeitig geschehen kann (beachte Düsseldorf VRS 81, 293 und JR 94, 347 mit krit Anm Bringewat; Rostock MDR 94, 501). Im Anwendungsbereich des § 454 b StPO ist für die jeweils erforderlichen Unterbrechungen die Vollstreckungsbehörde zuständig, gegen deren Entscheidungen das Gericht angerufen werden kann (§ 458 II StPO). Fälle, in denen eine bevorzugte Aussetzung nach Abs 2 Nr 2 (Vorliegen besonderer Umstände) in Frage kommt, werden von § 454 b StPO nicht erfaßt (Oldenburg MDR 87, 75; Celle MDR 90, 176; aM Zweibrücken NStZ 89, 592 mit abl Anm Wendisch JR 90, 212); jedoch kann die Vollstreckungsbehörde auch hier Unterbrechung nach Hälftevollzug anordnen (§ 43 IV StVollstrO), wobei allerdings ihre Entscheidung nach §§ 23 ff EGGVG nur auf Ermessensfehler nachprüfbar ist (Celle aaO; Hamm NStZ 93, 302; s auch NJW 91, 2030; Hamburg MDR 93, 261).

32 Hat die Vollstreckungsbehörde eine jeweils **gebotene Unterbrechung** aus Gründen versäumt, die in ihrem Verantwortungsbereich lie-

gen (BVerfG NStZ 88, 474), oder hat sie sonst durch sachwidrigen (beachte dazu Funck NStZ 92, 511) Eingriff in den Vollstreckungsablauf den Zeitpunkt der Vollstreckungsreife aller Strafreste (vgl 31, 33) hinausgeschoben (probl LG Hamburg NStZ 92, 253 mit Anm Volckart), so darf der Verurteilte dadurch nicht benachteiligt werden. Soweit noch möglich, ist er deshalb so zu stellen, wie er bei rechtzeitiger Unterbrechung gestanden hätte. Dieser Ausgleich erfordert nur die daraus folgende Vorverlegung des Zeitpunktes der Entscheidungsreife (so ua Hamburg MDR 94, 934; Karlsruhe NStZ-RR 96, 60, beide mwN); darüber hinaus auch in die vollstreckten oder zu vollstreckenden Strafreste durch Anrechnung bzw Verrechnung (so ua Celle NStZ 90, 252; Volckart NStZ 92, 254; eingehend Wolf, Die Nichtbeachtung des Zwei-Drittel-Zeitpunktes in der Vollstreckung des strafgerichtlichen Freiheitsentzuges, 1988) oder durch rückwirkende Anordnung der Unterbrechung einzugreifen (so Frankfurt NStZ 90, 254; Graul GA 91, 11), besteht kein zureichender Grund (zu Schwierigkeiten, die sich für die Ermittlung des Ausgleichs aus der divergierenden Rspr der OLG zu Abs 2 Nr 1 ergeben, Maatz NStZ 90, 214, 218). Sollte es später, etwa für eine Gesamtstrafenbildung, für die formellen Voraussetzungen der Sicherungsverwahrung oder für Entschädigungsansprüche nach erfolgreicher Wiederaufnahme, auf die genaue Zuordnung der verbüßten Strafzeit ankommen, wird so zu verfahren sein, daß dem Verurteilten aus der verspäteten Unterbrechung keine Nachteile erwachsen, daß ihm aber bereits erlangte Vorteile belassen werden (aM Graul aaO; zw). Bei lediglich **nach Ermessen** zulässigen, von der Vollstreckungsbehörde aber versäumten Unterbrechungen ist eine entsprechende Vorverlegung des Zeitpunktes der Entscheidungsreife nicht möglich, weil es schon an der Zuständigkeit der Strafvollstreckungskammer (§ 454 b II StPO) fehlt (aM Celle JR 91, 76 mit Anm Müller-Dietz).

Steht für alle Strafreste die **Entscheidungsreife** bevor (vgl 31), so **33**
gelten die Ausführungen unter 30 sinngemäß; für einzelne von ihnen die Entscheidung aufzuschieben, ist daher unzulässig (Düsseldorf MDR 90, 569). Umgekehrt hat der Verurteilte auch keinen Anspruch auf frühere Entscheidung über einzelne Strafreste (Zweibrücken MDR 89, 843; Greger JR 86, 353, 357); nach dem Gesetzeszweck dürfte das auch für Hälfteaussetzungen nach Abs 2 Nr 2 gelten, weil eine Entscheidung vor Aussetzungsreife aller Strafen sinnvoll nicht getroffen werden kann (in einem vergleichbaren Fall ähnlich Karlsruhe NStZ 88, 73; aM Zweibrücken MDR 80, 1038 mwN, zw).

d) Der Verurteilte ist vor der Entscheidung – von einzelnen Aus- **34**
nahmen abgesehen – **mündlich zu hören** (§ 454 I S 3, 4 StPO; zur str Anhörungspflicht auch des Beschwerdegerichts Düsseldorf StV 93, 646; Barton JR 91, 344). Das gilt auch dann, wenn im Verfahren von Amts wegen (vgl 30) eine ablehnende Entscheidung unterbleiben kann (Celle NStZ 86, 238). Über die gesetzlich vorgesehenen Ausnahmen hinaus bedarf es einer solchen Anhörung nicht, wenn der Verurteilte

dem Gericht gegenüber die erforderliche Einwilligung (vgl 11) versagt oder definitiv auf eine Anhörung in dem Verfahren verzichtet hat (Düsseldorf NJW 93, 1665 mwN; beachte jedoch Düsseldorf StV 95, 538). Die Rspr läßt noch einige weitere, zum Teil umstrittene Ausnahmen zu (vgl etwa NStZ 95, 610; Hamburg MDR 81, 599; Hamm MDR 90, 653; Düsseldorf StV 96, 44 und NStZ-RR 96, 153; Frankfurt NStZ-RR 97, 28, alle mwN); unzulässig ist es jedoch, in Fällen des Abs 2 Nr 2 von der Anhörung mit der Begründung abzusehen, daß sich schon aus dem Urteil das Fehlen besonderer Umstände zweifelsfrei ergebe (Zweibrücken MDR 89, 843 mwN; str). – Zuständig ist idR **das Gericht;** die Anhörung durch ein Mitglied des Spruchkörpers oder durch einen ersuchten Richter genügt nur in besonders begründeten Ausnahmefällen (BGHSt 28, 138; Brandenburg NStZ 96, 405; weniger einschr Frankfurt NStZ-RR 97, 29, alle mwN; str), die durch die Vollzugsbehörde niemals (Düsseldorf MDR 75, 597). Inhalt und Form der Anhörung unterliegen mangels gesetzlicher Regelung pflichtmäßigem Ermessen (näher Stromberg MDR 79, 353; Bringewat NStZ 96, 17). – Der Anspruch des Verurteilten auf **rechtliches Gehör** im übrigen bestimmt sich nach § 33 III StPO (Hamm JMBlNRW 62, 294; Schmidt MDR 61, 195); er erstreckt sich auch auf die Stellungnahme der Vollzugsanstalt (BVerfGE 17, 139), deren Anhörung nach § 454 I S 2 StPO obligatorisch ist (Hamm MDR 74, 1038; s jedoch Karlsruhe MDR 78, 1046; Hamm NJW 80, 2090).

35 **e)** aa) Die Aussetzung kann **nicht rückwirkend** angeordnet werden (Zweibrücken JR 77, 292 mit Anm Schätzler; Stuttgart MDR 85, 160). Sie wird mit dem in dem Beschluß angegebenen (späteren) Zeitpunkt wirksam. Fehlt es, was grundsätzlich vermieden werden sollte (vgl 36), an einer solchen Angabe, so treten Wirksamkeit und nach § 307 I StPO auch Vollziehbarkeit der Aussetzung mit ihrem Ausspruch ein (Zweibrücken aaO mwN; aM Karlsruhe NJW 76, 814; Doller NJW 77, 2153). Jedoch kann das Gericht die Entlassung nicht selbst anordnen; es hat vielmehr nach § 36 II StPO die Entscheidung der StA zu übergeben, die ihrerseits entweder die Entlassung sofort (bzw zu dem angeordneten späteren Zeitpunkt) veranlassen oder nach § 454 II StPO sofortige Beschwerde mit aufschiebender Wirkung einlegen kann (Zweibrücken aaO; Hamm NJW 78, 175 mit abl Anm Herrmann NJW 78, 653).

36 bb) Die für die Aussetzung gebotenen Ermittlungen sind früh einzuleiten, damit auch die Entscheidung selbst **so rechtzeitig** ergehen kann, daß die oft schwierigen, idR aber unverzichtbaren Entlassungshilfen für den Verurteilten (Beschaffung von Wohnung, Arbeit usw) sorgfältig vorbereitet und durchgeführt werden können. Bei langen Freiheitsstrafen empfiehlt es sich darüber hinaus, in Kontakten zwischen den Vollzugsbehörden und dem Gericht unverbindlich die Ausgangslage zu klären, damit Vollzugsmaßnahmen, die den Übergang in die Freiheit erleichtern sollen, einerseits rechtzeitig, andererseits

aber auch nicht verfrüht eingeleitet werden (dazu Dünkel BewH 92, 196, 199; zur lebenslangen Freiheitsstrafe 19 zu § 57 a). Diesem Zeitbedarf kann nach den konkreten Bedürfnissen, die nicht nur von der Persönlichkeit des Verurteilten, sondern auch von den örtlichen Verhältnissen in der öffentlichen und privaten Sozialarbeit abhängen, flexibel Raum gegeben werden. Aus § 454 a I StPO, der eine Verlängerung der Bewährungszeit vorsieht, wenn die Aussetzung mindestens 3 Monate vor der Entlassung beschlossen wird (bei Einlegung eines Rechtsmittels entscheidet der Zeitpunkt der Beschwerdeentscheidung, Greger JR 86, 353, 354; zw), dürfte zu folgern sein, daß die Aussetzung grundsätzlich geraume Zeit vor der Entlassung anzuordnen ist (dazu Düsseldorf MDR 87, 1046; Zweibrücken NStZ 91, 207 und 92, 148). Damit ist kein Risiko verbunden, weil § 454 a II StPO die Aufhebung der Aussetzung bis zur Entlassung (beachte dazu Hamm NStZ-RR 96, 30) zuläßt, wenn aufgrund neuer, dh nicht nur neu eingetretener, sondern auch neu bekannt gewordener (Schleswig NStZ 88, 293 mit abl Bespr Maatz StV 89, 39; Stuttgart NStZ 89, 492, alle mwN) Tatsachen die zunächst angenommene günstige Prognose nicht mehr bejaht werden kann (beachte dazu BVerfG NJW 94, 377; s auch 23).

f) aa) Eine **Frist nach Abs 6** darf nur für die Zeit festgesetzt werden, in der eine günstige Veränderung der Täterprognose nicht zu erwarten ist (Düsseldorf MDR 83, 247 mwN). Ihre Anordnung kann auch mit einer von Amts wegen getroffenen ablehnenden Entscheidung nach Abs 1 (vgl 30) verbunden werden (Hamm NStZ 83, 265; str). 37

bb) Die Frist **beginnt** mit dem Erlaß, nicht der Rechtskraft der Entscheidung (Braunschweig NJW 75, 1847 mwN; str). Sie kann nachträglich nicht verkürzt oder aufgehoben werden (München MDR 87, 782 mwN). Während der Frist gestellte Anträge sind unzulässig, soweit der Mangel nicht vor der Entscheidung des Beschwerdegerichts durch Ablauf der Frist geheilt wird (KG NStZ 85, 523; zw); jedoch steht das einer (uU gebotenen; vgl 19, 30) Prüfung von Amts wegen nicht entgegen, soweit sie auf neue Tatsachen gestützt werden kann (Schleswig SchlHA 84, 85; München aaO; aM Neumann NJW 85, 1889, alle mwN). 38

g) Wird ein Verurteilter nach **Anordnung der Strafrestaussetzung** nicht zur Bewährung entlassen, erlangt er vielmehr die Freiheit **auf andere Weise** (zB durch Unterbrechung der Vollstreckung nach § 455 a StPO), so werden dadurch die Bestandskraft des Aussetzungsbeschlusses und die Bewährungszeit nicht berührt, etwa erteilte Auflagen und Weisungen aber nicht verbindlich (Maatz MDR 85, 100 mwN; zw). 39

9. Zur Aussetzung des Strafrestes und zu ihrem Widerruf bei Freiheitsstrafen, die **vor Wirksamwerden des Beitritts** (Art 1 I EV) **in der DDR** verhängt worden sind, 31 zu § 2. 40

§ 57 a Aussetzung des Strafrestes bei lebenslanger Freiheitsstrafe

(1) **Das Gericht setzt die Vollstreckung des Restes einer lebenslangen Freiheitsstrafe zur Bewährung aus, wenn**

1. fünfzehn Jahre der Strafe verbüßt sind,

2. nicht die besondere Schwere der Schuld des Verurteilten die weitere Vollstreckung gebietet und

3. die Voraussetzungen des § 57 Abs. 1 Satz 1 Nr. 2 und 3 vorliegen.

§ 57 Abs. 1 Satz 2 und Abs. 5 gilt entsprechend.

(2) **Als verbüßte Strafe im Sinne des Absatzes 1 Satz 1 Nr. 1 gilt jede Freiheitsentziehung, die der Verurteilte aus Anlaß der Tat erlitten hat.**

(3) **Die Dauer der Bewährungszeit beträgt fünf Jahre. § 56 a Abs. 2 Satz 1 und die §§ 56 b bis 56 g und 57 Abs. 3 Satz 2 gelten entsprechend.**

(4) **Das Gericht kann Fristen von höchstens zwei Jahren festsetzen, vor deren Ablauf ein Antrag des Verurteilten, den Strafrest zur Bewährung auszusetzen, unzulässig ist.**

1 **1.** Die auf dem 20. StÄG (9 vor § 1) beruhende Vorschrift dient dem Zweck, einer vom BVerfG (E 45, 187, 229, 239) erhobenen Forderung nach Humanisierung der lebenslangen Freiheitsstrafe zu entsprechen (BT-Dr 8/3218 S 5). Sie gilt nur für die Aussetzung des Strafrestes bei **lebenslanger Freiheitsstrafe,** lehnt sich aber eng an die entsprechende Regelung bei zeitiger Freiheitsstrafe (§ 57) an (eingehend Laubenthal, Lebenslange Freiheitsstrafe, 1987, S 195; Mysegades, Zur Problematik der Strafrestaussetzung bei lebenslanger Freiheitsstrafe, 1988; krit Haffke, Krökel und Deckers, in: Bönner/de Boor [Hrsg], Antrieb und Hemmung bei Tötungsdelikten, 1982, S 19, 89, 102; zusf Müller-Dietz Jura 83, 628; Laubenthal JA 84, 471; Bode, Faller-FS, S 325).

2 **2.** Nach dem Inkrafttreten des 20. StÄG hatte sich zu § 57 a eine weithin gefestigte, nur in Einzelfragen divergierende Rspr der Oberlandesgerichte entwickelt, die zunächst auch in der **verfassungsgerichtlichen Normenkontrolle** unbeanstandet geblieben ist (BVerfGE 64, 261; 72, 105), obwohl der Ausschlußgrund der besonderen Schuldschwere wegen seiner Unbestimmtheit (vgl 3 a–5) und seiner resozialisierungshemmenden Wirkung im Strafvollzug (Müller-Dietz Jura 83, 628) nicht unproblematisch war (krit Haffke aaO [vgl 1] S 59). Im weiteren Verlauf hat jedoch eine erneute Überprüfung zwar unverändert die Verfassungsmäßigkeit der Vorschrift bestätigt, durch das den früheren Aussagen des Gerichts widersprechende (dazu Meurer JR 92, 441, 443) Postulat einer bestimmten verfassungskonformen Auslegung aber die Struktur des Rechtsinstituts grundlegend verändert (BVerfGE 86, 288). Abweichend von der im Gesetzeswortlaut eindeutig ausge-

drückten Zuständigkeit des Vollstreckungsgerichts für die Entscheidung über alle Voraussetzungen der Strafaussetzung, soll nunmehr in Fällen des Mordes (für die übrigen Fälle fehlt eine Regelung; krit dazu Meurer aaO S 449) die Frage der besonderen Schuldschwere schon bei der Verurteilung durch das erkennende Gericht für das spätere Verfahren bindend beantwortet werden. Mit dieser Entscheidung dürfte das BVerfG seine Kompetenz zur Normenkontrolle überschritten und Gesetzgebung in Anspruch genommen haben; die Einwendungen der beiden überstimmten Richter sind insoweit überzeugend (BVerfGE aaO S 340, 355; ebenso Meurer aaO S 445; Müller-Dietz Jura 94, 72; Tröndle 1 b; krit auch Karlsruhe NJW 93, 2189 mit Anm Kintzi JR 93, 386; Stree NStZ 92, 464; Berkemann JR 92, 450, 451; Geis NJW 92, 2938; Eisenberg JZ 92, 1188; Stark JZ 94, 189; Boetticher, Mahrenholz-FS, S 763, 773; Krey JR 95, 221, 223; v Hippel, Geerds-FS, S 137, 153; v Bubnoff LK 9 zu § 120; nachdrückliche Kritik ferner in dem Bericht von Kintzi DRiZ 93, 341 über die Entschließungen der Großen Strafrechtskommission des DRiB zu den Konsequenzen aus der verfassungsgerichtlichen Entscheidung). Das Ergebnis räumt zwar einige mißliche Mängel des Gesetzes aus (vgl etwa 13); es hat aber zu Widersprüchen im Verfahrensrecht (vgl 18, 19) und namentlich in den sog Altfällen, in denen nach der früheren Kompetenzverteilung eine Äußerung des erkennenden Gerichts zur besonderen Schuldschwere nicht gefordert war, zu bisher nicht voll ausgeräumten Schwierigkeiten in der Praxis geführt (vgl 7). Der Gesetzgeber wird zu prüfen haben, ob diese Unsicherheit Abhilfe durch Gesetzesänderung erfordert und ob dabei auch der wirkliche Stein des Anstoßes, die antiquierte Regelung der Tötungsdelikte (25 vor § 211), einzubeziehen ist (ebenso Meurer aaO S 443; Elf NStZ 92, 468; v Stahl ZRP 92, 397; Müller-Dietz aaO S 82; Jescheck/Weigend AT S 854).

3. Über die **besondere Schwere der Schuld** (Abs 1 S 1 Nr 2) hat 3
in Fällen des Mordes (vgl 2) aufgrund verfassungskonformer Auslegung nicht das Vollstreckungsgericht, sondern bei der Verurteilung schon das **erkennende Gericht** zu befinden (zur Kritik vgl 2). Folgerichtig sind hier auch Fälle des Völkermordes einzubeziehen, soweit sie der absoluten Strafdrohung des § 220 a I Nr 1 unterliegen. Die übrigen Fälle, in denen lebenslange Freiheitsstrafe nur fakultativ oder in besonders schweren Fällen angedroht ist, fallen dagegen mangels zureichender Rechtsgrundlage nicht in die Zuständigkeit des erkennenden Gerichts (Kintzi aaO [vgl 2] S 342; im Ergebnis auch Gribbohm LK 46–49, beide mwN; aM 5 StR 79/93 v 3. 3. 1993; Sch/Sch-Stree 6 mwN; zw).

a) Die **Schuldschwereklausel** (eingehend Revel, Anwendungs- 3 a
probleme der Schuldschwereklausel des § 57 a StGB, 1989) beruht auf der gesetzgeberischen, aus den Gesetzesmaterialien hervorgehenden Überlegung, daß die absolute Strafe – abweichend von der zeitigen – auf einem **höchst unterschiedlichen Schuldmaß** beruhen kann (zB Massenmord im Verhältnis zu einem aus einer Konfliktlage erwachse-

nen Verdeckungsmord) und daß es deshalb nicht sachgerecht wäre, den Aussetzungszeitpunkt in Übereinstimmung mit § 57 I (dort 2–11) von der Schuld ganz zu lösen (BT-Dr 8/3218 S 7). Vielmehr soll „eine 18jährige, 20jährige oder noch längere Verbüßungszeit“ (so BT-Dr aaO; s auch Karlsruhe MDR 95, 841) wegen der besonderen Schuldschwere möglich bleiben. Aus dieser Intention hat die früher hM abgeleitet, daß die Mindestverbüßungszeit das bei einer Verurteilung zur absoluten Strafe unerläßliche Schuldmindestmaß widerspiegele, von dem ab eine Aussetzung des Strafrestes möglich werde (sog Basisschuld); dieses Maß müsse daher den Ausgangspunkt für die konkrete Bewertung der Schuldschwere bilden (expl Frankfurt NStZ 87, 329; Karlsruhe JR 88, 163; Düsseldorf NStZ 90, 509; Hamm NStZ 94, 452 und 94, 53). Die Frage ist jedoch vor allem nach der Entscheidung des BVerfG strittig geworden, weil innerhalb der Senate des BGH die Tendenz vorherrschend wurde, in Anlehnung an nicht ganz eindeutige Formulierungen des BVerfG (E 86, 288, 314; s auch BVerfG NStZ 93, 431) die Basisschuld an den „erfahrungsgemäß gewöhnlich vorkommenden Mordfällen“ zu orientieren (BGHSt 39, 121 und 208 mit krit Anm Stree JR 94, 166; GA 94, 531; anders jedoch NStZ 94, 77 und der Vorlagebeschluß NStZ 94, 540; s auch Salger DRiZ 93, 391; Foth NStZ 93, 368; Kintzi, Salger-FS, S 75). Der GS hat in Analogie zu der Strafzumessungsentscheidung BGHSt-GS-34, 345 jede Anknüpfung an eine Basisschuld verworfen und sich darauf beschränkt, für die Feststellung der besonderen Schuldschwere Umstände von Gewicht zu verlangen und die Entscheidung auf eine Gesamtwürdigung von Tat und Täterpersönlichkeit zu stützen (BGHSt 40, 360 mit Bespr Hauf NJW 95, 1072 und JA 95, 363, Kintzi JR 95, 249, Streng JZ 95, 556 und Krümpelmann NStZ 95, 337). Theoretisch erweckt die Entscheidung Bedenken, weil es schon aus Gründen der Logik unausweichlich ist, für die Ermittlung des gesteigerten Grades eines Zustandes einen Basiszustand zugrundezulegen, der den geforderten Vergleich erst möglich macht. Diese Basisschuld kann zur Gewährleistung gerechter Ergebnisse nur in der Mindestschuld bestehen (so überzeugend Streng aaO S 558; s auch Sch/Sch-Stree 5). Insofern verdeckt die Entscheidung die Problematik nur und läßt alles in einer unstrukturierten Gesamtwürdigung aufgehen, die einer Vereinheitlichung der Praxis kaum förderlich ist (so mit Recht Krümpelmann aaO S 338). Andererseits ist einzuräumen, daß die umstrittene Konkretisierung der Basisschuld wegen der Unbestimmtheit der maßgebenden Abgrenzungskriterien, namentlich wegen des unterschiedlichen Gewichts der Alternativen des Mordtatbestandes, kaum durchführbar ist und deshalb keinen signifikanten Gewinn für die Einheitlichkeit der Rspr bedeuten würde. Die vom BGH eingeleitete Entwicklung bringt deshalb eine spürbare Vereinfachung, die allerdings nahezu die ganze Verantwortung auf den Tatrichter abwälzt (näher konkretisierend daher Streng aaO S 560).

3 b aa) Die Schuldschwere ist entsprechend den Regeln zu ermitteln, die für die **Strafzumessungsschuld** im Sinne des § 46 I (dort 1, 22–25,

32) gelten (BVerfG NJW 95, 3244; Karlsruhe JR 88, 163; krit Meurer aaO S 444; Müller-Dietz Jura 94, 72, 79); eine Beschränkung auf das „verschuldete Unrecht" in dem Sinne, daß schuldtypisierende, das Unrecht nicht berührende Gesinnungsmomente ausscheiden (so Horn SK 9), findet im Gesetz keine Stütze.

bb) Nach der Entscheidung des GS (vgl 3 a) müssen zur Rechtferti- 4
gung der besonderen Schuldschwere **Umstände von Gewicht** vorliegen, die zB in der besonderen Verwerflichkeit der Tatausführung oder der Motive, in der Tötung mehrerer Personen bei einer Tat oder in der Begehung mehrerer Mordtaten oder weiterer schwerer Straftaten bestehen können (BGHSt-GS-40, 360, 370). Offenbar knüpft das Gericht damit an die Vorgabe des BVerfG (E 86, 288, 313) an, nach der aus dem Begriff der „besonderen" Schuldschwere das Erfordernis eines „weiten" Abstands der konkreten Schuld von der Basisschuld anzulegen ist (s auch BVerfG NJW 94, 1273; Gribbohm LK 13). Der danach anzulegende Maßstab ist bedauerlicherweise durch den Begriff der Umstände von Gewicht nur höchst undeutlich beschrieben. Immerhin dürfte aber die Grenze in den vielfach erörterten, kaum aber wirklich konkretisierbaren „Durchschnitts-" und „Regelfällen" nicht erreicht werden (so schon zum früheren Recht Koblenz NStZ 84, 167; Stree NStZ 83, 289; aM ua Düsseldorf NStZ 90, 509, Hamm NStZ 94, 53, Kunert NStZ 82, 510, Lenzen NStZ 83, 543 und Tröndle 7 b, die nur im „unteren" Wertungsbereich besondere Schuldschwere verneint haben). Umgekehrt ist aber die im früheren Schrifttum zum Teil geforderte Beschränkung auf eine ganz ungewöhnliche Schuldsteigerung, die dem obersten Bereich der Hochkriminalität zuzuordnen sei (vgl etwa Meier-Beck MDR 84, 447, 448; Laubenthal aaO [Lebenslange Freiheitsstrafe; vgl 1] S 215, 219; Fünfsinn GA 88, 164, 170), nach wie vor mit dem Gesetz nicht vereinbar (beachte auch BGHSt 31, 189, 192).

cc) Die Entscheidung ist aufgrund einer (als tatrichterliche Aufgabe 5
nur begrenzt nachprüfbaren, BGHSt 39, 159; NJW 96, 3425; NStZ-RR 96, 354, alle mwN) **Gesamtwürdigung** aller in bezug auf die abgeurteilte Tat schuldrelevanten Umstände und der Täterpersönlichkeit zu treffen; dabei schlagen die Umstände von Gewicht erheblich zu Buch, sind aber nicht notwendig ausschlaggebend (BGHSt-GS-40, 360, 370). Es kommt darauf an, ob die Schuld so schwer wiegt, daß der Verzicht auf eine Unterscheidung der Rechtsfolgen aus Gründen der Gerechtigkeit nicht mehr vertretbar wäre. Die in der früheren Rspr und im Schrifttum erörterten Beispiele für Umstände, die zu berücksichtigen sind, behalten überwiegend ihre Bedeutung (expl Karlsruhe NStZ 83, 74, 76 und 91, 37; Stree NStZ 83, 289, 291; Lenzen NStZ 83, 543, 544; zusf Salger DRiZ 93, 391). Es genügt nicht, die besondere Schuldschwere lediglich mit dem Vorliegen eines Mordmerkmals zu begründen (Koblenz DAR 83, 278), es sei denn, daß sich aus dessen gradueller Steigerung oder dem Zusammentreffen mehrerer solcher Merkmale (BGHSt 39, 159) eine ausreichende Schulderhöhung ableiten läßt (zu den Mordmerkmalen näher konkretisierend Revel aaO

[vgl 3 a] S 100; s auch Stree NStZ 92, 464, 465); diese kann deshalb in Analogie zu § 46 III nicht allein auf Gründe gestützt werden, die schon Voraussetzung der Mordqualifikaiton sind (NJW 96, 3425).

5 a dd) Ebenso wie allgemein bei der Strafzumessung (43 zu § 46) darf das gesetzmäßige Recht des Beschuldigten, sich im Prozeß zu verteidigen, nicht beeinträchtigt werden (StV 93, 639 zum Fall fehlender Reue des leugnenden Beschuldigten).

6 **b)** Der Tatrichter hat danach die Strafzumessung im Hinblick auf die später mögliche Aussetzung des Strafrestes zu ergänzen und für sie eine tragfähige und zugleich **verbindliche Grundlage** zu schaffen. Um das zu erreichen, hat er das Ergebnis der Schuldschwereprüfung **anzugeben** (BVerfGE 86, 288, 323), das negative in den Urteilgründen (NJW 93, 2001), das positive dagegen im Urteilsspruch (BGHSt 39, 121 mit Anm Meurer JR 93, 251; StV 93, 244). Für diese Angabe genügt der bloße Ausspruch nicht, daß besondere Schuldschwere vorliegt; in den Urteilsgründen müssen vielmehr die Erschwerungsgründe „gewichtet" werden (BVerfGE aaO S 322), damit erkennbar wird, wie umfangreich die Schuldsteigerung ist (Stree NStZ 92, 464 und JR 94, 166). Eine Umsetzung dieser Gewichtung in eine bestimmte Höchstverbüßungsdauer verlangt das BVerfG nicht (StV 93, 420; Stree aaO; krit Rotthaus NStZ 93, 218, 219) und schafft daher auch keine Rechtsgrundlage, so zu verfahren (3 StR 469/96 v 20. 11. 1996 [zur Veröffentlichung bestimmt]; Kintzi aaO [vgl 2] S 344; Stark JZ 94, 189, 190). Aus seiner Sicht ist das inkonsequent, weil dadurch dem Vollstreckungsgericht eine ihm nicht zustehende eigenständige Bewertung der Schuldschwereentscheidung eröffnet und die Gefahr der Ungleichbehandlung heraufbeschworen wird (krit auch Boetticher aaO [vgl 2] S 774).

7 **c)** Die sog **Altfälle,** bei denen es an der verfassungsrechtlich gebotenen Gewichtung der besonderen Schuldschwere im Urteil fehlt, bilden das **Kernproblem der Neuordnung.** Zahlreiche Fälle des Mordes boten früher für den Tatrichter wegen der Absolutheit der Mordmerkmale keinen Anlaß, überhaupt eine Schuldbewertung vorzunehmen oder die schuldrelevanten Umstände vollständig festzustellen. Diese Bewertung muß nun aber für die Übergangszeit vom Vollstreckungsgericht nachgeholt werden. Zur rechtsstaatlichen Begrenzung hat das BVerfG dazu folgende Regelung getroffen: Das Vollstreckungsgericht „darf zu Lasten des Verurteilten nur das dem Urteil zugrundeliegende Tatgeschehen und die **dazu** festgestellten Umstände der Ausführung und der Auswirkung der Tat berücksichtigen". Soweit das Urteil Aussagen enthält, die auch als Schuldfeststellung oder -wertung verstehbar sind, etwa über die subjektiven, die Tatschuld tragenden Kriterien, dürfen sie nur herangezogen werden, wenn sie in einem „Begründungszusammenhang" stehen, der die Schuldschwere im Sinne des Abs 1 S 1 Nr 2 gewichtet. Außerdem darf das Vollstreckungsgericht keine Bewertung der festgestellten Tatsachen vornehmen, die „über den Gehalt der unbezweifelbaren schwurgerichtlichen Wertung hinaus-

geht" oder „Umstände der Ausführung der Tat ganz oder teilweise mit Begriffen umschreiben, die im gesetzlichen Tatbestand eines nicht vom Schwurgericht bejahten Mordmerkmals genannt sind" (BVerfGE 86, 288, 324 und NJW 93, 1124; s auch Wolf NStZ 92, 579). Diese Begrenzung ist überzogen und kann zu ungerechten Ergebnissen und zu einer nicht vertretbaren Ungleichbehandlung führen (so mit Recht das Sondervotum des überstimmten Richters Winter BVerfGE aaO S 366; krit auch Karlsruhe NJW 93, 2189 mit Anm Kintzi JR 93, 386; Tröndle 8 a; Gribbohm LK 16–19); denn es hängt vom Zufall ab, ob und welche Schuldschwerefeststellungen und -bewertungen der Tatrichter über die Grenzen seiner für die Subsumtion gebotenen Aufklärungspflicht hinaus vorgenommen hat und ob sie in dem erforderlichen Zusammenhang stehen. Je mehr der Tatrichter seine Aufklärungspflicht „übererfüllt" hat, um so schlechter für den Verurteilten (krit auch Rotthaus NStZ 93, 218, 220). Im übrigen läßt sich die Begrenzung sinnvoll kaum durchhalten: Die Feststellung der schuldrelevanten Umstände und ihre Würdigung verteilen sich regelmäßig ohne Verletzung des Prozeßrechts auf die Ausführungen zur Person, zum Tathergang, zur Beweiswürdigung und zur Strafzumessung; bisweilen werden sie erst im Rahmen der rechtlichen Würdigung eingeführt. Aus der Sicht des Tatrichters und auch der revisionsrichterlichen Nachprüfung bilden sie eine Einheit. Die Frage, ob eine tatsächliche Feststellung überhaupt der Schuldermittlung gedient und ob sie gerade auf die Bewertung der Tatschuld abgezielt hat, läßt sich anhand der Urteilsurkunde häufig nicht beantworten. Die Entscheidung des BVerfG schafft deshalb eine breite Grauzone, in der das Vollstreckungsgericht Gefahr läuft, bei Auswertung der tatrichterlichen Urteilsgründe die Verfassung zu verletzen (krit auch Stree NStZ 92, 464, 468; Vorschläge zu möglichst weitgehender Konzentration auf objektive Kriterien bei Kintzi aaO [vgl 2] S 345).

4. Zu den **Voraussetzungen des Abs 1,** soweit sie die Alleinzuständigkeit des Vollstreckungsgerichts betreffen: 8

a) Nr 1: Verbüßungszeit von 15 Jahren. Sie ist das gesetzliche Mindestmaß (beachte dazu Kunert NStZ 82, 89, 92). Für seine Berechnung bleiben Milderungen im Gnadenwege, die rechtlich zulässig, wenngleich in weiten Bereichen praktisch entbehrlich sind (Kunert aaO S 95), außer Ansatz (Hamm NStZ 89, 267 mit Anm Laubenthal JR 89, 434 und Hohmann StV 89, 493; Brandenburg NStZ 95, 407; 3 zu § 57; str). Aussetzung auf einen früheren Zeitpunkt ist unzulässig (Hamburg MDR 84, 163). – Nach **Abs 2** ist wie **verbüßte Strafe** zu berücksichtigen **jede** aus Anlaß (1 zu § 51) derjenigen Tat (iS des § 264 StPO) erlittene Freiheitsentziehung, deretwegen die lebenslange Freiheitsstrafe verhängt wurde (beachte aber 6 zu § 57 b), und zwar auch dann, wenn die Verurteilung keinen Ausspruch über die Anrechnung enthält, wenn sie das Unterbleiben der Anrechnung angeordnet hat oder wenn die Nichtanrechnung nach § 51 I S 2 sachlich an sich gerechtfertigt wäre (zu den Gründen dieser Abweichung von § 57 IV BT-Dr 8/3218 S 8).

9 **b) Nr. 2:** aa) Die Beurteilung der besonderen Schuldschwere als solcher ist idR dem erkennenden Gericht vorbehalten und für das Vollstreckungsgericht bindend (vgl 3–7). Daß diese Verbindlichkeit umfassend ist, also nicht durch nachträgliche Erkenntnisse relativiert werden kann (Frankfurt NStZ 94, 54; aM Stree NStZ 92, 464, 466, Sch/Sch-Stree 8, 11 und Gribbohm LK 31, die neue Feststellungen zugunsten des Verurteilten für zulässig halten; anders auch Koblenz StV 94, 382 und Tröndle 7 d, die sich für eine eigenständige Bewertung der „Strafvollstreckungsschuld" aussprechen), liegt in der Konsequenz der verfassungsgerichtlichen Entscheidung. Eine Öffnung zugunsten des Verurteilten würde es nach den für die Aufklärungspflicht geltenden Regeln möglich machen, die Schuldschwereentscheidung des Tatrichters ganz neu aufzurollen, soweit dadurch eine günstigere Beurteilung erreichbar erscheint. Einschlägige Beweisanträge könnten nicht abgelehnt werden. Das Vollstreckungsgericht hat deshalb ausschließlich auf dem tatrichterlichen Urteil aufzubauen und nur – das aber ohne Einschränkung – darüber zu befinden, ob die bindend vorgegebene Schuldschwere **weitere Vollstreckung gebietet** (krit Karlsruhe NJW 93, 2189, das eine Aufspaltung der Beurteilung von Schuldschwere und Gebotensein nicht für möglich hält; mit Recht anders Boetticher aaO [vgl 2] S 776).

10 bb) Weitere Vollstreckung ist **nicht notwendig geboten** (Karlsruhe NStZ 73, 74, 75; Stree NStZ 83, 289, 291). Dieses Element hat vielmehr eine selbständige normative Begrenzungsfunktion in dem Sinne, daß im Lichte der Strafzwecke geprüft werden muß, ob die Weitervollstreckung zur Erfüllung der Schutzaufgabe des Strafrechts notwendig ist (BGHSt 24, 42; Lenzen NStZ 83, 543, 544). Dabei ist davon auszugehen, daß es nach den allgemeinen Strafzumessungsgrundsätzen der gerechten (dh schuldangemessenen) Strafe grundsätzlich auch zur Erhaltung des Wertbewußtseins in der Bevölkerung bedarf (30 zu § 46). Deshalb ist die Heranziehung des Gedankens der Verteidigung der Rechtsordnung für sich allein nicht geeignet, um die Notwendigkeit weiterer Vollstreckung auszuschließen (Stree aaO S 291; probl Nürnberg NStZ 82, 509 und 83, 319); das gilt um so mehr, als der selbständige Versagungsgrund der Verteidigung der Rechtsordnung im Gesetzgebungsverfahren ausdrücklich als im konkreten Einzelfall „unangemessen" ausgeschieden worden ist (BT-Dr 8/3857 S 12; Frankfurt NStZ 94, 54). Die **Gesamtwürdigung** des Gebotenseins hat deshalb die progressive Steigerung der Straf- und Vollzugswirkungen zu beachten, die mit dem Fortschreiten der Zeit und dem Ansteigen des Lebensalters verbunden ist (BVerfG NStZ 96, 53; s auch Scheffler JR 96, 485), und vor allem die nach der Tat eingetretenen Umstände in der Persönlichkeit, zB hohes Alter (dazu BVerfGE 72, 105 mit Anm Laubenthal JZ 86, 850; Frankfurt NJW 86, 598 und NStZ 87, 329; Hamm NStZ 86,

315), Krankheit (namentlich krankheitsbedingter Persönlichkeitsabbau, Karlsruhe MDR 91, 892; LG Lübeck StV 95, 33), Veränderung der Charakterstruktur, tadelfreies Verhalten im Vollzug (Koblenz StV 94, 382), Wiedergutmachungsbemühungen oder andere besondere Verdienste, zu berücksichtigen (Düsseldorf NStZ 90, 509; Karlsruhe NStZ 91, 37 und StV 94, 29).

c) Nr 3: Günstige Täterprognose. Die Anforderungen stimmen mit denen der Aussetzung bei zeitiger Freiheitsstrafe überein (§ 57 I S 1 Nr 2 iVm S 2; vgl dort 7–10). In diesem Bereich der Hochkriminalität ist bei der Erarbeitung der Prognose äußerste Sorgfalt geboten. Auf der einen Seite darf auch ein nur verhältnismäßig geringes Risiko, daß der Verurteilte erneut ein Tötungsdelikt oder ein anderes schweres Verbrechen begeht, nicht eingegangen werden (BT-Dr 8/3218 S 6; näher Bode aaO [vgl 1] S 342); namentlich bei sexuell motivierten, an Kindern oder Frauen begangenen Gewalttaten hat das einen hohen Stellenwert. Auf der anderen Seite hat der grundsätzliche Freiheitsanspruch des Verurteilten wegen der regelmäßig zurückgelegten langen Haftzeit großes Gewicht (BVerfG NJW 92, 2344). Für die damit erforderliche Abwägung hat sich das Gericht – schon von Verfassungs wegen – um eine möglichst breite Tatsachenbasis zu bemühen (insoweit überziehend Brandenburg NStZ 96, 405 mit krit Anm Kröber NStZ 96, 567) und die für das Ergebnis maßgeblichen Gesichtspunkte näher darzulegen (BVerfG aaO; s auch Lübeck StV 95, 33). – Zur Gewährleistung einer zuverlässigen Prognose darf das Gericht – auch nach gnadenweiser (vgl 8) Umwandlung der lebenslangen in eine zeitige Freiheitsstrafe (Hamm NStZ 89, 267 mit Anm Laubenthal JR 89, 434; aM Fischer KK 41 zu § 454; zw) – die Aussetzung nicht anordnen (wohl aber ablehnen, BT-Dr aaO S 8), bevor ein **Sachverständigengutachten,** das dem Gericht die Letztverantwortung für die Entscheidung nicht abnehmen kann, eingeholt wurde, namentlich über die Frage, ob keine Gefahr mehr besteht, daß die durch die Tat zutage getretene Gefährlichkeit fortbesteht (§ 454 I S 5 StPO); weigert sich der Verurteilte, an der Begutachtung mitzuwirken, so scheidet die Aussetzung aus (Karlsruhe NStZ 91, 207 mwN; beachte auch NJW 93, 2449 mit Bespr Rasch NStZ 93, 509, Blau JR 94, 32, Bringewat BewH 94, 96 und Schüler-Springorum StV 94, 255). – **Einwilligung** des Verurteilten 11 zu § 57. Wird infolge Versagung der Einwilligung die Aussetzung abgelehnt, so fehlt es für eine selbständige Entscheidung, bis wann der Ausschlußgrund der besonderen Schuldschwere der Aussetzung entgegensteht, an einer gesetzlichen Grundlage (vgl 13); zur Begründung genügt in diesem Falle die bloße Feststellung des Fehlens der Einwilligung (Düsseldorf NJW 93, 1665). Da diese bis zur Rechtskraft des Aussetzungsbeschlusses, auch noch im Beschwerdeverfahren, zurückgenommen werden kann (11 zu § 57), zwingt die Rücknahme dazu, einen bereits erlassenen Aussetzungsbeschluß – ggf auch durch das Beschwerdegericht – aufzuheben; damit wird zugleich die mit der Aussetzung verbundene Bestimmung 11 der Mindestverbüßungszeit (vgl 13) gegenstandslos (Celle und LG Hannover StV 96, 220, beide mit Anm Plähn).

12 **5.** Zur Rechtslage beim **Zusammentreffen der lebenslangen Freiheitsstrafe mit anderen Strafen** vgl § 57 b.

13 **6. a)** Bei Vorliegen der Voraussetzungen des Abs 1 ist die Aussetzung **obligatorisch** (Böhm NJW 82, 135). Wird sie – sei es auch nur wegen schlechter Prognose (Stree NStZ 92, 464, 467; zw) – abgelehnt, so ist aufgrund verfassungskonformer Auslegung zugleich auszusprechen, **bis wann** der Ausschlußgrund besonderer Schuldschwere der Aussetzung entgegensteht (BVerfGE 86, 288, 331 und BVerfG NJW 93, 1124); dabei wird nach einer inzwischen gefestigten Rechtspraxis die Grenze im allgemeinen zwischen 15 und 25 Jahren festgesetzt, jedoch in Einzelfällen von außergewöhnlichem Unrechts- und Schuldgehalt auch erheblich überschritten (vgl etwa BVerfG NJW 95, 3244 und NStZ 96, 53; Karlsruhe MDR 95, 841). – Dieser für den Gesamtbereich der lebenslangen Freiheitsstrafe geltende (Kintzi aaO [vgl 2] S 342) Eingriff in die frühere Rechtspraxis (zusf Frankfurt NStZ 83, 555 mwN) räumt zahlreiche im Schrifttum erhobene Einwendungen aus (dazu ua Groß ZRP 79, 133, 135; Horn ZRP 80, 62; Revel aaO [vgl 3 a] S 17) und bedeutet deshalb einen Fortschritt (Rotthaus NStZ 93, 218; krit Stark JZ 94, 189, 190); er läßt aber wegen seiner Unbestimmtheit namentlich in Extremfällen zahlreiche Fragen offen, wie die jeweils relevanten Schuldelemente konkret in Zeiteinheiten umzusetzen sind (krit insoweit Scheffler JR 96, 485). – Darüber hinaus bietet das Gesetz für einen vorgezogenen isolierten Feststellungsbeschluß über das Vorliegen besonderer Schuldschwere (BVerfG NJW 95, 3246; aM Hamburg JR 95, 299 und 96, 247 mit abl Anm Kintzi; Böhm JR 95, 302) oder über den Zeitpunkt, bis zu dem der Ausschlußgrund wirkt (so Brandenburg NStZ 95, 547), keine zureichende Grundlage (Frankfurt StV 95, 539 mwN). Umgekehrt ist es jedoch nicht ausgeschlossen, diesen bereits bindend festgelegten Zeitpunkt zugunsten des Verurteilten vorzuverlegen, wenn aufgrund neuer nicht schuldrelevanter Umstände die Gesamtwürdigung (vgl 10) nur noch eine kürzere Vollstreckungszeit geboten erscheinen läßt (Frankfurt NStZ 96, 56).

14 **b)** Zum **Absehen von der Aussetzung** nach Abs 1 S 2 iVm § 57 V vgl dort 25, 26.

15 **7.** Da lebenslange Freiheitsstrafe mit Sicherungsverwahrung idR nicht verbunden werden kann (4, 10 zu § 66), kommt ihr **Zusammentreffen** allenfalls mit Unterbringungen nach §§ 63, 64 in Frage, hat aber trotz gewisser theoretischer Relevanz (dazu Böhm NJW 82, 135, 139) kaum praktische Bedeutung (Tröndle 4). Für etwa vorkommende Ausnahmefälle gelten die Ausführungen unter 21, 22 zu § 57 weitgehend sinngemäß.

16 **8. Abs 3** (weitere Anordnungen): Die **Bewährungszeit** ist fest bestimmt, kann auch nicht nachträglich verkürzt, wohl aber unter den

Voraussetzungen des § 56 f II (dort 11) um nicht mehr als die Hälfte verlängert werden. – Die **Ausgestaltung der Bewährungszeit** entspricht der Regelung des § 57 (dort 23, 24). Dasselbe gilt auch für den **Widerruf** der Aussetzung und den **Straferlaß** (§§ 56 f, 56 g); da jedoch der Widerruf für den Verurteilten insofern einen tiefen Eingriff bedeutet, als er die Vollstreckung der zeitlich unbegrenzten („lebenslangen") Freiheitsstrafe wieder eröffnet, ist bei Vorsatztaten geringerer Schwere und bei Fahrlässigkeitstaten nur ausnahmsweise die Annahme begründbar, daß sich die Erwartung, die der Aussetzung zugrundelag, nicht erfüllt habe (Tröndle 15). Nach einem Widerruf steht bei später günstiger Prognose einer erneuten Aussetzung nichts im Wege (Kunert NStZ 82, 89, 92).

9. Zuständig ist die (große) Strafvollstreckungskammer (§ 462 a I StPO, §§ 78 a, 78 b GVG). – Zur Möglichkeit einer landesgesetzlich anzuordnenden **Zuständigkeitskonzentration** auf der Ebene der Beschwerdeinstanz (OLG) § 9 EGGVG. 17

10. a) Das Urteil des erkennenden Gerichts unterliegt aufgrund verfassungskonformer Auslegung auch insoweit der **Revision,** als die „Gewichtung der Schuld unter dem Gesichtspunkt ihrer besonderen Schwere im Urteil vorgenommen" wurde (BVerfGE 86, 288, 323). Nach der Systematik des Revisionsverfahrens kann das nur so verstanden werden, daß ein Urteil mit der Rüge, es fehle an einer Schuldgewichtung, ebenso angefochten werden kann wie mit der Rüge, die Schuldgewichtung sei falsch (Stree NStZ 92, 464, 465; Sch/Sch-Stree 6 a). Das Ausmaß der revisionsrichterlichen Kontrolle stimmt mit dem bei der Strafzumessung (50–52 zu § 46) überein (Stree aaO). Im übrigen gibt es hier zahlreiche prozeßrechtliche Zweifelsfragen, weil sich die verfassungskonforme Auslegung des BVerfG offensichtlich nicht in das Verfahrenssystem, namentlich der §§ 260, 265, 267, 337 StPO, einfügt (dazu Meurer JR 92, 441, 446; beachte auch BGHSt 39, 121 und 208 mit Anm Stree JR 94, 166; BGHSt 41, 57; NStZ 93, 449; NJW 96, 3285; NStZ-RR 96, 321; Hamm MDR 93, 997; Gribbohm LK 57–61). 18

b) Verfahren des Vollstreckungsgerichts § 454 StPO. Aufgrund verfassungskonformer Auslegung ist die Frage der Aussetzung auf Antrag oder **von Amts wegen** so **rechtzeitig** zu prüfen und über sie zu entscheiden, daß die Vollzugsbehörden die zur Vorbereitung der Entlassung erforderlichen Maßnahmen ohne eigene Beurteilung der Schuldschwere und ohne Verzögerung der Entlassung treffen können (BVerfGE 86, 288, 331; s auch Rotthaus NStZ 93, 218). Das kann im Einzelfall schon vor Ablauf der in § 454 I S 4 StPO bezeichneten Verbüßungszeit von 13 Jahren erforderlich sein (BVerfG aaO und NJW 95, 3246; Frankfurt StV 95, 539; Hamburg StV 96, 677 mit Anm Ritter), darf aber nicht unnötig früh geschehen, weil sonst die Entscheidungsgrundlage (vgl 10) ohne zureichenden sachlichen Grund verkürzt würde (Karlsruhe StV 94, 29; beachte auch LG Bonn MDR 95, 190; probl 19

LG Marburg NStZ 94, 253; Boetticher aaO [vgl 2] S 778). Wird die Aussetzung abgelehnt, so bedarf es des unter 13 beschriebenen besonderen Ausspruchs, der für das weitere Verfahren verbindlich ist (BVerfG 86, 288, 332). Für Antragstellung, Wiederholung von Anträgen, Antragsbefugnis, rechtliches Gehör und Wirksamwerden der Aussetzung gelten die Ausführungen unter 29–39 zu § 57 sinngemäß, soweit nicht die beschriebenen verfassungsgerichtlichen Anforderungen strenger sind (beachte ergänzend Abs 4; § 454 I S 4 Nr 1, 2 StPO). Im übrigen wirft die Entscheidung des BVerfG auch hier zahlreiche Zweifelsfragen auf, die noch nicht abschließend geklärt sind, aber ausschließlich prozessuale Bedeutung haben (näher dazu Meurer JR 92, 441, 446; s auch Karlsruhe MDR 93, 1110 sowie oben 7).

20 **11.** Zur Aussetzung des Strafrestes und zum Widerruf der Aussetzung bei lebenslangen Freiheitsstrafen, die **vor Wirksamwerden des Beitritts** (Art 1 I EV) **in der DDR verhängt** worden sind, 31 zu § 2.

§ 57 b Aussetzung des Strafrestes bei lebenslanger Freiheitsstrafe als Gesamtstrafe

Ist auf lebenslange Freiheitsstrafe als Gesamtstrafe erkannt, so werden bei der Feststellung der besonderen Schwere der Schuld (§ 57 a Abs. 1 Satz 1 Nr. 2) die einzelnen Straftaten zusammenfassend gewürdigt.

1 **1.** Die auf dem 23. StÄG (2 vor § 56) beruhende Vorschrift behandelt – zusammen mit den ebenfalls geänderten §§ 53 I, II, 54 I, II – die im 20. StÄG (9 vor § 1) unterbliebene Regelung der sog **Mehrfachtäterfrage** (krit zum früheren Recht Böhm NJW 82, 135; v Bubnoff JR 82, 441; Lackner, Leferenz-FS, S 609).

2 **2. Anknüpfungspunkt** für die Prüfung der Voraussetzungen des § 57 a I ist ausschließlich die **Gesamtstrafe.** Sie gilt alle abgeurteilten Taten ab (3 zu § 53). Es ergibt sich daher schon aus dem Gesamtstrafenprinzip, wird also durch § 57 b nur deklaratorisch klargestellt, daß der Bewertung nach der Schuldschwereklausel (§ 57 a I Nr 2) die Gesamtheit der Taten zugrundezulegen ist. Die Rspr des BVerfG (2 zu § 57 a) erfordert folgende Differenzierungen:

3 **a)** aa) In den Fällen, die von der Entscheidung des BVerfG (E 86, 288) erfaßt werden, ist die Prüfung der **besonderen Schuldschwere** dem **erkennenden Gericht** vorbehalten (3 zu § 57 a). Sie stützt sich nicht nur auf die Einzeltaten, bei denen einzelne schon für sich die besondere Schuldschwere begründen können (3 StR 469/96 v 20. 11. 1996 – zur Veröffentl bestimmt). Erforderlich ist stets in bezug auf die Gesamtheit der Taten eine zusammenfassende Würdigung im Sinne des § 54 I S 3, die den unter 3 a–5 a zu § 57 a beschriebenen Regeln folgt; sie unterscheidet sich lediglich insofern von der „zusammenfassenden Würdigung" bei Bildung einer Gesamtstrafe, als sie nur auf die Schuldschwere bezogen ist und deshalb präventive Strafzwecke nicht zur

Geltung bringen darf. Mit dieser Maßgabe kommt es darauf an, ob sich aus den Gesamtumständen, namentlich der Zahl und Schwere der einzelnen Taten, ihrem Verhältnis zueinander, ihrem sachlichen, zeitlichen und situativen Zusammenhang (dazu BGHSt 39, 121, 126; Koblenz StV 94, 382) sowie ihrer größeren oder geringeren Selbständigkeit, die erforderliche erhebliche Schuldsteigerung ableiten läßt (3 a–5 a zu § 57 a; Stree NStZ 92, 464, 465; s auch BGHSt-GS-40, 360). Bei schweren Einzelstrafen neben der Einsatzstrafe wird das nicht nur ausnahmsweise, sondern häufiger zu bejahen sein (der BRat hält es sogar für die Regel, BT-Dr 10/2720 S 23; ebenso Tröndle 2).

bb) Das positive Ergebnis der Schuldgewichtung gehört auch hier in 4
den Urteilsspruch, das negative in die Urteilsgründe (6 zu § 57 a). – Bei **nachträglicher Gesamtstrafenbildung nach § 55** schlagen die einbezogenen Einzelstrafen bei der zusammenfassenden Schuldgewichtung zu Buch. Diese kann dazu führen, daß die von einer einbezogenen lebenslangen Freiheitsstrafe noch nicht erreichte besondere Schuldschwere durch die Gesamtheit der Taten erreicht wird; umgekehrt kann die mit einer solchen Strafe bereits verbundene Schuldschwerefeststellung nicht wegfallen, weil sie bindend ist und durch die hinzukommenden Einzeltaten nur vergrößert werden kann. Wird eine Verurteilung zu lebenslanger Freiheitsstrafe aus einem Altfall einbezogen, ist das Ausmaß ihrer Bindungswirkung zweifelhaft. Da das erkennende Gericht hier keine überlegenen Aufklärungsmöglichkeiten hat, liegt es nahe, die Gewichtung der Schuldschwere denselben Beweiseinschränkungen zu unterwerfen wie sonst in Altfällen (7 zu § 57 a). Andererseits entscheidet aber das Gericht als erkennendes Gericht und regelmäßig sehr viel früher und deshalb sachnäher als das Vollstreckungsgericht (Kintzi DRiZ 93, 341, 345), so daß sich mangels ausreichender Übereinstimmung der Sachlage eine Übertragung der für das Vollstreckungsgericht geltenden Einschränkungen in das Erkenntnisverfahren schwer rechtfertigen läßt (zw; anders die Voraufl); mit dem Gesetz unvereinbar ist jedenfalls die Annahme, daß in solchen Fällen nur eine Gesamtstrafe zu bilden, die Schuldschwerefeststellung aber der späteren Entscheidung der Strafvollstreckungskammer zu überlassen sein (so aber LG Hannover StV 96, 220 mit Anm Plähn). – Sinngemäß dasselbe gilt auch für **nachträgliche Gesamtstrafenbildungen** nach § 460 StPO (Hamm NStZ 96, 301; Gribbohm LK 12); daß hier der Gesichtspunkt der Sachnähe dadurch an Gewicht verliert, daß das erkennende Gericht die Entscheidung häufig in neuer Besetzung treffen wird, dürfte nicht ausschlaggebend sein (zw; anders die Voraufl).

b) Die Prüfung des **Vollstreckungsgerichts,** ob weitere Vollstrek- 5
kung geboten ist (10 zu § 57 a), muß auf der verbindlichen Gesamtschuldgewichtung des Tatrichters aufbauen (9 zu § 57 a) oder diese in Altfällen mit den unter 7 zu § 57 a beschriebenen Einschränkungen vornehmen. Hier können sich bei gehäuftem Zusammentreffen schwerer Straftaten noch weitgehend ungelöste Fragen der Umsetzung

der jeweils relevanten Schuldelemente in feste Zeiteinheiten ergeben (beachte dazu 13 zu § 57 a).

6 **3.** § 57 a II (dort 8) gilt auch für **Freiheitsentziehungen** aus Anlaß von Taten, die der Gesamtstrafenbildung zugrunde liegen, deretwegen aber nur zeitige Freiheitsstrafe als Einzelstrafe verwirkt ist (zw); mindestens unter den Voraussetzungen des § 57 IV müssen sie wie verbüßte Strafe behandelt werden.

7 **4.** Nach Art 316 II EGStGB gilt **§ 460 StPO** sinngemäß, wenn jemand vor dem Inkrafttreten des 23. StÄG zu mehreren lebenslangen Freiheitsstrafen oder zu lebenslanger und zeitiger Freiheitsstrafe verurteilt worden ist und wenn nach neuem Recht auf eine lebenslange Freiheitsstrafe als Gesamtstrafe erkannt worden wäre. Danach ist die nachträgliche Gesamtstrafenbildung in allen einschlägigen Altfällen vorgeschrieben, gleichgültig ob die mehreren Strafen in einem Urteil oder in verschiedenen Urteilen verhängt oder ob sie im Urteilstenor oder aufgrund des aufgehobenen § 260 IV S 5 StPO in den Urteilsgründen ausgesprochen worden sind. Zuständig ist die Strafvollstreckungskammer (§ 462 a I StPO).

8 **5.** Mehrere **nicht gesamtstrafenfähige Verurteilungen** bleiben mangels einer besonderen Vorschrift selbständig und sind nach den allgemeinen Regeln nacheinander zu vollstrecken (§ 454 b StPO). Das kann zu problematischen Ergebnissen führen. Vor allem kann der nachträglichen Gesamtstrafenbildung nach § 55 (oder nach § 460 StPO) die Zäsurwirkung von Vorverurteilungen mit der Folge entgegenstehen, daß uU bereits gebildete Gesamtstrafen aufzulösen und mehrere Gesamt- (oder Einzel-)strafen zu bilden sind (7 zu § 55). Bei einer für den Verurteilten ungünstigen Reihenfolge seiner Taten und Verurteilungen kann sich eine solche Mehrzahl von Strafen und Mindestverbüßungszeiten ergeben, daß für ihn die verfassungsrechtlich gewährleistete Chance, seine Freiheit wieder zu erlangen, von vornherein nicht besteht (dazu Scheffler JR 96, 485, 489); in solchen Fällen sind die Mindestverbüßungszeiten in dem verfassungsrechtlich gebotenen Umfang herabzusetzen (aM Gribbohm LK 9: der Täter habe durch seine weiteren Taten die Chance, in absehbarer Zeit wieder frei zu kommen, verwirkt; ähnlich auch Sch/Sch-Stree 11 a; zw).

§ 58 Gesamtstrafe und Strafaussetzung

(1) **Hat jemand mehrere Straftaten begangen, so ist für die Strafaussetzung nach § 56 die Höhe der Gesamtstrafe maßgebend.**

(2) **Ist in den Fällen des § 55 Abs. 1 die Vollstreckung der in der früheren Entscheidung verhängten Freiheitsstrafe ganz oder für den Strafrest zur Bewährung ausgesetzt und wird auch die Gesamtstrafe zur Bewährung ausgesetzt, so verkürzt sich das Mindestmaß der neuen Bewährungszeit um die bereits abgelaufene Bewährungszeit, jedoch nicht auf weniger als ein Jahr. Wird die Gesamtstrafe nicht zur Bewährung ausgesetzt, so gilt § 56 f Abs. 3 entsprechend.**

1. a) Nach **Abs 1** sind auch für die **Gesamtstrafe** die zeitlichen Schranken der Strafaussetzung nach § 56 (dort 5) maßgebend (BGHSt 25, 142; krit Sieg MDR 81, 373). Dasselbe gilt für die Aussetzung des Strafrestes im Hinblick auf das Erfordernis der Teilverbüßung nach § 57 I Nr 1, II. – In Fällen des § 56 II (dort 18–21) oder des § 57 II Nr 2 (dort 17) kommt es für das Vorliegen besonderer Umstände auf eine Gesamtwürdigung aller Taten (einschl der Täterpersönlichkeit) an, für die Einzelstrafen verhängt worden sind (so schon zu § 56 II aF BGHSt 29, 370; wistra 86, 105, beide mwN). 1

b) Der Grundsatz gilt uneingeschränkt auch bei **nachträglicher Gesamtstrafenbildung** nach § 55 (BGHSt 29, 370). 2

aa) Auch wenn in der früheren Entscheidung die Aussetzung für eine Einzel- oder Gesamtstrafe bereits abgelehnt oder widerrufen war, steht das einer Aussetzung der neuen Gesamtstrafe nicht zwingend entgegen (LG Bayreuth NJW 70, 2122).

bb) War in der früheren Entscheidung die Vollstreckung einer Freiheitsstrafe ausgesetzt (dazu 3 zu § 55), so entfällt die Aussetzung mit den auf ihr beruhenden weiteren Anordnungen (Hamm NStZ 91, 558 mwN). Über sie ist unter Berücksichtigung der zeitlichen Schranken des § 56 neu zu entscheiden (probl Hamm MDR 75, 948). Die Zulässigkeit des Widerrufs der Aussetzung bestimmt sich dann ausschließlich nach der neuen Entscheidung; daher begründen Straftaten, die während einer in den einbezogenen Entscheidungen festgesetzten Bewährungszeit, aber vor Anordnung der Aussetzung in der Gesamtstrafenentscheidung (beachte dazu § 56 f I S 2; Stuttgart MDR 92, 1067) begangen wurden, den Widerruf nicht (Karlsruhe NStZ 88, 364; Düsseldorf StV 91, 30; s auch Celle NdsRpfl 95, 23, alle mwN). – Wenn die einzubeziehende zur Bewährung ausgesetzte Strafe nur deshalb unerledigt ist, weil über den Straferlaß noch zu entscheiden ist, hat die Fortsetzung des Bewährungsverfahrens keinen Vorrang (3 zu § 55; 1 zu § 56 g); das hier je nach den Umständen entstehende Spannungsverhältnis ist in der Gesamtstrafe unter Beachtung des Verhältnismäßigkeitsgrundsatzes aufzulösen (NJW 91, 2847 mwN); namentlich sind die Härten auszugleichen, die sich in Einzelfällen für den Verurteilten daraus ergeben können, daß er trotz Fehlens eines Widerrufsgrundes so gestellt wird, als ob die Aussetzung widerrufen worden wäre (NStZ 93, 235). 2a

cc) Der Eintritt der Voraussetzungen des § 57 ist ausschließlich nach der neuen Entscheidung zu beurteilen. 2b

2. a) Abs 2 sieht keine Anrechnung, sondern nur eine Erweiterung des gesetzlichen Rahmens der Bewährungszeit (§ 56 a I) nach unten vor, um damit die Berücksichtigung bereits abgelaufener Bewährungszeit zu ermöglichen; die Bewährungszeit ist innerhalb des erweiterten Rahmens nach pflichtmäßigem Ermessen (50 zu § 46) neu zu bestimmen. 3

b) Zu S 2 vgl 14 zu § 56 f. Auch hier ist die Anrechnung mit der Bildung der Gesamtstrafe zu verbinden und nicht durch nachträgliche Entscheidung nachholbar (Bay MDR 85, 70). Aus systematischen 4

Gründen muß das durch Ausspruch der Anrechnung auf die Vollstrekkungsdauer, nicht durch Herabsetzung der Gesamtstrafe selbst geschehen (BGHSt 36, 378 mit Anm Weber NStZ 91, 35; NStZ-RR 96, 162; beachte auch BGHSt 35, 238; Bay StV 91, 264 und wistra 94, 310, alle mwN). – Das Ermessen, die Anrechnung zu versagen, ist im Hinblick auf die von § 56 f III verschiedene Ausgangslage eingeschränkt (BGHSt 33, 326 mit Anm Frank JR 86, 378, beide mwN). Der pflichtmäßigem Ermessen (50 zu § 46) unterliegende Anrechnungsmaßstab ist an dem Ziel zu orientieren, einen angemessenen Härteausgleich im Hinblick darauf zu gewähren, daß die Leistungen im Sinne des § 56 f III nicht erstattet werden (BGH aaO); das Tagessatzsystem kann dafür Anhaltspunkte bieten, ist als alleiniger Maßstab (so Horn StV 92, 537) aber zu starr (weiter einschr Celle NStZ 92, 336, das eine Orientierung am Tagessatzsystem verwirft).

5. Titel. Verwarnung mit Strafvorbehalt. Absehen von Strafe

Vorbemerkung

1 **1.** Die **Verwarnung mit Strafvorbehalt** (§§ 59–59 c) bildet nach dem Reformprogramm des **2. StrRG** (4 vor § 1) die leichteste und zugleich „resozialisierungsfreundlichste" Sanktion im Strafensystem, deren Anwendung allerdings auf besonders gelagerte Ausnahmefälle beschränkt worden ist. In den gesetzgeberischen Beratungen war das Institut unter gegenläufigen Gesichtspunkten umstritten. Teils wurde von seiner Einführung eine Schwächung der generalpräventiven Wirkung des Strafrechts befürchtet und ihr daher widerraten (Begr zum E 1962 S 196), teils wurde aber auch eine Lösung empfohlen, die dieser untersten Stufe strafrechtlicher Reaktion zu einem breiten Anwendungsbereich verholfen hätte (§ 57 AE).

2 **2.** Die schließlich Gesetz gewordene Fassung ist ein **Kompromiß,** mit dem zwar nicht ganz auf die kriminalpolitisch wünschenswerten Vorzüge einer bloßen Verwarnung (Vermeidung des Strafmakels) verzichtet, die Maßnahme aber einer kleinen Gruppe kriminell ungefährdeter Täter vorbehalten wird (krit Schöch JR 78, 74). Er ist bis in die Gegenwart umstritten geblieben (vgl etwa Rezbach, Die Verwarnung mit Strafvorbehalt, 1970; Dreher, Maurach-FS, S 275; Zipf JuS 74, 137, 145; zusf Wiss Jura 89, 622); jedoch haben sich in jüngerer Vergangenheit die Bestrebungen zur Erweiterung sowohl in der Gesetzgebungsebene (3 vor § 38) als auch im Schrifttum (1 zu § 59) verstärkt.

§ 59 Voraussetzungen der Verwarnung mit Strafvorbehalt

(1) **Hat jemand Geldstrafe bis zu einhundertachtzig Tagessätzen verwirkt, so kann das Gericht ihn neben dem Schuldspruch verwarnen, die Strafe bestimmen und die Verurteilung zu dieser Strafe vorbehalten, wenn**

1. **zu erwarten ist, daß der Täter künftig auch ohne Verurteilung zu Strafe keine Straftaten mehr begehen wird,**

2. eine Gesamtwürdigung der Tat und der Persönlichkeit des Täters besondere Umstände ergibt, nach denen es angezeigt ist, ihn von der Verurteilung zu Strafe zu verschonen, und

3. die Verteidigung der Rechtsordnung die Verurteilung zu Strafe nicht gebietet.

§ 56 Abs. 1 Satz 2 gilt entsprechend.

(2) **Die Verwarnung mit Strafvorbehalt ist in der Regel ausgeschlossen, wenn der Täter während der letzten drei Jahre vor der Tat mit Strafvorbehalt verwarnt oder zu Strafe verurteilt worden ist.**

(3) **Neben der Verwarnung kann auf Verfall, Einziehung oder Unbrauchbarmachung erkannt werden. Neben Maßregeln der Besserung und Sicherung ist die Verwarnung mit Strafvorbehalt nicht zulässig.**

1. Die Vorschrift (zusf Wiss Jura 89, 622) sieht **die mildeste Sank-** 1
tion des StGB vor. Indem zwar die Schuld des Täters festgestellt, die verwirkte Geldstrafe auch bestimmt, ihre Verhängung aber ausgesetzt wird, bleibt der Täter bei Bestehen der Bewährungszeit nicht nur von der Vollstreckung, sondern schon von der Verurteilung verschont. Er ist daher unbestraft (BT-Dr V/4095 S 24). Nach der Konzeption der Abs 1, 2 hat die Vorschrift **Ausnahmecharakter** (Stuttgart NStZ-RR 96, 75; Gribbohm LK 8, 14; krit Baumann JZ 80, 464; Legat DAR 85, 105; Dencker StV 86, 399; Dölling ZStW 104, 259, 269; Schöch, Baumann-FS, S 255; beachte dagegen Cremer NStZ 82, 449).

2. Die **Rechtsnatur** der Verwarnung ist ungeklärt. Eine Strafe ist 2
sie schon deshalb nicht, weil ihre Funktion gerade darin besteht, Strafe zu verhüten (Dreher, Maurach-FS, S 275, 294). Sie dürfte als Reaktionsmittel eigener Art mit maßnahmeähnlichem Charakter anzusehen sein, das durch Mißbilligung der Tat und Inpflichtnahme des Täters eine Besinnungswirkung für die Zukunft anstrebt (Dreher aaO).

3. Die **verwirkte Strafe** (bei Tatmehrheit ist das die Gesamtstra- 3
fe, § 59 c I) kann nur eine Geldstrafe sein (hM; vgl etwa Bay NJW 76, 301 und NStZ 82, 258 mit Anm Meyer-Goßner). Neben Strafe ist eine Verwarnung nicht zulässig. Daher sind Verurteilung zu Freiheitsstrafe und Verwarnung wegen der nach §§ 41 oder 53 II daneben verwirkten kumulativen Geldstrafe (BT-Dr V/4095 S 25) sowie Beschränkung der Verwarnung auf einen Teil der Geldstrafe nicht möglich. Im Hinblick auf den Wortlaut der §§ 44 I, 103 II, 165 I, 200 I ist auch für ein Fahrverbot (hM; vgl Stuttgart MDR 94, 932; anders Schöch JR 78, 74) oder eine öffentliche Bekanntmachung (hM; anders Herdegen LK 3 zu § 165) neben der Verwarnung kein Raum. Zur Verbindung mit Maßnahmen (§ 11 I Nr 8) vgl Abs 3. Daß der Täter anrechnungsfähige Freiheitsentziehung erlitten hat, ist kein Hinderungsgrund.

4 **4.** Zu den **materiellen Voraussetzungen** des Abs 1:

a) Das Erfordernis einer **günstigen Täterprognose** deckt sich im wesentlichen mit dem bei Strafaussetzung (8–14 zu § 56); es ist jedoch schon dann nicht erfüllt, wenn vom Täter geringfügige Straftaten zu erwarten sind (Sch/Sch-Stree 8).

5 **b) Gesamtwürdigung** von Tat und Täterpersönlichkeit im Hinblick auf **besondere Umstände** (Nr 2) 2 zu § 47; 19 zu § 56.

aa) Die danach erforderliche besondere **Privilegierungswürdigkeit** setzt deutliche Besonderheiten gegenüber vergleichbaren, gewöhnlich vorkommenden Durchschnittstaten (Stuttgart NStZ-RR 96, 75) oder -tätern voraus (Bay JR 76, 511 mit Anm Zipf; Köln NStZ 82, 333). Sie werden meist darin bestehen, daß die Tat im Hinblick auf den besonders geringen Unrechts- und Schuldgehalt (Bay NJW 90, 58), die Motive des Täters (LG Ellwangen StV 89, 112; AG Bremen StV 85, 19) oder die Ungewöhnlichkeit der Tatumstände (LG Berlin wistra 96, 72 mit Anm Hohmann/Sander) auch für den rechtstreuen Bürger einfühlbar ist, daß von der Bestrafung außerhalb des Strafzwecks liegende besondere Nachteile, namentlich beruflicher Art, zu befürchten sind (Dreher, Maurach-FS, S 275, 293; Sch/Sch-Stree 11–14; krit Grünwald, Schaffstein-FS, S 219, 237; Baumann JZ 80, 464; aM Horn ZStW 89, 547, 550) oder daß der Täter selbst schwere Tatfolgen erlitten hat (Bay NJW 90, 58). Im allgemeinen wird die Voraussetzung nur bei Konfliktstätern, bei kriminell ungefährdeten Gelegenheitstätern, bei gewissen Tätergruppen mit gemindertem Unrechtsbewußtsein (zB unversteuerte Parteispenden, Schöch aaO [vgl 1] S 260, 264) und – im Hinblick auf Abs 3 des § 59 a – bisweilen auch bei solchen drogenabhängigen Tätern zu bejahen sein, die ihren eigenen Rauschmittelbedarf unmittelbar oder im Wege sog Beschaffungskriminalität decken (probl AG Tiergarten StV 86, 389). Die Beschränkung auf außergewöhnliche Konfliktlagen (19 zu § 56) ist auch hier zu eng (bei Dallinger MDR 76, 14; Bay aaO). Die Maßstäbe entsprechen vielmehr denen, die zu § 56 II entwickelt worden sind (LG Bremen StV 86, 388; weiter Bay aaO). Danach kommen auch Verkehrsdelikte in Frage (Stuttgart MDR 94, 932 mwN); sie werden jedoch meist nicht erfaßt, weil sie nur selten aus dem Durchschnittsrahmen herausfallen (Hamm NJW 76, 1221; Düsseldorf NStZ 85, 362 und NZV 91, 435; weniger restriktiv AG Alzey DAR 75, 163; Zweibrücken NStZ 84, 312 mit Anm Lackner/Gehrig; Zweibrücken StV 86, 385; Legat DAR 85, 105; Buschbell DAR 91, 168).

6 bb) Den Täter von der Verurteilung zu verschonen, kann danach **angezeigt** sein, wenn wegen der beschriebenen Besonderheiten sich schon die Verhängung des Strafübels als kriminalpolitisch überflüssig oder als sozial unverhältnismäßig erweist; das kann namentlich praktisch werden, wenn für die an sich begründete Einstellung des Verfahrens nach §§ 153, 153 a StPO die erforderliche Zustimmung eines Verfahrensbeteiligten fehlt (StV 95, 19; Zweibrücken StV 86, 387; LG Berlin aaO [vgl 5]; Horn

NJW 80, 106; Dencker StV 86, 399). Jedoch darf bei Vorliegen der Voraussetzungen die Verwarnung nicht nur deshalb versagt werden, weil dem Täter kein unverhältnismäßiger sozialer Nachteil droht (Zweibrücken NStZ 84, 312 mwN; str). Umgekehrt darf sie bei Fehlen der Voraussetzungen nicht allein auf eine überlange Verfahrensdauer gestützt werden (BGHSt 27, 274 mit abl Anm Peters JR 78, 247; zw); diese kann im Einzelfall aber zu der Annahme beitragen, daß die Voraussetzungen im Laufe des Verfahrens erfüllt worden sind (wistra 94, 345).

c) Zu dem **generalpräventiven Ausschlußgrund der Verteidigung der Rechtsordnung** (Nr 3) 4, 5 zu § 47; 16, 17 zu § 56. Er kommt vor allem bei Verkehrsdelikten in Frage, die auf Leichtsinn oder Verantwortungslosigkeit beruhen. 7

d) Die Würdigung der Voraussetzungen des Abs 1 ist **Aufgabe des Tatrichters** und daher nur begrenzt nachprüfbar (Bay NJW 90, 58 mwN). 8

5. Abs 2 soll sicherstellen, daß möglichst nur Ersttäter oder wenigstens kriminell Ungefährdete erfaßt werden. Ein Abweichen von der Regel ist nur erwägenswert, wenn zwischen der früheren und der neuen Tat kein kriminologisch faßbarer Zusammenhang besteht. 9

6. Abs 1 ist **Kann-Vorschrift.** An sich steht daher der Ausspruch der Verwarnung im pflichtmäßigen Ermessen des Gerichts (50 zu § 46). Wenn es jedoch „angezeigt" ist, den Täter von der Verurteilung zu Strafe zu verschonen, und generalpräventive Gründe nicht entgegenstehen, gibt es regelmäßig keine mit den Zwecken des Strafrechts vereinbaren Versagungsgründe (Celle StV 88, 109; aM Gribbohm LK 18, beide mwN). 10

7. Verfahren §§ 260 IV S 4, 267 III S 4, 268 a I, III, 407 II Nr 1 StPO. Die Verwarnung, deren Voraussetzungen von Amts wegen zu prüfen sind, wird im Urteil (Strafbefehl) ausgesprochen. Auch der Strafvorbehalt ist in die Urteilsformel aufzunehmen (§ 260 IV S 4 StPO); für die Zumessung der vorbehaltenen Strafe gelten die allgemeinen Regeln. Über den verfahrensrechtlichen Begründungszwang (§ 267 III StPO) hinaus bedarf die Ablehnung der Verwarnung einer Begründung dann (sonst sachlich-rechtlicher Fehler), wenn ihr Ausspruch nach dem festgestellten Sachverhalt naheliegt oder der Eindruck erweckt werden kann, daß ihre Möglichkeit übersehen wurde (Zweibrücken VRS 66, 196); das wird idR anzunehmen sein, wenn die vom Gericht befürwortete Einstellung des Verfahrens nach §§ 153, 153 a StPO nur an der erforderlichen Zustimmung eines Verfahrensbeteiligten gescheitert ist (aM Düsseldorf NStZ 85, 362 mit abl Anm Horn und Schöch JR 85, 378; krit Cremer NStZ 82, 449, 452). Eine Beschränkung des Rechtsmittels auf den Gesichtspunkt des § 59 ist wegen der engen Verknüpfung mit der vorbehaltenen Strafe idR, aber nicht notwendig, ausgeschlossen (Celle MDR 76, 1041). Zum Verschlechterungsverbot beachte Zweibrücken MDR 92, 1072. 11

§ 59 a Bewährungszeit, Auflagen und Weisungen

(1) **Das Gericht bestimmt die Dauer der Bewährungszeit. Sie darf drei Jahre nicht überschreiten und ein Jahr nicht unterschreiten.**

(2) **Das Gericht kann den Verwarnten anweisen,**

1. **sich zu bemühen, einen Ausgleich mit dem Verletzten zu erreichen oder sonst den durch die Tat verursachten Schaden wiedergutzumachen,**
2. **seinen Unterhaltspflichten nachzukommen,**
3. **einen Geldbetrag zugunsten einer gemeinnützigen Einrichtung oder der Staatskasse zu zahlen,**
4. **sich einer ambulanten Heilbehandlung oder einer ambulanten Entziehungskur zu unterziehen oder**
5. **an einem Verkehrsunterricht teilzunehmen.**

Dabei dürfen an die Lebensführung des Verwarnten keine unzumutbaren Anforderungen gestellt werden; auch dürfen die Auflagen und Weisungen nach Satz 1 Nr. 3 bis 5 zur Bedeutung der vom Täter begangenen Tat nicht außer Verhältnis stehen, § 56 c Abs. 3 und 4 und § 56 e gelten entsprechend.

Fassung: Das VerbrBG (4 vor § 38) hat die Abs 2, 3 durch den neuen Abs 2 ersetzt.

1 **1. Abs 1:** Die **Bewährungszeit** unterscheidet sich nur im Mindest- und Höchstmaß von der Regelung bei Strafaussetzung (1 zu § 56 a). Beginn daher mit Rechtskraft der Entscheidung. Auch nachträgliche Verkürzung oder Verlängerung dürfte entsprechend § 56 a II S 2 zulässig sein, weil der Ausschluß einer Verkürzung nicht hinreichend begründbar ist und der einer Verlängerung die nach § 59 b I vorgesehene entsprechende Anwendung des § 56 f II zum Nachteil des Verwarnten sachwidrig beeinträchtigen würde (Horn SK 2; aM Gribbohm LK 2; Sch/Sch-Stree 3, alle mwN; zw); überdies setzt § 453 I StPO nachträgliche Entscheidungen im Gesamtbereich des § 59 a voraus, obwohl es sich im Rahmen des Abs 1 nur um die Verkürzung oder Verlängerung der Bewährungszeit handeln kann.

2 **2. Abs 2:** Die neu eingeführte Vorschrift (vgl vor 1) unterscheidet sich vom früheren Recht im wesentlichen dadurch, daß die zulässigen Auflagen und Weisungen ohne Hinweis auf ihre Rechtsnatur in einer Vorschrift zusammengefaßt sind und daß einerseits die Anweisungen, sich um einen Ausgleich mit dem Verletzten (§ 46 a) zu bemühen und an einem Verkehrsunterricht teilzunehmen, hinzugefügt, andererseits aber die Auflage, gemeinnützige Leistungen zu erbringen, gestrichen worden ist. Die Neufassung soll die Akzeptanz der Vorschrift in der Praxis durch Hervorhebung des Täter-Opfer-Aus-

gleichs und der Schadenswiedergutmachung erhöhen (BT-Dr 12/6853 S 23).

a) Der **Katalog** des Abs 2 ist erschöpfend; andere Anweisungen sind unzulässig. – Zu **S 1 Nr 1** 3 zu § 46 a; 3, 3 a zu § 56 b; soweit die Anweisung in Frage kommt, sollte sie regelmäßig Vorrang haben. – Zu **S 1 Nr 2** 7 zu § 56 c; das Wort „seinen", das in § 56 c II Nr 5 fehlt, schließt Anweisungen, die sich nur auf einen Teil der Unterhaltspflichten beziehen, nicht aus. – Zu **S 1 Nr 3** 4–4 b zu § 56 b; die Geldauflage kann angezeigt sein, wenn es nur darum geht, den Verurteilten vom Strafmakel zu verschonen. – Zu **S 1 Nr 4** 8 zu § 56 c; zur erforderlichen Einwilligung (S 3 iVm § 56 c III) 9 zu § 56 c. – Zu **S 1 Nr 5** 6 zu § 56 c. 3

b) Satz 2 dient nur der Klarstellung; er enthält allgemeine, ohnehin für alle Auflagen und Weisungen geltende Grundsätze (2 zu § 56 b; 2, 5 zu § 56 c). Zu den Möglichkeiten freiwilliger Zusagen und nachträglicher Entscheidungen (S 3) 8 zu § 56 b; 9, 10 zu § 56 c; 1–3 zu § 56 e. 3 a

3. Verfahren §§ 265 a, 268 a I, III, 305 a, 453–453 b, 462 a II StPO. 4

§ 59 b Verurteilung zu der vorbehaltenen Strafe

(1) **Für die Verurteilung zu der vorbehaltenen Strafe gilt § 56 f entsprechend.**

(2) **Wird der Verwarnte nicht zu der vorbehaltenen Strafe verurteilt, so stellt das Gericht nach Ablauf der Bewährungszeit fest, daß es bei der Verwarnung sein Bewenden hat.**

1. Die **Verurteilung zu der vorbehaltenen Strafe** ist obligatorisch, wenn die Voraussetzungen des § 56 f I sinngemäß erfüllt sind und nicht nach § 56 f II verfahren werden kann. Der Maßstab für die Erwartung, die einer Verwarnung zugrunde liegt, ist strenger als bei der Strafaussetzung (krit Gribbohm LK 4). Mit diesen Maßgaben gelten die Ausführungen unter 2–14 zu § 56 f und 1 zu § 56 g sinngemäß (einschr Gribbohm LK 11). 1

2. Sowohl die Verurteilung nach Abs 1 wie auch die Feststellung nach Abs 2 (beachte §§ 12 II, 51 I BZRG, BGHSt 28, 338) werden durch **Beschluß** nach § 453 StPO ausgesprochen. Zuständigkeit § 462 a II, IV StPO. Rechtlich bedeutet die Verurteilung zu der vorbehaltenen Strafe eine Ergänzung des zugehörigen Urteils; sie kann daher – abweichend von § 56 f (dort 15) – bei Vorliegen von Wiederaufnahmegründen nur im Wiederaufnahmeverfahren angegriffen werden (ebenso Tröndle 1; zw). 2

§ 59 c Gesamtstrafe und Verwarnung mit Strafvorbehalt

(1) **Hat jemand mehrere Straftaten begangen, so sind bei der Verwarnung mit Strafvorbehalt für die Bestimmung der Strafe die §§ 53 bis 55 entsprechend anzuwenden.**

(2) **Wird der Verwarnte wegen einer vor der Verwarnung begangenen Straftat nachträglich zu Strafe verurteilt, so sind die Vorschriften über die Bildung einer Gesamtstrafe (§§ 53 bis 55 und 58) mit der Maßgabe anzuwenden, daß die vorbehaltene Strafe in den Fällen des § 55 einer erkannten Strafe gleichsteht.**

1 **1.** Bei **Tatmehrheit** wird es häufig an den Voraussetzungen des § 59 fehlen.

2 **2.** Im Sinne des **Abs 1** bedeutet entsprechende Anwendung der §§ 53–55, daß für jede Tat zunächst eine Einzelstrafe bestimmt (3 zu § 53), sodann die Einsatzstrafe ermittelt (3 zu § 54) und auf ihrer Grundlage die Gesamtstrafe gebildet wird (6 zu § 54). Im Urteil ist dann nur die Verurteilung zu der Gesamtstrafe vorzubehalten. Rechtlich nicht völlig ausgeschlossen ist damit auch die nachträgliche entsprechende Anwendung der §§ 53, 54 in der Weise, daß eine Verwarnung mit Strafvorbehalt unter den Voraussetzungen des § 55 in eine neue Entscheidung einbezogen wird, die wiederum auf eine Verwarnung erkennt.

3 **3.** Die Verwarnung ist **keine Verurteilung** im Sinne des § 55 I. **Abs 2** fingiert jedoch die Verurteilung für den Fall, daß jemand **nach** der Verwarnung (der Ausdruck „nachträglich" ist unexakt) wegen einer **vorher** begangenen Tat zu Strafe verurteilt wird; erst diese Fiktion ermöglicht die Einbeziehung der vorbehaltenen Strafe in die – uU auch nachträgliche nach § 460 StPO (Gribbohm LK 10; aM AG Dieburg NStZ 96, 613, beide mwN; zw) – Gesamtstrafenbildung. Über Abs 2 hinaus ist die Einbeziehung einer Verwarnung nicht möglich.

4 **4.** Auch bei mehreren Taten ist **neben Strafe** eine Verwarnung wegen eines Teils der Taten nicht zulässig (3 zu § 59).

§ 60 Absehen von Strafe

Das Gericht sieht von Strafe ab, wenn die Folgen der Tat, die den Täter getroffen haben, so schwer sind, daß die Verhängung einer Strafe offensichtlich verfehlt wäre. Dies gilt nicht, wenn der Täter für die Tat eine Freiheitsstrafe von mehr als einem Jahr verwirkt hat.

1 **1.** § 60 schreibt das **Absehen von Strafe** für den Fall vor, daß der Täter schon durch die Folgen der Tat im Sinne einer poena naturalis hinreichend „bestraft" ist (BT-Dr V/4094 S 6; Wagner GA 72, 33; krit Maiwald ZStW 83, 663; Hassemer, Strafrechtsdogmatik und Kriminal-

politik, 1974, S 110 und Sarstedt-FS, S 65; Bassakou, Beiträge zur Analyse und Reform des Absehens von Strafe nach § 60 StGB, 1991; eingehend Schmitt, Das Absehen von Strafe, Diss Freiburg 1974; Schroers, Das Absehen von Strafe nach § 60 StGB, Diss Heidelberg 1975; Müller-Dietz, Lange-FS, S 303).

2. a) Die **Folgen der Tat** haben den Täter (auch Teilnehmer) getroffen, wenn sie seine persönliche oder wirtschaftliche Lage objektiv verschlechtert haben (zB eigene Verletzungen, finanzielle Verluste), uU auch nur mittelbar (zB Tod eines nahen Angehörigen [NJW 96, 3350] oder eines Unterhaltspflichtigen) oder nur durch psychische Schädigungen (zB Depressionen mit Krankheitswert). Daß auch Dritte geschädigt wurden, schließt die Vergünstigung nicht notwendig aus, fällt aber bei der gebotenen Abwägung (vgl 3) ins Gewicht (Karlsruhe NJW 74, 1006 mwN). 2

b) Die **Folgen sind so schwer, daß die Verhängung einer Strafe offensichtlich verfehlt wäre,** wenn sich bei einer Abwägung des Schuldgrades, für den uU auch ein Mitverschulden des Verletzten ins Gewicht fällt (Karlsruhe aaO), der Schwere der Tatfolgen und der Strafzwecke (Generalprävention, namentlich Verteidigung der Rechtsordnung, Spezialprävention) das Urteil unmittelbar aufdrängt (NJW 96, 3350), daß eine strafrechtliche Reaktion sowohl nach den Interessen des Täters wie auch der Allgemeinheit keine sinnvolle Funktion mehr erfüllen könnte (ähnlich BGHSt 27, 298 mwN). Dabei müssen die besseren Gründe so sehr für das Absehen von Strafe sprechen, daß dieses Ergebnis jedem ernsthaften Zweifel entrückt ist (BGH aaO; Karlsruhe aaO mit Anm Maiwald JZ 74, 773; Müller-Dietz, Lange-FS, S 303); ist es dagegen problematisch, so fehlt es an der Offensichtlichkeit (Celle NJW 71, 575; Frankfurt NJW 72, 456; unrichtig Wagner GA 72, 33, 52, der im Ergebnis jede Bedeutung des Merkmals leugnet). Rasch vorübergehende heftige Gemütsbewegungen, wie Schrecken, Entsetzen oder Furcht (Bay NJW 71, 766), und seelische Belastung durch Schuldgefühle reichen daher allein nicht aus (s auch Horstkotte JZ 70, 122, 127). Das Merkmal der Offensichtlichkeit begründet keine Beweisregel (Maiwald ZStW 83, 663, 687), so daß in die Würdigung auch Umstände eingehen können, die nach dem Grundsatz in dubio pro reo nur zu unterstellen sind (BGHSt 27, 298). 3

3. a) Die Vergünstigung kommt bei **Delikten jeder Art** – auch bei schwerer Schuld (Düsseldorf VRS 42, 273; Baumann JR 72, 60), uU sogar bei vorsätzlicher Tötung (BGHSt 27, 298) – in Frage, soweit nicht das Mindestmaß der angedrohten Strafe das Höchstmaß des S 2 überschreitet. Die Ausscheidung bestimmter Deliktsgruppen ist unzulässig (Köln NJW 71, 2036); jedoch kann die Eigenart der Tat, zB Trunkenheit im Verkehr, die Abwägung zum Nachteil des Täters beeinflussen (Karlsruhe NJW 74, 1006; Celle NStZ 89, 385). – Die an sich verwirkte Strafe ist diejenige, die bei Ausschöpfung der gegebenen Milderungsmöglichkeiten (zB minder schwerer Fall, BGHSt 27, 298) 4 und bei Berücksichtigung aller Umstände, dh auch der Folgen der Tat, zu verhängen wäre, wenn es den § 60 nicht gäbe (Hirsch LK 14; krit Maiwald ZStW 83, 663, 691; Müller-Dietz, Lange-FS, S 303, 316). Sie braucht nicht exakt bestimmt zu werden; es genügt der Hinweis, daß die Ein-Jahres-Grenze nicht überschritten ist.

5 **b)** Bei **mehreren Taten** sind die Voraussetzungen für jede gesondert zu prüfen (weiter Hirsch LK 19); bei Tateinheit müssen sie unter allen rechtlichen Gesichtspunkten, über die nur einheitlich entschieden werden kann (Bay NJW 72, 696; Karlsruhe NJW 74, 1006 mit Anm Zipf JR 75, 162; str), erfüllt sein (Tröndle 5).

6 **4.** Die Vergünstigung ist bei Vorliegen ihrer Voraussetzungen **obligatorisch** (NJW 96, 3350 mwN). In der Revision ist die tatrichterliche Abwägung (vgl 3) nur begrenzt nachprüfbar (Karlsruhe NJW 74, 1006 mwN); jedoch müssen die Urteilsgründe die Vorschrift ausdrücklich erörtern, wenn besondere Umstände des Einzelfalls dazu drängen (BGH aaO).

7 **5. a)** Wird von Strafe abgesehen, so ist der Täter unter Auferlegung der Kosten **schuldig zu sprechen.** Daneben ist zwar ein Fahrverbot, nicht aber die Entziehung der Fahrerlaubnis ausgeschlossen (Bay JZ 72, 287; Hamm VRS 43, 19).

8 **b)** Zum Absehen von Strafe durch **Strafbefehl** Mansperger NStZ 84, 258 (zw); zu seiner Abgrenzung von der **Einstellung des Verfahrens** nach § 153 b StPO Wagner GA 72, 33; zu seiner Anwendung im **Jugendstrafrecht** Bay NStZ 91, 584 mit Bespr Bringewat NStZ 92, 315, Brunner JR 92, 389 und Scheffler NStZ 92, 491.

6. Titel. Maßregeln der Besserung und Sicherung

§ 61 Übersicht

Maßregeln der Besserung und Sicherung sind

1. die Unterbringung in einem psychiatrischen Krankenhaus,

2. die Unterbringung in einer Entziehungsanstalt,

3. die Unterbringung in der Sicherungsverwahrung,

4. die Führungsaufsicht,

5. die Entziehung der Fahrerlaubnis,

6. das Berufsverbot.

Fassung: Zu Nr 3 beachte vor 1 zu § 66.

1 **1.** Die **Maßregeln der Besserung und Sicherung,** deren Zielsetzung schon im Reformprogramm Franz v Liszts angelegt war (Frisch ZStW 94, 565 und 102, 343, 345), sind als rein präventive Maßnahmen erstmalig durch das sog Gewohnheitsverbrechergesetz v 24. 11. 1933 (RGBl I 995) in das Rechtsfolgensystem des StGB eingefügt worden. Seither bilden sie einen wichtigen Bestandteil der Strafrechtsordnung,

der stets im Vordergrund des kriminalpolitischen Interesses gestanden hat. Die Regelung im einzelnen, die aus langjährigen Vorarbeiten im Rahmen der Strafrechtsreform hervorgegangen ist (vgl etwa §§ 55–64 E 1930), mußte in der Folgezeit mehrfach geändert und den fortschreitenden Erkenntnissen auf dem Gebiet der chronischen Kriminalität angepaßt werden. Die letzten tieferen Eingriffe beruhen auf dem 2. StrRG (1 vor § 63; 1, 2 vor § 68) und dem StVollzÄndG (2 vor § 63).

2. Dem StGB liegt ein **zweispuriges (dualistisches)** Reaktionssystem zugrunde (1 vor § 38). In ihm bilden die Maßregeln gegenüber der Strafe den zweiten Grundtypus der strafrechtlichen Rechtsfolgen (zusf Müller-Christmann JuS 90, 801; Schütz Jura 95, 460, 462). Während die Strafe durch das Schuldprinzip begrenzt wird und die Verfolgung präventiver Zwecke nur in beschränktem Umfang zuläßt (1–5, 22–31 zu § 46), dient die Maßregel dem Schutz der Allgemeinheit vor dem gefährlichen Täter. Die Notwendigkeit dieses grundsätzlichen Dualismus war in den kriminalpolitischen Auseinandersetzungen um die Strafrechtsreform noch nahezu unbestritten. In der verfassungsgerichtlichen Rspr ist sie akzeptiert (expl BVerfGE 2, 118; 42, 1, 6; 91, 1, 27). Sie wird aber in jüngerer Vergangenheit weltweit zunehmend in Frage gestellt. In Zweifel geraten sind namentlich die Annahmen, daß die Maßregeln in ihrer jetzigen Gestalt verfassungsrechtlich legitimierbar seien, daß eine erfolgversprechende Behandlung von Hangtätern überhaupt möglich sei („Behandlungsideologie") und daß sich die vielfältigen Schwierigkeiten der Diagnose und Prognose empirisch bewältigen ließen (vgl etwa Kaiser, Pallin-FS, S 183 und Befinden sich die kriminalrechtlichen Maßregeln in der Krise?, 1990; Frisch ZStW 102, 343; rechtsvergleichend Buchala, Musco, Victor und Küpper ZStW 102, 394, 415, 435, 448; s auch Muñoz Conde, in: Hassemer [Hrsg], Strafrechtspolitik, 1987, S 117; Sagel-Grande ZStW 103, 732). – Das geltende Recht strebt diesen präventiven Schutz je nach dem gesetzlichen Inhalt der Maßregel und den Umständen des Einzelfalls teils durch therapeutische Behandlung oder psychologische Einwirkung mit dem Ziel der Besserung des Täters und teils durch Isolierung aus der Gesellschaft oder Ausschaltung von bestimmten Betätigungen mit dem Ziel der Sicherung an. Die Vielschichtigkeit des Strafbegriffs, der auch die Verhütung künftiger Taten einschließt (1–5 zu § 46), macht eine systematisch reine, am Vorbeugungszweck orientierte Trennung von Strafe und Maßregel unmöglich (Schmitt, Würtenberger-FS, S 277). Der präventive Schutzzweck ist vielmehr beiden gemeinsam (zusf Müller-Dietz, Grundfragen des strafrechtlichen Sanktionensystems, 1979, S 67). Soweit dieser Zweck im Rahmen der schuldangemessenen Strafe verwirklicht werden kann, ist daneben für die Maßregel grundsätzlich kein Raum; sie ist vielmehr subsidiär in dem Sinne, daß sie das Schutzbedürfnis der Allgemeinheit in einem Bereich befriedigt, welcher der Strafe verschlossen ist. Dieser ausschließlich vorbeugende Zweck ergibt die An- 2 wendbarkeit der Maßregeln uU auch bei Schuldunfähigen (§§ 63, 64, 69, 70).

3 **3.** Die **Übersicht** umfaßt nur diejenigen Maßregeln, die das Gesetz im technischen Sinne als Maßregeln der Besserung und Sicherung versteht. Doch können auch andere Maßnahmen, etwa die Einziehung nach §§ 74 II Nr 2 und 74 d, reinen Präventivcharakter haben.

4 **4. a)** Die **Anordnung von Maßregeln** setzt neben der Erfüllung jeweils unterschiedlicher formeller Voraussetzungen eine **Prognose** über das mutmaßliche künftige Fehlverhalten des Täters (über seine Gefährlichkeit) voraus (4–10 zu § 63; 5, 6 zu § 64; 13–18 zu § 66; 4–6 zu § 68; 5–9 zu § 69; 5–9 zu § 70; beachte auch 14 zu § 56). – Für die Anwendung des Grundsatzes **in dubio pro reo** gelten die Ausführungen unter 8 zu § 56 sinngemäß. Aus ihnen folgt, daß bei Anordnungsprognosen eine den Täter begünstigende Wirkung eintritt, wenn das Gericht im Hinblick auf die der Prognose zugrundezulegenden Tatsachen letzte Zweifel nicht überwinden kann. Dasselbe gilt, wenn es sich beim Prognoseurteil von dem in der einzelnen Vorschrift jeweils vorausgesetzten Wahrscheinlichkeitsgrad künftigen Fehlverhaltens nicht überzeugen kann (hM; vgl Stree, In dubio pro reo, 1962, S 92; Bruns JZ 58, 647; Müller, Anordnung und Aussetzung freiheitsentziehender Maßregeln der Besserung und Sicherung, 1981, S 132; Hanack LK 48–50 vor § 61; Geppert LK 66 zu § 69, alle mwN).

5 **b)** Etwas anderes gilt dagegen für die sog **Entlassungs- oder Aussetzungsprognosen,** bei denen es darauf ankommt, ob eine bereits festgestellte Gefährlichkeit weggefallen, entscheidend gemindert oder durch zureichende Maßnahmen ausgeglichen ist (4 zu § 67 b; 2–4 zu § 67 c; 3, 4 zu § 67 d; 2 zu § 68 e; 2 zu § 70 a). Hier wirken Zweifel im Bereich des Prognoseurteils (vgl 4) zu Ungunsten des Täters, weil der Grundsatz in dubio pro reo für das Prognoseurteil nicht gilt, Wortlaut und Zweck des Gesetzes aber ergeben, daß das Gericht die vorausgesetzte Entschärfung der Gefährlichkeit positiv bejahen muß (hM; vgl Köln NJW 55, 682; Müller aaO [vgl 4] S 135; Baur MDR 90, 473, 481; Laubenthal, Krause-FS, S 357, 371; Hanack LK 51, 51 a vor § 61; anders Nowakowski, v Weber-FS, S 117; Horstkotte LK 24, 25 zu § 67 b und 75, 76 zu § 67 d; diff Frisch ZStW 102, 707, 773; Streng, IndividProg, S 97, 111, alle mwN).

6 **5. Verjährung** der Maßregeln §§ 78 I, 79 I, IV, V.

§ 62 Grundsatz der Verhältnismäßigkeit

Eine Maßregel der Besserung und Sicherung darf nicht angeordnet werden, wenn sie zur Bedeutung der vom Täter begangenen und zu erwartenden Taten sowie zu dem Grad der von ihm ausgehenden Gefahr außer Verhältnis steht.

1 **1.** Alle Maßregeln unterliegen schon verfassungsrechtlich dem **Übermaßverbot** (BVerfGE 16, 194, 202; BGHSt 20, 232). Die Vor-

schrift stellt nur dessen wichtigsten Anwendungsfall, den **Grundsatz der Verhältnismäßigkeit,** besonders heraus (BVerfGE 70, 297; eingehend Bae, Der Grundsatz der Verhältnismäßigkeit im Maßregelrecht des StGB, 1985).

2. Zwischen dem mit der Maßregel verbundenen Eingriff in die 2
Freiheit einerseits und der objektiven Bedeutung der begangenen und zu erwartenden Taten für die Allgemeinheit sowie dem Grad der vom Täter ausgehenden Gefahr andererseits darf **kein eindeutiges Mißverhältnis** bestehen (NJW 70, 1242; NStZ-RR 97, 2); das gilt entgegen dem Wortlaut nicht nur für die Anordnung einer Maßregel, sondern auch für alle nachfolgenden Entscheidungen (BVerfG NJW 95, 3048; Hanack LK 6 mwN), zB für die Aussetzung nach § 67 d II (BVerfGE 70, 297) und für den Widerruf der Aussetzung nach § 67 g I. Möglich ist auch, daß eine Maßregel infolge überlanger Eingriffsdauer unverhältnismäßig wird und daher trotz Vorliegens aller übrigen Voraussetzungen für erledigt zu erklären ist (1 zu § 67 d). Die Abwägung erfordert eine Gesamtwürdigung der dem Eingriff gegenüberstehenden, meist nicht gleichgewichtigen Gesichtspunkte. Der Schwerpunkt liegt bei den drohenden Taten und der aus ihnen erwachsenden Gefahr (BGHSt 24, 134; probl LG Paderborn StV 85, 71); jedoch ist auch die den Anlaß des Verfahrens bildende Tat nicht bedeutungslos (Koffka JR 71, 424). Der Verhältnismäßigkeitsgrundsatz bildet nur eine äußerste Schranke; er verhindert deshalb uU die Anordnung einer Maßregel trotz Vorliegens aller anderen Voraussetzungen, läßt aber das **Prinzip des geringstmöglichen Eingriffs** unberührt, das bei einzelnen Maßregeln normiert ist und eine Beschränkung auf das zur Zweckerreichung Unerläßliche vorsieht (Hanack LK 6). Zu § 69 vgl dort 9.

– Freiheitsentziehende Maßregeln –

Vorbemerkung

1. Im Rahmen der Reformgesetzgebung war geplant, das **System** 1
der freiheitsentziehenden Maßregeln grundlegend umzugestalten (1, 2 zu § 61) und es stufenweise in Kraft zu setzen. Das 1. StrRG (4 vor § 1) hatte zunächst die Abschaffung des Arbeitshauses (§ 42 d aF) und die weitgehende Zurückdrängung der Sicherungsverwahrung gebracht (§ 42 e aF). Das 2. StrRG (4 vor § 1) hat dann neben einer Vielzahl von Neuerungen in Einzelheiten und technischen Änderungen ein System des elastischen „Vikariierens“ sowohl zwischen Straf- und Maßregelvollzug (§ 67) wie auch zwischen den verschiedenen Unterbringungsarten (§ 67 a) eingeführt und die Möglichkeiten der bedingten Anordnung und Entlassung unter Übernahme der Aussetzung zur Bewährung auch in den Maßregelbereich erweitert (§§ 67 b–67 g). Das eigentliche Kernstück der Reform war die Unterbringung in einer sozialtherapeutischen Anstalt, die eine stationäre, sozialtherapeutische Behandlung kriminell besonders gefährdeter Tätergruppen ermöglichen

(§ 65 aF) und – um für die erforderlichen Verwaltungsmaßnahmen Raum zu gewinnen – erst zu einem späteren, mehrfach aufgeschobenen Zeitpunkt in Kraft treten sollte.

2 **2.** Im Zusammenhang mit den vorbereitenden Arbeiten zur Einrichtung, namentlich zur personellen und sachlichen Ausstattung, der für den Maßregelvollzug erforderlichen Anstalten und mit zahlreichen Modellversuchen zur Entwicklung der in diesen Anstalten anzuwendenden Behandlungsmethoden hat sich zunehmend (vgl schon BT-Dr 7/1261 S 6; 7/3998 S 8; 8/792 S 5; 8/1215 S 1) die Auffassung durchgesetzt, daß die vorgesehene sog **Maßregellösung** das Vollzugssystem überfordern würde (vgl etwa Schwind NStZ 81, 121; Kaiser/Dünkel/Ortmann ZRP 82, 198; Frisch ZStW 102, 343, 382; aM Schöch ua ZRP 82, 207). Namentlich die Bundesländer haben den aus § 65 aF folgenden weiten Zuständigkeitsbereich der sozialtherapeutischen Anstalten vollzugspolitisch nicht für realisierbar gehalten und deshalb einer bescheideneren Integration der Sozialtherapie in den Strafvollzug (sog **Vollzugslösung**) den Vorzug gegeben (BT-Dr 10/309 S 8). – Das **StVollzÄndG** (10 vor § 1) hat dieser Entwicklung durch Aufhebung des § 65 und durch Einbettung der sozialtherapeutischen Anstalten in den Strafvollzug (§§ 9, 123–126 StVollzG) Rechnung getragen. Damit ist die Problematik der sozialtherapeutischen Behandlung aus dem materiellen Strafrecht ausgeschieden und zu einem ausschließlichen Gegenstand des Strafvollzugsrechts geworden.

§ 63 Unterbringung in einem psychiatrischen Krankenhaus

Hat jemand eine rechtswidrige Tat im Zustand der Schuldunfähigkeit (§ 20) oder der verminderten Schuldfähigkeit (§ 21) begangen, so ordnet das Gericht die Unterbringung in einem psychiatrischen Krankenhaus an, wenn die Gesamtwürdigung des Täters und seiner Tat ergibt, daß von ihm infolge seines Zustandes erhebliche rechtswidrige Taten zu erwarten sind und er deshalb für die Allgemeinheit gefährlich ist.

1 **1.** Die Maßregel der **Unterbringung in einem psychiatrischen Krankenhaus** sollte sich nach der Konzeption des 2. StrRG (1 vor § 63) vom früheren Recht namentlich dadurch unterscheiden, daß sie die im psychiatrischen Sinne nicht behandlungs- oder pflegebedürftigen Täter insoweit aus dem Anwendungsbereich ausschied, als ihre Unterbringung in der sozialtherapeutischen Anstalt bessere Resozialisierungschancen bot (§§ 63 II, 65 III aF). Infolge der Aufhebung des § 65 durch das StVollzÄndG (2 vor § 63) ist diese Differenzierung gegenstandslos geworden. Deshalb hängt die Unterbringung in einem psychiatrischen Krankenhaus nur von ihren gesetzlichen Voraussetzungen, nicht von den Erfolgsaussichten der dort möglichen Behandlung und auch nicht von der Heil- oder Pflegebedürftigkeit des Täters ab (NStZ 90, 122; bei Detter NStZ 95, 489; Hamburg NJW 95, 2424, beide

mwN; krit Last NJW 69, 1558; s auch Müller-Dietz NStZ 83, 145, 147; Eickhoff NStZ 87, 65; Leygraf, Psychisch kranke Straftäter, 1988; Konrad NStZ 91, 315). – Zur **Reformbedürftigkeit** der Vorschrift beachte den Bericht der BReg zur Beurteilung des strafrechtlichen Sanktionensystems (BT-Dr 10/5828 S 6) sowie die Beschlußempfehlung und den Bericht des BT-Rechtsausschusses dazu (BT-Dr 11/2597 S 5). Im Schrifttum gewinnen die Forderungen nach zeitlicher Begrenzung der Maßregel (Kaiser, Befinden sich die kriminalrechtlichen Maßregeln in der Krise?, 1990, S 35; Baur MDR 90, 473, 483; Laubenthal, Krause-FS, S 357, alle mwN) und ihre Einschränkung namentlich bei vermindert Schuldfähigen (Haffke R & P 91, 94 mwN) zunehmend an Boden (Schroth, Schüler-Springorum-FS, S 595).

2. Zu den **Voraussetzungen:** 2

a) Begehung einer rechtswidrigen Tat (18 zu § 11; 1 zu § 29) setzt jedenfalls die Verwirklichung des äußeren Tatbestandes und die Rechtswidrigkeit (dazu NStZ 96, 433) voraus. Die Anforderungen an den inneren Tatbestand sind umstritten. Nach der Rspr ist „natürlicher Vorsatz" erforderlich (BGHSt 3, 287; 31 zu § 15); doch dürfen Irrtümer, die allein auf dem die Schuldunfähigkeit ausschließenden Zustand beruhen, nicht zugunsten des Täters berücksichtigt werden (BGHSt 3, 287; 10, 355; bei Holtz MDR 83, 90; s auch BGHSt 18, 235; Bruns JZ 64, 473; str). Nach allgemeinen Regeln entschuldigtes Handeln (zB Notwehrexzeß, entschuldigender Notstand) steht der Anordnung nicht zwingend entgegen (Roxin AT I 19/53; Hirsch LK 186 vor § 32; aM Schünemann und Cortes Rosa, Coimbra-Symposium, S 149, 180 und 183, 191; M-Zipf AT 1 32/4, alle mwN; zw), wohl aber Rücktritt vom Versuch nach § 24 (BGHSt 31, 132 mit Anm Blau JR 84, 27; Schlegl NJW 68, 25; aM Geilen JuS 72, 73, 78, alle mwN) und Nichtverfolgbarkeit der Tat wegen Fehlens des Strafantrags (BGH aaO).

b) Schuldunfähigkeit (§ 20) oder verminderte Schuldfähigkeit 3
(§ 21) des Täters müssen zur Zeit der Tat (dh beim Delikt des Vollrauschs zur Zeit des Sich-Versetzens in den Rausch, NStZ 96, 41; s auch 16 zu § 20; 2 zu § 323 a) vorliegen. Sie müssen überdies gewiß sein; die Feststellung nur der biologischen Zustände des § 20 (StV 83, 106) und die bloße Möglichkeit einer erheblichen Verminderung von Einsichts- oder Steuerungsfähigkeit genügen nicht (BGHSt 14, 68, 71; 34, 22, 26; NStZ 90, 538; NStZ-RR 96, 193; krit Geilen JuS 72, 73, 75; Montenbruck, In dubio pro reo aus normtheoretischer, straf- und strafverfahrensrechtlicher Sicht, 1985, S 132). Ist aber nur zweifelhaft, ob § 20 oder § 21 vorliegt, so schließt das die Unterbringung nicht aus (BGHSt 18, 167). Grundsätzlich muß der die Schuldfähigkeit beeinträchtigende Mangel auf einem länger dauernden psychischen Defekt beruhen (NStZ 86, 572 und 93, 181, beide mwN), der zwar nicht notwendig „krankhaft" (3 zu § 20) sein, aber seinem Gewicht nach doch einer krankhaften seelischen Störung entsprechen, dh in diesem untechnischen Sinne Krankheitswert haben muß (BGHSt 34, 22, 28;

NStZ 90, 122). Straffälligkeit unter Alkoholeinfluß, die nur auf Charaktermängel (GA 86, 34; krit Müller-Dietz NStZ 83, 145, 150) oder auf psychopathische oder sonst in der Persönlichkeit wurzelnde Grundhaltungen ohne Krankheitswert iwS (GA 76, 221; NStZ 83, 429; StV 90, 260) zurückzuführen ist, scheidet daher aus (NStZ 86, 331); jedoch kann eine aus psychischem Krankheitszustand oder Defekt erwachsene Alkohol- (BGHSt 7, 35; NStZ 90, 538; s auch StV 93, 244; bei Holtz MDR 94, 433) oder Medikamentenabhängigkeit (NStZ 94, 30 mit Anm Müller-Dietz NStZ 94, 336), eine hochgradige Intoleranz gegenüber Alkohol, die zu pathologischen Rauschzuständen führt (BGHSt 10, 57; 34, 313; s auch NStZ 82, 218), oder eine auf krankhafte körperliche Beschaffenheit zurückgehende Rauschmittelsucht (BGHSt 10, 353; s auch BGHSt 10, 57) genügen. – Daß der Täter in Fällen des § 21 zugleich nach § 3 I JGG schuldunfähig ist, steht der Unterbringung nicht entgegen (BGHSt 26, 67 mit Anm Brunner JR 76, 116; str).

4 **c)** Die **ungünstige Prognose,** nach welcher der Täter **infolge seines Zustandes erhebliche rechtswidrige Taten erwarten lassen und deshalb für die Allgemeinheit gefährlich** sein muß, konkretisiert die materiellen Voraussetzungen näher.

5 aa) Die Prognose erfordert die **Erwartung,** dh die bestimmte Wahrscheinlichkeit, also nicht unbedingt Sicherheit oder an Sicherheit grenzende Wahrscheinlichkeit (bei Holtz MDR 94, 433), aber auch nicht bloße Möglichkeit (NStZ 91, 384 mit Anm Walter NStZ 92, 100; NStZ 93, 78; s auch 14 zu § 56), daß der Täter erhebliche rechtswidrige Taten begehen wird (NStZ 86, 572 und 91, 528, beide mwN). – **Erhebliche rechtswidrige Taten** sind nur solche, die – wie zB bloße Zechprellereien (NStZ 92, 178) – nicht lediglich lästig (NJW 55, 837 und 67, 297), sondern geeignet sind, den Rechtsfrieden empfindlich zu stören. Zur näheren Konkretisierung der Erheblichkeit der drohenden Taten gelten die Ausführungen unter 14 zu § 66 sinngemäß mit der Maßgabe, daß die Erheblichkeitsschwelle etwas niedriger liegt als bei der Sicherungsverwahrung (NJW 76, 1949 mit Anm Hanack JR 77, 170) und daß daher auch mittlere Kriminalität, soweit sie gefährlich ist (LG Gera NStZ-RR 96, 94; speziell zu exhibitionistischen Handlungen NStZ 95, 228), nicht aber Kleinkriminalität (StV 92, 571; KG JR 92, 390), erfaßt werden kann (BGHSt 27, 246; NJW 89, 2959; wistra 94, 95, alle mwN); das ergibt sich nicht lediglich aus dem Verhältnismäßigkeitsgrundsatz und dem Fehlen der in § 66 I Nr 3 angeführten Beispielsfälle, sondern zugleich aus dem hier mitschwingenden Heilungs- und Pflegezweck, weil eine auch der Fürsorge und Hilfe dienende Maßregel rechtsstaatlich eher akzeptabel ist als eine bloße Verwahrung (NJW 76, 1949; krit Müller-Dietz NStZ 83, 145, 149; Horstkotte LK 53, 58 zu § 67 d). Mit Rücksicht auf den anomalen seelischen Zustand des Täters kann sich die Erheblichkeit gewisser Taten, zB objektiv schwerer Beleidigungen, auch anders darstellen als in Normalfällen.

bb) Die zu erwartenden Taten müssen im Verhältnis zu dem „Zustand" des Täters, dh zu der seelischen Störung oder Anomalie, welche die Schuldunfähigkeit oder verminderte Schuldfähigkeit begründet hat, als **Folgewirkung** erscheinen. Deshalb darf die begangene Tat regelmäßig keine bloße Gelegenheits- oder Konfliktstat sein (NStZ 85, 309) oder auf (wirklichen oder irrig angenommenen; dazu 2) Umständen beruhen, die auch den geistig Gesunden zu einer solchen Tat motivieren können (NStZ 91, 528). Sie muß vielmehr für die Gefährlichkeit insofern symptomatisch sein, als sie Ausfluß – sei es auch nur im Sinne bloßer Mitursächlichkeit (BGHSt 27, 246 mit Anm v Hippel JR 78, 387) – eines anomalen biologischen Zustandes ist, der als solcher erhebliche Taten erwarten läßt (BGHSt 34, 22, 26; NStZ 91, 527, 528, alle mwN); allerdings muß sie nicht unbedingt selbst erheblich sein (BGHSt 24, 134; NStZ 86, 237 mwN) oder ihrer Art nach den zu erwartenden Taten entsprechen (bei Holtz MDR 77, 106). 6

cc) Aus der Erwartung der rechtswidrigen Taten muß sich der **Schluß auf die Gefährlichkeit des Täters für die Allgemeinheit** ergeben. Er ist begründet, wenn die drohenden Taten den Rechtsfrieden voraussichtlich so empfindlich stören werden, daß sie für die Allgemeinheit nicht mehr hinnehmbar sind (ähnlich NJW 68, 1783; Hamm MDR 61, 1026; Koffka JR 71, 424). Das kommt auch bei Gefährlichkeit nur für bestimmte Einzelne in Frage (BGHSt 26, 321; NStZ 95, 610 mit Anm Laubentahl JR 96, 291, alle mwN), bedarf dann aber ins einzelne gehender Feststellungen (NZV 90, 77 mwN). 7

dd) Die Prognose erfordert eine **eingehende Gesamtwürdigung des Täters und der Tat** (BGHSt 27, 246; 37, 373 mit Anm Walter NStZ 92, 100; NStZ 92, 538; StV 93, 468). Für die Beurteilung kommt es auf die **Zeit der Hauptverhandlung,** nicht der Entlassung aus einer sich anschließenden Strafhaft an. Das gilt für alle Maßregeln (näher dazu 16 zu § 66); namentlich die Frage, ob die Möglichkeit schonenderer Maßnahmen die Anordnung der Maßregeln ausschließt, ist ebenso wie bei der Sicherungsverwahrung zu beantworten (beachte Müller-Dietz NStZ 83, 145, 149; Horn SK 18; Sch/Sch-Stree 19; str). Maßnahmen, die in ihren Voraussetzungen zweifelhaft sind und über die von einem anderen Gericht zu entscheiden wäre, machen die Maßregel nicht entbehrlich (BGHSt 15, 279). Auch die Verwahrung aufgrund landesrechtlicher Unterbringungsgesetze steht der Anordnung – jedenfalls idR – nicht entgegen (BGHSt 24, 98; krit Koffka JR 71, 424, 426; Müller, Anordnung und Aussetzung freiheitsentziehender Maßregeln der Besserung und Sicherung, 1981, S 127; Hanack LK 99–118; str). Die im früheren Recht unter engen Voraussetzungen anerkannten Möglichkeiten der Überwachung oder Behandlung auf freiwilliger Basis, zB Bestellung eines Vormunds oder Betreuers, Überwachung in der Familie (NJW 51, 724), freiwillige Heimunterbringung (1 StR 20/54 v 23. 4. 1954; s aber Oldenburg JZ 51, 310), psychotherapeutische Behandlung (NJW 53, 913; Stuttgart JZ 51, 53) und freiwillige Kastration (bei Dallinger MDR 68, 200), schließen wegen der 8

Ungewißheit ihrer Durchführung und des daher mit ihnen verbundenen Risikos meistens nicht schon die Voraussetzungen der Anordnung aus, rechtfertigen uU aber die sofortige Aussetzung zur Bewährung nach § 67 b I (dort 2–4).

9 ee) Zum Grundsatz **in dubio pro reo** bei Zweifeln über die Prognose 4 zu § 61.

10 **d)** Zur **Verhältnismäßigkeit** des Eingriffs 2 zu § 62 (krit insoweit schon zu den Voraussetzungen des § 63 Schroth aaO [vgl 1] S 597).

11 **3.** Die Anordnung ist bei Vorliegen ihrer Voraussetzungen **zwingend** (NStZ 90, 122), auch wenn die Maßregel schon in einem früheren Verfahren angeordnet ist (bei Dallinger MDR 56, 525; Bay JR 54, 150). An ihrer Stelle darf nicht auf eine das Maß der Schuld übersteigende Freiheitsstrafe erkannt werden (BGHSt 20, 264). Bei Schuldunfähigen wird die Maßregel im subjektiven Verfahren neben dem Freispruch oder im Sicherungsverfahren (§§ 413 ff StPO) selbständig angeordnet; bei vermindert Schuldfähigen tritt sie stets neben die Strafe (BGHSt 11, 319), außer wenn das Verbot der Schlechterstellung (BGH aaO) oder die nicht auszuschließende Möglichkeit der Schuldunfähigkeit entgegensteht (BGHSt 18, 167) oder wenn wegen Verhandlungsunfähigkeit des Täters das Sicherungsverfahren durchgeführt wurde. – Im Falle des § 20 kann sich das Rechtsmittel des Angeklagten nur gegen die Unterbringung richten (RGSt 69, 12), während es im übrigen auf die Nichtanordnung der Maßregel beschränkbar ist (BGHSt 5, 267; 15, 285; NStZ 95, 610 mwN). Im Falle des § 21 kann es auf die Anordnung oder die Nichtanordnung beschränkt werden, wenn keine untrennbare Wechselwirkung zum Strafausspruch besteht (BGHSt 38, 362; aM Hanack LK 135, beide mwN).

12 **4.** Beachte ferner §§ 2 VI, 67–67 e, 67 g, 71, 72 StGB, §§ 80 a, 81, 126 a, 246 a (dazu BVerfG NJW 95, 3047), 331 II, 358 II, 373 II StPO, § 7 JGG. Zum **Vollzug** §§ 136, 138 StVollzG; die danach geltenden landesrechtlichen Regelungen sind teils in selbständigen Maßregelvollzugsgesetzen und teils in den allgemeinen Unterbringungsgesetzen enthalten (Zusammenstellung bei Tröndle 6 vor § 61; eingehend Volckart, Maßregelvollzug, 4. Aufl 1996; Kammeier [Hrsg], Kommentar zum Maßregelvollzugsrecht, 1995); speziell zum Entwicklungsstand in den neuen Bundesländern Dahle/Egg MschrKrim 96, 253).

§ 64 Unterbringung in einer Entziehungsanstalt

(1) **Hat jemand den Hang, alkoholische Getränke oder andere berauschende Mittel im Übermaß zu sich zu nehmen, und wird er wegen einer rechtswidrigen Tat, die er im Rausch begangen hat oder die auf seinen Hang zurückgeht, verurteilt oder nur deshalb nicht verurteilt, weil seine Schuldunfähigkeit erwiesen oder nicht auszuschließen ist, so ordnet das Gericht die Unterbringung in ei-**

ner Entziehungsanstalt an, wenn die Gefahr besteht, daß er infolge seines Hanges erhebliche rechtswidrige Taten begehen wird.

(2) **Die Anordnung unterbleibt, wenn eine Entziehungskur von vornherein aussichtslos erscheint.**

1. Die **Unterbringung in einer Entziehungsanstalt** ist eine 1
Maßregel, die zwar vorrangig der Sicherung der Allgemeinheit dient (NStZ-RR 96, 257), bei der aber der Schwerpunkt ganz auf dem **Heilungszweck liegt** (BVerfGE 91, 1 mit krit Bespr Müller-Dietz JR 95, 353 und Bringewat BewH 95, 479; überwiegend krit auch die Beiträge in Dessecker/Egg [Hrsg], Die strafrechtliche Unterbringung in einer Entziehungsanstalt, 1995; zust aber Müller-Gerbes StV 96, 633). Dem versucht Abs 2 dadurch gerecht zu werden, daß er ihre Anordnung bei eindeutiger Aussichtslosigkeit ausschließt. Nach der Entscheidung des BVerfG aaO ist § 64 jedoch insoweit **nichtig,** als er die Anordnung unter den Voraussetzungen des Abs 1 auch dann vorsieht, wenn eine hinreichend konkrete Aussicht des Behandlungserfolgs nicht besteht. Dazu führt das Gericht aus, Zweck der Behandlung sei es, den Süchtigen zu heilen oder doch für eine gewisse Zeitspanne vor dem Rückfall in die akute Sucht zu bewahren. Mit diesem Zweck sei es unvereinbar und als verfassungswidriger Eingriff in die Grundrechtsposition des Betroffenen zu werten, wenn die Unterbringung angeordnet oder vollzogen werde, obwohl sich ergeben habe, daß keine „hinreichend konkrete Erfolgsaussicht" (mehr) bestehe. Dieser Maßstab gelte einheitlich für alle Phasen des Erkenntnis- und Vollstreckungsverfahrens; wenn diese Prognose auf der jeweiligen Beurteilungsgrundlage nicht oder nicht mehr gestellt werden könne, müsse die Anordnung der Unterbringung unterbleiben oder ihr Vollzug abgebrochen werden. Bei diesem Ausgangspunkt sind die Nichtigkeit des Anrechnungsausschlusses nach § 67 IV S 2, die Teilnichtigkeit des § 67 d V S 1, soweit er eine Mindestverbüßungszeit vorsieht, und die Einschränkung der letzteren Vorschrift durch die Notwendigkeit verfassungskonformer Auslegung (8, 9 zu § 67 d) zwingende Folgerungen. Daß damit die frühere, nach überwiegender Auffassung höchst unbefriedigende Rechtslage bereinigt wurde, ist zu begrüßen. Das Gericht hat aber in dem Bestreben, die Entziehungsanstalten von unbehandelbaren Patienten zu entlasten, überreagiert. Nicht hinreichend untermauert ist zunächst, daß der Maßstab für die Prognosestellung aus verfassungsrechtlichen Gründen in allen Phasen des Verfahrens stets derselbe sein müsse. Erfahrungsgemäß ist die Erkenntnisgrundlage im Hauptverfahren meist noch äußerst schmal (vgl etwa Konrad StV 92, 597; Schalast/Leygraf DRiZ 94, 174; Hanack LK 98 ff; abschwächend van der Haar NStZ 95, 315), so daß eine konkrete Erfolgsaussicht nur selten belegbar ist, obwohl sich im Vollzug durchaus die Therapierbarkeit herausstellen könnte. Die angeordnete Verschärfung der Prognoseanforderungen schon bei der Verurteilung könnte deshalb in unerwünschtem Umfang zum Ausschluß auch von therapiegeeigneten Süchtigen führen, denen damit eine Heilungs-

chance genommen würde, obwohl ihnen infolge der jetzt weitgehend gesicherten Anrechnung des Maßregelvollzugs idR keine ernstlich zu Buch schlagenden Nachteile drohen (so mit beachtlichen Gründen das Sondervotum der überstimmten Richterin, BVerfGE 91, 38; ferner Müller-Dietz aaO S 358; Bringewat aaO S 488). Hinzu kommt, daß auch der Maßstab „hinreichend konkreter" Erfolgsaussicht unbestimmt und schwer handhabbar ist (krit auch insoweit das Sondervotum S 56, Müller-Dietz aaO und Stree, Geerds-FS, S 581). Erforderlich sind jedenfalls konkrete, dh aus dem Gesamtsachverhalt hervorgehende, für die Therapierbarkeit sprechende Anhaltspunkte, die gegen die dagegen sprechenden Umstände abgewogen werden müssen (NStZ 95, 229; s auch BGHSt 41, 6; NStZ-RR 96, 56); die BGH-Rspr zusf Theune NStZ 97, 57, 62); dabei hat vor allem die ausdrücklich erklärte Therapiebereitschaft besonderes Gewicht (bei Detter NStZ 95, 489), während umgekehrt fehlende Bereitschaft im Hinblick auf die Möglichkeit ihrer Überwindung durch therapeutische Bemühungen im Vollzug für sich allein, dh ohne weitere Indizien, der Unterbringung nicht entgegensteht (NStZ-RR 96, S. 163 und 97, 34; NStZ 96, 274). Da im übrigen die nähere Konkretisierung des Merkmals „hinreichend" den Fachgerichten überlassen bleibt, muß bei dem grundsätzlichen Meinungsstreit schon über die Maßregel als solche mit einer uneinheitlichen Rspr gerechnet werden. Zur Verhütung übermäßiger Ausgrenzung möglicherweise geeigneter Patienten darf die Prognosenschwelle nicht zu hoch angesetzt werden (Stree aaO S 584). Schon die Forderung nach einer sog offenen Prognose, bei der sich die Gründe für und gegen die Therapierbarkeit in etwa die Waage halten (das Sondervotum aaO S 64 hält diese Grenze für maßgebend), ist mindestens im Erkenntnisverfahren zu streng. Es sollten auch Fälle überwiegender Wahrscheinlichkeit des Mißerfolgs unter der Voraussetzung einbezogen werden, daß der Heilversuch ungeachtet der bestehenden Zweifel ärztlich angezeigt erscheint und die damit verbundenen, je nach den Umständen variierenden Belastungen des Betroffenen nicht unverhältnismäßig sind (so im Ergebnis auch Müller-Gerbes StV 96, 633). – Die Abwicklung der von der Entscheidung betroffenen schwebenden und abgeschlossenen Verfahren ist mit erheblichem Aufwand (zB Korrektur der Strafzeitberechnungen im Vollstreckungsverfahren; Überprüfung der verschärften Prognoseanforderungen bei den Untergebrachten) und namentlich im Hinblick auf den umstrittenen § 79 BVerfGG auch mit Rechtsunsicherheit verbunden (näher das Sondervotum aaO S 68; Müller-Dietz aaO S 360). – Zu den Perspektiven einer **Reform** der Maßregel nach der Entscheidung des BVerfG Dessecker NStZ 95, 318.

2 **2.** Zu den **Voraussetzungen** (krit zu ihrer oft unzureichenden Prüfung in der Praxis Konrad und Schalast/Leygraf aaO [vgl 1]):

a) Hang bedeutet hier eine eingewurzelte, aufgrund psychischer Disposition bestehende oder durch Übung erworbene intensive Neigung, immer wieder – sei es ständig oder nur nach zeitlich jeweils begrenzten Unterbrechungen (Quartalssäufer) – Alkohol oder andere berauschende Mittel (5 zu § 315 c) im Übermaß zu sich zu nehmen (JZ 71, 788 mwN; einschr Böllinger NK 82–89). Dabei muß der Grad einer **psychischen Abhängigkeit** erreicht sein (Alkohol- oder Rauschmittelsucht, bei Holtz MDR 89, 857); physische (körperliche) Abhängigkeit ist nicht erforderlich (NStZ 93, 339 mit krit Anm Gebhardt StV 94, 77). **Übermaß** setzt ein Überschreiten des gesundheitlich Verträglichen (bei Mösl NStZ 81, 427) in dem Maße voraus, daß der Täter in einen Rausch gerät, seine Gesundheit schädigt oder seine Arbeits- und Leistungsfähigkeit herabsetzt (BGHSt 3, 339).

b) Rechtswidrige Tat 18 zu § 11; 1 zu § 29; für suchtbedingte 3
Irrtümer, Rücktritt vom Versuch und Nichtverfolgbarkeit der Tat gelten die Ausführungen unter 2 zu § 63 sinngemäß. – **Rausch** 3 zu § 323 a; er setzt keine verminderte Schuldfähigkeit voraus (NJW 90, 3282 mwN). – Abweichend vom weitergehenden Gesetzeswortlaut muß die Tat in beiden Alternativen des Abs 1 **auf den Hang zurückgehen,** dh ihre Wurzel in der Alkohol- oder Rauschmittelsucht haben, und damit für diese symptomatisch sein (BGH aaO mit Anm Stree JR 91, 162, beide mwN); zB Betrügereien, Diebstähle oder Urkundenfälschungen eines Süchtigen, um damit an Rauschmittel zu kommen (sog Beschaffungskriminalität; dazu Täschner NJW 84, 638, 639), uU auch Verkehrsstraftaten (Bode BA 76, 265).

c) Verurteilung (auch zu lebenslanger Freiheitsstrafe, BGHSt 37, 4
160 mit Anm Schüler-Springorum StV 91, 561) oder Unterbleiben der Verurteilung 4 zu § 69 (krit zum Fehlen einer zeitlichen Begrenzung der neben der Maßregel verwirkten Freiheitsstrafe Rebsam-Bender NStZ 95, 158, die ein Höchstmaß von fünf Jahren vorschlägt).

d) Die für die **ungünstige Prognose** vorausgesetzte **Gefahr** bedeu- 5
tet hier die auf konkreten Tatsachen beruhende bestimmte Wahrscheinlichkeit, daß der Täter infolge seines Hanges (nicht lediglich aufgrund anderer Persönlichkeitsstörungen; dazu Platz StV 96, 234) erhebliche rechtswidrige Taten (5 zu § 63; 14 zu § 66) begehen wird, die nicht notwendig mit der abgeurteilten Tat unmittelbar vergleichbar sein müssen (bei Holtz MDR 96, 879); einen Erfahrungssatz, daß bei psychisch Abhängigen grundsätzlich eine solche Gefahr besteht, gibt es nicht (NStZ 94, 280; StV 96, 538 mit Anm Weider). Im Hinblick auf den hier vorrangigen Heilungszweck und die zeitliche Begrenzung der Maßregel (§ 67 d I) ist der Maßstab nicht ganz so streng wie bei der Unterbringung nach §§ 63 oder 66 (hM; krit Hanack LK 72–74 mwN); der Erwerb kleiner Rauschgiftmengen zum Eigenkonsum genügt jedoch nicht (NStZ 94, 280 mwN). Auch die Wahrscheinlichkeit bloßer Selbstgefährdung scheidet aus (Hamm NJW 74, 614; Schmitt, Bockelmann-FS, S 861, 863). – Für die Beurteilung kommt es auf die **Zeit der Hauptverhandlung,** nicht das Ende des Vollzugs an. Das

gilt für alle Maßregeln (näher dazu 16 zu § 66; beachte auch Bay JR 95, 513 mit Anm Müller-Dietz); namentlich die Frage, ob die Möglichkeit schonenderer Maßnahmen die Anordnung der Maßregel ausschließt, ist ebenso wie bei der Unterbringung nach § 66 zu beantworten. Im allgemeinen wird die Verwahrung aufgrund landesrechtlicher Unterbringungsgesetze (dazu näher Saage/Göppinger, Freiheitsentziehung und Unterbringung, 3. Aufl 1994, Teil 4, Rdn 119–165), der Eintritt in einen Enthaltsamkeitsverein, eine therapeutische Behandlung außerhalb einer Anstalt oder freiwilliger Anstaltsaufenthalt (bei Dallinger MDR 57, 140) wegen des damit verbundenen Risikos die Maßregel nicht entbehrlich machen, uU aber die sofortige Aussetzung zur Bewährung rechtfertigen (2–4 zu § 67 b). Auch die bloße Möglichkeit, daß es später zu einer Zurückstellung der Vollstreckung nach § 35 BtMG kommt, scheidet idR schon deshalb als zu unsicher aus, weil der Richter über sie nicht befinden kann. – Zum Grundsatz in dubio pro reo bei Zweifeln über die Prognose 4 zu § 61.

6 **e) Verhältnismäßigkeit** des Eingriffs 2 zu § 62.

7 **3.** Die Anordnung ist bei Vorliegen ihrer Voraussetzungen **zwingend** (BGHSt 37, 5; NStZ-RR 96, 196), auch wenn die Maßregel schon in einem früheren Verfahren angeordnet worden ist (NStZ 92, 432; beachte § 67 f). Sie geht auch der erst für das Vollstreckungsverfahren vorgesehenen Sonderregelung der §§ 35, 36 BtMG vor (StV 93, 302 mit Anm Wagner; NStZ-RR 96, 228; krit zum Fehlen einer entsprechenden Sonderregelung für Alkoholsüchtige Rebsam-Bender NStZ 95, 158). Die Ausführungen unter 11 zu § 63 zur selbständigen Anfechtbarkeit der Unterbringung und zur Beschränkung des Rechtsmittels gelten sinngemäß (beachte auch NStZ 92, 539; Bay JR 96, 79 mit Anm Loos; Tolksdorf, Stree/Wessels-FS, S 753); der Angeklagte kann von seinem Rechtsmittelangriff gegen den Rechtsfolgenausspruch auch die Nichtanwendung des § 64 ausnehmen (BGHSt 38, 362 mit abl Anm Hanack JR 93, 430; Tolksdorf aaO S 765, alle mwN; zw). Beim Zusammentreffen mit den Voraussetzungen einer anderen Unterbringung (§§ 63, 66) gilt § 72 (dort 1).

8 **4.** Beachte ferner §§ 67–67 g, 71, 72 StGB, §§ 80 a, 126 a, 246 a (wistra 94, 112; zu Mängeln in der Begutachtungspraxis Schalast/Leygraf MschrKrim 94, 1), 296 I (BGHSt 28, 327 mit Anm Janssen/Kausch JA 81, 202), 331 II, 358 II, 373 II StPO, §§ 7, 93 a JGG (LG Bonn NJW 77, 345). Zum Vollzug §§ 137, 138 StVollzG (s auch 12 zu § 63); der Vollzug in einer Entziehungsanstalt darf nicht wegen Platzmangels durch Vollzug in einem psychiatrischen Krankenhaus ersetzt werden, wenn dort keine Suchtbehandlung stattfindet (Celle JR 96, 81 mit Anm Bringewat). Zu Fragen der Vollstreckung und des Vollzugs beachte auch Dessecker/Egg aaO (vgl. 1).

§ 65 *(weggefallen)*

§ 66 Unterbringung in der Sicherungsverwahrung

(1) **Wird jemand wegen einer vorsätzlichen Straftat zu zeitiger Freiheitsstrafe von mindestens zwei Jahren verurteilt, so ordnet das Gericht neben der Strafe die Sicherungsverwahrung an, wenn**

1. **der Täter wegen vorsätzlicher Straftaten, die er vor der neuen Tat begangen hat, schon zweimal jeweils zu einer Freiheitsstrafe von mindestens einem Jahr verurteilt worden ist,**
2. **er wegen einer oder mehrerer dieser Taten vor der neuen Tat für die Zeit von mindestens zwei Jahren Freiheitsstrafe verbüßt oder sich im Vollzug einer freiheitsentziehenden Maßregel der Besserung und Sicherung befunden hat und**
3. **die Gesamtwürdigung des Täters und seiner Taten ergibt, daß er infolge eines Hanges zu erheblichen Straftaten, namentlich zu solchen, durch welche die Opfer seelisch oder körperlich schwer geschädigt werden oder schwerer wirtschaftlicher Schaden angerichtet wird, für die Allgemeinheit gefährlich ist.**

(2) **Hat jemand drei vorsätzliche Straftaten begangen, durch die er jeweils Freiheitsstrafe von mindestens einem Jahr verwirkt hat, und wird er wegen einer oder mehrerer dieser Taten zu zeitiger Freiheitsstrafe von mindestens drei Jahren verurteilt, so kann das Gericht unter der im Absatz 1 Nr. 3 bezeichneten Voraussetzung neben der Strafe die Sicherungsverwahrung auch ohne frühere Verurteilung oder Freiheitsentziehung (Absatz 1 Nr. 1 und 2) anordnen.**

(3) **Im Sinne des Absatzes 1 Nr. 1 gilt eine Verurteilung zu Gesamtstrafe als eine einzige Verurteilung. Ist Untersuchungshaft oder eine andere Freiheitsentziehung auf Freiheitsstrafe angerechnet, so gilt sie als verbüßte Strafe im Sinne des Absatzes 1 Nr. 2. Eine frühere Tat bleibt außer Betracht, wenn zwischen ihr und der folgenden Tat mehr als fünf Jahre verstrichen sind. In die Frist wird die Zeit nicht eingerechnet, in welcher der Täter auf behördliche Anordnung in einer Anstalt verwahrt worden ist. Eine Tat, die außerhalb des räumlichen Geltungsbereichs dieses Gesetzes abgeurteilt worden ist, steht einer innerhalb dieses Bereichs abgeurteilten Tat gleich, wenn sie nach deutschem Strafrecht eine vorsätzliche Tat wäre.**

Fassung: Die im EV bestimmte Unanwendbarkeit der Vorschriften über die Sicherungsverwahrung im Beitrittsgebiet (4 zu § 3; Anh II 1 c) ist durch das SichVG (13 vor § 1) beseitigt worden (näher dazu 22–25).

1. Die **Unterbringung in der Sicherungsverwahrung** ist eine 1
Maßregel, die vornehmlich der **Sicherung** der Allgemeinheit gegen das Hangverbrechertum dient. Sie ist mit dem GG vereinbar (hM; vgl

BVerfGE 2, 118; anders Weichert StV 89, 265), kriminalpolitisch aber umstritten (2 zu § 61; aus kriminologischer Sicht eingehend Kinzig, Die Sicherungsverwahrung auf dem Prüfstand, 1996).

2 **2.** Es ist zwischen **zwingend vorgeschriebener** (Abs 1) und in das **Ermessen des Richters** gestellter (Abs 2) Anordnung der Unterbringung zu unterscheiden. In beiden Fällen müssen unterschiedliche formelle (Abs 1 Nr 1, 2, Abs 2) und übereinstimmende materielle (Abs 1 Nr 3) Voraussetzungen erfüllt sein. Abs 2 ist als Hilfsvorschrift nur anzuwenden, wenn Abs 1 ausscheidet (bei Holtz MDR 76, 986; bei Mösl NStZ 81, 427).

3 **3.** Zu den **formellen Voraussetzungen nach Abs 1:**

a) Vorsätzliche Straftaten sind auch Versuch (§ 22), Teilnahme (§§ 26, 27), Versuch der Beteiligung (§ 30) und Verwirklichung einer Vorsatz-Fahrlässigkeits-Kombination (23–25 zu § 11).

4 **b)** Die der **Verurteilung** zugrundeliegende, die **Sicherungsverwahrung auslösende Tat** muß zeitlich nicht nur nach den Vortaten im Sinne des Abs 1 Nr 1, sondern auch nach der Rechtskraft ihrer Aburteilung und nach Ablauf des in Abs 1 Nr 2 bezeichneten Verbüßungszeitraums begangen sein. Das ergibt sich zwar nicht vollständig aus dem Wortlaut der Nr 1, 2, läßt sich aber aus einem Vergleich mit dem inzwischen aufgehobenen § 48 I herleiten, wo das Wort „nachdem" klargestellt hat, daß im Zeitpunkt der den Rückfall auslösenden Tat die Vorverurteilungen bereits vorliegen, dh rechtskräftig sein mußten; überdies rechtfertigt der Gesetzeszweck die Einschränkung im Hinblick auf die unverzichtbare Warnfunktion der Vorverurteilungen und der Vorverbüßung (Hanack LK 43; aM Tröndle 5 a; Sch/Sch-Stree 16; s jedoch BGHSt 7, 178). – Außerdem muß die wegen der auslösenden Tat verwirkte, mindestens 2-jährige Freiheitsstrafe eine zeitige sein (BGHSt 34, 13); daß neben ihr als Einzelstrafe auch lebenslange Freiheitsstrafe verwirkt ist, bildet jedoch keinen Hinderungsgrund (NJW 85, 2839 mit Anm Müller-Dietz JR 86, 340 und Schüler-Springorum StV 86, 478), mit der Folge, daß die Sicherungsverwahrung dann auch neben der lebenslangen Gesamtfreiheitsstrafe (2 zu § 54) zu verhängen ist (BGHSt 34, 138; Maatz NStZ 86, 476). – Da schließlich die Verurteilung wegen einer einzigen auslösenden Tat vorausgesetzt wird (vgl den abw Wortlaut des Abs 2 „wegen einer oder mehrerer dieser Taten"), muß mindestens **eine** wegen vorsätzlicher Tat verhängte Einzelstrafe die Zwei-Jahresgrenze erreichen (NJW 72, 834 mit Bespr Tröndle GA 73, 289, 307; GA 91, 224).

5 **c) Zweimalige rechtskräftige Vorverurteilung** (Abs 1 Nr 1) zu Freiheitsstrafe (auch Jugendstrafe, BT-Dr V/4094 S 19) von jeweils mindestens einem Jahr. Schuldspruch und Strafausspruch der Vorverurteilungen sind für den neuen Richter bindend; dieser kann deshalb auch nicht nachprüfen, ob der frühere Richter ein Handlungsgeschehen auf der Grundlage der neuen Rspr des BGH (13 vor § 52) zu Recht als

Fortsetzungstat gewertet hat und ob er bei Behandlung der einbezogenen Teilakte als Einzeltaten zumindest eine Einzelstrafe von mindestens einem Jahr verhängt hätte (BGHSt 41, 97; zw).

aa) Verurteilung zu **Gesamtstrafe** gilt nur als **eine** Verurteilung (Abs 3 S 1). Auch nachträgliche Gesamtstrafenbildung nach § 55 StGB oder § 460 StPO gehört hierher (hM). Das ist zwar nicht widerspruchsfrei und kriminalpolitisch bisweilen unbefriedigend, angesichts des eindeutigen Gesetzeswortlauts aber hinzunehmen (nur zT berechtigt die Kritik von Nöldeke ZRP 70, 33 und Dreher NJW 72, 1088; vgl Ries und Dreher NJW 72, 673; 7–9 a zu § 55). Nur eine Verurteilung ist ferner anzunehmen, wenn hinsichtlich der Vorverurteilungen nachträgliche Gesamtstrafenbildung möglich war, aber versäumt worden ist (so zu § 48 aF bei Holtz MDR 79, 454 mwN; Gollmer NJW 71, 1247; 16 zu § 55) oder wenn in einem Urteil mehrere Einzelstrafen festgesetzt und nach den Regeln des § 55 (dort 6) – sofort oder nachträglich (BGHSt 30, 220) – in verschiedene Gesamtstrafen einbezogen worden sind. – Aus der Entstehungsgeschichte des § 66 ergibt sich, daß die der zweiten Vorverurteilung zugrundeliegende Tat (oder Mehrheit von Taten) nach Rechtskraft der ersten Vorverurteilung (einschl des Strafausspruchs, BGHSt 38, 258) begangen sein muß (BGHSt 35, 6 mwN; str). – In jeder Verurteilung zu einer Gesamtstrafe muß eine Einzelstrafe von **mindestens einem Jahr** wegen einer vorsätzlichen Tat enthalten sein (hM; vgl BGHSt 34, 321 mwN; beachte auch LG Frankfurt NStZ 95, 192).

bb) Eine **Einheitsjugendstrafe** (§ 31 JGG) steht einer Gesamtstrafe 6
nur gleich, wenn sie deren Voraussetzungen (§§ 53–55) erfüllt (so zu § 48 aF Bay MDR 79, 600 mwN; s auch bei Holtz MDR 79, 986). Außerdem muß jede Vorverurteilung zu einer solchen Strafe erkennen lassen, daß der Täter wenigstens bei einer der ihr zugrundeliegenden vorsätzlichen Taten Jugendstrafe von mindestens einem Jahr verwirkt hatte (BGHSt 26, 152; NStZ 96, 331; s jedoch KG NJW 77, 1162).

d) Verbüßung (Abs 1 Nr 2) von Jugendstrafe oder aufgrund von 7
Anrechnung (Abs 3 S 2) genügt. – Daß die Verbüßung auf einer **Gesamtstrafe** oder einer Verurteilung wegen mehrerer tateinheitlich begangener Gesetzesverletzungen beruht, steht ihrer unverkürzten Berücksichtigung – mindestens idR – auch dann nicht entgegen, wenn nur ein Teil der Taten oder Gesetzesverletzungen die formellen Voraussetzungen des § 66 begründet (so zu § 48 aF Hamm MDR 76, 157; aM Oldenburg NdsRpfl 83, 253), zB beim Zusammentreffen mit Fahrlässigkeitstaten oder auch mit nicht symptomatischen Vorsatztaten (vgl 17); jedoch müssen bei Tatmehrheit die Einzelstrafen wegen der unter Abs 1 Nr 1 fallenden Taten in ihrer Summe die Mindestverbüßungszeit erreichen (so zu § 48 aF Bay JR 84, 381 mit Anm Hettinger).

4. Zu den **formellen Voraussetzungen nach Abs 2:** 8

a) Von den **drei vorsätzlichen Straftaten** (vgl 3) muß mindestens eine zur Aburteilung stehen, während die übrigen schon abgeurteilt sein können; nicht abgeurteilte und in dem Verfahren auch nicht zur Aburteilung stehende Taten scheiden jedoch aus (BGHSt 25, 44). Im Hinblick auf § 106 II S 1 JGG muß außerdem mindestens eine der Taten im Erwachsenenalter begangen sein (NJW 76, 301). Ihre Reihenfolge ist gleichgültig, auch, ob sie zeitlich zusammen oder nacheinander begangen, ob sie einzeln oder mit einer Gesamtstrafe geahndet oder ob die Strafen schon vollstreckt worden sind (so schon zu § 20 a II aF BGHSt 3, 169). Einzelakte einer Handlungseinheit genügen nicht (BGHSt 1, 313), wohl aber Einzelfälle gewerbsmäßiger Begehung (NJW 53, 955).

9 **b) Verwirkung** einer Freiheitsstrafe (bei Vorverurteilungen auch Jugendstrafe) von mindestens einem Jahr wegen jeder der drei Straftaten (beachte NJW 91, 1244); diese Strafen müssen nicht sämtlich (beachte jedoch 10) zeitige sein (NJW 85, 2839 mit krit Anm Müller-Dietz JR 86, 340; aM KG NStZ 83, 77 mwN; zw). – Es kommt auf die Einzelstrafen (3 zu § 53) an, die entweder in einer früheren Verurteilung bereits ausgesprochen oder in dem zur Aburteilung stehenden Fall auszusprechen sind (BGHSt 25, 44).

10 **c) Verurteilung** wegen einer oder mehrerer dieser Taten zu zeitiger (also nicht lebenslanger, BGHSt 33, 398 mit Anm Müller-Dietz JR 87, 28; BGHSt 34, 13) Freiheitsstrafe von mindestens drei Jahren. Diese gegenüber 9 zusätzliche Voraussetzung bewirkt, daß die die Sicherungsverwahrung auslösende Verurteilung sehr schwerwiegend sein muß. Bei einer Gesamtstrafe entscheidet deren Höhe; sind in ihr jedoch Einzelstrafen enthalten, die nicht zu den formellen Voraussetzungen beitragen (zB Strafen wegen unvorsätzlicher Taten), so muß eine aus den übrigen Einzelstrafen gebildete fiktive Gesamtstrafe die Drei-Jahresgrenze erreichen (NJW 95, 3263).

11 5. **a) Rückfallverjährung** (Abs 3 S 3, 4) steht der Berücksichtigung bestimmter Vortaten bei Ermittlung der formellen Voraussetzungen nach Abs 1, 2 (vgl 3–10) entgegen. Maßgebend sind dabei die Zeiträume zwischen den zur Begründung der formellen Voraussetzungen herangezogenen Vortaten (uU auch zwischen mehreren in einer Vorverurteilung enthaltenen Taten), soweit für sie Einzelstrafen von mindestens einem Jahr verhängt worden sind (NStZ 87, 84). Weitere Schranken, die sich aus der Zeit der Verurteilung ergeben (vgl 4–6) bleiben daneben unberührt. Zum Ausschluß von Zeiten **behördlicher Verwahrung** 11 zu § 44. – Außer den verjährten Vortaten scheiden auch solche aus, deren Vermerk im **Bundeszentralregister** getilgt oder zu tilgen ist (§ 51 I BZRG).

12 **b)** Nach Abs 3 S 5 einbezogene Vorverurteilungen **außerhalb des räumlichen Geltungsbereichs** des Gesetzes (5 vor § 3) sind daraufhin zu prüfen, ob sie in einem rechtsstaatlichen Grundsätzen genügenden Verfahren zustandegekommen sind (Hanack LK 34; Sch/Sch-Stree 63). Speziell zu Vorverurteilungen in der DDR beachte 23–25.

6. Zu den **materiellen Voraussetzungen** (zu ihrer Verfassungsmäßigkeit BVerfG NStZ-RR 96, 122): 13

a) Der Täter muß **infolge eines Hanges zu erheblichen Straftaten für die Allgemeinheit gefährlich sein.**

aa) **Hang** ist eine eingewurzelte, aufgrund charakterlicher Veranlagung bestehende oder durch Übung erworbene intensive Neigung zu Rechtsbrüchen (Hanack LK 84–101 mwN; krit Mrozynski MschrKrim 85, 1, 8; Schüler-Springorum MschrKrim 89, 147), die den Täter immer wieder straffällig werden läßt, wenn sich die Gelegenheit dazu bietet (NStZ 95, 178). Er kann auch darauf beruhen, daß der Täter aus Willensschwäche (BGHSt 24, 160; bei Holtz MDR 94, 761 und 95, 118) oder aufgrund affektiver, innerer Spannungen (NStZ 92, 382) dem Anreiz zum Verbrechen nicht widerstehen kann und deshalb jeder neuen Versuchung erliegt; daher sind auch sog Gelegenheits- oder Augenblickstaten nur idR, aber nicht notwendig, zur Anknüpfung ungeeignet (NJW 80, 1055 mit Bespr Hanack JR 80, 340 und Frommel NJW 81, 1083; NStZ 94, 280). Verschuldet braucht der Hang nicht zu sein; Sicherungsverwahrung kommt daher auch für vermindert Schuldfähige in Betracht. Meist wird sich der Hang auf Taten bestimmter Art beziehen (monotrope Kriminalität); er kann aber auch einer allgemein antisozialen Haltung entspringen und sich in ungleich gearteten und gegen verschiedene Rechtsgüter gerichteten Taten äußern (polytrope Kriminalität, BGHSt 16, 296; beachte bei Detter NStZ 96, 186).

bb) Der Hang muß sich auf **erhebliche Straftaten** beziehen, dh sol- 14
che, die nicht nur lästig, sondern schon nach ihrer objektiven Gefährlichkeit oder schädlichen Wirkung geeignet sind, den Rechtsfrieden empfindlich zu stören (NJW 80, 1055; JZ 80, 532 mit krit Anm Mayer; NStZ 86, 165 und 88, 496). Für die Erheblichkeit stehen namentlich der Rang des jeweils betroffenen Rechtsgutes, der Umfang und die Gefährlichkeit seiner Verletzung sowie das äußere Erscheinungsbild der Taten im Vordergrund (BGHSt 24, 153 und 160). Der Hang zu objektiv „kleineren" Delikten reicht nicht aus (bei Dallinger MDR 70, 730). Die **Häufigkeit der drohenden Taten** kann das Erfordernis der Erheblichkeit jeder einzelnen Tat nur in relativ engen Grenzen kompensieren (bei Dallinger MDR 70, 560; Hamm MDR 71, 155; Köln MDR 71, 154; weiter einschr Frankfurt NJW 71, 903, 905; Weihrauch NJW 70, 1897; Neu MDR 72, 915, die ausschl auf die Erheblichkeit der einzelnen Taten abstellen). Angesichts der im Kern unklaren Gesetzesfassung (dazu Tröndle GA 73, 289, 308; Hanack LK 102) dürfte es nach dem Schutzzweck der Vorschrift genügen, wenn bei einer Tathäufung die einheitliche Planung oder die Tendenz zur serienmäßigen Begehung den friedensstörenden Charakter jeder einzelnen Tat so erhöht, daß sie alle als erheblich empfunden werden; daß lediglich aus einer Vielzahl für sich betrachtet noch nicht erheblicher Taten ein schwerer wirtschaftlicher Schaden droht, genügt allein nicht (zu weit BGHSt 24, 153, 155; JZ 80, 532; Lang-Hinrichsen, Maurach-FS, S 311, 314; Ha-

nack LK 115 mwN; beachte auch NStZ 92, 178; zw). – Die in Abs 1 Nr 3 angeführten (nicht abschließenden, BGHSt 24, 153, 155; NStZ 86, 165) **Beispiele** der seelischen oder körperlichen schweren Schädigung und der Anrichtung schweren wirtschaftlichen Schadens sollen den hier anzuwendenden Wertmaßstab verdeutlichen (näher zu den Beispielen Weihrauch NJW 70, 1897; Hanack LK 117–143). Dabei läßt sich die Schwere eines wirtschaftlichen Schadens nicht ausschließlich objektiv nach der materiellen Lebenshaltung des „Durchschnittsbürgers" bestimmen (aM BGHSt 24, 160, 163; NStZ 84, 309), weil dieser Maßstab eine nicht konkretisierbare Fiktion ist, die überdies für Schäden von juristischen Personen und anonymen Einrichtungen ersichtlich nicht paßt (vgl etwa StV 83, 503); außerdem setzt der Relationsbegriff der „Schwere" zwingend einen Bezug zur Fühlbarkeit der Einbuße voraus. Es müssen deshalb – allerdings nur generalisierend (aM Weihrauch aaO S 1899) – die allgemeinen Lebensverhältnisse der von den drohenden Taten mutmaßlich betroffenen Bevölkerungskreise mitberücksichtigt werden (ähnlich Hamburg NJW 71, 1574; Hanack LK 123–129). – Vor allem aus diesen Beispielen und den verschärften formellen Voraussetzungen ergibt sich, daß aus dem Anwendungsbereich der Sicherungsverwahrung nicht lediglich Bagatelltaten ausscheiden, sondern weitergehend **alle Taten der unteren und mittleren Kriminalität,** die den Rechtsfrieden schwerwiegend zu stören nicht geeignet sind (BGHSt 24, 153, 160; GA 73, 343); umgekehrt ist aber auch kein extrem hoher wirtschaftlicher Schaden zu fordern (wistra 88, 22). Bei Verbrechen (§ 12 I) wird die Erheblichkeit häufiger zu bejahen sein (NJW 76, 300; GA 80, 422).

15 cc) Der Täter ist **für die Allgemeinheit gefährlich,** wenn eine bestimmte (GA 65, 28) Wahrscheinlichkeit dafür besteht, daß er durch die aus seinem Hang entspringenden Taten auch in Zukunft den Rechtsfrieden empfindlich stören wird (so schon BGHSt 1, 94, 100; allg zur Prognose beachte 8 zu § 56; krit Frisch ZStW 102, 343, 370). – Für die Beurteilung kommt es auf die Verhältnisse **zur Zeit der Hauptverhandlung** (BGHSt 24, 160, 164; bei Holtz MDR 89, 682), nicht der Entlassung aus einer sich anschließenden Strafhaft an (NJW 76, 300; GA 78, 307); das folgt schon daraus, daß es am Ende des Vollzugs stets einer besonderen Prüfung bedarf, ob der Zweck der Maßregel die Unterbringung noch erfordert (§ 67 c I). Damit bleibt jedoch nur die ungewisse Entwicklung bis zum Zeitpunkt der Entlassung aus dem Strafvollzug außer Ansatz. Ist schon nach dem Ergebnis der Hauptverhandlung gewiß, daß die unter den bisherigen Lebensverhältnissen an sich gegebene Gefährlichkeit nach dem Strafvollzug nicht mehr bestehen wird (NStZ 93, 78) oder daß sie durch weniger einschneidende und sicher ausführbare Maßnahmen behoben werden kann, so steht die Subsidiarität der Maßregeln, die Ausfluß des verfassungsrechtlich gewährleisteten Grundsatzes der Verhältnismäßigkeit ist, der Anordnung entgegen (Müller, Anordnung und Aussetzung freiheitsentziehender Maßregeln der Besserung und Sicherung, 1981, S 103; Hanack LK 154,

155 sowie 58–63 vor § 61 mwN; aM NJW 78, 599; Horn SK 20). Das Gericht ist daher nicht davon entbunden zu prüfen, ob keine schonenderen Mittel zur Beseitigung der Gefährlichkeit, die unabhängig von dem anschließenden Strafvollzug sicheren Erfolg erwarten lassen, zur Verfügung stehen (aM NJW 78, 599). Jedoch machen die Möglichkeiten etwa der Führungsaufsicht (§ 68) oder polizeilicher Überwachung (NJW 51, 203) die Maßregel idR nicht entbehrlich. Auch die Bereitschaft, sich entmannen zu lassen, steht der Anordnung nicht entgegen (BGHSt 1, 66). Als schonendere Maßregel, die nach § 72 I die Sicherungsverwahrung uU entbehrlich machen kann, kommt aber die Unterbringung nach § 64 in Frage. Dagegen ist die Unterbringung in einem psychiatrischen Krankenhaus mit Rücksicht auf ihre gleiche Eingriffsintensität und das Fehlen jeder Befristung nicht schon ihrer Art nach eine schonendere, sondern nur eine andere Maßregel (BGHSt 5, 312; bei Holtz MDR 81, 809; krit Müller-Dietz NStZ 83, 145, 151); deshalb ist nach § 72 zu verfahren, wenn die Voraussetzungen beider Maßregeln erfüllt sind (NJW 91, 1244 mwN).

dd) Zum Grundsatz **in dubio pro reo** bei Zweifeln über die Pro- 16
gnose 4 zu § 61.

b) Die **Beurteilung der Prognose** erfordert eine eingehende, vom 17
Revisionsgericht nur begrenzt nachprüfbare (StV 81, 621) **Gesamtwürdigung** der Täterpersönlichkeit sowie der äußeren Umstände der Taten und der sie begleitenden Vorstellungen und Beweggründe; jedoch darf zulässiges Verteidigungsverhalten – ebenso wie bei der Strafzumessung (43 zu § 46) – nicht zum Nachteil des Täters gewertet werden (NStZ 93, 37). Die Symptomtaten (dh die abzuurteilenden und diejenigen früheren Taten, die mit ihnen zusammen die formellen Voraussetzungen der Sicherungsverwahrung bilden) müssen iVm der Würdigung des Täters, die auch die Überprüfung seiner sonstigen Taten erfordert (NStZ 83, 71 und 90, 334), für dessen gefährlichen Hang kennzeichnend und von der unter 14 vorausgesetzten Erheblichkeit sein (BGHSt 24, 153, 156; NStZ 84, 309; NStZ-RR 96, 196). Bei außergewöhnlichen Konfliktstaten trifft das idR nicht zu (bei Holtz MDR 79, 987). Bei verschiedenartigen Taten bedarf es besonders sorgfältiger Prüfung (BGHSt 3, 169; StV 96, 540). Dasselbe gilt bei Tätern unter 25 Jahren, weil die Gefährlichkeitsprognose hier besonders schwierig, aber nicht unbedingt ausgeschlossen ist (NStZ 89, 67 mwN).

c) Verhältnismäßigkeitsgrundsatz 2 zu § 62. Für die Sicherungs- 18
verwahrung hat er wegen ihrer strengen Voraussetzungen nur geringe praktische Bedeutung (Hanack JR 80, 340, 341; beachte jedoch StV 96, 544).

7. a) Die Anordnung ist bei Vorliegen der Voraussetzungen des 19
Abs 1 zwingend. – Im Falle des **Abs 2** steht sie im **pflichtmäßigen Ermessen** des Gerichts (NStZ 88, 496; wistra 88, 346; NJW 91, 1244; s auch 50 zu § 46); an ihrer Stelle darf nicht auf eine das Maß der Schuld übersteigende Freiheitsstrafe erkannt werden. Sie ist namentlich

gegenüber gefährlichen Serientätern angezeigt, die sich bisher der Verurteilung oder Verbüßung entziehen konnten (NJW 76, 300). Die Entscheidung muß erkennen lassen, daß und aus welchen Gründen (StV 94, 479) das Gericht von seinem Ermessen Gebrauch gemacht hat (NStZ 96, 331; NStZ-RR 96, 196, beide mwN). – Der Anordnung steht nicht entgegen, daß die Maßregel **schon in einem früheren Verfahren** angeordnet worden ist, und zwar selbst dann nicht, wenn diese noch nicht vollzogen ist (NJW 95, 3263 mit Anm Dölling StV 96, 542); auch wenn die Anordnung in diesem Falle auf eine erste – befristete – Sicherungsverwahrung folgt (§ 67 d I S 1), ist die weitere unbefristet (BGH aaO).

20 **b)** Das **Rechtsmittel** ist auf die Maßregel **beschränkbar,** wenn zwischen ihr und der verhängten Strafe kein untrennbarer Zusammenhang besteht (BGHSt 7, 101; NStZ 94, 280 mwN). Die Ersetzung einer Unterbringung nach § 63 durch die Sicherungsverwahrung verstößt jedenfalls dann gegen das Verbot der Schlechterstellung, wenn der Verurteilte sie nicht erstrebt (BGHSt 5, 312; 25, 38 mit Anm Maurach JR 73, 162).

21 **8.** Beachte ferner §§ 67 a II, 67 c–67 e, 67 g, 72, 120 IV, 121 IV StGB, §§ 80 a, 246 a (dazu StV 94, 231; In der Beeck/Wuttke SchlHA 71, 74) StPO. Zum Vollzug §§ 129–135 StVollzG.

22 **9. a)** Für das **Beitrittsgebiet** hatte der EV bestimmt, daß die Vorschriften des StGB über die Sicherungsverwahrung dort keine Anwendung finden (Anh II 1 c) und das in **Art 1 a EGStGB aF** näher konkretisiert. Das **SichVG** (13 vor § 1) hat diese Geltungsbeschränkung beseitigt und dadurch für die Sicherungsverwahrung die Rechtseinheit hergestellt (zu den Gründen vgl ua den BRats-Entwurf [BT-Dr 13/116 S 4] sowie die Beschlußempfehlung und den Bericht des BT-Rechtsausschusses [BT-Dr 13/757 S 5]).

23 **b)** Nach der Neufassung des **Art 1 a EGStGB** (Anh I) finden die Vorschriften über die Sicherungsverwahrung künftig auf alle im Geltungsbereich des StGB **nach dem 1. 8. 1995 begangenen Taten** uneingeschränkt Anwendung; insoweit müssen sämtliche Voraussetzungen des Abs 1 oder 2 erst nach dem Stichtag erfüllt worden sein (BT-Dr 13/757 S 6). Die Vorschriften sind ferner anzuwenden, soweit sie bereits vor dem Stichtag anwendbar gewesen sind (Nr 2; dazu Art 1 a EGStGB aF). Darüber hinaus genügt es für den Übergang auch, wenn mindestens eine Tat, die nach Abs 1 oder 2 zur Anordnung der Sicherungsverwahrung beitragen kann (vgl 3–5, 8–10) nach dem Stichtag begangen wurde (Nr 1); dieses begrenzte Rückwirkungsverbot, das den § 2 VI einschränkt (dort 10; 8 zu § 1), dient dem Vertrauensschutz (BT-Dr aaO).

24 **c)** Nach der **Übergangsregelung** kommen auch Vorverurteilungen in der DDR und dort begangene Vortaten als Anordnungsvoraussetzungen in Frage.

aa) **Vorverurteilungen,** die nicht in das Bundeszentralregister übernommen wurden, scheiden dabei nach Maßgabe der §§ 51–53 BZRG regelmäßig aus (§ 64 a III BZRG). Soweit nach §§ 63, 64 StGB/DDR wegen mehrerer Straftaten nur einheitlich auf Freiheitsstrafe erkannt wurde, sind die von der Rspr für die einheitliche Jugendstrafe (§ 31 JGG) entwickelten Grundsätze (vgl. 6) sinngemäß anwendbar (BT-Dr 13/116 S 5). – **Vortaten** (sog Alttaten, 11–26 zu § 2) dürfen nur berücksichtigt werden, wenn ihre Strafbarkeit nicht nach Art 315 I, IV EGStGB entfallen ist.

bb) Im Rahmen der erforderlichen **Gesamtwürdigung** (vgl. 17) 25
können Besonderheiten des DDR-Strafrechts zu Buch schlagen. Sind zB aufgrund von Vorschriften über Strafverschärfung bei Rückfalltaten nach §§ 44, 162 I Nr 4, § 184 Nr 2 StGB/DDR oder bei Straftaten gegen das sozialistische Eigentum (§§ 157–164 StGB/DDR aF) härtere Strafen verhängt worden, so ist „über die bloße Strafhöhe hinaus auch die Eigenart der damaligen Gesetzesgrundlage und ihre Handhabung zu berücksichtigen" (BT-Dr 13/116 S 5).

§ 67 Reihenfolge der Vollstreckung

(1) **Wird die Unterbringung in einer Anstalt nach den §§ 63 und 64 neben einer Freiheitsstrafe angeordnet, so wird die Maßregel vor der Strafe vollzogen.**

(2) **Das Gericht bestimmt jedoch, daß die Strafe oder ein Teil der Strafe vor der Maßregel zu vollziehen ist, wenn der Zweck der Maßregel dadurch leichter erreicht wird.**

(3) **Das Gericht kann eine Anordnung nach Absatz 2 nachträglich treffen, ändern oder aufheben, wenn Umstände in der Person des Verurteilten es angezeigt erscheinen lassen.**

(4) **Wird die Maßregel ganz oder zum Teil vor der Strafe vollzogen, so wird die Zeit des Vollzugs der Maßregel auf die Strafe angerechnet, bis zwei Drittel der Strafe erledigt sind. Dies gilt nicht, wenn das Gericht eine Anordnung nach § 67 d Abs. 5 Satz 1 trifft.**

(5) **Wird die Maßregel vor der Strafe vollzogen, so kann das Gericht die Vollstreckung des Strafrestes unter den Voraussetzungen des § 57 Abs. 1 Satz 1 Nr. 2 und 3 zur Bewährung aussetzen, wenn die Hälfte der Strafe erledigt ist. Wird der Strafrest nicht ausgesetzt, so wird der Vollzug der Maßregel fortgesetzt; das Gericht kann jedoch den Vollzug der Strafe anordnen, wenn Umstände in der Person des Verurteilten es angezeigt erscheinen lassen.**

Fassung: Abs 4 S 2 durch Entscheidung des BVerfG (E 91, 1) für nichtig erklärt.

1. a) Die Vorschrift macht das Prinzip des sog **Vikariierens,** dh des 1
Vollzugs der Maßregel vor der Strafe, für diejenigen Maßregeln, bei denen der Heilungs- oder Besserungszweck im Vordergrund steht (also nicht für die Sicherungsverwahrung), zur Regel (eingehend Marquardt,

Dogmatische und kriminologische Aspekte des Vikariierens von Strafe und Maßregel, 1972). Erforderlich ist jedoch das **Nebeneinander** der Verurteilung zu Freiheitsstrafe und der Unterbringungsanordnung in einem Urteil (Hamm MDR 79, 957; Düsseldorf MDR 91, 1193; aM Böhm NJW 82, 135, 139). Bei Vorliegen verschiedener Urteile sieht § 44 b StVollstrO zwar eine den Absätzen 1–3 (nicht Abs 4) entsprechende Regelung vor; jedoch ist hier nicht das Gericht, sondern die Vollstreckungsbehörde zuständig (München NStZ 88, 93 mwN), deren Entscheidungen nach §§ 23 ff EGGVG gerichtlich nachprüfbar sind (Stuttgart NStZ 89, 344). Die aus dieser unterschiedlichen Rechtslage erwachsenden Spannungen sind nicht befriedigend lösbar, Unbilligkeiten nur im Gnadenwege auszugleichen (expl zu solchen Schwierigkeiten Böhm NStZ 96, 583).

2 **b)** Die Vollstreckungsbehörde ist an die gesetzliche Reihenfolge **gebunden,** wenn keine abweichende Anordnung nach Abs 2, 3 ergeht (Düsseldorf JMBlNRW 91, 59, 60; s auch Dresden NStZ 93, 511).

3 **2. Abs 2** (krit zu seiner Unbestimmtheit Marquardt aaO [vgl 1] S 160; Hanack JR 75, 441) ist nur ausnahmsweise anwendbar (Bay NJW 81, 1522). Jede freiheitsentziehende Maßregel **verfolgt,** mit unterschiedlicher Gewichtsverteilung, **den doppelten Zweck,** einerseits durch Behandlung den Verurteilten zur Vermeidung rechtswidriger Taten zu motivieren und andererseits durch isolierenden Freiheitsentzug die Allgemeinheit vor ihm zu sichern (BGHSt 33, 285). Das Gesetz geht davon aus, daß dieser komplexe Zweck bei Maßregeln mit spezifischem Heilungs- oder Besserungszweck idR leichter erreicht werden kann, wenn zuerst die Unterbringung vollzogen wird. Möglichen Ausnahmen sollen die Abs 2, 3 Rechnung tragen (krit zur Unzulänglichkeit des Systems bei Unterbringungen nach § 64 Boetticher StV 91, 75).

4 **a)** Abs 2 schreibt vollständigen oder nur teilweisen Vorwegvollzug der Strafe vor, wenn dadurch der **Maßregelzweck leichter erreicht** wird (zusf Maul/Lauven NStZ 86, 397). Vorauszusetzen ist danach die begründete, dh nicht nur zweifelhafte (NStZ 93, 437), Prognose, daß eine Förderung des Maßregelzwecks durch den Vorwegvollzug eines Teils der Strafe oder, wenn das nicht ausreicht, der ganzen Strafe erwartet werden kann (BT-Dr 10/2720 S 13 und 10/4391 S 18; beachte schon BGHSt 33, 285 und NJW 86, 142, beide mit Anm Wendisch NStZ 86, 140). Andere Gründe rechtfertigen den Vorwegvollzug nicht (NStZ 86, 427 mwN; s auch wistra 93, 263). Vor allem kann er nicht allein mit der Absicht begründet werden, die Vollstreckung zum Zwekke freiwilliger Therapie nach § 35 BtMG zurückzustellen; denn so zu verfahren, ist unabhängig von der Reihenfolge der Vollstreckung möglich (JR 85, 119 mit Anm Müller-Dietz; NStZ 85, 571 und 90, 102). Auch der Mangel an geeigneten Therapieplätzen (NStZ 81, 492 mit krit Anm Scholz; NStZ 82, 132; LG Dortmund NStZ 89, 340) oder Therapiemodellen (LG Hamburg MDR 81, 778) genügt als solcher nicht (beachte auch 11).

b) Abs 2 ist **namentlich anwendbar,** wenn vollständiger oder teilweiser (dazu bei Holtz MDR 89, 1051; NStZ 90, 357) Vorwegvollzug von Strafe als Vorstufe der Behandlung erforderlich ist, um den Zweck der Maßregel im ganzen zu erreichen (BGHSt 33, 285; NStZ 86, 524, beide mwN). Das kann zB zutreffen, wenn sich andernfalls an die Unterbringung in einer Entziehungsanstalt (NStZ 90, 52; Müller-Dietz NJW 80, 2789) oder bei Therapiechancen auch in einem psychiatrischen Krankenhaus (NJW 90, 1124 mit krit Anm Funck NStZ 90, 509) eine langdauernde Strafverbüßung anschließen müßte; hier kann ein – je nach Sachlage flexibel zu bemessender – Vorwegvollzug angezeigt sein (beachte GA 92, 178), um eine Gefährdung des Erfolges der Unterbringung durch den nachfolgenden Strafvollzug auszuschließen und die Ausgangsbedingungen der Therapie zu verbessern (NJW 86, 142 und 88, 216; krit bei Holtz MDR 94, 762; Schüler-Springorum StV 86, 478, 479; Hanack JR 88, 379; für die lebenslange Freiheitsstrafe anders auch BGHSt 37, 160 mit Anm Schüler-Springorum StV 91, 561, alle mwN). – Das in den gesetzgeberischen Beratungen außerdem noch angeführte Beispiel, daß die psychische Verfassung des Täters uU die Erzeugung eines „Leidensdrucks" durch den Vorwegvollzug der Strafe nahelegen könne (BT-Dr V/4095 S 31), ist angesichts des unzureichenden Wissens über die motivierende Wirkung solchen Vollzugs problematisch (krit Müller-Dietz NStZ 83, 145, 150; Kaiser, Befinden sich die kriminalrechtlichen Maßregeln in der Krise?, 1990, S 25; abl Hanack LK 49–54, alle mwN). Nach anfänglich undifferenzierter Anerkennung in der Praxis (zB bei Holtz MDR 81, 98) wird es jetzt überwiegend zurückhaltender beurteilt (NStZ 85, 571), zum Teil sogar ganz verworfen (NStZ 84, 428 und 85, 91; s auch NStZ 86, 427). Auf der anderen Seite hat sich aber ein mäßig bemessener, nicht unmittelbar auf UHaft oder andere Freiheitsentziehung folgender (StV 91, 64, 65) Vorwegvollzug bisweilen als brauchbar erwiesen, um Alkohol- und Drogenabhängige überhaupt erst zur Mitarbeit an den therapeutischen Bemühungen zu motivieren (BT-Dr 10/4391 S 18; NJW 88, 216 mit abl Anm Hanack JR 88, 379; aM Streng StV 87, 41; zw). In dem so eingeengten Bereich ist deshalb dieser Gesichtspunkt nicht ganz von der Hand zu weisen (BGHSt 33, 285; NStZ 90, 102; zw); ihm sollte aber nur aufgrund sachverständiger Beratung nach gründlicher Prüfung des Einzelfalls Gewicht beigemessen werden (bei Holtz MDR 86, 442; Maul/Lauven NStZ 86, 397). – Abs 2 kommt schließlich noch in Fällen in Frage, in denen ein Verurteilter im psychiatrischen Sinne weder heil- noch pflegebedürftig ist (1 zu § 63), aber intensiver sozialtherapeutischer Behandlung bedarf; hier kann der Vorwegvollzug deshalb angezeigt sein, weil die psychiatrischen Krankenhäuser überwiegend auf solche Behandlung nicht eingerichtet sind und daher nicht auszuschließen ist, daß der zuständigen Strafvollzugsanstalt überlegene therapeutische Möglichkeiten zur Verfügung stehen (BGHSt 33, 285 mwN; s auch Hanack JR 75, 441; Müller-Dietz NStZ 83, 145). 5

6 3. **Abs 3** läßt den nachträglichen Wechsel der Vollzugsart zu. Er gestattet allerdings – auch in Fällen der Anordnung nur teilweisen Vorwegvollzugs (aM Maul/Lauven NStZ 86, 397) – nicht die bloße Berichtigung einer Entscheidung, sondern nur deren Anpassung an Umstände in der Person des Verurteilten, die erst nachträglich ein- oder hervorgetreten sind (KG JR 79, 77 mit Anm Horn; Düsseldorf MDR 89, 1012; beachte auch LG Paderborn StV 91, 74). Damit ist es möglich, auf die Entwicklung im Vollzug stets flexibel zu reagieren. Auf der neuen Beurteilungsgrundlage ist jeweils zu entscheiden, ob die Voraussetzungen des Abs 2 nunmehr erfüllt oder nicht mehr erfüllt sind und was sich daraus für die Reihenfolge der Vollstreckung ergibt. Das Fehlen von Therapieplätzen (Hamburg MDR 93, 1100 mwN) oder bloße Belegungsschwierigkeiten in den Vollzugsanstalten (Hamm JMBlNRW 80, 226) sind kein zureichender Grund; eine Abschiebung schwieriger Verurteilter lediglich zur Entlastung der Vollzugsanstalt wäre mißbräuchlich (BT-Dr V/4095 S 31; Marquardt aaO [vgl 1] S 162).

7 4. a) **Abs 4 S 1** hat aufgrund des 23. StÄG (2 vor § 56; s auch Art 316 I EGStGB) die **Anrechnung** eingeschränkt (zu den Gründen BT-Dr 10/2720 S 13; zur Verfassungsmäßigkeit BVerfGE 91, 1, 35 und NJW 95, 2405; krit Müller-Dietz JR 95, 353, 357). Eine vor der Strafe vollzogene Maßregel darf nur noch angerechnet werden, bis zwei Drittel der Strafe erledigt sind. Nach dem Gesetzeswortlaut verkürzt daher eine vor dem Maßregelvollzug erlittene UHaft oder andere Freiheitsentziehung die Anrechnungsmöglichkeit; dieses offenbar gewollte Ergebnis (vgl BT-Dr aaO) durch Anwendung des verfassungsrechtlichen Übermaßverbots zu überspielen (so Düsseldorf StV 96, 47 mit abl Anm Blechinger Rpfleger 96, 301 und LG Wuppertal StV 96, 329 für Fälle, in denen keine Anordnung nach Abs 2 getroffen wurde), ist nicht hinreichend begründbar (Zweibrücken NStZ 96, 357; Frankfurt NStZ-RR 96, 380; Hamm NStZ 97, 34; neuerdings auch Düsseldorf NStZ-RR 97, 25, alle mwN); aus diesem Grunde kann allenfalls sog Organisationshaft, die nach Rechtskraft der Verurteilung zur Überbrückung bis zur Verfügbarkeit eines Therapieplatzes dient, vom Anrechnungsverbot ausgenommen werden (so Zweibrücken aaO; aM Frankfurt und Hamm aaO). – Die Vorschrift bezieht sich nur auf die neben der Maßregel angeordnete – sei es auch zur Bewährung ausgesetzte (Hamm MDR 79, 157; aM Horstkotte LK 13 zu § 67 d; Horn SK 5; zw) – Freiheitsstrafe (vgl 1). Zur Nichtigkeit von **Abs 4 S 2** vgl 9 zu § 67 d (s auch LG Bayreuth StV 95, 205). – Die Anrechnung wirkt innerhalb der Zwei-Drittel-Begrenzung nach dem eindeutigen Gesetzeswortlaut auch insoweit straferledigend, als der Maßregelvollzug auf einer Verlängerung der Höchstfrist nach § 67 d I S 3 beruht hat (Frankfurt NStZ 93, 453; für einen gleichgelagerten Fall früheren Rechts ebenso Düsseldorf NStZ 91, 608; aM LG Paderborn NStZ 90, 357, alle mwN; s auch 2 zu § 67 d). – Auf Fälle, in denen eine Maßregel nach § 63 für erledigt erklärt wird, weil ein biologischer Defekt im Sinne des § 21 nicht vor-

gelegen hat (7 zu § 67 d), ist die Anrechnungsregel des Abs 4 nicht unmittelbar anwendbar (Frankfurt NStZ 93, 252 mit krit Anm Loos). Jedoch ist es verfassungsrechtlich geboten, ungerechtfertigten Maßregelvollzug voll anzurechnen (im Hinblick auf das Wiederaufnahmerecht diff BVerfG NStZ 95, 174); eine Verweisung auf das StrEG (so Frankfurt aaO) ist verfassungsrechtlich nicht vertretbar (Dresden NStZ 95, 520). – Sind in dem Verfahren noch weitere Strafen zu vollstrecken, können sich Schwierigkeiten ergeben, die teils durch Ausgleich von Versäumnissen der Vollstreckungsbehörde bei den jeweils vorgeschriebenen Unterbrechungen der Vollstreckung (32 zu § 57) überwunden (Celle MDR 90, 70), teils aber auch nur im Gnadenwege ausgeräumt werden können (eingehend Wolf, Die Nichtbeachtung des Zwei-Drittel-Zeitpunktes in der Vollstreckung des strafgerichtlichen Freiheitsentzuges, 1988, S 140).

b) Die Anrechnung tritt **kraft Gesetzes** ein, bedarf daher keiner Anordnung und ist von der Vollstreckungsbehörde bei der Strafzeitberechnung unmittelbar zu berücksichtigen. 8

5. a) Abs 5 erlaubt die Aussetzung des Strafrestes – über § 57 I hinaus – schon dann, wenn die Hälfte der Strafe erledigt ist (krit Rolinski, Kaufmann [H]-GedSchr, S 525), und ermöglicht damit eine bessere Anpassung an die spezialpräventiven Bedürfnisse des Einzelfalls. 9

b) Im Falle des **Satzes 2** ist die Fortsetzung des Vollzugs der Unterbringung – uU über die Höchstfrist (1 zu § 67 d) hinaus (Hanack LK 34) – auch zulässig, wenn der Zweck der Maßregel erreicht ist. Eine Überweisung in den Strafvollzug ist idR angezeigt, wenn noch eine längere Freiheitsstrafe zu vollstrecken und keine Verbesserung des Behandlungserfolges in der Spezialanstalt zu erwarten ist (Celle NStZ 83, 384). 10

6. a) Die Anordnung nach **Abs 2** ergeht stets **im Urteil** (aM LG Dortmund NJW 75, 2251). Ihre Begründung muß sich sowohl mit dem Ob als auch der Dauer des Vorwegvollzugs nachvollziehbar auseinandersetzen (NStZ 90, 357 und 91, 252, beide mwN; beachte auch NJW 91, 2431). Es ist unzulässig, die Entscheidung über einen nur teilweisen Vorwegvollzug (vgl 4, 5) in der Weise der Strafvollstreckungskammer zu überlassen, daß im Hinblick auf Abs 3 zunächst vollständiger Vorwegvollzug angeordnet wird (StV 91, 64; NStZ 92, 205). 11

b) Anordnungen nach **Abs 3** werden **mit Rechtskraft der Unterbringungsanordnung** zulässig. Sie können zwar schon vor der Aufnahme des Verurteilten in eine Anstalt vom erkennenden Gericht getroffen werden, sollten zweckmäßig aber der Strafvollstreckungskammer überlassen bleiben (§ 463 I iVm § 462 a I, II StPO). 11 a

7. Verfahren §§ 454, 463 V iVm § 462 StPO. Ist die Anordnung einer Maßregel mit vorwiegendem Heilungs- oder Besserungszweck (§§ 63, 64) neben der Strafe unterblieben, so ist der Verurteilte nicht beschwert (BGHSt 28, 327, 330; zw). 12

§ 67 a Überweisung in den Vollzug einer anderen Maßregel

(1) **Ist die Unterbringung in einem psychiatrischen Krankenhaus oder einer Entziehungsanstalt angeordnet worden, so kann das Gericht nachträglich den Täter in den Vollzug der anderen Maßregel überweisen, wenn die Resozialisierung des Täters dadurch besser gefördert werden kann.**

(2) **Unter den Voraussetzungen des Absatzes 1 kann das Gericht nachträglich auch einen Täter, gegen den Sicherungsverwahrung angeordnet worden ist, in den Vollzug einer der in Absatz 1 genannten Maßregeln überweisen.**

(3) **Das Gericht kann eine Entscheidung nach den Absätzen 1 und 2 ändern oder aufheben, wenn sich nachträglich ergibt, daß die Resozialisierung des Täters dadurch besser gefördert werden kann. Eine Entscheidung nach Absatz 2 kann das Gericht ferner aufheben, wenn sich nachträglich ergibt, daß mit dem Vollzug der in Absatz 1 genannten Maßregeln kein Erfolg erzielt werden kann.**

(4) **Die Fristen für die Dauer der Unterbringung und die Überprüfung richten sich nach den Vorschriften, die für die im Urteil angeordnete Unterbringung gelten.**

Fassung: Zu Abs 2 beachte vor 1 zu § 66.

1 **1. a)** Die Vorschrift soll ermöglichen, den Verurteilten im **Maßregelvollzug** der für ihn am besten geeigneten Behandlungsart zuzuführen. Sie bietet weder für eine Überweisung in den Vollzug der Sicherungsverwahrung (BVerfG NJW 95, 772) noch für eine Überweisung aus dem Straf- in den Maßregelvollzug (Karlsruhe MDR 91, 892; v Bubnoff JR 76, 423, beide mwN) noch umgekehrt aus dem Maßregel- in den Strafvollzug eine Grundlage; leider gilt das auch für die Überweisung in eine sozialtherapeutische Anstalt im Sinne des § 9 StVollzG (Hamm NStZ 87, 44 mwN; str).

2 **b)** Nach der im Urteil angeordneten Maßregel richten sich nicht nur die in **Abs 4** genannten Fristen (§§ 64 d I, 67 e), sondern auch die Voraussetzungen der Aussetzung zur Bewährung nach § 67 d II (dort 3), das Eintreten der Führungsaufsicht kraft Gesetzes nach § 67 d IV und der Abbruch des Vollzugs einer Unterbringung in einer Entziehungsanstalt, weil keine hinreichend konkrete Aussicht auf einen Behandlungserfolg mehr besteht (8 zu § 67 d).

3 **2.** Die **Resozialisierung kann besser gefördert** werden, wenn die in dem anderen Vollzugsbereich konkret zur Verfügung stehenden Behandlungsmöglichkeiten voraussichtlich wirksamer dazu beitragen werden, weitere rechtswidrige Taten des Verurteilten zu verhüten. Die Überweisung kommt namentlich in Frage, wenn ein nach §§ 63 oder 66 Untergebrachter vorrangig einer Entziehungskur bedarf, wenn sich ein Sicherungsverwahrter wegen konkreter psychischer Defekte für ei-

ne psychiatrische Behandlung eignet oder wenn die therapeutischen Möglichkeiten der Entziehungsanstalt im Einzelfall nicht ausreichen, um einen mit Alkohol- oder Rauschmittelsucht verbundenen komplexeren psychischen Krankheitszustand erfolgversprechend zu behandeln. – **Abs 3** ermöglicht eine ständige Anpassung an die Entwicklung des Verurteilten im Vollzug. Zur Verfolgung sachfremder Interessen (zB Abschiebung schwieriger Verurteilter) darf er nicht mißbraucht werden.

3. Die nachträgliche Überweisung nach Abs 1, 2 wird **mit Rechtskraft der Unterbringungsanordnung** zulässig. Für die Zuständigkeit gelten die Ausführungen unter 11 a zu § 67 sinngemäß. – **Verfahren** – auch nach Abs 3 – § 463 V iVm § 462 StPO. 4

§ 67 b Aussetzung zugleich mit der Anordnung

(1) **Ordnet das Gericht die Unterbringung in einem psychiatrischen Krankenhaus oder einer Entziehungsanstalt an, so setzt es zugleich deren Vollstreckung zur Bewährung aus, wenn besondere Umstände die Erwartung rechtfertigen, daß der Zweck der Maßregel auch dadurch erreicht werden kann. Die Aussetzung unterbleibt, wenn der Täter noch Freiheitsstrafe zu verbüßen hat, die gleichzeitig mit der Maßregel verhängt und nicht zur Bewährung ausgesetzt wird.**

(2) **Mit der Aussetzung tritt Führungsaufsicht ein.**

1. Die Vorschrift, die nur für Maßregeln mit vorwiegendem Heilungs- oder Besserungszweck gilt (also nicht für die Sicherungsverwahrung), hat **Ausnahmecharakter** (aM Horstkotte LK 45). Sie ist Ausfluß des Verhältnismäßigkeitsgrundsatzes. 1

2. Zu den **Voraussetzungen:** 2

a) Die für die jeweilige Maßregel erforderliche **ungünstige Prognose** muß **voll erfüllt** sein, so daß namentlich auch die aus der Subsidiarität der Maßregeln folgenden Einschränkungen beachtet sein müssen (8 zu § 63 und 5 zu § 64 iVm 15 zu § 66). Nur die Möglichkeit der Aussetzung bleibt außer Ansatz (Horstkotte LK 5, 10, 11).

b) aa) **Besondere Umstände** sind bestimmte, in der Person des Täters oder den äußeren Verhältnissen liegende Tatsachen, die den Fall von den durchschnittlichen, gewöhnlich vorkommenden Fällen gleicher Art unterscheiden und die Erfolgsaussichten der Aussetzung erhöhen. Als solche kommen namentlich die unter 8 zu § 63 und 5 zu § 64 genannten Maßnahmen auf freiwilliger Basis (bei Holtz MDR 85, 979), daneben aber auch weitere Tatsachen in Frage, etwa daß eine auf Landesrecht beruhende Unterbringung bereits vollzogen wird (BGHSt 34, 313), daß der bisher haltlose Täter eine feste Arbeitsstelle gefunden hat oder daß er eine seine persönlichen Verhältnisse konsolidierende Ehe eingegangen ist (Begr zu § 105 E 1962 S 235). Die besonderen Umstände sind im Urteil anzugeben. 3

4 bb) Die aus den besonderen Umständen herzuleitende und am **Zweck der Maßregel** (3 zu § 67) zu orientierende **Erwartung** (8 zu § 56) ist gerechtfertigt, wenn aufgrund der mit der Aussetzung verbundenen zusätzlichen Möglichkeiten der Motivierung des Täters (drohender Widerruf, Führungsaufsicht) oder sonst besonderer Umstände die für die jeweilige Maßregel vorauszusetzende (vgl 2) ungünstige Prognose so weit gemildert werden kann, daß sich der Verzicht auf den Maßregelvollzug verantworten läßt (StV 88, 104 und 91, 514; NStZ 88, 309). Im Verhältnis zu einer auf Landesrecht beruhenden Unterbringung trifft das nur zu, wenn diese im Einzelfall besser geeignet ist, den Täter zu heilen oder zu pflegen (BGHSt 34, 313). – **Im ganzen** ist danach der Beurteilungsmaßstab strenger als in den Fällen der Aussetzung nach vorausgegangenem Straf- oder Maßregelvollzug (dazu 2 zu § 67 c; 3 zu § 67 d). Zum Grundsatz in dubio pro reo bei Zweifeln über die Prognose 5 zu § 61.

5 **3.** Der **Ausschluß der Aussetzung** für den Fall, daß der Täter noch Freiheitsstrafe zu verbüßen hat (dazu StV 94, 260) hat (Abs 1 S 2), ist eine Konsequenz der allgemeinen Regel, daß über die Aussetzung einer Unterbringung erst entschieden wird, wenn der Entlassung in die Freiheit keine rechtlichen Hindernisse mehr im Wege stehen (vgl etwa §§ 67 V, 67 c I, 67 d II; s auch 21, 22 zu § 57).

6 **4.** Die Aussetzung wird **im Urteil** angeordnet. – Die **Führungsaufsicht** (Abs 2) beginnt erst mit Rechtskraft des Urteils (3 zu § 68 c). Zu den im Rahmen der Führungsaufsicht erforderlichen weiteren Entscheidungen 8 zu § 68. Die Zuständigkeit verbleibt beim erkennenden Gericht; sie geht auf die Strafvollstreckungskammer erst über, wenn der Verurteilte nach Widerruf der Straf- oder Maßregelaussetzung in eine Vollzugsanstalt aufgenommen wird (§ 462 a I, II allein oder iVm § 463 I StPO; beachte auch § 462 a IV StPO).

§ 67 c Späterer Beginn der Unterbringung

(1) **Wird eine Freiheitsstrafe vor einer zugleich angeordneten Unterbringung vollzogen, so prüft das Gericht vor dem Ende des Vollzugs der Strafe, ob der Zweck der Maßregel die Unterbringung noch erfordert. Ist das nicht der Fall, so setzt es die Vollstreckung der Unterbringung zur Bewährung aus; mit der Aussetzung tritt Führungsaufsicht ein.**

(2) **Hat der Vollzug der Unterbringung drei Jahre nach Rechtskraft ihrer Anordnung noch nicht begonnen und liegt ein Fall des Absatzes 1 oder des § 67 b nicht vor, so darf die Unterbringung nur noch vollzogen werden, wenn das Gericht es anordnet. In die Frist wird die Zeit nicht eingerechnet, in welcher der Täter auf behördliche Anordnung in einer Anstalt verwahrt worden ist. Das Gericht ordnet den Vollzug an, wenn der Zweck der Maßregel die Unterbringung noch erfordert. Ist der Zweck der Maßregel nicht**

erreicht, rechtfertigen aber besondere Umstände die Erwartung, daß er auch durch die Aussetzung erreicht werden kann, so setzt das Gericht die Vollstreckung der Unterbringung zur Bewährung aus; mit der Aussetzung tritt Führungsaufsicht ein. Ist der Zweck der Maßregel erreicht, so erklärt das Gericht sie für erledigt.

1. a) Abs 1 ist eine Folgerung aus dem Umstand, daß es für die 1
Prognose des künftigen Täterverhaltens auf den Zeitpunkt der Hauptverhandlung ankommt (8 zu § 63; 5 zu § 64; 15 zu § 66). Er ist nur anwendbar, wenn die Unterbringung neben der Freiheitsstrafe, also nicht in anderer Sache, angeordnet ist (Karlsruhe MDR 75, 1040; KG JR 84, 213; aM Hamburg MDR 75, 70; Koblenz MDR 83, 863); daß daneben auch Anschlußstrafen zu vollstrecken sind, bildet jedoch keinen Hinderungsgrund (KG NStZ 90, 54 mwN; zw). – Die gebotene Prüfung kann nach dem Zweck des Gesetzes sinnvoll erst stattfinden, wenn ihr Ergebnis durch den weiteren Strafvollzug nicht mehr in Frage gestellt werden kann. Im allgemeinen ist das erst vor dem absehbaren Ende der Strafverbüßung zu bejahen (Stuttgart NStZ 88, 45 mwN; aM LG Bonn JMBlNRW 76, 249); wenn Aussetzung des Strafrestes in Frage kommt, wird dieses Ende durch den Ablauf der Mindestverbüßungszeit (2 zu § 57) und bei Anschlußvollstreckungen durch den Zeitpunkt bestimmt, in dem nach § 454 b III StPO über die Aussetzung der Reste aller Strafen entschieden werden kann (KG NStZ 90, 54). Allerdings muß die Prüfung so rechtzeitig eingeleitet werden, daß für die erforderlichen Entlassungsvorbereitungen (dazu 36 zu § 57) hinreichend Zeit bleibt und daß auch eine etwaige Beschwerdeentscheidung vor Vollzugsende rechtskräftig werden kann (Stuttgart aaO). Ist in diesem Zeitpunkt ausnahmsweise noch nicht rechtskräftig entschieden, so ist der Vollzug der Unterbringung zulässig, wenn das Gericht mit der ihm obliegenden Prüfung begonnen hat und das Verfahren ohne vermeidbare Verzögerungen innerhalb angemessener Zeit zum Abschluß bringt (BVerfGE 42, 1; Düsseldorf NJW 93, 1087, beide mwN; zw). – Solange die Prüfung der Aussetzungsvoraussetzungen noch nicht angezeigt ist, hat der Verurteilte keinen Anspruch auf frühere Entscheidung (Düsseldorf NJW 74, 198 mit Anm Maetzel NJW 74, 614; LG Traunstein NStZ-RR 96, 94; s jedoch Celle NJW 72, 592; Koblenz MDR 75, 241 mit Anm Sack).

b) Der **Zweck der Maßregel** erfordert im Sinne des Abs 1 die 2
Unterbringung so lange, wie noch keine günstige Täterprognose (3, 4 zu § 67 d) gestellt werden kann. Da sich der Verurteilte hier ebenso wie in den Fällen des § 67 d II im Vollzug – wenn auch im Vollzug der Strafe – befindet, ist die Entlassungsprognose nach demselben Maßstab wie die am Ende einer Unterbringung zu beurteilen (dazu 3 zu § 67 d).

c) Erfordert im Falle des Abs 1 der Zweck der Maßregel die Un- 3
terbringung nicht mehr, so ist **stets zur Bewährung auszusetzen.** Die Maßregel darf grundsätzlich nicht für erledigt erklärt werden (Horstkotte LK 9 mwN; aM Hamm NStZ 82, 300; Müller, Anordnung

und Aussetzung freiheitsentziehender Maßregeln der Besserung und Sicherung, 1981, S 119); eine Ausnahme ist nur zu rechtfertigen, wenn es schon von vornherein an dem biologischen Defekt im Sinne der §§ 20, 21 oder dem Hang im Sinne des § 64 I gefehlt hat oder wenn sich im Strafvollzug herausgestellt hat, daß für die angeordnete Unterbringung nach § 64 keine hinreichend konkrete Erfolgsaussicht mehr besteht (1 zu § 64).

4 2. **Abs 2** ist nur anwendbar, solange die Vollstreckung noch nicht verjährt ist (§ 79). Zu Satz 2 vgl 11 zu § 44. Im Sinne des Satzes 3 erfordert der Zweck der Maßregel (3 zu § 67) die Unterbringung so lange, wie nicht nur die allgemeinen Voraussetzungen der Maßregel erfüllt sind, sondern auch die besonderen der Aussetzung zur Bewährung fehlen. Die Prognose ist hier nach dem Maßstab zu beurteilen, der sich aus 4 zu § 67 b ergibt; die tatsächliche Lage unterscheidet sich vom Fall des Abs 1 (vgl 2) insofern wesentlich, als der Entscheidung hier kein Beobachtungszeitraum im Straf- oder Maßregelvollzug vorausgeht (aM Horstkotte LK 119).

5 3. Für **Zuständigkeit und Verfahren** gelten in den Fällen des Abs 1 die §§ 463 I iVm 462 a I, 463 III iVm 454 StPO, in den Fällen des Abs 2 § 463 V iVm § 462 StPO (beachte auch § 462 a IV StPO). – Zu der nach Abs 1 S 2, Abs 2 S 4 eintretenden **Führungsaufsicht** 9 zu § 68.

§ 67 d Dauer der Unterbringung

(1) **Es dürfen nicht übersteigen**

die Unterbringung in einer Entziehungsanstalt zwei Jahre und
die erste Unterbringung in der Sicherungsverwahrung zehn Jahre.

Die Fristen laufen vom Beginn der Unterbringung an. Wird vor einer Freiheitsstrafe eine daneben angeordnete freiheitsentziehende Maßregel vollzogen, so verlängert sich die Höchstfrist um die Dauer der Freiheitsstrafe, soweit die Zeit des Vollzugs der Maßregel auf die Strafe angerechnet wird.

(2) **Ist keine Höchstfrist vorgesehen oder ist die Frist noch nicht abgelaufen, so setzt das Gericht die weitere Vollstreckung der Unterbringung zur Bewährung aus, sobald verantwortet werden kann zu erproben, ob der Untergebrachte außerhalb des Maßregelvollzugs keine rechtswidrigen Taten mehr begehen wird. Mit der Aussetzung tritt Führungsaufsicht ein.**

(3) **Ist die Höchstfrist abgelaufen, so wird der Untergebrachte entlassen. Die Maßregel ist damit erledigt.**

(4) **Wird der Untergebrachte wegen Ablaufs der Höchstfrist für die erste Unterbringung in der Sicherungsverwahrung entlassen, so tritt Führungsaufsicht ein.**

(5) **Ist die Unterbringung in einer Entziehungsanstalt mindestens ein Jahr vollzogen worden, so kann das Gericht nachträglich be-**

stimmen, daß sie nicht weiter zu vollziehen ist, wenn ihr Zweck aus Gründen, die in der Person des Untergebrachten liegen, nicht erreicht werden kann. Mit der Entlassung aus dem Vollzug der Unterbringung tritt Führungsaufsicht ein.

Fassung: Zu Abs 1, 4 beachte vor 1 zu § 66.

1 **1. a)** Die **Dauer** einer Unterbringung ist – von den Fällen des Ablaufs der Höchstfrist abgesehen – **unbestimmt** und regelmäßig vom Eintritt der Voraussetzungen abhängig, unter denen Aussetzung zur Bewährung anzuordnen ist (Abs 2). Zu Ausnahmen beachte 7–10; auch der Verhältnismäßigkeitsgrundsatz (2 zu § 62) kann bisweilen dazu zwingen, eine Unterbringung trotz Vorliegens aller übrigen Voraussetzungen wegen überlanger Dauer für erledigt zu erklären (BVerfG NJW 95, 3048; Celle NStZ 89, 491; LG Paderborn StV 91, 73).

2 **b)** Keine **Befristung** der Unterbringung im Urteil (BGHSt 30, 305, 307; Düsseldorf NStZ-RR 96, 293). Die Fristen des Abs 1 bezeichnen nur das Höchstmaß des aufgrund einer Anordnung insgesamt zulässigen Freiheitsentzugs. Sie beginnen mit dem Tage der tatsächlichen Aufnahme in den Maßregelvollzug (Karlsruhe NStZ 92, 456 mwN). Ihrer Berechnung ist nur die Zeit der tatsächlichen Unterbringung zugrundezulegen; Zeiträume der Aussetzung zur Bewährung (§ 67 g IV), des Vollstreckungsaufschubs (§ 463 IV iVm §§ 455–456 StPO) und der vorübergehenden Fortsetzung des UHaft-Vollzugs nach Rechtskraft, aber vor Beginn des Maßregelvollzugs (Stuttgart NStZ 85, 332 mit Anm Jabel, beide mwN) bleiben daher außer Ansatz. – In den Fällen des **Abs 1 S 3** liegt die Obergrenze der **Höchstfristverlängerung** bei zwei Jahren (Grundhöchstfrist) zuzüglich zwei Drittel der Strafe, abzüglich des Teils der Strafe, der anderweit (zB durch Anrechnung vor dem Maßregelvollzug erlittener UHaft) erledigt wurde (Frankfurt NStZ 93, 453 mwN; s auch Hamm StV 95, 89; Düsseldorf JMBlNRW 95, 142 und 259). Dieses kriminalpolitisch problematische Ergebnis ist nach dem Wortlaut des § 67 IV S 1 unausweichlich (aM ua LG Paderborn NStZ 90, 357, Volckart NStZ 87, 215 und Tröndle 3 a, die den verlängerungswirksamen Anrechnungszeitraum auf die Grundhöchstfrist beschränken und deshalb auf eine Obergrenze von 4 Jahren kommen, von der die anderweitig erledigte Freiheitsentziehung abzuziehen ist). Problematisch ist aber nur die Überlänge des Höchstmaßes; die Notwendigkeit zeitgerechter Entscheidung über die Entlassung (§§ 67 V S 2, 67 d V S 1 iVm BVerfG NStZ 94, 578; dazu 1 zu § 64) wird davon nicht berührt (Frankfurt aaO).

3 **2. a)** Die **Aussetzung zur Bewährung nach Abs 2** setzt eine **günstige Täterprognose** voraus, die sich weitgehend nach den Maßstäben der Prognose bei Aussetzung des Strafrestes nach § 57 (dort 7–10) bestimmt (aM Hamm MDR 77, 334), aber andere Bezugspunkte hat (eingehend Horstkotte LK 58–80 zu § 67 c; krit Baur MDR 90, 473, 474; Laubenthal, Krause-FS, S 357, 363; zT abw Frisch ZStW

102, 707, 766); deshalb bezieht sich die Prognose nur auf solche Taten, die aus dem biologischen Defekt (§§ 63, 20, 21) oder dem jeweiligen Hang (§§ 64 I, 66 I Nr 3) erwachsen. Ein Unterschied besteht auch insofern, als sich die Erwartung nicht nur auf künftige Straftaten, sondern auch auf nur rechtswidrige Taten (18 zu § 11) beziehen kann. Außerdem erfordert der Verhältnismäßigkeitsgrundsatz (2 zu § 62) namentlich bei längerdauernden Unterbringungen eine gründliche Aufklärung auch der persönlichen Umstände (Düsseldorf NStZ 91, 104) und eine sorgfältige Abwägung des Sicherungsinteresses der Allgemeinheit mit dem Freiheitsanspruch des Untergebrachten (BVerfGE 70, 297 mit Bespr Müller-Dietz JR 87, 45 und Teyssen, Tröndle-FS, S 407; beachte auch BVerfG NJW 93, 778, 94, 510 und 95, 3048; Celle NStZ 89, 589 und StV 95, 90; Eickhoff NStZ 87, 65). War Anlaßtat (2 zu § 63; 3 zu § 64) ein sexuell motiviertes Delikt (zB Vergewaltigung, Kindesmißbrauch), so schlägt das Sicherheitsinteresse wegen der besonderen Schwierigkeiten, bei Triebtätern eine zuverlässige Prognose zu stellen, nachhaltig zu Buch (abschwächend Expertenkommission Sexualstraftäter im Maßregelvollzug MschrKrim 96, 147). – Im übrigen ist die Aussetzung – ungeachtet des insoweit unklaren Wortlauts von Abs 2 – nicht schon im Hinblick auf die Möglichkeit irgendwelcher künftiger Taten ausgeschlossen; es kommt vielmehr auf Taten von solcher Erheblichkeit an, daß ihre Begehung die materiellen Voraussetzungen der Maßregel, also im Falle des psychiatrischen Krankenhauses die des § 63 (BVerfG aaO S 313), im Falle der Entziehungsanstalt die des § 64 I (Düsseldorf MDR 80, 779) und im Falle der Sicherungsverwahrung die des § 66 I Nr 3 (dort 13–18), erfüllen würde (Nürnberg NJW 71, 1573; s auch Düsseldorf MDR 87, 957).

4 **b)** Danach ist die Aussetzung anzuordnen, wenn keine bestimmte Wahrscheinlichkeit neuer, für die Anordnung der Maßregel relevanter Taten mehr besteht (enger Köln MDR 71, 154); das wird in Fällen der §§ 63, 64 häufig aus einer erfolgreichen Therapie (etwa bei psychischer Erkrankung, Alkohol- oder Drogenabhängigkeit) und allgemein aus dem erfolgreichen Bestehen der vorgeschalteten Lockerungsmaßnahmen, uU aber auch aus straffreiem Verhalten in der Freiheit nach einer Flucht aus der Anstalt (Hamm StV 88, 115 mit krit Anm Pollähne) herzuleiten sein (näher diff Frisch ZStW 102, 707, 771; zur Notwendigkeit von Vollzugslockerungen zur Vorbereitung der Aussetzung Rasch, Venzlaff-FS, S 99; Westf Arbeitskreis „Maßregelvollzug" NStZ 91, 64). Darüber hinaus kommt auch in Frage, daß die spezialpräventiven Möglichkeiten der Aussetzung (Drohung des Widerrufs, Führungsaufsicht), uU iVm anderen Maßnahmen auf freiwilliger Basis (8 zu § 63; 3 zu § 67 b) oder mit Kastration (Frankfurt NJW 67, 687; zur stereotaktischen Hypothalamotomie beachte jedoch Hamm NJW 80, 1909), das Risiko der Entlassung verantwortbar machen. Gute Führung und Fleiß in der Anstalt genügen allein nicht (Köln NJW 55, 682).

c) Eine **Einwilligung** des Verurteilten ist abweichend von § 57 nicht erforderlich (Düsseldorf MDR 85, 71). 5

d) Zum Grundsatz **in dubio pro reo** bei Zweifeln über die Prognose 5 zu § 61. Zu der uU gebotenen **Koordinierung** mit der Aussetzung des Strafrestes zur Bewährung 21, 22 zu § 57. 6

e) Stellt sich im Rahmen der Prüfung nach Abs 2 bei einer **Unterbringung nach § 63** heraus, daß ein biologischer Defekt im Sinne der §§ 20, 21 nicht vorgelegen hat, so muß die Maßregel – wegen Fehlens eines Zusammenhangs mit dem Maßregelzweck auch bei ungünstiger Prognose (BVerfG NStZ 95, 174 mwN) – für erledigt erklärt werden; denn es hat von vornherein an ihrer Grundlage gefehlt (unstr; vgl BVerfG aaO; Horstkotte LK 48, beide mwN). Nach BVerfG aaO soll die im Strafrecht ganz hM das auch für den Fall annehmen, daß die Voraussetzungen der Unterbringung (etwa infolge nachträglicher Heilung) nicht mehr vorliegen. Das ist unzutreffend. Bei nachträglicher durchgreifender Besserung wird von einer starken Meinungsgruppe mit Recht angenommen, daß die Maßregelprognose – ungeachtet einer etwa aus anderen Gründen fortbestehenden Gefährlichkeit (beachte dazu 3) – nunmehr günstig sei und daß deshalb die Aussetzung zur Bewährung nach Abs 2 den Vorzug verdiene (Hamburg MDR 86, 1044; Horstkotte LK 48; Horn SK 13; aM Frankfurt NJW 78, 2347; Karlsruhe MDR 83, 151 und Justiz 87, 463; Volckart, Maßregelvollzug, 3. Aufl 1991, S 165; diff Sch/Sch-Stree 14, alle mwN). Ist jedoch in derselben Sache noch Strafe zu vollstrecken, so ist nach § 67 V S 2 für die Dauer des Strafrestes der Vollzug der Maßregel fortzusetzen oder unter den Voraussetzungen des Halbs 2 aaO der Vollzug der Strafe anzuordnen. – Stellt sich bei einer Maßregel nach § 63 die Aussichtslosigkeit weiterer Anstaltsbehandlung heraus, bleibt der Verurteilte aber infolge seines Zustandes weiterhin gefährlich, so ist eine Erledigungserklärung nicht zu rechtfertigen, weil die Erfolgsaussichten nicht zu den Anordnungsvoraussetzungen der Maßregel gehören (Volckart aaO S 168; Tröndle 5; aM LG Göttingen NStZ 90, 299; Sch/Sch-Stree 14, alle mwN; zw). Zur Aussichtslosigkeit einer Maßregel nach § 64 vgl 8. 7

3. a) Abs 5 S 1, der zur Bereinigung einer Streitfrage des früheren Rechts (dazu Horstkotte LK 10 zu § 67 c) den Abbruch des Vollzugs der Unterbringung nach § 64 bei Unerreichbarkeit des Maßregelzwecks in engen Grenzen zugelassen hatte, ist insoweit **nichtig,** als nach ihm die Unterbringung mindestens ein Jahr vollzogen sein muß, ehe das Gericht bestimmen kann, daß sie nicht mehr weiter zu vollziehen ist (BVerfGE 91, 1). Im übrigen bleibt die Gültigkeit der Vorschrift unberührt; sie ist jedoch **verfassungskonform** dahin auszulegen, daß der Vollzug zu beenden ist sobald keine hinreichend konkrete Aussicht auf einen Behandlungserfolg mehr besteht (BVerfG aaO S 34; näher dazu 1 zu § 64). 8

9 **b) § 67 IV S 2,** der an den Abbruch des Vollzugs der Unterbringung nach Abs 5 S 1 den Ausschluß jeglicher Anrechnung des Maßregelvollzugs anknüpft, ist nach der Entscheidung des BVerfG (vgl 8) **nichtig** (krit Stree, Geerds-FS, S 581, 589). Die zahlreichen mit ihm zusammenhängenden Streitfragen, die sich auch auf die Auslegung des Abs 5 S 1 ausgewirkt haben (Nachw unter 8, 9 der 20. Aufl), sind damit erledigt.

10 **c)** Die Möglichkeit, die Maßregel des § 64 schon aufgrund der Prüfung nach **§ 67 c I** für erledigt zu erklären (dort 3), wird von Abs 5 S 1 nicht unmittelbar berührt; das ihm zugrundeliegende Prinzip erfordert aber auch im Rahmen des § 67 c Beachtung (dort 3).

11 **4. a) Zuständigkeit** für Entscheidungen nach **Abs 2** und **Verfahren** § 67 e (dort 2).

12 **b) Zuständigkeit** für Anordnungen nach **Abs 5** § 463 I iVm § 462 a I StPO. **Verfahren** § 463 V iVm § 462 StPO.

13 **5.** Zur **Führungsaufsicht,** die nach Abs 2 S 2, Abs 4 und Abs 5 S 2 eintritt, 9 zu § 68.

§ 67 e Überprüfung

(1) **Das Gericht kann jederzeit prüfen, ob die weitere Vollstreckung der Unterbringung zur Bewährung auszusetzen ist. Es muß dies vor Ablauf bestimmter Fristen prüfen.**

(2) **Die Fristen betragen bei der Unterbringung**

in einer Entziehungsanstalt sechs Monate,

in einem psychiatrischen Krankenhaus ein Jahr,

in der Sicherungsverwahrung zwei Jahre.

(3) **Das Gericht kann die Fristen kürzen. Es kann im Rahmen der gesetzlichen Prüfungsfristen auch Fristen festsetzen, vor deren Ablauf ein Antrag auf Prüfung unzulässig ist.**

(4) **Die Fristen laufen vom Beginn der Unterbringung an. Lehnt das Gericht die Aussetzung ab, so beginnen die Fristen mit der Entscheidung von neuem.**

Fassung: Zu Abs 2 beachte vor 1 zu § 66.

1 **1.** Die Voraussetzungen der Aussetzung zur Bewährung nach § 67 d II können jederzeit **von Amts wegen** geprüft werden. Vor dem Ende der Fristen, deren Ablauf durch fluchtbedingte Abwesenheit des Verurteilten gehemmt wird (Karlsruhe MDR 92, 690; zw), und bei Vorliegen eines Aussetzungsantrags, für den keine Frist nach Abs 3 S 2 läuft, sind Prüfung und förmliche Entscheidung obligatorisch. Wird die Aussetzung abgelehnt, so beginnt die neue Frist mit dem Erlaß, nicht der Rechtskraft der Entscheidung (Hamm NJW 71, 949; str).

2 **2. Zuständig** ist die Strafvollstreckungskammer (§ 463 I iVm § 462 a I StPO; 27 zu § 57), nicht das erkennende Gericht (Karlsruhe

MDR 78, 158). – **Verfahren** – auch für Entscheidungen nach Abs 3 – § 463 III iVm § 454 StPO. Wiederholung von Anträgen, Antragsbefugnis, rechtliches Gehör und Wirksamwerden der Aussetzung bestimmen sich nach den unter 29, 30, 34–39 zu § 57 dargelegten Regeln (speziell zu § 67 e Hamm MDR 76, 159; Koblenz MDR 84, 163).

§ 67 f Mehrfache Anordnung der gleichen Maßregel

Ordnet das Gericht die Unterbringung in einer Entziehungsanstalt an, so ist eine frühere Anordnung der Maßregel erledigt.

1. Die Vorschrift betrifft nur die Maßregel nach § 64. 1

2. Im Hinblick auf die Erledigung der vorausgegangenen Maßregel bestimmt sich die **Höchstfrist** der Unterbringung (§ 67 d I) ausschließlich nach der **letzten Anordnung.** Befindet sich der Verurteilte bei deren Rechtskraft im Vollzug, so wird dieser ohne Unterbrechung auf der veränderten Grundlage fortgesetzt, so daß der Beginn der neuen Höchstfrist mit der Rechtskraft der letzten Anordnung zusammenfällt. War die frühere Unterbringung zur Bewährung ausgesetzt (§§ 67 b, 67 d II), so bedarf es keines Widerrufs, weil nur die neue Anordnung zu vollstrecken ist. 2

3. Die Grundsätze der **Gesamtstrafenbildung** gehen vor, so daß uU nach § 55 II lediglich die alte Anordnung aufrechtzuerhalten ist (BT-Dr V/4094 S 22, 23; Pohlmann Rpfleger 70, 233), und zwar auch dann, wenn aufgrund einer hinzukommenden neuen Tat die Maßregel ebenfalls anzuordnen wäre (BGHSt 30, 305; 17, 18 zu § 55). 3

§ 67 g Widerruf der Aussetzung

(1) **Das Gericht widerruft die Aussetzung einer Unterbringung, wenn der Verurteilte**

1. **während der Dauer der Führungsaufsicht eine rechtswidrige Tat begeht,**
2. **gegen Weisungen gröblich oder beharrlich verstößt oder**
3. **sich der Aufsicht und Leitung des Bewährungshelfers oder der Aufsichtsstelle beharrlich entzieht**

und sich daraus ergibt, daß der Zweck der Maßregel seine Unterbringung erfordert.

(2) **Das Gericht widerruft die Aussetzung einer Unterbringung nach den §§ 63 und 64 auch dann, wenn sich während der Dauer der Führungsaufsicht ergibt, daß von dem Verurteilten infolge seines Zustandes rechtswidrige Taten zu erwarten sind und deshalb der Zweck der Maßregel seine Unterbringung erfordert.**

(3) **Das Gericht widerruft die Aussetzung ferner, wenn Umstände, die ihm während der Dauer der Führungsaufsicht bekannt werden und zur Versagung der Aussetzung geführt hätten, zeigen, daß**

der Zweck der Maßregel die Unterbringung des Verurteilten erfordert.

(4) **Die Dauer der Unterbringung vor und nach dem Widerruf darf insgesamt die gesetzliche Höchstfrist der Maßregel nicht übersteigen.**

(5) **Widerruft das Gericht die Aussetzung der Unterbringung nicht, so ist die Maßregel mit dem Ende der Führungsaufsicht erledigt.**

(6) **Leistungen, die der Verurteilte zur Erfüllung von Weisungen erbracht hat, werden nicht erstattet.**

1 **1. a)** Der **Zweck der Maßregel** erfordert im Sinne der Abs 1–3 die Unterbringung, wenn deren materielle Voraussetzungen erfüllt (4–10 zu § 63; 1, 5, 6 zu § 64; 13–18 zu § 66; s auch Düsseldorf StV 91, 70) und die der Aussetzung zur Bewährung entfallen oder von vornherein zu Unrecht angenommen worden sind (Karlsruhe Justiz 82, 25 mwN). Bei Unterbringungen in einer Entziehungsanstalt ist das zu verneinen, wenn eine weitere Entziehungskur keine hinreichend konkrete Erfolgsaussicht bietet (Hamm NStZ-RR 96, 187; Düsseldorf NStZ 96, 408; 1 zu § 64).

2 **b)** Die Beurteilung muß sich auf den jeweils verwirklichten, in Abs 1–3 beschriebenen **Widerrufsgrund** iVm allen anderen in der Person, ihrem Zustand und den äußeren Verhältnissen liegenden Umständen stützen; rechtswidrige Taten oder Pflichtwidrigkeiten (Abs 1) genügen allein nicht (Karlsruhe MDR 80, 71; beachte auch Karlsruhe MDR 89, 664).

3 **c) Zweifel** über den Sachverhalt und über die Prognose wirken sich in derselben Weise wie bei Anordnung der Maßregel (dazu 4 zu § 61) zugunsten des Verurteilten aus (str).

4 **2. a)** Für die **einzelnen Widerrufsgründe nach Abs 1** gelten die Ausführungen unter 1–6 zu § 56 f weitgehend sinngemäß. Der Verhältnismäßigkeitsgrundsatz kann jedoch auch bei Vorliegen aller übrigen Voraussetzungen den Widerruf ausschließen (KG StV 91, 69; Düsseldorf StV 91, 70; 2 zu § 62).

5 **b) Abs 2, 3** sind subsidiär und nur anwendbar, wenn Abs 1 ausscheidet. – **Zustand** (Abs 2) ist die körperliche oder seelische Verfassung des Verurteilten (seelische Störung, Alkohol- oder Rauschmittelsucht usw; dazu Karlsruhe Justiz 81, 238); eine Änderung der häuslichen Verhältnisse genügt allein nicht (BT-Dr V/4095 S 34). Erfaßt werden namentlich Fälle, in denen sich das Krankheitsbild seelisch Gestörter nach der Aussetzung verschlechtert (BT-Dr aaO).

6 **3.** Der Widerruf ist bei Vorliegen seiner Voraussetzungen **zwingend,** auch wenn in einem neuen Verfahren eine Unterbringung gleicher Art angeordnet worden ist (Hamm GA 81, 174). – Zu **Abs 4** vgl 1, 2 zu § 67 d.

4. Zuständigkeit für Entscheidungen nach Abs 1–3 und **Verfahren** §§ 463 I iVm 462 a I, II, 463 V iVm 462 StPO (beachte dazu Frankfurt NStZ-RR 96, 91). 7

5. Nach Aufhebung der Führungsaufsicht (§ 68 e) oder nach Ablauf ihrer gesetzlichen oder vom Gericht bestimmten (§ 68 c I S 2) Höchstdauer ist der **Widerruf** nicht mehr möglich, weil in diesem Zeitpunkt die Führungsaufsicht spätestens beendigt und damit nach Abs 5 die freiheitsentziehende Maßregel erledigt ist (Koblenz MDR 81, 336; Düsseldorf NStZ 86, 525; unrichtig Frankfurt StV 90, 34). 8

– Führungsaufsicht –

Vorbemerkung

1. Im Rahmen des Systems der Maßregeln bildet die **Führungsaufsicht** einen wichtigen, allerdings sehr umstrittenen Beitrag des 2. StrRG (4 vor § 1) zur Reform. Sie soll die Polizeiaufsicht des früheren Rechts (§§ 38, 39 aF) ersetzen, die sich wegen ihres reinen Sicherungscharakters als wenig erfolgreich erwiesen hatte. In einem wechselvollen Gesetzgebungsverfahren (vgl etwa §§ 91–98 E 1962; Schultz JZ 66, 113, 123) ist für sie eine Konzeption entwickelt worden, die der Verwirklichung des Resozialisierungs- und des Sicherungszwecks gleich breiten Raum läßt und daher eine Anpassung an die Bedürfnisse des Einzelfalls ermöglicht (zusf zu ihrer Entwicklung und ihren Chancen Hanack LK 16–27). Sie soll namentlich den Übergang kriminell besonders schwer Gefährdeter aus dem Vollzug in die Freiheit nicht nur im Interesse der Verurteilten durch soziale Hilfen erleichtern, sondern ihn zugleich auch zum Schutz der Allgemeinheit sichern. Die Verbindung dieser komplexen und von vornherein nicht spannungsfreien Aufgaben in einer Maßregel hat zum Teil harte Kritik erfahren (Zipf JuS 74, 273, 276; Horn ZStW 89, 547, 554). Indessen wird einzuräumen sein, daß die mit der Maßregel verfolgten Zwecke erstrebenswert sind. Namentlich für die Möglichkeit wirksamer Aufsicht und Hilfe zugunsten von Verurteilten, die mit schlechter Prognose aus dem Vollzug langfristiger Freiheitsstrafen entlassen werden (§ 68 f), besteht ein dringendes kriminalpolitisches Bedürfnis. Ob die bis zu einem gewissen Grade antagonistischen Aufgaben der Resozialisierung und der Sicherung durch die Aufgabenverteilung zwischen Gericht, Aufsichtsstelle und Bewährungshelfer (§ 68 a) und durch das ihnen zugleich aufgegebene Zusammenspiel (§ 68 a II, III) erfolgreich wahrgenommen werden können, ist noch immer nicht abschließend geklärt (zust Jescheck SchwZStr 75, 1, 42; Kaiser, Befinden sich die kriminalrechtlichen Maßregeln in der Krise?, 1990, S 44, beide mwN). Durch Erfahrungen nicht belegt ist auch, ob die Pönalisierung der Weisungen (§§ 68 b I, 145 a) ein taugliches und zugleich rechtsstaatlich vertretbares Mittel zur Motivierung der hier in Frage kommenden Tätergruppen ist (bejahend Groth NJW 79, 743; krit Raabe, Die Führungsaufsicht im 2. StrRG, 1973, S 95). 1

2 **2.** Die bisher **in der Praxis gesammelten Erfahrungen** sind unterschiedlich und lassen noch kein abschließendes Urteil zu (vgl etwa Schulz, Die Führungsaufsicht, 1982, S 158; Brusten, in: Kerner ua, Deutsche Forschungen zur Kriminalitätsentwicklung und Kriminalitätskontrolle, 1983, S 1613; Jacobsen, Führungsaufsicht und ihre Klientel, 1985; Weber, Katamnesen psychisch auffälliger Straftäter und Führungsaufsicht, 1985; Dertinger/Marks [Hrsg], Führungsaufsicht, 1990; Antons BewH 92, 282; Schöch NStZ 92, 364; Michel DRiZ 94, 52; Nißl NStZ 95, 525; s auch die Erfahrungsberichte in BewH 86, 273, 292, 295, 298 und 87, 213). Jedoch sind aufgrund dieser Erfahrungen Mängel zutage getreten, die im BMJ zur Aufnahme von Vorarbeiten für eine Umgestaltung der Führungsaufsicht geführt haben (Bericht der BReg zur Beurteilung des strafrechtlichen Sanktionensystems, BT-Dr 10/5828 S 6; s auch Lemke/Vetter BewH 92, 146).

§ 68 Voraussetzungen der Führungsaufsicht

(1) **Hat jemand wegen einer Straftat, bei der das Gesetz Führungsaufsicht besonders vorsieht, zeitige Freiheitsstrafe von mindestens sechs Monaten verwirkt, so kann das Gericht neben der Strafe Führungsaufsicht anordnen, wenn die Gefahr besteht, daß er weitere Straftaten begehen wird.**

(2) **Die Vorschriften über die Führungsaufsicht kraft Gesetzes (§§ 67 b, 67 c, 67 d Abs. 2, 4, 5 und § 68 f) bleiben unberührt.**

1 **1.** Die **Führungsaufsicht** dient wie jede Maßregel der Verhütung künftiger Straftaten. Nach ihrer gesetzlichen Konzeption sucht sie das gleichrangig durch Hilfe für den Verurteilten und durch Sicherung der Allgemeinheit vor dem gefährlichen Täter zu erreichen; im Einzelfall kann je nach den konkreten Bedürfnissen der eine oder der andere Gesichtspunkt mehr im Vordergrund stehen (zur Kritik an diesem Kompromiß 1 vor § 68). IdR soll der Übergang kriminell schwer Gefährdeter aus dem Vollzug in die Freiheit erleichtert und zugleich im Allgemeininteresse der Rückfall verhindert werden.

2 **2.** Zu den **Voraussetzungen:**

a) aa) **Besonders vorgesehen** ist die Führungsaufsicht für Straftaten verschiedenster Art (zB in §§ 181 b, 228, 245, 256 I, 262, 263 V, 321) einschl Versuch (§ 22), Teilnahme (§§ 26, 27) und versuchter Beteiligung (§ 30).

3 bb) Für die **Mindesthöhe der verwirkten Freiheitsstrafe** kommt es bei Tatmehrheit auf die Einzelstrafen an (6 a zu § 53; s auch Hanack LK 6 mwN; str); bei Tateinheit ist die Maßregel zulässig, wenn nur eines der anwendbaren Gesetze – sei es auch das mildere – sie vorsieht (9 zu § 52).

4 **b)** Für die materielle Voraussetzung der **ungünstigen Prognose** genügt die Gefahr (5 zu § 64) der Begehung weiterer Straftaten. Diese brauchen im Sinne des § 66 I Nr 3 (dort 14) nicht unbedingt „erheb-

lich" zu sein; jedoch schließt der Verhältnismäßigkeitsgrundsatz (2 zu § 62) die Einbeziehung drohender Bagatelltaten aus (weiter einschr Hanack LK 10, der auf Taten „von einiger Erheblichkeit" abstellt; str). Maßgebend für die Beurteilung ist die Zeit der Hauptverhandlung (8 zu § 63; 5 zu § 64; 15 zu § 66; beachte jedoch unten 7). Zum Grundsatz in dubio pro reo bei Zweifeln über die Prognose 4 zu § 61.

c) Aus der Verknüpfung der formellen (vgl 2, 3) und materiellen **5**
(vgl 4) Voraussetzungen folgt, daß die Tat (oder die Mehrheit von Taten), an welche die Maßregel anknüpft, für die ungünstige Prognose **symptomatisch** sein muß; auch andere Umstände zur Stützung der Prognose heranzuziehen, wird dadurch nicht ausgeschlossen.

d) Verhältnismäßigkeit 2 zu § 62. **6**

3. Abs 1 ist **Kann-Vorschrift.** Die Anordnung steht daher im **7**
pflichtmäßigen Ermessen (50 zu § 46) des Gerichts. Für dessen Ausübung wird namentlich bedeutsam sein, ob mildere Maßnahmen zur Verfügung stehen (Hanack LK 21) oder ob umgekehrt die Bereitstellung der Maßregel deshalb angezeigt erscheint, weil die Anfälligkeit des Täters voraussichtlich noch nach dem Strafvollzug fortbestehen wird. Die Praxis macht von dieser Möglichkeit im Hinblick auf wachsende Bedenken gegen eine antizipierende negative Prognose kaum mehr Gebrauch, mit der Folge, daß die Führungsaufsicht kraft Anordnung stark zurückgegangen ist (Schöch NStZ 92, 364, 370).

4. Anordnung der Führungsaufsicht im **Urteil.** Wenn das Gericht **8**
zugleich die Entscheidungen nach §§ 68 a I, 68 b, 68 c I S 2 trifft, ergehen sie nach § 268 a II StPO durch Beschluß, der mit dem Urteil zu verkünden ist; dasselbe gilt für die kraft Gesetzes nach § 67 b II eintretende Führungsaufsicht. Nach dem Zweck der Maßregel und wohl auch dem Wortlaut des § 68 d ist es jedoch zulässig und meist auch angezeigt, daß sich das Gericht auf die Anordnung der Führungsaufsicht beschränkt und die weiteren Entscheidungen dem Vollstreckungsverfahren überläßt, in dem eine bessere Anpassung an die Verhältnisse am Ende des Vollzugs möglich ist (Hamm NStZ 82, 260; Hanack LK 28 mwN; s auch 1, 2 zu § 68 g; str).

5. Tritt die **Führungsaufsicht kraft Gesetzes** (Abs 2) erst im Voll- **9**
streckungsverfahren ein (§§ 67 c, 67 d II, IV, V, 68 f I), so gilt für die nach §§ 68 a I, 68 b, 68 c I S 2 zu treffenden weiteren Entscheidungen § 463 II iVm § 453 StPO; für sie ist idR die Strafvollstreckungskammer zuständig (§ 463 I, VI iVm § 462 a I StPO). Sie werden zweckmäßig in den Fällen der §§ 67 c, 67 d II mit der Anordnung der Aussetzung zur Bewährung verbunden und in den Fällen der §§ 67 d IV, V, 68 f I vor Ende des Maßregelvollzugs (dazu Düsseldorf NStZ 96, 567; Frankfurt NStZ-RR 96, 380), jedenfalls aber noch rechtzeitig zur Vorbereitung der Entlassung getroffen (beachte auch 5 zu § 68 f).

6. Zum Ausschluß der Führungsaufsicht bei **DDR-Alttaten** 11, 32 **10**
zu § 2.

§ 68 a Aufsichtsstelle, Bewährungshelfer

(1) **Der Verurteilte untersteht einer Aufsichtsstelle; das Gericht bestellt ihm für die Dauer der Führungsaufsicht einen Bewährungshelfer.**

(2) **Bewährungshelfer und Aufsichtsstelle stehen im Einvernehmen miteinander dem Verurteilten helfend und betreuend zur Seite.**

(3) **Die Aufsichtsstelle überwacht im Einvernehmen mit dem Gericht und mit Unterstützung des Bewährungshelfers das Verhalten des Verurteilten und die Erfüllung der Weisungen.**

(4) **Besteht zwischen der Aufsichtsstelle und dem Bewährungshelfer in Fragen, welche die Hilfe für den Verurteilten und seine Betreuung berühren, kein Einvernehmen, so entscheidet das Gericht.**

(5) **Das Gericht kann der Aufsichtsstelle und dem Bewährungshelfer für ihre Tätigkeit Anweisungen erteilen.**

(6) **Vor Stellung eines Antrags nach § 145 a Satz 2 hört die Aufsichtsstelle den Bewährungshelfer; Absatz 4 findet keine Anwendung.**

1 **1. Aufsicht und Hilfe** sind die in einem Spannungsverhältnis stehenden Hauptaufgaben zur Erreichung des Maßregelzwecks (1 zu § 68). Die Vorschrift überträgt beide ohne scharfe Trennung sowohl der Aufsichtsstelle wie auch dem (in jedem Falle zu bestellenden) Bewährungshelfer, versucht aber, durch Bildung unterschiedlicher Schwerpunkte die Überwachungstätigkeit enger der Aufsichtsstelle zuzuordnen und damit dem Bewährungshelfer mehr Bewegungsfreiheit für seine Resozialisierungsarbeit zu verschaffen (Prot 7, 630; krit zu dieser sog Dualstruktur Schöch NStZ 92, 364, 371).

2 **a)** Zur **Organisation der Aufsichtsstelle** im Geschäftsbereich der Landesjustizverwaltungen vgl Art 295 EGStGB; BT-Dr 7/550 S 456 und 7/1261 S 58.

3 **b)** Allgemein zur **haupt- und ehrenamtlichen Tätigkeit des Bewährungshelfers** 5, 6 zu § 56 d. Dessen Bestellung zu Beginn der Führungsaufsicht (§ 68 c II und dort 1–3) ist obligatorisch (Düsseldorf MDR 85, 866).

4 **2.** Die Aufgabe der **Hilfe und Betreuung** nehmen Aufsichtsstelle und Bewährungshelfer im Einvernehmen miteinander wahr (Abs 2); in der Praxis sollte hier jedoch der Schwerpunkt beim Bewährungshelfer liegen (BT-Dr V/4095 S 31). Rechtlich sind beide gehindert, ohne oder gegen den Willen des anderen etwas zu unternehmen (BT-Dr 7/1261 S 8); es empfiehlt sich, jeweils einen allgemeinen Rahmen für diesen Tätigkeitsbereich festzulegen, so daß die ausdrückliche Herstellung des Einvernehmens nur bei wichtigen Anlässen erforderlich wird.

3. a) Die **Überwachung** durch die Aufsichtsstelle erstreckt sich – abweichend von § 56 d III – auf das Gesamtverhalten des Verurteilten, nicht nur auf die Erfüllung der Weisungen. 5

b) Wie das **Einvernehmen mit dem Gericht** herzustellen ist, etwa nur durch Setzung eines allgemeinen Rahmens für die Überwachungstätigkeit oder durch regelmäßige Einzelfallberichte, unterliegt der Bestimmung des Gerichts. Daran ist die Aufsichtsstelle gebunden (einschr Mainz NStZ 87, 541); allerdings empfiehlt es sich, ihr für eigenverantwortliches Vorgehen breiten Spielraum zu lassen. – Der **Bewährungshelfer** sollte zur Förderung seiner Hauptaufgabe von Mitwirkungspflichten im Überwachungsbereich möglichst entlastet werden. Abweichend von Abs 4 stehen hier Meinungsverschiedenheiten der Ausführung von Überwachungsmaßnahmen durch die Aufsichtsstelle nicht entgegen (Hanack LK 12). 6

4. Der Aufsichtsstelle fällt im Rahmen der Abs 2, 3 vornehmlich die Aufgabe der **Koordinierung** zu (BT-Dr V/4095 S 35). Sie hat die Stellen zu beteiligen, die im Rahmen ihrer Zuständigkeit Hilfen gewähren können (zB Arbeitsämter, Jugendämter, Sozialämter, private Hilfsorganisationen); auch die Einschaltung der Polizei zur Wahrnehmung von Sicherungsaufgaben ist nicht ausgeschlossen. 7

5. Die **Anweisungsbefugnis** des Gerichts nach Abs 5 ist auf die einzelnen Aufsichtsfälle beschränkt; mit ihr ist eine begrenzte Fachaufsicht verbunden, die der allgemeinen Dienstaufsicht vorgeht. – Eine bindende Anweisungsbefugnis der Aufsichtsstelle gegenüber dem Bewährungshelfer (Hanack LK 12) besteht ebensowenig wie eine Anweisungsbefugnis beider gegenüber dem Verurteilten; jedoch kann das Gericht die Beteiligten durch Anweisung nach Abs 5 oder nachträgliche Entscheidung nach § 68 d verpflichten. 8

6. Für das **Verfahren** bei Entscheidungen nach Abs 4, 5 gilt § 463 II iVm § 453 StPO. Zur Zuständigkeit und zum Verfahren für Entscheidungen nach Abs 1 vgl 8, 9 zu § 68; 2 zu § 68 d. Zum Auskunftsrecht der Aufsichtsstelle gegenüber anderen Behörden, zu ihren Ermittlungsbefugnissen und ihrer örtlichen Zuständigkeit § 463 a StPO. 9

7. Zu **Abs 6** vgl 6 zu § 145 a. 10

§ 68 b Weisungen

(1) **Das Gericht kann den Verurteilten für die Dauer der Führungsaufsicht oder für eine kürzere Zeit anweisen,**

1. **den Wohn- oder Aufenthaltsort oder einen bestimmten Bereich nicht ohne Erlaubnis der Aufsichtsstelle zu verlassen,**
2. **sich nicht an bestimmten Orten aufzuhalten, die ihm Gelegenheit oder Anreiz zu weiteren Straftaten bieten können,**
3. **bestimmte Personen oder Personen einer bestimmten Gruppe, die ihm Gelegenheit oder Anreiz zu weiteren Straftaten bieten**

können, nicht zu beschäftigen, auszubilden oder zu beherbergen,

4. bestimmte Tätigkeiten nicht auszuüben, die er nach den Umständen zu Straftaten mißbrauchen kann,

5. bestimmte Gegenstände, die ihm Gelegenheit oder Anreiz zu weiteren Straftaten bieten können, nicht zu besitzen, bei sich zu führen oder verwahren zu lassen,

6. Kraftfahrzeuge oder bestimmte Arten von Kraftfahrzeugen oder von anderen Fahrzeugen nicht zu halten oder zu führen, die er nach den Umständen zu Straftaten mißbrauchen kann,

7. sich zu bestimmten Zeiten bei der Aufsichtsstelle oder einer bestimmten Dienststelle zu melden,

8. jeden Wechsel des Wohnorts oder des Arbeitsplatzes unverzüglich der Aufsichtsstelle zu melden oder

9. sich im Falle der Erwerbslosigkeit bei dem zuständigen Arbeitsamt oder einer anderen zur Arbeitsvermittlung zugelassenen Stelle zu melden.

Das Gericht hat in seiner Weisung das verbotene oder verlangte Verhalten genau zu bestimmen.

(2) **Das Gericht kann dem Verurteilten für die Dauer der Führungsaufsicht oder für eine kürzere Zeit weitere Weisungen erteilen, namentlich solche, die sich auf Ausbildung, Arbeit, Freizeit, die Ordnung der wirtschaftlichen Verhältnisse oder die Erfüllung von Unterhaltspflichten beziehen. § 56 c Abs. 3 ist anzuwenden.**

(3) **Bei den Weisungen dürfen an die Lebensführung des Verurteilten keine unzumutbaren Anforderungen gestellt werden.**

1 **1.** Die **Weisungen** stimmen nach Rechtsnatur, kriminalpolitischem Zweck und Begrenzung auf zumutbare Anforderungen (Abs 3) mit denen bei Strafaussetzung zur Bewährung überein (1–7 zu § 56 c); sie sind jedoch im Hinblick auf die mehrdimensionale Zielsetzung der Führungsaufsicht (1 vor § 68) auch allein zur Überwachung des Verurteilten zulässig (Mrozynski JR 83, 397 mwN; s auch Stuttgart NStZ 90, 279).

2 **2. Abs 1** enthält einen erschöpfenden Katalog der strafbewehrten (§ 145 a) Weisungen (dazu Hanack LK 19–35). Deren im Verhältnis zu § 56 c II differenziertere Beschreibung soll einerseits die Weisungen herausschälen, mit denen die allgemeinen Bedingungen für erfolgversprechende Aufsicht und Hilfe geschaffen werden können, und andererseits die Anknüpfung der Strafdrohung des § 145 a rechtsstaatlich vertretbar machen. Die Gebote und Verbote müssen alle Merkmale einer der Nummern des Abs 1 erfüllen und nach Zeit, Ort und Gegenstand so genau umschrieben sein, daß der Bestimmtheitsgrundsatz (dazu 2 zu § 145 a) gewahrt ist (Abs 1 S 2). – **Nr 1:** Die Weisung, nach Aussetzung der Unterbringung in einem psychiatrischen Krankenhaus (§ 67 d

II) weiter in dessen offener Station zu verbleiben, ist zwar nicht unzulässig (Düsseldorf MDR 90, 743), aber meist nicht angezeigt. – **Nr 4:** Eine Weisung, die wie ein Berufsverbot nach § 70 wirkt, ist wegen der verschiedenartigen Zielsetzung der beiden Maßnahmen nur regelmäßig, aber nicht notwendig ausgeschlossen (Sch/Sch-Stree 8; aM Hanack LK 23–27 mwN; zw); jedoch ist das aus Sicherungsgründen ausgesprochene Verbot, eine bestimmte berufliche Tätigkeit auszuüben, an die gleichen Voraussetzungen gebunden wie ein Berufsverbot (Karlsruhe NStZ 95, 291). – **Nr. 6:** Auch eine Weisung, die dem Verurteilten die Teilnahme am Kraftverkehr untersagt, scheidet nicht notwendig aus (Sch/Sch-Stree 11; aM Hanack LK 29; zw); sie hat allerdings neben der (obligatorischen, 10 zu § 69) Entziehung der Fahrerlaubnis idR keine sinnvolle Funktion. – **Nr 7:** Auch die Dienststelle des dem Verurteilten bestellten Bewährungshelfers kommt in Frage (Stuttgart NStZ 90, 279 mwN).

3. Abs 2 läßt alle weiteren – weder hier noch in § 56 c (dort 6) er- 3
schöpfend aufgezählten – Gebote und Verbote zu, sofern sie nur die allgemeinen Voraussetzungen der Weisungen erfüllen (vgl 1); der Hinweis auf Ausbildung, Arbeit usw ist nur beispielhaft. Diese Weisungen sind nicht strafbewehrt.

4. Nach ihrem Wortlaut sind Abs 1, 2 **Kann-Vorschriften,** so daß 4
an sich die Erteilung von Weisungen pflichtmäßigem Ermessen (50 zu § 46) unterliegt. Jedoch dürfte hier § 56 c I S 1 entsprechend anwendbar sein, nach dem Weisungen obligatorisch sind, wenn der Verurteilte dieser Hilfe bedarf; hier das Gericht freier zu stellen als bei der Strafaussetzung, wäre widersprüchlich (Hanack LK 7). Im Hinblick auf die sehr verschiedenen Tätergruppen ist eine differenzierende Handhabung besonders wichtig (Hanack LK 5–7). Im Einzelfall kann es angezeigt sein, von vornherein (S 1) oder nachträglich (§ 68 d) einen Teil der Maßregelzeit weisungsfrei zu lassen.

5. Zuständigkeit für die Anordnung von Weisungen und **Verfah-** 5
ren 8, 9 zu § 68; 2 zu § 68 d.

§ 68 c Dauer der Führungsaufsicht

(1) **Die Führungsaufsicht dauert mindestens zwei und höchstens fünf Jahre. Das Gericht kann die Höchstdauer abkürzen.**

(2) **Die Führungsaufsicht beginnt mit der Rechtskraft der Anordnung. In ihre Dauer wird die Zeit nicht eingerechnet, in welcher der Verurteilte flüchtig ist, sich verborgen hält oder auf behördliche Anordnung in einer Anstalt verwahrt wird.**

1. Die **Dauer der Führungsaufsicht** ist unbestimmt und vom 1
Eintritt der Voraussetzungen abhängig, unter denen sie aufzuheben ist (§ 68 e I). Die in **Abs 1** bestimmte Mindest- und Höchstdauer bildet nur eine absolute Schranke, die nicht unter- (zur Mindestdauer vgl

auch 1 zu § 68 e; 2, 5 zu § 68 f) oder überschritten werden darf (Düsseldorf NStZ 86, 525). Auch eine Abkürzung der Höchstdauer nach Satz 2 verändert lediglich diese Schranke; sie schon im Urteil anzuordnen, ist wegen der Unübersehbarkeit der weiteren Entwicklung idR nur angezeigt, wenn die gesetzliche Höchstdauer unverhältnismäßig wäre (2 zu § 62; s auch 1 zu § 68 d).

2 **2. a)** Die **nach § 68 I angeordnete Führungsaufsicht beginnt** mit der Rechtskraft des Urteils (Abs 2 S 1). Weil sie ihrem Wesen nach eine Aufsicht in der Freiheit bedeutet, wird sie ohne Einschränkungen nur ausgeführt, wenn und solange der Verurteilte sich nicht im Straf- oder Maßregelvollzug befindet (Hanack LK 13 mwN); während des Vollzugs können Aufsichtsstelle und Bewährungshelfer (2, 3 zu § 68 a) nur im Einvernehmen mit der Anstalt und auch nur zur Erfüllung spezifischer Bedürfnisse der Führungsaufsicht tätig werden (Hanack LK 14; s auch Frankfurt NStZ-RR 96, 380; LG Köln MDR 86, 513 mit Anm Mainz).

3 **b)** Die **kraft Gesetzes eintretende Führungsaufsicht** (§ 68 II) **beginnt,** wenn sie durch eine Entscheidung (§§ 67 b II, 67 c, 67 d II) ausgelöst wird, ebenfalls mit deren Rechtskraft; das folgt aus dem Grundgedanken des Abs 2 S 1 (Hanack LK 15; Horstkotte LK 83 zu § 67 d mwN). Knüpft die Führungsaufsicht an die Entlassung aus dem Vollzug an (§§ 67 d IV, V, 68 f), so entscheidet der Zeitpunkt der Entlassung aus dem Maßregelvollzug; daß anschließend noch Strafhaft zu verbüßen ist, steht dem nicht entgegen (Düsseldorf MDR 96, 954); für diesen Fall gelten die Ausführungen unter 2 sinngemäß.

4 **c)** Im Sinne des **Abs 2 S 2** ist **flüchtig,** wer mit dem Willen, für Behörden unerreichbar zu sein, seine Wohnung verlassen hat, ohne eine neue zu beziehen oder wenigstens eine feste Anschrift zu haben, unter der ihn Post sicher erreicht. **Verborgen** hält sich, wer mit demselben Willen seinen Aufenthalt den Behörden vorenthält, namentlich unangemeldet oder unter falschem Namen lebt (Wendisch LR 32, 33 zu § 112). Keine **behördliche Verwahrung** (vgl 11 zu § 44) ist die privatrechtliche Unterbringung in einem psychiatrischen Krankenhaus durch den Vormund (LG Mönchengladbach NStZ 92, 51; aM LG Hamburg NStZ 87, 187, beide mwN; zw).

5 **3. Zuständigkeit** für Anordnungen nach Abs 1 S 2 und **Verfahren** 8, 9 zu § 68; 2 zu § 68 d.

§ 68 d Nachträgliche Entscheidungen

Das Gericht kann Entscheidungen nach § 68 a Abs. 1 und 5, den §§ 68 b und 68 c Abs. 1 Satz 2 auch nachträglich treffen, ändern oder aufheben.

1 **1.** Daß **nachträgliche Entscheidungen** überhaupt erst zu treffen sind, kommt namentlich in Frage, wenn sich das erkennende Gericht auf die Anordnung der Führungsaufsicht beschränkt hatte (8 zu § 68).

Änderungen und Aufhebungen setzen neue, bei der Anordnung noch nicht bekannt gewesene Umstände voraus (Hanack LK 5), hängen im übrigen aber ausschließlich von den jeweiligen spezialpräventiven Bedürfnissen ab (s auch 1, 2 zu § 56 e).

2. Zuständig ist meist die Strafvollstreckungskammer (§ 463 I, VI iVm § 462 a I StPO); für das **Verfahren** gilt § 463 II iVm § 453 StPO. 2

§ 68 e Beendigung der Führungsaufsicht

(1) **Das Gericht hebt die Führungsaufsicht auf, wenn zu erwarten ist, daß der Verurteilte auch ohne sie keine Straftaten mehr begehen wird. Die Aufhebung ist frühestens nach Ablauf der gesetzlichen Mindestdauer zulässig.**

(2) **Das Gericht kann Fristen von höchstens sechs Monaten festsetzen, vor deren Ablauf ein Antrag auf Aufhebung der Führungsaufsicht unzulässig ist.**

(3) **Die Führungsaufsicht endet, wenn die Unterbringung in der Sicherungsverwahrung angeordnet ist und deren Vollzug beginnt.**

Fassung: Zu Abs 3 beachte vor 1 zu § 66.

1. a) Die **Aufhebung der Führungsaufsicht** ist nur unter den Voraussetzungen des Abs 1 (aM LG Bonn NStZ 94, 358 mit abl Bespr Bringewat BewH 94, 216 und Koepsel NStZ 94, 359) und nur innerhalb der durch Mindest- und Höchstdauer (1 zu § 68 c) gezogenen Schranken zulässig. Das gilt grundsätzlich – vorbehaltlich der Ausnahme nach § 68 f II (dort 5) – auch dann, wenn die Führungsaufsicht kraft Gesetzes eingetreten ist (§ 68 II) oder wenn der Verurteilte aus langfristigem Strafvollzug vorzeitig entlassen worden ist (Maier NJW 77, 371 mwN). Der Versuch von Horn (SK 14 zu § 68), aus § 68 f und dem Verhältnismäßigkeitsgrundsatz die Unanwendbarkeit der zeitlichen Beschränkung nach Abs 1 S 2 abzuleiten, findet im Gesetz keine Stütze. Diesem liegt vielmehr das allgemeine Prinzip zugrunde, daß die Führungsaufsicht nicht vor Ablauf von zwei Jahren tatsächlicher Ausführung beendigt werden soll, weil vorher eine begründete Prognose idR nicht gestellt werden kann. Eine Unterschreitung der zeitlichen Schranke kommt daher nur im Einzelfall in Frage, wenn andernfalls der Verhältnismäßigkeitsgrundsatz verletzt würde (diff Hanack LK 10–25 mwN). 1

b) Die Aufhebung setzt eine **günstige Prognose** voraus, die inhaltlich mit der Prognose bei Strafaussetzung zur Bewährung (8–14 zu § 56), also nicht mit der weniger strengen nach § 57 I Nr 2 (KG JR 88, 295), übereinstimmt, aber insofern andere Bezugspunkte hat, als es nicht um die Begründung einer Bewährungsaufsicht über den Verurteilten, sondern um seine endgültige Entlassung geht (Hanack LK 5). Zum Grundsatz in dubio pro reo bei Zweifeln über die Prognose 5 zu § 61. 2

3 **2. Zuständigkeit und Verfahren** § 463 III iVm § 454 StPO. Die Entscheidung ergeht auf Antrag oder von Amts wegen. Im Hinblick auf den zwingenden Charakter des Abs 1 ist das Gericht bei Ablauf der Mindestdauer (§ 68 c I) auch ohne Antrag zur Prüfung der Voraussetzungen verpflichtet. Im übrigen gelten die Ausführungen unter 29, 30, 37, 38 zu § 57 zur Antragsbefugnis, zur Frage, ob eine förmliche Entscheidung erforderlich ist, und zur Wiederholung von Anträgen sinngemäß.

4 **3.** Wird die Führungsaufsicht nicht aufgehoben, so **endet sie mit Ablauf ihrer Höchstdauer,** es sei denn, daß sie aus einem anderen Grund (zB nach § 68 g III) vorzeitig entfällt; nach Beendigung sind Entscheidungen nach § 68 d mit dem Ziel der Wiederherstellung der Führungsaufsicht nicht mehr möglich (Düsseldorf MDR 89, 88). – Abs 3 bezieht sich nur auf die Sicherungsverwahrung, nicht auf andere Maßregeln (Hamm JR 87, 121 mit Anm Ranft; Nürnberg NStZ 90, 301, alle mwN; str).

§ 68 f Führungsaufsicht bei Nichtaussetzung des Strafrestes

(1) **Ist eine Freiheitsstrafe von mindestens zwei Jahren wegen einer vorsätzlichen Straftat vollständig vollstreckt worden, so tritt mit der Entlassung des Verurteilten aus dem Strafvollzug Führungsaufsicht ein. Dies gilt nicht, wenn im Anschluß an die Strafverbüßung eine freiheitsentziehende Maßregel der Besserung und Sicherung vollzogen wird.**

(2) **Ist zu erwarten, daß der Verurteilte auch ohne die Führungsaufsicht keine Straftaten mehr begehen wird, so ordnet das Gericht an, daß die Maßregel entfällt.**

1 **1. a)** Für das **Mindestmaß** nach Abs 1 ist die Höhe der **im Urteil verhängten Freiheitsstrafe** maßgebend. – **Vollständige Vollstreckung** wird durch gnadenweisen Erlaß einer auch noch so kurzen Reststrafe ausgeschlossen (KG JR 79, 293; zw), nicht dagegen durch vorzeitige Entlassung nach § 16 III StVollzG (Düsseldorf MDR 87, 603 mwN). Keinen Hinderungsgrund bilden Anrechnung von Freiheitsentziehung (§§ 51, 67 IV S 1) oder von anderen Einbußen (hM; krit Hanack LK 16–18), zB von Suchtbehandlung nach § 36 I BtMG (München NStZ 90, 454 mit Anm Stree) oder von Leistungen nach § 56 f III S 2 (Stree aaO), und zwar auch dann nicht, wenn sich die Strafe durch Anrechnung voll erledigt hat (Stree, Baumann-FS, S 281, 291; aM Hanack LK 16). Dasselbe gilt für vorausgegangene Unterbrechungen der Vollstreckung oder andere zeitliche Zwischenräume (Stree aaO S 290), zB bei vorausgegangenem Widerruf der Strafrestaussetzung (Tröndle 2 a). – **Vorsätzliche Straftat** 3 zu § 66. Nach inzwischen überwiegender Rspr muß nicht lediglich eine Gesamtstrafe, sondern mindestens eine Einzelstrafe wegen einer Vorsatztat das Mindestmaß erreichen (expl Hamm NStZ 96, 407; Köln NStZ-RR 97, 4; aM

Hamburg NStZ-RR 96, 262, alle mwN); es sollte jedoch genügen, wenn das Mindestmaß durch eine Mehrheit von Einzelstrafen wegen gleichartiger Delikte, bei denen Führungsaufsicht besonders vorgesehen ist (2 zu § 68), zB bei hehlerischer Absatzhilfe, erreicht wird (so Stree aaO [Baumann-FS] S 286; Tröndle 4 zu § 68). **Beginn** der Führungsaufsicht 3 zu § 68 c. – Zur kriminalpolitischen und rechtsstaatlichen Problematik des Abs 1 Hanack LK 4–8; zu seiner Verfassungsmäßigkeit BVerfGE 55, 28.

b) Wird nach Vollstreckung der Freiheitsstrafe eine **Anschlußstrafe** vollstreckt, so hindert das den Eintritt der Führungsaufsicht nicht (beachte aber 2 zu § 68 c). **Abs 1 S 2** erklärt sich daraus, daß die im Anschluß an die Strafverbüßung vollzogene freiheitsentziehende Maßregel im Falle ihrer späteren Aussetzung zur Führungsaufsicht nach § 64 d II, IV führt. 2

c) Wird der Verurteilte **nach der Entlassung erneut** zu einer Freiheitsstrafe von mindestens zwei Jahren verurteilt, so bleibt die schwebende Führungsaufsicht unberührt (hM; vgl LG Köln MDR 86, 513 mit Anm Mainz; anders LG Regensburg MDR 83, 423); sie kann nur unter den dafür geltenden Voraussetzungen aufgehoben werden (Tröndle 4 a; Horn SK 6 mwN). 3

d) Es ist nicht ausgeschlossen, daß die Führungsaufsicht nach Abs 1 S 1 **mit einer bereits eingetretenen** (zB im Urteil angeordneten) **zusammentrifft.** In diesen Fällen schließt nicht die eine Führungsaufsicht die andere aus (abw Hamm MDR 83, 953, das den § 68 f insoweit für subsidiär hält, und Horn SK 8, der umgekehrt den Wegfall der angeordneten Führungsaufsicht annimmt); sie kann auch nicht mit Rücksicht auf das Bestehen der anderen aufgehoben werden (Nürnberg NStZ 90, 301 mwN; str). Beide Führungsaufsichten werden vielmehr einheitlich nach der jeweils längeren Höchstdauer ausgeführt (einschr LG Bonn MDR 88, 880 mit abl Anm Mainz). Jedoch ist Abs 2 (vgl 5) im Falle einer zuvor angeordneten Führungsaufsicht nicht anwendbar, weil diese nicht vor Ablauf der Mindestdauer aufgehoben werden darf (§ 68 e I S 2); in deren Bestand nebst ihren Rechtsfolgen einzugreifen, bietet der nur auf § 68 f bezogene Abs 2 keine Grundlage (Düsseldorf NStZ 95, 34 mwN; aM AG Hamburg MDR 89, 180 und Hanack LK 9, 10, die dem § 68 f II Vorrang geben; zw). 4

2. Abs 2 entspricht in seinen Voraussetzungen dem § 68 e I S 1 (dort 1; beachte auch KG JR 88, 295). Zweifel über die Prognose gehen hier wie bei allen Entlassungsprognosen (5 zu § 61) zu Lasten des Verurteilten (hM; vgl KG JR 93, 301; Düsseldorf StV 95, 539, beide mwN); das folgt aus dem doppelten Zweck der Führungsaufsicht, dem Verurteilten beim Übergang in die Freiheit zu helfen und die Allgemeinheit zu sichern. Da hier keine Hilfe durch Bewährungsaufsicht möglich ist und Entlassungsprognosen besonders unsicher sind, würde eine Ausscheidung des Zweifelsbereichs zweckwidrig sein (aM Stree, Baumann-FS, S 293). – Da es darum geht, den Eintritt einer im Einzel- 5 fall nicht erforderlichen Führungsaufsicht vor ihrem Beginn abzuwenden, sind die Voraussetzungen der Vorschrift rechtzeitig vor der Entlassung aus dem Strafvollzug, aber nicht unnötig früh, von Amts wegen zu prüfen (Bremen MDR 77, 722; Hanack LK 27 mwN). Liegen sie vor, so ist die Anordnung kurz vor Entlassung in die Freiheit (nicht lediglich in einen Anschlußvollzug, KG JR 84, 213; Düsseldorf VRS 88, 187) zu treffen (Schleswig SchlHA 81, 161; s auch § 54 a StVollstrO); es ist nicht zwingend (aM Lassen MDR 91, 593 mwN), aber doch empfehlenswert (aM Saarbrücken MDR 83, 598), den Verurteilten auch im Falle der Ablehnung über das Ergebnis der Prüfung durch förmlichen Beschluß zu informieren. Ist die rechtzeitige Prüfung versäumt worden und waren die Voraussetzungen für den Wegfall der Maßregel schon im Entlassungszeitpunkt erfüllt, kann die Anordnung nachgeholt werden (Koblenz NStZ 84, 189; Düsseldorf MDR 86, 255). – Abs 2 gilt nur für Fälle vollständig vollstreckter Strafe. Bei gerichtlich angeordneter und kraft Gesetzes eintretender Führungsaufsicht bestimmt sich deren Beendigung ausschließlich nach § 68 e (LG Kiel SchlHA 87, 187; s auch Düsseldorf NStZ 96, 567; Frankfurt NStZ-RR 96, 380; aM LG Hamburg MDR 80, 419); eine Anwendung des Abs 2 würde hier zu einer Umgehung der gesetzlichen Mindestdauer (§ 68 e I S 2) führen (Hanack LK 21–23).

6 **3. a) Zuständigkeit** für Entscheidungen nach Abs 2 und **Verfahren** §§ 463 III iVm 454 (beachte dazu Düsseldorf VRS 88, 369; 34 zu § 57), 463 VI iVm 462 a I StPO. Die Entscheidung ergeht auf Antrag oder von Amts wegen (Bremen MDR 77, 772); für die Antragsbefugnis, die Prüfung auch ohne Antrag und die Frage, ob eine förmliche Entscheidung erforderlich ist, gelten die Ausführungen unter 29, 30 zu § 57 sinngemäß (Saarbrücken MDR 83, 598; LG Zweibrücken MDR 91, 272; Sch/Sch-Stree 13 mwN); danach ist nicht in jedem Falle eine förmliche Entscheidung erforderlich (aM Koblenz NStZ 84, 189; Zweibrücken MDR 92, 1166, beide mwN; zw).

7 **b)** Zu den notwendigen weiteren Entscheidungen (§§ 68 a I, 68 b, 68 c I S 2) beachte 9 zu § 68.

8 **4.** Zum Ausschluß der Führungsaufsicht bei **DDR-Alttaten** 11, 32 zu § 2.

§ 68 g Führungsaufsicht und Aussetzung zur Bewährung

(1) **Ist die Strafaussetzung oder Aussetzung des Strafrestes angeordnet oder das Berufsverbot zur Bewährung ausgesetzt und steht der Verurteilte wegen derselben oder einer anderen Tat zugleich unter Führungsaufsicht, so gelten für die Aufsicht und die Erteilung von Weisungen nur die §§ 68 a und 68 b. Die Führungsaufsicht endet nicht vor Ablauf der Bewährungszeit.**

(2) **Sind die Aussetzung zur Bewährung und die Führungsaufsicht auf Grund derselben Tat angeordnet, so kann das Gericht je-**

doch bestimmen, daß die Führungsaufsicht bis zum Ablauf der Bewährungszeit ruht. Die Bewährungszeit wird dann in die Dauer der Führungsaufsicht nicht eingerechnet.

(3) **Wird nach Ablauf der Bewährungszeit die Strafe oder der Strafrest erlassen oder das Berufsverbot für erledigt erklärt, so endet damit auch eine wegen derselben Tat angeordnete Führungsaufsicht.**

1. Die Vorschrift gilt für **alle Fälle des gleichzeitigen Bestehens** 1
einer Bewährungs- und einer Führungsaufsicht, gleichgültig, ob sie auf derselben Tat oder auch nur demselben Verfahren beruhen (eine Aufspaltung der Zuständigkeit vermeidet § 463 iVm § 462 a IV StPO). Wirklich bedeutsam dürfte allerdings das Nebeneinander wohl nur bei Aussetzung des Strafrestes (§ 57) werden, wenn zugleich die Vollstreckung der Unterbringung nach § 67 c I ausgesetzt wird oder wenn schon im Urteil Führungsaufsicht angeordnet ist (beachte jedoch Frankfurt NStZ-RR 96, 380).

2. Abs 1 betrifft nur die Aufsicht (§ 68 a) und die Erteilung von 2
Weisungen (§ 68 b); er ersetzt also nur die §§ 56 c, 56 d. Voraussetzungen der Aussetzung (§§ 57, 70), Dauer der Bewährungszeit (§ 56 a), Zulässigkeit von Auflagen (§ 56 b) und Voraussetzungen des Widerrufs (§§ 56 f, 70 b) bleiben unberührt (krit Hanack LK 14). – Die Ablaufshemmung für die Führungsaufsicht nach Satz 2 soll die Einheitlichkeit der Aufsicht während der ganzen Bewährungszeit sicherstellen; daher schließt sie auch die Verjährung nach § 79 IV (dort 4) vor Ablauf der Bewährungszeit (Mainz NStZ 89, 61; zw) und die richterliche Abkürzung der Führungsaufsicht auf einen früheren Endtermin aus (unstr), nicht aber die Aufhebung der Maßregel nach § 68 e I (Hamm NStZ 84, 188 mwN; str).

3. Abs 2: „Angeordnet" ist auch die kraft Gesetzes eingetretene 3
Führungsaufsicht (Sch/Sch-Stree 10). Die Bestimmung des Ruhens unterliegt pflichtmäßigem Ermessen (50 zu § 46). Sie suspendiert das spezifische Weisungssystem der Führungsaufsicht und macht die §§ 56 c, 56 d anwendbar. Nach § 68 b erteilte Weisungen werden daher für die Dauer des Ruhens wirkungslos. Ein Verstoß gegen sie kann weder die Strafbarkeit nach § 145 a noch den Widerruf einer zugrundeliegenden Maßregelaussetzung nach § 67 g I Nr 2 begründen; die Widerrufsalternative des § 67 g I Nr 1 bleibt dagegen unberührt (Karlsruhe MDR 89, 663 mwN). – Die Bestimmung des Ruhens ist angezeigt, wenn der Verurteilte auch ohne die einschneidenden Möglichkeiten der Führungsaufsicht eine günstige Entwicklung erwarten läßt (Begr zu § 98 E 1962 S 225). Sie wird zweckmäßig zugleich mit der Aussetzung getroffen; jedoch ist in Analogie zu § 68 d auch nachträgliche Anordnung zulässig.

4. Abs 3 gilt – ebenso wie Abs 2 (vgl 3) – auch für die kraft Gesetzes 4
eingetretene Führungsaufsicht, weil es keinen Grund für eine unter-

schiedliche Behandlung gibt (Sch/Sch-Stree 15; Hanack LK 19; aM Hamm NStZ 84, 188). Darüber hinaus ist idR auch die wegen einer anderen Tat bestehende Führungsaufsicht aufzuheben; denn die erfolgreiche Bewährung in einer Sache begründet meist, jedoch nicht notwendig (Hanack LK 29), allgemein eine günstige Prognose.

– Entziehung der Fahrerlaubnis –

§ 69 Entziehung der Fahrerlaubnis

(1) **Wird jemand wegen einer rechtswidrigen Tat, die er bei oder im Zusammenhang mit dem Führen eines Kraftfahrzeugs oder unter Verletzung der Pflichten eines Kraftfahrzeugführers begangen hat, verurteilt oder nur deshalb nicht verurteilt, weil seine Schuldunfähigkeit erwiesen oder nicht auszuschließen ist, so entzieht ihm das Gericht die Fahrerlaubnis, wenn sich aus der Tat ergibt, daß er zum Führen von Kraftfahrzeugen ungeeignet ist. Einer weiteren Prüfung nach § 62 bedarf es nicht.**

(2) **Ist die rechtswidrige Tat in den Fällen des Absatzes 1 ein Vergehen**

1. der Gefährdung des Straßenverkehrs (§ 315 c),

2. der Trunkenheit im Verkehr (§ 316),

3. des unerlaubten Entfernens vom Unfallort (§ 142), obwohl der Täter weiß oder wissen kann, daß bei dem Unfall ein Mensch getötet oder nicht unerheblich verletzt worden oder an fremden Sachen bedeutender Schaden entstanden ist, oder

4. des Vollrausches (§ 323 a), der sich auf eine der Taten nach den Nummern 1 bis 3 bezieht,

so ist der Täter in der Regel als ungeeignet zum Führen von Kraftfahrzeugen anzusehen.

(3) **Die Fahrerlaubnis erlischt mit der Rechtskraft des Urteils. Ein von einer deutschen Behörde erteilter Führerschein wird im Urteil eingezogen.**

1 **1.** Die Entziehung ist **Maßregel,** nicht Nebenstrafe (BGHSt 7, 165, 168). Sie hat spezialpräventiven Charakter; ihre Anordnung aus Gründen der Schuld (VRS 11, 425) oder der Generalprävention (Düsseldorf NZV 93, 117) ist nicht vorgesehen. – Die Ausgestaltung der Entziehung als Maßregel und ihr problematisches Verhältnis zur Nebenstrafe des Fahrverbots (§ 44) hat vielfache Kritik erfahren und zu einer langdauernden, bisher noch nicht abgeschlossenen kontroversen Diskussion und zu zahlreichen **Reformvorschlägen** geführt (vgl etwa Cramer, Schröder-GedSchr, S 533; Geppert ZRP 81, 85, 90; Kürschner ZRP 86, 305; Denzlinger ZRP 88, 369; Janiszewski DAR 89, 135; Gontard, Rebmann-FS, S 211; Kuhlmeier, Fahrverbot und Entzug der Fahrerlaubnis, 1991, S 312; Albrecht ua [Hrsg], Rechtsgüterschutz durch Entkriminalisierung [Vorschläge der Hessischen Kommission „Kri-

minalpolitik“ zur Reform des Strafrechts], 1992, S 20; Müller-Metz NZV 94, 89, 93; Winkler BA 95, 305; Rehm DAR 96, 432; zusf Geppert LK 11–14, alle mwN).

2. Zu den **Voraussetzungen** bei Inhabern einer deutschen Fahrerlaubnis (zu den übrigen Fällen § 69 b): 2

a) Die **rechtswidrige,** dh nicht notwendig schuldhafte, **Tat** (18 zu § 11; 1 zu § 29) darf noch nicht verjährt sein (§ 78 I).

b) Zum Begehen der Tat **bei oder im Zusammenhang mit dem Führen eines Kraftfahrzeuges oder unter Verletzung der Pflichten eines Kraftfahrzeugführers** 3, 4 zu § 44 (speziell zum Zusammenhang bei Sexualdelikten Molketin NZV 95, 383). 3

c) Verurteilung setzt voraus, daß der Täter wegen der rechtswidrigen Tat schuldig gesprochen wird, unabhängig davon, welche Rechtsfolgen an den Schuldspruch geknüpft sind; Verurteilung daher auch, wenn von Strafe nach § 60 (dort 7) oder § 316 a II abgesehen, eine Maßnahme nach §§ 9–16 JGG angeordnet oder die Verhängung der Jugendstrafe nach § 27 JGG ausgesetzt wird (zur Verwarnung mit Strafvorbehalt beachte § 59 III und dort 3). Daß Verurteilung infolge Amnestie unterbleibt (Köln NJW 54, 1456) oder Strafaussetzung zur Bewährung angeordnet wird (BGHSt 15, 316), hindert die Anordnung nicht; jedoch bedarf der Eignungsmangel im Falle der Aussetzung näherer Begründung (VRS 29, 14; Hamm VRS 32, 17). – **Unterbleiben der Verurteilung** wegen erwiesener oder nicht auszuschließender **Schuldunfähigkeit** kommt auch im Sicherungsverfahren in Frage (BGHSt 13, 91). 4

d) Es muß sich aus der Tat (oder einer den Gegenstand des Verfahrens bildenden Mehrheit von Taten, Bay NJW 66, 2369 und GA 67, 95) ergeben, daß der Täter **zum Führen von Kraftfahrzeugen ungeeignet** ist. Daß der Eignungsmangel nur aus Anlaß der Tat (Hamm VRS 48, 339 mwN) oder aus anderen Gründen (BGHSt 15, 393; Frankfurt NStZ-RR 96, 235) hervortritt, genügt nicht. 5

aa) Der **Eignungsmangel** kann auf körperlichen, geistigen oder charakterlichen Gründen beruhen (BGHSt 5, 179; NJW 54, 1167). Der Feststellung einer besonderen Gefährlichkeit des Täters bedarf es darüber hinaus nicht (BGHSt 7, 165; aM Sch/Sch-Stree 30, 31). Das folgt daraus, daß schon der Eignungsmangel immer auch die Prognose fortbestehender Ungeeignetheit und damit zugleich künftiger Gefährlichkeit des Täters für den Fall einschließt, daß er ein Fahrzeug führt (BGH aaO S 172). Dem steht die – etwa wegen schwerer Verletzungen – eingetretene Fahrunfähigkeit des Täters nicht entgegen (BGH aaO S 174; Geppert LK 59; aM Sch/Sch-Stree 52); im übrigen ist jedoch das Erfordernis künftiger Gefährlichkeit Gegenstand der Prüfung des Eignungsmangels, das je nach den Umständen besonderer Erörterung bedarf (vgl etwa StV 95, 301 mwN). – Die Beurteilung erfordert eine **Gesamtwürdigung** aller Umstände des Einzelfalls, namentlich der Tat 6 selbst, aber auch der Persönlichkeit des Täters (körperlicher Zustand, Fahrfertigkeit, bisheriges Verkehrsverhalten usw), soweit sie sich in der Tat manifestiert hat (BGHSt 5, 168; 6, 183, 185; s auch BVerwGE 77, 40). Für die Berücksichtigung auch von Vorstrafen gibt es kein gesetzliches Verwertungsverbot (§ 52 II BZRG; beachte 37 zu § 46). Nachtatverhalten kann nur relevant werden, soweit es Rückschlüsse auf die der Tat zugrundeliegende Fehlhaltung zuläßt; rechtmäßiges Verteidigungsverhalten im Prozeß darf ebenso wie bei der Strafzumessung (43 zu § 46) regelmäßig nicht zum Nachteil des Täters verwertet werden (Celle DAR 84, 93; Köln VRS 90, 123, 125). Bei besonders schweren Taten (zB beim Betäubungsmittelhandel unter Benutzung von Kraftfahrzeugen, NStZ 92, 586) kann sich der Eignungsmangel allein aus der Tat ergeben (DAR 55, 91; beachte jedoch Düsseldorf NJW 97, 535). Die wirtschaftlichen und beruflichen Folgen sind als solche unerheblich (hM; anders Grohmann DAR 78, 63), geben jedoch Anlaß zu sorgfältiger Persönlichkeitswürdigung (bei Dallinger MDR 54, 398; beachte 8). – Im ganzen unterliegt die Beurteilung **tatrichterlicher,** nur begrenzt nachprüfbarer (Düsseldorf DAR 82, 26) **Würdigung.**

7 bb) Die **Regelbeispiele des Abs 2** dienen der Vereinheitlichung der Rspr (beachte auch § 44 I S 2 und dort 7). In ihrer Gesamtheit enthalten sie zwar keine Beweisregel (Krehl DAR 86, 33), immerhin aber doch folgenden, aus der Erfahrung abgeleiteten (Bandemer NZV 88, 172) Bewertungsmaßstab: Wenn ein nach seiner Persönlichkeit unauffälliger Kraftfahrer eine in Abs 2 beschriebene Straftat begeht, die gegenüber der Masse der vorkommenden entsprechenden Taten keine wesentlichen Besonderheiten aufweist, so ergibt allein die Tat, daß er ungeeignet ist (Düsseldorf VRS 70, 137). Daher ist hier nur zu prüfen, ob und warum Besonderheiten des Falles einen so wesentlichen Unterschied vom Durchschnittsfall ausmachen, daß sie eine Ausnahme von der Regel rechtfertigen (Koblenz VRS 64, 125, 127; Lackner JZ 65, 120; Scherer BA 83, 123). Solche Besonderheiten können nicht nur in den Tatumständen (Stuttgart NJW 87, 142; Düsseldorf VRS 79, 103), sondern auch im Nachtatverhalten (Bay bei Bär DAR 90, 364), sonst in der Nachtatsituation (zB vorläufige Führerscheinmaßnahmen oder Nachschulung; vgl 8) und allgemein in der Person des Täters liegen; Fehlen von Vorstrafen und guter Eindruck in der Hauptverhandlung genügen allein nicht (Stuttgart VRS 42, 357; KG VRS 60, 109; s auch Zabel BA 80, 393), während langjährige unbeanstandete Fahrpraxis bei solchen Taten ausreichen kann, die keine weiteren Indizien für eine Schlechtprognose aufweisen (Zabel/Noss BA 89, 258 mwN). Einer Gesamtwürdigung aller Umstände bedarf es grundsätzlich nicht (Köln MDR 66, 690; Schreiner DAR 78, 271; einschr Koblenz VRS 55, 355, 357; Krehl aaO), es sei denn, daß das Gewicht der besonderen Umstände nur im Rahmen einer solchen Würdigung beurteilbar ist; stets muß aber erkennbar sein, daß die Möglichkeit der Ausnahme geprüft worden ist (Düsseldorf NZV 88, 29). – Liegt kein Fall des Abs 2 vor, so ist kein Gegenschluß begründet, sondern stets die unter 6 beschriebene

Gesamtwürdigung geboten (Düsseldorf NZV 91, 237 mwN). – Der **bedeutende Schaden** im Sinne der **Nr 3** ist ebenso wie der bedeutende Sachwert nach § 315 c I (dort 24) wirtschaftlich, dh nach einem von der Geldwertentwicklung abhängigen Maßstab, zu bestimmen (Düsseldorf NZV 90, 197; Köln DAR 92, 152; LG Hamburg MDR 93, 667, alle mwN; s auch LG Nürnberg-Fürth MDR 90, 173; Himmelreich DAR 94, 508 mit Erwiderung Mollenkott ZfSch 95, 321). Dabei sind alle zur Naturalrestitution erforderlichen Aufwendungen, nicht nur die Reparaturkosten, als Berechnungsfaktoren einzubeziehen (Naumburg NZV 96, 204; aM Bär DAR 91, 271; einschr LG Hamburg NStZ 95, 91 mit abl Anm Notthoff, alle mwN; zw). Auch ein Schaden an dem vom Täter geführten fremden Fahrzeug ist (abw von § 315 c, dort 25) zu berücksichtigen (Hamburg NStZ 87, 228; beachte jedoch Hamm NStZ 90, 197).

cc) Für die Beurteilung des Eignungsmangels kommt es auf den **Zeitpunkt der Hauptverhandlung** an (BGHSt 7, 165; bei Holtz MDR 78, 986). Deshalb ist zu berücksichtigen, daß der Täter durch vorausgegangene vorläufige Entziehung der Fahrerlaubnis (§ 111 a StPO) oder Sicherstellung des Führerscheins (§ 94 III StPO) von der Verkehrsteilnahme ausgeschlossen war (beachte 5 zu § 69 a). Mit ihnen verbundene wirtschaftliche oder berufliche Folgen schlagen wegen ihrer psychischen Wirkung je nach den Umständen mittelbar zu Buch (Zweibrücken StV 89, 250; Geppert NJW 71, 2154; Horn VersR 74, 1141, 1144). Die vorläufigen Maßnahmen, uU sogar bloß längerer Zeitablauf (StV 92, 64), können bis zur Entscheidung ein solches Gewicht erlangen, daß sie der Annahme des Eignungsmangels entgegenstehen (Karlsruhe VRS 48, 185; Hentschel DAR 88, 330, 333; krit Geppert ZRP 81, 85, alle mwN), und zwar möglicherweise schon zu einem Zeitpunkt, in dem das Mindestmaß der Sperre (§ 69 a I S 1, III), noch nicht erreicht ist (Bay NJW 71, 206; Zweibrücken StV 89, 250). Nicht ausgeschlossen ist auch, daß sie in Fällen des Abs 2 eine Ausnahme von der Regel begründen (Saarbrücken NJW 74, 1391, 1393; krit Haubrich NJW 89, 1197, 1201). Diese Möglichkeit ist namentlich nach freiwillig übernommener und durchgeführter verkehrserzieherischer Behandlung (Nachschulung) zu prüfen, wobei allerdings zu beachten ist, daß die präventive Wirkung einschlägiger Nachschulungskurse noch nicht abschließend gesichert ist (zum Diskussionsstand vgl etwa Eyrich/Kürschner, Modellversuch zur Nachschulung alkoholauffälliger Ersttäter in Baden-Württemberg – Erfahrungsbericht, 1983; Stephan, Leferenz-FS, S 163 und BA 87, 297, 305; Bode BA 84, 31; Rosner, Alkohol am Steuer, Fahrerlaubnisentziehung und Nachschulung, 1988; Himmelreich DAR 89, 5; Stephan/Kunkel BA 89, 347; Gontard, Rebmann-FS, S 211, 228; Utzelmann BA 90, 106; Winkler ua BA 90, 154); die Rspr hat deshalb von dieser Möglichkeit anfangs nur zurückhaltend (expl Hamburg VRS 60, 192; Köln VRS 61, 118; Koblenz VRS 66, 40), später aber zunehmend – im ganzen allerdings noch uneinheitlich (Gontard/Janker DAR 92, 8) – Gebrauch gemacht (die umfangreiche 8

Rspr zusf Bode DAR 83, 33; Geppert LK 99). – Diese Zusammenhänge sind namentlich im Berufungsverfahren zu beachten (Düsseldorf NJW 69, 439; Mollenkott NJW 77, 425; Hentschel DAR 88, 330, 333), wo die Aufrechterhaltung des erstinstanzlichen Urteils trotz Fortbestehens einer vorläufigen Maßnahme eine unbillige Verschlechterung bedeuten kann (Hentschel aaO; Janiszewski DAR 89, 135), für die allerdings § 331 StPO keine Schranke bildet (hM; vgl Hamm JZ 78, 656 mit abl Bespr Gollner JZ 78, 637 und 79, 177; Frankfurt DAR 92, 187; Geppert ZRP 81, 85, 89, alle mwN; zw; s auch BVerfG bei Janiszewski NStZ 90, 581; 5 zu § 69 a).

9 **e)** Einer Prüfung der **Verhältnismäßigkeit** (§ 62) bedarf es nach Abs 1 S 2 nicht, weil das Übermaßverbot nicht verletzt sein kann, wenn ein Fahrzeugführer eindeutig ungeeignet ist (hM; anders AG Bad Homburg NJW 84, 2840); das Verbot ist jedoch bei Ausgestaltung der Maßregel (Sperrfrist usw) zu beachten (weiter einschr Jagusch/Hentschel 22).

10 **3.** Bei Vorliegen der Voraussetzungen ist die Entziehung der – sei es auch erst nach der Tat erlangten (bei Janiszewski NStZ 87, 546) – Fahrerlaubnis **zwingend** (BGHSt 5, 168, 176; 6, 183, 185). Sie entfällt auch dann nicht, wenn eine freiheitsentziehende Maßregel angeordnet wird (VRS 30, 274).

11 **4. a)** Mit **Rechtskraft** erlischt die Fahrerlaubnis (auch eine etwa erteilte Sonderfahrerlaubnis, Bay NZV 90, 364) endgültig (beachte Bay VGH VRS 88, 269); ihre Entziehung für eine bestimmte Zeit ist daher nicht möglich (bei Spiegel DAR 76, 92). Auch eine teilweise Entziehung mit Beschränkung auf bestimmte Arten von Kraftfahrzeugen (NStZ 83, 168; NJW 83, 1744), auf die Erlaubnis zur Fahrgastbeförderung (bei Holtz MDR 82, 623) oder auf das Fahren unter bestimmten Bedingungen ist unzulässig (BGHSt 6, 183; Hamm NJW 71, 1193; beachte aber § 69 a II sowie 3 dazu).

12 **b)** Die Entziehung ist **im Inland** wirksam. Daraus folgt, daß dem Täter verboten ist, für die Dauer der Sperre (§ 69 a I) im Inland Kraftfahrzeuge zu führen, wenn es dazu einer Fahrerlaubnis bedarf (beachte auch 1 zu § 69 a; 2, 3 zu § 69 b).

13 **c)** Die zugleich auszusprechende **Einziehung** des von einer deutschen Behörde erteilten Führerscheins ist eine unselbständige Vollzugsmaßnahme polizeilicher Art (10 zu § 69 a).

14 **5.** Über das Verhältnis zum **Fahrverbot** 9 zu § 44. **Zuwiderhandlungen** § 21 StVG (Koch DAR 71, 35).

15 **6. Verfahren** 9, 10 zu § 69 a. Zur Entziehung der von einer **DDR-Behörde** erteilten Fahrerlaubnis 12 zu § 69 a.

§ 69 a Sperre für die Erteilung einer Fahrerlaubnis

(1) **Entzieht das Gericht die Fahrerlaubnis, so bestimmt es zugleich, daß für die Dauer von sechs Monaten bis zu fünf Jahren keine neue Fahrerlaubnis erteilt werden darf (Sperre). Die Sperre kann für immer angeordnet werden, wenn zu erwarten ist, daß die gesetzliche Höchstfrist zur Abwehr der von dem Täter drohenden Gefahr nicht ausreicht. Hat der Täter keine Fahrerlaubnis, so wird nur die Sperre angeordnet.**

(2) **Das Gericht kann von der Sperre bestimmte Arten von Kraftfahrzeugen ausnehmen, wenn besondere Umstände die Annahme rechtfertigen, daß der Zweck der Maßregel dadurch nicht gefährdet wird.**

(3) **Das Mindestmaß der Sperre beträgt ein Jahr, wenn gegen den Täter in den letzten drei Jahren vor der Tat bereits einmal eine Sperre angeordnet worden ist.**

(4) **War dem Täter die Fahrerlaubnis wegen der Tat vorläufig entzogen (§ 111 a der Strafprozeßordnung), so verkürzt sich das Mindestmaß der Sperre um die Zeit, in der die vorläufige Entziehung wirksam war. Es darf jedoch drei Monate nicht unterschreiten.**

(5) **Die Sperre beginnt mit der Rechtskraft des Urteils. In die Frist wird die Zeit einer wegen der Tat angeordneten vorläufigen Entziehung eingerechnet, soweit sie nach Verkündung des Urteils verstrichen ist, in dem die der Maßregel zugrunde liegenden tatsächlichen Feststellungen letztmals geprüft werden konnten.**

(6) **Im Sinne der Absätze 4 und 5 steht der vorläufigen Entziehung der Fahrerlaubnis die Verwahrung, Sicherstellung oder Beschlagnahme des Führerscheins (§ 94 der Strafprozeßordnung) gleich.**

(7) **Ergibt sich Grund zu der Annahme, daß der Täter zum Führen von Kraftfahrzeugen nicht mehr ungeeignet ist, so kann das Gericht die Sperre vorzeitig aufheben. Die Aufhebung ist frühestens zulässig, wenn die Sperre sechs Monate, in den Fällen des Absatzes 3 ein Jahr gedauert hat; Absatz 5 Satz 2 und Absatz 6 gelten entsprechend.**

1. a) Die **Sperre** verbietet die Erteilung einer neuen Fahrerlaubnis. 1
Sie wird grundsätzlich **neben** der Entziehung angeordnet (vgl 9). Eine **isolierte Sperre** (Abs 1 S 3), die ebenso wie die Entziehung eine Maßregel im Sinne des § 69 ist (Zweibrücken MDR 83, 1046), wird nur angeordnet, wenn der Täter keine inländische oder für den innerdeutschen Kraftverkehr gültige ausländische (dazu 1–1 c zu § 69 b) Fahrerlaubnis hat. Eine solche fehlt ihm auch nach vorausgegangener rechtskräftiger Entziehung (bei Spiegel DAR 79, 185; aM Bremen

VRS 51, 278 mit abl Bespr Hentschel DAR 77, 212), nicht jedoch nach nicht rechtskräftiger oder nur vorläufiger Entziehung.

2 **b)** Die Sperre ist innerhalb des gesetzlichen Rahmens nicht nach der Schuld oder nach generalpräventiven Gesichtspunkten (bei Detter NStZ 90, 225; Düsseldorf NZV 93, 117; Hamm StV 96, 420), sondern allein nach dem Grad des aus der Tat abgeleiteten Eignungsmangels zu **bemessen,** für den allerdings die Größe des Unrechts und die Schwere der Schuld Indizien bilden (NStZ 91, 183; Geppert LK 16–28, beide mwN; s auch Dencker StV 88, 454; Mollenkott DAR 92, 316). Ihre Dauer hängt daher davon ab, bis zu welchem Zeitpunkt nicht erwartet werden kann, daß der Täter seine Eignung zum Führen von Kraftfahrzeugen wiedererlangt (ähnlich BGHSt 15, 393, 397; Geppert LK 16; eingehend Geppert, Die Bemessung der Sperrfrist bei der strafgerichtlichen Entziehung der Fahrerlaubnis, 1968; probl Düsseldorf NStZ-RR 96, 182); dafür können auch die wirtschaftlichen und beruflichen Folgen der Entziehung wegen der von ihnen ausgehenden psychischen Wirkungen mittelbar relevant sein (8 zu § 69). Die Sperre ist durch Angabe der Dauer in Zeiteinheiten zu bestimmen (bei Martin DAR 68, 125; Bay NJW 66, 2371; Saarbrücken NJW 68, 458). – Die **unbefristete Sperre** (Abs 1 S 2) setzt schwerste oder chronische Kriminalität, nicht notwendig Verkehrskriminalität (Himmelreich/Hentschel I Rdn 124), voraus, bei der die Höchstfrist zur Gefahrenabwehr nicht ausreicht (BGHSt 15, 393, 398; krit Lisken DRiZ 77, 173). – Eine langfristige oder unbefristete Sperre ist eingehend zu begründen (BGHSt 5, 168, 177; Köln VRS 61, 28, 30 mwN).

3 **2. Abs 2** bezieht sich nur auf **bestimmte Arten von Kraftfahrzeugen,** läßt also keine Auflockerung der Sperre unter anderen Bedingungen zu (10 zu § 44). Die Vorschrift hat Ausnahmecharakter (hM; krit Stephan DAR 89, 1). IdR, namentlich bei Trunkenheitsdelikten (zusf Zabel/Seim BA 93, 109), beruht der Eignungsmangel auf einem Charakterfehler, der beim Führen von Fahrzeugen jeder Art zutage treten kann. Die Ausnahme ist daher nur angezeigt, wenn bestimmte Tatsachen die (näher zu begründende, Hamm VRS 62, 124) Annahme rechtfertigen, daß der Mangel sich in einzelnen Lebensbereichen, zB bei im Dienst zuverlässigen oder wirksam beaufsichtigten Berufsfahrern oder Treckerführern, nicht oder weniger auswirken wird (Hamm NJW 71, 1618; Bay JZ 83, 33; Celle DAR 85, 90 mit Anm Grohmann; LG Köln NZV 91, 245; LG Hamburg DAR 96, 108; LG Zweibrücken NZV 96, 252; weiter ua AG Frankfurt DAR 82, 306 sowie Zabel BA 83, 477, 484, die auch wirtschaftliche Gründe einbeziehen; krit dazu Hentschel NJW 89, 1838, 1846, alle mwN). – Nach dem Sinn der Vorschrift ist der Täter in solchen Fällen generell ungeeignet (Bay NZV 91, 397), allerdings mit dem Vorbehalt, daß der Verwaltungsbehörde die Prüfung überlassen bleibt, ob sie im Hinblick auf die mindere Gefährlichkeit der ausgenommenen Fahrzeugart die Annahme einer begrenzten Eignung für vertretbar hält (hM; anders Bode DAR 89, 444).

– Statt der völligen Ausnahme bestimmter Fahrzeugarten kann auch eine kürzere Sperre für sie angeordnet werden (LG Verden VRS 48, 265 mwN; zw).

3. Die Erhöhung des Mindestmaßes der Sperre nach **Abs 3** gilt nicht 4
bei vorausgegangener Entziehung durch die Verwaltungsbehörde nach § 4 StVG (Hamm VRS 53, 342 mwN). Nach seinem Schutzzweck gilt Abs 3 ferner nicht, wenn Grundlage der vorausgegangenen oder der anstehenden Entziehung ein rein körperlicher oder geistiger, durch psychische Einwirkung nicht beeinflußbarer Mangel ist (hM; vgl Geppert LK 33 mwN).

4. Abs 4 S 1 (auch iVm Abs 6) sieht keine Anrechnung im techni- 5
schen Sinne vor (bei Martin DAR 67, 96; Köln NJW 67, 361; Geppert ZRP 81, 85, 87). Die Herabsetzung des Mindestmaßes der Sperre (auch des Mindestmaßes nach Abs 3, Himmelreich/Hentschel I Rdn 105) soll dem Tatrichter (namentlich auch dem Berufungsrichter, Werner NJW 74, 884) nur die uneingeschränkte Berücksichtigung des Umstandes ermöglichen, daß der Täter durch eine vorausgegangene vorläufige Maßnahme nach § 111 a (beachte Köln VRS 52, 271) oder § 94 StPO von der Verkehrsteilnahme ausgeschlossen war (8 zu § 69). Da es für den Eignungsmangel auf die Zeit der Entscheidung ankommt, kann der Zweck der Maßregel durch die vorläufige Maßnahme bereits teilweise erreicht und das gesetzliche Mindestmaß der Sperre daher unangemessen sein. Aus dieser Zwecksetzung folgt, daß bei Sicherstellung des Führerscheins als Beweismittel nach § 94 I, II StPO die Verkürzung des Mindestmaßes nicht auch die Zeit umfaßt, in der dem Täter ein Ersatzführerschein erteilt war (14 zu § 51). Ferner ist eine Einbeziehung auch der Zeit, in welcher der Täter lediglich ohne Fahrerlaubnis war, nicht möglich (Hamburg MDR 79, 73; Bay NZV 91, 358 und bei Bär DAR 93, 371; Hentschel NJW 79, 957, 966; Janiszewski NStZ 87, 112; aM Saarbrücken NJW 74, 1391; Geppert NStZ 84, 264 und LK 37, alle mwN; zw). Schließlich ist auch eine Unterschreitung der Drei-Monats-Grenze nicht zulässig (Zweibrücken MDR 86, 1046; Hentschel DAR 88, 330, 335, beide mwN); insoweit hält das Gesetz eine noch kürzere Sperre mit der Feststellung des Eignungsmangels für unvereinbar (krit Mollenkott NJW 77, 425 und ZRP 80, 199).

5. Die Sperre beginnt mit Rechtskraft der Entziehung **(Abs 5 S 1).** 6
Die Anordnung einer sog Anschlußsperrfrist, die erst nach Ablauf einer in anderer Sache angeordneten Sperre beginnen soll, ist damit unvereinbar (hM; vgl Zweibrücken NJW 83, 1007 mwN); vielmehr ist jede Sperrfrist, sofern kein Fall nachträglicher Gesamtstrafenbildung vorliegt (17, 18 zu § 55), in ihrem Ablauf von anderen Sperrfristen unabhängig (zusf Geppert MDR 72, 280, 286). – Die nach dem letzten tatrichterlichen Urteil (Koblenz VRS 53, 107; LG Aachen DAR 68, 330) verstrichene Zeit einer vorläufigen Maßnahme (vgl 5), dagegen nicht die Zeit, in welcher der Täter lediglich ohne Fahrerlaubnis war (Düsseldorf DAR 87, 28; Hentschel DAR 88, 330, 336; aM LG Heilbronn NStZ

84, 263; Geppert LK 74, alle mwN; zw), ist einzurechnen. Die Sperre kann deshalb bei Erlöschen der Fahrerlaubnis mit Rechtskraft des Revisionsurteils oder infolge Zurücknahme eines Rechtsmittels bereits abgelaufen sein (Frankfurt NJW 73, 1335; Hamm VRS 69, 220). Kommt es im Revisionsverfahren zur Zurückverweisung und damit zu erneuter tatrichterlicher Prüfung, so ist nur Abs 4 anwendbar (Karlsruhe NJW 75, 455). Abs 5 gilt für den Strafbefehl entsprechend; maßgebend ist dabei die Zeit seines Erlasses, nicht der Zustellung (LG Freiburg NJW 68, 1791 mwN; s auch 2 zu § 55; str).

7 **6.** Die **vorzeitige Aufhebung der Sperre nach Abs 7** (einschl der für immer angeordneten, Düsseldorf DAR 82, 338 mit krit Bespr Grohmann DAR 83, 48; Koblenz VRS 66, 446) wird erst zulässig, wenn das für den konkreten Fall geltende Mindestmaß – unter Berücksichtigung auch des Zeitraums nach Abs 5 S 2 (LG Berlin DAR 65, 303; Seib DAR 65, 209), nicht dagegen der Dauer von vorläufigen Maßnahmen im Sinne der Abs 4, 6 (Koblenz BA 86, 154) – abgelaufen ist; die Zulässigkeit vorzeitiger Antragstellung bleibt davon unberührt (LG Düsseldorf NJW 66, 897; LG Köln VRS 56, 284). Die Anordnung setzt das Vorliegen **neuer Tatsachen** voraus (hM; vgl etwa Karlsruhe NJW 60, 587; Düsseldorf NZV 91, 477), zu denen auch die Durchführung freiwillig übernommener verkehrserzieherischer Nachschulung gehört (Hamburg VRS 60, 192; Düsseldorf GA 84, 232; sehr eng LG Kassel DAR 92, 32, alle mwN; s auch Bode DAR 94, 348; 8 zu § 69). – **„Grund zu der Annahme"** bedeutet nicht Gewißheit; es genügt, wenn die Einbeziehung der neuen Tatsachen in die Gesamtwürdigung (6 zu § 69; beachte auch Koblenz BA 86, 154) die Teilnahme des Verurteilten am Kraftverkehr verantwortbar erscheinen läßt (Himmelreich/Hentschel I Rdn 186; ähnlich Bandemer NZV 91, 300; zusf zu Fällen verkehrserzieherischer Nachschulung Zabel/Zabel BA 91, 345); längerer Zeitablauf (München NJW 81, 2424), Entlassung aus dem Strafvollzug (Düsseldorf NZV 90, 237) und Aussetzung des Strafrestes (Koblenz VRS 66, 446; s auch 4 zu § 69) bilden allein keinen zureichenden Grund (Düsseldorf NZV 91, 477 mwN). – Die Aufhebung kann auf bestimmte Fahrzeugarten beschränkt (Köln NJW 60, 2255; Himmelreich/Hentschel I Rdn 189; zw), jedoch nicht schon vor Ablauf des Mindestmaßes in der Form einer Ausnahme nach Abs 2 angeordnet werden (hM; vgl AG Alsfeld DAR 81, 27 mwN; Hentschel DAR 75, 296). Im übrigen hebt sie nur das Verbot zur Erteilung einer neuen Fahrerlaubnis auf; das endgültige Erlöschen der alten bleibt unberührt (zusf Hentschel DAR 79, 317; Seehon DAR 79, 321).

8 **7.** Die Anordnung der Sperre (auch der isolierten) ist in gleicher Weise **obligatorisch** wie die Entziehung (10 zu § 69); von ihr abzusehen ist das Gericht auch aus spezialpräventiven Gründen nicht befugt (hM; anders AG Berlin-Tiergarten DAR 71, 21; einschr auch Himmelreich/Hentschel I Rdn 143).

8. Entziehung der Fahrerlaubnis, Sperre und Einziehung des Führerscheins werden durch **Urteil** (uU auch durch Strafbefehl, § 407 II Nr 2 StPO) angeordnet; nachträgliche Anordnung ist unzulässig (BGHSt 5, 168, 178). **Urteilsformel:** „Dem Angeklagten wird die Fahrerlaubnis entzogen. Sein Führerschein wird eingezogen. Eine neue Fahrerlaubnis darf ihm vor Ablauf von . . . . nicht erteilt werden" (ähnlich NJW 54, 1167; s auch BGHSt 5, 168, 177). – Daß im Revisionsverfahren die vorläufige Entziehung (§ 111 a StPO) nach Ablauf der im Urteil angeordneten Sperre stets aufzuheben ist, wird nach anfänglichen Zweifeln jetzt überwiegend verneint (Hamburg NJW 81, 2590 mit Anm Rüth JR 81, 338; Koblenz MDR 86, 871; Düsseldorf NZV 90, 404 mit krit Bespr Hentschel NJW 91, 1267, 1276; aM Frankfurt DAR 89, 311; Janiszewski NStZ 83, 108, 111; Geppert LK 145 zu § 69, alle mwN; zw), ist häufig aber zur Vermeidung unbilliger Schlechterstellung angezeigt (Janiszewski DAR 89, 135 mwN). 9

9. Zum **Verfahren** im übrigen §§ 212 b I, 232 I S 3, 233 I S 3, 267 VI S 2, 305 S 2, 407 II Nr 2, 463 V und 463 b II StPO. Eine auf die Entziehung der Fahrerlaubnis beschränkte Anfechtung berührt den Schuldspruch idR nicht (beachte jedoch Bay JR 78, 248 mit Anm Zipf; Düsseldorf BA 86, 74); den Strafausspruch ergreift sie dagegen, wenn die Entziehung – was bei charakterbedingtem Eignungsmangel regelmäßig zutrifft (Frankfurt NZV 96, 414 mwN; str) – ohne Eingehen auf die Strafzumessungstatsachen und -erwägungen nicht nachprüfbar ist (Hamburg MDR 83, 863; Köln VRS 90, 123). Eine Anfechtung, die sich auf den Strafausspruch (BGHSt 10, 379; Koblenz VRS 57, 107), auf die Strafaussetzung zur Bewährung (Koblenz VRS 51, 24; Hamburg MDR 81, 339) oder auf die Sperre (bei Spiegel DAR 80, 202; Karlsruhe VRS 48, 425) beschränkt und die Entziehung ausspart, ist idR, aber nicht notwendig (aM Düsseldorf VRS 66, 42; s auch Bay NZV 91, 397; str), ausgeschlossen (eingehend zur Rechtsmittelbeschränkung Geppert LK 233–242 zu § 69). – Sowohl die Entziehung als solche (beachte Düsseldorf MDR 79, 602; Köln VRS 61, 28) wie auch die Sperre (Koblenz VRS 60, 431) und deren Bemessung unterliegen dem **Verschlechterungsverbot** (§§ 331 I, 358 II StPO; beachte 8 zu § 69). Dieses schließt allerdings die Ersetzung der Maßregel durch eine angemessene Erhöhung der Geldstrafe (Koblenz VRS 47, 416; s jedoch 12 zu § 44) und die Ersetzung der Entziehung (nicht dagegen der isolierten Sperre, Frankfurt VRS 64, 12) durch ein Fahrverbot nicht aus (Frankfurt NJW 68, 1793; Düsseldorf NZV 91, 237; zusf Frisch JA 74, 165, 169, alle mwN); auch die Einziehung des Führerscheins (13 zu § 69) kann im Rechtsmittelverfahren nachgeholt werden (BGHSt 5, 168). – Zur selbständigen Anordnung im Sicherungsverfahren § 71 StGB. Zur Zuständigkeit für Entscheidungen nach Abs 7 BGHSt 30, 386; Düsseldorf VRS 64, 432 mwN. 10

10. Nach Ablauf oder vorzeitiger Aufhebung der Sperre (oder im Falle einer Beschränkung der Sperre nach Abs 2) entscheidet über die 11

Wiedererteilung der Fahrerlaubnis allein die **Verwaltungsbehörde** (BVerwGE 17, 347; VGH Kassel NJW 65, 125). Sie ist, anders als im Entziehungsverfahren (§ 4 II, III StVG; dazu BVerwG NJW 89, 116 mit Bespr Hentschel NZV 89, 100; BVerwG NJW 89, 1622 mit Bespr Himmelreich DAR 89, 285; Himmelreich/Hentschel II Rdn 180–182; zusf Ponk BA 94, 238), weder an das Strafurteil noch an die vorzeitige Aufhebung der Sperre nach Abs 7 gebunden (str; vgl zB Czermak NJW 63, 1225; Seiler DAR 74, 260, 264; den Streitstand zusf Geppert LK 118, 119 zu § 69). Eingehend, namentlich auch zur rechtspolitischen Problematik der Regelung im ganzen, Schendel, Doppelkompetenz von Strafgericht und Verwaltungsbehörde zur Entziehung der Fahrerlaubnis, 1974, S 51; Beine, Lange-FS, S 839; Himmelreich/Hentschel II Rdn 306–309; zu ihrer Verfassungsmäßigkeit BVerfGE 20, 365 mit Anm Rupp NJW 68, 147.

12 **11.** Da die von einer **DDR-Behörde** erteilte Fahrerlaubnis auch nach Wirksamwerden des Beitritts fortgilt (Anl I Kap XI, Sachgeb B, Abschn III Nr 2 EV), sind auf sie die §§ 69, 69 a unmittelbar anzuwenden. Abweichend von der Rechtslage vor dem Beitritt (5 zu § 69 b) ist auch der Führerschein nach § 69 III S 2 einzuziehen (Geppert LK 9 zu § 69 b; 5 zu § 69 b). – Zur Rechtslage bei sog „Alttaten“ beachte 32 zu § 2.

§ 69 b Internationaler Kraftfahrzeugverkehr

(1) **Darf der Täter nach den für den internationalen Kraftfahrzeugverkehr geltenden Vorschriften im Inland Kraftfahrzeuge führen, ohne daß ihm von einer deutschen Behörde ein Führerschein erteilt worden ist, so hat die Entziehung der Fahrerlaubnis die Wirkung eines Verbots, während der Sperre im Inland Kraftfahrzeuge zu führen, soweit es dazu im innerdeutschen Verkehr einer Fahrerlaubnis bedarf.**

(2) **In ausländischen Fahrausweisen werden die Entziehung der Fahrerlaubnis und die Sperre vermerkt.**

Fassung: Abs 1 durch Art 1 Nr 2 des 32. StÄG (13 vor § 1) neugefaßt. Die Gesetzesänderung beseitigt die den ausländischen Fahrzeugführer begünstigende Sonderregelung, nach der Fahrverbot (§ 44 II aF) und Entziehung der Fahrerlaubnis (Abs 1 S 1 aF) ihm gegenüber nur zulässig waren, wenn die Tat gegen Verkehrsvorschriften verstieß. Diese Einschränkung hatte ihren Grund in Art 24 V des überholten Internationalen Abkommens über den Straßenverkehr v 19. 9. 1949; sie wird aber durch das geltende Übereinkommen über den Straßenverkehr v 8. 11. 1968 (BGBl 1977 II 809 und 1979 II 932) nicht gefordert. Die Gleichstellung mit Inhabern inländischer Fahrerlaubnisse ermöglicht ein wirksameres Vorgehen gegen länderübergreifende Kriminalität. Sie ist mit Inkrafttreten des Gesetzes wirksam geworden, so daß auch vorher begangene Nichtverkehrsdelikte Grundlage für die Maßregel sein können (1 StR 463/96 v 20. 8. 1996 [zur Veröffentlichung bestimmt]). – Aus den **Gesetzesmaterialien** vgl ua den Gesetzentwurf des BRates (BT-Dr 13/198) sowie die Beschlußempfehlung und den Bericht des BT-Rechtsausschusses (BT-Dr 13/635). – **Inkrafttreten:** 11. 6. 1995.

1. Die Vorschrift betrifft den sog **ausländischen Kraftfahrzeugführer,** der unabhängig von seiner Staatsangehörigkeit (Hamm VRS 42, 426; Bouska DAR 96, 276; Geppert LK 5) die Erlaubnis eines ausländischen Staates zum Führen von Kraftfahrzeugen besitzt (expl Düsseldorf JR 84, 82 mit Anm Hentschel, beide mwN). Seine in Abs 1 vorausgesetzte Befugnis, im Inland Kraftfahrzeuge zu führen, kann auf der IntVO oder der EU/EWR-FührerscheinVO beruhen: 1

a) Nach **§ 4 IntVO** ist der ausländische Fahrzeugführer – mit einigen zum Teil umstrittenen Ausnahmen und Modifikationen (vgl ua Slapnicar NJW 85, 2861; Geppert LK 6, beide mwN) – im Inland fahrberechtigt, wenn er keinen oder jedenfalls keinen länger als 12 Monate währenden ständigen Aufenthalt (§ 4 III IntVO; dazu Bouska DAR 96, 276) im Geltungsbereich der IntVO hat (zusf Himmelreich/Hentschel I Rdn 196–207 b; Geppert LK 1–8). 1 a

b) Die **EU/EWR-FührerscheinVO** dient der Umsetzung der sog „Zweiten EG-Führerscheinrichtlinie" (Richtlinie 91/439/EWG des Rates vom 29. 7. 1991 über den Führerschein; zu den Verpflichtungen der Bundesrepublik zur Anerkennung ausländischer Fahrerlaubnisse beachte auch die Art 41–43, 47, 48 des Übereinkommens über den Straßenverkehr v 8. 11. 1968, BGBl 1977 II 809 und 1979 II 932). Sie begründet nur einen vorläufigen Rechtszustand, weil einige Vorgaben der EG-Richtlinie spätestens mit dem 1. 6. 1996 wirksam werden mußten, die geplanten, der Anpassung an die Richtlinie dienenden umfangreichen Gesetzesänderungen (RegEntw BR-Dr 821/96; näher dazu Bouska DAR 96, 276; Geppert LK 6) nicht mehr rechtzeitig verabschiedet werden konnten. Die VO gewährt die Fahrberechtigung im Inland – auch hier mit einigen Ausnahmen und Modifikationen (namentlich für Studenten, Schüler und bestimmte Fahrzeugarten) – Fahrzeugführern, die eine **Fahrerlaubnis eines anderen EU-Mitgliedsstaates oder eines Vertragsstaates des Europäischen Wirtschaftsraums** (beachte dazu das EWR-Abkommen v 2. 5. 1992 [BGBl 1993 II 267, 1294]) besitzen und (inzwischen) **ihren ständigen Aufenthalt im Inland** haben (zusf Bouska DAR 96, 276; Hentschel NJW 96, 2764). 1b

c) Für Fahrzeugführer mit Fahrausweisen von EG-Mitgliedsstaaten oder EWR-Vertragsstaaten sind **sowohl die IntVO als auch die EU/EWR-FührerscheinVO** anwendbar. Es genügt daher, wenn die Befugnis, im Inland Kraftfahrzeuge zu führen, nur auf eine VO gestützt werden kann (Bouska und Hentschel aaO). 1c

2. Abs 1 regelt nur den Fall, daß der Täter aufgrund seiner ausländischen Fahrerlaubnis zur Teilnahme am innerdeutschen Kraftverkehr befugt ist (hM; vgl Hentschel NJW 75, 1350; anders Sch/Sch-Stree 6); fehlt es an dieser Befugnis, so fehlt dem Täter zugleich die Fahrer- 1d laubnis im Sinne des § 21 StVG mit der Folge, daß nach § 69 a I S 3 zu verfahren ist (unrichtig LG Memmingen NStZ 95, 456 mit abl Bespr Hentschel NZV 95, 60 und Berthold NStZ 95, 457, das in diesem Falle eine Strafbarkeit des unbefugten Fahrzeugführers wegen Fahrens ohne die erforderliche Fahrerlaubnis nach § 21 StVG verneint; beachte auch Celle NZV 96, 327; Bay NZV 96, 502).

2 **3.** Zur Herbeiführung des Fahrverbots nach **Abs 1** bedarf es **des Ausspruchs der Entziehung der Fahrerlaubnis**; die Anordnung nur einer isolierten Sperre wäre fehlerhaft, allerdings ohne Auswirkung auf die Befugnisse des ausländischen Fahrzeugführers (§ 4 II Buchst b IntVO; s auch 12 zu § 69; 1 zu § 69 a). Zur Abgrenzung des Abs 1 im übrigen von der isolierten Sperre Hentschel NJW 75, 1350.

3 **4.** Daß die Maßregel bei Inhabern ausländischer Fahrberechtigungen nur ein **Fahrverbot** bewirkt, ergibt sich aus den Grenzen der Souveränität (Geppert LK 11; s auch 12 zu § 69). Die Sperre und ihre Wirkung bleiben von Abs 1 unberührt.

4 **5.** Der **Vermerk nach Abs 2** ist nicht im Urteil anzuordnen, weil er eine bloße Vollzugsmaßnahme ist (Bay NJW 79, 1788). – Ist seine Anbringung wegen der Beschaffenheit des Fahrausweises (zB Plastikkarte) nicht möglich und auch durch feste Verbindung eines gesondert gefertigten Vermerks mit dem Ausweis nicht herstellbar (§ 56 II S 3 StVollstrO), so kann sie wegen Fehlens einer Rechtsgrundlage nicht durch Einziehung (oder Beschlagnahme) ersetzt werden (aM LG Ravensburg DAR 91, 272 mit abl Bespr Meyer MDR 92, 442; diff Tröndle 2; Geppert LK 14; zw).

5 **6.** Für eine von **DDR-Behörden** vor Wirksamwerden des Beitritts erteilte und nach dem EV gültig gebliebene (beachte dazu VG Frankfurt DAR 92, 157) Fahrerlaubnis gelten die §§ 69, 69 a unmittelbar (12 zu § 69 a); die zuvor bestehende Notwendigkeit, sie zur Erfüllung des Grundlagenvertrages als „ausländische Fahrerlaubnis" anzuerkennen und deshalb § 69 b anzuwenden, ist weggefallen (Nettesheim DtZ 91, 363, der auf Besonderheiten hinweist, wenn in einen DDR-Führerschein ein Vermerk nach Abs 2 eingetragen worden ist).

– Berufsverbot –

§ 70 Anordnung des Berufsverbots

(1) **Wird jemand wegen einer rechtswidrigen Tat, die er unter Mißbrauch seines Berufs oder Gewerbes oder unter grober Verletzung der mit ihnen verbundenen Pflichten begangen hat, verurteilt oder nur deshalb nicht verurteilt, weil seine Schuldunfähigkeit erwiesen oder nicht auszuschließen ist, so kann ihm das Gericht die Ausübung des Berufs, Berufszweiges, Gewerbes oder Gewerbezweiges für die Dauer von einem Jahr bis zu fünf Jahren verbieten, wenn die Gesamtwürdigung des Täters und der Tat die Gefahr er-**

kennen läßt, daß er bei weiterer Ausübung des Berufs, Berufszweiges, Gewerbes oder Gewerbezweiges erhebliche rechtswidrige Taten der bezeichneten Art begehen wird. Das Berufsverbot kann für immer angeordnet werden, wenn zu erwarten ist, daß die gesetzliche Höchstfrist zur Abwehr der von dem Täter drohenden Gefahr nicht ausreicht.

(2) **War dem Täter die Ausübung des Berufs, Berufszweiges, Gewerbes oder Gewerbezweiges vorläufig verboten (§ 132 a der Strafprozeßordnung), so verkürzt sich das Mindestmaß der Verbotsfrist um die Zeit, in der das vorläufige Berufsverbot wirksam war. Es darf jedoch drei Monate nicht unterschreiten.**

(3) **Solange das Verbot wirksam ist, darf der Täter den Beruf, den Berufszweig, das Gewerbe oder den Gewerbezweig auch nicht für einen anderen ausüben oder durch eine von seinen Weisungen abhängige Person für sich ausüben lassen.**

(4) **Das Berufsverbot wird mit der Rechtskraft des Urteils wirksam. In die Verbotsfrist wird die Zeit eines wegen der Tat angeordneten vorläufigen Berufsverbots eingerechnet, soweit sie nach Verkündung des Urteils verstrichen ist, in dem die der Maßregel zugrunde liegenden tatsächlichen Feststellungen letztmals geprüft werden konnten. Die Zeit, in welcher der Täter auf behördliche Anordnung in einer Anstalt verwahrt worden ist, wird nicht eingerechnet.**

1. Als **Maßregel** hat das Berufsverbot Sicherungsfunktion; seine 1
Anordnung aus Schuldgründen ist nicht zulässig. Es kann daher auch eine verwirkte Strafe nicht ersetzen.

2. Zu den **Voraussetzungen:** 2

a) Die **rechtswidrige,** dh nicht notwendig schuldhafte, **Tat** (18 zu § 11; 1 zu § 29) darf noch nicht verjährt sein (§ 78 I).

b) Mißbrauch ist die bewußte und planmäßige Ausnutzung der 3
durch den Beruf usw gegebenen Möglichkeit zur Begehung von Straftaten (bei Dallinger MDR 68, 550), sofern sie in einem inneren Zusammenhang mit der Berufs-(Gewerbe-)ausübung steht, deren Zwecken zuwiderläuft und die Unzuverlässigkeit des Täters gerade auf diesem Gebiet erkennbar macht (NJW 83, 2099; NStZ 88, 176). – Die **Verletzung der Pflichten** muß Ausfluß dieser im Einzelfall ausgeübten Tätigkeit sein (BGHSt 22, 144), also nicht notwendig ein nur von Berufs- oder Erwerbstätigen begehbares Delikt (NJW 89, 3231 mit Anm Geerds JR 90, 296); bloß äußerer Zusammenhang genügt nicht (bei Dallinger MDR 52, 146). Auch die Pflicht, Arbeitnehmerbeiträge abzuführen, kommt als solche Berufspflicht in Frage (KG JR 80, 247; LG München wistra 87, 261, beide mwN; str). Im allgemeinen nicht ausreichend ist dagegen die Pflicht, Umsatz-, Einkommen- und Gewerbesteuer zu zahlen (KG aaO); besondere Umstände können hier

aber den vorausgesetzten Mißbrauch begründen (bei Schmidt MDR 92, 216; NStZ 95, 124).

4 **c) Verurteilung** und ihr Unterbleiben 4 zu § 69.

5 **d)** Zur **ungünstigen Prognose:**

6 aa) **Gefahr** 5 zu § 64. **Erhebliche rechtswidrige Taten** 14 zu § 66; allerdings ist auch hier der Maßstab für die Erheblichkeit der Tat – ähnlich wie bei der Maßregel des § 63 (dort 5) – nicht ganz so streng wie bei der einschneidenderen Sicherungsverwahrung; er darf aber im Hinblick auf den schwerwiegenden Eingriff in die Berufsfreiheit (Art 12 I GG) auch nicht zu niedrig angesetzt werden (Tröndle 7). Die drohenden Taten müssen wiederum einen **Mißbrauch des Berufs** usw (vgl 3) erwarten lassen.

7 bb) Die Prognose erfordert eine **Gesamtwürdigung des Täters und der Tat** (wistra 82, 66, 67; beachte auch NStZ 87, 406). Für die Beurteilung kommt es auf die Zeit der **Hauptverhandlung** an (NJW 75, 2249). Das bedeutet jedoch nur, daß die ungewisse Entwicklung bis zum Vollzugsende außer Ansatz bleibt, entbindet aber aus verfassungsrechtlichen Gründen (Hanack LK 45, 46) nicht von der Prüfung, ob die an sich gegebene Gefährlichkeit bis zum Vollzugsende sicher überwunden sein wird (beachte dazu 13) oder ob sie durch schonendere außerstrafrechtliche Maßnahmen beseitigt werden kann (15 zu § 66; hier ebenso Tröndle 7 und Sch/Sch-Stree 13 unter Hinweis auf das Fehlen der Möglichkeit sofortiger Aussetzung nach § 70 a; aM Horn SK 9; zw). Dazu genügt idR nicht, daß aus demselben Anlaß ein gewerberechtliches Untersagungsverfahren möglich oder das Ruhen einer Approbation durch die Verwaltungsbehörde bereits angeordnet ist (NJW 75, 2249); auch die Möglichkeit eines ehrengerichtlichen Verfahrens (bei Dallinger MDR 52, 530), namentlich des Ausschlusses aus der Rechtsanwaltschaft (BGHSt 28, 84, 85; Schmid ZRP 75, 79), reicht häufig nicht aus (zusf Hanack LK 47, 48 mwN). Ferner beseitigt die Aufgabe des Berufs (RG DJ 39, 520) oder die Verpachtung des Gewerbebetriebs (bei Herlan MDR 54, 529) die Gefährlichkeit nicht in jedem Falle.

8 cc) Zum Grundsatz **in dubio pro reo** bei Zweifeln über die Prognose 4 zu § 61.

9 **e) Verhältnismäßigkeit** 2 zu § 62.

10 **f)** Zur umstrittenen Frage, ob und wie weit ein Berufsverbot gegen **Journalisten** im Hinblick auf Art 5 II, 18 GG verfassungsrechtlichen Schranken unterliegt, BVerfGE 10, 118; 25, 88; BGHSt 17, 38 mit Bespr Copič JZ 63, 494; NJW 65, 1388; Schmitt Glaeser JZ 70, 59; Lang-Hinrichsen, Heinitz-FS, S 477; zusf Hanack LK 64–73 (beachte auch Art 10 MRK).

11 **3.** Die **Verbotsfrist** ist innerhalb des gesetzlichen Rahmens ausschließlich nach dem Gewicht der ungünstigen Prognose zu bemessen. Die Ausführungen unter 2 zu § 69 a über die Dauer der Sperre gelten

sinngemäß. Das unbefristete Verbot (Abs 1 S 2) setzt schwerste oder chronische Berufskriminalität voraus; es bedarf mehr noch als das langfristige Verbot (VRS 31, 188) eingehender Begründung.

4. Für **Abs 2, 4** gelten die Ausführungen unter 5, 6 zu § 69 a sinngemäß; jedoch bleibt im Falle des Abs 4 die Zeit behördlicher Verwahrung (11 zu § 44) abweichend von § 69 a V außer Ansatz. 12

5. Das Berufsverbot wird nach **pflichtmäßigem Ermessen** (50 zu § 46) angeordnet, das streng an den Zweck der Maßregel gebunden ist (VRS 30, 275; NStZ 81, 391). Ist die Überwindung der an sich gegebenen Gefährlichkeit bis zum Vollzugsende sicher absehbar (vgl 7), so muß die Anordnung unterbleiben (Hanack LK 46). Das Verbot muß auf diejenigen Berufe oder Gewerbe beschränkt werden, die der Täter mißbraucht hat (wistra 86, 257; s auch bei Miebach NStZ 96, 122). Daher ist es unzulässig, selbständige Gewerbetätigkeiten **jeder Art** zu verbieten (bei Holtz MDR 79, 455 mwN). Ist die Tat in einem bestimmten Berufs- oder Gewerbezweig begangen, so wird das Verbot je nach dem Schutzbedürfnis auf den einzelnen Zweig beschränkt (bei Dallinger MDR 52, 530; GA 60, 183) oder auf den Beruf oder das Gewerbe im ganzen erstreckt (MDR 58, 783). Die verbotene Tätigkeit ist – namentlich im Hinblick auf die Strafdrohung des § 145 c (vgl dort 1) – genau zu bezeichnen (§ 260 II StPO). 13

6. Verfahren §§ 132 a, 260 II, 305 S 2 StPO. Ein Rechtsmittel kann nur ausnahmsweise auf das Berufsverbot beschränkt werden, weil seine Voraussetzungen meist zugleich Strafzumessungsgrundlage sind (beachte jedoch Hamm NJW 57, 1737). – Selbständige Anordnung im Sicherungsverfahren § 71. 14

7. Zur **Bindungswirkung des Strafurteils** im gewerberechtlichen Untersagungsverfahren § 35 III GewO; im ehrengerichtlichen Verfahren bei Rechtsanwälten § 118 II, III BRAO (NJW 75, 1712; s auch NJW 91, 1069); im Verfahren des Approbationsentzugs bei Ärzten BVerwGE 15, 282 (s auch Lang-Hinrichsen, Heinitz-FS, S 477, 495; Hanack LK 90–92; str). 15

§ 70 a Aussetzung des Berufsverbots

(1) **Ergibt sich nach Anordnung des Berufsverbots Grund zu der Annahme, daß die Gefahr, der Täter werde erhebliche rechtswidrige Taten der in § 70 Abs. 1 bezeichneten Art begehen, nicht mehr besteht, so kann das Gericht das Verbot zur Bewährung aussetzen.**

(2) **Die Anordnung ist frühestens zulässig, wenn das Verbot ein Jahr gedauert hat. In die Frist wird im Rahmen des § 70 Abs. 4 Satz 2 die Zeit eines vorläufigen Berufsverbots eingerechnet. Die Zeit, in welcher der Täter auf behördliche Anordnung in einer Anstalt verwahrt worden ist, wird nicht eingerechnet.**

(3) **Wird das Berufsverbot zur Bewährung ausgesetzt, so gelten die §§ 56 a und 56 c bis 56 e entsprechend. Die Bewährungszeit verlängert sich jedoch um die Zeit, in der eine Freiheitsstrafe oder eine freiheitsentziehende Maßregel vollzogen wird, die gegen den Verurteilten wegen der Tat verhängt oder angeordnet worden ist.**

1 **1.** Das Berufsverbot kann – abweichend von § 67 b I – **nur nach seiner Anordnung** zur Bewährung ausgesetzt werden.

2 **2. Grund zu der Annahme** im Sinne des Abs 1 ergibt sich, wenn neue oder nachträglich bekannt gewordene Tatsachen, zB Nachholung einer beruflichen Ausbildung (Begr zu § 106 E 1962 S 237) oder positive Entwicklung im Strafvollzug, dafür sprechen, daß die ungünstige Prognose nach § 70 I (dort 5–9) nicht begründet war oder nicht mehr begründet ist.

3 **3.** Nach seinem Wortlaut ist Abs 1 eine **Kann-Vorschrift,** so daß die Aussetzung nach pflichtmäßigem Ermessen (50 zu § 46) angeordnet wird. Aus dem allgemeinen Prinzip, daß Maßregeln nur bis zur Zwekkerreichung gerechtfertigt sind, folgt jedoch, daß die Aussetzung zwingend ist, wenn das Gericht vom Wegfall der ungünstigen Prognose (5–9 zu § 70) überzeugt ist.

4 **4.** Zur **Fristberechnung** (Abs 2) 12 zu § 70.

5 **5. Abs 3** (weitere Anordnungen): Die Bewährungszeit beginnt mit Rechtskraft des die Aussetzung anordnenden Beschlusses (§ 56 a), verlängert sich jedoch um die Zeit des Straf- und Maßregelvollzugs in derselben Sache. Auflagen (§ 56 b) sind unzulässig.

6 **6. Zuständigkeit** für die Aussetzung und **Verfahren** § 463 I iVm § 462 a I, II, § 463 V iVm § 462 StPO.

§ 70 b Widerruf der Aussetzung und Erledigung des Berufsverbots

(1) **Das Gericht widerruft die Aussetzung eines Berufsverbots, wenn der Verurteilte**

1. **während der Bewährungszeit unter Mißbrauch seines Berufs oder Gewerbes oder unter grober Verletzung der mit ihnen verbundenen Pflichten eine rechtswidrige Tat begeht,**
2. **gegen eine Weisung gröblich oder beharrlich verstößt oder**
3. **sich der Aufsicht und Leitung des Bewährungshelfers beharrlich entzieht**

und sich daraus ergibt, daß der Zweck des Berufsverbots dessen weitere Anwendung erfordert.

(2) **Das Gericht widerruft die Aussetzung des Berufsverbots auch dann, wenn Umstände, die ihm während der Bewährungszeit bekannt werden und zur Versagung der Aussetzung geführt hätten, zeigen, daß der Zweck der Maßregel die weitere Anwendung des Berufsverbots erfordert.**

(3) **Die Zeit der Aussetzung des Berufsverbots wird in die Verbotsfrist nicht eingerechnet.**

(4) **Leistungen, die der Verurteilte zur Erfüllung von Weisungen oder Zusagen erbracht hat, werden nicht erstattet.**

(5) **Nach Ablauf der Bewährungszeit erklärt das Gericht das Berufsverbot für erledigt.**

1. Für die **Voraussetzungen des Widerrufs** (Abs 1, 2) gilt sinngemäß dasselbe wie für den Widerruf der Aussetzung einer Unterbringung nach § 67 g I, III (dort 1–4); jedoch muß die Symptomtat nach Abs 1 Nr 1 die besonderen Voraussetzungen der für die Anordnung des Berufsverbots erforderlichen Tat erfüllen (5–9 zu § 70). Obwohl eine dem § 56 f II entsprechende Vorschrift fehlt, ist nicht unbedingt ausgeschlossen, den Widerruf durch nachträgliche, die Grenzen des § 70 a III S 1 iVm § 56 a II S 2 beachtende Verlängerung der Bewährungszeit zu vermeiden und es zunächst mit einer Intensivierung der Bewährungsmaßnahmen zu versuchen (Hanack LK 11, 12). 1

2. Abs 5 scheint nach seinem Wortlaut mit Ablauf der Bewährungszeit nur noch die Erledigungserklärung zuzulassen und damit – abweichend von § 56 g I (dort 1) – die Möglichkeit des Widerrufs auszuschließen. Seine Funktion (abschließende Entscheidung) zwingt jedoch dazu, ihn ebenso zu verstehen wie § 56 g I und deshalb den Widerruf bei Nichtbewährung zuzulassen (ebenso Hanack LK 21; Horn SK 9). – **Zeitlich** ist danach der Widerruf möglich, sobald seine Voraussetzungen eintreten, jedoch nicht vor Rechtskraft der Aussetzung und nicht nach Erledigungserklärung; zur Notwendigkeit, nach Ablauf der Bewährungszeit zügig zu entscheiden, 1 zu § 56 g. 2

3. Zuständigkeit für Entscheidungen nach Abs 1, 2, 5 und **Verfahren** § 463 I iVm § 462 a I, II, § 463 V iVm § 462 StPO. 3

– Gemeinsame Vorschriften –

§ 71 Selbständige Anordnung

(1) **Die Unterbringung in einem psychiatrischen Krankenhaus oder in einer Entziehungsanstalt kann das Gericht auch selbständig anordnen, wenn das Strafverfahren wegen Schuldunfähigkeit oder Verhandlungsunfähigkeit des Täters undurchführbar ist.**

(2) **Dasselbe gilt für die Entziehung der Fahrerlaubnis und das Berufsverbot.**

1. Die **selbständige Anordnung** unter anderen als den in Abs 1 angegebenen Voraussetzungen (zB Verjährung, Fehlen des Strafantrags, Amnestie) ist unzulässig (Hanack LK 6–8 mwN); gleichzustellen ist lediglich der Fall, daß die Schuldunfähigkeit nach § 20 (nicht nach § 3 JGG) nicht auszuschließen ist (hM; vgl etwa Hanack LK 10 mwN). 1

2. Die Anordnung ergeht im **Sicherungsverfahren** nach §§ 413–416 StPO. 2

§ 72 Verbindung von Maßregeln

(1) **Sind die Voraussetzungen für mehrere Maßregeln erfüllt, ist aber der erstrebte Zweck durch einzelne von ihnen zu erreichen, so werden nur sie angeordnet. Dabei ist unter mehreren geeigneten Maßregeln denen der Vorzug zu geben, die den Täter am wenigsten beschweren.**

(2) **Im übrigen werden die Maßregeln nebeneinander angeordnet, wenn das Gesetz nichts anderes bestimmt.**

(3) **Werden mehrere freiheitsentziehende Maßregeln angeordnet, so bestimmt das Gericht die Reihenfolge der Vollstreckung. Vor dem Ende des Vollzugs einer Maßregel ordnet das Gericht jeweils den Vollzug der nächsten an, wenn deren Zweck die Unterbringung noch erfordert. § 67c Abs. 2 Satz 4 und 5 ist anzuwenden.**

1 **1. Abs 1:** Das Kumulationsverbot (vgl schon BGHSt 5, 312; Bruns ZStW 60, 474 und JZ 54, 370) setzt stets die dreifache Prüfung voraus, ob die Voraussetzungen mehrerer Maßregeln erfüllt sind, welche von ihnen den erstrebten Gesamtzweck zu erreichen geeignet sind und ggf welche von den letzteren den Täter entweder schon nach ihrer Art oder nach den Umständen am wenigsten beschwert (NStZ 85, 309 und 95, 588; s auch NJW 91, 1244; NStZ 95, 284; 7 zu § 64; 15 zu § 66; zu einzelnen Fallkonstellationen Hanack LK 19–30). Der Zweck der Entziehung der Fahrerlaubnis kann durch eine freiheitsentziehende Maßregel nicht erreicht werden (10 zu § 69).

2 **2. Abs 2** ist stets anzuwenden, wenn die Voraussetzungen des Abs 1 fehlen. Im Verhältnis zu den Maßregeln nach §§ 63, 64 und 66 hat der Gesetzesvorbehalt keine Bedeutung.

3 **3. Abs 3:** Die Reihenfolge der Vollstreckung (S 1) ist im **Urteil** zu bestimmen (NStZ 95, 284). Für die Anordnungen am Ende des Vollzugs (S 2) ist die Strafvollstreckungskammer **zuständig** (§ 463 I iVm § 462a I StPO). Im übrigen beachte 2, 3 zu § 67c. **Verfahren** § 463 III iVm § 454 StPO. – Für die Vollstreckung mehrerer freiheitsentziehender Maßregeln aufgrund **verschiedener Entscheidungen** gilt Abs 3 nicht (beachte dazu § 54 II, III StVollstrO; Hamm NStZ 88, 430 mwN).

7. Titel. Verfall und Einziehung

Vorbemerkung

1 **1.** Das auf dem 2. StrRG (4 vor § 1) beruhende Rechtsinstitut des **Verfalls** hat sich **nicht bewährt.** Wegen seiner engen und überaus komplizierten Voraussetzungen hat es in der Praxis nur geringe Bedeutung erlangt (krit Horn JR 84, 211; Schmitt, Noll-GedSchr, S 295; Eberbach NStZ 87, 486, 488). Seine Reformbedürftigkeit steht daher schon lange außer Streit (vgl den Bericht der BReg zur Beurteilung des

strafrechtlichen Sanktionensystems [BT-Dr 10/5828 S 6] sowie die Beschlußempfehlung und den Bericht des Rechtsausschusses dazu [BT-Dr 11/2597 S 5]; krit Herzog KJ 87, 321). Unter dem Eindruck der wachsenden Bedrohung durch die **organisierte Kriminalität und den Waffenhandel** haben inzwischen die auf wirksamere Abschöpfung der Gewinne aus Straftaten gerichteten Bemühungen einen vorläufigen Abschluß erreicht. In einem ersten Schritt hat das **AWG/StGBÄndG** (12 vor § 1) das bisher für den Verfall maßgebende Nettoprinzip durch das Bruttoprinzip ersetzt und dadurch den Abzug der vom Täter für die Gewinnerzielung gemachten Aufwendungen ausgeschlossen (4 zu § 73). Alsdann hat das **OrgKG** (12 vor § 1), das im materiellen Strafrecht schwerpunktmäßig die Verbesserung der Zugriffsmöglichkeiten auf Verbrechensgewinne anstrebt, als zusätzliche Maßnahme den **Erweiterten Verfall** eingeführt, der bei bestimmten, für organisierte Kriminalität milieutypischen Taten die Gewinnabschöpfung unter weniger strengen Voraussetzungen vorschreibt (§ 73 d), und zu demselben Zweck ergänzend in das Strafensystem als neue Strafart die **Vermögensstrafe** eingefügt (§ 43 a). Den Einsatz dieser eingriffsintensiven Instrumente hat es dadurch begrenzt, daß nur die qualifizierte, mit einer Strafschärfung verbundene Begehung von Delikten, die für organisierte Kriminalität milieutypisch sind, für die Anknüpfung ausreichen (zB §§ 244 a, 256 II, 260, 260 a, 284). Außerdem wurde das international wichtige Anliegen verwirklicht, durch Strafdrohung gegen **Geldwäsche** der Einschleusung illegal erlangter Vermögenswerte in den legalen Wirtschaftskreislauf entgegenzuwirken (§ 261). In den gesetzgeberischen Beratungen war das materiellrechtliche Programm des OrgKG in seinem Grundanliegen überwiegend anerkannt, in der Einzelausgestaltung aber unter verfassungsrechtlichen und kriminalpolitischen Gesichtspunkten sehr umstritten (BT-Dr 12/2720 S 38; Prot Nr 31 des BT-Rechtsausschusses v 22. 1. 1992 [Öffentliche Anhörung; zusf Bericht in DRiZ 92, 142]; s auch 4 vor § 38; 1 zu § 43 a; 1 zu § 73 d; 1 zu § 261). Unter dem Eindruck der von Vertretern namentlich der Polizei und der Staatsanwaltschaften geschilderten Gefahren hat schließlich die Gesetz gewordene weitreichende Ergänzung des Instrumentariums zur Gewinnabschöpfung die erforderliche Mehrheit gefunden. Eine weitere Intensivierung der Zugriffsmöglichkeiten auch auf verdächtiges Vermögen hat die in der 12. Wahlperiode abgelehnte Initiativvorlage der SPD-Fraktion (BT-Dr 12/6784 mit abl Bespr Welp StV 94, 161 und Heckmann ZRP 95, 1) vorgeschlagen (zur Beurteilung der Gesamtproblematik im kriminalistischen und kriminologischen Schrifttum vgl etwa Schneider Jura 84, 169 und Stree/Wessels-FS, S 813; BKA [Hrsg], Macht sich Kriminalität bezahlt? – Aufspüren und Abschöpfen von Verbrechensgewinnen, 1987; Schwind ua [Hrsg], Organisierte Kriminalität, 1987; Rebscher/Vahlenkamp, Organisierte Kriminalität in der Bundesrepublik Deutschland, BKA-Forschungsreihe, 1988; Dörmann ua, Organisierte Kriminalität – wie groß ist die Gefahr?, BKA-Forschungsreihe, 1990; Weschke/Heine-Heiß, Organisierte

Kriminalität als Netzstrukturkriminalität, 1990; BKA [Hrsg], Organisierte Kriminalität in einem Europa durchlässiger Grenzen, 1991; Dessecker, Gewinnabschöpfung im Strafrecht und in der Strafrechtspraxis, 1992; Sieber/Bögel, Logistik der Organisierten Kriminalität, 1993; Lage, Die internationale Dimension des organisierten Verbrechens, BKA-Forschungsreihe, 1994; Bögel, Strukturen und Systemanalyse der Organisierten Kriminalität in Deutschland, 1994; Hassemer, Vermögen im Strafrecht, WM Sonderbeilage Nr 3/1995; Vahlenkamp/Knauß, Korruption – hinnehmen oder handeln?, BKA-Forschungsreihe, 1995; Gössner (Hrsg), Mythos Sicherheit, 1995; rechtsvergleichend oder zum ausländischen Recht Meyer ua [Hrsg], Gewinnabschöpfung bei Betäubungsmitteldelikten, BKA-Forschungsreihe, 1989; Arzt SchwZStr 89, 160; Schmoller ÖJZ 90, 257; Pieth StV 90, 558 und SchwZStr 92, 257; Miyazawa, Schüler-Springorum-FS, S 149; Boetticher ZRP 95, 144; Sieber, Miyazawa-FS, S 265; s auch Hoffmann MDR 84, 617; Baumgartner Kriminalistik 88, 683 und 89, 54; Steinke Kriminalistik 89, 329 und 91, 298 sowie Polizei 93, 85 und NStZ 94, 168; Kaiser, Tröndle-FS, S 685; Ostendorf JZ 91, 62; Caesar ZRP 91, 241; Lenhard Kriminalistik 91, 506; Meertens ZRP 92, 205; Eisenberg NJW 93, 1033; Hetzer wistra 94, 176; Schaefer NJW 94, 774 und Kriminalstatistik 97, 23; Stümper ZRP 94, 462; Frankfurter Arbeitskreis Strafrecht StV 94, 693; Zachert, Miyazawa-FS, S 283; Sieber JZ 95, 758; Fachler Kriminalistik 95, 311; Hund ZRP 96, 1; Nehm NStZ 96, 513; Hauptmann Kriminalistik 96, 690; Meyer/Hetzer Kriminalstatistk 97, 31; zur Verantwortung des demokratischen Verfassungsstaates für die internationale Verbrechensbekämpfung Pitschas JZ 93, 857; weitere Hinweise auf das juristische, überwiegend krit Schrifttum bei den einzelnen Vorschriften).

2 2. Aus den **Gesetzesmaterialien zum AWG/StGBÄndG** vgl ua den RegEntw (BT-Dr 12/1134), die Initiativvorlagen der Koalitionsfraktionen (BT-Dr 12/899) und der SPD-Fraktion (BT-Dr 12/765), die BRats-Vorlage (BT-Dr 12/1202), die Beschlußempfehlung und den Bericht des BT-Wirtschaftsausschusses (BT-Dr 12/1952) und die Beratungen im Plenum des BTages (SBer 12, 6083). **Inkrafttreten:** 7. 3. 1992. **Übersichtsbeiträge:** Pietsch KJ 91, 475; Hantke NJW 92, 2123. – Zum **OrgKG** den RegEntw zur Vermögensstrafe (BT-Dr 11/5461), den RegEntw zum Erweiterten Verfall (BT-Dr 11/6623), die BRats-Vorlage zum OrgKG (BT-Dr 12/989), die Initiativvorlagen der SPD-Franktion (BT-Dr 12/731 und 12/1367), die Beschlußempfehlung und den Bericht des BT-Rechtsausschusses (BT-Dr 12/2720) und die Beratungen im Plenum des BTages (SBer 12, 7815). **Inkrafttreten:** 22. 9. 1992. **Übersichtsbeiträge:** Möhrenschlager wistra 92, 281, 326; Rieß NJ 92, 491; Krüger Polizei 93, 29; zum materiellrechtlichen Teil Krey/Dierlamm JR 92, 353; zum prozeßrechtlichen Teil Hilger NStZ 92, 457, 523; zu den für das Betäubungsmittelrecht erheblichen Teilen Körner NJW 93, 233, 234; krit aus polizeilicher Sicht Krüger Kriminalistik 92, 594.

§ 73 Voraussetzungen des Verfalls

(1) **Ist eine rechtswidrige Tat begangen worden und hat der Täter oder Teilnehmer für die Tat oder aus ihr etwas erlangt, so ordnet das Gericht dessen Verfall an. Dies gilt nicht, soweit dem Verletzten aus der Tat ein Anspruch erwachsen ist, dessen Erfüllung dem Täter oder Teilnehmer den Wert des aus der Tat Erlangten entziehen würde.**

(2) **Die Anordnung des Verfalls erstreckt sich auf die gezogenen Nutzungen. Sie kann sich auch auf die Gegenstände erstrecken, die der Täter oder Teilnehmer durch die Veräußerung eines erlangten Gegenstandes oder als Ersatz für dessen Zerstörung, Beschädigung oder Entziehung oder auf Grund eines erlangten Rechts erworben hat.**

(3) **Hat der Täter oder Teilnehmer für einen anderen gehandelt und hat dadurch dieser etwas erlangt, so richtet sich die Anordnung des Verfalls nach den Absätzen 1 und 2 gegen ihn.**

(4) **Der Verfall eines Gegenstandes wird auch angeordnet, wenn er einem Dritten gehört oder zusteht, der ihn für die Tat oder sonst in Kenntnis der Tatumstände gewährt hat.**

Fassung: Abs 1, 4 durch AWG/StGBÄndG (2 vor § 73) neugefaßt, Abs 3 geändert.

1. Der Verfall bezweckt die **Abschöpfung unrechtmäßig erlangten Vermögenszuwachses** (BGHSt 31, 145). Er ist deshalb, soweit er über diese Funktion nicht hinausgeht, keine Nebenstrafe, sondern eine Maßnahme (21 zu § 11) zur Wiederherstellung des verletzten Rechts (BT-Dr V/4095 S 39) in dem Sinne, daß ein dem Täter anders nicht entziehbarer Gewinn abgeschöpft werden soll. Voraussetzung ist daher die Begehung nur einer rechtswidrigen, nicht notwendig schuldhaften Tat. Allerdings ist diese im früheren Recht unbestrittene Deutung nach dem Übergang zum Bruttoprinzip nicht mehr uneingeschränkt zutreffend (vgl 4–4 b). – Im Bereich des WiStG tritt an die Stelle des Verfalls die Abführung des Mehrerlöses (dort § 8 IV). Die Verhängung einer Geldbuße gegen juristische Personen oder Personenvereinigungen schließt die Anordnung des Verfalls aus (§ 30 V OWiG). 1

2. Zu **Voraussetzungen und Umfang** des Verfalls (Abs 1, 2): 2

a) Rechtswidrige Tat 18 zu § 11; 1 zu § 29. Sie muß von der Anklage umfaßt und vom Tatrichter festgestellt sein (BGHSt 28, 369).

b) aa) **„Etwas"** ist jede **Erhöhung** des wirtschaftlichen Wertes eines Vermögens, die dem Täter oder Teilnehmer zugeflossen ist (Vermögenszuwachs); es ist daher nicht notwendig eine Sache oder ein Recht, kann vielmehr zB auch in einer tatsächlichen, wirtschaftlich begünstigenden Besitzposition (probl BGHSt 36, 251 mit abl Anm Meyer JR 90, 208, beide mwN) oder in Gebrauchsvorteilen, Kapitalnutzung 3

(Prot 5, 1001) und ersparten Aufwendungen (AG Köln NStZ 88, 274; AG Gummersbach NStZ 88, 460; Franzheim wistra 86, 253 und 89, 87) bestehen. Alles, was im Sinne des § 812 I BGB Gegenstand einer Bereicherung sein kann, kommt auch als Gegenstand des Verfalls in Frage (Brenner DRiZ 77, 203 mwN).

4 bb) Im Gegensatz zum früheren Recht (vgl etwa BGHSt 28, 369; 31, 145; NStZ 88, 496; zweifelnd BGHSt 36, 251) sind die zur unmittelbaren Erlangung des Vermögenszuwachses **gemachten Aufwendungen nicht mehr abziehbar.** Es gilt vielmehr das sog **Bruttoprinzip.** Das folgt zwar nicht zwingend daraus, daß das AWG/StGBÄndG (2 vor § 73) den Begriff „Vermögensvorteil" durch das unbestimmtere „etwas" ersetzt hat; denn auch „etwas" kann nach dem Kontext des Gesetzes nur eine Vermögensvermehrung sein, bei der ebenso wie früher durch Auslegung zu ermitteln ist, ob damit der Vermögenszuwachs als solcher gemeint ist oder ob für ihn gemachte Aufwendungen durch Saldierung abzuziehen sind (so mit Recht Göhler wistra 92, 133; Tröndle 1 c). Da es jedoch der erklärte Wille des Gesetzgebers war, vom Netto- zum Bruttoprinzip überzugehen (BT-Dr 12/1134 S 12), und der Gesetzeswortlaut dem nicht entgegensteht, ist dieser Wille maßgebend (NStZ 94, 123; Katholnigg JR 94, 353, 355; Sch/Sch-Eser 17; aM Herzog NK 11–14 a, alle mwN).

4 a cc) **Anwendung des Bruttoprinzips** bedeutet, daß der Vermögenszuwachs als solcher, dh der jeweilige Gesamterlös, dem Verfall unterliegt. Was der Täter für seine Erlangung aufgewendet hat, ist unerheblich. Das gilt nicht nur für Unkosten im engeren Sinne (zB Reisekosten usw), sondern auch für das, was zur Erlangung des Zuwachses als Ausgleich hingegeben wurde (zB der Kaufpreis); daß die Gesetzesmaterialien (BT-Dr aaO [vgl 4]) so zu verstehen sind, ist nicht zweifelhaft, weil es nur unter dieser Voraussetzung sinnvoll ist, die Gesetzesänderung auf den Grundgedanken des § 817 S 2 BGB zu stützen.

4 b dd) Das zwingt zu einer **Überprüfung der Rechtsnatur** des Verfalls. Daß die Abschöpfung des Nettogewinns als kondiktionsähnliche strafrechtliche Maßnahme legitimiert ist, steht außer Streit. Soweit nun aber der Verfall auch eine Vermögensvermehrung erfaßt, die für den Täter im Hinblick auf seine Gegenleistung keine bereichernde Wirkung hat, entfällt diese Legitimation. Der Grundgedanke des § 817 S 2 BGB hilft hier nicht weiter; denn nach ihm wird lediglich staatliche Hilfe bei der Rückabwicklung verbotener oder sittenwidriger Geschäfte versagt; das legitimiert den Staat aber nicht, den rechtswidrig transferierten Wert auf sich selbst überzuleiten (aM Wohlers, Die Neufassung der strafrechtlichen Verfallsvorschrift, 1995, S 63, 118, der den Verfall als „quasivindikatorische Ausgleichsmaßnahme" deutet). Es ist auch nicht möglich, die Gesetzesänderung auf den Maßregelcharakter des Verfalls zu stützen (so Krey/Dierlamm JR 92, 353, 358); dazu müßte die Gefahr der Reinvestition des Erlöses in strafbare Aktivitäten zur Anwendungsvoraussetzung gemacht werden. Die Einbeziehung des Bruttogewinns läßt sich nur damit rechtfertigen, daß der Verfall insoweit

strafähnlichen Charakter annimmt, als er über die legitimierte Nettogewinnabschöpfung hinausgeht (ähnlich Dessecker, Gewinnabschöpfung im Strafrecht und in der Strafrechtspraxis, 1992, S 362; Jescheck/Weigend AT S 792; Tröndle 1 c; Horn SK 5; Sch/Sch-Eser 19 vor § 73; weiter einschr Herzog NK 14, der sich für Beibehaltung des Nettoprinzips ausspricht; ohne tragfähige Begr aM NJW 95, 2235). In diesem Bereich erfordert das Schuldprinzip, daß dem Täter die Erlangung des den Nettogewinn überschießenden Erlöses zum Schuldvorwurf gereicht (im Ergebnis ebenso Hoyer GA 93, 406; Sch/Sch-Eser 2, 4).

ee) Die **Durchsetzung des Bruttoprinzips** kann in Einzelfällen zu **4 c** unbilligen und dem Schuldprinzip widersprechenden Ergebnissen führen, und zwar namentlich dann, wenn der Täter wirtschaftlich betrachtet ein Verlustgeschäft gemacht oder wenn er den Vermögenszuwachs durch die Hingabe redlich erworbenen Gutes weitgehend kompensiert hat. Die Rspr wird in solchen Fällen entweder durch Anwendung der Härtevorschrift (§ 73 c) oder durch Milderung der an sich schuldangemessenen Strafe Abhilfe zu schaffen haben (Horn SK 5; beachte auch 9 a zu § 73 d).

c) Für die Tat (als Entgelt, 22 zu § 11) **oder aus ihr** (als Gewinn) **5** **erlangt** ist – wie sich zwingend aus Abs 2 ergibt – nur der unmittelbare Vermögenszuwachs (BT-Dr V/4095 S 39); was durch dessen Einsatz erst später gewonnen wird, scheidet als mittelbarer Gewinn für Abs 1 aus, wird uU aber durch Abs 2 erfaßt (zum Unmittelbarkeitserfordernis bei Umweltdelikten Franzheim wistra 89, 87). Im allgemeinen ist der Vermögenszuwachs erlangt, sobald der Täter ihn ungehindert genießen kann (Hamburg NJW 71, 1199). – Daß er zur Zeit der Entscheidung im Vermögen noch vorhanden, der Täter also noch bereichert ist, ist keine Voraussetzung des Verfalls, kann aber unter dem Gesichtspunkt unbilliger Härte relevant werden (1 zu § 73 c) oder das Unterbleiben der Anordnung rechtfertigen (3 zu § 73 c).

d) Ist dem **Verletzten** (dh dem, dessen Individualinteressen durch **6** das vom Täter übertretene Strafgesetz geschützt werden sollen, NStZ 89, 20 mwN) aus der Tat ein **Anspruch erwachsen,** so schließt er den Verfall insoweit aus, als seine Erfüllung dem Täter oder Teilnehmer den Wert des aus der Tat Erlangten entziehen würde (Abs 1 S 2). Maßgebend ist nur die Existenz des Anspruchs (etwa auf Naturalrestitution, Geldersatz oder Herausgabe wegen ungerechtfertigter Bereicherung), nicht dagegen der Umstand, ob er voraussichtlich auch geltend gemacht wird (NStZ 84, 409 und 96, 332; StV 95, 301; beachte jedoch BGHSt 33, 37 mit Anm Rengier JR 85, 249) oder ob er durch eine Versicherung gedeckt ist (Düsseldorf NStZ 86, 222; zur Kritik dieses Ausschlusses 1 vor § 73). Daher entfällt auch bei Straftaten, die zum Nachteil des Fiskus Steuern verkürzen, § 73 insoweit, als ein Anspruch auf Nachzahlung der verkürzten Steuer besteht (BGHSt 28, 369; LG Aachen NJW 78, 385); die im Schrifttum zum Teil vertretene Ansicht, daß der Staat nicht Verletzter im Sinne des Abs 1 S 2 sei (so Brenner DRiZ 77, 203, 204 mwN), widerspricht dem Grundgedanken der Vorschrift (LG Berlin NStZ 91, 437 mit Anm Meurer, beide mwN). – Danach scheidet der Verfall bei den Delikten gegen die Person, den klassischen Vermögensdelikten und den Steuerdelikten regelmäßig aus. Im Bereich des StGB wird er wohl nur praktisch: für die Belohnung von Straftaten, namentlich für den an Beamte oder Angestellte des öffentlichen Dienstes gezahlten Bestechungslohn (BGHSt 30, 46; 33, 37, 38), für den nach § 817 BGB nicht zurückzuerstattenden Gewinn aus verbotenen und sittenwidrigen Geschäften (Stuttgart wistra 90, 165) und für den Gewinn aus Umweltdelikten (Güntert, Gewinnabschöpfung als strafrechtliche Sanktion, 1983, S 37; Franzheim wistra 89, 87).

7 **e) Abs 2** erstreckt den Verfall zwingend (S 1) oder fakultativ (S 2) auf bestimmten **mittelbar erlangten Vermögenszuwachs;** die Aufzählung ist erschöpfend (NStZ 96, 332). Der Ausschlußtatbestand des Abs 1 S 2 (vgl 6) gilt auch für diese Fälle (NJW 86, 1186 mwN). – **Nutzungen** § 100 BGB; sie müssen wirklich **gezogen,** nicht lediglich zu erwarten sein (bei Holtz MDR 81, 629). Die Beschreibung der **Ersatzgegenstände** (Surrogate) in Satz 2 stimmt inhaltlich mit § 818 I BGB überein, so daß für die Abgrenzung die im Bereicherungsrecht entwickelten Grundsätze anwendbar sind; nicht hierher gehören daher zB Lotteriegewinne und regelmäßig auch nicht Erträge aus der Investition des Erlangten in einem Wirtschaftsunternehmen (Brenner DRiZ 77, 203 mwN). Ob und wieweit der Verfall auf ein Surrogat erstreckt wird, bestimmt sich nach **pflichtmäßigem Ermessen** (50 zu § 46), für dessen Ausübung neben dem Wert des Gegenstandes meist die mutmaßlichen Aussichten einer reibungslosen Vollstreckung und Verwertung ausschlaggebend sind; das folgt daraus, daß anstelle oder neben dem Verfall des Surrogats stets – vorbehaltlich nur der Ausnahmen nach § 73 c – auch der Verfall des Wertersatzes (§ 73 a) angeordnet werden muß, soweit sonst der Wert des ursprünglich Erlangten nicht erfaßt würde.

8 **3.** Grundsätzlich richtet sich die Anordnung des Verfalls **nur gegen den Täter oder Teilnehmer.** Sie ist daher – von den Ausnahmen nach Abs 3, 4 abgesehen – unzulässig, soweit die erlangten Gegenstände zur Zeit der Entscheidung jemandem gehören oder zustehen, der nicht an der Tat beteiligt ist.

9 **a) Abs 3: Handeln für einen anderen** liegt vor, wenn die rechtswidrige Tat objektiv bewirkt, daß der andere (auch eine juristische Person oder Personenvereinigung; beachte jedoch 1) unmittelbar (Brenner DRiZ 77, 203, 205; probl Düsseldorf NJW 79, 992; sehr weit Franzheim wistra 89, 87) bereichert wird, und wenn der Handelnde das im Interesse des anderen will (NJW 91, 367, 371 mwN); daß er darüber hinaus auch in dessen Einflußbereich steht, ist nicht erforderlich (hM; anders Sch/Sch-Eser 37; Herzog NK 25). Auf die Rechtsform der Beziehung zu dem anderen (zB Handeln als offener oder verdeckter

Stellvertreter, als Organ einer Gesellschaft, als Bediensteter einer Behörde oder eines Unternehmens) kommt es nicht an (BT-Dr V/4095 S 40; diff Sch/Sch-Eser 37 a). Zum Verjährungsbeginn 10 zu § 78 a.

b) Abs 4: Aufgrund historischer Auslegung (näher Schäfer LK 47–53) muß der dem Dritten (formal) zustehende Gegenstand zugleich den Vermögenszuwachs bilden, den der Täter oder Teilnehmer für die Tat oder aus ihr erlangt hat. **Gewähren** bedeutet daher, daß der Dritte dem Tatbeteiligten eine tatsächliche wirtschaftliche Bereicherung verschafft hat. Hauptanwendungsfall ist die Gewährung eines Entgelts (22 zu § 11) für die Tat, sofern sich die zivilrechtliche Nichtigkeit nach §§ 134, 138 BGB nicht nur auf das Verpflichtungs-, sondern auch auf das Erfüllungsgeschäft erstreckt (BGHSt 36, 251 mwN). 10

4. a) Der Verfall ist bei Vorliegen seiner Voraussetzungen **obligatorisch** und nur nach Maßgabe des § 73 c einschränkbar (NStZ 89, 436). Er wird idR **im Urteil** neben der Strafe ausgesprochen (zu den Möglichkeiten selbständiger Anordnung 5 zu § 76 a). In den Fällen der Abs 3, 4 ist der betroffene Dritte genau zu bezeichnen. 11

b) Soweit der erlangte Vermögenszuwachs in bestimmten Gegenständen (Sachen oder Rechten), die als solche im Vermögen des Betroffenen noch vorhanden sind, konkretisiert ist, wird unmittelbar der Verfall dieser Gegenstände angeordnet. Für deren genaue Bezeichnung im Urteilstenor gilt dasselbe wie bei der Einziehung (10 zu § 74). Zur Beteiligung Dritter, die Rechte an den Gegenständen geltend machen, im Haupt- und Nachverfahren § 442 iVm §§ 431–439, 441 StPO; zum Verfahren im übrigen §§ 111 b–111 l, 232 I, 233 I, 407 II Nr 1, 442 iVm 430 StPO. – Soweit der Vermögenszuwachs nicht in einem bestimmten Gegenstand konkretisiert ist, kommt Verfall des Wertersatzes nach § 73 a in Frage (dort 2). 12

5. Erweiterter Verfall § 73 d.

§ 73 a Verfall des Wertersatzes

Soweit der Verfall eines bestimmten Gegenstandes wegen der Beschaffenheit des Erlangten oder aus einem anderen Grunde nicht möglich ist oder von dem Verfall eines Ersatzgegenstandes nach § 73 Abs. 2 Satz 2 abgesehen wird, ordnet das Gericht den Verfall eines Geldbetrags an, der dem Wert des Erlangten entspricht. Eine solche Anordnung trifft das Gericht auch neben dem Verfall eines Gegenstandes, soweit dessen Wert hinter dem Wert des zunächst Erlangten zurückbleibt.

1. Der **Verfall des Wertersatzes** ist eine Folgerung aus dem Prinzip, daß der Täter grundsätzlich den ganzen aus der Tat herrührenden unmittelbaren Vermögenszuwachs verlieren soll, gleichgültig, ob er in entziehbaren Sachen oder Rechten besteht und ob der Täter noch bereichert ist (5 zu § 73). Dieses Prinzip wird nur durch § 73 c I (dort 1

1, 2) eingeschränkt. – Im Bereich des Erweiterten Verfalls hat die Vorschrift nur einen begrenzten Anwendungsbereich (§ 73 d II und dort 3).

2 **2. a)** Im Sinne des Satzes 1 ist der Verfall **eines bestimmten Gegenstandes nicht möglich,** wenn schon der erlangte Vermögenszuwachs weder eine Sache noch ein Recht war (3 zu § 73) oder wenn der Gegenstand vor der Entscheidung verbraucht, verarbeitet, mit anderen ununterscheidbar vermischt, zerstört, veräußert oder sonst preisgegeben worden ist.

3 **b)** Zum **Absehen** vom Verfall eines Ersatzgegenstandes 7 zu § 73.

4 **c) Wert des Erlangten** ist dessen Verkehrswert zur Zeit der Entscheidung (s auch 4 zu § 74 c; 24 zu § 315 c).

5 **3.** Zu dem **zunächst Erlangten** im Sinne des Satzes 2 können auch die Nutzungen nach § 73 II S 1 gehören, nicht aber die Ersatzgegenstände nach § 73 II S 2. Haben diese einen höheren Wert als der ursprünglich erlangte Vermögenszuwachs, so ist zwar die Anordnung ihres Verfalls mit den Beschränkungen des § 73 c zulässig; für eine Bemessung des Wertersatzes nach diesem höheren Wert ist das aber kein zureichender Grund.

6 **4. Form der Entscheidung** 11 zu § 73.

5. Erweiterter Verfall § 73 d.

§ 73 b Schätzung

Der Umfang des Erlangten und dessen Wert sowie die Höhe des Anspruchs, dessen Erfüllung dem Täter oder Teilnehmer das aus der Tat Erlangte entziehen würde, können geschätzt werden.

Fassung des AWG/StGBÄndG (1, 2 vor § 73).

1 **1.** Die zur Verfahrensbeschleunigung zugelassene **Schätzung** bezieht sich **nur auf die Höhe** (s auch §§ 287, 813 ZPO).

2 **2.** Ihre **Zulässigkeitsvoraussetzungen** (dazu NStZ 89, 361) und die **Ermessensausübung** des Gerichts (50 zu § 46) bestimmen sich im wesentlichen nach den Regeln, die für die Schätzung bei der Tagessatzbemessung gelten (17 zu § 40).

§ 73 c Härtevorschrift

(1) **Der Verfall wird nicht angeordnet, soweit er für den Betroffenen eine unbillige Härte wäre. Die Anordnung kann unterbleiben, soweit der Wert des Erlangten zur Zeit der Anordnung in dem Vermögen des Betroffenen nicht mehr vorhanden ist oder wenn das Erlangte nur einen geringen Wert hat.**

(2) **Für die Bewilligung von Zahlungserleichterungen gilt § 42 entsprechend.**

1. Eine **unbillige Härte** setzt voraus, daß die Verfallserklärung „ungerecht" wäre, dh das Übermaßverbot verletzen würde (NStZ 95, 495 mwN). Sie kommt zB in Frage, wenn der Betroffene den Vermögenszuwachs durch eine rechtswidrige, aber nicht schuldhafte Tat (beachte dazu 4 b zu § 73) oder durch die Tat eines anderen erlangt und im Vertrauen auf die Rechtmäßigkeit des Erwerbs ausgegeben oder wirtschaftlich gebunden hat (Prot 5, 543, 548), wenn er hohe, nicht abziehbare Aufwendungen für die Erlangung des Zuwachses gemacht hat (4 c zu § 73) oder wenn erlittene UHaft länger gedauert hat als die schließlich verhängte Strafe (Prot 5, 1027; zw). 1

2. Wert des Erlangten 4 zu § 73 a. Im Sinne des Abs 1 S 2 wirken wertmindernd auch steuerliche Nachteile, die dem Betroffenen durch das Erlangte erwachsen sind (BGHSt 33, 37; NJW 89, 2139 mit krit Bespr Firgau NJW 89, 2112). Der Wert des Erlangten ist im Vermögen so lange (ganz oder teilweise) **vorhanden,** als er in einem umschreibbaren Vermögensbestandteil konkretisiert und nicht nur aus einem Vergleich der früheren mit der jetzigen Vermögenslage nachweisbar ist (BGHSt 38, 23). Er ist **gering,** wenn er gegenüber dem Vollstreckungsaufwand kein angemessenes Äquivalent bedeutet (s auch 5 zu § 248 a). 2

3. Der Ausschluß des Verfalls ist nach Abs 1 S 1 **obligatorisch,** wenn eine unbillige Härte vorliegt (StV 95, 635); diese kann nicht allein darauf gestützt werden, daß der Wert des Erlangten nicht mehr vorhanden sei, uU aber aus den konkreten Umständen hervorgehen (einschr Dölp NStZ 93, 26 und Schäfer LK 3, 4, die S 2 als Spezialregelung gegenüber S 1 verstehen). – In den übrigen Fällen (Abs 1 S 2) entscheidet **pflichtmäßiges Ermessen** (BGHSt 33, 37, 40; s auch 50 zu § 46). Für seine Ausübung ist namentlich bedeutsam, warum der Wert des Erlangten nicht mehr vorhanden ist (BGHSt 38, 23, 25) und wie weit die Anordnung für die Resozialisierung des Täters abträglich sein kann (LG Saarbrücken NStZ 86, 267; enger Dölp aaO). Die Anordnung kann auch auf einen Teil des nicht mehr vorhandenen Wertes beschränkt werden (Horn SK 5). 3

4. Eine Anrechnung von UHaft oder anderer Freiheitsentziehung auf den Verfall ist nicht zulässig (BT-Dr V/4095 S 41). 4

§ 73 d Erweiterter Verfall

(1) **Ist eine rechtswidrige Tat nach einem Gesetz begangen worden, das auf diese Vorschrift verweist, so ordnet das Gericht den Verfall von Gegenständen des Täters oder Teilnehmers auch dann an, wenn die Umstände die Annahme rechtfertigen, daß diese Gegenstände für rechtswidrige Taten oder aus ihnen erlangt worden sind. Satz 1 ist auch anzuwenden, wenn ein Gegenstand dem Täter oder Teilnehmer nur deshalb nicht gehört oder zusteht, weil er den Gegenstand für eine rechtswidrige Tat oder aus ihr erlangt hat. § 73 Abs. 2 gilt entsprechend.**

(2) **Ist der Verfall eines bestimmten Gegenstandes nach der Tat ganz oder teilweise unmöglich geworden, so finden insoweit die §§ 73 a und 73 b sinngemäß Anwendung.**

(3) **Ist nach Anordnung des Verfalls nach Absatz 1 wegen einer anderen rechtswidrigen Tat, die der Täter oder Teilnehmer vor der Anordnung begangen hat, erneut über den Verfall von Gegenständen des Täters oder Teilnehmers zu entscheiden, so berücksichtigt das Gericht hierbei die bereits ergangene Anordnung.**

(4) **§ 73 c gilt entsprechend.**

Fassung des OrgKG (1, 2 vor § 73).

1 **1.** Der **Erweiterte Verfall** (zusf Katholnigg JR 94, 353) verfolgt den Zweck, die Bekämpfung der **organisierten Kriminalität** zu intensivieren. In den gesetzgeberischen Vorarbeiten zum OrgKG (2 vor § 73) war die Notwendigkeit seiner Einführung überwiegend anerkannt (BT-Dr 11/6623 S 4; 12/989 S 23; 12/2720 S 42). In der öffentlichen Anhörung des BT-Rechtsausschusses (Prot Nr 31 v 22. 1. 1992) und im Schrifttum sind hingegen – namentlich von Richtern, Rechtsanwälten und Strafrechtslehrern – vergleichbar schwerwiegende Einwendungen wie bei der Vermögensstrafe (1 zu § 43 a) erhoben worden. Vor allem wird geltend gemacht, daß die Maßnahme strafähnlichen Charakter habe, deshalb Schuld voraussetze und einen über die Abschöpfung des Nettogewinns hinausgehenden Eingriff nicht legitimiere; außerdem verstoße die Beweisvermutung, nach der die Herkunft des Gewinns aus einer bestimmten Tat nicht nachgewiesen werden müsse, gegen die Unschuldsvermutung und das Rechtsstaatsprinzip; schließlich fehle es an einer gesetzlichen Begrenzung des Zugriffs auf den Bereich organisierter Kriminalität, weil die obligatorisch angedrohte Maßnahme unterschiedslos an banden- oder gewerbsmäßige Verwirklichung eines Verweisungstatbestandes anknüpfe (zur Kritik im einzelnen Arzt NStZ 90, 1, 5; Weßlau StV 91, 226, 229; Schoreit StV 91, 535, 538; DAV [Strafrechtsausschuß] StV 92, 29, 33; Dessecker, Gewinnabschöpfung im Strafrecht und in der Strafrechtspraxis, 1992, S 355; Eser, Stree/Wessels-FS, S 833, 844; Perron JZ 93, 918; Lampe JZ 94, 123), 131; Weigend, Triffterer-FS, S 695, 697; Jescheck/Weigend AT S 793; Herzog NK 1–3; Sch/Sch-Eser 2; s auch Albrecht, in: Meyer ua, Gewinnabschöpfung bei Betäubungsmitteldelikten, BKA-Forschungsreihe, 1989, S 25, 58; Möhrenschlager wistra 92, 281, 285). Diese Bedenken sind sicher nicht sämtlich von der Hand zu weisen (aM Katholnigg aaO). Sie haben aber im Verhältnis zu den Einwendungen gegen die Vermögensstrafe geringeres Gewicht. Zum einen bleibt die Schwere des Eingriffs, der sich nur gegen einzelne Vermögensgegenstände richtet, hinter der Vermögensstrafe zurück; außerdem wird immerhin ein Zusammenhang des Gewinns mit der Begehung rechtswidriger Taten vorausgesetzt, wenn sein Nachweis auch durch eine Beweisregel erleichtert wird (dazu 8). Angesichts der Bedrohung, die von einer weite-

ren Verfestigung organisierter Kriminalität ausgeht (1 vor § 73), dürfte der Versuch, das Instrumentarium der Gewinnabschöpfung in dieser Weise zu erweitern, hinnehmbar sein (ähnlich auch Krey/Dierlamm JR 92, 353, 357; aM Tröndle 4; Sch/Sch-Eser 2, beide mwN). Zu bedauern ist allerdings, daß die Gelegenheit nicht genutzt wurde, um das nach wie vor unzulängliche Verfallssystem im ganzen zu revidieren. Daß der Erweiterte Verfall dem geltenden (änderungsbedürftigen) Recht nur aufgepfropft wurde, führt zu Wertungswidersprüchen (näher zu den „Brüchen mit dem geltenden Verfallssystem" BT-Dr 11/6623 S 7; auch unten 3, 11). Außerdem weckt die Ausgestaltung der Vorschrift im einzelnen Zweifel an ihrer Praktikabilität (dazu 7, 8).

2. Für die nach Abs 1 S 1 erforderliche **Verweisung** gelten die Ausführungen unter 2 zu § 43 a sinngemäß mit der Ergänzung, daß § 184 VII S 1 eine zusätzliche Verweisung enthält und daß die Maßnahme im Hinblick auf ihre weniger einschneidende Wirkung in den Verweisungstatbeständen des StGB nicht nur bei bandenmäßiger (so die Vermögensstrafe), sondern auch bei gewerbsmäßiger Begehung vorgesehen ist (zum Betäubungsmittelrecht beachte § 33 I BtMG). 2

3. Der Erweiterte Verfall ist eine **besondere Form des Verfalls,** dh eine Maßnahme (§ 11 I Nr 8), die mit ihm nach Rechtsnatur und Funktion übereinstimmt (1 zu § 73). Grundsätzlich gelten daher für ihn alle Vorschriften, die allgemein den Verfall betreffen. Da er jedoch eine selbständige Eingriffsgrundlage bildet, sind die §§ 73 a–73 c nicht unmittelbar anwendbar, weil sie auf der in § 73 d fehlenden Voraussetzung aufbauen, daß für eine bestimmte Tat oder aus ihr etwas erlangt wurde (BT-Dr 11/6623 S 6). Auch mögliche, nach der Struktur der erweiterten Maßnahme aber nicht feststellbare Ansprüche Verletzter (§ 73 I S 2) hindern die Anordnung nicht (BT-Dr aaO S 7). Das ist eine problematische Ungleichbehandlung. Ebenso problematisch ist, daß sich unter den von der Maßnahme betroffenen Gegenständen auch solche verbergen können, deren Verfall wegen Verjährung nach § 78 I ausgeschlossen ist (BT-Dr aaO). 3

4. Zu den **Voraussetzungen:** 4

a) Rechtswidrige Tat 2 zu § 73. Auch hier legitimiert eine nur rechtswidrige, aber nicht schuldhafte Tat die Anwendung des Bruttoprinzips nicht (4 b zu § 73).

b) Verfallsobjekte können – abweichend von § 73 I (dort 3) – grundsätzlich nur **Gegenstände** sein, dh Sachen oder Rechte (§ 74 e I). Die sinngemäße Anwendung der §§ 73 a, 73 b (Abs 2) betrifft nur Fälle, in denen die Voraussetzungen des Verfalls von Gegenständen zunächst erfüllt waren, die Ausführung der Maßnahme aber nach der Tat ganz oder teilweise unmöglich geworden ist (BT-Dr 11/6623 S 6); insoweit gelten die Erläuterungen zu den §§ 73 a, 73 b sinngemäß. Dabei bezieht sich die Möglichkeit der Schätzung (§ 73 b) nur auf den Wert sol- 5 cher Gegenstände, die im Zeitpunkt der Tat die Voraussetzungen des Abs 1 erfüllt haben (BT-Dr aaO S 9).

6 **c)** Die Gegenstände müssen – in Übereinstimmung mit § 73 I – **unmittelbar erlangt** oder aufgrund der entsprechenden Anwendung des § 73 II (Abs 1 S 2) als Nutzungen oder Ersatzgegenstände einbezogen sein (dazu 5, 7 zu § 73).

7 **d)** Sie müssen ferner dem Täter oder Teilnehmer zur Zeit der Entscheidung **gehören oder zustehen** (beachte NStZ 95, 540) oder von ihm im Sinne des Abs 1 S 2 aufgrund eines zivilrechtlich unwirksamen Erwerbsakts erlangt sein (zu den Gründen dieser Erweiterung BT-Dr 11/6623 S 7; s auch 10 zu § 73). Ist weder seine Stellung als Berechtigter noch der unwirksame Erwerbsakt nachweisbar und liegt auch kein Fall des Abs 2 vor (vgl 5), so schließt der Grundsatz in dubio pro reo die Anordnung der Maßnahme aus (Herzog NK 10; weiter Horn SK 5, der faktische Verfügungsgewalt genügen läßt). Hier sind zahlreiche nicht widerlegbare Schutzbehauptungen denkbar, die uU die Wirksamkeit des neuen Rechtsinstituts im ganzen gefährden können.

8 **e)** Die **Umstände** sollen nach den Gesetzesmaterialien die **Annahme, daß die Gegenstände für rechtswidrige Taten oder aus ihnen erlangt worden sind,** nur dann rechtfertigen, wenn sich aufgrund erschöpfender Beweiserhebung und -würdigung „diese Herkunftsmöglichkeit von allen in Betracht zu ziehenden Möglichkeiten als die ganz überwiegend wahrscheinlichste darstellt" (BT-Dr 11/6623 S 6; Möhrenschlager wistra 92, 281, 286; Rieß NJ 92, 491, 493; Kathnolnigg JR 94, 353, 355). Diese Deutung ist verfassungsrechtlich bedenklich; sie fordert nur einen hohen Wahrscheinlichkeitsgrad und läßt damit die Maßnahme bei bloßem – sei es auch hochgradigem – Verdacht zu (krit namentlich Tröndle 4; Herzog NK 9; Sch/Sch-Eser 15, alle mwN). In Anlehnung an die Rspr, die sich zur Auslegung der Beweiserleichterung in § 259 I aF („oder den Umständen nach annehmen muß") entwickelt hat (vgl etwa Ruß LK, 9. Aufl, 26 zu § 259; Sch/Sch, 17. Aufl, 49, 50 zu § 259, beide mwN) sollte die Formel als widerlegbare gesetzliche Beweisregel zuungunsten des Täters verstanden werden, die es für den Nachweis der strafrechtlich relevanten Herkunft der Gegenstände genügen läßt, wenn die Gesamtheit aller Umstände so auffällig auf diese Herkunft hinweist, daß sie sich für den unbefangenen und verständigen Beurteiler geradezu aufdrängt. Die – sei es auch in bezug auf bestimmte rechtswidrige Taten nicht aufgeklärten – Umstände müssen danach hinreichen, um ihm die Überzeugung von dieser Möglichkeit zu vermitteln (im Ergebnis, allerdings ohne Rückgriff auf § 259 aF ebenso BGHSt 40, 371 mit Bespr Schmidt JuS 95, 463 und Katholnigg JR 95, 297). – Sowohl bei dieser Auslegung, kaum weniger aber auch bei der in den Gesetzesmaterialien bevorzugten Deutung sind die Beschweisschwierigkeiten in der Praxis groß. Die Vielgestaltigkeit der in nahezu jedem Fall in Frage kommenden Erwerbsmöglichkeiten eröffnet für den Täter die Chance vielfältiger nicht

widerlegbarer Schutzbehauptungen (vgl zB StrK Bremerhaven StV 93, 121).

f) Die in **Abs 3** vorgesehene Einschränkung des Verfallsumfangs ist ein notwendiges **Korrektiv,** um zu verhüten, daß **derselbe Gegenstand zu Lasten des Täters mehrmals erfaßt** wird (BT-Dr 11/6623 S 9). Daher bedarf der Prüfung, ob die konkret ermittelten Gegenstände bereits durch eine vorausgegangene Anordnung der Maßnahme umfaßt gewesen sind. Ist das nicht aufklärbar, so gelten sie nach dem Grundsatz in dubio pro reo als bereits abgeschöpft (BT-Dr aaO). **9**

5. Ob und wieweit der den Nettovermögenszuwachs überschreitende Teil des Verfalls durch das **Erfordernis der Schuldangemessenheit** begrenzt wird und deshalb als Strafmilderungsgrund zu Buch schlagen kann (dazu 4 b, 4 c zu § 73), ist noch weitgehend ungeklärt. Die Rspr (NJW 95, 2235) verneint das für den Regelfall mit der Begründung, daß die Vermögenswerte, die der Täter zur Begehung seines vorausgegangenen strafbaren Tuns eingesetzt habe, der Einziehung (§ 74) und der Erlös im übrigen dem Verfall (§ 73) unterlegen hätten und daß deshalb mit dem Erweiterten Verfall lediglich der Zustand hergestellt werde, der rechtmäßig bestände, wenn der Täter zuvor strafrechtlich verfolgt worden wäre. Diese Begründung ist vor allem deshalb problematisch, weil die Annahme, daß bei den Vortaten die Voraussetzungen der §§ 74 oder 73 vorgelegen hätten, nicht auf prozeßordnungsmäßigen Feststellungen, sondern auf einer pauschalen Beweisregel beruht, mit der die Rechtsfolge der Einziehung oder des Verfalls nicht begründet werden kann. **9 a**

6. Der Erweiterte Verfall ist bei Vorliegen seiner Voraussetzungen grundsätzlich **obligatorisch** (beachte jedoch 11, 12) und nur nach Maßgabe des § 73 c (Abs 4) einschränkbar. Er wird idR **im Urteil** neben der Strafe ausgesprochen. Im übrigen gelten die Ausführungen unter 12 zu § 73 sinngemäß. **10**

7. Das **Verhältnis** des Erweiterten Verfalls zum **einfachen Verfall** (§ 73) und zur **Vermögensstrafe** (§ 43 a): **11**

a) Da beide Formen des Verfalls als zwingende Rechtsfolgen anzuordnen sind, der Verfall nach § 73 aber die Maßnahme unter konkreteren Voraussetzungen vorschreibt, hat deren Prüfung Vorrang (BT-Dr 11/6623 S 6). Es muß deshalb zunächst für die von der Anklage umfaßten Taten nach den allgemeinen Prozeßregeln versucht werden, den erforderlichen Zusammenhang mit den als Gewinn in Frage kommenden Gegenständen aufzuklären. Soweit das gelingt, bestimmt sich die Maßnahme nach § 73. Sollten jedoch dessen Voraussetzungen nur deshalb nicht erfüllt sein, weil ein Anspruch des Verletzten entgegensteht (6 zu § 73) oder weil die zugrundeliegende Tat verjährt ist (3 zu § 78), so dürfen diese Gegenstände auch nicht in den Erweiterten Verfall einbezogen werden, weil die Wertungswidersprüche im System (dazu 1, 3) nicht zu Lasten des Täters gehen dürfen (aM wohl Katholnigg JR 94, 353; zw).

12 **b)** Die Frage des Erweiterten Verfalls wird danach erst relevant, wenn und soweit die Herkunft der Gegenstände nicht zweifelsfrei aus den von der Anklage umfaßten Taten abgeleitet werden kann. In diesem Falle ist die Prüfung der Voraussetzungen des § 73 d geboten (vgl 10). Im Verhältnis zur **Vermögensstrafe** besteht also keine Wahlmöglichkeit. Erst wenn das Ob und der Umfang des Verfalls nach §§ 73, 73 d feststehen, stellt sich die Frage der Vermögensstrafe (bei Zschockelt NStZ 95, 327), die dann der Einschränkung des § 43 a I S 2 unterliegt (BGHSt 41, 278, 281 mit krit Anm Park JR 96, 380).

13 **8.** Aufgrund des **Rückwirkungsverbots** erfaßt der Erweiterte Verfall solche Gegenstände nicht, die aus rechtswidrigen, aber vor Inkrafttreten des OrgKG (2 vor § 73) begangenen Taten stammen (BGHSt 41, 218; s auch NStZ 94, 123).

§ 73 e Wirkung des Verfalls

(1) **Wird der Verfall eines Gegenstandes angeordnet, so geht das Eigentum an der Sache oder das verfallene Recht mit der Rechtskraft der Entscheidung auf den Staat über, wenn es dem von der Anordnung Betroffenen zu dieser Zeit zusteht. Rechte Dritter an dem Gegenstand bleiben bestehen.**

(2) **Vor der Rechtskraft wirkt die Anordnung als Veräußerungsverbot im Sinne des § 136 des Bürgerlichen Gesetzbuches; das Verbot umfaßt auch andere Verfügungen als Veräußerungen.**

Fassung: Die Vorschrift – früher § 73 d – hat durch das OrgKG (1, 2 vor § 73) die Bezeichnung § 73 e erhalten.

1 **1.** Ist der Verfall eines bestimmten Gegenstandes angeordnet (12 zu § 73), so geht mit **Rechtskraft** das Eigentum oder das andere Recht ohne besonderen Übertragungsakt auf den Staat über, dh stets auf das Land. Der Übergang tritt jedoch – anders als bei der Einziehung (1 zu § 74 e) – nur ein, wenn das Recht dem von der Anordnung Betroffenen (8–11 zu § 73) in diesem Zeitpunkt zusteht.

2 **2.** Da **beschränkt dingliche Rechte** an dem verfallenen Gegenstand (zB Pfandrecht, Nießbrauch) bestehen bleiben (Abs 1 S 2), sind die aus ihnen Berechtigten am Verfahren nicht zu beteiligen (12 zu § 73).

3 **3.** Das **Veräußerungsverbot** nach Abs 2, das in § 111 c V StPO durch ein entsprechendes Verbot für beschlagnahmte Gegenstände ergänzt wird, wirkt im Sinne des § 135 I BGB relativ, da nur der Eigentumsübergang auf den Fiskus gesichert werden soll.

§ 74 Voraussetzungen der Einziehung

(1) **Ist eine vorsätzliche Straftat begangen worden, so können Gegenstände, die durch sie hervorgebracht oder zu ihrer Begehung oder Vorbereitung gebraucht worden oder bestimmt gewesen sind, eingezogen werden.**

(2) **Die Einziehung ist nur zulässig, wenn**

1. die Gegenstände zur Zeit der Entscheidung dem Täter oder Teilnehmer gehören oder zustehen oder

2. die Gegenstände nach ihrer Art und den Umständen die Allgemeinheit gefährden oder die Gefahr besteht, daß sie der Begehung rechtswidriger Taten dienen werden.

(3) **Unter den Voraussetzungen des Absatzes 2 Nr. 2 ist die Einziehung der Gegenstände auch zulässig, wenn der Täter ohne Schuld gehandelt hat.**

(4) **Wird die Einziehung durch eine besondere Vorschrift über Absatz 1 hinaus vorgeschrieben oder zugelassen, so gelten die Absätze 2 und 3 entsprechend.**

1. Die Einziehung ist **kein einheitliches Rechtsinstitut** (zur Problematik im einzelnen Eser, Die strafrechtlichen Sanktionen gegen das Eigentum, 1969, S 57). 1

a) Sie hat **strafähnlichen Charakter** mit betont general- und spezialpräventiver Zielsetzung, wenn sie gegenüber dem Täter oder Teilnehmer angeordnet (§ 74 II Nr 1) oder darauf gestützt wird, daß der Gegenstand in einer mißbilligenswerten Beziehung zur Tat gestanden oder der Dritte ihn in verwerflicher Weise erworben hat (§ 74 a). Ihre Anwendung ist daher eine Frage der Strafzumessung (NJW 83, 2710; StV 87, 389 und 93, 359). Daraus folgt nicht nur, daß die Schwere des zu erhebenden Vorwurfs für den Umfang der Maßnahme begrenzend wirkt (§ 74 b I; Eser aaO [vgl 1] S 352), sondern darüber hinaus auch, daß die kumulierte Übelszufügung durch die Hauptstrafe und die Einziehung schuldangemessen sein muß (StV 89, 529 und 95, 301; Saarbrücken NJW 75, 65, alle mwN); die Entscheidung muß erkennen lassen, daß dieser Zusammenhang beachtet wurde (StV 96, 206). Gleichwohl liegt der kriminalpolitische Schwerpunkt nicht auf dem Schuldausgleich. Es sind vielmehr Gesichtspunkte der Sicherung der Allgemeinheit, der Generalprävention, der Verwirkung des zur Tat mißbrauchten Eigentums und auch der unmittelbar eindrücklichen Warnung des Täters, die dieses schillernde Rechtsinstitut tragen (NJW 83, 2710). Das Gericht wird je nach den Bedürfnissen des Einzelfalls das Hauptgewicht auf den einen oder anderen Gesichtspunkt legen, im allgemeinen aber den Gedanken der Vorbeugung in den Vordergrund rücken (aM Schäfer LK 4, 5). Insbesondere kann es die Einziehung vorwiegend deshalb anordnen, weil es den Gegenstand allgemein oder in der Hand des Täters für gefährlich hält. Legitimiert wird diese Form der Einziehung jedoch durch ihren strafähnlichen Charakter (BGH aaO bezeichnet sie als Nebenstrafe).

2 **b) Sicherungsmaßnahme** ist die Einziehung dagegen, wenn sie wegen der Gefährlichkeit des Gegenstandes auf § 74 II Nr 2 gestützt wird (so schon BGHSt 6, 62; 19, 158). Bei der Ausübung seines Ermessens (vgl 9) kann das Gericht aber auch hier der mißbilligenswerten Verwendung des Gegenstandes Gewicht beimessen. Wegen dieses uneinheitlichen Charakters auch der Sicherungseinziehung unterliegt das Rechtsinstitut im ganzen dem Rückwirkungsverbot nach § 2 V (zur Verjährung 3 zu § 78).

3 **2. Voraussetzungen der Einziehung nach Abs 1–3:**

a) Die begangene Tat muß eine **vorsätzliche rechtswidrige Tat** (18 zu § 11) sein; auch Versuch (RGSt 16, 268), Teilnahme und versuchte Beteiligung (§ 30, BGHSt 13, 311) gehören hierher. In den Fällen des Abs 2 Nr 1 dürfen auch die Schuld und alle sonstigen Voraussetzungen der Strafbarkeit nicht fehlen (Straftat), so daß im Falle des § 323 a die Rauschtat zur Anknüpfung nicht genügt (Braunschweig NJW 54, 1052; s auch 5). Ist der Gegenstand dagegen im Sinne des Abs 2 Nr 2 gefährlich, so bedarf es nach **Abs 3** nur einer **rechtswidrigen,** dh ohne Schuld begangenen, Tat, die auch eine Rauschtat im Sinne des § 323 a sein kann (BGHSt 31, 80 mit Anm Hettinger JR 83, 207).

4 **b)** Der Gegenstand kann **eine Sache oder ein Recht** sein (Schäfer LK 13).

aa) Er muß entweder als **productum sceleris** durch die Tat hervorgebracht sein (Eser aaO [vgl 1] S 331), dh in seiner Entstehung unmittelbar aus der Tat hervorgehen; deshalb keine Einziehung der Beute (RGSt 72, 387), des Erlöses aus gehehlten Sachen (RGSt 54, 223) oder verbotenen Geschäften (bei Schmidt MDR 89, 1039) oder des mit gefälschtem Geld oder beim verbotenen Glücksspiel Erworbenen.

5 bb) Oder er muß **instrumentum sceleris** sein, dh zur Begehung der Tat (uU auch nach Vollendung, aber vor Beendigung, bei Dallinger MDR 70, 559; zw) oder zu deren Förderung (Bay 76, 38) oder Vorbereitung als Mittel gebraucht worden oder bestimmt gewesen sein; daß der Gegenstand als sog Beziehungsgegenstand (beachte dazu 12) nur Objekt der Tat war (Eser aaO [vgl 1] S 318) oder daß er nur mittelbar der Begehung usw gedient hat (LG Bamberg StV 84, 518; aM Freund NJW 76, 2002; s auch Gehre NJW 77, 710), genügt nicht. **Erfaßt** werden daher: die zur Tötung benutzte Waffe; das zur Wegschaffung der Diebesbeute (NJW 52, 892) oder zur Flucht (Bay NJW 63, 600) bereitgestellte oder benutzte Fahrzeug; ebenso das Fahrzeug, das dazu verwendet wird, um das Opfer an den Ort der geplanten Gewalttat zu bringen (NJW 55, 1327) oder um sich damit unerlaubt vom Unfallort zu entfernen (BGHSt 10, 337); die zur Durchführung eines Drogentransports mitgeführten Reisespesen (NStZ 93, 340); **nicht dagegen:**

die gefälschte Urkunde; das ohne Zulassung oder Fahrerlaubnis (BGHSt 10, 28; Frankfurt NJW 54, 652) oder in fahruntüchtigem Zustand (Hamm BA 74, 282) benutzte Fahrzeug; die Waffe, die jemand ohne Waffenschein besitzt (Hamm NJW 54, 1169); das Amtsabzeichen, das jemand unbefugt trägt; im Falle des § 323 a der Gegenstand, der zur Begehung der Rauschtat benutzt wird (NJW 79, 1370), es sei denn, daß die Voraussetzungen des Abs 3 vorliegen (BGHSt 31, 80; NStZ-RR 96, 100). Dasselbe soll nach der Rspr auch für den Computer oder die Schreibmaschine gelten, mit deren Hilfe ein beleidigender Brief gefertigt wurde (Düsseldorf NJW 92, 3050 und 93, 1485 mit krit Anm Achenbach JR 93, 516); jedoch dürfte die Eigenschaft des Schreibgeräts als Tatmittel nicht zweifelhaft sein, so daß die angemessene Lösung anhand der weiteren Einziehungskriterien (namentlich Erforderlichkeit, Verhältnismäßigkeit und Ermessensausübung) zu suchen ist. – Da im übrigen die Tat stets **begangen** sein muß, genügt die Absicht, einen Gegenstand zu einer späteren Tat zu benutzen, nicht (bei Dallinger MDR 55, 395), auch dann nicht, wenn es zum straflosen Versuch gekommen ist (BGHSt 13, 311); Gebrauch zur Vorbereitung reicht dagegen, wenn schon die Vorbereitung strafbar ist oder mindestens ein strafbarer Versuch begangen wird (BGHSt 8, 205; 22, 108, 111). Ob der zur Tat bestimmte Gegenstand später gebraucht wurde, ist unerheblich (Schmidt MDR 81, 881, 883; beachte aber Bay NJW 63, 600), wenn nur die Tat strafbar vorbereitet oder versucht (RGSt 44, 140) wurde.

cc) Nicht selbständig einziehbar sind **Rechte am Einziehungsgegenstand** (zB Pfandrechte); denn nicht diese Rechte, sondern nur die Gegenstände selbst, die ihrerseits allerdings auch Rechte sein können, sind Einziehungsobjekte (beachte jedoch 7). 6

c) aa) **Abs 2 Nr 1:** Der Gegenstand muß dem Täter oder Teilnehmer **zur Zeit der Entscheidung** gehören oder zustehen; daß er ihm zur Zeit der Tat gehört oder zugestanden hat, begründet ihm gegenüber die Einziehung nicht; jedoch kommt Einziehung gegen den Erwerber nach § 74 a Nr 2 oder Einziehung des Wertersatzes nach § 74 c (dort 1) in Frage. – Grundsätzlich muß der Täter oder Teilnehmer Alleineigentümer oder -berechtigter sein (zusf Göhler 11 zu § 22; Schäfer LK 46–49; beachte jedoch 9 a). Bei Miteigentum ist die Einziehung des Gegenstandes nur zulässig, wenn entweder alle Miteigentümer tatbeteiligt sind oder bei den tatunbeteiligten § 74 a anwendbar ist (Karlsruhe NJW 74, 709). Eine Einziehung des Miteigentumsanteils anstelle des Gegenstandes ist im Gesetz nicht vorgesehen und auch aus dem Grundgedanken der Einziehungsregelung, tatverstrickte Gegenstände aus Gründen der Verwirkung oder Sicherung aus dem Verkehr zu ziehen, kaum abzuleiten (Göhler aaO; aM NStZ 91, 496; Karlsruhe aaO, alle mwN). Die Rspr stellt durchgängig auf die formale Rechtsposition, nicht auf die wirtschaftliche Vermögenszugehörigkeit ab (NStZ 97, 30), und zwar auch bei Vorbehalts- und Sicherungseigentum (BGHSt 24, 222 mit Bespr Eser JZ 72, 146 und Meyer JR 72, 385; Karlsruhe aaO; 7

Schäfer LK 26–38; mit Recht aM AG Bremen MDR 80, 82; Eser aaO [vgl 1] S 309; Göhler 13 zu § 22; Horn SK 16); sie läßt in solchen Fällen die mit dem Gesetzeswortlaut kaum vereinbare Einziehung des Anwartschaftsrechts zu (BGHSt 25, 10 mit Anm Eser JZ 73, 171 und Meyer JR 73, 338; Schäfer, Dreher-FS, S 283, 300; krit Karlsruhe aaO), während die Gegenmeinung annimmt, daß dem formalen Eigentümer nach Rechtskraft der Einziehung ein pfandähnliches Recht an der Sache verbleibe (Sch/Sch-Eser 7 zu § 74 e mwN). – Daß der Eigentümer den Gegenstand selbst zur Tat gebraucht hat, ist nicht erforderlich, wohl aber, daß er den Gebrauch durch andere Beteiligte gebilligt hat. Auch braucht er nicht zugleich wegen der Tat verurteilt zu werden; die Einziehung kann uU auch im Verfahren gegen einen anderen Beteiligten, an dem er als Dritter zu beteiligen ist (§ 431 I StPO), oder im selbständigen Verfahren (§ 76 a) angeordnet werden.

8 bb) **Abs 2 Nr 2 Alt 1: Die Gefährdung der Allgemeinheit** muß konkret (22 zu § 315 c) sein (BGHSt 23, 64); der für die Allgemeinheit drohende Schaden kann jedes Interesse betreffen, auch das des einzelnen, wenn nur die Belange der Allgemeinheit seine Wahrung erfordern (Eser aaO [vgl 1] S 255). Die Gefährdung muß sich aus der Art des Gegenstandes (zB seinen physikalischen oder chemischen Eigenschaften) und den Umständen (zB der Verwahrung, Behandlung oder Beaufsichtigung) ergeben (BT-Dr V/1319 S 53). **Abs 2 Nr 2 Alt 2:** Auch hier ist die konkrete (JZ 88, 936; bei Holtz MDR 91, 701) Gefahr erforderlich, daß der Gegenstand, auf dessen Beschaffenheit es nicht ankommt, in der Hand des Täters oder anderer Täter zur Begehung rechtswidriger Taten dienen wird. – In beiden Alternativen sind die Eigentumsverhältnisse unerheblich (Oldenburg VRS 90, 285; zur Verfahrensbeteiligung des Eigentümers unten 10 und zu seiner Entschädigung § 74 f).

9 **3. a)** Abs 1 ist **Kann-Vorschrift.** Die Einziehung unterliegt daher **pflichtmäßigem Ermessen** (50 zu § 46), das durch § 74 b eingeschränkt und außerdem durch den Zweck des Gesetzes gebunden ist (bei Dallinger MDR 70, 196; s auch LG Erfurt NStZ 96, 561). Aufgrund dieser Bindung ist die Einziehung nach Abs 2 Nr 2 zwingend, wenn sie zum Schutz der Allgemeinheit unerläßlich ist (Göhler 18 vor § 22). Kann die Einziehung sowohl auf Abs 2 Nr 1 wie auch auf Nr 2 gestützt werden, so kann das Gericht sich mit der Feststellung einer der beiden Voraussetzungen begnügen, aber auch beide nebeneinander heranziehen; jedoch muß es angeben, auf welche Grundlage es sich stützt (Saarbrücken NJW 75, 65; s auch Bay NJW 94, 534), weil davon die Strafzumessung abhängt (Köln StV 95, 306; beachte 1, 2). Im Hinblick auf die §§ 74 b I, 74 e II S 2, 3, 76 a II dürfte sich idR die Kumulierung empfehlen.

9a **b)** Nach § 74 einziehbar sind nur Gegenstände, die im Zeitpunkt der Entscheidung **noch dieselben** sind, wie sie als Gegenstand der Tat Verwendung gefunden haben. Ob diese Identität besteht, entscheidet sich nach der Verkehrsauffassung (RGSt 65, 175, 177); danach genügt es zB, wenn vertretbare Sachen, etwa Banknoten beim Wechseln, durch gleiche oder gleichwertige andere Sachen ersetzt werden (Schäfer LK 21) oder wenn ein sichergestellter Betrag bei der Gerichtskasse eingezahlt wird (NStZ 93, 538 mwN).

4. Die Einziehung ist im **Urteilsspruch** unter Aufzählung und genauer Bezeichnung der Gegenstände auszusprechen (bei Detter NStZ 96, 186; s auch BGHSt 9, 88; NJW 94, 1421, 1423). In den Fällen des Abs 2 Nr 1 ist wegen des inneren Zusammenhangs mit der Hauptstrafe (vgl 1) eine Beschränkung des Rechtsmittels sowohl auf die Einziehung (Hamm NJW 75, 67) wie auch auf die Hauptstrafe (Düsseldorf VRS 51, 439) zwar nicht notwendig, aber doch häufig ausgeschlossen. Zur Beteiligung Dritter, die Rechte am Einziehungsgegenstand geltend machen, im Hauptverfahren §§ 431–438 StPO, im Nachverfahren §§ 439, 441 StPO. Zum Verfahren im übrigen §§ 111 b–111 l, 232 I, 233 I, 331, 358 II, 407 II, 459 g I StPO. 10

5. Grundsatz der Verhältnismäßigkeit § 74 b. Wirkung der Einziehung § 74 e. Entschädigung § 74 f. Selbständige Anordnung § 76 a. 11

6. Abs 4 unterwirft die im StGB und in den Nebengesetzen verstreuten Sondervorschriften, die eine Einziehung über Abs 1 hinaus vorschreiben oder zulassen, den Voraussetzungen der Abs 2, 3 (wistra 95, 30; Hamm NJW 73, 1141). 12

a) Diese Vorschriften **bezwecken** meist, bei bestimmten Taten entweder die Einziehung über die producta und instrumenta sceleris hinaus auch auf solche Gegenstände zu erstrecken, auf die sich die Tat bezieht (sog Beziehungsgegenstände), oder die Einziehung nicht lediglich fakultativ zuzulassen, sondern sie zwingend vorzuschreiben (zB in §§ 150, 152 a V, 282 S 2, 285 b S 1).

b) Vorbehaltlich der Ausnahme nach § 74 a ist **jede dieser Vorschriften** durch die Voraussetzungen der Abs 2, 3 zu ergänzen (Bay 73, 176; beachte auch NStZ 91, 496). Für die obligatorische Einziehung nach § 74 d (dort 1) und nach §§ 101 a S 3, 109 k S 3 gilt Abs 4 jedoch nicht. 13

c) In den Fällen des **Abs 2 Nr 2 Alt 2** (vgl 8) bedarf es bei Beziehungsgegenständen im Hinblick auf die nur „entsprechende" Anwendbarkeit des Abs 2 nicht notwendig der Gefahr, daß sie der Begehung rechtswidriger Taten „dienen" werden; es genügt, wenn sie voraussichtlich notwendige Gegenstände der Tat sein werden (hM; vgl KG VRS 57, 20; Schäfer LK 61, mwN). 14

§ 74 a Erweiterte Voraussetzungen der Einziehung

Verweist das Gesetz auf diese Vorschrift, so dürfen die Gegenstände abweichend von § 74 Abs. 2 Nr. 1 auch dann eingezogen werden, wenn derjenige, dem sie zur Zeit der Entscheidung gehören oder zustehen,

1. wenigstens leichtfertig dazu beigetragen hat, daß die Sache oder das Recht Mittel oder Gegenstand der Tat oder ihrer Vorbereitung gewesen ist, oder

2. die Gegenstände in Kenntnis der Umstände, welche die Einziehung zugelassen hätten, in verwerflicher Weise erworben hat.

1 **1.** Die Vorschrift erstreckt die Einziehung, die hier strafähnlichen Charakter hat (1 zu § 74), auf Personen, die zwar nicht Täter oder Teilnehmer, aber zur Zeit der Entscheidung **Eigentümer oder Inhaber** des Gegenstandes sind und die im Zusammenhang mit der Tat vorwerfbar gehandelt haben. Sie ist eine Rahmenvorschrift und nur im Zusammenhang mit **besonderen Einziehungsvorschriften** anwendbar, die ausdrücklich auf sie verweisen (zB §§ 264 V S 2, 330 c). Solche Verweisungen sind nur ausnahmsweise und nur in solchen Fällen vorgesehen, in denen typischerweise die Mitwirkung oder Teilhabe sonst nicht erfaßbarer Hintermänner in Frage kommt (BT-Dr V/1319 S 54).

2 **2. Nr 1: Beitragen** ist auch durch Unterlassen (in Garantenstellung,6 zu § 13) möglich. **Leichtfertig** 55 zu § 15.

3 **3. Nr 2: Kenntnis** ist nicht nur positives Wissen, sondern auch das dem bedingten Vorsatz genügende Für-möglich-halten (Schäfer LK 16; aM Sch/Sch-Eser 9; zw). Die Kenntnis muß sich auf die Voraussetzungen der Einziehung, nicht auch darauf erstrecken, daß die Maßnahme als Rechtsfolge angedroht ist. **„In verwerflicher Weise"** erwirbt namentlich, wem es auf Vereitelung der Einziehung ankommt oder wer aus dem Erwerb einen erkennbar ungerechtfertigten Vorteil zieht.

§ 74 b Grundsatz der Verhältnismäßigkeit

(1) **Ist die Einziehung nicht vorgeschrieben, so darf sie in den Fällen des § 74 Abs. 2 Nr. 1 und des § 74 a nicht angeordnet werden, wenn sie zur Bedeutung der begangenen Tat und zum Vorwurf, der den von der Einziehung betroffenen Täter oder Teilnehmer oder in den Fällen des § 74 a den Dritten trifft, außer Verhältnis steht.**

(2) **Das Gericht ordnet in den Fällen der §§ 74 und 74 a an, daß die Einziehung vorbehalten bleibt, und trifft eine weniger einschneidende Maßnahme, wenn der Zweck der Einziehung auch durch sie erreicht werden kann. In Betracht kommt namentlich die Anweisung,**

1. die Gegenstände unbrauchbar zu machen,

2. an den Gegenständen bestimmte Einrichtungen oder Kennzeichen zu beseitigen oder die Gegenstände sonst zu ändern oder

3. über die Gegenstände in bestimmter Weise zu verfügen.

Wird die Anweisung befolgt, so wird der Vorbehalt der Einziehung aufgehoben; andernfalls ordnet das Gericht die Einziehung nachträglich an.(3) **Ist die Einziehung nicht vorgeschrieben, so kann sie auf einen Teil der Gegenstände beschränkt werden.**

1. Die Vorschrift konkretisiert den **Grundsatz der Verhältnismäßigkeit,** der den wichtigsten Anwendungsfall des Übermaßverbotes bildet (BVerfGE 16, 194, 202) und deshalb schon nach dem GG für den Gesamtbereich der Einziehung (auch für die obligatorische, NStZ 81, 104 mwN) allgemein gilt (Saarbrücken NJW 75, 65; Schleswig StV 89, 156, beide mwN). 1

2. Abs 1 stellt den Verhältnismäßigkeitsgrundsatz für die fakultative Einziehung besonders heraus, wenn sie strafähnlichen Charakter hat (§§ 74 II Nr 1, 74 a). Zwischen der objektiven Bedeutung der begangenen Tat und dem Vorwurf, der sich im Falle des § 74 a nach dem Grad der Leichtfertigkeit (Nr 1) oder der Verwerflichkeit (Nr 2) des Verhaltens des Dritten bestimmt, einerseits und der beeinträchtigenden Wirkung der Einziehung andererseits darf kein eindeutiges Mißverhältnis bestehen. Bei dieser Gesamtabwägung (Bay NJW 94, 534) fällt auch die neben die Einziehung tretende Strafe ins Gewicht (Horn SK 3). 2

3. a) Abs 2 ist zwingend und gilt für alle Formen strafrechtlicher Einziehung (Braunschweig MDR 74, 594), auch für die obligatorische (vgl 1). Zweck der Einziehung ist hier der konkret mit der einzelnen Maßnahme verfolgte Zweck (1, 2 zu § 74). Besteht er allein oder zum Teil in der Sicherung der Allgemeinheit, so können uU weniger einschneidende Maßnahmen diesen Zweck erreichen; bei Verfolgung anderer Zwecke (Schuldausgleich, Generalprävention usw) ist Zweckerreichung durch solche Maßnahmen meist nicht möglich (Göhler 8 zu § 24). Die in Satz 2 genannten Anweisungen sind nur Beispiele, andere Maßnahmen daher zulässig (zB Unbrauchbarmachung von Amts wegen). Praktisch bedeutsam sind namentlich Anweisungen: nach **Nr 1,** wenn bei verkehrsunfähigen Gegenständen der Materialwert erhalten werden soll; nach **Nr 2,** wenn gegen Kennzeichnungsvorschriften verstoßen wurde; nach **Nr 3,** wenn der in der Hand des Täters gefährliche Gegenstand (zB eine Waffe) an jemand veräußert werden kann, der solche Gegenstände befugt verwendet (bei Detter NStZ 94, 178), oder wenn schon bloße Veräußerung (zB eines Kraftfahrzeugs) die Gefährlichkeit beseitigen kann (Schleswig StV 89, 156). 3

b) Der Vorbehalt der Einziehung wirkt als Veräußerungsverbot (§ 74 e III iVm § 73 e II). Er ist im Urteil stets neben der weniger einschneidenden Maßnahme auszusprechen und wieder aufzuheben, sobald die Maßnahme ausgeführt ist. Die nachträgliche Anordnung der Einziehung bei Nichtbefolgen einer Anweisung setzt kein Verschulden des Berechtigten voraus (hM; vgl Schäfer LK 11 mwN; anders Wilts KKOWiG 20 zu § 24; für die strafähnliche Einziehung auch Horn SK 11; offen gelassen in BVerfG NJW 96, 246; zw); haben jedoch die Strafverfolgungsbehörden den Eintritt der Bedingungen, unter denen der Berechtigte die Anweisung erst befolgen konnte, selbst erschwert oder vereitelt, so muß die Verhältnismäßigkeit erneut geprüft werden (BVerfG aaO). – Zum Verfahren beachte § 462 I S 2 StPO. 4

5 **4.** Nach **Abs 3** ist in Fällen fakultativer Einziehung die Beschränkung auf einen Teil der Gegenstände allgemein zugelassen, also auch bei der Sicherungseinziehung nach § 74 II Nr 2; hier ist sie jedoch nur begründet, wenn die Volleinziehung trotz der Gefährlichkeit der Gegenstände unverhältnismäßig wäre. Die Anordnung kann auf einzelne von mehreren Gegenständen und, Trennbarkeit vorausgesetzt, auf den Teil eines Gegenstandes beschränkt werden. – Auch bei obligatorischer Einziehung kann der Verhältnismäßigkeitsgrundsatz eine entsprechende Beschränkung erfordern (vgl 1; s auch 11 zu § 74 d).

§ 74 c Einziehung des Wertersatzes

(1) **Hat der Täter oder Teilnehmer den Gegenstand, der ihm zur Zeit der Tat gehörte oder zustand und auf dessen Einziehung hätte erkannt werden können, vor der Entscheidung über die Einziehung verwertet, namentlich veräußert oder verbraucht, oder hat er die Einziehung des Gegenstandes sonst vereitelt, so kann das Gericht die Einziehung eines Geldbetrags gegen den Täter oder Teilnehmer bis zu der Höhe anordnen, die dem Wert des Gegenstandes entspricht.**

(2) **Eine solche Anordnung kann das Gericht auch neben der Einziehung eines Gegenstandes oder an deren Stelle treffen, wenn ihn der Täter oder Teilnehmer vor der Entscheidung über die Einziehung mit dem Recht eines Dritten belastet hat, dessen Erlöschen ohne Entschädigung nicht angeordnet werden kann oder im Falle der Einziehung nicht angeordnet werden könnte (§ 74 e Abs. 2 und § 74 f); trifft das Gericht die Anordnung neben der Einziehung, so bemißt sich die Höhe des Wertersatzes nach dem Wert der Belastung des Gegenstandes.**

(3) **Der Wert des Gegenstandes und der Belastung kann geschätzt werden.**

(4) **Für die Bewilligung von Zahlungserleichterungen gilt § 42.**

1 **1. a)** Die Vorschrift schließt eine **Lücke,** die bei der Einziehung nach § 74 II Nr 1 dadurch entsteht, daß der Täter oder Teilnehmer zur Zeit der Entscheidung Eigentümer oder Rechtsinhaber sein muß (7 zu § 74). Sie soll verhindern, daß die Vereitelung einer zur Zeit der Tat zulässigen Einziehung (Abs 1) oder die Wertminderung eines Einziehungsgegenstandes durch Belastung (Abs 2) die strafähnliche Wirkung des Eingriffs aufhebt. Sie ist auf alle strafrechtlichen Einziehungsfälle anwendbar (BGHSt 28, 369), allerdings immer nur gegenüber dem Täter oder Teilnehmer, nicht gegenüber dem Dritten nach § 74 a.

1a **b)** Die Anordnung des Wertersatzes begründet nur einen **Zahlungsanspruch des Staates.** Sie bewirkt also nicht die „Einziehung" sichergestellten Geldes; auf solches Geld kann erst bei Vollstreckung des Zahlungsanspruchs zugegriffen werden (Schmidt MDR 80, 969, 972).

2. Nach **Abs 1** muß der Gegenstand zur Zeit der Tat dem Täter oder Teilnehmer gehört oder zugestanden haben (BGHSt 33, 233 mit Anm Eberbach NStZ 85, 556). Außerdem muß diesem gegenüber – was bei Vorliegen der Voraussetzungen der §§ 74 II Nr 2, 74 a nicht zutrifft – die Einziehung zulässig gewesen, aber **zur Zeit der Entscheidung** deshalb ausgeschlossen sein, weil sie in einer bestimmten, dem Täter oder Teilnehmer **zurechenbaren Weise** unmöglich gemacht wurde; dazu genügt es nicht, daß die Tathandlung selbst die Möglichkeit der Einziehung des Tatmittels ausgeschlossen hat (NStZ 92, 81). Abs 1 unterscheidet zwischen dem nicht notwendig vorwerfbaren **Verwerten,** dh der Ausnutzung des wirtschaftlichen Wertes (Verbrauch und Veräußerung sind nur Beispiele), und dem sonstigen **Vereiteln,** dh bewußten (Bender NJW 69, 1056; weiter Sch/Sch-Eser 6) und vorwerfbaren (zu BT-Dr V/2601 S 15) Verhindern der Einziehung, etwa wenn der Täter den Gegenstand zerstört und mindestens damit gerechnet hat, dadurch die Einziehung auszuschließen. 2

3. Abs 2 unterscheidet sich von Abs 1 dadurch, daß die Einziehung nicht verhindert, sondern nur der Wert des Einziehungsgegenstandes durch Belastung vermindert worden ist. Da die Belastung wirtschaftliche Teilverwertung bedeutet, muß sie ebenso wie der Verwertungsakt nach Abs 1 nach der Tat geschehen, braucht aber nicht notwendig (Schäfer LK 19; aM Sch/Sch-Eser 7) vorwerfbar sein. Außerdem ist Abs 2 nur anwendbar, wenn nicht das entschädigungslose Erlöschen des belastenden Rechts nach § 74 e II S 2, 3, § 74 f II angeordnet werden kann; denn andernfalls ist der Täter idR Entschädigungsansprüchen des Dritten ausgesetzt, so daß die strafähnliche Wirkung des Eingriffs erhalten bleibt (Horn SK 9). 3

4. Wert des Gegenstandes (oder im Falle des Abs 2 Halbs 2: der Belastung) ist der Verkehrswert zur Zeit der Entscheidung (BGHSt 4, 13, 305; 28, 369; s auch 24 zu § 315 c). Er bildet nur die Obergrenze für den Rahmen, innerhalb dessen der Wertersatz zu bestimmen ist. Die Schätzung (Abs 3) unterliegt den allgemeinen Ermessensschranken (17 zu § 40). 4

5. Sowohl die Anordnung des Wertersatzes wie auch die Bestimmung seiner Höhe innerhalb des Wertrahmens (vgl 4) unterliegen **pflichtmäßigem Ermessen** (9 zu § 74). Bei der Ermessensausübung ist wegen des strafähnlichen Charakters der Maßnahme das Schuldprinzip zu beachten; die Anordnung ist daher zweckwidrig, wenn der Täter ohne Schuld eine rechtswidrige Tat begangen hat und die zur Zeit ihrer Begehung mögliche Einziehung nur auf § 74 II Nr 2, III hätte gestützt werden können (3, 8 zu § 74). 5

§ 74 d Einziehung von Schriften und Unbrauchbarmachung

(1) **Schriften (§ 11 Abs. 3), die einen solchen Inhalt haben, daß jede vorsätzliche Verbreitung in Kenntnis ihres Inhalts den Tatbestand eines Strafgesetzes verwirklichen würde, werden eingezogen, wenn mindestens ein Stück durch eine rechtswidrige Tat verbreitet oder zur Verbreitung bestimmt worden ist. Zugleich wird angeordnet, daß die zur Herstellung der Schriften gebrauchten oder bestimmten Vorrichtungen, wie Platten, Formen, Drucksätze, Druckstöcke, Negative oder Matrizen, unbrauchbar gemacht werden.**

(2) **Die Einziehung erstreckt sich nur auf die Stücke, die sich im Besitz der bei ihrer Verbreitung oder deren Vorbereitung mitwirkenden Personen befinden oder öffentlich ausgelegt oder beim Verbreiten durch Versenden noch nicht dem Empfänger ausgehändigt worden sind.**

(3) **Absatz 1 gilt entsprechend bei Schriften, die einen solchen Inhalt haben, daß die vorsätzliche Verbreitung in Kenntnis ihres Inhalts nur bei Hinzutreten weiterer Tatumstände den Tatbestand eines Strafgesetzes verwirklichen würde. Die Einziehung und Unbrauchbarmachung werden jedoch nur angeordnet, soweit**

1. **die Stücke und die in Absatz 1 Satz 2 bezeichneten Gegenstände sich im Besitz des Täters, Teilnehmers oder eines anderen befinden, für den der Täter oder Teilnehmer gehandelt hat, oder von diesen Personen zur Verbreitung bestimmt sind und**
2. **die Maßnahmen erforderlich sind, um ein gesetzwidriges Verbreiten durch diese Personen zu verhindern.**

(4) **Dem Verbreiten im Sinne der Absätze 1 bis 3 steht es gleich, wenn mindestens ein Stück durch Ausstellen, Anschlagen, Vorführen oder in anderer Weise öffentlich zugänglich gemacht wird.**

(5) **§ 74 b Abs. 2 und 3 gilt entsprechend.**

1 **1.** Einziehung und Unbrauchbarmachung nach dieser Vorschrift sind **Sicherungsmaßnahmen;** die Ausführungen unter 2 zu § 74 über die Rückwirkung gelten sinngemäß. Da die Abs 1, 3 die Voraussetzungen der Einziehung erschöpfend beschreiben, ist § 74 IV hier nicht anwendbar. – Zur Verfassungsmäßigkeit des Abs 1 BVerfG NJW 82, 1512.

2 **2.** Den **Schriften** sind nach § 11 III (dort 26–28) **Ton- und Bildträger, Abbildungen und Darstellungen** gleichgestellt.

3 **3.** Daß mindestens **eine** Schrift (vgl 2) durch eine **rechtswidrige Tat verbreitet oder zur Verbreitung bestimmt** worden ist, setzen Abs 1, 3 übereinstimmend voraus.

4 **a)** Die **rechtswidrige Tat** (18 zu § 11) muß begangen sein. Sie ist regelmäßig, aber nicht notwendig (Bay MDR 87, 870), eine Vorsatztat. Strafbarer Versuch kann genügen, wenn sich darin die Bestimmung zur Verbreitung manifestiert.

b) Verbreiten bedeutet (anders als in § 186, dort 5), die Schrift (vgl 2) einem größeren, nicht notwendig unbestimmten Personenkreis zugänglich machen (BGHSt 13, 257), und zwar der Substanz nach (BGHSt 18, 63; Hamburg NStZ 83, 127 mit Anm Bottke JR 83, 299 und Franke NStZ 84, 126; Frankfurt NJW 84, 1128; München MDR 89, 180, alle mwN). Dabei kann die Aushändigung an eine Person genügen, wenn ihr die Vorstellung zugrundeliegt, daß der Gegenstand weiteren Personen zugänglich gemacht wird (sog Kettenverbreitung, BGHSt 19, 63, 71; Bremen NJW 87, 1427; einschr Franke GA 84, 452, 467 mwN; str). Das maßgebende Kriterium liegt darin, daß es sich bei den Empfängern um einen für den Täter nicht kontrollierbaren Personenkreis handelt (BGHSt 13, 257; Bay NStZ 96, 436; AG Weinheim NJW 94, 1543, 1545; probl Bay NStZ 83, 120 mit abl Anm Keltsch). Daher gehört auch die Überlassung an einen einzelnen Bezieher (zB im Versandhandel) hierher, wenn sie Teilstück einer Gesamtbetätigung im Hinblick auf einen solchen Personenkreis ist (sog Mengenverbreitung, Hamm NJW 70, 1754, 1756; einschr Franke aaO S 470). Ob die Empfänger von dem Inhalt der Schrift Kenntnis genommen oder dessen Sinn begriffen haben, ist für das Verbreiten unerheblich (sog Entäußerungstheorie), und zwar auch bei Delikten, die Aufforderungs- oder Motivationscharakter haben (§§ 80 a, 111, 140 Nr 2) oder dem Ehren- oder Friedensschutz (§§ 90, 90 a, 90 b, 166, 186 Alt 2, 187 Alt 2, 187 a) dienen (hM; anders Franke aaO S 465). – Wer Schriften zur Verbreitung entgegennimmt, kann sich schon dadurch an der Verbreitung beteiligen (BGHSt 8, 165). 5

c) Die nach Abs 4 dem Verbreiten gleichgestellten Handlungen des **Ausstellens, Anschlagens und Vorführens** sind lediglich Beispiele und daher nur verwirklicht, wenn der Gegenstand dadurch **öffentlich,** dh für einen nach Zahl und Individualität unbestimmten oder für einen nicht durch persönliche Beziehungen innerlich verbundenen größeren bestimmten Kreis von Personen, zugänglich gemacht wird (BT-Dr VI/3521 S 57; 7/514 S 3). Das Fordern einer Eintrittsgebühr oder eines „Clubbeitrags", der in Wahrheit nur das Entgelt für die Vorführung bildet, steht der Annahme öffentlichen Vorführens nicht entgegen (Hamm NJW 73, 817). 6

4. a) In den Fällen des **Abs 1** kommt es ausschließlich auf den Inhalt der Schriften an, allerdings auch, soweit er erkennbar zwischen den Zeilen steht (BGHSt 7, 11) oder sich erst aus anderen Schriften, auf die verwiesen wird, voll erschließt (bei Ruhrmann NJW 57, 281, 284; beachte auch NStZ 82, 25). Aus ihm muß sich ergeben, daß jede vorsätzliche Verbreitung in Kenntnis der Bedeutung des Inhalts einen Straftatbestand verwirklichen würde; daß dieser den Begriff des Verbreitens als Merkmal enthält, ist dazu nicht erforderlich (BGHSt 36, 51, 58). In Frage kommen namentlich Schriften, deren Inhalt nach §§ 86, 90, 90 a I, 90 b rechtsstaatsgefährdend (zu § 88 a aF BGHSt 29, 107), nach § 130 volksverhetzend, nach § 131 gewaltverherrlichend, nach § 184 7

III–V qualifiziert pornographisch oder nach §§ 185–187, 189 beleidigend ist.

8 **b)** Die Einziehung nach Abs 1 **erstreckt sich** grundsätzlich auf die Gesamtauflage (Düsseldorf JMBlNRW 91, 263), ist aber auf die in **Abs 2** bezeichneten Teile der Auflage beschränkt. Die durch die rechtswidrige Tat verbreiteten Stücke werden also nicht notwendig erfaßt; die §§ 74, 74 d können daher hinsichtlich verschiedener Stücke derselben Schrift nebeneinander anwendbar sein (RGSt 17, 311). – **Besitz** umfaßt auch den mittelbaren Besitz (BGHSt 19, 63, 77). **Mitwirkende Personen** sind idR Verfasser, Verleger, Herausgeber, Redakteure, Drucker und Händler; in deren „Privatbesitz" befindliche Einzelstücke werden jedoch nach dem Schutzzweck der Vorschrift nicht erfaßt (Schäfer LK 13; offen gelassen bei Holtz MDR 90, 103). Ob diese Personen ein Verschulden trifft und ob sie am Verfahren als Täter, Teilnehmer oder Dritte beteiligt sind, ist unerheblich; dasselbe gilt auch für die von der Anordnung der Unbrauchbarmachung nach Abs 1 S 2 (beachte dazu 2 zu § 149) betroffenen Personen.

9 **5. a)** Die Fälle des **Abs 3** unterscheiden sich von denen des Abs 1 dadurch, daß es nicht allein auf den Inhalt der Darstellung ankommt, die Strafbarkeit vielmehr – wie zB bei § 184 I StGB und § 21 GjS (BGHSt 23, 40) – von weiteren Umständen abhängt (Schleswig SchlHA 73, 154).

10 **b)** Die in **Abs 3** S 2 vorgesehenen Einschränkungen hinsichtlich des betroffenen Personenkreises (Nr 1) und der Erforderlichkeit (Nr 2) müssen nebeneinander erfüllt sein.

11 **6.** Die Einziehung (und ggf die Unbrauchbarmachung) ist **obligatorisch;** jedoch gilt auch hier der Grundsatz der Verhältnismäßigkeit, der im Einzelfall jeden Zugriff auf den Einziehungsgegenstand ausschließen kann (BGHSt 23, 267; 1 zu § 74 b). Dem steht **Abs 5** nicht entgegen, obwohl er nur auf § 74 b II, III verweist; denn er kann das verfassungsrechtlich gewährleistete Übermaßverbot nicht einschränken (BGH aaO). Sein Zweck erschöpft sich vielmehr darin, eine elastische Anpassung an die Erfordernisse des Verhältnismäßigkeitsgrundsatzes zu ermöglichen. Im übrigen ist die Verweisung in Abs 5 insofern unklar, als die Einziehung nach § 74 d obligatorisch ist, § 74 b III aber nur Fälle fakultativer Einziehung betrifft. Der Widerspruch ist dahin zu lösen, daß die Beschränkung der Maßnahme auf einen Teil der Gegenstände nur zulässig, zugleich aber auch geboten ist, wenn andernfalls das Übermaßverbot verletzt würde oder wenn nur ein ausscheidbarer Teil der Schrift die Maßnahme begründet.

12 **7.** Zur Frage, wieweit die **Meinungs-, Presse-, Informations- oder Kunstfreiheit** der Einziehung einer Schrift entgegenstehen kann, BVerfGE 27, 71; BGHSt 19, 245, 256; 20, 192; 23, 208; Hamburg NJW 67, 582; Eser NJW 70, 784; Faller MDR 71, 1 (beachte auch 1, 8, 11, 12, 14 zu § 193).

8. Ausspruch im **Urteilstenor.** Er ist auch neben Freispruch möglich (bei Dallinger MDR 53, 721) und hat die Beschränkungen oder milderen Maßnahmen nach Abs 3 Nr 1, Abs 5 zu bezeichnen. Die Beschränkung nach Abs 2 versteht sich zwar von selbst, wird zweckmäßig aber ebenfalls ausgesprochen (RGSt 17, 311). Vgl auch 10, 11 zu § 74; Nr 253 RiStBV. 13

§ 74 e Wirkung der Einziehung

(1) **Wird ein Gegenstand eingezogen, so geht das Eigentum an der Sache oder das eingezogene Recht mit der Rechtskraft der Entscheidung auf den Staat über.**

(2) **Rechte Dritter an dem Gegenstand bleiben bestehen. Das Gericht ordnet jedoch das Erlöschen dieser Rechte an, wenn es die Einziehung darauf stützt, daß die Voraussetzungen des § 74 Abs. 2 Nr. 2 vorliegen. Es kann das Erlöschen des Rechts eines Dritten auch dann anordnen, wenn diesem eine Entschädigung nach § 74 f Abs. 2 Nr. 1 oder 2 nicht zu gewähren ist.**

(3) **§ 73 e Abs. 2 gilt entsprechend für die Anordnung der Einziehung und die Anordnung des Vorbehalts der Einziehung, auch wenn sie noch nicht rechtskräftig ist.**

Fassung: Abs 3 durch OrgKG (1, 2 vor § 73) technisch geändert.

1. Der mit Rechtskraft der Entscheidung eintretende **Übergang des Eigentums oder des anderen Rechts** wirkt – anders als beim Verfall (1, 2 zu § 73 e) – gegenüber **jedermann.** Gleichgültig daher, ob die Entscheidung gegen den Berechtigten ergangen ist, wann dieser das Eigentum oder das Recht erworben hat und ob er am Verfahren beteiligt worden ist. Dem unbeteiligten Betroffenen bleibt jedoch die Möglichkeit des Nachverfahrens (§ 439 StPO) oder der Entschädigungsanspruch (§ 74 f). 1

2. Die Anordnung des Erlöschens von (beschränkt dinglichen) **Rechten Dritter** am Einziehungsgegenstand (zB Pfandrecht, Nießbrauch, nicht das Eigentum, Bay VRS 46, 271) ist neben der Sicherungseinziehung (§ 74 II Nr 2) obligatorisch (Abs 2 S 2). Bei der fakultativen Anordnung nach Abs 2 S 3 wird der Richter die Ausübung seines Ermessens an § 74 f III orientieren (dort 7). 2

3. Als **Veräußerungsverbot** (Abs 3 iVm § 73 e II) wirken: die Anordnung der Einziehung vor Rechtskraft; die Anordnung des Vorbehalts der Einziehung (§ 74 b II) vor und nach Rechtskraft; die Beschlagnahme eines der Einziehung unterliegenden Gegenstandes bis zur Rechtskraft der Einziehung (§ 111 c V StPO). – Das Veräußerungsverbot ist im Sinne des § 134 BGB absolut, wenn der Gegenstand zum Schutz der Allgemeinheit aus dem Verkehr gezogen werden soll (zB Falschgeld, pornographische Schriften), dagegen im Sinne des § 135 BGB relativ, wenn nur der Eigentumsübergang auf den Fiskus gesichert werden soll (Bremen NJW 51, 675). 3

§ 74 f Entschädigung

(1) **Stand das Eigentum an der Sache oder das eingezogene Recht zur Zeit der Rechtskraft der Entscheidung über die Einziehung oder Unbrauchbarmachung einem Dritten zu oder war der Gegenstand mit dem Recht eines Dritten belastet, das durch die Entscheidung erloschen oder beeinträchtigt ist, so wird der Dritte aus der Staatskasse unter Berücksichtigung des Verkehrswertes angemessen in Geld entschädigt.**

(2) **Eine Entschädigung wird nicht gewährt, wenn**

1. **der Dritte wenigstens leichtfertig dazu beigetragen hat, daß die Sache oder das Recht Mittel oder Gegenstand der Tat oder ihrer Vorbereitung gewesen ist,**
2. **der Dritte den Gegenstand oder das Recht an dem Gegenstand in Kenntnis der Umstände, welche die Einziehung oder Unbrauchbarmachung zulassen, in verwerflicher Weise erworben hat oder**
3. **es nach den Umständen, welche die Einziehung oder Unbrauchbarmachung begründet haben, auf Grund von Rechtsvorschriften außerhalb des Strafrechts zulässig wäre, den Gegenstand dem Dritten ohne Entschädigung dauernd zu entziehen.**

(3) **In den Fällen des Absatzes 2 kann eine Entschädigung gewährt werden, soweit es eine unbillige Härte wäre, sie zu versagen.**

1 **1.** Die Vorschrift ist Ausfluß der **Eigentumsgarantie** des Art 14 GG. Sie gilt für das gesamte Einziehungsrecht (zur Gesetzgebungskompetenz des Bundes Lässig JuS 77, 249, 250). Sie regelt nur die Entschädigung **tatunbeteiligter Dritter;** dem Täter oder Teilnehmer steht, auch wenn er nach §§ 74 II Nr 2, III, 74 d schuldlos gehandelt hat, ein Entschädigungsanspruch nicht zu (so zu § 86 aF BGHSt 15, 399; zw).

2 **2.** Mit dieser Einschränkung sind grundsätzlich **entschädigungsberechtigt:**

a) Der **Eigentümer oder Inhaber** (nach der Rspr auch der Vorbehalts- und Sicherungseigentümer, 7 zu § 74) des Gegenstandes der Einziehung, der Unbrauchbarmachung und, wie der Gesetzeszweck ergibt, auch einer wertmindernden Maßnahme nach § 74 b II (dort 3).

3 **b)** Der an einem solchen Gegenstand **beschränkt dinglich** (nicht nur obligatorisch, Bay VRS 46, 271, 275) **Berechtigte,** soweit sein Recht durch die Entscheidung erloschen oder beeinträchtigt, dh – zB durch Unbrauchbarmachung – im Wert gemindert ist.

4 **3.** Für die Ermittlung des Entschädigungsberechtigten kommt es auf die Rechtslage in dem **Zeitpunkt** an, in dem die Entscheidung über die Einziehung, die Unbrauchbarmachung oder, bei Maßnahmen nach § 74 b II, den Vorbehalt der Einziehung Rechtskraft erlangt hat.

4. a) Nach **Abs 2 Nr 1, 2** (beachte dazu 2, 3 zu § 74 a) kommt eine Entschädigung gegenüber dem Eigentümer idR nur in Frage: bei der Sicherungseinziehung nach §§ 74 II Nr 2, III, 74 d; bei einer materiell fehlerhaften Einziehung nach § 74 II Nr 1 gegenüber dem Täter oder Teilnehmer, obwohl der Gegenstand einem Dritten zustand; bei einem gutgläubigen Erwerb nach der Einziehungsentscheidung, aber vor Rechtskraft (§ 74 e I). Sonst sind meist schon die Voraussetzungen der Einziehung nicht erfüllt oder (im Bereich des § 74 a) die Ausnahmen von der Entschädigungspflicht begründet. Auch eine Entschädigung des dinglich Berechtigten wird regelmäßig nur bei der Sicherungseinziehung oder bei der Anordnung von Maßnahmen nach § 74 b II praktisch; sonst bleiben die Rechte Dritter entweder unberührt (§ 74 e II S 1) oder sie erlöschen entschädigungslos (§ 74 e II S 3). 5

b) Zu den Vorschriften nach **Abs 2 Nr 3** gehören namentlich die **Polizeigesetze der Länder** und andere Rechtsvorschriften, die bei Überschreitung der sozialen Bindungen des Eigentums zur Gefahrenabwehr auch die endgültige und entschädigungslose Entziehung und Verwertung von Gegenständen zulassen (Göhler 16 zu § 28). Davon hängt es ab, ob der Entschädigungsanspruch zB bei Schriften mit strafbarem Inhalt (§ 74 d) und bei Falschgeld (§ 150) entfällt. 6

5. Zum **Verkehrswert** 4 zu § 74 c. Eine **Billigkeitsentschädigung nach Abs 3,** die auf einen Teil des Verkehrswertes beschränkt werden kann, ist namentlich angezeigt, wenn die Wirkung der Einziehung usw außer Verhältnis zu dem Vorwurf steht, der den Dritten wegen seines Verhaltens trifft. 7

6. Über die Entschädigungspflicht, die den Staat trifft, entscheiden grundsätzlich die **Zivilgerichte** (beachte jedoch § 436 III StPO; Hamm NJW 70, 1754). 8

§ 75 Sondervorschrift für Organe und Vertreter

Hat jemand

1. als vertretungsberechtigtes Organ einer juristischen Person oder als Mitglied eines solchen Organs,

2. als Vorstand eines nicht rechtsfähigen Vereins oder als Mitglied eines solchen Vorstandes,

3. als vertretungsberechtigter Gesellschafter einer Personenhandelsgesellschaft oder

4. als Generalbevollmächtigter oder in leitender Stellung als Prokurist oder Handlungsbevollmächtigter einer juristischen Person oder einer in Nummer 2 oder 3 genannten Personenvereinigung

eine Handlung vorgenommen, die ihm gegenüber unter den übrigen Voraussetzungen der §§ 74 bis 74 c und 74 f die Einziehung eines Gegenstandes oder des Wertersatzes zulassen oder den Ausschluß der Entschädigung begründen würde, so wird seine Hand-

lung bei Anwendung dieser Vorschriften dem Vertretenen zugerechnet. § 14 Abs. 3 gilt entsprechend.

Fassung: Nr 4 durch 31. StÄG (6 a vor § 324) eingefügt.

1 **1.** Die Vorschrift bewirkt, daß **juristische Personen und andere wirtschaftlich selbständige Personenvereinigungen** im Einziehungsrecht den natürlichen Personen gleichstehen, wenn ihre Organe (Schäfer LK 1–3) oder andere Personen im Leitungsbereich (BT-Dr 12/192 S 12) für sie gehandelt haben.

2 **2.** Die von **Satz 1** betroffenen Personenvereinigungen und Vertretungsberechtigten in Nr 1, 3 stimmen mit den in § 14 II Nr 1, 2 genannten überein (dort 2). **Nicht rechtsfähiger Verein** (Nr 2) § 54 BGB. – Nach früherem Recht konnten die Rechtsfolgen der Vorschrift nur durch Handlungen aus der Leitungsspitze der Personenvereinigung ausgelöst werden. Die auf dem 31. StÄG (vgl vor 1) beruhende Erstrekkung auf weitere Personen aus dem Leitungsbereich (Nr 4) soll der Möglichkeit entgegenwirken, durch Verlagerung von Verantwortlichkeiten Einziehungsanordnungen zu vereiteln (BT-Dr 12/192 S 12). **Generalbevollmächtigter** ist, wer zur Vertretung bei allen Rechtsgeschäften ermächtigt ist, soweit nicht die Vertretung gesetzlich ausgeschlossen oder ein höchstpersönliches Handeln notwendig ist (Joost, in: Staub HGB, Großkommentar, 4. Aufl 1991, 47 zu § 49; eingehend Geitzhaus GmbHR 89, 229, 278). **Prokurist** § 48 HGB; **Handlungsbevollmächtigter** § 54 HGB; beide müssen in leitender Stellung tätig sein, dh selbständig und verantwortlich an der Leitung teilnehmen. – **Gesetzliche Vertreter** werden abweichend von § 14 I Nr 3 nicht erfaßt.

3 **3.** Zum Handeln **„als"** Organ oder Vertreter 8 zu § 14 (s auch NStZ 97, 30).

4 **4.** Handlungen des Organs oder Vertreters, auf die es für die Einziehungsvoraussetzungen (§§ 74–74 c) oder den Ausschluß der Entschädigung (§ 74 f) ankommt, werden der Personenvereinigung **zugerechnet,** dh diese wird so behandelt, als hätte sie die Handlungen selbst vorgenommen. Es müssen danach in der Person des Organs alle Voraussetzungen erfüllt sein mit der einen Ausnahme, daß Eigentümer oder Inhaber des Gegenstandes die Personenvereinigung ist.

5 **5.** Zu **Satz 2** vgl 6 zu § 14.

– Gemeinsame Vorschriften –

§ 76 Nachträgliche Anordnung von Verfall oder Einziehung des Wertersatzes

Ist die Anordnung des Verfalls oder der Einziehung eines Gegenstandes nicht ausführbar oder unzureichend, weil nach der Anordnung eine der in §§ 73 a, 73 d Abs. 2 oder § 74 c bezeichneten Voraussetzungen eingetreten oder bekanntgeworden ist, so

kann das Gericht den Verfall oder die Einziehung des Wertersatzes nachträglich anordnen.

Fassung: Das OrgKG (1, 2 vor § 73) hat die Vorschrift durch Einfügung des § 73 d II erweitert.

1 **1.** Für die **Zulässigkeit der nachträglichen Anordnung** ist unerheblich, ob die Voraussetzungen der §§ 73 a, 73 d II, 74 c vor oder nach Anordnung des Verfalls oder der Einziehung eingetreten sind; vor der Tat können sie jedoch nicht verwirklicht worden sein (5–7 zu § 73 d; 2, 3 zu § 74 c).

2 **2. Zuständigkeit und Verfahren** §§ 462 a I, II, 462 I S 2 StPO.

§ 76 a Selbständige Anordnung

(1) **Kann wegen der Straftat aus tatsächlichen Gründen keine bestimmte Person verfolgt oder verurteilt werden, so muß oder kann auf Verfall oder Einziehung des Gegenstandes oder des Wertersatzes oder auf Unbrauchbarmachung selbständig erkannt werden, wenn die Voraussetzungen, unter denen die Maßnahme vorgeschrieben oder zugelassen ist, im übrigen vorliegen.**

(2) **Unter den Voraussetzungen des § 74 Abs. 2 Nr. 2, Abs. 3 und des § 74 d ist Absatz 1 auch dann anzuwenden, wenn**

1. die Verfolgung der Straftat verjährt ist oder

2. sonst aus rechtlichen Gründen keine bestimmte Person verfolgt werden kann und das Gesetz nichts anderes bestimmt.

Einziehung oder Unbrauchbarmachung dürfen jedoch nicht angeordnet werden, wenn Antrag, Ermächtigung oder Strafverlangen fehlen.(3) **Absatz 1 ist auch anzuwenden, wenn das Gericht von Strafe absieht oder wenn das Verfahren nach einer Vorschrift eingestellt wird, die dies nach dem Ermessen der Staatsanwaltschaft oder des Gerichts oder im Einvernehmen beider zuläßt.**

1 **1. Alle Voraussetzungen** einer Vorschrift, die Verfall, Einziehung oder Unbrauchbarmachung vorschreibt oder zuläßt, müssen erfüllt sein mit Ausnahme der Verfolgbarkeit oder im Falle des Abs 3 der Verfolgung einer bestimmten Person. Die Vorschrift erweitert also die sachlichen Voraussetzungen dieser Maßnahmen nicht. Daher muß namentlich feststehen, daß jemand in den Fällen der §§ 74 II Nr 1, 74 a eine Straftat und in den Fällen der §§ 73 I, 73 d I, 74 II Nr 2, III, 74 d eine rechtswidrige Tat (2 zu § 73; 4 zu § 73 d; 3 zu § 74; 4 zu § 74 d) begangen hat.

2 **2. Abs 1:** Die selbständige Anordnung ist uneingeschränkt zulässig, wenn **aus tatsächlichen Gründen** keine bestimmte Person verfolgt werden kann, etwa weil sie sich im Ausland aufhält und ihre Gestellung nicht ausführbar erscheint (LG Bayreuth NJW 70, 574) oder weil sie flüchtig, unbekannt (Oppe MDR 73, 183, 185) oder verstorben ist.

3 **3. Abs 2:** Die selbständige Anordnung ist auf die Einziehung mit Sicherungscharakter und die Unbrauchbarmachung (§§ 74 II Nr 2, III,

74 d) beschränkt, wenn die Nichtverfolgbarkeit auf **Verjährung** (beachte dazu 3 zu § 78) oder sonst auf **rechtlichen Gründen,** etwa auf Schuldlosigkeit des Täters, Amnestie oder Verhandlungsunfähigkeit (Celle NStZ-RR 96, 209), beruht. Sie ist jedoch ganz ausgeschlossen, wenn das Gesetz es bestimmt (zB bei Exterritorialität nach §§ 18, 19 GVG) oder wenn die in Satz 2 genannten Erklärungen (§§ 77, 77 e) fehlen. Steht das rechtliche Hindernis nicht nur dem subjektiven Verfahren, sondern auch der Einziehung oder Unbrauchbarmachung selbst entgegen (zB wegen materieller Rechtskraft, RGSt 65, 175), so scheidet auch die selbständige Anordnung aus.

4 **4. Abs 3** gestattet, im Rahmen der allgemeinen Möglichkeiten von Strafe (zB nach §§ 83 a, 113 IV, 129 VI, 129 a IV, 139 I, 157, 158 I, 174 IV, 182 IV, 311 b, 315 VI, 316 a II, 330 b) oder von der Verfolgung (zB nach §§ 153–153 e StPO) abzusehen und dadurch das Verfahren auf die Maßnahme zu beschränken. Dabei steht einer selbständigen Sicherungseinziehung (§ 74 II Nr 2) die Unschuldsvermutung nicht entgegen (Brandenburg NJW 97, 451).

5 **5.** Die selbständige Anordnung kann im **subjektiven Verfahren** neben dem Freispruch, dem Absehen von Strafe oder der Einstellung nach § 260 III StPO getroffen werden (BGHSt 6, 62; einschr BGHSt 37, 55, 68). Außerdem ist nach §§ 440, 441 (uU iVm § 442) StPO als selbständige Verfahrensart ein **objektives Verfahren** vorgesehen, in dem die Nichtverfolgbarkeit einer bestimmten Person (BGHSt 21, 55) oder das Vorliegen der Voraussetzungen des Abs 3 eine Prozeßvoraussetzung bildet (Bay MDR 87, 870). Soweit die Maßnahme zwingend vorgeschrieben ist, gilt das auch hier; nach § 440 I StPO besteht jedoch für die StA kein Verfolgungszwang.

4. Abschnitt. Strafantrag, Ermächtigung, Strafverlangen

§ 77 Antragsberechtigte

(1) **Ist die Tat nur auf Antrag verfolgbar, so kann, soweit das Gesetz nichts anderes bestimmt, der Verletzte den Antrag stellen.**

(2) **Stirbt der Verletzte, so geht sein Antragsrecht in den Fällen, die das Gesetz bestimmt, auf den Ehegatten und die Kinder über. Hat der Verletzte weder einen Ehegatten noch Kinder hinterlassen oder sind sie vor Ablauf der Antragsfrist gestorben, so geht das Antragsrecht auf die Eltern und, wenn auch sie vor Ablauf der Antragsfrist gestorben sind, auf die Geschwister und die Enkel über. Ist ein Angehöriger an der Tat beteiligt oder ist seine Verwandtschaft erloschen, so scheidet er bei dem Übergang des Antragsrechts aus. Das Antragsrecht geht nicht über, wenn die Verfolgung dem erklärten Willen des Verletzten widerspricht.**

(3) **Ist der Antragsberechtigte geschäftsunfähig oder beschränkt geschäftsfähig, so können der gesetzliche Vertreter in den persönli-**

chen Angelegenheiten und derjenige, dem die Sorge für die Person des Antragsberechtigten zusteht, den Antrag stellen.

(4) **Sind mehrere antragsberechtigt, so kann jeder den Antrag selbständig stellen.**

Fassung: Das BtG (11 vor § 1) hat Abs 3 S 2 aufgehoben (Folgewirkung aus der Neuordnung des Rechts der Betreuung Volljähriger).

1. a) Grundsätzlich werden Straftaten unabhängig vom Willen des Verletzten **von Amts wegen** verfolgt (Offizialdelikte). Bei einzelnen Tatbeständen fordert das Gesetz jedoch einen **Antrag** (Antragsdelikte). Die Gründe dafür sind verschieden, und zwar entweder, weil eine Verfolgung wegen des geringen Allgemeininteresses (zB § 248 b III) nur geboten erscheint, wenn der Verletzte seinen Verfolgungswillen bekundet, oder weil mögliche berechtigte Interessen des Verletzten, etwa die Wahrung der Intimsphäre (zB §§ 205 I, 238 I) oder des Familienfriedens (zB § 247), der Verfolgung entgegenstehen (hM; eingehend Zipf GA 69, 234; Maiwald GA 70, 33; Meyer, Zur Rechtsnatur und Funktion des Strafantrags, 1984). – Von dem Antragserfordernis unabhängig ist die Frage, ob die Verfolgung von der StA durchgeführt wird oder dem Verletzten überlassen bleibt (Privatklagedelikte, §§ 374 ff StPO). Absolute Antragsdelikte setzen einen Antrag stets, relative setzen ihn nur bei bestimmter persönlicher Beziehung zum Verletzten (zB § 247) voraus. Sonderfälle bilden die §§ 182 III, 183 II, 232 I, 248 a, 303 c, die eine Verfolgung von Amts wegen auch ohne Antrag bei besonderem öffentlichen Interesse zulassen; ihr Ausnahmecharakter verbietet eine Ausdehnung auf andere Fälle (BGHSt 7, 256; str). 1

b) Der Antrag ist **Prozeßvoraussetzung,** die Tat deshalb auch ohne Antrag rechtswidrig und strafbar (hM; vgl RGSt 75, 306, 311; Meyer aaO [vgl 1] S 42 mwN). In Teilen des Schrifttums wird demgegenüber teils eine materielle (Ausschluß der Strafbarkeit, Maiwald GA 70, 33, 38; Bloy, Die dogmatische Bedeutung der Strafausschließungs- und Strafaufhebungsgründe, 1976, S 115) und teils eine gemischte Theorie (Doppelnatur des Strafantrags, Rudolphi SK 6–8 vor § 77) vertreten. Da jedoch überwiegend anerkannt ist, daß der Antrag mindestens auch prozessualer Natur ist, führt sein Fehlen nicht zum Freispruch, sondern mit Rücksicht auf den Vorrang der Prozeßvoraussetzung zur Einstellung des Verfahrens (§§ 206 a, 260 III StPO). – Das Antragserfordernis ist in jeder Lage des Verfahrens **von Amts wegen** zu beachten (BGHSt 6, 155; 22, 90; NJW 94, 1165, alle mwN), Antragstellung daher vor Fristablauf auch noch in der Revisionsinstanz möglich (BGHSt 3, 73). Vorschriften über den Antrag treten jeweils mit dem Gesetz, das sie einführt, in Kraft und wirken auch in anhängigen Verfahren (Hamm NJW 70, 578). Der Antrag ist nicht nur Voraussetzung für die Festsetzung von Strafen, sondern auch von Maßregeln (RGSt 71, 218); deshalb auch kein Sicherungsverfahren nach §§ 413 ff StPO, wenn das Antragserfordernis nicht erfüllt werden kann (BGHSt 2

31, 132 mit Anm Blau JR 84, 27, beide mwN; zw). Der Lauf der Verjährung wird durch das Fehlen des Antrags nicht berührt (§ 78 b I S 2).

3 **c)** Zur **Form des Antrags** und zu den zur Entgegennahme **zuständigen Behörden** § 158 II StPO; ob auch ausländische Behörden in Frage kommen, ist umstritten (Schulz NJW 77, 480). Die Schriftform ist gewahrt bei faksimilierter Unterschrift (RGSt 62, 53), bei Unterzeichnung eines polizeilichen Protokolls durch den Antragsberechtigten (NJW 51, 368), bei Vorlage einer beglaubigten Abschrift des Antrags (KG GA 53, 123) und bei Übermittlung durch Fernkopie (Telefax; Jähnke LK 11), nicht dagegen bei mündlich erstatteter, in einem polizeilichen Aktenvermerk dokumentierter Anzeige (Bay NStZ 94, 86 mwN; beachte jedoch NStZ 95, 353), bei fernmündlicher Antragstellung gegenüber der Polizei (NJW 71, 903) und bei Verwendung eines Firmenstempels ohne Unterschrift (Celle GA 71, 378; s auch KG NStZ 90, 144). Wahrung der Form durch Boten genügt nicht; dieser kann nur einen schriftlichen Antrag überbringen (Stree NJW 56, 45).

4 **d) Inhaltlich** muß der Antrag eindeutig den Willen des Berechtigten erkennbar machen, daß er eine bestimmte Tat strafrechtlich verfolgt wissen will (NJW 91, 367, 370 und 92, 2167, beide mwN). Fehlende oder falsche Bezeichnung des Antrags sowie unrichtige rechtliche Beurteilung der Tat sind unschädlich (NJW 51, 368). Erhebung der Privatklage oder Anschluß als Nebenkläger genügt (BGHSt 33, 114), uU auch eine bloße Strafanzeige (Stree MDR 56, 723). Umgekehrt kann das Verlangen einer rechtskundigen Behörde an die StA, einen Sachverhalt unter dem Gesichtspunkt eines bestimmten Offizialdelikts zu prüfen, nicht ohne weiteres als Strafantrag im Hinblick auf ein tateinheitlich begangenes Antragsdelikt gedeutet werden (Stuttgart NStZ 81, 184). – Der Antrag ist **bedingungsfeindlich;** keine Wirksamkeit daher bei aufschiebender Bedingung (Oldenburg MDR 54, 55), deren Vorliegen durch Auslegung zu ermitteln ist (Schleswig SchlHA 75, 186; Bergmann MDR 54, 660); eine auflösende Bedingung ist unbeachtlich (RGSt 14, 96). – Der Antrag kann erst gestellt werden, wenn sich der Sachverhalt hinreichend beschreiben läßt (RGSt 38, 434). Deshalb ist Antragstellung vor Tatbegehung in aller Regel ausgeschlossen; Ausnahmen sind aber denkbar (BGHSt 13, 363; Bay NJW 66, 942; aM Ott StV 82, 45; str), namentlich wenn nach den Informationen des Berechtigten die Begehung einer konkreten Tat unmittelbar droht (Düsseldorf NJW 87, 2526 mit krit Anm Keller JR 87, 521; einschr Schroth NStZ 82, 1; Jähnke LK 22). – Bei **Zweifeln über die Tragweite eines Antrags** ergreift dieser die gesamte Tat im Sinne des § 264 StPO (VRS 34, 423; KG JR 56, 351), also uU bei sukzessiver Mittäterschaft (10, 12 zu § 25) auch Tatbeiträge (Düsseldorf NJW 82, 2680), die erst nach Antragstellung begangen oder erbracht wurden. Das Antragserfordernis erfaßt auch Offizialdelikte, die in Tat- oder Gesetzeseinheit stehen, wenn der Schutz des Antragstellers diese Erweiterung erfordert; die in der Rspr häufig für ausschlaggebend gehaltene Unterscheidung von

Tat- und Gesetzeseinheit (zB BGHSt 39, 239) ist problematisch (Fahl GA 96, 476). – Der Antrag kann sachlich auf bestimmte Straftaten (Frankfurt NJW 52, 1388), auf idealkonkurrierende Gesetzesverletzungen und auf Einzelakte einer Fortsetzungstat (beachte 13 vor § 52) sowie auch persönlich auf bestimmte Beteiligte **beschränkt** werden. Der private Verletzte ist dabei nicht an den Gleichheitssatz gebunden (Stree DÖV 58, 17).

e) Die **Verurteilung** darf sich nur auf solche real- oder idealkon- 5
kurrierenden Gesetzesverletzungen und Teilakte einer Fortsetzungstat (beachte 13 vor § 52) erstrecken, die keines Antrags bedürfen oder deretwegen der erforderliche Antrag gestellt ist (BGHSt 17, 157). Namentlich bei Verletzung mehrerer Opfer durch dieselbe Handlung muß die Strafzumessung die Verletzung derjenigen unberücksichtigt lassen, die keinen Antrag gestellt haben (RGSt 72, 44; Frankfurt JR 91, 390 mit Anm Hilger).

2. a) Antragsberechtigt ist, soweit das Gesetz (zB in §§ 194 III, 6
232 II, 355 III) nichts anderes bestimmt, **nur der Verletzte** als Träger des durch die Tat unmittelbar verletzten Rechtsguts, also der, in dessen Rechtskreis der Täter durch die verbotene Handlung eingegriffen hat (BGHSt 31, 207 mwN); er kann auch eine juristische Person oder eine nichtrechtsfähige Personenvereinigung sein (Düsseldorf NJW 79, 2525 mwN), für die jeweils deren Organe oder sonst befugten Vertreter das Recht ausüben (Celle NStZ 81, 223; beachte auch bei Holtz MDR 87, 624). – Hat ein Nichtberechtigter den Antrag gestellt, so kann der Berechtigte ihn innerhalb der Antragsfrist ohne Wahrung des Formerfordernisses (vgl 3) durch ausdrückliche oder stillschweigende (nach außen erkennbare) Erklärung billigen (NJW 53, 1479; Bay 80, 64, 65). Auch der (unwirksame; vgl 10) Antrag eines während der Frist volljährig Gewordenen kann auf diesem Wege wirksam werden (NJW 94, 1165); jedoch soll der bloße Eintritt der Volljährigkeit auch dann nicht genügen, wenn alles dafür spricht, daß der Berechtigte an seinem zunächst unwirksamen Strafantrag festhält (BGH aaO; zw).

b) Das **Antragsrecht** ist höchstpersönlich und idR (zu Ausnahmen 7
vgl 8, 9) nicht „vererblich" (RGSt 43, 335; Hartung NJW 50, 670). Vertretung ist, unbeschadet der Sonderregelung in Abs 3, nicht nur in der Erklärung (NStZ 82, 508), sondern bei Verletzung materieller Rechtsgüter auch im Willen möglich (NStZ 85, 407; s auch Bay NJW 95, 2862, 2864). Bei immateriellen Gütern ist eine Bekundung des Verfolgungswillens durch den Verletzten selbst erforderlich; er kann aber die Entschließung, ob und wann der Antrag den Verfolgungsbehörden zu übermitteln ist, einem Vertreter im Willen überlassen (Bremen NJW 61, 1489; s auch BGHSt 9, 149; Stree NJW 56, 554).

3. Das Antragsrecht des Verletzten **erlischt grundsätzlich mit sei- 8
nem Tode.**

a) Abs 2 regelt eine **allgemeine Ausnahme** für den Fall, daß das Gesetz den Übergang des Antragsrechts auf die Angehörigen besonders bestimmt (im StGB in §§ 194 I S 5, 205 II S 1, 232 I S 2). – **Angehörige** im Sinne der Vorschrift sind auch der wiederverheiratete Ehegatte, das nichteheliche oder angenommene Kind, die Adoptiveltern und die Halbgeschwister; abweichend von § 11 I Nr 1 scheiden jedoch der geschiedene Ehegatte und solche Angehörige aus, deren Verwandtschaft nach §§ 1755, 1756, 1764 II BGB erloschen ist. – Solange in einer **vorrangigen Gruppe** auch nur ein Berechtigter vorhanden ist, bleiben die nachfolgenden Gruppen ausgeschlossen. Innerhalb der berechtigten Gruppe kann jeder den Antrag selbständig stellen (Abs 4). – **An der Tat beteiligt** ist nur der Täter oder Teilnehmer, nicht der Begünstiger oder Hehler (hM; anders Jähnke LK 48 mwN). – Der **erklärte Wille** kann sich auch aus einer stillschweigenden Erklärung ergeben; diese ist unter denselben Voraussetzungen wie eine Einwilligung wirksam (5–9 zu § 226 a).

9 **b)** Eine **besondere Ausnahme** (Übergang des Antragsrechts auf die Erben) enthält § 205 II S 2 (dort 4).

10 **4.** In den Fällen des **Abs 3 S 1** treten die genannten Vertreter **an die Stelle** des Antragsberechtigten, dh des geschäftsunfähigen oder beschränkt geschäftsfähigen Verletzten oder Angehörigen nach Abs 2 (NStZ 81, 479); daraus folgt, daß dieser selbst keinen wirksamen Antrag stellen kann (NJW 94, 1165) und daß mit seinem Tod die Befugnis, ihn zu vertreten, erlischt (bei Holtz MDR 94, 434).

11 **a)** Wer **gesetzlicher Vertreter und Personensorgeberechtigter** ist, bestimmt sich nach bürgerlichem Recht. Bei bestehender Ehe sind dies idR beide Eltern gemeinschaftlich (§§ 1626 I, 1629 I BGB). Grundsätzlich ist daher gemeinsame Antragstellung erforderlich (FamRZ 60, 197; Bay JR 61, 72; krit Kohlhaas JR 72, 326); es genügt jedoch auch formlose Ermächtigung oder Zustimmung des anderen Elternteils (JZ 57, 67; Bay NJW 56, 521). Ein Elternteil ist allein antragsberechtigt, wenn er die elterliche Sorge oder auch nur die Personensorge allein ausübt (zB nach §§ 1671, 1672, 1678, 1680 BGB) und daher nach § 1629 I S 3 BGB auch allein vertretungsberechtigt ist, wenn ihm die Entscheidung im Einzelfall nach § 1628 I BGB übertragen worden ist oder wenn der andere Elternteil wegen Beteiligung an der Tat rechtlich an der Antragstellung verhindert ist (BGHSt 6, 155). – Gesetzliche Vertreter sind außer den Eltern namentlich der Vormund (§ 1793 BGB), der Betreuer (§§ 1896 ff BGB) und der Pfleger (§§ 1909 ff BGB), der für die Antragstellung besonders bestellt werden kann (RGSt 50, 156); auch die Vertreter kraft Amtes (Konkursverwalter, Zwangsverwalter, Nachlaßverwalter, Testamentsvollstrecker) gehören hierher (Rudolphi SK 4). – Sind ausnahmsweise verschiedene Personen nebeneinander zur gesetzlichen Vertretung und zur Personensorge berufen, so kann jede den Antrag selbständig stellen (Abs 4).

12 **b)** Obwohl der gesetzliche Vertreter und der Sorgeberechtigte ein selbständiges Antragsrecht haben, üben sie doch nur das Recht des

Vertretenen aus (**Vertretungstheorie** im Gegensatz zur Rechtstheorie; str). Deshalb erlischt ihr Recht mit dem Ende des Vertretungsverhältnisses, namentlich mit dem Eintritt der Volljährigkeit oder mit dem Tod des Vertretenen (RGSt 57, 240); ein Übergang des Antragsrechts (Abs 2) bleibt unberührt.

c) Ist der gesetzliche Vertreter oder Sorgeberechtigte **selbst an der Tat beteiligt,** so ist er nicht antragsberechtigt (BGHSt 6, 155). Ein bloßer Interessengegensatz zum Vertretenen beeinträchtigt sein Recht dagegen nicht (BGH aaO). 13

d) Ob eine **Strafanzeige** des gesetzlichen Vertreters oder Sorgeberechtigten zugleich als Strafantrag im Namen des verletzten Kindes verstanden werden kann, ist Auslegungsfrage (Hamm MDR 67, 852). 14

e) Zum Lauf der Antragsfrist bei gemeinsamer Antragsberechtigung der Eltern und beim Wechsel des gesetzlichen Vertreters 5–7 zu § 77 b. 15

5. Die **Antragsberechtigung mehrerer (Abs 4)** kann sich daraus ergeben, daß mehrere verletzt sind oder daß mehreren – zB nach §§ 194, 232, 355 III – ein selbständiges (beachte 11) Antragsrecht eingeräumt ist. 16

6. Die Ausübung des Antragsrechts steht im **freien Ermessen,** dh grundsätzlich im Belieben, des Antragsberechtigten; für die Annahme der Unwirksamkeit des Antrags, wenn der Berechtigte eine außerstrafrechtliche Wiedergutmachung (Versöhnung, Schmerzensgeld, Genugtuungsleistung) erlangt, die Begehung der Tat mitverschuldet oder den Antrag mißbräuchlich gestellt hat (so Barnstorf NStZ 85, 67), bietet das Gesetz keine Grundlage (hM); jedoch wird in solchen Fällen regelmäßig das öffentliche Interesse zu verneinen sein, so daß nach §§ 153 oder 376 StPO verfahren werden kann. Eine antragsberechtigte öffentliche Stelle hat die allgemein für öffentlich-rechtliche Eingriffe geltenden Ermessensschranken zu beachten (hM; vgl Ostendorf JuS 81, 640, 642; anders Jähnke LK 8 vor § 77, beide mwN). – Ein **Verzicht** auf den Antrag ist vor dessen Stellung gegenüber der mit der Sache befaßten Behörde möglich (NJW 57, 1368; s auch Holland Rpfleger 68, 45). Der Verzicht ist unwiderruflich (zu Einzelfragen LG Krefeld VRS 31, 436). – Gegenüber dem Täter oder einem Dritten kann sich der Berechtigte wirksam zur Nichtausübung seines Antragsrechts verpflichten (NJW 74, 900 mit krit Anm Meyer NJW 74, 1325). 17

7. Verfahren §§ 127 III, 130, 206 a, 260 III StPO. 18

§ 77 a Antrag des Dienstvorgesetzten

(1) **Ist die Tat von einem Amtsträger, einem für den öffentlichen Dienst besonders Verpflichteten oder einem Soldaten der Bundeswehr oder gegen ihn begangen und auf Antrag des Dienstvorgesetzten verfolgbar, so ist derjenige Dienstvorgesetzte antragsberechtigt, dem der Betreffende zur Zeit der Tat unterstellt war.**

(2) **Bei Berufsrichtern ist an Stelle des Dienstvorgesetzten antragsberechtigt, wer die Dienstaufsicht über den Richter führt. Bei Soldaten ist Dienstvorgesetzter der Disziplinarvorgesetzte.**

(3) **Bei einem Amtsträger oder einem für den öffentlichen Dienst besonders Verpflichteten, der keinen Dienstvorgesetzten hat oder gehabt hat, kann die Dienststelle, für die er tätig war, den Antrag stellen. Leitet der Amtsträger oder der Verpflichtete selbst diese Dienststelle, so ist die staatliche Aufsichtsbehörde antragsberechtigt.**

(4) **Bei Mitgliedern der Bundesregierung ist die Bundesregierung, bei Mitgliedern einer Landesregierung die Landesregierung antragsberechtigt.**

1 **1.** Der **Antrag des Dienstvorgesetzten** ist im StGB vorgesehen in §§ 194 III, 232 II, 355 III.

2 **2.** Wer **Dienstvorgesetzter** ist, bestimmt sich nach den einschlägigen dienstrechtlichen Vorschriften und dem Behördenaufbau (für Bundesbeamte vgl § 3 II S 1 BBG). Danach kommt es nicht auf die Person, sondern auf die amtliche Funktion an (BT-Dr V/4095 S 42), so daß Nachfolge im Amt keinen Wechsel des Dienstvorgesetzten bedeutet (beachte 7 zu § 77 b). Erfaßt wird außer dem unmittelbaren auch der höhere Vorgesetzte (Begr zu § 122 E 1962 S 254) mit der Folge, daß beide selbständig antragsberechtigt sind (§ 77 IV).

3 **3.** Amtsträger, für den öffentlichen Dienst besonders Verpflichteter 3–11, 13–17 zu § 11. Berufsrichter §§ 1, 2 DRiG. Dienstaufsicht über den Richter § 26 DRiG. Disziplinarvorgesetzter § 1 VI SoldG.

4 **4.** Amtsträger, die keinen Dienstvorgesetzten haben (Abs 3), sind zB die ehrenamtlichen Richter (§§ 44–45 a DRiG).

5 **5.** Die Regierung (Abs 4) entscheidet in der Zusammensetzung, die das Kabinett zur Zeit der Beschlußfassung hat.

§ 77 b Antragsfrist

(1) **Eine Tat, die nur auf Antrag verfolgbar ist, wird nicht verfolgt, wenn der Antragsberechtigte es unterläßt, den Antrag bis zum Ablauf einer Frist von drei Monaten zu stellen. Fällt das Ende der Frist auf einen Sonntag, einen allgemeinen Feiertag oder einen Sonnabend, so endet die Frist mit Ablauf des nächsten Werktags.**

(2) **Die Frist beginnt mit Ablauf des Tages, an dem der Berechtigte von der Tat und der Person des Täters Kenntnis erlangt. Hängt die Verfolgbarkeit der Tat auch von einer Entscheidung über die Nichtigkeit oder Auflösung einer Ehe ab, so beginnt die Frist nicht vor Ablauf des Tages, an dem der Berechtigte von der Rechtskraft der Entscheidung Kenntnis erlangt. Für den Antrag des gesetzlichen Vertreters und des Sorgeberechtigten kommt es auf dessen Kenntnis an.**

(3) **Sind mehrere antragsberechtigt oder mehrere an der Tat beteiligt, so läuft die Frist für und gegen jeden gesondert.**

(4) **Ist durch Tod des Verletzten das Antragsrecht auf Angehörige übergegangen, so endet die Frist frühestens drei Monate und spätestens sechs Monate nach dem Tod des Verletzten.**

(5) **Der Lauf der Frist ruht, wenn ein Antrag auf Durchführung eines Sühneversuchs gemäß § 380 der Strafprozeßordnung bei der Vergleichsbehörde eingeht, bis zur Ausstellung der Bescheinigung nach § 380 Abs. 1 Satz 2 der Strafprozeßordnung.**

1. Die **Antragsfrist** ist eine Ausschlußfrist, Wiedereinsetzung daher 1 unzulässig (NJW 94, 1165 mwN). Jedoch ist die Nachholung des Antrags nach Fristablauf nicht schlechthin ausgeschlossen, da der Berechtigte die Antragstellung „unterlassen" haben muß. Damit kann die Fristversäumnis in Anlehnung an die frühere Praxis (zB BGHSt 2, 121, 124) verneint werden, wenn der Berechtigte zur fristgemäßen Antragstellung außerstande war (Schleswig MDR 80, 247).

2. Die Antragsfrist knüpft idR an die **Erlangung der Kenntnis** 2 **von der Tat** an. Dabei kommt es darauf an, wann der Berechtigte persönlich (RGSt 36, 413), bei juristischen Personen (6 zu § 77) deren Organ (Hamburg MDR 80, 598), von der Tat und von der Person des Täters Kenntnis erlangt hat.

a) Tat bedeutet hier tatbestandsmäßige, rechtswidrige und schuldhaf- 3 te Handlung, also auch Teilnahme, Versuch (LG Konstanz NJW 84, 1767) und versuchte Beteiligung, soweit sie strafbar sind. Alle Strafbarkeitsvoraussetzungen müssen abgeschlossen vorliegen, so daß bei vollendeten Erfolgsdelikten die Frist erst beginnt, wenn der tatbestandsmäßige Erfolg vollständig eingetreten ist (Karlsruhe wistra 95, 154 mwN).

b) Kenntnis ist nicht bloß Vermutung (RGSt 75, 298) oder Ver- 4 dacht, sondern Wissen von Tatsachen, die auf die wesentlichen Tatumstände und den Täter, der zwar nicht dem Namen nach bekannt, aber individualisierbar sein muß (Bay NStZ 94, 86 mwN), in einer Weise schließen lassen, daß einem besonnenen Menschen die Antragstellung zugemutet werden kann (Hamm VRS 14, 33; Saarbrücken VRS 30, 40). Spätere Kenntnis von strafschärfenden Umständen einer konkreten Tat setzt keine neue Frist in Lauf (Frankfurt NJW 72, 65), es sei denn, die Tat erhält dadurch einen wesentlich anderen Charakter (Rudolphi SK 9).

3. a) Abs 2 konkretisiert den **Fristbeginn** (S 2 ist im StGB nur für 5 § 238 II relevant). – Bei Fortsetzungstaten (beachte 13 vor § 52) beginnt für jeden Teilakt eine selbständige Frist (Düsseldorf MDR 80, 952; aM Jähnke LK 6, beide mwN). Dasselbe gilt, wenn zunächst ein Eingehungsbetrug begangen wird, der später in einem den Eingehungsschaden vertiefenden Erfüllungsbetrug (64 zu § 263) aufgeht (Karlsruhe wistra 95, 154). – Die Frist für das gemeinschaftliche Antragsrecht der

Eltern (11 zu § 77) beginnt mit Kenntnisnahme durch Vater **oder** Mutter (BGHSt 22, 103; aM Boeckmann NJW 60, 1939; zw).

6 **b)** Die Feststellung der Tatzeit durch den Tatrichter **bindet** das Revisionsgericht grundsätzlich auch für den Antrag, es sei denn, daß der genaue Zeitpunkt für den Schuldspruch bedeutungslos war (BGHSt 22, 90 mit Anm Kleinknecht JR 68, 467; str). Zweifel an der Rechtzeitigkeit sind zugunsten des Angeklagten zu lösen (Koblenz VRS 63, 359, 362 mwN).

7 **4. Abs 3** folgt aus der sachlichen und persönlichen Teilbarkeit des Antrags (4 zu § 77). Stets kommt es auf die Kenntnis des jeweils Antragsberechtigten (auch des Angehörigen im Falle des § 77 II) im Hinblick auf den jeweils betroffenen Täter (Teilnehmer) an; Abs 2 S 3 enthält insoweit nur eine Klarstellung. Tritt jedoch an die Stelle eines Funktionsträgers, der als solcher antragsberechtigt ist (zB als gesetzlicher Vertreter oder Dienstvorgesetzter), nur ein Nachfolger in der Funktion, so begründet das kein neues Antragsrecht; der Nachfolger muß den vollständigen oder teilweisen Fristablauf gegen sich gelten lassen (bei Herlan MDR 54, 530). Wird der Verletzte erst nach der Tat antragsmündig, so beginnt für ihn, sofern der gesetzliche Vertreter die Frist noch nicht versäumt hat, mit diesem Zeitpunkt oder mit der späteren Kenntnis von Tat und Täter eine selbständige Frist (Sch/Sch-Stree 17).

8 **5.** Auch im Falle des **Abs 4** kommt es auf die Kenntnis des Angehörigen an (vgl 7). Da dessen Antragsrecht jedoch erst mit dem Tod des Verletzten entsteht, wird ihm eine volle Frist eingeräumt, auch wenn er schon zuvor von Tat und Täter erfahren hatte; aus demselben Grunde ist auch dem Angehörigen, dem das Antragsrecht erst infolge Todes eines vorrangig Berechtigten zufällt, die volle, mit Entstehen seines Antragsrechts beginnende Frist einzuräumen (zw). Bei später erlangter Kenntnis bestimmt sich die Frist nach den allgemeinen Regeln. Jedoch bildet die Sechs-Monats-Grenze, die an den Tod des Verletzten anknüpft, eine absolute Schranke.

9 **6. Abs 5** schiebt das Ende der Frist um die Zeit des Ruhens hinaus. Die Tage des Eingangs bei der Vergleichsbehörde und der Ausstellung der Bescheinigung werden mitgerechnet (zw).

§ 77 c Wechselseitig begangene Taten

Hat bei wechselseitig begangenen Taten, die miteinander zusammenhängen und nur auf Antrag verfolgbar sind, ein Berechtigter die Strafverfolgung des anderen beantragt, so erlischt das Antragsrecht des anderen, wenn er es nicht bis zur Beendigung des letzten Wortes im ersten Rechtszug ausübt. Er kann den Antrag auch dann noch stellen, wenn für ihn die Antragsfrist schon verstrichen ist.

1. Die Vorschrift gilt für **alle Antragdelikte.** 1

2. Wechselseitig sind solche Taten, die „zwischen" Gegnern begangen werden, bei denen also jeder im Verhältnis zum anderen Täter und Verletzter ist. Die Wechselseitigkeit kann nicht dadurch hergestellt werden, daß sie behauptet wird (Jähnke LK 6; aM Bay NJW 59, 304); jedoch kommt es nicht darauf an, ob der Vorgang, der den ersten Antrag ausgelöst hat, zur Bestrafung führt. – Der **Zusammenhang** der Taten braucht kein rechtlicher und auch kein enger zeitlicher zu sein; ein tatsächlicher, aus dem sich die Möglichkeit der (Mit-) Motivierung der zweiten Tat durch die erste ergibt, dürfte genügen (zw). 2

3. § 77 c **verlängert oder verkürzt die Frist des § 77 b** und läßt sie sogar von neuem beginnen, wenn sie zur Zeit des letzten Wortes (§ 258 II StPO) im ersten Rechtszug bereits abgelaufen war (Meyer-Goßner Jura 87, 663, 667). Voraussetzung für die Fristverkürzung ist jedoch, daß der Antragsberechtigte zu diesem Zeitpunkt Kenntnis von der Tat des Gegners hatte. Ein Antragsrecht, das durch Zurücknahme oder Verzicht erloschen (Begr zu § 124 E 1962 S 255) oder für das die Frist schon bei Begehung der zweiten Tat abgelaufen war (RGSt 44, 161), lebt nicht wieder auf. 3

§ 77 d Zurücknahme des Antrags

(1) **Der Antrag kann zurückgenommen werden. Die Zurücknahme kann bis zum rechtskräftigen Abschluß des Strafverfahrens erklärt werden. Ein zurückgenommener Antrag kann nicht nochmals gestellt werden.**

(2) **Stirbt der Verletzte oder der im Falle seines Todes Berechtigte, nachdem er den Antrag gestellt hat, so können der Ehegatte, die Kinder, die Eltern, die Geschwister und die Enkel des Verletzten in der Rangfolge des § 77 Abs. 2 den Antrag zurücknehmen. Mehrere Angehörige des gleichen Ranges können das Recht nur gemeinsam ausüben. Wer an der Tat beteiligt ist, kann den Antrag nicht zurücknehmen.**

1. Jeder Antrag kann bis zum rechtskräftigen Abschluß des Verfahrens, also auch noch nach Rechtskraft nur des Schuldspruchs (Zweibrücken MDR 91, 1078), **zurückgenommen** werden. Widerruf der Zurücknahme und erneute Antragstellung (Abs 1 S 3) sind nicht möglich. – Zur Zulässigkeit einer zivilrechtlichen Rücknahmeverpflichtung NJW 74, 900 mit krit Anm Meyer NJW 74, 1325. 1

2. a) Rücknahmeberechtigt ist grundsätzlich nur der Antragsteller (zu Ausnahmen vgl 3, 4). Rücknahme durch Boten oder durch Vertreter in der Erklärung oder im Willen ist möglich, letzteres selbst dann, wenn die Tat ein immaterielles Rechtsgut verletzt hat (BGHSt 9, 149). 2

b) Der **Übergang des Rücknahmerechts nach Abs 2** tritt abweichend von § 77 II ausnahmslos ein. Die Gruppen der Angehörigen 3 bestimmen sich nach der Person des Verletzten. Besteht die vorrangige Gruppe aus mehreren Personen, so ist nur gemeinsame Rücknahme möglich (S 2). Im übrigen vgl 8 zu § 77.

4 **c)** Hat der gesetzliche Vertreter oder der Sorgeberechtigte (11 zu § 77) den Antrag gestellt und wird der Verletzte **volljährig,** so geht das Rücknahmerecht auf ihn über (RGSt 22, 256).

5 **3.** Die Zurücknahme ist **gegenüber der mit der Sache befaßten Behörde** (RGSt 55, 23), dh nach Anklageerhebung gegenüber dem Gericht (BGHSt 16, 105; Koblenz GA 76, 282), zu erklären. Es genügt, wenn der Erklärungsinhalt zweifelsfrei ergibt, daß die Bestrafung nicht mehr gewollt ist (Hamm JMBlNRW 55, 44). Die Zurücknahme ist nicht formbedürftig (mißverständlich LG Kiel NJW 64, 263) und grundsätzlich bedingungsfeindlich; die Bedingung, daß den Antragsteller keine Kosten treffen, ist jedoch zulässig (BGHSt 9, 149).

6 **4.** Nach der Zurücknahme wird das Verfahren **eingestellt** (§§ 206 a, 260 III StPO). Kostenregelung nach § 470 StPO.

§ 77 e Ermächtigung und Strafverlangen

Ist eine Tat nur mit Ermächtigung oder auf Strafverlangen verfolgbar, so gelten die §§ 77 und 77 d entsprechend.

1 **1. Ermächtigung** (zB §§ 90 IV, 90 b II, 97 III, 194 IV; vgl Schlichter GA 66, 353) und **Strafverlangen** (zB § 104 a) sind keine Anträge im Sinne des § 77, wohl aber wie diese Prozeßvoraussetzungen.

2 **2.** Infolge der Verweisung auf die §§ 77 und 77 d sind sie nicht nur sachlich und persönlich teilbar, sondern auch rücknehmbar, dagegen **nicht fristgebunden. –** Die Zurücknahme der Ermächtigung durch einen Angehörigen nach § 77 d II setzt voraus, daß die Befugnis zur Erteilung der Ermächtigung, wie zB bei Verunglimpfung des BPräs (§ 90) oder des Mitglieds eines Verfassungsorgans (§ 90 b), personengebunden war.

5. Abschnitt. Verjährung

1. Titel. Verfolgungsverjährung

§ 78 Verjährungsfrist

(1) **Die Verjährung schließt die Ahndung der Tat und die Anordnung von Maßnahmen (§ 11 Abs. 1 Nr. 8) aus. § 76 a Abs. 2 Satz 1 Nr. 1 bleibt unberührt.**

(2) **Verbrechen nach § 220 a (Völkermord) und nach § 211 (Mord) verjähren nicht.**

(3) **Soweit die Verfolgung verjährt, beträgt die Verjährungsfrist**

1. dreißig Jahre bei Taten, die mit lebenslanger Freiheitsstrafe bedroht sind,

2. zwanzig Jahre bei Taten, die im Höchstmaß mit Freiheitsstrafen von mehr als zehn Jahren bedroht sind,

3. zehn Jahre bei Taten, die im Höchstmaß mit Freiheitsstrafen von mehr als fünf Jahren bis zu zehn Jahren bedroht sind,

4. fünf Jahre bei Taten, die im Höchstmaß mit Freiheitsstrafen von mehr als einem Jahr bis zu fünf Jahren bedroht sind,

5. drei Jahre bei den übrigen Taten.

(4) **Die Frist richtet sich nach der Strafdrohung des Gesetzes, dessen Tatbestand die Tat verwirklicht, ohne Rücksicht auf Schärfungen oder Milderungen, die nach den Vorschriften des Allgemeinen Teils oder für besonders schwere oder minder schwere Fälle vorgesehen sind.**

1 **1. a)** Die Rspr hat die **Verfolgungsverjährung** (§§ 78–78 c) ursprünglich als materiellen Strafaufhebungsgrund (RGSt 12, 434) und später als „gemischt" materiellrechtlich-prozessuales Rechtsinstitut (RGSt 66, 328) angesehen. Seit RGSt 76, 159 vertritt sie jedoch die Ansicht, daß es sich nur um ein Verfolgungshindernis handele (BVerfGE 1, 418, 423; 25, 269, 287; BGHSt 2, 300; 11, 394; offen gelassen in BGHSt 21, 367 und 40, 113, 118), ihr Fehlen also eine bloße **Prozeßvoraussetzung** bilde. Diese Unsicherheit beruht auf dem Streit um die dogmatische Rechtfertigung der Verjährung, die bei zunehmendem zeitlichen Abstand von der Tat teils aus dem Schwinden der materiellen Strafberechtigung (materielle Theorie), teils aus der Vergänglichkeit der Beweismittel (formelle Theorie) und teils aus beiden Gesichtspunkten (gemischte Theorie) abgeleitet wird (Düsseldorf wistra 92, 108 mwN). § 78 I, der abweichend von § 66 I aF nicht auf den Ausschluß der Strafverfolgung, sondern auf den der „Ahndung der Tat" und der „Anordnung von Maßnahmen" abstellt, spricht mehr als das frühere Recht für die gemischte Theorie (so ausdrücklich die Begr vor § 127 E 1962, S 257; Jescheck/Weigend AT S 912 mwN) und begründet zugleich ihre Vorzugswürdigkeit. Demgegenüber hat der Sonderausschuß die Frage für offen gehalten (BT-Dr V/4095 S 43; zu den Verjährungstheorien näher Lorenz, Die Verjährung in der deutschen Strafgesetzgebung, 1955, S 49; v Stackelberg, Bockelmann-FS, S 75).

2 **b)** Da jedenfalls aber die Verjährung **mindestens auch prozessualer Natur** ist (hM; anders Hilde Kaufmann, Strafanspruch – Strafklagrecht, 1968, S 154; Bloy, Die dogmatische Bedeutung der Strafausschließungs- und Strafaufhebungsgründe, 1976, S 192, beide mwN), führt sie nicht zum Freispruch (aM v Stackelberg aaO [vgl 1] S 765), sondern mit Rücksicht auf den Vorrang der Prozeßvoraussetzungen zur Einstellung des Verfahrens (§§ 206 a, 260 III StPO). Daraus folgt zugleich, daß Verjährung den Ausschluß jeglicher strafrechtlichen Reak-

tion bewirkt, auch wenn sie im strengen Sinne keine „Ahndung" bedeutet, wie etwa das Absehen von Strafe nach § 60.

3 **c)** Die Verjährung schließt auch die **Anordnung von Maßnahmen** (§ 11 I Nr 8) aus (Abs 1; beachte jedoch § 76 a II Nr 1).

4 **2. a)** Der **Ausschluß der Verfolgungsverjährung (Abs 2)** wirkt für den Völkermord nach Art 3 des 9. StÄG auf Taten zurück, die vor dessen Inkrafttreten noch nicht verjährt waren. Entsprechendes gilt für den Mord nach Art 2 des 16. StÄG (8 vor § 1). Während die Rückwirkung beim Völkermord praktisch bedeutungslos war, hat sie für den Mord nach einer langen und wechselvollen Entwicklung mit dem 16. StÄG ihren Abschluß gefunden (näher dazu 5).

5 **b)** Die Frage, ob eine **rückwirkende Verschärfung von Verjährungsvorschriften** mit Art 103 II GG vereinbar und rechtspolitisch wünschenswert sei, war im Zusammenhang mit den Bestrebungen, die schwersten Gewaltverbrechen der NS-Zeit nicht der Verjährung anheimfallen zu lassen, anfangs sehr umstritten (vgl die Nachw in der 20. Aufl unter 5). Das BVerfG (E 25, 269) hat die verfassungsrechtliche Zulässigkeit schon frühzeitig bejaht und dadurch den Weg für das geltende Recht geöffnet. – Inzwischen wird nur noch vereinzelt bestritten, daß die Verjährung selbst dann außerhalb des Schutzbereichs von Art 103 II GG liegt, wenn sie nicht als bloßes Verfolgungshindernis, sondern als gemischt materiellrechtlich-prozessuales Institut (vgl 1) verstanden wird (hM; vgl BVerfG NJW 95, 1145; BGHSt 40, 113, 118; anders Otto Jura 94, 611 und GK 1 S 23; Jakobs NStZ 94, 332, 333, alle mwN).

6 **c)** Abs 2 gilt nicht nur für die vollendete täterschaftliche Begehung von Mord oder Völkermord, sondern auch für **Versuch (§ 22), Teilnahme (§§ 26, 27) und versuchte Beteiligung (§ 30).** Namentlich die Mordbeihilfe wird – wie sich aus Abs 4 (vgl 9) und § 12 III (dort 4), aus dem Sinnzusammenhang des Gesetzes und aus dem eindeutigen Willen des historischen Gesetzgebers ergibt – als unselbständige Erscheinungsform des Mordverbrechens erfaßt (hM; vgl Frankfurt NJW 88, 2900 mwN).

7 **3.** Der **Lauf der Verfolgungsverjährung** ist auf das Erkenntnisverfahren beschränkt. Er endet daher mit Rechtskraft des freisprechenden und namentlich auch des verurteilenden Erkenntnisses (BGHSt 20, 198, 200), also nicht schon des Schuldspruchs, sondern erst des Strafausspruchs (Bremen NJW 56, 1248) einschließlich der Entscheidung über die Strafaussetzung (BGHSt 11, 393). Zugleich beginnt die Vollstreckungsverjährung, die sich uU auf Teile der Entscheidung beschränken kann, weil im übrigen die Verfolgungsverjährung noch weiterläuft; zB wenn Schuld- und Strafausspruch rechtskräftig sind, aber noch über eine Maßregel (Celle NJW 65, 2413) oder über die Kosten (Hamm NJW 67, 1380) zu entscheiden ist. – Kommt es später – etwa durch Wiederaufnahme, Wiedereinsetzung oder Urteilsaufhebung im Verfassungsbe-

schwerdeverfahren – zur Fortsetzung des rechtskräftig abgeschlossenen Verfahrens, so wird der Lauf der Verfolgungsverjährung mit dem Zeitpunkt wieder eröffnet, in dem die Beseitigung der Rechtskraft wirksam wird. Abweichend vom früheren Recht (GA 74, 149) fehlt es aber an einer Rechtsgrundlage für die Annahme, daß damit zugleich eine neue Frist eröffnet werde; denn der Fristbeginn ist in § 78 a ohne die Möglichkeit eines Neubeginns abschließend geregelt (aM Düsseldorf NJW 88, 2251 mit abl Anm Lenzen JR 88, 520; Gössel NStZ 88, 537; Jähnke LK 11, alle mwN; zw). Deshalb ist der Fristablauf nach den allgemeinen Regeln ausgehend von § 78 a zu berechnen, wobei sich die Zeit der Rechtskraft des Urteils ebenso auswirkt wie das Ruhen der Verjährung (§ 78 b I); das folgt daraus, daß in dieser Zeit keine Strafverfolgung zulässig ist, sondern nur die Prüfung und Entscheidung der Frage, ob sie durch Wiederaufnahme von neuem zugelassen werden soll (Lenzen aaO; für den Freispruch aM Nürnberg NStZ 88, 555 mwN).

4. a) Die **Länge der Fristen** (Abs 3) ist von der Zeit der Tatbegehung unabhängig, es sei denn, daß früheres Recht kürzere Fristen vorsah (Art 309 I, III EGStGB). Jede Verkürzung einer Frist wirkt sich ferner auf den vor der Rechtsänderung liegenden Verfahrensabschnitt aus (BGHSt 21, 267; beachte jedoch § 78 c V). – Besondere Fristen kommen in Nebengesetzen vor; wichtig sind namentlich die kurzen Verjährungsfristen, die für die sog Presseinhaltsdelikte in den Landespressegesetzen vorgesehen sind (dazu ua BGHSt 26, 40; 33, 271 mit Anm Bottke JR 87, 167; BGHSt 40, 385; NJW 96, 1905 und 2585; Bay NJW 87, 1711; Hamm NStZ 89, 578; KG JR 90, 124; Köln NStZ 90, 241; Koblenz NStZ 91, 45; Düsseldorf NStZ-RR 97, 59; Franke GA 82, 404). 8

b) Die für die Frist **maßgebende Strafdrohung** wird nach der abstrakten Betrachtungsweise (2 zu § 12) bestimmt (Abs 4). Die obligatorischen Milderungen des AT (zB § 27 II S 2) wirken nicht verkürzend. Daher darf bei der Beihilfe nicht an deren ermäßigten Strafrahmen angeknüpft werden (hM; anders Triffterer NJW 80, 2049; s auch 6). 9

c) Beginn der Frist § 78 a. 10

5. Bei **Zusammentreffen mehrerer Gesetzesverletzungen,** namentlich auch bei Tateinheit (StV 89, 478 und 90, 404; NStZ 90, 80, alle mwN), unterliegt jede ihrer eigenen Verjährung. 11

6. Die Verfolgungsverjährung ist in **jeder Lage des Verfahrens** von Amts wegen zu beachten, und zwar auch dann noch, wenn über den Prozeßgegenstand teilweise schon rechtskräftig entschieden ist (BGHSt 8, 269; 11, 393; 13, 128; s jedoch Düsseldorf VRS 32, 34; Hamm NJW 67, 1380) oder wenn die abschließende Klärung nur durch Einbeziehung nach § 154 a StPO ausgeschiedener Teile der Tat möglich ist (NJW 80, 2821). Das gilt auch in der Revisionsinstanz (RGSt 68, 18), wenn nicht schon die Einlegung des Rechtsmittels unzulässig war (BGHSt 16, 115; aM BGHSt 15, 203; Bay NJW 53, 1402). 12

Die Sachentscheidung hat jedoch Vorrang vor der Verfahrenseinstellung, wenn ein Sachverhalt ohne weiteres die Freisprechung rechtfertigt (BGHSt 13, 75, 80; KG JR 90, 124 mwN) oder wenn ein schwererer Vorwurf nicht erweisbar, die Verfolgung wegen des verbleibenden leichteren Vorwurfs aber durch Verjährung ausgeschlossen ist (BGHSt 36, 340; StV 92, 10, beide mwN; s auch Düsseldorf JR 91, 250 mit Anm Bottke). – Wie beim Strafantrag (6 zu § 77 b) sind auch bei der Verjährung die tatrichterlichen Feststellungen über die Tatzeit für das Revisionsgericht bindend, es sei denn, daß der genaue Zeitpunkt für den Schuldspruch keine Bedeutung hatte. Bleibt aus tatsächlichen Gründen zweifelhaft, ob eine Tat verjährt ist, so gilt der Grundsatz in dubio pro reo (BGHSt 18, 274; NJW 95, 1297 mit abl Bespr Habel NJW 95, 2830; KG aaO, alle mwN).

13 **7.** Zur (modifizierten) Geltung der Verjährungsvorschriften für Taten, die **vor Wirksamwerden des Beitritts** (Art 1 I EV) **in der DDR begangen wurden** (sog Alttaten) 27–27 b zu § 2. – Der **partiell fortgeltende § 84 StGB/DDR** (5 zu § 3), nach dem Verbrechen gegen den Frieden, die Menschlichkeit und die Menschenrechte sowie Kriegsverbrechen „nicht den Bestimmungen dieses Gesetzes über die Verjährung unterliegen“, ist für nach Wirksamwerden des Beitritts begangene Taten nicht relevant (Geiger JR 92, 397, 398). Da die Geltung des StGB für diese Verbrechen auf das Beitrittsgebiet erstreckt worden ist (4 zu § 3), sind dessen Vorschriften nicht nur für die Strafbegründung, sondern auch für die Verjährung maßgebend. – Das **2. VerjährungsG** (27 b zu § 2) gilt nicht nur für Alttaten, sondern zur angemessenen Erfassung der sog Vereinigungskriminalität auch für Taten, die im Beitrittsgebiet vor Ablauf des 31. 12. 1992 begangen worden sind und im Höchstmaß mit Freiheitsstrafe von mehr als einem Jahr bis zu fünf Jahren (Abs 3 Nr 4) bedroht sind (näher 27 b zu § 2).

§ 78 a Beginn

Die Verjährung beginnt, sobald die Tat beendet ist. Tritt ein zum Tatbestand gehörender Erfolg erst später ein, so beginnt die Verjährung mit diesem Zeitpunkt.

1 **1.** Die Vorschrift ist **technisch mißglückt.** Nach § 78 a idF des 2. StrRG (4 vor § 1) sollte die Verjährung mit der Beendigung des „strafbaren Verhaltens“, aber nicht vor Eintritt des tatbestandsmäßigen Erfolges beginnen. Das EGStGB hat jedoch zur Anpassung an den „allgemeinen Sprachgebrauch“ (BT-Dr 7/550 S 215) auf die Beendigung der „Tat“ im ganzen abgestellt und dabei übersehen, daß dieser technische Begriff schon nach § 11 I Nr 5 Tatbestandsverwirklichung, also auch den Eintritt des tatbestandsmäßigen Erfolges, voraussetzt. Auf dieser Grundlage wäre Satz 2 schlechthin unverständlich. § 78 a idF des 2. StrRG sollte aber nur die frühere Rspr zu dem unklaren § 67 IV aF bestätigen (Begr zu § 128 E 1962 S 259), die stets auf das strafbare Ver-

halten, also das Handlungselement der Tat, abgestellt hatte (expl BGHSt 11, 345, 346; 16, 207; 24, 218). Deshalb ist anzunehmen, daß auch nach der Neufassung die Verjährung erst beginnt, wenn das strafbare Verhalten und der zum Tatbestand gehörende Erfolg abgeschlossen vorliegen (Kühl JZ 78, 549, 551; Otto, Lackner-FS, S 715; aM Tröndle 1 und Jähnke LK 1, 2, die sich ausschließlich auf S 1 stützen; anders auch Rudolphi SK 3, 4, der den S 2 nur auf erfolgsqualifizierte Delikte bezieht). Das deckt sich regelmäßig, aber nicht in allen Grenzfällen, mit dem Zeitpunkt, in dem die hM in anderen rechtlichen Zusammenhängen die Beendigung der Tat annimmt (2 vor § 22). Deshalb ist es unbedenklich, entbindet aber nicht von der Notwendigkeit speziell verjährungsorientierter Prüfung, wenn die neuere Rspr aufgrund des Wortlauts von Satz 1 ohne weitere Klarstellung auf die Tatbeendigung abstellt (so zB BGHSt 27, 342; 28, 371, 379; NStZ 83, 559; s auch NJW 89, 2140).

2. Geht man von dieser Auslegung aus (vgl 1), so **beginnt die Verjährung** mit dem einzurechnenden (Karlsruhe VRS 57, 114; Zweibrücken DAR 81, 331; krit Wickern NStZ 94, 572 mit Hinweisen auf die uneinheitliche Rspr des BGH) Tag, an dem das im Tatbestand vorausgesetzte Verhalten und ein etwa zu ihm gehörender Erfolg abgeschlossen vorliegen und außerdem sämtliche Voraussetzungen der Strafbarkeit erfüllt sind, so daß eine Strafverfolgung an sich möglich wäre (BGHSt 16, 207; zT abw Tröndle 2–11). Das fällt häufig, aber keineswegs immer mit der Vollendung zusammen (BGHSt 24, 218). Ist eine den Tatbestand verwirklichende Tätigkeit auch nach Vollendung begrifflich möglich und setzt der Täter sie im Rahmen einer Handlungseinheit durch weitere, auf demselben Vorsatz beruhende Handlungen fort, so beginnt die Verjährung erst, wenn diese Tätigkeit abgeschlossen ist (BGH aaO mit krit Anm Schröder JR 72, 118; BGHSt 28, 169; Bay NJW 96, 669). IdR beginnt danach die Verjährung: 2

a) Beim vollendeten **Tätigkeitsdelikt** mit vollständigem Abschluß der tatbestandsmäßigen Ausführungshandlung. Bei landesverräterischer oder geheimdienstlicher Agententätigkeit (§§ 98, 99) genügt dazu nicht schon die (uU nur vorübergehende) Einstellung der ausgeübten Tätigkeit, sondern erst der Abbruch (oder sonst das Ende) der zugrundeliegenden Beziehung zu der fremden Macht (BGHSt 28, 169; NStZ 96, 129; Bay NJW 96, 268). Die Maßgeblichkeit der Ausführungshandlung gilt auch für das abstrakte Gefährdungsdelikt (32 vor § 13), soweit es als schlichtes Tätigkeitsdelikt ausgestaltet ist (BGHSt 36, 255, 257 mwN); ein Hinausschieben des Verjährungsbeginns bis zum Eintritt der „endgültigen Rechtsgutsverletzung" ist entgegen einer verbreiteten Meinung (vgl etwa Dannecker NStZ 85, 49, 51 mwN) mit der Anknüpfung an das Verhaltenselement der Tat (vgl 1), mit der neueren Rspr zum Verjährungsbeginn beim konkreten Gefährdungsdelikt (vgl 5) und mit dem Bestimmtheitserfordernis des Art 103 II GG schwerlich vereinbar (M-Gössel AT 2 39/40 mwN). 3

4 **b)** Beim vollendeten **Erfolgsdelikt** mit der vollständigen (dazu wistra 89, 97) Verwirklichung des tatbestandsmäßigen Erfolges. – Beim **Betrug** kommt es danach auf das Vorliegen des ganzen Vermögensschadens, dagegen nicht – abweichend von der hM in anderen Fällen der Beendigung (2 vor § 22) – auf den Eintritt der (beabsichtigten) Bereicherung an (RGSt 42, 171; Otto, Lackner-FS, S 715, 723; aM Jähnke LK 5, alle mwN). Da Eingehungs- und Erfüllungsbetrug eine einheitliche Tat bilden und die Schädigung in der Erfüllungsphase eine Vertiefung des Eingehungsschadens bewirkt (64 zu § 263), ist der Zeitpunkt des (vollständigen) Erfüllungsschadens maßgebend (Lackner LK 292–294 zu § 263; aM Otto aaO, beide mwN; zw); das gilt unbestritten für den Rentenbetrug (BGHSt 27, 342 mit Bespr Kühl JZ 78, 549; ebenso Koblenz MDR 93, 70 für den Vermieterbetrug), muß aber auch für den Anstellungsbetrug angenommen werden (Jähnke LK 5; Sch/Sch-Stree 4; aM BGHSt 22, 38 mit abl Anm Schröder JR 68, 346, alle mwN). – Da auch bei der **Körperverletzung** der jeweils verursachte Körperschaden (unter Ausschluß sog Spätschadens) vollständig eingetreten sein muß, kommt in Frage, daß die Beendigung – zB bei Dauereinwirkung durch giftige Holzschutzmittel (sehr weit LG Frankfurt ZUR 94, 33, 37 mit krit Bespr Schulz ZUR 94, 26, 28) – erst nach Eintritt mehrerer Körperschäden erreicht wird.

5 **c)** Beim **konkreten Gefährdungsdelikt** (32 vor § 13) mit Eintritt, nicht erst mit Beendigung des Gefahrzustandes (BGHSt 32, 293; Düsseldorf NJW 89, 537, beide mwN; zw).

6 **d)** Bei **mehrfacher Verwirklichung** desselben Tatbestandes in natürlicher oder tatbestandlicher Handlungseinheit mit Abschluß des letzten Einzelaktes (BGHSt 14, 258). Dasselbe soll auch bei fortgesetzter Tat (beachte 13 vor § 52) gelten (BGHSt 1, 84; 36, 105, 109 mit Anm Schlüchter NStZ 90, 180; NJW 85, 1719 mit abl Anm Puppe JR 85, 245; NJW 91, 1316; mit Recht aM Rüping GA 85, 437; Stree, Krause-FS, S 393, 398; Foth, in: Bruchhausen ua [Hrsg], FS für R Nirk, 1992, S 293; Schumann StV 92, 392; Sch/Sch-Stree 33 vor § 52; anders jetzt auch wistra 94, 57, alle mwN; zur Verfassungsmäßigkeit dieser Rspr BVerfG NJW 92, 223; zu Besonderheiten bei Presseinhaltsdelikten [8 zu § 78] BGHSt 25, 347; 27, 18; 33, 271; Groß NJW 78, 918, 920).

7 **e)** Beim **Dauerdelikt** mit Beendigung (RGSt 44, 424; Hamburg MDR 70, 441), beim Zustandsdelikt mit Eintritt des rechtswidrigen Zustandes.

8 **f)** Beim echten **Unterlassungsdelikt** mit Wegfall der Handlungspflicht (wistra 92, 23; Stuttgart VRS 33, 273; beachte auch NJW 84, 2372), also nicht notwendig schon mit Ablauf einer für das Handeln gesetzten Frist (BGHSt 28, 371, 380; Düsseldorf MDR 85, 342). Zum unechten Unterlassungsdelikt Schmidt JR 66, 127; zur Nichtabgabe von Steuererklärungen NJW 91, 1315; Schäfer, Dünnebier-FS, S 541,

542; Schmitz wistra 93, 248; s auch BGHSt 38, 165, 170; 39, 233, 234; Riehl wistra 96, 130, alle mwN.

g) Beim **Versuch** mit dem tatsächlichen Ende der Tätigkeit, die der Vollendung dienen soll, also nicht mit der Beendigung des Versuchs im Sinne des § 24 (BGHSt 36, 105, 117 mwN). Ob beim tauglichen Versuch eines Erfolgsdelikts Besonderes gilt, ist noch nicht abschließend geklärt (offen gelassen in BGH aaO und wistra 88, 185). 9

h) Bei **Beteiligung mehrerer** mit dem Zeitpunkt, in dem die Verjährung der gemeinschaftlichen Tat oder der Haupttat beginnt (RGSt 5, 282; s auch wistra 84, 21; str). Wurde jedoch der Tatbeitrag einzelner, etwa weil sich die Beteiligung nur auf den Teilakt einer Handlungseinheit bezog (BGHSt 20, 227), schon vorher beendigt, wirkt sich das auch auf den Verjährungsbeginn aus (StV 90, 404); für den nach § 73 III durch die Tathandlung Begünstigten läuft, weil er nicht Tatbeteiligter ist, keine selbständige Verjährungsfrist (wistra 91, 102). 10

§ 78 b Ruhen

(1) **Die Verjährung ruht**

1. **bis zur Vollendung des achtzehnten Lebensjahres des Opfers bei Straftaten nach den §§ 176 bis 179,**
2. **solange nach dem Gesetz die Verfolgung nicht begonnen oder nicht fortgesetzt werden kann; dies gilt nicht, wenn die Tat nur deshalb nicht verfolgt werden kann, weil Antrag, Ermächtigung oder Strafverlangen fehlen.**

(2) **Steht der Verfolgung entgegen, daß der Täter Mitglied des Bundestages oder eines Gesetzgebungsorgans eines Landes ist, so beginnt die Verjährung erst mit Ablauf des Tages zu ruhen, an dem**

1. **die Staatsanwaltschaft oder eine Behörde oder ein Beamter des Polizeidienstes von der Tat und der Person des Täters Kenntnis erlangt oder**
2. **eine Strafanzeige oder ein Strafantrag gegen den Täter angebracht wird (§ 158 der Strafprozeßordnung).**

(3) **Ist vor Ablauf der Verjährungsfrist ein Urteil des ersten Rechtszuges ergangen, so läuft die Verjährungsfrist nicht vor dem Zeitpunkt ab, in dem das Verfahren rechtskräftig abgeschlossen ist.**

(4) **Droht das Gesetz strafschärfend für besonders schwere Fälle Freiheitsstrafe von mehr als fünf Jahren an und ist das Hauptverfahren vor dem Landgericht eröffnet worden, so ruht die Verjährung in den Fällen des § 78 Abs. 3 Nr. 4 ab Eröffnung des Hauptverfahrens, höchstens jedoch für einen Zeitraum von fünf Jahren; Absatz 3 bleibt unberührt.**

Fassung: Abs 4 durch **RPflEntlG** (12 vor § 1) angefügt (aus den **Gesetzesmaterialien** vgl BT-Dr 12/3832 S 44 und den Übersichtsbeitrag Siegismund/Wickern wistra 93, 136, 141). – Das **30. StÄG** hat Abs 1 durch Einfügung der Nr 1 (Ruhen der Verjährung bei bestimmten Sexualstraftaten) erweitert. Die Vorschrift soll dem Umstand Rechnung tragen, daß Kinder und Jugendliche, die Opfer schweren sexuellen Mißbrauchs im Familien- oder Nahbereich geworden sind, infolge ihres altersbedingten Entwicklungsstandes die an ihnen begangenen Taten oft noch nicht richtig begreifen oder sie unter dem Druck ihrer Familie oder sonst nahestehender Personen verschweigen. Das begründet nicht nur in Ausnahmefällen die Gefahr, daß die Vorgänge erst bekannt werden, wenn eine Strafverfolgung wegen Verjährung nicht mehr möglich ist (BT-Dr 12/2975 S 4). Über die Notwendigkeit, den Lauf der Verjährung aus diesem Grunde hinauszuschieben, bestand in den Beratungen der Gesetzentwürfe Einverständnis; umstritten war nur, ob das Ruhen bis zur Vollendung des 18. Lebensjahres des Opfers erstreckt werden sollte oder ob dem kriminalpolitischen Bedürfnis eine Begrenzung auf das 14. Lebensjahr genügte (dazu BT-Dr 12/6980 S 5). Im Plenum des BTages hat sich die strengere Alternative durchgesetzt, die einerseits dem Umstand besser Rechnung trägt, daß Kinder und Jugendliche vor Eintritt der Volljährigkeit meist nicht in der Lage sind, das Erlebte eigenverantwortlich und umfassend zu bewerten, die andererseits aber namentlich bei den längeren, für die §§ 176 I–IV, 177, 178 und 179 II maßgebenden Verjährungsfristen die Strafverfolgung im Einzelfall in einem Maße offenhalten kann, das mit dem Grundsatz der Aburteilung in angemessener Zeit – was ua ein Vergleich mit ausländischem Recht nahelegt (zB zum schweizerischen Recht Arzt, in: Gauch ua [Hrsg], Familie und Recht, 1995, S 13) – nicht vereinbar ist (aus den **Gesetzesmaterialien** vgl die Initiativvorlagen der SPD-Fraktion [BT-Dr 12/2975] und der Gruppe Bündnis 90/Die Grünen [BT-Dr 12/3825], die Beschlußempfehlung und den Bericht des BT-Rechtsausschusses [BT-Dr 12/6980], die Änderungsanträge zur 2. Lesung [BT-Dr 12/7414 und 7438] und die Beratungen im Plenum des BTages (SBer 12, 19500). **Inkrafttreten:** 30. 6. 1994.

1 **1.** Das **Ruhen der Verfolgungsverjährung** hemmt den Beginn und den Weiterlauf aller für den Eintritt der Verjährung maßgebenden Fristen; es schiebt deshalb auch den Zeitpunkt hinaus, in dem nach § 78 c III S 2 die Verjährung spätestens eintritt, und zwar nicht nur in den Fällen des § 78 b (§ 78 c III S 3), sondern auch sonst, wenn das Gesetz – zB in §§ 153 a III, 154 e III StPO und § 396 III AO – das Ruhen der Verjährung vorsieht (hM; vgl Bay NStZ 90, 280; Karlsruhe wistra 90, 205; anders Grezesch wistra 90, 289, alle mwN; zw). Nach Beendigung des Ruhens beginnt – anders als bei der Unterbrechung (§ 78 c) – keine neue Frist; die vor dem Ruhen verstrichene Zeit wird daher mitgerechnet.

1 a **2.** Der neu eingefügte **Abs 1 Nr 1** (vgl vor 1) schiebt nur bei den genannten (nicht anderen) Delikten den Beginn der Verjährungsfrist bis zur Vollendung des 18. Lebensjahres des Opfers auf; bei dessen vorheri-

gem Tod ist der Todeszeitpunkt maßgebend (Sch/Sch-Stree 3; aM Jähnke LK 1 a). Er gilt auch für bereits begangene Taten, es sei denn, daß deren Verfolgung schon bei seinem Inkrafttreten verjährt waren (Art 2 des 30. StÄG). – Idealkonkurrierende Taten (zB nach §§ 173, 174, 182, 223 ff, 240) unterliegen mangels gesetzlicher Grundlage für ihre Einbeziehung (krit Sch/Sch-Stree 3) ihrer eigenen Verjährung (11 zu § 78). – Da für die Fristberechnung nicht die Stunde, sondern der Tag der Geburt maßgebend ist (§§ 186, 187 II S 2 BGB), endet das Ruhen mit Ablauf des dem Geburtstag vorhergehenden Tages.

3. Nach **Abs 1 Nr 2** ruht die Verjährung – vorbehaltlich der Aus- 2
nahmen im 2. Halbs – **allgemein,** wenn ein inländisches (RGSt 40, 402) oder sonst für die deutsche Gerichtsbarkeit verbindliches **Gesetz** die Verfolgung der Tat, dh alle (nicht nur einzelne) Verfolgungshandlungen, entweder im Einzelfall oder allgemein ausschließt.

a) Hierher gehören namentlich die Vorschriften über die **Immuni-** 3
tät der BTag-Abgeordneten (Art 46 II GG, Bremen NJW 66, 743; s auch Nr 191, 192 RiStBV), der Landtagsabgeordneten (§ 152 a StPO) und des BPräs (Art 60 IV GG). – **Abs 2,** der nur das frühere Recht bestätigt (BGHSt 20, 248), ist auf den BPräs entsprechend anwendbar (zur Verfassungsmäßigkeit der Nr 2 BVerfGE 50, 42).

b) Hierher gehören ferner die Vorschriften, nach denen Beginn oder 4
Fortsetzung des Strafverfahrens von einer in einem anderen Verfahren zu entscheidenden **Vorfrage** abhängt (zB § 238 II). Bedeutsam ist die Hemmung der Verjährung unter diesem Gesichtspunkt namentlich für die Normenkontrollverfahren nach Art 100, 126 GG (BVerfGE 7, 29, 36; Hamm GA 69, 63; str); hier hemmt erst die Vorlage an das BVerfG den Lauf der Verjährung, so daß es nicht genügt, wenn lediglich das Verfahren ausgesetzt und eine in anderer Sache anstehende verfassungsgerichtliche Entscheidung abgewartet wird (BGHSt 24, 6; Düsseldorf NJW 68, 117).

c) Nicht hierher gehören Vorschriften, nach denen das Verfahren 5
nach **richterlichem Ermessen** ausgesetzt werden kann (zB § 262 II StPO). Ferner steht die **Todeserklärung** der Verfolgung rechtlich nicht entgegen (Reissfelder NJW 64, 1891). Auch bloß **tatsächliche Hinderungsgründe,** wie Geisteskrankheit oder Abwesenheit, genügen nicht (RGSt 52, 36).

d) Zum Ruhen der Verjährung bei konkurrierender Gerichtsbarkeit 6
des Entsende- und des Aufnahmestaates nach dem **NATO-Truppenstatut** Celle NJW 65, 1673; LG Krefeld NJW 65, 310; LG Duisburg NJW 65, 643; Maier NJW 74, 1935; Schwenk JZ 76, 581). – Für Taten, die während der **NS-Zeit** oder der **Besatzungszeit** nach dem 2. Weltkrieg begangen wurden, kommen noch weitere Gründe in Frage, die ein vorübergehendes Ruhen der Verjährung bewirkt haben, aber nur noch ganz ausnahmsweise für die Entscheidung relevant sind (vgl etwa § 1 I BerechnungsG; § 5 I Ges v 30. 5. 1956 [BGBl I 437];

BVerfGE 25, 269; BGHSt 1, 84; 2, 54; 18, 367; 23, 137; NJW 52, 271, 62, 2308 und 95, 1297 mit Anm Scholz JR 96, 117; beachte auch 8).

7 **4. Abs 3** hemmt den **Fristablauf nach dem Urteil im ersten Rechtszug** (krit dazu Kohlmann, Pfeiffer-FS, S 203, 212); auf den Inhalt des Urteils (zB Freisprechung oder Verfahrenseinstellung) und seine sachliche Richtigkeit kommt es nicht an (BGHSt 32, 209 mwN). Die Hemmungswirkung, die gegenüber § 78 c III S 2 Vorrang hat (vgl dort S 3), reicht bis zum Eintritt der Rechtskraft des das Verfahren abschließenden Urteils; bewirkt dieses keinen Strafklageverbrauch (zB bei Einstellung wegen örtlicher Unzuständigkeit), so wird der Lauf der Verfolgungsverjährung wieder eröffnet und die Frist so berechnet, als ob keine Hemmung nach Abs 3 eingetreten wäre (Düsseldorf JR 93, 77 mit Anm Ulsenheimer wistra 92, 111 und Stree JR 93, 79; aM Jähnke LK 16, alle mwN). – Kommt es später zu einer Wiederaufnahme, so bedarf die Frage der Verjährung unabhängig von Abs 3 neuer Prüfung (s auch 7 zu § 78).

7 a **5. Abs 4** (vgl vor 1) knüpft an mehrere in der Vergangenheit gescheiterte Gesetzgebungsvorhaben an (vgl etwa BT-Dr 10/272), in Großverfahren, die vor dem Landgericht eröffnet sind, die Verfahrenseinstellung wegen absoluter Verjährung während des Hauptverfahrens zu verhüten (zusf Siegismund/Wickern wistra 93, 136, 141). Die Vorschrift mag namentlich in Wirtschaftsstrafsachen (Betrug, Subventionsbetrug, Untreue, Bankrottdelikte usw) ein praktisches Bedürfnis befriedigen (dazu BT-Dr 12/3832 S 44). Sie ist zwar verfassungsmäßig (BVerfG NJW 95, 1145), aber deshalb problematisch, weil sie der Tendenz zur Verlängerung von Strafverfahren Vorschub leistet und weil auch die Anknüpfung an die Rechtsfigur der besonders schweren Fälle zahlreiche Delikte in den Anwendungsbereich einbezieht, bei denen sich bisher kein Bedürfnis für eine Hemmung der Verjährung ergeben hat (zB Schwerer Diebstahl nach § 243) und in Grenzbereichen auch Ungereimtheiten entstehen können (zB Unanwendbarkeit beim Offenbaren von Staatsgeheimnissen nach § 95 I, weil das Hauptverfahren nicht vor dem LG, sondern dem OLG stattfindet, Rieß AnwBl 93, 51, 56). – Die Vorschrift betrifft unterschiedslos alle Taten, für die eine Freiheitsstrafe von **höchstens 5 Jahren** (§ 78 III Nr 4), in besonders schweren Fällen aber eine höhere Freiheitsstrafe angedroht und deretwegen das Hauptverfahren vor dem Landgericht eröffnet ist (Koblenz NStZ-RR 96, 229). Sie hemmt den Eintritt der absoluten Verjährung nach § 74 c III (dort S 2). Als Verfahrensvorschrift gilt sie auch für zur Zeit ihres Inkrafttretens bereits eröffnete Verfahren (Koblenz aaO mwN). **Besonders schwere Fälle** 7–21 zu § 46. – **Eröffnung des Hauptverfahrens** § 203 StPO. – Verfahren **vor dem Landgericht** §§ 74–74 e GVG. – Ergeht vor Ablauf der Verjährungshemmung nach Abs 4 das **Urteil** (vgl 7), so ist diese spezielle Hemmung erledigt. Die weitere Verjährung bestimmt sich ausschließlich nach den Ausführungen unter 7.

6. Zum Ruhen der Verjährung von Taten, die in der **DDR** begangen, aber aus politischen Gründen nicht verfolgt worden sind (Staats- und Regierungskriminalität), 27 a zu § 2. 8

§ 78 c Unterbrechung

(1) **Die Verjährung wird unterbrochen durch**

1. die erste Vernehmung des Beschuldigten, die Bekanntgabe, daß gegen ihn das Ermittlungsverfahren eingeleitet ist, oder die Anordnung dieser Vernehmung oder Bekanntgabe,

2. jede richterliche Vernehmung des Beschuldigten oder deren Anordnung,

3. jede Beauftragung eines Sachverständigen durch den Richter oder Staatsanwalt, wenn vorher der Beschuldigte vernommen oder ihm die Einleitung des Ermittlungsverfahrens bekanntgegeben worden ist,

4. jede richterliche Beschlagnahme- oder Durchsuchungsanordnung und richterliche Entscheidungen, welche diese aufrechterhalten,

5. den Haftbefehl, den Unterbringungsbefehl, den Vorführungsbefehl und richterliche Entscheidungen, welche diese aufrechterhalten,

6. die Erhebung der öffentlichen Klage,

7. die Eröffnung des Hauptverfahrens,

8. jede Anberaumung einer Hauptverhandlung,

9. den Strafbefehl oder eine andere dem Urteil entsprechende Entscheidung,

10. die vorläufige gerichtliche Einstellung des Verfahrens wegen Abwesenheit des Angeschuldigten sowie jede Anordnung des Richters oder Staatsanwalts, die nach einer solchen Einstellung des Verfahrens oder im Verfahren gegen Abwesende zur Ermittlung des Aufenthalts des Angeschuldigten oder zur Sicherung von Beweisen ergeht,

11. die vorläufige gerichtliche Einstellung des Verfahrens wegen Verhandlungsunfähigkeit des Angeschuldigten sowie jede Anordnung des Richters oder Staatsanwalts, die nach einer solchen Einstellung des Verfahrens zur Überprüfung der Verhandlungsfähigkeit des Angeschuldigten ergeht, oder

12. jedes richterliche Ersuchen, eine Untersuchungshandlung im Ausland vorzunehmen.

Im Sicherungsverfahren und im selbständigen Verfahren wird die Verjährung durch die dem Satz 1 entsprechenden Handlungen zur Durchführung des Sicherungsverfahrens oder des selbständigen Verfahrens unterbrochen.

(2) **Die Verjährung ist bei einer schriftlichen Anordnung oder Entscheidung in dem Zeitpunkt unterbrochen, in dem die Anordnung oder Entscheidung unterzeichnet wird. Ist das Schriftstück nicht alsbald nach der Unterzeichnung in den Geschäftsgang gelangt, so ist der Zeitpunkt maßgebend, in dem es tatsächlich in den Geschäftsgang gegeben worden ist.**

(3) **Nach jeder Unterbrechung beginnt die Verjährung von neuem. Die Verfolgung ist jedoch spätestens verjährt, wenn seit dem in § 78 a bezeichneten Zeitpunkt das Doppelte der gesetzlichen Verjährungsfrist und, wenn die Verjährungsfrist nach besonderen Gesetzen kürzer ist als drei Jahre, mindestens drei Jahre verstrichen sind. § 78 b bleibt unberührt.**

(4) **Die Unterbrechung wirkt nur gegenüber demjenigen, auf den sich die Handlung bezieht.**

(5) **Wird ein Gesetz, das bei der Beendigung der Tat gilt, vor der Entscheidung geändert und verkürzt sich hierdurch die Frist der Verjährung, so bleiben Unterbrechungshandlungen, die vor dem Inkrafttreten des neuen Rechts vorgenommen worden sind, wirksam, auch wenn im Zeitpunkt der Unterbrechung die Verfolgung nach dem neuen Recht bereits verjährt gewesen wäre.**

1 **1.** Die **Unterbrechung der Verfolgungsverjährung** bewirkt, anders als das Ruhen (§ 78 b), daß mit dem einzurechnenden Tag des Unterbrechungsaktes (Bay MDR 59, 325; Karlsruhe Justiz 73, 26) die Frist **von neuem** zu laufen beginnt (Abs 3 S 1). Der bereits abgelaufene Teil bleibt jedoch insofern bedeutsam, als er zur Erreichung des Zeitpunktes beiträgt, mit dem nach Abs 3 S 2 die Verfolgung spätestens verjährt. Im übrigen sind Unterbrechungshandlungen beliebig oft möglich, auch bei Antragsdelikten, wenn der Antrag noch nicht gestellt ist (NJW 57, 470). Durch eine nach § 2 III rückwirkende, mit Verkürzung der Verjährungsfrist verbundene Milderung des materiellen Rechts (vgl 8 zu § 78) werden wirksam vorgenommene Unterbrechungshandlungen nicht berührt (beachte auch Art 309 II, IV EGStGB; München MDR 79, 1045; Brause NJW 78, 2104).

2 **2.** Nur die in **Abs 1** beschriebenen (richterlichen und nichtrichterlichen) Handlungen von inländischen (BGHSt 1, 325) Verfolgungsorganen in inländischen Ermittlungs- und Strafverfahren (Bay NStZ 93, 441: keine Unterbrechung durch inländische Rechtshilfe auf ausländisches Ersuchen) unterbrechen die Verjährung; eine entsprechende Anwendung auf andere Handlungen ist unzulässig (LG Kaiserslautern NStZ 81, 438 mit Anm Lilie).

3 **a) Nr 1:** Die **Unterbrechungsmöglichkeiten** der ersten Vernehmung, Bekanntgabe und Anordnung durch Polizei (Karlsruhe NZV 94, 291), StA oder Richter sind nur alternativ (Hamm NJW 70, 1934;

s auch Bay NStZ-RR 96, 46; zusf Schäfer, Dünnebier-FS, S 541, 553). Unterbrechungswirkung hat meist schon die Anordnung; die Bekanntgabe unterbricht für sich allein nur, wenn eine Anordnung fehlt und wenn sie der ersten Vernehmung zeitlich vorausgeht (Bremen NJW 70, 720), andernfalls treffen Bekanntgabe und Vernehmung wegen §§ 136 I S 1, 163 a IV S 1 StPO notwendig zusammen und unterbrechen gemeinsam (Tröndle 11). – **Vernehmung** ist förmliche Gelegenheit zur Äußerung des Beschuldigten gegenüber Polizei, StA oder Richter; bloß informatorische Befragung oder Vernehmung als Zeuge genügen nicht (Hamm VRS 41, 384; Bay VRS 44, 62), auch nicht die Anhörung lediglich des Verteidigers, selbst wenn dieser ausnahmsweise (zB nach §§ 234, 411 II StPO) Vertretungsbefugnis hat (Rudolphi SK 14; aM Bay MDR 83, 429; zw). Ob sich der Beschuldigte zur Sache geäußert hat, ist unerheblich (BT-Dr 7/1261 S 9). – **Bekanntgabe** ist die nicht formgebundene (BGHSt 30, 215, 217; Hamm NJW 70, 1934), die Verdachtsgrundlage mindestens zusammenfassend bezeichnende (Bay wistra 88, 81; probl LG Hildesheim StV 93, 368) Mitteilung an den Beschuldigten über die Einleitung des Ermittlungsverfahrens, ohne Rücksicht auf ihren Zugang (BGHSt 25, 6; Koblenz MDR 76, 780). Die Übersendung eines Anhörungsbogens, der auch durch Computer und mit privater Hilfe hergestellt sein kann (Dresden NZV 96, 210), an den Beschuldigten (nicht lediglich an den Fahrzeughalter mit dem Ersuchen der Weiterleitung an den der Verfolgungsbehörde unbekannten Fahrer, BGHSt 24, 321 mit abl Anm Kleinknecht JZ 72, 748; Koblenz VRS 57, 129) genügt dazu in jedem Falle (BGH aaO; s auch BGHSt 25, 6, 344); daher ist unerheblich, ob darin oder in der nachfolgenden schriftlichen Äußerung zugleich eine erste Vernehmung gesehen werden kann (vgl ua Bay VRS 41, 213; Saarbrücken VRS 42, 137; str). – Als **Anordnung** genügt auch der Auftrag an die Polizei zur Vernehmung des Beschuldigten (beachte dazu Karlsruhe NZV 94, 291). Nicht genügen dagegen: ein bloßer Ermittlungsauftrag, in dessen Rahmen auch der Beschuldigte vernommen werden soll (NStZ 85, 545; s auch Bay NStZ-RR 96, 46; probl Düsseldorf VRS 87, 142); ein Ermittlungsauftrag gegen „Unbekannt", auch wenn sich ein geeignetes Beweisfoto bei den Akten befindet (NJW 97, 598 mwN, str), oder eine nur mündliche, nicht aktenkundig gemachte behördeninterne Weisung (Bay VRS 60, 126; Tröndle 10).

b) Nr 2: Jede einzelne **richterliche Vernehmung** (§ 136 StPO) 4
des Beschuldigten (sei es auch nur zur Person, Hamm MDR 79, 781) oder deren vorausgegangene Anordnung hat Unterbrechungswirkung; die Vernehmung eines Mitbeschuldigten genügt nicht (Bay VRS 57, 42 mwN; str). Die Alternativität begründet auch hier (vgl 3) den Vorrang der Anordnung (BGHSt 27, 110), die jedoch nur der zugehörigen Vernehmung vorgeht, nicht auch der wiederholten Anordnung (Hamm VRS 52, 43; Hamburg MDR 77, 603) oder der Ladungsverfügung des ersuchten Richters (BGH aaO mwN; str). Die mit der Anberaumung

einer Hauptverhandlung (vgl 10) verbundene (unselbständige) Ladung des Angeklagten schließt die Unterbrechungswirkung einer Vernehmung in der Hauptverhandlung nicht aus (BGHSt 27, 144 mit Anm Göhler JR 78, 126; str).

5 **c) Nr 3:** Vgl §§ 73 ff StPO (zusf Schäfer, Dünnebier-FS, S 541, 556). Beauftragung ist die zwar nicht formgebundene, aber für die anderen Verfahrensbeteiligten erkennbar gemachte Aufforderung an einen **Sachverständigen,** zu einem bestimmten Beweisthema ein Gutachten zu erstatten (bei Holtz MDR 78, 986 mwN). Dazu kann der behördeninterne Auftrag an einen als „Wirtschaftsreferent" eingesetzten Sachbearbeiter genügen (Zweibrücken NJW 79, 1995); jedoch muß er die für die anderen Verfahrensbeteiligten nach Inhalt und Zeitpunkt erkennbare Anordnung enthalten, daß der Beauftragte eigenverantwortlich und frei von Weisungen (NStZ 84, 215) ein Gutachten zu einem bestimmten Beweisthema erstatten soll (BGHSt 28, 381; bei Holtz MDR 86, 976). Im gerichtlichen Verfahren kommt es auf den Beschluß über die Beauftragung, nicht auf dessen geschäftsmäßige Ausführung an (BGHSt 27, 76; Köln MDR 81, 166; str). Der Auftrag, ein erstattetes Gutachten im Rahmen des Auftrages nur zu ergänzen, hat keine (erneute) Unterbrechungswirkung (Bay MDR 77, 252); sonst unterbricht jedoch nicht nur der erste, sondern jeder weitere Gutachtenauftrag die Verjährung (Düsseldorf NZV 94, 118). – Für die **Bekanntgabe** genügt es, wenn sie den Beschuldigten formlos darüber „ins Bild setzt", daß und weshalb gegen ihn ermittelt wird (NStZ 90, 436; s auch 3).

6 **d) Nr 4:** Vgl §§ 98, 100, 105, 111 e, 111 p, 290 I StPO. Erfaßt werden auch richterliche Entscheidungen, die nichtrichterliche **Beschlagnahmen** (§ 98 II, III StPO) bestätigen (Tröndle 14), nicht dagegen das bloße richterliche Erfordern (§ 95 I StPO), einen Gegenstand vorzulegen oder auszuliefern (LG Kaiserslautern NStZ 81, 438 mit Anm Lilie).

7 **e) Nr 5:** Vgl §§ 114, 126 a, 134 StPO. Ein Beschluß nach § 116 StPO enthält nach der Rspr auch ohne ausdrücklichen Ausspruch die Entscheidung, daß der Haftbefehl aufrechterhalten wird (BGHSt 39, 233 mwN; str).

8 **f) Nr 6:** Vgl § 170 I StPO. Maßgebend ist der Eingang der **Anklageschrift** bei Gericht (Köln VRS 51, 129; Karlsruhe VRS 57, 114; s auch BGHSt 26, 384). Auch der Antrag auf Erlaß eines Strafbefehls (§ 407 I StPO), der nur eine besondere Art der Klageerhebung ist, genügt (Sch/Sch-Stree 14; s auch Bay MDR 84, 427), jedoch nicht der Antrag auf Aburteilung im beschleunigten Verfahren, weil er nach § 418 III S 2 StPO der Anklageerhebung vorausgeht (Göhler NStZ 81, 55, 56).

9 **g) Nr 7:** Vgl § 203 StPO. Es kommt auf die Unterzeichnung des **Eröffnungsbeschlusses,** nicht dessen Zustellung an (Göhler 42 zu

§ 33). Auch wenn an dem Beschluß ein kraft Gesetzes ausgeschlossener Richter (§ 22 StPO) mitgewirkt hat, wird die Verjährung unterbrochen (BGHSt 29, 351 mit Anm Meyer-Goßner JR 81, 379; str).

h) Nr 8: Erfaßt werden ua auch: kurzfristige Anberaumung im beschleunigten Verfahren (§ 418 I StPO); Anberaumung nach ausgesetzter Hauptverhandlung oder nach vorläufiger Einstellung gemäß § 154 II StPO (Celle NStZ 85, 218 mit abl Anm Schoreit; aM Beulke JR 86, 50; zw); Verlegung eines anberaumten Termins (Köln VRS 69, 451); und Anberaumung durch einen abgelehnten Richter (Köln VRS 59, 428). Beachte Düsseldorf VRS 51, 215; Hamm NJW 77, 690 und DAR 77, 194; Koblenz VRS 67, 52; s auch 4. 10

i) Nr 9: Vgl § 407 StPO. Das Urteil selbst scheidet aus, weil es nach § 78 b III das Ruhen der Verjährung bewirkt; eine andere, **dem Urteil entsprechende Entscheidung** ist zB die Verurteilung zu Strafe nach § 59 b I, der Einstellungsbeschluß wegen eines (vermeintlichen) Verfahrenshindernisses nach § 206 a I StPO (Bay MDR 77, 603; s auch Stuttgart NStZ 81, 105) oder die selbständige Einziehung nach § 441 II StPO. 11

k) Nr 10: Vgl §§ 205, 285 ff StPO. Die Vorschrift betrifft nur den „Angeschuldigten", setzt also voraus, daß öffentliche Klage erhoben ist (NStZ-RR 96, 163 mwN). Bloße „Vertagung des Verfahrens auf unbestimmte Zeit" genügt nicht (Köln VRS 57, 432), wohl aber vorläufige Einstellung aufgrund irriger Annahme der Abwesenheit (Köln VRS 51, 214; Bay VRS 58, 389 mwN). Bei Anordnungen zur Aufenthaltsermittlung oder zur Beweissicherung muß die vorausgegangene vorläufige Einstellung im Zeitpunkt der Anordnung noch andauern (Bay VRS 62, 288; beachte auch BGHSt 37, 145 mit Anm Temming NStZ 90, 585). – Die Gestellungsmaßregel der Vermögensbeschlagnahme nach § 290 StPO ist zwar Bestandteil eines Verfahrens, das im ganzen der Beweissicherung dient (§ 285 I StPO), selbst aber nur eine Maßnahme zur Erzwingung der Gestellung; sie wird daher nur durch Nr 4 erfaßt (zw). 12

l) Nr 11: Vgl § 205 StPO. 13

m) Nr 12: Ausland 6 vor § 3. Auch das Ersuchen um Übernahme der Verfolgung durch eine ausländische Stelle gehört hierher (Göhler 28 zu § 33; aM Tröndle 22; zw). 14

n) Satz 2: Sicherungsverfahren §§ 413–416 StPO. Im selbständigen Verfahren (§§ 440–442 StPO) haben die dem Satz 1 entsprechenden Handlungen Unterbrechungswirkung auch dann, wenn keine bestimmte Person verfolgt oder verurteilt werden kann (BT-Dr 10/318 S 42; beachte auch 11). Bei Vernehmungen nach Satz 1 Nr 1, 2 kommt es auf die Personen an, gegen die sich die Maßnahme richtet (BT-Dr aaO). 15

16 **3.** Unterbrechungshandlungen (vgl 2–15), die **ohne sachlichen Anlaß nur zum Zweck der Unterbrechung** vorgenommen werden, genügen nicht. Diese im früheren Recht anerkannte (BGHSt 9, 198, 203; 12, 335) und rechtsstaatlich gebotene Beschränkung unter Hinweis auf die in Abs 1 vorgenommene Formalisierung der Unterbrechungshandlungen aufzugeben, besteht kein hinreichender Grund (Rudolphi SK 7; wohl auch BGHSt 25, 6, 8; aM Bay MDR 80, 253; Tröndle 7; Göhler 3 zu § 33; diff Beulke JR 86, 50, 55; Jähnke LK 11, alle mwN). Zwar sind die meisten Unterbrechungshandlungen zur Umgehung der Verjährung ungeeignet; einzelne (zB die richterliche Vernehmung des Beschuldigten und die Beauftragung eines Sachverständigen) können jedoch nach wie vor zu diesem Zweck mißbraucht werden. Deshalb bleibt der Grundsatz, daß wahllose Unterbrechungen dem Sinn der Verjährung widersprechen und daß Verjährungsvorschriften loyal zu handhaben sind (BGHSt 11, 335), unverändert wichtig (s auch Nr 22 RiStBV). – Dient eine Handlung konkret der Verfahrensförderung, so schadet es nicht, wenn mit ihr der Unterbrechungszweck verbunden wird (KG VRS 34, 198), es sei denn, daß sich ihre Vornahme ausschließlich als verfahrensverzögernder Umweg zur Umgehung der Verjährungsvorschriften darstellt (BGHSt 11, 335; 15, 234; einschr Karlsruhe VRS 62, 289). Ob eine Handlung infolge nachträglich eingetretener oder bekannt gewordener Umstände zurückgenommen wird, ist unerheblich (Stuttgart NJW 68, 1340; Bremen StV 90, 25; s auch NStZ 85, 545).

17 **4.** Soweit Unterbrechungshandlungen nur **schriftlich** vorgenommen werden können (zB Abs 1 S 1 Nr 4–9), müssen sie von dem Verfolgungsorgan unterzeichnet sein; bei behördeninternen Anweisungen reicht Abzeichnung durch bloße Paraphe (Koblenz JR 81, 42 mit Anm Göhler). Die Voraussetzungen anderer Unterbrechungshandlungen müssen sich aus dem aktenkundigen Inhalt (Aktennotiz genügt) der Verfolgungshandlung, allenfalls iVm dem übrigen Akteninhalt, ergeben (Frankfurt VRS 59, 134). Bei der einschneidenden Bedeutung der Verjährungsvorschriften ist nicht nur behördeninternen (dazu 3), sondern allen **mündlich** vorgenommenen Unterbrechungshandlungen (zB der Bekanntgabe nach Abs 1 S 1 Nr 1) die Anerkennung zu versagen, wenn darüber keine Aktennotiz vorliegt und auch sonst keine konkreten Anhaltspunkte aus den Akten hervorgehen, so daß sich der Beweis ausschließlich auf persönliche Beweismittel, namentlich das Erinnerungsvermögen der Ermittlungsorgane, stützen müßte (BGHSt 30, 215 mwN; s auch Köln VRS 84, 104; Schäfer, Dünnebier-FS, S 541, 550).

18 **5.** Gänzlich **unwirksame,** also nicht lediglich rechtlich fehlerhafte, **Handlungen** entfalten keine Unterbrechungswirkung (BGHSt 29, 351; Bremen StV 90, 25, beide mwN). Nicht unbedingt erforderlich ist örtliche (Hamburg VRS 58, 434), sachliche oder geschäftsplanmäßige Zuständigkeit des Verfolgungsorgans, wohl aber gesetzlich zugewiesene

Verfolgungskompetenz, namentlich funktionelle Zuständigkeit (krit und diff Beulke JR 86, 50, 52; s auch Hamm und Düsseldorf NJW 79, 884; Frankfurt NStZ 86, 561, alle mwN).

6. a) Die **Unterbrechungswirkung tritt ein,** sobald die Unterbrechungshandlung abgeschlossen vorliegt. Bei mündlichen Entscheidungen (§ 35 I StPO) kommt es auf die Verkündung an. Für schriftliche Anordnungen und Entscheidungen macht **Abs 2** eine Ausnahme für den Fall, daß das unterzeichnete Schriftstück nicht alsbald in den Geschäftsgang gelangt (dazu Düsseldorf NZV 93, 204 mwN; s auch Hamm MDR 77, 515; Herzig DAR 80, 362), läßt Zweifel aber zum Nachteil des Beschuldigten ausschlagen (Köln VRS 55, 386). 19

b) Die **Unterbrechungswirkung** (zusf Schäfer, Dünnebier-FS, S 541, 544) **umfaßt** 20

aa) die Tat in vollem Umfang, auch wenn die Unterbrechungshandlung nur Teile der Tat, etwa den Einzelakt einer Handlungseinheit (str), betrifft oder wenn sogar die Verfolgung nach § 154 a I, II StPO auf abtrennbare Teile oder auf einzelne Gesetzesverletzungen beschränkt worden ist (BGHSt 22, 105; Celle VRS 34, 350);

bb) regelmäßig alle in einem Verfahren (nicht in einem anderen Verfahren, StV 93, 71) verfolgten Taten, sofern sie schon hinreichend konkretisiert sind (bei Holtz MDR 81, 453; Hamm NJW 81, 2425) und der Verfolgungswille sich nicht ausnahmsweise – sei es auch nur aufgrund des Zweifelssatzes (NStZ 96, 274) – lediglich auf einzelne Taten erstreckt (NStZ 90, 436; wistra 96, 260, beide mwN). 21

cc) nach Abs 4 ausschließlich die individuell bestimmte Person, auf die sich die Handlung bezieht (BGHSt 24, 321; s auch Bay MDR 90, 362; Düsseldorf MDR 95, 1162). Sie muß nicht notwendig schon namentlich bekannt, aber eindeutig identifizierbar sein (bei Holtz MDR 91, 701; Karlsruhe NStZ 87, 331); dazu genügt es nicht, daß von einer noch unbekannten Person lediglich ein Beweisfoto vorliegt (NJW 97, 598; aM Hamm NStZ-RR 96, 244, beide mwN; zw). – Weitere Beteiligte umfaßt die Handlung nur, soweit auch ihnen gegenüber eine Unterbrechungshandlung nach Abs 1 vorliegt (Bay VRS 57, 42 mwN; str) und sie erkennbar einbezogen sein sollen (GA 61, 239; Karlsruhe aaO; Hamburg wistra 93, 272 mit krit Bespr Hees wistra 94, 81, alle mwN). Dabei muß sich die Handlung stets auf den beziehen, gegen den sich die Ermittlungen richten; daß von ihr auch Dritte unmittelbar betroffen werden (zB Bestätigung der zu Lasten eines Dritten angeordneten Beschlagnahme, wistra 95, 309), ist unerheblich. 22

2. Titel. Vollstreckungsverjährung

§ 79 Verjährungsfrist

(1) **Eine rechtskräftig verhängte Strafe oder Maßnahme (§ 11 Abs. 1 Nr. 8) darf nach Ablauf der Verjährungsfrist nicht mehr vollstreckt werden.**

(2) **Die Vollstreckung von Strafen wegen Völkermords (§ 220 a) und von lebenslangen Freiheitsstrafen verjährt nicht.**

(3) **Die Verjährungsfrist beträgt**

1. fünfundzwanzig Jahre bei Freiheitsstrafe von mehr als zehn Jahren,

2. zwanzig Jahre bei Freiheitsstrafe von mehr als fünf Jahren bis zu zehn Jahren,

3. zehn Jahre bei Freiheitsstrafe von mehr als einem Jahr bis zu fünf Jahren,

4. fünf Jahre bei Freiheitsstrafe bis zu einem Jahr und bei Geldstrafe von mehr als dreißig Tagessätzen,

5. drei Jahre bei Geldstrafe bis zu dreißig Tagessätzen.

(4) **Die Vollstreckung der Sicherungsverwahrung verjährt nicht. Bei den übrigen Maßnahmen beträgt die Verjährungsfrist zehn Jahre. Ist jedoch die Führungsaufsicht oder die erste Unterbringung in einer Entziehungsanstalt angeordnet, so beträgt die Frist fünf Jahre.**

(5) **Ist auf Freiheitsstrafe und Geldstrafe zugleich oder ist neben einer Strafe auf eine freiheitsentziehende Maßregel, auf Verfall, Einziehung oder Unbrauchbarmachung erkannt, so verjährt die Vollstreckung der einen Strafe oder Maßnahme nicht früher als die der anderen. Jedoch hindert eine zugleich angeordnete Sicherungsverwahrung die Verjährung der Vollstreckung von Strafen oder anderen Maßnahmen nicht.**

(6) **Die Verjährung beginnt mit der Rechtskraft der Entscheidung.**

1 **1.** Die **Rechtsnatur der Vollstreckungsverjährung** ist aus denselben Gründen zweifelhaft wie die der Verfolgungsverjährung (1 zu § 78); daß sie mindestens auch prozessualen Charakter hat, ist jedoch nahezu unbestritten (Jähnke LK 1).

2 **2.** Vollstreckungsverjährung **bewirkt,** daß jede hoheitliche Tätigkeit zur Vollziehung der verhängten Strafe oder Maßnahme unzulässig wird. Rechtsfolgen, die einer Vollziehung nicht bedürfen, wie zB Fahrverbot (§ 44; str), Statusfolgen (§§ 45–45 b) und Entziehung der Fahrerlaubnis (§§ 69–69 b), sind daher nicht betroffen.

3 **3. a)** Die **Fristen der Abs 3, 4** knüpfen an die erkannte (nicht die angedrohte) Strafe oder Maßnahme ohne Rücksicht auf angerechnete

Freiheitsentziehung (§ 51), auf bereits durchgeführte Teilvollstreckung und auf nachträgliche Milderungen im Gnadenwege an. Bei Tatmehrheit entscheidet die Gesamtstrafe (BGHSt 30, 232; NStZ 87, 331), deren nachträgliche Bildung (§ 55 StGB; § 460 StPO) regelmäßig (dazu Düsseldorf MDR 93, 169) eine neue Frist in Lauf setzt (BGHSt 34, 304; Zweibrücken NStZ 91, 454).

b) Auf eine **Führungsaufsicht,** die nach § 68 f I kraft Gesetzes eintritt, ist Abs 4 S 3 entsprechend anwendbar (Sch/Sch-Stree 7; aM Tröndle 5; Jähnke LK 5); für eine Fristverkürzung nur in Fällen „angeordneter" Führungsaufsicht gibt es keinen sinnvollen Grund (s auch 3, 4 zu § 68 g). – Auch sonst ist die Verjährung bei Führungsaufsicht umstritten und namentlich mit den Vorschriften über deren Dauer und Beendigung (§§ 68 c II, 68 g I) nicht abgestimmt (zusf Mainz NStZ 89, 61 mwN). Da der eindeutige, durch Analogie nicht erweiterungsfähige Gesetzeswortlaut (5, 6 zu § 1) ein Ruhen der Verjährung (§ 78 b) weder während der Vollstreckung der Führungsaufsicht (aM Mainz aaO) noch während der Zeit vorsieht, in welcher der Täter flüchtig ist oder sich verborgen hält, sind unbefriedigende Ergebnisse nicht immer vermeidbar (beachte jedoch 2 zu § 68 g). 4

4. Abs 5 hemmt den Ablauf der jeweils kürzeren Frist. Danach entscheidet beim Zusammentreffen von Hauptstrafen mit Nebenstrafen, Verfall (auch Erweitertem Verfall), Einziehung oder Unbrauchbarmachung nicht notwendig die Hauptstrafe. Sind neben Sicherungsverwahrung Strafe oder andere Maßnahmen verhängt (S 2), so unterliegen sie ihrer eigenen (idR nach § 79 a Nr 3 ruhenden) Verjährung. 5

5. Die Verjährung **beginnt** mit dem einzurechnenden Tag, an dem der Strafausspruch (nicht nur der Schuldspruch) oder der Ausspruch der Maßnahme rechtskräftig wird; bis dahin läuft die Verfolgungsverjährung (BGHSt 11, 393; Bremen NJW 56, 1248). Kommt es zur Wiederaufnahme, so wird mit Rechtskraft des Wiederaufnahmebeschlusses (§ 370 II StPO) der Lauf der Vollstreckungsverjährung beendigt (7 zu § 78). 6

§ 79 a Ruhen

Die Verjährung ruht,

1. **solange nach dem Gesetz die Vollstreckung nicht begonnen oder nicht fortgesetzt werden kann,**
2. **solange dem Verurteilten**
   - a) **Aufschub oder Unterbrechung der Vollstreckung,**
   - b) **Aussetzung zur Bewährung durch richterliche Entscheidung oder im Gnadenwege oder**
   - c) **Zahlungserleichterung bei Geldstrafe, Verfall oder Einziehung bewilligt ist,**
3. **solange der Verurteilte im In- oder Ausland auf behördliche Anordnung in einer Anstalt verwahrt wird.**

1 **1.** Das **Ruhen** entspricht dem bei der Verfolgungsverjährung (1 zu § 78 b); es schiebt für seine Dauer den Fristablauf hinaus.

2 **2. Nr 1** ist namentlich für Fälle der Immunität (3 zu § 78 b) und der Haftunfähigkeit (§ 455 I, II StPO) bedeutsam. – **Nr 2** hemmt die Verjährung, solange eine nach Buchst a–c gewährte Vergünstigung die Vollstreckung hindert. Sie betrifft nur Strafen und Maßnahmen, auf die sich die Vergünstigung bezieht (beachte jedoch Zweibrücken MDR 88, 1071). Bloße Vollzugslockerungen, welche die Strafzeitberechnung nicht verändern, sind weder Aufschub noch Unterbrechung der Vollstreckung (Jähnke LK 4). Bei Aussetzung zur Bewährung endet das Ruhen mit Rechtskraft des Widerrufsbeschlusses (Hamm NStZ 84, 237), spätestens aber mit Ablauf der Bewährungszeit (zw). – **Nr 3** gilt für behördlich angeordnete Verwahrungen (11 zu § 44) jeder Art, also auch für vorausgegangenen Teilvollzug in derselben Sache (KG JR 87, 31; aM Jähnke LK 7, beide mwN; zw).

§ 79 b Verlängerung

Das Gericht kann die Verjährungsfrist vor ihrem Ablauf auf Antrag der Vollstreckungsbehörde einmal um die Hälfte der gesetzlichen Verjährungsfrist verlängern, wenn der Verurteilte sich in einem Gebiet aufhält, aus dem seine Auslieferung oder Überstellung nicht erreicht werden kann.

1 **1. Warum** die Auslieferung oder Überstellung nicht erreicht werden kann, sei es, weil überhaupt kein Rechtshilfeverkehr stattfindet oder weil die Voraussetzungen der Rechtshilfe nicht erfüllt sind, ist unerheblich (Hamm NStZ 91, 186).

2 **2.** Die Verlängerung der Verjährungsfrist, die sowohl die gesetzliche als auch durch Ruhen verlängerte Frist sein kann (Begr zu § 133 E 1962 S 261), steht im **pflichtmäßigen Ermessen** des Gerichts (50 zu § 46); für dessen Ausübung ist maßgebend, ob ein noch fortdauerndes Bedürfnis nach Strafvollstreckung besteht (Hamm aaO [vgl 1]).

3 **3. Vollstreckungsbehörden** sind namentlich die StA (einschl der Amtsanwälte) nach § 451 StPO und der Jugendrichter nach § 82 JGG. Zur Übertragung von Vollstreckungsaufgaben auf den Rechtspfleger § 31 RPflG. Zur Zuständigkeit des Gerichts § 462 I StPO.

Besonderer Teil

1. Abschnitt. Friedensverrat, Hochverrat und Gefährdung des demokratischen Rechtsstaates

1. Titel. Friedensverrat

§ 80 Vorbereitung eines Angriffskrieges

Wer einen Angriffskrieg (Artikel 26 Abs. 1 des Grundgesetzes), an dem die Bundesrepublik Deutschland beteiligt sein soll, vorbereitet und dadurch die Gefahr eines Krieges für die Bundesrepublik Deutschland herbeiführt, wird mit lebenslanger Freiheitsstrafe oder mit Freiheitsstrafe nicht unter zehn Jahren bestraft.

1. Die Vorschrift **schützt den Frieden** der Bundesrepublik mit anderen Völkern und die äußere Sicherheit (zum Frieden als überstaatlichem Rechtsgut Schroeder, Der Schutz von Staat und Verfassung im Strafrecht, 1970, S 370, 388). Sie ist Ausführungsgesetz zu Art 26 I GG (krit Klug, in: Baumann [Hrsg], Mißlingt die Strafrechtsreform?, 1969, S 162). 1

2. Angriffskrieg ist die völkerrechtswidrige bewaffnete Aggression (LG Köln NStZ 81, 261). Die Begriffsbestimmung ist im Völkerrecht umstritten (zB Wengler, Das völkerrechtliche Gewaltverbot, 1967); die im Hinblick auf Art 103 II GG problematische Vorschrift (Schröder JZ 69, 41; aM Klug aaO [vgl 1] S 164) bedarf daher der Einschränkung auf völkerrechtlich eindeutige Fälle (Rudolphi SK 3 mwN). **Beteiligung** umfaßt sowohl den Fall, daß die Bundesrepublik angreifen, wie auch den, daß sie angegriffen (Laufhütte LK 3 mwN) werden soll. **Vorbereitung** ist jede erhebliche Tätigkeit, die für einen bestimmten, vom Täter oder von anderen geplanten Angriffskrieg geeignete Vorbedingungen schaffen soll. 2

3. Die **Gefahr** muß konkret (22 zu § 315 c) sein. 3

4. Vorsatz (bedingter genügt) ist für Tathandlung und Gefährdung erforderlich (zum Gefährdungsvorsatz 28 zu § 15). 4

5. Der **Versuch** ist strafbar (§ 23 I). Da die Kriegsvorbereitung selbst die strafbare Tätigkeit ist, liegt eine nur unselbständige Vorverlagerung des Strafschutzes nicht vor (Laufhütte LK 10 mwN; 3 vor § 22). 5

6. Räumlicher Geltungsbereich § 5 Nr 1. Nebenfolgen, Einziehung §§ 92 a, 92 b. Anzeigepflicht § 138 I Nr 1. – Zu Besonderheiten der **gerichtlichen Zuständigkeit** und des **Verfahrens** bei Straftaten im Sinne der ersten beiden Abschnitte des BT vgl namentlich §§ 74 a, 120, 142 a GVG, §§ 100 a Nr 1 a, 153 d, 153 e StPO sowie Nr 202–214 RiStBV. 6

§ 80 a Aufstacheln zum Angriffskrieg

Wer im räumlichen Geltungsbereich dieses Gesetzes öffentlich, in einer Versammlung oder durch Verbreiten von Schriften (§ 11 Abs. 3) zum Angriffskrieg (§ 80) aufstachelt, wird mit Freiheitsstrafe von drei Monaten bis zu fünf Jahren bestraft.

1 **1.** Zum **geschützten Rechtsgut** 1 zu § 80.

2 **2. Öffentlich** ist die Tat, wenn sie für einen nach Zahl und Individualität unbestimmten Kreis oder für einen nicht durch persönliche Beziehungen innerlich verbundenen größeren bestimmten Kreis von Personen unmittelbar wahrnehmbar ist (KG JR 84, 249) oder zur unmittelbaren Wahrnehmung, wie zB im Btx-Verfahren, angeboten wird (Walther NStZ 90, 523), und zwar unabhängig davon, ob der Tatort ein öffentlicher ist (Hamm MDR 80, 159; Celle NStZ 94, 440; Laufhütte LK 4–7 zu § 90 mwN). – **Versammlung** ist das Beisammensein einer größeren Zahl von Menschen (Düsseldorf JR 82, 299 mit Anm Merten, beide mwN) zur Verfolgung eines bestimmten, irgendwie der Meinungsbildung dienenden Zwecks (str). Der Versammlungsbegriff deckt sich hier nicht mit dem des VersG (dazu 2 zu § 106 a). Aus dem Vergleich mit den weiteren Tatmodalitäten (öffentlich, Verbreiten von Schriften) folgt vielmehr, daß kleine, mit einem Blick überschaubare Personenmehrheiten zur Bildung einer Versammlung nicht ausreichen (Laufhütte LK 9 zu § 90 mwN; str). Außerdem ist nach der Schutzrichtung des § 80 a und der weiteren vergleichbaren Tatbestände dieses Abschnitts (§§ 86 a I, 90 I, 90 a I, 90 b I) der nähere Inhalt des verfolgten Zwecks nicht gleichgültig (anders die hM; vgl etwa Tröndle 2; Laufhütte LK 8 zu § 90), erfordert aber keinen Bezug zu öffentlichen Angelegenheiten (hM; anders Koblenz MDR 81, 600); es genügt, wenn die Veranstaltung irgendwie der Meinungsbildung dient (so Frowein NJW 69, 1081), so daß rein persönliche Zusammenkünfte (zB Familienfeiern) ausscheiden und Theater-, Musik- oder Filmvorführungen nur erfaßt werden, wenn sie öffentlich sind (zw). – **Verbreiten von Schriften** 26–28 zu § 11; 5 zu § 74 d.

3 **3. Aufstacheln** ist eine gesteigerte, auf die Gefühle anderer einwirkende Form propagandistischen Anreizens (LG Köln NStZ 81, 261 mit krit Bespr Klug, Jescheck-FS, S 583; s auch 4 zu § 130). **Angriffskrieg** 2 zu § 80.

4 **4.** Räumlicher Geltungsbereich 5 vor § 3; 3 zu § 5. Nebenfolgen, Einziehung §§ 92 a, 92 b. Zuständigkeit und Verfahren 6 zu § 80.

2. Titel. Hochverrat

§ 81 Hochverrat gegen den Bund

(1) **Wer es unternimmt, mit Gewalt oder durch Drohung mit Gewalt**

1. den Bestand der Bundesrepublik Deutschland zu beeinträchtigen oder

2. die auf dem Grundgesetz der Bundesrepublik Deutschland beruhende verfassungsmäßige Ordnung zu ändern,

wird mit lebenslanger Freiheitsstrafe oder mit Freiheitsstrafe nicht unter zehn Jahren bestraft.

(2) **In minder schweren Fällen ist die Strafe Freiheitsstrafe von einem Jahr bis zu zehn Jahren.**

1. Die Vorschrift betrifft nur den Hochverrat gegen den **Bund** (zum Hochverrat gegen ein Land § 82). Sie unterscheidet nach dem angegriffenen Rechtsgut den **Bestandshochverrat** (Abs 1 Nr 1), der den Gebietshochverrat einschließt, und den **Verfassungshochverrat** (Abs 1 Nr 2). 1

2. Angriffsgegenstand des **Bestandshochverrats** ist der Bestand der Bundesrepublik, **Tathandlung** das **Unternehmen** (19 zu § 11) der Bestandsbeeinträchtigung (dazu 2–4 zu § 92). 2

3. a) Angriffsgegenstand des **Verfassungshochverrats** ist die verfassungsmäßige Ordnung (zur Verfassung als Rechtsgut Schroeder, Der Schutz von Staat und Verfassung im Strafrecht, 1970, S 417). Sie umfaßt (anders als in Art 2 I GG) die Grundlagen der konkreten Staatsordnung, dh diejenige tatsächliche Ausgestaltung, welche die Grundsätze einer freiheitlichen Demokratie auf dem Boden des GG gefunden haben (BGHSt 6, 336; 7, 222), unabhängig davon, ob sie in der Verfassungsurkunde ausdrücklich genannt sind (Hennke GA 54, 140). Der Begriff ist umfassender als die Summe der Verfassungsgrundsätze nach § 92 II (bei Wagner GA 60, 4, Nr 1, 5). 3

b) Tathandlung ist das **Unternehmen** (19 zu § 11), die verfassungsmäßige Ordnung zu ändern (BGHSt 6, 336), zB die BReg zu stürzen, um das Organ selbst zu beseitigen oder umzugestalten (BGHSt 6, 352), nicht jedoch diese Ordnung nur zu stören, zB das Parlament nur in einer bestimmten Gesetzgebungsangelegenheit zu nötigen (bei Ruhrmann NJW 57, 281). 4

4. a) Der Begriff der **Gewalt** ist hier wegen der Stoßrichtung des Nötigungsmittels gegen überindividuelle staatliche Institutionen und zur Vermeidung unerwünschter Beschränkung des politischen Meinungskampfes **enger** als in § 240 (dort 5–11) auszulegen. Zwar ist nach der Rspr auch hier die Aufwendung körperlicher Kraft nicht 5 unbedingt erforderlich, so daß auch Fälle bloßer Herbeiführung unmittelbar oder auch nur mittelbar (aM Sonnen AK 29) wirkenden unwiderstehlichen körperlichen Zwanges, zB General- oder Massenstreiks mit schweren Auswirkungen auf die lebensnotwendige Versorgung der Bevölkerung, in Frage kommen (BGHSt 6, 336, 340; 8, 102; offengelassen in BGHSt 32, 165, 169 mwN; zw). Darüber hinaus muß aber der ausgeübte Druck, der auf die Nötigungsadressaten auch mittelbar durch Gewalt gegen Dritte oder gegen Sachen wirken kann, so intensiv sein, daß er geeignet erscheint, eine verantwortungsbewußte Staatsführung zur Abwendung schwerer Schäden für das Gemeinwesen zum Zurückweichen zu zwingen (ähnlich BGHSt 32, 165 mit Bespr Willms JR 84, 120 und Arzt JZ 84, 428; s auch Wolter NStZ 85, 193).

6 **b) Drohung** 12 zu § 240. Es genügt nur Drohung mit Gewalt (vgl 5), nicht mit einem anderen empfindlichen Übel.

7 **5.** Das **Parteienprivileg** (Art 21 II GG) hindert die Anwendung der Vorschrift nicht (BVerfGE 9, 162).

8 **6.** Zu **Abs 2** (minder schwere Fälle) 7–10 a zu § 46.

9 **7. Tateinheit** ua möglich mit §§ 82, 105, 106. Über das Verhältnis zu § 83 dort 7; zu § 89 dort 7.

10 **8.** Räumlicher Geltungsbereich § 5 Nr 1 (dort 3). Tätige Reue § 83 a I, III. Nebenfolgen, Einziehung §§ 92 a, 92 b. Anzeigepflicht § 138 I Nr 2. Zuständigkeit und Verfahren 6 zu § 80.

§ 82 Hochverrat gegen ein Land

(1) **Wer es unternimmt, mit Gewalt oder durch Drohung mit Gewalt**

1. **das Gebiet eines Landes ganz oder zum Teil einem anderen Land der Bundesrepublik Deutschland einzuverleiben oder einen Teil eines Landes von diesem abzutrennen oder**
2. **die auf der Verfassung eines Landes beruhende verfassungsmäßige Ordnung zu ändern,**

wird mit Freiheitsstrafe von einem Jahr bis zu zehn Jahren bestraft.

(2) **In minder schweren Fällen ist die Strafe Freiheitsstrafe von sechs Monaten bis zu fünf Jahren.**

1 **1.** Der **Hochverrat gegen ein Land** ist dem § 81 nachgebildet, aber im Bereich des Bestandshochverrats auf den sog **Gebietshochverrat** beschränkt (Abs 1 Nr 1).

2 **2.** Im übrigen vgl 1–10 zu § 81, zu Abs 2 auch 4 zu § 12.

§ 83 Vorbereitung eines hochverräterischen Unternehmens

(1) **Wer ein bestimmtes hochverräterisches Unternehmen gegen den Bund vorbereitet, wird mit Freiheitsstrafe von einem Jahr bis zu zehn Jahren, in minder schweren Fällen mit Freiheitsstrafe von einem Jahr bis zu fünf Jahren bestraft.**

(2) **Wer ein bestimmtes hochverräterisches Unternehmen gegen ein Land vorbereitet, wird mit Freiheitsstrafe von drei Monaten bis zu fünf Jahren bestraft.**

1. Die Vorschrift erhebt die **Vorbereitung** eines hochverräterischen Unternehmens (§§ 81, 82) zum selbständigen Tatbestand. 1

2. Ein **bestimmtes hochverräterisches Unternehmen** ist eine geplante Tat nach §§ 81, 82, die nach Angriffsgegenstand und -ziel feststeht und nach Zeit, Ort und Art der Durchführung in ihren Grundzügen umrissen ist (BGHSt 6, 336). Der Umsturzplan braucht nicht schon in seinen Einzelheiten erkennbar zu sein. Jedoch dürfen namentlich an die zeitliche Bestimmtheit keine zu geringen Anforderungen gestellt werden; die Verwirklichung des Umsturzplans, der unmittelbar an die obwaltenden politischen Verhältnisse anknüpft, muß den Tätern als nahe bevorstehend erscheinen oder alsbald von ihnen geschaffen werden sollen (BGHSt 7, 11; Laufhütte LK 2–6; krit Wagner NJW 80, 913; Schroeder NJW 80, 920). 2

3. **Vorbereitung** ist jede ihrer Art nach gefährliche Handlung (auch als solche nicht strafbare politische Propaganda), die das geplante Unternehmen, gleichgültig ob unmittelbar oder mittelbar (bei Wagner GA 60, 10, Nr 7) oder nur zur Vorbereitung einer weiteren Vorbereitungshandlung (RGSt 5, 60, 68) fördern soll. Eine konkrete Gefährdung ist nicht erforderlich (Ruhrmann NJW 57, 281, 284), wohl aber objektive Gefährlichkeit (Sch/Sch-Stree 8). Versuchte Vorbereitung ist dogmatisch nur als untaugliche Vorbereitung denkbar; sie zu erfassen, wäre rechtsstaatswidrig. Teilnahme ist möglich, wenn ein anderer über die Vorbereitung Tatherrschaft hat (Laufhütte LK 12; aM Sonnen AK 21, beide mwN). 3

4. Der **Vorsatz** (bedingter genügt) muß auch die Bestimmtheit des hochverräterischen Unternehmens umfassen (HuSt I, 285, 368). 4

5. Zu den **minder schweren Fällen** (Abs 1) 7–10 a zu § 46. 5

6. Zum **Parteienprivileg** 7 zu § 81; BGHSt 6, 336. **Tätige Reue** § 83 a II, III. 6

7. Die Vorschrift **tritt** hinter §§ 81, 82 (33 vor § 52) und hinter dem spezielleren § 30 iVm § 81 (Sch/Sch-Stree 13; aM Köln NJW 54, 1259; Laufhütte LK 13; zw) **zurück**. 7

8. Räumlicher Geltungsbereich § 5 Nr 2 (dort 3). Nebenfolgen, Einziehung §§ 92 a, 92 b. Für Abs 1 Anzeigepflicht nach § 138 I Nr 2. Zuständigkeit und Verfahren 6 zu § 80. 8

§ 83 a Tätige Reue

(1) **In den Fällen der §§ 81 und 82 kann das Gericht die Strafe nach seinem Ermessen mildern (§ 49 Abs. 2) oder von einer Bestrafung nach diesen Vorschriften absehen, wenn der Täter freiwillig die weitere Ausführung der Tat aufgibt und eine von ihm erkannte Gefahr, daß andere das Unternehmen weiter ausführen, abwendet oder wesentlich mindert oder wenn er freiwillig die Vollendung der Tat verhindert.**

(2) **In den Fällen des § 83 kann das Gericht nach Absatz 1 verfahren, wenn der Täter freiwillig sein Vorhaben aufgibt und eine von ihm verursachte und erkannte Gefahr, daß andere das Unternehmen weiter vorbereiten oder es ausführen, abwendet oder wesentlich mindert oder wenn er freiwillig die Vollendung der Tat verhindert.**

(3) **Wird ohne Zutun des Täters die bezeichnete Gefahr abgewendet oder wesentlich gemindert oder die Vollendung der Tat verhindert, so genügt sein freiwilliges und ernsthaftes Bemühen, dieses Ziel zu erreichen.**

1 **1.** Allgemein zur **tätigen Reue** 29 zu § 24.

2 **2. Abs 1** (tätige Reue beim **hochverräterischen Unternehmen**) erfordert namentlich, daß der Täter die weitere Tatausführung unter **endgültigem Verzicht** auf die Tat aufgibt, dh das Unternehmen (19 zu § 11) im Stadium des Versuchs abbricht. Im übrigen muß dem Täter, wenn nicht die Voraussetzungen des Abs 3 vorliegen, die Abwendung oder wesentliche Minderung der Gefahr oder die Verhinderung der Vollendung gelingen. Ob die Gefahr vom Täter oder von anderen verursacht wurde, ist unerheblich; eine unerkannte Gefahr schließt die Vergünstigung nicht aus (BT-Dr V/2860 S 4).

3 **3.** Im Rahmen des **Abs 2** braucht der Täter nicht jede erkannte Gefahr, daß andere das Unternehmen weiter vorbereiten oder ausführen, zu entschärfen; es kommt nur auf die durch seinen eigenen Tatbeitrag verursachte Gefahr an.

3. Titel. Gefährdung des demokratischen Rechtsstaates

§ 84 **Fortführung einer für verfassungswidrig erklärten Partei**

(1) **Wer als Rädelsführer oder Hintermann im räumlichen Geltungsbereich dieses Gesetzes den organisatorischen Zusammenhalt**

1. **einer vom Bundesverfassungsgericht für verfassungswidrig erklärten Partei oder**
2. **einer Partei, von der das Bundesverfassungsgericht festgestellt hat, daß sie Ersatzorganisation einer verbotenen Partei ist,**

aufrechterhält, wird mit Freiheitsstrafe von drei Monaten bis zu fünf Jahren bestraft. Der Versuch ist strafbar.

(2) **Wer sich in einer Partei der in Absatz 1 bezeichneten Art als Mitglied betätigt oder wer ihren organisatorischen Zusammenhalt unterstützt, wird mit Freiheitsstrafe bis zu fünf Jahren oder mit Geldstrafe bestraft.**

(3) **Wer einer anderen Sachentscheidung des Bundesverfassungsgerichts, die im Verfahren nach Artikel 21 Abs. 2 des Grundgesetzes oder im Verfahren nach § 33 Abs. 2 des Parteiengesetzes erlassen ist, oder einer vollziehbaren Maßnahme zuwiderhandelt, die im Vollzug einer in einem solchen Verfahren ergangenen Sachentscheidung getroffen ist, wird mit Freiheitsstrafe bis zu fünf Jahren oder mit Geldstrafe bestraft. Dem in Satz 1 bezeichneten Verfahren steht ein Verfahren nach Artikel 18 des Grundgesetzes gleich.**

(4) **In den Fällen des Absatzes 1 Satz 2 und der Absätze 2 und 3 Satz 1 kann das Gericht bei Beteiligten, deren Schuld gering und deren Mitwirkung von untergeordneter Bedeutung ist, die Strafe nach seinem Ermessen mildern (§ 49 Abs. 2) oder von einer Bestrafung nach diesen Vorschriften absehen.**

(5) **In den Fällen der Absätze 1 bis 3 Satz 1 kann das Gericht die Strafe nach seinem Ermessen mildern (§ 49 Abs. 2) oder von einer Bestrafung nach diesen Vorschriften absehen, wenn der Täter sich freiwillig und ernsthaft bemüht, das Fortbestehen der Partei zu verhindern; erreicht er dieses Ziel oder wird es ohne sein Bemühen erreicht, so wird der Täter nicht bestraft.**

1. Die nach **Abs 1, 2** erforderlichen Feststellungen werden im Verfahren nach Art 21 II GG iVm § 46 BVerfGG oder nach § 33 II ParteienG getroffen (**Verbotsprinzip, Feststellungsprinzip**; krit Willms JZ 73, 455 und Lackner-FS, S 471). – **Partei** § 2 ParteienG (s auch BVerfGE 47, 198, 222; BVerwGE 8, 327 und NJW 93, 3213; BGHSt 19, 51). Eine Partei ist **Ersatzorganisation** einer verbotenen Partei, wenn sie die verfassungswidrigen Bestrebungen an deren Stelle weiterverfolgt, ohne Rücksicht darauf, ob sie zuvor schon bestanden hat oder erst zu diesem Zweck geschaffen worden ist (§ 33 I ParteienG; vgl auch § 8 I VereinsG; BGHSt 16, 264; 19, 51, 60). – **Räumlicher Geltungsbereich** 5 vor § 3 (beachte auch § 91). Bei grenzüberschreitenden Parteien ist nur der in diesem Bereich bestehende Organisationsteil bedeutsam (BT-Dr V/2860 S 6; s auch BGHSt 20, 45). 1

2. a) Abs 1: Aufrechterhalten des organisatorischen Zusammenhalts setzt eine aktive Tätigkeit voraus, die darauf gerichtet ist und bewirkt, daß die organisatorische Verbundenheit im Parteiapparat, sei es auch nur auf einer unteren Ebene oder im Untergrund, ganz oder teilweise fortbesteht (BGHSt 7, 104; 20, 74, 287). – **Rädelsführer** ist, wer in der Organisation eine führende Rolle spielt, sei es, daß er zu den Führungskräften gehört oder daß er wenigstens durch seinen Einfluß 2 gleichsam an der Führung teilnimmt (BGHSt 19, 109; 20, 121); **Hintermann**, wer als Außenstehender geistig oder wirtschaftlich maßgeblichen Einfluß auf die Führung hat (BGHSt 7, 279; 20, 121).

3 **b) Abs 2: Betätigen** als Mitglied setzt aktive Förderungshandlungen voraus (ungenügend daher bloße Zahlung des Mitgliedsbeitrags, BT-Dr V/2860 S 6); Meinungsäußerungen im Rahmen solcher Betätigung genießen keinen Grundrechtsschutz (BVerfGE 25, 69). **Mitglied** ist nicht nur, wer die förmliche Mitgliedschaft besitzt; es genügt, daß der Täter seinen Willen dem der Organisation mit deren Einverständnis unterordnet und auf Dauer für sie tätig wird (BGHSt 18, 296, 300). – **Unterstützen** des organisatorischen Zusammenhalts ist das irgendwie vorteilhafte, einen organisatorischen Effekt erzielende Tun eines Nichtmitglieds (BGHSt 18, 296, 299; 26, 258, 260). Daher genügt die Propagierung der verfassungsfeindlichen Ideen der Partei allein nicht; erforderlich ist vielmehr ein den organisatorischen Zusammenhalt stärkendes und auf ihn bezogenes Verhalten (vgl auch BVerfGE 25, 44, 79; Schmitt Glaeser JZ 70, 59); umgekehrt schränkt aber § 86 die Reichweite dieses Merkmals nicht etwa als Spezialvorschrift ein (BGHSt 26, 258 mwN; str). Materiell ist das Unterstützen Beihilfe, aber durch den Tatbestand zur Täterschaft verselbständigt (BGHSt 20, 89; 12 zu § 27); da nach dem erkennbaren Gesetzeszweck nur das Unterstützen des organisatorischen Zusammenhalts mit Strafe bedroht sein soll, werden andere Beihilfehandlungen nicht von § 27 erfaßt (BGHSt 26, 258, 260; Sommer JR 81, 490 mwN).

4 **3. Abs 3** bezieht sich nur auf **Sachentscheidungen** (nicht auf prozeßleitende Anordnungen) des BVerfG in den genannten Verfahren und auf (auch nur vorläufig) vollziehbare Maßnahmen im Vollzug solcher Sachentscheidungen (§ 32 ParteienG).

5 **4.** Der **Vorsatz** (bedingter genügt) muß sich namentlich auf die Entscheidung des BVerfG und ihren wesentlichen Inhalt, nicht notwendig auch auf die Verfassungswidrigkeit erstrecken. Ferner ist sog **Organisationsbewußtsein**, dh das Wissen des Täters, erforderlich, daß mit oder neben ihm noch andere im gleichen Sinne organisatorisch tätig sind (BGHSt 20, 45).

6 **5.** Zur **tätigen Reue** (Abs 5) sowie zur **Strafmilderung und zum Absehen von Strafe** (Abs 4, 5) 29 zu § 24; 7 zu § 49. Zu den **Konkurrenzen** 9 zu § 86. Ebenso wie bei § 129 (dort 13) kommt häufig in Frage, daß mehrere Tathandlungen nach Abs 1, 2 eine Bewertungseinheit bilden (10 vor § 52; s auch Düsseldorf MDR 97, 90).

7 **6.** Nebenfolgen, Einziehung §§ 92 a, 92 b. Zuständigkeit und Verfahren 6 zu § 80.

§ 85 Verstoß gegen ein Vereinigungsverbot

(1) **Wer als Rädelsführer oder Hintermann im räumlichen Geltungsbereich dieses Gesetzes den organisatorischen Zusammenhalt**

1. **einer Partei oder Vereinigung, von der im Verfahren nach § 33 Abs. 3 des Parteiengesetzes unanfechtbar festgestellt ist, daß sie Ersatzorganisation einer verbotenen Partei ist, oder**
2. **einer Vereinigung, die unanfechtbar verboten ist, weil sie sich gegen die verfassungsmäßige Ordnung oder gegen den Gedanken der Völkerverständigung richtet, oder von der unanfechtbar festgestellt ist, daß sie Ersatzorganisation einer solchen verbotenen Vereinigung ist,**

aufrechterhält, wird mit Freiheitsstrafe bis zu fünf Jahren oder mit Geldstrafe bestraft. Der Versuch ist strafbar.

(2) **Wer sich in einer Partei oder Vereinigung der in Absatz 1 bezeichneten Art als Mitglied betätigt oder wer ihren organisatorischen Zusammenhalt unterstützt, wird mit Freiheitsstrafe bis zu drei Jahren oder mit Geldstrafe bestraft.**

(3) **§ 84 aAbs. 4 und 5 gilt entsprechend.**

1. Die Vorschrift betrifft nur Vereinigungen, die sich gegen die **verfassungsmäßige Ordnung oder den Gedanken der Völkerverständigung** richten (Art 9 II GG, § 3 I VereinsG, § 33 III ParteienG). 1

2. Partei, Ersatzorganisation 1 zu § 84. **Vereinigung** 2 zu § 129 (s auch § 2 I VereinsG, BGHSt 16, 298; 20, 60). Es gilt ebenso wie in § 84 I, II (dort 1) im Falle des Abs 1 Nr 1 das **Feststellungsprinzip** (verfassungsrechtliche Einwendungen gegen die Einbeziehung der Parteien bei Laufhütte LK 2 mit Erwiderung Willms JZ 93, 830, beide mwN) und im Falle des Abs 1 Nr 2 das **Verbotsprinzip** (Zusammenstellung der unanfechtbar verbotenen Vereinigungen bei Bonefeld DRiZ 93, 430). Soweit eine Feststellung oder ein Verbot nicht unanfechtbar, aber vollziehbar ist, bestimmt sich der Strafschutz nach § 20 VereinsG (zu dessen Verfassungsmäßigkeit BVerfGE 80, 244; s auch NStZ 96, 340 mit Anm Scholz NStZ 96, 602; NStZ-RR 96, 218 und 219). 2

3. Im übrigen entspricht die Vorschrift weitgehend dem § 84. 3

§ 86 Verbreiten von Propagandamitteln verfassungswidriger Organisationen

(1) **Wer Propagandamittel**

1. **einer vom Bundesverfassungsgericht für verfassungswidrig erklärten Partei oder einer Partei oder Vereinigung, von der unanfechtbar festgestellt ist, daß sie Ersatzorganisation einer solchen Partei ist,**
2. **einer Vereinigung, die unanfechtbar verboten ist, weil sie sich gegen die verfassungsmäßige Ordnung oder gegen den Gedan-**

ken der Völkerverständigung richtet, oder von der unanfechtbar festgestellt ist, daß sie Ersatzorganisation einer solchen verbotenen Vereinigung ist,

3. **einer Regierung, Vereinigung oder Einrichtung außerhalb des räumlichen Geltungsbereichs dieses Gesetzes, die für die Zwecke einer der in den Nummern 1 und 2 bezeichneten Parteien oder Vereinigungen tätig ist, oder**
4. **Propagandamittel, die nach ihrem Inhalt dazu bestimmt sind, Bestrebungen einer ehemaligen nationalsozialistischen Organisation fortzusetzen,**

im Inland verbreitet oder zur Verbreitung im Inland oder Ausland herstellt, vorrätig hält, einführt oder ausführt, wird mit Freiheitsstrafe bis zu drei Jahren oder mit Geldstrafe bestraft.

(2) **Propagandamittel im Sinne des Absatzes 1 sind nur solche Schriften (§ 11 Abs. 3), deren Inhalt gegen die freiheitliche demokratische Grundordnung oder den Gedanken der Völkerverständigung gerichtet ist.**

(3) **Absatz 1 gilt nicht, wenn das Propagandamittel oder die Handlung der staatsbürgerlichen Aufklärung, der Abwehr verfassungswidriger Bestrebungen, der Kunst oder der Wissenschaft, der Forschung oder der Lehre, der Berichterstattung über Vorgänge des Zeitgeschehens oder der Geschichte oder ähnlichen Zwecken dient.**

(4) **Ist die Schuld gering, so kann das Gericht von einer Bestrafung nach dieser Vorschrift absehen.**

Fassung: Das VerbrBG (4 vor § 38) hat in Abs 1 die Bezugnahme auf den räumlichen Geltungsbereich des Gesetzes durch die auf das Inland ersetzt und die Vorschrift zugleich auf Handlungen erstreckt, die zwar im Inland begangen werden, aber erst im Ausland wirksam werden sollen.

1 **1.** Die Vorschrift bezieht sich nur auf **rechtsstaatsgefährdende Propaganda** von bestimmten Organisationen und auf Bestrebungen ehemaliger nationalsozialistischer Organisationen (zu ihrer Verfassungsmäßigkeit BGHSt 23, 64).

2 **2. a) Propagandamittel** (Abs 2) sind Schriften (26–28 zu § 11), deren Inhalt gerichtet ist

aa) gegen die **freiheitliche demokratische Grundordnung**, dh die im GG verankerten Grundwerte des freiheitlichen demokratischen Verfassungsstaates. Der Begriff stimmt mit dem des GG (zB Art 18) überein (BVerfGE 2, 1, 12; BGHSt 7, 222, 227) und umfaßt namentlich die Verfassungsgrundsätze des § 92 II (dort 5–7);

3 bb) gegen den **Gedanken der Völkerverständigung**. Hierher gehören namentlich Propagandamittel mit völkerrechtswidrigem oder den Krieg verherrlichendem Inhalt (Krauth/Kurfess/Wulf JZ 68, 577, 581).

b) Diese Zwecke müssen mit einer **aktiv kämpferischen, aggressiven Tendenz** („Propaganda") verfolgt werden (BGHSt 23, 64; Träger/Mayer/Krauth, BGH-FS, S 227, 239); außerdem muß sich die Schrift nach dem Schutzzweck der Tatbestände dieses Titels gegen die Verwirklichung der angegriffenen Grundwerte gerade in der Bundesrepublik einsetzen, so daß vorkonstitutionelle Schriften (auch unveränderte Nachdrucke) als solche ausscheiden (BGHSt 29, 73 mit krit Bespr Bottke JA 80, 125 und BuB 80, 254; aM Sonnen AK 26; zw). Es kommt ausschließlich auf den Inhalt an, allerdings auch, soweit er erkennbar zwischen den Zeilen steht (BGHSt 7, 11; 23, 64), namentlich durch allgemeinkundige Tatsachen konkretisierbar ist (krit Sonnen AK 27), oder sich erst aus anderen Schriften, auf die verwiesen wird, voll erschließt (bei Ruhrmann NJW 57, 281, 284). Die Zielsetzung muß daher aus dem Inhalt wenigstens in deutlichen Ansätzen, dh nicht erst aus den anderen Schriften, erkennbar sein (NStZ 82, 25). 4

3. Abs 1 Nr 1, 2: Zu den genannten **Organisationen** 1 zu § 84; 2 zu § 85. – **Nr 3**: Die Vereinigung (2 zu § 129) oder Einrichtung braucht nur allgemein für Zwecke einer Organisation nach den Nummern 1, 2 tätig zu sein; ob die konkrete Schrift deren Unterstützung dient, ist unerheblich. Ein Propagandamittel ist dann ein solches der Organisation oder Einrichtung, wenn es von dieser hergestellt oder inhaltlich bestimmt worden ist, um dem Zweck ihrer Propaganda zu dienen. – **Nr 4**: Hinter der Propaganda braucht keine Organisation zu stehen (krit Lüttger JR 69, 121, 129). Jedoch genügt auch hier die bloße Verherrlichung des NS-Regimes und seiner Ideologie nicht; denn die Fortsetzung von Bestrebungen einer Organisation ist ohne Tendenz zur Organisierung nicht denkbar (BGHSt 23, 64, 76). 5

4. Verbreiten 5 zu § 74 d; nach dem Gesetzeszweck sind die in § 74 d IV dem Verbreiten gleichgestellten Handlungen hier einbezogen; denn sie fallen bei teleologischer Auslegung noch unter den Begriff des Verbreitens (zw; zum Plakatanschlag BGHSt 19, 308). – **Herstellen, Vorrätighalten, Einführen und Ausführen** (5 zu § 184) sind Vorbereitungshandlungen zum Verbreiten; nach dem Schutzzweck der Vorschrift müssen sie – ungeachtet des nicht ganz eindeutigen Gesetzeswortlauts – sämtlich im Inland (beachte § 9), sei es auch mit der Absicht der Verbreitung im Ausland, begangen werden. **„Zur" Verbreitung** erfordert Absicht iS zielgerichteten Wollens (20 zu § 15); die hier durch das VerbrBG vorgenommene Erstreckung auf das Ausland (vgl vor 1) dient der besseren Anpassung an die internationale Zusammenarbeit extremistischer Gruppen (BT-Dr 12/8588 S 7). Die Verbreitungsabsicht muß sich – wie ein Vergleich mit den anderslautenden §§ 130 II Nr 1 d, 131 I Nr 4, 184 I Nr 8, III Nr 3 ergibt (vgl 8 zu § 184) – unmittelbar auf die Tatobjekte, also nicht lediglich auf erst noch herzustellende „aus ihnen gewonnene Stücke" beziehen (Laufhütte LK 16 mwN; offen gelassen in BGHSt 32, 1 mwN; zw); das bewirkt eine Einschränkung des Schutzbereichs auf die jeweiligen Endprodukte 6 des Herstellungsprozesses, die aber eindeutig aus dem Wortlaut hervorgeht (str). – Wer verbreiten soll, ist gleichgültig (bei Wagner GA 60, 15, Nr 3); soweit der Täter seinem Plan entsprechend selbst verbreitet, gehen die vorausgegangenen Vorbereitungshandlungen darin auf (33 vor § 52; s auch 12 zu § 184). Der Hersteller ist allein wegen Aufbewahrung des Propagandamittels bis zur Veröffentlichung nicht auch wegen Vorrätighaltens besonders strafbar (MDR 66, 687).

7 **5.** Der **Vorsatz** (bedingter genügt) muß auch die in dem Propagandamittel verkörperte Zielsetzung und deren gerade gegen die Bundesrepublik gerichtete Tendenz umfassen (BGHSt 29, 73); jedoch braucht der Täter nicht selbst dieses Ziel zu verfolgen oder den Inhalt auch nur zu billigen (BGHSt 19, 221).

8 **6. Abs 3**, der schon nach dem Gesetz als Tatbestandsausschluß gestaltet ist (hM), beruht auf dem Gedanken der Sozialadäquanz (29 vor § 32; beachte auch 7 zu § 86 a; 11 zu § 131); er will zugleich auch das Recht der freien Meinungsäußerung schützen (Art 5 GG). Da das Merkmal „dienen" die objektive, aus dem Inhalt zu ermittelnde Zwecksetzung beschreibt (hM), ist Abs 3 insofern unklar, als er auch die Propagandamittel als solche in der Ausnahmeklausel aufführt; denn es ist nicht denkbar, daß eine Schrift nach ihrem Inhalt Propagandamittel im Sinne des Abs 2 ist und zugleich der staatsbürgerlichen Aufklärung oder der Abwehr verfassungsfeindlicher Bestrebungen dient (krit auch Müller-Dietz, Würtenberger-FS, S 167, 180). – Erfaßt werden vornehmlich solche Handlungen, die sich zeitkritisch oder sonst aufklärend für das Interesse der Verfassung einsetzen oder eine Förderung von Kunst, Wissenschaft, Forschung oder Lehre bezwecken; werden sie nur als Vorwand zur Verfolgung verfassungsfeindlicher Ziele benutzt, so ist Abs 3 nicht anwendbar (zum Vorwand staatspolitischer Aufklärung BGHSt 23, 226 mit krit Bespr Kohlmann JZ 71, 681).

9 **7.** Mit § 83 (LM Nr 1 zu § 81 aF) und § 185 (bei Wagner GA 63, 359, Nr 5), eingeschränkt auch mit §§ 84, 85 (zusf Krauth/Kurfess/Wulf JZ 68, 577, 581; s auch BGHSt 26, 258; str) ist **Tateinheit** möglich.

10 **8.** Inland, Ausland 4, 6 vor § 3. Auf bestimmte Zeitungen und Zeitschriften, die im Ausland erscheinen, ist Abs 1 nicht anwendbar (Art 296 EGStGB; s auch BGHSt 28, 296). Nebenfolgen, Einziehung §§ 92 a, 92 b. Zuständigkeit und Verfahren 6 zu § 80; zu Abs 4 s auch § 153 b StPO.

§ 86 a Verwenden von Kennzeichen verfassungswidriger Organisationen

(1) **Mit Freiheitsstrafe bis zu drei Jahren oder mit Geldstrafe wird bestraft, wer**

1. im Inland Kennzeichen einer der in § 86 Abs. 1 Nr. 1, 2 und 4 bezeichneten Parteien oder Vereinigungen verbreitet oder öffentlich, in einer Versammlung oder in von ihm verbreiteten Schriften (§ 11 Abs. 3) verwendet oder

2. Gegenstände, die derartige Kennzeichen darstellen oder enthalten, zur Verbreitung oder Verwendung im Inland oder Ausland in der in Nummer 1 bezeichneten Art und Weise herstellt, vorrätig hält, einführt oder ausführt.

(2) **Kennzeichen im Sinne des Absatzes 1 sind namentlich Fahnen, Abzeichen, Uniformstücke, Parolen und Grußformen. Den in Satz 1 genannten Kennzeichen stehen solche gleich, die ihnen zum Verwechseln ähnlich sind.**

(3) **§ 86 Abs. 3 und 4 gilt entsprechend.**

Fassung: Das VerbrBG (4 vor § 38) hat Abs 1 neugefaßt und Abs 2 durch Einbeziehung auch von Kennzeichen, die den in Abs 1 genannten zum Verwechseln ähnlich sind, erweitert. Inhaltlich unterscheidet sich Abs 1 vom früheren Recht durch die Ersetzung der Bezugnahme auf den räumlichen Geltungsbereich des Gesetzes durch die auf das Inland (vgl 5 vor § 3) und durch die Einbeziehung des Ausführens von Gegenständen zur Verbreitung im Ausland (Abs 1 Nr 2).

1. Die Vorschrift (zusf zur aF Bonefeld DRiZ 93, 430) **schützt** 1
durch abstrakte Gefährdungstatbestände (Bay NJW 62, 1878) den **demokratischen Rechtsstaat** und den **öffentlichen Frieden**, nicht den einzelnen Bürger (Düsseldorf JZ 87, 836).

2. a) Ein **Kennzeichen** wird durch seinen Symbolgehalt charakteri- 2
siert. Neben den in Abs 2 genannten Gegenständen und Symbolen (zum „Deutschen Gruß" BGHSt 27, 1; Celle NJW 70, 2257; zur „Sigrune" des Jungvolks bei Schmidt MDR 86, 177; zur Parole „Sieg und Heil für Deutschland" Düsseldorf MDR 91, 174; beachte auch bei Schmidt MDR 94, 238) kommen ua auch in Frage: optische und akustische Erkennungszeichen sowie Märsche, Lieder und deren Melodien, zB das Horst-Wessel-Lied (MDR 65, 923) oder das Lied „Es zittern die morschen Knochen" (Celle NJW 91, 1497), uU auch wenn sie mit einem verfremdeten Text (Oldenburg NJW 88, 351) oder nur in markanten Teilen (Bay NJW 90, 2006) gesungen oder gespielt werden; die Rspr bezieht auch Führerbilder ein (BGHSt 25, 128; 29, 73, 82; Schleswig MDR 78, 333; zw). Das Hakenkreuz ist schon als solches ein Kennzeichen der früheren NSDAP (BGHSt 29, 73, 83; Hamm NJW 82, 1656 mwN). Rein staatliche Kennzeichen gehören nicht hierher (Lüttger GA 60, 129, 132); jedoch werden Symbole nationalsozialistischer Organisationen erfaßt, wenn sie – wie etwa das Hakenkreuz in einem Kriegsorden (BGHSt 23, 64, 77), im Reichsadler (AG Weinheim NJW 94, 1543, 1545 mit abl Bespr Wilhelm DRiZ 94, 339) oder an Flugzeugen der Luftwaffe als Hoheitszeichen (BGHSt 28, 394) – auch im staatlichen Bereich verwendet worden sind.

b) Zum Verwechseln ähnlich 9 zu § 132 a. Bei den Kennzeichen 2 a
kommt es nicht so sehr auf die figürliche oder sprachliche Ähnlichkeit als vielmehr darauf an, ob der Anschein eines Kennzeichens der jeweiligen Organisation erweckt und dessen Symbolgehalt vermittelt wird

(NStZ 96, 81; zum früheren Recht Köln NStZ 84, 508). Bei der Vielfalt der Kennzeichen, die namentlich von den rechtsextremistischen Gruppen verwendet werden, ist zweifelhaft, ob der mit der Vorschrift erstrebte Zweck erreichbar ist; denn wenn es auch bei extensiver Auslegung an der Verwechslungsfähigkeit fehlt, steht die Wortlautschranke (6 zu § 1) der Einbeziehung entgegen.

3 **3.** Für die betroffenen Organisationen (mit Ausnahme der nationalsozialistischen) gilt wie in §§ 84–86 das **Verbots- und das Feststellungsprinzip** (1 zu § 84; 2 zu § 85).

4 **4. Abs 1 Nr 1: Verbreiten** von Kennzeichen folgt denselben Regeln wie das Verbreiten von Schriften (5 zu § 74 d). – **Verwenden** ist jeder Gebrauch, der das Kennzeichen optisch oder akustisch wahrnehmbar macht (BGHSt 23, 267; Hamm NJW 82, 1656 mwN; einschr Sch/Sch-Stree 6); die Rspr nimmt jedoch mit Recht solche Fälle aus, in denen der Schutzzweck des Tatbestandes ersichtlich nicht verletzt wird (BGHSt 25, 30; Hamm NJW 85, 2146; Bremen NJW 87, 1427; Laufhütte LK 7–10 mwN), namentlich eine Wirkung auf Dritte in einer dem Symbolgehalt des Kennzeichens entsprechenden Richtung nicht eintreten kann (BGHSt 25, 128, 133; 28, 394; Köln NStZ 84, 508; Bay NJW 88, 2901; probl Stuttgart MDR 82, 246 und Frankfurt NStZ 82, 333; krit mit einschr Tendenz Sonnen AK 13–20). **Öffentlich, in einer Versammlung** 2 zu § 80 a (s auch BGHSt 29, 73, 83). Die **verbreiteten Schriften** (26–28 zu § 11; 5 zu § 74 d) muß der Täter selbst verbreitet haben.

5 **5. Abs 1 Nr 2: Herstellen, Vorrätighalten, Einführen und Ausführen** (5 zu § 184) sind Vorbereitungshandlungen zu Taten nach Nr 1. Für die danach erforderliche Absicht des Verbreitens oder Verwendens und für das Zusammentreffen mehrerer Tathandlungen gelten die Ausführungen unter 6 zu § 86 sinngemäß.

6 **6.** Aus der Beschränkung des Abs 1 Nr 1 auf Taten im **Inland** (4 vor § 3) folgt für die Vorbereitungshandlungen nach Abs 1 Nr 2 – ungeachtet des insoweit nicht ganz eindeutigen Gesetzeswortlauts – dieselbe räumliche Beschränkung (so schon BT-Dr 10/1286 S 7).

7 **7.** Zur Verweisung in **Abs 3** auf § 86 III dort 8. Im Ergebnis greift die Ausnahmeklausel nur ein, wenn die Tathandlung den Schutzzweck des § 86 a nicht verletzt (BGHSt 31, 383; s auch Hamm NJW 85, 2146). Die Verwendung der Kennzeichen zur reißerischen Käuferwerbung (BGHSt 23, 64, 78; s auch LG München NStZ 85, 311 mit Anm Keltsch), zB kommerzielles Feilbieten als Andenken (Lüttger GA 60, 129, 144), wird daher nicht gedeckt. Auch der Zweck möglichst originalgetreuer Nachbildung historischer Gegenstände, etwa bei Kinderspielzeug (BGHSt 28, 394), oder die scherzhafte Verwendung (Bay NJW 62, 1878), etwa bei einem Faschingszug (AG Münsingen MDR 78, 72), begründen als solche die Ausnahme nicht. Ob antiquarischer Handel mit einzelnen Gegenständen, die aus der NS-Zeit stammen und

solche Kennzeichen aufweisen, sozialadäquat ist, hängt von den Umständen ab (zu Hitlers „Mein Kampf" und zu Orden aus der Kriegszeit BGHSt 29, 73, 82 mit Bespr Bottke BuB 80, 254, 258; beachte auch Celle JR 81, 381 mit Anm Foth), wird allerdings bei einem auf historisch-wissenschaftlicher Grundlage betriebenen Fachhandel idR zutreffen (BGHSt 31, 383). – Auch wenn Abs 3 nicht anwendbar ist, kommt bei **Kunstwerken** Rechtfertigung aus dem Grundrecht der Kunstfreiheit in Frage (BVerfGE 77, 240 mit Anm Würkner NJW 88, 327; BVerfG NJW 90, 2541; s auch 14 zu § 193).

8. Der **Vorsatz** (bedingter genügt) muß – soweit der objektive Tatbestand das voraussetzt (vgl 3) – auch das Verbot der Organisation oder die Feststellung ihrer Eigenschaft als Ersatzorganisation umfassen. 8

9. Nebenfolgen, Einziehung §§ 92 a, 92 b. Absehen von Strafe (Abs 3) § 153 b StPO. 9

§ 87 Agententätigkeit zu Sabotagezwecken

(1) **Mit Freiheitsstrafe bis zu fünf Jahren oder mit Geldstrafe wird bestraft, wer einen Auftrag einer Regierung, Vereinigung oder Einrichtung außerhalb des räumlichen Geltungsbereichs dieses Gesetzes zur Vorbereitung von Sabotagehandlungen, die in diesem Geltungsbereich begangen werden sollen, dadurch befolgt, daß er**

1. sich bereit hält, auf Weisung einer der bezeichneten Stellen solche Handlungen zu begehen,

2. Sabotageobjekte auskundschaftet,

3. Sabotagemittel herstellt, sich oder einem anderen verschafft, verwahrt, einem anderen überläßt oder in diesen Bereich einführt,

4. Lager zur Aufnahme von Sabotagemitteln oder Stützpunkte für die Sabotagetätigkeit einrichtet, unterhält oder überprüft,

5. sich zur Begehung von Sabotagehandlungen schulen läßt oder andere dazu schult oder

6. die Verbindung zwischen einem Sabotageagenten (Nummern 1 bis 5) und einer der bezeichneten Stellen herstellt oder aufrechterhält,

und sich dadurch absichtlich oder wissentlich für Bestrebungen gegen den Bestand oder die Sicherheit der Bundesrepublik Deutschland oder gegen Verfassungsgrundsätze einsetzt.

(2) **Sabotagehandlungen im Sinne des Absatzes 1 sind**

1. Handlungen, die den Tatbestand der §§ 109 e, 305, 306, 308, 310 b bis 311 a, 312, 313, 315, 315 b, 316 b, 316 c Abs. 1 Nr. 2, der §§ 317 oder 318 verwirklichen, und

2. andere Handlungen, durch die der Betrieb eines für die Landesverteidigung, den Schutz der Zivilbevölkerung gegen Kriegsge-

fahren oder für die Gesamtwirtschaft wichtigen Unternehmens dadurch verhindert oder gestört wird, daß eine dem Betrieb dienende Sache zerstört, beschädigt, beseitigt, verändert oder unbrauchbar gemacht oder daß die für den Betrieb bestimmte Energie entzogen wird.

(3) **Das Gericht kann von einer Bestrafung nach diesen Vorschriften absehen, wenn der Täter freiwillig sein Verhalten aufgibt und sein Wissen so rechtzeitig einer Dienststelle offenbart, daß Sabotagehandlungen, deren Planung er kennt, noch verhindert werden können.**

1 **1.** Die Vorschrift **schützt** gegen die **Vorbereitung** rechtsstaatsgefährdender Sabotagehandlungen. Der Begriff der **Sabotagehandlung** ist in Abs 2 abschließend umschrieben. Er umfaßt

a) vornehmlich diejenigen Handlungen, die im Sinne der in **Abs 2 Nr 1** aufgeführten Vorschriften tatbestandsmäßig sind;

2 **b)** darüber hinaus auch andere Handlungen, die **Abs 2 Nr 2** beschreibt. **Zerstören**, Beschädigen 3–7 zu § 303; **Beseitigen** bedeutet der Verfügung entziehen, **Verändern** einen vom bisherigen abweichenden Zustand herbeiführen und **Unbrauchbarmachen** Ausschalten der Wirkungsweise, uU auch ohne Substanzverletzung. – Jede solche Handlung muß den Betrieb des Unternehmens (15 zu § 11) im ganzen verhindern oder stören.

3 **2.** Erforderlich ist die **Steuerung des Sabotageagenten von außen**, dh das Vorliegen eines dem Täter unmittelbar oder durch einen Mittelsmann (BT-Dr V/2860 S 10) erteilten Auftrags einer in Abs 1 genannten, außerhalb des räumlichen Geltungsbereichs des Gesetzes (5 vor § 3) befindlichen Stelle (zur Vereinigung 2 zu § 129). Dieser Auftrag muß der **Vorbereitung** von Sabotagehandlungen, die im Geltungsbereich des Gesetzes begangen werden sollen, dienen und vom Täter durch Vornahme einer Tathandlung nach Abs 1 Nr 1 bis 6 befolgt werden.

4 **3. a)** Die **Vorbereitungshandlungen** sind in Abs 1 Nr 1 bis 6 **abschließend** umschrieben. Sie sind, da sie neben der Schaffung meist auch die Aufrechterhaltung eines rechtswidrigen Zustandes voraussetzen, überwiegend Dauerdelikte (11 vor § 52) oder wenigstens Delikte mit iterativer Struktur, bei denen mehrere Einzelakte idR eine Bewertungseinheit bilden (10 vor § 52). – **Nr 1** betrifft den Stillhalteagenten. – **Nr 2**: Sabotageobjekt ist nicht nur die Gesamtheit eines Betriebes oder einer anderen wirtschaftlichen Einheit, sondern uU auch die technisch empfindliche Einzelheit (BT-Dr V/2860 S 10). – **Nr 3**: Sabotagemittel sind Gegenstände, die zur Ausführung von Sabotagehandlungen bestimmt und ihrer Art nach dazu geeignet sind.

5 **b)** Zur Beschränkung des **räumlichen Geltungsbereichs** beachte § 91.

4. Absichtliches oder wissentliches Sich-Einsetzen für **rechtsstaats- oder sicherheitsgefährdende Bestrebungen** 1–10 zu § 92. 6

5. Zur **tätigen Reue** (Abs 3) 29 zu § 24. Auch die Offenbarung muß freiwillig sein (BGHSt 27, 120 mwN; str), außerdem das gesamte Wissen über geplante Sabotagehandlungen umfassen und deren Verhinderung ermöglichen; ob tatsächlich verhindert wird, ist unerheblich (BT-Dr V/2860 S 11). 7

6. Nebenfolgen, Einziehung §§ 92 a, 92 b. Zuständigkeit und Verfahren 6 zu § 80. 8

§ 88 Verfassungsfeindliche Sabotage

(1) **Wer als Rädelsführer oder Hintermann einer Gruppe oder, ohne mit einer Gruppe oder für eine solche zu handeln, als einzelner absichtlich bewirkt, daß im räumlichen Geltungsbereich dieses Gesetzes durch Störhandlungen**

1. **die Post oder dem öffentlichen Verkehr dienende Unternehmen oder Anlagen,**
2. **Fernmeldeanlagen, die öffentlichen Zwecken dienen,**
3. **Unternehmen oder Anlagen, die der öffentlichen Versorgung mit Wasser, Licht, Wärme oder Kraft dienen oder sonst für die Versorgung der Bevölkerung lebenswichtig sind, oder**
4. **Dienststellen, Anlagen, Einrichtungen oder Gegenstände, die ganz oder überwiegend der öffentlichen Sicherheit oder Ordnung dienen,**

ganz oder zum Teil außer Tätigkeit gesetzt oder den bestimmungsmäßigen Zwecken entzogen werden, und sich dadurch absichtlich für Bestrebungen gegen den Bestand oder die Sicherheit der Bundesrepublik Deutschland oder gegen Verfassungsgrundsätze einsetzt, wird mit Freiheitsstrafe bis zu fünf Jahren oder mit Geldstrafe bestraft.

(2) **Der Versuch ist strafbar.**

1. Rädelsführer, Hintermann (2 zu § 84). Die **Gruppe** setzt anders als die Vereinigung (2 zu § 129) keine organisierte Willensbildung voraus, sondern nur eine nicht ganz kleine, durch ein gemeinsames Merkmal (idR einen gemeinsam verfolgten Zweck) verbundene Personenmehrheit. 1

2. Die **Angriffsgegenstände**, die sich im **räumlichen Geltungsbereich** des Gesetzes (5 vor § 3) befinden müssen, decken sich weitgehend mit denen des § 316 b (dort 2–4) und des § 317 (dort 2). 2

3. Bei den **Tathandlungen** bedeutet Bewirken (Mit-)Verursachen der Stillegung oder Zweckentfremdung; bloße Ausforschung von Erkenntnissen einer Dienststelle und deren Verwertung in der Öffentlichkeit reicht dazu idR nicht aus (BGHSt 27, 307). **Störhandlung** ist ein 3 regelwidriger (auch durch Unterlassen in Garantenstellung begehbarer, 6 zu § 13) Eingriff in die Funktion der Einrichtung; arbeitsrechtlich zulässige oder als politisches Kampfmittel sozialadäquate Streiks bilden einen Rechtfertigungsgrund (BT-Dr V/2860 S 11; aM Laufhütte LK 9, der schon die Tatbestandsmäßigkeit verneint).

4 **4.** Bedingter **Vorsatz** genügt. **Absichtlich** erfordert zielgerichtetes Wollen (20 zu § 15). Absichtliches Sich-Einsetzen für **rechtsstaats- oder sicherheitsgefährdende Bestrebungen** 1–10 zu § 92.

5 **5.** Mit §§ 316 b, 317 ist **Tateinheit** möglich.

6 **6.** Nebenfolgen, Einziehung §§ 92 a, 92 b. Zuständigkeit und Verfahren 6 zu § 80.

§ 88 a *(weggefallen)*

§ 89 Verfassungsfeindliche Einwirkung auf Bundeswehr und öffentliche Sicherheitsorgane

(1) **Wer auf Angehörige der Bundeswehr oder eines öffentlichen Sicherheitsorgans planmäßig einwirkt, um deren pflichtmäßige Bereitschaft zum Schutz der Sicherheit der Bundesrepublik Deutschland oder der verfassungsmäßigen Ordnung zu untergraben, und sich dadurch absichtlich für Bestrebungen gegen den Bestand oder die Sicherheit der Bundesrepublik Deutschland oder gegen Verfassungsgrundsätze einsetzt, wird mit Freiheitsstrafe bis zu fünf Jahren oder mit Geldstrafe bestraft.**

(2) **Der Versuch ist strafbar.**

(3) **§ 86 Abs. 4 gilt entsprechend.**

1 **1. Gegenstand des Angriffs** sind nur Angehörige der Bundeswehr oder eines öffentlichen Sicherheitsorgans (zB der kasernierten Bereitschaftspolizei, des Bundesgrenzschutzes, der Verfassungsschutzämter und der Nachrichtendienste, BT-Dr V/2860 S 11).

2 **2. Einwirken** ist jede Tätigkeit zur Beeinflußung (BGHSt 4, 291) auch nur eines Angehörigen des betroffenen Personenkreises; trifft es diesen schon vor seiner Zugehörigkeit zu dem Sicherheitsorgan (zB als einrückenden Rekruten vor Beginn des Wehrdienstverhältnisses), so genügt das nicht (BGHSt 36, 68). Daß ausdrücklich zu Ungehorsam, Sabotage oder anderen rechtswidrigen Akten aufgerufen wird, ist nicht unbedingt erforderlich (bei Holtz MDR 77, 281). Auch ob die Tathandlung Erfolg hat (BGHSt 4, 291), eine konkrete Gefahr verursacht (BGHSt 19, 344) oder sich zur Erschütterung des Pflichtbewußtseins eignet (MDR 54, 628), ist unerheblich. – **Planmäßig** wirkt ein, wer methodisch und vorausberechnet handelt.

3 **3.** Es muß dem Täter – sei es auch neben anderen Beweggründen (BGHSt 18, 151) – darauf ankommen („um zu"), die **pflichtmäßige**

Bereitschaft gerade zum Schutz der Sicherheit der Bundesrepublik (8, 9 zu § 92) oder der verfassungsmäßigen Ordnung (3 zu § 81), also nicht nur zur Erfüllung anderer Dienstpflichten, zu untergraben (NStZ 88, 215). Das Hinwirken auf eine einzelne Pflichtwidrigkeit genügt daher nur, wenn zugleich das Pflichtbewußtsein schlechthin untergraben werden soll (BGHSt 6, 64).

4. Absichtliches Sich-Einsetzen für **rechtsstaats- oder sicherheitsgefährdende Bestrebungen** 1–10 zu § 92. 4

5. Das **Parteienprivileg** (Art 21 II GG) steht der Bestrafung nicht entgegen (BVerfGE 47, 130; s auch BGHSt 27, 59). 5

6. Wird die Tat mittels **Druckschrift** begangen, so ist strafrechtlich verantwortlich, wer an deren Verbreitung, sei es auch nur als der im Impressum bezeichnete presserechtlich Verantwortliche, vorsätzlich mitgewirkt hat (NStZ 81, 300). Die Tat ist **kein Presseinhaltsdelikt** und unterliegt daher nicht der kurzen Verjährung (BGHSt 27, 353; s auch 8 zu § 78). 6

7. Gegenüber §§ 81 bis 83 ist die Vorschrift **subsidiär**. 7

8. Räumlicher Geltungsbereich § 5 Nr 3 a (dort 3). Nebenfolgen, Einziehung §§ 92 a, 92 b. Zuständigkeit und Verfahren 6 zu § 80; zu Abs 3 s auch § 153 b StPO. 8

§ 90 Verunglimpfung des Bundespräsidenten

(1) **Wer öffentlich, in einer Versammlung oder durch Verbreiten von Schriften (§ 11 Abs. 3) den Bundespräsidenten verunglimpft, wird mit Freiheitsstrafe von drei Monaten bis zu fünf Jahren bestraft.**

(2) **In minder schweren Fällen kann das Gericht die Strafe nach seinem Ermessen mildern (§ 49 Abs. 2), wenn nicht die Voraussetzungen des § 187 a erfüllt sind.**

(3) **Die Strafe ist Freiheitsstrafe von sechs Monaten bis zu fünf Jahren, wenn die Tat eine Verleumdung (§ 187) ist oder wenn der Täter sich durch die Tat absichtlich für Bestrebungen gegen den Bestand der Bundesrepublik Deutschland oder gegen Verfassungsgrundsätze einsetzt.**

(4) **Die Tat wird nur mit Ermächtigung des Bundespräsidenten verfolgt.**

1. Die Vorschrift **schützt das Amt und die Person** des BPräs (BGHSt 11, 11; 16, 338; krit Liourdi, Herkunft und Zweck der Strafbestimmungen zum Ehrenschutz des Staatsoberhauptes, Diss Göttingen 1990, S 269). 1

2. Öffentlich, in einer Versammlung 2 zu § 80 a; **Verbreiten von Schriften** 26–28 zu § 11; 5 zu § 74 d. 2

3 **3. Verunglimpfen** ist eine Ehrenkränkung im Sinne der §§ 185 bis 187, die nach Inhalt, Form, Begleitumständen oder Beweggründen schwer ist (BGHSt 12, 364; Frankfurt NJW 84, 1128).

4 **4.** Zu **Abs 2** (minder schwere Fälle) 7–10 a zu § 46; 5, 6 zu § 49. Im Falle des § 187 a ist der Ausschluß zwingend.

5 **5.** Zur **Strafschärfung nach Abs 3** § 187 und 1–10 zu § 92.

6 **6.** Gegenüber §§ 185 bis 187 a geht die Vorschrift als die **speziellere** vor (25 vor § 52); die §§ 190, 192, 193, 200 bleiben jedoch anwendbar.

7 **7.** Räumlicher Geltungsbereich § 5 Nr 3 b (dort 3). Ermächtigung 1, 2 zu § 77 e. Zuständigkeit und Verfahren 6 zu § 80.

§ 90 a Verunglimpfung des Staates und seiner Symbole

(1) **Wer öffentlich, in einer Versammlung oder durch Verbreiten von Schriften (§ 11 Abs. 3)**

1. die Bundesrepublik Deutschland oder eines ihrer Länder oder ihre verfassungsmäßige Ordnung beschimpft oder böswillig verächtlich macht oder

2. die Farben, die Flagge, das Wappen oder die Hymne der Bundesrepublik Deutschland oder eines ihrer Länder verunglimpft,

wird mit Freiheitsstrafe bis zu drei Jahren oder mit Geldstrafe bestraft.

(2) **Ebenso wird bestraft, wer eine öffentlich gezeigte Flagge der Bundesrepublik Deutschland oder eines ihrer Länder oder ein von einer Behörde öffentlich angebrachtes Hoheitszeichen der Bundesrepublik Deutschland oder eines ihrer Länder entfernt, zerstört, beschädigt, unbrauchbar oder unkenntlich macht oder beschimpfenden Unfug daran verübt. Der Versuch ist strafbar.**

(3) **Die Strafe ist Freiheitsstrafe bis zu fünf Jahren oder Geldstrafe, wenn der Täter sich durch die Tat absichtlich für Bestrebungen gegen den Bestand der Bundesrepublik Deutschland oder gegen Verfassungsgrundsätze einsetzt.**

1 **1.** Die Vorschrift **schützt** die Bundesrepublik, ihre Länder und ihre Symbole gegen **öffentliche Herabsetzung** (zu den geschützten Rechtsgütern Schroeder JR 79, 89; Würtenberger JR 79, 309, 310; Roggemann JZ 92, 934; krit Bemmann, Meinungsfreiheit und Strafrecht, 1981, S 18; Sonnen AK 27). **Angriffsgegenstände** sind:

2 **a)** Die **Bundesrepublik und ihre Länder** nicht als Staaten schlechthin, sondern in ihrer konkreten Gestalt als freiheitliche repräsentative Demokratien (BGHSt 6, 324; 7, 110; Hamm NJW 77, 1932; Celle StV 83, 284); sie können auch mittelbar in ihren Organen angegriffen werden (BGHSt 11, 11; NJW 61, 1932; Bay GA 72, 214).

b) Ihre **verfassungsmäßige Ordnung** (3 zu § 81); sie bedeutet hier dasselbe wie in § 81 I Nr 2 (BT-Dr V/2860 S 12; aM Hennke GA 54, 140). Gefährdung dieser Ordnung ist nicht erforderlich (BGHSt 3, 346). 3

c) Ihre **Symbole**, soweit sie in Abs 1 Nr 2, Abs 2 genannt sind. Zu Farben und Flagge Art 22 GG (s auch § 124 OWiG). Zum Wappen Frankfurt NJW 91, 117 (zw). Hymne der Bundesrepublik ist das Deutschlandlied (hM; vgl etwa Hellenthal NJW 88, 1294; Spendel JZ 88, 744; Allgaier MDR 88, 1022; anders Hümmerich/Beucher NJW 87, 3227), dessen Schutz allerdings auf seine 3. Strophe beschränkt ist (BVerfGE 81, 298 mit abl Anm Gusy JZ 90, 640). Hoheitszeichen ist jedes Zeichen, das die staatliche Hoheitsgewalt zum Ausdruck bringen soll (zB Staatswappen an Amtsgebäuden und Grenzpfählen). 4

2. Öffentlich, in einer Versammlung 2 zu § 80 a. Bei Abs 2 genügt es, wenn die Flagge oder das Zeichen für einen größeren, durch persönliche Beziehungen nicht verbundenen Personenkreis angebracht ist (Braunschweig NJW 53, 875). **Verbreiten von Schriften** 26–28 zu § 11; 5 zu § 74 d. 5

3. Zu den **Tathandlungen**: 6

a) Abs 1 Nr 1: Beschimpfen ist eine nach Form oder Inhalt besonders verletzende Mißachtenskundgebung, wobei das besonders Verletzende entweder äußerlich in der Roheit des Ausdrucks oder inhaltlich im Vorwurf eines schimpflichen Verhaltens liegen kann (BGHSt 7, 110). **Verächtlichmachen** bedeutet, den Angriffsgegenstand als der Achtung der Bürger unwert und unwürdig hinstellen (BGHSt 3, 346; Bay NStZ-RR 96, 135); es kommt darauf an, wie ein Unbefangener die Äußerung versteht (NJW 61, 1932). **Böswillig** handelt, wer trotz Kenntnis des Unrechts aus unrechter, feindseliger Gesinnung handelt (Hamburg NJW 75, 1088; LG Göttingen NJW 79, 173; krit Schroeder JR 79, 89, 92). – **Abs 1 Nr 2: Verunglimpfen** 3 zu § 90 (s auch LG Frankfurt NJW 89, 598). – Werden **fremde Äußerungen** verbreitet, muß sich der Täter ihren Inhalt zu eigen machen (Bremen JR 79, 118 und LG Berlin JR 79, 120 mit krit Bespr Schroeder aaO; Köln NJW 79, 1562; Düsseldorf NJW 80, 71); das erfordert keine Erklärung, ergibt sich vielmehr meist aus den Gesamtumständen (Köln aaO; Schroeder aaO S 93; krit Giehring StV 85, 30, 34).

b) Abs 2: Zerstören, Beschädigen und Unbrauchbarmachen 2 zu § 87. **Beschimpfender Unfug** wird durch grob ungehörige, rohe Mißachtenskundgebung verübt (RGSt 43, 201). 7

4. Abs. 3: Absichtliches Sich-Einsetzen für **rechtsstaatsgefährdende Bestrebungen** 1–10 zu § 92 (beachte auch BGHSt 32, 332); die Absicht muß zwar der Tathandlung zugrunde liegen (Düsseldorf NJW 80, 603), braucht aber nicht schon aus ihr selbst (etwa dem Inhalt einer Schrift) hervorzugehen (BGHSt 29, 159). 8

9 **5. a)** Die Wechselwirkung zwischen dem **Grundrecht der Meinungsfreiheit** (Art 5 I GG) und den allgemeinen Gesetzen (BVerfGE 43, 130 mwN) kann bei Äußerungen im politischen Meinungskampf eine einschränkende Auslegung der Handlungsmerkmale erfordern (Celle StV 83, 284; s auch Bremen und LG Berlin aaO [vgl 6]; Frankfurt NJW 84, 1128; Bay NStZ-RR 96, 135; Schroeder NStZ 85, 451).

10 **b)** Für **Kunstwerke** (Art 5 III GG) ist ein Konflikt mit § 90 a nicht ausgeschlossen (Köln MDR 78, 1044); in diesem Fall gelten die Ausführungen unter 14 zu § 193 sinngemäß mit der Maßgabe, daß bei der Abwägung der kollidierenden Verfassungswerte die in § 90 a geschützten Rechtsgüter (vgl 1) wegen ihres hohen Ranges nicht schon grundsätzlich hinter der Kunstfreiheit zurücktreten müssen, sondern je nach Art und Intensität des Angriffs das Übergewicht gewinnen können (BVerfGE 81, 278 und 298, beide mit Anm Gusy JZ 90, 640 und Hufen JuS 91, 687; s auch NJW 86, 1271; Frankfurt NJW 86, 1272; LG Aachen NJW 95, 894; Würtenberger NJW 83, 1144, 1147; Volk JR 84, 441; Roggemann JZ 92, 934, 941; einschr Sonnen AK 30–37, alle mwN; str).

11 **6.** Das **Parteienprivileg** (Art 21 II GG) steht einer Bestrafung nicht entgegen (BVerfGE 47, 198, 231; 69, 257 mit Anm Schroeder NStZ 85, 451), auch nicht der Strafschärfung nach Abs 3 (BGHSt 29, 159; Volk JR 80, 291, 294; zw).

12 **7.** Räumlicher Geltungsbereich: des Abs 1 (allein oder iVm Abs 3) § 5 Nr 3 a; des Abs 2 § 5 Nr 3 b. Nebenfolgen, Einziehung §§ 92 a, 92 b. Zuständigkeit für Taten nach Abs 3 einschließlich Verfahren 6 zu § 80.

§ 90 b Verfassungsfeindliche Verunglimpfung von Verfassungsorganen

(1) **Wer öffentlich, in einer Versammlung oder durch Verbreiten von Schriften (§ 11 Abs. 3) ein Gesetzgebungsorgan, die Regierung oder das Verfassungsgericht des Bundes oder eines Landes oder eines ihrer Mitglieder in dieser Eigenschaft in einer das Ansehen des Staates gefährdenden Weise verunglimpft und sich dadurch absichtlich für Bestrebungen gegen den Bestand der Bundesrepublik Deutschland oder gegen Verfassungsgrundsätze einsetzt, wird mit Freiheitsstrafe von drei Monaten bis zu fünf Jahren bestraft.**

(2) **Die Tat wird nur mit Ermächtigung des betroffenen Verfassungsorgans oder Mitglieds verfolgt.**

1 **1.** Die Vorschrift **schützt** die **Verfassungsorgane als solche** (BGHSt 8, 191, 193; krit Sonnen AK 7, 8); sie gilt daher nicht, wenn ein Mitglied nicht in dieser Eigenschaft, sondern allgemein als Politiker oder Privatmann angegriffen wird.

2. Gesetzgebungsorgane des Bundes sind der BTag (Art 38 ff GG) und der BRat (Art 50 ff GG); Gesetzgebungsorgane der Länder 2 zu § 36. **Bundesregierung** Art 62 ff GG; **Bundesverfassungsgericht** Art 93 GG. 2

3. Zur **Tathandlung** und ihren besonderen Begehungsformen 2, 3 zu § 90. Über § 90 hinaus bedarf es hier einer konkreten Gefahr (21, 22 zu § 315 c) für das Ansehen des Staates. 3

4. Daß der Täter sich absichtlich für **rechtsstaatsgefährdende Bestrebungen** einsetzt (1–10 zu § 92), wirkt hier anders als in den §§ 90, 90 a strafbegründend (beachte auch 8 zu § 90 a). 4

5. Das **Parteienprivileg** (Art 21 II GG) steht einer Bestrafung nicht entgegen (BGHSt 29, 50; zw). 5

6. Gegenüber §§ 185 bis 187 ist nicht Tateinheit (so aber BGHSt 6, 159; Sch/Sch-Stree 10), sondern **Spezialität** anzunehmen (NJW 53, 1722; Schmidt MDR 81, 89, 90; Laufhütte LK 11); denn jede Tat nach § 90 b ist zugleich eine Beleidigung. Mit § 187 a ist Tateinheit möglich (Sonnen AK 18; aM Laufhütte aaO; zw). 6

7. Ermächtigung 1, 2 zu § 77 e; bei Verunglimpfung des Mitglieds eines Verfassungsorgans ist sie personengebunden und kann daher nicht von einem Amtsnachfolger erteilt werden (BGHSt 29, 282 mwN; str). Ob in einem uneingeschränkten Strafantrag zugleich die Ermächtigung liegt, ist Tatfrage (NJW 54, 1655; s auch Hamm GA 53, 28). 7

8. Räumlicher Geltungsbereich § 5 Nr 3 a (dort 3). Nebenfolgen, Einziehung §§ 92 a, 92 b. Zuständigkeit und Verfahren 6 zu § 80. 8

§ 91 Anwendungsbereich

Die §§ 84, 85 und 87 gelten nur für Taten, die durch eine im räumlichen Geltungsbereich dieses Gesetzes ausgeübte Tätigkeit begangen werden.

1. Die Vorschrift schränkt den **Gebietsgrundsatz** (§ 3) ein (krit Lüttger JR 69, 121, 129). Abweichend von § 9 (dort 1, 2) begründet der im räumlichen Geltungsbereich des Gesetzes (5 vor § 3) liegende Erfolgsort bei Distanzdelikten oder der Ort der Haupttat bei Teilnahmehandlungen keine Anknüpfung. Nach dem Zweck des Gesetzes ist auch die Aufforderung zu den genannten Straftaten (§ 111) in die Beschränkung einbezogen (Krauth/Kurfess/Wulf JZ 68, 577, 582; zw). Nicht strafbar ist ferner, wer innerhalb des Bereichs an einer außerhalb begangenen Haupttat als Anstifter oder Gehilfe teilnimmt (Laufhütte LK 5; aM Sch/Sch-Stree 6); das folgt, weil § 91 eine materiell-rechtliche Norm ist, aus den Grundsätzen der limitierten Akzessorietät (zw). Bei rechtlichen Handlungseinheiten (9–19 vor § 52) bleiben außerhalb des Bereichs vorgenommene Einzelakte unberücksichtigt. 1

2 **2.** Da nur eine Regelung des Geltungsbereichs bezweckt ist, wird durch den Begriff „Tätigkeit" ein Handeln durch **Unterlassen** in Garantenstellung (6 zu § 13) nicht ausgeschlossen.

4. Titel. Gemeinsame Vorschriften

§ 92 Begriffsbestimmungen

(1) **Im Sinne dieses Gesetzes beeinträchtigt den Bestand der Bundesrepublik Deutschland, wer ihre Freiheit von fremder Botmäßigkeit aufhebt, ihre staatliche Einheit beseitigt oder ein zu ihr gehörendes Gebiet abtrennt.**

(2) **Im Sinne dieses Gesetzes sind Verfassungsgrundsätze**

1. **das Recht des Volkes, die Staatsgewalt in Wahlen und Abstimmungen und durch besondere Organe der Gesetzgebung, der vollziehenden Gewalt und der Rechtsprechung auszuüben und die Volksvertretung in allgemeiner, unmittelbarer, freier, gleicher und geheimer Wahl zu wählen,**
2. **die Bindung der Gesetzgebung an die verfassungsmäßige Ordnung und die Bindung der vollziehenden Gewalt und der Rechtsprechung an Gesetz und Recht,**
3. **das Recht auf die Bildung und Ausübung einer parlamentarischen Opposition,**
4. **die Ablösbarkeit der Regierung und ihre Verantwortlichkeit gegenüber der Volksvertretung,**
5. **die Unabhängigkeit der Gerichte und**
6. **der Ausschluß jeder Gewalt- und Willkürherrschaft.**

(3) **Im Sinne dieses Gesetzes sind**

1. **Bestrebungen gegen den Bestand der Bundesrepublik Deutschland solche Bestrebungen, deren Träger darauf hinarbeiten, den Bestand der Bundesrepublik Deutschland zu beeinträchtigen (Absatz 1),**
2. **Bestrebungen gegen die Sicherheit der Bundesrepublik Deutschland solche Bestrebungen, deren Träger darauf hinarbeiten, die äußere oder innere Sicherheit der Bundesrepublik Deutschland zu beeinträchtigen,**
3. **Bestrebungen gegen Verfassungsgrundsätze solche Bestrebungen, deren Träger darauf hinarbeiten, einen Verfassungsgrundsatz (Absatz 2) zu beseitigen, außer Geltung zu setzen oder zu untergraben.**

1 **1. Abs 1, 2 definieren** einige (nicht in allen Tatbeständen des Abschnitts vorkommende) **Angriffsgegenstände** des Hochverrats und der Gefährdung des demokratischen Rechtsstaates sowie die Möglichkeiten ihrer Beeinträchtigung.

a) Bestand der Bundesrepublik (**Abs 1**; vgl auch Art 21 II, 91 I GG). Er kann dadurch beeinträchtigt werden, daß 2

aa) ihre **Freiheit von fremder Botmäßigkeit** aufgehoben wird, dh von einer Abhängigkeit, in der die Verfassungsorgane ganz oder teilweise der tatsächlichen Herrschaft fremder Mächte unterworfen sind (zB durch Umwandlung in einen Satellitenstaat; nicht aber dadurch, daß nach Art 24 GG Hoheitsrechte auf Staatengemeinschaften oder zwischenstaatliche Einrichtungen übertragen oder zu deren Gunsten beschränkt werden);

bb) ihre **staatliche Einheit** beseitigt wird (zB durch Umgestaltung des Bundesstaates in einen Staatenbund); 3

cc) zu ihr gehörendes **Gebiet** abgetrennt wird. 4

b) Verfassungsgrundsätze (Abs 2). Sie beschreiben den Wesenskern der freiheitlichen demokratischen Grundordnung (2 zu § 86), stellen sie aber nicht erschöpfend dar (bei Wagner GA 61, 1, Nr 2). Der Begriff der verfassungsmäßigen Ordnung nach § 81 I Nr 2 (dort 3) ist deshalb weiter (Schafheutle JZ 51, 609, 612); umgekehrt sind aber dessen Grenzen durch restriktive Auslegung des Abs 2 zu wahren (Laufhütte LK 3). 5

aa) **Nr 1** schützt die Volkssouveränität und Gewaltenteilung (Art 20 II, 79 III GG) sowie das demokratische Wahlrecht (Art 28 I S 2, 38 I S 1 GG); **Nr 2** die rechtsstaatliche Bindung der Gewalten (Art 20 III, 79 III GG); **Nr 3** das Recht auf parlamentarische Opposition (Art 21 I S 1 GG), das durch Bildung einer Einheitspartei verletzt wird (bei Wagner GA 61, 2, Nr 5); **Nr 4** die Ablösbarkeit der Regierung und ihre Verantwortlichkeit gegenüber der Volksvertretung, was nicht notwendig die Ausschließlichkeit des sog parlamentarischen Regierungssystems bedeutet (Art 67 GG; beachte JR 77, 28 mit Anm Schroeder); **Nr 5** die Unabhängigkeit der Gerichte (Art 97 I GG); **Nr 6** den Ausschluß jeder Gewalt- und Willkürherrschaft (BGHSt 13, 32, 375; s auch §§ 234 a, 241 a). 6

bb) **Nicht aufgenommen** sind das föderalistische Prinzip (Art 79 III GG) und die Grundrechte, soweit nicht Abs 2 Nr 6 eingreift. 7

2. a) Abs 3 definiert, unter welchen Voraussetzungen Bestrebungen, dh organisierte Aktivitäten, gegen ein in Abs 1, 2 beschriebenes Angriffsobjekt gerichtet sind. Die Träger der Bestrebungen müssen auf die Beeinträchtigung des Angriffsobjekts hinarbeiten, dh Angriffshandlungen vornehmen oder vorbereiten, die auf Beeinträchtigung des Angriffsobjekts abzielen. **Einsetzen** bedeutet, daß es dem Täter auf die Förderung solcher Bestrebungen ankommt; ob er sie selbst verfolgt, ist unerheblich. Die §§ 88 I, 89 I, 90 III, 90 a III, 90 b I setzen übereinstimmend nur „absichtliches", § 87 I daneben auch „wissentliches" Sich-Einsetzen voraus. Die Unterscheidung ist unklar: Sich-Einsetzen ist zweckhaftes Verhalten, dem das Absichtsmoment im Sinne zielgerichteten Wollens (20 zu § 15) bereits immanent ist. Daß es dem Täter auf die Förderung konkreter Bestrebungen ankommen muß, ergibt sich 8 daher von selbst. Einen selbständigen Sinn gewinnt das Absichtsmerkmal erst, wenn es dem Täter zugleich auch auf die Richtung der Bestrebungen gerade gegen das Angriffsobjekt ankommen muß (so Krauth/Kurfess/Wulf JZ 68, 577, 582). Allerdings zwingt das zu dem kriminalpolitisch problematischen Ergebnis, daß nur zum Gelderwerb begangene Taten (etwa die gegen Entgelt begangene Sabotagehandlung nach § 88 I) idR nicht erfaßt werden. Das entspricht aber dem gesetzgeberischen Willen, weil sonst das in § 87 I zusätzlich eingefügte Merkmal der Wissentlichkeit (21 zu § 15) keine sinnvolle Funktion erfüllen könnte (Gehrig, Der Absichtsbegriff in den Straftatbeständen des Besonderen Teils des StGB, 1986, S 156 mwN).

9 **b) Nr 1**: Vgl 2–4. – **Nr 2**: Der Hinweis auf die äußere und innere Sicherheit gilt nicht nur für die Tatbestände des Abschnitts, sondern ist auch für die §§ 109 e, 109 f und 109 g bedeutsam. – **Nr 3: Beseitigen** bedeutet Vernichten der rechtlichen Existenz, **Außer-Geltung-Setzen** Herbeiführen der vollständigen, teilweisen oder vorübergehenden faktischen Nichtanwendung, jedoch nicht die bloße Verletzung im Einzelfall. **Untergraben** ist das Beeinträchtigen der Wirksamkeit der formal fortbestehenden Verfassungsgrundsätze, das idR durch langsames Unglaubwürdigmachen geschieht (Düsseldorf NJW 80, 603 mwN); nach der Rspr soll zum Untergraben auch die nur auf Erschütterung eines Zustandes gerichtete Tätigkeit genügen (BGHSt 4, 291; zw).

10 **c)** Richtet sich die Tat sowohl gegen den Bestand oder die Sicherheit der Bundesrepublik als auch gegen Verfassungsgrundsätze, so ist bei der **Strafzumessung** zu berücksichtigen, daß ein doppelter, gegen artverschiedene Rechtsgüter gerichteter Angriff vorliegt (JR 77, 28 mit Anm Schroeder).

§ 92 a Nebenfolgen

Neben einer Freiheitsstrafe von mindestens sechs Monaten wegen einer Straftat nach diesem Abschnitt kann das Gericht die Fähigkeit, öffentliche Ämter zu bekleiden, die Fähigkeit, Rechte aus öffentlichen Wahlen zu erlangen, und das Recht, in öffentlichen Angelegenheiten zu wählen oder zu stimmen, aberkennen (§ 45 Abs. 2 und 5).

1 Vgl 4 zu § 45. Amtsfähigkeit, Wählbarkeit und Stimmrecht können auch einzeln aberkannt werden.

§ 92 b Einziehung

Ist eine Straftat nach diesem Abschnitt begangen worden, so können

1. Gegenstände, die durch die Tat hervorgebracht oder zu ihrer Begehung oder Vorbereitung gebraucht worden oder bestimmt gewesen sind, und

2. Gegenstände, auf die sich eine Straftat nach den §§ 80 a, 86, 86 a, 90 bis 90 b bezieht,

eingezogen werden. § 74 a ist anzuwenden.

1 **1.** § 92 b ist eine besondere Vorschrift über die **Einziehung** im Sinne des § 74 IV (dort 12–14). Die näheren Einziehungsvoraussetzungen sind in den §§ 74 II, III, 74 a geregelt (BGHSt 23, 64). Die Einziehung ist nur fakultativ (zur Ermessensausübung 9 zu § 74); jedoch bleibt § 74 d unberührt, so daß bei Vorliegen seiner Voraussetzungen die Einziehung obligatorisch ist (BGHSt 23, 208, 267; beachte aber 11 zu § 74 d). Im übrigen vgl die Anm zu §§ 74 bis 76 a.

2 **2.** Soweit eine Einziehung in das nach Art 5 I S 1 GG gewährleistete Recht des Bürgers eingreifen würde, sich aus allgemein zugänglichen Quellen ungehindert zu unterrichten (Informationsfreiheit), bedarf es einer Güter- und Interessenabwägung zwischen der Informationsfreiheit einerseits und den eine Verfassungsgefährdung abwehrenden allgemeinen Strafgesetzen andererseits (BVerfGE 27, 71; BGHSt 23, 208 mit krit Anm Willms JZ 70, 514; Faller MDR 71, 1; Träger/Mayer/Krauth, BGH-FS, S 227, 242).

2. Abschnitt. Landesverrat und Gefährdung der äußeren Sicherheit

§ 93 Begriff des Staatsgeheimnisses

(1) **Staatsgeheimnisse sind Tatsachen, Gegenstände oder Erkenntnisse, die nur einem begrenzten Personenkreis zugänglich sind und vor einer fremden Macht geheimgehalten werden müssen, um die Gefahr eines schweren Nachteils für die äußere Sicherheit der Bundesrepublik Deutschland abzuwenden.**

(2) **Tatsachen, die gegen die freiheitliche demokratische Grundordnung oder unter Geheimhaltung gegenüber den Vertragspartnern der Bundesrepublik Deutschland gegen zwischenstaatlich vereinbarte Rüstungsbeschränkungen verstoßen, sind keine Staatsgeheimnisse.**

1 **1. Staatsgeheimnisse** sind Tatsachen, Gegenstände oder Erkenntnisse (dh alle tatsächlichen Vorgänge oder Zustände, alle körperlichen Gegenstände und alle gedanklichen Sachverhalte sowie Nachrichten darüber) unter folgenden Voraussetzungen:

a) Sie müssen als **Angelegenheit der Bundesrepublik Deutschland** anzusehen, dh ihrem Schutzbereich zuzurechnen sein (Laufhütte GA 74, 52, 53). Nicht gedeckt sind daher Geheimnisse befreundeter Staaten (beachte jedoch Art 7 I des 4. StÄG) oder zwischenstaatlicher Einrichtungen, es sei denn, daß sie als „gemeinsame Geheimnisse" (zB NATO-Geheimnisse) zugleich Angelegenheit der Bundesrepublik sind (bei Holtz MDR 80, 105) oder daß sie einem Bundesorgan anvertraut sind (BGHSt 6, 333).

2 **b)** Sie dürfen **nur einem begrenzten Personenkreis zugänglich** sein. Damit scheiden offenkundige (RGSt 25, 45, 48) sowie allgemein oder einem nicht mehr individualisierbaren Personenkreis (Laufhütte GA 74, 52, 54) zugängliche Tatsachen aus. Aus einer Vielzahl zugänglicher Tatsachen erarbeitete Erkenntnisse (sog Mosaiktheorie) werden daher, soweit sie infolge der Zugänglichkeit der Tatsachen selbst zugänglich sind, nicht erfaßt; Erkenntnisse, die durch geistige Neuschöpfung (Laufhütte aaO S 55) oder unter Verwertung von Geheimnissen niederer Ebene gewonnen sind, können jedoch Staatsgeheimnisse sein (BGHSt 24, 72, 76; krit Lüttger JR 69, 121, 126; einschr Rudolphi SK 17).

3 **c)** Sie müssen nach Maßgabe des Abs 1 zur Zeit der Tat – sei es auch nur gegenüber einer einzelnen fremden Macht – **geheimhaltungsbedürftig** sein. Nachträglicher Wegfall des Geheimhaltungsbedürfnisses ist unerheblich (Bay MDR 94, 821).

aa) **Fremde Macht** ist eine außerhalb der Bundesrepublik bestehende, mit öffentlicher Gewalt ausgestattete Einrichtung auf höchster Ebene, namentlich jede ausländische Regierung, auch wenn sie völkerrechtlich nicht anerkannt ist, uU auch die zwischen- oder überstaatliche Einrichtung (BT-Dr V/898 S 38; Bay MDR 94, 821).

4 bb) **Gefahr** 21, 22 zu § 315 c. Da es hier nur um die Frage der Geheimhaltungsbedürftigkeit geht, genügt **abstrakte Gefährlichkeit**, während in den einzelnen Tatbeständen (§§ 94 ff) konkrete Gefährdung vorausgesetzt wird.

5 cc) Gefahr eines **schweren Nachteils für die äußere Sicherheit** ist die einer bedeutenden **Erhöhung der Anfälligkeit** gegenüber einem Angriff oder einer störenden Einflußnahme vergleichbarer Schwere (zB Erpressung) **von außen**, die sowohl in der Vermehrung der fremden wie auch der Minderung der eigenen äußeren Machtstellung bestehen kann und uU bei gleichzeitig schädlicher wie nützlicher Wirkung für die äußere Sicherheit durch Saldierung der Nach- und Vorteile zu bestimmen ist (BT-Dr V/2860 S 18; zusf Schroeder, Der Schutz von Staat und Verfassung im Strafrecht, 1970, S 398). Dieses Merkmal setzt die Bedeutungsschwelle, von der an eine Angelegenheit den Rang eines Staatsgeheimnisses erlangt, hoch an (BGHSt 24, 72, 75; Bay MDR 94, 821) und erfaßt im wesentlichen nur Nachteile im Bereich der Landesverteidigung, ausnahmsweise auch der nachrichtendienstlichen Abwehr (BT-Dr V/2860 S16). Diplomatische, wissenschaftliche und wirtschaftliche Geheimnisse, die aus **anderen als Sicherheitsgründen** für die äußere Machtstellung der Bundesrepublik bedeutsam sind, fallen nicht unter die §§ 94–98 (BGH aaO), werden zum Teil aber durch die §§ 99, 353 b geschützt (krit Lüttger JR 69, 121, 126; Träger/Mayer/Krauth, BGH-FS, S 227, 232, 245).

6 dd) Die Geheimhaltung ist **nur dann erforderlich**, wenn anders die Gefahr nicht abgewendet werden kann. Das trifft jedenfalls dann nicht zu, wenn die fremden Mächte zweifelsfreie und zuverlässige, nicht je-

doch nur mögliche, unbestimmte oder noch der Bestätigung bedürftige Kenntnis haben (NJW 65, 1190).

2. Der Geheimnisbegriff ist ein **materieller**, der unmittelbar an den Sachverhalt anknüpft (krit Kohlmann, Der Begriff des Staatsgeheimnisses und das verfassungsrechtliche Gebot der Bestimmtheit von Strafvorschriften, 1969). Ob tatsächliche Schutzmaßnahmen getroffen sind (faktische Geheimhaltung) oder ob eine ausdrückliche Geheimanordnung besteht (formelle Geheimhaltung bzw Sekretur), ist unerheblich (Lüttger GA 70, 129, 153; aM Klug, Engisch-FS, S 570). Jedoch ist die faktische Geheimhaltung in den §§ 95, 96 II, 97 besonderes Tatbestandsmerkmal (2 zu § 95). 7

3. a) Nach **Abs 2** ist **kein Staatsgeheimnis (sog „illegales" Staatsgeheimnis)**, 8

aa) was gegen die **freiheitliche demokratische Grundordnung** (2 zu § 86) verstößt. Der Verstoß gegen einfache Gesetze genügt nur, wenn sie Grundwerte der Verfassung konkretisieren;

bb) was unter **Geheimhaltung gegenüber den** – oder auch nur einzelnen (Rudolphi SK 36; aM Tröndle 11; zw) – **Vertragspartnern der Bundesrepublik gegen zwischenstaatlich vereinbarte Rüstungsbeschränkungen verstößt**. Solche Beschränkungen ergeben sich zB für ABC-Waffen und schwere Raketen aus dem WEU-Vertrag und aus NATO-Vereinbarungen (Zusammenstellung bei Träger LK 23). Die Voraussetzung der **Geheimhaltung** ist nur als politisch motivierte Einschränkung verständlich; denn der Verstoß gegen eine Rüstungsbeschränkung ist rechtswidrig auch, wenn er von den Vertragspartnern unter politischem Druck geduldet wird. 9

b) Die **Rechtsnatur** des Abs 2 ist zweifelhaft. Der BTag hat ihn als Tatbestandseinschränkung verstanden (BT-Dr V/2860 S 16). Dem ist das Schrifttum überwiegend gefolgt (Rudolphi SK 34 mwN; eingehend Wiedmann, Inwieweit widerspricht § 97 b StGB allgemeinen strafrechtlichen Grundsätzen?, Diss Tübingen 1971, S 86; krit Stree, in: Baumann [Hrsg], Mißlingt die Strafrechtsreform, 1969, S 171, 178); jedoch dürfte die Erklärung der Vorschrift als Rechtfertigungsgrund (so Jescheck, Engisch-FS, S 584; Paeffgen, Der Verrat in irriger Annahme eines illegalen Geheimnisses [§ 97 b StGB] und die allgemeine Irrtumslehre, 1979, S 190) zu dogmatisch befriedigenderen Ergebnissen führen (krit Jakobs ZStW 93, 901). 10

c) Nach seiner **sachlichen Bedeutung** gibt Abs 2 dem Interesse an der Aufdeckung und Beseitigung einer im Sinne der Vorschrift rechtswidrigen Tatsache absoluten Vorrang vor dem Sicherheitsinteresse ohne Rücksicht auf das Ergebnis einer konkreten Güter- und Interessenabwägung; denn Abs 2 geht iVm § 97 a davon aus, daß die Offenbarung solcher Tatsachen die Gefahr eines schweren Sicherheitsnachteils verursachen kann, läßt aber gleichwohl zu, daß zur Wahrnehmung der Chance der Beseitigung dieser Tatsachen uneingeschränkt darüber dis- 11 kutiert wird (Hirsch NJW 68, 2330; krit Breithaupt NJW 68, 1712 und 69, 266). Aus dieser Konzeption erklären sich die Besonderheiten, die in §§ 97 a, 97 b vorgesehen sind (krit Klug, Baumgärtel-FS, S 249).

12 **d)** Abs 2 enthält **keine erschöpfende Regelung**. Soweit eine nach Abs 1 geheimhaltungsbedürftige, zugleich aber rechtswidrige Tatsache nicht unter Abs 2 fällt, kann ihre Offenbarung in Ausnahmefällen gerechtfertigt sein (4 zu § 95).

§ 94 Landesverrat

(1) **Wer ein Staatsgeheimnis**

1. einer fremden Macht oder einem ihrer Mittelsmänner mitteilt oder

2. sonst an einen Unbefugten gelangen läßt oder öffentlich bekanntmacht, um die Bundesrepublik Deutschland zu benachteiligen oder eine fremde Macht zu begünstigen,

und dadurch die Gefahr eines schweren Nachteils für die äußere Sicherheit der Bundesrepublik Deutschland herbeiführt, wird mit Freiheitsstrafe nicht unter einem Jahr bestraft.

(2) **In besonders schweren Fällen ist die Strafe lebenslange Freiheitsstrafe oder Freiheitsstrafe nicht unter fünf Jahren. Ein besonders schwerer Fall liegt in der Regel vor, wenn der Täter**

1. eine verantwortliche Stellung mißbraucht, die ihn zur Wahrung von Staatsgeheimnissen besonders verpflichtet, oder

2. durch die Tat die Gefahr eines besonders schweren Nachteils für die äußere Sicherheit der Bundesrepublik Deutschland herbeiführt.

1 **1.** Die Vorschrift **schützt** die **äußere Sicherheit** der Bundesrepublik gegen unmittelbaren oder aus verwerflichen Motiven begangenen Verrat von Staatsgeheimnissen.

2 **2. Abs 1 Nr 1** setzt Mitteilung eines zur Zeit der Tat bestehenden (bei Wagner GA 63, 289, Nr 15) Staatsgeheimnisses (§ 93) an eine fremde Macht (3 zu § 93) oder einen ihrer Mittelsmänner voraus. Besteht das Staatsgeheimnis in einer Erkenntnis (1 zu § 93), so kann diese auch durch eine Mehrzahl von Mitteilungen, die jede für sich den Tatbestand nicht erfüllen würden, vermittelt werden (BGHSt 24, 72, 76; NStZ 96, 492; beachte auch 2 zu § 93). **Mitteilen** bedeutet hier unmittelbar oder durch Boten bzw bösgläubige Mittelsmänner (BT-Dr V/2860 S 17) an einen Repräsentanten oder einen Mittelsmann der fremden Macht gelangen lassen; dabei sind Repräsentanten nur solche Funktionsträger, die der Leitung der Exekutive auf höchster Ebene angehören (BGHSt 39, 260, 273; weiter Bay NStZ 92, 281 und 543; Loos/Radtke StV 94, 565; zw), Mittelsmänner alle übrigen Personen, die in einem rechtlich oder faktisch begründeten Dienst- oder Auftragsverhältnis für die fremde Macht tätig sind und auf dieser Grundlage die

Weitergabe der Staatsgeheimnisse (ggf über weitere Mittelsmänner) an die Repräsentanten erwarten lassen (BGH aaO S 275). Für das Mitteilen entscheidend ist die unmittelbare Einführung des Geheimnisses in den fremden Machtbereich, weil dadurch idR das Mitwissen der betroffenen Macht um die Entschleierung des Geheimnisses ausgeschlossen wird. Die bloße Entgegennahme des Staatsgeheimnisses durch einen Repräsentanten wird nicht erfaßt. Sie ist als notwendige Teilnahme straflos (12 vor § 25); bei Überschreiten der unerläßlichen Mitwirkung liegt jedoch strafbare Teilnahme (Anstiftung oder Beihilfe) vor (BGH aaO S 275; Bay aaO; Loos/Radtke aaO; aM Ignor/Müller StV 91, 573, 575).

3. Abs 1 Nr 2: Unbefugter ist jeder, der nicht kraft Gesetzes oder Auftrags einer zuständigen amtlichen Stelle zur Kenntnisnahme berechtigt ist, auch der Bote des Verräters (Bay GA 55, 213) oder des Empfängers; daher sind der BT-Abgeordnete und der Vorgesetzte nicht unbefugt, wenn sie nach §§ 97 b I S 2, II um Abhilfe angerufen werden. – **Gelangen lassen** bedeutet bei körperlichen Gegenständen Überführung in den Gewahrsam des Empfängers ohne Rücksicht auf Kenntnisnahme (LM Nr 3 zu § 100 aF; Lange JZ 65, 297), sonst Kenntnisnahme durch den Empfänger. 3

4. Gefahr eines schweren Nachteils usw 4, 5 zu § 93. Die Gefahr muß konkret sein (Bay NJW 57, 1327). Daran kann es fehlen, wenn die (verbündete oder neutrale) Macht die erlangte Kenntnis mutmaßlich nicht zum Nachteil der Bundesrepublik verwerten wird oder wenn keine bestimmte Wahrscheinlichkeit besteht, daß der Unbefugte (Abs 1 Nr 2) das Geheimnis an die fremde Macht weiterleitet (MDR 63, 426). 4

5. a) Der **Vorsatz** muß sich sowohl auf die Tathandlung wie auf die Gefahr erstrecken (zum Gefährdungsvorsatz 28 zu § 15). Bedingter Vorsatz genügt (BGHSt 20, 100). 5

b) In **Abs 1 Nr 2** bedeutet „um zu" **Absicht** im Sinne zielgerichteten Wollens (20 zu § 15). **Benachteiligen** ist Herbeiführung eines konkreten Schadens, nicht notwendig für die äußere Sicherheit (Tröndle 5; aM Rudolphi SK 14 mwN; zw); **Begünstigen** Verschaffung eines Vorteils. 6

6. Die Tat ist weder echtes Sonderdelikt noch eigenhändiges Delikt. Für die Erfassung von Mittelsmännern ist daher namentlich bedeutsam, daß die **allgemeinen Regeln mittäterschaftlicher Zurechnung** des Verhaltens Dritter (9 bis 11 zu § 25) ohne Einschränkung anwendbar sind (BGHSt 39, 260, 274 mwN; einschr Loos/Radtke StV 94, 565, die für ausländische, dem ausgespähten Staat nicht treupflichtige Agenten eine Strafmilderung nach dem Rechtsgedanken des § 28 für erforderlich halten). 6 a

7. Zu etwa möglichen **Rechtfertigungsgründen** 4 zu § 95. 7

8. Zu **Abs 2** (besonders schwere Fälle) 11–21 zu § 46; zu seiner Verfassungsmäßigkeit BVerfGE 45, 363. **Nr 1** setzt nicht notwendig ei- 8

ne ausdrückliche Verpflichtung voraus (bei Schmidt MDR 94, 238). **Nr 2** erfordert eine ganz außergewöhnliche Steigerung der Gefahrdimension (NStZ 84, 165 mwN).

9 **9.** Die Vorschrift geht, auch wenn die Tat als Versuch oder versuchte Beteiligung nach § 30 begangen wird, dem § 96 I als einer Vorbereitungshandlung vor (BGHSt 6, 385; aM Tröndle 5 zu § 96). Sie verdrängt die subsidiären §§ 98, 99 (7 zu § 98; 8 zu § 99). Mit § 353 b I ist Tateinheit möglich; § 353 b II wird verdrängt.

10 **10.** Räumlicher Geltungsbereich § 5 Nr 4 (dort 3). DDR-Alttaten 23 zu § 2. Nebenfolgen, Einziehung §§ 101, 101 a. Anzeigepflicht § 138 I Nr 3. Vermögensbeschlagnahme § 443 StPO. Zuständigkeit und Verfahren 6 zu § 80; speziell zur Verfolgung von Straftaten gegen die äußere Sicherheit Müller/Wache, Rebmann-FS, S 321.

§ 95 Offenbaren von Staatsgeheimnissen

(1) **Wer ein Staatsgeheimnis, das von einer amtlichen Stelle oder auf deren Veranlassung geheimgehalten wird, an einen Unbefugten gelangen läßt oder öffentlich bekanntmacht und dadurch die Gefahr eines schweren Nachteils für die äußere Sicherheit der Bundesrepublik Deutschland herbeiführt, wird mit Freiheitsstrafe von sechs Monaten bis zu fünf Jahren bestraft, wenn die Tat nicht in § 94 mit Strafe bedroht ist.**

(2) **Der Versuch ist strafbar.**

(3) **In besonders schweren Fällen ist die Strafe Freiheitsstrafe von einem Jahr bis zu zehn Jahren. § 94 Abs. 2 Satz 2 ist anzuwenden.**

1 **1.** Die Vorschrift gliedert aus dem Landesverratstatbestand solches **Offenbaren von Staatsgeheimnissen** aus, das nicht besonders gefährlich oder verwerflich ist und daher die Brandmarkung als Landesverrat nicht verdient. Dadurch wird der früher unbefriedigend geregelte **publizistische Landesverrat** (dazu ua Stratenwerth, Publizistischer Landesverrat, 1965) angemessen berücksichtigt.

2 **2. Abs 1** unterscheidet sich von § 94 I Nr 2 allein dadurch, daß

a) das Staatsgeheimnis zur Zeit der Tat **von einer amtlichen Stelle oder auf deren Veranlassung geheimgehalten** wird. Dieses zusätzliche Merkmal erhöht das allgemeine Sicherheitsrisiko, soll aber dem Täter (namentlich Journalisten) durch seine Warnfunktion hilfreich sein (krit Lüttger JR 69, 121, 125). – **Amtliche Stelle** ist die zur Erfüllung eines bestimmt umrissenen Kreises staatlicher Aufgaben berufene Stelle, ohne Rücksicht auf ihre Behördeneigenschaft, so daß auch Parlamentsausschüsse, militärische Dienststellen usw einbezogen sind. Erforderlich ist **faktische Geheimhaltung**; es müssen tatsächliche Vorkehrungen (zB formelle Sekretur [7 zu § 93] oder Verpflichtung der Eingeweihten zur Verschwiegenheit) getroffen sein, die auf die Erhaltung der Zugänglichkeit nur für einen begrenzten Personenkreis abzielen (2 zu § 93; Lüttger GA 70, 129, 149); sie sind schon vor Entstehung des Staatsgeheimnisses möglich (zB Entwicklungsauftrag mit Geheimhaltungsauflage, Krauth/Kurfess/Wulf JZ 68, 609, 611);

b) die Offenbarung nicht in **Schädigungs- oder Begünstigungsabsicht** begangen wird (6 zu § 94). 3

3. Die Handlung nach Abs 1 bildet den **vollen Unrechtstatbestand**. Da auch außerhalb des in § 93 II geregelten Sonderbereichs Fälle denkbar sind, in denen das Interesse an öffentlicher Auseinandersetzung um die sachrichtige Gestaltung mit dem Interesse an der äußeren Sicherheit kollidiert, ist **Rechtfertigung** aufgrund einer Güter- und Interessenabwägung nicht notwendig ausgeschlossen. Maßstab sind die Grundsätze, die das BVerfG für das Verhältnis der Grundrechte zu den sie einschränkenden allgemeinen Gesetzen entwickelt hat (28 vor § 32; s auch BVerfGE 20, 162; BGHSt 20, 342). 4

4. Die Vorschrift ist gegenüber § 94 **subsidiär** und geht, auch als Versuch, dem § 96 II als einer Vorbereitungshandlung vor (BGHSt 6, 385). Im übrigen vgl 3–5, 8–10 zu § 94. 5

§ 96 Landesverräterische Ausspähung; Auskundschaften von Staatsgeheimnissen

(1) **Wer sich ein Staatsgeheimnis verschafft, um es zu verraten (§ 94), wird mit Freiheitsstrafe von einem Jahr bis zu zehn Jahren bestraft.**

(2) **Wer sich ein Staatsgeheimnis, das von einer amtlichen Stelle oder auf deren Veranlassung geheimgehalten wird, verschafft, um es zu offenbaren (§ 95), wird mit Freiheitsstrafe von sechs Monaten bis zu fünf Jahren bestraft. Der Versuch ist strafbar.**

1. a) Landesverräterische Ausspähung nach Abs 1 ist eine zum Tatbestand verselbständigte **Vorbereitungshandlung** zum Landesverrat (§ 94), bei der auch strafbarer Versuch (BGHSt 6, 385) und versuchte Beteiligung nach § 30 (BGHSt 6, 346) möglich sind (str). 1

b) Auskundschaften von Staatsgeheimnissen nach Abs 2 ist verselbständigte **Vorbereitungshandlung** zu § 95, bei der versuchte Beteiligung (§ 30) nicht mit Strafe bedroht ist. 2

2. Verschaffen ist jede Handlung, durch die der Täter bei körperlichen Gegenständen Gewahrsam (ohne Rücksicht auf Kenntnis), in den übrigen Fällen Kenntnis erlangt. Wer ohne sein Zutun ein Staatsgeheimnis erfährt, verschafft es sich nicht. 3

3. Der **Vorsatz** (bedingter genügt) muß mit Verrats- oder Offenbarungs**absicht** (Zielvorstellung, 20 zu § 15) verbunden sein; daß sie erst nach der Tathandlung gefaßt wird, genügt nicht. 4

4. Rücktritt vom Versuch des Landesverrats oder der Offenbarung von Staatsgeheimnissen (§§ 94, 95) macht die vollendete Tat nach § 96 5 trotz ihres bloßen Vorbereitungscharakters (vgl 1) nicht straffrei; auch § 98 II ist auf diese Tat nicht entsprechend anwendbar (hM; anders Sch/Sch-Stree 16 mwN).

6 **5.** Über das **Verhältnis zu §§ 94, 95, 98 und 99** vgl 9 zu § 94; 5 zu § 95; 7 zu § 98; 8 zu § 99.

7 **6.** Räumlicher Geltungsbereich § 5 Nr 4 (dort 3). DDR-Alttaten 23 zu § 2. Nebenfolgen, Einziehung §§ 101, 101 a. Anzeigepflicht § 138 I Nr 3. Vermögensbeschlagnahme § 443 StPO. Zuständigkeit und Verfahren 6 zu § 80; 10 zu § 94.

§ 97 Preisgabe von Staatsgeheimnissen

(1) **Wer ein Staatsgeheimnis, das von einer amtlichen Stelle oder auf deren Veranlassung geheimgehalten wird, an einen Unbefugten gelangen läßt oder öffentlich bekanntmacht und dadurch fahrlässig die Gefahr eines schweren Nachteils für die äußere Sicherheit der Bundesrepublik Deutschland verursacht, wird mit Freiheitsstrafe bis zu fünf Jahren oder mit Geldstrafe bestraft.**

(2) **Wer ein Staatsgeheimnis, das von einer amtlichen Stelle oder auf deren Veranlassung geheimgehalten wird und das ihm kraft seines Amtes, seiner Dienststellung oder eines von einer amtlichen Stelle erteilten Auftrags zugänglich war, leichtfertig an einen Unbefugten gelangen läßt und dadurch fahrlässig die Gefahr eines schweren Nachteils für die äußere Sicherheit der Bundesrepublik Deutschland verursacht, wird mit Freiheitsstrafe bis zu drei Jahren oder mit Geldstrafe bestraft.**

(3) **Die Tat wird nur mit Ermächtigung der Bundesregierung verfolgt.**

1 **1.** Die Vorschrift betrifft die **fahrlässige** Gefährdung der äußeren Sicherheit durch **Preisgabe von Staatsgeheimnissen**.

2 **2. Abs 1** unterscheidet sich von § 95 allein dadurch, daß dem Täter im Hinblick auf die Gefährdung der äußeren Sicherheit nur **Fahrlässigkeit** (35 zu § 15) zur Last fällt (MDR 63, 426); die Tathandlung muß jedoch **vorsätzlich** begangen sein. Zur Behandlung dieser Vorsatz-Fahrlässigkeits-Kombination als Vorsatztat im Hinblick auf Teilnahme usw 23–25 zu § 11.

3 **3.** Auch **Abs 2**, der nur für Täter gilt, denen das Staatsgeheimnis dienstlich oder kraft Auftrages zugänglich ist, läßt für die Gefährdung Fahrlässigkeit genügen (vgl 2). Für das Staatsgeheimnis selbst und seine Zugänglichkeit wird dagegen **Vorsatz**(bedingter genügt) und für die Tathandlung **Leichtfertigkeit**(55 zu § 15) vorausgesetzt. Hauptanwendungsfall ist das Liegenlassen oder Verlieren von geheimen Akten.

4 **4.** Zwischen Abs 1 und §§ 98, 99 ist **Tateinheit** möglich.

5. Räumlicher Geltungsbereich § 5 Nr 4 (dort 3). Ermächtigung 1, 2 zu § 77 e. Nebenfolgen, Einziehung §§ 101, 101 a. Zuständigkeit und Verfahren 6 zu § 80; 10 zu § 94. 5

§ 97 a Verrat illegaler Geheimnisse

Wer ein Geheimnis, das wegen eines der in § 93 Abs. 2 bezeichneten Verstöße kein Staatsgeheimnis ist, einer fremden Macht oder einem ihrer Mittelsmänner mitteilt und dadurch die Gefahr eines schweren Nachteils für die äußere Sicherheit der Bundesrepublik Deutschland herbeiführt, wird wie ein Landesverräter (§ 94) bestraft. § 96 Abs. 1 in Verbindung mit § 94 Abs. 1 Nr. 1 ist auf Geheimnisse der in Satz 1 bezeichneten Art entsprechend anzuwenden.

1. Die Vorschrift ist eine **Folgerung aus § 93 II** (dort 8–12). Da nach dem Gesetz im Kollisionsfalle das Allgemeininteresse an der Wahrung der äußeren Sicherheit hinter dem an der Aufdeckung und Beseitigung einer im Sinne des § 93 II rechtswidrigen Tatsache zurückzutreten hat (11 zu § 93), ist deren Mitteilung oder öffentliche Bekanntmachung grundsätzlich nicht (nach § 94 I Nr 2, §§ 95, 96 I oder § 96 II) mit Strafe bedroht und deshalb nicht tatbestandsmäßig (krit Breithaupt NJW 68, 1712). Ausgenommen ist nur, wer die Tatsache unmittelbar der fremden Macht oder einem ihrer Mittelsmänner mitteilt (2 zu § 94) oder im Falle der Ausspähung (§ 96 I) mitzuteilen beabsichtigt; denn er entzieht die Tatsache zugleich der öffentlichen Erörterung und schließt damit schon die Möglichkeit der beschriebenen Interessenkollision aus. 1

2. Die Anwendung des § 97 a besteht darin, daß in § 94 I Nr 1, II und in § 96 I iVm § 94 I Nr 1 an die Stelle des Staatsgeheimnisses das Geheimnis im Sinne des § 93 II tritt. Die Ausführungen unter 2, 4, 5, 8–10 zu § 94; 1, 4–6 zu § 96 gelten daher sinngemäß. Ob der Täter das Geheimnis für ein Staatsgeheimnis oder ein solches nach § 93 II hält, ist unerheblich; denn zwischen §§ 94 I Nr 1, 96 I einerseits und § 97 a andererseits ist Wahlfeststellung zulässig (ebenso Sch/Sch-Stree 2). 2

§ 97 b Verrat in irriger Annahme eines illegalen Geheimnisses

(1) **Handelt der Täter in den Fällen der §§ 94 bis 97 in der irrigen Annahme, das Staatsgeheimnis sei ein Geheimnis der in § 97 a bezeichneten Art, so wird er, wenn**

1. **dieser Irrtum ihm vorzuwerfen ist,**
2. **er nicht in der Absicht handelt, dem vermeintlichen Verstoß entgegenzuwirken, oder**
3. **die Tat nach den Umständen kein angemessenes Mittel zu diesem Zweck ist,**

nach den bezeichneten Vorschriften bestraft. Die Tat ist in der Regel kein angemessenes Mittel, wenn der Täter nicht zuvor ein Mitglied des Bundestages um Abhilfe angerufen hat.

(2) **War dem Täter als Amtsträger oder als Soldat der Bundeswehr das Staatsgeheimnis dienstlich anvertraut oder zugänglich, so wird er auch dann bestraft, wenn nicht zuvor der Amtsträger einen Dienstvorgesetzten, der Soldat einen Disziplinarvorgesetzten um Abhilfe angerufen hat. Dies gilt für die für den öffentlichen Dienst besonders Verpflichteten und für Personen, die im Sinne des § 353 b Abs. 2 verpflichtet worden sind, sinngemäß.**

1 **1.** Die **besondere Irrtumsvorschrift** des § 97 b, für die es kein Vorbild gibt, ist ebenso wie § 97 a eine Folgerung aus § 93 II. Sie gilt nur, wenn der Tathandlung **objektiv** ein **wirkliches Staatsgeheimnis** zugrundeliegt, der Täter **subjektiv** – infolge Tatbestands- oder Subsumtionsirrtums (Hirsch NJW 68, 2330) – aber ein Geheimnis nach § 93 II annimmt.

2 **2.** Der Täter ist **ungeachtet seines Irrtums** (vgl 1) nach den §§ 94–97 strafbar, wenn **eine** der Voraussetzungen des **Abs 1 S 1 Nr 1–3** erfüllt ist.

a) Nr 1: Der Irrtum ist dem Täter vorzuwerfen, wenn dieser den Sorgfaltsmaßstab, der für die Fahrlässigkeit gilt (37, 39, 40 zu § 15), verletzt hat. Maßgebend ist danach, ob er bei Anwendung der Sorgfalt, die in seiner Lage objektiv geboten und zu welcher er subjektiv auch fähig war, erkennen bzw durch Nachforschung klären konnte, daß er es mit einem Staatsgeheimnis zu tun hatte. Auf eine besondere Gewissensanspannung (7 zu § 17) kommt es nicht an (BT-Dr V/2860 S 20).

3 **b) Nr 2**: Die **Absicht**, deren Fehlen erwiesen sein muß (sonst in dubio pro reo), bedeutet hier zielgerichtetes Wollen (hM; vgl 20 zu § 15; anders Paeffgen, Der Verrat in irriger Annahme eines illegalen Geheimnisses [§ 97 b StGB] und die allgemeine Irrtumslehre, 1979, S 196). Daß der Täter neben dieser Absicht noch andere Zwecke verfolgt, schadet ihm nicht. – Da **in Fällen des § 97 II** (leichtfertige Preisgabe von Staatsgeheimnissen) die erforderliche Absicht notwendig fehlt, ist Nr 2 (und daraus folgend auch Nr 3) insoweit nicht anwendbar (hM; vgl Träger LK 3 mwN).

4 **c) Nr 3**: Die hier in Anlehnung an § 34 S 2 (dort 6) formulierte **Mittel-Zweck-Relation** erfordert eine Güter- und Interessenabwägung, für die namentlich bedeutsam sind: die Schwere der vermeintlich dem Geheimnis zugrunde liegenden Rechtsverletzung, die Eignung des Täterverhaltens zu deren Aufdeckung und Beseitigung, das Maß und die Nähe der Gefahr für die äußere Sicherheit und etwa bestehende Möglichkeiten, den Zweck mit schonenderen Mitteln zu erreichen. – Satz 2 weist auf ein idR schonenderes Mittel hin und begründet zugleich die Befugnis des Abgeordneten, in solchen Fällen von einem Staatsgeheimnis Kenntnis zu nehmen (3 zu § 94).

5 **3. Abs 2** liegt die generelle Wertentscheidung zugrunde, daß eine unter seinen Voraussetzungen begangene Tat niemals ein angemessenes

Mittel ist, um dem vermeintlichen Verstoß entgegenzuwirken; die Notwendigkeit der Anrufung des Vorgesetzten kann daher nicht wegen Aussichtslosigkeit verneint werden.

4. Der **dogmatische Gehalt** des § 97 b ist zweifelhaft. Der BTag hält ihn für einen selbständigen Tatbestand (BT-Dr V/2860 S 20). Dem ist das Schrifttum überwiegend gefolgt (Sch/Sch-Stree 1 mwN). Demgegenüber versteht Paeffgen aaO (vgl 3) S 229 ihn als Sonderregelung des Erlaubnistatbestands- und des Erlaubnisirrtums (9–19 zu § 17) in bezug auf den Rechtfertigungsgrund des § 93 II (dort 10), während Jescheck (Engisch-FS, S 584) ihn als negativ formulierten Rechtfertigungsgrund einordnet. Nach allen Lösungsansätzen ist die Vorschrift mit dem Schuldprinzip nicht voll vereinbar (hM; anders Träger LK 13–18). Verfassungskonforme Auslegung erfordert mindestens eine Milderung des Strafrahmens (Paeffgen aaO S 170; Sonnen AK 8); darüber hinaus werden jedoch auch – allerdings in verschiedenem Umfang – Teile der Vorschrift für verfassungswidrig gehalten oder weiterreichende Einschränkungen durch verfassungskonforme Auslegung gefordert (zB Lüttger JR 69, 121, 130; Klug, Baumgärtel-FS, S 249, 252; Sonnen AK 7–12; Tröndle 2, 10, 11; Rudolphi SK 5, 7, 12, 13). 6

§ 98 Landesverräterische Agententätigkeit

(1) **Wer**

1. **für eine fremde Macht eine Tätigkeit ausübt, die auf die Erlangung oder Mitteilung von Staatsgeheimnissen gerichtet ist, oder**
2. **gegenüber einer fremden Macht oder einem ihrer Mittelsmänner sich zu einer solchen Tätigkeit bereit erklärt,**

wird mit Freiheitsstrafe bis zu fünf Jahren oder mit Geldstrafe bestraft, wenn die Tat nicht in den §§ 94 oder 96 Abs. 1 mit Strafe bedroht ist. In besonders schweren Fällen ist die Strafe Freiheitsstrafe von einem Jahr bis zu zehn Jahren; § 94 Abs. 2 Satz 2 Nr. 1 gilt entsprechend.

(2) **Das Gericht kann die Strafe nach seinem Ermessen mildern (§ 49 Abs. 2) oder von einer Bestrafung nach diesen Vorschriften absehen, wenn der Täter freiwillig sein Verhalten aufgibt und sein Wissen einer Dienststelle offenbart. Ist der Täter in den Fällen des Absatzes 1 Satz 1 von der fremden Macht oder einem ihrer Mittelsmänner zu seinem Verhalten gedrängt worden, so wird er nach dieser Vorschrift nicht bestraft, wenn er freiwillig sein Verhalten aufgibt und sein Wissen unverzüglich einer Dienststelle offenbart.**

1. Die Vorschrift ist ein **abstrakter Gefährdungstatbestand**. Sie 1
erfaßt nicht nur Vorbereitungshandlungen zum Landesverrat (§ 94) oder zur Ausspähung (§ 96 I), sondern deckt deren Vorfeld ohne Rücksicht darauf ab, ob schon ein bestimmter Tatplan besteht. Mit § 99 überschneidet sie sich weit. Der Unterschied zwischen beiden

Vorschriften besteht darin, daß § 98 nur die letztlich auf Landesverrat abzielende Ausforschung im Auge hat, dafür aber die Art der Tätigkeit nicht kennzeichnet, während § 99 nur geheimdienstliche Tätigkeit betrifft, dafür aber jede Ausforschung genügen läßt.

2 **2. a) Abs 1 Nr 1**: Eine **Tätigkeit**, dh positives Tun (BT-Dr V/2860 S 21), ist **auf die Erlangung oder Mitteilung von Staatsgeheimnissen gerichtet**, wenn sie den Zweck verfolgt, entweder zu erreichen oder dem Ziel näherzukommen (dazu BGHSt 25, 145), daß Staatsgeheimnisse (1–7 zu § 93) – sei es unmittelbar oder mittelbar durch weitere Handlungen oder mit Hilfe anderer – erlangt oder mitgeteilt werden; daß sich der Täter zuvor dem Beziehungspartner gegenüber zu solcher Tätigkeit bereit erklärt hat, ist nicht erforderlich (BGH aaO). Die Erlangung oder Mitteilung braucht – ohne Konkretisierung auf bestimmte Geheimnisse – nur Endzweck der Tätigkeit zu sein. Auf ihn muß es dem Täter ankommen; daß lediglich der Beziehungspartner diesen Zweck verfolgt, genügt nicht (BGHSt 18, 336 ist überholt). Auch die sog Scheintätigkeit, die zwar äußerlich betrachtet auf die Erlangung von Staatsgeheimnissen gerichtet ist, aber unter dem geheimen Vorbehalt steht, den Endzweck in Wahrheit nicht zu wollen, erfüllt den Tatbestand nicht (hM; vgl Rudolphi SK 8, 10 mwN; krit Lackner ZStW 78, 695, 702). – **Fremde Macht** 3 zu § 93; Handeln **„für"** die Macht setzt nicht unbedingt einen Auftrag oder eine schon bestehende Beziehung voraus (BGHSt 25, 145).

3 **b) Abs 1 Nr 2: Sich-bereit-erklären** erfordert wie § 30 II (dort 6) die ernstgemeinte, dem Empfänger zugegangene (hM; vgl Celle NJW 91, 579 mwN; anders Sch/Sch-Stree 13) Kundgabe der Bereitwilligkeit zur Tätigkeit nach Nr 1 (BT-Dr V/2860 S 21).

4 **3. Rechtfertigung** namentlich möglich durch amtlichen Auftrag (Träger LK 15 zu § 99 mwN).

5 **4.** Zu **Abs 1 S 2** (besonders schwere Fälle) 11–21 zu § 46; 8 zu § 94.

6 **5.** Zur **tätigen Reue** (Abs 2) 29 zu § 24. Abweichend von § 87 III (dort 7) kommt es auf Rechtzeitigkeit der Offenbarung nicht an. „Gedrängt worden" erfordert als Erfolg eine psychische Drucksituation des Täters (BT-Dr V/2860 S 22).

7 **6. Agententätigkeit** (iS der §§ 98, 99) ist kein Dauerdelikt (so zu § 99 NJW 96, 3424; 11 vor § 52; str). Mehrere Tätigkeitsakte, die der Täter im Rahmen derselben Beziehung und deren normalem Ablauf entsprechend vornimmt, werden durch den Tatbestand zu einer Bewertungseinheit verbunden (BGH aaO mwN). Beendigt (iS des § 78 a) wird die Tat daher meist erst durch den endgültigen Abbruch der Beziehung; wenn die strafbare Tätigkeit jedoch schon vorher nicht nur ganz vorübergehend aus Gründen unterbrochen wird, die nicht durch den Inhalt der Beziehung vorgegeben sind, kann das zeitliche Intervall der Annahme einer durchgehenden Handlungseinheit entgegenstehen

(BGH aaO mwN; weiter noch BGHSt 28, 169; str). – Treffen mit den Tätigkeitsakten der Bewertungseinheit schwerer wiegende Taten zusammen, so kommt Entklammerung in Frage (5 zu § 52). – Gegenüber §§ 94, 96 I (einschl § 30) **formelle Subsidiarität**, die auch dann gilt, wenn sich die vorausgegangene Tätigkeit nicht nur auf das durch den Landesverrat oder die Ausspähung erfaßte bestimmte Staatsgeheimnis bezogen hat (BGHSt 24, 72, 79; aM Sch/Sch-Stree 35 zu § 98 und 36 zu § 99; zw); jedoch ist uU die Sperrwirkung des verdrängten Gesetzes zu beachten, wenn die Tätigkeit als besonders schwerer Fall nach Abs 1 S 2 zu beurteilen wäre (29 vor § 52). – Dem § 109 f geht § 98 vor (Bay MDR 59, 1029). Mit §§ 99, 109 g (dort 5), 353 b ist **Tateinheit** möglich.

7. Räumlicher Geltungsbereich § 5 Nr 4 (dort 3). DDR-Alttaten 23 zu § 2. Nebenfolgen, Einziehung §§ 101, 101 a. Zuständigkeit und Verfahren 6 zu § 80; 10 zu § 94. 8

§ 99 Geheimdienstliche Agententätigkeit

(1) Wer

1. **für den Geheimdienst einer fremden Macht eine geheimdienstliche Tätigkeit gegen die Bundesrepublik Deutschland ausübt, die auf die Mitteilung oder Lieferung von Tatsachen, Gegenständen oder Erkenntnissen gerichtet ist, oder**
2. **gegenüber dem Geheimdienst einer fremden Macht oder einem seiner Mittelsmänner sich zu einer solchen Tätigkeit bereit erklärt,**

wird mit Freiheitsstrafe bis zu fünf Jahren oder mit Geldstrafe bestraft, wenn die Tat nicht in den §§ 94, 96 Abs. 1, in § 97 a oder in § 97 b in Verbindung mit den §§ 94, 96 Abs. 1 mit Strafe bedroht ist.

(2) In besonders schweren Fällen ist die Strafe Freiheitsstrafe von einem Jahr bis zu zehn Jahren. Ein besonders schwerer Fall liegt in der Regel vor, wenn der Täter Tatsachen, Gegenstände oder Erkenntnisse, die von einer amtlichen Stelle oder auf deren Veranlassung geheimgehalten werden, mitteilt oder liefert und wenn er

1. **eine verantwortliche Stellung mißbraucht, die ihn zur Wahrung solcher Geheimnisse besonders verpflichtet, oder**
2. **durch die Tat die Gefahr eines schweren Nachteils für die Bundesrepublik Deutschland herbeiführt.**

(3) § 98 Abs. 2 gilt entsprechend.

1. Die Vorschrift schützt als umfassender **Spionagetatbestand** gegen spezifisch **geheimdienstliche Tätigkeit** (zusf und zT krit Schroeder NJW 81, 2278; s auch Lackner ZStW 78, 695; 1 zu § 98). Zu ihrer Verfassungsmäßigkeit BVerfGE 57, 250. 1

2 2. **a) Abs 1 Nr 1: Geheimdienst** erfordert eine idR im staatlichen Bereich (BT-Dr V/2860 S 22) organisierte Einrichtung (einschl Tarneinrichtungen), die ganz oder zum Teil der Beschaffung und Auswertung von Nachrichten aus fremden Machtbereichen dient, ihre Tätigkeit in diesen Bereichen vor den fremden Behörden geheimhält und daher konspirative Methoden anwendet.

3 aa) **Ausüben geheimdienstlicher Tätigkeit** erfordert positives Tun (2 zu § 98), das nicht notwendig auf gewisse Dauer angelegt sein muß, sondern auch in einem einmaligen Verhalten bestehen kann (BGHSt 31, 317 mit Anm Schroeder JZ 83, 671 und Stree NStZ 83, 551; Träger LK 2; aM Sonnen AK 12, alle mwN). Es muß aber nach seinem äußeren Erscheinungsbild Umstände enthalten, die für Agenten und Hilfspersonen solcher Dienste kennzeichnend sind und deutlich machen, daß unmittelbar oder mittelbar (NStZ 86, 165) Nachrichten oder Gegenstände zugespielt werden sollen. Regelmäßig, aber nicht notwendig, geht das mit Heimlichkeit und konspirativer Zusammenarbeit einher (BT-Dr V/2860 S 22; krit Stree aaO); eine Eingliederung in die Organisation des Geheimdienstes ist nicht unbedingt erforderlich (BGHSt 24, 369; NJW 77, 1300; s auch BGHSt 25, 145). Wer lediglich in einer nicht von ihm selbst herbeigeführten Vernehmung – sei es auch freiwillig – Angaben macht und sich dabei nicht durch aktive Mitarbeit funktionell in den fremden Dienst einordnet, übt keine solche Tätigkeit aus (BVerfGE 57, 250, 265; BGHSt 24, 369; 30, 294; Träger/Mayer/Krauth, BGH-FS, S 227, 246; weiter Bay NJW 71, 1417; Sch/Sch-Stree 8, 10; zu eng Pabst JZ 77, 427). – Nach dem Zweck der Vorschrift scheidet **Beihilfe** aus, wenn jemand dem Täter (zB beim Verhör) Auskünfte erteilt, ohne selbst geheimdienstlich tätig zu sein (BGH aaO). – **Handeln für** den Geheimdienst einer fremden Macht 3 zu § 93; 2 zu § 98. Die Tätigkeit ist auch dann auf die **Mitteilung oder Lieferung von Tatsachen, Gegenständen oder Erkenntnissen** (1 zu § 93) gerichtet, wenn der Täter nur mittelbar (etwa als Inspekteur, Kurier, Probeagent usw) diesem Zweck dient (BGHSt 31, 317 mit Anm Schroeder JZ 83, 671). Von Abs 1 nicht erfaßt werden dagegen die Repräsentanten des fremden Geheimdienstes (näher dazu 2 zu § 94).

4 bb) Tätigkeit **„gegen die Bundesrepublik Deutschland"** setzt voraus, daß sie in deren Gebiet belegene Angelegenheiten betrifft (BGHSt 32, 104, 107) und deren Interessen, also nicht lediglich Interessen einzelner Personen oder Gruppen, verletzt; danach werden nicht nur staatliche Angelegenheiten im strengen Sinne und „gemeinschaftliche" Angelegenheiten der NATO (bei Holtz MDR 80, 105) erfaßt, sondern uU auch Angelegenheiten der Parteipolitik, Wirtschaft, Wissenschaft usw, sofern sie zugleich eigene Interessen der Bundesrepublik sind (BT-Dr 5/2860 S 23; einschr Sch/Sch-Stree 19–21; s auch Schroeder NJW 81, 2278, 2282); selbst Angelegenheiten von Ausländerorganisationen sind nicht notwendig ausgeschlossen (sehr weit BGHSt 29, 325).

5 **b) Abs 1 Nr 2: Sich bereit erklären** 3 zu § 98.

3. Der **Vorsatz** muß namentlich das Ausüben geheimdienstlicher Tätigkeit umfassen. Hinsichtlich der Merkmale „Geheimdienst einer fremden Macht" und „gegen die Bundesrepublik Deutschland" genügt bedingter Vorsatz (BGHSt 31, 317 mit krit Anm Stree NStZ 83, 551, beide mwN), allerdings mit der Einschränkung, daß der Täter sich jedenfalls zielgerichtet für einen (ihm möglicherweise nicht näher bekannten) „anderen" einsetzt (so überzeugend Stree aaO). 6

4. Zu **Abs 2** (besonders schwere Fälle) BGHSt 28, 318 mit Bespr Bruns JR 79, 353; 11–21 zu § 46. 7

5. Im übrigen gelten die Ausführungen unter 4, 6–8 zu § 98 mit den aus dem Sachzusammenhang ersichtlichen Abweichungen auch für § 99 (zu einem Grenzfall im Verhältnis zu § 94 beachte NStZ 96, 492). 8

§ 100 Friedensgefährdende Beziehungen

(1) **Wer als Deutscher, der seine Lebensgrundlage im räumlichen Geltungsbereich dieses Gesetzes hat, in der Absicht, einen Krieg oder ein bewaffnetes Unternehmen gegen die Bundesrepublik Deutschland herbeizuführen, zu einer Regierung, Vereinigung oder Einrichtung außerhalb des räumlichen Geltungsbereichs dieses Gesetzes oder zu einem ihrer Mittelsmänner Beziehungen aufnimmt oder unterhält, wird mit Freiheitsstrafe nicht unter einem Jahr bestraft.**

(2) **In besonders schweren Fällen ist die Strafe lebenslange Freiheitsstrafe oder Freiheitsstrafe nicht unter fünf Jahren. Ein besonders schwerer Fall liegt in der Regel vor, wenn der Täter durch die Tat eine schwere Gefahr für den Bestand der Bundesrepublik Deutschland herbeiführt.**

(3) **In minder schweren Fällen ist die Strafe Freiheitsstrafe von einem Jahr bis zu fünf Jahren.**

1. Die Vorschrift schützt den **Bestand der Bundesrepublik** (2–4 zu § 92) **gegen friedensgefährdende Agententätigkeit.** 1

2. Täter kann nur ein Deutscher (Art 116 GG) mit Lebensgrundlage im räumlichen Geltungsbereich des Gesetzes sein (5 vor § 3; 2 zu § 5). Die Tat ist echtes Sonderdelikt (33 vor § 13), die Täterqualität strafbegründendes besonderes persönliches Merkmal nach § 28 I (dort 2–7). 2

3. Aufnehmen von Beziehungen setzt Übereinstimmung der Partner über den Beginn einer auf gewisse Dauer berechneten geistigen Verbindung voraus (so zu § 100 e aF JZ 61, 505; zu weit Bay GA 63, 52 und Celle NJW 65, 457, die schon das Angebot an die fremde Stelle genügen lassen; wie hier jedoch Tröndle 3; Rudolphi SK 5). – Das **Unterhalten** von Beziehungen ist nach bisheriger Rspr Dauerdelikt (BGHSt 15, 230; 16, 252; im Hinblick auf NJW 96, 3424 [7 zu § 98] probl); zum Begriff des Unterhaltens Celle NJW 66, 1133. – **Vereinigung** 2 zu § 129. 3

4 **4.** Die **Absicht** (iS zielgerichteten Wollens, 20 zu § 15) nach Abs 1 muß der Täter haben; daß der Beziehungspartner sie hat, genügt nicht. **Krieg und bewaffnetes Unternehmen** sind in der Vorstellung des Täters konkretisierte, dh nach Angriffsgegenstand, Ziel, Zeit, Ort und Art der Durchführung in den Grundzügen umrissene (Prot 5, 1323) Aktionen mit Waffengewalt gegen die Bundesrepublik von außen, nicht die Herbeiführung von inneren Unruhen oder Bürgerkrieg.

5 **5.** Zu **Abs 2, 3** (besonders schwere, minder schwere Fälle) 7–21 zu § 46. **Schwer** ist eine Gefahr im Sinne von Abs 2 S 2, wenn der drohende Nachteil den Bestand der Bundesrepublik (dazu 2–4 zu § 92) ernstlich in Frage stellt.

6 **6.** Räumlicher Geltungsbereich § 5 Nr 4 (dort 3). DDR-Alttaten 23 zu § 2. Nebenfolgen, Einziehung §§ 101, 101 a. Anzeigepflicht § 138 I Nr 3. Vermögensbeschlagnahme § 443 StPO. Zuständigkeit und Verfahren 6 zu § 80; 10 zu § 94.

§ 100 a Landesverräterische Fälschung

(1) **Wer wider besseres Wissen gefälschte oder verfälschte Gegenstände, Nachrichten darüber oder unwahre Behauptungen tatsächlicher Art, die im Falle ihrer Echtheit oder Wahrheit für die äußere Sicherheit oder die Beziehungen der Bundesrepublik Deutschland zu einer fremden Macht von Bedeutung wären, an einen anderen gelangen läßt oder öffentlich bekanntmacht, um einer fremden Macht vorzutäuschen, daß es sich um echte Gegenstände oder um Tatsachen handele, und dadurch die Gefahr eines schweren Nachteils für die äußere Sicherheit oder die Beziehungen der Bundesrepublik Deutschland zu einer fremden Macht herbeiführt, wird mit Freiheitsstrafe von sechs Monaten bis zu fünf Jahren bestraft.**

(2) **Ebenso wird bestraft, wer solche Gegenstände durch Fälschung oder Verfälschung herstellt oder sie sich verschafft, um sie in der in Absatz 1 bezeichneten Weise zur Täuschung einer fremden Macht an einen anderen gelangen zu lassen oder öffentlich bekanntzumachen und dadurch die Gefahr eines schweren Nachteils für die äußere Sicherheit oder die Beziehungen der Bundesrepublik Deutschland zu einer fremden Macht herbeizuführen.**

(3) **Der Versuch ist strafbar.**

(4) **In besonders schweren Fällen ist die Strafe Freiheitsstrafe nicht unter einem Jahr. Ein besonders schwerer Fall liegt in der Regel vor, wenn der Täter durch die Tat einen besonders schweren Nachteil für die äußere Sicherheit oder die Beziehungen der Bundesrepublik Deutschland zu einer fremden Macht herbeiführt.**

1 **1. § 100 a schützt** abweichend von den Vorschriften über den Schutz von Staatsgeheimnissen (§§ 93–98) nicht nur die äußere Sicher-

heit, sondern **die äußere Machtstellung der Bundesrepublik im ganzen gegen landesverräterische Fälschung**.

2. a) Abs 1:Gegenstände sind **gefälscht oder verfälscht**, wenn sie zum Zwecke der Täuschung in einer Weise angefertigt oder verändert worden sind, daß sie den Anschein einer nach Abs 1 bedeutsamen Tatsache erwecken (der Fälschungsbegriff des § 267 ist enger, dort 17–22). **Behauptung tatsächlicher Art** 3, 5 zu § 186. **Äußere Sicherheit** 5 zu § 93; **Beziehungen** zu einer fremden Macht sind alle tatsächlichen und rechtlichen Verhältnisse, die für die äußere Stellung der beiden Mächte zueinander erheblich sind. – **Wider besseres Wissen** 1 zu § 187. **„Um zu**bedeutet Absicht im Sinne zielgerichteten Wollens (20 zu § 15). – Im übrigen vgl zu den **Tathandlungen**, zur **Gefährdung** und zum **Vorsatz** 3–5 zu § 94. 2

3. Abs 2 ist zum Tatbestand verselbständigte **Vorbereitungshandlung** zu Abs 1, bei der auch der Versuch strafbar ist (Abs 3). **Verschaffen** 3 zu § 96. 3

4. Zu **Abs 4** (besonders schwere Fälle) 11–21 zu § 46; 4 zu § 12; 8 zu § 94. 4

5. Tateinheit mit § 267 möglich. Keine **Wahlfeststellung** zwischen Landesverrat und landesverräterischer Fälschung (BGHSt 20, 200; krit Rudolphi SK 17 mwN; zw). 5

6. Räumlicher Geltungsbereich § 5 Nr 4 (dort 3). Nebenfolgen, Einziehung §§ 101, 101 a. Zuständigkeit und Verfahren 6 zu § 80; 10 zu § 94. 6

§ 101 Nebenfolgen

Neben einer Freiheitsstrafe von mindestens sechs Monaten wegen einer vorsätzlichen Straftat nach diesem Abschnitt kann das Gericht die Fähigkeit, öffentliche Ämter zu bekleiden, die Fähigkeit, Rechte aus öffentlichen Wahlen zu erlangen, und das Recht, in öffentlichen Angelegenheiten zu wählen oder zu stimmen, aberkennen (§ 45 Abs. 2 und 5).

Vgl 4 zu § 45. Amtsfähigkeit, Wählbarkeit und Stimmrecht können auch einzeln aberkannt werden. 1

§ 101 a Einziehung

Ist eine Straftat nach diesem Abschnitt begangen worden, so können

1. **Gegenstände, die durch die Tat hervorgebracht oder zu ihrer Begehung oder Vorbereitung gebraucht worden oder bestimmt gewesen sind, und**
2. **Gegenstände, die Staatsgeheimnisse sind, und Gegenstände der in § 100 a bezeichneten Art, auf die sich die Tat bezieht,**

eingezogen werden. § 74 a ist anzuwenden. Gegenstände der in Satz 1 Nr. 2 bezeichneten Art werden auch ohne die Voraussetzungen des § 74 Abs. 2 eingezogen, wenn dies erforderlich ist, um die Gefahr eines schweren Nachteils für die äußere Sicherheit der Bundesrepublik Deutschland abzuwenden; dies gilt auch dann, wenn der Täter ohne Schuld gehandelt hat.

1 **1.** Zu **Satz 1, 2** vgl die Anm zu § 92 b.

2 **2.** Für die besondere Einziehungsvorschrift des **Satzes 3** gelten die Einschränkungen nach §§ 74 II, 74 a nicht. Die begangene Tat muß eine rechtswidrige (3 zu § 74) sein. Gefahr eines schweren Nachteils für die äußere Sicherheit 4, 5 zu § 93.

3. Abschnitt. Straftaten gegen ausländische Staaten

Vorbemerkung

1 In den Tatbeständen des Abschnitts werden aufgrund der neueren völkerrechtlichen Entwicklung nicht nur die guten Beziehungen zu den ausländischen Staaten, sondern auch **diese selbst, ihre Organe und Organträger geschützt** (Lüttger, Jescheck-FS, S 121, 130). Beachte auch Nr 210 RiStBV.

§ 102 Angriff gegen Organe und Vertreter ausländischer Staaten

(1) **Wer einen Angriff auf Leib oder Leben eines ausländischen Staatsoberhaupts, eines Mitglieds einer ausländischen Regierung oder eines im Bundesgebiet beglaubigten Leiters einer ausländischen diplomatischen Vertretung begeht, während sich der Angegriffene in amtlicher Eigenschaft im Inland aufhält, wird mit Freiheitsstrafe bis zu fünf Jahren oder mit Geldstrafe, in besonders schweren Fällen mit Freiheitsstrafe nicht unter einem Jahr bestraft.**

(2) **Neben einer Freiheitsstrafe von mindestens sechs Monaten kann das Gericht die Fähigkeit, öffentliche Ämter zu bekleiden, die Fähigkeit, Rechte aus öffentlichen Wahlen zu erlangen, und das Recht, in öffentlichen Angelegenheiten zu wählen oder zu stimmen, aberkennen (§ 45 Abs. 2 und 5).**

1 **1.** Der Geschützte muß **zur Zeit der Tat** eine der genannten Stellungen bekleiden und sich in amtlicher Eigenschaft im Inland aufhalten. Ob er gerade amtlich tätig ist oder ob sich die Tat gegen sein Amt richtet, ist unerheblich.

2 **2. Angriff auf Leib oder Leben** ist eine feindselige, unmittelbar auf den Körper zielende Einwirkung (RGSt 59, 264), bei der die Gefahr einer nicht ganz unerheblichen Verletzung besteht; auf den Eintritt des Verletzungserfolges kommt es nicht an, so daß auch der sonst straflose Versuch der Körperverletzung (§ 223 I) erfaßt wird.

3. Abs 2: Vgl 4 zu § 45. Amtsfähigkeit, Wählbarkeit und Stimm- 3
recht können auch einzeln aberkannt werden.

4. Tateinheit ist mit den meisten Tatbeständen zum Schutz des Le- 4
bens und der körperlichen Unversehrtheit möglich.

5. Verfolgungsvoraussetzungen § 104 a. Zuständigkeit §§ 120 I, 142 a 5
GVG.

§ 103 Beleidigung von Organen und Vertretern ausländischer Staaten

(1) **Wer ein ausländisches Staatsoberhaupt oder wer mit Beziehung auf ihre Stellung ein Mitglied einer ausländischen Regierung, das sich in amtlicher Eigenschaft im Inland aufhält, oder einen im Bundesgebiet beglaubigten Leiter einer ausländischen diplomatischen Vertretung beleidigt, wird mit Freiheitsstrafe bis zu drei Jahren oder mit Geldstrafe, im Falle der verleumderischen Beleidigung mit Freiheitsstrafe von drei Monaten bis zu fünf Jahren bestraft.**

(2) **Ist die Tat öffentlich, in einer Versammlung oder durch Verbreiten von Schriften (§ 11 Abs. 3) begangen, so ist § 200 anzuwenden. Den Antrag auf Bekanntgabe der Verurteilung kann auch der Staatsanwalt stellen.**

1. Abs 1 sieht einen erhöhten, nach Stellung und Funktion abgestuf- 1
ten (s auch 1 zu § 102) Strafschutz **ausländischer Staatsmänner** gegen **Beleidigung** vor (rechtsvergleichend Simson, Heinitz-FS, S 737).

2. Spezialität gegenüber den Beleidigungstatbeständen nach §§ 185 2
bis 187. Die §§ 190, 192, 193 (BVerwGE 64, 55) bleiben jedoch anwendbar, weil sie sich auf das gesamte Beleidigungsrecht beziehen; § 199 wird ausgeschlossen, da er dem Schutzzweck des § 103 widerspricht (hM; diff Laufhütte LK 4; zw). Kann aus § 103 – sei es auch nur wegen Fehlens einer Verfolgungsvoraussetzung (§ 104 a) – nicht bestraft werden, so greift das allgemeine Beleidigungsrecht ein, weil sonst bestimmten Personen der Ehrenschutz entzogen würde.

3. Abs 2: Vgl die Anm zu § 200. Der StA tritt nur neben die sonst 3
Antragsberechtigten (BT-Dr 7/550 S 218).

4. Verfolgungsvoraussetzungen § 104 a. 4

§ 104 Verletzung von Flaggen und Hoheitszeichen ausländischer Staaten

(1) **Wer eine auf Grund von Rechtsvorschriften oder nach anerkanntem Brauch öffentlich gezeigte Flagge eines ausländischen Staates oder wer ein Hoheitszeichen eines solchen Staates, das von einer anerkannten Vertretung dieses Staates öffentlich angebracht worden ist, entfernt, zerstört, beschädigt oder unkenntlich macht**

oder wer beschimpfenden Unfug daran verübt, wird mit Freiheitsstrafe bis zu zwei Jahren oder mit Geldstrafe bestraft.

(2) **Der Versuch ist strafbar.**

1 **1. Geschützt** sind ausländische Flaggen usw in Anlehnung an § 90 a II. Ob die Flagge von einer ausländischen Vertretung oder privat gezeigt wird, macht keinen Unterschied.

2 **2.** Zur Öffentlichkeit und zu den Tathandlungen 5, 7 zu § 90 a. Verfolgungsvoraussetzungen § 104 a.

§ 104 a Voraussetzungen der Strafverfolgung

Straftaten nach diesem Abschnitt werden nur verfolgt, wenn die Bundesrepublik Deutschland zu dem anderen Staat diplomatische Beziehungen unterhält, die Gegenseitigkeit verbürgt ist und auch zur Zeit der Tat verbürgt war, ein Strafverlangen der ausländischen Regierung vorliegt und die Bundesregierung die Ermächtigung zur Strafverfolgung erteilt.

1 **1.** Nach ihrem Wortlaut sieht die Vorschrift unterschiedslos vier **Prozeßvoraussetzungen** (Voraussetzungen der Strafverfolgung) vor. Da jedoch die Unterhaltung diplomatischer Beziehungen und die Verbürgung der Gegenseitigkeit vornehmlich für die sachliche Charakterisierung der Tat wesentlich sind, werden sie im Schrifttum mit Recht überwiegend als **objektive Bedingungen der Strafbarkeit** (30 vor § 13) aufgefaßt (Laufhütte LK 1 mwN).

2 **2.** Die **Gegenseitigkeit** ist verbürgt, wenn eine im wesentlichen entsprechende Norm (dazu Laufhütte LK 3) des anderen Staates nicht nur besteht, sondern auch in Anwendung ist (RGSt 38, 75, 89). Strafverlangen und Ermächtigung 1, 2 zu § 77 e.

4. Abschnitt. Straftaten gegen Verfassungsorgane sowie bei Wahlen und Abstimmungen

§ 105 Nötigung von Verfassungsorganen

(1) **Wer**

1. **ein Gesetzgebungsorgan des Bundes oder eines Landes oder einen seiner Ausschüsse,**
2. **die Bundesversammlung oder einen ihrer Ausschüsse oder**
3. **die Regierung oder das Verfassungsgericht des Bundes oder eines Landes**

rechtswidrig mit Gewalt oder durch Drohung mit Gewalt nötigt, ihre Befugnisse nicht oder in einem bestimmten Sinne auszuüben, wird mit Freiheitsstrafe von einem Jahr bis zu zehn Jahren bestraft.

(2) **In minder schweren Fällen ist die Strafe Freiheitsstrafe von sechs Monaten bis zu fünf Jahren.**

1. Die Vorschrift **schützt** bestimmte **Verfassungsorgane** und deren Untergliederungen (Ausschüsse) als ganze gegen Nötigung, während § 106 die einzelnen Mitglieder betrifft. 1

2. a) Gesetzgebungsorgan, Regierung, Verfassungsgericht 2 zu § 90 b; **Bundesversammlung** Art 54 GG. 2

b) Gewalt und **Drohung** sind ebenso wie in § 81 (dort 5, 6) auszulegen (BGHSt 32, 165 mit Bespr Willms JR 84, 120 und Arzt JZ 84, 428; eingehend und diff Wolter AK 7–41). 3

c) Das **abgenötigte Verhalten** (Tun oder Unterlassen) ist schon dann als Ausübung oder Nichtausübung von Befugnissen zu werten, wenn es in den Aufgabenbereich des Verfassungsorgans fällt (BGHSt 32, 165, 177); daß es als solches rechtlich erlaubt oder sogar geboten ist, stellt die Tatbestandsmäßigkeit nicht in Frage. – Zur Vollendung der Tat beachte 26 zu § 240. 4

3. Die **Rechtswidrigkeit** bestimmt sich nach den zu § 240 II entwickelten Regeln (hM; vgl etwa BT-Dr V/2860 S 25; anders Laufhütte LK 16–18 mwN; zw). Als Rechtfertigungsgründe kommen Art 37 GG (Bundeszwang) und Art 20 IV GG (Widerstandsrecht) theoretisch, aber wohl kaum praktisch in Frage (näher Wolter AK 57–59). Auch das Streik- und das Demonstrationsrecht bieten keine zureichende Rechtfertigungsgrundlage (Laufhütte LK 20, 21). Da überdies die (hier sehr eng umschriebene) Gewalt regelmäßig für die Rechtswidrigkeit indiziell sein dürfte (19 zu § 240), kommt rechtmäßiges Handeln nur gegenüber schweren, die Verfassungsgrundlagen oder existentielle Lebensbedürfnisse der Bevölkerung gefährdenden Pflichtverletzungen von Verfassungsorganen in Frage; der Zweck, ein verfassungswidriges Gesetz zu verhindern, reicht allein nicht aus (Rudolphi SK 16; Wolter AK 59; aM Sch/Sch-Eser 10). 5

4. Zu **Abs 2** (minder schwere Fälle) 7–10 a zu § 46; 4 zu § 12. 6

5. Mit §§ 81, 106 ist **Tateinheit** möglich. Dem § 240 geht die Vorschrift als die speziellere vor und verdrängt ihn als abschließende Sonderregelung auch für den Fall, daß die eingesetzten Nötigungsmittel hinter den Anforderungen des Abs 1 zurückbleiben (BGHSt 32, 165, 176; Arzt JZ 84, 428, 429). 7

6. Zuständigkeit und Verfahren §§ 120 I, 142 a GVG, §§ 153 d, 153 e StPO. 8

§ 106 Nötigung des Bundespräsidenten und von Mitgliedern eines Verfassungsorgans

(1) **Wer**

1. den Bundespräsidenten oder

2. ein Mitglied

a) eines Gesetzgebungsorgans des Bundes oder eines Landes,

b) der Bundesversammlung oder

c) **der Regierung oder des Verfassungsgerichts des Bundes oder eines Landes**

rechtswidrig mit Gewalt oder durch Drohung mit einem empfindlichen Übel nötigt, seine Befugnisse nicht oder in einem bestimmten Sinne auszuüben, wird mit Freiheitsstrafe von drei Monaten bis zu fünf Jahren bestraft.

(2) **Der Versuch ist strafbar.**

(3) **In besonders schweren Fällen ist die Strafe Freiheitsstrafe von einem Jahr bis zu zehn Jahren.**

1 **1.** Die Vorschrift **schützt** den **Bundespräsidenten und die Mitglieder** der genannten **Verfassungsorgane** (dazu 2 zu § 90 b; 5 zu § 105) gegen Nötigung in dem Aufgabenbereich, der sich aus ihrer Organstellung ergibt (beachte auch 1 zu § 105). Soweit aus dieser auch Befugnisse zu bloßem Verwaltungshandeln folgen, etwa beim Minister als Leiter oberster Bundes- oder Landesbehörden, gehören sie zum Aufgabenbereich des Organs und werden daher erfaßt (aM Düsseldorf NJW 78, 2562 mit abl Bespr Schoreit MDR 79, 633). Die Nötigung anderer Amtsträger genügt dagegen nicht, auch wenn sie bei Wahrnehmung der Aufgaben des Verfassungsorgans unmittelbar mitwirken (Düsseldorf aaO).

2 **2. Nötigen, Gewalt, Drohung mit einem empfindlichen Übel** 4–15 zu § 240. **Abs 3** (besonders schwere Fälle) 11–21 zu § 46. Im übrigen gelten die Ausführungen unter 2, 4, 5, 7, 8 zu § 105 sinngemäß.

§ 106 a Bannkreisverletzung

(1) **Wer innerhalb des befriedeten Bannkreises um das Gebäude eines Gesetzgebungsorgans des Bundes oder eines Landes sowie des Bundesverfassungsgerichts an öffentlichen Versammlungen unter freiem Himmel oder Aufzügen teilnimmt und dadurch Vorschriften verletzt, die über den Bannkreis erlassen worden sind, wird mit Freiheitsstrafe bis zu sechs Monaten oder mit Geldstrafe bis zu einhundertachtzig Tagessätzen bestraft.**

(2) **Wer zu Versammlungen oder Aufzügen auffordert, die unter Verletzung der in Absatz 1 genannten Vorschriften innerhalb eines befriedeten Bannkreises stattfinden sollen, wird mit Freiheitsstrafe bis zu zwei Jahren oder mit Geldstrafe bestraft.**

1 **1.** Die Vorschrift **schützt** die **Gesetzgebungsorgane** des Bundes und der Länder (2 zu § 90 b) sowie das BVerfG gegen Druck von außen. Sie ist ein abstrakter Gefährdungstatbestand und zugleich ein Blankettatbestand, der ausgefüllt wird durch § 16 VersG (Verbot von öffentlichen Versammlungen unter freiem Himmel und Aufzügen innerhalb befriedeter Bannkreise) sowie durch die Bannmeilengesetze des Bundes (BannMG) und der Länder (Zusammenstellung bei Göhler [Lexikon] 866 C). Sein Anwendungsbereich wird daher durch die

(umstrittene) Reichweite des verwaltungsrechtlichen Verbots bestimmt, solche Versammlungen oder Aufzüge durchzuführen (näher Breitbach, Die Bannmeile als Ort von Versammlungen . . ., 1994, S 66, 194).

2. Versammlung 2 zu § 80 a. Abweichend davon soll nach der Rspr der Versammlungsbegriff hier dem des VersG entsprechen (Köln MDR 80, 1040 mwN). Nach der im Versammlungsrecht hM würde daher die Teilnahme von mindestens drei Personen genügen (Bay NJW 79, 1895; Köln VRS 85, 332); diese weite Auslegung ist jedoch mit dem Schutzzweck der Vorschrift schwerlich vereinbar, weil eine so geringe Zahl für die Funktionsfähigkeit des Gesetzgebungsorgans generell ungefährlich ist (AG Berlin-Tiergarten JR 77, 207; Laufhütte LK 3; Rudolphi SK 4; weiter einschr Wolter AK 3, alle mwN). – **Öffentlich** setzt voraus, daß die den Teilnehmern bewußte Möglichkeit besteht, daß individuell nicht bestimmte Menschen ohne zahlenmäßige Begrenzung teilnehmen können (Köln MDR 80, 1040). – **Aufzug** ist eine zu bestimmtem Zweck vereinigte Menschenmenge (3 zu § 125), die sich in der Öffentlichkeit als zusammengehöriges Ganzes in einer Weise bewegt, die geeignet ist, die öffentliche Aufmerksamkeit auf sich zu lenken (AG Berlin-Tiergarten aaO; Sch/Sch-Eser 3 mwN). – **Auffordern** (Abs 2) 3 zu § 111. 2

3. Der **Vorsatz** (bedingter genügt) muß auch die Verbotswidrigkeit der Versammlung oder des Aufzuges umfassen. 3

4. Vgl auch § 29 I Nr 1 VersG. 4

§ 106 b Störung der Tätigkeit eines Gesetzgebungsorgans

(1) **Wer gegen Anordnungen verstößt, die ein Gesetzgebungsorgan des Bundes oder eines Landes oder sein Präsident über die Sicherheit und Ordnung im Gebäude des Gesetzgebungsorgans oder auf dem dazugehörenden Grundstück allgemein oder im Einzelfall erläßt, und dadurch die Tätigkeit des Gesetzgebungsorgans hindert oder stört, wird mit Freiheitsstrafe bis zu einem Jahr oder mit Geldstrafe bestraft.**

(2) **Die Strafvorschrift des Absatzes 1 gilt bei Anordnungen eines Gesetzgebungsorgans des Bundes oder seines Präsidenten weder für die Mitglieder des Bundestages noch für die Mitglieder des Bundesrates und der Bundesregierung sowie ihrer Beauftragten, bei Anordnungen eines Gesetzgebungsorgans eines Landes oder seines Präsidenten weder für die Mitglieder der Gesetzgebungsorgane dieses Landes noch für die Mitglieder der Landesregierung und ihre Beauftragten.**

1. Die Vorschrift schützt die **Polizeigewalt** in Gebäuden der Gesetzgebungsorgane des Bundes und der Länder (2 zu § 90 b). Sie bildet einen **Mischtatbestand** mit § 112 OWiG (12 zu § 28), dessen Verwirklichung sie bei Hinzutreten schädlicher Wirkungen zur Straftat qualifiziert. 1

2 **2.** Einschlägige **Anordnungen** kann namentlich auch die GO des Gesetzgebungsorgans enthalten (Celle NStZ 86, 410).

3 **3.** Der Begriff **Gebäude** ist funktionsbezogen; gemeint ist das jeweilige Gebäude, in dem das Gesetzgebungsorgan (uU in einer auswärtigen Sitzung) gerade tagt und für das die Anordnung erlassen ist (BT-Dr 7/1261 S 11). – **Hindern** heißt, die Tätigkeit des Gesetzgebungsorgans, sei es auch nur für kurze Dauer, unmöglich machen, **stören** sie unmittelbar erschweren. Die angewendeten Mittel sind gleichgültig; das Verhalten muß nur gegen die Anordnung verstoßen.

4 **4. Tateinheit** ua möglich mit §§ 123, 240.

§ 107 Wahlbehinderung

(1) **Wer mit Gewalt oder durch Drohung mit Gewalt eine Wahl oder die Feststellung ihres Ergebnisses verhindert oder stört, wird mit Freiheitsstrafe bis zu fünf Jahren oder mit Geldstrafe, in besonders schweren Fällen mit Freiheitsstrafe nicht unter einem Jahr bestraft.**

(2) **Der Versuch ist strafbar.**

1 **1.** Die Vorschriften über **Wahlen und Abstimmungen** schützen, wenn nicht das persönliche Wahlrecht einer Einzelperson beeinträchtigt wird (zB §§ 107 c I, 108, 108 a), nur das Allgemeininteresse an der Freiheit der demokratischen Willensbildung (hM; vgl BGHSt 39, 54, 60 mwN; anders KreisG Dresden NStZ 92, 438 und Lorenz NStZ 92, 422, 427, die das Individualinteresse des Bürgers an wahrheitsgemäßer Auswertung seiner Stimme als selbständig mitgeschütztes Rechtsgut ansehen). Außerdem schützen sie nur **inländische Belange**, dh nur Wahlen in der Bundesrepublik (BGH aaO). In diesem Rahmen dient § 107 dem Schutz des **Wahlvorgangs in seinem Gesamtablauf** (RGSt 63, 382, 387).

2 **2. Gewalt** und **Drohung** sind ebenso wie in § 81 (dort 5, 6) und § 105 (dort 3) auszulegen (Laufhütte LK 3); es genügt nur Drohung mit Gewalt, nicht mit einem anderen Übel.

3 **3. Besonders schwere Fälle** 7–10 a zu § 46.

4 **4. Spezialität** gegenüber § 240 (25 vor § 52).

5 **5.** Nebenfolgen § 108 c. Geltungsbereich 108 d.

§ 107 a Wahlfälschung

(1) **Wer unbefugt wählt oder sonst ein unrichtiges Ergebnis einer Wahl herbeiführt oder das Ergebnis verfälscht, wird mit Freiheitsstrafe bis zu fünf Jahren oder mit Geldstrafe bestraft.**

(2) **Ebenso wird bestraft, wer das Ergebnis einer Wahl unrichtig verkündet oder verkünden läßt.**

(3) **Der Versuch ist strafbar.**

1. Abs 1 (zu seiner Verfassungsmäßigkeit BVerfG NVwZ 93, 55) stellt die **Herbeiführung eines falschen Ergebnisses vor Beendigung der Wahlhandlung** und **die Verfälschung des Ergebnisses nach diesem Zeitpunkt** unter Strafe (Koblenz NStZ 92, 134 mwN; beachte auch 1 zu § 107). – Es genügt die Verursachung jedes Ergebnisses, das unrichtig, dh nicht der unverfälschte Ausdruck des gesetzmäßig erklärten Willens des Wählers ist (Zweibrücken NStZ 86, 554 mwN), wie zB die Vornahme von Handlungen nach § 107 b Nr 2–4, die zum Erfolg führen, die Veränderung des Inhalts der Wahlurnen und das Wählen unter Mißbrauch des Namens eines Wahlberechtigten; im letzten Falle ist unerheblich, wie der wirklich Berechtigte gewählt hätte (BGHSt 29, 380 mit Anm Oehler JR 81, 519). Unbefugtes Wählen (dh insbesondere Wählen ohne Wahlrecht und mehrmaliges Wählen) ist nur ein Beispiel. – **Verfälschen** geschieht zB durch falsches Auszählen oder durch Verwertung ungültiger Stimmen als gültig (s auch RGSt 62, 6). 1

2. Abs 2 betrifft die **falsche Verkündung** eines Wahlergebnisses. Täter kann hier nur sein, wer die amtliche Aufgabe hat, das Ergebnis öffentlich bekanntzumachen oder bekanntmachen zu lassen, oder wer sich die Befugnis zur Wahrnehmung dieser amtlichen Aufgabe anmaßt (BT-Dr I/1307 S 41). 2

3. Der **Vorsatz** (bedingter genügt) muß in den Fällen des Abs 1 auch den Mangel der Befugnis umfassen, weil das Wählen für sich betrachtet keinen Unrechtstypus bildet und außerdem die Unrichtigkeit des Ergebnisses Tatumstand ist (Schröder JZ 57, 584; Warda Jura 79, 286, 295; aM Hamm NJW 57, 638; s auch 6 zu § 15). 3

4. Mit § 108 (RGSt 63, 382; str), § 267 (Köln NJW 56, 1609), § 274 I Nr 1 (RGSt 22, 182) und § 348 (RGSt 56, 387) ist **Tateinheit** möglich. Über das Verhältnis zu § 107 b dort 2; zu § 108 a dort 2. 4

5. Nebenfolgen § 108 c. Geltungsbereich § 108 d. 5

§ 107 b Fälschung von Wahlunterlagen

(1) **Wer**

1. **seine Eintragung in die Wählerliste (Wahlkartei) durch falsche Angaben erwirkt,**
2. **einen anderen als Wähler einträgt, von dem er weiß, daß er keinen Anspruch auf Eintragung hat,**
3. **die Eintragung eines Wahlberechtigten als Wähler verhindert, obwohl er dessen Wahlberechtigung kennt,**
4. **sich als Bewerber für eine Wahl aufstellen läßt, obwohl er nicht wählbar ist,**

wird mit Freiheitsstrafe bis zu sechs Monaten oder mit Geldstrafe bis zu einhundertachtzig Tagessätzen bestraft, wenn die Tat nicht in anderen Vorschriften mit schwererer Strafe bedroht ist.

(2) **Der Eintragung in die Wählerliste als Wähler entspricht die Ausstellung der Wahlunterlagen für die Urwahlen in der Sozialversicherung.**

1 **1.** Die Vorschrift stellt einige gefährliche **Vorbereitungshandlungen zur Wahlfälschung** selbständig unter Strafe.

2 **2. Subsidiarität** gegenüber § 107 a (beachte dort 1).

§ 107 c Verletzung des Wahlgeheimnisses

Wer einer dem Schutz des Wahlgeheimnisses dienenden Vorschrift in der Absicht zuwiderhandelt, sich oder einem anderen Kenntnis davon zu verschaffen, wie jemand gewählt hat, wird mit Freiheitsstrafe bis zu zwei Jahren oder mit Geldstrafe bestraft.

1 **1.** Die Vorschrift ist ein dem Schutz des Wahlgeheimnisses dienender **Blankettatbestand**, der die Verletzung einer das Blankett ausfüllenden Norm (zB § 34 BWG, §§ 50, 51 BWO) voraussetzt (Karlsruhe GA 77, 312). Zur „Wahlhilfe“ bei Briefwahl Celle NdsRpfl 61, 134; Greiser NJW 78, 927.

2 **2. Absicht** bedeutet hier zielgerichtetes Wollen (20 zu § 15); es muß dem Täter – sei es auch nur neben anderen Zwecken – auf die Kenntnisverschaffung ankommen. Die Absicht zu erfahren, ob jemand gewählt hat, genügt nicht.

§ 108 Wählernötigung

(1) **Wer rechtswidrig mit Gewalt, durch Drohung mit einem empfindlichen Übel, durch Mißbrauch eines beruflichen oder wirtschaftlichen Abhängigkeitsverhältnisses oder durch sonstigen wirtschaftlichen Druck einen anderen nötigt oder hindert, zu wählen oder sein Wahlrecht in einem bestimmten Sinne auszuüben, wird mit Freiheitsstrafe bis zu fünf Jahren oder mit Geldstrafe, in besonders schweren Fällen mit Freiheitsstrafe von einem Jahr bis zu zehn Jahren bestraft.**

(2) **Der Versuch ist strafbar.**

1 **1.** Die Vorschrift **schützt** den einzelnen Bürger gegen **Nötigung bei der Ausübung des Wahlrechts**, nicht den Wahlvorgang im ganzen (dazu 1 zu § 107).

2 **2.** Die **Nötigungshandlung** kann darauf gerichtet sein, jemanden vom Wählen abzuhalten, ihn zum Wählen zu veranlassen oder ihn zu einer von seinem Willen abweichenden Stimmabgabe zu bringen. **Gewalt und Drohung** mit einem empfindlichen Übel 5–15 zu § 240; das durch Beispiele erläuterte Merkmal wirtschaftlichen Drucks (dazu BVerfGE 66, 369, 380) erweitert den Anwendungsbereich (str).

3 **3.** Die **Rechtswidrigkeit** bestimmt sich nach § 240 II (hM; anders Laufhütte LK 5 mwN).

4. Besonders schwere Fälle 7–10 a zu § 46. 4

5. Dem § 240 geht die Vorschrift als die speziellere vor. Mit § 107 a ist **Tateinheit** möglich (dort 3). 5

6. Nebenfolgen § 108 c. Geltungsbereich § 108 d. 6

§ 108 a Wählertäuschung

(1) **Wer durch Täuschung bewirkt, daß jemand bei der Stimmabgabe über den Inhalt seiner Erklärung irrt oder gegen seinen Willen nicht oder ungültig wählt, wird mit Freiheitsstrafe bis zu zwei Jahren oder mit Geldstrafe bestraft.**

(2) **Der Versuch ist strafbar.**

1. Die Vorschrift schützt den Wähler (beachte 1 zu § 107) gegen **Täuschung beim Wahlakt**, nicht gegen Täuschung bei der Willensbildung (Motivirrtum), also zB nicht gegen lügnerische Wahlpropaganda. Sie erfaßt namentlich Fälle, in denen der Wähler dazu gebracht wird, ein seinem Willen nicht entsprechendes Feld im Wahlzettel anzukreuzen, durch Anbringen mehrerer Kreuze ungültig zu wählen oder eine Handlung vorzunehmen, von der er nicht erkennt, daß sie eine Wahl bedeutet (BGHSt 9, 338). 1

2. Dem § 107 a geht die Vorschrift als die speziellere vor (str). Mit § 267 ist **Tateinheit** möglich. Geltungsbereich § 108 d. 2

§ 108 b Wählerbestechung

(1) **Wer einem anderen dafür, daß er nicht oder in einem bestimmten Sinne wähle, Geschenke oder andere Vorteile anbietet, verspricht oder gewährt, wird mit Freiheitsstrafe bis zu fünf Jahren oder mit Geldstrafe bestraft.**

(2) **Ebenso wird bestraft, wer dafür, daß er nicht oder in einem bestimmten Sinne wähle, Geschenke oder andere Vorteile fordert, sich versprechen läßt oder annimmt.**

1. Die Vorschrift **schützt** die Sachlichkeit der Stimmabgabe des wahlberechtigten Bürgers (BGHSt 33, 336 mwN). Sie betrifft nicht die sog Abgeordnetenbestechung (§ 108 e). 1

2. Geschenke, Vorteile und **Tathandlungen** 3–7 zu § 331; 3 zu § 333. Wie allgemein bei Bestechung und Bestechlichkeit muß der (uU auch nur mittelbare, BGHSt 33, 336) Vorteil „Gegenleistung" für das Wahlverhalten sein (10 zu § 331), namentlich also auch das für die jeweils getroffene oder angestrebte Unrechtsvereinbarung erforderliche Beziehungsverhältnis aufweisen (BGH aaO mit Bespr Geerds JR 86, 253, Dölling NStZ 87, 69 und Wagner JZ 87, 594, 604). Ob und wie der Wähler tatsächlich wählt, ist unerheblich. Sozialadäquate Vorteile, zB die üblichen Wahlversprechen der Parteien, werden nicht erfaßt (hM; weiter einschr Laufhütte LK 4). 2

3 **3. a) Abs 1**: Es genügt, daß der Wähler nicht in einem bestimmten Sinne wählen, aber sonst Freiheit haben soll.

4 **b) Abs 2**: Der geheime Vorbehalt des Stimmverkäufers, sich nicht an die Unrechtsvereinbarung zu halten, ist wie bei der Bestechlichkeit bedeutungslos (5 zu § 332).

5 **4.** Verfall der Vorteile §§ 73–73 c, 73 e. Nebenfolgen § 108 c. Geltungsbereich § 108 d.

§ 108 c Nebenfolgen

Neben einer Freiheitsstrafe von mindestens sechs Monaten wegen einer Straftat nach den §§ 107, 107 a, 108 und 108 b kann das Gericht die Fähigkeit, Rechte aus öffentlichen Wahlen zu erlangen, und das Recht, in öffentlichen Angelegenheiten zu wählen oder zu stimmen, aberkennen (§ 45 Abs. 2 und 5).

1 Vgl 4 zu § 45. Die Vorschrift betrifft nur die Wählbarkeit und das Stimmrecht, die auch einzeln aberkannt werden können.

§ 108 d Geltungsbereich

Die §§ 107 bis 108 c gelten für Wahlen zu den Volksvertretungen, für die Wahl der Abgeordneten des Europäischen Parlaments, für sonstige Wahlen und Abstimmungen des Volkes im Bund, in den Ländern, Gemeinden und Gemeindeverbänden sowie für Urwahlen in der Sozialversicherung. Einer Wahl oder Abstimmung steht das Unterschreiben eines Wahlvorschlags oder das Unterschreiben für ein Volksbegehren gleich.

1 **1.** Der **Geltungsbereich** der Wahldelikte ist eingeschränkt. Einerseits sind der Wahl in einer wenig geglückten Fassung die Abstimmung (zB Art 118 GG), das Unterschreiben eines Wahlvorschlags (§ 21 II BWG) und das Unterschreiben für ein Volksbegehren (zB Art 29 II GG) gleichgestellt. Andererseits werden aber nur allgemeine Wahlen und Abstimmungen des Volkes, auch wenn sie landesgesetzlich (zB Landtags- und Kommunalwahlen) geregelt sind (BVerfG NVwZ 93, 55), und Urwahlen in der Sozialversicherung (§§ 45 ff SGB IV) erfaßt, also nicht andere Wahlen in öffentlichen Angelegenheiten, zB in den Richterwahlausschüssen, den Gerichten und den Berufsorganisationen (zur Abgeordnetenbestechung beachte jedoch § 108 e).

2 **2. Landesgesetzliche** Erstreckung des Geltungsbereichs auf andere landesrechtlich geregelte Wahlen ist mit Art 3 I, 4 II EGStGB unvereinbar (Lenzen JR 80, 133).

§ 108 e Abgeordnetenbestechung

(1) **Wer es unternimmt, für eine Wahl oder Abstimmung im Europäischen Parlament oder in einer Volksvertretung des Bundes, der Länder, Gemeinden oder Gemeindeverbände eine Stimme zu kaufen oder zu verkaufen, wird mit Freiheitsstrafe bis zu fünf Jahren oder mit Geldstrafe bestraft.**

(2) **Neben einer Freiheitsstrafe von mindestens sechs Monaten wegen einer Straftat nach Absatz 1 kann das Gericht die Fähigkeit, Rechte aus öffentlichen Wahlen zu erlangen, und das Recht, in öffentlichen Angelegenheiten zu wählen oder zu stimmen, aberkennen.**

Fassung des 28. StÄG (12 vor § 1). Die Einfügung eines Tatbestandes gegen Abgeordnetenbestechung entspricht einer seit der Streichung des § 109 aF durch das 3. StÄG (1953) sowohl im Schrifttum (vgl etwa Dreher JZ 53, 421, 427; Schulze JR 73, 485; Krause DÖV 74, 325; Klein ZRP 79, 174; Dürr ZRP 79, 264; Grüll ZRP 92, 371) als auch in der Gesetzgebungsebene (vgl etwa § 404 E 162) seit Jahrzehnten erhobenen Forderung. Daß sie sich bisher nicht durchsetzen konnte, kam nicht „eher zufällig zustande" (so BT-Dr 12/5927 S 3; krit Tröndle 3), sondern war das Ergebnis hartnäckigen Widerstrebens vieler Abgeordneter des BTages angesichts eines immer wieder diskutierten typischen Dilemmas: es erschien außerordentlich schwierig, einen hinreichend bestimmten Tatbestand zu umschreiben, der einerseits weit genug war, die strafwürdigen Fälle zuverlässig zu erfassen, andererseits aber nicht zu weit, weil damit die Gefahr einer Pönalisierung auch politisch nicht anstößiger Verhaltensweisen verbunden war (vgl etwa Ndschr Bd 13 S 262; allg zur Korruption von Politikern Haffke, in: Tondorf [Hrsg], Staatsdienst und Ethik, 1995, S 11). Eine schlichte Erstreckung der Tatbestände über Bestechlichkeit und Bestechung auch auf die Abgeordneten konnte deshalb ernstlich nicht erwogen werden. § 108 e bleibt auf dieser Linie. Er beschränkt den Tatbestand auf den Kauf oder Verkauf einer Stimme und ist insoweit dem § 404 E 1962 nachgebildet, der schon damals als recht eng, zur Vermeidung einer breiten Grauzone der Rechtsunsicherheit aber als nicht erweiterungsfähig empfunden wurde (Begr zu § 404 E 1962 S 589). In der Gegenwart mit ihrer signifikanten Verschlechterung der politischen Moral dürfte § 108 e kaum geeignet sein, das Feld strafwürdiger politischer Korruption hinreichend abzudecken, weil der plumpe Stimmkauf oder -verkauf durch subtilere Umgehungsmethoden unschwer vermeidbar ist. Der Tatbestand wird deshalb aller Voraussicht nach nur symbolische Bedeutung haben (so zutreffend Barton NJW 94, 1098; Schlüchter, Geerds-FS, S 713, 726; Geilen LdR S 1115; Tröndle 1, 3, 5–11; Rudolphi SK 1–4, 7; weniger krit Sch/Sch-Eser 1). Die Chance für eine wirksame Strafvorschrift dürfte nur realisierbar sein, wenn die Parlamente sich bereitfinden, über den bisherigen Bestand hinaus eindeutige und möglichst umfassende Verhaltensregeln für ihre Mitglieder zu entwickeln. An deren grobe Verletzung in Bereicherungsabsicht könnte dann die Strafbarkeit anknüpfen. – Aus den

Gesetzesmaterialien vgl ua die Initiativvorlagen der Koalitionsfraktionen (BT-Dr 12/5927), der SPD-Fraktion (BT-Dr 12/1630) und der Gruppe Bündnis 90/Die Grünen (BT-Dr 12/1739) sowie die Beschlußempfehlung und den Bericht des BT-Rechtsausschusses (BT-Dr 12/6092). **Inkrafttreten**: 22. 1. 1994. **Übersichtsbeitrag**: Barton NJW 94, 1098. Zu Vorschlägen, auch den § 108 e in die Bemühungen um eine wirksamere Bekämpfung der Korruption einzubeziehen, vgl. 1 zu § 331.

1 **1.** Die Vorschrift schützt ebenso wie die §§ 331–334 (1 zu § 331) ein **komplexes Rechtsgut**. Der Schwerpunkt liegt auf dem Prinzip der demokratischen Gleichheit der Bürger sowie dem öffentlichen Vertrauen in die Unkäuflichkeit der Mandatsausübung und die Funktionsfähigkeit des repräsentativen Systems (BT-Dr 12/5927 S 4); weiter diff Rudolphi SK 5, 6; Sch/Sch-Eser 1).

2 **2.** Bezugsobjekt der Tat sind nur Wahlen und Abstimmungen in **Volksvertretungen**, dh in solchen Körperschaften, deren Mitglieder durch Urwahl des Volkes bestimmt werden (beachte dazu 1 zu § 108 d). Volksvertretung des Bundes ist der BTag, nicht der BRat. Die übrigen inländischen Volksvertretungen sind landesrechtlich geregelt. Abstimmungen in den Ausschüssen der Volksvertretungen werden erfaßt (Rudolphi SK 9), nicht dagegen in den Fraktionen (BT-Dr 12/5927 S 6) oder in anderen Arbeitskreisen von Parteien oder Gruppen zur Vorbereitung der Parlamentsarbeit.

3 **3. Tathandlung** ist das Unternehmen, für eine der genannten Wahlen oder Abstimmungen eine Stimme zu kaufen oder zu verkaufen.

a) Kaufen und Verkaufen erfordert eine Unrechtsvereinbarung. Es verweist nicht auf die zivilrechtlichen Voraussetzungen eines Kaufvertrags, sondern soll in Anlehnung an den allgemeinen Sprachgebrauch das Element der Käuflichkeit in dem Sinne verdeutlichen, daß die Stimme wie eine Ware zum Gegenstand eines Geschäfts gemacht wird, das den Mißbrauch des Stimmrechts zu eigennützigen oder sonst unerlaubten Zwecken zum Inhalt hat (Begr zu § 404 E 1962 S 590; ähnlich BT-Dr 12/5927 S 7; Schlüchter aaO [vgl vor 1] S 730; krit Barton NJW 94, 1098; Tröndle 5). Sozialadäquate und politisch übliche Verhaltensweisen werden deshalb nicht erfaßt (BT-Dr aaO S 4; Rudolphi SK 14 mwN). Im übrigen ist aber die Abgrenzung äußerst schwierig. Als Auslegungshilfe können die (wenig ergiebigen, Tröndle 10) Verhaltensregeln für Mitglieder des BTages dienen, die der GO als Anlage beigefügt sind. Soweit sie bestimmte Verhaltensweisen als zulässig ansehen, wird auch ein Mißbrauch des Stimmrechts regelmäßig zu verneinen sein (diff Rudolphi aaO). Das Entgelt braucht nicht notwendig in Geld zu bestehen, muß aber als unmittelbare materielle (Tröndle 10) Gegenleistung für die Stimmabgabe vereinbart sein. Das Versprechen von Geschenken, festen Bezügen oder anderen Vermögensvorteilen in der allgemeinen Erwartung, daß sich der Abgeordnete in seinem Verhalten, auch seinem Stimmverhalten, nach den Interessen des Vorteilsgebers richten werde, genügt nicht, obwohl auch solche Vorgänge durchaus strafwürdig sein können. Abweichend von den Bestechungsvorschriften kann die Tat nur künftige Stimmabgaben betreffen (BT-Dr aaO S 6).

b) Die Unrechtsvereinbarung muß sich auf eine **bestimmte** Wahl oder Abstimmung beziehen. Jedoch schließt das die Einbeziehung mehrerer oder aller Wahlen oder Abstimmungen nicht aus, die in einem bestimmten Zusammenhang oder in einer bestimmten Körperschaft vorgenommen werden. 4

c) Da schon das **Unternehmen** (19 zu § 11) ausreicht, ist die Tat mit dem – sei es auch untauglichen – Versuch des Stimmkaufs oder -verkaufs vollendet. Zur Unrechtsvereinbarung braucht es nicht zu kommen. Es genügt das unmittelbare Ansetzen dazu (§ 22) mit der Folge, daß – ebenso wie bei den Bestechungsdelikten (7 zu § 331; 3 zu § 333) – schon das Fordern oder Anbieten des Vorteils für die Stimmabgabe tatbestandsmäßig ist. Rücktritt vom Versuch ist ausgeschlossen (29 zu § 24). 5

4. Der **Vorsatz** (bedingter genügt) erfordert Bedeutungskenntnis (14 zu § 15) namentlich im Hinblick auf das Beziehungsverhältnis zwischen Stimmabgabe und Vorteil; daß der Täter sein Verhalten – etwa weil kein Geld versprochen wurde – nicht als Stimmkauf oder -verkauf angesehen hat, ist dann unerheblich (Subsumtionsirrtum). 6

5. Für die **Teilnahme** des Stimmkäufers oder -verkäufers an der Tat des jeweils anderen und die Teilnahme Dritter gelten die Ausführungen unter 19 zu § 331 sinngemäß. 7

6. Tateinheit ua möglich mit § 263 (Sch/Sch-Eser 15 mwN). Ein Zusammentreffen mit den §§ 331–334 scheidet idR aus, weil der Abgeordnete im Parlament kein Amtsträger (11 zu § 11) und seine Stimmabgabe keine Diensthandlung (8 zu § 331) ist. Ausnahmen kommen bei Vertretungen von Gemeinden und Gemeindeverbänden in Frage, soweit diese im Sinne des § 11 I Nr 2 c Aufgaben der öffentlichen Verwaltung wahrnehmen (11 zu § 11). 8

7. Der **Geltungsbereich** erstreckt sich nach dem Zweck des Abs 1 auf **alle Abgeordneten des Europäischen Parlaments**, nicht nur auf die von der Bundesrepublik entsandten (Sch/Sch-Eser 5; zw). Jedoch bedarf es für deren Strafbarkeit einer internationalrechtlichen Anknüpfung, die meist nur auf die §§ 3, 7 II Nr 1 oder § 9 gestützt werden kann. 9

5. Abschnitt. Straftaten gegen die Landesverteidigung

Vorbemerkung

1 **1.** Der auf dem 4. StÄG beruhende Abschnitt (zusf Lackner JZ 57, 401; Kohlhaas NJW 57, 929) dient dem Schutz der **Landesverteidigung** (zu ihr als Rechtsgut Schroeder, Der Schutz von Staat und Verfassung im Strafrecht, 1970, S 392). Neben dem WStG, dessen Vorschriften vorwiegend für Soldaten gelten, soll er Angriffen entgegenwirken, die von jedermann ausgehen können.

2 **2.** Zu Besonderheiten der **Zuständigkeit** und des **Verfahrens** vgl namentlich §§ 74 a I, II, 120 II, 142 a GVG, §§ 100 a Nr 1 b, 153 c–153 e StPO.

§ 109 Wehrpflichtentziehung durch Verstümmelung

(1) **Wer sich oder einen anderen mit dessen Einwilligung durch Verstümmelung oder auf andere Weise zur Erfüllung der Wehrpflicht untauglich macht oder machen läßt, wird mit Freiheitsstrafe von drei Monaten bis zu fünf Jahren bestraft.**

(2) **Führt der Täter die Untauglichkeit nur für eine gewisse Zeit oder für eine einzelne Art der Verwendung herbei, so ist die Strafe Freiheitsstrafe bis zu fünf Jahren oder Geldstrafe.**

(3) **Der Versuch ist strafbar.**

1 **1.** Die den § 17 WStG ergänzende Vorschrift schützt das **personelle Potential** der Landesverteidigung (Schroeder LK 1).

2 **2. Wehrpflicht** §§ 1–3 WehrpflG. Sie umfaßt jede Dienstpflicht des Bürgers nach dem WehrpflG, also auch den Zivildienst (§ 3 I aaO). Die Tat kann nur an einem gegenwärtig oder künftig Wehrpflichtigen begangen werden.

3 **3. Tathandlung** ist das Herbeiführen der Wehrdienstunfähigkeit oder einer Beeinträchtigung der Wehrdienstfähigkeit (§§ 8 a, 9 WehrpflG), dh eines Zustandes, in dem der Wehrpflichtige wegen körperlicher oder geistiger Mängel (nicht aus rechtlichen Gründen, zB nach § 10 WehrpflG) nicht mehr in der Art oder dem Umfang wehrtauglich ist wie vorher (RGSt 44, 264). Nach Abs 1, 2 ist zwischen **absoluter** (vollständiger und dauernder) und **relativer** (auf eine gewisse Zeit oder einzelne Arten der Verwendung beschränkte) Untauglichkeit zu unterscheiden. Bei **zeitlicher** Beeinträchtigung genügen kurze Zeiträume, wenn während ihrer Dauer Erfüllung der Wehrpflicht ansteht. **Art der Verwendung** bezeichnet die allgemeinen Einsatzmöglichkeiten in den einzelnen Dienstbereichen, uU auch nur in der Ausbildung, als Schreiber oder als Sanitäter (Bay NJW 73, 2257); Untauglichkeit zu einer einzelnen Dienstverrichtung genügt nicht.

4. Verstümmelung ist unmittelbare mechanische Einwirkung (str) auf den Körper (zB Entfernen oder Zerstören eines Körpergliedes oder Organs); **Untauglichmachen auf andere Weise** bezeichnet alle übrigen Möglichkeiten der Einwirkung, die nur idR (zB Einnehmen von gesundheitsschädlichen Mitteln), aber nicht notwendig (zB medizinische Behandlungen) in einer Körperverletzung besteht (Bay NJW 73, 2257 mit Anm Schroeder NZWehrr 74, 33; str). Auch Unterlassen in Garantenstellung (11 zu § 13) kommt in Frage (einschr Schroeder LK 18); die Verweigerung einer zur Abwendung der Untauglichkeit dienenden Operation genügt jedoch nicht (§ 17 IV S 3 SoldG). 4

5. Der Täter kann die Tathandlung **selbst** vornehmen oder durch einen anderen vornehmen lassen. Bei der Fremdverstümmelung gehört die **Einwilligung** des Betroffenen zum Tatbestand; fehlt sie, so sind nur die §§ 223 ff ohne eine aus § 109 herzuleitende Sperrwirkung anwendbar (M-Schroeder/Maiwald BT 2 87/8; aM Kohlhaas NJW 58, 135). 5

6. Neben dem **Vorsatz** (bedingter genügt) fordert das Gesetz keine zusätzliche Täuschungsabsicht (Schroeder LK 19; aM Ostendorf AK 13, beide mwN; zw). 5 a

7. Führt ein **Soldat** Dienstuntauglichkeit an sich oder einem anderen Soldaten herbei, so geht § 17 WStG als Spezialvorschrift vor. Soweit dieser jedoch nicht verwirklicht wird (der Verstümmelte ist zB nicht Soldat), ist § 109 auch auf Soldaten anwendbar. Beteiligung eines Nichtsoldaten an einer Haupttat nach § 17 WStG ist nur dann als Teilnahme nach § 17 I, III WStG, §§ 26, 27 StGB zu behandeln, wenn nicht zugleich die Voraussetzungen des § 109 erfüllt sind; andernfalls folgt aus § 28 II, daß der Nichtsoldat Täter oder Teilnehmer des Vergehens nach § 109 ist (Schölz/Lingens 22 ff zu § 17; Schroeder LK 24; aM Sch/Sch-Eser 17). 6

8. Zwischen Versuch nach Abs 1 und Vollendung nach Abs 2 ist **Tateinheit** möglich (Schroeder LK 23; str). Körperverletzung nach §§ 223–226 wird nicht durch Einwilligung gerechtfertigt (§ 226 a) und kann nach Verschärfung der Strafdrohungen in §§ 223, 223 a durch das VerbrBG (4 vor § 38) nunmehr unterschiedslos mit § 109 tateinheitlich zusammentreffen (so schon die hM zum früheren Recht; vgl Schroeder LK 23). 7

9. Räumlicher Geltungsbereich § 5 Nr 5 a. 8

§ 109 a Wehrpflichtentziehung durch Täuschung

(1) **Wer sich oder einen anderen durch arglistige, auf Täuschung berechnete Machenschaften der Erfüllung der Wehrpflicht dauernd oder für eine gewisse Zeit, ganz oder für eine einzelne Art der Verwendung entzieht, wird mit Freiheitsstrafe bis zu fünf Jahren oder mit Geldstrafe bestraft.**

(2) **Der Versuch ist strafbar.**

1 **1.** Die den § 18 WStG ergänzende Vorschrift schützt den **Personalbestand der Bundeswehr** (Schroeder LK 1).

2 **2. Wehrpflicht** 2 zu § 109. Der Täter **entzieht** sich oder einen anderen der Erfüllung der Wehrpflicht, wenn er bewirkt, daß er oder der andere infolge ausdrücklicher oder stillschweigender Freistellung durch die zuständige Behörde nicht mehr in der Art und dem Umfang für die Erfüllung der Wehrpflicht zur Verfügung steht wie zuvor (Hamm NJW 74, 568). Die Ursächlichkeit der Tathandlung (vgl 3) für die Entziehung kann nur psychisch, idR durch einen Irrtum der Behörde, vermittelt werden; jedoch genügt es, wenn die Behörde den Täter nur freistellt, weil sie seine Angaben nicht für widerlegbar hält (Celle NStZ 86, 168). Wie in § 109 (dort 3) wird absolute und relative Entziehung unterschieden.

3 **3. Machenschaften** bezeichnen ein methodisches, berechnetes (Tröndle 3; aM Schroeder LK 5) und außerdem auch besonders verwerfliches Gesamtverhalten (Celle NStZ 86, 168; aM Hamm NJW 74, 568; s auch Bay 61, 222; Celle NZWehrr 62, 75). Sie sind **auf Täuschung berechnet**, wenn sie einen Irrtum der zuständigen Behörde verursachen sollen. Das erfordert nicht notwendig ein Handeln gegenüber der Behörde (Hamburg NJW 65, 1674) und auch nicht den Einsatz gegenständlicher Mittel, wie gefälschter oder unwahrer Schriftstükke; es genügt auch ein System wohlüberlegter Lügen, jedoch nicht die einfache Lüge (Kohlhaas NJW 57, 929, 930). Die weitere Kennzeichnung des Verhaltens als **arglistig** ist tautologisch (Dreher JZ 57, 397; Bohnert GA 78, 353, 363; Schölz/Lingens 9 zu § 18; aM Schroeder LK 6). – Hauptanwendungsfälle sind das systematische Vortäuschen von körperlichen Mängeln (RGSt 29, 218) und die Scheinverlegung des Wohnsitzes (Hamburg aaO; Celle NJW 65, 1675).

4 **4.** Für das Verhältnis zu **§ 18 WStG** gelten die Ausführungen unter 6 zu § 109 sinngemäß.

5 **5.** Räumlicher Geltungsbereich § 5 Nr 5 b.

§§ 109 b, 109 c *(weggefallen)*

§ 109 d Störpropaganda gegen die Bundeswehr

(1) **Wer unwahre oder gröblich entstellte Behauptungen tatsächlicher Art, deren Verbreitung geeignet ist, die Tätigkeit der Bundeswehr zu stören, wider besseres Wissen zum Zwecke der Verbreitung aufstellt oder solche Behauptungen in Kenntnis ihrer Unwahrheit verbreitet, um die Bundeswehr in der Erfüllung ihrer Aufgabe der Landesverteidigung zu behindern, wird mit Freiheitsstrafe bis zu fünf Jahren oder mit Geldstrafe bestraft.**

(2) **Der Versuch ist strafbar.**

1. Die Vorschrift schützt die **Funktionsfähigkeit der Bundeswehr** 1
gegen **geistige Sabotage** (Sch/Sch-Eser 1). Wegen ihrer strengen, meist nicht beweisbaren Voraussetzungen (Jescheck NZWehrr 69, 121, 128; Schwenck NZWehrr 69, 134, 136; Greiser NJW 73, 231) ist sie bisher kaum praktisch geworden. Die Tat ist potentielles Gefährdungsdelikt (32 vor § 13).

2. Behauptungen tatsächlicher Art 3, 5 zu § 186 (beachte auch 2
JR 77, 28 mit Anm Schroeder). Eine Behauptung ist entstellt, wenn ein Teil von ihr nicht unerheblich von der Wahrheit abweicht; die Entstellung ist gröblich, wenn der wahre Teil hinter dem unwahren so zurücktritt, daß ein im wesentlichen unrichtiges Gesamtbild entsteht (Sch/Sch-Eser 5).

3. Verbreiten ist hier wie in § 74 d (aber abw von § 186; dort 5) 3
Weitergabe mit der Tendenz des Zugänglichmachens für einen größeren Personenkreis (5 zu § 74 d). Es ist **geeignet**, die Tätigkeit der Bundeswehr zu stören, wenn die behauptete Tatsache, abstrakt betrachtet, so beschaffen ist, daß sie im Falle der Verbreitung die Tätigkeit der Bundeswehr konkret gefährden würde (Hoyer, Die Eignungsdelikte, 1987, S 153; diff Rudolphi SK 6); dabei ist nach dem Schutzzweck der Vorschrift (vgl 1) nur auf die Tätigkeit der Bundeswehr bei Erfüllung ihrer Verteidigungsaufgabe, nicht auch auf andere Aufgabenbereiche abzustellen (Sch/Sch-Eser 7; Ostendorf AK 10; aM Schroeder LK 8, alle mwN; zw).

4. a) Für den Gesamtbereich des **inneren Tatbestandes** ist Vorsatz 4
(bedingter genügt) erforderlich. Darüber hinaus müssen in Teilbereichen die unter 5, 6 bezeichneten Voraussetzungen erfüllt sein.

b) Wider besseres Wissen 1 zu § 187. 5

c) „Zum Zwecke" erfordert, daß es dem Täter auf die Verbrei- 6
tung, die nicht Motiv sein muß, ankommt (Schroeder LK 9; aM Sch/Sch-Eser 9: direkter Vorsatz genügt). Dasselbe gilt für die **Absicht** der Behinderung (hM; anders Celle NJW 62, 1581).

5. Tateinheit ua möglich mit §§ 89, 164 sowie mit §§ 186, 187 7
(hM; anders Fischer JZ 90, 68, 74).

6. Räumlicher Geltungsbereich § 5 Nr 5 b (dort 3). Einziehung 8
§ 109 k. Zuständigkeit und Verfahren 2 vor § 109.

§ 109 e Sabotagehandlungen an Verteidigungsmitteln

(1) **Wer ein Wehrmittel oder eine Einrichtung oder Anlage, die ganz oder vorwiegend der Landesverteidigung oder dem Schutz der Zivilbevölkerung gegen Kriegsgefahren dient, unbefugt zerstört, beschädigt, verändert, unbrauchbar macht oder beseitigt und dadurch die Sicherheit der Bundesrepublik Deutschland, die Schlagkraft der Truppe oder Menschenleben gefährdet, wird mit Freiheitsstrafe von drei Monaten bis zu fünf Jahren bestraft.**

(2) **Ebenso wird bestraft, wer wissentlich einen solchen Gegenstand oder den dafür bestimmten Werkstoff fehlerhaft herstellt oder liefert und dadurch wissentlich die in Absatz 1 bezeichnete Gefahr herbeiführt.**

(3) **Der Versuch ist strafbar.**

(4) **In besonders schweren Fällen ist die Strafe Freiheitsstrafe von einem Jahr bis zu zehn Jahren.**

(5) **Wer die Gefahr in den Fällen des Absatzes 1 fahrlässig, in den Fällen des Absatzes 2 nicht wissentlich, aber vorsätzlich oder fahrlässig herbeiführt, wird mit Freiheitsstrafe bis zu fünf Jahren oder mit Geldstrafe bestraft, wenn die Tat nicht in anderen Vorschriften mit schwererer Strafe bedroht ist.**

1 **1.** Die Vorschrift schützt die **Funktionsfähigkeit** von Verteidigungsmitteln iwS.

2 **2. a) Wehrmittel** sind Gegenstände, die ihrer Natur nach oder aufgrund besonderer Zweckbestimmung für den bewaffneten Einsatz der Truppe geeignet und bestimmt sind (uU auch Ausrüstungsgegenstände, technische Geräte, Nachrichtenmittel, Meldehunde usw).

3 **b) Einrichtungen und Anlagen** (dh feste und auf Dauer angelegte Einrichtungen) dienen der Landesverteidigung nicht nur, wenn sie unmittelbar von der Truppe benutzt werden. Auch Munitionsanstalten, militärische Versuchsanstalten, Befestigungswerke, Rüstungsbetriebe usw gehören hierher. – Dem Schutz der Zivilbevölkerung dienen namentlich Einrichtungen und Anlagen des zivilen Luftschutzes.

4 **3. Zerstören**, Beschädigen 3–7 zu § 303. **Beseitigen**, Unbrauchbarmachen 2 zu § 87. **Herstellen** oder **Liefern** ist fehlerhaft, wenn es Vorschriften oder technischen Erfahrungen widerspricht und die Tauglichkeit des Gegenstandes zum bestimmungsgemäßen Gebrauch aufgehoben oder gemindert ist.

5 **4. Unbefugt** ist die Tathandlung, wenn sie der außerstrafrechtlichen Rechtsordnung widerspricht. Deshalb wird zB der nach bürgerlichem oder öffentlichem Recht befugte Unternehmer auch dann nicht erfaßt, wenn er durch Aufgabe seines Betriebes die in Abs 1 bezeichnete Gefahr herbeiführt.

6 **5.** Die Tathandlung muß eine **konkrete Gefahr** (21, 22 zu § 315 c) für eines der folgenden Rechtsgüter herbeiführen (s auch § 2 Nr 3 WStG; Schölz/Lingens 48 ff zu § 2):

a) Die (äußere oder innere) **Sicherheit** der Bundesrepublik (9 zu § 92; 5 zu § 93).

7 **b)** Die **Schlagkraft der Truppe**, dh deren volle Einsatzbereitschaft und -fähigkeit (NJW 71, 441); uU genügt schon der Ausfall einer wichtigen Waffe (Celle NZWehrr 62, 74), nicht aber eines ohne größere Schwierigkeit ersetzbaren Kraftfahrzeugs (LG Flensburg NZWehrr 84, 80).

c) Das **Leben** eines beliebigen Menschen oder einer Mehrzahl von ihnen (23 zu § 315 c); bloße Leibesgefahr und Gefahr für Sachwerte genügen nicht. 8

6. Im Falle des **Abs 1** muß sich der **Vorsatz** (bedingter genügt) auch auf die Gefährdung beziehen (zum Gefährdungsvorsatz 28 zu § 15). **Abs 2** setzt für Tathandlung und Gefährdung **Wissentlichkeit** (21 zu § 15) voraus, so daß bedingter Vorsatz ausscheidet. Im Falle des **Abs 5** reichen Fahrlässigkeit und bei Verstößen gegen Abs 2 auch bedingter Vorsatz für die Gefährdung aus; an dem Erfordernis des Vorsatzes (in Abs 2 des direkten Vorsatzes) für die Tathandlung wird dadurch nichts geändert. Zur Behandlung der Vorsatz-Fahrlässigkeits-Kombination als Vorsatztat im Hinblick auf Teilnahme usw 23–25 zu § 11. – Ein Irrtum über die Befugnis zum Handeln ist idR, aber nicht notwendig Verbotsirrtum (6 zu § 15; 6 zu § 17). 9

7. Gegenüber der Sachbeschädigung (§§ 303–305) **Spezialität** (25 vor § 52; str). Das Verhältnis zu anderen Sabotagedelikten (zB §§ 88, 316 b) hängt von den einzelnen Begehungsformen und den jeweils betroffenen Rechtsgütern ab; meist wird wegen Verschiedenartigkeit der Rechtsgüter Tateinheit vorliegen (aM Kohlhaas NJW 57, 929, 931). 10

8. Räumlicher Geltungsbereich § 5 Nr 5 a (dort 3). Nebenfolgen, Einziehung §§ 109 i, 109 k. Zuständigkeit und Verfahren 2 vor § 109. 11

§ 109 f Sicherheitsgefährdender Nachrichtendienst

(1) **Wer für eine Dienststelle, eine Partei oder eine andere Vereinigung außerhalb des räumlichen Geltungsbereichs dieses Gesetzes, für eine verbotene Vereinigung oder für einen ihrer Mittelsmänner**

1. **Nachrichten über Angelegenheiten der Landesverteidigung sammelt,**
2. **einen Nachrichtendienst betreibt, der Angelegenheiten der Landesverteidigung zum Gegenstand hat, oder**
3. **für eine dieser Tätigkeiten anwirbt oder sie unterstützt**

und dadurch Bestrebungen dient, die gegen die Sicherheit der Bundesrepublik Deutschland oder die Schlagkraft der Truppe gerichtet sind, wird mit Freiheitsstrafe bis zu fünf Jahren oder mit Geldstrafe bestraft, wenn die Tat nicht in anderen Vorschriften mit schwererer Strafe bedroht ist. Ausgenommen ist eine zur Unterrichtung der Öffentlichkeit im Rahmen der üblichen Presse- oder Funkberichterstattung ausgeübte Tätigkeit.

(2) **Der Versuch ist strafbar.**

1. Die Vorschrift über **militärischen Nachrichtendienst** liegt im **Vorfeld** des Landesverrats und der Gefährdung der äußeren Sicherheit (§§ 93 ff; Lüttger MDR 66, 629, 713). 1

2 **2. Geschützt** sind nur **Angelegenheiten der Landesverteidigung**, dh alles, was Aufgaben und Interessen der Landesverteidigung, nicht lediglich des Schutzes der Zivilbevölkerung (Ostendorf AK 3; aM Schroeder LK 2 mwN; zw), betrifft. Ob es geheimgehalten wird und ob die Kenntnis der fremden Einrichtung nützt, ist unerheblich (BGHSt 15, 161).

3 **3.** Die **Tathandlungen** setzen ein auf gewisse Dauer und Systematik angelegtes Tun voraus (Lüttger MDR 66, 629, 630). Sie sind jedoch nicht auf typisch nachrichtendienstliche Tätigkeit beschränkt (BGHSt 15, 167) und brauchen auch nicht in konspirativen Formen, namentlich nicht geheim, begangen zu werden (Tröndle 2; aM Willms JZ 58, 601 zu § 92 aF). Ihr Gegenstand können daher auch offene Nachrichten (unstr), nicht aber der Desinformation dienende Falschnachrichten sein (Schroeder LK 3; Ostendorf AK 7; aM Lüttger aaO S 634; zw). – **Sammeln** liegt schon vor, wenn mit dem Beschaffen nur einer Nachricht begonnen wurde (BGHSt 16, 15; aM Ostendorf AK 9). Mehrere Einzelakte des Sammelns bilden idR eine Bewertungseinheit (BGHSt 16, 26, 32; 10 vor § 52). – **Unterstützen** ist zur Täterschaft verselbständigte Beihilfe (BGHSt 23, 308; 12 zu § 27; einschr Ostendorf AK 9).

4 **4.** Zu **Bestrebungen gegen die Sicherheit der Bundesrepublik** bei Holtz MDR 80, 454; 9 zu § 92; zur Schlagkraft der Truppe 7 zu § 109 e. Der Täter dient den genannten Bestrebungen, wenn er sich ihnen dienstbar, dh zu ihrem Werkzeug macht; daß die Handlung solchen Bestrebungen nur nützt, reicht nicht (zu weit BGHSt 19, 344).

5 **5.** Das problematische **Presseprivileg** in Abs 1 S 2 (Lüttger MDR 66, 713; Ostendorf AK 11, 12) schließt schon den Tatbestand aus (hM).

6 **6.** Gegenüber §§ 93 ff, namentlich § 99, **Subsidiarität** (26 vor § 52).

7 **7.** Räumlicher Geltungsbereich § 5 Nr 5 a (dort 3); erfaßt werden danach auch deutsche, im Ausland belegene militärische Angelegenheiten. Nebenfolgen, Einziehung §§ 109 i, 109 k. Zuständigkeit und Verfahren 2 vor § 109.

§ 109 g Sicherheitsgefährdendes Abbilden

(1) **Wer von einem Wehrmittel, einer militärischen Einrichtung oder Anlage oder einem militärischen Vorgang eine Abbildung oder Beschreibung anfertigt oder eine solche Abbildung oder Beschreibung an einen anderen gelangen läßt und dadurch wissentlich die Sicherheit der Bundesrepublik Deutschland oder die Schlagkraft der Truppe gefährdet, wird mit Freiheitsstrafe bis zu fünf Jahren oder mit Geldstrafe bestraft.**

(2) **Wer von einem Luftfahrzeug aus eine Lichtbildaufnahme von einem Gebiet oder Gegenstand im räumlichen Geltungsbereich dieses Gesetzes anfertigt oder eine solche Aufnahme oder eine danach hergestellte Abbildung an einen anderen gelangen läßt und**

dadurch wissentlich die Sicherheit der Bundesrepublik Deutschland oder die Schlagkraft der Truppe gefährdet, wird mit Freiheitsstrafe bis zu zwei Jahren oder mit Geldstrafe bestraft, wenn die Tat nicht in Absatz 1 mit Strafe bedroht ist.

(3) **Der Versuch ist strafbar.**

(4) **Wer in den Fällen des Absatzes 1 die Abbildung oder Beschreibung an einen anderen gelangen läßt und dadurch die Gefahr nicht wissentlich, aber vorsätzlich oder leichtfertig herbeiführt, wird mit Freiheitsstrafe bis zu zwei Jahren oder mit Geldstrafe bestraft. Die Tat ist jedoch nicht strafbar, wenn der Täter mit Erlaubnis der zuständigen Dienststelle gehandelt hat.**

1. Die im **Vorfeld des Landesverrats** liegende Vorschrift **schützt** 1
die äußere Sicherheit der Bundesrepublik.

2. Abs. 1: Wehrmittel, militärische Einrichtungen und Anlagen 2, 2
3 zu § 109 e. – **Abs 2**: Geschützt sind **Objekte jeder Art** im Geltungsbereich des Gesetzes (5 vor § 3) gegen Luftaufnahmen (auch aus dem Luftraum außerhalb des Geltungsbereichs).

3. Zur **Gefährdung** 6, 7 zu § 109 e. 3

4. Abs 1, 2 erfordern für die Tathandlung **Vorsatz** (bedingter ge- 4
nügt), für die Gefährdung jedoch Wissentlichkeit (20 zu § 15); fehlt sie, so kommt **Abs 4** in Frage (vgl auch 9 zu § 109 e). Die von der zuständigen Dienststelle befugt erteilte Erlaubnis (Abs 4 S 2) wirkt rechtfertigend (beachte dazu Träger LK 15 zu § 99). Die unbefugt erteilte Erlaubnis bildet weder einen Rechtfertigungsgrund (so aber Ostendorf AK 11) noch einen Schuldausschließungsgrund (so aber wohl Sch/Sch-Eser 13; Schroeder LK 13), sondern einen sachlich wirkenden **Strafausschließungsgrund** bzw eine negative Bedingung der Strafbarkeit (so BT-Dr II/3039 S 16; zw).

5. Gegenüber §§ 94 bis 96 **Subsidiarität** (26 vor § 52). Mit §§ 98, 5
99 (BGHSt 27, 133), § 109 f ist Tateinheit möglich.

6. Räumlicher Geltungsbereich § 5 Nr 5 a (dort 3). Einziehung 6
§ 109 k. Zuständigkeit und Verfahren 2 vor § 109.

§ 109 h Anwerben für fremden Wehrdienst

(1) **Wer zugunsten einer ausländischen Macht einen Deutschen zum Wehrdienst in einer militärischen oder militärähnlichen Einrichtung anwirbt oder ihren Werbern oder dem Wehrdienst einer solchen Einrichtung zuführt, wird mit Freiheitsstrafe von drei Monaten bis zu fünf Jahren bestraft.**

(2) **Der Versuch ist strafbar.**

1. Mit dem Verbot der **Werbung für fremden Wehrdienst** soll 1
nicht nur das einzelne Opfer (krit Schroeder LK 1), sondern auch das Allgemeininteresse an der Erhaltung der Wehrkraft geschützt werden.

2 **2. Objekt** der Tat kann nur ein Deutscher (7 vor § 3) sein. **Ausländische Macht** ist ein Staat oder ein zwischen- oder überstaatliches Machtgebilde außerhalb des Inlandes (4 vor § 3). **Wehrdienst** ist Dienst in einer militärischen oder militärähnlichen (etwa als Polizei- oder Wehrsportorganisation getarnten) Einrichtung als Soldat oder in einer anderen Funktion (hM; anders Schroeder LK 3), jedoch nicht der Dienst in Rüstungsbetrieben.

3 **3. Anwerben** setzt Übereinkommen zwischen dem zum Abschluß befugten Täter und dem Angeworbenen voraus. Die dem Übereinkommen vorausgehende Einwirkung kann Versuch sein (Abs 2). **Zuführen** bedeutet, den Deutschen so in den Einflußbereich des Werbers, dh eines geschäftsmäßig tätigen Vermittlers, oder der ausländischen Wehrdienststelle bringen, daß diese zur Anwerbung (vgl LG Hamburg NJW 58, 1053; str) unmittelbar auf ihn einwirken können; ob die Anwerbung scheitert, ist unerheblich.

4 **4.** Die Tat ist **nicht rechtswidrig**, wenn sie von der zuständigen Behörde genehmigt oder zugunsten einer Einrichtung begangen ist, auf die der Bund Hoheitsrechte übertragen hat (Art 24 GG).

5 **5.** Räumlicher Geltungsbereich § 5 Nr 5 b.

§ 109 i Nebenfolgen

Neben einer Freiheitsstrafe von mindestens einem Jahr wegen einer Straftat nach den §§ 109 e und 109 f kann das Gericht die Fähigkeit, öffentliche Ämter zu bekleiden, die Fähigkeit, Rechte aus öffentlichen Wahlen zu erlangen, und das Recht, in öffentlichen Angelegenheiten zu wählen oder zu stimmen, aberkennen (§ 45 Abs. 2 und 5).

1 Vgl 4 zu § 45. Amtsfähigkeit, Wählbarkeit und Stimmrecht können auch einzeln aberkannt werden.

§ 109 k Einziehung

Ist eine Straftat nach den §§ 109 d bis 109 g begangen worden, so können

1. **Gegenstände, die durch die Tat hervorgebracht oder zu ihrer Begehung oder Vorbereitung gebraucht worden oder bestimmt gewesen sind, und**
2. **Abbildungen, Beschreibungen und Aufnahmen, auf die sich eine Straftat nach § 109 g bezieht,**

eingezogen werden. § 74 a ist anzuwenden. Gegenstände der in Satz 1 Nr. 2 bezeichneten Art werden auch ohne die Voraussetzungen des § 74 Abs. 2 eingezogen, wenn das Interesse der Landesverteidigung es erfordert; dies gilt auch dann, wenn der Täter ohne Schuld gehandelt hat.

1 Vgl die Anm zu §§ 92 b, 101 a.

6. Abschnitt. Widerstand gegen die Staatsgewalt

§ 110 *(weggefallen)*

§ 111 Öffentliche Aufforderung zu Straftaten

(1) **Wer öffentlich, in einer Versammlung oder durch Verbreiten von Schriften (§ 11 Abs. 3) zu einer rechtswidrigen Tat auffordert, wird wie ein Anstifter (§ 26) bestraft.**

(2) **Bleibt die Aufforderung ohne Erfolg, so ist die Strafe Freiheitsstrafe bis zu fünf Jahren oder Geldstrafe. Die Strafe darf nicht schwerer sein als die, die für den Fall angedroht ist, daß die Aufforderung Erfolg hat (Absatz 1); § 49 Abs. 1 Nr. 2 ist anzuwenden.**

1. Die Vorschrift sieht **ergänzende Auffangtatbestände** für die 1
Anstiftung nach § 26 und die versuchte Anstiftung nach § 30 I vor (hM; krit Rogall GA 79, 11, 18; anders Dreher, Gallas-FS, S 307). Sie unterscheidet sich von der Anstiftung vor allem dadurch, daß sie die individuelle Einwirkung auf bestimmte Einzelpersonen nicht erfaßt und an die Konkretisierung der Haupttat geringere Anforderungen stellt (vgl 4, 5). Der Strafgrund liegt in der **besonderen Gefährlichkeit der Begehensweise**, durch die entweder eine unbestimmte oder jedenfalls eine größere Zahl von Menschen zu Straftaten bestimmt werden kann; die Tat ist daher ein abstraktes Gefährdungsdelikt (Bay NJW 94, 396). Weitergehender Erklärung der Vorschrift, etwa durch Annahme eines selbständigen Rechtsgutes des „inneren Gemeinschaftsfriedens" (so die hM; vgl BGHSt 29, 267; Karlsruhe NStZ 93, 389; Bay aaO) oder der „empirischen Geltung der Rechtsordnung" (so Plate ZStW 84, 294, 303) oder durch Deutung der Vorschrift als Partialunrecht (so Jakobs ZStW 97, 751, 777), bedarf es nicht (Schroeder, Die Straftaten gegen das Strafrecht, 1985, S 13; Zielinski AK 4).

2. Öffentlich, in einer Versammlung 2 zu § 80 a; aus einer „Viel- 2
zahl" von Menschen braucht die (uU geschlossene) Versammlung nicht zu bestehen (v Bubnoff LK 14; aM Sch/Sch-Eser 7–10, beide mwN; str). **Verbreiten von Schriften** 26–28 zu § 11; 5 zu § 74 d; bloßes Auslegen zum Verkauf ist als solches noch kein Verbreiten und wird deshalb nur erfaßt, wenn es öffentlich geschieht (KG JR 84, 249).

3. a) Auffordern ist – enger als Bestimmen im Sinne des § 26 3
(Rogall GA 79, 11, 16 mwN) – eine über bloßes Befürworten hinausgehende Äußerung (uU auch durch schlüssiges Verhalten, RGSt 47, 411), die erkennbar von einem anderen, von einer unbestimmten Personenmehrheit oder von irgendeinem aus einer solchen Mehrheit ein bestimmtes Tun oder Unterlassen verlangt (Köln NJW 88, 1102; Rudolphi RdA 87, 160, 162, beide mwN; probl LG Bremen StV 86, 439). Das erfordert eine – nicht notwendig ernst gemeinte – „Erklärung an die Motivation anderer", die mindestens den Eindruck der Ernstlichkeit

macht und auch machen soll (BGHSt 32, 310 mit Anm Bloy JR 85, 206; s auch Celle NJW 88, 1101 mit Anm Geerds JR 88, 435; Karlsruhe NStZ 93, 389; Jena NStZ 95, 445, alle mwN). Daß die Aufforderung (irgend-)einen Adressaten, der ihr entsprechen könnte, erreicht und von ihm verstanden wird, ist nicht erforderlich (Bay NJW 94, 396). – Wird eine fremde Aufforderung lediglich mitgeteilt, so genügt das nur, wenn der Mitteilende sie unmißverständlich zu seiner eigenen macht (BGHSt 36, 364, 368; Frankfurt NJW 83, 1207 mwN). Bloßes Ansetzen zur Aufforderung (§ 22) wird nicht erfaßt (Zielinski AK 17).

4 **b)** Die Aufforderung muß sich im Rahmen der besonderen Begehensweise (LG Berlin StV 82, 203) **allgemein** an den angesprochenen Personenkreis richten; richtet sie sich nur an bestimmte Einzelpersonen (Hamm VRS 26, 105), so fehlt es an der typischen, den Strafgrund bildenden Gefährlichkeit; weiterreichende Restriktionen, etwa durch das Erfordernis einer Aufforderung an „unbestimmt viele Menschen" (so Dreher NJW 70, 1153, 1156 und Gallas-FS, S 307, 311) oder durch einschränkende Auslegung des Begriffs der Versammlung (vgl 2), führen zu Rechtsunsicherheit.

5 **c) Rechtswidrige Tat** 18 zu § 11; erfaßt wird auch die Teilnahme, aber nicht die Ordnungswidrigkeit. Die rechtswidrige Tat muß nur ihrer Art und ihrem rechtlichen Wesen nach konkretisiert sein (LG Berlin aaO [vgl 4]; LG Lübeck StV 84, 207). Zeit, Ort, Tatobjekt usw brauchen dagegen – zum Teil abweichend von § 26 (hM; anders Rogall GA 79, 11, 17 mwN) – auch in den Umrissen noch nicht festzustehen (RGSt 65, 200; Dreher, Gallas-FS, S 307, 315; beachte jedoch BGHSt 31, 16, 22 und 32, 310, 312). – Zur (inzwischen weitgehend überholten) Problematik der Aufforderung zur Teilnahme an Sitzblockaden BVerfG NStZ 91, 279 und NJW 92, 2688; Bay JR 93, 117 mit Anm Nehm; Koblenz NJW 96, 3351; Schmitt Glaeser JR 91, 16; Otto JR 93, 258, 259; Graul JR 94, 51, 55, alle mwN.

6 **4.** Der **Vorsatz** (bedingter genügt) unterscheidet sich vom Anstiftervorsatz (4–6 zu § 26) idR dadurch, daß keine bestimmte Person (oder Personenmehrheit) zur Tat veranlaßt, sondern nur ein unbestimmter Personenkreis angesprochen werden soll. Außerdem braucht er sich nicht darauf zu erstrecken, daß die Aufgeforderten die Tat vollenden; abweichend von § 26 (dort 4) ist also der agent provocateur einbezogen (hM; anders Sch/Sch-Eser 17 mwN). – Ob der Täter das Unrecht der Tat erkennt, zu der er auffordert, ist für den Vorsatz ebenso wie bei der Anstiftung unerheblich; die enge Anlehnung an § 26 gebietet eine Gleichbehandlung dieses Irrtums (Dreher, Gallas-FS, S 307, 327; v Bubnoff LK 30, 30 a; aM Sch/Sch-Eser 16). Dasselbe gilt für die irrige Annahme, die Tat sei nur eine Ordnungswidrigkeit; in diesem Falle scheidet idR auch ein Verbotsirrtum aus (Düsseldorf MDR 89, 89; s auch 2 zu § 17).

5. a) Abs 1 setzt für die Bestrafung „wie ein Anstifter" (§ 26) voraus, daß die Aufforderung Erfolg hat, dh die Begehung der rechtswidrigen Tat oder deren mit Strafe bedrohten Versuch verursacht. Dazu ist erforderlich, daß die Aufforderung die Tat unmittelbar (mit-)motiviert hat; daher genügt es nicht, wenn die Tat nur Folge der durch die Aufforderung hervorgerufenen allgemeinen Aufregung war (Dreher aaO [vgl 6] S 327; v Bubnoff LK 24) oder wenn die Aufgeforderten zur Tat bereits entschlossen waren (RGSt 65, 200, 202). 7

b) Abs 2 sieht bei erfolgloser Aufforderung – abweichend von § 30 I – nicht lediglich eine Strafmilderung vor, sondern einen selbständigen Strafrahmen, der nach oben durch die gemäß § 49 I Nr 2 gemilderte Strafdrohung für die rechtswidrige Tat begrenzt ist. Die daraus folgende unterschiedliche Unrechtsbewertung in Abs 1 und 2 ist schwer verständlich; die dazu im Gesetzgebungsverfahren angestellten Erwägungen (BT-DR 7/3030 S 7 und 7/4549 S 7; Prot 7, 2237) tragen diese Differenzierung nicht (krit der BRat, BT-Dr 7/3030 S 10; zust jedoch Stree NJW 76, 1177, 1179). 8

6. Teilnahme an Taten nach § 111 ist wegen dessen formeller Selbständigkeit nach den allgemeinen Regeln (§§ 26, 27) möglich (so zur Beihilfe BGHSt 29, 258, 266 mwN; beachte auch BGHSt 36, 364). 9

7. Wegen seines Auffangcharakters **tritt § 111 zurück**, wenn der Auffordernde wegen der Tat, auf welche sich die Aufforderung bezieht, schon als Täter nach § 25 oder als (uU erfolgloser) Anstifter nach §§ 26, 30 (hM; anders Dreher aaO [vgl 6] S 324; v Bubnoff LK 33 mwN) strafbar ist. **Tateinheit** ua möglich mit §§ 125, 130 a (dazu Rogall GA 79, 11, 21). 10

8. Ein **Strafantrag** oder die Bejahung des besonderen öffentlichen Interesses (zB im Falle des § 232 I) ist wegen der Unbestimmtheit des geschützten Personenkreises nicht erforderlich, wenn zu Straftaten aufgefordert wurde, die nur unter dieser Voraussetzung verfolgbar sind (Stuttgart NJW 89, 1939 mwN; zw). 11

§ 112 *(weggefallen)*

§ 113 Widerstand gegen Vollstreckungsbeamte

(1) **Wer einem Amtsträger oder Soldaten der Bundeswehr, der zur Vollstreckung von Gesetzen, Rechtsverordnungen, Urteilen, Gerichtsbeschlüssen oder Verfügungen berufen ist, bei der Vornahme einer solchen Diensthandlung mit Gewalt oder durch Drohung mit Gewalt Widerstand leistet oder ihn dabei tätlich angreift, wird mit Freiheitsstrafe bis zu zwei Jahren oder mit Geldstrafe bestraft.**

(2) **In besonders schweren Fällen ist die Strafe Freiheitsstrafe von sechs Monaten bis zu fünf Jahren. Ein besonders schwerer Fall liegt in der Regel vor, wenn**

1. der Täter oder ein anderer Beteiligter eine Waffe bei sich führt, um diese bei der Tat zu verwenden, oder

2. der Täter durch eine Gewalttätigkeit den Angegriffenen in die Gefahr des Todes oder einer schweren Körperverletzung (§ 224) bringt.

(3) **Die Tat ist nicht nach dieser Vorschrift strafbar, wenn die Diensthandlung nicht rechtmäßig ist. Dies gilt auch dann, wenn der Täter irrig annimmt, die Diensthandlung sei rechtmäßig.**

(4) **Nimmt der Täter bei Begehung der Tat irrig an, die Diensthandlung sei nicht rechtmäßig, und konnte er den Irrtum vermeiden, so kann das Gericht die Strafe nach seinem Ermessen mildern (§ 49 Abs. 2) oder bei geringer Schuld von einer Bestrafung nach dieser Vorschrift absehen. Konnte der Täter den Irrtum nicht vermeiden und war ihm nach den ihm bekannten Umständen auch nicht zuzumuten, sich mit Rechtsbehelfen gegen die vermeintlich rechtswidrige Diensthandlung zu wehren, so ist die Tat nicht nach dieser Vorschrift strafbar; war ihm dies zuzumuten, so kann das Gericht die Strafe nach seinem Ermessen mildern (§ 49 Abs. 2) oder von einer Bestrafung nach dieser Vorschrift absehen.**

1 **1.** Die Vorschrift **schützt die rechtmäßige Betätigung des Staatswillens** als solche und auch in den zu seiner Vollstreckung berufenen Organen (hM; anders Schmid JZ 80, 56; Zielinski AK 4; Horn SK 2; krit Schulz, in: Bemmann/Manoledakis [Hrsg], Der strafrechtliche Schutz des Staates, 1987, S 71; Backes/Ransiek JuS 89, 624, alle mwN). Ihre 1. Alternative ist ein privilegierter Spezialfall der Nötigung (BT-Dr VI/502 S 3).

2 **2. Zur Vollstreckung** im Sinne des Abs 1 **berufen (Vollstrekkungsbeamter iwS)** ist jeder inländische (Hamm NJW 60, 1536; s auch 4, 9 vor § 3) Amtsträger (3–11 zu § 11) oder Soldat der Bundeswehr (Heinen NZWehrr 94, 89), dem die Verwirklichung des auf den Einzelfall konkretisierten Staatswillens übertragen ist (Schleswig bei Ernesti/Lorenzen SchlHA 83, 83). Es kommen nicht nur Polizeibeamte (Bay JR 89, 24; s jedoch Bay NJW 62, 2072), Zollbeamte (Bay 51, 374, 377) und Gerichtsvollzieher (RGSt 41, 85) in Frage, sondern uU auch Vollstreckungsbeamte der Finanzämter und gesetzlichen Versicherungsanstalten (Frankfurt NJW 72, 268), Bahnbeamte (Hamm JMBlNRW 60, 192), Richter in Ausübung der Sitzungspolizei (RGSt 15, 227), Volksschullehrer (RGSt 35, 182) usw (beachte auch § 114).

3 **3. a)** Der Vollstreckungsbeamte wird nach § 113 nur geschützt, wenn und solange er eine **Diensthandlung** vornimmt, die der Vollstreckung eines materiellen Gesetzes (also auch einer RechtsVO) oder des Staatsaktes eines Gerichts oder einer Verwaltungsbehörde dient (Vollstreckungshandlung). Sie muß stets auf die Verwirklichung des konkretisierten, dh auf einen bestimmten Fall anzuwendenden, notfalls durch Zwang durchzusetzenden Staatswillens gerichtet sein (BGHSt 25,

313; Frankfurt NJW 74, 572; Hamm NJW 74, 1831). Die Durchführung allgemeiner Verkehrskontrollen (BGH aaO mit Anm Ehlen/Meurer NJW 74, 1776 und Krause JR 75, 118) oder das Suchen nach dem Täter einer rechtswidrigen Tat (NJW 82, 2081) soll dazu ausreichen (zw). Schlichte Überwachungs- oder Ermittlungstätigkeit genügt dagegen nicht (NJW 82, 2081; s auch Hassemer JuS 74, 669 mwN), zB die Streifenfahrt von Polizeibeamten, der Streifengang im Kasernengelände (GA 83, 411), die Begleitung eines Demonstrationszuges (KG JR 88, 522), die Beobachtung von Personengruppen, von denen möglicherweise Straftaten ausgehen (KG NStZ 89, 121; zw), die nur der Information dienende Befragung von Verkehrsteilnehmern (Frankfurt NJW 73, 1806; Celle NJW 73, 2215) oder von anderen Beteiligten an polizeirechtlich erheblichen Vorgängen (Schleswig bei Ernesti/Lorenzen SchlHA 83, 84) und die nicht durchsetzbare Vernehmung des Beschuldigten.

b) Die Vollstreckungshandlung muß **unmittelbar bevorstehen** 4
(RGSt 41, 181, 183) oder schon **begonnen** haben und darf **noch nicht beendigt** sein (AG Tiergarten NJW 88, 3218 mwN). Dabei sind solche Verhaltensakte einzubeziehen, die in so engem Zusammenhang mit der jeweils ergriffenen Maßnahme stehen, daß sie nach natürlicher Auffassung als deren Bestandteil erscheinen (NJW 82, 2081; Bay MDR 88, 517, beide mwN; str); ferner kann eine in dem maßgebenden Zeitraum noch fortwirkende Tathandlung uU schon früher, jedoch nur in engem zeitlich-räumlichen Zusammenhang mit der drohenden Vollstreckungshandlung, vorgenommen sein (BGHSt 18, 133; v Bubnoff LK 12 mwN; str). – Für Angriffe vorher und nachher kommt § 240 in Frage (beachte auch 26). Auch Drohungen zur Verhinderung künftiger Vollstreckungshandlungen gehören nicht hierher, selbst wenn sie während einer anderen Vollstreckungshandlung ausgesprochen werden (Köln NJW 65, 1192).

4. a) Widerstand gegen die Vornahme der Vollstreckungshandlung 5
ist nicht lediglich passiver (zB durch Sitzstreik begangener) Ungehorsam (hM; offengelassen in BGHSt 23, 46, 51), sondern zielgerichtetes aktives Tun, das allerdings nicht erfolgreich oder auch nur tauglich sein muß (Koblenz NStE 2; v Bubnoff LK 13 a mwN). Täter kann jedermann sein, nicht nur der von der Diensthandlung Betroffene (hM; anders Sander JR 95, 491; Horn SK 16, beide mwN); das folgt aus dem Gesetzeswortlaut und wird durch die Erwägung gestützt, daß der Dritte typischerweise das Interesse des Betroffenen wahrnimmt und deshalb im Verhältnis zu ihm strafrechtlich nicht schlechter gestellt werden sollte. – **Gewalt** 5–11 zu § 240 (speziell zu § 113 BGHSt 14, 395, 398; Düsseldorf NJW 82, 1111; Bay JR 89, 24, alle mwN). Nach dem Schutzzweck der Vorschrift muß die Gewalt gegen die Person des Amtsträgers gerichtet und für ihn – unmittelbar oder mittelbar über Sachen – körperlich spürbar sein (BGHSt 18, 133; Hamm NStZ 95, 547; Düsseldorf NZV 96, 458 mit abl Anm Seier/Rohlfs; v Bubnoff LK 14; weiter

einschr Backes/Ransiek JuS 89, 624, 625; Zielinski AK 27, alle mwN; str), so daß Gewalt gegen Sachen, die den Amtsträger psychisch beeinflussen soll, ausscheidet; dagegen kann es genügen, wenn die Vollstreckungshandlung durch Schaffung eines körperlich wirkenden Hindernisses (zB Verriegeln von Türen, Düsseldorf JMBlNRW 96, 224) vereitelt oder erschwert wird. Andererseits soll es nach der Rspr ausreichen, wenn die physische Kraft schon vor Beginn der Diensthandlung zur Vorbereitung des Widerstandes entfaltet wird (BGH aaO; zw). – **Drohung** 12, 15 zu § 240; es genügt nur Drohung mit Gewalt. – Eine **teleologische Reduktion** bei nicht-kommunikativem Verhalten des Vollstreckungsbeamten (so Backes/Ransiek JuS 89, 624, 626) ist aus dem Schutzzweck des Tatbestandes nicht hinreichend begründbar.

6 **b) Tätlicher Angriff** ist die in feindseliger Willensrichtung unmittelbar auf den Körper eines anderen zielende Einwirkung ohne Rücksicht auf ihren Erfolg (RGSt 59, 264). Er muß während der Diensthandlung begangen werden, braucht sich aber nicht gegen diese zu richten (hM).

7 **5. Abs 3 S 1** schließt die Strafbarkeit der Tat nach § 113 für den Fall aus, daß die Diensthandlung **nicht rechtmäßig** ist. Die auf das 3. StrRG (6 vor § 1) zurückgehende Neufassung des § 113 beruht auf der ausdrücklich erklärten Vorstellung der Gesetzgebungsorgane, daß die Beurteilung der Rechtmäßigkeit dem sog **strafrechtlichen Rechtmäßigkeitsbegriff** (vgl 10–14) zu folgen, dh die dazu im früheren Recht von Rspr und Lehre entwickelten besonderen Grundsätze zu beachten habe (BT-Dr VI/502 S 4). Mit dieser Konzeption sollte der für den Tatbestand typische Widerstreit zwischen den Interessen des Bürgers und des Vollstreckungsbeamten auf mittlerer Linie ausgeglichen werden. Sie ist mit dem Gesetzeswortlaut vereinbar, weil sie in Anknüpfung an die historische Entwicklung zwischen den extremen Deutungsmöglichkeiten – Rechtmäßigkeit einerseits erst bei voller Übereinstimmung mit dem materiellen Verwaltungsrecht und andererseits schon bei verbindlicher verwaltungsrechtlicher Wirkung – einen vermittelnden Standpunkt einnimmt (näher Vitt ZStW 106, 581 mwN; krit zu ihrer Kompliziertheit Bergmann, Die Milderung der Strafe nach § 49 Abs. 2 StGB, 1988, S 112). Auch nur auf dieser Grundlage ist die für den Irrtum geltende Sonderregelung (Abs 4) sinnvoll anwendbar (vgl 16–22). Die im Schrifttum unternommenen Versuche, grundsätzlich anders abzugrenzen, laufen daher auf eine Korrektur der gesetzgeberischen Entscheidung hinaus (zu solchen Modellen vgl etwa Meyer NJW 72, 1845 und 73, 1074 sowie Wagner, Amtsverbrechen, 1975, S 324 und JuS 75, 224, die auf die verwaltungsrechtliche Wirksamkeit abstellen; ebenso für die Zwangsvollstreckung nach der ZPO Lüke, Kaufmann [Arth]-FS, S 565, 567, nach dem es auf die prozessuale Wirksamkeit ankommt; ferner Schünemann GA 85, 341, 366 und Coimbra-Symposium, S 149, 169; Thiele JR 75, 353 und 79, 397, Ostendorf JZ 81, 165, Amelung JuS 86, 329, 334, Roxin, Pfeiffer-FS,

S 45, Bottke JR 89, 25, Backes/Ransiek JuS 89, 624, 626, Zielinski AK 22–25 und Spendel LK 64–68 zu § 32, die mit gewissen Unterschieden die materiellen öffentlich-rechtlichen Vollstreckungsvoraussetzungen und die bei sog Anscheinsgefahr bestehenden verwaltungsprozessualen Möglichkeiten zugrundelegen; schließlich auch Reinhart StV 95, 101, der die Strafbarkeit von der [uU nachträglichen] Feststellung der materiellen und formellen Eingriffsvoraussetzungen abhängig macht). **Im einzelnen** setzt die Rechtmäßigkeit der Diensthandlung voraus:

a) Sachliche (Schleswig MDR 83, 249; Düsseldorf NJW 91, 580) **und örtliche Zuständigkeit** (BGHSt 4, 110 und 161, 164; Hamm NJW 73, 2117); allerdings kann ein Polizeibeamter auch außerhalb seines Bezirks zur Verhinderung von Straftaten zuständig sein (BGHSt 4, 110; s auch Koblenz MDR 87, 957). 8

b) Die Einhaltung **wesentlicher Förmlichkeiten** (AG Schwandorf NStZ 87, 280; krit zur Uneinheitlichkeit der Rspr Reinhart StV 95, 101), zB die Beachtung von § 759 (BGHSt 5, 93; Hamm NStZ 96, 281) und § 761 I ZPO (KG GA 75, 213), von § 105 II (Bay MDR 80, 423 mit Bespr Küper JZ 80, 633 und Thiele JR 81, 30; Stuttgart MDR 84, 249; str) und § 163 b I iVm § 163 a IV S 1 StPO (Köln StV 82, 359; Düsseldorf NJW 91, 580; str) sowie von § 56 II OWiG (Düsseldorf NJW 84, 1571). 9

c) Ein im Sinne des **strafrechtlichen Rechtmäßigkeitsbegriffs** von Inhalt und Rechtsgrundlage der Diensthandlung abhängiges Mindestmaß an sachlicher Richtigkeit (beachte auch 7). Danach gilt folgendes: 10

aa) Vollzieht der Vollstreckungsbeamte unmittelbar ein **materielles Gesetz** (auch eine RechtsVO), so hängt die Rechtmäßigkeit davon ab, ob das Gesetz die konkrete Diensthandlung zuläßt (Bay NJW 89, 1815 mit Anm Bottke JR 89, 475; Karlsruhe NStZ-RR 97, 37; nur im Ergebnis probl AG Tiergarten StV 88, 438 mit abl Bespr Geppert Jura 89, 274). Für Maßnahmen der Strafverfolgung kommt als solches Gesetz nur die StPO in Frage (NJW 62, 1020; s auch Köln NJW 82, 296); so ist zB zur Durchsetzung der Blutentnahme zwecks Feststellung des Alkoholgehalts uU zwangsweises Verbringen zum Arzt zulässig (Bay NJW 64, 459; Köln VRS 71, 183; aM Naucke SchlHA 63, 183; Geerds GA 65, 321, 331, alle mwN); dagegen ist nicht erzwingbar, daß jemand zur Prüfung der Atemluft in ein Teströhrchen bläst (VRS 39, 184; Bay NJW 63, 772). – Soweit bei der Vollziehung von Gesetzen ein unbestimmter Rechtsbegriff zu beurteilen oder dem Amtsträger ein Ermessen eingeräumt ist, genügt das verantwortungsbewußte Bemühen um Wahrung des Beurteilungs- oder Ermessensspielraums. In solchen Fällen sind fehlerhafte, dh verwaltungsrechtlich nicht gedeckte, Diensthandlungen nur dann im Sinne des § 113 rechtswidrig, wenn sie auf Sorgfaltsmängel bei der Abwägung, auf Willkür oder auf Amtsmißbrauch zurückzuführen sind (BGHSt 4, 161, 164; 21, 334, 363; Bremen NJW 77, 158 mit krit Anm Thomas NJW 77, 1072; Hirsch ZStW 82, 411,

417; Paeffgen JZ 79, 516, 520; krit Rehbinder GA 63, 33, 39; Ostendorf JZ 81, 165, 168; str). Das gilt zB bei Beurteilung des Fluchtverdachts nach § 127 II StPO (VRS 38, 115) oder der Voraussetzungen polizeilichen Einschreitens zur Gefahrenabwehr (Celle NJW 79, 57; Köln StV 82, 359; Bay JR 89, 24 mit Anm Bottke; einschr Triffterer, FS für W Mallmann, 1978, S 373; str). Entspricht umgekehrt eine Diensthandlung inhaltlich den Bedingungen ihrer Zulässigkeit, so kann das Fehlen einer sorgfältigen Abwägung allein ihre Rechtswidrigkeit nicht begründen (Küper JZ 80, 633, 636 mwN; str).

11 bb) Vollzieht der Vollstreckungsbeamte den **Staatsakt** (Urteil, Beschluß oder Verfügung) eines Gerichts oder den Verwaltungsakt (Verfügung) einer Verwaltungsbehörde, so ist nur dessen rechtliche Wirksamkeit, nicht zugleich dessen materielle Richtigkeit zu fordern (MDR 64, 71; Günther NJW 73, 309; Ostendorf JZ 81, 165, 172). Die Diensthandlung ist daher idR nur dann rechtswidrig, wenn sie selbst (unabhängig von dem Staatsakt) dem Gesetz widerspricht (Hamburg NJW 84, 2898) oder wenn der Staatsakt nichtig (also nicht nur vernichtbar) oder nicht (auch noch nicht) vollstreckbar ist (NStZ 81, 22; Rehbinder GA 63, 33, 37; zu Unrecht weiter Spendel LK 104– 111 zu § 32). Hinsichtlich der Vollstreckung nicht rechtsförmlicher Verwaltungsakte ist allerdings noch manches umstritten (vgl Ostendorf aaO S 171; eingehend Thiele JR 75, 353).

12 cc) Ein **Irrtum des Vollstreckungsbeamten über tatsächliche Voraussetzungen** der Diensthandlung, der trotz pflichtmäßiger Prüfung der Sachlage entsteht (zB wenn der Gerichtsvollzieher in die falsche Wohnung gerät, RGSt 61, 297), schließt die Rechtmäßigkeit nicht aus, sondern begründet nur die verwaltungsrechtliche Anfechtbarkeit (Bay 54, 59 und NJW 65, 1088; aM Ostendorf JZ 81, 165, 173); das gilt aber nicht, wenn dem Beamten Fahrlässigkeit (Herzberg, Stree/Wessels-FS, S 203, 206; Vitt ZStW 106, 581, 591; s auch Triffterer aaO [vgl 10]), nicht erst wenn ihm grobe Fahrlässigkeit zur Last fällt (so aber Celle NJW 71, 154; Bay JR 89, 24; v Bubnoff LK 33, alle mwN).

13 dd) Ein **Irrtum über die Grenzen der Amtsbefugnis**, der nicht lediglich den unter 10 behandelten Beurteilungs- oder Ermessensspielraum, sondern Existenz oder Reichweite eines Erlaubnissatzes betrifft, kann dagegen die Rechtmäßigkeit der Diensthandlung nicht begründen (hM; expl BGHSt 24, 125, 127; Koblenz MDR 87, 957; Paeffgen JZ 79, 516, 520; Triffterer aaO [vgl 10] S 398; anders Stratenwerth, Verantwortung und Gehorsam, 1958, S 190; v Bubnoff LK 34).

14 ee) Handelt der Vollstreckungsbeamte auf **Anordnung (auch auf Befehl) eines Vorgesetzten**, so ist die Diensthandlung rechtmäßig, wenn die Anordnung entweder ein nach außen wirksam gewordener Staatsakt (Urteil, Beschluß oder Verfügung) ist (vgl 11) oder wenn sie im Sinne der Ausführungen unter 10, 12 rechtmäßig ist; im letzten Falle gilt das jedoch nicht, wenn der Vollstreckungsbeamte erkennt, daß die Anordnung auf einem Irrtum über tatsächliche Voraussetzungen der

Diensthandlung (vgl 12) beruht (Bay DAR 65, 275; Sch/Sch-Eser 31). Die Rspr nimmt darüber hinaus an, daß auch die Ausführung einer rechtswidrigen Anordnung rechtmäßig sein kann, wenn der Untergebene zur Prüfung der Rechtmäßigkeit weder berechtigt noch verpflichtet war (BGHSt 4, 161; Karlsruhe NJW 74, 2142; KG NJW 75, 887; Köln MDR 76, 67; krit Wagner JuS 75, 224; Rostek NJW 75, 862; Thiele JR 75, 353, 357; Ostendorf JZ 81, 165, 173; Sch/Sch-Eser 31; zw). Im einzelnen ist die Rechtslage – namentlich im Hinblick auf Anordnungen und Befehle, die nach Beamtenrecht (§ 56 II BBG) oder Wehrrecht (§ 11 SoldG; § 5 I WStG) verbindlich sind – umstritten (vgl etwa Stratenwerth aaO [vgl 13] S 165; Schwenck, Dreher-FS, S 495; Amelung JuS 86, 329, 337; Schumann, Strafrechtliches Handlungsunrecht und das Prinzip der Selbstverantwortung der Anderen, 1986, S 36; Schölz/Lingens 28–32 zu § 2; Spendel LK 90–103 zu § 32).

6. **Abs 3 S 2** bestätigt den anerkannten Grundsatz, daß die irrige Annahme des Täters, die Diensthandlung sei rechtmäßig, keine Strafbarkeit begründet. Aus dieser gesetzgeberischen Ausgangslage folgt, daß **Notwehr** gegen Diensthandlungen nicht ausgeschlossen (BGHSt 4, 161, 164; Stöckel JR 67, 281; beachte auch 17 zu § 32; krit Schulz aaO [vgl 1] S 77), wohl aber auf rechtswidrige Handlungen im Sinne des § 113 beschränkt ist (LG Bonn NStZ 84, 169); denn die Bewertung einer rechtmäßigen Diensthandlung als „rechtswidriger" Angriff nach § 32 wäre widersprüchlich. Notwehr darf auch gegen widerrechtliche Begleithandlungen einer sonst rechtmäßigen Diensthandlung (der Täter wird zB bei der Festnahme grundlos geschlagen) geübt werden (Oldenburg NJW 52, 1189; Stöckel aaO S 284). 15

7. **Abs 4** enthält eine komplexe Sonderregelung, die vornehmlich den **Irrtum über die Rechtmäßigkeit** der Diensthandlung betrifft, darüber hinaus aber auch die Voraussetzungen angibt, unter denen es zumutbar ist, vermeintlich widerrechtliche Handlungen von Staatsorganen hinzunehmen. 16

a) Die Vorschrift verfolgt den **pragmatischen Zweck**, den Interessenkonflikt auszugleichen, der bei rechtmäßigen Vollstreckungshandlungen zwischen dem Schutzbedürfnis des Vollstreckungsbeamten und dem vermeintlichen Verteidigungsinteresse des irrenden Bürgers besteht. 17

aa) Ihre **dogmatische Einordnung** in den Verbrechensaufbau ist umstritten (Schünemann, Coimbra-Symposium, S 149, 170 hält sie unter keinem rechtlichen Gesichtspunkt für möglich, Abs 4 daher für verfassungswidrig): In einem Teil der Lehre wird die Rechtmäßigkeit der Diensthandlung als Tatbestandselement verstanden (sog Tatbestandslösung) und die Irrtumsregelung alsdann in unterschiedlicher Weise als problematisch behandelt (vgl etwa Naucke, Dreher-FS, S 459, 471; Zielinski AK 20; Sch/Sch-Eser 19, 20). Andere ordnen die Frage der Rechtswidrigkeitsstufe zu (sog Rechtfertigungslösung) und charakterisieren die Irrtumsregelung als Sonderform des Erlaubnistatbestands- und des Erlaubnisirrtums (Dreher, Schröder-GedSchr, S 359 und JR 84,

401; Krümpelmann ZStW Beiheft 78, 6, 54; Paeffgen JZ 79, 516, 521; s auch Niemeyer JZ 76, 314, 315; v Bubnoff LK 23; für den vergleichbaren § 22 III WStG ferner Schölz, Dreher-FS, S 479, 481). Teilweise wird im Sinne einer modifizierten Rechtfertigungslösung der Widerstand gegen jegliche Diensthandlung für rechtswidrig gehalten, sofern er die Voraussetzungen des § 32 nicht erfüllt (so Hirsch, Klug-FS, S 235, 243) oder statt der zumutbaren Wahrnehmung eines Rechtsbehelfs begangen wird (so Thiele JR 79, 397; Bergmann aaO [vgl 7] S 118; Horn SK 22); den überschießenden Inhalt des Abs 3 deuten dann Hirsch als einen der Notwehrüberschreitung (§ 33) entsprechenden Entschuldigungsgrund, Thiele, Bergmann und Horn dagegen als objektiven Strafausschließungsgrund. Daneben wird schließlich auch an der traditionellen Einordnung der Rechtmäßigkeit als einer – allerdings „modifizierten" – objektiven Bedingung der Strafbarkeit festgehalten (KG NJW 72, 781; Wessels BT 1 Rdn 622).

18 bb) Von den verschiedenen systematischen Erklärungen ist **keine ohne innere Spannung** mit den allgemeinen Regeln vereinbar. Am ehesten trifft das noch für die inhaltlich nicht ganz übereinstimmenden Rechtfertigungslösungen zu. Vor allem die Konzeptionen, die in den Unrechtstatbestand auch den Widerstand gegen rechtswidrige Diensthandlungen einbeziehen, wenn er ungeachtet zumutbarer Wahrnehmung eines Rechtsbehelfs begangen wird, sind mit dem Schuldprinzip vereinbar (Bergmann aaO [vgl 7] S 118), bieten aber noch keine überzeugende Abgrenzung zu § 32 an. Der Kern der Schwierigkeiten liegt in der singulären, kriminalpolitisch aber berechtigten Intention des Gesetzgebers, das Opferinteresse kompromißhaft in die Bewertung einzubeziehen und dem Täter gewisse Risiken aufzubürden, von denen er sonst freigestellt ist. Erkennt man – was bei der für § 113 typischen Interessenspannung bejaht werden muß (hM; anders Schünemann JA 72, 703, 707) – die Befugnis des Gesetzgebers zu einer dieser Lage angepaßten Ausnahmeregelung an, so wird damit zugleich deren mindestens partielle Unvereinbarkeit mit den allgemeinen Prinzipien vorausgesetzt. Da die Rechtfertigungslösungen die Friktion auf den kleinsten Nenner bringen und überdies den Vorstellungen des historischen Gesetzgebers am nächsten kommen, verdienen sie den Vorzug.

19 **b)** Abs 4 **geht** den allgemeinen für den Tatbestands- und den Verbotsirrtum geltenden Regeln **vor** (beachte auch 26).

20 aa) **Irrige Annahme**, die Diensthandlung sei nicht rechtmäßig, ist positiv falsche Vorstellung, nicht bloßes Fehlen einer Vorstellung (Köln VRS 71, 183; Dreher NJW 70, 1153, 1158, beide mwN). Ob sie auf der Unkenntnis tatsächlicher Umstände oder auf falscher rechtlicher Wertung beruht, ist hier – anders als beim Irrtum über einen Rechtfertigungsgrund (Horstkotte Prot 6, 310; Schölz, Dreher-FS, S 479, 488; s auch 9, 10 zu § 17) – unerheblich.

21 bb) Konnte der Täter **den Irrtum vermeiden**, so werden weder seine Schuld noch seine Strafbarkeit nach Abs 1, 2 ausgeschlossen. Die

Vermeidbarkeit des Irrtums bestimmt sich nach denselben Maßstäben wie die des Verbotsirrtums (7 zu § 17; diff Bergmann aaO [vgl 7] S 130). Zur Strafmilderung und zum Absehen von Strafe 5–7 zu § 49 (zur Ausübung des Ermessens Bergmann aaO S 133).

cc) Konnte der Täter **den Irrtum nicht vermeiden**, so werden seine Schuld und die Strafbarkeit nach Abs 1, 2 nur unter den Voraussetzungen der sog **Rechtsbehelfsklausel** ausgeschlossen. Die Vorwerfbarkeit folgt hier aus der gewaltsamen Gegenwehr trotz ausreichender Möglichkeiten zur Wahrung des Rechts durch Beschreiten des Rechtsweges. – Eine Vollstreckungshandlung zunächst widerstandslos hinzunehmen und sich mit Rechtsbehelfen gegen sie zu wehren, ist dem Täter dann nicht zuzumuten, wenn eine konkrete Interessenabwägung ergibt, daß nicht nur der Irrtum unvermeidbar, sondern auch das Wagnis des Widerstandes nicht vorwerfbar war. Das kann etwa zutreffen, wenn bei Verzicht auf Widerstand ein nicht wiedergutzumachender Schaden oder ein Zuspätkommen rechtlicher Hilfe zu befürchten wäre (BGHSt 21, 334, 366). Der Beurteilung der Zumutbarkeit sind nur die dem Täter bekannten (einschl der für möglich gehaltenen; zw) Umstände zugrunde zu legen; ein Bewertungsirrtum über die Zumutbarkeit (der Täter hält trotz Kenntnis der Sachlage die Beschränkung auf den Rechtsweg irrig für unzumutbar) ist unerheblich (v Bubnoff LK 47; aM Hirsch, Klug-FS, S 235, 252, beide mwN). – Sind diese Voraussetzungen nicht erfüllt, so bleibt die Strafbarkeit nach Abs 1, 2 unberührt. Zur Strafmilderung und zum Absehen von Strafe in diesen Fällen vgl 21. 22

8. Der **Vorsatz** (bedingter genügt) braucht mit Rücksicht auf die spezielle Irrtumsregelung des Abs 4 nur die Tatumstände des Abs 1 zu umfassen. 23

9. Zu **Abs 2** (besonders schwere Fälle) 7–21 zu § 46. 24

a) Nr 1: Waffe ist nicht im technischen Sinne zu verstehen (BT-Dr VI/502 S 5). Es genügt jedes gefährliche (dh nach Beschaffenheit und konkreter Art der Verwendung zur erheblichen Verletzung von Menschen geeignete) Werkzeug (2–5 zu § 223 a), uU auch das als Nötigungsmittel dienende Kraftfahrzeug (BGHSt 26, 176) oder der als Wurfgeschoß mitgeführte Stein (Bay JR 87, 466 mit Anm Dölling; LG Berlin NStZ 92, 37); nicht jedoch, wie sich aus dem Erfordernis der Verwendungsabsicht ergibt, die bloße Scheinwaffe, dh der ungefährliche, nur zum Einsatz als Drohmittel bestimmte Gegenstand (Tenckhoff/Arloth JuS 85, 129, 131). – Die Waffe muß von einem **am Tatort anwesenden Beteiligten** (uU auch Gehilfen) zu irgendeinem Zeitpunkt vom Beginn des Versuchs bis zur Vollendung (nach der Rspr bis zur Beendigung, 2 zu § 244) mitgeführt werden. Dabei muß der Täter entweder selbst die **Absicht** (iS zielgerichteten Wollens, 20 zu § 15) haben, sie im Bedarfsfalle (dazu Horstkotte Prot 6, 324) als unmittelbar oder mittelbar gegen Menschen (nicht nur gegen Sachen) gerichtetes Werkzeug (Bay aaO mwN; str) zu verwenden, oder um diese

Absicht eines anderen Beteiligten – auch in der Form nur bedingten Vorsatzes – wissen. Auch wenn er sich erst im Augenblick der Widerstandsleistung dazu entschließt, einen geeigneten – uU erst jetzt vorgefundenen und ergriffenen (Dölling JR 87, 467) – Gegenstand als Waffe einzusetzen, genügt das (BGHSt 26, 176, 179; Düsseldorf NJW 82, 1111 mwN).

25 **b) Nr 2: Gewalttätigkeit** 4 zu § 125. Durch sie muß der Täter vorsätzlich (BGHSt 26, 176, 244; Küper NJW 76, 543; Meyer-Gerhards JuS 76, 228, 231; Backmann MDR 76, 969, alle mwN) eine konkrete Gefahr (22 zu § 315 c) des Todes oder einer schweren Körperverletzung (2–5 zu § 224) verursacht haben (zum Gefährdungsvorsatz 28 zu § 15).

26 **10. Tateinheit** ua möglich mit § 123 (Bay JR 57, 148), § 142 (VRS 13, 135), §§ 211 ff, 223 ff, 239, 303. – Gegenüber § 240 Spezialität (VRS 35, 174; Bay JR 89, 24; aM Schmid JZ 80, 56, 58), was beim Versuch Straflosigkeit zur Folge hat (Herzberg JuS 73, 234, 238); jedoch ist auch Tateinheit möglich, wenn das Verhalten des Täters über § 113 hinausgreift, zB wenn die Anwendung des Nötigungsmittels sowohl dem Widerstand gegen eine gegenwärtige als auch der Verhinderung oder Erzwingung einer künftigen Diensthandlung dient (Bay aaO) oder wenn der Täter nicht nur mit Gewalt, sondern auch mit einem anderen Übel droht; insoweit sind die für das Verhältnis zu § 114 aF entwickelten Grundsätze weiter anwendbar (zB Celle NJW 57, 1847; Köln NJW 65, 1192). Wenn schließlich beim Widerstand das eingesetzte Nötigungsmittel nicht das für § 113, wohl aber das für eine Nötigung erforderliche Maß erreicht (keine Drohung mit Gewalt, sondern nur mit einem empfindlichen Übel), ist § 240 anwendbar; jedoch ist zur Vermeidung ungerechtfertigter Schlechterstellung § 113 III, IV zugunsten des Täters entsprechend anzuwenden und der Strafrahmen des § 240 auf den des § 113 zu reduzieren (Hirsch, Klug-FS, S 235, 242; Wessels BT 1 Rdn 618; ähnlich Dreher NJW 70, 1153, 1158; v Bubnoff LK 65; anders Backes/Ransiek JuS 89, 624, 629, Zielinski AK 5, Horn SK 23 und Sch/Sch-Eser 68, die Straflosigkeit annehmen; zw). – Über das Verhältnis zu § 241 dort 4.

§ 114 Widerstand gegen Personen, die Vollstreckungsbeamten gleichstehen

(1) **Der Diensthandlung eines Amtsträgers im Sinne des § 113 stehen Vollstreckungshandlungen von Personen gleich, die die Rechte und Pflichten eines Polizeibeamten haben oder Hilfsbeamte der Staatsanwaltschaft sind, ohne Amtsträger zu sein.**

(2) **§ 113 gilt entsprechend zum Schutz von Personen, die zur Unterstützung bei der Diensthandlung zugezogen sind.**

1 **1.** Die Vorschrift **erstreckt den Schutzbereich des § 113** auf weitere, den Vollstreckungsbeamten gleichgestellte Personengruppen.

2. Abs 1: Für die Amtsträgereigenschaft der hier genannten Personen fehlt es nur an dem öffentlich-rechtlichen Bestellungsakt (6 zu § 11). In Frage kommen vor allem die bestätigten Jagdaufseher, die Berufsjäger oder forstlich ausgebildet sind (§ 25 II S 1 BJagdG). 2

3. Abs 2: Die Hilfspersonen, die nicht selbst Amtsträger zu sein brauchen (RGSt 25, 253), müssen von einem Vollstreckungsbeamten iwS (2 zu § 113) oder einem Nichtamtsträger mit Hoheitsbefugnissen (Abs 1) bei einer Diensthandlung zugezogen, also nicht nur freiwillig eingesprungen sein. 3

§§ 115–119 *(weggefallen)*

§ 120 Gefangenenbefreiung

(1) **Wer einen Gefangenen befreit, ihn zum Entweichen verleitet oder dabei fördert, wird mit Freiheitsstrafe bis zu drei Jahren oder mit Geldstrafe bestraft.**

(2) **Ist der Täter als Amtsträger oder als für den öffentlichen Dienst besonders Verpflichteter gehalten, das Entweichen des Gefangenen zu verhindern, so ist die Strafe Freiheitsstrafe bis zu fünf Jahren oder Geldstrafe.**

(3) **Der Versuch ist strafbar.**

(4) **Einem Gefangenen im Sinne der Absätze 1 und 2 steht gleich, wer sonst auf behördliche Anordnung in einer Anstalt verwahrt wird.**

1. Die Vorschrift schützt die (inländische, 9 vor § 3) **amtliche Gewalt**, die in der Gefangenhaltung einer Person sichtbar wird (BGHSt 9, 62, 64; KG JR 80, 513; einschr Zielinski AK 3–5), nicht die Rechtspflege als solche (v Bubnoff LK 6 mwN; str). 1

2. Täter kann jeder sein, mit Ausnahme des Gefangenen selbst, für den es – vom Fall der Gefangenenmeuterei (§ 121) abgesehen – aus kriminalpolitischen Gründen an einer Strafdrohung gegen Selbstbefreiung fehlt (BGHSt 4, 396, 400). 2

3. a) Gefangener ist, wem in Ausübung von Polizei- oder Strafgewalt aufgrund des Haftrechts des Staates (Bay MDR 84, 511) die Freiheit in gesetzlich zulässiger Form, dh formal ordnungsmäßig, nicht unbedingt materiell zu Recht (hM; vgl KG JR 80, 513 mwN), und im öffentlichen Interesse entzogen ist, so daß er sich in der Gewalt einer zuständigen Behörde befindet (RGSt 73, 347; krit v Bubnoff LK 13); zB wer sich in Straf- oder Untersuchungshaft, in Auslieferungshaft (v Bubnoff LK 14 a; aM Vogler, Jescheck-FS, S 1379, 1397), in Zwangs- oder Ordnungshaft (etwa nach §§ 380, 390, 888, 890 ZPO, §§ 51, 70 StPO, §§ 177, 178 GVG) oder im Jugendarrest (§§ 16, 90 JGG) befindet, wer von einem Strafverfolgungsorgan nach § 127 StPO 3 vorläufig festgenommen ist (Bay bei Rüth DAR 82, 248) oder wer dem Gericht vorzuführen ist (RGSt 12, 163). – Im **Strafvollzug**, der durch ein Behandlungssystem mit schrittweiser Annäherung an die Verhältnisse in der Freiheit gekennzeichnet ist (vgl etwa §§ 3, 7, 15 StVollzG), besteht die – allerdings zunehmend gelockerte – amtliche Gewalt grundsätzlich bis zur Entlassung fort, erfaßt also auch die durch Lockerungsmaßnahmen (§§ 10 I, 11, 13 StVollzG) herbeigeführten freien Vollzugsformen, namentlich den offenen Vollzug, den Ausgang, den Freigang und den Urlaub (Rössner JZ 84, 1065; zw). Diese Auslegung verdient den Vorzug, weil sie einerseits einen Wertungsunterschied zum StVollzG vermeidet, andererseits aber die gebotene Begrenzung des Tatbestandes aus dem Merkmal des Befreiens ableiten kann (dazu 7). Demgegenüber hat die (nicht ganz einheitliche) hM schon den Gefangenenbegriff auf solche Vollzugsformen eingeschränkt, die mit Einschließung (geschlossener Vollzug) oder ständiger unmittelbarer Beaufsichtigung (zB Außenbeschäftigung, Ausführung) verbunden sind (v Bubnoff LK 23–23 c; einschr Kusch NStZ 85, 385, 387, beide mwN) und für Untersuchungsgefangene auch die Krankenhausunterbringung (RGSt 19, 330) und die Beobachtung im psychiatrischen Krankenhaus nach § 81 StPO einbezogen (GA 65, 205; aM Tröndle 3). Die Rspr stimmt dem zu, nimmt aber an, daß die Gefangeneneigenschaft nicht schon deshalb entfällt, weil im Rahmen des Vollzugs Möglichkeiten des Verlassens der Anstalt (Ausgang, täglicher Freigang) eingeräumt sind (BGHSt 37, 388 mit abl Anm Zielinski StV 92, 227).

4 **b) Kein Gefangener** im Sinne der Abs 1, 2 ist der in einem psychiatrischen Krankenhaus oder einer Entziehungsanstalt nach §§ 63, 64 oder nach Landesrecht Untergebrachte und der Sicherungsverwahrte nach § 66 (beachte § 121 IV). Sie sind jedoch nach **Abs 4** als sonst auf behördliche Anordnung in einer Anstalt **Verwahrte** (11 zu § 44) für den Anwendungsbereich des § 120 den Gefangenen gleichgestellt (beachte aber 2 zu § 121).

5 **c) Weder Gefangene noch Verwahrte** sind der nur zwangsweise nach § 81 a StPO zur Entnahme einer Blutprobe Verbrachte (Bay MDR 84, 511), der von einer Privatperson nach § 127 I StPO vorläufig Festgenommene (RGSt 67, 293), der Schularrestant (RGSt 39, 7) und der von einem Vormund oder Betreuer Untergebrachte (BGHSt 9, 262; v Bubnoff LK 18 mwN).

6 **4. a) Befreien** bedeutet, die amtliche Gewalt über den Gefangenen trotz bestehenden, mindestens formal wirksamen Haftrechts aufheben. Für eine Einschränkung des Begriffs auf den Haftbruch gegen oder ohne Willen des Gewahrsamshalters (so die hM zum früheren Recht; vgl etwa RGSt 34, 8) ist nach Wegfall der §§ 121, 347 aF kein Raum mehr (Siegert JZ 73, 308; Rössner JZ 84, 1065, 1069; v Bubnoff LK 26 mwN); Maßnahmen der Vollzugsbehörde sind daher nicht schon aus diesem Grunde kein Befreien (aM Zielinski StV 92, 227). Erst wenn das Haftrecht selbst, etwa durch rechtswidrige Aufhebung des Haftbe-

fehls, in Wegfall gebracht wird, ist der Schutzbereich überschritten (Krey Jura 79, 316, 322; Kusch NStZ 85, 385, 387, beide mwN).

b) Nach dem **Schutzzweck der Vorschrift** genügt nicht lediglich die Aufhebung der amtlichen Gewalt als solcher; hinzukommen muß die Überwindung von Sicherungsmaßnahmen, die in Einschließung oder in Vorkehrungen zu ständiger unmittelbarer Beaufsichtigung bestehen können (anders die hM; vgl 3); unter diesem Gesichtspunkt bildet der in BGHSt 37, 388 entschiedene Sachverhalt einen Grenzfall, weil der Gefangene Freigänger war und jedenfalls am Tage keinen Aufsichtsmaßnahmen unterlag. **6a**

c) Für den **Straf- und Maßregelvollzug** folgt daraus, daß Lockerungsmaßnahmen der Vollzugsbehörde schon deshalb kein Befreien bedeuten, weil sie die amtliche Gewalt nicht aufheben (Rössner JZ 84, 1065; str). Zur Befreiung kann es hier erst kommen, wenn der Gefangene die gewährte Lockerung mißbraucht und sich der amtlichen Gewalt entzieht (dazu 9). – Andererseits ist der Gefangene, der – etwa im offenen Vollzug, beim Freigang oder im Urlaub – keinen Sicherungs- oder Aufsichtsmaßnahmen, sondern nur der Rückkehrpflicht oder Weisungen nach § 14 StVollzG unterliegt, kein taugliches Objekt der Befreiung (nur im Ergebnis ebenso die hM); seine Einbeziehung wäre weder historisch noch sachlich zu rechtfertigen (aM Rössner aaO; offen gelassen in BGHSt 37, 388). **7**

5. a) Die **beiden anderen Begehungsformen** umschreiben die zu selbständigen Tatbeständen erhobene **Teilnahme** (Anstiftung und Beihilfe) an der als solcher nicht mit Strafe bedrohten Selbstbefreiung (Siegert JZ 73, 308, 309). Das Gesetz stellt sie, nicht zuletzt wegen der fließenden Übergänge zwischen den verschiedenen Beteiligungsformen, in der Unrechtsbewertung dem Befreien gleich; das mag für die Strafbarkeit der erfolglosen Anstiftung, für den Ausschluß der Strafmilderung bei der Beihilfe und für den Beginn des Versuchsstadiums zu gewissen Spannungen führen (Siegert aaO S 309), ist aber als gesetzgeberische Entscheidung hinzunehmen (aM Tenckhoff/Arloth JuS 85, 129, 134; v Bubnoff LK 31; zw). **8**

b) Die Anordnung von **Vollzugslockerungen** (vgl 7) kann objektiv eine Förderung der Selbstbefreiung bedeuten, weil die Ausführung der Maßnahme uU das Entweichen erleichtert; sie ist aber nur tatbestandsmäßig, wenn der mindestens bedingte Vorsatz auch das Entweichen umfaßt (einschr Rössner JZ 84, 1065, 1070). Rechtmäßig ist sie nicht schon deshalb, weil sie als Verwaltungsakt nach außen wirksam ist; sie ist jedoch gerechtfertigt, wenn sie sich im Rahmen der für sie geltenden vollzugsrechtlichen Vorschriften hält, namentlich den verwaltungsrechtlich anerkannten Beurteilungs- und Ermessensspielraum nicht überschreitet (Rössner aaO S 1068 mwN; beachte auch Schaffstein, Lackner-FS, S 795; grundsätzlich abw Kusch NStZ 85, 385, 387; str); eine Inhaltskontrolle der Lockerungsmaßnahmen steht dem Strafrichter nicht zu (Rössner aaO). **9**

10 **6.** Befreien und Fördern des Entweichens können auch durch **unechtes Unterlassen in Garantenstellung** (6 zu § 13) begangen werden (Sturm JZ 75, 6, 8), zB dadurch, daß ein Beamter oder sonst mit der Beaufsichtigung Beauftragter einen Gefangenen entweichen läßt.

11 **7.** Nach unzutreffender Ansicht der Rspr zum früheren Recht soll strafbare **Teilnahme** auch des Gefangenen selbst an seiner eigenen Befreiung (Abs 1) möglich sein (BGHSt 4, 396, 400; ebenso Tröndle 9). Damit wird der mit der Straflosigkeit der Selbstbefreiung verfolgte Zweck weitgehend vereitelt (hM; vgl v Bubnoff LK 35 mwN; s auch Schmidhäuser, Form und Gehalt der Strafgesetze, 1988, S 18; Schneider, Grund und Grenzen des strafrechtlichen Selbstbegünstigungsprinzips auf der Basis eines generalpräventivfunktionalen Schuldmodells, 1991, S 187; zusf Herrlein/Werner JA 94, 561); deshalb erkannte auch die Rspr zu § 120 aF an, daß die Vorschrift in allen Beteiligungsformen unanwendbar war, wenn gemeinschaftlich fliehende Gefangene sich gegenseitig nur die für die eigene Selbstbefreiung für erforderlich gehaltene Hilfe leisteten (BGHSt 17, 369; beachte auch 16 zu § 258).

12 **8. Abs 2** sieht eine **Strafschärfung** für Amtsträger und für den öffentlichen Dienst besonders Verpflichtete (3–11, 13–17 zu § 11) vor (beachte auch § 48 I, II WStG). Begeht der Täter ungeachtet seiner Pflichtenstellung die Tat durch positives Tun, so ist bei der Strafzumessung vom Rahmen des Abs 2 auszugehen. Begeht er die Tat durch Unterlassen, so ist ebenfalls nicht auf Abs 1 zurückzugreifen, sondern nur § 13 II (fakultative Milderung nach Abs 2) anwendbar (hM; anders Siegert JZ 73, 308, 310; Zielinski AK 31 mwN).

13 **9. Tateinheit** ua möglich mit §§ 212, 223, 303, aber auch mit §§ 113, 258, 258 a (hM; einschr Zielinski AK 38: regelmäßig Gesetzeskonkurrenz). § 258 VI gilt für Gefangenenbefreiung nicht (RGSt 57, 301).

§ 121 Gefangenenmeuterei

(1) **Gefangene, die sich zusammenrotten und mit vereinten Kräften**

1. **einen Anstaltsbeamten, einen anderen Amtsträger oder einen mit ihrer Beaufsichtigung, Betreuung oder Untersuchung Beauftragten nötigen (§ 240) oder tätlich angreifen,**
2. **gewaltsam ausbrechen oder**
3. **gewaltsam einem von ihnen oder einem anderen Gefangenen zum Ausbruch verhelfen,**

werden mit Freiheitsstrafe von drei Monaten bis zu fünf Jahren bestraft.

(2) **Der Versuch ist strafbar.**

(3) **In besonders schweren Fällen wird die Meuterei mit Freiheitsstrafe von sechs Monaten bis zu zehn Jahren bestraft. Ein be-**

sonders schwerer Fall liegt in der Regel vor, wenn der Täter oder ein anderer Beteiligter

1. **eine Schußwaffe bei sich führt,**
2. **eine andere Waffe bei sich führt, um diese bei der Tat zu verwenden, oder**
3. **durch eine Gewalttätigkeit einen anderen in die Gefahr des Todes oder einer schweren Körperverletzung (§ 224) bringt.**

(4) **Gefangener im Sinne der Absätze 1 bis 3 ist auch, wer in der Sicherungsverwahrung untergebracht ist.**

1. Dem Tatbestand der **Gefangenenmeuterei** liegen die **Schutzgüte** der §§ 120 (dort 1) und 113 (dort 1) zugrunde. 1

2. **Täter** können nur Gefangene sein, zu denen nach Abs 4 auch Sicherungsverwahrte (§ 66), aber nicht die nach §§ 63, 64 Untergebrachten gehören (4 zu § 120). Außenstehende kommen nur als Teilnehmer in Frage; da jedoch die Eigenschaft als Gefangener nur die Positionsnähe zum Rechtsgut charakterisiert, ist § 28 I (dort 6) nicht anwendbar (Blauth, Handeln für einen anderen nach geltendem und kommendem Strafrecht, 1968, S 77, 107; Roxin LK 67 zu § 28). 2

3. **Zusammenrotten** ist das räumliche Zusammentreten oder Zusammenhalten von mindestens zwei Gefangenen (BGHSt 20, 305) zu einem gemeinschaftlichen, im Sinne des Abs 1 gewaltsamen oder bedrohlichen Zweck, wobei der die Rotte beherrschende friedensstörende Wille äußerlich erkennbar in Erscheinung treten muß (NJW 54, 1694); beim Zusammenrotten von nur zwei Gefangenen genügt allerdings nicht, wenn einer lediglich zum Schein mitmacht (Hamm JZ 53, 342). 3

4. **Mit vereinten Kräften** erfordert keine Mittäterschaft und daher auch kein gemeinschaftliches Handeln der Rotte im ganzen. Es genügt, wenn die Tathandlung der psychischen Grundhaltung der Rotte oder einer Gruppe in der Rotte entspricht und nur von einzelnen, die vom Gemeinschaftswillen getragen sind, verübt wird (RGSt 30, 391; krit Ott NJW 69, 454, 457), nicht jedoch, wenn nur einer handelt, während die nicht anwesenden anderen den Plan nur gebilligt haben (RGSt 54, 313). 4

5. **a)** In **Abs 1 Nr 1** kommen neben den Anstaltsbeamten als **andere Amtsträger** (3–11 zu § 11) namentlich der Haftrichter und der StA und als **mit der Beaufsichtigung, Betreuung oder Untersuchung Beauftragte** (soweit sie nicht schon Amtsträger sind) Unternehmer, die Gefangene beschäftigen, Ärzte, Krankenwärter usw in Frage. – **Nötigen** (4 zu § 240), das den Fall des Widerstandleistens im Sinne von § 113 I einschließt (BT-Dr 7/550 S 220), setzt die Anwendung der in § 240 vorausgesetzten Mittel der Gewalt oder Drohung mit einem empfindlichen Übel voraus (dort 5–15). **Tätlich angreifen** 6 zu § 113 (einschr Zielinski AK 12). 5

6 **b) Abs 1 Nr 2, 3** ist für den **Ausbruch** und das Verhelfen dazu praktisch bedeutsam nur, wenn die Tat nicht durch Nötigung im Sinne der Nr 1 begangen wird (hM; anders v Bubnoff LK 32 mwN). Zu denken ist daher vornehmlich an Gewalt gegen sachliche Verwahrungseinrichtungen, zB Durchschneiden von Drähten oder Erbrechen einer Kammer zum Beschaffen von Zivilkleidern (zum früheren Recht zB Hamburg JZ 51, 656; Bay GA 66, 280). Die Benutzung falscher Schlüssel genügt allein nicht (BGHSt 16, 34). Die Gefangenen müssen bei Ausführung des Ausbruchs (nicht lediglich vorher) zusammengerottet sein.

7 **6.** Die Tat ist erst **vollendet**, wenn der Nötigungserfolg (26 zu § 240) eingetreten (v Bubnoff LK 28; Zielinski AK 11; aM Horn SK 8; Sch/Sch-Eser 8, alle mwN) oder der Ausbruch gelungen ist (bei Dallinger MDR 75, 542).

8 **7.** Zu **Abs 3** (besonders schwere Fälle) 7–21 zu § 46 (beachte auch NStZ 95, 339 mit Anm Wolters). – **Nr 1**: 3 zu § 244. – **Nr 2**: 24 zu § 113. – **Nr 3**: 25 zu § 113.

9 **8.** Die Nummern 1–3 des Abs 1, deren Anwendungsbereich sich weit überschneidet, von denen aber keine gegenüber der anderen die speziellere ist (25 vor § 52; aM v Bubnoff LK 48) sind nur **verschiedene Begehungsformen** desselben Delikts (3 zu § 52), deren Zusammentreffen keine Konkurrenz begründet (Sch/Sch-Eser 23; aM Tröndle 20). Abs 1 Nr 3 ist ein qualifizierter Fall des § 120 I, so daß dieser zurücktritt. Gegenüber den §§ 113, 240 geht Abs 1 als der speziellere Tatbestand vor (hM). Mit §§ 211 ff, 223 ff ist Tateinheit möglich; ebenso mit § 303 (hM; anders Tröndle 20 mwN).

§§ 122–122 b *(weggefallen)*

7. Abschnitt. Straftaten gegen die öffentliche Ordnung

§ 123 Hausfriedensbruch

(1) **Wer in die Wohnung, in die Geschäftsräume oder in das befriedete Besitztum eines anderen oder in abgeschlossene Räume, welche zum öffentlichen Dienst oder Verkehr bestimmt sind, widerrechtlich eindringt, oder wer, wenn er ohne Befugnis darin verweilt, auf die Aufforderung des Berechtigten sich nicht entfernt, wird mit Freiheitsstrafe bis zu einem Jahr oder mit Geldstrafe bestraft.**

(2) **Die Tat wird nur auf Antrag verfolgt.**

1 **1. a)** Die Vorschrift **schützt das Hausrecht,** nicht die öffentliche Ordnung oder den öffentlichen Frieden (1 zu § 126). **Hausrecht** ist das Interesse an ungestörter Betätigung des eigenen Willens in der Wohnung oder den übrigen Schutzbereichen unter dem Aspekt, nicht durch

die Anwesenheit Unbefugter gestört zu werden (hM; vgl Sch-Sch-Lenckner 1 mwN; krit Amelung ZStW 98, 355, der „physisch gesicherte Territorialität“ als geschütztes Rechtsgut ansieht; ähnlich Engeln, Das Hausrecht und die Berechtigung zu seiner Ausübung, 1989, S 26; aM Artkämper, Hausbesetzer · Hausbesitzer · Hausfriedensbruch, 1995, S 90: die Freiheit des Besitzes); demgegenüber nimmt eine Mindermeinung (differenzierende Betrachtungsweise) aufgrund soziologischer Analyse je nach der Art der Schutzräume eine Mehrheit von Rechtsgütern an (Schall, Die Schutzfunktionen der Strafbestimmung gegen den Hausfriedensbruch, 1974; s auch Amelung/Schall JuS 75, 565; Schall NStZ 83, 241; Ostendorf AK 4–11; Rudolphi SK 1–7).

b) Der **Inhaber des Hausrechts** braucht nicht Eigentümer oder unmittelbarer Besitzer des Raumes zu sein (RGSt 57, 139); es genügt, wenn ihm die Befugnis zusteht, über Zugang und Aufenthalt in dem Raum zu bestimmen, und wenn er insoweit ein stärkeres Recht als der Störer hat. Deshalb kann zB auch der Vermieter die Tat gegenüber dem Mieter begehen (RGSt 15, 391). Bei vermieteten Wohnräumen steht das Hausrecht idR dem Mieter zu (zu Ausnahmen, bei denen die Rspr zT sehr weit geht, Hamm GA 61, 181; Braunschweig NJW 66, 263; Bernsmann Jura 81, 337, 342; Seier JA 82, 232, 236; s auch 10). Bei gemeinschaftlichem Hausrecht mehrerer, zB von Ehegatten in der ehelichen Wohnung, muß die von einem Mitberechtigten gestattete Anwesenheit Dritter von dem anderen nur im Rahmen des Zumutbaren geduldet werden (Hamm NJW 55, 761 und 65, 2067; krit Bernsmann aaO S 344; Amelung, Die Einwilligung in die Beeinträchtigung eines Grundrechtsgutes, 1981, S 59; Ostendorf AK 36, alle mwN). Ausdrückliche oder stillschweigende Delegierung des Hausrechts ist möglich (Schäfer LK 61, 62). Im ganzen hängt es von den Umständen ab, wer im Einzelfall zur Ausübung des Hausrechts befugt ist (eingehend dazu Engeln aaO [vgl 1] S 102). 2

2. a) **Wohnung** ist der Inbegriff der Räume, die einer oder mehreren Personen, namentlich einer Familie, zur Unterkunft dienen oder zur Benutzung freistehen (RGSt 12, 132); je nach den Umständen kommen auch Einzelräume (hM), Obdachlosenunterkünfte (Köln NJW 66, 265; Bremen NJW 66, 1766) und Campingzelte in Frage. Der **Geschäftsraum** muß dazu bestimmt sein, für eine gewisse Dauer zum Betrieb von Geschäften irgendwelcher, also nicht notwendig erwerbswirtschaftlicher (Köln NJW 82, 2740 mit abl Anm Bernsmann StV 82, 578), Art zu dienen (RGSt 32, 371). **Beide** können sich in einem Schiff (RGSt 13, 312) oder Wohnwagen befinden. Sie schließen auch außerhalb des Wohn- oder Geschäftsbereichs liegende, ihnen aber für jedermann erkennbar räumlich-funktional zugeordnete **Nebenräume** ein (Schäfer LK 9 mwN). – **Befriedetes Besitztum** ist ein in äußerlich erkennbarer Weise gegen Betreten durch zusammenhängende, nicht notwendig ganz lückenlose, Schutzwehren gesichertes (Köln NJW 82, 2674 mwN) bebautes oder unbebautes Grundstück (Küper BT S 62), 3

nicht lediglich ein beweglicher Gegenstand (RGSt 32, 371; aM Schweizer GA 68, 81). Funktion und Zweckbestimmung des Besitztums sind nach hM, die sich auf historische Auslegung und auf eine teleologisch gebotene Formalisierung des geschützten Rechtsgutes stützt, unerheblich (Hamm NJW 82, 1824; Amelung NJW 86, 2075, 2079, beide mwN). Danach kommen als Schutzobjekte ua auch in Frage: Auf Dauer leerstehende Gebäude bei **Hausbesetzungen** (Hamm NJW 82, 2676; Köln aaO mit Anm Degenhart JR 84, 30; Stuttgart NStZ 83, 123; AG Wiesbaden NJW 91, 188; Schall NStZ 83, 241; eingehend Artkämper aaO [vgl 1] S 99, alle mwN; str), ferner Lagerplätze, Friedhöfe (RGSt 36, 395) und Geländeabschnitte, die für eine Veranstaltung abgesperrt sind (Celle NdsRpfl 76, 40; beachte jedoch LG Lübeck StV 89, 157). Landesrechtliche Ersatzvorschriften für den weggefallenen § 368 Nr 9 (unbefugtes Betreten von Äckern, Wiesen und Weiden) gehen dem § 123 vor (Art 4 V EGStGB). Wird ein privates Besitztum dem öffentlichen Verkehr gewidmet, so tritt mit den Rechten aus dem Eigentum auch das Hausrecht insoweit zurück, als es mit der öffentlichen Zweckbindung unvereinbar ist (Karlsruhe MDR 79, 73 mwN). – Sog **Zubehörflächen,** dh selbst nicht abgeschlossene, aber für jedermann erkennbar mit geschützten Räumen örtlich und funktional eng verbundene Grundstücksflächen (Höfe, Vorgärten, Kaufhauspassagen usw), sind auch bei Fehlen besonderer Schutzwehren „befriedet“ und daher in den Schutzbereich einbezogen (Bay MDR 69, 778; Oldenburg NJW 85, 1352 mit zT abl Bespr Bloy JR 86, 80, Amelung JZ 86, 247, Behm JuS 87, 950 und Müller-Christmann JuS 87, 19; krit Volk JR 81, 167; Amelung NJW 86, 2075, 2079, alle mwN; zw); die werkseigene Zufahrtsstraße zum Haupttor eines Kernkraftwerks ist keine Zubehörfläche (Bay NJW 95, 269). – Für **Betriebsbesetzungen** im Rahmen von Streikmaßnahmen gelten keine Besonderheiten; sie werden erfaßt, soweit die Betriebsräume und -grundstücke in den Schutzbereich des Abs 1 fallen (vgl auch 6).

4 b) **Abgeschlossene,** dh baulich abgegrenzte, Räume sind **zum öffentlichen Dienst bestimmt,** wenn in ihnen Tätigkeiten aufgrund öffentlichrechtlicher Vorschriften ausgeübt werden, zB Behördenräume, aber auch Schulen, Universitäten, Wahllokale und in öffentlichrechtlicher Form betriebene kommunale Tiefgaragen (Bay NJW 86, 2065 mit abl Bespr Allgaier MDR 87, 723; zw); auch hier sind Zubehörflächen (vgl 3) einbezogen (aM Oldenburg JR 81, 166 mit abl Anm Volk). **Zum öffentlichen Verkehr bestimmt** sind Räume, die dem Personen- oder Gütertransportverkehr dienen und allgemein zugänglich sind, zB Bahnabteile, Straßenbahnwagen, Flugzeuge, Wartesäle und Bahnhofshallen (Bremen NJW 62, 1453; Celle MDR 66, 944; Bay aaO; Köln NStE 6).

5 **3. a) Eindringen** setzt voraus, daß der Körper des Täters mindestens zum Teil (zB Stellen des Fußes in die Wohnungstür, bei Dallinger MDR 55, 144) in den Raum gebracht wird, und zwar gegen den er-

kennbaren oder zu vermutenden Willen (nach aM auch: ohne den Willen) des Hausrechtsinhabers (bei Dallinger MDR 68, 551; Bay JR 69, 466; zusf zu dem Meinungsstreit über das Willenselement Seier JA 78, 622; Bernsmann Jura 81, 337, 341; Bohnert GA 83, 1; Geppert Jura 89, 378, 379; grundsätzlich abw Schild NStZ 86, 346, alle mwN). Wer das Einverständnis des Berechtigten ohne nötigende Einwirkung erschleicht, dringt nicht ein (Ostendorf JuS 80, 664; Amelung aaO [vgl 2] S 59; Hellmann JuS 96, 522; aM München NJW 72, 2275; Rudolphi SK 18, alle mwN); dies gilt auch für Verdeckte Ermittler (§ 110 a StPO), selbst wenn sie prozeßordnungswidrig (§ 110c I S 2 StPO) ein Zutrittsrecht vortäuschen (Sch/Sch-Lenckner 22 mwN; str); anders jedoch, wenn der Täter ein ihm gegenüber bestehendes Hausverbot durch Täuschung vereitelt (Sch/Sch-Lenckner 22, 24; aM Schild aaO). Begehung der Tat durch unechtes Unterlassen ist trotz der 2. Alternative des Abs 1 nach den allgemeinen Regeln möglich (BGHSt 21, 224; Janiszewski JA 85, 570; einschr Bernsmann aaO S 404; Geppert aaO S 382; aM Herzberg/Hardtung JuS 94, 492, alle mwN; zw).

b) Die **Widerrechtlichkeit** des Eindringens fehlt bei Vorliegen eines Rechtfertigungsgrundes, uU auch des rechtfertigenden Notstandes (probl München NJW 72, 2275 mit krit Bespr Otto NJW 73, 667, Amelung/Schall JuS 75, 565 und Grebing GA 79, 81, 99) und überhaupt bei öffentlich- oder privatrechtlichen Berechtigungen, die dem Hausrecht vorgehen (zB Verhaftung, Durchsuchung usw). Betriebsbesetzungen (vgl 3) sind danach – mindestens idR – widerrechtlich, weil der Arbeitsvertrag meist keine Berechtigung zum Betreten der Arbeitsstätte zu anderen Zwecken als zur Arbeit einräumt und auch das Streikrecht keine entsprechende Befugnis begründet (Rudolphi RdA 87, 160; aM Ostendorf, Kriminalisierung des Streikrechts, 1987, S 43, beide mwN). Auch Hausbesetzungen sind grundsätzlich weder verfassungsrechtlich noch einfachgesetzlich gerechtfertigt (Artkämper aaO [vgl 1] S 212, der jedoch eine Entschuldigung symbolischer Regelverletzungen befürwortet, S 248). – Auf die Berechtigung des mit dem Eindringen verfolgten Zwecks kommt es unmittelbar nicht an; jedoch ist der rechtswidrige Zweck regelmäßig ein Indiz für den entgegenstehenden Willen (bei Dallinger MDR 68, 551). 6

c) Für die Annahme widerrechtlichen Eindringens gelten folgende **Einschränkungen:** 7

aa) Bei Räumen, die dem **allgemeinen Publikumsverkehr offenstehen** (zB Warenhäuser, Banken, Gaststätten, Sportstadien), bildet die Verfolgung eines rechtswidrigen Zwecks – zB beim Betreten eines Raumes zur Begehung von Raub oder Diebstahl – jedenfalls dann kein Indiz für den entgegenstehenden Willen des Hausrechtsinhabers, wenn das äußere Verhalten des Eintretenden den Rahmen der Zutrittserlaubnis nicht überschreitet (Düsseldorf NJW 82, 2678; Geppert Jura 89, 378, 381; Lagodny Jura 92, 659, 660; zT abw Seier JA 78, 622, 633; Bernsmann Jura 81, 403, 407; Bohnert GA 83, 1, 16; Steinmetz JuS 85,

94, alle mwN). Eine **generell** erteilte Eintrittserlaubnis kann zB bestimmte Personengruppen ausschließen, doch muß der Ausschlußwille deutlich zum Ausdruck gebracht werden (Sch/Sch-Lenckner 23 mwN); daran fehlt es bei der „höflichen Bitte“ an Kunden zur Abgabe mitgeführter Taschen (BGHZ 124, 39 mit Bespr v Westphalen NJW 94, 367; Kohl LM 3 zu § 229 BGB und Christensen JuS 96, 873). Zum Fall der vorübergehenden Öffnung geschützter Räume für den allgemeinen Publikumsverkehr (zB Tag der „Offenen Tür“) Zweibrücken NStZ 85, 456 mit krit Anm Amelung (s auch Offermann JA 86, 51).

8 bb) In **öffentlichen Dienst- und Verkehrsräumen** kann es schon am Eindringen fehlen, wenn die Räume einer Mehrzahl von Personen, darunter auch dem Eintretenden, dienen und dieser als Interner nur innerdienstliches Ordnungsrecht verletzt (LG Lüneburg NJW 77, 1882; Sch/Sch-Lenckner 15 mwN). Außerdem unterliegt die Befugnis des Hausrechtsinhabers, einzelnen Personen den Zutritt zu verbieten (zB durch Haus- oder Bahnhofsverbot), aufgrund der öffentlichrechtlichen Zweckbestimmung der Räume Einschränkungen (zB beim Bahnhofsverbot durch die Beförderungspflicht nach § 3 Eisenbahnverkehrsordnung aF [neu: § 10 Allgemeines Eisenbahngesetz], Köln NStE 6). Ob solche Verbote privatrechtlichen, öffentlichrechtlichen oder je nach dem Verbotsanlaß unterschiedlichen Charakter haben (vgl etwa NJW 67, 1911; BVerwGE 35, 103; Bay NJW 77, 261 mit Anm Stürner JZ 77, 312; zusf Zeiler DVBl 81, 1000; Schäfer LK 37–45) und wie die Zulässigkeitsgrenzen im einzelnen zu ziehen sind, ist umstritten (Ipsen/Koch JuS 92, 809, 813); die Beurteilung hängt auch von den jeweils betroffenen Dienstbereichen (zB Schulen, Bahnhöfe, Kasernen, Gerichtssäle), von etwaigen, den Zutritt regelnden Vorschriften (zB Öffentlichkeit von Verhandlungen, Sitzungspolizei, BGHSt 30, 350 mwN), von der Zugehörigkeit des Täters zu den geschützten Bereichen (zB Störungen durch Studenten in Universitätsräumen) und von zahlreichen weiteren Umständen ab (vgl zB NJW 82, 189; Hamburg NJW 78, 2520; Karlsruhe JR 80, 342 mit Anm Schwabe; Bay NVwZ 90, 899; zusf Bernsmann Jura 81, 465, 466). Ist ein Zutrittsverbot (zB Haus- oder Bahnhofsverbot) durch **Verwaltungsakt** erlassen, so kommt es auf dessen Vollziehbarkeit, für die eine Möglichkeit hemmender Rechtsbehelfe nicht mehr besteht (BGHSt 23, 86, 91; Hamm MDR 79, 516), nicht auf seine Bestandskraft an (NJW 82, 189 mit Anm Dingeldey NStZ 82, 160; Oehler JR 81, 33; Schäfer LK 46, 47; aM Arnhold JZ 77, 789; Bernsmann aaO S 469; Ostendorf JZ 81, 165, 170, 173; Rudolphi SK 35 a; Sch/Sch-Lenckner 20; s auch 8, 9 zu § 325; zw).

9 **4. a) Verweilen** ist Fortsetzung des Aufenthalts in dem geschützten Raum. – Einmalige (auch schlüssig zum Ausdruck gebrachte) **Aufforderung** zum Verlassen genügt (RGSt 5, 109). Zu ihr berechtigt sind der Inhaber des Hausrechts (vgl 2) sowie seine rechtlichen oder tatsächlichen Vertreter, zB Angehörige (uU auch minderjährige, BGHSt 21,

224; str), Hausangestellte (RGSt 12, 132) und Polizeibeamte (Schleswig SchlHA 73, 183). – Das **Sich-nicht-Entfernen** ist echtes Unterlassen; objektive oder subjektive Unmöglichkeit des Weggehens schließt daher den Tatbestand aus (RGSt 75, 355, 358; 5 zu § 13).

b) Ohne Befugnis entspricht der Widerrechtlichkeit beim Eindringen (vgl 6). – Die Grundrechte der Art 5, 8 GG gewähren auch an allgemein zugänglichen Orten (zB Universitäten, Bibliotheken, Bahnhofshallen, Wartesälen) keine Befugnis zum Verweilen; diese kann vor allem nicht auf die Rspr über die Wechselwirkung zwischen den Grundrechten des Art 5 GG und den diese beschränkenden allgemeinen Gesetzen (BVerfGE 7, 198) gestützt werden (Tiedemann JZ 69, 717, 725; aM Maul JR 70, 81, 85). – Das Erlöschen vertraglicher Berechtigung macht das Verweilen regelmäßig, aber nicht notwendig unbefugt; so nicht beim Mieter, der im allgemeinen (beachte jedoch Düsseldorf NJW 91, 186 mit Anm Dölling JR 92, 167) das Hausrecht nicht schon mit dem Ende des Mietverhältnisses verliert (hM; vgl RGSt 36, 322). 10

5. Der **Vorsatz** (bedingter genügt) erfordert namentlich das Bewußtsein, gegen den Willen des Berechtigten zu handeln, nicht aber die Absicht, den Hausfrieden zu brechen (RGSt 13, 312). – Da die **Widerrechtlichkeit** des Eindringens und das Fehlen der Befugnis zum Verweilen allgemeine Verbrechensmerkmale sind (str), ist die irrige Annahme einer nicht aus dem Willen des Hausrechtsinhabers abgeleiteten Berechtigung je nach den Umständen als Verbotsirrtum (2–8 zu § 17) oder als Erlaubnistatbestandsirrtum (9–16 zu § 17) zu behandeln (Hamburg NJW 77, 1831 mit krit Anm Gössel JR 78, 292; Hamburg NJW 80, 1007; str). 11

6. Der Hausfriedensbruch ist **kein eigenhändiges Delikt** (3 zu § 25), so daß die allgemeinen Regeln über Mittäterschaft und mittelbare Täterschaft anwendbar sind (hM; anders Herzberg ZStW 82, 896, 927; zusf Mewes Jura 91, 628; s auch Emde Jura 92, 275; Fincke Jura 92, 387). 12

7. Das Verweilen ohne Befugnis ist gegenüber dem widerrechtlichen Eindringen **subsidiär** (BGHSt 21, 225; str). – Zu Taten, die notwendig oder idR durch Hausfriedensbruch begangen werden (zB § 243 Nr 1), steht § 123 in **Gesetzeseinheit** (Spezialität, Konsumtion, 25, 27 vor § 52). – Da der Hausfriedensbruch **Dauerstraftat** ist, können die während des rechtswidrigen Zustandes begangenen Taten in Tateinheit stehen; meist wird jedoch Tatmehrheit vorliegen (7 zu § 52; Bay JR 57, 148; zusf Seier JA 78, 622; Geppert Jura 89, 378, 382). 13

8. Strafantrag §§ 77 bis 77 d; Verletzter ist der Inhaber des Hausrechts (Düsseldorf StV 82, 228). Privatklage, Sühneversuch §§ 374 I Nr 1, 380 StPO. 14

§ 124 Schwerer Hausfriedensbruch

Wenn sich eine Menschenmenge öffentlich zusammenrottet und in der Absicht, Gewalttätigkeiten gegen Personen oder Sachen mit vereinten Kräften zu begehen, in die Wohnung, in die Geschäftsräume oder in das befriedete Besitztum eines anderen oder in abgeschlossene Räume, welche zum öffentlichen Dienst bestimmt sind, widerrechtlich eindringt, so wird jeder, welcher an diesen Handlungen teilnimmt, mit Freiheitsstrafe bis zu zwei Jahren oder mit Geldstrafe bestraft.

1 **1.** Die Vorschrift **schützt das Hausrecht,** daneben auch den öffentlichen Frieden (1 zu § 126).

2 **2. Menschenmenge** 3 zu § 125. **Zusammenrotten** 3 zu § 121; die Zusammenrottung der Menschenmenge ist **öffentlich,** wenn die (konkrete, Tiedemann JZ 68, 761, 767) Möglichkeit der Beteiligung für eine unbestimmte Zahl von Personen besteht (NJW 53, 1031). – **Wohnung,** Geschäftsraum usw 3, 4 zu § 123; die Angegriffenen brauchen sich nicht in den geschützten Räumen aufzuhalten (RGSt 53, 64; Schäfer LK 16; aM Sch/Sch-Lenckner 13, beide mwN, zw). – **Widerrechtliches Eindringen** 5–8 zu § 123; es genügt, wenn einzelne Beteiligte, getragen vom Willen der Zusammenrottung, in einer Zahl eindringen, daß sich unter ihnen massenpsychologische Phänomene unkontrollierter Reaktionen entwickeln können (Schäfer LK 8 mwN; str).

3 **3. Teilnehmen** muß der Täter sowohl an der Zusammenrottung wie an dem widerrechtlichen Eindringen. Das setzt voraus, daß er

a) sich der Rotte in Kenntnis ihres gewalttätigen oder bedrohlichen Zwecks (von vornherein oder erst später, bei Dallinger MDR 68, 895) selbst anschließt oder in ihr verbleibt und durch sein körperliches Dabeisein die von der Zusammenrottung ausgehende Gefahr steigert (NJW 54, 1694) und

4 **b)** sich auch dem Eindringen der Menge räumlich anschließt (RGSt 51, 422); dabei genügt es, wenn ihm das Eindringen anderer nach den für die Mittäterschaft geltenden Grundsätzen (9–18 zu § 25), nicht jedoch als bloße Teilnahme zugerechnet werden kann (RGSt 55, 35; Sch/Sch-Lenckner 19 mwN; str).

5 **4.** Bedingter **Vorsatz** genügt. – Die **Absicht** zur Begehung von Gewalttätigkeiten (4 zu § 125) braucht nicht der Täter selbst zu haben; es genügt, wenn diese Absicht anderer Teilnehmer von seinem Vorsatz umfaßt wird (Schäfer LK 19–21; einschr Sch/Sch-Lenckner 20, beide mwN; str). Abweichend von § 125 (dort 2) ist auch unerheblich, ob die Gewalttätigkeiten wirklich verübt werden. **Mit vereinten Kräften** 4 zu § 121.

6 **5. Tateinheit** möglich namentlich mit § 125.

§ 125 Landfriedensbruch

(1) **Wer sich an**

1. Gewalttätigkeiten gegen Menschen oder Sachen oder

2. Bedrohungen von Menschen mit einer Gewalttätigkeit,

die aus einer Menschenmenge in einer die öffentliche Sicherheit gefährdenden Weise mit vereinten Kräften begangen werden, als Täter oder Teilnehmer beteiligt oder wer auf die Menschenmenge einwirkt, um ihre Bereitschaft zu solchen Handlungen zu fördern, wird mit Freiheitsstrafe bis zu drei Jahren oder mit Geldstrafe bestraft, wenn die Tat nicht in anderen Vorschriften mit schwererer Strafe bedroht ist.

(2) **Soweit die in Absatz 1 Nr. 1, 2 bezeichneten Handlungen in § 113 mit Strafe bedroht sind, gilt § 113 Abs. 3, 4 sinngemäß.**

Fassung: Das 1. StGB/VersGÄndG (10 vor § 1) hatte die Tatbestände des Landfriedensbruchs idF des 3. StrRG (6 vor § 1) so erweitert, daß strafbar auch wurde, wer in einer unfriedlichen Menschenmenge amtlicher Aufforderung zuwider seine passive Bewaffnung oder Vermummung nicht ablegte und sich auch nicht entfernte (Abs 2 aF). Das **2. StGB/VersGÄndG** (11 vor § 1) hat diese Erweiterung wieder rückgängig gemacht und an ihrer Stelle für öffentliche Veranstaltungen unter freiem Himmel die passive Bewaffnung und Vermummung allgemein mit Kriminalstrafe bedroht (§ 27 II VersG). – Beide Gesetze gehören in den Zusammenhang der jahrelangen, bis in die Gegenwart nicht ausgetragenen Auseinandersetzungen um die Frage, ob das 3. StrRG durch Beschränkung des § 125 auf Teilnehmer an den Gewalttätigkeiten und auf sog Anheizer den Strafschutz gegen Landfriedensbruch in unvertretbarer Weise verkürzt hatte (Nachw in der Voraufl unter vor 1 zu § 125). – Aus den **Gesetzesmaterialien** zum **2. StGB/VersÄndG** vgl ua: die Regierungsvorlage (BT-Dr 11/2834); das Prot Nr 38 des BT-Rechtsausschusses v 30. 11. 1988 (Öffentliche Anhörung); die Beschlußempfehlung und den Bericht des Rechtsausschusses (BT-Dr 11/4359); die Beratungen im Plenum des BTages (SBer 11,10186). Zum **Gesetz im ganzen** Kunert/Bernsmann NStZ 89, 449; Achenbach Kriminalistik 89, 633; Jung JuS 89, 1025; s auch Maatz MDR 90, 577. – Zur **Reform:** Am dringlichsten erscheint die Erfassung von Demonstrationsteilnehmern, die sich trotz rechtmäßiger Auflösungsverfügung nicht aus der unfriedlichen Menschenmenge entfernen (v Bubnoff LK 23, 24 vor § 125; Sch-Sch-Lenckner 1; zum Rechtmäßigkeitserfordernis bei der Auflösungsverfügung nach § 29 I Nr 2 VersG BVerfG NJW 93, 581).

1. Die Vorschrift schützt nebeneinander die **öffentliche Sicherheit,** 1
die einen Teilaspekt des öffentlichen Friedens (1 zu § 126) bildet, ferner durch Vorverlegung des Strafschutzes zugleich auch die jeweils bedrohten **Individualrechtsgüter** (v Bubnoff LK 1 mwN; str; im Ansatz abweichend Meiski, Der strafrechtliche Versammlungsschutz, 1995, S 133,

158: Schutz der Versammlungsfreiheit durch Pönalisierung der Umfunktionierung einer friedlichen Versammlung in eine unfriedliche). – Sie ist nicht nur für Ausschreitungen bei Demonstrationen, sondern zB auch bei Sportveranstaltungen (Foth, in: Schriftenreihe des Württ Fußballverbandes Nr 31, 1993, S 43) und handfesten Dorfstreitigkeiten von Bedeutung (v Bubnoff LK 1 vor und 3 zu § 125 mit Hinweisen zu weiteren Fallgestaltungen).

2 **2.** Jeder Landfriedensbruch setzt als **allgemeine Ausgangslage** voraus, daß aus einer Menschenmenge (dh von Angehörigen der Menge gegen Menschen oder Sachen außerhalb der Menge, BGHSt 33, 306 mit Anm Otto NStZ 86, 70; Hamm NStZ 95, 547) die in Abs 1 beschriebenen Gewalttätigkeiten oder Bedrohungen in einer die öffentliche Sicherheit gefährdenden Weise mit vereinten Kräften begangen werden.

3 **a) Menschenmenge** ist eine räumlich vereinigte (NStZ 93, 538), zwar nicht notwendig ungezählte, aber doch so große Personenmehrheit, daß die Zahl nicht sofort überschaubar und deshalb das Hinzukommen oder Weggehen einzelner für den äußeren Eindruck unwesentlich ist (BGHSt 33, 306; NStZ 93, 538 und 94, 483, alle mwN); dafür ist zwar nicht unbedingt erforderlich (so aber LG Berlin StV 83, 464; Tröndle 2 zu § 124), aber doch in hohem Maße indiziell (LG Frankfurt StV 83, 463), daß nicht mehr jeder einzelne in der Menge imstande ist, mit jedem anderen in unmittelbare Kommunikation zu treten (dazu Düsseldorf NJW 90, 2699). – Die Menge braucht nicht im ganzen unfriedlich zu sein (Dreher NJW 70, 1153, 1160; v Bubnoff LK 36; aM Rudolphi SK 10; diff Strohmaier, Die Reform des Demonstrationsstrafrechts, 1985, S 85, alle mwN).

4 **b) Gewalttätigkeit** ist Einsatz physischer (nicht psychischer, BGHSt 12, 129) Kraft durch aggressives positives Tun von einiger Erheblichkeit, mit dem unmittelbar auf Menschen oder Sachen in ihrer körperlichen Substanz (Hamburg NJW 83, 2273), uU auch mittelbar auf Menschen (bei Dallinger MDR 68, 895), eingewirkt wird (BGHSt 23, 46; NJW 95, 2643; Küper BT S 116; krit Martin, BGH-FS, S 211, 221; enger LG Köln JZ 69, 80; Eilsberger JuS 70, 164); auch Einwirkung auf einen einzigen Menschen oder auf eine Sache kommt in Frage (hM; anders Brause NJW 83, 1640). Der Eintritt einer Verletzung ist nicht erforderlich; fehlgegangene Steinwürfe (RGSt 47, 1178) oder durch Schutzschilde abgewehrte Würfe mit Lehmklumpen (Bay NStZ 90, 37 mit Anm Geerds JR 90, 384; zw) können daher genügen. Die Einwirkung muß aber geeignet sein, Menschen körperlich zu verletzen oder Sachen im Sinne des § 303 zu beschädigen (Düsseldorf NJW 93, 869 mwN). Daher reicht die Herbeiführung bloß passiver Zwangswirkung (zB durch einen Sitzstreik zum Versperren von Zu- oder Durchgängen) nicht aus (BGHSt 23, 46, 51; aM Bay NJW 69, 63 und 1127); ebensowenig die unbehinderte Errichtung von Barrikaden, selbst wenn die Menge sie verteidigen will (Kreuzer NJW 70, 670; aM Celle NJW 70,

206; Köln NJW 70, 260). Dagegen kann das Vorrücken der Menge gegen die Polizei (RGSt 54, 88, 90) sowie uU auch das Abdrängen von Polizeibeamten und das Umwerfen von Gegenständen (BGHSt 23, 46, 53; aM Rudolphi SK 5) genügen (einschr Wolter NStZ 85, 245, 251).

c) Bedrohung entspricht der Drohung im Sinne des § 240 (dort 12–15). Das angedrohte Übel muß eine – sei es auch nur gegen Sachen gerichtete (v Bubnoff LK 54 mwN; str) – Gewalttätigkeit sein (vgl 4). Die Drohung, sich selbst zu verbrennen, wird nicht erfaßt, da damit kein aggressives Verhalten gegen eine andere Person angekündigt wird (Hamm NStZ 95, 547). 5

d) Die **öffentliche Sicherheit** ist gefährdet, wenn die Gewalttätigkeiten oder Bedrohungen für unbestimmte Personen – uU auch für bestimmte, nicht als Individuen betroffene einzelne (NStZ 93, 538; Karlsruhe NJW 79, 2415; probl Hamburg NJW 83, 2273 mit abl Anm Rudolphi JR 83, 252) – die Gefahr von Schäden solchen Ausmaßes begründen, daß dadurch in der Allgemeinheit das Gefühl ausreichender Sicherheit gegen die Verletzung von Rechtsgütern durch weitere entsprechende Ausschreitungen beeinträchtigt wird (zusf v Bubnoff LK 39–46 mwN). 6

e) Mit vereinten Kräften 4 zu § 121. Die Tathandlungen (vgl 4, 5) müssen von einer in der Menschenmenge (vgl 3) vorhandenen feindseligen Grundstimmung getragen sein (AG Tiergarten NJW 88, 3218; Sch/Sch-Lenckner 10 mwN). 7

3. a) Täter des Landfriedensbruchs ist, wer sich an Handlungen, die Voraussetzung jedes Landfriedensbruchs sind (vgl 2–7), als **Täter oder Teilnehmer beteiligt,** dh die Gewalttätigkeiten oder Bedrohungen entweder als Täter (auch Mittäter oder mittelbarer Täter) selbst begeht oder zu ihnen anstiftet oder bei ihnen Hilfe leistet **(gewalttätiger oder bedrohlicher Landfriedensbruch).** Die Abgrenzung des Täterkreises bestimmt sich nach den für Täterschaft und Teilnahme geltenden Regeln (§§ 25–27), die hier nicht auf den Tatbestand des Landfriedensbruchs, sondern auf die Begehung der Gewalttätigkeiten usw zu beziehen sind (hM; vgl etwa BGHSt 32, 165 mit Anm Willms JR 84, 120 und Arzt JZ 84, 430; anders Kostaras, Zur strafrechtlichen Problematik der Demonstrationsdelikte, 1982, S 141, der den Landfriedensbruch für ein nur von Angehörigen der Menschenmenge begehbares Sonderdelikt hält; ähnlich auch Strohmaier aaO [vgl 3] S 87). 8

aa) Von diesen Regeln hängt ua ab, ob sich der **Mittäter** der Gewalttätigkeiten usw der Menschenmenge angeschlossen haben muß. Für die subjektive Teilnahmelehre (4 vor § 25; 11 zu § 25) kommt es auf diesen Anschluß häufig nicht an (BGHSt 32, 165; zu Recht krit Sch/Sch-Lenckner 14; s auch BVerfGE 82, 236, 269 mit krit Bespr Rinken StV 94, 95); nach der Tatherrschaftslehre, die eine Mitwirkung des Mittäters in der Ausführungsphase oder mindestens einen gegenseitige Abhängigkeit begründenden wesentlichen Tatbeitrag in der Vorbereitungsphase 9 fordert (11 zu § 25), kommt Mittäterschaft von nicht anwesenden Beteiligten nur ganz ausnahmsweise in Frage.

10 bb) Bei **bloßer Teilnahme** (Anstiftung oder Beihilfe) an den Gewalttätigkeiten usw ist eine teleologische Reduktion insofern geboten, als die Teilnahmehandlung in unmittelbarem räumlichen Zusammenhang mit der Menschenmenge begangen sein muß (M-Schroeder/Maiwald BT 2 60/29; Rudolphi SK 13 a; aM Dreher NJW 70, 1153, 1160; Tröndle 6; v Bubnoff LK 9, alle mwN; zw); denn die Aufwertung bloßer Teilnahme zur Täterschaft läßt sich nur damit rechtfertigen, daß der Teilnehmer in der Menge mitagiert und dadurch deren Gefährlichkeit erhöht (Sch/Sch-Lenckner 13). Als Teilnehmer an den Gewalttätigkeiten usw wird daher idR erfaßt, wer aus der Menge heraus durch anfeuernde Rufe oder in ähnlicher Weise die gewalttätige Gruppe zu ihren Aktionen auffordert oder sie darin bestärkt, bei der Abschirmung dieser Gruppe gegen das Vorgehen der Polizei mitwirkt oder deren Einsatz durch Ablenkungsmanöver auf andere Vorgänge ableitet. Wer sich dagegen nur in der Menge befindet, etwa von Berufs wegen (zB als Arzt, Rot-Kreuz-Helfer oder Reporter), als Neugieriger oder als sog Weitermacher, der nur das Anliegen einer zuvor friedlichen Demonstration weiterverfolgen will, begeht noch keine psychische Beihilfe, die hier im Hinblick auf den Zweckzusammenhang des Tatbestandes (Ausscheidung der Mitläufer) eng zu verstehen ist (NStZ 84, 549; Werle, Lackner-FS, S 481, 495; Spaniol LdR S 240; aM Arzt JA 82, 269, 271; krit zum Tatbestand Otto GK 2 S 309). Das gilt auch noch für den Fall, daß sich jemand nach Ausbruch von Gewalttätigkeiten aus einer besonders gewalttätigen Teilgruppe nicht entfernt (Werle aaO). Die Grenze dürfte aber überschreiten, wer seine Solidarität mit den Gewalttätern dadurch erkennbar macht, daß er sich einer solchen Teilgruppe erst nach Beginn der gewalttätigen Auseinandersetzungen anschließt und dort ohne äußeren Zwang verbleibt (NJW 84, 1226, 1232; NStZ 84, 549; Bay NStZ-RR 96, 101; Werle aaO S 497; zw). In diesem Falle erscheint er auch für die Gewalttäter selbst als Förderer der friedensstörenden Aktion und leistet ihnen deshalb, wenn nicht besondere Umstände entgegenstehen, über die bloße Anwesenheit hinaus psychischen Beistand (str). Namentlich wenn sich passiv Bewaffnete oder Vermummte (vgl § 17 a VersG) unter solchen Umständen anschließen, ist das ein wichtiges Indiz für die Annahme der erforderlichen Solidarisierung (Werle aaO; aM Rudolphi SK 13 b).

11 cc) **Anstiftung oder Beihilfe** zur 1. Alternative des Abs 1 kann nur begehen, wer sich der Menge nicht selbst angeschlossen hat; andernfalls ist er Täter (vgl 8, 10).

12 **b) Täter** eines Landfriedensbruchs ist ferner, wer in einer Lage, in der Gewalttätigkeiten oder Bedrohungen begangen werden, die Voraussetzung jedes Landfriedensbruchs sind (vgl 2–7), **auf die Menschenmenge** (dh nicht nur auf einzelne bestimmte Personen) **einwirkt, um ihre Bereitschaft zu solchen Handlungen zu fördern**

(aufwieglerischer Landfriedensbruch). Einwirken ist psychische, nicht notwendig verbale, Beeinflussung (BT-Dr VI/502 S 9; einschr Beck, Unrechtsbegründung und Vorfeldkriminalisierung, 1992, S 199, der eine aktuelle Enthemmung des Adressaten der Einwirkung verlangt). **„Um zu"** bedeutet Absicht im Sinne zielgerichteten Wollens (20 zu § 15). **Fördern** ist nicht nur Verstärken einer bereits vorhandenen Bereitschaft zu solchen Handlungen, sondern auch das Wecken solcher Bereitschaft (Braunschweig NStZ 91, 492; v Bubnoff LK 58 mwN; aM Dreher NJW 70, 1153, 1160; zw). – IdR wird die Einwirkung zugleich Beteiligung an den Gewalttätigkeiten usw sein. Selbständige Bedeutung hat die Alternative wohl nur, wenn die konkrete Einwirkung entweder von einer außerhalb der Menge stehenden Person ausgeht (vgl 8) oder wenn ihre Mitursächlichkeit für die tatsächlich begangenen Gewalttätigkeiten usw fehlt oder nicht beweisbar ist. – Ob der Täter vor oder nach Begehung der Gewalttätigkeiten usw gehandelt hat, ist nicht entscheidend (v Bubnoff LK 61 mwN; im Ansatz, nicht notwendig im Ergebnis, unrichtig LG München StV 82, 119; str); es kommt nur darauf an, ob sein Verhalten und die aus der Menge begangenen Handlungen nach natürlicher Betrachtung ein einheitliches Geschehen bilden. – Gibt der Täter die Einwirkung auf, bevor aus der Menge zur Aktion geschritten wird, so erscheint die analoge Anwendung von § 31 diskutabel (Berz, Stree/Wessels-FS, S 331, 341; zw).

4. Der **Vorsatz** (bedingter genügt) muß in beiden Alternativen des Tatbestandes sämtliche Umstände umfassen, die Voraussetzung jedes Landfriedensbruchs sind (vgl 2–7). Außerdem muß der Täter in den Fällen der **1. Alternative des Abs 1** in bezug auf diese Handlungen Täter-, Anstifter- (4, 5 zu § 26) oder Gehilfenvorsatz (7 zu § 27) haben; die bloßen Mitläufer werden idR nicht erfaßt, weil entweder ihr Verhalten schon objektiv keine psychische Beihilfe ist (vgl 10) oder weil sie sich jedenfalls einer konkreten Förderung der Gewalttätigkeiten usw häufig nicht aktuell bewußt sind (zu weit Arzt JA 82, 269, 271). – In Fällen der **2. Alternative des Abs 1** bedarf es nicht der Vorstellung, daß die Einwirkung gerade zu den tatsächlich begangenen Gewalttätigkeiten usw beiträgt. 13

5. Eine **Rechtfertigung** der Tat aufgrund Gewährleistung der Meinungs- oder Versammlungsfreiheit ist ausgeschlossen, weil die Tathandlungen schon nach ihrem Inhalt die Grundrechtsschranken stets überschreiten (hM; anders Arzt JA 82, 269, 271). Verfassungswidrige Ergebnisse sind allerdings denkbar, wenn die Tatbestandsmäßigkeit verbaler Äußerungen (zB Aufruf zu Großdemonstration) der am Geschehen Beteiligten aufgrund einer Auslegung bejaht wird, die im Lichte der Art 5, 8 GG fehlsam ist (BVerfGE 82, 236 mit krit Bespr Rinken StV 94, 95, 101). 14

6. Zu **Abs 2** (Rechtmäßigkeit der Vollstreckungshandlung und Irrtum darüber) 7–22 zu § 113. 15

16 **7. Abs 1** tritt namentlich hinter den §§ 211, 212, 223 a, 224–226 zurück (formelle **Subsidiarität,** 26 vor § 52). Mit §§ 111, 113 (str), 124, 223 StGB, §§ 21, 22, 27 I VersG ist Tateinheit möglich, § 27 II VersG wird dagegen von § 125 I verdrängt (Rudolphi SK 30). Für das Zusammentreffen mit § 29 VersG und mit § 113 OWiG gilt § 21 OWiG.

§ 125 a Besonders schwerer Fall des Landfriedensbruchs

In besonders schweren Fällen des § 125 Abs. 1 ist die Strafe Freiheitsstrafe von sechs Monaten bis zu zehn Jahren. Ein besonders schwerer Fall liegt in der Regel vor, wenn der Täter

1. **eine Schußwaffe bei sich führt,**
2. **eine andere Waffe bei sich führt, um diese bei der Tat zu verwenden,**
3. **durch eine Gewalttätigkeit einen anderen in die Gefahr des Todes oder einer schweren Körperverletzung (§ 224) bringt oder**
4. **plündert oder bedeutenden Schaden an fremden Sachen anrichtet.**

1 **1.** Zu den **besonders schweren Fällen** 7–21 zu § 46.

2 **2. Nr 1:** 3 zu § 244. – **Nr 2, 3:** 24, 25 zu § 113. Es genügt jedoch nicht, wenn nur ein anderer Beteiligter (Täter oder Teilnehmer) eine Waffe bei sich führt oder durch eine Gewalttätigkeit andere gefährdet (BGHSt 27, 56; Bay NStZ-RR 96, 101; aM Sch/Sch-Lenckner, alle mwN; str). – **Nr 4: Plündern** ist die eigenhändige (Schleswig SchlHA 93, 222; aM Sch/Sch-Lenckner 13; str) Wegnahme oder das Abnötigen von Sachen in der Absicht rechtswidriger Zueignung (str) unter Ausnutzung der Ordnungsstörung (RGSt 52, 34). Ob ein Schaden **bedeutend** ist, hängt vom Verkehrswert ab (24 zu § 315 c). – Der BTag hat am 14. 11. 96 eine (problematische) neue Nr 5 beschlossen, nach der ein schwerer Fall auch dann vorliegen soll, wenn der Täter „im Rahmen einer verbotenen öffentlichen Versammlung oder eines verbotenen Aufzugs handelt" (Stenographischer Bericht 13/138, S 12382; Materialien: BT-Dr 13/4948 [Gesetzentwurf von Abgeordneten und der Fraktionen der CDU/CSU und der FDP], BT-Dr 13/5986 [Beschlußempfehlung und Bericht des Innenausschusses]; der BRat hat am 19. 12. 96 den Vermittlungsausschuß angerufen, BR-Dr 870/96).

3 **3.** Nr 2 geht dem § 27 I VersG vor (**Konsumtion,** NJW 85, 501 mwN).

§ 126 Störung des öffentlichen Friedens durch Androhung von Straftaten

(1) **Wer in einer Weise, die geeignet ist, den öffentlichen Frieden zu stören,**

1. **einen der in § 125 a Satz 2 Nr. 1 bis 4 bezeichneten Fälle des Landfriedensbruchs,**

2. einen Mord, Totschlag oder Völkermord (§§ 211, 212 oder 220 a),

3. eine Körperverletzung in den Fällen des § 225 oder eine Vergiftung (§ 229),

4. eine Straftat gegen die persönliche Freiheit in den Fällen der §§ 234, 234 a, 239 a oder 239 b,

5. einen Raub oder eine räuberische Erpressung (§§ 249 bis 251 oder 255),

6. ein gemeingefährliches Verbrechen in den Fällen der §§ 306 bis 308, 310 b Abs. 1 bis 3, des § 311 Abs. 1 bis 3, des § 311 a Abs. 1 bis 3, der §§ 312, 313 Abs. 1, des § 315 Abs. 3, des § 315 b Abs. 3, des § 316 a Abs. 1, des § 316 c Abs. 1 oder 2, des § 318 Abs. 2, des § 319 oder

7. ein gemeingefährliches Vergehen in den Fällen des § 311 a Abs. 4, des § 311 d Abs. 1, des § 316 b Abs. 1, des § 317 Abs. 1 oder des § 318 Abs. 1

androht, wird mit Freiheitsstrafe bis zu drei Jahren oder mit Geldstrafe bestraft.

(2) **Ebenso wird bestraft, wer in einer Weise, die geeignet ist, den öffentlichen Frieden zu stören, wider besseres Wissen vortäuscht, die Verwirklichung einer der in Absatz 1 genannten rechtswidrigen Taten stehe bevor.**

Fassung: Art 3 des Ges zu dem Übereinkommen vom 26. Oktober 1979 über den physischen Schutz von Kernmaterial v 24. 4. 1990 (BGBl II 326) hat die Verweisung in Abs 1 Nr 7 auf § 311 a IV und § 311 d I erstreckt.

1. Die Vorschrift schützt den **öffentlichen Frieden** (bei Schmidt MDR 81, 92), dh den Zustand eines von der Rechtsordnung gewährleisteten, frei von Furcht voreinander verlaufenden Zusammenlebens der Bürger und das Vertrauen in der Bevölkerung, mindestens einer nicht unbeträchtlichen Personenzahl, in die Fortdauer dieses Zustandes (hM; vgl Wehinger, Kollektivbeleidigung – Volksverhetzung, 1994, S 74; v Bubnoff LK 8 mwN; anders Schroeder, Die Straftaten gegen das Strafrecht, 1985; Jakobs ZStW 97, 751, 775; Fischer NStZ 88, 159 und GA 89, 445, 450). 1

2. Zu den **Tathandlungen:** 2

a) Androhen nach Abs 1 entspricht der Drohung im Sinne des § 240 (dort 12). Es muß eine sog Katalogstat, dh eine bestimmte Tat (des Täters oder eines Dritten) in Aussicht gestellt werden, die die Merkmale einer der in Abs 1 genannten rechtswidrigen Taten (18 zu § 11) aufweist, selbst wenn sie nicht schuldhaft begangen werden soll oder nach Zeit, Ort und Opfer noch nicht näher konkretisiert ist; dagegen genügt es nicht, wenn bloß die nach § 30 strafbare Vorbereitung einer Katalogstat angedroht wird (Schnarr NStZ 90, 257, 258). – Auch soweit in Nr 1 auf die Regelbeispiele des § 125 a verwiesen wird, sind diese hier Tatbestandsmerkmale, so daß es nicht darauf ankommt, ob der angedrohte Landfriedensbruch als besonders schwerer Fall zu beurteilen wäre (krit zu der enumerativen Methode Stree NJW 76, 1177, 1180).

3 **b) Vortäuschen nach Abs 2** ist zur Irreführung bestimmtes Gesamtverhalten, das auf Erregung oder Unterhaltung des Irrtums gerichtet ist, die Begehung einer Katalogstat stehe bevor; im Hinblick auf die Eignung zur Friedensstörung muß diese Tat als unmittelbar oder doch so nahe bevorstehend hingestellt werden, daß sie schon in der Gegenwart als bedrohlich erscheint (ähnlich Stree NJW 76, 1177, 1180).

4 **c) Die Tathandlungen** brauchen nur **nach der „Weise“ ihrer Begehung geeignet zu sein,** den öffentlichen Frieden zu stören. Danach ist die Tat ein sog potentielles, kein konkretes Gefährdungsdelikt (32 vor § 13; aM Hirsch, Kaufmann [Arth]-FS, S 545, 562: konkretes Gefährlichkeitsdelikt). Daß der öffentliche Frieden konkret gefährdet wurde, ist nicht unbedingt notwendig (BGHSt 16, 49, 56; Köln NJW 82, 657; Düsseldorf NJW 86, 2518; Hoyer, Die Eignungsdelikte, 1987, S 134; Fischer GA 89, 445, 453; Wehinger aaO [vgl 1] S 100, 112; Sch/Sch-Lenckner 9; aM Rudolphi SK 7; einschr Beck, Unrechtsbegründung und Vorfeldkriminalisierung, 1992, S 190, alle mwN); es genügt vielmehr, daß Art und Inhalt der Handlung unter den Umständen ihrer Vornahme die konkrete (BGHSt 34, 329) Besorgnis rechtfertigen, der Angriff werde den Friedenszustand oder das Vertrauen in seine Fortdauer erschüttern, sei es auch nur in den Teilen der Bevölkerung, die durch den Angriff bedroht erscheinen oder deren Neigung zu Rechtsbrüchen angereizt werden kann (BGHSt 29, 26; Hamburg MDR 81, 71; Koblenz GA 84, 575 mit abl Bespr Giehring StV 85, 30, 35; Frommel KJ 94, 323, 337; aM Fischer NStZ 88, 159, alle mwN). Androhung oder Täuschung brauchen daher **nicht öffentlich** zu geschehen. Vielmehr kann Handeln gegenüber einem einzelnen genügen, wenn nach den Umständen mit dem Bekanntwerden in der Bevölkerung zu rechnen ist (BGH aaO mwN); das soll bei sog Leserbriefen an Zeitungsredaktionen selbst dann in Frage kommen, wenn nicht der kommentarlose Abdruck, immerhin aber ein Publizität erzeugender Bericht über den Vorgang zu erwarten ist (BGHSt 29, 26 mit krit Anm Wagner JR 80, 120; zw).

5 **3.** Der **Vorsatz** (bedingter genügt) muß namentlich auch die Eignung zur Friedensstörung umfassen; das schließt notwendig die Vorstellung und Billigung ein, daß die Androhung oder Täuschung (möglicherweise) in die Öffentlichkeit dringt (Geilen NJW 76, 279). Dagegen gehört nicht zum Vorsatz, daß der Täter sein Verhalten unter die Katalogstatbestände subsumiert; insoweit genügt Bedeutungskenntnis im Hinblick auf alle Tatumstände des angedrohten oder vorgetäuschten Verhaltens (BGHSt 17, 307; s auch Laufhütte MDR 76, 441, 442). – Zum Vorsatz des Androhens (Abs 1) beachte 12, 16 zu § 240. – **Wider besseres Wissen** (Abs 2) 1 zu § 187.

6 **4. Tateinheit** ua möglich zwischen Abs 1 und §§ 125, 240, 241 sowie zwischen Abs 2 und § 145 d I Nr 2.

§ 127 Bildung bewaffneter Haufen

(1) **Wer unbefugterweise einen bewaffneten Haufen bildet oder befehligt oder eine Mannschaft, von der er weiß, daß sie ohne gesetzliche Befugnis gesammelt ist, mit Waffen oder Kriegsbedürfnissen versieht, wird mit Freiheitsstrafe bis zu zwei Jahren oder mit Geldstrafe bestraft.**

(2) **Wer sich einem solchen bewaffneten Haufen anschließt, wird mit Freiheitsstrafe bis zu einem Jahr oder mit Geldstrafe bestraft.**

1. Die Vorschrift schützt den **inneren Rechtsfrieden,** daneben auch die Wehrhoheit des Bundes und dessen Interesse an der Wahrung seiner Neutralität in Kriegen zwischen anderen Staaten (hM; anders Ostendorf RuP 82, 139, der das Gewaltmonopol des Staates als geschützt ansieht). Die Tat ist abstraktes Gefährdungsdelikt (32 vor § 13). 1

2. a) Haufen ist die räumliche Vereinigung einer größeren Zahl von Menschen (RGSt 56, 281); die notwendige Mindestzahl hängt von den Umständen des Einzelfalls ab (näher v Bubnoff LK 4). Der Haufen ist **bewaffnet,** wenn ein erheblicher Teil, nicht notwendig die Mehrheit (hM; anders Ostendorf RuP 82, 139, 141), mit Waffen im technischen Sinne (RG JW 31, 1565) ausgerüstet ist. **Bilden** bedeutet bewaffnete Personen zusammenbringen oder zusammengebrachte bewaffnen (v Bubnoff LK 4). **Befehligen** ist Ausübung tatsächlicher Kommandogewalt, die Unterführer nur innehaben, wenn die ihnen unterstellten Personen einen selbständigen Haufen bilden. 2

b) Gesammelte Mannschaft setzt eine gewisse Organisation und Disziplinierung, nicht aber unbedingt räumlichen Zusammenhang voraus (hM; anders v Bubnoff LK 3 mwN). **Versehen mit** (technischen) **Waffen oder Kriegsbedürfnissen** schließt auch das Verschaffen des für kriegsähnliche Unternehmen erforderlichen Geldes ein (v Bubnoff LK 6 mwN). 3

c) Nach dem Schutzzweck der Vorschrift müssen Bewaffnung und Befriedigung von Kriegsbedürfnissen dem **Einsatz gegen Menschen** dienen; Jagd- und Schützengesellschaften sowie deren Veranstaltungen gehören deshalb nicht hierher (zur Anwendung auf sog „Bürgerwehren" Ostendorf RuP 82, 139). 4

3. Abs 2 erfaßt das Anschließen sowohl an einen Haufen als auch an eine Mannschaft im Sinne des Abs 1 („solcher"). Der Täter braucht nicht selbst bewaffnet zu sein (RGSt 30, 391), muß sich aber eingliedern (RGSt 56, 281). 5

4. Bedingter **Vorsatz** genügt für alle Alternativen (hM). 6

5. „Unbefugterweise" und „ohne gesetzliche Befugnis" sind nach hM (vgl v Bubnoff LK 7 mwN) allgemeine Verbrechensmerkmale 7 (zw). Irrtümer über die Befugnis sind daher nach den für den Erlaubnistatbestands- und den Verbotsirrtum geltenden Regeln zu behandeln (2–20 zu § 17).

8 **6. Tateinheit** ua möglich mit § 129, ferner mit § 53 WaffG und § 22 a KWKG.

§ 128 *(weggefallen)*

§ 129 Bildung krimineller Vereinigungen

(1) **Wer eine Vereinigung gründet, deren Zwecke oder deren Tätigkeit darauf gerichtet sind, Straftaten zu begehen, oder wer sich an einer solchen Vereinigung als Mitglied beteiligt, für sie wirbt oder sie unterstützt, wird mit Freiheitsstrafe bis zu fünf Jahren oder mit Geldstrafe bestraft.**

(2) **Absatz 1 ist nicht anzuwenden,**

1. **wenn die Vereinigung eine politische Partei ist, die das Bundesverfassungsgericht nicht für verfassungswidrig erklärt hat,**
2. **wenn die Begehung von Straftaten nur ein Zweck oder eine Tätigkeit von untergeordneter Bedeutung ist oder**
3. **soweit die Zwecke oder die Tätigkeit der Vereinigung Straftaten nach den §§ 84 bis 87 betreffen.**

(3) **Der Versuch, eine in Absatz 1 bezeichnete Vereinigung zu gründen, ist strafbar.**

(4) **Gehört der Täter zu den Rädelsführern oder Hintermännern oder liegt sonst ein besonders schwerer Fall vor, so ist auf Freiheitsstrafe von sechs Monaten bis zu fünf Jahren zu erkennen.**

(5) **Das Gericht kann bei Beteiligten, deren Schuld gering und deren Mitwirkung von untergeordneter Bedeutung ist, von einer Bestrafung nach den Absätzen 1 und 3 absehen.**

(6) **Das Gericht kann die Strafe nach seinem Ermessen mildern (§ 49 Abs. 2) oder von einer Bestrafung nach diesen Vorschriften absehen, wenn der Täter**

1. **sich freiwillig und ernsthaft bemüht, das Fortbestehen der Vereinigung oder die Begehung einer ihren Zielen entsprechenden Straftat zu verhindern, oder**
2. **freiwillig sein Wissen so rechtzeitig einer Dienststelle offenbart, daß Straftaten, deren Planung er kennt, noch verhindert werden können;erreicht der Täter sein Ziel, das Fortbestehen der Vereinigung zu verhindern, oder wird es ohne sein Bemühen erreicht, so wird er nicht bestraft.**

1 **1.** Die Vorschrift **schützt die öffentliche Sicherheit und Ordnung** (hM; vgl BGHSt 41, 47, 51; Gössel JR 83, 118 mwN), und zwar speziell auch unter dem Aspekt des öffentlichen Friedens (Düsseldorf

NJW 94, 398, 399; Lampe ZStW 106, 683, 706; Sch/Sch-Lenckner 1; aM Otto GK 2 S 452: staatliche Zwangsgewalt). Ihr Schutzzweck beschränkt sich im Hinblick auf die von kriminellen Vereinigungen ausgehende Bedrohung der Allgemeinheit nicht auf eine bloße Vorverlegung des Strafschutzes in das Vorbereitungsstadium (so aber Rudolphi, Bruns-FS, S 315, 317 und ZRP 79, 214; Giehring StV 83, 296, 302; Schroeder, Die Straftaten gegen das Strafrecht, 1985, S 9, 28; Langer-Stein, Legitimation und Interpretation der strafrechtlichen Verbote krimineller und terroristischer Vereinigungen, 1987, S 88, 187; Fürst, Grundlagen und Grenzen der §§ 129, 129 a StGB, 1989, S 55; Hohmann wistra 92, 85; Ostendorf AK 5; zw); krit zur Rechtsgutsdiskussion Meindl, Die Selbstverpflichtung im Strafrecht, 1993, S 67, der den Unrechtsgehalt in einer Selbstverpflichtung des Täters sehen will, und Müssig, Schutz abstrakter Rechtsgüter und abstrakter Rechtsgüterschutz, 1994, S 13 und 210, der die polizeilich-präventive Aushöhlung der Subjektstellung als entscheidende Problematik thematisiert. – Vorschläge zur Reform der Organisationsdelikte Albrecht ua (Hrsg), Strafrecht – ultima ratio, 1992, S 81; Cording, Der Strafklageverbrauch bei Dauer- und Organisationsdelikten, 1993, S 246. Krit zur Pönalisierung des Gründungsaktes Beck, Unrechtsbegründung und Vorfeldkriminalisierung, 1992, S 206; s jedoch Lampe aaO S 726, demzufolge das Gründen – anders als die Unterstützung und das Werben – Systemverantwortung begründet.

2. a) **Vereinigung** ist ein auf gewisse Dauer berechneter organisatorischer Zusammenschluß von mehr als zwei Personen, die bei Unterordnung des Willens des einzelnen unter den Willen der Gesamtheit (BGHSt 31, 239 mit Anm Rudolphi JR 84, 32; bei Schmidt MDR 93, 505; Düsseldorf NJW 94, 398; krit zu dieser Beschränkung, die der Gefährlichkeit hierarchisch aufgebauter Straftätergruppen nicht gerecht wird, Sieber/Bögel, Logistik der Organisierten Kriminalität, 1993, S 358) gemeinsame Zwecke verfolgen und unter sich derart in Beziehung stehen, daß sie sich als einheitlicher Verband fühlen (BGHSt 31, 202 mwN; zu eng nach Lampe aaO [vgl 1] S 696; s auch Volk JR 79, 425 und Herzog, Solidarität unter Verdacht, 1995, S 151). Erforderlich ist daher – im Unterschied zur Bande (§ 244 I Nr 3) – ein Mindestmaß an fester Organisation (BGH aaO; NStZ 82, 68, beide mwN), die aus dem gemeinsamen Gruppenwillen erwachsen ist (NJW 92, 1518), und außerdem auch mindestens eine Teilorganisation im Bundesgebiet (BGHSt 30, 328 mit abl Anm Rudolphi NStZ 82, 198; Krehl DtZ 92, 113, alle mwN; krit zu dieser Privilegierung ausländischer krimineller Vereinigungen Sieber/Bögel aaO S 360; beachte jedoch § 30 b BtMG, der für den unbefugten Vertrieb von Betäubungsmitteln [§ 6 Nr 5] auch ausländische Organisationen einbezieht). Eine Beschränkung der Vorschrift auf politische oder politisch motivierte Vereinigungen wird durch die Entstehungsgeschichte zwar nahegelegt, findet im Gesetz aber keine Stütze (hM; anders Hohmann wistra 92, 85); zutreffend ist aller- 2

dings, daß § 129 auf solche Vereinigungen nicht zugeschnitten und deshalb auf sie nur ausnahmsweise anwendbar ist (zu seiner Unzulänglichkeit im Bereich der internationalen Drogenkriminalität ua Forthauser, Geldwäscherei de lege lata et ferenda, 1992, S 18).

3 **b)** Voraussetzung ist, daß die Vereinigung zur Zeit der Tat nach dem Willen der führenden Funktionäre (auch solcher ohne förmliche Organstellung, BGHSt 7, 222, 225) die Begehung einer **Mehrheit von Straftaten** – sei es auch nur von gleichartigen Taten im Rahmen einer geplanten zusammenhängenden Aktionseinheit (NJW 75, 985; einschr Rudolphi aaO [vgl 1] S 321 und S 216; Ostendorf JA 80, 499, 501 und JuS 81, 640, 642; Sch/Sch-Lenckner 7 a; zw) – anstrebt oder daß ihre Tätigkeit in der Begehung solcher Taten besteht. Die bezweckten Taten brauchen nicht im einzelnen konkretisiert zu sein (BGHSt 27, 325, 328). Auch daß sie im Ausland begangen werden sollen, ist unerheblich, wenn auf sie deutsches Strafrecht (§§ 4–7) anwendbar ist (NJW 66, 310). Die Begehung braucht nicht Endziel, alleiniger Zweck oder ausschließliche Tätigkeit zu sein (BGHSt 15, 229; NJW 75, 985); es genügt, daß sie Mittel zur Erreichung anderer Zwecke ist (BGHSt 27, 325). Die Begehung von Straftaten muß anderen Zwecken der Vereinigung in dem Sinne gleichgeordnet sein, daß durch sie das Erscheinungsbild der Vereinigung mitgeprägt wird (BGHSt 41, 47, 56 mit krit Bespr Krehl JR 96, 208). Nur Zwecke oder Tätigkeiten von untergeordneter Bedeutung reichen nicht aus (Abs 2 Nr 2); diese weit auszulegende (BT-Dr V/2860 S 27) Ausnahme soll vornehmlich politische Vereinigungen im Hinblick auf etwa verfolgte Nebenzwecke und Nebentätigkeiten (zB Abreißen von Plakaten, Beschmieren von Hauswänden, politische Beleidigungen) ausscheiden (BGHSt 20, 87; krit Ostendorf JA 80, 499, 501; vgl auch Düsseldorf NJW 94, 398), darüber hinaus eine Begrenzung auf solche Vereinigungen ermöglichen, die eine erhebliche Gefahr für die öffentliche Sicherheit bedeuten (BGHSt 31, 202 und 41, 47, 51 mit krit Anm Ostendorf JZ 96, 55 und Krehl JR 96, 208; NStZ 95, 3395, 3396; Düsseldorf aaO), nicht aber den Tatbestand allgemein auf Kapitalverbrechen oder besonders schwerwiegende Straftaten einschränken (probl LG Berlin NStZ 82, 203; Hohmann wistra 92, 85; Herzog aaO [vgl 2] S 164). Bei Sachbeschädigungen durch sog Farbsprühaktionen ist im Hinblick auf den Grad der Gefährdung für die öffentliche Sicherheit nicht nur die Substanzverletzung, sondern auch der Inhalt der aufgesprühten Parolen, Bilder oder Zeichen zu berücksichtigen (BGHSt 41, 47, 52 mit abl Bespr Schittenhelm NStZ 95, 343 und Geppert JK 5; zust aber v Bubnoff LK 37, 40; zw). Demselben Zweck dienen die anderen Nummern des Abs 2, die bei Vorliegen ihrer Voraussetzungen den Tatbestand ausschließen (zu Nr 1 vgl Art 21 II GG; BVerfGE 17, 155; NJW 74, 565). Nr 3 will verhindern, daß die bloße Verfolgung verfassungswidriger Ziele unter Verstoß gegen §§ 84–87 schon vor einem Vereinigungsverbot als Organisationsdelikt bestraft werden kann (zu diesem Verbots- und Feststel-

lungsprinzip 1 zu § 84), doch endet dieser Freiraum bei der Begehung von Allgemeindelikten wie Sachbeschädigungen (BGHSt 41, 47, 53 mit zust Anm Schittenhelm NStZ 95, 343, 344).

3. a) Gründen erfordert führende Mitwirkung (nicht notwendig als Mitglied) bei der Schaffung des Zusammenschlusses (NJW 54, 1254); auch in der Umwandlung einer legalen Vereinigung in eine kriminelle liegt eine Gründung (BGHSt 27, 325), bei der schon der Versuch strafbar ist (Abs 3). 4

b) Für die **Beteiligung als Mitglied** ist förmliche Mitgliedschaft weder erforderlich noch ausreichend (BGHSt 29, 114 mwN; s auch 3 zu § 84). Vorauszusetzen ist vielmehr eine einvernehmliche (NStZ 93, 37), auf Dauer gerichtete, sei es auch zunächst nur erstmalige Teilnahme am Verbandsleben (BGHSt 29, 114), die sich in aktiven, dem Organisationswillen untergeordneten Handlungen zur Förderung von Aufbau, Zusammenhalt oder Tätigkeit der Vereinigung äußern muß (Karlsruhe NJW 77, 2222; weitergehend Meindl aaO [vgl 1] S 189, der schon den verpflichtenden Zusammenschluß genügen läßt); nach der Rspr soll uU auch der einvernehmliche Eintritt in die Vereinigung genügen, wenn er sich als gewichtige Unterstützungshandlung darstellt (BGH aaO; aM Ostendorf JA 80, 499, 501 und AK 18; zw). Ob die Beteiligung von RAF-Häftlingen an Hungerstreiks erfaßt wird, hängt von den Umständen ab (NJW 89, 2827, 2828). – Die Tathandlungen sind nicht notwendig Beteiligung (Täterschaft oder Teilnahme) an den der Tätigkeit oder den Zwecken der Vereinigung entsprechenden Straftaten (BGHSt 28, 110); auch ist nicht erforderlich, daß das Mitglied bei diesen Straftaten mitwirkt oder mitwirken soll (Karlsruhe aaO; aM Rudolphi SK 16; diff Meindl aaO S 194; str); jedoch ist solche Mitwirkung im Rahmen der auf Dauer gerichteten Teilnahme am Verbandsleben fast immer tatbestandsmäßig, weil für sie die Förderung der Organisationszwecke oder -tätigkeiten typisch ist (BGHSt 29, 288 mwN; s auch Gössel JR 82, 111; str). 5

c) Unterstützen ist zur Täterschaft verselbständigte Beihilfe eines Nichtmitglieds (hM; krit Sommer JR 81, 490). Eine Vereinigung unterstützt, wer durch organisationsbezogene Betätigung ihren Fortbestand oder die Verwirklichung ihrer Ziele fördert, wenn sein Tun ihren Bestrebungen oder ihrer Tätigkeit irgendwie vorteilhaft ist oder ihre Mitglieder in dem Entschluß bestärkt, die geplanten Taten zu begehen (BGHSt 32, 243; 33, 16; NJW 88, 1677; Bay StV 87, 392, alle mwN; einschr Rudolphi, Bruns-FS, S 315, 327 und ZRP 79, 214, 217; Ostendorf JA 80, 499, 502; Bottke JR 85, 122, 123; Fürst aaO [vgl 1] S 110; s auch Kuckuk NJW 80, 298; Müller-Dietz JR 81, 76; zw). – Beim Verbreiten von Schriften muß darüber hinaus der Text – mit denselben Maßgaben wie beim Werben (vgl 7) – in seiner Zielrichtung eindeutig erkennbar und objektiv geeignet sein, von dem angesprochenen Adressatenkreis als Unterstützung der Vereinigung aufgefaßt zu werden (BGHSt 33, 16, 18; NJW 89, 2002; Düsseldorf NStZ 90, 145). 6

– Bloßes Vorrätighalten von Werbematerial genügt nicht (Bay StV 84, 77). Dasselbe gilt idR auch für die Verbreitung fremder Äußerungen, die sich der Täter nicht zu eigen macht (Hamburg StV 86, 253; s auch 6 zu § 90 a).

7 **d)** aa) **Werben** ist eine mit Mitteln der Propaganda betriebene Tätigkeit, die nicht schon als mitgliedschaftliche Beteiligung (vgl 5) erfaßt wird (BGHSt 31, 16, 17) und auf Weckung oder Stärkung der Bereitschaft Dritter zur Förderung einer bestimmten existenten (KG StV 81, 525; Koblenz StV 89, 205) Vereinigung gerichtet ist (Bay NStZ-RR 96, 7; zusf Rebmann NStZ 81, 457); dabei ist unerheblich, ob ein Werbeerfolg eintritt (hM; anders Ostendorf AK 29, 30) oder ob das Handeln auch nur zu dessen Herbeiführung geeignet ist (BGHSt 20, 89; str). Erfaßt wird danach auch die sog Sympathiewerbung, die nicht unmittelbar die Gewinnung von Anhängern oder die Herbeiführung bestimmter Unterstützungshandlungen bezweckt (BGHSt 28, 26 mit abl Anm Rudolphi JR 79, 33; Gössel JR 83, 118); einschränkend ist jedoch zu fordern, daß sie die Zielrichtung auf Förderung der Vereinigung als solcher (nicht nur einzelner Mitglieder), ihrer Bestrebungen oder ihrer Tätigkeit eindeutig erkennbar macht und deshalb geeignet ist, von den angesprochenen Adressaten als Werbung gerade für die Vereinigung verstanden zu werden (BGHSt 33, 16 mit Anm Bruns NStZ 85, 22; NJW 88, 1679 und 95, 3395; bei Schmidt MDR 93, 504; Schleswig NJW 88, 352; KG StV 90, 210; Bay NStZ-RR 96, 7 und 135, alle mwN). Die im Schrifttum zum Teil vertretene Auffassung (vgl etwa Rudolphi aaO und ZRP 79, 214, 218; Ostendorf AK 19), daß nur die Mitglieder- und Anhängerwerbung tatbestandsmäßig sei, ist zu eng, weil Sympathiewerbung wegen der von ihr ausgehenden, nach den Ergebnissen der Sozialforschung nicht auszuschließenden Gefahren für den öffentlichen Frieden sozialschädlich ist und überdies in einem breiten Grenzbereich von den anderen Formen der Werbung nicht zuverlässig abgegrenzt werden kann (Rebmann aaO). Eine noch weiterreichende Einschränkung auf öffentliche Werbung durch Schriften im Sinne des § 11 III (so Giehring StV 83, 296) findet im Gesetz keine Grundlage. – Ob ein Werben vorliegt, bestimmt sich nach dem durch Auslegung zu ermittelnden Sinngehalt der Äußerung, wie er sich unter den konkreten Umständen für den Verständnishorizont eines unbefangenen Durchschnittsadressaten darstellt (NJW 88, 1679 und 95, 3395; s auch Frankfurt StV 83, 285; Stuttgart StV 84, 76; Koblenz StV 89, 205).

8 bb) **Beihilfe zum Werben** bestimmt sich nach den allgemeinen Regeln (zur Abgrenzung von der Mittäterschaft beachte BGHSt 36, 363), ist also von der Strafbarkeit nicht ausgenommen (BGHSt 29, 258, 263 mwN; aM Schlothauer/Tscherch StV 81, 22; Sommer JR 81, 490, 494; Fürst aaO [vgl 1] S 242; Ostendorf AK 28).

9 **4.** Am **Vorsatz** fehlt es, wenn der Täter infolge Verbotsirrtums die Strafbarkeit der Zwecke oder der Tätigkeit der Vereinigung nicht er-

kennt (LM Nr 6). **Bedingter** Vorsatz genügt (BGHSt 29, 99, 101; Bay NStZ 83, 123); er muß beim Unterstützen die fördernde Wirkung gerade für die Vereinigung umfassen (bei Schmidt MDR 91, 186) und beim Werben mit der propagandistischen Förderungstendenz (vgl 7) verbunden sein (NStZ 87, 552; NJW 90, 2828, 2830; bei Schmidt MDR 93, 505; Bay NStZ-RR 96, 7).

5. Handlungen von Beschuldigten und **Verteidigern** (§§ 137 ff 10 StPO), die der materiellen oder formellen Verteidigung dienen, sind meistens schon nicht tatbestandsmäßig. Andernfalls sind sie gerechtfertigt, wenn sie sich in den – allerdings umstrittenen und zum Teil noch ungeklärten (vgl etwa Ostendorf JZ 79, 252) – Grenzen prozessual zulässiger Verteidigung halten (BGHSt 29, 99; 31, 16 mit abl Anm Gössel JR 83, 118; NStZ 90, 183; weiter Rudolphi, Bruns-FS, S 315, 336 und ZRP 79, 214, 217; s auch 8–10 zu § 258); die Annahme, daß bei rechtmäßigem Verteidigerhandeln schon der Tatbestand entfalle (so ua Müller-Dietz JR 81, 76; Müller StV 81, 90, 97; Bottke JR 85, 122, 124; Ostendorf AK 23), ist angesichts der offensichtlichen Erfüllung der Tatbestandselemente problematisch, aber für das Ergebnis bedeutungslos (BGHSt 32, 243, 248).

6. Die in **Abs 4** genannten Erschwerungsgründe (Rädelsführer, Hin- 11 termann, 2 zu § 84) sind zwingende Beispiele für besonders schwere Fälle (11 zu § 46; beachte auch NJW 78, 174).

7. Zur **tätigen Reue** (Abs 6) 29 zu § 24; 7 zu § 87; Meindl aaO 12 [vgl 1] S 228, 234; krit Jung ZRP 86, 38.

8. Tateinheit ua möglich mit §§ 84, 85, 126, 140; § 129 a geht vor. 13 Mehrere auf demselben Vorsatz beruhende Handlungen der Beteiligung als Mitglied bilden nach der Rspr bereits eine tatbestandliche Handlungseinheit (10 vor § 52; BGHSt 29, 288 mwN). Es stehen hier zeitlich gestreckte Gesetzesverletzungen ganz im Vordergrund, so daß die Frage der Verklammerung mit anderen selbständigen Taten (5 zu § 52) häufig zu beantworten ist (vgl etwa BGHSt 29, 288 mit Anm Rieß NStZ 81, 74; NJW 80, 2029; bei Holtz MDR 82, 969). Gerade im Bereich des § 129 sind die Ergebnisse der Rspr oft unbefriedigend (krit Werle NJW 80, 2671, 2674 und Die Konkurrenz bei Dauerdelikt, Fortsetzungstat und zeitlich gestreckter Gesetzesverletzung, 1981, S 161; Fezer, in: Schmidt [Hrsg], Rechtsdogmatik und Rechtspolitik – Hamburger Ringvorlesung, 1990, S 125; Cording aaO [vgl 1] passim; s jedoch Lampe aaO [vgl 1] S 727).

9. Zuständigkeit und Verfahren §§ 74 a I, II, 120 II, 142 a GVG, 14 § 100 a Nr 1 c (BGHSt 28, 122 mit Anm Rieß JR 79, 167 und Vogel NJW 79, 2524), §§ 153 b–153 e StPO.

§ 129 a Bildung terroristischer Vereinigungen

(1) **Wer eine Vereinigung gründet, deren Zwecke oder deren Tätigkeit darauf gerichtet sind,**

1. Mord, Totschlag oder Völkermord (§§ 211, 212 oder 220 a),

2. Straftaten gegen die persönliche Freiheit in den Fällen des § 239 a oder des § 239 b oder

3. Straftaten nach § 305 a oder gemeingefährliche Straftaten in den Fällen der §§ 306 bis 308, 310 b Abs. 1, des § 311 Abs. 1, des § 311 a Abs. 1, der §§ 312, 315 Abs. 1, des § 316 b Abs. 1, des § 316 c Abs. 1 oder des § 319

zu begehen, oder wer sich an einer solchen Vereinigung als Mitglied beteiligt, wird mit Freiheitsstrafe von einem Jahr bis zu zehn Jahren bestraft.

(2) **Gehört der Täter zu den Rädelsführern oder Hintermännern, so ist auf Freiheitsstrafe nicht unter drei Jahren zu erkennen.**

(3) **Wer eine in Absatz 1 bezeichnete Vereinigung unterstützt oder für sie wirbt, wird mit Freiheitsstrafe von sechs Monaten bis zu fünf Jahren bestraft.**

(4) **Das Gericht kann bei Beteiligten, deren Schuld gering und deren Mitwirkung von untergeordneter Bedeutung ist, in den Fällen der Absätze 1 und 3 die Strafe nach seinem Ermessen (§ 49 Abs. 2) mildern.**

(5) **§ 129 Abs. 6 gilt entsprechend.**

(6) **Neben einer Freiheitsstrafe von mindestens sechs Monaten kann das Gericht die Fähigkeit, öffentliche Ämter zu bekleiden, und die Fähigkeit, Rechte aus öffentlichen Wahlen zu erlangen, aberkennen (§ 45 Abs. 2).**

(7) **In den Fällen der Absätze 1 und 2 kann das Gericht Führungsaufsicht anordnen (§ 68 Abs. 1).**

1 **1.** Die durch das StGB/StPOÄndG (7 vor § 1) eingeführte und seitdem mehrmals, namentlich durch das TerrBekG (10 vor § 1; krit dazu Fürst, Grundlagen und Grenzen der §§ 129, 129 a StGB, 1989, S 143), verschärfte Vorschrift gehört in den Bereich der Sicherheitsgesetze, die seit den Auseinandersetzungen um das 3. StrRG (6 vor § 1) durch eine ständig schwankende Haltung des Gesetzgebers in der Beurteilung der Sicherheitslage gekennzeichnet sind.

2 **2.** Die **Absätze 1, 3** sind **Qualifikationstatbestände** zu § 129 I. Dessen Voraussetzungen (dort 2–10) müssen daher – bezogen auf die in den Nummern 1, 3 genannten Straftaten (Katalogstaten) – sämtlich erfüllt sein (BGHSt 30, 328; eine weitere teleologisch begründete Einschränkung auf solche Vereinigungen, die für besonders gefährliche terroristische Akte Hilfsdienste leisten, fordert Dencker StV 87, 117,

121; für eine restriktive Auslegung von Nr 3 Junker, Analyse und Kritik der strafverfahrensrechtlichen Terrorismusgesetzgebung, 1996, S 72). § 129 II ist nicht anwendbar. Allerdings ist der Ausschluß auch des Parteienprivilegs (§ 129 II Nr 1) verfassungsrechtlich unzulässig (BverfGE 17, 155); jedoch dürften terroristische Vereinigungen als Parteien kaum in Frage kommen (Laufhütte Prot 7, 2444; Dahs NJW 76, 2145, 2147).

3. Abs 2 enthält – anders als § 129 IV (dort 11) – eine benannte Strafänderung, die eine Einbeziehung auch anderer vergleichbar schwerer Fälle ausschließt und auf Abs 1 beschränkt ist. – Rädelsführer, Hintermann 2 zu § 84. 3

4. Abs 3 hat namentlich bei terroristischen Publikationen, auch Werbebroschüren (NJW 95, 3395), und bei „Werbung am Mann" für die RAF als Organisation (Bay NStZ-RR 96, 7) praktische Bedeutung. Da er nur einen Vergehenstatbestand beschreibt, ist der Versuch – abweichend von den Absätzen 1, 2 – nicht strafbar (§ 23 I). 4

5. Abs 4 (Milderung nach Ermessen) § 49 II (dort 5–7, 10, 11). **Abs 5** (tätige Reue) 29 zu § 24; 12 zu § 129; zur Abgrenzung von der Kronzeugenregelung Junker aaO [vgl 2] S 231. – **Abs 6** bezieht sich nur auf Amtsfähigkeit und Wählbarkeit (im übrigen vgl 4 zu § 45). – **Abs 7** (Führungsaufsicht) 1, 2 vor § 68; 1–8 zu § 68. 5

6. Konkurrenzen 13 zu § 129. – **Anzeigepflicht** § 138 II. – **Zuständigkeit** und Verfahren § 120 I Nr 6, II S 1 Nr 2, 3 und § 142 a GVG (dazu BGHSt 29, 341; MDR 77, 156; Rebmann NStZ 86, 289; Schnarr MDR 88, 89), § 100 a Nr 1 c, § 103 I S 2, §§ 111, 112 III, 138 a II, V, 148 II (BGHSt 30, 38; Hamburg JZ 77, 142), 153 b–153 e StPO (krit zur Anknüpfung gravierender prozessualer Folgen an § 129 a Rudolphi JA 79, 1, 3; Bemmann ua, Die Verteidigung, 1979, S 26). – **Kontaktsperre** §§ 31–38 EGGVG (s auch BVerfGE 49, 24; BGHSt 27, 276). 6

§ 130 Volksverhetzung

(1) **Wer in einer Weise, die geeignet ist, den öffentlichen Frieden zu stören,**

1. **zum Haß gegen Teile der Bevölkerung aufstachelt oder zu Gewalt- oder Willkürmaßnahmen gegen sie auffordert oder**
2. **die Menschenwürde anderer dadurch angreift, daß er Teile der Bevölkerung beschimpft, böswillig verächtlich macht oder verleumdet,**

wird mit Freiheitsstrafe von drei Monaten bis zu fünf Jahren bestraft.

(2) **Mit Freiheitsstrafe bis zu drei Jahren oder mit Geldstrafe wird bestraft, wer**

1. **Schriften (§ 11 Abs. 3), die zum Haß gegen Teile der Bevölkerung oder gegen eine nationale, rassische, religiöse oder durch**

ihr Volkstum bestimmte Gruppe aufstacheln, zu Gewalt- oder Willkürmaßnahmen gegen sie auffordern oder die Menschenwürde anderer dadurch angreifen, daß Teile der Bevölkerung oder eine vorbezeichnete Gruppe beschimpft, böswillig verächtlich gemacht oder verleumdet werden,

a) **verbreitet,**
b) **öffentlich ausstellt, anschlägt, vorführt oder sonst zugänglich macht,**
c) **einer Person unter achtzehn Jahren anbietet, überläßt oder zugänglich macht oder**
d) **herstellt, bezieht, liefert, vorrätig hält, anbietet, ankündigt, anpreist, einzuführen oder auszuführen unternimmt, um sie oder aus ihnen gewonnene Stücke im Sinne der Buchstaben a bis c zu verwenden oder einem anderen eine solche Verwendung zu ermöglichen, oder**

2. **eine Darbietung des in Nummer 1 bezeichneten Inhalts durch Rundfunk verbreitet.**

(3) **Mit Freiheitsstrafe bis zu fünf Jahren oder mit Geldstrafe wird bestraft, wer eine unter der Herrschaft des Nationalsozialismus begangene Handlung der in § 220 a Abs. 1 bezeichneten Art in einer Weise, die geeignet ist, den öffentlichen Frieden zu stören, öffentlich oder in einer Versammlung billigt, leugnet oder verharmlost.**

(4) **Absatz 2 gilt auch für Schriften (§ 11 Abs. 3) des in Absatz 3 bezeichneten Inhalts.**

(5) **In den Fällen des Absatzes 2, auch in Verbindung mit Absatz 4, und in den Fällen des Absatzes 3 gilt § 86 Abs. 3 entsprechend.**

Fassung des VerbrBG (4 vor § 38). Zusammen mit den Änderungen der §§ 86, 86 a bildet die Vorschrift einen Schwerpunkt im materiellrechtlichen Programm des VerbrBG. Sie erweitert aus Anlaß der zunehmenden Aktivitäten rechtsextremistischer Gruppen und ihrer internationalen Verflechtung die strafrechtlichen Zugriffsmöglichkeiten in zum Teil problematischer Weise (dazu 8, 8 a; Geilen LdR S 1168 mit Hinweisen zur Entwicklungsgeschichte; vgl dazu auch Frommel KJ 95, 402).

1 **1.** Die Vorschrift **schützt** in erster Linie den **öffentlichen Frieden** (1 zu § 126; v Bubnoff LK 4 mwN), da mit Ausnahme von Abs 2 eine Eignung zu dessen Störung vorausgesetzt wird. Darüber hinaus ist auch die **Würde des Einzelmenschen** geschützt (aM Sch/Sch-Lenckner 1 a), ausdrücklich freilich nur noch von Abs 1 Nr 2 und Abs 2 Nr 1. Das für Abs 3 angeführte Allgemeininteresse daran, daß das politische Klima nicht vergiftet wird (BT-Dr 12/8588 S 8; Geilen LdR S 1168: Klimadelikt), verschafft der Vorschrift keine zusätzliche Legitimation (zu Recht krit Tröndle 18).

2 **2.** In **Abs 1, 2** sind unmittelbarer **Angriffsgegenstand Teile der Bevölkerung**, dh im Inland lebende (Geilen LdR S 1169; Sch/Sch-

Lenckner 3) Personenmehrheiten nicht ganz geringfügiger Größe und Bedeutung, die von der Gesamtheit der Bevölkerung aufgrund äußerer oder innerer Merkmale als unterscheidbare Teile abgegrenzt werden können (BGHR Nr 1), zB – jetzt von Abs 2 Nr 1 ausdrücklich hervorgehobene (BT-Dr 12/6853 S 24) – **nationale, rassische, religiöse oder durch ihr Volkstum bestimmte Gruppen** (§ 220 a) sowie politische, wirtschaftliche, berufliche (beachte jedoch GA 79, 391; Hamm NJW 81, 591) oder soziale Gruppierungen; hierher gehören namentlich die Juden (BGHSt 21, 371; 31, 226, 231; Köln NJW 81, 1280; Wehinger, Kollektivbeleidigung – Volksverhetzung, 1994, S 124, 130), aber zB auch die Zigeuner (Karlsruhe NJW 86, 1276), die dunkelhäutigen Menschen (Hamburg NJW 75, 1088; Zweibrücken NStZ 94, 490; vgl auch ArbG Mannheim BB 95, 985), die Ausländer (Hamm NStZ 95, 136; AG Linz NStZ-RR 96, 358, soweit sie ihren Lebensunterhalt nicht aus eigenen Mitteln bestreiten), die ausländischen Gastarbeiter (Celle NJW 70, 2257; Lohse NJW 71, 1245; vd Horst ZUM 93, 508, 511), speziell die Türken unter ihnen (Lohse NJW 85, 1677), die Asylbetrüger (Bay NJW 94, 952 [mit Anm Otto JR 94, 473] und 95, 145; Karlsruhe MDR 95, 735; Frankfurt NJW 95, 143, soweit alle Asylbewerber oder solche ohne Anerkennungsanspruch gemeint sind) bzw die Asylbewerber (Düsseldorf MDR 95, 948, soweit ohne Anerkennungsanspruch) und die Soldaten der Bundeswehr (Düsseldorf NJW 86, 2518; Frankfurt NJW 89, 1367; aM Streng, Lackner-FS, S 501, 522).

3. In **Abs 1, 2** müssen die **Tathandlungen** unmittelbar **gegen Teile der Bevölkerung** (bei antisemitischen Angriffen also nicht lediglich gegen den Staat Israel, Hamburg NJW 70, 1649) gerichtet sein. Die Tathandlung des Abs 1 Nr 2 und die des Abs 2 Nr 1 müssen zudem einen Angriff auf die **Menschenwürde** anderer enthalten. Das setzt voraus, daß diese im Kern ihrer Persönlichkeit getroffen, dh daß ihnen das Lebensrecht in der Gemeinschaft bestritten oder sie als unterwertig behandelt werden sollen (BGHSt 21, 371; 31, 226, 231; 36, 83, 90; Düsseldorf MDR 95, 948; Frankfurt NJW 89, 1367 und 95, 143; Bay NJW 91, 1493, 94, 952 [mit Bespr Hufen JuS 94, 977 und Otto JR 94, 473] und 95, 145 [Bestreiten des „sozialen Lebensrechts" soll genügen]; Hamm NStE 7 und probl NStZ 95, 136 [„Ausländer raus"]; Streng, Lackner-FS, S 501, 511; Maiwald JR 89, 485, 488; Wehinger aaO [vgl 2] S 124; Otto, Jura 95, 277; Geilen LdR S 1172; einschr Giehring StV 85, 30, 34; im Ergebnis probl Frankfurt NJW 85, 1720 mit krit Bespr Blau JR 86, 82 und Wolfrum, FS für P Schneider, 1990, S 515, 521, alle mwN). Als nicht sehr weittragende, aber bisweilen doch in Frage kommende Auslegungshilfe kann die Rspr zur „entwürdigenden Behandlung" nach § 31 WStG (dazu Schölz/Lingens 3–6 zu § 31) dienen (hM; krit Streng aaO S 513 mwN). Ein Angriff auf einzelne Persönlichkeitsrechte wie die Ehre zB durch die beleidigende Einstufung von Soldaten als „Mörder" (5 zu § 185) reicht nicht (Lorenz 3

NJ 94, 561, 563; nach Herdegen NJW 94, 2933, 2934 fehlt dieser Beleidigung die erforderliche Eignung zur Störung des öffentlichen Friedens [vgl 10]); BVerfG NJW 94, 2943, 2944 versteht entsprechende Aufkleber schon nicht als Beschuldigung von Bundeswehrsoldaten mit der Begehung von Mordtaten). – Auf dieses einschränkende Merkmal wird in Abs 1 Nr 1 und Abs 2 Nr 1 mit der Begründung verzichtet, daß solche Äußerungen bzw Schriften idR einen Angriff auf die Würde der betroffenen Menschen darstellten (so BT-Dr 12/6853 S 24; krit Neumann StV 94, 273, 274 und Rudolphi SK 1 b). Im einzelnen:

4 **a) Abs 1 Nr 1 Alt 1: Zum Haß aufstacheln** bedeutet nachhaltig auf Sinne und Gefühle anderer mit dem Ziel einwirken, Haß im Sinne von Feindschaft, nicht bloßer Ablehnung oder Verachtung, zu erzeugen oder zu steigern (BGHSt 40, 97, 102; NStZ 94, 140; Köln NJW 81, 1280; Bay NJW 90, 2479 mit Anm Horn JR 91, 83; LG Mannheim NJW 94, 2494, 2497 mit Bespr Bertram NJW 94, 2397 und Sendler ZRP 94, 377; AG Linz NStZ-RR 96, 358; Geilen LdR S 1171, alle mwN; vgl auch BVerfGE 90, 241 mit Bespr Heselhaus JA 95, 272; zum sog „Auschwitz-Mythos" AG Hamburg NJW 95, 1039 mit krit Bespr Hufen JuS 95, 638, 639 und LG Hamburg NStZ-RR 96, 262; zu weit Lohse NJW 71, 1245 und 85, 1677, 1679); bei antisemitischer Agitation (zB bei der sog „qualifizierten Auschwitzlüge", NStZ 94, 140; Rudolphi SK 4; krit zu deren Abhebung von der sog „einfachen Auschwitzlüge" Frommel KJ 94, 323, 334 mit Erwiderung Wallrabenstein KJ 95, 223 und Duplik Frommel KJ 95, 402), die sich bewußt an das nationalsozialistische Vorbild hält, wird das idR zutreffen (2 StR 508/76 v. 10. 11. 1976; v Bubnoff LK 18 mwN). Zu ausländerfeindlichen Wahlspots im Fernsehen vd Horst ZUM 93, 508, 511.

5 **b) Abs 1 Nr 1 Alt 2: Auffordern** ist ebenso wie in § 111 I (dort 3) auszulegen (BGHSt 32, 310; krit vd Horst aaO [vgl 4] S 511; Geilen LdR S 1171). – **Gewalt- oder Willkürmaßnahmen** sind anders als in §§ 234 a, 241 a nicht nur staatliche Verfolgungsmaßnahmen, sondern auch Privataktionen (Geilen, aaO; Sch/Sch-Lenckner 5 b). Parolen wie „Juden raus" oder „Ausländer raus" genügen dem nicht ohne weiteres (BGH aaO; Bloy JR 85, 266; vgl aber Hamm NStZ 95, 136; Rühl NJW 95, 561, 564; v Bubnoff LK 20).

6 **c) Abs 1 Nr 2: Beschimpfen, böswillig verächtlich machen** 6 zu § 90 a (probl Koblenz GA 84, 575 mit abl Bespr Giehring StV 85, 30 und LG Frankfurt NJW 88, 2683 mit abl Bespr Dau NJW 88, 2650); zu § 130 Bay NJW 95, 145 und Frankfurt NJW 95, 143 (Asylbewerber als „Schmarotzer"). – **Verleumden** 1 zu § 187; der Angriff bezieht sich hier anders als in § 187 nicht auf bestimmte Einzelpersonen, was jedoch im Hinblick auf den Inhalt des Verleumdungsbegriffs keinen Unterschied begründet.

7 **4. Abs 2: Schriften** (Nr 1) 27, 28 zu § 11; für Darbietungen im **Rundfunk** (Nr 2) gelten die Ausführungen unter 7 zu § 184 sinnge-

mäß (vgl AG Linz NStZ-RR 96, 358; krit zur „Privilegierung“ des Theaters Geilen LdR S 1175); **Verbreiten** usw (Nr 1 a–d) s § 184 I Nr 1, II, III (dort 5, 7, 8).

5. Abs 3: Öffentlich oder in einer Versammlung 2 zu § 80 a (krit zu dieser Einschränkung Partsch EuGRZ 94, 429, 434). – **Billigen** heißt, eine konkrete Tat (NJW 90, 2828; Sch/Sch-Lenckner 17) – auch die eigene (NJW 78, 58) – nach ihrer Begehung gutheißen (BGHSt 22, 282; Geilen LdR S 1177: positive Parteinahme). Erforderlich ist danach die eindeutige, aus sich heraus verständliche Kundgabe eigener Zustimmung, die nach dem Sinn der (uU nur schlüssigen) Erklärung (NJW 95, 3395, 3396), nicht nach der Verwendung bestimmter Worte zu beurteilen ist und sich auch schon aus der Form der Darstellung ergeben kann (NJW 78, 58); bloßes Verbreiten fremder Erklärungen genügt allein nicht (BGHSt 36, 363; probl Braunschweig NJW 78, 2044). Außerdem muß die Beziehung auf die konkrete Tat für den Durchschnittsadressaten so eindeutig und unmittelbar aus der Kundgebung selbst hervorgehen, daß er sie als Zustimmung zu einer konkreten, objektiv und subjektiv verwirklichten Katalogstat verstehen kann (NJW 90, 2828 mwN; krit zur früher uneinheitlichen Rspr Rudolphi ZRP 79, 214, 219; Hanack LK 14–25 zu § 140). – **Verharmlosen** ist das der wirklichen Bedeutung widersprechende Bagatellisieren der Wertwidrigkeit, der Gefährlichkeit und der Folgen von Gewalttätigkeiten (hM; vgl Koblenz NJW 86, 1700 mwN; anders BT-Dr 10/2546 S 22 und Greger NStZ 86, 8, 10, die auch „beiläufige“ und „emotionsneutrale“ Schilderungen ohne ein „Herunterspielen“ genügen lassen). Es wird idR darin bestehen, daß die Gewalt in dem konkreten Zusammenhang zu Unrecht als akzeptable oder wenigstens nicht verwerfliche Möglichkeit der Konfliktslösung hingestellt wird (BT-Dr VI/3521 S 7). Die Verharmlosung kann in einem quantitativen „Herunterspielen“, aber auch in einem qualitativen „Bagatellisieren“ bestehen (Geilen LdR S 1177; Sch/Sch-Lenckner 21). – **Leugnen** ist das bloße Bestreiten (krit zur Weite des Merkmals König/Seitz NStZ 95, 1, 3 und Geilen LdR S 1176), das mehr als ein Infragestellen ist (vgl Beisel NJW 95, 997, 1000; anders aber v Bubnoff LK 44). Wer von der Nichtexistenz der geleugneten Handlung ausgeht, leugnet sie nicht im Sinne eines bewußt wahrheitswidrigen Bestreitens; zumindest ist der „Leugnungs“-Vorsatz zu verneinen (Geilen aaO [vgl 1] S 1178; wohl auch Sch/Sch-Lenckner 20; aM Rudolphi SK 23). – Alle drei Tathandlungen müssen sich auf **eine unter der Herrschaft des Nationalsozialismus** begangene Katalogstat des § 220 a I Nr 1–5 beziehen (krit zu dieser Beschränkung Beisel aaO und Tröndle 8; dagegen aber v Bubnoff LK 45); durch die Formulierung „Handlung der in § 220 a Abs 1 bezeichneten Art“ werden auch vor dem Inkrafttreten des § 220 a am 22. 5. 55 (BGBl II 210) begangene Taten erfaßt (BT-Dr 12/8588 S 8). 8

Abs 3 erfaßt damit insbesondere das bloße Bestreiten der Gaskammermorde zB in Auschwitz (sog „Auschwitzlüge“), das von § 130 aF 8 a wegen des dort geforderten Angriffs auf die Menschenwürde nicht ohne weiteres erfaßt wurde (BGHSt 40, 97 mit Bespr Baumann NStZ 94, 392, Bertram NJW 94, 2002, Jakobs StV 94, 540 und Geppert JK 1; vgl jedoch BVerfGE 90, 241 mit zust Bespr Berkemann JR 94, 451, alle mwN), und dessen beleidigungsrechtliche Erfassung problematisch ist (3 vor § 185; 5 zu § 185; 2 zu § 189; 3 zu § 194). Auf die Rspr des BGH zu § 130 aF reagiert der Gesetzentwurf des Bundesrates ausdrücklich (BR-Dr 534/94 S 10; im Gesetzentwurf der Fraktionen der CDU/CSU und FDP war eine solche Vorschrift noch nicht vorgesehen, BT-Dr 12/6853 S 5). Auch wenn diese Reaktion der öffentlichen Meinung (vgl nur die Presseerklärung des Deutschen Richterbundes, DRiZ 94, 229) und einem internationalen Trend (vgl Müller ZBJV 94, 241, 255; nach Partsch EuGRZ 94, 429, 434 stellt die Vorschrift auch die Erfüllung einer völkerrechtlichen Verpflichtung dar) zur strafrechtlichen Erfassung der „Auschwitzlüge" entspricht, so ist doch die Legitimität der Vorschrift zumindest zweifelhaft (vgl Beisel aaO [vgl 8] S 1000: Verstoß gegen die Freiheit der Meinungsäußerung nach Art 5 I GG; ähnlich, aber vorsichtiger Dietz KJ 95, 210, 220 und Huster NJW 96, 487); bezweifeln kann man schon, ob eine Lüge überhaupt strafwürdiges Unrecht ist, bezweifeln muß man, ob das bloße Leugnen einer historischen Tatsache ohne Agitationscharakter gerade als Volksverhetzung erfaßt werden darf (auf das einschr Merkmal des Angriffs auf die Menschenwürde anderer ist verzichtet worden, um das einfache Leugnen des Holocaust erfassen zu können, BR-Dr aaO). Der Gesetzgeber wollte ein politisches Signal gegen rechtsextremistische und neonazistische Entwicklungen setzen (v Bubnoff LK 42 mwN).

9 **6. Abs 4**: Verbreiten von Schriften usw (oben 7) mit dem in Abs 3 beschriebenen Inhalt (oben 8; Darbietungen im Rundfunk (Abs 2 Nr 2) sind nicht erfaßt (Sch/Sch-Lenckner 23: Versehen?).

10 **7.** Zu der nur von Abs 1, 3, 4 geforderten **Eignung** der Tathandlung, den **öffentlichen Frieden** zu stören, 4, 5 zu § 126 (krit Fischer GA 89, 445, 463); diese Eignung kann je nach der betroffenen Gruppe, namentlich ihrer Größe, ihrer Homogenität und dem Ausmaß ihrer faktischen Ausgrenzung aus der Gesamtbevölkerung (zB rassische und ethnische Gruppen, Randgruppen) unterschiedlich zu beurteilen sein (Streng, Lackner-FS, S 501, 515), aber nicht auf die bloße „Öffentlichkeitsfähigkeit" der Äußerung (dazu 4 zu § 126) reduziert werden (v Bubnoff LK 7; aM Streng aaO). – An der Eignung mag es bei der Soldaten-Mörder-Parole fehlen (Herdegen aaO [vgl 3]; Sch/Sch-Lenckner 11), nicht jedoch bei Asylbetrüger-Pamphleten (Bay NJW 95, 145; Frankfurt NJW 95, 143); bei der sog „Auschwitzlüge" wird man trotz ihrer evidenten Haltlosigkeit die Tauglichkeit als friedensstörende Aussage noch annehmen müssen (Geilen aaO [vgl vor 1] S 1178). Da Abs 2 keine Eignung zur Störung des inländischen Rechtsguts öffentlicher Frieden voraussetzt, ist auch das Verbreiten von Schriften erfaßt, die sich auf im Ausland lebende Gruppen beziehen

(BT-Dr 12/6853 S 24; krit zu dieser „Globalisierung" Geilen aaO S 1174).

8. Zu der nach **Abs 5** für Abs 2–4 analog anwendbaren Sozialadäquanzklausel des § 86 III s dort 8; krit zu dieser Klausel, vor allem im Hinblick auf Abs 3 (Geilen LdR S 1179). – Zur (wohl kaum) möglichen Rechtfertigung durch die Meinungsäußerungsfreiheit (Art 5 I GG) s AG Linz NStZ-RR 96, 358, 359. 11

9. Der **Vorsatz** (bedingter genügt) muß bei Abs 1, 3, 4 namentlich auch die Eignung zur Friedensstörung umfassen (5 zu § 126). Hinsichtlich des Aufstachelns (vgl 4) ist zielgerichteter Wille erforderlich (Sch/Sch-Lenckner 24; aM v Bubnoff LK 29). Zum Vorsatz hinsichtlich des Leugnens vgl 8. 12

10. Tateinheit ua möglich mit §§ 111, 140, 185–187 a. 13

§ 130 a Anleitung zu Straftaten

(1) **Wer eine Schrift (§ 11 Abs. 3), die geeignet ist, als Anleitung zu einer in § 126 Abs. 1 genannten rechtswidrigen Tat zu dienen, und nach ihrem Inhalt bestimmt ist, die Bereitschaft anderer zu fördern oder zu wecken, eine solche Tat zu begehen, verbreitet, öffentlich ausstellt, anschlägt, vorführt oder sonst zugänglich macht, wird mit Freiheitsstrafe bis zu drei Jahren oder mit Geldstrafe bestraft.**

(2) **Ebenso wird bestraft, wer**

1. **eine Schrift (§ 11 Abs. 3), die geeignet ist, als Anleitung zu einer in § 126 Abs. 1 genannten rechtswidrigen Tat zu dienen, verbreitet, öffentlich ausstellt, anschlägt, vorführt oder sonst zugänglich macht oder**
2. **öffentlich oder in einer Versammlung zu einer in § 126 Abs. 1 genannten rechtswidrigen Tat eine Anleitung gibt,**

um die Bereitschaft anderer zu fördern oder zu wecken, eine solche Tat zu begehen.

(3) **§ 86 Abs. 3 gilt entsprechend.**

1. Die Vorschrift schützt den **öffentlichen Frieden** (1 zu § 126). Ebenso wie § 140 (dort 1) soll sie dem Entstehen eines „psychischen Klimas" entgegenwirken, in dem schwere, sozialschädliche Gewalttaten gedeihen können (BT-Dr 10/6286 S 8; krit Dencker StV 87, 117, 121; Demski/Ostendorf StV 89, 30). Sie hat die Anleitung zur Begehung bestimmter Gewalttaten zum Gegenstand (vgl 2) und differenziert nach den Begehungsformen des Verbreitens oder Zugänglichmachens von Schriften (vgl 6, 7) und der Äußerung in der Öffentlichkeit oder in Versammlungen (vgl 8). 1

2. Grundlage **aller Tatbestandsalternativen** ist die Anleitung zu einer in § 126 I genannten rechtswidrigen Tat (Katalogstat). – **Anleiten** zu einer Tat erfordert, daß über die Möglichkeiten der Tatausführung 2 einschließlich ihrer Vorbereitung, namentlich durch Hinweise technischer Art, Informationen mit der Tendenz zur Förderung der Tatbegehung gegeben werden (Sturm JZ 76, 347, 349; Laufhütte MDR 76, 441, 445); ein Auffordern (3 zu § 111) setzt es nicht voraus (Rogall GA 79, 11, 19; v Bubnoff LK 10, beide mwN; str). – **Bezugsgegenstand** des Anleitens ist ein bestimmtes – sei es auch nur allgemein beschriebenes – tatsächliches Verhalten, das die Merkmale einer, nicht notwendig schuldhaften, Katalogstat aufweist (2 zu § 126; 18 zu § 11).

3 **3.** Zu den Begehungformen des **Abs 1**:

a) Schriften (und andere Darstellungen) 27, 28 zu § 11. Von den Darbietungen im Rundfunk (Bild- und Hörfunk) gehören nur Ausstrahlungen von Bild- oder Tonaufzeichnungen hierher (7 zu § 184); Äußerungen in Live-Sendungen können unter Abs 2 Nr 2 fallen.

4 **b)** Das Merkmal **geeignet, als Anleitung** (iS der Ausführungen unter 2) **zu dienen**, bedarf zur Wahrung der Meinungsfreiheit (Art 5 GG) einschränkender Auslegung. Es ist nicht schon dann erfüllt, wenn die Schrift als Informationsquelle für die Planung einer Katalogstat benutzt werden kann. Erforderlich und zugleich ausreichend ist vielmehr, daß sie spezielle unterweisende Ausführungen enthält, die gerade für die Vorbereitung oder Ausführung von Gewalt- oder Zerstörungsakten der in den Katalogstatbeständen beschriebenen Art hilfreich sein sollen. Erfaßt werden danach nicht nur Schriften, die unmittelbar zu Katalogstaten anleiten (vgl 2), sondern auch solche, die sich erkennbar auf äußerlich entsprechende, aber nicht rechtswidrige Handlungen (etwa Brückensprengungen im Verteidungsfall) beziehen (BT-Dr 10/6286 S 8). Auszuscheiden sind vor allem wissenschaftliche Untersuchungen, Patentschriften und alle anderen Schriften technischen Inhalts, wenn ihnen der besondere Bezug zur Förderung gerade von Handlungsakten im Sinne der Katalogstatbestände fehlt. Das trifft ua für Schriften zu, denen es darauf ankommt, mögliche Ansatzpunkte für die Abwehr von Katalogstaten aufzuzeigen (Sturm JZ 76, 347, 349), und für Darstellungen von Gewalttaten in Kriminalfilmen und -romanen, es sei denn, daß diese Darstellungsformen zur Tarnung der Anleitungstendenz gewählt werden.

5 **c)** Die **Bereitschaft anderer**, eine Katalogstat zu begehen, wird **gefördert oder geweckt**, wenn bei anderen der Wille zur Tatbegehung verursacht oder bestärkt wird (zum früheren Recht Rogall GA 79, 11, 19). Ob die **Schrift nach ihrem Inhalt** zu diesem Zweck **bestimmt** ist, hängt ausschließlich von dem in ihr objektivierten Inhalt ab (BGHSt 28, 312 mwN), allerdings auch, soweit er erkennbar zwischen den Zeilen steht oder sich erst aus anderen Schriften, auf die verwiesen wird, voll erschließt (4 zu § 86). Erforderlich ist danach mindestens eine auf Förderung der Bereitschaft gerichtete Tendenz (Sch/Sch-Lenckner 5; enger Rudolphi SK 8), die im Inhalt wenigstens ansatzweise zum Ausdruck kommt. Hinzukommen muß nach dem Schutzzweck der

Vorschrift die aus den Umständen herzuleitende objektive Eignung der Schrift, dieses Ziel zu erreichen (im Ergebnis ebenso BT-Dr 10/6286 S 8); daran wird es bei älteren, nur für eine bestimmte Zeit verfaßten Schriften regelmäßig fehlen (Sturm JZ 76, 347, 348).

d) Die **Tathandlungen** (Verbreiten usw) decken sich mit den wichtigsten Tathandlungen des § 184 I (dort 5). 6

4. Zu den Begehungsformen des **Abs 2**: 7

a) Nr 1: Sie weicht von Abs 1 nur insofern ab, als an die Stelle des im Inhalt der Schrift verkörperten Zwecks, die Bereitschaft anderer zur Begehung von Katalogstaten zu fördern oder zu wecken (vgl 5), die entsprechende Absicht des Täters tritt (dazu 10; einschr Dencker StV 87, 117, 121 und Beck, Unrechtsbegründung und Vorfeldkriminalisierung, 1992, S 192).

b) Nr 2: Öffentlich, in einer Versammlung 2 zu § 80 a. – **Tathandlung** ist das Anleiten (vgl 2). 8

5. a) Der **Vorsatz** (bedingter genügt) erfordert hinreichend konkretisierte Vorstellungen von den Tatumständen der Katalogstatbestände (5 zu § 126). Außerdem bedarf es in den Fällen des **Abs 1** namentlich der Bedeutungskenntnis (14 zu § 15) im Hinblick auf die vorausgesetzte Eignung der Schrift und ihre Bestimmung. Ob die Förderung oder Weckung der Bereitschaft anderer erreicht wurde (Sturm JZ 76, 347, 349) oder ob der Täter das Förderungsziel selbst verfolgt oder den Inhalt der Schrift als solchen auch nur gebilligt hat (Stree NJW 76, 1177, 1179), ist unerheblich. 9

b) Abs 2 erfordert die **Absicht** (kein besonderes persönliches Merkmal nach § 28 I, dort 3–5) der Förderung oder Weckung fremder Bereitschaft (vgl 5) im Sinne zielgerichteten Wollens (Stree aaO; 20 zu § 15); ob das Ziel erreicht wurde, ist auch hier unerheblich. 10

6. Zu **Abs 3** vgl 8 zu § 86. Für Abs 2 ist die Adäquanzklausel praktisch bedeutungslos, weil die privilegierten Zwecke – mindestens idR – nicht mit der Absicht, fremde Tatbereitschaft zu fördern (vgl 10), zusammentreffen können. 11

7. Für die **Einziehung** von Schriften gilt in Fällen des Abs 1 § 74 d I, II und in Fällen des Abs 2 § 74 d III. Selbständige Einziehung § 76 a. 12

8. Tateinheit ua möglich mit §§ 111 (dort 10; anders v Bubnoff LK 34: Subsidiarität von § 130 a), 125, 129. 13

§ 130 b *(weggefallen)*

§ 131 Gewaltdarstellung

(1) **Wer Schriften (§ 11 Abs. 3), die grausame oder sonst unmenschliche Gewalttätigkeiten gegen Menschen in einer Art schildern, die eine Verherrlichung oder Verharmlosung solcher Gewalt-**

tätigkeiten ausdrückt oder die das Grausame oder Unmenschliche des Vorgangs in einer die Menschenwürde verletzenden Weise darstellt,

1. **verbreitet,**
2. **öffentlich ausstellt, anschlägt, vorführt oder sonst zugänglich macht,**
3. **einer Person unter achtzehn Jahren anbietet, überläßt oder zugänglich macht oder**
4. **herstellt, bezieht, liefert, vorrätig hält, anbietet, ankündigt, anpreist, einzuführen oder auszuführen unternimmt, um sie oder aus ihnen gewonnene Stücke im Sinne der Nummern 1 bis 3 zu verwenden oder einem anderen eine solche Verwendung zu ermöglichen,**

wird mit Freiheitsstrafe bis zu einem Jahr oder mit Geldstrafe bestraft.

(2) **Ebenso wird bestraft, wer eine Darbietung des in Absatz 1 bezeichneten Inhalts durch Rundfunk verbreitet.**

(3) **Die Absätze 1 und 2 gelten nicht, wenn die Handlung der Berichterstattung über Vorgänge des Zeitgeschehens oder der Geschichte dient.**

(4) **Absatz 1 Nr. 3 ist nicht anzuwenden, wenn der zur Sorge für die Person Berechtigte handelt.**

Fassung: Das VerbrBG (4 vor § 38) hat in Abs 1 die Schriften gestrichen, die zum Rassenhaß aufstacheln (vgl jetzt § 130 II Nr 1).

1 **1.** Die Vorschrift **schützt den öffentlichen Frieden** (1 zu § 126; hM). Sie soll die Darstellung von Aggressionen, die möglicherweise für **Gewalttätigkeiten** stimulierend wirken, in der Allgemeinheit hintanhalten und zugleich den einzelnen vor der Fehlentwicklung zu einer aggressiven Haltung bewahren (BT-Dr VI/3521 S 6; 10/2546 S 21). Sie war von Anbeginn heftig umstritten (vgl etwa Lange, Heinitz-FS, S 593; Gehrhardt NJW 75, 375; Rudolphi JA 79, 1, 2; aber auch Geilen LdR S 413: hinlänglich legitim; zur Verfassungsgemäßheit der Vorschrift Meirowitz, Gewaltdarstellungen auf Videokassetten, 1993, S 345). Obwohl kein Zweifel besteht, daß Gewaltdarstellungen der im Tatbestand beschriebenen Art (namentlich in Video-Kassetten) massenhaft vertrieben werden, hat die Vorschrift auch nach ihrer Erweiterung – offenbar wegen der Häufung schwer faßbarer normativer Merkmale – nur selten zu Verurteilungen geführt (vgl Joerden ZRP 95, 325, der deshalb eine „Gewaltdarstellungssteuer" vorschlägt; krit Rössel ZRP 97, 79). Das VerbrBG (vgl vor 1) hat immerhin das Merkmal der Aufstachelung zum Rassenhaß gestrichen und es wegen Auslegungsproblemen auch im neuen allgemeinen Diskriminierungstatbestand des § 130 II nicht weiterverwendet (BT-Dr 12/6853 S 24). Die Hauptbedeutung der Vorschrift dürfte nach wie vor in der plakativen Mißbilli-

gung der in der Gesellschaft sichtbar gewordenen Brutalisierungstendenzen liegen (BT-Dr 7/514 S 4).

2. Schriften (und andere Darstellungen) 27, 28 zu § 11. 2

3. Für Darbietungen im **Rundfunk** (Abs 2) gelten die Ausführungen unter 7 zu § 184 sinngemäß. Theatervorstellungen und Varietéveranstaltungen sind nicht erfaßt (v Bubnoff LK 32 mwN). 3

4. **a) Gewalttätigkeiten gegen Menschen** setzen den Einsatz physischer (nicht lediglich psychischer) Kraft durch aggressives positives Tun (nicht bloßes Unterlassen) voraus, mit dem unmittelbar auf den Körper eines anderen (nicht auf Tiere oder Sachen) in einer die körperliche Unversehrtheit konkret gefährdenden Weise eingewirkt wird (ähnlich NJW 80, 65, 66 zu § 184 III; v Bubnoff LK 15; weiter Geilen LdR S 414: auch mittelbare Einwirkungen). Nach dem Schutzzweck des Tatbestandes ist der Begriff hier enger auszulegen als in § 125 (dort 4); jedoch werden nicht nur Formen der Nötigung erfaßt, sondern uU auch einverständliche sadomasochistische Exzesse (Karlsruhe MDR 77, 864 mwN) und Anwendung rechtmäßiger Gewalt (v Bubnoff LK 15 mwN). – **Grausam** ist ebenso wie in § 211 I (dort 10) auszulegen (hM; vgl BT-Dr 10/2546 S 22). – **Unmenschlich** ist eine Gewalttätigkeit, wenn sie eine menschenverachtende Tendenz des Gewalttäters zum Ausdruck bringt; zB wenn jemand aus roher und unbarmherziger Gesinnung oder einfach deshalb, weil es ihm Spaß macht, völlig bedenkenlos Menschen erschießt (BT-Dr VI/3521 S 7). 4

b) Schildern heißt, mit Hilfe des verwendeten Mediums die Vorstellung von einem unter 4 beschriebenen Vorgang vermitteln. Nach hM verstößt die Einbeziehung von Darstellungen nur menschenähnlicher Wesen (zB „Zombies") gegen das Analogieverbot (BVerfGE 87, 209; Geilen LdR S 413; Sch/Sch-Lenckner 6), obwohl es nicht ausgeschlossen ist, auf solche Weise den Eindruck menschlichen Verhaltens zu erwecken (anders daher BT-Dr 10/2546 S 22). Auf die Eignung der Schilderung, verrohend zu wirken oder allgemein andere zu aggressivem Verhalten anzureizen, kommt es mangels wissenschaftlicher Beweisbarkeit im Einzelfall nicht an (BT-Dr VI/3521 S 7). 5

c) Verherrlichen bedeutet, die unter 4 beschriebenen Gewalttätigkeiten mit einem positiven Wertakzent versehen, dh sie als Ausfluß einer anerkennenswerten Grundhaltung erscheinen lassen; zB dadurch, daß sie als verdienstvoll, als erstrebenswertes Abenteuer, als Bewährungsprobe für männliche Tugenden oder Fähigkeiten oder als billigenswerte Möglichkeit zur Erlangung von Ruhm, Anerkennung oder Auszeichnung dargestellt werden (BT-Dr VI/3521 S 7). – **Verharmlosen** 8 zu § 130. – Die **Art der Schilderung** muß Verherrlichung oder Verharmlosung **ausdrücken** (weiter Sch/Sch-Lenckner 10 mwN). Entgegen diesem vom früheren Recht abweichenden (vgl 1), nur als klarstellende Vereinfachung gedachten (BT-Dr 10/2546 S 22) Wortlaut genügt es nicht, wenn aus einer wie immer gearteten Darstellungsweise 6 lediglich eine im vorstehenden Sinne positive oder bagatellisierende Bewertung hervorgeht (Greger NStZ 86, 8). Damit ginge ein wesentliches, früher unbestrittenes Element der Einschränkung verloren, wonach gerade das Grausame oder Unmenschliche des Vorgangs – etwa die Art und das Ausmaß der Verletzungen, die Qualen des Opfers und die menschenverachtende Gesinnung des Gewalttäters – den wesentlichen Inhalt und zugleich Sinn der Schilderung ausmachen muß (NJW 78, 58; bei Schmidt MDR 81, 975). Die „distanzierte oder verfremdete" Beschreibung eines an sich grausamen oder unmenschlichen Vorgangs reicht daher selbst dann nicht aus, wenn sie mit einer verharmlosenden Tendenz einhergeht; andernfalls würden in schwer abschätzbarem Umfang auch Kriminal- und Wildwestfilme sowie Comic Strips erfaßt, die bisher weitgehend ausgeschieden waren (v Bubnoff LK 20 mwN).

7 **d)** Das Merkmal einer die **Menschenwürde verletzenden Darstellungsart** ist in hohem Maße unbestimmt und deshalb im Hinblick auf Art 103 II GG problematisch (BVerfGE 87, 209 akzeptiert es nur mit dem Vorbehalt verfassungskonformer Auslegung; zust Beisel/Heinrich NJW 96, 491, 496; vgl auch Geilen LdR S 415: bedenklicher Grenzfall). Da es nach dem Sachzusammenhang nur als objektiver, von bestimmten Individuen abstrahierter Maßstab verstehbar ist (BT-Dr 10/2546 S 23), kommt es darauf an, ob die Art und Weise der Darstellung unabhängig von der Grausamkeit oder Unmenschlichkeit der ihr zugrundeliegenden Vorgänge darauf angelegt ist, beim Betrachter eine Einstellung zu fördern, die den „fundamentalen Wert- und Achtungsanspruch leugnet, der jedem Menschen zukommt" (BVerfG aaO; enger Rudolphi SK 11); so etwa, wenn solche Vorgänge dargestellt werden, um ein sadistisches Vergnügen an dem Geschehen zu vermitteln oder um Personen oder Gruppen als menschenunwert erscheinen zu lassen (BVerfG aaO; ähnlich v Hartlieb NJW 85, 830, 834). Es wird Aufgabe der Rspr sein, mit Hilfe der gebotenen verfassungskonformen Auslegung die hier besonders breite Grauzone zweifelhafter Fälle soweit wie möglich aus dem Anwendungsbereich auszuscheiden (Sch/Sch-Lenckner 2, 11). Sicher erfaßt werden jedenfalls zahlreiche Auswüchse auf dem Videomarkt, in dessen Erzeugnissen häufig widerwärtige Gewalttätigkeiten und die aus ihnen erwachsenden Folgen zur Stimulierung sadistischer Emotionen abgebildet und beschrieben werden.

8 **e)** Ob die Art der Schilderung ein Verherrlichen oder Verharmlosen ausdrückt oder die Menschenwürde verletzt, entscheidet allein ihr **objektiver Sinngehalt**, wie ihn ein unbefangener Betrachter (Empfänger) versteht (Bay NJW 90, 2479 mwN), also auch, soweit er erkennbar zwischen den Zeilen steht (zur ähnlichen Rechtslage bei verfassungsfeindlicher Propaganda 4 zu § 86); selbst eine in der Schrift enthaltene ausdrückliche Stellungnahme gegen Gewalt schließt das nicht notwendig aus (BT-Dr VI/3521 S 7). Ob es dem Verfasser auf Verherrlichung oder Verharmlosung ankommt, ist materiellrechtlich unerheblich, aber als Beweisanzeichen bedeutsam.

5. Die **Tathandlungen** (Verbreiten der Schriften usw) stimmen mit denen des § 184 I Nr 1, II, III überein (dort 5, 7, 8). 9

6. Bedingter **Vorsatz** genügt. Danach braucht der Täter nicht selbst die in der Schrift (vgl 2) ausgedrückte Tendenz zu verfolgen oder ihren Inhalt als solchen auch nur zu billigen. 10

7. a) Das sog **Berichterstatterprivileg des Abs 3**, das schon den Tatbestand ausschließt (BT-Dr VI/3521 S 8; aM Tröndle 9), erfaßt jede Form der Nachrichtenübermittlung oder Dokumentation, die – sei es auch in gestellten Szenen oder in fiktiver Nachgestaltung (Prot 6, 1899) – auf die Reproduktion wirklicher Vorgänge des Zeitgeschehens oder der Geschichte gerichtet ist. Das ist auch in Theaterstücken und Spielfilmen nicht unbedingt ausgeschlossen (Prot 6, 1797); jedoch scheiden solche Schriften aus, die nur an Vorgänge des Zeitgeschehens oder der Geschichte anknüpfen, ohne Berichterstattung zu bezwecken (krit Sch/Sch-Lenckner 15–17). – Auf den Wahrheitsgehalt des Berichts im einzelnen kommt es nur (zw) insoweit an, als die Berichtsform nicht zum Vorwand für erdichtete Schilderungen werden darf (einschr Rudolphi SK 16); Übertreibungen und Verfälschungen, die schon im Kern die Übereinstimmung der wirklichen mit den berichteten Vorgängen aufheben, werden daher nicht gedeckt. 11

b) Für **Kunstwerke** ist die Möglichkeit eines Konflikts mit § 131 nicht grundsätzlich auszuschließen (Bay NJW 90, 2479). Für diesen Fall gelten die Ausführungen unter 14 zu § 193 sinngemäß (eingehend Meirowitz aaO [vgl 1] S 372 und Fischer, Die strafrechtliche Beurteilung von Werken der Kunst, 1995, S 150 mwN); jedoch wird die erforderliche verfassungsrechtliche Wertung häufiger zum Vorrang der Kunstfreiheit führen (aM Geilen LdR S 416: Priorität des Strafschutzes). 12

c) Zum sog **Erzieherprivileg** (Abs 4) 9–13 zu § 180; 10 zu § 184. 13

8. Für die **Einziehung** gilt § 74 d I, II. Im übrigen vgl 11 zu § 184. 14

9. Tateinheit ua möglich mit §§ 130, 184 III, 185. Dasselbe gilt für das Zusammentreffen von Abs 1 Nr 1, 2, 4 mit § 21 GjS, weil in diesen Fällen die besondere Verletzung von Interessen des Jugendschutzes in einer Verurteilung nach § 131 nicht zum Ausdruck kommt (zw). Abs 1 Nr 3 verdrängt dagegen den § 21 I Nr 1 iVm § 6 Nr 1 GjS aus denselben Gründen, die bei § 184 (dort 14) dargelegt sind. 15

§ 132 Amtsanmaßung

Wer unbefugt sich mit der Ausübung eines öffentlichen Amtes befaßt oder eine Handlung vornimmt, welche nur kraft eines öffentlichen Amtes vorgenommen werden darf, wird mit Freiheitsstrafe bis zu zwei Jahren oder mit Geldstrafe bestraft.

1. Die Vorschrift dient dem **Schutz der Autorität des Staates und seiner Behörden**, nicht auch dem von Privatpersonen vor Übergriffen (BGHSt 3, 241; 12, 30; 40, 8, 12; krit Düring, Amtsanmaßung und Mißbrauch von Titeln, 1990, S 246; str). 1

2 **2. Zwei Tatbestände** sind zu unterscheiden (zusf Geppert Jura 86, 590):

a) Der Täter befaßt sich mit der **Ausübung eines öffentlichen Amtes**, dh er gebärdet sich (ausdrücklich oder stillschweigend) als Inhaber eines solchen (nicht notwendig wirklich existierenden, Oetker NJW 84, 1602 mwN) Amtes und nimmt eine Handlung vor, die sich als Ausübung des angemaßten oder eines anderen Amtes darstellt (BGHSt 40, 8, 11; Küper BT S 15 mwN). Bloßes Auftreten als Amtsinhaber genügt daher nicht (GA 67, 114). Daß die Handlung nur einem solchen zusteht, ist dagegen nicht unbedingt erforderlich; sie darf jedoch nicht rein privater (zu eng Koblenz NStZ 89, 268 mit abl Bespr Krüger NStZ 89, 477 und Geppert JK 1) oder fiskalischer Natur sein (BGHSt 12, 30; Oldenburg MDR 87, 604).

3 **b)** Der Täter nimmt eine Handlung vor, die **nur kraft öffentlichen Amtes vorgenommen werden darf**, zB eine Durchsuchung (RGSt 59, 291). Praktische Bedeutung hat diese Alternative nur, wenn der Täter den Eindruck hoheitlichen Handelns hervorruft, ohne Amtseigenschaft vorzuspiegeln. Erforderlich und zugleich ausreichend ist, daß sich das Verhalten nach den äußeren Umständen als Amtshandlung darstellt (BGHSt 40, 8; Küper BT S 15 mwN), bei der die wesentlichen Erfordernisse erfüllt erscheinen (Frankfurt NJW 64, 61); dabei braucht der Täter nicht unbedingt als Urheber der Handlung (zB dem heimlichen Aufstellen von Verkehrsschildern) in Erscheinung zu treten (hM; vgl Oetker NJW 84, 1602 mwN). Das Abhören von Telefongesprächen durch dazu nicht ermächtigte Dienststellen des MfS erfüllt zwar dem Wortlaut nach den zweiten Tatbestand, doch wird diese Handlung nach Sinn und Zweck der Vorschrift deshalb nicht erfaßt, weil die Autorität des Staates und seiner Behörden nur durch Handlungen beeinträchtigt wird, die nach den sie begleitenden Umständen bei einem objektiven Beobachter den Anschein einer Amtshandlung hervorrufen (BGHSt 40, 8; v Bubnoff LK 20, der den Gesichtspunkt der Verwechselbarkeit betont; aM Dresden DtZ 93, 287; KG JR 93, 388; zw). Auch die irreführende Anbringung eines einem anderen geltenden Verwarnungszettels am eigenen Fahrzeug wird nicht erfaßt (Schünemann JA 74, 105, 107 mwN). In der bloßen Verfälschung einer amtlichen Schrift liegt idR keine Amtsanmaßung, auch wenn mit ihr zB die Freigabe eines eingezogenen Motorrads erreicht wird (bei Holtz MDR 93, 719).

4 **3.** Für beide Tatbestände gilt:

a) Öffentlich ist ein Amt, dessen Träger Organ der Staatsgewalt ist (RGSt 10, 199), zB auch das Organ einer Kommunalverwaltung (AG Göttingen NJW 83, 1209); der Notar; der ehrenamtliche Richter; nicht der Rechtsanwalt (aM Celle NdsRpfl 48, 249).

5 **b) Unbefugt** handelt, wer nicht durch seine Amtsstellung oder aus anderem Grunde zur Vornahme der Handlung berechtigt ist; nicht jedoch, wer die Amtsstellung erschlichen hat (Braunschweig NdsRpfl 50, 127; aM Freiburg DRZ 48, 66).

c) Beide Tatbestände können auch von **Amtsträgern** (3–11 zu § 11) verwirklicht werden, der erste durch Anmaßung eines anderen Amtes, der zweite durch eine Amtshandlung, welche die sachliche (BGHSt 3, 241) oder die nicht nur innerdienstlich geregelte örtliche Zuständigkeit (BGHSt 12, 85; Hamm NJW 51, 245) überschreitet. 6

d) Die Vornahme einer angeblichen, aber schlechthin unzulässigen Amtshandlung erfüllt den Tatbestand nicht (str). 7

4. Zum **Vorsatz** (bedingter genügt) gehört auch das Bewußtsein, daß die zur Vornahme der Tathandlung erforderliche öffentliche Amtsstellung fehlt (BGHSt 40, 8, 15); insoweit enthält das Merkmal „unbefugt" einen Tatumstand, der die Handlung erst zum Unrechtstypus macht (Warda Jura 79, 286, 295; str). – Die irrige Annahme, die nach ihrem sachlichen Gehalt richtig begriffene Tathandlung sei keine Straftat, sondern nur eine Ordnungswidrigkeit, begründet keinen **Verbotsirrtum** (Oetker NJW 84, 1602; aM AG Göttingen NJW 83, 1209; s auch 2 zu § 17). 8

5. Die Tat ist **kein eigenhändiges Delikt** (3 zu § 25), und zwar auch nicht in ihrer 1. Alternative (aM RGSt 59, 79, 81; OGHSt 1, 303, 304), weil der Schwerpunkt beider Tatbestände nicht in einem spezifischen Handlungsunwert, sondern in der Rechtsgutsgefährdung liegt (v Bubnoff LK 37 mwN). 9

6. Die 2. Alternative des § 132 wird durch die erste konsumiert (**Gesetzeskonkurrenz**; vgl Herzberg JuS 73, 234; aM Spezialität: Sch/Sch-Cramer 16; Idealkonkurrenz: RGSt 59, 291, 295; Heterogenität aufgrund einschr Auslegung der 2. Alternative: Küper JR 67, 451; Rudolphi SK 2). **Tateinheit** ua möglich mit § 263 (GA 64, 151), § 242 (RGSt 54, 255), § 253, § 267 (LG Paderborn NJW 89, 178) und §§ 331, 332 (RGSt 76, 62). 10

§ 132 a Mißbrauch von Titeln, Berufsbezeichnungen und Abzeichen

(1) **Wer unbefugt**

1. **inländische oder ausländische Amts- oder Dienstbezeichnungen, akademische Grade, Titel oder öffentliche Würden führt,**
2. **die Berufsbezeichnung Arzt, Zahnarzt, Tierarzt, Apotheker, Rechtsanwalt, Patentanwalt, Wirtschaftsprüfer, vereidigter Buchprüfer, Steuerberater oder Steuerbevollmächtigter führt,**
3. **die Bezeichnung öffentlich bestellter Sachverständiger führt oder**
4. **inländische oder ausländische Uniformen, Amtskleidungen oder Amtsabzeichen trägt,**

wird mit Freiheitsstrafe bis zu einem Jahr oder mit Geldstrafe bestraft.

(2) **Den in Absatz 1 genannten Bezeichnungen, akademischen Graden, Titeln, Würden, Uniformen, Amtskleidungen oder Amts-**

abzeichen stehen solche gleich, die ihnen zum Verwechseln ähnlich sind.

(3) **Die Absätze 1 und 2 gelten auch für Amtsbezeichnungen, Titel, Würden, Amtskleidungen und Amtsabzeichen der Kirchen und anderen Religionsgesellschaften des öffentlichen Rechts.**

(4) **Gegenstände, auf die sich eine Straftat nach Absatz 1 Nr. 4, allein oder in Verbindung mit Absatz 2 oder 3, bezieht, können eingezogen werden.**

1 **1.** Die Vorschrift dient vornehmlich dem **Schutz der Allgemeinheit**, die gegenüber Inhabern von bestimmten, die Person qualifizierenden Bezeichnungen und gegenüber Trägern von Uniformen, Amtskleidungen oder Amtsabzeichen uU anders reagiert und dadurch Hochstaplern leichter zum Opfer fällt (BGHSt 36, 277; NJW 94, 808; Bay 93, 97; LG Saarbrücken NJW 96, 2665, alle mwN; weiter diff Düring, Amtsanmaßung und Mißbrauch von Titeln, 1990, S 251; Rudolphi SK 2; anders Kahle, Der Mißbrauch von Titeln, Berufsbezeichnungen und Abzeichen – Rechtsgut, Schutzzweck und Anwendungsbereich des § 132 a StGB, 1995, S 65, der das Monopol zur Verleihung und Verwendung bestimmter Zeichenfolgen und Kennzeichen als Rechtsgut betrachtet). Das begründet einerseits die Einbeziehung auch ausländischer Bezeichnungen usw (Abs 1 Nr 1, 4) in den Strafschutz (GA 66, 279; NJW 94, 808; weiter Lüttger, Jescheck-FS, S 121, 171 mwN); andererseits erfordert dieser Schutzzweck aber einschränkende Auslegung (BGHSt 31, 61 mwN; zusf Geppert Jura 86, 590, 594). – Zur Reform Kahle aaO S 353, der für eine Ordnungswidrigkeitenlösung plädiert.

2 **2. a) Amts- und Dienstbezeichnungen** umfassen nur die förmlichen (BGHSt 26, 267; Kahle aaO [vgl 1] S 165, beide mwN; str) Kennzeichnungen von Ämtern und Dienststellungen im Staat, in den Gemeinden oder in öffentlich-rechtlichen Körperschaften, wie zB Richter, Regierungsrat, Inspektor, Bürgermeister usw, ferner iVm Abs 3 Kirchenrat, Pfarrer, Dekan (LG Mainz MDR 84, 511), uU auch Pastor (Düsseldorf NJW 84, 2959); die Berufe ohne öffentliches Amt, aber mit öffentlich-rechtlichen Befugnissen (zB Rechtsanwalt) sind dagegen den Berufsbezeichnungen des Abs 1 Nr 2 zugeordnet (BT-Dr 7/550 S 222). – Ausländische Amts- und Dienstbezeichnungen dürfen im allgemeinen nur in der durch Verleihungsakt zuerkannten ausländischen Originalfassung verwendet werden (Bay NJW 78, 2348); die entsprechende deutschsprachige Form (zB Professor) ist allenfalls zulässig, wenn die Voraussetzungen für die ausländische Verleihung denen für die inländische mindestens annähernd gleichwertig sind (BVerwG NVwZ 88, 366; Bay 93, 97; näher Kahle aaO S 171, 186). – Zu den **akademischen Graden** vgl das landesrechtlich überwiegend geänderte, zum Teil aber auch aufgehobene AkadG (Göhler [Lexikon] 10; Erbs/Kohlhaas-Senge A 111 5–21 vor § 1; eingehend Kahle aaO S 187;

zusf Deumeland HSW 90, 291). – **Titel** sind zur Ehrung verliehene persönliche Bezeichnungen, zB Justizrat, Sanitätsrat, Titularprofessor (LG Saarbrücken NJW 76, 1160; näher Kahle S 247). – **Öffentliche Würden** sind auf öffentlichem Recht beruhende Ehrungen, zB Ehrenbürger, Ehrensenator (einschr Kahle S 263). – Zur umstrittenen Einordnung der Bezeichnung „Professor" Kahle aaO S 270.

b) Zu den **Berufsbezeichnungen** (Abs 1 Nr 2), die abschließend 3
geregelt sind und sämtlich verantwortliche, Abhängigkeit des Klienten begründende Funktionen in der Gesellschaft beschreiben, beachte: **Arzt** § 2 a BÄO; **Zahnarzt** §§ 1 I, 20 ZahnHKG; **Tierarzt** § 3 BTÄO; **Apotheker** § 3 BApothO; **Rechtsanwalt** § 12 III BRAO (für Anwälte aus den EG-Staaten beachte den 2. Abschn des Ges v 16. 8. 1980, BGBl I 1453, 1456); **Patentanwalt** § 19 III PatAnwO; **Wirtschaftsprüfer, vereidigter Buchprüfer** §§ 1 I, 128 I WirtschPrüfO; **Steuerberater, Steuerbevollmächtigter** §§ 35, 42, 43 StBerG. – Eingehend zu den Berufsbezeichnungen Kahle aaO [vgl 1] S 286.

c) Öffentlich bestellte Sachverständige (Abs 1 Nr 3) sind solche, 4
die durch Verwaltungsakt als Sachverständige für ein bestimmtes Sachgebiet bestellt sind (Kleinknecht/Meyer-Goßner 16 zu § 73).

d) Uniformen sind die aufgrund öffentlich-rechtlicher Bestimmung 5
eingeführten Kleidungen. **Amtskleidungen** zB die Roben der Richter, Staatsanwälte und Rechtsanwälte. **Amtsabzeichen** sind Zeichen, die den Träger als Inhaber eines bestimmten öffentlichen Amtes und wohl auch als Träger eines militärischen Dienstgrades (AG Bonn NZWehrr 83, 156; zweifelnd NStZ 92, 490) kenntlich machen; jedoch ist das Tragen von bestimmungsmäßig mit einer Uniform verbundenen Dienstgradabzeichen nur tatbestandsmäßig, wenn die vorgeschriebene Verbindung oder im Sinne des Abs 2 Verwechslungsgefahr besteht (BGH aaO). – Näher zu Abs 1 Nr 4 Kahle aaO [vgl 1] S 310.

3. Hängt das Führen der Bezeichnungen usw, was nicht notwendig, 6
aber doch meistens zutrifft, vom Bestehen einer zugehörigen Amts-, Dienst- oder Berufsstellung ab, so wird es unbefugt, wenn diese Stellung durch Entlassung oder auf andere Weise – sei es auch nur aufgrund eines nach § 80 II Nr 4 VwGO sofort vollziehbaren Verwaltungsakts (BGHSt 36, 277) – wirksam beendigt wird.

4. a) Führen (Abs 1 Nr 1 bis 3) ist aktive Äußerung des Täters 7
gegenüber seiner Umwelt (aM Kahle aaO [vgl 1] S 96), mit der er die Bezeichnung in einer die geschützten Interessen (vgl 1) berührenden Weise (Bay NJW 79, 2359; LG Saarbrücken NJW 96, 2665) und Intensität in Anspruch nimmt (BGHSt 31, 61 mwN). Bloßes Dulden der Anrede genügt daher nicht (RGSt 33, 305). Ob Gebrauch der Bezeichnung im privaten Verkehr oder nur einmaliger (Kahle aaO S 90) oder vorübergehender Gebrauch ausreicht, hängt von den Umständen ab (Bay MDR 73, 778; Saarbrücken NStZ 92, 236; s auch BGH aaO).

8 **b) Tragen** (Abs 1 Nr 4) setzt ebenso wie das Führen (vgl 7) voraus, daß die in der Uniform usw zum Ausdruck kommende Amtseigenschaft in einer die geschützten Interessen berührenden Weise (vgl 1) in Anspruch genommen wird. Es liegt daher nicht vor, wenn die Uniform usw erkennbar nur zur Maskerade, im Rahmen eines Schauspiels oder sonst ohne solche Inanspruchnahme (probl Oldenburg NJW 84, 2231 mit Anm Meurer JR 84, 470) benutzt wird, namentlich wenn sich der Träger darin nicht zeigt (zT abw RGSt 61, 7).

8a **5.** Das Führen eines ausländischen akademischen Grades (näher Kahle aaO [vgl 1] S 190) ist nicht nur dann **unbefugt**, wenn die nach §§ 2, 3 S 2 AkadG erforderliche Genehmigung fehlt, sondern auch dann, wenn die Genehmigung mittels gefälschter Urkunden erschlichen ist (NJW 94, 808 mit krit Anm Zimmerling NStZ 94, 238; dem Ergebnis zust Kahle aaO S 232).

9 **6. Zum Verwechseln ähnlich** (Abs 2) setzt voraus, daß nach dem Gesamteindruck eines durchschnittlichen, nicht genau prüfenden Beurteilers Verwechslung möglich ist (GA 66, 279; KG JR 64, 68; s auch StA Ulm Rpfleger 90, 108 mit Anm Reiß; einschr Kahle aaO [vgl 1] S 344). Bei den Bezeichnungen kommt es nicht so sehr auf die sprachliche Ähnlichkeit als vielmehr darauf an, ob der Anschein der Zugehörigkeit zu der jeweiligen Gruppe erweckt wird; daher ist zB der „Spezialist für Frauenheilkunde" mit dem Arzt verwechslungsfähig (BT-Dr 7/550 S 222).

10 **7.** Der **Vorsatz** (bedingter genügt) braucht sich nicht auf das Merkmal „unbefugt" als solches zu erstrecken (6 zu § 15). Da aber das Fehlen der Amts-, Berufs- oder Würdenstellung zum Unrechtstypus gehört (Kahle aaO [vgl 1] S 114), muß der Täter wissen, daß er nicht Funktions- oder Würdenträger ist (Warda Jura 79, 286, 295). Der Irrtum über die Befugnis kann daher je nach den Umständen Tatbestands- oder Verbotsirrtum sein (BGHSt 14, 223, 228; Bay GA 61, 152; KG aaO [vgl 9]).

11 **8.** Die Tat ist **eigenhändiges Delikt** (3 zu § 25; str). Mehrere natürliche Handlungen, die auf demselben Entschluß beruhen, werden schon durch den Tatbestand zu einer **Handlungseinheit** (10 vor § 52) verbunden (GA 65, 373). Zwischen Sicherbieten zur Vermittlung nach § 5 AkadG und Beihilfe zu § 132 a besteht Tatmehrheit (Erbs/Kohlhaas-Senge A 111 § 5 Rdn 9).

12 **9. Abs 4** ist eine besondere Vorschrift im Sinne des § 74 IV, welche die **Einziehung** über § 74 I hinaus zuläßt. Die Voraussetzungen des § 74 II, III müssen daher erfüllt sein. § 74 a ist nicht anwendbar. Im übrigen vgl §§ 74 bis 74 c, 74 e bis 76 a.

13 **10.** § 132 a wird ergänzt durch zahlreiche **Bußgeldvorschriften**, zB zum Schutz von anderen Berufsbezeichnungen (namentlich von Heilhilfsberufen; vgl etwa § 25 KrPflG), von Berufstrachten und Berufsab-

zeichen in der Kranken- oder Wohlfahrtspflege oder in religiösen Vereinigungen (§ 126 OWiG) und von Orden und Ehrenzeichen (§ 15 I TitelG).

§ 133 Verwahrungsbruch

(1) **Wer Schriftstücke oder andere bewegliche Sachen, die sich in dienstlicher Verwahrung befinden oder ihm oder einem anderen dienstlich in Verwahrung gegeben worden sind, zerstört, beschädigt, unbrauchbar macht oder der dienstlichen Verfügung entzieht, wird mit Freiheitsstrafe bis zu zwei Jahren oder mit Geldstrafe bestraft.**

(2) **Dasselbe gilt für Schriftstücke oder andere bewegliche Sachen, die sich in amtlicher Verwahrung einer Kirche oder anderen Religionsgesellschaft des öffentlichen Rechts befinden oder von dieser dem Täter oder einem anderen amtlich in Verwahrung gegeben worden sind.**

(3) **Wer die Tat an einer Sache begeht, die ihm als Amtsträger oder für den öffentlichen Dienst besonders Verpflichteten anvertraut worden oder zugänglich geworden ist, wird mit Freiheitsstrafe bis zu fünf Jahren oder mit Geldstrafe bestraft.**

1. Die Vorschrift (zusf Geppert Jura 86, 590, 595) **schützt** die 1 **staatliche Gewalt** über Sachen in dienstlichem Verwahrungsbesitz und das Vertrauen in deren sichere Aufbewahrung (BGHSt 5, 155, 159; 38, 381, 385).

2. Angriffsobjekt kann jede bewegliche Sache sein, die sich in 2 dienstlicher Verwahrung befindet (vgl 3) oder dienstlich in Verwahrung gegeben worden ist (vgl 4); Schriftstücke (uU auch nur für den inneren Dienst bestimmte, RGSt 67, 226; zw) sind nur beispielhaft erwähnt.

a) Dienstliche Verwahrung (Abs 1, 1. Alternative) setzt voraus, 3 daß fürsorgliche Hoheitsgewalt (idR eine Behörde, aber zB auch eine militärische Dienststelle, BT-Dr 7/550 S 224) den Gegenstand in Gewahrsam genommen hat, um ihn für bestimmte, über das bloße Funktionsinteresse der Behörde hinausgehende Zwecke zu erhalten und vor unbefugtem Zugriff zu bewahren (BGHSt 18, 312; Brammsen Jura 89, 81, 83; Küper BT S 290, alle mwN). Das kann zB auch für Gegenstände zutreffen, die in zugänglichen Räumen oder offenen Behältnissen (Bay JZ 88, 726) aufbewahrt werden; **nicht dagegen** Gegenstände des schlichten Amtsbesitzes, bei denen der besondere Zweck der Bestandserhaltung fehlt, wie etwa Sachen, die zum Gebrauch (RGSt 62, 240), zum Verbrauch (BGHSt 4, 236, 241), zum Verkauf (BGHSt 9, 64), zur Ausbildung (Köln NJW 80, 898 mit Bespr Otto JuS 80, 490 und Rudolphi JR 80, 383), zur Auszahlung (BGHSt 18, 312) oder (zB in Museen) zur Besichtigung (Waider GA 61, 366; diff Brüggemann aaO S 123) bereitgehalten werden; außerdem wohl auch solche Gegenstände, die aus dem Verwahrungsbesitz durch Verfügung des dienstlich Berechtigten der – sei es auch gesetzwidrigen – dienstlichen Verwendung zugeführt werden (BGHSt 33, 190 mit Bespr Marcelli NStZ 85, 500 und Wagner JZ 87, 705, 706, alle mwN; zw). Keinen von § 133 geschützten dienstlichen Gewahrsam haben Angehörige des MfS an Briefen, die ihnen von der Deutschen Post zum Zwecke der Bespitzelung der Bevölkerung zur Verfügung gestellt wurden (BGHSt 40, 8, 24 mit Bespr Weiß JR 95, 29, 32 und Geppert JK 8 zu § 246); die Briefe können jedoch der dienstlichen Verfügung der Deutschen Post durch weisungsgemäße, willentliche Übertragung des Gewahrsams auf das MfS entzogen worden sein (JR 95, 120 [Vorlagebeschluß] mit zust Bespr Schroeder JR 95, 95, 97; zw). – Der **Verwahrungsort** ist nicht ausschlaggebend. Er kann auch für den Einzelfall und vorübergehend bestimmt werden (Bay GA 59, 350) und ein nichtdienstlicher Ort (zB die Privatwohnung eines Amtsträgers) sein (RGSt 28, 107).

4 **b) Dienstlich**, dh aufgrund dienstlicher Anordnung und zu dienstlichen Zwecken (RGSt 51, 226), **in Verwahrung gegeben** (Abs 1, 2. Alternative) ist ein Gegenstand nur dann, wenn dem Empfänger dienstliche Herrschaftsgewalt übertragen wurde; daran fehlt es beim Schuldner oder Gläubiger, dem der Gerichtsvollzieher eine nach §§ 808 II, 809 ZPO gepfändete Sache im Besitz beläßt (Meyer JuS 71, 643, 645). Praktisch bedeutsam ist diese Alternative nur, wenn der Empfänger den Gewahrsam als Privater (zB als Abschleppunternehmer im Auftrag der Polizei, Bay NJW 92, 1399) übernimmt, weil andernfalls schon die 1. Alternative anwendbar ist (v Bubnoff LK 12 mwN). Deshalb muß hier erkennbar sein, daß dienstlich verwahrt werden soll (Hamburg NJW 64, 737; Küper BT S 290).

5 **3. Täter** kann jedermann sein, auch der Eigentümer der verwahrten Sache, uU sogar der Inhaber des dienstlichen Gewahrsams, zB der StA, der einen ihm zu den Ermittlungsakten gegebenen, dienstlich zu verwendenden Scheck sachfremd verwertet (BGHSt 38, 381, 385 mit zust Anm Brammsen NStZ 93, 543, beide mwN). – Bei **rechtlich fehlerhaften dienstlichen Verwahrungen** kommt es nur auf die Bestandskraft der zugrunde liegenden Anordnung, nicht auf deren Rechtmäßigkeit an (Brüggemann aaO [vgl 3] S 94); ob der Inhaber des Gewahrsams für die Verwahrung zuständig ist und ob die vorgeschriebenen Förmlichkeiten gewahrt sind, ist daher unerheblich (BGHSt 5, 155, 160; Lüke, Kaufmann [Arth]-FS, S 565, 573).

6 **4. Zerstören, Beschädigen** 3–7 zu § 303. **Unbrauchbarmachen** 2 zu § 87. Der **dienstlichen Verfügung entziehen** bedeutet, dem dienstlich Berechtigten die Möglichkeit jederzeitiger Verfügung über die Sache im Sinne ihrer bestimmungsmäßigen Verwendung – sei es auch nur vorübergehend oder ohne Ortsveränderung – zu nehmen oder erheblich zu erschweren (Düsseldorf NStZ 81, 25; Bay JZ 88, 726, beide mwN). Daß der Berechtigte die Sache zunächst nur suchen muß, aber leicht und ohne Hindernisse auffinden kann, genügt nicht

(BGHSt 35, 340 mwN); wohl aber, wenn ihm durch konkludentes Verheimlichen der Sache zugleich jeder Anlaß zum Suchen genommen wird (Brammsen Jura 89, 81; aM BGH aaO; zw). Entziehen setzt eine Entfernung des amtlich verwahrten Objekts gegen den Willen des Verwahrers voraus; eine durch Täuschung veranlaßte, einverständliche Herausgabe reicht nicht (bei Holtz MDR 93, 719). Auch Unterlassen in Garantenstellung (6 zu § 13) kommt in Frage, etwa wenn ein Amtsträger eine Urkunde, die er ordnungswidrig besitzt, nach Aufforderung nicht herausgibt (zum früheren Recht BGHSt 3, 82; Klein NJW 53, 636).

5. Bedingter **Vorsatz** genügt (BGHSt 35, 340 mwN). 7

6. Abs 2 stellt nur klar, daß auch die kirchenamtliche Verwahrung 8 erfaßt wird (BT-Dr 7/550 S 224).

7. a) Täter des qualifizierten Tatbestandes nach **Abs 3** kann nur ein 9 **Amtsträger** (auch Kirchenamtsträger) oder ein **für den öffentlichen Dienst besonders Verpflichteter** (3–11, 13–17 zu § 11) sein. Der Teilnehmer (Anstifter oder Gehilfe), dem diese Eigenschaft fehlt, fällt unter Abs 1, 2 (8, 9 zu § 28).

b) Eine Sache ist dem Täter **„als"** Amtsträger usw **anvertraut**, 10 wenn er aufgrund dienstlicher (allg oder für den Einzelfall gegebener) Anordnung Verfügungsmacht über sie hat und kraft seines Amtsverhältnisses verpflichtet ist, für ihre Erhaltung und Gebrauchsfähigkeit zu sorgen (BGHSt 3, 304, 306; GA 78, 206; beachte jedoch BGHSt 33, 190); auch ein amtliches Schriftstück, das der Täter in amtlicher Eigenschaft zum Mißbrauch für private Zwecke hergestellt hat, kann anvertraut sein (NJW 75, 2212 mit zust Bespr Wagner JZ 87, 705; krit Brüggemann aaO [vgl 3] S 208). Die in der Privatwohnung angenommene Sache ist meist erst anvertraut, wenn der Amtsträger usw sie in die Dienststelle bringt (BGHSt 4, 54). – **Zugänglich** sind Sachen im Dienstraum des Amtsträgers usw auch außerhalb der Dienststunden (OGHSt 1, 253); nicht aber solche Gegenstände, die sich dort in einem verschlossenen Behältnis befinden, das der Amtsträger mit einem Nachschlüssel öffnet (RGSt 61, 334).

8. Zwischen den Tathandlungen des Abs 1 (vgl 6), die sich weit 11 überschneiden, ist **Wahlfeststellung** zulässig (bei Dallinger MDR 55, 270; s auch 14 zu § 1). – **Tateinheit** ua möglich mit § 136 (BGHSt 5, 155, 160), § 246 (BGHSt 5, 295) und § 274 I Nr 1. Im Verhältnis zu § 148 II kommt Tatmehrheit in Frage (BGHSt 3, 289). Zu § 354 dort 16.

§ 134 Verletzung amtlicher Bekanntmachungen

Wer wissentlich ein dienstliches Schriftstück, das zur Bekanntmachung öffentlich angeschlagen oder ausgelegt ist, zerstört, beseitigt, verunstaltet, unkenntlich macht oder in seinem Sinn entstellt, wird mit Freiheitsstrafe bis zu einem Jahr oder mit Geldstrafe bestraft.

1 **1.** Die Vorschrift **schützt** gegen die **Beeinträchtigung der öffentlichen Wirksamkeit** amtlicher Kundmachungen (v Bubnoff LK 1 mwN).

2 **2. a) Dienstlich** ist jedes im Rahmen von Behörden (20 zu § 11) oder anderen Dienststellen öffentlich-rechtlicher Körperschaften gefertigte **Schriftstück**, das dienstlichen Inhalt hat, aber nicht notwendig hoheitliche Anordnungen enthält, und Mitteilungszwecken dient. **Zur Bekanntmachung öffentlich angeschlagen oder ausgelegt** ist es, wenn es durch Aushängen, Anheften oder in anderer Weise in eine Lage gebracht ist, die der Allgemeinheit die Möglichkeit gibt und geben soll, von seinem Inhalt Kenntnis zu nehmen. Daß es sich letztlich nur an einen einzelnen richtet (zB öffentliche Zustellung), ist unerheblich; jedoch reicht eine nicht zur Kenntnis der Allgemeinheit bestimmte Mitteilung, etwa der polizeiliche Verwarnungszettel an einem Kfz, nicht aus (Baumann NJW 64, 708).

3 **b) Nicht geschützt**, sind Schriftstücke offensichtlich verfassungs- oder gesetzwidrigen Inhalts (Hamburg MDR 53, 247; Sch/Sch-Cramer 1; einschr M-Schroeder/Maiwald BT 2 72/22).

4 **3. Zerstören** 7 zu § 303. **Beseitigen** bedeutet, dem Berechtigten ohne dessen Willen durch Ortsveränderung entziehen. **Verunstalten** ist zB durch karikierende Veränderungen an ausgehängten Fotos in Suchmeldungen, **Unkenntlichmachen** durch Überkleben möglich.

5 **4.** Als **Vorsatz** ist Wissentlichkeit (21 zu § 15) erforderlich. Der Täter muß sicher wissen oder davon überzeugt sein, daß es sich um ein Schriftstück der bezeichneten Art handelt.

6 **5.** Zwischen den Tathandlungen, die sich überschneiden, ist **Wahlfeststellung** möglich (14 zu § 1). – Gegenüber § 303 **geht** die Vorschrift **vor**.

§ 135 *(weggefallen)*

§ 136 Verstrickungsbruch; Siegelbruch

(1) **Wer eine Sache, die gepfändet oder sonst dienstlich in Beschlag genommen ist, zerstört, beschädigt, unbrauchbar macht oder in anderer Weise ganz oder zum Teil der Verstrickung entzieht, wird mit Freiheitsstrafe bis zu einem Jahr oder mit Geldstrafe bestraft.**

(2) **Ebenso wird bestraft, wer ein dienstliches Siegel beschädigt, ablöst oder unkenntlich macht, das angelegt ist, um Sachen in Beschlag zu nehmen, dienstlich zu verschließen oder zu bezeichnen, oder wer den durch ein solches Siegel bewirkten Verschluß ganz oder zum Teil unwirksam macht.**

(3) **Die Tat ist nicht nach den Absätzen 1 und 2 strafbar, wenn die Pfändung, die Beschlagnahme oder die Anlegung des Siegels**

nicht durch eine rechtmäßige Diensthandlung vorgenommen ist. Dies gilt auch dann, wenn der Täter irrig annimmt, die Diensthandlung sei rechtmäßig.

(4) **§ 113 Abs. 4 gilt sinngemäß.**

1. Die Vorschrift (zusf Geppert Jura 87, 35) **schützt** die durch Beschlagnahme oder Siegelung begründete, grundsätzlich nur **innerstaatliche** (Cornils, Die Fremdenrechtsanwendung im Strafrecht, 1978, S 96; beachte jedoch 5) **Herrschaftsgewalt** über Sachen (auch unbewegliche) gegen unbefugte Eingriffe (BGHSt 5, 155; krit Kienapfel, Urkunden und andere Gewährschaftsträger, 1979, S 142). 1

2. Täter kann jeder sein, nicht nur der von der Beschlagnahme oder Siegelung Betroffene, uU sogar der Amtsträger (3–11 zu § 11), der die staatliche Herrschaft begründet hat, wenn er nicht selbst zur Freigabe befugt ist (BGHSt 3, 306; 5, 155). 2

3. Zum **Tatbestand des Verstrickungsbruchs (Abs 1)**: 3

a) Dienstliche (dazu 3, 4 zu § 133) **Beschlagnahme** ist zwangsweise Sicherstellung einer Sache zur behördlichen Verfügung (RGSt 65, 248), die Pfändung ein Spezialfall der Beschlagnahme zur Sicherung oder Verwirklichung eines vermögensrechtlichen Anspruchs. Welcher Einzelmaßnahmen es zur Pfändung oder Beschlagnahme bedarf, bestimmt sich nach den Vorschriften, die zu diesen Verstrickungsakten ermächtigen, zB nach §§ 808 ff ZPO (Lüke, Kaufmann [Arth]-FS, S 565, 573), nach §§ 94 ff, 111 b ff StPO (BGHSt 15, 149) oder nach Polizeirecht (Zweibrücken NStZ 89, 268). Die Pfändung setzt idR tatsächliche oder symbolische Besitzergreifung durch das Staatsorgan voraus (RGSt 36, 135); Ausnahmen gelten zB für § 6 KO und § 20 ZVG (hM; vgl etwa RGSt 41, 256; 65, 248; aM Geppert Jura 87, 35, 36, alle mwN; zw). – Ein Verzicht des Gläubigers auf die Rechte aus einer Pfändung hebt die Verstrickung noch nicht auf (Oldenburg JR 54, 33; str), wohl aber die Freigabe der gepfändeten Sache durch den Gerichtsvollzieher, der sich durch diese in seiner Kompetenz stehende Entscheidung (§§ 775, 776 ZPO) auch dann nicht nach Abs 1 strafbar macht, wenn er hierbei eigenmächtig handelt (Lüke aaO S 574; Sch/Sch-Cramer 17; str und zw).

b) Zerstören, Beschädigen 3–7 zu § 303. **Unbrauchbarmachen** 4
2 zu § 87. Der **Verstrickung entziehen** bedeutet, die Verfügungsgewalt der Behörde (20 zu § 11) vollständig oder teilweise, dauernd oder vorübergehend ausschalten (Hamm NJW 56, 1889; Lüke aaO [vgl 3] S 574; Küper BT S 289), jedoch nicht lediglich in ganz unerheblichem Maße (Hamm NJW 80, 2537); vorübergehende Benutzung des gepfändeten Kraftfahrzeugs kann genügen (Hamm VRS 13, 34). Entziehen ist auch durch Täuschung möglich (RGSt 58, 353), nicht aber durch bloß verpflichtenden Vertrag, der den Zugriff der Behörde nicht beeinträchtigt (Hamm NJW 56, 1889).

5 4. Zum **Tatbestand des Siegelbruchs (Abs 2)**:

a) aa) **Dienstliches** (dazu 3, 4 zu § 133) **Siegel** ist eine von einer Behörde oder einem Amtsträger (3–11 zu § 11) herrührende Kennzeichnung mit Beglaubigungscharakter (M-Schroeder/Maiwald BT 2 72/19). Danach scheiden Siegel ausländischer Stellen grundsätzlich aus (s auch 1), es sei denn, daß der ausländischen Siegelung aufgrund völkerrechtlicher Vereinbarung innerstaatliche Wirkung beigelegt ist (Krehl NJW 92, 604 mwN), wie zB Verplombungen, die von der Zollverwaltung eines anderen Mitgliedsstaates der EU im Rahmen gemeinschaftlicher Versandverfahren zum Zwecke der zollamtlichen Überwachung von Waren im gesamten Zollgebiet der Gemeinschaft angelegt werden (NStZ 96, 229). – Erfaßt werden namentlich auch die Siegelmarke (RGSt 3, 286), die Plombe am Feuermelder (RGSt 65, 133) oder Breitbandkabelnetz (Krause/Wuermeling NStZ 90, 526), der Stempel des Fleischbeschauers (RGSt 39, 367) und die mit dem Siegel des Gerichtsvollziehers versehene Pfandanzeige (5 StR 433/52 v 9. 10. 1952); abgekürzte Angabe der Herkunftsbehörde genügt (Frankfurt GA 74, 83).

5 a bb) Das Siegel ist **angelegt**, wenn es mit einer Sache verbunden (RGSt 61, 101), sei es auch nur mit einer Stecknadel befestigt (bei Dallinger MDR 52, 658), nicht aber, wenn es nur hingelegt ist (RG DR 41, 847).

6 **b) Beschädigen** 3–6 zu § 303 (s auch Köln MDR 69, 69). **Ablösen** ist die Beseitigung des Siegels im ganzen. **Unwirksammachen des Verschlusses** ist Mißachtung der dienstlichen Sperre, die durch das (zZ der Tathandlung noch angebrachte, Köln NStZ 87, 330) Siegel gebildet wird (Bay 41, 299; Frankfurt NJW 59, 1288), zB wenn der Täter durch das Fenster in einen Raum einsteigt, dessen Tür versiegelt ist; zur Schließung einer Baustelle soll sogar das bloße Anheften der Versiegelungsverfügung an der Baubude genügen (Köln MDR 71, 67; v Bubnoff LK 21; aM Geppert Jura 87, 35, 43, alle mwN; zw).

7 **5.** Die Regelung der **Absätze 3, 4** deckt sich mit § 113 III, IV. Danach kommt es bei Vorliegen der schon für den Tatbestand notwendigen, dh rechtlich nicht völlig wirkungslosen (hM; vgl Geppert aaO [vgl 6] S 39 mwN), Verstrickung oder Siegelung auf deren materielle Berechtigung nur nach Maßgabe des strafrechtlichen Rechtmäßigkeitsbegriffs an (7–22 zu § 113; aM Krey BT 1 Rdn 542, der auf die Wirksamkeit der Verstrickung abstellt, und Lüke aaO [vgl 3] S 573, nach dem es auch hier auf die prozessuale Wirksamkeit ankommt); ob eine Pfändung ein Pfandrecht begründet hat, ist daher idR unerheblich.

8 **6.** Der **Vorsatz** (bedingter genügt) muß mit Rücksicht auf die spezielle Irrtumsregelung des Abs 4 nur die Tatumstände der Abs 1, 2 umfassen. Der auf falscher rechtlicher Wertung beruhende Irrtum, die Verstrickung oder Siegelung sei nicht entstanden oder – etwa infolge Verzichts des Gläubigers auf die Rechte aus einer Pfändung (vgl 3) –

erloschen, ist kein Irrtum über die Rechtmäßigkeit, sondern über das Bestehen der staatlichen Herrschaft und daher Tatbestandsirrtum (aM Rudolphi SK 16; zusf zu den Irrtumsfragen Niemeyer JZ 76, 314; Geppert Jura 87, 35, 41; str).

7. Zwischen Abs 1 und 2 ist **Tateinheit** möglich (hM; anders Rudolphi SK 31: Subsidiarität); dient jedoch der Siegelbruch an einer nach §§ 808 II, 809 ZPO gepfändeten Sache nur der Verdeckung eines Verstrickungsbruchs, so wird er von Abs 1 konsumiert (Meyer JuS 71, 643, 646; str). Tateinheit ist ferner möglich ua zwischen Abs 1 (RGSt 54, 244; str), 2 und § 133, zwischen Abs 1 und § 288 (RGSt 17, 42) sowie zwischen Abs 2 und § 274 I Nr 1 (aM Kienapfel, Urkunden und andere Gewährschaftsträger, 1979, S 140). 9

§ 137 *(weggefallen)*

§ 138 Nichtanzeige geplanter Straftaten

(1) **Wer von dem Vorhaben oder der Ausführung**

1. einer Vorbereitung eines Angriffskrieges (§ 80),

2. eines Hochverrats in den Fällen der §§ 81 bis 83 Abs. 1,

3. eines Landesverrats oder einer Gefährdung der äußeren Sicherheit in den Fällen der §§ 94 bis 96, 97 a oder 100,

4. einer Geld- oder Wertpapierfälschung in den Fällen der §§ 146, 151 oder 152 oder einer Fälschung von Vordrucken für Euroschecks oder Euroscheckkarten in den Fällen des § 152 a Abs. 1 Nr. 1, Abs. 2 oder 3,

5. eines schweren Menschenhandels in den Fällen des § 181 Abs. 1 Nr. 2 oder 3,

6. eines Mordes, Totschlags oder Völkermordes (§§ 211, 212 oder 220 a),

7. einer Straftat gegen die persönliche Freiheit in den Fällen der §§ 234, 234 a, 239 a oder 239 b,

8. eines Raubes oder einer räuberischen Erpressung (§§ 249 bis 251 oder 255) oder

9. einer gemeingefährlichen Straftat in den Fällen der §§ 306 bis 308, 310 b Abs. 1 bis 3, des § 311 Abs. 1 bis 3, des § 311 a Abs. 1 bis 3, der §§ 311 b, 312, 313, 315 Abs. 3, des § 315 b Abs. 3, der §§ 316 a, 316 c oder 319

zu einer Zeit, zu der die Ausführung oder der Erfolg noch abgewendet werden kann, glaubhaft erfährt und es unterläßt, der Behörde oder dem Bedrohten rechtzeitig Anzeige zu machen, wird mit Freiheitsstrafe bis zu fünf Jahren oder mit Geldstrafe bestraft.

(2) **Ebenso wird bestraft, wer von dem Vorhaben oder der Ausführung einer Straftat nach § 129 a zu einer Zeit, zu der die Ausführung noch abgewendet werden kann, glaubhaft erfährt und es unterläßt, der Behörde unverzüglich Anzeige zu erstatten.**

(3) **Wer die Anzeige leichtfertig unterläßt, obwohl er von dem Vorhaben oder der Ausführung der rechtswidrigen Tat glaubhaft erfahren hat, wird mit Freiheitsstrafe bis zu einem Jahr oder mit Geldstrafe bestraft.**

Fassung: Abs 1 Nr 5 durch 26. StÄG (6 vor § 174) technisch geändert.

1 **1.** Die Vorschrift dient dem **Schutz** derjenigen Rechtsgüter, die durch die anzeigepflichtigen Straftaten verletzt werden (BGHSt 42, 86; Schmidhäuser, Bockelmann-FS, S 683, 690; Schroeder, Die Straftaten gegen das Strafrecht, 1985, S 11; Hanack LK 1, 2 mwN; str). Die Tat ist echtes **Unterlassungsdelikt** (4 zu § 13).

2 **2.** Nur die genannten **Straftaten** (auch Teilnahme, Schwarz, Die unterlassene Verbrechensanzeige, 1968, S 44; aM Rudolphi SK 8), mit Ausnahme der §§ 129 a III, 311 b sämtlich Verbrechen, sind anzeigepflichtig. Taten, die nur untauglicher Versuch wären, scheiden aus (Schwarz aaO S 45; Lagodny JZ 97, 48). Obwohl in der Überschrift und in Abs 1 Nr 7, 9 abweichend vom früheren Recht und im Gegensatz zu § 140 von Straftaten gesprochen wird, kann die anzeigepflichtige Tat auch die eines Schuldunfähigen sein. Das war vor den letzten punktuellen Änderungen der Vorschrift ganz hM (Sch/Sch-Cramer 4 mwN); daß daran nichts geändert werden sollte, kann dem Schweigen der Gesetzesmaterialien entnommen werden und wird auch durch den Wortlaut des Abs 3 bestätigt (Schroeder aaO [vgl 1] S 16).

3 **3. a) Glaubhaft erfahren** hat der Täter, wenn objektiv die Tat – sei es auch nur bedingt (RGSt 60, 254) – ernstlich geplant oder wenn sie ausgeführt wird (RGSt 71, 385) und wenn subjektiv der Täter mindestens mit der Möglichkeit ihrer Verübung (uU auch nur weiteren Ausführung) rechnet, also nicht schon dann, wenn er nur damit rechnen muß (bei Holtz MDR 76, 987). Die Kenntnis braucht sich nur auf die Tat, nicht auf die Person des Täters zu beziehen (RGSt 60, 254).

4 **b)** Die Anzeigepflicht kann danach frühestens mit der Existenz eines ernstlichen Tatplans **beginnen**. Sie dauert fort bis zur Beendigung der Tat, solange noch der Erfolg (im weitesten Sinne) oder Teile von ihm abwendbar sind (NJW 90, 722). Jedoch gehört die Begehung der geplanten Tat als solche nicht zum Tatbestand (1 zu § 139).

5 **4. Anzeigen** muß der Täter lediglich die Tat, den Täter nur, wenn Verhütung sonst nicht möglich wäre (RGSt 60, 254). Anonyme Anzeige genügt, es sei denn, daß die Gefahr besteht, sie werde nicht ernst genommen (hM; vgl Hanack LK 37; krit Schomberg/Korte ZRP 90, 417, beide mwN; zw). – Die Anzeige ist **rechtzeitig**, wenn die Aus-

führung oder (bei Kenntniserlangung erst nach Tatbeginn) der Erfolg noch abgewendet werden kann (BGHSt 42, 86 mit Bespr Lagodny JZ 97, 48 und Otto JK 2, alle mwN); die Verwirklichung einer nach § 30 selbständig strafbaren Vorstufe der geplanten Katalogstat (zB eines Mordes) steht dem nicht entgegen (BGH aaO). Ausführung ist im Falle des § 311 b die Ausführung der Vorbereitungshandlung und im Falle des § 129 a die Ausführung der Organisationshandlung des Gründens, Beteiligens, Werbens oder Unterstützens (krit dazu Rudolphi JA 79, 1, 3; Schroeder aaO [vgl 1] S 33). – Der Pflichtige kann die Anzeige idR nach seiner Wahl (beachte aber Abs 2 und RGSt 43, 342, 344) an eine Behörde (20 zu § 11), die einschreiten kann, oder an den Bedrohten erstatten; wäre aber Anzeige an die Behörde verspätet, so muß er sich an den Bedrohten wenden.

5. Nicht anzeigepflichtig ist der Bedrohte selbst (str), es sei denn, 6
daß sich die Tat auch gegen andere (oder die Allgemeinheit) richtet (RG JW 32, 57). Das gilt ferner für die am Tatplan Beteiligten, auch wenn sie nur straflos an der Vorbereitung teilgenommen haben (hM; vgl etwa NStZ 82, 244; mit beachtlichen Gründen anders Schmidhäuser, Bockelmann-FS, S 683 und Form und Gehalt der Strafgesetze, 1988, S 29, alle mwN); die Anzeigepflicht soll dagegen nach der Rspr nicht entfallen, wenn sich ein am Tatplan Unbeteiligter durch die Anzeige lediglich in den Verdacht der Beteiligung bringen würde (BGHSt 36, 167 mit krit Bespr Joerden Jura 90, 633, beide mwN; str). Bleibt offen, ob Verletzung der Anzeigepflicht oder Beteiligung an der geplanten Tat vorliegt, so ist nach hM wegen Unzulässigkeit einer Wahlfeststellung (13 zu § 1) Freispruch geboten (zB BGHSt 36, 167, 174; 39, 164, 167 mit zust Bespr Tag JR 95, 133; s auch die Nachw bei Hanack LK 74). Das Ergebnis ist höchst unbefriedigend, zumal die Einbeziehung des nur Tatverdächtigen in den Tatbestand die schon zuvor bestehenden Spannungen weiter verschärft hat. Angesichts des geschützten Rechtsgutes (vgl 1) dürfte es vertretbar sein, zwischen der Verletzung der Anzeigepflicht und der Teilnahme ein „normativ-ethisches Stufenverhältnis" anzunehmen (so Hanack LK 75; Rudolphi SK 35; s auch Joerden JZ 88, 847, 853), das die Anwendung des Zweifelssatzes ermöglicht (11 zu § 1; im Ergebnis auch Joerden Jura 90, 633, 640, der sich jedoch auf konkurrenzrelevante Postpendenz stützt).

6. Abs 1, 2 setzen für das Unterlassen der Anzeige **Vorsatz**, Abs 3 7
Leichtfertigkeit (55 zu § 15) voraus; das Erfordernis glaubhafter Kenntnis bleibt davon unberührt. Ein Irrtum über das Bestehen der Anzeigepflicht ist Gebotsirrtum (BGHSt 19, 295; bei Dallinger MDR 70, 897; 7 zu § 15; 6 zu § 17).

7. Bei Vorliegen der hier streng zu beurteilenden (RGSt 66, 222, 8
227) Voraussetzungen des entschuldigenden Notstandes (§ 35) entfällt wegen Unzumutbarkeit schon der (Unterlassungs-)Tatbestand (5 zu § 13; str); mindestens ist die Tat entschuldigt (RGSt 43, 342; Hanack LK 66 mwN). – Im übrigen begründet die Anzeigepflicht **keine Ga-**

rantenstellung (7 zu § 13); eine Garantenpflicht geht uU weiter als die Anzeigepflicht (NJW 64, 731; vgl auch Geilen JuS 65, 426).

9 **8. Zuständigkeit** und Verfahren §§ 120 I Nr 7, 142 a GVG, §§ 153 d, 153 e StPO (beachte auch NStZ 93, 50).

§ 139 Straflosigkeit der Nichtanzeige geplanter Straftaten

(1) **Ist in den Fällen des § 138 die Tat nicht versucht worden, so kann von Strafe abgesehen werden.**

(2) **Ein Geistlicher ist nicht verpflichtet anzuzeigen, was ihm in seiner Eigenschaft als Seelsorger anvertraut worden ist.**

(3) **Wer eine Anzeige unterläßt, die er gegen einen Angehörigen erstatten müßte, ist straffrei, wenn er sich ernsthaft bemüht hat, ihn von der Tat abzuhalten oder den Erfolg abzuwenden, es sei denn, daß es sich um**

1. einen Mord oder Totschlag (§§ 211 oder 212),

2. einen Völkermord in den Fällen des § 220 a Abs. 1 Nr. 1 oder

3. einen erpresserischen Menschenraub (§ 239 a Abs. 1), eine Geiselnahme (§ 239 b Abs. 1) oder einen Angriff auf den Luftverkehr (§ 316 c Abs. 1) durch eine terroristische Vereinigung (§ 129 a)

handelt. Unter denselben Voraussetzungen ist ein Rechtsanwalt, Verteidiger oder Arzt nicht verpflichtet anzuzeigen, was ihm in dieser Eigenschaft anvertraut worden ist.

(4) **Straffrei ist, wer die Ausführung oder den Erfolg der Tat anders als durch Anzeige abwendet. Unterbleibt die Ausführung oder der Erfolg der Tat ohne Zutun des zur Anzeige Verpflichteten, so genügt zu seiner Straflosigkeit sein ernsthaftes Bemühen, den Erfolg abzuwenden.**

1 **1.** Aus **Abs 1** folgt, daß der Anzeigepflichtige bei Unterbleiben der Anzeige (BGHSt 42, 86) strafbar bleibt, wenn die geplante Tat weder begangen noch versucht worden oder wenn sie infolge Rücktritts straffrei geworden ist. Zum **Absehen von Strafe** § 153 b StPO.

2 **2.** Die **Freistellung von der Anzeigepflicht** nach **Abs 2** und **Abs 3 S 2** bildet einen Rechtfertigungsgrund (hM; vgl Hanack LK 13, 31 mwN; anders Kielwein GA 55, 225, 230: Tatbestandsausschluß; für Abs 3 S 2 auch M-Schroeder/Maiwald BT 2 98/26: Strafaufhebungsgrund; zum Grund der Privilegierung s Wolff-Reske, Berufsbedingtes Verhalten als Problem mittelbarer Erfolgsverursachung, 1995, S 178: rollenwahrende Ausübung des Berufs). Sie gilt nur für Geistliche und mit den Einschränkungen in Abs 3 S 1 (krit dazu Dahs NJW 76, 2145, 2148) für die genannten Berufsträger (auch für Anwälte aus den EG-Staaten, 2. Abschn des Ges v 16. 8. 1980, BGBl I 1453, 1456), dagegen

nicht für deren Gehilfen und für Notare, Rechtsberater und Zahnärzte. Was dem Geistlichen nicht als Seelsorger und den Berufsträgern nicht in ihrer Berufseigenschaft, sondern in anderem Zusammenhang (zB bei karitativer Tätigkeit; krit Hanack LK 11) anvertraut worden oder was ihnen auf andere Weise bekannt geworden ist, entbindet nicht von der Anzeigepflicht.

3. Abs 3 S 1 beschreibt einen **persönlichen Strafaufhebungsgrund** (29 vor § 13; Tröndle 6; aM Hanack LK 23 mwN, der einen Schuldausschließungsgrund annimmt; str). Die Vorschrift privilegiert auch den **Angehörigen** (2 zu § 11) eines von mehreren Tätern (Geilen JuS 65, 426, 430). 3

4. Abs 4 gilt für jedermann; auch er bedeutet einen persönlichen Strafaufhebungsgrund (Hanack LK 37; aM Rudolphi SK 16, beide mwN; str). Die Vergünstigung ist ausgeschlossen, wenn die geplante Tat mit Erfolg ausgeführt wird (beachte auch 29 zu § 24). 4

§ 140 Belohnung und Billigung von Straftaten

Wer eine der in § 138 Abs. 1 Nr. 1 bis 5 und in § 126 Abs. 1 genannten rechtswidrigen Taten, nachdem sie begangen oder in strafbarer Weise versucht worden ist,

1. belohnt oder

2. in einer Weise, die geeignet ist, den öffentlichen Frieden zu stören, öffentlich, in einer Versammlung oder durch Verbreiten von Schriften (§ 11 Abs. 3) billigt,

wird mit Freiheitsstrafe bis zu drei Jahren oder mit Geldstrafe bestraft.

1. Die Vorschrift schützt den **öffentlichen Frieden** (Karlsruhe NStZ-RR 96, 58; 1 zu § 126); sie soll namentlich der Entstehung eines „psychischen Klimas" um sich greifender Verbrechensbereitschaft entgegenwirken (Hamm MDR 80, 159; krit Bemmann, Meinungsfreiheit und Strafrecht, 1981, S 16; Schroeder, Die Straftaten gegen das Strafrecht, 1985, S 12; Jakobs ZStW 97, 751, 779; Kühl NJW 87, 737, 745; Dencker StV 87, 117, 121; Beck, Unrechtsbegründung und Vorfeldkriminalisierung, 1992, S 195). – Zur **historischen Entwicklung** Ebert, Spendel-FS, S 115. 1

2. Die **Katalogstat** muß als rechtswidrige Tat (18 zu § 11), sei es auch nur von einem Schuldunfähigen, wirklich begangen worden sein (1 StR 318/78 v 10. 10. 1978), und zwar mindestens als ein mit Strafe bedrohter Versuch, also nicht lediglich als eine nach § 30 strafbare Vorbereitung (Schnarr NStZ 90, 257, 259). Der Gesetzeswortlaut „in strafbarer Weise" ist insofern unexakt, als nach dem Sinnzusammenhang auch der von einem Schuldunfähigen begangene Versuch erfaßt wird (Stree NJW 76, 1177, 1181). Rücktritt von diesem Versuch berührt die 2

Strafbarkeit nach § 140 nicht. Zur Frage, ob eine Auslandstat genügt, BGHSt 22, 282; Hanack LK 10 mwN (str).

3 **3. a) Belohnen** ist Zuwenden eines Vorteils jeder, auch nichtmaterieller, Art (Sturm JZ 76, 347, 350).

4 **b) Billigen** 8 zu § 130. – **Öffentlich**, in einer Versammlung 2 zu § 80 a; Verbreiten von Schriften 27, 28 zu § 11; 5 zu § 74 d. – Zur **Eignung, den öffentlichen Frieden zu stören**, 4, 5 zu § 126; die Billigung einer weit zurückliegenden, nur noch historisch bedeutsamen Tat genügt idR nicht (Stree NJW 76, 1177, 1181).

5 **4.** Die Vorschrift **tritt zurück**, wenn die Belohnung oder Billigung deshalb Teilnahme an der Tat ist, weil sie zuvor zugesagt wurde (Laufhütte MDR 76, 441, 444).

§ 141 *(weggefallen)*

§ 142 Unerlaubtes Entfernen vom Unfallort

(1) **Ein Unfallbeteiligter, der sich nach einem Unfall im Straßenverkehr vom Unfallort entfernt, bevor er**

1. zugunsten der anderen Unfallbeteiligten und der Geschädigten die Feststellung seiner Person, seines Fahrzeugs und der Art seiner Beteiligung durch seine Anwesenheit und durch die Angabe, daß er an dem Unfall beteiligt ist, ermöglicht hat oder

2. eine nach den Umständen angemessene Zeit gewartet hat, ohne daß jemand bereit war, die Feststellungen zu treffen,

wird mit Freiheitsstrafe bis zu drei Jahren oder mit Geldstrafe bestraft.

(2) **Nach Absatz 1 wird auch ein Unfallbeteiligter bestraft, der sich**

1. nach Ablauf der Wartefrist (Absatz 1 Nr. 2) oder

2. berechtigt oder entschuldigt

vom Unfallort entfernt hat und die Feststellungen nicht unverzüglich nachträglich ermöglicht.

(3) **Der Verpflichtung, die Feststellungen nachträglich zu ermöglichen, genügt der Unfallbeteiligte, wenn er den Berechtigten (Absatz 1 Nr. 1) oder einer nahe gelegenen Polizeidienststelle mitteilt, daß er an dem Unfall beteiligt gewesen ist, und wenn er seine Anschrift, seinen Aufenthalt sowie das Kennzeichen und den Standort seines Fahrzeugs angibt und dieses zu unverzüglichen Feststellungen für eine ihm zumutbare Zeit zur Verfügung hält. Dies gilt nicht, wenn er durch sein Verhalten die Feststellungen absichtlich vereitelt.**

(4) **Unfallbeteiligter ist jeder, dessen Verhalten nach den Umständen zur Verursachung des Unfalls beigetragen haben kann.**

1. a) Die Vorschrift **schützt das private Interesse der Unfallbeteiligten und Geschädigten**, das an möglichst umfassender Aufklärung des Unfallhergangs zu dem Zweck besteht, Schadensersatzansprüche zu sichern oder abzuwehren (BT-Dr 7/3503 S 3; ebenso schon BVerfGE 16, 191; BGHSt 8, 263; 24, 382; Dünnebier GA 57, 33; einschr Schild AK 40); daß daneben auch das private Interesse, unbegründeten staatlichen Verfolgungsmaßnahmen zu entgehen, mitgeschützt sei, wird nach anfänglichen Zweifeln heute nahezu einhellig verneint (hM; vgl Magdowski, Die Verkehrsunfallflucht in der Strafrechtsreform, 1980, S 38; Geppert Jura 90, 78, beide mwN). Zweifelsfrei nicht mehr bezweckt ist der Schutz der Rechtspflege sowie des öffentlichen Interesses an der Strafverfolgung und der Ausschaltung ungeeigneter Verkehrsteilnehmer. 1

b) Die Vorschrift beschreibt daher ein **abstraktes Vermögensgefährdungsdelikt** zum Schutz des Individuums (Sch/Sch- Cramer 1). Sie ist mit dem GG vereinbar (hM; vgl etwa Jagusch NJW 75, 1631; Arloth GA 85, 492, 494; Schneider, Grund und Grenzen des strafrechtlichen Selbstbegünstigungsprinzips, 1991, S 137 mit krit Bespr Rogall StV 96, 63, 65; eingehend Zopfs, Unfallflucht bei eindeutiger Haftungslage? 1993, S 136 und VersR 94, 266, 268; krit Hahn NJW 76, 509; Rogall, Der Beschuldigte als Beweismittel gegen sich selbst, 1977, S 163; Schünemann ZfB 79, 91; Reiss NJW 80, 1806; Ruck, § 142 StGB als Vermögensdelikt, 1985, S 62; s auch BVerfGE 16, 191, alle mwN). – Zu ihrer **Reformbedürftigkeit** ua Heublein DAR 85, 15 und 86, 133; Ruck aaO S 112; Berz DAR 86, 251; Geppert BA 86, 157 und 91, 31; Seib JR 86, 397; Scholz ZRP 87, 7; Cramer ZRP 87, 157; Weigend, Tröndle-FS, S 753; Eisenberg ua, Verkehrsunfallflucht, 1989; Thirolf, Kollision von Täterinteressen und Opferschutz bei § 142 StGB, 1992, S 120; Gössel, 60. DJT, Bd I, Gutachten, Teil C S 14; Janiszewski DAR 94, 1; Zopfs DRiZ 94, 87; Müller-Metz NZV 94, 89; rechtsvergleichend Leipold, Verkehrsunfallflucht, 1987; Weigend/Geuenich DAR 88, 258; Thirolf aaO S 103. – Zur **Kriminologie** der Verkehrsunfallflucht vgl ua Eisenberg Krim 46/42; Schild AK 13–33. 2

2. Täter kann nur ein **Unfallbeteiligter** (Abs 4) sein (zur Beteiligung mehrerer 39, 40). 3

a) Es genügt die nicht ganz unbegründete, aus dem äußeren Anschein der Unfallsituation zu folgernde Möglichkeit der **(Mit-)Verursachung** (BGHSt 15, 1; Frankfurt NJW 83, 2038; Köln NZV 92, 80; Düsseldorf NZV 93, 157; Küper BT S 198, alle mwN). Auf wirkliche Unfallbeteiligung (BGHSt 8, 263; VRS 24, 118) oder deren spätere Feststellung (Hamm VRS 15, 264) kommt es ebensowenig an wie auf die Möglichkeit oder Gewißheit schuldhafter (BGHSt 12, 253; Bay 54, 48) oder auch nur verkehrswidriger (hM; anders Arloth GA 85, 492, 501) Verursachung. Nicht ausreichend ist jedoch, daß jemand als Verursacher eines Schadens erscheint, der möglicherweise überhaupt nicht auf einem Geschehen am (vermeintlichen) Unfallort beruht, sondern schon vorher bestanden hat (weiter einschr Bay NJW 90, 335 mit abl Bespr Kreissl NJW 90, 3134). Auch eine nur inadäquate oder mittelbare Kausalität, die für eine Haftung keinen konkreten Anhaltspunkt bietet (Bay 71, 180; Karlsruhe NStZ 88, 409; Koblenz NZV 89, 200 mit krit Bespr Geppert JK 13), genügt nicht; bei solch entfernterer Ursächlichkeit ist nur regelwidriges Verhalten für die Annahme der Unfallbeteiligung tragfähig (Sch/Sch-Cramer 61).

4 **b)** Als Unfallbeteiligter kommt danach auch in Frage, wer **nicht Verkehrsteilnehmer**, aber beim aktuellen Unfallgeschehen mit der Möglichkeit unmittelbaren Eingreifens anwesend war, namentlich auch der Mitfahrer; zB wenn der nicht ganz unbegründete Verdacht besteht, daß er das Fahrzeug selbst gesteuert (Köln NZV 89, 78 mit krit Anm Schild und VRS 86, 279, 281; Bay NJW 93, 410; Frankfurt NStZ-RR 96, 86), den Fahrer abgelenkt oder behindert (Bay bei Rüth DAR 77, 203; zu weit BGHSt 15, 1), ihn in seinem verkehrswidrigen Verhalten bestärkt (bei Spiegel DAR 81, 189) oder Pflichten verletzt hat, die ihn als Beifahrer treffen (Karlsruhe VRS 53, 426); ferner wenn er als Fahrzeughalter die Führung des Fahrzeugs einem ungeeigneten oder fahruntüchtigen Fahrer überlassen (Köln VRS 86, 279; Frankfurt NStZ-RR 96, 86) oder einer Garantenpflicht zuwider einen solchen Fahrer nicht an der Fahrt gehindert hat (VRS 24, 34; Bay VRS 57, 27, 31; Arzt/Weber BT 2 Rdn 338; einschr Stuttgart VRS 72, 186; Magdowski aaO [vgl 1] S 99; Arloth GA 85, 492, 500, alle mwN; zw). Erforderlich ist aber stets, daß er beim aktuellen Unfallgeschehen anwesend war. Späteres Hinzukommen genügt nicht (Köln NJW 89, 1683; Stuttgart NStZ 92, 384 mit abl Anm Berz NStZ 92, 591, alle mwN; zw); der selbst nicht mitfahrende (BGHSt 15, 1, 3; Stuttgart NJW 81, 2369; Frankfurt NJW 83, 2038), namentlich der erst nachträglich am Unfallort eintreffende (KG VRS 46, 434), Fahrzeughalter scheidet daher aus.

5 **3. Unfall im Straßenverkehr** ist ein plötzliches Ereignis im öffentlichen Verkehr auf Wegen oder Plätzen, das mit dessen Gefahren in ursächlichem Zusammenhang steht (dazu Bay NJW 80, 299 und JR 93, 114 mit krit Anm Weigend) und zu einem nicht völlig belanglosen Personen- oder Sachschaden führt (BGHSt 8, 263; 12, 253; 24, 382; Bay NZV 92, 326; Küper BT S 196, alle mwN).

6 **a) Straßenverkehr** 2 zu § 315 c. Nicht erfaßt werden alle anderen (öffentlichen und privaten) Verkehrsarten (zu Sondervorschriften für den Seeverkehr Schünemann ZfB 79, 91). – Es genügen Vorkommnisse im ruhenden Verkehr (Stuttgart NJW 69, 1726; Köln VRS 65, 431; aM Schild AK 99), ausschließlich unter Fußgängern (hM; vgl Stuttgart VRS 18, 117; Eichberger JuS 96, 1078, 1080; anders Sch/Sch-Cramer 13, beide mwN; zw) oder mit nicht allgemein für den Verkehr bestimmten Fahrzeugen (zB Einkaufswagen auf Supermärkten, Koblenz MDR 93, 366; LG Bonn NJW 75, 178; aM Schild aaO, alle mwN). Auch Vorgänge auf nichtöffentlichem Grund, die mit dem Straßenver-

kehr unmittelbar zusammenhängen, reichen aus (VRS 59, 185; Düsseldorf NJW 82, 2391; s auch Karlsruhe NZV 93, 77).

b) Der **Personenschaden** muß im Tod oder einer nicht ganz unerheblichen Körperverletzung bestehen (Bay VRS 15, 42; Hamm DAR 58, 308). – Ein **Sachschaden** ist völlig belanglos, wenn seinetwegen üblicherweise (dh unabhängig von den Verhältnissen des Geschädigten, Karlsruhe VRS 18, 47) keine Schadensersatzansprüche geltend gemacht werden (Bay NJW 60, 832; krit Loos DAR 83, 209, 210) und wenn außerdem die Wiederherstellung aus Sicherheitsgründen nicht unbedingt erforderlich ist (Köln VRS 22, 275; KG VRS 61, 206). Das ist nach objektiven Maßstäben und nach dem Eindruck zu beurteilen, der zur Tatzeit im Hinblick auf den unter gewöhnlichen Umständen zu erwartenden Wiederherstellungsaufwand zu gewinnen ist (Hamm VRS 61, 430 mwN; aM Magdowski aaO [vgl 1] S 73, die auf eine ex-post-Betrachtung abstellt; zw); dabei kann sich die Belanglosigkeit nach dem Schutzzweck des Abs 1 uU auch daraus ergeben, daß der Täter vor der Tathandlung (dem Sich-Entfernen) schadensmindernde Maßnahmen getroffen hat (aM Düsseldorf NJW 86, 2001 mit krit Bespr Hentschel NJW 87, 999, Horn/Hoyer JZ 87, 973, Kuhlen StV 87, 437 und Freund GA 87, 536). – Die Rspr hat früher Belanglosigkeit schon bei Schäden von 10.– DM aufwärts verneint (zB Hamm NJW 71, 1469). Die Grenze ist heute nach dem Maßstab der fortschreitenden Geldwertminderung – jedoch nicht darüberhinaus (Grohmann DAR 78, 176; aM AG Nürnberg MDR 77, 66) – höher anzusetzen; sie liegt zur Zeit bei etwa 40 DM (Düsseldorf NZV 90, 158; Köln VRS 86, 279, 281; s auch Schild AK 95). 7

c) Ob alle Beteiligten den Unfall **ungewollt** verursacht haben, ist nach der Rspr unerheblich. Sie läßt es vielmehr genügen, wenn die Unfallfolgen ganz oder teilweise mindestens von einem Unfallbeteiligten unvorsätzlich (mit-)verursacht worden sind (BGHSt 12, 253; VRS 36, 23). Zu weitgehend hat sie das allgemein auch bei vorsätzlicher Schadensverursachung durch den Täter angenommen, wenn nur einem anderen ein von diesem ungewollter Schaden entstanden ist (BGHSt 24, 382 mit Anm Forster NJW 72, 2319; Bay JZ 85, 855; beachte ferner Ulsenheimer GA 72, 1, 13, 22; Berz JuS 73, 558; Jäger, Der objektive Tatbestand der Verkehrsunfallflucht, 1973, S 78; Bringewat JA 77, 231, 232); hier kommt es für die Abgrenzung darauf an, ob sich in dem Schadensereignis ein verkehrstypisches Unfallrisiko realisiert hat (Hamm NJW 82, 2456; LG Frankfurt VRS 61, 349; Magdowski aaO [vgl 1] S 89; zu weit Bay MDR 86, 1046 mit krit Bespr Janiszewski NStZ 86, 540 und Hentschel JR 87, 247; krit zu dieser Einschränkung Hartmann-Hilter NZV 95, 340; s auch Geppert Jura 90, 78, 80); ist diese einschränkende Voraussetzung gegeben, so entfällt die Strafbarkeit weder wegen Unzumutbarkeit noch aus Konkurrenzgründen (M-Schroeder/Maiwald BT 1 49/19; aM Hartmann-Hilter aaO S 341, 342). 8

9 **4. Tathandlung nach Abs 1** ist das Sich-Entfernen vom Unfallort vor Erfüllung der Voraussetzungen der Nummern 1 oder 2; da deren Nichterfüllung den Kern des Unrechts bildet (diff Küper GA 94, 49, 66, der die relative Eigenständigkeit der Tathandlung bei der Verletzung der Vorstellungspflicht hervorhebt), ist die Tat ein „verkapptes" Unterlassungsdelikt (Schaffstein, Dreher-FS, S 147, 151; Magdowski aaO [vgl 1] S 45; Volk DAR 82, 81, 83; aM Küper GA 94, 49, 71; Hartmann-Hilter, Warten am Unfallort – eine unabwendbare Pflicht?, 1996, S 13, 33; Jescheck/Weigend AT S 602; M-Schroeder/Maiwald BT 1 49/5, alle mwN; zw).

10 **a) Sich-Entfernen** erfordert eine Ortsveränderung, die eine für die Durchführung sofortiger Feststellungen beeinträchtigende räumliche Trennung des Unfallbeteiligten vom Unfallort bewirkt.

11 aa) Nach dem Schutzzweck der Vorschrift und den tatsächlichen Gegebenheiten bei Verkehrsunfällen muß das Merkmal **erfolgsbezogen** und nicht lediglich als Tätigkeit verstanden werden (Sturm JZ 75, 406, 407; Küper JZ 81, 209, 213; aM Gössel BT 2 29/28). Auch das mindestens vorauszusetzende Überschreiten der Stelle des schädigenden Ereignisses einschließlich des unmittelbaren Umkreises, innerhalb dessen die beteiligten Fahrzeuge zum Stillstand gekommen sind oder hätten angehalten werden können, genügt nicht in jedem Falle (aM Sch/Sch-Cramer 37). Es muß vielmehr hinzukommen, daß der Unfallbeteiligte deshalb nicht mehr uneingeschränkt zu Feststellungen an Ort und Stelle zur Verfügung steht, weil er den Bereich verlassen hat, in dem der Zusammenhang mit dem Unfall noch ohne weiteres erkennbar ist (Stuttgart NJW 81, 878 mit Anm Hentschel JR 81, 211), dh in dem feststellungsbereite Personen ihn vermuten und ggf durch Befragen ermitteln würden (Bay NJW 79, 436; Karlsruhe NStZ 88, 409 mit Anm Janiszewski; Köln NJW 89, 1683; Küper aaO S 214, alle mwN; str). Deshalb entfernt sich nicht, wer mit Wissen der anderen Unfallbeteiligten in unmittelbarer Nähe des Unfallorts einen vom Verkehr ungefährdeten Platz (Bremen VRS 52, 423; Bay bei Rüth DAR 79, 237), eine Gaststätte (Bay JR 69, 429) oder seine Wohnung (Karlsruhe GA 70, 311) aufsucht oder wer – bei Anwesenheit von Unfallbeteiligten mit deren Wissen – nur zu einem nahe gelegenen Streckentelefon oder Haus geht, um die Polizei oder den Geschädigten zu benachrichtigen (aM Küper aaO; zw); erst wenn er sich von dort entfernt oder sich entschließt, nicht mehr zurückzukehren, tritt die Beeinträchtigung des Feststellungsinteresses ein. Auf der anderen Seite ist – abweichend vom früheren Recht (zB BGHSt 14, 89) – nicht zu fordern, daß der Täter nicht mehr ohne weiteres erreichbar und als Unfallbeteiligter feststellbar ist (Bay MDR 76, 330; aM Rudolphi SK 35). Damit ist eine nicht sehr weittragende Vorverlegung der Vollendung verbunden (Celle NdsRpfl 77, 169); daß sie beabsichtigt war, ergibt sich aus den Entwurfsberatungen (BT-Dr 7 2434 S 7).

bb) Im Bereich des Abs 1 kommt nur **willentliches Verlassen** des Unfallorts in Frage (Hamm NJW 79, 438 und 85, 445; Bay NJW 93, 410; Küper GA 94, 49, 63; krit Volk DAR 82, 81, 83); dabei ist nach den für unechtes Unterlassen geltenden Regeln (6, 11 zu § 13) auch der Fall einzubeziehen, daß der Unfallbeteiligte als Mitfahrer zwar ohne seinen Willen vom Unfallort entfernt wird, es aber versäumt, das ihm Mögliche und Zumutbare zu tun, um den Fahrer zum Anhalten zu bringen (Düsseldorf VRS 65, 364; Volk aaO; Joerden JR 84, 51). Dagegen ist eine bei Bewußtlosigkeit von einem anderen veranlaßte oder eine durch Gewalt oder Festnahme erzwungene Ortsveränderung idR schon keine Handlung im Sinne des Strafrechts (Bär JR 82, 379; s auch 7 vor § 13) oder kein vorsätzliches Tun (Bay VRS 59, 27; Klinkenberg ua NJW 82, 2359; weiter Bär aaO; Geppert Jura 90, 78, 83); soweit in solchen Fällen vorsätzliches Sich-Entfernen ausnahmsweise zu bejahen ist, kann es berechtigt oder entschuldigt sein (vgl 23, 24). Zur Anwendbarkeit des Abs 2 in solchen Fällen beachte 25. 12

cc) Die Möglichkeit des Sich-Entfernens auch von einem anderen als dem Unfallort (zB BGHSt 5, 124, 128) sieht das Gesetz nicht mehr vor (Karlsruhe NJW 81, 881; Köln NJW 81, 2367; beachte jedoch 26).

b) Feststellungen **zugunsten der anderen Unfallbeteiligten und der Geschädigten** (der Berechtigten; vgl Abs 3) sind nur solche, die nach den Umständen im Interesse aller oder einzelner in dieser Eigenschaft Beteiligter zur Sicherung oder Abwehr zivilrechtlicher Ersatzansprüche (vgl 1) angezeigt, dh objektiv hilfreich, also nicht lediglich subjektiv wünschbar erscheinen (zusf Sch/Sch-Cramer 19; diff zwischen Erforderlichkeit und Legitimität der Feststellungsmaßnahmen Küper GA 94, 49, 58). Danach entfällt, weil solche Feststellungen nicht oder nicht mehr im Spiele sind, schon der Tatbestand (zur Rechtfertigung bei Verzicht auf Feststellungen vgl 33), wenn 13

aa) der Täter allein unfallbeteiligt und geschädigt ist und dabei Ersatzansprüche Dritter (mit Ausnahme des Versicherers, nicht jedoch des Eigentümers des Unfallwagens, BGHSt 9, 267; Celle JR 79, 79; Hamm NJW 90, 1925; str) ausscheiden (BGHSt 8, 263; VRS 24, 118) oder 14

bb) die im Interesse der Berechtigten angezeigten (dazu 13) Feststellungen vollständig getroffen sind (Hamburg NJW 79, 439; Hamm NJW 85, 445; Zweibrücken NZV 92, 371), auch wenn noch Feststellungen zur Strafverfolgung oder zur Entziehung der Fahrerlaubnis in Frage kommen (Oldenburg NJW 68, 2019 mit abl Bespr Ulsenheimer JuS 72, 24; KG VRS 67, 258, 264; Zweibrücken DAR 91, 431) oder wenn ein Beteiligter (nicht angezeigte) weitere Feststellungen verlangt (Zweibrücken NJW 89, 2765 mit Anm Herzog OLGSt Nr 9). 15

c) Abs 1 Nr 1 betrifft den Fall, daß **feststellungsbereite Personen** entweder von vornherein **am Unfallort anwesend** sind oder jedenfalls eintreffen, solange sich der Unfallbeteiligte – selbst wenn seine Wartezeit (vgl 17) schon abgelaufen ist (Stuttgart NJW 82, 1769; aM Küper NJW 81, 853, 854, beide mwN; zw) – dort noch aufhält; feststellungs- 16 bereit können nicht nur Unfallbeteiligte oder die Polizei, sondern auch beliebige Dritte sein (Koblenz NZV 96, 324), wenn sie erkennbar den Willen haben, ihr Wissen zur Kenntnis der Berechtigten zu bringen (KG VRS 67, 258, 262; Zweibrücken DAR 91, 431; einschr Bär DAR 83, 215, alle mwN). In solchen Fällen hat der Unfallbeteiligte eine **Warte- und eine Vorstellungspflicht**.

17 aa) Die **Wartepflicht** (Feststellungsduldungspflicht) dauert so lange, wie Feststellungen über die Person, das Fahrzeug und die Art der Beteiligung angezeigt (vgl 13) und nach dem Willen feststellungsbereiter Personen noch zu treffen sind (Bremen NJW 55, 113; Küper JZ 88, 473 mwN); sie wird allerdings, wie bei allen Unterlassungsdelikten (beachte dazu oben 9 sowie 5 zu § 13), durch das Regulativ der Zumutbarkeit begrenzt (zusf Magdowski aaO [vgl 1] S 139 mwN; str). Solche Feststellungen können sich auf den gesamten tatsächlichen Unfallablauf erstrecken, jedoch nicht lediglich auf die Klärung rechtlicher Folgerungen aus dem Sachverhalt (Frankfurt NJW 83, 293). Erforderlich ist stets, daß das unter 13 beschriebene Aufklärungsinteresse besteht. Unter dieser Voraussetzung genügen das Zurücklassen einer Visitenkarte (Hamm NJW 71, 1469; Köln VRS 64, 115), der Hinweis auf das polizeiliche Kennzeichen (BGHSt 16, 139; Stuttgart NJW 81, 878), die bloße Namensangabe ohne Beleg durch Ausweispapiere (Frankfurt NJW 60, 2066; Köln DAR 89, 151) und auch ein pauschales Schuldanerkenntnis (Stuttgart NJW 78, 900; Bay VRS 60, 111; Schwab MDR 84, 538) für sich allein nicht, wohl aber die Übergabe eines detaillierten Merkblatts durch den Fahrer eines Straßenbahnzuges (LG Leipzig NZV 94, 373). Feststellungen über den **Trunkenheitsgrad** betreffen die Art der Beteiligung und sind daher nicht von vornherein bedeutungslos (hM; vgl etwa Köln NJW 81, 2367; KG VRS 67, 258, 262; Hauser BA 89, 237; anders Schild AK 71; s auch Dvorak MDR 82, 804; Schwab aaO S 540; Weigend NZV 90, 79; Herzog OLGSt Nr 9 S 8; Hartmann-Hilter aaO [vgl 9] S 71, 91, alle mwN); sie sind aber regelmäßig nur angezeigt (vgl 13), wenn ein Mitverschulden des Geschädigten oder dessen Haftung aus Betriebsgefahr in Frage kommt, was bei Unfällen mit Sachschaden im ruhenden Verkehr (Zopfs VersR 94, 266, 271 mwN) wie zB beim Auffahren auf ein ordnungsmäßig geparktes Fahrzeug nicht zutrifft (Zweibrücken NJW 89, 2765 mit krit Bespr Geppert JK 14). – Solange die einschlägigen Feststellungen noch nicht vollständig getroffen sind, besteht die Wartepflicht fort (Koblenz VRS 71, 187). Daher darf der Unfallbeteiligte den Unfallort nicht vorher ohne Einverständnis mit den feststellungsbereiten Personen verlassen. Vor allem hat er auf ausdrückliches oder schlüssiges (Bay NZV 92, 245) Verlangen die polizeiliche Unfallaufnahme abzuwarten (Bay NJW 66, 558 mit abl Anm Rupp JuS 67, 163; KG VRS 63, 46; Köln DAR 89, 151; Küper NJW 81, 853, 854; einschr Schneider aaO [vgl 2] S 144; Hartmann-Hilter aaO S 102, 118; Schild AK 76, alle mwN; str); auch bei dieser darf er sich nicht entfernen, bevor die Beamten ihm dies gestatten (VRS 16, 267). – Umstritten und noch nicht abschließend geklärt ist die Rechtslage, wenn der Unfallbeteiligte das **Einverständnis** zum Verlassen des Unfallorts durch falsche Angaben **erschlichen** hat. Hier ist die Auffassung vorzugswürdig, daß bei einem rechtsgutsbezogenen Irrtum des Feststellungsinteressenten (dazu Bernsmann NZV 89, 49, 53; 8 zu § 226 a) das Entfernen des Täters vom Unfallort tatbestandsmäßig (beachte dazu 33) und wegen Unwirksamkeit des Verzichts auf Anwesenheit auch nicht durch Einwilligung gerechtfertigt ist (Stuttgart NJW 82, 2266; Bay NJW 84, 1365; Sch/Sch-Cramer 63; aM Geppert BA 91, 31, 37; Schild AK 55; Rudolphi SK 31; krit auch Loos JR 85, 165; Küper JZ 88, 473, alle mwN; zw); das gilt unabhängig davon, ob der Unfallort vor oder nach dem faktischen Abschluß der Feststellungen verlassen wurde (hM; anders Bay aaO; Frankfurt NJW 90, 1198 mit Bespr Geppert JK 16; Küper JZ 90, 510, alle mwN; zw). – Die Wartepflicht begründet nur eine **passive Feststellungsduldungspflicht** („durch seine Anwesenheit"). Wer bloß seine Mitwirkung durch positives Tun versagt (Zweibrücken NJW 89, 2765 mwN) oder wer durch Verdunklungsmaßnahmen, namentlich Spurenbeseitigung (BGHSt 5, 124, 130; beachte aber § 34 III StVO) oder Nachtrunk zur Verschleierung der Alkoholkonzentration (Oldenburg NJW 55, 192; Hamm VRS 18, 198), die Feststellungen beeinträchtigt, wird nicht erfaßt (hM; krit Volk DAR 82, 81, 82); jedoch kann solches Verhalten als Strafschärfungsgrund beachtlich sein (BGHSt 17, 143; s auch 40 zu § 46; zw).

bb) Die **Vorstellungspflicht**, die verfassungsrechtlich unbedenklich 18
ist (hM; anders Rogall, Der Beschuldigte als Beweismittel gegen sich selbst, 1977, S 163; Schünemann ZfB 79, 91, 97; Seebode JA 80, 493, 497), fordert nur die Angabe, daß sich ein – sei es auch vom Geschädigten noch nicht entdeckter (Tröndle 28) – Unfall ereignet hat (Berz DAR 75, 309, 311) und daß eigene (Mit-)Verursachung in Frage kommt (Küper JuS 88, 212 und 286; Hartmann-Hilter aaO [vgl 9] S 57, 67; Sch/Sch-Cramer 24). Soweit das den anderen Beteiligten bereits bekannt ist, bedarf es der Angabe nicht (Celle NdsRpfl 78, 286); auch schlüssiges Verhalten kann genügen. Die Vorstellungspflicht kann entfallen, wenn sich der Feststellungsberechtigte entfernt (Oldenburg NZV 95, 159). – Eine über die bloße Angabe hinausgehende Mitwirkungspflicht – sei es auch nur zur Angabe des Namens und der Anschrift (Bay NJW 84, 1365; LG Baden-Baden DAR 96, 246; Küper JZ 88, 473, beide mwN), zur Vorweisung des Führerscheins und der Fahrzeugpapiere oder zu Auskünften über die jeweilige Rolle als Fahrer, Mitfahrer oder Fußgänger – läßt sich, soweit sie überhaupt besteht, nur auf andere Vorschriften stützen, namentlich auf § 34 StVO und § 111 OWiG (Maier NJW 76, 1190; Berz DAR 75, 309, 311; Bringewat JA 77, 231; aM Jagusch NJW 75, 1631 und 76, 504; M-Schroeder/Maiwald BT 1 49/33). Der Sinn der Feststellungsduldungs- und Vorstellungspflicht erschöpft sich darin, die Unfallbeteiligten als solche erkennbar zu machen und sie an den Unfallort zu binden. Damit ist der Schutzzweck hinreichend gewährleistet; denn wenn ein erkannter Unfallbeteiligter seine Mithilfe bei den Feststellungen versagt, muß er län-

ger warten und uU die Hinzuziehung der Polizei dulden (Bay NJW 84, 66). Ein weiterreichender Sinn der Vorstellungspflicht ergibt sich auch nicht aus Abs 3: daß den Täter dort gewisse Mitwirkungs- und Beweissicherungspflichten treffen, ist nur ein Ausgleich dafür, daß bei nachträglichen Feststellungen die Bindung an den Unfallort nicht mehr besteht (Geppert Jura 90, 78, 84 mwN). Deshalb sind auch unwahre oder unvollständige Angaben am Unfallort über die Rolle als Unfallbeteiligter unschädlich; so etwa die Einlassung, nicht Fahrer, sondern nur Beifahrer gewesen zu sein, oder die verschleiernde Auskunft des Fahrzeugführers, sich „im Fahrzeug" befunden zu haben (zu den Beispielen Müller-Emmert/Maier DRiZ 75, 176; Maier JZ 75, 721; aM Jagusch aaO); jedoch darf durch solche Angaben nicht die Unfallbeteiligung als solche geleugnet werden (Frankfurt NJW 77, 1833; Karlsruhe MDR 80, 160; Küper JuS 88, 286, 287). – Die Vorstellungspflicht besteht gegenüber den Berechtigten und solchen Personen, die sich als feststellungsbereit zu erkennen gegeben haben, also auch gegenüber den Polizeibeamten bei der Unfallaufnahme (aM Magdowski aaO [vgl 1] S 110, 121; zw). Sie beginnt sofort nach dem Unfall (Berz DAR 75, 309, 311) und besteht so lange, wie die Feststellungen noch nicht vollständig getroffen (Hamm NJW 85, 445; Maier aaO S 724), namentlich also noch Feststellungen über die Beteiligung des Vorstellungspflichtigen angezeigt sind. Deshalb handelt tatbestandsmäßig auch, wer sich erst nach Abschluß der Unfallaufnahme ohne die vorgeschriebene Vorstellung entfernt. Das gilt jedenfalls, wenn noch feststellungsbereite Personen anwesend sind (Bay NJW 81, 834), aber auch, wenn der Täter als letzter den Unfallort verläßt. In diesem Falle erfüllt er alle Voraussetzungen des Abs 1 Nr 1; sein „Sich-Entfernen" deshalb als „berechtigt" anzusehen, weil nach den Umständen weiteres Warten keine sinnvolle Funktion mehr erfülle (so Bay NJW 84, 1365 mit Anm Loos JR 85, 164; Frankfurt NJW 90, 1189, alle mwN), widerspricht dem Schutzzweck der Vorschrift, deren Unrechtskern (vgl 9) in der Nichterfüllung der Warte- und Vorstellungspflicht liegt (so im Ergebnis die hM; vgl etwa Hamm NJW 79, 438; Horn/Hoyer JZ 87, 965, 973; Bernsmann NZV 89, 49, 53; Küper GA 94, 49, 68, alle mwN).

19 **d) Abs 1 Nr 2** betrifft den Fall, daß **keine feststellungsbereiten Personen** am Unfallort erschienen sind (vgl 16). Er soll die Rechtsprechungsergebnisse zur Wartezeit nach § 142 aF (vgl etwa BGHSt 4, 144; 5, 124, 127; 7, 112, 116; 20, 258, 260) gesetzlich bestätigen (BT-Dr 7/2423 S 7). Jedoch ergibt sich aus dem Verhältnis zwischen Abs 1 und 2, daß die **Wartepflicht** auch dann besteht, wenn nach den Umständen mit dem alsbaldigen Eintreffen feststellungsbereiter Personen nicht zu rechnen ist (Koblenz NZV 96, 324; Küper NJW 81, 853; Zopfs VersR 94, 266, 273; aM Dornseifer JZ 80, 299; Loos DAR 83, 209, 212, alle mwN; zw). – Die **Länge der Wartefrist** bestimmt sich nach dem Grad des Feststellungsbedürfnisses und der Zumutbarkeit. Dafür sind namentlich Art und Schwere des Unfalls, die Verkehrsdichte, die Ta-

geszeit, die Witterung und alle sonstigen Chancen wirksamer Aufklärung am Unfallort und die entgegenstehenden Interessen des Täters bedeutsam (BGHSt 4, 144; Stuttgart NJW 81, 1107 und VRS 73, 191; Düsseldorf VRS 87, 290, alle mwN; zur Wartezeitbestimmung mittels Computer Philipps, Kaufmann [Arth]-FS, S 265). Auch positive Maßnahmen zur Förderung oder Sicherung der Feststellungen, etwa durch Zurücklassen der Personalien (KG JR 67, 469; Hamm NJW 71, 1469; Zweibrücken NZV 91, 479; Koblenz aaO) oder durch Benachrichtigung des Geschädigten (Hamm VRS 41, 155; s auch Bay GA 86, 453), wirken sich auf die Länge der Wartefrist aus. Bei unbedeutenden Unfallfolgen mit einfacher Sach- und Rechtslage kann das Hinterlassen von Namen und Anschrift am Unfallort uU genügen, um die Wartefrist auf die für die Ausführung dieser Maßnahme erforderliche Zeit abzukürzen (so zum früheren Recht Bay NJW 70, 717; s auch Bay bei Bär DAR 91, 366; aM Küper JZ 81, 209, 211; zusf zu Bagatellunfällen dieser Art Hartman-Hilter NZV 92, 429; zw); bei Verwendung einer aufklebbaren Schadensmeldung nach Unfällen mit Sachschaden reichen zehn Minuten (Zopfs VersR 94, 266, 273); jedoch ist der Unfallbeteiligte vor Ablauf der Frist zu solcher Förderung nicht nach § 142, sondern nur im Rahmen des § 34 StVO verpflichtet. Umgekehrt bewirken auf Verhinderung oder Erschwerung von Feststellungen gerichtete Täuschungshandlungen des Täters, daß ihm die bis dahin verstrichene Wartezeit nicht zugute kommt (hM; probl Bay NJW 87, 1712 mit abl Anm Hentschel JR 88, 297, beide mwN). Ob der Täter durch sein Warten dem Feststellungszweck dienen will, ist unerheblich (Hamm VRS 32, 204). Speziell zur Länge der Wartefrist in konkreten Fällen Saarbrücken MDR 74, 770; Stuttgart NJW 81, 1107 und VRS 73, 191; Bay bei Rüth DAR 85, 241; die zusätzliche Sicherung der Feststellungsinteressen, die Abs 2 über das frühere Recht hinaus gewährt (vgl 21–30), dürfte eine allgemeine Abkürzung der Wartefrist rechtfertigen (Hamm VRS 59, 258; Berz DAR 75, 309, 312; Zopfs VersR 94, 266, 267 Fn 19).

e) Wer nach dem Unfall zunächst, sei es auch nur eine kurze Strecke, davonfährt und dann **zurückkehrt**, hat die Tat idR schon vollendet, es sei denn, daß noch kein Sich-Entfernen vorgelegen (vgl 10) oder daß es am Vorsatz (vgl 31) gefehlt hat. Hier wird sich häufig Einstellung nach §§ 153, 153 a StPO empfehlen. 20

5. Abs 2 begründet eine Pflicht zur **unverzüglichen nachträglichen Ermöglichung der Feststellungen** im Sinne des Abs 1 (zusf Hauser BA 89, 237); anders als bei Abs 1 gibt es neben dieser Pflichtverletzung keine besondere, davon abtrennbare Tathandlung (Küper GA 94, 49, 53). Sie trifft nur den Unfallbeteiligten, der die Feststellungen nicht ermöglicht, sich aber ohne zurechenbaren Verstoß gegen Abs 1 vom Unfallort entfernt hat (beachte Karlsruhe NStZ 88, 409 mit Anm Janiszewski). Bei Strafbarkeit nach Abs 1 hilft also nachträgliche Ermöglichung der Feststellungen nicht mehr (Hamburg MDR 78, 859), wie 21 sich überhaupt die beiden Absätze ausschließen (Bay VRS 59, 340; Köln VRS 63, 352). Möglich bleibt bei reiner Wortauslegung allerdings, daß zunächst Abs 1 als Rauschtat im Rahmen des § 323 a I und später auch unmittelbar Abs 2 verwirklicht wird (dazu 24). Abs 2 ersetzt weitgehend die früher von der Rspr angenommene Rückkehrpflicht (BGHSt 18, 114, 119 mwN), greift darüber aber weit hinaus (Bay VRS 67, 211). – Die Tat ist **echtes Unterlassungsdelikt** (Bay NJW 90, 1861 mit krit Bespr Seelmann JuS 91, 290; diff Küper JZ 81, 209, 210; s auch 4 zu § 13).

22 **a) Nr 1**: Zum Ablauf der Wartefrist vgl 19. Daß die Frist wegen der Einfachheit der Sach- und Rechtslage praktisch auf ein Minimum reduziert war, hindert die Anwendung nicht (Hartman-Hilter NZV 92, 429).

23 **b) Nr 2**: Sich-Entfernen vgl 10.

aa) **Berechtigtes** Sich-Entfernen kann namentlich auf der Hilfspflicht nach § 323 c, auf rechtfertigender Notlage nach §§ 32, 34 (Bay VRS 60, 112; Düsseldorf NJW 89, 2763 mit krit Anm Werny NZV 89, 440) oder auf mutmaßlicher Einwilligung (vgl 33, 34) beruhen; jedoch befreien dringende geschäftliche Angelegenheiten (KG VRS 40, 109; Koblenz VRS 45, 33) oder die Befürchtung, wegen einer anderen Straftat verfolgt oder festgenommen zu werden (BGHSt 9, 267; zusf Ulsenheimer GA 72, 1, 13), idR nicht von der Wartepflicht. Berechtigt ist das Sich-Entfernen ua auch, wenn die Beteiligten sich darauf geeinigt hatten, zu (weiteren) Feststellungen, also nicht lediglich zu Verhandlungen über die Schadensregulierung auf bereits feststehender Tatsachengrundlage (Hamburg NJW 79, 439), an einem anderen Ort zusammenzukommen (Köln NJW 81, 2367 mit abl Bespr Beulke JuS 82, 815; Düsseldorf NJW 85, 2725; Berz DAR 75, 309, 313; aM Bernsmann NZV 89, 49, 56, alle mwN; zw).

24 bb) **Entschuldigt** im Sinne der Nr 2 ist das vorsätzliche Sich-Entfernen nicht nur bei Vorliegen von Entschuldigungsgründen ieS (so aber Paeffgen NStZ 90, 365), etwa bei Notstand angesichts der drohenden Haltung der Umstehenden (VRS 36, 23; Bay DAR 56, 15; krit Rudolphi SK 39), sondern auch bei anderen Schuldausschließungsgründen, etwa bei vorübergehender Schuldunfähigkeit (hM; vgl ua Koblenz VRS 53, 339; Berz Jura 79, 125, 127; Küper NJW 90, 209, 210; aM Beulke NJW 79, 400, 404; Werner NZV 88, 88, alle mwN) oder bei dem unvermeidbaren Verbotsirrtum, die Wartefrist (vgl 36) sei bereits abgelaufen (Stuttgart VRS 51, 431; aM Beulke aaO). Erfaßt wird ferner – sei es wegen Schuldausschlusses oder mindestens aus einem argumentum a maiore ad minus (dazu Berz aaO; krit Dornseifer JZ 80, 302) – der Fall, daß der Unfallbeteiligte irrig Umstände angenommen hat, die ihn zum Verlassen des Unfallorts berechtigt oder ihn entschuldigt hätten (unstr; BT-Dr 7/2434 S 8). – Auf dieser Grundlage macht der Fall Schwierigkeiten, daß der Täter zunächst im Rahmen des § 323 a I den Abs 1 als Rauschtat verwirklicht und dann später nach „entschuldig-

tem“ Entfernen vom Unfallort auch die Pflichten aus Abs 2 nicht erfüllt. Rspr und Schrifttum verneinen mit verschiedenartigen Lösungsansätzen die offensichtlich zweckwidrige selbständige Strafbarkeit aus jedem der beiden Tatbestände, indem sie schon tatbestandlich oder auf der Konkurrenzebene entweder den § 323 a I (so Keller JR 89, 343; Miseré Jura 91, 298, beide mwN) oder umgekehrt den Abs 2 (so Bay NJW 89, 1685; Paeffgen NStZ 90, 365, beide mwN) für unanwendbar halten. Die hier unvermeidbaren Friktionen dürften am erträglichsten sein, wenn man die Strafbarkeit wegen Vollrauschs unberührt läßt, den Anwendungsbereich des Abs 2 aber durch teleologische Reduktion auf Fälle beschränkt, in denen sich der Täter straflos vom Unfallort entfernen konnte (so überzeugend Küper NJW 90, 209 mwN).

cc) Nach der Rspr soll auch das **unvorsätzliche** Sich-Entfernen hierher gehören, sofern der Täter noch innerhalb eines zeitlichen und räumlichen Zusammenhangs von dem Unfall Kenntnis erlangt hat (BGHSt 28, 129 mwN; s auch Karlsruhe NJW 81, 881; Düsseldorf JZ 85, 544). Sie knüpft damit an die Rspr zum früheren Recht an, die diesen Fall einer Rückkehrpflicht unterworfen hatte (BGHSt 14, 89; 18, 114), gerät aber in den äußersten Grenzbereich zwischen Auslegung und verbotener Analogie (6 zu § 1). Die Entscheidung des BGH ist auch deshalb problematisch, weil sie die psychologischen Unterschiede zwischen bewußtem und unbewußtem Sich-Entfernen vom Unfallort nicht würdigt (diff Volk DAR 82, 81, 85) und mit dem zeitlichen und räumlichen Zusammenhang eine im Gesetz nicht vorgesehene Begrenzung postuliert, die als solche jedenfalls nicht aus dem allgemeinen Erfordernis der Zumutbarkeit abgeleitet werden kann (Römer MDR 80, 89; relativierend daher auch Bay NJW 81, 879). Die im Schrifttum überwiegend ablehnende Haltung ist daher vorzugswürdig (Beulke NJW 79, 400; Rudolphi JR 79, 210; Magdowski aaO [vgl 1] S 160; Bottke JA 80, 510, 516; Eisenberg Jura 83, 267; Loos DAR 83, 209, 212; Geppert BA 91, 31, 40; Schild AK 149; aM Volk DAR 82, 81, 85; Küper, Heidelberg-FS, S 451; zw). Nicht annehmbar ist dann auch die aus dieser Rspr abgeleitete weitere Folgerung, nach der eine unvorsätzliche, von Dritten veranlaßte oder erzwungene Entfernung des Täters vom Unfallort (vgl 12) das Merkmal berechtigten oder entschuldigten Sich-Entfernens verwirklichen soll (so Bay NJW 82, 1059 mit Bespr Klinkenberg ua NJW 82, 2359 und MDR 83, 808, Schwab MDR 83, 454 und Jacob MDR 83, 461; diff Bay NJW 93, 410; s auch BGHSt 30, 160 mit Anm Bär JR 82, 379). 25

c) **Unverzüglich** erfordert Handeln ohne vorwerfbares Zögern (Koblenz VRS 61, 432); welche Anforderungen im Einzelfall zu stellen sind, ist unter Berücksichtigung von Sinn und Zweck des § 142 nach den Umständen zu beurteilen (hM; vgl etwa BGHSt 29, 138 mit krit Anm Beulke JR 80, 523; Köln VRS 60, 434; Hamm VRS 64, 16; für ein funktionales Verständnis Zopfs aaO [vgl 2 „Unfallflucht“] S 71) und unterliegt daher tatrichterlicher, nur auf Rechtsfehler nachprüfbarer 26

Würdigung (VRS 55, 420). Danach muß der Unfallbeteiligte zwar nicht notwendig (vgl zB Bay VRS 58, 406, 408, 410), aber idR doch bald nach Wegfall der Gründe, die ihm ein strafloses Verlassen des Unfallorts gestattet haben, das zur nachträglichen Ermöglichung der Feststellungen Erforderliche veranlassen (dazu 27–30). Der maßgebende Zeitpunkt ist jeweils dann überschritten, wenn der Unfallbeteiligte gegenüber der konkreten Gefahr erheblichen Beweisverlustes, deren Gewicht ua auch von den zivilrechtlichen Anspruchsgrundlagen abhängt (Bay JZ 80, 579; Stuttgart VRS 60, 196 und 300, 303), vorwerfbar passiv geblieben ist (str; vgl Hentschel NJW 82, 1073, 1079; Beulke aaO; Loos DAR 83, 209, 212; Schild AK 168, alle mwN); ob im Ergebnis die Feststellungen erschwert oder vereitelt worden sind, ist dann nicht mehr erheblich (Küper GA 94, 49, 53 Fn 13; aM Hamm NJW 77, 207 und VRS 61, 263; Köln VRS 54, 350; Bringewat JA 77, 231, 236). – Im allgemeinen darf der Unfallbeteiligte zunächst versuchen, mit den Berechtigten (uU noch am Unfallort) Kontakt zu bekommen. Sind diese jedoch ohne Verletzung des Unverzüglichkeitsgebots nicht zu ermitteln oder zu erreichen, muß er sich an die Polizei wenden (BGHSt 29, 138 mit abl Anm Reiß NJW 80, 1806; Bay JR 77, 427 mit abl Anm Rudolphi; Stuttgart NJW 78, 1445; aM Berz DAR 75, 309, 314; Geppert Jura 90, 78, 86 und 91, 31, 41; zw); bei nächtlichen Unfällen mit einfacher Sach- und Rechtslage (zB Beschädigung von Verkehrszeichen, Leitplanken, Zäunen usw) ist die Unterrichtung der Berechtigten bis etwa 9 oder 10 Uhr des folgenden Morgens idR noch unverzüglich (vgl etwa Köln NZV 89, 357; Stuttgart VRS 73, 191; Haubrich DAR 81, 211; Zopfs VersR 94, 266, 272; s auch Zweibrükken DAR 91, 33 mit abl Bespr Hentschel NJW 91, 1267, 1273; Köln DAR 92, 152, alle mwN). Umgekehrt kann der Weg zur Polizei ein verzögerlicher Umweg sein, so daß der Unfallbeteiligte uU an den in der Nähe liegenden Unfallort zurückkehren oder das ihm angekündigte alsbaldige Eintreffen des Berechtigten abwarten muß, wenn nur so die nach Abs 3 gebotene unverzügliche Unterrichtung ausführbar ist (Bay NJW 79, 436 mit Anm Janiszewski JR 79, 341; Bay VRS 67, 221; s auch Karlsruhe NJW 81, 881; Köln NJW 81, 2367 mit abl Bespr Beulke JuS 82, 815; str).

27 d) **Abs 3** definiert den **Begriff der nachträglichen Ermöglichung der Feststellungen** nicht, bildet auch nicht nur einen Beispielsfall (so aber Sch/Sch-Cramer 48), sondern umschreibt die Mindestvoraussetzungen, deren Erfüllung **in jedem Falle** tatbestandsmäßiger, aber nicht zurechenbarer Entfernung vom Unfallort ausreicht (hM; vgl etwa BGHSt 29, 138; Karlsruhe NJW 81, 881; anders M-Schroeder/Maiwald BT 1 49/58, 59, alle mwN); die Ansicht von Sch/Sch-Cramer (48; zust Loos DAR 83, 209, 214; Hartman-Hilter NZV 92, 429, 431, alle mwN), diese vom Gesetzgeber gewollte Auslegung finde im Wortlaut keine genügende Stütze, beruht auf einem zu engen Verständnis der Auslegungsgrenzen. – Danach kann der Täter

seiner nachträglichen Feststellungspflicht sowohl nach den Regeln des Abs 3 als auch in anderer Weise, etwa durch Rückkehr an den Unfallort, nachkommen. Da aber Abs 3 – insoweit über Abs 1 hinausgehend (BT-Dr 7/2434 S 8) – als Ausgleich für den Wegfall der Bindung an den Unfallort gewisse Mitwirkungspflichten und das Verbot des absichtlichen Vereitelns der Feststellungen vorsieht, müssen auch die in Frage kommenden anderen Formen nachträglichen Ermöglichens gleichwertig sein. Daher kann im Einzelfall einerseits eine Rückkehrpflicht dadurch begründet werden, daß keine andere Alternative unverzüglicher Vornahme der nach Abs 3 geforderten Handlungen zur Verfügung steht (vgl 26); andererseits werden mit Rückkehr des Täters die über Abs 1 hinausgehenden Pflichten, namentlich das Verbot absichtlicher Vereitelung der Feststellungen, nicht hinfällig (hM; vgl Geppert Jura 90, 78, 85; anders Sch/Sch-Cramer 58, 59, beide mwN; zw); das ergibt sich daraus, daß durch die Abwesenheit Feststellungschancen beeinträchtigt worden sein können. Im einzelnen:

aa) Die Verpflichtung **zur Mitteilung der Unfallbeteiligung**, die uU auch durch Beauftragung eines Dritten erfüllt werden kann (Stuttgart VRS 51, 431; Bay bei Rüth DAR 79, 238; Zopfs VersR 94, 266, 268), schließt auch hier keine Angaben über die Art der Beteiligung ein (hM; anders Jagusch NJW 75, 1631, 1633; vgl 17, 19). **„Sein Fahrzeug“** ist das am Unfall beteiligte ohne Rücksicht auf den Eigentümer (Müller-Emmert/Maier DRiZ 75, 176). Die **Dauer** der Bereitstellungspflicht wird begrenzt durch ihre Beschränkung auf „unverzügliche“ Feststellungen einerseits und auf eine „zumutbare“ Zeit andererseits. Sie endet also, entweder wenn die Berechtigten nicht unverzüglich Feststellungen getroffen haben oder wenn dem Täter nach den Umständen weitere Bereitstellung nicht mehr zumutbar ist (Berz DAR 75, 309, 315). Die Einhaltung von Absprachen mit den Berechtigten oder der Polizei ist idR zumutbar (krit Bernsmann NZV 89, 49, 57); diese können auch auf Bereitstellung verzichten. Der nicht unfallbeteiligte Fahrzeughalter (zB Arbeitgeber, Vermieter) hat als solcher keine Bereitstellungspflicht (Bay DAR 90, 230; Müller-Emmert/Maier aaO; aM Jagusch aaO); jedoch hat der Unfallbeteiligte das ihm Mögliche und Zumutbare zur Bewirkung der Bereitstellung zu tun, da er andernfalls seine eigene Bereitstellungspflicht verletzt. 28

bb) Ob der Unfallbeteiligte seine Mitteilung an die **Berechtigten oder an eine nahe Polizeidienststelle** (dazu Berz DAR 75, 309, 314) macht, steht in seiner Wahl, die jedoch durch das allgemeine Erfordernis unverzüglichen Handelns eingeschränkt ist (vgl 26; krit Schneider aaO [vgl 2] S 149). Er ist grundsätzlich allen Berechtigten (vgl 13) zur Mitteilung verpflichtet (einschr Rudolphi SK 43), darf sich aber auf den nächst Erreichbaren beschränken, wenn eine ex-ante-Beurteilung ergibt, daß dieser die übrigen Berechtigten informieren wird (Magdowski aaO [vgl 1] S 189 mwN; str). 29

cc) **Absichtliches Vereiteln** der Feststellungen setzt zielgerichtetes Wollen voraus (Berz aaO [vgl 29] S 316). Es liegt namentlich vor, 30 wenn der Unfallbeteiligte vor oder in engem zeitlichen Zusammenhang nach der vorgeschriebenen Mitteilung Unfallspuren am Fahrzeug beseitigt, Zeugen zu falschen Aussagen verleitet, etwa seine nüchterne Ehefrau als angebliche Fahrzeugführerin vorschiebt (Janiszewski DAR 75, 169, 175), oder durch irreführende Angaben die Ermittlungen so in eine falsche Richtung lenkt, daß Anhaltspunkte für den wirklichen Unfallhergang nicht mehr weiterverfolgt werden (zT abw Jagusch NJW 75, 1631, 1633; Maier JZ 75, 721, 725; Rudolphi SK 48). Bloßes Leugnen oder Schweigen genügt nicht (Beulke JuS 82, 815, 818; aM KG VRS 67, 258, 263).

31 **6. a)** Der **Vorsatz nach Abs 1** (bedingter genügt, VRS 5, 41) setzt namentlich das Bewußtsein voraus, (möglicherweise) einen Unfall verursacht und nach den Umständen angezeigte Feststellungen im Sinne des Abs 1 nicht ermöglicht zu haben (Koblenz NZV 96, 324; Achenbach JuS 76, 592, 594 mwN); auf Vereitelungsabsicht kommt es nicht an. Im Falle des Abs 1 Nr 2 muß der Täter außerdem die Umstände kennen, aus denen sich die Unangemessenheit der bisher verstrichenen Wartezeit ergibt; ob er sie auch als unangemessen bewertet, ist für den Vorsatz unerheblich (16 zu § 15). – Sind die äußeren, dem Täter bekannten Umstände so beschaffen, daß sich einem verantwortungsbewußten Fahrer nach allgemeiner Lebenserfahrung die Annahme aufdrängt, daß sich ein Unfall mit nicht ganz belangloser Schadensfolge ereignet hat, zB bei heftigem Aufprall auf einen Gegenstand (NJW 54, 728; VRS 37, 263), so liegt regelmäßig, aber nicht notwendig Vorsatz vor (Frankfurt VRS 64, 265; s jedoch Schleswig VRS 59, 112); einen Erfahrungssatz, daß die Berührung zweier Fahrzeuge immer von den Insassen „gefühlt" werde, gibt es nicht (Köln NZV 92, 37). Durch Unfallschock oder posttraumatische Dämmerzustände verursachte, schon den Vorsatz ausschließende Kopflosigkeit kommt tatsächlich nur selten vor (VRS 20, 47; Köln NJW 67, 1521; Laubichler BA 77, 247), bildet aber eine häufige Schutzbehauptung (Zabel BA 83, 328). – Sofern der Täter nicht zugleich mit der Möglichkeit einer dem Tatbestand entsprechenden Sachlage rechnet, schließen folgende irrigen Annahmen seinen Vorsatz aus: Es fehle schon an der Möglichkeit seiner Unfallbeteiligung (BGHSt 15, 1; Zweibrücken VRS 75, 292; Frankfurt NStZ-RR 96, 86); er sei nur selbst beteiligt und geschädigt (Celle NJW 56, 1330); der andere habe den Unfall nur vorgetäuscht (Bay bei Rüth DAR 79, 237); es sei kein (Düsseldorf VRS 20, 118; Bär DAR 91, 271) oder nur ganz belangloser Schaden entstanden (Koblenz VRS 48, 337; Karlsruhe VRS 62, 186; aM Düsseldorf aaO; beachte auch 7); die angezeigten (vgl 13) Feststellungen seien vollständig getroffen (Stuttgart NJW 78, 900) oder es kämen nur noch Feststellungen zur Strafverfolgung in Frage (Oldenburg NJW 68, 2019; Hamm VRS 40, 19; s auch Koblenz VRS 48, 112; Hartmann-Hilter aaO [vgl 9] S 141 mwN). Zu Irrtümern über die Rechtswidrigkeit vgl 36.

b) Der **Vorsatz nach Abs 2** muß neben dem Verkehrsunfall namentlich auch den Umstand umfassen, daß nachträgliche Feststellungen erschwert oder vereitelt werden. Er ist entweder gegeben, wenn sich der Täter der Unterlassung der nach Abs 3 gebotenen Handlungen bewußt ist, obwohl er ein Feststellungsinteresse der Berechtigten mindestens für möglich hält, oder wenn er die Feststellungen absichtlich vereitelt. 32

7. a) Die **Rechtswidrigkeit** kann namentlich durch Einwilligung (10–18 vor § 32), mutmaßliche Einwilligung (19–21 vor § 32) oder rechtfertigenden Notstand (§ 34) ausgeschlossen sein. Nach den allgemeinen, allerdings umstrittenen Regeln wirkt die Einwilligung hier nicht schon tatbestandsausschließend (so aber Bernsmann NZV 89, 49, 51; Hartman-Hilter NZV 92, 429, 430; Schild AK 56 mwN), sondern erst rechtfertigend (Stuttgart NJW 82, 2266; Bay JZ 83, 268; Berz DAR 75, 313; Horn/Hoyer JZ 87, 972, alle mwN; zw); im übrigen gelten für sie keine Besonderheiten, so daß die Ergebnisse weitgehend von dem Meinungsstreit um die Voraussetzungen wirksamer Einwilligung (3–9 zu § 226 a) abhängen (zusf Bernsmann aaO). Einwilligung oder mutmaßliche Einwilligung (dazu Küper JZ 81, 209, 212; Bernsmann aaO S 55) kommen in Frage: 33

aa) wenn die Berechtigten ausdrücklich oder stillschweigend (Bay NZV 92, 246; Oldenburg NZV 95, 195) auf Feststellungen am Unfallort wirksam (dazu Düsseldorf NZV 91, 77) **verzichtet** haben (Bay NJW 58, 269, 511; Stuttgart MDR 82, 952; Düsseldorf NZV 92, 246, alle mwN; nach einem solchen Verzicht lebt die Pflicht zur Ermöglichung solcher Feststellungen auch bei Rückkehr an die Unfallstelle nicht wieder auf, Bay bei Bär DAR 93, 372), 34

bb) nach den Umständen – zB bei Bestehen verwandtschaftlicher oder freundschaftlicher Beziehungen (Zweibrücken DAR 82, 332; Bay JZ 83, 268 und bei Janiszewski NStZ 87, 113), bei Schädigung nur des Eigentümers des vom Täter geführten Fahrzeugs (Bay NZV 92, 413) oder bei eindeutigen Bagatellschäden (Köln VRS 64, 115) – mutmaßlich an solchen Feststellungen uninteressiert sind (Hamburg NJW 60, 1482; Köln DAR 89, 151; Düsseldorf aaO) oder 34 a

cc) wenn der neben dem Täter allein geschädigte Unfallbeteiligte sich selbst in Kenntnis des Unfallgeschehens vom Unfallort entfernt hat, weil darin häufig ein stillschweigender Verzicht auf sofortige Feststellungen liegt (Bay NJW 58, 511 und DAR 90, 471 mwN; einschr Bernsmann NZV 89, 49, 51). 35

b) Die **irrigen Annahmen**, alle Berechtigten hätten auf Feststellungen verzichtet (Bay NZV 92, 245; Düsseldorf NZV 92, 246; aM Stuttgart MDR 59, 508), es liege eine unter 34 beschriebene Nähebeziehung oder Bagatellschädigung vor (Schleswig SchlHA 69, 148; Rüth JR 79, 80 mwN) oder der andere Unfallbeteiligte habe sich in Kenntnis des Unfallgeschehens vom Unfallort entfernt (Bay DAR 90, 471), sind danach regelmäßig Erlaubnistatbestandsirrtümer (9–18 zu § 17). Die 36 nach der jeweiligen Sachlage irrigen Annahmen dagegen, das Zurücklassen einer Visitenkarte (Celle NJW 56, 560), die bloße Angabe von Namen und Anschrift (Schleswig SchlHA 69, 149) oder ein pauschales Schuldanerkenntnis (Stuttgart NJW 78, 900) reiche zur Erfüllung der Feststellungspflicht aus, die angemessene Wartezeit sei abgelaufen (Oldenburg NJW 68, 2019; aM Hartman-Hilter NZV 92, 429, 430) oder die Wartepflicht treffe nur Fahrer unfallbeteiligter Fahrzeuge (Bay 56, 241) oder setze schuldhafte Beteiligung voraus (VRS 24, 34; Düsseldorf NZV 93, 157), sind Verbotsirrtümer (6 zu § 17).

37 **c)** Für die **Schuldfähigkeit** sind Unfallschocks und posttraumatische Dämmerzustände – ebenso wie für den Vorsatz (vgl 31) – nur in Ausnahmefällen bedeutsam (KG VRS 67, 258; Barbey BA 92, 252). Zur Bedeutung des Alkohols für die Begehung der Tat Hauser BA 82, 193.

38 **8.** Der **Versuch**, namentlich auch der untaugliche (Bay VRS 71, 189), ist nicht mit Strafe bedroht. – **Tätige Reue** durch alsbaldiges Ermöglichen der Feststellungen nach Vollendung der Tat kann nicht wie ein strafbefreiender Rücktritt (so aber Sch/Sch-Cramer 74) oder wie ein besonderer gesetzlicher Milderungsgrund im Sinne des § 49 behandelt werden (hM); sie wird jedoch häufig strafmildernd wirken (Bay bei Rüth DAR 77, 203) oder Anlaß zur Einstellung des Verfahrens nach §§ 153, 153 a StPO sein (BT-Dr 7/3503 S 5). Für die Einführung eines Strafaufhebungsgrundes der tätigen Reue in kritischer Auseinandersetzung mit Reformvorschlägen Park DAR 93, 247; Loos ZRP 93, 310 (vgl auch den Hessischen Gesetzesantrag BR-Dr 400/93; dagegen Janiszweski DAR 94, 1; entbehrlich nach Zopfs DRiZ 94, 87, 91 und VersR 94, 266, 273).

39 **9. a)** Weil die Tat echtes Sonderdelikt ist (33 vor § 13; aM Deichmann, Grenzfälle der Sonderstraftat, 1994, S 170), kann nur der Unfallbeteiligte **Täter**, und zwar auch Mittäter (Köln NZV 92, 80) oder mittelbarer Täter, sein (3, 9 zu § 25). Für **Tatbeiträge anderer** kommt nur **Teilnahme** in Frage (Hamm BA 74, 279); da die Unfallbeteiligung nur die Positionsnähe zum Rechtsgut charakterisiert, ist § 28 I nicht anwendbar (Herzberg GA 91, 145, 170; Deichmann aaO S 172; Roxin LK 68 zu § 28).

40 **b) Beihilfe**, deren Struktur bei § 142 schwer durchschaubar ist (Küper JZ 81, 251, 255; Seelmann JuS 91, 290), kann auch durch Unterlassen (in Garantenstellung, 6 zu § 13) begangen werden (Stuttgart NJW 81, 2369; Zweibrücken VRS 75, 292; Köln NZV 92, 80 mit krit Bespr Geppert JK 18, alle mwN; s auch Bay NJW 90, 1861 mit Anm Herzberg NZV 90, 375; Arloth GA 85, 492, 504; Küpper BT 1 II 5/57; 5 zu § 27). Nach der Rspr soll sie auch nach Vollendung, aber vor Beendigung (2 vor § 22) möglich sein (Bay NJW 80, 412 mit krit Bespr Bottke JA 80, 379 und Küper aaO S 209, 251; zw). Die Tathandlung des Sich-Entfernens ist vollendet, wenn der Täter den zum Unfallort gehörenden Bereich überschritten hat (vgl 10); sie ist beendigt,

wenn er sich so weit entfernt hat, daß keine Chance mehr besteht, ihn unmittelbar zu verfolgen und als Unfallbeteiligten festzustellen (zu weit Bay aaO; zu eng Bottke aaO; nach unterschiedlichen Kriterien diff Küper aaO S 253; Kühl JuS 82, 189, 191).

10. Das als Tatmittel verwendete Fahrzeug kann unter den Voraussetzungen des § 74 **eingezogen** werden (BGHSt 10, 337; aM Schild AK 190). 41

11. Tateinheit ua möglich mit § 113 (VRS 13, 136), § 145 d II Nr 1 (Bay NJW 81, 834 mit Anm Stein JR 81, 437; Bay VRS 60, 112), § 263 (dort 67), §§ 315 c, 316 (Bay MDR 81, 1035) und § 323 c (VRS 14, 194; Rüth LK 105 mwN; aM Jescheck/Weigend AT S 723; str). – Im Verhältnis zu der **für den Unfall ursächlichen Tat** (zB fahrlässige Tötung oder Körperverletzung, Straßenverkehrsgefährdung) besteht idR Tatmehrheit (hM; vgl BGHSt 24, 185; anders Werner DAR 90, 11, beide mwN). Das gilt auch, wenn der Täter vor und nach dem Unfall Dauerstraftaten begangen hat (zB Trunkenheit im Verkehr nach § 316, Fahren ohne Fahrerlaubnis nach § 21 StVG [Düsseldorf VRS 87, 290]), die mit den anderen Taten jeweils in Tateinheit zusammentreffen; denn meistens, aber nicht notwendig, wird hier zum Weiterfahren ein neuer Entschluß gefaßt, so daß nach dem Unfall eine neue (zweite) Dauerstraftat beginnt (11 vor § 52; Brückner NZV 96, 266). Selbst wenn aber das strafbare Fahren ausnahmsweise nur eine Tat (zB natürliche Handlungseinheit) bilden sollte, kommt in Frage, daß das für den Unfall ursächliche Delikt und das Vergehen nach § 142 zu entklammern sind (5 zu § 52). Zur Zusammenfassung der während einer Flucht vom Unfallort (sog Polizeiflucht) begangenen Taten zu Tateinheit 3 zu § 52; zum Verhältnis zu § 34 StVO (Pflichten nach einem Verkehrsunfall) LG Flensburg DAR 78, 279; Bürgel MDR 76, 353. Tateinheit ist auch zwischen mehreren Taten nach § 142 möglich, wenn sich der Täter durch seine Weiterfahrt der Feststellung mehrerer von ihm verursachter Unfälle entzieht (NStE 25). – Zwischen Abs 1 und 2 ist **Wahlfeststellung** (14 zu § 1) zulässig (Köln VRS 64, 115, 119 mwN). 42

§ 143 *(weggefallen)*

§ 144 Auswanderungsbetrug

Wer es sich zum Geschäft macht, Deutsche unter Vorspiegelung falscher Tatsachen oder wissentlich mit unbegründeten Angaben oder durch andere auf Täuschung berechnete Mittel zur Auswanderung zu verleiten, wird mit Freiheitsstrafe bis zu zwei Jahren oder mit Geldstrafe bestraft.

Fassung: Keine Geltung im Beitrittsgebiet (4 zu § 3; Anh II 1 c). – Die Aufhebung der Vorschrift sieht ein RegEntw vor (BT-Dr 13/58).

1 **1.** Die Vorschrift **schützt** nur Deutsche (Art 116 GG; 7 vor § 3).

2 **2. Auswandern** ist Verlassen des deutschen Staatsgebiets in der Absicht, den inländischen (4 vor § 3) Wohnsitz und idR auch (RGSt 37, 348; 51, 351) die deutsche Staatsangehörigkeit aufzugeben. **Verleiten** heißt, durch Einwirken auf den Willen des anderen dessen Auswanderung herbeiführen. Mittel des Verleitens kann jede Form der Täuschung sein (6–16 zu § 263). **Geschäftsmäßig** 20 vor § 52.

§ 145 Mißbrauch von Notrufen und Beeinträchtigung von Unfallverhütungs- und Nothilfemitteln

(1) **Wer absichtlich oder wissentlich**

1. Notrufe oder Notzeichen mißbraucht oder

2. vortäuscht, daß wegen eines Unglücksfalles oder wegen gemeiner Gefahr oder Not die Hilfe anderer erforderlich sei,

wird mit Freiheitsstrafe bis zu einem Jahr oder mit Geldstrafe bestraft.

(2) **Wer absichtlich oder wissentlich**

1. die zur Verhütung von Unglücksfällen oder gemeiner Gefahr dienenden Warn- oder Verbotszeichen beseitigt, unkenntlich macht oder in ihrem Sinn entstellt oder

2. die zur Verhütung von Unglücksfällen oder gemeiner Gefahr dienenden Schutzvorrichtungen oder die zur Hilfeleistung bei Unglücksfällen oder gemeiner Gefahr bestimmten Rettungsgeräte oder anderen Sachen beseitigt, verändert oder unbrauchbar macht,

wird mit Freiheitsstrafe bis zu zwei Jahren oder mit Geldstrafe bestraft, wenn die Tat nicht in § 303 oder § 304 mit Strafe bedroht ist.

1 **1. Abs 1**, ein Gegenstück zu § 323 c, soll die **Allgemeinheit** namentlich davor schützen, daß nicht erforderliche fremde Hilfe zur Gefahrenabwehr angefordert wird (Begr zu § 300 E 1962 S 471). **Abs 2** richtet sich gegen die Beeinträchtigung von Präventivmaßnahmen, die zur Verhütung oder Bewältigung von Unglücksfällen oder gemeiner Gefahr getroffen werden. – Die Tat ist in allen Begehungsformen abstraktes Gefährdungsdelikt (32 vor § 13).

2 **2. Unglücksfall, gemeine Gefahr oder Not** 2, 3 zu § 323 c.

3 **3. a) Abs 1 Nr 1: Notrufe und Notzeichen** sind in ihren Voraussetzungen und der Art ihrer Ausführung durch Gesetz, behördliche Anordnung, Vereinbarung oder Übung im wesentlichen festgelegte Rufe oder Zeichen (Begr zu § 300 E 1962 S 471), die auf das Bestehen einer Not- oder schweren Gefahrenlage und meist auch auf das Bedürfnis nach fremder Hilfe aufmerksam machen, zB der Hilferuf, das SOS-Morsezeichen, die Alarmsirene, die Feuerglocke usw. Auch der

bloße Anruf bei dem Fernsprechnotanschluß („Notruf") einer Polizeidienststelle gehört hierher, weil er wegen der technischen Besonderheiten des Notrufsystems die Einleitung von Hilfsmaßnahmen auch ohne weitere Erklärungen des Anrufers ermöglicht (BGHSt 34, 4 mwN; str). – **Mißbrauch** ist Anwendung des Notrufs oder des Zeichens trotz Fehlens der Voraussetzungen; Aufnahme durch einen Empfänger ist nicht erforderlich.

b) Abs 1 Nr 2 betrifft Hilfsanforderungen, die keine Notrufe oder Notzeichen (Nr 1) sind (Begr zum E 1962 S 471). Hier muß stets (nicht oder nicht mehr bestehende) Erforderlichkeit fremder Hilfe (5 zu § 323 c) vorgetäuscht werden; auch ein Vortäuschen in verkehrserzieherischer Absicht ist erfaßt (Scheffler NZV 94, 261). 4

4. a) Ob ein Gegenstand **Schutzobjekt** des **Abs 2** ist, hängt von seiner konkreten Zweckbestimmung ab. Verkehrszeichen werden idR, aber nicht ausnahmslos erfaßt (Händel DAR 75, 57, 59). 5

b) Alle **Tathandlungen** setzen nach dem Schutzzweck des Abs 2 voraus, daß die Funktion des Zeichens oder die Möglichkeit der bestimmungsmäßigen Verwendung des Gegenstandes vereitelt oder erschwert wird. **Beseitigen** erfordert räumliche Entfernung. **In seinem Sinn entstellt** ist ein Richtungsweiser schon dann, wenn er in die falsche Richtung gedreht wird. **Unbrauchbarmachen** 2 zu § 87. 6

5. Absichtlich oder wissentlich 20–22 zu § 15; bedingter Vorsatz genügt nicht (Bay VRS 73, 45; LG Köln MDR 78, 860). 7

6. a) In **Abs 1** bilden die Nummern 1, 2 nur verschiedene Begehungsformen desselben Delikts, so daß beim Zusammentreffen **Tateinheit** ausscheidet (3 zu § 52). 8

b) Abs 2 tritt gegenüber §§ 303, 304 zurück (spezielle **Subsidiarität**, 26 vor § 52). Das gilt nach dem eindeutigen Gesetzeswortlaut auch, wenn der nach § 303 c erforderliche Strafantrag fehlt (Herdegen LK 13 mwN; aM Stree JR 79, 253; str); kriminalpolitisch ist das verfehlt, weil § 145 ein Allgemeininteresse schützt (vgl 1). Im übrigen ist **Tateinheit** ua möglich mit §§ 222, 230, 242, 315, 315 b (Händel DAR 75, 57, 60). 9

§ 145 a Verstoß gegen Weisungen während der Führungsaufsicht

Wer während der Führungsaufsicht gegen eine bestimmte Weisung der in § 68 b Abs. 1 bezeichneten Art verstößt und dadurch den Zweck der Maßregel gefährdet, wird mit Freiheitsstrafe bis zu einem Jahr oder mit Geldstrafe bestraft. Die Tat wird nur auf Antrag der Aufsichtsstelle (§ 68 a) verfolgt.

1. Die verfassungsrechtlich wohl noch akzeptable (Groth NJW 79, 743; für einzelne Weisungen einschr Raabe, Die Führungsaufsicht im 2. StrRG, Diss Hamburg 1973, S 151; Hanack LK 6), kriminalpolitisch aber problematische (1 vor § 68) Blankettvorschrift pönalisiert den 1

Verstoß gegen Weisungen im Sinne des § 68 b I (dort 2), nicht des § 68 b II, um die Wirksamkeit der Führungsaufsicht auch in Fällen sicherzustellen, in denen der Widerruf einer Straf- oder Maßregelaussetzung nicht mehr in Frage kommt. Die Tat ist echtes Sonderdelikt (33 vor § 13), die Tätereigenschaft jedoch wegen ihrer Rechtsgutsbezogenheit kein besonderes persönliches Merkmal nach § 28 I (Hanack LK 29 mwN; str).

2 **2.** Als Grundlage kommt nur eine **rechtlich zulässige**, dh auch zumutbare, und im Zeitpunkt des Verstoßes **wirksame Weisung** in Frage. Sie muß **bestimmt** sein, dh den Anforderungen entsprechen, die nach Art 103 II GG an die Tatbestandsbeschreibung einer Deliktsnorm zu stellen sind (KG JR 87, 124 mit krit Anm Groth JR 88, 258; Hanack LK 7–11 mwN). – Gegen sie wird **verstoßen**, wenn der Täter das ihm abverlangte Verhalten nicht oder nicht vollständig erfüllt; eine Mehrheit von Zuwiderhandlungen kann nur nach den allgemeinen Regeln zur natürlichen oder rechtlichen Handlungseinheit zusammengefaßt werden (4, 9 vor § 52); wird gegen mehrere verschiedene Weisungen verstoßen, so ist Tateinheit oder Tatmehrheit möglich (Horn SK 20 mit Beispielen).

3 **3.** Die **Gefährdung des Maßregelzwecks** (1 zu § 68) ist Tatbestandsmerkmal (hM; vgl Groth NJW 79, 743, 746 mwN), nicht lediglich objektive Bedingung der Strafbarkeit (so aber Horn SK 2, 3). Sie setzt voraus, daß der Weisungsverstoß – sei es auch nur iVm dem Gesamtverhalten des Verurteilten, uU auch vorausgegangenen Zuwiderhandlungen (krit Hanack LK 24) – die bestimmte Wahrscheinlichkeit künftiger Straftaten begründet oder vergrößert hat (hM; vgl Groth aaO mwN). Die Voraussetzung bedarf allerdings zur Verhütung unangemessener Ausdehnung der Strafbarkeit zurückhaltender Auslegung (Hanack LK 25); sie wird meist nur bei groben oder beharrlichen Verstößen, selten bei bloßen Nachlässigkeiten und kaum jemals bei Zuwiderhandlungen gegen eine Weisung nach § 68 b I Nr 9 erfüllt sein. Ob die Gefährdung zur Zeit der Aburteilung noch fortbesteht, ist für die Strafbarkeit unerheblich (hM; anders Horn SK 14).

4 **4.** Der **Vorsatz** (bedingter genügt) muß auch das Gefährdungselement (vgl 3) umfassen (Hamburg NJW 85, 1232; zum Gefährdungsvorsatz 28 zu § 15).

5 **5.** Die **Strafzumessung** begegnet typischen Schwierigkeiten: Geldstrafe wird meist zur Einwirkung auf den Täter nicht ausreichen (§ 47), Strafaussetzung zur Bewährung wegen Fehlens einer günstigen Prognose (8–14 zu § 56) unbegründet sein und die danach allein übrigbleibende kurzfristige Freiheitsstrafe bei der besonderen Eigenart dieser Tätergruppe keinen Erfolg versprechen. Die kriminalpolitische Wirksamkeit der Vorschrift ist deshalb höchst unwahrscheinlich (krit auch Schöch NStZ 92, 364, 370; Hanack LK 37–40, beide mwN).

6. Strafantrag §§ 77, 77 b, 77 d. Antragsberechtigt ist nur die Aufsichtsstelle (§ 68 a). Sie sollte von ihrem Antragsrecht nur sparsam Gebrauch machen. Wenn die Gefährdung des Maßregelzwecks nachträglich entfallen ist (vgl 3) oder wenn wirksamere Möglichkeiten – etwa der Widerruf einer Aussetzung – zur Verfügung stehen, ist der Antrag meist unangebracht (weiter einschr Mrozynski JZ 78, 255, 259; Antons BewH 92, 282, 285). – Zur Anhörung des Bewährungshelfers vor Antragstellung § 68 a VI. 6

§ 145 b *(weggefallen)*

§ 145 c Verstoß gegen das Berufsverbot

Wer einen Beruf, einen Berufszweig, ein Gewerbe oder einen Gewerbezweig für sich oder einen anderen ausübt oder durch einen anderen für sich ausüben läßt, obwohl dies ihm oder dem anderen strafgerichtlich untersagt ist, wird mit Freiheitsstrafe bis zu einem Jahr oder mit Geldstrafe bestraft.

1. Erfaßt wird jede Handlung (Handlungseinheit), die sich als die **untersagte Berufs- oder Gewerbeausübung** darstellt. Die Untersagung muß **bestimmt** sein, dh den Anforderungen des Art 103 II GG an die Tatbestandsbeschreibung entsprechen; dies ist bei der Untersagung, ein selbständiges Gewerbe auszuüben, nicht der Fall (Karlsruhe NStZ 95, 446 mit im Ergebnis zust Anm Stree und Cramer NStZ 96, 136, der jedoch die gesetzliche Bestimmtheit der Strafbarkeit verneint und die Vorschrift für verfassungswidrig hält). Wiederholungsabsicht ist nicht erforderlich (Düsseldorf NJW 66, 410). Aufhebung des Berufsverbots im Wiederaufnahmeverfahren berührt die Strafbarkeit zuvor begangener Verstöße nicht (1 StR 690/78 v 20. 2. 1979). – Die Strafdrohung gilt nicht nur dem der Maßregel Unterworfenen; Täter ist vielmehr auch, wer für den Verurteilten Tätigkeiten ausübt, die unter das Verbot fallen, oder wer durch einen Verurteilten solche Tätigkeiten für sich ausüben läßt (§ 70 III). 1

2. Geschäftspartner des Täters, die sich lediglich als solche betätigen, sind als **notwendige Teilnehmer** nicht wegen Beihilfe strafbar (12 vor § 25); sonst ist Teilnahme möglich. 2

3. Der **Vorsatz** (bedingter genügt) wird durch die irrige Annahme materieller Unrichtigkeit der bestandskräftigen Untersagung nicht ausgeschlossen, wohl aber durch die Annahme ihrer formellen Unwirksamkeit (zB die Annahme, die gegen ein vorläufiges Berufsverbot eingelegte Beschwerde habe aufschiebende Wirkung, NJW 89, 1939 mit abl Anm Dölp NStZ 89, 475; s auch Otto JK § 16/2; zw). 3

4. § 145 c betrifft nur das Berufsverbot nach § 70, nicht gewerberechtliche Verbote der Verwaltungsbehörden. 4

5. **Tateinheit** ua möglich mit § 263 (NStZ 91, 549 mwN). 5

§ 145 d Vortäuschen einer Straftat

(1) **Wer wider besseres Wissen einer Behörde oder einer zur Entgegennahme von Anzeigen zuständigen Stelle vortäuscht,**

1. daß eine rechtswidrige Tat begangen worden sei oder

2. daß die Verwirklichung einer der in § 126 Abs. 1 genannten rechtswidrigen Taten bevorstehe,

wird mit Freiheitsstrafe bis zu drei Jahren oder mit Geldstrafe bestraft, wenn die Tat nicht in § 164, § 258 oder § 258 a mit Strafe bedroht ist.

(2) **Ebenso wird bestraft, wer wider besseres Wissen eine der in Absatz 1 bezeichneten Stellen über den Beteiligten**

1. an einer rechtswidrigen Tat oder

2. an einer bevorstehenden, in § 126 Abs. 1 genannten rechtswidrigen Tat

zu täuschen sucht.

1 **1.** Die Vorschrift **schützt** durch die Nummern 1 der Abs 1, 2 die **Rechtspflege** gegen ungerechtfertigte Inanspruchnahme des inländischen (NStZ 84, 360; Düsseldorf NJW 82, 1242 mit Anm Bottke JR 83, 76) staatlichen Verfolgungsapparates (BGHSt 6, 251, 255; 19, 305; knapp Fezer, Stree/Wessels-FS, S 663, 673; eingehend Krümpelmann ZStW 96, 999, 1009). In diesem Bereich schließt sie Lücken des § 164 (RGSt 71, 306). – Durch die Nummern 2 der beiden Absätze schützt sie weitergehend auch die **Präventivorgane** des Staates gegen Inanspruchnahme zur Abwehr nur vorgetäuschter Gefahren (Sturm JZ 76, 347, 351; Laufhütte MDR 76, 441, 444; Stree NJW 76, 1177, 1181). – Zur **Kriminologie** der verschiedenen Begehungsformen und zur Reform der Vorschrift Geerds Jura 85, 617, 621.

2 **2. Behörde** 20 zu § 11. **Zur Entgegennahme von Anzeigen zuständige Stellen** ohne Behördencharakter sind ua bestimmte militärische Dienststellen und die Untersuchungsausschüsse der Parlamente (Willms LK 4 mwN). Regelmäßig genügt es, wenn die Tathandlung gegenüber einem in dienstlicher Eigenschaft tätigen Angehörigen der Behörde oder Stelle (zB einem Polizeibeamten, StA oder Disziplinarvorgesetzten) vorgenommen wird (KG JR 89, 26 mwN; beachte jedoch Kühne JuS 87, 188, 190; Velten StV 87, 544, 550).

3 **3.** Zu den **Tathandlungen**:

a) Abs 1 Nr 1 betrifft nur **angeblich bereits geschehene rechtswidrige Taten jeder Art** (18 zu § 11), auch Versuch und Teilnahme.

4 aa) Die Vortäuschung muß **geeignet** sein (vgl Hirsch, Kaufmann [Arth]-FS, S 545, 562: konkretes Gefährlichkeitsdelikt), ein ungerechtfertigtes („sinnloses") Einschreiten auszulösen (Küper BT S 297); ob sie diesen Erfolg hat oder auch nur zu einem Irrtum der Behörde führt

(Laufhütte MDR 76, 441, 444 mwN), ist ebenso unerheblich wie das Motiv des Täters (Köln VRS 54, 196); geeignet sind auch verfahrensfehlerhaft zustandegekommene Äußerungen (Geppert JK 7 gegen Düsseldorf StV 95, 588). Das Vortäuschen eines strafrechtlich unerheblichen Verhaltens, das der Täter irrig für eine rechtswidrige Tat hält, reicht mangels Strafbarkeit des Versuchs nicht aus, auch nicht die unwahre Behauptung, in Notwehr getötet zu haben (hM; anders Oldenburg NJW 52, 1225); letztere kann aber als Fingieren einer Straftat des Angreifers bedeutsam sein. – Noch nicht abschließend geklärt ist die Frage, wie Täuschungen zu behandeln sind, in denen erkennbar ein Wahrheitskern insofern steckt, als der ihnen zugrundeliegende wirkliche Sachverhalt eine rechtswidrige und verfolgungsbedürftige Tat bildet. Hier hat sich die Auslegung am Schutzzweck zu orientieren, dh an der ex-ante zu beurteilenden Eignung des Täterverhaltens zur Auslösung erheblicher ungerechtfertigter Verfolgungsarbeit (hM; vgl Bay NJW 88, 883; diff Krümpelmann ZStW 96, 999; einschr Rudolphi SK 9 a–9 c, alle mwN). Daran fehlt es regelmäßig bei bloßen Übertreibungen, uU auch bei der Umfälschung einer wirklich begangenen Tat in eine qualifizierte Begehungsform, eines Versuchs in eine vollendete Tat (Hamm NStZ 87, 558 mit Anm Stree, beide mwN) oder eines Verbrechens in eine mit anderen minder schweren Gesetzesverletzungen konkurrierende Tat (Karlsruhe MDR 92, 1166). Ausreichend ist dagegen jedenfalls die Vortäuschung einer Tat, die mit dem wirklichen Geschehen weder ganz noch teilweise identisch ist (Rudolphi SK 9 b). Darüber hinaus reicht es häufig aber auch aus, wenn die vorgetäuschte Tat einen anderen Ermittlungsgegenstand hat als die wirklich begangene (Krümpelmann aaO S 1032, 1038 und JuS 85, 763) oder wenn ein Vergehen in ein Verbrechen umgefälscht wird (Krümpelmann aaO; aM 4 StR 406/73 v 30. 8. 1973; Rudolphi SK 9 c; zw).

bb) Das Vortäuschen kann durch **unrichtige Anzeige**, auch durch 5
Selbstanzeige, geschehen (Düsseldorf JMBlNRW 51, 132), deren schriftliche Fixierung nicht erforderlich ist (Hamburg StV 95, 588). Es genügt aber auch die Inszenierung einer Scheintat, die der Behörde zur Kenntnis kommen soll (Braunschweig NJW 55, 1935; Köln VRS 54, 196).

b) Abs 1 Nr 2 betrifft nur solche **angeblich bevorstehenden** 6
rechtswidrigen Taten, die in § 126 I aufgeführt sind (dort 2). Zum Vortäuschen des Bevorstehens 3 zu § 126. Auch hier kommt in Frage, daß die Behörde durch Zuspielen irreführenden Materials zu dem Schluß veranlaßt wird, eine der genannten Taten stehe bevor. Wird zugleich vorgetäuscht, daß bereits eine strafbare Vorbereitungs- oder Versuchshandlung begangen sei, so überschneiden sich die Nummern 1, 2 (Laufhütte MDR 76, 441, 444; Stree NJW 76, 1177, 1182).

c) Abs 2 Nr 1 setzt voraus, daß der Täter über den **Beteiligten** 7
(Täter oder Teilnehmer) an einer **bereits geschehenen rechtswidrigen Tat** zu täuschen sucht (zusf Stree, Lackner-FS, S 527). Nach dem

Schutzzweck der Vorschrift (vgl 1) ist dazu stets erforderlich, daß das Strafverfolgungsorgan auf eine konkrete falsche Spur gelenkt werden soll (Bay NJW 84, 2303 mit krit Anm Kühl JR 85, 296; Küper BT S 190, alle mwN; str). Ein Hinweis, der dem Verdächtigen lediglich ein falsches Alibi verschaffen soll, reicht dazu nicht aus (Bay aaO; krit Schneider, Grund und Grenzen des strafrechtlichen Selbstbegünstigungsprinzips, 1990, S 253, 260; aM Otto GK 2 S 471; zw). Dagegen kann eine Anzeige gegen Unbekannt, die den Verdacht der Beteiligung von sich selbst oder von einem bekannten anderen ablenken soll, in Ausnahmefällen genügen (sehr weit BGHSt 6, 251 und Otto aaO; krit Stree aaO S 534; Fezer, Stree/Wessels-FS, S 663, 674). Die Vorschrift gilt also grundsätzlich auch, wenn der Täter seine eigene Bestrafung vereiteln will (Bay NJW 78, 2563 mit Bespr Stree JR 79, 253 und Rudolphi JuS 79, 859; für die Schuldlosigkeit selbstbegünstigender Beteiligtentäuschungen Schneider aaO S 298 mit krit Bespr Rogall StV 96, 63, 67, der eine Restriktion des Unrechtstatbestandes annimmt). Jedoch muß der Täuschende die Verfolgung durch konkrete Angaben in bestimmter Richtung irreleiten (Celle NJW 64, 733; Zweibrücken NStE 1; Fahrenhorst JuS 87, 707, 709; Willms LK 11–14 mwN). Dazu genügt es nicht, daß er bei Einräumen der von ihm begangenen Tat lediglich falsche Personalien angibt (KG JR 89, 26) oder daß er den Verdacht auf einen Dritten lenkt, für den (zB weil er Inhaber einer Fahrerlaubnis ist) die Handlung keine rechtswidrige Tat wäre (BGHSt 19, 305; Frankfurt NJW 75, 1895; s auch Zweibrücken NStZ 91, 530). – Ob die rechtswidrige Tat wirklich begangen sein muß (so zB Hamburg MDR 49, 309; Frankfurt aaO; Otto aaO; Tröndle 7), ist umstritten (Küper BT S 190 mwN). Nach dem Schutzzweck der Vorschrift dürfte auch die irrige Annahme der für eine rechtswidrige Tat notwendigen Umstände (Hamm NJW 63, 2138), nicht dagegen die bloß rechtliche Fehlbeurteilung eines strafrechtlich irrelevanten Sachverhalts (Morner NJW 64, 310; aM Stree, Lackner-FS, S 539; zw) ausreichen; dabei ist allerdings stets erforderlich, daß die Tathandlung überhaupt geeignet ist, ein ungerechtfertigtes behördliches Einschreiten auszulösen (ähnlich Stree aaO; strenger Willms LK 10 und Rudolphi SK 12, die auf einen objektiv begründeten Verdacht abstellen).

8 **d) Abs 2 Nr 2** setzt eine in § 126 I aufgeführte (dort 2), wirklich **bevorstehende Tat** voraus; es genügt jedoch auch, wenn der Täter das aufgrund falscher Einschätzung der Sachlage nur irrig annimmt (zw).

9 **4.** Der **Vorsatz** muß in den Fällen der Nummern 1 der Abs 1, 2 die strafrechtliche Relevanz des Vorgangs mindestens insoweit umfassen, als die Eignung der Täuschung zur Auslösung eines ungerechtfertigten Einschreitens der Strafverfolgungsbehörde billigend in Kauf genommen wird (Krümpelmann ZStW 96, 999, 1011 mwN). In den Fällen der Nummern 2 der beiden Absätze braucht der Täter die bevorstehende Tat nicht unter § 126 I zu subsumieren; Bedeutungskenntnis in Bezug auf die Tatumstände genügt (5 zu § 126). **„Wider besseres Wissen“**

(1 zu § 187) schließt bedingten Vorsatz nur insoweit aus, als der Täter mindestens davon überzeugt sein muß (Frankfurt NJW 75, 1895), daß eine rechtswidrige Tat nicht vorliegt oder bevorsteht oder daß die Angaben über den Beteiligten unwahr sind. Die Motive des Täters sind unerheblich (Celle NJW 64, 2213).

5. **Vollendet** ist die Tat, wenn die Behörde von der Täuschung Kenntnis erlangt hat, es sei denn, daß ihr vorher oder zugleich eine Berichtigung zugegangen ist (Willms LK 20); ob sie irrt oder tätig wird, ist unerheblich (Hamburg StV 95, 588). Für die Berichtigung nach Vollendung gelten die Ausführungen unter 10 zu § 164 sinngemäß (str). **10**

6. Es liegt **keine neue Tat** vor, wenn der Täter in einem wegen § 145 d eingeleiteten Verfahren bei seiner Darstellung bleibt (Hamm NJW 57, 152). Wer einen Kfz-Diebstahl vortäuscht (Abs 1 Nr 1) macht sich durch Ablenken des Verdachts, am Unfallgeschehen mit diesem Kfz beteiligt gewesen zu sein, nicht nochmals nach § 145 d (jetzt: Abs 2 Nr 1) strafbar (BGHR Abs 2 Nr 1 Täuschen 1). Im übrigen tritt Abs 1 nur gegenüber den §§ 164, 258, 258 a zurück (spezielle **Subsidiarität**, 26 vor § 52); er bleibt anwendbar, wenn eine Bestrafung wegen Strafvereitelung nach § 258 V (Bay NJW 78, 2563) oder § 258 VI (Celle NJW 80, 2205 mit Anm Geerds JR 81, 35; Bay NJW 84, 2302 mit Anm Kühl; Kuhlen JuS 90, 396, 397, alle mwN) ausgeschlossen ist. Aus dem Subsidiaritätsverhältnis zur falschen Verdächtigung folgt, daß § 145 d I Nr 1, II Nr 1 idR, aber nicht immer (Hamm NJW 56, 1530; Celle NJW 61, 1416), unanwendbar ist, wenn eine bestimmte lebende Person verdächtigt wird. Mit anderen Tatbeständen, namentlich auch mit § 257, ist **Tateinheit** möglich; nach der Rspr auch mit § 242, wenn das Vortäuschen eines Überfalls dessen Verdeckung dienen soll (bei Holtz MDR 94, 129: natürliche Handlungseinheit; vgl 4–8 vor § 52 und 3 zu § 52). **11**

8. Abschnitt. Geld- und Wertzeichenfälschung

§ 146 Geldfälschung

(1) **Mit Freiheitsstrafe nicht unter zwei Jahren wird bestraft, wer**

1. **Geld in der Absicht nachmacht, daß es als echt in Verkehr gebracht oder daß ein solches Inverkehrbringen ermöglicht werde, oder Geld in dieser Absicht so verfälscht, daß der Anschein eines höheren Wertes hervorgerufen wird,**
2. **falsches Geld in dieser Absicht sich verschafft oder**
3. **falsches Geld, das er unter den Voraussetzungen der Nummern 1 oder 2 nachgemacht, verfälscht oder sich verschafft hat, als echt in Verkehr bringt.**

(2) **In minder schweren Fällen ist die Strafe Freiheitsstrafe bis zu fünf Jahren oder Geldstrafe.**

1 **1. Geschütztes Rechtsgut** der §§ 146, 147 ist das **Allgemeininteresse an der Sicherheit und Zuverlässigkeit des Geldverkehrs** (NJW 96, 2802; Hefendehl JR 96, 353, beide mwN). – Für eine Erweiterung des Tatbestandes de lege ferenda Hefendehl aaO.

2 **2. a) Geld** (Papier- und Metallgeld) ist jedes vom Staat (auch einem ausländischen, § 152) oder von einer durch ihn ermächtigten Stelle als Wertträger beglaubigte, zum Umlauf im öffentlichen Verkehr bestimmte Zahlungsmittel, ohne Rücksicht auf einen allgemeinen Annahmezwang (BGHSt 27, 255, 258; 32, 198, beide mwN; zusf Prost, Lange-FS, S 419; einschr Geisler GA 81, 497). In den Schutzbereich fallen auch noch nicht in Umlauf gegebene Zahlungsmittel (Sch/Sch-Stree 2; aM Geisler NJW 78, 708; zw), nicht dagegen außer Kurs gesetzte Geldscheine und Münzen, es sei denn, daß für die Banken noch eine Einlösungspflicht besteht (LM Nr 2 zu § 146 aF; Herdegen LK 5; aM Geisler GA 81, 497, 515, alle mwN; für Münzen beachte jedoch § 11 a ScheideMG). Als Geld ausgegebene und nicht außer Kurs gesetzte Gold- und Silbermünzen verlieren ihre Geldeigenschaft nicht durch Gewohnheitsrecht, selbst wenn sie nur noch als Sammelobjekte oder als Wertgegenstände zur Vermögensanlage gehandelt werden (hM; einschr Geisler GA 81, 497, 506 mwN; beachte auch 2 zu § 152; zw).

3 **b)** Geld ist **falsch**, wenn es nicht oder nicht in der vorliegenden Form von demjenigen stammt, der aus ihm als Aussteller hervorgeht; die in echtem Geld verkörperten Gedankenerklärungen, daß und in welcher Höhe es jeweils gesetzliches Zahlungsmittel ist, müssen daher vom Staat, dem Träger des Geldmonopols, „geistig herrühren“, die Scheine und Münzen also in seinem Auftrag hergestellt sein (BGHSt 27, 255; Wessels, Bockelmann-FS, S 669, 672; Zielinski CR 95, 286, 290, alle mwN).

4 **3.** Zu den **Tathandlungen nach Abs 1**:

a) Nr 1, 1. Alternative: Nachmachen ist Herstellen falschen Geldes (vgl 3); das geeignet ist, im gewöhnlichen Verkehr den Arglosen zu täuschen, ohne daß insoweit allzu hohe Anforderungen zu stellen sind (NJW 95, 1844; Küper BT S 101, beide mwN); unaufgeschnittene Druckbogen reichen nicht (NStZ 94, 124 mit zust Bespr Bartholme JA 94, 97 und Hefendehl JR 96, 353, 356); ebensowenig Banknoten mit ins Auge springenden Werbeaufdrucken (NJW 95, 1844 mit Bespr Sonnen JA 96, 95 und Hefendehl aaO S 357; aM Düsseldorf NJW 95, 1846). Auch in einer staatlichen Münzanstalt von deren Angehörigen auftragswidrig hergestellte Münzen gehören hierher (BGHSt 27, 255 mit Bespr Dreher JR 78, 45), ferner bei Eignung zur Täuschung auch sog Systemnoten (zusammengeklebte Teile verschiedener echter Geldscheine, BGHSt 23, 229) und Papiergeldnachahmungen mit gleicher Vorder- und Rückseite (NJW 54, 564). Kein nachgemachtes Geld sind dagegen idR die sog Systemmünzen (hinsichtlich der Jahreszahl, Serie oder ähnlicher Merkmale veränderte echte Münzen), weil bei ihnen die

Manipulation die Echtheit meist nicht berührt, sondern nur der Täuschung von Sammlern dient (LG Karlsruhe NJW 77, 1301; aM Hafke MDR 76, 278). Daß die Fälschung ein (echtes) Vorbild hat, ist nicht unbedingt erforderlich (hM; vgl BGHSt 30, 71 mit Anm Stree JR 81, 427, beide mwN).

b) Nr 1, 2. Alternative: Verfälschen ist Verändern echten Geldes in der Weise, daß für den Arglosen der Anschein eines höheren Wertes hervorgerufen wird; das Breitklopfen einer Münze, um sie für einen Automaten passend zu machen, gehört nicht hierher (RGSt 68, 65, 69). 5

c) Nr 2: Sichverschaffen setzt voraus, daß der Täter falsches Geld (vgl 3) irgendwie (auch durch Rücknahme des selbst in Verkehr gebrachten Falschgeldes; NJW 96, 2802; NJW 95, 1845 mit krit Anm Wohlers StV 96, 28) in seine eigene (Mit-)Verfügungsgewalt übernimmt (GA 84, 427; Küper BT S 84; krit Frister GA 94, 553, 559, der einen „quasi-rechtsgeschäftlichen", entgeltlichen Erwerb des Falschgeldes als unecht verlangt); er muß also selbst verfügen, nicht etwa nur den Gewahrsam für einen Dritten (zB als Verteilungs- oder Verwahrungsgehilfe) ausüben wollen (BGHSt 3, 154; LG Gera NStZ-RR 96, 73 mit krit Anm Cramer NStZ 97, 84; sehr weit BGHSt 35, 21 mit krit Bespr Schroeder JZ 87, 1133, Jakobs JR 88, 121, Hauser NStZ 88, 453 und Prittwitz NStZ 89, 8). Aktive Tätigkeit ist nicht erforderlich, bloße Annahme genügt (BGHSt 3, 154). 6

d) Nr 3: aa) **Inverkehrbringen** heißt, das Falschgeld derart aus dem Gewahrsam (oder sonstiger eigener Verfügungsgewalt, Wessels, Bokkelmann-FS, S 669, 674) entlassen, daß ein anderer (nicht lediglich ein Mittäter, bei Dallinger MDR 71, 16) tatsächlich in die Lage versetzt wird, sich seiner zu bemächtigen und nach Belieben damit umzugehen (NJW 96, 2802; Küper BT S 82, beide mwN), auch durch Einwurf in einen Automaten oder Opferstock (BGHSt 35, 21), oder durch Übergabe an eine Bank zum Umtausch nach Außer-Kurs-Setzung (vgl 2; str). Sogar bloßes Wegwerfen soll genügen, wenn dadurch die naheliegende Gefahr begründet wird, daß Dritte es auffinden und als echt weitergeben (BGHSt 35, 21 mit der unter 6 nachgewiesenen Kritik; zw), ferner auch Weggabe an einen Sammler (BGHSt 27, 255, 259; Stree JuS 78, 236; aM Dreher JR 78, 45, 46; zw). Abgabe als Schmuck reicht dagegen nicht (GA 67, 215). – Täter nach Nr 3 ist auch, wer den ersten Teilakt selbst verwirklicht hat und zum Inverkehrbringen einen Absatzgehilfen ohne Verfügungsgewalt einschaltet (Woelk, Täterschaft bei zweiaktigen Delikten, 1994, S 123, 141, 167 mwN). 7

bb) Inverkehrbringen **als echt** ist nicht nur Weitergabe an einen Gutgläubigen, sondern auch an einen Eingeweihten (NJW 96, 2802), sofern sie den ersten Schritt des Inverkehrbringens als Zahlungsmittel bedeutet (2 zu § 147; str). 8

cc) Als tatbezogene Voraussetzung, also nicht als besonderes persönliches Merkmal nach § 28 II (hM; anders Stein/Onusseit JuS 80, 104, 106), erfordert Abs 1 Nr 3 ferner, daß der Täter das Falschgeld **durch** 9

eine Tat nach Abs 1, 2 erlangt hat (krit Zielinski JZ 73, 193, 194). IdR läuft die Vorschrift für die Begründung der Strafbarkeit leer, weil bei einheitlichem Tatplan das Inverkehrbringen als Schlußakt der Geldfälschung mit den vorausgegangenen, nur formell selbständigen Vorbereitungshandlungen des Nachmachens, Verfälschens oder Verschaffens eine einheitliche Tat bildet (vgl 14). Sie ist jedoch relevant, wenn der Täter nach rechtskräftiger Verurteilung wegen einer Tat nach Nr 1 oder 2 weiteres Falschgeld aus der alten Quelle in Umlauf setzt (BT-Dr 7/1261 S 13) oder wenn er die Absicht des Inverkehrbringens zunächst endgültig aufgibt, später aber aufgrund neuen Entschlusses dennoch verwirklicht (hM; anders Zielinski aaO; Kienapfel JR 87, 424; Herdegen LK 3, die nur den § 147 für anwendbar halten).

10 **4. a)** Der **Vorsatz** muß sich auch auf die Eignung des Falschgeldes erstrecken, einen Arglosen zu täuschen (bei Dallinger MDR 53, 596). Bedingter Vorsatz genügt (BGHSt 35, 21, 25), und zwar in den Fällen des Abs 1 Nr 2, 3 auch hinsichtlich der Unechtheit (Stree JuS 78, 236, 238).

11 **b)** Die in Abs 1 Nr 1, 2 vorausgesetzte **Absicht** ist zielgerichtetes Wollen (BGHSt 35, 21, 22; Gehrig, Der Absichtsbegriff in den Straftatbeständen des Besonderen Teils des StGB, 1986, S 92; ähnlich Neuhaus GA 94, 224, 230). Infolge ihrer Erstreckung auf das Ermöglichen des Inverkehrbringens (2 zu § 147) genügt zweifelsfrei die Absicht, daß das Geld überhaupt – sei es auch durch andere – als echt in Verkehr gebracht oder daß solches Inverkehrbringen auch nur gefördert oder sonst ermöglicht werde (BT-Dr 7/550 S 226).

12 **5.** Die Tat nach Abs 1 Nr 1, 2 ist mit dem Nachmachen, Verfälschen oder Verschaffen **vollendet**. Daher ist unerheblich, ob das Falschgeld tatsächlich in Verkehr gebracht wird oder ob der Täter die Absicht des Inverkehrbringens später aufgibt; die §§ 24, 149 II sind nicht anwendbar (krit Zielinski JZ 73, 193, 197). Erreicht das Nachmachen oder Verfälschen die Verwechslungsfähigkeit mit echtem Geld nicht (vgl 4), so kommt Versuch in Frage (bei Dallinger MDR 53, 596; übersehen von NStZ 94, 124, krit deshalb Bartholme JA 94, 97, 99; aM Hefendehl JR 96, 353, 356).

13 **6.** Zu **Abs 2** (minder schwere Fälle) 7–10 zu § 46; 4 zu § 12.

14 **7. a)** Zwischen den Begehungsformen des Abs 1 Nr 1, 2 einerseits und Nr 3 andererseits besteht grundsätzlich **dasselbe Verhältnis** wie zwischen dem Fälschen und dem Gebrauchmachen bei der Urkundenfälschung (27 zu § 267). Verwirklicht daher der Täter aufgrund eines einheitlichen Vorsatzes zunächst die Nr 1 oder 2 und bringt er dann das Falschgeld als echt in Verkehr, so bedeutet die letzte Tathandlung nur den Vollzug der vorausgegangenen Vorbereitungshandlung, die zwar als solche formell tatbestandsmäßig ist, materiell aber in der anschließenden Rechtsgutsverletzung aufgeht (Zielinski JZ 73, 193, 195; Stree JuS 78, 236, 239 mwN; str). Daraus folgt, daß ferner nur eine Tat vorliegt,

wenn sich nach einer einheitlichen Vorbereitungshandlung (Nr 1, 2) die Verletzungshandlung (Nr 3) in mehreren Einzelakten vollzieht oder wenn umgekehrt mehrere solcher Vorbereitungshandlungen in derselben Verletzungshandlung aufgehen (NStZ 82, 25). Bleibt die Verletzungshandlung im Versuch stecken, so hat die einheitliche Tat im Hinblick auf die Nr 1 oder 2 das Vollendungsstadium bereits erreicht und ist daher als vollendete Tat nach Abs 1 zu behandeln (BGHSt 34, 108 mit Anm Kienapfel JR 87, 424; NStZ 97, 80, alle mwN; str). Auch der Rücktritt vom Versuch der Verletzungshandlung schlägt nicht auf die vollendete Vorbereitungshandlung durch (hM; vgl Herdegen LK 30 mwN). – Hat der Täter nach Begehung einer Tat nach Nr 1 oder 2 die Absicht des Inverkehrbringens endgültig aufgegeben, später aber aufgrund neuen Entschlusses dann doch verwirklicht (vgl 9), so liegt Tatmehrheit vor (Sch/Sch-Stree 26; beachte jedoch BGHSt 35, 21, 27). Keine „deliktische Einheit" liegt vor, wenn derselbe Täter dasselbe Falschgeld sich mehrfach verschafft und mehrfach erneut in Verkehr bringt (NJW 96, 2802 mwN).

b) Die Geldfälschungstatbestände gehen gegenüber §§ 267 ff vor 15 **(Spezialität)**. Zwischen Abs 1 Nr 3 und Betrug besteht idR Tateinheit (hM; vgl BGHSt 31, 380 mit zust Anm Kienapfel JR 84, 161; anders Rudolphi SK 19, beide mwN).

8. Räumlicher Geltungsbereich § 6 Nr 7 (Weltrechtsgrundsatz); des- 16 sen Grundlage ist das Internationale Abkommen zur Bekämpfung der Falschmünzerei v 20. 4. 1929 (RGBl 1933 II S 914). Vorbereitung der Geldfälschung § 149. Vermögensstrafe, Erweiterter Verfall und Einziehung § 150. Geld fremder Währungsgebiete § 152. Fälschung von Vordrucken für Euroschecks und Euroscheckkarten § 152 a. Anzeigepflicht § 138 I Nr 4. Beachte auch Nr 215–220 RiStBV.

§ 147 Inverkehrbringen von Falschgeld

(1) **Wer, abgesehen von den Fällen des § 146, falsches Geld als echt in Verkehr bringt, wird mit Freiheitsstrafe bis zu fünf Jahren oder mit Geldstrafe bestraft.**

(2) **Der Versuch ist strafbar.**

1. Die Vorschrift erfaßt alle Fälle des **Inverkehrbringens von** 1 **Falschgeld als echt**, die nicht unter § 146 I Nr 3 fallen. Ist nicht erweislich, ob dessen Voraussetzungen erfüllt sind, so bleibt § 147 anwendbar (Sch/Sch-Stree 6).

2. Was Inverkehrbringen (7 zu § 146) **als echt** bedeutet, ist zweifel- 2 haft. Im früheren Recht war umstritten, ob damit nur die Weitergabe an einen Gutgläubigen erfaßt wurde (so BGHSt 1, 143) oder auch die an einen Eingeweihten, sofern sie den ersten Schritt des Inverkehrbringens als Zahlungsmittel bedeutete (so die im Schrifttum hM; vgl Herdegen LK, 9. Aufl, 12 zu § 146 aF mwN). Um die Streitfrage zu klären, hat das EGStGB in § 146 I Nr 1 (2. Alternative) neben der Absicht des Inverkehrbringens als echt ausdrücklich auch die des Ermöglichens solchen Inverkehrbringens vorausgesetzt und damit sichergestellt, daß auch das beabsichtigte Einschleusen von Falschgeld durch Vermittlung anderer genügt (BT-Dr 7/550 S 226). Eine entsprechende Erweiterung bei den Tathandlungen des § 146 I Nr 3 und des § 147 I fehlt, so daß der Gegenschluß die frühere Rspr des BGH zu bestätigen scheint. Danach würde aber keine Tat nach Abs 1 begehen, wer nicht unter den Voraussetzungen des § 146 erlangtes Falschgeld an einen Eingeweihten weitergibt; er wäre vielmehr, je nachdem, ob sich der Eingeweihte das Geld zu eigener Verfügung verschafft oder nur als Verteilungsgehilfe fungiert (6 zu § 146), entweder Teilnehmer an dessen Verbrechen nach § 146 I Nr 2 oder Teilnehmer an dessen nachfolgendem Vergehen nach § 147. Ein solches Ergebnis widerspricht aber dem im SchriftlBer des Sonderausschusses ausgedrückten Standpunkt, daß unter Abs 1 falle, wer gutgläubig erlangtes Geld an einen Eingeweihten abschiebe (BT-Dr 7/1261 S 13). Diese kriminalpolitisch vorzugswürdige Ansicht ist dogmatisch nur vertretbar, wenn Inverkehrbringen als echt auch die Weitergabe an einen Eingeweihten bedeutet, sofern sie nur der erste Schritt der Einschleusung als echtes Zahlungsmittel ist (BGHSt 29, 311 mit Anm Otto JR 81, 78; NJW 96, 2802; Düsseldorf JR 86, 512 mit Anm Keller; Schroth, Theorie und Praxis subjektiver Auslegung im Strafrecht, 1983, S 90; Hefendehl Jura 92, 374, 378; Wessels BT 1 Rdn 907; aM Stuttgart NJW 80, 2089; Puppe JZ 86, 992, 994; Jakobs JR 88, 121; Prittwitz NStZ 89, 8, alle mwN; zw).

3 **3.** Danach (vgl 2) ist § 147 **namentlich anwendbar** auf das Inverkehrbringen von zunächst ohne Verbreitungsabsicht – etwa zu Lehrzwecken – nachgemachtem Geld und auf das Abschieben von als echt empfangenem Falschgeld an Gutgläubige oder Eingeweihte (BT-Dr 7/1261 S 13; zT abw Tröndle 3–5); im letzteren Falle tritt – zur Vermeidung eines Wertungswiderspruchs – die Teilnahme an der Tat des Empfängers zurück (BGHSt 29, 311; bei Holtz MDR 82, 102; Wessels, Bockelmann-FS, S 669, 679; Herdegen LK 7 mwN).

4 **4.** Im übrigen vgl 1–10, 15, 16 zu § 146. Der Weltrechtsgrundsatz gilt jedoch nicht (§ 6 Nr 7). Einziehung § 150 II. Vermögensstrafe und Erweiterter Verfall sind nicht vorgesehen.

§ 148 Wertzeichenfälschung

(1) **Mit Freiheitsstrafe bis zu fünf Jahren oder mit Geldstrafe wird bestraft, wer**

1. **amtliche Wertzeichen in der Absicht nachmacht, daß sie als echt verwendet oder in Verkehr gebracht werden oder daß ein solches Verwenden oder Inverkehrbringen ermöglicht werde, oder amtliche Wertzeichen in dieser Absicht so verfälscht, daß der Anschein eines höheren Wertes hervorgerufen wird,**

2. falsche amtliche Wertzeichen in dieser Absicht sich verschafft oder

3. falsche amtliche Wertzeichen als echt verwendet, feilhält oder in Verkehr bringt.

(2) **Wer bereits verwendete amtliche Wertzeichen, an denen das Entwertungszeichen beseitigt worden ist, als gültig verwendet oder in Verkehr bringt, wird mit Freiheitsstrafe bis zu einem Jahr oder mit Geldstrafe bestraft.**

(3) **Der Versuch ist strafbar.**

1. Die Vorschrift schützt das **Allgemeininteresse an der Sicherheit und Zuverlässigkeit des Rechtsverkehrs** mit Wertzeichen. 1

2. a) Amtliche Wertzeichen sind vom Staat, einer Gebietskörperschaft oder sonst einer Körperschaft oder Anstalt des öffentlichen Rechts ausgegebene Marken oder ähnliche Zeichen, die Zahlungen gleicher Art (zB von Gebühren, Steuern, Abgaben oder Beiträgen) vereinfachen oder sicherstellen und nachweisen sollen (BGHSt 32, 68, 75 mwN). Sie müssen einen bestimmten Geldwert verkörpern und in dem Sinne öffentlichen Glauben genießen, daß sie im Rahmen ihrer bestimmungsmäßigen Verwendung Beweis für und gegen jedermann erbringen (BGH aaO). – § 148 faßt damit die Wertzeichen unter einem einheitlichen Gesichtspunkt zusammen und erstreckt den Strafschutz auf alle amtlichen Wertzeichen, auch soweit sie im früheren Recht nicht geschützt waren (BT-Dr V/770 S 27; krit Zielinski JZ 73, 193). Außer Kurs gesetzte, ungültige und entwertete Zeichen werden nicht erfaßt; für Postwertzeichen beachte jedoch § 25 I Nr 3 PostG. 2

b) Falsch 3 zu § 146. 3

3. a) Zu den **Tathandlungen des Abs 1 Nr 1–3** vgl 4–9 zu § 146. **Verwenden** bedeutet bestimmungsmäßiges Gebrauchen; dieses zusätzliche Merkmal berücksichtigt, daß nicht alle Wertzeichen zur Erfüllung ihrer Aufgabe in den Verkehr gebracht werden müssen (BT-Dr 7/550 S 227). Die Einbeziehung auch des **Feilhaltens** soll sicherstellen, daß es nicht als bloße Vorbereitungshandlung straflos bleibt (BT-Dr aaO). Für die Wertzeichenfälschung erfaßt Nr 3 auch die Fälle des § 147, so daß es für das Inverkehrbringen auf die Unterscheidung von doloser und nichtdoloser Erlangung der falschen Wertzeichen (9 zu § 146) nicht ankommt. – Daß ein falsches Wertzeichen nicht zu seinem bestimmungsmäßigen Zweck, sondern als Sammelobjekt in Verkehr gebracht wird, ist für den Tatbestand unerheblich (BT-Dr aaO). 4

b) Für den **inneren Tatbestand** des Abs 1 gelten die Ausführungen unter 10, 11 zu § 146 sinngemäß. 5

4. Abs 2: Erforderlich ist die vorausgegangene **Beseitigung des Entwertungszeichens**, gleichgültig ob sie rechtswidrig oder mit der Absicht der Wiederverwendung vorgenommen wurde und ob sie auf den Täter oder einen anderen zurückgeht. Es genügt, daß der Täter die 6

Beseitigung im Rahmen **bedingten Vorsatzes** für möglich hält. – Der **Versuch** des Verwendens (vgl 4) beginnt erst, wenn der Täter unmittelbar zum bestimmungsmäßigen Gebrauch des manipulierten Wertzeichens ansetzt (§ 22); bei Postsendungen reichen Präparierung der Briefmarkenoberfläche, Ablösung des Entwertungszeichens und andere Manipulationen nur aus, wenn sie unmittelbar in die Verwendung, dh in die Zuführung der Sendung mit dem bereits verwendeten Wertzeichen in den Postbereich, einmünden sollen (zu weit Koblenz NJW 83, 1625 mit abl Bespr Küper NJW 84, 777, Lampe JR 84, 164 und Puppe JZ 86, 992, 995).

7 **5.** Zum **Verhältnis der Tathandlungen** nach Abs 1 Nr 1–3 untereinander 14 zu § 146. **Abs 1** und § 267 schließen sich idR aus; soweit das nicht zutrifft, geht Abs 1 vor **(Spezialität)**. Mit § 263 kann Abs 1 Nr 3 in Tateinheit stehen (hM; vgl BGHSt 31, 380 mit Anm Kienapfel JR 84, 162, beide mwN). **Abs 2** verdrängt dagegen den § 263 (Koblenz NJW 83, 1625; Kienapfel aaO). Zwischen ihm und dem Delikt zur Beschaffung verwendeter Wertzeichen (zB §§ 133, 242, 246) besteht Tatmehrheit (BGHSt 3, 289).

8 **6.** Der Weltrechtsgrundsatz gilt nicht (§ 6 Nr 7). Vorbereitungshandlungen § 149. Vermögensstrafe, Erweiterter Verfall und Einziehung § 150. Wertzeichen fremder Währungsgebiete § 152.

§ 149 Vorbereitung der Fälschung von Geld und Wertzeichen

(1) **Wer eine Fälschung von Geld oder Wertzeichen vorbereitet, indem er**

1. **Platten, Formen, Drucksätze, Druckstöcke, Negative, Matrizen oder ähnliche Vorrichtungen, die ihrer Art nach zur Begehung der Tat geeignet sind, oder**
2. **Papier, das einer solchen Papierart gleicht oder zum Verwechseln ähnlich ist, die zur Herstellung von Geld oder amtlichen Wertzeichen bestimmt und gegen Nachahmung besonders gesichert ist,**

herstellt, sich oder einem anderen verschafft, feilhält, verwahrt oder einem anderen überläßt, wird, wenn er eine Geldfälschung vorbereitet, mit Freiheitsstrafe bis zu fünf Jahren oder mit Geldstrafe, sonst mit Freiheitsstrafe bis zu zwei Jahren oder mit Geldstrafe bestraft.

(2) **Nach Absatz 1 wird nicht bestraft, wer freiwillig**

1. **die Ausführung der vorbereiteten Tat aufgibt und eine von ihm verursachte Gefahr, daß andere die Tat weiter vorbereiten oder sie ausführen, abwendet oder die Vollendung der Tat verhindert und**
2. **die Fälschungsmittel, soweit sie noch vorhanden und zur Fälschung brauchbar sind, vernichtet, unbrauchbar macht, ihr Vorhandensein einer Behörde anzeigt oder sie dort abliefert.**

(3) **Wird ohne Zutun des Täters die Gefahr, daß andere die Tat weiter vorbereiten oder sie ausführen, abgewendet oder die Vollendung der Tat verhindert, so genügt an Stelle der Voraussetzungen des Absatzes 2 Nr. 1 das freiwillige und ernsthafte Bemühen des Täters, dieses Ziel zu erreichen.**

1. Die Vorschrift bedroht bestimmte **Vorbereitungshandlungen** zur Geld- oder Wertzeichenfälschung selbständig mit Strafe (3 vor § 22). Sie gilt auch für geldähnliche Wertpapiere (§ 151) und für fremde Währungen (§ 152). – Beachte ferner § 152 a I Nr 2, III, IV StGB sowie §§ 127, 128 OWiG. 1

2. a) Abs 1 Nr 1 beschreibt die zur unmittelbaren Hervorbringung von Falsifikaten erforderlichen Vorrichtungen ebenso wie § 74 d I S 2. **Formen** sind Gegenstände, die ein Bild dessen enthalten, was durch Guß oder Druck als Zeichen oder Figur im Papier oder Metall hervorgebracht werden soll (RGSt 55, 46). **Ähnliche Vorrichtungen** sind nur solche, die nach ihrem Erscheinungsbild und ihrer Eigenschaft als Fälschungsmittel den ausdrücklich aufgeführten vergleichbar sind (BT-Dr 7/550 S 229). Das Merkmal **„ihrer Art nach zur Begehung der Tat geeignet"** bezieht sich auf alle genannten Vorrichtungen und setzt eine spezifische Verwendbarkeit gerade zur Ausführung von Geld- oder Wertzeichenfälschungen voraus (einschr Hoyer, Die Eignungsdelikte, 1987, S 193); ein einfacher Hammer oder Meißel scheidet daher aus (BT-Dr aaO). 2

b) Abs 1 Nr 2: Gegen Nachahmung besonders gesichert ist eine Papierart, wenn – etwa durch Wasserzeichen oder Einstreuung unsichtbarer Fasern – gezielte Vorkehrungen getroffen sind, die ein Nachahmen wirksam erschweren sollen (BT-Dr aaO [vgl 2]). **Zum Verwechseln ähnlich** ist das Papier, wenn es nach seinem Gesamteindruck geeignet ist, bei einem durchschnittlichen, über besondere Sachkunde nicht verfügenden und auch nicht genau prüfenden Beurteiler die irrige Vorstellung von einer besonders gesicherten Papierart zu erwecken (BT-Dr aaO; NStZ 94, 124 mit zust Bespr Bartholme JA 94, 97; s auch 9 zu § 132 a). 3

3. Herstellen bedeutet Fertigstellen einer Sache so weit, daß sie, von unbedeutenden Korrekturen abgesehen, gebrauchsfertig ist (Herdegen LK 5 mwN). **Verschaffen** 6 zu § 146. **Verwahren** bedeutet in Gewahrsam haben. **Überlassen** ist Verschaffen (auch unentgeltliches) des Gewahrsams. 4

4. Die Vorbereitungshandlung erfordert **Vorsatz** (bedingter genügt). – Außerdem muß der Täter oder ein anderer, wie sich aus dem Merkmal des **Vorbereitens** ergibt, eine Geld- oder Wertzeichenfälschung in Aussicht genommen haben, die ihrer Art und ihrem rechtlichen Wesen nach konkretisiert ist und für die durch die Tathandlung günstigere Vorbedingungen geschaffen werden sollen; die Herstellung einer Form für einen bloßen Probedruck genügt, wenn die Fälschung später nach- 5 folgen soll (RGSt 69, 305). Gegenstand, Zeit, Ort und Begehungsweise der späteren Tat brauchen auch in ihren Grundzügen noch nicht feststehen (aM Tröndle 2; Sch/Sch-Stree 7; zw); im Hinblick auf den Schutzzweck der Vorschrift und ihren abweichenden Wortlaut dürften die Anforderungen an die Konkretisierung weniger streng sein als bei der Vorbereitung eines Explosionsverbrechens (3 zu § 311 b; s auch NJW 77, 540).

6 **5.** Allgemein zur **tätigen Reue nach Abs 2, 3** vgl 29 zu § 24. In Abs 2 Nr 1 bedeutet Aufgeben der Tatausführung das endgültige Abstehen von der geplanten Geld- oder Wertzeichenfälschung. Abweichend von § 83 a II schließt auch das Nichtabwenden einer unerkannten Gefahr, daß andere die Tat weiter vorbereiten oder sie ausführen, und die bloße Minderung einer solchen, sei es auch erkannten, Gefahr die Vergünstigung aus. Im übrigen gelten für Nr 1 die Ausführungen unter 2, 3 zu § 83 a sinngemäß. Abs 2 Nr 2 muß kumulativ erfüllt sein; diese zusätzliche Voraussetzung soll sicherstellen, daß die Fälschungswerkzeuge unschädlich gemacht werden (BT-Dr 7/550 S 229; krit Zielinski JZ 73, 193, 197).

7 **6.** Abs 1 ist gegenüber §§ 146, 148 **subsidiär**. Er tritt zurück, sobald der Versuch der Fälschungstat begonnen hat (RG JW 34, 2850). Bei Rücktritt des Täters von diesem Versuch nach § 24 lebt er nur wieder auf, wenn nicht zugleich die Voraussetzungen der Absätze 2, 3 erfüllt sind (Tröndle 12); trifft dies jedoch zu, so wird auch der (nach § 21 OWiG zurücktretende) § 127 OWiG nicht wieder anwendbar (Herdegen LK 8 mwN; zw).

8 **7.** Räumlicher Geltungsbereich § 6 Nr 7; der Weltrechtsgrundsatz gilt nur für die Vorbereitung der Geld- oder Wertpapierfälschung (§§ 146, 151). Vermögensstrafe, Erweiterter Verfall und Einziehung § 150.

§ 150 Vermögensstrafe, Erweiterter Verfall und Einziehung

(1) **In den Fällen der §§ 146, 148 Abs. 1, der Vorbereitung einer Geldfälschung nach § 149 Abs. 1 und des § 152 a sind die §§ 43 a, 73 d anzuwenden, wenn der Täter als Mitglied einer Bande handelt, die sich zur fortgesetzten Begehung solcher Taten verbunden hat. § 73 d ist auch dann anzuwenden, wenn der Täter gewerbsmäßig handelt.**

(2) **Ist eine Straftat nach diesem Abschnitt begangen worden, so werden das falsche Geld, die falschen oder entwerteten Wertzeichen und die in § 149 bezeichneten Fälschungsmittel eingezogen.**

Fassung: Abs 1 durch OrgKG (1, 2 vor § 73) eingefügt.

1 **1. Vermögensstrafe und Erweiterter Verfall** (Abs 1):

a) Die **Verweisungsvorschrift** betrifft nur die Geldfälschung (§ 146), die Wertzeichenfälschung (§ 148 I), die Vorbereitung einer Geldfälschung nach § 149 I (also nicht einer dort ebenfalls mit Strafe bedrohten Wertzeichenfälschung) und die Fälschung von Vordrucken für Euroschecks und Euroscheckkarten (§ 152 a). Soweit die §§ 151, 152 den Anwendungsbereich der genannten Vorschriften durch Gleichstellung von Wertpapieren mit Geld oder durch Erstreckung auf ausländische Wertträger erweitern, sind auch diese einbezogen.

b) Mitglied einer Bande 6, 7 zu § 244. Die Verbindung muß sich hier auf die fortgesetzte Begehung der genannten Delikte (oder auch nur eines dieser Delikte) beziehen. Abweichend von § 244 I Nr 3 (dort 8) kommt es auf die Mitwirkung mehrerer Bandenmitglieder am Tatort nicht an. **Gewerbsmäßig** 20 vor § 52. Im übrigen vgl 1–11 zu § 43 a; 1–12 zu § 74 b. 2

2. Einziehung: Abs 2 ist eine besondere Vorschrift im Sinne des § 74 IV, welche die Einziehung über § 74 I hinaus vorschreibt. Die Voraussetzungen des § 74 II, III müssen daher erfüllt sein. § 74 a ist nicht anwendbar. Zur Geltung des Verhältnismäßigkeitsgrundsatzes auch bei obligatorischer Einziehung 1, 3, 5 zu § 74 b. – Im übrigen vgl §§ 74–74 c, 74 e–76 a. 3

§ 151 Wertpapiere

Dem Geld im Sinne der §§ 146, 147, 149 und 150 stehen folgende Wertpapiere gleich, wenn sie durch Druck und Papierart gegen Nachahmung besonders gesichert sind:

1. **Inhaber- sowie solche Orderschuldverschreibungen, die Teile einer Gesamtemission sind, wenn in den Schuldverschreibungen die Zahlung einer bestimmten Geldsumme versprochen wird;**
2. **Aktien;**
3. **von Kapitalanlagegesellschaften ausgegebene Anteilscheine;**
4. **Zins-, Gewinnanteil- und Erneuerungsscheine zu Wertpapieren der in den Nummern 1 bis 3 bezeichneten Art sowie Zertifikate über Lieferung solcher Wertpapiere;**
5. **Reiseschecks, die schon im Wertpapiervordruck auf eine bestimmte Geldsumme lauten.**

1. Dem Geld (2 zu § 146) sind **nicht nur Inhaberpapiere, sondern auch bestimmte Wertpapiere anderer Art** gleichgestellt. Maßgebendes Kriterium für die Auswahl ist ihr massenhaftes Vorkommen im Wirtschaftsverkehr und ihre dem Papiergeld ähnliche tatsächliche Ausstattung (BT-Dr 7/550 S 229). Der Katalog ist nicht durch analoge Anwendung auf andere Wertpapiere erweiterungsfähig; diese fallen idR unter die §§ 267 ff. 1

2. a) Gegen Nachahmung besonders gesichert 3 zu § 149. Die Sicherung muß sich sowohl auf die Gestaltung des Drucks wie auch die Ausstattung der Papierart erstrecken; Vorkehrungen nur nach der einen oder der anderen Richtung genügen nicht (BT-Dr 7/550 S 231). Bei 2 den im Börsenverkehr der Bundesrepublik gehandelten Wertpapieren ist die Voraussetzung allgemein erfüllt (BT-Dr aaO).

3 **b)** Die Fälschung braucht – ebenso wie beim Geld (4 zu § 146) – kein (echtes) **Vorbild** zu haben (so zum Reisescheck BGHSt 30, 71 mit Anm Stree JR 81, 427) und als Aussteller auch keine wirklich existierende Person anzugeben (hM; anders Otto NStZ 81, 478). Jedoch muß sie nach der Art ihrer Ausführung gerade diejenigen Eigenschaften von Druck und Papier aufweisen, die bei echten Wertpapieren die besondere Sicherung gegen Nachahmung ausmachen (NJW 81, 1965 mit Anm Kienapfel JR 81, 473).

4 **3. Nr 1**: Zu Inhaberschuldverschreibungen vgl § 793 BGB. – **Nr 2** gilt für Inhaber- und Namensaktien; vor der Ausgabe von Aktienurkunden erteilte Interimsscheine und Quittungen werden nicht erfaßt. – **Nr 3** betrifft die sog Investmentzertifikate nach dem KAGG. – **Nr 4**: Zertifikate sind Schuldverschreibungen, die häufig anstelle der ihnen zugrundeliegenden, in Verwahrung befindlichen Wertpapiere gehandelt werden (BT-Dr 7/550 S 230). – **Nr 5**: Reiseschecks sind nach Inhalt und rechtlicher Gestaltung gesetzlich nicht geregelt, beruhen vielmehr nur auf Vereinbarungen der beteiligten in- und ausländischen Kreditinstitute. – Abweichend vom früheren Recht sind **Banknoten** nicht mehr erwähnt. Deutsche Banknoten sind zweifelsfrei Geld; ob das auch für Banknoten fremder Währungsgebiete zutrifft, bestimmt sich nach den unter 2 zu § 146 beschriebenen Voraussetzungen.

5 **4.** Räumlicher Geltungsbereich § 6 Nr 7 (Weltrechtsgrundsatz).

§ 152 Geld, Wertzeichen und Wertpapiere eines fremden Währungsgebiets

Die §§ 146 bis 151 sind auch auf Geld, Wertzeichen und Wertpapiere eines fremden Währungsgebiets anzuwenden.

1 **1.** Für **Geld** (2 zu § 146) folgt die Verpflichtung der Bundesrepublik zum Strafschutz auch fremder Währungen aus Art 5 des internationalen Abkommens zur Bekämpfung der Falschmünzerei v 20. 4. 1929 (RGBl 1933 II 913), für **Postwertzeichen** aus Art 14 des Weltpostvertrages v 10. 7. 1964 (BGBl 1965 II 1609). Insoweit ist die Erstreckung des Strafschutzes auf ausländische Rechtsgüter (dazu Lüttger, Jescheck-FS, S 121, 173) völkerrechtlich verbindlich. – Daß darüber hinaus auch **Wertpapiere** fremder Währungsgebiete Schutz genießen, ergibt sich aus ihrem massenhaften Umlauf auch im eigenen Währungsgebiet und der damit verbundenen, der Geldfälschung vergleichbaren Gefährlichkeit von Fälschungshandlungen. Die Einbeziehung der Wertzeichenfälschung im ganzen wird auf die nahe Verwandtschaft mit der Geldfälschung gestützt (BT-Dr 7/550 S 231); für gewisse Gruppen nicht umlauffähiger Wertzeichen ist sie jedoch nicht gerechtfertigt (krit Schlüchter JR 84, 517, 522).

2. Ausländische Zeichen oder Urkunden sind Geld, Wertzeichen oder Wertpapiere, wenn sie nach ihrer Ausgestaltung im ausländischen Recht (so für Wertzeichen BGHSt 32, 68, 76 mit krit Bespr Schlüchter, Oehler-FS, S 307), die im deutschen Strafrecht vorgesehenen Voraussetzungen (2 zu § 146; 2 zu § 148; 1–4 zu § 151) erfüllen (BGHSt 32, 198; NStZ 87, 504). Danach ist die von der Republik Südafrika ausgegebene Krügerrand-Goldmünze, der die Bestimmung zum Umlauf im öffentlichen Verkehr fehlt, kein Geld (BGHSt 32, 198). Der englische Goldsovereign hat dagegen seine Geldeigenschaft (2 zu § 146) bisher nicht verloren (BGHSt 19, 357; aM Oldenburg NdsRpfl 64, 19; Rudolphi SK 3 zu § 146; zw). 2

§ 152 a Fälschung von Vordrucken für Euroschecks und Euroscheckkarten

(1) **Wer in der Absicht, daß inländische oder ausländische Euroschecks unter Verwendung falscher Vordrucke als echt in den Verkehr gebracht werden oder daß ein solches Inverkehrbringen ermöglicht werde,**

1. falsche Vordrucke für Euroschecks herstellt, sich oder einem anderen verschafft, feilhält oder einem anderen überläßt oder

2. die Herstellung solcher falscher Vordrucke vorbereitet, indem er

a) Platten, Formen, Drucksätze, Druckstöcke, Negative, Matrizen oder ähnliche Vorrichtungen, die ihrer Art nach zur Herstellung dieser Vordrucke geeignet sind, oder

b) Papier, das einer solchen Papierart gleicht oder zum Verwechseln ähnlich ist, die zur Herstellung echter Vordrucke bestimmt und gegen Nachahmung besonders gesichert ist,

herstellt, sich oder einem anderen verschafft, feilhält, verwahrt oder einem anderen überläßt,

wird in den Fällen der Nummer 1 mit Freiheitsstrafe von einem Jahr bis zu zehn Jahren, in den Fällen der Nummer 2 mit Freiheitsstrafe bis zu fünf Jahren oder mit Geldstrafe bestraft.

(2) **In minder schweren Fällen des Absatzes 1 Nr. 1 ist die Strafe Freiheitsstrafe bis zu fünf Jahren oder Geldstrafe.**

(3) **Ebenso wird bestraft, wer in der Absicht, daß inländische oder ausländische Euroscheckkarten unter Verwendung falscher Vordrucke zur Täuschung im Rechtsverkehr gebraucht werden oder daß ein solcher Gebrauch ermöglicht werde, eine in Absatz 1 bezeichnete Handlung begeht, die sich auf Vordrucke für Euroscheckkarten bezieht.**

(4) **In den Fällen des Absatzes 1 Nr. 2, auch in Verbindung mit Absatz 3, gilt § 149 Abs. 2 und 3 entsprechend.**

(5) **§ 150 Abs. 2 gilt entsprechend.**

Fassung: Abs 5 durch OrgKG (1, 2 vor § 73) technisch geändert.

1 **1.** Die Vorschrift **schützt die Sicherheit und Funktionsfähigkeit des bargeldlosen Zahlungsverkehrs** (BT-Dr 10/5058 S 26). Sie soll der massenhaften Verwendung falscher Vordrucke für Euroschecks und Euroscheckkarten, die das einheitlich gestaltete Euroscheck-System (dazu Otto, in: HWiStR, Scheckkartenbetrug) gefährden, schon im Vorbereitungsstadium entgegenwirken (BT-Dr aaO; Weber LdR S 317; s auch LG Berlin wistra 85, 241). Der Vermögensschutz hat demgegenüber keine selbständige Bedeutung (zusf Otto wistra 86, 150, 153).

2 **2.** Vordrucke für Euroschecks und Euroscheckkarten sind **falsch**, wenn ihr Inhalt nicht vom berechtigten, aus dem Vordruck ersichtlichen Aussteller herrührt (14 zu § 267), gleichgültig, ob sie von vornherein fälschlich hergestellt (17 zu § 267) oder durch Verfälschung echter Vordrucke gewonnen worden sind (20 zu § 267).

3 **3.** Die **Tathandlungen** und die jeweils erforderliche **Absicht** des Täters sind eng an die §§ 146, 148, 149 angelehnt, ihnen gegenüber aber vereinfacht und den Besonderheiten der Schutzobjekte angepaßt (BT-Dr 10/5058 S 27). Mit dieser einschränkenden Maßgabe kann **verwiesen** werden:

3 a **a)** Für **Abs 1 Nr 1** (auch iVm Abs 3) auf 4–8, 10, 11 zu § 146, 4 zu § 148 und 4 zu § 149. Abweichend von Abs 1 Nr 2 ist hier das bloße Verwahren nicht tatbestandsmäßig, weil andernfalls ein Wertungswiderspruch zu §§ 146, 151 entstehen würde (BT-Dr 10/5058 S 27).

3 b **b)** Für **Abs 1 Nr 2** (auch iVm Abs 3) auf 11 zu § 146 und 2–4 zu § 149; zur Ergänzung bei Fehlen der Absicht vgl § 127 I Nr 1 a, II OWiG.

3 c **c)** Für **Abs 3** (gebrauchen, zur Täuschung im Rechtsverkehr) auf 23, 25 zu § 267. Erfaßt wird hier – aufgrund des § 270 – auch das Herstellen vollständig gefälschter Scheckkarten, die an Geldautomaten eingesetzt werden können (BT-Dr aaO), selbst wenn die Fälschung von vornherein nur diesem Zweck dienen sollte (Tiedemann JZ 86, 865, 871; Achenbach NStZ 93, 430; aM Bieber JuS 89, 475, 476 mwN; zw).

4 **4.** Im übrigen vgl zu **Abs 2** (minder schwere Fälle) 7–10 a zu § 46; zu **Abs 4** (tätige Reue) 6 zu § 149; zu **Abs 5** (Einziehung) 3 zu § 150.

5 **5. Abs 1 Nr 2** ist gegenüber Abs 1 Nr 1 **subsidiär**; die Ausführungen unter 7 zu § 149 gelten sinngemäß. – Wird mit Hilfe der falschen Vordrucke ein Betrug oder eine Urkundenfälschung begangen, so bleibt die Strafbarkeit nach § 152 a im Hinblick auf seine hohe Strafdrohung und seine daraus folgende besondere Schutzrichtung unberührt (Weber JZ 87, 215, 218; Tröndle 10; diff Rudolphi SK 18); meistens liegt ebenso wie im Verhältnis zwischen Versicherungsbetrug und Betrug (6 zu § 265) Tatmehrheit vor (aM Weber und Tröndle aaO; Bieber JuS 89, 475, 476: Tateinheit; anders auch Baumann/Bühler JuS 89, 49, 52: Spezialität des § 152 a).

6. Für den räumlichen Geltungsbereich gilt nach § 6 Nr 7 der Weltrechtsgrundsatz (zur Begr BT-Dr 10/5058 S 25); er umfaßt auch die Vorbereitungshandlungen nach Abs 1 Nr 2. Dagegen ist die Anzeigepflicht nach § 138 I Nr 4 auf Fälle des Abs 1 Nr 1 beschränkt. – Vermögensstrafe und Erweiterter Verfall § 150 I. 6

9. Abschnitt. Falsche uneidliche Aussage und Meineid

Vorbemerkung

1. a) Geschütztes Rechtsgut der Aussagedelikte (zusf zu ihnen Otto JuS 84, 161) ist idR die staatliche Rechtspflege (BGHSt-GS-8, 301, 309), in Ausnahmefällen auch die Wahrheitsfindung in anderen staatlichen Verfahren, die der Feststellung tatsächlicher Verhältnisse dienen (Wagner GA 76, 257). Das gilt auch für den Meineid, dem kein sakrales Schutzgut zugrundeliegt (BVerfGE 33, 23). – Eingehend zur Problematik des Rechtsguts bei den Aussagedelikten und zu ihrer Reform Schulz, Probleme der Strafbarkeit des Meineids nach geltendem und künftigem Recht, 1970; Zipf, Maurach-FS, S 415; Herrmann, Die Reform der Aussagetatbestände, 1973; Vormbaum, Der strafrechtliche Schutz des Strafurteils, 1987, S 143, Eid, Meineid und Falschaussage, 1990 sowie Reform der Aussagetatbestände, 1992; Deichmann, Grenzfälle der Sonderstraftat, 1994, S 52; s auch Dahs, Rebmann-FS, S 161; Wolf JuS 91, 177, 182; Grünwald, Schmitt-FS, S 311; Fezer, Stree/Wessels-FS, S 663, 672. 1

b) Die Aussagetatbestände schützen grundsätzlich nur die **innerstaatliche Rechtspflege** (Tröndle LK 28–30 vor § 3; eingehend Lüttger, Jescheck-FS, S 121, 159; zur Rspr Stoffers JA 94, 76, alle mwN). Sie sind daher auf Falschaussagen vor ausländischen oder internationalen Institutionen nur zu erstrecken, wenn ein Gesetz – meist ein ratifizierter völkerrechtlicher Vertrag (dazu Tröndle LK 30 vor § 3) – dies ausdrücklich vorsieht (zB § 5 Nr 10). Auch für supranationale Institutionen, an denen die Bundesrepublik beteiligt ist, namentlich für Gerichte der NATO (aM AG Tauberbischofsheim NStZ 81, 221; M-Schroeder/Maiwald BT 2 68/8, 74/44; Rudolphi SK 4; zw), der EG und des Europarates, gilt nichts anderes (Lüttger aaO S 160 mwN; zw). 2

2. a) Eine Aussage ist **falsch**, wenn sie mit ihrem Gegenstand inhaltlich nicht übereinstimmt. Nach der **objektiven Theorie** kommt es auf den Widerspruch zur Wirklichkeit an, ohne Rücksicht darauf, welche Vorstellungen der Aussagende von dem Sachverhalt hat. Die Rspr folgt, wenngleich mit einigen Schwankungen (zB LM 2 zu § 153 aF; Bremen NJW 60, 1827), dieser Theorie (BGHSt 7, 147; LM 6 zu § 153), die auch im Schrifttum überwiegt (Hruschka/Kässer JuS 72, 709, 710; Wolf JuS 91, 177; Arthur Kaufmann, Baumann-FS, S 119; Hilgendorf GA 93, 547, 554; Küper BT S 25, alle mwN). Den Gegensatz bildet die **subjektive Theorie**, die auf das Vorstellungsbild des Täters, auf die Diskrepanz zwischen seinem Wissen und dem Aussageinhalt, abstellt 3

(Gallas GA 57, 315; Willms LK 8–14). Obwohl sie gewichtige Argumente für sich hat, liegt sie dem Gesetz nicht zugrunde; denn sie kann den § 160 nicht erklären und muß dem § 163 einen offensichtlich nicht gewollten eingeschränkten Anwendungsbereich zuweisen. Der Vorschlag von Gallas (aaO), den Begriff „falsch" grundsätzlich subjektiv, in den §§ 160, 163 aber objektiv auszulegen, widerspricht dem Sinnzusammenhang des Gesetzes; auch der Versuch von Willms (LK 10), in dem „erreichbaren" Wissen das gemeinsame Element aller Aussagetatbestände zu finden, befriedigt nicht, weil dieser Maßstab nur mittels objektiver Kriterien bestimmt werden kann. Wegen nicht vollständig aufhebbarer innerer Widersprüche hat sich neben differenzierenden Zwischenlösungen (vgl etwa Dedes JR 77, 441; Bohnert JR 84, 425; Vormbaum aaO [Schutz des Strafurteils; vgl 1] S 253; Rudolphi SK 40–43) die sog **Pflichttheorie** entwickelt, die auf den jeweiligen Inhalt der Aussagepflicht abstellt (Schmidhäuser, Celle-FS, S 207; Otto JR 82, 296, JuS 84, 161 und Jura 85, 389; krit Hilgendorf GA 93, 547, 548 und 558). Sie hat sich gegenüber der hM bisher nicht durchsetzen können (krit zum Theorienstreit im ganzen Paulus, Küchenhoff-GedSchr, S 435, der eine andersartig differenzierende Lösung anbietet).

4 **b) Gegenstand der Aussage** können äußere oder innere Tatsachen, bei Sachverständigenaussagen auch Werturteile sein. Danach ist eine Aussage falsch, wenn die Aussageperson eine äußere Tatsache behauptet und diese nicht der Wirklichkeit entspricht (vgl 3), zB „A hat den B geschlagen"; wenn sie eine innere Tatsache (zB Wahrnehmung, Überzeugung, Erinnerung, Wissen) behauptet und der behauptete psychische Vorgang oder Zustand sich nicht oder anders zugetragen oder bestanden hat (bei Holtz MDR 90, 254), zB „ich habe gesehen, daß A den B geschlagen hat" oder „ich erinnere mich, daß A den B geschlagen hat"; oder wenn ein Sachverständiger ein Werturteil abgibt und dieses nicht seiner Überzeugung entspricht (krit zur Beurteilung von Sachverständigengutachten Steinke MDR 84, 272). – Einfache oder allgemein bekannte **Rechtsbegriffe**, die typische Lebenssachverhalte bezeichnen (zB Eigentum, Kauf, Miete), und einfache Bewertungen können uU wie Tatsachen behandelt werden (Oldenburg NdsRpfl 50, 163). Ob eine äußere oder innere Tatsache bekundet oder ein Werturteil abgegeben wurde, entscheidet nicht der Wortlaut der Aussage, sondern ihr durch Auslegung zu ermittelnder Sinn (Koblenz StV 88, 531; s auch BGHSt 7, 147).

5 **c)** Eine Aussage kann auch falsch sein, wenn sie **unvollständig** ist (einschr Zweibrücken wistra 93, 231: nur wenn die Unvollständigkeit nicht offenbart, sondern die Aussage als vollständige ausgegeben wird). Wieweit die Aussagepflicht unter diesem Gesichtspunkt reicht, hängt von den Umständen, namentlich von der Prozeßrolle der Beweisperson, ab (dazu 6 zu § 154).

6 **3.** Die **Verletzung strafprozessualer Vorschriften** bei der Herbeiführung von Aussagen, Eiden oder eidesstattlichen Versicherungen

berührt die Tatbestandsmäßigkeit grundsätzlich nicht (hM; vgl etwa Köln NJW 88, 2485; zusf und krit Geppert Jura 88, 496, beide mwN). Nur wenn sie bewirkt, daß einzelne Tatbestandsmerkmale nicht erfüllt werden, entfällt der Tatbestand; das trifft namentlich zu, wenn keine Aussage im Sinne des § 153 vorliegt (zusf Sch/Sch-Lenckner 22 mwN), etwa weil es infolge eines groben Verfahrensverstoßes an der freien Mitteilung eigenen Wissens fehlt (Köln aaO; Willms LK 29 mwN), wenn die vorgeschriebenen Beteuerungsformen nicht gewahrt sind (4 zu § 154; 2 zu § 155; 5 zu § 156) oder wenn die abnehmende Behörde unzuständig ist (3 zu § 153; 3 zu § 154; 2, 2 a zu § 156). Die bloße Unverwertbarkeit einer Aussage entbindet dagegen nicht von der Wahrheitspflicht (im einzelnen 2 zu § 153; 2, 6 zu § 154), wirkt jedoch strafmildernd (16 zu § 154).

4. Die Aussagedelikte sind **eigenhändige** Delikte (hM; zur umstrittenen Sonderdeliktsnatur [33 vor § 13] der §§ 153, 154, 156 eingehend Deichmann aaO [vgl 1] S 42, 57, 95 und 124). Sie können weder in Mittäterschaft noch, wie sich aus § 160 ergibt, in mittelbarer Täterschaft begangen werden (RGSt 61, 201; s auch 3, 9 zu § 25). Dagegen ist Teilnahme (Anstiftung und Beihilfe) nach den allgemeinen Regeln möglich. – Beihilfe durch Unterlassen kann nach der Rspr auch eine Prozeßpartei leisten, die vorsätzlich die falsche Aussage eines Zeugen (oder die Leistung eines Meineides) geschehen läßt, obwohl sie verpflichtet und imstande ist, das Aussagedelikt dadurch zu verhindern, daß sie die Wahrheit bekennt (BGHSt 1, 22, 27; 2, 129; anders LG Münster StV 94, 134 mit abl Anm Brammsen) oder wenigstens auf den Zeugen einwirkt, die Aussage zu verweigern (NJW 53, 1399). Zur Begründung der Garantenstellung (6 zu § 13) läßt sie es – nach früher noch weiterreichender Ausdehnung der Strafbarkeit (zB BGHSt 3, 18) – genügen, daß die Partei den Zeugen durch ihr vorausgegangenes Verhalten in eine besondere, dem Prozeß nicht mehr eigentümliche (inadäquate) Gefahr der Falschaussage gebracht hat (BGHSt 2, 129; 14, 229; 17, 321; NStZ 93, 489 mit krit Bespr Geppert JK 2 zu § 154; Köln NStZ 90, 594; Hamm NJW 92, 1977 mit abl Bespr Seebode NStZ 93, 83, Bartholme JA 93, 221, Tenter wistra 94, 247 und Brammsen StV 94, 135; Düsseldorf NJW 94, 272 mit krit Bespr Geppert JK 3 zu § 154, alle mwN). Im Strafprozeß ist eine Garantenstellung des Angeklagten im Hinblick auf seine besondere Rechtsstellung nur ausnahmsweise anzunehmen (Heinrich JuS 95, 1115, 1119; Krey BT 1 Rdn 580; Sch/Sch-Lenckner 39 mwN, auch zu den im Zivilprozeß in Frage kommenden Konstellationen). Dieser Rspr steht das Schrifttum mit Recht überwiegend kritisch gegenüber (Ebert JuS 70, 400; Otto JuS 84, 161, 169; Hillenkamp, Wassermann-FS, S 861, 865; Scheffler GA 93, 341; Heinrich aaO; Kelker Jura 95, 89, 95; Prittwitz StV 95, 270; Vormbaum NK 114 zu § 153; s auch 12–15 zu § 13). Keine Garantenstellung begründen jedenfalls die Wahrheitspflicht nach § 138 ZPO (BGHSt 4, 327), das eheliche Verhältnis, wenn die Eheleute getrennt und in 7

Scheidung leben (BGHSt 6, 322), bloße Verwandtschaft (zu weit KG JR 69, 27 mit abl Anm Lackner) und das Bestehen einer Liebesbeziehung (Düsseldorf NJW 94, 272). – Es kommt auch eine (die Beihilfe durch Unterlassen verdrängende) Teilnahme (Anstiftung und Beihilfe) durch aktives Tun in Betracht, doch sind deren Grenzen ebenfalls noch nicht befriedigend geklärt (Brammsen, Heinrich, Kelker, Prittwitz jeweils aaO; Vormbaum NK 112 zu § 153; – zur Abgrenzung von Tun und Unterlassen bei der Beihilfe Ebert JuS 70, 400, 403 mwN).

8 **5.** Das Merkmal der **Zuständigkeit** der Stelle oder Behörde in §§ 153, 154 und 156 ist keine Eigenschaft bestimmter Stellen oder Behörden und somit keine institutionelle Tatsache, sondern ein Blankettmerkmal, das durch die in Bezug genommenen tatsächlichen und rechtlichen Zuständigkeitsvoraussetzungen ausgefüllt wird (Puppe GA 90, 145, 163; Dannecker, Das intertemporale Strafrecht, 1993, S 493; zw).

§ 153 Falsche uneidliche Aussage

Wer vor Gericht oder vor einer anderen zur eidlichen Vernehmung von Zeugen oder Sachverständigen zuständigen Stelle als Zeuge oder Sachverständiger uneidlich falsch aussagt, wird mit Freiheitsstrafe von drei Monaten bis zu fünf Jahren bestraft.

1 **1.** Allgemein zu den Aussagedelikten, namentlich zum geschützten Rechtsgut, zu dessen Beschränkung auf die inländische Rechtspflege, zu den Voraussetzungen, unter denen eine Aussage falsch ist, und zur grundsätzlichen Bedeutung von Verfahrensmängeln 1–7 vor § 153.

2 **2.** Zum **äußeren Tatbestand**:

a) Der Täter muß im Rahmen einer Vernehmung (nicht einer bloßen Information) als Zeuge oder Sachverständiger, also nicht als Angeklagter, der mit seiner Einlassung strukturell nicht als Mittel der Wahrheitserforschung vorgesehen ist (Fezer, Stree/Wessels-FS, S 663, 672), als „Aufklärungsgehilfe" im Verfahren vor dem BVerfG (Karlsruhe NStZ 96, 282 mit krit Anm Kunert; zw) oder als Partei im Zivilprozeß, **falsch aussagen**, unabhängig davon, ob er nach § 57 StPO belehrt worden ist, zu den Personen gehört, die nach § 60 StPO nicht zu vereidigen sind (hM; anders Rudolphi GA 69, 129; Otto JuS 84, 161, 165), oder die Unwahrheit sagt, um die Gefahr gerichtlicher Bestrafung abzuwenden (zur Einbeziehung des „tatverdächtigen" Zeugen beachte NJW 85, 76 mit krit Bespr Montenbruck JZ 85, 976).

3 **b) Gericht** bedeutet hier die inländische Behörde (20 zu § 11), die unter staatlicher Autorität Aufgaben der Rspr wahrnimmt; daher genügt die Aussage vor dem Rechtspfleger, soweit dieser nach §§ 3, 4 RPflG richterliche Aufgaben wahrnimmt und insoweit das Gericht repräsentiert (Hamburg NJW 84, 935 mit krit Bespr Geilen JK 1, beide mwN; str). Private Schiedsgerichte werden nicht erfaßt; ausländische Gerichte sind nur in den Grenzen von Sonderregelungen (namentlich des § 5

Nr 10) einbezogen (2 vor § 153). Auf die Verfahrensart kommt es nicht an, so daß zB auch das Verfahren über Prozeßkostenhilfe ausreicht (Frankfurt NJW 52, 902). – Die **andere Stelle** muß zur **eidlichen** Vernehmung von Zeugen oder Sachverständigen **zuständig** sein, zB der parlamentarische Untersuchungsausschuß nach Art 44 GG oder nach Landesverfassungsrecht (Köln NJW 88, 2485; Koblenz StV 88, 531; zusf Wagner GA 76, 257; s auch Kohlmann JA 84, 670; Buchholz, Der Betroffene im parlamentarischen Untersuchungsausschuß, 1990) oder das Patentamt nach § 46 I PatG. Zuständigkeit nach § 156 genügt nicht.

3. Für die Frage, wieweit die Aussage der **Wahrheitspflicht** unterliegt und die Tat auch durch **Verschweigen** begangen werden kann, gelten die Ausführungen zum Zeugen- und Sachverständigeneid (6, 7 zu § 154) sinngemäß. 4

4. Der **Vorsatz** (bedingter genügt; krit Arzt, Jescheck-FS, S 391) muß sich darauf erstrecken, daß die Aussage falsch ist, daß sie unter die Wahrheitspflicht fällt und daß die vernehmende Stelle zuständig ist (9 zu § 154). 5

5. Vollendet ist die Tat, wenn die Aussage abgeschlossen ist, dh wenn der Aussagende nichts mehr bekunden und kein Verfahrensbeteiligter mehr Fragen an ihn stellen will (beachte dazu Bay StV 89, 251 mit Anm Wächtler), spätestens mit dem Schluß der Verhandlung im jeweiligen Rechtszug (BGHSt-GS-8, 301). Es kann also jemand in einer Verhandlung mehrere Aussagen machen; umgekehrt kann sich auch eine Aussage über mehrere Verhandlungen erstrecken. Deshalb können bei falscher Aussage in mehreren Terminen je nach den Umständen mehrere Taten oder eine einzige Tat vorliegen (BGH aaO; str). Danach bestimmt sich auch, ob strafloser Versuch oder nur Berichtigung (§ 158) vorliegt, wenn der Aussagende zum Schluß richtigstellt (NStZ 82, 431). 6

6. Zu **Mittäterschaft**, mittelbarer Täterschaft und Teilnahme, namentlich auch zur Beihilfe durch Unterlassen, 7 vor § 153. Da die Zeugen- oder Sachverständigeneigenschaft nur die Positionsnähe zum Rechtsgut charakterisiert, ist § 28 I nicht anwendbar (Sch/Sch-Lenckner 42 vor § 153; aM Langer, Wolf-FS, S 335, 345; Herzberg GA 91, 145, 182; Deichmann aaO [vgl 1 vor § 153] S 57; Vormbaum NK 111, alle mwN; zw). 7

7. Mehrere falsche Angaben in einer Aussage bilden eine (natürliche oder tatbestandliche) **Handlungseinheit** (Köln StV 83, 507 mwN; s auch 4–10 vor § 52). Über das Verhältnis zu § 154 dort 12–14. Beihilfe zu § 153 geht in Anstiftung zu § 154 auf (BGHSt 4, 244); dagegen steht Anstiftung zu § 153 mit Beihilfe zu § 154 in **Tateinheit** (NStZ 93, 489). Mit § 163 ist Tateinheit möglich (BGHSt 4, 214), ebenso zB mit §§ 164, 187, 258, 263. 8

§ 154 Meineid

(1) **Wer vor Gericht oder vor einer anderen zur Abnahme von Eiden zuständigen Stelle falsch schwört, wird mit Freiheitsstrafe nicht unter einem Jahr bestraft.**

(2) **In minder schweren Fällen ist die Strafe Freiheitsstrafe von sechs Monaten bis zu fünf Jahren.**

1 **1. a)** Allgemein zu den Aussagedelikten, namentlich zum geschützten Rechtsgut, zu dessen Beschränkung auf die innerstaatliche Rechtspflege, zu den Voraussetzungen, unter denen eine Aussage falsch ist, und zur grundsätzlichen Bedeutung von Verfahrensmängeln 1–7 vor § 153; zur eidesgleichen Bekräftigung § 155.

2 **b) Täter** kann jeder sein, der das Wesen einer Aussage und des Eides versteht, auch der nach § 60 StPO, § 393 ZPO Eidesunmündige oder -unfähige, wenn er versehentlich vereidigt wird (BGHSt 10, 142, 144 mwN; aM Rudolphi GA 69, 129; Otto JuS 84, 161, 165; zum Eidesunmündigen auch Hruschka/Kässer JuS 72, 709, 711; Deichmann aaO [vgl 1 vor § 153] S 109; zw).

3 **2. Gericht** 3 zu § 153; zur Ausscheidung des Rechtspflegers beachte § 4 II Nr 1 RPflG. Das Gericht (oder die sonst abnehmende Stelle) ist nur **zuständig**, wenn der Eid in einem Verfahren geschworen wird, in dem das Gesetz einen Eid dieser Art überhaupt zuläßt (BGHSt 3, 248, 309), gleichgültig aber, ob der abnehmende Richter nach seinem Geschäftsbereich zur Abnahme eines derartigen Eides allgemein zuständig ist (BGHSt 3, 235), ob er im konkreten Fall, zB nach §§ 22 ff StPO, von der Ausübung des Richteramtes ausgeschlossen ist (BGHSt 10, 142), ob der Vereidigung sonst Verfahrensvorschriften entgegenstehen (BGHSt 16, 232; aM Rudolphi GA 69, 129) oder ob bei der Vernehmung gegen die §§ 69, 241 II StPO verstoßen worden ist (KG JR 78, 77 mit Anm Willms). Nach der Rspr soll im Verfahren der freiwilligen Gerichtsbarkeit die Vereidigung der Beteiligten ausgeschlossen sein (BGHSt 10, 272; 12, 56; Hamm NStZ 84, 551; anders die im Schrifttum zum FGG hM). Zur Zuständigkeit von parlamentarischen Untersuchungsausschüssen Wagner GA 76, 257, 258. – Der Amtsträger, der die zuständige Stelle verkörpert, muß nach den allgemeinen Grundsätzen des Staats- und Gerichtsverfassungsrechts berufen sein; deshalb keine Zuständigkeit des Referendars (RGSt 65, 206) oder des unzulässigerweise mit richterlichen Geschäften beauftragten StA (RGSt 60, 25).

4 **3.** Die wesentlichen **Förmlichkeiten** der Eidesabnahme müssen gewahrt sein; namentlich die Worte „ich schwöre" dürfen nicht fehlen (RGSt 62, 147, 149; 67, 331). Beachte aber § 155.

5 **4.** § 154 betrifft Eide aller Art, die zur Bekräftigung von Aussagen geleistet werden, gleichgültig, ob **Nacheid** (assertorischer) oder **Voreid** (promissorischer Eid); jedoch sind die Grenzen der eidlichen Wahr-

heitspflicht je nach Verfahren und Prozeßrolle der Aussageperson verschieden (Bruns GA 60, 161; Otto JuS 84, 161, 163). In Frage kommen vor allem:

a) Der **Zeugeneid** (zB §§ 59 ff StPO, §§ 391 ff ZPO). Hier erstreckt sich die Wahrheitspflicht jedenfalls auf alle tatsächlichen Angaben, die nach den für die jeweilige Prozeßart geltenden Regeln den Gegenstand der Vernehmung bilden (BGHSt 25, 244 mit Anm Demuth NJW 74, 757 und Rudolphi JR 74, 293; Hamburg NJW 81, 237; krit Bruns GA 60, 161, 164), einschließlich der Personalien (RGSt 60, 407). Im Zivilprozeß wird der Gegenstand der Vernehmung durch den Beweisbeschluß begrenzt (BGHSt 1, 22); jedoch sind Antworten auf Fragen des Richters oder auf andere vom Richter zugelassene Fragen der Prozeßbeteiligten stets Vernehmungsgegenstand (BGHSt 2, 90; KG JR 78, 77 mit Anm Willms; beachte jedoch bei Holtz MDR 91, 1021). Im Strafprozeß ist Gegenstand der Zeugenvernehmung die Tat iS des § 264 I StPO, doch kann der Richter diesen Gegenstand begrenzen; durch unzulässige (zB bloßstellende iS des § 68 a StPO) Fragen von Verfahrensbeteiligten (zB des Verteidigers) kann das Beweisthema und damit die Wahrheitspflicht des Zeugen nicht erweitert werden (Rudolphi SK 23 vor § 153; anders NStE 3 zu § 153 mit zust Bespr Otto JK 2 vor §§ 153 ff., wo nur die Verpflichtung abgelehnt wird, über den genauen Inhalt solcher Fragen hinausgehende ergänzende und vervollständigende Angaben zu machen). Darüber hinaus unterliegen auch spontane Äußerungen der Wahrheitspflicht, wenn sie entscheidungserheblich und nach den jeweiligen Verfahrensregeln bei der Beweiswürdigung verwertbar sind (Rudolphi JR 74,293; aM BGHSt 25, 244; NStZ 82, 464, die eine Wahrheitspflicht erst für die Bestätigung der spontanen Äußerung nach Erweiterung des Beweisthemas durch den vernehmenden Richter annehmen; ebenso Küpper BT 1 II 2/11; Sch/Sch-Lenckner 15 vor § 153; zw). – Ungefragt hat der Zeuge auch solche Tatsachen (nicht auch bloße Vermutungen, StV 90, 110) anzugeben, die erkennbar mit der Beweisfrage in untrennbarem Zusammenhang stehen und entscheidungserheblich sind (BGHSt 3, 221), auch wenn er die Aussage verweigern könnte; das muß er ausdrücklich sagen (BGHSt 7, 127). Insoweit kommt Meineid durch Verschweigen in Frage (BGHSt 1, 22, 148; 3, 235), der ein normales Begehungs-, kein unechtes Unterlassungsdelikt ist (Schmidhäuser, Celle-FS, S 207, 211). Wird allerdings eine Zeugin nur nach Mehrverkehr mit bestimmten Männern gefragt, besteht keine Offenbarungspflicht über den Verkehr mit anderen Männern (BGHSt 3, 221). Auch braucht der Zeuge seine Personalien und Umstände, die seine Glaubwürdigkeit betreffen, nicht ungefragt zu offenbaren (BGHSt 5, 25). 6

b) Der **Sachverständigeneid** (§ 79 StPO, § 410 ZPO). Er umfaßt nicht die Personalien (RGSt 20, 235). Inhalt eines Sachverständigengutachtens können Mitteilungen über sog Befundtatsachen (RGSt 69, 97) und Werturteile sein. Im letzteren Falle ist der Eid falsch, wenn das 7

Urteil nicht der Überzeugung des Sachverständigen entspricht (4 vor § 153). Der vereidigte Dolmetscher begeht Meineid, wenn er bewußt unrichtig übersetzt (BGHSt 4, 154; aM Vormbaum NK 28).

8 **c)** Der **Parteieid** (§ 452 ZPO). Die Ausführungen unter 6 gelten sinngemäß (MDR 68, 597).

9 **5.** Der **Vorsatz** (bedingter genügt) muß sich darauf erstrecken, daß die Aussage falsch ist, daß sie unter den Eid fällt und daß die abnehmende Stelle zuständig ist (BGHSt 1, 148). Hat der Täter Zweifel an der Wahrheit (dh an der Richtigkeit oder Vollständigkeit seines Erinnerungsbildes), ohne sie zu offenbaren, so liegt idR bedingter Vorsatz vor (GA 73, 376; krit Arzt, Jescheck-FS, S 391; aM Krey BT 1 Rdn 568, der auf dem Boden der objektiven Theorie zu Unrecht direkten Vorsatz annimmt). Die irrige Annahme, der Eid beziehe sich nicht auf bestimmte Teile der Aussage, schließt den Vorsatz aus (BGHSt 2, 74, 76; 4, 214). Umfaßt der Vorsatz nicht alle vorstehenden Merkmale (Tatbestandsirrtum), kommt § 163, ggf in Tateinheit mit § 153 (BGHSt 4, 214; str), in Frage. Hält der Täter seine wahre Aussage irrig für falsch, so liegt untauglicher Versuch vor (12 zu § 22). Zu den irrigen Annahmen, die falsche Aussage falle unter den Eid oder die abnehmende Stelle sei zuständig, brachte 15 zu § 22 sowie Deichmann aaO (vgl 1 vor § 153) S 118; zu Grenzfällen BGHSt 5, 111; 10, 8.

10 **6.** Der **Versuch** beginnt beim Nacheid erst mit dem Anfang der Eidesleistung (BGHSt 1, 241; 4, 172), beim Voreid mit dem Anfang der Aussage (RGSt 54, 117, 121); vollendet ist der Meineid in diesem Fall mit dem Abschluß der Aussage (RGSt 14, 19), beim Nacheid mit der Beendigung des Schwurs.

11 **7.** Zu **Mittäterschaft**, mittelbarer Täterschaft und Teilnahme 7 vor § 153 sowie 7 zu § 153.

12 **8.** Zum **Verhältnis der §§ 153, 154** hat die Rspr folgende Grundsätze entwickelt (BGHSt-GS-8, 301):

a) Die uneidliche Aussage (§ 153) ist das Grunddelikt, der Meineid eine qualifizierte Form der Falschaussage.

13 **b)** § 153 ist grundsätzlich (zu einer Ausnahme BGHSt 4, 214) nur auf Aussagen anwendbar, die nicht beschworen werden. Er tritt gegenüber § 154 auch dann zurück (Subsidiarität), wenn der Täter im selben Rechtszug mehrmals, sei es auch mit wechselnden Angaben vernommen worden ist. Wird eine Falschaussage jedoch erst nach einem Eid oder in einem neuen Rechtszug wiederholt, so liegt in Fällen, in denen die mehreren Aussagen Grundlage derselben Entscheidung werden, eine tatbestandliche Handlungseinheit (10 vor § 52) vor.

14 **c)** Die Beeidigung ist nicht Teil der Aussage. Diese ist beim Nacheid schon vorher abgeschlossen und bleibt deshalb als uneidliche Falschaussage übrig, wenn der Täter durch nachträgliche Berichtigung (beachte § 158) ein Eidesdelikt ganz vermeidet (hM; anders Vormbaum JR 89,

133 mwN; zw) oder vom Versuch des Meineids wirksam zurücktritt (23 zu § 24).

9. Wahlfeststellung (9–20 zu § 1) ist möglich, wenn nicht festgestellt werden kann, welche von zwei sich widersprechenden eidlichen Aussagen (BGHSt 2, 351; zw) oder welche von zwei Bekundungen, die durch eidliche oder uneidliche Aussage und durch eidesstattliche Versicherung gemacht worden sind (Hamm GA 74, 84; zw), falsch ist. Bleibt ungeklärt, ob eine eidliche oder uneidliche Aussage, die einander widersprechen, falsch ist, so ist nach dem Grundsatz in dubio pro reo aus § 153 zu verurteilen (BGHSt 2, 351; 13, 70; Bay NJW 65, 2211 mit abl Anm Koffka JR 65, 430 und Sax JZ 65, 745; Willms LK 14 zu § 153). 15

10. Zu **Abs 2** (minder schwere Fälle) 7–10 a zu § 46 (s auch Bay NJW 86, 202 mit Anm Krümpelmann/Heusel JR 87, 39). 16

a) Strafmildernd wirkt, wenn der Täter auf ein ihm zustehendes **Zeugnis- oder Auskunftsverweigerungsrecht** nicht hingewiesen worden ist (NStZ 84, 134; StV 88, 427), es sei denn, daß er selbst bei Belehrung falsch ausgesagt hätte (JR 81, 248 mit Anm Bruns; bei Detter NStZ 91, 478). Mildernd wirkt ferner, wenn er **vereidigt** worden ist, obwohl er hätte unvereidigt bleiben müssen oder können (BGHSt 23, 30; StV 82, 521; Stuttgart NJW 78, 711; Bay JZ 91, 315; Düsseldorf NStZ-RR 96, 137); ob bei der Eidesabnahme die Voraussetzungen für das Unterbleiben der Vereidigung erkennbar waren, ist unerheblich (StV 88, 427; Hamburg JR 81, 158). – Nach der Rspr soll dieser Milderungsgrund wegen der typischen Zwangslage nur der Aussageperson nicht auch dem Anstifter zugute kommen (BGHSt 27, 74 mit abl Anm Lenckner JR 77, 74; krit Krümpelmann/Heusel JR 87, 39; zw). Von § 157 ist er unabhängig und daher neben diesem zu berücksichtigen (NStZ 91, 280).

b) Liegt einer dieser Verfahrensmängel vor (vgl 16), so ist die Annahme eines minder schweren Falles im Hinblick auf das Erfordernis einer Gesamtwürdigung von Tat und Täter (9 zu § 46) zwar **nicht zwingend** (aM für § 60 Nr 2 StPO JR 81, 248), wohl aber so naheliegend, daß ein Übergehen des Abs 2 einen sachlich-rechtlichen Fehler bedeutet (Stuttgart aaO S 712). 17

§ 155 Eidesgleiche Bekräftigungen

Dem Eid stehen gleich

1. die den Eid ersetzende Bekräftigung,

2. die Berufung auf einen früheren Eid oder auf eine frühere Bekräftigung.

1. Bekräftigung (Nr 1) und **Berufung** (Nr 2) stehen für die Anwendung des § 154 (Meineid), des § 160 (Verleitung zum Falscheid) und des § 163 (fahrlässiger Falscheid) dem Eide gleich (beachte dazu BVerfGE 33, 23). 1

2 **2. Nr 1**: Vgl namentlich § 66 d StPO, § 484 ZPO. Beteuerungsformeln von Religionsgesellschaften können nicht anstelle des Eides abgegeben, sondern nur dem Eid angefügt werden.

3 **3. Nr 2**: Vgl namentlich §§ 67, 72, 79 III StPO, §§ 398 III, 402, 410 II, 451 ZPO. Berufung auf einen früheren Eid oder eine frühere Bekräftigung ist nicht nur die Berufung auf einen in derselben Sache früher geleisteten Partei-, Zeugen- oder Sachverständigeneid oder eine entsprechende frühere Bekräftigung, sondern auch die Berufung eines allgemein vereidigten Sachverständigen auf den von ihm geleisteten Eid und die Berufung eines Beamten auf seinen Diensteid (BT-Dr 7/2526 S 26); ist in dem jeweiligen Verfahren die Berufung auf den früheren Eid überhaupt vorgesehen, so kommt es auf die prozessuale Zulässigkeit der Berufung im konkreten Fall nicht an (Sch/Sch-Lenckner 5; aM Willms LK 2, 3 mwN; zw).

§ 156 Falsche Versicherung an Eides Statt

Wer vor einer zur Abnahme einer Versicherung an Eides Statt zuständigen Behörde eine solche Versicherung falsch abgibt oder unter Berufung auf eine solche Versicherung falsch aussagt, wird mit Freiheitsstrafe bis zu drei Jahren oder mit Geldstrafe bestraft.

1 **1.** Allgemein zu den Aussagedelikten, namentlich zum geschützten Rechtsgut, zu dessen Beschränkung auf die innerstaatliche Rechtspflege, zu den Voraussetzungen, unter denen eine Aussage falsch ist, und zur grundsätzlichen Bedeutung von Verfahrensmängeln 1–7 vor § 153.

2 **2. a)** Behörde 20 zu § 11. **Zuständigkeit** der Behörde setzt nicht nur allgemeine Zuständigkeit zur Abnahme eidesstattlicher Versicherungen voraus (StV 85, 55), sondern darüber hinaus, daß die konkrete Versicherung über den Gegenstand, auf den sie sich bezieht, und in dem Verfahren, zu dem sie eingereicht wird, abgenommen werden darf und daß sie nicht rechtlich völlig wirkungslos ist (BGHSt 5, 69; Frankfurt NStZ-RR 96, 294; Stuttgart NStZ-RR 96, 265, alle mwN; krit zu der im Kern unrichtigen Formel Schubath MDR 72, 744; Leibinger, Rebmann-FS, S 259, 266). Ob ihre Entgegennahme dagegen im Einzelfall geboten, angemessen oder auch nur sinnvoll war, ist unerheblich (RGSt 47, 37; Vormbaum NK 30 mwN). – Während die Zuständigkeit früher nur vereinzelt ausdrücklich, zB in §§ 294, 807 ZPO, § 125 KO und § 15 II FGG, geregelt war, dürfen heute Behörden nach § 27 VwVfG und den VwVfG der Länder im Verwaltungsverfahren eidesstattliche Versicherungen nur verlangen und abnehmen, wenn deren Abnahme über den jeweiligen Gegenstand und in dem jeweiligen Verfahren durch Gesetz oder RechtsVO vorgesehen und die Behörde durch Rechtsvorschrift für zuständig erklärt worden ist (Düsseldorf NStZ 91, 38; Frankfurt aaO). Im Steuerverfahren sind die Finanzbehörden nur in den Grenzen des § 95 AO zuständig. Damit sind alle eidesstattlichen Versicherungen, die Behörden in Verwaltungs- und

Steuerverfahren unter Überschreitung ihrer Zuständigkeit abnehmen, strafrechtlich (auch als Versuch) unerheblich (vgl 6). Die früher oft schwer zu beantwortende Frage, ob einer Behörde die Durchführung förmlicher Beweisverfahren übertragen worden ist (BGHSt 2, 218; NJW 66, 1037), kann deshalb nur noch außerhalb dieses Regelungsbereichs Bedeutung gewinnen.

b) Nach wie vor steht **in der Praxis** die Zuständigkeit der Gerichte in Verfahren nach der ZPO, der StPO, dem FGG, der KO usw im Vordergrund, und zwar meist zur Glaubhaftmachung von Tatsachen als Grundlage für Verfahrensentscheidungen oder vorläufige Regelungen. Dagegen darf eine eidesstattliche Versicherung des Beschuldigten niemals (BGHSt 25, 89, 92; Bay NStZ 90, 340, beide mwN) und die von anderen Personen regelmäßig dann nicht abgenommen werden, wenn sie nur die vorgeschriebene und mögliche (eidliche oder uneidliche) Vernehmung der Beweisperson für die endgültige Sachentscheidung (GA 73, 109) vorwegnehmen oder ersetzen soll (krit zur Unklarheit dieser Abgrenzung Leibinger aaO [vgl 2] S 268); zB Versicherung des Zeugen im Strafverfahren (BGHSt 5, 69), auch im Wiederaufnahmeverfahren (BGHSt 17, 303; aM Hamm NJW 54, 363), des Zeugen im ordentlichen Zivilprozeß (Willms LK 12; aM BGHSt 7, 1; beachte jedoch die abw Grundsätze in BGHSt 5, 69) oder des Vollstreckungsschuldners im Verfahren auf Gewährung von Vollstreckungsschutz (Bay wistra 90, 70). Eine Zuständigkeit der StA und der Polizei im Ermittlungsverfahren wird, weil sie kein förmliches Beweisverfahren durchführen, ganz verneint (hM; vgl Herrmann, Die Reform der Aussagetatbestände, 1973, S 200; zweifelnd im Hinblick auf § 161 a StPO Sch/Sch-Lenckner 12, beide mwN), während die Verwaltungsbehörde im Bußgeldverfahren in bestimmten Fällen der Glaubhaftmachung (zB eines Zeugnisverweigerungsrechts nach § 56 StPO iVm § 46 I OWiG) zuständig sein soll (hM; vgl Göhler 62 zu § 59 mwN; krit Leibinger aaO S 260, der eine zureichende Begr für die Unterscheidung gegenüber der StA vermißt). – Eine Begrenzung der Zuständigkeit auch insoweit, als spontan abgegebene Erklärungen nur erfaßt werden, wenn eidesstattliche Versicherungen in dem jeweiligen Verfahren (zB beim Arrest und der einstweiligen Verfügung) institutionell zur Glaubhaftmachung vorgesehen sind (so Willms LK 7, 8 mwN), ist dem Gesetz nicht zu entnehmen (GA 73, 109; Leibinger aaO S 269 mwN). 2 a

3. a) Umfang und Grenzen der Wahrheitspflicht bestimmen sich nach dem Verfahrensgegenstand und den Regeln des Verfahrens in dem die eidesstattliche Versicherung abgegeben wird (NJW 90, 918, 920 mit Anm Keller JR 90, 480; Düsseldorf NJW 85, 1848; Karlsruhe NStZ 85, 412, alle mwN). Davon hängt es auch ab, ob eine Versicherung wegen Verschweigens wesentlicher Umstände (5 vor § 153; 6 zu § 154) falsch ist (NJW 59, 1235). Bei unverlangt abgegebenen Versicherungen bedarf es einer thematischen Eingrenzung; nicht erfaßt werden hier solche Angaben, die nach einer auf den Zeitpunkt der Vorlage 3 der Versicherung bezogenen Beurteilung für den Ausgang des Verfahrens ohne jede mögliche Bedeutung sind (BGH, Düsseldorf und Karlsruhe aaO, alle mwN; s auch Leibinger, Rebmann-FS, S 259, 271).

4 **b)** Bei der den Offenbarungseid ersetzenden **eidesstattlichen Versicherung** (vgl namentlich §§ 807, 883 II ZPO, § 125 KO) hat sich der Umfang der Wahrheitspflicht gegenüber dem früheren, zum Offenbarungseid geltenden Recht nicht geändert; lediglich der (idR untaugliche) Versuch ist nicht mehr mit Strafe bedroht. – Bei der Versicherung nach fruchtloser Pfändung fallen unter die Wahrheitspflicht nur die Angaben, die der Schuldner nach § 807 I ZPO zu machen verpflichtet ist (BGHSt 19, 126; NJW 68, 1388). Sie sollen dem Gläubiger eine Übersicht der Vermögensstücke verschaffen, die möglicherweise seinem Zugriff durch Zwangsvollstreckung unterliegen (BGHSt 8, 399). Deshalb hat der Schuldner sein gesamtes Ist-Vermögen anzugeben (RGSt 71, 360), und zwar auch unpfändbare Sachen (NJW 56, 756), Forderungen, die rechtlich oder tatsächlich zweifelhaft sind (NJW 53, 390), Anwartschaftsrechte (BGHSt 13, 345; 15, 128), noch nicht zu Ende geführte Mandate des Rechtsanwalts, Steuerberaters oder Arztes (BGHSt 37, 340 mwN), fortlaufende, in Abwicklung begriffene Maklergeschäfte (BGH aaO), dem Schuldner fiduziarisch übertragene Rechte (KG JR 85, 161 mwN), der Aufrechnung unterliegende Forderungen (bei Herlan GA 58, 51) und anfechtbare Rechte (RGSt 60, 69). Nach objektivem Maßstab offensichtlich unpfändbare (Bay MDR 91, 1079; s auch Bay StV 92, 324) und völlig wertlose Gegenstände brauchen (auch in den vorstehenden Fällen) nicht angegeben zu werden (BGHSt 13, 345, 348; Bay wistra 93, 73). Umgekehrt verletzt die Angabe fingierter Vermögensstücke die Wahrheitspflicht (BGHSt 7, 375; Stuttgart NJW 61, 2319; str). Zu der Aufstellung des Ist-Vermögens kommen noch die Angaben über gewisse rechtsgeschäftliche Verfügungen nach § 807 I Nr 1–3 ZPO hinzu und solche weiteren Angaben, auf die der Gläubiger zur Klärung der Vollstreckungsmöglichkeiten angewiesen ist, zB Angaben über persönliche Verhältnisse des Schuldners, soweit sie für die Vollstreckung wichtig sind (BGHSt 11, 223; Hamm GA 75, 180), über die Verwendung des dem Schuldner gezahlten Arbeitsentgelts (BGHSt 10, 149) oder über den Stand einer Erbauseinandersetzung (NJW 57, 1200). Weitergehende Angaben (auch auf Fragen des Richters), zB über tatsächliches Ausüben von Geschäftstätigkeit (bei Holtz MDR 80, 813; beachte jedoch BGHSt 37, 340) oder über bevorstehende Zuwendungen von rechtlich nicht verpflichteten Dritten, fallen nicht unter die Wahrheitspflicht (BGHSt 8, 399; NJW 68, 2251; Frankfurt GA 73, 154). Diese wird aber idR nicht dadurch eingeschränkt, daß der Schuldner sich durch die Offenbarung einer Straftat bezichtigen müßte (BGHZ 41, 318, 326; BGHSt 37, 340 mwN; str).

5 **4.** Die eidesstattliche Versicherung ersetzt nicht wie die Bekräftigung nach § 155 den Eid; sie ist eine **selbständige Beteuerungsform**. Die Formel „an Eides Statt" ist nicht zwingend (RGSt 70, 266); gleichbe-

deutende Ausdrücke reichen aus. Die Versicherung kann – soweit das Gesetz nichts anderes bestimmt (zB in §§ 807 II S 2, 883 IV ZPO, § 95 II AO) – mündlich oder schriftlich (einschr für „spontane" Versicherungen Vormbaum NK 19; dagegen Sch/Sch-Lenckner 4), auch durch Vermittlung eines Dritten (RGSt 67, 408) abgegeben werden. Bei schriftlichen Versicherungen genügt, daß sie der Behörde in Urschrift (RGSt 70, 130), uU auch in notariell beglaubigter Abschrift (GA 71, 180) oder durch ein Telefax (Bay NJW 96, 406 mit im Ergebnis zust Anm Vormbaum/Zwiehoff JR 96, 295), zugänglich gemacht werden (RGSt 32, 435; Stuttgart NStZ-RR 96, 265); der Kenntnisnahme bedarf es nicht (RGSt 49, 47). Deshalb noch keine Abgabe, wenn ein Notar die beurkundete Erklärung nicht weiterleitet oder ein Anwalt nur eine beglaubigte Abschrift der vor ihm abgegebenen Versicherung einreicht (RGSt 70, 130). Bei mündlichen Versicherungen muß die Erklärung abgeschlossen sein (Stuttgart aaO).

5. Der **Vorsatz** (bedingter genügt, RGSt 70, 266) muß sich darauf 6
erstrecken, daß die Versicherung falsch ist, daß sie unter die Wahrheitspflicht fällt (KG JR 85, 161; Bay wistra 93, 73) und daß die Behörde zuständig ist (BGHSt 1, 13; 24, 38; s auch 9 zu § 154). Mangels Strafbarkeit des Versuchs ist die irrige Annahme dieser Voraussetzungen unschädlich.

6. Zu **Mittäterschaft**, mittelbarer Täterschaft und Teilnahme 7 vor 7
§ 153 sowie 7 zu § 153.

7. Tateinheit ua möglich mit §§ 263, 267 (RGSt 69, 117), wohl 8
auch mit §§ 153, 154 (Deichmann aaO [vgl 1 vor § 153] S 124; zw).

§ 157 Aussagenotstand

(1) **Hat ein Zeuge oder Sachverständiger sich eines Meineids oder einer falschen uneidlichen Aussage schuldig gemacht, so kann das Gericht die Strafe nach seinem Ermessen mildern (§ 49 Abs. 2) und im Falle uneidlicher Aussage auch ganz von Strafe absehen, wenn der Täter die Unwahrheit gesagt hat, um von einem Angehörigen oder von sich selbst die Gefahr abzuwenden, bestraft oder einer freiheitsentziehenden Maßregel der Besserung und Sicherung unterworfen zu werden.**

(2) **Das Gericht kann auch dann die Strafe nach seinem Ermessen mildern (§ 49 Abs. 2) oder ganz von Strafe absehen, wenn ein noch nicht Eidesmündiger uneidlich falsch ausgesagt hat.**

1. Abs 1 ist anwendbar auf Taten nach §§ 153, 154 (nicht nach 1
§§ 156, 163), auch soweit sie als strafbarer Versuch begangen werden (BGHSt 4, 172). Mit Rücksicht auf seinen Zweck, die Härte des Aussagezwanges abzumildern, den das Prozeßrecht in gewissen Fällen vorsieht (BGHSt 7, 2; weiter Heusel JR 91, 521), gilt er grundsätzlich nur für Zeugen und Sachverständige, weil diese als Beweispersonen solchem Zwange unterliegen (Schneider, Grund und Grenzen des straf-

rechtlichen Selbstbegünstigungsprinzips, 1991, S 226); deshalb zB nicht für die Partei im Zivilprozeß (NJW 51, 809; für Ausnahmefälle aM Bemmann, Mayer-FS, S 485, 491; krit Willms LK 2) und für den Teilnehmer (BGHSt 1, 22), namentlich den Anstifter, und zwar auch dann nicht, wenn dieser bei wahrheitsgemäßer Aussage seine eigene Strafverfolgung zu befürchten hätte (BGHSt 3, 320; aM Bemmann aaO S 491; Heusel JR 89, 428; s auch Lürken NJW 56, 721; zw). Daß der Täter die Aussage verweigern konnte (BGHSt 1, 22, 28; StV 95, 250 mit Bespr Geppert JK 4; Düsseldorf StV 93, 423), daß er sich freiwillig als Beweisperson gestellt hat (Stuttgart NJW 78, 711) oder daß er den Notstand verschuldet hat (BGHSt 7, 332; bei Holtz MDR 93, 1039; bei Detter NStZ 95, 488; aM Sch/Sch-Lenckner 11 mwN; str), schließt die Milderung nicht notwendig aus, ist aber für die Ermessensentscheidung über deren Gewährung relevant (vgl 12, 13; beachte auch 3).

2 **2.** Der Täter muß die Unwahrheit gesagt haben, um die nicht ganz entfernte (RGSt 64, 105) **Gefahr** von sich oder einem Angehörigen abzuwenden, wegen einer vor dem Aussagedelikt begangenen, noch verfolgbaren Tat bestraft oder einer freiheitsentziehenden Maßregel (§§ 63–66) unterworfen zu werden. Dabei genügt die Absicht, sich nur eine mildere Bestrafung zu sichern (BGHSt 29, 293 mwN; str), und bei schon rechtskräftiger Aburteilung die Absicht, nachteilige Vollstreckungsfolgen abzuwenden (Hamburg NJW 52, 634; Bay JR 56, 559). Die Gefahr der Ahndung wegen einer Ordnungswidrigkeit (Bay NJW 71, 630 mit abl Anm Gross NJW 71, 1620) oder eines Dienstvergehens (Tröndle 8) scheidet dagegen aus (BT-Dr 7/1261 S 13). Bei Tatsachenzweifeln am Vorliegen der Absicht gilt der Grundsatz in dubio pro reo (NJW 88, 2391; bei Detter NStZ 95, 172; Düsseldorf JR 91, 520). Im einzelnen:

3 **a) In Frage kommt** zB die Gefahr der Bestrafung wegen einer durch falsche Angaben im Ermittlungsverfahren begangenen Strafvereitelung (BGHSt 4, 172), wegen falscher Verdächtigung (BGHSt 7, 332), wegen eines abgeschlossenen Aussagedelikts aus einem früheren Rechtszug (BGHSt 2, 233; bei Holtz MDR 80, 984; s auch bei Holtz MDR 83, 280; str) oder wegen der vorausgegangenen Verabredung eines Meineids nach §§ 154, 30 II (Stuttgart NJW 78, 711; aM Sch/Sch-Lenckner 11); nicht dagegen wegen der später beschworenen, zunächst uneidlichen Falschaussage, die im Meineid aufgeht (BGHSt 5, 269; 8, 301).

4 **b)** An einer Gefahr **fehlt** es, wenn der Bestrafung oder Maßregelung ein **Verfolgungshindernis** (zB Verjährung, Amnestie, Ablauf der Antragsfrist) entgegensteht.

5 **c)** Ob Aussagenotstand vorliegt, ist nach der **Aussage im ganzen** zu beurteilen (RGSt 60, 56). Droht die Gefahr nur im Hinblick auf einen Aussageteil, so genügt das mindestens dann, wenn zwischen den einzelnen Punkten ein innerer Zusammenhang besteht (bei Dallinger

MDR 52, 658); droht sie jedoch nur durch den wahren Teil, so scheidet § 157 aus (RGSt 73, 310).

d) Die Gefahr muß **gerade aus der Offenbarung der Wahrheit** 6
erwachsen, der Täter also unter dem Druck stehen, sich selbst (oder einen Angehörigen) zu bezichtigen (Vormbaum JuS 80, 367, 369 mwN; str). Daran fehlt es, wenn der Täter aussagt, um einem Angehörigen ein falsches Alibi zu verschaffen (Bergmann, Die Milderung der Strafe nach § 49 Abs. 2 StGB, 1988, S 83) oder um einen anderen von der Erstattung einer Anzeige abzuhalten (BGHSt 7, 2).

e) Nicht das objektive Vorhandensein der Gefahr, sondern das **Vor-** 7
stellungsbild des Täters entscheidet (BGHSt-GS-8, 301; bei Detter NStZ 90, 222). Auch wer unschuldig ist, kann an die Gefahr der Bestrafung glauben (Düsseldorf NJW 86, 1822). Erkennt der Täter eine objektiv bestehende Gefahr nicht, so ist die Vorschrift unanwendbar.

f) Die Abwendung der Gefahr braucht **nicht der alleinige** oder der 8
Endzweck gewesen zu sein (BGHSt 2, 379; StV 95, 249 mit Bespr Geppert JK 4; Bay NJW 96, 2244).

g) Es genügt nur eine Gefahr **für den Täter selbst** oder einen An- 9
gehörigen (2 zu § 11). Eine analoge Einbeziehung auch anderer nahestehender Personen ist zur Wahrung der Rechtssicherheit abzulehnen (Bay NJW 86, 202 mit Bespr Krümpelmann/Heusel JR 87, 39 und Ostendorf JZ 87, 335, 338; Braunschweig NStZ 94, 344 mit abl Anm Hauf NStZ 95, 35, aber zust Bespr Geppert JK 3; aM Rudolphi SK 1 und Vormbaum NK 14).

h) Die Voraussetzungen des Aussagenotstandes sind **von Amts we-** 10
gen zu prüfen, sobald sich ausreichende Anhaltspunkte für sein Vorliegen ergeben haben (Düsseldorf JR 91, 520 mit Anm Heusel, beide mwN); § 157 ist dann auch in den Urteilsgründen zu erörtern (Bay NJW 96, 2244).

3. Abs 2 gilt nur für die uneidlich falsche Aussage (§ 153), aber ohne 11
Rücksicht darauf, ob der Eidesunmündige unter Notstandsvoraussetzungen gehandelt hat. Auf dessen Meineid ist nur Abs 1 anwendbar (vgl auch 2 zu § 154).

4. a) Zur **Milderung der Strafe nach Ermessen** 5–11 zu § 49 12
(vgl auch Stuttgart NJW 78, 711; speziell zur Ermessensausübung gegenüber „tatverdächtigen" Zeugen Montenbruck JZ 85, 976). Die Milderung ist zu versagen, wenn die Inanspruchnahme eines Zeugnis- oder Auskunftsverweigerungsrechts einen als ungefährlich erkannten Ausweg aus der Zwangslage bot, wenn der Täter diese selbst vorsätzlich herbeigeführt hat (bei Theune NStZ 89, 216) oder wenn die Abwendung der Gefahr angesichts des Gewichts der Falschaussage grob unverhältnismäßig war (zusf Düsseldorf JR 91, 520 mit krit Anm Heusel; eingehend Bergmann aaO [vgl 6] S 81, 108, der im übrigen mit guten Gründen herausarbeitet, daß die von der Rspr entwickelten Einschränkungen der

Strafmilderung nicht ausnahmslos zu deren Voraussetzungen gehören, sondern zum Teil nur auf den fakultativen Charakter der Vorschrift gestützt werden können).

13 **b)** Das **Absehen von Strafe** (7 zu § 49) ist nur zulässig, wenn die Tat eine falsche uneidliche Aussage ist (bei Dallinger MDR 52, 658) und entweder unter den Voraussetzungen des Abs 1 oder von einem Eidesunmündigen begangen wurde.

§ 158 Berichtigung einer falschen Angabe

(1) **Das Gericht kann die Strafe wegen Meineids, falscher Versicherung an Eides Statt oder falscher uneidlicher Aussage nach seinem Ermessen mildern (§ 49 Abs. 2) oder von Strafe absehen, wenn der Täter die falsche Angabe rechtzeitig berichtigt.**

(2) **Die Berichtigung ist verspätet, wenn sie bei der Entscheidung nicht mehr verwertet werden kann oder aus der Tat ein Nachteil für einen anderen entstanden ist oder wenn schon gegen den Täter eine Anzeige erstattet oder eine Untersuchung eingeleitet worden ist.**

(3) **Die Berichtigung kann bei der Stelle, der die falsche Angabe gemacht worden ist oder die sie im Verfahren zu prüfen hat, sowie bei einem Gericht, einem Staatsanwalt oder einer Polizeibehörde erfolgen.**

1 **1.** Mit Rücksicht auf ihren **Zweck** (näher dazu Rudolphi JR 81, 384), der Wahrheit zum Siege zu verhelfen und Nachteile aus falschen Aussagen abzuwenden, ist die Vorschrift weit auszulegen (Hamburg NJW 81, 237). Sie gilt anders als § 157 (dort 1) für alle Fälle der §§ 153–156, für den Anstifter (NJW 51, 727), den Gehilfen (BGHSt 4, 172) und, soweit nicht schon § 24 eingreift, auch für den strafbaren Versuch (BGH aaO). Sie erstreckt sich nur auf die in Abs 1 genannten Aussagedelikte, also zB nicht auf eine tateinheitlich begangene Strafvereitelung (hM; vgl Hamm JMBlNRW 80, 65), und wirkt als **persönlicher Strafaufhebungsgrund** (29 vor § 13) nur zugunsten des Berichtigenden.

2 **2. Berichtigen** heißt, die eingestanden falsche Aussage (einschr Hamburg NJW 81, 237 mit Bespr Rudolphi JR 81, 384 und Dencker NStZ 82, 461) in allen nicht völlig nebensächlichen Punkten durch die Mitteilung der Wahrheit (nicht etwa durch eine neue falsche, RGSt 59, 87, oder nicht vollständig wahre, BGHSt 9, 99, Aussage) ersetzen (BGHSt 18, 348); dabei muß der Täter die Unrichtigkeit der früheren Aussage eindeutig zu erkennen geben (BGHSt 21, 115). Bleibt die Wahrheit der Berichtigung zweifelhaft, so gilt der Grundsatz in dubio pro reo (Bay NJW 76, 860 mit Anm Stree JR 76, 470; Küper NJW 76, 1828, alle mwN; str).

3 **3.** Es kommt nur auf objektive, dh durchgängig nicht nach den Vorstellungen des Täters zu bestimmende (diff Sch/Sch-Lenckner 7 mwN;

zw), **Rechtzeitigkeit** an, die sich nach dem Eingang der Berichtigung bei der Stelle bestimmt, der gegenüber berichtigt werden kann (RGSt 61, 123; s auch 8). Ob freiwillig berichtigt wird (BGHSt 4, 172), das Motiv der Berichtigung sittlich billigenswert ist (RGSt 62, 303) oder der wahre Sachverhalt schon anderweitig bekannt geworden ist, ist unerheblich. Im übrigen gilt folgendes **(Abs 2)**:

a) Für die **Verwertbarkeit** kommt es auf die den Rechtszug ab- 4
schließende, nicht notwendig rechtskräftig werdende Entscheidung in der Sache an (JR 54, 31; Hamm NJW 50, 358).

b) Nachteil ist eine über die Verschlechterung der Beweislage hin- 5
ausgehende Einbuße nicht nur ideeller Art (NJW 62, 2164), zB Erhebung einer Klage, Einleitung eines Straf- oder Dienststrafverfahrens (RGSt 60, 159), Entstehung von Verfahrenskosten (RGSt 70, 142). Ein Nachteil für die Strafverfolgung (zB Entlassung eines Beschuldigten aus der UHaft) genügt als solcher nicht (Willms LK 13 mwN; zw).

c) Als **Anzeige** genügt nur die Strafanzeige (RGSt 62, 303), nicht 6
die Selbstanzeige (RGSt 67, 81, 88). **Untersuchung** ist nur die einer Strafverfolgungsbehörde.

4. Die Berichtigung ist nur wirksam, wenn sie gegenüber einer der 7
in **Abs 3** bezeichneten **Stellen** vorgenommen wird.

5. Zur **Milderung der Strafe und zum Absehen von ihr** 5–11 8
zu § 49; ist die Gewährung der Vergünstigung kriminalpolitisch problematisch (zB bei einer Berichtigung zu dem Zweck, einer unmittelbar drohenden Anzeige zuvorzukommen), so kommt auch in Frage, nach pflichtmäßigem Ermessen (50 zu § 46) jegliche Milderung zu versagen (Bottke, Strafrechtswissenschaftliche Methodik und Systematik bei der Lehre vom strafbefreienden und strafmildernden Täterverhalten, 1979, S 643).

§ 159 Versuch der Anstiftung zur Falschaussage

Für den Versuch der Anstiftung zu einer falschen uneidlichen Aussage (§ 153) und einer falschen Versicherung an Eides Statt (§ 156) gelten § 30 Abs. 1 und § 31 Abs. 1 Nr. 1 und Abs. 2 entsprechend.

1. Die Vorschrift gilt **nur** für die falsche uneidliche Aussage und die 1
falsche eidesstattliche Versicherung, nicht für den Meineid; dieser wird unmittelbar von § 30 erfaßt.

2. Obwohl der Versuch eines Vergehens nach §§ 153, 156 nicht 2
strafbar ist, bedroht das Gesetz die **versuchte Anstiftung** zu einem solchen Vergehen wegen ihrer besonderen Gefährlichkeit gerade bei den Aussagedelikten selbständig mit Strafe (Dreher JZ 53, 421, 425; krit VormbaumGA 86, 353 und Heinrich JuS 95, 1115, 1117, beide mwN).

3. Zur **versuchten Anstiftung** vgl die Anm zu § 30 I. Warum die 3
Anstiftung nicht zum Erfolg führt, ist auch hier gleichgültig (Heinrich aaO), zB weil es nicht zur Aussage kommt oder die Aussage nur einen

straflosen tauglichen (hM; anders Vormbaum GA 86, 353, 359) oder untauglichen (BGHSt 17, 303; aM BGHSt 24, 38 mit abl Bespr Dreher MDR 71, 410, Schröder JZ 71, 563 und Otto JuS 84, 161, 170, alle mwN; zw) Versuch bildet, weil die Beweisperson entgegen der Annahme des Täters schon zur Falschaussage entschlossen ist (RGSt 74, 303) oder gutgläubig falsch aussagt (Karlsruhe Justiz 82, 141; s auch 5 zu § 160), weil die Aussage wahr ist, die der Täter für falsch hält (RGSt 64, 223, 224), oder weil die Beweisperson die Wahrheit sagt. Gleichgültig ist ferner, ob die Haupttat durch ausdrückliche Falschaussage oder durch Verschweigen begangen werden soll (RGSt 42, 103). Die Aufforderung an einen Zeugen, mit unwahrer Begründung die Aussage zu verweigern, wird nicht erfaßt (Bay NJW 55, 1120).

4 **4.** Der sog doppelte **Anstiftervorsatz** (bedingter genügt, RGSt 53, 220; 4–6 zu § 26) muß sich darauf erstrecken, daß die Beweisperson den Tatentschluß faßt und daß die Haupttat nach §§ 153 oder 156 begangen wird. Der Täter muß sich namentlich vorstellen, daß die Beweisperson vorsätzlich falsch (3–5 vor § 153) aussagt; sonst kommt § 160 in Frage. Ob die Beweisperson schuldfähig ist und der Täter dies richtig einschätzt, ist nach den Regeln der limitierten Akzessorietät (§ 29) unerheblich (Gallas, Engisch-FS, S 600, 606; Sch/Sch-Lenckner 6).

5 **5. Teilnahme** am Delikt des § 159 ist in der Form der Kettenanstiftung (8 zu § 26) möglich (hM). Dagegen werden versuchte Kettenanstiftung wegen des von § 30 I abweichenden Gesetzeswortlauts (Vormbaum GA 86, 353, 368 mwN; str) sowie Beihilfe in jeder Form (wie bei § 30, dort 4) nicht erfaßt.

6 **6.** § 159 ist **subsidiär** gegenüber §§ 153, 156, 26. Über das Verhältnis zu § 160 dort 2–6.

§ 160 Verleitung zur Falschaussage

(1) **Wer einen anderen zur Ableistung eines falschen Eides verleitet, wird mit Freiheitsstrafe bis zu zwei Jahren oder mit Geldstrafe bestraft; wer einen anderen zur Ableistung einer falschen Versicherung an Eides Statt oder einer falschen uneidlichen Aussage verleitet, wird mit Freiheitsstrafe bis zu sechs Monaten oder mit Geldstrafe bis zu einhundertachtzig Tagessätzen bestraft.**

(2) **Der Versuch ist strafbar.**

1 **1.** Da die Vorschrift für die wesentlichen Fälle der **Falschbekundung in mittelbarer Täterschaft** selbständige Tatbestände mit milderen Strafdrohungen vorsieht, zeigt sie, daß die Aussagedelikte als eigenhändige Straftaten aufzufassen sind (7 vor § 153). Zu der im übrigen umstrittenen Struktur des § 160 (Grundtatbestand, Auffangtatbestand, privilegierte Anstiftung, Spezialfall der Urheberschaft) Gallas, Engisch-FS, S 600; Hruschka JZ 67, 210; Eschenbach Jura 93, 407.

2 **2. Verleiten** ist hier das Bestimmen eines anderen zur unvorsätzlichen Tat (Küper BT S 81 mwN). Anders als im Falle des § 159 (dort 4)

will der Täter, daß die Beweisperson gutgläubig (wenn auch vielleicht fahrlässig, RGSt 64, 225) falsch (3–5 vor § 153) aussagt und auch sonst den äußeren Tatbestand eines Aussagedelikts erfüllt (hM; anders Hruschka aaO [vgl 1], der nicht auf Gutgläubigkeit abstellt). Hierher gehört auch das Verleiten eines anderen zur Unterzeichnung eines Schriftstücks, das eine eidesstattliche Versicherung enthält (RGSt 34, 298).

3. Die Strafbarkeit des **Versuchs** (Abs 2) hat hier dieselben Gründe wie im Falle des § 159 (dort 2, unrichtig Hirsch JZ 55, 234). Versuch liegt namentlich vor, wenn es nicht zur Aussage (einschl Eid und eidesstattlicher Versicherung) kommt oder diese wahr ist (RGSt 15, 148). Wird falsch ausgesagt, so gilt folgendes: 3

a) War die Beweisperson entgegen der Annahme des Täters **bösgläubig**, so ist § 160 vollendet (BGHSt 21, 116; Heinrich JuS 95, 1115, 1118; Küpper BT 1 II 1/33; Sch/Sch-Lenckner 9, alle mwN; str). Zwar ist es nicht zu der bezweckten unvorsätzlichen Tat der Beweisperson gekommen. Deren Vorsatztat schließt aber als die weitergehende die unvorsätzliche ein (argumentum a maiore ad minus); mindestens handelt es sich um eine für die Beurteilung unwesentliche Abweichung der Vorstellung von der Wirklichkeit (11 zu § 15). Die Annahme nur eines fehlgeschlagenen Versuchs ist zwar mit beachtlichen dogmatischen Gründen vertretbar, aber im sachlichen Ergebnis schwer erträglich (aM RGSt 11, 418; Gallas, Engisch-FS, S 600; Otto JuS 84, 161, 171; Eschenbach Jura 93, 407, 411; M-Schroeder/Maiwald BT 2 74/99; Tröndle 3; s auch Willms LK 2). 4

b) War die Beweisperson entgegen der Annahme des Täters **gutgläubig**, so ist § 160 nicht erfüllt (hM; anders Hruschka JZ 67, 210; Hruschka/Kässer JuS 72, 709, 713). Auch eine vollendete Anstiftung liegt nicht vor (hM; anders Tröndle 3; s auch 9 a vor § 25). Verwirklicht ist vielmehr nur eine versuchte Anstiftung nach § 30 allein oder iVm § 159 (Karlsruhe Justiz 82, 141; Gallas aaO [vgl 4] S 620; Heinrich JuS 95, 1115, 1118, alle mwN). 5

c) War die Behörde entgegen der Annahme des Täters **unzuständig**, so liegt Versuch nach § 160 vor (beachte BGHSt 1, 13; 24, 38; s auch 9 zu § 154). 6

§§ 161, 162 *(weggefallen)*

§ 163 Fahrlässiger Falscheid; fahrlässige falsche Versicherung an Eides Statt

(1) **Wenn eine der in den §§ 154 bis 156 bezeichneten Handlungen aus Fahrlässigkeit begangen worden ist, so tritt Freiheitsstrafe bis zu einem Jahr oder Geldstrafe ein.**

(2) **Straflosigkeit tritt ein, wenn der Täter die falsche Angabe rechtzeitig berichtigt. Die Vorschriften des § 158 Abs. 2 und 3 gelten entsprechend.**

1 **1.** Der äußere Tatbestand setzt **objektiv falsche Angaben** (3–5 vor § 153) und die Beteuerung durch Eid, eidesgleiche Bekräftigung oder eidesstattliche Versicherung (§§ 154–156) voraus. Fahrlässig falsche uneidliche Aussage und fahrlässige Verleitung genügen nicht.

2 **2. Fahrlässigkeit** 35–54 zu § 15. Sie kann hier namentlich auf folgenden Gründen beruhen:

a) Der Täter kennt die **Unwahrheit** seiner Angaben nicht, obwohl er sie kennen muß. Beim Zeugen trifft das zu, wenn er aus Nachlässigkeit sein Erinnerungsbild nicht so wiedergibt, wie es noch in seinem Gedächtnis besteht, wenn er etwas Unwahres als sicheres Erinnerungsbild hinstellt, obwohl er es wegen mangelnder Überlegung nicht als sicheres Wissen ausgeben darf, oder wenn er es schuldhaft unterläßt, tatsächliche Anhaltspunkte oder äußere Hilfsmittel zu benutzen, die sich ihm während der Vernehmung darbieten und die geeignet sind, mindestens Zweifel an der Richtigkeit seines Erinnerungsbildes zu wecken (GA 73, 376; Koblenz NStZ 84, 511 mit Anm Bohnert JR 84, 425; zusf Krehl NStZ 91, 416). Eine Pflicht zur Vorbereitung auf die Vernehmung hat der Zeuge grundsätzlich nicht (hM). Die auf ungenügender Vorbereitung beruhende Unsicherheit seines Erinnerungsbildes kann ihm deshalb ebensowenig zur Last gelegt werden wie ein eingewurzeltes falsches Erinnerungsbild, das er nicht mehr korrigieren kann (GA 67, 215; Köln MDR 80, 421; krit Dedes JR 83, 99). Eine „gesteigerte Vergewisserungspflicht" kommt nur für Zeugen in Frage, die über Beobachtungen im Rahmen ihrer amtlichen Tätigkeit (zB als Polizeibeamte über Verkehrsvorgänge) aussagen (hM; anders Nöldeke NJW 79, 1644; Krehl NStZ 91, 416, beide mwN; zw). Der Sachverständige (4 vor § 153; 7 zu § 154), die Prozeßpartei (hM; anders Tröndle 4) und der zur Offenbarung seines Vermögens verpflichtete Schuldner (4 zu § 156) haben aufgrund ihrer Verfahrensstellung eine Informationspflicht vor der Aussage, so daß hier der Vorwurf auch auf mangelnde Vorbereitung gestützt werden kann (RGSt 62, 126). Dasselbe gilt bei schriftlichen, freiwillig abgegebenen eidesstattlichen Versicherungen (Celle NJW 57, 1609; Karlsruhe GA 71, 59).

3 **b)** Der Täter erkennt nicht, daß seine Angaben **unter den Eid fallen** oder daß die abgegebene Erklärung eine eidesstattliche Versicherung ist (RGSt 60, 407; 70, 266; beachte 9 zu § 154).

4 **c)** Er hält die Behörde irrig für **unzuständig** (9 zu § 154).

5 **3.** Fahrlässige Eidesverletzung geht in vorsätzlicher auf (RGSt 60, 58). Mit § 153 ist **Tateinheit** möglich (BGHSt 4, 214).

6 **4.** Die **Berichtigung** (1–7 zu § 158) bewirkt hier, daß Straflosigkeit eintritt (Abs 2 S 1; zusf Bottke, Strafrechtswissenschaftliche Methodik und Systematik bei der Lehre vom strafbefreienden und strafmildernden Täterverhalten, 1979, S 622).

10. Abschnitt. Falsche Verdächtigung

§ 164 Falsche Verdächtigung

(1) **Wer einen anderen bei einer Behörde oder einem zur Entgegennahme von Anzeigen zuständigen Amtsträger oder militärischen Vorgesetzten oder öffentlich wider besseres Wissen einer rechtswidrigen Tat oder der Verletzung einer Dienstpflicht in der Absicht verdächtigt, ein behördliches Verfahren oder andere behördliche Maßnahmen gegen ihn herbeizuführen oder fortdauern zu lassen, wird mit Freiheitsstrafe bis zu fünf Jahren oder mit Geldstrafe bestraft.**

(2) **Ebenso wird bestraft, wer in gleicher Absicht bei einer der in Absatz 1 bezeichneten Stellen oder öffentlich über einen anderen wider besseres Wissen eine sonstige Behauptung tatsächlicher Art aufstellt, die geeignet ist, ein behördliches Verfahren oder andere behördliche Maßnahmen gegen ihn herbeizuführen oder fortdauern zu lassen.**

1. Die Vorschrift **schützt** nebeneinander die **inländische staatliche** 1
Rechtspflege gegen ungerechtfertigte Beanspruchung und Irreführung sowie den **einzelnen** gegen unbegründete Zwangsmaßnahmen der (auch ausländischen) Staatsgewalt (BGHSt 5, 66; 9, 240; Geilen Jura 84, 251; Herdegen LK 1–3, alle mwN; aM Langer, Die falsche Verdächtigung, 1973, S 64 und GA 87, 289, 290 sowie Rudolphi SK 1, 2, die das Individualinteresse des einzelnen nur als Schutzreflex anerkennen, während Hirsch, Schröder-GedSchr, S 307, Vormbaum, Der strafrechtliche Schutz des Strafurteils, 1987, S 449 und NK 10 sowie Schmidhäuser BT 6/6 umgekehrt das Rechtspflegeinteresse als bloßen Schutzreflex ansehen; für ausschließlichen Schutz eines Individualrechtsguts Schneider, Grund und Grenzen des strafrechtlichen Selbstbegünstigungsprinzips, 1991, S 314; für ausschließlichen Schutz der innerstaatlichen Sanktionsrechtspflege Deutscher, Grundfragen der falschen Straftatverdächtigung, 1992, S 22). Ist nur eines der Rechtsgüter verletzt, so ist § 164 anwendbar (Schröder NJW 65, 1888; krit Langer aaO [Verdächtigung] S 36). – Zur **Kriminologie** der falschen Verdächtigung Geerds Jura 85, 617; zu ihrer **Reform** Britsch JZ 73, 351; Langer aaO; zu ihrer **Geschichte** Vormbaum NK 2–6.

2. Der **äußere Tatbestand der Abs 1, 2** setzt übereinstimmend 2
voraus, daß die Tat

a) sich gegen einen **bestimmten** anderen richtet, also gegen eine vom Täter verschiedene lebende Person, die nicht unbedingt namentlich bezeichnet, aber so weit erkennbar gemacht sein muß, daß sie identifiziert werden kann (BGHSt 13, 219; Brandenburg NJW 96, 141, 142; zusf Geilen Jura 84, 300, 304). Sonst, zB bei Selbstbezichtigung oder Anzeige gegen Unbekannt, kommt § 145 d in Frage (uU auch §§ 189, 258);

3 **b)** gegenüber einer **Behörde** (20 zu § 11), auch einer ausländischen (NJW 52, 1385; Köln NJW 52, 117; Vormbaum NK 32 mwN; str), einem zur Entgegennahme von Anzeigen zuständigen Beamten oder militärischen Vorgesetzten (zB einem Polizeibeamten, einem StA oder einem Disziplinarvorgesetzten) oder öffentlich (2 zu § 80 a) begangen wird.

4 **3.** Zu den **Tathandlungen**:

a) aa) **Abs 1: Verdächtigen** ist das Lenken eines Verdachts (auch Verstärken eines schon bestehenden Verdachts, BGHSt 14, 240, 246) auf einen anderen (zusf Geilen Jura 84, 251, 252), sei es durch ausdrückliche oder stillschweigende Äußerung, durch sog Beweismittelfiktion, dh durch versteckte Manipulation wie zB Vorlegen oder Unterschieben belastenden Beweismaterials (hM; vgl BGHSt 9, 240; Blei GA 57, 139; Küper BT S 226; anders Langer, Lackner-FS, S 541, 542; Vormbaum NK 20, 21, alle mwN; zw), oder durch unechtes Unterlassen in Garantenstellung (BGH aaO; Welp JuS 83, 865, 867). Dabei muß der Täter **Tatsachen** behaupten (darauf einschr Langer aaO S 545) oder auch nur sprechen lassen (so die hM), die nach den konkreten Umständen (Deutscher aaO [vgl 1] S 76; Langer aaO S 550) geeignet sind, den für behördliches Einschreiten erforderlichen Verdachtsgrad zu begründen (Herdegen LK 7); daher genügt weder das Äußern eines reinen, nicht durch Tatsachen gestützten Verdachtsurteils (Langer aaO S 558) noch im Falle der Beweismittelfiktion eine zur Verschlechterung der Beweislage des Betroffenen von vornherein ungeeignete Manipulation (Geilen aaO S 254). Verdächtigen liegt danach regelmäßig nicht vor: wenn die Angaben des Täters Gründe enthalten, die das Vorliegen einer rechtswidrigen Tat (zB wegen eines Rechtfertigungsgrundes) ausschließen; wenn er nur Rechtsausführungen macht, ohne Tatsachen (einschl einfacher Rechtsbegriffe, die im Verkehr als Tatsachen gelten) zur Begründung des Verdachts vorzubringen (Sch/Sch-Lenckner 6); wenn er aus nicht belastenden Tatsachen lediglich falsche rechtliche (Bay NJW 57, 1644; Köln MDR 61, 618; KG JR 63, 351), uU auch nur falsche tatsächliche (RGSt 71, 167, 169) Schlüsse zieht; oder wenn er eine fremde Verdächtigung an die zuständige Behörde nur weiterleitet (BGHSt 14, 240). – Die Einbettung in **strafprozessuale Formen** (Strafanzeige, Strafantrag, Vernehmung) ist für das Verdächtigen unerheblich (Langer aaO S 560; einschr Bay NJW 86, 441). Namentlich durch **Selbstbegünstigungsabsicht** wird es nicht ausgeschlossen (BGHSt 18, 204; Schneider aaO [vgl 1] S 302, 322); jedoch werden seine Voraussetzungen – allerdings mit unterschiedlicher Begründung – verneint, wenn der Täter sich auf das Leugnen einer ihm vorgeworfenen Tat beschränkt und daraus lediglich auf die Täterschaft eines bestimmten anderen geschlossen werden muß (Hamm VRS 32, 441), und zwar nach hM (anders Langer aaO S 562; Schneider NZV 92, 471 mit Erwiderung Bienko NZV 93, 98; Deutscher aaO [vgl 1] S 121) selbst dann, wenn er in dieser Lage den anderen als Täter bezeichnet, ohne zusätzliche irreführende Hinweise zu geben (Düsseldorf NJW 92, 1119 mit krit Bespr Mitsch JZ 92, 979 und Geppert JK 3; zu weit Bay NJW 86, 441 mit Bespr Keller JR 86, 30, Fahrenhorst JuS 87, 707, 708 und Langer JZ 87, 804; vgl auch Fezer, Stree/Wessels-FS, S 663, 674; Rudolphi SK 9, alle mwN).

bb) **Rechtswidrige Tat** (18 zu § 11) ist nicht die Ordnungswidrigkeit, die uU allerdings unter Abs 2 fällt (vgl 6). Nach der Rspr muß die Tat auch zur Zeit der Aburteilung noch mit Strafe bedroht sein (4 zu § 2; Dannecker, Das intertemporale Strafrecht, 1993, S 495; zw); außerdem muß sie nach dem Schutzzweck des Abs 1 und seinem Verhältnis zu Abs 2 geeignet sein, ein behördliches Verfahren oder andere behördliche Maßnahmen herbeizuführen oder fortdauern zu lassen. Es genügt daher idR nicht, wenn jemand einer zwar rechtswidrigen, aber (zB wegen Notstandes) entschuldigten, sonst (zB wegen Rücktritts) strafrechtlich nicht sanktionierten oder auch nur (zB wegen Verjährung) nicht verfolgbaren Tat verdächtigt wird (hM; vgl Geilen Jura 84, 251, 257 mwN); umgekehrt kann der Tatbestand aber erfüllt sein, wenn die Verdächtigung eine wirklich begangene rechtswidrige Tat betrifft, aber Umstände (zB Entschuldigungsgründe, Strafausschließungsgründe oder Verfolgungshindernisse) verschwiegen werden, die einen behördlichen Zugriff ausschließen würden (hM; vgl Brandenburg NJW 96, 141; Geilen Jura 84, 300; anders Rudolphi SK 15, beide mwN; zw; zum Verschweigen rechtfertigender Umstände Karlsruhe NStZ-RR 97, 37). – Die Verletzung der **Dienstpflicht** muß disziplinarisch ahndbar sein, was auch bei Soldaten in Frage kommt; bloße Standespflichten in Berufen mit Ehrengerichtsbarkeit, zB Rechtsanwälte und Ärzte, gehören jedoch nicht hierher (hM; vgl etwa Sch/Sch-Lenckner 11 mwN; zw). 5

b) Abs 2: Aufstellen von Behauptungen tatsächlicher Art 3, 5 zu § 186. Beweismanipulationen (vgl 4) werden hier nicht erfaßt. **Behördliche Verfahren** oder andere behördliche Maßnahmen (krit Geilen Jura 84, 300, 304) sind zB Sicherungsverfahren, Bußgeldverfahren (bei Holtz MDR 78, 623) und Verfahren zur Entziehung der Fahr- oder Gewerbeerlaubnis oder des Sorgerechts (Bay NJW 58, 1103), nicht jedoch Maßnahmen im Zivilprozeß (RG JW 38, 2733). 6

4. Die Verdächtigung oder Behauptung muß **objektiv unwahr** sein. Bei der Verdächtigung setzt das nicht notwendig Unschuld des Betroffenen voraus; da die Tat nach dem Schutzzweck der Vorschrift als Täuschungs-(Behauptungs-)delikt, nicht als Beschuldigungsdelikt zu verstehen ist, kommt es auf den Wahrheits- und Vollständigkeitsgehalt, den **Tatsachenkern**, des unterbreiteten Materials an (hM). Eine Verdächtigung kann daher schon falsch sein, wenn ein Verdacht, der nach dem Grundsatz in dubio pro reo begründet ist und dem Täter auch – sei es nur möglicherweise – begründet erscheint, durch unwahre Tatsachenbehauptungen untermauert wird (hM; vgl etwa Langer, Tröndle-FS, S 265; Küper BT S 227; Vormbaum NK 54; anders BGHSt 35, 50 mit abl Bespr Fezer NStZ 88, 177 und Deutscher JuS 88, 526; Schil- 7 ling, Kaufmann [Arm]-GedSchr, S 595; Krey BT 1 Rdn 596 c, alle mwN). Andererseits muß sie noch nicht falsch sein, wenn Behauptungen nur aufgebauscht (JR 53, 181) oder in Einzelheiten unrichtig, in dem für die Begründung des Verdachts notwendigen Gehalt (dazu Karlsruhe Justiz 86, 195) aber wahr sind (bei Dallinger MDR 56, 270; Bay NJW 53, 353; 56, 273); Hinzudichten eines Straferschwerungsgrundes (zB § 211 statt § 212) kann jedoch genügen (5 StR 168/68 v 21. 5. 1968; RGSt 15, 391, 395).

8 **5.** Zum **inneren Tatbestand der Abs 1, 2**:

a) Der Täter muß die Unwahrheit der Verdächtigung oder Behauptung sowie die Relevanz der verschwiegenen Umstände (Brandenburg NJW 96, 141; Karlsruhe NStZ-RR 97, 37) **sicher kennen** (wider besseres Wissen, 1 zu § 187) und die übrigen Merkmale des objektiven Tatbestandes mit **Vorsatz** (bedingter genügt) verwirklichen. Wenn der Verdacht auf eine andere als die vom Täter gemeinte Person fällt, so liegt nach hM (anders Herzberg ZStW 85, 867, 892) eine unwesentliche Abweichung des Kausalverlaufs (11 zu § 15) und daher eine vollendete Tat vor (vgl etwa BGHSt 9, 240; Prittwitz GA 83, 110, 131; zw).

9 **b)** Für die neben dem Vorsatz erforderliche **Absicht** genügt direkter Vorsatz (20–22 zu § 15). Sie ist also nicht auf den Beweggrund oder auf zielgerichtetes Wollen beschränkt (BGHSt 13, 219; 18, 204; Düsseldorf NStZ-RR 96, 198; Lenckner NJW 67, 1890; Schneider aaO [vgl 4] S 311; Deutscher aaO [vgl 1] S 84; aM Langer GA 87, 289, 302 und JZ 87, 804, 808 sowie Vormbaum NK 64, alle mwN; zw). Regelmäßig (aber nicht notwendig, Bay NJW 86, 441) liegt sie vor, wenn jemand eine Tat bestreitet und den Verdacht auf einen bestimmten anderen lenkt (Bay JZ 60, 707; Hamm NJW 65, 62). Es genügt, wenn der Täter das behördliche Verfahren als solches will, auch wenn er an dessen Erfolg, etwa wegen Fehlens des Strafantrags, nicht glaubt.

10 **6. Vollendet** ist die Tat, wenn die Verdächtigung der Behörde oder Stelle zugegangen oder wenn die Vernehmung, in der die Verdächtigung geäußert wurde, abgeschlossen ist; Verdacht braucht der Adressat noch nicht geschöpft zu haben (Langer GA 87, 289, 300 und JZ 87, 804, 806). Vorherige oder gleichzeitige Richtigstellung hindert die Vollendung. Spätere freiwillige Berichtigung ist kein Rücktritt nach § 24. Jedoch ist § 158 im Hinblick auf die der Falschaussage und der Falschverdächtigung übereinstimmend zugrundeliegenden Zwecke analog anzuwenden (hM; anders Deutscher aaO [vgl 1] S 174; Rudolphi SK 36; zu möglichen Friktionen Berz, Stree/Wessels-FS, S 331, 337, der deshalb eine analoge Anwendung der §§ 83 a I, III, 311 e II Nr 1, 316 a II befürwortet; zw). – Mangels Strafbarkeit des **Versuchs** wird eine objektiv wahre Anschuldigung, die der Täter irrig für falsch hält, nicht erfaßt.

11 **7.** Als **Rechtfertigungsgrund** ist § 193 nicht anwendbar (dort 2). Auch **Einwilligung** des Verdächtigten rechtfertigt im Regelfall einen Angriff auf die Rechtspflege nicht (hM; vgl BGHSt 5, 66; anders

Hirsch aaO [vgl 1] S 318; Mitsch Jura 88, 203, 204; Vormbaum NK 66). Auch andere, über den allgemein anerkannten Bestand hinausgehende Möglichkeiten des Unrechts-, Schuld- oder Strafausschlusses scheiden regelmäßig aus (Langer JZ 87, 804, 809; zu umstrittenen Möglichkeiten der Rechtfertigung oder schon der Tatbestandseinschränkung bei nachrichtendienstlichem Handeln von Behörden beachte 17 vor § 32).

8. Abs 2 tritt hinter dem **spezielleren** Abs 1 zurück (Sch/Sch-Lenckner 3). **Tateinheit** ua möglich mit §§ 153 ff, 187, 187 a. Zur Verdächtigung mehrerer Personen in einer Schrift GA 62, 24. – **Wahlfeststellung** zwischen § 164 und §§ 153 oder 154 ist zulässig (14 zu § 1; aM Vormbaum NK 82; zw). 12

9. Beachte § 154 e StPO. 13

§ 165 Bekanntgabe der Verurteilung

(1) **Ist die Tat nach § 164 öffentlich oder durch Verbreiten von Schriften (§ 11 Abs. 3) begangen und wird ihretwegen auf Strafe erkannt, so ist auf Antrag des Verletzten anzuordnen, daß die Verurteilung wegen falscher Verdächtigung auf Verlangen öffentlich bekanntgemacht wird. Stirbt der Verletzte, so geht das Antragsrecht auf die in § 77 Abs. 2 bezeichneten Angehörigen über. § 77 Abs. 2 bis 4 gilt entsprechend.**

(2) **Für die Art der Bekanntmachung gilt § 200 Abs. 2 entsprechend.**

1. Inhalt und Zweck der Vorschrift decken sich weitgehend mit § 200. Die Ausführungen dort unter 1, 2, 4–6 gelten sinngemäß. 1

2. Abweichend von § 200 kann den Antrag grundsätzlich **nur der Verletzte**, unter den Voraussetzungen des § 77 III auch oder nur der gesetzliche Vertreter oder Sorgeberechtigte stellen. Zum Übergang des Antragsrechts auf die Angehörigen 8 zu § 77. – Wer in die Tat eingewilligt hat, ist nicht Verletzter (BGHSt 5, 66, 69). 2

11. Abschnitt. Straftaten, welche sich auf Religion und Weltanschauung beziehen

§ 166 Beschimpfung von Bekenntnissen, Religionsgesellschaften und Weltanschauungsvereinigungen

(1) **Wer öffentlich oder durch Verbreiten von Schriften (§ 11 Abs. 3) den Inhalt des religiösen oder weltanschaulichen Bekenntnisses anderer in einer Weise beschimpft, die geeignet ist, den öffentlichen Frieden zu stören, wird mit Freiheitsstrafe bis zu drei Jahren oder mit Geldstrafe bestraft.**

(2) **Ebenso wird bestraft, wer öffentlich oder durch Verbreiten von Schriften (§ 11 Abs. 3) eine im Inland bestehende Kirche oder**

andere Religionsgesellschaft oder Weltanschauungsvereinigung, ihre Einrichtungen oder Gebräuche in einer Weise beschimpft, die geeignet ist, den öffentlichen Frieden zu stören.

1 **1.** Die Vorschrift **schützt den öffentlichen Frieden** (1 zu § 126), nicht das religiöse Empfinden des einzelnen, nicht den sachlichen Inhalt religiöser oder weltanschaulicher Bekenntnisse und auch nicht die in Abs 2 genannten Organisationen als solche (hM; vgl etwa BT-Dr V/4094 S 28; Herzog NK 1 vor und 1 zu § 166; Sch/Sch-Lenckner 2 vor § 166; anders Fischer GA 89, 445, der die Struktur des Tatbestandes für verfehlt hält; abl zu jeder Form strafrechtlichen Schutzes von Religion und Weltanschauung Hassemer, in: Vallauri/Dilcher [Hrsg], Christentum, Säkularisation und modernes Recht, 1981, S 1309). Daß auch weltanschauliche Bekenntnisse und Vereinigungen geschützt sind, beruht auf dem verfassungsrechtlichen Gebot ihrer Gleichstellung (Art 4 I, 140 GG iVm Art 137 VII WRV).

2 **2. a) Abs 1** betrifft sowohl kollektive wie individuelle **Bekenntnisse** (BT-Dr V/4094 S 29). **Religiös** ist ein Bekenntnis, wenn sein Inhalt durch den Glauben an ein höheres göttliches Wesen (oder an mehrere) geprägt ist, **weltanschaulich**, wenn es ohne Rückgriff auf ein göttliches Wesen die Welt im ganzen zu begreifen und die Stellung des Menschen in der Welt zu bestimmen sucht (Dippel LK 10–12 mwN). Gegenstand der Tat ist nur der Inhalt des Bekenntnisses; Beschimpfung ohne den erforderlichen Bezug zum Inhalt genügt daher nicht (aM Koblenz NJW 93, 1808 und Sch/Sch-Lenckner 4). Darüber hinaus ist restriktive Auslegung insofern geboten, als nur essentielle Bestandteile des Bekenntnisses in den Schutzbereich fallen (Zipf NJW 69, 1944; Herzog NK 6; aM Eser aaO [vgl 1] S 828; Dippel LK 9; zw).

3 **b) Abs 2** erfaßt neben den christlichen Kirchen **jede Religionsgesellschaft**, ohne Rücksicht auf ihre Anerkennung als Körperschaft des öffentlichen Rechts. – **Weltanschauungsvereinigung** ist eine Vereinigung (2 zu § 129), die sich zu einer Weltanschauung (vgl 2) bekennt und gemeinsame Erfüllung der daraus erwachsenden Aufgaben bezweckt (Dippel LK 41–43). – **Inland** 4 vor § 3 (s auch Dippel LK 50 mwN). – **Einrichtungen** sind die von befugten Stellen geschaffenen allgemeinen Ordnungen für die innere und äußere Verfassung und für die Religionsausübung, zB Christusverehrung, Marienkult, Taufe, Eucharistie, Kommunion, Konfirmation, Messe, Abendmahl, Beichte, Priestertum, Predigtamt (vgl etwa Bay 54, 144; Düsseldorf NJW 83, 1211; Karlsruhe NStZ 86, 363; zusf Dippel LK 46–48 mwN). – **Gebräuche** sind in der Gesellschaft oder Vereinigung allgemein anerkannte tatsächliche Übungen, zB das Kreuzzeichen (Bay aaO; Herzog NK 20 mwN).

4 **3. a) Beschimpfen** 6 zu § 90 a. Das besonders Verletzende kann hier namentlich darin liegen, daß die von den Anhängern des Bekenntnisses als heilig angesehenen geistigen Inhalte in den Schmutz ge-

zogen werden (Köln NJW 82, 657; Celle NJW 86, 1275; LG Düsseldorf NStZ 82, 290; einschr LG Frankfurt NJW 82, 658); im Hinblick auf die Freiheit der Meinungsäußerung ist enge Auslegung geboten (zu eng jedoch Karlsruhe NStZ 86, 363 mit Anm Ott; abl Katholnigg NStZ 86, 555). Die Äußerung muß sich gegen die in Abs 1, 2 genannten Schutzobjekte als solche richten; Beschimpfungen, die sie nur mittelbar treffen, genügen nicht (Dippel LK 51–53 mwN; str). – **Wissenschaftliche Kritik** in sachlicher Form scheidet aus. Für Angriffe, die in einem **Kunstwerk** enthalten sind, gelten die Ausführungen unter 14 zu § 193 sinngemäß; da der öffentliche Frieden ebenso wie die Kunstfreiheit ein hoher Gemeinschaftswert ist, hängt das Ergebnis der gebotenen Wertabwägung von den Umständen des Einzelfalls ab (Köln NJW 82, 657; Fischer, Die strafrechtliche Beurteilung von Werken der Kunst, 1995, S 134, beide mwN; speziell zu Karikaturen und satirischen Darstellungen LG Bochum NJW 89, 727; Würtenberger NJW 82, 610).

b) Öffentlich 2 zu § 80 a. **Verbreiten** von Schriften oder anderen Darstellungen 27, 28 zu § 11; 5, 6 zu § 74 d. 5

4. Zur **Eignung** der Beschimpfung, den **öffentlichen Frieden** zu stören, 4 zu § 126 (beachte ua Düsseldorf NJW 83, 1211; Celle NJW 86, 1275; Herzog NK 13–16 mwN; krit Eser aaO [vgl 1] S 831). 6

5. Der **Vorsatz** (bedingter genügt, Koblenz NJW 93, 1808) muß auch die Eignung zur Friedensstörung umfassen (5 zu § 126). 7

6. Tateinheit ua möglich mit §§ 167–168, 185–187. 8

§ 167 Störung der Religionsausübung

(1) **Wer**

1. den Gottesdienst oder eine gottesdienstliche Handlung einer im Inland bestehenden Kirche oder anderen Religionsgesellschaft absichtlich und in grober Weise stört oder

2. an einem Ort, der dem Gottesdienst einer solchen Religionsgesellschaft gewidmet ist, beschimpfenden Unfug verübt,

wird mit Freiheitsstrafe bis zu drei Jahren oder mit Geldstrafe bestraft.

(2) **Dem Gottesdienst stehen entsprechende Feiern einer im Inland bestehenden Weltanschauungsvereinigung gleich.**

1. Die Vorschrift schützt zur Wahrung des **öffentlichen Friedens** (1 zu § 166) die **ungestörte Ausübung von Religion und Weltanschauung** (Art 4 GG); im Gegensatz zu § 166 muß die Eignung der Tathandlung zur Friedensstörung nicht festgestellt werden (Herzog NK 1). Sie gilt zugunsten aller im Inland (5 vor § 3) bestehenden Religionsgesellschaften und Weltanschauungsvereinigungen (3 zu § 166). 1

2. a) In **Abs 1 Nr 1** bedeutet **Gottesdienst** die Vereinigung von Mitgliedern einer Religionsgesellschaft zur religiösen Verehrung oder 2

Anbetung Gottes nach den Vorschriften, Gebräuchen und Formen ihrer Gemeinschaft sowohl im geschlossenen Raum wie auch im Freien; nicht der religiöse Unterricht, mag er auch in einer Kirche stattfinden. **Gottesdienstliche Handlung** ist eine auf dem religiösen Kult beruhende, idR vom Geistlichen vorgenommene Handlung, die außerhalb des Gottesdienstes der Gottesverehrung dient, zB Taufe, Trauung, Prozession.

3 **b) Stören** heißt, den Gottesdienst oder die gottesdienstliche Handlung unmittelbar behindern oder erschweren. **„In grober Weise"** schränkt auf objektiv besonders schwerwiegende Störungen ein. Auf das Störungsmittel (zB Erregen von Lärm, auch von außen) kommt es nicht an.

4 **3. a)** Nach **Abs 1 Nr 2** dem Gottesdienst gewidmet ist ein Ort, wenn er ausschließlich oder überwiegend dem Gottesdienst, also nicht lediglich religiösen Versammlungen oder ähnlichen Zwecken, zu dienen bestimmt ist (zusf Dippel LK 16, 17 mwN). Das trifft idR zu bei Kirchen, Kapellen und Synagogen, kommt uU aber auch in Frage bei Sakristeien (BGHSt 21, 64; zw), Kirchenvorräumen (BGHSt 9, 140) und Betsälen (zB der Heilsarmee).

5 **b) Beschimpfender Unfug** ist eine grob ungehörige Mißachtenskundgebung, die das religiöse Empfinden zu verletzen geeignet ist (BGHSt 9, 140).

6 **4. Weltanschauungsvereinigung** (Abs 2) 3 zu § 166. **Entsprechende Feiern** sind nur solche, die der gemeinsamen kultischen Pflege eines Weltanschauungswertes dienen, nicht bloße Versammlungen und Diskussionsveranstaltungen (Sch/Sch-Lenckner 6, 7; krit Herzog NK 7).

7 **5. Absichtlich** (Abs 1 Nr 1) erfordert zielgerichtetes Wollen (20 zu § 15). Für alle anderen Merkmale der beiden Tatbestände genügt bedingter **Vorsatz**.

8 **6.** Die **Rechtswidrigkeit** kann zB entfallen bei erlaubtem Gewerbebetrieb (RGSt 37, 151) oder bei der Abwehr beleidigender Äußerungen des Predigers, die in der älteren Rspr unter dem Gesichtspunkt der Notwehr (§ 32) erfaßt wurde (RGSt 21, 168), richtiger aber als rechtfertigender Notstand (§ 34) zu behandeln ist (Dippel LK 14 mwN).

9 **7. Tateinheit** ua möglich mit §§ 166, 167 a, 168, 185 bis 187.

§ 167 a Störung einer Bestattungsfeier

Wer eine Bestattungsfeier absichtlich oder wissentlich stört, wird mit Freiheitsstrafe bis zu drei Jahren oder mit Geldstrafe bestraft.

1 **1.** Die Vorschrift schützt das **Pietätsgefühl** (hM; anders Rudolphi SK 3 vor § 166: den öffentlichen Frieden; vermittelnd Herzog NK 1). Sie gewährt Bestattungsfeiern ohne Rücksicht darauf Strafschutz, ob sie Religionsausübung sind.

2. **Bestattungsfeier** umfaßt Beerdigungen und Einäscherungen, und zwar nicht nur Feiern an einem dazu bestimmten Ort, sondern auch den Leichenzug und die im Trauerhaus abgehaltene Feier (zusf Dippel LK 9). – **Stören** 3 zu § 167. 2

3. Bedingter **Vorsatz** genügt nicht (20–22 zu § 15). 3

4. **Tateinheit** ua möglich mit §§ 166, 167 (Tröndle 1 mwN), 168. 4

§ 168 Störung der Totenruhe

(1) **Wer unbefugt aus dem Gewahrsam des Berechtigten eine Leiche, Leichenteile, eine tote Leibesfrucht, Teile einer solchen oder die Asche eines Verstorbenen wegnimmt, wer daran oder an einer Beisetzungsstätte beschimpfenden Unfug verübt oder wer eine Beisetzungsstätte zerstört oder beschädigt, wird mit Freiheitsstrafe bis zu drei Jahren oder mit Geldstrafe bestraft.**

(2) **Der Versuch ist strafbar.**

1. Die Vorschrift schützt das **Pietätsempfinden** gegenüber den Verstorbenen und ihren Ruhestätten (Begr zu § 191 E 1962 S 346; ähnlich Rüping GA 77, 299; aM Rudolphi SK 3 vor § 166: den öffentlichen Frieden). Die Einbeziehung auch der toten Leibesfrucht in diesen Schutzbereich, die erst auf das 24. StÄG (10 vor § 1) zurückgeht, ist problematisch; sie war als erste, noch der Weiterführung bedürftige gesetzgeberische Maßnahme gedacht, der mißbräuchlichen kommerziellen Verwertung toter menschlicher Embryonen und Feten entgegenzuwirken (BT-Dr 10/3758 und 10/6568; zusf Sternberg-Lieben NJW 87, 2962; krit Koch NJW 88, 2286; s auch 2 vor § 211). – Zur **Reform** Stellpflug, Der strafrechtliche Schutz des menschlichen Leichnams, 1996, S 152. 1

2. a) **Leiche** ist der Körper eines gestorbenen Menschen (zum Todeszeitpunkt 4 vor § 211), auch der eines totgeborenen Kindes. Sie besteht als solche so lange fort, wie der Zusammenhang ihrer Teile zur Einheit einer menschlichen Gestalt im wesentlichen noch vorhanden, ihre Individualität noch erkennbar ist (Dippel LK 13 mwN); jedoch entfällt der Strafschutz für Moorleichen, Mumien usw, die nicht mehr Gegenstand der Pietät sind (hM). – Keine **Leichenteile** sind bei der Obduktion entnommene, zur gesonderten Vernichtung bestimmte Körperteile (AG Tiergarten NJW 96, 3092) und dem Körper eingefügte fremde Bestandteile, wie zB Prothesen, Herzschrittmacher usw (diff Sch/Sch-Lenckner 3; Dippel LK 14, beide mwN; s auch Görgens JR 80, 140; Bringewat JA 84, 61, 62; Gropp JR 85, 181; Schünemann, Die Rechte am menschlichen Körper, 1985; Stellpflug aaO [vgl 1] S 10; str), wohl aber Leichenblut (Frankfurt NJW 75, 271 und JZ 77, 355 mit Anm Brackmann BA 77, 347; Roxin JuS 76, 505; Grebing GA 79, 81, 96; str) und von einem Verstorbenen entnommene Transplantate (dazu 4). – **Leibesfrucht** ist die menschliche Frucht vom Zeitpunkt 2

der Einnistung an (BT-Dr 10/3758 S 4 mwN; s auch 8 zu § 218). Regelmäßig wird sie aus einem Schwangerschaftsabbruch herrühren.

3 **b)** aa) **Wegnahme** ist hier Bruch des Gewahrsams, nicht notwendig Begründung neuen Gewahrsams (hM). Gewahrsam setzt keine Sachherrschaft im Sinne des § 242 voraus; es genügt ein weniger konkretisiertes tatsächliches Obhutsverhältnis, das über **Leichen** idR von den nächsten Angehörigen als den gewohnheitsrechtlich Berechtigten (dazu Dippel LK 28 mwN) mit der Todesnachricht übernommen und alsdann von den zufälligen Gewalthabern, etwa der Krankenanstalt, dem Altenheim, der Polizei oder der Friedhofsverwaltung, nur für diese ausgeübt wird (ähnlich KG NJW 90, 782; Tröndle 3; zw). Die Abgrenzung im einzelnen ist umstritten (zusf Zweibrücken JR 92, 212 mit Anm Laubenthal, beide mwN). Während die hM sich enger an § 242 anlehnt und deshalb Gewahrsam zB der Krankenanstalt bis zur Entfernung der Leiche aus deren Herrschaftsbereich bejaht (vgl etwa München NJW 76, 1805; AG Tiergarten NJW 96, 3092; Rudolphi SK 3; Sch/Sch-Lenckner 6; ebenso auch BT-Dr 10/3758 S 4), wird auf der anderen Seite ausschließlich auf das Obhutsrecht der Angehörigen abgestellt (Sternberg-Lieben NJW 87, 2062; Stellpflug aaO [vgl 1] S 17; Dippel LK 24, beide mwN). Die Streitfrage bedarf dringend gesetzlicher Klärung (krit KG und Tröndle aaO). Keine Wegnahme ist jedenfalls die Weiterbehandlung einer Toten (Kiesecker, Die Schwangerschaft einer Toten, 1996, S 200). – Gewahrsam an der **Leibesfrucht** wird meistens der Leiter der Krankenanstalt haben, in der die tote Leibesfrucht (durch Schwangerschaftsabbruch oder Fehlgeburt) angefallen ist (BT-Dr aaO); wegen der grundsätzlich andersartigen Ausgangslage scheidet hier eine Gleichsetzung des Gewahrsams mit dem Obhutsrecht der Angehörigen von vornherein aus (aM Sternberg-Lieben aaO; krit Koch NJW 88, 2286).

4 bb) Für die Vornahme **klinischer Sektionen** und die Entnahme von **Transplantaten** bedarf es grundsätzlich der Einwilligung der nächsten Angehörigen (hM). Ist jedoch der ausführende Arzt selbst Alleingewahrsamsinhaber oder handelt er im Einvernehmen mit der den Alleingewahrsam ausübenden Anstaltsleitung (beachte dazu 3), so fehlt es schon an der Wegnahme und damit trotz des Einwilligungsmangels am Tatbestand (Stellpflug aaO [vgl 1] S 62). Wurde diese Einwilligung erteilt, so ist der Tatbestand ebenfalls, da kein Gewahrsam gebrochen wird, regelmäßig selbst dann ausgeschlossen, wenn der Verstorbene vor seinem Tod die Einwilligung versagt hatte (Dippel LK 31; aM Albrecht, Die rechtliche Zulässigkeit postmortaler Transplantatentnahmen, 1986, S 44, beide mwN). Umgekehrt bindet aber dessen ausdrückliche Gestattung die Angehörigen und rechtfertigt daher den Eingriff auch dann, wenn er tatbestandsmäßig ist (Frankfurt JZ 77, 355; Hanack DÄBl 69, 1320, 1329; Lilie MedR 83, 131; str; nach Herzog NK 13 scheidet bei Einverständnis des Verstorbenen bereits der Tatbestand aus). Im übrigen kommt bei Fehlen der Einwilligung in eine

Transplantatentnahme rechtfertigender Notstand in Frage (Frankfurt NJW 75, 271 mit Bespr Geilen JZ 75, 380, Roxin JuS 76, 505 und Grebing GA 79, 81, 95; Samson NJW 74, 2030; Schreiber, Klug-FS, S 341, 350; Albrecht aaO S 77; Sch/Sch-Lenckner 8; aM Kaiser, in: Göppinger [Hrsg], Arzt und Recht, 1966, S 58, 80; Trockel MDR 69, 811, alle mwN). Er liegt nicht vor, wenn schon der Verstorbene seine Einwilligung ausdrücklich versagt hatte (hM; vgl Rüping GA 78, 129, 136 mwN), setzt aber nicht unbedingt den aussichtslosen oder gescheiterten Versuch voraus, zuvor die Einwilligung der Angehörigen einzuholen (Frankfurt aaO; Roxin aaO S 508; Schreiber aaO S 350; aM LG Bonn JZ 71, 56, 59; v Bubnoff GA 68, 65, 73; Laufs VersR 72, 1; Deutsch ZRP 82, 174; Stellpflug aaO S 44; diff Schreiber/Wolfslast, in: Dietrich [Hrsg], Organspende – Organtransplantation. Indikation – Technik – Resultate, 1985, S 33, 51; zw); jedoch hat die mehr oder minder große Möglichkeit, die Einwilligung einzuholen, bei der Güter- und Interessenabwägung Gewicht (6 zu § 34; Eser/Burkhardt I S 148).– Zur **klinischen Sektion** vgl ua auch Brugger/Kühn, Sektion der menschlichen Leiche, 1979; Laufs, Berufsfreiheit und Persönlichkeitsschutz im Arztrecht, 1982, S 16; Hirsch/Schmidt-Didczuhn, Transplantation und Sektion, 1992; Stellpflug aaO S 63; zu **Leichenversuchen** Pluisch/Heifer NJW 94, 2377; Stellpflug aaO S 64; zur **Transplantation** (auch von Organen Lebender, ergänzend 23 zu § 226 a) Geilen, in: Honecker (Hrsg), Aspekte und Probleme der Organverpflanzung, 1973, S 127; Carstens, Das Recht der Organtransplantation, 1978; Dietrich (Hrsg), Organspende, Organtransplantation, 1985; Kramer, Rechtsfragen der Organtransplantation, 1987; Laufs, Narr-FS, S 34; Hiersche ua (Hrsg), Rechtliche Fragen der Organtransplantation, 1990; Hirsch/Schmidt-Didczuhn aaO; Gutmann, ZRP 94, 111; Hoff/id Schmitten (Hrsg), Wann ist der Mensch tot? Organverpflanzung und Hirntodkriterium, 1994; Gehirntod und Organtransplantation als Anfrage an unser Menschenbild-Beiheft 1995 zur Berliner Theologischen Zeitschrift; Schreiber, FS für E Steffen, 1995, S 451; Höfling/Rixen, Verfassungsfragen der Transplantationsmedizin, 1996; rechtsvergleichend Wolfslast ZfTransplMed 89, 43; Kloth, Rechtsprobleme der Todesbestimmung und der Organentnahme von Verstorbenen, 1994; Weigend/Zielinska MedR 96, 445.

cc) Nachdem in der 8. Wahlperiode die umstrittenen Pläne einer 5
gesetzlichen Regelung der Transplantation an der unüberbrückbaren Kontroverse um eine sog „Widerspruchslösung“ im Gegensatz zu einer „Einwilligungslösung“ gescheitert waren (vgl den Entwurf eines Transplantationsgesetzes BT-Dr 8/2681 mit Bespr Sturm JZ 79, 697 und Carstens ZRP 79, 282; Schreiber, Klug-FS, S 341; Schreiber/Wolfslast aaO [vgl 4] S 33; Lemke MedR 91, 281, alle mwN), sind die Bemühungen um eine gesetzgeberische Lösung nach einer Phase relativer Ruhe in der 12. (s die Nachweise in der Voraufl) und vor allem in der 13. Wahlperiode verstärkt worden. Die Kompetenz des Bundes für eine bundesgesetzliche Regelung ist durch Art 74 I Nr 26 GG

(eingefügt durch das Gesetz zur Änderung des GG vom 27. 10. 94 [BGBl I 3146]) geschaffen worden. Entwürfe zu einem Transplantationsgesetz auf Bundesebene haben ua die Fraktion Bündnis 90/Die Grünen (BT-Dr 13/2926) und die Fraktionen der CDU/CSU, SPD und FDP (BT-Dr 13/4355) vorgelegt. Kontrovers diskutiert wird vor allem das Hirntodkonzept (4 vor § 211) und die Alternative enge Einwilligungslösung – erweiterte Einwilligungslösung (aus der Diskussion vgl Höfling JZ 95, 26 und MedR 96, 6; Lang ZRP 95, 457; Laufs NJW 95, 2398; Rixen ZRP 95, 461; Schreiber, FS für E Steffen, 1995, S 450; Sasse, Zivil- und strafrechtliche Aspekte der Veräußerung von Organen Verstorbener und Lebender, 1996, S 171; Voll, Die Einwilligung im Arztrecht, 1996, S 273; Klinge, Todesbegriff, Totenschutz und Verfassung, 1996, S 241; Taupitz JuS 97, 203); ausgeschieden sind die Informationslösung und die Widerspruchslösung (vgl BT-Dr 13/4355 S 13). – Außerdem liegt ein RegEntw eines StÄG – Organhandel – vor (BT-Dr 13/587; Taupitz aaO S 207).

6 **c)** Das Merkmal **unbefugt** ist allgemeines Verbrechensmerkmal, weil die 1. Alternative des Abs 1 das Unrecht abschließend beschreibt (6 zu § 15; Rudolphi SK 7 mwN; str).

7 **3. Beisetzungsstätte** ist nicht nur das Grab, der Grabhügel und die Aschenurne, sondern alles, was zu ihr gehört und mit ihr verbunden ist, namentlich auch das Grabdenkmal und die Umfriedung (Rüping GA 77, 299, 303). Keine Beisetzungsstätte ist ein durch Kriegseinwirkung gesunkenes U-Boot, auch wenn sich darin Überreste der ertrunkenen Schiffsbesatzung befinden (NJW 94, 2613). – **Beschimpfender Unfug** ist eine grob ungehörige Mißachtenskundgebung, durch die der Täter dem Toten bewußt Verachtung bezeigen, dh ihm Schimpf antun will (NStZ 81, 300). Er kann an allen Schutzobjekten des Abs 1, also auch an der Asche (AG Solingen MDR 68, 65) oder der Leibesfrucht (Sternberg-Lieben NJW 87, 2062), und außerdem auch unmittelbar an einer Beisetzungsstätte begangen werden, sei es durch deren Beschädigung oder durch andere Handlungen in deren Nähe (str); kommerzielle Verwertung von Leichenteilen oder Leibesfrüchten genügt für sich allein nicht (aM Sternberg-Lieben aaO).

8 **4. Zerstören, Beschädigen** 3–7 zu § 303. Eine etwaige Befugnis zur Einwirkung auf die Beisetzungsstätte schließt hier die Rechtswidrigkeit aus (str).

9 **5.** Bedingter **Vorsatz** genügt für alle Begehungsformen.

10 **6.** Die **Wegnahme** einer Leiche, die (zB durch Überlassen an eine Anatomie) Gegenstand des Eigentums geworden ist, fällt ausschließlich unter § 242. – Ist bei Zerstörung oder Beschädigung einer **Beisetzungsstätte** nur das Grabmal betroffen, so ist allein § 304 anwendbar (Celle NdsRpfl 66, 225; Herzog NK 22; aM Rudolphi SK 11 mwN; zw); sonst ist **Tateinheit** mit § 168 möglich. Im übrigen kommt Tateinheit zB mit §§ 166, 167, 167 a in Frage.

12. Abschnitt. Straftaten gegen den Personenstand, die Ehe und die Familie

§ 169 Personenstandsfälschung

(1) **Wer ein Kind unterschiebt oder den Personenstand eines anderen gegenüber einer zur Führung von Personenstandsbüchern oder zur Feststellung des Personenstands zuständigen Behörde falsch angibt oder unterdrückt, wird mit Freiheitsstrafe bis zu zwei Jahren oder mit Geldstrafe bestraft.**

(2) **Der Versuch ist strafbar.**

1. Die Vorschrift schützt die **Allgemeinheit** (daher keine Rechtfertigung durch Einwilligung des Verletzten, 13 vor § 32; Bottke, in: Bottke [Hrsg], Familie als zentraler Grundwert demokratischer Gesellschaften, 1994, S 101, 106) und mittelbar auch den im Einzelfall rechtlich Interessierten vor den Gefahren aus falschen behördlichen Personenstandsfeststellungen (Dippel LK 3 mwN). **Personenstand** ist der Familienstand (weiter Günther SK 3), dh das familienrechtliche, auf Abstammung (auch nichtehelicher, RGSt 41, 301) oder Rechtsakt (zB Vaterschaftsanerkennung, Legitimation, Annahme als Kind, Ehelichkeitserklärung, Eheschließung) beruhende Verhältnis einer Person (uU auch einer schon verstorbenen, RGSt 25, 188, nicht aber eines totgeborenen Kindes, RGSt 43, 402; aM Günther SK 3) zu einer anderen Person; der lediglich aus Name, Stand und Staatsangehörigkeit folgende Personenstand ist nicht gemeint (M-Schroeder/Maiwald BT 2 63/11). Nicht geschützt ist der eigene Personenstand (Stuttgart NJW 68, 1341) oder der einer erfundenen Person (dann uU Strafbarkeit nach §§ 263, 271; s auch § 111 OWiG). 1

2. Zu den **Tathandlungen**: 2

a) Als **Unterschieben** (auch „Verwechseln") eines Kindes hat die frühere Rspr (RGSt 36, 137) das Herbeiführen des Anscheins gegenüber der Umwelt verstanden, ein bestimmtes Kind (eine Person, die infolge ihres geringen Alters noch keine richtigen Vorstellungen über ihren Personenstand hat, Frank II 1) sei das leibliche Kind einer Frau, die es nicht geboren hat (RGSt 36, 137). Angesichts der Einschränkung der übrigen Begehungsformen auf Handlungen gegenüber Behörden (vgl 5) ist diese Auslegung zu weit. Zwar muß der Täter nicht gegenüber einer zuständigen Behörde handeln; jedoch muß er mindestens die behördliche Feststellung des Personenstandes dadurch **gefährden**, daß er das Kind mittels Täuschung anderer in eine solche tatsächliche, namentlich räumliche, Beziehung zu einer bestimmten Frau mit dem Ziel bringt, es nach der äußeren Sachlage als deren leibliches Kind auch für die Behörde erscheinen zu lassen (Sturm JZ 74, 1, 2).

b) aa) **Falsches Angeben** muß durch unwahre (ausdrückliche oder stillschweigende) Erklärung geschehen; die bloße Schaffung eines irre- 3 führenden, zur Kenntnis der Behörde bestimmten tatsächlichen Zustandes genügt nicht (hM). – Den wichtigsten Anwendungsfall bilden unwahre Angaben über den Erzeuger eines Kindes im gerichtlichen Feststellungsverfahren nach § 1600 n BGB (BT-Dr VI/3521 S 11), vor allem die substantiierte Aussage der nichtehelichen Mutter, in der Empfängniszeit nur mit einem bestimmten Mann geschlechtlich verkehrt zu haben (Dippel LK 18 mwN). Angaben im Zusammenhang mit der Anerkennung einer Vaterschaft nach § 1600 e BGB genügen dagegen nicht, weil das bürgerliche Recht die biologisch nicht begründete Anerkennung als rechtliche Möglichkeit ausdrücklich zuläßt und damit zugleich anerkennt (BT-Dr VI/3521 S 11; aM Tröndle 6; s auch Goeschen ZRP 72, 108; zw). Entsprechendes gilt für die Anmeldung eines im Ehebruch gezeugten Kindes als ehelich, weil sie im Hinblick auf § 1591 BGB den Personenstand richtig angibt (BT-Dr VI/3521 S 11). – **Unterdrücken** ist das Herbeiführen eines Zustandes, in dem die behördliche Feststellung verhindert oder wenigstens erschwert wird (RGSt 77, 51), zB durch Aufrechterhaltung eines Antrags auf Todeserklärung, wenn der Täter erfährt, daß der Betroffene noch lebt (Kassel NJW 49, 518), oder durch Bewirken der Blutentnahme bei einem anderen im Feststellungsverfahren nach § 1600 n BGB (Oldenburg NdsRpfl 51, 37). Im Falle des Unterlassens ist Garantenstellung (6 zu § 13) erforderlich (aM M-Schroeder/Maiwald BT 2 63/16); schon wegen ihres Fehlens ist das Schweigen der Mutter eines nichtehelichen Kindes über den Erzeuger (Maier MDR 71, 883; Dippel LK 20, beide mwN) oder des Arztes über die Herkunft des Samens bei heterologer Insemination nicht strafbar (BT-Dr VI/3521 S 11; zweifelnd Hanack NJW 74, 1, 2); das Recht des Kindes auf Kenntnis seiner biologischen Abstammung zwingt nicht zur Strafbarkeit (Baumann, Kaufmann [Arth]-FS, S 537, 538; Günther SK 20).

4 bb) Über die **Zuständigkeit zur Führung von Personenstandsbüchern** vgl das PStG. Zur **Feststellung des Personenstandes zuständig** sind diejenigen Behörden, die dazu berufen sind, durch Entscheidung von Rechtsangelegenheiten mit Wirkung für und gegen jedermann den Personenstand eines Menschen amtlich festzustellen oder zu verändern oder bei einer Veränderung amtlich mitzuwirken. IdR sind das der Standesbeamte, das in Statussachen (§ 640 ZPO) zuständige Gericht und das Vormundschaftsgericht; jedoch kommt zB auch das für Todeserklärungen zuständige Gericht in Frage.

5 cc) **Gegenüber der zuständigen Behörde** ist die Tathandlung nur dann vorgenommen, wenn die falsche Angabe oder der herbeigeführte irreführende oder die Personenstandsfeststellung erschwerende Zustand der Auswertung der Behörde unterliegt, außerdem zu deren Kenntnis bestimmt (str) und so in ihren Wahrnehmungsbereich gebracht ist, daß sie Kenntnis nehmen kann. Falsche Angaben gegenüber der Umwelt oder gegenüber der Polizei, der Meldebehörde, dem Finanzamt oder einem unzuständigen Gericht scheiden aus (BT-Dr VI/3521 S 11), es sei denn, daß sich der Täter ihrer als

Mittel zur Täuschung der zuständigen Behörde bedient (Günther SK 12).

3. Zum **Vorsatz** (bedingter genügt) gehört auch die Annahme der Zuständigkeit der Behörde. Handeln „gegenüber" der Behörde setzt jedoch voraus, daß deren Kenntnisnahme – sei es auch nur neben anderen Zwecken – angestrebt wird (weiter die hM; diff Dippel LK 21 mwN; zw). 6

4. Die Tat ist **Zustands-**, nicht Dauerdelikt (11 vor § 52); sie kann strafbar erneuert werden (Nürnberg MDR 51, 119). 7

5. Tateinheit ua möglich mit § 271 (RGSt 25, 188). Vgl auch § 68 PStG. 8

§§ 170, 170 a *(weggefallen)*

§ 170 b Verletzung der Unterhaltspflicht

(1) **Wer sich einer gesetzlichen Unterhaltspflicht entzieht, so daß der Lebensbedarf des Unterhaltsberechtigten gefährdet ist oder ohne die Hilfe anderer gefährdet wäre, wird mit Freiheitsstrafe bis zu drei Jahren oder mit Geldstrafe bestraft.**

(2) **Wer einer Schwangeren zum Unterhalt verpflichtet ist und ihr diesen Unterhalt in verwerflicher Weise vorenthält und dadurch den Schwangerschaftsabbruch bewirkt, wird mit Freiheitsstrafe bis zu fünf Jahren oder mit Geldstrafe bestraft.**

Fassung: Das SFHÄndG (13 vor § 1) hat Abs 2 angefügt.

1. Abs 1 dient dem **Schutz des Unterhaltsberechtigten vor Gefährdung seines materiellen Lebensbedarfs** und daneben – allerdings nur zweitrangig – der Verhütung unberechtigter Inanspruchnahme öffentlicher Mittel (hM; vgl BVerfGE 50, 142 mwN; eingehend Eggert, Der strafrechtliche Schutz des gesetzlichen Unterhaltsanspruchs, Diss Bonn 1973; Bottke, in: Bottke [Hrsg], Familie als zentraler Grundwert demokratischer Gesellschaften, 1994, S 101, 107; krit Seebode JZ 72, 389). Nicht bezweckt ist dagegen der Ausgleich eines gegen die Bande des Blutes und der Familie begangenen Unrechts (so noch BGHSt 5, 106; Hamm NJW 60, 1632). Zur Verfassungsmäßigkeit von Abs 1 BVerfG aaO; für eine Überprüfung ihrer kriminalpolitischen Notwendigkeit Ostermann ZRP 95, 204. Rechtsvergleichend Kunz NJW 95, 1519. – Mit **Abs 2** versucht der Gesetzgeber der Forderung des Bundesverfassungsgerichts nachzukommen, Strafvorschriften gegen Gefahren zu schaffen, die vom familiären und weiteren sozialen Umfeld der Schwangeren ausgehen (24 vor § 218; vgl auch Breuer, in: Ipsen [Hrsg], Verfassungsrecht im Wandel, 1995, S 25, 57), zB von Personen, die ihr „den ihnen zuzumutenden Beistand . . . in verwerflicher Weise vorenthalten" (BVerfG E 88, 203, 298). Geschützte Rechtsgüter sind zusätzlich zu Abs 1 die **Entscheidungsfreiheit der Schwangeren** 1 und das **ungeborene Leben**. Die Ausgestaltung der verselbständigten qualifizierten Unterhaltspflichtverletzung (BT-Dr 13/1850 S 25; Tröndle 10 a; Günther SK 1, 38; aM Schittenhelm NStZ 97, Heft 4: eigenständiger Tatbestand, und Sch/Sch-Lenckner 1 a: keine Qualifikation) läßt befürchten, daß sie diese Schutzzwecke nicht erreichen wird (Günther SK 8: symbolische Bedeutung; 24 vor § 218 mwN).

Vor allem gegenüber dem nichtehelichen Vater wird sie leerlaufen, da dessen Unterhaltspflicht nach § 16151 l I BGB regelmäßig 6 Wochen vor der Geburt (Tröndle NJW 95, 3009, 3017) und § 16151 l II BGB frühestens 4 Monate vor der Entbindung beginnt (Sch/Sch-Lenckner aaO und Sch/Sch-Eser 8 vor § 218). Die Vorschrift reicht andererseits bedenklich weit, weil sie die Strafbarkeit nur an die Unterhaltspflicht knüpft (krit Günther SK 40), ohne eine besondere Beziehung des Unterhaltspflichtigen zum nasciturus vorauszusetzen (Schittenhelm aaO).

2 **2.** Die **gesetzliche Unterhaltspflicht** kann namentlich beruhen auf §§ 1360 ff, 1569 ff, 1601 ff, 1615 a ff, 1751 IV BGB. Verträge (AG Schönau MDR 66, 346) und Vergleiche (Köln NJW 62, 929) reichen als solche nicht aus (zusf Dippel LK 9 mwN). Auch ausländisches Unterhaltsrecht kommt (zB bei Gastarbeitern) als Grundlage in Frage (Hamm JMBlNRW 59, 269; aM Oehler JR 75, 292; zw). Der Tatbestand ist jedoch wegen der stark differierenden ausländischen Regelungen und mangels Verletzung inländischer Interessen nicht anwendbar, wenn ein in der Bundesrepublik lebender Ausländer (oder auch Deutscher, Bay NJW 82, 1243) sich seiner auf ausländischem Recht beruhenden Unterhaltspflicht gegenüber im Ausland lebenden Unterhaltsberechtigten nichtdeutscher Staatsangehörigkeit entzieht (BGHSt 29, 85 mit Bespr Kunz NJW 80, 1201 und Oehler JR 80, 381; aM Kunz NJW 87, 881 und 95, 1519; s auch 9 vor § 3).

3 **a)** Das **Bestehen der Unterhaltspflicht** bestimmt sich nach bürgerlichem Recht (Lüke, Kaufmann [Arth]-FS, S 565). Zu diesem gehören auch die gesetzlichen Beweisvermutungen, namentlich der §§ 1591 II, 1600 o II BGB, so daß der Strafrichter sie zu beachten hat (Dippel LK 18–20); der eheliche Scheinvater ist daher bis zum Erfolg seiner Anfechtungsklage unterhaltspflichtig (BGHSt 12, 166; Bay NJW 61, 1415 mit Anm Dünnebier JZ 61, 672; str). Nach überwiegender Meinung bindet dagegen weder das stattgebende (diff Dippel LK 27) noch das abweisende (aM Schwab NJW 60, 2169; Dippel LK 28 mwN; zw) Unterhaltsurteil den Strafrichter (BGHSt 5, 106; Bay NJW 67, 1287; aM Kaiser NJW 72, 1847; zw); dieser hat vielmehr seine Feststellungen selbständig zu treffen und nach dem Grundsatz in dubio pro reo zu verfahren, soweit sich aus den Beweisvermutungen und den aus ihnen folgenden Beweislastregeln des bürgerlichen Rechts nichts anderes ergibt (Koffka JR 68, 228; str). Im Gegensatz dazu ist das inter omnes wirkende Statusurteil nicht nur in Fällen der Feststellung nichtehelicher Vaterschaft (vgl 4), sondern allgemein auch für den Strafrichter ver-

bindlich (Sch/Sch-Lenckner 11; aM FamRZ 54, 170; Eggert MDR 74, 445).

b) Für das **nichteheliche Kind** ergibt sich aus diesen Grundsätzen folgendes: Der Vater des Kindes ist unterhaltspflichtig, sobald seine Vaterschaft durch Anerkennung (§§ 1600 b ff BGB) oder durch gerichtliche Entscheidung (§ 1600 n BGB) festgestellt ist; da diese Feststellung nach § 1600 a S 1 BGB für und gegen alle wirkt, ist auch der Strafrichter an sie gebunden (Stuttgart NJW 73, 2305; Hamm NJW 73, 2306; Bay NJW 91, 2919; im Ergebnis auch Eggert MDR 74, 445, alle mwN). Darüber hinaus gilt nach Art 12 § 3 I NEG als Vater auch, wer vor dem Inkrafttreten des Gesetzes zur Erfüllung des Unterhaltsanspruchs nach § 1708 aF BGB verurteilt worden ist oder sich in näher bezeichneter Weise zu seiner Vaterschaft bekannt hat; da diese Fiktion ebenfalls inter omnes wirkt, steht dem Strafrichter auch insoweit eine Nachprüfung nicht zu (BGHSt 26, 111 mit Bespr Heimann-Trosien JR 76, 235; Köln FamRZ 76, 118; str). – Solange in diesem Sinne die Vaterschaft nicht festgestellt ist, können ihre Rechtswirkungen nur in den gesetzlich bestimmten Fällen geltend gemacht werden (§ 1600 a S 2 BGB) und Unterhaltsleistungen daher nur im Wege einstweiliger Regelung nach § 1615 o BGB oder §§ 641 d ff ZPO beansprucht werden (Matzke, Der Amtsvormund 80, 709); ist eine solche Regelung nicht getroffen, so scheidet auch § 170 b aus (beachte Dippel LK 12, 15); im anderen Falle gelten die unter 3 dargelegten Grundsätze: der Strafrichter ist nicht an die vorläufige Beurteilung der Vaterschaft durch den Zivilrichter, wohl aber an die Vermutung des § 1600 o II BGB gebunden (Dippel LK 20). 4

c) Die **Art des Unterhalts** richtet sich **nach bürgerlichem Recht** (namentlich §§ 1360 a II, 1612 II BGB). Auch die Pflicht zur Haushaltsführung (§ 1360 BGB) oder zur Pflege und Erziehung des Kindes (§ 1606 III BGB; beachte jedoch Zweibrücken NJW 87, 1899) wird erfaßt (hM; vgl BVerfGE 50, 142, 153; aM Günther SK 19; s auch Geilen FamRZ 67, 419; Seebode JZ 73, 601). 5

d) Zur **Rangfolge mehrerer Berechtigter** § 1609 I BGB; § 850 d II ZPO. Ehegatten und minderjährige Kinder sind grundsätzlich gleichrangig und gehen anderen Berechtigten vor (beachte jedoch den Vorrang des geschiedenen vor dem neuen Ehegatten nach § 1582 BGB). – Solange eine abweichende vollstreckungsrechtliche Regelung nach § 850 d II Buchst a S 3 ZPO fehlt, hat der Schuldner, dessen Leistungsfähigkeit zur Erfüllung aller Ansprüche nicht ausreicht, grundsätzlich zunächst vorrangige Ansprüche zu befriedigen (Köln FamRZ 82, 1105) und bei gleichrangigen die verfügbaren Mittel anteilsmäßig (Köln FamRZ 76, 119), und zwar jeweils nach dem Verhältnis des Bedarfs (Stuttgart MDR 77, 1034), zu verteilen. Soweit er für ein bestimmtes Kind Kindergeld bezieht, hat er es für dessen Unterhalt zu verwenden (Celle NJW 84, 317). 6

7 **e)** Die Unterhaltspflicht ist **besonderes persönliches Merkmal** nach § 14 (nicht nach § 28 I, Dippel LK 72; anders Roxin LK 66 zu § 28), so daß uU auch **gesetzliche Vertreter** (§ 14 I Nr 3) erfaßt werden (Wiesener, Die strafrechtliche Verantwortlichkeit von Stellvertretern und Organen, 1971, S 176; Roxin LK 17 zu § 14 mwN; str).

8 **3.** Zur Verhütung unangemessener Kriminalisierung bildet die **Leistungsfähigkeit** des Pflichtigen ein zusätzliches ungeschriebenes **Tatbestandsmerkmal** (Zweibrücken StV 86, 531; aM Günther SK 26, beide mwN). Danach muß der Täter **imstande** sein, wenigstens teilweise zu leisten, ohne seinen eigenen Lebensbedarf (Köln NJW 53, 517; Bay StV 83, 418) oder die Ansprüche von vorrangig Berechtigten (Celle FamRZ 62, 315) zu gefährden (Koblenz GA 75, 28; Köln StV 83, 419; zum Fall schwankenden Einkommens Köln NJW 62, 1527, 1630). Diese Einschränkung wird allerdings nur bedeutsam, wenn die Unterhaltspflicht nicht schon selbst entfällt (näher dazu und zu dem differenzierenden Maßstab bei der Berücksichtigung der verschiedenen Unterhaltsberechtigungen Dippel LK 38–56). Deshalb sind im Urteil sowohl über die Unterhaltspflicht als auch die Leistungsfähigkeit des Täters nähere Angaben zu machen (Hamburg StV 89, 206; Stuttgart FamRZ 91, 624). – In Fällen weitestgehender Unterhaltspflicht muß der Täter – jeweils soweit zumutbar (Düsseldorf JMBlNRW 64, 166) – Schenkungen und die Übernahme fremder Schulden vermeiden (Dippel LK 46), arbeiten (Schleswig SchlHA 85, 44), sich einschränken, auf weitere Ausbildung verzichten (Stuttgart NJW 62, 1631), eine berufliche Tätigkeit aufnehmen (Bay NJW 88, 2750), den Beruf wechseln (Bremen NJW 55, 1606; Celle FamRZ 71, 106; LG Stuttgart NStZ 95, 408; beachte dazu BVerfGE 68, 256) oder einen wirtschaftlich nachteiligen Berufswechsel unterlassen (Köln NStZ 92, 337; LG Stuttgart NStZ 96, 234), uU auch Ansprüche auf eine Vergütung für Mitarbeit im Geschäft der Ehefrau (Köln NJW 62, 1527), auf Taschengeld (Bremen NJW 58, 639; aM Dippel LK 46 mwN; zw) oder auf Kinderzuschläge (Bay 61, 85) geltend machen. Die Arbeit aufzugeben, ist auch im Hinblick auf höheres Arbeitslosengeld unzumutbar (Hamm NJW 65, 877). – Wird die Leistungsfähigkeit auf **erzielbare Einkünfte** gestützt, muß das Urteil nähere Angaben über die tatsächlichen und möglichen Einkünfte des Täters, über seine Verpflichtungen sowie über den Betrag enthalten, der ihm zu belassen ist (Selbstbehalt) und den er mindestens hätte leisten können (Bay NJW 90, 3284; Düsseldorf NJW 94, 672, beide mwN). – Wird auf die erweiterte Leistungsfähigkeit eines Elternteils nach § 1603 II BGB abgestellt, muß die Leistungsfähigkeit des anderen Elternteils festgestellt werden (Düsseldorf aaO).

9 **4.** Das **Entziehen** ist im Kern echtes Unterlassen (4 zu § 13), weil es in der Nichtleistung von Unterhalt besteht (Dippel LK 51; aM BGHSt 14, 165; str). Jedoch kann positives Tun, zB unmittelbares Herbeiführen von Leistungsunfähigkeit durch leichtfertige Arbeitsaufgabe (Bay FamRZ 88, 1323; LG Stuttgart NStZ 96, 234) oder Verschwendung

(BGH aaO), einen zwingenden, dem Täter zurechenbaren Grund für das Unterlassen bilden. Das Entziehen setzt weder eine vorherige Abmahnung noch eine feindliche Einstellung voraus (str); bewußte Nichterfüllung genügt (Düsseldorf NJW 53, 1805).

5. Der **Lebensbedarf** – der angemessene iS des § 1610 BGB (Sch/Sch-Lenckner 28), nicht nur der notwendige – muß gefährdet sein; das trifft uU schon zu, wenn der Berechtigte übermäßig arbeiten muß (Bay GA 63, 345). – Der Gefährdung steht es gleich, wenn die Gefahr nur dadurch abgewendet wird, daß andere in innerem Zusammenhang mit der Entziehung helfend eingreifen, dh wenn sie mit ihrer Hilfe Sicherung des erforderlichen Lebensbedarfs bezwecken (BVerfGE 50, 142; BGHSt 26, 312; Düsseldorf NJW 90, 399, alle mwN). Solche Hilfe ist auch die überanteilsmäßige, wegen Ausbleibens des Unterhalts (4 StR 687/79 v 22. 1. 1980) erbrachte Leistung der Mutter (§§ 1606 III, 1615 a BGB; NJW 64, 2118; Hamm FamRZ 64, 581), uU auch des Vaters (Hamm NJW 64, 2316). Hilfe anderer ist vor allem auch das Eingreifen öffentlicher Stellen (etwa nach dem SGB III oder BSHG). Konkurriert bei öffentlicher Hilfe die Unterhaltssicherung mit anderen Zwecken (zB Abwendung drohender Verwahrlosung), so genügt es, wenn die Unterhaltsverweigerung allein schon für das Eingreifen ausreichenden Anlaß geboten oder wenn sie die Verfolgung auch der anderen Zwecke überhaupt erst notwendig gemacht hat (BVerfG aaO mwN). Nachdem das SGB III durchgängig die Subsidiarität der öffentlichen Jugendhilfe hergestellt hat, ist die bisherige, unter dem Stichwort „primäre oder subsidiäre Unterhaltspflicht öffentlicher Stellen" diskutierte Abgrenzungsfrage (vgl etwa Kraemer NJW 73, 793; Klussmann MDR 73, 157) weitgehend überholt. 10

6. Der **Vorsatz** (bedingter genügt, BGHSt 14, 165, 168; Hamm MDR 69, 500) muß auch die Gefährdung oder die Möglichkeit der Gefährdung bei Ausbleiben der Hilfe anderer umfassen (zum Gefährdungsvorsatz 28 zu § 15). Wegen der Weite des Entziehungsbegriffs (vgl 9) sind strenge Anforderungen zu stellen. Der Vorsatz kann namentlich fehlen, wenn der Täter lediglich nähere Aufklärung oder eine gerichtliche Entscheidung über seine Pflichten abwarten will (Hamburg NStZ 84, 167 mwN; s auch Frisch, Vorsatz und Risiko, 1983, S 368). – Irrtümer über das Bestehen der Unterhaltspflicht (NStZ 85, 166) und über die Rangfolge der Unterhaltsberechtigten (Köln NJW 81, 63) sind Tatbestandsirrtümer; auch die irrigen Annahmen, daß die Leistungsfähigkeit eingeschränkt sei (probl Köln NStZ 92, 337) oder daß ein anderer Gläubiger Vorrang habe (Bay StV 94, 429), können Tatbestandsirrtümer sein. 11

7. Die Tat ist idR **Dauerdelikt** (11 vor § 52). Sie kann – trotz des grundsätzlichen Verzichts der Rspr auf dieses Rechtsinstitut (13 vor § 52) – bei Gesamtvorsatz uU eine fortgesetzte Tat bilden, wenn die Unterhaltspflicht, zB durch Freiheitsentziehung oder Krankheit, vorübergehend entfällt (Sch/Sch-Lenckner 36; weiter Düsseldorf MDR 62, 922 und LG Berlin MDR 66, 1017, die eine einheitliche Dauer- 12 straftat annehmen); bei neuem Vorsatz jedoch Tatmehrheit (Hamm NJW 65, 877; MDR 73, 690). Bei Nichterfüllung mehrerer Unterhaltsansprüche je nach Sachlage Tateinheit oder -mehrheit (BGHSt 18, 376; Düsseldorf aaO; eingehend Struensee, Die Konkurrenz bei Unterlassungsdelikten, 1971, S 77). – Mit § 170 d ist Tateinheit möglich.

13 **8. Abs 2** (vgl 1) setzt wie Abs 1 das Bestehen einer **gesetzlichen Unterhaltspflicht** voraus (BT-Dr 13/1850 S 25; vgl 2–7). – Der Unterhalt muß der Schwangeren **vorenthalten** werden; trotz dieser von Abs 1 abweichenden Umschreibung der Tathandlung entspricht das Vorenthalten dem Entziehen und besteht in der Nichtleistung von Unterhalt (vgl 9). Einschränkend muß das Vorenthalten des Unterhalts in **verwerflicher Weise** erfolgen (krit Schittenhelm NStZ 97, Heft 4 und Sch/Sch-Lenckner 34 c: keine eigenständig einschränkende Bedeutung). Damit folgt die Vorschrift zwar den Vorgaben des Bundesverfassungsgerichts (E 88, 203, 298), doch wird dies ihre Anwendbarkeit erschweren (krit deshalb Tröndle NJW 95, 3009, 3018). Gefordert ist ein Vorenthalten, das in besonderer Weise sozialethisch negativ zu beurteilen ist (Otto Jura 96, 135, 144; Günther SK 47; vgl 33 zu § 46; 18, 19 vor § 211; 17, 18 zu § 240). – Durch das Vorenthalten muß der Schwangerschaftsabbruch **bewirkt**, dh verursacht (9 und 12 vor § 13) werden (krit wegen der Nachweisschwierigkeiten Tröndle aaO). Daran fehlt es etwa, wenn die Schwangere andere Gründe (zB gestörte Partnerbeziehung) für den Abbruch hatte (Günther SK 50), wohl auch, wenn ihr angemessener Lebensbedarf (vgl 10) durch Leistungen Dritter gesichert ist (Schittenhelm aaO; Sch/Sch-Lenckner 35 d). – Auch hier genügt wie bei Abs 1 (vgl 11) bedingter **Vorsatz** (BT-Dr aaO); er muß namentlich auch das Bewirken des Schwangerschaftsabbruchs durch das Vorenthalten umfassen.

14 **9.** Obwohl **Geldstrafe** nach § 170 b problematisch ist, weil der Verurteilte sein verfügbares Geld zur Unterhaltsleistung verwenden soll (Ostermann ZRP 95, 204, 206), gilt § 47 uneingeschränkt (BT-Dr VI/1552 S 12; LG Koblenz MDR 82, 70); § 459 f StPO hilft nicht immer. Soweit jedoch Freiheitsstrafe nach § 47 unerläßlich ist und Strafaussetzung angeordnet wird, kommt idR die Weisung nach § 56 c II Nr 5 in Frage (dort 7).

§ 170 c (weggefallen)

§ 170 d Verletzung der Fürsorge- oder Erziehungspflicht

Wer seine Fürsorge- oder Erziehungspflicht gegenüber einer Person unter sechzehn Jahren gröblich verletzt und dadurch den Schutzbefohlenen in die Gefahr bringt, in seiner körperlichen oder psychischen Entwicklung erheblich geschädigt zu werden, einen kriminellen Lebenswandel zu führen oder der Prostitution nachzugehen, wird mit Freiheitsstrafe bis zu drei Jahren oder mit Geldstrafe bestraft.

1. Die Vorschrift sichert den Fürsorge- und Erziehungsanspruch des (eigenen oder fremden) Kindes unter 16 Jahren und soll dadurch dessen **ungestörte Entwicklung** schützen (ähnlich Bottke, in: Bottke [Hrsg], Familie als zentraler Grundwert demokratischer Gesellschaften, 1994, S 101, 109). Die Tat ist konkretes Gefährdungsdelikt (32 vor § 13). 1

2. Die **Fürsorge- oder Erziehungspflicht** kann auf Gesetz (zB Eltern, Vormund, Pfleger), Vertrag (zB Pflegeeltern) oder öffentlich-rechtlichem Aufgabenbereich (zB Sozialarbeiter des Jugendamts), aber auch auf den tatsächlichen Gegebenheiten (zB Aufnahme in eine Wohngemeinschaft, Prot 6, 1193; in eine eheähnliche Lebensgemeinschaft, NStE 1) beruhen. Sie muß **gröblich**, dh in erheblichem Umfang und in auffälligem Mißverhältnis zur Leistungsfähigkeit des Täters, durch ein Tun oder Unterlassen **verletzt** werden, zB durch wiederholten geschlechtlichen Verkehr der Mutter mit einem Bekannten in Anwesenheit der fünfjährigen Tochter (NStZ 95, 178); ein nur allgemeiner Mangel an Zuwendung zu dem Kind genügt nicht (MDR 79, 949). – Häufig, aber nicht notwendig (NStZ 82, 809), wird erst eine Mehrzahl von Handlungen, die der Tatbestand zu einer Bewertungseinheit verbindet (BGHSt 8, 92; 10, 16 vor § 52), den gröblichen Verstoß ergeben. 2

3. a) Eine **erhebliche Entwicklungsschädigung** liegt vor, wenn der normale Ablauf des körperlichen oder psychischen Reifungsprozesses dauernd und nachhaltig gestört ist (NStZ 82, 809). Die **körperliche** Entwicklung braucht nicht unbedingt durch eine unmittelbare Gesundheitsbeschädigung beeinträchtigt zu sein (Köln JR 68, 308). Für die **psychische** Schädigung kommt es nicht auf das Verfehlen der Integration in ein sozialethisches Normensystem als solches an (Bottke aaO [vgl 1] S 111; vgl aber Sch/Sch-Lenckner 7), sondern auf die Beeinträchtigung des biologischen Entwicklungsprozesses, in dem sich die seelischen Fähigkeiten zur Bewältigung der Lebensaufgaben herausbilden (BT-Dr VI/3521 S 16; einschr Horn SK 6; str); psychisch bedeutet daher dasselbe wie „seelisch" in § 20 (dort 3; krit zur Konkretisierbarkeit dieses Elements Hanack NJW 74, 1, 3). Ob die Schädigung auf fehlender Ernährung, Pflege oder ärztlicher Behandlung (dazu BT-Dr VI/3521 S 16), auf psychischer Beeinflussung oder Vernachlässigung oder auch nur auf der Verletzung von Abwehrpflichten, etwa der Duldung von Alkohol- (BGHSt 2, 348) oder Drogenmißbrauch (Bottke aaO), beruht, macht keinen Unterschied; jedoch dürfte eine einmalige Pflichtwidrigkeit, durch die der Schutzbefohlene in die Gefahr der körperlichen Verletzung gerät, nicht genügen (KG JR 75, 297; Dippel LK 9 mwN; zw). 3

b) Das Führen eines **kriminellen Lebenswandels** ist regelmäßig Ergebnis einer psychischen Entwicklungsschädigung und daher meist zugleich ein Fall der 1. Alternative (BT-Dr VI/3521 S 16). Es erfordert einen Hang zu nicht nur unerheblichen Straftaten, die allerdings den „erheblichen Straftaten" im Sinne des § 66 I Nr 3 (dort 14) nicht gleichkommen müssen. 4

c) Der **Prostitution nachgehen** 1 zu § 180 a. 5

6 **4. Gefahr** setzt die Herbeiführung eines Zustandes voraus, in dem nach den konkreten Umständen der Eintritt eines in den verschiedenen Tatbestandsalternativen (vgl 3, 4) beschriebenen Schadens naheliegt (BGHSt 3, 256; s auch 21, 22 zu § 315 c); ob der Schaden dann eintritt, ist unerheblich.

7 **5.** Der **Vorsatz** (bedingter genügt) muß namentlich die Gefährdung des Schutzbefohlenen umfassen (MDR 64, 772; zum Gefährdungsvorsatz 28 zu § 15). Jedoch braucht der Täter seine Pflichtverletzung nicht selbst als pflichtwidrig oder als gröblich zu bewerten; insoweit genügt die Kenntnis der Umstände, die diese Wertung begründen (Dippel LK 21; 17 zu § 15).

8 **6. Täter** kann nur der Fürsorge- oder Erziehungsberechtigte sein (Sonderdelikt, 33 vor § 13). Im Hinblick auf die enge Verwandtschaft seiner Pflichtenstellung mit der Garantenstellung beim Unterlassungsdelikt (6 zu § 13) kann die Täterschaft **nicht als besonderes persönliches Merkmal** nach § 28 I verstanden werden (dort 6; ebenso Sch/Sch-Lenckner 11; aM Dippel LK 23 und Roxin LK 66 zu § 28, alle mwN; zw).

9 **7. Tateinheit** ua möglich mit § 170 b (Hamm NJW 64, 2316), §§ 174, 180, 180 b II Nr 2 (aM Horn SK 15), 211 ff, 221 (str), 222, 223 ff, namentlich § 223 b (Sturm JZ 74, 1, 3; Sch/Sch-Lenckner 12; aM Horn SK 15).

§ 171 Doppelehe

Wer eine Ehe schließt, obwohl er verheiratet ist, oder wer mit einem Verheirateten eine Ehe schließt, wird mit Freiheitsstrafe bis zu drei Jahren oder mit Geldstrafe bestraft.

1 **1.** Die Vorschrift schützt die **staatliche Eheordnung**, die auf dem Grundsatz der Einehe beruht (§ 5 EheG).

2 **2. Verheiratet** ist, wer in formell gültiger, sei es auch materiell nichtiger oder aufhebbarer, Ehe lebt, solange diese nicht durch Tod oder rechtskräftige Scheidung (§ 1564 BGB) aufgelöst oder durch rechtskräftiges Urteil für nichtig erklärt (§ 23 EheG) oder aufgehoben (§ 29 EheG) ist. Formell gültig ist eine Ehe, wenn § 11 EheG gewahrt ist; zur formellen Gültigkeit in besonderen Fällen Art 11 EGBGB (Ausländerehen im Ausland), § 8 KonsG (Ehen von Deutschen im Ausland) und Art 13 III EGBGB (Ausländerehen im Inland; s auch LG Hamburg NStZ 90, 280 mit krit, im Ergebnis aber zust Bespr Liebelt NStZ 93, 544 und GA 94, 20, 37).

3 **3. a) Tathandlung** ist das Schließen einer formell gültigen Ehe in einem Zeitpunkt, in dem der Täter oder der Partner verheiratet ist; nicht erfaßt wird daher, wer eine im Ausland geschlossene, deutschem Strafrecht nicht unterliegende Doppelehe im Inland fortsetzt, wohl

aber, wer im Inland eine Doppelehe schließt, auch wenn das nach seinem Heimatrecht zulässig ist (Dippel LK 13 mwN). Einzubeziehen ist auch der Ehegatte eines für tot Erklärten, der in Kenntnis der Unrichtigkeit der Todeserklärung mit einem gutgläubigen Partner eine neue Ehe schließt (so schon BGHSt 4, 6); denn nach § 38 II EheG bewirkt erst die vollendete Schließung der Ehe die Auflösung der früheren; das Bestehen einer Doppelehe gehört nicht zum Tatbestand (hM; anders Sch/Sch-Lenckner 4).

b) Die **§§ 3–7** sind anwendbar; uU bestimmt sich die Formgültigkeit 4
nach ausländischem Recht (vgl StA München NStZ 96, 436 mwN).

4. Bedingter **Vorsatz** genügt (BT-Dr VI/3521 S 17). 5

5. Die Tat ist **Zustands-**, nicht Dauerdelikt (11 vor § 52); sie ist mit 6
Abgabe der Erklärungen nach § 13 EheG vollendet und auch beendet. Daher ist von diesem Zeitpunkt ab keine Teilnahme mehr möglich (2 vor § 22), wohl aber beginnt die Verfolgungsverjährung.

6. Für den **Teilnehmer** gilt § 28 I nicht (4, 6 zu § 28). Das Unrecht 7
erschöpft sich in der – hier allerdings nur vom Täter vollziehbaren – Verletzung des Rechtsguts der staatlichen Eheordnung; ein selbständiger personaler Unwert fehlt (Herzberg GA 91, 145, 171; Horn SK 7; Roxin LK 68 zu § 28; aM Tröndle 5; Dippel LK 16; zw).

7. IdR keine **Tateinheit** mit Unterhaltspflichtverletzung gegenüber 8
dem ersten Ehegatten (LM Nr 1).

§ 172 *(weggefallen)*

§ 173 Beischlaf zwischen Verwandten

(1) **Wer mit einem leiblichen Abkömmling den Beischlaf vollzieht, wird mit Freiheitsstrafe bis zu drei Jahren oder mit Geldstrafe bestraft.**

(2) **Wer mit einem leiblichen Verwandten aufsteigender Linie den Beischlaf vollzieht, wird mit Freiheitsstrafe bis zu zwei Jahren oder mit Geldstrafe bestraft; dies gilt auch dann, wenn das Verwandtschaftsverhältnis erloschen ist. Ebenso werden leibliche Geschwister bestraft, die miteinander den Beischlaf vollziehen.**

(3) **Abkömmlinge und Geschwister werden nicht nach dieser Vorschrift bestraft, wenn sie zur Zeit der Tat noch nicht achtzehn Jahre alt waren.**

1. Schutzzweck der Vorschrift ist die **Freihaltung der engsten** 1
Familie von sexuellen, mit der Ehe unvereinbaren Beziehungen (BGHSt 39, 326, 329; str); er stützt sich namentlich auf die familienzerstörenden Wirkungen inzestuöser Beziehungen sowie auf die mit ihnen verbundenen aktuellen und potentiellen Gefahren, die sich auf die Möglichkeit psychischer, eugenischer und genetischer Schäden bezie-

hen (BT-Dr VI/1552 S 14; BT-Dr VI/3521 S 17; Bottke, in: Bottke [Hrsg], Familie als zentraler Grundwert demokratischer Gesellschaften, 1994, S 101, 113; krit Jung, Leferenz-FS, S 311 und Dippel NStZ 94, 182; für verfassungswidrig hält die Vorschrift Klöpper, Das Verhältnis von § 173 StGB zu Art 6 Abs 1 GG, 1995, S 131).

2 **2.** Nur die **blutsmäßige Abstammung** ist für die erforderliche Verwandtschaft maßgebend (so schon zum früheren Recht BGHSt 7, 245; GA 57, 218); zu deren Erlöschen, das bei der Annahme als Kind oder der Aufhebung einer solchen Annahme in Frage kommt, §§ 1755, 1756, 1764 II BGB. – Bindungen des Strafrichters an Unterhalts- und Statusurteile gibt es im Bereich des § 173 nicht (zw).

3 **3. Beischlaf** ist das der Art nach zur Zeugung geeignete, sei es auch nur unvollständige, Eindringen des männlichen Gliedes in das weibliche Geschlechtsorgan (nicht in das eines Transsexuellen, LG Mannheim NStZ 97, 85 zu § 177); er ist daher **vollzogen**, sobald das Eindringen in dieses Organ, nicht etwa erst in die eigentliche Scheide, seinen Anfang genommen hat (BGHSt 16, 175; aM M-Schroeder/Maiwald BT 1 17/34; Sch/Sch-Lenckner 3; str). Nur beischlafsähnliche Handlungen genügen nicht. – Nach dem Schutzzweck des § 173 scheidet der eheliche Beischlaf zwischen Verwandten aus, deren Ehe nach § 21 EheG nichtig ist (teleologische Reduktion; Dippel LK 6; Sch/Sch-Lenckner 5; aM RGSt 5, 159; Blei BT S 139; zw).

4 **4.** Der **Vorsatz** (bedingter genügt) muß sich auf die wirklichen blutsmäßigen Verhältnisse beziehen; deren falsche rechtliche Bewertung (zB die nichteheliche Täterin hält sich mit ihrem leiblichen Vater nicht für verwandt) ist Subsumtionsirrtum (14 zu § 15; 6 zu § 17).

5 **5.** Mangels Strafbarkeit des **Versuchs** ist die irrige Annahme der Verwandtschaft unerheblich.

6 **6.** Die Tat ist **eigenhändiges Delikt**, so daß mittelbare Täterschaft ausscheidet (hM; vgl Roxin LK 44 zu § 25 mwN). Die **Beteiligung des Deszendenten** (Abs 1) **oder Aszendenten** (Abs 2 S 1) jeweils an der Tat des anderen bestimmt sich nach den Regeln über die notwendige Teilnahme (12 vor § 25), so daß jeder nur aus dem für ihn geltenden Tatbestand bestraft werden kann; die Strafe für den dritten Teilnehmer bestimmt sich in diesem Fall nach Abs 1 (Sch/Sch-Lenckner 8). Auf den nicht verwandten Teilnehmer findet § 28 I keine Anwendung; die Verwandtschaft ist hier kein besonderes persönliches Verhältnis, weil § 173 Ehe und Familie ohne Rücksicht auf eine persönliche Pflicht des Täters schützt (BGHSt 39, 326 mit zust Anm Dippel NStZ 94, 182 und Stein StV 95, 251, 253; Roxin LK 67 zu § 28; aM bei Miebach NStZ 92, 174; Tröndle 7 a; Otto GK 2 S 325).

7 **7. Abs 3** bildet für Deszendenten und Geschwister unter 18 Jahren einen auf Schulderwägungen beruhenden **persönlichen Strafausschließungsgrund** (29 vor § 13; für Entschuldigungsgrund Roxin AT I 22/132 und 23/16; bei notstandsähnlichen Situationen ebenso

Klimsch, Die dogmatische Behandlung des Irrtums über Entschuldigungsgründe . . ., 1993, S 166; str); Teilnahme an ihrer Tat ist daher möglich (hM; vgl bei Miebach NStZ 92, 174; Sturm JZ 71, 1, 3).

8. Tateinheit ua möglich mit § 174 I Nr 3 (bei Dallinger MDR 75, 8
21), §§ 176, 177, 182. Fortsetzungszusammenhang scheidet auch bei wiederholter Begehung mit derselben Person aus (16 vor § 52; Sch/Sch-Lenckner 11 mwN).

13. Abschnitt. Straftaten gegen die sexuelle Selbstbestimmung

Vorbemerkung

1. Daß die **sexuelle Selbstbestimmung geschütztes Rechtsgut** 1
aller Tatbestände des Abschnitts ist, wird durch dessen Überschrift, die ebenso wie der größte Teil des Abschnitts auf das 4. StrRG (7 vor § 1) zurückgeht, zwar nahegelegt, durch den differenzierten Inhalt der Tatbestände und die Gesetzesgeschichte aber nur mit dem Vorbehalt bestätigt, daß der Begriff der Selbstbestimmung sehr weit und allgemein zu verstehen ist. In dem Initiativentwurf zum 4. StrRG (BT-Dr 7/80) war noch die Überschrift „Sexualstraftaten" vorgesehen. Erst kurz vor Schluß seiner Beratungen hat sich der Sonderausschuß dafür entschieden, die Freiheit der sexuellen Selbstbestimmung als geschütztes Rechtsgut aller Tatbestände in den Vordergrund zu rücken. Er wollte damit erreichen, daß sich der Abschnitt in die überwiegend am Schutzzweck orientierte Ordnung des Besonderen Teils einfügt, mußte zugleich aber in Kauf nehmen, daß diese Freiheit angesichts der Vielfalt der Tatbestände nur in einem vagen Sinne gemeint sein kann. Namentlich das Interesse an der ungestörten sexuellen Entwicklung der Jugend, die sich als besonderer Aspekt dieser Freiheit begreifen läßt, muß eingeschlossen bleiben (Prot 7, 48, 53; Schroeder, Welzel-FS, S 859, 876; krit Schetsche MschrKrim 94, 201). Daß in einzelnen Tatbeständen auch andere Rechtsgüter (mit-)geschützt sind, sollte durch die Überschrift nicht in Frage gestellt werden (BT-Dr 7/514 S 5; vgl auch Horn LdR S 839).

2. a) Auch bei den Tatbeständen im zweiten Teil des Abschnitts, die 2
sich gegen die **Förderung sexueller Handlungen Minderjähriger und der Prostitution sowie gegen Menschenhandel und Zuhälterei wenden (§§ 180–181 a)**, steht als geschütztes Rechtsgut die **Freiheit der Selbstbestimmung** in dem unter 1 beschriebenen Sinne im Vordergrund (Horn LdR S 843). Abweichend vom früheren Recht, das die Förderung fremder „Unzucht" um ihrer Moralwidrigkeit willen mit Strafe bedrohte (§§ 180, 181 aF), sind jetzt nur noch Tatbestände vorgesehen, die gezielt **entweder dem Jugendschutz (§ 180) oder dem Schutz der Unabhängigkeit von Menschen im Prostitutionsmilieu (§§ 180 a–181 a) dienen**; dazu gehören allerdings auch gewisse Verbote (zB § 180 b), die verhindern sollen, daß jemand zur

Aufnahme der Prostitution gebracht oder in ihr festgehalten wird (zusf Müller-Emmert DRiZ 74, 93; krit Lautmann ZRP 80, 44; Kelker KritV 93, 311; Frommel NKrimPol 93, 22; s auch Schroeder JZ 95, 231, 236). – Zur Logistik der organisierten Ausbeutung von Prostituierten Sieber/Bögel, Logistik der Organisierten Kriminalität, 1993, S 132, 196, die sich von einer Anerkennung der Prostitution als Beruf eine bessere Bekämpfung dieser Ausbeutung erwarten (S 309); ebenso Sieber JZ 95, 758, 767.

3 **b)** Die Tatbestände der **§§ 180–181 a** sind **hinsichtlich ihrer Schutzzwecke ungewöhnlich differenziert** und deshalb durch weite Überschneidungsbereiche gekennzeichnet. Das führt häufig zum Zusammentreffen mehrerer Gesetzesverletzungen in einer **Handlungseinheit** (3–19 vor § 52), bei der die Bestimmung der Konkurrenzformen schwierig ist. Hier ist nach folgendem Prinzip zu verfahren: Soweit die Schutzrichtung eines Tatbestandes in dem anderen voll enthalten ist und auch in den Begehungsformen kein qualitativ verschiedenes Unrecht beschrieben wird, geht die mildere Form in der schwereren auf (Subsidiarität); in den übrigen Fällen liegt Tateinheit vor. Dabei bilden die Fälle des signifikanten Unterschiedes in Schutzrichtung oder Unrechtsqualität die Regel (zw); denn ein solcher Unterschied kann etwa schon darin liegen, daß der eine Tatbestand allgemein den Schutz der Unabhängigkeit junger Menschen im Auge hat, während es im anderen um eine spezifische, altersindifferente Abhängigkeit geht (zB § 180 b II Nr 2 im Verhältnis zu § 181 I Nr 3; so jetzt auch NJW 96, 2875).

4 **c)** Die Vorschriften gegen **Förderung der Prostitution, Menschenhandel und Zuhälterei (§§ 180 a–181 a)** dienen unmittelbar oder mittelbar dem Zweck, einerseits die persönliche und wirtschaftliche Unabhängigkeit von Prostituierten zu schützen (BVerfG NJW 93, 1911 zu § 180 a) und andererseits zu verhüten, daß Menschen durch Handlungen Dritter in das Übel der Prostitution verstrickt oder dort festgehalten werden (hM; vgl BT-Dr 7/514 S 9 und die Anm zu den einzelnen Tatbeständen; krit Kelker KritV 93, 312 und Leo, Die strafrechtliche Kontrolle der Prostitution, 1995, S 129). Diese Personen sind daher geschützt und nach den allgemeinen Regeln (12 vor § 25) nicht wegen Teilnahme strafbar (Horstkotte JZ 74, 84, 89; s auch Bay JZ 74, 460).

5 **d)** aa) Die **§§ 180 b und 181**, die dem Weltrechtsgrundsatz unterliegen (§ 6 Nr 4), sollen zugleich zwischenstaatliche Verpflichtungen erfüllen, die sich für die Bundesrepublik aus Art 2 des Internationalen Übereinkommens zur Bekämpfung des Mädchenhandels v 4. 5. 1910 (RGBl 1913, 31) und Art 3 der Internationalen Übereinkunft zur Unterdrückung des Frauen- und Kinderhandels v 30. 9. 1921 (RGBl 1924 II 180, 202) ergeben (krit Oehler IntStR, S 18, 514; Lemke AK 7 zu § 6; zur Gesetzesgeschichte BGHSt 27, 27). Die Regelung trägt darüber hinaus auch dem UNO-Abkommen zur Unterdrückung des Men-

schenhandels und der Ausbeutung der Prostitution anderer v 31. 3. 1950, dem die Bundesrepublik bisher nicht beigetreten ist, weitgehend – allerdings nicht vollständig (BT-Dr VI/1552 S 25; VI/3521 S 49) – Rechnung. – Zur Logistik des Menschenhandels Sieber/Bögel aaO [vgl 2] S 200, 230.

bb) Das **26. StÄG** (12 vor § 1) hat die §§ 180 a III–V, 181 aF durch die §§ 180 b, 181 (Menschenhandel und schwerer Menschenhandel) mit dem Ziel ersetzt, den strafrechtlichen Schutz namentlich ausländischer Mädchen und Frauen vor sexueller Ausbeutung, besonders vor Menschenhandel und Zwangsprostitution, zu verbessern. Dazu hat es Lükken des bisher geltenden Rechts geschlossen, den Anwendungsbereich einzelner Tatbestände durch Herabsetzung der Strafbarkeitsschwelle erweitert und zum Teil auch verschärfte Strafen angedroht. Ausgelöst wurden die gesetzgeberischen Vorarbeiten durch die besorgniserregende Entwicklung des internationalen Menschenhandels und die damit verbundenen Schwierigkeiten, die völkerrechtlichen Verpflichtungen der Bundesrepublik (vgl 5) angemessen zu erfüllen (vgl etwa die Äußerung der BReg in BT-Dr 11/3250 [neu] S 15; Heine-Wiedenmann MschrKrim 92, 121). Ob allerdings die Verschärfung des Strafrechts spürbare Abhilfe schaffen wird, ist zweifelhaft; denn die tatsächliche Lage ist weniger durch Defizite im materiellen Recht gekennzeichnet als durch die Problematik, die mit der Bekämpfung der organisierten Kriminalität verbunden ist und die Gegenstand des OrgKG ist (1, 2 vor § 73). – Aus den **Gesetzesmaterialien** vgl ua die Bundesratsvorlage (BT-Dr 12/2046) sowie die Beschlußempfehlung und den Bericht des BT-Rechtsausschusses (BT-Dr 12/2589). Inkrafttreten: 22. 7. 1992. **Übersichtsbeiträge**: Jung JuS 92, 979; Kelker KritV 93, 291. Kritische Bestandsaufnahme Schroeder JZ 95, 231: „Irrwege aktionistischer Gesetzgebung". 6

3. Das **27. StÄG** (12 vor § 1) hat in § 184 zur Eindämmung von Auswüchsen am Videomarkt (BT-Dr 12/4883 S 1, 6) verschärfte Strafen angedroht, wenn in Fällen des Abs 3 die Schrift (26–28 zu § 11) den sexuellen Mißbrauch von Kindern zum Gegenstand hat oder wenn der Täter in bezug auf solche Schriften gewerbsmäßig oder als Mitglied einer Bande handelt (im neu eingeführten Abs 4; der bisherige Abs 4 wurde – um einen Satz ergänzt – Abs 6). Im neuen Abs 5 wird außerdem schon das Unternehmen der Besitzverschaffung und der Besitz solcher Schriften mit Strafe bedroht. Die Voraussetzungen der Einziehung erweitert der neue Abs 7. – Aus den **Gesetzesmaterialien** vgl ua den RegEntw (BT-Dr 12/3001) sowie die Beschlußempfehlung und den Bericht des BT-Rechtsausschusses (BT-Dr 12/4883). **Inkrafttreten**: 1. 9. 1993. – **Übersichtsbeitrag**: Schroeder NJW 93, 2581. 7

4. Das **29. StÄG** (12 vor § 1) hat § 182 zu einer einheitlichen Schutzvorschrift für männliche und weibliche Jugendliche unter 16 Jahren umgestaltet (Schroeder NJW 94, 1501, 1502). Diese sollen geschlechtsneutral (BT-Dr 12/4584 S 7; krit Tröndle 3 zu § 182) gegen bestimmte Formen sexuellen Mißbrauchs durch Erwachsene geschützt 8 werden. Das Gesetz hat außerdem die Geltung unterschiedlichen Rechts beseitigt (BT-Dr 12/7035 S 8). § 175 (Homosexuelle Handlungen), der nur in den alten Bundesländern galt, wurde aufgehoben (Art 1 Nr 1); § 149 StGB/DDR (Sexueller Mißbrauch von Jugendlichen), der nur im Beitrittsgebiet fortgalt, wurde außer Kraft gesetzt (Art 4). – Mit der Aufhebung des § 175 ist die alte Forderung nach Abschaffung der besonderen Strafbarkeit homosexueller Handlungen (Schroeder aaO S 1502) erfüllt worden. Auch die 1973 durch das 4. StrRG (7 vor § 1) erfolgte Ausrichtung der Vorschrift auf den Jugendschutz entkräftete die Bedenken gegen sie nicht: § 175 konnte den angestrebten Schutz der ungestörten sexuellen Entwicklung des männlichen Jugendlichen nicht bewirken, weil die Hetero- oder Homosexualität bei Jugendlichen schon festgelegt ist (BT-Dr 12/4584 S 6; BT-Dr 12/4232 S 4; Schroeder aaO S 1502); außerdem trug die Vorschrift zur Diskriminierung der Homosexualität bei (BT-Dr 12/4232 S 4). Als Standort der neuen einheitlichen Jugendschutzvorschrift erschien der rechtshistorisch belastete § 175 nicht angebracht (so die Begründung des RegEntw BT-Dr 12/4584 S 7; nach Schroeder aaO S 1504: verständlich). – Die kriminalpolitisch problematische Vorschrift des § 182 aF, welche die Verführung von Mädchen vor allem wegen der angeblichen Gefahr vorzeitiger Schwangerschaft verbot, war mit dieser Begründung nicht mehr zu halten und schon während ihrer Geltung praktisch bedeutungslos geworden (vgl näher BT-Dr 12/4232 S 4; BT-Dr 12/4584 S 6). Von dem außer Kraft gesetzten § 149 StGB/DDR hat der neue § 182 zwar die Überschrift (Sexueller Mißbrauch von Jugendlichen) übernommen, doch sind die Abhängigkeiten neu umschrieben und die Mißbrauchshandlungen erweitert worden. – Aus den **Gesetzesmaterialien** vgl die Gesetzentwürfe der Gruppe PDS/Linke Liste (BT-Dr 12/850), der Gruppe Bündnis 90/Die Grünen (BT-Dr 12/1899), des BRates (BT-Dr 12/4232) und der BReg (BT-Dr 12/4584) sowie das Protokoll der 93. Sitzung des BT-Rechtsausschusses, die Beschlußempfehlung und den Bericht des BT-Rechtsausschusses (BT-Dr 12/7035), den Änderungsantrag der Fraktion der SPD (BT-Dr 12/7044) und die Beratungen im Plenum des BTages (SBer 12, 18 698). **Inkrafttreten**: 11. 6. 1994. – **Übersichtsbeitrag**: Schroeder NJW 94, 1501.

9 **5.** Die lange vorbereitete **Reform** der §§ 177–179 ist im bereits weit vorangeschrittenen Gesetzgebungsverfahren vorerst gescheitert. Das vom BTag am 9. 5. 1996 beschlossene StÄG (BT-Dr 2463, 4543, 4939) ist zwar am 10. 10. 1996 erneut, wenn auch mit knapper Mehrheit, beschlossen worden, doch sprach sich der BTag damit zugleich gegen die Empfehlung des Vermittlungsausschusses (BT-Dr 13/5011), die sog **Widerspruchsklausel** zu streichen, aus. Gegen diesen Gesetzesbeschluß legte der BRat am 18. 10. 1996 Einspruch ein, der bisher vom BTag noch nicht zurückgewiesen worden ist. – Die wichtigsten Änderungen des StÄG – §§ 177 bis 179 – sind: §§ 177, 178 werden durch den geschlechtsneutral formulierten „§ 177 Sexuelle Nötigung;

Vergewaltigung" zusammengefaßt. Die „Vergewaltigung" wird Regelbeispiel eines besonders schweren Falles; ihr werden ähnliche, das Opfer besonders erniedrigende Handlungen gleichgestellt, insbesondere, wenn sie mit einem Eindringen in den Körper verbunden sind (§ 177 III Nr 1). Zur Schließung von möglichen Strafbarkeitslücken wird den bisherigen Nötigungsmitteln (Gewalt und Drohung) die Ausnutzung einer Lage, in der das Opfer der Einwirkung des Täters schutzlos ausgeliefert ist, als weiteres Tatmittel hinzugefügt (§ 177 I). Durch die **Streichung** des Merkmals **„außerehelich"** werden bisher nur als Nötigung strafbare Vergewaltigungen und sexuelle Nötigungen als Straftaten gegen die sexuelle Selbstbestimmung erfaßt. Damit ist zwar dem Hauptanliegen der Reform Rechnung getragen, doch geht diese Reform den Gegnern der vom BTag beschlossenen sog Widerspruchsklausel (§ 177 V) nicht weit genug, weil sie ua befürchten, daß Täter (Ehemänner) Druck auf die Opfer (Ehefrauen) zur Wahrnehmung des Widerspruchsrechts ausüben werden. – Aus dem **Schrifttum** zum StÄG: Helmken ZRP 96, 241; Frommel KJ 96, 164; Schünemann GA 96, 307 (mit scharfer Kritik an der geplanten Reform). Zur rechtspolitisch umstrittenen Einschränkung der §§ 177, 178 auf außereheliche Handlungen und aus der sonstigen Reformdiskussion vgl ua Helmken ZRP 80, 171, 85, 170, 93, 459 und 95, 302; Limbach ZRP 85, 289; Frommel ZRP 87, 242 und 88, 233; Laubenthal GA 92, 41; Walter, Schüler-Springorum-FS, S 189; Sick, Sexuelles Selbstbestimmungsrecht und Vergewaltigungsbegriff, 1993, S 35 mit eigenem Reformvorschlag.

§ 174 Sexueller Mißbrauch von Schutzbefohlenen

(1) **Wer sexuelle Handlungen**

1. an einer Person unter sechzehn Jahren, die ihm zur Erziehung, zur Ausbildung oder zur Betreuung in der Lebensführung anvertraut ist,

2. an einer Person unter achtzehn Jahren, die ihm zur Erziehung, zur Ausbildung oder zur Betreuung in der Lebensführung anvertraut oder im Rahmen eines Dienst- oder Arbeitsverhältnisses untergeordnet ist, unter Mißbrauch einer mit dem Erziehungs-, Ausbildungs-, Betreuungs-, Dienst- oder Arbeitsverhältnis verbundenen Abhängigkeit oder

3. an seinem noch nicht achtzehn Jahre alten leiblichen oder angenommenen Kind

vornimmt oder an sich von dem Schutzbefohlenen vornehmen läßt, wird mit Freiheitsstrafe bis zu fünf Jahren oder mit Geldstrafe bestraft.

(2) **Wer unter den Voraussetzungen des Absatzes 1 Nr. 1 bis 3**

1. sexuelle Handlungen vor dem Schutzbefohlenen vornimmt oder

2. den Schutzbefohlenen dazu bestimmt, daß er sexuelle Handlungen vor ihm vornimmt,

um sich oder den Schutzbefohlenen hierdurch sexuell zu erregen, wird mit Freiheitsstrafe bis zu drei Jahren oder mit Geldstrafe bestraft.

(3) **Der Versuch ist strafbar.**

(4) **In den Fällen des Absatzes 1 Nr. 1 oder des Absatzes 2 in Verbindung mit Absatz 1 Nr. 1 kann das Gericht von einer Bestrafung nach dieser Vorschrift absehen, wenn bei Berücksichtigung des Verhaltens des Schutzbefohlenen das Unrecht der Tat gering ist.**

1 **1.** Die Vorschrift schützt vornehmlich die **ungestörte geschlechtliche Entwicklung** junger, vom Täter durch ein Unterordnungsverhältnis oder durch enge familienrechtliche Verbundenheit abhängiger Personen (NJW 95, 2234, 2235; s auch 1 vor § 174). Daneben sollen auch bestimmte Überordnungs- und Betreuungsverhältnisse um ihrer sozialen Funktion willen von geschlechtlichen Einflüssen freigehalten werden (BT-Dr VI/3521 S 20). Aus dem Schutzzweck folgt, daß es idR unerheblich ist, ob der Schutzbefohlene in die sexuelle Handlung einwilligt oder sie anregt; nur im Falle des Abs 1 Nr 2 kann das für den Mißbrauch der Abhängigkeit bedeutsam werden (vgl 9).

2 **2. Abs 1, 2** unterscheiden nach den **persönlichen und sachlichen Voraussetzungen der Tathandlung** drei Gruppen von Schutzbefohlenen, die nach ihrem Alter und dem Grad ihrer Abhängigkeit differenzierten Schutz genießen.

2a **a) Abs 1 Nr 1**: Personen unter 16 Jahren, die dem Täter zur Erziehung, zur Ausbildung oder zur Betreuung in der Lebensführung anvertraut sind (vgl 5–7). Auf einen Mißbrauch des Schutzbefohlenen kommt es hier nicht an. Das Gesetz hält vielmehr sexuelle Kontakte mit dieser Altersgruppe generell für mißbräuchlich (BT-Dr VI/3521 S 22; zur Möglichkeit des Absehens von Strafe nach Abs 4 beachte jedoch unten 16).

3 **b) Abs 1 Nr 2**: Personen unter 18 Jahren (auch 16jährige Personen, die nach Recht und Anschauung ihrer Religion volljährig sind, Zweibrücken NJW 96, 330), wenn sie dem Täter entweder im Sinne der Nr 1 anvertraut oder ihm im Rahmen eines Dienst- oder Arbeitsverhältnisses untergeordnet sind (vgl 8) und wenn der Täter die mit dem jeweiligen Verhältnis verbundene Abhängigkeit mißbraucht (vgl 9).

4 **c) Abs 1 Nr 3**: Das noch nicht 18 Jahre alte leibliche (auch das nichteheliche und das nach § 1755 BGB nicht mehr verwandte) oder angenommene (§§ 1741 ff BGB) Kind, nicht dagegen das Stiefkind, auch nicht das nach §§ 1591, 1593 BGB nur als ehelich geltende Kind (BGHSt 29, 387). Wegen der natürlichen Verbundenheit von Eltern und Kindern und der daraus folgenden, regelmäßig intensiven Abhängigkeit soll diese Beziehung von sexuellen Handlungen völlig frei bleiben (BT-Dr VI/3521 S 24). Das Ausnutzen eines Betreuungs- oder

Abhängigkeitsverhältnisses ist kein Merkmal des gesetzlichen Tatbestandes iS von § 46 III (45 zu § 46) und kann deshalb bei der Strafzumessung berücksichtigt werden (NJW 94, 1078); nicht dagegen die durch den Verstoß gegen Abs 1 Nr 3 zwangsläufig bewirkte Zerstörung der Familie und des Vertrauensverhältnisses zum geschädigten Kind (bei Miebach NStZ 94, 223).

3. Das Merkmal **zur Erziehung, zur Ausbildung oder zur Betreuung in der Lebensführung anvertraut** (vgl zunächst 2 a) weicht vom früheren Recht (§ 174 I aF) nur insofern ab, als das durch „Aufsicht" begründete Abhängigkeitsverhältnis gestrichen und das Betreuungsverhältnis durch einen Hinweis auf die Lebensführung konkretisiert worden ist (BT-Dr VI/3521 S 21). 5

a) Wie sich aus den Aufgaben der Erziehung und der Betreuung in der Lebensführung ergibt und wie ebenso für den Bereich der Ausbildung zu fordern ist, muß der Täter aufgrund und im Rahmen seiner Aufgabe eine **Mitverantwortung auch für die Persönlichkeitsbildung des Schutzbefohlenen im ganzen** tragen, dh in einem tatsächlichen Überordnungsverhältnis stehen, das sich – uU über das spezielle Aufgabengebiet hinaus – auch auf den allgemein menschlichen Bereich erstreckt (BGHSt 21, 196; 41, 137 mit Anm Bellay NStZ 95, 496). – Ob ein solches Verhältnis besteht, bestimmt sich nach den tatsächlichen Umständen (BGHSt 1, 55). Eine ausdrückliche oder stillschweigende Übertragung der Sorgepflicht ist zwar die Regel, aber nicht unbedingt notwendig. Es genügt die Schaffung einer Lage, in welcher der Schutzbefohlene dem Täter tatsächlich „in die Hut" gegeben, dh ihm nach den Umständen untergeordnet und von seiner Betreuung abhängig ist (BGHSt 21, 196, 200; 41, 137 mit zust Anm Bellay aaO). Deshalb kann der entlaufene Minderjährige auch dem zur Betreuung in der Lebensführung anvertraut sein, der die Sorge für ihn tatsächlich übernimmt (BGHSt 1, 292). Bei solchen nur tatsächlichen Beziehungen müssen besondere Umstände für ein – nicht nur ganz kurzfristiges, sondern auf gewisse Dauer angelegtes (M-Schroeder/Maiwald BT 1 20/16; Laufhütte LK 12; aM NJW 55, 1934; GA 59, 276; zw) – Überordnungsverhältnis sprechen. Dieses kann sich uU schon daraus ergeben, daß ein Pfarrer oder Beichtvater seine kirchliche Autorität zur Ausübung tatsächlichen Einflusses auf junge Gemeindemitglieder einsetzt (Jakobs NStZ 86, 216; aM BGHSt 33, 340 mit Anm Gössel JR 86, 516; zw). Es kann auch bei vorübergehender Abwesenheit, zB zwecks Heimerziehung, bestehen bleiben (NJW 60, 2156) oder umgekehrt durch Aufnahme einer eheähnlichen Lebensgemeinschaft beendet werden (BGHSt 22, 314). 6

b) Die Begriffe **Erziehung** (Leitung und Überwachung der Lebensführung zur Förderung der körperlichen und seelischen Entwicklung), **Ausbildung** (Vermittlung größeren Wissens oder besseren Könnens auf einem beliebigen Gebiet zu einem bestimmten Ausbildungsziel, namentlich zum Erwerb von Berufserfahrung, BGHSt 21, 196, 198) 7 und **Betreuung in der Lebensführung** überschneiden sich. Ihre Grenzen sind fließend; ihre nähere Bestimmung hat sich am Schutzzweck der Vorschrift zu orientieren. **Im einzelnen** sind im Sinne der Nr 1 häufig anvertraut: das Pflegekind den Pflegeeltern (zum Kind vgl 4); das Mündel dem Vormund, wenn dieser die Personensorge hat (Laufhütte LK 7); der Schüler neben seinen eigenen Lehrern auch dem Schulleiter (BGHSt 13, 352; Bay MDR 53, 503), meist aber nicht den übrigen Lehrern (BGHSt 19, 163); der Bewohner eines Erziehungsheims (Heimerziehung, Internat, Jugendwohnheim usw) dem für seine Erziehung allgemein oder in Teilbereichen verantwortlichen Personal, namentlich dem Heimleiter; der Proband dem Bewährungshelfer oder Erziehungsbeistand; der Lehrling dem Lehrherrn (NJW 51, 530), uU auch dann, wenn das vereinbarte Lehrverhältnis noch nicht begonnen hat (NJW 58, 2123) oder beim kaufmännischen Lehrling die Ausbildung dem Prokuristen übertragen ist (BGHSt 2, 157); der Jugendliche dem Trainer des Fußballvereins (BGHSt 17, 191), dem einen Jugendkreis leitenden Pfarrer (BGHSt 4, 212) oder auch dem Jugendherbergsvater (NJW 57, 1201), wenn die Beziehung nicht nur ganz vorübergehender Art ist (vgl 6); die junge Hausangestellte dem Haushaltungsvorstand (BGHSt 1, 55); die jugendliche Afrikanerin dem sie langjährig in seinen Haushalt Aufnehmenden (Zweibrücken NJW 96, 330). Auch bei Berufsausbildungsverhältnissen nach dem BBiG und nach öffentlichem Recht und bei den Volontär- und Praktikantenverhältnissen nach § 19 BBiG werden die Voraussetzungen häufig erfüllt sein (BT-Dr VI/3521 S 21). – **Nicht ohne weiteres**, dh nicht ohne Hinzutreten besonderer Umstände, sind anvertraut: die Arbeitnehmerin dem Arbeitgeber (BGHSt 1, 231; NJW 55, 1237; s jedoch 8); das in den Haushalt aufgenommene Kind dem Stiefvater (NStE 2 und 3), dem mit der Mutter in häuslicher Gemeinschaft lebenden Mann (NStZ 89, 21; bei Miebach NStZ 96, 120) oder dem Mann der verheirateten Schwester (MDR 59, 139); die Patientin dem Arzt (München MDR 51, 52); die Fahrschülerin dem Fahrlehrer (BGHSt 21, 196 mit Anm Lackner JR 68, 190; Stuttgart NJW 61, 2171 mit Anm Seibert NJW 62, 61).

8 **4. Im Rahmen eines Dienst- oder Arbeitsverhältnisses untergeordnet** (vgl 3) ist, wer für einen anderen (freiwillig oder unfreiwillig) Dienste oder Arbeiten zu verrichten hat und bei deren Ausführung einem Vorgesetzten (zB leitenden Angestellten, Abteilungsleiter, Meister, Gesellen, Gruppenführer, Vorarbeiter oder Einrichter am Fließband) unterstellt ist; die bloße Befugnis des Täters zu Einzelweisungen aus arbeitstechnischen Gründen genügt nicht (BT-Dr VI/3521 S 24). Auf die rechtliche Wirksamkeit des Verhältnisses kommt es nicht an.

9 **5. Mißbrauch** der mit den Unterordnungsverhältnissen des Abs 1 Nr 2 (vgl 3) verbundenen Abhängigkeit bedeutet zunächst deren Ausnutzung; dazu ist erforderlich, daß die Abhängigkeit des Schutzbefohlenen die Tathandlung ermöglicht oder erleichtert und daß der Täter die dadurch gebotene Gelegenheit wahrnimmt (7 zu § 179). Die Ausnut-

zung ist mißbräuchlich, wenn in dem Schutzbefohlenen und für diesen erkennbar – sei es durch ausdrückliche oder versteckte Drohung, sei es auch nur durch Ausspielen der Überlegenheit – die Befürchtung von Nachteilen oder des Ausbleibens von Vorteilen hervorgerufen oder aufrechterhalten werden soll (ähnlich BT-Dr VI/3521 S 22, wo von einer „Drucksituation" gesprochen wird). Mindestens muß der Täter seine Macht gegenüber dem Schutzbefohlenen erkennen und beide Teile müssen sich des Zusammenhangs zwischen dem Abhängigkeitsverhältnis und den sexuellen Handlungen bewußt sein (BGHSt 28, 365; NStZ 91, 81; Zweibrücken NJW 96, 330, alle mwN). Das auf die Abhängigkeit bezogene Mißbrauchselement bewirkt eine wesentlich stärkere Einschränkung des Tatbestandes, als sie in § 174 I aF durch das Merkmal des „Mißbrauchs zur Unzucht" (zB BGHSt 1, 71; 8, 278; 13, 352) vorgesehen war (BGHSt 28, 365). Auch ein bloßer Mißbrauch der Stellung des Täters genügt, wie sich aus dem Gegensatz zu § 174 a I (dort 4) ergibt, für sich allein nicht (BGH aaO). Es kommt vielmehr auf den Mißbrauch gerade der Abhängigkeit an. Initiative Anregung der Tathandlung durch den Schutzbefohlenen oder spontane Bereitwilligkeit dazu schließen den Mißbrauch nicht notwendig aus, sind aber für sein Fehlen häufig indiziell (BGH aaO).

6. Tathandlungen nach Abs 1 sind nur **sexuelle Handlungen** (§ 184 c Nr 1), die der Täter **„an"** dem Schutzbefohlenen, dh an dessen Körper, vornimmt oder die er von diesem am eigenen Körper vornehmen läßt. 10

a) Unerläßlich ist **körperliche Berührung** in dem Sinne, daß der Täter mit der sexuellen Handlung – sei es auch nur durch einen Griff über der Kleidung oder durch Einwirkung mit einem Gegenstand (NStZ 92, 433) – den Körper des Schutzbefohlenen in Mitleidenschaft zieht (BGHSt 41, 242 mit abl Anm Schroeder JR 96, 211). Kontakte ohne Körperberührung scheiden grundsätzlich aus (beachte jedoch Abs 2 und §§ 176 V, 180). Von den Beteiligten jeweils an sich selbst vorgenommene Handlungen genügen daher nicht, wohl aber Handlungen an Schlafenden (BGHSt 15, 197; M-Schroeder/Maiwald BT 1 17/28; zw). 11

b) An sich vornehmen lassen bedeutet nicht nur Bestimmen des Schutzbefohlenen zur Vornahme, sondern auch bloßes Dulden einer sexuellen Handlung am eigenen Körper. 12

7. a) Zu den **Tathandlungen des Abs 2** (Vornahme der Handlung vor einem anderen) 8 zu § 184 c. **Bestimmen** nach Nr 2 ist Verursachen (auch Mitverursachen) des Entschlusses zur Vornahme (2 zu § 26). Das angewendete Mittel (zB Überredung, Täuschung, Drohung) ist gleichgültig (BGHSt 41, 242). Deshalb genügt auch eine sog „Kettenbestimmung", bei welcher der Obhutspflichtige den Entschluß des Schutzbefohlenen, vor ihm sexuelle Handlungen vorzunehmen, durch Einschaltung eines Dritten verursacht (Laufhütte LK 20; aM Sch/Sch-Lenckner 20; zw). 13

14 **b) „Um zu“** bedeutet Absicht im Sinne zielgerichteten Wollens (20 zu § 15). Es genügt, wenn es dem Tätear darauf ankommt, eine bereits bestehende geschlechtliche Erregung zu steigern oder fortdauern zu lassen (BT-Dr VI/3521 S 25), nicht aber, wenn er nur Aufklärung bezweckt (Sturm JZ 74, 1, 5).

15 **8.** Der **Vorsatz** (bedingter genügt) erfordert namentlich Bedeutungskenntnis im Hinblick auf die sexuelle Handlung (dh auch deren Geschlechtsbezogenheit, 2–4 a zu § 184 c) und auf das jeweilige Abhängigkeitsverhältnis, in Abs 1 Nr 2 außerdem die Kenntnis der Umstände, aus denen sich der Mißbrauch ergibt (17 zu § 15). Daneben muß sich der Vorsatz auch auf das Alter erstrecken; hier ist zwar aktuelles Wissen erforderlich, jedoch setzt dieses nicht unbedingt ein Reflektieren voraus; unmittelbares Begreifen des Sachzusammenhangs genügt (9 zu § 15; weiter einschr Frisch, Kaufmann [Arm]-GedSchr, S 311, 332).

16 **9.** Das **Absehen von Strafe nach Abs 4** ist auf Taten beschränkt, die sich gegen die in Abs 1 Nr 1 genannten Schutzbefohlenen (vgl 2 a) richten. Selbst bei Vorliegen seiner Voraussetzungen ist es nur **fakultativ**, kann daher auch bei geringem Tatunrecht nach pflichtmäßigem Ermessen (50 zu § 46) versagt werden (krit Jung/Kunz NStZ 82, 409). Es liegt namentlich nahe bei tragischen Konflikten in echten Liebesbeziehungen (BT-Dr VI/3521 S 21) und bei Verführung durch einen geschlechtlich erfahrenen Schutzbefohlenen, kommt aber auch in anderen Fällen erheblicher Unrechtsminderung in Frage (Jung/Kunz aaO).

17 **10.** Bei **Teilnahme Dritter** ist § 28 I nicht anwendbar; da die Strafbarkeit durch die besondere Schutzbedürftigkeit des Opfers begründet wird, ist das Schutzverhältnis tatbezogen (hM; vgl Sch/Sch-Lenckner 20; aM Jakobs AT 23/25; Roxin LK 63 zu § 28; s auch 5, 6 zu § 28). Das Opfer bleibt straflos, auch wenn sein Tatbeitrag die Grenzen notwendiger Teilnahme überschreitet (12 vor § 25).

18 **11.** Abs 1 Nr 1 ist gegenüber Nr 3 und Abs 1 Nr 2 gegenüber Nr 1 und 3 **subsidiär** (26 vor § 52). Das ergibt sich daraus, daß § 174 durchgängig den Schutz abhängiger Schutzbefohlener bezweckt und die Strafbarkeitsvoraussetzungen je nach der Art der Abhängigkeit stufenweise verschärft (hM; anders BGHSt 30, 355 mwN). Jedenfalls ist Abs 1 Nr 2 gegenüber Nr 1 keine Spezialvorschrift (so aber BGH aaO), weil er im Verhältnis zur Nr 1 keine Sonderregelung enthält, sondern mit ihr auf der Grundlage selbständiger Voraussetzungen nur einen Überschneidungsbereich bildet, innerhalb dessen zwar beide Tatbestände verwirklicht sind, es für den anwendbaren Strafrahmen aber auf das zusätzliche Merkmal der Nr 2 (Mißbrauch eines Abhängigkeitsverhältnisses) gerade nicht ankommen soll. – **Tateinheit** ist ua möglich mit § 173 (bei Dallinger MDR 75, 21), §§ 174 a, 174 b, 176, 177, 240. § 185 wird, wenn er überhaupt vorliegt, idR verdrängt (BGHSt 8, 357, 359).

§ 174 a Sexueller Mißbrauch von Gefangenen, behördlich Verwahrten oder Kranken in Anstalten

(1) **Wer sexuelle Handlungen**

1. an einem Gefangenen oder

2. an einem auf behördliche Anordnung Verwahrten,

der ihm zur Erziehung, Ausbildung, Beaufsichtigung oder Betreuung anvertraut ist, unter Mißbrauch seiner Stellung vornimmt oder an sich von dem Gefangenen oder Verwahrten vornehmen läßt, wird mit Freiheitsstrafe bis zu fünf Jahren oder mit Geldstrafe bestraft.

(2) **Ebenso wird bestraft, wer den Insassen einer Anstalt für Kranke oder Hilfsbedürftige, der ihm zur Beaufsichtigung oder Betreuung anvertraut ist, dadurch mißbraucht, daß er unter Ausnutzung der Krankheit oder Hilfsbedürftigkeit sexuelle Handlungen an ihm vornimmt oder an sich von dem Insassen vornehmen läßt.**

(3) **Der Versuch ist strafbar.**

1. Die Vorschrift schützt in beiden Absätzen vornehmlich die **geschlechtliche Selbstbestimmung**, Abs 1 daneben auch das Allgemeininteresse an sachrichtiger und gleicher Behandlung von Gefangenen und Verwahrten sowie das Vertrauen in die Objektivität der für diese Behandlung Verantwortlichen (hM; vgl BT-Dr VI/3521 S 25; anders M-Schroeder/Maiwald BT 1 19/3, die nur die geschlechtliche Selbstbestimmung als Rechtsgut anerkennen; wieder anders Horn SK 2: Gewährleistung der Störungsfreiheit des Verwahrverhältnisses). 1

2. a) Gefangener (Abs 1) 3–5 zu § 120; **auf behördliche Anordnung Verwahrter** 11 zu § 44. Es kommt nicht auf den Ort der Verwahrung (zB Strafanstalt), sondern auf das Bestehen der Anstaltsgewalt an; die Tat kann sich daher auch gegen Gefangene auf Außenarbeit oder während eines Transports richten (BT-Dr VI/3521 S 25). 2

b) Zur Erziehung, Ausbildung, Beaufsichtigung oder Betreuung anvertraut 5–7 zu § 174. Das dort fehlende Merkmal der **Beaufsichtigung** dient hier der Erfassung des reinen, konkret mit der Aufsicht betrauten (NJW 83, 404) Wachpersonals; Richtern, Staatsanwälten und Polizeibeamten ist die Beaufsichtigung von Gefangenen, die sie lediglich in der Anstalt vernehmen, idR nicht anvertraut (beachte jedoch § 174 b). Die **Betreuung** braucht sich abweichend von § 174 (dort 6) nicht auf die Lebensführung als solche zu erstrecken; es genügen auch Betreuungsaufgaben in Teilbereichen (zB Krankenpfleger) oder vorübergehender Art (BT-Dr VI/3521 S 25). Freiwillige Vollzugshelfer werden nur erfaßt, wenn ihnen faktisch ein selbständiger Verantwortungsbereich zugewiesen ist. 3

c) Mißbrauch der Stellung liegt im Hinblick auf die intensive Abhängigkeit der geschützten Personen idR schon dann vor, wenn der 4

Täter eine durch die Stellung gebotene Gelegenheit zur Tathandlung wahrnimmt. Abweichend von Abs 2 (vgl 7–9) und von § 174 I Nr 2 (dort 9) kommt es auf eine Ausnutzung der Abhängigkeit nicht an. Auch bedarf es besonderer Umstände zur Begründung des Mißbrauchs nicht (BT-Dr VI/3521 S 26; ebenso schon BGHSt 2, 93; 8, 24, 26); dieses Merkmal soll nur die Ausscheidung exzeptioneller Fälle ermöglichen, in denen die Abhängigkeit völlig in den Hintergrund tritt und die Tathandlung auch bei Berücksichtigung des mitgeschützten Allgemeininteresses (vgl 1) keinen sozialethischen Tadel verdient (vgl BT-Dr VI/3521 S 26).

5 **3. a) Insassen (Abs 2)** sind nur die in den genannten – öffentlichen oder privaten (BGHSt 19, 131) – Anstalten zur Behandlung oder Pflege Untergebrachten, dh die in den räumlichen Anstaltsbereich auch zur Übernachtung aufgenommenen (BGHSt 29, 16; zw) Patienten, nicht das Personal; die Tat kann auch außerhalb des Anstaltsbereichs (zB auf einem Spaziergang) begangen werden.

6 **b) Zur Beaufsichtigung oder Betreuung anvertraut** vgl 3. Als Täter kommen nicht nur die für Behandlung, Pflege und Beaufsichtigung allgemein Verantwortlichen (zB Ärzte, Krankenschwestern, Pfleger und Wärter), sondern auch andere Personen in Frage, denen im Einzelfall Betreuungsaufgaben übertragen sind (zB Angehörige des Verwaltungsdienstes, der Hausmeister, uU sogar der Gärtner).

7 **c) Mißbrauch** der Abhängigkeit nach Abs 2 setzt (kumulativ) voraus:

aa) Einen objektiven Zustand der Krankheit oder Hilfsbedürftigkeit (Laufhütte LK 8; aM Horn SK 14).

8 bb) Das Ausnutzen dieses Zustandes durch den Täter. Dazu ist erforderlich, daß die durch den Zustand geschwächte Widerstandskraft des Patienten die Tathandlung ermöglicht oder erleichtert und daß der Täter die dadurch gebotene Gelegenheit wahrnimmt (7 zu § 179); daran wird es häufig, aber nicht notwendig, fehlen, wenn die Initiative vom Patienten ausgegangen ist (Sturm JZ 74, 1, 5). Daß nur die tatsächliche Abhängigkeit eines vor der Entlassung stehenden, gesundheitlich voll wiederhergestellten Patienten ausgenutzt wird, genügt nicht (aM Hamm NJW 77, 1499 mwN; zw).

9 cc) Einen **Mißbrauch** des Patienten, der besonderer Feststellung bedarf. Obwohl der Wortlaut dafür spricht, daß jede Ausnutzung der Krankheit oder Hilfsbedürftigkeit den Mißbrauch begründet, soll das Merkmal nach den Gesetzesmaterialien (BT-Dr VI/3521 S 27) den Tatbestand auf Fälle mißbräuchlicher Ausnutzung beschränken; jedoch kann es sich auch hier, wenn man das Erfordernis der Ausnutzung ernst nimmt, nur darum handeln, exzeptionelle Fälle nach dem unter 4 konkretisierten Maßstab auszuscheiden (weiter einschr Laufhütte LK 16).

10 **4. Tathandlungen** nach Abs 1, 2 sind nur **sexuelle Handlungen** (§ 184 c Nr 1) mit körperlicher Berührung („an“) zwischen den Partnern (10, 11 zu § 174).

5. Der **Vorsatz** (bedingter genügt) muß namentlich die abhängige Stellung der geschützten Person und die Umstände umfassen, aus denen sich der Mißbrauch ergibt (17 zu § 15). 11

6. Für die **Teilnahme Dritter** gelten die Ausführungen unter 17 zu § 174 sinngemäß. 12

7. Tateinheit möglich ua zwischen Handlungen nach Abs 1 und 2, ferner mit §§ 174, 174 b (dort 6), 176 bis 179, 240, 331 und 332. 13

§ 174 b Sexueller Mißbrauch unter Ausnutzung einer Amtsstellung

(1) **Wer als Amtsträger, der zur Mitwirkung an einem Strafverfahren oder an einem Verfahren zur Anordnung einer freiheitsentziehenden Maßregel der Besserung und Sicherung oder einer behördlichen Verwahrung berufen ist, unter Mißbrauch der durch das Verfahren begründeten Abhängigkeit sexuelle Handlungen an demjenigen, gegen den sich das Verfahren richtet, vornimmt oder an sich von dem anderen vornehmen läßt, wird mit Freiheitsstrafe bis zu fünf Jahren oder mit Geldstrafe bestraft.**

(2) **Der Versuch ist strafbar.**

1. Der **Schutzzweck** Vorschrift entspricht dem des § 174 a (hM; einschr Laufhütte LK 1 mwN), bezieht sich jedoch auf einen anderen, zum Teil allerdings auch dort erfaßten Personenkreis. 1

2. Amtsträger 3–11 zu § 11. Zu den **Verfahren** im Sinne des Abs 1 und den danach in Frage kommenden Tätern 2 zu § 343; nicht erforderlich ist, daß im Verfahren konkret Freiheitsentzug droht (Laufhütte LK 2; aM M-Schroeder/Maiwald BT 1 19/7). 2

3. Mißbrauch der Abhängigkeit 9 zu § 174. Da die einschlägigen Verfahren im allgemeinen eine intensive Abhängigkeit begründen, ist deren Ausnutzung idR, aber nicht notwendig, als Mißbrauch zu beurteilen (BT-Dr VI/3521 S 29). 3

4. Erfaßt werden nur **sexuelle Handlungen** (§ 184 c Nr 1) mit körperlicher Berührung („an") zwischen den Partnern (10, 11 zu § 174). 4

5. Der **Vorsatz** (bedingter genügt) muß auch die Zuständigkeit zur Mitwirkung in dem Verfahren umfassen. Im übrigen vgl 11 zu § 174 a. 5

6. Zwischen §§ 174 a, 174 b ist **Tateinheit** möglich, weil die in beiden Tatbeständen vorausgesetzte Abhängigkeit unterschiedliche Qualität hat (zB beim Untersuchungsgefangenen, der dem Richter zur Beaufsichtigung anvertraut und zugleich im Strafverfahren von ihm abhängig ist). Im übrigen decken sich die Möglichkeiten der Konkurrenz mit denen bei § 174 a (dort 13). 6

§ 175 *(weggefallen)*

§ 176 Sexueller Mißbrauch von Kindern

(1) **Wer sexuelle Handlungen an einer Person unter vierzehn Jahren (Kind) vornimmt oder an sich von dem Kind vornehmen läßt, wird mit Freiheitsstrafe von sechs Monaten bis zu zehn Jahren, in minder schweren Fällen mit Freiheitsstrafe bis zu fünf Jahren oder mit Geldstrafe bestraft.**

(2) **Ebenso wird bestraft, wer ein Kind dazu bestimmt, daß es sexuelle Handlungen an einem Dritten vornimmt oder von einem Dritten an sich vornehmen läßt.**

(3) **In besonders schweren Fällen ist die Strafe Freiheitsstrafe von einem Jahr bis zu zehn Jahren. Ein besonders schwerer Fall liegt in der Regel vor, wenn der Täter**

1. mit dem Kind den Beischlaf vollzieht oder

2. das Kind bei der Tat körperlich schwer mißhandelt.

(4) **Verursacht der Täter durch die Tat leichtfertig den Tod des Kindes, so ist die Strafe Freiheitsstrafe nicht unter fünf Jahren.**

(5) **Mit Freiheitsstrafe bis zu drei Jahren oder mit Geldstrafe wird bestraft, wer**

1. sexuelle Handlungen vor einem Kind vornimmt,

2. ein Kind dazu bestimmt, daß es sexuelle Handlungen vor ihm oder einem Dritten vornimmt, oder

3. auf ein Kind durch Vorzeigen pornographischer Abbildungen oder Darstellungen, durch Abspielen von Tonträgern pornographischen Inhalts oder durch entsprechende Reden einwirkt,

um sich, das Kind oder einen anderen hierdurch sexuell zu erregen.

(6) **Der Versuch ist strafbar; dies gilt nicht für Taten nach Absatz 5 Nr. 3.**

1 **1.** Die Vorschrift bezweckt, das **Kind** von vorzeitigen sexuellen Erlebnissen freizuhalten (StV 89, 432), um dadurch seine ungestörte **geschlechtliche Entwicklung** zu schützen (BT-Dr VI/3521 S 34; s auch 1 vor § 174). Kind ist jede männliche und weibliche, sei es auch geschlechtlich bereits erfahrene, Person unter 14 Jahren.

2 **2.** Die **Begehungsformen** setzen mit Ausnahme des Abs 5 Nr 3 voraus, daß sexuelle Handlungen an oder vor bestimmten Partnern vorgenommen werden. Die insoweit in den Absätzen 1, 2 und 5 Nr 1, 2 beschriebenen Kontaktmöglichkeiten sind erschöpfend; der Fall, daß jemand ein Kind dazu bestimmt, eine sexuelle Handlung an sich selbst vorzunehmen (BGHSt 1, 168), ist daher als solcher nicht mit Strafe bedroht. Im einzelnen vgl: **Sexuelle Handlung** 2–7 zu § 184 c; **„an"** (Abs 1, 2) 11, 12 zu § 174; **„vor"** (Abs 5 Nr 1, 2) 8 zu § 184 c. **„An**

sich vornehmen lassen“ (Abs 1, 2) 12 zu § 174. **Bestimmen** (Abs 2, 5 Nr 2) 13 zu § 174; da das angewendete Mittel gleichgültig ist, genügt uU das bloße Wecken kindlicher Neugierde, auch wenn der Täter sonst nicht durch Worte, Gesten oder anderes Verhalten einwirkt (NJW 53, 710).

3. a) Die **Absätze 1 und 2** (vgl zunächst 2) betreffen nur Fälle unmittelbaren körperlichen Kontaktes zwischen dem Täter oder einem Dritten einerseits und dem Kind andererseits (für das Verhältnis zwischen Täter und Kind BGHSt 41, 242 mit abl Anm Schroeder JR 96, 211); auch das schlafende Kind ist einbezogen (BGHSt 38, 68 mit Anm Molketin NStZ 92, 179; aM Laufhütte LK 4, alle mwN). 3

b) Abs 5 Nr 1, 2 erstreckt die (mildere) Strafdrohung auf sexuelle Handlungen ohne unmittelbaren Körperkontakt (zur Abgrenzung vgl 2). – Zu der hier zusätzlich erforderlichen **Absicht**, jemanden sexuell zu erregen, 14 zu § 174; abweichend von der für Schutzbefohlene geltenden Regelung kann sich diese Absicht auch auf Dritte beziehen (zB Herstellen von Aktfotos zur sexuellen Erregung des abwesenden Auftraggebers, bei Miebach NStZ 92, 176 mwN). – Nach ihrem Wortlaut und den Intentionen des Gesetzgebers (BT-Dr VI/3521 S 37) erfaßt die Vorschrift nicht nur Fälle, die nach früherem Recht als Vornahme unzüchtiger Handlungen mit einem Kind oder als Verleitung eines Kindes zur Verübung oder Duldung solcher Handlungen mit Strafe bedroht waren. Die sexuelle Handlung „vor“ setzt – abweichend von der Rspr zu § 176 I Nr 3 aF (zB BGHSt 1, 168; GA 66, 309) – die Benutzung des fremden Körpers zur Erregung von Geschlechtslust oder die geflissentliche Anteilnahme des Kindes an dem sexuellen Geschehen nicht zwingend voraus, so daß auch exhibitionistische Handlungen, die das Kind lediglich wahrnimmt (8 zu § 184 c), unter den Tatbestand fallen (BT-Dr VI/3521 S 37; beachte jedoch § 183 IV Nr 2). **Nr 2** setzt eine räumliche Nähe zwischen Kind und Täter voraus; telephonischer Kontakt reicht nicht (BGHSt 41, 285 mit Bespr Schmidt JuS 96, 654). 4

c) Abs 5 Nr 3 erstreckt die Strafbarkeit auf Handlungen, die als solche nicht dem § 184 c entsprechen, aber in sexueller Absicht begangen werden; auch sie müssen eine gewisse Erheblichkeitsschwelle (5 zu § 184 c) überschreiten (bei Dallinger MDR 74, 546). Im Ergebnis soll mit dieser Regelung – allerdings aus einer anderen Perspektive – der strafwürdige Teil derjenigen Fälle einbezogen werden, die von der Rspr zu § 176 I Nr 3 aF unter dem Gesichtspunkt des geflissentlichen Betrachtens von unzüchtigen Darstellungen (BGHSt 1, 288, 291) oder des aufmerksamen Anhörens oder Führens unzüchtiger Reden (BGHSt 1, 168; 15, 118) erfaßt worden sind. 5

aa) **Abbildungen, Darstellungen, Tonträger** 27, 28 zu § 11; unbebilderte Schriften werden nicht erfaßt. **Pornographisch** 2 zu § 184. **Entsprechende Reden** (auch Lieder, Dreher JR 74, 45, 49) sind solche, die nach Art und Inhalt pornographischem Material entsprechen 6

(BGHSt 29, 29; NJW 91, 3162 mwN). – **Einwirken** ist tiefergehende psychische Einflußnahme auf das Kind (BGHSt 29, 29). Dazu ist nicht unbedingt körperliche Nähe erforderlich, so daß zB telefonischer Kontakt genügt (BGH aaO). Auch auf die Tendenz, dem Kind die Geschlechtsbezogenheit des Vorgangs begreiflich zu machen, kommt es nicht an (ebenso Horn SK 36; aM Tröndle 8).

7 bb) Zu der weiter vorausgesetzten **sexuellen Absicht** vgl 4.

8 **4.** Der **Vorsatz** (bedingter genügt, NJW 53, 152) muß in allen Tatbeständen namentlich auch das Alter des Kindes umfassen (dazu 15 zu § 174). Hält der Täter das kindliche Opfer für über 13 Jahre, aber für einen Jugendlichen unter 16 Jahren, so kommt nur § 182 in Betracht (BGHSt 42, 51, 55).

9 **5.** Zu **Abs 3** (besonders schwere Fälle) 6–21 zu § 46. – **Vollziehen des Beischlafs** 3 zu § 173. **Körperlich schwer mißhandelt** ist das Kind nicht schon bei einer nicht unerheblichen Beeinträchtigung seiner körperlichen Unversehrtheit, selbst dann nicht, wenn es sich um eine rohe Mißhandlung nach § 223 b (5 zu § 223 b) handelt (bei Miebach NStZ 94, 223). Die Indizwirkung des Regelbeispiels kann aufgrund einer am Schutzzweck (vgl 1) orientierten Gesamtwürdigung mildernder Umstände, die zB in der Verführung durch das schon geschlechtserfahrene Kind, dem Ausbleiben einer nachhaltigen psychischen Schädigung oder einer echten Liebesbeziehung zwischen nahezu Gleichaltrigen bestehen können, ausgeschlossen sein (StV 81, 72 und 89, 432; NJW 87, 2450; StV 94, 314; s auch Bay NJW 91, 1245); umgekehrt können gewisse sexuelle Praktiken, zB Analverkehr und Mundverkehr (bei Dallinger MDR 74, 366; NStZ 84, 468 und 94, 429), oder häufig wiederholter Mißbrauch des Kindes (2 StR 430/77 v 7. 12. 1977) die Annahme eines unbenannten besonders schweren Falles rechtfertigen (BT-Dr VI/3521 S 36; s auch bei Miebach NStZ 92, 176).

10 **6.** Für die **Beteiligung** (namentlich Anstiftung und Beihilfe) gelten die allgemeinen Regeln (§§ 25–27); Beihilfe durch Unterlassen kommt für die Mutter in Betracht, die nicht gegen den Mißbrauch ihrer Kinder einschreitet (bei Miebach NStZ 96, 121). Danach ist der Verkauf von Verhütungsmitteln oder die Verordnung von Contrazeptiva an Kinder (mit oder ohne Wissen der Erziehungsberechtigten) nicht notwendig strafrechtlich bedeutungslos; vielmehr können die Voraussetzungen von Anstiftung oder Beihilfe zu dem nachfolgenden sexuellen Mißbrauch des Kindes erfüllt sein (Tröndle MedR 92, 320).

10 a **7.** Die **Erfolgsqualifikation** des **Abs 4** entspricht in ihrer Struktur weitgehend der nach § 251 beim Raub (dort 1–3; s auch NJW 55, 1327). Der Tod muß daher auf die Tat, dh die vorgenommenen sexuellen Handlungen und deren spezifische Gefährlichkeit, zurückführbar sein; als mittelbare Folge ist uU auch der Selbstmord des mißbrauchten Kindes erfaßbar (Sch/Sch-Lenckner 15; aM Laufhütte LK 27, beide mwN). – Zum Versuch nach Abs 4 bei Dallinger MDR 71, 363; Horn SK 22; Laufhütte LK 28.

8. Zum **Strafrahmen** bei verminderter Schuldfähigkeit, die namentlich bei alternden Tätern naheliegt (19 zu § 20), BGHSt 21, 57; 4, 5 zu § 21. Der für **minder schwere Fälle** (6–10 a zu § 46) in den Absätzen 1, 2 stark ermäßigte Strafrahmen soll typischen Ausnahmefallgruppen von geringem Unrechts- und Schuldgehalt gerecht werden, zB bei Verführung durch geschlechtserfahrene Kinder, bei partnerschaftlichen Liebesbeziehungen ganz junger Menschen (beachte 13 a zu § 46), bei Manipulationen kontaktschwacher, meist älterer Täter von geringer Intensität (BT Dr VI/3521 S 36) und allgemein bei Handlungen, welche die Erheblichkeitsschwelle des § 184 c I (dort 5) nur unwesentlich überschreiten (Sch/Sch-Lenckner 26; weiter Jena NStZ-RR 96, 294). – Schwängerung des Kindes ist zulässiger Strafschärfungsgrund (bei Dallinger MDR 67, 14). 11

9. Zwischen Abs 1 und 2 ist **Tateinheit** möglich (BGHSt 26, 167, 174). Treffen Handlungen nach Abs 5 mit solchen nach Abs 1, 2 in einer Handlungseinheit zusammen, so tritt die leichtere Begehungsform (Abs 5) zurück (NStZ 96, 383); wird jedoch die schwerere nur versucht, so liegt Tateinheit zwischen Abs 5 und Versuch nach Abs 1, 2 vor (bei Dallinger MDR 74, 722). Bei Mißbrauch mehrerer Kinder durch dieselbe Handlung (zB Bestimmung von zwei Kindern durch eine Aufforderung) kann Tateinheit vorliegen (BGHSt 6, 81).– Tateinheit ist ua möglich mit §§ 173–174 b, 177–179, 180 (dort 15), 183 (dort 11), 184 I, 211, 212, 223, 240; idR nicht mit § 185 (dort 6). § 182 wird bei Kindern von § 176 verdrängt (11 zu § 182). – Zwischen den Begehungsformen mit ihren zum Teil fließenden Übergängen ist **Wahlfeststellung** (14 zu § 1) möglich (im Ergebnis ebenso bei Miebach NStZ 92, 176). 12

10. Führungsaufsicht § 181 b. 13

11. Zur **Kriminologie** des sexuellen Mißbrauchs von Kindern vgl ua Groffmann, in: Blau/Müller-Luckmann, Gerichtliche Psychologie, 1962, S 148; Wyss, Unzucht mit Kindern, 1967; Kainz Kriminalistik 67, 605; Schönfelder, Die Rolle des Mädchens bei Sexualdelikten, Heft 42 der Beiträge zur Sexualforschung, 1968; Herbold MschrKrim 77, 99; Nixdorf MschrKrim 82, 87; Backe ua (Hrsg), Sexueller Mißbrauch von Kindern in Familien, 1986; Endres/Scholz NStZ 94, 466 und 95, 6; Schneider Universitas 94, 951; Kühne/Kluck FamRZ 95, 981; Laubenthal JZ 96, 335; Wilmer, Sexueller Mißbrauch von Kindern, 1996; Eisenberg Krim 45/57; Kaiser Krim 65/33; krit Lautmann ZRP 80, 44, 46; Schetsche MschrKrim 94, 201, alle mwN. Zum Verdacht des sexuellen Mißbrauchs in familiengerichtlichen Verfahren Rösner/Schade FamRZ 93, 1133. 14

§ 177 Vergewaltigung

(1) **Wer eine Frau mit Gewalt oder durch Drohung mit gegenwärtiger Gefahr für Leib oder Leben zum außerehelichen Beischlaf mit ihm oder einem Dritten nötigt, wird mit Freiheitsstrafe nicht unter zwei Jahren bestraft.**

(2) **In minder schweren Fällen ist die Strafe Freiheitsstrafe von sechs Monaten bis zu fünf Jahren.**

(3) **Verursacht der Täter durch die Tat leichtfertig den Tod des Opfers, so ist die Strafe Freiheitsstrafe nicht unter fünf Jahren.**

Fassung: Zur vorerst gescheiterten **Reform** der Vorschrift 9 vor § 174.

1 **1.** Die Vorschrift schützt die **freie geschlechtliche Selbstbestimmung** (1 vor § 174). Sie beschreibt einen durch das Merkmal des Beischlafs **qualifizierten Fall** der sexuellen Nötigung nach § 178 (krit Sick ZStW 103, 43, 52).

2 **2. Täter** kann jedermann, auch eine Frau sein. Die Tat ist weder ein Sonderdelikt (33 vor § 13) noch ein eigenhändiges Delikt (3 zu § 25; ebenso schon BGHSt 6, 226); daher kommt namentlich in Frage, daß von mehreren Beteiligten der eine nötigt und der andere den Beischlaf vollzieht (NStZ 85, 71; beachte jedoch NJW 86, 77 mit Anm Keller JR 86, 343). Ob die in unterschiedlicher Rolle Beteiligten Täter oder Teilnehmer sind, bestimmt sich nach den allgemeinen Regeln und ist wegen der verschiedenen Teilnahmelehren (3–6 vor § 25) umstritten (vgl etwa M-Schroeder/Maiwald BT 1 18/20); da sich jedoch das tatbestandsmäßige Verhalten in der Nötigung zugunsten eines Dritten erschöpfen kann, ist auch nach subjektiver Lehre (5 vor § 25) Mittäter, wer sich als Tatgenosse auf das Nötigen beschränkt (BGHSt 27, 205).

3 **3. Nötigen** 4 zu § 240. Erforderlich ist das Fortdauern des entgegenstehenden Willens der Frau, dh ihres ernstlichen inneren Widerstandes, bis zur Vollendung der Tat (BGHSt 39, 244; NJW 65, 1284); ein Andauern des Widerstandes bis zur Beendigung (2 vor § 22) ist für die Begründung der Strafbarkeit (3 StR 876/53 v 8. 7. 1954), nicht dagegen für den Tatumfang (NStZ 82, 26) unerheblich. Eines äußeren Widerstandes bedarf es nicht unbedingt, weil der Wille hierzu wegen der damit verbundenen Gefährdung schon von vornherein gebrochen sein kann (bei Miebach NStZ 92, 176 mwN); auch die spätere Aufgabe solchen Widerstandes bei Fortbestehen des Nötigungsdrucks hebt den inneren Widerstand idR nicht auf (bei Holtz MDR 76, 812 mwN). Willigt jedoch die durch die Nötigung sexuell erregte Frau freiwillig in den Beischlaf ein, so scheidet Vollendung aus (GA 68, 84; aM Sick ZStW 103, 43, 62); es kann aber Versuch (GA 64, 377; s auch bei Miebach NStZ 92, 177) oder vollendete sexuelle Nötigung (NJW 65, 1284) übrigbleiben. Auch „nicht unwillkommene" Gewalt (vis haud ingrata) ist unter der Voraussetzung, daß die Frau

den erforderlichen inneren Widerstandswillen nicht hat, die Zwangsausübung vielmehr als Bestandteil des Geschlechtsakts bejaht, nicht tatbestandsmäßig (hM; einschr Sick aaO S 57; M-Schroeder/Maiwald BT 1 18/17), wird uU aber als Versuch erfaßt (beachte auch 8). Umgekehrt ist die erzwungene Fortsetzung des zunächst freiwillig geduldeten Beischlafs ausreichend (NStZ 91, 431; JR 93, 163, beide mwN).

4. a) Gewalt 5–11 zu § 240. Sie muß als vis absoluta oder vis compulsiva (GA 65, 57) ein geeignetes (bei Miebach NStZ 92, 176) Mittel zur Überwindung des Widerstandes der Frau gegen den Beischlaf sein und sich gegen eine Person (stRspr), uU auch gegen eine der Frau nahestehende (bei Dallinger MDR 66, 893; 11 zu § 240; aM Reuter-Stracke, Gewalt oder Drohung gegen Dritte als [qualifizierte] Nötigung, 1993, S 137; str), richten. Auf das Maß der Gewalt kommt es nicht an (NStZ 85, 71); es genügt, daß die Gesamtsituation vom Opfer als körperliche Zwangslage empfunden wird (hM; weiter Rössner, Leferenz-FS, S 257; Hillenkamp NStZ 89, 529; Kruse/Sczesny KJ 93, 336, 341; Sick, Sexuelles Selbstbestimmungsrecht und Vergewaltigungsbegriff, 1993, S 148; Horn SK 8 zu § 178, alle mwN). Deshalb kommen auch Einsperren (GA 81, 168; NStZ 93, 340 und 95, 229 mit Bespr Otto JK 3), Verbringen des Opfers gegen seinen Willen an einen entlegenen Ort (NStZ 94, 429) oder Ausspielen der körperlichen Überlegenheit in einer für das Opfer ausweglosen Situation (probl JR 93, 163 mit krit Anm Sick; vgl auch NStZ 95, 230 mit Bespr Otto JK 3) in Frage, wenn sie Mittel zur Erzwingung des Beischlafs sind, dh dem Opfer zumutbare Fluchtmöglichkeiten abschneiden und ihm äußeren Widerstand als sinnlos erscheinen lassen sollen (ähnlich NStZ 90, 335 sowie 95, 229 und 244; LG Hamburg MDR 95, 1056; LG Saarbrücken NStZ 81, 222; Otto JR 82, 116; Keller JuS 84, 109, 113; Wolter NStZ 85, 245, 250; ebenso wohl auch JA 89, 113 mit Bespr Sonnen; enger NJW 81, 2204 mit abl Anm Goy/Lohstöter StV 82, 20 und Geppert JK 1; krit Frommel NKrimPol 93, 24); auch das Herbeiführen körperlicher Erschöpfung zB durch einen mehrstündigen Waldlauf kann Gewalt sein (NStZ 96, 276). Ferner genügt – ebenso wie bei Raub und Erpressung (4 zu § 249; 7 zu § 253) – eine zunächst zu anderem Zweck angewendete Gewalt, wenn das Nötigungsverhalten fortgesetzt oder der Nötigungsdruck durch tatbestandsmäßige konkludente Drohung (vgl 5) aufrechterhalten und final als Mittel zur Erzwingung des Beischlafs eingesetzt wird (NJW 84, 1632; NStZ 86, 409; bei Miebach NStZ 94, 224; weiter NStZ 81, 344). – Da auch Einwirkung mit einem betäubenden, berauschenden oder ähnlich wirkenden Mittel ohne Willen des Betroffenen (nicht dagegen mit dessen Einverständnis, BGHSt 14, 81) Gewalt ist, wenn sie eine körperliche Zwangswirkung herbeiführt (bei Holtz MDR 91, 485; 7 zu § 240), werden Fälle, in denen die Frau von der Anwendung des Mittels nichts weiß, als Vergewaltigung und nicht lediglich nach § 179 II erfaßt (Sch/Sch-Lenckner 4). 4

5 **b) Drohung** 12 zu § 240. **Gegenwärtige Gefahr für Leib oder Leben** 21–23 zu § 315 c; die bloße Androhung von Schlägen reicht nicht (StV 94, 127); die Drohung kann sich unmittelbar gegen eine der Frau nahestehende Person richten (NStZ 94, 31), jedoch nicht in einer Selbstmorddrohung bestehen (NStZ 82, 286; aM Sch/Sch-Lenckner 5).

6 **5. a) Beischlaf** 3 zu § 173. Andere, auch beischlafsähnliche, Handlungen genügen nicht (bei Dallinger MDR 71, 16). Die Tat ist vollendet, sobald der Beischlaf vollzogen ist.

7 **b)** Die **Außerehelichkeit** des Beischlafs ist tatbezogenes Merkmal (hM; anders Behm MDR 86, 886: Ehelichkeit als Strafausschließungsgrund). Erzwungener Beischlaf zwischen Ehegatten fällt daher nicht nur für den Ehemann, sondern auch für sonst an der Tat Beteiligte nur unter § 240 (beachte vor 1).

8 **6.** Der **Vorsatz** muß sich auf die Vollziehung des Beischlafs (NStE 32) und namentlich auf den Einsatz des Nötigungsmittels (NStZ 91, 431) zur Überwindung des erwarteten (bei Miebach NStZ 92, 176) oder geleisteten ernstlichen – sei es auch nur inneren (vgl 3) – Widerstandes erstrecken (NStZ 83, 71 mwN; unrichtig JR 93, 163 mit abl Anm Sick, wo ungeachtet der Gewißheitsvorstellung des Täters [19 zu § 15] das voluntative Vorsatzelement verneint wird). Die irrige Annahme, der Widerstand sei nicht ernst gemeint, ist Tatbestandsirrtum (bei Holtz MDR 91, 701; NStE 30; s auch NJW 93, 1807). Jedoch liegt bedingter Vorsatz vor, wenn der Täter die Ernstlichkeit des Widerstandes für möglich hält und das Risiko der Tatbestandsverwirklichung auf sich nimmt (24, 25 zu § 15; strenger GA 56, 316 mit krit Bespr Maurach GA 56, 305). Das ist fast immer zu bejahen, wenn die Frau ihren entgegenstehenden Willen – sei es auch nur verbal – artikuliert und dem Täter keinen Grund für die Annahme ihres Einverständnisses gegeben hat; in diesem Bereich, der noch näherer kriminologischer Erforschung bedarf, ist die Berufung auf vis haud ingrata (vgl 3) jedenfalls im Regelfall eine bloße Schutzbehauptung (Jerouschek JZ 92, 227; Kruse/Sczesny KJ 93, 336, 345; weniger einschr die nicht widerspruchsfreie Rspr). Am Vorsatz fehlt es jedoch, wenn der Täter Gewalt nur zu dem Zweck anwendet, um die Frau in eine Lage zu versetzen, in der sie infolge sexueller Erregung ohne Nachwirken der Nötigung in den Beischlaf einwilligen soll (NJW 65, 1284; GA 68, 84; aM Sick ZStW 103, 43, 64 und aaO [vgl 4] S 191). Glaubt der Täter bereits bei Beginn des Beischlafs an ein Einverständnis der Frau, so liegt nur ein Versuch vor (BGHSt 39, 244 mit Anm Vitt JR 94, 199). – Werden im Rahmen eines Gesamtgeschehens mehrere Beischlafshandlungen vorgenommen, so ist zur Ermittlung des Vorsatzes und seines Umfangs für jeden Einzelakt die Feststellung erforderlich, ob der Täter das Andauern des Widerstandes erkannte oder wenigstens für möglich hielt (NStZ 82, 26).

7. Zu **Abs 2** (minder schwere Fälle) 7–10 a zu § 46; 4 zu § 12. Seine Anwendung kommt namentlich in Frage, wenn der Täter ein ernsthaftes Liebesverhältnis angestrebt oder wenn die Frau durch ihr vorausgegangenes, falsche Hoffnungen erweckendes Verhalten Anlaß zur Tat gegeben (bei Theune NStZ 87, 496; NStE 29; StV 93, 639; krit Frankfurt StV 88, 389; Sick ZStW 103, 43, 66; probl LG Saarbrücken NStZ 81, 222; s auch NStZ 86, 149 mit krit Anm Hillenkamp) oder zu dem Täter schon zuvor intime Beziehungen unterhalten hat (BT-Dr VI/3521 S 40; NStZ 82, 26); krit zu beiden Fallgruppen Sick aaO [vgl 4] S 236. – Zur **Strafzumessung** beachte 45 zu § 46; zu Fällen, in denen das Schwergewicht des Tatunrechts bei §§ 223, 240 liegt, bei Holtz MDR 96, 118. 9

8. Die **Erfolgsqualifikation** des **Abs 3** entspricht in ihrer Struktur weitgehend der nach § 251 beim Raub (dort 1–3; s auch Küpper, Der „unmittelbare" Zusammenhang zwischen Grunddelikt und schwerer Folge beim erfolgsqualifizierten Delikt, 1982, S 98); nach der Rspr ist deshalb Tateinheit mit den vorsätzlichen Tötungsdelikten möglich (so Miebach NStZ 94, 25; anders 4 zu § 251). 10

9. **Mehrere** Beischlafshandlungen, die durch Aufrechterhaltung desselben Nötigungsdrucks erzwungen werden, bilden eine **tatbestandliche Handlungseinheit** (10 vor § 52; bei Holtz MDR 81, 99; s auch NStZ 85, 546). – Erreicht der Täter sein Ziel mit schwächeren als den in Abs 1 genannten Mitteln, so kann Nötigung nach § 240 übrigbleiben (NStZ 82, 286); die für das Verhältnis zwischen §§ 105, 240 entwickelte Annahme einer abschließenden Sonderregelung ist nicht nach hier übertragbar (Laufhütte LK 22; aM Arzt JZ 84, 428, 429). – **Tateinheit** ua möglich mit §§ 173–174 b, 176 (bei Dallinger MDR 74, 546), § 185 (Frankfurt NJW 67, 2075; beachte jedoch 6 zu § 185), § 218 (bei Miebach NStZ 94, 225), § 237 (5 StR 666/71 v 18. 1. 1972), § 249 (bei Miebach NStZ 94, 225) und § 316 a (VRS 60, 102). § 178 I (BGHSt 17, 1; bei Holtz MDR 93, 8; NStZ 93, 38), § 223 (bei Dallinger MDR 74, 546; Sick aaO [vgl vor 1] S 310), § 239 (BGHSt 28, 18; bei Holtz MDR 91, 1021; NStE 10 zu § 178; s auch NStZ 88, 70) und § 240 (bei Dallinger MDR 56, 144 und 71, 721) werden regelmäßig nicht nur durch die vollendete, sondern auch die versuchte (BGHSt 1, 152; krit Maatz NStZ 95, 209, 212; zw) Tat verdrängt (Konsumtion, 27 vor § 52); das gilt jedoch nur, wenn die Begleittat typischerweise der Ermöglichung oder Förderung des Geschlechtsverkehrs dient und nicht ein weitergehendes, den Tatbestandsrahmen des § 177 überschreitendes Ziel verfolgt (NStZ 93, 38 und 96, 31; NStZ-RR 96, 227). Bei irrtümlicher Annahme des Einverständnisses können § 185 (GA 56, 316; beachte jedoch dort 6) und § 230 (Jerouschek JZ 92, 227), bei fehlendem Nachweis der Gewaltanwendung § 182 (dort 6) oder § 179 II (dort 6, 7) und beim Rücktritt vom Versuch § 178 I (BGHSt 17, 1; bei Miebach NStZ 94, 226 und 95, 224; krit M-Schroeder/Maiwald BT 1 18/23; 23 zu § 24) übrigbleiben. – **Wahlfeststellung** zwischen Verge- 11

waltigung und sexueller Nötigung (einschl Versuch) ist wegen des zwischen den Tatbeständen bestehenden Stufenverhältnisses (vgl 1) unzulässig (BGHSt 11, 100; 11 zu § 1). – Zu den Anforderungen an die Anklageschrift bei einer Vielzahl von gleichartigen sexuellen Übergriffen auf dasselbe Opfer NStZ 95, 244; s auch 2 zu § 53; 2 zu § 53 sowie Kleinknecht/Meyer-Goßner 9 zu § 200 StPO mwN.

12 **10.** Führungsaufsicht § 181 b.

13 **11.** Zur **Kriminologie** der Vergewaltigung vgl ua Teufert, Notzucht und sexuelle Nötigung, 1980; Michaelis-Arntzen, Die Vergewaltigung aus kriminologischer, viktimologischer und aussagepsychologischer Sicht, 1981 mit krit Bespr Liebl GA 83, 380; Weis, Die Vergewaltigung und ihre Opfer, 1982; Schneider, Blau-FS, S 341; Kühne/Ammer JuS 86, 388; Steck/Pauer MschrKrim 92, 187; Kruse/Sczesny KJ 93, 336; Eisenberg Krim 45/64, 58/32 und 61/13; Kaiser Krim 65/1; s auch Schäfer, Dünnebier-FS, S 465; Steinhilper, Definitions- und Entscheidungsprozesse bei sexuell motivierten Gewaltdelikten, 1986. – Unter historisch-kriminologischen Gesichtspunkten krit zur **Strafzumessungspraxis** der Gerichte Middendorff, Leferenz-FS, S 593. – Zur Rechtsgeschichte Sick aaO [vgl 4] S 26.

§ 178 Sexuelle Nötigung

(1) **Wer einen anderen mit Gewalt oder durch Drohung mit gegenwärtiger Gefahr für Leib oder Leben nötigt, außereheliche sexuelle Handlungen des Täters oder eines Dritten an sich zu dulden oder an dem Täter oder einem Dritten vorzunehmen, wird mit Freiheitsstrafe von einem Jahr bis zu zehn Jahren bestraft.**

(2) **In minder schweren Fällen ist die Strafe Freiheitsstrafe von drei Monaten bis zu fünf Jahren.**

(3) **Verursacht der Täter durch die Tat leichtfertig den Tod des Opfers, so ist die Strafe Freiheitsstrafe nicht unter fünf Jahren.**

1 **1.** Die Vorschrift schützt ebenso wie § 177 die **Freiheit der geschlechtlichen Selbstbestimmung** (1 vor § 174); zu ihrer vorerst gescheiterten Reform 9 vor § 174.

2 **2.** Der **Tatbestand des Abs 1** unterscheidet sich von dem der Vergewaltigung dadurch, daß er unterschiedslos Männer und Frauen schützt und daß an die Stelle der Nötigung zum Beischlaf die Nötigung zur Duldung oder Vornahme sexueller (auch gleichgeschlechtlicher) Handlungen tritt. Die Ausführungen unter 2–5, 7, 8 zu § 177 gelten daher weitgehend sinngemäß.

3 **a)** Die **Gewalt** (4 zu § 177) muß das Mittel sein, um die Duldung oder Vornahme der sexuellen Handlung zu erzwingen (MDR 59, 589; LG Saarbrücken NStZ 81, 222). Dazu braucht sie dieser Handlung nicht unbedingt vorauszugehen (BGHSt 17, 1, 5; Laufhütte LK 2 mwN); auch kann es ausreichen, wenn die Gewaltanwendung Gegen-

wehr verhindern soll, die erst durch das Eingreifen Dritter (zB der Eltern zugunsten des gewaltsam am Schreien gehinderten Kindes) wirksam werden könnte (NStZ 92, 433). Auch hier genügt es – wie bei der Vergewaltigung (4 zu § 177) –, daß die ursprünglich nicht auf die Ermöglichung sexueller Handlungen abzielende Gewalt als Drohung iSd § 178 fortwirkt (NStE 9). An der Mittel-Zweck-Beziehung fehlt es häufig bei sexuellen Gewaltakten, die unter Ausnutzung des Überraschungsmoments ausgeführt werden (BGHSt 31, 76 mit krit Anm Lenckner JR 83, 159; NStZ 93, 78 und 95, 230 mit Bespr Otto JK 3 zu § 177) und bei sadistischen Gewaltakten, die jeweils mit der sexuellen Handlung zusammenfallen (BGHSt 17, 1, 4).

b) Erfaßt werden nur **sexuelle Handlungen** (§ 184 c Nr 1) **„an"** 4
einer vom Handelnden verschiedenen Person (NStZ 90, 490; 10, 11 zu § 174), und zwar auch Handlungen, die das Opfer selbst vornimmt. Dessen Nötigung zu Handlungen an sich selbst (NStZ 82, 286) oder ohne körperliche Berührung (zB Zwang zum Nacktausziehen oder -umhergehen) fällt nur unter § 240.

c) Dulden erfordert keinen Willensentschluß, sondern deckt auch 5
Erdulden absoluter Gewalt (1 StR 530/73 v 11. 12. 1973; s auch 4 zu § 240), zB das gewaltsame Führen der Hand des Opfers an das Glied des Täters (NJW 65, 1087) oder die Vornahme der sexuellen Handlung an dem durch die Gewaltanwendung bewußtlos oder sonst widerstandsunfähig gewordenen Opfer (LG Mosbach NJW 78, 1868). In dem erzwungenen Zusehen homosexueller Handlungen des Täters mit Dritten liegt kein Dulden einer sexuellen Handlung „an sich", dh unter Körperberührung (bei Miebach NStZ 94, 225).

3. Zu **Abs 2** (minder schwere Fälle) 9 zu § 177. Zu **Abs 3** 6
(Strafschärfung beim Tod des Opfers) 10 a zu § 176; 1–4 zu § 251.

4. Über **Konkurrenz** und Wahlfeststellung im Verhältnis zu § 177 7
dort 11. Die Möglichkeit von Tateinheit mit anderen Delikten deckt sich weitgehend mit § 177.

5. Führungsaufsicht § 181 b. 8

§ 179 Sexueller Mißbrauch Widerstandsunfähiger

(1) **Wer einen anderen, der**

1. wegen einer krankhaften seelischen Störung, wegen einer tiefgreifenden Bewußtseinsstörung oder wegen Schwachsinns oder einer schweren anderen seelischen Abartigkeit zum Widerstand unfähig ist oder

2. körperlich widerstandsunfähig ist,

dadurch mißbraucht, daß er unter Ausnutzung der Widerstandsunfähigkeit außereheliche sexuelle Handlungen an ihm vornimmt oder an sich von dem Opfer vornehmen läßt, wird mit Freiheitsstrafe bis zu fünf Jahren oder mit Geldstrafe bestraft.

(2) **Wird die Tat durch Mißbrauch einer Frau zum außerehelichen Beischlaf begangen, so ist die Strafe Freiheitsstrafe von einem Jahr bis zu zehn Jahren, in minder schweren Fällen Freiheitsstrafe von drei Monaten bis zu fünf Jahren.**

1 **1.** Die Vorschrift schützt ebenso wie die §§ 177, 178 die **freie geschlechtliche Selbstbestimmung** (BT-Dr VI/1552 S 18; s auch 1 vor § 174; str). Abs 2 beschreibt eine durch das Merkmal des Beischlafs **qualifizierte Form** des Abs 1. – Zur Reform der Vorschrift vgl ua den Gesetzentwurf der Fraktionen der CDU/CSU und FDP (BT-Dr 13/2463) und 9 vor § 174; aus dem neuesten Schrifttum vgl ua Helmken ZRP 96, 241.

2 **2. Täter** kann nur sein, wer im Falle des Abs 1 die sexuelle Handlung unmittelbar selbst vornimmt oder von dem anderen an sich vornehmen läßt oder wer im Falle des Abs 2 den Beischlaf mit der Frau vollzieht (so zu § 176 I Nr 2 aF BGHSt 15, 132). Die Tat ist daher **eigenhändiges Delikt** (KG NJW 77, 817 mit abl Bespr Schall JuS 79, 104; Laufhütte LK 17; aM Woelk, Täterschaft bei zweiaktigen Delikten, 1994, S 42; Otto GK 2 S 334, alle mwN; str); das folgt vor allem daraus, daß hier der konkrete Inhalt der sexuellen Beziehung, also ein spezifischer Handlungsunwert, besonderes Gewicht hat (s auch 3 zu § 25).

3 **3.** Der andere (im Falle des Abs 1 Mann oder Frau) ist **widerstandsunfähig**, wenn er zur Zeit der Tathandlung – sei es auch nur bei deren Beginn (BGHSt 38, 68) oder sonst vorübergehend (BGHSt 36, 145) – gegenüber dem Ansinnen des Täters nicht imstande ist, einen zur Abwehr ausreichenden Widerstandswillen zu bilden, zu äußern oder zu betätigen (BGHSt 32, 183 mwN).

4 **a)** Die **psychische Widerstandsunfähigkeit** (Abs 1 Nr 1) muß auf einem der biologischen Gründe beruhen, die nach § 20 die Schuldfähigkeit ausschließen können (dort 2–11); allerdings ist diese Angleichung an § 20 problematisch, weil die Verschiedenartigkeit der Regelungsbereiche zu unterschiedlichen Auslegungsergebnissen zwingen kann (Hanack NJW 74, 1, 3). So schließen etwa die **tiefgreifenden Bewußtseinsstörungen**, die uU Folge völliger Erschöpfung sein können (NStZ 85, 70), abweichend von § 20 auch Fälle der Handlungsunfähigkeit ein (zB Bewußtlosigkeit und Schlaf, bei Holtz MDR 83, 280). Stets müssen die biologischen Mängel – sei es auch nur aufgrund Zusammenwirkens verschiedener Störungen (zB Zusammentreffen seelischer Abartigkeit mit situationsbedingter Einwirkung durch Überraschung, Schreck oder Schock, BGHSt 36, 145) – **so schwer** sein, daß sie die geforderte Widerstandsunfähigkeit (vgl 3) bewirken (NJW 86, 77 mit Anm Keller JR 86, 343, beide mwN; str); bei Geisteskrankheiten, die in Schüben verlaufen (zB Schizophrenie, Zyklothymie), trifft dies während der latenten Phasen idR nicht zu.

5 **b) Körperliche Widerstandsunfähigkeit** (Abs 1 Nr 2) setzt voraus, daß das Opfer infolge eines körperlichen Gebrechens oder Hemm-

nisses ganz außerstande, also nicht nur in der Fähigkeit beeinträchtigt ist, seinen dem sexuellen Ansinnen entgegenstehenden Willen zu äußern (NJW 83, 636; bei Holtz MDR 91, 702) oder zu betätigen (Geerds JR 83, 254). Die Widerstandsunfähigkeit kann auf äußerer Einwirkung (zB Fesselung) oder auf körperlichem Defekt (zB Querschnittslähmung, völlige Erschöpfung, NJW 86, 77) beruhen, nicht aber nur auf der kindlichen Entwicklungsstufe des Opfers (BGHSt 30, 144 mwN).

4. a) Mißbrauchen 9 zu § 174 a (s auch KG NJW 77, 817; Horn SK 9, 10, beide mwN); daran kann es fehlen, wenn die sexuelle Handlung aus einer von Zuneigung und Fürsorge gekennzeichneten Liebesbeziehung erwachsen ist (im Ergebnis probl BGHSt 32, 183 mit abl Anm Herzberg/Schlehofer JZ 84, 481 und Geerds JR 84, 431) oder wenn der andere vor Eintritt der Widerstandsunfähigkeit in eine solche Handlung eingewilligt hat (bei Dallinger MDR 58, 13; diff Sch/Sch-Lenckner 9, 10; s auch Geerds JR 83, 254, 255). 6

b) Die **Widerstandsunfähigkeit wird ausgenutzt**, wenn sie nach den Umständen die Tathandlung ermöglicht oder erleichtert und der Täter die dadurch gebotene Gelegenheit wahrnimmt (ähnlich Schall JuS 79, 104, 105; M-Schroeder/Maiwald BT 1 18/32; weiter Sch/Sch-Lenckner 9; enger LG Mainz MDR 84, 773; zw). Bei sexuellen Beziehungen, die nach Eintritt der seelischen Störung nur fortgesetzt werden, trifft das idR nicht zu (Sturm JZ 74, 1, 7); umgekehrt fehlt es meist an der Ausnutzung, wenn der Täter die sexuelle Handlung mit den Mitteln der §§ 177, 178 erzwingt (NStZ 81, 23). Wer den Zustand herbeigeführt hat, ist unerheblich; jedoch kommt sexuelle Nötigung (oder Vergewaltigung) in Frage, wenn der Täter sein Opfer ohne dessen Willen widerstandsunfähig macht (4 zu § 177). 7

5. Zur Vornahme **sexueller Handlungen** (§ 184 c Nr 1) „an" dem Opfer oder dem Täter (Abs 1) 10–12 zu § 174. 8

6. Beischlaf (Abs 2) 3 zu § 173; die Tat ist vollendet, sobald der Beischlaf vollzogen ist. 9

7. Der **Vorsatz** (bedingter genügt) muß sich namentlich auf die Widerstandsunfähigkeit des Opfers und die Umstände erstrecken, aus denen sich dessen Mißbrauch ergibt (17 zu § 15); fehlt der Vorsatz, kommt eine fahrlässige Körperverletzung in Betracht (NStZ 96, 188). 10

8. Der **Versuch** ist nur im Falle des Abs 2 strafbar (§ 23 I). 11

9. Das **Konkurrenzverhältnis** zwischen Abs 1 und 2 entspricht dem zwischen §§ 178 und 177, idR also Gesetzeseinheit (11 zu § 177). Handlungseinheit mit §§ 177, 178 scheidet idR (nicht notwendig; unklar NStZ 81, 23) aus, weil es schon am Tatbestand des § 179 fehlt (vgl 5, 7; aM Horn SK 16); treffen ausnahmsweise der Einsatz des qualifizierten Nötigungsmittels mit dem Mißbrauch der Widerstandsunfähigkeit zusammen, so ist § 179 subsidiär (Sch/Sch-Lenckner 16). 12

Im übrigen ist **Tateinheit** zB möglich mit §§ 174–176 (BGHSt 38, 68, 71 mit Anm Molketin NStZ 92, 179) und § 185 (zw).

13 **10.** Führungsaufsicht § 181 b.

§ 180 Förderung sexueller Handlungen Minderjähriger

(1) **Wer sexuellen Handlungen einer Person unter sechzehn Jahren an oder vor einem Dritten oder sexuellen Handlungen eines Dritten an einer Person unter sechzehn Jahren**

1. durch seine Vermittlung oder

2. durch Gewähren oder Verschaffen von Gelegenheit

Vorschub leistet, wird mit Freiheitsstrafe bis zu drei Jahren oder mit Geldstrafe bestraft. Satz 1 Nr. 2 ist nicht anzuwenden, wenn der zur Sorge für die Person Berechtigte handelt; dies gilt nicht, wenn der Sorgeberechtigte durch das Vorschubleisten seine Erziehungspflicht gröblich verletzt.

(2) **Wer eine Person unter achtzehn Jahren bestimmt, sexuelle Handlungen gegen Entgelt an oder vor einem Dritten vorzunehmen oder von einem Dritten an sich vornehmen zu lassen, oder wer solchen Handlungen durch seine Vermittlung Vorschub leistet, wird mit Freiheitsstrafe bis zu fünf Jahren oder mit Geldstrafe bestraft.**

(3) **Wer eine Person unter achtzehn Jahren, die ihm zur Erziehung, zur Ausbildung oder zur Betreuung in der Lebensführung anvertraut oder im Rahmen eines Dienst- oder Arbeitsverhältnisses untergeordnet ist, unter Mißbrauch einer mit dem Erziehungs-, Ausbildungs-, Betreuungs-, Dienst- oder Arbeitsverhältnis verbundenen Abhängigkeit bestimmt, sexuelle Handlungen an oder vor einem Dritten vorzunehmen oder von einem Dritten an sich vornehmen zu lassen, wird mit Freiheitsstrafe bis zu fünf Jahren oder mit Geldstrafe bestraft.**

(4) **In den Fällen der Absätze 2 und 3 ist der Versuch strafbar.**

1 **1.** Vgl zunächst 1–3 vor § 174.

1a **2.** § 180 schützt die **ungestörte geschlechtliche Entwicklung Minderjähriger** durch das Verbot, unter bestimmten Voraussetzungen sexuelle Kontakte der geschützten Personen **mit Dritten** (also nicht mit dem Täter selbst) zu fördern (BT-Dr VI/1552 S 22); unerheblich ist dabei, ob es dem Täter auch oder sogar in erster Linie auf eigene sexuelle Beteiligung ankommt (Laufhütte LK 7 mwN; einschr Sch/Sch-Lenckner 3; str).

2 **3. Sämtliche Förderungshandlungen** nach Abs 1–3 beziehen sich auf **sexuelle Handlungen** (2–4 a zu § 184 c) der geschützten Person **„an“** (10, 11 zu § 174) oder **„vor“** (8 zu § 184 c) einem **Dritten**, dh einer vom Täter verschiedenen Person, oder eines Dritten an der ge-

schützten Person. Diese Möglichkeiten sind erschöpfend; Formen des Triolenverkehrs, bei denen der Minderjährige nur als zuschauender Partner beteiligt ist, werden daher nicht erfaßt. **An sich vornehmen lassen** 12 zu § 174.

4. Die **Absätze 1–3** unterscheiden nach dem Alter der geschützten Personen, ihrer Abhängigkeit vom Täter und der Entgeltlichkeit der sexuellen Betätigung drei verschiedene Gruppen von Förderungshandlungen. Im einzelnen: 3

a) Abs 1 (Schutzaltersgrenze 16 Jahre): Förderungshandlung ist hier das **Vorschubleisten** in den Formen der Nummern 1 (vgl 5) oder 2 (6). Allgemein setzt das die Schaffung günstigerer Bedingungen für eine nach Zeit, Ort und Beteiligten schon bis zu einem gewissen Grade konkretisierte (Tröndle 6; str) sexuelle Handlung (vgl 2) voraus und deckt sich insoweit mit (erfolgreicher und erfolgloser) Beihilfe (str). Die Tat ist mit dem Vorschubleisten vollendet; zu der geförderten sexuellen Handlung braucht es nicht zu kommen (BT-Dr VI/3521 S 44; s auch BGHSt 1, 115; 24, 249). Durch **Unterlassen** ist Vorschubleisten möglich, wenn der Täter Garantenstellung hat, wenn seine Unterlassung nicht nur allgemein dem Vorschubleisten durch ein Tun, sondern gerade auch dem tätigen Vermitteln oder Gewähren bzw Verschaffen von Gelegenheit entspricht, wenn ein Eingreifen im Einzelfall zumutbar ist (2–16 zu § 13; zweifelnd hinsichtlich des Vorliegens dieser Voraussetzungen Horn SK 9) und wenn nicht das Erzieherprivileg den Tatbestand ausschließt (vgl 9–13). – Im übrigen ist das Vorschubleisten beschränkt auf die folgenden **typischen Förderungshandlungen** (BGHSt 21, 272, 276; Köln NJW 67, 455): 4

aa) Das **Vermitteln**, dh die Herstellung einer persönlichen – bisher nicht bestehenden (Prot 6, 1641, 1647) – Beziehung zwischen dem Dritten und der geschützten Person, welche die sexuellen Handlungen zum Gegenstand hat (BGHSt 1, 113). Gegenüber dem bloßen Gewähren oder Verschaffen von Gelegenheit bedarf es wegen der Unterschiede in Abs 2 (vgl 7) und beim Erzieherprivileg (vgl 9–13) eindeutiger Abgrenzung: Es liegt nur vor, wenn die persönliche Beziehung dadurch zustande kommt (Sch/Sch-Lenckner 8), daß der Täter – unmittelbar oder über Mittelsmänner – der geschützten Person oder dem Dritten den jeweils anderen, nach seiner Vorstellung zur Aufnahme der Beziehung allgemein oder für den Einzelfall bereiten Partner (uU auch unter einer Sammelbezeichnung eine begrenzte Mehrheit) nachweist und erst dadurch die Beziehung ermöglicht (KG NJW 77, 2223, 2225 mwN; zT abw Horstkotte JZ 74, 84, 87; Dreher JR 74, 45, 51; zw). Bei Adressenvermittlung in einem Call-Girl-Ring trifft das stets zu. Dagegen genügt das Benennen einer oder das Hinführen zu einer Dirnenunterkunft nur, wenn diese nicht allgemein bekannt und daher ohne Vermittlung nicht zugänglich ist. Das Organisieren von Zusammenkünften, Reisen, Zeltlagern usw reicht, selbst wenn dabei sexuelle Kontakte ermöglicht werden sollen, nur dann aus, wenn das Verhalten 5 der Teilnehmer nicht ihrer Initiative überlassen, sondern durch Herstellung konkreter Beziehungen gesteuert wird.

6 bb) Das **Gewähren oder Verschaffen von Gelegenheit**, dh die Bereitstellung auf Verlangen (NJW 59, 1284) oder die sonstige Herbeiführung äußerer Umstände, unter denen die sexuelle Handlung unmittelbar erleichtert wird. Bloß psychische Einwirkung auf die geschützte Person genügt nicht (Sch/Sch-Lenckner 9; aM BGHSt 9, 71; NJW 59, 1284), auch nicht die nur mittelbare, dh nicht in enger Verbindung mit der sexuellen Handlung stehende (GA 66, 337), Förderung, wie etwa das bloße Unterhalten eines Homosexuellenlokals (hM; anders Düsseldorf JMBlNRW 50, 81) oder das Erbringen allgemeiner Dienstleistungen im Bordell (zB als Putzfrau, RGSt 29, 108). In Frage kommen ua: Zurverfügungstellen von Räumlichkeiten; Benennen von Dirnenunterkünften (zw) sowie Organisieren von Zusammenkünften, Reisen usw zur Anbahnung sexueller Kontakte, soweit kein Vermitteln (vgl 5) vorliegt; Verbringen der geschützten Person an einen Ort, wo sie der Prostitution nachgehen kann (bei Dallinger MDR 66, 558; zw); Geben von Geld zur Bezahlung einer Dirne (RGSt 51, 46; zw).

7 **b) Abs 2** (Schutzaltersgrenze 18 Jahre): Geschützt sind **alle** Angehörigen der Altersgruppe, auch wenn sie schon der Prostitution nachgegangen sind (bei Holtz MDR 77, 809). **Bestimmen** 13 zu § 174; speziell zu § 180 NJW 85, 924 mwN. **Entgelt** 22 zu § 11; auch Sachwerte (NJW 97, 334), Reisen usw kommen in Frage; die Abgrenzung gegenüber Geschenken zur Gewinnung der Zuneigung kann im Einzelfall schwierig sein. Ob das Entgelt dem Opfer oder einem Dritten zufließt oder zufließen soll, ist unerheblich; Täter und Opfer müssen sich nur darüber einig sein, daß es die Gegenleistung für die sexuelle Handlung sein soll (NStZ 95, 540). **Vorschubleisten** genügt hier nur in der Form der Vermittlung (vgl 5); im Hinblick auf die in Abs 4 angeordnete Versuchsstrafbarkeit setzt die Vollendung anders als in Abs 1 (vgl 4) voraus, daß es zu sexuellen Handlungen gekommen ist (NJW 97, 334; Horn SK 37; aM Tröndle 6). – Für die geschützten Personen unter 16 Jahren überschneiden sich die Anwendungsbereiche der Abs 1, 2 weit, decken sich aber nicht: Bestimmen ist einerseits enger als Vorschubleisten, das keine Willensbeeinflussung erfordert, andererseits aber auch weiter, weil es sich anders als das Gewähren oder Verschaffen von Gelegenheit (vgl 6) in bloß psychischer Einwirkung erschöpfen kann.

8 **c) Abs 3** (Schutzaltersgrenze 18 Jahre): Zu dem erforderlichen **Unterordnungsverhältnis** und dem **Mißbrauch der Abhängigkeit** 5–9 zu § 174. **Bestimmen** 13 zu § 174.

9 **5. a)** Das umstrittene **Erzieherprivileg nach Abs 1 S 2** schließt die Anwendung des Abs 1 Nr 2 (vgl 6) aus, wenn der (nach bürgerlichem Recht, vgl namentlich §§ 1626 ff, 1671 ff, 1705 ff, 1738, 1754, 1793 BGB; Düsseldorf NJW 59, 2120) **Personensorgeberechtigte** (idR Eltern, nichteheliche Mutter oder Vormund, uU auch ein Pfleger)

die Tathandlung begeht und dadurch **nicht seine Erziehungspflicht gröblich verletzt**. Die letztere höchst unbestimmte Abgrenzung macht das ganze Institut verfassungsrechtlich fragwürdig (Becker/Ruthe FamRZ 74, 508). Nach den Gesetzesmaterialien (BT-Dr VI/3521 S 45) soll es einerseits Förderungshandlungen im „pädagogischen Notstand", namentlich Handlungen im Grenzbereich von Tun und Unterlassen, bei denen nach den Umständen ein Andershandeln nicht zumutbar ist, straffrei stellen, andererseits aber auch dem „pädagogischen Experiment" Raum geben (krit Schroeder, Lange-FS, S 391). Während die Ausscheidung der Unzumutbarkeitsfälle nicht problematisch ist, sind verläßliche Maßstäbe für die Begrenzung pädagogisch motivierter Förderungshandlungen kaum auffindbar (krit auch Hanack NJW 74, 1, 8). Fraglich bleibt vor allem, bis zu welcher Grenze ideologisch bestimmte Tendenzen zur Auflösung der Sexualmoral hinzunehmen sind. Bei den auseinanderstrebenden sozialethischen Wertvorstellungen in der Gesellschaft fehlt es an hinreichend eindeutigen Kriterien. Der Richter wird auf das „Moralisieren" verwiesen (Becker/Ruthe aaO S 512; aM Horstkotte JZ 74, 84, 86, der die Grenze nur bei der Gefahr des Abgleitens in die Promiskuität oder Prostitution und bei „aktiven sexualpädagogischen Experimenten" für überschritten hält; anders auch Laufhütte LK 12, der auf „schlechterdings" unvertretbares Verhalten abstellt; strenger Dreher JR 74, 45, 51, der Anhaltspunkte aus den §§ 175, 176 herleitet). Immerhin ist die Grenze idR überschritten, wenn der Erziehungsberechtigte Gelegenheit zur Prostitutionsausübung (BT-Dr VI/3521 S 45) oder zum Geschlechtsverkehr mit häufig wechselnden Partnern (Prot 6, 1663) verschafft, wenn er sexuelle Handlungen fördert, die als solche mit Strafe bedroht sind (Horn SK 15), oder wenn er Gewinn aus seinem Verhalten zieht (Laufhütte LK 12). – Der Sorgeberechtigte braucht sein Verhalten nicht selbst für eine „gröbliche" Pflichtverletzung zu halten; es genügt, daß er die Umstände kennt, die diese Bewertung rechtfertigen (17 zu § 15).

b) Das Erzieherprivileg **wirkt nur für Taten nach Abs 1 Nr 2**. Ist 10
die Tat zugleich aus einem anderen Grunde strafbar, zB als Vorschubleisten durch Vermittlung (Abs 1 Nr 1) oder als Teilnahme an dem Sexualdelikt des Dritten, so kommt eine Ausdehnung des Privilegs nicht in Frage (BT-Dr VI/3521 S 46; Horstkotte JZ 74, 84, 87); bei den fließenden Übergängen zwischen den verschiedenen Formen des Vorschubleistens (vgl 4–6) und bei dem im Einzelfall uU völlig gleichwertigen Unrecht kann das zu sachlich nicht erklärbaren Unterschieden führen.

c) Das Erzieherprivileg begründet, worauf auch der Gesetzeswortlaut 11
hinweist, einen **Tatbestandsausschluß** (BT-Dr VI/3521 S 45; nach Wolter GA 96, 201, 208: Strafrechtsausschließungsgrund vor der 1. Deliktsstufe). Ein Rechtfertigungs- oder Entschuldigungsgrund scheidet schon deshalb aus, weil im Einzelfall durchaus eine rechtswidrige und vorwerfbare, wenn auch nicht gröbliche, Pflichtverletzung vorliegen

kann; daher bleibt auch die Möglichkeit von Maßnahmen nach § 1666 BGB unberührt (BT-Dr VI/3521 S 46). – Für die **Beteiligung mehrerer** folgt daraus:

12 aa) Der **Sorgeberechtigte** handelt bei Vorliegen der Voraussetzungen des Abs 1 S 2 nicht tatbestandsmäßig und kann daher nicht Täter (auch nicht Mittäter) sein. Auch als Teilnehmer (Anstifter oder Gehilfe) scheidet er aus; das ergibt sich aus der weiten Fassung des Gesetzes, das schlechthin vom „Handeln" des Sorgeberechtigten spricht, und aus der Erwägung, daß die Teilnahmehandlung idR dieselben vom Gesetz tolerierten Zwecke verfolgt, wie die Täterhandlung (Horstkotte JZ 74, 84, 87; Tröndle 14; aM Schroeder, Lange-FS, S 391, 400).

13 bb) Ist **ein anderer Täter**, so kommt ihm die Vergünstigung des Abs 1 S 2 auch bei Einwilligung des Sorgeberechtigten nicht zugute. Die bis in die letzten Stadien des Gesetzgebungsverfahrens noch vorgesehene Erstreckung des Privilegs auf Dritte, die mit Einwilligung des Sorgeberechtigten handeln, ist auf Vorschlag des Vermittlungsausschusses gestrichen worden (BT-Dr 7/1166). Darin liegt eine verbindliche gesetzgeberische Entscheidung (Schroeder, Lange-FS, S 391; aM Sch/Sch-Lenckner 14, 17). – Strafbare **Teilnahme an der Tat des Sorgeberechtigten** ist dagegen nicht möglich, weil es an einer mit Strafe bedrohten Haupttat fehlt (Horstkotte JZ 74, 84, 87; 9 vor § 25; beachte auch Schroeder aaO S 400).

14 **6.** Die Personen, deren sexuelle Handlungen der Täter fördert, sind – auch im Falle der Anstiftung – als **notwendige Teilnehmer** straflos. Für die geschützte Person folgt das bereits aus den allgemeinen Regeln (12 vor § 25). Aber auch der Dritte bleibt straflos. Die Tat nach § 180 ist eine tatbestandlich verselbständigte Teilnahme an den nicht oder anderweit mit Strafe bedrohten sexuellen Handlungen der geschützten Person und des Dritten; für diesen liegt daher nur mittelbare Teilnahme am eigenen straflosen Tun vor (Armin Kaufmann MDR 58, 177; Bindokat NJW 61, 1713; Herzberg GA 71, 1, 10; aM BGHSt 10, 386; 15, 377; Laufhütte LK 19, 20; diff Sowada, Die „notwendige Teilnahme" als funktionales Privilegierungsmodell im Strafrecht, 1992, S 225, alle mwN; zw).

15 **7.** Zu den **Konkurrenzen** vgl zunächst 3 vor § 174. Nach den dort entwickelten Grundsätzen wird Abs 1 von den Absätzen 2, 3 verdrängt (Sch/Sch-Lenckner 34; aM M-Schroeder/Maiwald BT 1 20/37; Tröndle 26; zw). Dagegen ist zwischen Abs 2 und 3 **Tateinheit** möglich; dasselbe gilt für alle Begehungsformen des § 180 im Verhältnis zu den meisten Tatbeständen der §§ 180 a–181 a sowie zur Teilnahme an den Sexualdelikten des Dritten (namentlich nach §§ 174–176; NStZ 96, 599).

§ 180 a Förderung der Prostitution

(1) **Wer gewerbsmäßig einen Betrieb unterhält oder leitet, in dem Personen der Prostitution nachgehen und in dem**

1. **diese in persönlicher oder wirtschaftlicher Abhängigkeit gehalten werden oder**
2. **die Prostitutionsausübung durch Maßnahmen gefördert wird, welche über das bloße Gewähren von Wohnung, Unterkunft oder Aufenthalt und die damit üblicherweise verbundenen Nebenleistungen hinausgehen,**

wird mit Freiheitsstrafe bis zu drei Jahren oder mit Geldstrafe bestraft.

(2) **Ebenso wird bestraft, wer**

1. **einer Person unter achtzehn Jahren zur Ausübung der Prostitution Wohnung, gewerbsmäßig Unterkunft oder gewerbsmäßig Aufenthalt gewährt oder**
2. **einen anderen, dem er zur Ausübung der Prostitution Wohnung gewährt, zur Prostitution anhält oder im Hinblick auf sie ausbeutet.**

Fassung: Abs 3–5 durch 26. StÄG (6 vor § 174) gestrichen.

1. Vgl zunächst 1–4 vor § 174. 1

2. Prostitution setzt voraus, daß jemand auf gewisse, nicht unbedingt längere Dauer sexuelle Handlungen gegen Entgelt, das auch einem anderen zufließen kann (BT-Dr VI/1552 S 25), an oder vor wechselnden Partnern vornimmt oder von ihnen an sich vornehmen läßt; sexuelle Handlungen (zB einer Stripteasetänzerin) lediglich vor einer Mehrzahl von Zuschauern genügen jedoch nicht (Laufhütte LK 4 mwN; zw). – **Prostitutionsausübung** umfaßt nicht nur das Vornehmen oder Geschehenlassen der sexuellen Handlungen selbst, sondern auch alle Handlungen, die dem sexuellen Vorgang unmittelbar vorausgehen oder nachfolgen und zusammen mit ihm ein einheitliches Geschehen bilden, namentlich also die Kontaktaufnahme mit den Kunden, die Verhandlungen über das Entgelt und die unmittelbar dem Vollzug der sexuellen Handlungen dienenden Vorbereitungen. – Der **Prostitution nachgehen** bedeutet nicht nur Prostitutionsausübung, sondern schon das unmittelbare Aufsuchen von Gelegenheiten dazu (Bay JZ 89, 51 mwN), zB öffentliches Anbieten auf dem Straßenstrich; Aufenthalt in Animierlokalen zur Kontaktaufnahme; telefonische Anbahnungsgespräche als Call-girl (Bay aaO mit abl Anm Behm JZ 89, 301; Bay GA 89, 489, alle mwN; zw). Zu sexuellen Handlungen braucht es nicht zu kommen (BVerfG NStZ 85, 131 mwN). 1a

3. Abs 1 übernimmt das Verbot der Unterhaltung von **Bordellen und bordellartigen Betrieben** nach § 180 II aF dem sachlichen Ge- 2

halt nach unverändert, legt jedoch die Begriffsmerkmale dieser Betriebe in Übereinstimmung mit der früheren und daher weiter verwertbaren Rspr (zB NJW 64, 2023; bei Dallinger MDR 55, 528) ausdrücklich fest. Abweichend vom früheren Recht bezieht die Vorschrift auch **Männer** in den Schutzbereich ein, erfaßt neben der Unterhaltung auch die **Leitung** des Betriebes und setzt **gewerbsmäßiges** Handeln voraus (20 vor § 52; beachte auch 5 zu § 28).

3 **a)** Der **Betrieb** (15 zu § 11; s auch Frankfurt NJW 78, 386), der auch, zB als sog Massagesalon (Köln NJW 74, 1830 mit Anm Loos JR 75, 248; KG NJW 76, 813), getarnt sein kann, muß die in den Nummern 1, 2 beschriebenen besonderen Maßnahmen oder Einrichtungen aufweisen (vgl 4). In ihm muß mehr als eine Prostituierte tätig sein (Bay NJW 94, 2370; aM Horn SK 3); doch reicht es zur Verwirklichung von Abs 1 Nr 1 aus, wenn von mehreren im Betrieb tätigen Prostituierten nur eine in Abhängigkeit gehalten wird (NJW 95, 1686; zw). Einerseits bleibt daher das sog **Dirnenwohnheim** ausgenommen, in dem solche Vorkehrungen fehlen. Andererseits ist nicht erforderlich, daß die Unabhängigkeit der Prostituierten in dem Betrieb konkret gefährdet wird oder ihre Gefährdung auch nur zu besorgen ist (NJW 87, 3209). Die Tat ist vielmehr **abstraktes Gefährdungsdelikt** (NJW 86, 596 mwN; s auch 32 vor § 13). – Wer die von einer Prostituierten gemietete Wohnung nur zur Prostitutionsausübung herrichtet und ausstattet, unterhält oder leitet den „Betrieb" nicht (NJW 93, 3209).

4 **b) Nr 1, 2: Halten** setzt eine gezielte Einwirkung auf die persönliche oder wirtschaftliche Unabhängigkeit voraus (BT-Dr VI/1552 S 25). – **Maßnahmen** sind spezielle, den Betrieb kennzeichnende (bei Miebach NStZ 92, 228) Vorkehrungen zur Förderung gerade der Prostitutionsausübung. Nr 2 verstößt weder gegen den Bestimmtheitsgrundsatz noch gegen den Verhältnismäßigkeitsgrundsatz (BVerfG NJW 93, 1911). Sie müssen nicht notwendig Knebelung der Prostituierten bezwecken, sondern nur geeignet sein, diese enger an die Prostitution zu binden (NJW 86, 596 und 87, 3209, beide mwN; krit LG Münster StV 92, 581, das die Vorschrift insoweit für verfassungswidrig hält, als sie auch Fälle freiwilliger Mitwirkung der Prostituierten erfaßt; in historischer Perspektive dazu Gless ZRP 94, 436; für eine restriktive verfassungskonforme Auslegung Leo, Die strafrechtliche Kontrolle der Prostitution, 1995, S 147). Sie können daher auch dazu dienen, günstigere Bedingungen für die Prostitutionsausübung zu schaffen (BGH aaO; StV 86, 297; Bay NJW 85, 1566; Geerds JR 79, 343; aM Nitze NStZ 86, 359; Köberer StV 86, 295; Kelker KritV 93, 310, alle mwN), so daß es idR etwa genügt: wenn den Prostituierten Wettbewerbsverbote, Anwesenheitspflichten oder „Arbeitszeiten" (1 StR 269/76 v 23. 11. 1976) auferlegt werden; wenn eine zentrale Vermittlung zur Steuerung der Besucher besteht, namentlich bestimmte „Gästequoten" festgesetzt werden (KG NJW 76, 813); wenn der Dirnenlohn zentral bestimmt, kassiert und verteilt (BT-Dr7/514 S 9; s auch Hamm MDR 90, 1033)

oder ein den Geschlechtsverkehr einschließendes Eintrittsgeld gefordert wird (NJW 86, 596 mit abl Anm Nitze NStZ 86, 359); wenn zur sexuellen Anregung der Gäste Nackttänze oder pornographische Filme vorgeführt werden (KG JR 78, 296; aM Horn SK 9); wenn zur Förderung der Kontaktaufnahme zwischen Prostituierten und Gästen eine Sauna eingerichtet wird (Köln NJW 79, 728); oder wenn für den Betrieb durch Annoncen geworben wird (Köln und Geerds aaO; aM Lüthge-Bartholomäus NJW 75, 1871; zw). Nebenleistungen, die auch sonst in Wohnheimen erbracht werden und der Ermöglichung von allgemeinen Kontakten dienen (KG NJW 76, 813), wie Verpflegung, Versorgung mit Bettwäsche, Raumpflege (BVerfG NJW 93, 890), uU auch Bereitstellen von gemeinsamen Aufenthaltsräumen sowie Verkauf von Verhütungsmitteln oder von alkoholischen Getränken (BT-Dr aaO; NJW 64, 2033), werden nur erfaßt, wenn sie zur Förderung der Prostitutionsausübung über das Übliche hinausgehen (Hamm MDR 90, 1033). An einer Maßnahme fehlt es auch, wenn lediglich geduldet wird, daß sich die Prostituierten in Fenstern oder sonst auf dem Betriebsgrundstück anbieten (BT-Dr VI/1552 S 26). – Der Täter braucht die besonderen Maßnahmen oder Einrichtungen nicht selbst veranlaßt zu haben, es genügt, wenn er die von Dritten (etwa seinem Vorgänger oder von Zuhältern) geschaffene Lage pflichtwidrig bestehen läßt (KG MDR 77, 862, 864); auch eine Beihilfe durch Unterlassen kommt für Garanten in Betracht (abl für einen Beamten der Schutzpolizei bei außerdienstlich erlangter Kenntnis BGHSt 38, 388 mit Bespr Bergmann StV 93, 518, Mitsch NStZ 93, 384, Laubenthal JuS 93, 907 und Rudolphi JR 95, 167; bejahend für den zuständigen Leiter des städtischen Ordnungsamtes NJW 87, 199 mit Bespr Winkelbauer JZ 86, 1119, Rudolphi JR 87, 336, Wagner JZ 87, 713, Ranft JZ 87, 914 und Otto JK 12 zu § 13; nicht ohne weiteres für einen gegen den Barbetreiber ermittelnden Kriminalbeamten NJW 89, 914, 916 mit Anm Bottke JR 89, 432; krit zur Rspr Schünemann, in: Gimbernat [Hrsg], Internationale Dogmatik der objektiven Zurechnung und der Unterlassungsdelikte, 1995, S 49, 62, der auf die Möglichkeit einer Beihilfe durch positives Tun [stillschweigende Duldung] hinweist).

4. Abs 2 soll namentlich verhindern, daß Inhaber von Dirnenwohnheimen Mädchen unter 18 Jahren überhaupt aufnehmen und daß sie die von ihnen Aufgenommenen (gleichgültig welchen Alters) zur Prostitution anhalten oder sie ausbeuten. 5

a) Nr 1: Die Prostitution muß gerade in der Wohnung usw, nicht anderswo, ausgeübt werden sollen und die Beteiligten über diese Zweckbestimmung einig sein (1 StR 419/80 v 30. 9. 1980; s auch BGHSt 9, 71). – Gewähren von **Wohnung** ist (mittelbare oder unmittelbare, BGHSt 10, 192) Raumüberlassung zu längerem Aufenthalt, sei es auch ohne Mietvertrag (BGH aaO) oder Begründung eines Wohnsitzes (Bremen MDR 51, 53). – Das **Gewähren von Unterkunft** (zB im Absteigequartier) oder **Aufenthalt** (zB in einer Bar) erfordert zusätzlich 6

Gewerbsmäßigkeit (20 vor § 52); danach kann uU ein Barbesitzer erfaßt werden, der es zuläßt, daß eine noch nicht 18jährige Prostituierte in seinem Lokal Kontakte anknüpft (BT-Dr 7/514 S 9).

7 **b) Nr 2**: Im Gegensatz zu Nr 1 ist hier nur das Wohnunggewähren (vgl 6) tatbestandsmäßig (krit M-Schroeder/Maiwald BT 1 21/3). – **Anhalten** ist andauernde und nachhaltige, nicht nur gelegentlich geäußerte psychische Einwirkung (NStZ 83, 220), die nicht notwendig erfolgreich sein muß (Laufhütte LK 16 mwN; str). – **Ausbeuten** ist hier und in § 181 a I Nr 1 (dort 3) gleich auszulegen (GA 87, 261 mwN); regelmäßig, aber nicht notwendig (aM M-Schroeder/Maiwald BT 1 21/17), werden beide Tatbestände verwirklicht sein.

8 **5.** Zu den **Konkurrenzen** vgl zunächst 3 vor § 174; 15 zu § 180. Nach den dort entwickelten Grundsätzen wird Abs 1 Nr 2 von Nr 1 verdrängt (NStZ 90, 80). Zwischen Abs 2 Nr 1 und Nr 2 sowie zwischen Abs 2 und § 181 a I ist **Tateinheit** möglich.

§ 180 b Menschenhandel

(1) **Wer auf eine andere Person seines Vermögensvorteils wegen einwirkt, um sie in Kenntnis einer Zwangslage zur Aufnahme oder Fortsetzung der Prostitution zu bestimmen, wird mit Freiheitsstrafe bis zu fünf Jahren oder mit Geldstrafe bestraft. Ebenso wird bestraft, wer auf eine andere Person seines Vermögensvorteils wegen einwirkt, um sie in Kenntnis der Hilflosigkeit, die mit ihrem Aufenthalt in einem fremden Land verbunden ist, zu sexuellen Handlungen zu bringen, die sie an oder vor einer dritten Person vornehmen oder von einer dritten Person an sich vornehmen lassen soll.**

(2) **Mit Freiheitsstrafe von sechs Monaten bis zu zehn Jahren wird bestraft, wer**

1. **auf eine andere Person in Kenntnis der Hilflosigkeit, die mit ihrem Aufenthalt in einem fremden Land verbunden ist, oder**
2. **auf eine Person unter einundzwanzig Jahren**

einwirkt, um sie zur Aufnahme oder Fortsetzung der Prostitution zu bestimmen, oder sie dazu bringt, diese aufzunehmen oder fortzusetzen.

(3) **In den Fällen des Absatzes 2 ist der Versuch strafbar.**

Fassung des 26. StÄG (6 vor § 174).

1 **1.** Vgl zunächst 1–6 vor § 174. Die Vorschrift übernimmt im wesentlichen die Absätze 3–5 des § 180 a aF, erweitert aber deren Anwendungsbereich, vereinheitlicht den Sprachgebrauch und sieht in Fällen des Abs 2 Nr 1 eine Strafschärfung vor. Die bisherige Rspr ist zum Teil noch verwertbar.

2 **2. Abs 1** richtet sich vor allem gegen Agenturen, die Prostitutionsbetriebe mit Nachwuchs versorgen (so schon BT-Dr VI/1552 S 27)

oder sich durch ihre Vermittlung am internationalen Menschenhandel beteiligen. Nach der Neufassung (vgl 1) kommt jedoch auch nichtgewerbsmäßiges Handeln in Frage.

a) **Einwirken** ist intensive (NJW 85, 924 und 90, 196 mwN) Einflußnahme auf den Willen des Opfers, gleichgültig durch welches Mittel (2 zu § 26; Schroeder JZ 95, 231, 235) und unabhängig vom Eintritt eines Erfolges (NJW 90, 196). 3

b) **Seines Vermögensvorteils wegen** (besonderes persönliches Merkmal iS des § 28 I, dort 2–6) bezeichnet den Beweggrund. Er ist die den Täter motivierende, dh ausschlaggebende Zielvorstellung (20 zu § 15); ob der Vorteil erreicht wird und ob weitere Motive konkurrieren, ist unerheblich. **Vermögensvorteil** ist jede wirtschaftliche Verbesserung der Vermögenslage (59 zu § 263), also auch jeglicher Geschäftsgewinn. 4

c) **„Um zu"** bedeutet Absicht im Sinne zielgerichteten Wollens (20 zu § 15). 5

aa) In der **1. Alternative** muß sie darauf gerichtet sein, das Opfer zur Aufnahme oder Fortsetzung der Prostitution (1 a zu § 180 a) zu bestimmen (2 zu § 26). Dieses muß daher unentschlossen sein; einvernehmliche Änderung von Art, Ort oder Umfang der Prostitutionsausübung genügt daher idR nicht (zum bisherigen Recht NJW 82, 454), wohl aber Einwirkung (vgl 3) auf das Opfer, die Prostitution unter veränderten, seine Lage verschlechternden Bedingungen fortzusetzen (NJW 96, 2875 mit abl Anm Schroeder JZ 97, 155), zB nach internationaler Vermittlung in einem fremden Land weiterzumachen (dazu BT-Dr 12/2046 S 7) oder von einer nur gelegentlichen und unabhängigen zu einer organisierten und abhängigen Tätigkeit überzugehen (Bay NJW 85, 277 mit Anm Bottke JR 85, 381; s auch BT-Dr 12/2589 S 8 und Schroeder Sexuologie 95, 189, 193, der die Fortsetzungsalternative aus beweistechnischen Gründen für erforderlich hält [schwer widerlegbare Behauptung einer Prostitutionsausübung vor der Anwerbung]).

Dabei muß der Täter in **Kenntnis einer** (tatsächlich bestehenden, insoweit zum objektiven Tatbestand gehörenden) **Zwangslage** handeln. **Zwangslage** ist eine ernste persönliche oder wirtschaftliche, nicht notwendig existenzgefährdende, Bedrängnis, gleichgültig ob sie für das Opfer vermeidbar war (BT-Dr 12/2589 S 8; s auch 8 zu § 302 a). **Kenntnis** der Zwangslage setzt voraus, daß der Täter die Umstände kennt, aus denen sich die Lage des Opfers ergibt, und daß er sie als Bedrängnis begreift; ihre rechtliche Bewertung gerade als Zwangslage braucht er nicht nachzuvollziehen (14 zu § 15). 6

bb) In der **2. Alternative** muß die Absicht darauf gerichtet sein, das Opfer zu sexuellen Handlungen zu bringen, wie sie auch in § 180 beschrieben sind (dort 2). Praktische Bedeutung hat diese Alternative nur, wenn die Handlungen, was zB beim Heiratstourismus (Schroeder aaO [vgl 3]) und bei der Anwerbung von Haremsdamen in Frage kommt, 7 nicht schon Prostitutionsausübung sind, weil dann die schwerere Strafdrohung des Abs 2 Nr 1 eingreift.

8 Die auch hier erforderliche **Kenntnis** (vgl 6) muß sich auf die (objektiv bestehende oder zu erwartende) Hilflosigkeit des Opfers beziehen, die mit seinem Aufenthalt in einem fremden Land verbunden ist. **Hilflosigkeit** liegt vor, wenn das Opfer in der konkreten Lage nach seinen persönlichen Fähigkeiten nicht imstande ist, sich dem Ansinnen der ihm unerwünschten sexuellen Betätigung aus eigener Kraft zu entziehen. Sie muß spezifisch (BT-Dr 7/514 S 10 und 12/2589 S 8) darauf beruhen, daß sich das Opfer in einem für es **fremden Land** (uU auch als Ausländer in der Bundesrepublik, BT-Dr VI/3521 S 49) aufhält oder aufhalten soll und gerade deswegen besonderen Schwierigkeiten (zB Sprachunkenntnis, Unkenntnis der Lebensverhältnisse; vgl Schroeder aaO [vgl 3] S 233) ausgesetzt wird; daher muß der Täter entweder in einem für das Opfer fremden Land handeln oder die Absicht haben, es dorthin zu vermitteln. Ob die Hilflosigkeit zur Zeit des Einwirkens schon besteht oder erst durch die Verbringung in das fremde Land entstehen wird, bleibt sich gleich. Kenntnis der Hilflosigkeit schließt daher auch deren Voraussicht ein (BT-Dr 12/2589 S 8; Schroeder aaO S 234).

9 **3. Abs 2** soll vor allem verhindern, daß noch nicht 21-jährige zur Prostitution gebracht oder dort festgehalten werden (Nr 2). In diesen Schutz werden auch Erwachsene einbezogen, wenn es sich um Prostitution in einem für das Opfer fremden Land handelt (Nr 1). Im Unterschied zu Abs 1 ist weder Vorteilsabsicht (vgl 4) noch in den Fällen der Nr 2 eine Zwangslage (vgl 6) erforderlich.

10 **a) Einwirken, um zur Aufnahme oder Fortsetzung der Prostitution zu bestimmen** vgl 3, 5. – **Dazu bringen** heißt, das Opfer – sei es auch aufgrund seiner Initiative – so in den Einwirkungsbereich des Prostitutionsmilieus bringen, daß es sich trotz vorausgegangener Unentschlossenheit (beachte dazu 5) der Prostitutionsausübung zuwendet. Das kann zB durch Vermitteln an einen Zuhälter oder Mitnehmen in ein Animierlokal, aber auch durch jede andere tatsächliche Erleichterung der Prostitutionsaufnahme oder -fortsetzung geschehen (NJW 82, 454); einer unmittelbaren Einwirkung auf den Willen bedarf es nicht. Kommt es nicht zur Prostitutionsausübung, so bleibt Versuch (Abs 2) übrig.

11 **b)** In **Nr 1** muß die unter 8 beschriebene **Kenntnis** des Täters hinzukommen.

12 **c)** Da **Nr 2** keine Unerfahrenheit oder Hilflosigkeit des Opfers voraussetzt (so schon § 180 a III aF; Horstkotte JZ 74, 84, 88), kann die Vorschrift auch Fälle erfassen, in denen die angedrohte Mindeststrafe unverhältnismäßig ist (zB Einwirkungen unter Freundinnen in demselben Dirnenwohnheim).

13 **4.** Der **Versuch** ist nur in den Fällen des Abs 2 strafbar. Diese Beschränkung ist problematisch (zu ihrer Begr BT-Dr 12/2589 S 9); sie

stellt den Täter, der irrig eine Zwangslage oder Hilflosigkeit des Opfers annimmt (untauglicher Versuch), ohne zureichenden Grund straflos. Krit zur weiten Vorverlagerung der Versuchsstrafbarkeit, die bei Abs 2 Alt 1 schon mit dem Versuch des Einwirkens beginnt (Kelker KritV 93, 309).

5. Zu den **Konkurrenzen** vgl zunächst 3 vor § 174; 15 zu § 180. Danach geht Abs 2 Nr 1 dem Abs 1, 2. Alternative vor (zw). Auch § 181 dürfte Abs 1 und Abs 2 Nr 1 vorgehen (NJW 96, 2875; zw), während mit Abs 2 Nr 2 **Tateinheit** möglich ist (BGH aaO für § 181 I Nr 3; aM Horn SK 19). Diese kommt ua ferner in Frage: zwischen Abs 1, 1. Alternative und Abs 2 Nr 2; zwischen Abs 1 und § 181 a I Nr 2, II (zum früheren Recht bei Holtz MDR 85, 284); und zwischen Abs 2 Nr 2 und § 181 a I Nr 2. 14

6. Weltrechtsgrundsatz § 6 Nr 4; 5 vor § 174. Führungsaufsicht § 181 b. Vermögensstrafe und Erweiterter Verfall § 181 c. 15

§ 181 Schwerer Menschenhandel

(1) **Wer eine andere Person**

1. **mit Gewalt, durch Drohung mit einem empfindlichen Übel oder durch List zur Aufnahme oder Fortsetzung der Prostitution bestimmt,**
2. **durch List anwirbt oder gegen ihren Willen mit Gewalt, durch Drohung mit einem empfindlichen Übel oder durch List entführt, um sie in Kenntnis der Hilflosigkeit, die mit ihrem Aufenthalt in einem fremden Land verbunden ist, zu sexuellen Handlungen zu bringen, die sie an oder vor einer dritten Person vornehmen oder von einer dritten Person an sich vornehmen lassen soll, oder**
3. **gewerbsmäßig anwirbt, um sie in Kenntnis der Hilflosigkeit, die mit ihrem Aufenthalt in einem fremden Land verbunden ist, zur Aufnahme oder Fortsetzung der Prostitution zu bestimmen,**

wird mit Freiheitsstrafe von einem Jahr bis zu zehn Jahren bestraft.

(2) **In minder schweren Fällen ist die Strafe Freiheitsstrafe von sechs Monaten bis zu fünf Jahren.**

Fassung des 26. StÄG (6 vor § 174).

1. Die Vorschrift schützt gegen die schwersten Formen der **Rekrutierung von Menschen** beiderlei Geschlechts für die Befriedigung sexueller Bedürfnisse Dritter (s auch 2, 4, 5 vor § 174). Sie ist im Hinblick auf den Verbrechenscharakter der Tat eng auszulegen (BGHSt 27, 27; Dencker NStZ 89, 249). 1

2. Abs 1 ist gegenüber § 180 b kein bloßer Qualifikationstatbestand (aM Tröndle 1; ähnlich Schroeder JZ 95, 231, 236: „faktische Qualifikation"), sondern ihm nur in der Struktur und der Beschreibung der Handlungszwecke nachgebildet. 2

2a **a)** Zu den **in § 180 b nicht vorkommenden** Merkmalen: **Gewalt** (Nr 1, 2) 5–11 zu § 240. – **Drohung mit einem empfindlichen Übel** (Nr 1, 2) 12–15 zu § 240. – **List** (Nr 1, 2) 2 zu § 234. – **Anwerben** (Nr 2, 3) setzt das vom Täter durch psychische Einwirkung erreichte (dazu NStZ 92, 434) Einvernehmen mit der angeworbenen Person voraus, wonach diese sich verpflichtet fühlt, bestimmte Tätigkeiten nach Anweisung des Anwerbers auszuführen (NJW 96, 2875; NStZ 94, 78); ob die erforderliche Absicht des Täters („um zu") später verwirklicht wird, ist unerheblich (bei Holtz MDR 85, 284). Scheitert die Anwerbung, so kommt Versuch in Frage (§ 23 I). – **Entführen gegen den Willen** (Nr 2) 4 zu § 237; hier kann es auch einen Mann treffen. – **Gewerbsmäßig** (Nr 3) 20 vor § 52.

3 **b)** Zu den **übrigen Merkmalen** 5, 7, 8 zu § 180 b.

4 **c)** aa) In den Fällen der **Nr 1** (beachte Schroeder JR 77, 357) muß die Tathandlung für den Erfolg (Aufnahme oder Fortsetzung der Prostitution) mindestens mitursächlich sein (bei Holtz MDR 85, 749). Nach der Neufassung steht jetzt außer Zweifel, daß es wie im bisherigen Recht genügt, wenn das zur Aufgabe der Prostitution entschlossene Opfer zu deren Fortsetzung (BGHSt 33, 353 mit Anm Bottke JR 87, 33 und Bürger StV 87, 64; krit Sieber/Bögel, Logistik der Organisierten Kriminalität, 1993, S 319) oder das der Prostitution nachgehende Opfer zu einer qualitativ andersartigen, von ihm nicht gewollten Form der Prostitutionsausübung (NJW 96, 2875 mit krit Anm Schroeder JZ 97, 155; StV 96, 481; Dencker NStZ 89, 249, 251) bestimmt wird; letzteres ist nicht anzunehmen, wenn die Prostituierte zur Ablieferung eines Teils ihrer Einnahmen gezwungen wird (StV 95, 23 und 96, 481). Das bloß listige Schaffen eines Anreizes gegenüber einer erwachsenen Person, die sich im übrigen frei zur Prostitution entschließt (BGHSt 27, 27), reicht nach dem Schutzzweck auch der Neufassung nicht aus. Die Tat ist mit der nötigungsbedingten Prostitutionshandlung vollendet; sie ist kein Dauerdelikt (bei Miebach NStZ 96, 125; 11 vor § 52).

5 bb) Da **Nr 2** abweichend vom früheren Recht (§ 181 Nr 2 aF) Anwerben durch List voraussetzt, wird der Fall, daß das Opfer den Zweck der Anwerbung kennt und auch sonst keiner Täuschung erliegt (NStZ 83, 262; krit Sieber/Bögel aaO [vgl 4] S 320 und Sieber JZ 95, 758, 767), hier zweifelsfrei nicht erfaßt.

6 cc) In den Fällen der **Nr 3** ist das Merkmal des Anwerbens (vgl 2 a) im Hinblick auf die Höhe der Strafdrohung einschränkend auszulegen; Fälle, in denen die durch einen anderen bereits erfolgte Anwerbung ohne erneute intensive Einwirkung (vgl 3) nur ausgenutzt wird, scheiden aus (NStZ 92, 434). Da hier Gewerbsmäßigkeit, nicht aber List vorausgesetzt wird, wirkt das täuschungsfreie Wissen des Opfers um den Zweck der Anwerbung (vgl 5) nicht tatbestandseinschränkend (NJW 96, 2875).

7 **3. Abs 2**: Zu den **minder schweren Fällen** 7–10 a zu § 46; 4 zu § 12.

4. Zum **Konkurrenzverhältnis** zwischen den §§ 180–181 a vgl 3 vor § 174; 15 zu § 180; 14 zu § 180 b. Tateinheit besteht mit Handlungen, die mit der Aufnahme der Prostitution verbunden sind (zB §§ 180 a, 181 a) und zugleich der Beendigung (2 vor § 22) des schweren Menschenhandels dienen (NStZ 95, 588). Die §§ 239, 240 werden verdrängt. Mit § 234 ist Tateinheit möglich. 8

5. Weltrechtsgrundsatz § 6 Nr 4; 5 vor § 174. Führungsaufsicht § 181 b. Vermögensstrafe und Erweiterter Verfall § 181 c. Anzeigepflicht (Nr 2, 3) § 138 I Nr 5. 9

§ 181 a Zuhälterei

(1) **Mit Freiheitsstrafe von sechs Monaten bis zu fünf Jahren wird bestraft, wer**

1. einen anderen, der der Prostitution nachgeht, ausbeutet oder

2. seines Vermögensvorteils wegen einen anderen bei der Ausübung der Prostitution überwacht, Ort, Zeit, Ausmaß oder andere Umstände der Prostitutionsausübung bestimmt oder Maßnahmen trifft, die den anderen davon abhalten sollen, die Prostitution aufzugeben,

und im Hinblick darauf Beziehungen zu dem anderen unterhält, die über den Einzelfall hinausgehen.

(2) **Mit Freiheitsstrafe bis zu drei Jahren oder mit Geldstrafe wird bestraft, wer gewerbsmäßig die Prostitutionsausübung eines anderen durch Vermittlung sexuellen Verkehrs fördert und im Hinblick darauf Beziehungen zu dem anderen unterhält, die über den Einzelfall hinausgehen.**

(3) **Nach den Absätzen 1 und 2 wird auch bestraft, wer die in Absatz 1 Nr. 1 und 2 genannten Handlungen oder die in Absatz 2 bezeichnete Förderung gegenüber seinem Ehegatten vornimmt.**

1. Vgl zunächst 1–5 vor § 174. – **Täter** und Prostituierte können Männer oder Frauen sein; jedoch ist bisher der weibliche Zuhälter wenig und der von einem Zuhälter abhängige männliche Prostituierte nur selten in Erscheinung getreten (BT-Dr VI/3521 S 49). 1

2. Alle Formen der Zuhälterei setzen voraus, daß der Täter zu der (dem) Prostituierten **im Hinblick auf die Tathandlung Beziehungen unterhält, die über den Einzelfall hinausgehen**. Das ist nicht gleichbedeutend mit dem spezifisch „zuhälterischen" Verhältnis, das die Rspr als Merkmal des § 181 a aF entwickelt hatte (zB BGHSt 15, 5; 21, 272). Es brauchen nicht unbedingt unmittelbare, in charakteristischer Weise persönlich geartete und mit der Deckung des Lebensunterhalts oder dem Schutz der Prostituierten zusammenhängende Beziehungen zu sein. Erforderlich ist vielmehr ein auf gewisse Dauer angelegtes, speziell an die Prostitutionsausübung anknüpfendes Einvernehmen, das der Täter – sei es auch durch Nötigung (Hamburg NJW 2

75, 127) – herstellt und aufrecht erhält, um die Prostituierte von sich abhängig zu machen (vgl etwa StV 84, 334; KG MDR 77, 862 und NJW 77, 2223, 2226) und sich dadurch die Möglichkeit der Bereicherung durch die Tathandlungen zu eröffnen und zu erhalten (BT-Dr VI/3521 S 50). Erfaßt wird daher nicht nur die persönliche, sondern auch die von anderen vermittelte Beziehung, durch die etwa der Boß einer Zuhälterbande eine ihm persönlich nicht bekannte Dirne ausbeutet oder dirigiert. Dagegen genügt es nicht, wenn es dem Täter nur auf die persönlichen oder geschlechtlichen Beziehungen ankommt (BGHSt 21, 272; GA 62, 307); auch Friseure, Kaufleute, Vermieter (beachte dazu § 180 a II Nr 2), Ärzte usw, die sich für ihre Leistungen im Hinblick auf das gute Einkommen der Dirne überhöhte Preise zahlen lassen, gehören nicht hierher, idR wegen seines rechtlich begründeten Anspruchs auch nicht der Sohn der Prostituierten, der von ihr seinen Unterhalt bezieht.

3 **3. Abs 1** regelt die **schwereren Begehungsformen**:

a) Nr 1: Ausbeuterische Zuhälterei. Das Opfer muß der **Prostitution nachgehen** (1 zu § 180 a); daß es früher die Prostitution ausgeübt hat und noch über deren Erträge verfügt, genügt nicht (Hamm NJW 72, 882). – **Ausbeuten** ist nicht schon das bloß eigennützige Ausnutzen der Prostitutionsausübung als Erwerbsquelle (hM). Vorauszusetzen ist vielmehr ein – auch in Fällen freiwilliger Unterwerfung mögliches (NJW 93, 3209 mit abl Anm Oetjen StV 94, 482) – Abhängigkeitsverhältnis (NStZ 96, 188), auf dessen Grundlage die Prostitutionsausübung als Erwerbsquelle in gewinnsüchtiger Absicht ausgenutzt wird und die Prostituierte eine spürbare Verschlechterung ihrer wirtschaftlichen Lage erleidet (NStZ 83, 220 und 89, 67 sowie NJW 93, 3209; Köln StV 94, 244, alle mwN; zu eng M-Schroeder/Maiwald BT 1 21/16; zu stark einschr Leo, Die strafrechtliche Kontrolle der Prostitution, 1995, S 172). Ausnutzung gerade der Notlage, des Leichtsinns oder der Unerfahrenheit ist nicht erforderlich. – Die Art der vermögenswerten Ausbeute (Geld, Sachwerte, Benutzung von Wohnung oder Kraftfahrzeug, gemeinsame Reisen usw) ist unerheblich, ebenso auch, ob sie für den Lebensunterhalt bestimmt ist oder einem anderen, etwa einer Zuhälterorganisation, zugeführt wird (BT-Dr VI/1552 S 30). Entnahme ohne oder gegen den Willen der Prostituierten kann genügen (BGHSt 19, 350).

4 **b) Nr 2: Dirigierende Zuhälterei**. Sie setzt **bestimmende** – freiwillige Unterwerfung der Prostituierten nicht notwendig ausschließende (NJW 87, 3209 mwN; krit LG Münster StV 92, 581, das die Vorschrift insoweit für verfassungswidrig hält, als sie auch Fälle freiwilligen Zusammenwirkens erfaßt) – **Einflußnahme** auf die Prostitutionausübung voraus (NStZ 83, 220).

aa) Das **Überwachen** (Bay NJW 77, 1209) **oder Bestimmen der Umstände** muß in Organisationsmaßnahmen (nicht notwendig Anweisungen, sondern zB auch Einkommenskontrollen, NStZ 89, 67) bestehen, die kraft der tatsächlichen Überlegenheit des Täters den Einsatz der Prostituierten regeln und deren Entscheidungsfreiheit nachteilig beeinflussen (NJW 86, 596; bei Holtz MDR 90, 294, beide mwN); auch Unterlassen der Aufhebung fortwirkender früherer Maßnahmen kann genügen (NStZ 82, 379). Bloß schützendes Bewachen oder Fernhalten anderer Prostituierter aus dem „Revier" genügt nicht (BT-Dr VI/1552 S 30). – **Maßnahmen** gegen das Aufgeben der Prostitution sind Vorkehrungen äußerer (zB Entzug von Geldmitteln, Unterbindung von Kontakten zur Umwelt) oder psychischer Art (zB Drohung, Irreführung), die dem anderen die Lösung aus dem Prostitutionsmilieu erschweren und ihn deshalb davon abhalten sollen; bloßes Zureden, Bitten oder Raten genügt nicht (Bay aaO); auch nicht der Hinweis auf den Verdienstausfall (NJW 93, 3209).

bb) **Seines Vermögensvorteils wegen** 4 zu § 180 b; zur systemati- 5 schen Einordnung dieses eigennützigen Moments Beisheim, Eigennutz als Deliktsmerkmal, 1994, S 131. Zu den in Frage kommenden vermögenswerten Vorteilen vgl 3.

4. Abs 2 regelt die **leichtere Begehungsform**, die **kupplerische** 6 **Zuhälterei**. Sie setzt gewerbsmäßiges (20 vor § 52) Fördern der Prostitutionsausübung durch Vermittlung (5 zu § 180; einschr Sch/Sch-Lenckner 14, 18) voraus. Erfaßt werden namentlich die Unternehmer sog Call-Girl-Ringe (BT-Dr VI/3521 S 50) und deren Vermittler sowie die sog „Schlepper", die den Prostituierten die Kunden zuführen, ohne dabei bestimmenden Einfluß (Abs 1 Nr 2) zu nehmen. Ob Hotelportiers, die Adressen von Dirnen nennen, oder Taxifahrer, die Interessenten zu ihnen bekannten Dirnen bringen, bei Gewerbsmäßigkeit erfaßt werden, hängt von dem Bestehen der über den Einzelfall hinausgehenden Beziehungen (vgl 2) ab.

5. Abs 3 bedroht zuhälterische, in bezug auf den **Ehegatten** vorge- 7 nommene Handlungen im Sinne der Absätze 1, 2 ohne Rücksicht darauf mit Strafe, ob die sonst vorausgesetzten, über den Einzelfall hinausgehenden Beziehungen (vgl 2) vorliegen.

6. Die Tat erfordert **Vorsatz**; bedingter genügt insoweit, als nicht 8 schon einzelne Merkmale des objektiven Tatbestandes (zB ausbeuten, überwachen, Beziehungen unterhalten) eine weiterreichende subjektive Tendenz voraussetzen.

7. a) Mehrere Tathandlungen innerhalb derselben Beziehung (vgl 2) 9 bilden eine **tatbestandliche Handlungseinheit** (BGHSt 39, 390; 10 vor § 52). – Die weiterreichenden Tatbestände des Abs 1 gehen dem Abs 2 vor (bei Dallinger MDR 74, 723; KG NJW 77, 2223, 2225). Abs 1 Nr 2 geht bei Handlungseinheit in dessen Nr 1 auf, weil beide Tatbestände denselben Schutzzweck verfolgen und die ausbeuterische Zuhälterei gegenüber der dirigierenden als die umfassendere, das Vorfeld lediglich nicht ganz so weit abdeckende Begehungsform desselben Delikts verstanden werden muß (Sch/Sch-Lenckner 26; aM bei Holtz

MDR 82, 624 und 83, 984: Idealkonkurrenz; ebenso Horn SK 8; vgl auch BGH NJW 94, 2034, 2035).

10 **b) Tateinheit** ua möglich zwischen Abs 1 Nr 1 und § 223 (bei Holtz MDR 83, 984), §§ 253, 255 (bei Holtz MDR 83, 793). Als minder schwere Tat kann § 181 a Taten nach §§ 177, 178 und nach § 181 I Nr 1 nicht zu einer Tat verbinden (BGHSt 39, 390, 392). Zur Konkurrenz mit den §§ 180–181 vgl 3 vor § 174; 15 zu § 180; 8 zu § 180 a.

11 **8.** Führungsaufsicht § 181 b. Vermögensstrafe und Erweiterter Verfall § 181 c.

12 **9.** Zur **Kriminologie** der Zuhälterei ua Schroeder MschrKrim 78, 62; zu ihren Erscheinungsformen Dieckmann, Das Bild des Zuhälters in der Gegenwart, 1975.

§ 181 b Führungsaufsicht

In den Fällen der §§ 176 bis 179 und der §§ 180 b bis 181 a kann das Gericht Führungsaufsicht anordnen (§ 68 Abs. 1).

Fassung: Das 26. StÄG (6 vor § 174) hat die Vorschrift an die Neufassung der §§ 180 a bis 181 angepaßt.

1 Vgl 1, 2 vor § 68, 1–8 zu § 68.

§ 181 c Vermögensstrafe und Erweiterter Verfall

In den Fällen der §§ 181 und 181 a Abs. 1 Nr. 2 sind die §§ 43 a, 73 d anzuwenden, wenn der Täter als Mitglied einer Bande handelt, die sich zur fortgesetzten Begehung solcher Taten verbunden hat. § 73 d ist auch dann anzuwenden, wenn der Täter gewerbsmäßig handelt.

Fassung des OrgKG (1, 2 vor § 73).

1 **1.** Die **Verweisungsvorschrift** betrifft nur den schweren Menschenhandel (§ 181) und die dirigierende Zuhälterei (§ 181 a I Nr 2).

2 **2.** Da mit § 150 I Strukturgleichheit besteht, gelten die Ausführungen dort unter 2 sinngemäß.

§ 182 Sexueller Mißbrauch von Jugendlichen

(1) **Eine Person über achtzehn Jahre, die eine Person unter sechzehn Jahren dadurch mißbraucht, daß sie**

1. **unter Ausnutzung einer Zwangslage oder gegen Entgelt sexuelle Handlungen an ihr vornimmt oder an sich von ihr vornehmen läßt oder**
2. **diese unter Ausnutzung einer Zwangslage dazu bestimmt, sexuelle Handlungen an einem Dritten vorzunehmen oder von einem Dritten an sich vornehmen zu lassen,**

wird mit Freiheitsstrafe bis zu fünf Jahren oder mit Geldstrafe bestraft.

(2) **Eine Person über einundzwanzig Jahre, die eine Person unter sechzehn Jahren dadurch mißbraucht, daß sie**

1. sexuelle Handlungen an ihr vornimmt oder an sich von ihr vornehmen läßt oder

2. diese dazu bestimmt, sexuelle Handlungen an einem Dritten vorzunehmen oder von einem Dritten an sich vornehmen zu lassen,

und dabei die fehlende Fähigkeit des Opfers zur sexuellen Selbstbestimmung ausnutzt, wird mit Freiheitsstrafe bis zu drei Jahren oder mit Geldstrafe bestraft.

(3) **In den Fällen des Absatzes 2 wird die Tat nur auf Antrag verfolgt, es sei denn, daß die Strafverfolgungsbehörde wegen des besonderen öffentlichen Interesses an der Strafverfolgung ein Einschreiten von Amts wegen für geboten hält.**

(4) **In den Fällen der Absätze 1 und 2 kann das Gericht von Strafe nach diesen Vorschriften absehen, wenn bei Berücksichtigung des Verhaltens der Person, gegen die sich die Tat richtet, das Unrecht der Tat gering ist.**

Fassung des 29. StÄG (8 vor § 174).

1. Die Vorschrift schützt die **ungestörte sexuelle Entwicklung** 1
von Jugendlichen (nicht im technischen Sinne des § 1 II JGG; BGHSt 42, 27; 42, 51) unter 16 Jahren (vgl 1 vor § 174; Schroeder NJW 94, 1501, 1502; Kusch/Mössle NJW 94, 1504; Schetsche MschrKrim 94, 201). Sie reiht sich damit in die Jugend- und Kinderschutzvorschriften der §§ 174, 176, 180 ein, die den gleichen Schutzzweck verfolgen (vgl 1 zu §§ 174, 176 und 2 zu § 180). Dieser Schutzzweck ist zwar in den Gesetzesmaterialien, insbesondere im Bericht des BT-Rechtsausschusses, nicht deutlich genug herausgestellt (krit deshalb Kusch/Mössle aaO S 1505), doch läßt er sich der Begründung des Regierungsentwurfs entnehmen. Danach kann bei Jugendlichen zwischen 14 und 16 Jahren ein sexueller Mißbrauch durch Erwachsene deshalb „zu nachteiligen Folgen für die sexuelle Entwicklung“ führen, weil bei ihnen der sexuelle Reifeprozeß in sozialer und psychischer Hinsicht noch nicht so abgeschlossen ist, daß von ihrer Fähigkeit zur sexuellen Selbstbestimmung ausgegangen werden kann (BT-Dr 12/4584 S 6). Dieser Einschätzung wird man zustimmen können (krit Schetsche aaO S 205, 212 und Harzer, ZustStR, S 31, 44), doch fragt es sich, ob diese Fähigkeit bei männlichen Jugendlichen wirklich schon mit 16 Jahren angenommen werden kann (krit zur Einebnung der Schutzaltersstufen Schroeder aaO S 1502 und Tröndle 3 a zu § 182).

2. a) Sämtliche Tathandlungen nach Abs 1 und 2 müssen sich als 2
sexueller **Mißbrauch** von männlichen oder weiblichen Jugendlichen

(BT-Dr 12/4584 S 6) unter 16 Jahren darstellen. Ob diesem Merkmal eigenständige Bedeutung im Verhältnis zu den übrigen Tatbestandsmerkmalen zukommt oder ob es diese nur unter einem inhaltsleeren Begriff verklammert, ist umstritten (für eigenständige Bedeutung Schroeder NJW 94, 1501, 1504; dagegen Kusch/Mössle NJW 94, 1504, 1507). Anders als in den Materialien des 4. StrRG (vgl 9 zu § 174 a) findet sich in den Materialien des 29. StÄG kein durchgehender Hinweis (vgl aber BT-Dr 12/4232 S 5) auf die mögliche Einschränkung des Tatbestandes durch die Mißbrauchsklausel (krit deshalb Schroeder aaO S 1504). Da die Tathandlungen des § 182 aber die Ausnutzung des Opfers oder sexuelle Handlungen gegen Entgelt verlangen, kommt allenfalls in Betracht, mit diesem Merkmal exzeptionelle Fälle auszuscheiden (vgl 4 und 9 zu § 174 a). Solche Fälle sind schwer vorstellbar (ebenso Sch/Sch-Lenckner 7); in Betracht kommen etwa motivierende Geschenke in einer echten Liebesbeziehung (BT-Dr 12/4232 S 5), soweit sie überhaupt ein Entgelt darstellen (weitere problematische Beispiele bei Schroeder aaO).

3 **b)** In sämtlichen Begehungsformen nach Abs 1 und 2 werden **sexuelle Handlungen** vorausgesetzt, deren Beschreibung mit § 176 I, II (Mißbrauch von Kindern) übereinstimmt (dort 2). Im Hinblick auf das von § 182 geschützte Rechtsgut (vgl 1) wäre eine Einschränkung auf schwerer wiegende Handlungen wie etwa den Geschlechtsverkehr und geschlechtsverkehrsähnliche Handlungen zu erwägen gewesen (diese Einschränkung entspricht dem außer Kraft gesetzten § 149 StGB/DDR); doch hat der Gesetzgeber von solchen Einschränkungen abgesehen (BGHSt 42, 51, 53), weil sie ihm willkürlich und kaum bestimmbar erschienen (vgl BT-Dr 12/4232 S 5 und BT-Dr 12/4584 S 9). Versuche, sie im Wege teleologischer Auslegung zu erreichen, werden zwar von § 184 c Nr 1 ausdrücklich gefordert, doch würde die Einschränkung der sexuellen Handlungen in § 182 auf den Geschlechts-, Anal- und Oralverkehr (so Kusch/Mössle NJW 94, 1504, 1506; dagegen Otto GK 2 S 340) nur dann überzeugen, wenn die sexuelle Entwicklung der geschützten Jugendlichen erst durch diese Handlungen erheblich iS des § 184 c Nr 1 gestört würde. Davon kann aber nicht ausgegangen werden.

4 **3.** Die **Absätze 1 und 2** unterscheiden nach dem Alter des Täters und nach den Umständen des Mißbrauchs der geschützten Personen (vgl 2).

5 **a) Abs 1** verlangt als Mindestalter für den Täter achtzehn Jahre. – **Nr 1: Zwangslage** 6 zu § 180 b (s auch BT-Dr 12/4232 S 5; 12/4584 S 8). Sie wird **ausgenutzt**, wenn sie nach den Umständen die Tathandlung ermöglicht oder erleichtert und der Täter die dadurch gebotene Gelegenheit wahrnimmt (7 zu § 179). Es sollen vor allem Fälle erfaßt werden, in denen die Bedrängnis wohnungsloser oder drogenabhängiger Jugendlicher oder Heimentwichener ausgenutzt wird (BT-Dr 12/4232 S 5). Geschieht dies aber durch Inaussichtstellen einer Schlafgele-

genheit oder von Drogen, so ist die Alt 2 („gegen Entgelt") erfüllt (Kusch/Mössle aaO S 1506). Wird hingegen die Weitergewährung der zunächst uneigennützig gewährten Vorteile von sexuellem Entgegenkommen abhängig gemacht, so liegt Alt 1 vor (Kusch/Mössle aaO; aM Horn SK 5). – **Entgelt** 22 zu § 11. Danach ist die Zuwendung oder Vereinbarung (BT-Dr 12/7035 S 9) jedes noch so geringen Vermögensvorteils wie zB das Angebot einer warmen Mahlzeit erfaßt (krit deshalb Kusch/Mössle aaO). Immaterielle Vorteile wie zB die Aufnahme ins Schulorchester genügen nicht, obwohl sie Jugendliche uU mehr als materielle Vorteile motivieren können (krit deshalb Schroeder NJW 94, 1501, 1502). Der Vermögensvorteil muß die Gegenleistung zur sexuellen Handlung sein; außerhalb des Austauschverhältnisses gewährte Vermögensvorteile scheiden auch dann aus, wenn sie den persönlichen Kontakt zum Jugendlichen aufrechterhalten (Kusch/Mössle aaO). – **Nr 2**: Beim Bestimmen (dazu BT-Dr 12/7035 S 9; vgl 13 zu § 174) zu sexuellen Handlungen mit Dritten fehlt die Alternative des Handelns gegen Entgelt.

b) Abs 2 verlangt als Mindestalter für den Täter einundzwanzig 6
Jahre. Der damit geforderte erhebliche Altersunterschied von mindestens 5 Jahren soll das „Machtgefälle" zwischen Täter und Opfer kennzeichnen (BT-Dr 12/4584 S 8; vgl Kusch/Mössle aaO S 1505). Die Vorschrift war im Gesetzgebungsverfahren vor allem wegen ihrer behaupteten Unbestimmtheit und der möglichen nachteiligen Folgen eines Strafverfahrens für das Opfer heftig umstritten (vgl den Bericht des BT-Rechtsausschusses BT-Dr 12/7035 S 9, den Änderungsantrag der Fraktion der SPD BT-Dr 12/7044 sowie Kusch/Mössle aaO S 1507). Daran hat auch die Ersetzung des Begriffs der (beim Opfer auszunutzenden) „Unreife" (so noch der RegEntw BT-Dr 12/4584 S 3 mit Begründung S 8) durch den der **„fehlenden Fähigkeit** des Opfers **zur sexuellen Selbstbestimmung"** nichts geändert. Mit diesem Merkmal ist die noch nicht abgeschlossene sexuelle und psychische Reifung des jugendlichen Opfers gemeint (BT-Dr 12/4584 S 8; Schroeder aaO S 1502); diese Eigenschaft des Opfers ist vom Gericht in jedem Einzelfall festzustellen (näher Horn SK 13, 15). Auch wenn man das Schwergewicht des Tatbestandes auf das Merkmal „Ausnutzen" legt (so die Begr des RegEntw BT-Dr 12/4584 S 8), so bleibt Abs 2 wegen des Bezugspunkts dieses Ausnutzens relativ unbestimmt; denn er wiederholt nur den Schutzzweck der Vorschrift, ohne ihn durch nähere Umschreibung der Ausnutzungssituation zu präzisieren. Durch ein Abstellen auf unlauteres Verhalten des Täters (so die Begr des RegEntw aaO) wird keine zusätzliche Bestimmtheit erreicht. Auch in Verbindung mit dem durch den großen Altersunterschied begründeten „Machtgefälle", das in bezug auf das geschützte Rechtsgut eine erhöhte „Überrumpelungs-Gefahr" (Kusch/Mössle aaO 1507) bedeuten kann, ist der Unrechtsgehalt von Abs 2 durch das Merkmal des Ausnutzens der fehlenden sexuellen Autonomie des Opfers nicht deutlich genug erkennbar. Für

eine Beschränkung seines Anwendungsbereichs auf den ersten oder zweiten persönlichen Kontakt des Täters mit dem Jugendlichen oder gar auf den Fall der „Diskotheken-Bekanntschaft" (so Kusch/Mössle aaO), enthält der Tatbestand keinen Anhaltspunkt. Die Herausarbeitung hinreichend gefährlicher Ausnutzungssituationen bleibt damit Rechtsprechung und Wissenschaft überlassen.

7 **4.** Der **Vorsatz** (bedingter genügt) muß namentlich auch das Alter der geschützten Person umfassen (dazu 15 zu § 174).

8 **5.** Die geschützte Person ist als **notwendiger Teilnehmer** straflos (12 vor § 25).

9 **6. Abs 3** verlangt für die Verfolgung der Fälle des Abs 2 einen Strafantrag; eine Amtsverfolgung bei öffentlichem Interesse ist möglich (vgl 3–5 zu § 232). Mit dem Antragsrecht soll den Personensorgeberechtigten die Möglichkeit eingeräumt werden, das jugendliche Opfer vor den mit der Durchführung eines Strafverfahrens verbundenen erheblichen Belastungen zu bewahren (BT-Dr 12/4584 S 9). Ein öffentliches Interesse soll dann anzunehmen sein, wenn der Täter „besonders rücksichtslos oder verwerflich" gehandelt oder „nachteilige Wirkungen von einigem Ausmaß" beim Opfer verursacht hat (BT-Dr 12/4584 S 9). – Zu den Bedenken gegen diese Regelung Kusch/Mössle aaO S 1507 und Schroeder aaO S 1504.

10 **7.** Zum **Absehen von Strafe nach Abs 4** vgl § 153 b StPO. Hier ist vor allem das Verhalten des Opfers zu berücksichtigen (BT-Dr 12/7035 S 10). Daß es sich schon auf dem Weg zur Berufs-Prostitution befindet, läßt das Verhalten des Täters noch nicht als geringes Unrecht erscheinen (vgl Kusch/Mössle aaO S 1507, die die Einstellungsmöglichkeit aber im Interesse des Opfers, das vor den Belastungen des Strafverfahrens bewahrt würde, begrüßen; krit dagegen Schroeder aaO S 1504).

11 **8.** Abs 1 geht Abs 2 vor (aM Laufhütte LK 8: Tateinheit möglich); zwischen den beiden Alternativen von Abs 1 und 2 ist jeweils Tateinheit möglich, da es sich nicht um gleichwertige Begehungsformen handelt (vgl 3 zu § 52; 12 zu § 176). § 176 geht § 182 bei Opfern unter 14 Jahren vor (BGHSt 42, 51; Horn SK 11; ebenso für § 182 II BGHSt 42, 27: Spezialität; Bay NStZ 95, 500 mit abl Anm Schroeder JR 96, 40: Konsumtion; aM Laufhütte LK 8: regelmäßig Tateinheit). **Tateinheit** ist ua möglich mit §§ 173–174 b, 177–179, 240; idR nicht mit § 185 (dort 6).

§ 183 Exhibitionistische Handlungen

(1) **Ein Mann, der eine andere Person durch eine exhibitionistische Handlung belästigt, wird mit Freiheitsstrafe bis zu einem Jahr oder mit Geldstrafe bestraft.**

(2) **Die Tat wird nur auf Antrag verfolgt, es sei denn, daß die Strafverfolgungsbehörde wegen des besonderen öffentlichen Interesses an der Strafverfolgung ein Einschreiten von Amts wegen für geboten hält.**

(3) **Das Gericht kann die Vollstreckung einer Freiheitsstrafe auch dann zur Bewährung aussetzen, wenn zu erwarten ist, daß der Täter erst nach einer längeren Heilbehandlung keine exhibitionistischen Handlungen mehr vornehmen wird.**

(4) **Absatz 3 gilt auch, wenn ein Mann oder eine Frau wegen einer exhibitionistischen Handlung**

1. nach einer anderen Vorschrift, die im Höchstmaß Freiheitsstrafe bis zu einem Jahr oder Geldstrafe androht, oder

2. nach § 174 Abs. 2 Nr. 1 oder § 176 Abs. 5 Nr. 1

bestraft wird.

1. a) Die Vorschrift schützt die **psychische und körperliche Integrität** von Personen beiderlei Geschlechts, also ein Individualrechtsgut (hM; anders Benz, Sexuell anstößiges Verhalten, 1982, S 179: die öffentliche Ordnung; s auch 1 vor § 174), gegen die spezifischen Auswirkungen exhibitionistischer Handlungen, die uU bis zu schweren, auch körperlich nachteiligen, psychischen Schocks reichen können (BT-Dr VI/3521 S 53; bei Dallinger MDR 74, 546; Benz aaO S 104; krit v Hören ZRP 87, 19; Sick ZStW 103, 43, 83). – Zur **Kriminologie** exhibitionistischer Handlungen Sander, Zur Beurteilung exhibitionistischer Handlungen, 1994, S 26, der für eine Ordnungswidrigkeitenlösung plädiert (S 123). 1

b) Täter kann nur ein Mann sein (kein besonderes persönliches Merkmal iS des § 28 I, Herzberg GA 91, 145, 169; Roxin LK 67 zu § 28). 1a

2. Eine **exhibitionistische Handlung** ist eine – nicht notwendig öffentlich vorgenommene – sexuelle Handlung im Sinne des § 184 c Nr 1 (dort 2–4), deren Schwerpunkt darin liegt, daß jemand (idR ein Mann) einem anderen (idR einer Frau oder einem Minderjährigen) sein entblößtes Geschlechtsteil vorweist, um sich entweder allein dadurch oder zusätzlich durch Beobachten der Reaktion des anderen oder durch Masturbation sexuell zu erregen oder zu befriedigen (BT-Dr VI/3521 S 53; krit Glatzel Forensia 85, 167). Während im Rahmen des Abs 1 nur das Vorweisen des männlichen Gliedes in Frage kommt (vgl 1), ist bei Abs 4 auch die exhibitionistische Handlung einer Frau denkbar, aber praktisch bedeutungslos. Handlungen ohne diese spezifische sexuelle Tendenz, zB zur Provokation, zur Demonstration der Nacktheit oder zur Vorbereitung eines weitergehenden sexuellen Angriffs, werden nicht erfaßt (krit Villwock DRiZ 77, 117). 2

3. Belästigen setzt voraus, daß die Tathandlung nach den Umständen – etwa der geringen räumlichen Distanz zwischen den Beteiligten 3

(bei Miebach NStZ 93, 227), uU auch wegen ihrer Wiederholung gegenüber derselben Person (Horstkotte JZ 74, 84, 90) – objektiv geeignet ist, das psychische Wohlbefinden anderer nicht unerheblich zu beeinträchtigen, und daß sie diesen Erfolg bei dem Betroffenen tatsächlich erreicht. Dessen Gefühl, belästigt zu sein, ist deshalb erheblich; ob es vorliegt, hängt auch von dem Aufklärungsstand des Betroffenen und seiner Einstellung zu sexuellen Vorgängen ab (krit Sander aaO [vgl 1] S 13).

4 **4. a)** Das Vorweisen des Geschlechtsteils kann wegen der zugleich erforderlichen sexuellen Absicht (vgl 2) nur mit direktem **Vorsatz** begangen werden (Düsseldorf NJW 77, 262; aM Tröndle 7). Im übrigen muß der (uU nur bedingte) Vorsatz auch den Belästigungserfolg umfassen.

5 **b)** Da Exhibitionismus auf einer neurotischen Verhaltensstörung beruht, kann das **Hemmungsvermögen** in einem Maße beeinträchtigt sein, daß § 21, uU sogar § 20, anwendbar ist (11 zu § 20; 2 zu § 21; s auch Zweibrücken StV 86, 436).

6 **5. Abs 2** enthält für den Strafantrag eine dem § 232 I S 1 entsprechende Regelung (dort 3–5). Die StA wird ein Einschreiten namentlich für geboten erachten, wenn der Täter wegen seiner sexuellen Abnormität behandlungsbedürftig ist und die Behandlungsbereitschaft durch Verurteilung und Strafaussetzung zur Bewährung gestützt werden kann (vgl 7).

7 **6. a) Abs 3** läßt in den Fällen des Abs 1 – um dem Interesse an Heilung und Resozialisierung der Exhibitionisten Rechnung zu tragen – über § 56 hinaus (dort 8–14) auch bei ungünstiger Prognose Strafaussetzung zu, wenn nur erwartet werden kann, daß eine längere Heilbehandlung, sei es auch über einzelne Rückfälle, in nicht allzu ferner Zeit, uU erst nach Ablauf mehrerer Jahre, zu einer günstigen Prognose führen wird (BGHSt 34, 150 mit Bespr Schall JR 87, 397 und Rössner EzSt Nr 2; NStZ 91, 485, alle mwN). Inhaltlich bedeutet das nur eine Herabsetzung der Prognoseanforderungen mit der Folge, daß die Anwendbarkeit der §§ 56–56 g im übrigen, namentlich auch die des § 56 III (Verteidigung der Rechtsordnung, BGH und Schall aaO; aM Rössner aaO) unberührt bleibt.

8 aa) Abs 3 ist **Kann-Vorschrift**, eröffnet also nur eine pflichtmäßigem Ermessen (50 zu § 46) unterliegende Möglichkeit. Von ihr sollte stets Gebrauch gemacht werden, wenn psychotherapeutische Behandlung des Täters angezeigt und dessen Mitarbeit zu erwarten ist, wenn, soweit einschlägig, die Voraussetzungen des § 47 (Einwirkung auf den Täter) vorliegen und wenn die Strafaussetzung als aussichtsreiches Mittel erscheint, um zur Behandlung zu motivieren. – Im Hinblick auf den fakultativen Charakter der Vorschrift ist es nicht zwingend ausschließbar, regelmäßig aber nicht zureichend begründbar, die Aussetzung über § 56 III hinaus mit dem Hinweis zu versagen, daß das Interesse an der

Verhütung des nahen Rückfalls gegenüber dem Resozialisierungsinteresse überwiege (weiter einschr BGHSt 34, 150, wonach für die Entscheidung nur spezialpräventive Gesichtspunkte maßgebend sein dürfen; vgl auch NStZ-RR 96, 57). Erfolglosigkeit früherer Strafverfahren genügt als Ablehnungsgrund allein nicht (Stuttgart MDR 74, 685).

bb) Da dem Abs 3 die Vorstellung zugrunde liegt, daß bis zum Abschluß der Behandlung mit weiteren exhibitionistischen Handlungen zu rechnen ist, zeigt die Begehung einer weiteren gleichartigen Tat während der Bewährungszeit regelmäßig nicht, daß sich im Sinne des § 56 f I Nr 1 (dort 4) die der Strafaussetzung zugrundeliegende Erwartung nicht erfüllt hat (Düsseldorf NStZ 84, 263). 9

b) Abs 4 erstreckt diese Regelung auf Taten, die als exhibitionistische Handlungen unter einem anderen rechtlichen Gesichtspunkt – sei es selbständig oder in Idealkonkurrenz mit § 183 – strafbar sind; neben den in Nr 2 genannten Handlungen kommt namentlich Beleidigung (§ 185) in Frage (krit dazu Haß SchlHA 75, 123). Wird wegen einer Tat nach Nr 2 Freiheitsstrafe (bei mehreren Taten auch Gesamtstrafe) von mehr als einem Jahr verhängt, so müssen auch die Voraussetzungen des § 56 II erfüllt sein (BGHSt 28, 357 mwN; str); jedoch werden sie bei der Eigenart der einschlägigen Taten und ihrer Täter häufig bejaht werden können (Schall JR 87, 397, 401). 10

7. Tateinheit ua möglich mit §§ 174 II Nr 1, 176 V Nr 1; Spezialität scheidet hier schon deshalb aus, weil die Tatbestände zum Schutz der Entwicklung Minderjähriger keinen Ausschnitt aus § 183 bilden (25 vor § 52), außerdem weil der Unwert exhibitionistischer Belästigung in der Verurteilung wegen eines anderen Sexualangriffs nicht zum Ausdruck kommt (Sch/Sch-Lenckner 15; aM Sander aaO [vgl 1] S 14; Laufhütte LK 14; Horn SK 8, alle mwN; zw). Auch mit § 185 ist Tateinheit möglich, weil die exhibitionistische Belästigung eine andere Unrechtsqualität hat als die bisweilen mit ihr verbundene Mißachtenskundgebung (Stuttgart MDR 74, 685; aM Horstkotte JZ 74, 84, 90; Laufhütte LK 14). 11

§ 183 a Erregung öffentlichen Ärgernisses

Wer öffentlich sexuelle Handlungen vornimmt und dadurch absichtlich oder wissentlich ein Ärgernis erregt, wird mit Freiheitsstrafe bis zu einem Jahr oder mit Geldstrafe bestraft, wenn die Tat nicht in § 183 mit Strafe bedroht ist.

1. Die Vorschrift schützt **das Allgemeininteresse** an der Respektierung der verbreiteten sozial-moralischen Grundanschauung, daß sexuelle Handlungen nicht in die Öffentlichkeit gehören; es soll also jedermann vor dem „Wahrnehmenmüssen" solcher Vorgänge bewahrt werden (Tröndle 1; aM BT-Dr VI/3521 S 56, Schroeder, Welzel-FS, S 859, 872, Graalmann-Scheerer GA 95, 349, 354, Horn SK 1 und Laufhütte LK 1, nach denen das Individualinteresse des jeweils Betrof- 1

fenen geschützt ist, und Benz, Sexuell anstößiges Verhalten, 1982, S 179, der die öffentliche Ordnung als Schutzgut ansieht). Infolge der Ausscheidung exhibitionistischer Handlungen (§ 183) und der Beschränkung des inneren Tatbestandes auf direkten Vorsatz (vgl 4) ist der Anwendungsbereich der Vorschrift gering.

2 **2.** Sexuelle Handlungen (2–4 a zu § 184 c) sind **öffentlich** vorgenommen, wenn entweder eine unbestimmte Vielzahl oder eine bestimmte, nicht durch persönliche Beziehungen miteinander verbundene Mehrzahl von Personen sie wahrgenommen hat oder hätte wahrnehmen können (BGHSt 11, 282; krit Marx JZ 72, 112); wirklich anwesend brauchen sie nicht zu sein (NJW 69, 853; Celle GA 71, 251). In die persönlichen Beziehungen, welche die Öffentlichkeit ausschließen, muß auch der Täter eingeschlossen sein (RGSt 49, 147; Schröder JR 70, 429; aM BGHSt 11, 282; Köln NJW 70, 670; Laufhütte LK 4 mwN; zw). Bei der Auslegung orientiert sich die Rspr am geschützten Rechtsgut und weicht zum Teil erheblich von den Anforderungen ab, die sonst an die Öffentlichkeit gestellt werden (zB BGHSt 10, 196; 12, 42, 46; 15, 118, 124). Da sich das Merkmal auf die sexuelle Handlung, nicht auf das Ärgernis bezieht, genügt eine nichtöffentliche Handlung selbst dann nicht, wenn noch so viele Personen Ärgernis nehmen. Keine Öffentlichkeit, wenn die Wahrnehmung besondere Bemühung verlangt oder der Täter, zB auf einer öffentlichen Straße, ausreichende Vorkehrungen zur Verhinderung der Wahrnehmung durch einen unbestimmten Personenkreis getroffen hat (NJW 69, 853).

3 **3. Ärgernis erregen** setzt voraus, daß die sexuelle Handlung nach den Umständen zur Verletzung des – nicht überspannten – Wertgefühls, das sich aus der unter 1 beschriebenen Grundanschauung ergibt, objektiv geeignet ist, und daß sie diesen Erfolg bei mindestens einer Person tatsächlich erreicht (Erfolgsdelikt, RGSt 51, 167; krit Benz aaO [vgl 1] S 59); nach dem Schutzzweck scheiden jedoch solche Fälle aus, in denen es dem anderen darum ging, sexuelle Handlungen der vom Täter vorgenommenen Art wahrzunehmen (zB bei sexuellen Schaustellungen in Bars, Stripteaselokalen usw; weiter einschr BT-Dr VI/3521 S 57). – Maßgebend ist das Ärgernis des Wahrnehmenden; daran fehlt es zB, wenn ein Kind den Sexualbezug des Vorgangs nicht begreift (NJW 70, 1855 mit Anm Geilen NJW 70, 2304; KG JR 65, 29) oder wenn erst ein Dritter aufgrund Berichts über den Vorgang Ärgernis nimmt.

4 **4.** Der **Vorsatz**, öffentlich eine sexuelle Handlung vorzunehmen, kann bedingt sein (23–27 zu § 15). Dagegen ist für die Ärgerniserregung direkter Vorsatz erforderlich; er setzt voraus, daß es entweder dem Täter darauf ankommt (20 zu § 15), bei mindestens einer – uU von ihm speziell ins Auge gefaßten – Person Ärgernis zu erregen, oder daß er das Ärgernis als sichere Folge seiner Handlung voraussieht (21 zu § 15). Wissentlichkeit fehlt idR, wenn der Täter Maßnahmen gegen Wahrnehmungen Dritter getroffen hat; Absicht und Wissentlichkeit

fehlen idR auch bei der Prostituierten und dem Freier (Graalmann-Scheerer aaO [vgl 1] S 355).

5. Tateinheit ua möglich mit § 185 (RGSt 75, 207). Gegenüber § 183 Subsidiarität (aM BT-Dr 7/514 S 10: Spezialität). Nehmen mehrere Personen an einer Handlung Ärgernis, so liegt nur eine Tat vor (BGHSt 4, 303). 5

§ 184 Verbreitung pornographischer Schriften

(1) **Wer pornographische Schriften (§ 11 Abs. 3)**

1. einer Person unter achtzehn Jahren anbietet, überläßt oder zugänglich macht,

2. an einem Ort, der Personen unter achtzehn Jahren zugänglich ist oder von ihnen eingesehen werden kann, ausstellt, anschlägt, vorführt oder sonst zugänglich macht,

3. im Einzelhandel außerhalb von Geschäftsräumen, in Kiosken oder anderen Verkaufsstellen, die der Kunde nicht zu betreten pflegt, im Versandhandel oder in gewerblichen Leihbüchereien oder Lesezirkeln einem anderen anbietet oder überläßt,

3a. im Wege gewerblicher Vermietung oder vergleichbarer gewerblicher Gewährung des Gebrauchs, ausgenommen in Ladengeschäften, die Personen unter achtzehn Jahren nicht zugänglich sind und von ihnen nicht eingesehen werden können, einem anderen anbietet oder überläßt,

4. im Wege des Versandhandels einzuführen unternimmt,

5. öffentlich an einem Ort, der Personen unter achtzehn Jahren zugänglich ist oder von ihnen eingesehen werden kann, oder durch Verbreiten von Schriften außerhalb des Geschäftsverkehrs mit dem einschlägigen Handel anbietet, ankündigt oder anpreist,

6. an einen anderen gelangen läßt, ohne von diesem hierzu aufgefordert zu sein,

7. in einer öffentlichen Filmvorführung gegen ein Entgelt zeigt, das ganz oder überwiegend für diese Vorführung verlangt wird,

8. herstellt, bezieht, liefert, vorrätig hält oder einzuführen unternimmt, um sie oder aus ihnen gewonnene Stücke im Sinne der Nummern 1 bis 7 zu verwenden oder einem anderen eine solche Verwendung zu ermöglichen, oder

9. auszuführen unternimmt, um sie oder aus ihnen gewonnene Stücke im Ausland unter Verstoß gegen die dort geltenden Strafvorschriften zu verbreiten oder öffentlich zugänglich zu machen oder eine solche Verwendung zu ermöglichen,

wird mit Freiheitsstrafe bis zu einem Jahr oder mit Geldstrafe bestraft.

(2) **Ebenso wird bestraft, wer eine pornographische Darbietung durch Rundfunk verbreitet.**

(3) **Wer pornographische Schriften (§ 11 Abs. 3), die Gewalttätigkeiten, den sexuellen Mißbrauch von Kindern oder sexuelle Handlungen von Menschen mit Tieren zum Gegenstand haben,**

1. verbreitet,

2. öffentlich ausstellt, anschlägt, vorführt oder sonst zugänglich macht oder

3. herstellt, bezieht, liefert, vorrätig hält, anbietet, ankündigt, anpreist, einzuführen oder auszuführen unternimmt, um sie oder aus ihnen gewonnene Stücke im Sinne der Nummern 1 oder 2 zu verwenden oder einem anderen eine solche Verwendung zu ermöglichen,

wird, wenn die pornographischen Schriften den sexuellen Mißbrauch von Kindern zum Gegenstand haben, mit Freiheitsstrafe von drei Monaten bis zu fünf Jahren, sonst mit Freiheitsstrafe bis zu einem Jahr oder mit Geldstrafe bestraft.

(4) **Haben die pornographischen Schriften (§ 11 Abs. 3) in den Fällen des Absatzes 3 den sexuellen Mißbrauch von Kindern zum Gegenstand und geben sie ein tatsächliches Geschehen wieder, so ist die Strafe Freiheitsstrafe von sechs Monaten bis zu fünf Jahren, wenn der Täter gewerbsmäßig oder als Mitglied einer Bande handelt, die sich zur fortgesetzten Begehung solcher Taten verbunden hat.**

(5) **Wer es unternimmt, sich oder einem Dritten den Besitz von pornographischen Schriften (§ 11 Abs. 3) zu verschaffen, die den sexuellen Mißbrauch von Kindern zum Gegenstand haben, wird, wenn die Schriften ein tatsächliches Geschehen wiedergeben, mit Freiheitsstrafe bis zu einem Jahr oder mit Geldstrafe bestraft. Ebenso wird bestraft, wer die in Satz 1 bezeichneten Schriften besitzt.**

(6) **Absatz 1 Nr. 1 ist nicht anzuwenden, wenn der zur Sorge für die Person Berechtigte handelt. Abs. 1 Nr. 3 a gilt nicht, wenn die Handlung im Geschäftsverkehr mit gewerblichen Entleihern erfolgt. Absatz 5 gilt nicht für Handlungen, die ausschließlich der Erfüllung rechtmäßiger dienstlicher oder beruflicher Pflichten dienen.**

(7) **In den Fällen des Absatzes 4 ist § 73 d anzuwenden. Gegenstände, auf die sich eine Straftat nach Absatz 5 bezieht, werden eingezogen. § 74 a ist anzuwenden.**

Fassung: Das 27. StÄG (7 vor § 174) hat die Vorschrift durch Spezialregelungen für kinderpornographische Schriften erweitert; das VerbrBG (4 vor § 38) hat die Bezugnahme auf den „räumlichen Geltungsbereich dieses Gesetzes" (5 vor § 3) in Abs 1 Nr 4 und 8 sowie in Abs 3 Nr 3 gestrichen, da sie nach der Herstellung der Einheit Deutschlands entbehrlich geworden ist (BT-Dr 12/6853 S 24).

1. a) Da § 184 kein umfassendes Herstellungs- und Verbreitungsverbot für Pornographie enthält, ist sein **Schutzzweck** uneinheitlich (dazu BT-Dr VI/1552 S 33; VI/3521 S 58, 61; 7/514 S 11; s auch 1 vor § 174; Horn LdR S 841; krit zu den ungeklärten Basishypothesen Weigend ZUM 94, 133, 136): Die Vorschriften in Abs 1 Nr 1–5, 7, 8 dienen vorwiegend dem Jugendschutz, der auch für die Absätze 2, 3 mitbestimmend ist. Die Absätze 4, 5 sollen dem Schutz von Kindern dienen, die Darsteller in kinderpornographischen Schriften sind und dabei sexuell mißbraucht werden (BT-Dr 12/3001 S 4; 12/4883 S 8; Schroeder NJW 93, 2581, 2582; Weigend ZUM 94, 133, 140). Das Interesse, nicht unerwünscht mit Pornographie konfrontiert zu werden, liegt vornehmlich dem Abs 1 Nr 6, daneben aber auch dessen Nummern 3–5, 7, 8 und dem Abs 2 zugrunde. Abs 3 soll der wissenschaftlich nicht auszuschließenden kriminogenen und sozial desintegrierenden Wirkung sadistischer, pädophiler und sodomitischer Pornographie durch ein Herstellungs- und Verbreitungsverbot begegnen. Abs 1 Nr 9 schließlich bildet einen Fremdkörper, weil er nur Konflikten der Bundesrepublik mit dem Ausland vorbeugen soll (hM; anders Lüttger, Jescheck-FS, S 121, 168, der ausländische Rechtsgüter als geschützt ansieht). – Die Vorschriften des Abs 1 sind auch dann anzuwenden, wenn eine Gefahr für die ungestörte sexuelle Entwicklung der unter achtzehnjährigen Person (Nr 1) zB wegen umfangreicher Erfahrungen im konkreten Fall offensichtlich ausgeschlossen ist (Horn SK 2: „abstrakte Gefährdungsdelikte“; aM Sch/Sch-Lenckner 6 und Sch/Sch-Cramer 3 a vor § 306). – Rechtsvergleichend zu den strafrechtlichen Pornographieverboten in Europa und deren unterschiedlichen Schutzzwecken Weigend ZUM 94, 133, der den Jugendschutz als gemeineuropäischen Kern des Pornographieverbotes ausmacht. 1

2. a) Pornographisch sind Schriften (nach § 11 III auch Ton- und Bildträger, Abbildungen und andere Darstellungen, 26–28 zu § 11), wenn sie nach ihrem objektiven Gehalt (nicht unbedingt auch nach der Absicht des Verfassers) „zum Ausdruck bringen, daß sie ausschließlich oder überwiegend auf die Erregung eines sexuellen Reizes bei dem Betrachter abzielen, und dabei die im Einklang mit allgemeinen gesellschaftlichen Wertvorstellungen gezogenen Grenzen des sexuellen Anstandes eindeutig überschreiten“ (BT-Dr VI/3521 S 60; Laufhütte JZ 74, 46, 47; zT abw Dreher JR 74, 45, 56; M-Schroeder/Maiwald BT 1 23/5). Diese weiterer Präzisierung bedürftige (Karlsruhe NJW 74, 2015) Formel will im wesentlichen die Begriffsbestimmung widerspiegeln, die der BGH zum Begriff der „unzüchtigen Schriften“ im Sinne des § 184 aF (BGHSt 23, 40) entwickelt hat (BT-Dr aaO; s auch Düsseldorf NJW 74, 1474 mit Anm Möhrenschlager; Bay 74, 175, 181 mwN). Für die Beurteilung maßgebend ist der auf dem jeweiligen – dh zeitbedingten und dem Wandel unterworfenen (Düsseldorf NJW 70, 671; Honig, Dreher-FS, S 39, 40) – Kulturstand beruhende Grundbestand gemeinsamer Anschauungen auf sexuellem Gebiet (krit Karlsruhe 2 aaO). Danach sind Darstellungen des nackten menschlichen Körpers und Schilderungen sexueller Vorgänge nicht schon als solche pornographisch; sie werden es idR erst durch eine auf die sexuelle Stimulierung reduzierte und der Lebenswirklichkeit widersprechende, aufdringlich vergröbernde, verzerrende oder anreißerische Darstellungsweise (BGH aaO; Koblenz MDR 79, 516; Hanack JZ 71, 41, 45; diff Schroeder, Pornographie, Jugendschutz und Kunstfreiheit, 1992, S 16). Im allgemeinen charakteristisch, aber nicht notwendig ist, daß die Schrift keine über den sexuellen Zweck hinausgehenden gedanklichen Inhalte vermittelt (BT-Dr aaO; zu eng Düsseldorf NJW 74, 1474). Das Problem einer hinreichend bestimmten Abgrenzung des Begriffs („das Dilemma der Toleranzgrenze") bleibt ebenso wie im früheren Recht ungelöst (Hanack NJW 74, 1, 7). – Ob eine Schrift nach diesen Maßstäben pornographisch ist, unterliegt nur begrenzt nachprüfbarer tatrichterlicher Würdigung (Frankfurt JZ 74, 516).

3 **b)** Für **Kunstwerke** folgt aus dieser einschränkenden Auslegung, daß es einen Konflikt mit den Tatbeständen des § 184 im Regelfall nicht mehr gibt. Angesichts der zunehmenden Formalisierung des Kunstbegriffs in der Rspr des BVerfG (14 zu § 193) läßt sich allerdings in Grenzfällen eine vollständige Scheidung von Kunst und Pornographie nicht mehr durchführen (BVerfGE 83, 130 mit Bespr Gusy JZ 91, 470 und Borgmann JuS 92, 916; BGHSt 37, 55 mit Anm Maiwald JZ 90, 1141 und Jean d'Heur StV 91, 165, alle mwN; str). Für diesen engen Überschneidungsbereich gelten daher die Ausführungen unter 14 zu § 193 sinngemäß; da Kunstfreiheit und Jugendschutz gleichrangige Verfassungsgüter sind, bedarf es zur Konfliktslösung einer einzelfallbezogenen Abwägung (BGH aaO; Fischer, Die strafrechtliche Beurteilung von Werken der Kunst, 1995, S 150, beide mwN; krit Schroeder aaO [vgl 2] S 47 und Kreckl MschrKrim 94, 128, 130).

4 **c) Abs 3: Gewalttätigkeiten** 4 zu § 131 (s auch NJW 80, 65; Köln NJW 81, 1458; Hanack NJW 74, 1, 7). **Sexueller Mißbrauch von Kindern** setzt Handlungen voraus, die im Sinne des § 176 tatbestandsmäßig und rechtswidrig sind (Koblenz MDR 79, 516); daher genügen auch Handlungen von Kindern untereinander (KG NJW 79, 1897) und Handlungen nach § 176 V (hM; anders Laufhütte LK 15 mwN), nicht dagegen Handlungen an toten Kindern (Laufhütte aaO; aM Tröndle 36; zw). **Sexuelle Handlungen von Menschen mit Tieren** erfordern körperlichen Kontakt. – Pornographische Schriften haben solche Handlungen schon dann zum **Gegenstand**, wenn sie nicht den alleinigen oder den in erster Linie zu vermittelnden (Koblenz aaO) Inhalt der Darstellung ausmachen; nach dem Schutzzweck des Tatbestandes dürften lediglich solche Schriften ausscheiden, bei denen diese besondere Thematik gegenüber dem Gesamtinhalt völlig zurücktritt (ähnlich Hanack aaO; s auch Laufhütte LK 13 mwN). – Für verfassungswidrig hält das Verbot von Schriften sodomistischen Inhalts Beisel ZUM 96, 859.

3. Die Tathandlungen (krit zu der mit ihnen verbundenen Vorverlagerung des Strafschutzes Schroeder aaO [vgl 2] S 39). 5

a) Zu den **in den Tatbeständen mehrfach verwendeten Begriffen: Anbieten** ist einseitige (ausdrückliche oder stillschweigende) Erklärung der Bereitschaft zur Überlassung (Horn NJW 77, 2328, 2332); Annahme ist nicht erforderlich. Ist das Angebot (in den Fällen des Abs 1 Nr 5) an einen unbestimmten Personenkreis gerichtet, so muß es für den durchschnittlich interessierten und informierten Betrachter erkennbar machen, daß es sich auf Pornographie bezieht (BGHSt 34, 94 mit abl Anm Greger JR 87, 210; Deblitz, Die Strafbarkeit der Werbung für pornographische Schriften, 1995, S 57; aM München NJW 87, 453, alle mwN; zw); wird dagegen (in den Fällen des Abs 1 Nr 1, 3, 3 a) einer bestimmten geschützten Person konkret angeboten, so braucht für diese der pornographische Charakter nicht erkennbar zu sein (Horn SK 8; aM Laufhütte LK 20; zw). In den Fällen des Abs 1 Nr 3 a wird „einem anderen" schon dann angeboten, wenn der pornographische Gegenstand in dem Ladengeschäft zur Entnahme durch den Interessenten dargeboten wird (Hamburg NJW 92, 1184). – **Überlassen** ist Verschaffung (auch unentgeltliche) des Gewahrsams. – **Zugänglichmachen** erfordert, daß einem anderen, sei es auch nur durch bloßes Auslegen in einem Raum (BT-Dr VI/1552 S 34), durch Angebot im Btx-Verfahren (Stuttgart NStZ 92, 38; Walther NStZ 90, 523; Sieber JZ 96, 494) oder durch Bereitstellung auf einem „Server" in Computernetzen wie dem Internet (Sieber aaO; Stange CR 96, 424, 426), die Möglichkeit eröffnet wird (Weigend ZUM 94, 133, 134; Ramberg ZUM 94, 140), sich durch sinnliche Wahrnehmung vom (pornographischen, Karlsruhe NJW 84, 1975) Inhalt der Schrift Kenntnis zu verschaffen; **Ausstellen, Anschlagen und Vorführen** sind nur Beispiele dafür (Uschold NJW 76, 2249). – Geschützten Personen **zugänglich** sind Orte (auch Räume), die von ihnen – sei es auch gegen Eintrittsgeld – ohne Überwindung eines im allgemeinen wirksamen tatsächlichen oder rechtlichen (zB § 123) Hindernisses betreten werden können (hM). Zugangsverbote, namentlich Verbotsschilder, genügen nur, wenn ihre Beachtung durch Kontrollen oder sonst ausreichend gewährleistet ist (NJW 88, 292; Laufhütte LK 23) und wenn sie nicht schon durch rechtswidriges Eindringen geschützter Personen unterlaufen sind (Horn SK 17). **Eingesehen werden** können Orte, wenn die Vorgänge im Innern von außen beobachtet werden können (Hamburg NJW 92, 1184 mwN; str), es sei denn, daß dies nur mit ungewöhnlichem Aufwand (zB Klettern auf einen Laternenmast; Verwendung eines Fernrohrs) oder in ganz geringfügigem Umfang (zB Öffnen und Schließen der Zugangstür beim Ein- und Austritt, Stuttgart MDR 87, 1047) möglich ist; ob auch die pornographischen Gegenstände wahrgenommen werden können, ist unerheblich (Hamburg aaO; aM für Abs 1 Nr 5 Deblitz aaO S 47; str); akustische Wahrnehmung reicht nicht (aM Horn SK 18). – **Verbreiten** 5 zu § 74 d; auch das „vertrauliche" Zuleiten an einen größeren Personenkreis ist Verbreiten, idR auch das Versenden aus dem Ausland an einzelne inländische Bezieher (Hamm NJW 70, 1754; Zweibrücken NJW 70, 1758), das allerdings meist zugleich als Einführen im Wege des Versandhandels nach Abs 1 Nr 4 erfaßt wird. – **Versandhandel** erfordert Auslieferung an Endverbraucher (Düsseldorf MDR 87, 604 mwN), schließt aber nicht nur das Verkaufen, sondern auch das Vermieten ein (BVerfG NJW 82, 1512). – **Ankündigen**, das auch im Hinweis auf eine Bezugsmöglichkeit bestehen kann, und **Anpreisen** brauchen nicht selbst pornographisch zu sein, müssen aber auf einen pornographischen Gegenstand, der nicht nur fälschlicherweise als solcher bezeichnet wird, hinweisen (Hamburg MDR 78, 506) und dessen pornographischen Charakter in demselben Maße wie beim Anbieten gegenüber einem unbestimmten Personenkreis erkennbar machen (BGHSt 34, 94 mwN; beachte die abw Rspr zu dem vergleichbaren § 5 II GjS BGHSt 33, 1; s auch BVerfG NJW 86, 1241; BVerwG NJW 77, 1411). – **Herstellen** umfaßt das gesamte von Menschen bewirkte Geschehen, das ohne weiteres oder in fortschreitender Entwicklung ein bestimmtes (im Tatbestand beschriebenes) Endprodukt hervorbringt. Es ist erst bei dessen Vorliegen vollendet; jedoch ist am Herstellen jeder beteiligt, der in irgendeiner Phase der Entwicklung bewußt zur Fertigstellung beigetragen hat (Laufhütte LK 16 zu § 86). – **Vorrätighalten** ist das Bereithalten, uU nur eines Stücks oder als mittelbarer Besitzer (RGSt 42, 209; 47, 223, 227), zum Verkaufen, Vermieten, Verschenken oder zu sonstiger Abgabe. – Für **Einführen** (LG Bayreuth NJW 70, 574; Bremen NJW 72, 1678) und **Ausführen**, die auch das bloße Durchführen umfassen (Schleswig NJW 71, 2319), genügt Versuch (19 zu § 11); sämtliche in der Vorschrift enthaltenen Ein- und Ausfuhrverbote sind sog Verbringungsverbote, die nach § 1 I S 2, IV ZollG zollamtlicher Überwachung unterliegen und insoweit nach § 6 VII ZollG das Brief- und Postgeheimnis einschränken (BGHSt 23, 329; beachte jedoch 11). – **Öffentlich** 6 zu § 74 d; speziell zur öffentlichen Filmvorführung Bay NJW 76, 527; KG JR 78, 166 und NStZ 85, 220.

6 **b) Abs 1**. – **Nr 1**: Erforderlich ist Handeln unmittelbar gegenüber der geschützten Person. – **Nr 2**: Es soll verhindert werden, daß Pornographie ihrem Inhalt nach in den Wahrnehmungsbereich geschützter Personen kommt; deshalb gehört das Ausstellen einer Schrift mit neutralem Umschlag im Schaufenster einer Buchhandlung nicht hierher (beachte jedoch Nr 5). Pornographische Sendungen, die via Satellit ins häusliche Wohnzimmer kommen, sind Jugendlichen auch dann zugänglich gemacht, wenn ihr Empfang nur mit Hilfe eines ausschließlich an Erwachsene abgegebenen Decoders möglich ist (Ramberg ZUM 94, 140; aM Beisel/Heinrich JR 96, 95, 97; Sch/Sch-Lenckner 15; zw).

6a **Nr 3, 3 a, 4**: Hier wird nur das für die Pornographie ohnehin nach § 3 I Nr 3, § 4 I iVm § 6 Nr 2 GjS geltende allgemeine Verbot der genannten Formen gewerblichen Vertriebs (dazu Uschold NJW 76, 2249) und gewerblicher Gebrauchsüberlassung wiederholt. Da der gewerbliche Filmverleih als Leihbücherei nicht erfaßbar war (BGHSt 27, 72 mwN), hat das JÖSchNG (10 vor § 1) in Nr 3 a das gewerbliche Vermieten und vergleichbare gewerbliche Gewähren des Gebrauchs (zB Verkauf mit Rückkaufsrecht oder vorübergehendes Überlassen an Mitglieder eines gewerblichen Videoclubs, BT-Dr 10/2546 S 24) selbständig verboten, für Ladengeschäfte, die ausschließlich Erwachsenen vorbehalten sind, und für den Geschäftsverkehr mit gewerblichen Entleihern (Abs 4 S 2) aber Ausnahmen vorgesehen (krit zu dieser als unzureichend bezeichneten und im Verhältnis zu Nr 3 widersprüchlichen Regelung Greger NStZ 86, 8, 12 und Schroeder Sexuologie 95, 189, 191). – **Ladengeschäft** ist die räumlich und organisatorisch selbständige, nicht notwendig ortsgebundene (Hamm NStZ 88, 415 mit Anm Greger) Geschäftseinheit, die von der Straße oder einer sonstigen allgemeinen Verkehrsfläche her zugänglich ist (NJW 88, 272 mit Anm Greger JR 89, 28); sie ist für abhängige, nur vom Hauptgeschäft aus zugängliche Nebenräume nicht herstellbar (aM LG Essen NJW 85, 2841) und auch bei abgetrennten Geschäftsräumen innerhalb eines einheitlichen Warenhauses nicht gegeben (BGH aaO); sind jedoch unabhängige Einzelgeschäfte unter einem Dach vereinigt (zB in einem Einkaufszentrum), so hängt die Abgrenzung von der jeweiligen näheren Gestaltung ab (BGH aaO). Die früher allgemeine Praxis in Videotheken, pornographische Videokassetten in einem vom Hauptgeschäftsraum lediglich durch Türen oder Vorhänge abgetrennten Nebenraum zur Vermietung feilzuhalten, ist daher nicht mehr zulässig (BT-Dr aaO S 25; probl LG Hamburg NJW 89, 1046), es sei denn, daß die zusammenhängenden Räume zeitweise ganz für die geschützten Personen gesperrt und nur in dieser Zeit solche Kassetten angeboten werden (StA Konstanz MDR 90, 742 mwN; zw). Darüber hinaus ist eine teleologische Reduktion des Verbots dieser Vertriebsformen auf mindestens abstrakt jugendgefährdende Verhaltensweisen (so unter Ausnahme des Versandhandels Sch/Sch-Lenckner 17, 25) mangels zureichender Überwachungsmöglichkeiten mit Wortlaut und Zweck des Gesetzes nicht vereinbar (Stuttgart NJW 76, 529; Düsseldorf NJW 84, 1977 mit Anm Lampe JR 85, 159; aM M-Schroeder/Maiwald BT 1 23/10, alle mwN; str).

Nr 5: Die Werbeverbote sind verfassungsrechtlich unbedenklich **6 b**
(NJW 77, 1695; aM Schumann NJW 78, 1134) und in ihrer Reichweite erst durch BGHSt 34, 94 bis zu einem gewissen Grade geklärt (vgl 5; beachte auch BGHSt 34, 218; München NJW 87, 453; Frankfurt NJW 87, 454); bei Werbung durch Zeitungsanzeigen muß sich der Eindruck, daß für pornographisches Material geworben wird, aus der Anzeige selbst ergeben (NJW 89, 409). Bei den für geschützte Personen nicht zugänglichen Orten ist namentlich an sog Sex-Shops gedacht (Prot 7, 71). Einschlägiger Handel setzt nicht voraus, daß gerade mit pornographischen Schriften Handel getrieben wird (hM; vgl Deblitz aaO [vgl 5] S 54; aM Tröndle 22).

6c **Nr 6**: Hier geht es vor allem um die unverlangte Zusendung von Werbematerial, das als solches pornographisch ist. **Gelangen lassen** bedeutet Überführung der Schrift, auch durch bloßes Liegenlassen (BT-Dr VI/3521 S 61; einschr Sch/Sch-Lenckner 36), in den Machtbereich des – bei der Tathandlung nicht unbedingt schon konkretisierten (BT-Dr aaO) – Empfängers; ob dieser Kenntnis nimmt, ist unerheblich, es genügt, daß er es kann. **Hierzu aufgefordert** ist, wer sich im Rahmen eines, uU auch durch schlüssiges Verhalten geäußerten (RGSt 47, 411, 413), Verlangens auf Überlassung pornographischen Materials gehalten hat; nur vermutetes Einverständnis genügt nicht (Laufhütte JZ 74, 46, 48).

6d **Nr 7** (zu ihrer Verfassungsmäßigkeit BVerfGE 47, 109 und NJW 77, 2207): **Entgelt** ist die in einem Vermögensvorteil bestehende Gegenleistung für die Filmvorführung, die sich auch in überhöhten Preisen für andere Leistungen verbergen kann (Laufhütte aaO). Werden solche Leistungen mit der Vorführung verbunden, aber ohne inneren Zusammenhang mit ihr erbracht (zB Abgabe von Pornoheften), so kommt es nicht auf das „Gesamtentgelt", sondern allein auf die uU verdeckte Gegenleistung für die Vorführung an (BVerfGE 47, 109; BGHSt 29, 68 mwN); die filmtheaterähnliche Struktur eines Betriebes (dazu KG JR 77, 379 mit Anm Rudolphi) ist idR, aber nicht notwendig (BVerfG aaO; str) ein Indiz dafür, daß Vorführung und „Zugaben" kein zusammengehöriges Leistungsgefüge bilden. Bei sinnvoll kombinierten Leistungsangeboten, wie sie namentlich in Gaststätten, Bars oder Striptease-Lokalen üblich sind (zB unmittelbare sexuelle Schaustellungen, Speisen, Getränke, Rauchwaren usw), wird dagegen das Entgelt nur dann überwiegend für die Vorführung verlangt, wenn deren konkreter wirtschaftlicher Wert (iS des für sie angemessenen und üblichen Entgelts) höher ist als der entsprechende Wert der übrigen Leistungen (ähnlich BVerfG aaO; BGHSt 29, 68; KG JR 78, 176; Stuttgart NStZ 81, 262; krit Rogall JZ 79, 715); die vom Täter nach außen vorgenommene Aufschlüsselung des Gesamtentgelts und das Verhältnis der betrieblichen Aufwendungen in den beiden Leistungsbereichen haben nur indizielle Bedeutung (MDR 78, 768; s auch Koblenz MDR 78, 776). Nicht erfaßt werden unentgeltliche Vorführungen sowie Vorführungen in privaten Clubs und Privatwohnungen (BT-Dr VI/3521 S 61); zur Vorführung durch sog Filmautomaten LG Dortmund MDR 75, 163; Bay NJW 76, 527; KG NStZ 85, 220.

6e **Nr 8**: Die Vorschrift, die in ihrer Struktur dem kriminalpolitisch wichtigeren Abs 3 Nr 3 entspricht (vgl 8), beschreibt Vorbereitungshandlungen zu den Taten nach den Nummern 1–7.

6f **Nr 9**: Die konkret im Ausland beabsichtigte Verbreitung usw muß gegen das dort geltende Strafrecht verstoßen (krit Gross JZ 74, 139); Strafbarkeit daher auch, wenn die Schriften zunächst durch ein Land ohne entsprechende Strafdrohung durchgeführt werden (Prot 6, 1938). Die Vorschrift bildet keine abschließende Regelung (Karlsruhe NJW

87, 1957); es kommt daher in Frage, daß auch andere, das Ausland berührende Taten nach § 184 deutschem Strafrecht unterliegen (§§ 3–7).

c) Abs 2: Rundfunk ist der für die Allgemeinheit bestimmte (str) Bild- (Fernsehen) und Hörfunk. **Darbietung** umfaßt die sog live-Sendung und darüber hinaus auch die Ausstrahlung einer Bild- oder Tonaufzeichnung (Weigend ZUM 94, 133 Fn 3), die allerdings schon unter Abs 1 fällt. Die eigenständige Bedeutung der Vorschrift ist daher auf live-Sendungen beschränkt (BT-Dr VI/3521 S 8), die als solche nur im Geltungsbereich des § 130 (dort Abs 2 Nr 2), des § 131 (dort Abs 2) und des § 184, nicht dagegen des § 21 GjS pönalisiert sind (Lackner, in: Expertenkommission Neue Medien, Abschlußbericht, 1981, Bd II, S 187; krit Tröndle 8 zu § 131 und 33 zu § 184). – Als **Täter** kommen die nach Rundfunkrecht für die Sendung jeweils Verantwortlichen (uU auch nur Mitverantwortlichen), namentlich Autor, Produzent und Regisseur, in Frage (BT-Dr VI/3521 S 8; aM für Autor und Produzent Sch/Sch-Lenckner 51); die mit der technischen Durchführung Befaßten können Teilnehmer sein. Sog Service-Provider, die dem Inhalts-Anbieter die Zugangsmöglichkeit zB zum Internet verschaffen, haften allenfalls als **Gehilfen** (Conradi/Schlömer NStZ 96, 366, 369 und 472, 477; Sieber JZ 96, 494, 499; Jäger/Collardin CR 96, 236, 238; Stange CR 96, 424, 426). 7

d) Abs 3: Der **Pornographiebegriff** des § 184 (vgl 2) ist einheitlich und gilt daher unterschiedslos auch für Abs 3 (bei Holtz MDR 78, 804 mwN; str). – Zu den hier genannten **Verbreitungs-** (Nr 1, 2) und **Vorbereitungshandlungen** (Nr 3) vgl 5. In Nr 3 bedeutet „um zu" Absicht im Sinne zielgerichteten Wollens (BGHSt 29, 68, 72; 20 zu § 15); es muß dem Täter darauf ankommen, die Darstellung oder aus ihr gewonnene Stücke entweder selbst zu verwenden oder dies einem anderen zu ermöglichen. Erfaßt werden danach auch Darstellungen, die nicht als solche verbreitet werden sollen, sondern nur als Grundlage für die Gewinnung der schließlich zu verbreitenden Endstücke dienen, wie zB Platten, Drucksätze, Negative und Matritzen (BGHSt 32, 1); auch das zur Drucklegung bestimmte Manuskript gehört hierher, allerdings nur unter der Voraussetzung, daß sein Inhalt – vom Vorbehalt geringfügiger Änderungen im üblichen Korrekturverfahren abgesehen – endgültig feststeht und der Weg zur technischen Vervielfältigung mit diesem Inhalt frei ist (BGH aaO). Versenden aus dem Ausland an einzelne inländische Bezieher, das idR zugleich von Abs 1 Nr 1 erfaßt wird, geschieht im allgemeinen mit der erforderlichen Verbreitungsabsicht (BT-Dr VI/1552 S 36). 8

e) Abs 4: Qualifikationstatbestand zu Abs 3. Die pornographischen (vgl 8) Schriften (§ 11 III) müssen den sexuellen Mißbrauch von Kindern (vgl 4) zum Gegenstand haben und ein **tatsächliches Geschehen** wiedergeben. Nicht erfaßt werden zB Zeichnungen oder wörtliche Darstellungen, da diese regelmäßig nicht mit einem tatsächlichen sexuellen Mißbrauch eines Kindes verbunden sind (BT-Dr 12/4883 S 8); 8a der Anwendungsbereich der Vorschrift ist damit auf Foto- und Filmaufnahmen beschränkt (Schroeder Sexuologie 95, 189, 194: „Kinderrealpornographie"). Des weiteren muß der Täter **gewerbsmäßig** (20 vor § 52) oder **bandenmäßig** (6, 7 zu § 244) handeln; auf die bisherige Rspr und Lit zur Auslegung dieser Merkmale kann zurückgegriffen werden (BT-Dr 12/3001 S 5).

8b f) **Abs 5**: Über die bislang verbotenen Formen des Verbreitens hinaus ist jetzt auch das Verschaffen des Besitzes und der Besitz kinderpornographischer (vgl 2) Schriften (§ 11 III) unter Strafe gestellt. Sich oder einem Dritten **Besitz verschaffen** und **besitzen** ist das Herbeiführen oder Aufrechterhalten eines tatsächlichen Herrschaftsverhältnisses (näher Laufhütte LK 48). Wie bei § 29 I Nr 3 BtMG werden die Fälle des unmittelbaren und mittelbaren Besitzes sowie der Besitzdienerschaft im zivilrechtlichen Sinne erfaßt (aM für den Besitzdiener Sch/Sch-Lenckner 65); auf Rspr und Lit zur Auslegung des Merkmals „besitzen" in dieser Vorschrift kann zurückgegriffen werden (BT -Dr 12/3001 S 6; demgegenüber will Schroeder [NJW 93, 2581, 2583] auf Rspr und Lit zur Auslegung des Merkmals „Sich-oder-einem-Dritten-Verschaffen" in § 259 zurückgreifen). Die Schriften müssen ein tatsächliches Geschehen (vgl 8 a) wiedergeben. – S 1 ist als Unternehmenstatbestand (19 zu § 11) ausgestaltet und vorverlagert damit die Strafbarkeit bedenklich weit auf alle Erwerbs- und Gebrauchsüberlassungsgeschäfte vor der Begründung neuen Besitzes (BT-Dr 12/3001 S 6). – S 2 stellt schon den Besitz der in S 1 bezeichneten Schriften unter Strafe. Dies wird wenig überzeugend damit begründet, daß der Konsument solcher Schriften – vergleichbar dem Hehler – eine Nachfrage insbesondere für attraktive, amateurhaft hergestellte Privatvideos schaffe und also mittelbar für den mit der Herstellung verbundenen sexuellen Mißbrauch von Kindern verantwortlich sei (BT-Dr 12/3001 S 5; 12/4883 S 8; Schroeder NJW 93, 2581, 2582; Nestler, ZustStR, S 76 Fn 61; zu Recht krit Jäger, Schüler-Springorum – FS, S 229, 232). Bedenken erweckt auch der Umstand, daß von dem Besitzer, der unvorsätzlich in den Besitz kinderpornographischer Darstellungen gelangt ist, zur Vermeidung der Strafbarkeit verlangt wird, sich durch Vernichtung oder Ablieferung bei einer Behörde von ihnen zu trennen (vgl BT-Dr 12/3001 S 6; nach Horn SK 78 dogmatisch ein Unterlassungsdelikt; ähnlich M-Schroeder/Maiwald BT 1 23/23).

9 4. Der **Vorsatz** (bedingter genügt) erfordert vor allem Bedeutungskenntnis im Hinblick auf den pornographischen Gehalt der Darstellung (14 zu § 15). Der Täter braucht nicht selbst einen sexuellen Zweck zu verfolgen oder auch nur den Inhalt der Darstellung zu billigen.

10 5. Das **Erzieherprivileg** des Abs 6 S 1 bezieht sich nur auf Taten nach Abs 1 Nr 1, ist aber auf solche Taten nach Abs 1 Nr 2 entsprechend anwendbar, die denen der Nr 1 gleichwertig sind, zB wenn Eltern ihren Kindern zu Hause einen Film vorführen (Laufhütte LK 25 mwN). Es gilt – abweichend von § 180 I S 2 (dort 9) – auch für den

Fall, daß der Sorgeberechtigte seine Erziehungspflicht gröblich verletzt. Diese inhaltlich bedenkliche Regelung (Hanack NJW 74, 1, 8) führt immerhin zu eindeutigen Ergebnissen. Die Möglichkeit von Maßnahmen nach § 1666 BGB oder einer Würdigung nach § 170 d (Verletzung der Fürsorge- und Erziehungspflicht) bleibt unberührt. – Der durch das 27. StÄG (7 vor § 174) angefügte S 3 nimmt Handlungen vom Tatbestand des Abs 5 aus, die ausschließlich der **Erfüllung rechtmäßiger dienstlicher oder beruflicher Pflichten** dienen. Hierzu zählen neben Handlungen von Behörden in Wahrnehmung staatlicher Aufgaben wie zB Maßnahmen im Rahmen der Strafverfolgung auch solche von Anwälten, Sachverständigen, Wissenschaftlern bei der Durchführung konkreter Forschungsaufträge und von behandelnden Ärzten (BT-Dr 12/4883 S 8; anders Schroeder [NJW 93, 2581, 2583], der Rechte wie zB die Freiheit der Forschung nach Art 5 III GG von der Gesetzesformulierung nicht als erfaßt ansieht). Das Erfordernis der Ausschließlichkeit stellt sicher, daß die Ausübung der Berufspflicht der einzige Grund für den Besitz der kinderpornographischen Darstellungen sein darf (BT-Dr 12/4883 S 9).

6. Für die **Einziehung** pornographischer Schriften gelten die allge- 11
meinen Vorschriften, und zwar § 74 d III für Taten nach Abs 1, 4 und § 74 d I, II für Taten nach Abs 3. Sind bei pornographischen Rundfunkdarbietungen Ton- oder Bildträger reproduziert worden, so sind diese nach § 74 d III einziehbar, weil sie im Sinne des § 74 d IV durch Vorführen öffentlich zugänglich gemacht worden sind (zw). Die Frage der Einziehung aus dem Ausland eingeführter Schriften (Abs 1 Nr 4, 8 und Abs 3) ist im Hinblick auf das Brief- und Postgeheimnis umstritten und bisher nicht abschließend geklärt (vgl etwa BGHSt 23, 329 mit Anm Meyer JR 71, 162; Karlsruhe NJW 73, 208 mit Anm Meyer JR 73, 381; Welp JuS 71, 239). – Der durch das 27. StÄG (7 vor § 174) eingefügte **Abs 7 S 1** eröffnet zusätzlich die Möglichkeit, in Fällen gewerbs- und bandenmäßiger Verbreitung (Abs 4) den Erweiterten Verfall nach § 73 d anzuordnen (BT-Dr 12/4883 S 9). **Abs 7 S 2** ist eine besondere Vorschrift iS des § 74 IV, welche für eine Tat nach Abs 5 die Einziehung über § 74 I zuläßt. Die Einziehung darf daher nur unter den Voraussetzungen des § 74 II, III und infolge der Verweisung in Abs 7 S 3 auf § 74 a auch unter dessen Voraussetzungen angeordnet werden.

7. a) Tateinheit ist möglich zwischen den **einzelnen Begehungs-** 12
formen des Abs 1, soweit sie untereinander einen selbständigen Unwert verkörpern, also etwa zwischen den Nummern 1 und 6 sowie zwischen Nr 5 (2. Alternative) und den Nummern 1–3 a, wenn das Angebot, die Ankündigung oder die Anpreisung selbst pornographisch ist (zT abw Tröndle 43; Sch/Sch-Lenckner 68); dagegen bilden die Nummern 1–3 a und 5 (1. Alternative) gleichwertige Begehungsformen desselben Delikts, so daß nur eine Tat vorliegt, wenn sie hinsichtlich desselben Gegenstandes in einer Handlungseinheit zusammentreffen (3

zu § 52; nur im Ergebnis ebenso Tröndle 43; aM Sch/Sch-Lenckner 68; zw). – Auch zwischen Taten nach Abs 1, 2 einerseits und Abs 3 andererseits ist wegen der nur teilweisen Identität des Schutzzwecks (vgl 1) Tateinheit möglich (Tröndle 43; M-Schroeder/Maiwald BT 1 23/21; aM Sch/Sch-Lenckner 68, wo Abs 3 gegenüber Abs 1 mit Ausnahme der Nummern 1, 6 als lex specialis angesehen wird; für Gesetzeseinheit auch Horn SK 23, 44, 56). – Die **Vorbereitungshandlungen** des Abs 1 Nr 8 und des Abs 3 Nr 3 gehen, wenn und soweit (NJW 76, 720) der Täter die Schriften seinem Plan entsprechend in strafbarer Weise selbst verwendet, in dieser Verwendung auf; im übrigen bilden sie einander gleichwertige Begehungsformen, so daß nur eine Straftat vorliegt, wenn hinsichtlich desselben Gegenstandes die strafbare Verwendung mehrfach vorbereitet wird (BGHSt 5, 381; s auch MDR 66, 687).

13 **b)** Zwischen Abs 1 Nr 1, Abs 3 einerseits und § 131 andererseits ist **Tateinheit** möglich. Von § 176 V Nr 3 wird Abs 1 Nr 1 verdrängt (NJW 76, 1984). Von Vorschriften des JÖSchG bleibt Abs 1 Nr 5 unberührt (NJW 89, 409).

14 **c)** Das Verhältnis zu **§ 21 GjS** ist unklar. Die Verbote in Abs 1 Nr 1, 2, 3 a, 4, 5 sind inhaltsgleich mit den Verboten in § 21 I Nr 1, 2, 3, 6, 7 iVm § 6 Nr 2 GjS. Auch das Verbot des Abs 1 Nr 3 deckt zusammen mit Abs 1 Nr 8 alle Fälle des § 21 I Nr 4 iVm § 6 Nr 2 GjS ab, reicht insofern aber weiter, als es auch das „Anbieten" einschließt. Außerdem erfaßt Abs 1 Nr 8 den Inhalt des § 21 I Nr 5 iVm § 6 Nr 2 GjS vollständig, erweitert aber die Strafbarkeit nicht unerheblich. Umgekehrt gehen die Strafdrohungen in § 21 II, III GjS für geschäftliche Werbung und fahrlässige Begehung über das StGB hinaus. Der erkennbare Zweck, die Bedeutung des Jugendschutzes durch Übernahme der Strafdrohungen in das StGB zu unterstreichen, dürfte die Annahme rechtfertigen, daß damit zugleich der Vorrang gegenüber den inhaltsgleichen Vorschriften im GjS zum Ausdruck kommt. Diese treten daher zurück; sie sind nur anwendbar, soweit sie den Bereich des § 184 I überschreiten (Stuttgart NJW 76, 529 mwN; ähnlich Sch/Sch-Lenckner 68). Jedoch ist für den Ausschluß des § 21 V GjS, der das Absehen von Strafe zuläßt, wenn ein Jugendlicher oder ein Angehöriger (2 zu § 11) der geschützten Person die Schrift zugänglich gemacht hat, kein Grund ersichtlich; die Vorschrift ist daher im Bereich des § 184 I entsprechend anwendbar (Laufhütte JZ 74, 46, 50).

15 **d)** Zur Behandlung jugendgefährdender Schriften im ganzen §§ 1–6, 21 GjS; zum anstößigen öffentlichen Zugänglichmachen von Schriften sexuellen Inhalts § 119 III OWiG.

16 **8.** Räumlicher Geltungsbereich § 6 Nr 6 (Weigend ZUM 94, 133; zur Verbreitung pornographischer Schriften via Internet Conradi/Schlömer NStZ 96, 366, 369); der **Weltrechtsgrundsatz** gilt nur für Abs 3, 4 (vgl die internationalen Übereinkommen zur Bekämpfung der

Verbreitung des Vertriebes unzüchtiger Veröffentlichungen v 12. 9. 1923 [RGBl 1925 II 289], die von der Bundesrepublik gekündigt worden sind und deshalb die Beschränkung des Weltrechtsgrundsatzes auf sog „harte" Pornographie völkerrechtlich unbedenklich erscheinen lassen); auf die Einbeziehung von Abs 5 (vgl 8 b) wurde wegen des fehlenden internationalen Konsenses verzichtet (Lemke NK 9 zu § 6). – Zu weiteren Fragen der Anwendbarkeit der Vorschrift im nationale Grenzen überschreitenden Internet-Verkehr Conradi/Schlömer aaO S 368.

9. Beachte Nr 223–228 RiStBV. 17

§ 184 a Ausübung der verbotenen Prostitution

Wer einem durch Rechtsverordnung erlassenen Verbot, der Prostitution an bestimmten Orten überhaupt oder zu bestimmten Tageszeiten nachzugehen, beharrlich zuwiderhandelt, wird mit Freiheitsstrafe bis zu sechs Monaten oder mit Geldstrafe bis zu einhundertachtzig Tagessätzen bestraft.

1. Prostitution – heterosexuelle, homosexuelle und lesbische – ist 1 als solche nur unter den besonderen Voraussetzungen der §§ 184 a, 184 b mit Strafe bedroht. Ihrer Zurückdrängung dienen ferner die §§ 180 a–181 a, § 27 GeschlkrG sowie §§ 119, 120 OWiG.

2. Die Vorschrift bildet einen **Mischtatbestand** mit § 120 I Nr 1 2 OWiG, dessen Verwirklichung sie bei „beharrlicher" Zuwiderhandlung gegen eine SperrbezirksVO zur Straftat qualifiziert. Für ihre ersatzlose Streichung Leo, Die strafrechtliche Kontrolle der Prostitution, 1995, S 199 mwN.

3. Zur Ausfüllung des Blanketts bedarf es einer **Rechtsverordnung**, 3 zu deren Erlaß Art 297 EGStGB ermächtigt. Danach kann in einem bestimmten, näher umschriebenen Rahmen verboten werden, der Prostitution in Gemeinden, in Teilen von Gemeinden, an öffentlichen Orten oder zu bestimmten Zeiten nachzugehen. Die Verbotsmöglichkeiten sind je nach der Größe der Gemeinde differenziert. Die Ermächtigung ist abschließend (BGHSt 11, 31) und läßt daher weitergehende Verbote nicht zu. Die in ihren Grenzen erlassenen Rechtsverordnungen sind ebenso wie der Blankettatbestand selbst (BVerfG NJW 85, 1767) verfassungsrechtlich unbedenklich (VGH Mannheim DÖV 78, 848; BayVerfGH NJW 83, 2188).

4. a) Der **Prostitution nachgehen** 1 zu § 180 a. Maßgebend ist 4 allein der Widerspruch der Tathandlung zu einem wirksamen Verbot; eine teleologische Reduktion zur Ausscheidung nichtstrafwürdiger Fälle (zB Beschränkung auf Handlungen, die zur Belästigung anderer geeignet sind) scheidet wegen der damit verbundenen Abgrenzungsschwierigkeiten aus (Bay GA 89, 469 mwN; zw).

b) Beharrlich setzt wiederholte (BGHSt 23, 167, 172) Zuwider- 5 handlung in einer Haltung voraus, die gesteigerte Mißachtung oder

Gleichgültigkeit gegenüber dem Verbot offenbart und deshalb weitere Wiederholung indiziert (Köln GA 84, 333). Abmahnung durch Bußgeldbescheid oder in anderer Weise ist nicht unbedingt erforderlich (Sch/Sch-Lenckner 5; aM Laufhütte LK 4, beide mwN; str), Beharrlichkeit aber ohne sie idR nicht beweisbar.

6 **5.** Bedingter **Vorsatz** genügt (zum früheren Recht BGHSt 23, 167).

7 **6.** Die Tat ist **eigenhändiges Delikt** (Bay NJW 85, 1566 mit Anm Geerds JR 85, 472; s auch 3 zu § 25). – **Teilnahme** (Anstiftung und Beihilfe) ist nicht grundsätzlich ausgeschlossen. Jedoch ist die Beharrlichkeit besonderes persönliches Merkmal, so daß Beteiligte, bei denen es fehlt, nur eine Ordnungswidrigkeit begehen (12 zu § 28). Ferner ist der Partner der Prostituierten, wenn sich sein Tatbeitrag auf die Rolle des zahlenden Freiers beschränkt, als notwendiger Teilnehmer straflos (12 vor § 25; nur im Ergebnis ebenso Sowada, Die „notwendige Teilnahme" als funktionales Privilegierungsmodell im Strafrecht, 1992, S 241; aM Graalmann-Scheerer GA 95, 349). Da überdies die Überlassung von Wohnung, Unterkunft oder Aufenthalt zur Förderung der Prostitution in § 180 a abschließend geregelt ist, erscheint ihre Kriminalisierung auf dem Umweg über die Teilnahme an Taten nach § 184 a problematisch (aM Bay NJW 81, 2766; Geerds JR 85, 472, beide mwN).

§ 184 b Jugendgefährdende Prostitution

Wer der Prostitution

1. in der Nähe einer Schule oder anderen Örtlichkeit, die zum Besuch durch Personen unter achtzehn Jahren bestimmt ist, oder

2. in einem Haus, in dem Personen unter achtzehn Jahren wohnen,

in einer Weise nachgeht, die diese Personen sittlich gefährdet, wird mit Freiheitsstrafe bis zu einem Jahr oder mit Geldstrafe bestraft.

1 **1.** Vgl zunächst 1 a zu § 180 a; 1, 7 zu § 184 a. – Kritisch zur Legitimität der Vorschrift als Strafbarkeitsvorschrift Leo, Die strafrechtliche Kontrolle der Prostitution, 1995, S 215.

2 **2.** Eine Örtlichkeit ist nur dann **zum Besuch durch Personen unter 18 Jahren bestimmt**, wenn ihre Eigenart gerade darin besteht, diesem Personenkreis zu dienen (zB Kindergärten, Spielplätze und Jugendheime).

3 **3.** Das (sachgemäß kaum konkretisierbare, Hanack NJW 74, 1, 6) Erfordernis **sittlicher Gefährdung** beschränkt den Strafschutz auf Fälle, in denen nach den konkreten Umständen naheliegt, daß die Prostitutionsausübung oder ihre Begleiterscheinungen von tatsächlich anwesenden geschützten Personen wahrgenommen und in ihrer sexuellen Bedeutung erfaßt werden (ähnlich Sch/Sch-Lenckner 5; auf tatsächliche Wahrnehmung einschr Laufhütte LK 5, beide mwN; str).

4 **4. Der Vorsatz** (bedingter genügt) muß auch die sittliche Gefährdung umfassen (zum Gefährdungsvorsatz 28 zu § 15).

§ 184 c Begriffsbestimmungen

Im Sinne dieses Gesetzes sind

1. sexuelle Handlungen
nur solche, die im Hinblick auf das jeweils geschützte Rechtsgut von einiger Erheblichkeit sind,

2. sexuelle Handlungen vor einem anderen
nur solche, die vor einem anderen vorgenommen werden, der den Vorgang wahrnimmt.

1. Den Begriff der **sexuellen Handlung** (vgl §§ 174 I, II, 174 a I, II, 174 b I, 176 I, II, V, 178 I, 179 I, 180 I–III, 181 Nr 2, 182 I, II, 183 a, 184 III, 184 c, 236, 237) hat das 4. StrRG (7 vor § 1) eingeführt. Er soll die Begriffe „Unzucht" und „unzüchtige Handlung" des früheren Rechts ersetzen. 1

a) **Sexuelle Handlung** ist jede menschliche Handlung, die entweder schon nach ihrem äußeren Erscheinungsbild für das allgemeine Verständnis eine Beziehung zum Geschlechtlichen aufweist, dh objektiv geschlechtsbezogen erscheint (NStZ 85, 24 und 96, 31; bei Miebach NStZ 96, 124), oder die bei mehrdeutigem äußerem Erscheinungsbild, zB einer gynäkologischen Untersuchung, einer sexuellen Ersatzhandlung (bei Holtz MDR 80, 454), einer körperlichen Mißhandlung (Lenckner JR 83, 159) oder Turnübungen (Jena NStZ-RR 96, 294), durch die Absicht motiviert ist, sich selbst oder einen anderen geschlechtlich zu erregen oder zu befriedigen (abw die Rspr, die auf das Gesamturteil eines informierten objektiven Betrachters abstellt, zB NJW 92, 325 und Jena NStZ-RR 96, 294). Handlungen lediglich zur Ermöglichung eines beabsichtigten Geschlechtsakts, zB das Herunterreißen von Kleidung, sind nicht schon als solche geschlechtsbezogen, sondern nur dann, wenn sie schon selbst sexuelle Erregung bezwecken (NStZ 90, 490). 2

aa) **Weder** eine ausschließliche Anknüpfung an das äußere Erscheinungsbild (so aber die hM; vgl etwa Maiwald GA 79, 153, 154; Benz, Sexuell anstößiges Verhalten, 1982, S 53; Laufhütte LK 6–8 mwN) **noch** ein an der früheren Rspr zum Begriff der „unzüchtigen Handlung" orientiertes ausnahmsloses Abstellen auf die „wollüstige Absicht" (von der Rspr nicht mehr gefordert, bei Miebach NStZ 96, 124) wird der Funktion des Begriffs gerecht (diff daher Sch/Sch-Lenckner 6–11). In den gesetzgeberischen Beratungen war deshalb die hier vertretene gemischt objektiv-subjektive Deutung vorherrschend (Prot 6, 2007); sie führt zu einem relativ weiten Anwendungsbereich und sucht die gebotene normative Einschränkung erst in dem Merkmal der Erheblichkeit (vgl 5). 3

bb) Da also auch eine nur objektiv geschlechtsbezogene Handlung ausreicht (NStZ 83, 167), kommt es nicht darauf an, ob der Handelnde (etwa ein Kind) die Geschlechtsbezogenheit des Vorgangs begreift 4

(BGHSt 29, 336 mit Anm Horn JR 81, 251; KG JR 82, 507) oder ob er (etwa eine Prostituierte bei Einnehmen sexualtypischer Stellungen zur Anfertigung von Aktfotos) eine sexuelle Absicht hat (zum früheren Recht BGHSt 15, 276). Allerdings muß der **Vorsatz** des Täters die Geschlechtsbezogenheit umfassen (NJW 93, 2252, 2253).

4a cc) Daß das Opfer (zB im Schlaf oder bei Bewußtlosigkeit) die sexuelle Handlung nicht sinnlich wahrnimmt, ist unerheblich, es sei denn, daß das Gesetz etwas anderes bestimmt (vgl 8) oder daß Schutzzweckerwägungen beim einzelnen Tatbestand eine Ausnahme rechtfertigen (Laufhütte LK 17; weitergehend M-Schroeder/Maiwald BT 1 17/31; s auch 3 zu § 176).

5 b) **Von einiger Erheblichkeit für das jeweils geschützte Rechtsgut** (beachte dazu die Hinweise, die bei allen einschlägigen Vorschriften die Erläuterungen einleiten; s auch 1 vor § 174) ist die sexuelle Handlung, wenn sie einen solchen Grad der Gefährlichkeit erreicht hat, daß sie nach Art, Intensität und Dauer eine sozial nicht mehr hinnehmbare Beeinträchtigung eines bestimmten, im Tatbestand (allein oder mit-) geschützten Rechtsguts (uU auch mehrerer) bedeutet (einschr Horn LdR S 840). Die Bewertung umfaßt den Gesamtvorgang, richtet sich also nach den konkreten Umständen, und zwar nicht nur nach dem äußeren Erscheinungsbild der Tat, sondern auch nach deren Begleitumständen, der Persönlichkeit des Täters und den Beziehungen der Beteiligten untereinander (NStZ 92, 432 mwN; krit Frommel NKrimPol 93, 27 und Kruse/Sczesny KJ 93, 336, 343). Im ganzen muß eine gewisse Erheblichkeitsschwelle überschritten sein, die nicht für alle Rechtsgüter und Tatbestände gleich ist (NStZ 83, 553); sie bestimmt sich vielmehr nach dem Grad der Gefährlichkeit für das jeweils betroffene Rechtsgut; unter diesem Gesichtspunkt darf es sich nicht um Belanglosigkeiten handeln (bei Holtz MDR 91, 702 mwN). Gegenüber der früheren Rspr, die auf die Schwere des Verstoßes gegen das allgemeine Scham- und Sittlichkeitsgefühl abgestellt hat (FamRZ 66, 632), bedeutet das zwar eine Veränderung des Maßstabs, die aber deshalb nur geringfügig ist, weil die Gefährlichkeit der Handlung für das betroffene Rechtsgut und die Schwere der jeweiligen Strafdrohung schon immer für das Ergebnis mitbestimmend waren (BGHSt 17, 280, 288). Deshalb ist die Rspr, mit deren Hilfe nur unangebrachte, unanständige oder anstößige Zudringlichkeiten ausgeschieden wurden (BGH aaO), mit Vorsicht noch verwertbar (bei Dallinger MDR 74, 545; Koblenz NJW 74, 870).

6 aa) Soweit in den Tatbeständen die **ungestörte geschlechtliche Entwicklung** des jungen Menschen im Vordergrund steht, wird die Schwelle bei jüngeren Opfern niedriger anzusetzen sein als bei solchen, die der Altersgrenze schon nahe sind (krit Schüler-Springorum MschrKrim 77, 364; s auch Ehebald MschrKrim 77, 347). Ein bloßer Kuß wird jedoch ganz allgemein nicht ausreichen (s auch BGHSt 1, 293, 298; Hamm NJW 63, 64), während das Abtasten der Brust (BGHSt 1,

168; bei Miebach NStZ 94, 226) und der Zungenkuß (BGHSt 18, 169) idR bei Kindern, nicht ohne weiteres auch bei geschlechtlich gereifteren Partnern, genügen (StV 83, 415; aM Sick ZStW 103, 43, 69 und Horn SK 15).

bb) Sexuelle Handlungen, die **äußerlich nicht geschlechtsbezogen** erscheinen (vgl 2, 3), werden idR, aber nicht notwendig (zB bei Körperverletzungen aus sadistischer Motivation), unter der Erheblichkeitsschwelle bleiben (Prot 6, 2008). 7

2. Das Merkmal der **sexuellen Handlung vor einem anderen** (vgl §§ 174 II, 176 V und 180) erfordert eine bewußte sinnliche (uU auch nur akustische) Wahrnehmung des Vorgangs durch den anderen; dieser muß den Vorgang in räumlicher Nähe wahrnehmen, so daß die Wahrnehmung sexualbezogener Äußerungen über Telefon nicht erfaßt wird (BGHSt 41, 285 mit Bespr Schmidt JuS 96, 654). Daß er die sexuelle Bedeutung begreift (bei Dallinger MDR 74, 546; NStZ 95, 228; Horn SK 19; aM Sch/Sch-Lenckner 21 a) oder daß sein Körper in das sexuelle Geschehen miteinbezogen wird, wie es die Rspr zum früheren Recht für die unzüchtige Handlung „mit" einem anderen vorausgesetzt hat (zB BGHSt 4, 323; 5, 88; 8, 1; NJW 65, 2308), ist nicht erforderlich. 8

14. Abschnitt. Beleidigung

Vorbemerkung

1. Geschütztes Rechtsgut der §§ 185–187 a ist die Ehre (hM; anders Knittel, Ansehen und Geltungsbewußtsein, 1985). Daß sie nur einen Teilbereich der Personenwürde bildet, mit ihr und dem aus ihr fließenden Persönlichkeitsrecht also nicht identisch ist, entspricht allgemeiner Ansicht (BGHSt 36, 145). Im übrigen sind Inhalt und Grenzen der Ehre aber umstritten (eingehend Tenckhoff, Die Bedeutung des Ehrbegriffs für die Systematik der Beleidigungstatbestände, 1974, S 26). Die Rspr (zB BGHSt 1, 288; 11, 67) vertritt einen gespaltenen normativ-faktischen Ehrbegriff, der dem § 185 als Rechtsgut die innere Ehre, dh den aus dem sittlichen und sozialen Persönlichkeitswert entspringenden Achtungsanspruch, und dem § 186 die äußere Ehre, dh den in bezug auf diesen Persönlichkeitswert guten Ruf des Menschen, zuordnet (sog Aliudtheorie; ob sie auch noch der neueren Rspr zugrundeliegt, ist zweifelhaft; vgl Küper BT S 72 und Zaczyk NK 7 mwN). Im Schrifttum wird die Ehre teils als faktischer Begriff in der dualistischen Ausformung von äußerer Ehre (Leumund) und subjektiver Ehre (Ehrgefühl) verstanden (Stern, FS für Heinz Hübner, 1984, S 815); teils wird sie nur normativ als der auf die Personenwürde gegründete personale Geltungswert des Menschen (Hirsch, Ehre und Beleidigung, 1967, S 29 und ZStW 90, 965, 978; Herdegen LK 5–17) oder als der aus diesem Wert entspringende verdiente soziale Geltungsanspruch (so Begr zu § 173 E 1962) gedeutet (kombinierend Küper BT S 71); teils sieht 1 man sie als ein zugleich faktisch und normativ zu verstehendes Beziehungsverhältnis zur Umwelt an (so Wolff ZStW 81, 886; Otto, Schwinge-FS, S 71; Zaczyk NK 1; ähnlich Ignor, Der Straftatbestand der Beleidigung, 1995, S 174; Rudolphi SK 5); teils wird der bisher durchgängig anerkannte rein personale Charakter des Rechtsguts auch geleugnet und Ehre als die im öffentlichen Interesse zugunsten einer Person angebrachte Zurechnung als verdienstlich definiert (Jakobs, Jescheck-FS, S 637). Mit Recht zeichnet sich im ganzen eine zunehmend normative Deutung des Begriffs ab, die allerdings die Verschlingung mit dem Faktischen nicht leugnen kann (Hirsch aaO S 1; Tenckhoff aaO S 71; Engisch, Lange-FS, S 401; Arzt JuS 82, 717; Erhardt, Kunstfreiheit und Strafrecht, 1989, S 114; krit Kübler JZ 84, 541, 543). Jedenfalls wird die Verletzung der Ehre heute überwiegend darin gesehen, daß dem Betroffenen zu Unrecht Mängel nachgesagt werden, die, wenn sie vorlägen, seinen Geltungswert mindern würden (BGHSt 36, 145). Dieser Wert ist aus dem allgemeinen Menschenwert sowie dem sittlichen und sozialen Wert der jeweils betroffenen Person abzuleiten (hM; vgl etwa M-Schroeder/Maiwald BT 1 24/5; anders Hirsch aaO S 77 ff, der ein soziales Element des Ehrbegriffs verneint, aber den sittlichen Aspekt auf den Gesamtbereich der Sozialethik erstreckt; offen gelassen in BGHSt 36, 145, 148, alle mwN). – Zusf zum Rechtsgut, zur Systematik und zu den Grundfragen der Beleidigung Geppert Jura 83, 530; Küpper JA 85, 453; Tenckhoff JuS 88, 199, 457, 787 und 89, 35, 198; Herdegen LdR S 90; Küper BT S 42. – Rechtsvergleichend Kretschmer, Strafrechtlicher Ehrenschutz und Meinungs- und Pressefreiheit . . ., 1994.

2 2. a) **Beleidigungsfähig** ist jeder lebende (beachte 1 zu § 189) Mensch, da ihm mindestens aufgrund seines allgemeinen Menschenwerts Ehre zukommt, also auch der Geisteskranke und das Kind (BGHSt 7, 129, 132; diff Zaczyk NK 10, 11).

3 aa) Die Beleidigung kann sich unter einer **Kollektivbezeichnung** auch gegen jeden einzelnen Angehörigen einer Personenmehrheit richten (Wehinger, Kollektivbeleidigung – Volksverhetzung, 1994, S 17), wenn diese so aus der Allgemeinheit hervortritt, daß der Kreis der betroffenen Personen klar umgrenzt und die Zuordnung des einzelnen zweifelsfrei ist (BGHSt 11, 207; 36, 83; zusf Wagner JuS 78, 674, 677; Geppert Jura 83, 430, 438). Die uneinheitliche und zum Teil zu weite Rspr (Rspr-Übersicht bei Wehinger aaO S 33) hat das zB bejaht für die „Spitze der Großbanken" (Hamm DB 80, 1215), für die „Patentanwälte" (Bay NJW 53, 554 mit Anm Bockelmann), für die „Soldaten der Bundeswehr" (BGHSt 36, 83; Frankfurt NJW 89, 1367 mit Bespr Arzt JZ 89, 647, Dau NStZ 89, 361 und Maiwald JR 89, 485; Bay NJW 91, 1493; krit Giehring StV 92, 194, 196 und Goerlich Jura 93, 471, 476; vgl auch BVerfG NJW 94, 2943, 2944 mit krit Bespr Herdegen NJW 94, 2933, 2934, Lorenz NJ 94, 561, 562 und Campbell NStZ 95, 329 sowie BVerfGE 93, 266, 298 mit

Bespr Heselhaus JA 96, 539, Hufen JuS 96, 738, Otto NStZ 96, 127, Gounalikis NJW 96, 481, 485, Sendler NJW 96, 825, alle mwN; zw), für die noch in einem Wehrdienstverhältnis stehenden „Reservisten" (Köln NStE 3 zu § 77), für die Sondereinheit des Bundesgrenzschutzes „GSG 9" (Köln OLGSt S 12), für die kommunalen Meßbeamten (AG Gießen DAR 93, 274), für die „Beamten der Schutz- und Kriminalpolizei" (Düsseldorf MDR 81, 868) und allgemein die „Polizei", wenn damit erkennbar nur die Beteiligten an einem bestimmten Einsatz (Frankfurt NJW 77, 1353; zu weit Bay NJW 90, 921 mit abl Anm Seibert StV 90, 212) oder einer bestimmten Veranstaltung (Bay NStZ 88, 365 mit Anm Volk JR 89, 74) gemeint sind, nicht dagegen für die „Polizei" im ganzen (Düsseldorf NJW 81, 1522; Bay NJW 90, 1742; Wehinger aaO S 59: keine Individuumsbezogenheit), und zwar auch dann nicht, wenn die Äußerung auf Träger bestimmter Ausrüstungen (zB von Helmen, Schutzschilden und Schlagstöcken) beschränkt wird (aM KG JR 90, 124). Allgemeine Bezeichnungen, die sich auf keinen fest umrissenen Personenkreis fixieren lassen oder erkennbar aus der Sicht des Täters nicht auf alle Angehörigen eines solchen Kreises gemünzt sind, genügen nicht (BGHSt 36, 83; KG JR 78, 422); zB „die Katholiken", „die Christen" (LG Köln MDR 82, 771), „die Akademiker" (BGHSt 11, 207, 209), „die an der Entnazifizierung Beteiligten" (BGHSt 2, 38) und „alle Soldaten der Welt" (BVerfGE 93, 266, 302 mit zust Bespr Mager Jura 96, 405, 409; Rudolphi SK 13). Als in diesem Sinne klar umgrenzte Gruppe hat die Rspr auch die jetzt in Deutschland lebenden, vom Nationalsozialismus verfolgten Juden anerkannt (BVerfG NStZ 92, 535 und NJW 93, 916; BGHSt 11, 207; 16, 49, 57; noch weitergehend BGHZ 75, 160 mit Anm Deutsch NJW 80, 1100; zu Recht krit Zaczyk NK 36 mwN). Nur auf der Grundlage dieser extensiven Rspr kann der auf dem 21. StÄG (10 vor § 1) beruhende § 194 I S 2–4 für den Beleidigungsschutz der Juden, namentlich für Fälle der sog „Auschwitzlüge", praktisch werden (BGHSt 40, 97; krit Wehinger aaO S 61 und Sch/Sch-Lenckner 1 zu § 194); bei Verfolgten anderer Gruppen (etwa den vom Vertreibungsschicksal betroffenen „Schlesiern") sind die Voraussetzungen der Kollektivbeleidigung auch bei weitester Auslegung regelmäßig nicht erfüllt. Hier ist nicht hinreichend bedacht worden, daß der Anwendungsbereich dieser Rechtsfigur durch den Verzicht auf das Antragserfordernis nicht berührt wird und daß seine schon heute problematische Weite nicht noch mehr ausgedehnt werden kann, ohne den Charakter der Beleidigung als eines gegen das Individuum gerichteten Delikts preiszugeben (krit auch Tröndle 1 zu § 194).

bb) Ein Angriff gegen das Mitglied einer begrenzten, ohne weiteres 4
überschaubaren (KG JR 78, 422; Dolde ZRP 73, 217; diff Wehinger aaO [vgl 3] S 30) Gruppe, **das nicht näher bezeichnet wird** (zB „ein bayerischer Minister"), kann alle Mitglieder kränken (BGHSt 14, 48; 19, 235; zu weit Lamprecht ZRP 73, 215).

5 **b)** Auch **Personengemeinschaften**, die eine anerkannte soziale Funktion erfüllen, einen einheitlichen Willen bilden können und nicht vom Wechsel ihrer Mitglieder abhängen, sind beleidigungsfähig (hM; vgl ua Frankfurt NJW 77, 1353 mit abl Bespr Wagner JuS 78, 674; Küper BT S 46; aM Rudolphi SK 9; Zaczyk NK 12; zw). Für Behörden, Gesetzgebungsorgane und politische Körperschaften ergibt sich das aus § 194 III, IV (hM; BVerfGE 93, 266, 291; anders Fischer JZ 90, 68 mwN). Die Rspr dehnt den Schutz in zum Teil problematischer Weise sehr weit aus und bezieht zB die Bundeswehr (BGHSt 36, 83; Frankfurt NJW 89, 1367; krit Giehring StV 92, 194, 195; zusf Dau NJW 88, 2650, alle mwN; zw), die politischen Parteien und deren Untergliederungen (Düsseldorf MDR 79, 692; aM Hirsch aaO [vgl 1] S 91, 113), Kapitalgesellschaften (BGHSt 6, 186) sowie ein bestimmtes Dezernat der Kriminalpolizei (AG Weinheim NJW 94, 1543; LG Mannheim NStZ-RR 96, 360), nicht dagegen die Polizei im ganzen (Bay NJW 90, 1742) ein (eingehend Krug, Ehre und Beleidigungsfähigkeit von Verbänden, 1965; krit Brackert JA 91, 189; zusf Tenckhoff JuS 88, 457). – Eine besondere **Familienehre** wird dagegen nicht als solche geschützt (hM; vgl etwa BGHSt 6, 186, 192; anders Arthur Kaufmann ZStW 72, 433). Die dadurch entstehende Lücke ist allerdings unbedeutend, weil idR zugleich eine Beleidigung der Familienmitglieder unter einer Kollektivbezeichnung vorliegt.

§ 185 Beleidigung

Die Beleidigung wird mit Freiheitsstrafe bis zu einem Jahr oder mit Geldstrafe und, wenn die Beleidigung mittels einer Tätlichkeit begangen wird, mit Freiheitsstrafe bis zu zwei Jahren oder mit Geldstrafe bestraft.

1 **1.** Zum **Rechtsgut** und zum geschützten Personenkreis 1–5 vor § 185. Die Verfassungsmäßigkeit der Vorschrift (Bestimmtheitsgrundsatz, 2 zu § 1) wird in stRspr vorausgesetzt und wegen der näheren Strukturierung des Tatbestandes in Theorie und Praxis nur vereinzelt in Frage gestellt (so aber Finkeisen ua ZRP 91, 245 mit Erwiderung Küpper ZRP 91, 249; krit auch Ignor, Der Straftatbestand der Beleidigung, 1995, S 158). Die Vorschrift enthält unter Berücksichtigung des § 193 keine übermäßige Einengung der von Art 5 I GG geschützten Meinungsfreiheit und verstößt im Hinblick auf die gefestigte Rechtsprechung der Strafgerichte nicht gegen den Bestimmtheitsgrundsatz des Art 103 II GG (BVerfGE 93, 266, 290).

2 **2.** § 185 umfaßt **drei Begehungsformen**: die Äußerung eines beleidigenden Werturteils gegenüber dem Betroffenen („Du Lümmel") und gegenüber einem Dritten („er ist ein Lümmel") sowie – nach hM (zB Bay NJW 59, 57) – die Behauptung einer ehrenrührigen Tatsache gegenüber dem Betroffenen („Du hast gestohlen"); im letzten Falle muß allerdings die Behauptung nach hM unwahr (1 zu § 187) sein (vgl

11). Die Behauptung ehrenrühriger Tatsachen gegenüber einem Dritten („er hat gestohlen“) fällt als üble Nachrede unter § 186 oder als Verleumdung unter § 187 (vgl auch § 187 a).

3. Beleidigung ist ein Angriff auf die Ehre durch **Kundgabe** eigener (hM; vgl Köln NJW 93, 1486 und 96, 2878; anders Tenckhoff JuS 88, 787, 791, beide mwN) **Mißachtung oder Nichtachtung** (BGHSt 1, 288; stRspr). 3

a) aa) Eine Äußerung bringt **Mißachtung oder Nichtachtung** zum Ausdruck, wenn sie dem Betroffenen den elementaren Menschenwert oder seinen ethischen oder sozialen Wert ganz oder teilweise abspricht und dadurch seinen grundsätzlich (aber nicht notwendig, Frankfurt JR 72, 515 mit Anm Hirsch) uneingeschränkten Achtungsanspruch verletzt (Tenckhoff, Die Bedeutung des Ehrbegriffs für die Systematik der Beleidigungstatbestände, 1974, S 90, 120; zusf Geppert Jura 83, 580, 589); maßgebend ist dabei ihr objektiver, durch Auslegung zu ermittelnder Sinn (KG JR 80, 290 mit Anm Volk; Düsseldorf NJW 89, 3030 mit Anm Laubenthal JR 90, 127, alle mwN), für den auch die gesamten Begleitumstände bedeutsam sind (Köln NStZ 81, 183; zu eng Frankfurt NJW 84, 1128; beachte auch BVerfGE 82, 43). Mag es sich um Äußerungen durch Wort, Schrift, Bild, Gesten oder Tätlichkeiten handeln, stets kommt es auf die Einzelumstände an (Bay NJW 83, 2040); abstrakt beleidigende Äußerungen gibt es nicht (Celle NdsRpfl 77, 88). Verletzungen des Persönlichkeitsrechts, auch der Intimsphäre (Bay NJW 80, 1969 mit krit Anm Rogall NStZ 81, 102), und Unhöflichkeiten (Rüping/Kamp JuS 76, 660) sind häufig schon keine Äußerungen und drücken jedenfalls nicht schon als solche Nichtachtung aus. Jedoch gestattet auch der Straßenverkehr – trotz gewisser Konzessionen an den Verkehrston – keine Angriffe auf die Menschenwürde (Düsseldorf NJW 60, 1072). Bei Äußerungen durch Bilder, Gesten (Düsseldorf NJW 96, 2245) oder Tätlichkeiten ist der gedankliche Kern zu ermitteln; das gilt namentlich auch für Karikaturen, satirische Darstellungen (Bay NJW 57, 1607; Hamburg MDR 67, 146; AG Hamburg NJW 89, 410) und Glossen (Düsseldorf NJW 92, 1335), bei denen der zum Ausdruck gebrachte Gedankeninhalt idR bewußt verzerrend über den wirklich gemeinten Gedankenkern erstreckt wird (Hamm NJW 82, 659; Hamburg NJW 85, 1654 mit Anm Geppert JR 85, 430; KG NStZ 92, 385; zusf Würtenberger NJW 82, 610 und 83, 1144; Otto JR 83, 1; Würkner JA 88, 183; Steffen, Simon-FS, S 359; eingehend Erhardt, Kunstfreiheit und Strafrecht, 1989, S 114, alle mwN). 4

bb) Die **Rechtsprechung** hat zB – stets allerdings auf der Grundlage der jeweiligen Umstände – **genügen** lassen: die herabsetzend gemeinte Bezeichnung als Jude (BGHSt 8, 325; aM Tenckhoff aaO [vgl 4] S 46; zw); die Bezeichnung eines Polizeibeamten als „Bulle“ (Hamm JMBlNRW 82, 22; Bay JR 89, 72 mit Anm Volk; einschr KG JR 84, 165 mit Anm Otto) oder als „Scheißbulle“ (Oldenburg JR 90, 127 mit 5

Anm Otto); die Bezeichnung eines Polizeidezernats mit dem Zusatz „stasi" (AG Weinheim NJW 94, 1543; LG Mannheim NStZ-RR 96, 360); die Bezeichnung von kommunalen Meßbeamten als „Wegelagerer" (AG Gießen DAR 93, 274); die Bezeichnung als „Jungfaschist" (Karlsruhe MDR 78, 421; s auch Hamm NJW 82, 659); die Bezeichnung von Soldaten als „Mörder" oder als „potentielle Mörder" (LG Frankfurt NStZ 90, 233; Bay NJW 91, 1493; aM Giehring StV 92, 194, 199 und Goerlich Jura 93, 471, 476; vgl auch BVerfG NJW 92, 2750 und 94, 2943 mit krit Bespr Herdegen NJW 94, 2933, Grasnick JR 95, 162, Campbell NStZ 95, 329 und Stark JuS 95, 689, aber zust Bespr Hill DRiZ 94, 458, Lorenz NJ 94, 561 und Hufen JuS 95, 352 sowie BVerfGE 93, 266, 297 mit krit Bespr Otto NStZ 96, 127); die unverlangte Zusendung von Werbeschriften für sexuelle, in den Intimbereich eindringende Aufklärungsliteratur (BGHSt-GS-11, 67; beachte bei Dallinger MDR 70, 730; Stuttgart MDR 75, 330 mit Bespr Lüthge-Bartholomäus MDR 75, 815; zw); uU auch die sog „Auschwitzlüge" (BGHSt 40, 97, 103 mit insoweit abl Anm Jakobs StV 94, 540, 542, zust dagegen Otto Jura 95, 277, 280; Zweibrücken NStZ 94, 490; LG Mannheim NJW 94, 2494, 2498; vgl auch BVerfGE 90, 241 mit Bespr Heselhaus JA 95, 272 und Hufen JuS 95, 638; krit Sch/Schlenckner 3; Zaczyk NK 10). – **Nicht dagegen**: die provozierend gemeinte Anrede mit „Du" (Düsseldorf JR 90, 345 mit Anm Keller); den wahren Vorhalt tatsächlichen ehrenrührigen Verhaltens gegenüber dem Betroffenen (Bay NJW 59, 57; Tenckhoff JuS 89, 35, 36, beide mwN); das Werfen von Steinen an des Nachbarn Fenster (Bay JR 63, 468 mit Anm Schröder); das Fotografieren eines Gefangenen gegen dessen Willen (Oldenburg NJW 63, 920).

6 cc) **Geschlechtliche Angriffe** hat die frühere Rspr in ursprünglich viel zu weitem, neuerdings jedoch zunehmend eingeschränktem Umfang als Kundgabe von Mißachtung gedeutet und solche Angriffe auf Kinder, Jugendliche oder Ehegatten zugleich (oder nur) als Beleidigung der Eltern oder des anderen Ehegatten gewertet (BGHSt 7, 129; krit Hirsch, Ehre und Beleidigung, 1967, S 61; Schubarth JuS 81, 726, 728; Hillenkamp, Wassermann-FS, S 861, 870; Herdegen LK 27–29 vor § 185, alle mwN). Diese lückenbüßende Aufgabe (krit dazu ua BGHSt 16, 58, 63; Arzt JuS 82, 717, 725), die sich aus einer unzutreffenden Gleichsetzung von Ehr- und Schamverletzung herleitet (Hirsch aaO; offen gelassen in NJW 86, 2442), ist dem Beleidigungstatbestand von der Rspr in unterschiedlichem Ausmaß zugewiesen worden (BGHSt 36, 145 mwN). Sie hat aber spätestens seit Inkrafttreten des 4. StrRG (7 vor § 1) ihre Grundlage verloren, weil mit der Reform des Sexualstrafrechts eine nachhaltige und differenzierte Einschränkung der Strafbarkeit erreicht werden sollte, deren Unterlaufen durch § 185 den Reformzweck vereiteln würde (NJW 86, 2442; Zweibrücken NJW 86, 2960; krit NStZ 87, 21, alle mwN). Eine tatbestandsmäßige Beleidigung liegt daher nur vor, wenn der geschlechtliche Angriff über das gewöhnliche Erscheinungsbild eines Sexualdelikts hinausgeht und nach

seinen gesamten Umständen zum Ausdruck bringt, der Betroffene weise einen seine Ehre mindernden Mangel auf (BGHSt 36, 145 mit Bespr Otto JZ 89, 803, Hillenkamp NStZ 89, 529, Kiehl NJW 89, 3003 und Frommel NKrimPol 93, 26; NStZ 92, 33 mit Anm Keller JR 92, 246; ähnlich BGHSt 35, 76; NStZ 93, 182 und 95, 129; Zaczyk NK 25 vor § 185); die nähere Abgrenzung ist in der Rspr bisher noch nicht gelungen (unklar NJW 86, 2442 mit krit Bespr Hillenkamp JR 87, 126 und Laubenthal JuS 87, 700; zu weit NJW 89, 3029 mit abl Bespr Kiehl aaO; krit Ignor aaO [vgl 1] S 47) und zum Teil widersprüchlich (krit Sick JZ 91, 330 sowie Sexuelles Selbstbestimmungsrecht und Vergewaltigungsbegriff, 1993, S 310, jeweils mwN). Auch der Ehebruch ist nur bei Hinzutreten solcher Umstände eine Beleidigung des anderen Ehegatten (Zweibrücken NJW 71, 1225; krit Pauli JR 71, 194).

b) Kundgabe ist **Äußerung** der Miß-(Nicht-)achtung gegenüber 7 einem **anderen**. Sie erfordert idR positives Tun, kann ausnahmsweise aber, wenn die Entsprechensklausel des § 13 (dort 16) nicht entgegensteht (dazu Welp JuS 83, 865, 868), auch durch unechtes Unterlassen in Garantenstellung begangen werden (hM; vgl Köln NJW 96, 2878; Geppert Jura 83, 660, 662; Meyer JuS 88, 554, 556, alle mwN). – Der Empfänger muß den ehrenrührigen Sinn der Äußerung verstehen (BGHSt 9, 17; aM Wessels BT 1 Rdn 478), braucht jedoch die beleidigte Person nicht zu kennen; es genügt, daß diese feststellbar ist (BGH aaO).

aa) Als Kundgabe genügt das Diktat eines Briefentwurfs an die Sekre- 8 tärin (LG Hannover NdsRpfl 66, 23; aM Koblenz OLGSt 2; Zaczyk NK 19 vor § 185). Tagebuch und Monolog scheiden jedoch aus, wenn kein Dritter sie wahrnehmen soll (RGSt 71, 159; Bay JZ 51, 786). Dasselbe gilt für das versteckte Beobachten eines Liebespaares (Bay NJW 62, 1782).

bb) Gespräche unter **Eheleuten oder in der engeren Familie** 9 werden nach ganz hM nicht erfaßt, wenn die Vertraulichkeit nach den Umständen erkennbar ist und gewährleistet erscheint (Celle NdsRpfl 64, 174; krit Otto, Schwinge-FS, S 71, 87; eingehend Engisch GA 57, 326). Das wird mit Recht auf eine teleologische (allerdings unterschiedlich begründete) Reduktion schon des Tatbestandes gestützt (so zB Wasmuth NStZ 95, 100, 101; Wolff-Reske Jura 96, 184; Krey BT 1 Rdn 417; Roxin AT I 10/40; Rudolphi SK 18 vor § 185 und Wessels BT 1 Rdn 476), teils aber auch als Rechtfertigungsgrund (so zB Herdegen LK 14; Schendzielorz, Umfang und Grenzen der straffreien Beleidigungssphäre, 1993, S 214, zieht das Grundrecht auf freie Kommunikation in der ehelich-familiären Privatsphäre zur Rechtfertigung heran) oder als bloßer Strafausschluß (so zB Sch/Sch-Lenckner 9 vor § 185) gedeutet (zusf Geppert Jura 83, 530, 533; Küper BT S 48, beide mwN). Entsprechendes dürfte entgegen der hM auch für Gespräche unter eng vertrauten Personen (BVerfGE 90, 255 mit zust Anm Wasmuth NStZ 95, 100; Frankfurt NStZ 94, 404; Wolff-Reske aaO S 188; aM Bay MDR 76, 1036), für Äußerungen einer Ärztin in einem vertraulichen, der ärztlichen Verschwiegenheitspflicht unterliegenden Gesprächskreis (München NJW 93, 2998; zw), für schriftliche Mitteilungen innerhalb des privilegierten Personenkreises (aM bei Dallinger MDR 54, 335) und für Informationen an den Anwalt (Praml NJW 76, 1967; aM Hamburg NJW 90, 1246 mit Bespr Dähn JR 90, 516 und Geppert JK 8, alle mwN) anzunehmen sein (Schendzielorz aaO S 221, 288; Sch/Sch-Lenckner aaO; Zaczyk NK 40 vor § 185; aM Rudolphi SK 19 vor § 185: allein Rechtfertigung nach § 193, alle mwN; zw). Die Vertraulichkeit der Äußerung geht nicht dadurch verloren, daß sich der Staat zB durch Briefüberwachung nach §§ 29 III, 31 StVollzG Kenntnis von der Äußerung verschafft und der Verfasser von der Überwachung weiß (BVerfGE 90, 255 mit im Ergebnis zust Anm Wasmuth NStZ 95, 100, aber krit Bespr Popp NStZ 95, 413, Muckel JA 95, 452 und Kunig JK 23 zu Art 5 I GG; BVerfG NJW 95, 1477 [gegen Bamberg NJW 94, 1972] mit krit Anm Kiesel JR 95, 381; BVerfG NJW 97, 185; Frankfurt aaO; der Rspr zust Wolff-Reske aaO S 188).

10 **4. a)** Die Tat erfordert **Vorsatz** (bedingter genügt; auch bei mehrdeutigen Erklärungen, Haas GA 96, 473). Er muß die Bedeutung der Kundgabe als Miß- oder Nichtachtung (BGHSt 1, 288, 291) und deren Wahrnehmung durch den Äußerungsempfänger umfassen. Eine Beleidigungsabsicht ist nicht erforderlich (beachte 3 zu § 192; 13 zu § 193). Vorsätzlich handelt auch, wer den Äußerungsempfänger (unmittelbar oder am Telefon) mit einem anderen verwechselt (error in persona, 13 zu § 15) und deshalb eigentlich den anderen meint (Bay JR 87, 431 mwN); jedoch ist der objektive Tatbestand in bezug auf den Empfänger nicht verwirklicht, wenn für ihn – und bei Anwesenheit weiterer Personen auch für diese – objektiv erkennbar ist, daß der Ehrangriff dem anderen gilt (Streng JR 87, 431; aM Bay aaO, das darauf abstellt, ob der Empfänger den Irrtum bemerkt; ebenso Zaczyk NK 16; zw).

11 **b)** Wird dem Betroffenen gegenüber eine **ehrenrührige Tatsache** behauptet (vgl 2), so muß sich der Vorsatz auch auf die Unwahrheit erstrecken (hM; vgl etwa Bay NJW 59, 57; Köln NJW 64, 2121; Koblenz MDR 77, 864; Welp JuS 83, 865, 866; aM Frankfurt MDR 80, 495; Herdegen LK 36–39, alle mwN); dasselbe gilt, wenn über den Betroffenen ein bloßes Werturteil abgegeben wird, das sich aber auf ein diesem Urteil entsprechendes Fehlverhalten stützt (hM; anders Hirsch JR 72, 516; Tenckhoff aaO [vgl 4] S 135; zw). Obwohl diese Abweichung von § 186 (dort 7) mit Rechtsgutserwägungen begründbar und vor allem mit der besonderen Gefährlichkeit von Äußerungen gegenüber Dritten erklärbar ist (zusf Geppert Jura 83, 580, 586 mwN), kann sie nicht voll befriedigen, weil sie den Betroffenen partiell schutzlos stellt (aM daher Hirsch aaO [vgl 6] S 204; Otto, Schwinge-FS, S 71, 83; Tenckhoff JuS 89, 35, 36; zusf Küper BT S 44, alle mwN).

5. Die **Einwilligung** (10–18 vor § 32; 3–12 zu § 226 a) nimmt bei Zugrundelegung eines normativen Ehrbegriffs (1 vor § 185) der Äußerung regelmäßig den ehrverletzenden Charakter und wirkt deshalb meist tatbestandsausschließend (Tenckhoff JuS 88, 787, 788 und 89, 198 mwN weiter Zaczyk NK 14: tatbestandsausschließendes Einverständnis). Nach der Rspr entfällt idR nur die Rechtswidrigkeit (BGHSt 11, 67, 72; 23, 1, 3); danach kann auch die Einwilligung eines minderjährigen Mädchens in eine sexuelle Handlung – wenn überhaupt eine Beleidigung vorliegt (vgl 6) – rechtfertigend wirken (BGHSt 5, 362), aber nur, wenn das Mädchen die Bedeutung der Geschlechtsehre erfaßt (BGHSt 8, 357; GA 63, 50; krit Arzt JuS 82, 717, 726). Auf dieser Grundlage ist der Irrtum über die Einwilligung je nach Sachlage ein Tatbestands- oder Erlaubnistatbestandsirrtum (9–16 zu § 17), uU auch nur ein Verbotsirrtum (Bay MDR 63, 333). – Die erschlichene Einwilligung ist jedenfalls dann unwirksam, wenn sie auf einer rechtsgutsbezogenen Täuschung beruht (8 zu § 226 a; enger M-Schroeder/Maiwald BT 1 24/23: nur bei rechtsgutsbezogener Fehlvorstellung). 12

6. Die qualifizierte mittels einer **Tätlichkeit** begangene Beleidigung erfordert neben ihrem beleidigenden Sinn (vgl 4) eine unmittelbar gegen den Körper gerichtete Einwirkung (zB Ohrfeige, Anspucken); auch der fehlgehende, den Körper nicht berührende Angriff wird nach dem Schutzzweck der Vorschrift erfaßt (Sch/Sch-Lenckner 18 mwN; anders die hM; zw). 13

7. Über das **Verhältnis zu § 186** dort 11. Gegenüber speziellen Beleidigungsvorschriften, zB §§ 90, 90 b (dort 6), 103, tritt § 185 zurück. Mit § 189 ist **Tateinheit** möglich (dort 1, 2); ferner zwischen tätlicher Beleidigung und § 223 (hM; vgl etwa bei Dallinger MDR 75, 196; anders Hirsch LK 38 zu § 223; zw); in Ausnahmefällen (vgl 6) auch mit §§ 174 (LM Nr 6), 177, 178 (LM Nr 8 zu § 177) und 182 (BGHSt 8, 357; GA 66, 338). 14

8. Wahrnehmung berechtigter Interessen § 193. Strafantrag § 194. Kompensation §§ 199, 233. Bekanntmachung § 200. 15

9. Der **partiell fortgeltende § 238 II StGB/DDR** (5 zu § 3), der bestimmte Beleidigungen von Richtern oder anderen Entscheidungsträgern der Rechtspflege mit Strafe bedroht, ist stets auch als Beleidigung nach § 185 tatbestandsmäßig. Bei solchem Zusammentreffen geht § 238 II StGB/DDR als Spezialvorschrift vor (11 zu § 52). 16

§ 186 Üble Nachrede

Wer in Beziehung auf einen anderen eine Tatsache behauptet oder verbreitet, welche denselben verächtlich zu machen oder in der öffentlichen Meinung herabzuwürdigen geeignet ist, wird, wenn nicht diese Tatsache erweislich wahr ist, mit Freiheitsstrafe bis zu einem Jahr oder mit Geldstrafe und, wenn die Tat öffent-

lich oder durch Verbreiten von Schriften (§ 11 Abs. 3) begangen ist, mit Freiheitsstrafe bis zu zwei Jahren oder mit Geldstrafe bestraft.

1 **1.** Zum **Rechtsgut** und zum geschützten Personenkreis 1–5 vor § 185.

2 **2.** Die Vorschrift verbietet **das Ermöglichen fremder Mißachtung**. Darin weicht sie von § 185 (dort 3) ab, der nach hM die Kundgabe eigener Mißachtung betrifft.

3 **3.** Eine **Tatsache** ist (im Gegensatz zu dem unter § 185 fallenden Werturteil) etwas Geschehenes oder Bestehendes, das in die Wirklichkeit getreten und daher dem Beweis zugänglich ist (RGSt 55, 129, 131; NJW 94, 2614; BGHZ 132, 13, 21; Brandenburg NJW 96, 1002; ähnlich Zaczyk NK 2; s auch 4 zu § 263). Hierunter können auch innere Tatsachen (Beweggründe, Zwecke, Charaktereigenschaften) fallen, wenn sie zu bestimmten äußeren Geschehnissen in eine erkennbare Beziehung gesetzt werden (bei Dallinger MDR 51, 404). Den Gegensatz zur Behauptung einer Tatsache bildet das **Werturteil**, dem subjektive Wertungen, Schlußfolgerungen und Prognosen zuzuordnen sind. Beide enthalten danach eine Aussage, die auch die Form einer (rhetorischen) Frage annehmen kann (BVerfGE 85, 23). Die Grenze zwischen ihnen ist fließend (zusf Geppert Jura 83, 530, 540; Tenckhoff JuS 88, 618; Küper BT S 192; aus zivilrechtlicher Sicht Hager Jura 95, 566 und AcP 96, 168, 213, alle mwN; vgl auch BVerfGE 90, 241 und NJW 96, 1529 sowie Grimm NJW 95, 1697, 1698). Sie bestimmt sich nicht allein nach dem Wortlaut und der Form der Äußerung, sondern auch nach ihrem Sinn, so wie er im Gesamtzusammenhang von dem angesprochenen Adressatenkreis verstanden wird (NJW 93, 930 und 94, 2614, beide mwN). Die Abgrenzung ist daher im wesentlichen eine Sache tatrichterlicher Würdigung (Frankfurt NJW 89, 1367; Köln NJW 93, 1486, beide mwN), die nicht zuletzt auch durch die Interessenlage zwischen Täter und Opfer mitbestimmt wird (Arzt JuS 82, 717, 719; zu Äußerungen im öffentlichen Meinungsstreit beachte BVerfGE 85, 1; BVerfG NJW 93, 1845; 12 zu § 193). So kann das allgemeine Schimpfwort „Lump" eine Tatsachenbehauptung darstellen, wenn es sich erkennbar auf ein bestimmtes Geschehen bezieht (sog abgekürzter tatsächlicher Vorhalt). Umgekehrt kann die Bezeichnung eines Widerstandskämpfers als „Landesverräter" (BGHSt 11, 329) oder eines Mitbürgers als „Jude" (BGHSt 8, 325), als „alter Nazi" (Düsseldorf NJW 70, 905; s auch Hamburg NJW 92, 2035) oder als „Altkommunist im Geiste des Massenmörders Stalin" (AG Weinheim NJW 94 1543) als bloß abwertendes (verdecktes) Werturteil zu verstehen sein (s auch BGHSt 6, 159, 357; JR 77, 28 mit krit Anm Schroeder; Bay NStZ 83, 126); ebenso für die Bezeichnung von Soldaten als „Mörder" (so in Übereinstimmung mit den aufgehobenen Strafurteilen BVerfGE 93, 266, 289 mit Bespr Mager Jura 96, 405, 408). Eine Tatsachenbehaup-

tung verliert ihren Charakter nicht dadurch, daß aus den behaupteten Tatsachen zusätzlich Werturteile abgeleitet werden (BGHSt 12, 287; Celle NJW 88, 353), auch nicht dadurch, daß einer schwerwiegenden Behauptung ein unbedeutendes Schimpfwort beigefügt wird (sog substantiiertes Werturteil). Das überwiegende Element entscheidet (BGHSt 6, 159; NJW 55, 311; Stuttgart JZ 69, 77; Otto JR 83, 1, 5); dabei kommt es darauf an, ob das Werturteil von den Tatsachen noch gedeckt, dh ihnen adäquat ist, oder ob es darüber erheblich hinausgeht (sog Wertungsexzeß). Auch Tateinheit mit § 185 ist nicht ausgeschlossen (vgl 11).

4. Die **Eignung** der Tatsache **zum Herabwürdigen** oder Verächt- 4
lichmachen genügt (hM; einschr Hoyer, Die Eignungsdelikte, 1987, S 142). Ein solcher Erfolg braucht nicht einzutreten (aM Zaczyk NK 6). Öffentliche Meinung ist die eines größeren, individuell unbestimmten Kreises.

5. a) Behaupten heißt, eine Tatsache als nach eigener Überzeugung 5
wahr hinstellen, selbst wenn man sie nur von dritter Seite erfahren hat. Das kann auch dadurch geschehen, daß eine Frage gestellt, eine Schlußfolgerung nahegelegt oder ein Verdacht geäußert wird (Köln NJW 62, 1121 und 63, 1634; München NJW 93, 2998, 2999; Stapper ZUM 95, 590, 596); jedoch genügt das Ziehen erkennbar persönlicher Schlußfolgerungen aus richtig mitgeteilten Tatsachen allein nicht (Sch/Sch-Lenckner 7 mwN; anders die hM). – **Verbreiten** ist Weitergeben einer fremden Äußerung (hM; anders Streng GA 85, 214, der auch Manipulationen zum Nachteil des anderen einbezieht); jedoch wird nach dem Schutzzweck der Vorschrift die Weitergabe vom Betroffenen selbst herrührender Mitteilungen nicht erfaßt (KG NJW 55, 1368; Bockelmann JR 54, 327; aM Sch/Sch-Lenckner 16, der aber einen Strafausschließungsgrund annimmt). Anders als in den Fällen des § 74 d (dort 5) genügt es, wenn der Täter die Äußerung nur an eine Person gelangen läßt. Verbreitung eines als „grundlos“ bezeichneten Gerüchts kann reichen (Hamm NJW 53, 596), uU bei Handeln im Interesse des von dem Gerücht Betroffenen auch durch mutmaßliche Einwilligung (19–21 vor § 32) gerechtfertigt sein (ähnlich Hansen JuS 74, 104, 106 und JR 74, 406; aM Rudolphi SK 11: Tatbestandseinschränkung; str). – Zur vertraulichen Mitteilung 9 zu § 185; zur Begehung durch Strafanzeige Müller MDR 65, 629; Ranft MDR 66, 107.

b) In **Beziehung auf einen anderen** erfordert, daß Empfänger der 6
Kundgabe und Betroffener verschiedene Personen sind (2 zu § 185). Außerdem muß erkennbar sein, daß hinter der Äußerung ein anderer als der Betroffene als (angeblicher oder wirklicher) Urheber steht. Wer diesen „Drittbezug“ verbirgt und lediglich eine den Betroffenen kompromittierende Sachlage schafft, wird nicht erfaßt (NStZ 84, 216 mit krit Bespr Otto JK §§ 185 ff/2; Küper BT S 194; Rudolphi SK 10; aM Streng GA 85, 214).

7 **6.** Die **Nichterweislichkeit der Tatsache** ist objektive Bedingung der Strafbarkeit (hM; vgl Bay NJW 65, 58; s auch 30 vor § 13).

7a **a)** Mit Rücksicht auf den zwischen Täter und Verletztem bestehenden Interessenkonflikt gehört die Unwahrheit nicht zum Tatbestand (hM; anders Sax JZ 76, 80, 81 und 429, 434); auch nicht, daß sich der Täter in bezug auf die Wahrheit sorgfaltswidrig verhalten hat (so aber mit beachtlichen, allerdings die Interessen des Verletzten nicht genügend berücksichtigenden Gründen Hirsch, Ehre und Beleidigung, 1967, S 168 und ZStW 90, 978, 980; Streng GA 85, 214, 226; Küpper JA 85, 453, 459; Zaczyk NK 19). Es ist unerheblich, warum der Wahrheitsbeweis nicht erbracht werden kann (zB Tod oder Aussageverweigerung von Zeugen) und ob der Täter an die Erweislichkeit geglaubt hat (hM). Dieser trägt also das volle Beweisrisiko und damit die Gefahr der Verurteilung auch bei möglicherweise wahren Behauptungen (zusf Tenckhoff JuS 88, 618, 622 mwN; zur abw Beweislastverteilung im zivilrechtlichen Ehrenschutzprozeß Hager AcP 96, 168, 186 mwN). – Die **Beweisführungslast** obliegt dagegen dem Gericht, das von Amts wegen die Wahrheit erforschen muß. Es darf von der Erhebung des Wahrheitsbeweises auch dann nicht absehen, wenn ohnehin wegen der Form der Äußerung nach §§ 192 iVm 185 zu verurteilen (BGHSt 27, 290 mwN; aM Tenckhoff, Die Bedeutung des Ehrbegriffs für die Systematik der Beleidigungstatbestände, 1974, S 143) oder wegen Wahrnehmung berechtigter Interessen nach § 193 freizusprechen ist (BGHSt 11, 273); denn nur so kann einerseits dem Anspruch des Verletzten auf Wiederherstellung seiner Ehre Rechnung getragen (Hamm JMBlNRW 53, 139) und andererseits der Täter vom Makel der Lüge befreit werden (Roxin NJW 67, 792); außerdem hängt bei § 192 die Strafzumessung ganz wesentlich vom Wahrheitsgehalt ab. – **Der Wahrheitsbeweis ist geführt**, wenn die Behauptung in ihrem Kern zutrifft (BGHSt 18, 182); geringe Abweichungen oder Übertreibungen sind unschädlich (Hamm JMBlNRW 58, 112; Tenckhoff JuS 89, 35, 38).

8 **b)** Der **schrankenlos zugelassene Wahrheitsbeweis** birgt schwere Gefahren, die den Verletzten oft auf gerichtlichen Schutz verzichten lassen (Arzt JuS 82, 717, 721). Deshalb ist mindestens sein Mißbrauch durch uferlose Beweisanträge zur weiteren Schädigung des Beleidigten zu verhüten (bei Dallinger MDR 55, 269; Nr 230 RiStBV); behauptete und zu beweisende Tatsachen müssen identisch sein (VersR 63, 943). – **Weitergehenden Forderungen**, den Wahrheitsbeweis einzuschränken, steht die Erwägung entgegen, daß es im allgemeinen gestattet sein sollte, die Wahrheit zu sagen (Roeder, Maurach-FS, S 347, 352 mwN).

9 **7. Öffentlich** 2 zu § 80 a. **Verbreiten** von Schriften oder anderen Darstellungen 26–28 zu § 11; 5 zu § 74 d. Begehen in einer Versammlung (2 zu § 80 a) genügt – abweichend von § 187 (dort 3) – zur Qualifizierung nicht.

10 **8.** Der **Vorsatz** (bedingter genügt) muß auch die Kundgabe an einen Dritten umfassen, nicht dagegen die Wahrheit oder die Erweislich-

keit (hM; vgl Helle NJW 64, 841). Eine Beleidigungsabsicht ist nicht erforderlich.

9. Tateinheit ua möglich mit §§ 130, 164. § 90 b geht vor (dort 6; str). § 185 tritt gegenüber § 186 zurück; aufgrund der Aliudtheorie (1 vor § 185) soll hier ausnahmsweise Tateinheit in Frage kommen, wenn die Tatsachenbehauptung sowohl an einen anderen als auch an den Beleidigten gerichtet oder wenn ihr eine selbständige Formalbeleidigung hinzugefügt wird (hM; vgl BGHSt 12, 287, 292; Bay NJW 62, 1120; aM Rudolphi SK 21 vor § 185, alle mwN; zw). 11

10. Die Verweisungen in 15 zu § 185 gelten auch hier. 12

§ 187 Verleumdung

Wer wider besseres Wissen in Beziehung auf einen anderen eine unwahre Tatsache behauptet oder verbreitet, welche denselben verächtlich zu machen oder in der öffentlichen Meinung herabzuwürdigen oder dessen Kredit zu gefährden geeignet ist, wird mit Freiheitsstrafe bis zu zwei Jahren oder mit Geldstrafe und, wenn die Tat öffentlich, in einer Versammlung oder durch Verbreiten von Schriften (§ 11 Abs. 3) begangen ist, mit Freiheitsstrafe bis zu fünf Jahren oder mit Geldstrafe bestraft.

1. Im Gegensatz zu § 186 muß feststehen, daß die behauptete Tatsache **unwahr** ist. Dabei kommt es auf den wesentlichen Kern an; geringfügige Abweichungen oder Übertreibungen sind unschädlich (7 zu § 186). – **Wider besseres Wissen** ist sichere Kenntnis der Unwahrheit; daß der Täter diese nur für möglich hält, genügt nicht, wohl aber, daß er von der Unwahrheit einer aus der Luft gegriffenen Behauptung überzeugt ist. 1

2. Der zusätzliche Tatbestand der **Kreditgefährdung** schützt nicht die Ehre, sondern das Vertrauen, das jemand hinsichtlich der Erfüllung seiner vermögensrechtlichen Verbindlichkeiten genießt (zusf und krit Lampe, Oehler-FS, S 275; aM Otto GK 2 S 114). Die Tat kann auch gegen Handelsgesellschaften und juristische Personen begangen werden (5 vor § 185). 2

3. Im übrigen vgl 1–5 vor § 185; 2, 15 zu § 185; 3–5, 9 zu § 186; 3 zu § 193. Abweichend von § 186 (dort 9) genügt für die qualifizierte Tat auch die Begehung in einer Versammlung (2 zu § 80 a); für diese auf das EGStGB (5 vor § 1) zurückgehende Änderung ist ein Grund aus den Gesetzesmaterialien nicht ersichtlich (Redaktionsversehen?). 3

4. Für das Zusammentreffen des § 187 mit **§ 238 II StGB/DDR** gelten die Ausführungen unter 16 zu § 185 sinngemäß. Jedoch bleibt § 187 anwendbar, wenn die Tat unter den qualifizierenden Voraussetzungen der 2. Alternative begangen wird. 4

§ 187a Üble Nachrede und Verleumdung gegen Personen des politischen Lebens

(1) **Wird gegen eine im politischen Leben des Volkes stehende Person öffentlich, in einer Versammlung oder durch Verbreiten von Schriften (§ 11 Abs. 3) eine üble Nachrede (§ 186) aus Beweggründen begangen, die mit der Stellung des Beleidigten im öffentlichen Leben zusammenhängen, und ist die Tat geeignet, sein öffentliches Wirken erheblich zu erschweren, so ist die Strafe Freiheitsstrafe von drei Monaten bis zu fünf Jahren.**

(2) **Eine Verleumdung (§ 187) wird unter den gleichen Voraussetzungen mit Freiheitsstrafe von sechs Monaten bis zu fünf Jahren bestraft.**

1 **1.** Die Vorschrift, die eine **Qualifizierung nur der §§ 186, 187**, nicht des § 185 enthält, soll der Vergiftung des politischen Lebens entgegenwirken, also nicht den Politikern um ihrer selbst willen erhöhten Ehrenschutz gewähren (zu ihrer Vereinbarkeit mit Art 3 GG BVerfGE 4, 352).

2 **2. Im politischen Leben des Volkes** stehen nur Personen, die sich für eine gewisse Dauer mit den grundsätzlichen, den Staat, seine Verfassung, Gesetzgebung und Verwaltung unmittelbar berührenden Angelegenheiten befassen und aufgrund der ausgeübten Funktion das politische Leben maßgeblich beeinflussen (Bay NJW 82, 2511 mwN), zB Regierungsmitglieder, Bundesverfassungsrichter (BGHSt 4, 338), Abgeordnete, Parteiführer (Düsseldorf NJW 83, 1211) und andere hervorgehobene Vertreter der Regierungsparteien und der Opposition, uU auch Journalisten, Geistliche, Gewerkschaftler und Verbandsvertreter, wenn sie sich – nach außen sichtbar – mit wichtigen Angelegenheiten des Staates oder der Allgemeinheit befassen (aM Rudolphi SK 3 und Zaczyk NK 5); dagegen nicht ohne weiteres Landräte (Frankfurt NJW 81, 1569; anders für bayerische Landräte Bay JZ 89, 699), Verwaltungsbeamte und Gemeinderatsmitglieder (Bay NJW 82, 2511).

3 **3. a) Öffentlich**, in einer **Versammlung** 2 zu § 80 a. **Verbreiten** von Schriften oder anderen Darstellungen 26–28 zu § 11; 5 zu § 74 d. – In die Beurteilung der Frage, ob die Tat geeignet ist, das **Wirken zu erschweren**, bezieht die hM weder die Glaubwürdigkeit des Verbreiters (2 StR 641/81 v 4. 3. 1981) noch die Art der Verbreitung und die Größe des angesprochenen Personenkreises (bei Holtz MDR 80, 455) ein, stellt vielmehr allein auf den Inhalt der Behauptung und deren abstrakte Eignung zu negativen Auswirkungen ab (Sch/Sch-Lenckner 6); das widerspricht jedoch dem Gesetz, weil das Eignungselement nicht an die ehrenrührige Behauptung, sondern an die Tat im ganzen anknüpft (mit Recht anders daher Hoyer, Die Eignungsdelikte, 1987, S 146).

b) Die **Tatmotive** müssen mit der Stellung des Politikers zusammenhängen. Jedoch muß die Tat selbst weder politisch motiviert sein noch politische Ziele verfolgen; die Hoffnung auf absatzfördernde Sensation für eine Zeitung genügt (BGHSt 4, 119). 4

4. Gegenüber §§ 186, 187 geht die Vorschrift vor **(Spezialität)**. Über das Verhältnis zu § 90 b dort 6. 5

5. Die Verweisungen in 15 zu § 185 gelten auch hier. 6

§ 188 *(weggefallen)*

§ 189 Verunglimpfung des Andenkens Verstorbener

Wer das Andenken eines Verstorbenen verunglimpft, wird mit Freiheitsstrafe bis zu zwei Jahren oder mit Geldstrafe bestraft.

1. Geschütztes Rechtsgut ist nicht die Ehre des Toten (so aber Hirsch, Ehre und Beleidigung, 1967, S 125; Hunger, Das Rechtsgut des § 189 StGB, 1996, S 114; Herdegen LK 1, 2), auch nicht die „Familienehre", sondern das **Pietätsgefühl** der Angehörigen und der Allgemeinheit (Düsseldorf NJW 67, 1142; Rüping GA 77, 299, 304; vermittelnd BGHSt 40, 97, 105; ähnlich Zaczyk NK 1: die Ehre des Adressaten in ihrem besonderen Verhältnis zum Andenken des Verstorbenen; krit aber Rudolphi SK 1 und 7 vor § 185; zw). Die Verunglimpfung eines Toten kann aber zugleich (tateinheitlich, 14 zu § 185) einen Hinterbliebenen beleidigen (RGSt 76, 226). Der für tot Erklärte steht einem Toten gleich. – Zur historischen Entwicklung der Vorschrift und zu entsprechenden Regelungen in den europäischen Nachbarstaaten Hunger aaO S 17 und 57. 1

2. Die Grundsätze über Beleidigung unter einer **Kollektivbezeichnung** (3 vor § 185) gelten auch für § 189 (LM Nr 1). Dabei kann dieselbe Äußerung, wie das zB bei der sog „Auschwitzlüge" (BGHSt 40, 97, 103, mit abl Anm Jakobs StV 94, 540) zutreffen kann, tateinheitlich zugleich Lebende beleidigen und Verstorbene verunglimpfen. 2

3. Verunglimpfen ist mehr als beleidigen; es setzt eine nach Form, Inhalt oder Motiv besonders schwere Kränkung voraus (Bay JZ 51, 786; Küper BT S 289). Diese kann auch tätlich an dem Leichnam begangen werden (Bay 51, 455; einschr Zaczyk NK 5). Bei „übler Nachrede" über einen Toten ist Wahrheitsbeweis zulässig (hM). 3

4. Der **Vorsatz** (bedingter genügt, Bay JZ 51, 786) muß sich auch darauf erstrecken, daß der Verunglimpfte verstorben ist. Die Annahme grundsätzlich verschiedener Rechtsgüter in den Beleidungstatbeständen einerseits und § 189 andererseits (vgl 1) zwingt zu dem mißlichen Ergebnis, daß straflos bleibt, wer einen anderen beleidigt, den er irrig für tot hält, oder wer das Andenken eines Verstorbenen verunglimpft, von dem er irrig glaubt, er lebe noch (vgl Sch/Sch-Lenckner 3; krit Hunger aaO [vgl 1] S 121; diff Zaczyk NK 8, alle mwN; str). 4

5 **5.** Wahrnehmung berechtigter Interessen 3 zu § 193. Strafantrag § 194 II (für dessen Erweiterung in Anlehnung an § 232 Hunger aaO [vgl 1] S 123). Bekanntmachung § 200.

§ 190 Wahrheitsbeweis durch Strafurteil

Ist die behauptete oder verbreitete Tatsache eine Straftat, so ist der Beweis der Wahrheit als erbracht anzusehen, wenn der Beleidigte wegen dieser Tat rechtskräftig verurteilt worden ist. Der Beweis der Wahrheit ist dagegen ausgeschlossen, wenn der Beleidigte vor der Behauptung oder Verbreitung rechtskräftig freigesprochen worden ist.

1 **1.** Die beiden **Beweisregeln** schränken die freie Beweiswürdigung nach § 261 StPO ein, um das Wiederaufrollen abgeschlossener Strafsachen durch Beleidigungsverfahren zu verhindern. Sie gelten für §§ 186–189; auch für § 185, sofern es sich um eine Tatsachenbehauptung gegenüber dem Betroffenen handelt (Bay NJW 61, 85; 11 zu § 185; str).

2 **2. Verurteilung** durch Strafbefehl genügt; auch der für straffrei Erklärte (zB § 199) ist verurteilt. Tilgung oder Tilgungsreife (§ 51 BZRG) schließen die Anwendung der Beweisregel nicht aus (BT-Dr VI/1550 S 22; aM Dähn JZ 73, 51; zw). – Der **Freispruch** muß eine Sachentscheidung sein, nicht zB Einstellung wegen Verjährung.

§ 191 *(weggefallen)*

§ 192 Beleidigung trotz Wahrheitsbeweises

Der Beweis der Wahrheit der behaupteten oder verbreiteten Tatsache schließt die Bestrafung nach § 185 nicht aus, wenn das Vorhandensein einer Beleidigung aus der Form der Behauptung oder Verbreitung oder aus den Umständen, unter welchen sie geschah, hervorgeht.

1 **1.** Die Vorschrift **gilt für die §§ 186–187 a;** ferner für § 189 (str) und für tatsächliche Vorhalte ehrenrührigen Verhaltens gegenüber dem Betroffenen (Bay NJW 59, 57; s auch 11 zu § 185). Sie verbietet, die Wahrheit über einen anderen in unnötig herabsetzender Weise zu sagen. Der Wahrheitsbeweis muß auch dann erhoben werden, wenn die Bestrafung nach §§ 192, 185 feststeht (7 zu § 186).

2 **2. Aus der Form** kann die Beleidigung hervorgehen; zB bei gehässiger Einkleidung, begleitenden Schimpfworten, Lautstärke, anonymer Übermittlung. **Aus den Umständen** kann sich die Beleidigung zB ergeben bei unsachlicher Veröffentlichung einer weit zurückliegenden Verfehlung (Tenckhoff JuS 89, 35, 38 mwN) oder sonst einer wahren Tatsache ausgerechnet bei der Hochzeitsfeier, im öffentlichen Lokal, in der Presse, im Schaukasten (sog Publikationsexzeß; vgl LG Hamburg

MDR 92, 522; Zaczyk NK 4, beide mwN); erfaßt wird auch das Gebaren des „Schwarzen Mannes“ bei der Schuldeneintreibung (Scheffler NJ 95, 573, 575). Jedoch muß man sich in öffentlichen Angelegenheiten auch öffentliche Kritik gefallen lassen.

3. Der Täter muß erkennen (Bedeutungskenntnis, 14 zu § 15), daß in Form oder Umständen eine über die ehrenrührige Tatsache hinausgehende Kundgabe von Mißachtung oder Nichtachtung liegt. **Beleidigungsabsicht** ist nicht erforderlich (Oppe MDR 62, 947; Herdegen LK 4–6; M-Schroeder/Maiwald BT 1 26/21; anders die früher hM, RGSt 40, 317, alle mwN). 3

§ 193 Wahrnehmung berechtigter Interessen

Tadelnde Urteile über wissenschaftliche, künstlerische oder gewerbliche Leistungen, desgleichen Äußerungen, welche zur Ausführung oder Verteidigung von Rechten oder zur Wahrnehmung berechtigter Interessen gemacht werden, sowie Vorhaltungen und Rügen der Vorgesetzten gegen ihre Untergebenen, dienstliche Anzeigen oder Urteile von seiten eines Beamten und ähnliche Fälle sind nur insofern strafbar, als das Vorhandensein einer Beleidigung aus der Form der Äußerung oder aus den Umständen, unter welchen sie geschah, hervorgeht.

1. a) Die Vorschrift gibt die Befugnis, zur **Wahrnehmung berechtigter Interessen** die Ehre anderer Menschen zu verletzen. Nach hM wird hier eine Interessenkollision nach den Grundsätzen der **Güter- und Interessenabwägung** gelöst (bei Dallinger MDR 53, 401); zum Teil greift man – jedenfalls für § 186 mit Recht (überzeugend Sch/Sch-Lenckner 8) – auch auf den Gesichtspunkt des erlaubten Risikos (29 vor § 32) zurück (Lenckner, Mayer-FS, S 165, 179; Jescheck/Weigend AT S 402; aM Preuß, Untersuchungen zum erlaubten Risiko im Strafrecht, 1974, S 220, beide mwN). Es handelt sich jedenfalls um einen **Rechtfertigungsgrund** (BGHSt 18, 182; Eser, Wahrnehmung berechtigter Interessen als allgemeiner Rechtfertigungsgrund, 1969, S 18; zusf Geppert Jura 85, 25 mwN), nicht lediglich um einen Strafunrechtsausschließungsgrund (so Günther, Spendel-FS, S 189, 196) und auch nicht um einen Schuldausschließungsgrund (so Erdsiek JZ 69, 311; Roeder, Heinitz-FS, S 229). Soweit Gesichtspunkte der Meinungsbildung eine Rolle spielen, wird § 193 schlechthin als eine Ausprägung des Grundrechts der freien Meinungsäußerung nach Art 5 GG verstanden (BVerfGE 42, 143, 152; BGHSt 12, 287, 293; BVerwG NJW 82, 1008, 1010; Bay NStZ 83, 126; s auch EuGH NJW 87, 2145; aM Zaczyk NK 6). Durch die These des BVerfG von der „Wechselwirkung“ zwischen dem Grundrecht des Art 5 GG und den dieses begrenzenden „allgemeinen Gesetzen“ (BVerfGE 7, 198; Grimm NJW 95, 1697; Hager AcP 96, 168, 178; krit Stern, FS für Heinz Hübner, 1984, S 815; Mackeprang, Ehrenschutz im Verfassungsstaat, 1990, S 119; 1

Kiesel NVwZ 92, 1129 und Tröndle, Odersky-FS, S 259, 264: „Inversionsformel der Wechselwirkung“) ist die Auslegung des Beleidigungsrechts zwar nicht vollständig, aber doch in weitem Umfang auf das BVerfG übergegangen (vgl etwa BVerfGE 61, 1 mit krit Bespr Schmidt Glaeser JZ 83, 95 und vd Decken NJW 83, 1400; BVerfGE 82, 43 und 236 mit Anm Tettinger JZ 90, 1074; BVerfGE 85, 1 und 90, 241; BVerfGE 93, 266, 290 mit krit Bespr Otto NStZ 96, 127, 128 und Zuck JZ 96, 364, 365; s auch Henschel NJW 90, 1937, 1943 und Hufen JuS 94, 165).

2 **b)** § 193 deckt nur die Verletzung **fremder Ehre** (hM); seine vorsichtige Erstreckung auf einige **weitere Tatbestände** mit besonders gemeinschaftsbezogenen Rechtsgütern (zB Verletzung der Vertraulichkeit des Wortes, Verletzung von Privatgeheimnissen, § 201 I, II Nr 1, § 203) wird im Schrifttum teils befürwortet (Noll ZStW 77, 1, 31; Eser aaO [vgl 1] S 15, 40; Tiedemann JZ 69, 717, 721; Geppert Jura 85, 25, 28), teils aber auch nachdrücklich abgelehnt (Suppert, Studien zur Notwehr und „notwehrähnlichen Lage“, 1973, S 223; Krey ZStW 90, 173, 181; Lenckner, Noll-GedSchr, S 243; Tenckhoff JuS 89, 198; Kretschmer, Strafrechtlicher Ehrenschutz und Meinungs- und Pressefreiheit . . ., 1994, S 73; Samson SK 7–9 vor § 201, alle mwN); darüber hinaus ist er jedenfalls unanwendbar, zB wenn § 123 (Stuttgart NStZ 87, 121 mit Bespr Lenckner JuS 88, 349), § 164 (RGSt 71, 34, 37; Oldenburg NdsRpfl 51, 51), § 267 (RGSt 50, 55) oder § 303 (Stuttgart aaO) verletzt ist.

3 **c)** Innerhalb des **14. Abschnitts** kommt § 193 namentlich in Frage bei der üblen Nachrede (§§ 186, 187 a I), daneben auch bei Tatsachenbehauptungen gegenüber dem Beleidigten (2 zu § 185) sowie bei öffentlichen Meinungsäußerungen, dienstlichen Urteilen und tätlichen Beleidigungen (str) im Rahmen des § 185 (zu eng bei Dallinger MDR 53, 401). Bei reinen Formalbeleidigungen (Düsseldorf NStZ-RR 96, 5, 7; Sch/Sch-Lenckner 2; krit Graul NStZ 91, 457, 461; Scheffler NJ 95, 573, 575) und bei Verleumdungen (BGHSt 14, 48; NStZ 95, 78 mit zust Anm Jahn StV 96, 259; Hamm NJW 71, 853; s aber RGSt 48, 414; 63, 94; für die Heranziehung von § 34 M-Schroeder/Maiwald BT 1 26/30) scheidet er dagegen idR, aber nicht notwendig aus. Auch die Verunglimpfung des Andenkens Verstorbener (§ 189) kann ausnahmsweise gerechtfertigt sein (LG Göttingen NJW 79, 1558, 1559 mwN); sie ist jedoch wegen Unangemessenheit der Zweckverfolgung (vgl 10) regelmäßig ausgeschlossen, wenn die Kränkung schon der Form nach besonders schwer war (unrichtig Bemmann, Meinungsfreiheit und Strafrecht, 1981, S 6, 12).

4 **2.** § 193 beschreibt einen **besonderen Rechtfertigungsgrund,** der speziell den Ehrenschutz relativiert und deshalb nur die Beleidigungstatbestände zur Grundlage hat. Wegen dieser inneren Verknüpfung läßt er sich regelmäßig abschließend erst beurteilen, wenn der objektive und subjektive Tatbestand einer Beleidigung erfüllt (Frankfurt

NJW 89, 1367 mwN), ein in Frage kommender Wahrheitsbeweis gescheitert (7, 8 zu § 186) und die Tat nicht schon aus allgemeinen Gründen (zB Notwehr, Einwilligung) gerechtfertigt ist (Tenckhoff JuS 89, 198). Die Annahme der hM (vgl Frankfurt aaO), daß der Richter die Tatbestandsmäßigkeit stets zuerst festzustellen habe, findet im Prozeßrecht keine zureichende Stütze (Graul NStZ 91, 457; Hardtung JuS 96, 807, 810, beide mwN).

3. a) Dem verletzten Rechtsgut der Ehre muß ein – durch die gesetzlichen Beispiele zum Teil näher konkretisiertes – **berechtigtes Interesse** des Täters gegenüberstehen, das sich im Einzelfall auch aus einer gesetzlichen Pflicht (zB Aussagen vor Gericht, Vorhaltungen und Rügen von Dienstvorgesetzten, dienstliche Anzeigen und Urteile von Beamten) ergeben kann. Als **Interesse** kommt jedes öffentliche oder private, ideelle oder vermögensrechtliche Interesse in Frage, soweit es von der Rechtsordnung als schutzwürdig anerkannt ist; Belange, die dem Recht oder dem Sittengesetz zuwiderlaufen, sind daher ausgeschlossen (RGSt 34, 222; Rudolphi SK 11 mwN). 5

b) Das Interesse ist **berechtigt,** wenn es ein **unmittelbares oder mittelbares eigenes Interesse** des Täters ist. Es genügt, wenn es ihn so nahe berührt, daß er sich nach vernünftigem Ermessen zu seinem Verfechter aufwerfen darf (RGSt 63, 231). Das ist zB der Fall bei Handeln kraft Stellung oder Auftrags (Anwalt: Köln NJW 79, 1723; Saarbrücken AnwBl 79, 193; Düsseldorf NStZ-RR 96, 5, 7; LG Köln MDR 73, 65; Gemeinderatsmitglied: Bay NJW 56, 354; Landtagsabgeordneter: bei Dallinger MDR 55, 270; Auskunfteien: Jäger NJW 56, 1224), bei Belangen von nahen Angehörigen, Freunden (Bay NJW 65, 58) oder langjährigen Angestellten (Braunschweig NJW 47/48, 697); ferner bei Meldungen zur Aufklärung von Betriebsdiebstählen (KG DRZ 50, 418) und bei sonstigen gemeinsamen Belangen eines engeren Personenkreises (Verein, Schutzverband, Gemeinde). 6

c) Interessen der Allgemeinheit berühren jeden Bürger nahe (BVerfGE 12, 113, 125 und 93, 266, 293; BGHZ 31, 308, 312; BGHSt 18, 182, 187). Der Bürger hat daher ein eigenes Interesse daran, daß Straftaten verfolgt, Verfehlungen von Abgeordneten, Beamten und anderen Staatsbediensteten (Düsseldorf VRS 60, 115) aufgedeckt oder Angriffe auf die rechtsstaatliche Ordnung abgewehrt werden (bei Dallinger MDR 56, 397). § 193 deckt daher bei Vorliegen auch seiner weiteren Voraussetzungen die (freiwillige) Zeugenaussage vor der Polizei (Stuttgart NJW 67, 792 mit Anm Roxin) und die Anzeige bei der zuständigen Behörde oder dem Parlament, uU sogar die sog Flucht in die Öffentlichkeit. Der Bürger nimmt sein Interesse auch wahr bei Auskünften an politische Parteien über einen Wahlkandidaten (Bay NJW 53, 1361) oder an eine Behörde aufgrund eines Auskunftsersuchens (Schleswig SchlHA 60, 313). Die Publikation einer Stasi-Akte durch den Betroffenen kann ein wichtiger Beitrag zur zeitgeschichtlichen Diskussion sein; an ihr besteht ein erhebliches öffentliches Interes- 7 se (Hamburg DtZ 93, 349); kein überwiegendes Interesse besteht an der Veröffentlichung einer Liste, wenn diese Angaben zu Personen enthält, die weder im IM-Gefüge des MfS eine exponierte Stellung innehatten, noch heute eine herausgehobene Stellung besitzen (JZ 95, 253 mit krit Anm Trute).

8 **d)** Die früher umstrittene Frage, ob **auch die Presse** nur unmittelbare oder mittelbare eigene Interessen wahrnehmen darf, ist heute im Grundsatz geklärt. Im Hinblick auf ihre Funktion im demokratischen Staat genießt die Presse im Rahmen ihrer öffentlichen Aufgabe, die in den meisten Landespressegesetzen ausdrücklich anerkannt ist (Groß JR 95, 485, 487 mwN), den Schutz des § 193 (BVerfGE 12, 113, 126; BGHZ 31, 308; weiter Rudolphi SK 16). Zu ihrer öffentlichen Aufgabe (vgl Löffler NJW 82, 91) gehört es, in Angelegenheiten von öffentlichem Interesse Nachrichten zu beschaffen und zu verbreiten, Stellung zu nehmen, Kritik zu üben oder auf andere Weise an der Meinungsbildung mitzuwirken (Düsseldorf NStZ 92, 283; Fuhrmann JuS 70, 70; krit Rehbinder NJW 63, 1387 und 69, 1616), nicht aber ausschließlich auf Skandal und Sensation gerichtete Äußerungen zu verbreiten (BGHSt 18, 182).

9 **4.** Nach hM muß als **subjektives Rechtfertigungselement** hinzukommen, daß es dem Täter – sei es auch neben anderen Zwecken (NStZ 87, 554; Düsseldorf VRS 60, 115, beide mwN) – auf die **Interessenwahrnehmung ankommt** (BGHSt 18, 182, 186). Jedoch dürfte auch hier die Mindermeinung, die Kenntnis der Rechtfertigungslage genügen läßt (dazu 6 vor § 32), vorzugswürdig sein (Roxin AT I 18/46; Sch/Sch-Lenckner 23; aM Zaczyk NK 46, beide mwN; zw).

10 **5. a)** Die **Abwägung** der widerstreitenden Interessen muß ergeben, daß das Interesse des Beleidigers mindestens gleich- (Lenckner, Noll-GedSchr, S 243, 248; str), wenn nicht höherwertig ist als der Anspruch des Beleidigten auf Unverletztheit seiner Ehre (krit Zaczyk NK 2 und 16). Vor allem muß die Ehrverletzung nach den Umständen ein geeignetes und zugleich das schonendste Mittel der Interessenwahrnehmung sein (beachte jedoch 12). – Dabei trifft den Beleidiger die Pflicht zur Prüfung, ob der Ehrangriff das unerläßliche – auch in dieser Form nötige – Mittel zur Interessenverfolgung ist (Herdegen LK 17). Deshalb besteht im Rahmen der Zumutbarkeit auch eine **Informationspflicht** über den Wahrheitsgehalt einer Äußerung, wenn der Angriff eine Tatsachenbehauptung enthält (BGHSt 14, 48, 51; aM Roxin AT I 18/45; speziell zur Informationspflicht bei Berichten über inoffizielle „Stasi-“ Mitarbeiter Hamburg ZIP 92, 117; Bork ZIP 92, 90, 101). Der Umfang dieser Pflicht richtet sich nach allen äußeren und inneren Umständen, zB nach dem Grad der Wahrscheinlichkeit, der nach den bisherigen Informationen für die Richtigkeit der Behauptung spricht, den zeitlichen, beruflichen und persönlichen Möglichkeiten weiterer Aufklärung durch den Täter, seinen Motiven, seiner etwaigen Erregung, der Schwere des erhobenen Vorwurfs und den Anschauungen der be-

teiligten Kreise (zusf Geppert Jura 85, 25, 30; aus zivilrechtlicher Sicht Hager AcP 96, 168, 193). Fehlt es in diesem Sinne an gewissenhaftem Bemühen um Aufklärung des Wahrheitsgehalts, hat der Täter seine Behauptung also „leichtfertig“ aufgestellt, so ist ihm (auch im Falle der leichtfertig falschen Anzeige) der Schutz des § 193 zu versagen (bei Dallinger MDR 54, 335; Hamburg MDR 80, 953; Celle NJW 88, 353 alle mwN). Soweit die Informationspflicht reicht, sind die für den Erlaubnistatbestandsirrtum geltenden Regeln (9–16 zu § 17) nicht anwendbar (hM; vgl etwa Fuhrmann JuS 70, 70, 75; Geppert Jura 85, 25, 31; anders Rudolphi SK 28). – Zur Information des eigenen Anwalts und zu dessen Sachvortrag im Verfahren NStZ 87, 554; Hamburg MDR 80, 953; Celle NJW 91, 1189; LG Hechingen NJW 84, 1766, alle mwN; s auch Köln FamRZ 92, 1170; 9 zu § 185).

b) Auch bei **öffentlichen Äußerungen,** namentlich Äußerungen in der **Presse** (zusf Rehbinder, Die öffentliche Aufgabe und rechtliche Verantwortlichkeit der Presse, 1962; Fuhrmann JuS 70, 70; Schmid, Freiheit der Meinungsäußerung und strafrechtlicher Ehrenschutz, 1972; rechtsvergleichend Schwinge MDR 73, 801), besteht die Pflicht zur Prüfung, ob eine Tatsachenbehauptung wahr (BVerfGE 12, 113, 130; Hamburg ZIP 92, 117; AG Mainz NStZ 95, 347 mit krit Anm Otto; vgl auch BGHZ 132, 13) und ob die Veröffentlichung unerläßlich ist. Dabei ist grundsätzlich ein strenger Maßstab anzulegen (BGHSt 3, 73; NJW 52, 194; Stuttgart NJW 72, 2320; Hager Jura 95, 566, 568; Stapper ZUM 95, 590, 597; Groß JR 95, 485, 486). Namentlich während eines schwebenden Strafverfahrens ist es idR nicht gerechtfertigt, den Beschuldigten auf der Grundlage eigener Recherchen schon als Täter und nicht lediglich als Verdächtigen hinzustellen; auch wenn die Unschuldsvermutung nach Art 6 II MRK keine unmittelbare Drittwirkung hat, ist sie doch als wichtiges Interesse an der Verhütung von „Vorverurteilungen“ in die Abwägung einzubeziehen (BVerfGE 35, 202, 232; probl Frankfurt NJW 80, 597 mit krit Bespr Grave NJW 81, 209; s auch Düsseldorf NJW 80, 599; Köln NJW 87, 2682; Brandenburg NJW 95, 886; Nürnberg NJW 96, 530; Marxen GA 80, 365; Zielemann, Der Tatverdächtige als Person der Zeitgeschichte, 1982, S 67; Kühl, FS für H Hubmann, 1985, S 241; Hassemer NJW 85, 1921; Roxin NStZ 91, 153, 157; Hager aaO 569; Stapper aaO 597; Groß aaO 487; Löffler/Ricker 16/10; zur vergleichbaren Rechtslage in der Schweiz SchwBG StV 91, 527). – Zur öffentlichen Identifizierung von Beschuldigten in Ermittlungsverfahren durch Ermittlungsbehörden 15, 21 und 25 zu § 203, 6 und 11 zu § 353 b, 4 zu § 353 d. 11

c) Bei Äußerungen in der **politischen Auseinandersetzung oder sonst im Bereich der öffentlichen Meinungsbildung,** zB im Wahlkampf (BVerfGE 61, 1 mit Bespr Schmidt Glaeser JZ 83, 95 und van der Decken NJW 83, 1400; Stuttgart JZ 69, 77), bei Kritik an Staatsorganen (etwa der Bundeswehr, BGHSt 36, 83; BVerfGE 93, 266, 291), bei Petitionen nach Art 17 GG (Düsseldorf NJW 72, 650), bei 12

Anprangerung von Mißständen (BVerfGE 60, 234; BGH JZ 82, 724; auch im Strafvollzug BVerfG NStZ 94, 300) und beim Sachvortrag in gerichtlichen Auseinandersetzungen (NJW 91, 2074; NStZ 95, 78 mit zust Anm Jahn StV 96, 259; s auch BVerfG NJW 96, 3268), legt die Rspr zur Wahrung der Meinungsfreiheit andere, für den Täter günstigere Maßstäbe an (zusf Kübler JZ 84, 541 mwN; s auch Zippelius, FS für H Hubmann, 1985, S 511) und dehnt damit den Schutzbereich dieses Grundrechts nachhaltig aus (Heselhaus NVwZ 92, 740 mwN); in diesem Bereich soll eine Vermutung zugunsten der freien Rede gelten (BVerfGE 7, 198, 208; 61, 1, 12 und BVerfG NJW 92, 2815; zu Recht krit Kriele NJW 94, 1898; Tettinger, Die Ehre – ein ungeschütztes Verfassungsgut?, 1995, S 28; Tröndle, Odersky-FS, S 266). Vor allem begründet schon die bloße Teilnahme an politischen Auseinandersetzungen ein berechtigtes Interesse (Frankfurt NJW 89, 1367). Auch wird hier nicht unbedingt der Einsatz des jeweils schonendsten Mittels der Interessenwahrnehmung, sondern bloße Verhältnismäßigkeit gefordert (BVerfGE 24, 278; Düsseldorf NStZ 92, 283) und bei Äußerungen mit zugleich tatsächlichem und wertendem Gehalt der Schwerpunkt (vgl dazu 3 zu § 186) zum Werturteil hin verschoben (BVerfGE 85, 1; BVerfG NJW 93, 1845; Karlsruhe NJW 96, 1140; Grimm NJW 95, 1697, 1699); bewußt oder erwiesen unwahre Tatsachenbehauptungen fallen jedoch nicht in den Schutzbereich (BVerfG NJW 93, 916 mit Bespr Hufen JuS 94, 165; vgl auch BVerfGE 90, 241 mit Bespr Heselhaus JA 95, 272, Hufen JuS 95, 638 und Huster NJW 96, 487 zur sog „Auschwitzlüge"; Grimm aaO; Erichsen Jura 96, 84; Hager AcP 96, 168, 184; Huster NJW 96, 487, 490). Ferner darf, wenn eine Äußerung objektiv mehrere Deutungen zuläßt, die zur Verurteilung führende nur zugrundegelegt werden, wenn die anderen überzeugend ausgeschlossen werden können (BVerfG NJW 92, 2013 und 94, 2943 sowie NZV 94, 486; Grimm aaO S 1700, alle mwN; s auch BVerfG NJW 92, 2750 und 93, 916 sowie 96, 1529); umgangssprachlich zu verstehenden Äußerungen darf kein fachspezifischer Sinn zugrundegelegt werden (BVerfGE 93, 266, 296 mit nicht überzeugender Sinnermittlung der Bezeichnung von Soldaten als „Mörder"; zu Recht krit das Sondervotum Haas S 315, Mager Jura 96, 405, 409, Otto NStZ 96, 127, Zuck, JZ 96, 364, Gounalakis NJW 96, 481, Sendler NJW 96, 825, Tröndle aaO S 276, Isensee JZ 96, 1085, 1088; weniger krit Braum KritV 95, 371, 390; vgl auch LG Mainz NStZ-RR 96, 330 mit Anm Schmittmann NStZ 96, 496). Schließlich kommen Gesichtspunkte der Wechselwirkung zwischen den Grundrechten und den allgemeinen Gesetzen ins Spiel (vgl 1), so daß uU auch übertreibende oder verallgemeinernde Kennzeichnungen des Gegners sowie scharfe und drastische Formulierungen, namentlich im Rahmen eines sog „Gegenschlags" auf ehrverletzende Angriffe, gerechtfertigt sein können (zB BVerfG NJW 92, 2815; BGHSt 36, 83; Düsseldorf NStZ-RR 96, 164, 166; Hamm NJW 82, 659; Bay NStZ 83, 265; Hamburg NJW 84, 1130 mit Anm Otto JR 83, 511; Frankfurt NJW 89, 1367 und NStZ 91, 493 mit Anm

Brammsen JR 92, 82; KG JR 90, 124; AG Spaichingen NJW 91, 1496; Otto JR 83, 1, 6; Tettinger JZ 83, 317; Hager AcP 96, 168, 211; krit Arzt JuS 82, 722, 727; Geppert Jura 85, 25, 33; Kiesel NVwZ 92, 1129; zu weit LG Frankfurt NStZ 90, 233 mit abl Anm Brammsen; zust jedoch Giehring StV 92, 194, 200, alle mwN; s auch 1).

d) Erst jenseits der zum Teil bedenklich weitgehenden verfassungs- 12 a
gerichtlichen Rspr (zB BVerfGE 86, 1 mit Bespr Hillgruber/Schemmer JZ 92, 946 und Schmidt-De Caluwe NVwZ 92, 1166; BVerfG NJW 92, 2815 mit abl Bespr Otto JK 3; s auch Otto JR 93, 258, 259; krit zu dieser Rspr Isensee AfP 93, 619, 626, Forkel JZ 94, 637, 641, Stürner JZ 94, 865, Kriele NJW 94, 1897 mit Erwiderung Soehring NJW 94, 2926, Krey JR 95, 221, 224, Tettinger aaO [„Die Ehre"] S 25, Ossenbühl JZ 95, 633, Schmitt Glaeser NJW 96, 873, Tröndle aaO S 274; zu dieser Kritik, die Rspr des BVerfG verteidigend, Grimm NJW 95, 1697, 1701 und Ignor, Der Straftatbestand der Beleidigung, 1995, S 118) wird die Grenze zur sog **Schmähkritik** überschritten, bei der nicht mehr die Auseinandersetzung in der Sache, sondern die Diffamierung der Person im Vordergrund steht (BVerfGE 82, 272, 283; E 93, 266, 294 und NJW 93, 1462 mit Bespr Hufen JuS 94, 165; Bay NJW 91, 1493 [mit Anm Brammsen JR 92, 82] und MDR 94, 80; Brandenburg NJW 96, 1002; Frankfurt JR 96, 250 mit krit Anm Foth; LG Mannheim NStZ-RR 96, 360; LG Göttingen NJW 96, 1138; s auch NJW 94, 124 mit Bespr Emmerich JuS 94, 346 und Würkner NJW 94, 914 [krit zu diesem Greenpeace-Urteil Tröndle 14 c]; Hamburg NJW 92, 2035; KG DtZ 92, 286; Düsseldorf NStZ-RR 96, 5, 7; München NJW 96, 2515; Groß JR 95, 485, 487, alle mwN). Enthält die Äußerung einen Angriff auf die Menschenwürde eines anderen, so tritt die Meinungsfreiheit (wie die Kunstfreiheit, vgl 15) stets zurück (BVerfGE 93, 266, 293; Grimm aaO S 1703).

6. Trotz Wahrnehmung berechtigter Interessen ist die Tat strafbar, 13
wenn sich aus der Form oder den Umständen eine unnötige (dh nicht gerechtfertigte, Graul NStZ 91, 457, 461) Ehrverletzung ergibt (BVerwGE 64, 55, 63; probl KG JR 88, 522); Beleidigungsabsicht ist nicht erforderlich (2, 3 zu § 192; str).

7. a) Ehrverletzungen in **Kunstwerken,** zB künstlerisch gestalteten 14
Karikaturen und satirischen Darstellungen (4 zu § 185), sind grundsätzlich tatbestandsmäßig (Hamburg JR 83, 508; Geppert JR 85, 430; Roggemann JZ 92, 934, 941; aM KG NStZ 92, 385; Erhardt, Kunstfreiheit und Strafrecht, 1989, S 178, alle mwN; zw); jedoch kann sich ihre Rechtfertigung unabhängig von der allgemeinen Reichweite des § 193 schon aus dem Grundrecht der Kunstfreiheit ergeben (Fischer, Die strafrechtliche Beurteilung von Werken der Kunst, 1995, S 69 mwN; abl Triffterer/Schmoller ÖJZ 93, 547, 551, die eine verfassungskonform einengende Interpretation des Tatbestandes vorschlagen; im Ansatz abw Zaczyk NK 40, 41). Rechtlich setzt ein Gegenstand der Kunst „freie schöpferische Gestaltung" voraus, „in der Eindrücke, Er-

fahrungen, Erlebnisse des Künstlers durch das Medium einer bestimmten Formensprache zu unmittelbarer Anschauung gebracht werden" (BVerfGE 30, 173). Auf dem Boden dieser oder vergleichbarer materialer Deutungen wird häufig ein Element „vergeistigter Auseinandersetzung" gefordert (Würtenberger, Dreher-FS, S 79, 89 mwN; str). Die neuere Rspr des BVerfG (umfassend dazu Würkner, Das Bundesverfassungsgericht und die Freiheit der Kunst, 1994, S 72; knapper Fischer aaO S 30; Wolf, Spötter vor Gericht, 1996, S 30 und Enderlein, Der Begriff der Freiheit als Tatbestandsmerkmal der Grundrechte, 1995, S 4, der dem Bundesverfassungsgericht die verfassungskonforme Auslegung der Beleidigungstatbestände vorenthalten will, S 191) hält es dagegen nicht für möglich, „Kunst generell zu definieren" und bezieht deshalb zusätzliche (formale, zeichentheoretische) Beurteilungsmaßstäbe ein, die zu einer weiten Erstreckung des Lebensbereichs „Kunst" führen (BVerfGE 67, 213 mit Bespr Zöbeley NJW 85, 254; krit Würkner NJW 88, 317; s auch Erhardt aaO S 86, der einen „strukturellen" Kunstbegriff entwickelt; nach Fischer aaO S 43 sind die Strukturmerkmale der Formensprache und des Eigenschöpferischen, das sich auf die äußere Gestaltung beziehen muß, entscheidend; zur österreichischen Diskussion um den Kunstbegriff Triffterer/Schmoller ÖJZ 93, 547, 549). Zu ihm gehören nicht nur der „Werkbereich", die eigentliche künstlerische Betätigung, sondern auch der „Wirkbereich", in dem der Öffentlichkeit – sei es auch nur durch Werbung – der Zugang zu dem Werk verschafft wird (BVerfGE 77, 240, 251 mit Anm Würkner NJW 88, 327; BVerfGE 82, 1, alle mwN). – Obwohl die Freiheit der Kunst im Sinne des Art 5 III S 1 GG nicht durch Gesetzesvorbehalt eingeschränkt, vor allem nicht dem Vorbehalt des Art 5 II GG unterworfen ist, besteht keine grundsätzlich schrankenlose Freiheit (Seetzen NJW 76, 497; Würtenberger aaO und JR 79, 309, alle mwN). Sie ist vielmehr nach Maßgabe der grundgesetzlichen Wertordnung und unter Berücksichtigung der Einheit dieses grundlegenden Wertsystems begrenzt (BVerfGE 30, 173; vgl Isensee AfP 93, 619, 625; Fischer aaO S 56). Das bedeutet aber nur eine Abwägung zwischen den jeweils kollidierenden Verfassungswerten nach dem Verhältnismäßigkeitsprinzip (BVerfGE 81, 278 mit krit Anm Gusy JZ 90, 640; BGHSt 37, 55 mit Anm Maiwald JZ 90, 1141; Bay MDR 94, 80, alle mwN) mit dem Ziel der Herbeiführung praktischer Konkordanz (dazu Henschel NJW 90, 1937, 1942). Schon damit wird eine gegenüber der früheren Rspr der Strafgerichte (vgl etwa NJW 65, 983; Bay NJW 64, 1149) wesentlich weiterreichende Gewährleistung der Kunstfreiheit erreicht, die noch dadurch verstärkt wird, daß bei mehreren möglichen Deutungen einer Äußerung die zur Bestrafung führende nur dann zugrundegelegt werden darf, wenn dafür besondere, dem Täter zurechenbare Gründe vorliegen (BVerfGE 82, 43 mit Anm Kübler JZ 90, 916).

15 **b)** Im Bereich der **Beleidigung** kommt es darauf an, ob nach den konkreten Umständen des Einzelfalls (beachte dazu LG Baden-Baden

NJW 85, 2431) die verfassungsrechtlich gewährleistete Kunstfreiheit (bei politischen Karikaturen und Satiren uU zugleich die Meinungsfreiheit, Bay MDR 94, 80; Gounalakis NJW 95, 809) gegenüber dem Grundwert des Persönlichkeitsrechts den Vorzug verdient, was bei eindeutigen Verletzungen der Menschenwürde niemals zutrifft (BVerfGE 75, 369 mit Bespr Würkner NStZ 88, 23 und JA 88, 183 sowie Hufen JuS 89, 136; Karlsruhe NJW 94, 1963; Bay NJW 94, 952 [mit krit Anm Otto JR 94, 473] und 95, 145, 146; Fischer aaO S 90; Ignor aaO [vgl 12] S 127, 195) und bei anderen schweren Beeinträchtigungen des Persönlichkeitsrechts vom Einzelfall abhängt (BVerfGE 30, 173, 193; Hamm NJW 82, 659, 660; Hamburg NJW 85, 1654 mit Anm Geppert JR 85, 430; Bay MDR 94, 80; Otto JR 81, 1, 8 und NJW 86, 1206; zu weit BVerfGE 67, 213 mit krit Anm Otto NStZ 85, 213; Hamburg NJW 84, 1130 mit abl Anm Otto JR 83, 511; s auch Emmerich/Würkner NJW 86, 1195; Steffen, Simon-FS, S 359; Fischer aaO S 94; die Rspr des BVerfG zusf Henschel NJW 90, 1937, krit zu dieser Rspr Isensee aaO S 628; Tröndle aaO [vgl 1] S 278; zur vergleichbaren österreichischen Diskussion Triffterer/Schmoller ÖJZ 93, 573, 575; rechtsvergleichend Wolf aaO passim).

§ 194 Strafantrag

(1) **Die Beleidigung wird nur auf Antrag verfolgt. Ist die Tat durch Verbreiten oder öffentliches Zugänglichmachen einer Schrift (§ 11 Abs. 3), in einer Versammlung oder durch eine Darbietung im Rundfunk begangen, so ist ein Antrag nicht erforderlich, wenn der Verletzte als Angehöriger einer Gruppe unter der nationalsozialistischen oder einer anderen Gewalt- und Willkürherrschaft verfolgt wurde, diese Gruppe Teil der Bevölkerung ist und die Beleidigung mit dieser Verfolgung zusammenhängt. Die Tat kann jedoch nicht von Amts wegen verfolgt werden, wenn der Verletzte widerspricht. Der Widerspruch kann nicht zurückgenommen werden. Stirbt der Verletzte, so gehen das Antragsrecht und das Widerspruchsrecht auf die in § 77 Abs. 2 bezeichneten Angehörigen über.**

(2) **Ist das Andenken eines Verstorbenen verunglimpft, so steht das Antragsrecht den in § 77 Abs. 2 bezeichneten Angehörigen zu. Ist die Tat durch Verbreiten oder öffentliches Zugänglichmachen einer Schrift (§ 11 Abs. 3), in einer Versammlung oder durch eine Darbietung im Rundfunk begangen, so ist ein Antrag nicht erforderlich, wenn der Verstorbene sein Leben als Opfer der nationalsozialistischen oder einer anderen Gewalt- und Willkürherrschaft verloren hat und die Verunglimpfung damit zusammenhängt. Die Tat kann jedoch nicht von Amts wegen verfolgt werden, wenn ein Antragsberechtigter der Verfolgung widerspricht. Der Widerspruch kann nicht zurückgenommen werden.**

(3) **Ist die Beleidigung gegen einen Amtsträger, einen für den öffentlichen Dienst besonders Verpflichteten oder einen Soldaten**

der Bundeswehr während der Ausübung seines Dienstes oder in Beziehung auf seinen Dienst begangen, so wird sie auch auf Antrag des Dienstvorgesetzten verfolgt. Richtet sich die Tat gegen eine Behörde oder eine sonstige Stelle, die Aufgaben der öffentlichen Verwaltung wahrnimmt, so wird sie auf Antrag des Behördenleiters oder des Leiters der aufsichtführenden Behörde verfolgt. Dasselbe gilt für Träger von Ämtern und für Behörden der Kirchen und anderen Religionsgesellschaft des öffentlichen Rechts.

(4) **Richtet sich die Tat gegen ein Gesetzgebungsorgan des Bundes oder eines Landes oder eine andere politische Körperschaft im räumlichen Geltungsbereich dieses Gesetzes, so wird sie nur mit Ermächtigung der betroffenen Körperschaft verfolgt.**

1 **1.** Das **Erfordernis des Strafantrags** (§§ 77–77 d) gilt – vorbehaltlich der Ausnahmen nach Abs 1 S 2, Abs 2 S 2 und Abs 4 – für alle Beleidigungen nach §§ 185–187 a, 189. Eine Ersetzung des Antrags durch eine Entscheidung der StA in entsprechender Anwendung des § 232 I ist nicht möglich (BGHSt 7, 256).

2 **2. Abs 1 S 1:** Antragsberechtigt ist der Beleidigte, bei Kollektivbeleidigungen (3, 4 vor § 185) also jeder durch die Beleidigung Gekränkte (6 zu § 77), allerdings nur mit Wirkung für sich selbst, nicht für das Kollektiv (Frankfurt JR 91, 390 mit Anm Hilger).

3 **3. Abs 1 S 2–4:** Diese auf dem 21. StÄG (10 vor § 1) beruhende Regelung ist das umstrittene Ergebnis langwieriger Auseinandersetzungen um die Verstärkung des Strafschutzes gegen **rechtsextremistische Bestrebungen,** namentlich um die strafrechtliche Behandlung der sog „Auschwitzlüge" (vgl etwa die Entwürfe BT-Dr 9/2090, 10/891 und 10/1286; krit dazu v Bubnoff ZRP 82, 118; Eschen ZRP 83, 10; Köhler NJW 85, 2389; Wehinger, Kollektivbeleidigung – Volksverhetzung, 1994, S 63). Daß gerade dieses Gesetz sich nicht auf einen Konsens der beteiligten Kräfte stützen kann, ist zu bedauern, sein unausgereifter Inhalt (dazu 3 vor § 185) eine Hypothek für die Rspr (krit Tröndle 1; Sch/Sch-Lenckner 1).

4 **a) Satz 2** schließt nur das Antragserfordernis aus, setzt das Vorliegen einer Beleidigung also voraus. In den einschlägigen Fällen wird es sich idR um Beleidigungen unter einer Kollektivbezeichnung handeln, deren ohnehin problematischer Anwendungsbereich durch den Wegfall des Antragserfordernisses nicht erweitert wird (3 vor § 185). Im einzelnen:

5 aa) **Verbreiten von Schriften** 26–28 zu § 11; 5 zu § 74 d. – **Zugänglichmachen** 5 zu § 184; namentlich Ausstellen, Anschlagen (Plakatieren) und Vorführen gehören hierher (BT-Dr 10/3242 S 10). Zugänglichmachen ist **öffentlich,** wenn die Schrift für einen nach Zahl und Individualität unbestimmten Kreis oder für einen nicht durch persönliche Beziehungen innerlich verbundenen größeren bestimmten Kreis von Personen wahrnehmbar gemacht wird, und zwar auch dann,

wenn der Ort der Tat kein öffentlicher ist (BT-Dr aaO). – **Versammlung** 2 zu § 80 a; das Beisammensein von nur wenigen Personen genügt nicht (BT-Dr aaO). – **Darbietung im Rundfunk** 7 zu § 184; erfaßt wird uU auch der Teilnehmer an einer Gesprächsrunde, der selbst für den Inhalt der Sendung nicht verantwortlich ist (einschr Zaczyk NK 7). – Andere in Satz 2 nicht genannte Formen der Äußerung, namentlich auch öffentliche mündliche Äußerungen außerhalb einer Versammlung, scheiden aus (BT-Dr aaO; krit Vogelgesang NJW 85, 2386, 2388).

bb) **Verletzter** 6 zu § 77. – **Gruppe** ist eine durch gemeinsame Merkmale verbundene Mehrzahl von Menschen, die sich aufgrund dieser Verbundenheit aus der übrigen Bevölkerung abhebt und sich auch als ein besonderer Teil dieser Bevölkerung begreift (ähnlich zu § 220 a Jähnke LK 9 mwN). In Frage kommen namentlich nationale, rassische, religiöse und durch ihr Volkstum bestimmte Gruppen (§ 220 a I), darüber hinaus aber auch andere, namentlich politische (zB der Verfolgung ausgesetzte politische Parteien, BT-Dr 10/3242 S 10, Widerstandsgruppen) und gesellschaftliche (zB Gewerkschaften, Fremdarbeiter) Gruppierungen (s auch 2 zu § 130). – **Gewalt- und Willkürherrschaft** 6 zu § 92; der Hinweis auf die nationalsozialistische Herrschaft bezeichnet rechtlich nur ein offenkundiges Beispiel, macht zugleich aber deutlich, daß der Begriff eng auszulegen und auf solche Systeme zu beschränken ist, die sich über elementare Menschenrechte hinwegsetzen (Sch/Sch-Lenckner 5). – **Verfolgt** worden sein muß der Verletzte selbst, nicht lediglich die Gruppe als solche. Er muß also selbst wegen seiner Gruppenzugehörigkeit Verfolgungsmaßnahmen ausgesetzt gewesen sein, was bei den unter nationalsozialistischer Herrschaft in Deutschland lebenden Juden schon im Hinblick auf die gegen sie gerichteten Rassengesetze ausnahmslos zutrifft, bei anderen Verfolgten aber nach den jeweiligen Umständen beurteilt werden muß (BT–D aaO). 6

cc) Zur Begrenzung des Anwendungsbereichs von Satz 2 muß die Gruppe im ganzen oder mindestens in Teilen (Sch/Sch-Lenckner 5 a) zur Zeit der Beleidigung, also nicht notwendig schon zur Zeit der Verfolgung, **Teil der** (inländischen, BT-Dr 10/3242 S 11) **Bevölkerung** sein. 7

dd) Der erforderliche **Zusammenhang** mit der Verfolgung kann sich auch allein aus den Umständen ergeben (Sch/Sch-Lenckner 6). 8

b) Sätze 3, 4: Der **Widerspruch** begründet iVm der Unzulässigkeit seiner Rücknahme ein endgültiges Prozeßhindernis (BT-Dr 10/3242 S 11). Er wirkt nur für die Tat im Sinne einer Beleidigung des Verletzten (BT-Dr aaO), also nicht für andere ideal konkurrierende Gesetzesverletzungen, namentlich auch nicht für die in gleichartiger Idealkonkurrenz begangene Beleidigung anderer Verletzter (Vogelgesang NJW 85, 2386, 2389); der Widerspruch steht deshalb der Fortführung eines Verfahrens im Hinblick auf andere, durch dieselbe Handlung Betroffene nicht entgegen. – Form, Inhalt und Adressat der Widerspruchserklärung 9 bestimmen sich nach den für die Rücknahme eines Strafantrags geltenden Regeln (5 zu § 77 d).

10 **4. Abs 1 S 5:** Zum **Übergang des Antragsrechts** auf die Angehörigen 8 zu § 77. – Geht das **Widerspruchsrecht** (S 3) auf mehrere Angehörige über, so kann es in Analogie zu § 77 d II nur gemeinsam ausgeübt werden (BT-Dr 10/3242 S 11).

11 **5. a) Abs 2 S 1:** Das Antragsrecht steht den in § 77 II genannten Angehörigen in derselben Rangfolge zu, in der es sonst beim Tod des Verletzten übergeht. Wenn ein zunächst Antragsberechtigter vor Ablauf der Antragsfrist stirbt und kein anderer Angehöriger derselben Ranggruppe vorhanden ist, geht es daher nach Maßgabe des § 77 II S 2 auf die Angehörigen der nächsten Gruppe über. Davon abgesehen endet der Schutz des Totengedächtnisses praktisch mit dem Tod der Antragsberechtigten, soweit nicht Satz 2 eingreift.

12 **b) Abs 2 S 2–4:** Die Vorschriften übernehmen im Kern das frühere Recht (Abs 2 S 2 aF). Diesem gegenüber bestehen Unterschiede lediglich insofern, als es auf das Fehlen von Antragsberechtigten nicht mehr ankommt (statt dessen Widerspruchsrecht) und als die Handlungsmodalitäten entsprechend Abs 1 eingeschränkt sind (BT-Dr 10/3242 S 11).

13 **6. a) Abs 3 S 1:** Vgl § 77 a. Der Dienstvorgesetzte tritt selbständig neben den Beleidigten. Er kann damit sowohl die durch die Beleidigung verletzten Interessen der Behörde oder Dienststelle wahren als auch sich schützend vor seine Untergebenen stellen (Lenckner ZStW 106, 502, 538). Letzteres hat nicht nur ideelle, sondern wegen des Kostenrisikos des Beleidigten (bei Privatklagen) auch materielle Bedeutung (vgl etwa § 470 StPO). Die Antragstellung durch den Dienstvorgesetzten macht die Prüfung des öffentlichen Interesses durch die StA nicht überflüssig (§ 376 StPO; Nr 229 II RiStBV). Wird es verneint, so hat der Dienstvorgesetzte ein selbständiges Privatklagerecht (§ 374 II StPO). – **Während der Ausübung des Dienstes** ist die Beleidigung begangen, wenn sie mit der Dienstausübung zusammentrifft (Sch/Sch-Lenckner 14); also auch dann, wenn dem Amtsträger usw ein beleidigender Brief in das Amt geschickt (RGSt 76, 366), nicht aber wenn er nur während einer auf seinen dienstlichen Kenntnissen beruhenden Tätigkeit (etwa der Hochschullehrer während der Erstattung eines Gutachtens als gerichtlicher Sachverständiger, Bay JZ 78, 482) beleidigt wird. Sie ist **in Beziehung auf den Dienst** begangen, wenn sie die dienstliche Tätigkeit oder Stellung erkennbar zum Gegenstand hat (RGSt 66, 128) oder wenn sonst ein erkennbarer Zusammenhang dazu hergestellt wird (Bay aaO); dafür genügt, daß ein erhobener Vorwurf wegen außerdienstlichen Verhaltens den Amtsträger usw als amtsunwürdig erscheinen lassen soll (RGSt 76, 366, 369).

14 **b) Abs 3 S 2** (beachte 5 vor § 185): **Behörde** 20 zu § 11; **Sonstige Stelle,** die Aufgaben der öffentlichen Verwaltung wahrnimmt, 8, 9 zu § 11.

7. In **Abs 4** tritt die Ermächtigung (§ 77 e) an die Stelle des Strafantrags. Damit wird die sonst für die Strafverfolgung erforderliche Initiative des Antragsberechtigten auf die StA verlagert, die sich um die Ermächtigung zu bemühen hat. – **Gesetzgebungsorgan** 2 zu § 36. Andere politische Körperschaften sind zB Gemeinderäte und Stadtverordnetenversammlungen, aber nicht deren Fraktionen (Düsseldorf NJW 66, 1235), auch nicht politische Parteien (Düsseldorf aaO). Räumlicher Geltungsbereich 5 vor § 3. Beachte auch § 374 I Nr 2 StPO. 15

§§ 195–198 *(weggefallen)*

§ 199 Wechselseitig begangene Beleidigungen

Wenn eine Beleidigung auf der Stelle erwidert wird, so kann der Richter beide Beleidiger oder einen derselben für straffrei erklären.

1. Das **Wesen der Kompensation** ist umstritten (Küster NJW 58, 1659; Reiff NJW 59, 181; Küper JZ 68, 651; Kiehl, Strafrechtliche Toleranz wechselseitiger Ehrverletzungen, 1986; Frister, Die Struktur des „voluntativen Schuldelements", 1993, S 225). Sie berücksichtigt, daß dem ersten Täter bereits ein Übel zugefügt worden ist (1 StR 305/60 v 18. 10. 1960) und daß beim zweiten Unrecht und Schuld im Hinblick auf die Provokation und die dadurch häufig ausgelöste Erregung gemindert sind (Tenckhoff JuS 89, 198, 202 mwN). 1

2. Der Täter, dem die Vergünstigung zugute kommen soll, muß eine **prozessual verfolgbare Straftat** begangen haben; andernfalls ist freizusprechen oder das Verfahren einzustellen. Die Tat des Gegners muß nicht immer eine Straftat (Rudolphi SK 5; aM M-Schroeder/Maiwald BT 1 27/29 mwN; str), mindestens aber eine rechtswidrige (18 zu § 11), dh auch nicht gerechtfertigte (Hamm GA 74, 62), Tat sein. Im allgemeinen treffen die der Kompensation zugrundeliegenden Zweckvorstellungen schon unter dieser Voraussetzung zu (Küper JZ 68, 651, 659); bei Beleidigung eines erkanntermaßen Schuldunfähigen ist die Vergünstigung jedoch zu versagen (Sch/Sch-Lenckner 7; weiter Bay NJW 91, 2031; Kiehl aaO [vgl 1] S 204, alle mwN; str). Die Vorschrift ist auch anwendbar, wenn die behauptete **Gegenbeleidigung nicht erwiesen** ist (hM; vgl BGHSt 10, 373; Bay aaO; aM Tröndle 1, 9; zw). Folgerichtig muß das dann auch für den Fall der irrigen Annahme eines rechtswidrigen Angriffs gelten (Hamburg NJW 65, 1611; Hamm GA 72, 29 und 74, 62; aM Rudolphi SK 8 und Zaczyk NK 6: analoge Anwendung des § 35 II). Zur Frage, ob es beim Irrtum des Täters über die Rechtswidrigkeit der Erstbeleidigung auf die Vermeidbarkeit des Irrtums ankommt, Herdegen LK 3 gegen Hamburg NJW 66, 1977 mit Anm Deubner NJW 67, 63. 2

3. **"Auf der Stelle"** ist nicht lediglich zeitlich, sondern vor allem psychologisch zu verstehen (Bay NJW 91, 2031 mwN); der erforderliche **Kausalzusammenhang** ist gewahrt, solange die Erregung anhält 3 oder in engem zeitlichem Zusammenhang wieder hervortritt. Identität zwischen Beleidigtem und Gegenbeleidiger ist nicht unbedingt erforderlich; Handeln in Erregung über die Kränkung einer nahestehenden Person genügt (Hamburg NJW 65, 1611; str). Die Gegenbeleidigung kann auch gegenüber einem Dritten kundgegeben werden (Braunschweig MDR 48, 186).

4 **4.** Die Straffreierklärung steht im **pflichtmäßigen Ermessen** (50 zu § 46) des Gerichts (einschr Kiehl aaO [vgl 1] S 207). Daß hinsichtlich der anderen Beleidigung bereits ein rechtskräftiger Freispruch vorliegt, hindert die Vergünstigung nicht (Celle MDR 59, 511); umgekehrt darf sie nicht deshalb versagt werden, weil einer der Streitenden schon zu Strafe verurteilt ist (Hamm NJW 57, 392). Abweichend von § 233 ist eine Milderung der Strafe nach § 49 II nicht vorgesehen.

5 **5.** Einziehung nach § 74 und Bekanntgabe der Verurteilung nach § 200 sind hier nicht zulässig, weil ihr poenaler Charakter mit der Freistellung von Strafe nicht vereinbar ist und § 200 außerdem eine Hauptstrafe voraussetzt.

§ 200 Bekanntgabe der Verurteilung

(1) **Ist die Beleidigung öffentlich oder durch Verbreiten von Schriften (§ 11 Abs. 3) begangen und wird ihretwegen auf Strafe erkannt, so ist auf Antrag des Verletzten oder eines sonst zum Strafantrag Berechtigten anzuordnen, daß die Verurteilung wegen der Beleidigung auf Verlangen öffentlich bekanntgemacht wird.**

(2) **Die Art der Bekanntmachung ist im Urteil zu bestimmen. Ist die Beleidigung durch Veröffentlichung in einer Zeitung oder Zeitschrift begangen, so ist auch die Bekanntmachung in eine Zeitung oder Zeitschrift aufzunehmen, und zwar, wenn möglich, in dieselbe, in der die Beleidigung enthalten war; dies gilt entsprechend, wenn die Beleidigung durch Veröffentlichung im Rundfunk begangen ist.**

1 **1.** Die Anordnung der Bekanntgabe (krit Schomburg ZRP 86, 65) ist eine der **Genugtuung für den Beleidigten dienende strafähnliche Nebenfolge** (zu ihrer Rechtsnatur Tröndle LK 38 vor § 38 mwN; s auch Zaczyk NK 1: Nebenstrafe). Auf Antrag (vgl 3) muß auf sie bei Vorliegen der Voraussetzungen in allen Fällen der Verurteilung zu Strafe wegen Beleidigung, auch nach § 189 (Bay MDR 51, 758), nicht jedoch bei Straffreierklärung nach §§ 199, 233 (5 zu § 199) erkannt werden. Das gilt auch dann, wenn die Beleidigung mit einem schwereren Delikt in Tateinheit zusammentrifft (RGSt 73, 148; 9 zu § 52).

2 **2. Öffentlich** 2 zu § 80 a; s auch Celle MDR 66, 347. **Verbreiten von Schriften** (oder anderen Darstellungen) 26–28 zu § 11; 5 zu § 74 d. § 200 gilt auch, wenn eine Tat nach § 103 I in einer **Versammlung** (2 zu § 80 a) begangen wurde (§ 103 II S 1).

3. Erforderlich ist ein **Antrag** des Verletzten (6 zu § 77), eines sonst zum Strafantrag Berechtigten (§§ 194 I S 4, II S 1, III, 77 II, III, 77 a) oder im Falle des § 103 (dort Abs 2 S 2) auch des StA. Der Antrag ist analog § 77 d I S 2 bis zum rechtskräftigen Abschluß des Strafverfahrens rücknehmbar. 3

4. Wie weit die **Art der Bekanntmachung** zu bestimmen ist (Abs 2 S 1), unterliegt pflichtmäßigem Ermessen (50 zu § 46); jedoch ist die Zeitung oder Zeitschrift, in der im Falle des Abs 2 veröffentlicht werden soll, im Hinblick auf § 463 c III StPO stets anzugeben. Bei Verurteilung wegen mehrerer Taten in Tateinheit ist vorzusehen, daß die konkurrierenden andersartigen Taten ungenannt bleiben und über die Beleidigung hinaus nur die Tatsache der Konkurrenz und die Strafe angegeben werden (BGHSt 10, 306, 312); bei Tatmehrheit ist auf die Verurteilung wegen Beleidigung zu beschränken (Bay 61, 141). 4

5. Anordnung im **Urteil** (oder Strafbefehl, § 407 II Nr 1 StPO). Der Name des Beleidigten ist in die Urteilsformel aufzunehmen (Nr 231 RiStBV). Das Übergehen des Antrags ist nicht nachholbar, aber Revisionsgrund (BGHSt 3, 73). 5

6. Vollstreckung § 463 c StPO. 6

15. Abschnitt. Verletzung des persönlichen Lebens- und Geheimbereichs

Vorbemerkung

1. Die Vorschriften über den Schutz des **persönlichen Lebens- und Geheimbereichs** sind durch das EGStGB (5 vor § 1) in einem Abschnitt vereinigt worden, um damit das Interesse an der Unverletzlichkeit dieses Bereichs als selbständiges, allerdings in den einzelnen Tatbeständen sehr differenziertes, Rechtsgut anzuerkennen und zugleich die Bedeutung zu unterstreichen, die einer ungefährdeten Intim- und Geheimsphäre des Menschen zukommt (BT-Dr 7/550 S 235; Arzt LdR S 692; zusf Schmitz JA 95, 31; vgl auch Jena NStZ 95, 502). 1

2. Sämtliche Tatbestände des Abschnitts setzen voraus, daß der Täter **unbefugt** handelt. Das Gesetz nimmt zur dogmatischen Bedeutung dieses Merkmals nicht Stellung (BT-Dr 7/550 S 236). Im früheren Recht war – namentlich im Zusammenhang mit § 300 aF – umstritten, ob die Einwilligung (das Einverständnis) des von der Tat Betroffenen schon den Tatbestand ausschließt oder erst einen Rechtfertigungsgrund bildet. Unabhängig von dem grundsätzlichen Meinungsstreit über die Einordnung der Einwilligung (10 vor § 32) wurde hier für die Annahme eines Tatbestandsausschlusses geltend gemacht, daß erst das Fehlen der Einwilligung den Unrechtstypus begründe (Köln NJW 62, 686 mit zust Anm Bindokat; zust ferner M-Schroeder/Maiwald BT 1 29/13, 45; Sch/Sch-Lenckner 21, 22 zu § 203; abl Dreher MDR 62, 592, alle 2 mwN); diese Ansicht erweckt jedoch Bedenken, weil die Offenbarung eines Geheimnisses für den Betroffenen stets einen erheblichen Interessenverlust bedeutet und daher zur Begründung des Unrechts ausreicht (Warda Jura 79, 286, 296; Rogall NStZ 83, 1, 6; Klug, Oehler-FS, S 401; aM Meurer, in: Szwarc [Hrsg], AIDS und Strafrecht, 1996, S 133, 144, alle mwN). Wie weit dasselbe auch für die übrigen Tatbestände des Abschnitts gilt, hängt davon ab, ob schon die Tatbestandsverwirklichung allein als nicht unerheblicher Interessenverlust zu bewerten ist (dazu 9, 9 a zu § 201; 7 zu § 202; 7 zu § 202 a). – Soweit die Befugnis aus anderen Rechtfertigungsgründen (2–28 vor § 32) abgeleitet wird, ergeben sich für die Einordnung keine Besonderheiten (BGHSt 31, 304, 306); denkbar ist allerdings, daß sie in gewissen Fällen auch mit (tatbestandsausschließender, 29 vor § 32) Sozialadäquanz begründet wird (14 zu § 201). – Ein **Irrtum** über die Befugnis ist je nach Sachlage Erlaubnistatbestandsirrtum (9–20 zu § 17) oder Verbotsirrtum (6 zu § 17; s auch BGHSt 4, 355; 9, 370, sowie Gropp JR 96, 478).

§ 201 Verletzung der Vertraulichkeit des Wortes

(1) **Mit Freiheitsstrafe bis zu drei Jahren oder mit Geldstrafe wird bestraft, wer unbefugt**

1. **das nichtöffentlich gesprochene Wort eines anderen auf einen Tonträger aufnimmt oder**
2. **eine so hergestellte Aufnahme gebraucht oder einem Dritten zugänglich macht.**

(2) **Ebenso wird bestraft, wer unbefugt**

1. **das nicht zu seiner Kenntnis bestimmte nichtöffentlich gesprochene Wort eines anderen mit einem Abhörgerät abhört oder**
2. **das nach Absatz 1 Nr. 1 aufgenommene oder nach Absatz 2 Nr. 1 abgehörte nichtöffentlich gesprochene Wort eines anderen im Wortlaut oder seinem wesentlichen Inhalt nach öffentlich mitteilt.**

Die Tat nach Satz 1 Nr. 2 ist nur strafbar, wenn die öffentliche Mitteilung geeignet ist, berechtigte Interessen eines anderen zu beeinträchtigen. Sie ist nicht rechtswidrig, wenn die öffentliche Mitteilung zur Wahrnehmung überragender öffentlicher Interessen gemacht wird.

(3) **Mit Freiheitsstrafe bis zu fünf Jahren oder mit Geldstrafe wird bestraft, wer als Amtsträger oder als für den öffentlichen Dienst besonders Verpflichteter die Vertraulichkeit des Wortes verletzt (Absätze 1 und 2).**

(4) **Der Versuch ist strafbar.**

(5) **Die Tonträger und Abhörgeräte, die der Täter oder Teilnehmer verwendet hat, können eingezogen werden. § 74 a ist anzuwenden.**

Fassung: Abs 2 durch 25. StÄG (11 vor § 1) neugefaßt. Aus den **Gesetzesmaterialien** vgl ua die Initiativvorlage der Koalitionsfraktionen (BT-Dr 11/6714) sowie die Beschlußempfehlung und den Bericht des Rechtsausschusses (BT-Dr 11/7414). **Übersichtsbeiträge:** Jung JuS 91, 169 und Schmitz JA 95, 118.

1. Die Vorschrift schützt die **Eigensphäre** (Privatsphäre) des Men- 1
schen unter dem Aspekt, die Unbefangenheit seiner mündlichen Äußerungen zu wahren und in den Fällen des Abs 1 auch die Perpetuierung des flüchtig gesprochenen Wortes zu verhüten (str). Im Schrifttum wird teils nur ein einheitliches Rechtsgut der Vertraulichkeit des Wortes anerkannt (Samson SK 1, 2 mwN), teils auch eine größere Selbständigkeit der Schutzbereiche von Abs 1, 2 angenommen (Sch/Sch-Lenckner 2; eingehend Arzt, Der strafrechtliche Schutz der Intimsphäre, 1970, S 237; Suppert, Studien zur Notwehr und „notwehrähnlichen Lage", 1973, S 142; Klug, Sarstedt-FS, S 101, 103; Lenckner, Baumann-FS, S 135).

2. Schutzgegenstand aller Tatbestände (Abs 1–3) ist das nichtöf- 2
fentlich gesprochene Wort eines anderen. Dabei bedeutet **Wort** die gesprochene Äußerung eines Gedankens, also nicht Gesang (Tröndle 2; aM Jung NK 3; Sch/Sch-Lenckner 5; zw) oder Hervorbringen anderer Laute; nach dem Schutzzweck wohl auch nicht bloßes Deklamieren von Gedichten und dgl (Blei, Henkel-FS, S 109, 118; Meyer JR 87, 215, 216; krit Maiwald ZStW 91, 923, 951; str). Im übrigen kommt es aber nicht auf seinen gedanklichen Inhalt und auch nicht auf seine Geheimhaltungsbedürftigkeit oder Vertraulichkeit an (Karlsruhe NJW 79, 1513 mit Anm Weber ArchPF 79, 292; Frank, Die Verwertbarkeit rechtswidriger Tonbandaufnahmen Privater, 1996, S 47, alle mwN). **Nicht öffentlich** ist das Wort, wenn es nach dem Willen des Sprechers nicht an einen nach Zahl und Individualität unbestimmten oder durch persönliche Beziehungen innerlich unverbundenen größeren bestimmten Kreis von Personen gerichtet und auch objektiv für einen solchen Kreis nicht im Sinne verstehenden Mithörens wahrnehmbar ist (Frankfurt NJW 77, 1547 mit Anm Arzt JR 78, 170; Frank aaO S 44); dabei begründet die Anwesenheit einzelner, vom Sprecher nicht bemerkter Personen keine Öffentlichkeit (aM Celle JR 77, 338 mit abl Anm Arzt). Bei nicht öffentlichen Großveranstaltungen wie Erörterungsterminen im umweltrechtlichen Genehmigungsverfahren oder Aktionärsversammlungen muß der Ausschluß der Öffentlichkeit durch Kontrollmaßnahmen auch tatsächlich sichergestellt sein (Nürnberg NJW 95, 974 mwN). Auf die Öffentlichkeit des Ortes, an dem gesprochen wird, oder auf den dienstlichen oder privaten Charakter der Äußerung (Frankfurt aaO; Karlsruhe aaO mit Bespr Ostendorf JR 79, 468 und Alber JR 81, 495; Jena NStZ 95, 502) kommt es nicht an. **Öffentlich** gesprochen wird dagegen im Taxi- und Polizeifunk, weil ein Abhören trotz der Benutzung von Sonderfrequenzen mit entsprechendem Empfänger jedermann möglich ist (Schmitz JA 95, 118; Sch/Sch-

Lenckner 9 mwN; zum Abhören des Polizeifunks vgl § 95 TKG [BT-Dr 13/4438 S 21]).

3 3. Zu den **Tathandlungen nach Abs 1:**

a) Nr 1: Aufnehmen muß nicht notwendig heimlich geschehen (Jena NStZ 95, 502 mit zust Bespr Joerden JR 96, 265 und Otto JK 2; Wessels BT 1 Rdn 521, alle mwN; str; vgl 11). Auch durch Vermittlung eines Abhörgeräts oder von einem Fernsprecher im Telefonverkehr (BGHSt 31, 304, 306; Karlsruhe NJW 79, 1513 mwN) kann aufgenommen werden. Nach dem Schutzzweck der Vorschrift, der nur den unmittelbaren Eingriff in die Intimsphäre im Auge hat, genügt dagegen die Aufnahme von einem anderen Tonträger nicht (Sch/Sch-Lenckner 12; Samson SK 7; zw). **Tonträger** ist jede Vorrichtung zur wiederholten Wiedergabe von Tonfolgen, namentlich das Ton-(Magnet-)band und die Schallplatte.

4 **b) Nr 2: Gebrauchen** setzt das Verwenden zum Abspielen, Kopieren oder Überspielen einer nach Nr 1 hergestellten Aufnahme voraus (Düsseldorf NJW 95, 975); ob der Täter die Aufnahme nur für sich selbst oder einem Dritten gegenüber abspielt oder abspielen läßt, ist unerheblich, die mittelbare Verwertung (zB die Publikation eines Tonbandprotokolls) wird dagegen nicht erfaßt (krit Arzt LdR S 693). – **Zugänglichmachen** ist die Eröffnung des Zugriffs für einen Dritten (idR durch Aushändigen) in einer Weise, daß dieser die Aufnahme gebrauchen oder einem anderen zugänglich machen kann.

5 4. Zu den **Tathandlungen nach Abs 2:**

a) Nr 1: Abhören mit einem Abhörgerät erfordert den Einsatz eines besonderen technischen Mittels, mit dem das gesprochene Wort über dessen normalen Klangbereich hinaus durch Verstärkung oder Übertragung unmittelbar wahrnehmbar gemacht wird (zB Mikrofonanlagen, „Mini-Spione", Stethoskope); Lauschen an der Wand genügt nicht. Keine Abhörgeräte sind jedoch nach dem Schutzzweck des Abs 2 Fernsprechapparate im normalen Telefonverkehr, wenn sie infolge technischer Störungen das Mithören fremder Gespräche ermöglichen (Begr zu § 183 E 1962 S 332; aM Tröndle 7), und Lautsprecher, Zweithörer oder sonstige Mithöreinrichtungen, die bestimmungsmäßig in solche Apparate eingebaut sind (BGHSt 39, 335, 343 mit krit Bespr Jung JuS 94, 617; krit auch Schmitz JA 95, 118, 120, zust aber Sternberg-Lieben Jura 95, 299, 303; aM Sch/Sch-Lenckner 19, alle mwN; beachte auch Arzt aaO [vgl 1] S 246; zw). Ist das Abgehörte zur Kenntnis des Täters bestimmt (zB Abhören des Ferngesprächs eines Geschäftspartners mit dem Prokuristen durch den Geschäftsinhaber), so entfällt der Tatbestand (Träger LK 19; aM Schmitz JA 95, 118, 119; Jung NK 10; Sch/Sch-Lenckner 21; zw).

6 **b) Nr 2:** Die Vorschrift (vgl vor 1) knüpft an Abs 1 Nr 1 und Abs 2 S 1 Nr 1 an. Sie setzt daher voraus, daß die Tathandlung sich auf ein nichtöffentlich gesprochenes Wort bezieht, das **zuvor** (unbefugt, vgl 9)

aufgenommen oder abgehört wurde (krit zur systematisch unbefriedigenden und zum Teil auch widersprüchlichen Einordnung der Vorschrift in den Zusammenhang des § 201 Lenckner aaO [vgl 1] S 135).

aa) **Öffentlich mitteilen** bedeutet, das Aufgenommene oder Abgehörte für einen nach Zahl und Individualität unbestimmten oder für einen nicht durch persönliche Beziehungen innerlich verbundenen größeren bestimmten Kreis von Personen zugänglich machen (AG Weinheim NJW 94, 1543, 1544 und LG Mannheim NStZ-RR 96, 360 beide zu § 353 d; Träger LK 56 zu § 353 d mwN; s auch BT-Dr 11/6714 S 3). – **Im Wortlaut** setzt wortgetreue, nicht notwendig vollständige, aber doch wesentliche Teile umfassende Wiedergabe voraus. – Der **wesentliche Inhalt** ist mitgeteilt, wenn die veröffentlichten Informationen geeignet sind, von der jeweils in Frage stehenden Äußerung (dem „Wort") eine im großen und ganzen zutreffende Vorstellung zu vermitteln; ob auf der zugehörigen Aufnahme oder Fixierung des Abgehörten noch weitere (nicht veröffentlichte) Äußerungen festgehalten sind, ist unerheblich. 7

bb) Die sog **Bagatellklausel** (Abs 2 S 2) verfolgt den Zweck, schon den Tatbestand des Abs 2 S 1 Nr 2 (nicht erst die Rechtswidrigkeit) auf strafwürdige Fälle zu beschränken (BT-Dr 11/7414 S 4); sie gilt nicht für Abs 1 (Jena NStZ 95, 502). – **Berechtigte Interessen** 5–8 zu § 193. Es genügt, daß Art und Inhalt der Veröffentlichung unter den Umständen ihrer Vornahme zur **Beeinträchtigung** solcher Interessen geeignet sind (BT-Dr aaO); daß die Interessenverletzung eingetreten ist oder auch nur die konkrete Gefahr ihres Eintritts bestand, ist nicht unbedingt erforderlich (32 vor § 13). Für die Wahrnehmung privater Interessen kommt nur § 34 (vgl 13) in Betracht (Schmitz JA 95, 118, 120). 8

5. Unbefugt 2 vor § 201. Da hier bei Einvernehmen mit dem Betroffenen die unrechtsindizierende Kraft des Tatbestandes wegen der mit der Perpetuierung des Wortes allgemein verbundenen Mißbrauchsgefahren zwar nicht ganz wegfällt, aber doch erheblich schwächer ist als bei der Geheimnisoffenbarung, liegt die Annahme einer tatbestandsausschließenden Wirkung des Einverständnisses näher (so ua Lenckner aaO [vgl 1] S 146; M-Schroeder/Maiwald BT 1 29/13; Jung NK 6, alle mwN), wird von der hM aber verneint (Träger LK 22, 24 mwN; zw). 9

a) In den Fällen des Abs 1 Nr 2 muß auch die Herstellung der Aufnahme unbefugt gewesen sein (Düsseldorf NJW 95, 975 mit Bespr Schmidt JuS 95, 651; Schmitz JA 95, 118, 119, 120; Träger LK 13; anders Suppert aaO [vgl 1] S 209; mit beachtlichen Gründen diff Lenckner aaO [vgl 1] S 146, alle mwN; zum Abspielen eines privat aufgenommenen Tonbandes durch den Strafrichter Frank aaO [vgl 2] S 119). Dasselbe gilt in Fällen des Abs 2 S 1 Nr 2 für das Aufnehmen und das Abhören (BT-Dr 11/6714 S 3; 11/7414 S 3, 4). 9 a

10 **b)** Als **Grundlagen der Befugnis** kommen namentlich in Frage:

aa) Eine **besondere gesetzliche Vorschrift,** zB die §§ 100 a, 100 b (dazu BGHSt 31, 296, 304; 34, 39; Düsseldorf NJW 95, 975) und 100 c I Nr 2 StPO.

11 bb) Die **Einwilligung** des Betroffenen (2 vor § 201). Sie muß sich stets auf die Tathandlung beziehen; sie ist daher zB für das Zugänglichmachen gegenüber einem Dritten unerheblich, wenn sie nur zur Aufnahme erteilt war. Auch stillschweigende Einwilligung (6 zu § 226 a) ist denkbar, zB wenn der Betroffene weiß, daß er abgehört wird (Sternberg-Lieben Jura 95, 299, 303; Samson SK 24; Tröndle 7; aM AG Hamburg NJW 84, 2111, Arzt aaO [vgl 1] S 266 und Sch/Sch-Lenckner 13, nach denen schon der Tatbestand entfällt; zw), oder wenn die Beteiligten nach ihren persönlichen oder geschäftlichen Beziehungen mit der Aufnahme oder dem Abhören rechnen.

12 cc) **Notwehr** (zB Aufnahme der Stimme des anrufenden Erpressers, 4, 15 zu § 32; beachte 15 zu § 354; eine teleologische Reduktion des Tatbestandes erwägt Frank aaO [vgl 2] S 52).

13 dd) Die Grundsätze der **Güter- und Interessenabwägung** (6 zu § 34; s auch Evers ZRP 70, 147), soweit auch die übrigen Voraussetzungen des rechtfertigenden Notstandes erfüllt sind (Tenckhoff JR 81, 255; Sch/Sch-Lenckner 31, 31 a, beide mwN; str). Das kann zB zutreffen beim Aufnehmen von Telefonanrufen zur Abwehr krimineller Handlungen (zusf Klug, Sarstedt-FS, S 101), ferner – allerdings nur ausnahmsweise (BGHSt 31, 304, 307 mwN; einschr auch Frank aaO [vgl 2] S 55) – beim Aufnehmen oder Abhören zur Beschaffung von Beweismitteln (vgl etwa Frankfurt NJW 77, 1547; Karlsruhe NJW 79, 1513; Bay NJW 94, 1671 mit krit Anm Preuß StV 95, 66; probl KG JR 81, 254 mit krit Anm Tenckhoff; s auch BGHSt 14, 358, 364; krit zur Rspr Jung NK 21) und bei der Verwertung zufällig erlangter Beweismittel (Frankfurt NJW 79, 1172); daß die Rspr sich hier vielfach auch auf eine sog notwehrähnliche Lage (4 zu § 32) stützt, begründet keinen selbständigen, von § 34 verschiedenen Rechtfertigungsgrund (Küpper BT 1 I 5/25; Sch/Sch-Lenckner 32). – Eine Erweiterung der gesetzlich konkretisierten Befugnisse zur Strafverfolgung nach §§ 100 a, 100 b, 100 c I Nr 2 StPO kann auf diese Rspr grundsätzlich nicht gestützt werden (BGHSt 34, 39 mit Bespr Wolfslast NStZ 87, 103, Meyer JR 87, 215, Wagner JZ 87, 705, 707 und Bottke Jura 87, 356; s auch 14 zu § 34). Überhaupt sind hoheitliche Eingriffe in diesen Bereichen nur aufgrund gesetzlicher Ermächtigung zulässig (BVerfGE 85, 386).

14 ee) **Sozialadäquanz** (29 vor § 32). Hierher soll namentlich das Aufnehmen zur Fixierung von Verhandlungen im Rahmen allgemein üblicher, sozialethisch nicht mißbilligenswerter Gepflogenheiten im Geschäftsleben gehören (so die probl hM; anders Suppert aaO [vgl 1], der die kritischen Fälle durch eine Analogie zu § 32 löst; ferner Klug, Sarstedt-FS, S 101, Sch/Sch-Lenckner 32 und Samson SK 27–30, die nur die Möglichkeit der Rechtfertigung anerkennen; stark einschr Jung NK 16).

c) Für die **öffentliche Mitteilung** (Abs 2 S 1 Nr 2) regelt Abs 2 S 3 den möglichen Konflikt zwischen den Verfassungsgütern der Eigensphäre nach Art 1 I, 2 I GG einerseits und der Meinungs- und Pressefreiheit nach Art 5 GG andererseits ausdrücklich. Insoweit wird hier nur die nach der verfassungsgerichtlichen Rspr ohnehin erforderliche Wertabwägung, die bei einer Kollision von Grundwerten der Verfassung vorzunehmen ist (BVerfGE 66, 116; BGHZ 73, 120; s auch Lenckner aaO [vgl 1] S 151; 28 vor § 32), punktuell kodifiziert (BT-Dr 11/7414 S 4, 5). Ein **überragendes öffentliches Interesse** kann namentlich vorliegen, wenn es sich um die Aufdeckung schwerwiegender Mißstände handelt, etwa die Begehung von Katalogsstraftaten nach §§ 129 a I, 138 I oder von schweren Verstößen gegen § 34 AWG (zB illegale Lieferungen an ausländische C-Waffenfabriken) mitgeteilt wird (BT-Dr aaO). Einer „gegenwärtigen Notstandsgefahr" (2 zu § 34) bedarf es hier nicht. – Auch in den **übrigen Fällen des § 201** ist eine entsprechende Grundwertekollision denkbar (Klug, Oehler-FS, S 397); jedoch ist nicht gerechtfertigt, wer durch die Tat zufällig Mißstände erfährt, auch wenn er sie alsdann öffentlich mitteilen darf (BT-Dr aaO). 15

d) Zum **Irrtum** über die Befugnis 2 vor § 201. – In Fällen des Abs 1 Nr 2 muß sich der Vorsatz auf die unbefugte Herstellung der Aufnahme beziehen (Düsseldorf NJW 95, 975; M-Schroeder/Maiwald BT 1 29/62). 16

6. Abs 3 ist als Qualifikationstatbestand für Amtsträger (3–11 zu § 11; s auch § 48 I WStG) und für den öffentlichen Dienst besonders Verpflichtete (13–17 zu § 11) uneigentliches Amtsdelikt (2 vor § 331). Die Amtseigenschaft ist besonderes persönliches Merkmal nach § 28 II (Schmitz JA 95, 118, 120). Der Täter muß „als" Amtsträger usw, dh in innerem Zusammenhang mit seiner Amtseigenschaft, handeln. Soweit kein staatliches Interesse entgegensteht, kommt die Einwilligung (vgl 11) auch hier als Rechtfertigungsgrund in Frage (Amelung, Dünnebier-FS, S 487, 511). 17

7. Abs 5 ist eine besondere Vorschrift im Sinne des § 74 IV, welche die **Einziehung** über § 74 I hinaus zuläßt. Daher müssen die Voraussetzungen des § 74 II, III oder – aufgrund der Verweisung in Satz 2 – die des § 74 a erfüllt sein. Im übrigen vgl §§ 74–74 c, 74 e–76 a. 18

8. Die Begehungsformen der Absätze 1, 2 können nach den verschiedenen Möglichkeiten des Zusammentreffens in **Tateinheit** stehen, sich als unselbständige Formen derselben Tat darstellen oder als mitbestrafte Nachtaten verdrängt werden (3 zu § 52; 32 vor § 52). Das Verhältnis des Aufnehmens auf einen Tonträger und des Gebrauchens der Aufnahme ist ebenso zu beurteilen wie das Fälschen einer Urkunde und deren Gebrauch im Falle des § 267 (dort 27; Schmitz JA 95, 118, 121; aM Sch/Sch-Lenckner 38 und Samson SK 35; zw). Bei einheitlichem Vorsatz bildet auch das Aufnehmen und Abhören mit dem nachfolgen- 19 den öffentlichen Mitteilen eine Handlungseinheit. Tateinheit ist ferner möglich mit § 94 TKG, der den aufgehobenen § 15 FAG ersetzt (BT-Dr 13/3609 S 57).

20 **9.** Strafantrag § 205.

§ 202 Verletzung des Briefgeheimnisses

(1) **Wer unbefugt**

1. einen verschlossenen Brief oder ein anderes verschlossenes Schriftstück, die nicht zu seiner Kenntnis bestimmt sind, öffnet oder

2. sich vom Inhalt eines solchen Schriftstücks ohne Öffnung des Verschlusses unter Anwendung technischer Mittel Kenntnis verschafft,

wird mit Freiheitsstrafe bis zu einem Jahr oder mit Geldstrafe bestraft, wenn die Tat nicht in § 354 mit Strafe bedroht ist.

(2) **Ebenso wird bestraft, wer sich unbefugt vom Inhalt eines Schriftstücks, das nicht zu seiner Kenntnis bestimmt und durch ein verschlossenes Behältnis gegen Kenntnisnahme besonders gesichert ist, Kenntnis verschafft, nachdem er dazu das Behältnis geöffnet hat.**

(3) **Einem Schriftstück im Sinne der Absätze 1 und 2 steht eine Abbildung gleich.**

1 **1.** Die Vorschrift schützt die (hier nicht materiell, sondern nur formal begrenzte) **Geheimsphäre** gegen den Bruch des verfassungsrechtlich gewährleisteten (Art 10 GG) Briefgeheimnisses und gegen gleichwertige Formen der Kenntnisverschaffung vom Inhalt fremder verkörperter, unmittelbar wahrnehmbarer Gedankenäußerungen (zusf Lenckner JR 78, 424 und Schmitz JA 95, 297, beide mwN). Schutz nicht unmittelbar wahrnehmbarer Daten § 202 a.

2 **2. Schriftstück** ist jeder Träger von Schriftzeichen (auch Druck- oder Geheimschrift), die einen gedanklichen Inhalt ergeben, der **Brief** (die an einen anderen gerichtete schriftliche Mitteilung) nur eine Unterart davon (BT-Dr 7/550 S 237); nicht erfaßt werden jedoch Schriftträger ohne jeglichen Persönlichkeitsbezug, so daß idR nicht nur Bücher und sonst öffentlich verbreitete Schriften ausscheiden, sondern uU auch Mitteilungen allgemeiner Art, die etwa in Gebrauchsanweisungen zur Bedienung eines technischen Geräts oder zur Einnahme eines Medikaments enthalten sind (Blei JA 74, 601, 605; einschr Schmitz aaO [vgl 1]). Zur Gleichstellung von **Abbildungen** (zB Erinnerungsphotos) mit den Schriftstücken beachte Abs 3 (vgl auch 26–28 zu § 11). – Das Schriftstück usw ist **verschlossen,** wenn es mit einer an ihm befindlichen Vorkehrung versehen ist, die (auch) dazu bestimmt und geeignet ist, dem Vordringen zum gedanklichen Inhalt ein Hindernis zu bereiten (BT-Dr aaO); ob das zutrifft, hängt in Grenzfällen von den Umständen

ab und unterliegt daher tatrichterlicher Würdigung (Stuttgart NStZ 84, 25 mwN). – **Nicht zur Kenntnis bestimmt** ist ein Schriftstück usw auch dann, wenn der Täter nach dem Willen des Berechtigten noch nicht oder nicht mehr Kenntnis nehmen soll (einschr Jung NK 5). – **Verschlossenes Behältnis** 15 zu § 243; der Verschluß muß sich speziell gegen fremde Kenntnisnahme richten.

3. Zu den **Tathandlungen:** 3

a) Abs 1 Nr 1: Öffnen ist Beseitigen oder Unwirksammachen des Verschlusses (RGSt 54, 295); auf Kenntnisnahme vom Inhalt kommt es hier abweichend von Abs 1 Nr 2, Abs 2 nicht an.

b) Abs 1 Nr 2: Anwendung technischer Mittel erfordert den 4 Einsatz spezifischer technischer Hilfsmittel, zB einer Durchleuchtungseinrichtung; daß jemand das Schriftstück nur von außen abtastet oder gegen das Licht hält, genügt nicht (BT-Dr 7/550 S 237). **Kenntnis verschafft** hat sich schon, wer bis zum Inhalt durch visuelle oder optische Wahrnehmung vorgedrungen ist (Schmitz aaO [vgl 1] S 299; Wessels BT 1 Rdn 545); daß er auch den Sinngehalt verstanden hat, ist nicht erforderlich (diff Sch/Sch-Lenckner 10; zw).

c) Abs 2 ist zweiaktiges Delikt (Woelk, Täterschaft bei zweiaktigen 5 Delikten, 1994, S 40). Erforderlich sind Öffnen (vgl 3) zum Zwecke (iS zielgerichteten Wollens) der Kenntnisnahme und Verschaffen der Kenntnis. Aufbrechen in Diebstahlsabsicht und nachträgliche Kenntnisnahme genügen nicht (BT-Dr aaO). – Zur umstrittenen Möglichkeit der Begehung in mittelbarer Täterschaft vgl Sch/Sch-Lenckner 19 mwN.

4. Der **Vorsatz** (bedingter genügt) braucht sich im Falle des Abs 1 6 Nr 1 nicht auf Kenntnisnahme zu erstrecken (einschr Schmitz aaO [vgl 1] S 300). Im Falle des Abs 2 muß er auf sie schon beim Öffnen des Behältnisses gerichtet sein.

5. Unbefugt 2 vor § 201. Die Tat kann zB durch Gesetz (etwa 7 §§ 99, 100 StPO; § 121 KO; § 2 ÜberwachungsG; Art 1 G 10), Erziehungsrecht oder mutmaßliche Einwilligung (19–21 vor § 32), hauptsächlich aber durch Einwilligung des Berechtigten, gerechtfertigt sein (beachte dazu die sinngemäß auch hier geltenden Ausführungen unter 9 zu § 201); bei Handlungen unter Ehegatten, die als solche zur Öffnung von Briefen des anderen nicht befugt sind, wird die Einwilligung häufig stillschweigend (6 zu § 226 a) erteilt sein (einschr Jung NK 8). Berechtigter ist beim Brief bis zum Eingang beim Empfänger der Absender.

6. Die Vorschrift verdrängt den § 303 (**Konsumtion;** diff Sch/Sch- 8 Lenckner 22; zw). Hinter § 354 tritt sie zurück (Subsidiarität). Mit §§ 242, 246 ist Tateinheit möglich (NJW 77, 590 mit Bespr Küper JZ 77, 464 und Lenckner JR 78, 424).

7. Strafantrag § 205. 9

§ 202 a Ausspähen von Daten

(1) **Wer unbefugt Daten, die nicht für ihn bestimmt und die gegen unberechtigten Zugang besonders gesichert sind, sich oder einem anderen verschafft, wird mit Freiheitsstrafe bis zu drei Jahren oder mit Geldstrafe bestraft.**

(2) **Daten im Sinne des Absatzes 1 sind nur solche, die elektronisch, magnetisch oder sonst nicht unmittelbar wahrnehmbar gespeichert sind oder übermittelt werden.**

1 **1.** Die Vorschrift **schützt** nicht nur den persönlichen Lebens- und Geheimbereich, sondern weitergehend – ähnlich wie § 202 (dort 1) – ein allgemeines, durch das Erfordernis besonderer Sicherung **formalisiertes Interesse an der Geheimhaltung** von Daten, die nicht unmittelbar wahrnehmbar gespeichert sind oder übermittelt werden (Möhrenschlager wistra 86, 128, 140; Lenckner/Winkelbauer CR 86, 483, 485; Granderath DB 86, Beil 18, 1; Haß, in: Lehmann [Hrsg], Rechtsschutz und Verwertung von Computerprogrammen, 2. Aufl 1993, S 480 Rdn 20; Jessen, Zugangsberechtigung und besondere Sicherung im Sinne von § 202 a StGB, 1994, S 37; Schulze-Heiming, Der strafrechtliche Schutz der Computerdaten gegen die Angriffsformen der Spionage, Sabotage und des Zeitdiebstahls, 1995, S 37; krit Arzt/Weber BT 4 Rdn 90–95; aM Haft NStZ 87, 6, 9: das Vermögen); zum Schutz unmittelbar wahrnehmbarer Daten vgl §§ 201, 202. – **Träger** des Rechtsgutes ist der Berechtigte, dh der über die Daten Verfügungsberechtigte (Lenckner/Winkelbauer aaO; Schlüchter LdR S 228; Jung NK 2; zweifelnd Tiedemann JZ 86, 865, 871), der allerdings nicht mit dem Anlagenbetreiber identisch sein muß (4 zu § 303 a); mitgeschützt ist jedoch auch der vom Dateninhalt Betroffene, wenn er ein Recht auf Wahrung der Vertraulichkeit gegenüber dem Berechtigten hat (aM Lenckner/Winkelbauer aaO; Schmitz JA 95, 478; zw). – **Grundfälle** bei Hilgendorf JuS 96, 509, 511, 702.

2 **2. Abs 2: Daten** 3 zu § 263 a; ob sie Geheimnisse sind (etwa iS des § 203 I, dort 14), ist unerheblich (Lenckner/Winkelbauer aaO [vgl 1] S 485). – **Nicht unmittelbar wahrnehmbar** sind Daten, wenn ihr Bedeutungsgehalt nicht ohne weiteres, sondern erst nach technischer Umformung mit den menschlichen Sinnen erfaßbar ist. Neben den beispielhaft genannten Formen elektronischer oder magnetischer Fixierung gehören zB auch Daten auf technisch andersartigen Trägern (Tonbänder, Schallplatten, Bildträger, Mikrofilme usw) hierher (BT-Dr 10/5058 S 29; Binder RDV 95, 57, 58; Schmitz aaO [vgl 1] S 480; Schulze-Heiming aaO [vgl 1] S 48; Hilgendorf aaO [vgl 1]; str); bloße Lochkarten scheiden jedoch aus, weil ihre Bedeutung unmittelbar visuell aufgenommen wird und nur der Entschlüsselung bedarf (Lenckner/Winkelbauer CR 86, 483, 484; Welp IuR 88, 443, 446; v Gravenreuth NStZ 89, 201, 206; zw). – Neben den **gespeicherten,** dh zur

Wiederverwendung erfaßten, aufgenommenen oder aufbewahrten (§ 3 V Nr 1 BDSG; die Daten müssen ihr Aufbewahrungsstadium erreicht haben, Schmitz aaO S 481; aM Hilgendorf aaO S 512; Jessen aaO [vgl 1] S 53), fallen auch im **Übermittlungsstadium** befindliche Daten in den Schutzbereich; damit soll namentlich das praktisch bedeutsame „Anzapfen" von Datenübertragungsleitungen im Bereich datenfernverarbeitender Systeme einbezogen werden (BT-Dr aaO S 28; s auch Welp, Hilgendorf und Schmitz jeweils aaO).

3. a) Nicht für ihn (den Täter) **bestimmt** sind Daten, die nach dem Willen des Berechtigten nicht (auch noch nicht oder nicht mehr) in den Herrschaftsbereich des Täters gelangen sollen. Berechtigter ist bei Übermittlungen auch der Datenempfänger (Möhrenschlager wistra 86, 128, 140). Die (den Tatbestand ausschließende, BT-Dr 10/5058 S 28) Bestimmung für den Täter wird nicht allein schon dadurch begründet, daß sich die Daten auf ihn selbst beziehen (Möhrenschlager aaO; Schmitz aaO [vgl 1] S 481), daß sie gegen Entgelt nach Anschluß an eine Datenbank allgemein zugänglich sind (BT-Dr aaO; Haß aaO [vgl 1] S 483 Rdn 24) oder daß er Eigentümer des Datenträgers ist; letzteres kommt zB in Frage, wenn ihm die Nutzung des Programms, nicht aber der Zugriff auf die zugrundeliegenden Daten eröffnet ist (Lenckner/Winkelbauer CR 86, 483, 486; Schlüchter NStZ 88, 53; Richter CR 89, 303, 305; Meier JZ 92, 657; Bühler, Die strafrechtliche Erfassung des Mißbrauchs von Geldspielautomaten, 1995, S 178; Hilgendorf aaO [vgl 1] S 512; aM Heinrich, Die Strafbarkeit der unbefugten Vervielfältigung und Verbreitung von Standardsoftware, 1993, S 304; Tröndle 7 a; diff Schulze-Heiming aaO [vgl 1] S 56). 3

b) Gegen unberechtigten Zugang besonders gesichert sind Daten, wenn – ähnlich wie in den Fällen der §§ 202 II, 243 I Nr 2 (BT-Dr aaO [vgl 3]; s auch 16 zu § 243) – Vorkehrungen speziell zu dem Zweck getroffen sind, den Zugang Unbefugter zu verhindern oder zu erschweren (Schmitz aaO [vgl 1] S 482). Neben verschlossenen Behältnissen (zB Kassetten für Magnetbänder) und mechanischen Schließeinrichtungen (zB Schlösser an Computeranlagen) kommen auch systemimmanente Vorkehrungen (zB Verwendung von Erkennungssignalen, Paßwörtern, Magnetkarten oder Verschlüsselungen) in Frage (Hilgendorf aaO [vgl 1] S 702; Haß aaO [vgl 1] S 481 Rdn 22; diff zum Paßwort Jessen aaO [vgl 1] S 154). Es kommt darauf an, ob die Sicherung geeignet erscheint, einen wirksamen, wenn auch nicht absoluten Schutz zu erreichen und namentlich auch das Interesse an der Geheimhaltung deutlich zu dokumentieren (BT-Dr aaO; Hilgendorf aaO; eingehend Leicht IuR 87, 45; Binder, Strafbarkeit intelligenten Ausspähens von programmrelevanten DV-Informationen, 1994, S 51; Heinrich aaO [vgl 3] S 301; Jessen aaO S 63; Schulze-Heiming aaO [vgl 1] S 64); ob die Sicherung im Einzelfall überwunden wurde, ist unerheblich (Möhrenschlager wistra 86, 128, 140). Computerprogramme sind idR nicht hinreichend wirksam gesichert, so daß sog Soft- 4 warepiraterie (Raubkopien von solchen Programmen) nur selten in den Schutzbereich der Vorschrift fällt (Meier JZ 92, 657, 661; Jessen aaO S 190 und Beermann Jura 95, 610; zur möglichen Strafbarkeit nach § 106 UrhG eingehend Heinrich aaO S 176). Auch das mit der Datenverarbeitung befaßte Personal ist von der Zugangssperre meist nicht betroffen (zu teilweise schwierigen Abgrenzungsfragen Lenckner/Winkelbauer CR 86, 483, 487; weiter Hilgendorf aaO S 704), selbst wenn es die Daten treuwidrig verwendet (beachte dazu § 17 UWG).

5 **4. Sich oder einem anderen verschaffen** bedeutet Herstellen der eigenen oder der Herrschaft eines anderen über die Daten. Dazu genügt es – ähnlich wie bei § 96 (dort 3) –, daß der Täter entweder von ihnen Kenntnis nimmt bzw dem anderen die Kenntnisnahme ermöglicht oder – ohne Kenntnisnahme (BT-Dr 10/5058 S 29) – sich oder dem anderen den Besitz an den Datenträgern verschafft (Lenckner/Winkelbauer aaO [vgl 4] S 488; einschr Schmitz aaO [vgl 1] S 483 und Sch/Sch-Lenckner 10; str). Auf der anderen Seite soll aber nach der problematischen Intention des Gesetzgebers das bloße Eindringen in einen Datenspeicher oder Übermittlungsvorgang, mit dem ein Computersystem nur „geknackt" werden soll (sog „hacking"), nicht erfaßt werden (BT-Dr aaO S 28; krit Dannecker BB 96, 1285, 1289); um den Zweck dieser Einschränkung nicht zu vereiteln, muß auch bloße Kenntnisnahme von den fremden Daten aus dem Tatbestand ausscheiden, wenn sie notwendig mit dem Hacking verbunden ist und ihr keine Weiterverwendungsabsicht zugrundeliegt (für eine teleologische Reduktion Hilgendorf aaO [vgl 1] S 704 und Schmitz aaO; ähnlich Binder aaO [vgl 2] S 59; für Strafbarkeit des Hackens dagegen Jessen aaO [vgl 1] S 179).

6 **5.** Bedingter **Vorsatz** genügt. – Zu Irrtumsfragen Hilgendorf aaO [vgl 1] S 705.

7 **6. Unbefugt** 2 vor § 201. Ohne Befugnis handelt ua auch, wer sich ohne Anschluß Daten aus einer Datenbank verschafft (vgl 3). – Die Tat kann zB durch Gesetz (etwa § 94 StPO) oder durch Einwilligung des Berechtigten (beachte dazu die sinngemäß auch hier geltenden Ausführungen unter 9 zu § 201; für tatbestandsausschließendes Einverständnis Haß aaO [vgl 1] S 484 Rdn 26; Jähnke LK 17), nicht des vom Dateninhalt Betroffenen (Hilgendorf aaO [vgl 1] S 705; Jessen aaO [vgl 1] S 61), gerechtfertigt sein. Mutmaßliche Einwilligung (19–21 vor § 32) kommt namentlich in Frage, wenn der Täter die Daten einem anderen, für den sie bestimmt sind, verschafft (BT-Dr 10/5058 S 29; Sch-Sch/Lenckner 11; einschr Jung NK 10). Erfolgt ein Eingriff (zB in die Software) in urheberrechtlich zulässiger Weise (§§ 69 a ff UrhG), so ist er nicht unbefugt (LG Mannheim NJW 95, 3322 mit zust Bespr König 3293).

8 **7. Tateinheit** ua möglich mit §§ 123, 242 (aM Haft NStZ 87, 6, 10), 263 a, 269, 274 I Nr 2, 303 (aM Hilgendorf aaO [vgl 1] S 703: Tatmehrheit), 303 a, 303 b. § 43 BDSG tritt zurück (§ 1 IV BDSG; aM

Hilgendorf aaO S 706 und Schmitz aaO [vgl 1] S 484: Tateinheit; zw). Zum Zusammentreffen mit § 17 UWG Schlüchter NStZ 88, 53.

8. Strafantrag § 205. – Für die Umwandlung in ein relatives Antragsdelikt (1 zu § 77) Jessen aaO [vgl 1] S 216. 9

§ 203 Verletzung von Privatgeheimnissen

(1) **Wer unbefugt ein fremdes Geheimnis, namentlich ein zum persönlichen Lebensbereich gehörendes Geheimnis oder ein Betriebs- oder Geschäftsgeheimnis, offenbart, das ihm als**

1. **Arzt, Zahnarzt, Tierarzt, Apotheker oder Angehörigen eines anderen Heilberufs, der für die Berufsausübung oder die Führung der Berufsbezeichnung eine staatlich geregelte Ausbildung erfordert,**
2. **Berufspsychologen mit staatlich anerkannter wissenschaftlicher Abschlußprüfung,**
3. **Rechtsanwalt, Patentanwalt, Notar, Verteidiger in einem gesetzlich geordneten Verfahren, Wirtschaftsprüfer, vereidigtem Buchprüfer, Steuerberater, Steuerbevollmächtigten oder Organ oder Mitglied eines Organs einer Wirtschaftsprüfungs-, Buchprüfungs- oder Steuerberatungsgesellschaft,**
4. **Ehe-, Familien-, Erziehungs- oder Jugendberater sowie Berater für Suchtfragen in einer Beratungsstelle, die von einer Behörde oder Körperschaft, Anstalt oder Stiftung des öffentlichen Rechts anerkannt ist,**

4a. **Mitglied oder Beauftragten einer anerkannten Beratungsstelle nach den §§ 3 und 8 des Schwangerschaftskonfliktgesetzes,**

5. **staatlich anerkanntem Sozialarbeiter oder staatlich anerkanntem Sozialpädagogen oder**
6. **Angehörigen eines Unternehmens der privaten Kranken-, Unfall- oder Lebensversicherung oder einer privatärztlichen Verrechnungsstelle**

anvertraut worden oder sonst bekanntgeworden ist, wird mit Freiheitsstrafe bis zu einem Jahr oder mit Geldstrafe bestraft.

(2) **Ebenso wird bestraft, wer unbefugt ein fremdes Geheimnis, namentlich ein zum persönlichen Lebensbereich gehörendes Geheimnis oder ein Betriebs- oder Geschäftsgeheimnis, offenbart, das ihm als**

1. **Amtsträger,**
2. **für den öffentlichen Dienst besonders Verpflichteten,**
3. **Person, die Aufgaben oder Befugnisse nach dem Personalvertretungsrecht wahrnimmt,**
4. **Mitglied eines für ein Gesetzgebungsorgan des Bundes oder eines Landes tätigen Untersuchungsausschusses, sonstigen Aus-**

schusses oder Rates, das nicht selbst Mitglied des Gesetzgebungsorgans ist, oder als Hilfskraft eines solchen Ausschusses oder Rates oder

5. öffentlich bestelltem Sachverständigen, der auf die gewissenhafte Erfüllung seiner Obliegenheiten auf Grund eines Gesetzes förmlich verpflichtet worden ist,

anvertraut worden oder sonst bekanntgeworden ist. Einem Geheimnis im Sinne des Satzes 1 stehen Einzelangaben über persönliche oder sachliche Verhältnisse eines anderen gleich, die für Aufgaben der öffentlichen Verwaltung erfaßt worden sind; Satz 1 ist jedoch nicht anzuwenden, soweit solche Einzelangaben anderen Behörden oder sonstigen Stellen für Aufgaben der öffentlichen Verwaltung bekanntgegeben werden und das Gesetz dies nicht untersagt.

(3) **Den in Absatz 1 Genannten stehen ihre berufsmäßig tätigen Gehilfen und die Personen gleich, die bei ihnen zur Vorbereitung auf den Beruf tätig sind. Den in Absatz 1 und den in Satz 1 Genannten steht nach dem Tod des zur Wahrung des Geheimnisses Verpflichteten ferner gleich, wer das Geheimnis von dem Verstorbenen oder aus dessen Nachlaß erlangt hat.**

(4) **Die Absätze 1 bis 3 sind auch anzuwenden, wenn der Täter das fremde Geheimnis nach dem Tod des Betroffenen unbefugt offenbart.**

(5) **Handelt der Täter gegen Entgelt oder in der Absicht, sich oder einen anderen zu bereichern oder einen anderen zu schädigen, so ist die Strafe Freiheitsstrafe bis zu zwei Jahren oder Geldstrafe.**

Fassung: Das KJHG (11 vor § 1) hat Abs 1 Nr 4 auf Familienberater erstreckt. Das SFHÄndG (13 vor § 1) hat Abs 1 Nr 4 a an das SchKG angepaßt.

1 **1.** Die Vorschrift schützt vorrangig die **Geheimsphäre des Einzelnen,** daneben in Abs 1 auch das Allgemeininteresse an der Verschwiegenheit der in Krankheit und Rechtsnot helfenden Berufe (NJW 68, 2288; Jung SÄB 81, 244 und NK 3; Geppert, Die ärztliche Schweigepflicht im Strafvollzug, 1983, S 11; Timm, Grenzen der ärztlichen Schweigepflicht, 1988, S 22; Cramer, Strafprozessuale Verwertbarkeit ärztlicher Gutachten aus anderen Verfahren, 1995, S 43; Tröndle 1; gegen diese Beschränkung auf Abs 1 Otto GK 2 S 126). Demgegenüber wird teils das Allgemeininteresse als vorrangig geschützt angesehen (Köln NStZ 83, 412; EbSchmidt NJW 62, 1745; Schlund JR 77, 265, 269; Sch/Sch-Lenckner 3), teils aber auch nur das Individualinteresse als Schutzgut anerkannt (Schünemann ZStW 90, 11; Rogall NStZ 83, 1, 3; Meurer, in: Szwarc [Hrsg], AIDS und Strafrecht, 1996, S 133, 137; Schmitz JA 96, 772; diff Ostendorf JR 81, 444; Eser ZStW 97, 1, 40; zusf Müller-Dietz, in: Jung ua (Hrsg), Aktuelle Probleme und Per-

spektiven des Arztrechts, 1989, S 39; rechtsvergleichend Jung, Constantinesco-FS, S 355). Nicht geschützt sind Daten von Ungeborenen (eingehend Grabsch, Die Strafbarkeit der Offenbarung höchstpersönlicher Daten des ungeborenen Menschen, 1994, S 17 und 109, mit Bespr Helle MedR 95, 257; Kiesecker, Die Schwangerschaft einer Toten, 1996, S 218). – Der Schweigepflicht nach Abs 1 steht das – inhaltlich nicht voll entsprechende (krit Foth JR 76, 7; Schmitz JA 96, 949, 954 und Jung NK 2) – verfahrensrechtliche Schweigerecht (zB §§ 53, 53 a StPO, § 383 ZPO) gegenüber.

2. Täter (nach hM besonderes persönliches Merkmal iS des § 28 I; 2
aM Sch/Sch-Lenckner 73) können nur sein:

a) Angehörige der Berufsgruppen nach Abs 1.

aa) **Nr 1:** Für die **Heilberufe** bedürfen neben den Ärzten, (auch Pathologen, Laufs NJW 80, 1315, 1319 mwN), Zahnärzten, Tierärzten und Apothekern (3 zu § 132 a) einer geregelten Ausbildung ua: Krankenschwestern und -pfleger, Kinderkrankenschwestern und -pfleger, Krankenpflegehelferinnen und -helfer (§§ 1, 2 KrPflG) sowie Hebammen und Entbindungspfleger (§§ 1, 2 HebG). Nachw zu zahlreichen weiteren einschlägigen Heilberufen bei Tröndle 14 zu § 203 und 2 zu § 132 a. – Nicht erfaßt sind Heilpraktiker, da für sie keine staatliche Berufsausbildung gefordert wird (HeilprG).

bb) **Nr 2: Berufspsychologen** müssen eine psychologische Tätig- 3
keit auf mindestens einem der Hauptanwendungsgebiete der Psychologie, zB auch der analytischen Psychotherapie, beruflich ausüben (BT-Dr 7/550 S 239; krit Blau NJW 73, 2234 und Jung NK 8). **Staatlich anerkannte wissenschaftliche Abschlußprüfungen** schließen mit der Erlangung des Grades eines „Diplom-Psychologen" oder mit der Promotion im Hauptfach Psychologie ab (BT-Dr aaO).

cc) **Nr 3:** Die genannten Berufe in der **Rechtspflege und Wirt-** 4
schaftsberatung sind erschöpfend (zur Erstreckung auf Anwälte aus den EG-Staaten vgl den 2. Abschn des Ges vom 16. 8. 1980, BGBl I 1453, 1456; s auch 3 zu § 132 a). Neben Verteidigern im Strafverfahren (§§ 138, 139, 142 StPO) werden auch Verteidiger im Bußgeld-, Disziplinar-, Berufs- und Ehrengerichtsverfahren erfaßt, nicht dagegen Rechtsbeistände, Rechtskonsulenten und Prozeßagenten (§ 157 ZPO).

dd) **Nr 4–5:** Alle in Nr 4 genannten Berater müssen in einer **staat-** 5
lich oder anderweit öffentlich anerkannten Beratungsstelle tätig sein. Deren Anerkennung ist Ländersache (BT-Dr 7/1261 S 15). – Zu den in Nr 4 a genannten **Beratungsstellen für Schwangere** §§ 3 und 8 SchKG (zusf zu deren Schweigepflicht Lenckner, in: Eser/Hirsch [Hrsg], Sterilisation und Schwangerschaftsabbruch, 1980, S 227; beachte auch 12 vor § 218). – Die **staatliche Anerkennung von Sozialarbeitern und Sozialpädagogen** nach Nr 5 erfordert eine abgeschlossene Hochschul- oder Fachhochschulausbildung (BT-Dr aaO). Hauptamtliche Bewährungshelfer gehören nicht hierher (Schenkel NStZ 95, 67; aM Sch/Sch-Lenckner 40; zw).

6 ee) **Nr 6: Angehörige eines Versicherungsunternehmens oder einer Verrechnungsstelle** sind deren Inhaber, Organe, Mitglieder von Organen und Bedienstete, nach dem Gesetzeszweck auch die nicht als Angestellte tätigen Versicherungsvertreter (zusf Rein VersR 76, 117).

7 **b) Amtsträger und amtsnahe Personen nach Abs 2.**

aa) **Nr 1, 2: Amtsträger, für den öffentlichen Dienst besonders Verpflichteter** 3–17 zu § 11; beachte auch §§ 1 III, 48 I WStG. Ehemalige Bedienstete der DDR werden nicht erfaßt; die Bundesregierung bemüht sich, diese Strafbarkeitslücke zu schließen (BT-Dr 13/58).

8 bb) **Nr 3:** Das **Personalvertretungsrecht** umfaßt alle Rechtsnormen, die für die Interessenvertretung der Angehörigen von Dienststellen gelten, auch der Richter (§§ 49, 72, 74 DRiG), Soldaten (§§ 35, 70 SoldG) und Zivildienstleistenden (§ 37 ZDG). **Aufgaben und Befugnisse** sind nur solche, die spezifisch der Personalvertretung dienen (BT-Dr 7/550 S 241).

9 cc) **Nr 4: Gesetzgebungsorgan** 2 zu § 36. Nicht hierher gehören die Ausschüsse der Gesetzgebungsorgane, wohl zB aber die Enquête-Kommissionen (BT-Dr aaO).

10 dd) **Nr 5:** Für die Bestellung der freiberuflich tätigen **Sachverständigen** gilt § 36 GewO.

11 **c) Gehilfen, in Ausbildung befindliche Personen und Nachfolger von Schweigepflichtigen nach Abs 3.**

11 a aa) **Gehilfen** der Berufsträger nach Abs 1 sind abweichend von § 53 a StPO nur berufsmäßig, nicht auch gelegentlich tätige Helfer (Samson SK 15; Schmitz JA 96, 772, 773; aM Meurer aaO [vgl 1] S 139; Sch/Sch-Lenckner 64; str). Sie müssen bei der eigentlichen Berufsausübung helfen, also zB: der Bürovorsteher, der rechtskundige Mitarbeiter des Rechtsanwalts (NJW 95, 2915), die Sekretärin, die Sprechstundenhilfe, uU auch die Frau des Landarztes; das technische Bedienungs- und Wartungspersonal nur, soweit es in die Praxisorganisation eingebunden ist (Ehmann CR 91, 293 mwN); aber nicht die Putzfrau, der Chauffeur usw (krit Kohlhaas NJW 72, 1502); auch nicht die vorgesetzte Aufsichtsbehörde (Kreuzer MedKlinik 76, 1467, 1469; aM Middelhauve MedKlinik 77, 775). Das Hilfs- und Ausbildungspersonal des Sachverständigen nach Abs 2 Nr 5 wird nicht erfaßt (BT-Dr 7/550 S 243).

12 bb) Zur **Vorbereitung auf einen Beruf nach Abs 1** sind zB der Rechtsreferendar in der Anwaltsstation sowie der famulierende Medizinstudent und die Lehrschwester im Krankenhaus tätig.

13 cc) Der Strafschutz nach **Abs 3 S 2** beginnt erst **mit dem Tod des zunächst Schweigepflichtigen** (krit Sch/Sch-Lenckner 68 mwN). Ob dieser das Geheimnis dem Täter befugt oder unbefugt offenbart hat, ist unerheblich (einschr Samson SK 17 und Schmitz JA 96, 772, 774).

3. a) Fremde Geheimnisse (Abs 1, 2) sind nur Privatgeheimnisse, dh solche Tatsachen, die nur einem beschränkten Personenkreis bekannt sind und nach dem verständlichen Interesse des Geheimnisträgers nicht weiter bekannt werden sollen; es entscheidet nicht allein der Geheimhaltungswille, sondern auch die objektive Geheimhaltungswürdigkeit (hM; vgl etwa Arzt LdR S 694 und Küper BT S 100; krit Schmitz JA 96, 772, 774). Eine Tatsache verliert den Geheimnischarakter nicht notwendig, wenn sie schon einmal verraten worden oder gerüchtweise bekannt geworden ist (Schmitz aaO; Jung NK 5). – Das Geheimnis muß zwar personenbezogen sein (dazu Rogall NStZ 83, 1, 5), kann sich aber auf jeden, dh den persönlichen, wirtschaftlichen oder beruflichen, Lebensbereich des Betroffenen, uU sogar auf amtliche Vorgänge beziehen, sofern nur das erforderliche Geheimhaltungsinteresse besteht (hM; einschr Rogall aaO S 6). Das zum persönlichen Lebensbereich gehörende Geheimnis und das Betriebs- oder Geschäftsgeheimnis (dazu Baumbach/Hefermehl, UWG, 16. Aufl 1990, 2–9 zu § 17) sind nur Beispiele. Nicht nur Geheimnisse des Patienten (zB sein Name, die Tatsache seiner Behandlung und die Höhe seiner Honorarforderung des Arztes, LG Memmingen NJW 96, 793 mwN; vgl außerdem Langkeit NStZ 94, 6; Schlund DAR 95, 50) oder sonst Anvertrauenden, sondern in gewissen Grenzen auch sog Drittgeheimnisse sind geschützt (Hamburg NJW 62, 689, 691; Müller-Dietz SÄB 80, 356, 358; Rogall NStZ 83, 413, alle mwN). 14

b) Einzelangaben über persönliche oder sachliche Verhältnisse eines anderen, dh einer bestimmten oder bestimmbaren (natürlichen oder juristischen) Person (beachte § 3 I BDSG; BT-Dr 7/550 S 242), sind nur in den Fällen des Abs 2 in den Strafschutz einbezogen (Satz 2). Praktisch bedeutsam ist die Vorschrift nur für Angaben ohne Geheimnischarakter (zu deren Abgrenzung vom Geheimnis Goll, Offenbarungsbefugnis im Rahmen des § 203 Abs 2 StGB, 1980, S 74), weil andernfalls schon Satz 1 verwirklicht wäre (Schmitz JA 96, 772, 776, der aber offenkundige Angaben nicht als erfaßt ansieht). Damit werden an sich nicht geheimhaltungsbedürftige Angaben einem Offenbarungsverbot unterworfen, so daß der Täter unbefugt handelt, wenn kein Rechtfertigungsgrund (vgl 18–25) vorliegt (hM; krit Arzt/Weber BT 1 Rdn 516–520); offenkundige (dazu BGHSt 6, 293) Angaben genügen jedoch nach dem Schutzzweck der Vorschrift nicht (Sch/Sch-Lenckner 48). – Seinen **Schwerpunkt** hat Satz 2 im Bereich statistischer Erhebungen (vgl etwa das BStatG); er führt aber auch in anderen Zusammenhängen, zB für die Zulässigkeit öffentlicher Identifizierung von Beschuldigten im Ermittlungsverfahren (Ostendorf GA 80, 445; Roxin NStZ 91, 153, 159; Dalbkermeyer, Der Schutz des Beschuldigten vor identifizierenden und tendenziösen Pressemitteilungen der Ermittlungsbehörden, 1994, S 53, 168; Samson SK 33), zu Einschränkungen (vgl auch 21 und 25). – Einzelangaben sind **erfaßt,** wenn sie handschriftlich, kartei- oder formularmäßig, auf Lochkarten, Magnet- 15 bändern und dergl festgehalten sind; sie brauchen auf dem Weg zur Speicherung oder sonstigen Einordnung nicht schon zum Endpunkt gelangt sein (BT-Dr aaO). – **Für Aufgaben der öffentlichen Verwaltung** 9 zu § 11. – Die Ausnahme des **2. Halbsatzes von Satz 2** wirkt tatbestandsausschließend, nicht erst rechtfertigend (zw); sie betrifft nur die Weitergabe von Angaben ohne Geheimnischarakter, weil andernfalls die Verbotsnorm des Satzes 1 die Weitergabe untersagt (Sch/Sch-Lenckner 46, 52; aM Marx GA 83, 160, 170, 174). Die Bedeutung der Ausnahme ist gering, seit die Übermittlung personenbezogener Daten auch aus Akten nur noch unter engen Voraussetzungen zulässig ist (§§ 15–17 BDSG). Im übrigen dürfte ein kriminalpolitisches Bedürfnis für die Vorschrift nach Neuregelung des Datenschutzrechts nicht mehr bestehen.

16 **4. Auf welche Weise** der Täter von dem Geheimnis oder der Einzelangabe (Abs 2 S 2) Kenntnis erlangt hat, ist unerheblich, wenn er es nur **„als"** Berufs- oder Amtsperson getan hat, die Kenntnisnahme also in innerem Zusammenhang mit seiner Berufs- oder Amtseigenschaft steht (Hamburg NJW 62, 689, 691; probl Karlsruhe NJW 84, 676; Schlund DAR 95, 50; einschr Ostendorf JR 81, 444, 448 und Schmitz JA 96, 772, 776; s auch BGHSt 33, 148 mit Anm Rogall NStZ 85, 374 und Hanack JR 86, 35, alle mwN; str); unerheblich ist daher auch, ob er zur Zeit der Tat noch Berufs- oder Amtsträger ist (nach § 1 III WStG gilt das auch für Soldaten). Meist wird das Geheimnis ausdrücklich oder stillschweigend anvertraut sein (dazu Köln NStZ 83, 412). Jedoch erfahren zB Haus-, Amts-, Werks-, Truppen- und Fürsorgeärzte auch ohne Anvertrauen viele private Geheimnisse. So muß zB der Arzt über die Morphiumspritze, die er bei dem bewußtlosen Opfer eines Unfalls findet, ebenso schweigen wie über die Krankheit eines Patienten seines Kollegen, der ihn – auch nur freundschaftlich – um Rat fragt.

17 **5. Offenbaren** ist jede Mitteilung über die geheimzuhaltende Tatsache (einschl der Person, auf die sie sich bezieht) an einen Dritten – auch einen nach § 203 Schweigepflichtigen (BGHZ 116, 268; Bay NJW 95, 1623 mit zust Anm Fabricius StV 96, 485 und Gropp JR 96, 478; Schmitz JA 96, 772, 777) –, der das Geheimnis oder die Einzelangabe noch nicht oder noch nicht sicher kennt (NJW 95, 2915; Bay NJW 95, 1623; Michalski/Römermann NJW 96, 1305, 1308, alle mwN). Die Form der Mitteilung ist gleichgültig; auch Gewähren von Akteneinsicht und Unterlassen in Garantenstellung (6–15 zu § 13; Schmitz aaO), zB das Liegenlassen von Patientenakten auf dem Schreibtisch des unverschlossenen Dienstzimmers (Langkeit NStZ 94, 6; aM Sch/Sch-Lenckner 20; zw), kommen in Frage (beachte auch BAG MedR 88, 100). Ein Offenbaren scheidet aus, wenn innerhalb bestimmter Funktionseinheiten (zB Behörde, Krankenhaus) Bedienstete im Rahmen ihrer Tätigkeit Zugang zu den Privatgeheimnissen haben (LG Bonn NJW 95, 2419 mwN).

6. a) Unbefugt 2 vor § 201. Als Grundlage der Befugnis kommen namentlich in Frage: 18

aa) **Einwilligung** des Betroffenen (10–18 vor § 32; 2 vor § 201), dh des mit dem Anvertrauenden nicht notwendig identischen Geheimnisträgers (hM; anders Köln NStZ 83, 412 mit abl Anm Rogall; Schmitz JA 96, 949, 951; Otto GK 2 S 127 und Samson SK 38, 39: der Anvertrauende; diff Schünemann ZStW 90, 11, 57; Sch/Sch-Lenckner 23, alle mwN). Bei Fehlen eines entgegenstehenden staatlichen Interesses wird ihre Wirksamkeit nicht dadurch ausgeschlossen, daß der Täter Amtsträger oder amtsnahe Person ist (Amelung, Dünnebier-FS, S 487, 511). – In den Fällen des Abs 1 ist die Einwilligung idR stillschweigend (6 zu § 226 a) erteilt bei beruflicher Notwendigkeit, zB für Mitteilungen des Rechtsanwalts an seinen rechtskundigen Mitarbeiter (NJW 95, 2915) oder des Arztes an den Vertreter, Assistenten (Kamps NJW 92, 1545; weitergehend Langkeit NStZ 94, 6, 7), auch an den Partner in der Gemeinschaftspraxis (Kamps aaO) und den Konsiliarius (einschr Langkeit aaO S 7 und Jung NK 23; str), ferner an den Hausarzt, der den Patienten zur Spezialuntersuchung oder -beratung überwiesen hat und auf die Auswertung des Ergebnisses angewiesen ist (NJW 83, 350; München NJW 93, 797; Hamm MedR 95, 328), ausnahmsweise auch an die Krankenhausleitung (Langkeit aaO S 8; beachte jedoch 20) und an das Rechenzentrum des Krankenhauses zwecks Abrechnung (LG Bonn NJW 95, 2419). Wer sich vor Einstellung als Beamter oder vor Abschluß eines Arbeits- oder Versicherungsvertrages untersuchen läßt, erteilt damit idR schlüssig auch dem Privatarzt im Rahmen des Untersuchungsauftrags die Einwilligung zur Mitteilung an die Behörde, Betriebsleitung oder Versicherung. Ob der Berufspsychologe, der Tatsachen aus psychologischen Einstellungsuntersuchungen an Arbeitgeber oder Vorgesetzte weiterleitet, durch schlüssige Einwilligung gedeckt ist, hängt von den Umständen ab (Scholz NJW 81, 1987). Zum Betriebs-(Werks-)Arzt Kierski BB 76, 842 und MedKlinik 77, 773, 775; Schlund JR 77, 265, 268. – Auch bei Mitteilungen an nahe Angehörige ist häufig, aber keineswegs notwendig (Schlund aaO S266; Langkeit aaO S 8), stillschweigende Einwilligung gegeben. Dasselbe wird bei Mitteilungen an den gesetzlichen Vertreter eines im Hinblick auf die Einwilligung schon urteilsfähigen Minderjährigen anzunehmen sein; jedoch kann dieser dem Arzt solche Mitteilungen untersagen (Laufs NJW 79, 1230, 1233). – Die Vorlage einer ärztlichen Arbeitsunfähigkeitsbescheinigung durch den Angeklagten, der sein Ausbleiben entschuldigen will, enthält die konkludente Einwilligung zur Beantwortung von erforderlichen Nachfragen des Gerichts durch den ausstellenden Arzt (Karlsruhe NStZ 94, 141); die Einwilligung des Arbeitnehmers in die Verlautbarung einer Diagnose durch eine dem Arbeitgeber vorgelegte Arbeitsunfähigkeitsbescheinigung umfaßt auch deren Widerruf durch ein neues Attest (LG Oldenburg MedR 95, 278). – Die Weitergabe von Patientendaten an Verrechnungsstellen zum Inkasso oder nach Abtretung zur Einziehung durch Dritte kann dagegen nicht auf Konkludenz (auch nicht auf mutmaßliche Einwilligung) gestützt werden, bedarf vielmehr der ausdrücklichen Erklärung (BGHZ 115, 123 mit Bespr Emmerich JuS 92, 153; NJW 92, 2348 mit Anm Schlund JR 93, 25; NJW 93, 2371 und 96, 775; krit Berger NJW 95, 1584, alle mwN; ebenso für die der einzelnen Abtretung zugrundeliegende Rahmenvereinbarung Hamm NJW 93, 791 und Düsseldorf NJW 94, 2421), die unter den – häufig vorliegenden – Voraussetzungen des § 4 II BDSG vorher schriftlich eingeholt werden muß (Bremen NJW 92, 757; Körner-Dammann NJW 92, 729, 730; aM Schmitz JA 96, 949, 953, alle mwN); zur Abtretung von Honorarforderungen des Tierarztes ebenso LG Bochum NJW 93, 1537 mit abl Anm Wilhelms, anders aber Celle NJW 95, 786 und LG Lüneburg NJW 93, 2994. Im wesentlichen dasselbe gilt für die Abtretung von Honorarforderungen des Rechtsanwalts (BGHZ 122, 115 mit Bespr Emmerich JuS 93, 866; NJW 93, 1912 und 2795 sowie 95, 2026; einschr LG Darmstadt NJW 94, 2962), doch gilt dies nicht, wenn der Zessionar zuvor als Mitarbeiter des Zedenten die Angelegenheiten des Mandanten umfassend kennengelernt hat (NJW 95, 2915), oder wenn er vor der Abtretung zum Abwickler der Kanzlei des Zedenten bestellt worden war (NJW 97, 188). Ob diese Rspr bei Abtretung an einen Rechtsanwalt, der nach dem neuen § 49 b BRAO in gleicher Weise wie der Zedent zur Verschwiegenheit verpflichtet ist (zur Begr BT-Dr 12/7656 S 49), überholt ist (Berger NJW 95, 1584; Gola NJW 95, 3283, 3289; ähnlich Feuerich/Braun, BRAO-Kommentar, 3. Aufl 1995, § 49 b Rdn 33; s auch NJW 97, 188), bleibt abzuwarten (vgl auch Sch/Sch-Lenckner 29). Zur Abtretung von Honorarforderungen des Steuerberaters beachte Hamm DStR 92, 557 und LG Konstanz NJW 92, 1241. Der Verkauf einer Steuerberaterpraxis mit uneingeschränkter Verpflichtung zur Aktenübergabe verstößt gegen § 203 I Nr 3 (NJW 96, 2087); zum Verkauf einer Anwaltskanzlei NJW 95, 2026 mit krit Bespr Michalski/Römermann NJW 96, 1305.

19 bb) **Mutmaßliche Einwilligung** (19–21 vor § 32), so namentlich bei Benachrichtigung der Angehörigen von bewußtlosen oder geisteskranken Patienten (Schlund DAR 95, 50, 51). Sie scheidet als Rechtfertigungsgrundlage aus, wenn der Patient unschwer befragt werden kann (21 vor § 32). Die Überlassung der Patientenkartei anläßlich der Übernahme einer Arztpraxis ist daher nicht auf diese Rechtsfigur zu stützen (so aber NJW 74, 602; anders jetzt BGHZ 116, 268 mit Bespr Schlund JR 92, 203, Körner-Dammann NJW 92, 1543, Kamps NJW 92, 1545 und Rieger MedR 92, 147). Angesichts der tatsächlichen Schwierigkeiten, die in solchen Fällen mit der Einholung der erforderlichen Einwilligungen und der Aufbewahrung der Patientenunterlagen verbunden sind (dazu Taupitz MDR 92, 421, 423; Kamps und Rieger aaO; s auch die Münchener Empfehlungen zur Wahrung der ärztlichen Schweigepflicht bei Veräußerung einer Arztpraxis MedR 92, 207), wäre allenfalls eine konkludente Einwilligung in Betracht zu ziehen; deren Voraussetzungen können aber im Regelfall wegen der Bedeutung des Rechts auf informationelle Selbstbestimmung nicht

bejaht werden (BGH aaO; Schmitz JA 96, 949, 952; aM Jähnke LK 70 mwN; zw).

cc) **Dienstliche Befugnis des beamteten Arztes** und anderer Personen, die zugleich als Berufs- und als Amtspersonen schweigepflichtig sind. Sie fallen unter die Absätze 1 und 2 (beachte 29), mit der Folge, daß sie nach den für die Berufspersonen geltenden strenge-'ren Regeln zu behandeln sind (im Ergebnis ebenso Geppert aaO [vgl 1] S 20; Goll aaO [vgl 15] S 144; Arloth MedR 86, 295; aM Kierski MedKlinik 77, 773, 774, alle mwN). Mitteilungen beamteter Ärzte in Krankenhäusern (auch Universitätskliniken) an ihre vorgesetzte Dienstbehörde sind daher regelmäßig nicht durch eine dienstrechtliche Befugnis gedeckt (OVG Lüneburg NJW 75, 2263; Kreuzer NJW 75, 2232, MedKlinik 76, 1396, 1467, 1520 und 77, 776; Kierski MedKlinik 77, 773; Laufs NJW 80, 1315, 1319, alle mwN). Allgemeine Leitungs-, Kontroll- und Akteneinsichtsrechte, die das Verwaltungsorganisationsrecht der vorgesetzten Dienstbehörde einräumt, sind durch das Grundrecht auf informationelle Selbstbestimmung nachhaltig eingeschränkt (Oebbecke MedR 88, 123; s auch BVerfGE 65, 1; speziell zu Sozialdaten § 76 SGB X; Neuhaus Jura 90, 624, 630). Regelmäßig gilt das auch für Mitteilungen von Ärzten, Berufspsychologen (Kühne NJW 77, 1478) und Beratern in den Beratungsstellen nach Absatz 1 Nr 4, 4 a. Dagegen haben Amts-, Truppen- und Vollzugsanstaltsärzte weiterreichende Befugnisse zu Mitteilungen an die Dienstbehörde, für die sie tätig sind. Die Grenzen ihrer Befugnis sind nach Sinn und Zweck der Rechtsvorschriften, die ihren Dienstauftrag und ihre Einbindung in den Aufgabenbereich ihrer Behörde regeln, in einem noch nicht abschließend geklärten Umfang so weit zu ziehen, daß einerseits die jeweils notwendigen dienstlichen Maßnahmen nicht vereitelt oder unangemessen erschwert, andererseits aber die Mindestanforderungen des Datenschutzes (§§ 15–17 BDSG) nicht unterschritten werden. Namentlich für Truppenärzte (BGH NJW 63, 409) und für Vollzugsanstaltsärzte (Karlsruhe NStZ 93, 405 mit zust Bespr Bringewat BewH 93, 456) ermächtigen diese Vorschriften zu den dienst- oder vollzugsbedingt notwendigen Einschränkungen der Schweigepflicht (Geppert aaO S 31; aM Zieger StV 81, 559; zu weit einschr auch Marx GA 83, 160, alle mwN). Auf dieser Grundlage ist der Anstaltsarzt ua auch befugt, uU sogar verpflichtet, AIDS-infizierte Gefangene dem Anstaltsleiter zu melden (Arloth aaO; Eberbach NStZ 87, 141 und in: Schünemann/Pfeiffer [Hrsg], Die Rechtsprobleme von AIDS, 1988, S 249, 254; Bottke, in: Schünemann/Pfeiffer aaO S 171, 239; Geppert, in: Szwarc [Hrsg], AIDS und Strafrecht, 1996, S 235, 245; Meurer aaO [vgl 1] S 143; Schünemann, in: Busch [Hrsg], HIV/AIDS und Straffälligkeit, 1991, S 93, 153 sowie in Szwarc aaO S 42; einschr Bruns StV 87, 504, 506; Eisenberg/Fischer JuS 91, 754, 756; s auch Wellbrock StV 87, 507; Dargel NStZ 89, 207). – **Ärztliche Satzungen oder Standesregeln** verleihen keine dienstliche Befugnis; sie können die Schweigepflicht ohne gesetzli- 20 che Ermächtigung nicht einschränken (AG Düsseldorf MedR 86, 83 mwN).

21 dd) **Dienstliche Befugnis des Amtsträgers** oder der amtsnahen Person in den Fällen des **Abs 2** (zusf Rogall NStZ 83, 1, 6). Sie ist nach partieller Erstreckung des **Datenschutzes** auf die Verarbeitung und Nutzung von Daten auch aus Akten durch die §§ 14–17 BDSG und durch einige Spezialvorschriften, etwa für **Sozialdaten** nach §§ 67–78 SGB X (speziell zum str Auskunftsrecht der StA und der Strafgerichte gegenüber den Sozialbehörden Kerl NJW 84, 2444; Hardtung NJW 92, 211; Riekenbrauk StV 92, 37, alle mwN) und für das **Ausländerrecht** nach §§ 76–79 AuslG, eingeschränkt. – Im übrigen liegt im **internen Dienstbetrieb** einer Behörde schon kein Offenbaren vor, wenn das Geheimnis dem für die Bearbeitung zuständigen Amtsträger mitgeteilt (Sch/Sch-Lenckner 45) oder sonst bestimmungsmäßig, etwa zur innerdienstlichen Berichterstattung, verwendet wird (s auch § 14 III BDSG; Haß SchlHA 76, 3). – **Offenbaren nach außen,** namentlich im Behördenverkehr, ist befugt, wenn und soweit es durch Rechtsvorschrift vorgesehen oder zwingend vorausgesetzt ist, zB bei der **Amtshilfe** nach §§ 4–7, 30 VwVfG (beachte jedoch § 1 V BDSG), bei der **Auskunftspflicht gegenüber den Strafverfolgungsbehörden** nach § 161 StPO iVm § 14 II Nr 7, § 15 I BDSG (s auch Karlsruhe NJW 86, 145; Ostendorf DRiZ 81, 4; Jakobs JR 82, 359) oder bei angemessener, die schutzwürdigen Interessen des Geheimnisträgers berücksichtigender Erfüllung des **presserechtlichen Informationsanspruchs** gegenüber den Medien (Schleswig NJW 85, 1090 mit Anm Wente NStZ 86, 366; Wagner JZ 87, 705, 708; zu eng Ostendorf GA 80, 445, 460; beachte auch § 16 BDSG). Nur durch Verwaltungsanordnung, zB die Mistra, vorgeschriebene oder zugelassene Offenbarungen sind nicht als solche, zum Teil aber durch § 14 II Nr 7 iVm § 15 I BDSG gedeckt. Sie wurden bisher mit problematischer Begründung für eine gewisse Übergangszeit noch allgemein als befugt angesehen (Karlsruhe NStZ 88, 184; Hamm NJW 88, 1402; Stuttgart NStZ 93, 353; krit Fleig NJW 91, 1016; s auch Frankfurt NJW 89, 47 mit Bespr Simitis NJW 89, 21 und Scholderer NStZ 89, 585; Simitis/Fuckner NJW 90, 2713, alle mwN); der zur Zeit in der parlamentarischen Beratung befindliche Entwurf eines Justizmitteilungsgesetzes (BT-Dr 12/3199) wird die Rechtslage alsbald klären. – Im ganzen sind die Rechtfertigungsmöglichkeiten in diesem Bereich noch nicht abschließend geklärt, so daß bei der Weitergabe von Geheimnissen und Einzelangaben im Behördenverkehr weiterhin Vorsicht geboten ist (zust Sch/Sch-Lenckner 57; eingehend, allerdings nicht auf neuestem Stand Goll aaO [vgl 15] S 73; speziell zur Datenweitergabe im strafrechtlichen Ermittlungsverfahren Groß/Fünfsinn NStZ 92, 105 und im Behördenverkehr zwischen den Staatsanwaltschaften und dem Justizministerium Landau/Dames DRiZ 92, 130).

22 ee) **Gesetzliche Anzeigepflicht,** zB § 138 mit den Einschränkungen des § 139 II, III; bei ansteckenden Krankheiten das GeschlKrG

und das BSeuchG. Weitere gesetzliche Meldepflichten bei Schlund DAR 95, 50, 51.

ff) Bestellung zum **Sachverständigen,** die vor allem bei Ärzten häufig zu typischen Spannungen führt. Hier ist die Offenbarung gegenüber dem Auftraggeber stets tatbestandsmäßig (Krauß ZStW 97, 81, 92 mwN; str), aber nicht unbefugt, soweit der Sachverständige durch den amtlichen Auftrag (oder durch Einwilligung, vgl 18) gedeckt ist (hM; vgl BGHZ 40, 288; BGHSt 38, 369, beide mwN). Der nähere Umfang der amtlichen Befugnis ist allerdings umstritten. Aufgrund eines Gutachtenauftrags im Strafprozeß hält Krauß (aaO S 110) nur die Mitteilung sog Befundtatsachen für zulässig, weil daneben ermittelte sog Zusatztatsachen schon prozessual nur durch Zeugenbeweis (dazu 24) in das Verfahren eingeführt werden können (BGHSt 18, 107). Demgegenüber wird eine Schweigepflicht des Sachverständigen mit gewissen Einschränkungen teils überhaupt verneint (so Dahs LR 2 zu § 76 mwN); teils werden Begrenzungen aus dem Rahmen des Gutachtenauftrags (so Sch/Sch-Lenckner 16 mwN), aus der Pflicht des Betroffenen zur Duldung der Untersuchung (so BGHZ 40, 288, 294) oder aus einer Aufspaltung der Rollen als Arzt und Sachverständiger (so Kühne JZ 81, 647) hergeleitet. Schwierigkeiten können namentlich entstehen, wenn der Sachverständige zunächst behandelnder Arzt war (Schleswig SchlHA 54, 25) oder wenn er Tatsachenkenntnisse aus anderen Verfahren hatte (BGH aaO). – Bei der **Bestellung zum Bewährungshelfer** (vgl 5) oder dem **Ermittlungsauftrag** an einen Sozialarbeiter oder Sozialpädagogen ist die Rechtslage nach sinngemäß entsprechenden Grundsätzen zu beurteilen. 23

gg) **Zeugnispflicht.** Sie geht der Schweigepflicht vor, soweit kein prozessuales Schweigerecht (vgl 1) besteht (hM; vgl BFH NJW 93, 2831; Lenckner NJW 65, 321, 323; anders Foth JR 76, 7, 9) und auch keine Begrenzung des Zeugniszwangs unmittelbar aus der Verfassung abgeleitet werden kann (BVerfGE 33, 367 mit Bespr Kühne JuS 73, 685; s auch BVerfGE 44, 353 mit Anm Knapp NJW 77, 2119). Solange die zeugnisverweigerungsberechtigte Berufs- oder Amtsperson von der Schweigepflicht nicht entbunden ist, macht die Tatsache allein, daß sie als Zeuge aussagt, ihre Offenbarung noch nicht befugt (hM; vgl Woesner NJW 57, 692; Schilling JZ 76, 617, 620 mwN). Die Offenbarung muß vielmehr gerechtfertigt sein (BGHSt 18, 146, 148); jedoch ist die materiell unbefugte Aussage nach der Rspr prozessual verwertbar (BGHSt 9, 59; 15, 200, 202; Jung, Constantinesco-FS, S 355, 371; aM Lenckner aaO S 325; Haffke GA 73, 65; Krauß ZStW 97, 81, 116, Freund GA 93, 49; Fezer StPR S 206, alle mwN; zw). – Der von der Schweigepflicht nach § 53 II StPO Entbundene muß auch über solche Umstände aussagen, von denen der Geheimnisträger nicht wußte, daß der andere sie kannte (hM; anders Lenckner aaO S 323 mwN). Ferner müssen die Gehilfen usw nach § 53 a StPO aussagen, wenn der Berufsträger von der Schweigepflicht entbunden ist oder wenn dieser entscheidet, daß sie aussagen sollen (BGHSt 9, 59; 24

einschr Lenckner aaO S 323, 327); die Reichweite ihres Zeugnisverweigerungsrechts ist für den Fall umstritten, daß sich das Verfahren gegen den Berufsträger richtet (vgl Schliwienski NJW 88, 1507 mwN).

25 hh) Die Grundsätze der **Güter- und Interessenabwägung** (6–13 zu § 34), soweit auch die übrigen, hier nicht eng auszulegenden Voraussetzungen des rechtfertigenden Notstandes erfüllt sind. Darüber bestehen geringfügige, nur für Grenzfälle bedeutsame Meinungsverschiedenheiten: Die hM (Karlsruhe NJW 84, 676) läßt schlichte Güter- und Interessenabwägung ohne Rückgriff auf § 34 genügen, während im Schrifttum teils die Wahrnehmung berechtigter Interessen (1, 2 zu § 193) ins Spiel gebracht (Rogall NStZ 83, 1, 6; Geppert aaO [vgl 1] S 26; Meurer aaO [vgl 1] S 145, alle mwN), teils aber auch jede Auflockerung gegenüber § 34 abgelehnt wird (Schmitz JA 96, 949, 953; Samson SK 43–46; diff Sch/Sch-Lenckner 30; Jähnke LK 82–91). – Rechtfertigung kann danach zB in Frage kommen: wenn der Täter zur Herbeiführung von Rettungsmaßnahmen die Eltern über den lebensbedrohlichen Zustand ihres volljährigen Kindes unterrichtet (JZ 83, 151 mit Anm Geiger; aM Jung NK 26; zw); wenn der Psychotherapeut zur Abwendung einer Suizidgefahr Heimtherapeuten über sexuelle Übergriffe des Heimleiters auf seine Patientin informiert (Bay NJW 95, 1623, 1624 [mit Anm Gropp JR 96, 478], das jedoch im konkreten Fall eine solche Notstandsgefahr nicht feststellen konnte); wenn ein Anwalt zur Verhinderung eines Prozeßbetrugs den Bedrohten warnt (Dahs JR 87, 476) oder zur Geltendmachung seines Honorars im Zivilprozeß (NJW 96, 775, 776; Schmitz aaO S 954) oder zu seiner Verteidigung in einem gegen ihn gerichteten Strafprozeß die zur Rechtsverfolgung notwendigen Tatsachen vorträgt (BGHSt 1, 366, 368; MDR 56, 625; KG NJW 94, 462, 463; Schäfer wistra 93, 281, 285; Henssler NJW 94, 1817, 1823; diff Samson SK 45); oder wenn ein Arzt eine Fahruntüchtigkeit begründende Krankheit seines Patienten der Verwaltungsbehörde (NJW 68, 2288 mit Anm Händel NJW 69, 555; s auch Middendorff JZ 76, 252; Schlund DAR 95, 50, 53, alle mwN; str) oder dessen AIDS-Infektion einem ansteckungsgefährdeten Dritten mitteilt (Meurer aaO; näher zum Kreis der Adressaten dieser Information Hirsch LK 68 a zu § 34). Dagegen sind Mitteilungen des Arztes über die Drogensucht seines Patienten zur Wahrung der inneren Ordnung im Krankenhaus oder zur Verhütung künftiger, auf die Beschaffung von Suchtstoffen gerichteter Straftaten idR nicht gerechtfertigt (Kauder StV 81, 564). Nur ausnahmsweise ist eine Veröffentlichung mit namentlicher Identifizierung des Beschuldigten im Ermittlungsverfahren gerechtfertigt (NJW 94, 1950 [Presseverlautbarung der Staatsanwaltschaft]; Karlsruhe NJW 95, 899 [Presseerklärung der Polizei]; Sch/Sch-Lenckner 53 a, 54; Samson SK 33, alle mwN); vgl Nr 4 a, 23 RiStBV (skeptisch zu deren Wirkung Dalbkermeyer aaO [vgl 15] S 169).

26 **b)** Zum **Irrtum über die Offenbarungsbefugnis** 2 vor § 201.

7. Abs 4 bejaht die früher umstrittene (Düsseldorf NJW 69, 821) Frage, ob die Schweigepflicht über den Tod des Betroffenen fortdauert. Soweit es sich um Geheimnisse außerhalb des persönlichen Lebensbereichs handelt, unterliegen sie der Verfügung des Erben (Sch/Sch-Lenckner 25). Meist war aber die Verfügungsbefugnis des Verstorbenen über das Geheimnis höchstpersönlich; sie geht deshalb nicht auf die Angehörigen oder Erben über, so daß eine Entbindung von der Schweigepflicht nicht mehr möglich ist (hM; vgl zB RGSt 71, 21; EbSchmidt NJW 62, 1745, 1758; Kiesecker aaO [vgl 1] S 212; anders Rein VersR 77, 121; zur zivilrechtlichen Rechtslage beachte auch NJW 83, 2627; Stein FamRZ 86, 7, 10, alle mwN; zw). 27

8. Abs 5: Entgelt 22 zu § 11 (näher Schmitz JA 96, 949). **Bereicherungsabsicht** ist die Absicht, sich oder einem anderen einen Vermögensvorteil zu verschaffen (58, 59 zu § 263). Rechtswidrig braucht der Vermögensvorteil nicht zu sein (aM Sch/Sch-Lenckner 74); die auf Realisierung der Bereicherung gerichtete Handlung erweitert das Unrecht der mit der unbefugten Offenbarung nicht nur vollendeten, sondern auch beendeten Tat nicht (NStZ 93, 538; vgl 63 zu § 263). **Schädigungsabsicht** setzt zielgerichteten Willen voraus (20 zu § 15); unbedingter Vorsatz genügt nicht (1 zu § 272); es reicht jeder beabsichtige Nachteil, es muß keine Vermögensminderung beabsichtigt sein (Sch/Sch-Lenckner 74; aM Samson SK 53). 28

9. Verstößt der Täter, zB als Amtsarzt, **zugleich** gegen Abs 1 und 2, so liegt nur eine Gesetzesverletzung vor (Sch/Sch-Lenckner 43; s auch 3 zu § 52). – **Abs 2 S 2** überschneidet sich weit mit § 43 I BDSG, der jedoch zurücktritt (§ 1 IV BDSG; zw); dies gilt trotz des Fehlens einer Subsidiaritätsanordnung auch für § 37 SÜG (zw). – Mit § 353 b ist **Tateinheit** möglich. Zu § 354 dort 16; zu § 355 dort 8. 29

10. Strafantrag § 205. 30

§ 204 Verwertung fremder Geheimnisse

(1) **Wer unbefugt ein fremdes Geheimnis, namentlich ein Betriebs- oder Geschäftsgeheimnis, zu dessen Geheimhaltung er nach § 203 verpflichtet ist, verwertet, wird mit Freiheitsstrafe bis zu zwei Jahren oder mit Geldstrafe bestraft.**

(2) **§ 203 Abs. 4 gilt entsprechend.**

1. Der **Schutzzweck** der Vorschrift entspricht dem des § 203, ist aber auf die Wahrung materieller Interessen beschränkt – Zusf Schmitz JA 96, 949, 950. 1

2. Täter können nur die nach § 203 Schweigepflichtigen sein (dort 2–13). 2

3. Geheimnis, Geschäfts- und Betriebsgeheimnis 14 zu § 203. Auch wenn einem Geheimnis der Zusammenhang mit einem Betrieb oder Geschäft fehlt oder noch fehlt, zB bei der Erfindung eines Privat- 3 manns, ist es geschützt; jedoch muß es seiner Natur nach überhaupt zur wirtschaftlichen Auswertung geeignet sein (BT-Dr 7/550 S 244).

4 **4. Verwerten** ist wirtschaftliches Ausnutzen des Geheimnisses zur Gewinnerzielung (BT-Dr aaO; krit Rein VersR 76, 117, 123), sei es für den Täter selbst oder für einen Dritten (Bay NStZ 84, 169); das setzt einen Verwertungserfolg (Wagner JZ 87, 658, 666; aM Bay aaO) und nach dem Schutzzweck der Vorschrift auch eine Verletzung der Interessen des Geheimnisträgers voraus (Maiwald JuS 77, 353, 362; aM Bay aaO mit abl Anm Maiwald).

5 **5. Unbefugt** 2 vor § 201.

6 **6.** § 203 **geht vor,** wenn das Verwerten durch Offenbaren, zB durch „Verkaufen“ des Geheimnisses, begangen wird (BT-Dr 7/550 S 244).

§ 205 Strafantrag

(1) **In den Fällen des § 201 Abs. 1 und 2 und der §§ 202 bis 204 wird die Tat nur auf Antrag verfolgt.**

(2) **Stirbt der Verletzte, so geht das Antragsrecht nach § 77 Abs. 2 auf die Angehörigen über; dies gilt nicht in den Fällen des § 202 a. Gehört das Geheimnis nicht zum persönlichen Lebensbereich des Verletzten, so geht das Antragsrecht bei Straftaten nach den §§ 203 und 204 auf die Erben über. Offenbart oder verwertet der Täter in den Fällen der §§ 203 und 204 das Geheimnis nach dem Tod des Betroffenen, so gelten die Sätze 1 und 2 sinngemäß.**

1 **1.** Das **Erfordernis des Strafantrags** (§§ 77–77 d) gilt mit Ausnahme der Fälle des § 201 III für alle Straftaten nach diesem Abschnitt. § 232 I ist nicht entsprechend anwendbar (dort 6).

2 **2. Antragsberechtigt** ist – vorbehaltlich der Ausnahmen nach Abs 2 (vgl 3–5) – **nur der Verletzte** (6 zu § 77). Das ist bei Taten nach § 201 der Sprecher des nichtöffentlichen Wortes, bei Taten nach §§ 202, 202 a der über das Schriftstück oder die Daten Verfügungsberechtigte (7 zu § 202; 1 zu § 202 a); in den Fällen des § 202 a ist auch der vom Dateninhalt Betroffene verletzt, wenn ihm gegenüber dem Berechtigten ein Recht auf Vertraulichkeit zusteht (1 zu § 202 a; aM Jung NK 1; zw). Bei Taten nach §§ 203, 204 kommt es auf den Geheimnisträger an; im Hinblick auf den Schutz auch von Drittgeheimnissen (14 zu § 203) braucht das nicht unbedingt der Anvertrauende zu sein, der als solcher kein selbständiges Antragsrecht hat (Hackel NJW 69, 2257, 2277; aM Samson SK 5; diff Schünemann ZStW 90, 11, 57; zw).

3 **3. a)** Zu dem nicht durchgängig vorgesehenen **Übergang des Antragsrechts nach Abs 2 S 1** auf die Angehörigen 8 zu § 77.

4 **b)** In den Fällen des **Abs 2 S 2** treten die Erben an die Stelle der Angehörigen. Ein Geheimnis **gehört nicht zum persönlichen Lebensbereich,** wenn es mit den materiellen Gütern des Verstorbenen, nicht mit seiner Person verbunden ist, namentlich also das Betriebs-

oder Geschäftsgeheimnis (Schmitz JA 95, 31). Stirbt der Erbe vor Ablauf der Antragsfrist, so gibt es einen weiteren Übergang auf seine Erben nicht (zw).

c) Soweit in den Fällen des **Abs 2 S 3** das Antragsrecht den Angehörigen zusteht, gelten die Ausführungen unter 10 zu § 194 sinngemäß. 5

§§ 206–210 *(weggefallen)*

16. Abschnitt. Straftaten gegen das Leben

Vorbemerkung

1. a) Geschütztes Rechtsgut der Tötungstatbestände ieS (§§ 211–213, 216, 217, 222) ist das Leben, **Angriffsobjekt** der (geborene) Mensch (Heine LdR S 1010; krit zu dieser Gegenüberstellung Kargl ZStW 96, 485, 491). Das ungeborene Leben genießt Schutz durch § 218 (dort 1), der als Angriffsobjekt eine im Mutterleib eingenistete Leibesfrucht voraussetzt (3, 8 zu § 218). 1

b) Außerhalb dieses Schutzbereichs liegende Eingriffe, zB die Tötung eines in-vitro fertilisierten Eies, der Embryotransfer, das Humanexperiment an einem Foetus nach Schwangerschaftsabbruch und die in der Humangenetik und Biotechnik möglich gewordene Genmanipulation, sind während der 11. Wahlperiode im ESchG (Übersichtsbeitrag: Jung JuS 91, 431; zu den geschützten Rechtsgütern Schroeder, Miyazawa-FS, S 533) und im GenTG einer (auch strafrechtlichen) Regelung außerhalb des StGB zugeführt worden. Jedoch sind diese Fragenkreise unter verfassungs-, zivil- und strafrechtlichen Gesichtspunkten nach wie vor umstritten. Gesetzgeberische Bemühungen um Erweiterung, Konkretisierung und Differenzierung des Strafschutzes sind daher wahrscheinlich. Das einschlägige **Schrifttum** hat inzwischen einen kaum mehr übersehbaren Umfang erreicht. Da es für die Anwendung des StGB nicht relevant ist, muß aus Raumgründen auf seinen Nachweis verzichtet werden. 2

2. a) Das Leben **als Mensch beginnt** für das Gebiet des Strafrechts, wie sich aus § 217 I ergibt („in"), mit dem Anfang der Geburt. Bei regulärem Geburtsverlauf ist dafür nicht erst der Beginn der Treib- und Preßwehen (so aber Saerbeck, Beginn und Ende des Lebens als Rechtsbegriffe, 1974, S 95), sondern schon der tatsächliche – auch der „künstlich" vorgezogene oder hinausgeschobene (Karlsruhe NStZ 85, 314 mit Anm Jung) – Beginn der sog Eröffnungswehen maßgebend (hM; vgl BGHSt 32, 194 mwN); ein noch früherer Zeitpunkt scheidet auf jeden Fall aus (BGHSt 31, 348 mit Bespr Lüttger NStZ 83, 481, Arzt FamRZ 83, 1019 und Hirsch JR 85, 336, alle mwN). Bei operativ durchgeführter Geburt entscheidet die Öffnung des Uterus (Sch/Sch-Eser 13), nicht der Bauchdecke (so aber Lüttger, Heinitz-FS, S 359, 366; zw), erst recht nicht die Narkoseeinleitung bei der Schwangeren (so aber aus 3 medizinischer Sicht Cremer MedR 93, 421 mit Erwiderungen Ratzel, Hiersche und Opderbecke MedR 94, 472). Auf Lebensfähigkeit kommt es nicht an (hM); auch die lebend zur Welt gebrachte unreife Leibesfrucht und die Mißgeburt werden daher erfaßt, nicht dagegen das lediglich krankhaft entartete Ei (sog Mole). Die vorsätzliche oder fahrlässige (auch durch unechtes Unterlassen begangene) Einwirkung auf eine Leibesfrucht vor Geburtsbeginn ist daher kein Tötungsdelikt (BVerfG NJW 88, 2945; Bamberg NJW 88, 2963, beide mwN), und zwar auch dann nicht, wenn der Tod erst nach der Geburt eintritt (BGHSt 31, 348; s auch 4 zu § 218; 2 zu § 223). – Zum Lebensbeginn von in-vitro erzeugten Embryonen, die (möglicherweise bei Weiterentwicklung der Reproduktionsmedizin) in einer künstlichen Gebärmutter herangezogen werden können, Hilgendorf MedR 94, 429, 432 (krit Hoerster MedR 95, 394 mit Erwiderung Hilgendorf 396).

4 **b)** Wann rechtlich das **Leben als Mensch endet,** ist neuerdings wieder heftig umstritten (vgl Tröndle 3 a vor § 211; s auch 5 zu § 168). Während man früher auf den endgültigen Stillstand von Kreislauf und Atmung abgestellt hatte, wird heute – nach den Fortschritten der modernen Medizin (zB Organverpflanzung) – als Todeszeitpunkt mit Recht der **Hirntod** angesehen (hM; vgl Lüttger JR 71, 309; Leopold, Salger-FS, S 675, 680; Schreiber, FS für W Remmers, 1995, S 593 und FS für E Steffen, 1995, S 451, 453; Klinge, Todesbegriff, Totenschutz und Verfassung, 1996, S 125, 147; Sternberg-Lieben JA 97, 80; Otto GK 2, S 6; Sch/Sch-Eser 18, alle mwN; weiter Dencker NStZ 92, 311 [mit Erwiderung Joerden NStZ 93, 268] und Funck MedR 92, 182, die schon den sog Kortikaltod, dh den endgültigen, nicht mehr umkehrbaren Bewußtseinsverlust in Todesnähe für ausreichend halten; krit zum Kortikaltod, aber auch zum Hirntod Schick, in: Bernat [Hrsg], Ethik und Recht an der Grenze zwischen Leben und Tod, 1993, S 121, 125 sowie in: Schwarz ua [Hrsg], Schädel-Hirn-Trauma, 1995, S 315; verfassungsrechtliche Bedenken gegen die Hirntodkonzeption erhebt Höfling, JZ 95, 26, 31 mit Erwiderung Heun JZ 96, 213 und Schlußwort Höfling JZ 96, 615; vgl auch Keller ZStW 107, 457, 470; Universitas 4/1995: Hirntod – Tod des Menschen?; Schwarz/Bonelli [Hrsg], Der Status der Hirntoten, 1995; Beckmann ZRP 96, 219; Gallwas JZ 96, 851; Wagner/Brocker ZRP 96, 226). Er tritt mit dem irreversiblen Erlöschen der gesamten Hirntätigkeit, also namentlich auch des Stammhirns ein (näher Krösl/Scherzer [Hrsg], Die Bestimmung des Todeszeitpunkts, 1973; Eser ZStW 97, 1, 27; Schreiber, Schewe-FS, S 120, 129; Angstwurm MedR 94, 467; beachte ferner die Richtlinien der Deutschen Gesellschaft für Chirurgie, in: Chirurg 68, 196); damit ist die den Menschen ausmachende körperlich-geistige Einheit unwiderruflich aufgelöst (Sternberg-Lieben aaO S 83; Klinge aaO S 248). Sog Anencephale (5 zu § 218), deren Stammhirn bei der Geburt regelmäßig funktionsfähig ist, sind daher nicht hirntot; ihre Ausnahme von den maßgebenden Kriterien zur Erleichterung von Trans-

plantationen ist als nicht vertretbare Relativierung des Lebensschutzes abzulehnen (Wolfslast MedR 89, 163; Kloth MedR 94, 180; Höfling JZ 95, 26, 30; Bottke in: ders ua aaO [vgl 6] S 59, 69; Klinge aaO S 181, alle mwN).

c) Danach ist das Leben **auch geschützt,** wenn es dem Menschen oder seiner Umwelt nicht oder nicht mehr lebenswert erscheint. Die mehr oder minder begrenzte Zulassung der Tötung **„lebensunwerten Lebens“** (Euthanasie iwS) ist zwar häufig gefordert worden, anerkannt ist sie – wenn man von der sog Sterbehilfe (vgl 6–8) und von gewissen Grenzfällen absieht, die im Bereich der Sterbehilfe eine Entsprechung haben (dazu Hanack Gynäkologe 82, 104, 116), – in keiner Form (OGHSt 1, 321, 324; Engisch, Euthanasie und Vernichtung lebensunwerten Lebens in strafrechtlicher Beleuchtung, 1948; Ehrhardt, in: Göppinger [Hrsg], Arzt und Recht, 1966, S 96; eingehend zur medizinischen und theologischen Problematik Lohmann, Euthanasie in der Diskussion, 1975). Namentlich auch die sog Früheuthanasie (Tötung von körperlich oder geistig geschädigten Neugeborenen durch positives Tun oder „Liegenlassen“) ist nur erlaubt, wenn die Voraussetzungen der Sterbehilfe durch passiven oder tätigen Behandlungsabbruch (vgl 8) vorliegen oder in gleichwertiger, bisher allerdings noch nicht abschließend geklärter Weise erfüllt sind (vgl etwa Eser, in: Auer/Menzel/Eser [Hrsg], Zwischen Heilauftrag und Sterbehilfe, 1977, S 75, 141 und in: Narr-FS, S 47; Arthur Kaufmann JZ 82, 421; Hanack, Noll-GedSchr, S 197, 202 und MedR 85, 33; Schmitt, Klug-FS, S 329 und JZ 85, 365, 368; v Loewenich MedR 85, 30; Hiersche/Hirsch/Graf-Baumann [Hrsg], Grenzen ärztlicher Behandlungspflicht bei schwerstgeschädigten Neugeborenen, 1987; die sog Einbecker-Empfehlungen [Revidierte Fassung] 1992 MedR 92, 206; Ulsenheimer MedR 94, 425; Merkel JZ 96, 1145; s auch Keyserlingk ZStW 97, 178; Hiersche MedR 85, 45; Hiersche/Jähnke MDR 86, 1; Peters, Der Schutz des Neugeborenen, insbesondere des mißgebildeten Kindes, 1988; str). 5

d) Sterbehilfe, im Schrifttum häufig auch als Euthanasie ieS bezeichnet (krit zu Unschärfe und uneinheitlicher Verwendung dieser Begriffe Langer, in: Kruse/Wagner [Hrsg], Sterbende brauchen Solidarität, 1986, S 103), kann als tatbestandsmäßige Tötungshandlung nur relevant werden, wenn sie nicht lediglich Teilnahme an einer Selbsttötung ist (vgl 9–16) und wenn sie objektiv (oder im Versuchsfalle nach der Vorstellung des Täters) eine Lebensverkürzung verursacht; das kann auch bei einem bereits Todgeweihten durch Setzen einer weiteren Bedingung geschehen (überholende Kausalität, 11 vor § 13). – Der Fragenkreis ist seit langem **umstritten.** Die bis in die Gegenwart anhaltende Diskussion hat zu einer kaum mehr übersehbaren Fülle von Äußerungen, aber doch auch zu beachtlichen Fortschritten in der Meinungsbildung geführt (vgl dazu die Verhandlungen der strafrechtlichen Abteilung des 56. DJT, Sitzungsbericht M, und die Beiträge zu deren Vorbereitung: Otto, 56. DJT, Bd I, Gutachten, Teil D; Arzt JR 86, 6

309; Eser JZ 86, 786; Heine JR 86, 314; Hoerster NJW 86, 1786; Leonardy DRiZ 86, 281; Schmitt MDR 86, 617; Schöch ZRP 86, 236; Schreiber NStZ 86, 337; Uhlenbruck ZRP 86, 209; Wassermann DRiZ 86, 291). In Einzelheiten ist noch vieles offen, und zwar vor allem die Frage, ob es einer weiteren Klärung der Rechtslage durch Gesetz bedarf (so namentlich der AE [SterbeH] mit Bespr Herzberg JZ 86, 1021 und 87, 132, Lauter/Meyer MschrKrim 88, 370 und Pohlmeier MschrKrim 92, 278; aM Otto aaO S 90; Hirsch, Lackner-FS, S 597, 610) und ob diese Regelung auf die Problematik der Sterbehilfe beschränkt (so der AE; v Lutterotti MedR 88, 55) oder nur im Zusammenhang mit dem ebenfalls noch regelungsbedürftigen ärztlichen Heileingriff (8 zu § 223) getroffen werden kann (so namentlich Tröndle, 56. DJT, Sitzungsbericht M, S 29, ZStW 99, 25, MedR 88, 163 und Göppinger-FS, S 595). – Aus dem jüngeren **Schrifttum** sei exemplarisch auf folgende Sammelwerke, Monographien und gutachtlichen Äußerungen verwiesen: Engisch, Der Arzt an den Grenzen des Lebens, 1973; Geilen, Euthanasie und Selbstbestimmung, 1975; Hiersche (Hrsg), Euthanasie, 1975; Heifetz/Mangel, Das Recht zu sterben, 1976; Joachim-Jungius-Gesellschaft (Hrsg), Der Grenzbereich zwischen Leben und Tod, 1976; Eser (Hrsg), Suizid und Euthanasie, 1976; Auer ua, Zwischen Heilauftrag und Sterbehilfe, 1977; Gehrig (Hrsg), Zur Problematik der Euthanasie, 1977; Möllering, Der Schutz des Lebens – Recht auf Sterben, 1977; Eid/Frey (Hrsg), Sterbehilfe oder wie weit reicht die ärztliche Behandlungspflicht?, 1978; Blaha ua (Hrsg), Schutz des Lebens – Recht auf Tod, 1978; v Dellingshausen, Sterbehilfe und Grenzen der Lebenserhaltungspflicht des Arztes, 1981; Koch, Euthanasie, Sterbehilfe, 1984; Eid (Hrsg), Euthanasie oder soll man auf Verlangen töten?, 2. Aufl 1985; v Lutterotti, Menschenwürdiges Sterben, 1985; AE (SterbeH), 1986; Eibach, Sterbehilfe – Tötung auf Verlangen?, 1988; Bade, Der Arzt an den Grenzen von Leben und Recht, 1988; Schöttler, Menschenrechte für jeden oder „Sterbehilfe" von Anfang bis zum Ende?, 1990; Atrott/Pohlmeier (Hrsg), Sterbehilfe in der Gegenwart, 1990; Eser/Koch (Hrsg), Materialien zur Sterbehilfe, 1991; s auch Matouschek, Gewandelte Auffassungen über Leben und Tod, 1991, der sich allerdings nicht auf den Bereich der Sterbehilfe beschränkt; Ochsmann (Hrsg), Lebens-Ende, 1991; Student (Hrsg), Das Recht auf den eigenen Tod, 1993; Jens/Küng, Menschenwürdig Sterben, 1995; Bottke ua (Hrsg), Lebensverlängerung aus medizinischer, ethischer und rechtlicher Sicht, 1995; Wettstein, Leben- und Sterbenkönnen, 1995. – Zur vergleichbaren Diskussion in Österreich Schick aaO [vgl 4] S 130. – Zu beruflichen Richtlinien in Deutschland und der Schweiz Laufs NJW 96, 763.

7 aa) Durch **positives Tun** geleistete (täterschaftliche, 3 zu § 216) Sterbehilfe **(aktive Euthanasie)** ist, wenn sie auf Lebensverkürzung abzielt **(direkte Euthanasie)**, strafbare Tötung (hM; vgl BGHSt 37, 376 mit Bespr Langer JR 93, 133; Kutzer, in: Student aaO [vgl 6] S 44, 57; Jähnke LK 14, alle mwN). Sie ist grundsätzlich (beachte jedoch 6 zu

§ 216) nicht durch Notstand (§ 34) zu rechtfertigen, weil es wegen des hohen Ranges und der Unverfügbarkeit des Eingriffsgutes sowie der Möglichkeiten des Behandlungsabbruchs (vgl 8) und der bloßen Teilnahme an einer Selbsttötung (vgl 9–16) am „wesentlichen Überwiegen" des geschützten Interesses fehlt (hM; anders Simson, Schwinge-FS, S 89, 108; für Extremfälle auch Hirsch, Welzel-FS, S 775, 795; Herzberg NJW 86, 1635, 1639; Otto aaO [vgl 6] S 60; Schroeder ZStW 106, 565, 580; Herzberg NJW 96, 3043, 3047, alle mwN; zw). Ob sie wenigstens einen übergesetzlichen Schuld- oder Strafausschluß begründen kann, wird zum Teil bejaht, ist aber dogmatisch noch wenig geklärt (vgl etwa Roxin, in: Blaha ua aaO [vgl 6] S 85, 93; Langer aaO [vgl 6] S 120, 122; Hirsch, Lackner-FS, S 597, 609; Pelzl KJ 94, 179, 194). – Dagegen wird sie überwiegend für zulässig gehalten (anders Gössel BT 1 2/30), wenn sie zur Erleichterung des Sterbens nur Schmerzlinderung bezweckt und dabei eine Lebensverkürzung als mögliche oder sogar unvermeidliche Folge in Kauf nimmt (**indirekte Euthanasie;** vgl ua Otto aaO [vgl 6] S 53; Hirsch, Lackner-FS, S 597, 608; Achenbach, in: Ochsmann aaO [vgl 6] S 137, 154; Langer JR 93, 133, 134; Kutzer NStZ 94, 110, 114; Jähnke LK 15; Horn SK 26 e zu § 212; s auch § 214 a AE [SterbeH]). Die Begründung dafür ist umstritten. Meist wird sie zutreffend aus § 34 hergeleitet (Schreiber NStZ 86, 337, 340 und in: Bottke ua aaO [vgl 6] S 132; Bottke, in: ders ua aaO [vgl 6] S 116; diff Dölling MedR 87, 6, 7); daneben wird sie auch auf Schutzzweckerwägungen (zB Krey BT 1 Rdn 14), auf erlaubtes Risiko (zB v Dellingshausen aaO [vgl 6] S 111), auf Sozialadäquanz (Herzberg NJW 96, 3043, 3048), auf tatsächliche oder mutmaßliche Einwilligung (Verrel JZ 96, 224, 226) oder auf rechtfertigende Pflichtenkollision (Leonardy DRiZ 86, 281, 287; Pelzl KJ 94, 179, 190) gestützt (krit Tröndle ZStW 99, 25, 29; krit zu allen Tatbestandslösungen Merkel JZ 96, 1145, 1148).

bb) Durch **Unterlassen** geleistete Sterbehilfe **(passive Euthanasie)** 8
kann als Tötungsdelikt nur bei Garantenstellung (6 zu § 13) relevant werden. Nichtaufnahme oder Beendigung einer Intensivbehandlung, die das Leiden nicht mehr bessern, sondern nur noch das bevorstehende Sterben hinausschieben kann, ist trotz der Garantenstellung des Arztes erlaubt, wenn sie auf einer frei verantwortlichen (dazu 13–13 b) Entscheidung des Patienten oder dessen mutmaßlicher Einwilligung beruht (hM; vgl BGHSt 37, 376; Otto aaO [vgl 6] S 37 mwN; s auch § 214 I Nr 1, 3 AE [SterbeH]; Dölling MedR 87, 6, 8; Achenbach, in: Ochsmann aaO [vgl 6] S 137, 150; v Lutterotti ZME 93, 3, 5; Kutzer NStZ 94, 110, 113). Der Arzt hat den auf Unterbleiben weiterer Behandlung gerichteten Patientenwillen zu respektieren, auch wenn dadurch der Eintritt des Todes beschleunigt wird (hM; vgl Kutzer MDR 85, 710, 711; Schreiber NStZ 86, 337, 341 und in: Bottke ua aaO [vgl 6] S 134; Otto aaO; Giesen JZ 90, 929, 936; Verrel JZ 96, 224, 227, alle mwN; zum Sterbewillen des Suizidenten beachte 15); für die Ermittlung dieses Willens kann das sog „Patiententestament" als Indiz zu Buch schlagen

(zur umstrittenen Bedeutung im einzelnen Uhlenbruck NJW 78, 566, ZRP 86, 209, 215 und MedR 92, 134; Spann MedR 83, 13; Sternberg-Lieben NJW 85, 2734; Saueracker, Die Bedeutung des Patiententestaments in der Bundesrepublik Deutschland aus ethischer, medizinischer und juristischer Sicht, 1990; Bottke, in: ders ua [vgl 6] S 99; Schöch NStZ 95, 153, 155 prognostiziert einen Bedeutungszuwachs; aus zivilrechtlicher Sicht Schöllhammer, Die Rechtsverbindlichkeit des Patiententestaments, 1993; rechtsvergleichend Füllmich NJW 90, 2301, alle mwN). Nach jetzt wohl überwiegender Meinung besteht auch bei Einwilligungsunfähigen keine Rechtspflicht des Arztes, unaufhaltsam verlöschendes oder infolge irreversiblen Bewußtseinsverlusts geschädigtes Leben durch Reanimatoren, Stimulantien oder andere Mittel künstlich zu verlängern (Eser ZStW 97, 1, 32; Anschütz MedR 85, 17; Otto aaO S 34; Hirsch, Lackner-FS, S 597, 601; Dölling aaO S 9; Pelzl KJ 94, 179, 183, alle mwN; aus ärztlicher Sicht v Lutterotti ZME 93, 3, 7; zur ethischen Problematik Gründel MedR 85, 2). Diese Grundsätze gelten nicht nur für die passive Sterbehilfe ieS (auch sog „Hilfe beim Sterben") sondern nach der Rspr auch für Fälle, in denen der Sterbevorgang noch nicht eingesetzt hat (passive Sterbehilfe iwS, auch sog „Hilfe zum Sterben"): entscheidend ist bei einwilligungsunfähigen Patienten deren mutmaßlicher Wille, an dessen Annahme hier erhöhte Anforderungen gestellt werden; kann dieser nicht ermittelt werden, so ist auf allgemeine Wertvorstellungen zurückzugreifen, wobei im Zweifel der Schutz des Lebens Vorrang hat (BGHSt 40, 257 mit zust Bespr Helgerth JR 95, 338, Lilie, FS für E Steffen, 1995, S 273, Schöch NStZ 95, 153, Zielinski Arztrecht 95, 188, Verrel JZ 96, 224 und Otto JK 2 zu § 212; krit aber Merkel ZStW 107, 545, Vogel MDR 95, 337, Bernsmann ZRP 96, 87, Rönnau JA 96, 108; aus ärztlicher und medizinischer Sicht Weißauer/Opderbecke MedR 95, 456, Dörner ZRP 96, 93, alle mwN). Ungeklärt ist das Verhältnis der mutmaßlichen Einwilligung zum neuen Betreuungsrecht, insbesondere die Frage, ob und wann die Entscheidung eines Betreuers sowie die Genehmigung von dessen Entscheidung durch das Vormundschaftsgericht herbeigeführt werden muß (vgl dazu Helgerth, Lilie, Schöch, Vogel, Weißauer/Opderbecke, Zielinski, Bernsmann, Verrel jeweils aaO sowie Deichmann MDR 95, 983 und Steffen NJW 96, 1581). – In allen Fällen der Aussichtslosigkeit ist auch der **tätige Behandlungsabbruch** nicht tatbestandsmäßig (hM; anders Bockelmann, Strafrecht des Arztes, 1968, S 114, 125); er kommt zB beim Abschalten des Reanimators auf Veranlassung des behandelnden Arztes, nicht eines außenstehenden Dritten (beachte jedoch 6 zu § 216) in Frage, aber zB auch bei einer schriftlichen Anweisung des Arztes an das Pflegepersonal, den Patienten nur noch mit Tee zu ernähren (BHG aaO S 265; zust Helgerth, Schöch, Vogel, Zielinski und Verrel jeweils aaO; krit aber Merkel und Rönnau jeweils aaO). Seine Einbeziehung wird überwiegend mit seinem Sinngehalt als bloßes Unterlassen der Weiterbehandlung erklärt (so zutreffend zB Geilen JZ 68, 145, 151; Roxin, Engisch-FS, S 380, 395;

Engisch, Dreher-FS, S 309, 325; Herzberg JZ 88, 182, 186; Bottke aaO S 122; Verrel aaO S 227; aM Bauman/Weber/Mitsch AT 15/33; Jescheck/Weigend AT S 604; Horn SK 22, 26 a und d zu § 212; krit Pelzl KJ 94, 179, 186), teils auch mit Erwägungen über den Schutzzweck der Norm (zB Sax JZ 76, 429, 438; Samson, Welzel-FS, S 579, 601; Jähnke LK 17 mwN), mit dem Gesichtspunkt zulässigen Abbruchs eines rettenden Kausalverlaufs (Hirsch aaO S 603; Küpper BT 1 I 1/22; Stoffers MDR 92, 621, der zu Unrecht auch Eingriffe Dritter voll einbezieht) oder mit einer Differenzierung nach Organisationskreisen von Arzt und Patient (Jakobs, Schewe-FS, S 72).

3. Ein anderer Mensch muß getötet werden. Die Selbsttötung ist weder grundrechtlich garantiert (hM; aus verfassungsrechtlicher Sicht v Münch/Kunig GG 36 zu Art 1 [Selbsttötung] und 50 zu Art 2 mwN; anders ua Wagner, Selbstmord und Selbstmordverhinderung, 1975, S 84; Bottke, Suizid und Strafrecht, 1982, S 55 und GA 82, 346 sowie in: ders ua aaO [vgl 6] S 44, 96 und 106; Bemmann, Klug-FS, S 563, 568; Ostendorf GA 84, 308; Wassermann DRiZ 86, 291; diff Fink, Selbstbestimmung und Selbsttötung, 1992 mit krit Bespr Bottke JR 94, 42 und Neumann GA 95, 86) noch umgekehrt rechtlich verboten (nach Zaczyk, Strafrechtliches Unrecht und die Selbstverantwortung des Verletzten, 1993, S 26, ist die Selbstverletzung als solche kein Unrecht, die Selbsttötung kein Totschlag; kein Fremdverletzungsunrecht nach Jakobs AT 21/58) und daher auch kein Straftatbestand (Mitsch JuS 95, 787, 790; Schroeder ZStW 106, 565, der § 216 zur Begründung anführt; rechtsvergleichend Simson, Die Suizidtat, 1976; interdisziplinär Haesler/Schuh [Hrsg], Der Selbstmord, 1986; Pohlmeier ua [Hrsg], Suizid zwischen Medizin und Recht, 1996; rechtshistorisch Rehbach DRiZ 86, 241). 9

a) aa) **„Versuch, Anstiftung und Beihilfe"** hierzu sind folglich nicht tatbestandsmäßig (hM; vgl etwa BGHSt 32, 367 mwN; anders Bringewat JuS 75, 155 und ZStW 87, 623, der einen gewohnheitsrechtlich anerkannten Tatbestand der Selbsttötung postuliert und darauf die Strafbarkeit des Teilnehmers nach § 28 II gründet; Schmidhäuser, Welzel-FS, S 801 sowie Klinkenberg JR 78, 441 und 79, 183, die den Unrechtstatbestand bejahen, aber Entschuldigung des Suizidenten annehmen; Schilling JZ 79, 159, der das Teilnahmeargument ganz verwirft und das Ergebnis an den für die Einwilligung geltenden Regeln orientiert; methodisch abw auch Neumann JA 87, 244 und Hohmann/König NStZ 89, 304 [krit Krack KJ 95, 60, 62], die mit Recht darauf hinweisen, daß die Abgrenzung nicht in den Regelungsbereich der Vorschriften über die Beteiligung mehrerer [§§ 25 II, 26, 27] falle). – Für eine durch Art 3 I GG gebotene Gleichbehandlung der Mitwirkung an einer freiverantwortlichen Selbstverletzung und der konsentierten Fremdverletzung de lege ferenda Krack aaO S 75. 10

bb) Aus Gründen der Widerpruchsfreiheit des Rechts muß auch die **fahrlässige Mitverursachung** ausscheiden (BGHSt 24, 342 mit Anm 11

Welp JR 72, 427; Roxin, Gallas-FS, S 241, 243; Zaczyk aaO [vgl 9] S 48; Mitsch JuS 95, 787, 790; krit Geilen JZ 74, 145; Neumann JA 87, 244, 248; Krey BT 1 Rdn 117; aM Weber, Spendel-FS, S 371, 379), soweit sie sich in der Veranlassung, Ermöglichung oder Förderung eines frei verantwortlich (dazu 12–13 b) begangenen Selbsttötungsakts erschöpft, also keine selbständigen Bedingungen für den Tod setzt (Jähnke LK 23). Auch positives Tun sog „Beschützergaranten" gehört hierher; es kann nicht als Fremdtötung durch Unterlassen gedeutet werden (hM; anders Geilen aaO S 153; Herzberg NJW 86, 1635, 1638 und JZ 88, 182, 183, alle mwN; zw). Fehlt die freie Verantwortlichkeit des Suizidenten, so kommt fahrlässige Tötung oder Körperverletzung in Betracht; dabei ist eine Begrenzung der Sorgfaltspflicht von Ärzten bei der Behandlung suizidgefährdeter Patienten aus therapeutischen Gründen geboten (näher Schöch in: Pohlmeier ua aaO [vgl 6] S 81, 90).

12 cc) Aus dieser Rechtslage folgert die Rspr zutreffend weiter, daß **frei verantwortlich gewollte und verwirklichte Selbstgefährdungen** nicht als Tötung oder Körperverletzung tatbestandsmäßig sind und daß deshalb auch nicht wegen eines solchen Delikts strafbar sein kann, wer die Selbstgefährdung lediglich veranlaßt, ermöglicht oder erleichtert (BGHSt 32, 262 mit Bespr Seier JA 84, 533, Kienapfel JZ 84, 751, Roxin NStZ 84, 411, Otto Jura 84, 536, Horn JR 84, 513, Dach NStZ 85, 24, Herzberg JA 85, 265, 269 und Stree JuS 85, 179; NJW 85, 690, 691; NStZ 87, 406; Bay NJW 95, 797, 798 [übersehen von Bay StV 93, 641, zu Recht krit deshalb Dannecker/Stoffers StV 93, 644] und NZV 96, 461; Zweibrücken NStZ 95, 89 mit Bespr Horn JR 95, 304, Körner MedR 95, 332 und Otto JK 7 vor § 13; für Gefährdung durch Mißbrauch von Betäubungsmitteln anders Weber, Spendel-FS, S 371 und Zaczyk aaO [vgl 9] S 60 mit insoweit krit Bespr Neumann GA 95, 36; für die Gefährdung durch Doping-Mittel dagegen der Rspr folgend Otto Sp*u*Rt 94, 10 und Ahlers, Doping und strafrechtliche Verantwortlichkeit, 1994, S 109, alle mwN). Das gilt nur dann nicht, wenn er infolge überlegenen Sachwissens die Größe des Risikos besser erkennt (NStZ 86, 266; Roxin LK 115 zu § 25, beide mwN; eine determinierende Risikoförderung verlangt zusätzlich Walther, Eigenverantwortlichkeit und strafrechtliche Zurechnung, 1991, S 177), dies vorgibt (SchiffObGer Karlsruhe NZV 96, 325) oder bei Fahrlässigkeitsdelikten besser erkennen kann als der andere (Jähnke LK 21 zu § 222 mwN; zu erwägen nach Horn SK 21 a zu § 212). Mit dieser Neuorientierung ist die frühere Rspr überholt, die Strafbarkeit wegen fahrlässiger Tötung oder Körperverletzung häufig ohne Prüfung der Eigenverantwortlichkeit des Opfers bejaht hatte (vgl etwa BGHSt 7, 112; 17, 359; NStZ 81, 350; zu Ausnahmen und Grenzfällen beachte jedoch BGHSt 37, 179 mit Anm Rudolphi JZ 91, 572, Beulke/Schröder NStZ 91, 393 und Hohmann MDR 91, 1117; NStZ 92, 489 mit Anm Helgerth JR 93, 419 sowie BGHSt 39, 322 mit Bespr Alwart NStZ 94, 84, Amelung NStZ 94, 338, Sowada JZ 94, 663, Derksen NJW 95, 240, Günther StV 95, 78, Bernsmann/Zieschang JuS 95, 775 und Otto JK 3 vor

§ 13, wo dem Brandstifter der Tod des „freiwilligen“ Retters als fahrlässige Tötung zugerechnet wird, weil dieser in den Schutzbereich der vom Täter verletzten Norm falle). Der Sache nach ist die Straflosigkeit bloßer Förderung frei verantwortlicher Selbstgefährdungen weithin anerkannt (diff Köhler MDR 92, 739). Jedoch sind Grund, Grenzen und dogmatische Einordnung umstritten. Teils wird die Straflosigkeit aus dem Teilnahmeargument (so namentlich die Rspr), daneben aber auch aus dem Schutzzweck der Norm (Roxin AT I 11/86–97), dem Prinzip der Eigenverantwortlichkeit (Neumann JA 87, 244) oder den allgemeinen Regeln zur Bestimmung des erlaubten Risikos abgeleitet (Frisch NStZ 92, 1, 62, der die Fälle der Opferbeteiligung auf der Grundlage der von ihm vertretenen Unrechtslehre [Tatbestandsmäßiges Verhalten und Zurechnung des Erfolgs, 1988] in die Fragestellung einordnet, ob das von dem anderen eingegangene Risiko nach der jeweiligen Interessenlage rechtlich zu „mißbilligen“ ist; ähnlich Freund, Erfolgsdelikt und Unterlassen, 1992, S 199, der schon einen Verhaltensnormverstoß verneint). Die Anerkennung der Selbstgefährdung macht eine Abgrenzung von der **einverständlichen Fremdgefährdung** (2 b zu § 226 a) erforderlich (Dölling GA 84, 71, 80; Zaczyk aaO [vgl 9] S 55; Schroeder LK 181 zu § 16; Roxin AT I § 11/98–103; s auch Otto, Tröndle-FS, S 157 und Sp*u*Rt 94, 10, 14 sowie Walther aaO S 227; aM Frisch aaO; anders auch Fiedler, Zur Strafbarkeit der einverständlichen Fremdgefährdung, 1990, S 152, 170, der die Unterscheidung verwirft und die nichtstrafwürdigen Fälle nach dem sog „viktimologischen Prinzip“ ausscheidet). Wegen des Strukturunterschieds zwischen den beiden Formen der Opferbeteiligung (dazu Neumann aaO S 251) ist ihre wertmäßige Gleichstellung nicht überzeugend begründbar (hM; anders Göbel, Die Einwilligung im Strafrecht als Ausprägung des Selbstbestimmungsrechts, 1992, S 99; Jakobs AT 7/120; abw auch Roxin AT I 11/100, der eine solche Gleichstellung für bestimmte einverständliche Fremdgefährdungen befürwortet; so auch Zweibrücken JR 94, 518 mit zust Anm Dölling und Bespr Otto JK 4 vor § 13, für den Fall, daß das spätere Opfer seine Gefährdung durch die ungesicherte Mitnahme im Laderaum eines Pkw-Kombi im selben Umfang wie der Fahrzeugführer erkannt hat). Die Abgrenzung dürfte denselben (umstrittenen) Regeln folgen, die für die Unterscheidung der Selbsttötung von der Tötung auf Verlangen entwickelt worden sind (3 zu § 216; krit Roxin AT I 11/102; str). Außerdem hängt der Anwendungsbereich strafloser Selbstgefährdungen auch von den umstrittenen Fragen ab, unter welchen Voraussetzungen das Opfer frei verantwortlich handelt (dazu 13–13 b; speziell zur Freiverantwortlichkeit Drogenabhängiger für Selbstschädigungen durch den Gebrauch von Suchtstoffen Amelung NJW 96, 2393) und wie weit das Prinzip auch auf Tun und Unterlassen von Garanten anwendbar ist (dazu 14–16).

Sexualkontakte mit **AIDS-Risiko** sind danach regelmäßig Selbstge- **12 a**
fährdungen oder -verletzungen (dazu Otto, Tröndle-FS, S 157, 166), wenn die beteiligten Partner mit gleichem Gefahrwissen handeln (Bay

NJW 90, 131 mit Anm Dölling JR 90, 474, beide mwN; ebenso auch Bottke, in: Schünemann/Pfeiffer [Hrsg], Die Rechtsprobleme von AIDS, 1988, S 171, 182; Prittwitz JA 88, 427, 431; Wokalek/Köster MedR 89, 286; Zaczyk aaO [vgl 9] S 58; mit anderem Ansatz für Straflosigkeit auch Hugger JuS 90, 972; offen gelassen in BGHSt 36, 1, 17; aM Helgert NStZ 89, 114, Schünemann, JR 89, 89, 92 und in: Busch ua [Hrsg], HIV/AIDS und Straffälligkeit, 1991, S 93, 231 sowie in: Szwarc [Hrsg], AIDS und Strafrecht, 1996, S 9, Frisch JuS 90, 362, 363 und NStZ 92, 62, 66 sowie Roxin AT I § 11/101, die einverständliche Fremdgefährdung annehmen). Verschweigt jedoch ein Partner seine Ansteckungsfähigkeit, so kommt wegen seines überlegenen Sachwissens eine in mittelbarer Täterschaft begangene (versuchte oder vollendete) Fremdverletzung in Frage, und zwar auch dann, wenn er zu einer sog Risikogruppe gehört (hM; vgl BGH aaO mwN; Herzberg JZ 89, 470, 473; Rengier Jura 89, 225, 230; Meier GA 89, 207, 220; aM Bruns MDR 89, 200; diff Schünemann JR 89, 89, 90); allerdings bedarf dann der (regelmäßig nur bedingte) Vorsatz besonderer Prüfung (10 zu § 223 a). Sexualkontakte unter sachgerechter und lückenloser Verwendung eines Kondoms bewegen sich im Rahmen des erlaubten Risikos (29 vor § 32) und sind daher nicht tatbestandsmäßig (Prittwitz JA 88, 427, 437; Herzberg JR 89, 470, 474; Kunz SchwZStR 90, 39, 49; Knauer AIFO 94, 463, 466; so ist wohl auch BGHSt 36, 1, 16 zu verstehen; aM Rengier Jura 89, 225, 231; diff Herzberg, in: Szwarc [Hrsg], AIDS und Strafrecht, 1996, S 61, 82, dagegen Bottke ebenda S 277, 293).

13 **b)** Ein Suizid kann auch als **Fremdtötung in mittelbarer Täterschaft** zu beurteilen sein (München NJW 87, 2940 mwN). Das setzt voraus, daß sich das Gesamtgeschehen als Werk des steuernden Hintermanns darstellt, dieser also den Suizidenten in der Hand hat (2 zu § 25). Der Maßstab für die Abgrenzung ist umstritten (zusf Mitsch JuS 95, 888).

13 a aa) In Fällen **beeinträchtigter Verantwortungsfähigkeit und des Zwanges** hält ein Teil der Lehre den Tötungsakt nur dann für unfrei, wenn er unter Voraussetzungen vorgenommen wird, die denen der §§ 19, 20, 35 (OGHSt 2, 5, 7) StGB oder des § 3 JGG (NStZ 85, 25) entsprechen (Roxin, Dreher-FS, S 331, 343 und LK 66–68 sowie 125–127 zu § 25; Hirsch JR 79, 429, 432; Bottke, Suizid und Strafrecht, 1982, S 247, 256 und GA 83, 22, 31; Dölling GA 84, 71; Zaczyk aaO [vgl 9] S 36, 43, alle mwN; für Fälle des Zwanges ähnlich Göbel aaO [vgl 12] S 113, der jedoch eine Analogie zum rechtfertigenden Nötigungsnotstand [2 zu § 34] annimmt). Mit überzeugenden Gründen, vor allem gestützt auf den Strukturunterschied zwischen Selbst- und Fremdschädigung (vgl 12), auf die Notwendigkeit einer Harmonisierung mit § 216 und auf die Ergebnisse der Suizidforschung (dazu Bochnik MedR 87, 216; Pohlmeier in: ders ua aaO [vgl 6] S 33, beide mwN), wird demgegenüber der Bereich unfreien Handelns weiter aus-

gedehnt (M-Gössel AT 2 48/91) und eine frei verantwortliche Entscheidung nur bejaht, wenn der Suizidentschluß nach der Einwilligungslehre Ausdruck eines ernstlichen (autonomen) Verlangens nach dem eigenen Tod ist (vgl etwa Geilen JZ 74, 145, 151; Herzberg NJW 86, 1635, 1636 und JZ 88, 182, 183; Brandts Jura 86, 495, 496; Otto Jura 87, 246, 256; Frisch, Tatbestandsmäßiges Verhalten und Zurechnung des Erfolgs, 1988, S 165; Freund aaO [vgl 12] S 205; Krack KJ 95, 60, 64; Krey BT 1 Rdn 86; Jähnke LK 25–32, alle mwN; s auch Meyer, Ausschluß der Autonomie durch Irrtum, 1984, S 221; Horn SK 11–20 zu § 212). Krit zu beiden Ansätzen Achenbach, in: Ochsmann aaO [vgl 6] S 137, 144; zusf Gropp in: Pohlmeier ua aaO [vgl 6] S 13, 24.

bb) In Fällen der **Täuschung** genügt die Herbeiführung eines Motivirrtums für sich allein nicht. Irrtumsherrschaft liegt hier nur vor, wenn das Opfer die Bedeutung des Todes als Lebensbeendigung verkennt (BGHSt 32, 38 mit Bespr Roxin NStZ 84, 71, Schmidhäuser JZ 84, 195, Sippel NStZ 84, 357, Neumann JuS 85, 677 und Munoz Conde ZStW 106, 547, 559; str) oder wenn der Suizidentschluß infolge des Irrtums nicht mehr als Ausdruck eines ernstlichen (autonomen) Verlangens nach dem Tode gedeutet werden kann (weiter einschr die strengere Lehre, die folgerichtig das Herbeiführen einer den §§ 20 oder 35 entsprechenden psychischen Verfassung voraussetzt, Charalambakis GA 86, 485; Roxin LK 106 zu § 25 mwN; einschr verlangt Zaczyk aaO [vgl 9] S 45 eine solche Verengung der Entscheidungssituation des Opfers, daß in Wahrheit der Täter die Entscheidung trifft). Entscheidungserheblich ist deshalb namentlich, ob die dem Verlangen zugrundeliegende Einwilligung nach den für sie geltenden allgemeinen, allerdings zum Teil umstrittenen Regeln (8 zu § 226 a) wirksam ist (dazu Brandts/Schlehofer JZ 87, 442; ähnlich Neumann JA 87, 244, 249, der zwischen Irrtümern verschiedener Rechtsgutsnähe unterscheidet). Als Maßstab ungeeignet ist dagegen – ebenso wie bei § 216 – bloße Herrschaft über das Geschehen, wenn sie nicht zugleich die Mitherrschaft des Opfers aufhebt und dessen Selbsttötung zu einer im vorstehenden Sinne unfreien macht (3 zu § 216). **13 b**

c) aa) Auch für **Garanten** (6 zu § 13) gelten grundsätzlich die unter 10–12 beschriebenen Regeln (hM; vgl München NJW 87, 2940, 2942 mwN; zT abw Herzberg JA 85, 177, 265, 271 und JZ 88, 182, 183; offengelassen in BGHSt 32, 262; beachte ferner NStZ 83, 117 mit krit Bespr Eser NStZ 84, 49, 56; zum Verhältnis von Eigenverantwortlichkeit und Garantenpflichten s Walther aaO [vgl 12] S 207). Die hM läßt von diesem Grundsatz keine Ausnahmen zu, verkennt dabei aber, daß die Garantenpflicht nach den besonderen Umständen des Einzelfalls auch die Pflicht zur Verhütung von Selbstgefährdungen einschließen kann, zB beim Arbeitgeber, der die zur Unfallverhütung erforderlichen Schutzvorkehrungen unterläßt (Naumburg NStZ-RR 96, 229; Seier JuS 84, 706, 708; Freund, aaO [vgl 12] S 209), oder beim Arzt, dessen **14**

Hilfe der Patient gerade im Hinblick auf seine Neigung zur Selbstgefährdung (zB zum Drogenmißbrauch) oder zum Suizid in Anspruch genommen hat (Herzberg NJW 86, 1635, 1638). Ob und bis zu welchen Grenzen solche Ausnahmen anzuerkennen sind, ist noch wenig geklärt (s dazu auch Herzberg JZ 86, 1021).

15 bb) Von dieser letzten Einschränkung abgesehen ist ein Garant, der eine **frei verantwortliche Selbsttötung nur geschehen läßt,** nicht als Unterlassungstäter strafbar (hM; vgl etwa Gallas JZ 60, 649; Engisch, Dreher-FS, S 309, 317; Roxin, Dreher-FS, S 331, 349; Bottke GA 83, 22, 33; Dölling MedR 87, 6, 10; abl Herzberg JA 85, 177; Horn SK 18 zu § 212), es sei denn, daß nach der Tötungshandlung der Wille des Suizidenten weiterzuleben erkennbar wird (hM; krit Herzberg aaO). Demgegenüber nimmt die uneinheitliche und im Kern widersprüchliche (dazu Jähnke LK 24) Rspr grundsätzlich, dh vorbehaltlich von Ausnahmen aufgrund einer Abwägung im Einzelfall, Strafbarkeit an, wenn der Suizident – etwa infolge von Bewußtlosigkeit – die Herrschaft über das Geschehen verloren hat und der Garant eine noch bestehende Rettungsmöglichkeit nicht nutzt (BGHSt 32, 367 mit abl Bespr Schmitt JZ 84, 866, Eser MedR 85, 6, Sowada Jura 85, 75, Gropp NStZ 85, 97, Schultz JuS 85, 270 und Ranft JZ 87, 908, 911; abl auch Otto aaO [Gutachten DJT; vgl 6] S 65; Tröndle ZStW 99, 25, 44; Pelzl KJ 94, 179, 182; Verrel JZ 96, 224, 229; zust jedoch Herzberg aaO, JZ 86, 1021 und 88, 182, 184; Kutzer MDR 85, 710; Laufs, Arztrecht, Rdn 214, alle mwN; s auch BGHSt 2, 150; NJW 60, 1821; Bay NJW 73, 565; einschr BGHSt 13, 162; Düsseldorf NJW 73, 2215). Abgesehen davon, daß die frei verantwortliche Verwirklichung des Sterbewillens häufig als Entlassung des Garanten aus seiner Beschützerstellung gedeutet werden muß (so mit Recht München NJW 87, 2940, 2943; Küpper BT 1 I 1/9; ähnlich Mitsch JuS 96, 309, 310: die Entbindung von der Garantenpflicht macht die tatbestandliche Tötung durch Unterlassen zu einer nicht rechtswidrigen Tötung), ist schon die Annahme, daß die Garantenpflicht gegenüber diesem Willen vorrangig sei (so BGHSt 32, 367; krit NStZ 88, 127 mit Anm Rippa NStZ 88, 553), mit den allgemeinen, für das Selbstbestimmungsrecht des Patienten geltenden Regeln unvereinbar (hM; vgl etwa Otto aaO; Herzberg JZ 88, 182, 184; Freund aaO [vgl 12] S 269, alle mwN).

16 cc) Eine **Rettungspflicht aus Ingerenz** (11 zu § 13) läßt sich nicht auf das Fördern eines frei verantwortlich begangenen Selbsttötungsversuchs stützen, weil sich der erforderliche Schutzzweckzusammenhang (43 zu § 15) nicht ohne Wertungswiderspruch begründen läßt (München NJW 87, 2940, 2944; aM NStZ 84, 452 mit abl Bespr Fünfsinn StV 85, 57 und Stree JuS 85, 179; NJW 85, 690, 691 mit abl Anm Roxin NStZ 85, 320; s auch Schultz JuS 85, 270, 274; Mitsch JuS 96, 309, 310); in solchen Fällen kommt nur § 323 c (dort 2) in Frage.

dd) Wie weit eine **unfrei** ausgeführte Selbsttötung dem **Garanten** zugerechnet werden kann, bestimmt sich nach den allgemeinen für mittelbare Täterschaft (vgl 13–13 b) und für fahrlässige Begehung (54 zu

§ 15) geltenden Regeln (str); allerdings ist im Bereich ärztlichen Handelns, namentlich bei Suiziden während psychiatrischer Behandlung (dazu Wolfslast NStZ 84, 105), der Sorgfaltsmaßstab noch wenig geklärt.

d) Zur Selbstmordverhinderung durch **Zwangsernährung** von Häftlingen im Hungerstreik beachte § 101 StVollzG (zu deren Problematik vgl ua Geppert Jura 82, 177; Ostendorf, Das Recht zum Hungerstreik, 1983, S 158 und GA 84, 308, 320; Bemmann, Klug-FS, S 563; Heim [Hrsg], Zwangsernährung und Zwangsbehandlung von Gefangenen, 1983; Tröndle, Kleinknecht-FS, S 411, alle mwN). 17

4. Die **§§ 211–213** unterscheiden in Anknüpfung an eine jahrhundertealte Tradition die Tötungsformen **des Mordes und des Totschlags.** Diese wurden früher nach dem Kriterium der Überlegung voneinander abgegrenzt. Das auf dem Gesetz v 4. 9. 1941 (RGBl I 549) beruhende geltende Recht bestimmt dagegen – für ein Tatstrafrecht höchst ungewöhnlich – die Begriffe **des Mörders und des Totschlägers** und stützt sich dabei auf die sog Mordmerkmale (3–13 zu § 211), die sich auf den allgemeinen Gesichtspunkt besonderer Verwerflichkeit (krit Schroeder JuS 84, 275), in Teilbereichen auch auf besondere Gefährlichkeit, zurückführen lassen (hM; krit Rüping JZ 79, 617; Köhler GA 80, 121). 18

a) Nicht zuletzt auf dieser unklaren gesetzlichen Ausgestaltung beruhen **zahlreiche Meinungsverschiedenheiten,** die allerdings überwiegend nicht die grundsätzliche Unterscheidung von Mord und Totschlag in Frage stellen, sondern nur die Methode der Abgrenzung der beiden Tötungstypen betreffen (dazu Kerner, Heidelberg-FS, S 419): Zweifelhaft ist zunächst, ob die subjektiven Mordmerkmale, namentlich die niedrigen Beweggründe, Unrechts- (so BGHSt 1, 368, 370; Jähnke LK 46–49 mwN) oder bloße Schuldelemente sind (so Schmidhäuser BT 2/13–15), oder ob sie eine Unrecht und Schuld umgreifende Doppelfunktion haben (so Paeffgen GA 82, 255, 270 mwN; vgl auch Otto Jura 94, 141, 143); im Hinblick auf den Vorrang des § 28 vor § 29 ist dieser Meinungsstreit allerdings ohne praktische Relevanz (1, 5, 9 zu § 28). Bisher nicht überwundene Schwierigkeiten ergeben sich aber daraus, daß der historische Gesetzgeber die in seiner Zeit aktuelle Lehre vom normativen Tätertyp in die Tötungstatbestände integrieren wollte (Frommel JZ 80, 559; Braum KRitV 95, 371, 380, Jähnke LK 36, beide mwN). Zwar hat er damit schon in der Rspr des RG keine Gefolgschaft gefunden (RGSt 76, 297); auch heute ist ganz unbestritten, daß dem § 211 kein bestimmter Tätertyp zugrundeliegt. Immerhin hält aber die im Schrifttum überwiegende Lehre daran fest, daß zur Annahme eines Mordes das bloße Vorliegen eines Mordmerkmals nicht ausreicht; sie fordert vielmehr darüber hinaus eine Gesamtwürdigung von Tat und Täter, die nach einer Meinung zum positiven Nachweis besonderer Verwerflichkeit der Tötung führen muß (sog positive Typenkorrektur, Lange, Schröder-GedSchr, S 217 mwN) oder nach einer anderen Auffassung jedenfalls die Möglichkeit eröffnet, ausnahmsweise die besondere Verwerflich- 19 keit zu verneinen (sog negative Typenkorrektur, Geilen JR 80, 309, 310; Eser JR 81, 177 mwN; krit Arzt, in: Göppinger/Bresser [Hrsg], Tötungsdelikte, 1980, S 49, 52; Otto Jura 94, 141, 143; Mitsch JuS 96, 121).

20 **b)** Die **Rechtsprechung** hat dagegen die Mordmerkmale bis in die jüngere Vergangenheit (1981) nach jeder Richtung für abschließend gehalten (BGHSt 3, 180, 330; 9, 385; Jähnke LK 37 mwN; zweifelnd BVerfGE 45, 187, 266) und nur versucht, der Würdigung des Täters und seiner verwerflichen Gesinnung durch einschränkende Auslegung einzelner Mordmerkmale Raum zu geben. Dabei hat sich allerdings gezeigt, daß die Möglichkeit der Persönlichkeitswürdigung im Rahmen der ungleichartigen Mordmerkmale sehr verschieden ist. Im Vordergrund steht sie in den Fällen, die durch die niedrigen Beweggründe gekennzeichnet sind (BGHSt 3, 330; krit Woesner NJW 78, 1025), während sie bei der Tötung mit gemeingefährlichen Mitteln ganz zurücktritt. Bei den insoweit besonders problematischen Merkmalen der Heimtücke und der Absicht, eine andere Straftat zu verdecken, haben sich dagegen immer wieder Spannungen ergeben (vgl 6, 12, 13 zu § 211; eingehend Kerner, Heidelberg-FS, S 419, 429). Sie haben einerseits das BVerfG dazu veranlaßt, die Verfassungsmäßigkeit des § 211 nur unter der Voraussetzung zu bejahen, daß seine Auslegung nicht zu unverhältnismäßigen Strafen führt (BVerfGE 45, 187, 262, 264; eingehend zu den Vorgaben der verfassungsgerichtlichen Rspr Veh, Mordtatbestand und verfassungskonforme Rechtsanwendung, 1986, S 42). Andererseits hat der GS des BGH in Fällen heimtückischer Tötung bei Vorliegen außergewöhnlicher Umstände zwar an der Charakterisierung der Tat als Mord festgehalten, aber zur Vermeidung unverhältnismäßiger Strafen eine übergesetzliche Strafmilderung nach dem Maßstab des § 49 I Nr 1 anerkannt (BGHSt-GS-30, 105). Diese Auflockerung der starren Strafdrohung des § 211 auf der Rechtsfolgenseite ist teils auf Zustimmung (zB Kratzsch JA 82, 401; Rengier NStZ 82, 225 und 84, 21; Frommel StV 82, 533; Jähnke, Spendel-FS, S 537), überwiegend aber auf berechtigte Kritik gestoßen, und zwar namentlich unter den Gesichtspunkten, ob die hier vorgenommene Rechtsfortbildung die Grenzen richterlicher Rechtsschöpfung überschreitet, ob sie sich auf das Heimtückemerkmal beschränken läßt und ob nicht eine begrenztere, namentlich eine tatbestandsinterne Lösung, zB durch Restriktion des Heimtückebegriffs (so der Vorlagebeschluß des 4. StS NStZ 81, 181 mit Bespr Eser JR 81, 177), im Interesse der Rechtsbestimmtheit den Vorzug verdient hätte (vgl etwa Lackner NStZ 81, 348; Bruns JR 81, 358, JR 83, 28 und Kleinknecht-FS, S 49; Eser NStZ 81, 383, 384; Günther NJW 82, 353 und JR 85, 268; Spendel JR 83, 269, StV 84, 45 und LK 62 zu § 336; Ebert JR 83, 633, 638; Hassemer JZ 83, 967; Köhler JuS 84, 762; Langer, Wolf-FS, S 335, 341; Veh aaO S 123; Hirsch, Tröndle-FS, S 19, 27; Otto Jura 94, 141, 144; Mitsch JuS 96, 121, 122; Krey BT 1 Rdn 62–73 b; Tröndle 17 zu § 211). – Zur Frage, ob außergewöhnliche Umstände nur tatbestandsbezogene Umstände

sein können (vgl 6 zu § 211) oder ob auch ein langer Zeitablauf zwischen Tat und Urteil in Betracht kommt, BGHSt 41, 72, 93 mit Bespr Schuster NJW 95, 2698.

c) Mit der neuen Rspr ist nur **ein Teil der Schwierigkeiten behoben,** zu denen die absolute Strafdrohung iVm dem abschließenden Katalog unausgewogener Mordmerkmale geführt hat (Kerner, Heidelberg-FS, S 419; zusf Müller-Dietz Jura 83, 568, 571). Namentlich im Bereich des Verdeckungsmordes (12, 13 zu § 211) und bei den NS-Gewaltverbrechen gibt es nach wie vor schwer erträgliche Spannungen (vgl ua BVerfGE 54, 100 mit abl Bespr Hirsch JZ 80, 801; NJW 68, 1339, 77, 1544 und 78, 1336; LG Hamburg NJW 76, 1756 mit Anm Hanack; s auch Hanack JZ 67, 227, 329; Kreuzer ZRP 77, 49; Bertram, in: Büttner [Hrsg], Das Unrechtsregime, 1986, Bd 2, S 421; Bakkes, Maihofer-FS, S 41, 51). Vergleichbare Probleme gibt es auch bei politisch motivierten Taten, wenn nach den Umständen nur die Verwirklichung des unbestimmten und für die Bewertung politischen Terrors kaum geeigneten Merkmals des niedrigen Beweggrundes in Frage steht (Geilen, Bockelmann-FS, S 613). Das an sich begrüßenswerte Bemühen um Auflockerung der starren Strafdrohung durch einschränkende Auslegung der Mordmerkmale und notfalls auch durch Milderung der Rechtsfolge hat zwar die Gefahr ungerechter Ergebnisse abgemildert, ist aber mit einem ständigen, kaum kalkulierbaren und auch nicht widerspruchsfreien Wandel der Auslegungsergebnisse (zusf Möhrenschlager NStZ 81, 57) und einer in ihren Folgen nicht absehbaren Relativierung des gesetzlichen Systems der Strafdrohungen erkauft worden (beachte dazu 25). 21

5. Das **systematische Verhältnis** der Tatbestände vorsätzlicher Tötung (§§ 211–213, 216, 217) ist umstritten (zusf Mitsch JuS 96, 26): 22

a) Im Verhältnis der **§§ 211, 212** bildet der Totschlag den **Grundtatbestand.** Zu Unrecht und ohne zureichende inhaltliche Begründung hält die Rspr Mord und Totschlag für selbständige Tatbestände (stRspr; vgl etwa BGHSt 1, 368; 22, 375; krit Rspr-Analyse bei Küper JZ 91, 761, 862, 910; krit zur Rspr auch Otto Jura 94, 141, 142) und die Mordmerkmale des § 211 II für strafbegründend (zu den Folgerungen für die Beteiligung am Tötungsdelikt 16 zu § 211). Schon aus dem Leitgesichtspunkt besonderer Verwerflichkeit der Tötung (vgl 18) ergibt sich zwingend, daß hier nur eine quantitative Abstufung der Strafwürdigkeit, die ihren Grund in einer Unrechts- oder Schuldsteigerung haben kann (str), in Frage steht. Mit Recht sieht daher das Schrifttum entweder in § 212 (hM; vgl Jähnke LK 39 mwN) oder in § 211 (EbSchmidt DRZ 49, 241, 272) den Grundtatbestand, der jeweils in dem anderen Tatbestand qualifiziert bzw privilegiert wird. Der E 1962 (§§ 134, 135) wollte das Verhältnis in dem Sinne klären, daß der Totschlag Grundtatbestand ist. Diese Auffassung verdient schon für das geltende Recht den Vorzug, weil sie der inneren Struktur der Begehungsformen entspricht (Jähnke LK 45 mwN).

23 **b) § 213** (minder schwere Fälle des Totschlags) sieht eine Strafmilderung nur für § 212 vor („Totschläger"); auf § 211 ist er nicht anwendbar (stRspr; Mitsch JuS 96, 121; krit Geilen, Dreher-FS, S 357, 383 und JR 80, 309, 316; teilweise aM Rengier MDR 80, 1; Bernsmann JZ 83, 45, 51; Laber MDR 89, 861, 869; M-Schroeder/Maiwald BT 1 2/28).

24 **c) § 216** (Tötung auf Verlangen) und **§ 217** (Kindestötung) enthalten eine **Privilegierung** gegenüber dem Grundtatbestand des § 212 und gehen zugleich als abschließende Spezialregelungen dem § 211 vor (Jähnke LK 45; aM Bernsmann JZ 83, 45, 49). Soweit die Rspr (BGHSt 13, 162, 165 mwN) und zum Teil auch das Schrifttum (Sch/Sch-Eser 7 mwN) den § 216 als selbständigen Tatbestand (Sondertatbestand) ansehen, ist das für die Auslegungsergebnisse ohne praktische Bedeutung (Horn SK 2 zu § 216). Dagegen ist die Einordnung auch des § 217 als Sondertatbestand, die von der Rspr aus dem privilegierenden Verhältnis zu den beiden „selbständigen" Tatbeständen der §§ 211, 212 hergeleitet wird (BGHSt 1, 235), für die Möglichkeiten der Beteiligung an einer Kindestötung relevant (5 zu § 217).

25 **6.** Die Tötungsdelikte sind **reformbedürftig.** Nach nahezu einhelliger Auffassung gewährleistet das geltende Recht Schutzwirkung, Einzelfallgerechtigkeit und Rechtssicherheit nicht in ausgewogenem Maße (Eser, 53. DJT, Bd I, Gutachten, Teil D S 34 mwN; s auch 18–24). Vor allem die Verbindung der absoluten Strafdrohung des § 211 mit der bisher abschließenden Kasuistik der Mordmerkmale hat die Rspr zu einer Strategie fallorientierter Anpassungen gedrängt, die der Rechtssicherheit abträglich ist (beachte dazu namentlich 3–9, 12, 13 zu § 211). Die zeitweise sehr intensiven Reformbemühungen haben allerdings nicht zu einer allgemein anerkannten Konzeption, sondern nur zu einer Vielzahl umstrittener Vorschläge geführt, die teils auf dem Leitprinzip besonderer Verwerflichkeit (sog Verwerflichkeitslösung) und teils auf dem besonderer Gefährlichkeit (sog Gefährlichkeitslösung) beruhen (krit zu dieser Unterscheidung Albrecht JZ 82, 697). Wie der 53. DJT gezeigt hat, wird überwiegend eine Gefährlichkeitslösung bevorzugt (eingehend dazu Eser aaO S 154), die in ihren Einzelheiten allerdings noch weiterer Klärung bedarf (zusf Fuhrmann, 53. DJT, Sitzungsbericht M, S 7; Lackner, 53. DJT, Sitzungsbericht M, S 25; Wehling JZ 81, 109; Möhrenschlager NStZ 81, 57, 59). Aus der Reformliteratur vgl ua auch §§ 134–139 E 1962; §§ 100–104 AE (PersStR); Arzt ZStW 83, 1; Otto ZStW 83, 39; Lackner JZ 77, 502; Zipf, Würtenberger-FS, S 151; Woesner NJW 78, 1025, 1027 und 80, 1136; Rüping JZ 79, 617; Rengier ZStW 92, 459; Geilen JR 80, 309; Gössel DRiZ 80, 281; Gribbohm ZRP 80, 222; Jähnke MDR 80, 705; Beckmann GA 81, 337; Müller-Dietz Jura 83, 568, 578; Baltzer StV 89, 42; Kintzi DRiZ 93, 341, 348; Heine LdR S 1017; rechtsvergleichend Moos ZStW 89, 796; Schultz, in: Göppinger/Bresser (Hrsg), Tötungsdelikte, 1980, S 13; Tschulik, in: Göppinger/Bresser aaO S 31; Eser/Koch ZStW 92, 491. –

Eine Reform der Tötungsdelikte wird von der Bundesregierung geplant (BT-Dr 13/4830 S 7).

7. Zur **Kriminologie** der Tötungsdelikte vgl ua Dotzauer/Jarosch, Tötungsdelikte, 1971; Schorsch/Becker, Angst, Lust, Zerstörung. Sadismus als soziales und kriminelles Handeln. Zur Psychodynamik sexueller Tötungen, 1977; Middendorff GA 78, 97, ZStW 94, 788 und Kriminologie der Tötungsdelikte, 1984; Göppinger/Bresser (Hrsg), Tötungsdelikte, 1980; Rasch/Hinz Kriminalistik 80, 377; Sessar, Rechtliche und soziale Prozesse einer Definition der Tötungskriminalität, 1981; Kreuzer Kriminalistik 82, 428, 491; Rode/Scheld, Sozialprobleme bei Tötungsdelikten, 1986; Glatzel, Mord und Totschlag, 1987; Legnaro/Aengenheister KJ 95, 188; Eisenberg Krim 45/13, 55/15 und 61/1; Kaiser Krim 59/1; speziell zu bestimmten Tätergruppen Rasch, Tötung des Intimpartners, 1964; Trube-Becker, Frauen als Mörder, 1974; Lempp, Jugendliche Mörder, 1977; Krieg, Kriminologie des Triebmörders; zum Vatermord Schaffstein, Stutte-FS, S 253; zur weiblichen Tötungsdelinquenz Burgheim MschrKrim 94, 232. – Zur **Rechtsgeschichte** Thomas, Die Geschichte des Mordparagraphen, 1985. 26

§ 211 Mord

(1) **Der Mörder wird mit lebenslanger Freiheitsstrafe bestraft.**

(2) **Mörder ist, wer**

aus Mordlust, zur Befriedigung des Geschlechtstriebs, aus Habgier oder sonst aus niedrigen Beweggründen,

heimtückisch oder grausam oder mit gemeingefährlichen Mitteln oder

um eine andere Straftat zu ermöglichen oder zu verdecken,

einen Menschen tötet.

1 **1.** Allgemein zu den **Tötungsdelikten** ieS, namentlich zum geschützten Rechtsgut, zur zeitlichen Erstreckung des Strafschutzes und zur Beteiligung an der Selbsttötung 1–17 vor § 211; zur Systematik der Tatbestände vorsätzlicher Tötung 18–24 vor § 211; zu ihrer Reformbedürftigkeit und Kriminologie 25, 26 vor § 211.

2 **2. Töten** 2 zu § 212. Auch hier kommt Unterlassen in Garantenstellung (6 zu § 13) in Frage (bei Dallinger MDR 66, 24; Krey BT 1 Rdn 78 mwN; krit Jescheck JZ 61, 752), zB bei einem von anderen auf den Vater verübten Mordanschlag (BGHSt 19, 167; dazu Geilen FamRZ 64, 385); jedoch können sich Einschränkungen aus dem Inhalt des einzelnen Mordmerkmals ergeben (Sch/Sch-Eser 35; zB bei der Verdeckungsabsicht Mitsch JuS 96, 213, 218).

3 **3. Die Mordmerkmale** (zu ihrer Bedeutung im Tatbestandsgefüge 19, 20 vor § 211; aus psychiatrischer Sicht krit Janzarik NervA 92, 656) haben von ihrem ausschlaggebenden Gewicht für die Anwendung des § 211 auch nach BGHSt-GS-30, 105 nichts eingebüßt; vor allem wird

ihre Auslegung durch diese Entscheidung nicht oder allenfalls mittelbar berührt (Rspr-Übersicht bei Eser NStZ 81, 383, 429 und 83, 433 sowie bei Otto Jura 94, 141). – **Grundfälle** bei Mitsch JuS 96, 121, 123.

4 a) **Niedrige Beweggründe** (krit Eser, 53. DJT, Bd I, Gutachten Teil B, S 39; Heine, Tötung aus „niedrigen Beweggründen“, 1988):

aa) Mordlust, Befriedigung des Geschlechtstriebs und Habgier bezeichnen nur gesetzliche Beispiele **niedriger Beweggründe** („sonst“, OGHSt 1, 95, 99). – **Mordlust** liegt vor, wenn der Tötungsvorgang als solcher den alleinigen Tötungsantrieb bildet, wenn es also an einem in der Person des Opfers oder der Tötungssituation liegenden Tatanlaß und an einem über das Interesse am Tötungsakt hinausgehenden Tatzweck fehlt (BGHSt 34, 59 mit Anm Geerds JR 86, 519; NJW 94, 2629 mit krit Anm Fabricius StV 95, 637; Küper BT S 145, alle mwN); namentlich Handeln aus Freude am Töten, aus Neugierde, einen Menschen sterben zu sehen, aus reinem Mutwillen (Küpper BT 1 I 1/37) und aus Zeitvertreib (Otto Jura 94, 141, 144) kommt in Frage. – **Zur Befriedigung des Geschlechtstriebs** tötet, wer das Töten als Mittel zur geschlechtlichen Befriedigung benutzt (NJW 82, 2565); danach wird namentlich erfaßt, wer in der Tötungshandlung selbst sexuelle Befriedigung sucht („Lustmord“, BGHSt 7, 353), wer tötet, um sich an der Leiche zu vergehen (BGH aaO; bei Holtz MDR 82, 102) oder wer bei einer Vergewaltigung den Tod des Opfers billigend in Kauf nimmt (BGHSt 19, 101; bei Miebach NStZ 92, 229; Otto Jura 94, 141, 144; Schroeder JuS 94, 294, 296). – **Habgier** erfordert ungewöhnliche, ungesunde und sittliche anstößige Steigerung des Erwerbssinns (krit Sch/Sch-Eser 17), die sich auch im Streben nach wirtschaftlicher Entlastung (zB Unterhaltsentziehung) äußern kann (BGHSt 10, 399; vgl Küper BT S 120; aM Mitsch JuS 96, 121, 124, beide mwN; str). Das setzt Streben nach einer durch den Tod herbeizuführenden unmittelbaren Vermögensvermehrung oder Aussicht auf solche Vermehrung voraus (NJW 93, 1664 mit zust Bespr Otto JK 24; s auch Paeffgen GA 82, 255, 257). Streben nach außergewöhnlicher Bereicherung ist nicht unbedingt erforderlich; auch die Motivation, um jeden Preis und ohne jede Rücksicht einen dem Opfer zustehenden Vermögensgegenstand zu erwerben, kann genügen (BGHSt 29, 317 mit krit Anm Alwart JR 81, 293). Sie fehlt idR, aber nicht notwendig (aM Hamburg NJW 47/48, 350), bei gewaltsamer Durchsetzung eines Anspruchs (Schmidhäuser, FS für W Reimers, 1979, S 445; Otto Jura 94, 141, 145, beide mwN; auch eines nur vermeintlichen Anspruchs Mitsch aaO mwN). Bei Vorliegen eines Motivbündels (vgl 5 c) muß die Habgier für das Gesamtbild der Tat prägend, dh „bewußtseinsdominant“ sein (NJW 81, 932 mit Bespr Franke JZ 81, 525; NJW 95, 2366; s auch NJW 91, 1189; krit Alwart GA 83, 433; str).

5 bb) **Niedrig** sind Beweggründe, die nach allgemeiner sittlicher Wertung auf tiefster Stufe stehen und deshalb besonders verwerflich, ja verächtlich sind (stRspr; vgl etwa BGHSt 3, 132; NStZ 97, 81; Küper

BT S 66; Jähnke LK 26–33; einschr Heine aaO [vgl 4] S 210). Die Wertung erstreckt sich auf die Motivation im ganzen, namentlich auf die Mittel-Zweck-Relation. Sie ist also eine Gesamtwürdigung (NJW 69, 2292 und 81, 1382; NStZ 93, 182; NJW 96, 471, alle mwN). Dabei können einerseits die Verschuldung der Konfliktslage und das Mißverhältnis zwischen Anlaß und Erfolg (StV 83, 503; Otto Jura 94, 141, 145; krit Geilen, Bockelmann-FS, S 613, 641), andererseits Persönlichkeitsmängel (bei Dallinger MDR 69, 723) und bei ausländischen Tätern auch Anschauungen ihrer Heimat berücksichtigt werden (NJW 80, 537 mit Anm Köhler JZ 80, 238; NJW 96, 602). Bei sog Spontantaten sind niedrige Beweggründe nicht ausgeschlossen, bedürfen aber sorgfältiger Prüfung (NStZ-RR 96, 99 mwN). Politische Motive sind auch in demokratisch verfaßten Staaten zwar häufig, aber nicht notwendig niedrig; entscheidend ist auch hier die Mittel-Zweck-Relation (hM; anders Brocker JR 92, 13 und RuP 92, 211; Jähnke LK 29, beide mwN; zw).

In Frage kommen je nach den Umständen ua folgende Motivatio- **5a**
nen, sofern sie ihrerseits auf einer niedrigen Gesinnung beruhen (bei Holtz MDR 80, 629, 985; NStZ 84, 261; weiter konkretisierend Jakobs NJW 69, 489; Paeffgen GA 82, 255, 266): Rassenhaß oder Anmaßung einer Überlegenheit der eigenen Rasse (BGHSt 18, 37; auch wenn sich der Täter die rassistischen Beweggründe anderer, denen er durch die Tat imponieren will, zu eigen macht, NJW 94, 395; Mitsch JuS 96, 121, 125); Aufwerfen zum Herrn über Leben und Tod aus reiner Willkür (NJW 71, 571); Blutrache (NJW 96, 602); Rachsucht (NJW 58, 189); Eifersucht (BGHSt 3, 180); übersteigerter Geltungsdrang (MDR 75, 542; probl BGHSt 9, 180 mit Bespr Dreher MDR 56, 498); hemmungslose Eigensucht (VRS 17, 187; bei Dallinger MDR 71, 122; s auch bei Holtz MDR 87, 280), die in Parallele zum Verdeckungsmord (vgl 12, 13) auch darauf gerichtet sein kann, sich der Verantwortung für begangenes Unrecht zu entziehen (bei Holtz MDR 88, 276; NJW 92, 919 mit abl Anm Hohmann NStZ 93, 183; NStZ 97, 81; Miehe JuS 96, 1000, 1005); Wut oder Enttäuschung über verweigerten Geschlechtsverkehr (BGHSt 2, 60); Tötung der Ehefrau, um sich einer anderen Frau zuzuwenden (BGHSt 3, 132; LM Nr 34); Tötung eines anderen, um statt seiner als tot zu gelten (NStZ 85, 454). Allgemein können auch Wut (NJW 96, 471; NStZ-RR 96, 99) und Haß genügen, wenn sie ihrerseits auf niedrigen Beweggründen beruhen (NStZ 95, 181; StV 95, 301; NStZ-RR 96, 99, alle mwN). Bei politischen Motiven genügen regelmäßig selbstsüchtiges oder gruppenegoistisches Machtstreben und persönlicher Haß (hM; zusf Zielke JR 91, 136 und 92, 230); nicht dagegen eine Protesthaltung gegen eine Flughafenerweiterung (NStZ 93, 341 mit krit Bespr Otto JK 24 und Brocker NStZ 94, 33, der jede politisch motivierte Tötung außerhalb der Grenzen des Art 20 IV GG genügen läßt). Auf niedrigen Beweggründen können auch die Tötungshandlungen sog Mauerschützen zur Verhinderung der Republikflucht (16 zu § 2) beruhen (im konkreten Fall verneinend NJW 95, 2732; vgl Jakobs NStZ 95, 26 und Gropp JuS 96, 13, 18).

5b Der Umstände, die den Antrieb zum Handeln sittlich besonders verwerflich machen, muß der Täter **sich bewußt sein** (NStZ 83, 19; NJW 96, 602, beide mwN) und die Bedeutung seiner Beweggründe und Ziele für die Bewertung der Tat erfassen; soweit dabei emotionale Regungen in Frage stehen, muß er diese nach stRspr auch gedanklich beherrschen und willensmäßig steuern können (zB BGHSt 6, 329; NStZ 93, 281; NJW 93, 3210 mit krit Anm Fabricius StV 94, 373; NJW 96, 602; NStZ 96, 384; Otto Jura 94, 141, 146, alle mwN; zw). Jedoch braucht er seine Beweggründe nicht selbst als niedrig zu beurteilen (NJW 67, 1140; NStZ 93, 182; NJW 94, 395, 396 und 2629, 2630; 17 zu § 15; aM Köhler aaO); zur Wahrung des Schuldprinzips genügt seine Fähigkeit zu solcher Beurteilung (NStZ 81, 258).

5c Handelt der Täter aus **mehreren Beweggründen** (sog Motivbündel), so müssen die niedrigen in der Gesamtwürdigung überwiegen, dh der Tat das Gepräge geben (NStZ 89, 19; 93, 341 und 97, 81, beide mwN). Läßt das Verhalten im Hinblick auf die Motivation verschiedene Deutungen zu, so muß jede der in Frage kommenden Möglichkeiten einen niedrigen Beweggrund ergeben (GA 80, 23; s auch bei Holtz MDR 81, 267).

6 **b) Heimtückisch** tötet, wer in feindlicher Willensrichtung die objektiv gegebene (hM) Arg- und Wehrlosigkeit seines Opfers bewußt zur Tötung ausnutzt (BGHSt 32, 382 mit krit Bespr Meyer JR 86, 133; BGHSt 39, 353, 368; Küper BT S 121; krit zu dieser Definition Otto Jura 94, 141, 147; krit wegen der Deprivilegierung von Frauen Legnaro/Aengenheister KJ 95, 188, alle mwN). Diese weite, in ständiger Rspr gefestigte, aber in Grenzbereichen immer wieder korrigierte (krit dazu Kerner, Heidelberg-FS, S 419, 433) Begriffsbestimmung ist verfassungsrechtlich problematisch (BVerfGE 45, 187, 262). Zwar hat der BGH einige Möglichkeiten der Restriktion wahrgenommen, jedoch einschneidendere Korrekturen, etwa durch Einschränkung auf überlegtes Handeln (BGHSt-GS-11, 139) oder durch das Erfordernis verwerflicher Gesinnung (BGHSt-GS-9, 385), stets abgelehnt. – Im **Schrifttum** wird dagegen überwiegend ein Mißbrauch von Vertrauen vorausgesetzt (so zB Schaffstein, Mayer-FS, S 419; Schmidhäuser JR 78, 265, 269; Lange, Schröder-GedSchr, S 217, 233; Otto JR 91, 382; Sch/Sch-Eser 26 mwN; mit Recht krit jedoch Geilen, Schröder-GedSchr, S 235, 253 und Bockelmann-FS, S 613, 617; Rengier MDR 80, 1, 4; Mitsch JuS 96, 213; Jähnke LK 50–52); zum Teil wird auch auf den Mißbrauch zuvor „verlangten" Vertrauens (Jakobs JZ 84, 996), auf den „Mißbrauch sozialpositiver Verhaltensmuster" (Meyer JR 79, 441, 485), auf die Ausnutzung „begründeter" Arglosigkeit (Arzt JR 79, 7, 12), auf „unrechtsbewußt-überlegtes" Ausnutzen der Arg- und Wehrlosigkeit (Köhler JuS 84, 762, 765), auf den Mißbrauch von Vertrauen unter Ausnutzung der Arg- und Wehrlosigkeit „in menschenverachtender Gesinnung" (Langer JR 93, 133, 138), auf „tückisch-verschlagenes" (Spendel JR 83, 269, 271 und StV 84, 45; Schild JA 91, 48, 55) oder „heimlich-verschlagenes" (Veh, Mordtatbestand und verfassungskon-

forme Rechtsanwendung, 1986, S 161) Vorgehen, auf „besonders weitgehende, dem Opfer nicht erkennbare Tatvorbereitung“ (Schmoller ZStW 99, 389) oder allgemeiner auf das Fehlen eines „achtenswerten Grundes“ (Schwalm MDR 57, 260 und 58, 396) abgestellt (zusf Miehe JuS 96, 1000, 1003). – Die nach der Rspr nicht zureichend eingrenzbare Weite des Begriffs hat zur Anerkennung einer **übergesetzlichen Strafmilderung** nach dem Maßstab des § 49 I Nr 1 für den Fall geführt, daß **außergewöhnliche Umstände** die Verhängung der lebenslangen Freiheitsstrafe als unverhältnismäßig erscheinen lassen (20 vor § 211; näher konkretisierend Günther JR 85, 268; s auch Frommel StV 87, 292); ob solche Umstände, die zB bei Tötungen in großer Verzweiflung, aus tiefem Mitleid (beachte jedoch 6 a), aus gerechtem Zorn über grundlos erlittene schwere Kränkungen, in lebensgefährlichen Zwangssituationen (NStZ 95, 231) oder in einem vom Opfer verursachten zermürbenden und ausweglosen Konflikt in Frage kommen (BGHSt-GS-30, 105, 119; NStZ 82, 69; NJW 83, 54 und 55), im Einzelfall vorliegen, ist erst nach Erschöpfung aller gesetzlichen Milderungsmöglichkeiten zu prüfen (NJW 83, 2456 mit Bespr Hassemer JZ 83, 967, Rengier NStZ 84, 21 und Spendel StV 84, 45) und nur in wirklichen „Grenzfällen“ zu bejahen (NStZ 83, 553; s auch NJW 90, 2896; Fünfsinn Jura 86, 136), unterliegt im übrigen aber tatrichterlicher Würdigung mit der Folge, daß eine Nachprüfung durch das Revisionsgericht nur begrenzt möglich ist. – Zum Heimtückebegriff **im einzelnen:**

aa) An der **feindlichen Willensrichtung** fehlt es, wenn der Täter **6 a** zum besten des Opfers zu handeln glaubt (BGHSt 30, 105, 119 mwN), was etwa beim Selbsttötungsversuch unter Mitnahme von Familienangehörigen (bei Holtz MDR 89, 858; NStZ 95, 230 mit Bespr Winckler/Foerster NStZ 96, 32; vgl auch Mielke NStZ 96, 477) oder bei mitleidmotivierter verbotener Sterbehilfe (BGHSt 37, 376 mit Anm Roxin NStZ 92, 35; krit zur tatsächlichen Würdigung der Tätermotivation als Mitleid Geilen, Spendel-FS, S 521 und Otto Jura 94, 141, 147) in Frage kommt.

bb) **Arglos** ist, wer sich keines Angriffs von seiten des Täters versieht **7** (BGHSt 32, 382; 39, 353, 368; 41, 72, 79, alle mwN), also die allgemeine Erwartung hegt, es werde ihm von dessen Seite nichts Arges zustoßen (BGHSt 27, 322). Dazu ist das positive Bewußtsein erforderlich, vor einem Angriff sicher zu sein (hM; anders Dreher MDR 70, 248 mwN; zw); ein Besinnungsloser ist danach nicht arglos (NJW 66, 1823; bei Holtz MDR 77, 282; Jähnke LK 44; aM Krey BT 1 Rdn 45), wohl idR aber der Schlafende, weil er die Arglosigkeit mit in den Schlaf nimmt (BGHSt 23, 119; 32, 382, 386; krit zu dieser Differenzierung Otto Jura 94, 141, 149 und Kutzer NStZ 94, 110); auch ein dreijähriges Kind kann arglos sein (NStZ 95, 230 mit Bespr Geppert JK 27; vgl auch 9). Nach einer früher wesentlich strengeren Rspr (BGHSt 7, 218; 20, 301; GA 67, 244) hat der BGH vorübergehend angenommen, daß Arglosigkeit schon entfalle, wenn eine offene Auseinandersetzung von vornherein im Zeichen feindseligen Verhaltens stehe, und zwar unabhängig davon, ob sich das Opfer gerade eines tätlichen Angriffs versehe oder nicht (BGHSt 27, 322; NStZ 83, 34; krit BGHSt-GS-30, 105, 113; Geilen, Schröder-GedSchr, S 235; zusf Eser NStZ 83, 433, 436); inzwischen stellt er aber wieder auf Arglosigkeit im Hinblick auf einen **tätlichen,** dh gegen die körperliche Unversehrtheit gerichteten, erheblichen **Angriff** ab (BGHSt 33, 363 mit krit Anm Rengier NStZ 86, 505 und Frommel StV 87, 292; NJW 91, 1963 mit krit Bespr Otto Jura 94, 141, 149; NStZ 93, 341, alle mwN). Zweifelsfrei arglos ist, wer nach vorausgegangenem Streit jedenfalls zu dieser Zeit kein feindseliges Verhalten mehr erwartet (BGHSt 7, 218; 28, 210; 39, 353, 369; NStZ-RR 96, 322). Arglosigkeit entfällt nicht schon wegen eines generellen Mißtrauens, das zB Polizisten „rollenbedingt" vor Menschengruppen hegen (BGHSt 41, 72, 79 mit krit Bespr Schuster NJW 95, 2698). – IdR muß die Arglosigkeit bei **Beginn der (ersten) mit Tötungsvorsatz geführten Angriffshandlung,** dh bei Eintritt der Tat in das Versuchsstadium, bestehen (BGHSt 32, 382, 384 mit Bespr Meyer JR 86, 133; NJW 91, 1963 mit krit Anm Otto JR 91, 382; NStZ 93, 438; NStZ-RR 96, 98, alle mwN); dabei können auch Vorkehrungen, mit denen der Täter eine günstige Gelegenheit zur Tötung zu schaffen sucht, die Heimtücke begründen, wenn sie bei der Tatausführung noch fortwirken (NStZ 89, 364 mit krit Bespr Otto JK 19). Danach genügt es nicht, wenn der Täter das zunächst arglose Opfer mit Körperverletzungsvorsatz angreift, dann aber während der feindseligen Auseinandersetzung zur Tötung übergeht (BGHSt 19, 321; bei Holtz MDR 87, 799), oder wenn er es ohne Tötungsvorsatz wehrlos macht und dann erst einen offenen tödlichen Angriff anschließt (BGHSt 32, 382), wohl aber, wenn sich das Opfer, in eine Falle gelockt, plötzlich dem feindseligen Täter gegenübersieht (BGHSt 22, 77; 32, 382, 384; NJW 91, 1963 mwN).

8 cc) **Wehrlos** ist, wer bei Beginn des Angriffs (GA 67, 244) infolge seiner Arglosigkeit in seiner natürlichen Abwehrbereitschaft und -fähigkeit stark eingeschränkt ist (GA 71, 113).

9 dd) **Ausgenutzt** werden muß die Arg- und Wehrlosigkeit; Ausnutzung nur der Wehrlosigkeit genügt nicht (BGHSt 32, 382, 388; 39, 353, 369, beide mwN). Besonderer Überlegung oder eines **zuvor erwogenen Tatplans** bedarf es dazu nicht (BGHSt 2, 60; StV 81, 339 mit Anm Burgsmüller), namentlich nicht in dem Sinne, daß der Täter seinen Tötungsentschluß davon abhängig gemacht hat, die Tat unter Ausnutzung der Arg- und Wehrlosigkeit ausführen zu können (NStZ 87, 173); auch wer auf jeden Fall, dh unabhängig von den Ausführungsmöglichkeiten, töten will, kann heimtückisch handeln (NStZ 85, 216); jedoch muß dem Täter nach der Rspr die Arg- und Wehrlosigkeit in ihrer Bedeutung für die hilflose Lage bewußt sein (BGHSt 6, 120; 22, 77, 80; 39, 353, 369; NStZ 93, 341; krit Rengier MDR 80, 1, 2; beachte auch NStZ 84, 506), was bei hochgradiger Erregung häufig, aber nicht notwendig ausgeschlossen ist (NStZ 87, 555; bei Holtz MDR 90, 1066, beide mwN). – Erforderlich ist ferner, daß sich das Opfer ohne das Verhalten des Täters **aus eigener Kraft** – sei es zB

auch nur durch instinktives Ausspucken vergifteter Nahrung (BGHSt 8, 216; bei Dallinger MDR 73, 901; zw) – oder mit Hilfe Dritter hätte wehren können (BGHSt 4, 11; 18, 38). Das kann schon bei verhältnismäßig kleinen Kindern in Frage kommen (NJW 78, 709); auch kann die Tötung von Kleinkindern durch Ausnutzen der Arglosigkeit einer schutzbereiten Person begangen werden (BGHSt 8, 216; krit BVerfGE 45, 187, 266). – Der Täter braucht die schutzlose Lage **nicht selbst** herbeigeführt zu haben (BGHSt 18, 87); es genügt, daß er eine zufällig vorhandene Lage bewußt (bei Holtz MDR 79, 455) ausnutzt (BGHSt 32, 382, 384).

c) **Grausam** tötet, wer dem Opfer besonders starke Schmerzen oder Qualen körperlicher oder seelischer Art (schon das einjährige Kind kann Verhungern und Verdursten als solche Qualen empfinden, bei Dallinger MDR 74, 14) aus gefühlloser, unbarmherziger Gesinnung zufügt (hM; vgl etwa BGHSt 3, 180, 264 und Küper BT S 119; weiter Witt, Das Mordmerkmal „grausam", 1996, S 156, 169 und Sch/Sch-Eser 27, alle mwN). Dabei muß die Grausamkeit nicht notwendig in der eigentlichen Ausführungshandlung liegen (Otto Jura 94, 141, 150); sie kann sich auch aus Umständen ergeben, unter denen nach dem Tatplan die Tötung eingeleitet oder vollzogen wird (NJW 71, 1189 mwN); ein bloß enger zeitlicher Zusammenhang zwischen grausamen, ohne Tötungsvorsatz begangenen Körperverletzungshandlungen und der anschließenden (NJW 86, 265 mit Bespr Amelung NStZ 86, 265) oder vorausgegangenen (BGHSt 37, 40), selbst nicht grausamen Tötungshandlung genügt jedoch nicht. Die erforderliche Gesinnung (dazu NStZ 82, 379) braucht nicht im Wesen des Täters zu wurzeln; sie muß ihn nur bei der Tat beherrschen (BGH aaO). Sie wird nicht dadurch ausgeschlossen, daß der Täter aus einem niedrigen Beweggrund handelt (NJW 88, 2682), kann aber bei hochgradiger Erregung oder heftiger Gemütsbewegung fehlen (bei Holtz MDR 87, 623 mwN; krit Jähnke LK 57). 10

d) **Gemeingefährlich sind Mittel,** deren Wirkung auf Leib oder Leben einer Mehrzahl anderer Menschen der Täter nach den konkreten Umständen nicht in der Hand hat (NJW 85, 1477 mit Bespr Brandts JA 85, 491, Horn JR 86, 32 und Rengier StV 86, 405; bei Holtz MDR 93, 720; Küper BT S 144, alle mwN; str). Die Verwendung einer Pistole zur Tötung eines bestimmten Menschen genügt jedoch nicht, auch wenn der Täter in Kauf nimmt, daß der Schuß fehlgehen und einen Unbeteiligten aus einer Vielzahl von Menschen treffen kann (BGHSt 38, 353 mit Bespr Rengier JZ 93, 364, Jung JuS 93, 518, Geppert JK 23 und v Heintschel-Heinegg JA 93, 222). Dasselbe gilt für bloß abstrakte Gemeingefährlichkeit (anders wohl Horn SK 49, 50), während der Eintritt einer konkreten Gefahr (20–22 zu § 315 c) nicht unbedingt erforderlich ist (Otto Jura 94, 141, 150; aM Rengier aaO), auch nicht die Vornahme einer Handlung im Sinne des 27. Abschnitts. – Der Täter muß das Mittel zur Tötung einsetzen; die bloße Ausnutzung einer – sei es auch vom Täter selbst ohne Tö- 11 tungsvorsatz herbeigeführten – gemeingefährlichen Lage reicht nicht aus (BGHSt 34, 13).

12 **e)** aa) **Um eine andere Straftat** (nicht lediglich Ordnungswidrigkeit, BGHSt 28, 93; Mitsch JuS 96, 213, 218, beide mwN; str) **zu ermöglichen oder zu verdecken** setzt die – nicht notwendig ausschließliche (bei Holtz MDR 84, 276) – Absicht im Sinne zielgerichteten Wollens (20 zu § 15) voraus (NStZ 96, 81 [mit Bespr Fischer, NStZ 96, 416 und Otto JK 29] zur Ermöglichungsabsicht). Dabei kann die andere Straftat die des Täters oder eines Dritten sein (BGHSt 9, 180) und auch nur – sei es infolge eines Tatsachen- oder Bewertungsirrtums (Jähnke LK 10, 20; zw) – in der Vorstellung des Täters bestehen (hM; vgl BGHSt 11, 226; 28, 93); die bloße Befürchtung, wegen eines vermeintlich nicht strafbaren Verhaltens in ein Verfahren verwickelt zu werden, genügt jedoch nicht (JR 93, 163 mit Anm Sick). – **Verdekkung der Täterschaft,** die nach der Vorstellung des Täters den Strafverfolgungsbehörden noch unbekannt ist (GA 79, 108), bedeutet zugleich Verdeckung der (uU bereits bekannten) Tat (NJW 88, 2682 mwN); es genügt daher, wenn der Täter den von ihm angefahrenen Fußgänger (VRS 23, 207) oder den ihn nach einem Verkehrsdelikt anhaltenden (BGHSt 15, 291; VRS 26, 202) oder verfolgenden (NJW 68, 660) Polizeibeamten tötet, um unerkannt zu entkommen. – **Ziel** der Verdeckungshandlung kann nach der Rspr außer der Abwehr der Strafverfolgung auch die Vermeidung außerstrafrechtlicher Konsequenzen wie zB die Entziehung der erschlichenen Beute durch die Geschädigten der Vortat sein (BGHSt 41, 8); diese weite Auslegung ist zwar mit dem Wortlaut der Verdeckungsmodalität vereinbar, doch verfehlt sie deren Qualifikationsgrund, den Schutz staatlicher Strafverfolgungsinteressen gegen massive, straftatverdeckende Eingriffe (Küper JZ 95, 1158; ähnlich Brocker MDR 96, 228; Otto JK 26, alle mwN). Die andere Tat kann mit dem Mord **tateinheitlich zusammentreffen,** zB wenn in natürlicher Handlungseinheit eine Körperverletzung oder ein abgeschlossener Tötungsversuch und zu deren Verdeckung unmittelbar anschließend eine Tötung begangen wurde (BGHSt 35, 116, 123; NJW 92, 919, beide mwN), nicht aber, wenn eine vorsätzlich begangene Tötung lediglich vollendet wurde (NJW 90, 2758 mit Anm Hohmann JR 91, 212). – Zur Vereinbarkeit bedingten Vorsatzes mit der erforderlichen Absicht beachte 15.

13 bb) Zur **Wahrung der Verhältnismäßigkeit** ist in Grenzfällen der **Verdeckungsabsicht** eine enge Auslegung geboten (BVerfGE 45, 187, 266), die allerdings nicht so weit geht, daß nur noch solche Verdeckungstaten erfaßt werden, die schon im voraus geplant waren (BGHSt 27, 281; bei Holtz MDR 83, 622) oder mit Überlegung begangen wurden (hM; anders Köhler JZ 81, 548; Wohlers JuS 90, 20, 23). Unter dem Eindruck verfassungsgerichtlicher Kritik (BVerfG aaO S 266; s auch 18–21 vor § 211) hatte der 2. StS des BGH gewisse Grenzfälle unmittelbaren nahtlosen Übergehens einer gegen Leib oder Leben gerichteten Vortat in die Verdeckungstat aus dem Anwendungs-

bereich des Mordmerkmals ausgeschieden (vgl etwa BGHSt 27, 346; NStZ 84, 453), ist davon aber mit Recht wieder abgerückt (BGHSt 35, 116 mit krit Bespr Schmidhäuser NStZ 89, 55, Timpe NStZ 89, 70, Hohmann/Matt JA 89, 134 und Wohlers aaO; die Entwicklung zusf Laber MDR 89, 861 und Otto Jura 94, 141, 151). Stattdessen erwägt er jetzt, die Verdeckungsabsicht als spezielle Ausprägung und damit als bloßes Regelbeispiel eines niedrigen Beweggrundes zu verstehen und auf diese Weise die Möglichkeit einer abschließenden Gesamtwürdigung (vgl 5) zu eröffnen (BGH aaO S 126). Dieses Modell ist zwar der Rechtsfolgenlösung bei der Heimtücke (vgl 6) überlegen, aber wegen seines offenbaren Widerspruchs zum Gesetzeswortlaut nicht unbedenklich (krit Timpe, Laber und Wohlers aaO); dies gilt auch für das Modell der doppelten (finalen und psychologischen) Motivprüfung von Groth (Der Verdeckungsmord als doppelmotivierter Handlungsakt, 1993, S 179); beide Modelle bestätigen nur ein weiteres Mal die Reformbedürftigkeit der Tötungstatbestände (25 vor § 211; Küpper BT 1 I 1/57).

4. a) Der **Vorsatz** muß neben der Tötungshandlung (dazu 2 zu § 212) auch die äußeren Merkmale umfassen, die die Tat als Mord gegenüber dem Totschlag kennzeichnen (LM Nr 2). Dabei kommt es auf das Bewußtsein im Augenblick der Tat (nicht der Planung) an; fehlt das aktuelle Bewußtsein (9 zu § 15) – selbst infolge eines verschuldeten Affekts –, so ist das Merkmal nicht zurechenbar (BGHSt 6, 329); zu dem entsprechenden Bewußtsein bei den Motiv- und Absichtsmerkmalen vgl 5 b, 9. **14**

b) Bedingter Vorsatz genügt (DAR 82, 297). Er ist mit Mordlust nicht vereinbar (bei Dallinger MDR 74, 547; aM Otto JK 15; zw), wohl aber mit einem anderen niedrigen Beweggrund (BGHSt 19, 101, 105) und mit Grausamkeit (NJW 88, 2682; Witt aaO [vgl 10] S 164 mwN). Das gilt grundsätzlich auch für die Absicht, eine Straftat zu ermöglichen oder zu verdecken (BGHSt 11, 268, 270; 15, 291, 297; 21, 283; eingehend Geilen, Lackner-FS, S 571; zusf Miehe JuS 96, 1000, 1004). Die bisherige Rspr hat – allerdings nicht einheitlich – ein solches Zusammentreffen weitgehend ausgeschlossen, weil sie nicht nur verlangte, daß die in Kauf genommene Tötung als Mittel zur Ermöglichung oder Verdeckung der anderen Straftat eingesetzt wurde (BGHSt 23, 176, 194), sondern darüber hinaus zu Unrecht auch, daß der Todeserfolg notwendiges Mittel zur Zweckerreichung war (bei Holtz MDR 80, 629). Diese im Schrifttum schon lange bekämpfte Einschränkung (vgl etwa Geilen aaO S 573; Schall JuS 90, 623, 624) hat die Rspr inzwischen aufgegeben (BGHSt 39, 159 mit Bespr Graul JR 93, 510; Jung JuS 93, 873; Geppert JK 25 und Schroeder JuS 94, 293). Erfaßt wird deshalb sowohl der Fall, daß ein Kraftfahrer nach einem Unfall flieht und den Tod des Unfallopfers hinnimmt (Mitsch JuS 96, 213, 217; Arzt/Weber BT 1 Rdn 138; M-Schroeder/Maiwald BT 1 2/36; aM BGHSt 7, 287), als auch der bisher schon unbestrittene Fall, daß der flüchtige Kraftfahrer Zusammenstöße mit dem verfolgenden Polizeiwa- **15**

gen herbeiführt, um unerkannt zu entkommen, und den – an sich nicht erwünschten – Tod des Beamten in Kauf nimmt (NJW 68, 660; VRS 37, 28); ebenfalls erfaßt wird der Fall, daß von dem durch die Verdekkungshandlung (zB Brandstiftung mit bedingtem Tötungsvorsatz) Gefährdeten bzw Getöteten selbst Entdeckung nicht zu befürchten war (BGH 41, 358 mit überwiegend zust Bespr Fischer NStZ 96, 416; Schroeder JZ 96, 688 und Otto JK 28). In Verdeckungsfällen ist ein Zusammentreffen mit bedingtem Vorsatz allerdings ausgeschlossen, wenn nach der Vorstellung des Täters die erstrebte Verdeckung nur durch den Tod des Opfers erreichbar ist (NStZ 85, 166; StV 92, 259; bei Holtz MDR 93, 406; Otto Jura 94, 141, 152); in der Rspr ist diese Voraussetzung häufig auf einer verkürzten Sachverhaltsbasis zu Unrecht bejaht worden (krit Geilen aaO S 588; beachte auch NJW 88, 2682 mit krit Anm Frister StV 89, 343).

16 **5.** Für die **Beteiligung am Mord** (Täterschaft und Teilnahme) ist davon auszugehen, daß der Totschlag (§ 212) den Grundtatbestand der Tötungsdelikte bildet (22 vor § 211). Unter dieser Voraussetzung sind sämtliche Mordmerkmale strafschärfend, die Motivmerkmale (BGHSt 22, 375; NStZ 89, 19; Jakobs NJW 69, 489) und die Absichtsmerkmale (BGHSt 23, 39; bei Holtz MDR 80, 628; Jakobs NJW 70, 1089; aM Dreher JR 70, 146) darüber hinaus persönlicher Natur nach § 28 II (Schröder JZ 69, 132; Maurach JuS 69, 249). Dagegen sind die Merkmale „heimtückisch“ (BGHSt 23, 103; krit Jakobs NJW 70, 1089), „grausam“ (BGHSt 24, 106; NJW 72, 832; diff Herzberg ZStW 88, 68, 108; Schünemann Jura 80, 568, 578; Roxin LK 76–78 zu § 28) und „mit gemeingefährlichen Mitteln“ tatbezogen (4 zu § 28; zusf Geppert/Schneider Jura 86, 106; Jähnke LK 61–67). – Dagegen hält die Rspr (vgl 22 vor § 211) die Mordmerkmale für strafbegründend (BGHSt 22, 375; NJW 93, 2125, 2126 mwN; krit Küper JZ 91, 910). Danach macht sich der aus niedrigen Beweggründen handelnde Anstifter eines Totschlägers nur nach §§ 212, 26 (BGHSt 1, 368) und umgekehrt der nicht selbst aus niedrigen Beweggründen handelnde Gehilfe eines Mörders nach §§ 211, 27, allerdings mit der Milderung nach § 28 I, strafbar (BGHSt 22, 375; NStZ 96, 384; krit Arzt/Weber BT 1 Rdn 104); erfüllen jedoch Täter und Teilnehmer auch nur verschiedene, einander aber verwandte Mordmerkmale, so soll das – trotz Überschreitung der Akzessorietätsgrenzen des § 28 (Arzt JZ 73, 681) – für Mordteilnahme genügen (BGHSt 23, 39; NJW 82, 2738). Von diesem Standpunkt aus ist auch die Möglichkeit von Mittäterschaft zwischen §§ 211 und 212 problematisch, wird neuerdings aber von der Rspr zutreffend bejaht (BGHSt 36, 231 mit Bespr Timpe JZ 90, 97, Beulke NStZ 90, 278 und Küpper JuS 91, 639, alle mwN).

17 **6. Mehrere Mordmerkmale,** die in einer Handlung zusammentreffen, begründen **keine Tateinheit,** sondern nur verschiedene Begehungsformen desselben Delikts (3 zu § 52); jedoch kann das Zusammentreffen strafschärfend berücksichtigt werden (45 zu § 46). Zum

Konkurrenzverhältnis des § 211 zu den §§ 212, 213, 216, 217 vgl 22–24 vor § 211. Im übrigen gibt es bei den vorsätzlichen Tötungsdelikten für die Möglichkeiten der **Konkurrenz** mit anderen Gesetzesverletzungen (dazu 6–10 zu § 212) keine relevanten Unterschiede. – Zwischen den Mordmerkmalen ist **Wahlfeststellung** möglich (14 zu § 1).

7. Unverjährbarkeit des Mordes § 78 II. Anzeigepflicht § 138 I Nr 6. 18

§ 212 Totschlag

(1) **Wer einen Menschen tötet, ohne Mörder zu sein, wird als Totschläger mit Freiheitsstrafe nicht unter fünf Jahren bestraft.**

(2) **In besonders schweren Fällen ist auf lebenslange Freiheitsstrafe zu erkennen.**

1. Allgemein zu den Tötungsdelikten, namentlich zum geschützten 1
Rechtsgut, zur zeitlichen Erstreckung des Strafschutzes und zur Beteiligung an der Selbsttötung 1–17 vor § 211; zur Systematik der Tatbestände vorsätzlicher Tötung 18–24 vor § 211; zu ihrer Reformbedürftigkeit und Kriminologie 25, 26 vor § 211.

2. Töten bedeutet, als Täter den Tod eines anderen (beachte 3, 4 2
vor § 211) verursachen, gleichgültig auf welche Art und Weise (zur Beteiligung an einer Selbsttötung 9–17 vor § 211). Meist wird es durch Verletzen, Vergiften (aM für lebensverkürzende Verletzungen zB durch eine AIDS-Infizierung Schünemann, in: Busch ua [Hrsg], HIV/AIDS und Straffälligkeit, 1991, S 93, 96; vgl 7 zu § 229) oder Aussetzen oder durch Unterlassen gebotener Hilfe geschehen; auch Töten durch Erschrecken ist nicht ausgeschlossen. Bei positivem Tun genügt die Herbeiführung jeder – sei es auch nur kurzfristigen – Beschleunigung des Todeseintritts (BGHSt 21, 59, 61; StV 86, 59; krit Puppe JR 94, 517; Jähnke LK 3 mwN). Beim Unterlassen kommt es nach hM darauf an, ob die unterbliebene Handlung mit an Sicherheit grenzender Wahrscheinlichkeit das Leben nicht nur unwesentlich verlängert hätte (StV 94, 425 mit Bespr Puppe JR 94, 515 und Otto JK 5 vor § 13; Düsseldorf StV 93, 477; Jähnke LK 4 mwN; 12 vor § 13); jedoch kann auch die kurze Zeitspanne von nur einem Tag oder von wenigen Stunden namentlich dann ausreichen, wenn durch das Unterlassen Überlebenschancen vereitelt worden sind (NStZ 81, 218 mit Anm Wolfslast; NStZ 85, 26; im Ergebnis zust Wachsmuth/Schreiber NJW 82, 2094; abl Ulsenheimer MedR 84, 161, 163; Ranft JZ 87, 863, alle mwN; zw). – Im übrigen gelten für die objektive Zurechnung des Todeserfolges die allgemeinen Regeln (14 vor § 13).

3. Der **Vorsatz** braucht nur die Herbeiführung des Todes eines an- 3
deren zu umfassen; die Abgrenzungsformel „ohne Mörder zu sein" ist kein Tatbestandsmerkmal (22 vor § 211; krit Puppe JR 84, 229, 233). – **Bedingter** Vorsatz genügt (BGHSt 14, 193). Für seine Abgrenzung von der bewußten (uU auch unbewußten) Fahrlässigkeit (53 zu § 15) stellt die Rspr im Hinblick auf die hohe Hemmschwelle vor Tötungs-

handlungen höhere als die sonst maßgebenden (25 zu § 15) Anforderungen (krit Puppe NStZ 92, 576), die sie namentlich bei gefährlichen Gewalttätigkeiten ohne nachvollziehbares Tötungsmotiv, weniger bei Unterlassungen (NJW 92, 583 mit abl Anm Schwarz JR 93, 31; vgl aber NZV 93, 197 und StV 95, 512), besonders betont und dadurch zu einer bisweilen problematischen Einschränkung des Vorsatzbereichs kommt (vgl etwa NJW 83, 2268 und 85, 2428; NStZ 86, 549, 87, 424, 88, 175 und 361, 92, 384 und 587 sowie 94, 483; MDR 85, 794; StV 88, 93 sowie 92, 420 und 575; bei Holtz MDR 91, 295; NZV 92, 370 und 93, 237; NStZ 94, 585; beachte die Kritik bei Roxin AT I 12/69 und Horn SK 23 c; speziell zum bedingten Vorsatz beim Durchbrechen einer Polizeisperre NZV 96, 156; bei Brandanschlägen StV 94, 654; NStZ 94, 483 und 584). – Bei Sexualkontakten mit **AIDS-Risiko** (12 a vor § 211; 10 zu § 223 a) ist sie umstritten und noch nicht abschließend geklärt. Überwiegend wird Vorsatz zutreffend – allerdings mit unterschiedlichen, schon im Ansatz abweichenden Begründungen (zB Fehlen des voluntativen Elements, Ausschluß der Zurechnung von Spätfolgen) – für den Regelfall verneint (BGHSt 36, 1, 15 und 262, 267; dem Ergebnis zust Schünemann JR 89, 89, 93; Herzberg JZ 89, 470, 478; Schlehofer NJW 89, 2017; krit Prittwitz StV 89, 123, 126; Bottke AIFO 89, 468, 473; Frisch JuS 90, 362, 365; aM LG München MedR 87, 288; Meier GA 89, 227; Mayer JuS 90, 784, alle mwN); zum neuesten Diskussionsstand vgl die Beiträge von Schünemann, Herzberg und Bottke, in: Szwarc [Hrsg], AIDS und Strafrecht, 1996, S 9, 61 und 277). – Unwesentliche **Abweichungen** des wirklichen vom vorgestellten Geschehensablauf schließen weder den unbedingten (BGHSt 7, 325) noch den bedingten (BGHSt 14, 193) Tötungsvorsatz aus (11 zu § 15).

4 **4.** Die **Rechtswidrigkeit** kann namentlich ausgeschlossen sein durch Notwehr (§ 32), uU auch durch Waffengebrauchsrechte von Amtsträgern oder durch das Völkerrecht bei Kampfhandlungen im Kriege und im bewaffneten Konflikt (24 vor § 32; zusf Jähnke LK 11–21). – Zur **Perforation** beachte 9 zu § 34.

5 **5.** Zu **Abs 2** (besonders schwere Fälle) 7–10 a zu § 46 (zu seiner Verfassungsmäßigkeit BVerfG JR 79, 28 mit krit Anm Bruns). Die Schuld des Totschlägers muß ebenso schwer wiegen wie die eines Mörders (NJW 81, 2310 mit Anm Bruns MDR 82, 65; NStZ 91, 431; JR 93, 163, alle mwN). Es genügt daher nicht, wenn die Tatumstände den Mordmerkmalen nach § 211 II nur nahekommen; es müssen vielmehr zusätzliche schulderhöhende Momente hinzutreten, die das Minus gegenüber dem Mord ausgleichen (NStZ 81, 258 und 93, 342; s auch NJW 82, 2264 mit Anm Bruns JR 83, 28). Beachte ferner Eser NStZ 84, 49, 51.

6 **6. a)** Bei einem Angriff auf mehrere Menschen ist **gleichartige Tateinheit** idR nur anzunehmen, wenn eine natürliche Handlung vorliegt (zB Tötung mehrerer durch einen Feuerstoß aus der Maschinenpistole, BGHSt 16, 397); mit Rücksicht auf die Verletzung ver-

schiedener höchstpersönlicher Rechtsgüter sind der Annahme einer natürlichen Handlungseinheit bei mehreren Willensbetätigungen enge Grenzen gesetzt (NStZ 96, 129; 7 vor § 52).

b) Eine **Konkurrenz von Tötungs- und Körperverletzungsdelikten** ist nicht begrifflich ausgeschlossen. Die Körperverletzung bildet schon objektiv ein notwendiges Durchgangsstadium zur Tötung mit der Folge, daß die Kongruenz von objektivem und subjektivem Tatbestand die Anerkennung dieses Stufenverhältnisses auch für den Vorsatz erfordert (Jakobs, Die Konkurrenz von Tötungsdelikten mit Körperverletzungsdelikten, 1967, S 96, 119; krit Arzt/Weber BT 1 Rdn 230). Die sog Gegensatztheorie, die ein Ausschlußverhältnis zwischen Tötungs- und Körperverletzungsvorsatz postuliert (RGSt 61, 375), ist daher überholt und durch die nahezu einhellig anerkannte sog Einheitstheorie verdrängt worden. Daraus folgt: 7

aa) In jedem Tötungsvorsatz ist ein unbedingter oder bedingter **Verletzungsvorsatz** enthalten (hM; vgl BGHSt 16, 122; 21, 265; Hirsch LK 14–16 vor § 223), und zwar idR auch dann, wenn die Körperverletzung das für die Tötung typische Maß überschreitet (Hirsch ZStW 81, 917, 928; aM Jakobs aaO [vgl 7] S 111) oder wenn der Täter im Rahmen einer natürlichen Handlungseinheit zunächst nur verletzen und erst während der Tatausführung töten wollte (bei Holtz MDR 81, 99; NStZ 92, 277). Dieses Nebeneinander ist namentlich für die Strafbarkeit der Körperverletzung nach Rücktritt vom Tötungsversuch bedeutsam (23 zu § 24). Auch scheidet eine Körperverletzung aufgrund von Mindestfeststellungen nicht deshalb aus, weil der Täter möglicherweise mit Tötungsvorsatz gehandelt hat (NJW 91, 990). 8

bb) Hinter der **vollendeten Tötung** tritt die Körperverletzung als **subsidiäres** (26 vor § 52) Delikt zurück (hM; vgl BGHSt 16, 122; diff Sch/Sch-Eser 17 ff, 20 mwN). Überwiegend wird das auch für das Zusammentreffen eines **Tötungsversuchs** mit vollendeter einfacher oder gefährlicher Körperverletzung angenommen (BGHSt 21, 265; NStZ 95, 79; krit zur Rspr Maatz NStZ 95, 209). Darüber hinaus bejaht die Rspr es sogar für § 224 (BGHSt 22, 248; Tateinheit erwägend bei Holtz MDR 95, 880; aM Schmitt JZ 62, 389, 392; Jakobs NJW 69, 437) und für die 1. Alternative des § 229 II (Hirsch LK 29 zu § 229 mwN) und schließt es nur für § 225 Abs 1 aF (NStZ 95, 589) und für § 226 (und damit wohl auch für die 2. Alternative des § 229 II) aus (bei Holtz MDR 77, 282; s auch NStZ 88, 565). Im Hinblick auf die allgemeinen Grundsätze, die für das Zusammentreffen des Versuchs eines schwereren mit der Vollendung eines zurücktretenden leichteren Delikts gelten, ist diese Lösung problematisch (28 vor § 52). 9

c) Zum **Verhältnis** der vorsätzlichen Tötung zu den erfolgsqualifizierten Delikten 13 zu § 18; 4 zu § 251; zum Schwangerschaftsabbruch 21 zu § 218. 10

7. Anzeigepflicht § 138 I Nr 6. 11

§ 213 Minder schwerer Fall des Totschlags

War der Totschläger ohne eigene Schuld durch eine ihm oder einem Angehörigen zugefügte Mißhandlung oder schwere Beleidigung von dem Getöteten zum Zorn gereizt und hierdurch auf der Stelle zur Tat hingerissen worden oder liegt sonst ein minder schwerer Fall vor, so ist die Strafe Freiheitsstrafe von sechs Monaten bis zu fünf Jahren.

1 **1.** Die Vorschrift gibt eine **Strafzumessungsregel** (hM) ausschließlich für den Totschlag (23 vor § 211). Die Tat bleibt Verbrechen (4 zu § 12; Mitsch JuS 96, 26, 28; aM für den ersten Teil [Reizung zum Zorn] Otto GK 2 S 7). Übersicht über die BGH-Rspr bei Eser NStZ 84, 49, 52; zu deren Tendenz vermehrter Anwendung der Vorschrift Eser, Middendorff-FS, S 65 (krit Jähnke LK 1, 4, 5; s auch Herde ZRP 90, 458). Zur **Reform** (Maatz, Salger-FS, S 91, 95: längst überfällig; vgl auch BT-Dr 13/4830 S 7).

2 **2.** Der Strafmilderungsgrund der **Reizung zum Zorn (Provokation)** ist zwingend (BGHSt 25, 222; krit Maatz aaO [vgl 1] S 98, der eine normativ-ethische Reduktion fordert); zu seiner umstrittenen Deutung vgl Hillenkamp, Vorsatztat und Opferverhalten, 1981, S 272 und Frister, Die Struktur des „volumtativen Schuldelements", 1993, S 224.

a) Als **Mißhandlung** kommt körperliche oder seelische in Frage; letztere kann auch in einem fehlgeschlagenen Angriff auf Leib und Leben, zB in einem Messerstich ohne Verletzungsfolgen, liegen (NJW 95, 1910). – **Beleidigung** ist nicht technisch zu verstehen; Kränkung durch Ehebruch (bei Holtz MDR 78, 110) oder durch Hausfriedensbruch (bei Holtz MDR 79, 987) kann genügen, Bedrohung mit künftigem Verhalten dagegen idR nicht (bei Holtz MDR 79, 280). Ob die Beleidigung **schwer** ist, bestimmt sich nicht nach der Auffassung des Täters, sondern nach objektivem Maßstab (NStZ 81, 300 und 82, 27), für den auch der Wahrheitsgehalt der Äußerung relevant sein kann (StV 90, 204). Dabei ist jedoch von dem konkreten Geschehensablauf (bei Holtz MDR 79, 280; StV 90, 205) und den Anschauungen im Lebenskreis der Beteiligten (NStZ 96, 33) auszugehen; auch das eigene Verhalten des Täters, das frühere des Opfers (bei Holtz MDR 78, 110, 280) und das gesamte Verhältnis zwischen beiden mit seiner Vorgeschichte (NJW 85, 870 und 87, 3143) sind zu berücksichtigen (bei Holtz MDR 91, 483 mwN; s auch BGHSt 21, 14). Der erforderliche Schweregrad kann auch durch fortlaufende, für sich gesehen nicht als schwer zu wertende Kränkungen erreicht werden (GA 70, 214; NStZ 82, 27 und 84, 507; NStZ-RR 96, 259; s auch StV 91, 105; krit Maatz aaO S 99).

3 **b)** Mißhandlung oder Beleidigung müssen durch den **Getöteten,** nicht durch einen Dritten, begangen (bei Dallinger MDR 73, 901) und namentlich als bewußter Angriff auch wirklich geschehen sein (bei Holtz MDR 89, 111); der nur vermeintlich gekränkte Totschläger wird

nicht erfaßt (BGHSt 34, 37; NStZ 88, 216; Maatz aaO [vgl 1] S 100; Mitsch JuS 96, 26, 28, alle mwN; beachte 9).

c) Angehöriger 2 zu § 11. Eine analoge Einbeziehung auch anderer nahestehender Personen (zB Partner einer eheähnlichen Gemeinschaft) widerspricht nicht nur allgemeinen Auslegungsgrundsätzen, sondern ist kriminalpolitisch (vgl 9) auch nicht geboten (Otto JK § 11/2; aM Strätz FamRZ 80, 308; s auch Bay NJW 86, 202, alle mwN). 4

d) Eigene Schuld (zur Erklärung dieser Einschränkung auf der Grundlage eines funktionalen Schuldbegriffs [25 vor § 13] Jakobs, Das Schuldprinzip, 1993, S 32) trifft den Täter, wenn er dem Getöteten im gegebenen Augenblick (NStZ 81, 300 mwN), unter Berücksichtigung allerdings auch früheren Verhaltens (NStZ 92, 588; krit zu dessen meist unzureichender Berücksichtigung Geilen, Dreher-FS, S 357, 363), schuldhaft genügenden Anlaß zu der Provokation gegeben hat (bei Holtz MDR 86, 272 mwN; s auch StV 85, 367). 5

e) Zum Zorn gereizt und zur Tat hingerissen schließt das Mitwirken anderer Motive nicht aus, es sei denn, daß diese den Affekt völlig überlagern (NJW 77, 2086 mit krit Anm Geilen JR 78, 341; bei Holtz MDR 79, 107). Nicht privilegiert ist jedoch der Täter, der auch ohne die Provokation zur Tat entschlossen war (BGHSt 21, 14). – **Auf der Stelle** setzt nicht unbedingt voraus, daß die Tat der Provokation unmittelbar folgt. Liegt zwischen beiden eine gewisse Zeitspanne, die zwar nicht allzu lange (4 StR 524/72 v 22. 2. 1973), uU aber doch einige Stunden dauern kann (bei Dallinger MDR 75, 542; NStZ 84, 216), so muß der Täter beim Entschluß zur Tat und bei dessen Verwirklichung noch bestimmend unter dem Einfluß der vom Opfer ausgelösten Gemütsbewegung stehen (GA 70, 214; NStZ 95, 83). 6

f) Im ganzen ist eine gewisse **Verhältnismäßigkeit** zwischen dem Schweregrad der Provokation und der Tat im Sinne einer Nachvollziehbarkeit des ausgelösten Affekts zu fordern (Geilen, Dreher-FS, S 357, 374, 382; Neumann, Zurechnung und „Vorverschulden", 1985, S 253; aM NStZ 85, 216; M-Schroeder/Maiwald BT 1 2/56; Horn SK 5, alle mwN; zw). 7

g) Zweifel über das Vorliegen einer Provokation sind nach dem Grundsatz in dubio pro reo zu lösen (bei Detter NStZ 92, 170). – Bei **Beteiligung** mehrerer gilt § 28 II (dort 8, 10). 8

3. Ob sonst ein **minder schwerer Fall** vorliegt, ist aufgrund einer Gesamtwürdigung von Tat und Täter zu entscheiden (9 zu § 46; s auch GA 80, 143; StV 84, 283, 284; NStZ 85, 72, 310 und 89, 318; JR 86, 75 mit Anm Timpe; bei Holtz MDR 96, 550; LG Osnabrück StV 94, 430). Hier können jedenfalls auch eine vermeintliche Kränkung (BGHSt 34, 37 mwN), die Beleidigung oder Mißhandlung einer anderen nahestehenden Person (vgl 4) und ein zwar nicht ohne eigene Schuld entstandener, aber begreiflicher Erregungszustand (NJW 68, 757) sinnvoll berücksichtigt werden (beachte auch NJW 88, 1153). Selbst die Tötung durch einen willkürlichen Richterspruch kann wegen der Einbindung 9 des Täters in ein Unrechtssystem und eines ungewöhnlich langen Zeitablaufs ein minder schwerer Fall sein (BGHSt 41, 317, 341).

10 **4.** Zum **Zusammentreffen** mit anderen Milderungsgründen 2–4 zu § 50. Da das Gesetz bei der Provokation keine für verminderte Schuldfähigkeit hinreichende Affektintensität voraussetzt, können §§ 213 und 21 nebeneinander anwendbar sein (bei Holtz MDR 77, 106; StV 93, 421 und 94, 315; NJW 96, 1910; Salger, Tröndle-FS, S 201, 216; einschr Maatz aaO [vgl 1] S 102; probl nach Jähnke LK 12 zu § 21; aM Blau, Tröndle-FS, S 109, 120; aus psychiatrischer Sicht krit auch Glatzel StV 87, 553; zw). Bei solchem Zusammentreffen ist daher eine weitere Strafmilderung nach §§ 21, 49 I weder notwendig ausgeschlossen (JZ 83, 400 mit Anm Schmitt; NStZ 86, 115; Herde ZRP 90, 458, alle mwN), noch zwingend geboten (NStZ 86, 71).

§§ 214, 215 *(weggefallen)*

§ 216 Tötung auf Verlangen

(1) **Ist jemand durch das ausdrückliche und ernstliche Verlangen des Getöteten zur Tötung bestimmt worden, so ist auf Freiheitsstrafe von sechs Monaten bis zu fünf Jahren zu erkennen.**

(2) **Der Versuch ist strafbar.**

1 **1.** Allgemein zu den Tötungsdelikten, namentlich zur Systematik der Tatbestände vorsätzlicher Tötung, 1–24 vor § 211. Die Vorschrift **privilegiert** die Tötung auf Verlangen gegenüber § 212 und geht als abschließende Spezialregelung auch dem § 211 vor (24 vor § 211). Ihren gesetzgeberischen Grund bildet nicht allein die schuldmindernde Konfliktslage des Täters (so aber Wessels BT 1 Rdn 144), sondern daneben auch die Unrechtsminderung, die sich aus der gesteigerten Einwilligung des Opfers herleiten läßt (Hillenkamp, Vorsatztat und Opferverhalten, 1981, S 243; Mitsch JuS 96, 309; Sch/Sch-Eser 1, beide mwN). – Die vereinzelt geforderte **Beseitigung** (zB Marx, Zur Definition des Begriffs „Rechtsgut", 1972, S 64, 82; Schmitt, Maurach-FS, S 113, 117 und JZ 79, 462; Kuhse DÄBl 90, C 783) ist verfassungsrechtlich problematisch (dazu Wilms/Jäger ZRP 88, 41 mit Erwiderung Hoerster ZRP 88, 185; Schroeder ZStW 106, 565, 573 begründet die Vorschrift mit der in Art 2 II GG iVm Art 1 II GG verankerten Unverzichtbarkeit des Lebens; ähnlich aus verfassungsrechtlicher Sicht v Münch/Kunig GG 36 zu Art 1 [Sterbehilfe]; vgl auch Singer JZ 95, 1133, 1141) und weder dogmatisch geboten noch rechtspolitisch verantwortbar (hM; vgl etwa Hirsch, Welzel-FS, S 775; Möllering, Der Schutz des Lebens – Recht auf Sterben, 1977, S 93; Tröndle ZStW 99, 55, 38; Bade, Der Arzt an den Grenzen von Leben und Recht, 1988, S 179; Giesen JZ 90, 929, 933; Hofmann, Krause-FS, S 115, 121; Achenbach, in: Ochsmann [Hrsg], Lebens-Ende, 1991, S 137, 155; v Lutterotti MedR 92, 7; Schöttler ZRP 92, 132; Göbel, Die Einwilligung im Strafrecht als Ausprägung des Selbstbestimmungsrechts, 1992,

S 39; Pelzl KJ 94, 179; Fritsche und Schreiber in: Bottke ua (Hrsg), Lebensverlängerung aus medizinischer, ethischer und rechtlicher Sicht, 1995, S 22 und 144; Verrel JZ 96, 224, 226, alle mwN; s auch § 216 I AE [SterbeH]). Ob allerdings die Strafbarkeit einer Einschränkung durch Gesetz oder Auslegung bedarf, wird zwar mit Recht überwiegend verneint, ist aber unter verschiedenen Gesichtspunkten umstritten (vgl etwa Engisch, Dreher-FS, S 309, 318; v Dellingshausen, Sterbehilfe und Grenzen der Lebenserhaltungspflicht des Arztes, 1981, S 489; Arthur Kaufmann MedR 83, 121; Dölling GA 84, 71, 85; Kutzer MDR 85, 710, 715; Weigend ZStW 98, 44, 66; Herzberg NJW 86, 1635, 1643 und 96, 3043; Hoerster NJW 86, 1786 und ZRP 88, 1; Jakobs, Kaufmann [Arth]-FS, S 459; Krack KJ 95, 60, 73). Häufiger wird dagegen die Eröffnung einer gesetzlichen Möglichkeit befürwortet, in extremen Konfliktsfällen direkter Euthanasie (7 vor § 211) von Strafe abzusehen (so zB § 216 II AE [SterbeH]; Beschlüsse der strafrechtlichen Abteilung des 56. DJT, Sitzungsbericht M, S 193; Wilms/Jäger aaO S 46; Schreiber aaO S 144; krit Hirsch, Lackner-FS, S 597, 618; Tröndle aaO S 41).

2. a) Verlangen ist mehr als Einwilligung (RGSt 68, 306); seiner Beachtlichkeit steht die Bewußtlosigkeit des Verlangenden im Zeitpunkt der Tötung nicht entgegen, sofern nicht Anzeichen für einen mutmaßlichen Widerruf des Verlangens vorhanden sind (Mitsch JuS 96, 309, 310 mwN; vgl auch 15 vor § 211). **Ausdrücklich** heißt in eindeutiger, nicht mißzuverstehender Weise, sei es auch nur mit Bedingungen oder in Form einer Frage (NJW 87, 1092) oder durch zweifelsfrei deutbare Gesten. **Ernstlich** schließt unüberlegte Äußerungen aus und macht auch das Verlangen nicht frei verantwortlich Handelnder unbeachtlich (NJW 81, 932; eingehend Meyer, Ausschluß der Autonomie durch Irrtum, 1984, S 223 mit krit Bespr Küper JZ 86, 219, 227; Mitsch JuS 96, 309, 313). – Das Verlangen muß den Täter in dem Sinne zur Tat bestimmt haben, daß es als entscheidender Tatantrieb gewirkt hat (hM; vgl etwa Jähnke LK 8 mwN); mitwirkende Nebenmotive (auch Bereicherungsabsicht) sind daher unschädlich (einschr Bernsmann JZ 83, 45, 52). – Die Motivierung durch das Verlangen ist **besonderes persönliches Merkmal** nach § 28 II (Hassemer, Delictum sui generis, 1974, S 60; Mitsch JuS 96, 309, 312; Jähnke LK 10; Sch/Sch-Eser 18; diff Schünemann Jura 80, 568, 579; Roxin LK 82 zu § 28; aM Otto GK 2 S 30; Horn SK 13, alle mwN; zw). 2

b) aa) Die **Rechtsprechung** fordert für die (durch positives Tun begangene) Tathandlung, daß sie **täterschaftliche Tötung eines anderen ist** (Fremdtötung). Das nimmt sie auch bei sog „Quasi-Mittäterschaft" an. Dabei stellt sie – wohl zu Unrecht – auf die bloße Mitbeherrschung des unmittelbar zur Tötung führenden Gesamtgeschehens durch den Täter ab (BGHSt 19, 135 mit abl Bespr Dreher MDR 64, 335; GA 86, 508; München NJW 87, 2940 mit abl Bespr Kutzer NStZ 94, 110; für bloße Selbstgefährdung abw NStZ 84, 452; Bay JZ 89, 1073) und bejaht deshalb – insoweit mit Recht – dessen 3 volle Tatherrschaft über positive Eingriffe nach Eintritt der Bewußtlosigkeit des Opfers (NJW 87, 1092; zust Herzberg JuS 88, 771 und NStZ 89, 559; aM Roxin NStZ 87, 345; Hohmann/König NStZ 89, 304; zweifelnd Kühl JR 88, 338; vgl auch Jakobs, Kaufmann [Arth]-FS, S 459, 467 und Schroeder ZStW 106, 565, 570, 575). – Im **Schrifttum** besteht inzwischen Einigkeit, daß jedenfalls die nach § 25 II vorgesehene wechselseitige Zurechnung der Tatbeiträge (9 zu § 25) nicht zulässig ist (Herzberg aaO S 774 und 560; nach Dencker, Kausalität und Gesamttat, 1996, S 246, fehlt es schon an einer gemeinschaftlich zu begehenden „Gesamttat"). Deshalb rechtfertigt der Fall gleichwertigen Zusammenwirkens von Täter und Opfer eine selbständige, von den allgemeinen Regeln losgelöste Beurteilung aufgrund der hier vorliegenden besonderen Interessenlage. Vorzugswürdig ist insoweit die im Schrifttum überwiegende Meinung, nach der die volle Herrschaft des Suizidenten über den unmittelbar lebensbeendenden Akt eine frei verantwortliche Selbsttötung begründet und der Annahme einer täterschaftlichen Fremdtötung entgegensteht (Neumann JA 87, 244, 249; Roxin aaO S 347 und in: 140 Jahre GA, S 177; Schünemann, in: Schünemann/Pfeiffer [Hrsg], Die Rechtsprobleme von AIDS, 1988, S 373, 477; Zaczyk, Strafrechtliches Unrecht und die Selbstverantwortung des Verletzten, 1993, S 40; im Ergebnis, aber mit anderem Ansatz ebenso Hugger JuS 90, 972, 977; ähnlich Otto, Tröndle-FS, S 157, der „Quasi-Mittäterschaft" für unzureichend hält und darauf abstellt, ob der Täter durch seine letzte positive Handlung unmittelbar über das Leben des Suizidenten verfügt; im Ansatz abw Jakobs, Schewe-FS, S 72, der die Zurechnung nach den Organisationskreisen von Täter und Opfer bestimmt). Mit § 25 I nicht vereinbar ist dagegen der Vorschlag von Hohmann/König aaO, den Zurechnungsausschluß für mitwirkende Dritte allgemein, also nicht nur im Bereich der „Quasi-Mittäterschaft", von einem aus der Eigenverantwortlichkeit abgeleiteten affirmativen Element, das eine Monopolisierung der Zuständigkeit auf seiten des Suizidentschlossenen bewirke, abhängig zu machen (mit Recht abl Herzberg NStZ 89, 559). Nach allem genügt es jedenfalls nicht, wenn der Getötete dem Tatplan zufolge auch nach der letzten Handlung des Partners noch die freie Entscheidung über sein Leben behalten hat (hM; vgl etwa Geilen Jura 79, 201, 202; Dölling GA 84, 71, 78; Eser MedR 85, 6, 8; Jakobs AT 21/58 a; aM Herzberg JA 85, 131, 136 und NJW 86, 1635, 1641; Jähnke LK 12–15, alle mwN); ob allerdings diese Begründung der hM auch für den in BGHSt 19, 135 entschiedenen einseitig fehlgeschlagenen Doppelselbstmord tragfähig ist, erscheint zweifelhaft (krit Otto aaO S 164; nach Schroeder ZStW 106, 565, 569 liegt keine von § 216 erfaßte Abschiebung des Vollzugs der Tötung auf einen anderen vor, wenn es nur von zufälligen technischen Gegebenheiten [zB Sitzen auf dem Fahrersitz] abhängt, wer die zur Tötung führenden Kräfte [zB durch Treten des Gaspedals] auslöst).

4 bb) Wer sich – sei es auch als Garant (6–15 zu § 13) – nur bestimmen läßt, eine frei verantwortliche Selbsttötung **geschehen** zu lassen,

ist idR straflos (9–16 vor § 211; str); die Einwilligungssperre des § 216 gilt nur für die aktive Fremdtötung (Küpper BT 1 I 1/62; Sch/Sch-Eser 10; aM M-Schroeder/Maiwald BT 1 2/61; zw).

3. Der **Vorsatz** (bedingter genügt) muß auch das ausdrückliche und ernstliche Verlangen umfassen, weil es als solches schon zum Tatbestand gehört (hM; anders Horn SK 3) und lediglich darüber hinaus motivierend wirken muß (vgl 2). Fehlt diese Vorstellung, so sind die §§ 211, 212 anwendbar; nimmt umgekehrt der Täter ein solches Verlangen irrig an, so begründet § 16 II (dort 6) die Anwendung des § 216 (Mitsch JuS 96, 309, 311; str). 5

4. Zulässige Sterbehilfe schließt je nach den Umständen schon den Tatbestand oder jedenfalls die Rechtswidrigkeit aus (6–8 vor § 211). Wird eine Intensivbehandlung gegen den Willen des Patienten (widerrechtlich) fortgesetzt, so bilden Eingriffe Dritter, die den Behandlungsabbruch zugunsten des Patienten erzwingen (zB Abschalten des Reanimators) keine rechtswidrige Tat; teils wird schon die Tatbestandsmäßigkeit solchen Verhaltens verneint (so Roxin NStZ 87, 345, 348; Tröndle, Göppinger-FS, S 595, 606; Stoffers MDR 92, 621, 629; Mitsch JuS 96, 309, 311; Herzberg NJW 96, 3043, 3049 Fn 32; Jakobs AT 7/64), jedenfalls ist die Tat aber als Herstellung des vom Recht geforderten Zustandes gerechtfertigt (LG Ravensburg NStZ 87, 229; Herzberg JZ 88, 182, 187; Otto JK 2). 6

5. Beim **Tötungsversuch** ist die Beteiligung des Opfers schon deshalb straflos, weil sie notwendige Teilnahme ist (12 vor § 25) und auch dann keine Strafbarkeit begründet, wenn sie das erforderliche Maß der Mitwirkung überschreitet (Wolter JuS 82, 343, 345; im Ergebnis ebenso Mitsch JuS 96, 303, 312, beide mwN). – Beim **Rücktritt** vom Versuch ist eine etwa vollendete Körperverletzung (23 zu § 24) nur nach §§ 223, 223 a, nicht nach §§ 224, 229 strafbar (Sperrwirkung des milderen Gesetzes, Hirsch ZStW 81, 917, 931; aM Jakobs, Die Konkurrenz von Tötungsdelikten mit Körperverletzungsdelikten, 1967, S 134). 7

§ 217 Kindestötung

(1) **Eine Mutter, welche ihr nichteheliches Kind in oder gleich nach der Geburt tötet, wird mit Freiheitsstrafe nicht unter drei Jahren bestraft.**

(2) **In minder schweren Fällen ist die Strafe Freiheitsstrafe von sechs Monaten bis zu fünf Jahren.**

1. Allgemein zu den Tötungsdelikten, namentlich zur Systematik der Tatbestände vorsätzlicher Tötung, 1–24 vor § 211. Die Vorschrift will durch eine auf Schulderwägungen beruhende Privilegierung (24 vor § 211) dem **besonderen psychischen Zustand** der Mutter eines nichtehelichen Kindes bei der Geburt Rechnung tragen (Wahle FamRZ 67, 542). – In der **Reformdiskussion** wird teils ihre Er- 1 streckung auf eheliche Kinder (Wahle aaO S 546; Eser, 53. DJT, Bd I, Gutachten, Teil D, S 149), teils aber auch ihre ersatzlose Streichung gefordert (Sieg ZStW 102, 292; Rump/Hammer NStZ 94, 69 mit Erwiderung Hussels NStZ 94, 526; auch die Bundesregierung erwägt die Streichung [BT-Dr 12/6471 S 5 und 13/4830 S 7]). – Zur **historischen Entwicklung** Kastner NJW 91, 1443.

2 **2.** Für die **Nichtehelichkeit** kommt es auf die tatsächlichen Verhältnisse an (2 zu § 173).

3 **3.** Die **Tötungshandlung** muß in der Geburt, also frühestens mit dem Anfang der Eröffnungswehen (3 vor § 211), oder gleich nach der Geburt, dh spätestens bis zur Beendigung der durch die Geburt hervorgerufenen Erregung, die sich über einen Zeitraum von mehr als einer Stunde erstrecken kann, vorgenommen werden; die Mutter muß sich nicht tatsächlich in einem Erregungszustand befinden (Mitsch JuS 96, 407 mwN). Die Bedingungen für die tödliche Einwirkung können uU schon vorher geschaffen worden sein (aM Horn SK 7); ob auch der Tod gleich nach der Geburt eintritt, ist unerheblich. – Begehung durch unechtes Unterlassen (zB der Geburtsvorbereitungen) kann nur auf ein Unterlassen nach Geburtsbeginn gestützt werden (BGHSt 31, 348, 353; GA 70, 86; s auch Horn SK 12).

4 **4.** Ist **Tötungsvorsatz** (bedingter genügt) nicht nachzuweisen, so kommt § 222 in Frage (NStZ 89, 21; 56 zu § 15). Hält die Mutter das Kind irrig (jedoch nicht nur aufgrund eines Subsumtionsirrtums, 14 zu § 15) für ehelich, so gelten die §§ 211–213 (7 zu § 16); hält sie ein eheliches Kind irrig für nichtehelich, so begründet § 16 II die Anwendung des § 217 (6 zu § 16).

5 **5.** Die Mutter-Kindbeziehung ist **besonderes persönliches Merkmal** nach § 28 II (BGHSt 1, 235, 240; str). Die Vorschrift gilt daher für die Mutter auch dann, wenn sie an der Tötung des Kindes durch einen anderen teilnimmt, während der Teilnehmer an der Tat der Mutter stets unter §§ 211, 212 fällt. Jedoch wendet die Rspr aufgrund der unzutreffenden These, daß der Mord gegenüber dem Totschlag ein selbständiges Delikt sei (22 vor § 211), den § 211 auf den Teilnehmer nur an, wenn die Mutter an sich – abgesehen von § 217 – die Voraussetzungen des § 211 II erfüllt (NJW 53, 1440).

6 **6.** Für den **Rücktritt vom Versuch** gelten die Ausführungen unter 7 zu § 216 sinngemäß.

7 **7.** Zu **Abs 2** (minder schwere Fälle) 6–10 a zu § 46; 4 zu § 12; dessen Anwendung kann auch mit der seelischen Belastung durch die Geburt (NJW 60, 1869) oder einer durch deren Begleitumstände verursachten verminderten Schuldfähigkeit (Frankfurt NJW 51, 42) begründet werden. – **Strafschärfend** fällt ins Gewicht, daß die Mutter den Tatentschluß schon einige Zeit vor der Geburt gefaßt (. . .), nicht aber, daß sie vor der Tat leichtsinnigen geschlechtlichen Umgang gehabt hat (BGH aaO).

Vorbemerkung zu den §§ 218–219 d

I. 1. Die **erste Phase** der von Anfang an umstrittenen **Reformbestrebungen** zur Ablösung des früher geltenden allgemeinen Abtreibungsverbots durch eine differenziertere Regelung des sog Schwangerschaftsabbruchs war im Jahre 1976 mit der Verkündung des **15. StÄG** (7 vor § 1) zu einem vorläufigen Abschluß gekommen (Übersichtsbeiträge: Laufhütte/Wilkitzki JZ 76, 329; Müller-Emmert DRiZ 76, 164; Lackner NJW 76, 1233; Jung JuS 76, 476; Beulke FamRZ 76, 596; s auch Muth, Die Diskussion über eine Reform des strafrechtlichen Abtreibungsverbots in der Bundesrepublik Deutschland bis zum 15. Strafrechtsänderungsgesetz vom 18. 5. 1976, 1994). 1

a) Zunächst hatte das **5. StrRG** (7 vor § 1) in Abkehr von den Vorschlägen des RegEntw eines 5. StrRG (BT-Dr VI/3434) eine **Fristenregelung** eingeführt, die den §§ 105–107 AE (PersStR) nachgebildet war und den Schwangerschaftsabbruch durch einen Arzt innerhalb der ersten drei Monate seit Empfängnis zulassen wollte, wenn nur zuvor eine Beratung der Schwangeren stattgefunden hatte. Die Fristenregelung konnte jedoch nicht in Kraft treten, weil das BVerfG durch Urteil vom 25. 2. 1975 (BVerfGE 39, 1) den ihr zugrundeliegenden § 218 a im Kern für **verfassungswidrig** erklärt hat. 2

b) Um der durch das Urteil entstandenen Lage Rechnung zu tragen, hat das **15. StÄG** eine **Indikationenlösung** eingeführt, die zwar an dem grundsätzlichen Verbot des Schwangerschaftsabbruchs festgehalten, aber die damals schon jahrelang in der Diskussion befindlichen Indikationen bis hin zur sozialen Indikation anerkannt hat. Die Neuregelung ist aber von Anfang an Gegenstand polarisierter Auseinandersetzungen geblieben und hat dazu geführt, daß sich zahlreiche, zum Teil extrem gegensätzliche Meinungsfronten gebildet haben, die entweder eine weitere Freigabe des Schwangerschaftsabbruchs anstrebten oder unter Berufung auf die Vorgaben des BVerfG eine effektivere Gesamtregelung einforderten. Trotz aller oder vielleicht gerade wegen der bestehenden Meinungsgegensätze haben bis zum Beitritt der DDR alle Versuche, eine Änderung des geltenden Rechts oder auch nur der Abtreibungspraxis zu erreichen, nicht zum Ziel geführt. 3

c) In dieser ersten Phase der Reformbestrebungen ist ein unübersehbar kontroverses **Schrifttum** entstanden, das infolge der inzwischen weiter fortgeschrittenen Entwicklung in vielen Beziehungen nicht mehr aktuell ist und auf dessen Nachweis deshalb verzichtet wird (Nachw in der 20. Aufl unter 6–11 vor § 218). 4

II. Das **Wirksamwerden des Beitritts der DDR** (Art 1 I EV) hat gesetzgeberisch **eine neue Lage geschaffen:** Im Beitrittsgebiet waren, weil zwischen den Vertragsparteien keine Einigung erzielt werden konnte, die §§ 153–155 StGB/DDR iVm Vorschriften des DDR-Gesetzes über die Unterbrechung der Schwangerschaft (mit Durchf- 5

Best) vorläufig in Geltung geblieben. Zugleich hat Art 31 IV EV es als **Aufgabe des gesamtdeutschen Gesetzgebers** formuliert, „spätestens bis zum 31. 12. 1992 eine Regelung zu treffen, die den Schutz vorgeburtlichen Lebens und die verfassungskonforme Bewältigung von Konfliktssituationen schwangerer Frauen vor allem durch rechtlich gesicherte Ansprüche für Frauen, insbesondere auf Beratung und soziale Hilfe besser gewährleistet, als dies in den beiden Teilen Deutschlands derzeit der Fall ist". Damit wurde die **zweite Phase der Reformbestrebungen** eingeleitet.

6 **1.** Weder die BReg noch der BRat haben zur Erfüllung dieses Auftrages eigene Entwürfe vorgelegt. Vielmehr wurden aus der Mitte des BTages zunächst sechs Entwürfe eingebracht, die das ganze Spektrum der tiefgreifenden Meinungsverschiedenheiten widerspiegelten und von völliger Abschaffung des Strafschutzes, verbunden mit einem Rechtsanspruch auf Schwangerschaftsabbruch, bis hin zu einer erheblichen Verschärfung des in den alten Bundesländern geltenden Rechts reichten. Als sich in den Beratungen des BT-Sonderausschusses herausstellte, daß für keinen der eingebrachten Entwürfe die erforderliche Mehrheit erreichbar war, wurde aufgrund fraktionsübergreifender Verhandlungen der sog Gruppenantrag von Wettig-Danielmeier ua als Entwurf eines **Schwangeren- und Familienhilfegesetzes (SFHG)** eingebracht (BT-Dr 12/2605 [neu]). Er fand im BTag die erforderliche Mehrheit (SBer 12/8223–8456) und wurde nach Zustimmung des BRates (BR-Dr 451/91 [Beschluß]) am 4. 8. 1992 verkündet (BGBl I 1398). In seinem strafrechtlichen Teil hat das SFHG die §§ 218–219 d durch die neuen §§ 218–219 b ersetzt (Art 13 Nr 1), den § 203 I Nr 4 a technisch an die geänderte Rechtslage angepaßt (Art 13 Nr 2) und zugleich die im Beitrittsgebiet noch fortgeltenden Vorschriften über die Schwangerschaftsunterbrechung aufgehoben (Art 16).

7 **2.** Das **SFHG** ist dadurch **gekennzeichnet,** daß es eine **Fristenregelung mit Beratungspflicht** vorgesehen (§ 218 a I) und für die Zeit nach Ablauf der Frist weitgehend die Regelungen des früher geltenden Rechts (medizinische Indikation; embryopathische Indikation; Feststellungsverfahren) übernommen (§§ 218 a II, III, 218 b), die flankierenden Maßnahmen verstärkt (Art 1–12 SFHG) und den Schwangerschaftsabbruch mit der Folge seiner Einbeziehung in die Krankenversicherung (§ 24 b SGB V) für nicht rechtswidrig erklärt hat, wenn er im Rahmen der gesetzlichen Voraussetzungen vorgenommen wurde (§ 218 a I–III). Der Inhalt der Beratung sollte nicht nur ergebnis-, sondern auch zieloffen sein. Danach war der Berater nicht verpflichtet, die Schwangere zur Fortsetzung der Schwangerschaft zu ermutigen; § 219 I forderte nur, der Schwangeren zur Bewältigung des Schwangerschaftskonflikts Rat und Hilfe zu gewähren und sie in die Lage zu versetzen, eine verantwortungsbewußte eigene Gewissensentscheidung zu treffen. – Mit dieser Lösung hat das Gesetz – übereinstimmend mit der gefestigten verfassungsgerichtlichen Rechtsprechung – immerhin ein Lebens-

recht der Ungeborenen anerkannt und damit weitergehenden Bestrebungen, schon dieses Recht zu verneinen, eine Absage erteilt (anders im Anschluß an den Ethiker Peter Singer namentlich Hoerster, Abtreibung im säkularen Staat, 1991, JuS 91, 190, NJW 91, 2540, ZRP 91, 398, ARSP 91, 385, JZ 91, 1128, GA 93, 364, JR 95, 51 und MedR 95, 394 mit Erwiderung Hilgendorf MedR 95, 396; Papageorgiou ARSP 92, 108; Lübbe KritV 93, 313; ähnlich auch Kindl, Philosophische Bewertungsmöglichkeiten der Abtreibung, 1996, S 101, 158, der dem Fötus, weil dieser sich seiner selbst nicht bewußt sei, nur einen minderen Status einräumt und daraus die uneingeschränkte Kompetenz der Schwangeren ableitet, über den Abbruch der Schwangerschaft zu entscheiden; ausdrücklich gegen Hoerster ua Schroeder JuS 91, 362; Stürner JZ 91, 505; Hruschka JZ 91, 507; Tröndle NJW 91, 2542 und GA 95, 249; Pöltner LebSchrR, Nr 8, S 7; Leist ARSP 92, 94; Joerden JZ 92, 456; Spaemann, in: Thomas [Hrsg], Menschlichkeit in der Medizin, S 261; Lohner, Rechtfertigung der Abtreibung. Eine Auseinandersetzung mit Peter Singer und Norbert Hoerster, 1993 und in: Reiter/Keller [Hrsg], Urteil und Urteilsbildung, 1993, S 293; Kluth, in: Thomas/Kluth [Hrsg], Das zumutbare Kind, 1993, S 99; Viefhues GA 93, 359; Weiß JR 95, 53; Ferber ARSP 95, 149). Davon abgesehen hat das Gesetz aber den Meinungsstreit nicht beenden können. Schon vor seinem Inkrafttreten hat das BVerfG durch einstweilige AO v 4. 8. 1992 (BGBl I 1585) ua bestimmt, daß Art 13 Nr 1 und Art 16 SFHG einstweilen nicht in Kraft treten.

3. Im Zusammenhang mit dem Gesetzgebungsverfahren und der 8
Verkündung des SFHG ist wiederum ein umfangreiches kontroverses **Schrifttum** entstanden, in dem teils die vorliegenden Entwürfe unterstützt oder kritisiert, teils aber auch selbständige Lösungsmodelle unterbreitet wurden. Das ganze Ausmaß der Meinungsverschiedenheiten zeigte sich namentlich im Anhörungsverfahren des BTages, in dem die widerstreitenden Gutachten der strafrechtlichen Sachverständigen vorgetragen wurden (dokumentiert bei Baumann ua [Hrsg], § 218 StGB im vereinten Deutschland, 1992). – Im übrigen sei in der ungefähren Reihenfolge des Erscheinens exemplarisch verwiesen auf: Classen GA 91, 209; Rüfner LebSchrR Nr 8, S 25; Beckmann, Abtreibung in der Diskussion, 1991; Fisching NJ 91, 337; Eser ZRP 91, 291, Schmitt-FS, S 171 und Spendel-FS, S 475; v Renesse ZRP 91, 321; Büchner ZRP 91, 431; Geilen ZStW 103, 829, 841; Günther ZStW 103, 851, 869 und MedR 92, 65; Schünemann ZRP 91, 379; Hülsmann StV 92, 78; Tröndle KuG Nr 179 und Spendel-FS, S11; Schöttler ZRP 92, 132; Hinderer, Baumann-FS, S 183; Geiger LebSchrR Nr 9, S 29; Otto LebSchrR Nr 9, S 55; Eser/Koch, Schwangerschaftsabbruch: Auf dem Wege zu einer Neuregelung, 1992; Reiter/Keller (Hrsg), Herausforderung Schwangerschaft, 1992; Baumann, Schmitt-FS, S 162; Frommel KJ 92, 198; Grandke/Stolpe KJ 92, 213; Wullweber KJ 92, 222; Denninger KJ 92, 282; Weiß JR 92, 182; Oberlies ZRP 92, 264;

Krahl Jura 92, 393; Glöckler ua, Lebensschutz und Gewissensentscheidung, 1992; Koch, in: Enigl/Perthold [Hrsg], Der weibliche Körper als Schlachtfeld, 1993, S 190). Entsprechend kontrovers waren die Stellungnahmen zum Gesetz selbst (zust ua Eser NJW 92, 2913; abl Büchner, Lebensrecht unter Gewissensvorbehalt, 1992; Beckmann MDR 92, 1093; Rauscher KuG Nr 194, S 3; krit Schroeder ZRP 92, 409 mit Erwiderung Rahardt-Vahldieck ZRP 93, 41; Rudolphi SK 28–31). Das setzte sich fort in zahlreichen Äußerungen zum Normenkontrollverfahren, die zum Teil als Gutachten in das Verfahren eingeführt worden sind (expl Kriele, Die nichttherapeutische Abtreibung vor dem Grundgesetz, 1992; Langer JR 93, 1; Denninger/Hassemer KritV 93, 78; Eser, Schwangerschaftsabbruch: Auf dem verfassungsgerichtlichen Prüfstand, 1994; Stürner, Der straffreie Schwangerschaftsabbruch in der Gesamtrechtsordnung, 1994).

9 **4.** Das **BVerfG** hat durch Urteil vom 28. 5. 1993 (BVerfGE 88, 203) neben anderen das Strafrecht nicht berührenden Vorschriften die §§ 218 a I und 219 für nichtig erklärt und sie für die Zeit bis zum Inkrafttreten einer gesetzlichen Neuregelung durch eine vorläufige AO nach § 35 BVerfGG ersetzt (zur verfassungsrechtlichen Problematik der AO Eser KritV [Sonderheft 1] 1993, 138; Geiger/v Lampe Jura 94, 20, 29; Weiß JR 94, 315, 316; Lerche, FS für W Gitter, 1995, S 509; Tröndle 8). In der Begründung hat es weitgehend die Grundsätze seines vorausgegangenen Urteils (BVerfGE 39, 1) bestätigt (vgl namentlich die Leitsätze zu dem Urteil unter 1–5, 7 und 8), darüber hinaus aber die Möglichkeit eines Beratungskonzepts, das im Kern eine Fristenregelung mit Beratungspflicht ist, mit der Einschränkung eingeräumt, daß der beratene Schwangerschaftsabbruch ohne Feststellung einer anerkannten Indikation nicht für rechtmäßig erklärt werden darf und daß die Rahmenbedingungen für eine solche Regelung auf einen höchstmöglichen Schutz des ungeborenen Lebens angelegt sein müssen (vgl namentlich die Leitsätze 6, 10–12 und 15). Diesen Anforderungen werde das SFHG nicht gerecht, weil § 218 a I auch den indikationslosen Schwangerschaftsabbruch für rechtens erkläre (BVerfGE 88, 203, 299) und § 219 eine nicht nur ergebnis-, sondern auch zieloffene Beratung vorsehe (aaO S 301). Das Urteil beanstandet ferner ua, daß nach dem SFHG weder der abbrechende Arzt noch das familiäre und weitere soziale Umfeld der Schwangeren in das Schutzkonzept einbezogen sei, und fordert insoweit (strafrechtspolitisch problematische) Strafdrohungen, die verantwortungslosem Handeln des Arztes und verwerflichem Druck auf die Schwangere zur Abtreibung entgegenwirken sollen (vgl die Leitsätze 9, 13).

10 **5. a)** Die Resonanz auf das **Urteil des BVerfG** (vgl 9) war sowohl in der Öffentlichkeit als auch in der Fachwelt wiederum sehr kontrovers. Eine starke Meinungsgruppe, namentlich viele Anhänger der Fristenregelung des SFHG, haben mit bisweilen überzogenen Äußerungen reagiert und dem Gericht vorgeworfen, es sei mit seinem Schutzkon-

zept auf halbem Wege stehengeblieben und habe eine von Grund auf widersprüchliche Lösung angeboten, die den betroffenen Menschen nicht zu vermitteln sei (KritV [Sonderheft 1] 1993 mit abl Beiträgen v Baross, Bergmann, Denninger, Eser, Frommel, Gerhard, Hassemer, Landfried, Schlink/Bernsmann, Wettig-Danielmeier und de With; Frommel KJ 93, 324 und 471; Sommer AuR 93, 241; Hartmann NStZ 93, 483; Hermes/Walther NJW 93, 2337; Schulz StV 94, 38; Gropp GA 94, 147; Denninger, Raasch und Hassemer, Mahrenholz-FS, S 561, 607, 731; Kindl aaO [vgl 7] S 115; Kayßer, ZustStR, S 143; Hirsch LK 84 zu § 34; noch weitergehend verwirft Hoerster JuS 95, 192 das Urteil als wirklichkeitsferne „Verfassungslyrik"; einen Verstoß gegen das Prinzip der Gewaltenteilung rügt Lamprecht NJW 94, 3272). Die Gegner jeglicher durch die Letztentscheidung der Schwangeren gekennzeichneten Fristenregelung sehen in dem Urteil die Durchbrechung der bisher jedenfalls verbal noch aufrechterhaltenen verfassungsrechtlichen Schranke, die es ausschließt, die Entscheidung über Leben und Tod des Ungeborenen unüberprüfbar in die Hand der Schwangeren zu legen; außerdem halten sie das Schutzkonzept für aussichtslos und – hier treffen sich die Argumente gegensätzlicher Positionen – schon wegen der unvertretbar widersprüchlichen Bestimmung seiner Grenzen für unannehmbar (vgl etwa Geiger LebSchrR, Nr 10, S 33; Kluth FamRZ 93, 1382; Weiß JR 93, 449 und 94, 315; die Beiträge von Geis, Antretter und Schmid-Tannwald, in: Reiter/Keller aaO [vgl 7]; Spieker in: Thomas/Kluth aaO [vgl 7] S 317; Geiger/v Lampe Jura 94, 20; Tröndle MedR 94, 356 und LebSchR Nr 12, S 91; Hofmann, FS für B Sutor, 1995, S 333; Tröndle 11–14 l; s auch Bernard, Der Schwangerschaftsabbruch aus zivilrechtlicher Sicht unter besonderer Berücksichtigung der Rechtsstellung des nasciturus, 1995, S 23). Dazwischen steht eine Meinungsgruppe, die Zustimmung mit mehr oder weniger weitreichender Einzelkritik ausdrückt (vgl etwa die Beiträge von Berghofer-Weichner, Eylmann, Lerche, Maier, Männle, Michalk, Ossenbühl und Steiner in KritV [Sonderheft 1] 1993; die Beiträge von Steiner, Lerche, Keller, Günther, Lehmann, Reiter und Männle, in: Reiter/Keller [Hrsg] aaO; die Beiträge von Lerche, Steiner, Graßhof und Friauf, in: Thomas/Kluth [Hrsg] aaO; Rüfner ZfL 93, 21; Würfel FuR 93, 124; Nientiedt HK 93, 339; Starck JZ 93, 816; Stoffels DB 93, 1718; Berkemann JR 93, 441, 442; Stürner, Der straffreie Schwangerschaftsabbruch in der Gesamtrechtsordnung – Rechtsgutachten für das BVerfG mit seiner Vorgeschichte und einer Stellungnahme zur Entscheidung, 1994, S 19; Eylmann, Helmrich-FS, S 921; Dreier DÖV 95, 1036; Breuer, in: Ipsen ua [Hrsg], Verfassungsrecht im Wandel, 1995, S 25; mit Einschränkungen auch Demel, Abtreibung zwischen Straffreiheit und Exkommunikation, 1995, S 197).

b) Bei der **Bewertung des Urteils** ist davon auszugehen, daß das BVerfG einen **Kompromiß zwischen mehreren, zum Teil extrem divergierenden Positionen** versucht hat. Daß damit Wider- **11**

sprüche im Verhältnis zu sonst anerkannten allgemeinen Grundsätzen verbunden sind, ist unausweichlich und kann deshalb nicht schon aus diesem Grunde für die Ablehnung des Schutzkonzepts ausschlaggebend sein (str; anders ua Philipp ZfL 96, 50, der die Widersprüche für rechtsstaatswidrig hält). Das Urteil ist vielmehr als **Angebot an alle Lager** zu verstehen, einen (keineswegs unwesentlichen) Teil ihrer jeweiligen Zielvorstellungen zu opfern, um zu einem zwar aus gegensätzlichen Gründen wenig befriedigenden, aber immerhin von einer breiten Mehrheit mitgetragenen Konsens zu kommen. – Es ist ein nicht gering zu veranschlagendes Verdienst des BVerfG, durch die **grundsätzliche Betonung der Unrechtsqualität** des nichtindizierten Schwangerschaftsabbruchs, die in Nr 2 S 2 der vorläufigen AO (vgl 9) ausdrücklich hervorgehoben wird, die im SFHG angestrebte vollständige Legalisierung der Letztentscheidung der Schwangeren vereitelt und damit einen wichtigen Gefährdungsfaktor für das allgemeine Rechtsbewußtsein gemindert zu haben. Vielleicht war diese Lösung unter den gegebenen Verhältnissen das äußerste, was in unserer (hedonistischen) Gesellschaft, die sich zwei Jahrzehnte lang im Westen an eine „verkappte" (dazu schon Lackner NJW 76, 1233, 1243) und im Osten an eine uneingeschränkte Fristenregelung gewöhnt hat, eine hinreichende Akzeptanz erhoffen ließ. Daß weite Teile der Bevölkerung eine gegenüber dem früheren Recht entschieden strengere, aber mehrheitlich nicht akzeptierte Indikationenlösung unterlaufen und dadurch unerträgliche Zustände der Verlogenheit und Heuchelei herbeiführen könnten, ist eine ernst zu nehmende Sorge. Unter diesem Gesichtspunkt ist das Schutzkonzept des Gerichts verstehbar als Resignation vor dem (nicht zuletzt auch von den Massenmedien manipulierten) Zeitgeist und als Anpassung des Rechts an eine „soziale Wirklichkeit, wie sie sich nun einmal entwickelt hat" (Graßhof, in: Thomas/Kluth aaO [vgl 7] S 338).

12 **c)** Für den Anhänger eines wirksamen Lebensschutzes ist allerdings der **Ausgangspunkt des Urteils problematisch.** Nach ihm soll die Einschätzung des Gesetzgebers, das Beratungskonzept biete eine reelle Chance für die Verbesserung des Lebensschutzes der Ungeborenen, vertretbar und deshalb verfassungsrechtlich hinnehmbar sein (BVerfGE 88, 203, 264). Das erscheint jedoch schwer nachvollziehbar, wenn folgendes bedacht wird: Die Möglichkeiten und Wirkungen der schon im früheren Recht vorgeschriebenen Pflichtberatung sind bekannt. Danach kann eine zum Abbruch entschlossene Frau nur in seltenen Ausnahmefällen zur Fortsetzung der Schwangerschaft bewegt werden (vgl dazu das unter 29 nachgewiesene kriminologische Schrifttum). An diesem Befund wird auch die auf den Schutzzweck auszurichtende Beratung (aaO S 270, 282) und die staatliche Kontrolle der Beratungsstellen (aaO S 286), so wie sie das Urteil fordert, kaum Entscheidendes ändern. Abgesehen von der ohnehin zweifelhaften Annahme, daß eine Änderung der Beratungspraxis signifikanten Einfluß auf die Abbruchszahlen haben wird, stellt sich der geforderten Umstrukturierung des Beratungssystems

nicht unerheblicher Widerstand aus dem Lager der Anhänger einer uneingeschränkten Fristenlösung entgegen. Bei der Organisation, die den größten Anteil an der Beratungstätigkeit hat, wird das Verlangen des BVerfG nach einer nicht in jeder Richtung offenen Beratung als „Katastrophe" empfunden (v Baross aaO [vgl 10] S 119; s auch Kindl aaO [vgl 7] S 193; ferner Kausch ARSP 95, 496, der eine zielorientierte Beratung als rechtswidrigen Eingriff in die Gewissensfreiheit der Schwangeren verwirft). Es ist kaum zu erwarten, daß bei diesen Bedingungen, unter denen voraussichtlich doch dieselben Menschen mit ihren unveränderten Einstellungen tätig werden, eine bis in die Einzelberatungen durchschlagende Neuorientierung erreicht werden kann. Das gilt um so mehr, als das Beratungskonzept eine unmittelbare staatliche Kontrolle ausschließt, sich der Staat vielmehr nur mittelbar über die erfahrungsgemäß unzuverlässige Statistik und über nicht nachprüfbare Protokolle und Berichte informieren kann, die von den hier offensichtlich nicht uninteressierten Beratungsstellen und deren Trägern erstellt werden. Bei den meisten Landesregierungen ist überdies, wie die bisherigen Erfahrungen gezeigt haben (dazu Büchner ZfL 95, 2 und LebSchrR Nr 12, S 9), das Interesse an einer wirksamen Kontrolle der Beratungsstellen gering. Die Aussichten für eine Verbesserung des Lebensschutzes gegenüber der bisherigen unbefriedigenden Lage stehen daher schlecht (zusf Hofmann, LebSchrR Nr 11, S 17 und FS für B Sutor, 1995, S 333; Rudolphi SK 39–41; krit insoweit auch Hoerster JuS 95, 192).

d) Diese Skepsis gegenüber dem Beratungskonzept verleiht den **zu seiner Stützung in Kauf genommenen Abweichungen von allgemeinen Rechtsgrundsätzen** großes Gewicht (näher dazu Philipp ZfL 96, 50). Exemplarisch sei nur auf folgende verwiesen: 13

aa) Sehr unbefriedigend ist namentlich die **Stellung der Ärzte** (dazu BVerfGE 88, 203, 289) geregelt. Einerseits räumt das Gesetz ihnen die Befugnis zur Vornahme rechtswidriger Schwangerschaftsabbrüche ein. Dabei erwartet es, daß sie sich in genügender Zahl an „ambulanten und stationären Einrichtungen zur Vornahme von Schwangerschaftsabbrüchen" beteiligen und verpflichtet zugleich die Länder, „ein ausreichendes Angebot" solcher Einrichtungen sicherzustellen (so schon Art 4 des 5. StrRG idF des Art 15 Nr 2 SFHG; vgl. jetzt § 13 SchKG). Andererseits sollen sie aber neben der Prüfung, ob die Voraussetzungen der Beratungsregelung erfüllt sind, selbst zugunsten des Lebens beraten und den Eingriff nur vornehmen, wenn sie ihn verantworten können. Legen sie nun aber für sich selbst den Maßstab der Rechtsordnung an, können sie Schwangerschaftsabbrüche nur verantworten, wenn nach ihrer Überzeugung eine anerkannte Indikation vorliegt (§ 218 a II, III). Es ist offensichtlich, daß bei einer durchgängigen, berufsrechtlich gebotenen Verweigerung der Ärzte, einen nichtindizierten Schwangerschaftsabbruch vorzunehmen, das Beratungskonzept nicht umsetzbar wäre. Ihm ist unausweichlich die Zumutung an einen Teil der Ärzte- 14 schaft immanent, etwas zu tun und zu verantworten, was der Staat selbst als Unrecht mißbilligt und deshalb auch nicht für verantwortbar halten kann. Darin liegt eine Aufforderung zur Unrechtsteilnahme, die selbst Beteiligung am Unrecht ist. Bei der geringen Erfolgschance des Beratungskonzepts im ganzen (vgl 12) fällt es schwer, darin eine Maßnahme zur Unrechtsminderung zu sehen (so Günther, in: Reiter/Keller aaO [vgl 7] S 217, 228) und deshalb den gravierenden Widerspruch hinzunehmen, der sich in der Unrechtsbeteiligung ausdrückt (krit auch Esser, Der Arzt im Abtreibungsstrafrecht, 1992; Laufs, Gante und Esser, in: Thomas/Kluth aaO [vgl 7] S 13, 53, 75; Esser ZfL 93, 3; Hepp, LebSchrR Nr 10, S 13; Wuermeling ZfL 94, 35; Schmid-Tannwald, LebSchrR Nr 11, S 43; Tröndle, LebSchrR Nr 12, S 91, 102; Kluth MedR 96, 546; Tröndle 14 h, 14 i).

15 bb) Das Beratungskonzept soll es erfordern, **einen Teil der Unrechtsfolgen,** die an sich nach allgemeinen Grundsätzen verwirkt wären (Nothilfe, Arztverträge, Lohnfortzahlung), **nicht eintreten zu lassen** (BVerfGE 88, 203, 279, 295, 322; zu der auch nach dem Urteil ungeklärten Rechtslage bei der Lohn-[Entgelt-]fortzahlung Pallasch NJW 95, 3025 mwN). Im Ergebnis wird allein die Einbeziehung rechtswidriger Schwangerschaftsabbrüche in das Krankenversicherungs- und das staatliche Beihilfesystem für verfassungswidrig erklärt. Mögen für diese Fokussierung der Unrechtsfolgen auf einen einzigen Punkt einige nachvollziehbare Gründe sprechen, sie bedeutet eine Privilegierung rechtswidriger Handlungen und wird voraussichtlich das allgemeine Bewußtsein vom Wert des ungeborenen Lebens schwächen; denn die Ausscheidung lediglich der Kostenerstattung für Nichtbedürftige wird wahrscheinlich in Verbindung mit der Regelhaftigkeit der Abläufe dazu führen, daß der Schwangerschaftsabbruch auch weiterhin in der Mehrheit der Bevölkerung als normaler sozialer Vorgang verstanden wird.

16 cc) Der Einbau des Beratungskonzepts in das **allgemeine Verbrechenssystem,** so wie das BVerfG (E 88, 203, 270) ihn vornimmt, ist problematisch. Das Gericht geht davon aus, daß es verfassungsrechtlich zulässig und uU sogar geboten ist (LS Nr 5), Schwangerschaftsabbrüche insoweit zu rechtfertigen, als im Einzelfall die Auferlegung der Pflicht zum Austragen des Kindes für die Schwangere unzumutbar ist. Neben der hergebrachten medizinischen bejaht sie das auch für die embryopathische und die kriminologische Indikation (dazu 14–20 zu § 218 a); darüber hinaus bezieht sie auch solche Notlagen ein, deren Umschreibung die Schwere des vorauszusetzenden Konflikts so deutlich erkennbar macht, daß unter dem Gesichtspunkt der Unzumutbarkeit die Kongruenz mit den anderen Indikationen gewahrt bleibt (BVerfGE 88, 203, 257). Damit bestätigt das Gericht die von der Rspr (BGHSt 38, 144, 158 mwN) und Teilen des Schrifttums (auch in diesem Erläuterungsbuch) vertretene sog **Rechtfertigungsthese** (expl Rudolphi SK 9, 10 zu § 218 a mwN). Allerdings läßt die Begründung jede Auseinandersetzung mit zahlreichen Gegenpositionen vermissen. Teils wurden die Indikationen nämlich dem sog „rechtsfreien Raum“ zugeschlagen

(Schild JA 78, 631, 635; Kerber und Priester, Kaufmann [Arth]-FS, S 161 und 499) oder als „unverboten" charakterisiert (Arthur Kaufmann JZ 92, 981, 1173 mit Erwiderung Löwisch JZ 92, 1172; s auch Priester, Stree/Wessels-FS, S 869), teils im Rahmen einer von der hM abweichenden Straftatsystematik als bloße, für die Rechtmäßigkeit unerhebliche „Strafwürdigkeitsvoraussetzungen" (Sax JZ 77, 326) oder „Strafunrechtsausschließungsgründe" (Günther, Strafrechtswidrigkeit und Strafunrechtsausschluß, 1983, S 314 und in: Reiter/Keller aaO [vgl 7] S 217) gedeutet und teils auch unter Ausschluß der klassischen vitalen Indikation den Schuldausschließungs- bzw Entschuldigungsgründen (Tröndle MedR 86, 32 und ZRP 89, 54, 58) oder den objektiven Strafausschließungsgründen (Otto NStZ 90, 178) zugeordnet. Im Vordergrund standen dabei Einwendungen, die in Übereinstimmung mit den allgemeinen Grundsätzen des Lebensschutzes den Vorzug von nichtvitalen Interessen der Schwangeren vor dem Lebensrecht des Ungeborenen für verfassungswidrig hielten (expl Esser MedR 83, 57; Reis, Das Lebensrecht des ungeborenen Kindes als Verfassungsproblem, 1984, S 157; Gritschneder MedR 84, 100; Bosch FamRZ 84, 262; Müller NJW 84, 1798; Tröndle aaO; Geiger FamRZ 86, 1 und Tröndle-FS, S 617; Belling, Ist die Rechtfertigungsthese zu § 218 a StGB haltbar?, 1987; Büchner LebSchrR Nr 4, S 9; Beckmann ZRP 87, 80, 85; Laufs NJW 87, 1449, 1451; Kluth GA 88, 547; v Hippel, Loewe und Lenzen, in: Voss ua [Hrsg], Chancen für das ungeborene Leben, 1988, S 69, 82, S 127, 129 und S 229, 230; Beckmann MedR 90, 301; Demel aaO [vgl 10] S 202). – Schon dieser Streitstand läßt erkennen, daß die Frage erörterungsbedürftig war, ob wirklich ein Verfassungsgebot begründbar ist, nach dem schwere Konfliktslagen der Schwangeren im Verbrechensaufbau nur durch Annahme eines Rechtfertigungsgrundes und nicht auf andere Weise berücksichtigt werden können. Diese Prüfung hat das Gericht versäumt. Dennoch ist nicht daran vorbeizukommen, daß es die Rechtfertigungsthese bestätigt (so auch Burmeister, LebSchrR Nr 12, S 55, 59; Krey BT 1 Rdn 148 c; Wessels BT 1 Rdn 223, 224) und allen Gegenmeinungen für die praktische Anwendung des Gesetzes, nicht aber für die weitere wissenschaftliche Auseinandersetzung (vgl etwa Belling MedR 95, 184), den Boden entzogen hat. – Die strafrechtssystematischen Bedenken setzen sich bei der Einstufung des beratenen Schwangerschaftsabbruchs als Tatbestandsausschluß fort. Es ist ein Novum, daß eine durch positives Tun verursachte und objektiv zurechenbare Rechtsgutsverletzung, die in das Zentrum des Schutzbereichs eines Tatbestandes fällt, schon als nichttatbestandsmäßig ausgesondert wird. Ob das dafür geltend gemachte, aus dem Schutzkonzept abgeleitete Bedürfnis diese Anomalie wirklich rechtfertigt, ist zweifelhaft und in der Strafrechtsdogmatik noch weitgehend ungeklärt (krit ua Wessels BT 1 Rdn 228; Tröndle 3 zu § 218 a; krit ferner Hassemer, Mahrenholz-FS, S 731 und Wolter GA 96, 207, 223, die nur eine prozedurale Rechtfertigung für vertretbar halten). Jedenfalls ist dogmatisch nicht erklärbar, warum allein die Verletzung der

Beratungspflicht Strafbarkeit nach § 218 – und zwar abweichend vom früheren Recht, das nur Ungehorsamsstrafe vorsah (§ 218 b I aF) – zur Folge hat, obwohl sich doch das dadurch begangene Unrecht qualitativ nicht vom Tötungsunrecht des beratenen Abbruchs unterscheidet (krit daher ua Frommel NKrimPol 93, 13; v Hippel, Geerds-FS, S 137, 147, Fn 37; Otto Jura 96, 135, 138; Tröndle, LebSchrR Nr 12, S 91, 97; M-Schroeder/Maiwald BT 1 6/12). Überdies führt die Annahme eines Tatbestandsausschlusses schon im Rahmen des § 218 a zu inneren Widersprüchen, für die es keine überzeugende Auflösung gibt (dort 21 a).

17 dd) Schließlich liegt eine aus Gründen der Gerechtigkeit fragwürdige Konsequenz des Beratungskonzepts in der vom BVerfG umschriebenen Ausgestaltung (E 88, 203, 270, 271) darin, daß es alle beratenen Schwangerschaftsabbrüche als rechtswidrig qualifizieren muß, obwohl sich **in der Gesamtheit auch Fälle rechtfertigender Notlagen** befinden können (vgl 16). Mag deren Anteil bei der gebotenen nachhaltigen Einschränkung der Notlagenindikation auch klein sein, ganz läßt sich nicht ausschließen, daß eine Schwangere, die nach den Maßstäben des BVerfG materiell rechtmäßig handelt, ins Unrecht gesetzt und wirtschaftlich benachteiligt wird (krit namentlich das Sondervotum von Böckenförde [BVerfGE 88, 359]; s auch Krey BT 1 Rdn 148 m; 21, 21 a zu § 218 a).

18 **7. a)** Noch in der 12. Wahlperiode sind **Gesetzgebungsverfahren** zur Anpassung des SFHG an die neue verfassungsrechtliche Lage eingeleitet worden. Nach Einbringung von fünf **Entwürfen** hat sich in den Ausschußberatungen der Koalitionsentwurf von CDU/CSU und FDP (BT-Dr 12/6643) durchgesetzt (Beschlußempfehlung [BT-Dr 12/7660] und Bericht [BT-Dr 12/8609] des BT-Sonderausschusses) und zur Verabschiedung eines SFHÄndG geführt (BR-Dr 592/94), das aber im BRat gescheitert ist (BT-Dr 12/8276).

19 **b)** In der laufenden 13. Wahlperiode sind wiederum sechs **Entwürfe** eingebracht worden (vgl die Vorlagen der Fraktionen der CDU/CSU [BT-Dr 13/285], der SPD [BT-Dr 13/27], der FDP [BT-Dr 13/286] und von Bündnis 90/Die Grünen [BT-Dr 13/402], sowie der Gruppe der PDS [BT-Dr 13/397] und der Abgeordneten Hüppe ua [BT-Dr 13/395]). Auf ihrer Grundlage wurde nach langwierigen Ausschußberatungen ein fraktionsübergreifender Kompromiß erreicht (Beschlußempfehlung und Bericht des BT-Ausschusses für Familie, Senioren, Frauen und Jugend BT-Dr 13/1850), der im Plenum mit großer Mehrheit verabschiedet wurde (BR-Dr 390/95) und dem der BRat zugestimmt hat (BR-Dr 390/95). Aus den Gesetzesmaterialien vgl ferner die Beratungen im Plenum des BTages (SBer 13, 3755) und im Plenum des BRates (Plenarprotokoll 687 S 338). – **Übersichtsbeiträge** sowie Stellungnahmen zu den Entwürfen und dem Gesetz im ganzen: Burmeister, LebSchrR Nr 12, S 55; Beckmann ZfL 95, 24; Reiter StimmZt 95, 730; Tröndle NJW 95, 3009; Laufs NJW 95, 3042; Gropp LdR S 828; Otto Jura 96, 135. – **Inkrafttreten:** 1. 10. 1995.

8. Das **SFHÄndG** ist dadurch **gekennzeichnet,** daß es an der Beratungsregelung festhält und die meisten Vorgaben des BVerfG – zum Teil bis in die Formulierungen hinein – umsetzt. Es ist aber von der Tendenz geleitet, die Interpretationsspielräume, die das Urteil offenläßt, zu nutzen (BT-Dr 13/1850 S 19), und zwar überwiegend zu Lasten des Lebensschutzes; in Einzelpunkten geht es auch offen darüber hinaus. Da im Gesetzgebungsverfahren zwischen den das Gesetz tragenden Fraktionen nur umstritten war, wie weit diese Vorgaben ohne unvertretbares verfassungsrechtliches Risiko abgeschwächt werden können, bezieht sich der gefundene Kompromiß letztlich nur auf diese Frage. – Exemplarisch sei zum Abweichen des Gesetzes von der Position des BVerfG auf folgendes verwiesen: 20

a) Das BVerfG hatte in Nr 2 S 2 seiner vorläufigen AO (vgl 9) den **ausdrücklichen Hinweis** für erforderlich gehalten, daß das **grundsätzliche Verbot des beratenen Schwangerschaftsabbruchs** (§218 I) **unberührt** bleibt. Auf diesen Hinweis hat das Gesetz in Übereinstimmung mit allen Entwürfen (vgl 19) verzichtet (krit Tröndle 15 b). Wenngleich das Gericht diese ausdrückliche Klarstellung nicht zwingend vorgegeben hatte (BVerfGE 88, 203, 279), bedeutet der Verzicht auf sie doch ein deutliches Zurückbleiben hinter dem verfassungsgerichtlichen Maßstab: In der Gesetz gewordenen Gesamtregelung ist das grundsätzliche Verbot des Schwangerschaftsabbruchs noch weniger deutlich als im Beratungskonzept des BVerfG ausgeprägt; denn jetzt wird die Kostenerstattung für Bedürftige nicht mehr über die Sozialhilfe, sondern über die Krankenkassen abgewickelt (Art 5 SFHÄndG). Überdies wird den Gegnern des Beratungskonzepts dadurch ein willkommener Ansatzpunkt geboten, die Rechtswidrigkeit des nichtindizierten Schwangerschaftsabbruchs überhaupt in Frage zu stellen, weil sie nun im Gesetz nicht mehr verankert sei (vgl nur Sch/Sch-Eser 14–18; beachte auch die Kritik von Rudolphi SK 2 zu § 218 a). Für das allgemeine Wertbewußtsein bedeutet dieses Defizit eine signifikante Schwächung des Beratungskonzepts. 21

b) Das Gesetz hat die bisher vorgesehene (§ 218 a III idF des SFHG) und vom BVerfG (E 88, 203, 257) gebilligte **embryopathische Indikation** aufgrund berechtigter Einwendungen der Behindertenverbände und der Kirchen beseitigt, aber durch Erweiterung der medizinischen (§ 218 a II idF des SFHG) zur **sozial-medizinischen Indikation** des früheren Rechts (§ 218 a I Nr. 2 idF des 15. StÄG) gezielt einen Auffangtatbestand geschaffen, der zwar die embryopathische Indikation in sich aufnehmen soll (BT-Dr 13/1850 S 26), aber die Überlebenschancen der Ungeborenen weiter verschlechtert (näher 14–17 zu § 218 a). Überdies bildet die weite und unbestimmte Fassung der sozial-medizinischen Indikation im Rahmen einer Beratungsregelung einen – auch verfassungsrechtlich problematischen – Fremdkörper (dazu Tröndle NJW 95, 3009, 3015); sie lädt zu extensiver und uU auch mißbräuchlicher Auslegung geradezu ein, nicht nur um den Anwen- 22 dungsbereich der bisherigen embryopathischen Indikation erweitern, sondern auch einen nicht unerheblichen Teil der im früheren Recht ausgeuferten Notlagenindikation einbeziehen zu können.

23 **c)** Die **Pflichtenstellung des Artzes** wird gegenüber der ohnehin problematischen (vgl 14) Position des BVerfG dadurch weiter verschlechtert und verunklart, daß der Arzt der Schwangeren nur Gelegenheit zur Darlegung der Gründe für die Abbruchsverlangen geben muß (§ 218 c I Nr 1), obwohl das BVerfG (E 203, 284) die Darlegung dieser Gründe für unerläßlich hält. Daß Art 10 I BaySchwBerG deshalb in diesen Fällen die Erteilung einer Beratungsbescheinigung (5 zu § 218 a) ausschließt, widerspricht zwar bei Ausblendung der verfassungsgerichtlichen Entscheidung allgemeinen Auslegungsregeln (abl daher ua Büchner ZfL 95, 18; Frommel KJ 96, 362; Rudolphi SK 5 zu § 219), ist aber bei deren Einbeziehung als verfassungskonforme Auslegung immerhin vertretbar (Bay LT-Dr 13/4962 S 16; Bay Plenarprotokoll 13/57 S 3930; aM Seckler NJW 96, 3049, die die Gesetzgebungskompetenz des Landes bestreitet). Jedenfalls macht sich aber der Arzt nicht strafbar, wenn er den Eingriff trotz Verweigerung dieser Offenlegung vornimmt. Dadurch wird verschleiert, daß er sich notwendig eines Berufsvergehens schuldig macht, weil ihm wegen Unkenntnis der Motivationslage der Schwangeren die pflichtgemäße Prüfung, ob er selbst den Eingriff verantworten kann (dazu BVerfGE 88, 203, 293), offensichtlich unmöglich ist (krit daher Otto Jura 96, 135, 143 mwN). Ferner ist die bindend erhobene Forderung des Gerichts, die medizinisch nicht veranlaßte **Offenbarung des Geschlechts des Ungeborenen** während der ersten zwölf Schwangerschaftswochen mit Strafe zu bedrohen (BVerfGE 88, 203, 293), übergangen worden. Die dafür gegebene Begründung, daß die Frage in Deutschland nicht praktisch relevant sei (BT-Dr 13/1850 S 26), ist nicht tragfähig; sie macht nur einen Dissens zwischen Gesetzgeber und Gericht im Hinblick auf das verfassungsrechtliche Untermaßverbot (dazu BVerfGE 88, 203, 254; krit Denninger, Mahrenholz-FS, S 561; Staechelin, ZustStR, S 267) sichtbar. Voraussichtlich wird auch die Vorgabe des Gerichts übergangen, die aus dem Urteil folgenden Pflichten des Artzes **im Berufsrecht** näher zu konkretisieren (BVerfGE 88, 203, 289). Nach der gegenwärtigen Beschlußlage in der Bundesärztekammer und den Länderkammern besteht keine Aussicht, das in absehbarer Zeit durchzusetzen (näher dazu Esser ZfL 96, 32).

24 **d)** Im Gesetz fehlt die vom BVerfG (E 88, 203, 296) um der Wirksamkeit des Schutzkonzepts willen für notwendig gehaltene Strafvorschrift gegen Gefahren, die vom **familiären und weiteren sozialen Umfeld** der Schwangeren ausgehen. Die vorgesehene Ergänzung der §§ 170 b und 240 entspricht der Vorgabe des BVerfG nicht. Die qualifizierte Unterhaltspflichtverletzung (§ 170 b II) ist von vornherein so ausgestaltet, daß sie für den Lebensschutz keine praktische Bedeutung erlangen kann (Tröndle NJW 95, 3009, 3017; Otto Jura 96, 135, 144;

Sch/Sch-Eser 8); das Regelbeispiel für einen besonders schweren Fall der Nötigung (§ 240 I S 2) stellt nur die Rechtslage klar, die sich bei richtiger Auslegung schon aus dem geltenden Recht ergibt (Jürgen Meyer, SBer 13, 6775). Mag auch ein Tatbestand, der sich gegen verwerfliche Einflußnahmen auf die Schwangere richtet, unter dem Gesichtspunkt der Gesetzesbestimmtheit problematisch sein (vgl dazu die öffentliche Anhörung v 11. 5. 1995 im BT-Unterausschuß „Schwangeren- und Familienhilfeänderungsgesetz“, Prot Nr 3), so geht doch der Verzicht auf ihn eindeutig zu Lasten des Schutzes der Ungeborenen.

e) Das Gesetz übergeht die ausdrückliche Forderung des BVerfG (E 88, 203, 279) sicherzustellen, „daß gegen das Handeln der Frau und des Arztes von Dritten **Nothilfe** . . . geleistet werden kann“. Die dafür gegebene Begründung, mit der „bewußten Herausnahme aus dem strafrechtlich vertypten Unrecht“ werde zum Ausdruck gebracht, daß beratene Schwangerschaftsabbrüche „im Bereich des Strafrechts nicht als Unrecht zu behandeln“ seien (BT-Dr 13/1850 S 25), ist unzutreffend. Es ist unbestritten, daß Nothilfe gegen rechtswidrige Angriffe jeder Art unabhängig von ihrer strafrechtlichen Relevanz zulässig ist (5 zu § 32). Wenn die Rspr der Vorgabe des BVerfG gerecht werden will, wird sie Mühe haben, eine Ausnahme von diesem anerkannten Prinzip überzeugend zu begründen (Sch/Sch-Eser 38 zu § 218; s auch Otto Jura 96, 135, 139; Tröndle, LebSchrR Nr 12, S 91, 100; Wolter GA 96, 207, 224; Wessels BT 1 Rdn 228; Sch/Sch-Lenckner 19 zu § 32). 25

f) Im ganzen hat das Gesetz danach die **Vorgaben des BVerfG erheblich verwässert** und die ohnehin geringen Chancen des Beratungskonzepts (vgl 12) weiter verschlechtert. Da in der gegenwärtigen sozialen Wirklichkeit vielleicht mehr nicht erreichbar gewesen ist (vgl 12), werden für die künftige Entwicklung alle Anstrengungen darauf zu richten sein, in der Bevölkerungsmehrheit ungeachtet der Unzulänglichkeit des Gesetzes das Bewußtsein wiederzugewinnen, daß es den Grundlagen menschlicher Existenz widerspricht, allein um der eigenen „Lebensqualität“ willen menschliches Leben zu opfern. 26

III. 1. Ein Schwangerschaftsabbruch darf nur in einer **Einrichtung** vorgenommen werden, in der auch die notwendige medizinische Nachbehandlung gewährleistet ist (§ 13 SchKG). – Zu **jedermanns Recht,** seine Mitwirkung an Schwangerschaftsabbrüchen – von Notfällen abgesehen (krit Esser, Der Arzt im Abtreibungsstrafrecht, 1992, S 87) – **zu verweigern,** § 12 SchKG (zusf Maier NJW 74, 1405; s auch BVerfGE 88, 203, 294; Rudolphi SK 49–51 zu § 218 a). – Zur **Bundesstatistik über Schwangerschaftsabbrüche** §§ 15–18 SchKG. 27

2. Auf der Grundlage des SchKG sind **Anerkennung und Kontrolle der Beratungsstellen** Sache der **Länder.** Diese haben überwiegend aufgrund des Urteils des BVerfG (E 88, 203) vorläufige Richtlinien erlassen und ohne nähere eigene Prüfung der Zulassungsvoraussetzungen (dazu Büchner ZfL 95, 2 und LebSchrR Nr 12, S 9) die zuvor schon tätigen Beratungsstellen anerkannt (beachte § 11 SchKG). Dieser Zu- 28 stand ist in den meisten Ländern noch nicht geändert oder durch nunmehr abschließende Richtlinien aktualisiert worden. Nur das Land Bayern hat die Materie durch das BaySchwBerG und das BaySchwHEG gesetzlich geregelt (dazu 23 vor § 218).

29 **3.** Zu den für das Beratungskonzept wichtigen sog **flankierenden Maßnahmen** Art 1–12 SFHG; Art 2–7, 9 SFHÄndG (s auch BVerfGE 88, 203, 258).

30 **4.** Zur **Kriminologie** des Schwangerschaftsabbruchs ua Wimmer/Puchinger, Empirische Untersuchung der Motive zum Schwangerschaftsabbruch, 1983; Häußler/Holzhauer ZStW 100, 817; Arnold/Geissler ZStW 100, 855; Holzhauer, Schwangerschaft und Schwangerschaftsabbruch, 1989; Häußler-Sczepan, Arzt und Schwangerschaftsabbruch, 1989; Liebl, Ermittlungsverfahren, Strafverfolgungs- und Sanktionspraxis beim Schwangerschaftsabbruch, 1990. – Zur **Rechtsvergleichung** ua Ketting/v Praag, Schwangerschaftsabbruch – Gesetz und Praxis im internationalen Vergleich, 1985; Brugger NJW 86, 896; Koch ZStW 97, 1043; Eser/Koch (Hrsg), Schwangerschaftsabbruch im internationalen Vergleich, Teil 1: Europa, 1988 und Teil 2: Außereuropa, 1989; v Hippel in: Voss ua (Hrsg), Chancen für das ungeborene Leben, 1988, S 69; Mir Puig JZ 92, 985; Bruch ZStW 105, 637. – Zur **historischen Entwicklung** ua Dähn, in: Baumann (Hrsg), Das Abtreibungsverbot des § 218, 2. Aufl 1972, S 329; Jerouschek, Lebensschutz und Lebensbeginn. Kulturgeschichte des Abtreibungsverbots, 1988, GA 88, 483 und JZ 89, 279; Gante, § 218 in der Diskussion. Meinungen und Willensbildung 1945–1976, 1991 und in: Thomas/Kluth aaO (vgl 7) S 53; Muth aaO (vgl 1); M-Schroeder/Maiwald BT 1 5/9–18.

§ 218 Abbruch der Schwangerschaft

(1) **Wer eine Schwangerschaft abbricht, wird mit Freiheitsstrafe bis zu drei Jahren oder mit Geldstrafe bestraft. Handlungen, deren Wirkung vor Abschluß der Einnistung des befruchteten Eies in der Gebärmutter eintritt, gelten nicht als Schwangerschaftsabbruch im Sinne dieses Gesetzes.**

(2) **In besonders schweren Fällen ist die Strafe Freiheitsstrafe von sechs Monaten bis zu fünf Jahren. Ein besonders schwerer Fall liegt in der Regel vor, wenn der Täter**

1. **gegen den Willen der Schwangeren handelt oder**
2. **leichtfertig die Gefahr des Todes oder einer schweren Gesundheitsschädigung der Schwangeren verursacht.**

(3) **Begeht die Schwangere die Tat, so ist die Strafe Freiheitsstrafe bis zu einem Jahr oder Geldstrafe.**

(4) **Der Versuch ist strafbar. Die Frau wird nicht wegen Versuchs bestraft.**

Fassung des SFHG (6 vor § 218).

1. Die Vorschrift schützt **das ungeborene Leben** (hM; vgl BGHSt 28, 11, 15). In zweiter Linie berücksichtigt sie auch **Gesundheitsinteressen der Schwangeren;** ob sich daraus die Annahme eines sekundär mitgeschützten Rechtsgutes (so Sch/Sch-Eser 9 vor § 218 mwN) oder nur eines bloßen Schutzreflexes ableiten läßt (so Jähnke LK 16, 17 mwN), ist eine im wesentlichen rechtstheoretische Frage, deren Beantwortung von Inhalt und Grenzen des umstrittenen Rechtsgutsbegriffs abhängt. 1

2. Abs 1 enthält den **Tatbestand des Schwangerschaftsabbruchs** (krit zu diesem das geschützte Rechtsgut verschleiernden Begriff Lackner NJW 76, 1233, 1235; Tröndle, Spendel-FS, S 611, 623; Schroeder JuS 91, 362, 363; krit ferner zum Aufbau der Gesamtregelung, die den überwiegend straflosen Schwangerschaftsabbruch [§ 218 a] der Wirklichkeit zuwider als die Ausnahme, dessen Verbot aber als die Regel erscheinen lasse, Otto Jura 96, 135, 138; M-Schroeder/Maiwald BT 1 6/1). **Schutzobjekt** ist die Leibesfrucht. Zwischen Handlungen, die früher als „Fremd-" oder „Selbstabtreibung" bezeichnet wurden, unterscheidet das Gesetz nicht mehr. Abs 3 sieht nur eine Strafmilderung für die Schwangere vor. 2

a) Abbrechen der Schwangerschaft setzt einen Eingriff gleich welcher Art voraus, mit dem während der Schwangerschaft, also vor Beginn der Geburt (3 vor § 211), auf die Leibesfrucht – sei es auch nur auf eine von mehreren (Hirsch MedR 88, 292; Hülsmann NJW 92, 2331; Sch/Sch-Eser 8 mwN) – eingewirkt und dadurch deren Absterben herbeigeführt wird (BGHSt 31, 348 mit Bespr Lüttger NStZ 83, 481, Arzt FamRZ 83, 1019 und Hirsch JR 85, 336; Karlsruhe NStZ 85, 314 mit Anm Jung, alle mwN). Er ist nur in Ausnahmefällen durch Unterlassen in Garantenstellung (6 zu § 13) begehbar (BGH, Karlsruhe, Lüttger und Arzt aaO; Hilgendorf JuS 93, 97, 98; Rudolphi SK 18; einschr Hansen MDR 74, 797); als „Beschützergarant" kommt auch der Erzeuger in Frage (Jähnke LK 33 mwN). Jedoch kann der durch positives Tun bewirkte Abbruch nicht im Hinblick auf die Pflicht der Schwangeren zum Austragen und zur Sorge für die Leibesfrucht in ein Unterlassen dieser Pflichterfüllung umgedeutet werden, um dadurch allgemein die Unterlassungsregeln anwendbar zu machen (Lennartz MedR 93, 179; Unberath JahrbRuE 95, 437; Rudolphi SK 15; Sch/Sch-Eser 2; krit Jakobs, Die strafrechtliche Zurechnung von Tun und Unterlassen, 1996, S 39; aM Geilen ZStW 103, 829, 846; Bernsmann JuS 94, 9 mit Erwiderung Lennartz JuS 94, 903); dieses Unterlassungselement gibt allenfalls Anlaß zur Prüfung der Frage, ob an die Rechtfertigung eines Schwangerschaftsabbruchs ein weniger strenger Maßstab anzulegen ist, als er sonst bei der Kollision von grundrechtlich geschützten Positionen gilt (BVerfGE 88, 203, 256; näher dazu 16 vor § 218). 3

aa) Erforderlich ist danach vor allem, daß der Eingriff den **Tod der Frucht** herbeiführt (Sch/Sch-Eser 19). Ob dieser schon im Mutterleib 4 unmittelbar (zB durch Absaugen, Ausschaben oder andere direkte Einwirkung) oder mittelbar (zB durch Einnehmen von biologisch oder chemisch wirkenden Mitteln) herbeigeführt wird oder ob die Frucht zunächst lebend abgeht und erst danach – sei es auch schon als Kind (beachte dazu BGHSt 13, 291; Geilen ZStW 103, 829, 835) – infolge der durch den Eingriff bedingten Lebensunfähigkeit oder Schädigung stirbt, ist unerheblich (Sch/Sch-Eser 22; einschr Tröndle 6, beide mwN; zw). Nach dem Schutzzweck der Vorschrift (vgl 1, 2) wird auch der Fall erfaßt, daß nach Eintritt des Hirntodes der Schwangeren (4 vor § 211) Bemühungen um künstliche Aufrechterhaltung der Vitalfunktionen des mütterlichen Körpers zur Rettung der Leibesfrucht eingestellt werden (Erlanger Schwangerschaftsfall; AG Hersbruck FamRZ 92, 1471; Hilgendorf JuS 93, 97; Beckmann MedR 93, 121; Kiesecker, Die Schwangerschaft einer Toten, 1996, S 224; M-Schroeder/Maiwald BT 1 6/25; Tröndle 3; Rudolphi SK 9; aM Giesen/Poll JR 93, 177; Koch, in: Bockenheimer-Lucius/Seidler [Hrsg], Hirntod und Schwangerschaft, 1993, S 77; Sch/Sch-Eser 27; krit zur Verwendung von Scheinargumenten in der Diskussion Hilgendorf NJW 96, 758 mit Erwiderung Heuermann NJW 96, 3063 und Weiß NJW 96, 3064; beachte auch 7 zu § 218 a). – Der Tod der Leibesfrucht erst nach ihrem Abgang muß nicht notwendig auf ungenügender Ausreifung des Kindes beruhen (aM BGHSt 10, 5; 13, 21, 24; Tröndle 6); es genügt, wenn er sich als unmittelbare Auswirkung des Eingriffs darstellt (ähnlich Gropp, Der straflose Schwangerschaftsabbruch, 1981, S 18; Rudolphi SK 5) und alsbald nach dem Fruchtabgang, also nicht erst als Spätfolge des Eingriffs, eintritt (Jähnke LK 13; Arzt/Weber BT 1 Rdn 363; aM Sch/Sch-Eser 23). – Ist das Kind lebend geboren und wird es erst durch eine neue Einwirkung zu Tode gebracht, so liegt nach den für überholende Kausalität geltenden Regeln (11 vor § 13) oder mindestens wegen einer wesentlichen Abweichung des Kausalverlaufs (12 zu § 15) keine vollendete Tat nach § 218 vor (BGHSt 13, 21, 24; einschr BGHSt 10, 291, 294; str). Das gilt unabhängig davon, ob das Kind auf längere Dauer lebensfähig war (Wessels BT 1 Rdn 232; offen gelassen in BGHSt 13, 21, 24). Fehlt es aus diesem oder einem anderen Grunde an dem erforderlichen Kausalzusammenhang oder ist er nicht feststellbar, so kommt Versuch (Abs 4) in Frage.

5 bb) Der Eingriff muß ferner **während der Schwangerschaft auf die Leibesfrucht einwirken.** Einwirkungen, die erst nach Beginn der Geburt das Kind treffen oder die der Beseitigung einer bereits abgestorbenen Frucht oder eines krankhaft entarteten Eies (Mole) dienen, scheiden daher aus. Ob auch der sog Anencephalus, dh eine Frucht ohne Großhirn und Hirnschale, straflos beseitigt werden kann, ist im Ergebnis unbestritten: zwar kann man ihm nicht schon die Qualität einer Leibesfrucht absprechen (aM Jähnke LK 4) oder ihn ohne Differenzierung einem Hirntoten (4 vor § 211) gleichsetzen (Isemer/Lilie MedR 88, 66; Wolfslast MedR 89, 163; aM Hiersche MedR 84, 215; s auch Hanack, Noll-GedSchr, S 197, 204), wohl aber ist die Annahme der

medizinischen Indikation (§ 218 a II) vertretbar (dort 17). – Anwendung von **wehenfördernden Mitteln** zur Beschleunigung oder Eingriffe zur Herbeiführung der Geburt eines vermeintlich lebensfähigen Kindes sind nicht tatbestandsmäßig, weil es an der auf die Frucht bezogenen Handlungstendenz (BT-Dr VI/3434 S 13), mindestens aber am Vorsatz fehlt.

b) Ein Schwangerschaftsabbruch kann auch vorliegen, wenn die **Schwangere** den Eingriff **nicht überlebt** (BGHSt 1, 278, 280) oder wenn ein ihr geltender Angriff den Tod der Leibesfrucht bewirkt (BGHSt 11, 15 mit abl Anm Jescheck JZ 58, 749; Geilen Jura 79, 201, 204; Krey BT 1 Rdn 181; Sch/Sch-Eser 25; aM Otto Jura 96, 135, 144). Auch Selbstmordversuch der Schwangeren begründet, Vorsatz vorausgesetzt, versuchten (für die Schwangere nicht mit Strafe bedrohten) oder vollendeten Schwangerschaftsabbruch (BGH aaO; Roxin JA 81, 542, 543; Krey BT 1 Rdn 180–183, alle mwN; str); jedoch kommt Schuldausschluß wegen Verbotsirrtums oder Absehen von Strafe nach § 218 a IV S 2 (Ostendorf JuS 82, 200, 201) in Frage. 6

c) Die Tathandlung kann von **jedermann,** auch der Schwangeren selbst, begangen werden. Daher gehört auch das früher besonders geregelte „Zulassen" des Eingriffs durch die Schwangere hierher; es ist ausnahmslos Begehung durch positives Tun, weil es zwingend die Darbietung des eigenen Körpers voraussetzt (Schöne, Unterlassene Erfolgsabwendungen und Strafgesetz, 1974, S 215; Arzt/Weber BT 1 Rdn 368; aM v Renesse ZRP 91, 321, 322: stets Unterlassen; diff Rudolphi SK 17). Auch mittelbare Täterschaft sowohl der Schwangeren als auch eines Dritten kommt in Frage (Sch/Sch-Eser 29, 30). 7

d) Tatbestandsmäßig und deshalb für die §§ 218–219 b erheblich sind nur Handlungen, deren Wirkung nach der **Nidation,** eintritt, dh nach Abschluß der Einnistung des befruchteten Eies in der Gebärmutter (Abs 1 S 2), gleichgültig ob diese auf natürlicher, künstlicher oder extrakorporaler Befruchtung beruht (Tröndle 3). Der Strafschutz beginnt danach nicht schon mit der Befruchtung, obwohl diese nach naturwissenschaftlicher Erkenntnis den Anfang individuellen menschlichen Lebens markiert (Schlingensiepen-Brysch ZRP 92, 418 mwN); diese Einschränkung ist materiellrechtlich zwar nicht begründet, aber mit den typischen Beweisproblemen erklärbar, die während der Zeit vor der Einnistung bestehen, und daher verfassungsrechtlich hinnehmbar (hM; anders Esser, Der Arzt im Abtreibungsstrafrecht, 1992, S 92; krit auch Hirsch MedR 87, 13). Die Verhütung der Nidation durch die morning- after-Pille, durch intrauterine Pessare, Spiralen, Schleifen usw und durch vorsorgliche Ausschabung wird daher nicht erfaßt, wohl aber die sog Abtreibungspille RU 486, wenn sie, was regelmäßig zutrifft, erst nach der Einnistung wirkt (Sch/Sch-Eser 21; zu ihrer medizintechnischen Wirksamkeit Hepp StimmZt 92, 590, 598). Im statistischen Durchschnitt ist die Nidation mit dem 13. Tag nach der Empfängnis abgeschlossen; sie kann jedoch auch einige Tage früher oder später ein- 8 treten (Laufhütte/Wilkitzki JZ 76, 329, 330). In der Praxis ist der Zeitpunkt meist nur durch Rückrechnung auf die letzte Menstruation (ungefähr 4 Wochen danach) in etwa konkretisierbar (krit Sch/Sch-Eser 11 mwN; beachte auch 9 und zum Embryonenschutz außerhalb des Schutzbereichs der §§ 218 ff 2 vor § 211).

9 **3. a)** Der **Vorsatz** (bedingter genügt) muß sich namentlich auch auf das **Absterben der Leibesfrucht** beziehen; dabei reicht es aus, wenn er je nach den sich entwickelnden Umständen den Tod der Frucht im Mutterleib oder des Kindes in oder nach der Geburt umfaßt (BGHSt 10, 5). – Ein **Eingriff vor der Nidation** (vgl 8), den der Täter trotz Kenntnis der Sachlage irrig für tatbestandsmäßig hält, ist ein Wahnverbrechen (15 zu § 22), kein untauglicher Versuch (unrichtig Kohlhaas NJW 70, 501). Im übrigen ergeben sich aus den Schwierigkeiten, den Zeitpunkt der Nidation aufzuklären, aus der verbreiteten Unkenntnis über deren Wesen und aus dem oft unzureichenden Wissen der Ärzte über die (nur nidationshemmende oder auch abortive) Wirkung von Medikamenten zahlreiche Möglichkeiten des Irrtums, der je nach seinem Inhalt einen Verbotsirrtum, ein Wahnverbrechen oder einen untauglichen Versuch begründen kann (dazu Lüttger, Sarstedt-FS, S 169, 178; Sch/Sch-Eser 42; s auch Gropp aaO [vgl 4] S 195, alle mwN). – Auch eine **unrichtige Beratung** (§ 219) kann für die Schwangere, soweit nicht schon § 218 a I zum Tatbestandsausschluß führt, Quelle eines Tatbestands- oder Verbotsirrtums sein (zusf zu den hier möglichen Irrtümern Roxin JA 81, 542, 543).

10 **b) Fahrlässiger** Schwangerschaftsabbruch ist nicht mit Strafe bedroht.

11–13 **4.** Zur **Straflosigkeit** (einschl Rechtfertigung) des Schwangerschaftsabbruchs § 218 a.

14 **5.** Der **Versuch** ist nur für den Dritten, nicht die Schwangere strafbar; für sie enthält Abs 4 S 2 einen persönlichen Strafausschließungsgrund (Tröndle 10). – Zur Abgrenzung bloßer Vorbereitungshandlungen vom Versuch vgl die unter 5 zu § 22 angeführten, zum Teil auch den Schwangerschaftsabbruch betreffenden Beispiele. – Untauglicher Versuch (12 zu § 22) kommt sowohl bei Untauglichkeit des Mittels wie auch des Objekts (keine Schwangerschaft, bereits abgestorbene Frucht) in Frage (AG Albstadt MedR 88, 261 mit Bespr Mitsch Jura 89, 193). Bei Anwendung offensichtlich ungeeigneter Mittel (zB Spülungen mit warmem Wasser) kann § 23 III anwendbar sein (dort 4–8), bei abergläubischen Handlungen auch irrealer Versuch vorliegen (14 zu § 22).

15 **6.** Für die **Beteiligung (Täterschaft und Teilnahme)** gelten die allgemeinen Regeln:

a) Die Schwangere, die den Eingriff nur zuläßt, ist idR (Mit-)Täterin (BT-Dr VI/3434 S 14), weil sie im allgemeinen nach subjektiver Lehre Täterwillen (5 vor § 25) und nach der Tatherrschaftslehre wegen der Notwendigkeit und des Gewichts ihrer Mitwirkung funktionelle Tatherrschaft hat (11 zu § 25; Roxin JA 81, 542; diff Rudolphi SK 17; krit Hansen MDR 74, 797); im Schrifttum wird zum Teil auch angenommen, daß ihr als „Beschützergarantin" nach allgemeinen Unterlassungsgrundsätzen die Nichthinderung des Schwangerschaftsabbruchs als Täterschaft zugerechnet werde (Sch/Sch-Eser 31).

b) Die Schwangerschaft ist ein **besonderes persönliches Merkmal** nach § 28 II (dort 8, 10; zusf Roxin JA 81, 542). Die Beteiligung eines Dritten unterliegt daher stets den Rechtsfolgen der Abs 1, 2, die der Schwangeren stets denen des Abs 3. Wer also die Schwangere anstiftet oder ihr hilft, ist Teilnehmer nach Abs 1 (ggf iVm Abs 2), während für die Tat der Schwangeren Abs 3 gilt. Hat die Schwangere den Schwangerschaftsabbruch zugelassen (vgl 15), so ist sie idR Mittäterin, wobei wiederum für sie selbst Abs 3 gilt, während für den, der den Eingriff vorgenommen hat, Abs 1, 2 anzuwenden ist. Entsprechendes gilt beim Versuch: Während die Schwangere in allen Beteiligungsformen nach Abs 4 S 2 straflos bleibt, werden die anderen Beteiligten als Versuchstäter oder als Teilnehmer an dem Versuch (AG Albstadt aaO [vgl 14]) erfaßt. 16

c) Ist jemand an demselben Schwangerschaftsabbruch **zugleich als Täter** (auch Mittäter) **und Teilnehmer** beteiligt, so geht die Teilnahme in der Täterschaft auf (13 vor § 25). Daher ist die Schwangere, die einen Dritten zum Schwangerschaftsabbruch anstiftet und alsdann den Eingriff an sich zuläßt, idR nur Mittäterin nach Abs 3. 17

7. Zu **Abs 2** (besonders schwere Fälle), der für die Schwangere nicht gilt, vgl 6–21 zu § 46 (krit Wagner JR 79, 295). Als unbenannter besonders schwerer Fall kommt auch gewerbsmäßiges Handeln in Frage (Laufhütte/Wilkitzki JZ 76, 329, 330). 18

a) Nr 1: „Gegen den Willen" setzt eine Manifestation des entgegenstehenden natürlichen Willens voraus, der auch bei Vorliegen einer Indikation (§ 218 a II, III) maßgebend ist (Rudolphi SK 30); bloß innere Mißbilligung genügt nicht (Arzt/Weber BT 1 Rdn 370 mwN). Ist jedoch das Einverständnis abgenötigt oder die Freiheit der Entschließung durch berauschende, betäubende oder ähnliche Mittel beeinträchtigt, so reicht der mutmaßlich entgegenstehende Wille aus (Sch/Sch-Eser 58). 19

b) Nr 2: Erforderlich ist die konkrete Gefahr (21, 22 zu § 315 c) des Todes oder eines schweren Gesundheitsschadens, dh eines langwierigen, qualvollen oder die Leistungsfähigkeit schwer beeinträchtigenden physischen oder psychischen Krankheitszustandes (ähnlich BT-Dr VI/3434 S 13); abweichend von §§ 113 II Nr 2, 250 I Nr 3 kommt es auf die engeren Voraussetzungen des § 224 I nicht an. Einwilligung der Schwangeren in das Risiko ist unerheblich (Arzt/Weber BT 1 Rdn 371). – **Leichtfertig** 55 zu § 15; bei vorsätzlicher Gefährdung, die nicht unter Nr 2 fällt (für § 251 anders die Rspr; vgl dort 4), liegt idR jedenfalls ein unbenannter besonders schwerer Fall vor (Laufhütte/Wilkitzki JZ 76, 329, 330). 20

21 **8.** Mit vorsätzlicher (BGHSt 11, 15; NStZ 96, 276) und fahrlässiger (BGHSt 15, 345) Tötung ist **Tateinheit** möglich. Der vollendete Schwangerschaftsabbruch (nicht der Versuch, BGHSt 28, 11; vgl 28 vor § 52) verdrängt nicht nur die für ihn notwendige einfache (§ 223), sondern auch die gefährliche (§ 223 a) Körperverletzung (BGH aaO mit krit Anm Wagner JR 79, 295; aM Rudolphi SK 40 mwN); im Falle des § 223 a gilt das ungeachtet der Verschärfung des Strafrahmens durch das VerbrBG (4 vor § 38), weil sie keine wesentliche Verschiedenheit des Unrechtsgehalts der beiden zusammentreffenden Tatbestände bewirkt hat. Früher hat die Rspr Gesetzeseinheit auch für Körperverletzung mit schwerer Folge (§§ 224, 226) bejaht (BGHSt 10, 312; 15, 345), nach der starken Ermäßigung der Strafdrohung für § 218 aber zutreffend Tateinheit mit § 226 angenommen (BGHSt 28, 11), was dann entsprechend auch für § 224 (Wessels BT 1 Rdn 235) und § 225 nF gelten muß. Bei weiterreichenden, dh für den Schwangerschaftsabbruch nur teilweise notwendigen, Verletzungen kommt Tateinheit in Frage (GA 66, 339). – Führt ein Eingriff nach § 218 zu einer Frühgeburt und wird das Kind alsdann durch neue Einwirkung getötet (vgl 4), so liegt idR Tatmehrheit von versuchtem Schwangerschaftsabbruch, der allerdings für die Schwangere nicht mit Strafe bedroht ist (Abs 4 S 2), und vorsätzlicher Tötung vor (BGHSt 13, 21; anders BGHSt 10, 291; s auch Roxin JA 81, 542, 545). – **Wahlfeststellung** nicht möglich zwischen §§ 218 und 263 bei Lieferung eines möglicherweise untauglichen Mittels (15 zu § 1), wohl aber zwischen §§ 218 und 211 ff bei Zweifeln, ob das Kind den Eingriff überlebt hat und erst durch nachträgliche Einwirkung oder Unterlassung zu Tode gebracht wurde (hM; anders Sch/Sch-Eser 70).

22 **9.** Geltungsbereich § 5 Nr 9 (dort 3).

§ 218 a Straflosigkeit des Schwangerschaftsabbruchs

(1) **Der Tatbestand des § 218 ist nicht verwirklicht, wenn**

1. **die Schwangere den Schwangerschaftsabbruch verlangt und dem Arzt durch eine Bescheinigung nach § 219 Abs. 2 Satz 2 nachgewiesen hat, daß sie sich mindestens drei Tage vor dem Eingriff hat beraten lassen,**
2. **der Schwangerschaftsabbruch von einem Arzt vorgenommen wird und**
3. **seit der Empfängnis nicht mehr als zwölf Wochen vergangen sind.**

(2) **Der mit Einwilligung der Schwangeren von einem Arzt vorgenommene Schwangerschaftsabbruch ist nicht rechtswidrig, wenn der Abbruch der Schwangerschaft unter Berücksichtigung der gegenwärtigen und zukünftigen Lebensverhältnisse der Schwangeren nach ärztlicher Erkenntnis angezeigt ist, um eine Gefahr für das Leben oder die Gefahr einer schwerwiegenden Beeinträchtigung**

des körperlichen oder seelischen Gesundheitszustandes der Schwangeren abzuwenden, und die Gefahr nicht auf eine andere für sie zumutbare Weise abgewendet werden kann.

(3) **Die Voraussetzungen des Absatzes 2 gelten bei einem Schwangerschaftsabbruch, der mit Einwilligung der Schwangeren von einem Arzt vorgenommen wird, auch als erfüllt, wenn nach ärztlicher Erkenntnis an der Schwangeren eine rechtswidrige Tat nach den §§ 176 bis 179 des Strafgesetzbuches begangen worden ist, dringende Gründe für die Annahme sprechen, daß die Schwangerschaft auf der Tat beruht, und seit der Empfängnis nicht mehr als zwölf Wochen vergangen sind.**

(4) **Die Schwangere ist nicht nach § 218 strafbar, wenn der Schwangerschaftsabbruch nach Beratung (§ 219) von einem Arzt vorgenommen worden ist und seit der Empfängnis nicht mehr als zweiundzwanzig Wochen verstrichen sind. Das Gericht kann von Strafe nach § 218 absehen, wenn die Schwangere sich zur Zeit des Eingriffs in besonderer Bedrängnis befunden hat.**

Fassung: Abs 1–3 durch SFHÄndG (19 vor § 218) neu gefaßt. Abs 4 idF des SFHG (6 vor § 218).

1. § 218 a beschreibt die Voraussetzungen, unter denen ein Schwan- 1
gerschaftsabbruch straflos, dh entweder schon nicht tatbestandsmäßig (Abs 1) oder nicht rechtswidrig (Abs 2, 3) oder lediglich straffrei ist (Abs 4). Nachdem das Gesetz in Übereinstimmung mit der Entscheidung des BVerfG die Fälle der Beratungsregelung als nicht tatbestandsmäßig eingestuft und in den Fällen der Abs 2, 3 die Rechtmäßigkeit des Schwangerschaftsabbruchs ausdrücklich bestimmt hat (beachte 16 vor § 218), wird die Rspr künftig zwischen tatbestandslosen (vgl 3), gerechtfertigten (vgl 7) und rechtswidrigen, aber straffreien (vgl 22) Schwangerschaftsabbrüchen zu unterscheiden haben.

2. a) Allgemeine Voraussetzung jedes straflosen Schwanger- 2
schaftsabbruchs ist die Vornahme des Eingriffs durch einen **approbierten Arzt** der Humanmedizin, der nicht notwendig Gynäkologe oder Chirurg sein muß (krit Sch/Sch-Eser 58). Erfaßt wird danach auch der Eingriff einer Ärztin im Falle der „Selbstabtreibung" (Laufhütte/Wilkitzki JZ 76, 329, 331; Sch/Sch-Eser 58; aM Jähnke LK 18 zu § 218 a aF; krit Gössel JR 76, 1; zw). Abweichend von der hM im früheren Recht genügt Approbation nach ausländischem Recht nicht, weil die dem Arzt auferlegten, verfassungsrechtlich begründeten Pflichten (vgl 14 vor § 218) nur den in der Bundesrepublik approbierten Arzt treffen (Sch-Sch-Eser 58). Der im Ausland vorgenommene Eingriff ist daher im allgemeinen rechtswidrig; jedoch unterliegt der ausländische Arzt regelmäßig nicht dem Strafrecht der Bundesrepublik (§§ 3–7) und die beteiligte Frau bleibt unter den Voraussetzungen des Abs 4 S 1 straffrei. – Wird die Schwangerschaft durch Einnahme von Mitteln abgebrochen, so kommt es meist nur darauf an, ob ein Arzt das Mittel ver-

schrieben und seine ordnungsmäßige Einnahme überwacht hat (expl Laufhütte/Wilkitzki JZ 76, 329, 330); sind jedoch mit dem weiteren Verlauf – wie zB bei der sog Abtreibungspille RU 486 – Risiken verbunden, muß auch der Fruchtabgang in die Überwachung einbezogen sein (Jähnke LK 19 zu § 218 a aF mwN; zw). – Der Eingriff eines **Nichtarztes** ist rechtswidrig, es sei denn, daß in einer gegenwärtigen, nicht anders abwendbaren Gefahr für Leib oder Leben keine andere Hilfe erreichbar ist; in solchen Fällen kann auf § 34 zurückgegriffen werden (Sch/Sch-Eser 37 zu § 218 mwN).

2a **b)** Weitere allgemeine Voraussetzung ist nach herrschender, nicht unproblematischer Meinung die **kunstgerechte Ausführung** (9 zu § 223) des Eingriffs (Sch/Sch-Eser 59 mwN); zu bedenken ist jedoch, daß hier ausschließlich Interessen der Schwangeren betroffen sind, die durch die Tötungs- und Körperverletzungstatbestände umfassenden Schutz genießen (Arzt/Weber BT 1 Rdn 381).

3 **3. Abs 1:** Die Neufassung durch das SFHÄndG (vgl 19 vor § 218) dient der Anpassung an die durch das Urteil des BVerfG entstandene Rechtslage. Sie stimmt mit dem nichtigen Abs 1 aF insoweit überein, als sie zur Straflosigkeit (aller am Eingriff Beteiligten) das Verlangen der Schwangeren, den Nachweis der mindestens drei Tage zurückliegenden Beratung (§ 219) und den Abbruch der Schwangerschaft durch einen Arzt (vgl 2) innerhalb der 12-Wochen-Frist voraussetzt. Auf die Gründe für die Letztentscheidung der Schwangeren kommt es danach nicht an. Der grundlegende Unterschied besteht aber darin, daß die Einhaltung des Beratungsverfahrens nicht die Rechtmäßigkeit des Eingriffs begründet, sondern ihn schon aus dem Tatbestand ausnimmt und damit das grundsätzliche Verbot des Schwangerschaftsabbruchs unberührt läßt (zur Kritik 16 vor § 218).

4 **a) Verlangen** ist mehr als Einwilligung. Nach dem Gesetzeszweck ist hier – abw von § 216 I (dort 2) – die ausdrückliche, an den Arzt (uU vermittelt durch die Arztgehilfen) gerichtete Aufforderung notwendig, den Eingriff vorzunehmen. Bloß konkludente oder auch ausdrückliche Einwilligung nach (nicht selten von Angehörigen veranlaßter) Überredung durch den Arzt genügt nicht. – Die Wirksamkeit des Verlangens bestimmt sich nach den für die Einwilligung geltenden Regeln (3–9 zu § 226 a).

5 **b)** Der **Beratungsnachweis** erfordert, daß eine Beratung tatsächlich stattgefunden hat (BT-Dr 13/1850 S 21; Sch/Sch-Eser 6) und daß die vorgelegte **Bescheinigung** echt ist, von einer anerkannten Beratungsstelle (§ 219 II iVm §§ 8, 9 SchKG) stammt und insoweit der Wahrheit entspricht, als sie die Einhaltung der Drei-Tages-Frist (in die der Tag der Erteilung nicht eingerechnet wird, § 187 I BGB) beweisen soll. Fehlt es daran, so ist der Schwangerschaftsabbruch rechtswidrig und bei Kenntnis der Sachlage für alle Beteiligten nach § 218 strafbar. Bei irriger Annahme der Voraussetzungen kommt je nach den Umständen für den Arzt und die Schwangere ein Tatbestandsirrtum in Frage. Nicht

nachprüfbar ist dagegen die inhaltliche Richtigkeit und Vollständigkeit der Beratung, auch wenn im Einzelfall durch Überschreitung der Grenze des noch Vertretbaren die Berufspflicht verletzt wurde (dazu 6 zu § 219). Nur reine Scheinberatung, die alle wichtigen Informationen unterdrückt oder wider besseres Wissen falsch vermittelt, ist keine Beratung im Sinne der Vorschrift (weiter einschr Sch/Sch-Eser 22–26 zu § 219). – Hat der abbrechende Arzt entgegen § 219 II S 3 zuvor die Konfliktberatung durchgeführt, so macht er sich nach § 218 c I Nr 4 strafbar (dort 5). Die Existenz dieses Tatbestandes zwingt zu der Annahme, daß die Zuwiderhandlung nicht die Unwirksamkeit der Beratungsbescheinigung und Strafbarkeit nach § 218, sondern bloße Ungehorsamsstrafe nach § 218 c zur Folge haben soll (Sch/Sch-Eser 10 zu § 218 c).

c) Die **12-Wochen-Frist** ist nach dem jeweiligen Stand der wissen- 6
schaftlichen Erkenntnis zu ermitteln. In der Praxis ist sie nur innerhalb einer gewissen Schwankungsbreite durch ärztliche Untersuchung (namentlich Ultraschalluntersuchung) näher konkretisierbar. Da sie vornehmlich dem Gesundheitsschutz der Schwangeren dient, darf sie auch dann nicht überschritten werden, wenn die Beratungsbescheinigung (vgl 5) – gleich aus welchen Gründen – verspätet erteilt wurde.

4. Abs 2, 3: Die beiden Absätze beschreiben in Anlehnung an das 7
frühere Recht (§ 218 a aF) sog **Indikationen,** die als **Rechtfertigungsgründe** zu deuten sind (16 vor § 218).

a) Gemeinsame notwendige, für sich allein aber nicht hinreichende (Sch/Sch-Eser 61) Voraussetzung ist die **Einwilligung der Schwangeren.** Ihr Inhalt, ihre Wirksamkeit, ihre Ersetzung durch den gesetzlichen Vertreter und die Möglichkeit mutmaßlicher Einwilligung (19–21 vor § 32) bestimmen sich nach den zum Teil umstrittenen Regeln, die allgemein für die rechtfertigende Einwilligung gelten (3–9 zu § 226 a; zusf Lenckner, in: Eser/Hirsch [Hrsg], Sterilisation und Schwangerschaftsabbruch, 1980, S 173); zur näheren Konkretisierung können die Vorschriften über die Einwilligung, die in zahlreichen Entwürfen mit Indikationenmodellen enthalten sind (zB BT-Dr VI/3434 S 3, 28; 7/1983 S 15, 27; 7/4211 S 3), als vorsichtig zu handhabende Auslegungshilfe dienen (vgl auch Henke NJW 76, 1773, 1775). Danach kann auch eine Minderjährige selbständig, dh unabhängig von ihrem gesetzlichen Vertreter, einwilligungsfähig sein, weil allein die natürliche Einsichts- und Urteilsfähigkeit maßgebend ist (5 zu § 226 a). Bei fehlender oder zweifelhafter Einwilligungsfähigkeit der Minderjährigen ist die nach den Maßstäben des BtG zu beurteilende Frage noch wenig geklärt, wem die letzte Entscheidungskompetenz (der Minderjährigen, dem gesetzlichen Vertreter oder dem Vormundschaftsgericht) zusteht (eingehend Belling/Eberl FuR 95, 287). – Kommt eine Einwilligung der Schwangeren infolge ihres Hirntodes nicht mehr in Betracht (Erlanger Schwangerschaftsfall; vgl 4 zu § 218), so dürfte eine Aufrechterhaltung der Vitalfunktionen des mütterlichen Körpers zur Rettung der Leibesfrucht ethisch nur vertretbar und rechtlich nur zulässig sein, wenn sich aus den konkreten Umständen mutmaßliche Einwilligung ableiten läßt (aM Beckmann MedR 93, 121, 125; Rudolphi SK 20 zu § 218) und wenn nach den allgemeinen Regeln des § 34, namentlich einer umfassenden Chancen- und Risikoabwägung, das Lebensinteresse des Ungeborenen vorzugswürdig erscheint (str; näher zum Streitstand Hilgendorf JuS 93, 97; Heuermann JZ 94, 133; Kiesecker, Die Schwangerschaft einer Toten, 1996, S 255; Sch/Sch-Eser 27 zu § 218, alle mwN; zur ethischen Problematik Bockenheimer-Lucius/Seidler [Hrsg], Hirntod und Schwangerschaft, 1993).

7a **b)** Abweichend von § 218 b I Nr 1 idF des 15. StÄG (2 vor § 218) und auch von § 218 a III idF des SFHG ist für alle gerechtfertigten Schwangerschaftsabbrüche eine **Konfliktberatung (§ 219) nicht mehr vorgeschrieben.** Die dafür (nur für die kriminologische Indikation) gegebene Begründung, daß in diesen Fällen das Beratungsangebot der §§ 2 ff SchKG ausreiche (BT-Dr 13/1850 S 26), überzeugt nicht. Sowohl bei der (durch das SFHÄndG erweiterten) sozial-medizinischen (vgl 12, 13) als auch bei der kriminologischen Indikation (vgl 18–20) sind allgemeine soziale Gesichtspunkte relevant; deshalb bedeutet der vollständige Verzicht auf die Pflichtberatung eine Schwächung des Lebensschutzes (krit auch Sch/Sch-Eser 1 zu § 219).

8 **c)** Da nach hM die Indikationen Notlagen beschreiben, die auf einer **speziellen, unmittelbar vom Gesetz vorgenommenen Güter- und Interessenabwägung** beruhen (expl Laufhütte/Wilkitzki JZ 76, 329, 331; Lackner NJW 76, 1233, 1236; s auch 16 vor § 218), sind die allgemeinen für den rechtfertigenden Notstand geltenden **subjektiven Voraussetzungen** zu beachten. Ebenso wie dort sind daher die Fragen zu beurteilen, die sich aus dem Erfordernis des **Willens zur Gefahrabwendung** (des Rettungswillens, 5 zu § 34), aus dem Meinungsstreit um die **Pflicht zur Prüfung der Rechtfertigungsvoraussetzungen** (17 zu § 17; s auch JZ 77, 139; Roxin JA 81, 542, 543; Jähnke LK 26–28 vor § 218 a aF) und aus den verschiedenen Möglichkeiten des Irrtums ergeben (zusf Sch/Sch-Eser 63, 64).

9 **d)** Neben der allgemein erforderlichen Vornahme des Eingriffs durch einen Arzt (vgl 2) und der Einwilligung der Schwangeren (vgl 7) muß eine in **Abs 2, 3 beschriebene Indikation** vorliegen. Zwar ist an sich nur **eine** Indikation, die sozial-medizinische, vorgesehen (Abs 2), während die kriminologische formell als ihr Unterfall behandelt wird (Abs 3). Materiell verwirklicht aber diese „Unterindikation“ die Voraussetzungen des Abs 2 nicht notwendig, so daß ihre kraft unwiderleglicher Vermutung (Laufhütte/Wilkitzki JZ 76, 329, 331; aM Schmitt FamRZ 76, 595: Fiktion) vorgenommene Gleichstellung nichts daran ändert, daß sie unabhängig von Abs 2 geprüft werden muß (krit zur selben Problematik im früheren Recht Lackner NJW 76, 1233, 1236; Schmitt aaO; Beulke FamRZ 76, 596, 598; Rudolphi SK 11, 12).

e) Beide Indikationen sind **„nach ärztlicher Erkenntnis“** zu beurteilen. 10
Nach hM zum früheren Recht soll dieser Begriff nicht rein objektiv im Sinne der Erkenntnisse und Erfahrungen der medizinischen Wissenschaft und Praxis (9 zu § 223), sondern unter Einbeziehung auch der konkreten subjektiven Bewertung durch den abbrechenden Arzt auszulegen sein, mit der Folge, daß diesem ein „gewisser ärztlicher Beurteilungsspielraum“ verbleibt, der gerichtlich nicht überprüfbar ist, solange das Ergebnis noch vertretbar erscheint (BGHSt 38, 144 mit zT krit Bespr Frommel StV 92, 114, Otto JR 92, 210, Lackner NStZ 92, 331, Kluth JZ 92, 533, Hassemer JuS 92, 703 und Vultejus NJ 92, 198; zust Sch/Sch-Eser 36; weiter BGHZ 95, 199; Düsseldorf NJW 87, 2306, alle mwN). Diese Subjektivierung der Rechtfertigungsvoraussetzungen widerspricht allgemein anerkannten, für die Begründung der Rechtmäßigkeit tatbestandsmäßiger Handlungen geltenden Regeln. Sie ist auch nicht erforderlich, weil die Ärzteschaft nach neuem Recht mit der ihnen berufsfremden Aufgabe, Notlagenindikationen zu beurteilen, nicht mehr belastet ist und weil überdies auch die gebotene objektive Auslegung den Rückgriff auf die „ärztliche Erkenntnis“ erfordert. Damit werden die arztrechtlichen Standards unter Einbeziehung auch von Außenseiterpositionen (9 zu § 223) sowohl für den Umfang der Ermittlungspflichten des Arztes, die durch die allgemein in der ärztlichen Berufspraxis verfügbaren Erkenntnismittel begrenzt sind (dazu BGHSt 38, 144, 154), als auch für die normative Beurteilung der Indikationen zur Grundlage gemacht. Schon dadurch entsteht ein hinreichender, gerichtlicher Überprüfung nicht zugänglicher Spielraum (aM Bay NJW 90, 2328 mit krit Anm Eser JZ 91, 1003, beide mwN), der den Arzt vor unzumutbaren Risiken schützt (ähnlich Rudolphi SK 37–39).

f) Die **sozial-medizinische Indikation** nach Abs 2 (zur Kritik 22 11
vor § 218).

aa) **Angezeigt** (indiziert) ist der Schwangerschaftsabbruch, wenn er 12
aufgrund eines ex-ante-Urteils nach ärztlicher Erkenntnis (vgl 10) geeignet und zugleich ein angemessenes Mittel ist, um die beschriebene konkrete Gefahr abzuwenden (BT-Dr VI/3434 S 20). Gegenwärtig braucht die Gefahr nicht zu sein; der drohende Schaden muß nur – auch wenn sein Eintritt erst später, uU nach der Geburt, zu erwarten ist – bei Fortbestehen der Schwangerschaft voraussichtlich unvermeidbar sein; der jeweils erforderliche Wahrscheinlichkeitsgrad ist nicht absolut bestimmbar, weil er auch von der Schwere der drohenden Gefahr abhängt (BT-Dr aaO). Erforderlich ist der Wille zur Gefahrabwendung (vgl 8); an ihm fehlt es idR, aber nicht notwendig (aM JZ 77, 139 mit Anm Schroeder), wenn der abbrechende Arzt sich nicht selbst vergewissert, ob überhaupt eine Gefahr droht. – Als **Lebensgefahr** kommt auch Selbstmordgefahr in Frage (BGHSt 3, 7). – **Beeinträchtigung des körperlichen oder seelischen Gesundheitszustandes** ist namentlich die Verursachung oder Steigerung einer physischen oder psychischen

Krankheit. Darüber hinaus werden aber auch solche Zustände, dh Störungen von erheblicher Dauer (Jähnke LK 43 zu § 218 a aF), erfaßt, die keinem medizinisch fest umschriebenen Krankheitsbild entsprechen, sondern erst aufgrund einer Gesamtwürdigung auf dem Hintergrund der **gegenwärtigen und zukünftigen Lebensverhältnisse** eine biologisch signifikante Verschlechterung der körperlichen oder seelischen Verfassung der Schwangeren erkennbar machen (BT-Dr aaO). Deshalb kann uU die Summierung familiärer und wirtschaftlicher Belastungen bei psychisch Labilen die Gefahr psychoneurotischer, neurasthenischer oder depressiver Fehlentwicklungen begründen (BT-Dr aaO). – Das zusätzliche Erfordernis **schwerwiegender** Beeinträchtigung scheidet alle Belastungen aus, die normalerweise mit einer Schwangerschaft verbunden sind, darüber hinaus aber auch solche, deren Hinnahme bei einer Gesamtabwägung mit dem Lebensinteresse des Ungeborenen keine Überforderung der Schwangeren bedeutet (BT-Dr aaO; die von Jähnke LK 44–46 zu § 218 a aF vorgeschlagene Konkretisierung anhand von Maßstäben des Sozialrechts ist problematisch, weil die in den beiden Rechtsgebieten zu verfolgenden Zwecke verschieden sind [krit daher Hiersche, Tröndle-FS, S 669, 673]).

13 bb) Auch bei Vorliegen dieser Voraussetzungen ist der Schwangerschaftsabbruch nur als **ultima ratio** zulässig (Subsidiaritätsgrundsatz). Eine zur Verfügung stehende ärztliche oder sozialpflegerische Abhilfe schließt daher die Indikation grundsätzlich aus. Sie kann aber **unzumutbar** sein, wenn sie die Schwangere in einem mit dem Sinn der Indikation unvereinbaren Maße belasten würde (dazu BVerfGE 88, 203, 256). Ob das zutrifft, ist aufgrund einer **Gesamtwürdigung** nach den Umständen des Einzelfalls zu beurteilen, wobei der Maßstab um so strenger ist, je mehr sich die Schwangerschaft ihrem Ende zuneigt (Tröndle 15; Sch/Sch-Eser 34). Unzumutbarkeit kommt namentlich bei einer sonst unumgänglichen langfristigen Einweisung in eine Klinik oder ein psychiatrisches Krankenhaus in Frage (hM; vgl BT-Dr VI/3434 S 21). Dasselbe gilt auch für die Unterbringung des zu erwartenden Kindes in einem Heim oder einer anderen Familie, vor allem für seine Adoption. Die Frage ist früher im Rahmen der Notlagenindikation behandelt worden, stellt sich in eingeschränktem Maße aber auch bei der sozial-medizinischen. Eine solche Weggabe des Kindes unmittelbar nach der Geburt ist weder grundsätzlich zumutbar (so aber AG Celle NJW 87, 2307), noch ist sie grundsätzlich unzumutbar (so aber LG Memmingen NStZ 89, 227; Jähnke LK 76 zu § 218 a aF, beide mwN), sondern auch hier nach den Umständen des Einzelfalls zu beurteilen (Bay NJW 90, 2328); allerdings ist die Zumutbarkeit regelmäßig zu verneinen, wenn nicht auszuschließen ist, daß mit der Weggabe des Kindes eine schwere seelische Belastung der Schwangeren verbunden wäre (ähnlich BGHSt 38, 144, 161; s auch Beulke FamRZ 76, 596, 600; Arzt/Weber BT 1 Rdn 380; Sch/Sch-Eser 35, alle mwN). Unzumutbarkeit wird ferner bei einer Mehrlingsschwangerschaft zu bejahen sein, wenn durch partiellen Schwangerschaftsabbruch (zB Reduktion von Fünflingen auf Zwillinge) eine hinreichende Verminderung der zu erwartenden Belastung erreichbar wäre, die Schwangere aber diesen noch im Experimentierstadium befindlichen Eingriff verweigert (Eberbach JR 89, 265, 271; Sch/Sch-Eser 34, beide mwN).

g) aa) Nachdem die seit dem 15. StÄG geltende (3 vor § 218), auch im SFHG vorgesehene (dort § 218 a III) und im Urteil des BVerfG (E 88, 203, 257) gebilligte **embryopathische Indikation** weggefallen ist (zur Kritik 22 vor § 218), geht der Gesetzgeber davon aus, daß sie durch die **sozial-medizinische** aufgefangen werden kann (BT-Dr 13/1850 S 26). Im Hinblick darauf, daß bei dieser Indikation auch die gegenwärtigen und künftigen Lebensverhältnisse der Schwangeren zu berücksichtigen sind und daß nach der Intention des Gesetzgebers auch die erst nach der Geburt drohende Beeinträchtigung ihres seelischen Gesundheitszustandes relevant ist (dazu Otto Jura 96, 135, 141), wird die sozial-medizinische Indikation voraussichtlich in der Praxis regelmäßig bejaht werden, wenn die zu erwartende, nicht behebbare Schädigung der Leibesfrucht nach Art und Schwere (dazu näher Jähnke LK 52 zu § 218 a aF) so erheblich ist, daß die Pflege und Erziehung des kranken Kindes auch bei voller Anerkennung seines Lebensrechts eine zeitlich, kräftemäßig oder wirtschaftlich unzumutbare Überforderung der Schwangeren, uU auch im Hinblick auf bereits vorhandene Kinder, bedeuten würde (BT-Dr VI/3434 S 24; s auch BVerfGE 39, 1, 49; 88, 203, 256; krit Rudolphi SK 8, der bezweifelt, daß alle Fälle der embryophatischen Indikation erfaßt werden können). 14

bb) Damit ist die **vielschichtige Problematik** der embryopathischen Indikation aber **nicht gelöst, sondern nur verlagert.** Im früheren Recht sind gegen diesen Rechtfertigungsgrund nicht nur wegen der mit ihm verbundenen Diskriminierung der Behinderten Einwendungen erhoben worden. Mit Recht gerügt wurde vor allem der innere Widerspruch, der darin liegt, daß die Schwangere in ihrer Entscheidung für den Abbruch nicht ihre eigene künftige Belastung, sondern ausschließlich den ihr unzureichend erscheinenden Lebenswert des Ungeborenen im Auge haben und zum ausschlaggebenden Motiv machen kann (Boland ua [Hrsg], Kindliche Indikation zum Schwangerschaftsabbruch, 1982, S 50, 51; Hepp, Geburtshilfe und Frauenheilkunde 83, 131; Hanack, Noll-GedSchr, S 197; s auch Jakobs, in: Zentrum für medizinische Ethik. Medizinethische Materialien, Heft 90, 1994; M-Schroeder/Maiwald BT 1 6/36, 40). Leider hat sich die pränatale Diagnostik (Amniocentese, Chorionbiopsie, Fetoskopie, Hautbiopsie usw) in Verbindung mit der problematischen Rspr zur Haftung des Artzes, der ihre Möglichkeiten nicht oder fehlerhaft nutzt (vgl etwa BGHZ 89, 96; 124, 128; NJW 95, 2407; krit dazu BVerfGE 88, 203, 296; Picker, Schadensersatz für das unerwünschte Leben: „wrongful life", 1995 und AcP 95, 483; Backhaus MedR 96, 201; Zimmermann JZ 97, 131), zunehmend zu einem Mittel der Familienplanung entwickelt, das die „Schwangerschaft auf Probe" ermöglicht (krit Laufs NJW 90, 1505, 15

1511 sowie Fortpflanzungsmedizin und Arztrecht, 1992, S 90). Das Fortschreiten der Fetaldiagnostik und -therapie, nicht zuletzt auch der Techniken selektiver Abtreibung (3 zu § 218), hat eine Lage geschaffen, in der die Indikation unhaltbar oder mindestens von Grund auf änderungsbedürftig geworden ist (krit daher ua Eberbach JR 89, 265; Cramer ZRP 92, 136; Pluisch, Der Schwangerschaftsabbruch aus kindlicher Indikation im Spannungsfeld der pränatalen Diagnostik, 1992; krit auch aus feministischer Sicht Hochreuter KritV 96, 171).

16 Die Ausgestaltung der sozial-medizinischen Indikation als Auffangtatbestand für die embryopathische **bringt die gebotene Klärung nicht.** Sie erweitert nur die Möglichkeit erlaubter Eingriffe zu Lasten des Lebensschutzes, und zwar vor allem dadurch, daß sie wegen ihrer größeren Unbestimmtheit (Burmeister, LebSchrR Nr 12, S 51, 73: „Verstecken" einer speziellen in einer allgemeinen Indikation; Tröndle NJW 95, 3009, 3015: „Akt gesetzgeberischer Verhüllungskunst"; krit auch Krey BT 1 Rdn 169; Rudolphi SK 8) zum Mißbrauch einlädt und auf die bisher vorgesehene – wenn auch problematische (vgl 16 zu § 218 a aF in der Voraufl) – 22-Wochen-Frist und das Erfordernis vorausgegangener Pflichtberatung (vgl 7 a) verzichtet hat. Dadurch wird der bisher schon bestehende, aber nur in engen zeitlichen Grenzen mögliche innere Widerspruch verschärft, der darin besteht, daß in der letzten Schwangerschaftsphase eine bereits lebensfähige Leibesfrucht rechtmäßig abgetrieben werden darf, während das frühgeborene Kind vollen Lebensschutz nach den §§ 211 ff genießt (dazu Helmke ZRP 95, 441). Führt nämlich der Versuch eines nach Abs 2 indizierten Schwangerschaftsabbruchs **zur Geburt eines** – geschädigten oder ungeschädigten – **lebenden Kindes,** so ist dessen Tötung nicht deshalb erlaubt, weil der Schwangerschaftsabbruch gerechtfertigt war. Der Arzt ist vielmehr Garant für das Leben des Kindes und zur Unterlassung von Behandlungsmaßnahmen nur nach den allgemein für die sog Früheuthanasie geltenden Regeln (5 vor § 211) befugt (Weiß GA 95, 373; Jähnke LK 6 zu § 218 a aF mwN; weiter Hanack, Noll-GedSchr, S 197, 202; zur medizinischen Problematik Hepp aaO [vgl 15] und in: Jung/Müller-Dietz [Hrsg], § 218 StGB – Dimensionen einer Reform, 1983, S 1; Hiersche/Jähnke MDR 86, 1). Daß hier der Arzt in unlösbare ethische und rechtliche Schwierigkeiten geraten kann, ist absehbar (Helmke aaO).

17 cc) Ein Vorteil gegenüber dem bisherigen Recht besteht lediglich darin, daß infolge Wegfalls der 22-Wochen-Frist eine Fallgruppe ohne Auslegung contra legem lösbar wird: Wenn die bisweilen mögliche **sichere Diagnose perinataler Lebensunfähigkeit** des Fötus (zB bei Anencephalen, 5 zu § 218) gestellt werden muß, die unmittelbar nach der Geburt einen Behandlungsabbruch rechtfertigen würde (5 vor § 211), so dürfte Abs 2 regelmäßig deshalb erfüllt sein, weil die mit der Fortsetzung der Schwangerschaft verbundene sinnlose Belastung der Schwangeren unzumutbar wäre (zur str Problematik im bisherigen Recht expl Hiersche/Jähnke MedR 86, 1; Peters, Der Schutz des Neu-

geborenen, insbesondere des mißgebildeten Kindes, 1988, S 248; Arthur Kaufmann JZ 89, 794; Cramer ZRP 92, 136; Pluisch aaO [vgl 15] S 153; Gescher, Rechtsprobleme des Schwangerschaftsabbruchs bei Anenzephalen, 1994; Krey BT 1 Rdn 169 a, 169 b).

h) Die **kriminologische Indikation** nach Abs 3. Sie wird häufig auch als ethische, humanitäre oder Vergewaltigungsindikation bezeichnet. 18

aa) **Vorausgesetzt wird eine rechtswidrige,** nicht notwendig schuldhafte, **Tat** (18 zu § 11; 1 zu § 29) nach §§ 176–179, welche die Schwangerschaft verursacht hat; Vergewaltigungen in der Ehe oder Inzest (§ 173) genügen nicht. Ob die Schwangere, soweit das nach den Tatbeständen überhaupt in Frage kommt (zB in Fällen der §§ 176 I, 179 I), in die Tat eingewilligt hatte, ist unerheblich (Sch/Sch-Eser 47 mwN); nach dem Sinn der Regelung gilt dasselbe auch – und zwar ungeachtet der umstrittenen systematischen Stellung des Vorsatzes im Verbrechensaufbau (34 zu § 15) – für vorsatzausschließende Irrtümer des Täters, etwa über das Alter des Kindes in Fällen des § 176 I oder über das Einverständnis des Opfers in Fällen der §§ 177 I, 178 I (Jähnke LK 61 zu § 218 a aF). – **Dringende Gründe** für die Annahme, daß die Schwangerschaft auf der rechtswidrigen Tat beruht, erfordert keinen sicheren Nachweis; es genügt ein solcher Grad von Wahrscheinlichkeit, daß dieser Zusammenhang ernstlich in Betracht zu ziehen ist. Dabei ist auf den Sachstand unmittelbar vor dem Schwangerschaftsabbruch abzustellen. Zur Aufklärung braucht der Arzt nicht wie eine Ermittlungsbehörde tätig zu werden, sondern sich nur der Erkenntnismittel bedienen, die allgemein in der Berufspraxis verfügbar sind (BT-Dr 13/1850 S 26; s auch 10); bei Zweifeln an der Glaubwürdigkeit der Schwangeren kommt in Frage, mit deren Einwilligung die Staatsanwaltschaft um Auskunft oder Einsicht in etwa vorhandene Ermittlungsakten zu bitten (vgl dazu Nr 9 der vorläufigen AO des BVerfG [E 88, 203, 223]; krit Rudolphi SK 51 vor § 218; Sch/Sch-Eser 49). 19

bb) Einer besonderen Prüfung, ob die Konfliktslage von solchem Gewicht war, daß **die Fortsetzung der Schwangerschaft nicht verlangt werden kann,** bedarf es bei der kriminologischen Indikation nicht, weil schon nach früherem Recht davon auszugehen war, daß das hier stets zutrifft (Lackner NJW 76, 1233, 1238; Sch/Sch-Eser 51). 20

cc) Zur **Zwölf-Wochen-Frist** vgl oben 6. 20 a

e) Über diesen anerkannten Bereich hinaus schließt das BVerfG die Möglichkeit einer rechtfertigenden **Notlagenindikation** unter der Voraussetzung ihrer Gleichwertigkeit (Kongruenz) mit den anderen Indikationen nicht aus, hält aber ihre zur Begründung der Rechtmäßigkeit unerläßliche Feststellung mit dem Schutzkonzept der Beratungsregelung für unvereinbar (16, 17 vor § 218). 21

5. Wie die **grundsätzlich verschiedenen Möglichkeiten der Straflosigkeit nach Abs 1–3** nebeneinander bestehen können, ist widerspruchsfrei nicht zu erklären. Nach den (bindenden) Bewertungs- 21 a maßstäben des BVerfG ist von folgenden Prämissen auszugehen: Der Schwangerschaftsabbruch ist **verfassungsrechtlich verboten,** wenn er vorgenommen wird, obwohl die Fortsetzung der Schwangerschaft zumutbar ist (dazu 16 vor § 218). Er ist gerechtfertigt, wenn eine Indikation nach Abs 2, 3 vorliegt, und zwar unabhängig davon, ob und mit welchem Ergebnis ein Feststellungsverfahren stattgefunden hat (2 zu § 218 b). Für andere Notlagen, die so schwer wiegen, daß die Fortsetzung der Schwangerschaft nicht zumutbar ist, sieht das Gesetz, weil die Abs 2, 3 abschließend sind, keine förmliche Rechtfertigung vor. Diese Fälle müssen deshalb – im Interesse der Wirksamkeit des Beratungskonzepts (BVerfGE 88, 203, 271) – in den nach Abs 1 straflosen Schwangerschaftsabbrüchen aufgehen, wenn dessen Voraussetzungen erfüllt sind; sie bilden in der Gesamtheit dieser Abbrüche einen – wenn auch geringfügigen – Anteil materiell rechtmäßiger Eingriffe (16, 17 vor § 218); für alle übrig bleibenden ändert das aber nichts an dem verfassungsrechtlichen Verbot. Aus dieser Rechtslage folgt: Der ausdrückliche Hinweis des BVerfG in Nr 2 der vorläufigen AO, daß das grundsätzliche Verbot des Schwangerschaftsabbruchs unberührt bleibe, entspricht diesen Prämissen; denn er stellt nur klar, daß Abs 1 den für den Schwangerschaftsabbruch geltenden Verbotsbereich nicht verändert. Damit ist auch jeder Versuch, das Verbot materiell nicht zu rechtfertigender Eingriffe mit dogmatischen oder verfahrensrechtlichen Argumenten zu bestreiten oder zu relativieren, mit den Vorgaben des BVerfG unvereinbar (anders zB Hassemer, Mahrenholz-FS, S 731; Sch/Sch-Eser 12–18 mwN). Kein unüberwindbares Hindernis für diese Deutung bildet Abs 1, der bei beratenen Abbrüchen schon den Tatbestand ausschließt (vgl 3). Wenn die Schwangere sich nach § 219 hat beraten lassen, wozu sie beim Vorliegen einer Indikation nicht verpflichtet ist (zur Kritik vgl 7 a), kann der Eingriff zwar nach Abs 1 vorgenommen werden, ohne daß der Tatbestand verwirklicht wird; solange das aber nicht geschieht, bleibt offen, ob es im weiteren Verlauf zu einem tatbestandslosen oder einem gerechtfertigten Eingriff kommt. Die Schwangere kann sich deshalb nach der Beratung dem Feststellungsverfahren stellen, um auf dieser Grundlage die Rechtfertigung des Eingriffs zu erreichen (im Ergebnis ebenso Sch/Sch-Eser 17). Ihr diese Möglichkeit zu versperren, wäre rechtsstaatswidrig, weil die bloße, im Interesse des Lebensschutzes überdies erwünschte Inanspruchnahme der Konfliktberatung einen Rechtsverlust (vgl § 24 b I SGB V) nicht legitimieren kann. Wurde der Eingriff jedoch unter den Voraussetzungen des Abs 1 vorgenommen, so ist für eine nachträgliche Rechtfertigung im Hinblick auf die Tatbestandslosigkeit des Eingriffs kein Raum mehr. – Wurde eine Schwangerschaft abgebrochen, obwohl weder die Voraussetzungen des Abs 1 erfüllt waren noch das vorgeschriebene Feststellungsverfahren beachtet wurde, so ist die – wenn auch entfernte – Möglichkeit nicht ganz auszuschließen, daß das Gericht aufgrund der Sachlage eine Indikation nach Abs 2, 3 bejahen muß (2 zu § 218 b).

6. Abs 4: Die Vorschrift entspricht im wesentlichen dem § 218 III S 2, 3 aF, der schon im früheren Recht unter verschiedenen Gesichtspunkten als verfassungsrechtlich problematisch und kriminalpolitisch verfehlt eingestuft wurde (krit namentlich Lackner NJW 76, 1233, 1242; Beulke FamRZ 76, 596, 602; Roxin JA 81, 226, 229; Rudolphi SK 19, 20 vor § 218 und 52 zu § 218 a). Als geltendes Recht ist sie zu respektieren, wird aber im Rahmen der neuen Rechtslage kaum praktische Bedeutung erlangen. Sie setzt nämlich einen rechtswidrigen Schwangerschaftsabbruch voraus, an dem es fehlt, wenn die Tat schon nicht unter § 218 fällt (Einhaltung des Beratungsverfahrens) oder wenn sie gerechtfertigt ist (vgl 7–20). 22

a) Satz 1 beschreibt einen (auf § 218 beschränkten) persönlichen Strafausschließungsgrund für die Schwangere (hM; vgl Laufhütte/Wilkitzki JZ 76, 329, 330; einschr Rudolphi SK 52). Die Rechtswidrigkeit der Tat und die Strafbarkeit aller anderen Beteiligten bleiben daher unberührt; auch ein Irrtum über die Arzteigenschaft des Täters oder die Rechtzeitigkeit des Eingriffs (22-Wochen-Frist) kommt der Schwangeren nicht zugute (Arzt/Weber BT 1 Rdn 392), wohl aber die irrige Annahme der Voraussetzungen einer Indikation (vgl 7–20). – Es kommt allein darauf an, ob die nach § 219 vorgeschriebene Konfliktberatung stattgefunden hat; ob sie inhaltlich fehlerhaft war (dazu 5 zu § 219) oder ob eine Bescheinigung über sie ausgestellt wurde, ist unerheblich. – Der abbrechende Arzt kann auch im Ausland tätig und dort approbiert sein. 23

b) Da **Satz 2** ausscheidet, wenn die Tat gerechtfertigt ist, kommt hier als Rechtfertigungsgrund neben den ausdrücklich geregelten Indikationen (vgl 7–20) auch die (vom Gericht jeweils festzustellende) **Notlagenindikation** (vgl 21) in Frage, wenn sie den vom BVerfG umschriebenen, im Verhältnis zum früheren Recht wesentlich strengeren Voraussetzungen genügt; der Schwangeren in diesen Fällen die Rechtfertigung zu versagen (beachte dazu oben 21 a), wäre rechtsstaatswidrig. Im übrigen ist S 2 nur bei solcher Bedrängnis anwendbar, die einerseits nach ihrer Schwere oder wegen anderweitiger Abwendungsmöglichkeit zur Rechtfertigung nicht ausreicht (Laufhütte/Wilkitzki JZ 76, 329, 330; Krey BT 1 Rdn 160), andererseits aber signifikant schwerere Belastungen mit sich bringt, als sie üblicherweise mit einer Schwangerschaft verbunden sind. – Obwohl der neue Wortlaut von S 2 nicht ganz eindeutig ist, betrifft die Vergünstigung nach historischer und teleologischer Auslegung offensichtlich nur die Schwangere, nicht die übrigen an der Tat Beteiligten (Tröndle 22; Sch/Sch-Eser 77; aM Otto Jura 96, 135, 148, der die Wortlautschranke [6 zu § 1] für überschritten hält). – Zum **Absehen von Strafe** 7 zu § 49. 24

§ 218 b Schwangerschaftsabbruch ohne ärztliche Feststellung; unrichtige ärztliche Feststellung

(1) **Wer in den Fällen des § 218 a Abs. 2 oder 3 eine Schwangerschaft abbricht, ohne daß ihm die schriftliche Feststellung eines Arztes, der nicht selbst den Schwangerschaftsabbruch vornimmt, darüber vorgelegen hat, ob die Voraussetzungen des § 218 a Abs. 2 oder 3 gegeben sind, wird mit Freiheitsstrafe bis zu einem Jahr oder mit Geldstrafe bestraft, wenn die Tat nicht in § 218 mit Strafe bedroht ist. Wer als Arzt wider besseres Wissen eine unrichtige Feststellung über die Voraussetzungen des § 218 a Abs. 2 oder 3 zur Vorlage nach Satz 1 trifft, wird mit Freiheitsstrafe bis zu zwei Jahren oder mit Geldstrafe bestraft, wenn die Tat nicht in § 218 mit Strafe bedroht ist. Die Schwangere ist nicht nach Satz 1 oder 2 strafbar.**

(2) **Ein Arzt darf Feststellungen nach § 218 a Abs. 2 oder 3 nicht treffen, wenn ihm die zuständige Stelle dies untersagt hat, weil er wegen einer rechtswidrigen Tat nach Absatz 1, den §§ 218, 219 a oder 219 b oder wegen einer anderen rechtswidrigen Tat, die er im Zusammenhang mit einem Schwangerschaftsabbruch begangen hat, rechtskräftig verurteilt worden ist. Die zuständige Stelle kann einem Arzt vorläufig untersagen, Feststellungen nach § 218 a Abs. 2 und 3 zu treffen, wenn gegen ihn wegen des Verdachts einer der in Satz 1 bezeichneten rechtswidrigen Taten das Hauptverfahren eröffnet worden ist.**

Fassung des SFHG (6 vor § 218) mit technischen Änderungen durch das SFHÄndG (19 vor § 218).

1 **1.** Die mit den §§ 219, 219 a aF sachlich übereinstimmende Vorschrift ist auf die Feststellung von rechtfertigenden Indikationen (§ 218 a II, III) beschränkt. Sie schützt die **Ordnungsmäßigkeit des Feststellungsverfahrens** und damit mittelbar dasselbe Rechtsgut wie § 218 (dort 1). Sie wendet sich nicht gegen die Vornahme eines Schwangerschaftsabbruchs, sondern nur gegen die Mißachtung oder verfälschende Beeinflussung des für die Zulassung des Eingriffs vorgeschriebenen Verfahrens (Sch/Sch-Eser 1).

2 **2.** Zum Feststellungsverfahren nach **Abs 1 S 1, 3:**

a) Die schriftliche **Feststellung** ist nur insofern relevant, als ohne ihr „Vorliegen" auch ein rechtmäßiger Schwangerschaftsabbruch gesperrt und bei Zuwiderhandlung Ungehorsamsstrafe verwirkt ist. Sie bindet den Arzt, der den Eingriff vornimmt, weder positiv noch negativ; ob dessen Handeln gerechtfertigt ist, hängt allein von den Voraussetzungen des § 218 a II, III ab.

3 **b)** Die **Feststellung** darf sich nach hM nicht auf bloße Bejahung oder Verneinung beschränken, muß vielmehr die wesentlichen Gründe

für das Vorliegen oder Fehlen einer bestimmten Indikation angeben (Rudolphi SK 6; Sch/Sch-Eser 4, beide mwN; anders die Voraufl). Sie muß dem abbrechenden Arzt vor dem Eingriff **vorgelegen** haben, deshalb von ihm auch zur Kenntnis genommen sein (Müller-Emmert DRiZ 76, 164, 168; Rudolphi SK 10; aM Tröndle 4; Sch/Sch-Eser 13 mwN; zw). Sie kann von **jedem anderen Arzt** getroffen sein, wenn dieser nur – im Hinblick auf den engen Zusammenhang mit dem Berufsrecht – in der Bundesrepublik approbiert ist (BT-Dr 7/4696 S 14; Sch/Sch-Eser 8; aM Rudolphi SK 7) und wenn ihm kein Feststellungsverbot nach Abs 2 auferlegt ist (vgl 8). Handelt danach der Arzt unbefugt, so ist die von ihm getroffene Feststellung unbeachtlich (hM; vgl etwa Müller-Emmert DRiZ 76, 164, 168; Sch/Sch-Eser 8, 9, 33).

c) Der **Vorsatz** (bedingter genügt) muß sich auf das Nichtvorliegen 4
der schriftlichen Feststellung beziehen; er wird daher durch die irrige Annahme, die (schriftliche oder mündliche) Feststellung eines anderen Arztes sei lediglich getroffen, nicht berührt. Weiß der Täter nicht, daß dem feststellenden Arzt die Befugnis gefehlt hat (vgl 3), handelt er im Tatbestandsirrtum. Im übrigen kann die irrige Annahme, den Abbruch vornehmen zu dürfen, je nach den Umständen Tatbestands- oder Verbots-(Subsumtions-)Irrtum sein (näher dazu Sch/Sch-Eser 19).

d) Rechtfertigender Notstand (§ 34) kommt in Frage, wenn die 5
Schwangere durch den mit der Einholung der Feststellung verbundenen Zeitaufwand in die Gefahr des Todes oder einer schweren Beeinträchtigung ihres Gesundheitszustandes käme (Jähnke LK 10 zu § 219 aF mwN).

e) Satz 3 enthält für jegliche Form **der Beteiligung der Schwan-** 6
geren einen persönlichen Strafausschließungsgrund, dessen Wirkung allerdings ihre mögliche Strafbarkeit wegen Beteiligung an dem Schwangerschaftsabbruch nach § 218 nicht berüht (dort 7, 15). – Für die **Beteiligung Dritter** gelten die allgemeinen Regeln. Nach dem Wortlaut der Vorschrift kann an sich jeder Dritte **Täter** sein; praktisch kommt jedoch nur ein Arzt in Frage, weil der Laienabort in der Regel (2 zu § 218 a) nach § 218 strafbar ist.

3. Zum Tatbestand gegen **unrichtige ärztliche Feststellung nach** 7
Abs 1 S 2:

Die Vorschrift entspricht in ihrer Struktur dem des Ausstellens unrichtiger Gesundheitszeugnisse. Die Ausführungen unter 2–5 zu § 278 über die inhaltliche Unrichtigkeit, die Zweckbestimmung zum Gebrauch bei einer Behörde (hier zur Vorlage nach S 1), die Vollendung der Tat und das Handeln wider besseres Wissen gelten daher sinngemäß (vgl auch BT-Dr 7/4696 S 12; zusf Sch/Sch-Eser 23–31).

4. Zum **Feststellungsverbot nach Abs 2** (zusf Sch/Sch-Eser 32–37): 8

a) Die **zuständige Stelle** bestimmt sich nach Landesrecht (Art 83 GG).

b) Zuwiderhandlungen gegen eine Untersagung sind nicht mit Strafe bedroht (Laufhütte/Wilkitzki JZ 76, 329, 336), sondern nur berufsrechtlich relevant; jedoch ist die Feststellung des zuwiderhandelnden Arztes unwirksam, so daß sie die Tatbestandsverwirklichung nicht hindert (vgl 3).

9 **6.** Aufgrund seiner **Subsidiaritätsklauseln** tritt Abs 1 hinter § 218 (einschl Versuch) zurück (26 vor § 52). Er hat daher in Fällen, in denen es zum Schwangerschaftsabbruch kommt, nur geringe praktische Bedeutung; meist liegt dann Beihilfe zu § 218 I vor, die Vorrang hat. Deren Voraussetzungen bleiben durch Abs 1 unberührt, so daß als Teilnehmer am Schwangerschaftsabbruch auch strafbar sein kann, wer eine unrichtige Feststellung nach S 2 nur mit bedingtem Vorsatz getroffen hat (Lackner NJW 76, 1233, 1242; Gropp, Der straflose Schwangerschaftsabbruch, 1981, S 236; Sch/Sch-Eser 53 zu § 218; aM Rudolphi SK 22 mwN). – Zwischen Abs 1 S 2 ist **Tateinheit** ua möglich mit § 278 (Sch/Sch-Eser 31).

§ 218 c Ärztliche Pflichtverletzung bei einem Schwangerschaftsabbruch

(1) **Wer eine Schwangerschaft abbricht,**

1. **ohne der Frau Gelegenheit gegeben zu haben, ihm die Gründe für ihr Verlangen nach Abbruch der Schwangerschaft darzulegen,**
2. **ohne die Schwangere über die Bedeutung des Eingriffs, insbesondere über Ablauf, Folgen, Risiken, mögliche physische und psychische Auswirkungen ärztlich beraten zu haben,**
3. **ohne sich zuvor in den Fällen des § 218 a Abs. 1 und 3 auf Grund ärztlicher Untersuchung von der Dauer der Schwangerschaft überzeugt zu haben oder**
4. **obwohl er die Frau in einem Fall des § 218 a Abs. 1 nach § 219 beraten hat,**

wird mit Freiheitsstrafe bis zu einem Jahr oder mit Geldstrafe bestraft, wenn die Tat nicht in § 218 mit Strafe bedroht ist.

(2) **Die Schwangere ist nicht nach Absatz 1 strafbar.**

Fassung des SFHÄndG (19 vor § 218).

1 **1.** Die Vorschrift dient der **Umsetzung der Verhaltensanforderungen des BVerfG an den abbrechenden Arzt,** bleibt hinter ihnen aber in mehrfacher Hinsicht zurück (zur Kritik 23 vor § 218). Nach dem Beratungskonzept soll sie dem Arzt bewußt machen, daß er dem Lebensschutz verpflichtet ist und daß er auch selbst für den Schwangerschaftsabbruch Verantwortung trägt (zur Kritik 14 vor § 218). Sie wendet sich nicht unmittelbar gegen die Vornahme des Eingriffs, sondern nur gegen die Mißachtung der durch Abs 1 begründeten Pflichten. Diese gelten für jeden Schwangerschaftsabbruch, gleichgültig, ob er rechtlich indiziert (§ 218 a II, III), lediglich straflos (§ 218 a I), für die Schwangere straffrei (§ 218 a IV) oder sogar strafbar

ist (§ 218 I); daß die Vorschrift in den beiden letzten Fällen hinter § 218 zurücktritt (vgl 9), beruht nur auf Konkurrenzgründen. In Notfällen kommt jedoch eine Rechtfertigung nach § 34 in Frage.

2. Die **Pflichten nach Abs 1** im einzelnen: 2

a) Nr 1: Gelegenheit zur Darlegung der Abbruchsgründe wird vom Arzt nur dann nicht gegeben, wenn er den Eingriff vornimmt, ohne zuvor nach den Gründen für das Abbruchsverlangen gefragt zu haben, oder wenn er die erklärungsbereite Schwangere nicht darüber sprechen, namentlich sie nicht ausreden läßt (Sch/Sch-Eser 4). Danach (wohl aber nach dem allgemeinen Berufsrecht; vgl 6) ist er nicht verpflichtet, auf der Darlegung der Gründe zu bestehen, wenn die Schwangere sich weigert. Zur Unvereinbarkeit dieser vom Gesetzgeber gewollten Beschränkung mit den Vorgaben des BVerfG 23 vor § 218.

b) Nr 2: Die Gesichtspunkte, die nach der Vorschrift **Gegenstand** 3
der Beratung sein müssen, decken sich mit denen, über die ein nicht schon informierter Patient vor jedem ärztlichen Eingriff aufzukären ist (dazu 14–17 zu § 226 a; ebenso zu § 218 b I Nr 2 aF Jähnke LK 11 aaO; aM Beulke FamRZ 76, 596, 600; Sch/Sch-Eser 4). Unterschiede bestehen jedoch insofern, als die Beratung nicht unterbleiben darf, wenn die Schwangere auf Aufklärung verzichtet oder über die Zusammenhänge schon voll unterrichtet erscheint, und als sie ebenso wie die Beratung nach § 219 im Hinblick auf den Lebensschutz zielorientiert, aber ergebnisoffen geführt werden muß (dazu 1–5 zu § 219). Daraus folgt: Wenn die Beratung den Anforderungen der ärztlich gebotenen Aufklärung nicht genügt, ist die Einwilligung der Schwangeren unwirksam, der Eingriff deshalb rechtswidrig (7 zu § 218 a) und meist auch strafbar; § 218 c tritt dann zurück (Sch/Sch-Eser 5; zu § 218 b aF auch Jähnke LK 6 aaO). In den übrigen Fällen wirkt die Beratung tatbestandsausschließend auch dann, wenn sie fehlerhaft oder unvollständig ist; insoweit verletzt sie nur die Berufspflicht (vgl 6). Bloße Scheinberatung, die wesentliche Informationen unterdrückt oder wider besseres Wissen falsch vermittelt, ist jedoch keine Beratung im Sinne der Vorschrift (für § 218 b aF ebenso Jähnke aaO; weiter einschr Sch/Sch-Eser 6 sowie 22–26 zu § 219).

c) Nr 3: Die Vorschrift dient dazu, die **Einhaltung der Fristen in** 4
§ 218 a I und III zu sichern. Weitergehende Untersuchungspflichten, deren Verletzung nach den allgemeinen Berufsregeln ein Behandlungsfehler ist, bleiben daneben unberührt (vgl 6). Praktisch bedeutsam dürfte die Vorschrift nur werden, wenn zur Zeit des Eingriffs die Frist noch nicht abgelaufen ist; andernfalls ist der Arzt regelmäßig nach § 218 strafbar, es sei denn, daß ihm ausnahmsweise im Hinblick auf die Fristüberschreitung bedingter Vorsatz nicht nachweisbar ist (beachte dazu 18 zu § 17).

d) Nr 4: Die Vorschrift soll Interessenkonflikte verhüten und eine 5
unvoreingenommene Beratung sicherstellen (Sch/Sch-Eser 10 mwN).

Sie betrifft nur Fälle des § 218 a I, weil beim Abbruch nach § 218 a II oder III eine Beratung nicht zwingend vorgeschrieben ist (zur Kritik dort 7 a) und beim Abbruch nach § 218 a IV die Strafbarkeit des Arztes nach § 218 unberührt bleibt. Nach ihrem Schutzzweck bezieht sie sich nur auf den jeweils anstehenden Eingriff; Beratung bei früheren Schwangerschaftsabbrüchen sind nicht relevant (Sch/Sch-Eser 10). – Daß der abbrechende Arzt nach § 219 II S 3 von der Beratung ausgeschlossen ist, begründet nur seine Strafbarkeit nach Nr 4, nicht nach § 218 (5 zu § 218 a).

6 **3.** Die Pflichten nach Abs 1 bilden nur einen vertatbestandlichten **Teilbereich der allgemeinen ärztlichen Berufspflichten** (Sch/Sch-Eser 2). Deshalb sind Zuwiderhandlungen nicht nur strafrechtlich, sondern auch berufsrechtlich relevant mit der Folge, daß die Verletzung strengerer Berufspflichten zwar nicht mit Strafe bedroht, aber ein Berufsvergehen ist (beachte dazu 23 vor § 218).

7 **4. Mangels Strafbarkeit des Versuchs** ist Abs 1 nur anwendbar, wenn der Schwangerschaftsabbruch vollendet wurde (Sch/Sch-Eser 3).

8 **5.** Für die **Beteiligung** der Schwangeren oder Dritter gelten die Ausführungen unter 6 zu § 218 b sinngemäß.

9 **6.** Die Vorschrift tritt hinter § 218 (einschl Versuch) zurück (**formelle Subsidiarität,** 26 vor § 52). Gegenüber einer Ordnungswidrigkeit nach § 14 SchKG (Schwangerschaftsabbruch in einer unzureichend ausgestatteten Einrichtung) geht sie vor (§ 21 OWiG).

§ 219 Beratung der Schwangeren in einer Not- und Konfliktlage

(1) **Die Beratung dient dem Schutz des ungeborenen Lebens. Sie hat sich von dem Bemühen leiten zu lassen, die Frau zur Fortsetzung der Schwangerschaft zu ermutigen und ihr Perspektiven für ein Leben mit dem Kind zu eröffnen; sie soll ihr helfen, eine verantwortliche und gewissenhafte Entscheidung zu treffen. Dabei muß der Frau bewußt sein, daß das Ungeborene in jedem Stadium der Schwangerschaft auch ihr gegenüber ein eigenes Recht auf Leben hat und daß deshalb nach der Rechtsordnung ein Schwangerschaftsabbruch nur in Ausnahmesituationen in Betracht kommen kann, wenn der Frau durch das Austragen des Kindes eine Belastung erwächst, die so schwer und außergewöhnlich ist, daß sie die zumutbare Opfergrenze übersteigt. Die Beratung soll durch Rat und Hilfe dazu beitragen, die in Zusammenhang mit der Schwangerschaft bestehende Konfliktlage zu bewältigen und einer Notlage abzuhelfen. Das Nähere regelt das Schwangerschaftskonfliktgesetz.**

(2) **Die Beratung hat nach dem Schwangerschaftskonfliktgesetz durch eine anerkannte Schwangerschaftskonfliktberatungsstelle zu erfolgen. Die Beratungsstelle hat der Schwangeren nach Abschluß der Beratung hierüber eine mit dem Datum des letzten Beratungs-**

gesprächs und dem Namen der Schwangeren versehene Bescheinigung nach Maßgabe des Schwangerschaftskonfliktgesetzes auszustellen. Der Arzt, der den Abbruch der Schwangerschaft vornimmt, ist als Berater ausgeschlossen.

Fassung des SFHÄndG (19 vor § 218).

1. Die Vorschrift stellt Grundsätze für die **Ausgestaltung der Beratung** auf, schließt den Arzt, der den Schwangerschaftsabbruch vornimmt, von der Beratung aus und verweist im übrigen zur näheren Konkretisierung auf das SchKG (Anh IV). Das Beratungskonzept (zur Kritik 12 vor § 218) beruht auf der Prämisse, daß von der rechtlichen Ausgestaltung der Beratung und ihrer Umsetzung in der Praxis die lebensschützende Wirkung des Gesetzes abhängt (BVerfGE 88, 203, 270). Daß die damit gebotene Zielorientierung der Beratung nur in § 219 I entsprechend den Vorgaben des BVerfG Ausdruck findet, während in dem umfassenderen § 5 SchKG – von wenig aussagekräftigen pauschalen Hinweisen abgesehen – der Schwerpunkt auf das Selbstbestimmungsrecht der Frau und die ihr anzubietenden Informationen und Hilfen gelegt wird, ist für das Verständnis der Gesamtregelung nicht förderlich. Es bietet nur einen unnötigen Ansatzpunkt für die Fehldeutung, daß die beiden Vorschriften wegen ihres unterschiedlichen Inhalts widersprüchlich seien und deshalb allein § 5 SchKG den für die Beratungsstellen verbindlichen Maßstab festlege (näher dazu Otto Jura 96, 135, 143). Nach allgemeinen Auslegungsregeln bilden aber § 219 und die ihn ergänzenden Vorschriften der §§ 5–11 SchKG eine Einheit (BT-Dr 13/1850 S 20), die deshalb auch „zusammen gelesen", dh sämtlich ohne Einschränkung beachtet werden müssen (Sch/Sch-Eser 1). 1

2. Für **Struktur und Inhalt der Beratung** sind § 219 I und § 5 SchKG (Anh IV) maßgebend. In ihrer Zusammenschau (vgl 1) bestätigen sie, daß die Beratung – wie schon zum früheren Recht vom BVerfG (E 39, 1, 61) gefordert und im juristischen Schrifttum überwiegend angenommen wurde (expl Laufhütte/Wilkitzki JZ 76, 329, 333; Tröndle ZRP 89, 54, 56; Schroeder JuS 91, 362, 365) – dem Lebensschutz mit dem Ziel zu dienen hat, der Frau ihre Verpflichtung gegenüber dem Lebensrecht des Ungeborenen bewußt zu machen, dafür ihr Verständnis zu wecken und sie durch umfassende Unterrichtung über die Rechtslage und die bestehenden Hilfsmöglichkeiten zur Fortsetzung der Schwangerschaft zu ermutigen. Die daraus folgenden näheren Konkretisierungen der Zielorientierung in § 219 I und § 5 I S 3, 4 SchKG entsprechen im wesentlichen den Vorgaben des BVerfG (E 88, 203, 281). Da jedoch die Letztverantwortung für den Schwangerschaftsabbruch nach dem Beratungskonzept bei der Schwangeren verbleibt (aaO S 270), ist deren Entscheidungsfreiheit zu respektieren. Die Beratung muß deshalb ergebnisoffen geführt werden; sie soll der Schwangeren helfen, eine verantwortliche und gewissenhafte Entscheidung zu treffen, darf ihr also durch Belehrung, Bevormundung oder so- 2 gar Irreführung kein bestimmtes Verhalten abverlangen. – Die nach den beiden Vorschriften zu beachtenden Gesichtspunkte sind überwiegend allgemeine Leitlinien, die aus sich heraus verständlich sind und keine spezifisch juristischen Probleme aufwerfen. Erläuternd ist lediglich auf folgendes hinzuweisen:

3 **a)** Die vom BVerfG geforderte zielorientierte, aber ergebnisoffene Beratung ist möglich und keineswegs – wie vereinzelt auch im juristischen Schrifttum behauptet wird (expl Köhler JZ 88, 904, 907; Kausch, Soziale Beratung Schwangerer, 1990, S 60 und ARSP 95, 496) – widersprüchlich oder verfassungswidrig. Zu einer redlichen Beratung gehört eine Erörterung der Pflichtenlage nach den Maßstäben des § 219 I ebenso wie ein takt- und verständnisvolles Eingehen auf die konkreten Probleme der Schwangeren, das keinen Zweifel über deren Letztverantwortung aufkommen läßt (so auch Burmeister, LebSchrR Nr 12, S 51, 60; Demel, Abtreibung zwischen Straffreiheit und Exkommunikation, 1995, S 161). Wer selbst vom Vorrang des Lebensrechts vor dem Selbstbestimmungsrecht der Frau überzeugt ist, kann bei der Beratung idR den richtigen Weg finden. Die jetzt vorgeschriebene Zielorientierung entspricht einer festen Praxis der christlichen Beratungsstellen und hat bei Frauen, die noch nicht endgültig festgelegt waren, nicht nur in Ausnahmefällen zu positiven Ergebnissen geführt (vgl dazu die Stellungnahmen der Vertreter christlicher Beratungsstellen in der öffentlichen Anhörung des Unterausschusses „Schwangeren- und Familienhilfeänderungsgesetz" v 11. 5. 1995, Prot Nr 3). Wer allerdings dem Selbstbestimmungsrecht Vorrang einräumt, wird kaum imstande und wahrscheinlich auch nicht willens sein, den Anforderungen des Gesetzes zu genügen (beachte dazu 12 vor § 218).

4 **b)** In der Beratung hat die Schwangere, wie sich zwingend aus § 5 II Nr 1 SchKG ergibt, **keine Mitteilungspflicht** über die Gründe für ihr Abbruchsverlangen. Hier liegt eine gravierende Schwäche des Beratungskonzepts; die Schwangere hat es nämlich in der Hand, durch Verweigerung jeder Mitwirkung die Beratung zu blockieren und die beratende Person außer Stand zu setzen, sinnvoll zu informieren und Vorschläge zu unterbreiten (krit Tröndle NJW 95, 3009, 3017; Beckmann ZfL 95, 24, 25; s auch 23 vor § 218; 2 zu § 218 c).

5 **c)** Die **nähere Ausgestaltung der Beratung** im Rahmen der in § 219 I und § 5 SchKG vorgegebenen Leitlinien hängt von den Umständen des Einzelfalls ab und unterliegt **pflichtmäßigem Ermessen.** Inhaltliche Mängel und Unvollständigkeit sind unerheblich, solange das Vorgehen noch vertretbar bleibt. Unter diesem Gesichtspunkt dürfte es hinnehmbar sein, daß in Fällen, in denen ein strafloser (§ 218 I) oder gerechtfertigter (§ 218 II, III) Eingriff in Frage steht, über die dazu bestehenden Möglichkeiten (abbruchsbereiter Arzt, ambulante oder stationäre Einrichtung, Versicherungsschutz usw) informiert wird (Jähnke LK 7 zu § 218 b aF mwN). Ermessensmißbrauch, namentlich bloße Scheinberatung, die wichtige Informationen unterdrückt oder wider

besseres Wissen falsch vermittelt, verletzt dagegen die Berufspflicht (zur strafrechtlichen Relevanz 5 zu § 218 a).

3. Zum **zeitlichen Ablauf** der Beratung, namentlich zu ihrer unverzüglichen Durchführung auch in Fällen, in denen ein Fortsetzungsgespräch notwendig ist, und zu dem Verbot, die Ausstellung der Beratungsbescheinigung zu verweigern, wenn dadurch die Beachtung der Fristen in § 218 a I unmöglich werden könnte, §§ 6 I, 7 II, III SchKG (zur Rechtswidrigkeit des verspäteten Schwangerschaftsabbruchs auch im Falle der Mißachtung dieses Verbots 6 zu § 218 c). 6

4. a) Zugang zur Beratung hat jede Schwangere, auch die minderjährige, die insoweit nicht der Einwilligung ihres gesetzlichen Vertreters bedarf (Sch/Sch-Eser 15); dieser darf auch nur im Einvernehmen mit ihr zur Beratung herangezogen werden (vgl 8). – Zu der vom BVerfG gebilligten (E 88, 203, 288) **anonymen Beratung** und ihren Grenzen §§ 6 II, 7 I SchKG. 7

b) Zuziehung von Fachkräften und von Personen aus dem Umfeld der Schwangeren kann je nach den Umständen des Einzelfalls erforderlich sein (§ 6 III SchKG). Sie ist jedoch nur im **Einvernehmen mit der Schwangeren** zulässig. Wenn von dem Erzeuger oder von Angehörigen schädliche Einflüsse zu befürchten sind, kann es angezeigt sein, nach einem ersten gemeinsamen Gespräch ein Fortsetzungsgespräch allein mit der Schwangeren zu führen (BVerfGE 88, 203, 285; BT-Dr 13/1850 S 20). 8

5. Eine bestimmte **äußere Form der Beratung** schreibt das Gesetz nicht ausdrücklich vor. Aus dem Zweckzusammenhang und dem Erfordernis des „Eintretens in eine Konfliktberatung" (§ 5 II Nr 1 SchKG) folgt aber, daß – ebenso wie nach hM im früheren Recht (Jähnke LK 7 zu § 218 b aF mwN) – ein **unmittelbarer persönlicher Kontakt mit dem Berater** – sei es auch an einem Ort außerhalb der Beratungsstelle (Jähnke LK 8 zu § 218 b aF) – unerläßlich ist; die Aushändigung oder Übersendung allgemein gehaltener Merkblätter und fernmündliche Beratung genügen nicht (Sch/Sch-Eser 15). 9

6. Zur Erteilung der **Beratungsbescheinigung** Abs 2 S 2 iVm § 7 SchKG. – Zur **Zuständigkeit,** zu dem Erfordernis der **Anerkennung** der Konfliktberatungsstelle, ihrer **Aufzeichnungs- und Berichtspflicht** und ihrer **periodischen Überprüfung durch staatliche Behörden** §§ 8–11 SchKG (zur Kritik 12 vor § 218; s auch 28 vor § 218). 10

7. Zur Rechtslage bei Abbruch der Schwangerschaft durch einen nach Abs 2 S 3 ausgeschlossenen Arzt 5 zu § 218 a. 11

8. Die Beratung nach Abs 1 ist nur Bestandteil des Beratungskonzepts nach § 218 a I. Als Voraussetzung eines gerechtfertigten Eingriffs (§ 218 a II, III) ist sie nicht mehr vorgesehen (zur Kritik 7 a zu § 218 a). 12

§ 219 a Werbung für den Abbruch der Schwangerschaft

(1) **Wer öffentlich, in einer Versammlung oder durch Verbreiten von Schriften (§ 11 Abs. 3) seines Vermögensvorteils wegen oder in grob anstößiger Weise**

1. eigene oder fremde Dienste zur Vornahme oder Förderung eines Schwangerschaftsabbruchs oder

2. Mittel, Gegenstände oder Verfahren, die zum Abbruch der Schwangerschaft geeignet sind, unter Hinweis auf diese Eignung

anbietet, ankündigt, anpreist oder Erklärungen solchen Inhalts bekanntgibt, wird mit Freiheitsstrafe bis zu zwei Jahren oder mit Geldstrafe bestraft.

(2) **Absatz 1 Nr. 1 gilt nicht, wenn Ärzte oder auf Grund Gesetzes anerkannte Beratungsstellen darüber unterrichtet werden, welche Ärzte, Krankenhäuser oder Einrichtungen bereit sind, einen Schwangerschaftsabbruch unter den Voraussetzungen des § 218 a Abs 1 bis 3 vorzunehmen.**

(3) **Absatz 1 Nr. 2 gilt nicht, wenn die Tat gegenüber Ärzten oder Personen, die zum Handel mit den in Absatz 1 Nr. 2 erwähnten Mitteln oder Gegenständen befugt sind, oder durch eine Veröffentlichung in ärztlichen oder pharmazeutischen Fachblättern begangen wird.**

Fassung des SFHG (6 vor § 218).

1 **1.** Die mit § 219 b aF übereinstimmende Vorschrift schützt gegen **offene oder als Information getarnte Propagierung** des (legalen oder illegalen, hM) Schwangerschaftsabbruchs und gegen dessen **Kommerzialisierung** (BT-Dr 7/1981 [neu] S 17; krit Schroeder ZRP 92, 409, 410).

2 **2. Abs 1 Nr 1:** Als **Dienste** kommen auch bloße Vermittlungshilfe und Hinweise auf Bezugsquellen für Gegenstände und Mittel zum Schwangerschaftsabbruch in Frage. – **Nr 2:** Die **Mittel, Gegenstände oder Verfahren** (Methoden praktischer Anwendung) müssen lediglich – sei es auch nur bei bestimmungswidrigem Gebrauch (zB Überdosis bestimmter Hormone) – zum Schwangerschaftsabbruch geeignet sein (hM; einschr Hoyer, Die Eignungsdelikte, 1987, S 150); spezifisch abortive Zweckbestimmung ist nicht erforderlich (BT-Dr 7/1981 [neu] S 18). Der **Hinweis** auf die Eignung kann auch in versteckter Form gegeben werden (BT-Dr aaO). Werbung für ein vermeintlich abortives, in Wahrheit aber nur empfängnisverhütendes oder nidationshemmendes (8 zu § 218) Mittel wird mangels Strafbarkeit des Versuchs nicht erfaßt.

3 **3. Anbieten, Ankündigen, Anpreisen** 5 zu § 184. Stets – auch bei „Erklärungen solchen Inhalts" – ist erforderlich, daß die Dienste usw dem Adressaten als zugänglich dargestellt werden (BT-Dr 7/1981 [neu] S 18). Bloße Aufklärung und Hinweise bei Arzneimitteln auf

abortive Nebenwirkungen scheiden aus (BT-Dr VI/3434 S 16). Die Werbung braucht nicht ernst gemeint zu sein; es genügen auch schwindelhafte Angebote, sofern sie nur für Dienste oder geeignete Mittel usw werben (aM Sch/Sch-Eser 6 mwN; zw). – **Öffentlich, in einer Versammlung** 2 zu § 80 a; **Verbreiten von Schriften** 26–28 zu § 11; 5 zu § 74 d.

4. a) Seines Vermögensvorteils wegen bezeichnet das Motiv. 4
Der Vermögensvorteil (59 zu § 263) muß die für den Täter letztlich maßgebende Zielvorstellung sein. Auf seine Rechtswidrigkeit kommt es nicht an, so daß auch das Streben nach dem üblichen Arzthonorar genügt (BT-Dr 7/1981 [neu] S 18).

b) Grob anstößig ist eine Werbung, mit der die nach den allge- 5
meinen gesellschaftlichen Wertvorstellungen gezogenen Grenzen des Anstandes weit überschritten werden, namentlich die anreißerische Werbung.

5. Abs 2, 3: Sie schließen schon den Tatbestand aus (Sch/Sch-Eser 6
9; aM Tröndle 6). Abs 2 bezieht sich nur auf Eingriffe, die den Voraussetzungen des § 218 a I–III genügen.

6. Wegen der allgemeinen Schutzrichtung des Abs 1 ist mit § 218 7
Tatmehrheit möglich (hM), auch mit § 219 b. Mit § 111 kommt **Tateinheit** in Frage (Sch/Sch-Eser 14).

§ 219 b Inverkehrbringen von Mitteln zum Abbruch der Schwangerschaft

(1) **Wer in der Absicht, rechtswidrige Taten nach § 218 zu fördern, Mittel oder Gegenstände, die zum Schwangerschaftsabbruch geeignet sind, in den Verkehr bringt, wird mit Freiheitsstrafe bis zu zwei Jahren oder mit Geldstrafe bestraft.**

(2) **Die Teilnahme der Frau, die den Abbruch ihrer Schwangerschaft vorbereitet, ist nicht nach Absatz 1 strafbar.**

(3) **Mittel oder Gegenstände, auf die sich die Tat bezieht, können eingezogen werden.**

Fassung des SFHG (6 vor § 218).

1. Die mit § 219 c aF übereinstimmende Vorschrift schützt gegen 1
das **Inverkehrbringen von Mitteln** zum Schwangerschaftsabbruch, der den Voraussetzungen des § 218 a I–III nicht genügt; obwohl die Vorschrift alle rechtswidrigen Eingriffe einbezieht, ergibt sich in Fällen des § 218 a I aus dem Fehlen schon der Tatbestandsmäßigkeit des Eingriffs, daß keine rechtswidrige Tat im Sinne des § 11 I Nr 5 vorliegt (Sch/Sch-Eser 7; aM Tröndle 3).

2. Zur Eignung der **Mittel und Gegenstände** für den Schwanger- 2
schaftsabbruch (Verfahren scheiden hier aus) 2 zu § 219 a; auf konkrete Wirksamkeit im Einzelfall kommt es nicht an (Sch/Sch-Eser 2).

3 **3. Inverkehrbringen** 7 zu § 146 (s auch Laufhütte/Wilkitzki JZ 76, 329, 337); die bloß leihweise Überlassung eines Absauggeräts für einen bestimmten Eingriff wird nicht erfaßt. Auf Entgeltlichkeit, zivilrechtliche Wirksamkeit, Gewerbsmäßigkeit oder Entschlossenheit des Empfängers zum Schwangerschaftsabbruch kommt es nicht an.

4 **4. a)** Der **Vorsatz** (bedingter genügt) braucht sich nicht darauf zu erstrecken, daß ein bestimmter Schwangerschaftsabbruch begangen oder versucht werden soll.

5 **b) Absicht** im Sinne des Abs 1 ist unbedingter Vorsatz (Jähnke LK 5 zu § 219 c aF). Es würde dem Schutzzweck der Vorschrift widersprechen, ihren Anwendungsbereich auf zielgerichtetes Wollen (20 zu § 15) zu beschränken (aM Sch/Sch-Eser 7); denn dem Veräußerer eines Abtreibungsmittels kommt es auf das Entgelt an, also idR nicht auf die Förderung von Schwangerschaftsabbrüchen (aM Rudolphi SK 5). **Fördern** entspricht dem Hilfeleisten im Sinne des § 27 I (dort 2). **Rechtswidrige Tat** 18 zu § 11; der Täter muß danach die Verwendung des Mittels oder Gegenstandes zu (irgend-)einem, nicht notwendig konkretisierten (Herzberg JR 77, 469, 470), rechtswidrigen Schwangerschaftsabbruch (beachte 1) fördern wollen, wobei im Hinblick auf die Rechtswidrigkeit bedingter Vorsatz genügt (Tröndle 3).

6 **5.** Für **Täterschaft und Teilnahme** gelten die allgemeinen Regeln. Abs 2 begründet einen persönlichen Strafausschließungsgrund; die Ausführungen unter 6 zu § 218 b gelten – beschränkt auf hier allein in Frage kommende Teilnahmehandlungen – sinngemäß.

7 **6. Abs 3** ist eine besondere Vorschrift im Sinne des § 74 IV, welche die Einziehung über § 74 I hinaus zuläßt. Die Voraussetzungen des § 74 II, III müssen daher erfüllt sein. § 74 a ist nicht anwendbar. Im übrigen vgl §§ 74–74 c, 74 e–76 a.

8 **7.** Mit § 218 und mit Beihilfe dazu kommt je nach den Umständen **Tateinheit oder Tatmehrheit** in Frage; das abstrakte Gefährdungsdelikt tritt wegen seiner allgemeinen Schutzrichtung nicht hinter das Verletzungsdelikt zurück (Sch/Sch-Eser 12; aM Jähnke LK 8 zu § 219 c aF, beide mwN; zw). Mit §§ 222, 230 ist Tateinheit möglich.

§§ 219 c–220 *(weggefallen)*

§ 220 a Völkermord

(1) **Wer in der Absicht, eine nationale, rassische, religiöse oder durch ihr Volkstum bestimmte Gruppe als solche ganz oder teilweise zu zerstören,**

1. **Mitglieder der Gruppe tötet,**
2. **Mitgliedern der Gruppe schwere körperliche oder seelische Schäden, insbesondere der in § 224 bezeichneten Art, zufügt,**

3. die Gruppe unter Lebensbedingungen stellt, die geeignet sind, deren körperliche Zerstörung ganz oder teilweise herbeizuführen,

4. Maßregeln verhängt, die Geburten innerhalb der Gruppe verhindern sollen,

5. Kinder der Gruppe in eine andere Gruppe gewaltsam überführt,

wird mit lebenslanger Freiheitsstrafe bestraft.

(2) **In minder schweren Fällen des Absatzes 1 Nr. 2 bis 5 ist die Strafe Freiheitsstrafe nicht unter fünf Jahren.**

1. Die Vorschrift wurde eingefügt durch Gesetz v 9. 8. 1954 1
(BGBl II 729). Sie ist zugleich mit dem Inkrafttreten der Konvention v 9. 12. 1948 über die Verhütung und Bestrafung des Völkermordes für die Bundesrepublik (Bek v 14. 3. 1955, BGBl II 210) wirksam geworden (vgl BT-Dr II/162 und II/526; Jescheck ZStW 66, 193).

2. Unverjährbarkeit § 78 II. Räumlicher Geltungsbereich § 6 Nr 1 2
(Weltrechtsgrundsatz; zu dessen Voraussetzungen NStZ 94, 232 mit zust Anm Oehler NStZ 94, 485 sowie 1 zu § 6; vgl auch BGH bei Schmidt NStZ 96, 374). Anzeigepflicht § 138 I Nr 6.

§ 221 Aussetzung

(1) **Wer eine wegen jugendlichen Alters, Gebrechlichkeit oder Krankheit hilflose Person aussetzt, oder wer eine solche Person, wenn sie unter seiner Obhut steht oder wenn er für ihre Unterbringung, Fortschaffung oder Aufnahme zu sorgen hat, in hilfloser Lage verläßt, wird mit Freiheitsstrafe von drei Monaten bis zu fünf Jahren bestraft.**

(2) **Wird die Handlung von Eltern gegen ihr Kind begangen, so tritt Freiheitsstrafe von sechs Monaten bis zu fünf Jahren ein.**

(3) **Ist durch die Handlung eine schwere Körperverletzung (§ 224) der ausgesetzten oder verlassenen Person verursacht worden, so tritt Freiheitsstrafe von einem Jahr bis zu zehn Jahren und, wenn durch die Handlung der Tod verursacht worden ist, Freiheitsstrafe nicht unter drei Jahren ein.**

1. Die Vorschrift (zur Entstehungsgeschichte Küper Jura 94, 513, 1
514) schützt hilflose Personen **vor Gefährdung an Leib** (Feloutzis, Das Delikt der Aussetzung nach deutschem und griechischem Recht [§ 221 d StGB, Art. 306 grStGB], 1984, S 105; auf schwerwiegende Beeinträchtigungen beschränkend Küper JZ 95, 168, 175; aM Mitsch JuS 94, 555, 559; zusf Jähnke LK 3 mwN; str) **oder Leben** (BGHSt 21, 44, 48). Deren – unverschuldete oder verschuldete – Hilflosigkeit muß auf **Jugend** (keine bestimmte Altersgrenze), **Gebrechlichkeit** (durch Alter, körperliche Fehler, auch Taubstummheit) oder **Krankheit** (jeder pathologische Zustand) beruhen; normale Schwangerschaft ist keine Krankheit (RGSt 77, 68), wohl uU aber starke

alkoholische Beeinflussung (BGHSt 26, 35; NStZ 83, 454; str). **Hilflos** ist, wer sich aus eigener Kraft nicht vor der drohenden Gefahr schützen kann (BGHSt 21, 44, 45), also der Hilfsbedürftige (Küper Jura 94, 516).

2 2. **Aussetzen (Abs 1, 1. Alternative)** heißt, den Hilflosen (zB durch Gewalt oder Täuschung, uU sogar durch Unterlassen in Garantenstellung, M-Schroeder/Maiwald BT 1 4/7) in eine neue räumliche, Leib oder Leben konkret gefährdende (vgl 1) Lage bringen (BGHSt 4, 113, 115; NStZ 85, 501 mit krit Anm Ulsenheimer StV 86, 201; Küper BT S 26) und ihn dort allein lassen (eingehend Feloutzis aaO [vgl 1] S 140). Eine Sorgepflicht des Täters ist bei diesem „Allgemeindelikt" (Küper Jura 94, 513) nicht erforderlich.

3 3. Zum **Verlassen (Abs 1, 2. Alternative)** gehört eine räumliche Änderung der Beziehung zum Hilflosen (hM; vgl BGHSt 38, 78 mit Bespr Schroeder JZ 92, 378, Walther NStZ 92, 231, Horn JR 92, 248, Mitsch StV 92, 319 und JuS 94, 555, 556 sowie Küper JZ 95, 168, 171, alle mwN; Krack JuS 95, 88; str); daher genügt es, wenn die Krankenschwester das Krankenzimmer verläßt, nicht aber, wenn sie dort untätig verweilt (Geilen JZ 73, 320, 321; aM M-Schroeder/Maiwald BT 1 4/9; Sch/Sch-Eser 7, alle mwN). Nach der Rspr verläßt auch die Mutter ihr Kind, die entgegen ihrer Absicht von einer Besorgung oder einem Vergnügen nicht zurückkehrt (BGHSt 21, 44; Feloutzis aaO [vgl 1] S 175; aM Küper Jura 94, 513, 523, der als Erfolg des Verlassens nur ein „Nicht-Dageblieben-Sein" und nicht ein bloßes „Nicht-Dasein" infolge verspäteter Rückkehr gelten läßt; zw). Kein Verlassen liegt in Fällen vor, in denen der Täter keine subjektive Möglichkeit zur Erfolgsabwendung hat oder die Rettung aus objektiv-situativen Gründen völlig aussichtslos erscheint; denn dann entzieht er durch seine räumliche Entfernung dem hilflosen Opfer keine Rettungschancen (Küper aaO S 518; Mitsch JuS 96, 407, 409). Das Verlassen begründet als positives Tun ein Begehungsdelikt (BGHSt 38, 78, 81), kann uU aber auch – was zu Überschneidungen mit der 1. Alternative führt – durch Unterlassen begangen werden (BGH aaO; krit Horn JR 92, 248); ein bloßes „Im-Stich-Lassen" ohne Entziehung von Rettungschancen reicht nicht (Küper aaO S 522). In beiden Fällen ist es nur strafbar, wenn der Täter Garantenstellung hat (6 zu § 13; echtes „Sonderdelikt", Küper aaO S 514; Mitsch JuS 96, 407, 408), die durch die Merkmale der Obhut und der Sorgepflicht lediglich näher konkretisiert wird (BGHSt 25, 218; 26, 35; NStZ 83, 454; zur Garantenstellung aus freiwilliger Übernahme NJW 93, 2628 und 9 zu § 13 mwN; einschr auf „echte" Garantenstellungen unter Ausschluß der Ingerenz Schünemann, in: Gimbernat [Hrsg], Internationale Dogmatik der objektiven Zurechnung und der Unterlassungsdelikte, 1995, S 49, 60). – Der Verlassene ist in **hilfloser Lage,** wenn er ohne rettenden Zufall (dazu Feloutzis aaO S 120) einen Schaden an Leib oder Leben (vgl 1) erleiden würde (vgl Küper aaO S 516).

4. Der **Vorsatz** (bedingter genügt) muß vor allem die Gefährdung umfassen (zum Gefährdungsvorsatz 28 zu § 15). 4

5. Die Qualifikation des **Abs 2** trifft auch den Vater eines nichtehelichen und die Eltern eines angenommenen (§§ 1741 ff BGB) Kindes. – Zur Erfolgsqualifikation des **Abs 3** vgl § 18. Die schweren Folgen müssen wenigstens fahrlässig verursacht sein; zur „Unmittelbarkeit" der Verursachung Küpper BT 1 I 1/91. 5

6. Bei der **Strafzumessung** darf die Gefährdung nicht als solche, sondern nur im Hinblick auf ihr besonderes Ausmaß strafschärfend berücksichtigt werden (Verbot der Doppelverwertung, 1 StR 591/75 v 4. 11. 1975; 45 zu § 46). 6

7. **Tateinheit** ua möglich mit §§ 142, 169, 170 d (str); ferner mit §§ 223–226, und zwar namentlich auch in Fällen des Abs 3 (BGHSt 4, 113; zT einschr Horn SK 19; str). Die Vorschrift verdrängt den § 323 c, ihr Abs 3 auch die §§ 222, 230. Gegenüber §§ 211, 212 (auch Versuch) tritt sie zurück (BGH aaO; NStZ-RR 96, 131). Hat die Mutter eines nichtehelichen Kindes unter den übrigen Voraussetzungen des § 217 den Tod des Neugeborenen nur fahrlässig verursacht, so gestattet die Sperrwirkung des milderen Gesetzes, den Strafrahmen des Abs 3 bis zum Mindestmaß des § 217 II zu unterschreiten (Krey JZ 78, 465, 468; Renzikowski GA 92, 159, 176; Horn SK 19; ähnlich Feloutzis aaO [vgl 1] S 211; aM Tröndle 11, der Abhilfe nur im Gnadenweg sieht). 7

§ 222 Fahrlässige Tötung

Wer durch Fahrlässigkeit den Tod eines Menschen verursacht, wird mit Freiheitsstrafe bis zu fünf Jahren oder mit Geldstrafe bestraft.

1. Allgemein zu den **Tötungsdelikten** ieS, namentlich zum geschützten Rechtsgut und zur zeitlichen Erstreckung des Strafschutzes 1–8 vor § 211; die Abgrenzung gegenüber der Leibesfrucht (3 vor § 211) ist wegen der Straflosigkeit fahrlässigen Schwangerschaftsabbruchs wichtig (BGHSt 31, 348 mit Anm Lüttger NStZ 83, 481, 483, beide mwN). 1

2. Der **äußere Tatbestand** entspricht dem der vorsätzlichen Tötung; die Ausführungen unter 2 zu § 212 gelten daher sinngemäß. Der Tod kann von mehreren untereinander unabhängigen Personen (Nebentäter) (mit-)verursacht werden (BGHSt 4, 20; Bay NJW 60, 1964; s auch 8 zu § 25). Zur Mitverursachung einer Selbsttötung 11, 14–16 vor § 211. 2

3. **Fahrlässigkeit** 35–54 zu § 15. Im Vordergrund der unübersehbaren Fülle von gerichtlichen Entscheidungen steht die Konkretisierung der Sorgfaltspflicht und des Vertrauensgrundsatzes bei gefahrgeneigten Tätigkeiten, namentlich im Straßenverkehr und im Beruf (39 zu § 15). 3

4 **4.** Allgemein zur **Rechtfertigung** einer fahrlässigen Tötung 48 zu § 15; speziell durch Einwilligung 14 vor § 32; 1–2 a zu § 226 a.

5 **5.** Wird eine **Vorsatztat** durch fahrlässige Verursachung der Todesfolge qualifiziert (zB §§ 221 III, 226, 229 II, 239 III, 307 Nr 1), so tritt § 222 hinter dem erfolgsqualifizierten Delikt zurück.

17. Abschnitt. Körperverletzung

Vorbemerkung

Das VerbrBG (4 vor § 38) hat im Abschnitt über die Körperverletzung vor allem die **Strafrahmen** der §§ 223–225 **erweitert** (krit zur Abstimmung der neuen Strafdrohungen Hettinger GA 95, 399, 404 und 420; vgl auch 48 zu § 46). Die Strafdrohungen für Körperverletzungsdelikte sind denen für Eigentums- und Vermögensdelikte angepaßt (vgl näher BT-Dr 12/6853 S 25; zust Hauf ZRP 95, 52 mwN). Die erhöhten Strafrahmen sollen dem verfassungsrechtlichen Rang des Rechtsguts der körperlichen Unversehrtheit (1 zu § 223) Rechnung tragen und den strafrechtlichen Schutz vor tätlichen Angriffen – namentlich gegen ausländische, aber auch zB gegen behinderte Mitbürger – verbessern (BT-Dr aaO). – Darüber hinaus sind einige Tatbestände geändert worden. § 223 ist geschlechtsneutral formuliert und die Qualifizierung des Abs 2 aF zum Schutz der Aszendenten entfallen (BT-Dr aaO S 26; vertretbar nach König/Seitz NStZ 95, 1, 3; krit Schautes ZRP 95, 232). In die Regelung des § 223 b II für besonders schwere Fälle sind Regelbeispiele eingeführt. Der Anwendungsbereich der schweren Körperverletzung nach § 224 ist durch die Erweiterung des Anwendungsbereichs der besonders schweren Körperverletzung nach § 225 verengt worden (BT-Dr aaO S 27). – Eine Erweiterung der Versuchsstrafbarkeit auf § 223 ist trotz einer entsprechenden Anfrage nicht vorgenommen worden (BT-Dr 12/6893).

§ 223 Körperverletzung

Wer eine andere Person körperlich mißhandelt oder an der Gesundheit beschädigt, wird mit Freiheitsstrafe bis zu fünf Jahren oder mit Geldstrafe bestraft.

Fassung des VerbrBG (4 vor § 38; 1 vor § 223).

1 **1.** Die Körperverletzungstatbestände **schützen** die **körperliche Unversehrtheit** (hM; weiter Horn SK 35: auch das Selbstbestimmungsrecht; noch weiter Freund/Heubel MedR 95, 194: Kernbestand des Freiheitspotentials einer Person; vgl auch die weite Auslegung der Körperverletzung iSv § 823 I BGB durch den BGH in Zivilsachen [BGHZ 124, 52 mit Bespr Laufs/Reiling NJW 94, 775; Rohe, JZ 94, 465; Schnorbus JuS 94, 830, 835; aus strafrechtlicher Sicht Freund/Heubel aaO und Otto Jura 96, 219], die zu einem Auseinanderfallen

von strafrechtlichem und zivilrechtlichem Integritätsschutz führt, Taupitz NJW 95, 745, 749). Angriffsobjekt ist der Mensch. – Zur **Reform** Hirsch ZStW 83, 140; Lampe ZStW 83, 177.

2. Zu **Beginn und Ende** des Lebens als Mensch 3, 4 vor § 211. Eine Einwirkung auf die Leibesfrucht vor Geburtsbeginn, die einen Dauerschaden verursacht, genügt danach nicht (Lüttger JR 71, 133, 139 und NStZ 83, 481, 485; Armin Kaufmann JZ 71, 569; Bruns, Heinitz-FS, S 317, 322; Roxin JA 81, 542, 548; Ostendorf JuS 82, 200; aM LG Aachen JZ 71, 507; Tepperwien, Pränatale Einwirkungen als Tötung oder Körperverletzung?, 1973; Weiß GA 95, 373; Arzt/Weber BT 1 Rdn 411, alle mwN; zw). – Ferner muß eine **andere** Person verletzt werden. Selbstverletzung ist ebenso wie Selbsttötung nicht mit Strafe bedroht (Ausnahme: Selbstverstümmelung nach § 109 StGB, § 17 WStG), so daß insoweit auch Teilnahme entfällt (10 vor § 211); mittelbare Täterschaft des Hintermanns bleibt jedoch möglich (13 vor § 211; 4 zu § 25). 2

3. Die **Tathandlungen** können durch positives Tun und durch Unterlassen in Garantenstellung, zB durch Vorenthalten der Nahrung oder ärztlicher Versorgung (6 zu § 13), begangen werden (beachte dazu Meurer JR 92, 38). Als Erfolg müssen sie eine körperliche Beeinträchtigung (vgl 4, 5) verursachen, für deren objektive Zurechnung die allgemeinen Regeln gelten (9–14 vor § 13). 3

a) Körperliche Mißhandlung ist eine üble, unangemessene Behandlung (dazu Hirsch LK 6), durch die das körperliche Wohlbefinden nicht nur unerheblich (dazu Düsseldorf NJW 91, 2918) beeinträchtigt wird (BGHSt 25, 277; Küper BT S 143, beide mwN). Schmerzzufügung ist nicht unbedingt erforderlich (BGH aaO; str); umgekehrt kann das pflichtwidrige Unterlassen der Schmerzlinderung genügen (Hamm NJW 75, 604; Düsseldorf NStZ 89, 269; Uhlenbruck MedR 93, 296, 298). – Bei unmittelbarer Einwirkung auf den Körper werden die Voraussetzungen oft erfüllt sein, zB bei einem Faustschlag in das Gesicht (Düsseldorf NJW 94, 1232), auch bei einer Ohrfeige (NJW 90, 3156; Bay NJW 91, 2031), nach hM sogar beim Abschneiden der Haare (NJW 53, 1440; zw) und bei der Defloration (RGSt 56, 64; zw); nicht dagegen beim ungeschützten Sexualkontakt unter Verschweigung der eigenen Infektiosität (aM Herzberg, in: Szwarc [Hrsg], AIDS und Strafrecht, 1996, S 61, 81; dagegen Bottke ebenda S 290). Auch mittelbare Einwirkungen können genügen. Bei Erregung eines Unfallschocks mit nicht unerheblichen Auswirkungen trifft das idR zu (Stuttgart NJW 59, 831; Hamm GA 73, 347); bei Überanstrengung eines Soldaten in der Geländeausbildung (LG Köln NZWehrr 82, 110) oder eines Arbeitnehmers am Arbeitsplatz (eingehend Stöckel, Der strafrechtliche Schutz der Arbeitskraft, 1993, S 63, 166) und bei nächtlichen Störanrufen (LG Hamburg MDR 54, 630; Herzog GA 75, 257, 264) kann es zutreffen; die Verursachung von Schrecken (NStZ 86, 166; Hamm 4

MDR 58, 939), Ekel (Zweibrücken NJW 91, 240 mwN; zw) oder Erregung (BGHSt 25, 277; Köln StV 85, 17) beeinträchtigt das körperliche Wohlbefinden im Regelfall nicht (Beispiele zu unerheblichen Beeinträchtigungen bei Hirsch LK 9).

5 **b) Gesundheitsbeschädigung** ist jedes Hervorrufen oder Steigern eines vom normalen Zustand der körperlichen Funktionen nachteilig abweichenden (pathologischen) Zustandes, gleichgültig, auf welche Art und Weise er verursacht wird und ob das Opfer dabei Schmerz empfindet (hM; vgl etwa BGHSt 36, 1, 6 und Küper BT S 105; zusf Hirsch LK 11–14; einschr Krauß, Bockelmann-FS, S 557, 559). Bei schweren Infektionskrankheiten, zB bei AIDS (8 zu § 223 a; s auch BGHZ 114, 284), bedeutet schon die Ansteckung eine solche Abweichung (Sch/Sch-Eser 6a mwN). Auch durch Anwendung von Doping-Mitteln (Linck NJW 87, 2545, 2548 und MedR 93, 55, 59; Turner MDR 91, 569, 573; Otto Sp*u*Rt 94, 10, 13; Müller, Doping im Sport als strafbare Gesundheitsbeschädigung [§§ 223 Abs 1, 230 StGB]?, 1993, S 37; Ahlers, Doping und strafrechtliche Verantwortlichkeit, 1994, S 29, alle mwN) oder durch unbegründetes Verschreiben von Betäubungs- (Frankfurt NStZ 88, 25 mwN) oder sonst suchtfördernden Mitteln (Frankfurt NJW 91, 763; Körner MedR 93, 257, 259; Bay StV 93, 641 mit Anm Dannecker/Stoffers; Bienik, Entkriminalisierung von Drogenabhängigen durch Substitutionsbehandlung, 1993, S 364, 410; Horn SK 42 a; anders für die Verschreibung von Suchtersatzmitteln im Rahmen einer Substitutionsbehandlung Bay NJW 95, 797) wird sie nicht selten bewirkt. Bloße Störung des seelischen Befindens reicht dagegen als solche nicht (Hamm MDR 58, 993; str), wohl aber, wenn sie auch den körperlichen Zustand nicht nur unerheblich verschlechtert (hM). Entsprechendes gilt für die Verursachung von Lärm (Koblenz und AG Hannover ZMR 65, 223; StA Hannover NStZ 87, 175), für die Verabreichung bewußtseinstrübender Schlafmittel (NStE 12; NStZ-RR 96, 100) und für die Erregung von Trunkenheit jedenfalls dann, wenn dies zum Verlust des Bewußtseins führt (NStZ 86, 266); ausreichend ist auch, daß sich der Verletzte infolge Alkoholgenusses übergeben muß oder Entziehungserscheinungen wie Zittern, Schlafstörungen und Alpträume erleidet (NJW 83, 462; vgl auch NJW 96, 1068, 1069 mit Bespr Schmidt JuS 96, 654).

6 **4.** Bedingter **Vorsatz** genügt (beachte auch 10 zu § 223 a).

7 **5.** Die **Rechtswidrigkeit** kann namentlich ausgeschlossen sein durch Einwilligung (§ 226 a), Notwehr (§ 32) und Festnahmerecht.

8 **a)** Nach der Rspr erfüllt der indizierte und kunstgerecht ausgeführte **ärztliche Heileingriff** zwar den äußeren Tatbestand des § 223, wird aber durch wirkliche oder mutmaßliche Einwilligung (BGHSt 11, 111; NStZ 96, 34 mit Anm Ulsenheimer NStZ 96, 132, alle mwN), uU auch durch Notstand nach § 34 (Trockel NJW 70, 489; str), gerechtfertigt (3–17 zu § 226 a; 19 vor § 32; 2–8 zu § 34). Demgegenüber

verneint die im Schrifttum hM mit unterschiedlicher Begründung, im Ergebnis aber wohl mit Recht (aM Schwalm, Bockelmann-FS, S 539; Arthur Kaufmann ZStW 73, 341; Arzt/Weber BT 1 Rdn 321; zw) schon den Tatbestand (zusf Hirsch LK 3–6 vor § 223; zur historischen Entwicklung der Lehrmeinungen Bockelmann ZStW 93, 105). Während es nach Ansicht eines Teils der Lehre jedenfalls beim gelungenen Eingriff an einer Mißhandlung und Gesundheitsbeschädigung fehlt (Bockelmann, Das Strafrecht des Arztes, 1968, S 62), stellt man überwiegend, allerdings mit Unterschieden im einzelnen, auf das Fehlen einer objektiv verstandenen „Körperinteressenverletzung" ab, die Voraussetzung jeder Schädigung der körperlichen Integrität sei (Engisch ZStW 58, 1, 5; s auch Laufs NJW 74, 2025; Sch/Sch-Eser 32 ff mwN; aM Krauß, Bockelmann-FS, S 557, der auch das subjektive Interesse des Betroffenen einbezieht). – Die seit langem vorliegenden Entwürfe zur eigenständigen Regelung der Heilbehandlung (zB §§ 161, 162 E 1962 und § 123 AE [PersStr]) sind bisher leider nicht verwirklicht worden (vgl ua auch Zipf, Bockelmann-FS, S 577; Jung, in: Schreiber [Hrsg], Arzt und Patient zwischen Therapie und Recht, 1981, S 189; Bottke, Suizid und Strafrecht, 1982, S 136; Eser ZStW 97, 1, 17; Tröndle ZStW 99, 25, 33 und Göppinger-FS, S 595; krit Krauß aaO S 575).

aa) **Ärztlicher Heileingriff** ist eine in die Körperintegrität eingrei- 9
fende Behandlung, die vorgenommen wird, um Krankheiten, Leiden, Körperschäden, körperliche Beschwerden oder seelische Störungen zu verhüten, zu erkennen, zu heilen oder zu lindern (§ 161 E 1962 mit Begr; zusf Lenckner, in: Forster [Hrsg], Praxis der Rechtsmedizin, 1986, S 592). – Er ist **indiziert,** wenn er nach den Erkenntnissen und Erfahrungen der Heilkunde und den Grundsätzen eines gewissenhaften Arztes zur Erreichung eines der genannten Zwecke angezeigt ist (E 1962 aaO; zur Bedeutung der Arztethik für die Gewinnung der rechtlichen Maßstäbe Schreiber, Dünnebier-FS, S 633). Er ist **kunstgerecht** (lege artis) ausgeführt, wenn bei seiner Vornahme die anerkannten Regeln der Heilkunst beachtet worden sind. Abweichungen von diesen, nicht unbedingt mit einer bestimmten „Schulmedizin" gleichzusetzenden (RGSt 67, 12, 16; s auch BGHSt 37, 383 mit Bespr Moll NJW 91, 2334, Hellebrand NStZ 92, 13 und MedR 92, 71, Laufs/Reiling JZ 92, 106, Hassemer JuS 92, 110, Helgerth JR 92, 170 und Kühne NJW 92, 1547; Haffke MedR 90, 243; Köhler NJW 93, 762) Regeln, die sich sowohl auf die Beurteilung der Indikation wie auch die Ausführung des Eingriffs beziehen können, sind im allgemeinen als **Behandlungsfehler** (Kunstfehler) zu bewerten (vgl ua BGHZ 8, 138; NJW 70, 1963; 72, 335; 73, 554; 74, 1424; NStZ 83, 134; zur Haftung bei arbeitsteiliger Behandlung 40 zu § 15); an einem solchen kann es jedoch bei gewissenhafter Prüfung der Gründe für die Abweichung (zu sog Außenseitermethoden vgl etwa NJW 60, 2253 und 62, 1780; Laufs NJW 84, 1383, 1384; Eser ZStW 97, 1, 11; Jung ZStW 97, 47; Grupp MedR 92, 256, 258) und beim Heilversuch (22 zu § 226 a) fehlen. Der Behandlungsfehler erfüllt idR die Voraussetzungen einer objektiven Sorg-

faltspflichtverletzung (37–40 zu § 15), die bei Hinzutreten eines zurechenbaren schädlichen Erfolges meist auch (beachte 41–45 zu § 15) nach §§ 222 oder 230 tatbestandsmäßig ist (zusf Schwalm, Bockelmann-FS, S 539; Krauß, in: Jung/Schreiber [Hrsg], Arzt und Patient zwischen Therapie und Recht, 1981, S 141; Ulsenheimer, Arztstrafrecht in der Praxis, 1988, S 34; Schlund MedR 93, 185; Hirsch LK 5 vor § 223; zum Behandlungsfehler im zivilrechtlichen Sinne beachte auch Giesen JZ 82, 345; Schreiber MedKlinik 83, 468; Laufs, Arztrecht, Rdn 469–553, alle mwN; überzogen die Kritik von Thoss NJW 79, 1909). – Die für den ärztlichen Heileingriff geltenden Regeln sind – soweit tatsächliche Besonderheiten nichts anderes ergeben – auch auf **psychotherapeutische Behandlungen** durch Ärzte und Nichtärzte (namentlich Psychologen) anwendbar (Wegener JZ 80, 590). Zu den Besonderheiten bei Eingriffen durch **Heilpraktiker** Cramer, Strafrechtliche Grenzen der Therapiefreiheit und der Heilbehandlung durch den Heilpraktiker, 1995, S 85 und Ehlers, Medizin in den Händen von Heilpraktikern, 1995, S 242. – Zur speziellen Regelung der freiwilligen Kastration 20, 21 zu § 226 a.

10 bb) Vom Heileingriff zu unterscheiden sind anderen Zwecken dienende, in die Körperintegrität eingreifende ärztliche Behandlungen, namentlich die (ausschl) kosmetische Operation, das Doping (zusf Linck NJW 87, 2545; Turner MDR 91, 569, 573; Ahlers aaO [vgl 5] S 45; ebenso für das therapeutische Doping Müller aaO [vgl 5] S 43), der Schwangerschaftsabbruch (§ 218), die freiwillige Sterilisation (18, 19 zu § 226 a), die Entnahme eines Organtransplantats (23 zu § 226 a), das wissenschaftliche Humanexperiment (22 zu § 226 a) und die künstliche Insemination (zusf Lüttger, Abh, S 85). Sie sind im allgemeinen als Körperverletzung tatbestandsmäßig.

11 **b)** Auch die **Züchtigung** aus erzieherischen Gründen erfüllt bei Überschreitung der Erheblichkeitsschwelle (vgl 4) den Tatbestand (hM; vgl BGHSt 12, 62, 64; anders Kienapfel, Körperliche Züchtigung und soziale Adäquanz im Strafrecht, 1961, S 31).

aa) Das Züchtigungsrecht kann vor allem auf einem **familienrechtlichen Erziehungsrecht** beruhen. Es läßt sich entweder unmittelbar aus dem Gesetz, zB für die Eltern aus §§ 1626 I, 1631 I BGB, für die Mutter des nichtehelichen Kindes aus § 1705 BGB und für den Vormund aus § 1800 BGB, oder jedenfalls aus Gewohnheitsrecht ableiten (hM; anders Petri ZRP 76, 64; Thomas ZRP 77, 181; Schneider, Körperliche Gewaltanwendung in der Familie, 1987, S 202, alle mwN); daran hat auch das Gesetz zur Neuregelung des Rechts der elterlichen Sorge v 18. 7. 1979 (BGBl I 1061) nichts geändert (NStZ 87, 173 mit abl Anm Reichert-Hammer JZ 88, 617). Eine Änderung hätte die geplante, in der letzten Wahlperiode aber nicht mehr verwirklichte Änderung des § 1631 II BGB bewirkt, die jede körperliche und seelische Mißhandlung für unzulässig erklärt (BT-Dr 12/6343; ähnlich der Entwurf der Fraktion der SPD, BT-Dr 12/6783; krit Otto GK 1 S 123 und Roxin AT I 17/35, beide mit kriminalpolitischen Bedenken gegenüber dieser Ausdehnung der Strafbarkeit; einer solchen „Argumentationsautomatik" bzw „Kriminalisierungsautomatik" wollen Günther, FS für H Lange, 1992, S 877, 899 und Horn SK 13 durch einen Strafunrechtsausschließungsgrund des elterlichen Erziehungsprivilegs entgegenwirken). Der Berechtigte kann die Ausübung des Züchtigungsrechts bei Vorliegen eines zureichenden Grundes ganz oder teilweise übertragen (zusf Hirsch LK 23), etwa auf eine der Familie nahestehende Person, uU auch – allerdings nicht zur Erweiterung schulischer Befugnisse – auf den Lehrer (BGHSt 12, 62, 66 mwN; str). – Die Rspr billigt dem **Lehrer** auch ein selbständiges, dh nicht aus dem familienrechtlichen Erziehungsrecht abgeleitetes, Züchtigungsrecht gegenüber jüngeren Schülern kraft Gewohnheitsrechts zu (BGHSt 11, 241; 14, 52; Zweibrücken NJW 74, 1772; Bay NJW 79, 1371). Sie nimmt an, daß dieses Recht nicht durch Verwaltungsvorschriften, sondern nur durch Rechtsnormen beseitigt werden kann (GA 63, 82). Im größeren Teil der landesrechtlichen Schulgesetze, aber nicht in allen, sind inzwischen gesetzliche Züchtigungsverbote erlassen worden (dazu für Baden-Württemberg NStZ 93, 591, für Bayern Bay aaO mit abl Anm Vormbaum JR 79, 477). Die Annahme, daß im übrigen das schulische Züchtigungsrecht gewohnheitsrechtlich noch fortbestehe, ist heute nicht mehr vertretbar (AG Dortmund ZBlJR 80, 235; Jung, Das Züchtigungsrecht des Lehrers, 1977; Wagner JZ 87, 658, 662; Hirsch LK 24; Sch/Sch-Eser 20; aM Bay aaO; offen gelassen in NJW 76, 1949, alle mwN). Auch die Annahme eines hinter der Rechtfertigung zurückbleibenden Strafunrechtsausschlusses zugunsten des Lehrers (so Günther, Strafrechtswidrigkeit und Strafunrechtsausschluß, 1983, S 355 und Spendel-FS, S 189, 200) erweckt Bedenken, weil Strafwürdigkeitsgesichtspunkte allein für eine hinreichend zuverlässige Abgrenzung nicht tauglich sind (hM; anders Reichert-Hammer JZ 88, 617). – Das Züchtigungsrecht in **Erziehungsheimen** ist noch nicht abschließend geklärt (vgl etwa BGHSt 3, 105; Vormbaum JR 77, 492, 495; zusf Hirsch LK 23). Für den **gewerblichen Lehrherrn** (BGHSt 6, 263, 267), für den **Seelsorger** (RGSt 67, 324) und für die Züchtigung **fremder Kinder** (Saarbrücken NJW 63, 2379) ist es zu verneinen.

bb) **Art und Maß** der Züchtigung müssen angemessen sein, sich namentlich der Körperbeschaffenheit des Kindes (BGHSt 14, 52), seinem Alter, der Größe der Verfehlung und den konkreten erzieherischen Bedürfnissen anpassen (NJW 53, 1440; Köln FamRZ 72, 403). Die Grenze der Angemessenheit ist überschritten, wenn die Züchtigung gefährlich, entwürdigend (sehr weit NStZ 87, 173 mit abl Anm Rolinski StV 88, 63) oder sonst eindeutig erziehungsschädlich ist oder wenn sie zu mehr als vorübergehender körperlicher Beeinträchtigung führt (BGHSt 6, 223; Hirsch LK 29 mwN; krit Reichert-Hammer JZ 88, 617, 619). – Als subjektives Rechtfertigungselement (6 vor § 32) ist **Erziehungswille** erforderlich (BGHSt 11, 241, 260; Hirsch LK 30 mwN; zu den Folgen seines Fehlens 16 zu § 22). – Der **Irrtum** über 12

Art oder Umfang des Züchtigungsrechts ist Verbotsirrtum (BGHSt 3, 105; Bay NJW 55, 184).

13 **6.** Über das **Konkurrenzverhältnis** zu den Tötungsdelikten 7–9 zu § 212; zu § 109 dort 7; zu § 177 dort 11; zu § 218 dort 21. Von § 25 WStG wird die einfache Körperverletzung verdrängt (Frankfurt NJW 70, 1333). – **Wahlfeststellung** zwischen den beiden Alternativen des Abs 1 ist zulässig (14 zu § 1).

14 **7.** Fahrlässige Körperverletzung § 230. Körperverletzung im Amt § 340. Strafantrag § 232. Kompensation § 233.

§ 223 a Gefährliche Körperverletzung

(1) **Ist die Körperverletzung mittels einer Waffe, insbesondere eines Messers oder eines anderen gefährlichen Werkzeugs oder mittels eines hinterlistigen Überfalls oder von mehreren gemeinschaftlich oder mittels einer das Leben gefährdenden Behandlung begangen, so ist die Strafe Freiheitsstrafe von drei Monaten bis zu fünf Jahren.**

(2) **Der Versuch ist strafbar.**

Fassung des VerbrBG (4 vor § 38; 1 vor § 223).

1 **1.** Bei dieser **qualifizierten Körperverletzung** ist Erschwerungsgrund die in vier Alternativen beschriebene besonders gefährliche Art der Tatausführung (zusf Stree Jura 80, 281; ähnlich Heinrich, Die gefährliche Körperverletzung, 1993, S 586, 612, 644, der den bewußten Einsatz eines in besonderem Maße die Wirkungsmacht des Angriffs erhöhenden Faktors zum Zwecke der Körperverletzung als verbindendes Kriterium aufstellt). „Begehung" ist nicht nur die eigenhändige, sondern jede Tatbestandsverwirklichung (BGHSt 5, 344).

2 **2.** Abweichend vom Wortlaut und der Entstehungsgeschichte (RGSt 8, 36; 24, 374) ist in der 1. Alternative das **gefährliche Werkzeug** der Oberbegriff, während die Waffe und das Messer nur Beispiele bilden (BGHSt 22, 235, 236; Stree Jura 80, 281, 282; aM NJW 78, 1206; Heinrich aaO [vgl 1] S 393, 493; Hirsch LK 6, alle mwN; zw).

3 **a)** Danach muß der Täter ein **gegenständliches Mittel,** nicht lediglich eigene Körperteile, zur Verletzung einsetzen **(Mittel-Zweck-Beziehung);** bloß gefährlicher Einsatz der Hand (zB Boxhieb, Handkantenschlag), des Knies (GA 84, 124) oder des Fußes (hM) sowie bloße Verletzung an einem gefährlichen Gegenstand als Folge der Tathandlung (Stree Jura 80, 281, 287) genügen daher nicht.

4 **b)** Unter **Werkzeugen** verstand die Rspr zunächst nur Gegenstände, die durch mechanische Einwirkung eine Verletzung herbeiführen können. Später bezog sie chemische Einwirkungen (BGHSt 1, 1), etwa durch eine Gaspistole (BGHSt 4, 125), und das Hetzen von Hunden auf Menschen ein (BGHSt 14, 152; Hamm NJW 65, 164). Jedoch muß

es sich um einen beweglichen Gegenstand handeln, der durch menschliche Kraft zum Zwecke der Verletzung gegen einen Körper in Bewegung gesetzt werden kann, wobei es allerdings nicht darauf ankommt, ob im konkreten Fall das Werkzeug gegen den Menschen oder der Mensch gegen das Werkzeug geführt wird (BGHSt 22, 235); der Wortsinn schließt es aber aus (6 zu § 1; Krey BT 1 Rdn 250), auch unbewegliche Gegenstände, etwa die Wand eines Gebäudes einzubeziehen (BGH aaO mit krit Anm Schmitt JZ 69, 304; NStZ 88, 361; aM Stree Jura 80, 281, 284; Heinrich JA 95, 718, 725; Hirsch LK 13, alle mwN; zw).

c) **Gefährlich** ist ein Werkzeug, das nach objektiver Beschaffenheit und nach Art der Benutzung im konkreten Fall (bei Holtz MDR 79, 988; Köln VRS 70, 273) erhebliche Verletzungen herbeizuführen geeignet ist (hM; vgl NStZ 87, 174 und Küper BT S 311 mwN; einschr Horn SK 9; krit Heinrich aaO [vgl 1] S 494, 615 und JA 95, 601, 605, alle mwN), nach teilweise vertretener Auffassung allerdings nur, wenn es als Angriffs- oder Verteidigungsmittel benutzt wird (NJW 78, 1206 mwN; zw). In Frage kommen zB: Stich mit der Nadel ins Auge; Tritt mit dem Schuh in den Unterleib (bei Dallinger MDR 71, 16; Neustadt JR 58, 228), ins Gesicht (NStZ 84, 328; Braunschweig NdsRpfl 60, 233), uU auch ins Gesäß (2 StR 91/50 v 27. 1. 1953; s auch Düsseldorf NJW 89, 920) oder gegen das Schienbein (Stuttgart NJW 92, 850); Schlag mit dem „Gipsarm" (Schleswig bei Ernesti/Jürgensen SchlHA 78, 185); Anfahren mit einem Kraftfahrzeug (4 StR 618/78 v 21. 12. 1978); Schütten von Salzsäure ins Gesicht (beachte auch 2, 3 zu § 229); Streuen von Pfeffer in die Augen (LM Nr 7); Trinkenlassen von Brennspiritus (bei Dallinger MDR 56, 526). **Nicht dagegen** bestimmungsmäßige Verwendung ärztlicher Instrumente durch eine dafür qualifizierte Heilperson (NJW 78, 1206; probl NStZ 87, 174 mit Bespr Wolski GA 87, 527 und Sowada JR 88, 123; zw); Zopfabschneiden mit Schere (aM Heinrich JA 95, 718, 726); leichter Rippenstoß mit geladener Pistole. 5

3. **Hinterlistig** ist ein Überfall (dh unvorhergesehener Angriff) nicht schon durch die bewußte Ausnutzung des Überraschungsvorteils (GA 61, 241; bei Holtz MDR 81, 267). Hinzukommen muß ein planmäßiges, auf Verdeckung der wahren Absicht berechnetes Vorgehen (Küper BT S 195), wie zB Auflauern, Vortäuschen von Friedfertigkeit, heimliches Zuführen eines Betäubungsmittels (NStZ 92, 490; NStZ-RR 96, 100) usw, um dadurch dem Gegner die Abwehr des nicht erwarteten Angriffs zu erschweren (GA 89, 132 mwN; beachte auch Bohnert GA 78, 353, 364 sowie Heinrich aaO [vgl 1] S 584, 694 und JA 95, 718, 720); eine konkrete Gefahr erheblicher Verletzungen ist dagegen nicht unbedingt erforderlich (hM; anders Hirsch LK 3, 16 mwN). 6

4. **Gemeinschaftlich** setzt voraus, daß mindestens zwei Personen bei der Körperverletzung zusammenwirken und dem Verletzten unmittelbar – allerdings nicht notwendig unter eigenhändiger Mitwirkung je- 7

des einzelnen an der Verletzungshandlung (GA 86, 229) – gegenüberstehen (Küper BT S 37 mwN); daran fehlt es, wenn das Tatopfer von der Beteiligung einer zweiten Person nichts weiß, diese sich nicht am Tatort befindet, mit dem unmittelbar Handelnden nicht in Verbindung steht und auch notfalls nicht zu dessen Unterstützung bereit ist (StV 94, 542). Da der Grund für die Strafschärfung lediglich in der erhöhten Gefährlichkeit des Angriffs liegt (vgl 1), ist auch hier eine konkrete Gefahr erheblicher Verletzungen nicht erforderlich (hM; anders Hirsch LK 3, 20 mwN). – Obwohl die Voraussetzung nicht voll mit Mittäterschaft (9–11 zu § 25) gleichgesetzt werden kann, muß diese doch regelmäßig gegeben sein (Düsseldorf NJW 89, 2003 mit Anm Otto NStZ 89, 531 und Deutscher NStZ 90, 125; aM Heinrich aaO [vgl 1] S 723 und JA 95, 601, alle mwN; str); Beihilfe genügt nur in Ausnahmefällen (beachte Baumann JuS 63, 51; Stree Jura 80, 281, 289). Im übrigen gelten für die Beteiligung mehrerer keine Besonderheiten (Düsseldorf MDR 63, 521).

8 **5.** Für **lebensgefährdende Behandlung** (uU auch durch Unterlassen in Garantenstellung, JR 56, 347 mit Anm Maurach; vgl auch BGHSt 37, 106) genügt nach der Rspr objektive Eignung der Behandlung zur Lebensgefährdung; eine konkrete Gefahr braucht nicht eingetreten zu sein (BGHSt 2, 160, 163; 36, 1, 9; Köln StV 94, 247; Düsseldorf JZ 95, 908; Gallas, Heinitz-FS, S 171, 183; aM Hirsch LK 3, 21, alle mwN; zw). Jede intensivere Einwirkung kann zusammen mit anderen Umständen eine solche Behandlung sein (BGHSt 2, 160; NStZ 86, 166), zB Stoß in tiefes oder winterkaltes Wasser (LG Saarbrücken NStZ 83, 414); Würgegriff am Hals (StV 93, 26 mwN); lang andauernde Fesselung ohne Flüssigkeitszufuhr (NStE 17); Anfahren mit Kfz (VRS 14, 286; s auch Schleswig SchlHA 70, 194); Abschütteln vom fahrenden Moped (bei Dallinger MDR 57, 652). Auch ungeschützter Geschlechtsverkehr eines AIDS-Positiven gehört hierher (hM; vgl BGHSt 36, 262 mit abl Bespr Lüderssen StV 90, 83 und Prittwitz/Scholderer NStZ 90, 385; krit Meier GA 89, 207, 210; aM Schünemann, in: Busch ua [Hrsg], HIV/AIDS und Straffälligkeit, 1991, S 93, 107; Heinrich aaO [vgl 1] S 754; Knauer AIFO 94, 463, 474, alle mwN).

9 **6. a)** Der **Vorsatz** (bedingter genügt) muß bei der 1. Alternative die Umstände, aus denen die Eigenschaft als gefährliches Werkzeug folgt, und bei der 4. Alternative die Umstände umfassen, die das Verhalten als lebensgefährdende Behandlung kennzeichnen (BGHSt 2, 160). Nach der Rspr soll darüber hinaus nicht erforderlich sein, daß der Täter das Werkzeug für gefährlich (Düsseldorf NJW 89, 920 mwN) oder sein Verhalten für lebensgefährdend hält (BGHSt 19, 352; 36, 1, 15; NJW 90, 3156, alle mwN); soweit damit auch auf das Bewußtsein der objektiven Gefährlichkeit verzichtet wird, ist das mit den Grundsätzen über die Parallelwertung in der Laiensphäre (14 zu § 15) nicht vereinbar (Backmann MDR 76, 969, 976; Wessels BT 1 Rdn 264; krit Frisch, Kaufmann [Arm]-GedSchr, S 311, 348).

b) Da **Ansteckung mit AIDS** (vgl 8) aus tatsächlichen Gründen nur selten beweisbar ist (beachte jedoch BGHSt 36, 262; Wokalek/Köster MedR 89, 286), wird **bedingter Vorsatz** hier regelmäßig nur bei Versuch (Abs 2; aM Herzberg, in: Szwarc [Hrsg], AIDS und Strafrecht, 1996, S 61, 84) und auch nur dann relevant, wenn keine frei verantwortliche Selbstgefährdung vorliegt (12, 12 a vor § 211). Für seine Voraussetzungen gelten **keine Besonderheiten.** Leider haben die Unsicherheiten um Erheblichkeit, Inhalt und beweismäßige Feststellung des voluntativen Elements (24, 25 zu § 15) zu zahlreichen Versuchen geführt, den Vorsatzbereich je nach der gesundheits- und kriminalpolitischen Einstellung zur AIDS-Bekämpfung – zum Teil extrem – restriktiv oder extensiv zu interpretieren (ausgewogen zusf Eberbach, in: Jäger [Hrsg], AIDS und HIV-Infektionen, 1988, 3. ErgLfg 1/90, Kap IX-2.3). Da jedenfalls ein Sonderrecht für den AIDS-Bereich dem Gesetz widerspricht, kann nur der allgemeine Vorsatzbegriff Bewertungsgrundlage sein. Diesen Ausgangspunkt hat die höchstrichterliche, den Vorsatz in Einzelfällen bejahende Rspr mit Recht nicht verlassen (BGHSt 36, 1 mit teils zust, teils abl und teils krit Bespr Bottke AIFO 89, 468, Bruns MDR 89, 199, Frisch JuS 90, 362 und Meyer-FS, S 533, Herzberg JZ 89, 470, Prittwitz StV 89, 123, Schlehofer NJW 89, 2017 und Schünemann JR 89, 89 und in: Szwarc [Hrsg], AIDS und Strafrecht, 1996, S 9, 17; BGHSt 36, 262 mit Bespr Lüderssen StV 90, 83, Prittwitz/Scholderer NStZ 90, 385 und Rudolphi JZ 90, 197, alle mwN; zusf Rengier Jura 89, 225; Enquête-Kommission des BTages, AIDS: Fakten und Konsequenzen, 1990, S 366, 694; Knauer AIFO 94, 463, 470). Zu beachten ist, daß die psychische Einstellung von Sexualpartnern zur Tatbestandsverwirklichung sehr verschiedenartig sein kann. Das voluntative Element hängt daher weitgehend von der Beurteilung des Einzelfalls ab, namentlich von Art, Intensität und Häufigkeit des Kontakts, bei dem auch die Anwendung besonders gefahrträchtiger oder gezielt gefahrmindernder (zB coitus interruptus) Sexualpraktiken erheblich zu Buch schlagen kann (Knauer aaO S 473), sowie von Aufklärungsstand und Intelligenzgrad des Täters (beachte auch 25 zu § 15). Häufig wird die erforderliche Risikobereitschaft nicht beweisbar sein, was übrigens in dem BGHSt 36, 1 zugrundeliegenden Fall keineswegs fernliegend war (Schünemann aaO S 94; Rengier aaO S 228). Einer Verallgemeinerung der Ergebnisse (zB durch Bildung typischer Fallgruppen) sind wegen der Komplexität der Sachverhalte und des Fehlens zureichender Erfahrungen enge Grenzen gesetzt. **10**

7. Bei Vorliegen der **besonderen Provokationsvoraussetzungen des § 213** (dort 2) kommt in Frage, daß der nach § 223 a zu bildende Strafrahmen infolge nur einmaliger Milderungsmöglichkeit (zB nach §§ 21, 49) strenger ist als der nach § 213 bei doppelter Milderungsmöglichkeit (zB nach §§ 21, 23, 49). In diesen Fällen ist der mildere Strafrahmen zugrundezulegen (NStZ 88, 408). **11**

12 **8.** Das **Zusammentreffen** mehrerer Alternativen des Abs 1 begründet nur eine Gesetzesverletzung (3 zu § 52), kann aber strafschärfend berücksichtigt werden (45 zu § 46). § 223 a wird **verdrängt,** wenn die Tat notwendiges Mittel eines Schwangerschaftsabbruchs ist (BGHSt 28, 11) oder wenn sie zu einer schweren Folge nach §§ 224 oder 226 führt (BGHSt 21, 194, 195; NJW 67, 297; Schmitt ZStW 75, 43, 50; aM Vogler, Bockelmann-FS, S 715, 723; Jescheck/Weigend AT S 734, alle mwN; zw); mit versuchter schwerer Körperverletzung kann er aber in Tateinheit stehen (BGHSt 21, 194; aM Schröder JZ 67, 368 und JR 67, 146; zw).

13 **9.** Kein Strafantrag (§ 232). Keine Kompensation (§ 233).

§ 223 b Mißhandlung von Schutzbefohlenen

(1) **Wer Personen unter achtzehn Jahren oder wegen Gebrechlichkeit oder Krankheit Wehrlose, die seiner Fürsorge oder Obhut unterstehen oder seinem Hausstand angehören oder die von dem Fürsorgepflichtigen seiner Gewalt überlassen worden oder durch ein Dienst- oder Arbeitsverhältnis von ihm abhängig sind, quält oder roh mißhandelt, oder wer durch böswillige Vernachlässigung seiner Pflicht, für sie zu sorgen, sie an der Gesundheit schädigt, wird mit Freiheitsstrafe von sechs Monaten bis zu fünf Jahren, in minder schweren Fällen mit Freiheitsstrafe bis zu fünf Jahren oder mit Geldstrafe bestraft.**

(2) **In besonders schweren Fällen ist die Strafe Freiheitsstrafe von einem Jahr bis zu zehn Jahren. Ein besonders schwerer Fall liegt in der Regel vor, wenn der Täter die schutzbefohlene Person durch die Tat in die Gefahr**

1. des Todes oder einer schweren Körperverletzung (§ 224) oder

2. einer erheblichen Schädigung der körperlichen oder psychischen Entwicklung

bringt.

Fassung des VerbrBG (4 vor § 38; 1 vor § 223).

1 **1.** Die Vorschrift normiert im wesentlichen eine **qualifizierte Körperverletzung,** bei der die verwerfliche Mißachtung einer besonderen Schutzpflicht den Erschwerungsgrund bildet; sie hat darüber hinaus aber noch einen geringfügigen selbständigen Anwendungsbereich (hM; anders Hirsch LK 1 mwN, der einen insgesamt selbständigen Tatbestand annimmt). – Eingehend zur rechtlichen, rechtspolitischen oder kriminologischen Problematik der Kindsmißhandlung Stutte Jahrbuch für Jugendpsychiatrie 71, 122; Würtenberger, in: Neidhardt ua (Hrsg), Aggressivität und Gewalt in unserer Gesellschaft, 1973, S 63; Jung MschrKrim 77, 89; Zenz, Kindesmißhandlung und Kindesrechte, 1979; Trube-Becker, Gewalt gegen das Kind, 1982; Haesler (Hrsg), Kindesmißhandlung, 1983; Geerds Mschr für Kinderheilkunde 86, 327; Eisen-

berg Krim 45/25, 58/21 und 61/4; Kaiser Krim 61/7;; s auch Schneider, Körperliche Gewaltanwendung in der Familie, 1987; zur Mißhandlung alter Menschen Schreiber/Schreiber ZRP 93, 146.

2. Geschützt sind nur Minderjährige und Wehrlose. Die Wehrlosigkeit (nicht gleichbedeutend mit Hilflosigkeit) muß auf Gebrechlichkeit oder Krankheit (1 zu § 221) beruhen. 2

3. Es muß eines der **vier Schutzverhältnisse** bestehen: Das Fürsorge- oder Obhutsverhältnis kann namentlich auf Gesetz (zB Eltern), freiwilliger Übernahme (zB Kindergärtnerin) oder behördlichem Auftrag (zB Aufsichtsperson) beruhen; ein rechtlich unverbindliches Gefälligkeitsverhältnis genügt nicht (NJW 82, 2390). Zum Hausstand gehören etwa Stief- und Pflegekinder, uU auch Hauspersonal und Auszubildende. Die Überlassung durch den Fürsorgepflichtigen ist ein tatsächlicher Vorgang, der keine Obhutspflicht zu begründen braucht. Das Dienst- oder Arbeitsverhältnis muß zu einer tatsächlichen Abhängigkeit führen. – Alle Schutzverhältnisse sind, soweit § 223 b die Körperverletzung qualifiziert (vgl 1), besondere persönliche Verhältnisse nach § 28 II (hM; anders Hirsch LK 1), in den übrigen Fällen nach § 28 I (str). 3

4. Quälen ist Zufügen länger dauernder oder sich wiederholender erheblicher Schmerzen oder Leiden (BGHSt 41, 113) körperlicher oder seelischer Art (RG JW 38, 1879); wird das Quälen durch Vornahme mehrerer Handlungen verwirklicht, so bilden diese eine tatbestandliche Handlungseinheit (10 und 16 vor § 52; Geppert NStZ 96, 59; Otto JK 2; im Ergebnis ebenso BGH aaO mit krit Anm Hirsch NStZ 96, 36 und Wolfslast/Schmeissner JR 96, 338); auch Begehen durch unechtes Unterlassen (6 zu § 13) ist nicht ganz ausgeschlossen (hM; vgl BGH aaO mit krit Anm Hirsch aaO; NStZ-RR 96, 197; str) aber durch das Erfordernis der Modalitätenäquivalenz (16 zu § 13) eingeschränkt (Sch/Sch-Stree 11). – Nach der Rspr soll es uU ausreichen, wenn ein Kind auch nur für einige Minuten in Todesangst versetzt wird (LM Nr 3; zw). 4

5. Mißhandeln 4 zu § 223; jedoch ist hier – abweichend von § 223, wo ausdrücklich ein körperlicher Bezug gefordert wird – die seelische Mißhandlung einbezogen (anders die hM; vgl Hirsch LK 13 und Sch/Sch-Stree 13, beide mwN). Auch Begehung durch Unterlassen ist ebenso wie beim Quälen (vgl 4) möglich (NStZ 91, 234). – **Roh:** Handeln aus gefühlloser, fremde Leiden mißachtender Gesinnung, die sich in erheblichen Handlungsfolgen für das Wohlbefinden des Opfers offenbart (BGHSt 25, 277; Küper BT S 143, beide mwN) und keine Dauereigenschaft zu sein braucht; Erregung erheblicher Schmerzen ist idR, aber nicht ausnahmslos, zB bei Kranken mit reduzierter Schmerzempfindlichkeit, erforderlich (BGH aaO mit krit Anm Jakobs NJW 74, 1829; str). Handeln allein aus großer Erregung ist nicht roh (BGHSt 3, 105). 5

6. Gesundheitsschädigung (5 zu § 223) liegt uU schon vor, wenn die gesunde Entwicklung beeinträchtigt oder gehemmt wird (RGSt 76, 6

371). Die dem Täter obliegende **Sorgepflicht** kann auf denselben Gründen beruhen wie die Garantenstellung beim unechten Unterlassungsdelikt (6–15 zu § 13). **Böswillig** handelt, wer die Pflichtverletzung aus besonders verwerflichem Motiv (zB Bosheit, Haß, Eigensucht, Sadismus, nicht aber aus Gleichgültigkeit oder Schwäche) begeht (Niedermair ZStW 106, 388, 391); dieser Vorwurf erfordert sorgfältige Persönlichkeitserforschung (BGHSt 3, 20). – § 13 II ist nicht entsprechend anwendbar (dort 19).

7 **7.** Bedingter **Vorsatz** genügt; jedoch steht seiner Annahme in Fällen der Nichtabwendung einer Gesundheitsbeschädigung das Gesinnungselement „böswillig" entgegen (Hirsch LK 19 mwN; zur Bedeutungskenntnis der Merkmale roh und böswillig beachte 17 zu § 15).

8 **8. Rechtfertigung** der Tat nach § 226 a kommt nicht in Frage, weil bei Vorliegen einer wirksamen Einwilligung regelmäßig schon die Handlungsmerkmale des Tatbestandes nicht erfüllt sind (Hirsch LK 21), mindestens aber die Tat trotz der Einwilligung gegen die guten Sitten verstößt (M-Schroeder/Maiwald BT 1 10/4).

9 **9. Abs 2** regelt in der Neufassung nur noch **besonders schwere Fälle** (6–21 zu § 46; 4 zu § 12). – Die Regelbeispiele: **Nr 1** verlangt, daß die schutzbefohlene Person in die konkrete Gefahr des Todes (23 zu § 315 c) oder einer schweren Körperverletzung iSv § 224 (dort 2–5) gebracht worden ist. **Nr 2** setzt die konkrete Gefahr einer erheblichen Entwicklungsschädigung iSv § 170 d voraus (dort 3).

10 **10. Tateinheit** ua möglich mit §§ 223 a, 170 d (dort 9); auch mit § 212, wenn bei einem Teilakt einer fortgesetzt begangenen (12–19 vor § 52) Körperverletzung Tötungsvorsatz hinzutritt (NStZ 94, 79). Gesetzeskonkurrenz besteht dagegen mit den §§ 224, 226, die vorgehen (BGHSt 4, 113, 117; GA 75, 85; aM Vogler, Bockelmann-FS, S 715, 722; Hirsch LK 23; zw); Tateinheit ist zur Klarstellung des schuldhaft verwirklichten Unrechts aber in Fällen anzunehmen, in denen das abhängige Opfer durch mehrere Handlungen gequält wird (BGHSt 41, 113 mit Bespr Hirsch NStZ 96, 37; Wolfslast/Schmeissner JR 96, 338 und Otto JK 2, der Subsidiarität erwägt).

§ 224 Schwere Körperverletzung

(1) **Hat die Körperverletzung zur Folge, daß der Verletzte ein wichtiges Glied des Körpers, das Sehvermögen auf einem oder beiden Augen, das Gehör, die Sprache oder die Zeugungsfähigkeit verliert oder in erheblicher Weise dauernd entstellt wird oder in Siechtum, Lähmung oder Geisteskrankheit verfällt, so ist auf Freiheitsstrafe von einem Jahr bis zu fünf Jahren zu erkennen.**

(2) **In minder schweren Fällen ist die Strafe Freiheitsstrafe von drei Monaten bis zu fünf Jahren.**

Fassung des VerbrBG (4 vor § 38; 1 vor § 223).

1. Bei dieser **qualifizierten Körperverletzung** ist Erschwerungsgrund das Ausmaß der schuldhaft verursachten Körperschäden; ihre Aufzählung ist abschließend (StV 92, 115). Die Tat ist **erfolgsqualifiziertes Delikt** (§ 18). Die Körperverletzung, die nach der Rspr auch durch einen ärztlichen Heileingriff (9 zu § 223) verursacht sein kann (Köln JMBlNRW 86, 273 mwN; str), muß **vorsätzlich,** die in Abs 1 beschriebene schwere Folge **fahrlässig** herbeigeführt sein; bei Leichtfertigkeit und bedingtem Vorsatz geht § 225 I vor, bei unbedingtem Vorsatz § 225 II. Für die Unmittelbarkeit der schweren Folge (8 zu § 18) gelten die Ausführungen unter 2 zu § 226 sinngemäß; ebenso für die Strafbarkeit eines Versuchs in Fällen, in denen der vom Vorsatz umfaßte Tätigkeitsakt zu einer schweren Folge führt (ergänzend 9 zu § 18). 1

2. Wichtiges Glied ist jeder in sich abgeschlossene und mit dem Rumpf oder einem anderen Körperteil durch ein Gelenk verbundene Körperteil (str), der eine herausgehobene Funktion erfüllt, also nicht das innere Organ (zB die Niere, BGHSt 28, 100 mit Anm Hirsch JZ 79, 109 und Ebert JA 79, 278; aM Wessels BT 1 Rdn 271; str). Die Rspr bestimmt die Wichtigkeit allein nach der generellen Bedeutung des Gliedes für den Gesamtorganismus und erfaßt damit den Daumen (RGSt 64, 201) und den Zeigefinger (bei Dallinger MDR 53, 597), nicht ohne weiteres auch einen anderen Finger (NJW 91, 990 mwN), etwa den Ringfinger (RGSt 62, 161). Demgegenüber hält die im Schrifttum überwiegende Meinung mit Recht auch die besonderen Verhältnisse des Verletzten (zB Musiker) für bedeutsam (Hirsch LK 9 mwN). – **Verloren** ist das Glied nicht schon bei bloßer Funktionseinbuße (so die überwiegende Meinung im Schrifttum; Küper BT S 118 mwN), sondern im Hinblick auf die Wortlautschranke des Art 103 II GG (6 zu § 1) erst bei völligem physischen Verlust (NJW 88, 2622 mit abl Anm Kratzsch JR 89, 295, beide mwN; zw). 2

3. Sehvermögen ist die Fähigkeit, Gegenstände visuell wahrzunehmen; **Sprache** die Fähigkeit zu artikuliertem Reden; **Zeugungsfähigkeit** auch die Empfängnisfähigkeit (BGHSt 10, 312, 315; Scheffler Jura 96, 505 mwN). Die Fähigkeit ist verloren, wenn sie im wesentlichen, also nicht unbedingt vollständig (Hamm GA 76, 304), aufgehoben ist, der Ausfall langzeitig ist und die Heilung sich entweder gar nicht oder doch auf unbestimmte Zeit nicht absehen läßt (RGSt 72, 321); wird die durch Operation mögliche Wiedererlangung der verlorenen Sehkraft vom Blinden nicht gewollt, so kann er das fehlende Sehvermögen nicht mehr durch einen Faustschlag verlieren (Oldenburg NStE 5). Ebenso wie bei der dauernden Entstellung (vgl 4) dürfte entgegen der früher hM (RGSt 27, 80) die Möglichkeit operativer Beseitigung die Annahme eines Dauerschadens ausschließen, wenn sie aussichtsreich ist und kein unzumutbares Risiko enthält (van Els NJW 74, 1074; Hirsch LK 13 mwN). 3

4. Dauernde Entstellung ist Verunstaltung der Gesamterscheinung, die einen unästhetischen Eindruck vermittelt; sie muß erheblich, dh 4 nach ihrem Gewicht mindestens der geringsten der in § 224 genannten Folgen in etwa gleichkommen (StV 92, 115). Sie ist nicht ausgeschlossen, wenn sie nach allgemeiner Lebensgewohnheit verdeckt zu werden pflegt (BGHSt 17, 161, 163; LG Saarbrücken NStZ 82, 204; str), nach hM wohl aber, wenn sie durch kosmetische Operation (zB bei Narben im Gesicht; aM NJW 67, 297 mit krit Bespr Wegner NJW 67, 671 und Schröder JR 67, 146), durch Prothese (zB beim Verlust mehrerer Schneidezähne, BGHSt 24, 315 mit Anm Hanack JR 72, 472 und Ulsenheimer JZ 73, 64; s auch NJW 78, 1206) oder auf andere Weise behoben wurde oder wenn ihre Behebung medizinisch-technisch in absehbarer Zeit ausführbar und zumutbar ist (zusf Hirsch LK 20, 21 mwN; str). Ob der Verlust anderer Zähne (Bay JR 55, 106) oder die Verursachung von Narben am Hals (Bremen MDR 59, 777; LG Berlin NStZ 93, 286) ausreicht, hängt von den Umständen ab.

5 **5. Siechtum** bezeichnet einen chronischen Krankheitszustand, der den Gesamtorganismus in Mitleidenschaft zieht und ein Schwinden der körperlichen und geistigen Kräfte sowie allgemeine Hinfälligkeit zur Folge hat (bei Dallinger MDR 68, 17; krit Eisenmenger/Liebhardt, Spann-FS, S 415). – **Lähmung** ist eine mindestens mittelbar den ganzen Menschen ergreifende Bewegungsunfähigkeit; Lähmung einzelner Glieder kann genügen, wenn sie die Integrität des gesamten Körpers aufhebt (NJW 88, 2622 mit krit Anm Kratzsch JR 89, 295, beide mwN). – **Geisteskrankheiten** sind die exogenen und endogenen Psychosen (3–5 zu § 20). – Alle Krankheitszustände müssen **chronisch** (RGSt 44, 59), nicht notwendig unheilbar sein (bei Dallinger MDR 68, 17).

6 **6.** Zu **Abs 2** (minder schwere Fälle) 6–10 a zu § 46. Bei Vorliegen der besonderen Provokationsvoraussetzungen des § 213 ist die Annahme eines minder schweren Falles ebenso wie in § 226 zwingend (dort 4).

7 **7.** Über das Verhältnis zu den Tötungsdelikten 7–9 zu § 212; zu § 109 dort 7; zu § 218 dort 21; zu § 223 a dort 12; zu § 223 b dort 10.

8 **8.** Kein Strafantrag (§ 232). Keine Kompensation (§ 233).

§ 225 Besonders schwere Körperverletzung

(1) **Wer eine der in § 224 Abs. 1 bezeichneten Folgen wenigstens leichtfertig verursacht, wird mit Freiheitsstrafe von einem Jahr bis zu zehn Jahren, in minder schweren Fällen mit Freiheitsstrafe von sechs Monaten bis zu fünf Jahren bestraft.**

(2) **Wer eine der in § 224 Abs. 1 bezeichneten Folgen absichtlich oder wissentlich verursacht, wird mit Freiheitsstrafe von zwei Jahren bis zu zehn Jahren, in minder schweren Fällen mit Freiheitsstrafe von einem Jahr bis zu fünf Jahren bestraft.**

Fassung des VerbrBG (4 vor § 38; 1 vor § 223).

1 **1. Abs 1: Leichtfertigkeit** 55 zu § 15. Aus der Formulierung „wenigstens leichtfertig" ergibt sich, daß die Folgen auch vorsätzlich

verursacht sein können, allerdings nur mit **bedingtem Vorsatz** (23 zu § 15), da bei unbedingtem Vorsatz Abs 2 eingreift.

2. Abs 2: Absicht 20 zu § 15; **Wissentlichkeit** 21 zu § 15; damit sind beide Formen des unbedingten Vorsatzes erfaßt. Unwesentliche Abweichungen der Verletzung sind unerheblich (Bremen MDR 59, 777; LG Berlin NStZ 93, 286; Sch/Sch-Stree 2 b). 2

3. Versuch ist möglich, bei Abs 1 allerdings nur in den unter 10 zu § 18 beschriebenen Fällen (str). 3

4. Minder schwere Fälle 6–10 a zu § 46. 4

5. Im übrigen vgl 1–7 zu § 224. 5

6. Kein Strafantrag (§ 232). Keine Kompensation (§ 233). 6

§ 226 Körperverletzung mit Todesfolge

(1) **Ist durch die Körperverletzung der Tod des Verletzten verursacht worden, so ist auf Freiheitsstrafe nicht unter drei Jahren zu erkennen.**

(2) **In minder schweren Fällen ist die Strafe Freiheitsstrafe von drei Monaten bis zu fünf Jahren.**

1. Bei dieser **qualifizierten Körperverletzung** ist Erschwerungsgrund die schuldhaft verursachte Todesfolge. Die Tat ist **erfolgsqualifiziertes Delikt** (§ 18). Als Grundtatbestand ist auch § 223 b einbezogen (Bay 60, 286; aM Hirsch LK 1 mwN). 1

2. a) Die Körperverletzung muß den Tod **unmittelbar** verursacht haben (hM; vgl etwa NJW 71, 152 mit krit Anm Schröder JR 71, 206; erzusf Sowada Jura 94, 643, 646). Die nähere Konkretisierung dieses Erfordernisses ist umstritten (vgl die Nachw unter 8 zu § 18). Einigkeit besteht nur darüber, daß sich in dem Todeserfolg die der Verwirklichung des Grundtatbestandes eigentümliche Gefahr niedergeschlagen haben muß (BGHSt 32, 25; StV 93, 75; NStZ 94, 394, alle mwN). Danach wird der Zurechnungszusammenhang jedenfalls durch eigenes Verhalten des Opfers oder durch Eingreifen Dritter regelmäßig ausgeschlossen. Die Rspr macht jedoch auch bei § 226 Ausnahmen: so soll es genügen, wenn die Verletzung eine Benommenheit des Opfers verursacht, die zu einem selbstschädigenden Panikverhalten führt (NJW 92, 1708 mit Bespr Graul JR 92, 344, Mitsch Jura 93, 18 und Bartholme JA 93, 127), wenn sich das alkoholkranke und schwerverletzte Opfer einer stationären Krankenhausbehandlung trotz eines Hinweises auf bestehende Lebensgefahr widersetzt (NStZ 94, 394 mit krit Bespr Otto JK 6) oder wenn ein im Interesse des Täters handelnder Dritter den Tod des bewußtlosen, von ihm schon für tot gehaltenen Opfers nur unbeabsichtigt beschleunigt (NStZ 92, 333 mit krit Bespr Dencker NStZ 92, 311, Puppe JR 92, 511 und Pütz JA 93, 285; zw). – Obwohl die Strafschärfung ihren Grund nur in der Gefährlichkeit der Tathandlung haben kann, ergibt sich aus dem Wortlaut des § 226, seiner Struktur und 2 dem typischen Geschehensablauf bei Verletzungshandlungen mit tödlichem Ausgang, daß der Tod aus der vorsätzlich zugefügten **Beschädigung als solcher** hervorgehen muß (bei Dallinger MDR 54, 150; Mitsch aaO S 20; Krey BT 1 Rdn 271; Küpper BT 1 I 2/29; Hirsch LK 3; ähnlich Jakobs JR 86, 380; weiter Altenhain GA 95, 19, der Mitursächlichkeit der Beschädigung für den Tod ausreichen läßt, alle mwN). Demgegenüber stellen die Rspr und ein Teil der Lehre ausschließlich auf den vom Körperverletzungsvorsatz umfaßten (dazu NJW 85, 2958) Tätigkeitsakt ab und wenden die Vorschrift zB auch an, wenn sich beim Zuschlagen mit einer Pistole ein tödlicher Schuß löst (BGHSt 14, 110; bei Holtz MDR 95, 444; Wolter JuS 81, 168 und GA 84, 443; Rengier, Erfolgsqualifizierte Delikte und verwandte Erscheinungsformen, 1986, S 214; Laubenthal JZ 87, 1065, 1068; Paeffgen JZ 89, 220, 226, alle mwN; aM trotz Abstellens auf den Tätigkeitsakt Otto GK 2 S 75: keine Realisierung der Schlaggefahr). Dabei läßt es die neuere, nicht widerspruchsfreie Rspr genügen, wenn sich das der Verletzungshandlung, also nicht erst das dem Verletzungserfolg, spezifisch anhaftende Risiko des tödlichen Ausgangs irgendwie vorhersehbar realisiert hat (BGHSt 31, 96 mit Bespr Puppe NStZ 83, 22, Stree JZ 83, 75, Hirsch JR 83, 78, Schlapp StV 83, 62, Küpper JA 83, 229 und Maiwald JuS 84, 439; NStZ 95, 287; LG Gera NStZ-RR 96, 37).

3 **b)** Die Körperverletzung muß – sei es auch nur durch einen bloß zurechenbaren mittäterschaftlichen Tatbeitrag (bei Holtz MDR 86, 795) oder durch Unterlassen in Garantenstellung (bei Holtz MDR 82, 624 und NJW 95, 3194 mit krit Bespr Schmidt JuS 96, 270, Wolters JR 96, 471 und Otto JK 7, alle mwN; str; zum Vorsatz des Unterlassungstäters BGHSt 41, 113, 118 mit Anm Hirsch NStZ 96, 37) – **vorsätzlich** begangen, der Tod wenigstens **fahrlässig** verursacht sein (§ 18); tatbestandsmäßig (jedoch nach Konkurrenzregeln auszuscheiden) ist daher auch die vorsätzliche Herbeiführung des Todes (BGHSt 20, 269, 271; Paeffgen JZ 89, 220, 223; aM Rengier aaO [vgl 2] S 98; Hirsch LK 1, alle mwN). Zur Fahrlässigkeit 35–54 zu § 15; speziell in Fällen des § 226 BGHSt 24, 213; NStZ 82, 27 und 95, 287; Köln NJW 63, 2381. Bei gemeinschaftlicher Körperverletzung (7 zu § 223 a) kann der von einem Mittäter verursachte Tod auch den anderen Mittätern zugerechnet werden, wenn die körperverletzende Handlung im Rahmen des gemeinschaftlichen Tatentschlusses lag (10 zu § 25; bei Holtz MDR 95, 444; auch ein stillschweigend gefaßter Entschluß reicht, NStZ 94, 394 und 97, 82) und wenn hinsichtlich des Todes auch den anderen Mittätern Fahrlässigkeit zur Last fällt (NStZ 94, 339 mit Bespr Otto JK 5). – Versuch ist möglich, allerdings nur in den unter 10 zu § 18 beschriebenen Fällen (str).

4 **3.** Zu **Abs 2** (minder schwere Fälle) 7–10 a zu § 46. Bei Vorliegen der besonderen Provokationsvoraussetzungen des § 213 ist die Annahme eines minder schweren Falles zwingend (BGHSt 25, 222; NStZ 83, 555; NStE 4; beachte auch bei Holtz MDR 78, 624); weitere gesetzli-

che Milderungsgründe können daneben für eine zusätzliche Milderung des Strafrahmens und für die Strafzumessung (ieS) ungeschmälert berücksichtigt werden (StV 92, 115).

4. Erstreckt sich der Vorsatz, wenn auch nur bedingt (BGHSt 21, 265), auf den Tod, so **verdrängen** die §§ 211, 212 den § 226 (BGHSt 20, 269, 271; s auch 9 zu § 212). Umgekehrt wird die fahrlässige Tötung durch § 226 verdrängt (BGHSt 8, 54). Über das Verhältnis zu § 109 dort 7; zu § 218 dort 21; zu § 223 a dort 12; zu § 223 b dort 10. Mit § 30 WStG **Tateinheit** (NJW 70, 1332). 5

5. Kein Strafantrag (§ 232). Keine Kompensation (§ 233). 6

§ 226 a Einwilligung des Verletzten

Wer eine Körperverletzung mit Einwilligung des Verletzten vornimmt, handelt nur dann rechtswidrig, wenn die Tat trotz der Einwilligung gegen die guten Sitten verstößt.

1. a) Die **Einwilligung des Verletzten** kommt als Rechtfertigungsgrund (10 vor § 32) bei Körperverletzungen jeder Art in Frage. Größere praktische Bedeutung hat sie für ärztliche Eingriffe (vgl 14–23) und nach der nicht unbestrittenen (vgl 2 a) Rspr auch für fahrlässige Verletzungen durch andere gefahrträchtige Tätigkeiten. 1

b) Grundsätzlich muß sich die Einwilligung auf die **Verletzungshandlung und den Verletzungserfolg** erstrecken (Otto GK 2 S 64), doch gilt dies nicht für Fahrlässigkeitstaten. 2

aa) Die **Rechtsprechung** und ein Teil der Lehre wenden – allerdings unter umstrittenen weiteren Voraussetzungen – die Einwilligungsregeln zu Recht auch auf bloße Risikohandlungen mit Verletzungstendenz an und ermöglichen damit die Entscheidung zahlreicher Fallgruppen fahrlässiger Verletzung (Weber, Baumann-FS, S 43; Schroeder LK 178 zu § 16, beide mwN). Bedeutsam ist das etwa für das Eingehen lebensgefährdender Risiken (BGHSt 4, 88, 93; Schaffstein, Welzel-FS, S 557, 563; Weigend ZStW 98, 44, 69), im Kraftverkehr für besonders gefährliche Fahrten (MDR 59, 856; vgl auch Zweibrücken NZV 94, 35), Fahrten mit Angetrunkenen (BGHSt 6, 232, 234; DAR 92, 348; Hamm DAR 72, 77; diff nach dem Grad der Fahruntüchtigkeit Zaczyk, Strafrechtliches Unrecht und die Selbstverantwortung des Verletzten, 1993, S 59) oder Epileptikern (BGHSt 40, 341, 347) sowie für Gefälligkeitsfahrten (Hamm VRS 7, 202); im Sport für regelgemäßes und regelwidriges Verhalten (Bay JR 61, 73 und NJW 61, 2072; Karlsruhe NJW 82, 394; Jescheck/Weigend AT S 591; zusf Schroeder, in: Schroeder/Kauffmann [Hrsg], Sport und Recht, 1972, S 21, 28). Mit beachtlichen Gründen wird dagegen im **Schrifttum** die Beurteilung solcher Risikohandlungen zunehmend auf andere Gesichtspunkte gestützt, namentlich auf erlaubtes Risiko (Eser JZ 78, 368, 372) oder allgemein auf die Voraussetzungen objektiver Zurechnung (Göbel, Die Einwilligung im Strafrecht als Ausprägung des Selbstbestimmungsrechts, 2 a

1992, S 26; Roxin AT I 24/101), daneben auch auf soziale Adäquanz (Zipf, Einwilligung und Risikoübernahme im Strafrecht, 1970, S 77; Dölling ZStW 96, 36; s auch 29 vor § 32) oder die Annahme eines rechtsfreien Raumes (Schild Jura 82, 464, 520, 585; s auch 31 vor § 32).

2b bb) Die Risikohandlung kann nur in einer sog **einverständlichen Fremdgefährdung** bestehen, weil die Beteiligung an einer frei verantwortlichen Selbstgefährdung schon keinen Tatbestand verwirklicht (12 vor § 211).

3 **2.** Die Einwilligung ist kein bloß passives Geschehenlassen, sondern das **bewußte Einverstandensein** mit der Rechtsverletzung (Oldenburg NJW 66, 2132). Im einzelnen:

4 **a)** Die – jederzeit widerrufliche (Göbel aaO [vgl 2] S 137) – Einwilligung muß **vor der Tat** (BGHSt 17, 359) erteilt sein und bei deren Begehung noch fortbestehen; nachträgliche Genehmigung genügt nicht (Köln MDR 92, 447 mwN; anders für Verfügungen Nichtberechtigter, die allerdings nur außerhalb des Körperverletzungsbereichs denkbar sind, Weber, Baur-FS, S 133, 140).

5 **b)** Die Einwilligung muß **wirksam** sein. Das setzt voraus, daß sie von einem im Hinblick auf die konkrete Sachlage einsichts- und urteilsfähigen – sei es auch noch minderjährigen (BGHSt 12, 379, 382; Bay JR 78, 296) – Verletzten erteilt worden ist (BGHSt 4, 88), und zwar ernstlich (Stuttgart NJW 68, 1200), freiwillig (BGHSt 19, 201; Hamburg JZ 63, 374 mit Anm EbSchmidt) und in Kenntnis ihrer Tragweite (BGHSt 12, 379; Frankfurt NStZ 91, 235; probl NJW 78, 1206 mit Bespr Rogall NJW 78, 2344, Hruschka JR 78, 519, Horn JuS 79, 29, Rüping Jura 79, 90 und Bichlmeier JZ 80, 53; eingehend zur Einwilligungsfähigkeit Neyen, Die Einwilligungsfähigkeit im Strafrecht, 1991; Amelung ZStW 104, 525, 821 und ders, Vetorechte beschränkt Einwilligungsfähiger in Grenzbereichen medizinischer Intervention, 1995, mit einer Definition der Einwilligungsunfähigkeit, S 11; Voll, Die Einwilligung im Arztrecht, 1996, S 61).

6 aa) Einer zivilrechtlich wirksamen Willenserklärung (Willenserklärungstheorie) bedarf es dazu nicht; umgekehrt reicht aber der bloße, der Preisgabe des Rechtsguts zustimmende Wille (Willensrichtungstheorie) für sich allein nicht aus (hM; vgl KG JR 54, 428; anders Göbel aaO [vgl 2] S 135). Erforderlich ist vielmehr die ausdrückliche oder stillschweigende (dazu ua Oldenburg NJW 66, 2132; Bay NJW 68, 665; Celle MDR 69, 69) **Kundgabe des Willens,** auf den Rechtsschutz zu verzichten (Sch/Sch-Lenckner 43 vor § 32 mwN).

7 bb) Die Herbeiführung der erforderlichen Einsichtsfähigkeit kann je nach den Umständen Aufklärung erfordern und deshalb eine – namentlich für den ärztlichen Eingriff bedeutsame (vgl 14–17) – **Aufklärungspflicht** begründen.

8 cc) Bei Vorliegen erheblicher **Willensmängel** (Drohung, Täuschung, Erklärungsirrtum) nimmt die **Rechtsprechung** wegen Fehlens

der Freiwilligkeit regelmäßig Unwirksamkeit an (BGHSt 4, 113; 16, 309; Hamm NJW 87, 1043; zu Willensmängeln beim tatbestandsausschließenden Einverständnis 11 vor § 32). – Im **Schrifttum** ist namentlich die Behandlung der auf Täuschung beruhenden Einwilligung umstritten. Teils wird die Rspr gebilligt (Hirsch LK 119 vor § 32 mwN) und teils im Anschluß an Arzt (Willensmängel bei der Einwilligung, 1970, S 15 und Baumann-FS, S 201) die Gegenmeinung vertreten, daß nur die rechtsgutsbezogene, dh Art oder Umfang der Rechtsgutsverletzung verschleiernde, Täuschung zur Unwirksamkeit führe, während die täuschungsbedingte Vereitelung des mit der Einwilligung verfolgten rechtsgutsfremden Zwecks unerheblich sei (Rudolphi ZStW 86, 68, 82; Meyer, Ausschluß der Autonomie durch Irrtum, 1984, S 202; Schröder/Taupitz, Menschliches Blut: Verwendbar nach Belieben des Arztes?, 1991, S 26; Jescheck/Weigend AT S 383; Sch/Sch-Lenckner 46 vor § 32, alle mwN). Beide Extrempositionen befriedigen nicht. Die engere Auslegung verdient nur für den Regelfall den Vorzug; denn unter den nach dieser Abgrenzung nichtrechtsgutsbezogenen Täuschungen kommen bisweilen auch solche vor, die eine normativ wesentliche Einschränkung der Selbstbestimmung bewirken und die deshalb entweder durch extensive Auslegung als rechtsgutsbezogen erfaßt (dazu Brandts/Schlehofer JZ 87, 442) oder ihnen jedenfalls gleichgestellt werden müssen (dazu Roxin, Noll-GedSchr, S 275; Otto, -Geerds-FS, S 603, 615; mit ähnlicher Zielsetzung schon Kühne JZ 79, 241, 242, der zwischen entgeltlicher und unentgeltlicher Rechtsgutspreisgabe unterscheidet, sowie Schlehofer, Einwilligung und Einverständnis, 1985, S 82, Göbel aaO [vgl 2] S 119 und Jakobs AT 7/116–123, die sich auf eine Analogie zur mittelbaren Täterschaft stützen, und Joerden Rechtstheorie 91, 165, der die gebotene Erweiterung aus einer Analyse des Verhältnisses der jeweils in Frage kommenden Zweckverfolgungen herleitet). – Zur Freiwilligkeit bei Einwilligungen, die von Unfreien (namentlich Gefangenen) erteilt werden, Amelung, Die Einwilligung in die Beeinträchtigung eines Grundrechtsgutes, 1981, S 91 und ZStW 95, 1.

c) Als **subjektives Rechtfertigungselement** muß hinzukommen, 9
daß der Täter **aufgrund** (so die Rspr und die überwiegende Meinung, BGHSt 4, 199) oder mindestens **in Kenntnis** der Einwilligung handelt (dazu 6 vor § 32). Fehlt es daran, so bleibt die Tat rechtswidrig, entspricht aber nur dem Unwert eines Versuchs (16 zu § 22).

d) aa) Die begangene Tat darf **nicht sittenwidrig** sein. Ob das zu- 10
trifft, ist nicht nach der Einwilligung (krit Amelung aaO [vgl 8] S 56), sondern nach der Tat zu beurteilen (BGHSt 4, 88; Berz GA 69, 145 mwN; str); dabei ist zweifelhaft, ob Beurteilungsgrundlage nur Art und Umfang der Körperverletzung sind (so zB Arzt aaO [vgl 8] S 36; Weigend ZStW 98, 44, 64; Otto, Tröndle-FS, S 157, 168; Göbel aaO [vgl 2] S 48; Hirsch LK 12) oder auch der mit ihr verfolgte Zweck (so wohl mit Recht die hM; nur der Zweck der Vorbereitung, Vornahme,

Verdeckung oder Vortäuschung einer Straftat macht nach Horn SK 9 die Körperverletzung sittenwidrig; speziell zur Bestimmungsmensur BGHSt 4, 24, 32; zur Anwendung von Doping-Mitteln Linck NJW 87, 2545, 2550 und MedR 93, 55, 60; Turner NJW 91, 2943; Jung JuS 92, 131, 132; Otto Sp*u*Rt 94, 10, 14; Müller, Doping im Sport als strafbare Gesundheitsbeschädigung [§§ 223 Abs 1, 230 StGB]?, 1993, S 109; Ahlers, Doping und strafrechtliche Verantwortlichkeit, 1994, S 164; zu sado-masochistischen Handlungen Sitzmann GA 91, 71; zur Substitutionsbehandlung Drogenabhängiger Bienik, Entkriminalisierung von Drogenabhängigen durch Substitutionsbehandlung, 1993, S 140; Horn SK 42 a zu § 223). Maßstab ist das Anstandsgefühl aller billig und gerecht Denkenden (krit dazu Roxin JuS 64, 373, 379; Lenckner JuS 68, 249, 304; Berz aaO); nur was für dieses – also nicht lediglich für einzelne Gesellschaftsgruppen – als zweifellos strafwürdiges Unrecht erscheint, ist auszuscheiden (BGH aaO; Otto aaO [vgl 8] S 619). Risikohandlungen (vgl 2) sind nicht schon deshalb sittenwidrig, weil sie – etwa als Ordnungswidrigkeiten im Straßenverkehr – rechtlich verboten sind (Bay JR 78, 296 mit Anm Kienapfel).

11 bb) Im Schrifttum wird vereinzelt die **Legitimation des Gesetzgebers,** die Verfügbarkeit des Rechtsguts der körperlichen Unversehrtheit zu beschränken, überhaupt in Frage gestellt (Schmitt, Maurach-FS, S 113, 118; s auch Schmitt, Schröder-GedSchr, S 263; mit Recht abl Hirsch, Welzel-FS, S 775, 797).

12 **3.** Die Einwilligung rechtfertigt nur, soweit das Einverständnis mit der Tat reicht, also **nicht den Exzeß** des Täters, eine weiterreichende Folge (beachte jedoch 2) oder eine konkurrierende Tat (BGHSt 6, 232; Frankfurt VRS 29, 457), in die nicht wirksam eingewilligt wurde oder werden konnte.

13 **4. Stellvertretung** des Verletzten im Willen ist nur möglich, soweit sie mit dem Wesen der Einwilligung als Rechtsschutzverzicht vereinbar ist (str); namentlich die Sorgeberechtigten (vgl zB § 1629 I BGB) und Betreuer sind – allerdings nur mit Einschränkungen (hM) – befugt, die Einwilligung anstelle des Einsichtsunfähigen zu erteilen (Bay JR 61, 73; Lenckner ZStW 72, 446; Eberbach MedR 86, 14; Kern NJW 94, 753 und Amelung aaO [vgl 5 „Vetorechte"] S 12, der die Vetorechte der vertretenen Einwilligungsunfähigen betont; speziell zur Problematik bei Sterilisationen vgl 19, bei medizinischer Forschung an Kindern und Geisteskranken vgl 22 und bei Vorab-Erklärungen, die Dritte zur Einwilligung in ärztliche Behandlungen oder zu deren Verweigerung ermächtigen, Uhlenbruck MedR 92, 134, 138).

14 **5. a)** Da die Rspr jeden **ärztlichen Eingriff** in die körperliche Unversehrtheit als tatbestandsmäßige Körperverletzung wertet (8 zu § 223), hat die rechtfertigende Einwilligung in diesem Bereich große praktische Bedeutung. Für ihre Voraussetzungen gelten keine Besonderheiten (eingehend Voll aaO [vgl 5] S 61). Neben der Einwilligung des einsichts- und urteilsfähigen Minderjährigen (vgl 5) ist daher die

Einwilligung des gesetzlichen Vertreters zwar häufig empfehlenswert, aber nicht unbedingt erforderlich (hM; einschr BGHSt 12, 379, 383; NJW 72, 335, 337; Düsseldorf FamRZ 84, 1221; zusf Lesch NJW 89, 2309, alle mwN). Zur Einwilligung von Patienten, die (zB im psychiatrischen Krankenhaus) untergebracht sind, Schünemann VersR 81, 307; Ukena MedR 92, 202; Helle MedR 93, 134, alle mwN.

aa) Mit Rücksicht darauf, daß ihre Wirksamkeit Kenntnis der Tragweite des Eingriffs voraussetzt (vgl 5, 7), ist der Patient, der nicht schon im Bilde ist und auch nicht auf die Aufklärung wirksam verzichtet hat (NJW 71, 1887; zusf Roßner NJW 90, 2291), über den Befund (hM; einschr Grünwald ZStW 73, 5, 18; Eser ZStW 97, 1, 22) sowie über Art, Chancen und Risiken des Eingriffs insoweit **aufzuklären,** als ein verständiger Mensch in der Lage des Patienten (dazu Steffen MedR 83, 88) für seine Entscheidung über die Einwilligung darauf angewiesen ist (stRspr seit BVerfGE 52, 131, 167; BGHSt 11, 111; BGHZ 29, 46 und NJW 56, 1106 mit Bespr Giesen/Walter Jura 91, 182; NJW 96, 777). Dabei schlagen auch die mit der Aufklärung verbundenen Gefahren erheblicher Gesundheitsschäden (unstr) und die konkrete, durch die Krankheit uU herabgesetzte psychische Belastbarkeit des Patienten zu Buch (sog therapeutisches Privileg; Deutsch NJW 80, 1305; Laufs, in: Jung/Schreiber [Hrsg], Arzt und Patient zwischen Therapie und Recht, 1981, S 71, 78; Hirsch LK 25; krit Eberbach MedR 84, 201; Giesen JZ 87, 282, 286, alle mwN; str); das ist namentlich für die Aufklärung bei Krebs bedeutsam (Bauer/Engisch, Bockelmann-FS, S 497, 519; Herrmann MedR 88, 1). – Das **Mindestmaß der Aufklärung** ist nach den differenzierten, nicht immer einheitlichen und vor allem im Zivilrecht zum Teil auch überzogenen Maßstäben der Rspr (dazu Tröndle MDR 83, 881; Demling MedR 83, 207; Knoche NJW 89, 757; Ulsenheimer MedR 92, 127, 133) von den Umständen des Einzelfalls abhängig (vgl etwa NJW 77, 337 mit krit Bespr Wachsmuth, Bockelmann-FS, S 473; NJW 84, 1397; 89, 1541; 90, 1528; 92, 2354); über Behandlungsalternativen (zB Chemotherapie) muß er aber aufklären (StV 94, 425; Laufs NJW 95, 1590, 1598). Je dringender der Eingriff, umso leichter wiegt namentlich die Pflicht zur Aufklärung über mögliche Risiken. Hält der Arzt einen sofortigen lebensrettenden Eingriff für notwendig, so „braucht er mit der Einwilligung nicht viel Umstände zu machen" (BGHSt 12, 379, 382). Streng sind dagegen die Anforderungen namentlich: bei Operationen, die nur vorsorglich (zB Blinddarm, BGH aaO), sonst aufschiebbar (zB Leistenbruch, NJW 80, 2751; Hüftgelenk, MedR 87, 237) oder rein kosmetischer Natur sind (zB Bauchdeckenstraffung, Celle NJW 87, 2304; Brustreduktionsplastik, München MedR 88, 187; Beseitigung von Kinnfalten, NJW 91, 2349); bei unsicherer Diagnose (JZ 64, 231); bei zweifelhafter Operationsindikation mit hohem Mißerfolgsrisiko (NJW 88, 1514; Köln NJW 87, 2302; s auch NJW 90, 2928, 91, 2344 und 92, 1558); bei Fremdbluttransfusion im Hinblick auf die Infektionsgefahr mit Hepatitis oder AIDS (BGHZ 116, 379 mit Anm Deutsch JZ 92, 423); bei alternativen Therapiemöglichkeiten mit unterschiedlichen Chancen und Risiken (BGHZ 106, 391; NJW 88, 765; NStZ 96, 34 mit Anm Rigizahn JR 96, 72 und Ulsenheimer NStZ 96, 132; krit Ludolph MedR 88, 120; beachte auch NJW 88, 763, 1516; NJW 92, 2353 und 96, 776 mit zust Anm Giesen JZ 96, 519), zB auch bei der Möglichkeit, Fremdblut- durch Eigenbluttransfusion zu ersetzen (BGHZ 116, 379 mit Bespr Weißauer/Opderbecke MedR 92, 307) oder die Wahl zwischen einer Schnitt- oder einer Vaginalentbindung zu treffen (NJW 92, 741 mit Anm Schlund JR 92, 243); bei bloßen Diagnosemaßnahmen (NJW 84, 1395); und bei Anwendung sog Außenseitermethoden (Düsseldorf MedR 84, 28 und VersR 91, 1176; Frankfurt NJW 91, 763; Koblenz NJW 96, 1600; Siebert MedR 84, 216, 220; Jung ZStW 97, 47). Über den Einsatz eines nicht zugelassenen Arzneimittels muß immer aufgeklärt werden (NStZ 95, 34 mit zust Anm Ulsenheimer NStZ 96, 132). – Die Aufklärung über Chancen und Risiken ist vor allem auf die **möglichen Auswirkungen** des Eingriffs zu erstrecken, während eine nähere Unterrichtung über die für die Prognose maßgebenden medizinischen Gründe im allgemeinen nicht geboten ist (NJW 90, 2929; Köln NJW 92, 1564). – **Zeitlich** ist so rechtzeitig aufzuklären, daß der Patient noch hinreichende Gelegenheit hat, das Für und Wider des Eingriffs abzuwägen (NJW 92, 2351 [mit Anm Giesen JZ 93, 315]; NJW 94, 3009 und 96, 777, 779; strenger Köln aaO; zusf Wertenbruch MedR 95, 306, alle mwN). – Eine bestimmte **Form** ist nicht vorgeschrieben. Jedoch wird ein zureichender Informationsstand des Patienten häufig nur durch ein **Aufklärungsgespräch** erreichbar sein, das durch Aushändigung und Unterzeichnung von Formularen oder Merkblättern nicht ersetzt (NJW 85, 1399; Köln aaO), wohl aber erleichtert werden kann. – Zur Problematik der sog **Blankoeinwilligung** hinsichtlich der Person des behandelnden Arztes Arzt, Baumann-FS, S 201.

15 bb) Bei **Blutentnahmen** bedarf es im allgemeinen einer Aufklärung nur über den Eingriff als solchen, nicht über die im einzelnen vorgesehenen Blutuntersuchungen (Janker NJW 87, 2897, 2899 mwN). Über geplante **AIDS-Tests** ist jedoch stets aufzuklären, wenn die Blutentnahme ausschließlich der Gewinnung wissenschaftlich-statistischer Daten oder dem Schutz Dritter, zB des medizinischen Personals in Kliniken oder der Insassen und Bediensteten in Strafanstalten, dienen soll (hM; weiter Bottke, in: Schünemann/Pfeiffer [Hrsg], Die Rechtsprobleme von AIDS, 1988, S 171, 226, der bei heimlichen Tests rechtfertigenden Defensivnotstand [9 zu § 34] nicht ausschließt; ebenso Schünemann, in: Busch [Hrsg], HIV/AIDS und Straffälligkeit, 1991, S 93, 144; enger Hirsch LK 68 a zu § 34). Sind sie diagnostisch indiziert (vgl 9 zu § 223), kann in begründeten Fällen jedenfalls dann von einer ausdrücklichen Information abgesehen werden, wenn der Test zur Aufhellung eines unklaren Krankheitsbildes erforderlich und deshalb im Patientenauftrag enthalten ist (Laufs/Laufs NJW 87, 2257, 2263; Michel JuS 88, 8, 10; Eberbach AIFO 88, 307, 310; Solbach/Solbach MedR

88, 241; Schröder/Taupitz aaO [vgl 8] S 26; Schünemann aaO S 140; aM StA Mainz NJW 87, 2946 mit abl Anm Solbach/Solbach JA 88, 114, alle mwN; s auch StA beim KG NJW 87, 1495 mit Bespr Sonnen JA 87, 461; Langkeit Jura 90, 452). In anderen Fällen wird jedoch wegen der besonderen Interessenlage eine Information über den Entnahmezweck, die allerdings nicht auch die psycho-sozialen Folgen einer möglichen positiven Diagnose umfassen muß (hM; anders Buchborn MedR 87, 263), regelmäßig notwendig sein (Koblenz StV 89, 163; Eberbach NJW 87, 1470; Bruns MDR 87, 353, 355; einschr StA Aachen DRiZ 89, 20; aM Solbach/Solbach aaO, alle mwN). – Das gilt auch für Blutentnahmen zum Zwecke von **Genomanalysen,** weil deren heimliche Durchführung das informationelle Selbstbestimmungsrecht vergleichbar schwer verletzt (Sternberg-Lieben GA 90, 289, 291; Buchborn MedR 96, 441), und für Blutentnahmen zum Zwecke der Dopingkontrolle (Kühl, in: Blut und/oder Urin zur Dopingkontrolle, Schriftenreihe des Bundesinstituts für Sportwissenschaft Bd 86, 1996, S. 31, 53). – Ob bei einer – aus welchen Gründen auch immer – diagnostisch indizierten Blutentnahme das Verschweigen des geplanten AIDS- bzw Gen-Tests oder die Täuschung über ihn zur Unwirksamkeit der Einwilligung führt, ist noch nicht abschließend geklärt; das Ergebnis hängt davon ab, ob dafür die Herbeiführung oder Unterhaltung jeglichen Irrtums über die (auch mittelbaren) Folgen der Einwilligung genügt (so zB Eberbach und Bruns aaO) oder ob eine Einschränkung auf rechtsgutsbezogene Irrtümer (vgl 8) geboten ist (so Solbach/Solbach JA 87, 298; Janker aaO S 2899; Michel aaO S 10; Schlehofer Jura 89, 263, 264; Lesch NJW 89, 2309, 2312; Sternberg-Lieben aaO S 292; eingehend zum Ganzen Pfeffer, Durchführung von HIV-Tests ohne den Willen des Betroffenen, 1989; Joerden Rechtstheorie 91, 165 und Schünemann aaO S 141). – Bei bloßer Ausnutzung einer bereits vorhandenen Blutprobe zur Durchführung eines AIDS- bzw Gen-Tests fehlt es schon am Tatbestand (Janker, Michel, Sternberg-Lieben und Schünemann aaO; Geppert, in: Szwarc [Hrsg], AIDS und Strafrecht, 1996, S 235, 239, alle mwN).

cc) Aus dem neueren **Schrifttum** zur Aufklärungspflicht vgl ferner 16
ua Deutsch NJW 79, 1905 und 82, 2585; Wachsmuth/Schreiber NJW 81, 1985; Weißauer, in: Lawin/Huth (Hrsg), Grenzen der ärztlichen Aufklärungs- und Behandlungspflicht, 1982, S 14; Giesen JZ 82, 391, 87, 282 und 90, 1053, 1058; Kern/Laufs, Die ärztliche Aufklärungspflicht, 1983; Schmid NJW 84, 2601; Heilmann NJW 90, 1513; Laufs, Arztrecht, Rdn 160–266; Ulsenheimer, Arztstrafrecht in der Praxis, 1988, S 42; Scholz MDR 96, 649; Voll aaO [vgl 5] S 113; Hirsch LK 19–28, alle mit Hinweisen auch auf das ältere Schrifttum; vierzehn Leitsätze zur Aufklärungspflicht formuliert Schlund MedR 93, 185, 187; Rechtsprechungsgrundsätze Schlund MedR 94, 190; speziell zur sog Stufenaufklärung Wachsmuth/Schreiber Chirurg 82, 594 und 83, 60; Weißauer Chirurg 82, 597; zur Aufklärung bei Behandlung mit Arzneimitteln Hart MedR 91, 300, 306; zur Aufklärung über Behand-

lungsfehler Taupitz NJW 92, 713; zur Aufklärung von Gefangenen im Strafvollzug Sigel NJW 84, 1390; zur Aufklärung bei Eingriffen durch Heilpraktiker Cramer, Strafrechtliche Grenzen der Therapiefreiheit und der Heilbehandlung durch den Heilpraktiker, 1995, S 95.

17 dd) Die Aufklärung **obliegt** grundsätzlich dem Arzt, der den Eingriff vornimmt (NStZ 81, 351; MedR 83, 30), es sei denn, daß sich aus dem Arztvertrag (MDR 90, 808) oder aus den Beziehungen zwischen den arbeitsteilig mitwirkenden Ärzten (NJW 90, 2929 mit Anm Giesen JZ 91, 985) etwas anderes ergibt.

17 a ee) **Aufklärungsmängel** können die Strafbarkeit des Arztes nur begründen, wenn der Patient bei einer den Anforderungen genügenden Aufklärung in den Eingriff nicht eingewilligt hätte (NStZ 96, 34 mit zust Anm Rigizahn JR 96, 72 und Ulsenheimer NStZ 96, 132; vgl auch JR 94, 514 mit Anm Puppe); diese **Kausalität** des Aufklärungsmangels für die Verweigerung der Einwilligung ist dem Arzt nachzuweisen (Sch/Sch-Eser 40 zu § 223 mwN). Inwieweit eine Haftungseinschränkung nach dem Erfordernis der objektiven Zurechnung (14 vor § 13), etwa nach dem **Schutzbereich** der verletzten Aufklärungspflicht, in Betracht kommt, bedarf noch der Klärung (vgl NStZ 96, 34, 35 mit zust Anm Ulsenheimer aaO S 133 und überzogener Kritik Rigizahn aaO S 74).

18 **b)** aa) Für die **freiwillige Sterilisation** gilt nach der gegenwärtigen Rechtslage, namentlich der Aufhebung des ErbgesundheitsG durch Art 8 Nr 1 des 5. StrRG (7 vor § 1), § 226 a unmittelbar (hM). Demgegenüber hält die Rspr nicht sehr überzeugend die freiwillige Sterilisation für gesetzlich überhaupt nicht geregelt und hat deshalb in einem Fall der Tubenligatur freigesprochen (BGHSt 20, 81 mit abl Anm Hanack JZ 65, 221; zum Meinungsstand im übrigen NJW 76, 1790; Hanack, in: Göppinger [Hrsg], Arzt und Recht, 1966, S 11, 28; Röhmel JA 77, 183; Eser, in: Eser/Hirsch [Hrsg], Sterilisation und Schwangerschaftsabbruch, 1980, S 55, 245; Kunz JZ 82, 788; Eser/Koch MedR 84, 6; Laufs, Fortpflanzungsmedizin und Arztrecht, 1992, S 126).

19 bb) Die **Sterilisation Einwilligungsunfähiger (geistig Behinderter)** ist bis in die jüngste Vergangenheit kontrovers beurteilt (zusf Eser, Tröndle-FS, S 625 mwN; eingehend Hiersche/Hirsch/Graf-Baumann [Hrsg], Die Sterilisation geistig Behinderter, 1988 und Voll aaO [vgl 5] S 197) und in der Praxis in bedenklich weitem Umfang durchgeführt worden. Inzwischen hat das BtG (11 vor § 1) die Frage geregelt: Es schließt Sterilisationen Minderjähriger ganz aus (§ 1631 c BGB), läßt sie aber bei einwilligungsunfähigen Erwachsenen unter engen, den Indikationen des § 218 a I, II Nr 3 aF nachgebildeten und den Erforderlichkeitsgrundsatz besonders betonenden Voraussetzungen zu (§ 1905 BGB); näher zu diesen beiden (in Auslegung und Anwendung nicht unproblematischen) Vorschriften Kern/Hiersche MedR 95, 463, 465; speziell zum Vetorecht der Betroffenen Amelung aaO [vgl 5 „Vetorechte"] S 13. Ob diese Lösung trotz ihrer restriktiven Tendenz der Sterilisation

zu breiten Raum läßt, ist zweifelhaft und erfordert eine sorgfältige Beobachtung der künftigen Praxis (vgl BT-Dr 11/4528 S 73, 76; 11/6949 S 73; krit Reis ZRP 88, 318 und Horn SK 18 a; krit zur Volljährigkeitsgrenze des § 1631 c BGB Kern/Hiersche aaO S 467). Nach dem Bericht der BReg über die praktischen Auswirkungen der im BtG enthaltenen Regelungen zur Sterilisation vom 20. 2. 1996 ist die Zahl der Sterilisationen deutlich zurückgegangen (BT-Dr 13/3822 S 6 mwN).

c) aa) Die **freiwillige Kastration** hat das KastrG auf eine bundesgesetzliche Grundlage gestellt. Es läßt die Kastration zur Behandlung eines abnormen Geschlechtstriebes beim Mann nur mit Einwilligung zu und bestimmt, unter welchen näheren Voraussetzungen der Eingriff selbst und auch andere Behandlungen (idR Hormonbehandlungen), welche die dauernde Funktionsunfähigkeit der Keimdrüsen zur Folge haben können, nicht als Körperverletzung strafbar sind. **20**

bb) Das KastrG **gilt nicht für Heilbehandlungen und körperliche Eingriffe anderer Art.** Die Entfernung der Keimdrüsen aus anderen medizinischen Gründen, zB wegen einer Krebsgeschwulst, bestimmt sich daher nach den allgemeinen Regeln über den ärztlichen Heileingriff. Wird ein solcher Eingriff mit Einwilligung weder unter den Voraussetzungen des KastrG noch aufgrund medizinischer Indikation vorgenommen, zB zur Geschlechtsanpassung Transsexueller (Walter JZ 72, 263), so beurteilt sich seine Strafbarkeit nach § 226 a. Mindestens dort, wo der Eingriff eine Beeinflussung des Geschlechtstriebs bezweckt, wird die Sittenwidrigkeit regelmäßig zu bejahen sein, weil das KastrG insoweit die Grenzen festgelegt hat, innerhalb deren eine Kastration als sozialethisch vertretbar hingenommen wird (Prot 5, 2525). Soweit neue medizinische Methoden der Beeinflussung des Geschlechtstriebs nicht die Funktion oder Funktionsfähigkeit der Keimdrüsen tangieren (zB die stereotaktische Hypothalamotomie, Hamm NJW 76, 2311; s auch Hamm NJW 80, 1909), liegen sie nicht im Verbotsbereich des KastrG (Sch/Sch-Eser 57 zu § 223; aM Schmitt, Schröder-GedSchr, S 263, 268; zur Frage ihrer Einbeziehung durch Gesetz Jung NJW 73, 2241; Hauptmann ZRP 74, 231). **21**

d) Bei **wissenschaftlichen Humanexperimenten** und (experimentellen) **therapeutischen Heilversuchen,** deren rechtsethische Vertretbarkeit von einer positiven Risiko-Nutzen-Analyse abhängt, sind die Anforderungen an Inhalt und Grenzen der Aufklärung strenger als beim Heileingriff, im Hinblick auf die besonderen Bedürfnisse medizinischer Forschung aber noch nicht abschließend geklärt (speziell zur klinischen Prüfung von Arzneimitteln §§ 40–42 AMG; zusf Ulsenheimer HWiStR, Arzneimittelprüfung [klinische]; s auch Holzhauer NJW 92, 2325). Dazu ist ein kaum mehr übersehbares Schrifttum entstanden. Exemplarisch sei verwiesen auf: BGHZ 20, 61; Grahlmann, Heilbehandlung und Heilversuch, 1977; Laufs, Medizin und Recht im Zeichen des technischen Fortschritts, 1978, S 17 und VersR 78, 385, ferner in: Jung/Schreiber (Hrsg), Arzt und Patient zwischen Therapie und **22**

Recht, 1981, S 71, 83, Berufsfreiheit und Persönlichkeitsschutz im Arztrecht, 1982, S 19 und Arztrecht, Rdn 671–706; Eser, Schröder-GedSchr, S 191; Deutsch, Das Recht der klinischen Forschung am Menschen, 1979, NJW 81, 614 und VersR 83, 1; Fischer, Medizinische Versuche am Menschen, 1979; Schimikowski, Experiment am Menschen, 1980; Schreiber, in: Martini (Hrsg), Medizin und Gesellschaft, 1982, S 181 und in: Helmchen/Winau (Hrsg), Versuche mit Menschen, 1986, S 15; Siebert MedR 83, 216; Schmidt-Elsaeßer, Medizinische Forschung an Kindern und Geisteskranken, 1987; Eberbach MedR 88, 7; Held, Strafrechtliche Beurteilung von Humanexperimenten und Heilversuchen in der medizinischen Diagnostik, 1990; Keller MedR 91, 11; Tiedemann/Tiedemann, Schmitt-FS, S 139; zu weit einschr Fincke, Arzneimittelprüfung, strafbare Versuchsmethoden, 1977 und NJW 77, 1094 mit krit Bespr Wartensleben, Bruns-FS, S 339, Hasskarl DÄBl A 78, 1087, 1150; Plagemann JZ 79, 257 und Jakobs ZStW 91, 649. – Zur Einordnung des „Erlanger Falles" (Erhaltung der Leibesfrucht einer hirntoten Schwangeren) als nicht gebotener Heilversuch Laufs NJW 94, 1569; Kiesecker, Die Schwangerschaft einer Toten, 1996, S 220. – Zur Aufklärungspflicht bei **psychologischen Experimenten** Eberbach/Schuler JZ 82, 356.

23 **e)** Die Organentnahme vom lebenden Spender zum Zwecke der **Transplantation** ist als tatbestandsmäßige Körperverletzung (10 zu § 223) nur bei dessen Einwilligung gerechtfertigt (Bottke, in: Bottke ua [Hrsg], Lebensverlängerung aus medizinischer, ethischer und rechtlicher Sicht, 1995, S 35, 77; Schreiber, FS für E Steffen, 1995, S 451, 452; Sasse, Zivil- und strafrechtliche Aspekte der Veräußerung von Organen Verstorbener und Lebender, 1996, S 123; Voll aaO [vgl 5] S 232, alle mwN). Sie kommt nur bei paarigen Organen (Niere) und Teilen bestimmter Organe (zB der Leber, der Lunge oder der Bauchspeicheldrüse) in Betracht. Weitgehend ungeklärt ist die Problematik der Spendeeinsichtsfähigkeit von Minderjährigen und der Ersetzung ihrer Einwilligung bei Einwilligungsunfähigkeit durch die Sorgeberechtigten und/oder einen Betreuer (Amelung aaO [vgl 5 „Vetorechte"], S 16 und 29; Sasse und Voll jeweils aaO). Die Aufklärung hat neben den unmittelbaren Risiken der Entnahme auch deren Langzeitfolgen zu umfassen. Eine Beschränkung der Übertragung des Organs auf Verwandte (so die gegenwärtige Praxis) und nahestehende Personen ist dem geltenden Recht nicht zu entnehmen. Die Freiwilligkeit der Spende kann sowohl bei Angehörigen („Druck" der Familie) als auch bei Dritten (finanzielle Gründe) zweifelhaft sein. Kommerzielle Motive des Spenders machen die Organentnahme noch nicht sittenwidrig (Bottke aaO S 83; Sch/Sch-Stree 9; aM Tröndle 10, alle mwN), doch könnte sich das bei Einführung eines (strafbewehrten) Verbots des Organhandels ändern (zu entsprechenden Gesetzesentwürfen 5 zu § 168).

24 **6.** Zur Einwilligung **außerhalb des Bereichs der Körperverletzung** 16–18 vor § 32.

§ 227 Beteiligung an einer Schlägerei

Ist durch eine Schlägerei oder durch einen von mehreren gemachten Angriff der Tod eines Menschen oder eine schwere Körperverletzung (§ 224) verursacht worden, so ist jeder, welcher sich an der Schlägerei oder dem Angriff beteiligt hat, schon wegen dieser Beteiligung mit Freiheitsstrafe bis zu drei Jahren oder mit Geldstrafe zu bestrafen, falls er nicht ohne sein Verschulden hineingezogen worden ist.

1. Die Vorschrift stellt zur Vorbeugung und wegen der für solche Fälle typischen Beweisnot **die bloße Beteiligung** an besonders gefährlichen tätlichen Auseinandersetzungen unter Strafe (BGHSt 16, 130; krit Hund, Beteiligung an einer Schlägerei – Ein entbehrlicher Straftatbestand?, 1987; Rönnau/Bröckers GA 95, 549; zusf Henke Jura 85, 585). Die Tat ist **abstraktes Gefährdungsdelikt** (hM; vgl 32 vor § 13; anders Montenbruck JR 86, 138, der ein konkretes Gefährdungsdelikt annimmt). – Zur Reformbedürftigkeit der Vorschrift Rönnau/Bröckers aaO S 567. 1

2. Schlägerei ist eine mit gegenseitigen Körperverletzungen verbundene Auseinandersetzung, bei der mehr als zwei Personen aktiv mitwirken (BGHSt 31, 124; Küper BT S 166, beide mwN). Dabei wird der Angegriffene, der wegen Notwehr straflos bleibt, mitgezählt (BGHSt 15, 369). Hingegen setzt der **Angriff** (2 zu § 102) weder zwei Parteien noch beiderseitige Tätlichkeiten voraus (zB längere Zeit fortgesetztes Quälen eines Geisteskranken, BGHSt 2, 160); eine im Angriffswillen einheitliche, nicht notwendig mittäterschaftliche, unmittelbar auf den Körper eines anderen abzielende Einwirkung mehrerer genügt (BGHSt 31, 124), wobei der Beginn des Angriffs nicht notwendig mit dem Beginn der Tätlichkeiten zusammenfallen muß (BGHSt 33, 100 mit Anm Günther JZ 85, 585 und Schulz StV 86, 250; Henke Jura 85, 585, 587; zw). 2

3. Beteiligung deckt sich hier nicht mit dem Oberbegriff der Teilnahme (1 vor § 25). Für (täterschaftliche) Beteiligung an einer Schlägerei soll vielmehr nach hM Anwesenheit am Tatort und irgendeine physische (tätliche) oder psychische (intellektuelle) Mitwirkung in feindseliger Willensrichtung erforderlich und zugleich ausreichend sein (Hirsch LK 7 mwN; mit Recht diff Stree, Schmitt-FS, S 215, 216, der psychische Mitwirkung nur als Beihilfe zu der Schlägerei oder dem Angriff einstuft). 3

4. Ohne sein Verschulden bedeutet eine auf Rechtfertigungs- und Entschuldigungsgründe verweisende Tatbestandseinschränkung (so M-Schroeder/Maiwald BT 1 11/7), mindestens einen deklaratorischen Hinweis auf Rechtfertigungs- und Entschuldigungsmöglichkeiten (so Hirsch LK 9, 16 mwN). Die schuldhafte Beteiligung – zu irgendeinem Zeitpunkt des Gesamtvorgangs (Celle MDR 70, 608) – muß positiv festgestellt werden (RGSt 65, 340). 4

5 **5. a)** Die **schwere Folge** (Tod oder schwere Körperverletzung, 2–5 zu § 224) ist objektive Bedingung der Strafbarkeit, braucht also nicht vom Vorsatz umfaßt oder auch nur voraussehbar zu sein (hM; anders Hirsch LK 1, 15 mwN [krit Rönnau/Bröckers GA 95, 549, 558]). Sie muß durch den Gesamtvorgang der Schlägerei (des Angriffs), nicht notwendig durch eine rechtswidrige Tat oder durch die Beteiligung eines bestimmten einzelnen verursacht sein (BGHSt 16, 130, 132) und damit sachlich innerhalb dieses Rahmens liegen (RGSt 61, 272). Zugleich muß sie sich nach den für die objektive Zurechnung geltenden Regeln als Realisierung der in diesem Vorgang angelegten Gefahr darstellen (näher Stree aaO [vgl 3] S 221; s auch 8 zu § 18). Die schwere Folge kann jede beliebige Person, zB auch einen einschreitenden Polizeibeamten oder einen in Notwehr getöteten Angreifer (BGHSt 33, 100; Montenbruck JR 86, 138; Stree aaO S 224; aM Günther und Henke aaO [vgl 2]; diff Schulz StV 86, 250; zw), getroffen haben; letzteres gilt auch dann, wenn der an der Schlägerei Beteiligte durch seine Notwehrhandlung selbst die objektive Bedingung der Strafbarkeit setzt (BGHSt 39, 305 mit zust Bespr Seitz NStZ 94, 185, Stree JR 94, 370 und Wagner JuS 95, 296; krit aber Rönnau/Bröckers GA 95, 549, 564; zw). Daher kann strafbar auch sein, wer durch seine eigene Verletzung die Anwendbarkeit des § 227 erst begründet (BGHSt 33, 100; Stree aaO; aM Günther und Henke aaO; zw) oder wer sich schon vor Verursachung der Folge entfernt (BGHSt 14, 132; GA 60, 213; aM Krey BT 1 Rdn 297; Welzel S 297; zw), und umgekehrt auch, wer sich erst nach deren Verursachung beteiligt hat (BGHSt 16, 130; aM Stree JuS 62, 94; Birkhahn MDR 62, 625; Hirsch LK 8 mwN; zw). Voraussetzung ist jedoch stets, daß die Schlägerei (der Angriff), aus der die Folge erwachsen ist, sich als dieselbe erweist, an der sich der Täter beteiligt hat; daran kann es namentlich bei mehreren aufeinanderfolgenden Schlägereien fehlen (2 StR 143/79 v 25. 4. 1979), außerdem aber auch, wenn sich der Täter aus einer Schlägerei von drei Personen entfernt; denn dann ist die anschließende, die schwere Folge verursachende Auseinandersetzung unter zwei Personen (vgl 2) nicht mehr tatbestandsmäßig (Köln NJW 62, 1688).

5a **b)** Das Ausmaß der **schweren Folge** ist als solches für die Schwere der Tatschuld unerheblich (30 vor § 13). Es kann jedoch als Indiz für die Gefährlichkeit der Schlägerei (des Angriffs) bei der Strafzumessung zu Buch schlagen (Stree aaO [vgl 3] S 228).

6 **6. Tateinheit** ua möglich mit § 125. Hat ein Beteiligter die schwere Folge (vgl 5) gewollt oder sonst während der Schlägerei oder des Angriffs einen anderen getötet oder verletzt, so kommt auch Tateinheit mit §§ 211 ff, 223 ff (zu § 223 a BGHSt 33, 100; einschr Montenbruck JR 86, 138, 141) in Frage.

7 **7.** Kein Antragsdelikt (NJW 65, 1285).

§ 228 **Führungsaufsicht**

In den Fällen der §§ 223 bis 226 und 227 kann das Gericht Führungsaufsicht anordnen (§ 68 Abs. 1).

Vgl 1, 2 vor § 68, 1–8 zu § 68. 1

§ 229 **Vergiftung**

(1) **Wer einem anderen, um dessen Gesundheit zu beschädigen, Gift oder andere Stoffe beibringt, welche die Gesundheit zu zerstören geeignet sind, wird mit Freiheitsstrafe von einem Jahr bis zu zehn Jahren bestraft.**

(2) **Ist durch die Handlung eine schwere Körperverletzung (§ 224) verursacht worden, so ist auf Freiheitsstrafe nicht unter fünf Jahren, und, wenn durch die Handlung der Tod verursacht worden ist, auf lebenslange Freiheitsstrafe oder auf Freiheitsstrafe nicht unter zehn Jahren zu erkennen.**

1. Die Vorschrift fügt sich nicht widerspruchsfrei in das System der 1
Tatbestände zum Schutz des Lebens und der körperlichen Unversehrtheit ein (krit Stree JR 84, 335 mwN). Sie macht den Versuch einer Körperverletzung zum **selbständigen Verbrechen** (Bottke, in: Szwarc [Hrsg], AIDS und Strafrecht, 1996, S 277, 293; zusf Meyer JuS 77, 517 mwN; str). Inhaltlich handelt es sich um eine wegen des gefährlichen Tatmittels qualifizierte und die Vollendung auf einen gefährlichen Versuch vorverlegende Regelung einer erschwerten Körperverletzung (Hirsch LK 2). – Zur historischen Entwicklung, Reform und Rechtsvergleichung Schiebel, Zur Problematik und Reformbedürftigkeit des Tatbestandes der Vergiftung, 1995, S 7, 57 und 75. – Zum Freisetzen von Giften beachte § 330 a.

2. a) Gift ist jeder organische oder anorganische Stoff, der unter 2
bestimmten Bedingungen durch chemische oder chemisch-physikalische Wirkung die Gesundheit zu zerstören geeignet ist (Hirsch LK 6 mwN). Die **anderen Stoffe** können zB Bakterien oder Viren (zweifelnd hinsichtlich des HI-Virus Knauer AIFO 94, 463, 475; Schünemann, in: Busch ua [Hrsg], HIV/AIDS und Straffälligkeit, 1991, S 93, 108 dagegen qualifiziert den AIDS-Erreger sogar als Gift) sein, aber auch mechanisch wirken (zB zerstoßenes Glas). Beide Substanzen müssen nach ihrer Art, der beigebrachten Menge, der Form der Beibringung und der Körperbeschaffenheit des Opfers geeignet sein (NJW 79, 556; bei Holtz MDR 86, 272; aM Hoyer, Die Eignungsdelikte, 1987, S 156), dessen **Gesundheit zu zerstören,** dh wesentliche körperliche Funktionen umfangmäßig weitreichend und zeitlich nicht nur vorübergehend aufzuheben (BGHSt 4, 278; weiter einschr Schall JZ 84, 337; Hirsch LK 10; Horn SK 5; zw).

3 **b)** Für das **Beibringen** genügt jede Art des Einführens oder Anwendens (auch Infizieren durch Körperkontakt, aM Bottke AIFO 88, 628, 635; zw), durch die der Stoff seine gesundheitszerstörende Wirkung im Inneren des Körpers (unstr) oder auch von außen her, wie zB durch Salzsäure (BGHSt 32, 130 mit Anm Stree JR 84, 335 und Schall JZ 84, 337; Küper BT S 39, alle mwN; str), entfalten kann.

4 **3.** Der **Vorsatz** (bedingter genügt) muß sich auch auf die Eignung des Stoffes zur Gesundheitszerstörung erstrecken (OGHSt 3, 90). **„Um zu"** bedeutet hier Absicht im Sinne des auf eine erhebliche, nicht notwendig besonders schwere (BGHSt 32, 130 mwN; str), Gesundheitsbeschädigung (5 zu § 223) zielgerichteten Willens (BGHSt 36, 262; Karlsruhe NStZ-RR 97, 5; aM Schünemann, in: Szwarc [Hrsg], AIDS und Strafrecht, 1996, S 9, 33, beide mwN), der mit allen Formen des Tötungsvorsatzes vereinbar ist (Krey JuS 71, 141, 143; Hirsch LK 18, 19; s auch 7–9 zu § 212; str).

5 **4. Vollendet** ist die Tat mit der Beibringung einer zur Gesundheitszerstörung geeigneten Giftmenge. Spätere Abwendung des Verletzungserfolges ist daher kein Rücktritt vom Versuch (§ 24 I S 1); eine analoge Anwendung von Rücktrittsvorschriften nach vollendeter Tat (etwa §§ 83 a, 311 e, 316 a II) überschreitet die Grenzen zulässiger richterlicher Rechtsfortbildung (Tröndle 6; mit beachtlichen Gründen aM Otto GK 2 S 80; Hirsch LK 22; Horn SK 4; Sch/Sch-Stree 11; zw).

6 **5.** Zu **Abs 2** vgl § 18.

7 **6.** Gegenüber dem vorsätzlichen Tötungsdelikt (einschl Versuch) ist § 229 idR **subsidiär** (7–9 zu § 212); jedoch darf seine Mindeststrafe nicht unterschritten werden (29 vor § 52). Da bloßer Vorsatz der Gesundheitsbeschädigung nicht genügt (vgl 4), können die dem Tatbestand immanenten inneren Spannungen (vgl 1) nicht durch die Annahme aufgelöst werden, daß § 229 gegenüber den Tötungstatbeständen eine Spezialregelung für lebensverkürzende Verletzungen sei (so aber Schünemann aaO [vgl 4] S 22 mwN), zumal damit eine unbegründete Verkürzung des Lebensschutzes verbunden wäre (Bottke AIFO 88, 628, 634 und aaO [vgl 1] S 303; Hillenkamp GA 89, 324, 327). – Die §§ 223, 223 a treten hinter Abs 1, die §§ 224, 226 (Sch/Sch-Stree 15 mwN; str) hinter Abs 2 zurück. Mit §§ 223 b, 225 (str) ist Tateinheit möglich. – Beim **Rücktritt** vom Tötungsversuch bleibt die vollendete Tat nach § 229 unberührt (LG Berlin MDR 64, 1023; 23 zu § 24; s auch 5).

§ 230 Fahrlässige Körperverletzung

Wer durch Fahrlässigkeit die Körperverletzung eines anderen verursacht, wird mit Freiheitsstrafe bis zu drei Jahren oder mit Geldstrafe bestraft.

1 **1.** Die Vorschrift entspricht in ihrer Struktur der fahrlässigen Tötung (2, 3 zu § 222). – Zur **Reform** Cramer DAR 74, 317; Zipf, Krause-FS, S 437, 443; in Auseinandersetzung mit Vorschlägen von hessischen

und niedersächsischen Strafrechtsreform-Kommissionen Hoffmann NZV 93, 209 und Müller-Metz NZV 94, 89; vgl auch Weigend, Miyazawa-FS, S 549.

2. Körperverletzung umfaßt die körperliche Mißhandlung und die Gesundheitsbeschädigung im Sinne von § 223 (dort 4, 5). Zwischen leichter und schwerer Verletzung wird hier nicht unterschieden. Führt die Verletzung zum Tode, so ist § 230 anwendbar, wenn nur die Körperverletzung, aber nicht der Tod voraussehbar war. 2

3. Strafantrag § 232. Kompensation § 233. Für den Fall des Zusammentreffens mit Ordnungswidrigkeiten beachte Bay MDR 77, 246; Kellner MDR 77, 626. 3

§ 231 *(weggefallen)*

§ 232 Strafantrag

(1) **Die vorsätzliche Körperverletzung nach § 223 und die fahrlässige Körperverletzung nach § 230 werden nur auf Antrag verfolgt, es sei denn, daß die Strafverfolgungsbehörde wegen des besonderen öffentlichen Interesses an der Strafverfolgung ein Einschreiten von Amts wegen für geboten hält. Stirbt der Verletzte, so geht bei vorsätzlicher Körperverletzung das Antragsrecht nach § 77 Abs. 2 auf die Angehörigen über.**

(2) **Ist die Tat gegen einen Amtsträger, einen für den öffentlichen Dienst besonders Verpflichteten oder einen Soldaten der Bundeswehr während der Ausübung seines Dienstes oder in Beziehung auf seinen Dienst begangen, so wird sie auch auf Antrag des Dienstvorgesetzten verfolgt. Dasselbe gilt für Träger von Ämtern der Kirchen und anderen Religionsgesellschaften des öffentlichen Rechts.**

1. Von allen Körperverletzungen sind nur die einfache vorsätzliche (§ 223) und die fahrlässige (§ 230) **Antragsdelikte.** – Zur Reform bei fahrlässigen Körperverletzungen im Straßenverkehr Loos ZRP 93, 310; Janiszewski DAR 94, 1, 6. 1

2. Strafantrag §§ 77–77 d. Kein Übergang des Antragsrechts auf die Angehörigen (8 zu § 77) bei fahrlässiger Körperverletzung (Abs 1 S 2). Antragsrecht des Dienstvorgesetzten (Abs 2) § 77 a sowie 13 zu § 194. 2

3. a) Die Verfolgung der Antragsdelikte nach Abs 1 S 1 aufgrund eines **besonderen öffentlichen Interesses** kommt nur in Frage, wenn ein wirksamer Antrag fehlt; andernfalls ist nach § 376 StPO zu verfahren (Hirsch LK 3; str). Ob die StA ein Einschreiten wegen dieses Interesses für geboten erachtet, liegt allein in ihrer nach pflichtmäßigem Ermessen (50 zu § 46) zu treffenden Entscheidung. Sie kann daher die Tat auch gegen den Willen des Verletzten (Hamm JMBlNRW 51, 196) und auch dann verfolgen, wenn dieser auf das Antragsrecht verzichtet 3 hat (bei Dallinger MDR 56, 270) oder die Antragsfrist verstrichen ist; die Verfolgung gegen den Willen des verletzten Angehörigen sollte aber idR unterbleiben. – Haben mehrere Personen durch dieselbe Handlung, etwa bei einem Verkehrsunfall, eine Körperverletzung erlitten (gleichartige Idealkonkurrenz), so ist die Annahme des besonderen öffentlichen Interesses ebenso wie der Strafantrag (4 zu § 77) auf einzelne Verletzungserfolge beschränkbar, sofern dem nicht der Gleichheitssatz entgegensteht (aM Braunschweig MDR 75, 862).

4 **b)** Ob ein besonderes öffentliches Interesse an der Strafverfolgung besteht, hängt von den Umständen ab, kommt aber nur **ausnahmsweise** in Frage, etwa wenn der Täter schwere Verletzungen verursacht oder besonders leichtfertig gehandelt hat, wenn er einschlägig vorbestraft ist, wenn ihm als Arzt ein grober Behandlungsfehler zur Last fällt (zu streng Günter DRiZ 92, 96, der die Verfolgung von Behandlungsfehlern zur Regel machen und Ausnahmen nur zulassen will, wenn sie aus der Interessenlage der Beteiligten begründbar sind) oder wenn er die Tat im Straßenverkehr unter Alkohol- oder Rauschmitteleinfluß begangen hat (Nr 234, 243 III RiStBV; krit zur Uneinheitlichkeit der Praxis Havekost DAR 77, 289; Rebmann DAR 78, 296, 304; speziell zu Verletzungen im Sport Kauffmann, Kleinknecht-FS, S 203; bei Gewalt gegen Frauen in Lebensgemeinschaften Schall/Schirrmacher, Gewalt gegen Frauen und Möglichkeiten staatlicher Intervention, 1995, S 42). Mit Rücksicht auf das Erfordernis eines „besonderen" Interesses sind die Voraussetzungen strenger als in §§ 153, 376 StPO (Oehler JZ 56, 630; Hirsch LK 5; aM v Weber MDR 63, 169); nicht vertretbar daher die Annahme, daß die StA dieses Interesse bejahen, zugleich aber einer Einstellung nach § 153 II StPO zustimmen könne (so Düsseldorf DAR 71, 160).

5 **c)** Die Entscheidung der StA über das Einschreiten ist weder im Klageerzwingungsverfahren noch im Verfahren nach §§ 23 ff EGGVG (BGHSt 16, 225; aM Strubel/Sprenger NJW 72, 1734, 1737; str) noch im Verwaltungsrechtsweg (BVerwG NJW 59, 448; str) **nachprüfbar** und daher allenfalls im Aufsichtswege durchsetzbar. Die positive Entscheidung kann nach der Rspr auch vom Strafgericht nicht nachgeprüft werden (BVerfGE 51, 176; BGHSt 16, 225; Bay NJW 91, 1765; aM LG München StV 90, 400; Kröpil NJW 92, 654; Hirsch LK 13–16, alle mwN; zw). Jedoch muß die StA – sei es auch nur formlos (BGHSt 16, 225; str) oder konkludent (bei Dallinger MDR 74, 546; Bay NJW 90, 461) – erklären, daß sie wegen dieses Interesses einschreite; eine solche Erklärung liegt nicht schon in jeder – gleichgültig unter welchem rechtlichen Gesichtspunkt erhobenen – Anklage (BGHSt 19, 377; LG Kempten NJW 81, 933; aM RGSt 75, 341). Sie ist nicht fristgebunden und kann grundsätzlich jederzeit, also auch noch vor dem Revisionsgericht (BGHSt 6, 282; 16, 225; NJW 91, 3292) oder nach vorausgegangener verneinender Erklärung (Hamburg NStZ 86, 81 mwN; zw), nachgeholt werden (beachte jedoch KG VRS 70, 8). Verweigert die

StA eine Erklärung, obwohl die Verfahrenslage sie erfordert, so ist das öffentliche Interesse verneint (BGHSt 19, 377; beachte jedoch bei Dallinger MDR 75, 367). Erklärt sie während des Verfahrens, das zunächst bejahte öffentliche Interesse bestehe nicht mehr, so ist wegen Wegfalls einer Prozeßvoraussetzung Einstellung nach §§ 206 a, 260 III StPO geboten (BGHSt 19, 377; Düsseldorf NJW 70, 1054; aM Bremen JZ 56, 663; Oehler JZ 56, 630; v Weber MDR 63, 169).

d) Neben Abs 1 ist die Amtsverfolgung von Antragsdelikten wegen des besonderen öffentlichen Interesses nur in den Fällen der §§ 182 III, 183 II, 248 a (uU iVm §§ 257 IV S 2, 259 II, 263 IV, 263 a II, 265 a III, 266 III, 266 b II) und des § 303 c zulässig. Entsprechende Anwendung auf andere Tatbestände ist ausgeschlossen (zur Beleidigung BGHSt 7, 256). 6

§ 233 Wechselseitig begangene Straftaten

Wenn Körperverletzungen nach § 223 mit solchen, Beleidigungen mit Körperverletzungen nach § 223 oder letztere mit ersteren auf der Stelle erwidert werden, so kann das Gericht für beide Angeschuldigte oder für einen derselben die Strafe nach seinem Ermessen mildern (§ 49 Abs 2) oder von Strafe absehen. Satz 1 gilt entsprechend bei fahrlässigen Körperverletzungen nach § 230, soweit nicht eine der in § 224 bezeichneten Folgen verursacht ist.

1. Die hier geregelte **Kompensation** (Retorsion) bestimmt sich nach den zu § 199 (dort 1–5) entwickelten Auslegungsgrundsätzen (KG JR 57, 388); daß beide Gegner angeklagt sind oder auch nur Strafantrag gestellt haben, ist trotz des Merkmals „beide Angeschuldigte" nicht erforderlich (NJW 55, 602; Köln MDR 73, 688). – Auch vorsätzliche und fahrlässige Körperverletzungen können einander gegenüberstehen (Köln aaO). Ausgeschlossen sind Vorsatztaten nach §§ 223 a–226, 340 und Fahrlässigkeitstaten mit fahrlässig (§ 18) verursachten Folgen nach § 224; das gilt entgegen dem Wortlaut der Vorschrift jedoch nur für den, dem die Vergünstigung zugute kommen soll (arg a maiore ad minus; vgl Koch GA 65, 307; Hirsch LK 6 mwN). 1

2. Abweichend von § 199 hat das Gericht die **weitere Möglichkeit,** die Strafe nach Ermessen zu mildern (§ 49 II). 2

18. Abschnitt. Straftaten gegen die persönliche Freiheit

Vorbemerkung

Zu den unterschiedlichen Rechtsgütern dieses Abschnitts Müller-Dietz LdR S 681; zur (umstrittenen) Systematik der Freiheitsdelikte M-Schroeder/Maiwald BT 1 12/1–8 und Otto GK 2 S 86; zur Notwendigkeit einer Reform Müller-Dietz aaO S 690. – Nach einem GesEntw des BRats soll § 234 eine Strafvorschrift gegen Kinderhandel 1 werden; der bisherige § 234 soll teils aufgehoben, teils in § 221 eingestellt werden; § 236 soll aufgehoben werden (BT-Dr 13/6038).

§ 234 Menschenraub

Wer sich eines Menschen durch List, Drohung oder Gewalt bemächtigt, um ihn in hilfloser Lage auszusetzen oder in Sklaverei, Leibeigenschaft oder in auswärtige Kriegs- oder Schiffsdienste zu bringen, wird mit Freiheitsstrafe nicht unter einem Jahr bestraft.

1 **1.** Die Vorschrift behandelt einen **Spezialfall der Freiheitsberaubung** (§ 239), hat darüber hinaus aber noch einen geringfügigen selbständigen Anwendungsbereich (Bohnert JuS 77, 746, 747). Die Tat dauert an, solange die Bemächtigung anhält (Dauerdelikt, 11 vor § 52).

2 **2. List** umschreibt ein Verhalten, mit dem der Täter darauf abzielt, unter geflissentlichem und geschicktem Verbergen der wahren Zwecke oder Mittel seine Ziele durchzusetzen (BGHSt 32, 267, 269; NStZ 96, 276; Celle NJW 96, 2666; Küper BT S 141; krit Krack, List als Straftatbestandsmerkmal, 1994, S 18, alle mwN). Irrige Vorstellungen braucht er nicht hervorzurufen; es genügt, daß er die Unkenntnis von der wahren Sachlage ausnutzt (hM; anders Bohnert GA 78, 353 und Krack aaO S 25, der sogar eine tatsächliche Beeinflußung des Denk- und Vorstellungsvermögens des Opfers verlangt). Sie kann zB durch Irreführung über die wahren Verhältnisse (BGHSt 1, 199, 364), durch Ausnutzen eines Irrtums (BGHSt 10, 376; aM Krack aaO S 75) oder durch Vorspiegeln verlockender Reisen (MDR 62, 750) verwirklicht und nicht nur gegenüber dem Opfer, sondern auch gegenüber Obhuts- oder Mittelspersonen angewendet werden (BGHSt 16, 58; Meyer-Gerhards JuS 74, 566; Geppert, Kaufmann [H]-GedSchr, S 759, 784). Das Verstecken des Opfers oder die Verweigerung der Auskunft über seinen Aufenthalt reicht aber nicht (Celle NJW 96, 2666 mwN). – **Drohung und Gewalt** 5–15 zu § 240. – **Bemächtigen** ist Begründen der physischen Herrschaft (3 zu § 239 a); dafür müssen die angewendeten Mittel ursächlich sein, so daß es nicht genügt, wenn der Täter sich nur entschließt, das bereits in seiner Gewalt befindliche Opfer den tatbestandsmäßigen Zwecken zuzuführen (Vogler LK 5).

3 **3.** Die neben dem **Vorsatz** erforderliche **Absicht** („um zu") setzt den auf das Ziel gerichteten Willen voraus (20 zu § 15), das Opfer in eine der (erschöpfend) beschriebenen Lagen zu bringen: Zum **Aussetzen** und zur **hilflosen Lage** 2, 3 zu § 221. – **Sklaverei** und **Leibeigenschaft** sind im Sinne des Übereinkommens über die Sklaverei vom 25. 9. 1926 idF des Zusatzübereinkommens über die Sklaverei vom 25. 9. 1926 idF des Änderungsprotokolls v 7. 12. 1953 (BGBl 1972 II 1473) und des Zusatzübereinkommens über die Abschaffung der Sklaverei, des Sklavenhandels und sklavereiähnlicher Einrichtungen und Praktiken vom 7. 9. 1956 (BGBl 1958 II 203) zu verstehen. Das erfordert die Absicht des Täters, das Opfer einer (ausländischen) Rechtsord-

nung zu unterwerfen, die die Rechtsstellung eines Sklaven oder Leibeigenen – sei es auch nur in der Form behördlicher Duldung – noch kennt (BGHSt 39, 212 mwN). – **Auswärtige,** dh nicht im Heimatstaat des Opfers zu leistende (Vogler LK 7), **Kriegs- oder Schiffsdienste** umfassen auch Dienste auf Handelsschiffen.

4. Anzeigepflicht § 138 I Nr 7. Vgl auch das SklavRG. 4

§ 234 a Verschleppung

(1) **Wer einen anderen durch List, Drohung oder Gewalt in ein Gebiet außerhalb des räumlichen Geltungsbereichs dieses Gesetzes verbringt oder veranlaßt, sich dorthin zu begeben, oder davon abhält, von dort zurückzukehren, und dadurch der Gefahr aussetzt, aus politischen Gründen verfolgt zu werden und hierbei im Widerspruch zu rechtsstaatlichen Grundsätzen durch Gewalt- oder Willkürmaßnahmen Schaden an Leib oder Leben zu erleiden, der Freiheit beraubt oder in seiner beruflichen oder wirtschaftlichen Stellung empfindlich beeinträchtigt zu werden, wird mit Freiheitsstrafe nicht unter einem Jahr bestraft.**

(2) **In minder schweren Fällen ist die Strafe Freiheitsstrafe von drei Monaten bis zu fünf Jahren.**

(3) **Wer eine solche Tat vorbereitet, wird mit Freiheitsstrafe bis zu fünf Jahren oder mit Geldstrafe bestraft.**

1. Die Vorschrift schützt die **Freiheit** des einzelnen, seine **körperliche Unversehrtheit** und seine **wirtschaftliche Betätigungsfreiheit** (Vogler LK 1 mwN). Sie soll eine Lücke schließen, wenn das Schicksal von Verschleppten und Denunzierten nicht aufklärbar ist (Denkschrift des BMJ im BAnz v 28. 6. 1951, S 7; Wagner MDR 67, 629, 709, 797). Die Tat ist konkretes Gefährdungsdelikt (32 vor § 13). Unerheblich ist daher, ob es zu der Verfolgung gekommen ist; erforderlich (LG Koblenz NStZ 83, 508) und zugleich ausreichend (Düsseldorf NJW 79, 59 mwN) ist vielmehr die konkrete Gefahr (21, 22 zu § 315 c) der in Abs 1 beschriebenen Verfolgung und der durch sie drohenden Schädigung. 1

2. Mittel der Gefährdung sind **List** (2 zu § 234), **Drohung** (12–15 zu § 240) und **Gewalt** (5–11 zu § 240). 2

3. Politische Gründe können schon dann vorliegen, wenn die Verfolgung auf der Machtausübung eines fremden staatlichen Regimes beruht (Arndt SJZ 50, 112). Erfaßt werden daher auch Verschleppung zur Zwangsarbeit und Verfolgung wegen „Republikflucht" (BGHSt 14, 104) oder aus religiösen oder weltanschaulichen Gründen; je nach den Umständen (beachte dazu BGHSt 33, 238 mit krit Anm Schroeder JR 86, 162) kann sogar die Gefahr der Verfolgung wegen solcher Taten genügen, die auch im Rechtsstaat verfolgbar sind, zB wegen Zuwiderhandlungen gegen Wirtschafts-, Devisen- (Wagner GA 66, 77) oder 3

Betäubungsmittelgesetze (LG Koblenz NStZ 83, 508), wenn sie eine politische Auswertung und eine daraus abgeleitete Schädigung durch Gewalt- oder Willkürmaßnahmen erwarten lassen (BGHSt 6, 166; krit Horn SK 6). – **Rechtsstaatliche Grundsätze** sind namentlich verletzt, wenn kein geordnetes oder nur ein Scheinverfahren gewährt wird (Vogler LK 21).

4 **4.** Der **Vorsatz** (bedingter genügt) muß auch die spezielle Art der Gefährdung umfassen (weiter LG Dortmund NJW 54, 1539).

5 **5.** Zu **Abs 2** (minder schwere Fälle) 7–10 a zu § 46.

6 **6. Abs 3** (dazu Wagner GA 66, 307) gilt praktisch nur für den die Verschleppung allein vorbereitenden Täter, da bei Zusammenwirken mehrerer Personen § 30 II vorgeht (BGHSt 6, 85). Auf den freiwillig zurücktretenden Alleintäter ist § 31 entsprechend anwendbar (BGH aaO; NJW 56, 30).

7 **7.** Räumlicher Geltungsbereich 5 vor § 3. Verjährung 5 zu § 78 a. Anzeigepflicht § 138 I Nr 7.

8 **8.** Zur Rechtslage bei **DDR-Alttaten** 25 zu § 2.

§ 235 Kindesentziehung

(1) **Wer eine Person unter achtzehn Jahren durch List, Drohung oder Gewalt ihren Eltern, ihrem Vormund oder ihrem Pfleger entzieht, wird mit Freiheitsstrafe bis zu fünf Jahren oder mit Geldstrafe bestraft.**

(2) **In besonders schweren Fällen ist die Strafe Freiheitsstrafe von sechs Monaten bis zu zehn Jahren. Ein besonders schwerer Fall liegt in der Regel vor, wenn der Täter aus Gewinnsucht handelt.**

1 **1.** Der Tatbestand des **Muntbruchs schützt** das **elterliche** (oder sonst familienrechtliche) **Sorgerecht,** mittelbar auch den Minderjährigen selbst (str), so daß dessen Teilnahme auch dann straflos ist, wenn sein Tatbeitrag die Grenze der notwendigen Beteiligung überschreitet (12 vor § 25). Umgekehrt ist ebenfalls straflos, wer an einer Selbstentziehung des Minderjährigen nur als Anstifter oder Gehilfe teilnimmt (str). – Zu Kriminologie, Rechtsvergleichung und Reform Albrecht, Kinderhandel – Der Stand des empirischen Wissens im Bereich des (kommerziellen) Handelns mit Kindern – 1994; zur Reform der Strafvorschriften gegen Kinderhandel s den Gesetzesantrag Niedersachsens BR-Dr 874/95. – Zur geschichtlichen Entwicklung der Kindesentziehung Albrecht aaO S 49.

2 **2. Eltern** sind auch die Adoptiveltern; die Pflege- und Stiefeltern dagegen nur, wenn ihnen das Sorgerecht übertragen ist (Düsseldorf JR 81, 386 mit Anm Bottke). Die Tat kann auch von dem sorgeberechtigten Elternteil begangen werden, und zwar nicht nur gegenüber dem (mit-)sorgeberechtigten, sondern auch gegenüber dem nur zum persönlichen Umgang berechtigten Elternteil (hM; vgl etwa BGHSt 10, 376;

Hamm JR 83, 513 mit Anm Oehler; anders Geppert, Kaufmann [H]-GedSchr, S 759, 773; zw). – **Vormund** §§ 1773 ff BGB. Als Amtsvormund nach §§ 1709, 1791 c BGB ist das Jugendamt geschützt, wenn ihm das volle Sorgerecht (BGHSt 1, 364) oder das der Mutter nach §§ 1666, 1666 a BGB entzogene Aufenthaltsbestimmungsrecht (Bremen JR 61, 107) zusteht. – **Pfleger** §§ 1909 ff BGB. – Heime, zB bei Heimerziehung nach § 34 SGB VIII, haben kein eigenes Sorgerecht (NJW 63, 1412). IdR richtet sich aber die Entziehung aus der Obhut Dritter zugleich gegen die Sorgeberechtigten, so daß der Tatbestand aus diesem Grunde erfüllt ist (Düsseldorf aaO).

3. **Entzogen** ist der Minderjährige, wenn das Recht zur Erziehung, Beaufsichtigung und Aufenthaltsbestimmung (§ 1631 BGB) durch räumliche Trennung (hM; anders Tröndle 6 mwN) für eine gewisse, nicht nur ganz vorübergehende Dauer so beeinträchtigt wird, daß es nicht ausgeübt werden kann (BGHSt 1, 199; NStZ 96, 333). Nach der Rspr sollen hierfür beim Kleinkind (BGHSt 16, 58; krit Hillenkamp, Wassermann-FS, S 861, 871; Krack, List als Straftatbestandsmerkmal, 1994, S 6; Horn SK 5) und beim Recht zum persönlichen Umgang (BGHSt 10, 376) schon sehr kurze Zeiträume genügen (krit für Entziehungsfälle unter Eltern Geppert aaO [vgl 2] S 781). Entziehung durch Unterlassen in Garantenstellung (6 zu § 13) ist möglich, zB wenn ein Auskunftspflichtiger den Aufenthalt verschweigt (bei Dallinger MDR 68, 728). Nicht hierher gehört die durch Täuschung erschlichene richterliche Entziehung der elterlichen Sorge (Stuttgart NJW 68, 1341; aM Horn SK 2). Bei Einverständnis des Sorgeberechtigten, das nicht abgenötigt oder durch List erschlichen ist (dazu BGHSt 1, 200, 364, 366), liegt keine Entziehung vor (Sch/Sch-Eser 10). Die Einwilligung des Minderjährigen ist dagegen unerheblich (12 vor § 32; Krack aaO). 3

4. **Mittel des Entziehens** sind **List** (2 zu § 234), **Drohung** oder **Gewalt** (5–15 zu § 240), uU auch gegenüber dem Minderjährigen oder Dritten (BGHSt 16, 58, 62; NJW 63, 1412). Zu Strafbarkeitslücken zB bei heimlicher Wegnahme von Kleinkindern zum Verkauf Albrecht aaO [vgl 1] S 67 und 122. 4

5. Zu **Abs 2** (besonders schwere Fälle) 6–21 zu § 46. **Gewinnsucht** ist Steigerung des Erwerbssinns auf ein ungewöhnliches, ungesundes, sittlich anstößiges Maß (BGHSt 1, 388; GA 53, 154). Zu sonstigen besonders schweren Fällen Albrecht aaO [vgl 1] S 58. 5

6. **Tateinheit** ua möglich mit § 120 (NJW 63, 1412), §§ 234, 236 (BGHSt 1, 199, 203; str), §§ 237, 239 (BGHSt 39, 239) und wegen der Verschiedenheit der Rechtsgüter auch mit § 239 a (hM; anders Tröndle 11). § 240 tritt zurück. 6

§ 236 Entführung mit Willen der Entführten

Wer eine unverehelichte Frau unter achtzehn Jahren mit ihrem Willen, jedoch ohne Einwilligung ihrer Eltern, ihres Vormunds oder ihres Pflegers, entführt, um sie zu außerehelichen sexuellen Handlungen (§ 184 c) zu bringen, wird mit Freiheitsstrafe bis zu fünf Jahren oder mit Geldstrafe bestraft.

Fassung: Keine Geltung im Beitrittsgebiet (4 zu § 3; Anh II 1 c).

1 **1.** Die Vorschrift **schützt das elterliche** (oder sonst familienrechtliche) **Sorgerecht** (Bay NJW 61, 1033); für die Minderjährige besteht nur ein mittelbarer Schutzreflex (Bohnert ZStW 100, 508 mwN; str). Das Verhältnis der Vorschrift zu den §§ 235, 237 ist nicht widerspruchsfrei (krit Sch/Sch-Eser vor §§ 235–238).

2 **2. Eltern, Vormund, Pfleger** 2 zu § 235. **Unverehelichte Frau** ist auch die weibliche Minderjährige unter 14 Jahren (hM; anders Bohnert aaO [vgl 1] S 520); nicht erfaßt werden die Witwe und die geschiedene Frau (Vogler LK 3 mwN; str), weil § 1633 BGB die Sorge für die Person eines verheiratet gewesenen Minderjährigen auf die Vertretung in persönlichen Angelegenheiten beschränkt.

3 **3. a) Entführen** ist das Verbringen der Minderjährigen an einen anderen Ort (uU auch in der Weise, daß sie dorthin zu gehen bestimmt wird, Sch/Sch-Eser 4), an dem sie dem Einfluß des Täters preisgegeben ist und an dem es gerade für die Sorgeberechtigten unmöglich oder wesentlich erschwert ist, durch Ausübung ihres Schutz- und Aufsichtsrechts die sexuelle Absicht des Täters zu vereiteln (hM; vgl NJW 66, 1523; anders Bohnert aaO [vgl 1] S 515). Mangels einer Ortsveränderung genügt es nicht, wenn der Täter nur die Sorgeberechtigten, etwa durch Weglocken, entfernt (hM) oder wenn er nur den Aufenthalt einer ihm zugelaufenen Minderjährigen verheimlicht oder deren Herausgabe verweigert (NStZ 81, 62). Entführen aus einem Heim kommt dagegen in Frage, weil dadurch das Sorgerecht der Eltern usw beeinträchtigt werden kann (NJW 81, 2015 mwN). – Die persönliche Freiheit der Minderjährigen braucht nicht eingeschränkt zu sein. Überhaupt kommt es nicht auf das Verhältnis zu dieser und auch nur weniger auf die Entfernung des Entführungsortes an; im Vordergrund steht die Beeinträchtigung der Schutzmöglichkeiten der Sorgeberechtigten für eine gewisse Dauer (Vogler LK 5; aM Bohnert aaO, beide mwN).

4 **b) „Mit ihrem Willen"** ist Tatbestandsmerkmal. Die Minderjährige muß mit der Entführung in Kenntnis des vom Täter verfolgten sexuellen Zwecks einverstanden sein (BGHSt 1, 199; Celle HESt 1, 303), und zwar in dem Sinne, daß ihr Zustimmungswille mindestens bedingtem Vorsatz entspricht (Bohnert aaO [vgl 1] S 523); nach hM soll es jedoch auch genügen, wenn der Täter das Einverständnis nur irrig annimmt (BGHSt 24, 168 mit Anm Schröder JR 71, 511 und Küper NJW 72, 646; krit Puppe JR 84, 229, 232; aM Bohnert aaO, alle mwN; zw). –

Die Vorschrift ist auch anwendbar, wenn die Anregung zur Tat von der Entführten ausgeht (bei Dallinger MDR 68, 728; str); jedoch muß der Täter mit Tatherrschaft (Täterwillen) gehandelt, dh als der betreibende und bestimmende Teil (RGSt 39, 214, 215) die Ortsveränderung veranlaßt haben (1 StR 419/80 v 30. 9. 1980; diff Bohnert aaO).

c) Auch das Fehlen der **Einwilligung** der Sorgeberechtigten ist Tat- 5
bestandsmerkmal, ihre irrige Annahme daher Tatbestandsirrtum (3 zu § 16). Sittenwidrigkeit macht die Einwilligung nicht wirkungslos, wohl aber ein Willensmangel infolge Nötigung oder Irrtums über den sexuellen Zweck (8 zu § 226 a).

4. Die neben dem **Vorsatz** erforderliche Absicht **(„um zu")** setzt 6
das zielgerichtetete Wollen (20 zu § 15) voraus, die Entführte zu außerehelichen sexuellen Handlungen (2–7 zu § 184 c) mit oder vor dem Täter oder Dritten zu bringen (weiter Bohnert aaO [vgl 1] S 522), sei es auch erst nach Erreichen der Schutzaltersgrenze (hM; anders Horn SK 9; zw).

5. Tateinheit ua möglich mit § 235 (dort 6). §§ 236, 237 schließen 7
einander aus.

6. Strafantrag § 238. 8

7. Ist die Vorschrift nach **interlokalem Strafrecht** (vgl vor 1) nicht 9
anwendbar, kommt Strafbarkeit nach dem **partiell fortgeltenden § 149 StGB/DDR** (5 zu § 3) in Frage.

§ 237 Entführung gegen den Willen der Entführten

Wer eine Frau wider ihren Willen durch List, Drohung oder Gewalt entführt, namentlich mit einem Fahrzeug an einen anderen Ort bringt, und eine dadurch für sie entstandene hilflose Lage zu außerehelichen sexuellen Handlungen (§ 184 c) mit ihr ausnutzt, wird mit Freiheitsstrafe bis zu fünf Jahren oder mit Geldstrafe bestraft.

1. Die Vorschrift **schützt** ähnlich wie § 178 (dort 1) die **freie ge-** 1
schlechtliche Selbstbestimmung. Alter, Familienstand und Unbescholtenheit sind unerheblich; daher kommt als Opfer auch eine Prostituierte in Frage (hM; anders zu § 236 aF BGHSt 21, 188 mit abl Bespr Roxin NJW 67, 1286, Schröder JR 67, 226 und Hruschka JZ 67, 594).

2. Täter kann auch eine Frau sein, jedoch nur, wenn es zu gleichge- 2
schlechtlichen Handlungen kommt.

3. Die Tat ist **zweiaktiges Delikt** (Woelk, Täterschaft bei zweiakti- 3
gen Delikten, 1994, S 41). Die Tathandlungen des Entführens und des Ausnutzens der hilflosen Lage müssen daher **kumulativ** verwirklicht sein.

a) Entführen setzt hier (zT abw von § 236) voraus, daß der Täter 4
die Frau durch Verbringen an einen anderen Ort für eine gewisse

Dauer zweckhaft (BGHSt 29, 233, 237; bei Holtz MDR 88, 627) so in seine Gewalt bringt, daß sie seinem ungehemmten Einfluß preisgegeben ist (BGHSt 22, 178; 24, 90; 40, 350, 359; Renzikowski JZ 94, 492, 496; Küper BT S 78). Daran fehlt es, wenn er sie schon vorher in solcher Gewalt hatte (GA 66, 310 und 68, 246), nicht aber, wenn er diese Gewalt durch das Verbringen erheblich verstärkt hat (2 StR 243/69 v 2. 7. 1969; unklar insoweit BGHSt 25, 237 mit krit Bespr Geilen JZ 74, 540). Es kommt weniger auf Entfernung und Dauer als auf das Übergewicht des Täters an (NJW 67, 1765; bei Miebach NStZ 94, 226; krit Otto JR 89, 340); namentlich ist auch subjektiv nicht die Vorstellung einer auf längere Dauer gerichteten Beherrschung erforderlich (NJW 69, 1774). Bis zur Aufhebung der persönlichen Freiheit braucht der Einfluß nicht zu gehen. Namentlich bei der listigen Entführung sind es häufig andere – vom Täter nur ausgenutzte – Umstände (zB Mittellosigkeit), welche die Frau hindern, sich dessen Gewalt zu entziehen (BGHSt 1, 199). Der Hinweis auf das Verbringen mit einem Fahrzeug hat nur Beispielscharakter (BT-Dr V/4094 S 35). – **List** 2 zu § 234 (s auch NJW 89, 917; NStZ 96, 276); **Drohung, Gewalt** 5–15 zu § 240. – **„Wider ihren Willen"** ist Tatbestandsmerkmal, irrige Annahme des Einverständnisses daher Tatbestandsirrtum (3 zu § 16). Es kommt nur auf den natürlichen Willen der (auch geisteskranken) Frau an (BGHSt 23, 1); ist jedoch das Einverständnis abgenötigt oder durch Verschleierung des sexuellen Zwecks erschlichen (BGHSt 32, 267; aM Schmitt, Lackner-FS, S 621, beide mwN; zw) oder ist die Frau bewußtlos (BGHSt 25, 237; zw), so genügt ihr mutmaßlich entgegenstehender Wille (Meyer-Gerhards JuS 74, 566; Geilen JZ 74, 540).

5 **b)** In **hilfloser Lage** befindet sich die Frau, wenn sie in der konkreten Situation nach ihren persönlichen Fähigkeiten und Kenntnissen nicht imstande ist, sich dem ihr unerwünschten Einfluß des Täters aus eigener Kraft zu entziehen, und auf fremde Hilfe nicht rechnen kann (NJW 89, 917 mit krit Anm Otto JR 89, 340). – **Sexuelle Handlungen** (2–7 zu § 184 c) **„mit"** der Entführten setzen – wie sich aus Umfang und Zweck der Einschränkung des Sexualstrafrechts durch das 4. StrRG ergibt (11 zu § 174) – körperliche Berührung voraus (hM; anders zum früheren Recht BGHSt 4, 323); versuchte Vergewaltigung kann ausreichen (NJW 72, 647 mit Anm Schröder JZ 72, 289). – Für das **Ausnutzen** der Lage genügt, daß der Täter die durch die Entführung verursachte Hilflosigkeit (BGHSt 24, 90, 92) als Gelegenheit zur Vornahme sexueller Handlungen mit der Entführten wahrnimmt. Ob diese die sexuellen Handlungen freiwillig oder nur unter Nötigungsdruck geschehen läßt oder vornimmt, ist unerheblich (bei Dallinger MDR 74, 724). Jedoch muß es, da der Versuch nicht strafbar ist, zu einer sexuellen Handlung tatsächlich gekommen sein (NStZ 88, 70 mwN).

6 **4.** Der **Vorsatz** (bedingter genügt) muß – im Hinblick auf den Dauerdeliktscharakter der Entführung – nicht schon während des

Verbringens der Frau an den anderen Ort die Ausnutzung der hilflosen Lage umfassen (BGHSt 29, 233; bei Miebach NStZ 94, 226; Woelk aaO [vgl 3] S 87, alle mwN; beachte auch bei Holtz MDR 88, 627; str).

5. Tateinheit ua möglich mit §§ 235, 177 (NStZ 96, 333), § 178 (NJW 89, 917). Infolge seines Dauerdeliktscharakters verklammert der Tatbestand häufig andere unter sich selbständige Handlungen zur Tateinheit (5 zu § 52). Zur Vermeidung ungerechtfertigter Privilegierungen und auch sonst unangemessener Ergebnisse wird im Verhältnis zu den §§ 239, 240 Tateinheit anzunehmen sein (Sch/Sch-Eser 22; aM BGHSt 39, 239; für § 239 III jedoch zust BGHSt 28, 18; diff Vogler LK 23; krit Schmitt, Lackner-FS, S 621, 626), zugleich aber das Antragserfordernis des § 238 (dort 1) zum Teil auf diese Tatbestände erstreckt werden müssen. 7

6. Strafantrag § 238. 8

§ 238 Voraussetzungen der Verfolgung

(1) **In den Fällen der §§ 235 bis 237 wird die Tat nur auf Antrag verfolgt.**

(2) **Hat ein Beteiligter in den Fällen der §§ 235 bis 237 die Person, die er entzogen oder entführt hat, geheiratet, so wird die Tat nur dann verfolgt, wenn die Ehe für nichtig erklärt oder aufgehoben worden ist und das Antragsrecht nicht vor Eingehung der Ehe erloschen war.**

1. Strafantrag §§ 77–77 d. Als Verletzter (6 zu § 77) **antragsberechtigt** ist bei Taten nach §§ 235, 236 der Inhaber des elterlichen (oder sonst familienrechtlichen) Sorgerechts (uU jeder Elternteil selbständig, Bay NJW 61, 1033; Celle NJW 96, 2666), nicht der Minderjährige (hM), bei Taten nach § 237 nur die Entführte, also nicht der Ehemann und – vorbehaltlich allerdings des § 77 III (NStZ 81, 479) – auch nicht die Eltern. – Wird in den Fällen der §§ 235, 237 ein Antrag nicht gestellt, so ist der Rückgriff auf den durch die Entziehung oder Entführung zugleich verwirklichten § 240 nicht zulässig (BGHSt 19, 320; aM Händel NJW 64, 1733); dasselbe gilt für die mit § 237 tateinheitlich zusammentreffende Freiheitsberaubung nach § 239 I, soweit sie nur Mittel oder unmittelbare Folge der (sei es auch nur straflos versuchten) Entführung ist (bei Holtz MDR 80, 455 und 91, 1021; Vogler LK 24 mwN); dagegen hindert das Fehlen eines Strafantrages wegen Kindesentziehung nach § 235 nicht die Verfolgung wegen der damit in Tateinheit begangenen Freiheitsberaubung zum Nachteil des Kindes (BGHSt 39, 239 mit zust Anm Bottke NStZ 94, 81, krit aber Fahl GA 96, 476). 1

2. Nach **Abs 2** bildet die Eheschließung eines Beteiligten (Täters oder Teilnehmers) mit der dem Sorgeberechtigten entzogenen oder der 2 entführten Person, auch wenn sie erst nach deren Volljährigkeit geschieht, ein auflösend bedingtes **Verfolgungshindernis** (hM), und zwar auch für alle anderen Beteiligten. Nichtigkeitserklärung und Aufhebung der Ehe §§ 16 ff, 28 ff EheG. Beginn und Lauf der Verjährung § 78 b I.

§ 239 Freiheitsberaubung

(1) **Wer widerrechtlich einen Menschen einsperrt oder auf andere Weise des Gebrauchs der persönlichen Freiheit beraubt, wird mit Freiheitsstrafe bis zu fünf Jahren oder mit Geldstrafe bestraft.**

(2) **Wenn die Freiheitsentziehung über eine Woche gedauert hat oder wenn eine schwere Körperverletzung (§ 224) des der Freiheit Beraubten durch die Freiheitsentziehung oder die ihm während derselben widerfahrene Behandlung verursacht worden ist, so ist auf Freiheitsstrafe von einem Jahr bis zu zehn Jahren zu erkennen. In minder schweren Fällen ist die Strafe Freiheitsstrafe bis zu fünf Jahren oder Geldstrafe.**

(3) **Ist der Tod des der Freiheit Beraubten durch die Freiheitsentziehung oder die ihm während derselben widerfahrene Behandlung verursacht worden, so ist auf Freiheitsstrafe nicht unter drei Jahren zu erkennen. In minder schweren Fällen ist die Strafe Freiheitsstrafe von drei Monaten bis zu fünf Jahren.**

1 **1.** Die Vorschrift schützt die potentielle persönliche **Bewegungsfreiheit** (hM; vgl etwa BGHSt 14, 314; 32, 183; Müller-Dietz LdR S 686; krit Schumacher, Stree/Wessels-FS, S 431, 434; anders Bloy ZStW 96, 703; klärend zum unübersichtlichen Meinungsstand Küper BT S 86, alle mwN). Deshalb kommt es nicht darauf an, ob der Betroffene sich überhaupt fortbewegen will, sondern darauf, ob ihm diese Möglichkeit genommen wird (Köln NJW 86, 333). Geschützt sind mithin auch Betrunkene, Geisteskranke, Gelähmte und Kinder, sofern sie zu willkürlicher Ortsveränderung überhaupt imstande sind; nicht aber Kleinstkinder (Bay 50/51, 525).

2 **2. a) Ein Mensch ist seiner persönlichen Freiheit beraubt,** wenn und solange er – sei es auch nur vorübergehend und ohne sein Wissen – zB durch Gewalt, List, Drohung, Betäubung, Nichtanhalten eines Fahrzeugs (NStZ 92, 33) gehindert wird, seinen Aufenthaltsort frei zu verlassen (hM; vgl etwa Küper BT S 89; nur im Ergebnis probl BGHSt 32, 183 mit krit Anm Herzberg/Schlehofer JZ 84, 481 und Geerds JR 84, 430); dabei muß seine Fortbewegungsfreiheit vollständig aufgehoben werden (NJW 93, 1807 mit zust Bespr Otto JK 2), das Verlassen des Ortes also unmöglich oder mindestens so erschwert erscheinen, daß es nach den Umständen als Verhaltensalternative nicht in Frage kommt (Park/Schwarz Jura 95, 294, 296). Drohung mit einem empfindlichen Übel (BGH aaO mwN; str) oder Anwendung entsprechender List reicht danach häufig nicht aus, wohl aber Drohung mit ge-

genwärtiger Gefahr für Leib oder Leben (BGH aaO) oder Verweisen auf einen lebensgefährlichen Ausweg (Koblenz VRS 49, 347). – Auch Handeln gegenüber einem Schlafenden oder Bewußtlosem kommt – allerdings unter umstrittenen Voraussetzungen (vgl etwa Meyer-Gerhards JuS 74, 566, 569; Geppert JuS 75, 384, 387; Bloy ZStW 96, 703, 724; Schumacher, Stree/Wessels-FS, S 431, 438 [speziell für alte Menschen in Endstadien dementiver Erkrankungen]; zusf Geppert/Bartl Jura 85, 221 und Park/Schwarz aaO S 294, alle mwN) – ebenso in Frage wie Unterlassen in Garantenstellung (zB Untätigbleiben nach versehentlicher Einsperrung, 6, 11 zu § 13).

b) Einsperren (Verhinderung des Verlassens eines Raumes durch äußere Vorrichtungen; Küper BT S 76) ist als häufigste Begehungsform nur ein hervorgehobenes Beispiel; ob es die Unterbringung in einer geschlossenen psychiatrischen Anstalt erfaßt, hängt vom Einzelfall ab (Sack/Denger MDR 82, 972); ebenso bei Einrichtungen der stationären Altenhilfe (Schumacher, Stree/Wessels-FS, S 431, 440). 3

c) Auch **mittelbare Täterschaft** (2–4 zu § 25) ist praktisch bedeutsam; sie kann zB vorliegen bei Herbeiführen einer Verhaftung aufgrund unwahrer Anzeige (BGHSt 3, 4), in Ausnahmefällen auch aufgrund wahrer Anzeige oder Aussage trotz Zeugnisverweigerungsrechts (BGHSt 3, 110) oder aufgrund wahrer Aussage vor einem Gericht außerhalb der Bundesrepublik (NJW 58, 874; Düsseldorf NJW 79, 59, 60). Beruht die Haft auf dem Urteil eines Gerichts, so ist Täterschaft des falsch Anzeigenden bzw die Werkzeugeigenschaft des Gerichts zweifelhaft (dagegen Otto GK 2 S 99 mwN). 4

d) Einwilligung schließt schon den Tatbestand aus, weil die Begriffe des Beraubens und Einsperrens Handeln gegen oder ohne den Willen des Betroffenen erfordern (hM; anders Jescheck/Weigend AT S 373 und Otto GK 2 S 99; s auch 11 vor § 32); das gilt jedoch idR nicht für das erschlichene Einverständnis, weil auch List als Tatmittel anerkannt ist (Zipf, Einwilligung und Risikoübernahme im Strafrecht, 1970, S 17; aM Park/Schwarz Jura 95, 294, 297; s auch Zweibrücken GA 81, 94; str) und weil überdies der Charakter der Tat als Verletzung fremder, auf das geschützte Rechtsgut bezogener Autonomie durch ein solches Einverständnis nicht berührt wird (Bloy ZStW 96, 703, 713). 5

3. Der **Vorsatz** (bedingter genügt) braucht die Widerrechtlichkeit der Tathandlung, die nur allgemeines Verbrechensmerkmal ist, nicht zu umfassen (Schäfer LK 30 mwN). 6

4. Die **Rechtswidrigkeit** kann namentlich aus folgenden Gründen ausgeschlossen sein: Notwehr (§ 32); erlaubte Selbsthilfe (§§ 229, 561 BGB); amtliche Befugnis (beachte bei Holtz MDR 78, 624; Schleswig NStZ 85, 74 mit krit Anm Otto und Amelung/Brauer JR 85, 474; LG Mainz MDR 83, 1044); rechtmäßige (7 zu § 113) Vollstreckungshandlung (Köln NStZ 86, 234 mit krit Bespr Geppert 7

Jura 86, 532); Festnahmerecht (§ 127 StPO, Fincke GA 71, 41); Erziehungsrecht; Familienpflege eines Geisteskranken (BGHSt 13, 197 mit Anm Sax JZ 59, 778); vormundschaftsgerichtliche Genehmigung (Sack/Denger MDR 82, 972; Schumacher, Stree/Wessels-FS, S 431, 446). – Die **irrige Annahme** der Rechtfertigung ist je nach den Umständen Erlaubnistatbestands- oder Verbotsirrtum (BGHSt 3, 357; 6, 9–17 zu § 17).

8 **5.** Die Tat ist **Dauerdelikt** (11 vor § 52), also mit Eintritt des Freiheitsentzugs vollendet und erst mit dessen Wiederaufhebung beendigt. Der **Versuch** nach Abs 1 ist nicht strafbar; jedoch wird die versuchte Freiheitsberaubung idR als versuchte Nötigung (§ 240 III) erfaßt (BGHSt 30, 235 mit abl Anm Jakobs JR 82, 206; Otto Jura 89, 497, alle mwN; zw).

9 **6. Abs 2, 3** qualifizieren die Tat zum Verbrechen (2, 3 zu § 12). Damit wird der Versuch strafbar (1 zu § 23; 9–12 zu § 18). Bei schwerer Körperverletzung oder Tod des Opfers fordert § 18 mindestens Fahrlässigkeit (beachte BGHSt 21, 288, 291), die auch bei Dauer von mehr als einer Woche genügt (BGHSt 10, 306). Auch im Tod bei einem Fluchtversuch (BGHSt 19, 382; aM Widmann MDR 67, 972) und im Selbstmord des der Freiheit Beraubten (LM Nr 4) kann sich die der Freiheitsentziehung eigentümliche Gefahr realisieren (Küpper BT 1 I 3/12; 8 zu § 18).

10 **7. Tateinheit** ua möglich mit §§ 113, 132 (RGSt 59, 291, 298), §§ 153, 154, 164. Freiheitsberaubungen, die als bloße Nebenfolgen anderer Taten (zB Körperverletzungen) verursacht werden oder die nur Mittel oder Bestandteil anderer, regelmäßig mit Freiheitsentziehung verbundener Taten sind (zB Raub und Vergewaltigung), werden verdrängt, wenn ihnen keine Eigenbedeutung zukommt (Schäfer LK 48 mwN). – Ist die dem Opfer „widerfahrene Behandlung" als solche mit Strafe bedroht (zB als vorsätzliche Tötung oder Körperverletzung) und erfüllt sie zugleich die Voraussetzungen der Abs 2 oder 3, so liegt Tateinheit vor (BGHSt 28, 18; Jescheck/Weigend AT S 723). Über das Verhältnis zu § 237 dort 7; zu § 239 a dort 11; zu § 240 dort 27; zu § 241 a dort 3.

§ 239 a Erpresserischer Menschenraub

(1) **Wer einen anderen entführt oder sich eines anderen bemächtigt, um die Sorge des Opfers um sein Wohl oder die Sorge eines Dritten um das Wohl des Opfers zu einer Erpressung (§ 253) auszunutzen, oder wer die von ihm durch eine solche Handlung geschaffene Lage eines anderen zu einer solchen Erpressung ausnutzt, wird mit Freiheitsstrafe nicht unter fünf Jahren bestraft.**

(2) **In minder schweren Fällen ist die Strafe Freiheitsstrafe nicht unter einem Jahr.**

(3) **Verursacht der Täter durch die Tat leichtfertig den Tod des Opfers, so ist die Strafe lebenslange Freiheitsstrafe oder Freiheitsstrafe nicht unter zehn Jahren.**

(4) **Das Gericht kann die Strafe nach § 49 Abs. 1 mildern, wenn der Täter das Opfer unter Verzicht auf die erstrebte Leistung in dessen Lebenskreis zurückgelangen läßt. Tritt dieser Erfolg ohne Zutun des Täters ein, so genügt sein ernsthaftes Bemühen, den Erfolg zu erreichen.**

Fassung: Das 2. StGB/VersGÄndG (vor 1 zu § 125) hat in Abs 1 den Erpressungsschutz auch auf das Opfer selbst erstreckt und die Strafdrohung verschärft, dafür aber in Abs 2 für minder schwere Fälle einen ermäßigten Strafrahmen eingeführt (krit Kunert/Bernsmann NStZ 89, 449, 450 und Renzikowski JZ 94, 492, 499, der eine Angleichung des Strafrahmens an die §§ 249 ff vorschlägt). Die bisherigen Abs 2, 3 wurden Abs 3, 4.

1. Die Vorschrift schützt vornehmlich die **persönliche Freiheit und Unversehrtheit des Opfers,** daneben die persönliche Freiheit des Dritten, dessen Sorge ausgenutzt werden soll, und erst in letzter Linie das Vermögen. Nach ihrem Schwerpunkt ist die Tat daher kein Vermögensdelikt (Schäfer LK 2; aM Sch/Sch-Eser 3), sondern ein durch die erpresserische Absicht qualifiziertes Delikt gegen die persönliche Freiheit und Unversehrtheit (ähnlich Müller-Emmert/Maier MDR 72, 97 und Renzikowski aaO S 496; s auch BGHSt 16, 316; abw Bohlinger JZ 72, 230 und Hansen GA 74, 353, 368). 1

2. **Angriffsobjekt** kann jeder Mensch sein, auch der Erwachsene und das eigene Kind (BGHSt 26, 70 und GA 75, 53). 2

3. **a) Abs 1, 1. Alternative: Entführen** 4 zu § 237. **Sich bemächtigen** bedeutet Begründung eigener physischer Herrschaft (iS von Verfügungsgewalt) über den Körper eines anderen (BGHSt 26, 70; NStZ 96, 277; Renzikowski aaO S 495; krit Küper Jura 83, 206, 210); bloßes Bedrohen mit einer Waffe („in-Schach-halten") kann genügen (NJW 90, 1055; NStE 4; Rengier GA 85, 314; Renzikowski aaO S 495, alle mwN); einer Ortsveränderung (NStZ 96, 277) oder einer Freiheitsberaubung nach § 239 bedarf es nicht (zB Festhalten eines zur Ortsveränderung unfähigen Kleinstkindes, Bay JZ 52, 237; Horn SK 4 mit weiteren Beispielen). Begehen durch Unterlassen in Garantenstellung (6 zu § 13) ist möglich (krit Lampe JR 75, 424). – Beide Begriffe decken sich weitgehend; jedoch hat jeder von ihnen einen selbständigen Anwendungsbereich (Bohlinger JZ 72, 230; aM Maurach, Heinitz-FS, S 403, 407; Sch/Sch-Eser 6). – Stellt sich jemand freiwillig als Geisel (nicht nur als Ersatzgeisel) zur Verfügung, so entfällt der Tatbestand (Backmann JuS 77, 444, 449 mwN; str); das Einverständnis eines noch willensunfähigen Kindes kann jedoch nicht durch den Erziehungsberechtigten ersetzt werden (BGHSt 26, 70). 3

4 **b)** aa) In dieser 1. Alternative muß mit dem **Vorsatz** die **Absicht** verbunden sein (StV 87, 483), Sorge um das Wohl des Opfers zu erregen oder zu unterhalten und diese für eine – sei es auch noch nicht konkretisierte (Backmann/Müller-Dietz JuS 75, 38, 41) – Erpressung des besorgten Opfers selbst (BT-Dr 11/4359 S 17; krit Kunert/Bernsmann NStZ 89, 449, 450) oder eines besorgten Dritten, der nicht notwendig eine nahestehende Person sein muß (Backmann/Müller-Dietz aaO), auszunutzen (hM; anders Hansen GA 74, 353, 366). Die Erregung oder Unterhaltung von Sorge muß danach Zwischenziel (20 zu § 15) und die Erlangung eines Vermögensvorteils durch Erpressung (8 zu § 253) Endziel (oder auch nur ein weiteres Ziel) sein. Nach der Tatbestandserweiterung durch das 2. StGB/VersGÄndG (vor 1) genügt es jetzt idR auch, wenn sich der Täter mehrerer Personen bemächtigt, den Erpressungserfolg aber nur durch den drohenden Einfluß auf den Verfügenden selbst zu erreichen sucht (anders zum früheren Recht bei Holtz MDR 89, 305).

4a Eine einschränkende Auslegung der Vorschrift für sog **Zweipersonenverhältnisse** nach Kriterien der Außenwirkung (BGHSt 39, 36 mit krit Bespr Graul, ZustStR, S 345; Tenckhoff/Baumann JuS 94, 836) oder der besonderen Zwangslage aus der Sicht des Opfers (BGHSt 40, 90) ist vom Großen Senat in Strafsachen unter Betonung des Wortlauts und der Entstehungsgeschichte verworfen worden (BGHSt – GS – 40, 350, 358 mit überwiegend zust Bespr Hauf NStZ 95, 184, Jung JuS 95, 556, Lesch JA 95, 449, Müller-Dietz JuS 96, 110, Renzikowski JR 95, 349 und Geppert JK 6 a und b; vgl auch Hellmann JuS 96, 522, 527 und Tag JuS 96, 904, 910). Gefordert wird jetzt ein **funktionaler Zusammenhang** zwischen den beiden Teilakten der sog unvollkommen zweiaktigen Delikte § 239 a und § 239 b; der Täter muß danach beabsichtigen, die durch die Tathandlung geschaffene Lage zur Erpressung (§ 239 a) oder zur qualifizierten Drohung und dadurch bewirkten Nötigung (§ 239 b) auszunutzen. Während bei der Entführung das Opfer in seinen Schutz- und Verteidigungsmöglichkeiten eingeschränkt und deshalb dem ungehemmten Einfluß des Täters ausgesetzt ist, wird es an einer derartig „stabilisierten Lage" beim Sichbemächtigen vielfach fehlen (BGH – GS – aaO S 359; NStZ-RR 96, 141); nicht tatbestandsmäßig sind Bemächtigungen, bei denen der Bemächtigungssituation keine „eigenständige Bedeutung" zukommt, die abgenötigte oder abgepreßte Handlung vielmehr schon durch die Bedrohung (zB Vorhalten einer Schußwaffe, StV 96, 266; NStZ 96, 277, 278; vgl aber Horn SK 7) durchgesetzt wird. Ob mit dieser differenzierten Behandlung der beiden Tathandlungen der richtige Weg zur Einschränkung der Vorschriften gefunden ist, erscheint zweifelhaft (krit auch Hauf, Müller-Dietz, Renzikowski und Geppert jeweils aaO; krit wegen des Offenlassens der Konkurrenzfrage Fahl NJ 96, 70 und Jura 96, 456); der Ruf nach dem Gesetzgeber ist durch die Entscheidung nicht verstummt (Sch/Sch-Eser 13 a mwN). Am erforderlichen **zeitlichen Zusammenhang** fehlt es, wenn die zu erpressende Leistung nach dem Tatplan erst nach der Beendigung der Bemächtigungslage erfolgen soll (NStZ 96, 277; Horn SK 7).

bb) Die **Sorge um das Wohl** setzt die Befürchtung voraus, das Opfer könne bei Fortbestehen der vom Täter geschaffenen Lage körperliche oder seelische Unbill erleiden (BGHSt 25, 35); die Besorgnis unmittelbarer Gefahr für Leib oder Leben ist nicht unbedingt erforderlich (hM; anders Hansen GA 74, 353, 368; zw). Ob daneben auch noch andere Motive des Opfers oder des Dritten (zB außenpolitische Rücksichtnahme der erpreßten Regierung) ausgenutzt werden sollen, ist unerheblich. 5

cc) Die Tat ist mit der Tathandlung in dieser Absicht **vollendet;** ob es zu deren Verwirklichung kommt (vgl jedoch 10), ob der Täter das Opfer nach erfolgreicher Erpressung freigeben will und wie er überhaupt mit ihm verfährt oder zu verfahren vorhat (BGHSt 16, 316), ist für den Tatbestand bedeutungslos. 6

4. Abs 1, 2. Alternative: Hier wird die Tathandlung nicht in erpresserischer Absicht, sondern zu anderen Zwecken (zB in sexueller Absicht) begangen. Die Ausnutzung der Sorge muß durch eine vollendete oder wenigstens versuchte Erpressung geschehen, die sich auch gegen das Bemächtigungsopfer selbst (BT-Dr 11/4359 S 17) oder gegen ein anderes Opfer richten kann, dessen sich der Täter bemächtigt hat (StV 87, 483 mit Anm Horn); daß er nur die Unfreiheit des Opfers in Erwartung eines Lösegeldangebots aufrechterhält, genügt nicht (2 StR 340/76 v 21. 7. 1976; aM Maurach, Heinitz-FS, S 403, 408; zw). 7

5. Zu **Abs 2** (minder schwere Fälle) 6–10 a zu § 46. 8

6. Die **Erfolgsqualifikation nach Abs 3** entspricht ihrer Struktur nach dem Raub mit Todesfolge (1–3 zu § 251); jedoch ist die Strafschärfung auf den Tod des Opfers beschränkt. Nach der Rspr ist auch die vorsätzliche Tötung erfaßt (NStZ 94, 481, 482). – Auch mittelbare Verursachung der Todesfolge (vgl 8 zu § 18) im Rahmen einer Befreiungsaktion zur Beendigung der Geiselnahme kann genügen (nur im Ergebnis zu eng BGHSt 33, 322 mit Bespr Küpper NStZ 86, 117, Fischer NStZ 86, 314, Krehl StV 86, 432, Wolter JR 86, 465 und Sowada Jura 94, 643, 650). 9

7. Abweichend von anderen Fällen **tätiger Reue** nach vollendeter Tat (29 zu § 24) erfordert **Abs 4** keine Freiwilligkeit (16–18 zu § 24), unterwirft aber die fakultative Strafmilderung nicht dem Maßstab des § 49 II (zu den Gründen BT-Dr VI/2722 S 2), sondern dem strengeren des § 49 I (2–4, 8–11 zu § 49; 2–4 zu § 50). – **In seinen Lebenskreis zurückgelangt** ist das Opfer, wenn es nach Entlassung aus der Gewalt des Täters die Möglichkeit verwirklicht hat, seinen Aufenthaltsort frei zu bestimmen und zu erreichen (Küpper BT 1 I 3/30; enger Tröndle 12); bei Minderjährigen und Hilfsbedürftigen ist uU Mitwirkung der Obhutspflichtigen erforderlich (Sch/Sch-Eser 37). **Erstrebte Leistung** 10 ist die Beute (uU auch ein an ihre Stelle getretenes Surrogat, zw), auf deren erpresserische Erlangung es dem Täter ankam (vgl 4). Er **verzichtet** auf sie, wenn er entweder die Bemühungen um ihre Erlangung endgültig aufgibt oder das bereits Erlangte zugunsten des Erpreßten wieder preisgibt; da Verzicht aber Wahlmöglichkeit voraussetzt, reicht bloßes Unvermögen, die bereits verwertete Beute herauszugeben, nicht aus (Tröndle 12; aM Müller-Emmert/Maier MDR 72, 97; Bohlinger JZ 72, 230, 233; Horn SK 23, zw), es sei denn, daß sich das Unvermögen nur auf einen unwesentlichen Teil des Erlangten bezieht (BT-Dr VI/2722 S 3).

11 **8.** Die §§ 239, 239 b (dort 4), 240 werden verdrängt (Subsidiarität). Mit § 235 (dort 6), §§ 236, 237 und §§ 253, 255 (BGHSt 16, 316, 320; 26, 24; NStZ 93, 39 mit Bespr Geppert JK 3 a und b; str) ist **Tateinheit** möglich. Zur Konkurrenz mit den vorsätzlichen Tötungsdelikten gelten die Ausführungen unter 4 zu § 251 sinngemäß. § 222 tritt hinter Abs 3 zurück.

12 **9.** Anzeigepflicht § 138 I Nr 7.

§ 239 b Geiselnahme

(1) **Wer einen anderen entführt oder sich eines anderen bemächtigt, um ihn oder einen Dritten durch die Drohung mit dem Tod oder einer schweren Körperverletzung (§ 224) des Opfers oder mit dessen Freiheitsentziehung von über einer Woche Dauer zu einer Handlung, Duldung oder Unterlassung zu nötigen, oder wer die von ihm durch eine solche Handlung geschaffene Lage eines anderen zu einer solchen Nötigung ausnutzt, wird mit Freiheitsstrafe nicht unter fünf Jahren bestraft.**

(2) **§ 239 a Abs. 2 bis 4 gilt entsprechend.**

Fassung des 2. StGB/VersGÄndG (vor 1 zu § 125). Die Neufassung erstreckt den Nötigungsschutz auch auf das Opfer selbst, ergänzt die Nötigungsmittel durch die Drohung mit länger dauernder Freiheitsentziehung und verschärft die Strafdrohung (s auch vor 1 zu § 239 a).

1 **1.** Die Vorschrift richtet sich gegen **Geiselnahmen,** mit denen der Täter andere als Bereicherungszwecke (zB Gefangenenbefreiung) verfolgt. Sie unterscheidet sich von § 239 a nur dadurch, daß an die Stelle der erpresserischen Absicht jegliche Absicht der Nötigung eines anderen tritt, dafür aber als Nötigungsmittel eine qualifizierte Drohung beabsichtigt sein muß (krit zu dieser Konzeption Renzikowski JZ 94, 492, 494). Er schützt deshalb – ebenso wie § 239 a (dort 1) – vorrangig die persönliche Freiheit und Unversehrtheit der Geisel; eine einschränkende Auslegung in Fällen, in denen eine Gefährdung der Geisel ausgeschlossen ist, läßt sich jedoch daraus nicht herleiten (hM; anders Backmann JuS 77, 444 mwN; zw). – Zu den Möglich-

keiten **internationaler Bekämpfung** der Geiselnahme Jescheck GA 81, 49, 64.

2. Zu den **Tathandlungen und zum inneren Tatbestand** vgl zunächst 3–7 zu § 239 a (s auch BGHSt 26, 309); für sexuelle Nötigungen gelten die Ausführungen unter 4 a zu § 239 a (diff bei § 239 b aber Graul, ZustStR, S 345, 356). **Drohung** 12 zu § 240; **Handlung, Duldung oder Unterlassung** 4 zu § 240; **schwere Körperverletzung** 2–5 zu § 224 (krit zu dieser Beschränkung Sch/Sch-Eser 4). Nötigungsadressat kann nicht nur eine Person, sondern zB auch eine staatliche Stelle sein (BT-Dr VI/2722 S 4); in diesen Fällen braucht eine Bedrohung der Geisel selbst nicht beabsichtigt zu sein (NStZ 85, 455). – Im Sinne der 2. Alternative liegt eine **„solche Nötigung"** vor, wenn sie durch Drohung mit dem Tode, einer schweren Körperverletzung nach § 224 (nicht lediglich einer gefährlichen nach § 223 a, NJW 90, 57) oder einer Freiheitsentziehung von über einer Woche Dauer begangen wird. – § 240 II ist nicht anwendbar, weil die Verwerflichkeit der Mittel-Zweck-Relation ohne Rücksicht auf eine mögliche Wertneutralität des Nötigungszwecks (BT-Dr VI/2722 S 3) schon aus dem Nötigungsmittel folgt (krit Bohlinger JZ 72, 230, 233). 2

3. Zu **Abs 2** vgl 8–10 zu § 239 a. **Verzicht auf die erstrebte Leistung** bedeutet hier Aufgabe der Nötigungsabsicht (beachte dazu bei Theune NStZ 87, 497; LG Mainz MDR 84, 687) oder Verzicht auf Ausnutzung des bereits erzielten Nötigungserfolgs. 3

4. Gegenüber § 239 a ist die Vorschrift subsidiär; jedoch ist **Tateinheit** möglich, wenn mit derselben Tathandlung zugleich Bereicherung und ein anderer Zweck verfolgt werden (BGHSt 25, 386; 26, 24; NStZ 93, 39). Im übrigen decken sich die Möglichkeiten der Konkurrenz weitgehend mit § 239 a. 4

5. Anzeigepflicht § 138 I Nr 7. 5

§ 239 c Führungsaufsicht

In den Fällen der §§ 239 a und 239 b kann das Gericht Führungsaufsicht anordnen (§ 68 Abs. 1).

Vgl 1, 2 vor § 68, 1–8 zu § 68. 1

§ 240 Nötigung

(1) **Wer einen anderen rechtswidrig mit Gewalt oder durch Drohung mit einem empfindlichen Übel zu einer Handlung, Duldung oder Unterlassung nötigt, wird mit Freiheitsstrafe bis zu drei Jahren oder mit Geldstrafe, in besonders schweren Fällen mit Freiheitsstrafe von sechs Monaten bis zu fünf Jahren bestraft. Ein besonders schwerer Fall liegt in der Regel vor, wenn der Täter eine Schwangere zum Schwangerschaftsabbruch nötigt.**

(2) **Rechtswidrig ist die Tat, wenn die Anwendung der Gewalt oder die Androhung des Übels zu dem angestrebten Zweck als verwerflich anzusehen ist.**

(3) **Der Versuch ist strafbar.**

Fassung: Das SFHÄndG (13 vor § 1) hat dem Abs 1 den Satz 2 angefügt.

1 **I. 1.** Die Vorschrift **schützt die freie Willensentschließung und Willensbetätigung** (BVerfGE 73, 206, 237; zur Konkretisierung des im Kern umstrittenen Rechtsguts ua Jakobs, Peters-FS, S 69 und Kaufmann [H]-GedSchr, S 791; Arzt, Welzel-FS, S 823; Fezer JZ 74, 599 und GA 75, 353; Keller, Strafrechtlicher Gewaltbegriff und Staatsgewalt, 1982, S 44, 215; Bergmann, Das Unrecht der Nötigung [§ 240 StGB], 1983, S 44; Köhler, Leferenz-FS, S 511; Timpe, Die Nötigung, 1989, S 19; Hruschka JZ 95, 737, 743).

2 **2.** Die **Verfassungsmäßigkeit** der Vorschrift ist vom BVerfG wiederholt – jeweils aus Anlaß von Sitzblockaden – anerkannt worden (E 73, 206; 92, 1; für Verfassungswidrigkeit Callies NJW 85, 1506). In der Entscheidunq aus dem Jahre 1986 ist dies mit der Maßgabe erfolgt, daß die Bejahung nötigender Gewalt nicht allein schon die Rechtswidrigkeit der Tat indiziere (E 73, 206 mit Bespr Kühl StV 87, 122, Otto NStZ 87, 212, Starck JZ 87, 145 und Meurer/Bergmann JR 88, 49). Eine Klärung in den jahrelangen Auseinandersetzungen um die Verwerflichkeitsklausel hat die Entscheidung selbst nicht gebracht; doch haben sich Rspr und Lit in der Folgezeit mit zunehmendem Erfolg darum bemüht (vgl 22; ebenso die Einschätzung von Amelung NJW 95, 2584, 2587 und Scholz NStZ 95, 417, 422). In der Entscheidung aus dem Jahre 1995 hat das BVerfG überraschend die in der ersten Entscheidung unbeanstandet gebliebene Gewaltalternative des Abs 1 ins Visier genommen und deren Auslegung durch die Strafgerichte insoweit für verfassungswidrig (Verstoß gegen das Bestimmtheitsgebot des Art 103 II GG; diesem Ansatz zust Küper JuS 96, 783, 785 Fn 11) erklärt, als „die Gewalt lediglich in körperlicher Anwesenheit besteht und die Zwangswirkung auf den Genötigten nur psychischer Natur ist" (E 92, 1, 18). Die Entscheidung ist von der Lit überwiegend kritisch aufgenommen worden (Altvater NStZ 95, 278, Amelung NJW 95, 2584, Krey JR 95, 265, Lesch JA 95, 889 und 921, Roellecke NJW 95, 1525, Scholz NStZ 95, 417, Schroeder JuS 95, 875, Herzberg GA 96 557, Isensee JZ 96, 1085, 1089, Tröndle, Odersky-FS, S 259, 284 und Otto JK 15; weniger krit Braum KritV 95, 371, 381, Gusy JZ 95, 783, Heselhaus JA 95, 875, Ostendorf AuR 95, 274 und Kunig JK 3 zu Art 103 II GG). Angesichts ihrer (in ihren Grenzen allerdings ungeklärten, Tröndle 2 o, Sch/Sch-Eser 10 vor § 234) Bindungswirkung bemühen sich Strafgerichte (und Schrifttum), die verfassungsrechtlichen Grenzen des Gewaltbegriffs nicht nur bei Sitzblockaden (vgl 8), sondern auch in anderen Bereichen wie zB dem Straßenverkehr neu zu bestimmen (vgl 9–11).

3. Zur **Reform** ua § 170 E 1962; § 116 AE (PersStR); H Mayer, Mat Bd 1, 259, 270; Fezer JR 76, 95; Wolter NStZ 86, 241, 248; Baumann ZRP 87, 265; Dreher MDR 88, 19; Arthur Kaufmann NJW 88, 2581; König, in: Bundeskriminalamt (Hrsg), Was ist Gewalt?, Bd 3, 1989, S 61; Schwind/Baumann ua (Hrsg), Ursachen, Prävention und Kontrolle von Gewalt, 1990, Bd I S 136, 216, Bd II S 811, 888, 901; Albrecht ua (Hrsg), Strafrecht-ultima ratio, 1992, S 65. Die Reformdiskussion ist durch die verfassungsgerichtliche Straffreistellung von Sitzblockaden (BVerfG 92, 1) neu entfacht worden (vgl ua Amelung NJW 95, 2584, 2590; Berkemann JR 95, 453; Gusy JZ 95, 782; Hruschka JZ 95, 737, 745; Ostendorf AuR 95, 274; Scholz NJW 95, 417, 423; Schroeder NJW 96, 2627). Am dringlichsten erscheint die Forderung nach Schließung der dadurch entstandenen Strafbarkeitslükken (vgl den Gesetzesantrag Bayerns BR-Dr 247/95 sowie Scholz und Schroeder jeweils aaO; dagegen Ostendorf aaO); doch ist durch die Reaktion der Strafgerichte, insbesondere durch die Entscheidungen des BGH zur Anwendung der Vorschrift auf Autobahnblockaden (St 41, 182; NJW 95, 2862), eine gewisse Beruhigung eingetreten (nicht bei Schroeder aaO, der nicht zu Unrecht die Gefahr sieht, daß diese Entscheidungen „wiederum für verfassungswidrig erklärt" werden). – Zur (kontrovers beurteilten) **historischen Entwicklung** Schaffstein, Lange-FS, S 983; Ostendorf, Kriminalisierung des Streikrechts, 1987, S 28; Timpe aaO [vgl 1] S 36; Bertuleit, Sitzdemonstrationen zwischen prozedural geschützter Versammlungsfreiheit und verwaltungsrechtsakzessorischer Nötigung, 1994, S 61; Hruschka JZ 95, 737, 740. 3

II. Nötigen bedeutet, dem anderen ein von ihm nicht gewolltes Verhalten (Handeln, Dulden oder Unterlassen) aufzwingen (hM; vgl etwa Küper BT S 150 mwN; einschr Bergmann aaO [vgl 1] S 61, der auf das absichtliche Bewirken einer Zwangslage abstellt; ähnlich Eschenbach Jura 95, 14, 16; anders auch Jakobs JZ 86, 1063 und Kaufmann [H]-GedSchr, S 791, 797, Timpe aaO [vgl 1] S 27 und JuS 92, 748 sowie Lesch StV 93, 579, die nur den Eingriff in „rechtlich garantierte Freiheit" als Nötigungserfolg genügen lassen). Erfaßt wird danach auch, wer den anderen durch absoluten Zwang daran hindert, einen Entschluß zu fassen oder einen gefaßten Entschluß zu verwirklichen (hM; anders Köhler aaO [vgl 1] und NJW 83, 10, 11 sowie Hruschka JZ 95, 737; krit auch Marxen KJ 84, 54 und Braum KritV 95, 371, 388). Daraus folgt, daß das Einverständnis des Betroffenen mit dem verlangten Verhalten den Tatbestand ausschließt (11 vor § 32); wenn jedoch der Zwang das Verhalten des Betroffenen bestimmt und dieser sich lediglich ohne inneres Widerstreben mit der Situation abfindet, liegt darin kein Einverständnis (Stuttgart NJW 89, 1620 mwN; str). 4

III. 1. Gewalt ist nach einer ursprünglich in der Rspr verwendeten, im Laufe der Zeit aber zunehmend relativierten (vgl 6, 7) Formel der Einsatz physischer (körperlicher) Kraft zur Beseitigung eines wirklichen oder vermuteten Widerstandes (RGSt 64, 113, 115; zu weit BGHSt 25, 5

237 mit krit Bespr Geilen JZ 74, 540). Der Einsatz eines kraftentfaltenden Werkzeugs, etwa eines Kraftwagens, genügt (bei Dallinger MDR 55, 145; Koblenz VRS 46, 31; vgl 9). Die Gewalt kann als **vis absoluta** die Willensentschließung oder -betätigung unmöglich machen oder als **vis compulsiva** auf Beugung des Willens gerichtet sein (zur Definition Küper BT S 292 mwN; vgl 4). – Daß dieser die Einwirkung bemerkt, ist (zB bei starker Trunkenheit oder Bewußtlosigkeit) nicht unbedingt erforderlich (BGHSt 4, 210; diff Wolter NStZ 85, 245, 247).

6 **a)** Die **Rechtsprechung** hat den Gewaltbegriff im Wege kasuistischer Abgrenzung zunächst durch Verlagerung des Schwerpunktes auf die beim Genötigten eintretende körperliche **Zwangswirkung** und später auch durch Einbeziehung gewisser psychischer Wirkungen zunehmend ausgedehnt und dabei in differenzierter und zum Teil problematischer Weise einzelne Elemente der Begriffsbestimmung als unerheblich angesehen. Das hat zu uneinheitlichen und nicht immer widerspruchsfreien Ergebnissen geführt (zu den Phasen dieser sog „Entmaterialisierung" des Gewaltbegriffs zusf BVerfGE 73, 206, 239; 92, 1, 15; Krey ua, in: Bundeskriminalamt [Hrsg], Was ist Gewalt?, Bd 1, 1986, S 28; Ostendorf aaO [vgl 3] S 21; Küper BT S 108; Schäfer LK 7–24; krit Starck JZ 87, 145; Otto NStZ 87, 212 und 92, 568, 569; Timpe aaO [vgl 1] S 36, 59; s auch Brohm JZ 85, 501, 504; Tröndle, Lackner-FS, S 627, 629). Auf dem Boden der Rspr ist deshalb eine umfassende, für alle Fallgruppen allgemeiner und spezialisierter (zB §§ 113, 177, 178, 249, 253, 255) Nötigung passende Bestimmung des Gewaltbegriffs nicht möglich (krit wegen der fehlenden formalen Gleichbehandlung Frommel NKrimPol 93, 23), eine nähere Konkretisierung vielmehr nur auf der Grundlage der jeweiligen Tatbestände (zusf dazu Krey ua aaO, Bd 2, 1988, S 22) und auch nur im Wege fallgruppenorientierter Annäherung durchführbar (ähnlich Schäfer aaO).

7 aa) Nach gefestigter Rspr wird zB als genügend angesehen: wenn der Täter auf den Körper eines anderen ohne dessen Willen mit einem betäubenden Mittel einwirkt (BGHSt 1, 145; bei Holtz MDR 94, 434); wenn er einen anderen in einem Raum einsperrt (BGHSt 20, 194, 195). Dies sollte auch gelten, wenn er Schreckschüsse abgibt (GA 62, 145) oder drohend eine durchgeladene und entsicherte Pistole auf einen anderen richtet (BGHSt 23, 126; Bay JR 94, 112 mit krit Anm Dölling); dies ist nach der gewalteinschränkenden Entscheidung des BVerfG (E 92, 1) wegen der vor allem psychischen Auswirkungen solchen Verhaltens beim Opfer kaum mehr haltbar (Krey JR 95, 265, 270).

8 bb) Ebenso gefestigt war auch die höchstrichterliche Rspr, die Gewalt in Fällen bejahte, in denen der Täter (zB **bei Demonstrationen oder Streiks**) zusammen mit anderen Verkehrswege, Straßenbahnen oder Zu- und Durchgänge körperlich blockierte und dadurch bei dem am Passieren Gehinderten eine unausweichliche (physische oder psychische) Zwangswirkung verursachte (BGHSt 23, 46; Köln NJW 86, 333;

Düsseldorf StV 87, 393; Koblenz NJW 88, 720, alle mwN). Das sollte auch dann gelten, wenn diese Wirkung nicht aus unmittelbarer Konfrontation oder aus der blockierenden Wirkung der anderen aufgehaltenen Nötigungsopfer erwächst, sondern erst durch zeitlich und örtlich unmittelbar mit der Blockade zusammenhängende Anhaltemaßnahmen der Polizei vermittelt wird (BGHSt 37, 350 mit zust Bespr Dierlamm NStZ 92, 573; Küpper/Bode Jura 93, 187, 193; aM Bay NJW 90, 59; Brammsen/Kaiser Jura 92, 35, 42; Wohlers NJW 92, 1432; Eschenbach Jura 95, 14; Altvater NStZ 95, 278, 281; zw). Diese Rspr haben die Strafgerichte der gewalteinschränkenden Entscheidung des BVerfG (E 92, 1; vgl 2) angepaßt. Offengeblieben ist dabei die Frage nach der Notwendigkeit einer Korrektur der Rspr (BGHSt 37, 350) im Fall eines zwischengeschalteten, nach eigenem Ermessen handelnden Dritten (BGHSt 41, 182, 186; Horn SK 6). Keine Korrektur der Rspr erfolgt für Blockaden, bei denen durch Betreten der Fahrbahn Personen und ihre Fahrzeuge angehalten und als Werkzeuge zur tatsächlichen Sperrung der Durchfahrt für nachfolgende Fahrer benutzt werden (BGHSt 41, 182 mit zust Bespr Krey/Jaeger NStZ 95, 542, Schmidt JuS 95, 1135 und Geppert JK 17; zust auch Tröndle 5 a, Sch/Sch-Eser 10 vor § 234 und Wessels BT 1 Rdn 377; krit bis abl Amelung NJW 96, 230, Hoyer JuS 96, 200 mit krit Echo Kudlich 664, Herzberg GA 96, 557, Hruschka NJW 96, 160, Kniesel NJW 96, 2606, 2610, Lesch StV 96, 152). Dies gilt auch für Fälle, in denen Fahrzeuge, die zu Blockadezwecken auf der Fahrbahn abgestellt worden waren, als Barriere weiterbenutzt werden (NJW 95, 2862). Damit wird zwar der Wortlaut der Begründung des BVerfG aufgenommen, denn „Sich-Hinsetzen oder das Sich-auf-die-Fahrbahn-Begeben" ist mehr als nur „körperliche Anwesenheit" und das Unterbinden der beabsichtigten Fortbewegung durch tatsächlich nicht überwindbare Hindernisse geht über eine „psychische Zwangswirkung" hinaus (Krey JR 95, 265, 270; vgl auch Zweibrücken NJW 96, 866); doch wird man bezweifeln müssen, ob damit der (allerdings nur undeutlich zum Ausdruck gebrachten) „Kernaussage des BVerfG" Rechnung getragen ist (Amelung aaO 231; vgl auch Koblenz NJW 96, 3351). Eher haltbar erscheint die Annahme von Gewalt bei Straßensperren unter Einsatz von Sachen (wie zB Fahrzeugen) als technischen Blockademitteln (Karlsruhe NJW 96, 1551; vgl auch Amelung aaO). – Speziell zu Betriebsblockaden Löwisch/Krauß DB 95, 1330 und Ostendorf AuR 95, 274. – Bloßes Einreden auf einen anderen scheidet dagegen aus, weil sonst die Grenze zur Drohung aufgehoben würde (NStZ 81, 218); anders jedoch, wenn die Zwangswirkung nicht durch den Inhalt der Äußerung, sondern (zB bei Vorlesungsstörungen) durch körperlich empfundene Geräuschentwicklung (zB Geschrei, Absingen von Liedern) erreicht wird (NJW 82, 189 mit Bespr Dingeldey NStZ 82, 160, Schroeder JuS 82, 491, Köhler NJW 83, 10, 1595 und Brendle NJW 83, 727; Koblenz MDR 87, 162).

cc) Für **verkehrswidriges Verhalten** hat § 240 durch die Betonung der Zwangswirkung große praktische Bedeutung erlangt und in der 9

Rspr zu einer uneinheitlichen Kasuistik geführt (zusf Voß-Broemme NZV 88, 2; Haubrich NJW 89, 1197): Erzwingen oder Verhindern des Überholens (BGHSt 18, 389; 19, 263; Karlsruhe NJW 72, 962; Hamm NJW 91, 3230; Köln NZV 92, 371; Bay NJW 93, 2882; s auch Bay DAR 90, 231, alle mwN); Schneiden nach Überholen (Celle NdsRpfl 62, 68); willkürliches scharfes Abbremsen (Düsseldorf VRS 73, 71 mwN); Blockieren einer Ausfahrt (Koblenz MDR 75, 243) oder eines geparkten Fahrzeugs (Koblenz VRS 20, 436; Düsseldorf JMBl NRW 93, 129; vgl auch OVG Saarlouis NJW 94, 878 mit Bespr Gornig JuS 95, 208); Erzwingen der Durchfahrt durch einen widerrechtlich versperrten Weg (VRS 30, 281); Sperrung eines tatsächlich öffentlichen Wegs (Bay NZV 94, 116); Verhindern der Weiterfahrt durch Dazwischentreten (Bay NJW 70, 1803). – Diese, schon immer Kritik hervorrufende, weite Rspr (vgl Krey BT 1 Rdn 336, 346 mwN) bedarf nach der Entscheidung des BVerfG (E 92, 1) der Einschränkung. Dieser Aufgabe stellen sich die Strafgerichte. Im Bereich des fließenden Straßenverkehrs führt dies jedoch wegen der im Einsatz eines Fahrzeuges liegenden Kraftentfaltung und des (über die Errichtung physischer Hindernisse vermittelt auch) körperlich oder (vergleichbar schweren) psychisch wirkenden Zwangs zu keiner Änderung der Rspr. Weiterhin als Gewalt erfaßt wird: sog „Ausbremsen" (NJW 95, 3131, 3133; zust Berz NZV 95, 297, 298; Hentschel NJW 96 628, 637); dichtes Auffahren zur Erzwingung des Überholens (Köln NZV 95, 405; Berz aaO S 299; Suhren DAR 96, 310); Schneiden nach Überholen (Stuttgart NJW 95, 2647 mit zust Bespr Geppert JK 16; zust auch Berz und Hentschel jweils aaO). Keine Gewalt wird angenommen bei andauerndem Hupen (Düsseldorf NJW 96, 2245) und beim bewußt verkehrswidrigen Gehen auf der Fahrbahn in Fahrtrichtung (BGHSt 41, 231, 240); das gilt auch für das Verhindern des Überholens (Berz aaO; Suhren aaO). Nicht mehr haltbar erscheint die Annahme von Gewalt in Fällen des Blockierens von Ausfahrten oder geparkter Fahrzeuge und des Versperrens eines Weges oder der Weiterfahrt, soweit dazu nur der Körper eingesetzt wird (weiter Berz aaO S 300: auch beim Einsatz eines stehenden Fahrzeuges; ähnlich Suhren aaO S 311; vgl Sch/Sch-Eser 4; aM Wessels BT 1 Rdn 381); das gilt auch für das Freihalten eines Parkplatzes (Berz aaO; Geppert JK 16; offengelassen von Bay NJW 95, 2646 mit Bespr Schmidt JuS 95, 1134; aM Krey BT 1 Rdn 359 mwN), nicht jedoch für das Zufahren auf den „Parkplatzreservierer" (Berz aaO; Geppert JK 16; Krey BT 1 Rdn 366; Küpper BT 1 I 3/45). – Zu den Fallkonstellationen der Gewalt im Straßenverkehr, ihrem Umfang und ihren Entstehungsbedingungen Kaiser, Salger-FS, S 55.

dd) In der Konsequenz dieser Entwicklung liegt es schließlich, daß auch **Unterlassen** in Garantenstellung ausreichen kann (Düsseldorf bei Janiszewski NStZ 87, 401; Timpe JuS 92, 748; zu weit Bay NJW 63, 1261; zust jedoch Schäfer LK 49 mwN). Auch hier ist nach der gewalteinschränkenden Entscheidung des BVerfG (E 92, 1) das Erfordernis der nicht nur psychischen Zwangswirkung zu beachten, so daß nur die Aufrechterhaltung oder Nichthinderung körperlich wirkenden Zwangs in Betracht kommt. Das Unterlassen des Garanten (6 zu § 13) muß der aktiven gewaltsamen Verwirklichung der Nötigung entsprechen (16 zu § 13).

b) Im **Schrifttum** ist die Erweiterung des Gewaltbegriffs zunächst überwiegend gebilligt (dazu M-Schroeder/Maiwald BT 1 13/11–23) und teils noch ausgedehnt worden, um dadurch ein „Gleichgewicht" (krit Sommer NJW 85, 769 mwN) zwischen der Drohung als dem Inaussichtstellen eines empfindlichen Übels und der Gewalt als Zufügung eines solchen Übels herstellen zu können (Knodel, Der Begriff der Gewalt im Strafrecht, 1962; Herdegen LK 4–8 zu § 249; Sch/Sch-Eser 6–25 vor § 234; krit Schäfer LK 56, alle mwN). Sie ist sie jedoch wegen ihrer Weite und wegen der nicht immer widerspruchsfreien Vermengung physischer und psychischer Elemente zunehmend in Frage gestellt worden. Weniger im Streit ist dabei die Verlagerung des Schwerpunktes auf die Zwangswirkung. Mit einer gewissen Berechtigung wurde aber in Teilen des Schrifttums an dem Erfordernis festgehalten, daß die Zwangswirkung mindestens in dem Sinne körperlich vermittelt sein muß, daß der Genötigte sie körperlich empfindet, ihr also entweder überhaupt nicht, nur mit erheblicher Gegengewalt oder in nicht zumutbarer Weise begegnen kann (ähnlich Tröndle, Rebmann-FS, S 481, 494; Otto NStZ 92, 568; Schäfer LK 5–37; mit gewissen Einschränkungen auch Krey ua aaO [vgl 6], Bd 1, S 61; Brammsen/Kaiser Jura 92, 35, 42; Dierlamm NStZ 92, 573, 575). Ob diese (über physische Hindernisse vermittelte) körperliche Zwangswirkung den Vorgaben des BVerfG ausreichend Rechnung trägt, erscheint zweifelhaft (vgl Altvater NStZ 95, 278; Schroeder NJW 96, 2627); die Begründung geht auf diese Art der körperlichen Zwangswirkung nicht ausdrücklich ein, obwohl sie von den Richtern, die ihre abweichende Meinung geäußert haben, als (Nötigungs-)Gewalt eingestuft wird (BVerfGE 92, 1, 21; ebenso Krey JR 95, 265, 268, Scholz NStZ 95, 417, 420, Otto JK 15 und wohl auch Amelung NJW 95, 2584, 2588; offen gelassen in NJW 95, 2862). – Im ganzen geht die Kritik von den verschiedenartigsten methodischen Ansätzen aus und verwendet ebenso unterschiedliche Bewertungsmaßstäbe mit der Folge, daß der gegenwärtige Diskussionsstand von einem Konsens weit entfernt ist (vgl etwa Geilen, Mayer-FS, S 445; Calliess, Der Begriff der Gewalt im Systemzusammenhang der Straftatbestände, 1974 und NJW 85, 1506; Keller aaO [vgl 1] und JuS 84, 109; Bergmann aaO [vgl 1] S 123 und Jura 85, 457; Köhler, Leferenz-FS, S 511; Krauß NJW 84, 905; Wolter NStZ 85, 193, 245 und 86, 241; Dearing StV 86, 125; Prittwitz JA 87, 17, 27; Kühl StV 87, 122, 125; Ostendorf aaO [vgl 3] S 35; Schultz, Maihofer-FS, S 517; Hirsch, Tröndle-FS, S 19, 20; Velten/Mertens ARSP 90, 516, 531; Timpe aaO [vgl 1] S 70; Küpper/Bode Jura 93, 187; zusf Küper BT S 112). Daran hat sich auch nach der gewalteinschränkenden Entscheidung des BVerfG (E 92, 1) und deren „zurückhaltender Um- 10 setzung“ durch die Strafgerichte (vgl 8, 9 und 11) nichts geändert. Die bisherigen Positionen werden in der Lehrbuch- und Kommentarliteratur allenfalls modifiziert (vgl die unterschiedlichen Gewaltdefinitionen von Horn SK 9, Krey BT 1 Rdn 342; Küpper BT 1 I 3/44; Wessels BT 1 Rdn 368; Sch/Sch-Eser 10 vor § 234). Außer dem körperlich vermittelten Zwang (Krey aaO) wird die gegenwärtige, sich körperlich auswirkende Übelszufügung (Eser und Wessels aaO), die gegenwärtige Zufügung eines Übels (Horn) und die Verletzung garantierter Rechte (Lesch JA 95, 889, 896) als das wesentliche Definitionselement der Gewalt angesehen (weiterführend Herzberg GA 96, 557, 565).

11 **2.** Die Gewalt kann sich unmittelbar auch gegen einen **Dritten,** namentlich einen nahestehenden, richten, wenn sie geeignet ist, von dem Genötigten als Zwang empfunden zu werden (Bay JZ 52, 237; Krey BT 1 Rdn 355; für überflüssig hält diese Konstruktion Bohnert JR 82, 397). Dasselbe gilt für Gewalt **gegen Sachen,** soweit sie vom Genötigten als körperlich wirkender Zwang empfunden wird (JR 88, 73 mit zust, die Begründung verbessernder Bespr Otto JK 11; Köln StV 90, 266; Küpper BT 1 I 3/46; krit Wolter NStZ 85, 245, 249, alle mwN); auch das Abdrehen von Wasser, Licht oder Heizung beim räumungsunwilligen Mieter kommt als solcher Eingriff in Frage (Hamm NJW 83, 1505 mwN; str). Das Ausräumen einer Wohnung wird auch nach der gewalteinschränkenden Entscheidung des BVerfG (E 92, 1) wegen der Entfaltung erheblicher körperlicher Kraft und der Empfindung körperlichen Zwangs, dem gar nicht oder allenfalls mit erheblicher Kraftentfaltung begegnet werden kann, als Gewalt eingestuft (Köln NJW 96, 472); ob die Begründung des körperlich über den Entzug von Sachen vermittelten Zwangs (Küper BT S 113; Otto GK 2 S 90) den Vorgaben des BVerfG entspricht, erscheint zweifelhaft (vgl auch Sch/Sch-Eser 13, 17 a und 18 vor § 234).

12 **IV. 1. Drohung** ist das – ausdrückliche oder schlüssige (bei Holtz MDR 87, 281) – In-Aussicht-Stellen eines Übels, dessen Eintritt davon abhängen soll, daß der Bedrohte sich nicht dem Willen des Drohenden beugt; dieser muß es daher, anders als bei der bloßen Warnung, als in seiner Macht stehend hinstellen, das Übel – sei es auch nur mittelbar durch Einschaltung eines Dritten (BGHSt 7, 197; NStZ 96, 435) – zu verwirklichen (hM; vgl Küper BT S 67; weiter Puppe JZ 89, 596). Ob der Täter die Drohung wahr machen will oder kann, ist unerheblich (BGHSt 23, 294 mit Anm Küper NJW 70, 2253); es kommt nur darauf an, ob sie objektiv als ernstlich erscheint, dh beim Bedrohten mindestens Zweifel zu erwecken geeignet ist, ob sie verwirklicht werden soll (BGHSt 26, 309); bei Drohung mit einem Übel, das erst später oder nach Eintritt einer Bedingung verwirklicht werden soll, bedarf das besonderer Prüfung (BGHSt 16, 386). Eine Drohung kann auch in der unmittelbaren Zufügung eines Übels (Hamm NJW 83, 1505; Koblenz NJW 93, 1808) oder in der Ausnutzung eines bereits zugefügten Übels (NJW 84, 1632) liegen, wenn damit die Fortsetzung des Nötigungsver-

haltens in Aussicht gestellt wird und die Befürchtung dieser Fortsetzung den Genötigten motivieren soll (beachte jedoch NStZ 84, 454; Köln NZV 92, 371). Eine Drohung wird schließlich auch nicht dadurch ausgeschlossen, daß der Bedrohte den ersten Schritt tut, um der Verwirklichung des Übels durch den Täter zu begegnen (NJW 93, 1484).

2. a) Empfindliches Übel setzt als normatives Tatbestandselement 13
voraus, daß die Drohung bei objektiver Betrachtung geeignet ist, einen besonnenen Menschen in der konkreten Situation zu dem damit erstrebten Verhalten zu bestimmen (NStZ 82, 287 mwN); nach neuerer, wegen ihrer Unbestimmtheit aber problematischer Rspr soll es schon dann entfallen, „wenn von *diesem* Bedrohten in *seiner* Lage erwartet werden kann, daß er der Drohung in besonnener Selbstbehauptung standhält" (sog Selbstverantwortungsprinzip, BGHSt 31, 195, 201; NStZ 92, 278; Karlsruhe NStZ-RR 96, 296; s auch BGHSt 32, 165, 174 mit Anm Arzt JZ 84, 428, 429; abl Roxin JR 83, 333, 334). Für die Empfindlichkeit ist es unerheblich, ob die Zufügung des Übels erlaubt ist (hM; anders Jakobs, Peters-FS, S 69, 76; Horn NStZ 83, 497). In Frage kommt zB Drohen mit Entlassung, Gewaltanwendung, Strafanzeige (BGHSt 5, 254), öffentlicher Bekanntmachung (Hamm NJW 57, 1081) oder der Verhinderung der in Aussicht gestellten Ausreise aus der DDR (LG Berlin NJ 96, 484). Auch die Drohung mit Selbsttötung, die einen Gewissens- oder Meinungsdruck (etwa durch Hungerstreik) erzeugen soll, scheidet nicht grundsätzlich aus (hM; anders Ostendorf, Das Recht zum Hungerstreik, 1983, S 211 und GA 84, 308, 323), wird allerdings häufig wegen des nur mittelbaren Übelscharakters für den Bedrohten zur erstrebten Willensbeugung nicht hinreichend geeignet sein (vgl etwa BGHSt 27, 325, 329; Böhm JuS 75, 287, 288; Jakobs ZStW 95, 669, 677, alle mwN; str). Das In-Aussicht-Stellen einer Dienstaufsichtsbeschwerde (Koblenz VRS 51, 208) oder nicht näher konkretisierter Schwierigkeiten oder Weiterungen (NJW 76, 760) genügt idR nicht.

b) Für die Ankündigung eines **Unterlassens** soll es nach neuerer, 14
allerdings umstrittener Rspr grundsätzlich nicht mehr darauf ankommen, ob der Täter zum Handeln verpflichtet ist (anders noch NStZ 82, 287); vielmehr sollen die Voraussetzungen des empfindlichen Übels ausnahmslos nach dem Selbstverantwortungsprinzip (vgl 13) zu beurteilen und alsdann alle Fälle als nicht verwerflich (vgl 18) auszuscheiden sein, in denen nur der Handlungsspielraum des Bedrohten erweitert, die Autonomie seiner Entschlüsse jedoch nicht in strafwürdiger Weise angetastet wurde (BGHSt 31, 195 mwN; zust Stoffers JR 88, 492; abl Horn NStZ 83, 497). Im Hinblick auf die Unbestimmtheit der Verwerflichkeitsklausel (vgl 17–25) geht das bedenklich weit (Frohn StV 83, 365) und bedarf daher der Konkretisierung oder Modifizierung nach differenzierenden Kriterien, die im Schrifttum – etwa unter den Gesichtspunkten eines rechtspflichtbezogenen Umkehrprinzips (Schroeder JZ 83, 284), einer materialen Umdeutung phänomenologischer

Unterlassungen in positives Tun (Schubarth NStZ 83, 312), einer Einschränkung des sog Autonomieprinzips (Roxin JR 83, 333) und einer widerspruchsfreien Abgrenzung von Nötigung und Wucher (Arzt, Lackner-FS, S 641; Pelke, Die strafrechtliche Bedeutung der Merkmale „Übel" und „Vorteil", 1990, S 87) – erörtert werden, aber noch nicht abschließend geklärt sind (vgl auch Lampe, Stree/Wessels-FS, S 449, 452; Hillenkamp JuS 94, 769; Küpper BT 1 I 3/53; Wessels BT 1 Rdn 392; Schäfer LK 81–81 i; Herdegen LK 4 zu § 253).

15 **3.** Im übrigen genügt, ähnlich wie bei der Gewaltanwendung, die **Bedrohung eines Dritten,** wenn das angedrohte Übel geeignet ist, den Genötigten – sei es auch nur aufgrund seines Verantwortungsgefühls für den Dritten (Seelmann JuS 86, 201, 203) – im Sinne des Täterverlangens zu motivieren (BGHSt 16, 316; NStZ 85, 408; diff Jakobs JR 87, 340); das kommt nicht nur bei nahestehenden Dritten in Frage (NStZ 87, 222; Schünemann JA 80, 349, 353, beide mwN), liegt bei ihnen aber näher (Zaczyk JZ 85, 1059; krit Bohnert JR 82, 397).

16 **V.** Der **Vorsatz** (bedingter genügt, BGHSt 5, 245; einschr Küpper BT 1 I 3/57 und Sch/Sch-Eser 34; vermittelnd Wessels BT 1 Rdn 404; str) muß alle Umstände des Abs 1 umfassen (beachte auch 25). Dazu gehört bei der Drohung auch, daß sie vom Bedrohten als ernstlich verstanden werden (vgl 12), nicht daß sie wahrgemacht werden soll.

17 **VI.** Die **Rechtswidrigkeit** der Nötigung ist ausgeschlossen, wenn ein allgemein anerkannter Rechtfertigungsgrund (8–29 vor § 32; speziell zum Streikrecht dort 26) vorliegt (zB Notwehr; Bay JR 94, 112 mit insoweit zust Anm Dölling). Nur wenn das nicht zutrifft (hM; vgl Schäfer LK 68 mwN), bedarf es – und zwar in jedem Falle (Zweibrücken StV 92, 469) – einer selbständigen Prüfung nach der **Verwerflichkeitsklausel des Abs 2,** ob die Tat als Nötigungsunrecht zu qualifizieren ist (vgl 25).

18 **1.** Das Ergebnis ist aus der Verknüpfung von Nötigungsmittel und -zweck (sog **Mittel-Zweck-Relation**) herzuleiten, also nicht isoliert nach dem eingesetzten Mittel oder dem angestrebten Zweck zu beurteilen (hM; vgl etwa Küper BT S 151 mwN; anders Timpe aaO [vgl 1], S 149, 187, der die Ankündigung eines rechtmäßigen Verhaltens als Nötigungsmittel ausscheidet und die Verwerflichkeitsklausel für funktionslos hält). Die Rspr hat bisher meist darauf abgestellt, ob die Nötigung aufgrund dieser Relation nach allgemeinem Urteil so verwerflich, dh sittlich so mißbilligenswert ist, daß sie ein gesteigertes, als Vergehen strafwürdiges Unrecht darstellt (vgl etwa BGHSt 17, 328; 18, 389; 19, 263; Zweibrücken NJW 88, 716; Bay NJW 88, 718; Koblenz NJW 88, 720; Köln DAR 89, 150; relativierend BGHSt 35, 270 und 39, 133 mit insoweit zust Anm Roxin NStZ 93, 335, alle mwN). Das Schrifttum lehnt diesen Maßstab nahezu einhellig ab und hält mit Recht überwiegend – im Einklang mit einer sich auch in der Rspr zunehmend durchsetzenden Sicht (vgl Bay NJW 95, 269) – für ausschlaggebend, ob

die Nötigung sozialwidrig bzw sozial unerträglich ist (vgl namentlich Roxin JuS 64, 373, der zur näheren Konkretisierung die Prinzipien der Rechtswidrigkeit des abgenötigten Verhaltens, der Güterabwägung, der Geringfügigkeit, des Vorrangs staatlicher Zwangsmittel, des mangelnden Zusammenhangs und der Autonomie herausarbeitet; zu weiteren Konkretisierungsversuchen Küper BT S 153). Nach allen Auffassungen ist aber stets ein Werturteil erforderlich, das nach objektiven Maßstäben zu gewinnen ist (BGHSt 19, 263, 268; Dreher JZ 53, 428).

Aus der Struktur des dem Individualschutz dienenden Nötigungsverbots folgt zwingend, daß die Mittel-Zweck-Relation auf das **Nötigungsopfer** und dessen Freiheitsinteresse bezogen werden muß. Der Einsatz von Zwangsmitteln zur Verhinderung eines rechtlich geschützten oder zur Durchsetzung eines rechtlich oder sozialethisch nicht geschuldeten Verhaltens schmälert den gewährleisteten Freiheitsraum des Genötigten und macht ihn zum Instrument fremder Zwecksetzung auch dann, wenn der mit der Nötigung verfolgte Endzweck rechtlich oder ethisch Anerkennung verdient. Deshalb geht der BGH davon aus, daß unter dem „angestrebten Zweck" nur das zu erzwingende Verhalten des Genötigten verstanden werden kann, und scheidet darüber hinausgehende Zwecke, namentlich die sog Fernziele des Täters, aus der Bewertung aus (BGHSt 35, 270 mit teils zust, teils abl Bespr Arzt JZ 88, 775, Hassemer JuS 88, 822, Jahn JuS 88, 946, Ostendorf StV 88, 488, Schmitt Glaeser BayVBl 88, 454, Bertuleit/Herkströtter KJ 88, 331, Bertuleit JA 89, 16 und aaO [vgl 3] S 203 sowie Roxin, Schüler-Springorum-FS, S 441, 450; s auch Zweibrücken GA 91, 323; Bay NJW 93, 212, alle mwN). Als grundsätzlicher Ausgangspunkt und als Schwerpunkt der Abwägung verdient das Zustimmung (zust auch Jakobs JZ 86, 1063; Arzt, Welzel-FS, S 823; Tröndle, Lackner-FS, S 627, 631 und Rebmann-FS, S 481, 496; Miebach NStZ 88, 130; Gössel, Tröndle-FS, S 357, 366; Tröndle 23–27; Schäfer LK 61). Jedoch ist der unmittelbare Nötigungszweck (das Herbeiführen des Nötigungserfolges) regelmäßig in die Gesamtzielsetzung des Täters eingebettet und mit ihr zu einer nicht vollständig auflösbaren Einheit verbunden. Sie kann deshalb nicht ganz ausgeblendet werden, muß vielmehr die Gesamtabwägung mindestens insoweit beeinflussen, als die bezweckten unmittelbaren Auswirkungen des Nötigungserfolges (zB Herbeiführung von Aufsehen in der Öffentlichkeit bei Sitzblockaden) in Frage stehen (ähnlich Bay JZ 86, 404 und NJW 88, 717; Otto NStZ 87, 212, 213 und 91, 324; str); sie müssen sich nicht notwendig zugunsten der Blokkierer auswirken (so aber Bertuleit JA 89, 16, 24; dagegen Graul JR 94, 51, 52 Fn 23, die auf die Instrumentalisierung der Blockierten hinweist; vgl 22). Notwendig ist danach eine differenzierende Gesamtwürdigung (Otto NStZ 92, 568, 571), deren Ergebnis davon abhängt, ob das Mißverhältnis zwischen Mittel und Zweck eine gewisse Mindestgrenze überschritten hat (BGH aaO S 277; Düsseldorf MDR 89, 840; Bay DAR 90, 187), die nach dem Maßstab des sozial noch Erträglichen zu bestimmen ist (beachte auch 21, 22). Diese Deutung ist allerdings 18a höchst umstritten und von einem Konsens weit entfernt (vgl dazu die Nachw in BVerfGE 73, 206 und BGH aaO; abl ferner LG Kreuznach NJW 88, 2624; LG Zweibrücken StV 89, 395; Kühl StV 87, 122, 134; Fritz, Simon-FS, S 403; Meurer/Bergmann JR 88, 49, 51; Arthur Kaufmann NJW 88, 2581; Roggemann JZ 88, 1108; Hirsch, Tröndle-FS, S 19, 24; Eser, FS für G Jauch, 1990, S 35; Reichert-Hammer, Politische Fernziele und Unrecht, 1991; Bertuleit ZRP 92, 46; Günther, Baumann-FS, S 213; Küpper/Bode Jura 93, 187, 191; Gusy JA 93, 321, 329).

19 **a)** Durch **Anwendung von Gewalt** wird Nötigungsunrecht zwar nicht notwendig (BVerfGE 73, 206, 252; BGHSt 34, 71), aber doch häufig begründet; bei Begehung von Gewalttätigkeiten liegt es regelmäßig, aber nicht notwendig vor (hM).

20 aa) Verhältnismäßig am weitesten ist der Spielraum des sozial Tolerablen in Fällen, in denen das abgenötigte Verhalten auch **vom Recht gefordert oder erwartet** wird, zB bei Verhinderung einer Straftat oder sonst widerrechtlichen Verhaltens (Celle NZV 90, 239) oder bei formal rechtswidriger (kein Selbsthilferecht) Durchsetzung eines unbedingten und fälligen Rechtsanspruchs (Schäfer LK 69 mwN); aber auch hier bleibt allenfalls die Anwendung mäßiger Gewalt, nicht aber rücksichtslose Durchsetzung des Faustrechts unter der Strafbarkeitsschwelle (JR 88, 75; Bay bei Janiszewski NStZ 86, 541). Nicht verwerflich sind auch Widerstandshandlungen gegen menschenrechtswidrige Vollstreckungshandlungen von DDR-Vollzugspersonen (v Bubnoff LK 11 vor § 110). – In diesen Zusammenhang gehört auch das schulmeisterliche Verhindern des Überholens auf Autobahnen, um die Einhaltung der Höchstgeschwindigkeit zu erzwingen. Es ist nicht schon als solches verwerflich (hM; anders Helmken NZV 91, 372 mwN); die uneinheitliche Rspr (Nachw bei Helmken aaO) scheidet mit Recht nur kurzfristige und gefahrlose Einwirkungen aus (zB Bay DAR 90, 187; Stuttgart Justiz 91, 63; s auch Köln NZV 93, 36); es ist der Verkehrssicherheit aber abträglich, daß sie in Einzelfällen die Anforderungen an das Ausmaß der vom Täter verursachten Gefahrenlage überspannt hat; sozial tolerabel dürften nur solche Fälle sein, in denen nach den Umständen Gefährdungen anderer ausgeschlossen sind. – Hierher gehört ferner die sog präventive Notwehr (4 zu § 32) in der Form der Nötigung zur Unterlassung eines noch nicht gegenwärtigen rechtswidrigen Angriffs, wenn sie nicht schon als Defensivnotstand gerechtfertigt ist (9 zu § 34); sie ist jedoch regelmäßig verwerflich, wenn sie unter bewußter Ausschaltung der vorrangigen staatlichen Zwangsmittel geübt wird (BGHSt 39, 133 mit zust Anm Roxin NStZ 93, 335 und abl Anm Lesch StV 93, 580; s auch 11 a zu § 32). – Schließlich bezieht die Rspr hier zutreffend auch die Verhinderung einer Selbsttötung mittels mäßiger Gewalt ein (BGHSt 6, 147, 153); die im Schrifttum dazu kontroversen Meinungen hängen im wesentlichen davon ab, ob und wieweit ein Recht auf den eigenen Tod (dazu 9 vor § 211) anerkannt wird (vgl etwa

Wagner, Selbstmord und Selbstmordverhinderung, 1975, S 128; Bottke, Suizid und Strafrecht, 1982, S 81 und GA 82, 346, 354; Jakobs ZStW 95, 669; s auch Wolter NStZ 93, 1, 8 und 140 Jahre GA, S 269, 282, alle mwN).

bb) Wird der Genötigte dagegen durch die Gewaltanwendung **innerhalb seines rechtlich gewährleisteten Freiheitsspielraums** getroffen (vgl 18 a), so kommt es auf die Qualität der vom Täter verfolgten weiteren Ziele nur nachrangig, schwerpunktmäßig aber allein auf solche Gründe an, die dafür tragfähig sind, gerade dem Genötigten ein Stück seiner Freiheit durch Entzug des Strafschutzes zu nehmen. Solche Gründe können sich ua aus dem Geringfügigkeitsprinzip (Düsseldorf MDR 89, 181), aus dem Vorliegen unrechtsmindernder, für die Rechtfertigung aber nicht ausreichender Umstände (Stuttgart NJW 92, 2713; sehr weit Stuttgart NJW 91, 994 mit krit Anm Otto NStZ 91, 334) oder aus einem konkreten Sachbezug des Genötigten zum Nötigungsgegenstand, etwa dessen provozierendem Vorverhalten (Stuttgart NZV 91, 119), ergeben (BVerfGE 73, 206, 257; 76, 211, 217). Allein die Gesinnung des Täters charakterisierende Umstände sind dagegen irrelevant, weil damit eine Bewertung der Fernziele des Täters verbunden wäre (Otto aaO; insoweit probl BVerfG NStZ 91, 279 und NJW 91, 971 mit abl Anm Schmitt Glaeser JR 91, 16; Stuttgart NJW 92, 2714 [mit Bespr Jung JuS 93, 257] und 2716). 21

cc) Für Blockadeaktionen bei **Demonstrationen und Streiks** (vgl 8; speziell zu Streiks Müller-Roden ZRP 88, 409; einschr Ostendorf aaO [vgl 3] S 40, beide mwN) gilt nichts anderes. Durch die den Gewaltbegriff bei Sitzblockaden einschränkende Entscheidung des BVerfG (E 92, 1) ist für die Fälle bloß körperlicher Anwesenheit mit psychischer Zwangswirkung mangels Gewalt keine Verwerflichkeitsprüfung mehr erforderlich; es verbleiben aber genügend (folgt man dem BGH [vgl 8] sogar viele) Blockadeaktionen, bei denen Gewalt angewendet wird und die Verwerflichkeit geprüft werden muß (Sch/Sch-Eser 10 vor § 234). Dabei ist besonders zu beachten, daß Verkehrsbehinderungen schon durch die Grundrechte der Meinungs- und Versammlungsfreiheit (Art 5, 8 GG) gerechtfertigt werden, wenn sie vorübergehend als Nebenwirkung der Grundrechtsausübung eintreten und aufgrund der verfassungsrechtlich gebotenen Güter- und Interessenabwägung hinzunehmen sind (BVerfGE 73, 206, 250; Roxin, Schüler-Springorum-FS, S 441, 448; zusf Schäfer LK 97–104 mwN). Darüber hinaus sind aber solche – sei es auch nur mittels passiver Gewalt durchgeführte – Aktionen verfassungsrechtlich nicht gedeckt, wenn sie darauf abzielen, durch die mit ihnen verbundene Zwangswirkung gesteigertes Aufsehen in der Öffentlichkeit zu erregen (BVerfG aaO), andere zur Anhörung einer bestimmten Meinungsäußerung zu zwingen (Bay NJW 69, 1127; Celle NJW 70, 206) oder bestimmte sachliche Anliegen (zB Herabsetzung von Straßenbahntarifen) leichter durchzusetzen (BGHSt 23, 46). Das gilt unabhängig davon, ob versammlungsrechtlich Sitzblockaden schon als solche die Friedlichkeit einer Versammlung ausschließen (verneinend 22

BVerfG aaO) und ob im Einzelfall die Auflösung der Versammlung bereits wirksam angeordnet war (offen gelassen in BVerfG aaO [„jedenfalls"]; aM Weichert StV 89, 459; Kniesel NJW 92, 865; Rinken StV 94, 94, 104; Bertuleit aaO [vgl 3] S 90; vgl auch Horn SK 48 a, alle mwN). Das folgt schon daraus, daß Zwang als Zweckelement der Grundrechtsausübung nach Art 5, 8 GG mit dem Wesen dieser Grundrechte, die ausschließlich die geistige Auseinandersetzung gewährleisten, nicht vereinbar ist (BVerfG aaO). Die Instrumentalisierung des Genötigten ist daher auch bei politisch motivierten Blockadeaktionen nur in engen Grenzen sozial tolerabel (weiter zT die nachfolgend referierte Rspr). Hier kann auf kurze Frist angelegte und im wesentlichen nur symbolhafte Anwendung passiver Gewalt aufgrund der gebotenen Gesamtwürdigung (vgl 18 a) unter der Strafbarkeitsschwelle bleiben (vgl etwa Stuttgart NJW 89, 1870 und 92, 2713; Zweibrücken NJW 91, 53; Köln VRS 83, 420; Bay NJW 93, 213 und 95, 269, 270; LG Kaiserslautern MDR 91, 175). Dabei sind als maßgebliche Tatumstände regelmäßig zu berücksichtigen: der zum Blockadetermin zu erwartende Dienstbetrieb, die Dauer und Intensität der Aktionen, deren vorherige Bekanntgabe, Ausweichmöglichkeiten über andere Zufahrten und der Sachbezug der betroffenen Personen zum Protestgegenstand, uU auch die Zahl der Demonstranten und die Dringlichkeit der blokkierten Dienstfahrten (BVerfG NJW 91, 971; Stuttgart NJW 91, 993 und 994 sowie 92, 2714, 2716; Bay NJW 92, 521 und JR 93, 117 mit Anm Nehm; krit Offenloch JZ 92, 438, 441; dem Umständekatalog zust Graul JR 94, 51, die aber eine Differenzierung zwischen den die Verwerflichkeit begründenden und den diese nur erhöhenden Umständen für erforderlich hält). Soweit Fernziele des Täters überhaupt in die Beurteilung einfließen können (dazu 18 a), darf die Abwägung nicht auf eine inhaltliche Bewertung der mit der Zwangswirkung verfolgten (rechtmäßigen) politischen Ziele (zB Eintreten für den Frieden) gestützt werden; eine solche Differenzierung widerspricht der Anerkennung des Meinungspluralismus (BVerfGE 73, 206, 258; BGHSt 35, 270, 275; s ua auch Klein, in: Rüthers/Stern [Hrsg], Freiheit und Verantwortung im Verfassungsstaat, 1984, S 177, 189; Brohm JZ 85, 501, 510; Offenloch JZ 86, 11; Starck JZ 87, 145; Baumann NJW 87, 36 und JZ 87, 265; Schmitt Glaeser, Private Gewalt im politischen Meinungskampf, 2. Aufl 1992, S 114; Roxin, Schüler-Springorum-FS, S 441, 456; Gusy JA 93, 321, 329).

23 dd) Nicht nur auf dem Gebiet der politischen Demonstration, sondern auch in **zahlreichen anderen Bereichen** sind Rspr und Schrifttum zur Rechtswidrigkeit der Gewalt uneinheitlich (krit Callies NJW 85, 1506, 1511). So verneint der BGH die Verwerflichkeit bei einer gewaltsam bewirkten Rückgabe des Dirnenlohns (BGHSt 17, 328 mit abl Anm Isenbeck NJW 63, 116; zw). Außerdem wird zB hingenommen, daß ein Kraftfahrer sich die Einfahrt in eine von einem Fußgänger reservierte Parklücke unter Einsatz seines Pkw erzwingt (Stuttgart NJW 66, 745 mit abl Anm Bockelmann; Hamburg NJW 68, 662; mit Recht

aM Rasehorn NJW 68, 1246; Berz JuS 69, 367; diff Hamm NJW 70, 2074; Bay bei Bär DAR 91, 367) oder daß umgekehrt – soweit hier noch Gewalt angenommen werden kann (vgl 9) – der Fußgänger die Parklücke gegen den einfahrenden Kraftfahrer verteidigt, um sie für einen anderen freizuhalten (Köln NJW 79, 2056; Hamm VRS 59, 426; s auch Düsseldorf NZV 92, 199), während die Nötigung eines die Zufahrt zu einem Privatparkplatz versperrenden Wächters als verwerflich angesehen wird (Schleswig SchlHA 68, 265). Zu mutwilligen Verkehrsbehinderungen näher Busse aaO [vgl 10] S 141; Hansen, Die tatbestandliche Erfassung von Nötigungsunrecht, 1972, S 195; Voß-Broemme NZV 88, 2.

b) Auch bei der **Drohung** entscheidet die Mittel-Zweck-Relation, 24
die wie bei der Gewalt eine Gesamtwürdigung erfordert (vgl 18, 18 a; s auch BVerfG NJW 93, 1519). Danach ist die Nötigung idR rechtswidrig, wenn die Drohung nach ihrer Schwere außer Verhältnis zu dem angestrebten Zweck steht (Bay NJW 63, 824) oder wenn es an einem inneren Zusammenhang zwischen Mittel und Zweck fehlt (Bay NJW 71, 768); mit derselben Maßgabe wie bei der Gewaltanwendung (vgl 19–23) nimmt auch hier die Austragung von Meinungsgegensätzen in der politischen Auseinandersetzung oder sonst im öffentlichen Leben keine aus den Grundrechten der Art 5, 8 GG herzuleitende Sonderstellung ein (Hamm NJW 82, 2676 mit abl Bespr Schöne NJW 82, 2649, beide mwN; speziell für den Hungerstreik aM Ostendorf aaO [vgl 13] S 70, 74; str). Andererseits reicht aber nicht jedes unanständige (Hamm JMBlNRW 63, 206) oder im Sinne des OWiG ordnungswidrige (Lampe, Stree/Wessels-FS, S 449, 457) Druckmittel aus. Die Androhung einer Strafanzeige ist nicht rechtswidrig, wenn ein begründeter (dh auch rechtlich nicht umstrittener, Koblenz JR 76, 69 mit krit Anm Roxin) und mit der Straftat zusammenhängender (Bay MDR 57, 309) zivilrechtlicher Anspruch durchgesetzt werden soll (BGHSt 5, 254; Düsseldorf NStZ-RR 96, 5); sie kann es unter anderen Umständen sein (NJW 57, 596; vgl Scheffler NJ 95, 573); dies gilt auch für die Drohung mit persönlicher Vorsprache und der Beschreitung des Rechtsweges zur Durchsetzung eines Anspruchs wegen einer sittenwidrigen Leistung (Telefonsex), sofern sie nicht mit einer Bloßstellung des Gemahnten verbunden ist (Karlsruhe NStZ-RR 96, 296). Im ganzen hängt alles von den Umständen des Einzelfalles ab, so daß eine gewisse Rechtsunsicherheit unvermeidlich ist (Bay NJW 65, 163; Stuttgart VRS 78, 205).

2. Die **Rechtswidrigkeit** nach Abs 2 ist als solche allgemeines Ver- 25
brechensmerkmal (hM). Das **Bewußtsein der Rechtswidrigkeit** gehört daher nicht zum Vorsatz; sein Fehlen ist Verbotsirrtum (6 zu § 15). Jedoch erfordert Nötigungsunrecht mehr als nur die Rechtswidrigkeit des eingesetzten Mittels. Es wird erst durch die Verwerflichkeit der Mittel-Zweck-Relation begründet. Da also Abs 1 für sich allein das Unrecht nicht indiziert, ist aus systematischen Gründen anzunehmen, daß die tatsächlichen Umstände, auf denen das Verwerflichkeitsurteil

beruht, zum Tatbestand gehören (Bay NJW 92, 521; Herdegen, BGH-FS, S 195, 200; Armin Kaufmann, Klug-FS, S 277, 282; Sch/Sch-Eser 16; aM BGHSt-GS-2, 194, 196, der sie als Rechtfertigungsvoraussetzungen einordnet; anders auch Reichert-Hammer aaO [vgl 18 a] S 231 und Günther, Baumann-FS, S 213, nach denen die Verwerflichkeitsklausel als Strafunrechtsausschließungsgrund zu verstehen ist; s auch Bergmann aaO [vgl 1] S 178; Herzberg JA 89, 243, 248; Hansen aaO [vgl 23] S 67). Jedenfalls ist aber der Irrtum über diese Voraussetzungen entweder ein Tatbestandsirrtum (Bockelmann ZStW 69, 275; M-Schroeder/Maiwald BT 1 13/41) oder ein Erlaubnistatbestandsirrtum (LM Nr 3; Wessels AT Rdn 299), was für die Rechtsfolgen keinen Unterschied macht (9–20 zu § 17; s auch Roxin JR 76, 71).

26 **VII. Vollendet** ist die Nötigung, sobald der Betroffene sich dem Zwang entsprechend verhalten oder mindestens damit – sei es auch nur mit dem durch vis absoluta verursachten Dulden – begonnen hat (hM; vgl NStZ 87, 70 mit abl Bespr Otto JK 10; einschr Horn SK 27 mwN); solange es an einer solchen Auswirkung des Zwanges fehlt, kommt nur Versuch in Frage (bei Holtz MDR 79, 280; Hamburg MDR 74, 330; beachte auch 8).

27 **VIII. Tateinheit** ua möglich mit §§ 123, 132, auch mit § 223, wenn die Körperverletzung als Nötigungsmittel dient (NStZ-RR 97, 34). § 240 wird verdrängt von allen Tatbeständen, die eine Nötigung voraussetzen **(Spezialität),** zB von §§ 177, 178, 239 (BGHSt 30, 235; Köln NStZ 85, 550, 552; zusf Otto Jura 89, 497 und Park/Schwarz Jura 95, 294, 298), §§ 249, 253; wird jedoch mit dem Nötigungsmittel zugleich ein anderer Zweck verfolgt, dem Eigenbedeutung zukommt und der in diesen Vorschriften nicht mit Strafe bedroht ist, so liegt Tateinheit vor (vgl zB 14 zu § 253). – Über das Verhältnis zu § 105 dort 7; zu § 113 dort 26; zu § 237 dort 7; zu § 239 a dort 11; zu § 241 dort 4.

28 **IX.** Zu den **besonders schweren Fällen** 7–21 zu § 46. Als ein besonders schwerer Fall konnte auch bisher schon die Nötigung zu einem Schwangerschaftsabbruch beurteilt werden (Otto Jura 96, 135, 144; 24 vor § 218). Dies hat jetzt der Gesetzgeber durch das **Regelbeispiel** in **Abs 1 Satz 2** klargestellt (BT-Dr 13/1850 S 26). Er ist damit der Forderung des Bundesverfassungsgerichts nach Schaffung von Strafvorschriften – allerdings nur unzureichend (Tröndle NJW 95, 3009, 3018) – nachgekommen, die Gefahren entgegenwirken sollen, die vom familiären und weiteren sozialen Umfeld der Schwangeren ausgehen, insb Verhaltensweisen, welche „die Frau zum Schwangerschaftsabbruch . . . drängen" (BVerfG E 88, 203, 298). Die Hervorhebung nur eines Regelbeispiels erleichtert die Einstufung sonstiger Fälle als besonders schwere nicht.

29 **X.** Für das Opfer der Nötigung beachte § 154 c StPO; Nr 102 RiStBV (Krause, Spendel-FS, S 547).

§ 241 Bedrohung

(1) **Wer einen anderen mit der Begehung eines gegen ihn oder eine ihm nahestehende Person gerichteten Verbrechens bedroht, wird mit Freiheitsstrafe bis zu einem Jahr oder mit Geldstrafe bestraft.**

(2) **Ebenso wird bestraft, wer wider besseres Wissen einem anderen vortäuscht, daß die Verwirklichung eines gegen ihn oder eine ihm nahestehende Person gerichteten Verbrechens bevorstehe.**

1 **1.** Die Vorschrift schützt das **Gefühl der Rechtssicherheit des einzelnen,** namentlich sein Vertrauen in deren Fortbestand (hM; krit Schroeder, Lackner-FS, S 665 und Spendel, Schmitt-FS, S 205, die zutreffend die Unzulänglichkeit des Schutzes vor Bedrohungen durch Gewalttäter hervorheben). Die durch das 14. StÄG (7 vor § 1) eingeführte Beschränkung auf Verbrechen gegen den Bedrohten oder eine (tatsächlich existierende, BVerfG NJW 95, 2776 mit dem Ergebnis zust Bespr Küper JuS 96, 783 und Otto JK 14 zu § 1, die jedoch die Ausdehnung der Prüfungs-Kompetenz des Bundesverfassungsgerichts hinsichtlich der Auslegung des einfachen Rechts kritisieren) ihm nahestehende Person (4 zu § 35), die der hM zu § 241 aF entspricht, folgt aus dem Schutzzweck (Individualrechtsgut) und dient der Abgrenzung von § 126.

2 **2. Bedrohen und Vortäuschen** 2, 3 zu § 126. Dabei muß eine bestimmte künftige (NStZ 84, 454) Tat in Aussicht gestellt oder vorgetäuscht werden, die die Merkmale eines Verbrechens aufweist (bei Holtz MDR 86, 795), auch wenn sie nicht schuldhaft begangen werden soll (1 zu § 12; 18 zu § 11). Das Bedrohen kann auch durch konkludentes Verhalten, zB Abgabe von Schreckschüssen, erfolgen (Köln NStE 1). Bloße Verwünschungen und Prahlereien genügen nicht (NJW 53, 1440). Auch müssen sich die Tathandlungen (unmittelbar oder mittelbar) an einen bestimmten Adressaten (uU auch mehrere) wenden und geeignet sein, dessen Rechtsfrieden zu stören (krit zum Eignungserfordernis Küper aaO [vgl 1] S 788 mwN).

3 **3.** Zum **Vorsatz** (bedingter genügt) gehört nicht, daß der Täter das angedrohte oder vorgetäuschte Verhalten selbst als Verbrechen wertet; insoweit genügt die Vorstellung der wesentlichen Merkmale eines Verbrechens (BGHSt 17, 307). Im Falle des Abs 1 kommt es auf das Bewußtsein an, daß die Bedrohung von dem anderen als (möglicherweise) ernstlich verstanden wird (Köln NStE 1; 12 zu § 240); ob sie auch wahrgemacht werden soll, ist unerheblich (bei Dallinger MDR 75, 22).

4 **4. Tateinheit** ua möglich mit § 126. Von § 113 (bei Dallinger MDR 73, 902; aM Schmid JZ 80, 56, 58), § 177 (GA 77, 306), § 240 (bei Holtz MDR 79, 281) und § 253 (Schäfer LK 14) wird Abs 1 nach der insoweit probl Rspr (dazu 28 vor § 52) auch dann verdrängt, wenn die konkurrierende Nötigung nur versucht wurde (GA 70, 372; Koblenz MDR 84, 1040; zur Kritik beachte 28 vor § 52).

§ 241 a Politische Verdächtigung

(1) **Wer einen anderen durch eine Anzeige oder eine Verdächtigung der Gefahr aussetzt, aus politischen Gründen verfolgt zu werden und hierbei im Widerspruch zu rechtsstaatlichen Grundsätzen durch Gewalt- oder Willkürmaßnahmen Schaden an Leib oder Leben zu erleiden, der Freiheit beraubt oder in seiner beruflichen oder wirtschaftlichen Stellung empfindlich beeinträchtigt zu werden, wird mit Freiheitsstrafe bis zu fünf Jahren oder mit Geldstrafe bestraft.**

(2) **Ebenso wird bestraft, wer eine Mitteilung über einen anderen macht oder übermittelt und ihn dadurch der im Absatz 1 bezeichneten Gefahr einer politischen Verfolgung aussetzt.**

(3) **Der Versuch ist strafbar.**

(4) **Wird in der Anzeige, Verdächtigung oder Mitteilung gegen den anderen eine unwahre Behauptung aufgestellt oder ist die Tat in der Absicht begangen, eine der im Absatz 1 bezeichneten Folgen herbeizuführen, oder liegt sonst ein besonders schwerer Fall vor, so kann auf Freiheitsstrafe von einem Jahr bis zu zehn Jahren erkannt werden.**

1 **1.** Vgl zunächst 1, 3–5 zu § 234 a.

1a **2.** Die **Mittel der Gefährdung** sind hier Anzeigen (an Behörden) und Verdächtigungen sowie nach Abs 2 einfache Mitteilungen (BGHSt 11, 91). Anzeigen wegen noch nicht beendeter „Republikflucht“ erfüllen den von der Rspr äußerst restriktiv gedeuteten Tatbestand nur dann, wenn sie für den Angezeigten die konkrete Gefahr begründen, durch Gewalt- oder Willkürmaßnahmen Schaden an den in Abs 1 genannten Rechtsgütern zu erleiden, dh es muß mit schweren Verstößen gegen Menschenrechte zB durch völlig unverhältnismäßige Strafen oder durch Ermittlungsmaßnahmen gerechnet werden, die eine Strafbarkeit der dafür verantwortlichen DDR-Organe begründen können (BGHSt 40, 125 mit zu Recht krit Bespr Reimer NStZ 95, 83, Seebode JZ 95, 417 und Wassermann NJW 95, 931; NStZ 95, 288; krit auch Sch/Sch-Eser 4; vgl 25 zu § 2). Auf dieses menschenrechtswidrige Vorgehen muß sich der Vorsatz (bedingter reicht) iS der Bedeutungskenntnis (14 zu § 15) erstrecken (BGH aaO S 137). – Abs 2 richtet sich namentlich gegen den Agenten; andererseits schützt § 241 a uU auch den Agenten (KG NJW 57, 684).

2 **3.** Zu **Abs 4** (besonders schwere Fälle) 7–10 a zu § 46; 4 zu § 12.

3 **4. Tateinheit** ua möglich mit §§ 99, 164 (str), 186, 187, 187 a. Versuchte Freiheitsberaubung wird verdrängt (NJW 60, 1211).

4 **5.** Zuständigkeit §§ 74 a I, 120 II, 142 a GVG. Verfahren §§ 153c–153 e StPO.

19. Abschnitt. Diebstahl und Unterschlagung

§ 242 Diebstahl

(1) **Wer eine fremde bewegliche Sache einem anderen in der Absicht wegnimmt, dieselbe sich rechtswidrig zuzueignen, wird mit Freiheitsstrafe bis zu fünf Jahren oder mit Geldstrafe bestraft.**

(2) **Der Versuch ist strafbar.**

1. Geschützte Rechtsgüter sind **Eigentum und Gewahrsam** (hM; vgl Lampe GA 66, 225; aM Kindhäuser NK 5; zw). Verletzter kann also auch der Gewahrsamsinhaber sein (BGHSt 10, 400; aM Sch/Sch-Eser 2 mwN). 1

2. Objekt des Diebstahls sind fremde bewegliche Sachen. 2

a) Sachen sind grundsätzlich alle körperlichen Gegenstände (§ 90 BGB), auch Leichen, nicht aber lebende Menschen, Embryonen (Feten) und Tiere; letztere werden jedoch auch nach der gesetzestechnisch mißglückten Einführung des § 90 a BGB (krit Braun JuS 92, 558; Küper JZ 93, 435) unverändert erfaßt (Bay NJW 93, 2760), weil die für Sachen geltenden Vorschriften, soweit nichts anderes bestimmt ist, kraft Gesetzes (also nicht aufgrund lückenfüllender Analogie, BT-Dr 11/7369 S 6, 7) auf Tiere entsprechend anzuwenden sind (für einen autonomen strafrechtlichen Sachbegriff Küper Jura 96, 205, 206). – Natürliche und künstliche Körperimplantate werden mit der Einpflanzung Bestandteile des Körpers (hM; vgl Otto Jura 89, 137, 138; anders Bringewat JA 84, 61, 63; nach Ersatz- und Zusatzimplantaten diff Gropp JR 85, 181; Sch/Sch-Eser 10, alle mwN). – Auf den wirtschaftlichen Wert (auch völlig wertlose Gegenstände, Düsseldorf NJW 89, 115 mwN) und auf den Aggregatzustand (auch Gas, Dampf, Wasser; für elektrische Energie beachte § 248 c) kommt es nicht an. – Keine Sachen sind Forderungen und sonstige Rechte (namentlich auch nicht das sog Buch- oder Giralgeld, München JZ 77, 408), wohl aber die Urkunden, in denen sie verbrieft sind, zB im Sparbuch, Scheck, Grundschuldbrief (NJW 78, 710) oder Schuldschein (Düsseldorf NJW 90, 1492 mwN). Keine Sachen sind Computerprogramme, wohl aber Disketten oder sonstige Programmträger (Heinrich, Die Strafbarkeit der unbefugten Vervielfältigung und Verbreitung von Standardsoftware, 1993, S 314 mwN; vgl auch König NJW 93, 3121, 3123 und Müller-Hengstenberg NJW 94, 3129 zu § 90 BGB).

b) Beweglich sind – unabhängig von dem bürgerlich-rechtlichen Begriff – Sachen, die tatsächlich fortgeschafft werden können; also auch beweglich gemachte Sachen, zB ausgebrochene Goldzähne (Gera HESt 2, 296) oder spätestens durch die Tathandlung vom Grundstück getrennte Bodenbretter, Türen, Fenster usw (Samson JA 90, 5, 6), auch das von der Weide abgefressene Gras (LG Karlsruhe NStZ 93, 543). 3

4 c) **Fremd** ist die Sache, die einem anderen als dem Täter gehört. Maßgebend ist das Eigentum nach bürgerlichem Recht (Düsseldorf NJW 88, 1335; Küper BT S 165, beide mwN). Erfaßt wird also das Eigentum aller Rechtssubjekte, auch des Staates (Frankfurt NJW 84, 2303), nicht aber das sog wirtschaftliche Eigentum (hM; krit Otto, Die Struktur des strafrechtlichen Vermögensschutzes, 1970, S 143 und JZ 93, 559; Lampe, in: Müller-Dietz [Hrsg], Strafrechtsdogmatik und Kriminalpolitik, 1971, S 59, 63; s auch Liver, Schultz-Festg, S 108, 121).

5 aa) Fremd sind deshalb **beispielsweise** der vorausgezahlte Dirnenlohn für den Freier (BGHSt 6, 377) und die der Einmann-GmbH gehörenden Sachen für den Alleingesellschafter (RGSt 71, 355; Samson SK 11 mwN; zw), nicht fremd dagegen beschlagnahmte oder unter Eigentumsvorbehalt (Düsseldorf NJW 84, 810) verkaufte Sachen für deren Eigentümer (beachte §§ 136 I, 288, 289) und unter aufschiebender Bedingung übereignete Sachen für deren Veräußerer (Saarbrücken NJW 76, 65). Vom Körper eines lebenden Menschen abgetrennte Teile oder Substanzen (Haare, Zähne, entnommenes Blut usw) sind dessen Eigentum (hM; vgl bei Dallinger MDR 58, 739; zur Plazenta Gropp, in: Arnold (Hrsg), Grenzüberschreitungen, 1995, S 299; zum Blut eingehend Schröder/Taupitz, Menschliches Blut: Verwendbar nach Belieben des Arztes?, 1991, S 34). In einzelnen Fallgruppen sind die Eigentumsverhältnisse noch nicht abschließend geklärt, zB bei unbezahltem, durch Tanken mit Fremd- oder Selbstbedienung erlangtem Kraftstoff (Düsseldorf NStZ 82, 249 und JR 85, 207 mit Anm Herzberg; Hamm NStZ 83, 266; Borchert/Hellmann NJW 83, 2799; Ranft JA 84, 1, 4; Herzberg NJW 84, 896; Schroeder JuS 84, 846; Otto JZ 85, 21, 22; Charalambakis MDR 85, 975; s auch NJW 83, 2827 mit krit Anm Gauf und Deutscher NStZ 83, 505, 507, alle mwN), bei unbefugt aus einem Bankautomaten mittels Codekarte entnommenem Geld (vgl die Nachw unter 23) und bei illegal erlangten Betäubungsmitteln (Engel NStZ 91, 520 mit Erwiderung Marcelli NStZ 92, 220 und Vitt NStZ 92, 521).

6 bb) Fremd sind ferner Sachen im **Miteigentum** (auch Gesamthandseigentum, NStZ 91, 432), weil sie dem Täter nicht allein gehören (unstr).

7 cc) Nicht fremd sind Sachen, die in niemandes Eigentum stehen oder stehen können **(herrenlose Sachen),** namentlich freie Luft, fließendes Wasser, wilde Tiere in Freiheit (§ 960 BGB; s jedoch Hammer NuR 92, 62; unten 19 sowie §§ 292, 293), vom Eigentümer nach § 959 BGB derelinquierte Sachen (Düsseldorf NJW 83, 2153 mit Anm Bottke JR 84, 35; beachte Bay JR 87, 128 mit Anm Keller; Düsseldorf JMBlNRW 92, 191) und regelmäßig, aber nicht notwendig (10 zu § 168), auch menschliche Leichen, deren Schutz sich nach § 168 bestimmt (Pluisch/Heifer NJW 94, 2377, 2379; Stellpflug, Der strafrechtliche Schutz des menschlichen Leichnams, 1996, S 22 mwN). Lediglich verlorene, verlegte oder vergessene Sachen sind nicht herrenlos; idR gilt das auch für militärisches Gerät, Geschosse und Geschoßteile im

Kampfgelände (NJW 53, 1271) und auf dem Übungsplatz (Hamm JMBlNRW 63, 145).

8 3. **Wegnehmen** ist Bruch fremden und Begründung neuen Gewahrsams (Apprehensionstheorie, hM); anders Kargl JuS 96, 971, 976: einmalige Erlangung des Zugriffs auf die Sache, der gegenüber der frühere Gewahrsamsinhaber in eine Rechtfertigungsdefensive gerät).

8a a) **Gewahrsam** ist ein **tatsächliches von einem Herrschaftswillen getragenes Herrschaftsverhältnis** (hM; vgl etwa Küper BT S 305 mwN; krit Samson JA 80, 285, 287 mwN). Es ist nicht gleichbedeutend mit Besitz im Sinne der §§ 854 ff BGB (hM).

9 aa) **Objektiv** setzt Gewahrsam voraus, daß **nach den Anschauungen des täglichen Lebens** (BGHSt 16, 271; NJW 81, 997, sog normativ-soziales Moment; weiterführend Gössel ZStW 85, 591, 619, Kahlo, ZustStR, S 123, 135 und Kargl JuS 96, 971, 974; krit Schmidhäuser, Henkel-FS, S 229, 233; Seelmann/Pfohl JuS 87, 199; Keller ZStW 107, 457, 478) **der Verwirklichung des Willens zur unmittelbaren Einwirkung auf die Sache keine Hindernisse entgegenstehen** (hM). Das trifft auch zu bei einer räumlichen Trennung von der Sache, die im Rahmen des sozial Üblichen liegt, wenn nur die Sachherrschaft nach einer gewissen Zeit ausgeübt werden kann (GA 69, 25). Eine solche Herrschaft hat zB der abwesende Wohnungsinhaber über die Sachen in der Wohnung und der Autofahrer über den geparkten Wagen (VRS 62, 274) oder das an bekannter Stelle zurückgelassene Wagenwrack (Köln VRS 14, 299), nicht aber der Reisende über die im abgefahrenen Zug zurückgelassenen Sachen; hieran wird die Bahn Gewahrsam haben (hM). Die Beurteilung hängt weitgehend vom Einzelfall ab (GA 62, 77).

10 bb) **Subjektiv** ist ein **Herrschaftswille** erforderlich (hM; anders Lampe JR 86, 294 mwN), dh der Wille, sich die Möglichkeit ungehinderter Einwirkung auf die Sache zu erhalten (KG GA 79, 427). Er setzt weder einen Eigentumswillen (§ 872 BGB) noch rechtliche Willensfähigkeit voraus (Kinder können Gewahrsam haben, aber nicht juristische Personen). Durch vorübergehende Ausschaltung der tatsächlichen Willensfähigkeit (zB im Schlaf) wird der (latente) Herrschaftswille nicht aufgehoben; jedoch fehlt er beim Toten, dagegen nach den Anschauungen des täglichen Lebens nicht schon beim Kranken, der die Willensfähigkeit verloren und bis zum Tode nicht wieder erlangt hat (NJW 85, 1911 mit Bespr Lampe aaO; anders Seelmann/Pfohl JuS 87, 199, die eine Nutzungsmöglichkeit verlangen; dagegen Otto Jura 89, 14).

11 cc) Der Herrschaftswille kann sich auch auf einen **generellen Gewahrsamsbereich** erstrecken, den der Gewahrsamsinhaber allgemein beherrschen will (zB seine Wohnung, seinen gewerblichen oder landwirtschaftlichen Betrieb usw). Unter dieser Voraussetzung ist die genaue Kenntnis der im Gewahrsam stehenden Sachen nicht erforderlich, zB die Post im Hausbriefkasten, das Münzgeld im Postfernsprecher (Düsseldorf NJW 88, 1335), die in der Frühe vor der Ladentür abge-

stellte Ware (NJW 68, 662 mit Anm Schmitt JZ 68, 307), der vom Entleiher zurückgebrachte und vor dem Haus abgestellte Wagen (GA 62, 78). In einem generellen Gewahrsamsbereich verlorene Sachen (zB das im Haus verlorene Schmuckstück) sind – anders als sonst verlorene Sachen – nicht gewahrsamslos.

12 dd) Der Gewahrsam braucht **nicht rechtlich** begründet zu sein; auch der Dieb kann bestohlen werden (NJW 53, 1358; Kargl JuS 96, 971, 973; aM Roth, Eigentumsschutz nach der Realisierung von Zueignungsunrecht, 1986, S 115); die Wegnahme der ungeteilten Beute durch einen Mittäter ist aber kein neuer Angriff auf fremdes Eigentum (RGSt 11, 438).

13 ee) Haben mehrere Personen gleichrangigen **Mitgewahrsam,** so kann diesen jeder von ihnen brechen (hM; anders Haffke GA 72, 225). In Abhängigkeitsverhältnissen kann der Untergeordnete den Gewahrsam des Übergeordneten brechen, nicht aber umgekehrt; dieses allgemein anerkannte Ergebnis erklärt die Rspr mit der Annahme mehrstufigen Gewahrsams (BGHSt 10, 400; NStZ-RR 96, 131; Hamm JMBlNRW 65, 10), während im Schrifttum sachentsprechender schon der Gewahrsam des Untergeordneten verneint wird (Schünemann GA 69, 46, 52; Sch/Sch-Eser 32, beide mwN). Danach können je nach den Umständen Mitgewahrsam oder mehrstufigen Gewahrsam im Sinne der Rspr zB haben: Post und Briefträger oder sonst mit der Ausgabe von Postsendungen betraute Bedienstete (wistra 89, 18); Hausfrau und Angestellte (BGHSt 16, 271, 274); Bank und Schließfachkunde; Pensionswirtin und Gast (NJW 60, 1357); Garageninhaber und Autoeinsteller (BGHSt 18, 221); Geschäftsführer und Sekretärin (NStZ-RR 96, 131 mit Bespr Otto JK 10 zu § 246). Der Transportfahrer, der unterwegs nicht beaufsichtigt werden kann, hat Alleingewahrsam (BGHSt 2, 318; GA 79, 390); ebenso der alleinverantwortliche Kassierer bei Bank, Warenhaus und Amtsstelle (BGHSt 8, 273; wistra 89, 60) und der zur Postkontrolle eingesetzte MfS-Mitarbeiter (BGHSt 40, 8, 23; anders 5 StR 386/94 v 13. 10. 94: Gewahrsam an den den Postsendungen entnommenen Gegenständen haben die in der Leitungsebene Verantwortlichen); sogar am Inhalt eines verschlossenen Behältnisses, zB einem Fernsehgerät mit Münzeinwurf, kann der legitimierte Besitzer (Mieter, Pächter usw) Alleingewahrsam haben, selbst wenn nur der Eigentümer dazu den Schlüssel hat (BGHSt 22, 180; zw); anders beim fest einmontierten Gasautomaten (BGH aaO).

14 **b) Der Täter muß fremden Gewahrsam** (nicht unbedingt den des Eigentümers) **brechen,** dh ohne Willen des Gewahrsamsinhabers aufheben. Dessen Einverständnis schließt daher den Tatbestand aus. Beim sog Selbstbedienungstanken ist idR ein dem Gewahrsamsinhaber zurechenbares Einverständnis anzunehmen, weil nach der Struktur des automatisierten Ablaufs der Gewahrsam immer dann als freigegeben angesehen werden muß, wenn der Automat äußerlich ordnungsgemäß betätigt wird (vgl die Nachw unter 5). Dasselbe gilt, wenn jemand ei-

nen Glücksspielautomaten unter Ausnutzung anderweit erlangter Programmkenntnis „leerspielt" (Neumann JuS 90, 535, 538; Bühler, Die strafrechtliche Erfassung des Mißbrauchs von Geldspielautomaten, 1995, S 159; Arloth CR 96, 359, 361, alle mwN; beachte 14 a zu § 263 a) oder wenn er – was inzwischen unter § 263 a fällt (dort 13, 14) – eine echte (und wohl auch eine unechte, BGHSt 38, 120; Achenbach NStZ 93, 430; Otto JZ 93, 559, 562; Schlüchter JR 93, 496; aM Richter CR 89, 303, 307; zw) Codekarte zum Geldabheben aus Bankautomaten mißbraucht (BGHSt 35, 152 mit Anm Huff NJW 88, 981 und Schmitt/Ehrlicher JZ 88, 364, alle mwN; str). Auch die sog Diebesfalle erfüllt den Tatbestand regelmäßig nicht; häufig fehlt es schon an der Gewahrsamsverschiebung (BGHSt 4, 199), jedenfalls läuft diese aber dem Willen des Gewahrsamsinhabers nicht zuwider (Celle JR 87, 253; Düsseldorf NJW 88, 83 und NStZ 92, 237 mit abl Anm Janssen; Hefendehl NStZ 92, 544; aM Otto JZ 93, 559, 562, alle mwN; beachte 3, 5 zu § 246). Gewahrsamsbruch liegt dagegen vor, wenn der Betroffene (zB bei Vortäuschen einer Beschlagnahme) die Sache unabhängig von seinem Einverständnis oder seiner Mitwirkung dem Zugriff des Täters preisgegeben glaubt (hM; vgl etwa GA 60, 277 und 65, 107; diff Miehe, Unbewußte Verfügungen, 1987, S 71; aM Kindhäuser NK 62; anders auch Schmitt, Spendel-FS, S 575, der ausschl nach dem äußeren Nehmen oder Geben unterscheidet). Duldet der Gewahrsamsinhaber (uU auch ein bloßer Gewahrsamshüter, bei Dallinger MDR 74, 15) aufgrund irrtumsbedingten, im übrigen aber innerlich freien Willensentschlusses die Besitzergreifung, so liegt keine Wegnahme, sondern Vermögensverfügung nach § 263 vor (BGHSt 18, 221). – Zur weiteren Abgrenzung gegenüber Erpressung, Betrug und Erschleichen von Leistungen 2 zu § 255; 26 zu § 263; 2 zu § 265 a. – Eine auf das Opferverhalten abstellende Systematisierung der Sachentziehungsdelikte schlägt Hruschka (Jahrb RuE 94, 177) vor: während der Bestohlene schon nicht „willentlich" beim Gewahrsamswechsel mitwirkte, fehle es beim Erpreßten und Betrogenen an einer „freiwilligen" Mitwirkung.

c) **Neuer Gewahrsam,** der nicht unbedingt der des Täters zu sein 15
braucht (zB Abholenlassen durch Gutgläubigen), ist **begründet,** wenn der Täter (oder der Dritte) die Herrschaft über die Sache derart erlangt hat, daß er sie unbehindert durch den alten Gewahrsamsinhaber ausüben und dieser seinerseits über die Sache nicht mehr verfügen kann, ohne die Verfügungsgewalt des Täters zu beseitigen (GA 66, 78; Köln StV 89, 156; Kühl JuS 82, 110, 112; eingehend Gössel ZStW 85, 591, 614). Endgültig geborgen braucht die Beute noch nicht zu sein (BGHSt 20, 194; Hamburg MDR 70, 1027). Dabei kann sich der Wechsel im Gewahrsam in einer oder in mehreren Phasen vollziehen.

aa) Bei **unauffälligen,** leicht beweglichen Sachen, wie Geldschei- 16
nen, Schmuckstücken usw, genügt im allgemeinen schon ein Ergreifen und Festhalten (BGHSt 23, 254; Düsseldorf NJW 88, 1335, beide mwN). – Sonst begründet an **Sachen geringen Umfangs** neuen Ge-

wahrsam idR schon, wer die Beute in seine Kleidung oder in ein leicht zu transportierendes Behältnis steckt (BGHSt 26, 24; NJW 81, 997; Düsseldorf NJW 90, 1492) oder wer sie in dem fremden Gewahrsamsbereich unauffällig wie seine eigene Sache fortträgt (Köln MDR 71, 595). Im Regelfall hindern hier sofortige Festnahme (GA 63, 147), zufällige oder planmäßige Beobachtung (NStZ 87, 71; Geilen JR 63, 446; aM Sch/Sch-Eser 40; s auch BGHSt 41, 198, 204 mit Anm Scheffler JR 96, 342; NStZ 88, 270; Zweibrücken NStZ 95, 448; krit zur uneinheitlichen Rspr Kahlo aaO [vgl 9] S 130, alle mwN) oder der Einsatz von elektromagnetischen Sicherungsetiketten (Bay NJW 95, 3000 mit Bespr v Heintschel-Heinegg JA 95, 833, Kargl JuS 96, 971 und Schmidt JuS 96, 78; aM Borsdorff JR 89, 4; Sch/Sch-Eser aaO, alle mwN; s auch 16 zu § 243) die Vollendung der Wegnahme nicht, es sei denn, daß der eingriffsbereite Dritte noch auf die Sache zugreifen kann, ohne in die höchstpersönliche Sphäre des Täters eindringen zu müssen (Düsseldorf NJW 86, 2266 mit krit Bespr Roßmüller/Rohrer Jura 94, 469, 474). Das alles gilt auch für Entwendungen im Warenhaus (zur kriminalpolitischen Problematik des Ladendiebstahls 5 a vor § 13) und im Selbstbedienungsladen (BGHSt 16, 271; aM Kahlo aaO S 137); jedoch muß bei Sachen, die in ein noch bestimmungsmäßiger Kontrolle unterliegendes Behältnis (zB den Einkaufswagen im Selbstbedienungsladen) gelegt werden, auch diese Kontrolle durchlaufen sein (Köln NJW 84, 810 und 86, 392; beachte auch Düsseldorf NJW 88, 922 und 93, 1407; Kindhäuser NK 39; 26 zu § 263). – Bei **sperrigen oder sonst schwer beweglichen** Gegenständen sowie bei Sachen, die wegen ihrer **Vielzahl** auffälligen Abtransports bedürfen, ist Gewahrsam erst begründet, wenn der Täter die Sache aus dem fremden Machtbereich herausgeschafft hat (NStZ 81, 435) oder wenn er sie aus ihm ohne Gefahr der Behinderung oder Entdeckung herausschaffen kann (BGHSt 16, 271, 276). – Dasselbe gilt für leichter bewegliche Beute, die von Arbeitern auf dem Werksgelände (Celle MDR 65, 315) oder von Angestellten in der Küche versteckt wird (KG JR 66, 308); hier vollendet häufig erst das spätere Abholen den Diebstahl. – Bei **Kraftwagen** genügt es idR, wenn der Täter das Fahrzeug von dem Platz wegfährt, auf dem es der Gewahrsamsinhaber abgestellt hatte (NStZ 82, 420).

17 bb) Auf die Mittel, mit denen der Wechsel im Gewahrsam herbeigeführt wird, kommt es nicht an (zB Hühnerdiebstahl durch dressierten Hund oder Grasdiebstahl durch weidende Schafe [LG Karlsruhe NStZ 93, 543]), es sei denn, daß das Mittel die Tat zu einem eigenständigen Delikt macht (zB bei Gewalt § 249).

18 **d)** Die Wegnahme ist **vollzogen** (und damit die Tat im ganzen **vollendet;** str), sobald der neue Gewahrsam begründet ist (vgl 15, 16; eingehend Gössel ZStW 85, 591, 614, 617). Dieser Zeitpunkt ist nicht nur für die Abgrenzung zum Versuch wichtig; auf ihn ist vielmehr auch die Beurteilung folgender, zum Teil umstrittener Fragen zu beziehen: ob die weggenommene Sache fremd ist und ob Zueignungsabsicht be-

steht (Herzberg/Seier Jura 85, 49, 51; beachte auch Herzberg, Oehler-FS, S 163, 173; Küper JuS 86, 862, 869; Freund StV 91, 23); ob der Helfer beim Abtransport der Beute Beihilfe, Begünstigung oder Hehlerei begeht (3 zu § 27) und ob nach vollendeter Wegnahme bis zur Beendigung der Tat (dazu NJW 85, 814; JZ 89, 759) noch erschwerende Merkmale (zB Waffenführen nach § 244 I) verwirklicht werden können (2 vor § 22).

4. Der **Vorsatz** (bedingter genügt) muß die Wegnahme einer fremden beweglichen Sache umfassen. Hält der Täter die Sache nicht für fremd, was auch bei voller Kenntnis der zugrundeliegenden Tatsachen denkbar ist (14, 15 zu § 15), hält er sie für gewahrsamslos oder den Gewahrsamsinhaber für einverstanden, so handelt er nicht vorsätzlich. Nimmt er irrig das Einverständnis des Eigentümers an, so irrt er idR über die Rechtswidrigkeit der Zueignung (vgl 27). Zum umgekehrten Irrtum (7 zu § 16) beachte 29. – Ob der Vorsatz von vornherein auf ein bestimmtes Objekt konkretisiert oder nur allgemein auf stehlenswerte Sachen gerichtet war, bleibt sich gleich. Erstreckt der Täter während der Tat, dh vor deren Beendigung, den Vorsatz auf weitere Objekte, so ergibt das keinen neuen selbständigen Diebstahl (Sch/Sch-Eser 45; zur Problematik des Vorsatzwechsels beim Übergang zum besonders schweren Fall und beim Raub 6 zu § 243; 5 zu § 249). 19

5. Die Absicht (kein besonderes persönliches Merkmal iS des § 28 I, dort 6), **sich selbst die Sache rechtswidrig zuzueignen** (komprimierte Zusammenfassung der wesentlichen Gesichtspunkte bei Küper BT S 322), muß der Täter (auch der Mittäter, MDR 86, 864; 8 zu § 249) bei der Wegnahme (beachte 18) haben (NJW 85, 812 mwN). Faßt er sie erst später, so kommt § 246 in Frage (GA 62, 78). 20

a) Zueignen bedeutet, die Sache selbst oder wenigstens den in ihr verkörperten Sachwert unter dauerndem Ausschluß des Berechtigten dem eigenen Vermögen einverleiben (BGHSt 1, 262; 16, 190). Erforderlich ist danach, daß der Täter unter Anmaßung einer eigentümerähnlichen Stellung (se ut dominum gerere) dem Berechtigten die Sache ihrer Substanz nach oder ihren spezifischen Funktionswert (das sog lucrum ex re) dauernd (hM; anders Otto Jura 96, 383) entzieht (Enteignung) und – sei es auch nur vorübergehend (hM; anders Kargl ZStW 103, 136, 152) – seinem Vermögen zuführt (Aneignung). Aneignung bedeutet nicht notwendig wirtschaftliche Bereicherung (GA 69, 306), so daß auch wertlose Sachen gestohlen werden können (VRS 62, 274 mwN); an ihr fehlt es aber, wenn der Täter die Sache nur preisgeben oder vernichten (NJW 77, 1460 mit krit Anm Lieder NJW 77, 2272 und Geerds JR 78, 172; Düsseldorf NJW 87, 2526; Kindhäuser, Geerds-FS, S 655, 669, alle mwN), den Berechtigten durch die Sachentziehung nur ärgern (bei Holtz MDR 82, 810; Bay NJW 92, 2040 mit Anm Meurer JR 92, 347; Schild, in: Schild [Hrsg] Rechtliche Aspekte bei Sportgroßveranstaltungen, 1994, S 63, 88, alle mwN), schädigen (StV 90, 407) oder sich an ihm nur rächen will (NJW 85, 21

812). Im einzelnen ist die Abgrenzung des Aneignungselements noch nicht abschließend geklärt (näher BGH aaO). Ob es bei der Wegnahme von Behältnissen (mit oder ohne Inhalt), die alsbald wieder preisgegeben werden, erfüllt ist, hängt von den Umständen ab (NJW 90, 2569; diff Kindhäuser aaO S 670; zusf Ruß, Pfeiffer-FS, S 61, alle mwN).

22 aa) Diese **kombinierte Substanz- und Sachwerttheorie** (Vereinigungstheorie) ist hM (zusf Ulsenheimer Jura 79, 169; Tenckhoff JuS 80, 723; krit Samson JA 80, 285, 290; Kindhäuser, Geerds-FS, S 655; Behrendt, Der Begriff der Zueignung in den Tatbeständen des Diebstahls und der Unterschlagung, 1996, S 15, alle mwN). Sie ist jedoch keineswegs ausdiskutiert. Bei den wissenschaftlichen Auseinandersetzungen geht es vorwiegend um die nähere Klärung der Elemente von Substanz- und Sachwertzueignung, ihr Verhältnis zueinander und ihre Vereinigung auf einer höheren Ebene (Eser JuS 64, 477; Wessels NJW 65, 1153; Paulus, Der strafrechtliche Begriff der Sachzueignung, 1969; Rudolphi JR 85, 252; Behrendt aaO S 25, 34), außerdem auch um Schwierigkeiten, die bei der Zueignung vertretbarer Sachen – namentlich bei eigenmächtigem Wechseln, Vermengen und vorübergehendem Gebrauchen fremden Geldes – entstehen (Celle NJW 74, 1833; Roxin, Mayer-FS, S 467; Ebel JZ 83, 175; Bollweg Jura 85, 605, 606, alle mwN) und in Teilen des Schrifttums mit Unterschieden im einzelnen durch teleologische Reduktion des Zueignungsbegriffs auf Fälle der „Verletzung von Eigentümerinteressen" gelöst werden (vgl etwa Sax JZ 76, 429; Maiwald ZStW 91, 923, 954; Rheineck, Zueignungsdelikte und Eigentümerinteresse, 1977; Witthaus, Probleme der Rechtswidrigkeit und Zueignung bei den Eigentumsdelikten der §§ 242, 246 StGB, 1981). Daneben wird aber auch grundsätzliche Kritik an der Vereinigung von Substanz- und Sachwertzueignung geübt (zusf Gössel, 140 Jahre GA, S 39). Mit den beiden Elementen können zwar die verschiedenen Möglichkeiten der Verletzung von Eigentum vollständig erfaßt werden (Schmidhäuser, Bruns-FS, S 345, 351), sie schließen sich aber im dogmatischen Ausgangspunkt aus (Rudolphi GA 65, 333; Kleb-Braun JA 86, 249; Miehe, Heidelberg-FS, S 481; Kargl ZStW 103, 136, 148); diesen Gegensatz versucht Maiwald (Der Zueignungsbegriff im System der Eigentumsdelikte, 1970 und JA 71, 579, 634) durch Rückgriff auf das gemeinsame Element der Eigentumsverletzung als Oberbegriff zu überwinden. Aus psychoanalytischer Sicht erscheint die Zueignung als „oraler Zugriff", der sich strafrechtlich als „Einverleibung" verstehen lassen müsse (Behrendt aaO S 34, 45 mwN).

23 bb) Nach der Vereinigungstheorie hat die **Sachwertzueignung** nur subsidiäre Bedeutung (hM; vgl Ulsenheimer Jura 79, 169, 176 mwN; zu den Funktionen des Sachwertgedankens auf der Enteigungs- und der Aneigungsseite klärend Küper BT S 329). Nach ihr eignet sich etwa zu, wer ein Sparbuch (hM; vgl RGSt 22, 2; anders Miehe aaO [vgl 22] S 497; Gössel aaO [vgl 22] S 39, 51; Otto JZ 93, 559, 563, alle mwN; zw) oder Biermarken (RGSt 40, 10) wegnimmt, die er nach völliger oder teilweiser Abhebung der Sparsumme oder Eintausch gegen Bier an

den Eigentümer zurückgelangen lassen will (hM). Wer dagegen als Soldat einem Kameraden einen Dienstgegenstand wegnimmt, um ihn anstelle eines verlorenen auf der Kammer abzugeben oder sonst an diese zurückgelangen zu lassen, strebt kein lucrum ex re an (BGHSt 19, 387; aM Frankfurt NJW 62, 1879; Hamm NJW 64, 1427; s auch Wessels JZ 65, 631). Auch wer eine Codekarte wegnimmt, um sie zur Geldabhebung aus einem Bankautomaten zu mißbrauchen und dann zurückzugeben, entzieht keinen Sachwert aus der Karte (hM; vgl BGHSt 35, 152; Köln StV 91, 468, 471, beide mwN). Das aus dem Automaten entnommene Geld bleibt jedoch fremd (vgl 4), weil eine interessengemäße Auslegung der einschlägigen Geschäftsbedingungen ergibt, daß die Bank ein konkludentes Übereignungsangebot nur an den Berechtigten, jedenfalls nicht zugunsten des Unbefugten abgibt (BGH aaO mit zT abl Bespr Huff NJW 88, 981, Schmitt/Ehrlicher JZ 88, 364, Thaeter wistra 88, 339 und Ranft JR 89, 165; aM Spahn Jura 89, 513, 517; Ennuschat StV 90, 498; krit Weber, Krause-FS, S 427, 429, alle mwN; zw); das gilt sinngemäß auch, wenn der Kontoinhaber selbst unter Überschreitung seiner Kreditlinie unbefugt Geld abhebt (AG Berlin-Tiergarten wistra 84, 114; AG Hamburg NJW 86, 945; Ranft wistra 87, 79, 85, alle mwN). Danach war die Geldentnahme vor Inkrafttreten des 2. WiStG (2 vor § 263) zwar nicht als Diebstahl (vgl 14), wohl aber als Unterschlagung strafbar (BGH aaO); im geltenden Recht wird § 246 jedoch durch § 263 a (Computerbetrug) ausgeschlossen (dort 28).

cc) Das sog **furtum usus,** dh der bloß unbefugte vorübergehende Gebrauch ohne erhebliche Substanzverletzung, ist keine Zueignung und idR straflos (Ausnahmen in §§ 248 b, 290). Es liegt vor, wenn der Eigentümer die Sache ohne erhebliche Veränderung oder Wertminderung (BGHSt 34, 309, 312) zurückerhalten soll (NStZ 81, 63; NJW 85, 1564 mit Bespr Rudolphi JR 85, 252 und Joerden Jura 86, 80); das Schrifttum geht hier zum Teil weiter und nimmt Zueignung erst an, wenn der Sachwert um mehr als 50% vermindert (so Fricke MDR 88, 538; dagegen Kindhäuser, Geerds-FS, S 655, 671), mindestens eine Teilfunktion der Sache vollständig entzogen (so Rudolphi GA 65, 33, 46) oder sogar ihre Gesamtfunktion ganz aufgehoben wurde (so Kargl ZStW 103, 136, 184, alle mwN). – Die Rspr nimmt keine bloße Gebrauchsanmaßung an, wenn dem Täter der unbedingte Rückführungswille fehlt (BGHSt 22, 45; NStZ 96, 38 mit Bespr v Heintschel-Heinegg JA 96, 271 und Otto JK 3 zu § 248 b), namentlich wenn er die Rückführung von dem ungewissen Eintritt einer Bedingung abhängig macht (NJW 85, 812), oder wenn er die Sache preisgeben will und ihm – und zwar schon zur Zeit der Wegnahme (NJW 87, 266) – deren Rückgewinnung durch den Eigentümer gleichgültig ist (BGHSt 16, 190; NStZ 82, 420); dafür ist in hohem Maße indiziell, wenn er sich der Sache irgendwo entledigen will, wo sie dem Zugriff Dritter preisgegeben ist und es deshalb dem Zufall überlassen bleibt, ob der Eigentümer sie zurückerhält (NJW 87, 266 mit Anm Keller JR 87, 343; NStZ 96, 38, alle mwN). Diese vornehmlich für Fälle unbefugten Ge- 24 brauchs von Fahrzeugen nach § 248 b (dort 6) entwickelte Abgrenzung ist umstritten (vgl etwa Schaffstein GA 64, 97; Rudolphi GA 65, 33, 50; Schaudwet JR 65, 413; Seelmann JuS 85, 288; Kargl aaO S 150). Auch sonst sind die Grenzen zweifelhaft (NJW 85, 812 mit Bespr Gropp JR 85, 518). Zueignung wurde zB verneint, wenn von einer Diskette lediglich Daten kopiert und verwertet wurden (Bay NJW 92, 1777 mit Anm Julius JR 93, 255; Heinrich aaO [vgl 2] S 315) oder wenn ein polizeilicher Parkzettel zur Irreführung mißbraucht wurde (Hamburg NJW 64, 736 mit Bespr Baumann NJW 64, 705; aM Schünemann JA 74, 37), dagegen bejaht bei Wegnahme eines – später nicht mehr als neu verkäuflichen – Taschenbuches im Laden, um es nach Lektüre zurückzubringen (Celle NJW 67, 1921 mit Bespr Deubner, Schröder JR 67, 390, Androulakis JuS 68, 409 und Widmann MDR 69, 529; krit Kindhäuser, Geerds-FS, S 655, 664; Naucke 2/76; zw), und bei Wegnahme eines Lottoscheins, um ihn zu Täuschungszwecken auszufüllen und an den Eigentümer zurückgelangen zu lassen (Stuttgart NJW 70, 672 mit abl Anm Widmaier).

25 **b) Absicht** ist hier der auf Zueignung (nicht notwendig auf Bereicherung, MDR 60, 689) zielgerichtete Wille (20 zu § 15); dabei ist unerheblich, ob die erstrebte Zueignung durch einen andersartigen Beweggrund, etwa das sexuelle Motiv des Fetischisten, überlagert (Krauß, Bruns-FS, S 11, 18) oder ob sie überhaupt erreicht wird (str). Dieser Zweckrichtung bedarf es nur für das Aneignungselement der Zueignung (vgl 21), während für die Enteignung, dh den dauernden Ausschluß des Berechtigten, jede Form des Vorsatzes genügt (hM; vgl Ruß LK 51; anders Seelmann JuS 85, 454, beide mwN). Immerhin muß sich danach der Täter aber zur Zeit der Wegnahme aktuell (9 zu § 15) der Möglichkeit bewußt sein, daß der Eigentümer auf Dauer verdrängt wird (NStZ 81, 63; aM Tenckhoff/Arloth JuS 85, 129, 131; Krehl Jura 89, 646, 649; krit auch Ranft JA 84, 277, 279; zw); daran kann es fehlen, wenn ein Gefangener aus der Vollzugsanstalt unter Mitnahme der Anstaltskleidung flieht oder wenn er zur Ermöglichung des Ausbruchs dem Wärter einen Schlüssel wegnimmt (probl MDR 60, 689 mit zust Bespr Ranft und Krehl aaO; anders Seelmann JuS 85, 288, 291). Ob bei der sog „eigenmächtigen In-Pfand-Nahme" schon zur Zeit der Wegnahme die Enteignung des Berechtigten gewollt ist, hängt von den Umständen ab (StV 83, 329; Mohrbotter NJW 70, 1858; Bernsmann NJW 82, 2214; Gropp JR 85, 518, 520, alle mwN).

26 **c)** Eine Zueignung **an sich selbst** beabsichtigt nicht nur, wer eine Sache behalten, benutzen oder verbrauchen will, sondern auch, wer sie wie ein Eigentümer verschenken (BGHSt 4, 236; Maiwald ZStW 91, 923, 940; aM Seelmann JuS 85, 288, 290) oder sonst überlassen (BGHSt 17, 87; Düsseldorf JZ 86, 203), sie dem ahnungslosen Eigentümer zurückverkaufen (RGSt 57, 199; Ranft JA 84, 277, 282; aM Seelmann aaO; vgl auch Stoffers Jura 95, 113, 116) oder als angeblicher Bote einem Kunden des Eigentümers bringen will, um den Kaufpreis

zu kassieren (Bay JR 65, 26 mit krit Anm Schröder; aM Rudolphi JR 85, 252, 253; zw). Nach der Rspr soll es ausreichen, wenn der Täter durch die unentgeltliche Zuwendung der Sache an einen Dritten einen mittelbaren wirtschaftlichen Vorteil im weitesten Sinne erstrebt (BGHSt – GG – 41, 187, 194 mit krit Anm Otto JZ 96, 582, beide mwN). Das Schrifttum geht zum Teil noch weiter, indem es jede Verfügung zugunsten eines Dritten genügen läßt (Rudolphi GA 65, 33, 41, 51; Tenckhoff JuS 80, 723, 725; Otto aaO; Wolfslast NStZ 94, 542, 544; krit Werle Jura 79, 485, 486; Küper JuS 86, 862, 867; Kindhäuser, Geerds-FS, S 655, 666, alle mwN; erwogen auch von NStZ 95, 131 und 442 mit Bespr Brocker wistra 95, 292 und Schroeder JR 95, 95); zum Teil scheidet es umgekehrt die Fälle, in denen der Täter keinen aus der Sache abgeleiteten Vorteil erstrebt, aus dem Anwendungsbereich aus (Sch/Sch-Eser 56).

d) aa) **Rechtswidrig** ist die erstrebte Zueignung, wenn sie der materiellen Eigentumsordnung widerspricht (hM). Daran fehlt es bei (vorheriger) Einwilligung des Eigentümers und beim Aneignungsrecht; ebenso bei einem fälligen und einredefreien Anspruch auf Übereignung der weggenommenen Sache (BGHSt 17, 87 mit Anm Schröder JR 62, 346; Schleswig StV 86, 64; Schmidhäuser, Bruns-FS, S 345, 359; aM Hirsch JZ 63, 149). Ein Anspruch auf Übereignung einer Gattungssache genügt dagegen nur, wenn – was regelmäßig bei Geldschulden zutrifft – kein wirtschaftliches Interesse des Schuldners an der Bestimmung der konkret geschuldeten Sache verletzt wird (Sch/Sch-Eser 59 mwN; s auch 22; str). 27

bb) Die **systematische Einordnung der Rechtswidrigkeit** (der Zueignung) ist umstritten (eingehend Otto, Die Struktur des strafrechtlichen Vermögensschutzes, 1970, S 212; s auch Maiwald ZStW 91, 923, 955; zu ihrem nicht hinreichend geklärten Verhältnis zu den allgemeinen Rechtfertigungsgründen s Küper BT S 336). Ein Teil des Schrifttums und überwiegend auch die Rspr verstehen sie mit Recht, allerdings mit unterschiedlicher Begründung, als normatives Tatbestandsmerkmal (zB GA 68, 121; Herdegen, BGH-FS, S 195, 200) und behandeln daher den Irrtum über den Widerspruch zur materiellen Eigentumsordnung, gleichgültig ob er auf einer Verkennung von Tatsachen oder falscher rechtlicher Wertung beruht, unterschiedslos als Tatbestandsirrtum (NJW 90, 2832 mwN) oder im Hinblick darauf, daß die Rechtswidrigkeit nur der Charakterisierung eines Elements des subjektiven Tatbestandes dient (8 zu § 15), jedenfalls wie einen Tatbestandsirrtum (Warda Jura 79, 71, 77 mwN). Soweit ein anderer Teil des Schrifttums diesen Widerspruch schon als Element des Zueignungsbegriffs versteht (so Hirsch JZ 63, 149, 154), ist der Irrtum über die ihn begründenden Tatsachen Tatbestandsirrtum, während die irrige Annahme als solche, die Zueignung sei erlaubt, als Verbotsirrtum erscheint. Schließlich hält die Rspr häufig auch an der Einordnung als allgemeines Verbrechensmerkmal fest, behandelt aber den Irrtum, einen 28

Anspruch auf Übereignung der konkreten Sache zu haben, als Erlaubnistatbestandsirrtum (9–20 zu § 17) und scheidet nur die allgemein irrige Annahme, sich einen Gegenstand aus der Gattung nehmen zu dürfen, als Verbotsirrtum aus (zB BGHSt 17, 87, 90; StV 90, 546 und 91, 515, alle mwN; ebenso auch Schröder DRiZ 56, 71 und JR 62, 346).

29 **6. Versucht** ist der Diebstahl, sobald der Täter zum Bruch fremden Gewahrsams unmittelbar angesetzt hat (4–7 zu § 22 und die dort angeführten, zT auch den Diebstahl betr Beispiele); das erfordert nicht unbedingt, daß Vorsatz und diebische Absicht schon auf eine bestimmte Sache konkretisiert sind (Hamm NJW 76, 119; Seier JuS 78, 692 mwN). – Hält der Täter die Sache (zB auch herrenloses Wild, 1 zu § 292) irrig – sei es auch nur aufgrund falscher Wertung (14, 15 zu § 15) – für fremd (sog umgekehrter Irrtum, 7 zu § 16), so kommt untauglicher Versuch in Frage (15 zu § 22), uU in Tateinheit mit vollendeter Wilderei (5 zu § 292); ein solcher Versuch liegt regelmäßig auch vor, wenn es infolge Stellens einer Diebesfalle am Gewahrsamsbruch fehlt (vgl die Nachw unter 14; beachte ferner 3 zu § 246).

30 **7. a)** Die §§ 249–252 gehen gegenüber dem Diebstahl vor **(Spezialität).** Dasselbe gilt für die Entwendungstatbestände der Forstdiebstahls- sowie Feld- und Forstpolizeigesetze der Länder, die nach Art 4 IV EGStGB durch das Strafrecht des Bundes nicht berührt werden). – **Mitbestrafte Nachtaten** (32 vor § 52) sind alle tatbestandsmäßigen Handlungen, die der Dieb nach der Tat zur weiteren Einverleibung der Sache in sein Vermögen und zu ihrer Verwertung begeht (zB Bay NJW 58, 1597 und NStZ-RR 97, 6; LG Karlsruhe NStZ 93, 543, 544; für ausschließliche Anwendung von § 242, wenn der Dieb die gestohlene Sache beschädigt oder zerstört, Wolff LK 22 zu § 303). Es dürfen jedoch keine neuen Rechtsgüter verletzt werden (zB Fälschung des gestohlenen Wechsels; Verkauf der gestohlenen Sache als eigene, bei dem der betrogene Käufer wegen § 935 BGB kein Eigentum erwirbt); auch neues, selbständiges schadensverursachendes (Betrugs-)Verhalten (zB Beseitigung einer Kontensperre oder Fertigung und Vorlage einer gefälschten Vollmacht, NStZ 93, 591 mit im Ergebnis zust Bespr Otto JK 39) ist nicht mitbestraft.

31 **b) Tateinheit** ua möglich mit § 132 (RGSt 54, 255), § 133 (RGSt 54, 122), §§ 134, 136, 146 (NJW 52, 311), § 211 (OGHSt 3, 34), §§ 223, 266 (LM Nr 4 zu § 266), § 267 (Bay NStZ-RR 97, 6; ferner mit § 21 StVG (VRS 46, 105) und § 29 I Nr 1 BtMG. – § 242 einerseits und §§ 253, 255, 263 andererseits schließen sich idR aus (2 zu § 255; 67 zu § 263). – Zur **Wahlfeststellung** zwischen Diebstahl und anderen Delikten 14 zu § 1.

32 **8.** Haus- und Familiendiebstahl § 247. Diebstahl geringwertiger Sachen § 248 a. Führungsaufsicht § 245.

§ 243 Besonders schwerer Fall des Diebstahls

(1) **In besonders schweren Fällen wird der Diebstahl mit Freiheitsstrafe von drei Monaten bis zu zehn Jahren bestraft. Ein besonders schwerer Fall liegt in der Regel vor, wenn der Täter**

1. **zur Ausführung der Tat in ein Gebäude, eine Wohnung, einen Dienst- oder Geschäftsraum oder in einen anderen umschlossenen Raum einbricht, einsteigt, mit einem falschen Schlüssel oder einem anderen nicht zur ordnungsmäßigen Öffnung bestimmten Werkzeug eindringt oder sich in dem Raum verborgen hält,**
2. **eine Sache stiehlt, die durch ein verschlossenes Behältnis oder eine andere Schutzvorrichtung gegen Wegnahme besonders gesichert ist,**
3. **gewerbsmäßig stiehlt,**
4. **aus einer Kirche oder einem anderen der Religionsausübung dienenden Gebäude oder Raum eine Sache stiehlt, die dem Gottesdienst gewidmet ist oder der religiösen Verehrung dient,**
5. **eine Sache von Bedeutung für Wissenschaft, Kunst oder Geschichte oder für die technische Entwicklung stiehlt, die sich in einer allgemein zugänglichen Sammlung befindet oder öffentlich ausgestellt ist,**
6. **stiehlt, indem er die Hilflosigkeit eines anderen, einen Unglücksfall oder eine gemeine Gefahr ausnutzt oder**
7. **eine Handfeuerwaffe, zu deren Erwerb es nach dem Waffengesetz der Erlaubnis bedarf, ein Maschinengewehr, eine Maschinenpistole, ein voll- oder halbautomatisches Gewehr oder eine Sprengstoff enthaltende Kriegswaffe im Sinne des Kriegswaffenkontrollgesetzes oder Sprengstoff stiehlt.**

(2) **In den Fällen des Absatzes 1 Nr. 1 bis 6 ist ein besonders schwerer Fall ausgeschlossen, wenn sich die Tat auf eine geringwertige Sache bezieht.**

Fassung: Das 2. StGB/VersGÄndG (vor 1 zu § 125) hat Abs 1 Nr 7 eingefügt und Abs 2 technisch geändert (krit Kunert/Bernsmann NStZ 89, 449, 451; Küper NJW 94, 349, 352, der eine sinnkonforme Berichtigung der Ausschlußklausel des Abs 2 vorschlägt).

1. Die auf dem 1. StrRG (4 vor § 1) beruhende grundlegende Umgestaltung des § 243 hat die kriminalpolitisch unbefriedigende Kasuistik der Tatbestände des schweren Diebstahls beseitigt und durch eine elastischere Lösung ersetzt, die – von § 244 abgesehen – keine qualifizierten Tatbestände, sondern nur die Bildung einer erhöhten Strafrahmenstufe in besonders schweren Fällen vorsieht (zusf Corves JZ 70, 157; Wessels, Maurach-FS, S 295; s auch die Nachw unter 11 zu § 46). Obwohl sie dadurch Ungereimtheiten des früheren Rechts behoben hat, die zum Teil unerträglich waren, ist sie im Schrifttum auf erhebliche Kritik ge- 1 stoßen (zB Hirsch ZStW 84, 380, 385; Arzt JuS 72, 385; Blei, Heinitz-FS, S 419; Calliess JZ 75, 112).

2 **2.** Die der Verdeutlichung der Strafschärfung dienenden **Regelbeispiele** sind überwiegend aus den Merkmalen gebildet, die nach früherem Recht straferhöhende Umstände des schweren Diebstahls nach § 243 aF waren. Die dazu entstandene umfangreiche Rspr ist daher zum Teil noch verwertbar.

3 **3. a)** Zur **rechtlichen Struktur der besonders schweren Fälle mit Regelbeispielen** und allgemein zur Anwendung dieser Strafschärfung (auch bei Versuch, Teilnahme und Vorliegen besonderer gesetzlicher Milderungsgründe) 6–21 zu § 46.

4 **b)** Der zwingende **Ausschluß der Strafschärfung** nach **Abs 2** (zusf Zipf, Dreher-FS, S 389) gilt dem mißglückten Wortlaut nach nur für die Nummern 1–6 (zu den Gründen für die Ausnahme der Nr 7 BT-Dr 11/2834 S 10); seiner ratio nach gilt er jedoch auch für die „ungeregelten" schweren Fälle des Abs 1 S 1 (Küper NJW 94, 349, 351). Die Ausschlußwirkung tritt nur ein, wenn der Gegenstand der Tat objektiv und subjektiv eine geringwertige Sache (3 zu § 248 a) ist, die Geringwertigkeit also beim vollendeten Diebstahl wirklich und vom Vorsatz umfaßt vorliegt (hM; vgl etwa Küper BT S 103; grundsätzlich anders Gribbohm NJW 75, 1153, 2213; Braunsteffer NJW 75, 1570) und beim Versuch im Tatentschluß enthalten ist (Karlsruhe MDR 76, 335; Zipf aaO S 393).

5 aa) Die Ausschlußwirkung **tritt nicht ein,** wenn der Täter eine Sache jeweils im Widerspruch zur objektiven Sachlage und nicht nur aufgrund eines Subsumtionsirrtums (14 zu § 15) für geringwertig (Wessels BT 2 Rdn 242; Sch/Sch-Eser 53 mwN; diff Zipf aaO [vgl 4] S 396; str) oder für nicht geringwertig hält (Gribbohm, Wessels aaO; aM Tröndle 41; anders auch Seelmann JuS 85, 454, 457 und Samson SK 49, die Diebstahl in einem versuchten besonders schweren Fall annehmen; str). Im ersten Fall rechtfertigt der verwirklichte volle Erfolgsunwert und im zweiten der volle Handlungsunwert eine zwingende Privilegierung nicht (Küper NJW 94, 349, 351); jedoch kann die objektive Geringwertigkeit oder ihre irrige Annahme uU die Indizwirkung des Regelbeispiels überspielen und deshalb einen besonders schweren Fall ausschließen (14 zu § 46).

6 bb) Die Ausschlußwirkung **tritt ferner nicht ein,** wenn der Täter seinen auf eine geringwertige Sache gerichteten Vorsatz nach Verwirklichung des Regelbeispiels über die Grenzen der Geringwertigkeit hinaus erweitert (Zipf aaO [vgl 4] S 396; aM Samson SK 50; s auch BGHSt 9, 253). Bezieht sich umgekehrt der Diebstahlsvorsatz zunächst nicht auf eine geringwertige Sache, begnügt sich der Täter aber mit einer solchen, so kann ein besonders schwerer Fall des vollendeten Diebstahls vorliegen, weil sich die Tat im Versuchsstadium nicht auf eine geringwertige Sache bezogen hat (BGHSt 26, 104; NStZ 87, 71; aM Samson SK 50). Das gilt nur dann nicht, wenn der Täter den auf eine

nicht geringwertige Sache gerichteten Tatentschluß endgültig aufgibt oder sogar wirksam vom Versuch zurücktritt und erst danach einen neuen, auf geringwertige Beute gerichteten Entschluß faßt; in diesen Fällen sind beide Vorgänge getrennt zu beurteilen (Zipf aaO S 395; offen gelassen in BGHSt 26, 104, 105).

cc) Bei Mittäterschaft, Teilnahme und im Rahmen einer Handlungseinheit kommt es auf den **Gesamtwert** des Erlangten an (3 zu § 248 a). 7

4. Die Regelbeispiele: a) Nr 1: Einbruchs- und Nachschlüsseldiebstahl. Die hier beschriebenen Tathandlungen müssen der **Ausführung des Diebstahls dienen.** Dazu ist nicht erforderlich, daß aus dem Raum gestohlen wird, in den der Täter eingedrungen ist (hM); es genügt, wenn durch die Handlung Hindernisse beseitigt werden sollen, die dem Diebstahl entgegenstehen oder ihn erschweren, zB Aufbrechen eines Pkw, um ihn zu stehlen, Einbrechen oder Einschleichen zur Beschaffung des bestimmungsmäßigen Schlüssels, Aufbrechen eines Raumes zur Aufnahme der Beute bis zum Abtransport (aM M-Schroeder/Maiwald BT 1 33/77; zw). 8

aa) Der **umschlossene Raum** bildet den Oberbegriff (Küper BT S 156); die übrigen genannten Räume sind nur Beispiele. Umschlossener Raum ist ein Raumgebilde, das – mindestens auch – zum Betreten von Menschen bestimmt und mit – mindestens teilweise künstlichen – Vorrichtungen zur Abwehr des Eindringens versehen ist (BGHSt-GS-1, 158); zB auch: abgetrennte Abteilungen innerhalb eines Gebäudes (BGH aaO); eingehegte Obstgärten (BGH aaO) oder Viehpferche (Köln MDR 69, 237) und umzäunte Friedhöfe zur Nachtzeit (NJW 54, 1897); unter Tage liegende Bergwerksteile (NJW 52, 984); Wohnwagen, Schiffe (BGHSt 1, 158, 166), Bürowagen von Baugeschäften und Personenkraftwagen (BGHSt 2, 214; krit Bockelmann JZ 51, 296); der zum Betreten bestimmte Gepäckraum von Lieferwagen (BGHSt 4, 16). **Dagegen nicht:** öffentliche Fernsprechzellen (Hamburg NJW 62, 1453; zw) und nur mit Drahtzaun umgebene Weiden (Bremen JR 51, 88). – **Gebäude** ist ein durch Wände und Dach begrenztes, mit dem Erdboden fest – wenn auch nur durch eigene Schwere – verbundenes Bauwerk, das den Eintritt von Menschen gestattet und Unbefugte abhalten soll (BGHSt 1, 158, 163); neben Häusern zB auch Baracken, Baubuden und dgl; in die Mauer eingelassene, wenn auch nur von außen zugängliche Schaukästen sind Teil des Gebäudes (BGHSt 15, 134; zw). **Dienst- und Geschäftsräume** 3, 4 zu § 123. 9

bb) **Einbrechen** ist gewaltsames Öffnen einer den Zutritt verwehrenden Umschließung von außen; diese braucht nicht in ihrer Substanz verletzt zu werden (hM; vgl etwa Küper BT S 73 mwN). Keine Gewalt wendet an, wer durch den Türspalt greift und einen Riegel zurückschiebt. Obwohl Gewalt nicht unbedingt eine beträchtliche Kraftanstrengung voraussetzt, genügt Aufdrücken des unverriegelten Lüftungsfensters eines Pkw idR nicht (Krey BT 2 Rdn 103; aM NJW 56, 389; 10

VRS 35, 416). Eintreten des Täters in den gewaltsam geöffneten Raum ist nicht erforderlich (NStZ 85, 217 mit krit Anm Arzt StV 85, 103; Düsseldorf MDR 84, 961), auch nicht ein Stehlen aus ihm; erfaßt wird daher auch, wer nur Sachen herausreicht oder einen umschlossenen Raum (zB Pkw, Schiff oder Wohnwagen) aufbricht, um ihn wegzunehmen (Begr zu § 236 E 1962 S 403). Dagegen genügt gewaltsames Öffnen einer Umschließung von innen nicht, zB zur Erleichterung der Flucht oder zur Fortschaffung der Beute (1 StR 596/77 v 20. 12. 1977; Bremen JR 51, 88).

11 cc) **Einsteigen** setzt voraus, daß der Täter in den Raum unter Überwindung von Hindernissen, die den Zugang nicht unerheblich erschweren (StV 84, 204; NJW 93, 2252, 2253), auf außergewöhnliche Weise eindringt (BGHSt 10, 132), zB auch Einkriechen oder Übersteigen einer Umfriedung (Oldenburg HESt 1, 104; Bremen MDR 50, 753) oder Hindurchzwängen durch enge, hindernde Zaunlücken oder Gartenhecken (bei Holtz MDR 82, 810). Der Täter braucht nicht mit dem ganzen Körper einzudringen (BGHSt 10, 132; Küper BT S 77; str); er muß nur im Inneren einen Stützpunkt gewonnen haben, von dem aus er entweder die Wegnahme (NJW 68, 1887) oder eine andere der Tatausführung dienende Handlung vornimmt. Wer schon im Gebäude ist, kann dort noch in andere umschlossene Räume einsteigen.

12 dd) **Eindringen** 5 zu § 123. **Schlüssel** sind nicht nur metallische Öffnungsinstrumente, sondern auch mechanische oder elektronische Kunststoffkartenschlüssel (Küper BT S 168). **Falsch** ist jeder Schlüssel, den der Berechtigte überhaupt nicht, nicht mehr oder noch nicht zur Öffnung des konkreten Schlosses bestimmt hat (2 StR 352/86 v 11. 7. 1986). Ein richtiger Schlüssel verliert diese Bestimmung nicht ohne weiteres durch Diebstahl (GA 65, 344) oder Verlust, wohl aber durch Entwidmung, die spätestens mit Ersatzbeschaffung, nach der Rspr schon durch bloße Entdeckung des Diebstahls eintritt (BGHSt 21, 189; bei Detter NStZ 93, 474; s auch Bay NJW 87, 663; zw). – Auch die gleichgestellten anderen Werkzeuge müssen auf den Verschluß einwirken; daher genügen Dietriche sowie Zangen und Drähte, mit denen der innen steckende Schlüssel gedreht wird, dagegen nicht Brechwerkzeuge (Küper BT S 168 mwN) oder das bloße Zurückschieben des Türdrückers nach Abreißen der Türklinke (NJW 56, 271).

13 ee) **Verborgenhalten** muß sich der Täter zum Zweck der Tatausführung, dh also idR vor deren Beginn. Wie er in den Raum gelangt ist, zB durch Einschleichen, ist unerheblich. „Verborgen" ist der unberechtigte Aufenthalt, wenn der Täter Vorkehrungen gegen ein Bemerktwerden trifft oder getroffen hat (Küper BT S 174).

14 ff) Täter **aller Begehungsformen** der Nr 1 kann auch sein, wer (wie zB der Mitbewohner) **an sich berechtigt ist,** sich in dem Gebäude oder umschlossenen Raum aufzuhalten (BGHSt 22, 127 mit abl Anm Säcker NJW 68, 2116; BGH NJW 60, 1357; Wittkämper NJW 60, 2036; zw).

b) Nr 2: Diebstahl von besonders gesicherten Sachen. 15

aa) **Schutzvorrichtung** ist der Oberbegriff, das verschlossene Behältnis nur ein Beispiel. Schutzvorrichtungen sind von Menschenhand geschaffene Einrichtungen (zB Auto- und Fahrradschlösser; Lenkradschlösser usw), die ihrer Art nach geeignet und auch dazu bestimmt sind, die Wegnahme einer Sache erheblich zu erschweren (Bay NJW 81, 2826 mwN, wo allerdings zu Unrecht schon dem Spielwerk eines Automaten, also nicht erst dessen Gehäuse diese Funktion beigemesen wird; krit Meurer JR 82, 292, 293). Bloß unerhebliche Erschwerungen, zB das Verschließen eines Schriftstücks durch einen Briefumschlag oder das Festbinden einer Sache mit einer einfachen Schnur am Gepäckträger des Fahrrades, genügen nicht (Begr zu § 236 E 1962 S 403). Auch Sicherungen, die sich aus der Beschaffenheit der Sache selbst, zB ihrem großen Eigengewicht, ergeben oder nur die spätere Wiedererlangung des verlorenen Gewahrsams erleichtern sollen (Stuttgart NStZ 85, 76 mit Bespr Dölling JuS 86, 688), scheiden aus. – **Behältnis** ist ein – die Voraussetzungen einer Schutzvorrichtung erfüllendes – Raumgebilde, das zur Aufnahme von Sachen und deren Umschließung, nicht aber zum Betreten durch Menschen bestimmt ist (BGHSt 1, 158, 163), zB Schränke, Schreibtische, Koffer, Säcke (Bremen MDR 55, 628), Kassetten sowie Waren- und Geldautomaten, auch der Kofferraum im Pkw, dagegen nicht der einfache Briefumschlag (Stuttgart NJW 64, 738). **Verschlossen** ist das Behältnis, wenn sein Inhalt mittels einer technischen Schließeinrichtung oder auf andere Weise (zB durch Verschnüren) gegen den unmittelbaren ordnungswidrigen Zugriff von außen gesichert ist; das trifft nicht zu bei einer durch Kurbeln (NJW 74, 567), durch einen verdeckt angebrachten Nothebel (aM Frankfurt NJW 88, 3028; zw) oder durch eine unauffällig angebrachte Schnellöffnungstaste (aM AG Freiburg NJW 94, 400 mit krit Bespr Murmann NJW 95, 935; zw) zu öffnenden Registrierkasse oder einem Behältnis, in dem der Schlüssel steckt (Begr zu § 236 E 1962 S 403) oder dessen zugehörigen Schlüssel der Täter befugtermaßen in Verwahrung hat (Hamm NJW 82, 777 mit abl Anm Schmid JR 82, 119; diff Ruß LK 18 mwN; zw).

bb) **Gegen Wegnahme besonders gesichert** erfordert einen spezifischen Schutzzweck der Vorrichtung gegen Wegnahme gerade der konkreten Sache (NJW 74, 567; Schleswig NJW 84, 67); wenn daneben noch andere Zwecke mitspielen, so ist das unerheblich. Die Beurteilung hängt ganz von den Umständen ab (Zweibrücken NStZ 86, 411). Jedoch fehlt dieser spezifische Zweck idR bei leicht transportierbaren Behältnissen, wie Koffern, verschnürten Paketen usw (Krüger NJW 72, 648; krit Ruß LK 19), weil es hier meist nicht um Diebstahlssicherung, sondern um das Zusammenhalten der Gegenstände und deren Schutz gegen Transportschäden geht (weiter Hamm NJW 78, 769), ferner beim Einsatz von elektromagnetischen Sicherungsetiketten in Kaufhäusern, weil diese im Regelfall nicht gegen Wegnahme, sondern nur gegen die Entfernung der bereits weggenommenen Sache aus dem Hause schützen (Stuttgart NStZ 85, 76 mit Bespr Seier JA 85, 387, 16

Kadel JR 85, 386 und Dölling JuS 86, 688; Frankfurt MDR 93, 671; aM Sch/Sch-Eser 24; s auch 16 zu § 242). Der auf die Sache bezogene Schutzzweck fehlt auch bei nur allgemeiner Sicherung von Grundstükken durch Mauern oder Umzäunungen (Bay NJW 73, 1205 mit Anm Schröder JR 73, 507).

17 cc) Von **§ 243 I Nr 2 aF unterscheidet** sich die Nr 2 namentlich dadurch, daß nicht mehr aus einem umschlossenen Raum gestohlen werden muß. Daß die Schutzvorrichtung bei der Wegnahme überwunden wird, ist nicht unbedingt erforderlich (enger Stuttgart NJW 82, 1659 mit Bespr Albrecht JuS 83, 101); erfaßt wird zB auch, wer eine Kassette mit einem zufällig passenden Schlüssel öffnet oder wer sie ungeöffnet mitnimmt und erst später aufbricht, unverändert veräußert (BGHSt 24, 248 mit Anm Krüger NJW 72, 648 und Schröder NJW 72, 778; str) oder infolge Entdeckung nicht mehr zum Öffnen kommt. Immerhin muß aber die Schutzvorrichtung im weiteren Verlauf überwunden werden sollen; Manipulationen, die den Zugriff ohne Einwirkung auf die Schutzvorrichtung ermöglichen, zB die spielplanwidrige, nicht durch Eingriff von außen (dazu Bay NJW 81, 2826) erzielte Herbeiführung von Gewinnstellungen in Geldspielautomaten (Stuttgart aaO; Ruß LK 18, beide mwN; str) oder die unbefugte, aber äußerlich ordnungsmäßige (vgl 14 zu § 242) Entnahme von Geld aus einem Bankautomaten (Bay NJW 87, 663; Gropp JZ 83, 487, 491; Huff NStZ 85, 438; aM Bay NJW 87, 665; LG Köln NJW 87, 667; Mitsch JuS 86, 767, 771, alle mwN; zw), genügen nicht.

18 **c) Nr 3: Gewerbsmäßiger Diebstahl.** Gewerbsmäßig 20 vor § 52.

19 **d) Nr 4: Kirchendiebstahl.** Die Sachen müssen unmittelbar dem Gottesdienst (2 zu § 167; zB Kelche, Altarbilder und -kerzen) oder der religiösen Verehrung (zB Votivtafeln, BGHSt 21, 64; Madonnenbilder in Kapellen) gewidmet sein. Sachen, die nur mittelbar der Religionsausübung dienen oder zum Inventar gehören, wie zB Opferstöcke (LM Nr 1), Gesangbücher, religiöse Schriften und Kirchenstühle, werden nicht erfaßt; ebenso nicht die in einer Kirche vorhandenen Kunstwerke als solche (Prot 5, 2462). Die angebaute Sakristei ist Teil der Kirche (RGSt 45, 243). – Der Diebstahl vergleichbarer Kultgegenstände von Weltanschauungsvereinigungen (3 zu § 166) wird zwar durch das Regelbeispiel nicht erfaßt, legt aber die Annahme eines unbenannten besonders schweren Falles nahe (Prot 5, 2471; s auch 14 zu § 46).

20 **e) Nr 5: Diebstahl öffentlicher Sachen.** Das Merkmal **„Bedeutung für"** scheidet alle Sachen aus, deren Verlust für den jeweils betroffenen Bereich keine empfindliche Einbuße bedeutet. **Allgemein,** dh für einen nach Zahl und Individualität unbestimmten oder für einen nicht durch persönliche Beziehungen innerlich verbundenen größeren bestimmten Kreis von Personen, **zugänglich** ist eine Sammlung auch dann, wenn das übliche Entgelt verlangt oder wenn der Nachweis bestimmter persönlicher Voraussetzungen oder Erlaubnisse zwar gefordert, der Zutritt aber regelmäßig gewährt wird (Prot 5,

2462). Die Sammlung kann eine öffentliche oder private sein (zB Museen, Gemäldegalerien, Staats- und Universitätsbibliotheken, nicht aber Gerichtsbüchereien, BGHSt 10, 285). – **Öffentlich ausgestellt** 6 zu § 74 d; die Sache muß an einem öffentlich zugänglichen Ort aufgestellt, dh nicht nur allgemein zugänglich, sondern zur Besichtigung dargeboten sein.

f) Nr 6: Diebstahl unter Ausnutzung fremder Bedrängnis. 21
aa) **Hilflosigkeit** liegt vor, wenn jemand sich aus eigener Kraft nicht gegen die dem Rechtsgut (dazu Bay NJW 73, 1808 mit Anm Schröder JR 73, 427) konkret drohenden Gefahren schützen kann; Schlaf gehört nicht ohne weiteres hierher (NJW 90, 2569 mwN; str). Daß die Hilflosigkeit unverschuldet (aM M-Schroeder/Maiwald BT 1 33/99) oder von längerer Dauer ist, wird nicht vorausgesetzt (Küper BT S 130). – **Unglücksfall** 2 zu § 323 c (einschr Ruß LK 33); auf Verschulden des Verunglückten kommt es auch hier nicht an. – **Gemeine Gefahr** 3 zu § 323 c.

bb) **Ausnutzen** bedeutet hier, die infolge der Hilflosigkeit usw entstandene Lockerung des Eigentumsschutzes (NStZ 85, 215) als Gelegenheit zur Erleichterung des Diebstahls wahrnehmen. 22

g) Nr 7: Diebstahl von Waffen oder Sprengstoff. Erlaubnispflichtige **Handfeuerwaffe** § 28 WaffG. – **Maschinengewehr, Maschinenpistole, voll- oder halbautomatisches Gewehr** Teil B V Nr 29 KWL. – **Kriegswaffe** § 1 KWKG iVm der KWL. – **Sprengstoff** ist ein explosionsgefährlicher Stoff (§ 1 SprengG), der Druckenergien von ungewöhnlicher Beschleunigung nach außen freizusetzen geeignet ist (zB Dynamit, Nitroglyzerin, Schießbaumwolle, Schwarzpulver). Sprengstoff enthaltende Kriegswaffen sind namentlich Handgranaten und Panzerfäuste (BT-Dr 11/2834 S 10; Sch/Sch-Eser 41 a). 23

5. Zwischen §§ 242 und 243 gibt es bei Handlungseinheit **keine Konkurrenz,** und zwar auch nicht zwischen vollendetem einfachen und versuchtem Diebstahl in einem besonders schweren Fall (18 zu § 46; Sch/Sch-Eser 59; str). Einbruchsdiebstahl (vgl 8–14) und Diebstahl besonders gesicherter Sachen (vgl 15–17) gehen einer Sachbeschädigung (§ 303), der Einbruchsdiebstahl außerdem auch einem Hausfriedensbruch (§ 123) vor (Konsumtion, 27 vor § 52; aM Gössel, Tröndle-FS, S 357, 366; krit Schmitt, Tröndle-FS, S 313, 316), allerdings nur unter der Voraussetzung, daß aufgrund des Regelbeispiels ein besonders schwerer Fall bejaht wird (KG JR 79, 249 mit Anm Geerds; zw). Soweit § 242 mit anderen Tatbeständen in Tateinheit oder Gesetzeskonkurrenz zusammentreffen kann oder im Verhältnis zu ihnen Wahlfeststellungen (14 zu § 1) gestattet, gilt das unmittelbar auch für die Fälle des § 243. 24

§ 244 Diebstahl mit Waffen; Bandendiebstahl

(1) **Mit Freiheitsstrafe von sechs Monaten bis zu zehn Jahren wird bestraft, wer**

1. **einen Diebstahl begeht, bei dem er oder ein anderer Beteiligter eine Schußwaffe bei sich führt,**
2. **einen Diebstahl begeht, bei dem er oder ein anderer Beteiligter eine Waffe oder sonst ein Werkzeug oder Mittel bei sich führt, um den Widerstand eines anderen durch Gewalt oder Drohung mit Gewalt zu verhindern oder zu überwinden, oder**
3. **als Mitglied einer Bande, die sich zur fortgesetzten Begehung von Raub oder Diebstahl verbunden hat, unter Mitwirkung eines anderen Bandenmitglieds stiehlt.**

(2) **Der Versuch ist strafbar.**

(3) **In den Fällen des Absatzes 1 Nr. 3 sind die §§ 43 a, 73 d anzuwenden.**

Fassung: Abs 3 durch OrgKG (1, 2 vor § 73) angefügt.

1 **1.** Da der **Diebstahl mit Waffen und der Bandendiebstahl** besonders gefährliche Formen des Diebstahl sind, wird hier in Übereinstimmung mit dem früheren Recht (§ 243 I Nr 5, 6 aF) an der Strafschärfung durch **abschließende Beschreibung der qualifizierenden Merkmale** festgehalten. Die Tat ist nur Vergehen, § 30 daher nicht anwendbar.

2 **2. Diebstahl mit Waffen nach Abs 1 Nr 1, 2** (Grundfälle dazu Haft JuS 88, 364).

a) Waffe, Werkzeug oder Mittel müssen **von einem am Tatort anwesenden Beteiligten** (uU auch Gehilfen) mitgeführt werden (zusf Geppert Jura 92, 496). Das kann zu **irgendeinem Zeitpunkt** (BGHSt 13, 259; NStZ 85, 547; bei Holtz MDR 93, 720 und 94, 434; NJW 94, 1166, 1167 mit Bespr Kelker StV 94, 657 und Hauf JR 95, 172) vom Beginn des versuchten Grunddelikts bis zu dessen vollständiger – uU eine Mehrzahl von Einzelakten umfassender – Vollendung geschehen, es sei denn, daß es ausnahmsweise schon an jeder Möglichkeit einer Realisierung der in der Schußwaffe liegenden Gefährlichkeit fehlt (Zaczyk NStZ 84, 217; zw). Die Rspr bezieht zu Unrecht die Phase nach Vollendung bis zur Beendigung (2 vor § 22) auch dann ein, wenn nichts mehr weggenommen wird (BGHSt 20, 194; StV 88, 429 mit abl Anm Scholderer sowie Erwiderung Salger StV 89, 66 und Scholderer StV 89, 153; aM Kühl JR 83, 425, 427; Herdegen LK 11 zu § 250; zusf Küper BT S 41, alle mwN). Mitführen unmittelbar vor Beginn des Versuchs oder auf der Flucht nach einem mißlungenen Versuch genügt nicht (BGHSt 31, 105 mit Anm Hruschka JZ 83, 217). – Tragen der Waffe in der Hand oder am Körper ist nicht erforderlich; es reicht aus, wenn sie dem Beteiligten zur Verfügung steht, dh von ihm bei Annäherung anderer jederzeit ergriffen und gebraucht werden kann (BGH aaO). – Zur Möglichkeit des Teilrücktritts von der qualifizierten Begehungsweise beachte 13 zu § 24 (str).

b) Nr 1: Es genügt das bloße Mitführen einer **Schußwaffe,** dh eines Werkzeugs, das dazu geeignet und allgemein dazu bestimmt ist, Menschen körperlich zu verletzen (BGHSt 4, 125, 127), und bei dem ein festes, mechanisch wirkendes Geschoß (oder mehrere zugleich) mittels Explosions- oder Luftdruck aus einem Lauf abgefeuert werden kann (ähnlich Sch/Sch-Eser 4); auch das Luftgewehr (bei Dallinger MDR 74, 547) und die Luftpistole (anders zum früheren Recht GA 67, 315) sind daher Schußwaffen, idR aber nicht die Gaspistole (Bay NJW 71, 392; Geilen Jura 79, 333; Haft JuS 88, 364; aM BGHSt 24, 136; NStZ 89, 476 [beachte jedoch NStZ-RR 96, 3]; Düsseldorf NStZ 91, 40; für § 244, nicht für § 250 I Nr 1, anders auch Schünemann JA 80, 349, 354, alle mwN; zw). In Grenzfällen (zB bei Bolzenschußapparaten) ist nicht der Schußwaffenbegriff des WaffG, sondern der Schutzzweck des § 244 ausschlaggebend (Hamm MDR 75, 420). – Ob die Waffe bei der Tat verwendet werden soll, ist unerheblich; denn schon das Bewußtsein der Verfügung über ein so gefährliches und handliches Angriffsmittel kann zur Anwendung verführen (NStZ 85, 547). Dieser Grundgedanke erfordert einschränkende Auslegung: Die Schußwaffe muß als solche einsatzfähig, wenn auch nicht schon geladen (NStZ 81, 301; StV 82, 574), sein. Eine defekte oder nicht mit „griffbereiter" (bei Holtz MDR 83, 91) Geschoßmunition, zB nur mit Schreckschußpatronen (StV 87, 67 und 88, 469, 472), ausgestattete Waffe genügt daher nicht, wohl aber eine einsatzbereite Waffe, die nicht zur Sicherung des Diebstahls, sondern aus anderen Gründen mitgeführt wird, etwa im Dienst als Soldat, Polizeibeamter, Nachtwächter usw; denn in diesem Falle bleibt die Gefährlichkeit bestehen, der gegenüber die Zulassung von Ausnahmen nach einem konkretisierbaren Maßstab nicht möglich erscheint (BGHSt 30, 44 mit krit Anm Lenckner JR 82, 424; NStZ 85, 547; Hettinger GA 82, 525; Seelmann JuS 85, 454, 457; aM Kotz JuS 82, 97, 99; Scholderer StV 88, 429, 431, alle mwN; dies ist verfassungsrechtlich nicht zu beanstanden, BVerfG NStZ 95, 76). 3

c) Nr 2: Eine Waffe oder sonst ein Werkzeug oder ein Mittel ist nur ein Gegenstand, der nach seiner Art und seinem Verwendungszweck in der konkreten Situation (BGHSt 30, 375) dazu geeignet ist, Widerstand durch Gewalt (5–11 zu § 240) oder durch Drohung (12–15 zu § 240) mit Gewalt zu verhindern oder zu überwinden. Das ist nach dem Schutzzweck der Vorschrift einschränkend dahin zu verstehen, daß der geplante Einsatz geeignet sein muß, für den Betroffenen mindestens Leibesgefahr zu schaffen. In Übereinstimmung mit der Rspr zum früheren Recht (zB BGHSt 3, 229; 4, 125; NJW 65, 2115) ist der Grund der Strafschärfung – im Hinblick auf die Schwere der Strafdrohung – vornehmlich in der objektiven Gefährlichkeit des Tatmittels zu sehen; die Einbeziehung auch gänzlich ungefährlicher Gegenstände, namentlich 4 sog Scheinwaffen (zB Pistolenattrappen), ist daher mit dem Gesetzeszweck nicht vereinbar (im Schrifttum hM; zusf Eser JZ 81, 761; Geppert Jura 92, 496; Hauf GA 94, 319 und Küper BT S 315 mwN). Demgegenüber leitet die Rspr aus dem durch das 1. StrRG (4 vor § 1) veränderten Wortlaut der Nr 2 ab, daß die Neufassung solche Gefährlichkeit nicht mehr voraussetze und daher den Schutzbereich der Vorschrift entsprechend erweitert habe (BGHSt 24, 339; NJW 89, 2549; s auch Hellmann JuS 96, 522, 526 und Ruß LK 9, alle mwN). Auf dieser Basis hat sie bisher unterschiedslos den geplanten Einsatz eines Kraftwagens (bei Holtz MDR 78, 987; LG München NStZ 93, 188) oder „des Schuhs am Fuße des Täters" (BGHSt 30, 375 mit abl Bespr Hettinger JuS 82, 895) zur Gewaltausübung, eines Stücks Kabel oder eines Kleidungsstücks zur Fesselung (NJW 89, 2549; bei Holtz MDR 92, 17), eines Tuches zur Knebelung (NJW 89, 2549) und einer Pistole ohne Munition oder einer Pistolenattrappe zur Drohung (BGHSt 24, 339) genügen lassen, und zwar im letzten Fall selbst dann, wenn das Opfer die Ungefährlichkeit der Scheinwaffe erkannt hat (NJW 90, 2570 mit abl Bespr Herzog StV 90, 547 und Hauf aaO S 321, 328); lediglich den Einsatz von bloßen Fähigkeiten oder Körperkräften des Täters hat sie ausgeschieden (NStZ 85, 547 mwN). Neuerdings schränkt sie allerdings insoweit ein, als der Gegenstand immerhin aus der Sicht des Täters ohne weiteres, namentlich ohne weitere Erklärungen, geeignet sein muß, dem Opfer den Eindruck eines zur Gewaltanwendung geeigneten und deshalb gefährlichen Gegenstandes zu vermitteln (BGHSt 38, 116 mit krit Anm Mitsch NStZ 92, 434, Kelker NStZ 92, 539, Grasnick JZ 93, 267 und Hauf aaO S 321, im Ergebnis zust Müther MDR 93, 931; bei Holtz MDR 93, 1040; NJW 94, 1166 mit krit Anm Kelker StV 94, 657, im Ergebnis zust Hauf JR 95, 172); ihrem äußeren Erscheinungsbild nach offensichtlich ungefährliche Gegenstände (zB ein Lippenpflegestift) scheiden als taugliche Tatmittel aus (NJW 96, 2663 mit Bespr Geppert JK 8 zu § 250; s auch NStZ-RR 96, 356). Diese Auslegung bedeutet einen Fortschritt (Graul JR 92, 297); da aber auch sie weitgehend im Subjektiven verharrt und nur eine unbestimmte, im Ergebnis unzureichende Einschränkung ermöglicht, ist ihr zu widersprechen, und zwar vor allem deshalb, weil die Vorschrift auch für den schweren Raub gilt (§ 250 I Nr 2), bei dem ein entsprechend weiter Schutzbereich angesichts der dort vorgesehenen hohen Strafdrohung kriminalpolitisch verfehlt (hM; insoweit krit auch NJW 89, 2549) und der Begründung eines sinnvollen Stufenverhältnisses zwischen den §§ 249, 250 abträglich ist (LG Hamburg NJW 77, 1931; LG Köln NStZ 93, 43; Joerden JuS 85, 20, 25, alle mwN; ebenso auch Schünemann JA 80, 349, 355 und Wessels BT 2 Rdn 260, 338, die der weiten Auslegung nur für § 244 zustimmen). Um überhaupt eine zureichende Unrechtsdifferenz zwischen dem Grund- und dem Qualifikationstatbestand zu erreichen, ist die überwiegend empfohlene teleologische Reduktion zugunsten des Täters ebenso legitim wie notwendig und mit den allgemeinen Auslegungsregeln vereinbar (hM; anders NJW 89, 2549 mit abl

Bespr Hillenkamp JuS 90, 454). Die Annahme der Rspr, daß der Strafrahmen des § 250 II für minder schwere Fälle zur Vermeidung ungerechtfertigter Ergebnisse ausreiche, bedeutet eine problematische Verschiebung des Strafrahmengefüges. Sie verführt einerseits dazu, die überhöhte Strafdrohung durch Annahme minder schwerer Fälle, die wegen der geringeren Gefährlichkeit der Tat zwar häufig (StV 83, 18), aber nicht notwendig begründet ist (dazu Eser JZ 81, 821), zu unterlaufen (Hettinger JZ 82, 849, 852); andererseits entzieht sie dem Täter, der einen ungefährlichen Gegenstand mitführt, grundlos die Möglichkeit, nur wegen eines minder schweren einfachen Raubes (§ 249 II) bestraft zu werden.

d) Zum **inneren Tatbestand.** – **Nr 1:** Der **Vorsatz** (bedingter genügt) muß sich nur auf das Mitführen der Schußwaffe (namentlich ihrer Verfügbarkeit) durch einen der Beteiligten (Täter oder Teilnehmer) erstrecken; ob dieser selbst von der Waffe weiß, ist dabei für die Beurteilung aller anderen Beteiligten unerheblich (Herdegen LK 14 zu § 250 mwN; str). Wird die einsatzbereite Waffe zu anderen Zwecken, etwa im Dienst als Soldat (vgl 3), mitgeführt, so kann es am (aktuellen, 9 zu § 15) Bewußtsein des Mitführens fehlen (Hettinger GA 82, 525, 549; einschr Lenckner JR 82, 424, 425). – **Nr 2:** Hier muß der **Vorsatz** auch die Gefährlichkeit des Gegenstandes (vgl 4) umfassen und außerdem mit der **Absicht** (iS zielgerichteten Wollens, 20 zu § 15) verbunden sein, im Bedarfsfalle (dazu bei Holtz MDR 86, 623 mwN) oder „unter Umständen" (NStZ-RR 96, 3) durch Verwendung des Gegenstandes fremden Widerstand zu verhindern oder zu überwinden (Küper JuS 76, 645; Ruß LK 10; weiter Arzt JuS 72, 578, alle mwN; str), oder um diese Absicht eines anderen Beteiligten wissen (auch in der Form nur bedingten Vorsatzes); dabei genügt es nicht, wenn der Täter (oder andere Beteiligte) beabsichtigt, sich bei Widerstand des Opfers zurückzuziehen und nur seine Flucht durch Verwendung des Gegenstandes zu sichern (Eser JZ 81, 761, 765; Küper BT S 317; aM BGHSt 22, 230 und die Voraufl). Der Entschluß, einen mitgebrachten oder am Tatort vorgefundenen Gegenstand zu dem angegebenen Zweck einzusetzen, kann auch noch während der Tatausführung gefaßt werden (BGHSt 30, 375; NJW 89, 2549, beide mwN). 5

3. Bandendiebstahl nach Abs 1 Nr 3. 6

a) Bande (eingehend Schild GA 82, 55) ist nach der Rspr eine auf ausdrücklicher oder stillschweigender (bei Dallinger MDR 73, 555) Vereinbarung beruhende und für eine gewisse Dauer (GA 74, 308; einschr Hamm NJW 81, 2207 mit Anm Tenckhoff JR 82, 208) vorgesehene Verbindung einer Mehrzahl von Personen zur Begehung mehrerer selbständiger, im einzelnen noch ungewisser Taten nach §§ 242, 249 (NStZ 86, 408; StV 96, 545; NJW 96, 495 für §§ 260, 260 a). Das Merkmal der **fortgesetzten** Begehung ist nicht mit dem Rechtsinstitut der fortgesetzten Tat identisch; die grundsätzliche Aufgabe dieses Rechtsinstituts durch die Rspr (13 vor § 52) führt hier zu einer Ausweitung des Strafbarkeitsbereichs, da bisher die geplante Begehung einer fortgesetzten Tat nach §§ 242, 249 nicht für die Anwendung der Nr 3 ausreichte (krit Krey BT 2 Rdn 137). – Dabei soll die Verbindung von zwei Personen genügen (BGHSt 23, 239 mit Bespr Dreher NJW 70, 1802 und Schröder JR 70, 388; BGHSt 38, 26; NJW 96, 495; Küper BT S 32; Kindhäuser NK 28, alle mwN); nicht zuletzt im Hinblick auf die abweichende Rspr zu § 129 (dort 2) ist das bedenklich (Volk JR 79, 425; Schünemann JA 80, 393, 395). Kriminologische Kriterien zur Überprüfung der Bandenabrede in Zweifelsfällen der Zweierbande entwickelt Schöch NStZ 96, 166, 169. – Im Unterschied zur Vereinigung nach § 129 (dort 2) ist keine Organisation erforderlich (bei Holtz MDR 77, 282).

7 **b)** Die Strafschärfung gilt **nur für Bandenmitglieder.** Sie gründet sich auf die erhöhte Gefährlichkeit sowohl der Tat als auch der Täterverbindung (dazu im einzelnen Schild GA 82, 55, 62). Die Qualität der Mitgliedschaft als besonderes persönliches Merkmal ist daher zweifelhaft. In den Vorarbeiten zum 1. StrRG (4 vor § 1) hat man den Schwerpunkt auf das personale Element gelegt und daher § 28 II für anwendbar gehalten (Begr zu § 236 E 1962 S 407); bei vergleichbarer Problemlage, aber abweichendem Gesetzeswortlaut hat der BGH den personalen Charakter teils verneint (BGHSt 8, 205; für § 244 nF auch Vogler, Lange-FS, S 265, 278; Roxin LK 73 zu § 28; Sch/Sch-Eser 28) und teils bejaht (BGHSt-GS-12, 220); insgesamt sind die der Sachlage angemessenen Ergebnisse mit § 28 II zu erzielen (ebenso NStZ 96, 128 mit zust Bespr Geppert JK 6; Arzt JuS 72, 576, 579; Schünemann JA 80, 393, 395; Schild GA 82, 55, 83; zw).

8 **c) Mitwirken** ist ein örtliches und zeitliches, wenn auch nicht notwendig körperliches, Zusammenwirken mit anderen am Tatort anwesenden Bandenmitgliedern (BGHSt 8, 205; 33, 50 mit überwiegend abl Bespr Jakobs JR 85, 342, Joerden StV 85, 328, Taschke StV 85, 367, Meyer JuS 86, 189; NStZ 96, 493; aM Schünemann JA 80, 393, 395; Sch/Sch-Eser 27, alle mwN; zw); die Bandenmitglieder müssen nicht als Mittäter zusammenwirken (Küper BT S 32).

9 **d)** Schon der erste Diebstahl, den eine Bande begeht, fällt unter § 244. Dieser und die weiteren Diebstähle müssen im Rahmen der mit der Bildung der Bande verfolgten Zwecke liegen (bei Dallinger MDR 72, 925); jedoch wird durch die Bandenmäßigkeit keine Handlungseinheit begründet (Ruß LK 12).

9a **e) Abs 3** (Vermögensstrafe und Erweiterter Verfall) betrifft nur den Bandendiebstahl, nicht den Diebstahl mit Waffen (im übrigen vgl 1–11 zu § 43 a; 1–12 zu § 74 d).

10 **4. a)** Mehrere Strafschärfungsgründe nach den Nummern 1, 2 des Abs 1 einerseits und dessen Nr 3 andererseits stehen nicht in **Idealkonkurrenz,** sondern sind lediglich als verschiedene Begehungsformen desselben Diebstahls (3 zu § 52) zu werten (NJW 94, 2034 mit Bespr v Hippel JR 95, 125 und Geppert JK 7 zu § 250; vgl aber auch NStZ 94, 285 mit Bespr v Hippel aaO). Dagegen ist wegen der Unrechtsver-

wandtschaft die Nr 2 des Abs 1 neben dessen Nr 1 nicht anwendbar (bei Holtz MDR 80, 986; anders wohl NJW 96, 936, 937). – Zwischen den Begehungsformen ist **Wahlfeststellung** zulässig (14 zu § 1).

b) Verwirklicht die Tat zugleich Erschwerungsgründe nach § 243, so gehen diese in dem Qualifikationstatbestand des § 244 auf (BGHSt 33, 50; NJW 70, 1279 mit Anm Schröder JR 70, 388). – Jedoch ist **Tateinheit** möglich zwischen versuchtem Diebstahl nach § 244 und vollendetem nach §§ 242, 243, zB wenn der Täter irrig glaubt, eine Schußwaffe bei sich zu führen; ferner zwischen Teilnahme am Bandendiebstahl nach § 244 und täterschaftlich begangenem Diebstahl nach §§ 242, 243, zB wenn ein Bandenmitglied Mittäter des Diebstahls ist, aber nicht am Tatort mitwirkt (BGHSt 25, 18; 33, 50; s auch 11 zu § 25). – Die §§ 250 und 252 (dort 8) gehen vor (zur Anwendbarkeit von Vermögensstrafe und Erweitertem Verfall beachte jedoch 29 vor § 52). Über das Verhältnis zu § 244 a dort 6. § 247 ist anwendbar, dagegen nicht § 248 a. 11

§ 244 a Schwerer Bandendiebstahl

(1) **Mit Freiheitsstrafe von einem Jahr bis zu zehn Jahren wird bestraft, wer den Diebstahl unter den in § 243 Abs. 1 Satz 2 genannten Voraussetzungen oder in den Fällen des § 244 Abs. 1 Nr. 1 oder 2 als Mitglied einer Bande, die sich zur fortgesetzten Begehung von Raub oder Diebstahl verbunden hat, unter Mitwirkung eines anderen Bandenmitglieds begeht.**

(2) **In minder schweren Fällen ist die Strafe Freiheitsstrafe von sechs Monaten bis zu fünf Jahren.**

(3) **Die §§ 43 a, 73 d sind anzuwenden.**

(4) **Absatz 1 gilt nicht, wenn sich die Tat auf eine geringwertige Sache bezieht.**

Fassung des OrgKG (1, 2 vor § 73)

1. Der **schwere Bandendiebstahl** bedeutet gegenüber § 244 I Nr 3 eine weitere **Qualifizierung,** die zur wirksameren Bekämpfung der organisierten Kriminalität beitragen soll (BT-Dr 12/989 S 25; zur Entstehungsgeschichte Zopfs GA 95, 320; krit wegen der mit § 244 identischen Höchststrafe Hettinger GA 95, 399, 412). Die Tat ist Verbrechen, § 30 daher anwendbar (Ruß LK 1). 1

2. a) Zunächst müssen **alle Merkmale des Bandendiebstahls** erfüllt sein. Als Erschwerungsgrund muß hinzukommen: entweder die vollständige (Zopfs aaO 325) Verwirklichung der Voraussetzungen eines der in § 243 I Nr 1–7 beschriebenen Regelbeispiele (dort 8–23) oder die Begehung der Tat mit Waffen im Sinne des § 244 I Nr 1, 2 (dort 2–5). Danach bildet der schwere Bandendiebstahl eine Kombination des Erschwerungsgrundes der Bandenmäßigkeit mit einem der übrigen in den §§ 243, 244 vorgesehenen Erschwerungsgründe (krit Zopfs 2 aaO S 326). Die Voraussetzungen der Regelbeispiele haben hier – abweichend von § 243 (dort 3; 11 zu § 46) – nicht bloß exemplifizierende Funktion; sie sind vielmehr gewöhnliche, für den Richter bindende Tatbestandsmerkmale (ebenso Ruß LK 2; krit zu dieser „Verwandlung" Sch/Sch-Eser 4 mwN).

3 **b) Abs 4** begründet einen **Tatbestandsausschluß.** Die in bezug auf eine geringwertige Sache (3 zu § 248 a) begangene Tat ist daher nicht tatbestandsmäßig im Sinne des Abs 1. Abweichend von § 243 II, der den andersartigen Ausschluß der Indizwirkung von Regelbeispielen betrifft (dort 4–7), sind Irrtümer über die Geringwertigkeit hier nach den allgemeinen Regeln zu behandeln (ebenso Sch/Sch-Eser 6; aM Zopfs aaO S 329; vgl namentlich 14 zu § 15; 3 zu § 16; 12, 15 zu § 22). Der Tatbestandsausschluß gilt nach dem eindeutigen Gesetzeswortlaut auch bei Vorliegen der Voraussetzungen des § 243 I Nr 7 (Diebstahl von Waffen oder Sprengstoff), obwohl insoweit im Anwendungsbereich des § 243 (dort 4 und 23) ein entsprechender Ausschluß nicht vorgesehen ist; letzteres ist ebenso wie das Fehlen eines entsprechenden Ausschlusses bei § 244 systematisch fragwürdig (Krey BT 2 Rdn 138 b).

4 **3.** Zu **Abs 2** (minderschwere Fälle) 6–10 a zu § 46; 4 zu § 12.

5 **4.** Zu **Abs 3** (Vermögensstrafe und Erweiterter Verfall) 1–11 zu § 43 a; 1–12 zu § 74 d.

6 **5.** Die Vorschrift geht den §§ 242–244 vor. **Tateinheit** ist jedoch möglich, wenn die Tat nach § 244 a nur versucht, ein weniger qualifizierter Diebstahl aber vollendet wurde, zB wenn der Täter irrig glaubt, ein mitwirkender Beteiligter sei Bandenmitglied. Die §§ 250 und 252 (dort 8) gehen vor (zur Anwendbarkeit von Vermögensstrafe und Erweitertem Verfall beachte jedoch 29 vor § 52). § 247 ist anwendbar, dagegen nicht § 248 a. – Mehrere Fälle des § 244 a können eine natürliche Handlungseinheit bilden (NStZ 96, 493).

§ 245 Führungsaufsicht

In den Fällen der §§ 242 bis 244 a kann das Gericht Führungsaufsicht anordnen (§ 68 Abs. 1).

Fassung: Das OrgKG (1, 2 vor § 73) hat den neuen § 244 a einbezogen.

1 Vgl 1, 2 vor § 68, 1–8 zu § 68.

§ 246 Unterschlagung

(1) **Wer eine fremde bewegliche Sache, die er in Besitz oder Gewahrsam hat, sich rechtswidrig zueignet, wird mit Freiheitsstrafe bis zu drei Jahren oder mit Geldstrafe und, wenn die Sache ihm anvertraut ist, mit Freiheitsstrafe bis zu fünf Jahren oder mit Geldstrafe bestraft.**

(2) **Der Versuch ist strafbar.**

1. Die Vorschrift **schützt** abweichend von § 242 **nur das Eigentum.** Zu ihrer **Reformbedürftigkeit** Charalambakis, Der Unterschlagungstatbestand de lege lata und de lege ferenda, 1985, S 156. 1

2. Fremde bewegliche Sache 2–7 zu § 242. Miteigentümer können sich die im Miteigentum stehenden Sachen (Düsseldorf NJW 92, 60), Gesellschafter einer GmbH deren Eigentum (BGHSt 3, 32) zueignen. Immer muß sich aber die Zueignung auf konkrete Sachen, nicht auf unausgesonderte Teile einer Sachgesamtheit beziehen (Sch/Sch-Eser 3). 2

3. Die Sache muß **im Gewahrsam** (8–13 zu § 242) oder Besitz des Täters sein; dabei soll nach hM Besitz nicht im Sinne des bürgerlichen Rechts gemeint, sondern gleichbedeutend mit Gewahrsam sein (Schleswig NJW 79, 882; Küper BT S 59, beide mwN; zw), so daß mittelbarer Besitz nach § 868 BGB regelmäßig ausscheidet (mit beachtlichen Gründen anders Otto, Die Struktur des strafrechtlichen Vermögensschutzes, 1970, S 256; Ranft JA 84, 277, 286; Charalambakis aaO [vgl 1] S 110; M-Schroeder/Maiwald BT 1 34/7; Kindhäuser NK 20, alle mwN). – Bricht der Täter den Gewahrsam, so liegt idR Diebstahl vor; Unterschlagung dagegen, wenn die übrigen Inhaber des Mitgewahrsams mit der Zueignung einverstanden sind (BGHSt 8, 273). – Die Gewahrsamserlangung kann nach der „kleinen berichtigenden Auslegung" mit der Zueignung zusammenfallen (BGHSt 4, 76; 40, 8, 22; Charalambakis aaO S 92; Sch/Sch-Eser 1; aM Tenckhoff JuS 84, 775, 777; Seelmann JuS 85, 699; Samson JA 90, 5, 7, alle mwN; zw); das kommt zB in Frage: bei der Fundunterschlagung (bei Dallinger MDR 71, 546; zusf Charalambakis aaO S 88), bei der Leichenfledderei, bei der Zueignung einer vom Dieb aufgegebenen Sache (BGHSt 13, 43) und bei der sog Diebesfalle (14 zu § 242), wenn trotz Übergangs des Gewahrsams dessen Bruch zu verneinen ist (vgl 5). – Die „große berichtigende Auslegung", die vom Erfordernis des Gewahrsams ganz absieht, ist im Hinblick auf Art 103 II GG abzulehnen (hM; vgl BGHSt 2, 317; Schleswig NJW 79, 882; Ranft aaO; Charalambakis aaO S 84; Küper ZStW 106, 354, alle mwN). 3

4. Die Handlung besteht darin, daß der Täter die Sache sich selbst zueignet. 4

a) Für die **Zueignung** (21–24 zu § 242) genügt nicht der bloße innere Entschluß; dieser muß vielmehr durch eine „Manifestation des Zueignungswillens" betätigt werden (hM; anders Schmidhäuser, Bruns-FS, S 345, 357; Samson JA 90, 5, 7 und SK 40–43; krit und unter Inkaufnahme großer Strafbarkeitslücken rigoros einschr Kargl ZStW 103, 136). Diese erfordert eine äußere Handlung, die auf den Willen schließen läßt, den Eigentümer dauernd (aM Otto Jura 96, 383) auszuschließen und die Sache (oder ihren Sachwert) dem eigenen Vermögen einzuverleiben (BGHSt 1, 262; 14, 38; Bay NJW 92, 1777 mit Anm Julius JR 93, 255; den „Einverleibungswunsch" betont aus psychoanalytischer Sicht Behrendt, Der Begriff der Zueignung in den Tatbeständen des

Diebstahls und der Unterschlagung, 1996, S 33). Dabei genügt es, wenn in der Manifestation nur das Aneignungselement (21 zu § 242) eindeutig in einer Weise zu Tage tritt, daß nicht zugleich das Enteignungselement ausgeschlossen erscheint (Tenckhoff JuS 84, 775, 780 mwN; einschr Seelmann JuS 85, 699; zw). Handlungen, die nach den Umständen mehrdeutig und auch bei Fehlen des Zueignungswillens, zB beim Einkassieren von Geld im Rahmen eines erteilten Auftrags, zu erwarten sind, scheiden daher aus (BGHSt 14, 38, 41; weiter Bockelmann JZ 60, 621; str). – In Ausnahmefällen (beachte Koblenz StV 84, 287) ist die Manifestation auch durch garantenpflichtwidriges Unterlassen (2, 3, 6 zu § 13) möglich, zB bei Dulden der Pfändung und Versteigerung einer gemieteten Sache ohne Benachrichtigung des Vermieters (Oldenburg NJW 52, 1267; Lagodny Jura 92, 659, 664; krit Schmid MDR 81, 806 mwN; s auch Schürmann und Schmid MDR 82, 374; str).

5 aa) IdR liegt Zueignung vor bei Verzehr, Verbrauch oder Verarbeitung (§ 950 BGB) der Sache, bei ihrer Verbindung mit einer anderen Sache (§§ 946, 947 BGB), auch bei Vermischung (§ 948 BGB) fremden Geldes mit eigenem (beachte aber 22 zu § 242), und bei rechtsgeschäftlicher Verfügung über sie; im Falle einer Verpfändung schließt die sichere Möglichkeit der jederzeitigen Wiedereinlösung die Zueignung jedoch aus (BGHSt 12, 299). Die Veräußerung einer unter Eigentumsvorbehalt gekauften Sache (BGHSt 16, 280) ist dann keine Zueignung, wenn der Erwerber die weiteren Raten übernimmt (Oldenburg NdsRpfl 60, 236; Hamm JMBlNRW 61, 44; s auch Baumann ZStW 68, 522). Es genügt auch nicht, wenn eine solche Sache nur der Herrschaft des Vorbehaltskäufers ohne Beeinträchtigung der Position des Eigentümers entzogen wird (bei Dallinger MDR 74, 367). Die mehrfache Sicherungsübereignung derselben Sache kann Unterschlagung oder Betrug sein (BGHSt 1, 262; GA 65, 207). – Auch im Abschluß von obligatorischen Verträgen über die Sache kann eine Zueignung liegen; uU schon im Kaufangebot (Braunschweig HESt 2, 320; Schleswig SchlHA 70, 195). – Im bloßen Nichtanzeigen eines Fundes liegt keinesfalls (Hamm JR 52, 204), selbst in der Ingebrauchnahme des gefundenen Gegenstandes nicht ohne weiteres (Schleswig SchlHA 53, 217) eine Zueignung. Dagegen ist bei der sog Diebesfalle (vgl 3) das Fehlen der (rechtswidrigen) Zueignung nicht überzeugend begründbar, wenn der Täter den „Lockgegenstand" ohne Gewahrsamsbruch an sich nimmt (Celle JR 87, 253 mit abl Anm Hillenkamp; Paeffgen JR 79, 297; aM Düsseldorf NStZ 92, 237 mit abl Bespr Geppert JK § 242/15, alle mwN). Ob das Ableugnen des Besitzes (Bay JR 55, 271) und die Weiterbenutzung eines befristet gemieteten Autos nach Vertragsablauf (Köln JMBlNRW 62, 175; Düsseldorf StV 90, 164; zur Abgrenzung von § 248 b beachte Bay NJW 61, 280; Celle NJW 74, 2326) oder eines zur Sicherung übereigneten Gegenstandes nach berechtigtem Rückgabeverlangen des Eigentümers (BGHSt 34, 309, 311) genügen, hängt davon ab, ob sie den Zueignungswillen hinreichend eindeutig

manifestieren; dagegen begeht der wegen Diebstahls Beschuldigte durch die Einlassung, die bei ihm gefundenen Sachen seien sein Eigentum, idR noch keine Zueignung (Frankfurt SJZ 47, 676).

Im Bereich der **Amtsunterschlagung** dehnt die Rspr den Zueignungsbegriff in problematischer Weise über seine allgemeinen Grenzen aus (krit Sch/Sch-Eser 12) und läßt es genügen, wenn der Amtsträger amtliche Gelder zur – sei es auch nur vorübergehenden – Deckung von Fehlbeträgen verwendet (BGHSt 9, 348 mit abl Anm Koch NJW 57, 150; str); dabei soll es auf eine Entnahme aus der Kasse nicht ankommen, vielmehr die Vornahme einer falschen oder die Unterlassung einer vorgeschriebenen Buchung genügen (BGHSt 24, 115 mit abl Bespr Otto Jura 96, 383; Tenckhoff JuS 84, 775, 778; Seelmann JuS 85, 699, 701, alle mwN; zw). Ob der Amtsträger zum Ersatz des Fehlbetrages verpflichtet war, ist für die Manifestation des Zueignungswillens unerheblich, sofern er nur eine solche Ersatzpflicht annahm. 6

bb) Hat der Täter sich die Sache zugeeignet, so kann er durch weitere Herrschaftsbetätigungen den Tatbestand nicht noch einmal erfüllen (BGHSt-GS-14, 38 mit Bespr Schünemann JuS 68, 114; Otto aaO [vgl 3] S 107; Maiwald, Der Zueignungsbegriff im System der Eigentumsdelikte, 1970, S 261, alle mwN; im Ergebnis ähnlich Roth, Eigentumsschutz nach der Realisierung von Zueignungsunrecht, 1986, S 107). Dagegen sind nach der im Schrifttum überwiegenden Meinung die späteren Herrschaftsbetätigungen tatbestandlich Unterschlagung, aber als mitbestrafte Nachtaten (32 vor § 52) zu behandeln (Bockelmann JZ 60, 621; Tenckhoff JuS 84, 775, 778; Seelmann JuS 85, 699, 702, alle mwN). Der Unterschied ist deshalb wichtig, weil die Förderung einer solchen Nachtat strafbare Beihilfe sein kann (8 zu § 27). – Aus dieser Rspr folgt weiter, daß auch die neue Herrschaftsbetätigung desjenigen den Tatbestand nicht erfüllt, der den Berechtigten seiner Sachherrschaft bereits durch eine andere Vermögensstraftat (Diebstahl, Erpressung, Betrug, Untreue) entsetzt hat (BGH aaO; NStZ-RR 96, 131 mit zust Bespr Otto JK 10); anders wenn ein vorausgegangener Betrug nur den Fremdbesitz (zB Ratenkauf mit Eigentumsvorbehalt) verschafft hatte (BGHSt 16, 280). Allerdings sind hier solche Herrschaftsbetätigungen nicht gemeint, die – wie zB der gutgläubige Erwerb einer gestohlenen Sache – keine Herrschaftsanmaßung gegenüber dem Berechtigten enthalten (Otto aaO S 115); hier erfüllt erst die Manifestation des bösgläubig gewordenen Erwerbers den Tatbestand (1 StR 488/66 v 29. 11. 1966). – Nach dieser Rspr erfüllen auch Herrschaftsbetätigungen, die gleichzeitig mit einem anderen Zueignungsdelikt begangen werden, nicht noch zusätzlich den Tatbestand des § 246 (BGHSt 14, 38, 46; zust Krey BT 2 Rdn 173; krit Küper Jura 96, 205, 207 mwN). 7

b) Der Täter muß die Sache **sich selbst** zueignen (26 zu § 242). Daran fehlt es namentlich, wenn er sich der Sache nur entledigen will, weil deren Besitz ihm zu gefährlich ist (Hamburg GA 61, 121) oder 8 weil sie durch eine Beschädigung für ihn unverwendbar geworden ist (Celle NdsRpfl 62, 168). – Der Zueignungswille ist kein besonderes persönliches Merkmal im Sinne des § 14 (BGHSt 40, 8, 19); jedoch eignet sich idR selbst zu, wer als Organ oder Vertreter für eine juristische Person oder eine Personenmehrheit handelt (Karlsruhe Justiz 75, 314).

9 **5.** Der **Vorsatz** (bedingter genügt) muß sich namentlich auf die Fremdheit der Sache erstrecken (Bay NJW 63, 310; s auch 19 zu § 242). Ob er auch die Rechtswidrigkeit der Zueignung umfassen muß, ist umstritten (vgl 11).

10 **6. a)** Zur **Rechtswidrigkeit** der Zueignung 27 zu § 242. – Eignet sich jemand eine ihm unter Eigentumsvorbehalt gelieferte (fremde, 5 zu § 242) Sache durch Weiterveräußerung zu, so ist die Zueignung nicht rechtswidrig, wenn sich aus den Vertragsbeziehungen zum Vorbehaltsverkäufer dessen (ausdrückliche oder stillschweigende) Einwilligung ergibt (Düsseldorf NJW 84, 810 mwN). – Soweit man im Wechseln fremden Geldes überhaupt eine Zueignung sieht (22 zu § 242), ist die Rechtswidrigkeit idR durch mutmaßliche Einwilligung (19–21 vor § 32) ausgeschlossen.

11 **b)** Ob die Rechtswidrigkeit **zum Tatbestand gehört** und welchen Regeln der Irrtum über sie folgt, ist hier ebenso umstritten wie beim Diebstahl (dort 28). Jedenfalls ist aber eine unterschiedliche Behandlung bei Diebstahl und Unterschlagung ausgeschlossen (Hamm NJW 69, 619; str).

12 **7. Täter,** auch Mittäter, kann nur sein, wer Gewahrsam (mindestens Mitgewahrsam) hat (9 zu § 25; s auch BGHSt 8, 273; aM Küper ZStW 106, 354, 382 und Jura 96, 205, 209; zw). Hat jemand die von einem anderen unterschlagene Sache mit dessen Einverständnis in seine Verfügungsgewalt gebracht, so kommt in Frage, daß er nur Teilnahme an der Unterschlagung oder nur Hehlerei begangen hat oder daß beide Gesetzesverletzungen in Tatmehrheit oder Tateinheit zusammentreffen (im einzelnen 6, 18, 20 zu § 259).

13 **8.** Die **Veruntreuung** ist ein qualifizierter Fall der Unterschlagung. **Anvertraut** (besonderes persönliches Merkmal iS des § 28 II, StV 95, 84; Roxin LK 72 zu § 28; str) ist eine Sache nicht erst bei Vorliegen eines besonderen Treueverhältnisses (BGHSt 9, 90), sondern schon dann, wenn der Gewahrsam dem Täter in dem Vertrauen eingeräumt wurde, er werde die Gewalt nur im Sinne des Einräumenden ausüben, zB jede unter Eigentumsvorbehalt gekaufte (BGHSt 16, 280) oder gemietete (BGHSt 9, 90) Sache, nicht jedoch eine Sache, die ein Dritter im Widerspruch zu den Interessen des Eigentümers (zB die Diebesbeute) „anvertraut" hat (Sch/Sch-Eser 30 mwN); im übrigen wird das Anvertrautsein nicht dadurch ausgeschlossen, daß mit der Einräumung des Gewahrsams ein gesetz- oder sittenwidriger Zweck verfolgt wird (Küper BT S 20 mwN).

9. Tateinheit ua möglich mit §§ 133, 136 I, 263, 266 (beachte jedoch dort 23) und § 267. – **Wahlfeststellung** 14 zu § 1. 14

10. Unterschlagung in Haus und Familie § 247. Geringwertige Sachen § 248 a. 15

§ 247 Haus- und Familiendiebstahl

Ist durch einen Diebstahl oder eine Unterschlagung ein Angehöriger, der Vormund oder der Betreuer verletzt oder lebt der Verletzte mit dem Täter in häuslicher Gemeinschaft, so wird die Tat nur auf Antrag verfolgt.

Fassung: Das BtG (11 vor § 1) hat als weiteren Verletzten den Betreuer einbezogen (Folgewirkung aus der Neuordnung des Rechts der Betreuung Volljähriger).

1. Das **Antragserfordernis** dient der Erhaltung des Familienfriedens (BGHSt 18, 123). Es gilt für Diebstahl (§§ 242–244 a) und Unterschlagung (§ 246), nicht für Raub und räuberischen Diebstahl (§§ 249–252). Vgl auch §§ 259 II, 263 IV, 263 a II, 265 a III, 266 III. 1

2. Strafantrag §§ 77–77 d. – **Verletzte** (6, 7 zu § 77) sind bei § 246 nur der Eigentümer, bei §§ 242 ff der Eigentümer und der Gewahrsamsinhaber (1 zu § 242; str); sind sie verschiedene Personen, so muß – wenn die Gewahrsamsposition auch dem Eigentümer gegenüber rechtlich geschützt ist (ähnlich einschr BGHSt 10, 400) – die persönliche Beziehung zu beiden bestehen. – **Angehöriger** 2 zu § 11. **Vormund** §§ 1773 ff BGB. **Betreuer** §§ 1896 ff BGB. Eine **häusliche Gemeinschaft** setzt den freien und ernstlichen Willen der Mitglieder zum Zusammenleben auf eine gewisse Dauer voraus (BGHSt 29, 54); am freien Willen fehlt es zB beim Soldaten in der Kaserne und beim Insassen einer Straf- oder Verwahrungsanstalt oder eines Flüchtlingslagers (hM; anders Seelmann JuS 85, 699, 703), nicht aber beim Bewohner eines Internats oder Altenheims (BT-Dr 7/550 S 247), am ernstlichen Willen zB beim Täter, der das Zusammenleben von vornherein nur zu Straftaten gegen die Mitglieder ausnutzen will (BGH aaO; zw). – Die persönliche Beziehung muß zur Zeit der Tat bestanden haben (BGH aaO); ihr späterer Wegfall läßt – wie sich zum Teil schon aus § 11 I Nr 1 a ergibt – das Antragsrecht unberührt (Celle NJW 86, 733 mit Anm Stree JR 86, 386; Hamm NJW 86, 734, alle mwN; str). 2

3. Das Antragserfordernis gilt nur für den **Beteiligten** (Täter oder Teilnehmer), bei dem die persönliche Beziehung tatsächlich besteht. Ein Irrtum hierüber ist unerheblich (zum weggefallenen § 247 II ebenso BGHSt 23, 281). 3

§ 248 *(weggefallen)*

§ 248 a Diebstahl und Unterschlagung geringwertiger Sachen

Der Diebstahl und die Unterschlagung geringwertiger Sachen werden in den Fällen der §§ 242 und 246 nur auf Antrag verfolgt, es sei denn, daß die Strafverfolgungsbehörde wegen des besonderen öffentlichen Interesses an der Strafverfolgung ein Einschreiten von Amts wegen für geboten hält.

1 **1.** Die Vorschrift läßt die Verfolgung von Diebstahl und Unterschlagung **geringwertiger** Gegenstände **nur auf Antrag oder bei Vorliegen eines besonderen öffentlichen Interesses** zu. Sie beschreibt keine selbständigen Delikte (BVerfGE 50, 205; Hamm NJW 79, 117; aM Naucke NStZ 88, 220, alle mwN), sondern enthält nur zusammen mit den §§ 257 IV S 2, 259 II, 263 IV, 263 a II, 265 a III, 266 III, 266 b II eine insgesamt prozeßrechtliche Konzeption, die der Bewältigung der Bagatellkriminalität (5 a vor § 13) im Bereich der Aneignungs-, Bereicherungs- und Begünstigungsdelikte dient (zu ihrer Verfassungsmäßigkeit im Hinblick auf Bagatelldiebstähle BVerfG aaO). Sie wird ergänzt durch die §§ 153 I, 153 a StPO, die bei Vermögensdelikten mit geringem Schaden die Einstellung des Verfahrens von der Zustimmung des Gerichts unabhängig machen und darüber hinaus die Einstellungsmöglichkeiten wegen Geringfügigkeit allgemein erweitern (Eckl JR 75, 99; Boxdorfer NJW 76, 317; Hobe, Leferenz-FS, S 629).

2 **2. Strafantrag** §§ 77–77 d. Kein Übergang des Antragsrechts auf die Angehörigen (8 zu § 77). Zur Verfolgung von Amts wegen auf der Grundlage eines **besonderen öffentlichen Interesses** 3–6 zu § 232.

3 **3. a)** Ob **Sachen geringwertig** sind, bestimmt sich nach ihrem Verkehrswert (NJW 77, 1460) zur Zeit der Tat, so daß nachträgliche Veränderungen zum Zwecke besserer Verwertung nicht zu Buch schlagen (NStZ 81, 62); bei der Beurteilung dürfen die Verhältnisse der Beteiligten, namentlich des Verletzten, nicht völlig außer Betracht bleiben (str). Gegenwärtig dürfte die Grenze im Regelfall etwa bei 50.– DM liegen (Düsseldorf NJW 87, 1958 mwN). Die Rspr zu den Merkmalen der Geringwertigkeit und des unbedeutenden Wertes in §§ 247, 248 a, 370 I Nr 5 aF (zB BGHSt 5, 263; 6, 41; GA 57, 17, 19 und 60, 181) ist weiterhin verwertbar (bei Dallinger MDR 75, 543; Hamm MDR 77, 424). Wird eine Sache ohne meßbaren Verkehrswert nicht zur wirtschaftlichen Verwendung, sondern zu anderen Zwecken gestohlen (zB Diebstahl belastender Akten oder Diebstahl von Scheckformularen zur Fälschung), so entscheidet das Gewicht der funktionellen Möglichkeiten, die nach der Verkehrsanschauung generell mit der Herrschaft über solche Sachen verknüpft sind (ähnlich NJW 77, 1460; Bay NJW 79, 2218 mit Anm Paeffgen JR 80, 300; einschr Jungwirth NJW 84, 954; str). – Im Rahmen einer Handlungseinheit (4–19 vor § 52) entscheidet nicht die Geringwertigkeit der einzelnen Sache, sondern der Gesamtwert des Erlangten (Düsseldorf aaO), bei Mittätern nicht deren Anteil,

sondern die Gesamtmenge (zum früheren Recht NJW 64, 117; Schroeder GA 64, 225; Schwind Rpfleger 70, 126).

b) Da die Vorschrift nur für Taten nach §§ 242, 246 gilt, darf der Diebstahl (einschl Versuch) weder nach § 244 strafbar (Köln NJW 78, 652; aM Burkhardt NJW 75, 1687, der entspr Anwendung des § 243 II vorschlägt) noch ein besonders schwerer Fall nach § 243 sein, und zwar unabhängig davon, ob ein Regelbeispiel verwirklicht ist (BGHSt 26, 104 mit abl Anm Braunsteffer NJW 75, 1570). Ist die Annahme eines besonders schweren Falles zwar nach § 243 II (dort 4–7) nicht ausgeschlossen, aber trotz Vorliegens eines Regelbeispiels ausnahmsweise zu verneinen (13 zu § 46), so bleibt § 248 a anwendbar (BGH aaO). 4

c) Im übrigen entscheidet – abweichend von § 243 II (dort 4–7) – nur die objektive Geringwertigkeit (hM; in Fällen des Vorsatzwechsels krit Sch/Sch-Eser 17), beim Versuch daher der Wert der Sache, zu deren Wegnahme (§ 242) oder Zueignung (§ 246) der Täter entschlossen war. Wegen des prozessualen Charakters des Antragserfordernisses (2 zu § 77) ist ein Irrtum über den Wert unerheblich (Warda Jura 79, 113, 117). 5

§ 248 b Unbefugter Gebrauch eines Fahrzeugs

(1) **Wer ein Kraftfahrzeug oder ein Fahrrad gegen den Willen des Berechtigten in Gebrauch nimmt, wird mit Freiheitsstrafe bis zu drei Jahren oder mit Geldstrafe bestraft, wenn die Tat nicht in anderen Vorschriften mit schwererer Strafe bedroht ist.**

(2) **Der Versuch ist strafbar.**

(3) **Die Tat wird nur auf Antrag verfolgt.**

(4) **Kraftfahrzeuge im Sinne dieser Vorschrift sind die Fahrzeuge, die durch Maschinenkraft bewegt werden, Landkraftfahrzeuge nur insoweit, als sie nicht an Bahngleise gebunden sind.**

1. Erfaßt werden soll das **furtum usus** an Fahrzeugen, das wegen fehlender Zueignungsabsicht oder Zueignung nicht nach §§ 242, 246 bestraft werden kann (24 zu § 242). Die Vorschrift schützt das Eigentum, uU auch die aus ihm abgeleitete, einem anderen eingeräumte Gebrauchsberechtigung; daher kein Schutz des Gebrauchsberechtigten oder anderer Verkehrsteilnehmer (NJW 57, 500) gegen den Eigentümer (aM Wessels BT 2 Rdn 384; Kindhäuser NK 2; zw). 1

2. Kraftfahrzeuge (Abs 4) sind namentlich Autos, Motorräder, Flugzeuge, Schiffe, dagegen nicht Straßenbahnen, Autoanhänger, Schleppkähne ohne eigenen Antrieb usw. 2

3. Ingebrauchnehmen setzt nach der Rspr voraus, daß der Täter ein Fahrzeug nach seinem Willen – sei es auch nur im Leerlauf (BGHSt 11, 44) – zu einer Fahrt in Gang setzt oder in Gang hält (BGHSt 11, 47; einschr Franke NJW 74, 1803; str). Danach genügen Übernachten 3 im parkenden Wagen, bloßes Mitfahren (Hamm DAR 61, 92) und nur vertragswidriger Gebrauch während der Mietzeit nicht (LG Mannheim NJW 65, 1929), wohl aber Benutzen nach Ablauf der Mietzeit (GA 63, 344; Schleswig NStZ 90, 340 mit abl Anm Schmidhäuser; aM Otto JZ 93, 559, 567, alle mwN; zw), unbefugtes Entleihen eines Mietwagens durch einen Dritten (Neustadt MDR 61, 708) und unbefugtes Fortsetzen eines vermeintlich befugt begonnenen Gebrauchs (BGHSt 11, 47; aM Bay NJW 53, 193; Ebert DAR 54, 291; zw). – Die Tat ist Dauerdelikt (11 vor § 52), die mit der Ingebrauchnahme vollendet und mit deren Abschluß beendigt ist (Düsseldorf NStZ 85, 413); nicht mehr tatbestandsmäßig kann jedoch die Rückführung des Fahrzeugs an den Berechtigten (vgl 4) sein, weil sie dessen mutmaßlichem Willen entspricht (Düsseldorf aaO mit krit Bespr Otto JK 1).

4 **4. Berechtigter** ist jeder, der aus irgendeinem rechtlichen Grunde (zB als Eigentümer, Mieter, Chauffeur während des Dienstes, Fahrzeughalter usw) befugt ist, das Fahrzeug als Fortbewegungsmittel zu benutzen (BGHSt 11, 47, 51; VRS 39, 199). – **Gegen den Willen** setzt keine ausdrückliche Erklärung, sondern nur erkennbar oder mutmaßlich entgegenstehenden Willen voraus (hM).

5 **5.** Der **Vorsatz** (bedingter genügt) muß auch den entgegenstehenden Willen des Berechtigten umfassen. Irrige Annahme des Einverständnisses ist daher Tatbestandsirrtum (3 zu § 16); Unkenntnis seines Vorliegens begründet untauglichen Versuch (12 zu § 22).

6 **6.** Die in Abs 1 bestimmte **formelle Subsidiarität** (26 vor § 52) bezieht sich nur auf Tatbestände gleicher oder ähnlicher Schutzrichtung (hM; vgl Sch/Sch-Eser 13). Die Vorschrift wird also verdrängt bei Wegnahme in Zueignungsabsicht von § 242 (zur Abgrenzung dort 24) und bei sonstiger Zueignung von § 246 (Gössel JR 76, 1, 3), auch wenn diese erst während des unberechtigten Gebrauchs begangen wird. Der Verbrauch lediglich des Benzins im Tank kann jedoch aufgrund teleologischer Reduktion (str) die Anwendung des § 242 nicht begründen (BGHSt 14, 386; GA 60, 182; Vogler, Bockelmann-FS, S 715, 731; aM Ranft JA 84, 277, 281).

7 **7. Strafantrag** §§ 77–77 d. Als Verletzter (6, 7 zu § 77) kommt auch der Gebrauchsberechtigte in Frage (str). Kein Übergang des Antragsrechts auf die Angehörigen (§ 77 II).

§ 248 c Entziehung elektrischer Energie

(1) **Wer einer elektrischen Anlage oder Einrichtung fremde elektrische Energie mittels eines Leiters entzieht, der zur ordnungsmäßigen Entnahme von Energie aus der Anlage oder Einrichtung nicht bestimmt ist, wird, wenn er die Handlung in der Absicht begeht, die elektrische Energie sich rechtswidrig zuzueignen, mit Freiheitsstrafe bis zu fünf Jahren oder mit Geldstrafe bestraft.**

(2) **Der Versuch ist strafbar.**

(3) **Wird die in Absatz 1 bezeichnete Handlung in der Absicht begangen, einem anderen rechtswidrig Schaden zuzufügen, so ist die Strafe Freiheitsstrafe bis zu zwei Jahren oder Geldstrafe. Die Tat wird nur auf Antrag verfolgt.**

1. Die Vorschrift schließt eine bei §§ 242, 246 verbleibende Lücke, da fraglich ist, ob elektrische Energie eine Sache im Rechtssinne ist (2 zu § 242). In wessen Gewahrsam sich die Energie befindet (zB Akkumulator), ist unerheblich. **Fremd** ist die Energie, auf deren Entziehung der Täter kein Recht hat (hM; krit Herzberg/Hardtung JuS 94, 494). 1

2. Entziehen ist Minderung des Energievorrats (Herzberg/Hardtung aaO). – Hinzu kommen muß die Verwendung eines Leiters (jeder physikalisch geeignete Stromleiter), der ordnungswidrig ist; zB Anbringen eines nicht zur Anlage gehörenden Kabels (GA 58, 369), Anzapfen einer Hochspannung (auch mittels Induktion), Überbrücken oder Umgehen des Stromzählers (Celle MDR 69, 579), Anschließen an fremde Leitung. Nicht hierher gehören Einwirkungen auf den Zähler oder bloß vertragswidrige Benutzung einer vorhandenen Lichtquelle (Herzberg/Hardtung aaO), auch nicht der Mißbrauch von Strom- und Fernsprechautomaten, der unter § 265 a fällt (Bay MDR 61, 619), und das Auffangen von Rundfunk- und Fernmeldewellen (Stimpfig MDR 91, 709; zum sog Schwarzhören 5 zu § 265 a). 2

3. Die Absicht (iS zielgerichteten Wollens, 20 zu § 15) muß bei Abs 1 auf rechtswidrige Zueignung (20–28 zu § 242), bei Abs 3 (Antragsdelikt, §§ 77–77d) auf Schadenszufügung (zB Anbringen eines Erdschlusses) gerichtet sein (aM Tröndle 8, der nur bedingten Schädigungsvorsatz ausschließt). 3

20. Abschnitt. Raub und Erpressung

§ 249 Raub

(1) **Wer mit Gewalt gegen eine Person oder unter Anwendung von Drohungen mit gegenwärtiger Gefahr für Leib oder Leben eine fremde bewegliche Sache einem anderen in der Absicht wegnimmt, sich dieselbe rechtswidrig zuzueignen, wird mit Freiheitsstrafe nicht unter einem Jahr bestraft.**

(2) **In minder schweren Fällen ist die Strafe Freiheitsstrafe von sechs Monaten bis zu fünf Jahren.**

1. Raub ist – auch hinsichtlich der geschützten Rechtsgüter (1 zu § 240; 1 zu § 242) – eine eigenständige **Kombination von Diebstahl und Nötigung.** Es muß deshalb der volle äußere und innere Tatbestand des § 242 erfüllt sein, bei dessen Verwirklichung Gewalt oder Drohung als Mittel zur Wegnahme eingesetzt werden; die Wegnahme geringwertiger Sachen genügt (hM; anders Burkhardt NJW 75, 1687 mwN). 1

2 **2.** Die **Nötigungsmittel und ihr Einsatz zur Wegnahme.**

a) Gewalt 5–11 zu § 240. Wie bei der Nötigung wird der Begriff auch hier von der Rspr weit ausgelegt (zusf und zT krit Geilen Jura 79, 54, 109; Schünemann JA 80, 349, 350; Seelmann JuS 86, 201; Küper BT S 115; Herdegen LK 4–8; für einen engeren Gewaltbegriff, ua mit höheren Anforderungen an die Erheblichkeit der Zwangswirkung, bei § 249 Krey BT 2 Rdn 186 e): die überraschend weggezogene Handtasche (BGHSt 18, 329; Saarbrücken NJW 69, 621; mit Recht einschr StV 90, 205 und 262; Knodel JZ 63, 701; Frommel NKrimPol 93, 23, alle mwN); die weggeschobene Hand des fast Bewußtlosen (BGHSt 16, 341); die Ausplünderung des Betrunkenen (BGHSt 4, 210); die Herbeiführung einer bedrohlichen Situation im Straßenverkehr (LG München NJW 93, 188). – Die Gewalt **gegen eine Person** braucht keine gegenwärtige Leibes- oder Lebensgefahr zu bewirken (BGHSt 18, 75); unbedeutende Beeinträchtigungen der Körperintegrität genügen jedoch nicht (BGHSt 7, 252, 254). Sie kann sich auch gegen den Begleiter des Gewahrsamsinhabers oder eine – sei es auch nur vermeintlich (Herdegen LK 3 mwN) – zur Hilfe verpflichtete oder bereite Person richten (RGSt 69, 327, 330), jedoch nicht lediglich gegen Sachen, es sei denn, daß die Einwirkung eine körperliche Zwangswirkung verursacht, zB die Ausschaltung eines erwarteten Widerstandes durch Einsperren (BGHSt 20, 194).

3 **b) Drohung** 12 zu § 240. Sie kann sich auch gegen die unter 2 genannten Personen richten; gegen einen Bewußtlosen ist sie nicht möglich (DRiZ 72, 30). Auch Drohung durch schlüssiges Verhalten kommt in Frage (wistra 94, 225; Geilen Jura 79, 109, 110); ferner mittelbare Drohung, wenn die für den Dritten in Aussicht gestellte Gefahr geeignet ist, das Opfer zur Duldung zu motivieren (15 zu § 240; Küper BT S 70 mwN). – **Gefahr** für Leib oder Leben 21–23 zu § 315 c. – **Gegenwärtig** 2 zu § 34 (speziell zu §§ 249, 255 NStZ 96, 494; Geilen aaO; krit Schünemann JA 80, 349, 351).

4 **c)** Die Nötigungsmittel muß der Täter **final zur Erzwingung der Wegnahme einsetzen** (BGHSt 4, 210; 18, 329, 331; StV 91, 516 und 95, 416; Eser NJW 65, 377; Müller-Dietz JuS 71, 412, 417; Herdegen LK 13–15); daß er damit zugleich noch ein weiteres Ziel verfolgt, steht dem nicht entgegen (NStZ 93, 79). Ob auch ein kausaler Zusammenhang hergestellt wird, ist unerheblich (hM; vgl etwa Geilen Jura 79, 165, 221; Schünemann JA 80, 349, 351; anders Seelmann JuS 86, 201, 203; vermittelnd Brandts, Der Zusammenhang von Nötigungsmittel und Wegnahme beim Raub, 1990, die zur Lösung ein „Modell psychischer Eigenbeihilfe" vorschlägt). Es genügt, wenn eine zunächst zu anderem (zB sexuellem) Zweck angewendete Gewalt bewußt auch als Mittel der (uU unbemerkten) Wegnahme eingesetzt wird (BGHSt 20, 32; NStZ 82, 380). Dazu ist ein Fortdauern des Nötigungsverhaltens nach dem Vorsatzwechsel erforderlich (Küper JZ 81, 568, 571). Die bloße Ausnutzung einer – sei es auch vom Täter selbst geschaffenen –

psychischen Zwangswirkung reicht daher nicht aus (BGH NJW 84, 1632; NStZ 86, 409; StV 91, 516), wohl aber die Fortsetzung des Zwanges durch tatbestandsmäßige konkludente Drohung (BGHSt 41, 123, 124 mit Bespr Krack JuS 96, 493) oder durch pflichtwidriges Aufrechterhalten einer weiterwirkenden physischen Zwangsmaßnahme, wie zB Fesselung oder Einsperrung (Eser NJW 65, 377, 379; Schünemann JA 80, 349, 353; Jakobs JR 84, 385, 386; aM Küper aaO; Otto Jura 87, 498; Joerden JuS 85, 20, 26; Herdegen LK 16, alle mwN; zw). Im Falle bloßer Ausnutzung der Zwangslage liegt nur ein Diebstahl vor (NJW 69, 619; bei Holtz MDR 89, 858); ebenso wenn ein Dritter als Werkzeug zum Gewahrsamsbruch genötigt wird (Mitsch NStZ 95, 499; aM Krack JuS 96, 493, 496). – Wird das Mittel erst nach der Wegnahme zur Sicherung der Beute eingesetzt, so liegt § 252 vor (dort 1, 2). Soll es nicht die Wegnahme der Sache ermöglichen, sondern deren Herausgabe erzwingen, so kommt § 255 in Frage (dort 2).

3. Der **Vorsatz** (bedingter genügt) muß namentlich den Einsatz von Gewalt oder Drohung umfassen. Außerdem ist der **volle subjektive Tatbestand des Diebstahls** erforderlich (19–28 zu § 242), und zwar schon zur Zeit des Nötigungsverhaltens (Küper JuS 86, 862, 867). Zu Fällen des Vorsatzwechsels beachte 4. – Nimmt der Täter nach Anwendung des Nötigungsmittels mehr weg, als ursprünglich geplant (Erweiterung des Wegnahmevorsatzes), so ergibt das keinen neuen selbständigen Diebstahl, sondern fällt in den Rahmen des Raubes (BGHSt 22, 350). 5

4. a) Vollendet ist der Raub erst mit Vollendung der Nötigung und der Wegnahme. Bis dahin ist Teilnahme möglich; nach der Rspr auch noch nach Vollendung bis zur Beendigung (BGHSt 6, 248; 2 vor § 22; 18 zu § 242; s auch NJW 85, 814 mit krit Bespr Küper JuS 86, 862). 6

b) Versucht ist der Raub nach der Struktur des Tatbestandes (dazu 10 zu § 22) erst, wenn die Nötigungshandlung die Versuchsschwelle überschreitet (hM; vgl etwa Berz Jura 82, 317, 320 mwN); ein uU vorausgehender Wegnahmebeginn begründet nur einen Diebstahlsversuch (im übrigen vgl 5–7 zu § 22 und die dort angeführten, zT auch den Raub betr Beispiele). – Hat sich die Zueignungsabsicht bei der Wegnahme nur auf nicht vorgefundene Gegenstände erstreckt (vgl 5) und wurde sie erst nachträglich auf die vorgefundenen erweitert, so liegt nur Versuch vor (StV 90, 408 mwN). 7

5. Jeder **Mittäter** eines Raubes muß selbst Zueignungsabsicht haben (StV 88, 526; bei Holtz MDR 89, 1052; s auch 20 zu § 242) und außerdem wissen und wollen, daß die Gewalt gegen das Opfer zum Zwecke eines Diebstahls verübt wird (subjektiv-finaler Konnex); bloße Ausnutzung der von einem anderen Beteiligten zu anderem Zweck angewendeten Gewalt genügt nicht (bei Holtz MDR 89, 858). 8

6. Zu **Abs 2** (minder schwere Fälle) 6–10 a zu § 46; 4 zu § 12. 9

10 **7.** § 249 ist **Spezialvorschrift** gegenüber §§ 240, 242; er geht auch dem § 243 vor (dort 24; ebenso schon BGHSt 20, 235, 237; aM Vogler, Bockelmann-FS, S 715, 723); die §§ 247, 248 a sind nicht anwendbar. Mit §§ 223, 223 a (GA 69, 347), §§ 177, 178 (bei Holtz MDR 90, 294) und § 316 a (NJW 63, 1413) ist **Tateinheit** möglich. Über das Verhältnis zu §§ 253, 255 vgl 2 zu § 255 und zu den Tötungsdelikten 4 zu § 251 (beachte auch 2 vor § 22). – **Wahlfeststellung** 14 zu § 1.

11 **8.** Führungsaufsicht § 256. Anzeigepflicht § 138 I Nr 8.

§ 250 Schwerer Raub

(1) **Auf Freiheitsstrafe nicht unter fünf Jahren ist zu erkennen, wenn**

1. **der Täter oder ein anderer Beteiligter am Raub eine Schußwaffe bei sich führt,**
2. **der Täter oder ein anderer Beteiligter am Raub eine Waffe oder sonst ein Werkzeug oder Mittel bei sich führt, um den Widerstand eines anderen durch Gewalt oder Drohung mit Gewalt zu verhindern oder zu überwinden,**
3. **der Täter oder ein anderer Beteiligter am Raub durch die Tat einen anderen in die Gefahr des Todes oder einer schweren Körperverletzung (§ 224) bringt oder**
4. **der Täter den Raub als Mitglied einer Bande, die sich zur fortgesetzten Begehung von Raub oder Diebstahl verbunden hat, unter Mitwirkung eines anderen Bandenmitglieds begeht.**

(2) **In minder schweren Fällen ist die Strafe Freiheitsstrafe von einem Jahr bis zu fünf Jahren.**

1 **1.** Die Vorschrift enthält – ebenso wie § 244 im Verhältnis zu § 242 – **Qualifikationstatbestände** zum einfachen Raub und nach §§ 252, 255 auch zum räuberischen Diebstahl und zur räuberischen Erpressung.

2 **2. a)** Zu **Abs 1 Nr 1, 2 und 4** vgl 2–9 zu § 244. Für den Bandenraub genügt es, daß die Verabredung nur auf Diebstähle (nicht auf Raub) ging (OGH NJW 49, 910).

3 **b) Abs 1 Nr 3** setzt eine **konkrete Gefahr** (21, 22 zu § 315 c) voraus. Sie muß durch die Tat, dh den Einsatz der Raubmittel oder die Wegnahme (4 StR 652/76 v 10. 2. 1977), vorsätzlich (BGHSt 26, 176, 244; StV 91, 262; Küper NJW 76, 543; Meyer-Gerhards JuS 76, 228, 231, alle mwN; str) verursacht und auf deren typische Gefährlichkeit zurückzuführen sein (hM). Tatbeteiligte sind aus dem Schutzbereich ausgenommen (1 zu § 251). – Zum Gefährdungsvorsatz 28 zu § 15; zur schweren Körperverletzung 2–5 zu § 224; die Gefahr, zB durch demonstrativ in einem Verkaufsregal aufgestellte Bierflaschen mit „verdünnter Salzsäure" Gesundheitsschäden hervorzurufen, reicht nicht, es greift aber die Nr 2 ein (NJW 94, 1166 mit zust Anm Hauf JR 95, 172).

3. Der **Anstifter** zum schweren Raub ist, wenn der Täter nur einen einfachen Raub begeht, nach §§ 250, 30 in Tateinheit mit §§ 249, 26 strafbar (so zum Straßenraub nach früherem Recht BGHSt 9, 131; s auch 28 vor § 52). 4

4. Zu **Abs 2** (minder schwere Fälle) 6–10 a zu § 46. 5

5. **Tateinheit** mit §§ 211, 212 ist auch in Fällen des Abs 1 Nr 3 (einschl Versuch) möglich (1 StR 434/80 v 2. 9. 1980). Im übrigen gelten zur **Konkurrenz** und zur Wahlfeststellung die Ausführungen unter 10 zu § 244 sinngemäß. Über das Verhältnis zu § 251 dort 4. 6

§ 251 Raub mit Todesfolge

Verursacht der Täter durch den Raub (§§ 249 und 250) leichtfertig den Tod eines anderen, so ist die Strafe lebenslange Freiheitsstrafe oder Freiheitsstrafe nicht unter zehn Jahren.

1. Für die **Erfolgsqualifikation** muß der Tod durch eine – zwischen Versuchsbeginn und Vollendung, nach der Rspr darüber hinaus auch bis zur Beendigung (2 vor § 22; krit zur Rspr Hohmann JuS 94, 860; str) vorgenommene – Tathandlung des Raubes (Einsatz der Nötigungsmittel oder Wegnahme) verursacht (9–12 vor § 13) und auf deren spezifische Gefährlichkeit zurückführbar sein (8 zu § 18). Die Vorschrift durch restriktive Auslegung von vornherein auf solche tödlichen Folgen zu beschränken, die unmittelbar durch den Einsatz der Nötigungsmittel verursacht wurden (so ua Küpper, Der „unmittelbare“ Zusammenhang zwischen Grunddelikt und schwerer Folge beim erfolgsqualifizierten Delikt, 1982, S 100; Herdegen LK 2–6 mwN), ist kriminalpolitisch bedenklich. Es gehört zu den Eigentümlichkeiten des Raubtypus, daß der Einsatz der Nötigungsmittel nicht selten dazu zwingt, auch die Wegnahme in generell gefährlicher Weise zu begehen (zB Hinauswerfen der Beute aus dem Fenster, um unmittelbar drohendem Widerstand zuvorzukommen), und daß er besonders häufig Verfolgungsaktionen mit unübersehbaren Gefahren für Unbeteiligte auslöst. Das sollte vom Schutzzweck der Vorschrift umfaßt bleiben. Deshalb ist auch mittelbare Verursachung einzubeziehen, wenn sie sich als typische Gefahrfolge des Raubes darstellt (dazu Wolter JR 86, 465) und wenn sich außerdem die Gefahr in der Todesfolge realisiert hat, dh vor allem auch, wenn sie nach den allgemeinen Regeln überhaupt objektiv zurechenbar ist; das gilt nicht nur für das Eingreifen Dritter, etwa bei Fehlschüssen der Polizei (aM Sch/Sch-Eser 5), sondern trotz gewisser Spannungen zu § 252 auch für das Eingreifen des Täters selbst, etwa durch Freischießen des Fluchtweges (BGHSt 38, 295 mit abl Bespr Rengier NStZ 92, 590 und JuS 93, 460 sowie Schroeder JZ 93, 52; zust jedoch Otto JZ 93, 559, 569; vgl auch Sowada Jura 94, 643, 651, alle mwN; zw). Danach genügt zB nicht, wenn der Tod nur infolge leichtfertigen Verhaltens beim Abtransport der Beute (zB Tod eines Passanten durch leichtfertiges Verkehrsverhalten) verursacht wurde (Blei JA 74, 236). – Im übrigen 1 reicht aber der Tod irgendeines Menschen aus; ausgenommen sind nur die Tatbeteiligten (so zutreffend Sch/Sch-Eser 3; aM Kunath JZ 72, 199, 201).

2 **2.** Abweichend von § 18 (dort 3) ist **Leichtfertigkeit** erforderlich (55 zu § 15). Für sie kommt es darauf an, ob Sorgfaltsmangel und Voraussehbarkeit (36–47 zu § 15) – lediglich bezogen auf die Herbeiführung des Todes – das Urteil grober Fahrlässigkeit rechtfertigen (bei Dallinger MDR 75, 543; s auch Nürnberg NStZ 86, 556). Daß der Täter einen rechtswidrigen Zweck angestrebt und schon deshalb besonders verwerflich gehandelt hat, bleibt – unabhängig davon, ob dieser Gesichtspunkt allgemein zur Begründung von Leichtfertigkeit herangezogen werden darf (dazu Maiwald GA 74, 257) – außer Ansatz; denn andernfalls wäre nahezu jede vorhersehbare Todesfolge leichtfertig verursacht und damit zugleich der Zweck vereitelt, den das Gesetz mit der Einschränkung der Strafbarkeit gegenüber dem früheren Recht verfolgt hat (Tenckhoff ZStW 88, 897, 908; Rengier aaO [vgl 1] S 124; aM Maiwald aaO; s auch Arzt, Schröder-GedSchr, S 119, 120).

3 **3.** Hat schon die **versuchte Tat** den Tod verursacht, so kommt Versuch nach § 251 in Frage (9 zu § 18; diff Maurach, Heinitz-FS, S 403, 412); von diesem Versuch ist ein **Rücktritt** noch möglich (NJW 96, 2663 mit Bespr Martin JuS 97, 178 und Geppert JK 5; 22 zu § 24).

4 **4.** § 250 (BGHSt 21, 183; aM für Abs 1 Nr 1, 2, 4 Vogler, Bockelmann-FS, S 715, 724; Sch/Sch-Eser 9; für Abs 1 Nr 4 anders auch Samson SK 13; zw) und die §§ 222, 226 (NJW 65, 2116) **treten zurück.** Abweichend vom früheren Recht (BGHSt 9, 135) ist **Tateinheit** der vorsätzlichen Tötungsdelikte nur mit §§ 249, 250, nicht mit § 251 möglich, weil dieser nur leichtfertiges Handeln einbezieht. Zwar sprechen teleologische und systematische Gründe für die Erweiterung auch des § 251 (aM Rengier StV 92, 496); ihr steht aber die Wortlautschranke des Art 103 II GG (6 zu § 1) zwingend entgegen (BGHSt 26, 175; NStZ 84, 453). Demgegenüber hält der GS des BGH diesen Gesichtspunkt nicht für durchschlagend (BGHSt-GS-39, 100 mit zahlreichen Nachw zum Streitstand; ebenso Jescheck/Weigend AT S 262 und 572; s auch Schünemann JA 80, 393, 396; Arzt StV 89, 57; Alwart NStZ 89, 225; Lagodny NStZ 92, 490; Sowada Jura 95, 644). Er versteht den § 18 („wenigstens") als Grundsatz des Allgemeinen Teils, der auch in § 251 zum Tragen kommen müsse, schiebt damit aber den entgegenstehenden eindeutigen Gesetzeswortlaut beiseite. Es darf aber nicht Aufgabe der Rspr sein, Rechtsfiguren zu entwickeln, die es erlauben, den Gesetzgeber zu Lasten des Täters im Wege der Rechtsschöpfung contra legem zu berichtigen. Daß § 251 die vorsätzlich herbeigeführte Todesfolge nicht umfaßt, ist ein Konstruktionsfehler des Gesetzes, der ohne Überschreiten der Wortlautschranke nicht behebbar ist. Vertretbar ist in Fällen des § 212 allenfalls die Annahme einer Sperrwirkung in dem Sinne, daß die Strafdrohung des § 251 bei Tötungsvorsatz,

der grundsätzlich schwerer als Leichtfertigkeit wiegt, nicht unterschritten werden darf (Tenckhoff ZStW 88, 897, 914). Darin liegt kein Verstoß gegen das Analogieverbot (so aber BGH – GS – aaO S 107 mwN). Denn § 251 wird hier nicht angewendet (aM Jung JuS 93, 1066, 1067); seine Existenz macht vielmehr nur offenbar, daß eine mit dem Raubgeschehen verbundene vorsätzliche Tötung dem oberen Strafrahmenbereich des Totschlags zugeordnet werden muß, weil sonst ein unauflösbarer Wertungswiderspruch zu § 251 entstehen würde. Die Rechtslage ist hier ähnlich wie bei Gesetzeskonkurrenz, wo das verdrängte, also ebenfalls nicht anwendbare Gesetz nach hM (29 vor § 52) eine vergleichbare Sperrwirkung entfaltet.

§ 252 Räuberischer Diebstahl

Wer, bei einem Diebstahl auf frischer Tat betroffen, gegen eine Person Gewalt verübt oder Drohungen mit gegenwärtiger Gefahr für Leib oder Leben anwendet, um sich im Besitz des gestohlenen Gutes zu erhalten, ist gleich einem Räuber zu bestrafen.

1. Die Vorschrift normiert einen selbständigen **raubähnlichen Tatbestand** (hM; anders Kratzsch JR 88, 397; Perron GA 89, 145), der sich vom Raub dadurch unterscheidet, daß Gewalt und Drohung (2, 3 zu § 249) hier nicht Mittel der Wegnahme sind, sondern nach deren Vollendung zur Sicherung des gerade erlangten Gewahrsams (BGHSt 8, 162; s auch bei Dallinger MDR 72, 17) eingesetzt werden (zusf Geppert Jura 90, 554 mwN). 1

2. Dem als **Vortat** erforderlichen Diebstahl genügt auch ein Raub (BGHSt 21, 377), nicht aber ein Betrug (BGHSt 41, 198, 203). Daß der Diebstahl dem Antragserfordernis nach § 247 unterliegt oder die Sache im Sinne des § 248 a geringen Wert hat, ist unerheblich (hM; anders Burkhardt NJW 75, 1687). 2

3. Die Vortat (der Diebstahl) muß **vollendet** sein (BGHSt 16, 271, 277; 41, 198, 203). Nach dem Vollendungszeitpunkt bestimmt sich zugleich die Abgrenzung von Raub und räuberischem Diebstahl, so daß der Einsatz der Raubmittel nach Vollendung der Vortat nicht unter § 249 fällt, sondern nach § 252 zu beurteilen ist (hM; vgl BGHSt 28, 224; Herdegen LK 7–10; anders Dreher MDR 79, 529; Schmidhäuser BT 8/51, alle mwN). Das gilt unabhängig von der Streitfrage, ob die Sicherung der Beute unmittelbar nach Vollendung der Wegnahme noch als deren Bestandteil verstanden werden kann (dazu 2 vor § 22); denn das qualifizierte Raubunrecht ist zureichend nur begründbar, wenn der Zwang Mittel der Gewahrsamsverschiebung und nicht lediglich der für die Vollendung unerheblichen Gewahrsamssicherung war (hM). 3

4. Auf frischer Tat betroffen ist nach der Rspr, wer alsbald nach Vollendung der Tat (weiter Küper BT S 65) am Tatort oder in dessen unmittelbarer Nähe von einem anderen bemerkt, dh namentlich durch 4

Sehen, uU auch Hören, sinnlich wahrgenommen wird (BGHSt 9, 255; 28, 224, 227); da das Gesetz unscharf nur von Betreffen, nicht von Bemerken spricht, dürfte ohne Überschreitung der Auslegungsgrenzen auch der Fall erfaßbar sein, daß der Täter, von dem anderen überrascht, dem unmittelbar bevorstehenden Bemerktwerden durch schnelles Zuschlagen zuvorkommt (BGHSt 26, 95; Herdegen LK 12; aM Dreher MDR 76, 529; Schnarr JR 79, 314; krit auch BGHSt 28, 224, 227; Fezer JZ 75, 609; zw). Ob dabei der Täter nur als Person oder auch in bezug auf ein Verhalten betroffen wird, das der andere in Zusammenhang mit einem irgendwie strafbaren Tun bringt oder bringen würde, soll nach hM unerheblich sein (vgl etwa Geilen Jura 80, 43; Schünemann JA 80, 393, 398; aM Schnarr aaO). Für Fälle der Begegnung, dh des „raumzeitlichen Zusammentreffens" (BGHSt 28, 224, 227), führt das zu sinnvollen Ergebnissen. Es ist aber problematisch, wenn der andere schon bei der Tat – etwa einer gemeinsamen Autofahrt – mit dem Täter zusammen war (Seier/Brandts Jura 81, 215, 219); wenn es hier genügen soll, daß sich der Täter als Tatverdächtiger wahrgenommen glaubt (so Herdegen LK 12), wird auf das Element des Betreffens ganz verzichtet. – Auch wenn die Tat noch nicht beendigt, dh noch nicht vollständig abgeschlossen und die Beute noch nicht gesichert ist, braucht sie nach der Rspr nicht mehr frisch zu sein (BGHSt 28, 224, 228; NJW 87, 2687 mit Bespr Kratzsch JR 88, 397 und Herzog EzSt Nr 2; aM Dreher aaO S 531; krit auch Herdegen LK 14, alle mwN; zw). Umgekehrt schließt aber die Beendigung die „Frische" nur idR, aber nicht notwendig aus (anders die hM; vgl etwa BGH aaO; StV 86, 530; JZ 88, 471; Perron GA 89, 145, 147; Otto GK 2 S 192). Hier sind – etwa bei Diebstählen aus der Nachbarwohnung – Fälle so engen zeitlich-räumlichen Zusammenhangs denkbar, daß eine Tat trotz Beendigung noch frisch sein kann (so zB im Fall BGHSt 21, 377, 378; s auch BGHSt 22, 227, 229). Ihre Einbeziehung ist sachlich begründet; der dagegen erhobene formale und sprachlich nicht zwingende Einwand, die Worte „bei einem Diebstahl" müßten als zeitliche Begrenzung verstanden werden (so Hamm MDR 69, 238; Kratzsch aaO; Herdegen LK 6), schlägt nicht durch (im Ergebnis ebenso Dreher aaO; Herzog aaO; Sch/Sch-Eser 4).

5 **5. Um sich im Besitz des gestohlenen Gutes zu erhalten,** bedeutet die Absicht (iS zielgerichteten Wollens, 20 zu § 15), eine bevorstehende – jedoch nicht notwendig nach der Vorstellung des Täters schon gegenwärtige oder unmittelbar drohende (Geilen Jura 80, 43, 44; Schünemann JA 80, 393, 399; Gehrig, Der Absichtsbegriff in den Straftatbeständen des Besonderen Teils des StGB, 1986, S 68; Herdegen LK 17; aM BGHSt 28, 224, 231; StV 87, 196; Perron GA 89, 145, 149, 169; zw) – Gewahrsamsentziehung zugunsten des Bestohlenen zu verhindern (bei Holtz MDR 87, 94; Küper BT S 60 mwN). Sie muß von demselben Bestreben geleitet sein, das schon die Zueignungsabsicht bei der Vortat kennzeichnet (MDR 87, 154; Zweibrücken JR 91, 383

mit Anm Perron und StV 94, 546 mit Bespr Geppert JK 5, alle mwN; s auch StV 91, 349 mit Bespr Ennuschat JR 91, 500; str). Jedoch braucht sie nicht der einzige oder auch nur dominierende (aM Schünemann aaO) Zweck zu sein (BGHSt 13, 64; NStZ 84, 454). – Daß der Täter bei Anwendung des Nötigungsmittels die Beute unmittelbar mit sich führt, ist nicht unbedingt erforderlich (NJW 68, 2386). Unerheblich ist auch, ob er sein Ziel der Gewahrsamsbehauptung erreicht (bei Holtz MDR 84, 981) oder ob er nur irrig annimmt, die Beute verteidigen zu müssen (Bach MDR 57, 402); jedoch kann es im letzteren Falle an dem Betreffen auf frischer Tat fehlen (vgl 4).

6. Täter (auch Mittäter) nach § 252 kann nur sein, wer entweder an dem vorausgegangenen Diebstahl täterschaftlich beteiligt war oder nach den Regeln sukzessiver Mittäterschaft (10, 12 zu § 25) in diesen Diebstahl eingetreten ist; denn nur unter dieser Voraussetzung sind die Elemente des Diebstahls und der Nötigung in einer dem Raub entsprechenden Weise verwirklicht (Geilen Jura 80, 43, 46; Herdegen LK 18 mwN; aM BGHSt 6, 248; bei Dallinger MDR 67, 727; M-Schroeder/Maiwald BT 1 35/40; zw). Alle anderen Beteiligten können nur Teilnehmer sein. Jedoch kommt eine Tat nach § 252 überhaupt nicht zur Entstehung, wenn die Raubmittel ohne Einvernehmen mit dem Täter (auch Mittäter) des vorausgegangenen Diebstahls lediglich von Unbeteiligten oder Gehilfen angewendet werden (Blei BT S 209 mwN). Der Mittäter dieses Diebstahls kann auch dann Täter nach § 252 sein, wenn er selbst nicht im Besitz der Beute ist (Stuttgart NJW 66, 1931; str). 6

7. Die Bestrafung gleich einem Räuber (§ 249) rechtfertigt auch die Anwendung der strafschärfenden §§ 250, 251 (zum früheren Recht BGHSt 17, 179; OGHSt 2, 323). 7

8. Der vorausgegangene Diebstahl (auch §§ 243, 244) oder die sonst ausreichende diebstahlsgleiche Tat (vgl 2) steht idR in **Gesetzeseinheit;** wurde jedoch die Anwendung der Raubmittel nur versucht, so liegt zwischen dem vollendeten einfachen und dem versuchten räuberischen Diebstahl Tateinheit vor, weil nur so klargestellt werden kann, daß die Vortat vollendet und nicht lediglich untauglich versucht wurde (Herdegen LK 21; aM Karlsruhe MDR 78, 244; Sch/Sch-Eser 13, alle mwN). Sind die Raubmittel sowohl zur Wegnahme als auch später zur Sicherung des Gewahrsams eingesetzt worden, so geht der räuberische Diebstahl im Raub auf (BGHSt 21, 377; GA 69, 347); erfüllt aber erst der räuberische Diebstahl einen erschwerenden Umstand nach §§ 250, 251 (vgl 7), so wird umgekehrt der vorausgegangene einfache oder weniger erschwerte Raub aufgezehrt (GA 69, 347; zT abw Geppert Jura 90, 554, 559; Sch/Sch-Eser 13). – Über das Verhältnis zu § 255 vgl dort 3. 8

§ 253 Erpressung

(1) **Wer einen anderen rechtswidrig mit Gewalt oder durch Drohung mit einem empfindlichen Übel zu einer Handlung, Duldung oder Unterlassung nötigt und dadurch dem Vermögen des Genötigten oder eines anderen Nachteil zufügt, um sich oder einen Dritten zu Unrecht zu bereichern, wird mit Freiheitsstrafe bis zu fünf Jahren oder mit Geldstrafe bestraft.**

(2) **Rechtswidrig ist die Tat, wenn die Anwendung der Gewalt oder die Androhung des Übels zu dem angestrebten Zweck als verwerflich anzusehen ist.**

(3) **Der Versuch ist strafbar.**

(4) **In besonders schweren Fällen ist die Strafe Freiheitsstrafe nicht unter einem Jahr. Ein besonders schwerer Fall liegt in der Regel vor, wenn der Täter gewerbsmäßig oder als Mitglied einer Bande handelt, die sich zur fortgesetzten Begehung einer Erpressung verbunden hat.**

Fassung: Das VerbrBG (4 vor § 38) hat den neuen Abs 4 eingeführt.

1 **1. Erpressung** ist Vermögensbeschädigung durch Nötigung eines anderen in Bereicherungsabsicht (Grundfälle dazu Seelmann JuS 82, 914). Sie ist eine zugleich gegen die persönliche Entschlußfreiheit gerichtete Vermögensstraftat (BGHSt 1, 13, 20; 19, 342). Geschützte Rechtsgüter sind daher **das Vermögen und die persönliche Freiheit,** wobei allerdings der Schwerpunkt auf dem Vermögensschutz liegt (M-Schroeder/Maiwald BT 1 42/12). Von dem verwandten Betrug unterscheidet sich die Erpressung im wesentlichen dadurch, daß dort Täuschung, hier Zwang das Mittel der erstrebten Bereicherung ist (Hamburg MDR 66, 1018; s auch 14). Im Unterschied zum Raub, bei dem das Opfer die Wegnahme nur erduldet, nötigt es der Erpresser, die Sache selbst herauszugeben oder sich sonst vermögensschädigend zu verhalten (BGHSt 18, 75; Herdegen LK 1 mwN). – Zur **Kriminologie** der Erpressung von Hentig, Zur Psychologie der Einzeldelikte, Bd 4, Die Erpressung, 1959; Reinsberg, Die Erpressung, 1970; Schima, Erpressung und Nötigung, 1973; Eisenberg Krim 45/46, 58/27 und 61/10; Kaiser Krim 60/8.

2 **2. a)** Die Tathandlung des **Nötigens mit Gewalt oder durch Drohung** entspricht der des § 240 (dort 4–15). Als Gewalt kommt hier jedoch – anders als bei der Nötigung – nur vis compulsiva, dh Einwirkung auf den Willen des Opfers in Frage. Da die Erpressung in Parallele zum Betrug eine Vermögensverfügung des Genötigten voraussetzt (vgl 3) und diese bei Motivierung durch Zwang denknotwendig in einem willensgesteuerten Verhalten besteht, scheidet vis absoluta aus (aM Gössel BT 2 31/18–20; str).

b) Die abgenötigte Handlung, Duldung oder Unterlassung muß die Voraussetzungen einer **Vermögensverfügung** erfüllen (Schröder ZStW 60, 33; Tenckhoff JR 74, 489; Rengier JuS 81, 654; Otto JZ 84, 143; Geppert/Kubitza Jura 85, 276; zusf Küper BT S 282, alle mwN). Wegen der andersartigen Struktur des Zwanges ist aber – abweichend von den für § 263 geltenden Grundsätzen (dort 22–27) – Unmittelbarkeit der Vermögensminderung nicht in jedem Falle erforderlich; es genügt, wenn der Genötigte an der Vermögensverschiebung in einer Weise mitwirkt, die nach seiner Vorstellung für die Herbeiführung des Schadens unerläßlich ist (Tenckhoff aaO S 491; Küper NJW 78, 956; aM Rengier aaO; Biletzki Jura 95, 635, 637, alle mwN). Demgegenüber lassen die Rspr und ein Teil des Schrifttums jede mittelbare Schädigung genügen, die darin besteht, daß der Genötigte dem Täter oder einem Dritten den schädigenden Eingriff in das Vermögen nur möglich oder leichter macht (BGHSt 14, 386; 25, 224; Lüderssen GA 68, 257; Geilen Jura 80, 43, 50; Schünemann JA 80, 486; Seier JA 84, 441, 442; Herdegen LK 5–11 und 21–24 zu § 249; zusf Küper BT S 280, alle mwN; einschr Schlehofer, Einwilligung und Einverständnis, 1985, S 63, der darauf abstellt, ob dem Täter das Verhalten des Genötigten im Sinne mittelbarer Täterschaft zurechenbar ist). Das Erfordernis einer Vermögensverfügung ist begründet. Zwar spricht (neben der Entstehungsgeschichte Tausch, Die Vermögensverfügung des Genötigten – Notwendiges Merkmal des Erpressungstatbestandes? S 79, 111) der Gesetzeswortlaut nicht dafür, weil er mit § 240 übereinstimmt und dort auch Fälle bloßen Erduldens einschließt (Schäfer LK 5 zu § 240). Mißlich ist auch die Folge, daß einige, im Sinne des § 253 strafwürdige Fälle ausgeschieden werden (dazu Schünemann aaO S 487). Für die Einschränkung sollte aber die Erwägung ausschlaggebend sein, daß sie der Erpressung im Rahmen der Vermögensdelikte eine bestimmte, gegenüber den anderen Tatbeständen mit gleicher Schutzrichtung abgegrenzte Funktion zuweist, während bei Einbeziehung auch der mittelbaren Schädigung im Ergebnis ein konturloser Grundtatbestand aller mit Nötigungsmitteln begangenen Angriffe auf fremdes Vermögen iwS entsteht, der dem Element des Zwanges in diesem Bereich eine zusätzliche, für andere Deliktsgruppen nicht vorgesehene Schärfungswirkung beilegt. Außerdem kann die Gegenmeinung das systematische Verhältnis zwischen den §§ 249 und 255 nicht sinnvoll erklären (Tenckhoff aaO S 490) und muß der Erpressung die problematische Aufgabe zuweisen, zwischen Diebstahl und Raub, sozusagen als „kleinen Raub“, eine besondere, nach der Gesetzessystematik offensichtlich nicht vorgesehene Qualifikationsstufe zu bilden (Samson SK 19 vor § 249). – Die Antwort auf die Streitfrage entscheidet über die Abgrenzung der Erpressung (einschl der räuberischen) von den Wegnahmedelikten, namentlich vom Raub (dazu 2 zu § 255) und damit zugleich auch darüber, ob die gewaltsame Wegnahme einer Sache ohne Zueignungsabsicht, etwa bei unbefugtem Fahrzeuggebrauch nach § 248 b (BGHSt 14, 386; Biletzki aaO) oder 3 bei Pfandkehr nach § 289 (RGSt 25, 436), zur Strafbarkeit nach § 255 führt.

4 3. a) **Nachteil für das Vermögen** ist gleichbedeutend mit der Vermögensbeschädigung beim Betrug (BGHSt 34, 394; StV 89, 478; Cramer JuS 66, 472; Lenckner JZ 67, 110; 32–53 zu § 263); speziell zum Vermögensnachteil in Erpressungsfällen BGHSt 4, 260; 14, 386; 20, 136; 32, 88; StV 84, 377, 89, 149 und 96, 33; bei Holtz MDR 88, 452); geschädigt ist auch der Eigentümer einer ihm gestohlenen oder sonst widerrechtlich entzogenen Sache, wenn er unter Nötigungsdruck für die Wiedererlangung ein Lösegeld zahlt (BGHSt 26, 346 mit Anm Gössel JR 77, 32; Stoffers Jura 95, 113, 117; aM Trunk JuS 85, 944, alle mwN). Zum Nachteil bei der Sicherungserpressung beachte 13.

5 b) Der Vermögensnachteil muß durch die Nötigung **verursacht** sein (9–13 vor § 13; Herdegen LK 15 mwN). Das setzt voraus, daß der Genötigte durch das Zwangsmittel zur Vermögensverfügung bestimmt wird, der Druck zur Zeit des Nachgebens also noch fortwirkt (wistra 88, 348; Frankfurt NJW 70, 342). Die Kausalität entfällt nicht deshalb, weil die Geldübergabe zugleich der Überführung des Täters dienen soll (BGHSt 41, 368, 371; NJW 97, 265).

6 c) Genötigter und Verfügender müssen **identisch** sein, während der von dem Zwang unmittelbar Betroffene (BGHSt 16, 316, 318) und der Geschädigte (Dreieckserpressung; vgl RGSt 71, 291) andere – auch voneinander verschiedene – Personen sein können. Die Dreieckserpressung erfordert ebenso wie die entsprechende Betrugskonstellation (28–30 zu § 263) ein sog Näheverhältnis (Küper NJW 78, 956; Schünemann JA 80, 486, 489; aM Röckrath Jura 93, 446, der eine Zuständigkeit des Vermögensinhabers für die Nötigungssituation verlangt [krit Krack JuS 96, 493, 495]), dessen Abgrenzung im einzelnen allerdings noch nicht abschließend geklärt ist (eingehend Rengier JZ 85, 565; zusf Küper BT S 288, beide mwN). Nach der Rspr muß der Genötigte spätestens im Zeitpunkt der Tatbegehung schutzbereit auf der Seite des Vermögensinhabers stehen; auf rechtliche Verfügungsmacht oder tatsächliche Herrschaftsgewalt über die Vermögensgegenstände kommt es nicht an (BGHSt 41, 123 mit Bespr Mitsch NStZ 95, 499, Otto JZ 95, 1020, Biletzki JA 96, 189, Krack JuS 96, 493; vgl auch BGHSt 41, 368, 371).

7 4. Der **Vorsatz** (bedingter genügt) muß sich namentlich darauf erstrecken, daß der Genötigte infolge des Zwanges (bei Holtz MDR 78, 625) eine ihm selbst oder einem Dritten nachteilige Vermögensverfügung (vgl 3) vornimmt (beachte bei Holtz MDR 82, 280). Im allgemeinen muß er schon bei Anwendung des Nötigungsmittels (NJW 53, 1400), mindestens aber zu einer Zeit vorliegen, in der die Zwangswirkung des zuvor eingesetzten Mittels noch andauert (Frankfurt NJW 70, 342). Jedoch genügt im Falle des Vorsatzwechsels das bloße Bewußtsein der noch andauernden Zwangswirkung nicht; erforderlich ist vielmehr – ebenso wie beim Raub – das Fortdauern des Nötigungsverhaltens, dh

das Bestehen eines finalen Zusammenhangs in dem Sinne, daß der Täter dem mit anderer Motivation eingesetzten Zwang eine neue Richtung auf das Vermögen des Opfers gibt und ihn nunmehr als Mittel zur Herbeiführung des vermögensschädigenden Opferverhaltens (und zugleich auch zur Verwirklichung der Bereicherungsabsicht) aufrecht erhält (4 zu § 249).

5. Die **Absicht** („um zu"), sich oder einen Dritten zu Unrecht zu bereichern, ist mit der beim Betrug vorausgesetzten Absicht, sich oder einem Dritten einen rechtswidrigen Vermögensvorteil zu verschaffen (58–62 zu § 263) gleichbedeutend (hM; vgl NJW 88, 2623). Das ist namentlich wichtig für die Beschränkung des Absichtsbegriffs auf zielgerichtetes Handeln (BGHSt 16, 1, 4; 34, 329, 333; NStZ 96, 39), für das Erfordernis der Stoffgleichheit (NJW 82, 2265; bei Holtz MDR 80, 106), für das Wesen der Bereicherung (BGHSt 14, 386) sowie für die Unrechtmäßigkeit der Bereicherung und die Behandlung des Irrtums darüber (BGHSt 4, 105; 20, 136; NJW 82, 2265 mit krit Bespr Bernsmann NJW 82, 2214; wistra 83, 28 und 91, 20; NJW 86, 1623; NStZ 88, 216; StV 90, 205). 8

6. Die **Rechtswidrigkeit** ist auf zwei Ebenen zu prüfen. 9

a) Die **Unrechtmäßigkeit der erstrebten Bereicherung** bedarf einer selbständigen Beurteilung (vgl 8); für sie gelten die unter 61, 62 zu § 263 dargelegten Grundsätze.

b) Die **Rechtswidrigkeit der Tat im ganzen** bestimmt sich nach der Mittel-Zweck-Relation des Abs 2, die mit § 240 II übereinstimmt (dort 17–25; ergänzend Herdegen LK 24–26). Da bei dieser Prüfung die erstrebte Bereicherung als Nötigungszweck erscheint und die Rechtswidrigkeit des Zwecks ein wesentliches Element der Mittel-Zweck-Beziehung ist, wird die Unrechtmäßigkeit der Bereicherung idR für die Gesamtbeurteilung wesentlich und meist auch ausschlaggebend sein (Schünemann JA 80, 486, 489). Umgekehrt ist für die Erpressung charakteristisch, daß häufig auch Nachteile angedroht werden, deren Zufügung für sich betrachtet rechtmäßig wäre. Das gilt namentlich für die sog Chantage, dh die Erpressung von Schweigegeld durch Drohung mit der Enthüllung von bloßstellenden Begebenheiten, etwa von Jugendverfehlungen oder homosexuellen Beziehungen (RGSt 64, 381; s auch Krause MschrKrim 69, 213). 10

7. Die Erpressung ist **vollendet,** wenn der Vermögensnachteil auch nur teilweise eintritt (BGHSt 41, 368, 371; NJW 97, 265; beachte jedoch StV 90, 206); die Überwachung der Übergabe der geforderten Sache durch die Polizei kann die Entstehung des Vermögensschadens und damit die Vollendung der Tat im ganzen verhindern (BGHSt 41, 368, 372; bei Holtz MDR 94, 1071). Die Bereicherung braucht dagegen nicht (oder noch nicht) erreicht zu sein (BGHSt 19, 342); die Erpressung dauert nach Vollendung nicht bis zur Bereicherung („Beendigung") fort (Herdegen LK 29 mwN). – Der **Versuch** beginnt, wenn der Täter zur Nötigungshandlung unmittelbar ansetzt (4 zu § 22). 11

12 **8. Abs 4** regelt in der Neufassung besonders schwere Fälle (6–21 zu § 46; 4 zu § 12). – **Gewerbsmäßig** 2 zu § 260; **bandenmäßige Begehung** 4, 5 zu § 260. – Ziel der Neuregelung ist es, §§ 253, 255 in den Anwendungsbereich von **Vermögensstrafe** (§ 43 a) und **Erweitertem Verfall** (§ 73 d) einzubeziehen (BT-Dr 12/6853 S 27).

13 **9. a)** Verteidigt der Täter nach Begehung eines Aneignungs- oder Bereicherungsdelikts die erlangte Sache durch Nötigung, so wird dadurch idR kein neuer Schaden verursacht, der über den bereits aus der Vortat erwachsenen hinausgeht (NJW 84, 501 mit Anm Kienapfel JR 84, 388). Eine solche sog **Sicherungserpressung** ist mindestens als mitbestrafte Nachtat (32 vor § 52) mit der Folge auszuscheiden, daß Strafbarkeit nur wegen Nötigung übrigbleibt (StV 86, 530; zweifelnd für eine qualifizierte Erpressung nach §§ 255, 250 I Nr 2 Krey BT 2 Rdn 395 Fn 118); zum Teil wird auch angenommen, daß schon der Tatbestand mangels Vermögensnachteils nicht verwirklicht sei (NJW 84, 501; Seier NJW 81, 2152; Herdegen LK 36; krit Herzberg JR 85, 209; beachte auch bei Holtz MDR 84, 625; zw).

14 **b)** Die Vorschrift geht den §§ 240, 241 idR vor (Spezialität). **Tateinheit** ist jedoch möglich, wenn die Anwendung des Nötigungsmittels neben der Bereicherung auch einen anderen Zweck verfolgt (bei Dallinger MDR 72, 386; s auch NJW 91, 578). – Über das Verhältnis zu den Wegnahmedelikten 2, 3 zu § 255. – Bei § 263 ist zu unterscheiden (zusf Günther ZStW 88, 960; Stoffers Jura 95, 113, 120; Lackner LK 330 zu § 263; Herdegen LK 35): eine Täuschung, die nur dazu dient, eine zugleich angewendete Drohung gefährlicher erscheinen zu lassen, geht in der Drohung auf (BGHSt 23, 294 mit Bespr Küper NJW 70, 2253 und Herzberg JuS 72, 570; NStZ 85, 408; Hillenkamp JuS 94, 769, 771); hat in diesen Fällen ein Teilnehmer nur Kenntnis von der Täuschung, so ist er wegen Teilnahme am Betrug strafbar (BGHSt 11, 66; aM Günther aaO S 966; str). Soll jedoch die Täuschung andere, mit der Drohung nicht zusammenhängende Vorstellungen für eine irrige Entschließung des Opfers bewirken, so ist Tateinheit möglich (BGHSt 9, 245; str). Nur Betrug liegt vor, wenn jemand vortäuscht, er werde erpreßt, auch wenn den Getäuschten ausschließlich die ihm angeblich selbst drohende Enthüllung motiviert (BGHSt 7, 197). – Mit § 239 a (dort 11), § 302 a (dort 12), § 311 (6 zu § 310 b), §§ 331, 332 (BGHSt 9, 245; str) ist Tateinheit möglich.

15 **c)** Nur **eine Tat** im Rechtssinne liegt vor, wenn durch die Einzelakte, die auf die Willensentschließung des Opfers einwirken sollen, letztlich nur die ursprüngliche Drohung durchgehalten wird (BGHSt 41, 368); diese tatbestandliche Einheit endet bei vollständiger Zielerreichung oder beim fehlgeschlagenen Versuch (BGH aaO mit krit Bespr Puppe JR 96, 513).

16 **10.** Führungsaufsicht § 256. Zum Schutz des Erpressungsopfers beachte § 154 c StPO, Nr 102 RiStBV (Krause, Spendel-FS, S 547).

§ 254 *(weggefallen)*

§ 255 Räuberische Erpressung

Wird die Erpressung durch Gewalt gegen eine Person oder unter Anwendung von Drohungen mit gegenwärtiger Gefahr für Leib oder Leben begangen, so ist der Täter gleich einem Räuber zu bestrafen.

1. Qualifizierter Fall der Erpressung. Die Nötigungsmittel entsprechen denen des Raubes (2, 3 zu § 249). Wie dort bezieht sich die Leib- oder Lebensgefahr (speziell zur Dauergefahr NJW 94, 1166 mit krit Bespr Schmidt JuS 94, 891; NJW 97, 265) nur auf die Drohung, nicht auf die Gewalt (BGHSt 18, 75; Herdegen LK 2; str). Richtet sich die Drohung gegen einen Dritten (15 zu § 240), so braucht der Erpreßte sich nicht selbst als an Leib oder Leben bedroht zu fühlen; es genügt, daß sich ihm die entsprechende Bedrohung des Dritten als Übel darstellt (NStZ 87, 222; NJW 94, 1166; NStZ 96, 494; aM Zaczyk JZ 85, 1059 und Reuter-Stracke, Gewalt oder Drohung gegen Dritte als [qualifizierte] Nötigung, 1993, S 97; beachte auch NJW 89, 176). Zur Abgrenzung des unbeendeten vom beendeten Versuch bei § 255 BGHSt 4, 180. 1

2. a) Das **Verhältnis zum Raub** (wie überhaupt das der Erpressung zu den Wegnahmedelikten) hängt davon ab, ob der Tatbestand des § 253 eine Vermögensverfügung voraussetzt (dort 3). Bei dieser Annahme scheidet **Tateinheit** idR aus, weil Vermögensverfügung und Wegnahme einander ausschließen (31 zu § 263). Auf dem Boden der Gegenmeinung hält die Rspr den Raub für einen Fall des § 255, der als der speziellere vorgeht (BGHSt 14, 386, 390 mit abl Anm Schnellenbach NJW 60, 2154; bei Holtz MDR 92, 17). Aber auch auf dieser Grundlage ist es unbefriedigend, daß sich die Abgrenzung der beiden Tatbestände – abweichend von dem Verhältnis zwischen den §§ 242, 263 (14 zu § 242; 26 zu § 263) – nicht nach der inneren Willensrichtung des Genötigten, sondern nach dem äußeren Erscheinungsbild des Gebens und Nehmens bestimme (BGHSt 7, 252; NJW 67, 60; bei Holtz MDR 93, 1040; zust die meisten Anhänger der weiten Auslegung des § 253; ebenso auch Schmitt, Spendel-FS, S 575; ähnlich Rengier JuS 81, 654, 656; krit Schünemann JA 80, 486, 491; Seelmann JuS 82, 914, 915; Schlehofer, Einwilligung und Einverständnis, 1985, S 52). Wegnahme liegt vielmehr stets vor, wenn es in der Zwangslage für den Genötigten gleichgültig ist, wie er sich verhält, die Sache also unabhängig von seiner Mitwirkung dem Zugriff des Täters preisgegeben ist; deshalb ist unerheblich, ob er in dieser Lage lediglich das Nehmen duldet oder die Sache selbst herausgibt. Nur wenn der Gewahrsamsverlust nach seiner Vorstellung (Tenckhoff JR 74, 489, 492; str) von seiner Mitwirkung abhängt, scheidet Wegnahme aus (Schröder 2

ZStW 60, 33, 95; Otto ZStW 79, 59, 86; Samson JA 80, 285, 289; Küper BT S 286; weiter Schlehofer aaO S 67, der zu Unrecht einen „Raub aus räumlicher Entfernung" für möglich hält, wenn dem Täter das Verhalten des Genötigten im Sinne mittelbarer Täterschaft zurechenbar ist). – Unabhängig von diesem Meinungsstreit ist Tateinheit mit einem Wegnahmedelikt ausnahmsweise möglich, wenn dasselbe Zwangsmittel zugleich zur Wegnahme der einen und zur Herausgabe der anderen Sache führt (BGHSt 7, 252, 254; 32, 88; bei Holtz MDR 93, 1040, 1041; str). – Sie ist nach der Rspr ferner möglich, wenn die Erpressung nach vollendeter, aber noch nicht beendigter Wegnahme zur Sicherung des Gewahrsams in natürlicher Handlungseinheit (4–7 vor § 52) begangen wird (2 vor § 22).

3 **b)** Im **Verhältnis zum räuberischen Diebstahl** (§ 252) kommt eine Konkurrenz im allgemeinen nicht in Frage. IdR scheitert das schon am Erfordernis der Vermögensverfügung (3 zu § 253; beachte auch StV 91, 349 mit Bespr Ennuschat JR 91, 500 und Otto JK 4 zu § 252). Aber auch wenn man darauf verzichtet, entsteht meist keine echte Konkurrenz, weil die der Vortat nachfolgende Sicherungserpressung entweder schon wegen Fehlens eines Vermögensnachteils zu verneinen oder jedenfalls als mitbestrafte Nachtat auszuscheiden wäre (13 zu § 253; beachte jedoch bei Holtz MDR 84, 981 mit Bespr Brandts/Seier JA 85, 174).

4 **c)** Wegen der engen Verwandtschaft von Handlungen nach §§ 249, 255 ist **Wahlfeststellung** (BGHSt 5, 280) möglich. Ein versuchter Raub tritt als **mitbestrafte Vortat** hinter einer auf denselben Gegenstand gerichteten räuberischen Erpressung zurück (NJW 67, 60); dasselbe gilt im umgekehrten Falle (bei Holtz MDR 82, 280; Mohrbotter GA 68, 112).

5 **3. Bestrafung gleich einem Räuber** bedeutet Verweisung auf die §§ 249–251 (BGHSt 14, 386, 391; 21, 183), nicht auf § 252.

6 **4.** Führungsaufsicht § 256. Anzeigepflicht § 138 I Nr 8.

§ 256 Führungsaufsicht, Vermögensstrafe und Erweiterter Verfall

(1) **In den Fällen der §§ 249 bis 255 kann das Gericht Führungsaufsicht anordnen (§ 68 Abs. 1).**

(2) **In den Fällen der §§ 253 und 255 sind die §§ 43 a, 73 d anzuwenden, wenn der Täter als Mitglied einer Bande handelt, die sich zur fortgesetzten Begehung solcher Taten verbunden hat. § 73 d ist auch dann anzuwenden, wenn der Täter gewerbsmäßig handelt.**

Fassung: Abs 2 durch VerbrBG (4 vor § 38) eingefügt.

1 **1.** Vgl 1, 2 vor § 68, 1–8 zu § 68.

2 **2.** Die **Verweisungsvorschrift** des Abs 2 betrifft nur die Erpressung (§ 253) und die Räuberische Erpressung (§ 255). Sie verlangt bei ban-

denmäßiger (2 zu § 150) Erpressung zB von Schutzgeldern (BT-Dr 12/6853 S 27) die Anwendung der durch das OrgKG (1, 2 vor § 73) eingeführten Vorschriften, die die Rechtsfolgen der Vermögensstrafe und des Erweiterten Verfalls vorsehen; bei gewerbsmäßiger Begehung (20 vor § 52) ist nur der Erweiterte Verfall anzuwenden.

21. Abschnitt. Begünstigung und Hehlerei

§ 257 Begünstigung

(1) **Wer einem anderen, der eine rechtswidrige Tat begangen hat, in der Absicht Hilfe leistet, ihm die Vorteile der Tat zu sichern, wird mit Freiheitsstrafe bis zu fünf Jahren oder mit Geldstrafe bestraft.**

(2) **Die Strafe darf nicht schwerer sein als die für die Vortat angedrohte Strafe.**

(3) **Wegen Begünstigung wird nicht bestraft, wer wegen Beteiligung an der Vortat strafbar ist. Dies gilt nicht für denjenigen, der einen an der Vortat Unbeteiligten zur Begünstigung anstiftet.**

(4) **Die Begünstigung wird nur auf Antrag, mit Ermächtigung oder auf Strafverlangen verfolgt, wenn der Begünstiger als Täter oder Teilnehmer der Vortat nur auf Antrag, mit Ermächtigung oder auf Strafverlangen verfolgt werden könnte. § 248 a gilt sinngemäß.**

1. Die Vorschrift betrifft nur die **sachliche Begünstigung** 1
(persönliche Begünstigung § 258). Sie ist nachträgliche Unterstützung einer Tat und verletzt daher das **Interesse an der Wiederherstellung des gesetzmäßigen Zustandes** (zusf Geppert Jura 80, 269, 327). Auf Vermögensschutz ist sie nicht beschränkt. Im übrigen ist die nähere Konkretisierung des geschützten Rechtsgutes – etwa die Rechtspflege iwS oder das durch die Vortat betroffene Rechtsgut – zweifelhaft und noch nicht abschließend geklärt (BGHSt 23, 360; Sch/Sch-Stree 1, 2 mwN). Die Annahme eines kumulativen Schutzes von Allgemein- und Individualinteressen dürfte der Sachlage am ehesten entsprechen (Stree JuS 76, 137, 138; Amelung JR 78, 227, 229; Zipf JuS 80, 24, 25; Geppert Jura 94, 441, 442; Ruß LK 2; aM Schroeder, Die Straftaten gegen das Strafrecht, 1985, S 14; Janson, Begünstigung und Hehlerei vor dem Hintergrund des Rückerwerbes der Diebesbeute, 1992, S 94). – Zu **Kriminologie** und Reform der Begünstigung Geerds GA 88, 243. – Zur geschichtlichen Entwicklung der Begünstigung aus der Beihilfe nach der Tat Ebert ZRG Germ Abt 93, 1, 15.

2. Ein anderer (der Vortäter) **muß eine rechtswidrige Tat** (die 2
Vortat) **begangen haben.** Zu deren Voraussetzungen 4 zu § 259; auch Versuch und Teilnahme kommen in Frage, soweit aus ihnen, was beim Versuch praktisch kaum vorkommen wird, Vorteile erwachsen sind.

Gegen fremdes Vermögen braucht sich die Vortat – abweichend von der Hehlerei (dort 5) – nicht gerichtet zu haben (Stree JuS 76, 137); jedoch muß sie dem Vortäter öffentlich- oder zivilrechtlich entziehbare Vorteile (vgl 5) verschafft haben (Ruß LK 10).

3 3. **Hilfeleisten** ist jede Handlung (uU auch Unterlassung in Garantenstellung, 6 zu § 13; s auch NJW 79, 2621, 2622), die objektiv geeignet ist, den Vortäter im Hinblick auf die Vorteilssicherung unmittelbar (Lenckner NStZ 82, 401, 403; zur Unmittelbarkeit des vorteilssichernden Hilfeleistens beim Vortat-Vorteil Sachbesitz vgl 5) besserzustellen, und die subjektiv mit dieser Tendenz vorgenommen wird (hM; vgl BGHSt 4, 221; Vogler, Dreher-FS, S 405; Küper BT S 123, 127: „objektiviertes Versuchsdelikt"; anders Seelmann JuS 83, 32, 34). Daß die Lage des Vortäters tatsächlich gebessert wird, ist nicht erforderlich (anders noch BGHSt 2, 375). An der objektiven Eignung fehlt es, wenn der zu sichernde Vorteil beim Vortäter nicht mehr vorhanden ist (BGHSt 24, 166 mit Anm Maurach JR 72, 70; NStZ 94, 187; Schünemann LdR S 87) oder wenn dieser ihn von Rechts wegen behalten darf (Ndschr 6, 107).

4 4. Der **Vorsatz** (bedingter genügt) muß namentlich die Vortat umfassen. Das Maß der erforderlichen Konkretisierung der Vorstellungen über die Vortat ist umstritten (vgl zB Hartung JZ 54, 694; Sch/Sch-Stree 26). Nach der Rspr muß sich der Begünstiger von dieser Tat wenigstens eine allgemeine Vorstellung machen (Hamburg NJW 53, 1155; Düsseldorf NJW 64, 2123), es sei denn, daß er trotz der unvollständigen Kenntnis, der Vortäter habe irgendeine rechtswidrige Tat (18 zu § 11) begangen, auf jeden Fall Hilfe leisten will (BGHSt 4, 221). Hat er eine bestimmte irrige Vorstellung von der Vortat, so entfällt sein Vorsatz, wenn bei Richtigkeit dieser Vorstellung die Hilfeleistung zur Vorteilssicherung ungeeignet wäre (BGH aaO). Im übrigen braucht er die rechtliche Subsumtion der Vortat unter ihre gesetzlichen Merkmale nicht nachzuvollziehen; es genügt Bedeutungskenntnis (14 zu § 15).

5 5. **a)** Die **Absicht,** die Vorteile der Vortat zu sichern, ist zielgerichtetes Wollen (20 zu § 15). Der Begünstigungserfolg braucht daher nicht Motiv (Endziel) des Täters zu sein; es genügt, daß es ihm auf diesen Erfolg – um seiner selbst willen oder zur Erreichung eines weiteren Ziels – ankommt (BGHSt 4, 107; GA 85, 321; NStZ 92, 540; Gehrig, Der Absichtsbegriff in den Straftatbeständen des Besonderen Teils des StGB, 1986, S 110; aM Sch/Sch-Stree 22, der unbedingten Vorsatz genügen läßt; zweifelnd Lenckner, Schröder-GedSchr, S 339, 341). Ob der Sicherungserfolg erreicht wird, ist unerheblich. – **Vorteile** (nicht notwendig Vermögensvorteile, BT-Dr 7/550 S 248) sind nur die unmittelbaren (hM; vgl BGHSt 24, 166, 168; 36, 277 mit Anm Keller JR 90, 478; NStZ 87, 22). Die Tragweite dieses Erfordernisses ist umstritten (klärend Küper BT S 128 mwN): Während die Rspr bei der Ausgrenzung von Surrogaten uneinheitlich verfährt (zB Unvereinbarkeit von BGHSt 36, 277 und NStZ 87, 22), werden im Schrifttum Ersatz-

vorteile teils ganz ausgeschieden (Hruschka JR 80, 221, 224), teils unter Ausschaltung sog Kettenzwischenglieder einbezogen (Maurach JR 72, 70) und teils auch nur dann als ausreichend angesehen, wenn bei ihnen der bestimmungsmäßige nächste Verwendungszweck unverändert geblieben ist (so mit Recht Ruß LK 11 mwN). Die **Sicherung** der Vorteile ist beabsichtigt, wenn es dem Täter darauf ankommt, im Interesse des Vortäters (NJW 58, 1244) die Wiederherstellung des gesetzmäßigen Zustandes zu verhindern oder zu erschweren (Düsseldorf NJW 79, 2320 mit Bespr Zipf JuS 80, 24 und Seelmann JuS 83, 32, 35), etwa dadurch, daß er Diebesgut verheimlicht, nach hM auch dadurch, daß er beim Absatz zur Sicherstellung des Erlöses mitwirkt (BGHSt 2, 362; Düsseldorf aaO; aM RGSt 59, 129; Hruschka JR 80, 221, 224; Schünemann LdR S 87), daß er eine gestohlene Sache im Auftrag des Diebes an eine bestimmte Person verschenkt (BGHSt 4, 122) oder an den Eigentümer rückveräußert (Düsseldorf aaO; Stoffers Jura 95, 113, 123; krit aber Hruschka aaO; zw). Keine Vorteilssicherung ist die Abwehr von Ersatzansprüchen des durch die Vortat Geschädigten (StV 94, 185; Sch/Sch-Stree 23).

b) Daß der Täter neben der Vorteilssicherung auch **andere Zwecke** 6
verfolgt, ist unerheblich (Düsseldorf NJW 79, 2320 mwN). Zum Zusammentreffen der Begünstigungsabsicht mit dem Vorsatz der Strafvereitelung 16, 17 zu § 258.

6. Die Tat ist mit dem Hilfeleisten **vollendet.** Ob die Vorteilssiche- 7
rung erreicht wird, ist unerheblich (StV 94, 185). Ein Rücktritt in Analogie zu den Regeln, die für gewisse Unternehmensdelikte gelten (zB §§ 83 a I, 316 a II), ist nicht möglich (hM; anders mit beachtlichen Gründen Lenckner, Schröder-GedSchr, S 339, 349; Sch/Sch-Stree 27; vgl auch Berz, Stree/Wessels-FS, S 331, 341).

7. Selbstbegünstigung fällt nicht unter Abs 1 („einem anderen"; 8
zusf Fahrenhorst JuS 87, 707); wer aber einen anderen bei der Selbstbegünstigung unterstützt, leistet ihm Hilfe, nicht dagegen, wer ihn nur zur Selbstbegünstigung bestimmt oder in dem Willen zur Selbstbegünstigung durch eine Zusage bestärkt (Sch/Sch-Stree 20). – Die in **Abs 3** vorgesehene Ausnahme auch des an der Vortat Beteiligten (Mittäter, Teilnehmer) beruht auf dem Gedanken der mitbestraften Nachtat (Wolter GA 96, 201, 222; 32 vor § 52); daher keine Straflosigkeit, wenn die Beteiligung an der Vortat nicht erwiesen oder wenn sie zB wegen Schuldunfähigkeit nicht (BT-Dr 7/550 S 248) oder wegen Tatbestandsirrtums nur nach einem milderen Gesetz (bei Holtz MDR 81, 454) strafbar ist, wohl aber, wenn nur ein Verfolgungshindernis besteht (Geppert Jura 94, 441, 444), zB Verjährung (Ruß LK 21) oder Fehlen des Strafantrags (Stree JuS 76, 137, 138; Sch/Sch-Stree 31; zw). Die Gegenausnahme in Satz 2 für die Anstiftung eines Unbeteiligten ist nur aus der für die Teilnahme allgemein abgelehnten Schuldteilnahmetheorie (8 vor § 25) erklärbar und daher unbefriedigend (vgl ua Otto, Lange-FS, S 197, 213; Wolter JuS 82, 343, 347; Schneider, Grund und

Grenzen des strafrechtlichen Selbstbegünstigungsprinzips, 1991, S 175; s auch BGHSt 17, 236); sie ist aber als verbindliche gesetzgeberische Entscheidung hinzunehmen (Herzberg JuS 75, 792, 795) und möglichst nicht erweiternd auszulegen (Horn JA 95, 218; Stree aaO).

9 **8.** Ob eine vor Begehung der Vortat **zugesagte Begünstigung** Beihilfe ist, bestimmt sich nach den allgemeinen Regeln (2–4 zu § 27). Ist Beihilfe zu bejahen, so bleibt die nachfolgende Begünstigung idR nach Abs 3 S 1 straflos. – Hält man eine **nach Vollendung der Tat geleistete Beihilfe** für möglich (zu deren Problematik 2 vor § 22; zusf Geppert Jura 94, 441, 443; Horn JA 95, 218), so kann sie sich mit der Begünstigung überschneiden (3 zu § 27; str).

10 **9. Abs 2:** Durch die **Begrenzung der Strafe** auf den für die Vortat geltenden Strafrahmen wird nicht nur dessen Überschreitung unzulässig, sondern auch die Ausrichtung der Strafzumessung an dem engeren Rahmen geboten (Sch/Sch-Stree 36 mwN); das macht zugleich die Schwere der Vortat zum Strafzumessungsfaktor (Schroeder NJW 76, 980). – **Abs 4:** Zu den erforderlichen **Verfahrensvoraussetzungen** (S 1) vgl §§ 77–77 e. – Die sinngemäße Anwendung des **§ 248 a** (S 2) kann nach dem Sachzusammenhang nur auf die Begünstigungshandlung bezogen werden (Vogler, Dreher-FS, S 405, 420; Ruß LK 27; aM Stree JuS 76, 137, 139; Tröndle 14 a; Sch/Sch-Stree 38; zw). Es kommt deshalb darauf an, ob die zu sichernden Vorteile, die nicht notwendig Sachen oder auch nur Vermögensvorteile sein müssen (vgl 2, 5), im Sinne des § 248 a (dort 3) geringwertig sind. Die hM übersieht, daß § 248 a in allen Zusammenhängen, in denen er sonst anwendbar ist, nicht auf die Geringfügigkeit einer Vortat, sondern der jeweils begangenen Tat abstellt und daß der Bagatellcharakter dieser Tat im wesentlichen von der Geringfügigkeit der zu sichernden, also nicht von der Gesamtheit der aus der Vortat erwachsenen Vorteile abhängt; das anerkennt im Ergebnis auch Stree (aaO) für die wichtigste hier betroffene Fallgruppe, indem er bei Vermögensvorteilen eine dogmatisch schwer begründbare Rückausnahme macht. Die beschriebene Grundstruktur wird nicht dadurch in Frage gestellt, daß sich die Beihilfe in diesen Zusammenhang nicht spannungsfrei einfügt (dazu Stree aaO); denn für sie ist im Gegensatz zu den Anschlußtaten der Begünstigung und der Hehlerei keine Regelung im Sinne des § 248 a vorgesehen.

11 **10. Tateinheit** ua möglich mit §§ 258 (dort 16), 258 a, 259, 263. – **Wahlfeststellung** zwischen Begünstigung und Diebstahl ist zulässig (14 zu § 1; Geppert Jura 94, 441, 446; zw).

§ 258 Strafvereitelung

(1) **Wer absichtlich oder wissentlich ganz oder zum Teil vereitelt, daß ein anderer dem Strafgesetz gemäß wegen einer rechtswidrigen Tat bestraft oder einer Maßnahme (§ 11 Abs. 1 Nr. 8) unterworfen wird, wird mit Freiheitsstrafe bis zu fünf Jahren oder mit Geldstrafe bestraft.**

(2) **Ebenso wird bestraft, wer absichtlich oder wissentlich die Vollstreckung einer gegen einen anderen verhängten Strafe oder Maßnahme ganz oder zum Teil vereitelt.**

(3) **Die Strafe darf nicht schwerer sein als die für die Vortat angedrohte Strafe.**

(4) **Der Versuch ist strafbar.**

(5) **Wegen Strafvereitelung wird nicht bestraft, wer durch die Tat zugleich ganz oder zum Teil vereiteln will, daß er selbst bestraft oder einer Maßnahme unterworfen wird oder daß eine gegen ihn verhängte Strafe oder Maßnahme vollstreckt wird.**

(6) **Wer die Tat zugunsten eines Angehörigen begeht, ist straffrei.**

1. Die Vorschrift schützt die (inländische, 9 vor § 3) **staatliche Rechtspflege** (hM; diff Amelung JR 78, 227, 229; Rudolphi, Kleinknecht-FS, S 379, 384; Kusch NStZ 85, 385, 388; krit Arzt/Weber BT 4 Rdn 383, 384). Sie will verhindern, daß dem Vortäter nach der Tat von außen Hilfe geleistet wird, und verfolgt den weiteren Zweck, den Vortäter durch Eindämmung späterer Hilfe zu isolieren (Fezer, Stree/Wessels-FS, S 663, 673; Sch/Sch-Stree 1). Sie betrifft nur die sog persönliche Begünstigung. Das EStGB (5 vor § 1) hat ihre Verbindung mit der sachlichen Begünstigung aufgelöst und sie abweichend vom früheren Recht als Erfolgsdelikt ohne überschießende Innentendenz konstruiert (Küper BT S 231); die sachlichen Änderungen, die die Neuformulierung des Tatbestandes bewirkte, hat der Gesetzgeber nur zum Teil beabsichtigt (Ebert ZRG Germ Abt 93, 1, 58). – Zur historischen Entwicklung Ebert aaO S 1. – Zur **Kriminologie** der Strafvereitelung Geerds Jura 85, 617, 624. 1

2. a) Ganz oder zum Teil Vereiteln, das in allen Begehungsformen als Tathandlung vorausgesetzt wird, deckt sich mit demselben in § 257 a I aF verwendeten Begriff und entspricht zugleich dem „Entziehen" im Sinne des § 257 I aF; nur muß die Vereitelung nicht lediglich beabsichtigt, sondern wirklich eingetreten sein. 2

aa) Als **Täterverhalten** (Handlungsunrecht) reicht nicht jedes für den Vereitelungserfolg (vgl 4) ursächliche Tun oder Unterlassen (in Garantenstellung, 6 zu § 13) aus. Es muß mindestens mit einer „Besserstellung" des Vortäters verbunden, dh zur Herbeiführung des Vereitelungserfolges generell geeignet sein (BT-Dr 7/550 S 249). Zur Einschränkung des sonst unangemessen weiten Tatbestandes wird darüber hinaus überwiegend – allerdings mit unterschiedlicher dogmatischer Begründung – angenommen, daß auch im weiteren Sinne sozialadäquates Verhalten (29 vor § 32) ausscheidet. Für dessen nähere Konkretisierung dürfte zu fordern sein, daß die Tathandlung mit Vereitelungstendenz, dh im Hinblick gerade auf den Vereitelungserfolg, vorgenommen wird und nicht lediglich eine berechtigte Inanspruchnahme des jedermann gewährleisteten Freiheitsspielraums bedeutet (ähnlich, wenn auch 3 mit Unterschieden im einzelnen, Frisch JuS 83, 915 und NJW 83, 2471; Küpper GA 87, 385, 399; Kienapfel, FS für R Strasser, 1993, S 227 für § 299 StGB/Österreich; Hassemer wistra 95, 81, 83; s auch Schumann, Strafrechtliches Handlungsunrecht und das Prinzip der Selbstverantwortung der Anderen, 1986, S 58, alle mwN).

4 bb) Der **Vereitelungserfolg** tritt nicht erst ein, wenn die Verfolgung oder Vollstreckung ganz oder zum Teil endgültig unmöglich wird (zB durch Herbeiführen der Verjährung); ebenso wie bei § 346 aF (BGHSt 15, 18, 21) genügt es schon, daß der staatliche Zugriff infolge der Handlung (krit zum Kausalitätserfordernis Schroeder NJW 76, 980; Lenckner, Schröder-GedSchr, S 339, 347; Ebert aaO [vgl 1] S 59) für geraume Zeit nicht verwirklicht worden ist (NJW 84, 135; KG JR 85, 24; Karlsruhe NStZ 88, 503; Stree JuS 76, 137, 140; aM Samson JA 82, 181; Vormbaum, Der strafrechtliche Schutz des Strafurteils, 1987, S 394; diff Lenckner aaO S 342; Rudolphi JuS 79, 859, 860; für die Vollstreckungsvereitelung abw Kusch NStZ 85, 385, 389, alle mwN). Bei der Verzögerung von Ermittlungshandlungen tritt der Vereitelungserfolg der Verfolgungsvereitelung (vgl 11) nur dann ein, wenn dadurch auch die Aburteilung für geraume Zeit verzögert wird (wistra 95, 143; Sch/Sch-Stree 16). – **„Zum Teil"** vereiteln betrifft daher nur die Fälle, in denen mit der beschriebenen endgültigen oder vorübergehenden Wirkung ein inhaltlich begrenzter Teil der Strafe, Maßnahme oder Vollstreckung vereitelt wird, wenn also zB Bestrafung nur wegen eines Vergehens statt eines Verbrechens erreicht, die Strafschärfung nur wegen eines bestimmten Erschwerungsgrundes ausgeschlossen, der strafbar erlangte Gewinn dem Verfall nur teilweise entzogen oder die Vollstreckung nur eines Strafrestes verhindert wird (BT-Dr 7/550 S 249).

5 cc) Schließlich genügt auch **nicht jede unmittelbare oder mittelbare Besserstellung** im Hinblick auf den Vereitelungserfolg (so aber BT-Dr 7/550 S 249). Einschränkungen ergeben sich vor allem aus den allgemeinen Regeln über die **Abgrenzung von Vorbereitung und Versuch;** die danach für das Überschreiten der Strafbarkeitsschwelle maßgebenden Voraussetzungen (4–10 zu § 22), müssen erfüllt sein (vgl etwa BGHSt 31, 10; NJW 82, 1601 mit Bespr Lenckner NStZ 82, 401; NJW 83, 2712 mit Anm Beulke NStZ 83, 503 und Bottke JR 84, 300; NJW 86, 2121 und 92, 1635; Bay NJW 86, 202 mit Anm Bottke JR 87, 33; Karlsruhe Justiz 93, 262, alle mwN). Entsprechendes gilt grundsätzlich auch für die allgemeinen Regeln über **Täterschaft und Teilnahme,** deren Anwendung jedoch wegen der besonderen Struktur des Tatbestandes schwierig und umstritten ist (dazu 7, 10).

6 **b)** Aus dem Merkmal **„ein anderer"** folgt, daß Vereiteln zu eigenen Gunsten **(persönliche Selbstbegünstigung)** nicht tatbestandsmäßig ist (hM; zusf Fahrenhorst JuS 87, 707 mwN; anders Schmidhäuser, Form und Gehalt der Strafgesetze, 1988, S 24; eingehend zu dem dieser Begrenzung zugrunde liegenden sog Selbstbegünstigungsprinzip

Rogall, Der Beschuldigte als Beweismittel gegen sich selbst, 1977; Schneider, Grund und Grenzen des strafrechtlichen Selbstbegünstigungsprinzips, 1991, beide mwN). Zu beachten ist jedoch, daß die Tatbestände der Strafvereitelung nach ihrer historischen Entwicklung und ihrem erkennbaren Schutzzweck vor allem die Aussichten des Vortäters schmälern sollen, „Hilfe nach der Tat" zur Abwendung der drohenden strafrechtlichen Konsequenzen zu erlangen (Arzt/Weber BT 4 Rdn 383; krit Ebert aaO [vgl 1] S 47). Bei diesem Ausgangspunkt liegt es noch im Rahmen zulässiger teleologischer Auslegung, dem Vortäter geleisteten sachlichen Beistand (zB durch Verschaffen von Unterkunft, gefälschten Papieren, Geld usw oder durch Erteilen von konkreten hilfreichen Ratschlägen) als Täterschaft nach Abs 1, 2 zu erfassen und ihn nicht als (straflose) Beihilfe zu einer nicht mit Strafe bedrohten Selbstbegünstigung auszuscheiden (hM; vgl etwa Lenckner aaO [vgl 4] S 352; Frisch JuS 83, 915, 919; Lackner, Heidelberg-FS, S 39, 42; Küpper GA 87, 385, 391; anders Rudolphi JR 84, 338 und Kleinknecht-FS, S 379, 389; Krekeler NStZ 89, 146, 148; Scholderer StV 93, 229; Ebert aaO [vgl 1] S 61; Lüderssen LR 103, 108 vor § 137, alle mwN; anders auch Schmidhäuser aaO, der strafbare Beihilfe annimmt); die Behandlung von Fällen sog „Quasi-Mittäterschaft" (3 zu § 216) zwischen dem tatbestandslos handelnden Beschuldigten und dem Dritten ist noch nicht geklärt (diff Scholderer StV 93, 229; für Straflosigkeit Lüderssen, Miyazawa-FS, S 449, 452 und LR 108 vor § 137); die Annahme von Täterschaft auch bei bloßer Anstiftung eines anderen zur persönlichen Begünstigung (Lenckner aaO; Sch/Sch-Stree 33; str) und bei bloßer Beihilfe durch psychisches Bestärken des Selbstbegünstigungsentschlusses (NJW 84, 135) wird dagegen durch den Schutzzweck nicht getragen (Karlsruhe StV 91, 519 mwN). Ob über diese Grenze hinaus Täterschaft auch angenommen werden kann, wenn jemand im Interesse des Vortäters einen Dritten zur Vornahme einer Vereitelungshandlung bestimmt, ist noch nicht abschließend geklärt, in der Rspr vorwiegend aber nur im Zusammenhang mit Handlungen von Strafverteidigern erörtert worden (dazu 10).

c) aa) Als **Vereitelungshandlungen** reichen idR aus (weitere Beispiele unter 3, 4 zu § 258 a): Vernichten von Beweismitteln; Beiseiteschaffen von Ermittlungs- oder Vollstreckungsakten; Verstecken einer Person, jedoch idR nicht schlichtes Beherbergen (Schubarth, Schultz-Festg, S 158; aM Ruß LK 10 a) oder bloßes Zusammenwohnen (NJW 84, 135), wohl aber Gewähren von Wohnraum als Versteck zur Verheimlichung des Aufenthalts (Stuttgart NJW 81, 1569 mit Bespr Frisch JuS 83, 915; Koblenz NJW 82, 2785 mit Bespr Frisch NJW 83, 2471); Gefangenenbefreiung, nicht jedoch Verbinden eines flüchtigen Verbrechers durch einen Arzt; irreführende Aussagen, nicht dagegen die bloße Zusage an einen Beschuldigten, zu seinen Gunsten falsch auszusagen (BGHSt 31, 10; s auch die Nachw unter 5), auch nicht die von § 55 StPO gedeckte Verweigerung, eine Aussage zu vervollständigen (Zwei- 7 brücken wistra 93, 231); Veranlassen des Beschuldigten zum Widerruf eines Geständnisses (BGHSt 2, 375; zw).

7a bb) Auch **Unterlassen** einer gebotenen und nach den Umständen zumutbaren Anzeige oder Meldung kommt in Frage. Jedoch kann die hier erforderliche Garantenstellung (NStZ 92, 540; s auch 3) nur aus einer Pflicht hergeleitet werden, die dem Schutz der Rechtspflege in dem durch § 258 a I (dort 2) umschriebenen Aufgabenbereich dient (hM); bloß zivilrechtliche (Ruß LK 18) oder öffentlichrechtliche Pflichten, namentlich auch Dienstpflichten, reichen als solche nicht aus; deshalb begründet die Meldepflicht eines Vollzugsbediensteten, dem Straftaten von Gefangenen bekannt werden, keine Garantenstellung (Wagner, Schleswig-FS, S 511; aM für den Anstaltsleiter bei schweren Straftaten Hamburg NStZ 96, 102 mit zust Anm Klesczewski und abl Bespr Küpper JR 96, 524; Volckart StV 96, 608; Geppert JK 9), wohl aber die Pflicht zur Meldung des Abbruchs einer Therapiebehandlung nach § 35 III BtMG (Bay NStZ 90, 85 mit Anm Kreuzer; krit Ostendorf JZ 94, 562). Auch rechtsgültige innerdienstliche Verwaltungsvorschriften sind danach als Grundlage nicht ganz auszuschließen, wenn sie die Verfolgung von Straftaten in bestimmten Bereichen sicherstellen sollen; jedoch widerspricht die gebietsweise durch Richtlinien angeordnete Anzeigepflicht von Umweltbehörden dem Bundesrecht und ist auch organisationsrechtlich bedenklich (Schink DVBl 86, 1073; Papier NJW 88, 1113, 1115; aM Scheu NJW 83, 1707, 1708; zw). – Ein Dienstvorgesetzter verletzt seine Garantenpflicht meist nur bei Ermessensmißbrauch (BGHSt 4, 167, 170).

8 **d)** Prozessual zulässiges **Handeln von Verteidigern,** dessen Grenzen umstritten und zum Teil noch ungeklärt sind (vgl etwa Welp ZStW 90, 804; Ostendorf NJW 78, 1345; Wassmann, Strafverteidigung und Strafvereitelung, 1982, S 12, 123; Vormbaum aaO [vgl 4] S 414; Beulke, Die Strafbarkeit des Verteidigers, 1989; Liemersdorf MDR 89, 204; Krekeler NStZ 89, 146; Paulus NStZ 92, 305; Scholderer StV 93, 229), schließt schon den Tatbestand aus, wirkt also nicht erst rechtfertigend (bei Holtz MDR 82, 970; Düsseldorf NJW 91, 996; Müller-Dietz Jura 79, 244, 253 und JR 81, 76; Müller StV 81, 90, 95; Otto Jura 87, 329; Stumpf NStZ 97, 7). – Fallkatalog bei Beulke StPR 176; einzelne Verteidigungshandlungen bei Fezer StPR S 43.

9 aa) Der Verteidiger **darf** die ihm zustehenden prozessualen Rechte voll ausschöpfen (BGHSt 38, 345, 347 mit zust Bespr Scheffler StV 93, 470, Beulke JR 94, 116 und Otto JK 17 zu § 267; Düsseldorf JZ 86, 408; krit zu dieser „Leerformel" Kühne S 66; auf die professionelle Adäquanz des Verteidigerverhaltens hebt Hassemer wistra 95, 81 ab). Diese schließen aber nicht die Befugnis ein, die Begehung anderer Straftaten (zB Urkundenfälschung, Anstiftung zum Meineid) als Verteidigungsmittel einzusetzen (BGH aaO mit zust Anm Beulke JR 94, 118; Scholderer StV 93, 230; für eine Sperrwirkung von § 258 für andere tateinheitlich begangene Delikte v Stetten StV 95, 606, dagegen Stumpf NStZ 97, 7;

vgl 14). Auch darf der Verteidiger nicht auf Zeugen zur Herbeiführung einer Falschaussage einwirken (NJW 83, 2712 mit Anm Bottke JR 84, 300; Oldenburg StV 87, 523), ihre Vernehmung trotz Kenntnis ihrer Entschlossenheit zur Falschaussage beantragen (hM; vgl Beulke aaO [vgl 8 Strafbarkeit] S 83; anders Mehle, Koch-Festg, S 179; Lüderssen LR 56 zu § 138 a, alle mwN; zw) oder sonst auf die Wahrheitsfindung in bewußt verfälschender Weise Einfluß nehmen (Frankfurt NStZ 81, 144 mit Bespr Seier JuS 81, 106; Bottke ZStW 96, 726; Otto Jura 87, 329; Liemersdorf MDR 89, 204; Röhse JuS 91, 683; diff Krekeler NStZ 89, 146; Kühne S 67; aM Strzyz, Die Abgrenzung von Strafverteidigung und Strafvereitelung, 1983, S 304, alle mwN). Mit dieser Beschränkung ist es zulässig: dem Mandanten von einem Geständnis oder einer Selbstanzeige abzuraten, auch wenn dieser schon dazu entschlossen ist (Krekeler aaO S 147; einschr Müller-Dietz Jura 79, 244, 251); ihm zu empfehlen, sich nicht zur Sache einzulassen (bei Holtz MDR 82, 970); für ihn trotz Kenntnis seiner Schuld mit korrekten prozessualen Mitteln einen Freispruch anzustreben (BGHSt 2, 375; zu weit Ostendorf aaO [vgl 8]); ihn „stimulierungsneutral" (weiter Wassmann aaO [vgl 8] S 133, 137) über die Rechtslage und über etwaige Möglichkeiten zu informieren, dem Tatvorwurf durch unverbotenes, aber dem Verfahren abträgliches Verhalten, etwa durch Lügen, Widerruf eines wahren Geständnisses, Veränderung der Haartracht (Karlsruhe StV 91, 519) oder Flucht, zu entgehen, selbst wenn damit das Risiko verbunden ist, daß eine solche Möglichkeit ergriffen wird (Bottke ZStW 96, 726, 755; Krekeler aaO S 148, beide mwN); dem Angehörigen (BGHSt 10, 393 mit Anm Ackermann MDR 58, 48) oder sonst einem Zeugen zur zulässigen Aussageverweigerung zuzureden (hM). IdR darf der Verteidiger seinen Mandanten auch über Tatsachen unterrichten, die er aus den Akten erfahren oder selbst ermittelt hat, und ihm darüber Aktenauszüge oder -abschriften aushändigen (BGHSt 29, 99; Frankfurt aaO und StV 81, 28); die hM nimmt jedoch Ausnahmen an, wenn die Unterrichtung (zB über eine unmittelbar bevorstehende Durchsuchung oder Verhaftung) den Untersuchungszweck gefährden oder die Besorgnis eines Mißbrauchs zu verfahrensfremden Zwecken begründen würde (BGH aaO; KG NStZ 83, 556 mit abl Anm Mehle; Pfeiffer DRiZ 84, 341; Liemersdorf aaO S 207; diff Krekeler aaO S 149; Vogt, Berufstypisches Verhalten und Grenzen der Strafbarkeit im Recht der Strafvereitelung, 1992, S 233; aM Tondorf StV 83, 257; Welp, Peters-Festg, S 309; Gatzweiler StV 85, 248, alle mwN).

bb) Für Verteidigerhandeln, das durch das Prozeßrecht **nicht gedeckt ist,** gelten keine Besonderheiten (hM; anders Müller StV 81, 90 mwN). Seine Strafbarkeit hängt von der Verwirklichung des Tatbestandes im übrigen oder wenigstens der Versuchsvoraussetzungen (Abs 4) ab, zu denen namentlich die Überschreitung der Versuchsschwelle gehört (vgl die Nachw unter 5). Auch unechtes Unterlassen (6–16 zu § 13) ist nicht ganz ausgeschlossen, scheidet regelmäßig aber wegen Fehlens der erforderlichen Garantenstellung aus (so zum Nichterschei- 10 nen des Verteidigers in der Hauptverhandlung Schneider Jura 89, 343; ebenso zur Nichtvorlage eines belastenden Privatgutachtens LG Koblenz StV 94, 378; zw). – Sucht ein Verteidiger im Interesse seines Mandanten einen **Dritten** zu einer Vereitelungshandlung (zB einer falschen Zeugenaussage) zu **bestimmen,** so nimmt die Rspr ohne nähere Begründung regelmäßig Täterschaft an, obwohl nach den allgemeinen Regeln (versuchte oder vollendete) Anstiftung des Dritten nicht von der Hand zu weisen ist (BGHSt 31, 10; NJW 82, 1601; NJW 83, 2712; Hamburg NJW 81, 771; Bremen NJW 81, 2711; KG JR 84, 250; s auch Karlsruhe MDR 93, 368). Auf dem Boden der subjektiven Teilnahmelehre (5 vor § 25) ist das vielleicht noch vertretbar (bejahend namentlich Beulke NStZ 82, 329 und 83, 504), mit der Tatherrschaftslehre aber schwerlich vereinbar (abl daher Frankfurt StV 92, 360; Rudolphi JR 84, 338 und Kleinknecht-FS, S 379, 387; Müller-Dietz JR 81, 475; Otto Jura 87, 329, 331; Krekeler NStZ 89, 146, 150; Scholderer StV 93, 230; Samson SK 43). Die Straflosigkeit des Verteidigers, der erfolglos versucht, einen anderen zu einer Strafvereitelung zu bestimmen, ist freilich im Hinblick auf die prozessualen Fernwirkungen unbefriedigend (Ebert aaO [vgl 1] S 64).

11 **3. Abs 1 (Verfolgungsvereitelung).**

a) Die Tathandlung (vgl 2–10) muß eine dem **Strafgesetz gemäße** Rechtsfolge vereiteln. Die Voraussetzungen einer Strafe oder Maßnahme müssen wirklich erfüllt gewesen sein, der Begünstigte (in Ausnahmefällen auch ein Dritter; vgl 12) also mindestens eine rechtswidrige Vortat (18 zu § 11), nicht nur eine Ordnungswidrigkeit, begangen haben, deretwegen eine Strafe verhängt oder eine Maßnahme angeordnet werden könnte. Bei Vereitelung einer Bestrafung ist deshalb eine schuldhaft begangene Vortat erforderlich, bei der weder ein persönlicher Strafausschließungs- oder Strafaufhebungsgrund noch ein endgültig wirkendes Verfolgungshindernis eingreift (Düsseldorf NStE 1 mwN). Ist die Vortat nicht festgestellt oder hat der Täter sie irrig – sei es auch nur aufgrund falscher rechtlicher Wertung (BGHSt 15, 210; 15 zu § 22; str) – angenommen, so liegt Versuch (Abs 4) vor; dasselbe gilt, wenn nur die Strafschärfung wegen eines Erschwerungsgrundes vereitelt werden sollte, dieser Grund aber nicht festgestellt ist (Bay JZ 73, 385).

12 **b)** Die Vereitelung kann sich auch auf **Maßregeln der Besserung und Sicherung, Verfall** (krit Stree JuS 76, 137, 140), **Einziehung und Unbrauchbarmachung** (§ 11 I Nr 8) beziehen, und zwar unabhängig davon, ob sich die Maßnahme nach dem Gesetz gegen den Vortäter oder einen Dritten (vgl namentlich § 74 II Nr 2, §§ 74 a, 74 d II) richtet (BT-Dr 7/550 S 249). Die Beschränkung auf Strafen und Maßnahmen (21 zu § 11) ist abschließend; eine Erstreckung auf andere Sanktionen, zB die Einstellung des Verfahrens unter Auflagen oder Weisungen nach § 153 a StPO (Momberg ZRP 82, 70), auf Maßnahmen nach dem JGG (Sch/Sch-Stree 13, 14), auf die Abführung des Mehrerlöses nach § 8 WiStG oder auf die Vernichtungs- und Überlas-

sungsansprüche nach §§ 98, 99 UrhG (Weber, Meyer-GedSchr, S 633, 637) ist daher nicht möglich; jedoch kommt Begünstigung in Frage.

4. Abs 2 (Vollstreckungsvereitelung) setzt Vollstreckbarkeit der Entscheidung voraus, die idR erst mit Rechtskraft eintritt (§ 449 StPO). Das Gericht darf die rechtskräftige Entscheidung nicht nachprüfen (RGSt 73, 331). Lockerungsmaßnahmen der Vollzugsbehörden, die den verwaltungsrechtlich anerkannten Beurteilungs- und Ermessensspielraum nicht überschreiten, liegen im Rahmen gesetzmäßiger Vollstreckung und sind daher nicht tatbestandsmäßig (vgl dazu 3, 7, 9 zu § 120; beachte auch LG Berlin NStZ 88, 132 mit abl Bespr Ostendorf JZ 89, 579; Schaffstein, Lackner-FS, S 795); bei Überschreiten dieses Spielraums hängt die Tatbestandsverwirklichung vom Eintritt des Vereitelungserfolges (vgl 4; probl dazu Kusch NStZ 85, 385, 389) und von dem erforderlichen direkten Vorsatz (vgl 14) ab. – Die Zahlung einer Geldstrafe für einen anderen erfüllt nach der Rspr, die im Hinblick auf den Gesetzeswortlaut und die Schwierigkeiten sinnvoller Begrenzung vorzugswürdig, kriminalpolitisch aber bedauerlich ist (symptomatisch Kapp NJW 92, 2796), den Tatbestand nicht (BGHSt 37, 226 mit Bespr Wodicka NStZ 91, 487, Hillenkamp JR 92, 74 und Müller-Christmann JuS 92, 379; Krey BT 1 Rdn 620 b, alle mwN; zw). 13

5. Absichtlich erfordert hier zielgerichtetes Wollen (20 zu § 15; s auch KG JR 85, 24), **wissentlich** Handeln trotz sicherer Kenntnis oder Voraussicht der Tatbestandsverwirklichung (21 zu § 15; krit Lenckner aaO [vgl 4] S 354; Ebert aaO [vgl 1] S 65). Der danach erforderliche **direkte Vorsatz** (BGHSt 38, 345, 348) muß nur die Tathandlung und den daraus erwachsenden Vereitelungserfolg, und zwar auch dessen Element der „geraumen Zeit" (aM KG aaO), umfassen (Momberg ZRP 82, 70, 71); im Hinblick auf die Vortat (dazu 4 zu § 257) kann er dagegen bedingt sein (Sch/Sch-Stree 22, 23; Tröndle 10; aM Müller StV 81, 90, 92). Das Erfordernis des direkten Vorsatzes ist auch bei verteidigerspezifischem Handeln nicht auf andere Straftatbestände wie Aussage- oder Urkundsdelikte zu übertragen (BGHSt 38, 345 mit zust Bespr Otto JK 17 zu § 267; anders Scheffler StV 93, 472; vgl 9). 14

6. Die Tat ist erst mit Eintritt der Vereitelungswirkung **vollendet** (Bay NStZ 91, 203). Vorher kommt Versuch (auch untauglicher; zB bei irriger Annahme einer Vortat) in Frage (Abs 4; beachte auch 15 zu § 22; zum Versuchsbeginn vgl Krey BT 1 Rdn 617 und Wessels BT 1 Rdn 709, beide mwN). 15

7. Abs 5 enthält einen auf Zumutbarkeitserwägungen beruhenden **persönlichen Strafausschließungsgrund** (29 vor § 13; aM Roxin AT I 22/134 und 23/16 sowie Schünemann LdR S 86: Entschuldigungsgrund; str); mit Rücksicht auf die notstandsähnliche Lage (Bay NStZ 96, 497; krit zu dieser individual-psychologischen Erklärung und für die Einräumung eines tatbestandlichen Freiraumes Fezer, Stree/Wessels-FS, S 663, 673; krit auch Schneider, aaO [vgl 6] S 157, 360 16 und 382) schließt er die Strafbarkeit aus, wenn die Vereitelungshandlung bezweckt, neben dem anderen zugleich auch den Täter selbst – sei es auch nur im Hinblick auf eine vermeintliche Gefährdung – besserzustellen (persönliche Selbstbegünstigung; vgl 6; zust Horn JA 95, 218), oder wenn dieser Zweck nicht auszuschließen ist (NJW 84, 135); in welchem Gewichtsverhältnis die konkurrierenden Zwecke zueinander stehen, ob sich die Tathandlung auf dieselbe oder auf verschiedene Vortaten bezieht und ob diese in bestimmter Weise voneinander abhängen, ist unerheblich (NJW 95, 3264; BT-Dr 7/550 S 250; beachte jedoch 5 zu § 258 a). Einerseits kann danach nicht bestraft werden, wer einen anderen anstiftet, ihn selbst persönlich zu begünstigen (Bay NJW 78, 2563 mit Anm Stree JR 79, 253) und andererseits bleibt nur die Strafvereitelung als solche, nicht ein mit ihr zusammentreffender Betrug oder Meineid (BGHSt 15, 53), straflos. Das gilt auch für das Zusammentreffen mit § 257. Die durch das EGStGB hergestellte systematische Selbständigkeit der §§ 257, 258 (vgl 1) bietet keinen Ansatz für die Annahme, daß der Anwendungsbereich des Abs 5 auch die Begünstigung einschließt (Ruß LK 32; aM Stree JuS 76, 137, 140; Amelung JR 78, 227; Geppert Jura 80, 327, 332); jedenfalls hat die früher weiterreichende Rspr und Lehre im Gesetz keinen Ausdruck gefunden. Strebt also jemand zugleich Vorteilssicherung für einen anderen und Strafvereitelung für sich selbst und den anderen an, so entfällt die Strafbarkeit nur nach § 258, es sei denn, daß sich aus § 257 III (dort 8) Straflosigkeit ergibt; jedoch bedarf es in solchen Fällen sorgfältiger Prüfung, ob es dem Täter auf die Vorteilssicherung ankam oder ob er sie nur – was die Regel sein wird – um seiner „Selbstbegünstigung" willen in Kauf genommen hat (zum früheren Recht ua Lenckner JuS 62, 302; Ulsenheimer GA 72, 1). – Strafvereitelung kann auch der an der Vortat Beteiligte zugunsten eines anderen Beteiligten begehen; jedoch schließt idR Abs 5 die Strafbarkeit aus. – Mit der rechtskräftigen Verurteilung des Vortäters oder Vortatbeteiligten entfällt die Zwangslage und damit der Strafausschließungsgrund (Bay NStZ 96, 497).

17 8. **Abs 6** enthält einen auf Schulderwägungen beruhenden persönlichen Strafausschließungsgrund (29 vor § 13; aM Roxin AT I 22/135 und 23/16: Entschuldigungsgrund; str) für den **Angehörigen** (2 zu § 11; nicht wie in § 35 auch für nahestehende Personen, Sch/Sch-Stree 39 a mwN; str), und zwar auch dann, wenn dieser die Tat nicht selbst begeht, sondern einen anderen dazu anstiftet (BGHSt 14, 172; Horn JA 95, 218, 220). Aus dem Zusammenhang mit Abs 5 läßt sich ableiten, daß es für die Angehörigenbeziehung nicht auf die wirkliche Lage, sondern auf die – sei es auch irrige – Vorstellung des Täters ankommt (Stree JuS 76, 137, 141; Warda Jura 79, 286, 292; Wessels AT Rdn 501; aM Baumann/Weber/Mitsch AT 24/6; Ruß LK 37, alle mwN; anders auch Schünemann GA 86, 293, 303, der § 35 II analog anwendet). Soll die Strafvereitelung zugleich einen Nichtangehörigen besserstellen, so ist das ebenso wie in den Fällen des Abs 5 unschädlich (Celle

NJW 73, 1937 mit Bespr Ruß JR 74, 164, Kratzsch JR 74, 186 und Blei JA 74, 461; str); eine zugleich begangene sachliche Begünstigung bleibt dagegen, wenn sie überhaupt vorliegt (vgl 16), unberührt (offengelassen von StV 95, 586: allenfalls, wenn § 258 nach der Vorstellung des Täters nicht ohne gleichzeitige Begehung von § 257 erreicht werden kann; ebenso Tröndle 16; ähnlich Sch/Sch-Stree 39).

9. Zur **Beihilfe** steht die Strafvereitelung weitgehend in demselben Verhältnis wie die Begünstigung (9 zu § 257); allerdings ist hier die Möglichkeit von Überschneidungen mit der Beihilfe nach vollendeter Tat weniger problematisch (eingehend Plümer, Das Verhältnis zwischen Strafvereitelung und Beihilfe zur Vortat, 1979). 18

10. Zur **Begrenzung der Strafe** nach Abs 3 vgl 10 zu § 257; diese Begrenzung ist wegen der rechtsgutsmäßigen Selbständigkeit der Strafvereitelung gegenüber der Vortat des Begünstigten inkonsequent (Ebert aaO [vgl 1] S 90). 19

11. Tateinheit ua möglich mit § 120 (dort 13), §§ 153, 154, 257 (oben 16), § 263. Gegenüber § 145 d (dort 11) geht die Vorschrift vor. 20

§ 258 a Strafvereitelung im Amt

(1) **Ist in den Fällen des § 258 Abs. 1 der Täter als Amtsträger zur Mitwirkung bei dem Strafverfahren oder dem Verfahren zur Anordnung der Maßnahme (§ 11 Abs. 1 Nr. 8) oder ist er in den Fällen des § 258 Abs. 2 als Amtsträger zur Mitwirkung bei der Vollstreckung der Strafe oder Maßnahme berufen, so ist die Strafe Freiheitsstrafe von sechs Monaten bis zu fünf Jahren, in minder schweren Fällen Freiheitsstrafe bis zu drei Jahren oder Geldstrafe.**

(2) **Der Versuch ist strafbar.**

(3) **§ 258 Abs. 3 und 6 ist nicht anzuwenden.**

1. Qualifikationstatbestand zu § 258 (BT-Dr 7/550 S 251). Die Tat ist **uneigentliches Amtsdelikt** (2 vor § 331), die Einschränkung des Abs 3 daher nur auf solche Tatbeteiligte anwendbar, bei denen die persönlichen Voraussetzungen des Abs 1 erfüllt sind (Stree JuS 76, 137, 142). 1

2. Amtsträger 3–11 zu § 11. Zu den **Verfahren** iSd Abs 1 gehören neben dem Straf- und Strafvollstreckungsverfahren auch das Sicherungsverfahren nach §§ 413 ff StPO und das selbständige Verfahren nach §§ 440, 441 StPO (vgl auch 2 zu § 343). Täter können namentlich Richter, Staatsanwälte, Hilfsbeamte der StA, Polizeibeamte, auch Geschäftsstellenbeamte des AG, Beamte der Finanzverwaltung (RGSt 58, 79) und der Bahnpolizei (RGSt 57, 19) sein. Der Innenminister eines Landes kann im Rahmen der Dienstaufsicht (LM Nr 3 zu § 346 aF), der Justizminister im Rahmen seines Weisungsrechts gegenüber der StA und der Bürgermeister je nach Landesrecht als Ortspolizeibehörde (BGHSt 12, 277) zur Mitwirkung berufen sein. IdR kommen als Täter 2 nur der tatsächlich befaßte, sachlich (nicht notwendig auch örtlich und nach der innerdienstlichen Regelung) zuständige Beamte und dessen Vorgesetzte in Frage (vgl Bay JZ 61, 453 mit abl Anm Geerds; Karlsruhe NStZ 88, 503 mit krit Anm Geerds JR 89, 212; Sch/Sch-Stree 4 alle mwN; str).

3 **3. a)** Die **Vereitelungshandlung** eines Amtsträgers kann zB vorliegen (weitere Beispiele schon unter 7, 7 a zu § 258): wenn er ein Verfahren oder eine Vollstreckung nicht einleitet, von der Verfolgung unter Ermessensmißbrauch wegen Geringfügigkeit absieht (vgl Pott, ZustStR, S 79, 92) oder durch Unterdrückung belastender Umstände auf eine mildere Bestrafung hinwirkt. Dem Ermittlungsbeamten muß für seine Entschließung eine angemessene Zeitspanne zugebilligt werden (LM Nr 1 zu § 346 aF); auch unzweckmäßige Ermittlungen sprechen nicht ohne weiteres für eine Vereitelung (BGHSt 19, 79). Bei Nichtbearbeitung wegen Überlastung muß der Amtsträger seinen Vorgesetzten unterrichten (BGHSt 15, 18), wenn er Rückstände nicht mehr in angemessener Zeit erledigen kann (DRiZ 77, 87). Der Vorgesetzte eines Polizeibeamten muß dessen Anzeige idR der StA zuleiten, auch wenn er an deren Richtigkeit zweifelt (MDR 56, 563); allerdings wird es in solchen Fällen meist am erforderlichen direkten Vorsatz fehlen (beachte 14 zu § 258). Ein Zurückstellen der Strafverfolgung durch Verdeckte Ermittler aus übergeordneten Ermittlungsinteressen erfüllt den Tatbestand nicht, wenn es von § 163 StPO gedeckt ist (Krey, Rechtsprobleme des strafprozessualen Einsatzes Verdeckter Ermittler, 1993, S 245; Vogt, Berufstypisches Verhalten und Grenzen der Strafbarkeit im Recht der Strafvereitelung, 1992, S 240).

4 **b) Außerdienstlich erlangte Kenntnis** verpflichtet das Strafverfolgungsorgan nur bei schweren, die Öffentlichkeit besonders berührenden Straftaten zum Einschreiten (hM; vgl etwa BGHSt 5, 225; 12, 277; 38, 388 mit krit Bespr Mitsch NStZ 93, 384, Bergmann StV 93, 518, Laubenthal JuS 93, 907 und Rudolphi JR 95, 167; Karlsruhe NStZ 88, 503 mit krit Bespr Geerds JR 89, 212; Otto JuS 87, 761; Beulke StPR 91; krit NJW 89, 914; Vormbaum, Der strafrechtliche Schutz des Strafurteils, 1987, S 435; Schünemann, in: Gimbernat [Hrsg], Internationale Dogmatik der objektiven Zurechnung und der Unterlassungsdelikte, 1995, S 49, 62 und Fezer StPR S 22; anders Krause JZ 84, 548 und Wagner JZ 87, 705, 711, die eine Pflicht zum Einschreiten überhaupt verneinen; zw).

5 **4.** Da **Abs 3** den § 258 V (dort 16) nicht ausschließt, gilt dieser auch für den Amtsträger. Nach dem insoweit eindeutigen Gesetzeswortlaut kann auch hier ein bestimmter Bezug der Tathandlung zur Vortat nicht gefordert werden (Sch/Sch-Stree 19; einschr Geerds JR 89, 212, 214; Tröndle 8; Ruß LK 12, alle mwN). Jedoch kann sich der Amtsträger nicht dadurch Straffreiheit verschaffen, daß er ungeachtet der Pflicht und der Möglichkeit, gegen die Vortat einzuschreiten, diese durch eine eigene Tat (zB Bestechlichkeit, Hehlerei) ausbeutet (BGHSt 4, 167; 5,

155, 166) oder sich an einer zeitlich nachfolgenden Tat des Vortäters beteiligt (Karlsruhe NStZ 88, 503).

5. Tateinheit möglich mit § 332 (Köln JMBlNRW 50, 254; aM Sch/Sch-Stree 23). Im übrigen vgl 20 zu § 258. 6

§ 259 Hehlerei

(1) **Wer eine Sache, die ein anderer gestohlen oder sonst durch eine gegen fremdes Vermögen gerichtete rechtswidrige Tat erlangt hat, ankauft oder sonst sich oder einem Dritten verschafft, sie absetzt oder absetzen hilft, um sich oder einen Dritten zu bereichern, wird mit Freiheitsstrafe bis zu fünf Jahren oder mit Geldstrafe bestraft.**

(2) **Die §§ 247 und 248 a gelten sinngemäß.**

(3) **Der Versuch ist strafbar.**

1. Die Hehlerei ist **Vermögensdelikt** (NJW 78, 710; zusf Rudolphi JA 81, 1; Arzt NStZ 81, 10; Otto Jura 85, 148; Seelmann JuS 88, 39; Roth JA 88, 193, 258; Geppert Jura 94, 100; Freund LdR S 447; nach Küper BT S 117: abstraktes Vermögensgefährdungsdelikt). Die Neufassung durch das EGStGB (5 vor § 1) stellt das in Anlehnung an die hM zum früheren Recht ausdrücklich klar (BT-Dr 7/550). § 259 wendet sich nach der herrschenden Perpetuierungstheorie gegen die Aufrechterhaltung der durch die Tat geschaffenen rechtswidrigen Vermögenslage (BGHSt – GS – 7, 134) durch einverständliches Zusammenwirken mit dem Vortäter (NJW 96, 2877 mwN). Soweit abweichende Lehren in der Aufrechterhaltung jeder durch irgendeine Vortat geschaffenen rechtswidrigen Besitzposition (Theorie der Restitutionsvereitelung, Schröder MDR 52, 68, 71), in der Ausbeutung strafbaren Erwerbs (Nutznießungstheorie, Geerds GA 58, 129) oder im Verbot der Hilfe nach der Tat (Miehe, Honig-FS, S 91, 103) das wesentliche Element des Tatbestandes sehen, sind sie mit dem geltenden Recht nicht mehr vereinbar (Stree JuS 76, 137, 142; Stoffers Jura 95, 113, 115; diff Hruschka JR 80, 221); auch eine nur begrenzte Anerkennung der Nutznießungstheorie für Teilbereiche der Ersatzhehlerei (so Knauth NJW 84, 2666) muß ausscheiden (Roth NJW 85, 2242). Mindestens als gesetzgeberisches Motiv, nach einem Teil der Lehre sogar als zusätzlicher Schutzzweck (Lenckner JZ 73, 797; Rudolphi JA 81, 1, 4; Schneider, Grund und Grenzen des strafrechtlichen Selbstbegünstigungsprinzips, 1991, S 180; Janson, Begünstigung und Hehlerei vor dem Hintergrund des Rückerwerbes von Diebesbeute, 1992, S 137; aM Roth JA 88, 193, 195; Geppert Jura 94, 100, alle mwN), steht hinter dem Tatbestand auch der Gedanke, allgemeine Sicherheitsinteressen zu wahren (vgl 17). – Zu **Kriminologie** und Reform der Hehlerei Kreuzer/Oberheim, Praxistauglichkeit des Hehlereitatbestandes, BKA-Schriftenreihe, 1986; Geerds GA 88, 243. 1

2 **2. Gegenstand der Tat** sind nur Sachen (2 zu § 242; s auch NJW 78, 710 mit Anm Lackner/Müller JR 78, 345), jedoch abweichend von den Zueignungsdelikten auch unbewegliche und herrenlose, ausnahmsweise (wistra 88, 25) sogar eigene Sachen des Hehlers (§ 289). Infolge dieser Beschränkung kommt als rechtswidrige Vermögenslage (vgl 1) nur der unrechtmäßige Sachbesitz in Frage (Ruß LK 1).

3 **3.** Die Sache muß **ein anderer** (der Vortäter) **gestohlen oder sonst durch eine gegen fremdes Vermögen gerichtete rechtswidrige Tat** (die Vortat) erlangt haben.

4 **a)** Die Vortat muß eine **rechtswidrige** (18 zu § 11), nicht notwendig schuldhafte Tat sein (hM; anders Otto Jura 85, 148, 150); eine Ordnungs- oder Disziplinarwidrigkeit genügt nicht (Stree JuS 76, 137, 143). Außerdem darf bei Vorsatztaten der Vorsatz im Sinne des Wissens und Wollens der Tatbestandsverwirklichung (3–30 zu § 15) und bei Fahrlässigkeitstaten der objektive Sorgfaltsmangel (37–40 zu § 15; aM BGHSt 4, 76, der in vollem Umfang Fahrlässigkeit fordert) nicht fehlen. Unerheblich ist dagegen, ob die Vortat zB wegen Begehung im Ausland nicht dem deutschen Strafrecht (§§ 3–7) unterworfen (RGSt 55, 234; Ruß LK 4; zw), wegen Schuldunfähigkeit oder Verbotsirrtums nicht vorwerfbar (BGHSt 1, 47; Neustadt NJW 62, 2312; aM Hamburg NJW 66, 2228; str), wegen eines persönlichen Strafausschließungsgrundes nicht strafbar oder wegen Verjährung oder Fehlens des Strafantrags nicht verfolgbar ist (Lenz, Die Abhängigkeit der Hehlerei von der Vortat, 1995, S 167).

5 **b) Gestohlen** § 242. **Gegen fremdes Vermögen gerichtet** setzt kein Vermögensdelikt im technischen Sinne (Betrug, Erpressung, Untreue) voraus (krit Otto Jura 85, 148, 150; Roth JA 88, 193, 198; eingehend zu den als Vortat geeigneten und ungeeigneten Delikten Lenz aaO S 195, 245 und 304); nach der Rspr kann vielmehr jede Tat genügen, wenn sie fremde Vermögensinteressen verletzt und eine rechtswidrige Vermögenslage schafft. Das kommt auch in Frage bei Taten nach §§ 248 b, 257 (Rudolphi JA 81, 1, 2), § 263 (krit Arzt NStZ 81, 10, 11), § 283 (bei Holtz MDR 77, 282), §§ 289, 290, 292, 293, uU sogar nach § 240 (bei Dallinger MDR 72, 571), § 267 (aM Sippel NStZ 85, 348, 349) und § 274. Auch Hehlerei an gehehlten Sachen ist möglich (BGHSt 33, 44, 48 mwN). – Verstöße gegen Bewirtschaftungs- und Steuervorschriften (bei Dallinger MDR 75, 543; beachte jedoch § 374 I AO) oder gegen das Verbot von Prostitution (§§ 184 a, 184 b) und Glücksspiel (§§ 284, 284 a) scheiden aus, weil hier nicht der Sacherwerb als solcher rechtswidrig ist, sondern nur mit ihm zusammenhängende Pflichten verletzt werden (Ruß LK 8). – Auch der Erwerb urheberrechtlich geschützter Werke (zB sog Raubkopien) gehört nicht hierher, weil der Urheberrechtsverstoß des Vortäters zwar gegen fremdes Vermögen gerichtet ist, die Sache selbst (der Ton-, Bild- oder Datenträger) aber nicht durch die Vortat erlangt ist (str) und an ihr auch keine rechtswidrige Vermögenslage aufrechter-

halten wird (KG NStZ 83, 561 mit abl Anm Flechsig; Heinrich, Die Strafbarkeit der unbefugten Vervielfältigung und Verbreitung von Standardsoftware, 1993, S 309 und JZ 94, 938; aM Ganter NJW 86, 1479; diff v Gravenreuth, Das Plagiat aus strafrechtlicher Sicht, 1986, S 96, alle mwN; zw).

c) **Durch die Vortat erlangt** ist eine Sache, wenn tatsächliche Sachherrschaft über sie, sei es auch nur als Mitgewahrsamsinhaber, erreicht wurde (weiter Martens JA 96, 248); dies kann auch durch eine nur versuchte Vortat geschehen (bei Holtz MDR 95, 881). Bei einer Unterschlagung des Vortäters genügt der Übergang von Fremd- in Eigengewahrsam (Ruß LK 9). Nach Rspr und hM muß die Erlangung vor Begehung der Hehlerei **abgeschlossen** sein (BGHSt 13, 403; bei Holtz MDR 89, 493 und 90, 98; Düsseldorf NJW 90, 1492; Geppert Jura 94, 100, 102; Ruß LK 11, 12, alle mwN). Danach ist, wer eine Sache von einem Fremdbesitzer, etwa dem Entleiher, erwirbt, nur an dessen Unterschlagung beteiligt, es sei denn, daß die Vortat schon vor dem Erwerb abgeschlossen wurde (Stuttgart NStZ 91, 285 mit abl Anm Stree). Demgegenüber wird von einer im Vordringen befindlichen Mindermeinung mit überzeugenden Gründen (eingehend Küper, Stree/Wessels-FS, S 467) Hehlerei auch bejaht, wenn die Vortat erst durch die Verfügung zugunsten des Hehlers begangen wird (Rudolphi JA 81, 1, 6; Otto Jura 93, 652, 663; Sch/Sch-Stree 15, alle mwN). Zur Beteiligung des Hehlers an der Vortat vgl 18. 6

d) aa) Im Hinblick auf das geschützte Rechtsgut (vgl 1) muß bei Vornahme der Tathandlung die rechtswidrige Vermögenslage an der Sache **noch fortbestehen** (Ruß LK 7), sei es auch – etwa beim Betrug – nur in der Form eines Anfechtungsrechts gegenüber dem wirksamen Eigentumserwerb des Vortäters (Sippel NStZ 85, 348; Roth NJW 85, 2242; Freund LdR S 448; aM Knauth NJW 84, 2666, 2668); eine zunächst rechtswidrige Lage kann zB durch Genehmigung des Geschädigten, durch Erwerb für ihn, durch Verarbeitung (Bay NJW 79, 2218 mit krit Anm Paeffgen JR 80, 300) oder durch Ersitzung entfallen. Hat der Vortäter durch Vermischung gestohlenen und eigenen Geldes Miteigentum gebildet, so ist Hehler, wer mehr erhält, als dem Vortäter gehörte (NJW 58, 1244 mit Anm Mittelbach JR 58, 466; krit Otto Jura 85, 148, 151; zw). – Die Gutgläubigkeit eines Zwischenerwerbers hebt die Rechtswidrigkeit der Vermögenslage nicht auf, wenn er nach §§ 932, 935 BGB kein Eigentum erlangt, so daß Hehlerei uU auch durch Vermittlung einer redlichen Zwischenperson möglich ist (BGHSt 15, 53, 57; Düsseldorf NJW 78, 713 mit abl Anm Paeffgen JR 78, 466 und Hruschka JZ 96, 1136; Celle NJW 88, 1225; einschr Rudolphi JA 81, 1, 6; zw). – Gelangt das Diebesgut an den bestohlenen Eigentümer durch Erwerb oder Veräußerung an ihn zurück, so liegt kein hehlerisches Verhalten (Ankauf oder Absetzen) vor, weil dadurch die rechtswidrige Besitzlage beendet wird (vgl 11 und 14; Sch/Sch-Stree 19 und 33 mwN; str). 7

8 bb) Aus dem Erfordernis des Fortbestehens der rechtswidrigen Vermögenslage, nicht lediglich aus dem Wortlaut des Gesetzes, folgt die Straflosigkeit der **Ersatzhehlerei.** Nur unmittelbar aus der Vortat stammende Sachen können gehehlt werden (hM; vgl BGHSt 9, 137, 139; NJW 69, 1260; aM für vertretbare Sachen Gribbohm NJW 68, 240), also nicht die für gestohlenes Geld erworbene Ersatzsache, auch nicht das dafür erlangte Wechselgeld (Berz Jura 80, 57, 60; Schroth, Theorie und Praxis subjektiver Auslegung im Strafrecht, 1983, S 118; Otto Jura 85, 148, 153; Ruß LK 14; aM Roxin, Mayer-FS, S 467; Rudolphi JA 81, 1, 4; krit Miehe, Honig-FS, S 91, 118, alle mwN; zw). Die dadurch und durch rechtlich gleichliegende Fallkonstellationen (dazu Knauth NJW 84, 2666) entstehende Strafbarkeitslücke ist klein, weil der Erwerb der Ersatzsache meist (allerdings nicht beim bloßen Wechseln von Geld) Betrug oder Hehlerei ist, die dann ihrerseits die Anwendbarkeit des § 259 begründet; ernste Schwierigkeiten ergeben sich erst, wenn der Zusammenhang zwischen der Vortat und dem späteren Erwerb nicht rekonstruierbar ist (Arzt NStZ 90, 1, 2).

9 **4.** Die **Tathandlungen.**

a) Sich oder einem Dritten verschaffen entspricht dem „Ansichbringen" des früheren Rechts in der Auslegung, die es durch die Rspr erfahren hat; die Neufassung will lediglich den vom BGH in Abweichung von der früheren Rspr (zB RGSt 55, 220; 62, 15, 17) aufgestellten Satz, daß zum Ansichbringen nicht unbedingt die Erlangung eigener Verfügungsgewalt gehört, sondern etwa auch der für den Geschäftsherrn ankaufende Gewerbegehilfe erfaßt wird (BGHSt 2, 355; vgl auch LG Hanau NStZ-RR 96, 362), auf eine sichere gesetzliche Grundlage stellen (BT-Dr 7/550 S 252). Davon abgesehen sind Rspr und Schrifttum zum Begriff des Ansichbringens noch verwertbar.

10 aa) **Verschaffen** setzt, wie das gesetzliche Beispiel (hM) des **Ankaufens** zeigt, einen derivativen Erwerb (Waider GA 63, 321; krit Hruschka JR 80, 221), dh ein **einverständliches,** nicht notwendig kollusives (hM; anders Seelmann JuS 88, 39, 40), Zusammenwirken mit dem Vortäter (uU auch nur dem möglicherweise gutgläubigen Vorbesitzer; vgl 7) voraus (BGHSt 7, 134, 137; Ruß LK 17; aM Roth, Eigentumsschutz nach der Realisierung von Zueignungsunrecht, 1986, S 115 und JA 88, 193, 207). Eigenmächtiges Verschaffen genügt nicht (BGHSt 10, 151), wohl aber stillschweigende (nicht lediglich vermutete, RGSt 57, 203; aM M-Schroeder/Maiwald BT 1 39/24; zw) oder durch Täuschung bewirkte Herbeiführung des Einvernehmens (aM Hruschka JZ 96, 1136); wird der Vortäter durch eine erpresserische Drohung zur Übertragung der Verfügungsmacht veranlaßt, so fehlt es am einverständlichen Zusammenwirken (NJW 96, 2877 mit Anm Hruschka JZ 96, 1135, beide mwN; anders die hM und die Voraufl). – Außerdem muß der Täter auf der Grundlage dieses Einvernehmens eigene tatsächliche **Verfügungsgewalt** über die Sache erlangen (BGHSt 27, 45, 46) oder die entsprechende Verfügungsgewalt eines Dritten

herstellen; dabei kann diese Gewalt auch in bloßer Mitverfügung bestehen (BGHSt 33, 44, 46), muß aber vom Vortäter unabhängig sein (BGHSt 35, 172; Stuttgart NJW 73, 1385; Stoffers Jura 95, 113, alle mwN). Außerdem muß sie zu eigenen oder zu Zwecken des Dritten in dem Sinne gewollt sein, daß die Sache ihrem wirtschaftlichen Wert nach übernommen wird (Zueignung; vgl BGHSt 15, 53; Küper BT S 180); daran fehlt es bei Übernahme der Sache zur Entsorgung (NStZ 95, 544). – Das Einvernehmen ist auf die Übernahme der selbständigen Verfügungsgewalt und daher auf den Zeitpunkt des Verschaffens zu beziehen (BGHSt 5, 47, 49), das der Gewahrsamserlangung auch zeitlich nachfolgen kann (Celle MDR 65, 761).

bb) **Verfügungsgewalt** erlangt im allgemeinen (beachte NStZ 92, 11
36) **nicht,** wer strafbar erlangte Sachen nur entleiht (wistra 93, 146), mietet, verwahrt (StV 92, 65), vorübergehend benutzt (StV 87, 197 mwN) oder mitverzehrt (hM; anders Roth JA 88, 193, 203; M-Schroeder/Maiwald BT 1 39/31, beide mwN; zw); wer einen Kaufvertrag abschließt, ohne daß ihm die Sache übergeben wird (1 StR 34/61 v 18. 4. 1961); oder wer Diebesgut des Ehepartners nach dessen Anweisung im Haushalt konserviert oder verbraucht (Köln MDR 49, 120) oder mit dessen gestohlenem Geld für den Haushalt einkauft (GA 65, 374; str); **wohl aber:** wer ein Darlehen annimmt (NJW 58, 1244); wer Diebesgut übernimmt, um es später gemeinsam mit dem Dieb zu verbrauchen (bei Dallinger MDR 75, 368); oder wer einen Pfand- (BGHSt 27, 160 mit Anm Schall NJW 77, 2221 und Meyer JR 78, 253; Rudolphi JA 81, 90, 91; zw) oder Gepäckschein erwirbt, wenn ihm damit ermöglicht werden soll, über die Sache zu eigenem Nutzen zu verfügen (Berz Jura 80, 57, 62; Ruß LK 19; zw). – Am **einverständlichen Zusammenwirken** fehlt es beim bloßen Behalten einer zunächst in Unkenntnis des Diebstahls erworbenen Sache (GA 67, 315), beim Vernichten einer vom Vortäter heimlich zugesteckten Sache (BGHSt 15, 53) und beim Sichverschaffen einer vom Vortäter bereits aufgegebenen Sache (Celle NdsRpfl 72, 22; s auch BGHSt 13, 43). – Im Hinblick auf das geschützte Rechtsgut (vgl 1) scheidet auch Verschaffen zur Verfügung des **Berechtigten,** namentlich zur Rückgabe an ihn, aus (NStE 2; Bay 59, 79).

cc) Zu problematischen Fällen **versuchten** Sichverschaffens BGHSt 12
21, 267; bei Dallinger MDR 71, 546 (s auch Celle NJW 86, 78).

b) Absetzen und Absetzen helfen entspricht weitgehend dem 13
„Mitwirken zu deren Absatz" im Sinne des früheren Rechts (zusf Stree GA 61, 33); die Neufassung will nur klarstellen, daß Hehler auch ist, wer die Sache zwar im Einverständnis mit dem Vortäter, aber sonst völlig selbständig auf dessen Rechnung absetzt (BT-Dr 7/550 S 253). Jedoch besteht ein weiterer, vom Gesetzgeber nicht beabsichtigter Unterschied auch darin, daß sich der Vollendungszeitpunkt verschiebt: Während die Rspr zu Abs 1 aF jede auf den Absatz gerichtete Tätigkeit ohne Rücksicht auf ihren Erfolg genügen ließ (BGHSt 22, 206; NJW

55, 350), setzt die Neufassung den Eintritt des Absatzerfolges voraus (Köln NJW 75, 987 mit Bespr Meyer MDR 75, 721, Küper JuS 75, 633 und Fezer NJW 75, 1982; Ruß LK 24– 26). Absetzen kann aus sprachlichen Gründen, die sich durch extensive Auslegung nur schwer überspielen lassen (6 zu § 1; Berz Jura 80, 57, 64; Rudolphi JA 81, 90, 92; Seelmann JuS 88, 39; Roth JA 88, 193, 203; Paeffgen JR 96, 346, 348), nicht mit dem bloßen Versuch des Absetzens gleichgesetzt werden (so zunächst NJW 76, 1698 mit Anm Küper NJW 77, 58; s auch Lackner, Heidelberg-FS, S 39, 40, 61). Daß dann für das Absetzen-Helfen nichts anderes gelten kann, ist eine naheliegende Folgerung aus dem Erfordernis der Gleichbehandlung (Schall JuS 77, 179, 181). Die abweichende Auslegung des BGH, der inzwischen voll an der Rspr zum früheren Recht festhält (BGHSt 26, 358; zur Steuerhehlerei auch BGHSt 29, 239), faßt die beiden Handlungsbegriffe zu einer Sinneinheit zusammen und hält diese für geeignet, auch die nur auf den Absatz gerichtete Tätigkeit zu erfassen (BGHSt 27, 45; im Ergebnis zust Meyer JR 77, 80; Schünemann, Nulla poena sine lege?, 1978, S 22; Schroth aaO [vgl 8] S 131; Gössel BT 2 27/42). Sprachlich mag das vertretbar sein; es schließt aber die Möglichkeit aus, die beiden Handlungsbegriffe – und zwar jeden für sich – mit einem widerspruchsfreien Inhalt auszufüllen. Überdies stimmt nur die engere Auslegung mit dem Schutzzweck des § 259 überein, weil das für die Perpetuierungstheorie (vgl 1) wesentliche Moment das Weiterschieben der Sache in die nächste Hand ist; es führt zu Widersprüchen, wenn das Sich-Verschaffen Erlangung eigener Verfügungsgewalt voraussetzt, während für das Absetzen eine auf Übertragung von Verfügungsgewalt nur hinzielende Handlung ausreichen soll (Stree JuS 76, 137, 143; Küper JuS 75, 633, 635; Freund/Bergmann JuS 91, 221, 223; aM Meyer JR 77, 126).

14 aa) **Absetzen** ist die im Interesse des Vortäters und mit seinem Einverständnis (NJW 76, 1698) erfolgende wirtschaftliche Verwertung der Sache durch deren entgeltliche (NJW 76, 1950) Veräußerung an Dritte (hM; weiter Küper BT S 6; Sch/Sch-Stree 32; zw); jedoch soll es nach der Rspr nicht auf das Gelingen des Absatzes (vgl 13), sondern nur auf ein selbständiges Unterstützen des Vortäters (BGHSt 27, 45, 48), zB die Übernahme in eigene Verfügungsgewalt zum Zwecke der entgeltlichen Veräußerung (NStZ 83, 455), ankommen. Während Handeln ausschließlich im eigenen Interesse den Tatbestand nicht erfüllt, ist bloße Mitverfolgung von Eigeninteressen unerheblich (GA 84, 427). Veräußerung an den durch die Vortat Verletzten genügt nicht (Stree GA 61, 33, 39; Stoffers Jura 95, 113, 115; Ruß LK 27; aM RGSt 30, 401; Wessels BT 2 Rdn 809; zw).

15 bb) **Absetzen helfen** ist jede Hilfeleistung im Sinne des § 27 I (dort 2) bei den Bemühungen des Vortäters um Absatz (NJW 79, 2621). Deshalb muß der Täter auch hier im Interesse des Vortäters und mit dessen Einverständnis handeln (BGHSt 27, 45, 51; Düsseldorf wistra 89, 196 mwN); Hilfe, die einem im Interesse des Vortäters tätigen Absetzer oder Absatzhelfer geleistet wird, ist dagegen nur Beihilfe zu dessen

Hehlerei (BGHSt 26, 358, 362; 33, 44, 49 mit Anm Arzt JR 85, 212; StV 89, 435); sie kann auch schon vor Vollendung der Vortat geleistet werden (NStZ 94, 486). Die Rspr nimmt – in bedenklicher Ausweitung der Tatbestandsgrenzen, von ihrem Standpunkt aus (vgl 13) aber folgerichtig – vollendete Absatzhilfe nicht erst an, wenn der Absatz an einen Dritten durchgeführt oder versucht worden ist, zB wenn der Absatzhelfer das Diebesgut zum Erwerber transportiert oder mit diesem Verhandlungen über den Kaufpreis geführt hat, sondern schon dann, wenn er irgendeine vorbereitende, auf Förderung der Absatzmöglichkeiten gerichtete Tätigkeit entfaltet hat (BGHSt 29, 239; abl ua Küper JuS 75, 633, 636; Roth JA 88, 193, 204; zusf Ruß LK 31); zB wenn er Diebesgut zum Transport an den Umsatzort (NJW 90, 2897) oder in Verkaufskommission (2 StR 587/78 v. 6. 11. 1978) übernommen, Kaufinteressenten ermittelt oder benannt, Verkaufs- oder Lagerräume bereitgestellt (BGHSt 33, 44, 47), unechte Kennzeichen an dem abzusetzenden Kraftfahrzeug angebracht (NJW 78, 2042 mit krit Anm Sonnen JA 79, 108) oder den Vortäter zur Förderung des Umsatzes gestohlenen Geldes beraten hat (BGHSt 10, 1 mit krit Anm Maurach JZ 57, 184). Bloßes Mitverprassen solchen Geldes genügt jedoch nicht (BGHSt 9, 137). Nach neuerer Rspr sollen auch Unterstützungshandlungen ausscheiden, die lediglich der Vorbereitung späteren, noch nicht konkretisierten Absatzes dienen (NJW 89, 1490 mit krit Bespr Stree JR 89, 384; NStZ 93, 282); es kann jedoch Versuch vorliegen (vgl 19).

5. Der **Vorsatz** (bedingter genügt, wistra 93, 264) setzt namentlich die Kenntnis (oder auch nur das Für-möglich-halten, 23 zu § 15), daß die Sache aus einer rechtswidrigen Vortat (vgl 4) stammt, und das Bewußtsein einverständlichen Zusammenwirkens voraus. Beim Absatz und der Absatzhilfe ist außerdem ein entsprechendes Wissen um die Förderung der Interessen des Vortäters, nicht eine darauf gerichtete Absicht erforderlich (BGHSt 10, 1). Die Vorstellungen über die Vortat brauchen nicht im einzelnen konkretisiert zu sein; insoweit genügt für die Wissensseite des Vorsatzes (9–18 zu § 15) schon die Annahme verschiedener Möglichkeiten der Herkunft der Sache, wenn nur eine von ihnen die Voraussetzungen einer gegen fremdes Vermögen gerichteten Tat (also nicht lediglich einer Steuerstraftat, Schleswig SchlHA 75, 187) erfüllt (NStZ 83, 264 mwN; s auch 5). Hat der Täter zunächst nur Gewahrsam erlangt (vgl 10), so kommt es darauf an, ob der Vorsatz bei Übernahme der tatsächlichen Verfügungsgewalt (dem Zeitpunkt des Sichverschaffens) die erforderlichen Voraussetzungen erfüllt (BGHSt 15, 53, 58; bei Holtz MDR 80, 629). Die irrige Annahme (uU schon das bloße Für-möglich-halten, NStZ 83, 264) einer rechtswidrigen Vortat begründet untauglichen Versuch (NStZ 92, 84 mwN). – Nach Wegfall der im früheren Recht vorgesehenen Beweisregel („oder den Umständen nach annehmen muß"; vgl BGHSt 2, 146) ist der Vorsatz nach den allgemeinen Regeln des Prozeßrechts festzustellen (25 zu § 15; beachte auch bei Dallinger MDR 71, 17; Celle NdsRpfl 72, 64). 16

17 **6.** Die **Absicht („um zu"), sich oder einen Dritten zu bereichern** (kein besonderes persönliches Merkmal iS des § 28 I, JR 78, 344; Herzberg ZStW 88, 68, 92; str), entspricht der beim Betrug vorausgesetzten Absicht, sich oder einem Dritten einen Vermögensvorteil zu verschaffen (BT-Dr 7/550 S 253; 58, 59 zu § 263). Das bedeutet eine Beschränkung auf zielgerichtetes Wollen (20 zu § 15) und auf das Erstreben von – sei es auch nur mittelbaren (JR 78, 344; Bay NJW 79, 2218 mit abl Anm Paeffgen JR 80, 300; zw) – geldwerten Vorteilen (zusf Ruß LK 36, 37). Daran fehlt es bei einem für den Täter wirtschaftlich nicht vorteilhaften Austausch von Leistungen (Düsseldorf NJW 78, 600; s auch NJW 79, 2358); jedoch genügt der übliche Geschäftsgewinn (GA 78, 372; bei Holtz MDR 81, 267). Alle nicht vermögenswerten Vorteile scheiden aus (bei Holtz MDR 83, 92; wistra 86, 169; bei Holtz MDR 96, 118). Ob der Vorteil erreicht wird, ist unerheblich (GA 69, 62). Stoffgleichheit (59 zu § 263) ist hier nicht erforderlich (bei Holtz MDR 96, 118 mit Bespr Otto JK 15; Bay NJW 79, 2218; Rudolphi JA 81, 90, 94; aM Arzt NStZ 81, 10, 13; Seelmann JuS 88, 39, 41, alle mwN; zw); auch ein externer Vorteil, etwa eine vom Vortäter versprochene Belohnung für Absatzhilfe, reicht aus (diff Otto Jura 85, 148, 154 mwN). Vor allem braucht der erstrebte Vorteil, wie sich aus dem von §§ 253 I, 263 I abweichenden Wortlaut ergibt, nicht rechtswidrig zu sein (hM; anders Arzt aaO S 11; einschr Roth JA 88, 258, 259); strafbar ist daher auch, wer aus einer rechtswidrigen Vortat stammendes Geld als Bezahlung einer Schuld annimmt. – Die Einbeziehung der Absicht, einen **Dritten** zu bereichern, soll den Fällen Rechnung tragen, in denen Sachen nicht zugunsten des Täters, sondern etwa des Geschäftsherrn oder des Ehegatten, hehlerisch erworben werden (BT-Dr 7/550 S 252; krit Arzt JA 79, 574). Der Vortäter scheidet als Dritter aus (NStZ 95, 595 mit zust Bespr v Heintschel-Heinegg JA 96, 273, Paeffgen JR 96, 346 und Geppert JK 13; Wessels BT 2 Rdn 818; aM NJW 79, 2621, 2622 mit abl Anm Lackner/Werle JR 80, 214; Sch/Sch-Stree 50); das ergibt sich schon aus dem Wortlaut des Abs 1, weil der dort als „anderer" bezeichnete Vortäter schwerlich zugleich Dritter sein kann; außerdem hat die typische Gefährlichkeit der Hehlerei ihren Grund nicht nur in der Perpetuierung einer rechtswidrigen Vermögenslage, sondern auch in dem verbreiteten Bereicherungsstreben Dritter, also gerade nicht des Vortäters, das den Nährboden für das erfolgreiche Weiterschieben strafbar erlangter Beute bildet. Soll dem Vortäter ausschließlich der Besitz der rechtswidrig erlangten Sache erhalten werden, so greift § 257 ein (NStZ 95, 595 mit krit Anm Paeffgen JR 96, 346).

18 **7.** Der **Vortäter** (auch Mittäter) kann nicht zugleich Hehler sein, da er nach Abs 1 ein anderer sein muß (krit zu dem Wortlautargument Küper, Probleme der Hehlerei bei ungewisser Vortatbeteiligung, 1989, S 40; Geppert Jura 94, 100, 103) und außerdem durch seine Handlung kein neues Rechtsgut verletzt (zum früheren Recht

BGHSt – GS – 7, 134). Das dürfte auch für den Fall gelten, daß sich der Mittäter nach Teilung der Beute den Anteil des anderen verschafft (so schon RGSt 34, 304; Schneider aaO [vgl 1] S 183; Sch/Sch-Stree 54; aM BGHSt 3, 191). Die vom Vortäter begangene Anstiftung des Hehlers ist mitbestrafte Nachtat (Bay NJW 58, 1597; Geppert Jura 94, 100, 103); ebenso der Rückerwerb der Beute vom Hehler durch den Vortäter (Krey BT 2 Rdn 578; aM Schneider aaO S 179 und Geppert aaO: Tatmehrheit). Ob auch Teilnehmer an der Vortat Hehlerei begehen können, ist umstritten; die Fassung des Abs 1 steht dieser Annahme nicht entgegen, weil sie nur den Vortäter ausschließt (BT-Dr 7/550 S 252; Küper Jura 96, 205, 211; zw). Nach längerem Schwanken (zB BGHSt 2, 315; 4, 41) bejaht der BGH die Frage jetzt selbst dann, wenn die Teilnehmer schon bei ihrem Tatbeitrag auf die Beute abgezielt haben (BGHSt-GS-7, 134; BGHSt 8, 390; 33, 50; MDR 86, 864; aM Seelmann JuS 88, 39, 42; diff Roth JA 88, 193, 201; Sch/Sch-Stree 55–57; zust Horn JA 95, 218, 221).

8. Für den **Versuch** (Abs 3), auch den untauglichen (NStZ 92, 84), gelten die allgemeinen Regeln (§ 22). Die Sache muß zumindest nach der Vorstellung des Täters durch den Vortäter erlangt sein (bei Holtz MDR 95, 881 mit im Ergebnis zust Bespr Otto JK 14). Beim **Verschaffen** (einschl Ankaufen; vgl 10) erfordert daher der Versuchsbeginn unmittelbares Ansetzen zur Übernahme eigener Verfügungsgewalt; das ist beim Eintritt in Ankaufsverhandlungen nur zu bejahen, wenn der Käufer die Verfügungsgewalt unmittelbar nach Verhandlungsschluß übernehmen, das Geschehen also ohne Unterbrechung in die Tatbestandsverwirklichung einmünden soll (Ruß LK 40; s auch Celle MDR 86, 421; zu weit Koblenz VRS 64, 22). **Absetzen** (einschl Absetzen helfen) wird auch nach der sehr weiten Rspr (vgl 15) durch bloßes Verwahren der Sache im Hinblick auf ihre künftige Verwertung noch nicht begonnen, sondern nur vorbereitet (BGHSt 2, 135; anders für die Übernahme eines Geräts zur Reparatur, NStZ 94, 395 mit krit Bespr Otto JK 12); die Tat ist idR aber als Begünstigung strafbar. 19

9. a) Zwischen Hehlerei und Teilnahme an der Vortat (vgl 18) liegt idR **Tatmehrheit** vor (bei Holtz MDR 86, 793; Geppert Jura 94, 100, 104; aM Roth JA 88, 258, 260 mwN); nach der Rspr soll in Ausnahmefällen aber auch Tateinheit in Frage kommen, obwohl § 259 eine abgeschlossene Vortat voraussetzt (BGHSt 13, 403; 22, 206 mit krit Anm Schröder JZ 69, 32; s auch BGHSt 11, 316, 318). Mit §§ 257, 263 (KG JR 66, 307), § 267 und mit Steuerhehlerei (§ 374 AO) ist Tateinheit möglich. 20

b) Wahlfeststellung 9–20 zu § 1 (eingehend Küper, Probleme der Hehlerei bei ungewisser Vortatbeteiligung, 1989; zusf Geppert Jura 94, 100, 104; Ruß LK 48). 21

22 **10. Abs 2:** Im Falle des **§ 248 a** müssen die Sache und der erstrebte Vermögensvorteil geringwertig sein (Tröndle 25; aM Stree JuS 76, 137, 144; zw).

23 **11.** Gewerbsmäßige Hehlerei, Bandenhehlerei § 260. Gewerbsmäßige Bandenhehlerei § 260 a. Führungsaufsicht § 262.

§ 260 Gewerbsmäßige Hehlerei, Bandenhehlerei

(1) **Mit Freiheitsstrafe von sechs Monaten bis zu zehn Jahren wird bestraft, wer die Hehlerei**

1. gewerbsmäßig oder

2. als Mitglied einer Bande, die sich zur fortgesetzten Begehung von Raub, Diebstahl oder Hehlerei verbunden hat,

begeht.

(2) **Der Versuch ist strafbar.**

(3) **In den Fällen des Absatzes 1 Nr. 2 sind die §§ 43 a, 73 d anzuwenden. § 73 d ist auch in den Fällen des Absatzes 1 Nr. 1 anzuwenden.**

Fassung des OrgKG (1, 2 vor § 73).

1 **1.** Die Vorschrift enthält **Qualifikationstatbestände** zur Hehlerei (Ruß LK 1). Während die gewerbsmäßige Hehlerei dem bisherigen Recht entspricht (§ 260 aF), bedeutet die Bandenhehlerei eine weitere Strafschärfung, die zur wirksameren Bekämpfung der organisierten Kriminalität beitragen soll (BT-Dr 12/989 S 25). Die Tat ist Vergehen, § 30 daher nicht anwendbar.

2 **2.** Die **gewerbsmäßige Hehlerei** (Abs 1 Nr 1):

a) Gewerbsmäßig (besonderes persönliches Merkmal iS des § 28 II; StV 94, 17) erfordert auch bei der Hehlerei keinen bestimmten Tätertyp, etwa einen „typischen gewerbsmäßigen Hehler" (BGHSt 1, 383; NStZ 95, 85); Erstreben einer Nebeneinnahmequelle genügt (GA 55, 212; Ruß LK 2; 20 vor § 52).

3 **b)** Einzeltaten werden nicht zu einer sog Sammelstraftat zusammengefaßt (NJW 53, 955; 20 vor § 52). **Wahlfeststellung** mit § 242 ist zulässig (14 zu § 1).

4 **3.** Die **Bandenhehlerei** (Abs 1 Nr 2):

a) Mitglied einer Bande 6, 7 zu § 244. Die Verbindung muß sich hier auf die fortgesetzte Begehung (Ruß LK 4) von Raub, Diebstahl oder Hehlerei beziehen, mit der Folge, daß nicht nur Taten im Rahmen einer Verbindung mehrerer Hehler erfaßt werden, sondern namentlich auch solche Taten, die Mitglieder einer Diebes- oder Räuberbande im Rahmen ihrer Bandentätigkeit als Hehler begehen (BT-Dr 12/989 S 25; Sch/Sch-Stree 2 a).

b) Die Ausführungen unter 9 zu § 244 gelten sinngemäß. Jedoch kommt es – abweichend von § 244 (dort 8) – auf die Mitwirkung mehrerer Bandenmitglieder am Tatort nicht an (NStZ 95, 85; NJW 96, 495; Ruß LK 3). 5

4. Zu **Abs 3** (Vermögensstrafe und Erweiterter Verfall) 1–11 zu § 43 a; 1–12 zu § 73 d. 6

5. § 259 wird verdrängt **(Spezialität).** Im übrigen stimmen die Möglichkeiten der Konkurrenz weitgehend mit denen bei der Hehlerei überein (20 zu § 259). In Analogie zum Diebstahl (11 zu § 244; 1 zu § 247) dürfte § 247 iVm § 259 II auch hier anwendbar sein (zw), während § 248 a ausscheidet. – **Wahlfeststellung** mit Diebstahl und Betrug ist möglich (Ruß LK 8). 7

§ 260 a Gewerbsmäßige Bandenhehlerei

(1) **Mit Freiheitsstrafe von einem Jahr bis zu zehn Jahren wird bestraft, wer die Hehlerei als Mitglied einer Bande, die sich zur fortgesetzten Begehung von Raub, Diebstahl oder Hehlerei verbunden hat, gewerbsmäßig begeht.**

(2) **In minder schweren Fällen ist die Strafe Freiheitsstrafe von sechs Monaten bis zu fünf Jahren.**

(3) **Die § 43 a, 73 d sind anzuwenden.**

Fassung des OrgKG (1, 2 vor § 73).

1. Die **gewerbsmäßige Bandenhehlerei** ist ähnlich wie § 244 a im Diebstahlsbereich (dort 2) ein aus der Kombination der Erschwerungsgründe des § 260 abgeleiteter, **weiter qualifizierter Tatbestand** (ebenso Ruß LK 1). Deshalb muß die Tat sämtliche Merkmale der gewerbsmäßigen Hehlerei und der Bandenhehlerei erfüllen (2, 4, 5 zu § 260; NJW 96, 495). Sie ist Verbrechen, § 30 daher anwendbar. Ein Tatbestandsausschluß bei geringwertigen Tatobjekten (vgl § 244 a Abs 4) ist nicht vorgesehen (krit Sch/Sch-Stree 1). 1

2. Zu **Abs 2** (minder schwere Fälle) 6–10 a zu § 46; 4 zu § 12. 2

3. Zu **Abs 3** (Vermögensstrafe und Erweiterter Verfall) 1–11 zu § 43 a; 1–12 zu § 73 d. 3

4. Die §§ 259, 260 werden verdrängt **(Spezialität).** Im übrigen gelten die Ausführungen unter 7 zu § 260 sinngemäß. 4

§ 261 Geldwäsche; Verschleierung unrechtmäßiger Vermögenswerte

(1) **Wer einen Gegenstand, der aus einer in Satz 2 genannten rechtswidrigen Tat eines anderen herrührt, verbirgt, dessen Herkunft verschleiert oder die Ermittlung der Herkunft, das Auffinden, den Verfall, die Einziehung oder die Sicherstellung eines solchen Gegenstandes vereitelt oder gefährdet, wird mit Freiheitsstrafe bis**

zu fünf Jahren oder mit Geldstrafe bestraft. Rechtswidrige Taten im Sinne des Satzes 1 sind

1. Verbrechen,

2. Vergehen nach § 29 Abs. 1 Satz 1 Nr. 1 des Betäubungsmittelgesetzes oder § 29 Abs. 1 Nr. 1 des Grundstoffüberwachungsgesetzes,

3. Vergehen nach den §§ 246, 263, 264, 266, 267, 332 Abs. 1, auch in Verbindung mit Abs. 3, oder nach § 334, die von einem Mitglied einer Bande, die sich zur fortgesetzten Begehung solcher Taten verbunden hat, gewerbsmäßig begangen worden sind, sowie

4. von einem Mitglied einer kriminellen Vereinigung (§ 129) begangene Vergehen.

(2) **Ebenso wird bestraft, wer einen in Absatz 1 bezeichneten Gegenstand**

1. sich oder einem Dritten verschafft oder

2. verwahrt oder für sich oder einen Dritten verwendet, wenn er die Herkunft des Gegenstandes zu dem Zeitpunkt gekannt hat, zu dem er ihn erlangt hat.

(3) **Der Versuch ist strafbar.**

(4) **In besonders schweren Fällen ist die Strafe Freiheitsstrafe von sechs Monaten bis zu zehn Jahren. Ein besonders schwerer Fall liegt in der Regel vor, wenn der Täter gewerbsmäßig oder als Mitglied einer Bande handelt, die sich zur fortgesetzten Begehung einer Geldwäsche verbunden hat.**

(5) **Wer in den Fällen des Absatzes 1 oder 2 leichtfertig nicht erkennt, daß der Gegenstand aus einer in Absatz 1 genannten rechtswidrigen Tat eines anderen herrührt, wird mit Freiheitsstrafe bis zu zwei Jahren oder mit Geldstrafe bestraft.**

(6) **Die Tat ist nicht nach Absatz 2 strafbar, wenn zuvor ein Dritter den Gegenstand erlangt hat, ohne hierdurch eine Straftat zu begehen.**

(7) **Gegenstände, auf die sich die Straftat bezieht, können eingezogen werden. § 74 a ist anzuwenden. Die §§ 43 a, 73 d sind anzuwenden, wenn der Täter als Mitglied einer Bande handelt, die sich zur fortgesetzten Begehung einer Geldwäsche verbunden hat. § 73 d ist auch dann anzuwenden, wenn der Täter gewerbsmäßig handelt.**

(8) **Den in den Absätzen 1, 2 und 5 bezeichneten Gegenständen stehen solche gleich, die aus außerhalb des räumlichen Geltungsbereichs dieses Gesetzes begangenen Taten herrühren, wenn die Taten auch am Tatort mit Strafe bedroht sind.**

(9) **Wegen Geldwäsche wird nicht bestraft, wer**

1. **die Tat freiwillig bei der zuständigen Behörde anzeigt oder freiwillig eine solche Anzeige veranlaßt, wenn nicht die Tat in diesem Zeitpunkt ganz oder zum Teil bereits entdeckt war und der Täter dies wußte oder bei verständiger Würdigung der Sachlage damit rechnen mußte, und**
2. **in den Fällen des Absatzes 1 oder 2 unter den in Nummer 1 genannten Voraussetzungen die Sicherstellung des Gegenstandes bewirkt, auf den sich die Straftat bezieht.**

(10) **Das Gericht kann in den Fällen der Absätze 1 bis 5 die Strafe nach seinem Ermessen mildern (§ 49 Abs. 2) oder von Strafe nach diesen Vorschriften absehen, wenn der Täter durch die freiwillige Offenbarung seines Wissens wesentlich dazu beigetragen hat, daß die Tat über seinen eigenen Tatbeitrag hinaus oder eine in Absatz 1 genannte rechtswidrige Tat eines anderen aufgedeckt werden konnte.**

Fassung des OrgKG (1, 2 vor § 73). Neufassung des Abs 1 durch das VerbrBG (4 vor § 38); Änderung von Abs 1 Nr 2 durch das GrundstoffüberwachungsG (GÜG) v 7. 10. 94 (BGBl I 2835, 2843; Inkrafttreten: 1. 3. 95). Vom 28. 2. 94 (BGBl II 496) bis zum 30. 11. 94 galt Abs 1 Nr 2 idF des AusführungsG Suchtstoffübereinkommen 1988 vom 2. 8. 93 (BGBl I 1407): „Vergehen eines anderen nach § 29 Abs. 1 Nr. 1 oder 11 des Betäubungsmittelgesetzes oder", vom 1. 12. 94 bis zum 28. 12. 95 idF des VerbrBG: „Vergehen nach § 29 Abs. 1 Nr. 1 oder 11 des Betäubungsmittelgesetzes". – Eine Erweiterung des Anwendungsbereichs der Vorschrift sieht ein Gesetzentwurf der BReg vor (BR-Dr 554/96). – Zur Reform Hund ZRP 96, 163.

1. Die Vorschrift (zusf Otto Jura 93, 329) **schützt in Abs 1** die inländische **Rechtspflege** in ihrer Aufgabe, die Wirkung von Straftaten zu beseitigen (BT-Dr 12/989 S 27). Der **Schutzzweck des Abs 2** stimmt mit dem des § 257 (dort 1) überein (BT-Dr aaO; diff Barton StV 93, 156, 159; ähnlich Hartung AnwBl 94, 440, 442); Schutzgüter sind danach das durch die Vortat verletzte Interesse (Salditt LdR S 390; weiter Burr, Geldwäsche, 1995, S 26; Schroeder, in: Hirsch ua [Hrsg], Neue Erscheinungsformen der Kriminalität . . ., 1996, S 165) und die inländische Rechtspflege (ebenso Ruß LK 4 mwN in Fn 4; ähnlich Leip, Der Straftatbestand der Geldwäsche, 1995, S 41; krit Knorz, Der Unrechtsgehalt des § 261 StGB, 1996, S 125, der als „wirkliches Globalrechtsgut" die innere Sicherheit herausarbeitet und kritisiert; nach Lampe JZ 94, 123, 125 auch der legale Wirtschafts- und Finanzkreislauf; str). Krit zu den von § 261 geschützten Rechtsgütern, insbesondere zur Volkswirtschaft als Schutzgegenstand, Hassemer WM Sonderbeilage 3/1995, 1, 14. 1

2. Als **Geldwäsche** werden nach einer amerikanischen phänomenologischen Definition die Mittel bezeichnet, „mit denen man die Existenz, die illegale Quelle oder die illegale Verwendung von Ein- 2 kommen verbirgt und dann dieses Einkommen so bemäntelt, daß es aus einer legalen Quelle zu stammen scheint". Sie ist ein weltweit eingesetztes Mittel organisierter Kriminalität. Durch die mit ihr erreichbaren Machtkonzentrationen (Monopolstellungen) in Händen von Kriminellen bedeutet sie eine Gefahr für den redlichen Wirtschaftsverkehr und damit zugleich für das Funktionieren der Marktwirtschaft im ganzen mit den möglichen Ausstrahlungen auf die Integrität der staatlichen und gesellschaftlichen Institutionen. Sie war deshalb Gegenstand mehrerer internationaler Vereinbarungen. Neben anderen hat das Übereinkommen der UNO gegen den unerlaubten Verkehr mit Suchtstoffen und psychotropen Stoffen v 20. 12. 1988 (Wiener Drogenkonvention) und die Richtlinie des Rates der EG zur Verhinderung der Nutzung des Finanzsystems zum Zwecke der Geldwäsche v 28. 6. 1991 (EuABl Nr L 166; zusf Carl wistra 91, 288) die Vertragsstaaten verpflichtet, Geldwäsche in einem näher umschriebenen Rahmen unter Strafe zu stellen. § 261 dient der Umsetzung dieser Verpflichtungen (BT-Dr 12/989 S 26). Im Gesetzgebungsverfahren war die Notwendigkeit der Vorschrift überwiegend anerkannt. Meinungsverschiedenheiten bezogen sich nur auf die nähere Konkretisierung der Schutzrichtung und auf die Frage, wie in der Einzelausgestaltung ihre Effektivität gewährleistet werden kann (aus dem Schrifttum zur Geldwäsche Arzt NStZ 90, 1 und JZ 93, 913; Obermaier DNP 90, 317; Fülbier WM 90, 2025; Pieth StV 90, 558; Löwe-Krahl, Die Verantwortung von Bankangestellten bei illegalen Kundengeschäften, 1990; Carl/Klos DStZ 91, 24; Forthauser, Geldwäscherei de lege lata et ferenda, 1992; Dessecker, Gewinnabschöpfung im Strafrecht und in der Strafrechtspraxis, 1992, S 368; Prittwitz StV 93, 498; Körner/Dach, Geldwäsche, 1994, S 9; Otto ZKredW 94, 63, 13; Lampe JZ 94, 123; Hassemer aaO [vgl 1] S 13; Bottke, wistra 95, 87; Salditt LdR S 387; aus dem einschlägigen schweizerischen Schrifttum Bernasconi, Die Geldwäscherei im schweizerischen Strafrecht, 1986; Messerli SchwZStr 88, 418; Arzt SchwZStr 89, 160; Graber, Geldwäscherei, 1990; Ziegler, Die Schweiz wäscht weißer, 1990; Krauskopf SchwZStr 91, 385; Pieth [Hrsg], Bekämpfung der Geldwäscherei, 1992; aus dem österreichischen Schrifttum Fuchs ÖJZ 90, 544; Schick LJZ 94, 122; weiteres Material in dem allgemeinen unter 1 vor § 73 nachgewiesenen kriminalistischen und kriminologischen Schrifttum zur organisierten Kriminalität). Im ganzen ist die Vorschrift rechtsstaatlich vertretbar (krit Barton StV 93, 156; Lampe JZ 94, 123; Knorz aaO [vgl 1] S 172; Ruß LK 3), wenn auch ihre relative Unbestimmtheit und vor allem der Umstand, daß ihr Anwendungsbereich nicht auf das Phänomen der Geldwäscherei begrenzt wurde (wer zB für einen Einzeltäter das erbeutete Raubobjekt verwahrt, ist Geldwäscher), ernste Bedenken erweckt (Schoreit StV 91, 535, 539; Löwe-Krahl wistra 93, 123, 124).

2a Die Effektivität der Vorschrift hängt davon ab, welche konkreten Pflichten dem Bank- und Versicherungsgewerbe auferlegt werden, um eine hinreichende Kontrolle zur Erfassung von Geldwäschereien zu erreichen. Die gesetzgeberischen Vorarbeiten (vgl den RegEntw eines Gewinnaufspürungsgesetzes, BT-Dr 12/2704; krit Gotzens AnwBl 93, 206; Löwe-Krahl aaO [vgl 2]) sind inzwischen zu einem vorläufigen Abschluß gekommen. Das am 29. 11. 1993 in Kraft getretene Gesetz über das Aufspüren von Gewinnen aus schweren Gewalttaten **(GeldwäscheG – GwG)** vom 25. 10. 1993 (BGBl I S 1770) verpflichtet vor allem Kredit- und Finanzinstitute, bei Bargeschäften ab 20 000,– DM den Einzahler oder Auftraggeber zu identifizieren, die gemachten Feststellungen aufzuzeichnen und aufzubewahren; geldwäscheverdächtige Transaktionen sind unabhängig von ihrer Summe anzuzeigen. Außerdem müssen bestimmte Unternehmen Sicherungsmaßnahmen treffen, um nicht zur Geldwäsche mißbraucht werden zu können. Mit dieser Regelung wird den Geldinstituten erstmals eine aktive Rolle bei der Verbrechensbekämpfung zugewiesen. Sie werden dadurch in die Gefahr gebracht, sich entweder nach § 261 strafbar zu machen oder schadensersatzpflichtig zu werden, weil sie voreilig Verdachtsfälle anzeigen. Das GwG wird einerseits als zu weitgehend, andererseits als lückenhaft und ineffizient kritisiert (vgl namentlich den in der 12. Wahlperiode abgelehnten [BT-Dr 12/8588 S 5] Entwurf der SPD-Fraktion zu einem 2. OrgKG [BT-Dr 12/6784]; aus dem Schrifttum zum GwG Ungnade WM 93, 2069, 2074 und 2105; Hetzer NJW 93, 3298 und wistra 93, 286; Carl/Klos wistra 94, 161; Frey Kriminalistik 94, 337; Körner/Dach aaO [vgl 2] S 52 und 85; Krüger Kriminalistik 94, 37; Löwe-Krahl wistra 94, 121; Otto ZKredW 94, 63 und wistra 95, 323; Steuer, WM-Festgabe für Hellner, 1994, S 78; Hassemer aaO [vgl 1] S 14; Bottke wistra 95, 121, 125; Lehnhoff WM 95, 521; Haase WM 95, 1941; Körner NJW 96, 2143; Salditt LdR S 391; speziell zu den Auswirkungen für Rechtsanwälte Aden WiB 94, 93; Henssler NJW 94, 1817, 1820; Hartung AnwBl 94, 440, 441; rechtsvergleichend mit schweizerischen Regelungen Pieth Kriminalistik 94, 442, mit der luxemburgischen Regelung Fülbier wistra 96, 46).

3. Das **Tatobjekt** der Geldwäsche: 3

a) Gegenstand ist jedes Rechtsobjekt, dh eine Sache oder ein Recht (BT-Dr 12/989 S 27; vgl Arzt JZ 93, 913; Knorz aaO [vgl 1] S 112; Körner/Dach aaO [vgl 2] S 15 Rdn 12); die erweiterte Überschrift stellt klar, daß außer Geld jeder andere Vermögenswert (auch Forderungen) in Betracht kommt (BT-Dr 12/6853 S 28; Bottke wistra 95, 87, 90; vgl auch Ruß LK 7). Darüber hinaus dürften auch tatsächliche Positionen einbezogen sein, die den Anschein eines Rechts erwekken und wie dieses auch verkehrsfähig sind, aber von der Rechtsordnung nicht anerkannt werden (zB nichtige Forderungen aus Bankguthaben). **Praktische Bedeutung** haben namentlich Bargeld, Wertpapiere, Immobilien, Edelmetalle, Edelsteine und Kunstgegenstände, vor allem aber das sog Buch- und Giralgeld.

b) Der Gegenstand muß aus einer **schweren,** in Abs 1 (abschließend) genannten **rechtswidrigen Tat** (18 zu § 11; 1 zu § 29) eines 4 anderen (dazu 10) **herrühren. Abs 8** stellt diesen Gegenständen solche gleich, die aus Auslandstaten herrühren, sofern die Tat auch am Tatort mit Strafe bedroht ist; trotz des weiten Gesetzeswortlauts sind damit nur solche Taten gemeint, die in Abs 1 Nr 1–4 genannt sind, da es sonst zu einer uferlosen Ausweitung des § 261 bei Auslandstaten käme (Otto ZKredW 94, 63, 66; Burr wistra 95, 255; Körner NStZ 96, 64, 65; aM AG Essen ZIP 94, 699 mit abl Anm Fülbier; LG Stuttgart ZIP 94, 1766 mit abl Anm Oellers; Löwe-Krahl wistra 93, 123, 124; Carl/Klos NStZ 95, 167, die wie Fülbier aaO eine Gesetzesänderung fordern, welche der Gesetzgeber auch plant [Abs 8 im RegEntw eines Gesetzes zur Verbesserung der Geldwäschebekämpfung, BR-Dr 554/96]).

4a aa) **Verbrechen** (Abs 1 Nr 1) § 12 I (dort 1–4); es genügt jedes (zur Kritik vgl 2) Verbrechen, auch wenn eine unbenannte Strafmilderung vorliegt (4 zu § 12). Die Grenze dieser Alternative ist für einen Laien kaum abschätzbar (zB ob die Tat ein Raub oder nur ein Diebstahl ist, Otto ZKredW 94, 9, 11). – **Vergehen** (Abs 1 Nr 2) § 12 II. Die Verweisung auf **§ 29 I S 1 Nr 1 BtMG** bewirkt, daß zusammen mit den Verbrechenstatbeständen des Betäubungsmittelrechts (§§ 29 a–30 a BtMG) nahezu der Gesamtbereich des illegalen Umgangs mit Betäubungsmitteln (Anbau, Herstellung, Vertrieb) abgedeckt wird, soweit er weltweit verboten ist. Der durch das AusführungsG Suchtstoffübereinkommen 1988 (vgl vor 1) eingefügte Verweis auf den neuen § 29 I Nr 11 BtMG bewirkte, daß als Vortat einer Geldwäsche auch der unerlaubte Verkehr mit Stoffen und Zubereitungen erfaßt wird, wenn sie zur unerlaubten Herstellung von Betäubungsmitteln verwendet werden sollen (sog Grundstoffe; BT-Dr 12/4901 S 19 [Bericht des BT-Gesundheitsausschusses]; BT-Dr 12/3533 S 29 [Gegenäußerung der BReg]). Der durch das GrundstoffüberwachungsG (vgl vor 1) eingefügte Verweis auf § 29 I Nr 1 GÜG ändert daran sachlich nichts. – Durch die neue Nr 3 werden die dort aufgeführten Vergehen aus dem Bereich der Vermögens-, Urkunden- und Bestechungsdelikte zu Vortaten, wenn sie gewerbs- und bandenmäßig begangen worden sind (BT-Dr 12/6853 S 28; „eng" nach König/Seitz NStZ 95, 1, 4); gewerbsmäßig 2 zu § 260; Bande 6 zu § 244, im Unterschied zu § 129 ist kein Mindestmaß an fester Organisation vorausgesetzt (BT-Dr aaO). Die aus der Verweisung auf **§ 129** folgende Erstreckung auf Vergehen, die Mitglieder von kriminellen Vereinigungen (5 zu § 129) begehen (näher dazu Tröndle 8 a), erfordert keine Zweckverfolgung oder Tätigkeit in einem bestimmten Kriminalitätsbereich (zum differenzierten Erfordernis einer Teilorganisation im Bundesgebiet beachte jedoch 2 zu § 129).

5 bb) Unter welchen Voraussetzungen ein Gegenstand aus einer rechtswidrigen Tat **herrührt,** ist im Gesetzgebungsverfahren nur unzureichend geklärt worden und wegen der Unbestimmtheit des Begriffs auch schwer eingrenzbar (eingehend Burr aaO [vgl 1] S 66; Leip aaO [vgl 1] S 70; Knorz aaO [vgl 1] S 117). Nach dem Schutzzweck der Vorschrift dürfte das Merkmal erfüllt sein, wenn der Gegenstand aus einer rechtswidrigen Tat (als Bruttogewinn) oder für eine solche Tat (als

Entgelt) erlangt (5 zu § 73) oder durch eine rechtswidrige Tat hervorgebracht (productum sceleris, 4 zu § 74; Ruß LK 8) worden ist und häufig (aber nicht notwendig) auch, wenn er als sog Beziehungsgegenstand der Einziehung unterliegt (12 zu § 74). Aus dem Schutzzweck folgt ferner, daß der Begriff nicht nur die unmittelbar aus der rechtswidrigen Tat herrührenden Gegenstände umfaßt, sondern auch alle weiteren, die aufgrund nachfolgender Vermögenstransaktionen als Ersatzgegenstände (7 zu § 73) ohne wesentliche Wertveränderung an ihre Stelle getreten sind (BT-Dr 12/989 S 27; Bottke wistra 95, 87, 90; krit Lampe aaO [vgl 1] S 127; weiter Sch/Sch-Stree 7). Das gilt – in Anlehnung an die vergleichbare Rechtslage beim Verfall (BGHSt 38, 23) – so lange, wie der Ersatzgegenstand in dem jeweils neuen Vermögenszusammenhang noch identifizierbar, dh in einem umschreibbaren Vermögensbestandteil konkretisiert und nicht nur aus einem Wertvergleich der Vermögenslage vor und nach dem Zufluß nachweisbar ist (Tröndle 5; Ruß LK 8; weiter Barton NStZ 93, 159, der darauf abstellt, ob die jeweilige Vortat für die konkrete Gestalt oder die wirtschaftliche Zuordnung des Vermögensgegenstandes adäquat kausal war und die objektive Zurechnung nicht wegen fehlender rechtlicher Signifikanz der Vortat für den Gegenstand verneint werden muß). Gegenstände, die infolge Weiterverarbeitung im wesentlichen auf einer selbständigen späteren Leistung Dritter beruhen, scheiden aus (BT-Dr aaO). Schließlich dürften auch solche Gegenstände nicht erfaßt werden, deren Eigentümer oder Rechtsinhaber zuvor ein Dritter durch makellosen Erwerbsakt geworden ist. Es wird Aufgabe der Rspr sein, nach den Erfahrungen der Praxis weitere Konkretisierungen zu erarbeiten und vor allem zu prüfen, wie weit unter den Gesichtspunkten der Sozialadäquanz oder des öffentlichen Interesses Tatbestandseinschränkungen durch teleologische Reduktion geboten sind, etwa bei Geschäften zur Befriedigung notwendiger Lebensbedürfnisse, bei Bagatellgeschäften und bei Honorarzahlungen an Strafverteidiger (eingehend Barton StV 93, 156; s auch Löwe-Krahl wistra 93, 123, 125; Amelung/Cirener JuS 95, 48, 52; Salditt LdR S 390 und Otto ZKredW 94, 63, 66, der berufstypisches Verhalten ausklammern will; ähnlich Löwe-Krahl wistra 95, 201; zur vergleichbaren Problematik bei der Strafvereitelung 3 zu § 258).

cc) **Abs 6** schränkt den Anwendungsbereich **des Abs 2** zum Schutz **6**
des allgemeinen Rechtsverkehrs ein (BT-Dr 12/989 S 28). Er setzt der Möglichkeit der Entstehung unangemessen langer Ketten von Straftaten, die sich bei häufigen Umsätzen entwickeln können (vgl 5), eine Schranke. Dabei geht es um den pragmatischen, unter Gerechtigkeitsgesichtspunkten problematischen Zweck, einer Ausuferung des Abs 2 entgegenzuwirken. Wer einen in Abs 1 bezeichneten Gegenstand ohne strafbaren Verstoß gegen § 261 erlangt, unterbricht die Kette und bewirkt, daß weitere auf den Gegenstand bezogene Handlungen nach Abs 2 (ggf iVm Abs 5) nicht mehr tatbestandsmäßig sind. Sowohl für den am Anfang stehenden Erwerb des Dritten wie auch für alle nachfolgenden einschlägigen Handlungen kommt es auf deren zivilrechtliche

Wirksamkeit und vor allem auch auf Bösgläubigkeit der Nachfolger nicht an. Da der Gegenstand jedoch nach wie vor aus einer rechtswidrigen Tat herrührt, ist der Anwendungsbereich des Abs 1 nicht betroffen, mit der Folge, daß seine Voraussetzungen weiterhin erfüllt werden können (vgl 5).

7 4. Zu den **Tathandlungen** (zusf Otto ZKredW 94, 63, 64; Bottke wistra 95, 121; krit Lampe aaO [vgl 1] S 128 und Knorz aaO [vgl 1] S 137):

a) Abs 1: Verbergen und die **Herkunft verschleiern** erfordern zielgerichtete Vorkehrungen, um durch die Art der örtlichen Unterbringung, namentlich durch Ortsveränderung (zB auch durch Ablage von Akten im falschen Zusammenhang), durch täuschende Manipulationen (zB in der Buchführung) oder in ähnlicher Weise den behördlichen Zugriff auf den Gegenstand zu erschweren (Kraushaar wistra 96, 168, 169). – Die **Ermittlung vereiteln** setzt hier, weil auch das Gefährden tatbestandsmäßig ist, abweichend von § 258 (dort 4) voraus, daß die Ermittlung zum Scheitern gebracht wird. Für das **Gefährden der Ermittlung** genügt die Herbeiführung der konkreten Gefahr (20–22 zu § 315 c) des Scheiterns. Dabei muß die Ermittlung die Aufklärung der Herkunft (vgl 5), das Auffinden oder die Vorbereitung des Verfalls (§§ 73 ff), der Einziehung (§§ 74 ff) oder der Sicherstellung (§§ 111 b ff StPO) des Gegenstandes bezwecken. Die Tathandlungen überschneiden sich weit; das folgt sowohl aus ihrem Inhalt als auch aus dem Umstand, daß mit einer Ermittlung oft mehrere Zwecke verfolgt werden. Daß Abs 1 neben der Gefährdung der Ermittlung auch deren Vereitelung besonders aufführt, widerspricht der üblichen Gesetzestechnik (vgl etwa § 315 c); da die Herbeiführung eines Schadens (hier Vereitelung der Ermittlung) begriffsnotwendig eine vorausgegangene Gefährdung voraussetzt, hätte es seiner besonderen Nennung im Gesetz nicht bedurft. Vereiteln und Gefährden kann auch durch Unterlassen begangen werden (Burr aaO [vgl 1] S 86; Körner/Dach aaO [vgl 2] S 33; Leip aaO [vgl 1] S 138); die Garantenstellung des Bankangestellten folgt aus der Übertragung der Anzeigepflicht nach § 11 GWG (Burr aaO; einschr auf Vorgesetzte Körner/Dach aaO; aM Leip aaO S 139; zw).

8 **b) Abs 2. Nr 1: Sich oder einem Dritten verschaffen** 9–12 zu § 259; die für die Hehlerei entwickelten Grundsätze gelten auch hier (BT-Dr 12/989 S 27). – **Nr 2: Verwahren** bedeutet, eine Sache in Gewahrsam nehmen oder halten, um sie für einen Dritten oder für eigene spätere Verwendung zu erhalten. **Verwenden** ist bestimmungsmäßiges Gebrauchen und erfaßt vor allem die vielfältigen Geldgeschäfte (BT-Dr aaO). Im Falle der Nr 2 muß der Täter die Herkunft des Gegenstandes **im Zeitpunkt seiner Erlangung gekannt** haben. Als Kenntnis reicht hier ein dem bedingten Vorsatz genügendes Fürmöglich-Halten aus (zur entsprechenden Rechtslage bei der Erweiterten Einziehung 3 zu § 74 a); eine Beschränkung auf sicheres Wissen (so

Bottke wistra 95, 121, 123) würde einen Wertungswiderspruch zu Nr 1 ergeben, bei der ebenfalls bedingter Vorsatz in bezug auf die Herkunft ausreicht (vgl 9).

9 **5.** Der **Vorsatz** (bedingter genügt) braucht sich nicht darauf zu erstrecken, daß die Tat die für die Geldwäsche typische Qualität (vgl 2) aufweist. Auch brauchen die Vorstellungen über die vorausgegangene rechtswidrige Tat (vgl 4–6) nicht im einzelnen konkretisiert zu sein; insoweit genügt für die Wissensseite (9–18 zu § 15) schon die Annahme verschiedener Herkunftsmöglichkeiten, wenn nur eine von ihnen die Voraussetzungen der Absätze 1 oder 2 erfüllt. Ferner braucht der Täter die rechtswidrige Vortat nicht selbst als Verbrechen oder als eines der genannten Vergehen (Abs 1 Nr 1–4) zu bewerten; insoweit reicht Bedeutungskenntnis im Hinblick auf die Umstände aus, die das Verbrechen oder Vergehen begründen (14 zu § 15). – Am Vorsatz fehlt es aber, wenn der Täter irrig annimmt, ein Vorgänger habe den Gegenstand durch makellosen Erwerbsakt (vgl 5) oder in Fällen des Abs 2 durch eine nicht strafbare Tat (vgl 6) erlangt; dieser Tatbestandsirrtum könnte Einfallstor für schwer widerlegbare Schutzbehauptungen sein. – In Fällen des Abs 2 Nr 1 muß der Vorsatz dem Hehlereivorsatz (16 zu § 259) entsprechen, dh die Herkunft des Gegenstandes im Sinne mindestens bedingten Vorsatzes umfassen und auch das Bewußtsein einverständlichen Zusammenwirkens mit dem Vorgänger einschließen (zw; vgl 8).

10 **6.** Der **Vortäter** kann in den Fällen des Abs 1 Nr 1–3 nicht selbst Geldwäscher sein („ein anderer"). Aus systematischen Gründen ist das auch in Fällen des Abs 1 Nr 4 anzunehmen (im Ergebnis ebenso Möhrenschlager wistra 92, 281, 287). Im übrigen gelten die für die Beteiligung an der Hehlerei entwickelten Regeln (18 zu § 259) sinngemäß auch hier (krit zur möglichen Strafbarkeit des Teilnehmers an der Vortat Körner/Dach aaO [vgl 2] S 15 Rdn 8–10).

11 **7.** Für den **Versuch** (Abs 3) gelten die allgemeinen Regeln (§ 22; krit wegen der weiten Ausdehnung des Strafbarkeitsbereichs Lampe aaO [vgl 1] S 131). Die irrige Annahme, die Herkunft des Gegenstandes entspreche den Voraussetzungen der Absätze 1 oder 2 begründet daher einen untauglichen Versuch (12 zu § 22).

12 **8.** Zu **Abs 4** (besonders schwere Fälle) 7–21 zu § 46. – **Gewerbsmäßig** 20 vor § 52 – **Mitglied einer Bande** 6, 7 zu § 244. Die Verbindung muß hier – sei es auch neben anderen Zwecken – auf die Begehung von Geldwäsche gerichtet sein. Die Ausführungen unter 9 zu § 244 gelten sinngemäß; jedoch kommt es – abweichend von § 244 (dort 8) – auf die Mitwirkung mehrerer Bandenmitglieder am Tatort nicht an.

13 **9. Abs 5: Leichtfertig** 55 zu § 15. Das Merkmal bezieht sich nur auf die in Abs 1, 2 vorausgesetzte Herkunft, entbindet also nicht vom Vorsatzerfordernis im übrigen. Es kommt danach darauf an, ob der Tä-

ter die sich ihm aufdrängende Möglichkeit solcher Herkunft aus besonderem Leichtsinn oder besonderer Gleichgültigkeit verkannt hat. – Im Gesetzgebungsverfahren ist Abs 5 überwiegend für **unabdingbar** gehalten worden (Krey/Dierlamm JR 92, 353, 359; krit aber Lampe aaO [vgl 1] S 129; Knorz aaO [vgl 1] S 189 und speziell wegen der Auswirkungen auf Honorarforderungen von Strafverteidigern Hartung AnwBl 94, 440). Der weitergehenden Forderung, die Strafdrohung aus kriminalpolitischen Gründen allgemein auf fahrlässige Unkenntnis zu erstrecken, wurde jedoch mit Recht nicht entsprochen, weil das ein unvertretbares Risiko für alle am legalen Wirtschaftsverkehr Beteiligten begründet hätte (BT-Dr 12/2720 S 43); gegen neuere Reformforderungen nach Strafbarkeit fahrlässigen Verhaltens Otto ZKredW 94, 63; Hassemer aaO [vgl 1] S 25 und die Mehrheit des BT-Rechtsausschusses (BT-Dr 12/8588 S 5).

14 **10. Abs 7 (Einziehung, Vermögensstrafe, Erweiterter Verfall):**

a) Satz 1 ist eine besondere Vorschrift im Sinne des § 74 IV, welche die **Einziehung** über § 74 I hinaus zuläßt. Die Einziehung darf daher nur unter den Voraussetzungen des § 74 II, III und infolge der Verweisung auf § 74 a auch unter dessen Voraussetzungen angeordnet werden. Im übrigen vgl §§ 74–74 c, 74 e –76 a.

15 **b)** Zu **Satz 3** (Vermögensstrafe, Erweiterter Verfall) 1–11 zu § 43 a; 1–12 zu § 73 d. Die Anordnungsvoraussetzungen entsprechen denen der Regelbeispiele in Abs 4 (vgl 14).

16 **11.** Räumlicher Geltungsbereich 5 vor § 3. Beachte auch oben 4.

17 **12.** Allgemein zur **tätigen Reue** (Abs 9, 10) 29 zu § 24. Hier soll der Täter durch Inaussichtstellen der Vergünstigung vor Entdeckung der Tat (21 zu § 24) zur Anzeige (BT-Dr 12/989 S 28) und danach zur Offenbarung seines Wissens motiviert werden (vgl Blum, Strafbefreiungsgründe und ihre kriminalpolitischen Begründungen, 1996, S 29).

17 a **a) Abs 9:** Die hier vorgesehene **Strafaufhebung** (1 zu § 24) tritt bei vorsätzlicher Begehung (Abs 1, 2) erst ein, wenn die Nummern 1 und 2 kumulativ verwirklicht sind, während bei leichtfertiger Begehung (Abs 5) nur die Voraussetzungen der Nr 1 erfüllt sein müssen (zur Begründung BT-Dr aaO [vgl 17]; krit Löwe-Krahl wistra 93, 123, 126 und Knorz aaO [vgl 1] S 209). – **Anzeigen bei der zuständigen Behörde** (Polizei, StA, AG) § 158 I StPO. **Veranlassen** einer Anzeige erfordert (Mit-)Ursächlichkeit für deren Erstattung durch einen anderen (zB Anzeige der Bank auf Veranlassung ihres Angestellten); erstattet der Geldwäschebeauftragte keine Anzeige für das Geldinstitut, weil er anders als der Kassierer irrtümlich keinen Verdachtsfall sieht, so kommt der Kassierer trotz der bankinternen Meldung nicht in den Genuß der Strafaufhebung (Fülbier ZIP 94, 700, der eine Gesetzesänderung zugunsten des Kassierers fordert). Ob der Täter **bei verständiger Würdigung** mit Entdeckung **rechnen mußte,** bestimmt sich nach den für die (objektive und subjektive) Sorgfaltspflichtverletzung bei Fahrlässig-

keit entwickelten Maßstäben (37 ff, 49 zu § 15). **Sicherstellung** des Gegenstandes §§ 111 b ff StPO. Im übrigen beachte zu **Nr 1** 16–18 zu § 24 und zu **Nr 2** 20 zu § 24.

b) Abs 10: Hier sind nur **Strafmilderung nach Ermessen oder** 18
Absehen von Strafe zugelassen (5–7 zu § 49). Die Vorschrift ist dem § 31 Nr 1 BtMG (sog kleine Kronzeugenregelung) nachgebildet. Rechtsprechung und Schrifttum dazu sind im wesentlichen auch hier verwertbar (vgl etwa Körner 8–36 zu § 31).

13. Bei **Zusammentreffen** mehrerer Handlungen jeweils innerhalb 19
der Absätze 1, 2 oder 5 liegt nur eine Gesetzesverletzung vor (3 zu § 52; s auch oben 7). Sind zugleich die Absätze 1 und 2 verwirklicht, so geht Abs 2 als die leichtere Begehungsform in Abs 1 auf. Sind die Voraussetzungen des Abs 1 nicht nachweisbar, so wirkt Abs 2 als Auffangtatbestand (BT-Dr 12/989 S 28); dasselbe gilt für Abs 5, wenn auch Abs 2 nicht nachweisbar verwirklicht ist. – **Tateinheit** ua möglich mit §§ 263, 266 und wegen der Verschiedenheit der Rechtsgüter auch mit §§ 257 (LG Mönchengladbach wistra 95, 157)–260 a. – Zur **Postpendenzfeststellung** 11 und 19 zu § 1.

§ 262 Führungsaufsicht

In den Fällen der §§ 259 bis 261 kann das Gericht Führungsaufsicht anordnen (§ 68 Abs. 1).

Fassung: Das OrgKG (1, 2 vor § 73) hat die Vorschrift an die Neufassung der §§ 260–261 angepaßt.

Vgl 1, 2 vor § 68, 1–8 zu § 68. 1

22. Abschnitt. Betrug und Untreue

Vorbemerkung

1. Das gegen Ende der 7. Wahlperiode verkündete **1. WiKG** (7 vor 1
§ 1) hat die erste Phase der Reformarbeiten zur intensiveren **Bekämpfung der Wirtschaftskriminalität** (zu deren umstrittener Begriffsbestimmung Otto ZStW 96, 339 und Jura 89, 24; Weber ZStW 96, 376; Heinz ZStW 96, 417, 421; Geerds, Wirtschaftsstrafrecht und Vermögensschutz, 1990, S 5, 15, alle mwN) zum Abschluß gebracht. Aus dem großen Komplex der sozialschädlichen Handlungen im Bereich der Wirtschaft hat es für das StGB zunächst nur den **Subventions- und den Kreditbetrug** (§§ 264, 265 b), die **Konkursdelikte** (§§ 283–283 d) und den **Wucher** (§ 302 a) herausgegriffen. Es hat sich **nicht als bloßes Strafgesetz** verstanden, sondern versucht, Auswüchsen in der Wirtschaft nicht lediglich mit strafrechtlichen Mitteln, sondern auch durch Erlaß eines besonderen Subventionsgesetzes (Art 2) und durch Änderung zahlreicher Vorschriften des Wirtschaftsrechts, namentlich

des HGB (Art 4), der KO (Art 5) und des MOG (Art 6 Nr 7), erfolgreicher beizukommen. Seine Strafvorschriften bedeuten überwiegend eine nachdrückliche Vorverlegung der strafrechtlichen Verteidigungslinie, die vor allem darin deutlich wird, daß Verletzungstatbestände durch abstrakte Gefährdungstatbestände ergänzt, in Abkehr von einer alten Gesetzgebungstradition vereinzelt auch leichtfertige Verhaltensweisen einbezogen und zahlreiche unbestimmte Rechtsbegriffe zur Abgrenzung der Strafbarkeit verwendet werden. Das ist zunächst mit weitgehender Zustimmung von Wissenschaft und Praxis geschehen (vgl etwa Tiedemann, Subventionskriminalität in der Bundesrepublik, 1974 und ZStW 86, 897; Baumann NJW 74, 1364, beide mwN). So sehr jedoch einzuräumen ist, daß solche Ausdehnung der Strafbarkeit zur wirksameren Bekämpfung der sog „Weißen-Kragen-Kriminalität", namentlich zur Überwindung der gerade in diesem Bereich typischen Beweisnot, geeignet und hilfreich ist, sollte doch nicht verdrängt werden, daß sie den allgemeinen Reformbestrebungen sowohl nach Beschränkung des kriminellen Strafrechts auf rechtsgutsverletzende Handlungen (dazu Otto MschrKrim 80, 397, 400) als auch nach höchstmöglicher Bestimmtheit der Tatbestandsgrenzen zuwiderläuft. Es kam hier deshalb darauf an, dogmatisch und strafrechtspolitisch gegenläufige Tendenzen zu einem vernünftigen Ausgleich zu bringen. Unter diesem Gesichtspunkt hat das Gesetz – namentlich nach seinem Erlaß – auch beachtenswerte Kritik erfahren (vgl etwa Götz, Bekämpfung der Subventionserschleichung, 1974; Haft ZStW 88, 365; Arzt, Der Ruf nach Recht und Ordnung, 1976, S 146; Löwer JZ 79, 621; Schubarth ZStW 92, 80; Volk JZ 82, 85 mit Erwiderung Baumann JZ 83, 935; Otto ZStW 96, 339, 368; Hillenkamp, in: OsnabrRAbh, Bd 1, S 221; krit speziell zur Gesetzestechnik Lenckner, Tübingen-FS, S 239, 258). Die bisherigen Erfahrungen haben gezeigt, daß einerseits das Gesetz nicht die erhoffte Breitenwirkung in der Praxis erzielt, andererseits aber auch nicht zu einer unangemessenen Ausuferung der Strafverfolgung geführt hat (vgl etwa Berckhauer, Die Strafverfolgung bei schweren Wirtschaftsdelikten, 1981; Liebl, Die bundesweite Erfassung von Wirtschaftsstraftaten nach einheitlichen Gesichtspunkten, 1984; Meinberg, Geringfügigkeitseinstellungen von Wirtschaftsstrafsachen, 1985).

2 **2.** Das **2. WiKG,** das dem ersten mit einer zeitlichen Verzögerung von fast 10 Jahren gefolgt ist (10 vor § 1), hat die kriminalpolitische Linie des 1. WiKG fortgesetzt. Für den Bereich des StGB hat es namentlich Vorschriften über **Computerkriminalität** (§§ 202 a, 263 a, 269, 270, 271 I, 303 a–303 c), über **Kapitalanlagebetrug** (§ 264 a), über **Vorenthalten und Veruntreuen von Arbeitsentgelt** (§ 266 a), über **Mißbrauch von Scheck- und Kreditkarten** (§ 266 b) sowie über **Fälschung von Vordrucken für Euroschecks und Euroscheckkarten** (§ 152 a) eingeführt. Ebenso wie das 1. WiKG hat es über den Bereich des Kernstrafrechts weit hinausgegriffen und zahlreiche Vorschriften des Wirtschaftsrechts, des Nebenstrafrechts und des

Ordnungswidrigkeitenrechts geändert. Im ganzen hat es den Zweck verfolgt, alte oder durch die Entwicklung hervorgerufene neue Strafbarkeitslücken zu schließen, über die meist aufgrund der gesetzgeberischen Vorarbeiten keine grundlegenden Meinungsverschiedenheiten bestanden, deren Ausgestaltung im Detail aber keineswegs durchgängig gelungen ist (Näheres in den Erläuterungen). Nicht Gesetz geworden ist der seit langem umstrittene Tatbestand des sog **Ausschreibungs-(Submissions-)Betrugs;** ein neuer Anlauf wird zur Zeit im Rahmen der Korruptionsbekämpfung unternommen (Möhrenschlager JZ 96, 822, 828; krit Lüderssen BB Beil 11/1996 und BB 96, 2525, beide mwN). Zum Bedürfnis **weiterer Reform** des Wirtschaftsstrafrechts Weinmann, Pfeiffer-FS, S 87; Bottke wistra 91, 81 und 201; Albrecht ua [Hrsg], Rechtsgüterschutz durch Entkriminalisierung, 1992, S 65; zur Intensivierung präventiver Maßnahmen Schünemann, Kaufmann [Arm]-GedSchr, S 629.

3. Das **allgemeine Schrifttum** zur Wirtschaftskriminalität ist in jüngerer Vergangenheit so angewachsen, daß ein hinreichend vollständiger Nachweis aus Raumgründen nicht möglich ist. Exemplarisch sei jedoch auf folgende Sammelwerke, Gutachten, Monographien und Zusammenfassungen verwiesen: 3

a) Gutachten und Sitzungsberichte zum 49. DJT 1972 (Bd I Teil C und Bd II Teil F); Tiedemann, Die Verbrechen der Wirtschaft, 2. Aufl, 1972, Wirtschaftsstrafrecht und Wirtschaftskriminalität, Allgemeiner und Besonderer Teil, 1976 und Dünnebier-FS, S 519; Jung, Die Bekämpfung der Wirtschaftskriminalität als Prüfstein des Strafrechtssystems, 1979; Schimmelpfeng (Hrsg), Beiträge über Wirtschaftskriminalität, 1979; Otto ZStW 96, 339; Weber ZStW 96, 376; Achenbach, in: OsnabrRAbh, Bd 1, S 147; Müller-Gugenberger (Hrsg), Wirtschaftsstrafrecht, 2. Aufl 1992; Krekeler ua (Hrsg), Handwörterbuch des Wirtschafts- und Steuerstrafrechts (HWiStR), Stand 1990; Geerds, Wirtschaftsstrafrecht und Vermögensschutz, 1990; Bottke wistra 91, 1, 52; zusf Otto Jura 89, 24; Tiedemann JuS 89, 689 und Stree/Wessels-FS, S 527; Heinz in: Eser/Kaiser [Hrsg], Zweites deutsch-ungarisches Kolloquium über Strafrecht und Kriminologie, 1995, S 155. – Allgemein zur Computerkriminalität Sieber, Computerkriminalität und Strafrecht, 2. Aufl 1980, Informationstechnologie und Strafrechtsreform, 1985, ZStW 104, 697 und CR 95, 100; Dannecker BB 96, 1285; Kaiser Krim 74/46–61. 4

b) Rechtsvergleichend Tiedemann/Cosson, Straftaten und Strafrecht im deutschen und französischen Bank- und Kreditwesen, 1973; Tiedemann, Wirtschaftskriminalität und Wirtschaftsstrafrecht in den USA und in der Bundesrepublik Deutschland, 1978 und ZStW 88, 231; Liebscher ZStW 88, 261; Milder ZStW 88, 281; Schaffmeister ZStW 88, 294; Sieber ZStW 96, 258; Egli, Grundformen der Wirtschaftskriminalität, 1985; beachte auch die Entschließungen des XII. Internationalen Strafrechtskongresses (Kairo 1984) ZStW 97, 707, 715, 735; zum 5 wirtschaftsstrafrechtlichen Schutz des Europäischen Binnenmarkts Oehler, Baumann-FS, S 561; s auch Tiedemann NJW 93, 23; zum Schutz der EG-Finanzinteressen Prieß EuZW 94, 297; Stoffers EuZW 94, 304; Dannecker ZStW 108, 577. – Zur strafrechtlichen Erfassung der Computerkriminalität in der Schweiz Weber, Kriminalistik 94, 662.

6 c) Zu **kriminologischen** Fragen der Wirtschaftsdelinquenz ua Berckhauer, Wirtschaftskriminalität und Staatsanwaltschaft, 1977 und ZStW 89, 1015; Albrecht ZStW 89, 1088; Volk MschrKrim 77, 265; Schwind/Gehrich JR 80, 228; Liebl Kriminalistik 82, 7; Heinz ZStW 96, 417; Kaiser Krim 72/1–26, 73/1–12 und 74/1–23. Speziell zu ärztlichen Abrechnungsmanipulationen (9 zu § 263) gegenüber der gesetzlichen Krankenversicherung Ehlers, Schüler-Springorum-FS, S 163 (zu Teilgebieten beachte auch die Nachw bei den einzelnen Vorschriften).

§ 263 Betrug

(1) **Wer in der Absicht, sich oder einem Dritten einen rechtswidrigen Vermögensvorteil zu verschaffen, das Vermögen eines anderen dadurch beschädigt, daß er durch Vorspiegelung falscher oder durch Entstellung oder Unterdrückung wahrer Tatsachen einen Irrtum erregt oder unterhält, wird mit Freiheitsstrafe bis zu fünf Jahren oder mit Geldstrafe bestraft.**

(2) **Der Versuch ist strafbar.**

(3) **In besonders schweren Fällen ist die Strafe Freiheitsstrafe von einem Jahr bis zu zehn Jahren.**

(4) **§ 243 Abs. 2 sowie die §§ 247 und 248 a gelten entsprechend.**

(5) **Das Gericht kann Führungsaufsicht anordnen (§ 68 Abs. 1).**

1 **I. Betrug** ist Vermögensbeschädigung durch Täuschung eines anderen in Bereicherungsabsicht. Er setzt voraus: Im äußeren Tatbestand eine Täuschungshandlung des Täters (vgl 3–17), einen Irrtum des Getäuschten (18–20), eine Vermögensverfügung des Getäuschten (21–31) und einen Vermögensschaden des Getäuschten oder eines anderen (32–53) sowie im inneren Tatbestand einen erstrebten (nicht notwendig erreichten) rechtswidrigen Vermögensvorteil des Täters oder eines Dritten (58–62). Zwischen den Merkmalen des äußeren Tatbestandes muß ein kausaler und funktionaler Zusammenhang (54–56) und zwischen dem Schaden und dem Vorteil sog Stoffgleichheit (59) bestehen.

2 **II. Geschütztes Rechtsgut** ist ausschließlich **das Vermögen** (hM; vgl BGHSt 16, 220, 221 und 321, 325), nicht die Redlichkeit im Geschäftsverkehr und auch nicht die Dispositionsfreiheit als solche (aM Kindhäuser ZStW 103, 398; Niggli SchZStr 93, 236, 257). Geschützt ist auch ausländisches Staatsvermögen (Sch/Sch-Cramer 2) und das Vermögen der EG (Stoffers EuZW 94, 304, 308; Zieschang EuZW 97, 78, 79). Der Betrug ist im Hinblick auf die überschießende Innentendenz **kupiertes Erfolgsdelikt.** Von der verwandten Erpressung unter-

scheidet er sich im wesentlichen dadurch, daß die vermögensschädigende Handlung eines anderen dort durch Zwang (3, 5 zu § 253) und hier durch Täuschung erreicht wird. Von den Eigentumsdelikten hebt er sich dadurch ab, daß sein Schutzbereich das Vermögen im ganzen erfaßt und daß der Täter sein Opfer nicht unmittelbar schädigt, sondern es durch Täuschung zur „Selbstschädigung" veranlaßt (über das Verhältnis zum Diebstahl vgl 22, 26, 31).

III. Die **Tathandlung** besteht in einer **Täuschung über Tatsachen** (als Oberbegriff kommt auch das „Vorspiegeln von Tatsachen" in Betracht; Küper BT S 185; M-Schroeder/Maiwald BT 1 41/35). Ihre umständliche Umschreibung in § 263 ist unbefriedigend (Begr zu § 252 E 1962 S 423). 3

1. a) Tatsachen (3 zu § 186) sind nicht nur äußere Vorgänge oder Zustände der Vergangenheit oder Gegenwart (äußere Tatsachen), sondern nach hM (anders nur Naucke, Zur Lehre vom strafbaren Betrug, 1964, S 111, 214) auch psychische Gegebenheiten und Abläufe, wie zB Wissen, Vorstellungen, Überzeugungen, Absichten, Motive usw (innere Tatsachen; vgl etwa Düsseldorf wistra 96, 32). So ist etwa beim Kreditkauf oder Darlehen zwar die künftige Zahlungsfähigkeit keine Tatsache, wohl aber die gegenwärtige Überzeugung des Käufers oder Darlehensnehmers von dieser künftigen Fähigkeit (Stuttgart NJW 58, 1833; Braunschweig NJW 59, 2175) oder dessen Absicht oder Bereitschaft zu späterer Zahlung (BGHSt 15, 24; s auch NStZ 86, 556; BB 92, 523). 4

b) Den Gegensatz zur Tatsachenbehauptung bildet das **Werturteil** oder die **Meinungsäußerung** (krit Samson/Günther SK 17–19). Die Abgrenzung ist fließend. Maßgebend ist, ob der Sinn der Äußerung einen objektiven, gerichtlicher Beweisführung zugänglichen (Düsseldorf JR 65, 303; str) Kern von Tatsachen ergibt, über dessen Vorhandensein oder Fehlen unrichtige Vorstellungen erweckt werden sollen. Nicht leicht zu bestimmen ist die Grenze häufig bei unsubstantiierten Behauptungen (Zweibrücken JR 89, 390 mit Anm Keller), bei Rechtsausführungen (JR 58, 106 mit Anm Schröder; Frankfurt NJW 96, 2172 mit krit Bespr Otto JK 47; vgl auch Karlsruhe NStZ 96, 282 mit krit Bespr Kunert und Otto JK 45; probl Stuttgart NJW 79, 2573 mit Bespr Loos NJW 80, 847, Frank NJW 80, 848, Müller JuS 81, 255 und 82, 25, Heid JuS 82, 22; krit Seier ZStW 102, 563, 568; Graul JZ 95, 595, 600; Fahl Jura 96, 74, 76), bei Prognosen (wistra 92, 255; Cramer, Triffterer-FS, S 324, 332; zu weit Koblenz NJW 76, 63 mit Bespr Meyer MDR 76, 980, 981) und Erfahrungssätzen (Graul JZ 95, 595), bei übertreibenden Anpreisungen oder marktschreierischer Reklame (BGHSt 34, 199 mit Bespr Müller-Christmann JuS 88, 108) und bei allgemeinen Redewendungen (Grenzfälle bei Lackner LK 12–16). Angaben über den Marktwert einer Leistung sind meistens dem Beweis zugänglich und daher insoweit Tatsachenbehauptungen (hM; anders Kühne, Geschäftstüchtigkeit oder Betrug?, 1978, S 63; s auch 10). 5

6 **2. Täuschung** ist ein zur Irreführung (uU auch nur zur Unterhaltung eines Irrtums) bestimmtes und damit der Einwirkung auf die Vorstellung eines anderen dienendes Gesamtverhalten (hM; einschr auf sog dispositionsrelevante Tatsachen Graul, FS f H E Brandner, 1996, S 801, 813; anders Kindhäuser ZStW 103, 398, der nur Täuschungen genügen läßt, die einen Wahrheitsanspruch des Opfers verletzen; dagegen Krack, List als Straftatbestandsmerkmal, 1994, S 71). Es kann positives Tun oder Unterlassen in Garantenstellung (6 zu § 13) sein. Bloßes Verändern von Tatsachen genügt als solches nicht, auch wenn es die zunächst richtige Vorstellung eines anderen unrichtig macht, also für dessen Irrtum ursächlich wird (hM; anders Arzt/Weber BT 3 Rdn 469; zw).

7 **a)** Täuschung durch **positives Tun** ist entweder ausdrückliches Vorspiegeln von Tatsachen (zB durch Worte, Zeichen, Gesten usw) oder Vorspiegeln durch schlüssiges Verhalten, dh ein auf Irreführung gerichtetes Gesamtverhalten, das nach der Verkehrsanschauung als stillschweigende Erklärung über eine Tatsache zu deuten ist.

8 aa) **Ausdrückliches Vorspiegeln** setzt nicht notwendig eine Äußerung voraus; es kann auch durch irreführende Veränderungen geschehen, zB: durch Unterschieben falscher Beweismittel, namentlich unwahrer oder unechter Urkunden (BGHSt 8, 46; NJW 69, 1260); durch Manipulationen an Verbrauchsmessern (Stromzählern, Gas- und Wasseruhren), Kilometerzählern (Bay MDR 62, 70; Hamm NJW 68, 903), Glücksspielautomaten (Hamm NJW 57, 1162) oder dem Entwerterfeld von Mehrfahrtenausweisen (Düsseldorf NJW 83, 2341 und 92, 924 mwN); oder durch heimliches, billigeren Einkauf ermöglichendes Umtauschen von Preisschildern im Kaufhaus (Hamm NJW 68, 1895; s auch Nehrer und Labsch JuS 81, 603). Sogar die verbale Behauptung der Wahrheit kann Vorspiegeln sein, wenn sie nach der konkreten Situation oder einem verbreiteten unrichtigen Sprachverständnis schon objektiv einen anderen oder weitergehenden Sinn hat und der Täter das weiß, sich aber auf den Wortlaut berufen will (LG Osnabrück MDR 91, 468 mit Bespr Mayer Jura 92, 238; Schröder, Peters-FS, S 153; aM Schumann JZ 79, 588; str). Dabei ist immer das Bewußtsein des Täters erforderlich, daß zwischen dem vorgeschobenen Sachverhalt und der Wirklichkeit eine Diskrepanz besteht (zu dem nicht mehr aktuellen Meinungsstreit über die Frage, ob die Inanspruchnahme von Investitionszulagen nach § 4 b InvZulG aF durch Aufhebung und Neuabschluß von Lieferverträgen als Täuschung zu werten war, vgl ua BGHSt 32, 256; NJW 83, 2151; Hamm NJW 82, 1405, alle mwN).

9 bb) **Schlüssiges Vorspiegeln** (zusf Maaß GA 84, 264, 268; „Richtlinien“ bei Küper BT S 187, beide mwN): Die Eingehung jeder vertraglichen (auch öffentlich-rechtlichen, NJW 90, 2476) Verpflichtung enthält – wenn sich aus den Umständen nichts anderes ergibt (vgl etwa wistra 84, 511) – die stillschweigende Erklärung des Schuldners, daß er zur Vertragserfüllung willens und nach seinem Urteil (beachte StV 85, 188) bei Fälligkeit auch in der Lage sei (BGHSt 15, 24; StV 91,

419; BB 92, 523; probl Düsseldorf NJW 93, 2694 mit krit Anm Ranft JR 94, 523). Die Abgabe rechtsgeschäftlicher Erklärungen schließt die stillschweigende Behauptung ein, daß die Wirksamkeitsvoraussetzungen, soweit sie von der eigenen Person abhängen, namentlich die Verfügungsbefugnis und die Geschäftsfähigkeit, gegeben seien (RGSt 39, 80; 41, 27, 31; beachte auch 19); deshalb spiegelt der unbefugte Autoabholer dem Garagenwärter durch sein „selbstsicheres" Auftreten Abholbefugnis vor (BGHSt 18, 221). Der „Spätwetter", der das Rennergebnis schon kennt, täuscht den Buchmacher über seine Bereitschaft zum Eingehen des Wettrisikos (RGSt 62, 415; Bockelmann NJW 61, 1934; Triffterer NJW 75, 612, 615; aM BGHSt 16, 120; Faber, Doping als unlauterer Wettbewerb und Spielbetrug, 1974, S 132; Weber, in: Pfister [Hrsg], Rechtsprobleme der Sportwette, 1989, S 39, 55); dasselbe gilt für den Wetter beim Pferderennen, der verschweigt, daß er zuvor durch Bestechung einzelner Reiter (BGHSt 29, 165 mit abl Anm Klimke JZ 80, 581; krit auch Weber aaO S 58) oder durch Dopen des Rennpferdes (Wittig Sp*u*Rt 94, 134) das Wettrisiko zu seinen Gunsten vermindert hat; für den Veranstalter eines „Hütchenspiels" (Sack NJW 92, 2540; s auch LG Frankfurt NJW 93, 945) und für einen Spielbeteiligten wie den Bouleur bei einer Unterart des Roulettes (Bay NJW 93, 2820 mit zust Bespr Lampe JuS 94, 737), wenn diese durch Manipulationen jede Gewinnchance für die (Mit-)Spieler ausgeschaltet haben; der gedopte Sportler täuscht den Veranstalter über sein regelwidriges Verhalten (Otto SpuRt 94, 10, 15). Der zahlungsunfähige Zechpreller oder Hotelgast spiegelt durch Bestellen von Speisen oder Hotelleistungen dem Wirt (GA 72, 209; Bay 57, 146) und der zahlungsunwillige Selbstbedienungskunde an der Tankstelle durch Einfüllen des Benzins dem den Vorgang beobachtenden Kassierer (NJW 83, 2827 mwN; s auch 5 zu § 242) Bereitschaft zur Barzahlung vor; jedoch liegt in der bloßen Ausnutzung eines ohne Täuschung abgeschlossenen Beherbergungsvertrags durch weitere Entgegennahme von Hotelleistungen nicht die schlüssige Vorspiegelung, daß die Zahlungsfähigkeit fortbestehe (bei Holtz MDR 87, 623; Hamburg NJW 69, 335; Triffterer JuS 71, 181; aM Hirsch NJW 69, 853). Überhaupt enthält die bloße Entgegennahme einer Leistung idR nicht die schlüssige Behauptung, daß sie von dem anderen geschuldet sei. Die Annahme versehentlich zuviel gezahlten Geldes genügt daher als solche nicht (JZ 89, 550; Köln NJW 87, 2527 mit Anm Joerden JZ 88, 103, alle mwN; beachte jedoch Hamm NJW 87, 2245), wohl aber die Anforderung einer nichtgeschuldeten Leistung (Köln aaO; Lackner LK 48; einschr Lackner/Werle NStZ 85, 503, 504; speziell zum Abrechnungsbetrug durch einen Kassenarzt NStZ 93, 388; 94, 188 und 585; 95, 85 mit zust Bespr Hellmann NStZ 95, 232; durch einen Nicht-Arzt NJW 94, 808; zur Gebührenüberhebung bei der Forderungsbeitreibung Lausen wistra 91, 279) und die Abhebung eines versehentlich, dh ohne zugrundeliegenden wirksamen Überweisungsauftrag, gutgeschriebenen Betrages (sog Fehlbuchung, Karlsruhe Justiz 78, 173; Putzo JuS 78, 550; krit Joerden JZ 94, 422 und Schmoller StV 94, 191); davon zu unterscheiden ist die Buchung aufgrund wirksamer, aber irrig motivierter Überweisung (sog Fehlüberweisung, BGHSt 39, 392), bei der es gegenüber der Bank schon an einer Täuschung und gegenüber dem Überweisenden idR (aber nicht notwendig; vgl 14) an einer Garantenstellung fehlt (BGHSt 39, 392 mit zust Anm Joerden JZ 94, 422).

10 Wer einen Gegenstand **zu bestimmtem Preis anbietet,** erklärt damit nicht schlüssig dessen Angemessenheit oder Üblichkeit (hM; vgl NJW 90, 2005; Stuttgart NStZ 85, 503 mit Anm Lackner/Werle; Bay NJW 94, 1078, alle mwN); anders aber, wenn feste Taxen (Stuttgart NJW 66, 990) oder Tarife (LM Nr 5) bestehen oder wenn es sich um ein Geschäft handelt, bei dem der Partner auf Vertrauen angewiesen ist, weil er die Angemessenheit nicht oder nur mit unverhältnismäßigem Aufwand nachprüfen kann (JZ 52, 46), etwa bei Käufen in gewissen Bereichen des Fachhandels (Apotheken-, Antiquitäten- und Schmuckgeschäfte) oder bei Reparaturen von komplizierten Geräten (Celle NdsRpfl 63, 286; eingehend zum sog Preisgestaltungsbetrug Schauer, Grenzen der Preisgestaltungsfreiheit im Strafrecht, 1989, S 11). Die Rspr bezieht hier auch das Anbieten sog Warentermin-(Rohstoff-)Optionen ein, bei dem der Täter einen die Gewinnchance stark reduzierenden Prämienaufschlag verschweigt (BGHSt 30, 177 mit Anm Seelmann NJW 81, 2132 und Scheu JR 82, 121; wistra 95, 102; zu den Aufklärungspflichten des Terminoptionsvermittlers NJW 94, 512 mit Bespr Grün NJW 94, 1330, alle mwN; zw); da jedenfalls diejenigen Tatsachen schlüssig miterklärt sind, die nach dem Vertragsinhalt die Grundlage des Geschäfts bilden (Lackner LK 43 mwN), ist beim Anbieten solcher Optionen Konkludenz spätestens dann zu bejahen, wenn durch den versteckten Prämienaufschlag die Werthaltigkeit der Gewinnchance aufgehoben wird (Seelmann NJW 80, 2545; Sonnen NStZ 81, 24 und wistra 82, 123; aM Worms wistra 84, 123; zum Schaden in diesen Fällen 48 b); vergleichbare Fragen stellen sich auch bei dubiosen, meist die komplexen Sachverhalte verschleiernden Praktiken im Immobilienvertrieb (Gallandi wistra 92, 289, 333 und wistra 96, 323; beachte auch § 264 a). Aus ähnlichen Gründen kann in der Vorlage eines ausländischen, durch Währungsmaßnahme abgewerteten Geldscheins die Zusicherung der Vollwertigkeit liegen (Hamm MDR 68, 778; s auch Frankfurt NJW 71, 527 mit Anm Böhm NJW 71, 1143; zw). Auch wer Weine verkauft oder liefert, deren Verkehrsfähigkeit auf einer erschlichenen Zuteilung von Prüfnummern beruht, erklärt idR schlüssig, daß der Prüfbescheid nicht der Gefahr der Rücknahme ausgesetzt sei (NJW 88, 150). Dagegen bieten Verhandlungen, die zum Abschluß eines Vergleichs (§ 779 BGB) geführt haben, wegen der Eigenart dieses Rechtsgeschäfts (Beseitigung von Streit und Ungewißheit zwischen den Parteien) für die Annahme schlüssigen Vorspiegelns nur selten eine zureichende Grundlage (Tiedemann, Klug-FS, S 405). Wer bei der Mitgliederwerbung für eine gemeinnützige Organisation den Eindruck ehrenamtlicher Tätigkeit erweckt, erklärt nicht stillschweigend,

die Beiträge würden zum größten Teil für die Erfüllung der sozialen Aufgaben der Organisation eingesetzt (NJW 95, 539, 540 mit abl Bespr Deutscher/Körner JuS 96, 296, 299).

Das Angebot eines **Schecks** ist mindestens konkludent dafür, daß nach der Überzeugung des Ausstellers Deckung bei Einlösung vorhanden sein wird (Scheckbetrug, BGHSt 3, 69; NJW 69, 1260; bei Holtz MDR 82, 811; Otto Jura 83, 16, 24; s auch Köln NJW 81, 1851); ob auch schon vorhandene Deckung zugesichert wird, ist umstritten und hängt nach hM von den Umständen des Einzelfalls ab (Lackner LK 44 mwN; s auch Köln NJW 91, 1122). Für das Angebot eines durch Scheckkarte garantierten Schecks gilt jetzt die Spezialregelung des § 266 b (dort 9). – Das Angebot eines **Wechsels** an eine Bank zum Diskont enthält die stillschweigende Behauptung, daß es sich um einen Kunden- oder Warenwechsel handelt (Wechselbetrug, NJW 76, 2028; Tiedemann GmbHG 56 vor § 82, beide mwN; krit Lampe, Der Kreditbetrug [§§ 263, 265 b StGB], 1980, S 59; zusf zur Wechselreiterei Müller NJW 57, 1266 und 59, 2192; str). – Im **Lastschrift-Einzugsverfahren** (zusf Otto HWiStR Lastschriftenbetrug) ist die Erteilung eines Einziehungsauftrags an das einziehende Kreditinstitut (die sog Inkassostelle) konkludent dafür, daß der Auftraggeber eine ordnungsmäßige Einziehungsermächtigung hat (LG Oldenburg NJW 80, 1176) und daß ihm eine sofort fällige Geldforderung in der angegebenen Höhe zusteht (Hamm NJW 77, 1834, 1836; aM Labsch Jura 87, 343, 351, beide mwN; zw). 11

b) Täuschung **durch Unterlassen** (zur problematischen Abgrenzung gegenüber dem schlüssigen Vorspiegeln Maaß GA 84, 264; Krack aaO [vgl 6] S 86; Lackner LK 53–55; s auch Volk JuS 81, 880; Riggert MDR 90, 203) ist nach den allgemeinen Regeln über das unechte Unterlassen zu behandeln (hM; anders Naucke aaO [vgl 4] S 214; Grünwald, Mayer-FS, S 291). Vorauszusetzen ist danach, daß der Täter die ihm nach den Umständen mögliche und zumutbare Aufklärung eines anderen unterläßt (5 zu § 13), daß eine dem Vermögensschutz dienende (KG JR 84, 292) Garantenpflicht zur Aufklärung besteht (6 zu § 13) und daß das Unterlassen im Sinne der sog Entsprechensklausel (16 zu § 13) der Tatbestandsverwirklichung durch ein Tun entspricht (Bay NJW 87, 1654 mwN). 12

aa) Die **Zumutbarkeit** der Aufklärung bestimmt sich nach den allgemeinen Regeln (5 zu § 13); sie entfällt idR nicht schon bei der Gefahr eigener Strafverfolgung (1 StR 45/76 v 13. 4. 1976; Lackner LK 71; aM AG Tiergarten NStZ 94, 243; Wessels JZ 65, 631, 635; zw). 13

bb) Die **Garantenpflicht zur Aufklärung** wird in der Rspr ua auf folgende Entstehungsgründe (beachte dazu 7–15 zu § 13) gestützt (zusf Lackner LK 59–67 mwN; eingehend und zT abw Maaß, Betrug verübt durch Schweigen, 1982; einschr Naucke NJW 94, 2809): auf gesetzliche Mitteilungs- oder Meldepflichten, zB nach § 60 I SGB I (Stuttgart 14

NJW 86, 1767; Hamm NJW 87, 2245; Düsseldorf StV 91, 520; – keine Offenbarungspflicht trifft nach § 120 ZPO den Empfänger von Prozeßkostenhilfe, AG Plön SchlHA 93, 277) oder nach §§ 317, 317 a RVO aF (Stuttgart wistra 90, 109; Franzheim JR 82, 89, 90; Schäfer wistra 82, 96; zum Irrtum beachte aber 18); auf öffentlich-rechtliche Beziehung (RGSt 67, 289; Köln JMBlNRW 83, 184); auf ausdrückliche Vereinbarung; auf besonderes Vertrauensverhältnis (BGHSt 39, 392, 399 mwN) oder sonst auf Verbindungen, die auf gegenseitigem Vertrauen beruhen (wistra 88, 262 und 92, 298, beide mwN); auf prozessuale Wahrheitspflicht nach § 138 I ZPO (Zweibrücken NJW 83, 694 mit krit Bespr Werle NJW 85, 2913; zw); bisweilen auch auf die Pflicht zur Überwachung von Gefahrenquellen (RGSt 59, 299, 305) oder auf Ingerenz (Stuttgart NJW 69, 1975; Joerden JZ 94, 422, 423, sieht im Auszahlungsbegehren bei Fehlbuchungen [vgl 9] eine pflichtwidrige Gefahrschaffung; Samson/Günther SK 45 a mwN). In ganz eindeutigen Fällen kann die Pflicht auch unmittelbar aus Treu und Glauben hergeleitet werden (mit Recht einschr BGHSt 39, 392, 400 mit zust Bespr Naucke NJW 94, 2809; NJW 95, 539, 540 mit zust Bespr Deutscher/Körner JuS 96, 296, 300; ganz abl wegen Verfassungswidrigkeit Kamberger, Treu und Glauben [§ 242 BGB] als Garantenstellung im Strafrecht? 1996, S 157, 266, alle mwN). Danach muß etwa der Gebrauchtwagenhändler ungefragt offenbaren, daß er einen Unfallwagen anbietet (Nürnberg MDR 64, 693), räumt er dies sowie den Umstand ein, daß es sich um mehr als einen Blechschaden handelte, so muß er das Ausmaß des Schadens von sich aus nicht näher angeben (Bay NJW 94, 1078; Hauf MDR 95, 21); bei Anforderung von Vorleistungen muß der Vertragspartner in laufenden Geschäftsbeziehungen auf die Verschlechterung seiner Kreditwürdigkeit hinweisen, wenn sie nicht nur auf vorübergehenden Zahlungsschwierigkeiten beruht (bei Dallinger MDR 68, 202; Stuttgart JR 78, 388 mit Anm Beulke); bei einer Eigenbedarfskündigung muß der Vermieter den Mieter jedenfalls bis zum Ablauf der Kündigungsfrist, nach hM auch noch später über den nachträglichen Wegfall des Eigenbedarfs unterrichten (Zweibrücken NJW 83, 694; Bay NJW 87, 1654 mit Bespr Hellmann JA 88, 73, 79, Seier NJW 88, 1617, Hillenkamp JR 88, 301, Runte Jura 89, 128 und Rengier JuS 89, 802, alle mwN); bei einer Vereinbarung über hohe Vorauszahlungen darf der Vermieter nicht die fehlende Baugenehmigung (GA 67, 94) und bei einer Honorarvereinbarung der Pflichtverteidiger nicht den Gebührenempfang aus der Staatskasse (LM Nr 40) verschweigen.

15 cc) Die für den Betrugstatbestand wissenschaftlich noch ungeklärte **Entsprechensklausel** hat – wovon die Rspr ohne Begründung schon immer ausgegangen ist – bei Aufklärungspflichten, die auf besonderen Beziehungen zwischen den Beteiligten beruhen, keine einschränkende Wirkung, weil insoweit Tun und Unterlassen gleichwertig sind (Lackner LK 68, 69 mwN; str); zu ihrer Bedeutung bei den Garantenpflichten zur Überwachung von Gefahrenquellen und aus Ingerenz

Lackner LK 70 (s auch Maaß aaO [vgl 14] S 46; Ranft JA 84, 723, 730; Bloy, Die Beteiligungsform als Zurechnungstypus im Strafrecht, 1985, S 221; Hillenkamp JR 88, 301).

c) Schweigen erfüllt den Tatbestand nur, wenn es Täuschung durch schlüssiges Verhalten (qualifiziertes Schweigen) oder durch Unterlassen in Garantenstellung ist (krit Bockelmann, EbSchmidt-FS, S 437; Hansen MDR 75, 533, 535; s auch Lackner LK 51, 58). Das gilt entgegen einer im Schrifttum vordringenden Meinung (zB Kühne aaO [vgl 5] S 85; Seelmann NJW 80, 2547 und 81, 2132; Maaß aaO [vgl 14] S 26) auch für fremdnützig typisierte Rechtsverhältnisse, die durch § 266 Schutz genießen (dort 4, 11); die untreuespezifische Vermögensfürsorgepflicht und die betrugsspezifische Aufklärungspflicht sind nach Voraussetzungen und Folgen verschieden (Worms wistra 84, 123, 127; Schauer aaO [vgl 10] S 182); ihr Nebeneinander zeigt aber, daß beim Betrug enge Auslegung geboten ist (Samson/Günther SK 43). 16

d) Im **Prozeß** kommt eine Täuschung des Rechtspflegeorgans in allen Begehungsformen in Frage (sog **Prozeßbetrug,** BGHSt 24, 257; bei Dallinger MDR 56, 10; krit Fahl Jura 96, 74, 77), namentlich durch Benutzung falscher Beweismittel und durch falsche Angaben der nach §§ 445 ff ZPO vernommenen Partei. Im Hinblick auf die Wahrheitspflicht nach § 138 ZPO ist aber auch einseitiges, mit Beweismitteln nicht unterstütztes Vorbringen der Partei im Zivilprozeß einbezogen (krit Eisenberg, Salger-FS, S 15, 20); allerdings ist hier die Abgrenzung im einzelnen (und besonders auch die Frage des Versuchsbeginns; dazu unten 65 sowie 3 zu § 22) umstritten und noch nicht abschließend geklärt (eingehend Lenckner, Der Prozeßbetrug, 1957; Seier ZStW 102, 563; zusf Lackner LK 304–318). – Falsche Angaben im Mahnverfahren genügen nicht, weil hier nach § 692 I Nr 2 ZPO nF keine inhaltliche Prüfung (Schlüssigkeitsprüfung) mehr stattfindet und damit zugleich die Grundlage für die Annahme einer konkludenten Täuschung entfällt (Dästner ZRP 76, 36; Otto JZ 93, 652, 654; aM Düsseldorf NStZ 91, 586, alle mwN). Zum Irrtum aufgrund einer Täuschung im Versäumnisverfahren 19; zur Täuschung aus Beweisnot (Selbsthilfebetrug) 61. – Zum möglichen Prozeßbetrug im Verfahren vor dem BVerfG s Karlsruhe NStZ 96, 282 mit Bespr Otto JK 45. 17

IV. Der Irrtum. Durch die Täuschung muß in dem Getäuschten ein Irrtum erregt oder unterhalten werden. 18

1. a) Der **Irrtum** setzt eine Fehlvorstellung, dh die positive Vorstellung einer der Wirklichkeit widersprechenden Tatsache voraus; das bloße Fehlen der Vorstellung einer wahren Tatsache (ignorantia facti) ist kein Irrtum (BGHSt 2, 325; RGSt 42, 40; Krack aaO [vgl 6] S 36; aM Celle MDR 57, 436; str). Ein unreflektierter Bewußtseinsinhalt (Lackner LK 77 mwN) oder eine nur lückenhafte Vorstellung (zB „alles in Ordnung") kann jedoch genügen, diese allerdings nur, wenn sie sich mindestens auf konkrete Umstände und Verhältnisse bezieht, in deren Rahmen der vorgetäuschte Sachverhalt liegt (Küper BT S 139; näher

Lackner LK 78, beide mwN; str); die bloße Nichterfüllung einer gesetzlichen Mitteilungs- oder Meldepflicht gegenüber einer Behörde oder einem Versicherungsträger (vgl 14) bewirkt daher bei Fehlen jeglicher konkreten Beziehung zwischen den Beteiligten keinen Irrtum (bei Holtz MDR 90, 296; wistra 92, 141; Martens JR 87, 211; aM Franzheim wistra 87, 313, 314, alle mwN; str). – Ob der Getäuschte von der ihm vorgespiegelten Tatsache überzeugt sein oder ob auch ein mehr oder minder intensives Für-möglich-Halten einbezogen werden muß, wird von der hM mit Recht im letzteren Sinne beantwortet (vgl etwa wistra 90, 305 und 92, 95), ist aber wissenschaftlich noch nicht abschließend geklärt; dasselbe gilt für die damit häufig verbundene, von der hM (BGHSt 34, 199, 201; MedR 92, 36, 39; NJW 95, 1844, 1845; LG Mannheim NJW 93, 1488 mit zust Bespr Loos/Krack JuS 95, 204, 207, alle mwN) ebenfalls verneinte Frage, ob Leichtgläubigkeit oder Erkennbarkeit der Täuschung bei hinreichend sorgfältiger Prüfung die Schutzbedürftigkeit des Opfers ausschließt (näher zu beiden Fragen Giehring GA 73, 1; Amelung GA 77, 1; Herzberg GA 77, 289; Frisch, Bockelmann-FS, S 647; Tiedemann, Klug-FS, S 405, 411; Kurth, Das Mitverschulden des Opfers beim Betrug, 1984, S 109; Achenbach Jura 84, 602; Ellmer, Betrug und Opfermitverantwortung, 1986; Schünemann NStZ 86, 439; Bottke JR 87, 428, 429; Krack aaO S 37; Hilgendorf JuS 94, 466, 467; Krey BT 2 Rdn 371–374; Lackner LK 79–82; Samson/Günther SK 53–58; beachte auch 4 vor § 13).

19 **b)** Ob eine Fehlvorstellung vorliegt, ist **Tatfrage** (hM; krit Kleb-Braun JA 86, 310, 320). Sie fehlt idR beim Automatenmißbrauch (vgl aber § 265 a) und oft auch beim blinden Passagier, beim Almosengeber aufgrund der üblichen Bettlerklagen (Gribbohm MDR 62, 950), beim Kassenbeamten, wenn er nur für die kassenmäßige Abwicklung der Auszahlungsanordnung zuständig ist (StV 94, 82), beim öffentlich-rechtlichen Partner (zB beim Entsorgungspflichtigen), wenn er (zB aufgrund der Abfallabnahmepflicht) auch bei Ausbleiben des Entgelts zu seiner Leistung verpflichtet ist (NJW 90, 2476), und beim Richter (Rechtspfleger) im Versäumnisverfahren oder im Mahnverfahren nach früherem Recht (Giehring GA 73, 1; aM BGHSt 24, 257; beachte 17). Dasselbe gilt auch beim Schecknehmer, dem eine Scheckkarte vorgelegt wird, und beim Vertragsunternehmer, der bei Vorlage einer Kreditkarte keine Barzahlung verlangt (hM); die daraus folgende Gesetzeslücke hat das 2. WiKG (2 vor § 263) durch Einführung des § 266 b geschlossen (dort 1). Bei Computermanipulationen (5–15 zu § 263 a) hängt es von den – meist zufälligen – Umständen des Einzelfalles ab, ob der erforderliche Irrtum eines Menschen erregt oder unterhalten wird; zur Schließung dieser Lücke hat das 2. WiKG den § 263 a eingeführt (dort 1). Eine Fehlvorstellung wird dagegen meist vorliegen, wenn ein Schecknehmer einen nicht garantierten Scheck einlöst (probl AG Tiergarten NJW 89, 846) oder wenn ein Bank- oder Postbediensteter auf ein Sparbuch oder ein anderes Legitimationspapier an einen Unbefug-

ten zahlt (Maiwald JA 71, 643; Lackner LK 88; aM Düsseldorf NJW 89, 2003; Miehe, Heidelberg-FS, S 481, 498, alle mwN; zw).

20 **2. Erregen eines Irrtums** bedeutet Verursachen oder auch nur Mitverursachen (11 vor § 13) der Fehlvorstellung; daher sind Leichtgläubigkeit und Erkennbarkeit der Täuschung bei hinreichend sorgfältiger Prüfung oder sonst mitwirkende Fahrlässigkeit des Getäuschten unerheblich (BGHSt 34, 199; Hamburg NJW 56, 392; Krack aaO [vgl 6] S 63; aM Naucke, Peters-FS, S 109, der nur adäquaten Kausalzusammenhang genügen läßt; ähnlich Kurth aaO [vgl 18] S 169, 183, der sich auf Schutzzweckerwägungen stützt). – **Unterhalten eines Irrtums** ist nicht nur Verhindern oder Erschweren seiner Aufklärung, sondern auch Bestärken einer bestehenden Fehlvorstellung (hM; vgl Celle StV 94, 188 mit abl Anm Schmoller; anders Sch/Sch-Cramer 46). Erregen und Unterhalten können auch durch Unterlassen in Garantenstellung begangen werden (vgl 12–15). – Von dem Unterhalten ist die **bloße Ausnutzung** eines Irrtums zu unterscheiden, bei welcher der Ausnutzende den Irrtum lediglich vorfindet, stillschweigend auf ihn eingeht und ihn zu seinen Gunsten weiterwirken läßt, zB eine nichtgeschuldete Leistung ohne Verletzung einer Garantenpflicht (vgl 14) nur entgegennimmt (BGHSt 39, 392, 397 mit zust Anm Joerden JZ 94, 422, 424; s auch 9).

21 **V. Die Vermögensverfügung.** Durch den Irrtum des Getäuschten muß dessen Vermögensverfügung veranlaßt werden. Sie ist das notwendige, im Gesetz nicht besonders erwähnte Bindeglied zwischen Irrtum und Vermögensschaden (ungeschriebenes Tatbestandsmerkmal).

22 **1. Verfügung** ist jedes Handeln, Dulden oder Unterlassen, das sich **unmittelbar,** dh ohne zusätzliche deliktische Zwischenhandlungen des Täters, vermögensmindernd auswirkt (hM; vgl BGHSt 14, 170; krit M-Schroeder/Maiwald BT 1 41/72); ob die Minderung durch ein Äquivalent kompensiert wird, ist unerheblich (BGHSt 31, 178). Grundvoraussetzung ist danach, daß der Getäuschte als „Werkzeug" des Täuschenden nach dessen Plänen die Vermögensminderung selbst bewirkt (sog **Selbstschädigung**). Sein eigenes Verhalten muß für diese Minderung nicht nur (mit-)ursächlich, sondern deren tragender Grund sein, dh im weitesten Sinne als ein **Gebeakt** erscheinen. Diese vornehmlich durch das Unmittelbarkeitserfordernis gekennzeichnete Abgrenzung beruht nicht zuletzt auf dem Bestreben, die Tatbilder der Selbst- und der Fremdschädigungsdelikte so von einander zu trennen, daß zwischen ihnen kein Überschneidungsbereich entsteht (Exklusivität). Sie ist in jahrzehntelanger Auseinandersetzung mit großem dogmatischen Aufwand (Arzt JA 78, 557) entwickelt und im Kern vorübergehend allgemein anerkannt, im weiteren Verlauf dann aber zunehmend in Zweifel gestellt worden (vgl etwa Herzberg ZStW 89, 367; Puppe, Idealkonkurrenz und Einzelverbrechen, 1979, S 348 und JR 84, 229). Ausgearbeitete Gegenmodelle, die den Verfügungsbegriff grundsätzlich anders begrenzen, werden inzwischen namentlich von

Joecks, Zur Vermögensverfügung beim Betrug, 1982, S 47 und Miehe, Unbewußte Verfügungen, 1987, S 52 angeboten. Die Diskussion ist jedoch noch zu wenig fortgeschritten, um darauf einen grundsätzlichen, auch für die Rspr annehmbaren Umbau der Betrugsstruktur gründen zu können (Lackner LK 103–107; Samson/Günther SK 79 b, alle mwN). Im einzelnen:

23 **a)** Die Verfügung ist **nicht zivilrechtlich** zu verstehen. Auch die Handlung eines Geschäftsunfähigen oder ein nur tatsächliches Verhalten (BGHSt 31, 178) kann genügen, so etwa, wenn der Getäuschte als Finder dem vermeintlichen Eigentümer eine Sache herausgibt (Bay MDR 64, 343).

24 **b)** Daß der Getäuschte sich **bewußt** ist, eine Verfügung zu treffen, ist nicht unbedingt erforderlich (BGHSt 14, 170, 172; Hamm NJW 65, 702 mit abl Anm Knappmann NJW 65, 1931; Samson/Günther SK 87 a; aM Hansen MDR 75, 533; Joecks aaO [vgl 22] S 108; Ranft Jura 92, 66, 71; Otto JZ 93, 652, 655; nur für den Sachbetrug aM Krey BT 2 Rdn 386; mit Beschränkung auf das Bewußtsein einer „Vermögensbewegung" auch Miehe aaO [vgl 22] S 54, alle mwN). Dieses Bewußtsein kann zB fehlen, wenn der Täter über die Tragweite eines Vorgangs täuscht, etwa wenn er die Unterschrift unter einen Bestell- oder Schuldschein unter dem Vorwand erschleicht, das vorgelegte Schriftstück habe keinen für das Vermögen relevanten Inhalt (BGHSt 22, 88; KG JR 72, 28; aM Miehe aaO S 94), oder wenn er einen Sachverhalt vorspiegelt, der dem Verfügenden verschleiert, daß er zur Wahrung seines Vermögensstandes einen Anspruch geltend machen oder ein Recht ausüben muß (Stuttgart NJW 63, 825 und 69, 1975; Düsseldorf NJW 94, 3366; str).

25 **c)** Mangels eines „Gebeaktes" trifft dagegen keine Verfügung, wer aufgrund der Täuschung nicht sich selbst **unmittelbar** schädigt, sondern dem Täter nur die Möglichkeit gibt, einen schädigenden Angriff zu unternehmen. Das bedeutet jedoch nicht zugleich, daß die Verfügung selbst in einem einzigen Akt bestehen müßte; vielmehr ist – namentlich in arbeitsteiligen Organisationsformen (Unternehmen, Behörden usw) – durchaus möglich, daß uU verschiedene Personen **stufenweise** Einzelhandlungen vornehmen, von denen erst die letzte die Vermögensminderung herbeiführt (BB 91, 713; zusf Lackner LK 108).

26 aa) Das Unmittelbarkeitserfordernis ist vor allem für die **Abgrenzung gegenüber den Wegnahmedelikten** wichtig (hM; vgl 22). Danach ist zwar die auf Täuschung beruhende willentliche Preisgabe des Gewahrsams eine Verfügung (Hamm NJW 74, 1957), nicht aber dessen bloße Lockerung, wenn sich ihr der unfreiwillige Gewahrsamsverlust erst anschließt (GA 66, 212; MDR 68, 772; Köln MDR 73, 866 mit Bespr Bittner JuS 74, 156; Düsseldorf NJW 90, 923; Biletzki JA 95, 857; diff Herzberg ZStW 89, 367, 374, alle mwN). Auch wer wegen Vortäuschung einer Beschlagnahme die Wegnahme einer Sache nur

duldet, verfügt nicht, selbst wenn er im Hinblick auf die vermeintlich unausweichliche Zwangslage selbst mitwirkt (14 zu § 242; 2 zu § 255); dasselbe gilt, wenn er die Wegnahme einer Sache aus seinem generellen Gewahrsamsbereich (11 zu § 242) geschehen läßt oder bei ihr hilft, ohne zu erkennen, daß eine Gewahrsamsverschiebung zu seinen Lasten stattfindet (Hamm NJW 69, 620 mit Bespr Wedekind NJW 69, 1128 und Bittner MDR 70, 291; str). Entscheidend ist danach nicht allein das äußere Erscheinungsbild des Gebens oder Nehmens, sondern die innere Willensrichtung des Getäuschten (bei Holtz MDR 87, 446; Biletzki JA 95, 857, 858; aM Schmitt, Spendel-FS, S 575, beide mwN). – Ein einheitlicher Nehmeakt liegt vor, wenn der Täter nach einem Diebstahl im Selbstbedienungsladen an der Kasse die unbefugte Mitnahme von Waren verschweigt und deshalb unbehelligt passieren kann (BGHSt 17, 205, 208; Bay MDR 88, 5; Geiger JuS 92, 834; Lackner LK 50, 106, alle mwN); das gilt auch für den Fall, daß der Täter die Frage des Kassierers, ob er sämtliche Waren vorgelegt habe, wahrheitswidrig bejaht (dazu „neigt" BGHSt 41, 198, 203). Wer in seinem Einkaufskorb Waren verbirgt und die Kasse ohne Bezahlung der versteckten Waren passiert, begeht jedenfalls deshalb einen (versuchten oder vollendeten, 16 zu § 242) Diebstahl, weil sich der für einen Betrug erforderliche Verfügungswille des Kassierers nicht auf die nicht wahrgenommenen Waren bezieht (BGHSt 41, 198, 202 mit Bespr Heintschel-Heinegg JA 96, 97, Scheffler JR 96, 342, Schmidt JuS 96, 117, Zopfs NStZ 96, 190, Hillenkamp JuS 97, 217 und Otto JK 17 zu § 242; Zweibrücken NStZ 95, 448; aM Düsseldorf NStZ 93, 1407 mit abl Bespr Schmitz JA 93, 350, Brocker JuS 94, 919, Roßmüller/Rohrer Jura 94, 469, 473, Stoffers JR 94, 205, Vitt NStZ 94, 133 und Biletzki JA 95, 857, 859); es fehlt wohl schon objektiv an einem Verhalten, das nach der allgemeinen Verkehrsauffassung als Gewahrsamsübertragung verstanden werden kann (Zopfs aaO; Samson/Günther SK 80). Umstritten ist die Beurteilung des Falles, in dem der Täter an der Kasse Waren in falscher Verpackung vorlegt und passieren darf (für Diebstahl Sch/Sch-Eser 36 zu § 242 und Sch/Sch-Cramer 63 a; für Betrug Samson/Günther SK 80, alle mwN). Zur sog Wechselgeldfalle Celle NJW 59, 1981; Bay NJW 92, 2041 mit Anm Graul JR 92, 520; Roxin/Schünemann JuS 69, 372, 376; Samson/Günther SK 81 (str). – In Einzelheiten ist die Abgrenzung noch nicht abschließend geklärt (zusf Lackner LK 102–106; beachte auch die krit Analyse der Grenzfälle zwischen Geben und Nehmen von Miehe aaO [vgl 22] S 29). Zu Unrecht fordert Backmann (Die Abgrenzung des Betrugs von Diebstahl und Unterschlagung, 1974) für den Sachbetrug (also nicht für die übrigen Betrugsformen) zur Vermeidung von Überschneidungen mit den Zueignungsdelikten eine bewußte Verfügung über das Eigentum (abl Gössel JA 76, 463; Herzberg aaO S 370; Maiwald ZStW 91, 923; Miehe aaO S 22).

bb) Das Unmittelbarkeitserfordernis gilt grundsätzlich auch für Fälle 27 (zB des Forderungsbetrugs), bei denen es auf die Abgrenzung zur Wegnahme nicht ankommt (hM; anders Miehe aaO [vgl 22] S 79 mwN).

Jedoch ist seine Tragweite hier noch wenig geklärt (vgl etwa Saarbrükken NJW 68, 262; Düsseldorf NJW 74, 1833 mit Anm Oexmann NJW 74, 2296; Celle NJW 75, 2218; Hamm wistra 82, 152; Karlsruhe NStZ 96, 282 mit krit Bespr Otto JK 45; Paeffgen Jura 80, 479, 485; Lackner LK 107). Problematisch sind vor allem die Fälle, in denen die Rspr eine konkrete Vermögensgefährdung (vgl 40) bejaht, obwohl der Täter zur Herbeiführung eines effektiven Schadens erst noch einen deliktischen Angriff führen muß, etwa wenn nur Vertragsbeziehungen zu einem zahlungsunwilligen Partner aufgenommen wurden (vgl 46) oder wenn durch Ausgabe einer Kreditkarte nur die Möglichkeit zum nachfolgenden Kartenmißbrauch nach § 266 b eröffnet wurde (BGHSt 33, 244, 245 mit krit Bespr Bringewat NStZ 85, 536; Otto JZ 85, 1008; Labsch NJW 86, 105; Ranft Jura 92, 66, 69).

28 **2.** Die Verfügung des Getäuschten kann **sein eigenes Vermögen oder das eines Dritten** mindern. Daher ist nur Identität zwischen Getäuschtem und Verfügendem, nicht aber zwischen Verfügendem und Geschädigtem erforderlich (BGHSt 18, 221, 223). Für den damit möglichen sog **Dreiecksbetrug** ist jedoch Voraussetzung, daß der Getäuschte in der Lage ist, rechtlich oder tatsächlich über das betroffene Vermögen zu verfügen (Schröder ZStW 60, 33, 66; Seebode JR 73, 117; Küper BT S 272, alle mwN; aM Kindhäuser ZStW 103, 398, 415, der darauf abstellt, ob der Täter durch die Täuschung des Verfügenden einen Wahrheitsanspruch des Geschädigten verletzt).

29 **a)** Daß hierher alle Fälle gehören, in denen er **Alleingewahrsam** an der für ihn fremden Sache hat (Hamm NJW 74, 1957), ferner auch die, in denen er **befugt** ist, Rechtsänderungen mit unmittelbarer Wirkung für das fremde Vermögen vorzunehmen, ist weitgehend anerkannt. So kann etwa Betrug zum Nachteil des Geschäftsherrn durch Täuschung des Bevollmächtigten, eines Kindes durch Täuschung seines gesetzlichen Vertreters, einer juristischen Person durch Täuschung ihrer Organe oder sonst zur Verfügung über ihr Vermögen Befugte (hM; zu eng Gössel wistra 85, 125), des Gemeinschuldners durch Täuschung des Konkursverwalters, des Erben durch Täuschung des Testamentsvollstreckers und des Prozeßgegners durch Täuschung des Richters oder Rechtspflegers (Prozeßbetrug), Gerichtsvollziehers oder Prozeßbevollmächtigten begangen werden.

30 **b)** Ob darüber hinaus noch **weitere Möglichkeiten** rechtlicher oder tatsächlicher Einwirkung auf das fremde Vermögen unter dem Gesichtspunkt eines sog **Näheverhältnisses** einzubeziehen sind, ist umstritten. Die sog Befugnis- oder Ermächtigungstheorie bejaht das nur, wenn der Getäuschte zur tatsächlichen Einwirkung auf das fremde Vermögen rechtlich befugt ist (vgl etwa Otto ZStW 79, 59, 84; Schünemann GA 69, 46; Backmann aaO [vgl 26] S 127; Amelung GA 77, 1, 14; Samson JA 80, 285, 289; Küper BT S 275). Die Rspr (zB BGHSt 18, 221, 223 mit Bespr Hauf JA 95, 458; NStZ 97, 32; Bay MDR 64, 343) und ein Teil des Schrifttums, namentlich die sog Lagertheorie (zB

Schröder ZStW 60, 33, 70; Lenckner JZ 66, 321; Geppert JuS 77, 70, 72), gehen mit unterschiedlicher Begrenzung weiter (s auch Haffke GA 72, 225, 232; Herzberg ZStW 89, 367, 387; Biletzki JA 95, 857, 860; Lackner LK 110–114). Es geht dabei vor allem um die für die Abgrenzung zum Diebstahl (in mittelbarer Täterschaft) erhebliche Frage, ob ein sog Gewahrsamshüter (Inhaber von Mitgewahrsam oder Gewahrsamsdiener) eine Vermögensverfügung auch vornimmt, wenn er als gutgläubiges Werkzeug eine Sache aus fremdem Gewahrsam im vermeintlichen Interesse des Gewahrsamsinhabers entnimmt und dem Täter herausgibt, zB ein Parkwächter ein Kraftfahrzeug (BGHSt 18, 221 mit Bespr Gribbohm NJW 67, 1897; Köln MDR 66, 253) oder ein Vermieter eine Sache aus der Wohnung des Mieters (Stuttgart NJW 65, 1930; Dreher GA 69, 60; Roxin/Schünemann JuS 69, 372); hier dürfte es darauf ankommen, ob der Getäuschte bei Vornahme seiner Verfügung überhaupt eine Hüteraufgabe hatte und deshalb in einer (beschränkten) Herrschaftsbeziehung zur Sache stand und ob er sich subjektiv im Rahmen dieser Aufgabe gehalten hat (Kienapfel ÖJZ 75, 654; Wessels BT 2 Rdn 608; Lackner LK 114; weiter Rengier JZ 85, 565, 566; anders Haas GA 90, 201; krit zu allen Theorien Offermann-Burckart, 1994, S 92, 112 und 120, die eine bewußte und gewollte Übertragung der Sachgewalt auf den Verfügenden verlangt und auf den wirklichen oder mutmaßlichen Willen des Geschädigten abstellt, S 148, 206; str). – Nach der Rspr verfügt der getäuschte Schuldner über das Vermögen des geschädigten Gläubigers, wenn er wegen einer Anscheinsvollmacht des Täters mit befreiender Wirkung an diesen zahlt; auf ein Näheverhältnis des Verfügenden zum Vermögen des Geschädigten kommt es wegen der gesetzlichen Anordnung des § 56 HGB nicht an (StV 93, 307); das gilt auch für die vom Recht verliehene Befugnis, fremde Forderungen durch gutgläubiges Handeln zum Erlöschen zu bringen (nach Celle NJW 94, 142 mit krit Bespr Linnemann wistra 94, 167, 170 und Krack/Radtke JuS 95, 17, wird das erforderliche „Näheverhältnis" durch diese Befugnis begründet; zust M-Schroeder/Maiwald BT 1 41/81; aM Offermann-Burckart aaO S 175; Samson/Günther SK 98; vgl zu den sog Rechtsscheinsfällen Lackner LK 115).

3. Vermögensverfügung und Wegnahme schließen sich – auch in den Fällen des Dreiecksbetrugs (BGHSt 18, 221; Otto ZStW 79, 59, 101; Haffke GA 72, 225, 232; Hansen MDR 75, 533, 534; Geppert JuS 77, 69, 74; aM Schröder ZStW 60, 33, 80; Lenckner JZ 66, 320; Miehe aaO [vgl 22] S 101; Haas GA 90, 201, 204) – begrifflich aus (BGHSt 17, 205, 209; für einzelne Fallgruppen aM Herzberg ZStW 89, 367; krit Puppe JR 84, 229). 31

VI. Der Vermögensschaden. Das Ergebnis der Vermögensverfügung muß als Vermögensbeschädigung des Getäuschten oder eines anderen zu bewerten sein (beachte dazu 54). Dieselbe Verfügung, die den Täter oder einen Dritten bereichern soll, muß den Schaden unmittelbar herbeiführen (BGHSt 6, 115; Bay MDR 64, 776). 32

33 **1. a) Vermögen** ist nach herrschender, aber zunehmend in Frage gestellter Meinung die Summe aller wirtschaftlichen (geldwerten) Güter einer natürlichen oder juristischen Person nach Abzug der Verbindlichkeiten (sog wirtschaftliche Vermögenslehre, BGHSt 16, 220 mwN; ausdrücklich einschr jetzt namentlich NStZ 87, 407; zur Entwicklung der Rspr Küper BT S 245 mwN). Den Gegensatz bildet die heute auch im Schrifttum nicht mehr vertretene Meinung, daß unter Vermögen die Summe der Vermögensrechte einer Person zu verstehen sei (sog juristische Vermögenslehre, Binding). Zwischen beiden Extremen stehen die sog ökonomisch-juristischen Vermittlungslehren (dazu zB Hirsch ZStW 81, 917, 944), nach denen das Vermögen durch die Summe der wirtschaftlichen Güter einer Person gebildet wird, über welche diese rechtliche Verfügungsmacht hat (Gallas, EbSchmidt-FS, S 401, 409; Frank V 3) oder die ihr unter dem Schutz der Rechtsordnung (Franzheim GA 60, 269, 277; Gutmann MDR 63, 3, 5; Foth GA 66, 33, 42) oder wenigstens ohne deren Mißbilligung (Lenckner JZ 67, 105; Cramer, JuS 66, 472; Lackner LK 123) zustehen (vgl auch Keller ZStW 107, 457, 479). Eine weitere Spielart dieser Vermittlungslehren bildet der jüngst unterbreitete Vorschlag, als Vermögen einer Person alle ihr zuzuordnenden Dienstleistungen und wirtschaftlichen Güter zu verstehen, soweit sie innerhalb der durch Art 1, 2 GG, § 138 BGB gezogenen Grenzen gegen Geld tauschbar sind, ferner alle Rechte, soweit sie stellvertretend für diese Güter zum Tauschobjekt werden können (Nelles, Untreue zum Nachteil von Gesellschaften, 1991, S 347, 426; auf den Tauschwert und dessen Anerkennung durch die Rechtsordnung heben ab: Samson/Günther SK 113,114; Ahn, Das Prinzip der Schadensberechnung und die Vollendung des Betruges bei zweiseitigen Vertragsverhältnissen, 1995, S 34, 50). Daneben werden auch sog personale Vermögenslehren vertreten (Bockelmann JZ 52, 461; Heinitz JR 68, 387; Otto, Die Struktur des strafrechtlichen Vermögensschutzes, 1970, S 34, JZ 93, 652, 655 und Jura 93, 424, 425; Labsch Jura 87, 411, 416; Alwart JZ 86, 563, 564; Niggli SchZStr 93, 236, 254; Geerds, Wirtschaftsstrafrecht und Vermögensschutz, 1990, S 130, 178 und Jura 94, 309, 311; Winkler, Der Vermögensbegriff beim Betrug und das verfassungsrechtliche Bestimmtheitsgebot, 1995, S 173; Schmidhäuser BT 11/1–3), während der „dynamische“ Vermögensbegriff (Eser GA 62, 289; ähnlich auch Mohrbotter GA 69, 225, 227; Weidemann MDR 73, 992) nur eine Spielart der wirtschaftlichen Vermögenslehre bildet (krit zu den Vermögenslehren Hefendehl, Vermögensgefährdungen und Exspektanzen, 1994, S 99, der Vermögen als Herrschaft versteht und dann annimmt, wenn einer Person zivilrechtlich anerkannte Durchsetzungsmöglichkeiten zur Verfügung stehen, die ihr die Freiheit lassen, über Vermögensgüter nach ihrem Belieben zu verfügen und externen Störfaktoren effektiv zu begegnen, S 117). – Aus der Sicht des § 263 grundsätzlich zwischen **privatem und öffentlichem Vermögen** zu unterscheiden (so Tiedemann ZStW 86, 897, 911; offengelassen in BGHSt 31, 93, 95), besteht kein hinreichender Grund (hM; vgl etwa

Hack, Probleme des Tatbestands Subventionsbetrug, § 264 StGB, 1982, S 28; Otto GK 2 S 225, beide mwN). Auch für die Schadensbegründung wegen Zweckverfehlung, wo diese Unterscheidung allenfalls relevant werden könnte, bedarf es einer Differenzierung nicht (vgl 55).

b) Nach hM gehören zum Vermögen alle Güter, soweit sie **wirtschaftlichen Wert** haben. 34

aa) Mit dieser Einschränkung (vgl zB bei Holtz MDR 83, 92; wistra 86, 24 und 169; Bay JZ 79, 694) kommen neben dem Eigentum und sonstigen Rechten, also zB auch gesetzlichen Pfandrechten (BGHSt 32, 88 mit Bespr Jakobs JR 84, 385 und Joerden JuS 85, 20), Anwartschaftsrechten (BGHSt 31, 178; Radtke JuS 94, 589) und klaglosen Forderungen (RGSt 68, 379), auch bloße **Exspektanzen** (tatsächliche Anwartschaften) in Frage, wenn sie so weit konkretisiert sind, daß ihnen der Wirtschaftsverkehr schon für die Gegenwart wirtschaftlichen Wert beimißt (BGHSt 17, 147; bei Holtz MDR 81, 100; Beulke JuS 77, 35, 36; aM Gallas, EbSchmidt-FS, S 401, 411; Otto aaO [Vermögensschutz, vgl 33] S 46, 296; Geerds Jura 94, 309, 313; zusf Mohrbotter GA 71, 321; Lackner LK 134–139; eingehend zu den unterschiedlichen Konstellationen Hefendehl, aaO [vgl 33] S 199; str); eine unbestimmte Aussicht (BGHSt 31, 232; GA 78, 332 mit Bespr Bruns, Schröder-GedSchr, S 273, 280; Karlsruhe NStZ 96, 282 mit krit Bespr Otto JK 45) genügt daher ebensowenig wie hochspekulative Zins- und Gewinnerwartungen (NStZ 96, 191); auch nicht die Gewinnerwartung des Käufers aus einem für ihn günstigen Kaufvertrag (Düsseldorf NJW 93, 2694 mit krit Anm Ranft JR 94, 523, die vom Kaufinteressenten abhängige, gewinnbringende Verkaufsmöglichkeit (Celle StV 96, 154) und die Chance des Versenders, den Erstbesteller mittels einer Zugabe zu weiteren Käufen zu veranlassen (Bay NJW 94, 208 mit krit Bespr Hilgendorf JuS 94, 466 und Geppert JK 41; Sch/Sch-Cramer 87 a und 105 a). Hinreichend konkret können nach der Rspr etwa sein: die auf einem unechten Vertrag zugunsten Dritter beruhende Anwartschaft (Stuttgart NJW 62, 502); die Aussicht auf Erlangung der Abstammungspapiere eines gepfändeten Pferdes (Düsseldorf NJW 94, 3366); die Aussicht auf Zuschlag bei einer öffentlichen Verdingung (BGHSt 17, 147); die Aussicht auf einen günstigen Kaufabschluß bei Vorliegen eines ernsthaften Angebots (Bremen NStZ 89, 228); die Aussicht auf Zuteilung von Aktien an einen aus sozialen Gründen privilegierten Personenkreis bei Privatisierung von Unternehmen der öffentlichen Hand (BGHSt 19, 37, 42; s auch BGHSt-GS-19, 206); die Aussicht eines abstiegsbedrohten Fußballvereins, in der Bundesliga verbleiben und sich dadurch höhere Einnahmen aus Fußballspielen erhalten zu können (NJW 75, 1234; Triffterer NJW 75, 612, 614; krit Schreiber/Beulke JuS 77, 656, 659; Bringewat JZ 77, 667). Wirtschaftlichen Wert können ferner der **Besitz** haben (Lackner LK 133 mwN), auch der unrechtmäßige (zusf Kühl JuS 89, 505, 510; Küper BT S 247, beide mwN; str), und die Möglichkeit, die **Arbeitskraft** gegen Entgelt zu verwerten (RGSt 68, 379; Cramer, Vermögensbegriff und Vermögensschaden im Strafrecht, 1968, S 236; Herzberg JuS 72, 185, 188; Heinrich GA 97, 24; krit Lampe, Maurach-FS, S 375; zusf Lackner LK 140).

35 bb) Nach der wirtschaftlichen Vermögenslehre sollen auch **nichtige Ansprüche** aus sittenwidrigen oder verbotenen Rechtsgeschäften als Vermögenswerte Anerkennung verdienen (BGHSt 2, 364; anders jetzt NStZ 87, 407 mit Anm Barton StV 87, 485 und Tenckhoff JR 88, 126; Hamm NJW 89, 2551 mit abl Anm Wöhrmann NStZ 90, 342; LG Mannheim NJW 95, 3398 mit Bespr Behm NStZ 96, 317; Krauss NJW 96, 2850; Scheffler JuS 96, 1070 und Geppert JK 44 [„Telefonsex"]; s auch Bergmann/Freund JR 88, 189, alle mwN). Diese weite Ausdehnung des Vermögensbegriffs ist bei wirtschaftlicher Betrachtung zwar konsequent, aber mit allgemeinen Rechtsgrundsätzen nicht vereinbar (Lackner LK 132 mwN). Ausgeschlossen wird dadurch aber nicht, den als geschädigt anzusehen, der zur Erfüllung solcher Geschäfte Vermögenswerte einsetzt (hM; vgl etwa BGHSt 29, 300; Dölling JuS 81, 570; Tenckhoff aaO; Neumann JuS 93, 749; Lackner LK 240–242; aM Maiwald NJW 81, 2777, 2780; Bergmann/Freund aaO S 191 und JR 91, 357; Renzikowski GA 92, 159, 174; zusf Kühl JuS 89, 505; Otto Jura 93, 424; Küper BT S 246, alle mwN; zw).

36 **2. a)** Das Vermögen erleidet einen **Schaden,** wenn sein wirtschaftlicher Gesamtwert durch die Verfügung des Getäuschten vermindert wird (BGHSt 16, 220; NStZ 97, 32), wenn also nicht lediglich eine Vermögensvermehrung ausbleibt (NJW 85, 2428 und 91, 2573), sondern entweder die Aktiven ihrem Wert nach verringert werden oder neue Verbindlichkeiten entstehen, ohne daß diese Einbuße durch einen unmittelbaren Zuwachs voll ausgeglichen wird (sog Gesamtsaldierung). Zur Überzeugung des Gerichts feststehen muß danach nur das Ob der Verminderung; dessen Höhe kann dagegen unter Beachtung des Zweifelssatzes geschätzt werden (BGHSt 36, 320, 328; 38, 186, 193, beide mwN; zur Schätzung beachte auch 17 zu § 40). – Zur Schadensberechnung beim Abrechnungsbetrug eines Arztes, der medizinisch indizierte, aber nicht abrechnungsfähige Leistungen geltend macht, NStZ 95, 85 mit zust Bespr Hellmann NStZ 95, 232.

36a **b)** Für die **Kompensation** nicht zu berücksichtigen sind jedoch die Anfechtbarkeit des Geschäfts (BGHSt 23, 300, 302; NJW 85, 1563 mwN) und gesetzliche Ausgleichsansprüche, die dem Betroffenen gerade wegen der Täuschung erwachsen (bei Dallinger MDR 70, 13; KG NJW 65, 703), zB Rückgewähransprüche, Schadensersatzansprüche aus unerlaubter Handlung und Ansprüche aus ungerechtfertigter Bereicherung (aM Ahn aaO [vgl 33] S 155), wohl aber das gesetzliche Unternehmerpfandrecht beim Werkvertrag (Hamm JMBlNRW 69, 100, 101; Amelung NJW 75, 624; Meyer MDR 75, 357; aM Bay JR 74, 336 mit abl Anm Lenckner) und alle Vertragsansprüche oder Leistungen, die zur Sicherung des Getäuschten gegen Schaden vereinbart oder gegeben werden (wistra 92, 142, 93, 265, 95, 28 und 222, alle mwN);

auch der Ausgleichsanspruch des Kreditkartenherausgebers gegen den Karteninhaber (Düsseldorf NJW 93, 1872 mit krit Bespr Otto JK 38).

3. Der **Maßstab für die Wertbemessung** ist nach hM ein **objektiv-individueller;** auf das subjektive Schadensgefühl des Betroffenen kommt es nicht an (BGHSt 16, 321, 325), auch nicht allein darauf, ob die Vermögensverfügung bei Kenntnis der wahren Sachlage unterblieben wäre (wistra 86, 169; Köln NJW 79, 1419; Düsseldorf JZ 96, 913 mit Anm Schneider). 37

a) Die **objektive Komponente** des Wertmaßstabs legt die Beurteilung des Schadens auf diejenigen Überzeugungen vom Wert der Wirtschaftsgüter fest, die im Wirtschaftsverkehr tatsächlich maßgebend sind; dabei sind jeweils die konkreten Umstände zu berücksichtigen (München NJW 78, 435), so daß als Bewertungsgrundlage nicht nur der Verkehrs- (Markt-)wert auf den verschiedenen Umsatzstufen des allgemeinen Marktes (NJW 91, 2573), etwa des Großhandels, des Einzelhandels (DRiZ 72, 287) oder des Versteigerungsgeschäfts, sondern zB auch der nachhaltig erzielbare Preis auf Spezialmärkten (zB Baumarkt, Börse, Gebrauchtwarenhandel, Kunsthandel usw) in Frage kommt; in Grenzbereichen kann das zu schwierigen und meist auch umstrittenen Schadensbewertungen führen, zB wenn bei öffentlichen Ausschreibungen Angebote aufgrund von Submissionsabsprachen gemacht (BGHSt 16, 137; 38, 186 mit Bespr Geerds DWiR 92, 120 und Jura 94, 309, 312, Tiedemann ZRP 92, 142, Hassemer JuS 92, 616, Baumann NJW 92, 1661, Joecks wistra 92, 247, Cramer NStZ 93, 42, Kramm JZ 93, 422, Broß/Thode NStZ 93, 370, Achenbach NStZ 93, 428, Hefendehl JuS 93, 805 und ZfBR 93, 164, Ranft wistra 94, 41 sowie Mitsch JZ 94, 877, 889 [das Verfahren wurde nach § 153 II StPO eingestellt, NJW 95, 737 mit Bespr Lüderssen wistra 95, 243 und Rutkowsky NJW 95, 705]; Frankfurt NJW 90, 1057 mit Bespr Hassemer JuS 90, 669, Schaupensteiner ZRP 93, 250, Ranft wistra 94, 41, 43; Satzger, Der Submissionsbetrug, 1994; Cramer, Zur Strafbarkeit von Preisabsprachen in der Bauwirtschaft, 1995; Otto ZRP 96, 300; Samson/Günther SK 146 c, alle mwN) oder auf Kunstauktionen Scheingebote abgegeben worden sind (dazu und allg zum Schaden im Kunsthandel Locher, Das Recht der bildenden Kunst, 1970, S 190; Baumann NJW 71, 23; Locher/Blind NJW 71, 2290; Heinz/Mühleisen, Würtenberger-FS, S 219; Geerds Jura 94, 309, 314; s auch Otto NJW 79, 681, 684; str). 38

aa) Für die Bewertung von **Waren** kommt es nicht nur auf ihre Qualität, sondern auch auf andere **preisbildende Umstände** an; deshalb kann die Lieferung von Hopfen aus einem weniger renommierten Anbaugebiet (BGHSt 8, 46), von Weinen, die wegen eines Verkehrsverbots gar nicht in den Handel kommen durften (NJW 95, 2933 mit krit Anm Samson StV 96, 93), von Musikinstrumenten anderer als der vereinbarten Herkunft (Köln BB 60, 340) oder von qualitätsgleicher Auslandsbutter bei geringerem Wert am Inlandsmarkt (BGHSt 12, 347) 39 eine Schädigung bedeuten (beachte auch NJW 80, 1760). Bei Verlagsverträgen über Druckwerke, die in Wahrheit Plagiate sind, und bei deren Verkauf hängt die Bewertung von den Umständen ab (weiter Deumeland AfP 73, 491 und SchwJZ 75, 205, 208).

39 a bb) Für die Bewertung entgeltlicher **Dienstleistungen** (etwa von Verkehrsbetrieben, Sporteinrichtungen, Theatern, Ausstellungen usw) bedeutet das Erbringen der Leistung ohne volles Entgelt einen Vermögensschaden (Düsseldorf NJW 92, 924; vgl auch NStZ 94, 189), und zwar auch dann, wenn von einem anderen Interessenten (zB halbleerer Zug) ein Entgelt nicht hätte erlangt werden können (Lackner LK 181 mwN).

40 cc) Aus der Maßgeblichkeit des Wertvergleichs folgt zugleich, daß ein Schaden nicht notwendig das Ausscheiden eines Gegenstandes (vgl 34) aus dem Vermögen oder die Begründung einer Verbindlichkeit voraussetzt. Die hM erkennt als Vermögensschaden auch eine konkrete (BGHSt 21, 112; 34, 394; StV 87, 535; BB 91, 713; NStZ 95, 232 und 96, 203; zu weit BGHSt 23, 300 mit Bespr Lenckner JZ 71, 320) **Vermögensgefährdung** an (krit Naucke StV 85, 187; Seelmann JR 86, 346; Otto JZ 93, 652, 657; Ranft wistra 94, 41, 43; Ahn aaO [vgl 33] S 96; zur Diskussion um ihren Ausschluß de lege ferenda s Albrecht ua [Hrsg], Rechtsgüterschutz durch Entkriminalisierung, 1992, S 63; Loos ZRP 93, 310, 311). Diese setzt voraus, daß wirtschaftlich betrachtet das Vermögen deshalb schon vermindert erscheint, weil der Eintritt einer endgültigen Vermögenseinbuße – in einem in Rspr (dazu in flächendeckender Fallgruppenbildung Hefendehl aaO [vgl 33] S 256) und Schrifttum allerdings umstrittenen Ausmaß (dazu Riemann, Vermögensgefährdung und Vermögensschaden, 1989, S 44 mwN) – näher gerückt ist (zusf Lackner LK 151–153 mwN); von dieser unterscheidet sie sich deshalb nur quantitativ (wistra 91, 307).

41 Häufig besteht sie darin, daß ein Anspruch minderwertig ist, weil ihm wegen Zahlungsunwilligkeit oder -unfähigkeit des Schuldners die erforderliche **Bonität** fehlt (BGHSt 15, 24; BB 92, 523, beide mwN). Im Vordergrund stehen hier die Fälle des Scheckbetrugs (vgl 11), namentlich der Scheckreiterei (zusf Otto, Bargeldloser Zahlungsverkehr und Strafrecht, 1978, S 41, 62 und Jura 83, 16, 24), und des (hier nicht iS des § 265 b zu verstehenden) Kreditbetrugs (zB BGHSt 33, 244; NJW 86, 1183; wistra 93, 341 und 95, 222 mit krit Bespr Achenbach NStZ 96, 535; Hamm NJW 77, 1834; Düsseldorf NJW 93, 1872 mit abl Bespr Otto JK 38; Bockelmann ZStW 79, 28; Lampe, Der Kreditbetrug [§§ 263, 265 b StGB], 1980, S 8; Hefendehl aaO [vgl 33] S 262; Ahn aaO [vgl 33] S 171; zusf Otto Jura 83, 16; Lackner LK 212–220), namentlich des Wechselbetrugs (wistra 96, 343) und der Wechselreiterei (zusf Lackner LK 221; s auch die Nachw unter 11). Allerdings kann es am Schaden fehlen, wenn ausreichende Sicherheiten gegeben wurden, die es dem Gläubiger ermöglichen, sich wegen des Anspruchs ohne Schwierigkeiten zu befriedigen (vgl 36 a). Dasselbe gilt, wenn der gestundete Anspruch schon vor der Verfügung wirt-

schaftlich wertlos war oder jedenfalls in seiner Bonität nicht verschlechtert wurde (BGHSt 1, 262; wistra 86, 170; s auch wistra 93, 17 und StV 94, 185; Haas GA 96, 117, 118).

Als Vermögensgefährdung kommt weiter in Frage: daß ein Anspruch minderwertig ist, weil ausbedungene Sicherheiten fehlen (wistra 88, 188 und 93, 265); daß bei hochspekulativen Anlagen die Rückgewähransprüche ungesichert sind (NStZ 96, 191); daß durch Erschleichen falscher oder Entziehen richtiger Beweismittel für einen Schuldner die Gefahr unberechtigter Inanspruchnahme oder für einen Gläubiger die Gefahr der Rechtsvereitelung heraufbeschworen wird (sog **Beweismittelbetrug,** RGSt 58, 183; 66, 371; s auch StV 89, 478 mit krit Anm Sonnen; aM Riemann aaO [vgl 40] S 94 mwN, der nur Versuch annimmt); daß ein Anspruch dem Gläubiger verschleiert wird (Hamm GA 58, 250; Stuttgart NJW 69, 1975); daß einzelne Vermögensgegenstände, etwa durch unrichtige Eintragungen im Grundbuch (Stuttgart NStZ 85, 365) oder durch falsche Buchungen (BGHSt 6, 115; Hefendehl aaO [vgl 33] S 385; aM Riemann aaO S 101) oder Erklärungen (Bay wistra 88, 35), der Gefahr des Verlustes ausgesetzt werden; oder daß eine sichere Prozeßlage in eine unsichere verwandelt wird (**Prozeßbetrug;** vgl Lackner LK 315, 316 mwN). Dazu genügt ua das Erschleichen eines noch nicht rechtskräftigen, aber vorläufig vollstreckbaren Urteils (NStZ 92, 233 mwN), während der Erlaß eines Mahnbescheids – wenn man überhaupt eine Täuschung und einen Irrtum bejaht (dazu 17, 19) – wegen Fehlens einer konkreten Gefahr noch keine Werteinbuße bedeutet (BGHSt 24, 257, 264). 42

Aus demselben Grunde dürfte meist auch nicht geschädigt sein, wer einen Gegenwert erlangt hat, der nach den Vorschriften über den **gutgläubigen Erwerb vom Nichtberechtigten** (§§ 405 ff, 932 ff, 1032, 1207 BGB, § 366 HGB) rechtlich unangreifbar ist; so etwa, wenn jemand gutgläubig Eigentum an einer Sache (BGHSt 15, 83), ein Pfandrecht (BGHSt 3, 370) oder eine Scheckforderung (BGHSt 1, 92) erworben hat. Jedenfalls müssen als vermögensirrelevante Gründe der sittliche Makel, der dem Gegenstand angeblich anhaftet (sog Makeltheorie; aM RGSt 73, 61), und die Gefahr der Strafverfolgung wegen Hehlerei (aM BGHSt 15, 83, 87) oder des Verlusts an Ansehen in der Umwelt (aM GA 56, 182) ausscheiden (str). Wirtschaftlich wertmindernd kann hier allenfalls die Gefahr prozessualer Auseinandersetzung mit dem Altberechtigten wirken (JR 90, 517 mit Anm Keller); sie ist jedoch im Hinblick auf die zivilrechtlich starke Stellung des gutgläubigen Erwerbers nur dann „konkret“, wenn dieser den Gegenstand unter regelwidrigen Umständen erlangt hat, die es wahrscheinlich machen, daß er ihn in einer Auseinandersetzung verteidigen muß und ihn möglicherweise nicht behaupten kann, oder wenn er aus Gründen wirtschaftlicher Rücksichtnahme zur Herausgabe gezwungen ist (eingehend Hefendehl aaO [vgl 33] S 350; zusf Lackner LK 201 mwN; str). Scheitert der gutgläubige Erwerb zB einer gestohlenen Sache an § 935 BGB, so liegt der Schaden des Erwerbers darin, daß er kein Eigentum an der Sache erworben hat. 43

44 In diesen Zusammenhang gehören ferner **Abschlüsse von Austauschverträgen,** in denen dem Veräußerer (zB beim Grundstückskauf) ausreichende Sicherheiten gewährt werden (StV 92, 465; Düsseldorf wistra 96, 32; beachte jedoch BB 92, 523), und namentlich auch von **Kaufverträgen** ohne wirtschaftlich belastendes Risiko, zB: wenn der Grundstücksverkäufer nicht vorleistungspflichtig ist (wistra 92, 101); wenn der getäuschte Vertragspartner auf Vorleistung des Täuschenden bestehen kann (NJW 94, 1745; Vogel Jura 96, 265, beide mwN); wenn „Leistung Zug um Zug" vereinbart ist (StV 95, 255); wenn der Kaufpreis anläßlich der Übergabe der Sache „in bar" bezahlt werden muß (NStZ-RR 96, 34); wenn dem Käufer nach § 1 b I AbzG aF (ersetzt durch § 7 I VerbrKrG) eine uneingeschränkte Widerrufsmöglichkeit zusteht (Bay MDR 86, 1046); wenn ihm ein befristetes, sonst aber bedingungsloses Rücktrittsrecht eingeräumt wird, das vor (bei Dallinger MDR 71, 546) oder nach (BGHSt 34, 199 mit Bespr Bottke JR 87, 428 und Müller-Christmann JuS 88, 108; Köln MDR 75, 244) Lieferung der Ware auszuüben ist; oder wenn nach allgemeiner Übung einer Firma Beanstandungen stets zur Stornierung des Auftrags führen (BGHSt 23, 300). In solchen Fällen kann es an der konkreten (insoweit von der Rspr allerdings uneinheitlich beurteilten) Gefahr fehlen, daß der Käufer am Vertrag festgehalten wird (Hefendehl aaO [vgl 33] S 334; Lackner LK 225 mwN).

45 Ferner genügt es nicht, wenn nur die Gefahr des Verlusts eines **wirtschaftlich wertlosen** (vgl 34) oder **für den Wirtschaftsverkehr irrelevanten Gegenstandes** verursacht wird. Letzteres kommt namentlich in Frage, wenn die Entdeckung einer Straftat oder Ordnungswidrigkeit oder deren Verfolgung zur Abwendung einer Vermögenssanktion (zB Geldstrafe, Verfall, Geldbuße und Verwarnung, mit Einschränkungen auch der Verfall einer Sicherheitsleistung nach § 116 StPO, BGHSt 38, 345) verhindert wird. Zwar ist die Vereitelung einer solchen Sanktion für den Staat auch wirtschaftlich fühlbar; jedoch wird das Wesen der poenalen Maßnahme nicht durch ihren wirtschaftlichen Gehalt, sondern durch den kriminalpolitischen Zweck der Repression und Prävention charakterisiert (hM; vgl Karlsruhe NStZ 90, 282; Bay JR 91, 433 mit Anm Graul, alle mwN; für die Verwarnung anders Wenzel DAR 89, 455).

46 Zu weit geht schließlich die Annahme der Rspr, daß die Aufnahme **vertraglicher Beziehungen** zu einem zahlungsunwilligen Vertragspartner schon als solche eine Wertminderung sei (so NJW 53, 836; Bockelmann NJW 61, 145; einschr Cramer aaO [vgl 34] S 126). Im ganzen kommt es sehr auf die Einzelumstände an (StV 85, 186; Köln JZ 67, 576 mit Anm Schröder). Die erschlichene Unterschrift unter einem Kaufvertrag genügt als solche jedenfalls nicht (BGHSt 16, 321 mit Bespr Weidemann GA 67, 238).

47 dd) **Keinen Schaden** bedeutet schließlich eine Vermögensminderung, die eine entsprechende fällige und einredefreie Schuld tilgt, weil der Wegfall der Verbindlichkeit der Einbuße schon aus Rechtsgründen

gleichgestellt werden muß (BGHSt 20, 136; Köln StV 91, 209; Lackner LK 155, alle mwN; str). Aus demselben Grunde ist ferner nicht geschädigt, wer eine Einbuße erleidet, die von ihm nach der Rechtsordnung hinzunehmen ist (BGHSt 31, 178 mit Bespr Lenckner NStZ 83, 409, Maaß JuS 84, 25 und Bloy JR 84, 123; Küper BT S 264 mwN; str).

b) Die **individuelle Komponente** des Wertmaßstabes erfordert in gewissen Grenzen die Berücksichtigung der konkreten wirtschaftlichen Verhältnisse des Betroffenen (sog **persönlicher Schadenseinschlag**). Für die hM folgt daraus nicht, daß der Bewertung von Gegenständen eines individuellen Vermögens die Wertschätzungen und Präferenzen des Vermögensträgers zugrundezulegen sind. Maßgebend ist vielmehr das „vernünftige Urteil eines unbeteiligten Dritten" (BGHSt 16, 220, 222 mit Bspr Fahl JA 95, 198). Dieser Ansatz ist allerdings problematisch (Lackner LK 159, 160; zusammenfassende Kritik bei Otto, Die strafrechtliche Bekämpfung unseriöser Geschäftstätigkeit, 1990, S 65; Schmoller ZStW 103, 92, 96; Ranft Jura 92, 66, 72; Geerds Jura 94, 309, 314, alle mwN): zwar wirkt er einer unerwünschten Ausuferung des Schadensbegriffs entgegen, ermöglicht aber bis zu einem gewissen Grade „Fremdbestimmung des Vermögens nach Art und Ergebnis seiner Verwendung und damit Schutzlosigkeit" (Jakobs JuS 77, 228). Der optimale Ausgleich dieser Spannung ist ein rechtspolitisches Problem. Auch wenn man entgegen der hM eine weiterreichende Individualisierung des Schadensbegriffs mit der wirtschaftlichen Vermögenslehre (vgl 33) für vereinbar hält (so mit beachtlichen Gründen Schmoller aaO S 101), fehlt es für die Strafbedürftigkeit (3 vor § 13) von Taten, die den Betroffenen nach neutralem Urteil nicht ernstlich beschweren, jedenfalls bisher noch an einer zureichenden Begründung. – Im **einzelnen** gilt nach der Rspr folgendes: **48**

aa) Ein Schaden liegt vor, wenn einer Leistung eine abstrakt gleichwertige Gegenleistung gegenübersteht, diese aber für den Betroffenen nicht oder nicht in vollem Umfange **zu dem vertraglich vorausgesetzten Zweck brauchbar** ist und er sie auch **nicht in anderer zumutbarer Weise verwenden,** namentlich ohne besondere Schwierigkeit wieder veräußern kann (BGHSt 16, 220; wistra 86, 169). Beispiele: Grundstücke (München NJW 78, 435 mit Anm Sonnen JA 78, 257); Melkmaschinen (BGHSt 16, 321); Automaten (NJW 68, 261; KG JR 66, 391 mit Anm Schröder; s auch bei Holtz MDR 79, 988); Zeitungen, Zeitschriften und Bücher (BGHSt 23, 300 mit Anm Graba NJW 70, 2221, Schröder JR 71, 74 und Meyer MDR 71, 718; Köln NJW 76, 1222 mit Bespr Jakobs JuS 77, 228; Köln NJW 79, 1419; Stuttgart NJW 80, 1177; Düsseldorf NJW 90, 2397 mit krit Bespr Endriß wistra 90, 335 und Küpper/Bode JuS 92, 642); Gebrauchtwagen (Düsseldorf JZ 96, 913 mit Anm Schneider; zusf Ranft JA 84, 723, 726 mwN); Milchpulver (NJW 90, 1921, 1923); Eingehen einer unnötigen Versicherung (bei Dallinger MDR 52, 408); ausländische oder nicht bör- **48a** senmäßig gehandelte Anlageaktien (v Ungern-Sternberg ZStW 88, 653, 674; Otto, Pfeiffer-FS, S 69; beachte jedoch München NStZ 86, 168 mit Anm Schlüter).

48b Nach welchen Regeln und mit welcher Begrenzung das Prinzip des persönlichen Schadenseinschlags auch für Manipulationen mit **Warentermin-(Rohstoff-)Optionen** fruchtbar gemacht werden kann, ist noch nicht abschließend geklärt (Rspr-Übersicht bei Achenbach NStZ 88, 98, 91, 410 und 93, 429; krit Rspr-Analyse bei Imo, Börsentermin- und Börsenoptionsgeschäfte, 1988, Bd I S 718; zu ähnlichen Praktiken im Immobilienvertrieb beachte Gallandi wistra 92, 289, 263 und 94, 243). Die Beurteilung bestimmt sich idR nicht nur nach der Art der jeweiligen Manipulation, die zB im Fordern versteckter Aufschläge auf börsengehandelte Optionen, im Nichtplazieren von Kundengeldern an der Börse oder im Handel mit Privatoptionen von zweifelhafter Bonität bestehen kann, sondern meist auch nach den näheren Umständen des Einzelfalls (vgl ua BGHSt 30, 177, 388; 31, 115; 32, 22; NJW 83, 292, 1917; StV 86, 299; wistra 91, 25 und 95, 102; München NJW 80, 794; Hamburg NJW 80, 2593; Rochus NJW 81, 736 und JR 83, 338; Sonnen wistra 82, 123 und StV 84, 175; Lackner/Imo MDR 83, 969, 971; Worms wistra 84, 123 und Anlegerschutz durch Strafrecht, 1987, S 190; Otto WM 88, 729, 732; Franke/Ristau wistra 90, 352; s auch NStZ 92, 602 mit Anm Molketin, alle mwN; zur Täuschungshandlung in diesen Fällen vgl 10).

49 Unter dem Gesichtspunkt zumutbarer anderweitiger Verwendung sind die Maßstäbe der Rspr uneinheitlich in Fällen der **Unterschriftserschleichung,** in denen der Getäuschte überhaupt nichts bestellen will (eingehend Bohnenberger, Betrug durch Vertragserschleichung, 1990, S 3 und Ahn aaO [vgl 33] S 101), so etwa, wenn die Unterschrift unter ein Vertragsformular mit dem Hinweis erschlichen wird, es handle sich um die Bestätigung eines Vertreterbesuchs (BGHSt 22, 88). Hier liegt nicht ausnahmslos (so aber zB KG JR 72, 28; Heinitz JR 68, 387), sondern nur dann ein Schaden vor, wenn nach objektiver Beurteilung die Verwendung des unerwünschten Gegenstandes mit den Zwecksetzungen des Vermögensträgers nicht sinnvoll vereinbar und daher unzumutbar ist (Hamm NJW 69, 624, 1778; Köln MDR 74, 157 und GA 77, 188; Lampe NJW 78, 679; diff Schlüchter MDR 74, 617, die einen Schaden schon bei Fehlen eines „aktuellen Bedürfnisses" bejaht, und Franzheim/Krug GA 75, 97, 102, die auf den Ge- oder Verbrauchswillen des Opfers abstellen; zw).

50 bb) Die Rspr bejaht einen Schaden ferner in Fällen, in denen der Betroffene bei abstrakter Gleichwertigkeit der Leistungen **zu vermögensschädigenden Maßnahmen genötigt** wird oder nicht mehr über die Mittel verfügen kann, die zur ordnungsmäßigen Erfüllung seiner Verbindlichkeiten oder sonst für eine angemessene Wirtschafts- oder Lebensführung unerläßlich sind (BGHSt 16, 321; Bay NJW 73, 633 mit Bespr Berz NJW 73, 1337 und Weidemann MDR 73, 992; Köln MDR 74, 157; krit Mohrbotter GA 75, 41). Über diese Grenze

hinaus genügt eine Beeinträchtigung der wirtschaftlichen Bewegungsfreiheit nicht (hM; krit Eser GA 62, 289; aM Schlüchter MDR 74, 617).

cc) In Fällen des Rechtsverzichts oder der Rechtsvereitelung kann umgekehrt der persönliche Schadenseinschlag auch in dem Sinne relevant werden, daß der Wert des preisgegebenen oder vereitelten Rechts für den Betroffenen höher zu veranschlagen ist als der Marktwert; zB beim Verzicht auf ein Vorkaufsrecht (Lackner/Werle JR 78, 299; anders NJW 77, 155, wo eine Individualisierung nicht erwogen wird) oder beim Kündigungsbetrug (eingehend dazu Seier, Der Kündigungsbetrug, 1989), wenn ein vertraglich eingeräumtes Mietbesitzrecht preisgegeben oder gerichtlich aberkannt wird (AG Kenzingen NStZ 92, 440; Werle NJW 85, 2913; Rengier JuS 89, 802, 803; aM Hellmann JA 88, 73, 75). 51

c) Beim sog **Anstellungsbetrug** (vgl Sarstedt JR 52, 308; Haupt NJW 58, 938; zu seiner Verjährung 4 zu § 78 a), der ein Eingehungsbetrug ist (vgl 53), kommt es für die Schadensberechnung darauf an, ob die vom Dienstberechtigten übernommene geldliche Leistung die vom Verpflichteten zugesagten Dienste wertmäßig übersteigt (NJW 61, 2027). Das gilt auch für Angestellte des öffentlichen Dienstes und der Privatwirtschaft; ihre Leistung ist – auch bei unüblichem (Außenseiter) oder an sich unzureichendem Ausbildungsgang – an den Erwartungen zu messen, die allgemein an die jeweilige Vergütungs- oder Tarifgruppe gestellt werden (BGHSt 17, 254; AG Tiergarten NStZ 94, 243). Hängt jedoch die Höhe der Vergütung wesentlich davon ab, daß der Angestellte besonders vertrauenswürdig und zuverlässig ist, daß er sich durch eine abgeschlossene Ausbildung ausweist oder daß er schon früher in bestimmter Weise beschäftigt war, so begründet das Fehlen dieser Bedingungen einen Minderwert der Leistung (BGH aaO; NJW 78, 2042; Celle MDR 60, 696; aM Cramer, aaO [vgl 34] S 112). Beim Beamten nimmt die Rspr unterschiedslos einen Schaden an, wenn der Bewerber über die fachliche Eignung, die Vorbildung oder die persönliche Würdigkeit falsche Angaben macht, weil es hier nicht so sehr auf den Wert der übernommenen Dienste, als auf die Erfüllung der sachlichen Voraussetzungen der Amtsstellung ankomme (BGHSt 5, 358; GA 56, 121; Celle MDR 73, 242; zusf Lackner LK 239). Damit dürfte die äußerste Grenze eines noch verständlich zu machenden Vermögensschutzes erreicht sein (krit Bockelmann JZ 52, 461; Diekhoff DB 61, 1487). Nach hM nicht akzeptabel ist die in der Rspr (BGHSt 17, 254, 259; NJW 78, 2042) vertretene Auffassung, daß allein die Gefahr ausreiche, der Täter werde seine Tätigkeit zur Begehung von Straftaten ausnutzen (zusf Miehe JuS 80, 261 mwN). – Das Erschleichen der kassenärztlichen Zulassung ist kein Anstellungsbetrug, sondern Vorbereitungshandlung für spätere betrügerische Abrechnungen (NJW 94, 808; vgl 9). 52

4. Maßgeblicher Zeitpunkt für den zur Gesamtsaldierung (vgl 36) erforderlichen Wertvergleich ist der Stand des Vermögens vor und nach 53 der Verfügung (stRspr), nicht die spätere Entwicklung (GA 61, 114; Stuttgart NJW 63, 825; Düsseldorf NJW 94, 3366). Da Veränderungen im Vermögensstand nicht nur durch Zu- oder Abgang von stofflichen Vermögensbestandteilen, sondern auch durch Begründung von Ansprüchen oder Verbindlichkeiten eintreten können (übersehen von LG Mannheim NJW 93, 1488 mit krit Bespr Loos/Krack JuS 95, 204), besteht die Möglichkeit sowohl eines **Eingehungs- als auch eines Erfüllungsbetrugs** (zusf Lackner LK 222–234 mwN). Bei jenem kommt es auf den Vergleich der einander gegenübertretenden Ansprüche an (BGHSt 15, 24; 23, 300; NJW 85, 1563 mit krit Bespr Ranft Jura 92, 66, 75; Düsseldorf NJW 93, 2694 mit Anm Ranft JR 94, 523; aM Schröder JZ 65, 516, Meyer MDR 71, 718 und Riemann aaO [vgl 40] S 75, die nur Versuch annehmen). Beim Erfüllungsbetrug ist dagegen darauf abzustellen, ob die erbrachten oder empfangenen Leistungen jeweils den schuldrechtlichen Verpflichtungen gleichwertig sind (BGHSt 32, 211 mit Anm Puppe JZ 84, 531; Stuttgart JR 82, 470 mit Anm Bloy; speziell zur Begründung des Erfüllungsschadens beim Stückkauf Schneider JZ 96, 917). Wird jedoch eine Täuschung – etwa die fälschliche Zusicherung einer Eigenschaft – schon im Rahmen des Verpflichtungsgeschäfts begangen und wirkt sie in der Erfüllungsphase fort (vgl NJW 94, 1745; sog unechter Erfüllungsbetrug, Küper BT S 263), so bilden Verpflichtungs- und Erfüllungsgeschäft eine Einheit mit der Folge, daß über den Schaden der Wertvergleich zwischen den jeweiligen Leistungen entscheidet (hM; vgl BGHSt 16, 220; Bay NJW 87, 2452; Schönfeld JZ 64, 206; Hefendehl JuS 93, 810; anders Lenckner MDR 61, 652 und NJW 62, 59; Otto JZ 93, 652, 656; Geerds Jura 94, 309, 317; Ahn aaO [vgl 33] S 118, 132; Schneider JZ 96, 918; Seyfert JuS 97, 29, 32; Sch/Sch-Cramer 138, alle mwN; zw); das gilt allerdings dann nicht, wenn sich Verpflichtungs- und Erfüllungsphase nicht als einheitlicher, auf der Täuschung bei Vertragsschluß beruhender Vorgang darstellen, der Täter vielmehr erst durch eine neue selbständige Täuschung den Erfüllungsanspruch des Betroffenen vereitelt (Tenckhoff, Lackner-FS, S 677; Lackner LK 233, beide mwN; anders die hM; sog echter Erfüllungsbetrug, Küper BT S 263). Über diese Besonderheiten hinaus sind zahlreiche weitere Fragen der Berechnung des Eingehungs- und des Erfüllungsschadens noch nicht abschließend geklärt (vgl etwa Lenckner JZ 71, 320; Cramer aaO [vgl 34] S 170, 181; speziell zum Baubetrug Geerds NStZ 91, 57 und Broß/Thode NStZ 93, 371; bei Submissionsabsprachen Achenbach NStZ 93, 429, Hefendehl JuS 93, 808, Ranft wistra 94, 41, 44, Cramer, Zur Strafbarkeit von Preisabsprachen in der Bauwirtschaft, 1995, S 7, 25 und Samson/Günther SK 146 a–d).

54 **VII. 1.** Zwischen den Merkmalen des objektiven Tatbestandes muß ein durchlaufender **Ursachenzusammenhang** (9–11 vor § 13) in der Weise bestehen, daß die Täuschungshandlung den Irrtum und dieser die Vermögensverfügung bewirkt (wistra 92, 145; StV 93, 523, beide

mwN), die ihrerseits als unmittelbare (vgl 25) Vermögensbeschädigung zu bewerten ist (so überzeugend Schmidhäuser, Tröndle-FS, S 305; Hansen Jura 90, 510); die übliche Erstreckung des Kausalitätserfordernisses auch auf die Beziehung zwischen Verfügung und Schaden (so die hM) ist mißverständlich, weil das Element der Vermögensminderung schon dem Verfügungsbegriff immanent ist (vgl 22, 25, 36). Für die Ursächlichkeit des Irrtums ist unerheblich, ob er für die Vermögensverfügung allein- oder nur mitmotivierend war (BGHSt 13, 13 mit Anm Heinitz JR 59, 386; zu der hier psychisch vermittelten Kausalität 10 vor § 13; s auch KG JR 64, 350; Klauser NJW 59, 2245; Busch NJW 60, 950; Prinzing NJW 60, 952; Weidemann GA 67, 238, 243).

2. a) Ob über den Kausalzusammenhang hinaus auch ein besonderer **funktionaler Zusammenhang** vorliegen muß, der die sog bewußte Selbstschädigung aus dem Anwendungsbereich ausscheidet, ist umstritten, aber wohl zu bejahen (zusf Lackner LK 164–176). Diese Restriktion beruht auf der Erwägung, daß sich bei bewußter Selbstschädigung, die den vom Getäuschten verfolgten Zweck erreicht, die Schutzwirkung des Tatbestandes nicht mehr auf das Vermögen als wirtschaftlichen Wert – diesen gibt der Getäuschte bewußt und freiwillig preis –, sondern nur noch auf die Dispositionsfreiheit bezieht (so namentlich Cramer JZ 71, 415; Maiwald NJW 81, 2777, 2780; Rudolphi, Klug-FS, S 315, 316; aM Ellscheid GA 71, 161; Herzberg MDR 72, 93 und JuS 72, 570; Dölling JuS 81, 570, alle mwN; s auch Graul, FS f H E Brandner, 1996, S 801, 819; Seier JuS 96, L 21, 23). Obwohl die Rspr des RG diese Einschränkung zunächst nur für spezielle Fälle unerlaubter Geschäfte anerkannt (RGSt 42, 58) und später ganz verworfen hat (RGSt 44, 232; 52, 136; 70, 256), ist die neuere Rspr – von gelegentlichen verneinenden Hinweisen abgesehen (zB BGHSt 19, 37, 45; Köln NJW 72, 1823) – auf die Ausscheidung der bewußten Selbstschädigung nicht mehr näher eingegangen. Aus ihrer ablehnenden Haltung folgt aber, daß die unentgeltliche Entäußerung stets, also auch bei Zweckerreichung, einen Vermögensschaden bedeutet, weil der Betroffene infolge der täuschungsbedingten Verfügung ärmer geworden ist (Bay NJW 52, 798); denn die Zweckerreichung als solche ist ein für das Vermögen des Betroffenen irrelevanter Vorgang und kann daher nicht ohne Widerspruch zu den allgemeinen Grundlagen des Schadensbegriffs zur Kompensation herangezogen werden (ebenso Graul aaO S 807). Die Schwierigkeit läßt sich auch nicht mit Hilfe des sog Kommerzialisierungsgedankens ausräumen (so Gerhold, Zweckverfehlung und Vermögensschaden, 1988, S 36; Wessels BT 2 Rdn 534; ähnlich Hack, Probleme des Tatbestands Subventionsbetrug, § 264 StGB, 1982, S 49), weil er nicht vorhandene wirtschaftliche Werte fingiert und überdies keine hinreichend bestimmte Abgrenzung ermöglicht (zust Graul aaO S 809). Aus der Sicht der Rspr ist es deshalb inkonsequent (Seier aaO), bei solchen Vermögensopfern dennoch auf die Zweckverfehlung abzustellen (vgl etwa BGHSt 19, 37, 44; NJW 92, 2167 und 95, 539; KG 55

JR 62, 26); dafür gibt es eine zureichende Begründung nur unter der von der Rspr abgelehnten Voraussetzung, daß die bewußte Selbstschädigung nicht in den Schutzbereich des § 263 fällt (zur Zweckverfehlungslehre vgl ferner Gallas, EbSchmidt-FS, S 401, 435; Mohrbotter GA 69, 225; Cramer aaO [vgl 34] S 202; Maiwald aaO S 2780; Hartmann, Das Problem der Zweckverfehlung beim Betrug, 1988; aus der Sicht der personalen Vermögenslehre [33] Geerds Jura 94, 309, 318 und Winkler aaO [vgl 33] S 197; mit bedenkenswerten Gründen abl Schmoller JZ 91, 117; krit auch Kindhäuser ZStW 103, 398, 407 und Graul aaO S 805; zusf Küper BT S 271).

56 **b)** Aus dem Erfordernis eines funktionalen Zusammenhangs **folgt:** Gibt der Getäuschte ohne rechtliche Verpflichtung (dazu Lackner LK 165; s auch wistra 84, 23) bewußt einen Vermögenswert ganz oder teilweise (sog gemischter Vertrag) ohne Entgelt weg, zB beim **Bettel-, Spenden- oder Schenkungsbetrug** (vgl etwa wistra 87, 255), aber auch bei kommerzieller Mitgliederwerbung für eine gemeinnützige Organisation (vgl NJW 95, 539 mit zust Anm Rudolphi NStZ 95, 289; Deutscher/Körner JuS 96, 296 und Otto JK 43), so kommt es für die Annahme eines im Sinne des § 263 relevanten Schadens darauf an, ob der mit der Aufwendung verfolgte Zweck verfehlt wurde, obwohl seine Erreichung sich als der vom Partner zu realisierende Ausgleich für das Vermögensopfer darstellt (Hack aaO [vgl 55]; speziell zu den Voraussetzungen der Zweckverfehlung beim Spendenbetrug Rudolphi, Klug-FS, S 315; krit zur Zweckverfehlungslehre Hilgendorf JuS 94, 466, 468 und Mitsch JA 95, 32, 42; str). Auch beim **Subventionsbetrug** im Sinne des § 263 ist die Zuwendung des Subventionsgegenstandes, wenn auf sie kein Rechtsanspruch besteht und auch die allgemeinen Voraussetzungen einer Exspektanz nicht erfüllt sind (vgl 34), eine Leistung ohne Entgelt (hM; einschr Schmoller JZ 91, 117, 124); hier ist darauf abzustellen, ob im Zeitpunkt der Subventionsbewilligung die materiellen Vergabevoraussetzungen, dh diejenigen Bedingungen, namentlich auch die zeitlichen Begrenzungen, erfüllt waren, die den Einsatz der Mittel nach den Zwecksetzungen des Subventionsgebers zu steuern bestimmt waren (ähnlich BGHSt 31, 93 mit Anm Tiedemann JR 83, 212 betr Erschleichen einer Investitionszulage); unerheblich sind dagegen bloße Formalien oder andere Bedingungen, die nicht in den Zweckzusammenhang der Subvention gehören, sondern nur die Verwaltungstätigkeit erleichtern oder der Beweissicherung dienen sollen (Lackner LK 176; offen gelassen in BGH aaO). – Zum Betrug durch sog „Transferrubelgeschäfte" wistra 93, 339; LG Berlin DtZ 94, 40.

57 **VIII. Der Vorsatz** (bedingter genügt, bei Dallinger MDR 75, 22) muß nicht nur alle Merkmale des äußeren Tatbestandes, sondern auch den zwischen ihnen notwendigen Kausalzusammenhang umfassen. Beim Vermögensschaden (beachte dazu wistra 88, 348) betrifft das nur die unmittelbare Wertminderung (vgl 36); weiß also der Täter beim Kreditbetrug (iS des § 263) oder rechnet er mit der Möglichkeit, daß

der Rückzahlungsanspruch nicht die erforderliche Bonität hat, so genügt das, auch wenn er beabsichtigt oder hofft, den endgültigen Schaden durch Erfüllung abwenden zu können (bei Holtz MDR 81, 810; wistra 93, 265, 266; s auch NJW 94, 1745; Haft ZStW 88, 365, 366; Nack NJW 80, 1599, 1602). Besteht der Schaden in einer Vermögensgefährdung (vgl 40), so reicht die Kenntnis von den die Gefährdung begründenden Umständen (wistra 96, 261). – Zur Frage, ob der Vorsatz auch die Rechtswidrigkeit des Vermögensvorteils umfassen muß, vgl 62.

IX. Die **Absicht,** sich oder einem Dritten einen rechtswidrigen Vermögensvorteil zu verschaffen (kein besonderes persönliches Merkmal iS des § 28 I, dort 6), ist der auf diesen Erfolg zielgerichtete Wille (20 zu § 15). Das setzt voraus, daß die Erfolgsvorstellung, die auch die Bedeutung des Vorteils als wirtschaftliche Besserstellung (vgl 59) umfassen muß (NJW 88, 2623 mit krit Bespr Otto JK § 253/3), auf den Handlungsentschluß (mit-) bestimmend einwirkt; jedoch braucht der Vorteil weder der einzige, der maßgebende oder auch nur überwiegende Zweck, noch die letzte Triebfeder (Endziel, Beweggrund oder Motiv) zum Handeln zu sein. Es genügt, wenn der Täter ihn neben anderen Zielen oder nur als Mittel für einen anderweitigen Zweck anstrebt (BGHSt 16, 1; weiter Jakobs AT 8/41; vgl auch Bay NStZ 94, 491 mit krit Bespr Otto JK 42), selbst dann, wenn er ihn nicht zu wirtschaftlichem Nutzen, sondern zur Schädigung anderer einsetzen will (Bay JZ 72, 25 mit Bespr Schröder, Herzberg JuS 72, 185, Maurach JR 72, 345 und Seelmann JuS 82, 748; s auch Lackner LK 261; str). Nicht ausreichend ist dagegen, wenn der Vorteil nur notwendige oder mögliche – sei es auch dem Täter nicht unerwünschte (Welzel NJW 62, 20; Geppert JK 26; aM BGHSt 16, 1, 6; Köln NJW 87, 2095; zusf Küper BT S 54, alle mwN) – Folge eines ausschließlich auf einen anderen Zweck gerichteten Verhaltens ist (hM; anders Rengier JZ 90, 321, der die notwendige Folge und das Zwischenziel nicht für differenzierbar hält). 58

1. Vermögensvorteil ist jede wirtschaftliche Verbesserung der Vermögenslage, also das genaue Gegenteil des Vermögensschadens (vgl 36); auch das Nichterbringen einer Leistung genügt (Stuttgart NJW 62, 502). – Der erstrebte Vorteil muß – woran es bei bloßen Folgeschäden der Vermögensverfügung regelmäßig fehlt (NJW 89, 918) – dem zugefügten Schaden entsprechen, gleichsam seine Kehrseite bilden (BGHSt 6, 115; Bay NJW 87, 1654, 1656 und NStZ 94, 491 mit Bespr Otto JK 42; Düsseldorf NJW 94, 3366). Dieses Merkmal der sog **Stoffgleichheit** ist in Rspr und Lehre noch nicht abschließend geklärt (zusf Lackner LK 265–274). Es kann nicht im strengen Sinne des Wortes verstanden werden. Ausreichend ist vielmehr, daß Vorteil und Schaden auf derselben Vermögensverfügung beruhen und daß der Vorteil zu Lasten des geschädigten Vermögens geht (BGHSt 34, 379, 391). Das hat vor allem die – inzwischen durch Einführung des § 266 b gegenstandslos gewordene (dort 9) – Diskussion um die Stoffgleichheit beim sog 59

Scheckkartenbetrug (BGHSt 24, 386) gezeigt. Dabei hat sich überwiegend die Meinung durchgesetzt, daß die Annahme eines Betruges bei Hingabe eines ungedeckten garantierten Schecks jedenfalls nicht an der Stoffgleichheit scheitert: Wenn nämlich durch die Einlösung des Schecks nicht die einlösende, sondern infolge der Scheckgarantie die bezogene Bank einen unmittelbaren Schaden erleidet, dann bildet diese Einbuße zugleich das unmittelbare Äquivalent für die dem Bereicherten zufließende vermögenswerte Leistung (Köln NJW 78, 713 mit abl Bespr Gössel JR 78, 469 und Vormbaum JuS 81, 18, 24; Schroth NJW 83, 716, 721, alle mwN). Das Wesentliche des mit der Stoffgleichheit geforderten funktionalen Zusammenhangs wird in dem überkommenen Begriff nicht zutreffend ausgedrückt (Bay MDR 64, 776); namentlich bei der Vereitelung von Anwartschaftsrechten und Gewinnaussichten (vgl 34) ist er irreführend (Mohrbotter GA 71, 231, 325; s auch Beulke JuS 77, 35, 38).

60 Praktische Bedeutung hat das Merkmal vor allem beim **Provisonsvertreterbetrug.** Zur Herstellung der Stoffgleichheit muß dieser als fremdnütziger Betrug in dem Sinne konstruiert werden, daß der Vertreter aus dem Schaden des Kunden einen Vorteil für seine Firma erstrebt, der die Voraussetzung für seinen Provisionsanspruch bildet (hM; vgl zB NJW 61, 684; Saarbrücken NJW 68, 262); daneben kann auch ein Betrug zum Nachteil der Firma vorliegen (BGHSt 21, 384).

61 **2. a)** Der Vermögensvorteil ist **rechtswidrig,** wenn der Täter auf ihn (nach bürgerlichem oder öffentlichem Recht) keinen Anspruch hat (BGHSt 19, 206; zusf Mohrbotter GA 67, 199). Wer die Erfüllung eines unbedingten und fälligen Anspruchs erstrebt oder die Durchsetzung eines unbegründeten Anspruchs abzuwehren sucht, scheidet daher – wenn man nicht schon den Schaden verneint (vgl 47) – jedenfalls aus diesem Grunde aus. Die Verfolgung und Abwehr von Ansprüchen mit rechtswidrigen Mitteln macht nicht zugleich auch ihr Ergebnis, den Vermögensvorteil, rechtswidrig (MDR 83, 419; Bay StV 90, 165 und 95, 303; Düsseldorf wistra 92, 74; s auch NJW 82, 2265 mit krit Bespr Bernsmann NJW 82, 2214; bei Holtz MDR 90, 488); das gilt namentlich für den sog **Selbsthilfebetrug** (hM; anders Arzt/Weber BT 3 Rdn 462), dh für falsche Angaben im Prozeß zu dem Zweck, einen begründeten, aber wegen Beweisschwierigkeiten gefährdeten Anspruch durchzusetzen oder einen unbegründeten, aber wegen der Beweislage aussichtsreichen Anspruch abzuwehren (BGHSt 3, 160), für das Beschaffen von Beweismitteln, die der wahren Rechtslage entsprechen (BGHSt 20, 136; Schröder JZ 65, 513), und für das Erschleichen eines Wechsels oder Schecks mit dem Ziel, dadurch der Erfüllung eines begründeten Anspruchs näher zu kommen (Bay 55, 3). Auch wer seinen Schuldner zur Hergabe eines Darlehens unter Verschweigen der Absicht bestimmt, sich von der Rückzahlung durch Aufrechnung zu befreien, erstrebt keinen rechtswidrigen Vorteil (NJW 53, 1479). Ob das Erschleichen einer Leistung, die jemand aus einem anderen als dem an-

gegebenen Grunde schuldet, rechtswidrig ist, hängt von den Umständen ab (vgl ua bei Dallinger MDR 56, 10; bei Holtz MDR 82, 281; Schröder DRiZ 56, 70; Otto, Die Struktur des strafrechtlichen Vermögensschutzes, 1970, S 231; Lackner LK 278, alle mwN; str).

b) Die **systematische Einordnung** der Rechtswidrigkeit des Vermögensvorteils ist umstritten. Die Rspr versteht sie mit Recht als Tatumstand und behandelt daher auch den **Bewertungsirrtum,** einen Anspruch auf den Vorteil zu haben, als Tatbestandsirrtum (BGHSt 3, 99; StV 92, 106; wistra 92, 95; Bay StV 90, 165; zur entspr Rechtslage bei der Erpressung 8 zu § 253). Die Meinungen im Schrifttum sind ebenso differenziert wie bei der Rechtswidrigkeit der Zueignungsabsicht nach § 242 (dort 28; zusf Lackner LK 287, 288). 62

X. 1. a) Vollendet ist der Betrug, wenn der Vermögensschaden – sei es auch nur teilweise (RGSt 33, 78) – eintritt. Das gilt auch, wenn der Getäuschte durch Unterlassen (vgl 22) verfügt hat (Schaffstein, Dreher-FS, S 147, 159). Der erstrebte Vermögensvorteil braucht nicht (oder noch nicht) erreicht (BGHSt 19, 342) oder auch nur erreichbar zu sein (BGHSt 32, 236, 243; NStZ 87, 223). Ist er eingetreten, so ist der Betrug nach hM **beendigt** (2 vor § 22; M-Schroeder/Maiwald BT 1 41/149 stellen dagegen zu Recht auf den endgültigen Schädigungserfolg ab; zur Teilnahme zwischen Vollendung und Beendigung Bilda MDR 65, 541; Kühl, Die Beendigung des vorsätzlichen Begehungsdelikts, 1974, S 101). 63

b) Eingehungs- und Erfüllungsbetrug (vgl 53) bilden eine einheitliche Tat; jener ist nur ein Durchgangsstadium zur Erfüllungsphase, mit deren Abwicklung der Eingehungsschaden vertieft und die endgültige Schädigung erreicht wird (RGSt 66, 176, 180; Jescheck, Welzel-FS, S 683, 688; Lackner LK 292–294; aM Otto, Lackner-FS S 715, 723, alle mwN); wiederholte Täuschungen während des Gesamtablaufs gewinnen daher keine selbständige Bedeutung (Hamm GA 57, 121; aM Bay JR 74, 336 mit abl Anm Lenckner). – Speziell zur Beendigung als Anknüpfung für die **Verjährung** 4 zu § 78 a. 64

2. Der **Versuch** beginnt mit dem unmittelbaren Ansetzen zur (tatbestandsspezifischen, 3 zu § 22) Täuschung (4–7 zu § 22 und die dort angeführten, zT auch den Betrug betr Beispiele), beim Eingehungsbetrug mit einem von Täuschungshandlungen begleitetem ernstgemeinten Vertragsangebot (wistra 96, 343). Die Möglichkeiten des Versuchs beim Prozeßbetrug (vgl 34) sind nicht nur im Hinblick auf das Überschreiten der Versuchsschwelle, sondern auch auf Bedeutung und Wirkung der einschlägigen Prozeßhandlungen sowie die Verantwortungsbereiche der Prozeßbeteiligten umstritten und noch nicht abschließend geklärt (vgl etwa Bamberg NStZ 82, 247 mit Anm Hilger; Bay NJW 96, 406, 408; Seier ZStW 102, 563; Lackner LK 319 mwN). 65

XI. Zu **Abs 3** (besonders schwere Fälle) 7–10 a zu § 46; 4 zu § 12 (speziell zu § 263 bei Dallinger MDR 75, 368 und 76, 16; NStZ 81, 66

391; wistra 84, 23, 25 und 88, 304, 345; NJW 91, 2574). – In **Abs 4** begründet die entsprechende Anwendung der §§ 243 II, 248 a den obligatorischen Ausschluß eines besonders schweren Falles und das Antragserfordernis nicht nur beim Sachbetrug, sondern auch bei betrügerischen Schädigungen anderer Art, sofern nur der Wertverlust gering ist (speziell zur materiell- und prozeßrechtlichen Behandlung des sog Kleinbetrugs Naucke, Lackner-FS, S 695). Beim Haus- und Familienbetrug (Abs 4 iVm § 247) kommt als Antragsberechtigter nur der Geschädigte (beachte BGHSt 7, 245), nicht der uU personenverschiedene Getäuschte in Frage (hM).

67 **XII. 1. Tateinheit** ua möglich mit § 132 (BGHSt 12, 30), § 142 (zweifelnd Köln VRS 50, 344), § 145 d (wistra 85, 19), §§ 153–156 (RGSt 75, 19), § 246 (GA 65, 207), § 267 (BGHSt 5, 295), § 332 (Jescheck LK 18 zu § 332), mit verbotener Ausübung der Heilkunde (BGHSt 8, 237), mit Kursbetrug und Verleitung zu Börsenspekulationen (Erbs/Kohlhaas-Fuhrmann 25 zu § 88 und 16 zu § 89 BörsG) und mit Erschleichung von Vergünstigungen nach dem BVFG (BGHSt 9, 30). – Da sich Vermögensverfügung und Wegnahme ausschließen (vgl 31), ist Tateinheit zwischen Betrug und Diebstahl nur ausnahmsweise denkbar, zB wenn der Täter mit Hilfe derselben Täuschung erreicht, daß jemand die Wegnahme einer Sache duldet und zugleich den Besitz einer anderen freiwillig aufgibt; Übergang vom versuchten Diebstahl zum Betrug kann uU in Tateinheit geschehen (Köln MDR 66, 253). – Über das Verhältnis zu § 146 (auch § 147) dort 15; zu § 253 dort 14; zu § 264 dort 30; zu § 265 dort 6; zu § 265 a dort 8; zu § 265 b dort 10; zu § 266 dort 23; zu § 266 a dort 20; zu § 266 b dort 9; zu § 302 a dort 12; zu § 315 b dort 7; zu § 352 dort 7; zu § 353 dort 4. – Mehrere gleichartige Betrügereien können nicht zu einer fortgesetzten Tat (12 vor § 52) verbunden werden (wistra 96, 144; Samson/Günther SK 199).

68 **2.** Das **Steuerstrafrecht,** namentlich § 370 AO, geht als selbständige und abschließende Sonderregelung, die meist ungenau als Spezialität bezeichnet wird, vor (stRspr; vgl etwa NJW 62, 2311; Herdemerten NJW 62, 781; Felix NJW 68, 1219; Lohmeyer MDR 69, 440); hier ist Tateinheit nur möglich, wenn der Täter neben Steuervorteilen auch andere Vermögensvorteile erstrebt (BGHSt 36, 100; zum Begriff des Steuervorteils Fuhrhop NJW 80, 1261). Jedoch soll nach der früher sehr weiten (GA 86, 419 mit abl Anm Würthwein wistra 86, 258; wistra 87, 177; Bay NJW 88, 2550), inzwischen aber mit Recht eingeschränkten Rspr (BGHSt 36, 100 mit krit Anm Kratzsch JR 90, 249; wistra 90, 58, alle mwN) nicht Steuerhinterziehung, sondern Betrug vorliegen, wenn ein Steuervorgang insgesamt erfunden wird, um Steuervergütungen in Anspruch zu nehmen (zw); dies soll auch für Fälle gelten, in denen für ein nicht existierendes Unternehmen ohne Bezug auf reale Vorgänge fingierte Umsätze angemeldet und Vorsteuererstattungen begehrt werden (BGHSt 40, 109).

3. Mitbestrafte Nachtat (32 vor § 52) ist der Betrug, wenn er nur die aus einer Vortat gewonnenen Vorteile sichern oder verwerten soll und keinen andersartigen Schaden verursacht (Sicherungsbetrug, GA 58, 369 und 61, 83; MDR 79, 1034; Celle MDR 73, 242; Koblenz GA 77, 347). Ist eine Sache durch Betrug erlangt, so sind spätere Äußerungen des Herrschaftswillens nicht als Unterschlagung tatbestandsmäßig (7 zu § 246). 69

XIII. Zu **Abs 5** (Führungsaufsicht) 1, 2 vor § 68; 1–8 zu § 68. 70

§ 263 a Computerbetrug

(1) **Wer in der Absicht, sich oder einem Dritten einen rechtswidrigen Vermögensvorteil zu verschaffen, das Vermögen eines anderen dadurch beschädigt, daß er das Ergebnis eines Datenverarbeitungsvorgangs durch unrichtige Gestaltung des Programms, durch Verwendung unrichtiger oder unvollständiger Daten, durch unbefugte Verwendung von Daten oder sonst durch unbefugte Einwirkung auf den Ablauf beeinflußt, wird mit Freiheitsstrafe bis zu fünf Jahren oder mit Geldstrafe bestraft.**

(2) **§ 263 Abs. 2 bis 5 gilt entsprechend.**

1. Geschütztes Rechtsgut ist – ebenso wie in § 263 (dort 2) – ausschließlich das **Vermögen** (BGHSt 40, 331, 334), nicht das nur als Schutzreflex bedeutsame Allgemeininteresse an der Funktionstüchtigkeit der in Wirtschaft und Verwaltung eingesetzten Computersysteme (hM). Die Vorschrift hat das überwiegend anerkannte **kriminalpolitische Bedürfnis** für einen betrugsähnlichen Tatbestand zur Verhütung vermögensrelevanter Computermanipulationen befriedigt (vgl etwa BT-Dr 10/318 S 16; BGH aaO S 336; Sieber, Computerkriminalität und Strafrecht, 2. Aufl 1980, S 338, 2/31 und Informationstechnologie und Strafrechtsreform, 1985, S 37; Lenckner, Computerkriminalität und Vermögensdelikte, 1981, S 34; Schlüchter, 2. WiKG, S 85; Bühler MDR 87, 448; krit Sieg Jura 86, 352, 361; Haft NStZ 87, 6; Frey, Computerkriminalität in eigentums- und vermögensstrafrechtlicher Sicht, 1987, S 183; zusf Lenckner/Winkelbauer CR 86, 654; Tiedemann JZ 86, 865, 868; Haß, in: Lehmann [Hrsg], Rechtsschutz und Verwertung von Computer-Programmen, 2. Aufl 1993, S 469 Rdn 6; Möhrenschlager wistra 91, 321; Otto Jura 93, 612; rechtsvergleichend Sieber ZStW 103, 779; § 263 ist das häufigste Computerdelikt, Dannecker BB 96, 1285, 1288 mwN). In der Einzelausgestaltung ist das Gesetz aber nicht zu der gebotenen Klarheit durchgedrungen. **Grundfälle** bei Hilgendorf JuS 97, 130. 1

2. Abs 1 formuliert zwar einen selbständigen Tatbestand, entspricht aber in seiner **Struktur** weitgehend dem Betrug (1, 2 zu § 263). Er soll solche Computermanipulationen, die nach früherem Recht wegen Fehlens der personenbezogenen Elemente Täuschung, Irrtum und Vermögensverfügung (3–31 zu § 263) nicht erfaßt werden konnten, dem 2

Betrug gleichstellen und dadurch empfindliche Strafbarkeitslücken schließen (19 zu § 263). Deshalb unterscheidet er sich von § 263 nur insofern, als an die Stelle dieser personenbezogenen Elemente die Voraussetzung tritt, daß ein Datenverarbeitungsvorgang (vgl 3) durch näher beschriebene Formen manipulativer Einwirkung (vgl 4–15) in seinem Ergebnis beeinflußt (vgl 16–22) wird (BT-Dr 10/318 S 18; 10/5058 S 30). Angestrebt wurde dabei eine möglichst **weitgehende Struktur- und Wertgleichheit** der beiden Tatbestände und daraus folgend der bloß lückenfüllende **Auffangcharakter** des Computerbetrugs (Zweifel an der Erreichung dieses Ziels ua bei Sch/Sch-Cramer 2; Tröndle 1, 10). Beide Gesichtspunkte sollten daher in den Grenzen des möglichen Wortsinns (6 zu § 1) für die Auslegung leitend sein (BGHSt 38, 120; abl Ranft NJW 94, 2574: „verfehlter Ansatz").

3 3. Der **Datenverarbeitungsvorgang.**

a) Der Begriff der **Daten** ist gesetzlich nicht näher bestimmt. Die technische DIN-Norm 44300 Nr 19 (Informationsverarbeitung) bezeichnet sie als durch „Zeichen oder kontinuierliche Funktionen auf Grund bekannter oder unterstellter Abmachungen zum Zwecke der Verarbeitung dargestellte Informationen". Abweichend von dieser technischen Definition ist für den Rechtsbegriff der Verarbeitungszweck nur ein idR gegebenes, aber kein notwendiges Element (Möhrenschlager wistra 86, 128, 132; Lenckner/Winkelbauer CR 86, 483, 484; Schmitz JA 95, 478, 479, alle mwN). – **Allgemein** ist der Begriff uferlos weit (krit Welp IuR 88, 443, 445). Er schließt alle Informationen ein, die sich kodieren lassen (zB Eingabe-, Ausgabe-, Stammdaten usw), und erfaßt daher auch der Verarbeitung dienende **Programme,** weil sie als fixierte Arbeitsanweisungen an den Computer aus Daten zusammengefügt sind (Möhrenschlager aaO; Lenckner/Winkelbauer aaO; Haft NStZ 87, 6, 7; Hilgendorf JuS 96, 509, 511; einschr v Gravenreuth NStZ 89, 201, 203, 205). – Für den Datenbegriff unerheblich ist, ob die Informationen als solche in das Ergebnis des jeweiligen Verarbeitungsvorgangs eingehen sollen oder ob sie für andere Zwecke, zB zur Kontrolle der Anlagenfunktion oder zur Abschirmung gegen das Eindringen Unbefugter (Paßwörter usw), bestimmt sind (Möhrenschlager aaO).

4 **b)** Unter **Datenverarbeitung** sind diejenigen technischen Vorgänge zu verstehen, bei denen durch Aufnahme von Daten und ihre Verknüpfung nach Programmen Arbeitsergebnisse erzielt werden (BT-Dr 10/318 S 21). – Soweit das Gesetz von **Datenverarbeitungsvorgängen** spricht, sind nur die konkreten, dem jeweiligen Ergebnis vorausliegenden Vorgänge gemeint (Hilgendorf JuS 97, 130, 131). In anderen Zusammenhängen kann Datenverarbeitung allgemeiner auch einen ganzen Arbeitsbereich bezeichnen, der den mit den Verarbeitungsvorgängen verbundenen weiteren Umgang mit Daten einschließt (2 zu § 303 b). – Obwohl der Begriff nicht auf bestimmte technische Systeme festgelegt ist, dürften Datenverarbeitungen, die zur Verwirklichung des

§ 263 a führen können, praktisch nur in **EDV-Systemen** vorkommen; denn rein mechanisch wirkende Geräte können nicht gemeint sein, weil andernfalls der Automatenmißbrauch nach § 265 a (dort 2) funktionslos würde (mit Recht krit Samson SK 11). Allerdings sind in zahlreichen Waren- und Leistungsautomaten Geldprüfgeräte (uU mit Geldrückgabe) eingebaut, die das eingeworfene Geld erst aufgrund des Ergebnisses einer Datenverarbeitung zulassen. Ihr Mißbrauch fällt im allgemeinen unter § 263 a, was wegen der Subsidiaritätsklausel des § 265 a (dort 8) zu schwierigen Abgrenzungsfragen führen muß (Lenckner/Winkelbauer CR 86, 654, 658).

4. Tathandlungen (zusf Otto Jura 93, 612, 613) sind die im einzelnen aufgezählten und durch das Wort „sonst" wenig sachgemäß (vgl Kleb-Braun JA 86, 249, 259; Ranft wistra 87, 79, 83) unter dem Oberbegriff „unbefugte Einwirkung auf den Ablauf" zusammengefaßten **Mittel** der Beeinflussung des Ergebnisses von Datenverarbeitungsvorgängen. Sie sind abschließend und daher nicht durch Analogie erweiterungsfähig (Möhrenschläger wistra 86, 128, 132). Im Verhältnis zu § 263 I treten sie an die Stelle der Täuschung (vgl 2). 5

a) Unrichtige Gestaltung des Programms. 6

aa) Das Merkmal hat nur klarstellende Bedeutung, weil Programme Daten sind (vgl 3) und daher bei Unrichtigkeit (dazu 7) auch als solche unter den Tatbestand fallen. Erfaßt werden hier vor allem die sog **Programmanipulationen,** die von vornherein oder nachträglich mit der Wirkung vorgenommen werden, daß die Anlage eingegebene Daten unrichtig verarbeitet (dazu Sieber aaO [Computerkriminalität; vgl 1] S 54).

bb) Die **Unrichtigkeit** der Programmgestaltung ist nicht nach dem Willen des Verfügungsberechtigten (des Systembetreibers oder Auftraggebers) zu bestimmen (so aber die hM; vgl etwa BT-Dr 10/318 S 20; Lenckner/Winkelbauer CR 86, 654, 656; Möhrenschlager wistra 86, 128, 132; Sch/Sch-Cramer 6; Samson SK 5). Aus der Parallele zum Betrug folgt vielmehr, daß es darauf ankommt, ob das Programm die aus dem Verhältnis zwischen den Beteiligten abzuleitende Aufgabenstellung der Datenverarbeitung richtig bewältigt. Ein Programm ist danach immer, aber auch nur dann richtig gestaltet, wenn es bei Verwendung richtiger und vollständiger Daten (dazu 10) nicht nur zufällig, sondern in systematischen Arbeitsschritten das den Zwecken der Datenverarbeitung entsprechende Ergebnis liefert (ebenso Haft NStZ 87, 6, 7; Otto Jura 93, 612, 613; Haß aaO [vgl 1] S 474 Rdn 12; Schlüchter, 2. WiKG, S 87 und JR 93, 494; Hilgendorf JuS 97, 130, 131). So kann zB eine Kranken- oder Rentenkasse die Programme für ihre Leistungen zwar vielgestaltig variieren; unrichtig werden sie aber immer dann – und zwar unabhängig vom Willen des Systembetreibers –, wenn sie Ergebnisse produzieren, die mit den gesetzlichen Voraussetzungen der jeweiligen Sozialleistungen nicht übereinstimmen. Entscheidend ist allein diese **objektive Diskrepanz;** sie kann auch dadurch bewirkt werden, 7 daß die (gut- oder bösgläubig vorgenommene) Programmierung die Daten in einen unrichtigen Zusammenhang bringt oder sie unterdrückt (BT-Dr aaO). Daher ist das Abweichen von einem vorgeschriebenen Programm unschädlich, wenn es richtige Ergebnisse liefert (Möhrenschläger aaO).

8 **b) Verwendung unrichtiger oder unvollständiger Daten.** Das Merkmal betrifft vornehmlich die in der Praxis bisher am häufigsten beobachteten sog **Input- oder Eingabemanipulationen** (dazu Sieber aaO [Computerkriminalität; vgl 1] S 42).

9 aa) **Verwenden** bedeutet hier Einführen von Daten in den – beginnenden oder bereits ablaufenden – Verarbeitungsvorgang (weiter Hilgendorf JuS 97, 130, 131). Das muß nicht notwendig unmittelbar (zB durch Operator oder Terminalbenutzer) geschehen. Erfaßt wird vielmehr auch die mittelbare Einführung durch das Datenerfassungspersonal (zB Datentypisten), durch Sachbearbeiter oder durch außenstehende Dritte (unstr; vgl etwa Möhrenschlager wistra 86, 128, 132), allerdings nur, wenn mittelbare Täterschaft vorliegt (2 zu § 25), der unmittelbar Eingebende und die mittelbar handelnden Zwischenpersonen also bloße Tatmittler sind. Das trifft namentlich bei Fehlen des Vorsatzes wegen Unkenntnis der Unrichtigkeit zu (4 zu § 25). Die Tatbestandsgrenze für den Hintermann wird danach erst überschritten, wenn eine Zwischenperson selbst vorsätzlich handelt und ihn dadurch auf die Rolle des Teilnehmers verweist (5 zu § 25). Davon den Fall auszunehmen, daß die Zwischenperson mit der sachlichen Nachprüfung des Dateninhalts betraut und daher tauglicher Adressat einer Täuschung ist (so die hM; vgl etwa Möhrenschlager aaO; Lenckner/Winkelbauer CR 86, 654, 656; wie hier Haß aaO [vgl 1] S 472 Rdn 11; Otto Jura 93, 612, 613; Tröndle 7), widerspricht den allgemeinen, für die mittelbare Täterschaft geltenden Regeln und wird durch die Auffangfunktion des § 263 a (vgl 2) nicht gefordert. Denn es gibt keinen Grundsatz, nach dem die Merkmale eines Tatbestandes nur deshalb nicht erfüllt sind, weil ein anderer eingreift; außerdem ist erst auf der Konkurrenzebene das Verhältnis zusammentreffender Gesetzesverletzungen zu bestimmen (dazu 27).

10 bb) Verwendete Daten sind **unrichtig,** wenn die mit ihnen dargestellten Informationen im Sinne des Betrugstatbestandes „falsche oder entstellte“ Tatsachen bedeuten, und **unvollständig,** wenn sie Informationen über „wahre Tatsachen“ pflichtwidrig vorenthalten (Hilgendorf JuS 96, 130, 131). Das folgt aus der notwendigen Parallele zu § 263 und ist im Kern – trotz zahlreicher Formulierungsunterschiede – allgemein anerkannt (vgl etwa Tröndle 7 mwN). Allerdings können solche möglicherweise betrugsrelevanten Unterlassungen (dazu Lackner LK 58, 92 zu § 263), die dazu führen, daß eine Datenverarbeitung pflichtwidrig überhaupt unterbleibt, nicht einbezogen werden, weil dem die Wortlautschranke (6 zu § 1) entgegensteht (ebenso Lenckner/Winkelbauer CR 86, 654, 656; aM Möhrenschlager wistra 86, 128, 132; s auch

Stratenwerth SchwZStr 81, 229, 233). Auch das unbefugte Abheben am Bankomaten wird nicht erfaßt, weil der Nichtberechtigte unverfälschte Daten des Berechtigten eingibt (Schlüchter JR 93, 495).

c) Unbefugte Verwendung von Daten. Das Merkmal ist im Kern unklar, seine Tragweite **umstritten.** Es ist aufgrund von Zweifeln im Schrifttum (vgl etwa Otto, Bankentätigkeit und Strafrecht, 1983, S 127; Lenckner/Winkelbauer wistra 84, 83, 88; Sieber aaO [InfTechn; vgl 1] S 38) erst gegen Ende des Gesetzgebungsverfahrens eingefügt worden, weil nicht als gesichert angesehen wurde, daß der Mißbrauch von Codekarten an Geldautomaten und der unbefugte Anschluß an das Btx-System als unrichtige oder unvollständige Datenverwendung erfaßt werden können (BT-Dr 10/5058 S 30); gerade diese Alternative hat in der Praxis eine überragende Bedeutung erlangt (Otto Jura 93, 612, 613 mwN aus der Kriminalstatistik). 11

aa) Eine dem Wortsinn entsprechende Erstreckung auf jegliche unbefugte Datenverwendung würde den Tatbestand uferlos und daher möglicherweise verfassungswidrig machen (Kleb-Braun JA 86, 249; Spahn Jura 89, 513, 519; krit auch LG Köln NJW 87, 667; Frommel JuS 87, 667; Thaeter JA 88, 547, 551). Die Notwendigkeit **einschränkender Auslegung** ist daher in der Lehre weithin anerkannt. Jedoch sind die methodischen Ansätze zur Bestimmung von Umfang und Grenzen der gebotenen Restriktion von einer verwirrenden Vielfalt (zusf Köln NJW 92, 125; Lackner, Tröndle-FS, S 41, 51; Otto Jura 93, 612, 614; Hilgendorf JuS 97, 130, 132): teils wird darauf abgestellt, ob die unbefugt verwendeten Daten computerspezifische Vorgänge betreffen (Celle NStZ 89, 367 mit Bespr Neumann JuS 90, 535) oder in der Programmgestaltung berücksichtigt sind (LG Freiburg NJW 90, 2635; Lenckner/Winkelbauer CR 86, 654, 657; Samson SK 8; Sch/Sch-Cramer 8–11); teils wird der Befugnismangel auf das „vertraglich vereinbarte Dürfen" bezogen (M-Schroeder/Maiwald BT 1 41/233); teils wird ein dem Merkmal des Erschleichens in § 265 a I entsprechendes „täuschungsähnliches" Verhalten vorausgesetzt (Lampe JR 88, 437); und teils wird für ausschlaggebend gehalten, ob die in den unbefugt verwendeten Daten steckende Information, wäre sie statt an den Computer an einen Menschen gerichtet, als Täuschung qualifiziert werden könnte (Schlüchter, 2. WiKG, S 91 und NStZ 88, 53, 59; abl Bandkow, Strafbarer Mißbrauch des elektronischen Zahlungsverkehrs, 1989, S 239). 12

bb) Zur Wahrung der Strukturgleichheit mit dem Betrug (vgl 2) muß die **Auslegung von § 263 ausgehen.** In dessen Anwendungsbereich wird eine Befugnis des Täters nur relevant, wenn sie zu den Grundlagen der Beziehung zwischen den Beteiligten gehört und deshalb auch im Falle des Schweigens nach der Verkehrsanschauung als „schlüssig miterklärt" behandelt werden kann (zum schlüssigen Verhalten Sch/Sch-Cramer 14–17 c zu § 263; Lackner LK 28–51 zu § 263, beide mwN). In Frage kommt das namentlich, wenn jemand seine Be- 13 fugnis zum Abschluß eines Vertrages oder zur Inanspruchnahme einer Leistung konkludent vorspiegelt, etwa dadurch, daß er in bezug auf einen bestimmten Gegenstand den Mangel seiner Verfügungsbefugnis verschweigt oder über das Fehlen der nach dem Geschäftstypus allgemein vorausgesetzten Deckung nicht aufklärt (9, 11 zu § 263). Nur bei solchem Vorspiegeln hat der Befugnismangel „Täuschungswert" im Sinne des § 263. Er würde auch bei den beiden Fallgruppen, die für die Gesetzesergänzung motivierend gewesen sind (vgl 11; speziell zum Btx-System Richter CR 91, 361), zu bejahen sein; denn wer von einem Menschen aufgrund eines ihm nicht zustehenden Berechtigungsausweises die Auszahlung von Geld oder die Teilnahme an einer entgeltlichen Veranstaltung beansprucht, erklärt zugleich mindestens schlüssig, daß er Inhaber der Berechtigung sei. Für § 263 a sollte zur Wahrung der Strukturgleichheit mit dem Betrug nichts anderes gelten. Danach ist eine unbefugte Datenverwendung nur dann betrugsspezifisch, wenn die Befugnis des Täters zu den Grundlagen des jeweiligen Geschäftstypus gehört und nach der Verkehrsanschauung als selbstverständlich vorhanden vorausgesetzt wird, daß also dieselbe Rechtshandlung, vorgenommen gegenüber einem Menschen, als mindestens schlüssige Behauptung der Befugnis zu deuten wäre (Köln NJW 92, 125; Lackner, Tröndle-FS, S 41, 52; aM Ranft NJW 94, 2574 und JuS 97, 19, 21, alle mwN; str). Die damit erzielte und im Gesetzgebungsverfahren angestrebte Deckungsgleichheit in den Schutzbereichen der beiden Betrugstatbestände verdient namentlich deshalb den Vorzug, weil sie zahlreiche Wertungswidersprüche verhütet, alle nicht betrugsspezifischen Datenverwendungen, namentlich den Untreuebereich und den sog Zeitdiebstahl (eingehend Schulze-Heiming, Der strafrechtliche Schutz der Computerdaten gegen die Angriffsformen der Spionage, Sabotage und des Zeitdiebstahls, 1995, S 259), zuverlässig ausscheidet und die Beurteilung der Vorsatz- und Konkurrenzfragen durchgreifend vereinfacht (dazu 24, 27).

14 cc) **Erfaßt** wird danach vor allem der **Bankautomatenmißbrauch** (zusf Meier JuS 92, 1017; Rspr-Übersicht bei Mitsch JZ 94, 877, 878) durch den Nichtberechtigten (BGHSt 38, 120 mit Bespr Cramer JZ 92, 1032; Zielinski CR 92, 223; Achenbach NStZ 93, 430; Schlüchter JR 93, 492, 494 und Hilgendorf JuS 97, 130, 133; s auch 13); sind diesem jedoch im Widerspruch zu den Bankbedingungen Codekarte und Geheimnummer zur Ausführung von Aufträgen des Berechtigten verfügbar gemacht worden, so scheidet die der Bank gegenüber unzulässige Ausführung der Aufträge (unstr), nicht jedoch deren Überschreitung aus dem Tatbestand aus (aM Köln NJW 92, 125 mit abl Bespr Otto JR 92, 252; Mitsch JZ 94, 877, 881; Ranft NJW 94, 2574, 2577); da dem Täter insoweit jegliche nach außen wirksame Befugnis fehlt, kann die Überschreitung nicht als bloße Vertragsverletzung im Innenverhältnis gedeutet werden. – Erfaßt wird ferner der Mißbrauch durch den berechtigten Kontoinhaber, der seinen Kredit überzieht (im Ergebnis ebenso Achenbach NJW 86, 1835, 1838; Tiedemann JZ 86, 865, 869;

Haft NStZ 87, 6, 8; Schlüchter, 2. WiKG, S 91; Haß aaO [vgl 1] S 476 Rdn 14; Ehrlicher, Der Bankomatenmißbrauch – Seine Erscheinungsformen und seine Bekämpfung, 1989, S 90; Bernsau, Der Scheck- oder Kreditkartenmißbrauch durch den berechtigten Karteninhaber, 1990, S 166; Hilgendorf aaO S 134; Wessels BT 2 Rdn 579; Tröndle 8 a; aM Lenckner/Winkelbauer CR 86, 654, 657; Weber JZ 87, 215; Berghaus JuS 90, 981; Heinz in: Eser/Kaiser [Hrsg], Zweites deutsch-ungarisches Kolloquium über Strafrecht und Kriminologie, 1995, S 155, 180; für eine vergleichbare Konstellation im Btx-System auch Zweibrücken StV 93, 196 mit krit Bespr Otto Jura 93, 612, 615; Krause CR 94, 418; Ranft NJW 94, 2574, 2578). Das ist zwar aus ähnlichen Gründen wie beim Scheckkartenbetrug früheren Rechts nicht zweifelsfrei (dazu ua BGHSt 24, 386; Lackner LK 321 zu § 263 mwN), ergibt sich aber aus der Überlegung, daß die Befugnis des Täters wegen des offensichtlich gleichgerichteten Interesses aller an dem Systemverbund beteiligten Kreditinstitute, keine Kreditüberziehungen zuzulassen, nach der Verkehrsanschauung zu den Grundbedingungen des Geschäftstypus gehört und daß deshalb das Verhalten des Täters einer schlüssigen Behauptung seiner Befugnis gleichwertig ist (Bernsau aaO S 169; aM Zielinski CR 92, 223, 227). Die Gegenmeinung, die eine Berücksichtigung im Programm verlangt (vgl 12), stützt ihr Ergebnis auf den zufälligen Umstand, wie weit die Möglichkeiten, auf fraudulöse Angriffe schon in der Programmgestaltung zu reagieren, technisch fortgeschritten und praktisch realisierbar sind.

Diese Auslegung bietet auch einen Ansatzpunkt, um das **„Leerspielen" von Geld- oder Glücksspielautomaten** unter Verwendung illegal erlangter Kenntnisse über das Programm des Geräts zu erfassen (eingehend zu dieser Fallgestaltung als Computerbetrug Bühler, Die strafrechtliche Erfassung des Mißbrauchs von Geldspielautomaten, 1995, S 96–140 mit Bespr Otto JR 96, 87). Das „Spielen" kann als Vorspiegeln des Umstandes gedeutet werden, sich nicht illegal Kenntnis vom Programmablauf verschafft zu haben. Die „Verwendung von Daten" läge dann darin, daß die Betätigung der Risikotaste mittels Datensteuerung geschieht (Bay NJW 91, 438; aM Neumann JR 91, 302). Ob letzteres zutrifft und damit die Verwendungsalternative auf diese Fallgestaltung anwendbar ist (dafür Bühler aaO) hat der BGH „unerörtert" gelassen; er ist jedoch der obigen Auslegung (vgl 13) der Unbefugtheit im Rahmen der von ihm für „jedenfalls" einschlägig erachteten Einwirkungsalternative (vgl 15) sehr nahe gekommen: der (durch seinen Erwartungshorizont mitbestimmte) maßgebliche Wille des Automatenbetreibers gestattete „jedenfalls" den Einsatz illegal erworbener Kenntnisse nicht, weil dann eine grundlegende Voraussetzung für befugtes Spielen fehle (BGHSt 40, 331, 335 mit überwiegend krit Bespr Mitsch JR 95, 432, Schmidt JuS 95, 557, Schulz JA 95, 538, Zielinski NStZ 95, 345, Achenbach NStZ 96, 538, Arloth Jura 96, 354, Neumann StV 96, 375, Ranft JuS 97, 19, Hilgendorf JuS 97, 130, Otto JK 8; Bay NStZ 94, 287 14 a mit krit Anm Achenbach JR 94, 293; aM M-Schroeder/Maiwald BT 1 41/234; Sch/Sch-Cramer 20 a).

15 **d) Sonst unbefugte Einwirkung auf den Ablauf.** Das Merkmal soll die noch verbleibenden, von den anderen Alternativen nicht gedeckten Manipulationen erfassen (zu verfassungsrechtlichen Einwendungen beachte 22). Ihr praktischer Anwendungsbereich ist wegen ihrer bloß lückenfüllenden Funktion begrenzt. Sie dürfte namentlich bei gewissen **Output- oder Ausgabemanipulationen** (dazu Sieber aaO [Computerkriminalität; vgl 1] S 65), zB bei Verhinderung des „Ausdrucks", bei **Konsolmanipulationen** (dazu Sieber aaO S 60), bei Einwirkungen auf das Programm oder den Datenfluß und bei äußeren Einwirkungen auf die Anlage (Hardware-Manipulationen) in Frage kommen; nach der Rspr auch beim „Leerspielen" von Geldautomaten (BGHSt 40, 331; aM Arloth CR 96, 359, 364). Maßgebend ist stets, ob die Einwirkung nicht schon unter eine andere Alternative fällt (BGH aaO meint das „unerörtert" lassen zu können) und ob sie zur Folge hat, daß die Anlage die eingegebenen Daten im Sinne der Ausführungen unter 7, 10 unrichtig verarbeitet (Otto Jura 93, 612, 615); insoweit bedarf das Merkmal „unbefugt" einschränkender Auslegung, die wahrscheinlich ausreicht, um der vielfältigen Kritik an seiner Unbestimmtheit (vgl etwa Schlüchter, 2. WiKG, S 91; Thaeter JA 88, 547, 551; Tröndle 9; Samson SK 9) wenigstens teilweise den Boden zu entziehen (ähnlich BGH aaO S 335). Nicht ganz auszuschließen ist allerdings, daß hier auch Einwirkungen erfaßt werden, bei denen keine Daten „verwendet" werden, die aber den Datenverarbeitungsvorgang unbefugt (dh täuschungsspezifisch) in Gang setzen und dadurch das Ergebnis verursachen (dazu 14, 22). Die **Einwirkung** beschränkt sich nicht auf Eingriffe, die mittels eines Werkzeugs vorgenommen werden (BGH aaO S 334).

16 **5.** Die **Beeinflußung des Ergebnisses** eines Datenverarbeitungsvorgangs muß **Folge** der Tathandlung (vgl 5–15) sein. Im Vergleich zu § 263 I nimmt sie die Stelle des Irrtums (aM Haft NStZ 87, 6, 8) und der Vermögensverfügung ein (vgl 2). Wie beim Betrug die Täuschung den Denk- und Entscheidungsprozeß eines Menschen und damit – vermittelt durch den Irrtum – auch die Vermögensverfügung beeinflußt (54 zu § 263), muß hier die (täuschungsgleiche) Manipulation – vermittelt durch den automatischen Verarbeitungsvorgang – Einfluß auf dessen Ergebnis haben (BT-Dr 10/318 S 19). Aufgrund der gewollten Strukturgleichheit mit dem Betrug (vgl 2) folgt daraus:

17 **a)** Das Verarbeitungsergebnis muß die Qualität einer Vermögensverfügung in dem Sinne haben, daß es als solches **vermögenserheblich** ist (BT-Dr 10/318 S 19; Lackner LK 100 zu § 263) und **unmittelbar,** dh ohne zusätzliche deliktische Zwischenhandlungen des Täters, **vermögensmindernd** wirkt (Möhrenschlager wistra 86, 128, 133; Lenckner/Winkelbauer CR 86, 354, 359; 22 zu § 263).

aa) Wie die Vermögensverfügung (25 zu § 263) kann auch das Verarbeitungsergebnis aus einem **einzigen Vorgang oder einem mehrstufigen Ablauf** hervorgehen (Lenckner/Winkelbauer aaO). Deshalb werden die praktisch wohl häufigsten Fälle sicher erfaßt, in denen am Ende der Verarbeitung der automatische Ausdruck einer zivilrechtlichen Verfügung, zB einer Gutschrift zugunsten des Täters oder eines Dritten, oder einer Verpflichtungserklärung des Geschädigten, zB eines Rentenbescheids, steht. Regelmäßig dürfte das auch dann noch zutreffen, wenn die Ausdrucke im weiteren Verlauf durchgängig oder stichprobenweise inhaltlich überprüft werden (einschr Arzt/Weber BT 4 Rdn 72; zw); denn sie erfüllen meist schon als solche die Voraussetzungen einer schadensgleichen (konkreten) Vermögensgefährdung (dazu Lackner LK 152 mwN), weil es vom Zufall abhängt, ob die Manipulation bei der Kontrolle entdeckt wird (daß hier uU zugleich ein Mensch getäuscht wird, berührt den Tatbestand nicht; vgl 9). Muß dagegen das Verarbeitungsergebnis von einem Menschen noch weiter bearbeitet und in eine Vermögensverfügung umgesetzt werden, fehlt es an der Unmittelbarkeit mit der Folge, daß § 263 a ausfällt (Lenckner/Winkelbauer aaO). 18

bb) Wie beim Betrug (26, 27 zu § 263) fehlt es an der Unmittelbarkeit ferner, wenn die Einflußnahme auf die Datenverarbeitung dem Täter nur die Möglichkeit eines andersartigen **deliktischen Angriffs** eröffnet, zB wenn er sich Zutritt zu einem Raum durch tatbestandsmäßige Manipulation am automatischen Türschloß verschafft (Samson SK 13). 19

cc) Das Verarbeitungsergebnis muß auf dem **betrugsspezifischen Gehalt** der Tathandlung beruhen. Beim unbegründeten Antrag auf Erlaß eines **Mahnbescheids** trifft das nicht zu, weil die Unwahrheit der dem Anspruch zugrundeliegenden Tatsachenbehauptungen für die Entscheidung irrelevant ist (17 zu § 263; im Ergebnis ebenso Lenckner/Winkelbauer CR 86, 654, 656; Bieber WM 87, Beil 6, S 21, 26; Haß aaO [vgl 1] S 472 Rdn 10; Tröndle 7; aM BT-Dr 10/318 S 20; Möhrenschlager wistra 86, 128, 132; Granderath DB 86, Beil 18, 1, 4; Haft NStZ 87, 6, 8). 20

dd) Wie beim Betrug Getäuschter und Geschädigter nicht identisch sein müssen (28 zu § 263), kommt es auch hier nicht darauf an, ob das Verarbeitungsergebnis das **Vermögen des Systembetreibers (Auftraggebers) oder eines Dritten** mindert. Die für den **Dreiecksbetrug** entwickelten Regeln gelten vielmehr sinngemäß (Lenckner/Winkelbauer aaO [vgl 20] S 659; im Ansatz abw Haft NStZ 87, 6, 8; Baumann/Bühler JuS 89, 49, 52). 21

b) Beeinflussen erfordert **(Mit-)Ursächlichkeit** der Tathandlung für das Verarbeitungsergebnis. Sie liegt nicht nur vor, wenn die Anlage infolge Eingabe unrichtiger oder unvollständiger Daten ein „falsches" Ergebnis liefert (so aber Lenckner/Winkelbauer aaO [vgl 20] S 659), sondern auch dann, wenn sie durch unbefugtes (betrugsspezifisches) 22

Vorgehen im Sinne der 3. oder 4. Handlungsalternative (vgl 11–15) eine im übrigen „richtige" Datenverarbeitung in Gang setzt (Möhrenschlager wistra 86, 128, 133); so beeinflußt zB der „Spieler", der unter Einsatz eines Computerprogramms einen Geldautomaten „leerspielt", durch Drücken der Risikotaste die Gewinnausschüttung und damit das Ergebnis des Datenverarbeitungsvorgangs (BGHSt 40, 331, 334; Hilgendorf JuS 97, 130, 131, beide mwN). Auch in diesem Falle ist die betrugsrelevante Tathandlung für das konkrete Ergebnis ursächlich; die dagegen aus dem Merkmal „sonst durch unbefugte Einwirkung auf den Ablauf" abgeleiteten, auf die Wortlautschranke des Art 103 II GG (6 zu § 1) gestützten Einwendungen (LG Wiesbaden NJW 89, 2551 mwN) decken zwar einen sprachlichen Mangel des Gesetzes auf, schlagen im Ergebnis aber nicht durch (BGHSt 38, 120; Köln NJW 92, 125, beide mwN).

23 **6. Vermögensbeschädigung** 32–53 zu § 263. Im Vergleich zum Betrug gibt es keine inhaltlichen Unterschiede.

24 **7.** Für den **Vorsatz** (bedingter genügt) gelten die Ausführungen unter 57 zu § 263 sinngemäß. – Hinter dem Merkmal **„unbefugt"** verbergen sich die tatsächlichen betrugsspezifischen Voraussetzungen, die den Mangel der Befugnis zur Inanspruchnahme des Verarbeitungsergebnisses begründen (vgl 11–14 a). Ein Irrtum über sie ist deshalb Tatbestandsirrtum (ähnlich Lenckner/Winkelbauer aaO [vgl 20] S 657; Tröndle 12). – Nach der hier vertretenen Auffassung (vgl 9) werden bei Einschaltung von **Menschen** mit **inhaltlicher Prüfungskompetenz** in den Verarbeitungsvorgang meistens, aber nicht notwendig, die §§ 263, 263 a tatbestandlich nebeneinander verwirklicht und auch vom Vorsatz voll gedeckt. Denkbar ist aber auch, daß der Täter jeweils objektiv den einen der beiden Tatbestände verwirklicht, subjektiv aber nur den anderen verwirklichen will. Hier liegt wegen der Gleichwertigkeit des Unrechts eine unwesentliche Abweichung des Kausalverlaufs (11 zu § 15) vor, so daß jedenfalls die eine Tatbestandsverwirklichung vollendet ist (Lenckner/Winkelbauer aaO), während die andere nur versucht wurde. In Frage kommt schließlich noch, daß der Täter mit dolus alternativus (29 zu § 15) beide Tatbestände ins Auge faßt, aber nur einen verwirklicht. Daß in bezug auf diesen Vollendung vorliegt, ist unbestritten; jedoch bleibt nach hM in bezug auf den anderen ein Versuch übrig (krit Lenckner/Winkelbauer aaO). Die Klärung des danach in allen Konstellationen möglichen Zusammentreffens der Tatbestände ist eine Konkurrenzfrage (vgl 27).

25 **8.** Zur **Absicht,** sich oder einem anderen einen rechtswidrigen Vermögensvorteil zu verschaffen, 58–62 zu § 263. Danach ist vor allem **Stoffgleichheit** erforderlich (Möhrenschlager wistra 86, 128, 133; Lenckner/Winkelbauer CR 86, 654, 660); durch die Manipulation entstandene Folgeschäden an der Soft- oder Hardware reichen zur Schadensbegründung nicht aus, weil sie nicht die „Kehrseite" des vom Täter erstrebten Vermögensvorteils sind (59 zu § 263).

9. Für die Abgrenzung von **Vollendung und Versuch** und für **Abs 2** gelten die Ausführungen unter 63–66, 70 zu § 263 sinngemäß. 26

10. a) Treffen die **§§ 263, 263 a** in einer Handlung (auch natürlicher oder rechtlicher Handlungseinheit, 4–19 vor § 52) zusammen, so tritt § 263 a wegen seiner Auffangfunktion (vgl 2) zurück (materielle **Subsidiarität,** 26 vor § 52). Treffen eine tatbestandlich vollendete Tat nach der einen und eine nur versuchte Tat nach der anderen Betrugsform in Handlungseinheit zusammen (dazu 24), so geht der Versuch im Hinblick auf seine Wertgleichheit in der vollendeten Tat auf. Die mehrfache Begehung eines vollendeten Computerbetrugs sowie die stufenweise Begehung zunächst der einen und dann der anderen Betrugsform bilden eine einheitliche Tat, wenn sie in demselben Verhältnis wie ein Eingehungs- und ein Erfüllungsbetrug stehen und die endgültige Schädigung erst mit Abschluß der Erfüllungsphase erreicht wird (64 zu § 263). Treffen dabei beide Tatbestände zusammen (zB beim Erschleichen der Verpflichtungserklärung eines anderen durch Computerbetrug und Realisierung des „Anspruchs" durch Betrug), so tritt § 263 a zurück. – Die Beurteilung des Zusammentreffens der beiden Betrugstatbestände ist allerdings im Schrifttum sehr umstritten und durch zahlreiche verschiedene, von der Auslegung des § 263 a abhängige Lösungsmodelle gekennzeichnet (vgl etwa Lenckner/Winkelbauer aaO [vgl 20] S 661; Samson SK 16, alle mwN). 27

b) Obwohl der Mißbrauch einer Codekarte zum Geldabheben nach früherem Recht als **Unterschlagung** strafbar war (23 zu § 242), entsteht im Verhältnis zu **§ 246** keine Konkurrenz (BGHSt 38, 120, 125 mit krit Bespr Achenbach NStZ 93, 430 und Schlüchter JR 93, 493, 497; Tröndle 15 a mwN). Nach der sog berichtigenden Auslegung könnte diese Unterschlagung frühestens begangen werden, wenn Gewahrsam an der Sache begründet wird (3 zu § 246). Nach neuem Recht hat sich der Täter in diesem Zeitpunkt die Sache aber schon durch die Anschaffungshandlung des § 263 a I zugeeignet (aM Ranft JuS 93, 859 und NJW 94, 2574, 2576 sowie Schlüchter JR 93, 497), so daß eine Unterschlagung ausscheidet, weil nach hM (7 zu § 246) eine Wiederholung der Zueignung nicht möglich ist (BGHSt 38, 120, 124; aM Otto JZ 93, 559, 567; anders auch Ranft JR 89, 165, der dem § 246 Vorrang einräumt). – Auch wenn im Einzelfall ein **Diebstahl** vorliegen sollte, weil sich die Annahme eines Gewahrsamsbruchs begründen läßt (vgl 14 zu § 242), geht § 263 a, wie sich aus dessen Entstehungsgeschichte ergibt, vor (BGH aaO S 122). 28

c) Tateinheit ist namentlich mit den verwandten Tatbeständen des § 268 (krit Tröndle 17) und der §§ 269, 303 a möglich. Im übrigen bestehen gegenüber § 263 (dort 67–69) keine wesentlichen Unterschiede. Vor allem gilt der Vorrang des § 370 AO auch hier (BT-Dr 10/5058 S 30). 29

d) Zwischen §§ 263 und 263 a ist **Wahlfeststellung** möglich (Lenckner/Winkelbauer aaO [vgl 20] S 660; aM Sch/Sch-Cramer 41). 30

§ 264 Subventionsbetrug

(1) Mit Freiheitsstrafe bis zu fünf Jahren oder mit Geldstrafe wird bestraft, wer

1. einer für die Bewilligung einer Subvention zuständigen Behörde oder einer anderen in das Subventionsverfahren eingeschalteten Stelle oder Person (Subventionsgeber) über subventionserhebliche Tatsachen für sich oder einen anderen unrichtige oder unvollständige Angaben macht, die für ihn oder den anderen vorteilhaft sind,

2. den Subventionsgeber entgegen den Rechtsvorschriften über die Subventionsvergabe über subventionserhebliche Tatsachen in Unkenntnis läßt oder

3. in einem Subventionsverfahren eine durch unrichtige oder unvollständige Angaben erlangte Bescheinigung über eine Subventionsberechtigung oder über subventionserhebliche Tatsachen gebraucht.

(2) **In besonders schweren Fällen ist die Strafe Freiheitsstrafe von sechs Monaten bis zu zehn Jahren. Ein besonders schwerer Fall liegt in der Regel vor, wenn der Täter**

1. aus grobem Eigennutz oder unter Verwendung nachgemachter oder verfälschter Belege für sich oder einen anderen eine nicht gerechtfertigte Subvention großen Ausmaßes erlangt,

2. seine Befugnisse oder seine Stellung als Amtsträger mißbraucht oder

3. die Mithilfe eines Amtsträgers ausnutzt, der seine Befugnisse oder seine Stellung mißbraucht.

(3) **Wer in den Fällen des Absatzes 1 Nr. 1 oder 2 leichtfertig handelt, wird mit Freiheitsstrafe bis zu drei Jahren oder mit Geldstrafe bestraft.**

(4) **Nach den Absätzen 1 und 3 wird nicht bestraft, wer freiwillig verhindert, daß auf Grund der Tat die Subvention gewährt wird. Wird die Subvention ohne Zutun des Täters nicht gewährt, so wird er straflos, wenn er sich freiwillig und ernsthaft bemüht, das Gewähren der Subvention zu verhindern.**

(5) **Neben einer Freiheitsstrafe von mindestens einem Jahr wegen einer Straftat nach den Absätzen 1 und 2 kann das Gericht die Fähigkeit, öffentliche Ämter zu bekleiden, und die Fähigkeit, Rechte aus öffentlichen Wahlen zu erlangen, aberkennen (§ 45 Abs. 2). Gegenstände, auf die sich die Tat bezieht, können eingezogen werden; § 74 a ist anzuwenden.**

(6) **Subvention im Sinne dieser Vorschrift ist eine Leistung aus öffentlichen Mitteln nach Bundes- oder Landesrecht oder nach**

dem Recht der Europäischen Gemeinschaften an Betriebe oder Unternehmen, die wenigstens zum Teil

1. ohne marktmäßige Gegenleistung gewährt wird und

2. der Förderung der Wirtschaft dienen soll.

Betrieb oder Unternehmen im Sinne des Satzes 1 ist auch das öffentliche Unternehmen.

(7) **Subventionserheblich im Sinne des Absatzes 1 sind Tatsachen,**

1. die durch Gesetz oder auf Grund eines Gesetzes von dem Subventionsgeber als subventionserheblich bezeichnet sind oder

2. von denen die Bewilligung, Gewährung, Rückforderung, Weitergewährung oder das Belassen einer Subvention oder eines Subventionsvorteils gesetzlich abhängig ist.

1. a) Die Vorschrift (krit Rspr-Übersicht bei Ranft NJW 86, 3163) 1
schützt vorrangig das **Allgemeininteresse an einer wirksamen staatlichen Wirtschaftsförderung** (Wessels BT 2 Rdn 648; ähnlich BT-Dr 7/5291 S 3; Göhler/Wilts DB 76, 1609; Tiedemann LK 11 mwN; krit Volk JZ 82, 85, 86; Herzog, Gesellschaftliche Unsicherheit und strafrechtliche Daseinsvorsorge, 1991, S 116; Weigend, Triffterer-FS, S 696, 700; str). Nicht der Verlust der ohnehin zur Ausgabe bestimmten Mittel, sondern die Zweckverfehlung im Hinblick auf den mit der Subventionierung angestrebten allgemeinwirtschaftlichen Effekt steht im Vordergrund. Deshalb ist das **Vermögen** jedenfalls nicht das allein geschützte Rechtsgut (hM; anders Sannwald, Rechtsgut und Subventionsbegriff, § 264 StGB, 1982, S 59; Hack, Probleme des Tatbestands Subventionsbetrug, § 264 StGB, 1982, S 19; Maiwald ZStW 96, 76, 78; Ranft JuS 86, 445). Wohl aber muß es als **mitgeschützt** angesehen werden (aM Geerds, Wirtschaftsstrafrecht und Vermögensschutz, 1990, S 244), denn bei mißbräuchlicher Inanspruchnahme von Subventionen ist immer auch das öffentliche Vermögen betroffen, nämlich insofern, als die Vergabe dessen Wert mindert, ohne daß dafür im Sinne der Zweckverfehlungslehre (56 zu § 263) der Vergabezweck erreicht wird (BGHZ 106, 204). Wenn demgegenüber im SchriftlBer des Sonderausschusses (BT-Dr 7/5291 S 3) ein Vermögensschaden unter Berufung auf den systemsprengenden Charakter der Zweckverfehlungslehre überhaupt verneint wird, ist dem zu widersprechen, weil damit dem § 263 ein kriminalpolitisch unverzichtbarer Teil seines Anwendungsbereichs (namentlich bei den Sozialsubventionen; vgl 7) entzogen würde (ebenso Ranft NJW 86, 3163, 3165; Sch/Sch-Lenckner 1; aM Tiedemann LK 12–14).

b) Nach ihren Mindestvoraussetzungen ist die Tat – abweichend 2
vom Betrug (1, 2 zu § 263) – **abstraktes Gefährdungsdelikt** (32 vor § 13). Der Tatbestand beschreibt nur die Bedingungen einer generellen Gefährlichkeit für die geschützten Rechtsgüter und kann daher weder als konkretes (so aber BT-Dr 7/5291 S 5) noch als abstrakt-konkretes Gefährdungsdelikt (so Göhler/Wilts DB 76, 1609, 1613) eingeordnet

werden (Berz BB 76, 1435, 1437; Heinz GA 77, 193, 210; Hack aaO [vgl 1] S 89; Stoffers EuZW 94, 304, 307; Sch/Sch-Lenckner 5; diff Ranft JuS 86, 445, 449). – Die **Deliktsbezeichnung** als Subventionsbetrug bezweckt nur eine plastische Charakterisierung des Deliktstypus; sie ist insofern ungenau, als § 264 gerade nicht die Verwirklichung der Betrugsmerkmale voraussetzt und als vor allem der Schutzzweck der beiden Tatbestände nicht übereinstimmt (krit daher Hack aaO S 75; Tiedemann LK 16 mwN).

3 **2.** Die Vorschrift betrifft nur Tathandlungen, die sich auf **Subventionen** im Sinne des **Abs 6** beziehen. Dort ist der Begriff ausschließlich nach materiellen Kriterien bestimmt (zur Begr BT-Dr 7/5291 S 9; Göhler/Wilts DB 76, 1609, 1610; krit Heinz GA 77, 193, 210; Löwer JZ 79, 621). Daraus ergibt sich ein selbständiger strafrechtlicher Subventionsbegriff (Schmidt GA 79, 121, 122; eingehend Sannwald aaO [vgl 1] S 76; krit Eberle, Der Subventionsbetrug nach § 264 StGB, 1983, S 61; s auch Jarass JuS 80, 115, 116; zusf zum öffentlichen Subventionsrecht Gusy JA 91, 286, 327). Im einzelnen:

4 **a)** Nur Leistungen aus **öffentlichen Mitteln,** dh solchen, die dem Staat, einer öffentlich-rechtlichen Körperschaft oder Einrichtung oder einer zwischenstaatlichen Einrichtung zur Verfügung stehen, kommen in Frage. Jedoch sind öffentliche Mittel auch solche, die von privater Seite aufgrund öffentlich-rechtlicher Verpflichtung in ein zweckgebundenes Sondervermögen eingebracht worden sind (Göhler/Wilts DB 76, 1609, 1612).

5 **b)** Nach **Bundes- oder Landesrecht** werden Leistungen gewährt, wenn ihre Vergabe durch Rechtsvorschriften des Bundes oder eines Landes – sei es auch nur global in einem Haushaltsansatz – bestimmt ist; denn auch im letzten Falle beruht sie auf einem (Haushalts-)Gesetz oder im kommunalen Bereich auf einer Gemeindeordnung, die ihrerseits Landesrecht ist (BT-Dr 7/5291 S 10). Entsprechendes gilt für die Gewährung von Leistungen nach dem **Recht der Europäischen Gemeinschaften** (beachte dazu Lüttger, Jescheck-FS, S 121, 175 und für EG-Subventionen Stoffers EuZW 94, 304, 308; Rspr-Übersicht zum europäischen Subventionsbetrug bei Odersky, in: Sieber [Hrsg], Europäische Einigung und Europäisches Strafrecht, 1993, S 91); ob solche Leistungen unmittelbar von Stellen der EG oder von innerstaatlichen Stellen verwaltet werden, macht keinen Unterschied (BT-Dr aaO; Zieschang EuZW 97, 78, 79; Tiedemann LK 30, 166). Zum Schutz der finanziellen Interessen der EG vgl die EG VO Nr 2988/95 (näher dazu Zieschang aaO; Tiedemann LK 8, 10; s auch 5 vor § 263). Nach ausdrücklicher Intention des Gesetzgebers (BT-Dr aaO S 11) sollen Leistungen aufgrund **steuerrechtlicher Vorschriften** (ebenso Tiedemann LK 27) wegen des grundsätzlichen Vorrangs des Steuerrechts (vgl 30) auch dann nicht erfaßt werden, wenn sie die Merkmale des Abs 6 erfüllen, also nicht lediglich als Steuerermäßigungen, sondern als Geldleistungen gewährt werden.

c) Die Leistungen müssen **wenigstens zum Teil** 6

aa) **ohne marktmäßige Gegenleistung gewährt werden.– Gegenleistung** ist das in einem zweiseitigen Rechtsverhältnis der Leistung gegenüberstehende Äquivalent (das Entgelt), also nicht etwa die mit jeder Subvention intendierte Verwirklichung des wirtschaftlichen Förderungszwecks (NStZ 90, 35 mwN). Sie ist **marktmäßig,** wenn sie nach ihrem objektiven Wert dem entspricht, was auch sonst unter den konkreten Verhältnissen des Marktes für die Leistung normalerweise aufgewendet werden muß. Schon das signifikante, dh mit prozessualen Mitteln eindeutig feststellbare Zurückbleiben der wirklichen hinter der marktmäßigen Gegenleistung genügt; auf ein „auffälliges Mißverhältnis" kommt es nicht an (hM; anders Schmidt GA 79, 121, 140). In Frage kommen namentlich Hilfsmaßnahmen in Katastrophenfällen, verlorene Zuschüsse (BGH aaO; zust Stoffers EuZW 94, 304, 307), Darlehen mit Zinsverbilligungen, Abgabe von Waren unter dem Marktpreis sowie Bürgschaften und Garantien ohne gleichwertiges Äquivalent (BT-Dr 7/5291 S 10). In Zweifelsfällen sind die Abgrenzungsschwierigkeiten groß, weil es im Wirtschaftsrecht einen allgemein anerkannten Begriff der Subvention nicht gibt (BT-Dr 7/3441 S 22 mwN) und weil oft eine sog „Grenz- und Gemengelage" besteht, bei der die Konkretisierung der Voraussetzungen des Abs 6 wegen der Unsicherheit der Bewertung nicht oder nur schwer möglich ist (vgl namentlich Götz Prot 7, 2500; s auch Heinz GA 77, 193, 211; Schmidt GA 79, 121; Löwer JZ 79, 621, 624; Hack aaO [vgl 1] S 148). Hierher gehören ua die Fälle, in denen eine Leistung vornehmlich Entschädigungscharakter hat (zB Erstattung von Aufwendungen zum Schutz gegen Fluglärm), zugleich aber auch als Förderungsmaßnahme gedacht ist (BT-Dr 7/3441 S 22), oder in denen es wegen Fehlens eines Marktes (zB bei entgeltlicher Übernahme von Bürgschaften oder Garantien durch den Staat) an handgreiflichen Vergleichsmaßstäben fehlt (BT-Dr 7/5291 S 10; krit Göhler/Wilts DB 76, 1609, 1612; abl Samson SK 31, 32);

bb) zur **Förderung der Wirtschaft** (gewerbliche Wirtschaft, Land- 7
und Forstwirtschaft, Bergbau, Handwerk usw; zusf Sch/Sch-Lenckner 14, 15) bestimmt sein. – Die Zwecke, andere Bereiche, etwa Forschung, Technologie, Bildungs- oder sonstige kulturelle Einrichtungen, zu fördern oder dem Bürger als Empfänger von Sozialleistungen Hilfe zu gewähren, etwa durch Sozialhilfe, Kindergeld, Wohngeld usw (sog Sozialsubventionen), werden als solche nicht erfaßt (dazu BT-Dr 7/5291 S 10, 11; Göhler/Wilts DB 76, 1609, 1612; krit Eberle aaO [vgl 3] S 106, alle mwN). Jedoch genügt es, wenn der Wirtschaftsförderungszweck – sei es auch nur als nachrangiger – neben solchen anderen Zwecken verfolgt wird (BT-Dr aaO S 11). Deshalb kommt der Förderung marktnaher Forschungsvorhaben idR Subventionscharakter zu (BT-Dr aaO), während das bei der Grundlagenforschung meist nicht zutrifft. Auch im Hinblick auf den Förderungszweck gibt es eine breite Zone problematischer Unbestimmtheit (Samson SK 33–37 hält die

damit verbundenen Schwierigkeiten für unlösbar; aM Tiedemann LK 45–51; krit Heinz GA 77, 193, 211).

8 **d)** Nur Leistungen an **Betriebe oder Unternehmen** werden erfaßt (dazu BT-Dr 7/5291 S 12). Beide Begriffe (15 zu § 11) sind ebenso weit auszulegen wie in § 11 I Nr 4 b, 14 II (Müller-Emmert/Maier NJW 76, 1657, 1659; Göhler/Wilts DB 76, 1609, 1611). **Öffentliche Unternehmen** (Göhler 23 zu § 130) sind nicht nur die als juristische Personen (des öffentlichen oder bürgerlichen Rechts) organisierten, sondern auch die unselbständigen Unternehmen (die sog Eigen- oder Regiebetriebe) der öffentlichen Hand.

9 **e) Beispiele für wichtige Subventionen:** Investitionszulagen nach dem BlnFG und dem InvZulG (vgl Dörn DStZ 95, 164 mit Beispielen von Anträgen auf Investitionszulagen und Begehungsformen des § 264); Leistungen nach §§ 42, 45, 88 des 2. WohnBG; Leistungen nach §§ 22, 23, 32, 41, 47, 53, 56, 59 FilmFG; Leistungen nach § 2 Nr 2, 5 ZonenrandFG; Vergünstigungen und Leistungen nach §§ 6, 7 MOG oder nach dem ERPWirtschPG.

10 **3. Abs 7** beschränkt den Bezug der Tathandlungen auf (uU auch innere, NJW 87, 1426) Tatsachen, die allein oder zusammen mit anderen Tatsachen (wistra 92, 257; Bay MDR 89, 1014) eine Subventionsbewilligung zur Folge haben können **(subventionserhebliche Tatsachen).** Er verfolgt den Zweck, für alle am Vergabeverfahren Beteiligten über die Subventionsvoraussetzungen und die Relevanz von Täuschungshandlungen möglichst große Klarheit zu schaffen (Müller-Emmert/Maier NJW 76, 1657, 1659; Göhler/Wilts DB 76, 1609, 1614).

11 **a) Nr 1:** Die **ausdrückliche Bezeichnung** von Tatsachen (4 zu § 263) als subventionserheblich erfordert hinreichend bestimmte, auf den konkreten Fall bezogene Angaben (LG Düsseldorf NStZ 81, 223; s auch Bay NJW 82, 2202; Koblenz NJW-RR 95, 727). – **Gesetz** ist hier jede Rechtsnorm, auch Satzung und Vorschrift der EG (BT-Dr 7/5291 S 13). – Die **Pflicht zur Bezeichnung durch den Subventionsgeber** kann sich aus speziellen Vorschriften über einzelne Subventionen ergeben. Jedoch begründet § 2 SubvG darüber hinaus eine allgemeine Verpflichtung des Subventionsgebers zur Bezeichnung der subventionserheblichen Tatsachen (krit dazu Löwer JZ 79, 621, 630; s auch Tiedemann LK 57–60). Allerdings gilt diese Vorschrift unmittelbar oder aufgrund Erstreckung durch die Landessubventionsgesetze (Nachw bei Göhler [Lexikon] 802 B) nur für Adressaten, die dem Bundes- oder Landesrecht unterworfen sind, also nicht für Vergabestellen der EG (BT-Dr 7/5291 S 13).

12 **b) Nr 2:** Hat ein Gesetz (vgl 11) die **materiellen Voraussetzungen** der Vergabe oder Rückforderung einer Subvention näher geregelt, so sind die diese Voraussetzungen ausfüllenden Tatsachen auch dann subventionserheblich, wenn sie nicht als solche bezeichnet sind (vgl

etwa NStZ 86, 556). Die Vorschrift wird nur relevant, ist dann aber ohne Einschränkung anwendbar, wenn im Hinblick auf eine Tatsache keine oder keine wirksame Bezeichnung nach Nr 1 erfolgt ist (München NJW 82, 457; einschr Ranft NJW 86, 3163, 3165; str). Praktische Bedeutung hat sie vor allem bei Vergaben durch EG-Behörden, für die eine Bezeichnungspflicht nicht besteht (vgl 11).

4. Die Bezeichnung der am Subventionsverfahren Beteiligten als **Subventionsgeber** (Abs 1) und **Subventionsnehmer** (§ 2 I SubvG) dient der technischen Vereinfachung. 13

a) Die **„eingeschaltete Stelle oder Person“** kann auch eine durch zivilrechtlichen Vertrag eingeschaltete private Einrichtung (zB Bank) oder Privatperson sein (BT-Dr 7/5291 S 6). 14

b) Subventionsnehmer ist, wer für sich oder einen anderen eine Subvention beantragt oder eine Subvention oder einen Subventionsvorteil in Anspruch nimmt (§ 2 I SubvG). 15

5. Zu den **Tathandlungen des Abs 1:** 16

a) Nr 1: Die **Angaben** müssen **im Rahmen eines Subventionsverfahrens** (dazu Tiedemann LK 73–75), nicht etwa nur bei vorbereitenden Erkundigungen, denen kein Antrag folgt (Müller-Emmert/Maier NJW 76, 1657, 1660; str) **gemacht** werden, dh entweder bei dem Subventionsgeber schriftlich – ohne Rücksicht auf dessen Kenntnisnahme – eingegangen oder ihm mündlich zur Kenntnis gebracht sein; soweit für den Subventionsgeber bestimmte Angaben gegenüber eingeschalteten Stellen oder Personen (vgl 14) gemacht werden, müssen diese nach der jeweiligen Verfahrensorganisation für die Entgegennahme zuständig sein (Müller-Emmert/Maier aaO S 1660).

aa) Eine **Angabe ist unrichtig,** wenn sie – unabhängig von der Vorstellung des Täters – im Hinblick auf eine subventionserhebliche Tatsache (vgl 10–12) mit der Wirklichkeit nicht übereinstimmt. Sie ist **unvollständig,** wenn sie einen einheitlichen Lebenssachverhalt nur teilweise richtig wiedergibt, durch Weglassen wesentlicher Tatsachen aber ein falsches Gesamtbild vermittelt (AG Alsfeld NJW 81, 2588 mwN); dabei kann die Unvollständigkeit uU schon aus dem Subventionszweck hergeleitet werden, sofern dieser im Gesetz eindeutig umschrieben ist (Sch/Sch-Lenckner 46); die mit der unvollständigen Angabe idR einhergehende pflichtwidrige Unterlassung der Aufklärung hat neben dem positiven Tun keine selbständige Bedeutung (Tiedemann LK 81; s auch Lackner LK 53 zu § 263). 17

bb) Eine Angabe ist nur dann **vorteilhaft,** wenn sie die Aussichten des Subventionsempfängers für die Gewährung oder Belassung einer Subvention oder eines Subventionsvorteils gegenüber der wirklichen Lage objektiv verbessert. Im Hinblick auf den Charakter der Tat als Vermögensgefährdungsdelikt werden auf diese Weise nicht nur subventionsschädigende und -neutrale Angaben ausgeschieden (so aber die Rspr), sondern auch weitere Falschangaben, wenn und soweit die Ver- 18 günstigung aufgrund anderer Tatsachen zwingend oder nach gefestigter Verwaltungspraxis zu gewähren gewesen wäre (so im Ergebnis die hM; anders BGHSt 34, 265; 36, 373 mit Bespr Kindhäuser JZ 91, 492; Gössel BT 2 23/50, alle mwN; zw).

19 cc) **„Für sich oder einen anderen"** erfordert nicht die zweckhafte Verfolgung eines eigenen oder fremden Interesses, sondern nur ein Handeln, das den Subventionsnehmer objektiv begünstigt (hM; vgl Tiedemann LK 87; zw). Daraus folgert die hM, daß bei Amtsträgern, die im Rahmen der Organisation des Subventionsgebers die Richtigkeit von Anträgen vorprüfen und bestätigen, stets Täterschaft vorliegt (BGHSt 32, 203 mit Anm Otto JR 84, 475 und Schünemann NStZ 85, 73; Hamburg MDR 84, 423; Ranft JuS 86, 445 und NJW 86, 3163, 3171; Wagner JZ 87, 705, 711; Tiedemann LK 87, alle mwN; zw). – Keine Angaben für einen anderen macht der nur im Innenverhältnis zum Subventionsnehmer tätige Steuerberater (Dörn wistra 94, 215 und DStZ 95, 164, 170).

20 dd) Die Angaben können auch in **mittelbarer Täterschaft** gemacht werden (NJW 81, 1744 mit Anm Tiedemann JR 81, 470).

21 **b) Nr 2:** Die Vorschrift, die ein **echtes Unterlassungsdelikt** beschreibt (beachte 4, 5 zu § 13), setzt beim Subventionsgeber die **Unkenntnis** einer subventionserheblichen Tatsache (Stuttgart MDR 92, 788 mwN) und beim Täter (Subventionsnehmer, uU auch dessen Beauftragter iS des § 14 II, Bay NJW 82, 2202) das **Unterlassen der Aufklärung** voraus, zu welcher er nach den Rechtsvorschriften über die Subventionsvergabe verpflichtet ist. – Diese **Aufklärungspflicht** kann sich vor allem aus den Rechtsvorschriften (einschl Vorschriften der EG) ergeben, in denen die Vergabe der jeweiligen Subvention geregelt ist (BT-Dr 7/3441 S 26). Sie kann aber auch allgemein im SubvG begründet sein (Bay aaO mit krit Bespr Ranft NJW 86, 3163, 3169). Dessen (auch auf landesrechtliche Subventionen anwendbarer; vgl 11) § 3 sieht nämlich zahlreiche, näher umschriebene Offenbarungspflichten des Subventionsnehmers vor, deren Tragweite durch § 4 SubvG noch erweitert wird: Danach sind Scheingeschäfte und Scheinhandlungen für die Beurteilung unerheblich und ggf die verdeckten Sachverhalte maßgebend. Außerdem ist die Bewilligung oder Gewährung einer Subvention oder eines Subventionsvorteils ausgeschlossen, wenn im Zusammenhang mit einem Subventionsantrag ein Rechtsgeschäft oder eine Handlung unter Mißbrauch von Gestaltungsmöglichkeiten vorgenommen wird. Da die Scheinhandlungen, die verdeckten Sachverhalte und die unter Mißbrauch von Gestaltungsmöglichkeiten vorgenommenen Handlungen, soweit sie dem Subventionsnehmer nachteilig sind, der Pflicht zu unverzüglicher Offenbarung nach § 3 SubvG unterliegen, ist das Unterlassen ihrer Anzeige nach Ausschöpfung des durch das Merkmal „unverzüglich" gewährten Spielraums idR nach Nr 2 tatbestandsmäßig (Stöckel ZRP 77, 134; Beispiele bei Göhler/Wilts DB 76, 1609, 1614). § 4 SubvG ist weder im Hinblick auf das

Bestimmtheitsgebot noch auf das Analogieverbot (2, 5 zu § 1) verfassungsrechtlich bedenklich (Bruns GA 86, 1, 22 mwN); jedoch sind die objektiven und subjektiven Voraussetzungen des Mißbrauchs noch nicht abschließend geklärt (dazu namentlich Bruns aaO S 28; Tiedemann LK 108–118; s auch Koblenz JZ 80, 736; AG Alsfeld NJW 81, 2588; Tiedemann NJW 80, 1557; Ranft NJW 86, 3163, 3167, alle mwN).

c) Nr 3: Die Vorschrift dient zur **Schließung von Strafbarkeitslücken** der Ergänzung der Nummern 1, 2 (krit Sch/Sch-Lenckner 58). 22
Bescheinigung ist die schriftliche Erklärung einer zuständigen Stelle, die nicht in das Subventionsverfahren eingeschaltet ist (sonst Nr 1 oder 2). **Gebrauchen** 23 zu § 267; das Erfordernis „in einem Subventionsverfahren" wird durch Gebrauch gegenüber dem Subventionsgeber erfüllt (Berz BB 76, 1435, 1437). – Die Einbeziehung der **Subventionsberechtigung** soll den Fall erfassen, daß der Täter einen von einem anderen, etwa einem Angestellten, erschlichenen Bewilligungsbescheid als ungerechtfertigt erkennt und dennoch zur Erlangung der Subvention gebraucht (BT-Dr 7/5291 S 6); idR, aber nicht notwendig (vgl 21), ist allerdings schon Nr 2 anwendbar (vgl Tiedemann LK 97).

6. a) Der nach **Abs 1** erforderliche **Vorsatz** (bedingter genügt) muß sich auf das Vorliegen einer Subvention (hM; krit Schmidt GA 79, 121, 124) und je nach den Voraussetzungen der einzelnen Begehungsformen namentlich auch auf die Unrichtigkeit oder Unvollständigkeit der Angaben (Nr 1, 3; vgl 17), die Subventionserheblichkeit der Tatsachen (Nr 1–3; vgl 10–12), deren Vorteilhaftigkeit für den Täter oder den anderen (Nr 1; vgl 18), den Widerspruch zu den Vergabevorschriften (Nr 2; vgl 21) und die Zuständigkeit der den Subventionsgeber repräsentierenden Stelle oder Person (Nr 1, 2; vgl 16) erstrecken. Die irrige Annahme einer dieser Voraussetzungen ist mangels Strafbarkeit des Versuchs unschädlich (beachte 31). 23

b) Die nach **Abs 3** vorausgesetzte **Leichtfertigkeit** (55 zu § 15) genügt nur für Taten nach Abs 1 Nr 1, 2 (nicht Nr 3; aM Tiedemann LK 125). Die Einbeziehung auch unvorsätzlich begangener Taten ist dogmatisch wie kriminalpolitisch umstritten (vgl ua BT-Dr 7/3441 S 27; 7/5291 S 8; Göhler/Wilts DB 76, 1609, 1615; Schubarth ZStW 92, 80, 100; Hack aaO [vgl 1] S 122; Eberle aaO [vgl 3] S 164; Otto ZStW 96, 339, 367; Hillenkamp, Wassermann-FS, S 861, 868, 873 und OsnabrRAbh, Bd 1, S 221, 237; Herzog aaO [vgl 1] S 133; Dörn DStZ 95, 164, 168, alle mwN). Die Leichtfertigkeit kann sich auf jeden Tatumstand beziehen; idR wird sie die Unrichtigkeit oder Unvollständigkeit der Angaben oder die Subventionserheblichkeit der Tatsachen betreffen. 24

7. Zu **Abs 2** (besonders schwere Fälle), der sich nur auf die Vorsatztat nach Abs 1 bezieht, 6–21 zu § 46. 25

a) Nr 1: Grober Eigennutz ist Streben nach eigenem Vorteil in besonders anstößigem Maße (NStZ 85, 558; GA 91, 321; Beisheim, Eigennutz als Deliktsmerkmal, 1994, S 134, alle mwN). – Das **große**

Ausmaß ist nicht nach der gewährten Gesamtleistung, sondern (zB bei einem Kredit mit Zinsverbilligung) nach dem unentgeltlich gewährten Vorteil zu beurteilen (Tiedemann LK 147); dieser muß aus dem Rahmen der durchschnittlich gewährten Subventionen erheblich herausfallen (krit Samson SK 78). – **Nachgemachte oder verfälschte Belege** sind zwar nur unechte oder verfälschte Urkunden oder technische Aufzeichnungen im Sinne der §§ 267 (dort 17–22; s auch GA 91, 321) oder 268 (dort 7–10); jedoch kommen für die Annahme eines unbenannten besonders schweren Falles auch andere Gegenstände in Frage, wenn sie zur Täuschung in einer Weise angefertigt und verwendet worden sind, daß sie gegenüber dem Subventionsgeber den Anschein einer subventionserheblichen Tatsache zu erwecken bestimmt und geeignet waren (14 zu § 46).

26 **b) Nr 2:** Der **Mißbrauch von Befugnissen oder der Stellung als Amtsträger** (3–11 zu § 11) ist ein besonderes persönliches Merkmal im Sinne des § 28 (dazu 16 zu § 46).

27 **c) Nr 3:** Für das **Ausnutzen der Mithilfe** genügt die vorsätzliche Wahrnehmung der durch die Hilfsbereitschaft des Amtsträgers geschaffenen Gelegenheit zur Erlangung einer nicht gerechtfertigten Subvention.

28 **8.** Zur **tätigen Reue (Abs 4)** 29 zu § 24. In Anlehnung an die allgemeine Rücktrittsregelung betrifft die Vorschrift nur die Fälle, in denen es nicht zur Subventionsgewährung (uU wohl aber zur Subventionsbewilligung) gekommen ist (BT-Dr 7/5291 S 9). Diese kann uU auch durch bloßes Unterlassen einer Mitteilung, die notwendige Voraussetzung der (Weiter-)Gewährung ist, verhindert werden (Stuttgart MDR 92, 788). – Unterläßt der Täter pflichtwidrig eine Mitteilung, die zur Rückforderung einer bereits gewährten Subvention oder von Subventionsvorteilen im Sinne des § 5 SubvG führen würde, so ist tätige Reue ausgeschlossen (BT-Dr aaO); hier bleibt ihm im Hinblick auf seine Pflicht zu „unverzüglicher" Mitteilung (§ 3 SubvG) nur ein nach den Umständen angemessener zeitlicher Spielraum (BT-Dr aaO). – Die Annahme eines besonders schweren Falles schließt tätige Reue nicht aus, weil Abs 2 nur eine Strafzumessungsregel ist (7 zu § 46). Bei Beteiligung mehrerer sind die Grundsätze des § 24 II anwendbar (Göhler/Wilts DB 76, 1609, 1615).

29 **9. Abs 5: Satz 1** bezieht sich nicht auf das Stimmrecht. Amtsfähigkeit und Wählbarkeit können auch einzeln aberkannt werden. Im übrigen vgl 4 zu § 45. – **Satz 2** ist eine besondere Vorschrift im Sinne des § 74 IV, welche die Einziehung über § 74 I hinaus zuläßt. Daher müssen die Voraussetzungen des § 74 II, III oder – aufgrund der besonderen Verweisung – des § 74 a erfüllt sein. Zu den hier erfaßten „Beziehungsgegenständen" (12, 13 zu § 74) gehören namentlich Waren, die im Hinblick auf eine Verwendungsbeschränkung verbilligt abgegeben, jedoch der Beschränkung zuwider verwendet worden sind (BT-Dr 7/5291 S 9). Im übrigen vgl §§ 74–74 c, 74 e–76 a.

10. a) Die Vorschrift bildet eine **selbständige und abschließende Sonderregelung** gegenüber § 263. Wie sich zwingend aus der Höhe der Strafdrohung, dem besonderen Strafrahmen für besonders schwere Fälle und dem Regelbeispiel in Abs 2 Nr 1 ergibt, will sie nicht nur das Vorfeld des Betruges abdecken, sondern auch Rechtsgutsverletzungen, dh die Fälle erfolgreicher Subventionserschleichung, erfassen (BT-Dr 7/5291 S 5; Müller-Emmert/Maier NJW 76, 1657, 1661; Göhler/Wilts DB 76, 1609, 1615). Damit steht § 264 zum Betrug in demselben Verhältnis wie der Betrug zum Steuerstrafrecht (68 zu § 263). Da nach den Gesetzesmaterialien der Vorrang des Steuerstrafrechts auch gegenüber dem Subventionsbetrug gelten soll (BT-Dr 7/5291 S 6, 11; eingehend dazu Sannwald aaO [vgl 1] S 93), ist wie folgt abzustufen: Die Strafbarkeit der Tat nach Steuerstrafrecht geht jeweils der nach §§ 263, 264 und die Strafbarkeit wegen Subventionsbetrugs der nach § 263 (einschl Versuch) vor (hM; anders Berz BB 76, 1435, 1438, Schmidt-Hieber NJW 80, 322, 323 und Eberle aaO [vgl 3] S 183: Idealkonkurrenz); Tateinheit bleibt jedoch möglich, wenn jeweils Steuer-, Subventions- oder andere Vermögensvorteile nebeneinander Gegenstand derselben Tathandlung sind (68 zu § 263). 30

b) Die Selbständigkeit des § 264 ist allerdings insofern **begrenzt,** als sie nicht zur Privilegierung führen, dh einen Betrug oder Betrugsversuch auch dann nicht verdrängen kann, wenn die Tathandlung zwar eine Subvention betrifft, aber den § 264 nicht verwirklicht (BGHR Konkurrenzen 1). Solche Grenzfälle kommen etwa in Frage, wenn ein untauglicher, nach § 264 nicht mit Strafe bedrohter Versuch vorliegt (Göhler/Wilts DB 76, 1609, 1615), wenn der Subventionsgeber die Bezeichnung der subventionserheblichen Tatsachen unterlassen hat (vgl 11) oder wenn sich die Täuschungshandlung auf nicht subventionserhebliche Tatsachen bezieht (hM; vgl Heinz GA 77, 193, 213). Der Ausschluß ihrer Strafbarkeit auch nach § 263 würde dem Zweck der Vorschrift zuwiderlaufen, eine Vorverlegung des Strafschutzes zu erreichen (vgl 1; Ranft NJW 86, 3163, 3164). Für das Zusammentreffen **mit anderen Tatbeständen** besteht zwischen §§ 263 und 264 kein wesentlicher Unterschied. 31

11. Für den **räumlichen Geltungsbereich** gilt nach § 6 Nr 8 der Weltrechtsgrundsatz (zur Begr vgl BT-Dr 7/3441 S 22; krit Tröndle LK 8 a zu § 6). – Zur **Anzeigepflicht** von Gerichten und Behörden beim Verdacht eines Subventionsbetrugs § 6 SubvG; das Unterlassen der Anzeige kann eine Strafbarkeit wegen Strafvereitelung nach §§ 258, 258 a und Beihilfe zu § 264 begründen (Partsch/Scheffner NJW 96, 2492). 32

§ 264 a Kapitalanlagebetrug

(1) **Wer im Zusammenhang mit**

1. dem Vertrieb von Wertpapieren, Bezugsrechten oder von Anteilen, die eine Beteiligung an dem Ergebnis eines Unternehmens gewähren sollen, oder

2. dem Angebot, die Einlage auf solche Anteile zu erhöhen,

in Prospekten oder in Darstellungen oder Übersichten über den Vermögensstand hinsichtlich der für die Entscheidung über den Erwerb oder die Erhöhung erheblichen Umstände gegenüber einem größeren Kreis von Personen unrichtige vorteilhafte Angaben macht oder nachteilige Tatsachen verschweigt, wird mit Freiheitsstrafe bis zu drei Jahren oder mit Geldstrafe bestraft.

(2) **Absatz 1 gilt entsprechend, wenn sich die Tat auf Anteile an einem Vermögen bezieht, das ein Unternehmen im eigenen Namen, jedoch für fremde Rechnung verwaltet.**

(3) **Nach den Absätzen 1 und 2 wird nicht bestraft, wer freiwillig verhindert, daß auf Grund der Tat die durch den Erwerb oder die Erhöhung bedingte Leistung erbracht wird. Wird die Leistung ohne Zutun des Täters nicht erbracht, so wird er straflos, wenn er sich freiwillig und ernsthaft bemüht, das Erbringen der Leistung zu verhindern.**

1 **1. a)** Die Vorschrift schützt nicht nur das **Vermögen** der Anleger (dazu BGHZ 116, 7), sondern auch das **Allgemeininteresse** an der Funktionsfähigkeit des Kapitalmarktes (hM; vgl etwa BT-Dr 10/318 S 22; Jaath, Dünnebier-FS, S 583, 607; Möhrenschlager wistra 82, 201, 205; Tiedemann JZ 86, 865, 872 und LK 13, 14; Otto WM 88, 729, 736; Geerds, Wirtschaftsstrafrecht und Vermögensschutz, 1990, S 204; Sch/Sch-Cramer 1 [sogar primär], alle mwN; anders Joecks wistra 86, 142, 143; Schlüchter, 2. WiKG, S 156; Worms, Anlegerschutz durch Strafrecht, 1987, S 312 und wistra 87, 242, 245; Samson SK 7: nur das Vermögen; krit auch Zaczyk, in: Lüderssen ua [Hrsg], Modernes Strafrecht und ultima-ratio-Prinzip, 1990, S 113; Martin, Criminal Securities and Commodities Fraud. Kapitalanlagebetrug im US-amerikanischen und deutschen Recht, 1993 S 172; Weigend, Triffterer-FS, S 696, 700). – Rechtsvergleichend Tiedemann LK 9–11.

2 **b)** Die Tat ist **abstraktes Gefährdungsdelikt** (32 vor § 13) im Vorfeld des Betruges (Tröndle 3), was – ebenso wie bei § 265 b (dort 1) – durch das mitgeschützte Allgemeininteresse nicht in Frage gestellt wird (diff Tiedemann LK 16). – Das kriminalpolitische Bedürfnis für diese Vorverlegung des Strafschutzes ist trotz gewisser dogmatischer Bedenken überwiegend anerkannt (BT-Dr aaO und 10/5058 S 31; v Ungern-Sternberg ZStW 88, 651; Kolz wistra 82, 167; Jaath, Möhrenschlager und Tiedemann aaO [vgl 1]; Otto WM 88, 729, 736; Mutter NStZ 91, 421; Schünemann GA 95, 201, 212; eingehend Joecks, Der Kapitalan-

lagebetrug, 1987; Worms aaO [Anlegerschutz; vgl 1] S 244, 307; Tiedemann LK 2–7, alle mwN). Die Problematik ist der des § 265 b sehr ähnlich (dort 1). In der Praxis hat die Vorschrift jedoch nur geringe Bedeutung erlangt (krit ua Garz-Holzmann, Die strafrechtliche Erfassung des Mißbrauchs der Berlinförderung durch Abschreibungsgesellschaften, 1984, S 99; Weber NStZ 86, 481, 485; Schmidt-Lademann WM 86, 1241; Gallandi wistra 87, 316; Martin aaO [vgl 1] S 175 und wistra 94, 127; Samson SK 5, 6; vgl aber Tiedemann LK 8).

2. Die **Bezugsobjekte** der Tat (näher dazu Knauth NJW 87, 28 und Tiedemann LK 18–33). 3

a) Abs 1 Nr 1: Wertpapiere sind Urkunden, die ein Recht in der Weise verbriefen, daß es ohne die Urkunde nicht ausgeübt werden kann (Aktien, Obligationen, Investmentzertifikate usw). – **Bezugsrechte** sind ihnen gleichgestellt, weil sie nicht notwendig Wertpapiere sind, sondern auch unverbrieft vertrieben werden (Möhrenschlager wistra 82, 201, 206). – **Anteile, die eine Beteiligung an dem Ergebnis eines Unternehmens gewähren sollen,** sind namentlich: Anteile an Kapitalgesellschaften, Gesellschaftsanteile an Personalgesellschaften, häufig Kommanditanteile, wie sie bei den als KG organisierten sog Abschreibungsgesellschaften (Publikums- oder Massengesellschaften) vorkommen, und Beteiligungen durch partiarische Darlehen (hM; vgl Worms wistra 87, 242, 246 mwN; anders Cerny MDR 87, 271, 273) oder als stiller Gesellschafter (BT-Dr 10/318 S 22). – Die genannten Bezugsobjekte überschneiden sich weit.

b) Abs 2: Anteile an einem Vermögen, das ein Unternehmen in eigenem Namen für fremde Rechnung verwaltet. Erforderlich ist hier ein Treuhandverhältnis zwischen dem Unternehmen (15 zu § 11; einschr Worms wistra 87, 242, 247) und den Anlegern, das diesen einen (idR schuldrechtlichen) Teilhabeanspruch einräumt. Das Treuhandgut besteht entweder in Vermögenswerten, zu deren direktem Erwerb die aufgebrachten Mittel bestimmt sind, oder in einem Recht, kraft dessen sich das Unternehmen für die Anleger – zB durch Erwerb eines Geschäftsanteils – eine Beteiligung am Ergebnis eines anderen Unternehmens verschafft (BT- Dr 10/318 S 22). Erfaßt werden danach ua die sog Treuhandkommanditisten bei Immobilienfondsgesellschaften und auch andere Unternehmensbeteiligungen an Wirtschaftsunternehmen (zB des Schiffs- oder Flugzeugbaus), wenn es auf die steuerliche Anerkennung der Anleger als Mitunternehmer ankommt (BT-Dr aaO). Nicht hierher gehören der Immobilienerwerb im Rahmen von Bauherren-, Bauträger- und Erwerbermodellen (hM; vgl Worms aaO S 246; Flanderka/Heydel wistra 90, 256; Martin aaO [vgl 1] S 168; anders Schmidt-Lademann WM 86, 1241; Richter wistra 87, 117) und die Warentermingeschäfte, weil sie keine Beteiligung an einem Unternehmensergebnis gewähren (Tiedemann JZ 86, 865, 872, anders jetzt in LK 32), wohl aber die fondsmäßig betriebenen Warentermingeschäfte (Martin aaO S 165). 4

5 **3.** Der **Anwendungsbereich der Abs 1, 2** ist zur Einschränkung der Strafbarkeit wie folgt begrenzt:

6 **a) Täter** kann an sich jeder sein, also nicht nur der Anteilsanbieter (Emittent). Die Tat ist daher kein Sonderdelikt (Tiedemann LK 17; s auch 33 vor § 13). Jedoch muß die Tathandlung **im Zusammenhang mit dem Vertrieb** von Anteilen nach Abs 1 Nr 1 (vgl 3) oder **mit dem Erhöhungsangebot** nach Abs 1 Nr 2 (vgl 8) stehen.

7 aa) **Vertrieb** ist – ebenso wie im AuslInvestmG – eine auf Absatz einer Vielzahl von Anteilen gerichtete Tätigkeit, die sich an den Markt wendet und zu dessen Täuschung führen kann (BT-Dr 10/318 S 24). Erfaßt werden danach nur Werbe- und Angebotsaktionen, nicht das individuelle Angebot (Möhrenschlager wistra 82, 201, 206), namentlich wenn es auf individueller Beratung beruht (BT-Dr 10/5058 S 31).

8 bb) Das **Angebot, die Einlage zu erhöhen,** betrifft nur Personen, die schon Anteile nach Abs 1 Nr 1 (dazu Knauth NJW 87, 28, 30) erworben haben. Nach dem Schutzzweck der Vorschrift genügt auch hier nur die Angebotsaktion gegenüber Anteilseignern, die der Kapitalansammlung dient, nicht das individuelle Angebot (BT–Dr 10/318 S 24).

9 cc) **Zusammenhang** erfordert einen sachlichen und zeitlichen Bezug zu bestimmten Vertriebs- (Abs 1 Nr 1) oder Angebotsmaßnahmen (Abs 1 Nr 2). Die daraus folgende Erstreckung des Schutzbereichs über den Kreis der Emittenten hinaus soll einerseits kriminelle Praktiken unseriöser Vertriebsgesellschaften und anderer Personen erfassen, die über individuelle Anlageberatung hinausgehen, andererseits aber allgemeine Mitteilungen und Meinungsäußerungen, namentlich die Informationstätigkeit im Wirtschaftsjournalismus, ausscheiden (BT-Dr aaO).

10 **b)** Die Tathandlungen sind auf Angaben **in Prospekten oder in Darstellungen oder Übersichten über den Vermögensstand** beschränkt (krit Otto, Die strafrechtliche Bekämpfung unseriöser Geschäftstätigkeit, 1990, S 97). – **Prospekt** ist jede Werbe- oder Informationsschrift, die den Eindruck erweckt, die für die Beurteilung einer Anlageentscheidung erheblichen Angaben zu enthalten, und die zugleich Grundlage für diese Entscheidung sein soll (BGHSt 40, 385, 388 mit Anm Cramer WiB 95, 305; Joecks wistra 86, 142, 144; ähnlich BT-Dr 10/318 S 23; Martin aaO [vgl 1] S 166). Eine erkennbar lükkenhafte Information genügt daher nicht (Joecks und Cramer jeweils aaO; aM Tiedemann LK 35); daß die Werbeschrift auch allgemeine Angaben zB über Inflation und Steuern enthält, ändert an ihrem Charakter als Prospekt solange nichts, wie diese Angaben nur das Interesse des Lesers an der angebotenen Kapitalanlage wecken wollen (BGH aaO). Ob die Schrift vom Emittenten oder von einem selbständigen Vertreiber herrührt, ist unerheblich (BT-Dr aaO). – Auch **Darstellungen und Übersichten über den Vermögensstand** sind nur solche, die den Eindruck einer gewissen Vollständigkeit erwecken (BT-Dr aaO), vor allem sog „Geschäftslagetäuschungen" in Bilanzen (Möhrenschlager wistra 82, 201, 206). Als Darstellungen kommen auch mündli-

che oder durch Ton- oder Bildträger verbreitete in Frage (BT-Dr aaO; Martin aaO S 167; krit Weber NStZ 86, 481, 485). Die Übersichten entsprechen den Vermögensübersichten im Sinne des § 265 b I Nr 1 (BT-Dr aaO). Nicht erfaßt wird der sog „Telefonhandel" (Martin aaO S 166; Tiedemann LK 37).

c) Die Tathandlungen müssen **gegenüber einem größeren Kreis von Personen** vorgenommen werden. Das ist eine mindestens so große Zahl potentieller Anleger, daß deren Individualität gegenüber dem sie verbindenden potentiell gleichen Interesse an der Kapitalanlage zurücktritt (BT-Dr 10/318 S 23). Erfaßt werden danach idR öffentlich gemachte Angaben, das Auslegen von Werbematerial an allgemein zugänglichen Orten, die systematische Werbung von Tür zu Tür und das gezielte Ansprechen von Mitgliedern bestimmter Berufsgruppen, die aus Telefon- oder Adreßbüchern ausgesucht werden (BT-Dr aaO; Tiedemann JZ 86, 865, 873); die bloße Individualtäuschung scheidet aus (Worms wistra 87, 271, 274). 11

4. Zu den **Tathandlungen:** 12

a) Unrichtige vorteilhafte Angaben (positives Tun) 5 zu § 265 b; 17 zu § 264 (s auch Worms wistra 87, 271). Unter denselben Voraussetzungen wie bei § 265 b können sie sich auch auf Bewertungen und Prognosen beziehen (Granderath DB 86, Beil 18, 1, 7; Cerny MDR 87, 271, 276; Tiedemann LK 53; einschr Sch/Sch-Cramer 24). Vorteilhaft bedeutet hier geeignet, die konkreten Aussichten für die positive Anlageentscheidung zu verbessern. Für diese Entscheidung irrelevante oder ihr entgegenwirkende Angaben, zB Boykottaufrufe, scheiden daher aus (BT-Dr 10/318 S 24). – **Verschweigen nachteiliger Tatsachen** ist idR echtes Unterlassen (hM; vgl etwa Tiedemann LK 61; anders Samson SK 50–52); es setzt die Unterdrückung von Tatsachen voraus, deren Kenntnis geeignet wäre, den Interessenten von der Entscheidung für die Anlage abzuhalten (BT-Dr aaO).

b) Die Angaben oder das Verschweigen müssen sich auf Umstände beziehen, die für die Anlageentscheidung **erheblich** sind. Das ist – unabhängig von außerstrafrechtlichen Mitteilungs- oder Offenbarungspflichten (BT-Dr 10/318 S 24) – zu bejahen, wenn sie nach dem Maßstab eines verständigen, durchschnittlich vorsichtigen Anlegers (BT-Dr aaO; krit Worms aaO [Anlegerschutz; vgl. 1] S 334; s auch BGHSt 30, 385) Einfluß auf Wert, Chancen und Risiken der Kapitalanlage haben (BT-Dr 10/5058 S 31). Bei unrichtigen Angaben wird das meist zutreffen; hier scheiden idR nur Bagatellunrichtigkeiten und entscheidungsirrelevante Angaben aus (Tiedemann JZ 86, 865, 873). Umso größer sind die Schwierigkeiten beim Verschweigen von Tatsachen. Da der Anlegerschutz nach Abs 1, 2 „rechtsformunabhängig" gewährt wird, hängt das Ergebnis weitgehend von einer Gesamtwürdigung der konkreten Zusammenhänge ab, was im Hinblick auf Art 103 II GG zwar nicht problemlos (krit Weber NStZ 86, 481, 485; Sch/Sch-Cramer 32), für den insoweit gleich strukturierten § 265 b (dort 5) aber als verfassungs- 13 mäßig anerkannt ist. Jedenfalls ist eine enge Auslegung geboten (Joecks wistra 86, 142, 145; Tiedemann aaO; Cerny MDR 87, 271, 275; Pabst, Rechtliche Risiken bei Konzeption und Vertrieb von Kapitalanlagen, 1989, S 20). Die Praxis wird sich dabei an der zivilrechtlichen Rspr zur sog Prospekthaftung (Mutter NStZ 91, 421 mwN), an den in der Anlageberatung entwickelten Mindestinhalten von Prospekten und an den sog Kapitalanlage-Checklisten zu orientieren haben (BT-Dr 10/5058 S 31; Kriterienkatalog bei Tiedemann LK 51, 52; krit Cerny aaO S 277); allerdings werden dadurch nur Indizien gewonnen, deren Gewicht im konkreten Zusammenhang nachzuprüfen ist (Joecks aaO S 146 mit Beispielen).

14 **c)** Zwischen den Merkmalen vorteilhaft, nachteilig und erheblich besteht ein **enger innerer Zusammenhang** mit wechselseitigen Abhängigkeiten (Worms wistra 87, 271, 272). Eine Kompensation vorteilhafter Angaben mit verschwiegenen nachteiligen Tatsachen ist jedoch nicht zulässig (Otto WM 88, 729, 738 mwN).

15 **5.** Der **Vorsatz** (bedingter genügt) muß auch alle tatbestandseinschränkenden Merkmale (vgl 3–11) umfassen. Im Hinblick auf deren Unbestimmtheit sind an seinen Nachweis – ähnlich wie bei § 266 (dort 19) – strenge Anforderungen zu stellen (krit Cerny MDR 87, 271, 278). – Beim Verschweigen (vgl 12) ist die irrige Annahme, zur Information nicht verpflichtet zu sein, nur Verbotsirrtum (7 zu § 15; 6 zu § 17; zw); der Irrtum über die Erheblichkeit der verschwiegenen Umstände kann Tatbestands- oder Verbotsirrtum sein (Tiedemann LK 68 mwN).

16 **6.** Zur **tätigen Reue** (Abs 3) 29 zu § 24; s auch § 264 IV, dem Abs 3 nachgebildet ist (BT-Dr 10/318 S 25). Ist zur Zeit des Rücktritts bereits ein vollendeter Eingehungsbetrug begangen, so erstreckt sich die Straffreiheit nicht auf ihn (Worms wistra 87, 271, 275; Otto WM 88, 729, 739; aM Joecks aaO [vgl 2] Tz 266; Tiedemann LK 71).

17 **7.** Für das **Verhältnis zu § 263** gelten die Ausführungen unter 10 zu § 265 b sinngemäß (zust Knauth NJW 87, 28, 32; abl Cerny MDR 87, 271, 275; Otto WM 88, 729, 739); denn Kapitalanlagebetrug und Kreditbetrug stimmen in ihrer Struktur als Vorfeldtatbestände des Betruges überein. – **Tateinheit** ua möglich mit §§ 88, 89 BörsG (für § 88 aM Tröndle 18) und mit § 4 UWG (Worms wistra 87, 271, 275; aM Cerny aaO S 278; Tiedemann LK 84). Im übrigen unterscheiden sich die Möglichkeiten weiteren Zusammentreffens mit anderen Tatbeständen nicht wesentlich von denen bei § 263 (dort 67).

§ 265 Versicherungsbetrug

(1) **Wer in betrügerischer Absicht eine gegen Feuersgefahr versicherte Sache in Brand setzt oder ein Schiff, welches als solches oder in seiner Ladung oder in seinem Frachtlohn versichert ist, sinken oder stranden macht, wird mit Freiheitsstrafe von einem Jahr bis zu zehn Jahren bestraft.**

(2) **In minder schweren Fällen ist die Strafe Freiheitsstrafe von sechs Monaten bis zu fünf Jahren.**

1. Der reformbedürftige Tatbestand des **Versicherungsbetrugs** (zusf Geerds, Welzel-FS, S 841; Ranft Jura 85, 393; krit AE [WirtschaftsStR] S 125; Seier ZStW 105, 321) beschreibt eine selbständig mit Strafe bedrohte Vorbereitungshandlung zum Betrug (Küper BT S 13). Mindestens gleichrangig **mitgeschütztes Rechtsgut** ist neben dem **Vermögen** auch die **soziale Leistungsfähigkeit** des dem allgemeinen Nutzen dienenden (nicht nur inländischen, wistra 94, 224) Versicherungswesens (hM; vgl BGHSt 11, 398; Tiedemann LK 8). Demgegenüber wird teils nur das Vermögen (Samson SK 1 mwN) und teils nur die Leistungsfähigkeit des Versicherungswesens (BGHSt 25, 261) als geschützt angesehen; vereinzelt wird auch der Gesichtspunkt der Gemeingefahr zur Begründung der hohen Strafdrohung herangezogen (Schroeder JR 75, 71). – Allgemein, auch unter kriminologischen und kriminalistischen Aspekten, zu **betrügerischen versicherungsschädigenden Praktiken** Geerds, Versicherungsmißbrauch, 1991. 1

2. Gegenstand der Handlung kann jede, nicht nur eine in §§ 306, 308 geschützte, Sache sein (Tiedemann LK 11 mwN); auch jedes Schiff, ohne Rücksicht auf seine Größe (Koblenz NJW 66, 1669; einschr M-Schroeder/Maiwald BT 1 41/200; zw). – **Versichert** ist eine Sache, wenn über sie ein förmlicher, rechtsgeschäftlich nicht wieder aufgehobener Versicherungsvertrag gegen Untergang oder Beschädigung durch Feuer oder durch Sinken bzw Stranden besteht, mag er auch als sog verbundene Versicherung noch weitere Risiken abdecken (BGHSt 35, 325 mwN), nichtig oder anfechtbar sein (BGHSt 8, 343) oder vom Versicherer nach §§ 38 II, 39 II, III VVG nicht erfüllt werden müssen (BGHSt 35, 261; krit Tiedemann LK 12); Versicherung nur gegen andere Risiken, zB gegen Diebstahl (BGHSt 25, 261) oder gegen Verluste aus einer durch Feuer verursachten Betriebsunterbrechung (BGHSt 32, 137), genügt nicht. – **In Brand setzen** 5 zu § 306 (beachte wistra 88, 304). Sämtliche Tathandlungen können bei Garantenstellung (namentlich bei Vertragspflicht zur Schadensabwehr) auch durch Unterlassen begangen oder gefördert werden (NJW 51, 204; Tiedemann LK 22, 23; s auch 7–11 zu § 13; 6 zu § 27). 2

3. Betrügerische Absicht ist Absicht rechtswidriger (hM; anders Celle SJZ 50, 682 mit abl Anm Bockelmann) Bereicherung im Sinne des § 263 (dort 58–62); das bedeutet hier die Zielvorstellung des Täters (hM; krit Eschenbach Jura 96, 239; weiter Geerds Jura 89, 294 mwN), für sich oder einen anderen durch eine – nicht notwendig von ihm selbst vorzunehmende (hM; vgl RGSt 23, 352; anders Seier ZStW 105, 321, 330) – Täuschung die Versicherungssumme zu erlangen, auf die kein oder nur ein teilweise begründeter Anspruch besteht (NJW 76, 2271). Ist der Versicherungsnehmer nicht selbst Täter oder Teilnehmer, so kommt als Ausschlußgrund für diesen Anspruch auch die praeter legem entwickelte sog Repräsentantenhaftung (näher dazu BGHZ 3

107, 229; 122, 250) in Frage (NJW 76, 2271 mit Bespr Gössel JR 77, 391 und Wagner JuS 78, 161; NJW 92, 1635; Arthur Kaufmann JuS 87, 306; zusf Ranft Jura 85, 393, 399; str); allerdings ist in jedem Falle mindestens bedingter Vorsatz des Täters im Hinblick auf den Ausschluß des Anspruchs erforderlich (Wagner aaO; Tiedemann LK 32; s auch 62 zu § 263). Daß der Täter diesen Ausschluß nur irrig annimmt, soll nach hM unerheblich sein (NStZ 87, 505 mit krit Anm Ranft StV 89, 301; NJW 92, 1635; mit beachtlichen Gründen anders Küper NStZ 93, 313, der gestützt auf die übereinstimmende Struktur des subjektiven Tatbestandes in den §§ 263 und 265 nur untauglichen Versuch annimmt; im Ergebnis ebenso Tiedemann LK 26; zw). – Im übrigen muß sich die Absicht gerade auf die versicherte Sache, dh die scheinbare Auslösung des Versicherungsfalls durch ihren Untergang oder ihre Beschädigung, beziehen (BGHSt 25, 261; 32, 137 mit Bespr Keller JR 84, 434 und Meurer JuS 85, 443, alle mwN; zw). Deshalb genügt es zB nicht, wenn der Täter die zugleich gegen Feuer und Diebstahl versicherte Sache nur als gestohlen melden will (StV 83, 504 mwN), wohl aber, wenn er nur auf die Versicherungssumme abzielt und es der Versicherung überläßt, ob sie den Schaden als Feuer- oder Diebstahlsfolgeschaden beurteilt (BGHSt 35, 325 mit Bespr Geerds Jura 89, 294 und Ranft StV 89, 301, 303; Zweibrücken VRS 81, 436; probl BGHSt 6, 251 mit abl Bespr Ranft Jura 85, 393, 397, wo die beabsichtigte Geltendmachung mitversicherten Löschschadens einbezogen wird).

4 **4. Vollendet** ist die Tat mit Inbrandsetzung der versicherten Sache (nicht einer anderen, die erst das Feuer übertragen soll, 1 StR 530/69 v 13. 1. 1970) oder der Versenkung bzw Strandung des Schiffs. Zur Täuschung oder Schädigung des Versicherers braucht es nicht zu kommen; beides muß nur beabsichtigt sein (NStZ 86, 314 mit krit Bespr Otto JK 2).

5 **5. Rücktritt** vom Versuch ist nur möglich, solange die Sache noch nicht in Brand gesetzt oder das Schiff noch nicht gesunken bzw gestrandet ist. § 310 ist wegen seiner Beschränkung auf die Brandstiftung nicht anwendbar (hM; anders Otto Jura 86, 52; Tiedemann LK 38; Sch/Sch-Cramer 9 zu § 310).

6 **6. Tateinheit** ua möglich mit §§ 306, 308 (BGHSt 1, 209). Kommt es zu dem geplanten Betrug, so liegt idR Tatmehrheit vor (BGHSt 11, 398; Ranft Jura 85, 393, 402; Tiedemann LK 47, alle mwN; str).

§ 265 a Erschleichen von Leistungen

(1) **Wer die Leistung eines Automaten oder eines öffentlichen Zwecken dienenden Fernmeldenetzes, die Beförderung durch ein Verkehrsmittel oder den Zutritt zu einer Veranstaltung oder einer Einrichtung in der Absicht erschleicht, das Entgelt nicht zu entrichten, wird mit Freiheitsstrafe bis zu einem Jahr oder mit Geld-**

strafe bestraft, wenn die Tat nicht in anderen Vorschriften mit schwererer Strafe bedroht ist.

(2) **Der Versuch ist strafbar.**

(3) **Die §§ 247 und 248 a gelten entsprechend.**

1. Die Vorschrift **schützt** ebenso wie § 263 das **Vermögen** (hM; vgl Bay NJW 86, 1504). Sie enthält vier **Auffangtatbestände zum Betrug,** die der Schließung von Lücken dienen (zu ihrer Kriminologie Falkenbach, Die Leistungserschleichung [§ 265 a StGB], 1983; Walter, Schüler-Springorum-FS, S 189, 191; zu ihrer Reform Albrecht ua [Hrsg], Rechtsgüterschutz durch Entkriminalisierung, 1992, S 49, 59; Albrecht ua [Hrsg], Strafrecht-ultima ratio, 1992, S 33; Loos ZRP 93, 310; auch in einem Gesetzentwurf des Bundesrates ist die Entkriminalisierung der sog „Einmalfälle" beim Schwarzfahren vorgesehen [BT-Dr 12/6484]; krit zu dieser Tendenz Hauf DRiZ 95, 15, 21; gegen die Entkriminalisierung BT-Dr 13/4064 [Antrag der Fraktionen CDU/CSU und FDP]). – Rechtsvergleichend Tiedemann LK 8–11. 1

2. a) Nur sog **Leistungsautomaten** sind für die 1. Alternative relevant, zB Fernsprech-, Wiege-, Spiel- und Musikautomaten sowie Münzkassiergeräte an Stromanlagen (Bay MDR 61, 619) oder an Fernsehgeräten (Stuttgart MDR 63, 236). Das Ausleeren von Waren- oder Geldspielautomaten ist regelmäßig Diebstahl, auch wenn es mittels Falschgeldes (MDR 52, 563 mit abl Anm Dreher; krit Otto JZ 93, 559, 570), durch Anwendung von Tricks beim Geldeinwurf (Stuttgart NJW 82, 1659 mit Bespr Seier JR 82, 509 und Albrecht JuS 83, 101; Koblenz NJW 84, 2424; aM AG Lichtenfels NJW 80, 2206 mit Bespr Schulz NJW 81, 1351, alle mwN; str) oder durch andere Manipulationen (Bay NJW 81, 2826 mit Anm Meurer JR 82, 292) geschieht (zusf Ranft JA 84, 1, 6; Otto JuS 85, 21, 23; Bühler, Die strafrechtliche Erfassung des Mißbrauchs von Geldspielautomaten, 1995, S 61 und 81; Hilgendorf JuS 97, 130; Küper BT S 29; Tiedemann LK 39, alle mwN). Es kann uU auch unter § 263 a fallen (dort 4), wird dann jedenfalls aber durch die Subsidiaritätsklausel ausgeschieden (vgl 8). 2

b) Fernmeldenetze sind nicht nur die Telefon- und Telexnetze, sondern alle Datenübertragungssysteme im Fernmeldebereich (BT-Dr 7/3441 S 29; Tiedemann LK 24), namentlich auch die Breitband-(Kabel-)Netze zur Verteilung von Fernseh- und Hörfunkprogrammen (Krause/Wuermeling NStZ 90, 526; weiter Tiedemann LK 26, alle mwN). Zum Telekommunikationsnetz s § 3 Nr 21 TKG. – Im Fernsprechverkehr (namentlich bei Fernsprechautomaten) ist entgeltliche Leistung nur die Herstellung und Aufrechterhaltung der Fernsprechverbindung im ganzen, nicht schon das Klingelzeichen beim Empfänger, so daß **Störanrufe** nicht erfaßt werden (Sch/Sch-Lenckner 10, 13; Tiedemann LK 18; aM Herzog GA 75, 257, 261; Brauner/Göhner NJW 78, 1469; zw). 3

4 c) **Beförderung durch ein Verkehrsmittel** ist jede Transportleistung, ohne Unterschied, ob Personen oder Sachen befördert werden, ob es sich um Massenleistungen (Eisenbahn) oder nur um eine Einzelleistung (Taxi) handelt und ob das Verkehrsmittel öffentlich oder privat ist.

5 d) **Zutritt zur Veranstaltung** (zB Theater, Konzert, Sportkampf) oder **Einrichtung** (zB Museum, Kurpark, Schwimmbad) erfordert körperliche Anwesenheit. Nach dem Schutzzweck der Vorschrift sind nur Einrichtungen gemeint, bei denen das Entgelt aus wirtschaftlichen Gründen, also nicht ausschließlich zur Begrenzung des Zutritts gefordert wird. Bahnsteige, öffentliche Parkplätze ohne Zugangssperre und ähnliche Einrichtungen scheiden daher meist aus (Hamburg NJW 81, 1281 mit Anm Schmid JR 81, 391 und Hassemer JuS 81, 849; Sch/Sch-Lenckner 2; Tiedemann LK 33; str); auch Parkuhren sind weder Leistungsautomaten noch ermöglichen sie den Zutritt zu einer Einrichtung (Bay JR 91, 433 mit Anm Graul; Küper BT S 31). – **Schwarzhören** bei Hörfunk oder Fernsehen genügt nicht, weil hier der Täter den „Zutritt" nicht zu einer Veranstaltung oder Einrichtung, sondern allenfalls „zum Kreis der Rundfunkhörer" erschleicht (Sch/Sch-Lenckner 5; str); im Regelfall ist es nur als Ordnungswidrigkeit erfaßbar (Tiedemann LK 44, 58; Tröndle 4).

6 **3. a) Erschleichen** ist nicht schon das bloß unbefugte Inanspruchnehmen der Leistung; hinzukommen muß, daß – allerdings mit teilweise umstrittenen Differenzierungen bei den einzelnen Alternativen (näher dazu Sch/Sch-Lenckner 8–11; Tiedemann LK 34–47) – ohne Wissen des Berechtigten Sicherungsvorkehrungen gegen unbefugte Benutzung umgangen oder ausgeschaltet werden. Im einzelnen:

6a **b)** Beim **Automatenmißbrauch** (vgl 2) ist eine „täuschungsähnliche Manipulation des Mechanismus" erforderlich (ebenso Arloth CR 96, 359, 362), die nicht schon darin liegt, daß der Automat aufgebrochen und alsdann manipuliert wird (bei Holtz MDR 85, 795). Auch der nach § 263 a I (dort 14) strafbare Mißbrauch von Codekarten beim Geldabheben aus Bankautomaten gehört wegen Fehlens einer Manipulation nicht hierher (Tiedemann LK 40), wird mindestens aber durch die Subsidiaritätsklausel (vgl 8) ausgeschieden. – Bei **Fernmeldeleistungen** (vgl 3) steht das Umgehen von Abrechnungseinrichtungen im Vordergrund (BT-Dr 7/3441 S 29; AG Mannheim CR 86, 341); es kommen aber auch andere Sicherungsvorkehrungen, wie sie etwa bei Kabelanschlüssen verwendet werden, in Frage (Krause/Wuermeling NStZ 90, 526). – Bei **Beförderungsleistungen** (vgl 4) wird vorausgesetzt, daß sich der Täter in den Genuß der Leistung setzt und dabei entweder sich mit dem Anschein der Ordnungsmäßigkeit umgibt oder Sicherungsvorkehrungen gegen unbefugte Benutzung umgeht oder ausschaltet (hM; vgl Bay NJW 69, 1042; einschr Alwart JZ 86, 563; Schall JR 92, 1, alle mwN). Einschleichen oder Täuschen ist nicht unbedingt erforderlich; täuschungsähnliches, uU sogar der Verdeckung dienendes unauffälliges oder untätiges Verhalten kann genügen, nicht jedoch das offene Inanspruchnehmen der Leistung (Bay aaO). Die in diesem Punkt zu weite Rspr bezieht hier auch den Fall ein, daß jemand ein Verkehrsmittel, dessen Zugang nicht kontrolliert wird, ohne gültigen Fahrausweis benutzt (Hamburg NJW 87, 2688 mit abl Bespr Albrecht NStZ 88, 222, Fischer NJW 88, 1828 und Ranft Jura 93, 84, 87; Stuttgart NJW 90, 924 mit abl Anm Fischer NStZ 91, 41; Hamburg NStZ 91, 587 mit abl Anm Alwart; Düsseldorf NStZ 92, 84; Koblenz NStE 6; für eine noch weitergehende, sich an den zivilrechtlichen Vertragsbruch anlehnende Auslegung Hauf DRiZ 95, 15, alle mwN). Das bloß unauffällige Mitgehen mit der Gesamtheit der Verkehrsteilnehmer ohne Durchschreiten einer Sperre oder Schleuse kann nicht als ein der Verdeckung dienendes Verhalten gewertet werden (im Ergebnis ebenso Sch/Sch-Lenckner 11; Tiedemann LK 47, beide mwN); ausreichend ist dagegen zB das unbefugte Einsteigen in einen Waggon durch einen Eingang, der Fahrgästen mit gültigem Fahrausweis vorbehalten ist, oder das unauffällige Unterlassen der Fahrscheinentwertung in einer – sei es auch ungesicherten – Schleuse im Waggon, die den Zutritt zum Fahrgastraum freigibt. – Für den **Zutritt zu Veranstaltungen und Einrichtungen** (vgl 5) gelten die Ausführungen zu den Beförderungsleistungen weitgehend sinngemäß.

4. Mit dem **Vorsatz** (bedingter genügt) muß sich die **Absicht** 7
(zielgerichtetes Wollen, 20 zu § 15) verbinden, das Entgelt (22 zu § 11) nicht oder nicht voll zu entrichten (Koblenz NStE 6); ob noch andere Zwecke mitverfolgt werden, ist unerheblich (Bay NJW 69, 1042). Diese Absicht fehlt beim sog „Leerspielen" von Glücksspielautomaten (dazu 14 a zu § 263 a). Sie ist nach dem Schutzzweck der Vorschrift ferner zu verneinen, wenn jemand das Entgelt für einen Dauerfahrschein entrichtet, ihn lediglich bei der Fahrt nicht bei sich geführt und es vertragswidrig unterlassen hat, erneut einen Fahrschein zu lösen (Bay NJW 86, 1504; AG Lübeck NJW 89, 467; Tiedemann LK 19, 50, verneint schon den objektiven Tatbestand).

5. Die Vorschrift ist gegenüber schwereren Tatbeständen zum Schutz 8
des Vermögens (Tiedemann LK 56 mwN; str), namentlich gegenüber den §§ 242, 263, 263 a, **subsidiär** (s auch 2). Vorrang des Betruges kommt beim Automatenmißbrauch im allgemeinen nicht in Frage, während er bei der Leistungs- oder Zutrittserschleichung wegen der damit meist verbundenen Täuschung oft zu beachten ist (näher Bilda MDR 69, 434; Ranft JA 84, 723, 732; s auch Düsseldorf NJW 83, 2341). – **Tateinheit** ist ua möglich mit §§ 123, 147 (str) und § 267 (str).

6. Abs 3 entspricht teilweise dem § 263 IV (dort 66). 9

§ 265 b Kreditbetrug

(1) Wer einem Betrieb oder Unternehmen im Zusammenhang mit einem Antrag auf Gewährung, Belassung oder Veränderung der Bedingungen eines Kredits für einen Betrieb oder ein Unternehmen oder einen vorgetäuschten Betrieb oder ein vorgetäuschtes Unternehmen

1. über wirtschaftliche Verhältnisse

a) unrichtige oder unvollständige Unterlagen, namentlich Bilanzen, Gewinn- und Verlustrechnungen, Vermögensübersichten oder Gutachten vorlegt oder

b) schriftlich unrichtige oder unvollständige Angaben macht,

die für den Kreditnehmer vorteilhaft und für die Entscheidung über einen solchen Antrag erheblich sind, oder

2. solche Verschlechterungen der in den Unterlagen oder Angaben dargestellten wirtschaftlichen Verhältnisse bei der Vorlage nicht mitteilt, die für die Entscheidung über einen solchen Antrag erheblich sind,

wird mit Freiheitsstrafe bis zu drei Jahren oder mit Geldstrafe bestraft.

(2) Nach Absatz 1 wird nicht bestraft, wer freiwillig verhindert, daß der Kreditgeber auf Grund der Tat die beantragte Leistung erbringt. Wird die Leistung ohne Zutun des Täters nicht erbracht, so wird er straflos, wenn er sich freiwillig und ernsthaft bemüht, das Erbringen der Leistung zu verhindern.

(3) Im Sinne des Absatzes 1 sind

1. Betriebe und Unternehmen unabhängig von ihrem Gegenstand solche, die nach Art und Umfang einen in kaufmännischer Weise eingerichteten Geschäftsbetrieb erfordern;

2. Kredite Gelddarlehen aller Art, Akzeptkredite, der entgeltliche Erwerb und die Stundung von Geldforderungen, die Diskontierung von Wechseln und Schecks und die Übernahme von Bürgschaften, Garantien und sonstigen Gewährleistungen.

1 **1.** Die Vorschrift schützt nicht nur das **Vermögen** des einzelnen Kreditgebers, sondern auch das **Allgemeininteresse** an der Verhütung von Gefahren, die der (inländischen, Stuttgart NStZ 93, 545; weiter Tiedemann LK 119: jedes Kreditunternehmen mit Sitz in der EG) Wirtschaft im ganzen infolge der vielfältigen Abhängigkeiten von Gläubigern, Schuldnern und Arbeitnehmern durch ungerechtfertigte Vergabe von Wirtschaftskrediten erwachsen können (hM; vgl Tiedemann LK 9–21; anders Samson SK 2; krit Weigend, Triffterer-FS, S 696, 700; offen gelassen in JZ 89, 452, alle mwN; zw). – Die Tat ist **abstraktes Gefährdungsdelikt** (32 vor § 13) im Vorfeld des Betruges (hM; vgl Sch/Sch-Lenckner 4; krit Lampe, Der Kreditbetrug [§§ 263,

265 b StGB], 1980, S 41); dem steht das mitgeschützte Allgemeininteresse nicht entgegen, weil es sich insoweit nur um ein relativ selbständiges Rechtsgut handelt, nämlich nur um Folgeerscheinungen der Gefahren, die der Gesamtheit der jeweils betroffenen Einzelnen aus dem Phänomen des Kreditbetrugs erwachsen (Heinz GA 77, 225, 226; aM Lampe aaO S 37; Tiedemann LK 13 mwN; str). Zur dogmatischen und kriminalpolitischen Problematik dieser Vorverlegung des Strafschutzes ua auch BT-Dr 7/3441 S 17; 7/5291 S 14; Prost JZ 75, 18; Göhler/Wilts DB 76, 1657. In der Praxis hat die Vorschrift nur sehr geringe Bedeutung erlangt (Kießner, Kreditbetrug – § 265 b StGB, 1985; Otto, Die strafrechtliche Bekämpfung unseriöser Geschäftstätigkeit, 1990, S 84).

2. Zu den **Grenzen des Anwendungsbereichs von Abs 1:** 2

a) Nach **Abs 3 S 1** müssen zur Zeit der Stellung des Kreditantrags (dazu Bay NJW 90, 1677 mit Bespr Hassemer JuS 90, 850) sowohl Kreditgeber wie auch Kreditnehmer – ungeachtet ihrer Rechtsform – ein **Betrieb oder Unternehmen** (8 zu § 264; 15 zu § 11) sein (BT-Dr 7/3441 S 32; 7/5291 S 15; krit Lampe aaO [vgl 1] S 51; Tröndle 4); bei Krediten, die ganz oder teilweise privaten Zwecken dienen, und bei „durchlaufenden" Krediten ist die bisweilen schwierige Abgrenzung vornehmlich nach wirtschaftlichen Gesichtspunkten vorzunehmen (Sch/Sch-Lenckner 5; einschr Tiedemann LK 29; zw). – Die weitere Voraussetzung der Nr 1 deckt sich nicht mit dem Begriff des Handelsgewerbes im Sinne der §§ 1–4 HGB. Erfaßt werden vielmehr Betriebe und Unternehmen aller Art, auch öffentliche und zB auch land- und forstwirtschaftliche Betriebe, Praxen von Ärzten oder anderen freiberuflich Tätigen, gemeinnützige Einrichtungen usw, sofern sie nur nach Art und Umfang einen in **kaufmännischer Weise eingerichteten Geschäftsbetrieb** erfordern (vgl dazu §§ 2, 4 HGB sowie Rspr und Schrifttum dazu).

b) Die Begriffsbestimmung des **Kredits in Abs 3 Nr 2** stimmt – 3
von wenigen Abweichungen abgesehen (dazu BT-Dr 7/3441 S 33) – mit § 19 KWG überein (zusf Tiedemann LK 37–52). Erfaßt werden nicht nur Bankkredite, sondern zB auch Warenkredite von Lieferanten. Auf die Höhe des Kredits kommt es nicht an (Begr dafür in BT-Dr 7/5291 S 15; krit Lampe aaO [vgl 1] S 44; Sch/Sch-Lenckner 20).

c) Täter kann an sich jeder sein, neben dem Kreditnehmer und sei- 4
nen Vertretern iwS etwa auch der Bürge und der sonst an der Gewährung des Kredits interessierte Geschäftspartner (BT-Dr 7/5291 S 15); die Tat ist daher – von Abs 1 Nr 2 abgesehen (vgl 6) – kein Sonderdelikt (33 vor § 13). Jedoch muß die Tathandlung **im Zusammenhang mit einem Kreditantrag** stehen; das erfordert ihren sachlichen und zeitlichen Bezug (BT-Dr aaO) auf einen (vorher oder nachher) wirklich – sei es schriftlich, mündlich oder nur konkludent – gestellten Antrag, dem sie erkennbar als Grundlage dienen soll (Sch/Sch-Lenckner 27); Täuschungen im Rahmen nur vorbereitender Kontakte, denen kein Antrag folgt (Müller-Emmert/Maier NJW 76, 1657, 1661 mwN), oder

mit dem Ziel, eine unberechtigte Kündigung des Kredits rückgängig zu machen (Frankfurt StV 90, 213), genügen nicht. Ob der Antrag den Kredit für einen wirklichen oder nur vorgetäuschten Betrieb (Unternehmen) erstrebt, ist gleichgültig; im letzten Falle kann die Vortäuschung vom Täter oder einem anderen ausgehen, mündlich oder schriftlich begangen sein und die Existenz des Betriebes überhaupt oder auch nur dessen Art und Umfang im Sinne des Abs 3 Nr 1 betreffen (BT-Dr aaO).

5 **3.** Zu den **Tathandlungen nach Abs 1:**

a) Nr 1: Die **wirtschaftlichen Verhältnisse** (krit dazu Sch/Sch-Lenckner 30) brauchen nicht unmittelbar die des Kreditnehmers zu sein (BT-Dr 7/3441 S 31); sie können auch künftige Entwicklungen, namentlich den Verwendungszweck des Kredits, betreffen (Tiedemann LK 81). Die **Entscheidungserheblichkeit** ist nicht nach den Vorstellungen der am Kreditgeschäft Beteiligten, sondern, wie sich aus den Worten „einen solchen Antrag" ergibt, nach dem objektiven „ex-ante-Urteil" eines verständigen, durchschnittlich vorsichtigen Kreditgebers zu bestimmen (BGHSt 30, 285 mwN; str). **Vorteilhaft** bedeutet geeignet, die konkreten Aussichten des Kreditantrags zu verbessern. – **Buchst a: Unterlagen** sind nicht nur Schriftstücke, sondern auch andere verkörperte Beweismittel (noch weiter Tiedemann LK 64, 65), mit denen die Richtigkeit von Angaben belegt, verdeutlicht oder ergänzt werden soll (Sch/Sch-Lenckner 34); die besonders genannten Bilanzen usw sind nur Beispiele; die Erwähnung auch der Gutachten weist darauf hin, daß es auch um die Bewertung nur einzelner Vermögensbestandteile gehen kann (BT-Dr aaO). **Unrichtigkeit und Unvollständigkeit** 17 zu § 264 (Unechtheit, 17–22 zu § 267, genügt als solche nicht). Sie können sich jedoch hier abweichend von §§ 263, 264 auch auf Bewertungen und Prognosen beziehen (Tiedemann LK 67 mwN; krit Lampe aaO [vgl 1] S 46); dabei ist ein solches Werturteil nur dann unrichtig, wenn die jeweiligen Schlußfolgerungen „schlechterdings nicht mehr vertretbar" erscheinen (Sch/Sch-Lenckner 39); bei Bilanzen usw bieten die einschlägigen Buchführungsvorschriften wichtige Maßstäbe (Tiedemann LK 71–78). **Vorlegen** setzt den Eingang der Unterlagen im Machtbereich des Kreditgebers (hM; weiter Tiedemann LK 62) ohne Rücksicht auf Kenntnisnahme voraus. Ob von einem gutgläubigen Dritten beigebrachte Unterlagen dem Täter zugerechnet werden können, bestimmt sich nach den Grundsätzen mittelbarer Täterschaft (BT-Dr aaO). – Zu **Buchst b** vgl 17 zu § 264; abweichend vom Subventionsbetrug genügen hier nur **schriftliche,** dem Empfänger zugegangene Angaben (Begr dafür in BT-Dr aaO S 30). – Trotz bedenklicher **Unbestimmtheit** der Merkmale „wirtschaftliche Verhältnisse", „erheblich", „vorteilhaft", „unrichtig" und „unvollständig" (krit Haft ZStW 88, 365, 369) hat die Rspr die **Verfassungsmäßigkeit** der Nr 1 anerkannt (BGHSt 30, 385 mit krit Anm Lampe JR 82, 430).

b) Nr 2: Die **Verletzung der Pflicht zur** (mündlichen oder schriftlichen) **Mitteilung** ist echtes Unterlassungsdelikt (hM; anders Samson SK 23–25; s auch 2, 3 zu § 13); sie ist allerdings praktisch wenig bedeutsam, weil sie idR als konkludente Täuschung schon unter Nr 1 fällt (Lampe aaO [vgl 1] S 50; Sch/Sch-Lenckner 44). Täter der Unterlassung kann nur sein, wer die Unterlagen oder Angaben vorlegt (Sonderdelikt, Tröndle 26; aM M-Schroeder/Maiwald BT 1 41/191; str). – **Verschlechterungen** sind nur bei Vorlage der Unterlagen oder Angaben und deshalb auch nur insoweit anzeigepflichtig, als sie bis zu diesem Zeitpunkt eingetreten sind; erfaßt wird daher nicht, wer erst nach diesem Zeitpunkt von der Verschlechterung erfährt (Sch/Sch-Lenckner 47; aM Tiedemann LK 95; zw), und zwar auch dann nicht, wenn eine Vertragspflicht zur Aufklärung über spätere Verschlechterungen besteht; diese kann aber im Rahmen des § 263 bedeutsam sein (vgl 10). **Entscheidungserheblichkeit** vgl 5. 6

4. Der **Vorsatz** (bedingter genügt; trotz Bedenken ebenso Volk, Kaufmann [Arth]-FS, S 611, 623) muß je nach den Voraussetzungen der einzelnen Begehungsformen namentlich umfassen: die Unrichtigkeit oder Unvollständigkeit der Unterlagen oder Angaben (Nr 1 a, b), ihre Entscheidungserheblichkeit und ihre Vorteilhaftigkeit (Nr 1 a, b), die Schriftlichkeit der Angaben (Nr 1 b; Sch/Sch-Lenckner 37; str), den Zusammenhang mit einem Kreditantrag sowie Art und Umfang der auf Kreditgeber- und -nehmerseite notwendigen Betriebe oder Unternehmen (Abs 3 Nr 1). 7

5. a) Zur **tätigen Reue** (Abs 2) 29 zu § 24; s auch § 264 IV (dort 28), mit dem die Vorschrift ihrer Struktur nach übereinstimmt (BT-Dr 7/5291 S 16). Wann die beantragte Leistung erbracht ist, bestimmt sich nach der zivilrechtlichen Rechtslage. § 24 ist nicht einschlägig; jedoch wird der Rücktritt nach Abs 2 – mindestens idR – auch die Voraussetzungen des Rücktritts nach §§ 263, 22, 24 erfüllen. 8

b) Abweichend von § 263 IV sind die §§ 247, 248 a nicht anwendbar. 9

6. Da die Vorschrift, wie sich zwingend aus ihrer Strafdrohung ergibt, nur das Vorfeld des Betruges abdecken will, **geht sie** – anders als § 264 (dort 30) – **dem § 263 nicht vor.** Auch **Tateinheit** mit vollendetem Betrug scheidet idR aus, weil der Unwert des Gefährdungsdelikts (vgl 1) in der Rechtsgutsverletzung nach § 263 enthalten ist (BGHSt 36, 130; aM Otto Jura 83, 16, 23; Tiedemann LK 14, 115, alle mwN). Daß § 265 b auch das Allgemeininteresse am Funktionieren der Kreditwirtschaft mitschützt, steht dem wegen der nur relativen Selbständigkeit dieses Rechtsguts (vgl 1) nicht entgegen (str). Die Vorschrift tritt daher, soweit die Tathandlungen den Betrugsschaden verursacht haben, hinter § 263 zurück (materielle Subsidiarität). Bei Inkongruenz zwischen Tathandlung und Vermögensschaden ist dagegen **Tateinheit** möglich; ebenso beim Betrugsversuch, weil es hier im Hinblick auf die Möglichkeit auch eines untauglichen Versuchs der Klarstellung bedarf, 10 daß es zur Vollendung des Gefährdungsdelikts gekommen ist (Sch/Sch-Lenckner 51; aM BGHSt 36, 130 mit abl Anm Kindhäuser JR 90, 520; s auch 28 vor § 52). – Für die Möglichkeiten des Zusammentreffens **mit anderen Tatbeständen** besteht zwischen §§ 263 und 265 b kein wesentlicher Unterschied (dort 67).

§ 266 Untreue

(1) **Wer die ihm durch Gesetz, behördlichen Auftrag oder Rechtsgeschäft eingeräumte Befugnis, über fremdes Vermögen zu verfügen oder einen anderen zu verpflichten, mißbraucht oder die ihm kraft Gesetzes, behördlichen Auftrags, Rechtsgeschäfts oder eines Treueverhältnisses obliegende Pflicht, fremde Vermögensinteressen wahrzunehmen, verletzt und dadurch dem, dessen Vermögensinteressen er zu betreuen hat, Nachteil zufügt, wird mit Freiheitsstrafe bis zu fünf Jahren oder mit Geldstrafe bestraft.**

(2) **In besonders schweren Fällen ist die Strafe Freiheitsstrafe von einem Jahr bis zu zehn Jahren.**

(3) **§ 243 Abs. 2 sowie die §§ 247 und 248 a gelten entsprechend.**

1 **1.** Geschützt wird nur das **Vermögen** (hM; eingehend Nelles, Untreue zum Nachteil von Gesellschaften, 1991, S 283) durch den Mißbrauchs- (vgl 5–8) und den Treubruchstatbestand (9–15). Zur verfassungsrechtlichen Problematik Labsch, Untreue (§ 266 StGB), 1983, S 199; zur Rspr Heinitz, Mayer-FS, S 433; zum systematischen Aufbau Kohlmann JA 80, 228; Grundfälle zur Untreue Seelmann JuS 82, 916 und 83, 32; zum entstehungsgeschichtlichen Hintergrund Küper BT S 237 und 251; zur **Reform** AE (WirtschStR) S 127; Weber, Dreher-FS, S 555; Tiedemann, Würtenberger-FS, S 241, 249; Labsch aaO S 217.

2 **2. a)** Beide Tatbestände setzen **als Täter** einen dem Vermögensträger gegenüber Treupflichtigen voraus, dessen Bindung zur Zeit der Tathandlung bestehen muß (NJW 93, 1278) und auf einem rechtlichen oder tatsächlichen Verhältnis beruhen kann. Da dieses Verhältnis ein strafbegründendes besonderes persönliches Merkmal ist (14 zu § 14; 3–5 zu § 28), kommen als Täter nur die Treupflichtigen selbst und deren in § 14 genannte Vertreter in Frage (so schon zum früheren Recht BGHSt 13, 330 mit Anm Schröder JR 60, 105). Außenstehende können allenfalls Teilnehmer sein (wistra 84, 22), deren Strafe nach § 28 I zu mildern ist (hM; vgl etwa BGHSt 26, 53; 41, 1, 2 mit Bespr Cramer WiB 95, 525; Ranft JZ 95, 1186 und Hake JR 96, 162; Roxin LK 66 zu § 28; anders Sch/Sch-Lenckner 52). – Da die Tatbestände als Tathandlung nur eine Pflichtverletzung (Befugnismißbrauch; Treupflichtverletzung) voraussetzen, können sie gleichermaßen durch **Tun oder Unterlassen** erfüllt werden. Die in § 13 I für das unechte Unterlassungsdelikt mit Einschränkungen vorgesehene Gleichstellung mit dem Begehungsdelikt ist hier schon im Tatbestand einschränkungslos enthalten. § 266

beschreibt also kein echtes (aM Sch/Sch-Lenckner 137 vor § 13 mwN), sondern ein unechtes Unterlassungsdelikt, bei dem an die Stelle der allgemeinen Voraussetzungen (Garantenpflicht, Entsprechensklausel) die Treupflicht tritt (Jescheck LK 10 zu § 13 mwN; zw); er geht deshalb dem § 13 I als Spezialregelung vor (Rudolphi ZStW 86, 68, 69; Güntge wistra 96, 84; aM Bay JR 89, 299 mit abl Anm Seebode; offen gelassen in BGHSt 36, 227, alle mwN; zw). Nach hM folgt daraus die Unanwendbarkeit auch der Milderungsvorschrift des § 13 II; das ist jedoch nicht zwingend, weil die Strafmilderung nicht auf den Regelungsbereich des § 13 I beschränkt werden muß, sondern als allgemeine Vergünstigung für alle unechten Unterlassungsdelikte verstehbar ist (so BGH aaO mit krit Anm Timpe JR 90, 428; aM Güntge aaO S 89; zw). Allerdings fehlt es bei der Untreue regelmäßig an einer konkreten Schulddifferenz zwischen Tun und Unterlassen, so daß die Milderung meist aus diesem Grunde entfällt (18 zu § 13; s auch Seier JA 90, 382).

b) Beide Tatbestände setzen ferner als Angriffsobjekt **fremdes** Ver- 3
mögen voraus. Dieses muß zivilrechtlich einer mit dem Täter nicht identischen natürlichen oder juristischen Person (zB einer GmbH, wistra 93, 301, oder auch einer KG auf Aktien, wistra 86, 69) zustehen (hM; vgl BGHSt 1, 186; anders Nelles aaO [vgl 1] S 513, 541, die nicht auf die zivilrechtliche Zuordnung, sondern auf die aus dem strafrechtlichen Vermögensbegriff abgeleitete Macht und das Recht abstellt, über die Zwecke des Vermögenseinsatzes im Verhältnis zu jedem Dritten verbindlich zu verfügen). Vermögen juristischer Personen ist danach nicht nur für deren Organe, sondern auch für deren Anteilseigner fremd, selbst wenn alle Anteile in einer Hand vereinigt sind (BGHSt 34, 379, 384). Für bloß verselbständigte Vermögensmassen (zB OHG, KG, BGB-Gesellschaft, Vor-GmbH [StV 92, 465; Achenbach NStZ 93, 429; Deutscher/Körner wistra 96, 8]) gilt das dagegen nicht, weil sie keine selbständigen Vermögensträger sind, sondern den Beteiligten gemeinschaftlich zustehen; hier kommt es darauf an, ob ein vom Täter verschiedener (Mit-)Träger der Vermögensmasse betroffen ist (BGHSt 34, 221; NStZ 87, 279; wistra 91, 183; Schulte NJW 84, 1671; aM Schäfer NJW 83, 2850, alle mwN; zw). – Zu den unklaren Voraussetzungen einer Untreue im Konzern und zur noch nicht abschließend geklärten Möglichkeit einer Untreue zum Nachteil einer GmbH & Co KG Tiedemann GmbHG 22–25 und 26 vor § 82.

c) Beide Tatbestände setzen nach ihrem Wortlaut schließlich voraus, 4
daß der Täter **„fremde** (vgl 3) **Vermögensinteressen zu betreuen hat"** (Wegenast, Mißbrauch und Treubruch, 1994, S 134). Die Bedeutung dieses Merkmals, das sich als gemeinsames erst im zweiten Teil der Vorschrift findet und dort vornehmlich der näheren Konkretisierung des durch die Tat Benachteiligten dient, ist umstritten. Es geht dabei um die Frage, ob die von Rspr und Lehre entwickelte einschränkende Auslegung des Treubruchstatbestandes, die an dessen zentrales Merkmal der „Wahrnehmung fremder Vermögensinteressen" anknüpft (vgl 11–

14), Rückwirkungen auch auf den Mißbrauchstatbestand hat (so Hübner LK 2–15 mwN) oder ob hier in Anlehnung an die zum früheren Recht entstandene Mißbrauchstheorie (vgl zB Frank 1) und an die Intention des historischen Gesetzgebers (dazu Heimann-Trosien JZ 76, 549 mwN) schon jeder Mißbrauch einer rechtlichen Befugnis – sei es auch nur bei einem beschränkten Auftrag – zur Erfüllung des Tatbestandes ausreicht (früher hM; vgl etwa Arzt, Bruns-FS, S 365, 382; Labsch aaO [vgl 1] S 125, NJW 86, 104 und Jura 87, 343, alle mwN). Die Frage ist erst im Zusammenhang mit dem Scheckkartenmißbrauch (BGHSt 24, 386) voll ins Blickfeld getreten. Obwohl die – allerdings uneinheitliche – Rspr und auch das Schrifttum die selbständige Bedeutung dieses die Tatbestände verbindenden Merkmals nur vereinzelt ausdrücklich bejaht haben (Nachw bei Hübner LK 15), ist die damit erreichbare Einschränkung der Untreue im ganzen auf Täter, denen als Hauptpflicht die Betreuung fremder Vermögensinteressen obliegt, ein zur Milderung der bedenklichen Konturlosigkeit der Tatbestände wichtiger Fortschritt (Fabricius NStZ 93, 414, 415). Die vom BGH vollzogene Schwenkung verdient daher Zustimmung. Mit Recht geht er davon aus, daß jede Restriktion, die Rspr und Lehre für den Treubruchstatbestand aus dem Merkmal „Wahrnehmung fremder Vermögensinteressen“ herausgearbeitet haben, auch für den Mißbrauchstatbestand gilt, weil er durch den inhaltsgleichen Begriff der „Betreuung fremder Vermögensinteressen“ in derselben Weise begrenzt ist (BGHSt 24, 386 mit Anm Willms LM 5 und Seebode JR 73, 117, 119). Dem ist ein Teil des Schrifttums gefolgt (Hübner JZ 73, 407; Dunkel, Erfordernis und Ausgestaltung des Merkmals „Vermögensbetreuungspflicht“ im Rahmen des Mißbrauchstatbestandes der Untreue, 1976, S 236 und GA 77, 329; Schreiber/Beulke JuS 77, 656; Vormbaum JuS 81, 18, 20; Nelles aaO [vgl 1] S 186, 510; M-Schroeder/Maiwald BT 1 45/11; Wessels BT 2 Rdn 700). Allerdings wird zum Teil auch die selbständige Bedeutung der Vermögensbetreuungspflicht zwar anerkannt, aber für weniger weittragend gehalten als im Treubruchstatbestand (Schlüchter JuS 84, 675, 676) oder ganz auf den Gesichtspunkt reduziert, daß dem Täter seine Rechtsmacht im fremden Interesse erteilt sein müsse (Bringewat GA 73, 353, 362, NStZ 83, 457 und JA 84, 347, 353; Otto, Bargeldloser Zahlungsverkehr und Strafrecht, 1978, S 100 sowie JR 85, 29 und 89, 208; Sieber, Computerkriminalität und Strafrecht, 2. Aufl 1980, S 239; Wegenast aaO S 137; Sch/Sch-Lenckner 2, 11).

5 3. Der **Mißbrauchstatbestand** (zu dessen zivilrechtlicher Genealogie Kiefner, Stree/Wessels-FS, S 1205) schützt gegen den nach außen wirksamen (hM; anders Arzt, Bruns-FS, S 365 mwN) Mißbrauch der Rechtsmacht (Befugnis), über fremdes (vgl 3) Vermögen zu verfügen oder einen anderen zu verpflichten.

5a **a)** Die **Befugnis** (zusf Küper BT S 238 mwN) kann beruhen auf Gesetz, zB bei Eltern, Vormund, Betreuer (Otto Jura 91, 48; s auch Bremen NStZ 89, 228), Pfleger (Celle NJW 94, 142), Testamentsvollstrecker, Konkursverwalter, Sequester (NJW 93, 1278), Nachlaßrichter (BGHSt 35, 224 mit Anm Otto JZ 88, 883) oder Gerichtsvollzieher (BGHSt 13, 274), auf allgemeinem oder speziellem behördlichem Auftrag (RGSt 69, 333, 336) oder auf Rechtsgeschäft, zB Vollmacht, Satzung oder Organstellung in einer Gesellschaft (BGHSt 28, 371) oder einem rechtsfähigen Verein (NJW 75, 1234). Ein rechtlich unwirksames Grundverhältnis verleiht keine Befugnis (hM). Auch daß eine Verfügung lediglich nach Normen des Verkehrsschutzes (zB § 932 BGB) dem Betreuten gegenüber wirksam ist, genügt nicht (BGHSt 5, 61; Herzberg/Brandts JuS 83, 203, 205; für den Fall der erloschenen, aber kraft Rechtsscheins nach §§ 169 ff BGB fortwirkenden Vollmacht anders Stuttgart NStZ 85, 365; Labsch Jura 87, 411, 412; Sch/Sch-Lenckner 4, 18, alle mwN; zw).

b) aa) Die Handlung setzt einen **Mißbrauch** dieser Befugnis, dh eine Verletzung der im Innenverhältnis bestehenden Pflichten voraus. 6
Diese ergeben sich idR aus der Beziehung zwischen Treugeber und Treupflichtigem, sind also je nach dem Aufgabenkreis des Treupflichtigen verschieden (vgl etwa wistra 88, 305; Hamm NStZ 86, 119; Düsseldorf wistra 92, 354). Sie können auch unmittelbar auf einer Rechtsvorschrift beruhen, zB auf den §§ 10, 13, 13 a, 18 KWG bei der Vergabe von Großkrediten (Nack NJW 80, 1599), auf den Landeshochschulgesetzen bei der Verwendung von zweckgebundenen Mitteln durch Studentenvertreter (BGHSt 30, 247) oder auf Art 33 II GG bei der Ämterpatronage (Schmidt-Hieber NJW 89, 558; s auch Schmidt-Hieber/Kiesswetter NJW 92, 1790; zum Schaden beachte 17). Bei öffentlichen Mitteln kommt auch eine Bindung durch verwaltungsinterne Richtlinien und allgemein durch die Pflicht zu sachlicher Ermessensausübung in Frage (NJW 91, 990; Fabricius NStZ 93, 414, 416). – Der Mißbrauch muß durch eine Handlung betätigt sein, die wirksam über fremdes (vgl 3) Vermögen verfügt oder einen anderen verpflichtet (zu einschlägigen Fallgruppen Labsch Jura 87, 343, 346; übersehen von Celle NJW 94, 142 mit zu Recht abl Bespr Krack/Radtke JuS 95, 17, 20). Das setzt stets eine rechtsgeschäftliche Handlung oder treupflichtwidriges Unterlassen (vgl 2) einer solchen Handlung voraus (hM; anders Sax JZ 77, 743, 747); auch das Verjährenlassen einer Forderung kommt danach in Frage (offengelassen in NJW 83, 461 mit krit Anm Keller JR 83, 516, beide mwN; zw). Charakteristisch ist, daß sich der Täter im Rahmen seines durch das Grundverhältnis legitimierten rechtlichen Könnens hält, aber die im Innenverhältnis gezogenen Grenzen seines rechtlichen Dürfens überschreitet (BGHSt 5, 61, 63; NJW 95, 1535, beide mwN). Rein tatsächliches Einwirken auf das betreute Vermögen genügt daher nicht (Frankfurt MDR 94, 1232), wohl zB aber das Begeben eines ungedeckten Schecks unter Vorlage einer Scheckkarte und die Benutzung einer Kreditkarte trotz Zahlungsunfähigkeit (3, 4 zu § 266 b; zusf Labsch aaO S 350). In beiden Fällen scheitert die Annahme einer Untreue nur daran, daß der Täter keine fremden Vermö-

gensinteressen zu betreuen hat (hM); die daraus folgende Gesetzeslücke hat das 2. WiKG (2 vor § 263) durch Einführung des § 266 b geschlossen (vgl die Nachw dort).

7 bb) Beim sog **Risikogeschäft** liegt mangels Pflichtverletzung kein Mißbrauch vor, wenn der Täter ein rechtlich unverbotenes, vom Treugeber ausdrücklich oder stillschweigend gebilligtes Risiko übernimmt, dh den ihm gezogenen Rahmen einhält (wistra 85, 190), oder wenn er bei fehlender oder ungenügender Konkretisierung seines Pflichtenkreises die Grenzen eines nach den Regeln kaufmännischer Sorgfalt wirtschaftlich noch vertretbaren Risikos nicht überschreitet (bei Holtz MDR 82, 624; NStZ 90, 437; näher dazu Bringewat JZ 77, 667, 668; Kohlmann JA 80, 228, 231; Hillenkamp NStZ 81, 161; Nelles aaO [vgl 1] S 563; Tiedemann GmbHG 19 vor § 82; Hübner LK 84–86 mwN; zu unerlaubt riskanten Kreditvergaben und Spekulationsgeschäften leitender Bankfunktionäre Otto ZStW Beiheft 82, 29, 61 sowie Bankentätigkeit und Strafrecht, 1983, S 68; Gallandi wistra 88, 295; beachte auch 17).

8 **c)** Schließlich muß das Verhältnis zwischen Vermögensträger und Treupflichtigem, wie sich aus der unter 4 befürworteten restriktiven Auslegung ergibt, von einer Art sein, daß diesem in einem gewissen Spielraum und mit einer gewissen Selbständigkeit und Bewegungsfreiheit gerade die **Betreuung fremder Vermögensinteressen als Hauptpflicht** obliegt (näher dazu 9, 11).

9 **4.** Der **Treubruchstatbestand** setzt ein Treueverhältnis gehobener Art mit Pflichten von einigem Gewicht voraus, die nicht in allen Einzelheiten vorgegeben sind (NStZ 83, 455), zu deren Erfüllung dem Verpflichteten vielmehr ein gewisser Spielraum, eine gewisse Selbständigkeit und Bewegungsfreiheit gerade bei der Betreuung der fremden Vermögensinteressen eingeräumt ist (BGHSt 3, 289, 293; StV 87, 535; NJW 91, 2574; Karlsruhe wistra 92, 233, alle mwN; krit Sch/Sch-Lenckner 24; im Ansatz, aber kaum in den Ergebnissen abw Nelles aaO [vgl 1] S 524, 539).

10 **a)** Das **Treueverhältnis** kann auf den gleichen außerstrafrechtlichen Grundlagen wie beim Mißbrauchstatbestand (vgl 6), aber auch auf einem rein tatsächlichen Verhältnis beruhen (BGHSt 6, 67; NJW 97, 66); dieses muß allerdings rechtlich begründbar sein, zB auf einem wegen Geisteskrankheit des Treugebers nichtigen Rechtsgeschäft beruhen (M-Schroeder/Maiwald BT 1 45/27; einschr Sax JZ 77, 743, 746). Auch Rechtsgeschäfte, die wegen rechts- oder sittenwidriger Zwecke nichtig sind, scheiden als Grundlage eines solchen Treueverhältnisses häufig, aber nicht notwendig aus (BGHSt 8, 254; 20, 143; Luthmann NJW 60, 419; Franke JuS 81, 444, 446; aM M-Schroeder/Maiwald BT 1 45/28; Sch/Sch-Lenckner 31; zusf Kühl JuS 89, 505, 512 und Küper BT S 255, alle mwN).

11 **b)** Der wesentliche Inhalt des Treueverhältnisses muß – bei wirtschaftlicher Betrachtung – gerade die **Wahrnehmung fremder** (vgl 3)

Vermögensinteressen sein (stRspr). Grundlage dieser Wahrnehmungspflicht ist deshalb stets ein fremdnützig typisiertes Schuldverhältnis (Hübner LK 27; krit Labsch aaO [vgl 1] S 156, 175, 201). Rechtsbeziehungen, bei denen fremde Vermögensinteressen lediglich auf eigene gegenläufige Interessen treffen, die von jedem Teil nur um des eigenen Vorteils willen verfolgt werden, liegen außerhalb des Untreuebereichs (GA 77, 18). Die Wahrnehmung von Fremdinteressen muß deshalb einen essentiellen Bestandteil des Verhältnisses zwischen dem Treugeber und dem Täter, dh eine vertragliche Hauptpflicht, nicht lediglich eine bloße Nebenpflicht, ausmachen (BGHSt 1, 186, 189; 13, 315, 317; NJW 95, 1535). Daher genügt weder die Pflicht als solche, einen Vertrag zu erfüllen (BGHSt 28, 20 mwN), noch die einem Vertrag zugrundeliegende allgemeine Pflicht (§ 242 BGB), auf die Interessen des Partners gebührend Rücksicht zu nehmen (BGHSt 1, 186, 188).

aa) An einem solchen Treueverhältnis **fehlt** es meist: Beim **Kauf-** 12
vertrag (NStZ 89, 72 mit Anm Otto JR 89, 208, beide mwN), auch beim Kauf unter (verlängertem, Wittig/Reinhart NStZ 96, 467) Eigentumsvorbehalt (BGHSt 22, 190); uU aber nicht beim Beschaffungskauf mit Anzahlung (BGHSt 1, 186; s auch bei Dallinger MDR 69, 533) oder mit langer Kaufpreisansparung (NJW 91, 371). Beim **Werkvertrag** (NJW 78, 2105), auch wenn der Besteller später zu verrechnende Vorauszahlungen geleistet hat (RGSt 69, 97); eine Treuepflicht kommt jedoch in Frage, wenn die Vorauszahlung zur Beschaffung des Werkmaterials bestimmt war (Bay wistra 89, 113 mwN). Beim **Mietvertrag** (Oldenburg NJW 52, 1267); eine Treuepflicht kann hier regelmäßig nicht durch die in § 550 b II BGB konstituierte Anlegungspflicht für Mieterkautionen oder durch eine gleichartige Vereinbarung (aM BGHSt 41, 224 mit zust Bespr Pauly ZMR 96, 417 und abl Bespr Otto JK 12; zw), wohl aber eines Baukostenzuschusses (BGHSt 8, 271; 13, 330) begründet werden. Beim **Verwahrungsvertrag** (Timmermann MDR 77, 533). Beim **Arbeitsvertrag** (BGHSt 6, 314; Köln NJW 67, 836; Braunschweig NJW 76, 1903; beachte jedoch § 266 a II); vor allem genügt nicht, daß ein Arbeitnehmer nur seine allgemeine Pflicht verletzt, im Rahmen seiner Tätigkeit die Interessen des Arbeitgebers zu wahren (BGHSt 5, 187), daß er mit Eigentum des Dienstherrn umzugehen hat (BGHSt 4, 170) oder daß ein städtischer Angestellter mit Schreibarbeiten betraut ist (BGHSt 3, 289). Beim **Darlehensvertrag** (Düsseldorf wistra 95, 72) oder sonstiger Kreditvereinbarung (NStZ 84, 118 und 89, 72); bei besonderer Ausgestaltung, zB bei Einbeziehung auftragsähnlicher Elemente in Fällen der Zweckbindung des Kredits, kommt jedoch eine fremdnützige Betreuungspflicht in Frage (GA 77, 18; s auch BGHSt 8, 271; 13, 330). Beim **Maklervertrag** (GA 71, 209); anders jedoch beim Alleinauftrag an einen Makler (aaO). Beim Vertrag des **Reiseveranstalters** mit den Trägern der Reiseleistungen (BGHSt 28, 20). Beim Rechtsverhältnis zwischen **Aktionär** und AG (LG Köln wistra 88, 279). Bei der **Geschäftsführung ohne Auftrag** (LM Nr 21). Bei der sog **Tippgemeinschaft** (LM Nr 19), es sei denn,

daß sie die Voraussetzungen einer Innengesellschaft erfüllt (Bay NJW 71, 1664). Bei **Barkautionen** (LM Nr 20). – IdR genügt auch die Verletzung von Pflichten nicht, die nach vertraglicher Beendigung eines Treueverhältnisses zum Schutz des Treugebers fortbestehen, etwa der Pflicht, die gewinnbringende Verwertung von Unterlagen und Kenntnissen aus der früheren Tätigkeit zu unterlassen (aM Stuttgart NJW 73, 1385 mit abl Anm Lenckner JZ 73, 794); Ausnahmen kommen in Frage, wenn der Täter nach Vertragsbeendigung die bisherige Tätigkeit faktisch fortführt (BGHSt 8, 149; Hübner LK 77).

13 bb) Häufig sind dagegen die Voraussetzungen des Treueverhältnisses, ohne daß es auf dessen rechtliche Qualifikation ankäme (Stuttgart NJW 68, 1340), **erfüllt:** bei Spedition und Kommission (BGHSt 1, 186, 189); beim Architektenvertrag (bei Dallinger MDR 69, 534 und 75, 23); beim Anwaltsmandat (NJW 83, 461 mit Anm Keller JR 83, 516; Karlsruhe NStZ 90, 82); beim Notariatsmandat, das den Notar idR verpflichtet, als unparteiischer Betreuer die Vermögensinteressen aller Beteiligten wahrzunehmen (NJW 90, 3219 mit krit Bespr Ulsenheimer DNotZ 91, 746 und Krekeler AnwBl 93, 69, 73); beim Bauträgervertrag (Holzmann, Bauträger-Untreue und Strafrecht, 1981, S 133); beim Angestelltenverhältnis in einem Unternehmen, wenn es mit bestimmendem Einfluß auf die Auftragsvergabe (wistra 89, 224) oder sonst auf vermögensrelevante Maßnahmen verbunden ist; beim entgeltlichen Geschäftsbesorgungsvertrag (wistra 91, 218); beim Sozietätsauflösungsvertrag (Koblenz NStZ 95, 50); beim Auftrag (wistra 84, 225), namentlich beim Treuhandauftrag (Stuttgart wistra 84, 114 mit Bespr Richter wistra 84, 97; beachte jedoch Düsseldorf NJW 93, 743), auch bei dessen Überschreitung (BGHSt 8, 149; aM Sax JZ 77, 743, 744); bei Übernahme der Verpflichtung, die Ausschreibung von Aufträgen vorzubereiten und an der Vergabe mitzuwirken (Bay NJW 96, 268 mit Bespr Cramer WiB 96, 106); bei der Hereinnahme von Prolongationswechseln (NJW 53, 457; Schmidt BB 63, 374); bei Computermanipulationen eines Treupflichtigen (vgl 2), etwa eines Sachbearbeiters oder leitenden Angestellten, dagegen idR nicht eines Programmierers oder anderen technischen Mitarbeiters (München JZ 77, 408 mit Anm Sieber; zu deren Strafbarkeit 9 zu § 263 a); ferner – allerdings nur in Ausnahmefällen (wistra 84, 143 mit Anm Schomburg) – bei der Sicherungsübereignung (BGHSt 5, 61) oder der Sicherungsabtretung (bei Holtz MDR 78, 625). Auch das Verwalten von Geld für den Auftraggeber spricht dafür, daß dessen Vermögensinteressen wahrgenommen werden (NJW 60, 1629 betr Anwalt; BGHSt 13, 315 betr Verwalter des Fahrkartenschalters; BGHSt 20, 143 betr Leiter eines Auslieferungslagers; GA 79, 143 betr Lohnbuchhalterin in einem Betrieb; Hamm NJW 73, 1809 betr Kassiererin in einem Selbstbedienungsladen; wistra 89, 60 betr Bankkassierer; krit dazu Otto JZ 93, 652, 660). – Der Handelsvertreter, der vertragswidrig Eigengeschäfte abschließt, verletzt nicht schon dadurch, sondern erst bei Hinzutreten weiterer Umstände seine Treupflicht (Braunschweig NJW 65, 1193 mit Bespr Gribbohm JuS 65,

389; strenger Hübner LK 56 mwN; offen gelassen in NStZ 83, 74). – Der Inhaber eines Reisebüros, der ständig mit der Vermittlung von Verträgen für andere Unternehmen betraut ist, steht regelmäßig zu diesen, idR aber nicht zu den Kunden, die bei ihm Reisen buchen und vorausbezahlen, in einem Treueverhältnis (BGHSt 12, 207; 28, 20; wistra 91, 181, alle mwN). – Der Anlageberater nicht ohne weiteres (BGHR Vermögensbetreuungspflicht 21), wohl aber, wenn er aufgrund einer mit einer Generalvollmacht im Zusammenhang stehenden Einzelermächtigung Darlehensnehmer empfiehlt und Darlehensverträge abschließt (NStZ 94, 35).

cc) Auch bei Verhältnissen, die auf **Gesetz oder behördlichem Auftrag** beruhen, muß die Vermögensbetreuung Hauptpflicht sein. 14
Das verneint die Rspr für das Verhältnis zwischen Staat und Arbeitgeber hinsichtlich der Pflicht zur Lohnsteuerabführung (BGHSt 2, 338; Hamburg NJW 53, 478) und für die allgemeine Treuepflicht des Beamten hinsichtlich der Aussonderung von Dienstfahrzeugen (bei Holtz MDR 94, 1071); sie bejaht es für den Vermögensbeistand der Mutter (Braunschweig NJW 61, 2030), für den Polizeibeamten, der vereinnahmte Verwarnungsgelder nicht abführt (Koblenz GA 75, 122), für den Gerichtsvollzieher, der die Vermögensinteressen von Schuldner, Gläubiger und Staat wahrzunehmen gesetzlich verpflichtet ist (BGHSt 13, 274, 278; Celle MDR 90, 846), und für den Nachlaßrichter, den eine entsprechende Pflicht gegenüber dem künftigen Erben trifft (BGHSt 35, 224 mwN; str). Im kommunalen Bereich ist es auch für die Mitglieder des Gemeinderats zu bejahen (Weber BayVBl 89, 166; aM Nettesheim BayVBl 89, 161, beide mwN; beachte auch 11 vor § 13).

c) Die Tathandlung besteht in einer Verletzung gerade der **spezifischen Treupflichten,** also nicht allgemein in der Verletzung jeglicher Schuldnerpflicht (NStZ 86, 361 mit Bespr Franzheim StV 86, 409; NJW 88, 2483; NJW 91, 1069; Frankfurt MDR 94, 1232; krit Karlsruhe NStZ 90, 82). Neben rechtsgeschäftlichem Handeln kommt hier jedes tatsächliche Verhalten (Tun oder Unterlassen; vgl 2) in Frage, das innerhalb des durch das Treueverhältnis begründeten Pflichtenkreises liegt (BGHSt 31, 232; bei Holtz MDR 91, 1023; wistra 93, 302; Hamm NJW 73, 1809 mit Bespr Burkhardt NJW 73, 2190; probl Bay JR 89, 299 mit abl Anm Seebode; einschr Labsch StV 84, 514) und mit diesem in innerem Zusammenhang steht (NJW 92, 250). – Ist der Treunehmer auf bloße Kontrollaufgaben beschränkt (zB bei Mitgliedern von Aufsichtsräten), sind Konflikte mit Eigeninteressen möglich, die nur bei eindeutiger Verletzung gerade der Kontrollpflichten zu Lasten des Treunehmers zu lösen sind (näher dazu Tiedemann, Tröndle-FS, S 319 mwN). – Unterlassen wirtschaftlich vorteilhafter Handlungen, deren Vornahme strafbar ist oder sonst vom Recht mißbilligt wird, ist ebensowenig pflichtwidrig (bei Holtz MDR 79, 456) wie die Nichtherausgabe erlangter, persönlichkeitsgebundener Vorteile, deren Gewährung den Arbeitgeber nicht schlechter stellt (wistra 95, 61); die 15 schlechte Anlage von Mündelgeld kann es sein. Zum **Risikogeschäft** gelten die Ausführungen unter 7 sinngemäß.

16 **5.** Einen **Nachteil für das Vermögen des Betreuten** (nicht eines Dritten) muß die Tathandlung sowohl im Falle des Mißbrauchs- wie auch des Treubruchstatbestandes verursachen.

17 **a) Nachteil** ist mit Vermögensbeschädigung im Sinne des § 263 (dort 32–53) gleichbedeutend (hM; anders Hillenkamp NStZ 81, 161, 166; Labsch aaO [vgl 1] S 318). Maßgebend ist daher auch hier das Prinzip der **Gesamtsaldierung** (36 zu § 263). Sie ergibt regelmäßig, daß es an einem Nachteil fehlt, wenn der Treunehmer zum Ausgleich für auftragsfremde Verfügungen bereit ist (bei Holtz MDR 83, 281; s auch wistra 90, 352) und zu diesem Zweck ständig eigene Mittel bereithält (BGHSt 15, 342; Karlsruhe NStZ 90, 82), die allerdings flüssig sein (NStZ 82, 331; Bay NJW 66, 116) und den Ausgleich auch tatsächlich ermöglichen müssen (NStZ 95, 233; Bay JR 73, 338 mit Anm Schröder; krit Labsch wistra 85, 1, 8, alle mwN). – Außerdem muß die (schadensgleiche) Vermögensgefährdung (40 zu § 263) auch hier konkret sein (wistra 88, 26). Sie kann darin liegen, daß der Treunehmer als Beamter schwarze Kassen führt (GA 56, 154; NStZ 84, 549), Haushaltsmittel „verlagert" (BGHSt 40, 287) oder daß er die Geltendmachung begründeter Ansprüche durch unordentliche Buchführung verhindert (BGHSt 20, 304; NStZ 96, 543), nicht aber darin, daß er lediglich die Abrechnung über die Erledigung einer Geschäftsbesorgung verzögert (Stuttgart NJW 71, 64); oder darin, daß er das zur Verfügung stehende Budget des Auftraggebers und der zur Angebotsabgabe aufzufordernden anderen Firmen einem Bewerber bekanntgibt (aM Bay NJW 96, 268 mit abl Bespr Cramer WiB 96, 106 und Haft NJW 96, 238). – Ferner sind die für den persönlichen Schadenseinschlag geltenden Regeln (48–51 zu § 263) anwendbar. – Schließlich ist auch ein Ausgleich von Schaden und zugleich erlangtem Gewinn (**Kompensation,** 36 a zu § 263) möglich, setzt aber voraus, daß beide durch dasselbe pflichtwidrige Verhalten unmittelbar verursacht sind (NStZ 86, 455; NStE 36); in den übrigen Fällen gilt der Grundsatz der Einzelbetrachtung (Kohlmann JA 80, 228, 232 mwN), nach dem das einzelne, vom Treunehmer geführte Geschäft, soweit es eine wirtschaftliche Einheit bildet, maßgeblich ist (NJW 83, 1807, 1808). Kompensation kommt zB bei verbotenen oder sonst pflichtwidrigen Risikogeschäften (vgl 7) in Frage, wenn die durch das Geschäft erlangte Vorteilschance der erlittenen Einbuße (bzw Vermögensgefährdung, GA 77, 342) wirtschaftlich gleichwertig ist (hM; vgl NJW 75, 1234 mit krit Bespr Schreiber/Beulke JuS 77, 656 und Bringewat JZ 77, 667; LG Bielefeld JZ 77, 692; Nack NJW 80, 1599; s auch Bremen NStZ 89, 228; anders Hillenkamp NStZ 81, 161, 166; zw). Die Frage der wirtschaftlichen Gleichwertigkeit in Fällen der Fehlleitung öffentlicher Mittel ist noch wenig geklärt (vgl etwa NStZ 84, 549; Kohlmann/Brauns, Zur strafrechtlichen Erfassung der Fehlleitung öffentlicher Mittel, 1979, S 65,

71, 107; Neye, Untreue im öffentlichen Dienst, 1981 und NStZ 81, 369; Fabricius NStZ 93, 414, 416). Speziell bei der Ämterpatronage (vgl 6) ist der Vermögensschaden in ähnlicher Weise wie beim Anstellungsbetrug (52 zu § 263) begründbar (Schmidt-Hieber NJW 89, 558), im Hinblick auf den Beurteilungsspielraum der Einstellungsbehörde jedoch nur selten beweisbar.

b) Der **Betreute** kann nur ein mit dem Täter nicht identischer selbständiger Vermögensträger sein (vgl 3). 18

6. Der **Vorsatz** (bedingter genügt, NJW 75, 1234, 1236) muß namentlich die dem Befugnismißbrauch oder der Pflichtverletzung zugrundeliegende Pflichtwidrigkeit (BGHSt 34, 379, 390; NJW 90, 3219 mit Anm Ulsenheimer DNotZ 91, 746) sowie den (unmittelbar verursachten, NJW 79, 1512; NStZ 86, 455; s auch 57 zu § 263) Vermögensnachteil umfassen (NStZ 96, 543). An seinen Nachweis sind bei der weiten Fassung des äußeren Tatbestandes strenge Anforderungen zu stellen (NJW 75, 1234, 1236 und 83, 461, beide mwN; krit Hillenkamp NStZ 81, 161, 163). Bereicherungsabsicht ist nicht erforderlich. 19

7. Die **Einwilligung** des Treugebers in Handlungen des Täters ist nicht erst für die Rechtswidrigkeit, sondern schon für den Tatbestand erheblich; denn sie schließt im Mißbrauchstatbestand den Mißbrauch der Verfügungsbefugnis und im Treubruchstatbestand die Pflichtverletzung aus. Handlungen von Organen einer juristischen Person (namentlich des Geschäftsführers einer GmbH, eingehend zu dessen Haftung Kohlmann, Die strafrechtliche Verantwortlichkeit des GmbH-Geschäftsführers, 1990, S 99, Schäfer GmbHR 93, 780, 787 und Langkeit WiB 94, 64; Beispiele strafbaren Geschäftsführer-Verhaltens bei Tiedemann 20 vor § 82), die nach Gesellschaftsrecht zum Schutz des Vermögensbestandes (zB nach § 30 GmbHG) unzulässig sind oder die Existenz der juristischen Person gefährden, bleiben jedoch regelmäßig mißbräuchlich oder pflichtwidrig auch dann, wenn alle Anteilseigner (bzw der Einmann-Gesellschafter) eingewilligt haben oder wenn der Täter alle Anteile selbst besitzt (zu weit BGHSt 34, 379; mit Recht einschr BGHSt 35, 333; NStZ 95, 185; NJW 97, 66; Gribbohm ZRG 90, 1, alle mwN; mit gesellschaftsrechtlicher Begr im Ergebnis ähnlich Ulmer, Pfeiffer-FS, S 853; Lipps NJW 89, 502; Hellmann wistra 89, 214; Brammsen DB 89, 1609; Tiedemann GmbHG 15 vor § 82; aM Labsch JuS 85, 602; Meilicke BB 88, 1261; Arloth NStZ 90, 570; Nelles aaO [vgl 1] S 229, 553; Muhler wistra 94, 283, 287; diff Kohlmann, FS für W Werner, 1984, S 387; schon im Ansatz abw Reiß wistra 89, 81; für die Übertragung dieser Rspr auf den qualifizierten faktischen GmbH-Konzern Bittmann/Terstegen wistra 95, 249, 252). Für geschäftsführende Gesellschafter einer OHG, KG oder BGB-Gesellschaft gilt das dagegen nicht, weil diese Zusammenschlüsse keine selbständigen Vermögensträger sind (vgl 3). 20

8. Für das **Verhältnis der beiden Tatbestände** (vgl 5 ff, 9 ff) untereinander folgt aus den Ausführungen unter 4, daß der Mißbrauchs- 21 tatbestand ein Unterfall, eine „präzis gestaltete Erscheinungsform" des Treubruchstatbestandes ist (Hübner LK 17 mwN; aM Sch/Sch-Lenckner 2). Er geht daher als das speziellere Gesetz vor (Hamm NJW 68, 1940; str); wenn jedoch Mißbrauchs- und Treubruchshandlungen den Schaden zusammen verursachen, sind beide Tatbestände erfüllt (BGHSt 5, 61, 65).

22 **9.** Zu **Abs 2** (besonders schwere Fälle) 6–10 a zu § 46; 4 zu § 12. – **Abs 3** entspricht dem § 263 IV (dort 66).

23 **10. Tateinheit** ua möglich mit § 242 (BGHSt 17, 360, 362 mwN; str), §§ 263 a, 267, 332 (Bay NJW 96, 268) und 352 (NJW 57, 596), nur ausnahmsweise mit § 283 (dort 32). Auch mit § 263 kommt Tateinheit in Frage, wenn dieselbe Handlung (oder Handlungseinheit) zugleich einen jeweils selbständigen Unwert der Täuschung und der Treupflichtverletzung verwirklicht (hM; vgl etwa BGHSt 8, 254, 260; StV 84, 513 mit abl Anm Labsch; wistra 91, 218 mit abl Bespr Otto JK 11; wistra 92, 342; zusf Schauer, Grenzen der Preisgestaltungsfreiheit im Strafrecht, 1989, S 182, alle mwN). – § 246 tritt gegenüber § 266 zurück, wenn der Täter schon bei der Untreuehandlung Zueignungswillen hatte (Stuttgart NJW 73, 1385 mit Anm Lenckner JZ 73, 794, 796; Küper Jura 96, 205, 207; str); eine nachfolgende Sachverwertung ist dann als Unterschlagung nicht mehr tatbestandsmäßig (Köln NJW 63, 1992; 7 zu § 246). Entschließt sich der Täter erst nach der Untreuehandlung zur Zueignung, so besteht zwischen §§ 266, 246 nicht Tateinheit (so RGSt 69, 63), sondern Tatmehrheit (Lenckner aaO). – Untreue als mitbestrafte Nachtat zum Betrug BGHSt 6, 67; Hamm MDR 68, 779; Betrug als mitbestrafte Nachtat zur Untreue wistra 92, 342 mwN. – Zum Verhältnis zu § 370 AO StV 96, 432. – Zur **Wahlfeststellung** im Verhältnis zu §§ 246, 263 vgl 14 zu § 1.

24 **11.** Die beiden Untreuetatbestände sollen nach der Rspr im Sinne des **§ 265 StPO** verschiedene Strafgesetze sein (NJW 84, 2539 mwN); das ist mit BGHSt 24, 386 schwerlich vereinbar (Küpper NStZ 86, 249, 252; Hübner LK 18).

§ 266 a Vorenthalten und Veruntreuen von Arbeitsentgelt

(1) **Wer als Arbeitgeber Beiträge des Arbeitnehmers zur Sozialversicherung oder zur Bundesanstalt für Arbeit der Einzugsstelle vorenthält, wird mit Freiheitsstrafe bis zu fünf Jahren oder mit Geldstrafe bestraft.**

(2) **Ebenso wird bestraft, wer als Arbeitgeber sonst Teile des Arbeitsentgelts, die er für den Arbeitnehmer an einen anderen zu zahlen hat, dem Arbeitnehmer einbehält, sie jedoch an den anderen nicht zahlt und es unterläßt, den Arbeitnehmer spätestens im Zeitpunkt der Fälligkeit oder unverzüglich danach über das Unterlassen der Zahlung an den anderen zu unterrichten. Satz 1 gilt nicht für die Teile des Arbeitsentgelts, die als Lohnsteuer einbehalten werden.**

(3) **Wer als Mitglied einer Ersatzkasse Beiträge zur Sozialversicherung oder zur Bundesanstalt für Arbeit, die er von seinem Arbeitgeber erhalten hat, der Einzugsstelle vorenthält, wird mit Freiheitsstrafe bis zu einem Jahr oder mit Geldstrafe bestraft.**

(4) **Dem Arbeitgeber stehen der Auftraggeber eines Heimarbeiters, Hausgewerbetreibenden oder einer Person, die im Sinne des Heimarbeitsgesetzes diesen gleichgestellt ist, sowie der Zwischenmeister gleich.**

(5) **In den Fällen des Absatzes 1 kann das Gericht von einer Bestrafung nach dieser Vorschrift absehen, wenn der Arbeitgeber spätestens im Zeitpunkt der Fälligkeit oder unverzüglich danach der Einzugsstelle schriftlich**

1. die Höhe der vorenthaltenen Beiträge mitteilt und

2. darlegt, warum die fristgemäße Zahlung nicht möglich ist, obwohl er sich darum ernsthaft bemüht hat.

Liegen die Voraussetzungen des Satzes 1 vor und werden die Beiträge dann nachträglich innerhalb der von der Einzugsstelle bestimmten angemessenen Frist entrichtet, wird der Täter insoweit nicht bestraft. In den Fällen des Absatzes 3 gelten die Sätze 1 und 2 entsprechend.

1. Die Vorschrift schützt in den Absätzen 1, 3 das **Interesse der** 1
Versichertengemeinschaft (Solidargemeinschaft) an der Gewährleistung des Aufkommens der Mittel für die Sozialversicherung (Frankfurt ZIP 95, 213, 215; weiter für Abs 1 Tag, Das Vorenthalten von Arbeitnehmerbeiträgen zur Sozial- und Arbeitslosenversicherung, 1994, S 34) und in Abs 2 das **Vermögensinteresse** des Arbeitnehmers (BT-Dr 10/5058 S 31; Martens wistra 86, 154, 155). Der den Schwerpunkt bildende Abs 1 faßt zusammen mit Abs 3 die früheren, für das Vorenthalten von Beiträgen geltenden §§ 529, 1428 RVO, § 225 AFG, § 150 AVG und § 234 RKG zusammen und erweitert ihren Anwendungsbereich nicht unerheblich. Abs 2 schützt gegen betrugs- und untreueähnliche (krit Samson SK 3) Verletzungen treuhänderischer Arbeitgeberpflichten (zu dem weithin unbestrittenen kriminalpolitischen Bedürfnis für die Neuordnung des Sachgebiets vgl ua BT-Dr 10/318 S 25; Schäfer wistra 82, 96; Möhrenschlager wistra 82, 201, 207; Stahlschmidt wistra 84, 209; Martens wistra 85, 51; vgl auch Tag aaO S 25).

2. Täter nach den Absätzen 1, 2, 4 kann nur der **Arbeitgeber** oder 2
eine ihm gleichgestellte Person sein, **Täter** nach Abs 3 nur das **Mitglied einer Ersatzkasse.** Die Tat ist daher **Sonderdelikt** (33 vor § 13). Da die Täterqualität nur die Positionsnähe zum Rechtsgut charakterisiert, ist § 28 I nicht anwendbar (dort 4, 6; aM Samson SK 57).

a) Arbeitgeber ist der nach §§ 611 ff BGB Dienstberechtigte, dh 3
derjenige, dem der Arbeitnehmer Dienste leistet und von dem er persönlich abhängig ist (BSG NJW 67, 2031; Tag aaO [vgl 1] S 41). Wenn andernfalls sozialrechtliche Schutzzwecke gefährdet wären, entscheidet

dabei der wirkliche Sachverhalt, nicht ein ihm, zB infolge Vorschiebens eines Strohmanns (bei Herlan GA 55, 81), widersprechender Schein (hM; vgl Sch/Sch-Lenckner 11 mwN). Arbeitgeber ist auch der gewerbsmäßige Verleiher von Arbeitskräften (§ 3 I Nr 2 AÜG; LG Oldenburg NStZ-RR 96, 80), bei illegalem Verleih sind es Verleiher und Entleiher nebeneinander (§ 9 Nr 1, § 10 III S 2 AÜG). Nicht Arbeitgeber ist der Sequester, dessen Tätigkeit auf die Vermögenssicherung und die Vorbereitung des Konkursverfahrens beschränkt ist (Zweibrücken wistra 95, 319).

4 **b)** Die Arbeitgebereigenschaft ist **besonderes persönliches Merkmal** nach § 14 mit der Folge, daß auch die dort genannten **Organe und Vertreter** Täter sein können (2–15 zu § 14; näher Tag aaO [vgl 1] S 55); das Organ, zB der Geschäftsführer einer GmbH, muß in der Unternehmensleitung für den Bereich „Personal/Sozialversicherung" zuständig oder tatsächlich mit ihm befaßt sein (Frankfurt ZIP 95, 213; weiter NJW 97, 130 und 133, alle mwN). Bei einer Übertragung der Abführungspflicht, zB auf einen Prokuristen, trifft den Geschäftsführer eine Überwachungspflicht (NJW 97, 130 mwN).

5 **c)** Die nach **Abs 4** dem Arbeitgeber **Gleichgestellten** sind für Abs 1 in den Begriffsbestimmungen des § 12 SGB IV und für Abs 2 in denen der §§ 1, 2 HeimArbG näher beschrieben (BT-Dr 10/318 S 30).

6 **d) Mitglied in einer Ersatzkasse nach Abs 3** ist, wer von der Mitgliedschaft einer Pflichtkrankenkasse befreit und nach § 168 SGB V in eine Ersatzkasse aufgenommen worden ist.

7 **3.** Zur **Tathandlung nach Abs 1:**

a) Beiträge des Arbeitnehmers sind die nach dem Arbeitsentgelt (§ 14 SGB IV) zu berechnenden, auf ihn entfallenden Beitragsteile, die aufgrund gesetzlicher Verpflichtung für die Sozialversicherung (Kranken- und Rentenversicherung) und für die Bundesanstalt für Arbeit (zu deren Aufgabenerfüllung) zu entrichten sind. Sie sind Bestandteile des Bruttolohns (hM; anders Martens wistra 86, 154, 156), die der Arbeitgeber bei der Lohnauszahlung abzuziehen berechtigt ist (zB § 28 g SGB IV) und für deren Zahlung an die Einzugsstelle (die berechtigte Kasse) er allein haftet (zB § 28 e SGB IV). Beurteilungsgrundlage ist die rechtliche Existenz des Beitragsanspruchs, nicht seine Anmeldung durch den Arbeitgeber (Hamburg BB 69, 1482). – **Nicht erfaßt** werden danach die in den Beiträgen enthaltenen **Arbeitgeberanteile,** und zwar auch dann nicht, wenn sie – wie zB bei den sog Geringverdienern nach § 249 SGB V (StV 94, 426 und 96, 482) – auf einer im Gesetz vorgesehenen Abwälzung von Arbeitnehmeranteilen beruhen (bei Holtz MDR 92, 321; StV 93, 364). Leistet der Arbeitgeber weniger als die insgesamt geschuldeten Beiträge, so wird man darin dessen stillschweigende Erklärung zu sehen haben, daß die Zahlung zunächst auf die Arbeitnehmeranteile anzurechnen ist, so daß § 266 a entfällt, wenn diese gedeckt sind (NJW 91, 2917; Bay JR 88,

477 mit Anm Stahlschmidt und zust Bespr Mitsch JZ 94, 877, 887; beachte jedoch NStZ 90, 588).

b) Vorenthalten erfordert, daß der Arbeitgeber es unterläßt, die ge- 8
schuldeten Arbeitnehmerbeiträge spätestens am Fälligkeitstage (NJW 92, 177) an die Einzugsstelle abzuführen (**echtes Unterlassungsdelikt,** 4 zu § 13; Frankfurt ZIP 95, 213, 215; Celle wistra 96, 114 mit Anm Bente und Bespr Rönnau wistra 97, 13). Nachträglicher Eingang geschuldeter Beträge hebt die Strafbarkeit nicht rückwirkend auf (NStZ 90, 588).

aa) Abweichend vom früheren Gesetzeswortlaut (vgl 1) setzt Abs 1 **nicht mehr voraus,** daß der Arbeitgeber die Beiträge zuvor **einbehalten oder erhalten** hat (BT-Dr 10/318 S 20). Es kommt also nicht darauf an, ob ein Geldbetrag für die Beiträge beiseite gelegt und ob über ihn ausdrücklich abgerechnet wurde. Das ändert aber nichts daran, daß nur solche Beiträge betroffen sind, die der Arbeitnehmer selbst entrichten müßte, hätte nicht das Gesetz ihre Erhebung und Abführung zur Arbeitgeberaufgabe gemacht. Dieser muß sie deshalb aus Mitteln bestreiten, die materiell solche des Arbeitnehmers sind; die mit einer vollständig oder teilweise unterlassenen Lohnzahlung verbundene Nichtabführung reicht daher nicht (Sch/Sch-Lenckner 9; anders die hM, KG NStZ 91, 287 mit abl Bespr Bente wistra 92, 177 und zust Bespr Mitsch JZ 94, 877, 888; Düsseldorf NJW-RR 93, 1448; Rönnau wistra 97, 13, 16, alle mwN; zw). Zur Gewährleistung des Gesetzeszwecks ist grundsätzlich (Ausnahmen uU bei Abschlagszahlungen) jede – auch die nur teilweise (zB bei Zahlungsschwierigkeiten, VersR 63, 1034 mit Anm Schmidt VersR 64, 88; DB 75, 1467) – Lohnauszahlung als sog „Nettozahlung" anzusehen, von der die jeweils geschuldeten Arbeitnehmeranteile ausdrücklich oder stillschweigend abgezogen sind (§ 14 II SGB IV; s auch BGHSt 30, 265 mit Anm Martens NStZ 82, 471). Das gilt auch dann, wenn die Vertragspartner Nettozahlung im Sinne einer für das Innenverhältnis wirksamen Übernahme der Beitragspflicht durch den Arbeitgeber vereinbart haben (sog Nettolohnabrede; RGSt 40, 42; Tiedemann GmbHG 58 vor § 82). Es gilt aber nicht, wenn die Beteiligten ohne Übernahmeverpflichtung durch den Arbeitgeber darüber einig sind, daß keine Sozialversicherungsbeiträge abgeführt werden sollen (BGHSt 38, 285 mit Anm Franzheim JR 93, 75; für die Lohnsteuer anders noch BGHSt 34, 166). Mit diesem Grundprinzip ist die frühere Rspr (zB 1 StR 565/53 v 14. 4. 1954; 1 StR 65/76 v 13. 4. 1976) nicht vereinbar, die eine Ausnahme für Teillohnzahlungen zur Deckung des Existenzminimums der Arbeitnehmer macht (Sch/Sch-Lenckner 9 mwN); für solche Härtefälle bietet Abs 5 (vgl 17–19) einen Ausweg. Für Grenzfälle, in denen zweifelhaft ist, ob eine Zuwendung als Arbeitsentgelt gemacht wurde, hat sich eine nicht durchgängig widerspruchsfreie Kasuistik entwickelt (vgl etwa RGSt 36, 30; 39, 333; krit dazu Martens wistra 86, 154, 156).

bb) Die **Fälligkeit** der Beitragsschuld bestimmt sich nach den ein- 9
schlägigen Vorschriften und Satzungen der Versicherungsträger (NJW

92, 177 mwN). Jedoch tritt sie nach § 23 I SGB IV **spätestens** am 15. des Monats ein, der auf die das Arbeitsentgelt begründende Beschäftigung folgt. Wirksame Stundung vor (aber nicht nach, Sch/Sch-Lenckner 7) Fälligkeit schließt das Merkmal des Vorenthaltens aus. Verfügungen des Arbeitgebers über einbehaltene Beiträge vor Fälligkeit sind unschädlich, wenn rechtzeitig gezahlt wird.

10 cc) Als Unterlassungstatbestand (vgl 8) ist Abs 1 nicht verwirklicht, wenn und soweit dem Täter die geschuldete Beitragsleistung **unmöglich** ist (5 zu § 13; NJW 97, 130; Weber NStZ 86, 481, 488); ein solcher Fall kann auch bei Zahlungsunfähigkeit vorliegen (NJW 97, 133; Celle wistra 96, 114). Da er jedoch verpflichtet ist, rechtzeitig dafür zu sorgen, daß er bei Fälligkeit die erforderlichen Mittel zur Verfügung hat (Martens wistra 86, 154, 157; einschr Samson SK 28), werden ihm alle Handlungen und Unterlassungen zugerechnet, mit denen er vor Fälligkeit – zB durch Einsatz sämtlicher verfügbaren Mittel für die Lohnauszahlung (Frankfurt BB 56, 1202; RGSt 40, 235, 237; aM Düsseldorf NJW-RR 93, 1448; Celle aaO mit krit Anm Bente und zust Bespr Rönnau wistra 97, 13; Samson SK 32) oder durch Unterlassen der Mittelbereitstellung (VersR 60, 749) – seine Handlungsunfähigkeit verursacht hat (einschr Tag aaO [vgl 1] S 121, 125; zum Vorsatz beachte 16). – Auch die **Zumutbarkeit** der Beitragszahlung bedarf selbständiger Prüfung (5 zu § 13; Winkelbauer wistra 88, 16, 18). Unter diesem von Rspr (s aber Frankfurt ZIP 95, 213, 218) und Schrifttum bisher kaum aufgenommenen Gesichtspunkt wird zu prüfen sein, ob die zum Teil rigorosen Anforderungen an den Arbeitgeber angemessen abgemildert werden können.

11 **4.** Zur **Tathandlung nach Abs 2** (vgl zunächst 1):

a) Die Pflicht des Arbeitgebers zur **Abführung von Teilen des Arbeitsentgelts** kann privat- oder öffentlichrechtlich begründet sein. In Frage kommen namentlich Leistungen nach dem 5. VermBG (vermögenswirksame Leistungen) sowie Leistungen aufgrund von Abtretungen, Pfändungen und Vereinbarungen über freiwillige Zahlungen an Versicherungs-, Renten- oder Pensionskassen.

12 **b) Einbehalten** (vgl auch 8) bedeutet, dem Arbeitnehmer nicht das volle, sondern nur ein um den abzuführenden Betrag gekürztes Arbeitsentgelt auszuzahlen (weiter Tag aaO [vgl 1] S 178). **Nicht zahlen** ist echtes Unterlassen (vgl 8) und als Nichtabführen des einbehaltenen Betrages an den Gläubiger des Arbeitnehmers zu verstehen.

13 **c)** Das Unterlassen, den **Arbeitnehmer über das Unterbleiben der Zahlung zu unterrichten,** ist ein **zusätzliches,** den Kern des Unrechts bildendes Merkmal (BT-Dr 10/318 S 29; Tag aaO [vgl 1] S 183). Der Zeitpunkt der **Fälligkeit** bestimmt sich nach dem der Abführungspflicht zugrunde liegenden Rechtsverhältnis; **„unverzüglich danach"** ist Handeln ohne vorwerfbares, dh im strafrechtlichen Sinne mindestens fahrlässiges (35, 49 zu § 15), Zögern (näher zu Form, Inhalt und Zeitpunkt der gebotenen Unterrichtung Sch/Sch-Lenckner 14).

5. Zur **Tathandlung nach Abs 3:** 14

a) Zum **Vorenthalten von Beiträgen zur Sozialversicherung und zur Bundesanstalt für Arbeit** vgl 7–10. – Die Beiträge sind **vom Arbeitgeber erhalten,** wenn sie von diesem oder auf dessen Veranlassung unter ausdrücklicher oder stillschweigender Kennzeichnung ihrer Zweckbestimmung dem Vermögen des Täters zugeführt worden sind.

b) Abs 3 ist, wie die Vorläufervorschriften (vgl 1) gezeigt haben, **praktisch nahezu bedeutungslos.** Die Arbeitgeber führen die einschlägigen Beiträge schon seit längerer Zeit regelmäßig im sog Firmeneinzugsverfahren direkt ab. Außerdem sind die §§ 517, 520 RVO, die dem Abs 3 einen gewissen Anwendungsbereich gelassen hatten, durch das GesundheitsreformG aufgehoben worden (näher Tag aaO [vgl 1] S 143 und Sch/Sch-Lenckner 16). 15

6. Neben dem durchgängig notwendigen **Vorsatz** (bedingter genügt, NJW 92, 177 mit Anm Dreher DB 91, 2586; NJW 97, 130; LG Oldenburg NStZ-RR 96, 80, 81) ist weder Bereicherungs- noch Schädigungsabsicht erforderlich. Aus dem finalen Begriff des Vorenthaltens in Abs 1, 3 und dem ausdrücklichen Hinweis auf die Zahlungspflicht des Arbeitgebers in Abs 2 folgt, daß der Vorsatz nicht nur die pflichtbegründenden Umstände, sondern auch das Bestehen der Abführungspflicht selbst umfassen muß (Frankfurt ZIP 95, 213, 218; Sch/Sch-Lenckner 17; aM NJW 97, 130; Tröndle 21, alle mwN; zw). – Ist der Täter am Fälligkeitstage (vgl 9) ganz oder teilweise leistungsunfähig (vgl 10), so kommt es für die Zurechnung zum Vorsatz – abweichend von manchen mißverständlichen Formulierungen in Rspr und Schrifttum – darauf an, ob er seine Unfähigkeit durch vorausgegangene Handlungen (einschr Samson SK 28–32) oder Unterlassungen verursacht und sie schon bei deren Vornahme (bzw Nichtvornahme) im Sinne bedingten Vorsatzes in Kauf genommen hat (24, 25 zu § 15); es genügt nicht, daß er nur mit ihr rechnen mußte (Sch/Sch-Lenckner 17). 16

7. Zu **Abs 5** vgl 29 zu § 24. Kriminalpolitisch hat er für die Absätze 1, 3 die Funktion einer „goldenen Brücke" (BT-Dr 10/318 S 26; krit Samson SK 38–43; zusf Winkelbauer wistra 88, 16; Tag aaO [vgl 1] S 191). 17

a) Absehen von Strafe (S 1): Erforderlich ist eine rechtzeitige (dazu 13) schriftliche Mitteilung. Sie muß die Höhe der vorenthaltenen Beträge, für die der Täter noch Straffreiheit erlangen kann (Winkelbauer aaO [vgl 17] S 17), vollständig (BT-Dr 10/318 S 30) angeben und die Gründe für die Unfähigkeit zur fristgemäßen Zahlung sowie die unternommenen ernsthaften Bemühungen um ihre Abwendung darlegen. Die Voraussetzungen sind erfüllt, wenn das Vorbringen die nach Auffassung des Täters eingetretene und von ihm nur als vorübergehend beurteilte Leistungsunfähigkeit verständlich macht (Winkelbauer aaO; krit Tag aaO [vgl 1] S 202; näher dazu BT-Dr aaO S 31). Ob das Gericht allerdings von Strafe absieht, unterliegt seinem pflichtmäßigen Ermessen 18

(50 zu § 46); es wird sich vornehmlich an der Schwere der Bedrängnis des Täters und der für die Arbeitsplätze des Betriebs drohenden Gefahr orientieren.

19 **b) Straffreiheit** tritt über Satz 1 hinaus obligatorisch ein, wenn nach Erfüllung seiner Voraussetzungen die Beiträge innerhalb einer durch Stundung gesetzten Frist (uU auch von einem Dritten) nachentrichtet werden. Die **Angemessenheit** der Frist unterliegt tatrichterlicher Würdigung (zum Bewertungsmaßstab BT-Dr 10/318 S 31). Solange sie läuft, ist die staatliche Strafbefugnis – ebenso wie in den Fällen des § 371 III AO – in der Schwebe und auflösend bedingt (BGHSt 7, 336, 341). Wird sie überschritten, so bleibt Satz 1 unberührt.

20 **8. a)** Ob die Vorenthaltung von Beiträgen verschiedener Arbeitnehmer und für verschiedene Versicherungsarten eine **Handlungseinheit oder -mehrheit** bildet, bestimmt sich nach den allgemeinen Regeln (3–22 vor § 52; beachte BGHSt 38, 285). – Ob eine Tat nach Abs 1 auch als **Beitragsbetrug** (§ 263) strafbar ist, bedarf ebenso wie im früheren Recht (BGHSt 32, 236; NStZ 87, 454 mit Bespr Franzheim wistra 87, 313 und Seibert NStZ 88, 30), selbständiger Prüfung (beachte dazu 14, 18 zu § 263); soweit jedoch in solchen Fällen derselbe Vermögensschaden auf der Verwirklichung beider Tatbestände beruht, tritt § 266 a im Hinblick auf die jetzt zweifelsfreie Identität der verletzten Rechtsgüter (dazu 1) zurück (Martens wistra 86, 154, 158; Franzheim aaO S 315; aM Schlüchter, 2. WiKG, S 171; zw), und zwar bei Handlungseinheit unter dem Gesichtspunkt der Konsumtion (27 vor § 52) und bei Handlungsmehrheit unter dem der mitbestraften Vor- oder Nachtat (31–33 vor § 52).

21 **b)** Mit §§ 370, 380 AO (Nichtabführen von Umsatz- und Lohnsteuer) besteht **Tatmehrheit** auch dann, wenn alle Unterlassungen auf einem Gesamtplan beruhen und sich auf dieselben Arbeitnehmer beziehen (BGHSt 37, 10; Bay NStZ 86, 173 mit Anm Brauns StV 86, 534; LG OLdenburg NStZ-RR 96, 80 [auch mit Verstößen gegen das Arbeitnehmerüberlassungsgesetz]; s auch BGHSt 38, 285); dasselbe gilt für das Verhältnis von Taten nach Abs 1 und Abs 2 (Celle NJW 92, 190).

§ 266 b Mißbrauch von Scheck- und Kreditkarten

(1) **Wer die ihm durch die Überlassung einer Scheckkarte oder einer Kreditkarte eingeräumte Möglichkeit, den Aussteller zu einer Zahlung zu veranlassen, mißbraucht und diesen dadurch schädigt, wird mit Freiheitsstrafe bis zu drei Jahren oder mit Geldstrafe bestraft.**

(2) **§ 248 a gilt entsprechend.**

1 **1.** Die Vorschrift soll eine im Grenzbereich zwischen Betrug und Untreue entstandene, in Rspr und Lehre umstrittene **Lücke im Vermögensstrafrecht** schließen (BT-Dr 10/5058 S 31; zum Streitstand im früheren Recht ua BGHSt 24, 386; 33, 244; Otto, HWiStR, Kre-

ditkartenbetrug, Scheckkartenbetrug; Lackner LK 301, 320–325 zu § 263, alle mwN; s auch 19 zu § 263; 6 zu § 266). Sie schützt deshalb jedenfalls das **Vermögen** (unstr) und daneben wegen der gezielten Begrenzung des Tatbestandes auf wichtige Instrumente des **unbaren Zahlungsverkehrs** auch diesen (NStZ 93, 283; Bernsau, Der Scheck- oder Kreditkartenmißbrauch durch den berechtigten Karteninhaber, 1990, S 64; Arzt/Weber BT 4 Rdn 247; aM Otto wistra 86, 150; Ranft JuS 88, 673, 675, alle mwN; zw). Die Strafbedürftigkeit der Tat, die schon im Gesetzgebungsverfahren umstritten war (BT-Dr aaO; Schubarth ZStW 92, 80, 92; Vormbaum JuS 81, 18, 25), ist bis heute nicht allgemein anerkannt (krit ua Labsch Jura 87, 411, 418; Haffke KritV 91, 165, 439; s auch Otto, Bankentätigkeit und Strafrecht, 1983, S 127; Schmitt Jura 87, 640; Flöge, Zur Kriminalisierung von Mißbräuchen im Scheck- und Kreditkartenverfahren nach § 266 b StGB, 1989, alle mwN).

2. Täter kann nur der **berechtigte Karteninhaber** sein, weil nur ihm die Möglichkeit „eingeräumt" ist, den Aussteller zur Zahlung zu veranlassen. Der Mißbrauch durch Nichtberechtigte ist regelmäßig als Betrug erfaßbar (BT-Dr 10/5058 S 32). Wie in § 266 (dort 2) ist die Tätereigenschaft wegen der mit ihr verbundenen Vertrauensstellung besonderes persönliches Merkmal im Sinne des § 28 I (Weber NStZ 86, 481, 484). 2

3. a) Als **Scheckkarten** sind gegenwärtig wohl nur die dem verbreiteten, aufgrund von Vereinbarungen der europäischen Kreditwirtschaft einheitlich gestalteten Euroscheck-System (dazu Otto, in: HWiStR, Kreditkartenbetrug) zugehörigen Euroscheckkarten gebräuchlich. Die Vorschrift ist jedoch auch für Scheckkarten anderer Systeme offen (Otto wistra 86, 150, 152; Sch/Sch-Lenckner 4). Bedauerlicherweise nicht erfaßt wird der Geldautomatenmißbrauch mittels Scheckkarte, weil in diesen Fällen die Karte nicht als Scheckkarte, sondern in einer nur zufällig mit ihr verbundenen Funktion als Codekarte verwendet wird und dem Täter nicht die Rechtsmacht „eingeräumt" ist, den Aussteller „zu einer Zahlung zu veranlassen" (Otto wistra aaO; Granderath DB 86, Beil 18, 1, 9; Haß, in: Lehmann [Hrsg], Rechtsschutz und Verwertung von Computer-Programmen, 2. Aufl 1993, S 476 Rdn 15; Lackner, Tröndle-FS, S 41, 58; Bernsau aaO [vgl 1] S 134; Berghaus JuS 90, 981; Tröndle 10 zu § 263 a); die Gegenmeinung (Stuttgart NJW 88, 981; LG Köln NJW 87, 667, 669; Weber JZ 87, 215, 217 und Krause-FS, S 427, 435; Bühler MDR 89, 22; Ehrlicher, Der Bankomatenmißbrauch – Seine Erscheinungsformen und seine Bekämpfung, 1989, S 90; Meier JuS 92, 1017, 1021; Mitsch JZ 94, 877, 880, 884; Hilgendorf JuS 97, 130, 135; M-Schroeder/Maiwald BT 1 45/78; Sch/Sch-Cramer 11 zu § 263 a und Sch/Sch-Lenckner 8; diff Zielinski CR 92, 223, 227) macht das erwünschte Ergebnis zur Argumentationsgrundlage und unterschätzt die daraus folgenden dogmatischen Widersprüche (zB bei Einführung eines selbständigen Codekartensystems, Abheben von Geld aus dem Automaten der eigenen Bank). 3

4 **b)** Als **Kreditkarten** kommen für die Anwendung des Abs 1 nur Karten im sog „Drei-Partner-System" (zB American Express-Karten, Eurocards) in Frage (BGHSt 38, 281 mit krit Anm Otto JZ 92, 1139, Ranft NStZ 93, 185 und zust Bespr Mitsch JZ 94, 877, 885; aM Weber LdR S 622; Hilgendorf JuS 97, 130, 135, alle mwN; str). Nur sie räumen dem Karteninhaber die Befugnis ein, den Aussteller zu einer Zahlung (sei es auch nur im Verrechnungswege, BT-Dr 10/5058 S 32) zu veranlassen, dh dessen Garantieverpflichtung gegenüber einem Dritten auszulösen. Kreditkarten im sog „Zwei-Partner-System" bedeuten rechtlich nur einen Ausweis über die Eröffnung eines Kredits, der die wiederholte Nachprüfung der Kreditwürdigkeit entbehrlich macht (bei Holtz MDR 89, 112; eingehend Weisensee, Die Kreditkarte – ein amerikanisches Phänomen, 1970, S 43). Daß ihr Mißbrauch deshalb den allgemeinen, für den Kreditbetrug geltenden Regeln folgen muß (Lackner LK 212–220, 301 zu § 263), ist im Hinblick auf die mildere Strafdrohung des § 266 b ein Konstruktionsfehler des Gesetzes (ebenso M-Schroeder/Maiwald BT 1 45/77 und Sch/Sch-Lenckner 5; s auch Bernsau aaO [vgl 1] S 181, der eine Sperrwirkung dieser Strafdrohung annimmt).

5 **4. Mißbrauchen** erfordert hier – ähnlich wie in § 266 I (dort 6) –, daß sich der Täter zwar nach außen im Rahmen seines rechtlichen Könnens hält, im Innenverhältnis zu dem Kartenaussteller aber die Grenzen seines rechtlichen Dürfens überschreitet (BT-Dr 10/5058 S 32; Dannecker, Das intertemporale Strafrecht, 1993, S 506; s auch Bernsau aaO [vgl 1] S 78; weiter Weber NStZ 86, 481, 484); ein andersartiger Mißbrauch der Karte gehört nicht hierher (NStZ 92, 278 mit im Ergebnis zust Bespr Mitsch JZ 94, 877, 887). – Danach liegt Mißbrauch der **Scheckkarte** idR bei Hingabe eines Schecks vor, für den auf dem Konto des Täters keine Deckung durch Guthaben oder Kredit vorhanden und bei Einlösung auch nicht zu erwarten ist (11 zu § 263). Bei der **Kreditkarte** kommt es darauf an, ob der Täter seine aus dem Kreditkartenvertrag hervorgehenden Pflichten verletzt hat, die meist darin bestehen, daß er keine Verpflichtungen eingehen darf, wenn seine Einkommens- und Vermögensverhältnisse den Kontoausgleich nicht gestatten.

6 **5. Schädigen** ist gleichbedeutend mit dem Herbeiführen eines Vermögensschadens (BT-Dr 10/5058 S 33) im Sinne des § 263 I (dort 32–53). Der Schaden muß durch den Mißbrauch verursacht sein (10, 11 vor § 13). An ihm – und damit zugleich auch am Mißbrauch (vgl 5) – kann es fehlen, wenn der Täter trotz Überschreitung der ihm im Innenverhältnis gesetzten Schranken jederzeit willens und fähig ist, die Garantieverpflichtung des Kartenausstellers auszugleichen (BT-Dr aaO; s auch 17 zu § 266). Geringfügige Grenzüberschreitungen sind daher aus diesem Grunde meist nicht tatbestandsmäßig (BT-Dr aaO; aM Sch/Sch-Lenckner 10).

7 **6.** Der **Vorsatz** (bedingter genügt) muß namentlich den Mißbrauch (vgl 5) und den Vermögensschaden (vgl 6) umfassen. Die Ausführungen

unter 19 zu § 266 zur Notwendigkeit strenger Anforderungen an den Vorsatz gelten sinngemäß. Nimmt der Täter aufgrund konkreter Umstände irrig an, daß Deckung vorhanden oder zu erwarten sei oder daß er ohne weiteres für Deckung sorgen könne, so fehlt es am Vorsatz.

7. In **Abs 2** kommt es für die entsprechende Anwendung des § 248 a auf die Geringwertigkeit des Vermögensschadens an. 8

8. Die Vorschrift ist im Hinblick auf ihre klarstellende Funktion als 9 **abschließende Sonderregelung** zu verstehen (Spezialität iwS). Soweit daher in Teilen der Rspr und des Schrifttums Betrug oder Untreue bejaht wird (vgl 1), treten diese Tatbestände hinter § 266 b zurück (Otto wistra 86, 150, 153; Bernsau aaO [vgl 1] S 130; ähnlich Weber NStZ 86, 481, 484, der eine Sperrwirkung gegenüber den §§ 263, 266 annimmt; für § 263 aM Granderath DB 86, Beil 18, 1, 10). Aus dem gleichen Grunde scheidet auch die Möglichkeit aus, den nicht mit Strafe bedrohten Versuch des Scheckkartenmißbrauchs in Anlehnung an BGHSt 24, 386 als Betrugsversuch (§ 263 II) zu erfassen. Jedoch ist Tateinheit mit den §§ 263, 266 dann nicht ausgeschlossen, wenn deren Anwendbarkeit auf anderen Gründen beruht (Dreher/Tröndle 9; einschr Ranft JuS 88, 673, 678). Hat jemand eine Scheck- oder Kreditkarte durch Betrug erschlichen und sie später mißbraucht, so besteht zwischen §§ 263 und 266 b idR Tatmehrheit (Bernsau aaO [vgl 1] S 133; aM Tröndle 9: Tateinheit); der Kartenmißbrauch tritt nicht als mitbestrafte Nachtat zurück (NStZ 93, 283; aM Küpper NStZ 88, 60; Sch/Sch-Lenckner 14, alle mwN; nach Mitsch JZ 94, 877, 886 verdrängt § 266 b den Betrug als mitbestrafte Vortat).

23. Abschnitt. Urkundenfälschung

§ 267 Urkundenfälschung

(1) **Wer zur Täuschung im Rechtsverkehr eine unechte Urkunde herstellt, eine echte Urkunde verfälscht oder eine unechte oder verfälschte Urkunde gebraucht, wird mit Freiheitsstrafe bis zu fünf Jahren oder mit Geldstrafe bestraft.**

(2) **Der Versuch ist strafbar.**

(3) **In besonders schweren Fällen ist die Strafe Freiheitsstrafe nicht unter einem Jahr.**

1. Die Vorschrift schützt die **Sicherheit und Zuverlässigkeit des** 1 **Beweisverkehrs** mit Urkunden (BGHSt 2, 50; zusf und zT krit Kienapfel Jura 83, 185, 186; Puppe Jura 86, 22 und NK 1–19; Freund, Urkundenstraftaten, 1996, Rdn 22; eingehend Rheineck, Fälschungsbegriff und Geistigkeitstheorie, 1979, S 112; Sieber, Computerkriminalität und Strafrecht, 2. Aufl 1980, S 251, 265; Gustafsson, Die scheinbare Urkunde, 1993, S 96, alle mwN). Deren Bedeutung besteht darin, daß sie zum Zwecke des Beweises (Beweisfunktion) menschliche Erklärungen perpetuieren (Perpetuierungsfunktion) und dadurch bewirken, daß der jeweilige Urheber (der Aussteller) für seine Erklärung einzustehen hat (Garantiefunktion). Schutzobjekt ist daher die Authentizität der Urkunde, dh die Übereinstimmung des wirklichen Ausstellers mit dem, der als solcher aus der Urkunde hervorgeht. Auf die inhaltliche Unwahrheit der Erklärung (sog schriftliche Lüge), auch auf die Angaben über Ort und Zeit der Urkundenerrichtung (BGHSt 9, 44), kommt es nicht an (bei Holtz MDR 79, 806). **Rspr-Übersichten** zur Urkundenfälschung bei Puppe JZ 86, 938, 992 und 91, 447, 550, 609; **Grundfälle** bei Freund JuS 93, 732, 1016 und 94, 30, 125. – Zur **Reform** §§ 303–311 E 1962; Schilling, Reform der Urkundenverbrechen, 1971; Kienapfel, Urkunden und andere Gewährschaftsträger, 1979, S 205. – Zur **Kriminologie** der Urkundendelikte Freund aaO [„Urkundenstraftaten"] Rdn 11–13.

2 2. **Urkunde** ist eine verkörperte Gedankenerklärung, die allgemein oder für Eingeweihte verständlich ist und einen Aussteller erkennen läßt und die zum Beweis einer rechtlich erheblichen Tatsache geeignet und bestimmt ist, gleichviel ob ihr die Bestimmung schon bei der Ausstellung oder erst später gegeben wird (BGHSt 4, 284; 13, 235; Küper BT S 204 mit ähnlicher Definition; eingehend und zT krit Kienapfel, Urkunden im Strafrecht, 1967 sowie aaO [vgl 1] S 181; Samson, Urkunde und Beweiszeichen, 1968; rechtsvergleichend Kienapfel SchwZStr 81, 25; zusf Samson JA 79, 526, 658; Puppe Jura 79, 630, 636; Otto JuS 87, 761).

3 **a)** Für die Urkunde wesentlich ist vor allem die **Gedankenerklärung,** dh ein menschliches Verhalten, das geeignet ist, in einem anderen unter Anwendung eines zwischen den Beteiligten feststehenden Codes eine bestimmte Vorstellung über einen Sachverhalt hervorzurufen (Samson JuS 70, 369, 370; Puppe Jura 80, 18); ob dazu ein „Erklärungswille" im Sinne eines Kundmachungs- oder Begebungswillens gehört (so zB BGHSt 3, 82, 85), ist im Hinblick auf die Zufallsurkunden (vgl 13) umstritten und zweifelhaft (zusf Tröndle LK 12–14 b).

4 aa) An einer Gedankenerklärung **fehlt es** bei bloßen Augenscheinsobjekten (Samson JA 79, 526, 527; Tröndle LK 5) und bei technischen Aufzeichnungen, die selbsttätig durch Maschinen bewirkt werden, zB beim Schaublatt des Fahrtenschreibers (Stuttgart NJW 59, 1379; Hamm NJW 59, 1380; vgl dazu § 268); jedoch können maschinell bewirkte Aufzeichnungen (zB vom Computer ausgedruckte Überweisungsträger, Gehaltsabrechnungen und Steuerbescheide) dadurch Urkundenqualität erlangen, daß jemand sie, sei es auch ohne eigene Kenntnisnahme, als seine Erklärung in den Rechtsverkehr gelangen läßt oder sie dafür bestimmt (sog **EDV-Urkunden;** BT-Dr 10/318 S 32; Sieber aaO [vgl 1] S 276; Zielinski, Kaufmann [Arm]-GedSchr, S 605 und CR 95, 286, 290; einschr Lampe GA 75, 1, 8, alle mwN). – An einer Gedankenerklärung fehlt es bei Blanketten, die erst durch Ausfüllung einen bestimmten gedanklichen Inhalt und damit zugleich Beweisbestimmung

erlangen, zB beim Bezugsschein (BGHSt 13, 235) oder Führerschein (bei Holtz MDR 78, 625) ohne Angabe des Berechtigten und überhaupt bei Formularen aller Art (etwa von Ausweisen, Schecks, Wechseln usw), solange sie infolge Fehlens wesentlicher Angaben noch keinen bestimmten beweiserheblichen Inhalt haben (bei Holtz aaO; LG Berlin wistra 85, 241). Keine Gesamturkunde ist die für den Kunden von seiner Bank angelegte Kreditakte (Pommerenke wistra 96, 212).

bb) Nach der Rspr können Einzelurkunden durch räumliche Zu- 5
sammenfassung, die auf Gesetz, Geschäftsgebrauch oder Vereinbarung beruht, zu einer **Gesamturkunde** werden, wenn diese über die Einzelurkunden hinaus einen selbständigen, für sich bestehenden Gedankeninhalt zum Ausdruck bringt (BGHSt 4, 60; krit Samson JuS 70, 369, 375; Puppe Jura 80, 18, 22; Kienapfel Jura 83, 185, 192). Die Rspr nimmt das zB an für kaufmännische Handelsbücher (RGSt 69, 396), für das Trödlerbuch (MDR 54, 309), für das Einwohnermeldeverzeichnis (JR 54, 308), für das Sparkassenbuch (BGHSt 19, 19, 21), für die Personalakte eines Amtsträgers (Düsseldorf NStZ 81, 25, 26) und – allerdings zu Unrecht – sogar für die Gesamtheit der Wahlzettel iVm dem Wählerverzeichnis, obwohl die Zettel einzeln mangels Erkennbarkeit des Ausstellers keine Urkunden sind (BGHSt 12, 108; aM Tröndle LK 85 mwN; beachte auch Koblenz NStZ 92, 134); sie verneint es für anwaltliche Handakten (BGHSt 3, 395), für dreiteilige Postanweisungen (Köln NJW 67, 742), für Einzelvermerke auf Postanweisungen (BGHSt 4, 60) oder in Reisepässen (Bay NJW 90, 264) und für Arztberichte mit beigefügter Blutprobe (BGHSt 5, 75). Keine Gesamturkunde ist die für den Kunden von seiner Bank angelegte Kreditakte (Pommerenke wistra 96, 212).

b) Die Gedankenerklärung muß in einer Sache **dauerhaft,** dh in fe- 6
ster Verbindung mit ihr (BGHSt 5, 75, 79; 34, 375; Köln NJW 83, 769 mwN), **verkörpert** sein. IdR wird das in einer Schrift, uU auch in einer Geheimschrift (hM; anders Samson, Urkunde und Beweiszeichen, 1968, S 116) oder Kurzschrift, oder in verkürzenden, ergänzungsbedürftigen Begriffen (zB in Fahrkarten, Eintrittskarten, Kontoauszügen, Inventurlisten, Kassenbons, Gasthausbelegen usw) geschehen (zusf zur verkürzten Urkunde Kienapfel aaO [Urkunden; vgl 1] S 1). Notwendig ist die Schriftlichkeit aber nicht (hM; anders Kienapfel aaO; Otto JuS 87, 761, 762, beide mwN). Es genügt vielmehr jede andere Vermittlung durch Zeichen oder Symbole, wenn nur die erforderliche feste Verbindung mit einem körperlichen Gegenstand besteht, welche die Erklärung **visuell** erfaßbar macht.

aa) Daher werden **Tonträger** nicht erfaßt (hM; krit Freund aaO 7
[vgl 1 „Urkundenstraftaten"] Rdn 88), auch nicht die in einer EDV-Anlage gespeicherten Daten, wie überhaupt **Computermanipulationen** nur dann unter § 267 fallen können, wenn sie mit einer Fälschung sog Urbelege einhergehen (Wegscheider CR 89, 923 mwN) oder zu einem Ausdruck mit Urkundenqualität führen (vgl 4; beachte auch § 269).

8 bb) Dagegen sind Gedankenerklärungen möglich, die sich auf einen Gegenstand beziehen und mit ihm räumlich fest zu einer Beweiseinheit verbunden sind (sog **zusammengesetzte Urkunden;** dazu NStZ 84, 73 mwN; s auch Samson GA 69, 353; Hirsch ZStW 85, 696, 705; Schröder JuS 91, 301, 302; str). Hierher gehören zB die beglaubigte Abschrift, bei welcher der Beglaubigungsvermerk die Gedankenerklärung und die Abschrift das Bezugsobjekt bildet, und der Personalausweis, bei dem die behördlichen Eintragungen und das Lichtbild in einer entsprechenden Beziehung stehen (BGHSt 17, 97), ferner auch die von Menschenhand ergänzte technische Aufzeichnung (§ 268), wenn die (vor oder nach dem Aufzeichnungsvorgang vorgenommene, Bay wistra 92, 113) Ergänzung eine Gedankenerklärung in bezug auf die Aufzeichnung enthält (Stuttgart NJW 78, 715; Bay NJW 81, 774; 88, 2190 und NZV 94, 36; Düsseldorf NZV 94, 199, alle mwN). Auch an sich selbständige Urkunden können eine solche Beweiseinheit bilden, wenn sie fest miteinander verbunden sind und die eine auf die andere Bezug nimmt (sog abhängige Urkunden, KG wistra 84, 233).

9 cc) Auf dieser Möglichkeit der verbundenen Erklärung beruht es, daß die Rspr die sog **Beweiszeichen** als Urkunden anerkennt. Sie müssen vorbehaltlich ihrer Beweisbestimmung (vgl 13) dazu geeignet und bestimmt sein, über ihr bloßes Bezeichnetsein hinaus eine Gedankenäußerung ihres Urhebers zu vermitteln (BGHSt 9, 235; Bay NJW 80, 1057). Den Gegensatz bilden bloße Kenn- oder Unterscheidungszeichen, deren Zweck sich in der Individualisierung oder Unterscheidung von Gegenständen gleicher Art erschöpft (BGHSt 2, 370; Puppe Jura 80, 18, 19; eingehend Heinrichs, Beweiszeichen und Kennzeichen, 1996). Zur Abgrenzung ist eine unübersehbare, keineswegs immer überzeugende Kasuistik entstanden (krit Samson, Urkunde und Beweiszeichen, 1968, S 56; abl Kienapfel aaO [Urkunden; vgl 1] S 105, 140; Otto JuS 87, 761, 762; Hirsch, Tröndle-FS, S 19, 31). Als Beweiszeichen wurden ua angesehen: das Künstlerzeichen am Gemälde (Frankfurt NJW 70, 673; zusf Löffler NJW 93, 1421, 1423); der Korkbrand (BGHSt 9, 235, 238); das Preisetikett an einer Ware (Köln NJW 79, 729 mit Anm Lampe JR 79, 214; Düsseldorf NJW 82, 2268); die kundenbezogene Kontrollnummer auf der Verpackung von Markenwaren (Tiedemann/Vogel JuS 88, 295; str); am Kraftfahrzeug (Kraftrad) das Typenschild (VRS 5, 135), die Fahrgestell- (BGHSt 9, 235) und Motornummer (BGHSt 16, 94), das amtliche (gestempelte, NJW 89, 3104) Kennzeichen (BGHSt 9, 235, 240; 18, 66, 70; Bay 77, 16, alle mwN) mit Ausnahme des roten Kennzeichens für Prüfungs-, Probe- und Überführungsfahrten (BGHSt 34, 375 mit krit Bespr Puppe JZ 91, 447), das Versicherungskennzeichen (Bay JR 77, 467 mit abl Anm Kienapfel; Koblenz VRS 60, 436) und die Prüfplakette iVm der vorgeschriebenen Eintragung im Kraftfahrzeugschein (Bay NJW 66, 748; Celle NZV 91, 318), nicht dagegen das bloße Eigentümer- oder Herstellerzeichen (BGHSt 2, 370; RGSt 36, 15; krit Samson JA 79, 526, 529 mwN) und das bloße Wertzeichen (RGSt 62, 203; krit zur unein-

heitlichen Rspr Heinrichs aaO S 157), zB die Rabattmarke (Bay NJW 80, 196 mit Anm Kienapfel JR 80, 123; aM Puppe JZ 86, 938, 939; zw).

c) Für jedermann und vollständig aus sich heraus **verständlich** braucht die in der Urkunde verkörperte Gedankenerklärung nicht zu sein. Es genügt, wenn Eingeweihte sie aufgrund getroffener Verabredung oder der Verkehrssitte verstehen können oder wenn sich ihr voller Inhalt erst durch außerhalb der Urkunde liegende Umstände erschließt (Tröndle LK 11; str). **10**

d) Die verkörperte Gedankenerklärung muß **zum Beweis einer rechtlich erheblichen Tatsache geeignet und bestimmt** sein (hM; anders Kienapfel aaO [Urkunden; vgl 1] S 18, 50, 181, der diese Erfordernisse als überflüssig bezeichnet und ihren sachlichen Gehalt in den subjektiven Tatbestand verlagert). **11**

aa) Die **Beweiseignung** (RGSt 64, 69) ist objektiv zu beurteilen (Bay NJW 81, 772) und im weitesten Sinne zu verstehen. Sie hat daher keine ins Gewicht fallende tatbestandseinschränkende Wirkung (krit Otto JuS 87, 761, 762; Tröndle LK 60, 66). Beweisgeeignet ist jede Tatsache, die im Rechtsverkehr nicht völlig bedeutungslos ist; Rechtswirksamkeit im Sinne der Gültigkeit eines Rechtsgeschäfts ist nicht erforderlich, so daß auch nichtige Erklärungen Gegenstand einer Urkunde sein können (GA 71, 180 mit krit Bespr Kienapfel JZ 72, 394). **12**

bb) Die **Beweisbestimmung** ist als subjektive Zwecksetzung zu verstehen (krit zu ihren einzelnen Funktionen innerhalb des Urkundenbegriffs Puppe, Die Fälschung technischer Aufzeichnungen, 1972, S 116; Freund aaO [vgl 1 „Urkundenstraftaten"] Rdn 110). Sie kann der Gedankenerklärung in einer sog Absichtsurkunde schon bei der Ausstellung oder in einer sog Zufallsurkunde erst später, zB bei einem Liebesbrief im Scheidungsprozeß (BGHSt 13, 235), einem Merkzettel (BGHSt 3, 82) oder einer Schüler-Klassenarbeit (BGHSt 17, 297), gegeben werden (hM; abl zur Zufallsurkunde Schilling, Reform der Urkundenverbrechen, 1971, S 53; Puppe Jura 79, 630, 633). Sie kann auch nachträglich wegfallen (BGHSt 4, 284) und fehlt idR noch beim Blankett und beim nicht oder unvollständig ausgefüllten Formular (vgl 4). **13**

e) Stets muß mindestens für die Beteiligten aus der Urkunde selbst eine bestimmte Person **als Aussteller erkennbar** sein (krit Mitsch NStZ 94, 89, der nur eine erkennbare Ausstellerbezeichnung verlangt), sei es auch unter Zuhilfenahme weiterer Umstände (GA 63, 16). **Aussteller** ist nicht notwendig, wer die Urkunde körperlich hergestellt hat (sog Körperlichkeitstheorie), sondern wer sich zu ihr als Urheber bekennt, dh wem sie geistig zuzurechnen ist (sog Geistigkeitstheorie oder materielle Urheberlehre; BGHSt 13, 382, 385; Koblenz NJW 95, 1625 mit krit Bespr Rigizahn MedR 95, 32 und Otto JK 21; zu weit Hamm NJW 73, 634; krit Puppe NJW 73, 1870 und Jura 79, 630, 637; Schroeder GA 74, 227, 230; Rheineck aaO [vgl 1] S 16; ganz abl Steinmetz, Der Echtheitsbegriff im Tatbestand der Urkundenfälschung [§ 267 **14**

StGB], 1991, S 50, 233; im Ansatz abw Gustafsson aaO [vgl 1] S 82, nach der die unechte Urkunde nur „scheinbar" eine Urkunde ist; ebenso Freund aaO [vgl 1 „Urkundenstraftaten"] Rdn 26, 128 und 138); bei EDV-Urkunden (vgl 4) basiert die Zurechenbarkeit häufig auf einer antizipierten Autorisierung des Herstellungsvorgangs (Zielinski, Kaufmann [Arm]-GedSchr, S 605, 606). Daß jemand die geistige Leistung eines anderen (etwa bei Vorlage einer Prüfungsarbeit) unbefugt übernimmt, stellt seine Ausstellereigenschaft nicht in Frage (Bay NJW 81, 772 mit Bespr Schroeder JuS 81, 417, beide mwN). – An der erforderlichen **Erkennbarkeit,** die jeweils aus der Sicht des Beweisdestinatärs zu beurteilen ist (Bay NJW 81, 774), kann es fehlen (zusf Seier JA 79, 133 mwN): bei unleserlicher Unterschrift (RGSt 41, 425); bei sog offener Anonymität, dh bei Verwendung eines (zB historischen oder literarischen) Decknamens, wenn offen zu Tage liegt, daß der Täter seine Urheberschaft verbergen und für seine Erklärung nicht einstehen will (unstr); bei sog versteckter Anonymität, dh bei Verwendung eines Allerweltsnamens, wenn erkennbar ist, daß sich der Urheber dahinter verbergen und in Wahrheit niemand für die Erklärung einstehen will (RGSt 46, 297: „Müller"). Versteckte Anonymität wird jedoch nicht schon durch den Gebrauch eines häufig vorkommenden Namens begründet (BGHSt 5, 149); überhaupt ist gleichgültig, ob der in der Urkunde genannte Aussteller bekannt, zu ermitteln oder auch nur existent ist (BGH aaO; BGHSt 2, 50).

15 **f)** aa) Mehrere **Ausfertigungen** derselben Urkunde haben sämtlich Urkundenqualität; dasselbe gilt für **Durchschriften** (Hamm NJW 73, 1809; KG wistra 84, 233) und **Vervielfältigungen** (LG Paderborn NJW 89, 178), wenn sie sich als Mehrzahl gleichwertiger Verkörperungen derselben Erklärung des Ausstellers darstellen, etwa in einer EDV-Anlage durch einen einzigen Programmbefehl mehrfach ausgedruckt werden (Welp, Stree/Wessels-FS, S 511, 517).

16 bb) Eine **Abschrift** ist als solche keine Urkunde, weil der Aussteller der Urschrift für die Richtigkeit der Wiedergabe nicht einzustehen hat und die Abschrift auch keine andere Person als Aussteller erscheinen läßt (BGHSt 2, 50); sie kann jedoch ausnahmsweise Urkunde sein, wenn sie nach Gesetz oder Herkommen im Rechtsverkehr als Ersatz der Urschrift dienen soll (BGHSt 1, 117, 120; 2, 35, 38; str), zB wenn sie an die Stelle des verlorenen Originals getreten ist (krit zu dieser Einschränkung Welp, Stree/Wessels-FS, S 511, 518). Bei der beglaubigten Abschrift (vgl 8), die den Inhalt der Urschrift nicht getreu wiedergibt, sind die §§ 271, 348 zu prüfen. – Auch die **Fotokopie** ist als solche keine Urkunde (wistra 93, 225; StV 94, 18; anders Freund JuS 91, 723 und 93, 1016, 1022; diff Welp aaO S 511, 520: wenn der Aussteller sie selbst hergestellt, ihre Herstellung veranlaßt, dieser zugestimmt oder das Duplikat in Verkehr gebracht hat; diff auch Zielinski CR 95, 286, 290 und Engert/Franzmann/Herschlein JA 97, 31); für sie gilt dasselbe wie für die Abschrift (hM; vgl etwa BGHSt 24, 140 mit Bespr Schröder JR 71, 469, Kienapfel NJW 71, 1781 und Meyer MDR

73, 9; Stuttgart MDR 87, 253; Bay NJW 90, 3221); jedoch bewertet die Rspr die Vorlage der Fotokopie einer gefälschten Urkunde (nicht lediglich einer zum Fotokopieren geschaffenen Vorlage ohne Urkundenqualität, StV 94, 18; Bay NJW 92, 3311 mit Bespr Keller JR 93, 300, Otto JK 16 und krit Anm Mitsch NStZ 94, 89; krit auch Gustafsson aaO [vgl 1] S 160 und Zielinski CR 95, 286, 289) als Gebrauchen der Urkunde selbst (vgl 23). Diese Grundsätze gelten wohl auch für die eingehende Fernkopie, das **Telefax** (für dessen Urkundsqualität mit beachtlichen Gründen [Autorisierung durch Aussteller; Kurzbezeichnung des Absenders] Zielinski CR 95, 286, 291; Krey BT 1 Rdn 717 a; Sch/Sch-Cramer 42 a). – Auch der **Entwurf** einer Urkunde genügt als solcher nicht (Gustafsson aaO S 43, 162; Tröndle LK 102). – Wer jedoch Abschriften, Fotokopien oder Entwürfen durch Manipulation gezielt den Anschein von Originalurkunden gibt (sog „Scheinurkunde", Küper BT S 209), dürfte entgegen der bisher hM unechte Urkunden herstellen (so für Fotokopien Köln StV 87, 297; Bay NJW 89, 2553 mit Bespr Lampe StV 89, 207, Zaczyk NJW 89, 2515 und Mürbe JA 90, 63; Fortun wistra 89, 176 mit Nachtrag Emde wistra 95, 328 [Rezeptfälschung], Hefendehl Jura 92, 374, 375; Welp aaO S 511, 524; Gustafsson aaO S 156 mit insoweit krit Bespr Zielinski wistra 94, 338, 340; Zielinski CR 95, 286, 288; krit Keller aaO; aM AG Augsburg NStZ 87, 76 mit Anm Kappes; zusf und krit Geppert Jura 90, 271; zw).

3. **Herstellen** einer unechten Urkunde setzt das Hervorbringen (beachte dazu StV 89, 304) einer Urkunde voraus, die den unrichtigen Anschein erweckt, von dem aus ihr erkennbaren Aussteller herzurühren (BGHSt 1, 117). 17

a) Der **Gebrauch eines fremden Namens** reicht dafür nicht ohne weiteres aus (hM; vgl BGHSt 33, 159; 40, 203; zusf Seier JA 79, 133, 136; anders Steinmetz aaO [vgl 14] S 260, alle mwN): Ist der Unterschreibende willens und befugt, den Namensträger zu vertreten, und will dieser sich vertreten lassen (dazu BGH aaO; Bay NJW 88, 1401 und 89, 2142 mit abl Bespr Otto JR 90, 252 und Puppe JZ 91, 447, 449; Düsseldorf NJW 93, 1872 mit überwiegend abl Bespr Otto JK 18; str), so ist die Urkunde nur unecht, wenn Eigenhändigkeit rechtlich vorgeschrieben ist oder im Rechtsverkehr erwartet wird (Stuttgart NJW 51, 206; krit Samson JuS 70, 369, 375; Rheineck aaO [vgl 1] S 138; Puppe JR 81, 441), zB beim Anwalt in den Fällen der §§ 172 III S 2, 345 II StPO, beim Wahlvorschlag (Hamm NJW 57, 638), beim eigenhändigen Testament (RGSt 57, 235) und beim Fahrer als Aussteller einer EG-Diagrammscheibe (Bay NZV 94, 36); dagegen schafft eine echte – wenn auch unwirksame – Urkunde der Erblasser, der ein nur scheinbar von ihm selbst geschriebenes Testament unterschreibt (Eser IV S 203, 212; aM Düsseldorf NJW 66, 749; Freund aaO [vgl 1 „Urkundenstraftaten"] Rdn 154 mwN). – Nach der Rspr soll nicht nur die Verwendung eines Pseudonyms (hM), sondern allgemein auch die eines falschen Namens als bloße **Namenstäuschung** unschädlich sein, 18 wenn kein Zweifel über die Person des Ausstellers bestehen kann oder wenn die Wahrheit der Namensangabe nach der Interessenlage aller Beteiligten ohne jede Bedeutung ist (BGHSt 33, 159; Celle NJW 86, 2772 mit krit Bespr Kienapfel NStZ 87, 28 und Puppe JuS 87, 275, alle mwN; zw); erst die Identitätstäuschung mache die hergestellte Urkunde unecht (BGHSt 1, 117; bei Dallinger MDR 73, 556; s auch Otto JuS 87, 761, 767).

19 **b)** Selbst die mit **eigenem Namen** unterschriebene Urkunde kann unecht sein. So zB wenn eine andere Person gleichen Namens für den Aussteller gehalten werden soll (Schleswig SchlHA 73, 184; aM Otto GK 2 S 364: uU Betrug), wenn ein zutreffender, sonst aber nicht gebrauchter Vorname, ein unrichtiges Geburtsdatum und eine unrichtige Anschrift bei einer mittels Datenverarbeitung abgewickelten Warenbestellung verwendet wird (BGHSt 40, 203 mit zust Bespr Meurer NJW 95, 1655, jedoch abl Bespr Sander/Frey JR 95, 209 und Mewes NStZ 96, 14) oder wenn jemand eine Erklärung abgibt, die fälschlich als Erklärung einer Behörde, Firma oder anderen Stelle erscheinen soll, zB weil ihr ein Behörden- oder Firmenstempel beigefügt ist (BGHSt 7, 149; Seier JA 79, 133, 138; aM Samson JA 79, 658, 659; Rheineck aaO [vgl 1] S 154; Otto JuS 87, 761, 765; Steinmetz aaO [vgl 14] S 80, alle mwN; zw). Das kommt etwa in Frage, wenn ein Prokurist unbefugt für eine Filiale (BGHSt 9, 44) oder ein Kommanditist ohne Handlungsvollmacht für die Firma (BGHSt 17, 11) zeichnet, nicht dagegen, wenn ein Verkaufsleiter, der trotz fehlender rechtsgeschäftlich erteilter Inkassoberechtigung kraft der gesetzlichen Vermutung des § 56 HGB vertretungsbefugt ist, Quittungen für die Firma ausstellt (StV 93, 307) oder wenn ein zur Vornahme bestimmter Rechtshandlungen Befugter (Vertreter iwS) seine Befugnis dazu mißbraucht, im Namen des Vertretenen unwahre Erklärungen abzugeben (wistra 86, 109; bei Holtz MDR 92, 933; Stuttgart NJW 81, 1223; probl BGHSt 33, 159 mit abl Bespr Puppe Jura 86, 22, Paeffgen JR 86, 114 und Weidemann NJW 86, 1976); auch nicht, wenn bei offener Vertretung einer natürlichen Person die wahrheitswidrig behauptete Vertretungsmacht fehlt (NJW 93, 2759 mit Bespr Jung JuS 94, 174, Otto JK 19 und Zielinski wistra 94, 1, der die Unterscheidung zwischen Stellvertretung für natürliche Personen einerseits und für Firmen und Behörden andererseits juristisch nicht für durchführbar hält und stets den Vertretenen als Aussteller betrachtet, da ihm die Erklärung im Rechtsverkehr zugerechnet wird). – Auch wenn die eigene Unterschrift, der kein Erklärungswille zugrunde liegt, durch unwiderstehlichen Zwang oder Täuschung herbeigeführt wurde, ist die Urkunde unecht (Schroeder GA 74, 225; Ulsenheimer Jura 85, 97, 99; str). Dasselbe gilt, wenn einem Blankett ohne den Willen oder abweichend von den Anordnungen des als Aussteller Erscheinenden urkundlicher Inhalt gegeben wird (hM; vgl BGHSt 5, 295; eingehend Freund aaO [vgl 1 „Urkundenstraftaten"] Rdn 41–50; zusf Weiß Jura 93, 288). – Schließlich kann auch die absichtlich unleserliche oder verstellte Unterschrift eine falsche Vorstellung über die Personenidentität bewirken (NJW 53, 1358).

c) Eine **zusammengesetzte Urkunde** (vgl 8) ist nicht unecht, wenn der zur Eintragung auf dem Schaublatt des Fahrtenschreibers verpflichtete Halter etwas inhaltlich Unrichtiges einträgt (Düsseldorf NZV 94, 199 mwN). **19a**

4. a) Verfälschen ist das nachträgliche Verändern des gedanklichen Inhalts einer echten Urkunde, das den Anschein erweckt, als habe der Aussteller die Erklärung von Anfang an so abgegeben, wie sie nach der Veränderung vorliegt (Köln NJW 83, 769; Düsseldorf NJW 83, 2341; Bay NJW 90, 264; einschr Kienapfel Jura 83, 185, 189, alle mwN); es wird nicht notwendig ausgeschlossen, wenn der Aussteller selbst (dazu 21) oder mit seinem Einverständnis ein Dritter handelt (Bay NStZ 88, 313 mit Anm Puppe). – Führt ein Eingriff nicht zu einer inhaltlichen Veränderung, sondern zur **Beseitigung des Beweisinhalts,** so ist nicht § 267 (Braunschweig NJW 60, 1120), uU aber § 274 I Nr 1 anwendbar (Köln NJW 79, 729; Bay NJW 80, 1057; s auch Köln VRS 59, 342); wer eine fremde Unterschrift ausradiert, durch die eigene ersetzt und so die fremde Erklärung zu seiner eigenen macht, verfälscht daher nicht, sondern stellt eine neue echte Urkunde her (NJW 54, 1375). **20**

b) An sich liegt im Verfälschen zugleich das Herstellen einer neuen, regelmäßig unechten Urkunde (hM; vgl ua bei Dallinger MDR 75, 23). Der Unterschied zwischen den beiden Alternativen besteht daher idR nur darin, daß der Hersteller das Tatobjekt hervorbringt, während der Verfälscher es bereits vorfindet. Selbständige Bedeutung hat das Verfälschen nur, wenn **der Aussteller selbst** handelt (aM Freund JuS 94, 30, 35). Auch er kann verfälschen, wenn er keine alleinige Verfügungsgewalt über die Urkunde mehr hat (BGHSt 13, 382; GA 63, 16; Stuttgart NJW 78, 715 mit Bespr Puppe JR 78, 206; KG wistra 84, 233; Koblenz NJW 95, 1625 mit abl Bespr Otto JK 21; Sax, Peters-FS, S 137, 148; Paeffgen Jura 80, 479, 487; Tröndle LK 120, 153–158; aM Puppe Jura 79, 630, 639 und JZ 91, 550; Samson JA 79, 658, 661; Kienapfel Jura 83, 185, 193; Radtke JuS 94, 589, 592; Küper Jura 96, 205, 208, alle mwN; zw); von welchem Zeitpunkt ab er diese Verfügungsgewalt verliert, bestimmt sich nach dem jeweiligen Zweck der Beurkundung (Stuttgart VRS 74, 437). Danach verfälscht der zuständige Beamte das Grundbuch selbst dann, wenn er nach abgeschlossener Eintragung einen Fehler berichtigt, ohne die Änderung als Berichtigung kenntlich zu machen (RG DR 44, 155). Daraus folgert die Rspr dann auch, daß Gesamturkunden (vgl 5) der nachträglichen Änderung durch den Aussteller entzogen sein können (MDR 54, 309; Stuttgart MDR 60, 242; s auch Saarbrücken NJW 75, 658 mit Anm Kienapfel JR 75, 515) und daß dieser sie auch durch unbefugte Einfügung einer Einzelurkunde in den Zusammenhang oder durch deren Herauslösung aus ihm verfälschen kann (BGHSt 12, 108, 112; aM Lampe GA 64, 321, 327; zw). **21**

22 **c)** Beweiszeichen (vgl 9) und andere **zusammengesetzte Urkunden** können auch durch Verändern (zB des Inhalts einer beglaubigten Abschrift, Sch/Sch-Cramer 40 a) oder durch Vertauschen (BGHSt 9, 235; 18, 66, 70; Köln NJW 79, 729 mit Anm Kienapfel und Lampe JR 79, 214; Wessels BT 1 Rdn 819, alle mwN; str) der verbundenen Sache verfälscht werden. Ebenso kann nachträgliches Herstellen einer Beweiseinheit (vgl 8) wegen der damit verbundenen Änderung der Beweisrichtung Verfälschen sein (KG wistra 84, 233).

23 **5. Gebrauchen** der vom Täter oder einem Dritten gefälschten oder verfälschten Urkunde bedeutet, sie dem zu Täuschenden (nicht einem anderen, RGSt 59, 394) so zugänglich machen, daß dieser sie wahrnehmen kann (BGHSt 36, 64 mwN; zu eng Stuttgart NJW 89, 2552 mit abl Bespr Puppe JZ 91, 552). Nicht unbedingt erforderlich ist danach, daß der zu Täuschende Kenntnis nimmt oder daß er überhaupt schon feststeht. Bloße Berufung auf eine Urkunde, ohne sie zugänglich zu machen, genügt jedoch nicht (BGH aaO); auch nicht das Mitführen eines gefälschten Führerscheins (StV 89, 304 mwN), wohl aber das Fahren mit falschem Nummernschild (BGHSt 18, 66; Freund aaO [vgl 1 „Urkundenstraftaten"] Rdn 205: jedenfalls Versuch). – Die Rspr läßt – wohl zu Unrecht – auch das Ermöglichen nur mittelbarer sinnlicher Wahrnehmung, zB durch Vorlesen oder durch Vorlage der Fotokopie einer falschen Urkunde, ausreichen (BGHSt 5, 291; NJW 78, 2042; StV 94, 18; Schröder JR 65, 232; aM Puppe Jura 79, 630, 640; Otto JuS 87, 761, 768; Zielinski CR 95, 286, 289; s auch bei Holtz MDR 76, 813; 3 zu § 281; wird der Fotokopie Urkundenqualität zuerkannt, so wird sie durch Vorlage unmittelbar gebraucht, Freund JuS 94, 30, 35); dasselbe muß auch für den strukturell vergleichbaren Fall der Übermittlung manipulierter Vorlagen durch Telefax gelten (Zielinski CR 95, 286, 287), die Vorlage einer bloßen Anschrift reicht dagegen nicht (hM).

24 **6.** Der **Vorsatz** (bedingter genügt; probl BGHSt 38, 345 mit krit Bespr Scheffler StV 93, 471; Beulke JR 94, 118 und Otto JK 17) muß neben der Tathandlung die Merkmale umfassen, die die Urkundeneigenschaft begründen (Freund JuS 94, 125). Hält der Täter ein Schriftstück infolge falscher rechtlicher Subsumtion irrig für eine Urkunde, so liegt ein Wahndelikt vor (BGHSt 13, 235, 240; Puppe, Lackner-FS, S 199, 228). Hält er sich irrig für befugt zu der Handlung (zB wegen vermeintlicher Zustimmung des Ausstellers oder bei Berichtigung einer falschen Grundbucheintragung), so handelt er je nach seiner Vorstellung im Tatbestandsirrtum (3 zu § 16; s auch Bay NZV 91, 481) oder im Verbotsirrtum (6 zu § 17).

25 **7. Zur Täuschung im Rechtsverkehr** (auch im ausländischen, KG JR 81, 37; Schroeder NJW 90, 1406; krit Weigend ZStW 105, 774, 780, alle mwN) handelt, wer zur Zeit der Tathandlung (beachte NJW 94, 2162 und Köln NJW 83, 769) den Willen hat, einen anderen über die Echtheit der Urkunde zu täuschen und damit zu einem durch

den Falschheitsgehalt (mit-) motivierten rechtserheblichen Verhalten zu veranlassen, oder wer diesen Willen eines Dritten kennt und mit dessen Verwirklichung rechnet (eingehend Gehrig, Der Absichtsbegriff in den Straftatbeständen des Besonderen Teils des StGB, 1986, S 77; im Ansatz abw Freund JuS 94, 125, 126, der auf die objektive Funktion des Täuschungsverhaltens abstellt). Das rechtserhebliche Verhalten muß der Täter mindestens unbedingt wollen (direkter Vorsatz; aM Puppe NK 100: auch bedingter Vorsatz); ob es ihm auch darauf ankommt (Lenckner NJW 67, 1890; Cramer JZ 68, 30; Tröndle LK 198–200; aM Bay NJW 67, 1476; weiter diff Neuhaus GA 94, 224) oder ob er letztlich nur die Täuschung eines Dritten bezweckt (BGHSt 36, 64 mwN), ist unerheblich. Erfaßt wird danach zB, wer bei einer Verkehrskontrolle einen Führerschein mit verfälschter Fahrerlaubnisklasse vorlegt, auch wenn die Fälschung die Klasse des benutzten Fahrzeugs nicht betrifft (BGHSt 33, 105 mit abl Bespr Kühl JR 86, 297 und Puppe JZ 86, 938, 947, alle mwN; zw). – Ob die Täuschung gelingt und ob der Täter beim Fälschen oder Verfälschen überhaupt schon eine bestimmte Person oder Gelegenheit ins Auge gefaßt hat, ist unerheblich (BGHSt 5, 149, 152). Folgerichtig bezieht die Rspr, für die schon die Vorlage einer Fotokopie als Gebrauchen ausreicht (vgl 16, 23), hier auch den Fall ein, daß zu dem Zweck gefälscht oder verfälscht wird, später nicht das Falsifikat selbst, sondern nur eine Fotokopie davon zur Täuschung zu verwenden (Bay NJW 91, 2163). Wer dagegen nur Angehörige beruhigen (RGSt 47, 199) oder aus Eitelkeit dem Ferienfreund etwas mehr Jugend vorschwindeln will (Bay MDR 58, 264), täuscht nicht im Rechtsverkehr (Freund aaO [vgl 1 „Urkundenstraftaten"] Rdn 221: Fehlen eines gewichtigen Vermeideinteresses); auch wer nur aufgrund einer innerdienstlichen Anordnung zur Verdeckung der Täterin unterschreibt, handelt nicht ohne weiteres zur Täuschung im Rechtsverkehr (Bay NStZ-RR 97, 6). Anders zB: wer die Polizei irreführt, um eine Strafverfolgung zu verhindern (NJW 53, 955; s auch bei Dallinger MDR 75, 543); wer sich mittels eines gefälschten Personalausweises Zugang zu einer Spielbank verschafft (Bay MDR 80, 951); wer durch ein Bestellschreiben mit falschem Namen eine Gratislieferung von Briefmarken erhalten will (Bay NJW 94, 208); oder wer in Beweisnot eine Quittung über eine tatsächlich geleistete Zahlung falsch herstellt. – Beachte auch die Gleichstellungsklausel des § 270.

8. Zu **Abs 3** (besonders schwere Fälle) 7–10 a zu § 46; 4 zu § 12; s auch bei Dallinger MDR 75, 197. 26

9. a) Wer eine Urkunde zu einem bestimmten Zweck **fälscht und dann gebraucht,** begeht nach einhelliger Ansicht nur eine Tat; die Begründung ist jedoch umstritten (BGHSt 17, 97; Miehe GA 67, 271; Puppe NK 105 [Erfolgseinheit]; zusf Freund JuS 94, 125, 128; Tröndle LK 210–215 mwN). Das gilt auch, wenn die Urkunde aufgrund eines Gesamtvorsatzes mehrfach gebraucht wird. Hat es aber bei der Fälschung noch am konkreten Vorsatz des Gebrauchens gefehlt, so ist der 27 spätere Gebrauch eine neue selbständige Tat (Wessels BT 1 Rdn 831; Puppe NK 105; str).

28 **b)** § 267 wird **verdrängt** von §§ 146 ff, 277, nicht jedoch von § 348 (dort 11). Über das Verhältnis zu § 269 dort 12; zu § 271 dort 10; zu § 281 dort 1. **Tateinheit** ua möglich mit §§ 263–264 a, 265 b, 268, mit §§ 21, 22 StVG (BGHSt 18, 66; beachte aber VRS 30, 185) und mit § 370 AO (wistra 88, 345; Neustadt NJW 63, 2180 mit Anm Henke; dazu Kulla NJW 64, 168). – Mehrere nicht zur natürlichen Handlungseinheit verbundene Urkundenfälschungen können nicht als fortgesetzte Tat (12 vor § 52) erfaßt werden; sie stehen in Tatmehrheit zueinander (wistra 96, 236).

§ 268 Fälschung technischer Aufzeichnungen

(1) **Wer zur Täuschung im Rechtsverkehr**

1. eine unechte technische Aufzeichnung herstellt oder eine technische Aufzeichnung verfälscht oder

2. eine unechte oder verfälschte technische Aufzeichnung gebraucht,

wird mit Freiheitsstrafe bis zu fünf Jahren oder mit Geldstrafe bestraft.

(2) **Technische Aufzeichnung ist eine Darstellung von Daten, Meß- oder Rechenwerten, Zuständen oder Geschehensabläufen, die durch ein technisches Gerät ganz oder zum Teil selbsttätig bewirkt wird, den Gegenstand der Aufzeichnung allgemein oder für Eingeweihte erkennen läßt und zum Beweis einer rechtlich erheblichen Tatsache bestimmt ist, gleichviel ob ihr die Bestimmung schon bei der Herstellung oder erst später gegeben wird.**

(3) **Der Herstellung einer unechten technischen Aufzeichnung steht es gleich, wenn der Täter durch störende Einwirkung auf den Aufzeichnungsvorgang das Ergebnis der Aufzeichnung beeinflußt.**

(4) **Der Versuch ist strafbar.**

(5) **§ 267 Abs. 3 ist anzuwenden.**

1 **1.** Die Vorschrift schützt – in sachlicher Übereinstimmung mit den §§ 267, 269 – die **Sicherheit und Zuverlässigkeit des Beweisverkehrs** mit technischen Aufzeichnungen (vgl BGHSt 40, 26, 30). Sie sollte eine Lücke im Schutz dieses Rechtsgutes schließen, weil infolge der technischen Entwicklung an die Stelle von Beurkundungen durch Menschen zunehmend Aufzeichnungen getreten sind, die von technischen Geräten automatisch hergestellt werden und denen Urkundeneigenschaft fehlt (BT-Dr V/4094 S 37). Sie hat jedoch die Rspr bisher nur selten beschäftigt. Im Schrifttum ist dagegen die Auslegung des gesetzestechnisch mißglückten Tatbestandes so umstritten, daß sich bisher weder zu seiner Grundkonzeption noch zu zahlreichen Einzelfragen eine hM bilden konnte. Ob die Vorschrift angesichts dieser Lage über-

haupt eine sinnvolle Funktion erfüllt, ist zweifelhaft (krit Lampe NJW 70, 1097; Schilling, Fälschung technischer Aufzeichnungen [§ 268 StGB], 1970; Puppe, Die Fälschung technischer Aufzeichnungen, 1972; Sieber, Computerkriminalität und Strafrecht, 2. Aufl 1980, S 297; beachte auch 1 zu § 269). – **Grundfälle** zur Fälschung technischer Aufzeichnungen bei Freund JuS 94, 207.

2. Schutzgegenstand des Tatbestandes ist abweichend von der Ur- 2
kundenfälschung letztlich nicht die Authentizität der technischen Aufzeichnung, sondern das Interesse an ihrer inhaltlichen Richtigkeit. Diesem Wahrheitsschutz dient § 268 aber nicht unmittelbar. Er will vielmehr nur gewährleisten, daß die technische Aufzeichnung manipulationsfrei, dh das unberührte Ergebnis eines normalen automatischen Herstellungsvorgangs ist (str); denn dieser ist einerseits eine besonders wichtige Voraussetzung für die inhaltliche Richtigkeit und andererseits zugleich die Grundlage für ein allgemeines Vertrauen in die Zuverlässigkeit solcher Aufzeichnungen (Kienapfel JZ 71, 163; zT abw Sieber aaO [vgl 1] S 302; vgl auch Freund, Urkundenstraftaten, 1996, Rdn 244). Die Richtigkeit selbst liegt außerhalb des Schutzbereichs (vgl 7).

3. Der Begriff der **technischen Aufzeichnung** (Abs 2): 3

a) Darstellungen sind Zeichen von einiger Dauerhaftigkeit, die von einem technischen Gerät aufgezeichnet sind und die Vorstellung eines Sinngehalts vermitteln. Ob sie optisch-visuell oder auf andere Weise, etwa akustisch (Tonträger) oder elektronisch (Computer) wahrnehmbar gemacht werden, ist – anders als bei der Urkunde (6 zu § 267) – unerheblich. Jedoch ist wie bei der Urkunde eine feste, auf Dauer angelegte Verkörperung (auch Speicherung) erforderlich (hM). Bloß optische Anzeige von Meßwerten (zB an einer Waage) genügt nicht; auch nicht die veränderliche Anzeige von Verbrauchsmengen oder Fahrleistungen auf Gas-, Strom-, Wasser- und Kilometerzählern oder auf vergleichbaren Zählgeräten (BGHSt 29, 204 mit Bespr Kienapfel JR 80, 429 und Puppe JZ 86, 938, 949; Krey BT 1 Rdn 724; Wessels BT 1 Rdn 841; aM Freund aaO [vgl 2 „Urkundenstraftaten"] Rdn 250, alle mwN) oder der Weiterverarbeitung dienende vorübergehende Fixierungen im Hauptspeicher eines Computers (Welp CR 92, 291, 293). – **Daten** 3 zu § 263 a. Der Begriff **Meß- und Rechenwerte** stellt klar, daß nicht nur durch Messung ermittelte Ausgangswerte, sondern auch die Ergebnisse von Rechenoperationen Schutz genießen können (BT-Dr V/4094 S 37). Daten und Meßwerte liefern zB Waagen oder automatische Zählwerke mit selbsttätigem Druckwerk, Thermographen zur Aufzeichnung der Temperatur von Flüssigkeiten, Registriergeräte zur Ermittlung von Energieleistungen bei Wasser, Gas und Strom, fotografische Ablesungen von Uhren usw (Begr zu § 306 E 1962). Rechenwerte werden in vielfältiger Form auch von Computern geliefert (vgl 8). – Den **Zustand** eines Körperteils geben zB Röntgenaufnahmen wieder, einen **Geschehensablauf** das Elektrokardiogramm (Herztätigkeit) und das Schaublatt des Fahrtenschreibers (Fahrzeuggeschwindigkeit).

4 **b) Selbsttätig** bewirkt das Gerät die Aufzeichnung, wenn seine Leistung darin besteht, durch einen in Konstruktion oder Programmierung festgelegten automatischen Vorgang einen Aufzeichnungsinhalt mit neuem Informationsgehalt hervorzubringen (Sieber aaO [vgl 1] S 310 mwN; einschr Puppe MDR 73, 460, 465; str). Nicht erfaßt werden daher Fotografien, Fotokopien (BGHSt 24, 140 mit abl Anm Schröder JR 71, 469, zust aber Puppe JR 93, 331; Haß, in: Lehmann [Hrsg], Rechtsschutz und Verwertung von Computer-Programmen, 2. Aufl 1993, S 492 Rdn 41; Krey BT 1 Rdn 720; str), Ton-, Film- und Fernsehaufnahmen sowie gespeicherte digitale Bildvorlagen (Welp CR 92, 291), wenn sich bei ihnen die Leistung des Geräts in der bloßen Perpetuierung eines vom Menschen unmittelbar begreifbaren Vorgangs oder Zustands erschöpft (Kienapfel JZ 71, 163, 164; Puppe aaO S 463; Hirsch ZStW 85, 696, 720; Tröndle LK 23; aM Schneider JurA 70, 243; Schilling aaO [vgl 1] S 16; Sch/Sch-Cramer 17); anders bei automatischen, mit einer Meßvorrichtung gekoppelten Kameras, wie sie zB bei überwachten Ampeln und Radarkontrollen verwendet werden (Puppe aaO S 464; krit zu dieser Differenzierung Freund aaO [vgl 2 „Urkundenstraftaten" Rdn 253). Da auch **teilweise** selbsttätige Herstellung genügt, ist menschliche Mitwirkung – zB wiederholtes Auslösen von Aufzeichnungsvorgängen oder Einlesen von Lochkarten – nicht ausgeschlossen, so daß auch die Druckerzeugnisse von Computern technische Aufzeichnungen sein können (hM; anders Puppe aaO [vgl 1] S 218, 221); solche Mitwirkung darf nur nicht bewirken, daß der Mensch, wie beim Schreiben auf einer elektrischen Schreibmaschine, den Aufzeichnungsinhalt selbst bestimmt.

5 **c)** Die Aufzeichnung muß ihren **Gegenstand** allgemein oder für Eingeweihte (namentlich also für Fachleute, die mit technischen Aufzeichnungen umgehen) erkennen lassen. Das Merkmal ist unklar (krit zu den verschiedenen Interpretationsmöglichkeiten Puppe aaO [vgl 1] S 101, 235). Ist als Gegenstand der Aufzeichnung lediglich das zu verstehen, was als Information festgehalten werden soll, so hat das Merkmal kaum einschränkende Wirkung. Deshalb dürfte hier das Bezugsobjekt im Sinne des konkreten Sachverhalts, welcher der Aufzeichnung zugrunde gelegen hat und auf den sich die Information bezieht, gemeint sein (ähnlich Puppe JR 78, 123; Sch/Sch-Cramer 20–22; Tröndle LK 25 a, 25 b). Insoweit gelten die Ausführungen bei § 267 über die Verständlichkeit der Urkunde und die Erkennbarkeit ihres Ausstellers sinngemäß (dort 10, 14). Jedoch kann nach dem Zweck des § 268 das Bezugsobjekt auch noch nachträglich individualisiert werden, zB durch Eintragung des Patienten auf dem Elektrokardiogramm oder des Fahrzeugführers auf dem Schaublatt des Fahrtenschreibers (zur Frage, ob dadurch uU auch eine Urkunde im Sinne des § 267 entsteht, dort 8); dagegen reicht eine bloß räumliche Beziehung nicht aus, wie zB die Röntgenaufnahme im Krankenblatt oder das Schaublatt im Aufzeichnungsgerät (Puppe aaO S 238; str).

d) Zur **Beweiserheblichkeit und Beweisbestimmung** der Aufzeichnung 11–13 zu § 267. An die Beweisbestimmung sind wegen der Einbeziehung auch nicht behördlich geprüfter oder geeichter Geräte strenge Anforderungen zu stellen. Betriebsinterne Registrierungen, die der Materialprüfung oder der Weiterleitung von Daten, Meßwerten usw dienen, scheiden daher idR ebenso aus wie Aufzeichnungen zu wissenschaftlichen Zwecken (Begr zu § 306 E 1962 S 483). 6

4. a) Eine **technische Aufzeichnung ist unecht,** wenn sie überhaupt nicht oder nicht in ihrer konkreten Gestalt aus einem in seinem automatischen Ablauf unberührten Herstellungsvorgang stammt, obwohl sie diesen Eindruck erweckt. Die Unechtheit wird also durch die Vortäuschung oder die ordnungswidrige Beeinflussung eines solchen Vorgangs begründet (BGHSt 28, 300 mit krit Anm Kienapfel JR 80, 347; s auch Lampe GA 75, 1, 9; str). Auf die inhaltliche Unrichtigkeit kommt es nicht an (hM; anders Schneider JurA 70, 243, 249). – Unecht ist danach vor allem eine Aufzeichnung, die nicht in dem selbsttätigen Herstellungsvorgang, den sie äußerlich vortäuscht, entstanden, sondern in anderer Weise – etwa durch ein anderes technisches Gerät (aM Schilling aaO [vgl 1] S 32, 57) oder durch Zeichnung von Hand (Widmaier NJW 70, 1358; aM Lampe NJW 70, 1097, 1101) – hergestellt worden ist. 7

b) Bei dieser Auslegung ist die in Abs 3 ausdrücklich einbezogene **störende Einwirkung** auf den Aufzeichnungsvorgang nur ein Unterfall der Herstellung einer unechten Aufzeichnung. Da es letztlich aber um den Schutz der inhaltlichen Richtigkeit geht (vgl 2), ist „störend" nur eine auf ein unrichtiges Ergebnis zielende Einwirkung; ein Eingriff lediglich zum Ausgleich eines Fehlers in der Arbeitsweise des Geräts genügt daher nicht (hM). Außerdem muß die Einwirkung den Aufzeichnungsvorgang beeinflussen, also dazu führen, daß das Gerät die ihm eingegebenen Phänomene zu einer von der Programmierung abweichenden Aufzeichnung verarbeitet; dazu ist eine störende Veränderung des Gerätemechanismus nicht unbedingt erforderlich; auch das zeitweilige Unterbrechen des Aufzeichnungsvorgangs (Puppe NJW 74, 1174; Lampe GA 75, 1, 17; aM Bay NJW 74, 325; beachte jedoch Bay MDR 86, 688 mit Bespr Puppe JZ 91, 553), das Einlegen eines für das Gerät nicht bestimmten Schaublatts (BGHSt 40, 26 mit zust Bespr Geppert JK 4; Stuttgart NStZ 93, 344 mit zust Anm Puppe JR 93, 330; aM Sch/Sch-Cramer 32), das Verbiegen des Schreibstifts eines EG-Kontrollgeräts (Bay NStZ-RR 96, 36) oder das Verstellen einer mit dem Gerät verbundenen Zeituhr (Hamm NJW 84, 2173; Bay 86, 33) kann genügen. Dagegen gehören Veränderungen lediglich am Erfassungsobjekt (zB zusätzliches Beschweren der Waage; falsches Programmieren) idR nicht hierher. Computermanipulationen werden daher nur ausnahmsweise erfaßt (beachte §§ 263 a, 269). 8

c) Aus der Schutzrichtung des Tatbestandes (vgl 1) folgt schließlich, daß Manipulationen, die den automatischen Herstellungsvorgang nicht 9 betreffen, für die Unechtheit unerheblich sind (str). Daher ist das Auswechseln oder Unterschieben einer ordnungsmäßig zustande gekommenen Aufzeichnung auch dann nicht tatbestandsmäßig, wenn eine unrichtige feste Verbindung zu einem bestimmten Bezugsobjekt (vgl 5) hergestellt, zB auf dem Schaublatt eines Fahrtenschreibers ein falscher Fahrername (KG VRS 57, 121), ein falscher Abfahrtsort (Bay NJW 88, 2190) oder eine falsche zeitliche Zuordnung des aufgezeichneten Fahrvorgangs (AG Langen MDR 86, 603) eingetragen wird, oder wenn diese Verbindung verändert, zB der handschriftlich vermerkte Patientenname beim Elektrokardiogramm verfälscht wird (str; vgl etwa Puppe aaO [vgl 1] S 240 und JR 93, 330; Sch/Sch-Cramer 34; Tröndle LK 31); jedoch kommt in solchen Fällen Urkundenfälschung in Frage (8, 21 zu § 267). Auch eine auf zufälligem Versagen eines Geräts beruhende unrichtige Aufzeichnung ist nicht unecht; ihre Herstellung ist daher nicht nach Abs 1 Nr 1 tatbestandsmäßig und ihr Gebrauch kein taugliches Mittel zur Begehung einer Tat nach Abs 1 Nr 2, und zwar auch dann nicht, wenn der Täter das Versagen des Geräts kennt (BGHSt 28, 300 mit Bespr Puppe JZ 86, 938, 949; Bay VRS 55, 425, alle mwN; str). Ferner entspricht auch das bloße Unterlassen eines Garanten, ein defektes Gerät zu entstören, nicht einer störenden Einwirkung nach Abs 3 iVm § 13 I, weil solche Einwirkung menschliches Eingreifen in den Aufzeichnungsvorgang voraussetzt (BGH aaO mwN; krit Freund aaO [vgl 2 „Urkundenstraftaten“] Rdn 261; str); unechtes Unterlassen liegt nur vor, wenn der Garant pflichtwidrig entweder die störende Einwirkung eines Dritten nicht verhindert oder wenn er seine eigene vorausgegangene (unvorsätzliche) Einwirkung nicht rückgängig macht (BGH aaO; Wessels BT 1 Rdn 853, 857; aM Kienapfel JR 80, 347).

10 **5.** Der Begriff des **Herstellens** entspricht dem bei der Urkundenfälschung (dort 17). **Verfälschen** bedeutet, den automatisch hergestellten Zeichen bei Zugrundelegung des standardisierten Codes durch nachträgliche Veränderung einen anderen gedanklichen Inhalt geben. **Gebrauchen** 23 zu § 267.

11 **6.** Für den **Vorsatz,** das Handeln zur **Täuschung im Rechtsverkehr,** die **besonders schweren Fälle** und das **Zusammentreffen** von Fälschen und Gebrauchen gelten die Ausführungen unter 24–27 zu § 267 sinngemäß. Beachte auch § 270.

12 **7.** Mit § 267 ist **Tateinheit** möglich, wenn jemand den Inhalt einer technischen Aufzeichnung in der für § 267 erforderlichen Weise zu seiner eigenen Erklärung macht (Sch/Sch-Cramer 69; Tröndle LK 45; str). Außerdem kann die schriftlich fixierte Verbindung einer technischen Aufzeichnung mit einem Bezugsobjekt eine zusammengesetzte Urkunde bilden (8 zu § 267), so daß auch aus diesem Grunde Tateinheit mit Urkundenfälschung möglich ist (Kienapfel JZ 71, 163, 166; Tröndle LK 45). Über das Verhältnis zu § 269 dort 12. Die Bußgeld-

vorschrift des § 7 c Nr. 1 c FPersG ist keine speziellere Bestimmung und entfaltet deshalb keine Sperrwirkung gegenüber § 268 (Bay NStZ-RR 96, 36).

§ 269 Fälschung beweiserheblicher Daten

(1) **Wer zur Täuschung im Rechtsverkehr beweiserhebliche Daten so speichert oder verändert, daß bei ihrer Wahrnehmung eine unechte oder verfälschte Urkunde vorliegen würde, oder derart gespeicherte oder veränderte Daten gebraucht, wird mit Freiheitsstrafe bis zu fünf Jahren oder mit Geldstrafe bestraft.**

(2) **Der Versuch ist strafbar.**

(3) **§ 267 Abs. 3 ist anzuwenden.**

1 **1.** Die durch das 2. WiKG (2 vor § 263) eingeführte Vorschrift schützt – in Übereinstimmung mit den §§ 267, 268 – die **Sicherheit und Zuverlässigkeit des Beweisverkehrs,** soweit er sich beweiserheblicher Daten bedient (Möhrenschlager wistra 86, 128, 134; Haß, in: Lehmann [Hrsg], Rechtsschutz und Verwertung von Computer-Programmen, 2. Aufl 1993, S 492 Rdn 42; zum kriminalpolitischen Bedürfnis für diese Ergänzung des Urkundenschutzes BT-Dr 10/318 S 31; 10/5058 S 33; Sieber, Computerkriminalität und Strafrecht, 2. Aufl 1980, S 2/40; Möhrenschlager wistra 82, 201, 203; Tiedemann WM 83, 1330). Da sie bisher nur selten praktisch geworden ist, fehlt es an hinreichendem Anschauungsmaterial für die Beurteilung der Fragen, ob die erst im Rechtsausschuß des BTages gefundene Gesetzesfassung (BT-Dr 10/5058 S 8) eine hinreichend sichere Abgrenzung ermöglicht, ob die völlige Strukturgleichheit des Tatbestandes mit der Urkundenfälschung den computerspezifischen Besonderheiten der Datenverarbeitung gerecht wird (vgl Sieber aaO S 355; s auch Wegscheider CR 89, 996; Jenny/Stratenwerth SchwZStr 91, 197) und ob das ungeregelte Nebeneinander der dem gleichen Schutzzweck dienenden und sich erheblich überschneidenden §§ 268, 269 Anwendungsschwierigkeiten erwarten läßt (krit Tröndle 1). – **Grundfälle** zu §§ 269, 270 bei Freund JuS 94, 207, 209.

2 **2.** Ähnlich wie § 263 a (dort 2) an den Betrugstatbestand angelehnt ist, müssen bei § 269 beweiserhebliche Daten so manipuliert werden, daß im Falle **ihrer visuellen Wahrnehmbarkeit** im Sinne des § 267 **eine unechte oder verfälschte Urkunde vorliegen würde.** Aus dem Erfordernis dieses hypothetischen Vergleichs folgt einerseits, daß schon tatbestandlich nur visuell nicht unmittelbar wahrnehmbare Daten (§ 202 a II) erfaßt werden (BT-Dr 10/5058 S 34; Möhrenschlager wistra 86, 128, 134; Lenckner/Winkelbauer CR 86, 824; aM Rösler IuR 87, 412, 413), und andererseits, daß die manipulierten Daten alle Elemente der falschen Urkunde mit Ausnahme der Wahrnehmbarkeit aufweisen müssen (krit Rösler aaO S 415). Diese Einschränkung ist nach dem Gesetzeswortlaut zwingend und daher auch dann verbindlich, wenn die Erfahrungen der Praxis die Neuregelung als unzureichend

erweisen sollten (krit Tröndle 5). Es müssen deshalb Beweisfunktion, Garantiefunktion und Perpetuierungsfunktion (1 zu § 267) stets nebeneinander erfüllt sein (Lenckner/Winkelbauer aaO S 825; Wegscheider CR 89, 996, 998; speziell zur digitalen Bildverarbeitung Welp CR 92, 354), letztere allerdings mit der Besonderheit, daß keine stoffliche Verkörperung, sondern eine visuell nicht unmittelbar wahrnehmbare Speicherung des Gedankeninhalts erforderlich ist (s auch Haß aaO [vgl 1] S 493 Rdn 43). Da Codekarten im Bankautomatenverkehr Träger solcher beweiserheblicher Daten sind, werden Manipulationen an ihren Magnetstreifen idR erfaßt (Richter CR 89, 303, 306; Hilgendorf JuS 97, 130, 134).

3 **3. a) Daten** 3 zu § 263 a.

4 **b)** Daten sind **beweiserheblich,** wenn sie nach ihrem Informationsgehalt Gedankenerklärungen sind, die – abgesehen von ihrer visuellen Wahrnehmbarkeit (dazu 2) – sämtliche Urkundenmerkmale (2–16 zu § 267) erfüllen. Das ergibt sich zwingend aus dem geforderten hypothetischen Vergleich (vgl 2); die in BT-Dr 10/5058 S 34 vorgeschlagene Begriffsbestimmung, nach der Daten beweiserheblich sind, wenn sie „dazu bestimmt sind, bei einer Verarbeitung im Rechtsverkehr als Beweisdaten für rechtlich erhebliche Tatsachen benutzt zu werden", kann von dem hypothetischen Vergleich nicht entbinden. Daraus folgt, daß technische Aufzeichnungen als solche, da sie keine Gedankenerklärung enthalten (1 zu § 268), hier ausscheiden (Welp CR 92, 354, 356; Samson SK 11, 16); es kommt jedoch – ebenso wie bei der EDV-Urkunde (4 zu § 267) – in Frage, daß der Aussteller sie auch ohne eigene Kenntnisnahme als seine Erklärung zum Beweis bestimmt.

5 aa) Ob die Gedankenerklärung aus einem einzigen Datum oder – was die Regel ist – erst aus einer **Mehrheit (einer Ansammlung) von Daten** hervorgeht, macht keinen Unterschied (Möhrenschlager wistra 86, 128, 134); allerdings ist noch nicht abschließend geklärt, wieweit zusammengehörige Daten, die erst vereint eine Gedankenerklärung ergeben, aber in verschiedenen Datenträgern oder Teilen von Datenträgern gespeichert werden, als Einheit zu behandeln sind (mit Recht überwiegend bejahend Welp CR 92, 354, 357; anders Zielinski, Kaufmann [Arm]-GedSchr, S 605, 620; zw). – Denkbar ist ferner, daß Datenbestände mehrere Gedankenerklärungen enthalten, deren Zusammenfassung einen selbständigen, über die einzelnen Erklärungen hinausgehenden Gedankeninhalt ergibt; hier sind die für die **Gesamturkunde** geltenden Regeln (5 zu § 267) anwendbar (BT-Dr 10/318 S 33; Welp aaO S 357). – Nicht auszuschließen ist auch eine der **zusammengesetzten Urkunde** (8 zu § 267) entsprechende Konstellation; sie kann zB vorliegen, wenn beweiserhebliche Daten in körperlichen Gegenständen gespeichert und diese mit einer Sache fest verbunden werden.

6 bb) Auch für die **Erkennbarkeit des Ausstellers** gelten die für die Urkundenfälschung entwickelten Regeln (14 zu § 267). Aussteller ist

danach, wem die Gedankenerklärung geistig zuzurechnen ist, uU also auch eine juristische Person oder eine Behörde, deren Erklärungen durch ihre befugten Organe oder Vertreter abgegeben werden (Möhrenschlager wistra 86, 128, 134; Lenckner/Winkelbauer CR 86, 824, 825). Das Datenerfassungs- und -verarbeitungspersonal (Datentypisten, Programmierer usw) scheidet daher regelmäßig aus. Allerdings kommt bei § 269 häufiger in Frage, daß der Aussteller, der meist nicht unmittelbar mitgespeichert ist, nur unter Zuhilfenahme weiterer Umstände ermittelt werden kann. Im Hinblick auf die computerspezifischen Besonderheiten ist hier nicht zu fordern, daß der Aussteller schon aus der Datenspeicherung als solcher erkennbar ist; es kommt vielmehr darauf an, ob die im Gesamtsystem getroffenen Vorkehrungen die Möglichkeit seiner Identifizierung sicherstellen. Daher genügt es zB, wenn der Aussteller erst durch den Ausdruck der Daten, durch Aufdrucke auf das im Drucker enthaltene Papier, durch Programmanweisungen oder durch Zugangsbeschränkungen für die Teilnahme am Datenverkehr ersichtlich wird (Möhrenschlager aaO; Granderath DB 86, Beil 18, 1, 5; Rösler IuR 87, 412, 416; diff Wegscheider CR 89, 996; einschr Welp CR 92, 354, 360; Freund aaO [vgl 2 „Urkundenstraftaten"] Rdn 273; Samson SK 26, 27). Soweit jedoch kein bestimmter Aussteller erkennbar ist, fällt der Tatbestand aus (Haß aaO [vgl 1] S 494 Rdn 44; krit Tröndle 5); das kann zB bei Faxdateien der Fall sein (Zielinski CR 95, 286, 292).

c) Erforderlich ist schließlich, daß die Daten entweder **gespeichert** 7
(2 zu § 202 a) werden oder schon gespeichert sind (diff Samson SK 18); denn nur dadurch wird die **Perpetuierungsfunktion** (vgl 2) gewahrt (Lenckner/Winkelbauer CR 86, 824, 825). Daß Abs 1 dennoch nicht auf die Begriffsbestimmung des § 202 a II verweist, ergibt sich daraus, daß er auch Fälle erfaßt, in denen Daten eingegeben, also nicht nur an gespeicherten Daten Veränderungen vorgenommen werden (BT-Dr 10/5058 S 34). Als solche nicht betroffen sind danach sog Zwischendaten, die nur in einem Verarbeitungsprozeß anfallen, aber nicht gespeichert werden (BT-Dr 10/318 S 33).

4. Zu den **Tathandlungen:** 8

a) Speichern 2 zu § 202 a. Es hat seine Parallele im Herstellen einer unechten Urkunde (17 zu § 267); die gespeicherte Gedankenerklärung muß daher an demselben Mangel leiden wie die in einer unechten Urkunde (Lenckner/Winkelbauer CR 86, 824).

b) Verändern bedeutet Einwirken auf bereits vorhandene Daten 9
mit der Folge, daß der Inhalt einer gespeicherten Gedankenerklärung durch einen anderen ersetzt und damit die Beweisrichtung geändert wird. Es hat seine Parallele im Verfälschen einer echten Urkunde (20 zu § 267). Es kann auch durch Hinzufügen oder Löschen von Einzeldaten in einem Datenbestand geschehen. IdR, aber nicht notwendig, wird die Änderung an gespeicherten Daten vorgenommen; es genügt auch,

wenn durch Einwirken auf einen Übermittlungsvorgang (2 zu § 202 a) oder auf Zwischendaten (vgl 7) eine Speicherung falscher Daten herbeigeführt wird (Möhrenschlager wistra 86, 128, 135). Kein Verändern liegt vor, wenn ein Bestand von Daten durch Neuadressierung unauffindbar gemacht wird (Haß aaO [vgl 1] S 495 Rdn 46). Der Aussteller kann unter denselben Voraussetzungen wie bei der Urkundenfälschung (21 zu § 267) Täter sein, wenn er die alleinige Verfügungsgewalt über die Daten verloren hat (Möhrenschlager aaO). – Auch der Fall, daß eine **unechte Speicherung „verfälscht"** wird, ist unter der Voraussetzung tatbestandsmäßig, daß sich das Ergebnis der Tathandlung wiederum als eine unechte Speicherung darstellt. Er ist aber – nicht anders als bei § 267 (dort 21) – unter die erste Alternative (vgl 8) zu subsumieren (aM Möhrenschlager aaO; Tröndle 5); für die zweite fehlt es an der erforderlichen Parallele zur „verfälschten" Urkunde, die als Bezugsobjekt eine echte Urkunde voraussetzt (§ 267 I).

10 c) **Gebrauchen** 23 zu § 267. Es liegt namentlich vor, wenn dem zu Täuschenden Kenntnis durch Sichtbarmachen am Bildschirm verschafft, der ungehinderte Abruf ermöglicht oder die Verfügung über den Datenträger eingeräumt wird (Möhrenschlager aaO [vgl 9]).

11 **5.** Für den **Vorsatz** (bedingter genügt) und für das subjektive Element **zur Täuschung im Rechtsverkehr** gelten die Ausführungen zur Urkundenfälschung (24, 25 zu § 267) sinngemäß. Beachte auch § 270.

12 **6. a)** Die **Konkurrenzverhältnisse** zwischen den §§ 267–269 sind problematisch: Für das Verhältnis der verschiedenen Begehungsformen des § 269 untereinander gelten die Ausführungen unter 27 zu § 267 sinngemäß (Lenckner/Winkelbauer CR 86, 824, 826). – Im Verhältnis zu § 267 bildet § 269 einen nach Unrechtsart und -qualität gleichwertigen Tatbestand, der wegen seiner Auffangfunktion hinter § 267 zurücktritt, wenn dieselbe Handlung (auch natürliche oder rechtliche Handlungseinheit, 4–19 vor § 52) beide Tatbestände verwirklicht (Lenckner/Winkelbauer aaO; aM Tröndle 9: Tateinheit). Obwohl diese sich nach ihren Merkmalen gegenseitig ausschließen (vgl 2), können sie dennoch aus verschiedenen Gründen in Handlungseinheiten zusammentreffen, zB wenn falsche Eingaben aufgrund gefälschter Input-Belege vorgenommen werden (dazu Wegscheider CR 89, 923) oder wenn eine Datenfälschung im weiteren Verlauf zu einem Ausdruck mit Urkundeneigenschaft führt (4 zu § 267; beachte auch Zielinski aaO [vgl 5] S 607). In diesen Fällen dürften die für das Zusammentreffen der verschiedenen Begehungsformen des § 267 entwickelten (dort 27) und zweifelsfrei auch für § 269 geltenden Regeln auf den gesamten Anwendungsbereich beider Tatbestände zu erstrecken und dabei – wegen des Auffangcharakters der Datenfälschung – dem § 267 Vorrang einzuräumen sein (zw); jedoch geht eine nur versuchte Urkundenfälschung in einer vollendeten Datenfälschung auf. – Mit **§ 268**

besteht wegen der Verschiedenartigkeit der Schutzobjekte Tateinheit (Lenckner/Winkelbauer aaO).

b) Im übrigen ist **Tateinheit** ua möglich mit §§ 263, 263 a, 266, 274 I Nr 1, 2, §§ 303, 303 a, 303 b (zT abw Schlüchter, 2. WiKG, S 104). 13

§ 270 Täuschung im Rechtsverkehr bei Datenverarbeitung

Der Täuschung im Rechtsverkehr steht die fälschliche Beeinflussung einer Datenverarbeitung im Rechtsverkehr gleich.

1. Die in der Vorschrift enthaltene **Gleichstellungsklausel** dient der Rechtssicherheit (BT-Dr 10/318 S 34), hat aber nur deklaratorische Bedeutung (Freund aaO [vgl 1 „Urkundenstraftaten"] Rdn 274); denn nach hM erfordert die Täuschung im Rechtsverkehr keinen unmittelbaren personalen Bezug und schließt daher auch die fälschliche Beeinflussung einer Datenverarbeitung ein (Lenckner/Winkelbauer CR 86, 824, 828; Tröndle LK 189 zu § 267, beide mwN). Durch die Klausel werden auch die Fälle sicher einbezogen, in denen nicht die unmittelbare Täuschung eines Menschen, sondern die fälschliche Beeinflussung einer Datenverarbeitung bezweckt wird (Möhrenschlager wistra 86, 128, 135). 1

2. Die Vorschrift hat Bedeutung für **alle Tatbestände,** in denen die Absicht der Täuschung im Rechtsverkehr vorausgesetzt wird (§§ 152 a III, 267 I, 268 I, 269 I, 276, 281 und wohl auch § 273). 2

§ 271 Mittelbare Falschbeurkundung

(1) **Wer bewirkt, daß Erklärungen, Verhandlungen oder Tatsachen, welche für Rechte oder Rechtsverhältnisse von Erheblichkeit sind, in öffentlichen Urkunden, Büchern, Dateien oder Registern als abgegeben oder geschehen beurkundet oder gespeichert werden, während sie überhaupt nicht oder in anderer Weise oder von einer Person in einer ihr nicht zustehenden Eigenschaft oder von einer anderen Person abgegeben oder geschehen sind, wird mit Freiheitsstrafe bis zu einem Jahr oder mit Geldstrafe bestraft.**

(2) **Der Versuch ist strafbar.**

1. Die Vorschrift **schützt die Beweiskraft öffentlicher Urkunden** (vgl 2, 3) und in öffentlichen Dateien **gespeicherter beweiserheblicher Daten** (vgl 4), soweit sie öffentlichen Glauben genießen (vgl NJW 96, 2170). Schutzgegenstand ist die **inhaltliche Richtigkeit, nicht die formelle Echtheit** der Urkunden und Daten. – **Grundfälle** zu §§ 271–273 bei Freund JuS 94, 305, 308. 1

2. a) Öffentliche Urkunden, zu denen auch **Bücher** und **Register** als Unterfälle gehören (str), sind nach § 415 I ZPO solche, die von einer Behörde (20 zu § 11) oder einer mit öffentlichem Glauben verse- 2 henen Person innerhalb ihrer sachlichen Zuständigkeit (Bay wistra 95, 73) in der vorgeschriebenen Form aufgenommen werden (Tröndle LK 4–38 mwN) und außerdem öffentlichen Glauben genießen, dh Beweis für und gegen jedermann erbringen (zusf Blei JA 69, 356, 424, 483, 545; Meyer, Dreher-FS, S 425; Mankowski/Tarnowski JuS 92, 826; krit Freund, Urkundenstraftaten, 1996, Rdn 306, der auf die Funktion besonderer amtlicher Richtigkeitsbestätigung abstellt; im Ansatz abw Puppe NK 8). **Das trifft zB zu** beim Familienbuch (BGHSt 6, 380), Grundbuch (Stuttgart NStZ 85, 365), Sparbuch (BGHSt 19, 19; auch das der Postbank, Bay NJW 93, 2947), Personalausweis (GA 67, 19), Führerschein (BGHSt 34, 299; 37, 207), Kraftfahrzeugschein (BGHSt – GS – 22, 201; GA 93, 230); Kfz-Kennzeichen (Hamburg NJW 66, 1827), Reifezeugnis (RGSt 60, 375; s auch Bürsch JuS 75, 721), Hochschulabschlußzeugnis (Hamm NJW 77, 640), Erbschein und Hoffolgezeugnis (BGHSt 19, 87), ferner beim zivilrechtlichen Gestaltungsurteil (RGSt 59, 13, 20), beim Räumungsprotokoll des Gerichtsvollziehers (Bay NJW 92, 1841), bei der Anmeldebestätigung des Einwohnermeldeamtes (LM Nr 8 zu § 348 II), beim Zeugnis über Anerkennung des Asylrechts oder Aussetzung der Abschiebung bei Ausländern (bei Holtz MDR 77, 283), bei der befristeten Aufenthaltsgestattung für Asylbewerber (NJW 96, 2170), beim Bescheid über die Ablehnung des Asylantrags (Bay wistra 95, 73) und bei der Ausfuhrbescheinigung (Bay NJW 90, 655; s auch Frankfurt wistra 90, 271 und NStZ 96, 234) oder dem Kraftstoffausweis (Köln MDR 59, 862; dazu Schnitzler MDR 60, 813) der Zollgrenzbeamten; **aber nicht** beim Kraftfahrzeugbrief (NJW 57, 1888, 1889), beim Bundeszentralregister (GA 65, 92), beim Hauptverhandlungsprotokoll in Strafsachen (Hamm NJW 77, 592; zw), bei dem nach §§ 159 ff ZPO aufgenommenen Protokoll über die Verkündung einer Entscheidung in Zivilsachen (Bay NStZ-RR 96, 137), beim Polizeiprotokoll (Düsseldorf NJW 88, 217), bei der Handwerksrolle (Bay NJW 71, 634), beim Zustellbuch der Bundespost (BGHSt 7, 94), bei der polizeilichen Beglaubigung (Frankfurt NJW 49, 315, wo allerdings für die polizeiliche Unterschriftsbeglaubigung eine Ausnahme gemacht wird; auch insoweit aM Oldenburg MDR 48, 30 mit abl Anm Arndt) und auch nicht bei behördeninternen Bescheinigungen der Ausländerbehörde (AG Hamburg NStE 4; zust Puppe NK 10) oder vorläufigen Bescheinigungen der Asylstelle der Polizeibehörde (Karlsruhe NStZ 94, 135 mit abl Anm Mätzke NStZ 95, 501, das aber im Hinblick auf die erstrebte Bescheinigung über die Aufenthaltsgestattung Versuch annimmt; diese Bescheinigung nach § 20 IV AsylVfG aF ist eine öffentliche Urkunde, NJW 96, 470).

3 **b)** Zur Falschbeurkundung gehört nicht nur, daß die niedergeschriebene Erklärung, Verhandlung oder Tatsache unrichtig festgehalten ist (dazu 8 zu § 348), sondern auch, daß sich die **Beweiskraft gerade hierauf** erstreckt. Welche Teile der Beurkundung von der Beweiskraft umfaßt werden, ist nach der Rspr durch Auslegung zu ermitteln

und hängt von den einschlägigen Vorschriften, aber auch von der Verkehrsanschauung ab (BGHSt-GS-22, 201, 203 mwN; aM Puppe JR 79, 256, die eine generalisierende Abgrenzung nach abstrakten Beurkundungstypen vorschlägt). – Nach einer nicht immer widerspruchsfreien **Kasuistik** (Freund aaO [vgl 2 „Urkundenstraftaten"] Rdn 309) erstreckt sich danach die **öffentliche Beweiskraft:** bei **Standesamtsbüchern** nur auf die im PStG vorgeschriebenen Eintragungen (BGHSt 12, 88); beim **Sparbuch** auf die Ein- und Auszahlungen (Bay NJW 93, 2947), nicht auf den Namen (wistra 84, 142) und die Verfügungsberechtigung der angegebenen Person (BGHSt 19, 19); beim **Gefangenenbuch** auf die Angaben zur Identität der Person (bei Holtz MDR 77, 283), nicht auf die Konfession (GA 66, 280); bei der **polizeilichen Fundempfangsbescheinigung** nicht auf die Angaben über Finder, Fundort und Erklärungen des Finders (Bay 78, 137); bei der **behördlichen Bescheinigung** darüber, daß jemand bei ihr vorgesprochen hat, nicht dessen Identität (AG Hamburg StV 92, 380); bei der **Ausfuhrgenehmigung** das Ergehen der Anordnung (§ 417 ZPO), nicht aber ihre Richtigkeit (Frankfurt NStZ 96, 234); beim **Führerschein** nicht auf den Doktortitel (NJW 55, 839) und die Ablegung einer der Erteilung vorausgegangenen Fahrprüfung (Hamm NStZ 88, 26), wohl aber auf den Namen (aM Hamm VRS 21, 363), das Geburtsdatum (BGHSt 34, 299 mit abl Anm Ranft JR 88, 383; NJW 96, 470; abl auch Freund JuS 94, 305, 307, alle mwN; zw) und die Erteilung der Fahrerlaubnis (BGHSt 37, 207; Hamm NStZ 88, 26 mwN), ferner beim Führerschein, der nach § 15 StVZO oder nach § 92 BVFG ausgestellt wurde, nicht auf den Umstand, daß sein Inhaber im Besitz einer ausländischen Fahrerlaubnis ist (BGHSt 25, 95 mit Anm Tröndle JR 73, 205; BGHSt 33, 190 mit Anm Marcelli NStZ 85, 500; zw); beim **Ersatzführerschein** nicht darauf, daß der Inhaber zur Zeit der Ausstellung noch eine Fahrerlaubnis hatte (Köln NJW 72, 1335); beim **Kraftfahrzeugschein** nicht auf die Richtigkeit der Fahrgestell- und Motornummer (BGHSt 20, 186; beachte jedoch GA 93, 230) oder die Angaben zur Person (BGHSt-GS-22, 201), sondern nur auf die Zulassung des Fahrzeugs mit diesem Kennzeichen (Hamburg NJW 66, 1827); beim Vermerk im Kraftfahrzeugschein über die nächste **Hauptuntersuchung** nur darauf, daß das Kfz zum angegebenen Zeitpunkt zur Untersuchung anmeldepflichtig ist (BGHSt 26, 9; beachte auch Bay VRS 57, 284); bei der Bescheinigung über die **Aufenthaltsgestattung** nach § 20 IV AsylVfG aF nicht auf die Personalangaben (NJW 96, 470 mit abl Anm Mätzke JR 96, 384; aM Karlsruhe NStZ 94, 135), anders jedoch bei der Bescheinigung nach § 63 AsylVfG nF (NJW 96, 2170 mit im Ergebnis zust Bespr Puppe JR 96, 425 und Geppert JK 1). Auch der **notarielle Kaufvertrag** beweist nur die Erklärung der Vertragspartner über den Preis, aber nicht dessen Richtigkeit (Bay NJW 55, 1567); entsprechendes gilt für Bescheinigungen der Handelskammer auf Zollpapieren (Hamburg NJW 64, 935) oder von Zollbeamten bei der Zollbeschau (BGHSt 20, 309; s auch Düsseldorf MDR 66, 945).

4 **3. Beweiserhebliche Daten** (3 zu § 263 a; 4 zu § 269) in öffentlichen Dateien werden seit der Neufassung des Abs 1 durch das 2. WiKG (2 vor § 263) ebenso wie öffentliche Urkunden geschützt. Voraussetzung ist, daß sie – vom Erfordernis visueller Wahrnehmbarkeit abgesehen (6 zu § 267) – alle Elemente der öffentlichen Beurkundung aufweisen (dazu 2, 3). – Als **Dateien** (§ 3 II BDSG) kommen nicht nur Datenspeicher in EDV-Anlagen, sondern auch in anderen Systemen in Frage (BT-Dr 10/318 S 34). Beim gegenwärtigen Stand hat die Erweiterung des Abs 1 vor allem Bedeutung für Dateien, in denen öffentliche Urkunden, Bücher oder Register gespeichert werden (BT-Dr aaO).

5 **4.** Erfaßt werden grundsätzlich nur **inländische** öffentliche Urkunden und Daten; ausländische Beurkundungen, zB Reisepässe (KG JR 80, 516), sind einbezogen, wenn durch ihren Gebrauch auch deutsche Schutzgüter berührt werden (Düsseldorf NStZ 83, 221; Frankfurt wistra 90, 271; Stoffers JA 94, 76, 78; weiter Schroeder NJW 90, 1406, alle mwN; zw).

6 **5. Bewirken** bedeutet Verursachen der unrichtigen Beurkundung oder Datenspeicherung. Gebrauchmachen (dazu § 273) ist nicht erforderlich. Zum Beginn des Bewirkens (Versuchsbeginn) Hamm NJW 77, 640.

7 **a)** Im Falle der **Beurkundung** (vgl 2, 3) ist unmittelbares Handeln eines Amtsträgers (3–11 zu § 11) erforderlich. Nur durch dessen Vermittlung kann der Täter daher den Tatbestand verwirklichen; bei Garantenstellung kann bloßes Geschehenlassen genügen (6–15 zu § 13). Nimmt dagegen der Täter die Eintragung selbst vor, so kommt nur Urkundenfälschung (§ 267) in Frage. Praktische Bedeutung hat die Vorschrift regelmäßig nur in Fällen, in denen der Amtsträger **gutgläubig** ist. Andernfalls fällt er selbst unter § 348, der Anstifter unter §§ 348, 26 (1, 2 zu § 348; 2 vor § 331); nur wenn der Täter den Amtsträger irrig für gutgläubig hält, liegt nicht Teilnahme an dessen Tat, sondern im wesentlichen aus denselben Gründen, die unter 4 zu § 160 (Verleitung zur Falschaussage) dargelegt sind, vollendete mittelbare Falschbeurkundung vor (RGSt 13, 52; Tröndle LK 61). Dasselbe gilt, wenn der Täter den Amtsträger irrig für bösgläubig hält (Tröndle aaO; aM Sch/Sch-Cramer 30: straflos, beide mwN; str). – Ist der beurkundende Amtsträger gutgläubig, der Täter aber auch Amtsträger, der die Beurkundung selbst vornehmen könnte, so ist nicht § 271, sondern § 348 (in mittelbarer Täterschaft) anwendbar (3 StR 47/73 v 29. 8. 1973).

8 **b)** Entsprechendes gilt auch im Falle der **Datenspeicherung** (vgl 4). Zwar spricht hier der Umstand, daß Außenstehende durch Eindringen in öffentliche Dateien in derselben Weise wie Amtsträger Daten eingeben und verändern können, bis zu einem gewissen Grade dafür, auch unmittelbar bewirkte Speicherungen einzubeziehen (so Möhrenschlager wistra 86, 128, 136; Schlüchter, 2. WiKG, S 105). Dem widerspricht aber die bisher unbestrittene, in der Überschrift des § 271 nach wie vor

zum Ausdruck kommende Beschränkung des Schutzbereichs auf die mittelbare Herbeiführung des Taterfolges. Überdies ist die Erweiterung kriminalpolitisch nicht geboten, weil die von ihr betroffenen Fälle als Datenfälschung (§ 269) erfaßt werden. Der Täter muß daher die Einführung der unrichtigen Daten durch Vermittlung der für die Speicherung zuständigen Amts- (oder amtsnahen) Person bewirken (Lenckner/Winkelbauer CR 86, 824, 826; Tröndle 15).

6. Der **Vorsatz** (bedingter genügt) muß auch die besondere Beweiswirkung des Beurkundungs- oder Speicherungsinhalts umfassen (Meyer, Dreher-FS, S 425, 435; Freund aaO [vgl 2 „Urkundenstraftaten"] Rdn 324–326). 9

7. Tateinheit mit § 267 liegt vor, wenn der Täter die Falschbeurkundung durch Vorlage einer gefälschten Urkunde (RGSt 61, 410) oder durch eine unter falschem Namen abgegebene Erklärung (RGSt 72, 226) bewirkt. Außerdem ist Tateinheit ua möglich mit §§ 169, 171 (Hamm HESt 2, 328), mit § 269, mit Bannbruch (RGSt 70, 229) und mit Abgabenhinterziehung (Köln NJW 59, 1981), Tatmehrheit mit § 273. Über das Verhältnis zu § 348 vgl 7. 10

§ 272 Schwere mittelbare Falschbeurkundung

(1) **Wer die vorbezeichnete Handlung in der Absicht begeht, sich oder einem anderen einen Vermögensvorteil zu verschaffen oder einem anderen Schaden zuzufügen, wird mit Freiheitsstrafe von drei Monaten bis zu fünf Jahren bestraft. Der Versuch ist strafbar.**

(2) **In minder schweren Fällen ist die Strafe Freiheitsstrafe bis zu zwei Jahren oder Geldstrafe.**

1. Absicht ist hier der auf den Erfolg zielgerichtete Wille (20 zu § 15). Auch bei der Schädigungsabsicht genügt unbedingter Vorsatz nicht (Köln JR 70, 468, 470 mit abl Anm Schröder); denn überall, wo das Absichtselement die Strafdrohung verschärft, ist die Einbeziehung auch des unbedingten Vorsatzes nicht begründet (Gehrig, Der Absichtsbegriff in den Straftatbeständen des Besonderen Teils des StGB, 1986, S 131; aM Puppe NK 6). – Als **Vermögensvorteil** genügt nicht nur die mit dem späteren Gebrauch der Falschbeurkundung, sondern jede mit der Tathandlung unmittelbar oder mittelbar (dazu Hamm NJW 56, 602) verbundene Bereicherung (BGHSt 34, 299); daran fehlt es, wenn der Täter durch die Tathandlung nur einen ihm zustehenden Anspruch durchsetzen will (Bay StV 95, 29). Rechtswidrig braucht er nicht zu sein (hM; vgl NStZ 93, 538, 539; Hamm aaO; anders mit beachtlichen Gründen Puppe NK 2 und Sch/Sch-Cramer 1). – **Schaden** ist jeder aus der Falschbeurkundung hervorgehende (Schröder aaO S 471) Nachteil, nicht nur der Vermögensschaden (RGSt 8, 187, 190). 1

2. Zu **Abs 2** (minder schwere Fälle) 6–10 a zu § 46. 2

§ 273 Gebrauch falscher Beurkundungen

Wer von einer falschen Beurkundung oder Datenspeicherung der in § 271 bezeichneten Art zum Zweck einer Täuschung Gebrauch macht, wird nach § 271 und, wenn die Absicht dahin gerichtet war, sich oder einem anderen einen Vermögensvorteil zu verschaffen oder einem anderen Schaden zuzufügen, nach § 272 bestraft.

1 **1.** Erfaßt wird jeder **Gebrauch** (23 zu § 267; s auch KG JR 80, 516) einer **Falschbeurkundung oder Datenspeicherung** nach § 271 (dort 1–5), sei es, daß der Gebrauchende sie schuldlos bewirkt hatte, daß sie ohne Zutun eines anderen durch Irrtum des Amtsträgers zustande kam oder daß dieser sie unter Verletzung des § 348 hergestellt hatte (str).

2 **2.** Bedingter **Vorsatz** genügt.

3 **3.** Der Gebrauch durch den nach §§ 271 oder 348 strafbaren Täter steht zu der vorausgegangenen falschen Beurkundung (einschl Datenspeicherung) in demselben **Konkurrenzverhältnis** wie das Fälschen und Gebrauchen bei der Urkundenfälschung (Tröndle LK 8 mwN; 27 zu § 267; str).

§ 274 Urkundenunterdrückung; Veränderung einer Grenzbezeichnung

(1) **Mit Freiheitsstrafe bis zu fünf Jahren oder mit Geldstrafe wird bestraft, wer**

1. **eine Urkunde oder eine technische Aufzeichnung, welche ihm entweder überhaupt nicht oder nicht ausschließlich gehört, in der Absicht, einem anderen Nachteil zuzufügen, vernichtet, beschädigt oder unterdrückt,**
2. **beweiserhebliche Daten (§ 202 a Abs. 2), über die er nicht oder nicht ausschließlich verfügen darf, in der Absicht, einem anderen Nachteil zuzufügen, löscht, unterdrückt, unbrauchbar macht oder verändert oder**
3. **einen Grenzstein oder ein anderes zur Bezeichnung einer Grenze oder eines Wasserstandes bestimmtes Merkmal in der Absicht, einem anderen Nachteil zuzufügen, wegnimmt, vernichtet, unkenntlich macht, verrückt oder fälschlich setzt.**

(2) **Der Versuch ist strafbar.**

1 **1. Abs 1 Nr 1** schützt das **Recht, mit** (echten, hM; anders Lampe JR 64, 14) **Urkunden und technischen Aufzeichnungen Beweis zu erbringen** (BGHSt 29, 192; aM Kienapfel Jura 83, 185, 187, beide mwN). – **Grundfälle** zu § 274 bei Freund JuS 94, 207, 210.

2 **a)** Der **Urkundenbegriff** entspricht dem des § 267 (Celle NJW 60, 880; Koblenz NStZ 95, 50, 51), der Begriff der technischen Aufzeich-

nung dem des § 268 II (Düsseldorf MDR 90, 73). – **Gehören** ist nicht im Sinne von Eigentum zu verstehen; maßgebend ist vielmehr, wer an der Urkunde ein Beweisführungsrecht hat, dh nach bürgerlichem oder öffentlichem (str) Recht die Herausgabe, die Vorlage oder das Bereithalten zur Einsichtnahme verlangen kann (BGHSt 29, 192; Düsseldorf NJW 85, 1231; Bay NJW 90, 264; Koblenz aaO; Freund, Urkundenstraftaten, 1996, Rdn 281, alle mwN); bloß öffentlich-rechtliche Vorlegungspflichten zur Erleichterung von Verwaltungs- und Überwachungsaufgaben begründen ein solches Recht der Behörde nicht (Zweibrücken GA 78, 316; Düsseldorf MDR 90, 73 mit Anm Puppe NZV 89, 478 und Bottke JR 91, 252; aM AG Elmshorn NJW 89, 3295; Schneider NStZ 93, 16, alle mwN; zw). Pässe, Personalausweise und Führerscheine nebst den in ihnen enthaltenen Urkunden „gehören" ausschließlich dem Inhaber (Bay aaO mit krit Bespr Geppert JK 14 zu § 267; Tröndle LK 7 mwN). Näher zur Entstehung eines fremden Beweisführungsrechts und dem Verlust der Verfügungsbefugnis des Ausstellers Küper BT S 217. – **Vernichten,** das gleichbedeutend mit Zerstören ist, und **Beschädigen** (3–7 zu § 303) erfordern hier eine Beeinträchtigung der Brauchbarkeit zu Beweiszwecken (Düsseldorf NJW 83, 2341 mit Anm Puppe JR 83, 429); wird der gedankliche Inhalt verändert, so können zugleich die §§ 267, 268 verwirklicht sein (speziell zu einschlägigen Manipulationen an entwerteten Fahrkarten Schroeder JuS 91, 301; Ranft Jura 93, 84; Freund aaO Rdn 287). **Unterdrücken** setzt voraus, daß der Berechtigte – sei es auch nur vorübergehend – an der Benutzung der Urkunde als Beweismittel gehindert wird (Düsseldorf NStZ 81, 25, 26; Koblenz NStZ 95, 50, 51). Erfaßt wird auch das Entfernen des informierenden Zettels, der nach einem Unfall unter dem Scheibenwischer des beschädigten Wagens angebracht wird (Celle NJW 66, 557; Bay NJW 68, 1896); nicht aber das Entfernen eines Preisschildes von einer Ware und Anbringen an einer anderen im selben Geschäft (Hamm NJW 68, 1894 mit Anm Peters). Will der Täter bei der Unterdrückung sich die Urkunde oder Aufzeichnung nur (oder auch) zueignen, so kommen nur (oder zugleich; vgl § 52) Diebstahl oder Unterschlagung in Betracht (Köln NJW 50, 959 mit abl Anm Feldmann; Düsseldorf NJW 89, 115; s auch Köln NJW 73, 1807).

b) Der **Vorsatz** (bedingter genügt) muß namentlich die Beeinträch- 3
tigung des Gebrauchs als Beweismittel umfassen.

c) Nach der Rspr wird die **Rechtswidrigkeit** trotz Einwilligung des 4
Berechtigten nicht ausgeschlossen, wenn die Tat sittenwidrig ist (BGHSt 6, 251; anders 18 vor § 32).

2. Abs 1 Nr 2 schützt das **Recht, mit bestimmten Daten Be-** 5
weis zu erbringen. – Beweiserhebliche Daten sind nur solche, die im Sinne des § 269 (dort 2) urkundengleiche Beweisfunktion haben (aM Lenckner/Winkelbauer CR 86, 824, 827; Schulze-Heiming, Der

strafrechtliche Schutz der Computerdaten gegen die Angriffsformen der Spionage, Sabotage und des Zeitdiebstahls, 1995, S 229; Samson SK 15; Sch/Sch-Cramer 22 c; zw). Das folgt einerseits daraus, daß in § 269 I das Merkmal „beweiserheblich" für sich betrachtet konturlos ist und seinen Bedeutungsgehalt erst aus der Gleichstellung mit der Urkunde bezieht, und andererseits aus dem weiteren Umstand, daß auch in Abs 1 Nr 1 nur Urkunden, also keine Beweismittel geringeren Ranges, geschützt werden. – Die Verweisung auf § 202 a II schränkt auf Daten ein, die **nicht unmittelbar wahrnehmbar** gespeichert sind oder übermittelt werden (dort 2). – Das Merkmal **„verfügen dürfen"** deckt sich inhaltlich mit „gehören" nach Abs 1 Nr 1. – Zu den **Tathandlungen** (Löschen usw) 3 zu § 303 a.

6 **3. Abs 1 Nr 3** schützt **Grenz- und Wasserstandsmerkmale** ohne Rücksicht auf Eigentum oder sonstige Rechte an dem Merkmal auch dann, wenn sie tatsächlich an falscher Stelle stehen. – **Wegnehmen** deckt sich nicht mit § 242 I; es genügt jedes Entfernen des Merkmals von der Stelle, für welche es von dem hierzu Befugten als Beweiszeichen bestimmt wurde (Laubenthal JA 90, 38, 43).

7 **4.** Für die **Absicht** (20 zu § 15) der Nachteilszufügung genügt hier unbedingter Vorsatz (bei Dallinger MDR 58, 140; Hamburg NJW 64, 736, 737; Köln VRS 50, 421 mwN; aM Puppe NK 12: sogar bedingter Vorsatz; abw Freund aaO [vgl 2] Rdn 297, der auf die Funktion des Verhaltens abstellt; str). **Nachteil** ist jede Beeinträchtigung fremder Beweisführungsrechte (BGHSt 29, 192), nicht nur der Vermögensschaden; der Nachteil muß nicht den Beweisführungsberechtigten treffen (Puppe NK 14 mwN). Durch Vereitelung straf- oder ordnungsrechtlicher Maßnahmen wird kein „anderer" benachteiligt (Zweibrücken GA 78, 316; Bay NZV 89, 81; Düsseldorf MDR 90, 73 mit Anm Puppe NZV 89, 478 und Bottke JR 91, 252; aM AG Elmshorn NJW 89, 3295; Schneider NStZ 93, 16, alle mwN).

8 **5.** Abs 1 Nr 1, 3 treten hinter den §§ 267, 268 zurück **(Konsumtion),** wenn die Tathandlung nur Mittel zur Hervorbringung eines neuen (unechten) Beweisinhalts ist (Wessels BT 1 Rdn 872; aM Kienapfel Jura 83, 185, 196; Krey BT 1 Rdn 693; diff Puppe NK 18; zusf Geppert Jura 88, 158 mwN). Auch hinter den §§ 242, 246 treten sie idR zurück (zu Ausnahmen beachte Tröndle LK 29 mwN). Dem § 303 gehen sie vor (hM; anders Samson SK 12). Entsprechendes gilt für Abs 1 Nr 2 im Hinblick auf die §§ 269, 303 a (im Verhältnis zu § 269 diff Schulze-Heiming aaO [vgl 5] S 249).

§ 275 Vorbereitung der Fälschung von amtlichen Ausweisen

(1) **Wer eine Fälschung von amtlichen Ausweisen vorbereitet, indem er**

1. **Platten, Formen, Drucksätze, Druckstöcke, Negative, Matrizen oder ähnliche Vorrichtungen, die ihrer Art nach zur Begehung der Tat geeignet sind,**

2. Papier, das einer solchen Papierart gleicht oder zum Verwechseln ähnlich ist, die zur Herstellung von amtlichen Ausweisen bestimmt und gegen Nachahmung besonders gesichert ist, oder

3. Vordrucke für amtliche Ausweise

herstellt, sich oder einem anderen verschafft, feilhält, verwahrt, einem anderen überläßt oder einzuführen oder auszuführen unternimmt, wird mit Freiheitsstrafe bis zu zwei Jahren oder mit Geldstrafe bestraft.

(2) **§ 149 Abs. 2 und 3 gilt entsprechend.**

Fassung des VerbrBG (4 vor § 38).

1. Amtliche Ausweise sind ausschließlich oder neben anderen Zwecken auch zur Ermöglichung des Identitätsnachweises ausgestellte amtliche Urkunden, namentlich Pässe, Personal-, Dienst- und Studentenausweise, auch Führerscheine (Hamm VRS 5, 619), nicht dagegen Kraftfahrzeugbriefe und -scheine (Koblenz VRS 55, 428). Sie sind hier nur gegen die **Vorbereitung ihrer Fälschung** geschützt, während die Fälschung selbst unter § 267 fällt (Köln NStZ 94, 289). 1

2. Die **Vorbereitungshandlungen** decken sich weitgehend mit denen für die Geld- oder Wertzeichenfälschung nach § 149 I (dort 2–5). Zur besseren Bekämpfung ua des organisierten Kraftfahrzeugdiebstahls (BT-Dr 12/6853 S 28; König/Seitz NStZ 95, 1, 4) sind in der Neufassung als Tatobjekte auch Vordrucke (Nr 3) und als Tathandlung das Unternehmen der Ein- und Ausfuhr erfaßt. **Vordrucke** (auch für ausländische Ausweispapiere) sind Schriftstücke, die zur Vervollständigung durch Einzelangaben bestimmt sind. Sie können teilausgefüllt, dürfen aber nicht vollständig ausgefüllt sein, weil dann § 276 eingreift (BT-Dr 12/6853 S 29). – **Unternehmen zur Ein- und Ausfuhr** 5 zu § 184. 2

3. Zu **Abs 2** vgl 6 zu § 149. 3

4. § 275 tritt hinter § 267 zurück (Köln aaO [vgl 1]: Subsidiarität; aM Sch/Sch-Cramer 6: Tateinheit möglich). 4

§ 276 Verschaffen von falschen amtlichen Ausweisen

Wer einen unechten oder verfälschten amtlichen Ausweis oder einen amtlichen Ausweis, der eine falsche Beurkundung der in den §§ 271 und 348 bezeichneten Art enthält,

1. einzuführen oder auszuführen unternimmt oder

2. in der Absicht, dessen Gebrauch zur Täuschung im Rechtsverkehr zu ermöglichen, sich oder einem anderen verschafft, verwahrt oder einem anderen überläßt,

wird mit Freiheitsstrafe bis zu zwei Jahren oder mit Geldstrafe bestraft.

Fassung des VerbrBG (4 vor § 38).

1 **1.** Falsche amtliche Ausweise (auch ausländische) sind neben gefälschten und verfälschten auch falsch beurkundete Ausweise. Die **falsche Beurkundung** kann mit und ohne Wissen des Amtsträgers erfolgt sein; es genügt jede objektiv unrichtige Beurkundung nach §§ 271, 348 (BT-Dr 12/6853 S 29).

2 **2.** Die **Tathandlungen** der Nr 1 entsprechen denen nach § 275 I (dort 2), die der Nr 2 denen nach § 149 I (dort 4).

3 **3.** Nur Nr 2 setzt neben dem Vorsatz eine **Absicht** voraus, den Gebrauch des falschen Ausweises zur Täuschung im Rechtsverkehr (23, 25 zu § 267) zu ermöglichen (vgl 3 zu § 152 a).

4 **4.** Tateinheit ua möglich mit § 263 (Tröndle 7). Gegenüber §§ 267, 269, 273, 277 ist § 276, der Vorbereitungshandlungen erfaßt, subsidiär.

§ 276 a Aufenthaltsrechtliche Papiere; Fahrzeugpapiere

Die §§ 275 und 276 gelten auch für aufenthaltsrechtliche Papiere, namentlich Aufenthaltsgenehmigungen und Duldungen, sowie für Fahrzeugpapiere, namentlich Fahrzeugscheine und Fahrzeugbriefe.

Fassung des VerbrBG (4 vor § 38).

1 **Aufenthaltsrechtliche Papiere** sind Urkunden, die die aufenthaltsrechtliche Stellung einer Person mit konstitutiver oder deklaratorischer Wirkung dokumentieren (BT-Dr 12/6853 S 29), zB die Aufenthaltsgenehmigung nach § 5 AuslG, die EG-Aufenthaltserlaubnis oder die Bescheinigung über die Aufenthaltsgestattung nach § 63 AsylVfG (NJW 96, 2170). Entsprechende ausländische Papiere sind erfaßt, soweit sie in der Bundesrepublik Deutschland aufgrund zwischenstaatlicher Vereinbarungen wie zB dem Schengener Abkommen anerkannt werden; dies gilt auch für ausländische **Fahrzeugpapiere** (BT-Dr 12/6853 S 30). – Zur Bedeutung fälschungssicherer Fahrzeugpapiere für die Bekämpfung der organisierten Kfz-Verschiebung Sieber JZ 95, 758, 767.

§ 277 Fälschung von Gesundheitszeugnissen

Wer unter der ihm nicht zustehenden Bezeichnung als Arzt oder als eine andere approbierte Medizinalperson oder unberechtigt unter dem Namen solcher Personen ein Zeugnis über seinen oder eines anderen Gesundheitszustand ausstellt oder ein derartiges echtes Zeugnis verfälscht und davon zur Täuschung von Behörden oder Versicherungsgesellschaften Gebrauch macht, wird mit Freiheitsstrafe bis zu einem Jahr oder mit Geldstrafe bestraft.

1 **1. Gesundheitszeugnisse** sind Erklärungen über die jetzige, frühere oder voraussichtliche künftige Gesundheit eines Menschen (nicht über die Todesursache). Hierher gehören auch Krankenscheine (BGHSt 6, 90) und ärztliche Berichte über Blutalkoholuntersuchungen (BGHSt 5,

75). Erfaßt wird nur die **formelle Fälschung,** nicht die inhaltliche Unrichtigkeit.

2. Ärzte § 13 BÄO. Die approbierten Medizinalpersonen entsprechen im Ergebnis dem von § 203 I Nr 1 erfaßten Kreis der Heilpersonen (dort 2). 2

3. Die Tat ist **zweiaktiges Delikt.** Der 1. Handlungsteil besteht im Ausstellen unter richtigem Namen, aber falscher Berufsbezeichnung oder im Ausstellen unter falschem Namen, und zwar dem eines Arztes usw, oder im Verfälschen eines vorhandenen echten Zeugnisses eines Arztes usw. – Der 2. Handlungsteil ist das Gebrauchmachen (23 zu § 267; s auch bei Dallinger MDR 75, 197). Dabei muß der Täter über die Echtheit des Zeugnisses, nicht notwendig auch über den Gesundheitszustand täuschen wollen. Zur Ausführung des 2. Handlungsteils kann vom Täter, der den 1. Handlungsteil selbst verwirklicht hat, eine bösgläubige Mittelsperson eingeschaltet werden (Woelk, Täterschaft bei zweiaktigen Delikten, 1994, S 121, 154, 166 mwN). 3

4. Behörden (20 zu § 11; s auch NJW 63, 1318), auch als Arbeitgeber (Peglau NJW 96, 1193). Die AOK und sonstige Sozialversicherungskassen zählt die Rspr zu den Versicherungsgesellschaften (BGHSt 6, 90). 4

5. § 277 verdrängt § 267 (hM). **Tateinheit** ua möglich mit §§ 132 a, 263. 5

§ 278 Ausstellen unrichtiger Gesundheitszeugnisse

Ärzte und andere approbierte Medizinalpersonen, welche ein unrichtiges Zeugnis über den Gesundheitszustand eines Menschen zum Gebrauch bei einer Behörde oder Versicherungsgesellschaft wider besseres Wissen ausstellen, werden mit Freiheitsstrafe bis zu zwei Jahren oder mit Geldstrafe bestraft.

1. Die Vorschrift erfaßt einen Spezialfall der **schriftlichen Lüge** (zusf Jung, in: Jung ua [Hrsg], Aktuelle Probleme und Perspektiven des Arztrechts, 1989, S 76). Die Eigenschaft als Arzt oder andere Medizinalperson (2 zu § 277) ist, wie die erhöhte Strafdrohung gegenüber §§ 277, 279 ergibt, besonderes persönliches Merkmal nach § 28 I (Roxin LK 60 zu § 28 mwN; str). 1

2. a) Das Gesundheitszeugnis (1 zu § 277) muß formell echt, aber **inhaltlich unrichtig** sein, dh in irgendeinem wesentlichen Punkt den Tatsachen oder medizinischen Erfahrungen oder Erkenntnissen widersprechen (schriftliche Lüge, Tröndle LK 2). Danach ist je nach seinem ausdrücklichen oder konkludenten Aussagegehalt uU auch unrichtig das im Ergebnis zutreffende Zeugnis, das falsche Einzelbefunde (BGHSt 10, 157) oder Befunde ohne pflichtmäßige Untersuchung (BGHSt 6, 2

90; Zweibrücken JR 82, 294 mit krit Anm Otto, alle mwN) oder sonstige Ermittlung (Düsseldorf MDR 57, 372) wiedergibt (zusf Jung aaO [vgl 1] S 78).

3 **b)** Die **Zweckbestimmung** zum Gebrauch bei einer Behörde usw (4 zu § 277), bei welcher der Arzt auch angestellt sein kann (BGHSt 10, 157), braucht dem Zeugnis nicht vom Arzt selbst beigelegt zu sein, kann vielmehr von jedem iwS Beteiligten ausgehen.

4 **c) Vollendet** ist die Tat erst, wenn der Täter das Zeugnis „ausgestellt“, dh nicht nur intern angefertigt, sondern sich seiner – etwa durch Übergabe an einen Empfänger oder zur Absendung an die Arzthilfe – entäußert hat (Samson SK 4; aM Tröndle LK 3 mwN; zw). Eine bloße Aktennotiz genügt daher nicht; umgekehrt muß es nicht zum Gebrauch bei der Behörde usw kommen.

5 **3. Wider besseres Wissen** (1 zu § 187) schließt im Hinblick auf die inhaltliche Unrichtigkeit bedingten Vorsatz aus. Die Zweckbestimmung setzt entweder zielgerichtetes Wollen des Gebrauchs oder im Sinne bedingten Vorsatzes mindestens die Vorstellung voraus, daß es einem anderen iwS Beteiligten auf den Gebrauch ankommt (ähnlich Tröndle LK 4; zur unrichtigen Indikationsfeststellung einschr Jähnke LK 9 zu § 219 a aF).

6 **4.** Die Vorschrift wird von § 348 verdrängt. **Tateinheit** ua möglich mit §§ 133, 136 I, 258 (Oldenburg NJW 55, 761).

§ 279 Gebrauch unrichtiger Gesundheitszeugnisse

Wer, um eine Behörde oder eine Versicherungsgesellschaft über seinen oder eines anderen Gesundheitszustand zu täuschen, von einem Zeugnis der in den §§ 277 und 278 bezeichneten Art Gebrauch macht, wird mit Freiheitsstrafe bis zu einem Jahr oder mit Geldstrafe bestraft.

1 **1.** Das Zeugnis muß objektiv falsch (§ 277) oder objektiv unrichtig (§ 278) sein. Ob der Vortäter mit Fälschungsvorsatz oder wider besseres Wissen gehandelt hat, ist unerheblich (str).

2 **2.** Bedingter **Vorsatz** genügt. **„Um zu“** bedeutet hier Absicht (iS zielgerichteten Wollens, 20 zu § 15) der Täuschung über den Gesundheitszustand (Sch/Sch-Cramer 3; weiter Tröndle LK 3; str).

3 **3.** Im Verhältnis zu §§ 277, 278 ist die Tat idR mitbestrafte Nachtat (32 vor § 52).

§ 280 *(weggefallen)*

§ 281 Mißbrauch von Ausweispapieren

(1) **Wer ein Ausweispapier, das für einen anderen ausgestellt ist, zur Täuschung im Rechtsverkehr gebraucht, oder wer zur Täuschung im Rechtsverkehr einem anderen ein Ausweispapier überläßt, das nicht für diesen ausgestellt ist, wird mit Freiheitsstrafe bis zu einem Jahr oder mit Geldstrafe bestraft. Der Versuch ist strafbar.**

(2) **Einem Ausweispapier stehen Zeugnisse und andere Urkunden gleich, die im Verkehr als Ausweis verwendet werden.**

1. Der Ausweis muß echt sein. Ist er gefälscht, so gilt nur § 267 (NJW 57, 472). Ist er echt, aber inhaltlich unrichtig beurkundet, so kommen §§ 271, 273 in Frage. 1

2. Ausweispapiere 1 zu § 275; Führerscheine sind Ausweise auch noch nach Entfernen des Photos (Hamm VRS 5, 519). Gleichgestellte Urkunden (Abs 2) sind nur solche, die üblicherweise im Verkehr zum Nachweis der Identität des Inhabers verwendet werden (Samson SK 3), also zB Arbeitsbuch, Werksausweis, Geburtsurkunde, Taufschein, Diplom, aber wohl nicht die Kredit- und die Scheckkarte (Steinhilper GA 85, 114, 130). 2

3. Gebrauchen bedeutet, das Papier der unmittelbaren Wahrnehmung des zu Täuschenden zugänglich machen (23 zu § 267); Vorlage einer Fotokopie genügt deshalb auch hier nicht (BGHSt 20, 17 abw von der Rspr zu § 267). Ein Gebrauchen kann auch in der bloßen Untätigkeit gegenüber dem den Ausweis findenden Beamten liegen (Hamm HESt 2, 331). – **Überlassen** werden kann auch der Ausweis eines Dritten; zum Versuch des Überlassens reicht ein konkretes Übergabeangebot (KG NJW 53, 1274). 3

4. Zur Täuschung im Rechtsverkehr 25 zu § 267; jedoch muß eine Identitätstäuschung, dh die Erweckung des Irrtums bezweckt sein, daß der, für den die Urkunde gebraucht wird, mit dem durch sie Ausgewiesenen personengleich sei (BGHSt 16, 33, 34; bei Holtz MDR 82, 280 mwN). 4

5. Wer **als Täter** ein Ausweispapier überläßt, ist nicht zugleich wegen Beihilfe zum Gebrauchen strafbar (zur Täterschaft verselbständigte Beihilfe, Schmitt NJW 77, 1811; s auch 12 zu § 27). Wer ein Ausweispapier gebraucht, ist entweder schon als notwendiger Teilnehmer (so Schmitt aaO; zw), mindestens aber unter dem Gesichtspunkt der mitbestraften Vortat (33 vor § 52) nicht zugleich wegen Anstiftung zum Überlassen strafbar. 5

6. Zum Verhältnis zu § 267 vgl 1. Mit § 263 ist Tateinheit möglich; mit § 21 StVG (Fahren ohne Fahrerlaubnis) Tatmehrheit (VRS 30, 185; aM Sch/Sch-Cramer 10: Idealkonkurrenz). 6

§ 282 Einziehung

Gegenstände, auf die sich eine Straftat nach den §§ 267, 268, 273, nach § 276, auch in Verbindung mit § 276 a, oder nach § 279 bezieht, können eingezogen werden. In den Fällen des § 275, auch in Verbindung mit § 276 a, werden die dort bezeichneten Fälschungsmittel eingezogen.

Fassung des VerbrBG (4 vor § 38).

1 **1.** § 282 ist eine besondere Vorschrift im Sinne des § 74 IV, welche die **Einziehung** über § 74 I hinaus zuläßt und im Falle des § 275, auch iVm § 276 a, vorschreibt. Die Voraussetzungen des § 74 II, III müssen daher erfüllt sein. § 74 a ist nicht anwendbar. Zur Geltung des Verhältnismäßigkeitsgrundsatzes auch bei obligatorischer Einziehung (S 2) 1 zu § 74 b.

2 **2.** Im übrigen vgl §§ 74–74 c, 74 e–76 a.

24. Abschnitt. Konkursstraftaten

Vorbemerkung

Das Einführungsgesetz zur Insolvenzordnung vom 5. 10. 1994 (BGBl I 2911, 2940; zur Vorgeschichte der Insolvenzrechtsreform Uhlenbruck wistra 96, 1) ersetzt die Überschrift des Abschnitts durch das Wort „Insolvenzstraftaten". Entsprechende sprachliche Veränderungen werden in § 283 I Nr 1, VI und in § 283 d I, IV vorgenommen (vgl näher Uhlenbruck aaO S 2; Tröndle 1 vor § 283). Diese Änderungen treten erst am 1. 1. 1999 in Kraft.

§ 283 Bankrott

(1) **Mit Freiheitsstrafe bis zu fünf Jahren oder mit Geldstrafe wird bestraft, wer bei Überschuldung oder bei drohender oder eingetretener Zahlungsunfähigkeit**

1. **Bestandteile seines Vermögens, die im Falle der Konkurseröffnung zur Konkursmasse gehören, beiseite schafft oder verheimlicht oder in einer den Anforderungen einer ordnungsgemäßen Wirtschaft widersprechenden Weise zerstört, beschädigt oder unbrauchbar macht,**
2. **in einer den Anforderungen einer ordnungsgemäßen Wirtschaft widersprechenden Weise Verlust- oder Spekulationsgeschäfte oder Differenzgeschäfte mit Waren oder Wertpapieren eingeht oder durch unwirtschaftliche Ausgaben, Spiel oder Wette übermäßige Beträge verbraucht oder schuldig wird,**
3. **Waren oder Wertpapiere auf Kredit beschafft und sie oder die aus diesen Waren hergestellten Sachen erheblich unter ihrem Wert in einer den Anforderungen einer ordnungsgemäßen Wirtschaft widersprechenden Weise veräußert oder sonst abgibt,**

4. Rechte anderer vortäuscht oder erdichtete Rechte anerkennt,

5. Handelsbücher, zu deren Führung er gesetzlich verpflichtet ist, zu führen unterläßt oder so führt oder verändert, daß die Übersicht über seinen Vermögensstand erschwert wird,

6. Handelsbücher oder sonstige Unterlagen, zu deren Aufbewahrung ein Kaufmann nach Handelsrecht verpflichtet ist, vor Ablauf der für Buchführungspflichtige bestehenden Aufbewahrungsfristen beiseite schafft, verheimlicht, zerstört oder beschädigt und dadurch die Übersicht über seinen Vermögensstand erschwert,

7. entgegen dem Handelsrecht

a) Bilanzen so aufstellt, daß die Übersicht über seinen Vermögensstand erschwert wird, oder

b) es unterläßt, die Bilanz seines Vermögens oder das Inventar in der vorgeschriebenen Zeit aufzustellen, oder

8. in einer anderen, den Anforderungen einer ordnungsgemäßen Wirtschaft grob widersprechenden Weise seinen Vermögensstand verringert oder seine wirklichen geschäftlichen Verhältnisse verheimlicht oder verschleiert.

(2) **Ebenso wird bestraft, wer durch eine der in Absatz 1 bezeichneten Handlungen seine Überschuldung oder Zahlungsunfähigkeit herbeiführt.**

(3) **Der Versuch ist strafbar.**

(4) **Wer in den Fällen**

1. des Absatzes 1 die Überschuldung oder die drohende oder eingetretene Zahlungsunfähigkeit fahrlässig nicht kennt oder

2. des Absatzes 2 die Überschuldung oder Zahlungsunfähigkeit leichtfertig verursacht,

wird mit Freiheitsstrafe bis zu zwei Jahren oder mit Geldstrafe bestraft.

(5) **Wer in den Fällen**

1. des Absatzes 1 Nr. 2, 5 oder 7 fahrlässig handelt und die Überschuldung oder die drohende oder eingetretene Zahlungsunfähigkeit wenigstens fahrlässig nicht kennt oder

2. des Absatzes 2 in Verbindung mit Absatz 1 Nr. 2, 5 oder 7 fahrlässig handelt und die Überschuldung oder Zahlungsunfähigkeit wenigstens leichtfertig verursacht,

wird mit Freiheitsstrafe bis zu zwei Jahren oder mit Geldstrafe bestraft.

(6) **Die Tat ist nur dann strafbar, wenn der Täter seine Zahlungen eingestellt hat oder über sein Vermögen das Konkursverfahren eröffnet oder der Eröffnungsantrag mangels Masse abgewiesen worden ist.**

1. Die Vorschrift schützt die **Gesamtheit der Gläubiger** (uU auch den einzigen Gläubiger, RGSt 41, 309, 314) vor Gefährdung oder 1

Schmälerung ihrer Befriedigung. Die Tat ist deshalb im Kern Vermögensdelikt (Jaeger/Klug KO 1 zu § 239 aF) und, soweit sie weder den Eintritt einer konkreten Gefahr noch eines Schadens voraussetzt, **abstraktes Gefährdungsdelikt** (32 vor § 13; zusf Tiedemann LK 2–7). Mitgeschützt ist neben dem Vermögen auch die Gesamtwirtschaft, die idR durch Konkursstraftaten in ähnlicher Weise wie beim Kreditbetrug (1 zu § 265 b) mitbetroffen ist (hM; anders Höfner, Die Überschuldung als Krisenmerkmal des Konkursstrafrechts, 1981, S 19, 83; Krause, Ordnungsgemäßes Wirtschaften und Erlaubtes Risiko, 1995, S 171, 451; M-Schroeder/Maiwald BT 1 48/8 mwN).

2 **2. a) Täter** können, wie namentlich aus Abs 6 folgt, nur **Schuldner** sein (echtes Sonderdelikt, 33 vor § 13), dh Personen, die einem anderen – gleich aus welchem Rechtsgrund – zu einer vermögenswerten Leistung oder zur Duldung einer Zwangsvollstreckung (RGSt 68, 108) verpflichtet sind (Tiedemann LK 65 vor § 283 mwN). Soweit sich aus den Tathandlungen (Abs 1 Nr 5, 7) nichts anderes ergibt, kommen auch Nichtkaufleute in Frage; juristische Personen und Personenhandelsgesellschaften scheiden jedoch als solche aus, weil die Strafdrohungen des Kriminalrechts sich allgemein nicht gegen sie richten. Abs 6 schränkt den Täterkreis weiter ein (vgl 26).

3 **b)** Die Schuldnereigenschaft, die sich bei Zahlungseinstellung nach dem wirklichen Sachverhalt, nicht einem ihm widersprechenden Schein bestimmt (hM; diff Tiedemann LK 68–73 vor § 283), ist **besonderes persönliches Merkmal** nach § 14 mit der Folge, daß auch die dort genannten **Organe und Vertreter** Täter sein können (2–15 zu § 14; speziell zum faktischen Mitgeschäftsführer und der diesbezüglich uneinheitlichen Rspr Hildesheim wistra 93, 166, 168; zum Geschäftsführer einer Vor-GmbH Bittmann/Pikarski wistra 95, 41; Deutscher/Körner wistra 96, 8; 2 zu § 14).

4 **c)** Die Schuldnereigenschaft als solche begründet **keine Garantenpflicht** gegenüber den Gläubigern. Durch unechtes Unterlassen begangene Konkursdelikte setzen deshalb eine nach den allgemeinen Regeln (6–15 zu § 13) begründbare Garantenstellung voraus (Tiedemann KTS 84, 539, 541 mwN; str).

5 **3.** In den Fällen des **Abs 1** müssen alle Tathandlungen (die Bankrotthandlungen; vgl 9–21) während einer **wirtschaftlichen Krise** des Schuldners (Überschuldung, drohende oder eingetretene Zahlungsunfähigkeit) begangen sein (zur dogmatischen und kriminalpolitischen Problematik dieses Tatbestandselements vgl ua Tiedemann ZRP 75, 129, 134 und Dünnebier-FS, S 519, 535; Göhler/Wilts DB 76, 1657, 1659; Schlüchter MDR 78, 977; Franzheim NJW 80, 2500; Otto, GedSchr für Rudolf Bruns, 1980, S 265; Krause aaO [vgl 1] S 207).

6 **a) Überschuldung** liegt vor, wenn das Vermögen des Schuldners seine Verbindlichkeiten nicht mehr deckt, wenn also die Passiven (alle

gegenwärtigen, im Falle der Konkurseröffnung aus der Masse zu begleichenden Schulden) die Aktiven (alle mit ihren wirklichen Gegenwartswerten einzusetzenden Vermögensgüter) überwiegen (Düsseldorf wistra 83, 121; Jaeger/Weber KO 19 ff zu §§ 207, 208 mwN). Ob der Bewertung die sog Zerschlagungswerte (so Franzheim NJW 80, 2500 und wistra 84, 212) oder die Betriebsfortführungswerte (so Schlüchter MDR 78, 265; Otto aaO [vgl 5] S 268) zugrundezulegen sind, ist umstritten, dürfte aber zur sinnvollen Beschränkung der strafrechtlichen Haftung davon abhängen, ob im Einzelfall die Liquidation sicher bevorsteht oder ob das Weiterbestehen des Unternehmens noch möglich ist (Schlüchter wistra 84, 41 mwN; für § 84 GmbHG ähnlich Lüderssen, Kaufmann [Arm]-GedSchr, S 675; aM Sch/Sch-Stree 51). Das Merkmal der Überschuldung ist wegen der mit ihm verbundenen Bewertungsunsicherheiten strafrechtlich problematisch (Haack NJW 81, 1353; Schlüchter aaO) und daher nur zu bejahen, wenn das negative Ergebnis nach allen betriebswirtschaftlich anerkannten Bewertungsmethoden eindeutig ist (Tiedemann, Schröder-GedSchr, S 289 und LK 147 vor § 283; Otto aaO S 271; weiter Franzheim aaO; Stypmann wistra 85, 89; krit Höfner aaO [vgl 1] S 118, 294). Es gilt – abweichend von der Regelung der Konkursgründe (§§ 207, 209 S 2, 3, 213 KO) – nicht nur für juristische Personen und nichtrechtsfähige Vereine, sondern für jeden Schuldner (krit Otto aaO S 273); mit Zahlungsunfähigkeit (vgl 7) und Zahlungseinstellung (vgl 27) deckt es sich nicht.

b) Zahlungsunfähigkeit ist das nach außen in Erscheinung treten- 7
de, auf dem Mangel an Zahlungsmitteln beruhende, voraussichtlich dauernde Unvermögen des Schuldners, seine sofort zu erfüllenden Geldschulden noch im wesentlichen zu befriedigen (wistra 91, 26; Stuttgart NStZ 87, 460; Düsseldorf NJW 88, 3166; Schlüchter MDR 78, 265, 267; Franzheim NJW 80, 2500; Otto aaO [vgl 5] S 277); zu ihrer im Einzelfall oft schwierigen Ermittlung bei Holtz MDR 87, 624; LG Köln wistra 92, 269; Hoffmann MDR 79, 713 und DB 80, 1527; Hartung wistra 97, 1.

c) Zahlungsunfähigkeit droht, wenn nach den Umständen ihr 8
naher (Otto aaO [vgl 5] S 279; str) Eintritt als überwiegend wahrscheinlich anzusehen ist (bei Holtz MDR 90, 1067); der Grad der Wahrscheinlichkeit bestimmt sich nach den für die Beurteilung einer konkreten Gefahr (22 zu § 315 c) geltenden Maßstäben (BT-Dr 7/3441 S 34; Göhler/Wilts DB 76, 1657, 1660; einschr Tiedemann NJW 77, 777, 781; zu betriebswirtschaftlichen Methoden ihrer Feststellung Schlüchter, Der Grenzbereich zwischen Bankrottdelikten und unternehmerischen Fehlentscheidungen, 1977, S 80; Hoffmann DB 80, 1527, 1528; Borup wistra 88, 88).

4. Zu den einzelnen **Bankrotthandlungen des Abs 1:** 9

a) Nr 1: Vermögensbestandteile sind alle beweglichen und unbeweglichen geldwerten Gegenstände (RGSt 62, 152), wenn sie für den Fall der Konkurseröffnung zur Konkursmasse gehören (bei Herlan GA 53, 73; s auch Düsseldorf NJW 82, 1712); namentlich auch Sachen, die einem anderen zur Sicherung übereignet wurden (BGHSt 3, 32), Anwartschaften auf Eigentumserwerb an Sachen, die unter Eigentumsvorbehalt gekauft wurden (BGH aaO), Ankaufsrechte an einem Grundstück, wenn sie übertragbar sind (wistra 94, 349), unredlich durch anfechtbares Rechtsgeschäft erlangte Sachen (GA 55, 149) und Forderungen, selbst wenn sie in ihrem wirtschaftlichen Wert zweifelhaft sind, nicht aber, wenn ihre Wertlosigkeit feststeht (1 StR 561/79 v 22. 1. 1980; beachte auch bei Holtz MDR 88, 453).

10 aa) **Beiseiteschaffen** setzt voraus, daß der Vermögensbestandteil in eine (veränderte) tatsächliche oder rechtliche Lage verbracht wird, in der den Gläubigern ein alsbaldiger Zugriff unmöglich gemacht oder erschwert wird, ohne daß dies im Rahmen ordnungsmäßiger Wirtschaft liegt (bei Holtz MDR 79, 457 mwN; krit Tiedemann KTS 84, 539, 545), zB auch Veräußerung (RGSt 61, 107), Sicherungsübereignung (bei Holtz aaO) oder Belastung (RGSt 66, 130) eines Gegenstandes ohne entsprechenden, alsbald greifbaren Gegenwert, namentlich die Scheinveräußerung (RG JW 36, 3006) oder -belastung, uU auch die Einbringung in eine Auffanggesellschaft (Tiedemann ZIP 83, 513, 517). Verbrauch von Geld oder anderen Gegenständen zum angemessenen Lebensunterhalt genügt nicht (JR 82, 29 mit Anm Schlüchter, beide mwN); auch die Erfüllung fälliger Verbindlichkeiten wird idR (beachte jedoch BGHSt 34, 309) noch im Rahmen ordnungsgemäßer Wirtschaft liegen (bei Herlan GA 53, 74; Krause aaO [vgl 1] S 286). Speziell zur Rückzahlung eigenkapitalersetzender Gesellschafterdarlehen Muhler wistra 94, 283. – **Verheimlichen** ist ein Verhalten (Tun oder pflichtwidriges Unterlassen, RGSt 67, 365), durch das der Vermögensbestandteil oder seine Zugehörigkeit zur Konkursmasse der Kenntnis der Gläubiger oder des Konkursverwalters entzogen wird (RGSt 64, 138), zB falsche Auskünfte gegenüber dem Konkursverwalter (RGSt 66, 152), Ableugnen des Besitzes, Verletzung einer Auskunfts- (BGHSt 11, 145) oder Anzeigepflicht (GA 56, 123).

11 bb) **Zerstören, Beschädigen** 3–7 zu § 303; **Unbrauchbarmachen** 2 zu § 87. Der **Widerspruch zu den Anforderungen ordnungsgemäßer Wirtschaft** ist aufgrund einer ex-ante-Beurteilung der Richtigkeit oder Vertretbarkeit der Maßnahme zu bestimmen (zusf Tiedemann ZIP 83, 513, 519, KTS 84, 539, 546 und LK 96–116 vor § 283; eingehend Krause aaO [vgl 1] S 283, 356 und 453) und idR zu verneinen, wenn der Gegenstand im Rahmen des Vermögens einer anderen sinnvollen Verwendung zugeführt werden soll oder wenn er überflüssig geworden und nicht nutzbringend oder nur in der veränderten Form (zB als Schrott) verwertbar ist.

12 **b) Nr 2:** aa) Die **1. Alternative** betrifft das Eingehen bestimmter Risikogeschäfte im **Widerspruch zu den Anforderungen einer ordnungsgemäßen Wirtschaft** (vgl 11); daran kann es fehlen, wenn

das Geschäft – etwa der Differenzhandel eines Börsenmaklers – zum ordentlichen Geschäftskreis des Schuldners gehört (Jaeger/Klug KO 3 zu § 240 aF) oder wenn es nach den Umständen einen vernünftigen wirtschaftlichen Zweck zu erfüllen geeignet ist (Beispiele bei Sch/Sch-Stree 12). **Verlustgeschäfte** sind nur solche, die von vornherein auf einen Vermögensverlust angelegt sind, bei denen also schon die Vorauskalkulation bei Gegenüberstellung der Einnahmen und Ausgaben einen Negativsaldo ergibt (BT-Dr 7/5291 S 18). Bei **Spekulationsgeschäften** wird ein besonders großes Risiko eingegangen in der Hoffnung, einen größeren als den üblichen Gewinn zu erzielen, aber um den Preis, möglicherweise einen größeren Verlust zu erleiden (BT-Dr 7/3441 S 35). **Differenzgeschäfte mit Waren** (auch mit ausländischen Geldsorten, Tröndle 9 mwN) **oder Wertpapieren** (§ 764 BGB) setzen voraus, daß es dem Täter auf die Zahlung der Differenz zwischen dem An- und Verkaufspreis, nicht auf die Lieferung der Ware ankommt (Sch/Sch-Stree 11 mwN).

bb) Die **2. Alternative** richtet sich gegen wirtschaftlich unvertretbaren Aufwand. **Übermäßigkeit** des Verbrauchs liegt vor, wenn er der Leistungsfähigkeit des Schuldners nicht angemessen ist und über seine wirtschaftlichen Kräfte geht (bei Herlan GA 56, 348); dabei kommt es auf die ganze Vermögenssituation zur Zeit der Tat, nicht allein auf die spätere Entwicklung (bei Herlan GA 67, 264) oder den Geschäftsumsatz an (bei Herlan GA 53, 74). **Schuldigwerden** ist Belastung des Vermögens mit einer Verbindlichkeit, nicht nur mit einer Naturalobligation (BGHSt 22, 360 mit Anm Schröder JR 70, 31; Krause aaO [vgl 1] S 255; aM Tröndle 14; str). **Ausgaben** sind **unwirtschaftlich,** wenn sie „das Maß des Notwendigen und Üblichen überschreiten und zum Gesamtvermögen und Einkommen des Schuldners in keinem angemessenen Verhältnis stehen" (BT-Dr 7/3441 S 34 mwN; s auch Tiedemann KTS 84, 539, 549 und Krause aaO S 402). IdR handelt es sich um Ausgaben im privaten Bereich; jedoch werden auch Aufwendungen für Geschäftszwecke (Kosten für Werbung, Repräsentationsausgaben usw) erfaßt (BGHSt 3, 23, 26; GA 64, 119). **Spiel, Wette** § 762 BGB; auch Beteiligung an Lotterien, Fußballtoto oder Zahlenlotto kommt in Frage. 13

c) Nr 3: Die **Waren- oder Wertpapierverschleuderung** ist für die Gesamtgläubigerschaft gefährlich (BGHSt 9, 84), und zwar unabhängig von der Absicht des Schuldners, die Eröffnung des Konkursverfahrens hinauszuschieben; deshalb kommt es darauf nicht an (BT-Dr 7/3441 S 35). – Die **Waren oder Wertpapiere** (auch Bargeld, BT-Dr 7/5291 S 18) müssen **beschafft,** dh zwar rechtsgeschäftlich, aber nicht notwendig zu Eigentum (zB Eigentumsvorbehalt) erlangt sein (so BGH aaO; Sch/Sch-Stree 20; str); auch durch Kreditbetrug erlangte Waren usw sind beschafft (BGH aaO). – Grundsätzlich müssen sich Kredit- und Abgabegeschäft auf **dieselben Waren** usw beziehen; jedoch sind die aus den Waren hergestellten Sachen einbezogen (BT-Dr 7/3441 14

S 35). – **Veräußern** ist jedes Verhalten, durch das der Täter seine Rechte an den Waren usw entgeltlich oder unentgeltlich aufgibt (RGSt 48, 217). **Abgeben** erfaßt jede andere Disposition, mit der ohne Eigentumsaufgabe (Sch/Sch-Stree 21; str) die Sachherrschaft preisgegeben wird. – **Erheblich unter dem Wert** ist nach dem Marktwert oder sonst üblichen Preis zur Zeit der Abgabe zu bestimmen; der Einkaufspreis ist dafür nur ein Indiz (RGSt 47, 61). – Den **Anforderungen einer ordnungsgemäßen Wirtschaft** (vgl 11) kann die Abgabe entsprechen, wenn Verderben der Ware oder ein Preissturz droht, wenn das Geschäft – etwa infolge besonders günstigen Einkaufs – ertragreich und deshalb für das Vermögen nützlich war (Klug JZ 57, 462; aM Krause aaO [vgl 1] S 133; M-Schroeder/Maiwald BT 1 48/24; zw) oder wenn es sich um ein im Einzelfall sinnvolles sog Lockvogelangebot gehandelt hat (Göhler/Wilts DB 76, 1657, 1660).

15 **d) Nr 4: Rechte anderer** sind erdichtet, wenn sie überhaupt nicht oder nicht in der behaupteten Form bestehen, namentlich auch dann, wenn sie durch die Merkmale eines in Wahrheit fehlenden Konkursvorrechts gekennzeichnet werden (BT-Dr 7/3441 S 35). **Vortäuschen** bedeutet, das Bestehen des erdichteten Rechts anderen gegenüber geltend machen (BT-Dr aaO). **Anerkennen** ist die in Zusammenarbeit mit dem Scheingläubiger (bei Herlan GA 53, 74; str) ausgedrückte Erklärung des Schuldners, daß ihm gegenüber ein Recht bestehe.

16 **e) Nr 5:** Die Vorschrift setzt eine **gesetzliche Verpflichtung** zur Buchführung voraus. **Handelsbücher** sind diejenigen Aufzeichnungen, die jeder Vollkaufmann – uU auch schon vor Eintritt seiner Vollkaufmannseigenschaft (zB § 262 HGB; s auch BGHSt 3, 23) – nach §§ 238 ff HGB und ergänzenden gesellschaftsrechtlichen Vorschriften (zB §§ 41 ff GmbHG) zu führen verpflichtet ist. Zu ihnen gehören an sich auch Inventar und Bilanz, die jedoch in Nr 7 speziell geregelt sind und deshalb hier ausscheiden, nicht dagegen das Aktienbuch (§ 67 AktG), das Tagebuch des Handelsmaklers (§ 100 HGB) und das Baubuch des Bauunternehmers (§ 2 BaufordG). Das Handelsrecht schreibt keine ganz bestimmten Bücher vor, überläßt vielmehr die Konkretisierung der Mindestvoraussetzungen notwendiger Buchführung innerhalb eines weiten Spielraums den „Grundsätzen ordnungsmäßiger Buchführung" (vgl etwa § 238 I HGB; s auch BGHSt 4, 270, 275; 14, 262; Jaeger/Klug KO 5 zu § 239 aF). Mit der **gesetzlichen Verpflichtung** ist nur die des Handelsrechts gemeint (Sch/Sch-Stree 29); steuer- und gewerberechtliche Aufzeichnungspflichten beziehen sich nicht auf Handelsbücher. – Der Verpflichtete braucht die Bücher **nicht selbst zu führen,** hat aber durch Auswahl geeigneter Kräfte und deren Überwachung für die ordnungsmäßige Führung zu sorgen (Karlsruhe Justiz 77, 206 mwN; s auch § 41 GmbHG; 2 zu § 283 b).

17 aa) Die **1. Alternative** erfordert **völliges Unterlassen** der Buchführung (NStZ 95, 347; Tiedemann LK 102, 109), was allein dadurch, daß in der Vergangenheit einmal Bücher geführt wurden, nicht ausge-

schlossen wird (Schäfer wistra 86, 200). Wenn sie aber nur vorübergehend (bei Holtz MDR 80, 455) oder nur für einzelne Bücher unterblieben oder wenn sie unvollständig ist, kommt nur die 2. Alternative in Frage (zur Abgrenzung BGHSt 4, 270; RGSt 49, 276; krit Schäfer aaO); wurden für einen zurückliegenden Zeitraum erst nachträglich neue Handelsbücher angelegt, so kann dadurch – mindestens idR – die unterlassene Buchführung nicht nachgeholt werden (RGSt 39, 217, 249).

bb) In der **2. Alternative** muß die **Erschwerung der Übersicht über den Vermögensstand** so erheblich sein, daß die Bücher auch einem Sachverständigen ohne unzumutbare Mühe und ohne wesentlichen Zeitverlust keine Übersicht gewähren (BT-Dr 7/3441 S 35). Die Erschwerung muß nicht notwendig bei Eintritt der Strafbarkeitsbedingung (vgl 26) noch fortbestehen (Sch/Sch-Stree 36 mwN; str). **Ändern** ist häufig zugleich ein Verfälschen nach § 267 (dort 20). – Mehrere Verstöße gegen die Buchführungspflicht innerhalb eines bestimmten Zeitraumes werden vom Tatbestand zu einer Bewertungseinheit verbunden (NStZ 95, 347; Geppert Jura 96, 57, 59; 10 vor § 52) und machen die Buchführung insgesamt unordentlich (BGH aaO). 18

f) Nr 6: Die Vorschrift unterscheidet sich von Nr 5 vor allem dadurch, daß der Schuldner **nicht buchführungspflichtig** sein muß (BT-Dr 7/3441 S 36). Auch wenn er ohne Rechtspflicht Bücher geführt hat, sind die genannten Entziehungshandlungen (vgl 10, 11) tatbestandsmäßig (so schon BGHSt 2, 386; 4, 270, 275). Zu den gesetzlichen **Aufbewahrungsfristen,** die auch für den nicht Buchführungspflichtigen begrenzend wirken, vgl § 257 HGB (krit Tröndle 25). 19

g) Nr 7: Die Pflicht **zur Aufstellung von Bilanz und Inventar** trifft nach §§ 240, 242 HGB nur Vollkaufleute (zur kriminologischen Bedeutung der Bilanzkriminalität Tiedemann, Würtenberger-FS, S 241, 282). Sie ist Teil der allgemeinen Buchführungspflicht (vgl 16). – **Buchst a** betrifft daher nur einen Sonderfall der Nr 5 (Wilts Prot 7, 2824). Vermögensstand erfaßt nicht das Privatvermögen des Einzelkaufmanns (Muhler wistra 96, 125 gegen die hM). Daß der Täter neben den zutreffend erstellten Bilanzen davon abweichende Bilanzen zur Täuschung einzelner Geschäftspartner verwendet, genügt nicht (BGHSt 30, 186; aM Schäfer wistra 86, 200; zw); das Veschweigen des Rangrücktritts eines GmbH-Gläubigers in der Bilanz wird vom Tatbestand erfaßt (Hartung NJW 95, 1186, 1190). – **Buchst b:** Für die Aufstellung von Bilanz und Inventar sieht das Handelsrecht keine bestimmte Frist vor, stellt vielmehr auf die „einem ordnungsmäßigen Geschäftsgang entsprechende Zeit" ab (§ 240 II S 3; § 243 III HGB; beachte dazu BVerfGE 48, 48); für deren Bemessung kann die für kleine Kapitalgesellschaften bestimmte Frist von höchstens 6 Monaten (§ 264 I S 3 HGB) Anhaltspunkte bieten (zum früheren Recht Düsseldorf NJW 80, 1292). Bei Eröffnungsbilanzen und -inventaren (§§ 240 I, 242 I HGB) und in Zeiten kritischer Geschäftslage auch bei Jahresbilanzen und 20

-inventaren (§ 240 II S 1, § 242 I HGB) hat die Aufstellung unverzüglich nach Beginn des Handelsgewerbes (RGSt 28, 428, 430; weiter Tiedemann LK 148) bzw nach Schluß des Geschäftsjahres (BT-Dr 7/5291 S 18; s auch Mertes wistra 91, 251) zu geschehen. Eine Pflichtverletzung kommt regelmäßig nicht mehr in Frage, wenn die Bilanzaufstellung erst nach Eintritt der objektiven Strafbarkeitsbedingung (vgl 29) versäumt wurde (NJW 91, 2917 mwN); jedoch kann es genügen, wenn die schon vorher notwendigen Vorbereitungen nicht getroffen wurden (bei Herlan GA 71, 38; NStZ 92, 182; Sch/Sch-Stree 47; aM Tröndle 30; anders auch Tiedemann LK 149, der Versuch annimmt; zw). Die Vorschrift betrifft nur das völlige **Unterlassen** rechtzeitiger Aufstellung (M-Schroeder/Maiwald BT 1 48/26; aM Sch/Sch-Stree 46; Tiedemann LK 150; Kindhäuser NK 86) und setzt daher nach den allgemeinen Regeln (5 zu § 13) auch voraus, daß dem Täter die Vornahme der Handlung möglich ist (BGHSt 28, 231; NStZ 92, 182; wistra 93, 184; näher dazu Schäfer wistra 86, 200, 203; ebenso zum Unvermögen Pohl wistra 96, 14).

21 **h) Nr 8:** Die Vorschrift schließt die Nummern 1–7 durch eine **Generalklausel** ab (zu deren Problematik ua BT-Dr 7/3441 S 36; Heinz GA 77, 193, 217; Tiedemann KTS 84, 539, 551). – **Verringern** des Vermögensstandes bedeutet jede Verminderung der Aktiven oder Erhöhung der Passiven. **Verheimlichen** vgl 10. **Verschleiern** ist irreführendes Verhalten, durch das die wirklichen Vermögensverhältnisse vor den Gläubigern oder dem Konkursverwalter verborgen werden. – Das Erfordernis des **groben Widerspruchs** zu einer ordnungsgemäßen Wirtschaft (vgl 11) ist schon aus Gründen überzeugender Abgrenzung gegen die Nummern 1–7 auf alle Begehungsformen der Generalklausel zu beziehen (BT-Dr 7/5291 S 18; Sch/Sch-Stree 49; aM BT-Dr 7/3411 S 16; Schlüchter MDR 78, 977, 980; M-Schroeder/Maiwald BT 1 48/29), weil nur so die Auffangfunktion der Vorschrift auf gravierende Eingriffe beschränkt werden kann. Zu Beispielen für solche nur nach Nr 8 erfaßbaren Handlungen Tröndle 31 (s auch Düsseldorf NJW 82, 1712; Tiedemann ZIP 83, 513, 518, GmbHG 41, 42 vor § 82 und LK 153–173).

22 **5. Abs 2** unterscheidet sich von Abs 1 nur dadurch, daß die Krise (vgl 5–8) zur Zeit der Bankrotthandlung noch nicht besteht, daß sie durch diese aber – und zwar in Form von Überschuldung oder Zahlungsunfähigkeit, nicht lediglich drohender Zahlungsunfähigkeit – verursacht wird (9–12 vor § 13).

23 **6. a) Abs 1, 2** erfordern **Vorsatz** (bedingter genügt), der außer der Bankrotthandlung namentlich auch die Überschuldung oder die (im Falle des Abs 1 auch nur drohende) Zahlungsunfähigkeit umfassen muß. Ist die Krise nicht beweisbar, hat der Täter ihr Vorliegen aber in Kauf genommen (24, 25 zu § 15), so kommt untauglicher Versuch in Frage (12 zu § 22; aM Tiedemann, Schröder-GedSchr, S 289, 295). In den Fällen des Abs 1 Nr 5–7 muß der Täter die gesetzlichen Pflichten zur

Buchführung (vgl 16), zur Aufbewahrung von Handelsbüchern (vgl 19) oder zur Aufstellung von Bilanz und Inventar (vgl 20) kennen (näher Tiedemann LK 183 mwN).

b) Abs 4, 5 stimmen insoweit überein, als sie für das Bestehen der Krise (vgl 5–8) jeweils in Nr 1 **Fahrlässigkeit** (35 zu § 15; für den Fall der Überschuldung krit Tiedemann, Schröder-GedSchr, S 289, 292) und für das Herbeiführen der Krise (Abs 2) jeweils in Nr 2 **Leichtfertigkeit** (55 zu § 15) voraussetzen. Die Bankrotthandlung selbst muß dagegen in den Fällen des Abs 4 **vorsätzlich,** in denen des Abs 5 nur **fahrlässig** (krit Schlüchter MDR 78, 977, 980) begangen sein. Abs 4 Nr 2 (nicht Nr 1) ist eine Vorsatz-Fahrlässigkeit-Kombination im Sinne des § 11 II (dort 23–25). 24

7. Die Möglichkeiten der **Beteiligung** (Täterschaft und Teilnahme) bestimmen sich nach den allgemeinen Regeln. Auch Mittäterschaft kommt in Frage (RGSt 31, 407), zB wenn mehrere Organe oder Vertreter nach § 14 gemeinschaftlich handeln. Beihilfe wird durch § 283 d nicht ausgeschlossen, aber nach Konkurrenzregeln verdrängt, wenn sie zugleich eine täterschaftlich begangene Schuldnerbegünstigung ist (7 zu § 283 d). – Die Schuldnereigenschaft ist wegen ihrer Rechtsgutsbezogenheit kein besonderes persönliches Merkmal nach § 28 I (Vormbaum GA 81, 101, 133; Roxin LK 68 zu § 28; Sch/Sch-Stree 65; aM Renkl JuS 73, 611, 614; Kindhäuser NK 111; Tiedemann LK 221; diff Tröndle 38; vgl auch BGHSt 41, 1, 2 mit Hinweis auf 1 StR 169/94 v 8. 9. 94; zw). 25

8. Abs 6 schränkt die Strafbarkeit sämtlicher Bankrotthandlungen ein. Seine Voraussetzungen sind nach dem erklärten gesetzgeberischen Willen (BT-Dr 7/3441 S 33) **objektive Bedingungen der Strafbarkeit** (30 vor § 13). Nach der Umgestaltung der Tatbestände durch das 1. WiKG ist das dogmatisch unbedenklich (BT-Dr aaO). – Im übrigen ist, wie sich aus dem Zusammenhang der Tatbestände und ihrem Verhältnis zu § 14 ergibt (vgl 2), eine berichtigende Auslegung in dem Sinne geboten, daß mit dem „Täter" der Schuldner, dh auch die juristische Person, gemeint ist, wenn ein Vertreter für sie gehandelt hat (Tiedemann LK 60 vor § 283 und GmbHG 29 vor § 82, jeweils mwN; krit Labsch wistra 85, 1, 4). 26

a) aa) **Zahlungseinstellung** liegt vor, wenn der Schuldner tatsächlich (einer besonderen Erklärung bedarf es nicht, RGSt 41, 309, 312) wegen eines wirklich oder angeblich dauernden (nicht nur vorübergehenden) Mangels an Mitteln damit aufhört, seine fälligen und jeweils ernsthaft eingeforderten Geldverbindlichkeiten ganz oder im wesentlichen zu erfüllen (Hoffmann MDR 79, 713, 715; Sch/Sch-Stree 60 mwN). Anders als bei Zahlungsunfähigkeit (vgl 7) ist der Grund der Einstellung unerheblich; sie kann auch auf einem Irrtum über die Liquiditätslage oder bloß fehlendem Zahlungswillen (bei Herlan GA 53, 73; Bieneck wistra 92, 89) beruhen; auch Überschuldung (vgl 6) ist daher nicht erforderlich. 27

28 bb) Bei der **Konkurseröffnung** (Jaeger/Klug KO 10 vor § 239 aF) und der **Abweisung des Eröffnungsantrags mangels Masse** kommt es auf den formalrechtlichen Akt (§§ 107, 108 KO) und dessen Rechtskraft an; dem Strafrichter steht insoweit eine Nachprüfung nicht zu (RGSt 26, 37). Nachträgliche Einstellung des Konkursverfahrens hebt die Wirkung der Eröffnung selbst dann nicht auf, wenn diese zu Unrecht erfolgt war (bei Herlan GA 55, 364).

29 **b)** Ob der **Eintritt der objektiven Strafbarkeitsbedingungen** der Bankrotthandlung **vorausgeht oder ihr nachfolgt,** ist unerheblich (BGHSt 1, 186, 191; bei Herlan GA 71, 38; RGSt 75, 416). Er braucht deshalb auch **nicht** durch die Bankrotthandlung **verursacht zu sein.** Es genügt vielmehr ein **äußerer Zusammenhang,** der darauf hinweist, daß die Krise (vgl 5–8), in welcher die Handlung vorgenommen wurde, nicht behoben werden konnte, sondern sich bis zur Verwirklichung auch der Strafbarkeitsbedingung fortentwickelt hat (vgl etwa BGHSt 28, 231, 233; JZ 79, 75; Düsseldorf NJW 80, 1292; aM Schäfer wistra 90, 81, 86; s auch 3 zu § 283 b); er kann zB darin bestehen, daß die Gläubiger oder ein Teil von ihnen sowohl durch die Bankrotthandlung benachteiligt als auch durch den Eintritt der Voraussetzungen des Abs 6 (Zahlungseinstellung usw) betroffen sind, daß Forderungen von Gläubigern schon zur Zeit der Bankrotthandlung bestanden haben und bei Zahlungseinstellung usw noch nicht getilgt waren (bei Holtz MDR 81, 454), daß die Konkursmasse durch die Bankrotthandlung geschmälert wird oder daß Mängel der Buchführung bis zur Zahlungseinstellung usw fortwirken (3 StR 488/78 v 4. 4. 1979, insoweit in BGHSt 28, 371 nicht abgedruckt). – Demgegenüber wird im **Schrifttum** die an sich vorzugswürdige Regelung des § 192 II AE (WirtschStR), die Kausalzusammenhang zwar voraussetzt, seine Nichtfeststellbarkeit aber gegen den Täter ausschlagen läßt, schon als geltendes Recht angesehen (so zB Heinz GA 77, 193, 218; Sch/Sch-Stree 59; Tiedemann LK 87–94 vor § 283; ähnlich auch Schlüchter JR 79, 513); dieses Ergebnis dürfte aber nur durch Gesetzesänderung erreichbar sein (so auch Krause aaO [vgl 1] S 227), weil seine Anerkennung schon durch Auslegung mit einem Verstoß gegen den Grundsatz in dubio pro reo erkauft werden müßte (krit Otto aaO [vgl 5] S 281, der den Nachweis fordert, daß sich im Eintritt der Strafbarkeitsbedingung die Gefahr realisiert hat, die in der Krisensituation ihren Ausdruck fand).

30 **c) Vorsatz oder Fahrlässigkeit** brauchen sich auf die Strafbarkeitsbedingungen nicht zu erstrecken (stRspr).

31 **d)** Für **Vollendung und Versuch** (Sch/Sch-Stree 63, 64), für die **Tatzeit** im Sinne des § 8 (Bay GA 84, 232 betr § 55) und für die **Vertretereigenschaft** nach § 14 (RGSt 35, 83) kommt es ausschließlich auf die Vornahme der Bankrotthandlung an. – Die **Verjährung** beginnt jedoch erst, wenn auch die Strafbarkeitsbedingung eingetreten ist (2 zu § 78 a; s auch RGSt 7, 391).

9. Mehrere Bankrotthandlungen werden durch dieselbe Zahlungseinstellung oder Entscheidung im Konkursverfahren nach Abs 6 (vgl 27, 28) nicht zu einer Handlungseinheit verbunden (BGHSt 1, 186, 191; 3, 26). Die Konkurrenz bestimmt sich vielmehr nach dem Verhältnis der Bankrotthandlungen untereinander. Meist wird Tatmehrheit (GA 78, 185), nur ausnahmsweise Tateinheit (bei Herlan GA 73, 133; 1 StR 303/77 v. 25. 10. 1977) oder eine einzige, durch Verwirklichung mehrerer Begehungsformen begangene Gesetzesverletzung (BGHSt 11, 145) vorliegen. Im übrigen ist **Tateinheit** ua möglich: zwischen Abs 1 Nr 1 einerseits und § 156 (BGHSt 11, 145; wistra 82, 226) oder § 288 (RGSt 20, 214), ausnahmsweise auch § 266 (BGHSt 28, 371 und 30, 127; weiter Arloth NStZ 90, 570) andererseits; zwischen Abs 1 Nr 2 und § 266 (BGHSt 3, 23, 27; bei Herlan GA 54, 311); zwischen Abs 1 Nr 3 und § 263 (Tröndle 42). Über das Verhältnis von Abs 1 Nr 1 zu § 283 c dort 10 und zu § 283 d dort 7; von Abs 1 Nr 5–7 zu § 283 b dort 4. 32

§ 283 a Besonders schwerer Fall des Bankrotts

In besonders schweren Fällen des § 283 Abs. 1 bis 3 wird der Bankrott mit Freiheitsstrafe von sechs Monaten bis zu zehn Jahren bestraft. Ein besonders schwerer Fall liegt in der Regel vor, wenn der Täter

1. aus Gewinnsucht handelt oder

2. wissentlich viele Personen in die Gefahr des Verlustes ihrer ihm anvertrauten Vermögenswerte oder in wirtschaftliche Not bringt.

1. Zu den **besonders schweren Fällen** 6–21 zu § 46. 1

2. **Nr 1: Gewinnsucht** 5 zu § 235; s auch BT-Dr 7/3441 S 37. – **Nr 2: Wissentlichkeit** 21 zu § 15; der Täter muß die Herbeiführung der Gefahr (nicht notwendig auch den Eintritt des Verlustes oder der Not) als sicher voraussehen (zum Gefährdungsvorsatz 28 zu § 15). – Die **Gefahr** muß ebenso wie in § 315 c I (dort 20–22) konkret sein. – Die Beschränkung auf **viele Personen** schließt die Annahme eines unbenannten besonders schweren Falles bei schwerer Schädigung nur einzelner Gläubiger nicht aus (BT-Dr 7/5291 S 19; 14 zu § 46). – **Wirtschaftliche Not** ist eine Lage, in der das Opfer in seiner wirtschaftlichen Lebensführung objektiv so eingeengt ist, daß es auch lebenswichtige Aufwendungen (Schleswig SchlHA 53, 63) nicht mehr bestreiten kann (Tröndle 36 zu § 302 a; weiter Schmidt-Futterer JR 72, 133, 134); die bloße Verstärkung einer bereits bestehenden Not wird zwar durch das Regelbeispiel nicht erfaßt (Sturm JZ 77, 84, 87), kann aber die Annahme eines unbenannten besonders schweren Falles nahelegen (14 zu § 46). 2

§ 283 b Verletzung der Buchführungspflicht

(1) **Mit Freiheitsstrafe bis zu zwei Jahren oder mit Geldstrafe wird bestraft, wer**

1. **Handelsbücher, zu deren Führung er gesetzlich verpflichtet ist, zu führen unterläßt oder so führt oder verändert, daß die Übersicht über seinen Vermögensstand erschwert wird,**
2. **Handelsbücher oder sonstige Unterlagen, zu deren Aufbewahrung er nach Handelsrecht verpflichtet ist, vor Ablauf der gesetzlichen Aufbewahrungsfristen beiseite schafft, verheimlicht, zerstört oder beschädigt und dadurch die Übersicht über seinen Vermögensstand erschwert,**
3. **entgegen dem Handelsrecht**
   a) **Bilanzen so aufstellt, daß die Übersicht über seinen Vermögensstand erschwert wird, oder**
   b) **es unterläßt, die Bilanz seines Vermögens oder das Inventar in der vorgeschriebenen Zeit aufzustellen.**

(2) **Wer in den Fällen des Absatzes 1 Nr. 1 oder 3 fahrlässig handelt, wird mit Freiheitsstrafe bis zu einem Jahr oder mit Geldstrafe bestraft.**

(3) **§ 283 Abs. 6 gilt entsprechend.**

1 **1.** Die Vorschrift ist ein **abstrakter Gefährdungstatbestand** im Vorfeld des Bankrotts. Sie stimmt weitgehend mit § 283 I Nr 5–7 überein, setzt aber nicht voraus, daß sich der Schuldner zur Zeit der Tat in der Krise (5–8 zu § 283) befindet, und erfaßt in ihrem gesamten Anwendungsbereich – abweichend von Nr 6 aaO (dort 19) – nur den buchführungspflichtigen Schuldner (im übrigen vgl 16–18, 20 zu § 283).

2 **2.** Abs 1 Nr 2 erfordert **Vorsatz** (bedingter genügt). Nach **Abs 2** kann Abs 1 Nr 1, 3 auch **fahrlässig** (35 zu § 15) verwirklicht werden (einschr Dreher MDR 78, 724); das ist namentlich bedeutsam für Fälle, in denen der Schuldner oder der ihm nach § 14 gleichgestellte Vertreter (3 zu § 283) einen Dritten (idR einen Buchhalter) mit der Buchführung beauftragt und ihn pflichtwidrig nicht hinreichend überwacht hat.

3 **3.** Zu **Abs 3** vgl 26–31 zu § 283. Auch hier ist ein Zusammenhang zwischen der Tathandlung und dem Eintritt der Voraussetzungen des Abs 3 (Zahlungseinstellung usw) erforderlich (Düsseldorf NJW 80, 1292; Hamburg NJW 87, 1342; aM Schäfer wistra 90, 81, 86); im Falle des Abs 1 Nr 3 b kann er namentlich darin bestehen, daß die Bilanzierungspflicht bei Zahlungseinstellung usw noch nicht erfüllt ist und im Insolvenzverfahren nachgeholt werden muß (BGHSt 28, 231 mit Anm Schlüchter JR 79, 513; wistra 96, 262).

4 **4.** Hinter den **spezielleren** Nummern 5–7 des § 283 tritt die Vorschrift zurück (NStZ 84, 455; Schäfer wistra 90, 81, 86). Zum Zusam-

mentreffen mehrerer Tathandlungen nach Abs 1 gelten die Ausführungen unter 32 zu § 283 sinngemäß.

5 **5.** Zur Anwendung der Vorschrift auf **Auslandstaten** Karlsruhe NStZ 85, 317 mit krit Anm Liebelt NStZ 89, 182.

§ 283 c Gläubigerbegünstigung

(1) **Wer in Kenntnis seiner Zahlungsunfähigkeit einem Gläubiger eine Sicherheit oder Befriedigung gewährt, die dieser nicht oder nicht in der Art oder nicht zu der Zeit zu beanspruchen hat, und ihn dadurch absichtlich oder wissentlich vor den übrigen Gläubigern begünstigt, wird mit Freiheitsstrafe bis zu zwei Jahren oder mit Geldstrafe bestraft.**

(2) **Der Versuch ist strafbar.**

(3) **§ 283 Abs. 6 gilt entsprechend.**

1 **1.** Die Gläubigerbegünstigung (zusf Vormbaum GA 81, 101) ist ein **privilegierter Fall** des Bankrotts (hM; vgl Sch/Sch- Stree 1 mwN; krit zu dem engen Anwendungsbereich des Tatbestandes Gallandi wistra 92, 10).

2 **2.** Der **Täter** muß zur Zeit der Tat Schuldner und als solcher zahlungsunfähig (2, 7 zu § 283) sein; nimmt er seine Zahlungsunfähigkeit nur irrig an, so kommt untauglicher Versuch in Frage. – Im selben Zeitpunkt (RGSt 35, 127) muß der Begünstigte **Gläubiger** sein, also gegen den Schuldner einen – sei es auch nur bedingten oder betagten – Anspruch haben, gleichgültig ob als Konkurs- (§ 61 KO) oder Massegläubiger (§ 57 KO), als absonderungsberechtigter Gläubiger (§ 4 KO) oder als Bürge, der ein bedingt berechtigter Gläubiger ist (RGSt 15, 90, 95). Nach hM genügt auch ein Anspruch, der erst nach Eintritt der Zahlungsunfähigkeit begründet wurde (BGHSt 35, 357 mwN); jedoch werden damit schwer abschätzbare Manipulationsmöglichkeiten eröffnet (abl daher Vormbaum GA 81, 101, 107). – Nicht nur der Schuldner selbst, sondern auch der für ihn nach § 14 handelnde Täter, der eine Forderung gegen die Konkursmasse hat, soll nach der Rspr als Gläubiger ausscheiden (BGHSt 34, 221 mwN; mit Recht abl Winkelbauer JR 88, 33; Weber StV 88, 16; Schäfer wistra 90, 81, 88; speziell zur Rückzahlung eigenkapitalersetzender Gesellschafterdarlehen Muhler wistra 94, 283).

3 **3.** Die **Tathandlung** setzt voraus, daß aus dem Vermögen, das andernfalls den Konkursgläubigern zur Verfügung stehen würde (RGSt 30, 46), an einen Gläubiger eine Sicherheit oder Befriedigung gewährt wird, auf die dieser im Zeitpunkt der Tat keinen fälligen Anspruch hat (sog **inkongruente Deckung;** beachte auch § 30 Nr 2 KO und die Rspr dazu).

4 **a)** Gewähren einer **Sicherheit** ist Einräumen einer im Hinblick auf die Befriedigung verbesserten rechtlichen (nicht unbedingt auch tat-

sächlichen, 1 StR 346/78 v 21. 11. 1978) Stellung, zB Sicherungsübereignung, Verpfändung, Bestellung eines Grundpfandrechts, Einräumung eines Zurückbehaltungsrechts usw (speziell zum Fall des Vorgriffs auf das Konkursausfallgeld Tiedemann KTS 84, 539, 555); eine wegen Unbestimmtheit der erfaßten Gegenstände unwirksame Gewährung genügt daher nicht, wohl aber eine Gewährung, die nach § 138 BGB wegen Sittenwidrigkeit nichtig ist (bei Herlan GA 58, 48; Vormbaum GA 81, 101, 108 mwN; str). Die Rechtsstellung muß vom Gläubiger erlangt sein; solange sie noch nicht besteht, zB vor Eintragung einer Buchhypothek in das Grundbuch (RGSt 65, 416), ist die Tat nicht vollendet. – Gewähren einer **Befriedigung** liegt auch bei Annahme als Erfüllung oder an Erfüllungs Statt vor (§§ 363, 364 BGB), auch beim Scheinverkauf einer Sache, um dem Gläubiger die Aufrechnung zu ermöglichen (bei Herlan GA 61, 359). Verschaffung eines vollstreckbaren Titels ist noch keine Befriedigung (RGSt 30, 46), die Hingabe eines Wechsels weder Befriedigung noch Sicherung (RG GA Bd 39, 230). – **Gewähren** setzt Mitwirkung des Gläubigers voraus (hM; anders Sch/Sch-Stree 6); bei einseitiger Zuwendung kommt jedoch Versuch in Frage. Das Gewähren kann auch in einem Unterlassen bestehen, wenn der Schuldner zum Handeln verpflichtet ist, zB bei pflichtwidriger Verzögerung des Konkursantrages, damit der Gläubiger noch pfänden kann (RGSt 48, 18; aM Tiedemann KTS 84, 539, 541), nicht jedoch bei bloß passivem Verhalten gegenüber der eigenmächtigen Verrechnung eines Gläubigers (bei Herlan GA 58, 48).

5 **b)** Ob der Gläubiger einen **fälligen Anspruch** auf die gewährte Sicherheit oder Befriedigung hat (kongruente Deckung), bestimmt sich nach bürgerlichem Recht (RGSt 66, 88, 90), wobei uU die Änderungen des Anspruchs durch das Konkursrecht zu berücksichtigen sind; Anfechtbarkeit der gewährenden Rechtshandlung nach § 30 Nr 1 KO steht jedoch nicht entgegen (Karlsruhe Justiz 77, 17 mwN). – **Nicht zu beanspruchen** hat der Gläubiger eine Sicherheit oder Befriedigung etwa dann, wenn seinem Anspruch die Verjährungseinrede entgegensteht oder ein nach §§ 119 ff BGB anfechtbares Rechtsgeschäft zugrunde liegt (Sch/Sch-Stree 9); auch begründet sein Befriedigungsanspruch für sich allein noch keinen Anspruch auf Sicherung (bei Holtz MDR 79, 457 mwN; beachte jedoch BGHSt 35, 357). **Nicht in der Art** besteht sein Anspruch namentlich, wenn der Schuldner an Erfüllungs Statt oder erfüllungshalber leistet (BGHSt 16, 279; bei Holtz aaO), es sei denn, daß die Ersatzleistung vorher vertraglich vereinbart (bei Herlan GA 56, 348) und diese Vereinbarung nicht lediglich in Erwartung des Konkurses getroffen war (RGSt 63, 78). Auch Sanierungsmaßnahmen, die Poolbildungen vorsehen oder das sog Nettolohnsystem praktizieren, können zu Leistungen führen, die unter diesem Gesichtspunkt inkongruent sind (Tiedemann ZIP 83, 513, 517). **Nicht zu der Zeit** besteht ein Anspruch bei Befriedigung einer aufschiebend bedingten Forderung vor Eintritt der Bedingung oder einer betagten Forderung vor Fälligkeit.

4. Der **Erfolg** der Tathandlung besteht in der Begünstigung, dh der Besserstellung des Gläubigers im Verhältnis zu den übrigen Gläubigern; der dazu erforderliche Vergleich bezieht sich auf die Lage, die sich ohne Erbringen der Leistung ergeben hätte (Vormbaum GA 81, 101, 119). Die Begünstigung muß wirklich eingetreten sein (BT-Dr 7/3441 S 38); ist sie nicht feststellbar, so kann Versuch übrig bleiben. 6

5. Neben der (sicheren) Kenntnis der Zahlungsunfähigkeit genügt für die Tathandlung des Gewährens und für die Inkongruenz der Dekkung (Sch/Sch-Stree 16; diff Vormbaum GA 81, 101, 121; str) **bedingter Vorsatz.** Für den Begünstigungserfolg (vgl 6) ist dagegen **direkter Vorsatz** (Absicht oder Wissentlichkeit, 20, 21 zu § 15) erforderlich (zu möglichen Irrtümern des Täters Vormbaum aaO S 127). 7

6. Zur **Teilnahme** 25 zu § 283. Der begünstigte Gläubiger ist **notwendiger Teilnehmer** (12 vor § 25), wenn er keine über die bloße Annahme der Sicherheit oder Befriedigung hinausgehende Tätigkeit entfaltet (hM; vgl NJW 93, 1278 mit Bespr Sowada GA 95, 60; Tiedemann LK 35, alle mwN; anders Herzberg JuS 75, 792, 795; Sowada, Die „notwendige Teilnahme" als funktionales Privilegierungsmodell im Strafrecht, 1992, S 161); solche grenzüberschreitende und deshalb strafbare Teilnahme kommt häufig in Frage, wenn Kreditinstitute sich für ihre notleidend gewordenen Kredite vom Schuldner inkongruente Sicherheiten einräumen oder Befriedigung gewähren lassen (dazu Tiedemann ZIP 83, 513, 515). 8

7. Zu **Abs 3** vgl 26–31 zu § 283. 9

8. Für **mehrere Begünstigungshandlungen** gelten die Ausführungen unter 32 zu § 283 sinngemäß. Gegenüber § 283 I Nr 1 geht die Vorschrift als die speziellere (vgl 1) vor (BGHSt 8, 55); jedoch ist **Tateinheit** möglich, wenn dem begünstigten Gläubiger höhere Werte zugewendet werden, als ihm zustehen (bei Herlan GA 53, 76; Kindhäuser NK 25; aM Tiedemann LK 40: nur § 283 I Nr 1 anzuwenden); ist umgekehrt der Gläubiger nur durch eine kongruente Deckung (vgl 5) sichergestellt oder befriedigt worden, so ist auch § 283 I Nr 1 gesperrt (BT-Dr 7/3441 S 39; BGHSt 8, 55; NStZ 96, 543). Im übrigen ist Tateinheit ua möglich mit § 283 I Nr 5 (RGSt 40, 105; aM Kindhäuser NK 27 und Tiedemann LK 43: Tatmehrheit; str) und § 288 (RGSt 20, 214). 10

§ 283 d Schuldnerbegünstigung

(1) **Mit Freiheitsstrafe bis zu fünf Jahren oder mit Geldstrafe wird bestraft, wer**

1. **in Kenntnis der einem anderen drohenden Zahlungsunfähigkeit oder**
2. **nach Zahlungseinstellung, in einem Konkursverfahren, in einem gerichtlichen Vergleichsverfahren zur Abwendung des Konkurses oder in einem Verfahren zur Herbeiführung der Entscheidung**

über die Eröffnung des Konkurs- oder gerichtlichen Vergleichsverfahrens eines anderen

Bestandteile des Vermögens eines anderen, die im Falle der Konkurseröffnung zur Konkursmasse gehören, mit dessen Einwilligung oder zu dessen Gunsten beiseite schafft oder verheimlicht oder in einer den Anforderungen einer ordnungsgemäßen Wirtschaft widersprechenden Weise zerstört, beschädigt oder unbrauchbar macht.

(2) **Der Versuch ist strafbar.**

(3) **In besonders schweren Fällen ist die Strafe Freiheitsstrafe von sechs Monaten bis zu zehn Jahren. Ein besonders schwerer Fall liegt in der Regel vor, wenn der Täter**

1. aus Gewinnsucht handelt oder

2. wissentlich viele Personen in die Gefahr des Verlustes ihrer dem anderen anvertrauten Vermögenswerte oder in wirtschaftliche Not bringt.

(4) **Die Tat ist nur dann strafbar, wenn der andere seine Zahlungen eingestellt hat oder über sein Vermögen das Konkursverfahren eröffnet oder der Eröffnungsantrag mangels Masse abgewiesen worden ist.**

1 **1.** Die Vorschrift schützt die **Gesamtheit der Gläubiger** vor einer Verringerung der Aktivmasse durch Eingriffe, die nicht vom Schuldner, sondern mit seiner Einwilligung oder zu seinen Gunsten von Dritten (uU auch einem Gläubiger, BGHSt 35, 357 mwN) ausgehen.

2 **2.** Die **Tathandlungen** und die betroffenen **Vermögensbestandteile** stimmen mit denen des § 283 I Nr 1 überein (dort 9–11). – **Einwilligung** 3 zu § 226 a. Zur Vermeidung eines Wertungswiderspruchs ist hier der nur nach § 283 c zu beurteilende Fall auszuscheiden, daß ein Gläubiger einvernehmlich zur eigenen (inkongruenten) Befriedigung Vermögensbestandteile beiseiteschafft (BGHSt 35, 357 mwN; nur im Ergebnis zust Schäfer wistra 90, 81, 89; str). **Zu seinen Gunsten** erfordert ein Handeln mit der Intention, dem Schuldner (nicht einem anderen Gläubiger, bei Herlan GA 59, 341) auf Kosten der Gesamtheit der Gläubiger einen Vermögensvorteil zu erhalten oder zukommen zu lassen; daß daneben auch ein Eigeninteresse (bei Herlan GA 67, 265) oder das eines Dritten verfolgt wird, ist unerheblich (ebenso Tiedemann LK 12).

3 **3. Abs 1 Nr 1** setzt voraus, daß Zahlungsunfähigkeit objektiv droht (7, 8 zu § 283) oder bereits eingetreten ist (Sch/Sch-Stree 5). Für **Abs 1 Nr 2** kommt es nur auf das zeitliche Moment, dh Vornahme der Tathandlung nach Zahlungseinstellung (27 zu § 283) oder während eines Insolvenzverfahrens, an.

4 **4.** Die Tat erfordert **Vorsatz;** bedingter genügt nur insoweit nicht, als die Kenntnis drohender Zahlungsunfähigkeit (Abs 1 Nr 1) sicher sein muß (BT-Dr 7/3441 S 39; zw).

5. Zur **Teilnahme** 25 zu § 283. Auch der Schuldner, der nicht etwa notwendiger Teilnehmer ist (12 vor § 25), kommt als Anstifter oder Gehilfe in Frage, sofern er nicht als Unterlassungstäter nach § 283 erfaßt wird (Sch/Sch-Stree 12). 5

6. Zu **Abs 3** (besonders schwere Fälle) 1, 2 zu § 283 a. Zu **Abs 4** 26–31 zu § 283. 6

7. Für mehrere **Begünstigungshandlungen** gelten die Ausführungen unter 32 zu § 283 sinngemäß. Ist die Tat zugleich Teilnahme an der Bankrotthandlung des Schuldners nach § 283 I Nr 1, so tritt diese hinter die Schuldnerbegünstigung zurück, weil der Unwert der Beihilfe mit der täterschaftlich begangenen Tat identisch ist (M-Schroeder/Maiwald BT 1 48/43). – Im übrigen ist **Tateinheit** ua möglich mit §§ 257 und 263 (Jaeger/Klug KO 13 zu § 242 aF). 7

25. Abschnitt. Strafbarer Eigennutz

§ 284 Unerlaubte Veranstaltung eines Glücksspiels

(1) **Wer ohne behördliche Erlaubnis öffentlich ein Glücksspiel veranstaltet oder hält oder die Einrichtungen hierzu bereitstellt, wird mit Freiheitsstrafe bis zu zwei Jahren oder mit Geldstrafe bestraft.**

(2) **Als öffentlich veranstaltet gelten auch Glücksspiele in Vereinen oder geschlossenen Gesellschaften, in denen Glücksspiele gewohnheitsmäßig veranstaltet werden.**

(3) **Wer in den Fällen des Absatzes 1**

1. gewerbsmäßig oder

2. als Mitglied einer Bande handelt, die sich zur fortgesetzten Begehung solcher Taten verbunden hat,

wird mit Freiheitsstrafe von drei Monaten bis zu fünf Jahren bestraft.

Fassung: Abs 3 durch OrgKG (1, 2 vor § 73) angefügt.

1. Die Vorschrift will die **wirtschaftliche Ausbeutung der natürlichen Spielleidenschaft** unter staatliche Kontrolle nehmen (BGHSt 11, 209; Bay NJW 93, 2820 mit Bespr Lampe JuS 94, 737, 740; Hund NStZ 93, 571, alle mwN; krit Meurer/Bergmann JuS 83, 668; Herzog EzSt 2). Zur Rechtsgeschichte des Glücksspielstrafrechts Lampe aaO S 737. Zur **Reformbedürftigkeit** Lange, Dreher-FS, S 573; Reformvorschläge bei Sieber/Bögel, Logistik der Organisierten Kriminalität, 1993, S 322 und bei Sieber JZ 95, 758, 767. 1

2. a) Ein **Glücksspiel** liegt vor, wenn die Beteiligten zur Unterhaltung oder aus Gewinnstreben über den Gewinn oder Verlust eines nicht ganz unbeträchtlichen (vgl 7) Vermögenswertes ein ungewisses 2

Ereignis entscheiden lassen, dessen Eintritt nicht wesentlich von Aufmerksamkeit, Fähigkeiten und Kenntnissen der Spieler abhängt, sondern allein oder hauptsächlich vom Zufall (BGHSt 2, 274). Das setzt einen (nicht nur minimalen, Roxin AT I 12/40) Einsatz des Spielers voraus, an dem es bei den sog Kettenbriefaktionen – mindestens idR – fehlt (BGHSt 34, 171 mit Bespr Sonnen JA 87, 108 und Lampe JR 87, 383; Bay NJW 90, 1862, alle mwN; ebenso für das „Life-Spiel" Celle NJW 96, 2660; str). – Zu den aktuellen Glücksspielen Sieber/Bögel aaO [vgl 1] S 237.

3 **b) Beispiele für Glücksspiele:** Roulette (Klenk GA 76, 361, 364 mwN), Spiralo-Roulette (BGHSt 2, 274) und Gratisroulette (BGHSt 11, 209); das Beobachtungsspiel Opta I (Bay NJW 93, 2820 mit zust Bespr Lampe JuS 94, 737, 739); das Sektorenspiel (BVerwG NJW 60, 1684); Bakkarat; das Kasinospiel (BVerwG NJW 55, 1451); Würfeln um Geld (RGSt 10, 245, 252); Spiel an bestimmten Geldspielautomaten (Hamm JMBlNRW 57, 250); viele Kartenspiele wie Kümmelblättchen (RGSt 28, 283), Mauscheln (RGSt 61, 355), Pokern usw.

4 **c)** Auch **Lotterie und Ausspielung** sind Glücksspiele, jedoch in § 286 speziell geregelt (BGHSt 34, 171).

5 **d) Keine Glücksspiele** sind:

aa) Das **Geschicklichkeitsspiel,** bei dem zumindest wesentlich auch Aufmerksamkeit, Fähigkeit und Kenntnisse der beteiligten Durchschnittsspieler über Gewinn und Verlust entscheiden (BGHSt 2, 274 mwN). Das sog „Hütchenspiel" gehört hierher, wenn nach den konkreten Spielverhältnissen die Geschicklichkeit des Durchschnittsspielers das Ergebnis wesentlich beeinflussen kann (BGHSt 36, 74 mit Anm Herzog EzSt 2; Lampe JuS 94, 737, 739, alle mwN; str); bei den heute massenweise vorkommenden „Hütchenspielen" spiegelt allerdings der Täter die Möglichkeit der Beeinflussung des Ergebnisses durch den Spieler meistens nur vor, obwohl er den Ablauf vollständig beherrscht; dann liegt kein Glücksspiel, sondern Betrug vor (LG Frankfurt NJW 93, 945 mit Bespr Otto JK 1; Sack NJW 92, 2540; 9 zu § 263; aM Lampe JuS 94, 737, 742: Tateinheit zwischen § 263 und § 284). Werden für die Spiele überwiegend vom Zufall abhängige Preise ausgesetzt, so liegt eine Ausspielung (§ 286) vor (BGHSt 9, 39).

6 bb) Die **Wette,** soweit sie weniger der Unterhaltung und dem Gewinn als der Austragung eines ernsthaften Meinungsstreits dient (RGSt 57, 190). Sog Sportwetten (Fußballtoto, Rennwetten) sind Glücksspiele (Weber, in: Pfister [Hrsg], Rechtsprobleme der Sportwette, 1989, S 39, 41).

7 cc) Das **Unterhaltungsspiel,** bei dem der zu gewinnende Vermögenswert nach der Verkehrsanschauung und den Verhältnissen der Spieler ganz unbeträchtlich ist (Bay GA 56, 385; Köln NJW 57, 721; zu streng Hamm JMBlNRW 57, 251).

8 dd) Die **berechtigten wirtschaftlichen Interessen dienende Vereinbarung** über einen vom Zufall abhängigen Gewinn (zB Regenversicherung).

e) Zum Aufstellen von **mechanischen Spielen und Spieleinrichtungen,** zur Veranstaltung anderer Spiele mit Gewinnmöglichkeit und zum Betreiben von Spielhallen in Schank- oder Speisewirtschaften, Beherbergungsbetrieben, Wettannahmestellen, auf Jahrmärkten oder Schützenfesten usw beachte die §§ 33 c–33 i GewO und die SpielV. 9

3. Öffentlich ist das Glücksspiel, wenn die Beteiligung in erkennbarer Weise beliebigen Personen ermöglicht, also nicht auf einen geschlossenen, durch konkrete außerhalb des Spielzwecks liegende Interessen verbundenen, Personenkreis beschränkt wird (Stuttgart NJW 64, 365; Düsseldorf GA 68, 88; zusf Schild NStZ 82, 446); Spielen in einer öffentlichen Wirtschaft genügt dazu allein nicht (Bay GA 56, 385). – Für die Gewohnheitsmäßigkeit (20 vor § 52) im Sinne der **erweiternden Regel des Abs 2** wird ein Hang zum Spielen zu fordern sein (aM Hamburg MDR 54, 312; zw). 10

4. Tathandlung ist nicht das Spielen selbst (dazu § 284 a), sondern das **Ermöglichen** des Spiels, dessen in Abs 1 beschriebene Formen sich weit überschneiden und nur in Grenzbereichen die Tatbestandsmäßigkeit allein begründen (hM; vgl Düsseldorf JMBlNRW 91, 19; anders Meurer/Bergmann JuS 83, 668). Danach wird wie folgt zu unterscheiden sein: **Veranstalter** ist, wer dem Publikum eine von ihm beherrschte, vor allem nach Spielplan und Gewinnmöglichkeiten konkretisierte, Spielgelegenheit eröffnet, also nur die – nicht notwendig schon vollzogene – Spielaufnahme ermöglicht (hM); er muß nicht wie der gewerbliche Unternehmer das Risiko der Spielveranstaltung tragen (Bay NJW 93, 2820 mit zust Bespr Lampe JuS 94, 737, 741). **Halter** ist, wer das Spiel selbst leitet, für den eigentlichen Spielverlauf verantwortlich ist und sich in qualifizierter Form an diesem beteiligt, um das Spiel zu ermöglichen, zB auch ein Mitspieler ohne finanzielle Interessen, uU auch der Croupier (Bay aaO mit zust Bespr Lampe aaO), dessen Strafbarkeit sich sonst aus § 14 II (dort 15) ergeben kann. **Bereitstellen** ist Zugänglichmachen der Einrichtungen (Bay NJW 93, 2820); es müssen Spieleinrichtungen sein, dh solche, die nach den Umständen eine Eignung gerade zum Spielen haben (Würfel, Karten, Spieltische, uU auch einfache Tische und Stühle); es genügt jedoch nicht, daß der Wirt nur das Spiel im gewöhnlichen, der Öffentlichkeit zugänglichen Schankraum duldet, weil er selbst keine spezifischen Spieleinrichtungen bereitstellt (Sch/Sch-Eser 17; aM Düsseldorf aaO, beide mwN; zw); er kann aber Gehilfe nach § 284 a sein. Zur möglichen Beihilfe eines Steueramtsleiters, der einem Spielcasino bei der Festsetzung und Beitreibung von Vergnügungssteuer entgegenkommt, NStZ 95, 27. 11

5. Die behördliche **Erlaubnis** schließt die Tatbestandsmäßigkeit aus (aM Jescheck/Weigend AT S 368; str); sie muß verwaltungsrechtlich bestandskräftig, nicht notwendig materiell fehlerfrei sein (Ostendorf JZ 81, 165, 171; beachte auch Lange, Dreher-FS, S 573, 583). Für zugelassene Spielbanken bestimmen die als Landesrecht in unterschiedlicher Fassung geltenden Spielbankengesetze (Nachw bei Göhler [Lexikon] 12

775) die Nichtanwendbarkeit des § 284 (vgl zB NJW 67, 1660); auch für Fußballtoto und Zahlenlotto gelten Landesgesetze (NJW 51, 44), für Pferderennwetten dagegen das (bundesrechtliche) RennwG.

13 **6.** Der **Vorsatz** (bedingter genügt) muß auch die Öffentlichkeit (oder die Voraussetzungen des Abs 2), den Mangel der Erlaubnis und die das Glücksspiel charakterisierenden Eigenschaften (vgl 2–9) umfassen. Ein Irrtum hierüber ist Tatbestandsirrtum. Hingegen ist der Irrtum über die Notwendigkeit der Erlaubnis Verbotsirrtum und über die bloße Wertung als Glücksspiel Subsumtionsirrtum (hM; vgl 14, 15 zu § 15; 6, 22 zu § 17; zw).

14 **7. Abs 3** ist im Verhältnis zu Abs 1 **Qualifikationstatbestand.** In seiner Struktur entspricht er dem § 260 I; jedoch muß in Fällen der Nr 2 die Verbindung auf die fortgesetzte Veranstaltung unerlaubter Glücksspiele gerichtet sein. Im übrigen gelten die Ausführungen unter 2–5 zu § 260 sinngemäß.

15 **8. Tateinheit** ua möglich mit §§ 263, 264 a.

16 **9.** Vermögensstrafe, Erweiterter Verfall und Einziehung § 285 b. Beachte auch § 8 JÖSchG.

§ 284 a Beteiligung am unerlaubten Glücksspiel

Wer sich an einem öffentlichen Glücksspiel (§ 284) beteiligt, wird mit Freiheitsstrafe bis zu sechs Monaten oder mit Geldstrafe bis zu einhundertachtzig Tagessätzen bestraft.

1 **1. Beteiligung** ist Teilnahme als Spieler, also an der Möglichkeit von Gewinn und Verlust. Der Verdeckte Ermittler beteiligt sich nicht am Spiel, weil sein Mitwirken staatliche Kontrollinteressen (1 zu § 284) nicht beeinträchtigt (Hund NStZ 93, 571; zw).

2 **2.** Vgl im übrigen 1–10, 12–15 zu § 284.

§§ 285, 285 a *(weggefallen)*

§ 285 b Vermögensstrafe, Erweiterter Verfall und Einziehung

(1) **In den Fällen des § 284 Abs. 3 Nr. 2 sind die §§ 43 a, 73 d anzuwenden. § 73 d ist auch in den Fällen des § 184 Abs. 1 Nr. 1 anzuwenden.**

(2) **In den Fällen der §§ 284 und 284 a werden die Spieleinrichtungen und das auf dem Spieltisch oder in der Bank vorgefundene Geld eingezogen, wenn sie dem Täter oder Teilnehmer zur Zeit der Entscheidung gehören. Andernfalls können die Gegenstände eingezogen werden; § 74 a ist anzuwenden.**

Fassung: Abs 1 durch OrgKG (1, 2 vor § 73) eingefügt.

1. Zu **Abs 1** (Vermögensstrafe und Erweiterter Verfall) 1–11 zu § 43 a; 1–12 zu § 74 d. 1

2. a) Abs 2 ist eine besondere Vorschrift im Sinne des § 74 IV, welche die **Einziehung** über § 74 I hinaus in den Fällen des Satzes 1 zwingend vorschreibt und in den Fällen des Satzes 2 nach pflichtmäßigem Ermessen (9 zu § 74) zuläßt. Die Einziehung darf daher nur unter den Voraussetzungen des § 74 II, III und infolge der Verweisung auf § 74 a auch unter dessen Voraussetzungen angeordnet werden. Zur Geltung des Verhältnismäßigkeitsgrundsatzes auch bei obligatorischer Einziehung (S 1) 1 zu § 74 b. Im übrigen vgl die §§ 74–74 c, 74 e–76 a. 2

b) § 74 I gilt neben § 285 b für die hier nicht erfaßten Sachen; jedoch ist beim Glücksspiel gewonnenes Geld nicht als productum sceleris einziehbar (4 zu § 74). 3

§ 286 Unerlaubte Veranstaltung einer Lotterie und einer Ausspielung

(1) **Wer ohne behördliche Erlaubnis öffentliche Lotterien veranstaltet, wird mit Freiheitsstrafe bis zu zwei Jahren oder mit Geldstrafe bestraft.**

(2) **Den Lotterien sind öffentlich veranstaltete Ausspielungen beweglicher oder unbeweglicher Sachen gleichzuachten.**

1. Lotterie und Ausspielung sind Glücksspiele (4 zu § 284), haben aber die Besonderheit, daß hier nach einem vom Unternehmer **einseitig festgelegten Spielplan** gespielt wird (krit Klenk GA 76, 361), der folgendes regelt: 1

a) Den **Spielbetrieb** im allgemeinen und die Bedingungen, unter welchen einer Mehrzahl von Personen die Beteiligungsmöglichkeit eröffnet wird (RGSt 67, 397); die Durchführung kann von Umsatz oder Beteiligung, in Einzelheiten auch von späteren Ausführungsbestimmungen des Unternehmers abhängig gemacht sein.

b) Einen **festen Einsatz** für die Beteiligung am Spiel (BGHSt 3, 99; s auch LG Tübingen NJW 60, 1359 mit Anm Ganske). Die Höhe des Einsatzes, der Vermögenswert haben muß, darf nicht im Belieben des Spielers stehen (sonst § 284); es genügt, wenn er nur im Verlustfall zu zahlen (RGSt 1, 414) oder in einer Gesamtleistung (zB im Eintrittsgeld oder Kaufpreis einer Ware, Düsseldorf NJW 58, 760) versteckt ist. Trägt aber der Unternehmer die Kosten der Lotterie oder Ausspielung selbst (zB in der Hoffnung auf Umsatzsteigerung), so liegt eine Gratisausspielung (RGSt 65, 194) vor, die nicht unter § 286 fällt. Auch die Scheinausspielung, bei der es um die Erlangung von Anschriften geht, gehört nicht hierher, weil weder offen noch versteckt ein Einsatz gefordert wird (BGHSt 3, 99; s auch Bockelmann NJW 52, 855). Die im früheren Recht umstrittene Frage, ob und wie weit Verkaufssysteme 2 der progressiven Kundenwerbung (Schneeballsystem) oder planmäßig organisierte Kettenbriefaktionen (BGHSt 34, 171) als Ausspielung mit versteckten Einsätzen erfaßt werden konnten (vgl etwa BGHSt 2, 79, 139; LG Fulda wistra 84, 188; Bruns, Schröder-GedSchr, S 273), ist mit Einführung der nunmehr umfassenderen Strafdrohung des § 6 c UWG (durch das 2. WiKG, 2 vor § 263) gegenstandslos geworden (BGHSt 34, 171; beachte jedoch Bay NJW 90, 1862 mit abl Bespr Richter wistra 90, 216; krit Arzt, Miyazawa-FS, S 519, 528).

3 **c)** Die **ausgesetzten Gewinne** nach Höhe, Art und Reihenfolge sowie das System der Gewinnermittlung, das vom Zufall abhängig sein muß. Das ist aus der Sicht des Spielers zu beurteilen (1 StR 643/76 v 18. 1. 1977) und trifft auch dann zu, wenn zwar jeder Spieler gewinnt, die Art seines Gewinns aber ungewiß ist, oder wenn die Reihenfolge der Eingänge, der Ausgang eines anderen Spiels oder der Veranstalter selbst über die Verteilung entscheidet (RGSt 27, 94). Zur Zufallsbedingtheit grundsätzlich BGHSt 2, 139; GA 78, 332 (speziell bei Preisausschreiben Wälde DRZ 49, 515; Groebe NJW 51, 133). Gewerbliche Spielgemeinschaften sind jedenfalls dann erfaßt, wenn der Spielteilnehmer keinen unmittelbaren Gewinnanspruch gegen die staatlich zugelassene Lotterie, sondern lediglich gegen den Veranstalter der Spielgemeinschaft hat (hM; weitergehend Fuhrmann MDR 93, 822).

4 **2.** Der **Unterschied** zwischen Abs 1 und 2 besteht darin, daß der Gewinn bei der Lotterie stets in Geld, bei der Ausspielung in geldwerten Sachen oder Leistungen (zB Ferienreise) besteht.

5 **3. Öffentlich** 10 zu § 284. Keine Erweiterung nach § 284 II.

6 **4. Veranstalten** ist Eröffnen der Möglichkeit zur Beteiligung am Spiel nach dem aufgestellten Spielplan (RGSt 19, 257); zum Abschluß von Spielverträgen braucht es nicht gekommen zu sein (RGSt 8, 292). Werden für dasselbe Spiel an verschiedenen Orten (uU auch im Ausland) solche Möglichkeiten eröffnet, so wird an jedem dieser Orte „veranstaltet"; deshalb kommt in Frage, daß auch ausländische Veranstalter erfaßt werden (RGSt 42, 430; zusf Schoene NStZ 91, 469 mwN) und daß an einzelnen Handlungsorten eine behördliche Erlaubnis erteilt ist (Braunschweig NJW 54, 1777). – **Das Spiel selbst** wird von § 286 – im Gegensatz zu § 284 a – nicht erfaßt.

7 **5.** Die **Erlaubnis** fehlt auch beim Abweichen von den genehmigten Spielbedingungen (BGHSt 8, 289 betr Lossteuerung). Die Zuständigkeit für die Erlaubnis ist landesrechtlich geregelt (s auch 12 zu § 284).

8 **6.** Zum **Vorsatz** 13 zu § 284; Düsseldorf NJW 58, 760.

9 **7.** § 286 verdrängt § 284 (Braunschweig NJW 54, 1777; Stuttgart Justiz 72, 158). **Tateinheit** ua möglich mit § 263, § 4 UWG (BGHSt 2, 139).

§ 287 *(weggefallen)*

§ 288 Vereiteln der Zwangsvollstreckung

(1) **Wer bei einer ihm drohenden Zwangsvollstreckung in der Absicht, die Befriedigung des Gläubigers zu vereiteln, Bestandteile seines Vermögens veräußert oder beiseite schafft, wird mit Freiheitsstrafe bis zu zwei Jahren oder mit Geldstrafe bestraft.**

(2) **Die Tat wird nur auf Antrag verfolgt.**

1. Die Vorschrift (zusf Geppert Jura 87, 427) sichert die **Befriedigung des Gläubigers** aus dem Schuldnervermögen (BGHSt 16, 330, 334). Sie schützt nur die – uU auch auf einen ausländischen Titel gestützte (Cornils, Die Fremdrechtsanwendung im Strafrecht, 1978, S 96) – Einzelvollstreckung, abweichend von § 283 I Nr 1 also nicht das Interesse der Gesamtgläubigerschaft (MDR 91, 521). 1

2. Die Zwangsvollstreckung droht schon, wenn Tatsachen vorliegen, die auf die Absicht des Gläubigers schließen lassen, die Vollstreckung zu betreiben. Eine Klage braucht noch nicht erhoben zu sein (bei Holtz MDR 77, 638); dringende Mahnungen können uU genügen. Der Anspruch muß wirklich bestehen (NJW 91, 2420; Lüke, Kaufmann [Arth]-FS, S 565, 576) und vollstreckungsfähig sein; daß er noch nicht fällig oder nur aufschiebend bedingt ist, bildet keinen Hinderungsgrund (RGSt 24, 238). Außerdem muß er ein vermögensrechtlicher – sei es zivil- oder öffentlichrechtlicher, obligatorischer oder dinglicher – Anspruch sein; jedoch scheiden fiskalische Ansprüche aus Vermögenssanktionen, zB Geldstrafe, Geldbuße, Verwarnung, Verfall, Einziehung und Zwangsgeld (LG Bielefeld NStZ 92, 284; aM Gössel BT 2 28/72), deshalb aus, weil mit ihnen staatliche Zwangsgewalt ausgeübt und nicht ein materielles Befriedigungsrecht durchgesetzt wird (Schäfer LK 8 mwN). – Da die Vollstreckung dem **Täter** selbst drohen muß, können nur der Schuldner und seine Vertreter nach § 14 Täter sein (dort 14). 2

3. Vermögensbestandteile 9 zu § 283; sie müssen der Zwangsvollstreckung unterliegen (diff Lüke aaO [vgl 2] S 577). Unpfändbare Gegenstände scheiden daher bei Vollstreckung wegen Geldforderungen aus. Dagegen kann der Besitz dazu gehören (GA 65, 309; NJW 91, 2420), zB bei Herausgabeansprüchen oder bei Vollstreckung des Vorbehaltsgläubigers wegen Geldforderung in seine eigene Sache (BGHSt 16, 330). 3

4. Veräußern ist jede rechtliche Verfügung, durch die ein Vermögenswert ohne vollen Ausgleich aus dem Vermögen ausscheidet, so daß er dem Zugriff des Gläubigers entzogen oder dessen Befriedigungsmöglichkeit verringert ist. Veräußern einer nach § 883 ZPO herauszugebenden (Haas JR 91, 272 und GA 96, 117; Sch/Sch-Eser 15) oder 4 einer wirksam gepfändeten Sache (Schäfer LK 22), Verschleudern eines Hypothekenanteils unter dem wirklichen Wert (RGSt 59, 314) und Veräußern zur Ermöglichung übermäßigen Aufwands (NJW 53, 1152; aM Sch/Sch-Eser 15 mwN; zw) gehören hierher, nicht jedoch reelle Kauf- und Mietverträge, die Ausschlagung einer Erbschaft (str) und die der kongruenten Deckung (5 zu § 283 c) dienende Befriedigung anderer Gläubiger (NJW 91, 2420 mwN). – **Beiseiteschaffen** 10 zu § 283; auch Zerstören kommt in Frage (Sch/Sch-Eser 17; aM Gössel BT 2 28/79, beide mwN; str).

5 **5.** Bedingter **Vorsatz** genügt (zu Irrtumsfragen in Grenzfällen Geppert Jura 87, 427, 431; s auch NJW 91, 2420).

6 **6.** Die **Absicht** (hier nach hM unbedingter Vorsatz, 20 zu § 15) braucht nur auf zeitweilige Vollstreckungsvereitelung gerichtet zu sein (bei Holtz MDR 77, 638). Sie fehlt regelmäßig, wenn der Gläubiger unabhängig von der Tathandlung keine Zugriffsmöglichkeit gehabt hätte (MDR 91, 521) oder wenn umgekehrt genügend anderes Vermögen vorhanden ist, und zwar auch für den Fall, daß die Tathandlung das Übergehen eines primären Individualanspruchs in einen Schadensersatzanspruch wegen Nichterfüllung bewirkt (Berghaus, Der strafrechtliche Schutz der Zwangsvollstreckung, 1967, S 101; Küper BT S 225; str).

7 **7.** Für die **Beteiligung** (Täterschaft und Teilnahme) gelten die allgemeinen Regeln. Da die Tat ein echtes Sonderdelikt ist (33 vor § 13), hängen die Möglichkeit mittelbarer Täterschaft und der Umfang möglicher Teilnahme des extraneus von der Beurteilung der Rechtsfigur des qualifikationslosen dolosen Werkzeugs ab (Geppert Jura 87, 427, 430; 4 zu § 25). Die Schuldnereigenschaft ist, da ausschließlich rechtsgutbezogen, **kein besonderes persönliches Merkmal** nach § 28 I (Geppert aaO 431; Herzberg GA 91, 145, 181; aM Roxin LK 56, 68 zu § 28, alle mwN; zw).

8 **8. Tateinheit** ua möglich mit §§ 136 I, 246 (GA 65, 309; Haas GA 96, 117, 119 [aM noch in JR 91, 272], beide mwN), ferner mit §§ 283 I Nr 1, 283 c.

9 **9. Strafantrag** §§ 77–77 d. Verletzter (6 zu § 77) ist idR der Gläubiger, dessen Vollstreckung gedroht hat.

§ 289 Pfandkehr

(1) **Wer seine eigene bewegliche Sache oder eine fremde bewegliche Sache zugunsten des Eigentümers derselben dem Nutznießer, Pfandgläubiger oder demjenigen, welchem an der Sache ein Gebrauchs- oder Zurückbehaltungsrecht zusteht, in rechtswidriger Absicht wegnimmt, wird mit Freiheitsstrafe bis zu drei Jahren oder mit Geldstrafe bestraft.**

(2) **Der Versuch ist strafbar.**

(3) **Die Tat wird nur auf Antrag verfolgt.**

1. Die Vorschrift (zusf Geppert Jura 87, 427, 432) schützt **Pfand-, Besitz- und ähnliche Gläubigerrechte** gegen eigenmächtige Vereitelung (Schäfer LK 1 mwN). Im einzelnen gehören hierher: Nutznießungsrechte (zB §§ 1030 ff BGB), Pfandrechte (zB §§ 559 ff, 583, 592, 647, 704, 1204 ff BGB; §§ 397, 410, 421 HGB), Gebrauchsrechte (zB §§ 535 ff, 581 ff, 598 ff, 743 BGB), Zurückbehaltungsrechte (zB §§ 273, 972, 1000 BGB; § 369 HGB; beachte auch Braunschweig NJW 61, 1274) und das Verwendungsrecht der Eltern nach § 1649 II BGB (hM; anders Küchenhoff, Dogmatik, historische Entwicklung und künftige Ausgestaltung der Strafvorschriften gegen die Pfandkehr, Diss Heidelberg 1975, S 14). Erfaßt wird auch das vertragsmäßige Zurückbehaltungsrecht, nicht jedoch das zur Umgehung des § 559 S 3 BGB vereinbarte (Schäfer LK 7; jetzt auch Sch/Sch-Eser 6; aM M-Schroeder/Maiwald BT 1 37/16; zw). Auch das Pfändungspfandrecht scheidet aufgrund teleologischer Erwägungen aus dem Schutzbereich aus (Berghaus, Der strafrechtliche Schutz der Zwangsvollstreckung, 1967, S 96; Hirsch ZStW 82, 411, 426; Küchenhoff aaO S 20; Lüke, Kaufmann [Arth]-FS, S 565, 578; anders die hM; vgl Sch/Sch-Eser 4 mwN). 1

2. Täter kann nur der Eigentümer (auch Miteigentümer) oder ein Dritter sein, der zu dessen Gunsten handelt. 2

3. (Eigene oder fremde) bewegliche Sache 2–7 zu § 242. – **Wegnehmen** 8–18 zu § 242. Jedoch ist der Wegnahmebegriff hier weiter auszulegen als beim Diebstahl (hM); er umfaßt zwar nicht die sofortige Zerstörung der Sache (hM), wohl aber die Vereitelung bloßer Zugriffsmöglichkeiten, die ein besitzähnlicher, rechtlich fundierter Machtbereich gewährt (str), wie das zB beim Vermieterpfandrecht nach § 559 BGB zutrifft (Bay NJW 81, 1745 mit Bespr Otto JR 82, 32 und Bohnert JuS 82, 256; Geppert Jura 87, 427, 433; aM Joerden JuS 85, 20, 22; Laubenthal JA 90, 38, 40; Otto Jura 92, 666, alle mwN; zw). 3

4. Rechtswidrige Absicht erfordert den unbedingten Vorsatz (hM; weiter Braunschweig NJW 61, 1274), das an der weggenommenen Sache bestehende Recht – sei es auch nur vorübergehend oder teilweise – zu vereiteln (Schäfer LK 20; einschr Sch/Sch-Eser 9, 10, der auf den Willen abstellt, unter Vereitelung des fremden Rechts die eigene uneingeschränkte Verfügungsmöglichkeit endgültig wiederherzustellen; ähnlich auch Küchenhoff aaO [vgl 1] S 54, nach dem es auf die Absicht ankommt, die eigene Sache unter Verdrängung des beschränkt Berechtigten für seine Zwecke zu nutzen). 4

5. Tateinheit ua möglich mit §§ 242, 249, nicht dagegen mit § 136 I (vgl 1; aM Krey BT 2 Rdn 287). Zum Zusammentreffen mit §§ 253, 255 vgl 3 zu § 253. – **Wahlfeststellung** 14 zu § 1. 5

6. Strafantrag (Abs 3) §§ 77–77 d. Verletzter (6 zu § 77) ist, wer in seinem Gläubigerrecht beeinträchtigt worden ist. 6

§ 290 Unbefugter Gebrauch von Pfandsachen

Öffentliche Pfandleiher, welche die von ihnen in Pfand genommenen Gegenstände unbefugt in Gebrauch nehmen, werden mit Freiheitsstrafe bis zu einem Jahr oder mit Geldstrafe bestraft.

1 **1.** Fall des strafbaren **furtum usus** (24 zu § 242). Über die Öffentlichkeit entscheidet die allgemeine Zugänglichkeit, nicht die Konzession. – Die Pfandleihereigenschaft ist **kein besonderes persönliches Merkmal** nach § 28 I (Jakobs AT 23/24; Roxin LK 68 zu § 28; aM Gössel BT 2 18/129).

2 **2.** Hinter § 246 tritt die Vorschrift zurück (Subsidiarität).

§ 291 *(weggefallen)*

§ 292 Jagdwilderei

(1) **Wer unter Verletzung fremden Jagdrechts dem Wild nachstellt, es fängt, erlegt oder sich zueignet oder eine Sache, die dem Jagdrecht unterliegt, sich zueignet, beschädigt oder zerstört, wird mit Freiheitsstrafe bis zu fünf Jahren oder mit Geldstrafe bestraft.**

(2) **In besonders schweren Fällen, insbesondere wenn die Tat zur Nachtzeit, in der Schonzeit, unter Anwendung von Schlingen oder in anderer nicht weidmännischer Weise oder von mehreren mit Schußwaffen ausgerüsteten Tätern gemeinsam begangen wird, ist auf Freiheitsstrafe von drei Monaten bis zu fünf Jahren zu erkennen.**

(3) **Wer die Tat gewerbs- oder gewohnheitsmäßig begeht, wird mit Freiheitsstrafe von drei Monaten bis zu fünf Jahren, in besonders schweren Fällen mit Freiheitsstrafe von einem Jahr bis zu fünf Jahren bestraft.**

1 **1.** Die Vorschrift schützt das **Aneignungsrecht des Jagdberechtigten** (Bay GA 93, 121, 122 mwN), daneben auch die Hege eines gesunden Wildbestandes (zusf Wessels JA 84, 221); bei Abs 2 auch den weidmännischen Charakter der Jagd und die Tiere vor Tierquälerei (M-Schroeder/Maiwald BT 1 38/9). Geschützt sind in der 1. Alternative des Abs 1 nur wildlebende Tiere, die dem Jagdrecht unterliegen (§§ 1 I, 2 BJagdG). Wilde Tiere in Tiergärten sind nicht herrenlos (§ 960 BGB; beachte Bay JR 87, 128 und NStZ 88, 230) und können daher gestohlen werden (7 zu § 242). Gefangenes oder erlegtes Wild bleibt bis zur Besitzergreifung durch den Jagdberechtigten herrenlos (hM); deshalb kann ein Jagdvergehen auch an (gefangenem lebenden [Abs 1 Alt 1] oder erlegtem [Alt 2]) Wild begangen werden, das ein Unbefugter bereits in Besitz hat (Bay NJW 55, 32; Wessels aaO S 223; str).

2 **2. Abs 1** behandelt in zwei Alternativen Eingriffe in die ausschließliche **Befugnis des Jagdberechtigten,**

a) auf lebendes Wild die Jagd auszuüben und es sich als Jagdbeute anzueignen (§§ 1 I, 2 BJagdG; s auch § 1 IV aaO). **Fangen** heißt, sich des lebenden Tieres bemächtigen; **Erlegen,** es auf irgendeine Weise töten. **Nachstellen** ist die unmittelbare Vorbereitung dieser Handlungen (krit Küper BT S 146), zB Durchstreifen des Gebietes mit gebrauchsfertigen Jagdwaffen. Auf Zueignungsabsicht kommt es hier nicht an. Dagegen erfordert **Zueignen** eine Gewahrsamsbegründung mit dem Willen, die Sache sich selbst zuzueignen (15–17, 20, 21, 26 zu § 242; Gössel BT 2 19/10; weiter die hM, die auch Drittzueignung genügen läßt, Schäfer LK 56 mwN).

b) sich krankes oder verendetes Wild, Fallwild oder Abwurfstangen sowie die Eier von Federwild (§ 2 I Nr 2 BJagdG) anzueignen (§ 1 V aaO). Diese Sachen werden gegen unbefugtes Zueignen (vgl 2), Beschädigen oder Zerstören (3–7 zu § 303) geschützt. 3

3. Das Recht zur Ausübung der Jagd ist in §§ 3 ff BJagdG geregelt. In befriedeten Bezirken (dazu Bay NJW 92, 2306 mwN) ruht das Jagdausübungsrecht (§ 6 S 1 BJagdG) und darf daher vom Revierinhaber nicht wahrgenommen werden (Bay NStZ 92, 187 mwN; str). – Ein Eingriff in fremdes Jagdrecht fehlt bei Erlaubnis des Berechtigten (Jagdgast) oder bei vertraglich oder gesetzlich erlaubter Wildfolge; er wird gerechtfertigt ua durch Sachwehr nach § 228 BGB (zB Habicht im Hühnerhof). – Der Jagdgast, der mehr oder anderes schießt als erlaubt oder der erlaubt erlegtes Wild sich unerlaubt aneignet, verletzt § 292; ebenso der Jagdberechtigte, der sich Wild aus fremdem Jagdgebiet in sein Revier zutreiben läßt (Bay GA 55, 247) oder von seinem Revier aus in fremdes Gebiet schießt; schießt er von fremdem Gebiet in das eigene, so verletzt er uU den § 39 II Nr 6 BJagdG. 4

4. Der **Vorsatz** (bedingter genügt) erfordert namentlich Bedeutungskenntnis (14 zu § 15) im Hinblick darauf, daß es sich um Tiere oder Gegenstände handelt, die dem Jagdrecht unterliegen, und daß in fremdes Jagdrecht eingegriffen wird. Hält der Täter ein schon in das Eigentum des Jagdberechtigten (oder eines anderen) übergegangenes Tatobjekt irrig noch für herrenlos, so kann die Tat in der Form des „Nachstellens“ vollendet sein (v Löbbecke MDR 74, 119, 121), während es für die übrigen Begehungsformen am objektiven Tatbestand und damit an einer Bestrafungsgrundlage fehlt (Wessels JA 84, 221, 224 mwN; str); hält er umgekehrt das herrenlose, nur dem Jagdrecht unterliegende Tatobjekt schon für fremd (beachte dazu 19 zu § 242), so ist der Diebstahls- oder Unterschlagungsvorsatz dem Wildereivorsatz deshalb gleichwertig, weil der Eingriff in das Aneignungsrecht gegenüber dem Eingriff in das Vollrecht quantitativ und qualitativ nur ein Weniger bedeutet; der Vorstellungsmangel ist daher unerheblich (v Löbbecke aaO; aM Wessels aaO S 223; Krey BT 2 Rdn 278, alle mwN; zw). Herrenlosigkeit und Fremdheit des Tatobjekts können von einem Alternativvorsatz umfaßt sein (dazu 29 zu § 15). 5

6 **5.** Zu **Abs 2** (besonders schwere Fälle) 7–11 zu § 46. Die fünf Beispiele sind nicht abschließend, aber nach der Rspr bindend (BGHSt 5, 211; Hamm NJW 62, 601; str). Nachtzeit bedeutet während der Dunkelheit (Bay 63, 86; str). Die Verletzung der Schonzeit (§ 22 BJagdG und die JagdzeitV) muß dem Täter bekannt sein (Bay 56, 50). Das Schlingenstellen zehrt eine idR vorliegende Tierquälerei auf (Bay NJW 57, 720). In „nicht weidmännischer Weise" erfordert eine empfindliche Schädigung des Wildbestandes oder die Zufügung erheblicher Qualen (Bay NJW 60, 446) und die Vorstellung von der Unjagdlichkeit des Verhaltens (Celle MDR 56, 54). Das letzte Beispiel setzt mindestens zwei mit Schußwaffen ausgerüstete Mittäter am Tatort voraus (hM).

7 **6. Abs 3:** Die Gewerbs- oder Gewohnheitsmäßigkeit (20 vor § 52) ist ein strafschärfendes besonderes persönliches Merkmal nach § 28 II (dort 9). Sie begründet nicht notwendig einen besonders schweren Fall nach Abs 3, wenn zugleich die Voraussetzungen des Abs 2 erfüllt sind (BGHSt 22, 44).

8 **7.** Trifft Jagdwilderei mit der Verletzung bußgeldbewehrter **jagdpolizeilicher Vorschriften** (sog Jagdfrevel) zusammen (vgl § 39 BJagdG und die Landesjagdgesetze), so ist nach § 21 I OWiG grundsätzlich nur das Strafgesetz anzuwenden (Bay GA 93, 121 und Zweibrücken NStE 1 zu § 293); es kommt jedoch in Frage, daß einzelne Bußgeldvorschriften unter dem Gesichtspunkt der Spezialität vorgehen (Bay NStZ 90, 440 mit Anm Rüping NStZ 91, 340; Mitsch OWi S 144).

9 **8.** Strafantrag (Abs 1) § 294. Einziehung von Jagdgerät und Hunden § 295. Verstöße des Jagdberechtigten gegen Abschußregelung und Schonzeit § 38 BJagdG.

§ 293 Fischwilderei

(1) **Wer unter Verletzung fremden Fischereirechts fischt oder eine Sache, die dem Fischereirecht unterliegt, sich zueignet, beschädigt oder zerstört, wird mit Freiheitsstrafe bis zu zwei Jahren oder mit Geldstrafe bestraft.**

(2) **In besonders schweren Fällen ist auf Freiheitsstrafe bis zu fünf Jahren oder auf Geldstrafe zu erkennen. Ein besonders schwerer Fall liegt namentlich vor, wenn die Tat zur Nachtzeit, in der Schonzeit, durch Anwendung von Sprengstoffen oder schädlichen Stoffen begangen oder wenn der Fischbestand eines Gewässers durch den Fang von Fischen gefährdet wird, die das für die Ausübung des Fischfangs festgesetzte Mindestmaß noch nicht erreicht haben.**

(3) **Wer die Tat gewerbs- oder gewohnheitsmäßig begeht, wird mit Freiheitsstrafe von drei Monaten bis zu fünf Jahren bestraft.**

1 **1.** Die Vorschrift über **Fischwilderei** ist dem § 292 nachgebildet; nur sind hier die Strafen milder. Fische in geschlossenen Privatgewässern sind nicht herrenlos (§ 960 BGB).

2. Wem das Fischereirecht **zusteht,** ist landesrechtlich geregelt (Nachw bei Göhler [Lexikon] 245). – Wer Umfang oder Inhalt des ihm übertragenen Fischereiausübungsrechts zB durch Fischen mit Reusen überschreitet, verletzt fremdes Fischereirecht (Zweibrücken NStE 1). 2

3. a) Fischen ist jede auf Fang oder Erlegen frei lebender Wassertiere (auch Krebse, Frösche, Schildkröten, Austern, bestimmte Muscheln) gerichtete Handlung ohne Rücksicht auf den Erfolg. Da die Tat also unechtes Unternehmensdelikt (19 zu § 11) ist, fällt ihre Vollendung mit dem Beginn der Tathandlung zusammen (zur Abgrenzung von bloßer Vorbereitung Frankfurt NJW 84, 812). 3

b) Unter die **2. Alternative** des Abs 1 (zu deren Tathandlungen vgl 3 zu § 292) fallen neben toten Fischen usw zB auch Schalen und Seemoos, nicht aber Fischereigeräte. 4

4. Im übrigen gelten die Ausführungen unter 5–9 zu § 292 weitgehend sinngemäß. 5

§ 294 Strafantrag

In den Fällen des § 292 Abs. 1 und des § 293 Abs. 1 wird die Tat nur auf Antrag des Verletzten verfolgt, wenn sie von einem Angehörigen oder an einem Ort begangen worden ist, wo der Täter die Jagd oder die Fischerei in beschränktem Umfang ausüben durfte.

1. Strafantrag §§ 77–77 d. Verletzter (6 zu § 77) ist je nach Sachlage der Jagd-(Fischerei-)berechtigte oder der Ausübungsberechtigte. Besonders schwere Fälle sowie gewerbs- und gewohnheitsmäßige Begehung (Abs 2, 3 der §§ 292, 293) sind ohne Antrag verfolgbar. 1

2. Privilegiert sind nur Angehörige (2 zu § 11) und beschränkt zur Jagd (Fischerei) Befugte, insbesondere der Jagdgast, der mehr oder anderes schießt, als ihm erlaubt war. 2

§ 295 Einziehung

Jagd- und Fischereigeräte, Hunde und andere Tiere, die der Täter oder Teilnehmer bei der Tat mit sich geführt oder verwendet hat, können eingezogen werden. § 74 a ist anzuwenden.

1. § 295 ist eine besondere Vorschrift im Sinne des § 74 IV, welche die **Einziehung** über § 74 I hinaus zuläßt. Die Einziehung darf daher nur unter den Voraussetzungen des § 74 II, III und infolge der Verweisung auf § 74 a auch unter dessen Voraussetzungen angeordnet werden. Vgl im übrigen §§ 74–74 c, 74 e–76 a. 1

2. Jagd- und Fischereigeräte sind Gegenstände, die allgemein und erkennbar zur Jagd und Fischerei bestimmt sind; andere (neutrale) Gegenstände nur, wenn der Täter sie zur – wenn auch unweidmännischen – Jagdausübung bestimmt oder benutzt hat. Dazu gehört auch der Kraftwagen, mit dem das Wild gehetzt, geblendet oder überfahren wird. 2

3 **3.** § 74 I gilt neben § 295 für hier nicht erfaßte Gegenstände. Die Jagdbeute kann nur nach § 40 BJagdG eingezogen werden.

§§ 296, 296 a *(weggefallen)*

§ 297 Schiffsgefährdung durch Bannware

Ein Reisender oder Schiffsmann, welcher ohne Vorwissen des Schiffers, desgleichen ein Schiffer, welcher ohne Vorwissen des Reeders Gegenstände an Bord nimmt, welche das Schiff oder die Ladung gefährden, indem sie die Beschlagnahme oder Einziehung des Schiffes oder der Ladung veranlassen können, wird mit Freiheitsstrafe bis zu zwei Jahren oder mit Geldstrafe bestraft.

1 **1.** Die Vorschrift schützt das **Eigentum** (Schroeder ZRP 78, 12 mwN; str) des Reeders, der daher nicht selbst Täter sein kann. Erfaßt werden nur private (nicht staatliche) Schiffe. Die Tat ist bei deutschen Schiffen stets strafbar (§ 4), bei ausländischen nur, wenn das Schiff mit der Zoll- oder Kriegskonterbande in deutsches Gebiet kommt.

2 **2. Schiffer** ist der Kapitän, Schiffsmann die gesamte übrige Besatzung (anders §§ 3–6 SeemannsG). **Reisender** ist jede mitfahrende Person außer Reeder, Kapitän und Besatzung. – Die Beschlagnahme oder Einziehung darf nicht nur der Konterbande selbst drohen. Der **Vorsatz** (bedingter genügt) muß diese Gefahr umfassen (zum Gefährdungsvorsatz 28 zu § 15).

3 **3. Tateinheit** mit § 22 a KWKG möglich. Beachte dort Einziehung (§ 24 I) und Entschädigung (§ 24 II).

§§ 298–302 *(weggefallen)*

Im Rahmen der Korruptionsbekämpfung sieht ein RegEntw einen neuen Abschnitt **„Straftaten gegen den Wettbewerb"** vor, der ua in § 298 Wettbewerbsbeschränkende Absprachen bei Ausschreibungen und in § 299 Bestechung und Bestechlichkeit im geschäftlichen Verkehr unter Strafe stellt (BR-Dr 553/96; krit Lüderssen BB 96, 2525).

§ 302 a Wucher

(1) **Wer die Zwangslage, die Unerfahrenheit, den Mangel an Urteilsvermögen oder die erhebliche Willensschwäche eines anderen dadurch ausbeutet, daß er sich oder einem Dritten**

1. für die Vermietung von Räumen zum Wohnen oder damit verbundene Nebenleistungen,

2. für die Gewährung eines Kredits,

3. für eine sonstige Leistung oder

4. für die Vermittlung einer der vorbezeichneten Leistungen

Vermögensvorteile versprechen oder gewähren läßt, die in einem auffälligen Mißverhältnis zu der Leistung oder deren Vermittlung

stehen, wird mit Freiheitsstrafe bis zu drei Jahren oder mit Geldstrafe bestraft. Wirken mehrere Personen als Leistende, Vermittler oder in anderer Weise mit und ergibt sich dadurch ein auffälliges Mißverhältnis zwischen sämtlichen Vermögensvorteilen und sämtlichen Gegenleistungen, so gilt Satz 1 für jeden, der die Zwangslage oder sonstige Schwäche des anderen für sich oder einen Dritten zur Erzielung eines übermäßigen Vermögensvorteils ausnutzt.

(2) **In besonders schweren Fällen ist die Strafe Freiheitsstrafe von sechs Monaten bis zu zehn Jahren. Ein besonders schwerer Fall liegt in der Regel vor, wenn der Täter**

1. **durch die Tat den anderen in wirtschaftliche Not bringt,**
2. **die Tat gewerbsmäßig begeht,**
3. **sich durch Wechsel wucherische Vermögensvorteile versprechen läßt.**

1 **1.** Die Vorschrift **schützt** nur das **Vermögen** (hM; vgl M-Schroeder/Maiwald BT 1 43/7; anders Scheffler GA 92, 1; Kindhäuser NStZ 94, 105 und NK 2–15; Samson SK 2–8, alle mwN; zw). Sie vereinigt die verschiedenen Formen des **Individualwuchers** in einem umfassenden Tatbestand des **Leistungswuchers,** in dem die kriminalpolitisch wichtigsten Begehungsformen hervorgehoben werden. Für den Individualwucher ist kennzeichnend, daß der Täter eine Schwäche seines Opfers ausnutzt, um sich aus einem gegenseitigen Rechtsgeschäft übermäßig zu bereichern (überwiegend krit zu der Häufung normativer Merkmale im Tatbestand und zu dessen auffällig geringen Bedeutung in der Praxis Kohlmann, Wirksame strafrechtliche Bekämpfung des Kreditwuchers, 1974; Otto MschrKrim 80, 397, 405; Bernsmann GA 81, 141; Hohendorf, Das Individualwucherstrafrecht nach dem ersten Gesetz zur Bekämpfung der Wirtschaftskriminalität von 1976, 1982; Sickenberger, Wucher als Wirtschaftsstraftat, 1985; Schauer, Grenzen der Preisgestaltungsfreiheit im Strafrecht, 1989, S 40; grundsätzlich abw Scheffler aaO, der die Struktur des Tatbestandes trotz seiner Bedeutungslosigkeit für sachgemäß hält). – Der **Sozialwucher** im Sinne der Ausnutzung allgemeiner Not- oder Mangellagen wird durch die §§ 3–5 WiStG erfaßt (krit zu dieser Unterscheidung Bernsmann aaO; Sch/Sch-Stree 2).

2 **2.** Abs 1 setzt ein **zweiseitiges** (oder mehrseitiges, zB Gesellschaftsvertrag) **Rechtsgeschäft** voraus, in dem einer **Leistung, gleich welcher Art** („sonstige Leistung"; vgl Nr 3), eine Gegenleistung („Vermögensvorteile für" die Leistung) gegenübersteht (Schmidt GA 79, 121, 127). Da die Nummern 1 (Mietwucher), 2 (Kreditwucher) und 4 (Wucher bei Vermittlungen) auch nur Leistungen beschreiben, sind sie Beispielsfälle der Nr 3 und lediglich dazu bestimmt, die kriminalpolitisch bedeutsamsten Fälle des Wuchers herauszustellen (BT-Dr 7/5291 S 20) und für die Vermittlung von Leistungen auch Mißverständnisse auszuschließen (BT-Dr 7/3441 S 40). Einer exakten Abgrenzung der Beispiele bedarf es daher nicht.

3 **3.** Das **auffällige Mißverhältnis** ist vom Standpunkt des Leistenden zu beurteilen (hM; vgl Schäfer/Wolff LK 25; krit Heinz GA 77, 193, 220). Zu vergleichen ist die Gesamtheit seiner vermögenswerten Aufwendungen für die Leistung mit den Vermögensvorteilen (59 zu § 263), die ihm oder dem Dritten aus dem Geschäft zufließen sollen; auf Vorteile, die der Bewucherte mit Hilfe des Geschäfts erlangt oder sich verspricht, kommt es nicht an (Bay NJW 85, 873 und Karlsruhe JR 85, 167, beide mit krit Anm Otto JR 85, 169). Für die Berechnung ist dabei im allgemeinen der Marktwert maßgebend (Kindhäuser NK 45; krit Bernsmann GA 81, 141, 148, gegen dessen Prämisse Kindhäuser NStZ 94, 105, 109); jedoch ist bei Leistungen, für die es keinen Markt gibt (zB Leistungen zur Lebensrettung) oder bei denen die Preisbildung infolge von Wettbewerbsverzerrungen unangemessen ist, auf den sog „gerechten" Preis zurückzugreifen (Schäfer/Wolff LK 34), dessen Ermittlung allerdings typische und idR schwer überwindbare Schwierigkeiten bereitet (Bernsmann aaO S 152; nach Kindhäuser NStZ 94, 105, 110 fallen solche Geschäfte faktisch aus dem Bereich des Wuchers heraus). Zu der weitgehend noch ungeklärten Frage der Wertberechnung bei verbotenen oder sittenwidrigen Leistungen (zB Drogenverkauf, illegaler Schwangerschaftsabbruch, Prostitutionsausübung usw) Bernsmann aaO S 155; Sickenberger aaO (vgl 1) S 97; Kindhäuser NStZ 94, 105, 110, alle mwN. – Das Mißverhältnis ist **auffällig,** wenn für den Kundigen – sei es auch erst nach genauer Aufklärung des Sachverhalts – ein unverhältnismäßiger Wertunterschied zwischen den Leistungen unmittelbar ins Auge springt (Stuttgart wistra 82, 36; Bay NJW 85, 873, beide mwN).

4 **a)** Beim **Mietwucher** (Nr 1) ist der Beurteilung in Anlehnung an § 5 WiStG die ortsübliche Miete (zu deren Ermittlung Celle GA 77, 77) zugrunde zu legen (hM; vgl BGHSt 30, 280 mwN; zw). Waren jedoch die Gestehungskosten und Aufwendungen des Vermieters so hoch und unabwendbar, daß eine Festlegung auf die ortsübliche Miete (Vergleichsmiete) ungerecht wäre, so ist das in den Grenzen des für den Mieter Zumutbaren zu berücksichtigen (ähnlich zum früheren Recht BGHSt 11, 182; aM BGHSt 30, 280 mit Anm Scheu JR 82, 474; Sikkenberger aaO [vgl 1] S 82; Kindhäuser NStZ 94, 105, 107 und NK 48, alle mwN; zw). Aus den konkreten Umständen abzuleitende überdurchschnittliche Risiken erhöhter Abnutzung, die bei Vermietung zB an häufig wechselnde Mieter, Großfamilien (BGHSt 11, 182) oder Wohngemeinschaften in Frage kommen, rechtfertigen einen angemessenen Zuschlag zur ortsüblichen Miete (NJW 82, 896 mwN; s auch Hamm NJW 83, 1622; str). – Im Durchschnittsfall wird die Auffälligkeit bei Überschreitung der Vergleichsmiete um 50% oder mehr anzunehmen sein (BGHSt 30, 280; Sch/Sch-Stree 15 mwN). Beachte auch die in den Ländern erlassenen Richtlinien zur wirksameren Bekämpfung von Mietpreisüberhöhungen (Nr 239 RiStBV).

5 **b)** Beim **Kreditwucher** (Nr 2) liegt der Schwerpunkt auf dem Ratenkredit, dem wichtigsten Typus massenweiser Kreditvergabe. Hier hat

sich die Methode durchgesetzt, bei dem erforderlichen Leistungsvergleich (vgl 3) gegenüberzustellen: Einerseits den sog **effektiven Jahreszins,** der den Jahrespreis für den Kredit unter Zugrundelegung seiner Laufzeit, des Auszahlungsbetrags, der Tilgungsleistungen, des Zinssatzes und der Kosten widerspiegelt (Karlsruhe NJW 88, 1154 mwN; s auch NJW 88, 1661) und andererseits den sog **Schwerpunktzins,** einen aufgrund von Auskünften zahlreicher Kreditinstitute ermittelten und in den Monatsberichten der Deutschen Bundesbank laufend veröffentlichten Jahresdurchschnittspreis für Ratenkredite (BGHZ 80, 153; Stuttgart NJW 79, 2409 und wistra 82, 36; Nack MDR 81, 621; Nack/Wiese wistra 82, 135; Haberstroh NStZ 82, 265; Otto NJW 82, 2745; einschr Hohendorf aaO [vgl 1] S 116, alle mwN). Die aus diesem Vergleich zu entwickelnde Wertentscheidung über das auffällige Mißverhältnis erfordert eine **Gesamtbetrachtung,** für die zahlreiche weitere Umstände, namentlich Wesen und Zweck des Kredits, seine Höhe, seine Laufzeit, die gewährten Sicherheiten, das Ausfallrisiko des Kreditgebers und dessen Gestehungskosten (NJW 83, 2780 mit krit Anm Nack NStZ 84, 23 und Otto JR 84, 252; Karlsruhe NJW 88, 1145) bedeutsam sind (zusf Schäfer/Wolff LK 32, 33 mwN). Die Angabe fester Richtwerte für die Überschreitung der Strafbarkeitsschwelle (zB 30% effektiver Jahreszins) dürfte deshalb kaum möglich sein (BGHZ 80, 153; aM StA Stuttgart JR 80, 160 mit krit Anm Lenckner; str); regelmäßig (beachte jedoch MDR 90, 1002; JZ 91, 836 mit Bespr Kohte JZ 91, 814) ist erst ein gegenüber dem Schwerpunktzins um 100% höherer effektiver Jahreszins (NJW 88, 818; Kindhäuser NK 50, beide mwN) oder eine absolute Differenz von mindestens 12 Prozentpunkten zwischen den beiden Vergleichswerten (BGHZ 110, 336 mwN) ein ausreichendes Indiz (s dazu auch Nack, Haberstroh und Otto aaO). – Bei Krediten anderer Art bildet der nicht mehr ausdrücklich erwähnte (anders noch § 302 a aF) übliche Zinsfuß, dh der im redlichen Geschäftsverkehr zur Tatzeit in der fraglichen Region bei vergleichbaren Krediten übliche Zins, ein auch heute noch im Rahmen der erforderlichen Gesamtwürdigung wichtiges Element (Kühne MschrKrim 77, 107, 114).

c) Beim Wucher, der durch **Vermittlungen** begangen wird (Nr 4), 6
dürfte als Ausgangspunkt, also vor Berücksichtigung der Umstände des Einzelfalls, der Preis zu ermitteln sein, der zur Tatzeit in der jeweiligen Region im redlichen Geschäftsverkehr für Vermittlungen vergleichbarer Art üblicherweise gezahlt wird, zB die übliche Maklerprovision (NJW 94, 1475).

d) Zu den **übrigbleibenden Fällen** (Nr 3) gehören etwa Gebüh- 7
renüberhebungen durch Ärzte, Lohnwucher (str) und Überteuerungen bei Verkaufsgeschäften, die auch in der Vergnügungsindustrie (Bay NJW 85, 873), dem Kunst- und Antiquitätenhandel und der Drogenszene nicht auszuschließen sind; jedoch macht die Ermittlung der Berechnungsgrundlage, die hier häufig zum Rückgriff auf den „gerech-

ten" Preis (vgl 3) zwingt, umso größere Schwierigkeiten, je weniger sich am Markt allgemeine Vergleichsmaßstäbe entwickelt haben und je mehr Affektions-(Liebhaber-)interessen und individuelle Motive beim Geschäftsabschluß mitspielen.

8 4. **Ausbeuten** ist die bewußte und besonders anstößige Ausnutzung der Lage des anderen zur Erlangung übermäßiger Vermögensvorteile (Sch/Sch-Stree 29 mwN; weiter BGHSt 11, 182, 187; Hohendorf aaO [vgl 1] S 133; Sickenberger aaO [vgl 1] S 67; Schäfer/Wolff LK 23; zw). – **Zwangslage** erfordert nicht notwendig eine existenzbedrohende wirtschaftliche Bedrängnis; das drohende Scheitern von bloßen Zukunftsplänen reicht nicht (NJW 94, 1275). Es genügt, daß der Bewucherte nach seinen Verhältnissen die Leistung dringend benötigt und sie nach den Umständen anderweitig nicht günstiger erlangen kann (BT-Dr 7/3441 S 40; krit Sasserath NJW 72, 711). Eine nur eingebildete Zwangslage genügt nicht (aM Hohendorf aaO [vgl 1] S 93; Schauer aaO [vgl 1] S 99), wohl aber eine solche, für die es zwar einen Ausweg gibt, der Bewucherte ihn aber nicht kennt (NJW 58, 2074, 2075; Schäfer/Wolff LK 15 mwN; zw). Ob die Lage vermeidbar war, ist unerheblich (BGHSt 11, 182, 186). – **Unerfahrenheit** ist eine den Ausgebeuteten vom Durchschnittsmenschen unterscheidende Eigenschaft, die auf einem Mangel an Geschäftskenntnis und Lebenserfahrung im allgemeinen oder auf einzelnen Gebieten beruht und eine Einschränkung der Fähigkeit zur Wahrnehmung oder richtigen Beurteilung von Zuständen oder Geschehnissen zur Folge hat (BGHSt 13, 233; NJW 83, 2780 mit abl Anm Nack NStZ 84, 23; Karlsruhe NJW 88, 1154, 1158; krit Otto NJW 82, 2745, 2749, alle mwN; str). – **Mangel an Urteilsvermögen** ist mehr als bloße Unerfahrenheit; er ist namentlich anzunehmen, wenn dem Bewucherten – idR infolge von Verstandesschwäche – die Fähigkeit abgeht, die beiderseitigen Leistungen und die wirtschaftlichen Folgen des Geschäftsabschlusses vernünftig zu bewerten (BT-Dr 7/3441 S 41). – **Willensschwäche** ist jeder – sei es auch krankhafte, uU auf Alkohol- oder Drogenabhängigkeit beruhende – Mangel an Widerstandsfähigkeit gegenüber psychischen Reizen (Prot 7, 2799; krit Begr zu § 203 AE [WirtschStR]); sie ist **erheblich,** wenn sie nicht lediglich Ausdruck einer verbreiteten Anfälligkeit gegenüber modernen Werbemethoden ist (BT-Dr 7/5291 S 20), sondern deutlich hinter der Widerstandskraft des am Geschäftsverkehr teilnehmenden Durchschnittsmenschen zurückbleibt.

9 **5.** Die sog **Additionsklausel** (Abs 1 S 2) setzt voraus, daß bei einem **nach wirtschaftlicher Betrachtung einheitlichen Geschäftsvorgang** (BT-Dr 7/5291 S 20) mehrere in verschiedenen Rollen mitwirken und dafür jeweils selbständig Vermögensvorteile beanspruchen (zB beim Darlehen: Zinsen, Vermittlungsprovisionen, Auskunfts- und Bearbeitungsgebühren, Versicherungsbeiträge usw, BT-Dr 7/3441 S 40); die bloße Einheit des wirtschaftlichen Vorhabens des Opfers (zB Inanspruchnahme mehrerer Kredite für dasselbe Projekt) genügt nicht (Kind-

häuser NK 57; speziell zur Restschuldversicherung Lenckner JR 80, 161; Sickenberger aaO [vgl 1] S 87; s auch NJW 80, 2074 und 82, 2433, alle mwN; str). Unter dieser Voraussetzung kommt es für die Auffälligkeit des Mißverhältnisses, sofern diese für die Leistung des Täters nicht schon selbständig bejaht werden kann, jeweils auf die Summe der einander gegenüberstehenden Leistungen und Vermögensvorteile an, und zwar unter Einbeziehung auch solcher Geschäfte, die ihrerseits schon ein auffälliges Mißverhältnis aufweisen. Für seine Person muß der Täter dann nur die übrigen Tatbestandsmerkmale erfüllen und die Schwäche des anderen (vgl 8) zur Erzielung eines lediglich **übermäßigen,** dh wirtschaftlich unangemessenen, Vermögensvorteils ausnutzen; diese letzte Einschränkung entfällt allerdings regelmäßig, wenn die Mitwirkenden ihre Tatbeiträge nicht selbständig als Nebentäter erbringen, sondern – was nach allen Erfahrungen die Regel ist (Haberstroh NStZ 82, 265, 267) – als Beteiligte (§§ 25–27) miteinander verbunden sind (BT-Dr aaO). – Die dogmatische Problematik der Additionsklausel besteht darin, daß sie ein lediglich unanständiges, nicht mit Strafe bedrohtes Verhalten nur deshalb über die Strafbarkeitsschwelle hebt, weil sich auch andere neben dem Täter ebenso verhalten (krit Sturm JZ 77, 84, 87; Hohendorf aaO [vgl 1] S 150; Kindhäuser NStZ 94, 105, 108, der in dieser Klausel einen Verstoß gegen den Bestimmtheitsgrundsatz sieht).

6. Der **Vorsatz** (bedingter genügt; dazu Haberstroh NStZ 82, 265, 10
269) muß sich namentlich auf das auffällige Mißverhältnis (näher Kindhäuser NK 60) und auf die besondere Lage des Opfers erstrecken; bei Abs 1 S 2 muß der Täter außerdem – sei es auch nur im Sinne bedingten Vorsatzes – wissen, daß neben ihm mindestens noch ein anderer mitwirkt, der die Schwäche des Opfers zur Erzielung eines übermäßigen Vorteils ausnutzt. Mangels Strafbarkeit des Versuchs wird die irrige Annahme dieser Voraussetzungen nicht erfaßt. – **Ausbeuten** (vgl 8) erfordert, daß der Täter die Erlangung der Vorteile bezweckt (Schäfer/Wolff LK 55) und daß er sich der Umstände bewußt ist, die deren Übermäßigkeit und die besondere Anstößigkeit der Tathandlung begründen (17 zu § 15; weiter Kohlmann aaO [vgl 1] S 43; Hohendorf aaO [vgl 1] S 132; Schäfer/Wolff LK 23; zw).

7. Zu **Abs 2** (besonders schwere Fälle) 7–21 zu § 46. – **Nr 1: Wirt- 11
schaftliche Not** 2 zu § 283 a. – **Nr 2: Gewerbsmäßig** 20 vor § 52. – **Nr 3: Wucherische Vermögensvorteile** sind solche, deren Versprechen nach Abs 1 tatbestandsmäßig ist (aM für Abs 1 Satz 2 Kindhäuser NK 72 mwN; str). Das Versprechen durch **Wechsel** war schon in § 302 b aF wegen seiner besonderen Gefährlichkeit als Erschwerungsgrund anerkannt.

8. Mit **§ 263** ist **Tateinheit** möglich. Sie setzt aber neben dem Zu- 12
sammentreffen in einer Handlungseinheit voraus, daß die Täuschung gegenüber der wucherischen Handlung einen selbständigen Unwert verwirklicht. Andernfalls wird der Betrug als Begleittat konsumiert. In

Frage kommt auch, daß § 302 a gegenüber der schärferen Strafdrohung des § 263 eine Sperrwirkung entfaltet, wenn zwar alle Merkmale des Betrugs, nicht aber des Wuchers erfüllt sind (zu der noch wenig geklärten Rechtslage Lackner/Werle NStZ 85, 503, 504; eingehend Schauer aaO [vgl 1] S 227, 258). Auch mit **§ 253** ist Tateinheit möglich; jedoch bedarf es hier ähnlicher Differenzierungen wie beim Verhältnis zu § 263 (vgl etwa Bernsmann GA 81, 141, 166; Arzt, Lackner-FS, S 641; zusf Schauer aaO S 212). – Für das **Zusammentreffen mit §§ 3–5 WiStG** (Verstöße gegen Preisregelung, Preisüberhöhung) gilt § 21 OWiG.

26. Abschnitt. Sachbeschädigung

§ 303 Sachbeschädigung

(1) **Wer rechtswidrig eine fremde Sache beschädigt oder zerstört, wird mit Freiheitsstrafe bis zu zwei Jahren oder mit Geldstrafe bestraft.**

(2) **Der Versuch ist strafbar.**

1 **1.** Die Vorschrift **schützt das Eigentum** gegen Tauglichkeitsminderung (Sch/Sch-Stree 1 mwN; str). – Zur **Kriminologie** der Sachbeschädigung und ihrer kriminalistischen Problematik Geerds, Sachbeschädigungen, 1983, S 23, 45; speziell zu den Strafrahmendiskrepanzen bei den Sachbeschädigungsdelikten Disse, Die Privilegierung der Sachbeschädigung (§ 303 StGB) gegenüber Diebstahl (§ 242 StGB) und Unterschlagung (§ 246 StGB), 1982; Bohnert JR 88, 446.

2 **2. Sache** 2 zu § 242; hier auch die unbewegliche, zB der Acker, die Wiese (LG Karlsruhe NStZ 93, 543, 544), das Gebäude, auch das fast zerstörte (OGHSt 2, 209); auch eine wertlose Sache wie ein an Tollwut erkrankter Hund (aM Bay NJW 93, 2760; zw). **Fremd** 4–7 zu § 242.

3 **3. a) Beschädigen** ist nach der Rspr des BGH jede nicht ganz unerhebliche körperliche Einwirkung auf die Sache, durch die ihre stoffliche Zusammensetzung verändert oder ihre Unversehrtheit derart aufgehoben wird, daß die Brauchbarkeit für ihre Zwecke gemindert ist (BGHSt 13, 207 mit krit Anm Klug JZ 60, 226; NStZ 82, 508; LG Karlsruhe NStZ 93, 543, 544; zur Abgrenzung von der bloßen Sachentziehung Bloy, Oehler-FS, S 559; Schmitt, Stree/Wessels-FS, S 505).

4 aa) Im allgemeinen ausreichend, aber nicht unbedingt erforderlich ist, daß die Sache in ihrer **Substanz** verletzt oder, zB durch Lack- oder Farbanstrich, so in Mitleidenschaft gezogen wird, daß die Reinigung zwangsläufig zu einer Substanzverletzung führen muß (Düsseldorf NJW 82, 1167 mit Anm Behm StV 82, 596; Oldenburg NJW 83, 57 mit Anm Dölling JR 84, 37; Frankfurt NStZ 88, 410; Wilhelm JuS 96, 424; krit Seelmann JuS 85, 199, 200, alle mwN; str); läßt sich die aufgesprühte Farbe ohne Rückstände beseitigen, so liegt trotz des Kostenaufwands keine Substanzverletzung vor (Düsseldorf StV 95, 592). Fer-

ner kann eine bloße **Funktionseinbuße** genügen (Frankfurt NJW 87, 389 mit Anm Stree JuS 88, 187; LG Bremen NJW 83, 56; krit Kargl ZStW 103, 136, 152 und Thoss KritV 94, 392), zB Luftablassen aus Auto- (BGHSt 13, 207) oder Fahrradreifen (Bay NJW 87, 3271) und Zerlegen einer Maschine (Kohlrausch/Lange III). Auch das Löschen eines Ton-(Magnet-)Bandes gehört hierher, weil der Eingriff den Verlust einer zuvor gegebenen Funktion des besprochenen Bandes zur Folge hat (Merkel NJW 56, 778; Lenckner, Computerkriminalität und Vermögensdelikte, 1981, S 19; aM Lampe GA 75, 1, 16; Kunz JuS 77, 604; Naucke 1/111; zw; beachte jedoch 6 zu § 303 a).

Unerhebliche Beeinträchtigungen, deren Beseitigung üblicher- 5
weise überhaupt unterbleibt oder ohne ins Gewicht fallenden Aufwand möglich ist, sind auszuscheiden (hM; vgl NStZ 82, 508; eingehend Behm, Sachbeschädigung und Verunstaltung, 1984, S 185 mwN); zB beim Luftablassen aus Autoreifen unmittelbar an einer Tankstelle (BGHSt 13, 207; krit Lampe ZStW 89, 325, 343; zw) oder aus den Reifen eines mit einer funktionstüchtigen Luftpumpe ausgerüsteten Fahrrades (aM Bay NJW 87, 3271 mit abl Anm Geerds JR 88, 218 und Behm NStZ 88, 275), beim Abmontieren von Radkappen, die neben das Auto gelegt werden (Hamm VRS 28, 437), oder bei einer geringfügigen Erweiterung eines schon bestehenden, Wiederherstellung erfordernden schadhaften Zustandes (Frankfurt MDR 79, 693), **nicht dagegen** beim Herausschneiden der Kennummern aus Volkszählungsbögen, weil hier nur die Substanz-, aber nicht die Funktionseinbuße unerheblich ist (Celle NJW 88, 1101 mit Anm Zaczyk StV 88, 157 und Geerds JR 88, 435; Köln NJW 88, 1102; Stuttgart NJW 89, 1939, alle mwN).

bb) Nach der Rspr des BGH ist die bloße, ohne Substanzverlet- 6
zung bewirkte **Veränderung der äußeren Erscheinungsform** regelmäßig keine Beschädigung, und zwar auch dann nicht, wenn die Veränderung auffällig (belangreich) ist (BGHSt 29, 129; Frankfurt NJW 90, 2007; Düsseldorf NJW 93, 869, alle mwN; eingehend Behm aaO [Sachbeschädigung; vgl 5] und JR 88, 360); eine Ausnahme wird nur für den Fall anerkannt, daß die Funktion der Sache, etwa eines Kunstwerks oder eines Denkmals (RGSt 43, 204), gerade darin besteht, durch die äußere Erscheinung zu wirken (BGH aaO; s auch Hamburg NJW 82, 395 mit Anm Maiwald JR 82, 298). Demgegenüber hat die Mehrheit der OLG (Nachw BGH aaO) beim Phänomen des sog „wilden Plakatierens" jede nicht unerhebliche, dem maßgeblichen Gestaltungswillen oder auch nur einem vernünftigen Interesse des Eigentümers widersprechende Zustandsveränderung genügen lassen (ebenso Schroeder JR 76, 338 und JZ 78, 72; Haas JuS 78, 14; aM Thoss NJW 78, 1612 und KritV 94, 392; Schmid NJW 79, 1580; Seelmann JuS 85, 199; vgl auch Wilhelm JuS 96, 424). Diese sog Zustandsveänderungstheorie ist als Gegenposition zur BGH-Rspr mit zum Teil beachtlichen Gründen weiter vertieft worden (zusf Maiwald JZ 80, 256; Gössel JR 80, 184; Dölling NJW 81, 207; Katzer NJW 81, 2036;

Otto JZ 85, 21, 27; Schroeder JR 87, 359 und 88, 363; Küper BT S 163).

7 **b) Zerstören** ist nur ein stärkerer Grad des Beschädigens, dh eine Einwirkung mit der Folge, daß die bestimmungsmäßige Brauchbarkeit der Sache völlig aufgehoben wird.

8 **4.** Der **Vorsatz** (bedingter genügt) muß die Substanzverletzung oder Brauchbarkeitsminderung (AG Freiburg StV 82, 582), nicht aber die Rechtswidrigkeit (vgl 9) umfassen, die hier nur allgemeines Verbrechensmerkmal ist (6 zu § 15); die irrige Annahme, jagdschutzrechtlich zur Tötung von Hunden befugt zu sein (vgl 9), läßt als Verbotsirrtum den Vorsatz unberührt (Bay NJW 92, 2306 mit im Ergebnis zust Bespr Schlüchter JuS 93, 14, Herzberg GA 93, 439 und JZ 93, 1017, 1019).

9 **5.** Die **Rechtswidrigkeit** kann namentlich durch Einwilligung des Eigentümers ausgeschlossen sein (10–18 vor § 32; s auch Oldenburg NJW 82, 1166), ferner ua durch §§ 228, 229, 859, 904 BGB. Das Töten wildernder Hunde kann der Jagdschutz rechtfertigen (§§ 23, 25 BJagdG; dieses Recht endet zB an der Grenze der befriedeten Jagdbezirke nach § 6 BJagdG, Bay NJW 92, 2306); bei Überschreitung des Jagdrechts bleibt § 303 anwendbar (Hamm MDR 60, 865). Zur ausnahmsweise möglichen Rechtfertigung von sog Graffitikunst durch das Grundrecht der Kunstfreiheit Fischer, Die strafrechtliche Beurteilung von Werken der Kunst, 1995, S 170 mwN.

10 **6.** Zum **Konkurrenzverhältnis** des § 303 zu § 243 vgl dort 24; zu § 274 dort 8; zu § 303 a dort 6; zu § 303 b dort 8; zu § 310 a dort 2. Die Sachbeschädigung an Volkszählungsbögen (vgl 5) wird durch die mit Geldbuße bedrohte Auskunftspflichtverletzung nach §§ 15, 23 BStatG schon wegen der Unrechtsverschiedenheit nicht verdrängt (Celle NJW 88, 1101; Köln NJW 88, 1102; Düsseldorf MDR 89, 665; aM Frister NJW 88, 954, alle mwN); sie geht vielmehr nach § 21 OWiG vor.

11 **7. Strafantrag** § 303 c.

§ 303 a Datenveränderung

(1) **Wer rechtswidrig Daten (§ 202 a Abs. 2) löscht, unterdrückt, unbrauchbar macht oder verändert, wird mit Freiheitsstrafe bis zu zwei Jahren oder mit Geldstrafe bestraft.**

(2) **Der Versuch ist strafbar.**

1 **1.** Die Vorschrift **schützt das Interesse an der unversehrten Verwendbarkeit von Daten** (Möhrenschlager wistra 86, 128, 141); geschützt sind deshalb auch Daten ohne wirtschaftlichen, wissenschaftlichen oder ideellen Wert (Bay 93, 87, 90; Schulze-Heiming, Der strafrechtliche Schutz der Computerdaten gegen die Angriffsformen der Spionage, Sabotage und des Zeitdiebstahls, 1995, S 164 mwN). Zum kriminalpolitischen Bedürfnis für ihre Einführung durch das 2. WiKG

(2 vor § 263) BT-Dr 10/5058 S 34 (krit Welp IuR 89, 434, 436). **Grundfälle** bei Hilgendorf JuS 96, 890.

2. Handlungsobjekte sind nur nicht unmittelbar wahrnehmbare Daten nach § 202 a II (dort 2). Für die Beeinträchtigung unmittelbar wahrnehmbarer Daten kommt § 303 in Frage. 2

3. Die **Tathandlungen,** die auch durch Unterlassen in Garantenstellung (6–15 zu § 13) begangen werden können (Schulze-Heiming aaO [vgl 1] S 183), überschneiden sich weit (zusf Welp IuR 88, 434 [Sonderheft]; Hilgendorf aaO [vgl 1] S 891; s auch § 3 V BDSG). – **Löschen** entspricht dem Zerstören nach § 303 I und erfordert daher nicht wiederherstellbare, vollständige Unkenntlichkeit (BT-Dr 10/5058 S 34; Schulze-Heiming aaO S 172; enger Tolksdorf LK 23) der konkreten Speicherung (Lenckner/Winkelbauer CR 86, 824, 829); zB Beseitigen einer Kopiersperre mittels Cracker (Haß, in: Lehmann [Hrsg], Rechtsschutz und Verwertung von Computer-Programmen, 2. Aufl 1993, S 498 Rdn 51). **Unterdrücken** bedeutet – insoweit über § 303 I hinausgehend –, die Daten dauernd oder auch nur vorübergehend (Haß aaO S 498 Rdn 52; Binder, Strafbarkeit intelligenten Ausspähens von programmrelevanten DV-Informationen, 1994, S 57 und RDV 95, 116, 118; Schulze-Heiming aaO S 179; aM Samson SK 20) dem Zugriff des Berechtigten entziehen und dadurch ihre Verwendbarkeit ausschließen (BT-Dr aaO; s auch 2 zu § 274; 10 zu § 354). **Unbrauchbarmachen** heißt, die Daten in ihrer Gebrauchsfähigkeit so beeinträchtigen, daß sie ihren Zweck nicht mehr erfüllen können (BT-Dr aaO S 35). **Verändern** erfordert das Herstellen eines neuen Dateninhalts, sei es durch inhaltliche Umgestaltung (§ 3 V Nr 2 BDSG), durch Teillöschung oder durch veränderte Verknüpfung mit anderen Daten (Bay 93, 86 mit zust Bespr Hilgendorf JR 94, 478 und Otto JK 1; Möhrenschlager wistra 86, 128, 141); die bloße Vervielfältigung von Daten durch Übertragung auf einen (weiteren) Datenträger (zB auf eine Blanko-Codekarte) genügt nicht (aM Richter CR 89, 305). – Der Einsatz von Computerviren kann, muß aber nicht tatbestandsmäßig sein (näher dazu Schulze-Heiming aaO S 185 und Tolksdorf LK 32–35 mwN); der Einsatz einer Programmsperre kann als Unterdrücken oder Unbrauchbarmachen erfaßt werden, wenn es sich nicht nur um eine geringfügige Beeinträchtigung der Programmbenutzung handelt (Wuermeling CR 94, 585, 592). 3

4. Ohne die Einbeziehung des Merkmals **„rechtswidrig“** beschreibt der Tatbestand keinen Unrechtstypus (krit zu dieser Gesetzestechnik Welp IuR 88, 443, 446). Dieser kann erst dadurch konstituiert werden, daß aus dem Rechtswidrigkeitserfordernis ein einschränkendes Tatbestandselement abgeleitet wird (6 zu § 15; Hilgendorf aaO [vgl 1] S 892; ähnlich Granderath DB 86, Beil 18, 1, 3; Frommel JuS 87, 667; in der Methode, nicht in der Sache abw Lenckner/Winkelbauer CR 86, 824, 828). Wegen der Unbestimmtheit des Tatbestandes werden verfassungsrechtliche Bedenken aus Art 103 II GG erhoben (Tolksdorf 4

LK 7 mwN), die nur durch eine überzeugende inhaltliche Ausfüllung dieses einschränkenden Tatbestandselements überwunden werden können. Für die Tatbestandsmäßigkeit genügt jeder Eingriff in eine fremde Rechtsposition (Bay 93, 86 mit Anm Hilgendorf JR 94, 478; zw), auf jeden Fall also die Verletzung des (eigentümerähnlichen) Verfügungsrechts über die Daten, das nicht notwendig dem Systembetreiber, sondern häufig auch einem von ihm verschiedenen Auftraggeber zusteht (näher dazu Welp aaO mwN); bei unerlaubt auf fremdem Datenträger gespeicherten Daten kann der Speichernde, aber auch der Eigentümer des Datenträgers das Verfügungsrecht haben (Tolksdorf LK 15, 16 mwN). Einzubeziehen ist ferner der Eingriff in fremde Besitz- oder Nutzungsrechte (Lenckner/Winkelbauer aaO; aM Welp aaO; zw) und wohl auch die Verletzung der Interessen des vom Dateninhalt Betroffenen (BT-Dr 10/5058 S 34; Möhrenschlager wistra 86, 128, 141; Granderath aaO; Tröndle 9), dies allerdings nur, wenn ihm – was idR nicht zutrifft – ein Recht auf Unversehrtheit der Daten zusteht (ganz abl Lenckner/Winkelbauer, Hilgendorf und Welp aaO sowie Tolksdorf LK 10); manche knüpfen die Verfügungsberechtigung an den „Skripturakt", dh das erste Abspeichern der Daten (Hilgendorf aaO [vgl 1] S 893 mwN). Nur dieses Erfordernis des Eingriffs in eine fremde Rechtsposition ist Tatbestandselement (ebenso Gössel BT 2 18/60). – Der Einsatz einer Programmsperre, die unberechtigte Nutzer trifft, kann durch Notwehr gerechtfertigt sein (Wuermeling CR 94, 585, 591).

5 **5.** Der **Vorsatz** (bedingter genügt) muß namentlich das unter 4 beschriebene Tatbestandselement umfassen. Der Irrtum über die „Rechtswidrigkeit" kann je nach den Umständen Tatbestands-, Erlaubnistatbestands- oder Verbotsirrtum sein.

6 **6. Tateinheit** ua möglich mit §§ 202 a, 263 a, 268, 269 sowie mit § 43 BDSG. Dasselbe gilt für § 303; werden jedoch lediglich Daten ohne Verletzung der Trägersubstanz beeinträchtigt (zB Löschen eines Tonbandes), so tritt § 303 – obwohl tatbestandlich verwirklicht (4 zu § 303) – zurück, weil sich das Unrecht in der von § 303 a voll erfaßten Datenveränderung erschöpft (Hilgendorf aaO [vgl 1] S 894; aM Lenckner/Winkelbauer CR 86, 824, 831 und Krey BT 2 Rdn 257 b).

§ 303 b Computersabotage

(1) **Wer eine Datenverarbeitung, die für einen fremden Betrieb, ein fremdes Unternehmen oder eine Behörde von wesentlicher Bedeutung ist, dadurch stört, daß er**

1. eine Tat nach § 303 a Abs. 1 begeht oder

2. eine Datenverarbeitungsanlage oder einen Datenträger zerstört, beschädigt, unbrauchbar macht, beseitigt oder verändert,

wird mit Freiheitsstrafe bis zu fünf Jahren oder mit Geldstrafe bestraft.

(2) **Der Versuch ist strafbar.**

1. Die Vorschrift **schützt das Interesse von Wirtschaft und Verwaltung an der Funktionstüchtigkeit ihrer Datenverarbeitung** (Möhrenschlager wistra 86, 128, 142; Schulze-Heiming, Der strafrechtliche Schutz der Computerdaten gegen die Angriffsformen der Spionage, Sabotage und des Zeitdiebstahls, 1995, S 195). Abs 1 Nr 1 enthält nur einen **Qualifikationstatbestand** zu § 303 a (BT-Dr 10/5058 S 36), während Abs 1 Nr 2 einen selbständigen (Lenckner/Winkelbauer CR 86, 824, 831) Tatbestand formuliert. Zum kriminalpolitischen Bedürfnis für die Einführung der Vorschrift durch das 2. WiKG (2 vor § 263) und zu ihrer Bedeutung für die allgemeine Problematik der Betriebssabotage BT-Dr aaO S 35; Möhrenschlager aaO; Schulze-Heiming aaO S 193. **Grundfälle** bei Hilgendorf JuS 96, 1082. 1

2. Datenverarbeitung 3, 4 zu § 263 a. Der hier weit auszulegende Begriff umfaßt den Gesamtbereich eines datenverarbeitenden Systems, also nicht nur die Summe der Datenverarbeitungsvorgänge, sondern auch den damit zusammenhängenden weiteren Umgang mit Daten und deren Verwertung (BT-Dr aaO [vgl 1]; Hilgendorf aaO [vgl 1]); der einzelne Datenverarbeitungsvorgang ist wohl nicht gemeint (Tolksdorf LK 4 und 15; anders die hM). – **Betrieb, Unternehmen** 15 zu § 11; **Behörde** 20 zu § 11. Betrieb und Unternehmen sind **fremd,** wenn der Täter nicht selbst deren Inhaber oder vertretungsberechtigter Repräsentant des Inhabers ist (zB zuständiges Organ, gesetzlicher Vertreter, Konkursverwalter) oder für diesen mit dessen Einwilligung handelt (enger Lenckner/Winkelbauer CR 86, 824, 830; aM Hilgendorf aaO S 1083: Rechtfertigungsebene). Eine nur für den eigenen Betrieb usw bedeutsame Datenverarbeitung wird daher nicht erfaßt; jedoch können Eingriffshandlungen in fremde Rechte nach den §§ 303, 303 a strafbar sein (BT-Dr aaO). – Das bedenklich unbestimmte und daher eng auszulegende Merkmal **„von wesentlicher Bedeutung"** setzt eine Datenverarbeitung von solcher Komplexität voraus, daß von ihrem einigermaßen störungsfreien Ablauf die Funktionstüchtigkeit der Einrichtung im ganzen abhängt (näher konkretisierend Lenckner/Winkelbauer aaO und Haß, in: Lehmann [Hrsg], Rechtsschutz und Verwertung von Computer-Programmen, 2. Aufl 1993, S 499 Rdn 56, 57). Datenverarbeitungen mit eng begrenzten Aufgaben, namentlich in elektronischen Schreibmaschinen und Taschenrechnern (BT-Dr aaO; einschr v Gravenreuth NStZ 89, 201, 206 und Schulze-Heiming aaO [vgl 1] S 208), scheiden daher aus. Zweifelsfrei einbezogen sind umgekehrt Datenverarbeitungen, die in Rechenzentren oder anderen Anlagen zur Bewältigung zentraler Unternehmens- oder Behördenaufgaben (zB Lohnabrechnungen, Steuerberechnungen usw) durchgeführt werden. Für die Wesentlichkeit der Bedeutung ist auf den verarbeitenden Betrieb, uU aber auch auf den Auftraggeber abzustellen (Hilgendorf aaO; Tolksdorf LK 8; aM Sch/Sch-Stree 8). 2

3. Die in den Nummern 1, 2 bezeichneten **Tathandlungen** (vgl 4, 5; näher Binder RDV 95, 116, 119 und Hilgendorf aaO [vgl 1]) müssen 3 den Eintritt einer **Störung** der geschützten Datenverarbeitung (vgl 6) verursachen.

4 **a) Nr 1:** Vgl 2, 3 zu § 303 a. Täter kann auch der Eigentümer einer Datenverarbeitungsanlage sein, wenn er zB Auftragnehmer des über die Daten verfügungsberechtigten „fremden" Unternehmens ist.

5 **b) Nr 2: Handlungsobjekte** sind ausschließlich Datenverarbeitungsanlagen und Datenträger, also nur körperliche Sachen. Sie müssen ebenso wie Daten (3 zu § 263 a) nicht notwendig Bestandteile eines EDV-Systems sein (zB Mikrofilme). – Zu den einzelnen **Tathandlungen** (Zerstören usw) 3–7 zu § 303; 2 zu § 87. – Erfaßt werden auch gegen **eigene Sachen** gerichtete Tathandlungen, wenn dadurch in Rechte der geschützten Einrichtung (vgl 2) eingegriffen wird (einschr Lenckner/Winkelbauer aaO [vgl 1], Schulze-Heiming aaO [vgl 1] S 214 und Tolksdorf LK 28).

6 **c) Stören** (als Folge der Tathandlung) setzt nicht nur eine Gefährdung, sondern eine nicht unerhebliche Beeinträchtigung des reibungslosen Ablaufs der Datenverarbeitung voraus (BT-Dr aaO [vgl 1] S 36; Schulze-Heiming aaO [vgl 1] S 209; Hilgendorf aaO [vgl 1] S 1083). Einerseits scheiden deshalb geringfügige Eingriffe auch in eine Datenverarbeitung von wesentlicher Bedeutung aus; andererseits ist aber – abweichend von § 316 b I – eine Störung der geschützten Einrichtung im ganzen nicht erforderlich (BT-Dr aaO).

7 **4.** Bedingter **Vorsatz** genügt (näher Schulze-Heiming aaO [vgl 1] S 222).

8 **5. Tateinheit** ua möglich mit §§ 88, 109 e, 202 a, 263 a, 268, 269, 316 b. Abs 1 Nr 1 geht dem § 303 a vor (Spezialität). Seine Nr 2 verdrängt den § 303, weil die Sachbeschädigung als das zwar nicht notwendig, aber doch regelmäßig anzuwendende Tatmittel in der Strafdrohung bereits berücksichtigt ist (27 vor § 52; Hilgendorf aaO [vgl 1] S 1084; aM Möhrenschlager wistra 86, 128, 142; Sch/Sch-Stree 20; diff Schulze-Heiming aaO [vgl 1] S 226).

§ 303 c Strafantrag

In den Fällen der §§ 303 bis 303 b wird die Tat nur auf Antrag verfolgt, es sei denn, daß die Strafverfolgungsbehörde wegen des besonderen öffentlichen Interesses an der Strafverfolgung ein Einschreiten von Amts wegen für geboten hält.

1 **1. Strafantrag** §§ 77–77 d.

2 **2.** Bei **§ 303** kommt als **Verletzter** (6 zu § 77) neben dem Eigentümer auch in Frage, wer ein dingliches oder unmittelbares persönliches Recht (namentlich ein Nutzungsrecht, zB Miete) an der Sache hat (hM; vgl Karlsruhe MDR 79, 1042; Bay NJW 81, 1053 mit abl Anm Rudolphi JR 82, 27; Frankfurt NJW 87, 389 mit abl Bespr Stree JuS 88, 187; Schmittmann CR 95, 548, 552, alle mwN; zw). – Ein **Ein-**

schreiten von Amts wegen ist nur ausnahmsweise angezeigt (4 zu § 232), etwa wenn die Tat den öffentlichen Frieden empfindlich gestört hat oder wenn Grund zu der Annahme besteht, daß die Entscheidungsfreiheit des Verletzten beeinträchtigt ist.

3. Bei **§ 303 a** ist **Verletzter,** wer im Sinne der Ausführungen unter 4 zu § 303 a einen Eingriff in seine Rechtsposition erlitten hat, der vom Dateninhalt Betroffene also nur, wenn ihm ausnahmsweise ein Recht auf Unversehrtheit der Daten zusteht (zw). Ebenso wie in den Fällen des § 202 a (dort 3) sind bei Daten, die im Übermittlungsstadium beeinträchtigt werden, Absender und Empfänger nebeneinander verletzt. – Ein **Einschreiten von Amts wegen** ist ausnahmsweise zu erwägen, wenn die Tat das Vertrauen in die Zuverlässigkeit einer für die Allgemeinheit wichtigen Datenverarbeitung gefährdet hat. 3

4. Bei **§ 303 b** sind **Verletzte** nur die von der Vorschrift geschützten Betriebe, Unternehmen und Behörden (weiter Wolff LK 8: auch der Verarbeiter fremder Daten; zw). Soweit zugleich eine Sachbeschädigung (§ 303) oder eine Datenveränderung (§ 303 a) zum Nachteil von unmittelbar Betroffenen vorliegt, haben diese das daraus folgende Antragsrecht. – Ein **Einschreiten von Amts wegen** kommt hier nicht nur ausnahmsweise in Frage, weil für die Computersabotage die Verletzung von Allgemeininteressen typisch und die Ausgestaltung der Tat als Antragsdelikt daher nicht unbedenklich ist (krit Möhrenschlager wistra 86, 128, 142; Hilgendorf JuS 96, 1082, 1083, beide mwN). 4

5. Kein Übergang des Antragsrechts auf die Angehörigen (§ 77 II). 5

§ 304 Gemeinschädliche Sachbeschädigung

(1) **Wer rechtswidrig Gegenstände der Verehrung einer im Staat bestehenden Religionsgesellschaft oder Sachen, die dem Gottesdienst gewidmet sind, oder Grabmäler, öffentliche Denkmäler, Naturdenkmäler, Gegenstände der Kunst, der Wissenschaft oder des Gewerbes, welche in öffentlichen Sammlungen aufbewahrt werden oder öffentlich aufgestellt sind, oder Gegenstände, welche zum öffentlichen Nutzen oder zur Verschönerung öffentlicher Wege, Plätze oder Anlagen dienen, beschädigt oder zerstört, wird mit Freiheitsstrafe bis zu drei Jahren oder mit Geldstrafe bestraft.**

(2) **Der Versuch ist strafbar.**

1. Geschützt ist im Gegensatz zu § 303 nicht das Eigentum, sondern **das allgemeine Interesse** an bestimmten zweckgebundenen, namentlich kulturellen oder gemeinnützigen Gegenständen. Täter kann daher auch der Eigentümer sein. 1

2. a) Gottesdienstliche Sachen 19 zu § 243. – **Grabmäler** sind die der Erinnerung an den Toten dienenden Teile des Grabes (BGHSt 20, 286; s auch 7 zu § 168). – **Öffentliche** (dh allg zugängliche) **Denkmäler** sind von Menschen geschaffene Sachen aus ver- 2 gangener Zeit, deren Erhaltung wegen ihrer geschichtlichen, künstlerischen, städtebaulichen, wissenschaftlichen oder volkskundlichen Bedeutung im Allgemeininteresse liegt, zB auch die Marienfeste in Würzburg (LG Bamberg NJW 53, 997) und das der Allgemeinheit gewidmete Hünengrab (Celle NJW 74, 1291); ergänzende, konstitutiv wirkende Voraussetzungen des Landesrechts (Zusammenstellung der Denkmalschutzgesetze bei Göhler [Lexikon] 188), zB das Erfordernis der Eintragung in ein Denkmalbuch, sind für die Auslegung relevant (Weber, Tröndle-FS, S 337; aM Wolff LK 7; zw). – **Naturdenkmäler** sind im Sinne des § 17 I BNatSchG zu verstehen (BT-Dr 8/2382 S 13). – Bei den **Gegenständen der Kunst, der Wissenschaft oder des Gewerbes** entscheidet die allgemeine Zugänglichkeit der Sammlung, nicht das Eigentum; hierher gehören zB Staats- und Universitätsbibliotheken, nicht aber Gerichtsbüchereien (BGHSt 10, 285).

3 **b)** Ein **Gegenstand dient dem öffentlichen Nutzen,** wenn ihm der Zweck, der Allgemeinheit zu nützen (Gemeinwohlfunktion), unmittelbar beigelegt ist (NJW 90, 3029; Hamm MDR 82, 71; Oldenburg NJW 88, 924; krit Loos JuS 79, 699), wenn er auf einer ausdrücklichen oder aus allgemeiner Übung erwachsenen (Hamm JMBlNRW 72, 34), nicht notwendig von der Staatsgewalt erlassenen (aM Schroeder JZ 76, 100) Widmung beruht und wenn er nicht durch einen zugleich verfolgten schädlichen Zweck aufgewogen wird (aM LG Berlin und KG JZ 76, 98 mit abl Anm Schroeder; s auch Nöldeke JuS 83, 298). In Frage kommen zB Anschlagsäulen, Ruhebänke, trigonometrische Zeichen, öffentliche Fernsprechstellen (Schmittmann CR 95, 548, 553), Feuermelder, Feuerlöscher in allgemein zugänglichen Räumen (Bay NJW 88, 837), Parkuhren (AG Nienburg NdsRpfl 61, 232), Verkehrszeichen (VRS 19, 130), uU auch private Rettungsfahrzeuge (Düsseldorf NJW 86, 2122 mit Anm Hassemer JuS 86, 914; zw). IdR nicht erfaßt werden dagegen Wahlplakate (LG Wiesbaden NJW 78, 2107 mit Bespr Loos JuS 79, 699; Wilhelm JuS 96, 424, 427; zw), Strafanstalten (aM LG Koblenz MDR 81, 956; zw) und Polizeistreifenwagen (BGHSt 31, 185 mit Bespr Stree JuS 83, 836 und Loos JR 84, 169, alle mwN; str), weil es bei ihnen am unmittelbaren öffentlichen Nutzzweck fehlt, ferner auch von Gemeinden angelegte Skilanglaufspuren (Loipen), weil sie als solche keine Sachen sind (Bay NJW 80, 132 mit abl Anm Schmid JR 80, 430; aM LG Kempten NJW 79, 558; zw). Der Schutz bleibt bestehen, auch wenn die Gegenstände vorübergehend außer Tätigkeit gesetzt sind (Hamm JMBlNRW 59, 8). Für die Gemeinwohlfunktion von Wegen und Anlagen sind weder Eigentum noch Besucherzahl maßgebend, sondern die Freigabe für den allgemeinen Verkehr und die allgemeine Zugänglichkeit, wenn auch nur gegen eine Gebühr (BGHSt 22, 209) oder die Erfüllung bestimmter Bedingungen (Düsseldorf MDR 86, 515). – Zur **Verschönerung** dienen zB Zierpflanzen, Fahnen usw.

3. Beschädigen, Zerstören 3–7 zu § 303. Jedoch muß hier gerade der besondere Zweck der Sache beeinträchtigt werden (Karlsruhe Justiz 78, 323). 4

4. Der **Vorsatz** (8 zu § 303) muß auch die besondere Zweckbestimmung umfassen. 5

5. Rechtswidrigkeit 9 zu § 303. Der Eigentümer handelt nur rechtswidrig, soweit die Zweckbestimmung sein Verfügungsrecht ausschließt; in diesem Bereich hat auch seine Einwilligung keine rechtfertigende Wirkung. 6

6. Dem § 303 geht die Vorschrift vor (Spezialität). Zur Konkurrenz mit § 168 dort 10. 7

7. Kein Strafantrag erforderlich. 8

§ 305 Zerstörung von Bauwerken

(1) **Wer rechtswidrig ein Gebäude, ein Schiff, eine Brücke, einen Damm, eine gebaute Straße, eine Eisenbahn oder ein anderes Bauwerk, welche fremdes Eigentum sind, ganz oder teilweise zerstört, wird mit Freiheitsstrafe bis zu fünf Jahren oder mit Geldstrafe bestraft.**

(2) **Der Versuch ist strafbar.**

1. Qualifikationstatbestand zu § 303. 1

2. Gebäude ist – weiter als in § 243 Nr 1 – auch der türen- und fensterlose Rohbau (BGHSt 6, 107; str). – **Schiff** ist nur ein größeres Wasserfahrzeug (hM). – Keine **Brücke** ist ein wenig tragfähiger Steg. – **Gebaute Straße** ist auch der Kanal. – **Eisenbahn** bezeichnet nur den gebauten Bahnkörper mit Schienen, nicht die Wagen. – Ein **anderes Bauwerk** ist zB das noch nicht fertiggestellte Gebäude (OGHSt 2, 209), der Staudamm, das private Denkmal und die Gartenmauer (BGHSt 6, 107); auch ein für mehrere Tonnen Inhalt vorgesehener, auf dem Boden errichteter, massiv ummantelter Tankbehälter (BGHSt 41, 219, 221). 2

3. Zerstören ist eine so wesentliche Beschädigung, daß das Gebäude längere Zeit für seinen Zweck unbrauchbar wird (OGHSt 1, 53; 2, 209). 3

4. Vorsatz und Rechtswidrigkeit 8, 9 zu § 303. 4

5. Dem § 303 geht die Vorschrift vor **(Spezialität),** während sie von § 308 verdrängt wird (dort 5). 5

§ 305 a Zerstörung wichtiger Arbeitsmittel

(1) **Wer rechtswidrig**

1. **ein fremdes technisches Arbeitsmittel von bedeutendem Wert, das für die Errichtung einer Anlage oder eines Unternehmens im Sinne des § 316 b Abs. 1 Nr. 1 oder 2 oder einer Anlage, die**

dem Betrieb oder der Entsorgung einer solchen Anlage oder eines solchen Unternehmens dient, von wesentlicher Bedeutung ist, oder

2. ein Kraftfahrzeug der Polizei oder der Bundeswehr

ganz oder teilweise zerstört, wird mit Freiheitsstrafe bis zu fünf Jahren oder mit Geldstrafe bestraft.

(2) **Der Versuch ist strafbar.**

1 **1.** Die durch das TerrBekG (10 vor § 1) eingeführte Vorschrift – ein **Qualifikationstatbestand** zu § 303 – erstreckt den **Strafschutz** in das Vorfeld des § 316 b. Deshalb steht nicht der Schutz des Eigentums, sondern das Allgemeininteresse an der Funktionstüchtigkeit lebenswichtiger Betriebe und Einrichtungen im Vordergrund. Materiellrechtlich ist der Tatbestand als weitere Zwischenstufe zur Erfassung von Sabotagehandlungen sinnvoll nicht erklärbar (aM BT-Dr 10/6635 S 13; krit Dencker StV 87, 117, 122 und Wolff LK 1). Seine Bedeutung liegt in der problematischen Einbeziehung in den § 129 a (dort 1 sowie vor 1 zu § 125).

2 **2. a) Abs 1 Nr 1: Technisches Arbeitsmittel** ist jeder aufgrund technischer Erfahrungen hergestellte Gegenstand, der geeignet und dazu bestimmt ist, die Arbeitsvorgänge bei der Errichtung von Anlagen usw zu ermöglichen oder zu erleichtern, zB Arbeits- und Kraftmaschinen, Hebe- und Fördereinrichtungen sowie Beförderungsmittel (BT-Dr 10/6635 S 14; s auch § 2 I S 1 GeräteSichG). **Fremd** 4–7 zu § 242. **Von bedeutendem Wert** 24 zu § 315 c. – **Anlage oder Unternehmen im Sinne des § 316 b I Nr 1, 2** dort 2, 3. – **Von wesentlicher Bedeutung** ist ein Arbeitsmittel, wenn sein Ausfall den störungsfreien Ablauf der für die Anlage (das Unternehmen) vorgesehenen Baumaßnahmen im ganzen beeinträchtigen würde (s auch 2 zu § 303 b).

3 **b) Kraftfahrzeug** ist hier im Hinblick auf den Schutzzweck der Vorschrift (vgl 1) entsprechend § 248 b IV (dort 2) und damit weiter als in § 1 II StVG (3 zu § 44) zu verstehen (hM; anders die Vorauf); erfaßt sind deshalb auch Luft- und Wasserfahrzeuge. Es kommt nicht auf die Eigentumsverhältnisse, sondern darauf an, ob das Fahrzeug von einer zuständigen Stelle der **Polizei** oder **Bundeswehr** für dienstliche Zwecke bereitgestellt ist. Besondere Kennzeichnung als Polizei- oder Militärfahrzeug ist nicht erforderlich.

4 **3. Zerstören** 7 zu § 303. **Teilweises** Zerstören bedeutet, von den bestimmungsmäßigen Funktionen des Arbeitsmittels eine oder mehrere vollständig aufheben.

5 **4.** Der **Vorsatz** (bedingter genügt) braucht die Rechtswidrigkeit nicht zu umfassen. Sie ist hier allgemeines Verbrechensmerkmal; jedoch scheidet im Falle der Nr 2 der verfügungsberechtigte Amtsträger oder Soldat schon aus dem Tatbestand aus (6 zu § 15).

6 **5.** Dem § 303 geht die Vorschrift vor **(Spezialität).** Mit § 316 b ist Tateinheit möglich (aM Sch/Sch-Stree 15: § 305 a tritt zurück).

27. Abschnitt. Gemeingefährliche Straftaten

§ 306 Schwere Brandstiftung

Mit Freiheitsstrafe nicht unter einem Jahr wird bestraft, wer in Brand setzt

1. ein zu gottesdienstlichen Versammlungen bestimmtes Gebäude,

2. ein Gebäude, ein Schiff oder eine Hütte, welche zur Wohnung von Menschen dienen, oder

3. eine Räumlichkeit, welche zeitweise zum Aufenthalt von Menschen dient, und zwar zu einer Zeit, während welcher Menschen in derselben sich aufzuhalten pflegen.

1. Die Vorschrift (zusf Geppert Jura 89, 417) **schützt** nur bestimmte menschliche Wohn- und Aufenthaltsstätten, aber ohne Rücksicht darauf, ob im Einzelfall eine konkrete Gefahr für Menschen entstanden ist (OGHSt 1, 244) oder sogar nach den Umständen ausgeschlossen war (NJW 82, 2329; NStZ 85, 408; Bohnert JuS 84, 182; Kratzsch, Verhaltenssteuerung und Organisation im Strafrecht, 1985, S 111 und Oehler-FS, S 65, 67; Schneider Jura 88, 460; anders die im Schrifttum überwiegende Meinung; vgl etwa Brehm, Zur Dogmatik des abstrakten Gefährdungsdelikts, 1973, S 120; Wolter, Objektive und personale Zurechnung von Verhalten, Gefahr und Verletzung in einem funktionalen Straftatsystem, 1981, S 276; Berz, Formelle Tatbestandsverwirklichung und materialer Rechtsgüterschutz, 1986, S 101 [krit zu Wolter und Berz aber Graul, Abstrakte Gefährdungsdelikte und Präsumtionen im Strafrecht, 1991, S 358, die eine Einschränkung der Strafbarkeit nur in Form von Strafaufhebungsgründen für denkbar hält; zust Jescheck/Weigend AT S 264]; Hoyer, Die Eignungsdelikte, 1987, S 33; Martin, Strafbarkeit grenzüberschreitender Umweltbeeinträchtigung, 1989, S 46, 130, alle mwN). Die Tat ist daher abstraktes Gefährdungsdelikt (32 vor § 13). Die Rspr läßt allerdings die Frage offen, ob die Inbrandsetzung kleiner, ohne weiteres überschaubarer Wohnstätten auszuscheiden ist, wenn die Gefährdung durch absolut zuverlässige lückenlose Maßnahmen objektiv und nach dem Wissen des Täters mit Sicherheit ausgeschlossen war (BGHSt 26, 121 mit krit Bespr Brehm JuS 76, 22; vgl auch Graul aaO S 356). Auf das Eigentum kommt es nicht an (RGSt 60, 137). Im einzelnen werden erfaßt: 1

a) Nr 1: Zu gottesdienstlichen Versammlungen bestimmte Gebäude ohne jede weitere Voraussetzung und ungeachtet der Zeit der Tat. 2

b) Nr 2: Andere Gebäude, Schiffe (gleich welcher Größe) und Hütten (zB Schrebergartenhäuschen), sofern sie Menschen zum Wohnen dienen, dh von mindestens einem Menschen rein tatsächlich bewohnt werden. Dessen vorübergehende Abwesenheit – auch für längere Zeit – ist unerheblich (NStZ 84, 455 und 85, 408, beide mwN), es sei denn, daß er die Räume erkennbar nicht mehr als seine Wohnung 3 betrachtet (BGHSt 26, 121, 122; NStE 11). Daß die Gebäude usw lediglich zum Wohnen bestimmt oder geeignet sind, ist weder erforderlich noch ausreichend. Ein nicht bezogener Neubau dient daher noch nicht und ein tatsächlich von allen Bewohnern (NJW 88, 1276) aufgegebenes (BGHSt 16, 394; NStZ 92, 541 und 94, 130 mit Bespr Geppert JK 4; bei Holtz MDR 93, 721) oder ein infolge Todes des letzten Bewohners (BGHSt 23, 114) oder aus anderen Gründen (NStZ 84, 455) völlig leer gewordenes Haus nicht mehr zum Wohnen. Gebäudeteile, die als solche nicht dem Wohnzweck dienen (zB gewerblich genutzte Räume, Stallungen), werden erfaßt, wenn sie mit dem Gebäude nach ihrer äußeren Erscheinung und inneren Einrichtung ein einheitliches Ganzes bilden (GA 69, 118; NStZ 91, 433); dabei genügt es, wenn nur sie in Brand gesetzt werden, aber nicht auszuschließen ist, daß das Feuer auf den Wohnbereich übergreifen kann (NJW 87, 141; weiter BGHSt 34, 115 mit zust Bespr Schneider Jura 88, 460; einschr Kindhäuser StV 90, 161; zu eng Kratzsch JR 87, 360, alle mwN; zw).

4 **c) Nr 3:** Räumlichkeiten jeder Art, also außer den in Nummern 1, 2 genannten zB auch Büro- und Wohnwagen, Autobusse, Fähren usw, wenn sie dem zeitweisen Aufenthalt von Menschen dienen. Nicht erfaßt werden Räumlichkeiten, die zB wegen ihrer geringen Größe keinen eigentlichen „Aufenthalt" gewähren (BGHSt 10, 208 betr PKW; bei Holtz MDR 77, 638 betr Telefonzelle; aM Düsseldorf MDR 79, 1042; Spöhr MDR 75, 193; s auch Stuttgart Justiz 76, 519). Scheunen (BGHSt 23, 60) und Stallungen (Bay NJW 67, 2417) können dem Aufenthalt von Menschen dienen (aM Wolff LK 11). Wenn bei einem einheitlichen Gebäude, das nur in Teilen dem Aufenthalt dienende Räumlichkeiten enthält, ein dazu nicht dienender Teil in Brand gesetzt wird, so genügt das ebenso wie in den Fällen der Nr 2 (BGHSt 35, 283 mit abl Anm Kindhäuser StV 90, 161). Die Zeit, **während welcher sich Menschen in der Räumlichkeit aufzuhalten pflegen,** ist auf das Brennen (iS der Vollendung des In-Brand-Setzens; vgl 5) zu beziehen; fällt nur der zum Brand führende Ursachenverlauf in diese Zeit, so genügt das nicht (BGHSt 36, 221; aM Otto GK 2 S 396; zw). – Ob wirklich Menschen anwesend sind, ist auch hier unerheblich.

5 **2. a) In Brand gesetzt** ist ein Gebäude usw, wenn es vom Feuer in einer Weise erfaßt ist, die ein Fortbrennen aus eigener Kraft ermöglicht (BGHSt 18, 363; 36, 221 mwN). Das Brennen von Inventar reicht nicht aus (BGHSt 16, 109: Wandregal), wohl aber von solchen Teilen des Gebäudes, die für dessen bestimmungsmäßigen Gebrauch wesentlich sind (NStZ 82, 201; einschr Kratzsch JR 87, 360, 363), was zB für eine Tür (BGHSt 20, 246), den Fußboden (Hamburg NJW 53, 117) und den fest mit Untergrund verbundenen Teppichboden (NStZ-RR 96, 86, 87) bejaht, für Fußbodensockelleisten (NStZ 94, 130), die Tapete an der Wand (NStZ 81, 220) und eine Lattentür im Keller (BGHSt 18, 363) dagegen verneint worden ist. – Eine Flamme braucht sich nicht zu entwickeln; Glimm- und Schwelbrände sind daher mög-

lich (RGSt 18, 362). – Das schon brennende Gebäude kann an anderer Stelle nochmals in Brand gesetzt werden (Hamm JZ 61, 94 mit Anm Stratenwerth); sogar bloßes Intensivieren des Brandes, etwa durch Zugießen von Öl, kann uU als Täterschaft erfaßt werden, weil es vom Schutzzweck der Vorschrift gedeckt wird und die Wortlautschranke (6 zu § 1) nicht zwingend entgegensteht (hM; vgl Rudolphi, Jescheck-FS, S 561; Roxin LK 37 zu § 27; Sch/Sch-Cramer 13; anders Hamm aaO; Geppert Jura 89, 417, 422, alle mwN; zw). – Dem Inbrandsetzen ist seit Neufassung des § 311 durch das 7. StÄG die Zerstörung durch Explosivstoffe nicht mehr gleichgestellt; zu den dadurch entstandenen Spannungen zwischen den Brandstiftungs- und Explosionsdelikten Lackner JZ 64, 674; Cramer NJW 64, 1835.

b) Bei Garantenstellung (6 zu § 13), zB aus Ingerenz (StV 84, 247), aus ehelicher Lebensgemeinschaft (OGHSt 3, 1) oder aus Versicherungsvertrag (RGSt 64, 273; zw), genügt **Unterlassen,** wenn auch die übrigen Voraussetzungen des § 13 erfüllt sind (BGH aaO). Das gilt jedenfalls dann, wenn der Garant (als Täter oder Teilnehmer) schon das Inbrandsetzen pflichtwidrig nicht verhindert. Jedoch kann auch eine zunächst fahrlässig begangene Brandstiftung (§ 309) wegen der bewußten Unterlassung des Eingreifens in eine vorsätzliche übergehen (BGHR § 306 Nr 2: Inbrandsetzen 2; Klussmann MDR 74, 187; aM Geppert Jura 89, 417, 423, alle mwN; zw). 6

3. Der **Vorsatz** (bedingter genügt; zu dessen Feststellung muß nicht nur das Wissenselement anhand objektiver Umstände sondern auch das Wollenselement besonders geprüft werden, StV 94, 640) muß neben den Voraussetzungen der Nummern 1–3 nur das Inbrandsetzen, nicht auch das Verbrennen, umfassen (beachte auch BGHSt 36, 221); NStZ 95, 86; NStZ-RR 96, 2). 7

4. Tateinheit ua möglich mit §§ 211, 212, 265 sowie mit §§ 303, 305 (Eigentum). In den Fällen des Übergangs von fahrlässiger in vorsätzliche Begehung (vgl 6) wird die Fahrlässigkeitstat entweder als subsidiäre Gesetzesverletzung (26 vor § 52) oder als mitbestrafte Vortat (33 vor § 52) verdrängt. 8

5. Einfache Brandstiftung § 308. Fahrlässige Brandstiftung § 309. Tätige Reue § 310. Führungsaufsicht § 321. Anzeigepflicht § 138 I Nr 9. 9

§ 307 Besonders schwere Brandstiftung

Die schwere Brandstiftung (§ 306) wird mit lebenslanger Freiheitsstrafe oder mit Freiheitsstrafe nicht unter zehn Jahren bestraft, wenn

1. **der Brand den Tod eines Menschen dadurch verursacht hat, daß dieser zur Zeit der Tat in einer der in Brand gesetzten Räumlichkeiten sich befand,**
2. **der Täter in der Absicht handelt, die Tat zur Begehung eines Mordes (§ 211), eines Raubes (§§ 249 oder 250), eines räuberi-**

schen Diebstahls (§ 252) oder einer räuberischen Erpressung (§ 255) auszunutzen, oder

3. der Täter, um das Löschen des Feuers zu verhindern oder zu erschweren, Löschgerätschaften entfernt oder unbrauchbar gemacht hat.

1 **1. Qualifikationstatbestand** zu § 306 (zusf Geppert Jura 89, 473).

2 **2. a) Nr 1:** Der Tod (auch der eines Tatbeteiligten genügt, Geppert aaO [vgl 1] S 475 mwN; str) muß durch den **„Brand“** verursacht sein, zB durch Verbrennen, Ersticken oder stürzende Bauteile, aber auch durch Fenstersprung (hM), uU sogar durch Erschrecken (Wolff LK 4; aM Küpper JuS 90, 184, 186; M-Schroeder/Maiwald BT 2 51/15, alle mwN; zw). Die insoweit problematische Rspr (8, 9 zu § 18) bezieht auch die versuchte Brandstiftung ein, wenn der Tod durch brennenden (BGHSt 7, 37; aM Laubenthal JZ 87, 1065, 1067; Küpper BT 1 II 5/14, alle mwN; zw), nicht aber nur durch explodierenden Zündstoff (BGHSt 20, 230; aM Sch/Sch-Cramer 8) verursacht wurde (zusf Sowada Jura 94, 643, 652). – **„Zur Zeit der Tat“** schließt die Zurechnung des Todes nicht nur von nachträglich Hinzugekommenen (zB von erst herbeigerufenen Helfern; vgl BGHSt 39, 322 mit Anm Alwart NStZ 94, 84) sondern auch von solchen Opfern aus, die zunächst die Brandstelle unversehrt verlassen haben, dann aber (zB zur Bergung von Gegenständen) zurückgekehrt sind (hM; vgl RGSt 5, 102). – Der **Vorsatz** braucht sich nicht auf die Anwesenheit von Menschen zu erstrecken (BGHSt 7, 37); jedoch muß der Tod mindestens fahrlässig verursacht sein (§ 18). War er – auch nur bedingt – gewollt, so kommt Tateinheit mit §§ 211, 212 in Frage.

3 **b) Nr 2: Absicht** ist zielgerichtetes Wollen (20 zu § 15). **Ausnutzen** bedeutet, die durch den Brand geschaffene Lage in engem zeitlichen, sachlichen und räumlichen Zusammenhang mit der akuten Brandsituation (BGHSt 38, 309 mit Bespr Graul JR 93, 295 und Kratzsch JuS 94, 372) zur Begehung der Anschlußtat wahrnehmen; daran fehlt es, wenn eine Brandstiftung als Vorbereitungshandlung für eine geplante Straftat eingesetzt wird, ohne daß der Täter sich die durch den Brand hervorgerufene gemeingefährliche Situation zunutze macht (BGHSt 40, 251 mit zust Bespr Zopfs JuS 95, 686, 688; Cramer Jura 95, 347 [mit entstehungsgeschichtlicher Begr]; Jung JuS 95, 270; Laubenthal JR 96, 32 und Geppert JK 2), oder wenn im Falle der Mordabsicht die Inbrandsetzung selbst das Tötungsmittel ist (Arzt/Weber BT 2 Rdn 169; Horn SK 10; anders die hM; zum früheren Recht auch BGHSt 20, 246; ebenso zum geltenden Recht BGHSt 40, 106 [mit abl Bespr Zopfs JuS 95, 686], wonach die Absicht mit bedingtem Vorsatz hinsichtlich des Inbrandsetzens und der Tötung vereinbar sein soll; zw).

4 **c) Nr 3: Löschgerätschaften** werden auch durch Abstellen des Wassers unbrauchbar gemacht (hM; anders Woelk, Täterschaft bei zweiaktigen Delikten, 1994, S 16; Horn SK 15); es müssen nicht sämt-

liche Löschgerätschaften unbrauchbar gemacht werden (Woelk aaO S 19). Rettungsgeräte (zB Sprungtücher) werden nicht erfaßt. Das Entfernen oder Unbrauchbarmachen kann vor oder nach dem Inbrandsetzen erfolgen (hM). – Der **Vorsatz** kann nach dem Inbrandsetzen gefaßt werden (Woelk aaO S 22); die (Verhinderungs- oder Erschwerungs-) **Absicht** ist zielgerichtetes Wollen (20 zu § 15; Woelk aaO S 23). – Täterschaft nach Nr 3 setzt die täterschaftliche Verwirklichung beider Teilakte voraus (Woelk aaO S 168; anders die wohl hM; zw).

3. Zum Verhältnis von Nr 1 und § 222 Alwart NStZ 94, 84 (Spezialität oder Subsidiarität) und Sch/Sch-Cramer 8 (Tateinheit möglich); s auch 13 zu § 18. – Anzeigepflicht § 138 I Nr 9. 5

§ 308 Brandstiftung

(1) **Mit Freiheitsstrafe von einem Jahr bis zu zehn Jahren wird bestraft, wer Gebäude, Schiffe, Hütten, Bergwerke, Magazine, Warenvorräte, welche auf dazu bestimmten öffentlichen Plätzen lagern, Vorräte von landwirtschaftlichen Erzeugnissen oder von Bau- oder Brennmaterialien, Früchte auf dem Feld, Waldungen oder Torfmoore in Brand setzt, wenn diese Gegenstände entweder fremdes Eigentum sind oder zwar Eigentum des Täters sind, jedoch ihrer Beschaffenheit und Lage nach geeignet sind, das Feuer einer der in § 306 Nr. 1 bis 3 bezeichneten Räumlichkeiten oder einem der vorstehend bezeichneten fremden Gegenstände mitzuteilen.**

(2) **In minder schweren Fällen ist die Strafe Freiheitsstrafe von sechs Monaten bis zu fünf Jahren.**

1. Die **(einfache) Brandstiftung** ist ein überalterter, höchst reformbedürftiger Tatbestand (krit Geppert, Schmitt-FS, S 187). Die (erschöpfend) aufgeführten Objekte sind im Verhältnis zu § 306 nur unter **engeren Voraussetzungen** und auch nur durch eine **mildere Sanktion** geschützt (zusf Geppert Jura 89, 473, 477). 1

2. Erfaßt wird jedes **Gebäude,** das einen Zweck – sei es auch nur den, wiederhergestellt zu werden – verkörpert (OGHSt 2, 209), also auch der Rohbau (BGHSt 6, 107) und die instandsetzungsfähige Ruine (bei Holtz MDR 77, 810). **Hütte** Karlsruhe MDR 81, 1036; Bay NJW 89, 2704. **Magazin** ist eine Räumlichkeit zur Lagerung, nicht ein Tankbehälter für chemische Produkte (BGHSt 41, 219 mit zust Bespr Schmidt JuS 96, 366, aber methodischer Kritik von Otto JK 1). **Vorräte** LG Freiburg NStE 3. **Waldung** BGHSt 31, 83; Bay 93, 106, beide mwN; eine Waldung ist erst dann in Brand gesetzt, wenn ein Waldbaum oder das Unterholz so vom Feuer ergriffen ist, daß sie aus eigener Kraft fortbrennen (5 zu § 306) und den Brand auf andere Baumstämme übertragen können (Bay aaO; Sch/Sch-Cramer 8; Tröndle 9). Im Hinblick auf die Schwere der Strafdrohung fallen allgemein nur solche Objekte in den Schutzbereich, die jeweils eine größere Men- 2 ge oder einen nicht unerheblichen Wert verkörpern (LG Freiburg aaO; Geppert, Schmitt-FS, S 187, 196; für einzelne Objekte anders Wolff LK 13).

3 **3. a)** Die **1. Alternative** (unmittelbare Brandstiftung) bezweckt den Schutz fremden (4–7 zu § 242) Eigentums (Spezialfall der Sachbeschädigung). Daher ist rechtfertigende Einwilligung (15 vor § 32) möglich (bei Holtz MDR 89, 493 mwN).

4 **b)** Die **2. Alternative** (mittelbare Brandstiftung) beschreibt ein sog potentielles Gefährdungsdelikt (32 vor § 13), das teils gegen Lebens- und teils gegen Eigentumsgefährdung schützen soll. Sie erfaßt schon nach dem Gesetzeswortlaut nur Objekte im Eigentum des Täters (hM; anders Sch/Sch-Cramer 13), wobei es allerdings – ungeachtet der Wortlautschranke (6 zu § 1) – ausreichen soll, daß ein Dritter mit Einwilligung des Eigentümers handelt oder das Objekt herrenlos ist (hM; vgl Celle NdsRpfl 52, 57; Wolff LK 18; anders Geppert aaO [vgl 2] S 197; Horn SK 6, alle mwN; zw). – **Eignung zur Mitteilung des Feuers** setzt nicht notwendig konkrete Gefährdung, sondern nur abstrakte Gefährlichkeit voraus (NJW 51, 726), die allein aus Beschaffenheit und Lage, nicht aus anderen Umständen (zB Wind und Wetter; str), hergeleitet werden kann (hM; diff Hoyer, Die Eignungsdelikte, 1987, S 181). Der Vorsatz wird nicht dadurch ausgeschlossen, daß der Täter Maßnahmen zur Beseitigung der Gefahr getroffen und deshalb geglaubt hat, die Gefährlichkeit beseitigt zu haben (aM Celle aaO; Hoyer aaO; ähnlich auch Geppert aaO S 198; zw).

5 **4.** § 308 **verdrängt** den § 303 und bei Zerstörung eines Gebäudes durch Brandstiftung auch den § 305 (NJW 54, 1335). Er wird idR von §§ 306, 307 verdrängt (bei Holtz MDR 84, 443; str), kann mit ihnen aber auch tateinheitlich zusammentreffen, wenn die Tatobjekte zum Teil nur unter § 308 fallen (RGSt 64, 273, 279). Mit § 265 ist Tateinheit möglich.

6 **5.** Vgl 9 zu § 306. Beachte auch die landesrechtlichen Vorschriften zum Schutz gegen Waldbrände (Göhler [Lexikon] 180 C).

§ 309 Fahrlässige Brandstiftung

Wer einen Brand der in den §§ 306 und 308 bezeichneten Art fahrlässig verursacht, wird mit Freiheitsstrafe bis zu drei Jahren oder mit Geldstrafe und, wenn durch den Brand der Tod eines Menschen verursacht wird, mit Freiheitsstrafe bis zu fünf Jahren oder mit Geldstrafe bestraft.

1 **1. Fahrlässigkeit** 35–54 zu § 15. Auch Unterlassen in Garantenstellung (6 zu § 13) kommt in Frage (Bay NJW 90, 3032), zB bei Verletzung der Pflicht zur Beaufsichtigung von Kindern oder beim Schornsteinfeger, der einen ordnungswidrigen Bauzustand nicht rügt (Oldenburg NdsRpfl 56, 207). Zur fahrlässigen Ausdehnung eines

Brandes Bay NJW 59, 1885. – Zusf Geppert Jura 89, 473, 479; eingehend Geerds, Fahrlässigkeitsbrände, in: Schäfer (Hrsg), Grundlagen der Kriminalistik Bd 8/1.

2 **2.** Die **Strafschärfung** setzt voraus, daß der Tod durch den Brand, also nicht lediglich durch die Brandlegung (NJW 89, 2479) oder durch andere Umstände, unmittelbar (8 zu § 18) fahrlässig verursacht wurde (zur Fahrlässigkeit eines Gastwirtes hinsichtlich feuergefährdeter Personalräume NStZ-RR 96, 1).

3 **3. Tateinheit** ua möglich mit § 222 (NJW 89, 2479 mit Bespr Küpper JuS 90, 184 und Eue JZ 90, 765) und mit §§ 306–308 (str); beachte jedoch 8 zu § 306. **Tätige Reue** § 310.

§ 310 Tätige Reue

Hat der Täter den Brand, bevor derselbe entdeckt und ein weiterer als der durch die bloße Inbrandsetzung bewirkte Schaden entstanden war, wieder gelöscht, so wird er nicht wegen Brandstiftung bestraft.

1 **1.** Allgemein zur **tätigen Reue** 29 zu § 24. Die Strafbarkeit nach anderen Vorschriften, auch nach § 310 a (BGHSt 39, 128 mit Bespr Jung JuS 94, 84, Geppert JR 94, 72 und Gropengießer StV 94, 19, nach dem zwar nicht die tätige Reue nach § 310, wohl aber der Rücktritt vom Versuch der Brandstiftung die Herbeiführung einer Brandgefahr nach § 310 a mit strafbefreiender Wirkung erfaßt; aM LG Zweibrücken NStZ 93, 85; Otto GK 2 S 398; Sch/Sch-Cramer 4 zu § 310 a, alle mwN; str), bleibt unberührt.

2 **2. Entdeckt** 21 zu § 24. Zur Vermeidung sinnwidriger Ergebnisse müßte an sich das objektiv formulierte Merkmal ebenso wie in § 46 Nr 2 in der vor dem 2. StrRG (4 vor § 1) geltenden Fassung (dazu BGHSt 21, 216 mit Anm Dreher MDR 67, 934, beide mwN) subjektiv interpretiert werden (Berz, Stree/Wessels-FS, S 331, 337, 339); eine solche Analogie ist jedoch nur zugunsten des Täters (LG Zweibrücken NStZ 93, 85), im Hinblick auf die Wortlautschranke (6 zu § 1) aber nicht zu seinem Nachteil zulässig (Geppert Jura 89, 473, 481 mwN; str). – Ein **weiterer Schaden** ist eingetreten, sobald das Feuer einen erheblich größeren Umfang angenommen hat, als zum selbständigen Weiterbrennen erforderlich ist (Hamburg NJW 53, 117); im Falle des § 308 (2. Alternative) genügt ein solcher Schaden am Eigentum des Täters (Oldenburg NJW 69, 1778; str). – Dieser kann sich zum Löschen der Hilfe anderer bedienen (Hamm NJW 63, 1561). – Erlischt der Brand **ohne sein Zutun,** so genügt analog §§ 311 e IV, 315 VI S 3 sein freiwilliges und ernsthaftes Bemühen (hM; offen gelassen in NStZ 86, 27).

§ 310 a Herbeiführen einer Brandgefahr

(1) **Wer**

1. **feuergefährdete Betriebe und Anlagen, insbesondere solche, in denen explosive Stoffe, brennbare Flüssigkeiten oder brennbare Gase hergestellt oder gewonnen werden oder sich befinden, sowie Anlagen oder Betriebe der Land- oder Ernährungswirtschaft, in denen sich Getreide, Futter- oder Streumittel, Heu, Stroh, Hanf, Flachs oder andere land- oder ernährungswirtschaftliche Erzeugnisse befinden,**
2. **Wald-, Heide- oder Moorflächen, bestellte Felder oder Felder, auf denen Getreide, Heu oder Stroh lagert, durch Rauchen, durch Verwenden von offenem Feuer oder Licht oder deren ungenügende Beaufsichtigung, durch Wegwerfen brennender oder glimmender Gegenstände oder in sonstiger Weise**

in Brandgefahr bringt, wird mit Freiheitsstrafe bis zu drei Jahren oder mit Geldstrafe bestraft.

(2) **Verursacht der Täter die Brandgefahr fahrlässig, so ist die Strafe Freiheitsstrafe bis zu einem Jahr oder Geldstrafe.**

1 **1.** Die aufgeführten Objekte (zum feuergefährdeten Betrieb BGHSt 5, 190; nur solche gewerblicher Art, Stuttgart StV 95, 138) werden hier gegen **konkrete** (21, 22 zu § 315 c) **Brandgefährdung** geschützt, die im Einzelfall eingetreten sein muß. Auf das Eigentum kommt es nicht an.

2 **2. Tateinheit** ist möglich mit § 303 (BGHSt 39, 128, 132) und § 305 (BGHSt 41, 219, 222). Gegenüber §§ 306–309 ist die Vorschrift **subsidiär.** Durch Rücktritt nach § 310 wird sie jedoch nicht berührt (dort 1).

§ 310 b Herbeiführen einer Explosion durch Kernenergie

(1) **Wer es unternimmt, durch Freisetzen von Kernenergie eine Explosion herbeizuführen und dadurch Leib oder Leben eines anderen oder fremde Sachen von bedeutendem Wert zu gefährden, wird mit Freiheitsstrafe nicht unter fünf Jahren bestraft.**

(2) **Wer durch Freisetzen von Kernenergie eine Explosion herbeiführt und dadurch fahrlässig eine Gefahr für Leib oder Leben eines anderen oder für fremde Sachen von bedeutendem Wert verursacht, wird mit Freiheitsstrafe von einem Jahr bis zu zehn Jahren bestraft.**

(3) **In besonders schweren Fällen ist die Strafe bei Taten nach Absatz 1 lebenslange Freiheitsstrafe oder Freiheitsstrafe nicht unter zehn Jahren, bei Taten nach Absatz 2 Freiheitsstrafe nicht unter fünf Jahren. Ein besonders schwerer Fall liegt in der Regel vor, wenn der Täter durch die Tat leichtfertig den Tod eines Menschen verursacht.**

(4) **Wer in den Fällen des Absatzes 2 fahrlässig handelt und die Gefahr fahrlässig verursacht, wird mit Freiheitsstrafe bis zu drei Jahren oder mit Geldstrafe bestraft.**

1. Die Vorschrift behandelt das **Herbeiführen von Explosionen durch Kernenergie.** Die Tat ist **konkretes Gefährdungsdelikt** (32 vor § 13; 1 zu § 315 c). 1

2. Tathandlung ist das Herbeiführen einer **Explosion** (2 zu § 311) durch **Freisetzen von Kernenergie.** Erfaßt werden damit sowohl die Kernspaltungs- wie auch die Kernvereinigungsvorgänge (dazu Begr zu § 322 E 1962 S 501), jedoch nicht der ordnungsmäßige Ablauf einer Kernreaktion im Atomreaktor. Das Freisetzen von radioaktiver Strahlung allein reicht nicht, auch nicht, wenn die freiwerdende Strahlenenergie an anderer Stelle eine Explosion auslöst (Wolff LK 2 mwN). 2

3. Im Falle des Abs 1 (vorsätzliches Gefährden durch eine vorsätzliche Tathandlung) genügt das **Unternehmen** der Tat (dh Versuch und Vollendung, 19 zu § 11). Im übrigen gelten für die **Gefährdung** (namentlich den Gefahrbegriff) und die Abstufung der Strafdrohungen nach Vorsatz und Fahrlässigkeit (Abs 1, 2, 4) die Ausführungen unter 20–31 zu § 315 c weitgehend sinngemäß. 3

4. Soweit Kernexplosionen in genehmigten Reaktoren trotz Einhaltung aller Sicherheitsvorschriften entstehen (erlaubtes Risiko, 29 vor § 32), fehlt es an der für die Fahrlässigkeit konstituierenden Sorgfaltspflichtverletzung (37–40 zu § 15). 4

5. Zu **Abs 3** (besonders schwere Fälle) 7–21 zu § 46. **Leichtfertig** 55 zu § 15. Bei vorsätzlicher Verursachung liegt idR ein unbenannter besonders schwerer Fall vor. 5

6. Tateinheit ua möglich mit §§ 211, 212, 222, 223 ff, 255 (BGHSt 41, 368, 370), 303, 306–309 (BGHSt 20, 230), §§ 311 c, 327 I, 328 (aM Sch/Sch-Cramer 28 zu § 328: § 310 b geht vor); im Falle des Abs 3 S 2 wird § 222 verdrängt, jedoch bleibt Tateinheit mit §§ 211, 212 möglich. Die §§ 310 b und 311 schließen sich – mindestens idR – aus (Exklusivität). Über das Verhältnis zu § 311 b dort 5; zu § 311 d dort 7. 6

7. Führungsaufsicht § 321. Einziehung § 322. Räumlicher Geltungsbereich § 6 Nr 2. Anzeigepflicht (Abs 1–3) § 138 I Nr 9. Weitere die Kernenergie betreffende Strafvorschriften in §§ 311 c, 311 d, 327 I, 328. Beachte auch §§ 46, 49 AtG. 7

§ 311 Herbeiführen einer Sprengstoffexplosion

(1) **Wer anders als durch Freisetzen von Kernenergie, namentlich durch Sprengstoff, eine Explosion herbeiführt und dadurch Leib oder Leben eines anderen oder fremde Sachen von bedeutendem Wert gefährdet, wird mit Freiheitsstrafe nicht unter einem Jahr bestraft.**

(2) **In besonders schweren Fällen ist die Strafe Freiheitsstrafe nicht unter fünf Jahren, in minder schweren Fällen Freiheitsstrafe von sechs Monaten bis zu fünf Jahren.**

(3) **Ein besonders schwerer Fall liegt in der Regel vor, wenn der Täter durch die Tat leichtfertig den Tod eines Menschen verursacht.**

(4) **Wer in den Fällen des Absatzes 1 die Gefahr fahrlässig verursacht, wird mit Freiheitsstrafe bis zu fünf Jahren oder mit Geldstrafe bestraft.**

(5) **Wer in den Fällen des Absatzes 1 fahrlässig handelt und die Gefahr fahrlässig verursacht, wird mit Freiheitsstrafe bis zu zwei Jahren oder mit Geldstrafe bestraft.**

1 **1.** Die Vorschrift behandelt das **Herbeiführen von Explosionen** (zusf Cramer NJW 64, 1835; Lackner JZ 64, 674) anders als durch Freisetzen von Kernenergie (zu diesem § 310 b). Die Tat ist **konkretes Gefährdungsdelikt** (NStZ-RR 96, 132; 32 vor § 13; 1 zu § 315 c).

2 **2. Tathandlung** ist das Herbeiführen einer Explosion jeder Art, namentlich mit Sprengstoff (zB Dynamit, Nitroglyzerin, Schießbaumwolle, Schwarzpulver oder anderen Schießmitteln), Gas, Wasserdampf oder chemischen Kunststoffen, mit Ausnahme derjenigen, die durch Freisetzen von Kernenergie ausgelöst werden. **Explosion** ist ein normativer, kein naturwissenschaftlicher Begriff. Er umfaßt daher nicht nur die Freisetzung von Druckenergien mit ungewöhnlicher Beschleunigung nach außen (KG NStZ 89, 369; sehr weit LG Braunschweig NStZ 87, 231), sondern auch explosionsgleiche Erscheinungen, die zB durch Luftunterdruck (Implosionen) erzeugt werden (Begr zu § 323 E 1962 S 502; aM Otto GK 2 S 391 und Sch/Sch-Cramer 3). Kleinexplosionen, die ihrer Art nach ungeeignet sind, Zerstörungen nennenswerten Ausmaßes herbeizuführen, wie das Herbeiführen sog Verpuffungen in Gasbadeöfen, sind keine Explosionen im Sinne des Abs 1 (Sozialadäquanz, 29 vor § 32; str).

3 **3.** Für die **Gefährdung** (namentlich den Gefahrbegriff) und die Abstufung der Strafdrohungen nach Vorsatz und Fahrlässigkeit (Abs 1, 4, 5) gelten die Ausführungen unter 20–31 zu § 315 c weitgehend sinngemäß; zur bedingt vorsätzlichen Gefährdung von Leib oder Leben NJW 96, 936, 938; zum Versuch mit bedingtem Vorsatz NStZ-RR 96, 132.

4 **4.** Soweit sich der Täter bei Verwendung explosiver Stoffe in Industrie, Gewerbe und Forschung im Rahmen des **erlaubten Risikos** (29 vor § 32) hält, das durch zahlreiche Sicherheitsvorschriften konkretisiert ist, fehlt es an der für die Fahrlässigkeit konstituierenden Sorgfaltspflichtverletzung (37–40 zu § 15). Eine behördliche Erlaubnis nach § 7 SprengG rechtfertigt die Tat nicht (Horn SK 7).

5 **5.** Für Abs 2, 3, für die Möglichkeiten der Konkurrenz und für die Anwendung ergänzender Vorschriften gelten die Ausführungen unter 5–7 zu § 310 b sinngemäß; für Subsidiarität des § 311 gegenüber

§§ 211, 212 Gogger NStZ 94, 587. Beachte ferner zu den minder schweren Fällen (Abs 2) 4 zu § 12; zur Strafbarkeit unerlaubten Umgangs oder Verkehrs mit explosionsgefährlichen Stoffen § 326 I Nr 3 StGB sowie die §§ 40, 42 SprengG. Anzeigepflicht (Abs 1–3) § 138 I Nr 9.

§ 311 a Mißbrauch ionisierender Strahlen

(1) **Wer in der Absicht, die Gesundheit eines anderen zu schädigen, es unternimmt, ihn einer ionisierenden Strahlung auszusetzen, die dessen Gesundheit zu schädigen geeignet ist, wird mit Freiheitsstrafe von einem Jahr bis zu zehn Jahren bestraft. In minder schweren Fällen ist die Strafe Freiheitsstrafe von sechs Monaten bis zu fünf Jahren.**

(2) **Unternimmt es der Täter, eine unübersehbare Zahl von Menschen einer solchen Strahlung auszusetzen, so ist die Strafe Freiheitsstrafe nicht unter fünf Jahren.**

(3) **In besonders schweren Fällen ist die Strafe bei Taten nach Absatz 1 Freiheitsstrafe nicht unter fünf Jahren, bei Taten nach Absatz 2 lebenslange Freiheitsstrafe oder Freiheitsstrafe nicht unter zehn Jahren. Ein besonders schwerer Fall liegt in der Regel vor, wenn der Täter durch die Tat leichtfertig den Tod eines Menschen verursacht.**

(4) **Wer in der Absicht, die Brauchbarkeit einer fremden Sache von bedeutendem Wert zu beeinträchtigen, sie einer ionisierenden Strahlung aussetzt, welche die Brauchbarkeit der Sache zu beeinträchtigen geeignet ist, wird mit Freiheitsstrafe bis zu fünf Jahren oder mit Geldstrafe bestraft. Der Versuch ist strafbar.**

1. Die Vorschrift schützt Menschen und Sachen gegen **ionisierende Strahlung.** Sie beschreibt einen besonderen Typus des konkreten Gefährdungsdelikts. Zwar wird die Gefährdung im Tatbestand nicht ausdrücklich erwähnt (32 vor § 13); sie ergibt sich aber zwingend aus dem Erfordernis, daß ein Mensch oder eine Sache einer zur Schädigung geeigneten Strahlung ausgesetzt wird. 1

2. Ionisierende Strahlung ist Strahlung, die von natürlichen oder künstlichen radioaktiven Stoffen (§ 2 I, II AtG; § 3 I StrlSchV) ausgeht, ferner Neutronenstrahlung, die bei der Spaltung von Kernbrennstoffen entsteht, und künstlich erzeugte ionisierende Strahlung, namentlich auch die Röntgenstrahlung (Begr zu § 324 E 1962 S 502). Der Mensch oder die Sache sind solcher Strahlung ausgesetzt, sobald sie in deren Wirkungsbereich geraten. 2

3. Nach **Abs 1** zur Gesundheitsschädigung (5 zu § 223) und nach **Abs 4** zur Beeinträchtigung der Brauchbarkeit einer fremden Sache von bedeutendem Wert (24 zu § 315 c) ist eine Strahlung dann geeignet, wenn bei ihrer Art und dem Umfang ihrer konkreten Anwendung der Eintritt einer solchen Schädigung oder Beeinträchtigung naheliegt 3 (diff Hoyer, Die Eignungsdelikte, 1987, S 172). – Im Falle des Abs 1 genügt zur vollendeten Tat das Unternehmen (dh auch der Versuch des Aussetzens, 19 zu § 11), während Abs 4 erst mit dem Beginn der Strahlungswirkung vollendet wird.

4 **4.** Bedingter **Vorsatz** genügt. Mit ihm muß sich die **Absicht** im Sinne zielgerichteten Wollens (20 zu § 15) verbinden, die Gesundheit eines anderen (im Falle des Abs 2 also nicht notwendig einer Mehrzahl von Menschen) zu schädigen (Abs 1) oder die Brauchbarkeit der Sache zu beeinträchtigen (Abs 3); daß der Täter daneben noch andere Zwecke verfolgt oder die Schädigung nur als Mittel für einen anderen Zweck erstrebt, ist unerheblich.

5 **5. Abs 2** ist Qualifikationstatbestand zu Abs 1; daher müssen dessen Merkmale voll verwirklicht sein. **Unübersehbar** ist eine Zahl, wenn so viele Menschen betroffen sind, daß auch ein objektiver Beobachter sie nicht ohne nähere Prüfung übersehen, also in ihrer ungefähren Zahl bestimmen kann (Begr zu § 324 E 1962 S 503).

6 **6.** Für die besonders schweren und minder schweren Fälle (Abs 1 S 2, Abs 3), für die Möglichkeiten der Konkurrenz und für eine Anzahl ergänzender Vorschriften gelten die Ausführungen unter 5–7 zu § 310 b und 5 zu § 311 sinngemäß; s auch § 311 d I Nr 1 StGB, §§ 46, 49 AtG und die StrlSchV. Anzeigepflicht (Abs 1–3) § 138 I Nr 9.

§ 311 b Vorbereitung eines Explosions- oder Strahlungsverbrechens

(1) **Wer zur Vorbereitung**

1. **eines bestimmten Unternehmens im Sinne des § 310 b Abs. 1 oder des § 311 a Abs. 2 oder**
2. **einer Straftat nach § 311 Abs. 1, die durch Sprengstoff begangen werden soll,**

Kernbrennstoffe, sonstige radioaktive Stoffe, Sprengstoffe oder die zur Ausführung der Tat erforderlichen besonderen Vorrichtungen herstellt, sich oder einem anderen verschafft, verwahrt oder einem anderen überläßt, wird in den Fällen der Nummer 1 mit Freiheitsstrafe von einem Jahr bis zu zehn Jahren, in den Fällen der Nummer 2 mit Freiheitsstrafe von sechs Monaten bis zu fünf Jahren bestraft.

(2) **In minder schweren Fällen des Absatzes 1 Nr. 1 ist die Strafe Freiheitsstrafe von sechs Monaten bis zu fünf Jahren, in minder schweren Fällen des Absatzes 1 Nr. 2 Freiheitsstrafe von drei Monaten bis zu drei Jahren.**

1 **1.** Die Vorschrift schützt über § 30 hinaus gegen Handlungen, die zur **Vorbereitung** eines Explosions- oder Strahlungsverbrechens nach §§ 310 b I, 311 I, 311 a II begangen werden.

2. Tathandlungen sind nur die in Abs 1 ausdrücklich genannten Vorbereitungshandlungen, die sich sämtlich auf radioaktive Stoffe (§ 2 I, II AtG; § 3 I StrlSchV) oder auf Sprengstoff (2 zu § 311) beziehen müssen. „Besondere" Vorrichtungen sind nicht schon an sich ungefährliche Gegenstände, die erst nach Verarbeitung oder Zusammenbau verwendbar sind, sondern nur solche, die ihrer Art nach die spezifische Eignung haben, der Herbeiführung von Explosionen durch Kernenergie oder Sprengstoff oder der Erzeugung ionisierender Strahlung zu dienen. Deshalb genügt das Beschaffen eines Weckers zum Einbau in einen Zeitzünder oder einer Batterie als Stromquelle für die Zündeinrichtung nicht, wohl aber der zusammengebaute Zeitzünder oder der zur Auslösung der Explosion bestimmte Zündsatz (BT-Dr IV/2186 S 3). 2

3. Neben dem **Vorsatz** (bedingter genügt) ist erforderlich, daß der Täter **„zur"** Vorbereitung eines der in Abs 1 genannten und von ihm selbst oder einem anderen in Aussicht genommenen Verbrechens handelt. Dessen Förderung muß daher seine Zielvorstellung sein (aM Bay NJW 73, 2038; Cramer NJW 64, 1835, 1838; zw), was idR, aber nicht notwendig (aM Gehrig, Der Absichtsbegriff in den Straftatbeständen des Besonderen Teils des StGB, 1986, S 96), zutrifft, wenn er in Kenntnis der entsprechenden Absicht des anderen handelt; unterstützt er ohne solche Absicht die Vorbereitung des Verbrechens durch einen anderen, so liegt nur Beihilfe zu § 311 b vor. Im übrigen muß die vorgesehene Tat ihrer Art und ihrem rechtlichen Wesen nach so weit konkretisiert sein, daß sie unter einen der in Abs 1 genannten Tatbestände subsumiert werden kann; außerdem zwingt der Wortlaut des Gesetzes („bestimmtes Unternehmen") zu der Annahme, daß sie nach Angriffsziel, Gegenstand, Zeit, Ort und Begehungsweise in ihren Grundzügen – sei es auch noch sehr vage und in allgemeinen Vorstellungen über den Angriffsbereich (bei Holtz MDR 78, 850) – umrissen sein muß (NJW 77, 540 mit krit Anm Herzberg JR 77, 469; str). Ob sie als besonders schwerer oder minder schwerer Fall zu bestrafen wäre, ist unerheblich; denn die Tat bleibt ohne Rücksicht auf die unbenannte Strafänderung (4 zu § 12) eine Tat nach dem verletzten Tatbestand; allerdings wird, wenn die vorbereitete Tat ein minder schwerer Fall nach § 311 II wäre, auch die Vorbereitungshandlung idR nach Abs 2 ein solcher sein. 3

4. Die Tat nach Abs 1 Nr 1 ist Verbrechen, ihr **Versuch** daher strafbar (aM Tröndle 9). Dem steht nicht entgegen, daß die Vorschrift nur Vorbereitungshandlungen beschreibt (3 vor § 22). 4

5. Wird die geplante Tat begangen oder versucht, so tritt § 311 b hinter der Beteiligung des Täters (auch Anstiftung und Beihilfe) an dem Verbrechen zurück (**Subsidiarität,** 26 vor § 52); dasselbe gilt für das Zusammentreffen mit § 30. 5

6. Führungsaufsicht § 321. Einziehung § 322. Der Weltrechtsgrundsatz gilt nur für das Verbrechen nach Abs 1 Nr 1 (§ 6 Nr 2). Anzeigepflicht § 138 I Nr 9. 6

§ 311 c Fehlerhafte Herstellung einer kerntechnischen Anlage

(1) **Wer eine kerntechnische Anlage (§ 330 d Nr. 2) oder Gegenstände, die zur Errichtung oder zum Betrieb einer solchen Anlage bestimmt sind, fehlerhaft herstellt oder liefert und dadurch eine Gefahr für Leib oder Leben eines anderen oder für fremde Sachen von bedeutendem Wert herbeiführt, die mit der Wirkung eines Kernspaltungsvorgangs oder der Strahlung eines radioaktiven Stoffes zusammenhängt, wird mit Freiheitsstrafe von drei Monaten bis zu fünf Jahren bestraft.**

(2) **Der Versuch ist strafbar.**

(3) **In besonders schweren Fällen ist die Strafe Freiheitsstrafe von einem Jahr bis zu zehn Jahren. Ein besonders schwerer Fall liegt in der Regel vor, wenn der Täter durch die Tat leichtfertig den Tod eines Menschen verursacht.**

(4) **Wer die Gefahr in den Fällen des Absatzes 1 fahrlässig herbeiführt, wird mit Freiheitsstrafe bis zu fünf Jahren oder mit Geldstrafe bestraft.**

(5) **Wer in den Fällen des Absatzes 1 leichtfertig handelt und die Gefahr fahrlässig verursacht, wird mit Freiheitsstrafe bis zu drei Jahren oder mit Geldstrafe bestraft.**

Fassung des 31. StÄG (6 a vor § 324).

1 **1.** Die Vorschrift wendet sich gegen fehlerhafte **Herstellung oder Lieferung von kerntechnischen Anlagen.** Die Tat ist **konkretes Gefährdungsdelikt** (32 vor § 13; 1 zu § 315 c).

2 **2. Kerntechnische Anlage** § 330 d Nr 2 (dort 2). Ein Gegenstand ist zur **Errichtung** (dh zur erstmaligen Bereitstellung der Anlage) oder zum **Betrieb** (2 zu § 325) bestimmt, wenn er zu diesen Zwecken, sei es auch nur mittelbar, etwa als Arbeitsmittel oder Einrichtungsgegenstand, verwendet werden soll.

3 **3. Herstellen** bedeutet Bearbeiten oder Verarbeiten von Werkstoffen zur Gestaltung eines Gegenstandes; **Liefern** Überlassen zum bestimmungsmäßigen Gebrauch. Herstellen oder Liefern sind **fehlerhaft,** wenn sie Rechtsvorschriften oder technischen Erfahrungen widersprechen und wenn deshalb die Tauglichkeit des Gegenstandes zum bestimmungsmäßigen Gebrauch aufgehoben oder nicht unerheblich gemindert ist. Die sinnvolle Erstreckung der Regelung auf fehlerhafte Reparaturen hat der Gesetzgeber nicht vorgenommen (krit Möhrenschlager NStZ 94, 566, 569).

4 **4.** Die als **Folge** der Tathandlung nach Abs 1 erforderliche **konkrete Gefahr** entspricht der des § 315 c I (dort 21, 22). **Zusammenhang** mit der Wirkung eines Kernspaltungsvorgangs (4 zu § 311 d) oder der Strahlung eines radioaktiven Stoffes (2 zu § 311 a) liegt vor, wenn sich

das Gefahrurteil mindestens auch auf diese Wirkung gründen läßt. Für die **Verknüpfung** der Gefährdung mit den Tathandlungen gelten die Ausführungen unter 27 zu § 315 c sinngemäß.

5. In den Fällen des **Abs 1** muß sich der Vorsatz (bedingter genügt) sowohl auf die Tathandlung als auch auf die Gefährdung beziehen. In den Fällen des Abs 4 genügt für die Gefährdung Fahrlässigkeit (35 zu § 15); an dem Erfordernis des Vorsatzes für die Tathandlung wird dadurch aber nichts geändert. Zur Behandlung der Vorsatz-Fahrlässigkeitskombination als Vorsatztat im Hinblick auf Versuch, Teilnahme, Einziehung usw 23–25 zu § 11; 1 zu § 23; 7 zu § 26. 5

6. Zu **Abs 3** (besonders schwere Fälle) 7–21 zu § 46. **Leichtfertig** 55 zu § 15. Bei vorsätzlicher Verursachung liegt idR ein unbenannter besonders schwerer Fall vor. 6

7. In den Fällen des **Abs 5** genügt für die Tathandlung des Abs 1 Leichtfertigkeit (55 zu § 15), für die Gefährdung Fahrlässigkeit (35 zu § 15). 6 a

8. Tateinheit ua möglich mit §§ 109 e, 211 (aM für die Alternative „mit gemeingefährlichen Mitteln" Horn SK 13), 212, 222, 223 ff, 230, 263. 7

9. Einziehung § 322. 8

§ 311 d Freisetzen ionisierender Strahlen

(1) **Wer unter Verletzung verwaltungsrechtlicher Pflichten (§ 330 d Nr. 4, 5)**

1. ionisierende Strahlen freisetzt oder

2. Kernspaltungsvorgänge bewirkt,

die geeignet sind, Leib oder Leben eines anderen oder fremde Sachen von bedeutendem Wert zu schädigen, wird mit Freiheitsstrafe bis zu fünf Jahren oder mit Geldstrafe bestraft.

(2) **Der Versuch ist strafbar.**

(3) **Wer fahrlässig**

1. beim Betrieb einer Anlage, insbesondere einer Betriebsstätte, eine Handlung im Sinne des Absatzes 1 in einer Weise begeht, die geeignet ist, eine Schädigung außerhalb des zur Anlage gehörenden Bereichs herbeizuführen oder

2. in sonstigen Fällen des Absatzes 1 unter grober Verletzung verwaltungsrechtlicher Pflichten handelt,

wird mit Freiheitsstrafe bis zu zwei Jahren oder mit Geldstrafe bestraft.

Fassung des 31. StÄG (6 a vor § 324). Nach Art 2 des Ges zu dem Übereinkommen v 26. 10. 1979 über den physischen Schutz von Kernmaterial v 24. 4. 1990 (BGBl II 326) gelten § 311 d I, II sowie § 328 I Nr 1 mit folgender Maßgabe:

Einer verwaltungsrechtlichen Pflicht im Sinne des § 311 d Abs. 1 und einer Genehmigung und Untersagung im Sinne des § 328 Abs. 1 Nr. 1 stehen eine entsprechende ausländische verwaltungsrechtliche Pflicht, Genehmigung und Untersagung gleich.

1 **1.** Die Vorschrift wendet sich zum Schutz von Leib, Leben und Eigentum gegen **verbotenes Freisetzen von ionisierenden Strahlen und Bewirken von Kernspaltungsvorgängen.** Auf eine konkrete Gefährdung oder Schädigung kommt es nicht an. Die Tathandlung muß aber die generelle Eignung zur Schadensverursachung haben. Die Tat ist deshalb ein sog **potentielles Gefährdungsdelikt** (BGHSt 39, 371; NJW 94, 2161; vgl 32 vor § 13).

2 **2. Übereinstimmende Voraussetzung** der Tathandlungen nach Abs 1 Nr 1, 2 ist die **Verletzung verwaltungsrechtlicher Pflichten** (dazu 4–9, 11, 12 zu § 325). In Fällen des § 311 d können solche Pflichten nur aus Rechtsvorschriften (oder auf ihnen beruhenden vollziehbaren Verwaltungsakten) hergeleitet werden, die speziell dem Schutz vor den von ionisierenden Strahlen oder von einem Kernspaltungsvorgang ausgehenden Gesundheitsgefahren dienen (BT-Dr 12/192 S 31). Ausschließliche innerstaatliche Grundlage sind danach das AtG und die auf ihm beruhenden RechtsVOen (die StrlSchV und die RöV); in diesem Rahmen kommen auch Vorschriften in Frage, die zum innerbetrieblichen Arbeitsschutz die Beschäftigung von Menschen in strahlenbelasteten Bereichen zeitlich begrenzt oder nur unter Schutzvorkehrungen zulassen (BT-Dr 12/192 S 15; aM Bamberg MDR 92, 687; zw). – Die Erweiterung des Schutzbereichs auf verwaltungsrechtliche Pflichten usw, die **außerhalb des räumlichen Geltungsbereichs des Gesetzes** (5 vor § 3) erlassen werden (vgl vor 1), erfordert Zuständigkeit der erlassenden Stelle im Rahmen der **internationalen Atom-Energieorganisation** (die Pflichten der Vertragsstaaten zur Pönalisierung von Angriffen auf Kernmaterial sind in Art 7 des Übereinkommens geregelt).

3 **3. a) Abs 1 Nr 1: Ionisierende Strahlen** 2 zu § 311 a. **Freisetzen** bedeutet, eine Lage schaffen, in der sich solche Strahlen unkontrollierbar im Raum ausdehnen können, so etwa wenn Strahlen ohne die erforderlichen Sicherheitsmaßnahmen erzeugt oder wenn Schutzvorrichtungen gegenüber einer (künstlichen) Strahlenquelle, zB einem in Verwahrung befindlichen radioaktiven Stoff oder einem im Betrieb befindlichen Strahlengerät, beseitigt werden (Bamberg MDR 92, 687).

4 **b) Abs 1 Nr 2: Bewirken von Kernspaltungsvorgängen** ist Verursachen der bei der Spaltung von Kernbrennstoffen (3 zu § 328) ablaufenden physikalischen Prozesse.

5 **4. Geeignet zur Schädigung** setzt weder Schadenseintritt noch konkrete Gefährdung voraus; Dauer und Intensität der Strahlung oder der Kernspaltungsvorgänge müssen lediglich nach ihrer konkreten Beschaffenheit und Anwendung (probl LG München NStZ 82, 470) ge-

nerell tauglich sein (BGHSt 39, 371 mit zust Anm Geerds JR 95, 33), **Leib** (körperliche Unversehrtheit iS des § 223) oder **Leben eines anderen** oder **fremde Sachen von bedeutendem Wert** (24 zu § 315 c) für den Fall zu schädigen, daß sich solche geschützten Objekte im Strahlungsbereich befinden (einschr Hoyer, Die Eignungsdelikte, 1987, S 79). Die in der StrlSchV genannten Werte sind wesentliche Anhaltspunkte für die Feststellung der Gesundheitsschädigungseignung von Strahlendosen (BGH aaO S 373; NJW 94, 2161; Bartholme JA 96, 730, 731).

5. Für **Vorsatz (Abs 1) und Fahrlässigkeit (Abs 3)** gelten die 6
Ausführungen unter 16 zu § 325 sinngemäß. – **Abs 3** unterscheidet bei **Fahrlässigkeit** zwischen Anlagenbetrieb mit Wirkungen außerhalb der Anlage (Nr 1; vgl 2, 3 zu § 325) und nichtanlagenbezogener Tätigkeit (Nr 2). **Nr 1** erfaßt nicht nur Gefahren beim Betrieb einer kerntechnischen Anlage, sondern auch anderer Anlagen, von denen eine schädigende radioaktive Strahlung ausgehen kann, zB Anlagen zur Lagerung von Kernbrennstoffen oder von radioaktiven Abfällen (§§ 81, 86 StrlSchV; BT-Dr 12/192 S 15). Die Schädigungseignung bezieht sich auf die Strahlen- und Kernspaltungsvorgänge des Abs 1 (vgl Sack MDR 90, 286, 287). Nur **Nr 2** setzt die grob pflichtwidrige Verletzung verwaltungsrechtlicher Pflichten (dazu 11 zu § 325) voraus.

6. Tateinheit ua möglich mit §§ 211, 212, 222 (str), 223 ff, 230 7
(str), 311, 327 I, 328. Hinter §§ 310 b, 311 a tritt die Vorschrift zurück (Subsidiarität).

7. Einziehung § 322. 8

§ 311 e Tätige Reue

(1) **Das Gericht kann die in § 310 b Abs. 1 und § 311 a Abs. 2 angedrohte Strafe nach seinem Ermessen mildern (§ 49 Abs. 2), wenn der Täter freiwillig die weitere Ausführung der Tat aufgibt oder sonst die Gefahr abwendet.**

(2) **Das Gericht kann die in den folgenden Vorschriften angedrohte Strafe nach seinem Ermessen mildern (§ 49 Abs. 2) oder von Strafe nach diesen Vorschriften absehen, wenn der Täter**

1. in den Fällen des § 311 a Abs. 1 freiwillig die weitere Ausführung der Tat aufgibt oder sonst die Gefahr abwendet oder

2. in den Fällen des § 310 b Abs. 2, des § 311 Abs. 1 bis 4, des § 311 a Abs. 4 und des § 311 c Abs. 1 und 4 freiwillig die Gefahr abwendet, bevor ein erheblicher Schaden entsteht.

(3) **Nach den folgenden Vorschriften wird nicht bestraft, wer**

1. in den Fällen des § 310 b Abs. 4, des § 311 Abs. 5 und des § 311 c Abs. 5 freiwillig die Gefahr abwendet, bevor ein erheblicher Schaden entsteht, oder

2. in den Fällen des § 311 b freiwillig die weitere Ausführung der Tat aufgibt oder sonst die Gefahr abwendet.

(4) **Wird ohne Zutun des Täters die Gefahr abgewendet, so genügt sein freiwilliges und ernsthaftes Bemühen, dieses Ziel zu erreichen.**

Fassung des 31. StÄG (6 a vor § 324).

1 **1.** Allgemein zur **tätigen Reue** 29 zu § 24.

2 **2. Abs 1, Abs 2 Nr 1 und Abs 3 Nr 2** beziehen sich auf Unternehmens- und verselbständigte Vorbereitungshandlungen (19 zu § 11; 3 vor § 22). **Aufgeben der Tatausführung** bedeutet Abbrechen des Unternehmens (oder der Vorbereitung) noch im Stadium des Versuchs (oder der Vorbereitung) unter endgültigem Verzicht auf den Tatplan (8, 9 zu § 24). **Abwenden der Gefahr** kann hier sowohl Verhüten des Gefahreintritts wie auch Beseitigen der bereits eingetretenen tatbestandsmäßigen Gefahr bedeuten. Wie sich aus einem Vergleich mit den unter 3 behandelten Vorschriften ergibt, wird die Vergünstigung zwar nicht notwendig ausgeschlossen, wenn bei einem Unternehmensdelikt Vollendung eintritt; jedoch darf die Gefahr, die der Täter abwendet, sich nicht schon in einem erheblichen Teilschaden (zB durch ionisierende Strahlung) realisiert haben.

3 **3. Abs 2 Nr 2 und Abs 3 Nr 1** beziehen sich auf Taten, bei denen der tatbestandliche Erfolg (eine Explosion oder Strahlung) eingetreten ist. Sie sind für die §§ 310 b, 311 nahezu bedeutungslos, weil bei einem vollendeten Explosionsdelikt ein erheblicher Schaden idR sofort eintritt. Nur wenn dieser – etwa durch Ausbreitung von Feuer oder durch Eintritt einer Überschwemmung – ausnahmsweise erst als Folge der Explosion droht, kann tätige Reue praktisch werden. **Abwenden** bedeutet hier nur das Beseitigen der bereits eingetretenen tatbestandsmäßigen Gefahr; der Eintritt eines unerheblichen Schadens steht der Vergünstigung nicht entgegen. Bei § 311 c kann dies vor Inbetriebnahme der Anlage durch den Austausch des fehlerhaften Anlagenteils gegen ein fehlerfreies, sonst durch Information des Anlagenbetreibers geschehen (BT-Dr 12/192 S 15).

4 **4.** Da die Strafbarkeit nach anderen Vorschriften unberührt bleibt (29 zu § 24), sind bei Tateinheit mit Brandstiftung die §§ 310 und 311 e selbständig zu prüfen.

§ 312 Herbeiführen einer lebensgefährdenden Überschwemmung

Wer mit gemeiner Gefahr für Menschenleben eine Überschwemmung herbeiführt, wird mit Freiheitsstrafe nicht unter drei Jahren und, wenn durch die Überschwemmung der Tod eines Menschen verursacht worden ist, mit lebenslanger Freiheitsstrafe oder mit Freiheitsstrafe nicht unter zehn Jahren bestraft.

1 **1. Überschwemmung** ist Austreten von Wasser über seine natürlichen oder künstlichen Grenzen hinaus in solcher Menge und Stärke, daß es für die im überfluteten Gebiet befindlichen Menschen gefährlich ist.

2. Gemeine Gefahr bedeutet hier eine konkrete Gefahr (21, 22 zu § 315 c) für eine unbestimmte Vielzahl von Menschen (Frank II 3 vor § 306; aM Horn SK 4). 2

3. Der **Vorsatz** (bedingter genügt, RGSt 71, 42) muß auch die gemeine Gefahr umfassen (zum Gefährdungsvorsatz 28 zu § 15). 3

4. Für die Todesfolge gilt § 18. Anzeigepflicht § 138 I Nr 9. 4

§ 313 Herbeiführen einer sachengefährdenden Überschwemmung

(1) **Wer mit gemeiner Gefahr für das Eigentum eine Überschwemmung herbeiführt, wird mit Freiheitsstrafe nicht unter einem Jahr bestraft.**

(2) **Ist jedoch die Absicht des Täters nur auf Schutz seines Eigentums gerichtet gewesen, so ist auf Freiheitsstrafe von sechs Monaten bis zu fünf Jahren zu erkennen.**

1. Abs 1 ist dem § 312 nachgebildet. Jedoch betrifft hier die gemeine Gefahr nur Sachen, die in fremdem Eigentum stehen und (wegen der schweren Strafdrohung) einen bedeutenden Wert haben müssen. Ob die Sachen verschiedenen Eigentümern gehören, ist unerheblich (aM Otto GK 2 S 393; str). – Der Versuch ist nur bei dem Verbrechen des Abs 1 strafbar. 1

2. Im übrigen vgl 1–3 zu § 312. Anzeigepflicht § 138 I Nr 9. 2

§ 314 Fahrlässiges Herbeiführen einer Überschwemmung

Wer eine Überschwemmung mit gemeiner Gefahr für Leben oder Eigentum durch Fahrlässigkeit herbeiführt, wird mit Freiheitsstrafe bis zu einem Jahr oder mit Geldstrafe und, wenn durch die Überschwemmung der Tod eines Menschen verursacht worden ist, mit Freiheitsstrafe bis zu fünf Jahren oder mit Geldstrafe bestraft.

Fahrlässigkeitstatbestand zu §§ 312, 313. Fahrlässigkeit 35 zu § 15. Für die Todesfolge gilt § 18. 1

§ 315 Gefährliche Eingriffe in den Bahn-, Schiffs- und Luftverkehr

(1) **Wer die Sicherheit des Schienenbahn-, Schwebebahn-, Schiffs- oder Luftverkehr dadurch beeinträchtigt, daß er**

1. Anlagen oder Beförderungsmittel zerstört, beschädigt oder beseitigt,
2. Hindernisse bereitet,
3. falsche Zeichen oder Signale gibt oder
4. einen ähnlichen, ebenso gefährlichen Eingriff vornimmt,

und dadurch Leib oder Leben eines anderen oder fremde Sachen von bedeutendem Wert gefährdet, wird mit Freiheitsstrafe von drei Monaten bis zu fünf Jahren bestraft.

(2) **Der Versuch ist strafbar.**

(3) **Handelt der Täter in der Absicht,**

1. einen Unglücksfall herbeizuführen oder

2. eine andere Straftat zu ermöglichen oder zu verdecken,

so ist die Strafe Freiheitsstrafe nicht unter einem Jahr, in minder schweren Fällen Freiheitsstrafe von sechs Monaten bis zu fünf Jahren.

(4) **Wer in den Fällen des Absatzes 1 die Gefahr fahrlässig verursacht, wird mit Freiheitsstrafe bis zu fünf Jahren oder mit Geldstrafe bestraft.**

(5) **Wer in den Fällen des Absatzes 1 fahrlässig handelt und die Gefahr fahrlässig verursacht, wird mit Freiheitsstrafe bis zu zwei Jahren oder mit Geldstrafe bestraft.**

(6) **Das Gericht kann in den Fällen der Absätze 1 bis 4 die Strafe nach seinem Ermessen mildern (§ 49 Abs. 2) oder von einer Bestrafung nach diesen Vorschriften absehen, wenn der Täter freiwillig die Gefahr abwendet, bevor ein erheblicher Schaden entsteht. Unter derselben Voraussetzung wird der Täter nicht nach Absatz 5 bestraft. Wird ohne Zutun des Täters die Gefahr abgewendet, so genügt sein freiwilliges und ernsthaftes Bemühen, dieses Ziel zu erreichen.**

1 **1.** § 315 behandelt die **Transportgefährdung** als konkretes Gefährdungsdelikt (1 zu § 315 c). Er bezieht sich auf alle Arten des öffentlichen und privaten (RGSt 13, 380) Verkehrs mit Ausnahme des Straßenverkehrs. Er **schützt** vornehmlich die Sicherheit der genannten vier Verkehrsarten (aM Horn SK 2), daneben auch das Leben und die körperliche Unversehrtheit des einzelnen sowie fremdes Eigentum (str).

2 **2.** Zum **Schienenverkehr** gehören Eisenbahnen, Werk-, Klein-, Hoch-, Untergrund- und Zahnradbahnen (zu Straßenbahnen § 315 d), zum **Schwebebahnverkehr** namentlich Bergkabinenbahnen und Sessellifte, nicht jedoch Schlepplifte (Kürschner NJW 82, 1966), und zum **Schiffsverkehr** sowohl die See- als auch die Binnenschiffahrt, unabhängig von der Größe des Schiffs (SchiffObG Berlin VRS 72, 111; Jaeckel NJW 64, 285; aM Schmidt NJW 63, 1861, alle mwN; zw). Die **Sicherheit** des Verkehrs betrifft sowohl den Betrieb der Bahn usw im ganzen als auch das einzelne Fahrzeug (Oldenburg MDR 51, 630), die Beförderungsgegenstände und -mittel, den Fahrgast und die im Fahr- oder Verschiebedienst tätigen Betriebsangehörigen (RGSt 74, 273), nicht aber den Streckenarbeiter (Braunschweig NdsRpfl 52, 157) oder den Benutzer eines Bahnübergangs. Diese betriebsfremden Personen nehmen jedoch am Strafschutz teil, wenn sie durch eine Tathandlung konkret gefährdet werden (BGHSt 6, 1).

3 **3. a)** Die Sicherheit des Verkehrs wird **beeinträchtigt,** wenn durch einen störenden Eingriff gegenüber Menschen oder Einrichtungen, die

in Beziehung zu einem bestimmten Verkehrsvorgang stehen (BGHSt 6, 1), eine Steigerung der normalen Betriebsgefahr hervorgerufen (BGHSt 13, 66, 69; VRS 8, 272), der Verkehr also in seinem ungestörten Ablauf gefährdet wird (BGHSt 22, 6). Das erfordert keinen selbständigen, neben der konkreten Individualgefahr (vgl 7) festzustellenden Erfolg; es genügt vielmehr, wenn diese Gefahr zugleich auch für die Verkehrssicherheit relevant ist (Cramer JZ 83, 812, 814). – Die Notwendigkeit einer Schnellbremsung ist regelmäßig ein Indiz für eine Sicherheitsbeeinträchtigung (BGHSt 13, 66, 69; Nr 245 III RiStBV).

b) Für die Beeinträchtigung genügt nicht jedes Mittel, sondern nur 4
ein bestimmter, in Abs 1 beschriebener **Eingriff,** der bei Garantenstellung (6 zu § 13) auch in einem Unterlassen bestehen kann (BGHSt 8, 8; 11, 162, 165).

aa) **Abs 1 Nr 1–3** beschreibt die wichtigsten Eingriffe: **Beschädi-** 5
gen, Zerstören 3–7 zu § 303. **Beseitigen** 2 zu § 87. **Hindernisbereiten** ist nach hM jeder Vorgang, der geeignet ist, den regelmäßigen Betrieb zu hemmen oder zu stören (BGHSt 21, 173 mwN; mit Recht einschr Meyer-Gerhards JuS 72, 506), zB Auflegen von Steinen auf die Schienen oder eines Metallbügels auf die Oberleitung (NStZ 88, 178), Überqueren von Bahngleisen durch einen Kraftwagen (VRS 8, 272), Versperren der Fahrrinne durch falsches Navigieren (Oldenburg MDR 51, 630); eine Beschränkung auf verkehrsfremde Vorgänge, die dem § 315 b zugrunde liegt (dort 4), ist hier nicht geboten (BGHSt 11, 148, 152; 24, 231; Bay MDR 61, 1034; Karlsruhe NZV 93, 159 mwN).

bb) **Abs 1 Nr 4** stellt den **ähnlichen und ebenso gefährlichen** 6
Eingriff gleich. Er muß unmittelbar auf einen Verkehrsvorgang einwirken (BGHSt 10, 404) und sowohl der Art (probl Hamm VRS 61, 268 mit Bespr Horn/Hoyer JZ 87, 975) als auch der Gefährlichkeit nach (VRS 40, 104) einem der in den Nummern 1–3 genannten Eingriffe gleichwertig sein (krit Fabricius GA 94, 164, 175, der auf die funktionelle Ähnlichkeit hinsichtlich der Sicherheitsbeeinträchtigung abstellen will); zB Steinwürfe nach dem Zugführer (RGSt 61, 362); Verdecken von Signalen; Stören des die Flug- oder Wasserwege sichernden Funk- oder Signalverkehrs (BT-Dr IV/651 S 22); falsche Anweisungen vom Kontrollturm eines Flughafens an den Flugzeugführer (Blei JA 73, 742). Das Merkmal bedarf im Hinblick auf § 315 a I Nr 2 enger Auslegung (zu weit BGHSt 24, 231); trotz seiner relativen Unbestimmtheit ist es verfassungsrechtlich noch vertretbar (Krey, Studien zum Gesetzesvorbehalt im Strafrecht, 1977, S 223; Fabricius GA 94, 164, 166; ebenso zu § 315 b I BVerfG BvR 182/69 v 11. 6. 1969; BGHSt 22, 365; aM Isenbeck NJW 69, 174; Bruns GA 86, 1, 14).

4. Für die **Gefährdung** (namentlich den Gefahrbegriff; beachte 7
Celle MDR 70, 1027) und die Abstufung der Strafdrohungen nach Vorsatz und Fahrlässigkeit (Abs 1, 4, 5) gelten die Ausführungen unter 20–31 zu § 315 c weitgehend sinngemäß; jedoch ist davon abweichend (dort 25) auch das vom Täter geführte, zu der hier geschützten Ver-

kehrsart gehörende Fahrzeug in den Schutzbereich einbezogen (BGHSt 11, 148, 151; 27, 40, 44; beachte jedoch Bay JZ 83, 560; Karlsruhe NZV 93, 159; aM Otto GK 2 S 399). Ferner muß sich der Vorsatz auch auf die Beeinträchtigung der Verkehrssicherheit erstrecken (vgl 3; aM Horn SK 2).

8 5. **Abs 3: Absicht** ist zielgerichtetes Wollen (20 zu § 15); es muß dem Täter auf den in den Nummern 1, 2 beschriebenen Erfolg ankommen. – **Unglücksfall** 2 zu § 323 c; daß der Schaden tatsächlich eintritt, ist nicht erforderlich (Bremen VRS 62, 266 mwN). – Ermöglichen oder Verdecken einer Straftat 12, 13 zu § 211 (s auch BGHSt 28, 93 mit Anm Rüth JR 79, 516; NZV 95, 285). Minder schwere Fälle 7–10 zu § 46; 4 zu § 12.

9 6. Zur **tätigen Reue** (Abs 6) 29 zu § 24; s auch 3 zu § 311 e.

10 7. **Tateinheit** ua möglich mit §§ 222, 230, 315 a I Nr 1, 315 b, 316. Gegenüber Abs 1 Nr 1 (auch iVm Abs 4) ist § 303 subsidiär (Braunschweig MDR 67, 419). Zu § 315 a I Nr 2 vgl dort 7.

11 8. Anzeigepflicht (Abs 3) § 138 I Nr 9.

§ 315 a Gefährdung des Bahn-, Schiffs- und Luftverkehrs

(1) **Mit Freiheitsstrafe bis zu fünf Jahren oder mit Geldstrafe wird bestraft, wer**

1. **ein Schienenbahn- oder Schwebebahnfahrzeug, ein Schiff oder ein Luftfahrzeug führt, obwohl er infolge des Genusses alkoholischer Getränke oder anderer berauschender Mittel oder infolge geistiger oder körperlicher Mängel nicht in der Lage ist, das Fahrzeug sicher zu führen, oder**
2. **als Führer eines solchen Fahrzeugs oder als sonst für die Sicherheit Verantwortlicher durch grob pflichtwidriges Verhalten gegen Rechtsvorschriften zur Sicherung des Schienenbahn-, Schwebebahn-, Schiffs- oder Luftverkehrs verstößt**

und dadurch Leib oder Leben eines anderen oder fremde Sachen von bedeutendem Wert gefährdet.

(2) **In den Fällen des Absatzes 1 Nr. 1 ist der Versuch strafbar.**

(3) **Wer in den Fällen des Absatzes 1**

1. **die Gefahr fahrlässig verursacht oder**
2. **fahrlässig handelt und die Gefahr fahrlässig verursacht,**

wird mit Freiheitsstrafe bis zu zwei Jahren oder mit Geldstrafe bestraft.

1 1. Die Vorschrift **schützt** dieselben Rechtsgüter und Verkehrsarten wie § 315 (dort 1, 2). Sie ergänzt dessen Anwendungsbereich dadurch, daß sie auch gewisse betriebsinterne Gefahrhandlungen selbständig mit Strafe bedroht.

2. a) Zum Führen der in **Abs 1 Nr 1** genannten Fahrzeuge in **fahruntüchtigem Zustand,** das in gleicher Weise auch im Straßenverkehr bedeutsam ist, 5–12 zu § 315 c. Einen bestimmten Grenzwert absoluter Fahruntüchtigkeit (6 a zu § 315 c) hat allerdings die Rechtsprechung für keine der hier einschlägigen Verkehrsarten entwickelt. Namentlich für den Schiffsverkehr lehnt sie eine unterschiedslose Übertragung der für den Straßenverkehr geltenden Grenzwerte durchweg ab, neigt jedoch zunehmend dazu (zusf Geppert BA 87, 262 mwN), bei Werten von mehr als 1,7 Promille (Köln NJW 90, 847) absolute Fahruntüchtigkeit zu bejahen; neuerdings wird sogar der für den Straßenverkehr geltende Grenzwert von 1,1 Promille (6 a zu § 315 c) auf die Schiffahrt angewandt (AG Rostock NZV 96, 124 mit zust Anm Reichart). 2

b) Abs 1 Nr 2 beschreibt ein Sonderdelikt (33 vor § 13), an dem als **Täter** nur Fahrzeugführer und sonst für die Sicherheit Verantwortliche, als Teilnehmer dagegen auch Außenstehende beteiligt sein können (3, 9 zu § 25); für letztere gilt § 28 I. 3

aa) Die das Blankett ausfüllenden **Sicherheitsvorschriften** müssen förmliche Gesetze oder Rechtsverordnungen sein (krit zur Unbestimmtheit der Verweisung Lenzen JR 80, 133, 135); Verwaltungsvorschriften (auch Unfallverhütungsvorschriften der Berufsgenossenschaften, BT-Dr IV/651 S 27) oder Allgemeinverfügungen genügen nicht. Einschlägige Vorschriften (Nachw bei Göhler [Lexikon]) gibt es namentlich für den **Eisenbahnverkehr** (aaO 210 B, 318 C 4; s auch Karlsruhe VRS 57, 411; LG Mainz MDR 82, 597), den **Straßenbahnverkehr** (aaO 600 C 1), den **Seeschiffsverkehr** (aaO 318 C 3, 723 C), den **Binnenschiffsverkehr** (aaO 103 C, 195 A, 318 C 2, 546 C, 661 B) und den **Luftverkehr** (aaO 516). – **Grob pflichtwidriger** Verstoß 11 zu § 325 (s auch Karlsruhe NZV 93, 159; LG Mainz aaO). 3 a

bb) Der **Handlungsvorsatz** (nach Abs 1 Nr 2) muß den Verstoß gegen die Sicherheitsvorschrift und die der groben Pflichtwidrigkeit zugrundeliegenden Umstände umfassen (näher dazu 16 zu § 325). 4

3. Für die **Gefährdung** (namentlich den Gefahrbegriff) und die Abstufung der Strafdrohungen nach Vorsatz und Fahrlässigkeit (Abs 1, 3) gelten die Ausführungen unter 20–31 zu § 315 c weitgehend sinngemäß. Jedoch ist abweichend davon (dort 25) auch das vom Täter geführte Fahrzeug in den Schutzbereich einbezogen (7 zu § 315). 5

4. Anders als in §§ 315, 315 b ist **Rücktritt** nicht vorgesehen. Bei Abs 1 Nr 1 folgt das aus der Struktur der Tat. Bei Abs 1 Nr 2 ist § 315 VI zugunsten des Täters analog anzuwenden. 6

5. Abs 1 Nr 2 ist gegenüber § 315 **subsidiär** (BGHSt 21, 173). Umgekehrt geht er den das Blankett ausfüllenden Vorschriften vor. Mit § 59 LuftVG kann er sich nicht überschneiden. 7

§ 315 b Gefährliche Eingriffe in den Straßenverkehr

(1) **Wer die Sicherheit des Straßenverkehrs dadurch beeinträchtigt, daß er**

1. Anlagen oder Fahrzeuge zerstört, beschädigt oder beseitigt

2. Hindernisse bereitet oder

3. einen ähnlichen, ebenso gefährlichen Eingriff vornimmt,

und dadurch Leib oder Leben eines anderen oder fremde Sachen von bedeutendem Wert gefährdet, wird mit Freiheitsstrafe bis zu fünf Jahren oder mit Geldstrafe bestraft.

(2) **Der Versuch ist strafbar.**

(3) **Handelt der Täter unter den Voraussetzungen des § 315 Abs. 3, so ist die Strafe Freiheitsstrafe von einem Jahr bis zu zehn Jahren, in minder schweren Fällen Freiheitsstrafe von sechs Monaten bis zu fünf Jahren.**

(4) **Wer in den Fällen des Absatzes 1 die Gefahr fahrlässig verursacht, wird mit Freiheitsstrafe bis zu drei Jahren oder mit Geldstrafe bestraft.**

(5) **Wer in den Fällen des Absatzes 1 fahrlässig handelt und die Gefahr fahrlässig verursacht, wird mit Freiheitsstrafe bis zu zwei Jahren oder mit Geldstrafe bestraft.**

(6) **§ 315 Abs. 6 gilt entsprechend.**

1 **1.** Die Vorschrift unterscheidet sich im Aufbau der Tatbestände und in den **geschützten Rechtsgütern** von § 315 nur dadurch, daß an die Stelle der dort genannten Verkehrsarten (1, 2 zu § 315) der **Straßenverkehr** tritt (2 zu § 315 c; Geppert Jura 96, 639, 640).

2 **2.** Auch das Erfordernis der **Beeinträchtigung** der Verkehrssicherheit ist hier wie in § 315 I (dort 3) vollwertiges Tatbestandsmerkmal (Düsseldorf NJW 82, 2391; Cramer JZ 83, 812, 814; weiter LG Bonn NStZ 83, 223; aM Horn SK 3, der darin eine Anweisung zur einschränkenden Auslegung [vgl 4] sieht; ebenso Geppert aaO).

3 **3. a)** Die **Tathandlungen** entsprechen dem Wortlaut nach weitgehend dem § 315 I (dort 5, 6; zusf Geppert aaO [vgl 1] S 642). Jedoch fehlt hier das Geben falscher Zeichen oder Signale, weil es sich meist in einem verkehrswidrigen Fahrverhalten erschöpft, das in § 315 c abschließend geregelt ist; im Einzelfall kann falsche Zeichen- oder Signalgebung von außen aber als „ähnlicher, ebenso gefährlicher Eingriff" erfaßbar sein (BT-Dr IV/651 S 28; aM Fabricius GA 94, 164, 175, der alle symbolisch wirksamen Handlungen vom Tatbestand des § 315 b ausschließt).

4 **b)** Im weiteren Gegensatz zu § 315 I bedürfen die Tathandlungen, namentlich das Hindernisbereiten, **einschränkender Auslegung.** Den Gefährdungstatbeständen zum Schutz des Straßenverkehrs liegt der Gedanke zugrunde, daß § 315 c die bloße Fehlleistung des Fahrzeugfüh-

rers (uU auch eines Mitfahrers, Hamm NJW 69, 1975; Köln NJW 71, 670; aM Karlsruhe NJW 78, 1391; zw) in der Bewältigung von Vorgängen des fließenden und ruhenden (Bay JR 75, 164 mit abl Anm Kohlhaas; zw) Verkehrs abschließend regelt, während § 315 b sich nur auf den sog **verkehrsfremden Eingriff** bezieht (BGHSt 23, 4; Köln NZV 91, 319, beide mwN). Ein solcher kann zB vorliegen, wenn der Täter von außen (zB durch Spannen eines Drahtes) störend auf den Verkehr einwirkt, wenn er es pflichtwidrig unterläßt, ein durch verkehrswidriges Verhalten bereitetes Hindernis zu beseitigen (zB Hinterlassen einer Öl- oder Benzinspur, Stuttgart NJW 59, 254; Bay JZ 89, 704; aM Horn SK 14; Liegenlassen von Gegenständen auf der Straße, Bay NJW 69, 2026; Hamm VRS 51, 103; aM Fabricius GA 94, 164, 177; Cramer, StVerkR 15, 18), oder wenn er, ohne durch die Verkehrslage veranlaßt zu sein, absichtlich (BGHSt 23, 4; Koblenz VRS 50, 203), uU auch nur vorsätzlich (VRS 39, 187), ein Hindernis bereitet (BGHSt 21, 301; VRS 64, 267; Düsseldorf VRS 73, 41); behördlicherseits auf die Fahrbahn in verkehrsberuhigten Zonen (beachte dazu Franzheim NJW 93, 1836) als Geschwindigkeitsbremse aufgebrachte Hindernisse genügen jedoch nicht (Frankfurt NZV 92, 38 mit Anm Molketin, beide mwN). Auch der „ähnliche, ebenso gefährliche Eingriff" (6 zu § 315) muß in diesem Sinne verkehrsfremd sein (BGHSt 28, 87 mit Anm Rüth JR 79, 519; beachte auch Bay JR 75, 28 mit Anm Rüth). Fahrzeugführer im fließenden Verkehr nehmen nach der Rspr einen solchen Eingriff vor, wenn sie unter grober Einwirkung von einigem Gewicht auf den Verkehrsablauf (NStZ 87, 225; probl LG München NStZ 93, 188) und in verkehrsfeindlicher Einstellung ihr Fahrzeug bewußt zweckwidrig einsetzen (NJW 83, 1624 mit krit Bespr Cramer JZ 83, 812 und Ranft Jura 87, 608, 610; NZV 90, 77, alle mwN); zB wenn der Täter mit Nötigungs- oder Gefährdungsabsicht (also nicht lediglich mit bedingtem Nötigungsvorsatz, Düsseldorf NJW 82, 1111 mit abl Bespr Schwab NJW 83, 1100; zw) auf einen anderen zufährt und ihn konkret gefährdet (BGHSt 26, 176; NZV 95, 364; Koblenz VRS 73, 58 und 74, 196; LG Zweibrücken ZfSch 94, 386), ihn willkürlich zum Anhalten (Koblenz VRS 50, 203) oder zu einer scharfen Bremsung zwingt (Düsseldorf NZV 89, 441; strenger hinsichtlich der Umschreibung der brisanten Situation Düsseldorf NJW 93, 3212 mit zust Bespr Janiszewski NStZ 94, 272 und Schleswig SchlHA 93, 222), ihn bei hoher Geschwindigkeit auf der Kühlerhaube mitnimmt (BGHSt 26, 51; s auch Köln VRS 53, 184), einen in der Fahrzeugtür stehenden Polizeibeamten durch Anfahren mit Vollgas abzuschütteln sucht (VRS 56, 141; beachte jedoch NStZ 85, 267), einen ungezielten Schuß abgibt (BGHSt 25, 306), ein am Fahrbahnrand abgestelltes Fahrzeug rammt (NStZ 95, 31) oder zur Vorbereitung eines Betrugs gegenüber der Haftpflichtversicherung durch unerwartete Bremsung oder ähnliche Manöver absichtlich einen Unfall verursacht (NStZ 92, 182 mit krit Anm Seier NZV 92, 158 und abl Bespr Scheffler NZV 93, 463; NZV 92, 325, alle mwN). **Dagegen genügt**

es nicht, wenn das Verkehrsverhalten lediglich ganz aus dem Rahmen dessen fällt, was im Verkehr vorzukommen pflegt (VRS 64, 267 mwN); zB wenn der Täter sich einer Polizeikontrolle durch Vorbeifahren „neben" einem Polizeibeamten (VRS 55, 185) oder durch andere Umgehungsmanöver (VRS 65, 428) zu entziehen sucht (NStZ 85, 267; Koblenz VRS 69, 378), wenn er auf der Flucht vor Verfolgern mit seinem Fahrzeug riskante Ausweichbewegungen macht (VRS 53, 31; s auch Düsseldorf VRS 74, 440) oder wenn ein Beifahrer ins Steuer greift, um das Fahrzeug in eine Straßeneinmündung zu lenken (NZV 90, 35 mit Anm Molketin; aM Geppert aaO [vgl 1] S 644; Horn SK 15). Zum sog Aufschleusen von Fahrzeugkolonnen auf die Autobahn durch Feldjäger Heinen NZWehrr 96, 45. – Auch die Teilnahme am Straßenverkehr als Fußgänger kann den Tatbestand erfüllen, doch reicht nicht jede von ihm ausgehende Behinderung des reibungslosen Verkehrsablaufs; es muß ihm darauf ankommen, in die Sicherheit des Straßenverkehrs einzugreifen (BGHSt 41, 231, 237 mit Bespr Hauf JA 96, 359 und Geppert JK 5).

5 **4.** Für die **Gefährdung** (namentlich den Gefahrbegriff) gelten die Ausführungen unter 20–27 zu § 315 c sinngemäß (zusf Geppert aaO [vgl 1] S 645). Danach fällt die Zerstörung oder Beschädigung eines Fahrzeugs nur dann unter Abs 1 Nr 1, wenn sie die erforderliche Gefahr verursacht (NJW 96, 329); ist sie erst das Ergebnis einer Gefahrhandlung, kommt nur Abs 1 Nr 2 oder 3 in Frage (NZV 90, 77; NStZ 91, 183 und 95, 31). Ferner genügt es auch hier nicht, wenn nur das vom Täter geführte (auch fremde) Fahrzeug oder nur Tatbeteiligte oder deren Sachen (25 zu § 315 c) gefährdet werden (NStZ 92, 233; aM Geppert aaO S 646, beide mwN). – Zur Abstufung der Strafdrohungen nach Vorsatz (bedingter genügt, Düsseldorf NJW 93, 3212; Schleswig SchlHA 93, 222) und Fahrlässigkeit 28–30 zu § 315 c; allerdings ist die Anwendung der Absätze 4, 5 mit der Annahme eines „verkehrsfremden Eingriffs" (vgl 4) regelmäßig nicht vereinbar (Köln NZV 91, 319 und 94, 365).

6 **5.** Zur **Strafschärfung** (Abs 3) und zur Möglichkeit **tätiger Reue** (Abs 6) 8, 9 zu § 315.

7 **6.** Für das **Zusammentreffen** mehrerer Begehungsformen des Abs 1 und die Gefährdung mehrerer Menschen (dazu NJW 89, 2550) oder Sachen durch dieselbe Tathandlung gelten die Ausführungen unter 35 zu § 315 c weitgehend sinngemäß. Die Schaffung mehrerer voneinander unabhängiger Gefahrenlagen während einer ununterbrochenen Fahrt begründet noch keine natürliche Handlungseinheit (NZV 95, 196 mit zust Bespr Geppert JK 5). – Im übrigen ist **Tateinheit** ua möglich mit § 113 (VRS 38, 104) und § 315 c (BGHSt 22, 67, 75; Geppert aaO [vgl 1] S 647). – Ein Eingriff zur Vorbereitung eines Betrugs zum Nachteil der Versicherung (vgl 4) steht mit diesem regelmäßig in **Tatmehrheit** (VRS 83, 185 und 189, beide mwN).

8 **7.** Anzeigepflicht (Abs 3) § 138 I Nr 9.

§ 315 c Gefährdung des Straßenverkehrs

(1) Wer im Straßenverkehr

1. ein Fahrzeug führt, obwohl er

a) infolge des Genusses alkoholischer Getränke oder anderer berauschender Mittel oder

b) infolge geistiger oder körperlicher Mängel

nicht in der Lage ist, das Fahrzeug sicher zu führen, oder

2. grob verkehrswidrig und rücksichtslos

a) die Vorfahrt nicht beachtet,

b) falsch überholt oder sonst bei Überholvorgängen falsch fährt,

c) an Fußgängerüberwegen falsch fährt,

d) an unübersichtlichen Stellen, an Straßenkreuzungen, Straßeneinmündungen oder Bahnübergängen zu schnell fährt,

e) an unübersichtlichen Stellen nicht die rechte Seite der Fahrbahn einhält,

f) auf Autobahnen oder Kraftfahrstraßen wendet, rückwärts oder entgegen der Fahrtrichtung fährt oder dies versucht oder

g) haltende oder liegengebliebene Fahrzeuge nicht auf ausreichende Entfernung kenntlich macht, obwohl das zur Sicherung des Verkehrs erforderlich ist,

und dadurch Leib oder Leben eines anderen oder fremde Sachen von bedeutendem Wert gefährdet, wird mit Freiheitsstrafe bis zu fünf Jahren oder mit Geldstrafe bestraft.

(2) In den Fällen des Absatzes 1 Nr. 1 ist der Versuch strafbar.

(3) Wer in den Fällen des Absatzes 1

1. die Gefahr fahrlässig verursacht oder

2. fahrlässig handelt und die Gefahr fahrlässig verursacht,

wird mit Freiheitsstrafe bis zu zwei Jahren oder mit Geldstrafe bestraft.

1. Die Vorschrift **schützt** vornehmlich (str) die **Sicherheit des Straßenverkehrs** (aM Deichmann, Grenzfälle der Sonderstraftat, 1994, S 191; Horn SK 2), daneben auch das Leben und die körperliche Unversehrtheit des einzelnen sowie fremdes Eigentum (eingehend Puhm, Strafbarkeit gemäß § 315 c StGB bei Gefährdung des Mitfahrers, 1990, S 117 mwN). Die Tat ist **konkretes Gefährdungsdelikt** (32 vor § 13; vgl auch Lackner, Das konkrete Gefährdungsdelikt im Verkehrsstrafrecht, 1967; Schröder ZStW 81, 7; Horn, Konkrete Gefährdungsdelikte, 1973; Seiler, Maurach-FS, S 75; Schünemann JA 75, 787, 792; Wolter JuS 78, 748; Ostendorf JuS 82, 426; Kindhäuser, Gefährdung als Straftat, 1989, S 189). 1

2. Straßenverkehr ist nur der öffentliche Verkehr, dh der auf Wegen (einschl Plätzen), die jedermann oder allgemein bestimmten Grup- 2 pen von Verkehrsteilnehmern (zB Autobahnen, Radwege, Fußgängerwege, Bay GA 72, 210, Bürgersteige, BGHSt 22, 365) dauernd oder vorübergehend zur Benutzung offenstehen (BGHSt 16, 7; Schmidt DAR 63, 345; Böhm DAR 66, 169). Unvorschriftsmäßigkeit der Benutzung, zB Führen eines Mopeds auf einem Fußgängerweg (Hamm VRS 62, 47), ist ohne Bedeutung. Auch auf die Eigentumsverhältnisse oder eine Widmung im Sinne des öffentlichen Wegerechts kommt es nicht an; es genügt, wenn der Verfügungsberechtigte die Benutzung durch einen nicht näher bestimmten Personenkreis ausdrücklich oder stillschweigend duldet (Bay VRS 62, 133 und 66, 290; Hamburg DAR 83, 89, alle mwN). Deshalb sind öffentlicher Verkehrsraum häufig auch Kaufhaus- (Düsseldorf VRS 61, 455 mwN) und Wirtshausparkplätze (BGHSt 16, 7; Düsseldorf NZV 92, 120 mit Anm Hentschel JR 92, 300 und Pasker NZV 92, 120), Parkplätze auf Supermärkten (Saarbrükken VRS 47, 54), Parkhäuser (Bremen NJW 67, 990; KG DAR 83, 80 mwN; beachte jedoch Stuttgart NJW 80, 68), Tankstellen (Bay JR 63, 192; Hamburg VRS 37, 278), Areale von Großmarkthallen (Bay VRS 62, 133) und Mülldeponien (Zweibrücken VRS 60, 218), Kasernen-, Werks-, Fabrik- und Verladestraßen (Karlsruhe NJW 56, 1649 und VRS 60, 439; Köln MDR 59, 327; probl Bremen MDR 80, 421 mit krit Anm Brede) sowie gemeinsame Zufahrten zu mehreren Wohnhäusern (Bay VRS 64, 375; beachte jedoch Düsseldorf NJW 88, 922) und Anliegerstraßen (VM 57, 14; s auch Düsseldorf GA 76, 247); **dagegen nicht** der zum Wohnhaus gehörende Hofraum (Bay VRS 73, 57) oder Stellplatz (Bay NJW 83, 129; s auch LG Krefeld VRS 74, 261), der Straßengraben (Hamm VRS 39, 270; Stuttgart Justiz 83, 310), das an die Straße angrenzende Feld (bei Spiegel DAR 82, 199) und das Wagendeck eines Fährschiffs während des Übersetzens (Karlsruhe VRS 84, 100 mit krit Bespr Janiszewski NStZ 93, 275).

3 **3. a)** Abs 1 Nr 1 setzt ausdrücklich, Nr 2 in den meisten Tatbeständen stillschweigend voraus, daß der Täter **ein Fahrzeug führt** (Rspr-Übersicht bei Grohmann BA 94, 158). Anders als in § 69 I wird also nicht nur das Kraftfahrzeug, sondern zB auch das Fahrrad (Stuttgart NJW 56, 1044; Düsseldorf NJW 92, 992) erfaßt (zur Bedienung eines Baggers Düsseldorf VRS 64, 115 mwN). Der Fahrzeughalter scheidet als solcher dagegen aus (Rudolphi GA 70, 353, 357). – **Führen** erfordert, daß jemand das Fahrzeug unmittelbar in Bewegung setzt oder hält (BGHSt 35, 390 mwN), dabei dessen Antriebskräfte bestimmungsmäßig anwendet und dessen Fortbewegung unter Handhabung der jeweiligen technischen Vorrichtungen ganz oder teilweise leitet (Düsseldorf VRS 62, 193; s auch Köln VRS 62, 209, beide mwN). In Grenzfällen **genügt** dazu ua schon: Abrollenlassen auf Gefällstrecke ohne Motorkraft (BGHSt 14, 185); Lenken bei Ausnutzung eines durch Schieben hervorgerufenen Schwunges (Hamburg VRS 32, 452; einschr Celle VRS 53, 371; zw); Übernahme nur einzelner, zum Führen gehörender wichtiger Verrichtungen (BGHSt 13, 226; 18, 6; s aber Köln NJW 71,

670); Lenken und Bremsen in einem abgeschleppten Fahrzeug (BGHSt 36, 341; Reichart NJW 94, 103, beide mwN; str); Schieben eines Zweirades mit unterstützender Motorkraft (Bay VRS 66, 202) oder mit dem Zweck, den Motor in Gang zu setzen (Düsseldorf DAR 83, 301; aM AG Winsen/Luhe NJW 85, 692; zw). **Nicht ausreichend** dagegen: Schieben eines Zweirades nur mit eigener Körperkraft, ohne den Fahrersitz einzunehmen (Oldenburg MDR 75, 421; s auch Koblenz VRS 49, 366); vergebliches Einsetzen der Antriebskräfte, um ein im Waldboden feststeckendes Fahrzeug freizubekommen (Karlsruhe MDR 92, 1170); Unterlassen von Sicherungsmaßnahmen nach beendigter Fahrt (Stuttgart NJW 60, 1484; aM BGHSt 19, 371); auch wer ohne seinen Willen bewirkt, daß sein Fahrzeug in Bewegung gerät, wird nicht erfaßt (Frankfurt NZV 90, 277; Düsseldorf NZV 92, 197, beide mwN). – Die Rspr hat früher auch gewisse Vorbereitungs- und Versuchshandlungen vor Beginn der Fahrbewegung genügen lassen, namentlich das Bedienen von Trieb- oder Fahrwerk in der Absicht zu fahren, uU schon durch Lösen der Handbremse, durch Gangschalten oder durch Einführen des Zündschlüssels, ist davon aber mit Recht abgerückt (BGHSt 35, 390 mit krit Anm Sunder BA 89, 297 und Hentschel JR 90, 32; Düsseldorf NZV 89, 202 und 92, 197, alle mwN).

b) Das Führen ist wegen der stetigen Einwirkung auf den Antriebs- **4**
und Lenkmechanismus regelmäßig **positives Tun** (BGHSt 8, 8, 10). Soweit der Tatbestand Führen in fahruntüchtigem Zustand voraussetzt (Abs 1 Nr 1), ist die Tat **eigenhändiges Delikt** (BGHSt 18, 6; NZV 95, 364; Rehberg, Schultz-Festg, S 72 mwN; str). **Dauerstraftat** für die ganze zusammenhängende Fahrt ist sie jedoch nicht, weil die Tatbegehung durch das Erfordernis konkreter Gefährdung auf die Gefahrhandlung beschränkt wird (BGHSt 23, 141, 148; VRS 62, 191; Cording, Der Strafklageverbrauch bei Dauer- und Organisationsdelikten, 1993, S 57; aM NJW 89, 1227 mit Anm Geppert NStZ 89, 320 und Werle JR 90, 74; Seier NZV 90, 129, 130; Sch/Sch-Cramer 53, alle mwN; zw); jedoch schließt das die Annahme einer Handlungseinheit nicht notwendig aus (vgl 35).

4.Die Tathandlungen:a) In **Abs 1 Nr 1 a** das Führen eines Fahr- **5**
zeugs, obwohl der Täter infolge Genusses alkoholischer Getränke oder anderer berauschender Mittel nicht in der Lage ist, das Fahrzeug (auf eine längere Strecke, und zwar auch bei plötzlichem Auftreten schwieriger Verkehrslagen, BGHSt 13, 83) sicher zu führen (**rauschbedingte Fahruntüchtigkeit,** die im Schrifttum mit bedenkenswerten Gründen auch als rauschbedingte Fahrunsicherheit bezeichnet wird, Hentschel NZV 91, 329 und DAR 93, 449, jeweils mwN). – **Andere berauschende Mittel** sind zur Herbeiführung von Enthemmung oder zur Beseitigung von Unlustgefühlen geeignete Stoffe oder Zubereitungen (zusf Burmann DAR 87, 134; Grohmann MDR 87, 630; Maatz/Mille DRiZ 93, 15; Nehm DAR 93, 375, 376; Salger/Maatz NZV 93, 329; Salger DAR 94, 433, alle mwN; s auch 3 zu § 323 a; str), und zwar im

wesentlichen die in den Anlagen I–III zu § 1 I BtMG aufgeführten, namentlich Opium, Morphium, Heroin und Kokain (VRS 53, 356; LG Stuttgart NZV 96, 379); auch das zur Substitutionsbehandlung von Heroinabhängigen verabreichte Methadon ist ein berauschendes Mittel (Gebert MedR 94, 483). Schmerzmittel, Psychopharmaka (Köln BA 77, 124; zusf Salger DAR 86, 383) und andere pharmakologische Mittel werden nur erfaßt, wenn sie bei entsprechender Dosierung und Anwendung – etwa von Dolviran (Koblenz VRS 59, 199; Janiszewski NStZ 84, 111, 112), Valium (Frankfurt BA 79, 407) oder Lexotanil (Bay NJW 90, 2334 mwN) – als Rauschdrogen wirken (bei Holtz MDR 84, 90; Köln NZV 91, 158; weiter Ulbricht, Rauschmittel im Straßenverkehr, 1990, S 44; vgl auch Meininger, Salger-FS, S 535; Schöch, Miyazawa-FS, S 227 und Pluisch NZV 96, 98; str). – **Genuß** ist weit auszulegen; er erfordert weder Einnehmen durch den Mund noch subjektives Bezwecken der Rauschwirkung oder einer anderen lustbetonten Empfindung (Bay aaO mwN; str). – **Mitursächlichkeit** des Rauschmittels genügt, zB im Zusammenwirken mit niedrigem Blutdruck (Bay VRS 38, 112), Übermüdung (BGHSt 13, 83, 90; Gaisbauer NJW 68, 191), Nikotingenuß (Hamm DAR 60, 235) oder Einnahme von Medikamenten (Celle NJW 63, 2385; Hamburg NJW 67, 1522; Hamm BA 79, 454). – Ob Fahruntüchtigkeit vorliegt, hängt von den Umständen des Einzelfalls ab, ist jedoch für den Alkoholbereich durch die Unterscheidung von absoluter und relativer Fahruntüchtigkeit näher konkretisiert (dazu 6–7). Für die anderen Rauschmittel konnte bisher ein absoluter Grenzwert nicht bestimmt werden, so daß hier die für die relative Fahruntüchtigkeit geltenden Regeln (vgl 7) sinngemäß anwendbar sind (Köln NJW 90, 2945; Frankfurt NJW 92, 1570 [mit Anm Molketin BA 93, 207] und NZV 95, 116; Düsseldorf NJW 93, 2391 [mit Anm Trunk NZV 93, 276] und 94, 2428 sowie VRS 87, 433; Bay NJW 94, 2427; LG Krefeld StV 92, 521; Trunk NZV 91, 258; Maatz/Mille DRiZ 93, 15, 24; Salger DRiZ 93, 311, 314; Nehm DAR 93, 375, 377; Salger/Maatz NZV 93, 329, 330; s auch Schütz/Weiler BA 93, 137; Kreuzer NStZ 93, 209; Meininger NZV 94, 218; Gebert MedR 94, 483; Bieniek StV 95, 437, alle mwN). Dagegen soll nach Salger (DAR 94, 433, 437) der Heroin- und Kokainkonsument für mehrere Stunden nach der Einnahme absolut fahruntauglich sein; dasselbe soll für die kombinierte Einnahme von Alkohol und Haschisch gelten.

6 **b) Alkoholbedingte Fahruntüchtigkeit** (Abs 1 Nr 1 a) tritt idR bei einer BAK zwischen 0,5 und 1,0 Promille ein (BGHSt 13, 278), ist aber auch bei geringeren Werten ab 0,3 Promille (Köln NZV 89, 357 mwN) nicht ausgeschlossen (Koblenz VRS 45, 118; Hamm BA 78, 377). Beweisanzeichen sind namentlich die BAK, die genossene Alkoholmenge, Gewicht und Alkoholempfindlichkeit, Trinkgeschwindigkeit, eingenommene Speisemengen, Tageszeit (Hamm VRS 5, 397), Witterung, Verkehrsverhältnisse, Fahrweise (BGHSt 5, 168, 171; 8, 28)

sowie Verhalten vor, bei und nach der Tat. Mit zunehmender BAK nimmt die Bedeutung der übrigen Indizien ab (Hamm NJW 75, 2251; Düsseldorf VRS 81, 450 mwN).

aa) Von 1,1 Promille aufwärts hält die Rspr **alle Führer von Kraftfahrzeugen,** also auch Fahrer von Krafträdern einschließlich Mopeds und Fahrrädern mit Hilfsmotor (sog Mofas 25), unabhängig von weiteren Beweisanzeichen und unter Ausschluß des Gegenbeweises für fahruntüchtig (**absolute Fahruntüchtigkeit,** BGHSt 37, 89 mit Bespr Jung DAR 90, 351, Berz NZV 90, 354, Janiszewski NStZ 90, 493, Heifer BA 90, 373, Schneble BA 90, 374, v Mutius BA 90, 375 und Lange JZ 91, 1071; krit Krüger BA 90, 182; Konzak/Hüting Jura 91, 241 und NZV 92, 136; zusf Grohmann BA 91, 84; Schembecker JuS 93, 674, alle mwN). Auch Führer von **abgeschleppten Fahrzeugen** (BGHSt 36, 341 mit Anm Hentschel JR 91, 113; Reichart NJW 94, 103, alle mwN; str; zu Führern, die ihr Fahrzeug nicht mit Motorkraft bewegen, Grohmann BA 94, 158, 161) und von sog Leichtmofas, einer Zwischenform zwischen Fahrrad und Mofa (LG Oldenburg DAR 90, 72; Grohmann BA 88, 143; einschr Janiszewski NStZ 90, 271, 273, alle mwN; str), bezieht sie ein. Für **Radfahrer** hat sie den entsprechenden Wert auf 1,7 Promille festgesetzt (BGHSt 34, 133 mwN), der allerdings noch anzupassen (Berz aaO; Grohmann BA 91, 84, 89), dh jedenfalls entsprechend dem ermäßigten Sicherheitszuschlag (vgl 6 b) herabzusetzen ist (Celle NJW 92, 2169; Hamm NZV 92, 198; Zweibrücken NZV 92, 372; Bay BA 93, 254; weiter LG Verden NZV 92, 292 [1,5 Promille]; s auch Bay NJW 92, 1906 mit Anm Molketin BA 92, 284; Bode BA 94, 137, 138, alle mwN). Bei anderen Verkehrsteilnehmern fehlt es für eine hinreichend fundierte Festlegung noch an ausreichenden Erfahrungen (AG Köln NJW 89, 921; Bay NZV 93, 239; Gutachten des BGA „Alkohol bei Verkehrsstraftaten", 1966, S 52). **6 a**

Die absoluten Grenzwerte beruhen auf einer Auswertung des **naturwissenschaftlichen Erkenntnisstandes** (zusf Hentschel NZV 91, 329; Schewe, Salger-FS, S 715). Der erst 1990 für Kraftfahrer festgesetzte Wert ist aufgrund von Fortschritten in der Alkoholforschung und in der Sicherung der Meßmethoden um 0,2 Promille herabgesetzt worden (dazu BGHSt 37, 89 mwN; die Feststellung dieses Grenzwerts durch den BGH ist von Verfassungs wegen nicht zu beanstanden, BVerfG NJW 95, 125). Er setzt sich zusammen aus einem Grundwert von 1,0 Promille, bei dessen Vorliegen jeder Kraftfahrer nach wissenschaftlicher Erkenntnis fahruntüchtig ist, und einem Sicherheitszuschlag von 0,1 Promille, der die Streubreite der Blutalkoholbestimmungsmethoden auffangen soll (krit Dietz/Wehner NZV 91, 460); da jedoch das gegenwärtig hohe Maß an Einheitlichkeit dieser Methoden noch nicht allgemein, sondern nur für diejenigen Untersuchungsstellen, die an einem Ringversuch im Jahre 1988 teilgenommen haben, nachgewiesen werden konnte, gilt für die an diesem Versuch nicht beteiligten Institute vorläufig, dh bis zu ihrer erfolgreichen Teilnahme an einem solchen **6 b**

Ringversuch, ein Sicherungszuschlag von 0,15 Promille (BGH aaO S 98); dieser Zuschlag gilt nicht für die Überschreitung der Maximalwerte der Standardabweichung (Bay NZV 96, 75; aM Löffel NZV 95, 478; vgl 8).

6 c Grundsätzlich kommt es für die Grenzwertbestimmung auf die **Zeit der Tat** an. Im Hinblick auf die besonderen Wirkungen des Alkohols in der Anflutungsphase (Heifer BA 70, 383 und 73, 1, 7; Schewe ZStW Beiheft 81, 39, 51) ist nach der Rspr absolut fahruntüchtig auch, wer zur Tatzeit eine Alkoholmenge im Blut hat, die noch hinter dem Grenzwert zurückbleibt, ihn später aber erreicht (BGHSt 25, 246 mit Bespr Händel NJW 74, 247 und Meyer NJW 74, 613).

6 d Der Grenzwert hat die Bedeutung einer **prozessualen Beweisregel** (Horn, Blutalkohol und Fahruntüchtigkeit, 1970; aM Sarstedt, Hirsch-FS, S 171; Dannecker, Das intertemporale Strafrecht, 1993, S 360; Bialas, Promille-Grenzen, Vorsatz und Fahrlässigkeit, 1996, S 69, 203 mit krit Bespr Müller-Metz NZV 96, 399; str), für die das Rückwirkungsverbot (4 zu § 1) nicht gilt (BVerfG NJW 90, 3140 mit abl Bespr Hüting/Konzak NZV 91, 255; Bay NJW 90, 2833 mit abl Anm Krahl NJW 91, 808; Düsseldorf MDR 91, 171; Hentschel NZV 91, 329, 334; aM Neumann ZStW 103, 331; Bernreuther MDR 91, 829; Ranft JuS 92, 468, alle mwN); eingehend Dannecker aaO S 364, der eine Bindung der Rspr an das Rückwirkungsverbot des Art 103 II GG verneint, den Vertrauensschutz des Bürgers aber durch das allgemeine Rechtsstaatsprinzip des Art 20 III GG gewährleisten will (S 392).

7 bb) Ist der absolute Grenzwert nicht erreicht oder fehlt es an der Festsetzung eines solchen Grenzwerts (Frankfurt NJW 85, 2961), so bedarf es stets der Feststellung weiterer Beweisanzeichen (**relative Fahruntüchtigkeit;** vgl zB VRS 19, 296; 27, 192; 32, 40; Karlsruhe VRS 49, 107). Dasselbe gilt, wenn die BAK für die Tatzeit nicht ermittelt werden konnte (Hamm BA 82, 563; Düsseldorf NZV 92, 81), etwa deshalb, weil sie nicht (Köln NZV 89, 357; Düsseldorf NZV 90, 198) oder nicht in der vorgeschriebenen Weise (Stuttgart MDR 84, 688) bestimmt wurde (beachte jedoch 10). Die Beweisanzeichen können vor allem in alkoholtypischem, uU auch unvernünftig motiviertem (Köln VRS 42, 364), Fahrverhalten gefunden werden, zB im Fahren in Schlangenlinien (Hamm VRS 49, 270; nicht schon das Überfahren der Fahrbahnmittellinie mit einem LKW auf kurvenreicher Strecke, LG Zweibrücken NZV 94, 450) oder mit erheblich überhöhter Geschwindigkeit (Köln VRS 37, 200; Hamm VRS 39, 37; nicht schon bei Nichtbeachtung der Geschwindigkeitsbegrenzung und unangepaßter Geschwindigkeit, NZV 95, 80 mit zust Anm Hauf; auch nicht bei verständlichem Fluchtmotiv, NStZ 95, 88 und DAR 95, 166); in grundlosem Abkommen von der Fahrbahn (VRS 47, 19; anders nach einem Kurvenauslauf, LG Zweibrücken ZfSch 94, 265, oder bei unregelmäßig auftretenden Windböen, Hamm NZV 94, 117) oder im Geradeausfahren in Kurven (vgl auch VRS 36, 374; auch alkoholtypische Unfälle kommen als zusätzliche Beweisanzeichen in Betracht (Haffner/Erath/

Kardatzki NZV 95, 301). Daneben kommen zB auch in Frage: Steigerung der Rauschwirkung durch Einnahme von Medikamenten (Hentschel BA 80, 221; unklar Bay BA 80, 220, das solche Fälle der absoluten Fahruntüchtigkeit zuordnet), kritikloses Trinken von Alkohol unmittelbar vor Fahrtantritt (Celle BA 74, 61; zw), Übermüdungserscheinungen (VRS 14, 282; Koblenz VRS 51, 36) oder Feststellungen bei der ärztlichen Untersuchung nach der Tat (Hamm VRS 33, 441, 442; speziell zur Bedeutung des Drehnachnystagmus Köln VRS 65, 440; Zweibrükken VRS 66, 204). Stets muß es sich um konkrete Ausfallerscheinungen handeln, die ein erkennbares äußeres Fehlverhalten bewirken und auf Fahruntüchtigkeit hindeuten (BGHSt 31, 42 mwN); bloß allgemein ungünstige äußere Umstände, wie zB Dunkelheit, Nebel, Glatteis oder sonst widrige Straßenverhältnisse (VRS 33, 118; Bay JR 90, 436 mit Anm Loos), Langsamfahren (Hamm DAR 75, 249) oder bloß abstrakt leistungsmindernde Zustände, wie zB allgemeine Müdigkeit (Bay NJW 68, 1200; Hamm NJW 73, 569 mit krit Anm Mayer NJW 73, 1468) oder Erregung (Köln JMBlNRW 70, 144), genügen für sich allein nicht (Zweibrücken BA 91, 115; krit Ranft Jura 88, 133, 134). Jedoch schließt vorausgegangenes geordnetes Fahrverhalten Fahruntüchtigkeit in einer späteren konkreten Situation nicht aus (VRS 55, 186). Die Beweisanzeichen dürfen nicht isoliert gewertet, müssen vielmehr in eine Gesamtwürdigung des psycho-physischen Zustandes des Täters und der Tatumstände einbezogen werden (Düsseldorf VRS 81, 450; Metter BA 76, 241) und dem Richter die Überzeugung vermitteln, daß sich der Täter in nüchternem Zustand anders verhalten hätte (VRS 36, 174; Köln NZV 95, 454; methodisch näher konkretisierend Peters MDR 91, 487 mwN); zu den Tatumständen gehören namentlich auch die während der Fahrt zu bewältigenden Verkehrsaufgaben, zB Straßen- und Verkehrsverhältnisse sowie Art und Fahreigenschaften des benutzten Kraftfahrzeugs (BGHSt 13, 83, 90; 22, 352). In der Beurteilung der Beweisanzeichen, namentlich des erforderlichen Ursachenzusammenhangs mit der Alkoholwirkung, ist die Rspr uneinheitlich (zusf Möhl DAR 71, 4; krit Schneble BA 83, 177; Strate BA 83, 188; Groth NJW 86, 759; Boetzinger MDR 89, 511). – Für eine verstärkte Anwendung der relativen Fahruntüchtigkeit im Bereich von 0,3 bis 0,8 Promille aus generalpräventiven Gründen Krüger/Schöch DAR 93, 334, 343. Zweifel an der Verfassungsgemäßheit (Bestimmtheitsgebot) der Verwendung des Rechtsbegriffs der relativen Fahruntüchtigkeit erhebt v Götz ZRP 95, 246.

cc) Die BAK wird überwiegend nach zwei Verfahren, früher meist dem **Widmark- und dem ADH-Verfahren,** ermittelt (BGHSt 13, 83); inzwischen ist jedoch jeweils eines dieser Verfahren durch das exaktere **gaschromatographische Verfahren** verdrängt worden (Karlsruhe NJW 77, 1111 mwN; näher dazu Zweites Gutachten des BGA „Alkohol und Straßenverkehr“, 1977, S 7). IdR werden nach jedem gewählten Verfahren mehrere Analysen durchgeführt, und zwar drei nach Widmark, zwei nach ADH und (oder) zwei durch Gaschromato- 8 graphie (BA 89, 135; BGA-Gutachten aaO S 7; Bode BA 94, 137; s auch Nr 15 des von den Bundesländern vereinbarten Gemeinsamen Erlasses über die Feststellung von Alkohol im Blut bei Straftaten und Ordnungswidrigkeiten, Justiz 78, 249 für Baden-Württemberg). Wenn eine bestimmte Streubreite nicht überschritten wird (dazu Hamm BA 85, 484), kein systematischer Analysenfehler erkennbar ist und auch die aus den Einzelmeßwerten folgende Standardabweichung (vgl dazu LG Hamburg NZV 94, 45 mit Anm Kaun) unter den im Gutachten des BGA zum Sicherungszuschlag auf die Blutalkoholbestimmung (NZV 90, 104, 106) angegebenen Maximalwerten liegt (BGHSt 37, 89, 98; Bay NZV 96, 75 mit Anm Hentschel JR 96, 388; aM LG Göttingen NdsRpfl 91, 276), entscheidet der Mittelwert aller Analysen (BGHSt 28, 1; Stuttgart NJW 81, 2525; Haffke NJW 71, 1874; jetzt auch Sch/Sch-Cramer 17 zu § 316), der selbst bei ganz geringfügiger Unterschreitung des Grenzwertes nicht aufgerundet werden darf (Hamm VRS 56, 147; ebenso zum Grenzwert von 0,8 Promille BGHSt 28, 1 mwN; krit Staak/Berghaus NJW 81, 2500; zw). Zur Ermöglichung hinreichender Kontrolle haben die Untersuchungsstellen neben dem Mittelwert auch die Einzelmeßergebnisse mitzuteilen (BGHSt 37, 89, 98; 39, 291, 298), was allerdings nicht bedeutet, daß diese Werte und überhaupt die angewendeten Verfahren stets auch im Urteil angegeben werden müßten (BGHSt 28, 235; 39, 291, 298, beide mwN). Der Beweiswert von Untersuchungsergebnissen, die nicht den vorstehenden Anforderungen entsprechen, zB nicht nach verschiedenen Verfahren oder nur mit einer geringeren Zahl von Einzelanalysen ermittelt worden sind, hängt davon ab, ob sich die Möglichkeit eines Fehlers zum Nachteil des Täters sicher ausschließen läßt (vgl ua Bay BA 83, 74; AG Langen BA 89, 207 mit Anm Grüner; Sachs NJW 87, 2915; Grüner/Ludwig BA 90, 316). – Die **Alkoholbestimmung aus der Atemluft** ist nach ihrem gegenwärtigen Entwicklungsstand zur abschließenden Feststellung noch nicht als hinreichend zuverlässig anerkannt (Bay JR 89, 79 mit Bespr Heifer NZV 89, 13 und Grüner JR 89, 80; Zweibrücken NJW 89, 2765; Karlsruhe NStZ 93, 554; Hamm NJW 95, 2425; LG Münster NStZ 92, 544; LG Gera DAR 96, 156; AG Westerburg NZV 95, 41; Grüner, Die Atemalkoholprobe, 1985; Grüner/Penners NJW 85, 1277; Alck BA 88, 396; Wilske/Eisenmänger DAR 92, 41; Pluisch/Heifer NZV 92, 337; Hentschel NJW 93, 1171, 1177; Schewe, Salger-FS, S 715, 716; s auch Schoknecht ua BA 89, 71; Schoknecht BA 90, 145, alle mwN; krit zur geplanten Einführung von Atemalkoholmeßgeräten Iffland NZV 95, 249).

9 dd) Für die **BAK zur Tatzeit** bedarf es regelmäßig der **Rückrechnung,** die im allgemeinen nur mit Hilfe eines Sachverständigen (Stuttgart NJW 81, 2525), in einfachen Fällen aber auch vom Gericht allein aufgrund seiner eigenen Sachkunde durchgeführt werden kann (Koblenz VRS 51, 38 mwN). Dabei sind die dem Täter jeweils günstigsten, also – gerade umgekehrt wie bei Beurteilung der Schuldfähigkeit (23 zu § 20) – die das Ergebnis am wenigsten erhöhenden tatsächli-

chen Möglichkeiten zugrunde zu legen. Nach der Rspr wird diesem Erfordernis genügt, wenn die Rückrechnung für die sog Resorptionsphase, die nach Trinkende im allgemeinen nicht länger als 60 bis 90 Minuten dauert, aber zur Vermeidung jeder Benachteiligung mit einem Richtwert von 120 Minuten anzusetzen ist, unterbleibt und wenn für die nachfolgende Zeit ein gleichbleibender Abbauwert von stündlich 0,1 Promille zugrunde gelegt wird (BGHSt 25, 246; Bay NZV 95, 117; zusf Salger DRiZ 89, 174; zur rechtlichen und naturwissenschaftlichen Problematik der Rückrechnung vgl ua BGA, Gutachten 1966 [vgl 6 a] S 53 und Gutachten 1977 [vgl 8] S 17; Mayr DAR 74, 64; Köhler/Schleyer BA 75, 52; Gerchow/Heifer ua BA 85, 77; Bode BA 94, 137, 140).

ee) Wurde die **BAK nicht ermittelt,** ist aber die vor der Tat konsumierte Alkoholmenge feststellbar, oder sind die Angaben darüber nicht widerlegbar, so ist die Tatzeit-BAK auf der Grundlage der sog **Widmark-Formel** zu berechnen, wobei auch hier die für den Täter jeweils günstigsten tatsächlichen Möglichkeiten zugrundezulegen sind (Köln NZV 89, 357; Forster/Joachim, Blutalkohol und Straftat, 1975, S 95; zusf Salger DRiZ 89, 174 mwN). 10

ff) Ist der Täter infolge des Rausches **schuldunfähig** oder ist dies nicht auszuschließen, so kommt Verurteilung unter dem Gesichtspunkt der actio libera in causa (25–29 zu § 20; aM LG Münster NStZ-RR 96, 266; Horn SK 12 zu § 316) oder nach § 323 a (Oldenburg DAR 63, 304) in Frage. 11

gg) Zur Mitverantwortung **Dritter** Bödecker DAR 69, 281 und 70, 309, namentlich des Gastwirts BGHSt 4, 20; 19, 152; 26, 35; krit Geilen JZ 65, 469.

c) In **Abs 1 Nr 1 b** das Führen eines Fahrzeugs (vgl 3, 4), obwohl der Täter infolge **geistiger oder körperlicher Mängel,** nicht in der Lage ist, das Fahrzeug sicher zu führen. Dazu gehören Anfallsleiden (zB Epilepsie), sofern sie die Gefahr jederzeit auftretender Anfälle begründen (BGHSt 40, 341). Es genügen auch vorübergehende Mängel, wie die Wirkung von Medikamenten (Stuttgart NJW 66, 410 mit Anm Gaisbauer; Grohmann BA 88, 172), labile Zustände während der Rekonvaleszenz (LG Heilbronn VRS 52, 188) und vor allem Übermüdung (VRS 14, 282), die allerdings trotz ihrer Häufigkeit im Güter- und Busfernverkehr (dazu Meyer KrimArch 185, 65) sowie im militärischen Einsatz (dazu Burmester NZWehrr 91, 142) offenbar wegen unzureichender wissenschaftlicher Erforschung und daraus folgender Beweisschwierigkeiten kaum Strafverfolgungen ausgelöst hat. – Durch technische Vorrichtungen am Fahrzeug, Brillen, Hörgeräte, Prothesen, Mitnahme von Begleitpersonen usw hinreichend ausgeglichene körperliche Mängel genügen dagegen nicht (BT-Dr IV/651 S 28), altersbedingte Mängel nicht ohne weiteres (Bay NJW 96, 2045). Rauschbedingte Fahruntüchtigkeit ist nur der Unterfall eines körperlichen oder geistigen Mangels und daher auch bei Zusammentreffen mit Übermü- 12 dung nur nach Abs 1 Nr 1 a zu behandeln (Spezialität, Düsseldorf NJW 57, 1567; Köln NZV 89, 357 mwN).

13 **d)** In **Abs 1 Nr 2** der grob verkehrswidrige und rücksichtslose Verstoß gegen die unter Buchst a–g näher beschriebenen Verkehrsregeln, die sich auf besonders gefährliche und statistisch bedeutsame Verhaltensweisen beziehen.

aa) **Buchst a: Nichtbeachten der Vorfahrt** ist nicht nur an Kreuzungen und Einmündungen (Vorfahrtsregelung ieS nach § 8 StVO), sondern stets möglich, wenn sich die Fahrtrichtungen zweier Fahrzeuge schneiden oder so stark nähern, daß ein reibungsloser Verkehrsablauf nur dadurch gewährleistet ist, daß ein Fahrzeug nach ausdrücklicher Verkehrsregelung den Vorrang hat (zB Linksabbiegen, BGHSt 11, 219; 13, 129; KG VRS 46, 192; str); Mißachtung von Vorfahrtsschildern allein genügt nicht (Bay NJW 55, 841), auch nicht ein Rotlichtverstoß (Jena NZV 95, 237; vgl auch Düsseldorf NZV 96, 245). Der Vorrang des Fußgängers nach § 9 III S 3 und § 26 StVO gehört nicht hierher (Düsseldorf NJW 84, 1246; KG VRS 84, 444; Hamm VRS 91, 118; Tröndle 5).

14 **Buchst b: Überholen** ist (übereinstimmend mit § 5 StVO) der gesamte Vorgang (dazu Düsseldorf VRS 66, 355) des Vorbeifahrens von hinten an einem Verkehrsteilnehmer, der sich auf derselben Fahrbahn in derselben Richtung bewegt oder nur mit Rücksicht auf die Verkehrslage anhält (BGHSt 25, 293; 26, 73; zusf Mühlhaus DAR 68, 169). Es ist mit dem Beginn des Überholvorgangs (idR dem Ausscheren nach links) bereits vollendet (Bay VRS 34, 106 und DAR 93, 269; Karlsruhe NJW 72, 962; Koblenz NZV 93, 318; Haubrich NJW 89, 1197) und erst mit dessen Abschluß (idR der Wiedereinordnung auf der rechten Fahrbahn; beachte jedoch BGHSt 25, 293 und AG Freiberg NStZ-RR 97, 18) beendet (Düsseldorf NJW 80, 1116). **Falsches Überholen** ist nicht nur der Verstoß gegen § 5 StVO, zB die Verletzung des Überholverbots bei unklarer Verkehrslage (Abs 3 Nr 1 aaO, Koblenz VRS 46, 37) oder das vorzeitige, den Überholten behindernde Wiedereinordnen nach rechts (Abs 4 S 4 aaO), sondern auch anderes verkehrswidriges Verhalten in jeder Phase des Überholvorgangs (Celle VRS 38, 431; Düsseldorf VRS 58, 28 und 62, 44; Bay DAR 93, 269; vgl auch BVerfG NJW 95, 315: Vorbeifahren auf der Standspur der Autobahn); es kann uU schon darin bestehen, daß der Täter den Vorausfahrenden erst von der Überholspur zu vertreiben sucht (Frankfurt VRS 56, 286; zw). **Falsches Fahren beim Überholvorgang** ist namentlich die unzulässige Erhöhung der Geschwindigkeit durch den Überholten (BT-Dr IV/651 S 28).

15 **Buchst c: Fußgängerüberweg** ist nur die durch Zeichen 293 (§ 41 III Nr 1 StVO) markierte Übergangsstelle, dh der sog Zebrastreifen (Stuttgart NJW 69, 889; Hamm NJW 69, 440; zusf Mühlhaus DAR 70, 197; zw); die Vorschrift ist jedoch nicht anwendbar, wenn der Überweg durch eine in Betrieb befindliche Lichtanlage gesichert ist

(Düsseldorf VRS 66, 135; Janiszewski NStZ 84, 111, 112; aM Horn SK 12, alle mwN; str). Im übrigen vgl zum falschen, dh der StVO widersprechenden (Stuttgart VRS 74, 186), Fahren an solchen Überwegen Mächtel NJW 66, 641 mwN.

16 **Buchst d, e:** Das Merkmal der **unübersichtlichen Stelle** stammt aus § 9 StVO aF; der neuen StVO ist es unbekannt. Die Unübersichtlichkeit kann sich nicht nur aus der Beschaffenheit der Örtlichkeit ergeben, sondern ua auch durch parkende Fahrzeuge (Bay 52, 252), Nebel (Bay NZV 88, 110 mwN), Blendung durch Gegenverkehr (Stuttgart DAR 65, 103), Bewuchs (Celle VRS 31, 33) oder unzulängliche Straßenbeleuchtung verursacht werden; die Tatsachen, aus denen die Unübersichtlichkeit folgt, sind im Urteil anzugeben (Düsseldorf VRS 79, 370 mwN). Zwischen **zu schnellem** Fahren und der unübersichtlichen Stelle usw muß ein innerer Zusammenhang bestehen (Bay JZ 76, 291 und VRS 61, 212). Zu schnell fährt uU auch, wer beim Abbiegen in einer Kreuzung Schrittgeschwindigkeit überschreitet, obwohl Fußgänger aufgrund grünen Lichtzeichens die Fahrbahn überqueren (KG VRS 37, 445). – **Rechte Seite der Fahrbahn** ist die ganze Breite der rechten Fahrspur; erst deren wenigstens teilweises Überschreiten erfüllt den Tatbestand (bei Martin DAR 74, 118).

17 **Buchst f: Autobahnen, Kraftfahrstraßen** § 18 StVO sowie Zeichen 330, 331 (§ 42 V StVO). **Wenden** BGHSt 27, 233 und 31, 71; Köln VRS 74, 139 und NZV 95, 159; Düsseldorf NZV 92, 82 und 95, 116; Dvorak DAR 79, 32, 35, alle mwN. **Rückwärtsfahren** Stuttgart NJW 76, 2223. **In entgegengesetzter Fahrtrichtung** fahren (sog Geisterfahrer) Janiszewski DAR 86, 256, 262.

17 a **Buchst g: liegengebliebene Fahrzeuge** § 15 StVO; die Pflicht zur Kenntlichmachung entfällt, wenn ihre Vornahme (zB Aufstellung eines Warndreiecks) länger dauern würde als ein Entfernen des Fahrzeugs von der Stelle, an der es liegengeblieben ist (Köln NZV 95, 159); zur Beleuchtung **haltender Fahrzeuge** § 17 IV StVO. Die Tat ist unechtes Unterlassungsdelikt (6 zu § 13), so daß nur Garanten (zB der Halter) verpflichtet sind (hM; vgl etwa Deichmann, Grenzfälle der Sonderstraftat, 1994, S 216 mwN).

18 **Zur Abgrenzung des verbotenen Verkehrsverhaltens im übrigen** sind die Vorschriften der StVO (namentlich die §§ 3 bis 10, 15, 18, 26) heranzuziehen; diese sind allerdings seit Neufassung der StVO nicht mehr voll mit § 315 c abgestimmt (Demuth JurA 71, 383).

19 bb) **Grob verkehrswidrig** handelt, wer objektiv besonders schwer (dh typischerweise besonders gefährlich, Hamm VRS 38, 285, 287) gegen eine Verkehrsvorschrift verstößt (BGHSt 5, 392, 395; Karlsruhe NJW 60, 546; Köln VRS 84, 293). **Rücksichtslos** handelt, wer sich aus eigensüchtigen Gründen über die ihm bewußte Pflicht zur Vermeidung unnötiger Gefährdung anderer (§ 1 StVO) hinwegsetzt oder aus Gleichgültigkeit Bedenken gegen sein Verhalten von vornherein nicht aufkommen läßt (vgl ua BGHSt 5, 392; Düsseldorf VRS 79, 370; Köln aaO; Koblenz NZV 93, 318; zu weit Stuttgart NJW 67, 1766; krit Pe-

ters DAR 80, 45; Zimmermann MDR 87, 367; Spöhr/Karst NJW 93, 3308). Ein verständliches Motiv, zB Vermeidung einer nachteiligen Verspätung, steht der Annahme von Rücksichtslosigkeit nicht notwendig entgegen (Bay JR 60, 70; KG VRS 40, 268; Grohmann DAR 75, 260 mwN; str); durch Bestürzung, Schrecken oder andere hochgradige Erregung kann sie jedoch ausgeschlossen sein (Zweibrücken VRS 61, 434; Köln NZV 95, 159, beide mwN); ebenso durch eine psychische Ausnahmesituation infolge eines vorangegangenen schweren Fahrfehlers (Düsseldorf NZV 95, 116). Auch der sonst rücksichtsvolle Fahrer kann im Einzelfall rücksichtslos fahren (VRS 14, 304). – Der Täter muß sowohl grob verkehrswidrig wie auch rücksichtslos handeln (VRS 16, 132); die Rücksichtslosigkeit kann nicht schon dem grob verkehrswidrigen Verhalten entnommen werden (für eine Indizierung aber Spöhr/Karst NJW 93, 3308 und NZV 93, 254). Da es sich insoweit um gesamttatbewertende Merkmale oder Wertprädikate handelt (16, 17 zu § 15), braucht er sein Verhalten nicht selbst so zu bewerten; zum Vorsatz genügt vielmehr die Kenntnis der Umstände, die diese Wertung begründen (Bay NJW 69, 565; einschr Bay JZ 83, 401; Koblenz VRS 71, 278).

20 **5.** Durch die Tathandlung muß eine **konkrete Gefahr** für Leib oder Leben eines anderen oder für fremde Sachen von bedeutendem Wert verursacht werden. Sie braucht anders als im früheren Recht keine „Gemeingefahr" (BGHSt 11, 199) zu sein (krit v Hippel ZStW 80, 378).

21 **a) Gefahr** ist ein ungewöhnlicher Zustand, in dem nach den konkreten Umständen der Eintritt eines Schadens naheliegt (zusf Ostendorf JuS 82, 426, 429; Schroeder ZStW Beiheft 82, 1, 11, alle mwN).

22 aa) Die Handlung muß daher über ihre latente Gefährlichkeit hinaus im Hinblick auf einen bestimmten Vorgang in eine kritische Situation geführt, dh die Möglichkeit eines Schadens so gesteigert haben, daß dessen Eintritt als wahrscheinlich gelten kann. – Die **Rechtsprechung** läßt eine bloß entfernte Möglichkeit nicht genügen (VRS 50, 43); andererseits fordert sie auch nicht, daß der Schadenseintritt wahrscheinlicher ist als sein Ausbleiben (so aber BGHSt 8, 28, 31; 11, 162, 164; 13, 66, 70; Köln DAR 92, 469; abschwächend BGHSt 18, 271; Stuttgart VRS 46, 36; Schleswig SchlHA 93, 222). Für notwendig und zugleich hinreichend hält sie vielmehr eine konkrete Beziehung zu bestimmten Menschen oder Sachen, deren Verletzung im Gefahrbereich – bei Würdigung aller dafür erheblichen Umstände (Hamm NZV 91, 158) – in bedrohliche Nähe gerückt ist (BGHSt 22, 341, 344; Koblenz NZV 93, 403) und nur noch vom Zufall abhängt (VRS 44, 422 und 45, 38; NStZ-RR 97, 18; Düsseldorf NJW 93, 3212 und NZV 94, 406; vgl auch Frankfurt NZV 94, 365); erforderlich ist ein „Beinahe-Unfall", bei dem es gerade noch einmal „gut gegangen" ist (NJW 95, 3131 mit Anm Berz NStZ 96, 85; NJW 96, 329 mit Bespr v Heintschel-Heinegg JA 96, 447). – Das **Schrifttum** geht bei der dogmatischen Herleitung

des Gefahrbegriffs von verschiedenen Ansätzen aus: so wird zB die Unmöglichkeit einer naturwissenschaftlich anerkannten Erklärung für das Ausbleiben des Erfolges gefordert (so Horn aaO [vgl 1] S 159 und SK 19); teils wird auch darauf abgestellt, daß nach den Umständen nicht mehr gezielt zur Schadensvermeidung in den Geschehensablauf eingegriffen werden kann (so Kindhäuser aaO [vgl 1] S 202) oder daß als Rettungsursachen nur noch Umstände in Frage kommen, auf deren Eintritt nicht vertraut werden kann (so Schünemann JA 75, 787, 796). Alle bisher entwickelten Formeln (zusf Puhm aaO [vgl 1] S 90; Küper BT S 96, beide mwN) führen nicht zu Ergebnissen, die der Rspr signifikant überlegen sind. Sie sind in Grenzfällen nicht trennschärfer, weil die in jedem Gefahrbegriff vorauszusetzende kritische Situation nur einzelfallbezogen nach dem jeweiligen Gefährlichkeitspotential der Tathandlung in ihrer Verknüpfung mit den umgebenden Verhältnissen beurteilt werden kann (Jähnke DRiZ 90, 425 mwN). – Das Gefahrurteil wird aufgrund einer **objektiven nachträglichen Prognose (ex-ante-Urteil)** gefällt (NJW 95, 3131; probl Schleswig MDR 89, 1122). Welche objektiven und subjektiven (speziell dazu Meyer-Gerhards JuS 76, 228) Momente ontologische und nomologische Basis des Gefahrurteils sein können, ist noch nicht abschließend geklärt (vgl etwa Gallas, Heinitz-FS, S 171, 177; Demuth VOR 73, 436, 447; Hirsch, Kaufmann [Arth]-FS, S 545 sowie die Nachw unter 1; zur sozialpsychologischen Problematik jeder ex-ante-Beurteilung Kuhlen, in: Jung ua [Hrsg], Recht und Moral, 1991, S 341). – Während der Eintritt des Schadens zwingend ergibt, daß eine Gefahr vorgelegen hat (Schröder ZStW 81, 7, 12; Horn aaO [vgl 1] S 52; einschr Wolter JuS 78, 748, 750), ist sein Ausbleiben, etwa weil der Gefährdete sich noch in Sicherheit bringen (Celle VRS 7, 459) oder der Täter sein Fahrzeug noch rechtzeitig zum Stehen bringen konnte (Koblenz VRS 52, 39), unerheblich (NJW 85, 1036; enger NJW 96, 329; zu eng Wolter aaO).

bb) Gefahr für **Leib oder Leben** liegt vor, wenn als Schaden der 23
Eintritt des Todes oder einer nicht unerheblichen (RGSt 66, 397, 399) Verletzung der körperlichen Unversehrtheit vorübergehender oder dauernder Art naheliegt (BGHSt 18, 271). Dabei genügt die Gefährdung eines einzelnen Menschen, etwa die des einschreitenden Polizeibeamten (BGHSt 11, 199 und 14, 395 sind überholt), und namentlich auch die des Insassen des Fahrzeugs (unstr; beachte jedoch 25). Auch im Hinblick auf den Insassen ist ein konkret bedrohlicher Zustand zu fordern (vgl 22). Fahruntüchtigkeit reicht dazu nicht schon allgemein aus (so jetzt auch NJW 95, 3131 mit Bespr Hauf NZV 95, 469 und Berz NStZ 96, 85; vgl auch Geppert Jura 96, 47); sie kann ausreichen, wenn der Fahrer infolge alkoholischer Beeinflussung nicht mehr zu kontrollierten Fahrmanövern, zB zu kontrollierter Betätigung der wesentlichen technischen Einrichtungen des Fahrzeugs wie Lenkung, Bremsen, Gaspedal, in der Lage ist (BGH aaO); folgenlose Fahrfeher (zB Fahren in Schlangenlinien) reichen nicht (BGH aaO klarstellend zu NZV 92, 370 mit krit Bespr Hauf DAR 94, 59). – Liegt eine Personengefahr vor, so

kommt es für die Strafbegründung auf einen daneben drohenden Sachschaden und dessen Höhe nicht mehr an (VRS 45, 38).

24 cc) Der **bedeutende Wert** einer fremden (4–7 zu § 242) Sache hängt von ihrem Verkehrswert, nicht von ihrer funktionellen Bedeutung ab (Bremen NJW 62, 1408; KG VRS 14, 123; zu dem von der Geldwertentwicklung abhängigen Maßstab Düsseldorf VRS 78, 274; LG Oldenburg MDR 84, 163; LG Flensburg DAR 91, 470; LG Hamburg MDR 92, 400, alle mwN). Nicht nur der Wert der Sache als solcher, sondern auch der ihr drohende Schaden muß bedeutend sein (Zweibrücken VRS 32, 277; Bremen VRS 62, 275 mwN). Umgekehrt kommt es nicht auf den Wert des eingetretenen, sondern auf den Umfang des in der Gefahrlage drohenden Schadens an (Celle MDR 75, 949; Köln VRS 64, 114); dieser ist idR nach den mutmaßlichen Reparaturkosten zu bestimmen, die für die Beseitigung eines solchen Schadens üblicherweise aufzuwenden sind (Rengier, Spendel-FS, S 559, 561 mwN).

25 dd) Das **vom Täter geführte,** ihm aber nicht gehörende Fahrzeug (ohne Ladung) scheidet als notwendiges Tatmittel aus dem Schutzbereich aus (BGHSt 27, 40 mit krit Anm Rüth JR 77, 432; VRS 83, 185, 188; Bay JZ 83, 560; Düsseldorf NZV 94, 324, 325; zusf Ranft Jura 87, 608, 615; str). Dasselbe gilt für Taten, durch die nur Tatbeteiligte oder deren Sachen gefährdet worden sind (NJW 91, 1120; aM Graul JuS 92, 321, 324, beide mwN).

26 ee) Die gefährdeten Objekte brauchen **nicht selbst am Verkehr teilzunehmen;** zB Gefährdung von Menschen neben der Straße (BT-Dr IV/651 S 28; s auch VRS 38, 344) oder von Häusern (Karlsruhe NJW 60, 546).

27 **b)** Die Gefahr muß durch die Tathandlung **verursacht,** dh mindestens – sei es auch bei Mitverschulden des Gefährdeten (VRS 17, 21) – mitverursacht sein („dadurch"; vgl zB BGHSt 8, 28, 32; VRS 65, 359, 360; s auch Mühlhaus DAR 72, 169) und ihren Grund gerade in dem Fehlverhalten haben, das die einzelne Tathandlung beschreibt (Bay 76, 11 mwN; s auch 41–45 zu § 15). Eine nur gelegentlich der Handlung entstehende Gefahr genügt nicht (Hamm NJW 55, 723; Bay VRS 64, 371); auch nicht eine Gefahr, die außerhalb des Schutzbereichs der zugleich verletzten Verkehrsregel liegt (Bay NZV 89, 359 mit abl Anm Deutscher; Janiszewski NStZ 89, 566; Peters NZV 90, 260; Bay NZV 94, 283 mit krit Anm Schmid BA 94, 330, 332; aM Hentschel NJW 90, 1462; zw), die im Hinblick auf die Tathandlung atypisch ist (Hamm DAR 73, 247), die erst nach Beendigung der Fahrt eintritt (Horn SK 20; aM Sch/Sch-Cramer 38; zw) oder die erst mittelbar, dh durch einen dem Täter nicht zurechenbaren Umstand verursacht wird, den sein Verhalten herbeigeführt hat (Bay NJW 69, 2026; Celle NJW 70, 1091; Stuttgart DAR 74, 106). Erforderlich ist vielmehr, daß sich die der Tathandlung eigentümliche Gefährlichkeit – sei es auch nur zusammen mit anderen Umständen (Bay VRS 64, 368) – im Eintritt des Gefahrerfolgs

realisiert hat (Bay VRS 71, 68). Ergänzend zur objektiven Zurechnung des Gefahrerfolges Küper BT S 97 mwN.

6. Die Strafdrohungen sind nach der **inneren Tatseite** abgestuft: **28**

a) Abs 1 erfordert hinsichtlich der Tathandlung und der Gefährdung **Vorsatz** (bedingter genügt, VRS 30, 340; NStZ-RR 97, 18). Zum Gefährdungsvorsatz 28 zu § 15.

b) Wird die Tathandlung **vorsätzlich** begangen, die Gefahr aber nur **fahrlässig** verursacht, so gilt **Abs 3 Nr 1** (zur Behandlung dieser Vorsatz-Fahrlässigkeits-Kombination als Vorsatztat 23–25 zu § 11; 1 zu § 23). **29**

c) Werden Tathandlung und Gefährdung **fahrlässig** begangen, so gilt **Abs 3 Nr 2.** Fahrlässigkeit 35 zu § 15; gleichgültigkeitsbedingte Rücksichtslosigkeit (vgl 19) ist auch mit Fahrlässigkeit – uU sogar unbewußter (Koblenz VRS 53, 187; Mollenkott BA 85, 298) – vereinbar (BGHSt 5, 392). Abweichend von §§ 315 IV, V, 315 b IV, V fehlt es in Abs 3 an einer Abstufung der Strafrahmen, obwohl die vorsätzliche Tathandlung idR schwerer wiegt (zu den Gründen BT-Dr IV/651 S 27, 29). **30**

d) Speziell zu Vorsatz und Fahrlässigkeit bei **rauschbedingter Fahruntüchtigkeit** (vgl 5–7) 4, 5 zu § 316; beachte auch Maiwald, Dreher-FS, S 437. **31**

7. Die **Einwilligung** des Gefährdeten in die Tat ist unerheblich; dieser kann über das vorrangig geschützte Rechtsgut der Verkehrssicherheit (vgl 1) nicht verfügen (BGHSt 6, 232; 23, 261 mit abl Anm Oellers NJW 70, 2121; NZV 92, 370; Stuttgart NJW 76, 1904 mit abl Bespr Hillenkamp JuS 77, 166; Lackner aaO [vgl 1] S 12; Schaffstein, Welzel-FS, S 557, 574; aM Hamburg NJW 69, 336; Ranft Jura 87, 608, 614; Otto Jura 91, 443, 444; Graul JuS 92, 321, 325; D Otto NZV 92, 309; Schroeder JuS 94, 846; Horn SK 22; Sch/Sch-Cramer 43, alle mwN; diff Geppert ZStW 83, 947, 984; zusf Geppert Jura 96, 47, 48; s auch 13 vor § 32). **32**

8. Die **Strafbarkeit des Versuchs** (Abs 2 iVm Abs 1 Nr 1) erfordert Vorsatz auch hinsichtlich der Gefährdung (Düsseldorf VRS 35, 29). **33**

9. Zu den **Rechtsfolgen der Tat,** namentlich zur **Strafzumessung,** §§ 44, 46, 47, 69–69 b (s auch 6 zu § 316). Bei folgenlosen Verkehrsgefährdungen, auch Alkoholdelikten, werden Freiheitsstrafen von sechs Monaten und mehr nur ausnahmsweise in Frage kommen. Daher ist idR § 47 I zu beachten (dort 2–7). – Grundsätzlich zur Strafzumessung im Verkehrsrecht Kaiser BA 72, 141; Schöch, Strafzumessungspraxis und Verkehrsdelinquenz, 1973; Schultz BA 77, 307. – Rspr-Übersicht bei Bode BA 94, 137, 144 und Nehm DAR 94, 177. – Krit zur strafrechtlichen Sanktionierung von Verkehrsverstößen Weigend, Miyazawa-FS, S 549, der deshalb ein alternatives Konzept eines Verkehrssanktionenrechts entwirft (S 556). **34**

35 **10.** Die Begehungsformen des Abs 1 können je nach Lage des Falles in **Tatmehrheit** oder Tateinheit zusammentreffen oder auch – jedenfalls wenn nur eine Gefahrenlage verursacht wurde (Bay JZ 87, 788 mwN) – unselbständige Begehungsweisen desselben Delikts bilden (Geppert Jura 96, 47, 51; str). Danach ist nur eine Gesetzesverletzung, nicht gleichartige Idealkonkurrenz (2, 3 zu § 52), anzunehmen, wenn dieselbe Gefährdung mehrere Menschen trifft (NJW 89, 1227; Bay NJW 84, 68; Geppert aaO; aM Horn/Hoyer JZ 87, 965; Sch/Sch-Cramer 54, alle mwN; zw). Mehrere Gefährdungen während derselben Fahrt werden dagegen häufig – weil die Tat keine Dauerstraftat ist – selbständige Taten sein (vgl 4; str); sie können aber nach den allgemeinen Regeln (3–19 vor § 52) auch eine natürliche oder rechtliche Handlungseinheit bilden (BGHSt 23, 141; Koblenz VRS 37, 190); allein der Umstand, daß der Täter aufgrund eines einheitlichen Tatentschlusses während einer ununterbrochenen Fahrt mehrere in sich voneinander unabhängige Gefahrlagen schafft, begründet noch keine natürliche Handlungseinheit (NJW 95, 1766 für § 315 b). – Mit §§ 222, 230 ist Tateinheit möglich (NStZ-RR 97, 18; Jescheck/Weigend AT S 735). Über das Verhältnis zu § 142 dort 42; zu § 315 b dort 7; zu § 316 dort 7. Für das Zusammentreffen mit den zugrundeliegenden Verkehrsordnungswidrigkeiten nach §§ 24, 24 a StVG gilt § 21 OWiG; das Verhältnis von Straf- und Bußgeldverfahren regeln die §§ 40 bis 45, 63, 64, 81 bis 83 OWiG.

§ 315 d Schienenbahnen im Straßenverkehr

Soweit Schienenbahnen am Straßenverkehr teilnehmen, sind nur die Vorschriften zum Schutz des Straßenverkehrs (§§ 315 b und 315 c) anzuwenden.

1 **1.** Die Vorschrift nimmt aus dem Anwendungsbereich der Tatbestände über die Gefährdung des Bahnverkehrs (§§ 315, 315 a) die **Schienenbahnen** aus, soweit sie am **Straßenverkehr teilnehmen,** und unterwirft sie den Vorschriften über den Straßenverkehr (§§ 315 b, 315 c).

2 **2.** Eine Schienenbahn **nimmt** am Straßenverkehr **teil,** wenn ihr Verkehrsraum zugleich auch dem Straßenverkehr dient oder wenn sie zwar auf besonderem Bahnkörper verkehrt, ihr Führer aber infolge der unvollständig durchgeführten Trennung von der Straße sein Fahrverhalten allgemein und nicht nur bei erkennbar drohender Gefahr nach dem ihn umgebenden Straßenverkehr zu richten hat (BT-Dr IV/651 S 29; aM Cramer JZ 69, 412, der die Abgrenzung als funktionelle versteht; nach Horn SK 7 mit dem Gesetzeswortlaut nicht vereinbar). Auf die gewerberechtliche Unterscheidung von Eisen- und Straßenbahnen kommt es nicht an. Für eine zusammenhängende Bahnstrecke liegt nicht notwendig einheitliche Teilnahme am Straßenverkehr vor („soweit"); uU kann sie sich auf Kreuzungsbereiche (ohne Bevorrechtigung der Bahn nach § 19 StVO, BGHSt 15, 9; Stuttgart VRS 44, 33) usw

beschränken. Fallen Tathandlung und Gefährdung auseinander, zB störender Eingriff im Straßenbahndepot, so entscheidet der Ort, wo die Gefahr eintritt (BGHSt 11, 162; aM BGHSt 15, 9, 15); gefährdet dieselbe Handlung in beiden Bereichen, so stehen die §§ 315 und 315 b in Tateinheit (Tröndle 2).

§ 316 Trunkenheit im Verkehr

(1) **Wer im Verkehr (§§ 315 bis 315 d) ein Fahrzeug führt, obwohl er infolge des Genusses alkoholischer Getränke oder anderer berauschender Mittel nicht in der Lage ist, das Fahrzeug sicher zu führen, wird mit Freiheitsstrafe bis zu einem Jahr oder mit Geldstrafe bestraft, wenn die Tat nicht in § 315 a oder § 315 c mit Strafe bedroht ist.**

(2) **Nach Absatz 1 wird auch bestraft, wer die Tat fahrlässig begeht.**

1 **1. Geschütztes Rechtsgut** ist die Sicherheit des Verkehrs. Die Tat ist **abstraktes Gefährdungsdelikt** (32 vor § 13), weil weder die Verletzung noch die Gefährdung eines Angriffsobjekts zum Tatbestand gehört (zusf zur gesetzgeberischen Problematik des Alkohols im Verkehr Janiszewski DAR 90, 415; Schöch NStZ 91, 11; Grohmann BA 91, 84; Heifer/Bluisch ZRP 91, 421; Schneble BA 93, 1; s auch Vultejus DRiZ 91, 247, alle mwN).

2 **2. a) Täter** kann jeder Führer eines Fahrzeugs in einer der Verkehrsarten sein, die nach §§ 315–315 d geschützt sind.

3 **b) Führen** eines Fahrzeugs 3 zu § 315 c. **Rauschbedingte Fahruntüchtigkeit** 5–10 zu § 315 c; s auch 2 zu § 315 a. Die Rauschwirkung braucht auch hier nicht alleinige oder überwiegende Ursache der Fahruntüchtigkeit zu sein (Celle NdsRpfl 67, 47; aM Schröder NJW 66, 488). – Die Tat ist – anders als im Falle des § 315 c I Nr 1 a (dort 4) – Dauerdelikt (BGHSt 23, 141, 147; 11 vor § 52); zu ihrem Zusammentreffen mit anderen Gesetzesverletzungen 7 zu § 52.

4 **3. a)** Der **Vorsatz** (bedingter genügt) muß namentlich die rauschbedingte Fahruntüchtigkeit umfassen. Daß der Täter sich deren Möglichkeit vorgestellt hat, hält die Rspr bei absoluter Fahruntüchtigkeit (6 a zu § 315 c) für naheliegend (Hamm NJW 75, 660; Schneble BA 84, 281; Grohmann DAR 85, 371; aM Zink/Reinhardt/Schreiber BA 83, 503; Teyssen BA 84, 175; krit zur zwiespältigen Rspr Hentschel DAR 93, 449, 450; aus rechtsmedizinischer Sicht Eisenmenger, Salger-FS, S 619, alle mwN), kann jedenfalls aber nicht als Erfahrungssatz unterstellt werden (Celle StV 90, 400; Düsseldorf NZV 94, 324 [mit zust Anm Schneble BA 94, 264] und 367; Hamm NStZ-RR 96, 297; Karlsruhe NZV 93, 117; Koblenz StV 93, 423; Schleswig SchlHA 93, 222; Zweibrücken NZV 93, 277; Hentschel DAR 93, 449, 450, alle mwN; diff Haubrich DAR 82, 285; krit Nehm, Salger-FS, S 115). Entscheidend sind vielmehr die Umstände (bei Janiszewski NStZ 84, 112;

Frankfurt NStZ-RR 96, 85; Celle NZV 96, 204, alle mwN), namentlich das aktuelle (nicht notwendig näher reflektierte, 9 zu § 15) Bewußtsein des Täters von der getrunkenen Alkoholmenge (Krüger DAR 84, 47; Salger DRiZ 93, 311, 312) sowie der Grad seiner Intelligenz und seiner durch die Trunkenheit uU herabgesetzten (Celle NZV 92, 247; Zweibrücken NZV 93, 240; Düsseldorf NZV 94, 324; Hentschel DAR 93, 449, 450; krit Salger DRiZ 93, 311) Selbstkritik (Hamm NStZ-RR 96, 297; Frankfurt NJW 96, 1358); deshalb bedarf vor allem das Wissenselement (aber nicht nur dieses) regelmäßig näherer (Hamm aaO), der jeweiligen Sachlage angepaßter Begründung (VRS 64, 195; Celle StV 88, 143; Dresden NZV 95, 236; KG BA 91, 186; Zweibrükken NZV 93, 277; s auch NZV 91, 117, alle mwN; nach Horn SK 8 ist die Feststellung der Wollenskomponente sinnlos und überflüssig). Die Indizien für vorsätzliches Handeln in bezug auf die Fahruntüchtigkeit sind umstritten (vgl die sechs Indizien bei Salger DRiZ 93, 311, 312, deren Bedeutung Hentschel DAR 93, 449, 451 größtenteils geringer einschätzt; vgl auch Bode BA 94, 137, 139; speziell zu vorsatzrelevanten Indizien bei drogenbedingter Fahruntüchtigkeit Harbort NZV 96, 432).

5 **b)** Der **Fahrlässigkeitsvorwurf** ist – im Hinblick auf die fortlaufende Aufklärung der Öffentlichkeit über die Gefahren der Trunkenheit im Verkehr – im allgemeinen begründet, wenn objektiv Fahruntüchtigkeit vorliegt (Koblenz VRS 44, 199; Bay VRS 66, 280; Hentschel NJW 84, 350; krit Zink/Reinhardt/Schreiber aaO [vgl 4] S 510 und Bialas, Promille-Grenzen, Vorsatz und Fahrlässigkeit, 1996, S 126 mit Bespr Müller-Metz NZV 96, 399; probl Bremen MDR 82, 772). Er bedarf aber näherer Prüfung, wenn relative Fahruntüchtigkeit (7 zu § 315 c) schon bei einer erheblich unter dem absoluten Grenzwert liegenden Alkoholkonzentration bejaht wird (zu eng Koch DAR 74, 37), wenn die Rauschwirkung nur mitursächlich (vgl 3) war (Frankfurt VRS 29, 476) oder wenn das Fahrzeug nach unbewußtem Alkoholgenuß (Hamm NJW 74, 2058; Köln NStZ 81, 105; Düsseldorf BA 84, 277, alle mwN) oder unter der Wirkung sog Restalkohols, über dessen Bedeutung sich der Fahrer zu vergewissern hat (Hamm VRS 40, 447; Koblenz VRS 45, 450), geführt wurde. – Obwohl Vorsatz und Fahrlässigkeit in der Strafdrohung gleichgestellt sind, darf nicht offenbleiben, ob Abs 1 oder 2 verletzt ist; denn vorsätzliches Handeln wiegt idR schwerer (Schleswig bei Ernesti/Jürgensen SchlHA 77, 178) und kann auch zu empfindlicheren Folgen der Verurteilung führen (Celle MDR 76, 1042).

6 **4.** Zu den **Rechtsfolgen der Tat,** namentlich zur **Strafzumessung,** §§ 44, 46, 47, 69–69 b; 34 zu § 315 c (unter spezialpräventiven Gesichtspunkten krit Stephan BA 88, 201). Ist bei einem Verkehrsdelikt Fahruntüchtigkeit nicht nachweisbar, so darf vorausgegangener, als solcher unverbotener Alkoholgenuß nur dann strafschärfend verwertet werden, wenn er Schlüsse auf die Unzuverlässigkeit des Täters auch im

Hinblick auf das begangene Delikt zuläßt (bei Dallinger MDR 73, 16; Bay MDR 73, 153; s auch 36 zu § 46).

5. Die Vorschrift ist gegenüber §§ 315 a I Nr 1, 315 c I Nr 1 a (einschl der zugehörigen Fahrlässigkeitstatbestände) subsidiär (VRS 65, 131). Mit §§ 222, 230 ist **Tateinheit** möglich. Für das Verhältnis zu § 24 a StVG (Führen eines Kfz mit einer BAK von 0,8 Promille aufwärts) gilt § 21 OWiG; danach sind bei Fahruntüchtigkeit des Täters nur die §§ 315 c I Nr 1 a, III oder 316 anwendbar, bei deren Fehlen oder Nichterweislichkeit dagegen nur § 24 a StVG. Zu den Vorschriften des OWiG, die das Verhältnis von Straf- und Bußgeldverfahren regeln, 35 zu § 315 c. 7

6. Die von einem Deutschen im **Ausland** begangene Tat kann nach § 7 II Nr 1 strafbar sein (Karlsruhe NJW 85, 2905 mwN; 4 zu § 7; str). 8

§ 316 a Räuberischer Angriff auf Kraftfahrer

(1) **Wer zur Begehung eines Raubes (§§ 249 oder 250), eines räuberischen Diebstahls (§ 252) oder einer räuberischen Erpressung (§ 255) einen Angriff auf Leib, Leben oder Entschlußfreiheit des Führers eines Kraftfahrzeugs oder eines Mitfahrers unter Ausnutzung der besonderen Verhältnisse des Straßenverkehrs unternimmt, wird mit Freiheitsstrafe nicht unter fünf Jahren bestraft. In besonders schweren Fällen ist die Strafe lebenslange Freiheitsstrafe, in minder schweren Fällen Freiheitsstrafe nicht unter einem Jahr.**

(2) **Das Gericht kann die Strafe nach seinem Ermessen mildern (§ 49 Abs. 2) oder von einer Bestrafung nach dieser Vorschrift absehen, wenn der Täter freiwillig seine Tätigkeit aufgibt und den Erfolg abwendet. Unterbleibt der Erfolg ohne Zutun des Täters, so genügt sein ernsthaftes Bemühen, den Erfolg abzuwenden.**

1. Die Vorschrift dient zugleich dem **Verkehrs- und Vermögensschutz** (str). Sie soll die Funktionsfähigkeit des Kraftverkehrs und das Vertrauen in dessen Sicherheit (BGHSt 39, 249, 250; bei Holtz MDR 91, 104) dadurch verbessern, daß sie den Strafschutz gegen Raub, räuberischen Diebstahl und räuberische Erpressung für den Fall vorverlegt, daß der Täter seinen Angriff unter Ausnutzung der besonderen Verhältnisse des Straßenverkehrs unternimmt (Günther JZ 87, 369, 375 mwN; krit zu ihrer kriminalpolitischen Funktion und Integration in das geltende Strafrechtssystem Meurer-Meichsner, Untersuchungen zum Gelegenheitsgesetz im Strafrecht, 1974; Große NStZ 93, 525). Angesichts der hohen Strafdrohung ist enge Auslegung geboten (BGHSt 15, 322, 325; 22, 114; s auch BGHSt 24, 173 mit Anm Beyer NJW 71, 2034); zu den Ansatzpunkten für eine restriktive Auslegung Küper BT S 18 mwN. – Zur Tatbestandsstruktur und zu den wichtigsten Auslegungsproblemen zusf Geppert Jura 95, 310. 1

2. a) Der **Angriff** auf Leib, Leben (2 zu § 102) oder Entschlußfreiheit braucht nur mittelbar gegen den Führer oder Mitfahrer, unmittel- 2 bar kann er auch gegen das Fahrzeug gerichtet sein. Der Angriff auf die Entschlußfreiheit kann durch Gewalt (auch gegen Sachen) oder Drohung erfolgen, aber auch durch List (zB vorgetäuschter Unfall; hM; anders M-Schroeder/Maiwald BT 1 35/50; zw). Angreifer können Dritte, Mitfahrer oder der Führer selbst sein (BGHSt 15, 322; 18, 170; NJW 71, 765). Führer ist auch der Fahrer eines Mofas mit bauartbedingter Höchstgeschwindigkeit von 25 km/h (BGHSt 39, 249 mit abl Bespr Große NStZ 93, 527; vgl 3 zu § 44). Mitfahrer sind ua der Beifahrer, der Fahrgast und auch der zur Mitfahrt Genötigte.

3 b) **Besondere Verhältnisse des Straßenverkehrs** sind die aus der Teilnahme am fließenden Verkehr erwachsenden und ihm eigentümlichen Gefahren, die sich vor allem für den Fahrer aus der Beanspruchung durch die Lenkung und für alle Insassen aus der Erschwerung der Flucht oder Gegenwehr (vgl ua BGHSt 5, 280; 13, 27; 24, 173; NStZ 89, 476), daneben aber auch aus der Isolierung und Unerreichbarkeit fremder Hilfe ergeben (hM; einschr Günther JZ 87, 369, 374; Roßmüller/Rohrer NZV 95, 253). – Die **Ausnutzung** soll nach Rspr und überwiegender Lehre nicht nur während der Fahrt oder im verkehrsbedingt vorübergehend haltenden Fahrzeug (BGHSt 38, 196 mit Anm Keller JR 92, 515, beide mwN), sondern auch außerhalb des Fahrzeugs (zB auf einem Parkplatz, BGHSt 18, 170), uU sogar nach Erreichen des Fahrziels möglich sein (hM; anders Günther aaO S 375). Dabei wird jedoch – jedenfalls nach der neueren Rspr – vorausgesetzt, daß die auf den Verhältnissen des fließenden Verkehrs beruhende Gefahrenlage noch fortwirkt, dh eine enge zeitlich-räumliche Beziehung zur Benutzung des Fahrzeugs als Verkehrsmittel besteht (BGHSt 19, 191; 24, 320; 33, 378; NStZ 89, 476; bei Holtz MDR 96, 551; NStZ-RR 96, 389; NStZ 96, 435; krit Horn/Hoyer JZ 87, 965, 968); dazu genügt es, wenn zB der Fahrer eines motorisierten Zweirades durch einen Fußtritt gegen das Rad zum Anhalten (BGHSt 39, 249) oder der an einen verkehrsarmen Ort gelockte Fahrzeugführer zum Aussteigen gezwungen wird (NStZ 94, 340 mit abl Anm Hauf NStZ 96, 40); daran fehlt es aber schon bei nicht ganz unerheblicher Entfernung zwischen Haltepunkt des Fahrzeugs und Tatort (BGHSt 32, 114; 33, 378 mit Bespr Hentschel JR 86, 428 und Geppert NStZ 86, 552, alle mwN) sowie in Fällen, in denen der Angriff erst in zeitlichem Abstand zB nach Ankunft auf einem Parkplatz, wodurch die Fahrt vorerst beendet ist, stattfindet (NStZ 96, 435). Ob zugleich die Gutgläubigkeit des Opfers ausgenutzt wird, ist unerheblich (NJW 71, 765; bei Holtz MDR 77, 638 und 96, 551; krit Horn SK 4 a, der in einer Täuschung des arglosen Fahrzeugführers durch den mitfahrenden Täter keinen Angriff unter Ausnutzung der besonderen Verhältnisse des Straßenverkehrs sieht).

4 3. **Unternehmen** 19 zu § 11 (s auch Günther JZ 87, 16, 17). Die Tat ist mit dem – sei es auch nur untauglichen (GA 65, 150; Günther aaO S 18) – Versuch des Angriffs vollendet (BGHSt 33, 378); ein

Beginn der geplanten Raub- (oder raubähnlichen) Tat ist nicht erforderlich. Für die Abgrenzung zur bloßen Vorbereitung gelten die zu § 22 (dort 4–10) entwickelten Regeln (Günther aaO S 23). Als versuchten Angriff haben Rspr und Lehre – zum Teil unter problematischer Ausdehnung des Versuchsbereichs (krit Günther aaO; Roßmüller/Rohrer NZV 95, 253, 257) – ua genügen lassen: das Vorhalten einer Pistole (VRS 21, 206), das Einsteigen des Täters (BGHSt 6, 82; MDR 57, 306), das Einsteigenlassen des Opfers (BGHSt 18, 170), den Beginn der Fahrt (BGHSt 33, 378 mit abl Bespr Geppert JK 2; NStZ 89, 476, alle mwN) und das Geben des verabredeten Zeichens an die vermeintlich auf dem Sprung stehenden Tatgenossen (bei Holtz MDR 77, 807).

4. Der **Vorsatz** (bedingter genügt) ist auf das Unternehmen des Angriffs (vgl 4), nicht auf die spätere Ausführung der Raubtat zu beziehen (BGHSt 33, 378 mit krit Bespr Günther JZ 87, 16, 19). – Er muß mit der **Absicht** verbunden sein (NStZ 89, 119), als Täter (BGHSt 24, 284) eine der beschriebenen räuberischen Taten zu begehen. Daß der Täter mit der Möglichkeit rechnet, sein Ziel uU auch gewaltlos zu erreichen, schließt diesen Willen nicht notwendig aus (NJW 70, 1381); jedoch genügt die Absicht gewaltloser Wegnahme, etwa durch Anwendung eines Tricks, für sich allein nicht (bei Martin DAR 74, 114). Nach der Rspr kann der Tatentschluß auch erst während der Fahrt (BGHSt 15, 322; StV 85, 415; krit Günther JZ 87, 369, 373), die räuberische Absicht uU sogar erst während des (zunächst anderen Zwekken dienenden) Angriffs gefaßt werden (BGHSt 25, 316 mit Anm Hübner JR 75, 201); jedoch wird es dann häufig an der erforderlichen Ausnutzung der besonderen Verhältnisse des Verkehrs (vgl 3) fehlen (BGHSt 37, 256 mwN). 5

5. Zu **Abs 1 S 2** (besonders schwere und minder schwere Fälle) 7–10 a zu § 46. Daß die Vorschrift für den minder schweren Fall kein ermäßigtes Höchstmaß vorsieht, ist systemwidrig (krit Neuhaus DAR 89, 200). 6

6. Zur **tätigen Reue** (Abs 2) 29 zu § 24. Erfolg ist hier der Angriff auf den Fahrzeugführer oder Mitfahrer, nicht der der geplanten Raub- (oder raubähnlichen)Tat (hM; vgl BGHSt 10, 320; aM Sch/Sch-Cramer 11; zw). 7

7. **Tateinheit** ua möglich mit §§ 211 ff, 223 ff (str), 315 b I Nr 2 (NJW 93, 2629, 2630) und mit der geplanten räuberischen Tat (BGHSt 14, 386, 391; beachte dazu bei Holtz MDR 91, 104); deren Versuch wird jedoch konsumiert (BGHSt 25, 373; zw), wenn er nicht nach §§ 250 oder 251 qualifiziert ist (bei Holtz MDR 77, 808). 8

8. Anzeigepflicht § 138 I Nr 9. 9

§ 316 b Störung öffentlicher Betriebe

(1) **Wer den Betrieb**

1. **einer Eisenbahn, der Post oder dem öffentlichen Verkehr dienender Unternehmen oder Anlagen,**
2. **einer der öffentlichen Versorgung mit Wasser, Licht, Wärme oder Kraft dienenden Anlage oder eines für die Versorgung der Bevölkerung lebenswichtigen Unternehmens oder**
3. **einer der öffentlichen Ordnung oder Sicherheit dienenden Einrichtung oder Anlage**

dadurch verhindert oder stört, daß er eine dem Betrieb dienende Sache zerstört, beschädigt, beseitigt, verändert oder unbrauchbar macht oder die für den Betrieb bestimmte elektrische Kraft entzieht, wird mit Freiheitsstrafe bis zu fünf Jahren oder mit Geldstrafe bestraft.

(2) **Der Versuch ist strafbar.**

(3) **In besonders schweren Fällen ist die Strafe Freiheitsstrafe von sechs Monaten bis zu zehn Jahren. Ein besonders schwerer Fall liegt in der Regel vor, wenn der Täter durch die Tat die Versorgung der Bevölkerung mit lebenswichtigen Gütern, insbesondere mit Wasser, Licht, Wärme oder Kraft, beeinträchtigt.**

Fassung: Abs 3 durch 2. StGB/VersGÄndG (vor 1 zu § 125) angefügt.

1 **1.** Die Vorschrift (eingehend Bernstein, § 316 b StGB – Störung öffentlicher Betriebe, 1989) schützt **lebenswichtige Betriebe gegen gewaltsame Eingriffe** (beachte auch § 88).

2 **2. a) Nr 1: Eisenbahn** umfaßt auch die Straßen-, Privat- und Werkbahn (Celle VRS 28, 129). **Unternehmen** (15 zu § 11) und **Anlagen** (2 zu § 325) können solche des öffentlichen Bahn- (auch Schwebebahn-), Schiffs-, Luft- oder Straßenverkehrs sein.

3 **b) Nr 2:** Bei den **Energieversorgungsanlagen** kommt es auf öffentlich- oder privatrechtliche Struktur des betreibenden Unternehmens nicht an; auch die Größe der Anlage ist ohne Bedeutung, wenn nur ein nicht ganz unerheblicher Teil der Allgemeinheit versorgt wird. **Versorgungsunternehmen** müssen lebenswichtig sein, ihr Wegfall also die Versorgung der Bevölkerung mit lebensnotwendigen Gütern gefährden (zB Schlachthof einer Großstadt).

4 **c) Nr 3: Einrichtungen** sind Gesamtheiten (str) von Personen und Sachen oder nur von Sachen, die einem bestimmten Zweck – hier der Herstellung oder Aufrechterhaltung der öffentlichen Ordnung oder Sicherheit – zu dienen bestimmt sind (BGHSt 31, 1). Als Einrichtungen oder Anlagen kommen Feuermeldeanlagen usw, aber auch Einheiten der Polizei (einschl des Grenzschutzes) in Frage (BGH aaO; BGHSt 31, 185 mit Bespr Stree JuS 83, 836, 839).

3. Zu den **Tathandlungen** (Zerstören usw) 3–7 zu § 303; 2 zu § 87. Sie müssen als Tatmittel den Erfolg der Verhinderung oder Störung des Betriebs im ganzen (mit-)verursachen. 5

4. Der **Vorsatz** (bedingter genügt) muß auch den Erfolg der Verhinderung oder Störung des Betriebs umfassen. 6

5. Zu **Abs 3** (besonders schwere Fälle) 7–21 zu § 46. – Das Regelbeispiel setzt eine deutliche Verschlechterung der Versorgungslage voraus, zB die Lahmlegung der Strom- oder Fernwärmeversorgung von Stadtteilen, Gemeinden oder Gemeindegebieten, aber auch von Krankenhäusern oder ähnlichen Einrichtungen (BT-Dr 11/2834 S 10; krit Kunert/Bernsmann NStZ 89, 449, 452). 7

6. § 316 b **verdrängt** § 304 und wird verdrängt von § 109 e (str). Tateinheit ua möglich mit §§ 88, 315, 315 b, 316 c. 8

§ 316 c Angriff auf den Luft- und Seeverkehr

(1) **Mit Freiheitsstrafe nicht unter fünf Jahren, in minder schweren Fällen mit Freiheitsstrafe nicht unter einem Jahr wird bestraft, wer**

1. **Gewalt anwendet oder die Entschlußfreiheit einer Person angreift oder sonstige Machenschaften vornimmt, um dadurch die Herrschaft über**
   a) **ein im zivilen Luftverkehr eingesetzes und im Flug befindliches Luftfahrzeug oder**
   b) **ein im zivilen Seeverkehr eingesetztes Schiff**

   zu erlangen oder auf dessen Führung einzuwirken, oder
2. **um ein solches Luftfahrzeug oder Schiff oder dessen an Bord befindliche Ladung zu zerstören oder zu beschädigen, Schußwaffen gebraucht oder es unternimmt, eine Explosion oder einen Brand herbeizuführen.**

Einem im Flug befindlichen Luftfahrzeug steht ein Luftfahrzeug gleich, das von Mitgliedern der Besatzung oder von Fluggästen bereits betreten ist oder dessen Beladung bereits begonnen hat oder das von Mitgliedern der Besatzung oder von Fluggästen noch nicht planmäßig verlassen ist oder dessen planmäßige Entladung noch nicht abgeschlossen ist.

(2) **Ist durch die Tat leichtfertig der Tod eines Menschen verursacht worden, so ist auf lebenslange Freiheitsstrafe oder auf Freiheitsstrafe nicht unter zehn Jahren zu erkennen.**

(3) **Wer zur Vorbereitung einer Straftat nach Absatz 1 Schußwaffen, Sprengstoffe oder sonst zur Herbeiführung einer Explosion oder eines Brandes bestimmte Stoffe oder Vorrichtungen herstellt, sich oder einem anderen verschafft, verwahrt oder einem anderen überläßt, wird mit Freiheitsstrafe von sechs Monaten bis zu fünf Jahren bestraft.**

(4) **Das Gericht kann in den Fällen der Absätze 1 und 3 die Strafe nach seinem Ermessen mildern (§ 49 Abs. 2), wenn der Täter freiwillig sein Vorhaben aufgibt und den Erfolg abwendet, bevor ein erheblicher Schaden entsteht. Unterbleibt der Erfolg ohne Zutun des Täters, so genügt sein freiwilliges und ernsthaftes Bemühen, den Erfolg abzuwenden.**

Fassung: Das Ges v. 13. 6. 1990 (BGBl II 493) hat die Vorschrift durch Änderung der Überschrift und des Abs 1 Nr 1, 2 auf den Seeverkehr erstreckt.

1 **1. a)** Die der Erfüllung internationaler Verpflichtungen (vgl 16) dienende Vorschrift schützt die **Sicherheit des zivilen Flug- und Seeverkehrs,** dabei vornehmlich **Leib und Leben** der an ihm teilnehmenden Personen (nach Horn SK 2 auch fremdes Eigentum) und daneben auch die Sicherheit der Luft- und Seefracht (BT-Dr VI/2721 S 2; 11/4946 S 5). Sie bewirkt eine weite Vorverlegung des Strafschutzes in das Vorfeld (krit Maurach, Heinitz-FS, S 403, 408). Die Tat ist **abstraktes Gefährdungsdelikt** (32 vor § 13).

2 **b)** Zum **Phänomen der Luftpiraterie** Meyer, Luftpiraterie, 1972 (zu den Möglichkeiten ihrer internationalen Bekämpfung Pötz ZStW 86, 489; Jescheck GA 81, 49, 65; s auch Schmidt-Räntsch JR 72, 146; Hailbronner NJW 73, 1636; Rebmann NJW 85, 1735). Zu den Gründen für die Einbeziehung auch des **Seeverkehrs** (vgl vor 1) BT-Dr 11/4946 S 5.

3 **2. a) Luftfahrzeug** § 1 II LuftVG. **Schiff** ist jedes nicht dauerhaft am Gewässerboden befestigte Wasserfahrzeug unabhängig von seiner Art und Größe (BT-Dr 11/4946 S 6); jedoch kommen wegen des erforderlichen Einsatzes im Seeverkehr nur seetüchtige Schiffe in Frage (zur Ausscheidung der Meeresplattformen BT-Dr aaO).

4 **b) Luftverkehr** § 1 I LuftVG. **Seeverkehr** ist nur die See-, nicht die Binnenschiffahrt (BT-Dr 11/4946 S 6). – **Ziviler** Verkehr bestimmt sich nach dem Einsatzzweck des Fahrzeugs, nicht dem Eigentum. Er umschließt neben dem Verkehr zur Beförderung von Menschen und Gütern auch den mit Privat- und Sportfahrzeugen sowie Überführungs-, Schau- und Werbeveranstaltungen (BT-Dr VI/2721 S 2). Luft- und Wasserfahrzeuge im Staatsdienst (namentlich von Militär, Zoll und Polizei) scheiden aus, soweit sie nicht ausnahmsweise im Zivilverkehr (BT-Dr aaO) oder sonst zu zivilen Zwecken (zB Fischereiforschungsschiffe, BT-Dr 11/4946 S 6) eingesetzt werden (BT-Dr aaO).

5 **3.** Der **Schutzbereich** ist auf das jeweils konkret eingesetzte Luft- oder Wasserfahrzeug beschränkt.

a) Das **Luftfahrzeug** muß sich **im Flug** (Abs. 1 S 1 Buchst a) oder in der mit ihm unmittelbar verbundenen **funktionalen Phase des Abs 1 S 2** befinden. – **Beladen und Entladen** betrifft nur Beförderungsgüter, auch das Passagiergepäck (BT-Dr VI/2721 S 3). Das Merkmal **planmäßig** soll verhindern, daß eine erzwungene Landung den Strafschutz beendet (BT-Dr aaO); ist das Flugzeug völlig verlassen und entleert, fehlt es aber an den Gleichstellungsvoraussetzungen des Abs 1 S 2 („noch nicht", Horn SK 5 mwN; str). Die kasuistische Begrenzung des Schutzzeitraums kann zu Zufallsergebnissen führen, die nicht zuungunsten des Täters korrigierbar sind (Analogieverbot).

b) Das **Schiff** muß lediglich im Seeverkehr **eingesetzt** sein (Abs 1 S 1 Buchst b). Das Merkmal ist zur Vermeidung von Wertungswidersprüchen eng auszulegen. Nicht ganz auszuschließen sind zwar Fahrten auf Binnenschiffahrtsstraßen und Vorgänge des Ladens und Löschens im Hafen (BT-Dr 11/4946 S 6); sie müssen aber eine Seefahrt unmittelbar einleiten oder abschließen. 6

4. Die Flugzeug- oder Schiffsentführung nach Abs 1 Nr 1: 7

a) Tathandlungen: Gewalt (5–11 zu § 240) gegen (irgend-) eine Person oder Sache, uU auch außerhalb des Luft- oder Wasserfahrzeugs (zB den Einwinker auf dem Rollfeld), genügt. Der **Angriff** (die unmittelbar feindselige Einwirkung) **auf die Entschlußfreiheit** (irgend-) einer Person kann sich vor allem gegen Besatzungsmitglieder und Passagiere, aber zB auch gegen das Flugsicherungspersonal oder den Schiffslotsen richten. Das konturlose Merkmal **Vornahme sonstiger Machenschaften,** das lediglich ein methodisch berechnetes Gesamtverhalten bezeichnet (BT-Dr VI/2721 S 3; krit Maurach aaO [vgl 1] S 410), will namentlich Einwirkungen mit technischen, elektronischen oder anderen Mitteln auf die Funk- oder Navigationsgeräte des Luft- oder Wasserfahrzeugs erfassen (BT-Dr aaO); jedoch gehören auch auf Täuschung berechnete Handlungen, aber wohl nicht bloße Überredung oder Bestechung des Flugzeugführers (Sch/Sch-Cramer 16; aM Kunath JZ 72, 199, 201; zw) oder Kapitäns hierher.

b) Der **innere Tatbestand** erfordert neben dem Vorsatz die **Absicht** im Sinne zielgerichteten Wollens („um zu", 20 zu § 15), die Herrschaft über das Fahrzeug (dh eigene Führung oder tatsächliche Gewalt über Besatzung und Passagiere) zu erlangen oder auf dessen Führung einzuwirken; mit diesen sich weit überschneidenden Begriffen soll namentlich das Vorhaben erfaßt werden, das Fahrzeug auf ein anderes Ziel umzuleiten, ebenso aber auch, seine Landung auf einem bestimmten Flugplatz (BT-Dr VI/2721 S 3) oder in einem bestimmten Hafen zu verhindern. – Mit der Tathandlung in dieser Absicht ist die Tat vollendet; auf den Eintritt irgendeines Erfolgs kommt es nicht an. 8

c) Flugzeugentführungen zur Erzwingung der Flucht aus Staaten ohne Freizügigkeit sind idR weder nach § 34 **gerechtfertigt,** noch nach § 35 **entschuldigt** (Weber, Festgabe für U v Lübtow, 1980, S 751). 9

10 **5. Die Flugzeug- oder Schiffssabotage nach Abs 1 Nr 2.**

a) Zu den **Tathandlungen:**

aa) Erforderlich ist bestimmungsmäßiges **Gebrauchen** einer einsatzbereiten **Schußwaffe** (3 zu § 244), nicht der bloßen Attrappe einer solchen Waffe. Auch unmittelbares Bedrohen mit der Waffe gehört dazu (NJW 72, 731 zu § 250 aF; aM Maurach, Heinitz-FS, S 403, 411; zw).

bb) **Unternehmen** 19 zu § 11. **Explosion** 2 zu § 311. **Brand** 5 zu § 306.

11 **b)** Die neben dem **Vorsatz** erforderliche **Absicht** ist zielgerichtetes Wollen (vgl 8) der Zerstörung oder Beschädigung (3–7 zu § 303) des Fahrzeugs oder der Ladung; ob der Erfolg erreicht wird, ist unerheblich.

12 **6.** Die **Erfolgsqualifikation des Abs 2** entspricht ihrer Struktur nach dem Raub mit Todesfolge (1–4 zu § 251); als taugliche Opfer scheiden Tatbeteiligte aus (Sch/Sch-Cramer 30; aM Horn SK 26, beide mwN).

13 **7. Abs 3** ist in der Beschreibung der Vorbereitungshandlungen eng an § 311 b (dort 2, 3) angelehnt. Die zur Herbeiführung einer Explosion oder eines Brandes „bestimmten" Gegenstände müssen auch ihrer Art nach für diesen Zweck spezifisch geeignet sein.

14 **8.** Zur **tätigen Reue** (Abs 4) 29 zu § 24.

15 **9. Tateinheit** ua möglich mit §§ 211, 212, 223 ff, 239, 239 b, 240, 303, 306–308, 311 (zw), 311 b (im Verhältnis zu Abs 3; zw), 315 (zw).

16 **10.** Für den **räumlicher Geltungsbereich** gilt der Weltrechtsgrundsatz (§ 6 Nr 3). Grundlage sind für den **Luftverkehr** das Haager Übereinkommen v 16. 12. 1970 zur Bekämpfung der widerrechtlichen Inbesitznahme von Luftfahrzeugen (BGBl 1972 II 1505) und das Übereinkommen zur Bekämpfung widerrechtlicher Handlungen gegen die Sicherheit der Zivilluftfahrt v 23. 8. 1971 (BGBl 1977 II 1229) sowie für den **Seeverkehr** das Übereinkommen zur Bekämpfung widerrechtlicher Handlungen gegen die Sicherheit der Seeschiffahrt v 10. 3. 1988 (BGBl 1990 II 493).

17 **11.** Führungsaufsicht § 321. Einziehung § 322. Anzeigepflicht § 138 I Nr 9.

§ 317 Störung von Fernmeldeanlagen

(1) **Wer den Betrieb einer öffentlichen Zwecken dienenden Fernmeldeanlage dadurch verhindert oder gefährdet, daß er eine dem Betrieb dienende Sache zerstört, beschädigt, beseitigt, verändert oder unbrauchbar macht oder die für den Betrieb bestimmte elektrische Kraft entzieht, wird mit Freiheitsstrafe bis zu fünf Jahren oder mit Geldstrafe bestraft.**

(2) **Der Versuch ist strafbar.**

(3) **Wer die Tat fahrlässig begeht, wird mit Freiheitsstrafe bis zu einem Jahr oder mit Geldstrafe bestraft.**

1. Die Vorschrift schützt die **Funktionsfähigkeit des öffentlichen Fernmeldeverkehrs.** 1

2. Fernmeldeanlagen (vgl Erbs/Kohlhaas-Lampe F 55 § 1 Rdn 2). 2
Hierher gehören die Einrichtungen des Fernmeldewesens (auch Hörfunk und Fernsehen einschl des Breitbandkabelnetzes [Wolff LK 2]), namentlich das öffentliche Telekommunikationsnetz einschl der von der Post angebotenen Telekommunikationsdienste (§§ 3,4 TKO). Nach § 3 Nr 17 TKG sind Telekommunikationsanlagen technische Einrichtungen oder Systeme, die als Nachrichten identifizierbare elektromagnetische oder optische Signale senden, übertragen, vermitteln, empfangen, steuern oder kontrollieren können. Die Anlage muß öffentlichen Zwecken dienen, dh ganz oder teilweise im Interesse der Allgemeinheit betrieben werden. Das ist zB beim privaten Rundfunk- oder Fernsehgerät nicht der Fall, wohl aber beim privaten Telefonanschluß, und zwar ungeachtet der durch das PostStruktG veränderten Gesetzeslage (BGHSt 39, 288 mit krit Bespr Hahn NStZ 94, 190 und CR 94, 640; Helgerth JR 94, 122; Schmittmann NStZ 94, 587 und CR 95, 548 sowie Statz ArchPT 94, 67; Wolff LK 3; aM Sch/Sch-Cramer 4; Tröndle 2; zw).

3. Zu den **Tathandlungen** 5 zu § 316 b. Jedoch genügt hier als Handlungserfolg die **Gefährdung** des Betriebs einer Fernmeldeanlage, dh die Verursachung eines Zustandes der funktionsfähigen Anlage, der nach den Umständen den Eintritt einer Funktionsstörung wahrscheinlich macht (Düsseldorf MDR 84, 1040); ein Eingriff in deren Substanz ist dazu nicht unbedingt erforderlich (Tröndle 3; aM Hamm VRS 36, 51, 53). Der Tatbestand des § 317 ist durch die Zerstörung eines privaten Telefonanschlusses jedenfalls dann erfüllt, wenn diese gegen den Willen der Betreibergesellschaft und des Anschlußinhabers erfolgt (BGH aaO [vgl 2]; krit zu dieser Bedingung Helgerth und Schmittmann jeweils aaO [vgl 2], nur unter dieser Bedingung zust Horn SK 5). 3

4. Der **Vorsatz** (bedingter genügt) muß auch die Verhinderung oder Gefährdung des Betriebs umfassen (zum Gefährdungsvorsatz 28 zu § 15). 4

5. Fahrlässigkeit 35 zu § 15. Zur Voraussehbarkeit von Beschädigung oder Betriebsgefährdung, wenn ein Kraftfahrer fahrlässig von der Fahrbahn abkommt und einen Telegraphenmast beschädigt, BGHSt 15, 110; Bay VRS 43, 113. 5

6. Tateinheit des Abs 3 ist möglich mit §§ 303, 304; Abs 1, 2 verdrängen § 304 (Sch/Sch-Cramer 8). § 19 FAG geht als Spezialgesetz vor (Tröndle 6; Horn SK 10; aM Erbs/Kohlhaas-Lampe F 55 § 19 Rdn 10: Tateinheit möglich); mit § 94 TKG ist Tateinheit möglich (so zum aufgehobenen § 15 FAG Lampe aaO § 15 Rdn 20). 6

§ 318 Beschädigung wichtiger Anlagen

(1) **Wer Wasserleitungen, Schleusen, Wehre, Deiche, Dämme oder andere Wasserbauten oder Brücken, Fähren, Wege oder Schutzwehre oder dem Bergwerksbetrieb dienende Vorrichtungen zur Wasserhaltung, zur Wetterführung oder zum Ein- und Ausfahren der Arbeiter zerstört oder beschädigt und durch eine dieser Handlungen Gefahr für das Leben oder die Gesundheit anderer herbeiführt, wird mit Freiheitsstrafe von drei Monaten bis zu fünf Jahren bestraft.**

(2) **Ist durch eine dieser Handlungen eine schwere Körperverletzung (§ 224) verursacht worden, so tritt Freiheitsstrafe von einem Jahr bis zu fünf Jahren und, wenn der Tod eines Menschen verursacht worden ist, Freiheitsstrafe nicht unter fünf Jahren ein.**

1 **1.** Die Vorschrift **schützt** Leib und Leben der von der Beschädigung wichtiger Anlagen betroffenen Menschen (Horn SK 2), aber auch die Anlagen (Wolff LK 1). Die Gegenstände des Abs 1 sind **ohne Rücksicht auf das Eigentum** geschützt. Auch die Hauswasserleitung wird erfaßt (einschr Wolff LK 2).

2 **2. Zerstören,** Beschädigen 3–7 zu § 303. Hinzu kommen muß eine dadurch verursachte konkrete **Gefahr für Leben oder Gesundheit** (21–23 zu § 315 c), sei es auch nur eines Menschen (RGSt 74, 13). Eine Sachgefahr reicht nicht.

3 **3.** Der **Vorsatz** (bedingter genügt) muß auch die Gefahr umfassen (zum Gefährdungsvorsatz 28 zu § 15). Fahrlässige Begehung § 320.

4 **4.** Zur **Erfolgsqualifikation nach Abs 2** vgl 3–6, 8 zu § 18.

§ 319 Gemeingefährliche Vergiftung

Wer Brunnen- oder Wasserbehälter, welche zum Gebrauch anderer dienen, oder Gegenstände, welche zum öffentlichen Verkauf oder Verbrauch bestimmt sind, vergiftet oder denselben Stoffe beimischt, von denen ihm bekannt ist, daß sie die menschliche Gesundheit zu zerstören geeignet sind, desgleichen wer solche vergifteten oder mit gefährlichen Stoffen vermischten Sachen mit Verschweigung dieser Eigenschaft verkauft, feilhält oder sonst in Verkehr bringt, wird mit Freiheitsstrafe von einem Jahr bis zu zehn Jahren und, wenn durch die Handlung der Tod eines Menschen verursacht worden ist, mit lebenslanger Freiheitsstrafe oder mit Freiheitsstrafe nicht unter zehn Jahren bestraft.

1 **1.** Die Vorschrift (zusf Horn NJW 86, 153; zu ihrer Reformbedürftigkeit Geerds, Tröndle-FS, S 241) schützt Leben und Gesundheit von Menschen. Sie erfordert keinen Verletzungs- oder Gefahrerfolg. Die Tat ist daher **abstraktes Gefährdungsdelikt** (32 vor § 13; Hilgendorf, Strafrechtliche Produzentenhaftung in der „Risikogesellschaft", 1993, S 165).

2. Zur **ersten Tatbestandsalternative:** 2

a) **Brunnen** (der Bindestrich hinter „Brunnen" in der Gesetzesfassung beruht auf einem Redaktionsversehen; vgl Wolff LK 2) **und Wasserbehälter** müssen dem Gebrauch von (irgendwelchen) Menschen in dem Sinne dienen, daß diese mindestens mit dem Inhalt in körperliche Berührung (zB auch zum Waschen oder Baden) zu kommen pflegen (Horn SK 5); also keine Viehtränken und Fabrik- oder Löschwasserbehälter. – Zum **öffentlichen Verkauf oder Verbrauch bestimmte Gegenstände** sind nicht nur Lebensmittel, sondern zB auch Seifen, Stoffe usw, wohl auch Lederspray (so Hilgendorf aaO [vgl 1] S 166, unter Hinweis auf § 5 I Nr 6 und 7 LMBG) und Holzschutzmittel (Schulz JA 96, 185, 188). Die Bestimmung muß zur Zeit der Tathandlung bestehen oder mit ihr vorgenommen werden.

b) Nach dem Schutzzweck der Vorschrift ist für das **Vergiften** und 3
das **Beimischen von Stoffen, die zur Gesundheitszerstörung geeignet sind,** weder erforderlich noch ausreichend, daß die beigefügten Stoffe als solche die unter 2 zu § 229 geforderten Eigenschaften aufweisen; vielmehr muß die Tathandlung bewirken, daß der aus der Beifügung entstehende Gegenstand (zB das Brunnenwasser) bei bestimmungsmäßigem – also nicht lediglich bei übermäßigem oder zweckwidrigem (einschr Kuhlen, Fragen einer strafrechtlichen Produkthaftung, 1989, S 142, 160 und Hilgendorf aaO [vgl 1] S 166) – Gebrauch die gesundheitszerstörende Wirkung zu entfalten geeignet ist (hM; vgl Wolff LK 5–8; ähnlich Bottke ZfBR 91, 233, 235, der auch den sozial adäquaten Produktkontakt einbezieht, sowie Gretenkordt, Herstellen und Inverkehrbringen stofflich gesundheitsgefährlicher Verbrauchs- und Gebrauchsgüter, 1993, S 22, der auf die nicht unübliche Verwendung abstellt; anders Hoyer, Die Eignungsdelikte, 1987, S 159; krit Geerds aaO [vgl 1] S 244).

3. Zur **zweiten Tatbestandsalternative:** 4

a) **Solche vergifteten oder mit gefährlichen Stoffen vermischten Sachen** brauchen nicht aus einer rechtswidrigen Tat im Sinne der 1. Alternative hervorgegangen zu sein; es genügt jede vorausgegangene, auch rechtmäßig oder ohne die erforderliche Verkaufs- oder Gebrauchsbestimmung vorgenommene menschliche Einwirkung, die einen solchen Gegenstand hervorgebracht hat (Gretenkordt aaO [vgl 3] S 59; Wolff LK 10; weiter Horn SK 18, der auch verdorbene Lebensmittel einbezieht; gegen die hM auch Bottke ZfBR 91, 233, 235; zw).

b) **Feilhalten** bedeutet, einen Gegenstand in Verkaufsabsicht in ei- 5
ner Weise präsentieren, die äußerlich erkennbar auf diese Absicht hindeutet (BGHSt 23, 286). **Inverkehrbringen** 7 zu § 146 (näher Horn NJW 77, 2329). – Hinzukommen muß das **Verschweigen** der gefährlichen Eigenschaft bei bestimmungsgemäßem Gebrauch; Warnhinweise,

die sich nicht darauf beziehen, ändern am Verschweigen nichts (Hilgendorf aaO [vgl 1] S 168).

6 **4.** Bedingter **Vorsatz** genügt auch im Hinblick auf das „Bekanntsein" der Eignung zur Gesundheitsgefährdung (Horn NJW 86, 153, 155); zum möglichen Vorsatzausschluß bei objektiv sorgfältigem Verhalten in bezug auf die geschützten Rechtsgüter Hoyer aaO (vgl 3) S 163; Horn SK 13. – Die **Todesfolge** muß wenigstens fahrlässig verursacht sein (§ 18). Fahrlässige Begehung § 320.

7 **5.** Einziehung § 322. Anzeigepflicht § 138 I Nr 9. Zur Ergänzung beachte für Gewässer §§ 324, 330; für Trinkwasser auch § 64 BSeuchG; für Lebensmittel §§ 51 ff LMBG; für Arzneimittel § 95 AMG.

8 **6. Tateinheit** ist möglich mit §§ 211 ff, 223 ff; ist der Tod eines Menschen eingetreten, so wird § 212 **verdrängt** (Hilgendorf aaO [vgl 1] S 169; anders Horn SK 34; zw).

§ 320 Fahrlässige Gemeingefährdung

Ist eine der in den §§ 318 und 319 bezeichneten Handlungen aus Fahrlässigkeit begangen worden, so ist, wenn durch die Handlung ein Schaden verursacht worden ist, auf Freiheitsstrafe bis zu einem Jahr oder auf Geldstrafe und, wenn der Tod eines Menschen verursacht worden ist, auf Freiheitsstrafe bis zu fünf Jahren oder auf Geldstrafe zu erkennen.

1 **1.** Die fahrlässige (35 zu § 15) Begehung von Handlungen nach §§ 318, 319 ist nur strafbar, wenn außer dem durch die Handlung entstandenen unmittelbaren Schaden (zB Verderb des vergifteten Gegenstandes) **ein weiterer Schaden** – gleich welcher Art (hM; anders Geerds, Tröndle-FS, S 241, 248; Gretenkordt, Herstellen und Inverkehrbringen stofflich gesundheitsgefährlicher Verbrauchs- und Gebrauchsgüter, 1993, S 89; Horn SK 5 und Sch/Sch-Cramer 2, alle mwN) – verursacht ist. Diese Schadensverursachung ist objektive Bedingung der Strafbarkeit (30 vor § 13), braucht also vom Täter nicht verschuldet zu sein. § 18 ist nicht anwendbar, da hier keine höhere Strafe an den Erfolg geknüpft ist (Tröndle 2; aM Sch/Sch-Cramer 3; zw).

2 **2.** Die **Todesfolge** muß nach § 18 wenigstens fahrlässig verursacht sein (aM Horn SK 10).

§ 321 Führungsaufsicht

In den Fällen der §§ 306 bis 308, des § 310 b Abs. 1 bis 3, des § 311 Abs. 1 bis 4, der §§ 311 a, 311 b und 316 c Abs. 1 Nr. 2 kann das Gericht Führungsaufsicht anordnen (§ 68 Abs. 1).

1 Vgl 1, 2 vor § 68, 1–8 zu § 68.

§ 322 Einziehung

Ist eine Straftat nach den §§ 310 b bis 311 b, 311 c, 311 d, 316 c oder 319 begangen worden, so können

1. Gegenstände, die durch die Tat hervorgebracht oder zu ihrer Begehung oder Vorbereitung gebraucht worden oder bestimmt gewesen sind, und

2. Gegenstände, auf die sich eine Straftat nach den §§ 311 b, 311 c, 311 d, 316 c oder 319 bezieht,

eingezogen werden. Fassung des 31. StÄG (6 a vor § 324).

1. § 322 ist eine besondere Vorschrift im Sinne des § 74 IV, welche die **Einziehung** über § 74 I hinaus zuläßt. Die Voraussetzungen des § 74 II, III müssen daher erfüllt sein. § 74 a ist nicht anwendbar. 1

2. Im übrigen vgl §§ 74–74 c, 74 e–76 a. 2

§ 323 Baugefährdung

(1) **Wer bei der Planung, Leitung oder Ausführung eines Baues oder des Abbruchs eines Bauwerks gegen die allgemein anerkannten Regeln der Technik verstößt und dadurch Leib oder Leben eines anderen gefährdet, wird mit Freiheitsstrafe bis zu fünf Jahren oder mit Geldstrafe bestraft.**

(2) **Ebenso wird bestraft, wer in Ausübung eines Berufs oder Gewerbes bei der Planung, Leitung oder Ausführung eines Vorhabens, technische Einrichtungen in ein Bauwerk einzubauen oder eingebaute Einrichtungen dieser Art zu ändern, gegen die allgemein anerkannten Regeln der Technik verstößt und dadurch Leib oder Leben eines anderen gefährdet.**

(3) **Wer die Gefahr fahrlässig verursacht, wird mit Freiheitsstrafe bis zu drei Jahren oder mit Geldstrafe bestraft.**

(4) **Wer in den Fällen der Absätze 1 und 2 fahrlässig handelt und die Gefahr fahrlässig verursacht, wird mit Freiheitsstrafe bis zu zwei Jahren oder mit Geldstrafe bestraft.**

(5) **Das Gericht kann von Strafe nach den Absätzen 1 bis 3 absehen, wenn der Täter freiwillig die Gefahr abwendet, bevor ein erheblicher Schaden entsteht. Unter denselben Voraussetzungen wird der Täter nicht nach Absatz 4 bestraft.**

1. Geschützt sind **Leben und Gesundheit von Menschen,** nicht nur der Bewohner und Passanten, sondern auch der Bauarbeiter; lediglich die Tatbeteiligten scheiden aus (BT-Dr 7/550 S 268; Wolff LK 15; aM Horn SK 9 vor § 306). Die Tat ist **konkretes Gefährdungsdelikt** (32 vor § 13). Eingehend Gallas, Die strafrechtliche Verantwortlichkeit der am Bau Beteiligten, 1964; Velten, Die Baugefährdung, 1965; Schünemann ZfBR 80, 4, 113, 159 und (zusf) LdR S 79. 1

2 **2. a) Regeln der Technik** sind Maßstäbe, die sich als Ergebnis einer auf Erfahrung und Überlegung beruhenden Voraussicht möglicher Gefahren für die Planung, Berechnung und Ausführung von Bauten (Abs 1) oder von technischen Einrichtungen (Abs 2) entwickelt haben (krit Schünemann, Lackner-FS, S 367). Solche Gefahren können sowohl von dem Bau- (oder Arbeits-)vorgang als solchem wie auch von dem Bauwerk (oder der technischen Einrichtung) ausgehen (daher zB auch Regeln über Statik, Feuersicherheit und Hygiene).

3 **b) Allgemein anerkannte** Regeln sind nur solche, die sich bewährt haben und nach der Durchschnittsauffassung der Praxis (Koblenz GA 74, 87) in der Überzeugung befolgt werden, daß sie für gefahrloses Bauen notwendig sind (hM; Bottke ZfBR 91, 233, 236; anders Schünemann, Lackner-FS, S 367, 375). Verfassungsrechtliche Bedenken gegen diese als „dynamische Verweisung" mißverstehbare Begriffsbestimmung sind zwar nicht fernliegend, aber doch nicht hinreichend begründet (Tiedemann Jura 82, 371, 377; aM Schünemann aaO und ZfBR 80, 159, der die „allgemein anerkannten Regeln" zur Erzielung eines verfassungskonformen Ergebnisses als unbestimmten Rechtsbegriff versteht, mit dem lediglich die Beachtung der im Verkehr erforderlichen Sorgfalt postuliert werde und der deshalb den Richter nicht an den Inhalt der Regeln binde). – Unfallverhütungsvorschriften der Berufsgenossenschaften und baupolizeiliche Vorschriften sind nur idR, aber nicht notwendig allgemein anerkannt (RGSt 56, 343, 346; aM BT-Dr 7/550 S 267; Koblenz aaO). Als Verstoß kommt auch pflichtwidriges, seiner Struktur nach unechtes (Schünemann ZfBR 80, 113, 114; Bottke aaO S 236, beide mwN; str) Unterlassen in Frage (Celle NdsRpfl 86, 133; 4–15 zu § 13).

4 **3. a)** In **Abs 1** ist **Bau** weit auszulegen. Der Begriff umfaßt jede bauhandwerkliche Tätigkeit im Hoch-, Tief-, Wasser-, Straßen- und Bergbau, soweit sich für sie wegen der damit verbundenen Gefahren Regeln der Technik entwickelt haben, also etwa auch Ausbesserung von Gebäuden, Ausheben von Baugruben, Aufstellen von Baugerüsten und Einsatz von Baumaschinen (BT-Dr 7/550 S 267).

5 **b) Täter** kann nur sein, wer bei der Planung, Leitung oder Ausführung des Baues **unmittelbar** mitwirkt (hM; vgl Schünemann ZfBR 80, 4, 6 und Bottke aaO [vgl 3] S 235, beide mwN). – Die **Planung** betrifft namentlich die Fertigung der Baupläne durch den Architekten und die statischen Berechnungen durch den Statiker, nicht ihre Überprüfung durch die Bauaufsichtsbehörde; der Bauherr scheidet als Täter idR aus, weil die technische Planung nur ganz ausnahmsweise zu seinem Verantwortungsbereich gehört. – Die **Leitung** eines Baues hat, wer nach der tatsächlichen Lage die maßgeblichen Anordnungen über die Gesamtausführung – sei es auch nur im Rahmen eines sukzessiven Bauabschnitts – trifft oder zu treffen hat und damit die technischen Regeln unmittelbar anwendet (Bay NJW 59, 900). Das ist meist der Bauunternehmer (NJW 65, 1340; Karlsruhe NJW 77, 1930; beachte jedoch

Hamm GA 66, 250), nach hM nicht der als „verantwortlicher" Bauleiter im Sinne des Landesbaurechts lediglich überwachende Architekt (BGH aaO mwN; aM Schünemann aaO S 8; s auch BGHSt 19, 286; Stuttgart NJW 84, 2897 mit abl Anm Henke NStZ 85, 124; zw) oder der sonst kontrollierende Beauftragte des Bauherrn (Hamm NJW 69, 2211; Celle NdsRpfl 86, 133). Maßgebend sind immer Art und Umfang der tatsächlich ausgeübten Tätigkeit; wer sich in Urlaub befindet, ist daher regelmäßig nicht Bauleiter (Karlsruhe Justiz 70, 52). – **Ausführung** ist jede maßgebliche Mitwirkung unmittelbar am Bau (zB auch als aufsichtsführender Polier, Koblenz GA 74, 87); auch bloße Hilfstätigkeiten, wie Aufstellen von Gerüsten (RGSt 39, 417), Leitern oder Warnschildern, kommen in Frage (Koblenz aaO), jedoch nicht die bloße Lieferung von Baumaterialien (hM; Bottke aaO [vgl 3] S 236). – Bei **arbeitsteiligem Handeln** hängt es von den jeweiligen Verantwortungsbereichen ab, namentlich auch von den Grenzen der Übertragbarkeit von Sicherungspflichten und den damit zusammenhängenden Kontroll-, Aufsichts- und Auswahlpflichten, wer bei Planung, Leitung oder Ausführung gegen die Bauregel verstoßen hat (dazu im einzelnen Schünemann ZfBR 80, 113, 115 mwN; s auch Celle aaO; 40 zu § 15).

4. Abs 2 betrifft namentlich den Einbau von Maschinen, Heizanlagen, Gasrohren oder elektrischen Anlagen (BT-Dr 7/ 550 S 268). Die Beschränkung des Täterkreises (Berufs- oder Gewerbeausübung) soll vor allem den Eigentümer oder Mieter ausscheiden, der häufig solche Anlagen selbst einbaut (BT-Dr aaO); dessen strafrechtliche Haftung bestimmt sich, soweit keine Spezialvorschriften eingreifen, nach §§ 222, 230 (Bottke aaO [vgl 3] S 236). 6

5. Für die **Gefährdung** (namentlich den Gefahrbegriff; krit zu seiner Verwendung in § 323 Schünemann ZfBR 80, 159, 164) und die Abstufung der Strafdrohungen (Abs 1–4) gelten die Ausführungen unter 20–31 zu § 315 c sinngemäß. Die Herbeiführung einer bloßen Sachgefahr genügt jedoch nicht. 7

6. Zur **tätigen Reue** (Abs 5) 29 zu § 24; 3 zu § 311 e; die §§ 311 e IV, 315 VI S 3 (freiwilliges und ernsthaftes Bemühen bei Abwendung der Gefahr ohne Zutun des Täters) sind entsprechend anwendbar (Bottke aaO [vgl 3] S 235; zw). 8

7. Tateinheit ua möglich mit §§ 222, 230; jedoch kann ein fahrlässiges Verletzungsdelikt auch vorliegen, wenn die verletzte Regel nicht allgemein anerkannt war. 9

§ 323 a Vollrausch

(1) **Wer sich vorsätzlich oder fahrlässig durch alkoholische Getränke oder andere berauschende Mittel in einen Rausch versetzt, wird mit Freiheitsstrafe bis zu fünf Jahren oder mit Geldstrafe bestraft, wenn er in diesem Zustand eine rechtswidrige Tat begeht und ihretwegen nicht bestraft werden kann, weil er infolge des**

Rausches schuldunfähig war oder weil dies nicht auszuschließen ist.

(2) **Die Strafe darf nicht schwerer sein als die Strafe, die für die im Rausch begangene Tat angedroht ist.**

(3) **Die Tat wird nur auf Antrag, mit Ermächtigung oder auf Strafverlangen verfolgt, wenn die Rauschtat nur auf Antrag, mit Ermächtigung oder auf Strafverlangen verfolgt werden könnte.**

1 **1.** Der Vollrausch ist ein **abstraktes Gefährdungsdelikt** (32 vor § 13; str). Der Tatbestand soll der generellen Gefährlichkeit entgegenwirken, die für alle strafrechtlich relevanten Rechtsgüter mit jedem die Schuldfähigkeit ausschließenden Rausch erwächst (BGHSt 16, 124; str). Gegenstand des Schuldvorwurfs ist daher allein das vorsätzliche oder fahrlässige Herbeiführen eines solchen – nach der Bewertung des Gesetzes stets abstrakt gefährlichen – Zustandes (Puppe GA 74, 98 und LdR S 1181; Dencker JZ 84, 453; Lackner, Jescheck-FS, S 645; Kusch, Der Vollrausch, 1984, S 24 und NStZ 94, 131, alle mwN). Demgegenüber wird in Teilen des Schrifttums eine mehr oder minder konkrete Gemeingefährlichkeit des Rauschs oder eine unterschiedlich definierte Beziehung zwischen Rausch und Rauschtat vorausgesetzt (vgl zB Cramer, Der Vollrauschtatbestand als abstraktes Gefährdungsdelikt, 1962; Hirsch ZStW Beiheft 81, 1, 11; Wolter NStZ 82, 54; Ranft JA 83, 193, 239; Paeffgen ZStW 97, 513; Otto Jura 86, 478; Küpper BT 1 II 5/59; Spendel LK 60–70, alle mwN; s auch 14). Vereinzelt wird auch die Annahme eines Gefährdungsdelikts überhaupt verworfen und der Tatbestand entgegen seinem Wortlaut als bloße Ausnahmeregel zu den §§ 20, 21 interpretiert (Streng JZ 84, 114, ZStW 101, 273, 317 und JR 93, 35; Neumann, Zurechnung und „Vorverschulden", 1985, S 125, beide mwN). Ebenso wie § 330 a aF verstößt er nicht gegen das Schuldprinzip (BGHSt 16, 124; Lackner JuS 68, 215; Montenbruck GA 78, 225; Streng aaO; aM Arthur Kaufmann JZ 63, 425; diff Wolter aaO, der ohne Grundlage im Gesetz den Tatbestand aufspaltet und bei Fehlen einer Schuldbeziehung zwischen Rausch und Rauschtat einen Minimalstrafrahmen postuliert; ähnlich Paeffgen NK 14–17). Einzuräumen bleibt allerdings, daß sich keine der möglichen Deutungen widerspruchsfrei in den allgemeinen dogmatischen Systemzusammenhang einfügt.

2 **2. Tathandlung** ist das Sichversetzen in einen Rausch durch alkoholische Getränke oder andere berauschende Mittel (5 zu § 315 c); ob mit dem Mittel auch subjektiv die Herbeiführung eines Rauschs oder einer anderen lustbetonten Empfindung bezweckt wird, ist unerheblich (Bay NJW 90, 2334 mwN; str).

3 **a) Rausch** ist ein Zustand der Enthemmung, der sich in dem für das jeweilige Rauschmittel typischen, die psychischen Fähigkeiten durch Intoxikation beeinträchtigenden Erscheinungsbild widerspiegelt (hM; vgl etwa BGHSt 32, 48, 53; NStE 11; Bay NJW 90, 2334; anders

Schewe BA 76, 87 und ZStW Beiheft 81, 39, 60 sowie Gerchow, Sarstedt-FS, S 1, die den Begriff des Rauschs nicht für abgrenzbar halten und deshalb jede Intoxikation durch pharmakologische Mittel ausreichen lassen; anders auch Kusch aaO [vgl 1] S 48, der den Rausch als eine die Psyche verändernde schwere Bewußtseinsstörung definiert; s auch Spendel LK 112–125; zw). Darüber hinaus werden wohl auch solche Zustände erfaßt, die nach medizinischer Erfahrung als abnorme Reaktionen auf ein Rauschmittel vorkommen. Stets muß der Zustand aber als Folge der Anwendung gerade von Rauschmitteln zu erwarten sein (hM; vgl etwa BGHSt 26, 363; Karlsruhe NJW 79, 611 mwN). Deren bloß ursächliche Mitwirkung bei der Auslösung eines andersartigen biologischen Defekts genügt daher nicht (str), wohl aber, wenn der Rausch auf einer Kombinationswirkung mit anderen rauschfördernden Ursachen beruht (einschr und näher konkretisierend Forster/Rengier NJW 86, 2869). Daraus folgt, daß es für den äußeren Tatbestand (zu Vorsatz und Fahrlässigkeit vgl 13) idR unerheblich ist, ob neben dem Rauschmittel (KG NJW 72, 1529) noch andere Umstände, zB Erregung (NJW 67, 298 und 79, 1370) oder Einnahme von Medikamenten (Hamm BA 79, 460; s auch Oldenburg BA 85, 254), mitgewirkt haben (BGHSt 22, 8, 11; 26, 363; str); deshalb werden auch der pathologische Rausch infolge Alkoholüberempfindlichkeit (BGHSt 1, 196; 40, 198 mit zust Bespr Blau JR 95, 117 und Otto JK 6) und der epileptoide Rausch nach Alkoholgenuß (BGHSt 4, 73) erfaßt. Konsum des Rauschmittels im Übermaß ist nicht erforderlich (hM; anders Puppe GA 74, 98, 108 und Jura 82, 281, 288).

b) Den für einen Rausch erforderlichen **Mindestschweregrad** 4
der psychischen Beeinträchtigung konkretisiert die Vorschrift nicht (BGHSt 32, 48, 53). Lange Zeit hat die **Rechtsprechung** in Anknüpfung an das frühere Recht (vgl 5) angenommen, daß mindestens „der sichere Bereich" verminderter Schuldfähigkeit „überschritten" sein müsse (zB VRS 50, 358; JR 80, 32), und das in jüngeren Entscheidungen überwiegend dahin interpretiert, daß der sichere Nachweis verminderter Schuldfähigkeit (§ 21) erforderlich, aber auch ausreichend sei (Bay NJW 78, 957, MDR 79, 777 und VRS 58, 207; aM Karlsruhe NJW 79, 1945 mit zust Bespr Paeffgen NStZ 85, 8; im Ergebnis auch Wolter, Wahlfeststellung und in dubio pro reo, 1987, S 75). Daß jedenfalls unter dieser Voraussetzung ein Rausch vorliegt, nimmt auch der BGH an, der jedoch offen läßt, ob auch Rauschzustände geringeren Grades (so zB Tröndle, Jescheck-FS, S 665, 682; Montenbruck JR 78, 209; Otto Jura 86, 478, 482; Spendel LK 149) – nicht dagegen Fälle des Zweifels über das Ob der Berauschung (so aber Schewe BA 83, 369, 382 und 526, 529; Schmoller, Alternative Tatsachenaufklärung im Strafrecht, 1986, S 201, 214; Sch/Sch-Cramer 8 a; aM bei Nehm DAR 93, 166) – einzubeziehen sind (BGHSt 32, 48, 54). Mit der überwiegenden Meinung in der früheren Rspr sollte an dem Erfordernis des sicheren Nachweises verminderter Schuldfähigkeit festgehal-

ten werden (Köln BA 85, 243 mit abl Anm Seib; Bay bei Rüth DAR 85, 242; Zweibrücken NZV 93, 488); denn wenn § 21 zweifelsfrei erfüllt, also nicht nur nach dem Grundsatz in dubio pro reo anwendbar ist, steht fest, daß der Täter in einem vom Gesetz als gravierend angesehenen (§ 21) Zustand eindeutig herabgesetzter Motivierbarkeit gehandelt hat, in dem nach genereller Erfahrung die Gefahr strafrechtlich relevanter Ausschreitungen besteht, die Verantwortlichkeit des Täters aber nicht mehr gewährleistet ist (Lackner, Jescheck-FS, S 645, 657). Eine Unterschreitung dieser Mindestgrenze würde in den Tatbestand auch ungefährliches, möglicherweise völlig vorwurfsfreies Verhalten einbeziehen (ähnlich Dencker NJW 80, 2159 und JZ 84, 453; Puppe Jura 82, 281, 285; Schuppner/Sippel NStZ 84, 67; Forster/Rengier NJW 86, 2869; Ranft Jura 88, 133, 136; weiter einschr Paeffgen NStZ 85, 8, alle mwN). Allerdings ist die Verknüpfung der Begriffsbestimmung des Rauschs mit dem Erfordernis verminderter Schuldfähigkeit dogmatisch nicht bedenkenfrei, weil sie den Rausch nicht allgemeingültig, sondern nur in Abhängigkeit von der Rauschtat bestimmen kann (Horn JR 80, 1; Puppe aaO S 284; Paeffgen ZStW 97, 513, 526; Krümpelmann ZStW 99, 191, 199). Sie dürfte sich aber aus dem inneren Zusammenhang zwischen Rausch und Rauschtat und der Notwendigkeit, das Schuldprinzip zu wahren, rechtfertigen lassen (Dencker, Lackner und Forster/Rengier aaO). – Im **Schrifttum** sind Bedeutung und Grenzen des Rauschbegriffs sowie sein Zusammenhang mit der Rauschtat nach wie vor von einer abschließenden Klärung weit entfernt (vgl die Nachw in BGHSt 32, 48; eingehend Neumann aaO [vgl 1] S 50, 100; grundsätzlich abw Spendel LK 104, 107–111, 148–156).

5 3. **a)** Objektive Bedingung der Strafbarkeit (hM; eingehend Kusch aaO [Vollrausch; vgl 1] S 57; abl Spendel LK 61, beide mwN) ist das **Begehen einer rechtswidrigen Tat** (18 zu § 11), der sog **Rauschtat,** deretwegen der Täter nicht bestraft werden kann, weil er infolge des Rausches schuldunfähig (§ 20) war oder weil dies nicht auszuschließen ist. Damit bestätigt das Gesetz die Ansicht schon der früheren Rspr (zB BGHSt-GS-9, 390; BGHSt 16, 187), daß der Tatbestand auch bei Zweifeln über die Schuldfähigkeit anwendbar ist (NStZ 89, 365), allerdings nur unter der Voraussetzung, daß überhaupt ein Rausch vorliegt (vgl dazu 3, 4). Die dogmatische Begründung für diese im Gesetz ausdrücklich angeordnete Ausdehnung der Strafbarkeit ist umstritten. Die Rspr stützt sie zur Zeit auf ein nach dem Grundsatz in dubio pro reo zu behandelndes „normativ-ethisches" Stufenverhältnis „zwischen der in § 323 a mit Strafe bedrohten Gefährdung" einerseits und der „Verletzung der Norm, die objektive Bedingung der Strafbarkeit dieses Gefährdungsdelikts" sei, andererseits (BGHSt 32, 48, 55 mwN; s auch Düsseldorf NJW 89, 2408). Jedoch bedarf es bei Deutung der Vorschrift als abstraktes Gefährdungsdelikt (vgl 1) dieser Legitimation nicht, weil Fälle schuldhaft begangener Rauschtaten unter den Un-

rechtstatbestand des § 323 a fallen und nur durch die in der Strafbarkeitsbedingung steckende Subsidiaritätsanordnung ausgeschieden werden (Puppe GA 74, 98, 114; Dencker NJW 80, 2159, 2160; aM Paeffgen NStZ 85, 8; str). Jedenfalls kann aber auch das von der Rspr postulierte Stufenverhältnis – wie immer man den Grundsatz in dubio pro reo verstehen mag (dazu Tröndle, Jescheck-FS, S 665, 671) – die Strafbarkeit nur solcher Zweifelsfälle begründen, in denen der Intoxikationsgrad die umstrittene (vgl 4) Erheblichkeitsschwelle zum Rausch überschritten hat. Die übrig bleibenden Fälle, in denen sowohl der Rausch als auch die rauschbedingte Schuldunfähigkeit zweifelhaft bleiben, sind dagegen nicht erfaßbar (hM; anders Schewe BA 83, 369, 382 und 526, 529; Hentschel/Born 280; Dreher/Tröndle 5 c mit abl Bespr Alwart GA 92, 545). Ihre Strafbarkeit ließe sich nur auf eine Wahlfeststellung gründen, die aber von der hM mit unterschiedlichen, allerdings durchweg problematischen Begründungen verneint wird (vgl etwa BGHSt-GS-9, 390; anders Tröndle, Jescheck-FS, S 665, 684; Seib BA 85, 245, 247; s auch Otto Jura 86, 478, 486, alle mwN; zw).

b) Die Rauschtat muß den **vollen äußeren und inneren Tatbestand** eines Strafgesetzes (einschl Versuch, Teilnahme oder versuchte Beteiligung nach § 30) verwirklichen. Auch ein Unterlassungsdelikt kann genügen (hM; einschr Backmann JuS 75, 698; aM Kusch aaO [vgl 1] S 111); jedoch scheidet § 323 c als Rauschtat aus, weil der Täter idR schon wegen Unfähigkeit zur Hilfeleistung den Tatbestand nicht verwirklicht (Dencker JuS 80, 210, 214 und NJW 80, 2159, 2165) und weil die Einbeziehung der Vorschrift die allgemeine Hilfspflicht ohne zureichenden Grund erweitern würde (Ranft JA 83, 239, 240; aM Bay NJW 74, 1520 mit krit Bespr Lenckner JR 75, 31; Streng JZ 84, 114; Otto Jura 86, 478, 483; Paeffgen NK 70; Spendel LK 175, alle mwN; zw). Bei positivem Tun muß eine „Handlung" im Sinne willkürlichen Verhaltens vorliegen (Hamm NJW 75, 2252; Kusch aaO S 74 mwN); der sinnlos Betrunkene, der im Zusammenfallen oder durch Erbrechen Sachen beschädigt, handelt nicht (krit Schewe BA 76, 87, 94). Der innere Tatbestand muß schon deshalb erfüllt sein, weil sonst nicht feststellbar wäre, ob (Abs 1) und in welchem Umfang (Abs 2) das Berauschen strafbar ist und ob die Verfolgung von einem Antrag usw (Abs 3) abhängt (beachte jedoch Bay NJW 89, 1685). 6

aa) Ist die Rauschtat nur bei **Vorsatz** mit Strafe bedroht (zB Sachbeschädigung, § 303), so ist erforderlich, daß der Täter mit natürlichem Vorsatz (31 zu § 15) gehandelt hat, also mit einer durch § 20 keineswegs ausgeschlossenen Fähigkeit, seine körperliche Kraft für bestimmte Zwecke einzusetzen (hM; vgl etwa BGHSt 1, 124; anders Spendel LK 201). Ob eine solche Willensbildung noch möglich oder der Berauschte schon handlungsunfähig war, läßt sich ua auch nach seinem äußeren Verhalten beurteilen (Bay VRS 25, 346; Hamm JMBlNRW 64, 117; krit Schüler-Springorum MschrKrim 73, 363); auch die BAK kann ein Anhaltspunkt sein (Celle VRS 25, 347). 7

8 bb) Setzt die Rauschtat eine **besondere Absicht** voraus (zB bei Diebstahl oder Betrug), so muß diese als „natürlicher" zielgerichteter Wille gegeben sein (VRS 41, 93; krit Otto JZ 93, 559, 565; vgl auch Bay JR 92, 346 mit krit Anm Meurer). Betätigt der Rauschtäter nach Ernüchterung diese Absicht erneut, indem er sich zB die weggenommene Sache zueignet, so ist die Annahme einer mitbestraften Nachtat (32 vor § 52) nicht begründbar (Ranft JA 83, 239, 244; aM Celle NJW 62, 1833; s auch bei Dallinger MDR 71, 546; zw).

9 cc) Ein **Irrtum** des Täters, der nicht auf seinem Rausch beruht – und zwar nicht nur der Tatbestands-, sondern auch der Verbotsirrtum (Stuttgart NJW 64, 413; Ranft JA 83, 239, 241 mwN; str) –, ist ebenso wie beim nüchternen Täter zu seinen Gunsten zu berücksichtigen. Aus der Verweisung auf die Rauschtat folgt darüber hinaus, daß auch der durch den Rausch bedingte Irrtum nicht anders behandelt werden kann (Dencker NJW 80, 2159, 2164; Otto Jura 86, 478, 485; Paeffgen NK 74–77; aM NJW 53, 1442; Celle NJW 69, 1775; Kusch aaO [Vollrausch; vgl 1] S 84; Spendel LK 197–202, 210, alle mwN); jedenfalls begeht zB der Zecher keinen Betrug, der infolge seines Rausches glaubt, noch zahlen zu können (BGHSt 18, 235; s auch Bruns JZ 64, 473).

10 dd) **Rücktritt** von der Rauschtat wirkt strafbefreiend (NStZ 94, 131 mit krit Anm Kusch und zust Bespr Otto JK 5; bei Holtz MDR 94, 434), und zwar auch dann, wenn er erst nach Wiedererlangung der Schuldfähigkeit erfolgt (Sch/Sch-Cramer 21; aM Ranft JA 83, 239, 243; Kusch aaO [vgl 1] S 128; Spendel LK 221; zw).

11 ee) Ist die Rauschtat ein **Fahrlässigkeitsdelikt,** so genügt es, wenn der Täter in nüchternem Zustand in der Lage gewesen wäre, die Verletzung der Sorgfaltspflicht zu vermeiden und den Erfolg vorauszusehen (hM; anders Kusch aaO [Vollrausch; vgl 1] S 105).

12 **c)** Ob die Rauschtat ein Verbrechen oder ein strafbarer Versuch ist oder ob die Bedingung während des Rausches mehrfach eintritt (BGHSt 13, 223, 225; bei Holtz MDR 90, 489), stets liegt nur ein **Vergehen** nach § 323 a vor. Steht nicht fest, welches von mehreren Delikten der Täter im Rausch begangen hat, so ist eine Wahlfeststellung (9–20 zu § 1) nur unter den auch sonst hierfür geltenden Voraussetzungen zulässig (Oldenburg NJW 59, 832; Dencker NJW 80, 2159, 2165; aM Montenbruck GA 78, 225, 239, Sch/Sch-Cramer 22 und Spendel LK 328, die jede Wahlfeststellung genügen lassen; zw). Ansonsten muß festgestellt werden, welche Rauschtat der Täter begangen hat (Zweibrücken NZV 93, 488); der Vollrausch und die Rauschtat sind eine Tat iS von § 264 StPO (Tröndle 19; Sch/Sch-Cramer 36).

13 **4. a) Vorsatz** (bedingter genügt) oder **Fahrlässigkeit** sind nur für das Sich-Versetzen in den Rausch erforderlich. Sie müssen sich auf die unter 3 beschriebenen spezifischen Elemente des Rausches (Bay NJW 90, 2334 und bei Bär DAR 93, 372) und auf dessen unter 4 vorausgesetzten Mindestschweregrad beziehen (BGHSt 16, 187, 189; Düsseldorf

NZV 92, 328; strenger Spendel LK 231, beide mwN; str). – Vorsatz kann nicht mit einem Erfahrungssatz, wonach bei einer BAK von mehr als 3 Promille ein alkoholgewohnter Täter um seine vorsätzliche Berauschung wisse, begründet werden (Düsseldorf StV 93, 425). – Zur Fahrlässigkeit gehört namentlich, daß der Eintritt eines Rausches von solcher Schwere voraussehbar war (46 zu § 15); beruht dieser nicht nur auf dem Rauschmittel, sondern auch auf anderen Ursachen (vgl 3), so müssen auch diese – soweit sie nicht nur unwesentliche Abweichungen des Kausalverlaufs sind (NJW 79, 1370) – für den Täter erkennbar bzw voraussehbar gewesen sein (BGHSt 26, 363; NJW 75, 2250; StV 87, 246 mit Anm Neumann; Karlsruhe BA 91, 190; Cramer JZ 71, 766; beachte auch Zweibrücken BA 91, 188, alle mwN); daran kann es beim pathologischen Rausch (vgl 3) fehlen (BGHSt 40, 198 mit zust Bespr Blau JR 95, 117 und Otto JK 6). Das Urteil muß angeben, ob vorsätzlicher oder fahrlässiger Vollrausch vorliegt (bei Spiegel DAR 77, 142). – Auch für die **Schuld** ist nur das Sichversetzen in den Rausch Beurteilungsgrundlage; die Schuldfähigkeit kann hier – was schwierige Abgrenzungsfragen aufwirft (Grüner BA 79, 300) – namentlich wegen Alkohol- oder Drogensucht des Täters ausgeschlossen oder vermindert sein (StV 92, 230; bei Nehm DAR 93, 166; 4 zu § 20; 2 zu § 21).

b) Die **Rauschtat** (vgl 6) braucht für den Täter vor Eintritt der Schuldunfähigkeit **nicht voraussehbar** gewesen zu sein; auch nicht die Möglichkeit, im Rausch irgendwelche rechtswidrige Taten zu begehen (BGHSt 16, 124; Hamburg MDR 82, 598; Lackner JuS 68, 215; Puppe GA 74, 98; Kusch aaO [vgl 1] S 63; Paeffgen NK 64; aM Hirsch ZStW Beiheft 81, 1, 10; Otto Jura 86, 478, 486; Spendel LK 239–243; diff Wolter NStZ 82, 54, alle mwN). Abweichend fordern BGHSt 10, 247 und JR 58, 28 (5. StS) die letztere Voraussicht oder Voraussehbarkeit, halten sie aber idR für so selbstverständlich, daß besondere Feststellungen hierzu nur ausnahmsweise erforderlich seien (ebenso Celle NJW 69, 1588, 1916; Bay NJW 90, 2334, beide mwN); jedoch können im Einzelfall besondere „Zurüstungen" (zusf Gollner MDR 76, 182) gegen die Begehung von Rauschtaten die Voraussehbarkeit ausschließen (BGH aaO; Celle VRS 37, 347; krit Lackner JuS 68, 215, 219). 14

5. a) Nach **Abs 2** ist die **Strafe begrenzt** durch die Strafdrohung für die begangene Rauschtat (krit Sieg MDR 79, 549). Für deren Ermittlung sind zwingende Strafbefreiungsgründe (zB § 60) sowie obligatorische (nicht nur fakultative, offen gelassen in NJW 92, 1519 mit Bespr Streng JR 93, 35 und Paeffgen NStZ 93, 66) gesetzliche Milderungsgründe im Sinne des § 49 I relevant (BGH aaO); jedoch kann in den letzteren Fällen die Anwendung des Zweifelssatzes zur Strafrahmenmilderung führen (BGH aaO). – Zu **Abs 3** beachte §§ 77 bis 77 e. 15

b) Zur Verfassungsmäßigkeit der **Strafrahmen** des § 323 a BVerfG bei Spiegel DAR 79, 181; krit Wolter NStZ 82, 54; Paeffgen ZStW 97, 513, 531. – Bei der **Strafzumessung** kommt es auf das Verschul- 16 den hinsichtlich des Berauschens an (bei Mösl NStZ 82, 150; Stuttgart VRS 37, 121; aM Kusch aaO [vgl 1] S 139, der den Abs 2 weder als Strafbegrenzungs- noch als Strafzumessungsregel versteht; anders auch Streng ZStW 101, 273, 320 und JR 93, 35, der die Rauschtat voll in die Beurteilung einbezieht und den aus Abs 1, 2 zu bildenden Strafrahmen als eine – nicht näher konkretisierte – Strafrahmenmilderung gegenüber dem Strafrahmen der Rauschtat deutet). Jedoch ist das Maß der Schuld geringer, wenn der Täter nicht damit gerechnet hat, daß er im Rausch irgendwelche rechtswidrigen Taten begehen werde, und noch geringer, wenn er nicht damit rechnen konnte (dazu § 351 II E 1962 S 538; Karlsruhe NStZ-RR 96, 198; aM Horn SK 23; weiter Wolter aaO, der unter diesen Gesichtspunkten eine Aufspaltung des Strafrahmens fordert). Nach der Rspr können als Anzeichen der Gefährlichkeit des Rauschzustandes auch Schwere und Auswirkungen der Rauschtat strafschärfend berücksichtigt werden (BGHSt 16, 124; 23, 375; 38, 356, 361 mwN; einschr NStZ 96, 334); das läßt sich allerdings nicht auf die in BGHSt – GS – 10, 259 entwickelten, durch § 46 II überholten (dort 34) Grundsätze stützen (Theune StV 85, 162, 163), sondern nur mit der Systemfremdheit des Tatbestandes (vgl 1) und mit seinen am Gewicht der Rauschtat orientierten Strafrahmen erklären (Bruns, Lackner-FS, S 439, 452; im Ergebnis ebenso Karlsruhe NJW 75, 1936; Puppe GA 74, 98, 104; Frisch ZStW 99, 751, 757; aM Paeffgen aaO; Theune NStZ 89, 215). Dagegen sollen nach der Rspr die subjektiven Umstände der Rauschtat (das innere Tatbild), namentlich die Motive, die Zielvorstellungen und die Gesinnung des Täters, nicht schärfend zu Buch schlagen dürfen (BGHSt 23, 375; bei Spiegel DAR 89, 249; krit Bruns aaO S 445; Kusch NStZ 94, 132, alle mwN; zw). Dasselbe soll auch für das Unterlassen von Vorkehrungen gegen die Rauschtat vor Eintritt der Schuldunfähigkeit gelten (Stuttgart NJW 71, 1815); jedoch wirken solche Vorkehrungen strafmildernd, wenn der Täter ihretwegen weniger damit rechnen mußte, im Rausch rechtswidrige Taten zu begehen (Karlsruhe NStZ-RR 96, 198; Haubrich DAR 80, 359). Vorsätzliches Berauschen ist für sich allein im Hinblick auf das Doppelverwertungsverbot (45 zu § 46) kein tauglicher Strafschärfungsgrund (StV 92, 230; Karlsruhe NStZ-RR 96, 198, 200). – Auch generalpräventive Strafschärfung, die an die Rauschtat anknüpft, ist – mindestens idR – unzulässig (bei Dallinger MDR 72, 198).

17 **6.** Die Tat ist **eigenhändiges Delikt** (Haft JA 79, 165; aM Paeffgen NK 66; 3 zu § 25). Daher scheidet **mittelbare Täterschaft** aus (hM; anders Spendel LK 264–267 mwN). Auch **Teilnahme** (namentlich des Gastwirts) an der Tat des § 323 a dürfte allgemein auszuschließen sein, weil es Sinn dieser Vorschrift ist, die Pflicht zur Selbstkontrolle nur dem Täter aufzuerlegen (Sch/Sch-Cramer 25; aM Spendel LK 270–272; krit Neumann aaO [vgl 1] S 88, alle mwN; zw). Beteiligung (Täterschaft und Teilnahme) an der Rauschtat ist dagegen möglich; meist wird mittelbare Täterschaft in Frage kommen (2–5 zu § 25).

7. a) Beim **Zusammentreffen** des Vollrausches mit einer vollde- 18
liktischen Straftat liegt idR **Tatmehrheit** vor; Tateinheit kommt jedoch in Frage, wenn ein Dauerdelikt (zB verbotener Sprengstoffbesitz) ohne Zäsur von der Straftat zur Rauschtat im Sinne des § 323 a (vgl 6) übergeht (NJW 92, 584 mwN; zw).

b) Ist die Rauschtat als **actio libera in causa** (alic, 25–29 zu § 20) 19
strafbar, so scheidet § 323 a aus (hM; anders Paeffgen ZStW 97, 513). – Begeht der Täter im Rausch neben einer alic eine andere Rauschtat, so steht § 323 a mit der als alic strafbaren Tat in Tateinheit (BGHSt 17, 333; bei Dallinger MDR 69, 903); ebenso wenn im Rausch eine Handlung begangen wird, die als fahrlässige alic strafbar ist, zugleich aber eine vorsätzliche Rauschtat bildet (BGHSt 2, 14; Zweibrücken VRS 81, 282 mwN). – Zusf zum Verhältnis zwischen alic und § 323 a Maurach JuS 61, 373; Ranft JA 83, 193, 195; Roth JuS 95, 405, 413.

8. Entziehung der Fahrerlaubnis § 69 (s auch Oldenburg NJW 62, 20
693). Unterbringung in einer Entziehungsanstalt § 64. Einziehung 3, 5 zu § 74. Zuständigkeit Stuttgart MDR 92, 290. Vollrausch bei Ordnungswidrigkeiten § 122 OWiG.

§ 323 b Gefährdung einer Entziehungskur

Wer wissentlich einem anderen, der auf Grund behördlicher Anordnung oder ohne seine Einwilligung zu einer Entziehungskur in einer Anstalt untergebracht ist, ohne Erlaubnis des Anstaltsleiters oder seines Beauftragten alkoholische Getränke oder andere berauschende Mittel verschafft oder überläßt oder ihn zum Genuß solcher Mittel verleitet, wird mit Freiheitsstrafe bis zu einem Jahr oder mit Geldstrafe bestraft.

1. Geschützt sind **behördlich angeordnete oder sonst ohne** 1
Einwilligung des Betroffenen veranlaßte Entziehungskuren gegen Störung durch Dritte (BT-Dr 7/550 S 268).

2. Erfaßt werden nur Entziehungskuren Süchtiger, die in einer **An-** 2
stalt (idR einer Entziehungsanstalt, aber auch einem psychiatrischen Krankenhaus oder sonst einer Klinik) **untergebracht** sind, nicht die Entziehungskur auf freiwilliger Basis. – Als **behördliche Anordnungen** kommen namentlich die des Strafrichters nach §§ 63, 64 in Frage, daneben auch Anordnungen von Verwaltungsbehörden nach den Landesunterbringungsgesetzen, über deren Zulässigkeit das Gericht entschieden hat (Art 104 II GG). Die Unterbringung volljähriger Süchtiger **ohne deren Einwilligung,** aber auf Veranlassung oder mit Zustimmung des Betreuers bedarf nach § 1906 BGB vormundschaftsgerichtlicher Genehmigung (zur früheren Rechtslage BVerfGE 10, 302); ob das im Hinblick auf § 1631 b BGB stets auch für Minderjährige zutrifft, ist umstritten (BT-Dr 7/550 S 268).

3. Alkoholische Getränke und andere berauschende Mittel 5 zu 3
§ 315 c. **Verschaffen und Überlassen** setzen das tatsächliche Ermög-

lichen des Genusses voraus. **Verleiten** bedeutet Bestimmen, gleichviel mit welchem Mittel (2 zu § 26).

4 **4.** Für den **inneren Tatbestand** genügt nur **Wissentlichkeit** (21 zu § 15). Der Täter muß daher sicher wissen oder davon überzeugt sein, daß es sich um einen behördlich oder ohne Einwilligung Untergebrachten handelt und daß die Erlaubnis des Anstaltsleiters oder seines Beauftragten fehlt.

5 **5. Tateinheit** ua möglich mit § 258 II (hM; anders Horn SK 13; diff Spendel LK 39–42).

§ 323 c Unterlassene Hilfeleistung

Wer bei Unglücksfällen oder gemeiner Gefahr oder Not nicht Hilfe leistet, obwohl dies erforderlich und ihm den Umständen nach zuzumuten, insbesondere ohne erhebliche eigene Gefahr und ohne Verletzung anderer wichtiger Pflichten möglich ist, wird mit Freiheitsstrafe bis zu einem Jahr oder mit Geldstrafe bestraft.

1 **1.** Die Vorschrift schützt die bedrohten **Individualrechtsgüter** des in Not Geratenen (hM; vgl etwa Düsseldorf NJW 92, 2370; Vermander, Unfallsituation und Hilfspflicht im Rahmen des § 330 c StGB, 1969, S 18, 22; Schöne, Unterlassene Erfolgsabwendungen und Strafgesetz, 1974, S 44; Frellesen, Die Zumutbarkeit der Hilfeleistung, 1980, S 135; Geilen Jura 83, 78; ähnlich Kargl GA 94, 247, 260; anders Otto, 56. DJT, Gutachten, Teil D, S 76; anders auch Pawlik GA 95, 360, 365: soziale Stabilisierung; rechtsvergleichend Kienapfel, Bockelmann-FS, S 591; rechtsgeschichtlich Seelmann JuS 95, 281). Ihr Strafgrund ist jedoch das Allgemeininteresse an solidarischer Schadensabwehr in akuten Notlagen (Gallas, Beiträge, S 259; Kühl, Spendel-FS, S 75, 92; ähnlich Spendel LK 27; aM Pawlik aaO S 360, der in § 323 c die staatliche Inanspruchnahme der Bürger zum Schutz ihrer eigenen Autonomie sieht). Kritisch zur Strafwürdigkeit und für eine restriktive Auslegung Seelmann aaO S 283. Zur Frage, ob und wieweit die Ausstrahlungswirkung des Grundrechts der Glaubensfreiheit (Art 4 I GG) einer Bestrafung von Gewissensentscheidungen entgegensteht, mit denen eine an sich erforderliche Hilfe versagt wird (zB Verweigerung der Einwilligung in eine Bluttransfusion, Hamm NJW 68, 212; Verweigerung psychischer Beeinflussung des Ehegatten, sich einer notwendigen stationären Behandlung zu unterziehen, Stuttgart MDR 64, 1024), BVerfGE 32, 98 mit Bespr Händel NJW 72, 327, Peters JZ 72, 85, Schwabe JuS 72, 380, Blumenthal MDR 72, 759, Dreher JR 72, 342, Ranft, Schwinge-FS, S 111 und JA 72, 231, 303, 369; s auch Kreuzer NJW 68, 1201; 2 zu § 17; 32 vor § 32.

2 **2. a) Unglücksfall** ist ein plötzliches äußeres Ereignis, das eine erhebliche Gefahr für Personen oder Sachen bringt oder zu bringen droht (hM; BGHSt - GS - 6, 147, 152; zusf Geilen Jura 83, 78, 79; krit Küper BT S 203 und Spendel LK 42); der Eintritt bloßer Sachgefahr kann

danach genügen (hM; einschr Pawlik GA 95, 360, 366; Sch/Sch-Cramer 5; anders Frellesen aaO [vgl 1] S 150; Seelmann JuS 95, 281, 284). Namentlich Unfälle in Betrieb, Haushalt oder Verkehr (BGHSt 11, 135) und unmittelbar drohende Gewalttaten (BGHSt 3, 65; bei Holtz MDR 93, 721; Düsseldorf NJW 83, 767 mwN) gehören hierher. Das Vorliegen eines Unglückfalles ist ex post festzustellen (Seelmann NK 21; Otto GK 2 S 348; aM Rudolphi SK 5 a und b; zw). – **Krankheiten** auch schwererer Art sind nicht ohne weiteres, wohl aber bei plötzlicher (bei Holtz MDR 85, 285; Düsseldorf NJW 95, 799; krit Kreuzer JR 84, 294, 295) und bedrohlicher Verschlimmerung, zB durch unerträglich werdende Schmerzzustände (Hamm NJW 75, 604; Uhlenbruck MedR 93, 296, 299), ein Unglücksfall (NJW 83, 350 mwN; krit Spann/Liebhardt/Braun, Bockelmann-FS, S 487, 493); sinngemäß gilt das auch für die Endphase einer (normal verlaufenden) Schwangerschaft (Düsseldorf NJW 91, 2979). – Auch der **Selbsttötungsversuch** soll nach der Rspr und einer im Schrifttum verbreiteten Meinung stets – oder allenfalls von Extremfällen abgesehen (vgl etwa Otto aaO [vgl 1] S 76 mwN) – ein Unglücksfall sein (BGHSt-GS-6, 147; 13, 162, 168; 32, 367, 374; München NJW 87, 2940, 2945; Schmidhäuser, Welzel-FS, S 801, 821; Geilen Jura 79, 201, 208; Dölling NJW 86, 1011; Kutzer, in: Student [Hrsg], Das Recht auf den eigenen Tod, 1993, S 44, 59; einschr Simson, Die Suizidtat, 1976, S 66; Sowada Jura 85, 75, 86; Ranft JZ 87, 908, 913; Seelmann NK 26; Spendel LK 48–54, alle mwN; aus ärztlicher Sicht auch Bochnik MedR 87, 216; zw). Jedoch wird man mindestens die Lage nicht als Unglücksfall werten können, in der eine frei verantwortliche Selbsttötung unmittelbar droht (Gallas JZ 54, 639; Scholderer JuS 89, 918, 922; Pawlik aaO S 368; Achenbach, in: Ochsmann [Hrsg], Lebens-Ende, 1991, S 137, 148; Sch/Sch-Cramer 7; aM Kutzer MDR 85, 710, 712; Otto aaO S 79; Neumann JA 87, 244, 255; anders auch Bottke GA 83, 22, 33, der die Tatbestandsmäßigkeit aber aus anderen Gründen einschränkt).

b) Gemeine Gefahr ist ein Zustand, bei dem die Möglichkeit eines 3
erheblichen Schadens an Leib oder Leben oder an bedeutenden Sachwerten für unbestimmt viele Personen naheliegt. In Frage kommen namentlich Erdbeben, Überschwemmungen, Brände und vergleichbare Gefahrlagen; eine solche Gefahr kann aber auch der auf der Straße liegengelassene Tote für den übrigen Verkehr bilden (BGHSt 1, 266; Geilen Jura 79, 201, 209; sie wird auch bei einer AIDS-Erkrankung, zB bei einer HIV-infizierten Prostituierten angenommen (Meurer, in: Szwarc [Hrsg], AIDS und Strafrecht, 1996, S 133, 149 und Schünemann ebenda S 9, 45). – **Gemeine Not** bedeutet Notlage der Allgemeinheit (näher Spendel LK 70–80).

c) Aus der Umstandsbestimmung **„bei“** das Erfordernis einer **räum-** 4
lichen Nähebeziehung zum Unglücksort abzuleiten (so zB Welzel NJW 53, 327), ist nach dem Schutzzweck des Tatbestandes nicht begründet (Geilen Jura 83, 138 mwN; str).

5 **3. a) Erforderlich** muß die Hilfe sein. Maßgebend ist das Ex-ante-Urteil eines verständigen Beobachters, ob der Täter zur Zeit der möglichen Hilfe eine Chance hatte, drohenden Schaden abzuwenden (BGHSt 17, 166; Seelmann JuS 95, 281, 285 mwN; insoweit zu eng Bay NJW 73, 770; aM Sch/Sch-Cramer 2). Danach wirkt nicht rücksichtslose Gesinnung, sondern die Versäumung der Möglichkeit zur Schadensabwendung strafbegründend (BGHSt 14, 213). Folglich beginnt die Hilfspflicht erst, wenn die eigene Kraft des in Not Geratenen endet und sichere (VRS 14, 191) Hilfe von dritter Seite ausbleibt oder versagt. Keine Hilfspflicht also zB: wenn genügend Hilfe an Ort und Stelle ist (VRS 22, 271; Karlsruhe NJW 79, 2360 mit Anm Bruns JR 80, 297); wenn bei einer eingetretenen Sachbeschädigung keine weitere Gefahr für Personen oder Sachen besteht (NJW 54, 728); oder wenn der Tod (dazu 4 vor § 211) des Verunglückten schon eingetreten ist (BGHSt 14, 213, 216; 32, 367, 381; AG Tiergarten NStZ 91, 236 mit abl Anm Rudolphi; zust jedoch Otto JK 3, alle mwN; zw). Die Pflicht bleibt aber bestehen: wenn die Hilfe zwar dessen Tod nicht mehr abwenden, wohl aber zB noch seine Qualen lindern kann (BGHSt 14, 213, 217); wenn die anderen Anwesenden untätig bleiben (Bay NJW 57, 354); oder wenn der (nicht notwendig am Unglücksort anwesende, BGHSt 21, 50 mit krit Bespr Kreuzer NJW 67, 278) Täter schneller und wirksamer zu helfen vermag (BGHSt 2, 296); zur Pflicht von „Gaffern" beiseitezutreten s Scheffler NJW 95, 232, 234 und Spendel LK 92. Hilfe ist nicht erforderlich, wenn sie dem Willen des Verunglückten widerspricht und dieser – was auch in Fällen des **Selbsttötungsversuchs** (vgl 2) nicht notwendig ausgeschlossen ist (München NJW 87, 2940, 2945; aM BGHSt-GS-6, 147; BGHSt 32, 367, 376, alle mwN) – über das bedrohte Rechtsgut verfügen kann.

6 **b)** Beim **Arzt** kann dessen überlegenes Können die Hilfspflicht begründen sowie deren Art und Umfang bestimmen (NStZ 85, 409; Karlsruhe NJW 79, 2360 mit Anm Bruns JR 80, 297; zusf Kreuzer, Ärztliche Hilfeleistungspflicht bei Unglücksfällen im Rahmen des § 330 c StGB, 1965 und NJW 67, 278). Allerdings ist diese Pflicht (nach § 323 c) auf das nach den Umständen Notwendige beschränkt; es kann daher idR nicht gefordert werden, daß der Arzt gegenüber einem lebensbedrohlich erkrankten (vgl 2), aber voll einsichts- und handlungsfähigen Patienten mehr tut, als ihn zur Bewältigung der Gefahr in den Stand zu setzen (probl NJW 83, 350 mit Anm Geiger JZ 83, 153, Lilie NStZ 83, 314, Ulrich MedR 83, 137 und Kreuzer JR 84, 294; krit auch Eser NStZ 84, 49, 56).

7 **4.** Für die **Zumutbarkeit** der Hilfe, die hier Tatbestandsmerkmal ist (Naucke, Welzel-FS, S 761, 767; Frellesen aaO [vgl 1] S 209; Geilen Jura 83, 138, 145; Pawlik GA 95, 360, 372; Seelmann JuS 95, 281, 285; aM Spendel LK 159, alle mwN; str), sind namentlich bedeutsam: der Grad der Gefährdung, der von Schwere und Wahrscheinlichkeit des dem Verunglückten drohenden Schadens abhängt; die Wahrscheinlich-

keit des Rettungserfolges, für die es vor allem auf die individuellen Fähigkeiten des Verpflichteten und die ihm zur Verfügung stehenden Hilfsmittel ankommt; die Verstrickung des Verpflichteten in das Unglücksgeschehen (BGHSt 11, 135 mit Anm Schröder JR 58, 186; str); seine räumliche Beziehung zum Unglücksort (Köln NJW 57, 1609 betr nächstes Krankenhaus); seine schutzwürdigen kollidierenden Interessen. Insoweit sind die eigene Gefahr (speziell zur Gefährdung durch AIDS-Infektion Spengler DRiZ 90, 259) und die Pflichtenkollision nur Beispiele, die aber zeigen, daß die Abgrenzung durch objektive Abwägung zu bestimmen ist und nicht in bloße Schulderwägungen abgleiten darf (Röwer NJW 59, 1263). Die Gefahr der Strafverfolgung fällt zwar ins Gewicht, reicht aber regelmäßig zur Verneinung der Zumutbarkeit nicht aus (BGHSt 11, 353; 39, 164, 166; Ulsenheimer GA 72, 1, 16; weiter Geilen FamRZ 64, 385, 388; Frellesen aaO S 176; beachte auch BGHSt 11, 135). Auch daß der Täter den Unglücksfall durch Notwehr herbeigeführt hat, befreit ihn nicht von der Hilfspflicht (BGHSt 23, 327; NStZ 85, 501; Seelmann JuS 95, 281, 286). – Soweit **Selbsttötungsversuche** als Unglücksfälle anzusehen sind (vgl 2), kann auch bei Erforderlichkeit der Hilfe (vgl 5) deren Zumutbarkeit im Hinblick auf den Tötungswillen des Suizidenten zu verneinen sein (BGHSt 32, 367, 381 mwN); die nähere Begrenzung dieses Grundsatzes bedarf jedoch noch weiterer Klärung (vgl etwa Otto aaO [vgl 1] S 80; Dölling NJW 86, 1011; Charalambakis GA 86, 485, 505, alle mwN).

5. Eine **Garantenpflicht** (6 zu § 13) zur Verhütung von Gewalttaten, die das Opfer als Unglücksfall treffen, wird durch § 323 c nicht 8
begründet; wer nicht aufgrund besonderer Pflichtenstellung (7–11 zu § 13) für die Gefahrabwendung einzustehen hat, macht sich wegen unterlassener Hilfe nicht als Teilnehmer an der Gewalttat, sondern nur nach § 323 c strafbar (BGHSt 3, 65). – Umgekehrt haften der Gewalttäter und der nicht helfende Garant nur wegen der Begehungs- bzw unechten Unterlassungstat, wenn der Unrechtserfolg, auf den ihr Vorsatz gerichtet war, den Unglücksfall darstellt. Die hM begründet das mit Subsidiarität des § 323 c gegenüber der Vorsatztat (BGHSt 3, 65; 14, 282; 39, 164, 166; s auch GA 56, 120, alle mwN); jedoch dürfte es hier regelmäßig schon an der Tatbestandsmäßigkeit fehlen, weil in solchen Fällen die Erfüllung der Hilfeleistungspflicht schlechthin nicht erwartet werden kann und deshalb unzumutbar ist (Frankfurt NJW 57, 1847; Tag JR 95, 133, 136; s auch Celle NJW 70, 341). Wer jedoch fahrlässig – namentlich im Straßenverkehr – einen anderen in Leib- oder Lebensgefahr bringt, ist nach § 323 c hilfspflichtig; ebenso wer einen anderen vorsätzlich verletzt, wenn dem Opfer über den Tätervorsatz hinaus Lebensgefahr droht (BGHSt 14, 282; aM Frankfurt aaO). – Bleibt ungeklärt, ob sich der Täter an der den Unrechtserfolg verursachenden Vorsatztat beteiligt oder nur keine Hilfe geleistet hat, so ist wegen des hier bestehenden „normativ-ethischen Stufenverhältnisses" (dazu 6 zu § 138) aus § 323 c zu verurteilen (Spendel LK 217; Rudolphi SK 31;

aM BGHSt 39, 164, der dasselbe Ergebnis auf die Subsidiarität des § 323 c stützt; zust Geppert JK 3; gegen eine Bestrafung aus § 323 c Tag aaO).

9 **6.** Der **Vorsatz** (bedingter genügt, bei Dallinger MDR 68, 552) muß namentlich die Möglichkeit, die Erforderlichkeit (Hamm JMBl-NRW 56, 189) und die Zumutbarkeit der Hilfe umfassen; jedoch genügt für die Zumutbarkeit Kenntnis der Umstände, welche sie begründen (16 zu § 15; str). Ein Irrtum über diese Voraussetzungen ist Tatbestandsirrtum (Bay NJW 57, 345); ebenso der Irrtum, das zur Abwendung des Unglücksfalls Notwendige getan zu haben (bei Holtz MDR 93, 721, 722; Kreuzer aaO [vgl 6] S 113); ist jedoch der Täter entschlossen, seine Hilfe zu versagen, und macht er sich deshalb keine Gedanken über konkrete Hilfsmöglichkeiten, so liegt idR bedingter Vorsatz vor (GA 71, 336; aM Spendel LK 148). Dasselbe gilt auch, wenn er das Vorliegen von Umständen, welche die Zumutbarkeit ausschließen, nur für möglich hält, sich aber mit ihrem Fehlen abfindet (24, 25 zu § 15); zu der noch wenig geklärten Frage, ob und unter welchen Voraussetzungen in solchen Fällen die Schuld gemindert oder ausgeschlossen sein kann, Warda, Lange-FS, S 119.

10 **7.** Ist die Hilfspflicht gegeben, so muß **sofort** (BGHSt 14, 213) **und auf die wirksamste Weise** (bei Holtz MDR 93, 721, 722; Geilen JZ 73, 320, 324 und Jura 83, 138, 143) geholfen werden; späteres Eintreffen anderer hilfsbereiter Personen entlastet nicht mehr (VRS 25, 42). Die Tat ist **vollendet,** wenn der Täter nach Entstehen der Hilfspflicht die von ihm erkannte Hilfsmöglichkeit nicht nutzt; einer Kundgabe des Entschlusses, Hilfe zu verweigern, bedarf es dazu nicht (Schaffstein, Dreher-FS, S 147, 157; einschr BGHSt 14, 213; Geilen Jura 83, 138, 147; weiter einschr Rudolphi SK 17; Seelmann NK 50; zw).

11 **8.** Da der **Versuch** nicht mit Strafe bedroht ist (§ 23 I), kommt auch untauglicher Versuch nicht in Frage; daran kann die Charakterisierung der Tat als sog unechtes Unternehmensdelikt (19 zu § 11) nichts ändern (AG Tiergarten NStZ 92, 236 mit Anm Rudophi; aM Sch/Sch-Cramer 15, alle mwN). Tätige Reue, zB durch Umkehren und Hilfeleisten nach Vorbeifahren am Unfallort, kann in analoger Anwendung der §§ 83 a I, III, 311 e II Nr 1, 316 a II zum Absehen von Strafe führen (Berz, Stree/Wessels-FS, S 331, 338).

12 **9. Tateinheit** ua möglich mit § 315 b I (Oldenburg VRS 11, 53) und § 142 (dort 42).

28. Abschnitt. Straftaten gegen die Umwelt

Vorbemerkung

1 **1.** Der Abschnitt beruht auf dem **18. StÄG,** mit dem das **Umweltstrafrecht** grundlegend neu geordnet worden ist (8 vor § 1; Krüger, Die Entstehungsgeschichte des 18. Strafrechtsänderungsgesetzes zur

Bekämpfung der Umweltkriminalität, 1995; zu den Änderungen durch das 31. StÄG [12 vor § 1] vgl 6 a). Das Gesetz hat – allerdings mit erheblichen Strukturveränderungen und Erweiterungen – die früher in verwaltungsrechtlichen Spezialgesetzen, namentlich im WHG, BImSchG, AbfG und AtG, enthaltenen Strafvorschriften in diesem Abschnitt zusammengefaßt, einzelne Tatbestände (§§ 311 d, 311 e aF, jetzt §§ 311 c, 311 d) auch dem Abschnitt über gemeingefährliche Straftaten zugewiesen und weniger zentrale oder nur mittelbar dem Umweltschutz dienende Strafdrohungen im Nebenstrafrecht belassen (vgl etwa § 148 GewO; §§ 51, 52 LMBG; §§ 63 ff BSeuchG; § 74 TierSG; § 17 TierschG; §§ 40, 42 SprengG; § 39 PflSchG; § 7 DDT-G).

2. Die Übernahme der **zentralen Normen des Umweltstrafrechts in das StGB** hat während der vorbereitenden Arbeiten am 18. StÄG und nach Verkündung des Gesetzes viel Zustimmung erfahren (zusf Kühl, Lackner-FS, S 815, 817) und hochgespannte Hoffnungen auf eine nachhaltige Verbesserung des strafrechtlichen Umweltschutzes geweckt (vgl namentlich die Regierungsvorlage, BT-Dr 8/2382; die Beschlußempfehlung und den Bericht des Rechtsausschusses, BT-Dr 8/3633; die Beratungen im Plenum des BTages, SBer 8 S 16029; s ua auch Tiedemann, Die Neuordnung des Umweltstrafrechts, 1980; Triffterer, Umweltstrafrecht, 1980, beide mwN). Allerdings ist von Anfang an auch Kritik unter dem Gesichtspunkt geübt worden, daß die Struktur der im StGB zusammengefaßten Tatbestände zur Verwendung zahlreicher unbestimmter Rechtsbegriffe, zur Anhäufung von Verweisungs- und Blankettatbeständen und zur Schaffung problematischer Abhängigkeiten der Strafverfolgung vom Vorgehen der Umweltverwaltungsbehörden zwingt und dadurch – sei es auch überwiegend unvermeidbar – die Effizienz des Gesetzes in Frage stellt (vgl die Nachw unter 3–6). 2

a) Das **Hauptdilemma** liegt darin, daß die umweltverwaltungsrechtliche Normsetzung in Bund, Ländern und Gemeinden sowie die präventiven Maßnahmen der Verwaltungsbehörden für das Strafrecht begrenzend wirken müssen, weil – jedenfalls grundsätzlich – strafrechtlich nicht verboten sein kann, was verwaltungsrechtlich wirksam erlaubt wurde **(Verwaltungsakzessorietät;** zur zwingenden Notwendigkeit ihrer grundsätzlichen Anerkennung ua Winkelbauer, Zur Verwaltungsakzessorietät des Umweltstrafrechts, 1985 und JuS 94, 112; Rengier ZStW 101, 874; Ossenbühl DVBl 90, 963, 971; Heine NJW 90, 2425 und ZUR 95, 63, 66; Kindhäuser, Helmrich-FS, S 967, 980; Bergmann, Zur Strafbewehrung verwaltungsrechtlicher Pflichten im Umweltstrafrecht . . ., 1993, S 10; Kuhlen ZStW 105, 697, 706; Paeffgen, Stree/Wessels-FS, S 586; Koch/Scheuing-Weber 58 vor § 62 BImSchG; Kloepfer/Vierhaus, Umweltstrafrecht, 1995, Rdn 26–28; Ransiek, Unternehmensstrafrecht, 1996, S 130; diff Schwarz GA 93, 318; Frisch, Verwaltungsakzessorietät und Tatbestandsverständnis im Umweltstrafrecht, 1993, S 5; Breuer JZ 94, 1077, 1083; Schünemann, Triffterer- 3

FS, S 437, 441, alle mwN). Das verweist aber das Strafrecht in eine nachrangige, dh dienende Rolle und legt überdies im Ergebnis die Verfügung über den Anwendungsbereich von Kernstrafrecht auch in die Hände von Landesgesetzgebern, Kommunen, Fachbehörden und Verwaltungsgerichten. Da die Tatbestände dieses Abschnitts die außerstrafrechtlichen Normen, auf die sie verweisen, einschließlich der darauf beruhenden (möglicherweise materiell fehlerhaften) Verwaltungsakte als notwendig voraussetzen und zugleich als verbindlich anerkennen, ist ihr Inhalt dem ständigen Wandel durch außerstrafrechtliche Normsetzungs- oder Verwaltungsakte ausgesetzt, die der Bundesgesetzgeber nur in den Grenzen seiner Kompetenz steuern kann, die im übrigen aber – namentlich soweit es sich um Landesrecht handelt (2–5 zu § 329) – seinem Einfluß entzogen sind (krit ua Albrecht MschrKrim 83, 278; Rudolphi NStZ 84, 248; Hauber VR 89, 109, 111; Schall NJW 90, 1263, 1265; Koch/Scheuing-Weber 65 vor § 62 BImSchG; Tröndle 4 a; zusf Kühl, Lackner-FS, S 815, 824). Das begründet eine prinzipielle Abhängigkeit des strafrechtlich relevanten Verhaltens sowohl von der Umweltpolitik verschiedener Gesetz- und Verordnungsgeber als auch von der mehr oder minder strengen Verwaltungspraxis der Umweltbehörden am Ort. Hier können Verfilzungen zwischen Aufsichtsbehörden und Industrie oder sachfremde Rücksichtnahmen (zB Verhütung von Steuereinbußen der Kommunen) die Entstehung straffreier Räume begünstigen, weil die nach der Rechtslage gebotenen Verwaltungsakte (zB Anordnungen, Auflagen oder Untersagungen nach § 325 I) mit der Folge unterbleiben, daß die strafrechtliche Anknüpfung vereitelt wird (dazu ua Kühl aaO S 857; Diez/Gneiting MschrKrim 89, 190; Kessal, in: DRiB [Hrsg], Natur- und Umweltschutzrecht, 1989, S 109; diff Frisch aaO S 16; zur anfangs umstrittenen, inzwischen aber wohl geklärten Verfassungsrechtslage NJW 96, 3220; Löwer JZ 79, 621, 629; Lenzen JR 80, 133; Kühl aaO S 824; Ransiek, Gesetz und Lebenswirklichkeit, 1989, S 112; Rogall GA 95, 299, 305; Kloepfer/Vierhaus aaO Rdn 29, 30; Perschke wistra 96, 161, 163, alle mwN). Die Problematik ist nur im Wege einer rechtspolitischen Interessenabwägung und unter Beachtung der subsidiären Aufgabe des Strafrechts lösbar. Da einerseits Fachbehörden die Umweltgüter verwalten und dafür den notwendigen Gestaltungsspielraum haben müssen, andererseits aber gegen schwere Zuwiderhandlungen ein hinreichender Strafschutz bestehen muß, ist eine gegenseitige Begrenzung der schon im Ansatz verschiedenartigen staatlichen Kompetenzen unausweichlich. Die Verwaltungsakzessorietät (namentlich die Verwaltungsaktakzessorietät) schränkt die Möglichkeiten strafrechtlichen Einschreitens stark ein, zwingt auf der anderen Seite aber dazu, auch Taten strafrechtlich zu erfassen, deren Unrecht sich ganz oder überwiegend in der Mißachtung des verwaltungsrechtlichen Kontrollsystems erschöpft (zur Begr der Strafbarkeit in solchen Fällen Tiedemann/Kindhäuser NStZ 88, 337, 340; Rengier ZStW 101, 874, 880); bisweilen entzieht sie auch den Verwaltungsbehörden durch die gesetzlich begründete Strafbarkeit Gestaltungsmöglichkeiten, die ihnen das Opportunitätsprinzip sonst einräumt (krit Samson JZ 88, 800; eingehend Brauer, Die strafrechtliche Behandlung genehmigungsfähigen, aber nicht genehmigten Verhaltens, 1988, S 109; zusf Heine/Meinberg, 57. DJT, Bd I, Gutachten Teil D S 45; Otto Jura 91, 308; zu Konflikten zwischen verwaltungsrechtlichem Opportunitätsprinzip und strafprozessualem Legalitätsprinzip Breuer JZ 94, 1077, 1085).

b) Als **weiteres Hemmnis** für die erhoffte Effizienz des Gesetzes wirkt sich auch aus, daß die weite Erstreckung der Tatbestände in das Vorfeld des Lebens- und Gesundheitsschutzes, deren vielfältige Abhängigkeit von der Erhebung technischer Daten und die typischen Schwierigkeiten bei der Ermittlung der Tatverantwortlichen (Arbeitsteilung in der Wirtschaft) eine Verdünnung der Zurechnungsstrukturen mit sich bringen (dazu Seelmann NJW 90, 1257), die häufig einen ungewöhnlichen Verfahrensaufwand erfordert (krit auch Hassemer NKrimPol 89, 47; überzogen die Kritik von Albrecht KritV 88, 182 sowie des 12. Strafverteidigertages StV 88, 275, der (wie Müller-Tuckfeld, ZustStR, S 461) ersatzlose Streichung des Umweltstrafrechts fordert; vgl dazu krit Kuhlen ZStW 105, 697 und Stratenwerth ZStW 105, 679, 687). Zu den praktischen und rechtlichen Problemen bei der Verfolgung von Umweltverstößen im Bereich der Unternehmensdelinquenz Schall, in: Schünemann [Hrsg], Deutsche Wiedervereinigung, Bd III, Unternehmenskriminalität, 1996, S 99; s auch Ransiek aaO [vgl 3] S 127. 4

c) Schließlich sind gerade die **brennendsten Fragen** eines wirksamen Umweltschutzes mit den Mitteln des Strafrechts nicht lösbar. Es gibt keine rechtsstaatlich vertretbare Möglichkeit, selbst schwerste Umweltbelastungen strafrechtlich zu erfassen, wenn sie auf Summations-, Kumulations- oder synergetischen Effekten beruhen, die ihrerseits durch legale, dh Genehmigungen und Auflagen nicht überschreitende, Handlungen verursacht werden (Laufhütte/Möhrenschlager ZStW 92, 912, 919; Otto Jura 95, 134, 141; krit Hümbs-Krusche/Krusche ZRP 84, 61; s auch Samson ZStW 99, 617; Kleine-Cosak, Kausalitätsprobleme im Umweltstrafrecht, 1988; Herzog, Gesellschaftliche Unsicherheit und strafrechtliche Daseinsvorsorge, 1991, S 141). Das gilt selbst dann, wenn die eingetretenen Umweltschäden das Ergebnis eines offensichtlichen Fehlverhaltens der Behörden sind (zur Haftung von Amtsträgern vgl 8–13). Zwar ist in solchen Fällen die Anwendbarkeit der §§ 223 ff, 303 StGB nicht schlechthin ausgeschlossen, in aller Regel aber mindestens aus Schuld- oder Beweisgründen nicht realisierbar (13 zu § 324). 5

3. Die Entwicklung seit Inkrafttreten des 18. StÄG hat die **kritische Beurteilung** der strafrechtlichen Möglichkeiten zur Gewährleistung des Umweltschutzes (vgl 3–5) weitgehend bestätigt. In der Praxis hatte sich alsbald gezeigt, daß die Umweltstrafverfahren zwar erheblich zugenommen hatten, aber durch eine überdurchschnittlich hohe Zahl von Verfahrenseinstellungen nach §§ 170 II, 153, 153 a StPO und durch 6 geringfügige Strafen (zu den Vollzugsdefiziten auf der sanktionsrechtlichen Ebene mit Reformvorschlägen Schall/Schreibauer NuR 96, 440) gekennzeichnet waren, was auf eine zweckwidrige Schwerpunktbildung bei den Bagatelltaten hinwies (vgl etwa Hümbs-Krusche/Krusche, Die strafrechtliche Erfassung von Umweltbelastungen – Strafrecht als ultima ratio der Umweltpolitik?, 1983; Albrecht/Heine/Meinberg ZStW 96, 943; Heine GA 86, 67; Rüther, Ursachen für den Anstieg polizeilich festgestellter Umweltschutzdelikte, 1986; Schwind/Steinhilper [Hrsg], Umweltschutz und Umweltkriminalität, 1986; Heine ZUR 95, 63; Koch/Scheuing-Weber 48 vor § 62 BImSchG; Eisenberg, Krim 47/61; Kaiser Krim 75/4–8 und 76/1–9). Das hat zu nachdrücklichen Forderungen in der Öffentlichkeit nach Verschärfung des Strafrechts geführt. Deshalb hat sich der 57. DJT (1988) mit der Problematik befaßt. Die Beiträge zu seiner Vorbereitung (Tiedemann/Kindhäuser NStZ 88, 337; Franzheim JR 88, 319; Meurer NJW 88, 2065; Breuer NJW 88, 2072; Dahs/Redeker DVBl 88, 803; Geulen ZRP 88, 323; Dölling ZRP 88, 334; Samson JZ 88, 800) und seine Verhandlungen (Heine/Meinberg, Bd I, Gutachten Teil D; Verhandlungen der strafrechtlichen Abteilung, Sitzungsbericht L; zusf Odersky/Brodersen ZRP 88, 475) haben folgende Tendenzen deutlich gemacht: Der Einsatz strafrechtlicher Mittel ist auch auf dem Gebiet des Umweltrechts unverzichtbar. Jedoch ist am Prinzip der Verwaltungsrechtsakzessorietät und in engeren Grenzen auch an dem der Verwaltungsaktakzessorietät als einem Gebot der Gewaltenteilung und des Rechtsstaates festzuhalten; Konfrontationen von Verwaltungs- und Strafverfolgungstätigkeit sind durch bessere Zusammenarbeit abzubauen.

6a **4.** Das **31. StÄG** – 2. UKG (12 vor § 1) hat nach einem langwierigen Gesetzgebungsverfahren trotz seiner ungewöhnlichen Länge keine grundlegende Reform des Umweltstrafrechts gebracht (die in der 11. Wahlperiode eingebrachten Gesetzentwürfe mußten mangels Erledigung in der 12. Wahlperiode von der Bundesregierung und der SPD-Fraktion erneut eingebracht werden und lagen längere Zeit auf Eis; selbst nach der öffentlichen Sachverständigenanhörung im Rechtsausschuß des BTages [Prot Nr 51 v 7. 10. 1992] zog sich das Verfahren bis April 1994 hin; vgl zum Beratungsverfahren BT-Dr 12/7300 S 19). Zur besseren Bekämpfung der Umweltkriminalität wurde insbesondere der strafrechtliche Schutz gegen Boden- und Luftverunreinigungen (neuer § 324 a, Erweiterung des § 325 um einen Emissionstatbestand), gegen Beeinträchtigungen von Naturschutzgebieten (§ 329 III) sowie gegen Gefahren durch unverantwortlichen Umgang mit gefährlichen Stoffen und beim Transport gefährlicher Güter (§ 328 III) verstärkt; die Bekämpfung des sog illegalen Abfalltourismus soll durch einen neuen Tatbestand verbessert werden (§ 326 II). Zur Erfassung schwerer Umweltgefährdungen wurde eine übersichtlichere Regelung für besonders schwere Fälle geschaffen (§ 330) und § 330 a („Freisetzen von Giften") erweitert. Hinzu kommen Erweiterungen bei §§ 311 c, 311 d. – Bei den allgemeinen Fragen des Umweltstrafrechts ist am Grundsatz der Verwaltungsakzessorietät festgehalten und die damit verbundene Problematik durch Begriffsbestimmungen (§ 330 d Nr 4, 5) zu entschärfen versucht worden; die strafrechtliche Haftung von Amtsträgern wurde nicht geregelt. Die Regelung über „Tätige Reue" (§ 330 b) ist ebenso erweitert worden wie die zur Einziehung (§ 330 c). – Aus den **Gesetzesmaterialien** vgl ua die Entwürfe der Bundesregierung (BT-Dr 12/192) und der SPD-Fraktion (BT-Dr 12/376), die Beschlußempfehlung und den Bericht des BTag-Rechtsausschusses (BT-Dr 12/7300) sowie die Beratungen im Plenum des BTages (SBer 19166). – Inkrafttreten: 1. 11. 1994. - **Übersichtsbeiträge:** Möhrenschlager NStZ 94, 513, 566; Schmidt/Schöne NJW 94, 2514; Breuer JZ 94, 1077, 1080; Knopp BB 94, 2219; Langkeit WiB 94, 710; Otto Jura 95, 134; krit Müller-Tuckfeld aaO [vgl 4] S 470. – Aus der Literatur speziell zu den Entwürfen Sack MDR 90, 286; Vierhaus ZRP 92, 161; Schall wistra 92, 1; Rüther KritV 93, 227. Zum Diskussionsstand vor dem 31. StÄG Rogall, Köln-FS, S 505; Heine/Meinberg GA 90, 1; Kuhlen WiVerw 91, 181 und 92, 215; Ossenbühl/Huschens UPR 91, 161; Schall JuS 93, 719; zur historischen Entwicklung des Umweltschutzes Heine GA 89, 116; rechtsvergleichend Heine ZStW 101, 722 und 103, 819; Fitzgerald ZStW 104, 689.

5. Als **geschütztes Rechtsgut** aller Tatbestände soll nach der Ab- 7
schnittsüberschrift **die Umwelt,** allerdings nicht in einem weiten, unsubstantiierten Sinne, sondern in ihren verschiedenen Medien (Wasser, Luft, Boden) und ihren sonstigen Erscheinungsformen (Pflanzen- und Tierwelt) verstanden werden (BT-Dr 8/2382 S 10 und 8/3633 S 19). Die daraus folgende Anerkennung einer Mehrzahl selbständiger Umweltgüter entspricht auch der im Schrifttum herrschenden, nur in Grenzbereichen noch nicht abschließend geklärten Meinung (zusf Triffterer aaO [vgl 2] S 33, 70; eingehend Kareklas, Die Lehre vom Rechtsgut und das Umweltstrafrecht, 1990). Sie verdient aber nur Zustimmung, wenn der Bezug auf den Menschen nicht verloren geht. Die Umwelt ist nicht Schutzgut um ihrer selbst willen, sondern in ihrer Funktion, dem Menschen der Gegenwart humane Lebensbedingungen im weitesten Sinne zu erhalten und sie auch für künftige Generationen zu gewährleisten (Bloy ZStW 100, 485; Meurer NJW 88, 2065, 2067; ähnlich Rogall, Köln-FS, S 505, 509 und NStZ 92, 360, 363; Rengier NJW 90, 2506; Kuhlen ZStW 105, 697, 701; Kühl, in: Nida-Rümelin [Hrsg], Ökologische Ethik und Rechtstheorie, 1995, S 245; Steindorf LK 12–21; Horn SK 2; weiter Krey BT 1 Rdn 813; beachte auch Eser, in: Markl [Hrsg], Natur und Geschichte, 1983, S 354; Triffterer ÖJZ 88, 545; Kindhäuser, Helmrich-FS, S 967, 968, 976; Stratenwerth ZStW 105, 679, 682; Müssig, Schutz abstrakter Rechtsgüter und abstrakter Rechtsgüterschutz, 1994, S 222; Müller-Tuckfeld aaO [vgl 4] S 462, alle mwN); diese Sicht findet jetzt auch in Art 20 a GG ihren verfassungsrechtlichen Ausdruck (vgl Kloepfer DVBl 96, 73, 77). Die

Umweltgüter bilden daher zwar selbständige Rechtsgüter der Allgemeinheit (aM Hohmann, Das Rechtsgut der Umweltdelikte, 1991 und GA 92, 76; krit auch Herzog aaO [vgl 5] S 147 und Hassemer, Produktverantwortung im modernen Strafrecht, 1994, S 11, 20; scharfe Kritik an diesen Vertretern der sog personalen Rechtsgutslehre übt Schünemann, GA 95, 201, 205); sie sind aber doch mediatisiert in dem Sinne, daß sie den existentiellen Individualrechtsgütern (Leben, Gesundheit, Freiheit usw) vorgelagert sind und als Gemeinschaftsaufgabe die Abwendung von Gefahren für die biologische Entwicklung aller (und damit auch jedes einzelnen) Menschen bezwecken. Daraus folgt, daß zwischen den traditionellen Rechtsgütern des Strafrechts und den Umweltschutzgütern fließende Übergänge bestehen und daß der umweltstrafrechtliche Schutzbereich als Vorzone nicht isoliert aus einem wie auch immer vorgeformten Rechtsgutsbegriff, sondern nur aus dem Schutzbedürfnis der Menschen abgeleitet werden kann, das zwar zukunftsbezogen, aber durchaus mit den Verhältnissen wandelbar ist (ähnlich Ronzani, Erfolg und individuelle Zurechnung im Umweltstrafrecht, 1992, S 43; str). Zu beachten ist ferner, daß die Schutzbereiche der einzelnen Tatbestände des Abschnitts häufig nicht das jeweilige Umweltgut unmittelbar und im ganzen abdecken, sondern entweder zur Verhütung übermäßiger Kriminalisierung auf potentielle oder konkrete Gefährdungen oder sogar Schädigungen von Menschen oder Sachen beschränkt sind (dazu Breuer NJW 88, 2072, 2074 und JZ 94, 1077, 1080; Rogall aaO) oder zur Gewährleistung der gebotenen staatlichen Kontrolle an Verwaltungsakte der Umweltbehörden anknüpfen (diff Rengier, in: Schulz [Hrsg], Ökologie und Recht, 1991, S 33; krit dazu Rogall NStZ 92, 561, 564).

8 **6.** Aus dem Regelungsbereich des 18. und des 31. StÄG ist die Frage der **strafrechtlichen Haftung von Amtsträgern** für Umweltbelastungen, die nach diesem Abschnitt mit Strafe bedroht sind und durch Amtspflichtverletzungen ermöglicht oder sonst verursacht werden, bewußt ausgeklammert worden (BT-Dr 8/3633 S 20 und 12/7300 S 21; Möhrenschlager NStZ 94, 513, 515). Eine Strafbarkeit kann deshalb nur nach den allgemeinen Regeln begründet werden, die zu Unrecht als unzureichend angesehen werden (Schall, JuS 93, 719, 720 mwN). Sie kann, wenn im Rahmen staatlicher Tätigkeit (etwa in öffentlichen Unternehmen) rechtswidrige Taten (auch Unterlassungen in Garantenstellung, 6 zu § 13) nach §§ 324 ff begangen werden, nicht nur unmittelbar die dafür jeweils Verantwortlichen treffen (16 zu § 324; 18 zu § 325; 15 zu § 326), sondern sich auch aus § 14 (namentlich dessen Abs 2 S 3) ergeben (Köln NJW 88, 2119, 2121; Müller UPR 90, 367; Koch/Scheuing-Weber 177 vor § 62 BImSchG, alle mwN). – Umstritten und noch nicht abschließend geklärt sind die Möglichkeiten der Beteiligung von Amtsträgern, die in den für den Umweltschutz zuständigen Behörden tätig sind, an solchen Taten (Begehungs- und Unterlassungstäterschaft, Teilnahme). Im Vordergrund stehen folgende

Fallgruppen (eingehend ua Zeitler, Die strafrechtliche Haftung für Verwaltungsentscheidungen nach dem neuen Umweltstrafrecht, Diss Tübingen 1982; Gröger, Die Haftung des Amtsträgers nach § 324 StGB, 1985; Hüwels, Fehlerhafter Gesetzesvollzug und strafrechtliche Zurechnung, 1986; Immel, Strafrechtliche Verantwortlichkeit von Amtsträgern im Umweltstrafrecht, 1987; Rogall, Die Strafbarkeit von Amtsträgern im Umweltbereich, 1991; Kuhlen WiVerw 92, 215, 290; Rüther KritV 93, 227, 235, alle mwN; Rspr-Übersicht bei Horn JZ 94, 1097):

a) Die **Erteilung fehlerhafter, verwaltungsrechtlich aber wirksamer Erlaubnisse** und das **Unterlassen der Beseitigung solcher Erlaubnisse** (Genehmigungen, Planfeststellungen, Bewilligungen, vorübergehende Gestattungen usw). Soweit die Tatbestände des Abschnitts Handeln unter Verletzung bestimmter verwaltungsrechtlicher Pflichten voraussetzen (dazu 4–12 zu § 325), scheiden die Amtsträger in Genehmigungsbehörden als Täter solcher Taten aus, weil die im einzelnen vorausgesetzten Pflichten ausschließlich auf das Verhalten des Bürgers bezogen sind. IdR können sie auch nicht als Teilnehmer (Anstifter oder Gehilfen) an den Taten der Erlaubnisadressaten erfaßt werden, weil deren Verhalten wegen der meist zu bejahenden verwaltungsrechtlichen Wirksamkeit der erteilten Erlaubnis keine rechtswidrige Haupttat bildet (hM; vgl 9 vor § 25; 9, 10 zu § 324; anders Weber, Strafrechtliche Verantwortlichkeit von Bürgermeistern und leitenden Verwaltungsbeamten im Umweltrecht, 1988, S 45; Keller, Rebmann-FS, S 241, 253; in den von § 330 d Nr 5 erfaßten Mißbrauchsfällen handelt der unlautere Betreiber freilich ohne Genehmigung und damit (tatbestandsmäßig) rechtswidrig, so daß der Amtsträger als Teilnehmer in Betracht kommt (Koch/Scheuing-Weber 184 vor § 62 BImSchG). Denkbar ist dagegen eine täterschaftliche Verwirklichung von Vorsatz- und Fahrlässigkeitstatbeständen, die ohne Bezugnahme auf einen verwaltungsrechtlichen Verbotsbereich die Herbeiführung von Schadensfolgen verbieten, wie das etwa für die §§ 324, 330 a und mit Einschränkungen auch für § 326 zutrifft (hM; für § 324 Fischer/Leirer ZfW 96, 349; anders Bickel, in: Meinberg ua [Hrsg], Umweltstrafrecht, 1989, S 261, 269 mwN). Die unterschiedliche Ausgestaltung der Umweltdelikte als Allgemeindelikte oder als Sonderdelikte ist auch insofern mit Art 3 I GG vereinbar, als Amtsträger mit verschiedenen Aufgabengebieten einem unterschiedlichen Strafbarkeitsrisiko unterliegen (BVerfG NJW 95, 186). **9**

aa) So kann die **Erteilung einer Erlaubnis** für den Erfolg ursächlich sein und uU bei Vorsatz die Voraussetzungen von Mittäterschaft (9–18 zu § 25) oder mittelbarer Täterschaft erfüllen (2–5 zu § 25); bei einer objektiven Sorgfaltspflichtverletzung kann sie den einschlägigen Fahrlässigkeitstatbestand verwirklichen (36–39 zu § 15). – Die Rspr läßt für Mittäterschaft auch hier ein stillschweigendes Einverständnis und einen objektiv fördernden Tatbeitrag im Vorbereitungsstadium genügen, sofern dieser sich als Teil der Tätigkeit aller darstellt (BGHSt 39, 381, **10**

386 mit zust Anm Horn JZ 94, 636, aber krit Bespr Rudolphi NStZ 94, 436 und Schirrmacher JR 95, 386, alle mwN). – Die hM erkennt die Möglichkeit mittelbarer Täterschaft nicht nur bei (praktisch seltener) Irrtums- oder Nötigungsherrschaft an, die beim Erlaubnisadressaten entweder die irrige Annahme einer rechtmäßig erteilten Erlaubnis oder das Zurückweichen vor entschuldigendem Nötigungsdruck voraussetzt (4 zu § 25). Sie erstreckt sie vielmehr auch auf Fälle, in denen die Handlungsherrschaft beim wissenden oder frei handelnden Erlaubnisadressaten liegt, weil der Amtsträger mit der Genehmigung die entscheidende „Rechtsschranke" für die Tatbestandsverwirklichung „freigebe" (BGHSt 39, 381, 387 mit zust Anm Horn JZ 94, 636 und Rudolphi NStZ 94, 434, krit aber Schirrmacher JR 95, 386, 388, alle mwN; vgl auch BVerfG NJW 95, 186; str); damit wird der bisher anerkannte Anwendungsbereich mittelbarer Täterschaft durch eine weitere normative Deutung des Tatherrschaftsbegriffs (vgl 4 zu § 25) in zulässiger richterlicher Rechtsfortbildung, insbesondere ohne Verstoß gegen die Wortlautschranke („durch einen anderen"), erweitert (aM mit beachtlichen Gründen Wohlers ZStW 108, 61 mwN). – Die Erlaubnis ist nicht schon deshalb rechtmäßig, weil der erlassene Verwaltungsakt nach außen wirksam ist (hM; vgl Rudolphi Dünnebier-FS, S 563 mwN). Jedoch ist der Amtsträger jedenfalls dann gerechtfertigt, wenn die Erlaubnis den für sie geltenden materiellen verwaltungsrechtlichen Voraussetzungen genügt, möglicherweise also nur in den Bereich eines verwaltungsgerichtlich nicht überprüfbaren Beurteilungs- oder Ermessensspielraums fällt (Frankfurt NJW 87, 2753, 2756; Winkelbauer NStZ 86, 149, 152; Meinberg NJW 86, 2220; Schall JuS 93, 719, 721; Pfohl NJW 94, 418, 422, alle mwN). Darüber hinaus – etwa in Anlehnung an den zu § 113 entwickelten strafrechtlichen Rechtmäßigkeitsbegriff (dort 7–15) – einen weiteren Spielraum anzunehmen (so wohl Sch/Sch-Cramer 30), besteht kein Bedürfnis; denn die für § 113 anerkannte Erweiterung setzt subjektiv pflichtmäßiges Verhalten des Amtsträgers voraus, das hier – wo es um seine Täterschaft geht – mindestens einen unvermeidbaren Verbotsirrtum (2–8 zu § 17) begründet (Fischer/Leirer ZfW 96, 349, 351; aM Möhrenschlager NuR 83, 209, 213; krit auch Schünemann wistra 86, 235, 239).

11 bb) Bei dem **Unterlassen, eine fehlerhafte** (auch fehlerhaft gewordene) **Erlaubnis zu beseitigen,** ist davon auszugehen, daß die speziell für den Umweltschutz zuständigen Behörden Garantenstellung (6 zu § 13) haben. Sie sind Beschützergaranten, weil sie der Allgemeinheit und jedem einzelnen in dem Sinne verantwortlich sind, daß sie im Rahmen der ihnen aufgetragenen Güterabwägungen jede dem Gesetz widersprechende Beeinträchtigung der ihnen anvertrauten Umweltgüter zu unterbinden haben (hM; vgl etwa Frankfurt NJW 87, 2753, 2756; LG Bremen NStZ 82, 164; Zeitler aaO [vgl 8] S 18; Möhrenschlager NuR 83, 209, 212; Schultz, Amtswalterunterlassen, 1984, S 166; Gröger aaO [vgl 8] S 50; Hüwels aaO [vgl 8] S 129, 203; Winkelbauer NStZ 86, 149, 151; Meinberg NJW 86, 2220, 2223; Ranft JZ

87, 908, 916; Sangenstedt, Garantenstellung und Garantenpflicht von Amtsträgern, 1989, S 633, 669; Otto Jura 91, 308, 315; Hohmann NuR 91, 8; Rengier, Das moderne Umweltstrafrecht im Spiegel der Rechtsprechung, 1992, S 42; Rogall aaO [vgl 8] S 223; Freund, Erfolgsdelikt und Unterlassen, 1992, S 309; Nestler GA 94, 514, 525; Wolff-Reske, Berufsbedingtes Verhalten als Problem mittelbarer Erfolgsverursachung, 1995, S 163; aM Rudolphi, Dünnebier-FS, S 561, 571; Schünemann GA 85, 341, 379 und wistra 86, 235, 242; Papier NuR 86, 1, 7; Weber aaO [vgl 9] S 57; Immel ZRP 89, 105, 108; Schall NJW 90, 1263, 1270; Tröndle, Meyer-GedSchr, S 607, 617, alle mwN; zw). Mindestens läßt sich aber ihre Garantenstellung für die Beseitigung fehlerhafter Erlaubnisse auf Ingerenz (11 zu § 13) stützen (hM; vgl BGHSt 39, 381, 390 mit zust Anm Rudolphi NStZ 94, 435; Frankfurt aaO S 2756; Schall JuS 93, 719, 721; Rogall aaO [vgl 8] S 301, alle mwN; auch bei rechtmäßigem Vorverhalten Koch/Scheuing-Weber 191 vor § 62 BImSchG); da die Beseitigungspflicht die Behörde als solche trifft, gilt sie nicht nur für den Urheber der fehlerhaften Erlaubnis, sondern auch für seinen Amtsnachfolger (hM; anders Immel aaO; Tröndle aaO S 621; Otto aaO; zw). – Daraus und aus den Ausführungen unter 9 folgt, daß die jeweils verantwortlichen Amtsträger als Unterlassungstäter (zur probl Abgrenzung vom bloßen Teilnehmer beachte Seier JA 85, 23, 29; 5, 6 zu § 27) bei solchen Tatbeständen in Frage kommen, die ohne Beschränkung auf einen bestimmten verwaltungsrechtlichen Verbotsbereich die Verursachung von Schadensfolgen verbieten. Art, Umfang und Methoden dieses Schutzes bestimmen sich aber auch hier ausschließlich nach dem verwaltungsrechtlichen Pflichtenkreis (vgl 10). Erst wenn der Amtsträger kein Auswahlermessen mehr hat, sondern nach zwingenden Vorschriften des Umweltverwaltungsrechts die Erlaubnis zurücknehmen oder eine andere (ebenfalls unterlassene) Abwehrmaßnahme zur Beseitigung oder Abschwächung des rechtswidrigen Zustandes treffen muß, ist die Strafbarkeitsgrenze erreicht (ähnlich Frankfurt aaO S 2757 und NStZ-RR 96, 103; GStA Zweibrücken NStZ 84, 554; Zeitler aaO S 106; Rudolphi NStZ 84, 193, 198; Meinberg aaO S 2226). Das setzt nicht notwendig eine sog Ermessensreduzierung auf Null voraus (aM GStA Hamm NStZ 84, 219; GStA Celle NJW 88, 2394; Wernicke ZfW 80, 261, 262); eindeutige Ermessensfehler genügen (Möhrenschlager aaO S 212; Hohmann aaO S 12 mwN).

b) Das **Unterlassen behördlichen Einschreitens gegen rechtswidrige Umweltbelastungen** durch Dritte. Auch für diesen Bereich ist eine Garantenstellung der Umweltbehörden zu bejahen (vgl 11; s auch Breuer NJW 88, 2072, 2084; diff nach den rechtlichen und tatsächlichen Aufgabenfeldern des jeweiligen Amtsträgers Schall JuS 93, 719, 723; offengelassen von BGHSt 38, 325, 331, wo aber eine Garantenstellung des Bürgermeisters für die Abwasserbeseitigung bejaht wird [16 zu § 324]; ebenso Frankfurt NStZ-RR 96, 103; str). Da das Verhal- 12 ten des Dritten eine rechtswidrige Tat nach einem der Tatbestände des Abschnitts bildet, ist eine Beteiligung (Täterschaft oder Teilnahme) des jeweils verantwortlichen Amtsträgers nicht von vornherein ausgeschlossen. Jedoch ist die Garantenpflicht zum Einschreiten auch hier durch den verwaltungsrechtlichen Pflichtenkreis begrenzt (vgl 11); für eine ergänzende Heranziehung des Gesichtspunktes der Sozialadäquanz (29 vor § 32) besteht bei der Weite des Ermessensspielraums kein Bedürfnis (aM GStA Hamm NStZ 84, 219 mit abl Anm Zeitler). Ist dieser im Einzelfall überschritten, so kann das Unterlassen Beteiligung an der Tat des Dritten sein (aM Schünemann, in: Gimbernat [Hrsg], Internationale Dogmatik der objektiven Zurechnung und der Unterlassungsdelikte, 1995, S 49, 65, der nur eine Beihilfe durch „aktive Duldung" für möglich hält). Ob dann Täterschaft oder Teilnahme vorliegt, bestimmt sich nach den allgemeinen Regeln und hängt daher häufig von den grundsätzlichen Meinungsverschiedenheiten ab, die für die Abgrenzung von Unterlassungstäterschaft und -teilnahme bestehen (5, 6 zu § 27; s auch Schultz aaO [vgl 11] S 176 und Nestler GA 94, 514, 527).

13 **c)** Im ganzen und in zahlreichen Einzelfragen ist die Problematik unechten Unterlassens von Amtsträgern – namentlich auch im Hinblick auf die Verantwortungsbereiche innerhalb der Behörden und die Konkretisierung der Garantenstellung auf bestimmte Amtsträger (dazu Triffterer aaO [vgl 2] S 136; Winkelbauer NStZ 86, 149, 153; Müller UPR 90, 367; Himmel/Sanden ZfW 94, 449, 453; s auch Düsseldorf MDR 89, 931) – **von einer abschließenden Klärung noch weit entfernt** (eingehend ua Zeitler, Gröger, Hüwels, Immel, Rogall und Kuhlen aaO [vgl 8]; Schultz aaO [vgl 11]; Immel ZRP 89, 105; Sangenstedt aaO [vgl 11]; Tröndle, Meyer-GedSchr, S 607; Mayer/Brodersen BayVBl 89, 257; zur Frage der Steuerung von Umweltdelinquenz durch Ausdehnung oder Einschränkung strafrechtlicher Amtsträgerhaftung Faure/Oudijk/Koopmans wistra 92, 121).

14 **7.** Bei **grenzüberschreitenden Umweltbeeinträchtigungen** hängt die Strafbarkeit vom Schutzbereich des jeweils in Frage kommenden Tatbestandes (beachte zB die heftig umstrittene Beschränkung des § 326 I Nr 3 aF [jetzt Nr 4 a] auf den Schutz der inländischen Umweltmedien durch BGHSt 40, 79; vgl 6 zu § 326) und von der Anwendbarkeit deutschen Strafrechts nach §§ 3–7, 9 ab (Albrecht/Heine/Meinberg ZStW 96, 943, 992). Im Rahmen des Gebietsgrundsatzes (§ 3) ist hier das Ubiquitätsprinzip besonders bedeutsam, weil es zur Einbeziehung auch solcher Taten führt, bei denen entweder nur der Handlungsort oder nur der Erfolgsort im Inland liegt (§ 9 I). Danach können auch Umweltbeeinträchtigungen, die ausschließlich durch Handlungen im Ausland verursacht werden, deutschem Strafrecht unterliegen. Da nur tatbestandsmäßige (Verletzungs- und Gefahr-)Erfolge einen Tatort begründen (2 zu § 9), kommt es für die Zuordnung häufig darauf an, ob der Tatbestand ein abstraktes, potentielles oder konkretes Gefährdungsdelikt (32 vor § 13) beschreibt (zusf Fröhler/Zehetner,

Rechtsschutzprobleme bei grenzüberschreitenden Umweltbeeinträchtigungen, 1981, Bd III, S 121; Wegscheider DRiZ 83, 56; aM Martin, Strafbarkeit grenzüberschreitender Umweltbeeinträchtigungen, 1989, S 6, 48). Ist eine grenzüberschreitende tatbestandsmäßige Umweltbeeinträchtigung nach dem Recht des ausländischen Handlungsortes erlaubt, so wird die noch nicht abschließend geklärte Frage relevant, ob und wie weit das völkerrechtliche Prinzip der beschränkten territorialen Souveränität und Integrität dazu verpflichtet, die Störung aus dem Nachbarstaat mit der Folge zu dulden, daß der Täter nicht „unbefugt" handelt (8–13 zu § 324; 11 zu § 326). Außerdem bedarf noch weiterer Klärung, ob die „Verletzung verwaltungsrechtlicher Pflichten" (4–12 zu § 325) auch auf ausländisches Verwaltungsrecht gestützt werden kann (näher zu diesen Fragen und zu den völkerrechtlichen Anforderungen an das innerstaatliche Umweltstrafrecht Fröhler/Zehetner aaO S 105, 128, 137; Wegscheider aaO S 60 und JBl 89, 214; Forkel, Grenzüberschreitende Umweltbelastung und Deutsches Strafrecht, 1988; Martin aaO S 224, 316 und ZRP 92, 19; Wimmer ZfW 91, 141; s auch Schmidt/Müller JuS 86, 619; Heine UPR 87, 281; Tiedemann/Kindhäuser NStZ 88, 337, 346; Triffterer LdR S 1049, alle mwN).

§ 324 Gewässerverunreinigung

(1) **Wer unbefugt ein Gewässer verunreinigt oder sonst dessen Eigenschaften nachteilig verändert, wird mit Freiheitsstrafe bis zu fünf Jahren oder mit Geldstrafe bestraft.**

(2) **Der Versuch ist strafbar.**

(3) **Handelt der Täter fahrlässig, so ist die Strafe Freiheitsstrafe bis zu drei Jahren oder Geldstrafe.**

Fassung: Das 31. StÄG (6 a vor § 324) hat die Überschrift und die Strafdrohung in Abs 3 geändert.

1. Die Vorschrift dient der **Reinhaltung von Gewässern** (zusf 1
Möhrenschlager, in: Meinberg/Möhrenschlager/Link [Hrsg], Umweltstrafrecht, 1989, S 33). **Geschützt** sind nach der hier gebotenen **ökologisch** orientierten Auslegung (hM; vgl etwa NStZ 87, 323, 324 mit Anm Rudolphi; anders Papier NuR 86, 1; Bickel, in: Meinberg/Möhrenschlager/Link aaO S 273; Brahms, Definition des Erfolges der Gewässerverunreinigung, 1994, S 94 und 170 mit krit Bespr Hefendehl GA 96, 601, alle mwN) die den Gewässern in ihrem Naturzustand innewohnenden Funktionen für die Umwelt und den Menschen (Rudolphi NStZ 84, 193; ähnlich Rogall, Köln-FS, S 505, 509; Rengier, Das moderne Umweltstrafrecht im Spiegel der Rechtsprechung, 1992, S 13; Kuhlen ZStW 105, 697, 714; krit Herzog, Gesellschaftliche Unsicherheit und strafrechtliche Daseinsvorsorge, 1991, S 147 und Müller-Tuckfeld, ZustStrR, S 465); zum geschützten Rechtsgut im übrigen 7 vor § 324. – Die Tat ist ein von jedermann begehbares **Erfolgsdelikt** (32 vor § 13), das jedoch im Hinblick auf die Art des Er-

folges (dazu 4) auch als potentielles Gefährdungsdelikt gedeutet werden kann (so Rogall aaO S 517). – Systematische Rspr-Übersicht bei Schall NStZ 92, 209, 265. – Rechtsvergleichend Niering, Der strafrechtliche Schutz der Gewässer, 1993.

2 **2.** Das **Gewässer** (vgl § 330 d Nr 1) als Angriffsobjekt:

a) Oberirdische Gewässer sind ständig oder zeitweilig in (natürlichen oder künstlich angelegten) Betten fließende oder stehende (zB Teiche, die sich zu Biotopen entwickelt haben, Stuttgart NStZ 94, 590) oder aus Quellen wild abfließende Wasser (§ 1 I WHG). Ganz ohne Bett abfließendes Wasser (zB Niederschläge oder Überschwemmungswasser), in Vertiefungen (zB Baugruben, Bombentrichtern oder Fahrspuren) sich gelegentlich ansammelndes Wasser (Wernicke NJW 77, 1662, 1664) und in Leitungen oder anderen Behältnissen (uU auch Erdbecken, Oldenburg NuR 92, 41) gefaßtes Wasser, zB Wasserversorgungs- und Abwasserleitungen, Schwimmbecken, Kläranlagen (Bay JR 88, 344; Pfohl wistra 94, 6, beide mwN), scheiden daher aus; jedoch hebt die Durchleitung von Flüssen oder Bächen durch Rohre oder Tunnel die Gewässereigenschaft nicht auf (BT-Dr 8/2382 S 26; zu sog Indirekteinleitungen über die öffentliche Kanalisation Pfohl aaO; Rengier JR 94, 126; Scholz, Gewässerverunreinigung und Indirekteinleitungen, 1996, S 66). Das Gewässerbett ist mitgeschützt, soweit von ihm Beeinträchtigungen der Wasserqualität ausgehen (hM; vgl ua Wernicke aaO). – **Grundwasser** (§ 1 I Nr 2 WHG) ist das gesamte am natürlichen Kreislauf teilnehmende unterirdische Wasser einschließlich fließender oder stehender Gewässer in Erdhöhlen oder in ummauerten Hausbrunnen (Celle NJW 95, 3197). – Diese Gewässer müssen nach der Änderung des § 330 d Nr 1 durch das 31. StÄG nicht mehr im räumlichen Geltungsbereich des Gesetzes (5 vor § 3) liegen; erfaßt ist daher auch die Verunreinigung eines ausländischen Flusses (BT-Dr 12/192 S 30).

2 a **b)** Das **Meer,** und zwar ohne räumliche Beschränkung, also auch das fremde Küstenmeer und die hohe See (dazu 3 zu § 5).

3 **3. Tathandlung** ist das (objektiv zurechenbare, 14 vor § 13) Bewirken einer **nachteiligen Veränderung der Gewässereigenschaften,** dem sich das Verunreinigen als Beispiel („sonst“) unterordnet (NStZ 87, 323 mit Anm Schmoller JR 87, 473 und Rudolphi NStZ 87, 324; Frankfurt NJW 87, 2753 mit Anm Keller JR 88, 172; Köln NJW 88, 2119, alle mwN; eingehend Kuhlen GA 86, 389 und ZStW 105, 697, 716, der einen weiten, auch der Verhütung von Kumulationseffekten dienenden Schutzbereich postuliert; krit dazu Samson ZStW 99, 617; Rogall aaO [vgl 1] S 518; Rengier, in: Schulz [Hrsg], Ökologie und Recht, 1991, S 33, 50; Herzog aaO [vgl 1] S 144; Frisch, Verwaltungsakzessorietät und Tatbestandsverständnis im Umweltstrafrecht, 1993, S 121 und Müller-Tuckfeld aaO [vgl 1] S 466).

4 **a) Verunreinigen** bezeichnet nur den tatbestandsmäßigen Erfolg. Die Art und Weise seiner Herbeiführung ist gleichgültig (Bay JR 88,

344 mit Anm Sack; Düsseldorf NJW 91, 1123, alle mwN). Erfaßt werden daher ohne Rücksicht auf ihre Zweckrichtung (hM; anders Wernicke NJW 77, 1662, 1663; einschr auch Bickel ZfW 79, 139, 140) alle Handlungen und garantenpflichtwidrigen Unterlassungen (6 zu § 13; 8 vor § 324; Celle NJW 95, 3197; vgl die sorgfältige Prüfung der Kausalität des Unterlassens gewässerschützender Maßnahmen durch BGHSt 38, 325, 337 mit auch insoweit krit Bespr Nestler GA 94, 514, 516; speziell zum Unterlassen bei sog Altlasten Franzheim ZfW 87, 9; Wüterich BB 92, 2449; Robra/Meyer wistra 96, 243: keine Unterlassungshaftung des Konkursverwalters; s auch NJW 92, 122), wenn sie nur unmittelbar oder mittelbar (zB Indirekteinleitungen, Scholz aaO [vgl 1] S 67 zu einer äußerlich erkennbaren (Sack 26 mwN), dauernden oder vorübergehenden nachteiligen Veränderung der Gewässereigenschaften führen, sei es des Gewässers im ganzen oder eines nicht unerheblichen Teils davon (NStZ 91, 281 mwN). Das setzt ein Minus an Wassergüte (Celle NJW 86, 2326; LG Kleve NStZ 81, 266 mit Anm Möhrenschlager; Horn UPR 83, 362, 364), dh eine nicht ganz unerhebliche (krit dazu Rengier aaO [vgl 1] S 15) objektive Verschlechterung der physikalischen, chemischen, biologischen oder thermischen Beschaffenheit des Wassers voraus (Frankfurt NStZ-RR 96, 103), für deren Vorliegen Größe und Tiefe des Gewässers, Wasserführung, Fließgeschwindigkeit sowie Menge und Gefährlichkeit der Schadstoffe Anhaltspunkte bieten können (NStZ 91, 281; Karlsruhe JR 83, 339 mit Anm Triffterer/Schmoller; einschr Möhrenschlager NuR 83, 209, 211). Dabei kann sich solcher Nachteil nicht nur auf die wirtschaftlichen Benutzungsmöglichkeiten (§ 3 II WHG), sondern auch auf ökologische Bedürfnisse beziehen (NStZ 87, 323; Rudolphi NStZ 84, 193, 194; Stuttgart NStZ 94, 590; sehr weit Stuttgart MDR 76, 690, das darauf abstellt, ob das Wasser aufhört, „reines" Wasser zu sein; krit Gässler ZfW 80, 217, 218; Papier NuR 86, 1, 2). Auf einen konkreten Schaden (etwa ein Fischsterben) kommt es nicht an; vielmehr genügt eine Verschlechterung der Gewässereigenschaften, die geeignet ist, Nachteile (auch ökologische) zu verursachen (Köln NJW 88, 2119; Rogall, Köln-FS, S 505, 517; s auch NStZ 91, 281; krit Herzog aaO [vgl 1] S 153, alle mwN). – Danach können ua **auch ausreichen:** Überlaufenlassen eines Öltanks (BT-Dr 8/2382 S 13); Einleiten von Schadstoffen in die örtliche Kanalisation (Hamm NJW 75, 747); Gelangenlassen von belasteten Abwässern über undichte Stellen im Kanalsystem in das Grundwasser (Himmel/Sanden ZfW 94, 449); Aufbringen von Dünger auf eine Bodenfläche oder Anwendung von chemischen Mitteln zur Unkraut- oder Schädlingsbekämpfung (Czychowski ZfW 80, 205, 206); Einleiten naturbelassenen, aber trüben Wassers aus derselben Quellregion (GStA Celle NJW 88, 2394; s auch Köln aaO); (weitere) Verunreinigung bereits verschmutzter Gewässer (Frankfurt NJW 87, 2753 und NStZ-RR 96, 103); Verunreinigung infolge pflichtwidrigen Unterlassens der Sicherung wassergefährdender Stoffe (Bay VRS 84, 32) oder der Wartung eines Heizöltanks (Celle NJW 95, 3197).

5 **b) Sonst nachteiliges Verändern von Gewässereigenschaften** (beachte 4) betrifft diejenigen Handlungen, die nicht als Verunreinigen erfaßt werden können, weil sie die physikalische, chemische, biologische oder thermische Beschaffenheit des Wassers nicht äußerlich erkennbar beeinträchtigen, zB Erwärmung durch Einleiten von Kühlwasser aus einem Kraftwerk oder radioaktive Kontaminierungen (BT-Dr 8/2382 S 14). Es genügt die Beeinträchtigung der natürlichen Lebensgemeinschaft von Pflanzen und Tieren durch Absenken des Wasserspiegels eines Teichs, der zum Lebensraum von Amphibien geworden ist (Stuttgart NStZ 94, 590). Eine scharfe Abgrenzung zur 1. Alternative ist weder möglich noch notwendig (Köln NJW 88, 2119; krit Triffterer, Umweltstrafrecht, 1980, S 180). – Die gänzliche Beseitigung eines Gewässers ist nur von § 329 III Nr 3, nicht von § 324 erfaßt (aM Oldenburg NdsRpfl 90, 157 mit zu Recht krit Bespr Horn JZ 94, 1097, 1098).

6 **c)** Der Tatbestand genügt dem **Bestimmtheitsgrundsatz** nach Art 103 II GG (hM). Dennoch bleibt problematisch, daß der Gesetzgeber zur näheren Konkretisierung der Erheblichkeitsschwelle in bezug auf das Ausmaß der nachteiligen Veränderung außerstande war und deshalb alles den Gerichten zugeschoben hat (krit dazu die Ausschußminderheit BT-Dr 8/3633 S 25; s auch Salzwedel ZfW 80, 211; Möhrenschlager NStZ 81, 267; Samson ZStW 99, 617, 623; Frisch aaO [vgl 3] S 125).

7 **4.** Der **Vorsatz** nach **Abs 1** (bedingter genügt) muß auch die nachteilige Veränderung der Gewässereigenschaften umfassen (zusf zum Vorsatz und zu den vielgestaltigen Irrtumsmöglichkeiten Steindorf LK 109–115; s auch Schünemann wistra 86, 235, 245; Schall NStZ 92, 265). – Bei **fahrlässigem** (35–54 zu § 15) Handeln nach **Abs 3** ist der Sorgfaltsmaßstab eines umweltbewußten Rechtsgenossen anzulegen (Düsseldorf NJW 91, 1123; Celle ZfW 91, 254 und NJW 95, 3197) und namentlich auch eine etwa bestehende Sonderpflicht des Täters (zB Leiter eines Klärwerks) zu berücksichtigen (Stuttgart NStZ 89, 122; s auch Düsseldorf JR 94, 123 mit Anm Rengier; eingehend zur fahrlässigen Gewässerverunreinigung, namentlich zur [zu engen] Berücksichtigung einschlägiger Sondernormen Winkemann, Probleme der Fahrlässigkeit im Umweltstrafrecht, 1991, S 48, 80). Abs 3 kommt auch in Frage, wenn jemand schuldhaft einen Verkehrs- oder Betriebsunfall und daraus folgend die Verunreinigung (mit-) verursacht (Hamburg NStZ 83, 170 [Schiffskollision]; allgemein für Unfälle im Straßenverkehr Rengier, Boujong-FS, S 791; aM Winkemann aaO S 101; str).

8 **5. Unbefugt** bezeichnet hier nur das allgemeine Verbrechensmerkmal der Rechtswidrigkeit (6 zu § 15) und gehört daher nicht zum Tatbestand (hM; vgl Bay MDR 82, 1040; Braunschweig ZfW 91, 52, 61, beide mwN; anders Papier NuR 86, 1, 3). Das folgt daraus, daß die Gewässerverunreinigung generell verboten ist (zu gewissen Ausnahmen Winkelbauer, Zur Verwaltungsakzessorietät des Umweltstrafrechts,

1985, S 16, 24) und nur im Einzelfall aufgrund einer Interessenabwägung (hM; anders Winkelbauer NStZ 88, 201, 203) behördlich zugelassen (vgl 9–13) oder nach allgemeinen Grundsätzen gerechtfertigt sein kann (vgl 14).

a) Die Tat ist gerechtfertigt, wenn sie durch eine **besondere Befugnis** (vor allem behördliche Erlaubnis, 25 vor § 32) gedeckt ist. Diese kann namentlich auf dem WHG (zB §§ 7–9 a, 15, 31) oder den Landeswassergesetzen (Nachw bei Göhler [Lexikon] 904 D) beruhen; jedoch ist nicht ausgeschlossen, daß sie ausnahmsweise auch aus Schiffahrtsrecht (probl Köln NStZ 86, 225 mit krit Bespr Kuhlen StV 86, 544 und Möhrenschlager JR 87, 299), Baurecht (Köln NJW 88, 2119 mit Anm Hange NStZ 89, 122), Ausnahmeregelungen zum Schutz des Meeres (BT-Dr 8/2382 S 14; krit Oehler GA 80, 241, 247), Völkerrecht (14 vor § 324) oder Gewohnheitsrecht (probl Bay JR 83, 120 mit krit Anm Sack; abl auch Kuhlen WiVerw 92, 215, 227; Steindorf LK 97 mwN) hervorgeht, allerdings nur, wenn die Befugnis auch auf den wasserrechtlichen Aspekt bezogen ist (Braunschweig ZfW 91, 52 mwN). – Daß die Verwaltungsakzessorietät dazu zwingt, die verwaltungsrechtlich eingeräumte besondere Befugnis auch **strafrechtlich** anzuerkennen, ist im Grundsatz unbestritten, in der näheren Begrenzung und den Folgewirkungen aber kontrovers. Die Problematik (3, 6 vor § 324) betrifft – allerdings mit unterschiedlichen Fragestellungen – nahezu alle Tatbestände des Abschnitts. Ergebnisse beim einen können deshalb, müssen aber nicht auf die anderen Tatbestände übertragbar sein (beachte daher auch 4–12 zu § 325; 8 zu § 326; 2 zu § 327). Im einzelnen: 9

aa) Bei behördlicher Genehmigung, Bewilligung oder sonstiger Erlaubnis kommt es für die rechtfertigende Wirkung (hM) nicht auf die materiellrechtliche Richtigkeit des Verwaltungsakts, sondern auf seine **verwaltungsrechtliche Wirksamkeit** an (hM; vgl Rudolphi NStZ 84, 193, 196; Seier JA 85, 23, 24; Dölling JZ 85, 461, 469; Lenckner, Pfeiffer-FS, S 27; Breuer NJW 88, 2072, 2080 und JZ 94, 1077, 1084; Rogall, Köln-FS, S 505, 526 und GA 95, 299, 311; Kuhlen WiVerw 92, 215, 245; Kindhäuser, Helmrich-FS, S 967, 982; Hirsch LK 165 vor § 32; Horn SK 13 vor § 324, alle mwN). Jedoch hat die bisher hM die **mißbräuchliche Ausnutzung** materiell-rechtswidriger Verwaltungsakte ausgenommen (gegen diese Ausnahme Rengier ZStW 101, 888, 892 und Rogall aaO), und zwar überwiegend unter Beschränkung auf Fälle der Täuschung, Drohung oder Bestechung (so ua Rudolphi aaO S 197; Dölling aaO; Otto Jura 91, 308, 313 und 94, 96, 98; Paeffgen, Stree/Wessels-FS, S 587, 594, 609), zT aber auch darüber hinaus bei offensichtlich überholten Erlaubnissen (so StA Mannheim NJW 76, 585, 586), bei kollusivem Zusammenwirken der Beteiligten (BGHSt 39, 381, 387 mit krit Anm Rudolphi NStZ 94, 436 und Schirrmacher JR 95, 386, aber zust Bespr Otto JK 1) und sogar bei bloßem Wissen des Adressaten um die Rechtswidrigkeit der Erlaubnis (so LG Hanau NJW 88, 571, 576). Das 31. StÄG hat diese Mißbrauchslösung in 10

§ 330 d Nr 5 so in das Gesetz übernommen, daß rechtsmißbräuchliches Verhalten genehmigungslosem Handeln gleichgestellt wird (BT-Dr 12/7300 S 25; eingehend zur ratio und zur Auslegung dieser Neuregelung Paetzold NStZ 96, 170; überzogene Kritik bei Breuer JZ 94, 1077, 1090). In Anlehnung an § 48 II S 3 Nr 1, 2 VwVfG sind das Erschleichen der Genehmigung durch **unrichtige oder unvollständige Angaben** und das Erwirken der Genehmigung durch **Drohung** und **Bestechung** erfaßt. Darüber hinaus ist auch das Erwirken der Genehmigung durch **Kollusion** einbezogen; mit diesem nicht näher definierten Begriff (zu Recht krit Breuer aaO S 1091) sollen außer dem „kollusiven" Zusammenwirken von Genehmigungsempfänger und Genehmigungsbehörde (Rogall GA 95, 299, 319) auch Fälle erfaßt werden, in denen der Genehmigungsempfänger mit anderen Personen zusammenwirkt, die als beauftragte private Sachverständige oder eingeschaltete Bedienstete anderer Behörden Einfluß auf die Erteilung der Genehmigung haben (BT-Dr aaO; gegen diese „Überdehnung" des Kollusionsbegriffs Paetzold aaO S 173). Die bloße beiderseitige Kenntnis der Rechtswidrigkeit ist für sich kein Fall der Kollusion (Möhrenschlager NStZ 94, 513, 515 Fn 19). – Die Problematik der rechtfertigenden Wirkung einer rechtswidrigen Genehmigung ist durch § 330 d Nr 5 aber nicht gelöst (aM Baumann/Weber/Mitsch AT 17/131; wohl auch Sch/Sch-Lenckner 62, 63 vor § 32). Der hM, die die verwaltungsrechtliche Wirksamkeit genügen läßt, wird in der Literatur zunehmend widersprochen (Schünemann wistra 86, 235, 238, GA 95, 201, 209 und Triffterer-FS, S 437, 445; Winkelbauer NStZ 88, 201, 205; Schall NJW 90, 1263, 1267; Schmitz, Verwaltungshandeln und Strafrecht, 1992, S 58; Frisch aaO [vgl 3] S 68; Schwarz GA 93, 318; Marx, Die behördliche Genehmigung im Strafrecht, 1993, S 174, 194; Perschke wistra 96, 161, 165; Baumann/Weber/Mitsch AT 17/129). Dabei ist weniger das Ergebnis (Straflosigkeit des auf die Rechtmäßigkeit vertrauenden Genehmigungsinhabers) als dessen Begründung (Rechtfertigung) umstritten. Während die rechtswidrige Genehmigung zT als Unbedenklichkeitsbescheinigung mit der Folge eingestuft wird, daß sich der gutgläubige Genehmigungsinhaber im Erlaubnistatbestandsirrtum (9 zu § 17; so Winkelbauer NStZ 88, 201; Schall NJW 90, 1263, 1268; Schmitz aaO S 36, 43 und 58; Marx aaO S 98, 176 und 180; Schirrmacher JR 95, 386, 390; Ransiek, Unternehmensstrafrecht, 1996, S 148) oder im unvermeidbaren Verbotsirrtum (6, 7 zu § 17; so Geulen ZRP 88, 323, 325) befindet, wird zT auch bereits die Tatbestandsmäßigkeit des genehmigten Verhaltens verneint (Frisch aaO S 64, 117; Schwarz GA 93, 318, 326; krit dazu Rogall GA 95, 299, 313); gelegentlich wird auch das Fehlen einer objektiven Strafbarkeitsbedingung oder ein Strafausschließungsgrund angenommen (vgl Horn UPR 83, 362, 366 und SK 19 vor § 324; krit dazu Hirsch LK 161 vor § 32). – **Bloße Erlaubnisfähigkeit,** dh Vereinbarkeit der Tathandlung mit den verwaltungsrechtlichen Voraussetzungen, hat grundsätzlich (zu eng begrenzten, praktisch bedeutungslosen Ausnahmen Rengier ZStW 101,

874, 903) keine rechtfertigende Wirkung (hM; vgl Breuer NJW 88, 2072, 2079; Dölling aaO S 468; Tiedemann/Kindhäuser NStZ 88, 337, 343; Rengier aaO S 882; Alleweldt NuR 92, 312, 313; Kuhlen WiVerw 92, 215, 254; Rogall NStZ 92, 561, 565; Bergmann, Zur Strafbewehrung verwaltungsrechtlicher Pflichten im Umweltstrafrecht . . ., 1993, S 52 für § 325; Malitz, Zur behördlichen Duldung im Strafrecht, 1995, S 92, 100; Hirsch LK 169 vor § 32; Sch/Sch-Lenckner 62 vor § 32; anders Brauer, Die strafrechtliche Behandlung genehmigungsfähigen, aber nicht genehmigten Verhaltens, 1988, S 64, 118; vgl auch Frisch aaO S 54). Dasselbe gilt auch für sog **Erlaubnispflichtigkeit,** dh für Fälle, in denen die Verwaltungsbehörde zur Erteilung der Erlaubnis verpflichtet ist (hM; anders Rudolphi aaO S 198; Papier NuR 86, 1, 6; Schünemann wistra 86, 235, 241; Bloy ZStW 100, 485, 505; Otto Jura 95, 134, 141; Perschke wistra 96, 161, 166); insoweit ist auch die Annahme eines Strafausschließungsgrundes nicht hinreichend begründbar (hM; anders Tiessen, Die „genehmigungsfähige" Gewässerverunreinigung, 1987, S 118, 138).

bb) Eine behördliche Erlaubnis rechtfertigt grundsätzlich alle Handlungen, die sich in ihrem Rahmen halten. **Benutzungsbedingungen und andere einschränkende Auflagen** wirken sich auf die Befugnis nur aus, wenn sie die Menge oder Schadstoffhaltigkeit des einzuleitenden Wassers fest begrenzen (Frankfurt NJW 87, 2753, 2755; Rudolphi NStZ 84, 193, 197; ähnlich Randelzhofer/Wilke, Die Duldung als Form flexiblen Verwaltungshandelns, 1981, S 23; zu weit einschr Stuttgart NJW 77, 1406; Bickel DÖV 81, 448, 453, alle mwN; str; zur Unbeachtlichkeit des Minimierungsgebots aus § 1 a II WHG Wachenfeld, Wasserrechtliches Minimierungsgebot und Gewässerstrafrecht, 1993, S 76). Bei dem gegenwärtigen „Grenzwerte-Durcheinander" (so Breuer NJW 88, 2072, 2081), namentlich der Anwendung unterschiedlicher, in ihrer Kontrolldichte uneinheitlicher Überprüfungsverfahren und der erheblichen Fehlerstreubreite der technischen Meßmethoden (dazu Samson ZfW 88, 201; Peters NuR 89, 167) sind Verstöße gegen Richtwerte und namentlich auch gegen sog Überwachungswerte (Höchstwerte, deren Überschreitung durch spätere Messungen ausgeglichen werden kann) als solche nicht ausreichend (LG Bonn NStZ 87, 461; Rudolphi aaO; Dahs NStZ 87, 440; aM Möhrenschlager NuR 83, 209, 213; Franzheim NStZ 87, 437 und 88, 208; Breuer aaO; Nisipeanu NuR 88, 225; Kuhlen WiVerw 92, 215, 279, alle mwN; zw). Auch Verstöße gegen allgemeine Betreiberpflichten (zu ihrer Festlegung durch die Überwachungswertregelung Christiansen, Grenzen der behördlichen Einleiteerlaubnis und Strafbarkeit nach § 324 StGB, 1996, S 16 und 133) genügen für sich allein nicht (Breuer aaO; Kuhlen aaO S 241; aM AG Frankfurt MDR 88, 338; Schuck MDR 86, 811; Franzheim JR 88, 319, 322, alle mwN). Die Rechtslage wird hier befriedigend erst zu klären sein, wenn die Grenz-, Richt- und Überwachungswertbestimmungen durch die Verwaltungsbehörden vereinheitlicht und den Anforderungen des Bestimmtheitsgrundsatzes (Art 103 II GG) an- 11 gepaßt werden (s auch Papier NuR 86, 1; Rudolphi, Lackner-FS, S 863; Böhm UPR 94, 132; Steindorf LK 80–86; krit Übersicht über die einschlägige Rspr Schall NStZ 92, 209, 214, alle mwN).

12 cc) Bloße **behördliche Duldung,** dh das bewußte Nichteinschreiten der zuständigen Behörde gegen ein rechtswidriges Verhalten oder einen rechtswidrigen Zustand (ähnlich Rogall NJW 95, 922, 923; Horn SK 12 a vor § 324, beide mwN), hat als solche keine rechtfertigende Wirkung (Braunschweig ZfW 91, 52, 62; Laufhütte/Möhrenschlager ZStW 92, 912, 932 mwN; diff Hamm ZfW 74, 315; Stuttgart JR 78, 294; mit eingehender Begr auch Gentzcke, Informales Verwaltungshandeln und Umweltstrafrecht, 1990, S 154). Sie kann jedoch je nach den Umständen (zB wegen Verstoßes gegen den Verhältnismäßigkeitsgrundsatz, das Vertrauensschutzprinzip oder eine bindende Zusicherung) eine verwaltungsrechtliche Eingriffsschranke begründen, die belastendes Verwaltungshandeln rechtswidrig macht und deshalb strafrechtlich berücksichtigt werden muß. Die Auffassungen dazu gehen allerdings weit auseinander; sie reichen von grundsätzlicher Ablehnung bis zu nahezu vorbehaltloser Annahme der Rechtfertigungswirkung (vgl etwa Randelzhofer/Wilke aaO [vgl 11]; Hallwaß, Die behördliche Duldung als Unrechtsausschließungsgrund im Umweltstrafrecht, 1987 und NuR 87, 296; Hermes/Wieland, Die staatliche Duldung rechtswidrigen Verhaltens, 1988; Wüterich UPR 88, 248; Odersky, Tröndle-FS, S 291, 298; Rengier ZStW 101, 874, 905; Fluck NuR 90, 197; Wasmuth/Koch NJW 90, 2434; Heine NJW 90, 2425, 2433; Alleweldt NuR 92, 312; Schmitz aaO [vgl 10] S 112, der einer rechtmäßigen Duldung rechtfertigende Wirkung zuerkennt; ebenso Malitz aaO [vgl 10] S 133; Bergmann aaO [vgl 10] S 57 für § 325; Heider NuR 95, 335, 339; Perschke wistra 96, 161, 167; Hirsch LK 170–172 vor § 32; zusf Kuhlen WiVerw 92, 215, 266 und Rogall NJW 95, 922, der die Auswirkungen des 2. UKG berücksichtigt). Vor allem in schwebenden Genehmigungsverfahren wird die Duldung häufig als stillschweigend erteilte vorläufige Gestattung zu deuten sein (LG Bonn NStZ 88, 224; Breuer NJW 88, 2072, 2082; Ransiek aaO [vgl 10] S 147; einschr Möhrenschlager NuR 83, 209, 215; Bickel, in: Meinberg ua [Hrsg], Umweltstrafrecht 1989, S 261, 262; Alleweldt aaO S 314; str). – Ist eine Rechtfertigung nicht begründbar, so kommt (vermeidbarer oder unvermeidbarer) Verbotsirrtum in Frage (StA Mannheim NJW 76, 585; Stuttgart ZfW 77, 118; Braunschweig aaO S 61; die Rspr zusf Schall NStZ 92, 265; Neumann NK 66 zu § 17).

13 dd) Die besondere Befugnis deckt grundsätzlich **nur die Beeinträchtigung von Umweltgütern** (Tiedemann/Kindhäuser NStZ 88, 337, 344; diff Winkelbauer NStZ 88, 201, 204; Heine NJW 90, 2425, 2432; s auch Horn, Welzel-FS, S 719). Bei der Verletzung individueller Rechtsgüter, namentlich des Lebens, der Körperintegrität oder des Eigentums, bedarf die Rechtfertigung selbständiger Prüfung (Horn NJW 81, 1, 5). Für sie fehlt es an einer Grundlage jedenfalls bei Tötungen sowie erheblichen Körper- oder Eigentumsverletzungen, weil diese

schon von vornherein einer möglichen Güter- und Interessenabwägung entzogen und daher nicht genehmigungsfähig sind. Bei geringfügigen Körper- und Eigentumsverletzungen, die im Überschneidungsbereich zwischen den Umweltgütern und den Individualrechtsgütern liegen, wird man jedoch schon aus Gründen der Praktikabilität einen (engen) verwaltungsrechtlichen Beurteilungsspielraum anerkennen müssen, innerhalb dessen auch mögliche Verletzungserfolge in die Abwägung einbezogen und im Ergebnis in Kauf genommen werden können (StA Landau NStZ 84, 553; Brandts JA 85, 306, 307; Hirsch LK 168 vor § 32; Sch/Sch-Lenckner 63 d vor § 32; ähnlich Kuhlen WiVerw 92, 215, 248: nur über § 34; aM Rudolphi, Lackner-FS, S 863, 881; diff Winkelbauer NStZ 88, 201, 204, alle mwN; zw). Jedenfalls ist es danach aber nicht grundsätzlich ausgeschlossen, daß ungeachtet einer besonderen Befugnis eine strafbare Tötung, Körperverletzung oder Sachbeschädigung vorliegt; allerdings wird es idR an der Beweisbarkeit des Vorsatzes oder an der erforderlichen objektiven Sorgfaltspflichtverletzung (37–40 zu § 15) fehlen.

b) Von den **allgemeinen Rechtfertigungsgründen** (8–29 vor 14
§ 32) kommen praktisch nur rechtfertigender Notstand (§ 34) oder rechtfertigende Pflichtenkollision (15 zu § 34; s auch AG Bremen NStZ 81, 268) – allerdings auch diese nur ausnahmsweise – in Frage. Soweit nach der bundes- oder landesrechtlichen Regelung der Wasserwirtschaft eine verwaltungsrechtliche Vorkontrolle vorgeschrieben ist (vgl 9), muß sie wahrgenommen und in ihren Ergebnissen vom Strafrichter respektiert werden; die Lösung des Konflikts zwischen dem Interesse an natürlicher Wasserreinheit und den Bedürfnissen der Gewässernutzung ist insoweit – namentlich auch im Hinblick auf die Aufrechterhaltung der Produktion und die Erhaltung von Arbeitsplätzen, denen im Einzelfall erhebliches Gewicht zukommen kann (aM Laufhütte/Möhrenschlager ZStW 92, 912, 932) – den Wasserbehörden übertragen und gegenüber § 34 (vgl dort 14) als spezielle gesetzliche Konkretisierung des Notstandes zu verstehen (Rudolphi ZfW 82, 197, 209 und NStZ 84, 193, 196; Horn UPR 83, 362, 366; Schall, in: OsnabrRAbh Bd 1, S 1; s auch Steindorf LK 100). § 34 scheidet daher aus, wenn die vorgeschriebene Anrufung der Wasserbehörde unterblieben ist oder wenn diese die Erlaubnis verwaltungsrechtlich verbindlich (uU also auch durch materiell fehlerhafte, jedoch nicht unwirksame Entscheidung) versagt hat. Demgegenüber hält die hM die Annahme eines rechtfertigenden Notstandes auch in diesem Überschneidungsbereich nicht für prinzipiell, aber im Hinblick auf die Angemessenheitsklausel des § 34 doch im Regelfall für ausgeschlossen (vgl etwa bei Dallinger MDR 75, 723; Stuttgart ZfW 77, 118, 124; LG Bremen NStZ 82, 164 mit Anm Möhrenschlager; Randelzhofer/Wilke aaO [vgl 11] S 44; Albrecht/Heine/Meinberg ZStW 96, 943, 956). Im Ergebnis dürfte es daher zutreffen, daß der allgemeine Notstand auf unvorhersehbare Vorkommnisse, wie zB Betriebs- und Verkehrsunfälle, beschränkt bleibt (Malitz aaO [vgl 10]

S 129; beachte jedoch GStA Celle NJW 88, 2394); ein Rückgriff auf § 34 kommt aber auch in Frage, wenn – was in der Praxis durchaus vorkommt (BGHSt 38, 325, 331; Saarbrücken NJW 91, 3045) – die Handlungspflicht zur Abwasserbeseitigung mit der Pflicht zur Unterlassung der Gewässerverunreinigung kollidiert (Schall JuS 93, 719, 720). – Die Strafbarkeit entfällt ferner bei **sozialadäquatem Verhalten** (Triffterer, Umweltstrafrecht, 1980, S 182; 29 vor § 32), das vor allem zu prüfen ist, wenn im Sinne des § 326 VI schädliche Umwelteinwirkungen offensichtlich ausgeschlossen sind (speziell für Indirekteinleitung häuslicher Abwässer Scholz aaO [vgl 1] S 99.

15 6. **Vollendet** ist die Tat erst, wenn das Gewässer ganz oder zum Teil nachteilig verändert ist. Die **Strafbarkeit des Versuchs** kann vor allem bedeutsam werden, wenn der oft schwierige Kausalitätsnachweis (Verursachen einer nicht unerheblichen nachteiligen Veränderung, vgl 4) scheitert.

16 7. Die **Verantwortlichkeit** für den Gewässerschutz in **Betrieben und Unternehmen** (15 zu § 11; zu den Auswirkungen des 2. UKG [6 a vor § 324] auf die betriebliche Praxis Knopp BB 94, 2219), auch in öffentlichen (8 vor § 324; 8 zu § 264), bestimmt sich nach den allgemeinen Regeln (40 zu § 15), aus denen sich eine Einschränkung der objektiven Zurechnung nach den jeweiligen innerbetrieblichen Verantwortungsbereichen ergibt (Rudolphi, Lackner-FS, S 863, 867; Winkemann aaO [vgl 7] S 125; Schall aaO [vgl 4 vor § 324] S 104, alle mwN); dasselbe gilt für die zur Entsorgung verpflichteten Kommunalbehörden (8 vor § 324). Der Betriebsinhaber (Schall aaO S 108, 113), der Behördenleiter (BGHSt 38, 325 mit Bespr Schwarz NStZ 93, 285, Schall JuS 93, 719, Pfohl NJW 94, 418, Nestler GA 94, 514, Knopp DÖV 94, 676, 678 und Michalke NJW 94, 1693; Frankfurt NStZ-RR 96, 103), deren vertretungsberechtigte Organe (Schlüchter, Salger-FS, S 139), der Betriebsleiter (Stuttgart NStZ 89, 122) und die innerbetrieblich für den Gewässerschutz Zuständigen sind im Rahmen ihrer Aufgabenbereiche Überwachungsgaranten (Müller UPR 90, 367; aM für den Behördenleiter Jescheck/Weigend AT S 624: nur dienstrechtlich verantwortlich; s auch Rengier, Das moderne Umweltstrafrecht im Spiegel der Rechtsprechung, 1992, S 38; Schall NStZ 92, 265, 267; speziell zur umweltstrafrechtlichen Verantwortlichkeit des Vorstands einer AG Ebenroth/Willburger BB 91, 1941, des Geschäftsführers einer GmbH Weimar GmbHR 94, 82, 87 und bei einer mehrköpfigen Geschäftsleitung Schall aaO [vgl 4 vor § 324] S 114). Sie kommen daher nicht nur als Begehungs-, sondern auch als Unterlassungstäter (2–15 zu § 13) in Frage (Rudolphi aaO S 872; Schünemann, in: Breuer ua [Hrsg], Umweltschutz und technische Sicherheit im Unternehmen, 1994, S 137, 149); bei leitenden Funktionsträgern bildet die Haftung nur wegen Unterlassung die Regel (Odersky, Tröndle-FS, S 291, 292; Schlüchter aaO S 140, 146; aM Kuhlen WiVerw 91, 181, 242, beide mwN; zT unrichtig Saarbrücken NJW 91, 3045 mit krit Bespr Kühne

NJW 91, 3020, Groß/Pfohl NStZ 92, 119 und Hoyer NStZ 92, 387). – Die Stellung als „Gewässerschutzbeauftragter" im Sinne der §§ 21 a ff WHG (dazu Truxa ZfW 80, 220) begründet als solche keine Haftung, auch keine Vertreterhaftung nach § 14 (hM; vgl Frankfurt NJW 87, 2753, 2756 und Schlüchter aaO S 146), kann im Einzelfall aber für eine persönliche Haftung – etwa als Überwachungsgarant – durchaus eine zureichende Grundlage bilden (zusf Dahs NStZ 86, 97; Rudolphi aaO S 875; Winkemann aaO S 168; Salje BB 93, 2297; Schall aaO S 117; Steindorf LK 49–51; s auch Vierhaus NStZ 91, 466, 467, alle mwN; str). – Zur Verantwortlichkeit der Unternehmensleitung für Umweltschutz nach künftigem Recht Schünemann aaO S 173. – Zur **Beteiligung von Amtsträgern** an der Tat 8–11 vor § 324.

8. Besonders schwere Fälle § 330. 17

9. Tateinheit ua möglich mit §§ 303, 313, 314, 316 b Nr 2, 318, 18
319, 329 II, III, 330 a. Dasselbe gilt für § 326 (hM; anders BGHSt 38, 325: Gesetzeskonkurrenz), weil dieser auch dem Schutz des Bodens dient und der daraus folgende zusätzliche Unwert in einer Verurteilung nur nach § 324 keinen Ausdruck findet.

§ 324 a Bodenverunreinigung

(1) **Wer unter Verletzung verwaltungsrechtlicher Pflichten Stoffe in den Boden einbringt, eindringen läßt oder freisetzt und diesen dadurch**

1. in einer Weise, die geeignet ist, die Gesundheit eines anderen, Tiere, Pflanzen oder andere Sachen von bedeutendem Wert oder ein Gewässer zu schädigen, oder

2. in bedeutendem Umfang

verunreinigt oder sonst nachteilig verändert, wird mit Freiheitsstrafe bis zu fünf Jahren oder mit Geldstrafe bestraft.

(2) **Der Versuch ist strafbar.**

(3) **Handelt der Täter fahrlässig, so ist die Strafe Freiheitsstrafe bis zu drei Jahren oder Geldstrafe.**

Fassung des 31. StÄG (6 a vor § 324).

1. Die Vorschrift dient der **Reinhaltung des Bodens.** Geschützt 1
sind nach der auch hier gebotenen **ökologisch** orientierten Auslegung (1 zu § 324; 7 vor § 324) die dem Boden in seinem Naturzustand innewohnenden Funktionen für die Umwelt und den Menschen (vgl BT-Dr 12/192 S 15; Möhrenschlager NStZ 94, 513, 516; diff zwischen Nr 1 und Nr 2 des Absatzes 1 Bartholme, Der Schutz des Bodens im Umweltstrafrecht, 1995, S 205 und Sanden wistra 96, 283, 284). – Die Tat ist ein von jedermann begehbares **Erfolgsdelikt** (32 vor § 13); wegen der in Abs 1 Nr 1 näher umschriebenen Art des Erfolges (dazu näher 3, 4) kann die Tat auch als potentielles Gefährdungsdelikt (32 vor § 13) gedeutet werden (so auch Bartholme aaO S 206; Tröndle 2). –

Für eine Neufassung des praktisch nicht umsetzbaren Tatbestandes Hofmann, Bodenschutz durch Strafrecht?, 1996, S 135. – Die Zahl der Ermittlungsverfahren steigt an, Sanden, wistra 96, 283. – Zur Entstehungsgeschichte der Vorschrift Sanden aaO.

2 **2.** Angriffsobjekt ist der **Boden.** Nach den Bodenschutzgesetzen einzelner Bundesländer ist Boden die oberste überbaute und nicht überbaute Schicht der festen Erdkruste einschließlich des Grundes fließender und stehender Gewässer, soweit sie durch menschliche Aktivitäten beeinflußt werden kann (§ 2 I BodSchG Baden-Württemberg; Bartholme aaO [vgl 1] S 15; ähnlich Möhrenschlager NStZ 94, 513, 516, beide mwN; § 2 I Reg Entw eines Bundes-Bodenschutzgesetzes [BT-Dr 13/6701] nimmt die Gewässerböden aus und bezieht die flüßigen und gasförmigen Bestandteile ein).

3 **3.** Der tatbestandsmäßige **Erfolg** besteht in der **nachteiligen Veränderung des Bodens,** dem sich das Verunreinigen als Beispiel („sonst") unterordnet. Ein nachteiliges Verändern liegt in jeder an ökologischen Bedürfnissen gemessenen Verschlechterung der natürlichen Bodenbeschaffenheit (Tröndle 5; aM Horn SK 5); das wegen seiner Plastizität hervorgehobene **Verunreinigen** erfaßt jede sichtbare Veränderung der Bodenzusammensetzung, die sich ökologisch nachteilig auswirkt (BT-Dr 12/192 S 16; Bartholme aaO [vgl 1] S 211; vgl ergänzend 4, 5 zu § 324). Die Veränderung der physikalischen, chemischen oder biologischen Beschaffenheit des Bodens muß dazu führen, daß die Funktionen (dazu 1) des Bodens beeinträchtigt werden (krit Hofmann aaO [vgl 1] S 74, 91, der eine restriktive Auslegung fordert). Einschränkend verlangt der Tatbestand eine **bedeutende** nachteilige Veränderung des Bodens. Mit diesem Kriterium soll sichergestellt werden, daß nicht bereits unbedeutende Eingriffe in den Boden mit Strafe bedroht sind (BT-Dr 12/192 S 16 sowie 12/7300 S 22).

4 **a)** Nach **Abs 1 Nr 1** liegt eine solche bedeutende Bodenverunreinigung dann vor, wenn der Eingriff zur **Schädigung** bestimmter Objekte **geeignet** (13 zu § 325) ist (näher Bartholme aaO [vgl 1] S 212; krit Hofmann aaO [vgl 1] S 92). Bloße Belästigungen und Störungen scheiden damit aus (Möhrenschlager NStZ 94, 513, 517; Sanden wistra 96, 283, 284). Außer den in § 325 I 1 genannten Gefährdungsobjekten (dazu 13 zu § 325) wird noch das **Gewässer** (§ 330 d Nr 1; 2 zu § 324) genannt, um Fälle der Grundwassergefährdung ohne nachhaltige Bodenbeeinträchtigung zu erfassen (BT-Dr 12/192 S 17). **Sachen** haben auch hier **bedeutenden Wert** nicht nur, wenn sie ökonomisch, sondern auch dann, wenn sie ökologisch wertvoll sind (BT-Dr 12/7300 S 22; näher 13 zu § 325; speziell zu solchen Sachen im Umweltstrafrecht Rengier, Spendel-FS, S 559).

5 **b) Abs 1 Nr 2** verlangt eine Bodenverunreinigung in **bedeutendem Umfang.** Mit dieser sprachlichen Anpassung an die Nr 1 wird eine Einengung des Tatbestandes gegenüber dem Regierungsentwurf, der eine „sonst erhebliche" Bodenverunreinigung verlangt hatte, an-

gestrebt (BT-Dr 12/7300 S 22; Möhrenschlager NStZ 94, 513, 517). Die Formel ist dennoch zur Bestimmung der Erheblichkeitsschwelle wenig aussagekräftig (krit dazu die Ausschußminderheit BT-Dr aaO sowie Sanden wistra 96, 283, 284). Sie ist nicht nur rein quantitativ zu verstehen (aM Bartholme aaO [vgl 1] S 215 und Hofmann aaO [vgl 1] S 58, 101). Intensität und Dauer der Beeinträchtigung sind ebenso zu beachten wie der Aufwand zu ihrer Beseitigung (BT-Dr 12/192 S 17).

4. Anders als in § 324 (vgl dort 4) sind die **Tathandlungen** umschrieben. Durch diese Umschreibung soll aber jedes Verhalten erfaßt werden, durch das mittels **Stoffen** (dazu 2 zu § 229; näher Bartholme aaO [vgl 1] S 208) der Boden verunreinigt wird (BT-Dr 12/192 S 17). **Einbringen** beschreibt den finalen Stoffeintrag, zB das Aufbringen von Düngemittel (Bartholme aaO S 211); **eindringen lassen** das pflichtwidrige Nichtverhindern des Eindringens von Stoffen in den Boden durch Garanten (Sanden wistra 96, 283, 289; Horn SK 10; Sch/Sch-Cramer 7; aM Bartholme aaO S 211: echtes Unterlassungsdelikt); erfaßt ist auch die weitere nachteilige Veränderung eines verunreinigten Bodens, die zB durch ungesichertes Liegenlassen einer Altlast entsteht (Sanden aaO S 288 mwN; str); **freisetzen** das Schaffen einer Lage, in der sich der Stoff unkontrollierbar ausbreiten kann (vgl 3 zu § 330 a; krit Hofmann aaO [vgl 1] S 22: überflüssige Tatbestandsvariante). Mit diesen Umschreibungen beschränkt der Tatbestand die Bodenverunreinigung auf den typischen Fall des Eintrags und der Einwirkung gefährlicher Stoffe; sonstige unerlaubte Bodenbeeinträchtigungen wie Abgrabungen, Aufschüttungen oder das Errichten von Gebäuden, die zu Bodenerosionen oder Bodenverdichtungen führen können, sind allenfalls von § 329 II, III erfaßt (BT-Dr 12/192 S 16; Möhrenschlager NStZ 94, 513, 516; Sanden aaO S 284). 6

5. Das Merkmal der **Verletzung verwaltungsrechtlicher Pflichten** schränkt den Tatbestand weiter ein (vgl 4–12 zu § 325; eingehend Hofmann aaO [vgl 1] S 30, 107, der im Anhang einen Pflichtenkatalog zusammenstellt, S 141–180). Die Pflicht kann sich aus Rechtsvorschriften, gerichtlichen Entscheidungen oder Verwaltungsakten ergeben, die dem Schutz vor schädlichen Einwirkungen auf den Boden dienen (§ 330 d Nr 4). Rechtsvorschriften sind nur bei hinreichender Bestimmtheit zur Begründung solcher Pflichten tauglich. Diese Voraussetzung erfüllen allgemein gehaltene Programmsätze wie in § 6 I S 1, 2 PflSchG oder § 4 I BodSchG Baden-Württemberg nicht. Hinreichend bestimmt sind dagegen etwa §§ 7, 23 BImSchG mit den jeweils auf ihnen beruhenden Verordnungen oder § 17 ChemG in Verbindung mit der Gefahrstoffverordnung; auch im WHG und den Ländervorschriften über das Lagern wassergefährdender Flüssigkeiten finden sich zahlreiche pflichtenkonkretisierende Normen (zu den altlastenrechtlichen Regelungen der Länder Sanden wistra 96, 283, 285 mwN); schließlich kommen auch Vorschriften in Betracht, die dem Grundwasserschutz dienen (BT-Dr 12/192 S 17; Möhrenschlager NStZ 94, 513, 517; aM 7

Hofmann aaO S 113), wohl auch straßenverkehrsrechtliche Vorschriften (Bartholme aaO [vgl 1] S 217). Solange der verwaltungsrechtliche Bodenschutz weder hinreichend noch (bundes-)einheitlich geregelt ist, muß die Wirksamkeit des strafrechtlichen Bodenschutzes mit Vorsicht beurteilt werden (vgl Breuer JZ 94, 1077, 1088; weniger krit Sanden aaO S 286).

8 **6.** Der **Vorsatz** nach **Abs 1** muß auch die nachteilige Veränderung des Bodens (vgl 7 zu § 324) und den Widerspruch zum Verwaltungsrecht (16 zu § 325) umfassen. – Zum Sorgfaltsmaßstab bei **fahrlässigem** Verhalten vgl 7 zu § 324; auch hier reicht die Verletzung von StVO-Vorschriften bei Verkehrs-, nicht nur Gefahrgutunfällen (Rengier, Boujong-FS, S 791, 802).

9 **7.** Zu **Vollendung** und **Versuch** nach **Abs 2** vgl 15 zu § 324. Zur Beendigung und zum Verjährungsbeginn Sanden wistra 96, 283, 288 sowie 13 zu § 326.

10 **8.** Besonders schwere Fälle § 330.

11 **9. Tateinheit** ua möglich mit §§ 223, 230, 303, 324, 326, 329, 330 a. §§ 325 II, IV, 326 I Nr 4 a, 328 III treten hinter § 324 a I zurück (Bartholme aaO [vgl 1] S 224).

§ 325 Luftverunreinigung

(1) **Wer beim Betrieb einer Anlage, insbesondere einer Betriebsstätte oder Maschine, unter Verletzung verwaltungsrechtlicher Pflichten Veränderungen der Luft verursacht, die geeignet sind, außerhalb des zur Anlage gehörenden Bereichs die Gesundheit eines anderen, Tiere, Pflanzen oder andere Sachen von bedeutendem Wert zu schädigen, wird mit Freiheitsstrafe bis zu fünf Jahren oder mit Geldstrafe bestraft. Der Versuch ist strafbar.**

(2) **Wer beim Betrieb einer Anlage, insbesondere einer Betriebsstätte oder Maschine, unter grober Verletzung verwaltungsrechtlicher Pflichten Schadstoffe in bedeutendem Umfang in die Luft außerhalb des Betriebsgeländes freisetzt, wird mit Freiheitsstrafe bis zu fünf Jahren oder mit Geldstrafe bestraft.**

(3) **Handelt der Täter fahrlässig, so ist die Strafe Freiheitsstrafe bis zu drei Jahren oder Geldstrafe.**

(4) **Schadstoffe im Sinne des Absatzes 2 sind Stoffe, die geeignet sind,**

1. **die Gesundheit eines anderen, Tiere, Pflanzen oder andere Sachen von bedeutendem Wert zu schädigen oder**
2. **nachhaltig ein Gewässer, die Luft oder den Boden zu verunreinigen oder sonst nachteilig zu verändern.**

(5) **Die Absätze 1 bis 3 gelten nicht für Kraftfahrzeuge, Schienen-, Luft- oder Wasserfahrzeuge.**

Fassung des 31. StÄG (6 a vor § 324).

1. Die Vorschrift dient der **Reinhaltung der Luft.** Sie stellt nicht auf eine konkrete Umweltgefährdung oder -schädigung ab. **Abs 1 Satz 1** verlangt aber wie bisher für die Tathandlung deren Eignung zur Herbeiführung bestimmter Schäden; er enthält daher ein potentielles Gefährdungsdelikt (32 vor § 13). Der neue **Abs 2** beschreibt nur die Bedingungen einer generellen Gefährlichkeit (pflichtwidriges Freisetzen von Schadstoffen) und ist deshalb ein **abstraktes Gefährdungsdelikt** (32 vor § 13; aM Koch/Scheuing-Weber 5: potentielles Gefährdungsdelikt). 1

2. Gegenständliche Einschränkungen des Abs 1: 2

a) Beim Betrieb einer Anlage: Anlage ist eine auf gewisse Dauer vorgesehene, als Funktionseinheit organisierte Einrichtung von nicht ganz unerheblichen Ausmaßen, die der Verwirklichung beliebiger Zwecke dient. – Ob sie ortsfest (zB Betriebsstätte; Heizungsanlage) oder beweglich ist (zB Maschine), bleibt sich gleich; daher werden technische Geräte aller Art erfaßt, soweit nicht das Sprachverständnis wegen der begrenzten Funktion oder Dimension des Gegenstandes seiner Charakterisierung als Anlage entgegensteht (beachte auch den Begriff der Anlage iS des § 3 UmweltHG); ausgenommen (Abs 5) sind in Anlehnung an § 3 V Nr 2 BImSchG lediglich die – sei es auch mit gefährlichen Stoffen beladenen (Koblenz MDR 86, 162) – Verkehrsfahrzeuge, weil für sie die speziellen Regelungen des Verkehrsrechts gelten (BT-Dr 8/2382 S 16; krit Tröndle 7 vor § 324 mwN; zust jedoch Laufhütte/Möhrenschlager ZStW 92, 912, 939). – Unerheblich ist ferner, ob die Anlage der Hervorbringung technischer Leistungen dient oder nur die Bewahrung von Rohstoffen oder Produkten oder die Beseitigung von Abfällen bezweckt; auch Grundstücke, auf denen Stoffe gelagert oder abgelagert oder Arbeiten ausgeführt werden, sind deshalb einbezogen (§ 3 V Nr 3 BImSchG). – Gleichgültig ist schließlich, ob die Anlage gewerblich oder privat genutzt wird. – Damit ist der Begriff uferlos weit und die mit ihm beabsichtigte Einschränkung (BT-Dr aaO S 15) ohne praktische Wirkung. Eine Anregung des BRates, wenigstens eine Beschränkung auf Anlagen im Sinne des § 3 V BImSchG vorzunehmen (BT-Dr aaO S 30), ist ausdrücklich abgelehnt worden (BT-Dr 8/3633 S 27). Damit werden zugleich auch alle anderen, sonst noch im BImSchG oder in den auf ihm beruhenden RechtsVOen vorgesehenen Begrenzungen für das Strafrecht unverbindlich. Ausgeschieden sind immerhin bloße Belästigungen, wie sie vom Flämmen in Gärten oder auf Äckern ausgehen (BT-Dr 12/192 S 18). – **Betrieb** einer Anlage entspricht dem Betreiben im Sinne des § 4 BImSchG. Es ist weit auszulegen und umfaßt alle Handlungen, die zum tatsächlichen In-Funktion-Setzen oder -Halten beitragen; beendigt ist es erst nach völliger Stillegung (Sack 15), bei Müllplätzen also erst nach wirksamer Absicherung gegen (auch unbefugte) Weiterbenutzung (AG Cochem NStZ 85, 505; zw). Auch Unterlassen in Garantenstellung (6 zu § 13) kommt in Frage (Stuttgart ZfW 88, 248; StA Landau MDR 94, 935 mit krit Bespr Otto

JK 1 zu § 327); jedoch ist die Garantenpflicht im Anwendungsbereich des § 327 zur Vermeidung von Wertungswidersprüchen gegenüber dem Verwaltungsrecht ebenso wie bei der Abfallbeseitigung zu begrenzen (7 a zu § 326).

3 **b) Außerhalb des zur Anlage gehörenden Bereichs:** Einwirkungen auf die Anlage selbst, die sich jeweils auf den räumlichen Bereich erstreckt, für den die verwaltungsrechtlichen Pflichten zur Vermeidung schädlicher Umwelteinwirkungen auferlegt sind (BT-Dr 8/2382 S 16), scheiden für die Beurteilung der Eignung einer Immission zur Schädigung (vgl 13, 14) aus (krit Triffterer, Umweltstrafrecht, 1980, S 190; s auch 6 vor § 324). Es müssen also die Allgemeinheit oder die Nachbarschaft betroffen sein. Für Schädigungen innerhalb der Anlage gilt neben den allgemeinen Tatbeständen (zB §§ 222, 230) das Arbeitsschutzrecht.

4 **3.** Das Merkmal der **Verletzung verwaltungsrechtlicher Pflichten** schränkt den Verbotsbereich des Abs 1 nachhaltig ein (zur Kritik beachte 6 vor § 324).

5 **a)** Der in § 330 d Nr 4 im einzelnen beschriebene **Widerspruch zum Verwaltungsrecht,** der hier und mit Unterschieden in Einzelheiten auch in § 311 d I (dort 2), § 324 a I (dort 8), § 325 a I, II (dort 4), § 326 II, III (dort 8 a, 9), § 327 I, II (dort 2), § 328 I–III (dort 2) und § 329 I–III (dort 2) vorausgesetzt wird, ist nach der erkennbaren Intention des Gesetzes **Tatbestandsvoraussetzung,** verwaltungsrechtlich zulässiges Handeln daher schon **nicht tatbestandsmäßig** (BT-Dr 12/192 S 31 und 12/7300 S 25; Laufhütte/Möhrenschlager ZStW 92, 912, 941; zusf Heine/Meinberg, 57. DJT, Bd I, Gutachten Teil D, S 48, alle mwN; weiterführend Winkelbauer, Zur Verwaltungsakzessorietät des Umweltstrafrechts, 1985, S 16, 25; Kühl, Lackner-FS, S 815). Zu den Folgerungen für Vorsatz und Fahrlässigkeit vgl 16 und für die Rechtfertigung 17; zu Besonderheiten bei grenzüberschreitenden Umweltbeeinträchtigungen 14 vor § 324.

6 **b)** Alle Buchstaben des § 330 d Nr 4 setzen die Verletzung einer Pflicht voraus, die dem **Schutz vor schädlichen Umwelteinwirkungen,** bei § 325 speziell dem Schutz vor Luftverunreinigungen (BT-Dr 12/192 S 31), dienen. Einschlägig sind namentlich § 3 I BImSchG iVm den auf ihm beruhenden Rechtsverordnungen (Nachw bei Göhler [Lexikon] 154 C, D). Jedoch sind als Rechtsquellen andere Verwaltungsgesetze (zB das AtG, das KrW-/AbfG, die GewO, das ChemG und die Arbeitsschutzgesetze) nicht ausgeschlossen, soweit sie selbst oder die auf ihnen beruhenden Normen und Verwaltungsakte objektiv – sei es auch neben anderen Zwecken – umweltschützende Funktionen erfüllen (BT-Dr 8/2382 S 16, 34). Das kann im Einzelfall zu der schwierigen Prüfung zwingen, ob der Schutzzweck dieser anderen Normen und Verwaltungsakte als der weitere den des Abs 1 einschließt. – **Rechtsvorschriften** (§ 330 d Nr 4 a) sind nur bei hinreichender Bestimmtheit zur Konkretisierung einer Pflicht tauglich. Diese Voraus-

setzung ist erfüllt, wenn eine Pflicht in einer immissionsschutzrechtlichen Rechtsverordnung im Sinne von § 17 III oder § 20 I BImSchG abschließend bestimmt ist (Möhrenschlager NStZ 94, 513, 517); allgemeine Regelungen über Grundpflichten für Anlagenbetreiber (§§ 5, 22 BImSchG) sind dagegen keine hinreichend bestimmten Rechtsvorschriften (BT-Dr 12/192 S 18). – Eine verwaltungsrechtliche Pflicht kann sich auch aus einer **gerichtlichen Entscheidung** ergeben (§ 330 d Nr 4 b), etwa eine einstweilige Anordnung nach § 123 I S 2 VwGO (Koch/Scheuing-Weber 20).

c) **Verwaltungsakt** und **Auflage** (§ 330 d Nr 4 c und d) sind 7
ebenso wie die nicht mehr ausdrücklich hervorgehobenen, aber von der Vorschrift erfaßten Anordnungen und Untersagungen von einer Verwaltungsbehörde getroffene hoheitliche Maßnahmen, die der Regelung eines Einzelfalls auf dem Gebiet des öffentlichen Rechts dienen und auf unmittelbare Rechtswirkung nach außen gerichtet sind (§ 35 VwVfG). Auch aus einem **öffentlich-rechtlichen Vertrag** (§ 330 d Nr 4 e) kann sich eine Pflicht ergeben, sofern sie auch durch Verwaltungsakt hätte auferlegt werden können. Damit soll einerseits verhindert werden, daß die Anwendung des Umweltstrafrechts durch den Abschluß eines Vertrages anstelle des Erlasses eines Verwaltungsaktes vereitelt wird, zum anderen aber sichergestellt werden, daß die Verletzung sog überobligatorischer Pflichten nicht tatbestandsmäßig wird (BT-Dr 12/7300 S 25; Möhrenschlager NStZ 94, 513, 515). – Verwaltungsakte sind **vollziehbar,** wenn sie dem Betroffenen gegenüber verwaltungsrechtlich durchsetzbar sind. Außerdem darf die Möglichkeit, den Vollzug des Verwaltungsakts durch Rechtsbehelfe abzuwenden, nicht oder nicht mehr bestehen (BGHSt 23, 86; zusf Odenthal NStZ 91, 418, beide mwN). Das trifft nicht nur für unanfechtbare Verwaltungsakte, sondern auch für solche zu, deren sofortige Vollziehbarkeit sich entweder aus dem Gesetz ergibt (§ 80 II Nr 1–3 VwGO) oder ausdrücklich schriftlich angeordnet ist (§ 80 II Nr 4 VwGO).

aa) Die **materielle Rechtmäßigkeit** des Verwaltungsakts scheint 8
daher **keine notwendige Voraussetzung** der Strafbarkeit zu sein. Zwar ist unbestritten, daß jedenfalls nichtige Verwaltungsakte ausscheiden, dh solche, die an einem besonders schwerwiegenden Fehler leiden und dies bei verständiger Würdigung aller in Betracht kommenden Umstände offensichtlich ist (§§ 43 III, 44 I VwVfG). Jedoch muß der Verwaltungsakt selbst diesen Mangel aufweisen; seine Rückführung auf eine schwere Rechtsverletzung (zB Täuschung, Drohung, Bestechung) genügt, wie sich aus der Rücknahmeregelung des § 48 II S 3 Nr 1 VwVfG ergibt, dafür allein nicht (hM; vgl BVerwG NJW 85, 2658; Rogall, Die Strafbarkeit von Amtsträgern im Umweltbereich, 1991, S 169; Kuhlen WiVerw 92, 215, 252; anders Rengier ZStW 101, 874, 898). Jenseits dieser nur in Ausnahmefällen relevanten Grenze soll es nach hM, die sich insoweit an die allgemein zum Verwaltungsrecht entwickelte Rechtsprechung anlehnt (ua BGHSt 23, 86, 93; Oldenburg

NdsRpfl 80, 35; Hamburg JZ 80, 110; Karlsruhe NJW 88, 1604 mit krit Bespr Waniorek JuS 89, 24; Koblenz NJW 95, 2302; einschr Frankfurt StV 88, 301 mit Anm Wolf), auf die verwaltungsrechtliche Wirksamkeit zur Zeit der Tat ankommen, so daß die spätere Aufhebung im Verwaltungsrechtszug unerheblich ist (Laufhütte/Möhrenschlager ZStW 92, 912, 921; Rudolphi NStZ 84, 248, 252; Seier JA 85, 23, 25; Dölling JZ 85, 461, 464; Rogall, Köln-FS, S 505, 528 und GA 95, 299, 309; Odenthal NStZ 91, 418; Kuhlen WiVerw 92, 215, 262; Breuer JZ 94, 1077, 1084; Tröndle 9 zu § 330 d, alle mwN).

9 bb) Die Annahme einer so weitreichenden **Bindungswirkung** ist gerade bei diesen gemischt strukturierten Tatbeständen problematisch, deshalb sehr **kontrovers** und von einem tragfähigen Konsens noch weit entfernt. Der Standpunkt der hM wird nicht nur allgemein (Arnhold, Die Strafbewehrung rechtswidriger Verwaltungsakte, 1978 und JZ 77, 789; Gerhards NJW 78, 86; Sch/Sch-Lenckner 130 a vor § 32), sondern speziell auch für die Umweltdelikte mit verschiedenartigen Ansätzen und zum Teil auch beachtlichen Gründen in Frage gestellt (zB Ostendorf JZ 81, 165; Winkelbauer aaO [vgl 5] S 40; Kühl, Lackner-FS, S 815, 842; Schall NJW 90, 1263, 1267; Otto Jura 91, 308, 313; Schmitz, Verwaltungshandeln und Strafrecht, 1992, S 71; Bergmann, Zur Strafbewehrung verwaltungsrechtlicher Pflichten im Umweltstrafrecht, dargestellt an § 325 StGB, 1993, S 179; Perschke wistra 96, 161, 164; Koch/Scheuing-Weber 24; Horn SK 11 a vor § 324; Sch/Sch-Cramer 21 vor § 324; krit auch Tiedemann/Kindhäuser NStZ 88, 337, 344; Dahs/Redeker DVBl 88, 803, 810, alle mwN).

10 **d)** Ein **Handeln ohne Genehmigung** usw (§ 330 d Nr 5) verletzt eine verwaltungsrechtliche Pflicht, wenn das Erfordernis einer Genehmigung für dieses Handeln in einer Rechtsvorschrift (§ 330 d Nr 4 a) enthalten ist (ebenso Horn SK 9); dies kommt allerdings in § 330 d Nr 4 a nicht zum Ausdruck, weil § 330 d Nr 4 nur die Entstehungsgründe für verwaltungsrechtliche Pflichten aufzählt. Als **Grundlage** für die erforderliche Genehmigung kommt wohl nur § 4 BImSchG iVm den auf ihm beruhenden Rechtsverordnungen, allenfalls noch § 7 AbfG in Frage. Sie muß nicht notwendig schon ihrem Typ nach als das abschließende Ergebnis des vorgeschriebenen Genehmigungsverfahrens erscheinen (so aber für § 327 I LG Hanau NJW 88, 571, 572; für § 325 Bergmann aaO [vgl 9] S 48). Nach dem Schutzzweck der Vorschrift (vgl 6) dürfte es vielmehr genügen, wenn die Gestattung in eine andere verwaltungsrechtlich wirksame (beachte §§ 43, 44 VwVfG) Form (zB Vorabzustimmung, öffentlich-rechtlicher Vertrag, Zusage des Nichteinschreitens) gekleidet wird (Winkelbauer JuS 88, 691, 693; Bickel NStZ 88, 181; aM Dolde NJW 88, 2329, 2330; Heine/Meinberg aaO [vgl 5] S 46; Palme JuS 89, 944; Kuhlen WiVerw 91, 181, 224; Bergmann aaO S 50; s auch Burianek NJW 87, 2727; Breuer NJW 88, 2072, 2083; Horn NJW 88, 2335, alle mwN; zw) oder wenn infolge behördlicher Duldung eine verwaltungsrechtliche Eingriffsschranke besteht, die bela-

stendes Verwaltungshandeln rechtswidrig macht (12 zu § 324; beachte jedoch 17). – Im übrigen kommt es auch hier für die Tatbestandsmäßigkeit nur auf das formale, für den Strafrichter verbindliche Fehlen der Genehmigung zur Zeit der Tat an (Köln wistra 91, 74; Rogall JZ-GD-80, 101, 110; Laufhütte/Möhrenschlager ZStW 92, 912, 920; aM Winkelbauer aaO [vgl 5] S 40); bloß „materielle" Genehmigungsfähigkeit (mit uU nachträglicher Genehmigung) genügt auch hier nicht (10 zu § 324; für einen Strafaufhebungsgrund zugunsten des Betreibers Koch/Scheuing-Weber 73 vor § 62 BImSchG). Rechtsmißbräuchliches Verhalten im Sinne von § 330 d Nr 5 steht nach dieser Bestimmung dem genehmigungslosen Handeln gleich (10 zu § 324); rechtswidrige Genehmigungen, die nicht auf diese Weise erlangt wurden, schließen die Tatbestandsmäßigkeit aus (Perschke wistra 96, 161, 165: „Rückschluß" aus § 330 d Nr 5).

e) Eine **grobe Verletzung verwaltungsrechtlicher Pflichten** 11
wird hier (Abs 2) und mit Unterschieden im einzelnen auch in § 311 d III Nr 2 (dort 6) und § 328 I Nr 2, III (dort 2) vorausgesetzt. – **Grob pflichtwidrig** erfordert ein nach dem Ausmaß der Gefährlichkeit oder dem Grad der Pflichtwidrigkeit besonders schwerwiegendes Verhalten (Tun oder Unterlassen); es kann deshalb sowohl aus dem besonderen Gewicht der verletzten Pflicht als auch aus dem besonderen Maß der Pflichtvergessenheit in bezug auf eine an sich nicht wichtige Pflicht hergeleitet werden (BT-Dr 8/2382 S 16). Es fehlt allgemein, wenn das Verhalten materiell rechtmäßig ist (Dölling JZ 85, 461, 467; Tiedemann/Kindhäuser NStZ 88, 337, 343), und wird häufig auch fehlen, wenn sich ein sofort vollziehbarer Verwaltungsakt nach Tatbegehung im Widerspruchs- oder verwaltungsgerichtlichen Verfahren als nicht bestandskräftig erweist.

f) Die Verletzung verwaltungsrechtlicher Pflichten ist hier und in 12
den weiteren verwaltungsakzessorischen Tatbeständen des Abschnitts (vgl 5) **besonderes persönliches Merkmal im Sinne des § 14** (dort 13–15), so daß auch Vertreter als Täter erfaßt werden (Laufhütte/Möhrenschlager ZStW 92, 912, 941). § 28 I ist dagegen nicht anwendbar, weil diese Pflichten nur die Positionsnähe zum geschützten Rechtsgut betreffen (dort 3, 4; Koch/Scheuing-Weber 57; aM Tröndle 5 zu § 330 d; Horn SK 14).

4. Abs 1: Veränderungen der Luft bezeichnet nur den tatbe- 13
standsmäßigen Erfolg. Die Art und Weise seiner Herbeiführung ist gleichgültig (vgl 4 zu § 324). Auf die bisherige (§ 3 IV BImSchG entnommene) Umschreibung der Luftverunreinigung wurde aus Gründen der Vereinfachung aber auch deshalb verzichtet, um Fälle erfassen zu können, in denen wie bei der radioaktiven Kontaminierung von Luftbestandteilen eine Veränderung der natürlichen Zusammensetzung der Luft zweifelhaft ist (Möhrenschlager NStZ 94, 513, 517). – **Geeignet zur Schädigung** setzt weder Schadenseintritt noch konkrete Gefährdung voraus; Dauer und Intensität der Immission müssen nach gesicher-

ter naturwissenschaftlicher Erfahrung (Rudolphi NStZ 84, 248, 250; Horn SK 5) lediglich in ihrer konkreten Beschaffenheit und unter den konkreten Umständen (Hoyer, Die Eignungsdelikte, 1987, S 165; Rogall, Köln-FS, S 505, 516; einschr Tiedemann, Die Neuordnung des Umweltstrafrechts, 1980, S 32; Dölling, in: Benz ua, Natur- und Umweltschutzrecht, 1989, S 81, 86; Sch/Sch-Stree 18, alle mwN) generell tauglich sein, Schädigungen an Rechtsgutsobjekten der genannten Art zu verursachen (32 vor § 13; einschr Hoyer aaO). Die Aufzählung der Schutzobjekte in Abs 1 ist abschließend und kann deshalb nicht durch Auslegung um die in § 330 d Nr 4 a genannten Schutzobjekte erweitert werden (Koch/Scheuing-Weber 28). – Schädigung der **Gesundheit** 5 zu § 223. Gemeint ist hier der den Körperverletzungstatbeständen zugrundeliegende Gesundheitsbegriff, nicht der wesentlich weitere der Weltgesundheitsorganisation (BT-Dr 8/3633 S 27 mwN); Eignung zur Verursachung von Hustenreiz, Übelkeit oder Kopfschmerzen genügt, soweit diese Zustände die Erheblichkeitsschwelle (5 zu § 223) überschreiten (BT-Dr aaO), uU auch die Eignung zu psychischen Beeinträchtigungen, wenn diese sich körperlich auswirken (BT-Dr aaO). Bloße Belästigungen scheiden jedoch aus. – **Tiere, Pflanzen und andere** (nicht unbedingt fremde) **Sachen** haben **bedeutenden Wert,** wenn ein gewichtiges wirtschaftliches, ökologisches (BT-Dr 8/2382 S 16) oder historisches Allgemein- oder Individualinteresse an ihrer Erhaltung besteht. Angesichts der Einbeziehung von herrenlosen Sachen (namentlich wilden Tieren und Pflanzen) wäre die in anderen Tatbeständen (vgl zB 24 zu § 315 c) maßgebende Orientierung am Verkehrswert sachwidrig; dagegen muß auch hier nicht nur der Wert der Sache, sondern auch die möglicherweise drohende Schädigung bedeutend sein. In Frage kommen danach auch ökologische Schäden und Korrosionsschäden an Kunstdenkmälern (BT-Dr aaO S 15). – **Verursachen** ist auch durch Unterlassen in Garantenstellung (6 zu § 13), zB durch Unterlassen des Einbaus von Schmutzfiltern, möglich. Da Mitursächlichkeit genügt (11 vor § 13), können auch Summations- oder Kumulationseffekte den erforderlichen Gefährlichkeitsgrad begründen (Laufhütte/Möhrenschlager ZStW 92, 912, 942 mwN; zw).

14 5. **Abs 2** enthält einen neuen Emissionstatbestand, der zum Schutz der Luftreinheit in von Abs 1 nicht erfaßten Fällen eingreifen soll (BT-Dr 12/7300 S 22). Angesichts der zahlreichen Einschränkungen des Tatbestandes erscheint seine praktische Relevanz zweifelhaft (vgl die Bedenken der Ausschußminderheit BT-Dr aaO sowie Möhrenschlager NStZ 94, 513, 518). – Beim Betrieb einer Anlage (dazu 2). – Verletzung verwaltungsrechtlicher Pflichten (§ 330 d Nr 4; ergänzend 4–10); Pflichten können sich hier speziell aus Rechtsvorschriften und Anordnungen nach § 17 oder § 24 BImSchG ergeben; auch in Nebenbestimmungen iS von § 12 BImSchG können Anforderungen zur Emissionsminderung enthalten sein (BT-Dr 12/192 S 19). Grobe Verletzung (dazu 11). – **Freisetzen** 3 zu § 330 a. – Erfaßt ist nur das Freisetzen

von **Schadstoffen,** die nach **Abs 4** zur Schädigung bestimmter Gefährdungsobjekte (dazu 13) oder zur nachhaltigen Verunreinigung der drei Umweltmedien geeignet sind (krit zu dieser engen Fassung des Schadstoffbegriffs die Ausschußminderheit BT-Dr 12/7300 S 22). Schadstoffe müssen **in bedeutendem Umfang** (dazu 5 zu § 324 a) freigesetzt werden; der bedeutende Umfang ist in Relation zur Art, Beschaffenheit oder Menge der Schadstoffe zu bestimmen, Anhaltspunkte können sich etwa aus § 29 BImSchG ergeben (BT-Dr 12/192 S 19). – Enger als in Abs 1 (vgl 3) muß das Freisetzen in die Luft **außerhalb des Betriebsgeländes** erfolgen. Die Schadstoffe müssen danach in die Luft außerhalb des Betriebes, nicht nur der Anlage, gelangen (Möhrenschlager NStZ 94, 513, 518). Alle Arbeitnehmer auf dem Betriebsgelände sind deshalb nicht von § 325 II (je nach Sachlage aber von § 328 und § 27 ChemG) geschützt, wenn eine von mehreren Anlagen auf diesem Gelände außerhalb ihres Bereiches Schadstoffe freigesetzt hat (krit dazu die Ausschußminderheit BT-Dr 12/7300 S 22).

6. Die **verfahrensmäßige Feststellung** der unter 13 behandelten 15
Voraussetzungen stößt auf eine typische, im Gesetz begründete Schwierigkeit. Die von der BReg als Verwaltungsvorschrift erlassenen technischen Anleitungen (zB die TA Luft), deren Verbindlichkeit für die Gerichte umstritten ist (vgl zB BVerwGE 55, 250, 256; OVG Münster NJW 76, 2360; Herrmann ZStW 91, 281, 301; Nicklisch NJW 83, 841; Bergmann aaO [vgl 9] S 23; Horn SK 7), knüpfen nicht an die (engeren) Voraussetzungen des Abs 1 an. Deshalb ist für deren Konkretisierung die Entwicklung selbständiger Richt- und Grenzwerte unausweichlich (Rudolphi NStZ 84, 248, 250 mwN; str; zur rechtlichen Problematik der Grenzwertfindung im Umweltrecht Böhm UPR 94, 132). – Eine erhebliche Beweiserleichterung bringt der neue Abs 2, da er nur den Nachweis der Schädigungseignung des jeweiligen Schadstoffs verlangt.

7. Der **Vorsatz** (bedingter genügt) muß namentlich auch die Schä- 16
digungseignung der Immission (Abs 1) und den (zum Tatbestand gehörenden; vgl 5) Widerspruch zum Verwaltungsrecht, also das Vorliegen eines vollziehbaren, dh für den Täter verbindlichen, Verwaltungsakts (Puppe NK 81 zu § 16) oder das Fehlen der erforderlichen Genehmigung umfassen (NStZ 96, 338 zur irrigen Annahme einer Erlaubnis; Koch/Scheuing-Weber 90 vor § 62 BImSchG). Dabei folgt aus der das Unrecht mitbegründenden Kontrollfunktion des Verwaltungsverfahrens, daß der Vorsatz nicht nur die der Verwaltungswidrigkeit zugrundeliegenden Umstände, sondern auch diese selbst umfassen muß; ein Irrtum über das Genehmigungserfordernis ist daher Tatbestands-, nicht erst Verbotsirrtum (Rengier ZStW 101, 874, 884; Sch/Sch-Stree 26; aM Horn SK 11; Steindorf LK 64; diff Schwarz GA 93, 318, 327, alle mwN; zw). Soweit sich die Schädigungseignung erst aus Summations- oder Kumulationseffekten ergibt (vgl 13), muß der Vorsatz sich auch darauf erstrecken, was häufig kaum beweisbar sein wird. – Soweit grobe

Pflichtwidrigkeit vorausgesetzt wird (Abs 2), muß der Täter die Umstände kennen, aus denen sich dieses Urteil ergibt; er braucht sein Verhalten nicht selbst als grob pflichtwidrig zu bewerten (gesamttatbewertendes Merkmal, 16 zu § 15). – **Fahrlässiges** (35 zu § 15) Handeln nach **Abs 3** kann auch darauf beruhen, daß der Täter seine verwaltungsrechtlichen Pflichten verkennt; die fahrlässige Verwirklichung des Abs 2 wird typischerweise in der sorgfaltswidrigen Verursachung von Stör- und Unfällen liegen (BT-Dr 12/192 S 19).

17 **8.** Eine **Rechtfertigung** der Tat aufgrund allgemeiner Rechtfertigungsgründe (8–29 vor § 32) scheidet, da schon der Tatbestand die Verletzung verwaltungsrechtlicher Pflichten voraussetzt, in der Regel, aber nicht notwendig aus. Abs 1 beschreibt selbständige Unrechtstypen, die dadurch eingeschränkt sind, daß sie den verwaltungsrechtlichen Verbotsbereich nicht überschreiten. Das ändert aber nichts daran, daß sie im übrigen wie jeder andere Tatbestand der Prüfung auf Rechtfertigungsgründe unterliegen. Diese strafrechtliche Kompetenz kann durch die Verbindlichkeit des Verwaltungsakts, die nur die Tatbestandsmäßigkeit begründet, nicht überspielt werden (ebenso Horn NJW 81, 1, 8; aM Rudolphi NStZ 84, 248, 252). Das ist vor allem bedeutsam, wenn – abweichend von der hier vertretenen Auffassung – als die erforderliche Genehmigung nur die im normalen Genehmigungsverfahren erteilte angesehen wird (vgl 10) oder wenn verwaltungsrechtliche Eingriffsschranken, die belastendes Verwaltungshandeln rechtswidrig machen, als tatbestandsirrelevant ausgeschieden werden; daß in solchen Fällen die Verwaltungsrechtslage spätestens auf der Rechtswidrigkeitsebene durchschlagen muß, ist zur Wahrung der Rechtseinheit (Verwaltungsaktakzessorietät) unausweichlich. Im übrigen kann eine auf den Mißbrauchsgedanken gestützte Einschränkung (10 zu § 324) keinesfalls so weit gehen, daß schon bloße Kenntnis der Rechtswidrigkeit zur Versagung der Anerkennung führt (aM LG Hanau NJW 88, 571 mit insoweit abl Bespr Bickel NStZ 88, 181, Winkelbauer JuS 88, 691, Dolde NJW 88, 2329, Horn NJW 88, 2335 und Kuhlen WiVerw 91, 181, 228; krit auch Franzheim JR 88, 319, 321; Dahs/Redeker DVBl 88, 803, 810, alle mwN).

17a **9.** Der **Versuch** ist nur für **Abs 1** unter Strafe gestellt (**S 2**).

18 **10.** Die **Verantwortlichkeit** in Betrieben und Unternehmen (15 zu § 11) für den Emissionsschutz bestimmt sich im wesentlichen nach denselben Grundsätzen, die für den Gewässerschutz unter 16 zu § 324 dargelegt sind. Die Stellung als „Immissionsschutzbeauftragter" im Sinne der §§ 53 ff BImSchG begründet als solche keine Haftung, auch keine Vertreterhaftung nach § 14 (Koch/Scheuing-Weber 151 vor § 62 BImSchG); ihn treffen aber Garantenpflichten nach § 54 Abs 1 Nr 3 BImSchG, so daß er sich wegen Beihilfe durch Unterlassen zur nicht verhinderten Gewässerverunreinigung des Anlagenbetreibers strafbar machen kann (Koch/Scheuing-Weber 79 und 151 vor § 62 BImSchG; Sch/Sch-Stree 29).

11. Besonders schwere Fälle § 330. 18 a

12. Tateinheit ua möglich mit §§ 223, 230, 303, 304, 326, 327 II Nr 1 (aM für § 325 I, II Koch/Scheuing-Weber 67), 329 I. 19

13. Weitere dem **Immissionsschutz** dienende Vorschriften in §§ 325 a, 327 II Nr 1, 329 I. 20

§ 325 a Verursachen von Lärm, Erschütterungen und nichtionisierenden Strahlen

(1) **Wer beim Betrieb einer Anlage, insbesondere einer Betriebsstätte oder Maschine, unter Verletzung verwaltungsrechtlicher Pflichten Lärm verursacht, der geeignet ist, außerhalb des zur Anlage gehörenden Bereichs die Gesundheit eines anderen zu schädigen, wird mit Freiheitsstrafe bis zu drei Jahren oder mit Geldstrafe bestraft.**

(2) **Wer beim Betrieb einer Anlage, insbesondere einer Betriebsstätte oder Maschine, unter Verletzung verwaltungsrechtlicher Pflichten, die dem Schutz vor Lärm, Erschütterungen oder nichtionisierenden Strahlen dienen, die Gesundheit eines anderen, ihm nicht gehörende Tiere oder fremde Sachen von bedeutendem Wert gefährdet, wird mit Freiheitsstrafe bis zu fünf Jahren oder mit Geldstrafe bestraft.**

(3) **Handelt der Täter fahrlässig, so ist die Strafe**

1. **in den Fällen des Absatzes 1 Freiheitsstrafe bis zu zwei Jahren oder Geldstrafe,**
2. **in den Fällen des Absatzes 2 Freiheitsstrafe bis zu drei Jahren oder Geldstrafe.**

(4) **Die Absätze 1 bis 3 gelten nicht für Kraftfahrzeuge, Schienen-, Luft- oder Wasserfahrzeuge.**

Fassung des 31. StÄG (6 a vor § 324).

1. Die Vorschrift dient der **Verhütung unangemessenen Lärms. Abs 1** setzt für die Tathandlung deren Eignung zur Herbeiführung bestimmter Schäden voraus; er enthält daher ein sog **potentielles Gefährdungsdelikt** (32 vor § 13). **Abs 2** verlangt dagegen konkrete umweltbezogene Gefährdungen; es handelt sich daher um ein **konkretes Gefährdungsdelikt** (32 vor § 13), das auch dem Arbeitsschutz sowie dem Tier- und Sachschutz dient (Möhrenschlager NStZ 94, 513, 518). 1

2. Gegenständliche Einschränkungen: a) Gemeinsame: **Beim Betrieb einer Anlage** (2 zu § 325). Als bewegliche Anlagen kommen hier vor allem Maschinen in Betracht, zB Baumaschinen (auch Kompressoren, Preßlufthämmer usw) und Landmaschinen (auch größere Rasenmäher; zw). Ausgenommen sind nach **Abs 4** Verkehrsfahrzeuge (dazu 2 zu § 325). 2

3 **b)** Eine weitere Einschränkung enthält Abs 1: **Außerhalb des zur Anlage gehörenden Bereichs** (3 zu § 325).

4 **3.** Übereinstimmende Voraussetzung der Tathandlungen ist die **Verletzung verwaltungsrechtlicher Pflichten** (§ 330 d Nr 4; 4–10 zu § 325); dieses Merkmal schränkt den Verbotsbereich nachhaltig ein (zur Kritik beachte 6 vor § 324). Der Schutzbereich von Abs 1 ist auf den umweltbezogenen Schutz vor Gefahren für die menschliche Gesundheit beschränkt (BT-Dr 12/192 S 31). Eine ausdrückliche Bestimmung seines Schutzbereichs enthält Abs 2; er entspricht dem der §§ 1, 4, 5 I Nr 1 BImSchG (BT-Dr 8/3633 S 4 zu § 330 I Nr 2 aF). Es kommen aber nicht nur Verletzungen von Pflichten, die sich aus dem BImSchG ergeben, in Betracht, sondern auch solche, die sich aus der GewO oder dem ChemG ergeben, sofern sie nur dem Schutz vor Lärm, Erschütterungen oder nichtionisierenden Strahlen dienen.

5 **4.** Zu den **Tathandlungen**

a) Abs 1: Verursachung von Lärm. Unter **Lärm** sind Geräusche, dh hörbare, durch Schallwellen verbreitete Einwirkungen, zu verstehen, die geeignet sind, einen normal lärmempfindlichen Menschen zu belästigen (Sack 111). – Ausreichend ist nur der **zur Schädigung der Gesundheit** anderer **geeignete** Lärm (vgl 13 zu § 325). Er kommt nicht erst in Frage bei einem Dauerschallpegel von 80 Dezibel (dB [A]) oder mehr, auf den sich die Krankheit der Lärmschwerhörigkeit zurückführen läßt, sondern uU schon bei Einzeleinwirkungen mit einem Einzel- oder Gesamtschallpegel von 100 Dezibel (dB [A]) oder mehr, weil dadurch andere physiologische Störungen verursacht werden (BT-Dr 8/3633 S 28 zu § 325 I Nr 2 aF); zur umstrittenen Verbindlichkeit der hier einschlägigen TA Lärm s 15 zu § 325 (zur TA Luft). – **Verursachen** (vgl 13 zu § 325) ist auch durch Unterlassen in Garantenstellung (6 zu § 13), zB durch das Unterlassen des Einbaus von Schalldämpfern, möglich.

6 **b) Abs 2:** Als Folge der nicht näher umschriebenen Tathandlungen muß eine **konkrete Gefahr** (BGHSt 36, 255; 21, 22 zu § 315 c) eintreten für die Gesundheit eines anderen (5 zu § 223; 23 zu § 315 c), ihm nicht gehörende Tiere (fremde oder wildlebende [aM Tröndle 6 und Koch/Scheuing-Weber 19]) oder fremde (nicht herrenlose) Sachen von bedeutendem Wert (vgl 24 zu § 315 c; 13 zu § 325). Durch die Gleichstellung von Lärmerzeugung und Erschütterungen sind zB Gebäude sowohl gegen überlaute Musikanlagen im Freien als auch gegen extreme Erschütterungen des Bodens geschützt (BT-Dr 12/192 S 20). Zusätzlich sind nichtionisierende Strahlen erfaßt; gegen ionisierende Strahlen bieten §§ 311 a und d strafrechtlichen Schutz.

7 **5.** Zur verfahrensmäßigen Feststellung der unter 5 behandelten Voraussetzungen des Abs 1 vgl 15 zu § 325; die hier „einschlägige" technische Anleitung ist die TA Lärm.

6. Der **Vorsatz** muß in Abs 1 namentlich auch die Schädigungseignung des Lärms und die Verletzung verwaltungsrechtlicher Pflichten umfassen (vgl 16 zu § 325). Letzteres gilt auch für den Vorsatz hinsichtlich Abs 2; er muß außerdem die Gefährdung der genannten Objekte umfassen (zum Gefährdungsvorsatz 28 zu § 15). – Zum fahrlässigen (35 zu § 15) Handeln nach Abs 3 Nr 1 vgl 16 zu § 325; bei Abs 3 Nr 2 muß die Gefährdung fahrlässig verursacht sein (vgl 29, 30 zu § 315 c). 8

7. Zur **Rechtswidrigkeit** vgl 17 zu § 325. 9

8. Die **Verantwortlichkeit** in Betrieben und Unternehmen (15 zu § 11) für Lärmschutz bestimmt sich im wesentlichen nach denselben Grundsätzen, die für den Gewässerschutz unter 16 zu § 324 dargelegt sind. 10

9. Besonders schwere Fälle § 330. 11

10. Tateinheit ua möglich mit §§ 223, 230, 303, 304, 327 II Nr 1, 329 I. Führt die Lärmverursachung zu einer konkreten Gesundheitsgefährdung tritt Abs 1 hinter Abs 2 zurück (Koch/Scheuing-Weber 32). 12

11. Tätige Reue (in den Fällen des Abs 2 und in erweiterter Form in den Fällen des Abs 3 Nr 2) § 330 b. 13

§ 326 Umweltgefährdende Abfallbeseitigung

(1) **Wer unbefugt Abfälle, die**

1. **Gifte oder Erreger von auf Menschen oder Tiere übertragbaren gemeingefährlichen Krankheiten enthalten oder hervorbringen können,**
2. **für den Menschen krebserzeugend, fruchtschädigend oder erbgutverändernd sind,**
3. **explosionsgefährlich, selbstentzündlich oder nicht nur geringfügig radioaktiv sind oder**
4. **nach Art, Beschaffenheit oder Menge geeignet sind,**
   a) **nachhaltig ein Gewässer, die Luft oder den Boden zu verunreinigen oder sonst nachteilig zu verändern oder**
   b) **einen Bestand von Tieren oder Pflanzen zu gefährden,**

außerhalb einer dafür zugelassenen Anlage oder unter wesentlicher Abweichung von einem vorgeschriebenen oder zugelassenen Verfahren behandelt, lagert, ablagert, abläßt oder sonst beseitigt, wird mit Freiheitsstrafe bis zu fünf Jahren oder mit Geldstrafe bestraft.

(2) **Ebenso wird bestraft, wer Abfälle im Sinne des Absatzes 1 entgegen einem Verbot oder ohne die erforderliche Genehmigung in den, aus dem oder durch den Geltungsbereich dieses Gesetzes verbringt.**

(3) **Wer radioaktive Abfälle unter Verletzung verwaltungsrechtlicher Pflichten nicht abliefert, wird mit Freiheitsstrafe bis zu drei Jahren oder mit Geldstrafe bestraft.**

(4) **In den Fällen der Absätze 1 und 2 ist der Versuch strafbar.**

(5) **Handelt der Täter fahrlässig, so ist die Strafe**

1. **in den Fällen der Absätze 1 und 2 Freiheitsstrafe bis zu drei Jahren oder Geldstrafe,**
2. **in den Fällen des Absatzes 3 Freiheitsstrafe bis zu einem Jahr oder Geldstrafe.**

(6) **Die Tat ist dann nicht strafbar, wenn schädliche Einwirkungen auf die Umwelt, insbesondere auf Menschen, Gewässer, die Luft, den Boden, Nutztiere oder Nutzpflanzen, wegen der geringen Menge der Abfälle offensichtlich ausgeschlossen sind.**

Fassung des 31. StÄG (6 a vor § 324).

1 **1.** Die Vorschrift dient der **Verhütung unzulässiger Abfallbeseitigung** nicht nur zum Schutz von Menschen und Umweltmedien, sondern auch von Tieren und Pflanzen, soweit sie wirtschaftlich oder ökologisch irgendwie nützlich sind (Steindorf LK 1). Ihr liegen die in diesem Abschnitt geschützten Rechtsgüter zugrunde (7 vor § 324). Daß sie auch Elemente gemeingefährlicher Delikte aufweist (so Schittenhelm GA 83, 310, 311; Winkelbauer, in: Meinberg ua [Hrsg], Umweltstrafrecht, 1989, S 69), hat für den Schutzzweck keine verändernde Bedeutung (Rogall NStZ 92, 360, 363; aM Kuhlen WiVerw 91, 181, 205, alle mwN; zw). Da es auf eine Gefährdung oder Schädigung bestimmter Objekte nicht ankommt, beschreiben die Tatbestände **abstrakte Gefährdungsdelikte** (BGHSt 36, 255, 257; 39, 381, 385; Sch/Sch-Lenckner 1 a, alle mwN), in Abs 1 Nr 4 in der speziellen Ausgestaltung als potentielles Gefährdungsdelikt (32 vor § 13; weiter diff Schittenhelm aaO). – Zusf zu Grundfragen des Abfallstrafrechts Rogall NStZ 92, 360 und 561; Winkelbauer JuS 94, 112, 113; Kloepfer/Vierhaus, Umweltstrafrecht, 1995, Rdn 96–98 und 125–142. – Zum Abfallstrafrecht in Österreich Schick, in: Funk (Hrsg), Abfallwirtschaftsrecht, 1993, S 269. – Zu internationalen Tendenzen im Abfallstrafrecht Heine, Triffterer-FS, S 401, 413.

2 **2. a) Abfälle** sind nach § 3 I KrW-/AbfG bewegliche Sachen, die unter eine der im Anh I genannten Abfallgruppen (Q1–Q16) fallen und deren sich der Besitzer (§ 3 VI KrW-/AbfG; näher zum Besitz Sch/Sch-Lenckner 2 d und 11) entledigt (§ 3 II KrW-/AbfG) beziehungsweise entledigen will (§ 3 III KrW-/AbfG, sog gewillkürter Abfall) oder entledigen muß (§ 3 IV KrW-/AbfG, sog Zwangsabfall).

2 a aa) Diese Begriffsbestimmung ist auf § 326 übertragbar (BT-Dr 8/2382 S 17 zu § 1 AbfG aF; einschr schon unter der Geltung dieser Vorschrift Rittiens, Der Abfallbegriff im Strafrecht, 1994), auch wenn eine begriffliche Akzessorietät des strafrechtlichen Abfallbegriffs zum verwaltungsrechtlichen Abfallbegriff nicht besteht (Rogall GA 95, 299, 302; Perschke wistra 96, 161, 162). Im Gegensatz zum sehr unbestimmten Wortlaut des § 1 I AbfG aF definiert § 3 KrW-/AbfG die drei Entledigungsvarianten näher. Der strafrechtliche Abfallbegriff ist dadurch

aber nicht zwangsläufig als geklärt anzusehen. Vorbehaltlich einer weiteren Klärung in der gerade erst begonnenen Diskussion um die Anpassung des strafrechtlichen Abfallbegriffs an das KrW-/AbfG (Rogall, Boujong-FS, S 807) ist weiterhin zu differenzieren: Beim (privatrechtsbezogenen) **gewillkürten Abfall** ist zu verlangen, daß der Täter die Sachen „loswerden", dh sich ihrer als für ihn wertlos entledigen, nicht unmittelbar einer Weiterverwendung oder -verarbeitung zuführen will. Nach neuerer Rspr, die auch die EG-Richtlinien zum Abfallrecht berücksichtigt (dazu Franzheim/Kreß JR 91, 402 und Hugger NStZ 93, 421; zum EG-Abfallbegriff Petersen/Rid NJW 95, 7), steht dem nicht entgegen, daß eine wirtschaftliche Wiederverwendung nach der Entsorgung noch möglich und ins Auge gefaßt ist (BGHSt 37, 333 mit Anm Sack JR 91, 338 und Horn JZ 91, 886; Düsseldorf wistra 94, 73, 74; Oldenburg wistra 96, 116; – für die Weitergeltung dieser Modifizierung auch nach Geltung des KrW-/AbfG Rogall, Boujong-FS, S 807, 822 unter Berufung auf BT-Dr 12/5672 S 55). Der Entledigungswille muß geäußert, dh nach außen hin erkennbar gemacht werden, allerdings nicht notwendig verbal; es genügt, daß er nur aus der Art und Weise des Verhaltens hervorgeht (Bay NZV 93, 164). (Verwaltungsrechtsbezogener) **Zwangsabfall** erfaßt nach § 3 IV KrW/AbfG bewegliche Sachen, die nicht mehr gemäß ihrer ursprünglichen Zweckbestimmung verwendet werden; sie müssen darüber hinaus aufgrund ihres konkreten Zustandes geeignet sein, gegenwärtig oder künftig das Wohl der Allgemeinheit, insbesondere die Umwelt, zu gefährden; schließlich muß ihr Gefährdungspotential nur durch eine ordnungsgemäße und schadlose Verwertung oder gemeinverträgliche Beseitigung ausgeschlossen werden können. Es geht also um Sachen, die zwar „ausgedient" haben, aber von solcher Gefährlichkeit für die Umwelt sind, daß eine abfallrechtlich vorgesehene Entsorgung (§ 3 VII KrW-/AbfG) erforderlich ist (vgl näher Sch/Sch-Lenckner 2 f). Wie bisher schon muß beim Zwangsabfall hinzukommen, daß die Sachen objektiv ohne gegenwärtigen Gebrauchswert sind (BGHSt 37, 21; NJW 94, 2161; Bay MDR 91, 77, JR 91, 216 mit Anm Schmoller und NZV 93, 164; ähnlich NJW 90, 2471; Braunschweig ZfW 91, 52, 57; zust Rengier, Das moderne Umweltstrafrecht im Spiegel der Rechtsprechung, 1992, S 19; Rogall NStZ 92, 360, 364; Horn SK 4, 6; Sch/Sch-Lenckner 2 f; zusf Kuhlen WiVerw 91, 181, 206 und Heine, Triffterer-FS, S 401, 407, alle mwN; str); so zB ein Autowrack nach Ausbau von Motor und Getriebe (Braunschweig NVwZ 94, 934; Celle NStZ 96, 121), nicht jedoch, wenn dessen Motor noch neuwertig ist (KG ZfW 94, 239; Koblenz NStZ-RR 96, 9). – Dieser Abfallbegriff des StGB wird weder durch die Ausnahmen des § 1 III AbfG aF, § 2 II KrW-/AbfG eingeschränkt (hM zum alten Recht; vgl BGHSt 37, 21 mit krit Bespr Lamberg NJW 91, 1996) noch durch die Abfallfiktionen der §§ 5 II, 5 a, 15 AbfG aF, §§ 3 III, 15 IV KrW-/AbfG erweitert (zum alten Recht Sack NStZ 91, 337; zum neuen Recht Sch/Sch-Lenckner 2 g). Deshalb stuft § 326 eine Anzahl früherer Ordnungswidrigkeiten nach dem TierKBG, FleischBG, TierSG, PflanzenschutzG, AtG und AltölG als Straftaten ein (BGHSt 37, 21 mwN; s auch Franzheim JR 88, 319, 320).

3 bb) Verseuchter **Boden** ist als solcher nicht Gegenstand des Abfallrechts, kann es aber durch Aushebung und „Auskofferung" werden (NJW 92, 122; Düsseldorf NuR 94, 462). Im übrigen kommen als Abfall neben festen und flüssigen auch **gasförmige** Stoffe in Frage, wenn sie in Behälter gefaßt sind (Steindorf LK 3; weiter Triffterer, Umweltstrafrecht, 1980, S 212).

3 a cc) **Speziell** zur Begrenzung des Abfallbegriffs bei sog Altlasten Franzheim ZfW 87, 9. Der Begriff des radioaktiven Abfalls ist im Gegensatz zum Abfallbegriff der Absätze 1 und 2 ausschließlich nach dem Verwaltungsrecht, speziell dem Atomrecht (§ 9 a AtG) zu bestimmen (NJW 94, 2161; Celle NJW 87, 1281; Sch/Sch-Lenckner 2 h und 5).

4 **b)** Nur Abfälle, die im Sinne des Abs 1 **gefährlich** sind, werden erfaßt:

aa) **Nr 1: Gifte** 2 zu § 229. Die Umschreibung der **Seuchenerreger** lehnt sich an Art 74 Nr 19 GG an. Der Abfall muß die Gifte oder Erreger entweder zur Zeit der Tathandlung schon enthalten oder sie in einem Maße hervorbringen können, daß die Gleichstellung mit den anderen gefährlichen Abfallarten gerechtfertigt ist; die Verunreinigung öffentlicher Anlagen durch den Kot einzelner Hunde reicht dazu nur aus, wenn die Gefährlichkeit des Kotes (iS der Nr 1) konkret festgestellt werden kann (Düsseldorf NStZ 91, 335 mwN). Die Vorschrift hatte in der 2. Alt aF (Seuchenerreger) zu Strafbarkeitslücken geführt (vgl die Voraufl). Diese werden durch den jetzt in Anlehnung an § 1 BSeuchG verwendeten Begriff der **übertragbaren gemeingefährlichen Krankheiten** geschlossen. Erfaßt werden danach alle Krankheiten, die durch Krankheitserreger unmittelbar oder mittelbar auf Menschen oder Tiere oder von Tieren auf Menschen und umgekehrt übertragen werden können; einbezogen sind auch Krankheiten, die durch Vermittlung von Pflanzen oder durch ein unbelebtes Agens übertragen werden (BT-Dr 12/192 S 20; Möhrenschlager NStZ 94, 513, 518). Der Erreger muß nicht vom infizierten Menschen oder Tier weiterübertragen werden können.

4 a bb) **Nr 2: für den Menschen krebserzeugende, fruchtschädigende** oder **erbgutverändernde** Abfälle; die Begriffe sind § 7 a WHG und § 3 a I Nr 12–14 ChemG entlehnt. Zu ihrer Präzisierung § 1 I Nr 12–14 GefährlichkeitsmerkmaleVO (Nachw bei Göhler [Lexikon] 181 a D) und Anh II der GefahrstoffVO (Nachw bei Göhler [Lexikon] 181 a C). Mit dieser neuen Nr 2 soll eine Lücke geschlossen werden, die der Giftbegriff hinterläßt, insb wenn der Nachweis einer chemisch-physikalischen Einwirkung nicht möglich ist (BT-Dr 12/192 S 20).

5 cc) **Nr 3: Explosionsgefährlich** § 1 I SprengG. – **Selbstentzündlich** ist ein Stoff, der deshalb besonders brennbar und daher (feuer-)gefährlich ist, weil er unter den von der Natur gegebenen Bedingungen

ohne besondere Zündung sich erhitzen und schließlich entzünden kann (BT-Dr 8/2382 S 18). **Radioaktiv** § 2 I, II AtG; § 3 I StrlSchV; zum Ausschluß nur geringfügig radioaktiver Abfälle beachte auch § 9 a II S 2 AtG; § 4 IV Nr 2, §§ 45, 46 StrlSchV (zur str Einbeziehung radioaktiv kontaminierten Klärschlamms Heine/Martin NuR 88, 325 mwN).

dd) **Nr 4 a** betrifft vor allem die sog **Sonderabfälle** (Rspr-Übersicht 6
bei Horn JZ 94, 1097, 1099); mit den „überwachungsbedürftigen Abfällen" iS des § 41 I KrW-/AbfG ist nur eine teilweise Deckung gegeben (Sch/Sch-Lenckner 6). Sie setzt deren – uU erst nach Beginn, aber vor Beendigung der Tathandlung eintretende (Zweibrücken NStZ 86, 411 mit Anm Sack) – **Eignung** (13 zu § 325) voraus, **nachhaltig,** dh in erheblichem Umfang und für längere Dauer (BGHSt 39, 381, 385; Zweibrücken NJW 92, 2841 mit abl Anm Weber/Weber NStZ 94, 36 und krit Bespr Winkelbauer JuS 94, 112, 115; Celle ZfW 94, 380; AG Hamburg NStZ 88, 365 mit abl Anm Meinberg; Czychowski ZfW 77, 84; unrichtig AG Lübeck NJW 91, 1125 mit abl Bespr Kuhlen WiVerw 91, 181, 212), eines der genannten Medien **zu verunreinigen oder sonst nachteilig zu verändern.** Für **Gewässer** (2 zu § 324) entspricht das – vom einschränkenden Erfordernis der Nachhaltigkeit abgesehen (Celle NJW 86, 2326) – den Voraussetzungen des § 324 I (dort 4, 5; beachte auch LG Frankfurt NStZ 83, 171; Pfohl wistra 94, 6, 7); zu wassergefährdenden Restflüssigkeiten von Autowracks Celle NStZ 96, 121 und Iburg NJW 94, 894. Derselbe Maßstab gilt auch für die **Luft** und den **Boden** (zB durch Getriebe- und Hydrauliköl eines Altfahrzeugs, Koblenz NStZ-RR 96, 9; vgl auch Oldenburg wistra 96, 116); eine dem § 325 I Nr 1 entsprechende Beschränkung auf Veränderungen, die für die Gesundheit oder für Sachen von bedeutendem Wert gefährlich sind (dort 13), ist der Nr 3 nicht zu entnehmen, so daß hier auch die Eignung zur Verursachung nachhaltiger Belästigungen in Frage kommt (Zweibrücken NJW 88, 3029; aM Tröndle 5 a; zw). Der zusätzliche Hinweis auf **Art, Beschaffenheit oder Menge** der Abfälle hat keine einschränkende Wirkung, weil nur diese Kriterien für die auf den konkreten Umständen (zB Bodenbeschaffenheit) fußende Beurteilung der schädlichen Eignung in Frage kommen (s auch Kuhlen WiVerw 91, 181, 213). – Gewässer, Luft und Boden im Ausland werden im Hinblick auf das auch den Menschen schützende Rechtsgut (vgl 1) vom Schutzbereich der Nr 4 a erfaßt (Rengier JR 96, 34; Heine, Triffterer-FS, S 401, 406; Horn SK 2; Sch/Sch-Lenckner 7; Tröndle 5 a; aM für Nr 3 aF BGHSt 40, 79 mit zust Bespr Michalke StV 94, 428 und Otto NStZ 94, 437; anders die Voraufl). – Abfälle sind häufig für Gewässer, Luft und Boden gleichermaßen gefährlich. In jedem Falle muß aber **mindestens eines dieser Schutzobjekte** betroffen sein; besteht nach den Umständen für keines von ihnen generelle Gefährlichkeit, ist der Tatbestand entsprechend seinem Schutzzweck einzuschränken (teleologische Reduktion); so scheiden zB Abfälle aus, die nur im Wasser gefährlich sind, wenn sie im Boden abgelagert werden und ausgeschlossen ist, daß sie ein Gewässer – sei es auch nur durch

spätere Umlagerung – gefährden (BT-Dr 8/2382 S 18; Rogall NStZ 92, 561; Kuhlen aaO S 215; aM Bay NJW 89, 1290; Rengier, in: Schulz [Hrsg], Ökologie und Recht, 1991, S 33, 46; Horn SK 14, alle mwN; s auch Hoyer, Die Eignungsdelikte, 1987, S 189; zw). – Die Nr 4 a **erfaßt namentlich** die in der Anl zur VO zu § 2 II AbfG v 3. 4. 1990 (BGBl I 614) und in den Anl I, II zu den Übereinkommen 1972 (3 zu § 5) bezeichneten Abfälle, ist darauf aber nicht beschränkt (Bay NStZ 88, 26). So kann zB auch genügen, wenn die Abfälle wassergefährdende Stoffe im Sinne des § 19 g V WHG enthalten, uU also auch Gifte, die wegen ihrer Unerheblichkeit für die menschliche Gesundheit den personenbezogenen Giftbegriff der Nr 1 und der §§ 229 (dort 2), 330 a nicht erfüllen (BT-Dr aaO; Laufhütte/Möhrenschlager ZStW 92, 912, 957). Altöle fallen nicht stets unter den Abfallbegriff des § 326, wohl aber bei Überschreitung bestimmter Grenzwerte (Köln NJW 86, 1117; Düsseldorf wistra 94, 73, 74, beide mwN). Hausmüll scheidet nicht grundsätzlich aus, weil die Ablagerung großer Mengen je nach der konkreten Umweltsituation für die Verwirklichung der Nr 3 ausreichen kann (BGHSt 34, 211 mit Bespr Sack NJW 87, 1248, Rudolphi NStZ 87, 324, Schmoller JR 87, 473 und Hallwaß NJW 88, 880, alle mwN; str). Dasselbe gilt für Klärschlamm, der regelmäßig, aber nicht notwendig (unklar Stuttgart NStZ 91, 590 mit krit Anm Franzheim JR 92, 481), Abfall ist, und für Stallmist, bei dem es allerdings häufig schon an der Abfalleigenschaft fehlt (Zweibrücken NStZ 91, 336 mit Anm Meinberg JR 91, 437 und Sack NStZ 91, 337; s auch Zweibrücken NuR 91, 41). Auch Stoffe, die in Gewässer oder Abwasseranlagen eingeführt werden, kommen in Frage, weil die Anwendungsbeschränkung des § 1 III Nr 5 AbfG für § 326 nicht gilt (vgl 2 a). Daher hängt es von den weiteren Voraussetzungen ab, ob Abwässer (BGHSt 37, 21; Himmel/Sanden ZfW 94, 499) oder Jauche, Gülle, Silosickersäfte und ähnliche in der Landwirtschaft anfallende organische Stoffe erfaßt werden (Celle NJW 86, 2326; Oldenburg NJW 88, 2391 und NuR 92, 41; Bay NJW 89, 1290).

6 a ee) Die neue **Nr 4 b** erfaßt die Eignung (13 zu § 325) zur Gefährdung eines **Bestandes von Tieren oder Pflanzen.** Damit soll die sonstige belebte Natur besser vor gefährlichen Abfällen geschützt werden (BT-Dr 12/192 S 20). Die Reichweite dieser Erweiterung der Verbotsmaterie ist unbestimmt. Der Verweis auf § 39 PflSchG (Tier- und Pflanzenpopulation in einem bestimmten Gebiet) führt kaum über den Wortlaut der Nr 4 b hinaus.

7 **3. a) Tathandlung nach Abs 1** ist das **Beseitigen** (nicht identisch mit dem weiten Begriff der Abfallbeseitigung iS des § 10 II KrW/AbfG). Es bildet den Oberbegriff, dem sich die weiter genannten Begehungsformen als Beispiele unterordnen („sonst“). Seine Voraussetzungen müssen danach von allen Tathandlungen erfüllt werden, mit der Folge, daß es selbst nur Auffangcharakter hat; es soll die Fälle erfassen, in denen keine der anderen Begehungsformen erfüllt ist; das kommt

etwa in Frage beim Herbeiführen neuer chemischer Verbindungen (BT-Dr 8/2382 S 18), beim Verwenden von Schlacke im Straßenbau (AG Dachau NStZ 96, 548 mit zust Anm Schroth; zw) oder beim Verkauf zwischengelagerter schadstoffbelasteter Altöle als Heizöl, bei dem der Täter die Kontrolle über den Abfall endgültig aufgibt (Düsseldorf wistra 94, 73 mwN).

aa) **Beseitigen** ist eine Handlung oder Unterlassung in Garantenstellung (6 zu § 13; 8 vor § 324) mit der Tendenz, sich einer Sache – sei es auch erst nach Vornahme weiterer Handlungen – auf Dauer zu entledigen (Köln NJW 86, 1117 mwN; krit Heine, Triffterer-FS, S 401, 411; anders Hecker NStZ 90, 326, 328, Rogall NStZ 92, 561, 562 und Steindorf LK 40, 41, die auf die Nichterfüllung der Überlassungspflicht an den gesetzlich Entsorgungspflichtigen abstellen; anders auch Sch/Sch-Lenckner 10, der objektiv das Schaffen eines gefährlichen Zustandes voraussetzt, in dem Abfälle der gesetzlich vorgesehenen Abfallentsorgung entzogen sind; zw); jedoch werden nicht nur Sachen erfaßt, die vollständig beseitigt werden sollen, sondern auch solche, die nach Entsorgung durch Aufbereitung oder Reststoffverwertung dem Wirtschaftskreislauf wieder zugeführt werden können (BGHSt 37, 333 mit Bespr Sack JR 91, 338, Horn JZ 91, 886 und Franzheim/Kreß JR 91, 402). Nicht erfaßt sind die eigentlichen Verwertungshandlungen (zB Einbindung in Erzeugnisse) und die Zuführung zur Verwertung (Rogall, Boujong-FS, S 807, 824; aM für die Verwertung Schroth NStZ 96, 547). Eine Ortsveränderung (vgl etwa §§ 134, 145 II Nr 2, § 315 I Nr 1, §§ 316 b, 317) ist nicht erforderlich (BT-Dr 8/2382 S 18). – **Unterlassen** kommt zB in Frage, wenn der zur Beseitigung einer Altlast (zB aufgrund Ingerenz oder Sachherrschaft) verpflichtete Garant untätig bleibt (diff Franzheim ZfW 87, 9; gegen eine abfallstrafrechtlich begründbare Garantenpflicht Horn SK 23 a) oder wenn ein Grundstückseigentümer oder -besitzer als Überwachungsgarant (aufgrund Sachherrschaft) dafür einzustehen hat, daß von Dritten abgelagerter sog „wilder Müll" von dem Grundstück entfernt wird (Frankfurt NJW 74, 1666; LG Koblenz NStZ 87, 281; zur str Begrenzung dieser Garantenpflicht, die zur Vermeidung von Wertungswidersprüchen gegenüber dem Verwaltungsrecht geboten ist, Iburg NJW 88, 2338; Geidies NJW 89, 821; Hohmann NJW 89, 1254; Hecker, Die abfallstraf- und bußgeldrechtliche Verantwortlichkeit für illegale Müllablagerungen Dritter, 1991, S 92 und NJW 92, 873; Sack JR 92, 518; Schmitz NJW 93, 1167; Wessel, Die umweltgefährdende Abfallbeseitigung durch Unterlassen, 1993, S 54, alle mwN; s auch BVerwGE 67, 8; NJW 92, 122). 7 a

bb) **Behandeln** umfaßt zB Aufbereiten, Zerkleinern, Kompostieren, Entgiften oder Verbrennen, wenn sie nicht unmittelbar der wirtschaftlichen Verwertung (weiter Horn SK 18), sondern der Beseitigung dienen (vgl 7 a). **Lagern** bezeichnet die vorübergehende Zwischenlagerung, dh die Aufbewahrung zur nachfolgenden anderweitigen Beseitigung (BGHSt 37, 333; NJW 94, 1744 mit Anm Michalke StV 94, 428, Otto NStZ 94, 437 und Cramer NStZ 95, 186; Düsseldorf NuR 94, 462; 7 b speziell zu einem Fall vorübergehender Umlagerung Köln JR 91, 523 mit krit Anm Sack); daß die Sache nach Entsorgung durch Aufbereitung oder Reststoffverwertung wieder in den Wirtschaftskreislauf eingeführt werden soll, ist unerheblich (BGH aaO). Nicht ausreichend ist die bloße Bereitstellung zur Abfuhr zwecks anderweitiger wirtschaftlicher Verwertung (Düsseldorf MDR 82, 868; Köln NStZ 87, 461 mwN), auch nicht das vorübergehende Abstellen eines noch am Straßenverkehr teilnehmenden verkehrsunsicheren Fahrzeugs (Bay VRS 66, 227). **Ablagern** ist die endgültige Beseitigung (BT-Dr 8/2382 S 18; beachte 7 a). **Ablassen** (vgl das Internationale Übereinkommen zur Verhütung der Verschmutzung der See durch Öl, 3 zu § 5) ist jegliches Ausfließen, ohne Rücksicht auf seine Ursache (BT-Dr aaO).

8 **b)** Die Merkmale **außerhalb einer dafür zugelassenen Anlage oder unter wesentlicher Abweichung von einem vorgeschriebenen oder zugelassenen Verfahren** scheiden befugtes Handeln schon aus dem Tatbestand aus (beachte dazu 4–10 zu § 325). – **Anlage** 2 zu § 325. Neben Abfallentsorgungsanlagen (vgl § 27 KrW-/AbfG; 3 zu § 327) werden namentlich auch Anlagen nach § 1 I Nr 4 TierKBG und nach § 9 a III AtG erfaßt. Eine Anlage ist **zugelassen,** wenn für sie eine Planfeststellung oder Genehmigung vorliegt (§ 7 AbfG aF, § 31 KrW-/AbfG), wenn sie als Altanlage der zuständigen Behörde angezeigt worden ist (§ 9 I AbfG aF, § 35 KrW-/AbfG) oder wenn sich die Zulässigkeit aus anderen Rechtsvorschriften ergibt. – Die **Abweichung von einem vorgeschriebenen oder zugelassenen Verfahren** (näher zur Neuregelung des § 13 KrW-/AbfG und dessen Bedeutung für das „Verfahren" Fluck DVBl 95, 537; Rogall, Boujong-FS, S 807, 823) ist auch relevant, wenn sie in einer zugelassenen Anlage geschieht (hM; vgl Karlsruhe NStZ 90, 128 mwN), allerdings nur unter der Voraussetzung, daß die der Anlage zugeführten Gegenstände dem Abfallbegriff unterfallen. Regelmäßig wird sie daher nur bei Abfallbeseitigungen außerhalb von Anlagen praktisch (vgl zB § 5 II TierKBG; § 3 I StrlSchV). Die Abweichung ist **wesentlich,** wenn infolge der vorschriftswidrigen Behandlung die Möglichkeit offen bleibt, daß die generelle Gefährlichkeit des Abfalls für die Umwelt (vgl 4–6 a) nicht ausgeschaltet wurde (ähnlich BT-Dr 8/2382 S 19; weiter Rogall JZ-GD-80, 101, 110; krit Sack NJW 80, 1424, 1427). Die Tatbestandsmäßigkeit wird nicht dadurch in Frage gestellt, daß ein Verfahren außerhalb einer Anlage, wie das zB für die Beseitigung von Silosickersäften zutrifft, nicht vorgesehen ist (Oldenburg NJW 88, 2391; Bay NJW 89, 1290; Celle MDR 89, 842; anders noch Celle NJW 86, 2326 mit abl Bespr Lamberg NJW 87, 421 und 89, 575; vgl auch BGHSt 39, 381, 385, alle mwN); daraus erwachsende Schwierigkeiten können nur auf der Ebene der Rechtswidrigkeit oder der Schuld (zB behördliche Duldung, Notstand, Verbotsirrtum) ausgeräumt werden.

8 a **4.** Der neue **Abs 2** soll die Auswüchse des sog Abfalltourismus bekämpfen (BT-Dr 12/192 S 20). **Abfälle** iSd Abs 1 (dazu 2–6 a sowie

ergänzend BT-Dr 12/7300 S 22 mit Hinweis auf den Abfallbegriff der am 6. 5. 94 in Kraft getretenen VO Nr 259/93 des Rates der EG zur Überwachung und Kontrolle der Verbringung von Abfällen in der, in die und aus der EG [ABl EG Nr L 30, S 1; näher zu dieser VO Heine, Triffterer-FS, S 401, 414]; vgl auch BT-Dr 12/6351 S 12, 19, § 10 III KrW-/AbfG sowie Möhrenschlager NStZ 94, 513, 519). – **Tathandlung** ist das **Verbringen in dem, aus dem und durch den Geltungsbereich dieses Gesetzes** (5 zu § 3). In Übereinstimmung mit den Grundgedanken des Basler Übereinkommens wird das grenzüberschreitende Verbringen erfaßt (BT-Dr 12/192 S 21). Entsprechend dem Vorschlag des BRates wurde neben der Ein- und Ausfuhr auch noch ausdrücklich die Durchfuhr gefährlicher Abfälle als Tathandlung aufgenommen (BT-Dr 12/7300 S 23; Kloepfer/Vierhaus aaO [vgl 1] Rdn 139). – Das Verbringen muß entgegen einem Verbot oder ohne die erforderliche Genehmigung (beachte § 330 d Nr 4, 5 sowie 4–10 zu § 325) erfolgen. Als absolute Verbringungs-Verbote kommen die in § 14 I Nr 5 AbfVerbrG genannten Verbote der EG VO (Sch/Sch-Lenckner 12 c), als speziell für die grenzüberschreitende Abfallverbringung erforderliche Genehmigung die nach der EG VO (näher dazu Heine aaO; Sch/Sch-Lenckner 12 d) und § 11 StrlSchV in Betracht (BT-Dr 12/192 S 21).

5. Abs 3 verlagert bei radioaktiven Abfällen (vgl 3 a) wegen ihrer 9
besonderen Gefährlichkeit die Strafbarkeit schon auf die **Verletzung der Ablieferungspflicht** nach §§ 5 III, 9 a II AtG vor (echtes Unterlassungsdelikt, 4 zu § 13; Horn SK 27). Nicht ablieferungspflichtig sind nur geringfügig radioaktive Abfälle (§ 47 iVm § 4 IV Nr 2 e, §§ 45, 46 StrlSchV). Auch soweit darüber hinaus im Rahmen bestimmter Genehmigungen keine Ablieferungspflicht besteht (§ 47 StrlSchV iVm §§ 6, 7, 9 AtG, § 3 I StrlSchV), ist Abs 3 unanwendbar; jedoch kommt Abs 1 Nr 2 in Frage. Durch die Einfügung des Merkmals „unter Verletzung verwaltungsrechtlicher Pflichten“ (§ 330 d Nr 4) wird der Kreis der strafbewehrten Ablieferungspflichten gegenüber der alten Fassung ausgedehnt (BT-Dr 12/192 S 21). Es ist jetzt auch der Verstoß gegen einen die Ablieferung anordnenden Verwaltungsakt zB nach § 19 III AtG erfaßt. – Da weder in Abs 3 noch in § 9 a II AtG für die Ablieferung eine Frist eingeräumt ist, gelten für die Vollendung der Tat keine Besonderheiten. Sie tritt ein, wenn der Täter an dem Abfall Besitz erlangt hat (§ 9 a II S 1 AtG), ihm die Ablieferung möglich und nach den Umständen zumutbar ist (5 zu § 13) und Vorsatz oder Fahrlässigkeit (Abs 5 Nr 2) bejaht werden kann. Im Regelfall läuft das auf die Verpflichtung zu unverzüglichem Handeln hinaus (ebenso Triffterer aaO [vgl 3] S 213; Steindorf LK 54–58 mwN); die Annahme, daß die Ablieferungspflicht so lange nicht bestehe als der Eintritt von Gefahren vermieden werde (so BT-Dr 8/2382 S 19) oder sich das Gefahrenpotential mit steigender Besitzdauer nicht erhöhe (so Reinhardt, Der strafrechtliche Schutz vor den Gefahren der Kern-

energie, 1989, S 121), ist nicht hinreichend konkretisierbar und berücksichtigt nicht, daß auch die bloße Möglichkeit der Gefahrsteigerung die Ablieferungspflicht auslöst.

10 6. Der **Vorsatz nach Abs 1** (bedingter genügt) muß sich namentlich auf die Gefährlichkeit nach den Nummern 1–3 (vgl 4, 4 a und 5), die Schädigungseignung nach Nr 4 a (vgl 6), die Gefährdungseignung nach Nr 4 b (vgl 6 a) und das Handeln außerhalb einer zugelassenen Anlage oder unter wesentlicher Abweichung von Verfahrensnormen (vgl 8) erstrecken (str); ein darüber hinausgehendes Bewußtsein der Pflichtwidrigkeit ist nicht erforderlich. Nimmt der Täter irrig eine andere als die objektiv verwirklichte Tatbestandsalternative an, hat er also zB den beseitigten Giftstoff für seuchenerregenden Abfall gehalten, so stellt das seine Bedeutungskenntnis nur in Frage, wenn zwischen dem vorgestellten und dem herbeigeführten schädlichen Erfolg eine qualitative Unwertdifferenz besteht (Schittenhelm GA 83, 310, 313 mwN; s auch Schroeder GA 79, 321). – Der Vorsatz nach **Abs 2** muß auch die Verbotswidrigkeit oder Genehmigungslosigkeit des Verbringens (aM Sch/Sch-Lenckner 14) und der nach **Abs 3** auch die Ablieferungspflicht (vgl 9) umfassen (beachte 16 zu § 325). – **Fahrlässigkeit** (Abs 5) 35 zu § 15 (s auch 7 zu § 324). Wer einen anderen mit der Beseitigung (vgl 7) unweltgefährdenden Abfalls beauftragt, muß sich erkundigen, ob das beauftragte Unternehmen zur ordnungsgemäßen Abfallbeseitigung tatsächlich imstande und rechtlich befugt ist (BGHSt 40, 84 mit zT krit Bespr Michalke StV 95, 137, Schmidt JZ 95, 545, 550 und Versteyl NJW 95, 1070; s auch Hecker MDR 95, 757, Heine, Triffterer-FS, S 401, 411 und Krieger DB 96, 613).

11 7. **Unbefugt** (Abs 1) bezeichnet hier – wie in § 324 I (dort 8) – nur das allgemeine Verbrechensmerkmal der Rechtswidrigkeit (BGHSt 37, 21, 29). Da besondere Befugnisse schon den Tatbestand ausschließen (vgl 8), kommt eine Rechtfertigung nur selten, etwa bei Notstand nach § 34, in Frage. Ob auch ein erlaubtes Risiko bei der Abfallbeseitigung (vgl 7) den Tatbestand ausschließt, erscheint wegen des Deliktscharakters (vgl 1) zweifelhaft (dafür aber Schroth NStZ 96, 547, 548).

12 8. **Abs 6** enthält die mit Recht vielfach kritisierte (zB Sack NJW 80, 1424, 1427; Schittenhelm GA 83, 310, 318), vom Gesetzgeber des 31. StÄG aber unverändert beibehaltene, sog **Minima-Klausel,** die einen objektiv wirkenden, dh von den Vorstellungen des Täters unabhängigen, **Strafausschließungsgrund** bildet (hM; vgl Ostendorf GA 82, 333, 337; anders Steindorf LK 67, beide mwN). Bedenken erwekken namentlich ihre Unanwendbarkeit auf den größeren Teil der Tatbestandsalternativen des § 326, die sich zwingend schon aus deren Wortlaut ergibt, und ihre Beschränkung auf den Gesichtspunkt der Abfallmenge, obwohl sich offensichtliche Ungefährlichkeit auch aus anderen gleichwertigen Gründen ergeben kann (Tiedemann, Neuordnung des Umweltstrafrechts, 1980, S 37; Rogall NStZ 92, 561, 563; Frisch, Verwaltungsakzessorietät und Tatbestandsverständnis im Umweltstraf-

recht, 1993, S 133). Eine Ausdehnung des Anwendungsbereichs durch Analogie scheidet angesichts der gewollten Begrenzung aus. Im übrigen enthält die Vorschrift für den Umweltschutzbereich eine Absage an die im Schrifttum (1 zu § 306) vertretene Auffassung, daß bei abstrakten Gefährdungsdelikten der Gegenbeweis der Ungefährlichkeit die Strafbarkeit ausschließe (Laufhütte/Möhrenschlager ZStW 92, 912, 960; aM Schittenhelm aaO S 319; krit Frisch aaO S 136 Fn 396). – Der Ausschluß **schädlicher Einwirkungen auf die Umwelt** ist **offensichtlich,** wenn die Ungefährlichkeit aufgrund der festgestellten – uU auch nur nach dem Grundsatz in dubio pro reo unterstellten – Tatsachen jedem Zweifel entrückt ist, dh sich dem Beurteiler unmittelbar aufdrängt; nur insoweit bestehende Zweifel (BT-Dr 8/2382 S 19), nicht dagegen Zweifel über die der Beurteilung zugrundezulegenden Tatsachen (aM Graul, Abstrakte Gefährdungsdelikte und Präsumtionen im Strafrecht, 1991, S 353), gehen zu Lasten des Täters.

9. Vollendet ist die Tat nach Abs 1 (zu Abs 3 vgl 9), sobald der Abfall mindestens teilweise beseitigt ist (hM). Sie ist aber **kein Dauerdelikt** und daher nicht erst mit dem Wegfall des durch die Tat geschaffenen rechtswidrigen Zustandes, sondern schon mit dem Abschluß der Beseitigung beendigt (hM; vgl BGHSt 36, 255 mit Anm Laubenthal JR 90, 513; NJW 92, 122; Düsseldorf NJW 89, 537; Bay wistra 93, 313; krit Sack JR 91, 525, alle mwN), womit zugleich die Verjährung beginnt (3 zu § 78 a). – Der **Versuch** ist nach **Abs 4** in den Fällen des Abs 1 und 2 strafbar. **13**

10. Für die **Beteiligung** (Täterschaft und Teilnahme) gelten die allgemeinen Regeln (so auch BVerfG NJW 95, 186). Aus ihnen folgt, daß Täter ist, wer entweder mit Tatherrschaft (nach subjektiver Lehre mit Täterwillen) handelt oder wer als Verantwortlicher für die ordnungsmäßige Beseitigung des Abfalls (als Sonderpflichtiger) einen Tatbeitrag gleich welcher Art (zB Veranlassen, Fördern, uU auch Unterlassen) leistet (Schittenhelm GA 83, 310, 322 mwN). Täter ist auch der sachverständige Berater, wenn die zuständige Stelle ihre Entscheidung von seinen Vorschlägen abhängig macht (BGHSt 39, 381, 384 mit zust Anm Horn JZ 94, 636; krit aber Michalke NJW 94, 1693, 1696 und Schirrmacher JR 95, 386; von Verfassungs wegen ist die Entscheidung nicht zu beanstanden, BVerfG aaO). **14**

11. Die **Verantwortlichkeit** in Betrieben und Unternehmen (15 zu § 11) für die Abfallbeseitigung bestimmt sich im wesentlichen nach denselben Grundsätzen, die für den Gewässerschutz unter 16 zu § 324 dargelegt sind. Zur möglichen Mittäterschaft von Abfallbesitzer und „Scheinentsorger" Schünemann, in: Breuer ua (Hrsg), Umweltschutz und technische Sicherheit im Unternehmen, 1994, S 137, 151. **15**

12. Besonders schwere Fälle § 330. **16**

13. Tateinheit ua möglich mit § 324 (dort 18), § 325 I Nr 1, §§ 327–329, 330 a. **17**

18 **14.** Tätige Reue (in den Fällen der Abs 1–3 sowie weitergehend in den Fällen des Abs 5) § 330 b.

19 **15.** Einziehung § 330 c.

§ 327 Unerlaubtes Betreiben von Anlagen

(1) **Wer ohne die erforderliche Genehmigung oder entgegen einer vollziehbaren Untersagung**

1. eine kerntechnische Anlage betreibt, eine betriebsbereite oder stillgelegte kerntechnische Anlage innehat oder ganz oder teilweise abbaut oder eine solche Anlage oder ihren Betrieb wesentlich ändert oder

2. eine Betriebsstätte, in der Kernbrennstoffe verwendet werden, oder deren Lage wesentlich ändert,

wird mit Freiheitsstrafe bis zu fünf Jahren oder mit Geldstrafe bestraft.

(2) **Mit Freiheitsstrafe bis zu drei Jahren oder mit Geldstrafe wird bestraft, wer**

1. eine genehmigungsbedürftige Anlage oder eine sonstige Anlage im Sinne des Bundes-Immissionsschutzgesetzes, deren Betrieb zum Schutz vor Gefahren untersagt worden ist,

2. eine genehmigungsbedürftige oder anzeigepflichtige Rohrleitungsanlage zum Befördern wassergefährdender Stoffe im Sinne des Wasserhaushaltsgesetzes oder

3. eine Abfallentsorgungsanlage im Sinne des Kreislaufwirtschafts- und Abfallgesetzes

ohne die nach dem jeweiligen Gesetz erforderliche Genehmigung oder Planfeststellung oder entgegen einer auf dem jeweiligen Gesetz beruhenden vollziehbaren Untersagung betreibt.

(3) **Handelt der Täter fahrlässig, so ist die Strafe**

1. in den Fällen des Absatzes 1 Freiheitsstrafe bis zu drei Jahren oder Geldstrafe,

2. in den Fällen des Absatzes 2 Freiheitsstrafe bis zu zwei Jahren oder Geldstrafe.

Fassung des 31. StÄG (6 a vor § 324). Änderung der Gesetzesbezeichnung in Abs 2 Nr 3 durch das AbfG vom 27. 9. 94 (BGBl I 2705, 2726).

1 **1.** Die Vorschrift wendet sich gegen das **unerlaubte Betreiben von Anlagen,** von denen typischerweise Umweltgefahren ausgehen können (zu ihrer Verfassungsmäßigkeit BVerfGE 75, 329; zu ihrer Legitimation Kindhäuser, Helmrich-FS, S 967, 983; zu den geschützten Rechtsgütern 7 vor § 324). Auf eine Umweltgefährdung oder -schädigung kommt es nicht an; die Tat ist daher **abstraktes Gefährdungsdelikt** (32 vor § 13; krit zu dieser Einordnung Marx, Die behördliche

Genehmigung im Strafrecht, 1993, S 143; vgl auch Schünemann, Triffterer-FS, S 437, 455: Organisationsdelikt).

2. Übereinstimmende Voraussetzung aller Tathandlungen ist **verwaltungsrechtlich unzulässiges** Handeln (4–10 zu § 325). – **Erforderliche Genehmigung oder Planfeststellung** (Abs 1, 2; beachte § 330 d Nr 5) ist jeweils die in § 7 AtG, § 4 BImSchG oder § 7 I, II AbfG vorgeschriebene. Sie muß nicht notwendig schon ihrem Typ nach als das abschließende Ergebnis des vorgeschriebenen Genehmigungs- oder Planfeststellungsverfahrens erscheinen, kann vielmehr auch in anderen verwaltungsrechtlich wirksamen Formen (vorläufiger) Gestattung bestehen (näher 10, 17 zu § 325). – An der Genehmigung fehlt es nicht schon beim Verstoß gegen echte Auflagen, wohl aber bei Nichterfüllung mit der Genehmigung verbundener (aufschiebender oder auflösender) Bedingungen und bei Verletzung wesentlicher, zum Kernbereich der Genehmigung gehörender Voraussetzungen (Bay MDR 88, 252 mwN). – **Vollziehbare Untersagung** (Abs 1, 2) 7 zu § 325; zu Abs 1 beachte auch § 19 III AtG. Gemeint sind ausschließlich solche Verwaltungsakte, die auf dem zugehörigen, das Verwaltungsrecht regelnden Gesetz (im Falle des Abs 1 also auf dem AtG) beruhen. **Untersagung** (Abs 2 Nr 1 Alt 2) zum Schutz vor Umweltgefahren durch Verfügung der zuständigen Behörde auf der Grundlage zB des § 25 II (nicht notwendig auch des § 25 I) BImSchG (BT-Dr 12/192 S 21). – Im übrigen gelten für die **Verwaltungsrechts- und Verwaltungsaktakzessorietät,** namentlich für die Strafbarkeit des Betriebs genehmigungsbedürftiger Anlagen und der Zuwiderhandlung gegen wirksame, aber materiell fehlerhafte Verwaltungsakte, die Ausführungen unter 7–10 zu § 325 sinngemäß. 2

3. Kerntechnische Anlage (Abs 1 Nr 1) § 330 d Nr 2 (dort 2). – **Betriebsstätte, in der Kernbrennstoffe** (§ 2 I Nr 1 AtG) **verwendet werden** (Abs 1 Nr 2) § 9 I AtG. – **Genehmigungsbedürftige Anlage im Sinne des BImSchG** (Abs 2 Nr 1 Alt 1) § 4 BImSchG iVm der 4. BImSchV (zur Frage sog „Altanlagen" Wüterich NStZ 90, 112 mwN); zB eine Feuerstätte, in der Kupferkabel zur Rückgewinnung des Buntmetalls abgebrannt werden (Celle ZfW 94, 504). **Sonstige Anlage im Sinne des BImSchG** (Abs 2 Nr 1 Alt 2) sind nicht genehmigungsbedürftige Anlagen nach §§ 22, 23 BImSchG. – **Genehmigungsbedürftige oder anzeigepflichtige Rohrleitungsanlage zum Befördern wassergefährdender Stoffe im Sinne des WHG** (Abs 2 Nr 2) § 19 a I WHG oder § 19 e II WHG; Überschneidungen mit dem weitergehenden § 329 II Nr 1 sind möglich (vgl BT-Dr 12/192 S 22). – **Abfallentsorgungsanlage** (Abs 2 Nr 3) ist ein Begriff, den das neue KrW-/AbfG nicht kennt; dessen §§ 27 ff betreffen „Abfallbeseitigungsanlagen". Erfaßt sind nur nach dem KrW-/AbfG zulassungspflichtige Deponien (§ 31 KrW-/AbfG; Rogall, Boujong-FS, S 807, 814; Horn SK 12). – Nach altem Recht (§§ 4, 5 I, 7 AbfG) war der Begriff weit auszulegen (BVerwGE 66, 301); er umfaßte auch 3

Grundstücke, auf denen bestimmungsgemäß (Stuttgart NStZ 91, 590; Bay NJW 92, 925 mit abl Anm Sack JR 92, 518; Düsseldorf NuR 94, 462; zw) Abfälle mit einer gewissen Erheblichkeit und Dauer zwischen- (Bay MDR 91, 77; Zweibrücken NJW 92, 2841 mit zT krit Bespr Winkelbauer JuS 94, 112, 114, alle mwN; s auch Bay NStZ 88, 26) oder endgelagert (Braunschweig ZfW 91, 52, 60; Celle ZfW 94, 380, beide mwN) oder Autowracks oder Altreifen behandelt oder gelagert werden (Bay NStZ 86, 319; Stuttgart wistra 87, 306; Zweibrücken NuR 92, 145; beachte auch § 5 I AbfG). Auch die Zwischenlagerung schadstoffbelasteter Altöle in Tankbehältern wurde erfaßt (Düsseldorf wistra 94, 73, 76).

4 4. **Betreiben** einer Anlage (Abs 1, 2) 2 zu § 325; Dauerstraftat (NJW 96, 1422). Errichten wird wegen der fehlenden potentiellen Gefährdung nicht erfaßt (BT-Dr 8/2382 S 20; beachte jedoch § 46 I Nr 2 AtG; § 62 I Nr 1 BImSchG; § 18 I Nr 3 AbfG). – Die **weiteren Tathandlungen** nach Abs 1 Nr 1 (Innehaben, Abbauen oder wesentliches Verändern von technischen Anlagen, § 7 I, III AtG) betreffen nur betriebsbereite oder stillgelegte Anlagen, weil von nicht betriebsbereiten oder nie betriebenen Anlagen keine Strahlungsrisiken ausgehen (BT-Dr 8/2382 S 20). Abs 1 Nr 2 erfaßt das wesentliche Verändern einer Betriebsstätte oder deren Lage im Sinne von § 9 I S 2 AtG.

5 5. Für **Vorsatz und Fahrlässigkeit** gelten die Ausführungen unter 16 zu § 325 singgemäß.

6 6. Zur **Rechtfertigung** beachte 17 zu § 325.

7 7. Besonders schwere Fälle § 330.

8 8. **Tateinheit** ua möglich zwischen Abs 1 und §§ 310 b, 311 a, 311 d, 328 sowie zwischen Abs 2 und §§ 324–326, 329.

9 9. Einziehung (in den Fällen des Abs 1 oder 2) § 330 c.

§ 328 Unerlaubter Umgang mit radioaktiven Stoffen und anderen gefährlichen Stoffen und Gütern

(1) **Mit Freiheitsstrafe bis zu fünf Jahren oder mit Geldstrafe wird bestraft,**

1. **wer ohne die erforderliche Genehmigung oder entgegen einer vollziehbaren Untersagung Kernbrennstoffe oder**
2. **wer grob pflichtwidrig ohne die erforderliche Genehmigung oder wer entgegen einer vollziehbaren Untersagung sonstige radioaktive Stoffe, die nach Art, Beschaffenheit oder Menge geeignet sind, durch ionisierende Strahlen den Tod oder eine schwere Gesundheitsschädigung eines anderen herbeizuführen,**

aufbewahrt, befördert, bearbeitet, verarbeitet oder sonst verwendet, einführt oder ausführt.

(2) **Ebenso wird bestraft, wer**

1. **Kernbrennstoffe, zu deren Ablieferung er auf Grund des Atomgesetzes verpflichtet ist, nicht unverzüglich abliefert oder**
2. **Kernbrennstoffe oder die in Absatz 1 Nr. 2 bezeichneten Stoffe an Unberechtigte abgibt oder die Abgabe an Unberechtigte vermittelt.**

(3) **Mit Freiheitsstrafe bis zu fünf Jahren oder mit Geldstrafe wird bestraft, wer unter grober Verletzung verwaltungsrechtlicher Pflichten**

1. **beim Betrieb einer Anlage, insbesondere einer Betriebsstätte oder technischen Einrichtung, radioaktive Stoffe oder Gefahrstoffe im Sinne des Chemikaliengesetzes lagert, bearbeitet, verarbeitet oder sonst verwendet oder**
2. **gefährliche Güter befördert, versendet, verpackt oder auspackt, verlädt oder entlädt, entgegennimmt oder anderen überläßt**

und dadurch die Gesundheit eines anderen, ihm nicht gehörende Tiere oder fremde Sachen von bedeutendem Wert gefährdet.

(4) **Der Versuch ist strafbar.**

(5) **Handelt der Täter fahrlässig, so ist die Strafe Freiheitsstrafe bis zu drei Jahren oder Geldstrafe.**

Fassung des 31. StÄG (6 a vor § 324); beachte auch die Maßgabe vor 1 zu § 311 d.

1. Die Vorschrift wendet sich in Abs 1 und 2 gegen den **unerlaubten Umgang mit radioaktiven Stoffen,** weil von ihnen typischerweise Umweltgefahren ausgehen können (zu den geschützten Rechtsgütern 7 vor § 324); die Tat ist insoweit **abstraktes Gefährdungsdelikt** (32 vor § 13). In Abs 3 wendet sich die Vorschrift gegen den **unerlaubten Umgang mit gefährlichen Stoffen und Gütern;** die Tat ist insoweit **konkretes Gefährdungsdelikt** (Bartholme JA 96, 730, 734; 32 vor § 13), da sie konkrete umweltbezogene Gefährdungen verlangt (der RegE hatte noch ein potentielles Gefährdungsdelikt vorgesehen [BT-Dr 12/192 S 22], die Ausschußmehrheit hielt zur Eingrenzung des Tatbestandes auf besonders strafwürdige Fälle ein konkretes Gefährdungsdelikt für erforderlich [BT-Dr 12/7300 S 24]; krit Möhrenschlager NStZ 94, 566, 567). 1

2. Übereinstimmende Voraussetzung aller Tathandlungen ist **verwaltungsrechtlich unzulässiges** Handeln (4–10, 17 zu § 325; beachte auch 2 zu § 311 d). – **Erforderliche Genehmigung, vollziehbare Untersagung** (Abs 1 Nr 1) 2 zu § 327; Grundlage der Verwaltungsakte können hier nur das AtG oder auf ihm beruhende Rechtsvorschriften sein (Laufhütte/Möhrenschlager ZStW 92, 912, 967). – **Grob pflichtwidrig ohne die erforderliche Genehmigung** (Abs 1 Nr 2) 11 zu § 325. – **Verpflichtung zur Ablieferung** (Abs 2 Nr 1) § 5 III AtG. – **Verbot der Abgabe an Unberechtigte** oder deren **Vermittlung** (Abs 2 Nr 2) erweitert § 5 V AtG, um schon im Vorfeld 2 der Anbahnung illegaler Geschäfte wirksamer entgegentreten zu können (BT-Dr 12/7300 S 24). – **Grobe Verletzung verwaltungsrechtlicher Pflichten** (Abs 3); verwaltungsrechtliche Pflichten (§ 330 d Nr 4; 6–10 zu § 325) ergeben sich bei **Abs 3 Nr 1,** soweit es um pflichtenbegründende Rechtsvorschriften geht, etwa aus §§ 7, 23 BImSchG mit den jeweils auf ihnen beruhenden Verordnungen, aus § 17 ChemG mit der GefahrstoffVO, aus § 19 g WHG (Bay NJW 95, 540 mit zust Bespr Bartholme JA 95, 924 und Heine JR 96, 300; Sch/Sch-Cramer 22) und aus §§ 10–12 AtG mit der StrlSchV sowie aus sonstigen Vorschriften der Gefahrenabwehr wie etwa § 14 ArbeitsstättenVO (BT-Dr 12/192 S 23); bei **Abs 3 Nr 2** ergeben sich solche Pflichten etwa aus § 49 KrW-/AbfG, aus den Gefahrgutverordnungen Straße, Eisenbahn, See und Binnenschiffahrt (Nachw bei Göhler [Lexikon] 318 C; näher dazu Bottke TranspR 92, 390, 400 und Bartholme JA 96, 730, 733) sowie aus allgemeinen Normen der Gefahrenabwehr wie etwa solchen der StVO (Rengier, Boujong-FS, S 791, 798); zur **groben** Pflichtverletzung 11 zu § 325; mit diesem Merkmal soll der Tatbestand den §§ 315 a I Nr 2, 315 c I Nr 2 angeglichen werden (BT-Dr 12/192 S 24).

3 **3. Tatgegenstände** sind **Kernbrennstoffe** (Abs 1 Nr 1, Abs 2), dh besondere spaltbare Stoffe im Sinne des hier maßgeblichen § 2 I Nr 1 AtG. – **Sonstige radioaktive Stoffe** (Abs 1 Nr 2, Abs 2 Nr 2) § 2 I, II AtG, § 3 I StrlSchV (5 zu § 326) mit qualifizierter (Tod 4 vor § 211, schwere Gesundheitsschädigung schließt abweichend von § 224 auch Fälle der Gefahr des Eintritts einer langwierigen Krankheit oder erheblicher Beeinträchtigung der Arbeitsfähigkeit für längere Zeit ein [Möhrenschlager NStZ 94, 566, 567; Tröndle 2 a], ionisierende Strahlen 2 zu § 311 a) Schädigungseignung (BT-Dr 12/7300 S 24). – Radioaktive Stoffe oder **Gefahrstoffe im Sinne des ChemG** (Abs 3 Nr 1); nach der umfassenden Begriffsbestimmung in § 19 II ChemG werden neben Stoffen (zB Heizöl, Bay NJW 95, 540 mit zust Bespr Bartholme JA 95, 924 und Heine JR 96, 300) auch Zubereitungen und Erzeugnisse im Sinne des Chemikalienrechts erfaßt; auch sind Stoffe, Zubereitungen und Erzeugnisse eingeschlossen, bei deren Herstellung oder Verwendung erst gefährliches oder explodierendes Material entstehen oder freigesetzt werden kann (BT-Dr 12/192 S 23). – **Gefährliche Güter** (Abs 3 Nr 2) § 330 d Nr 3; sie sind allgemein umschrieben in § 2 I GBG und für den jeweiligen Anwendungsbereich in den unter 2 genannten Gefahrgutverordnungen näher konkretisiert, vergleichbare Umschreibungen enthalten die Rechtsvorschriften über den internationalen Straßen-, Eisenbahn- und Seeschiffsverkehr (Bottke aaO [vgl 2] S 393).

4 **4.** Zu den **Tathandlungen** des Abs 1 beachte namentlich die §§ 3–6, 9 AtG betr Verwahrung (Aufbewahrung), Beförderung, Be- und Verarbeitung, sonstige Verwendung sowie Ein- und Ausfuhr (zu Einfuhr und Beförderung Bartholme JA 96, 730, 732). – Nicht unverzügliche Ablieferung (Abs 2 Nr 1) § 5 III AtG. Abgabe oder deren Vermitt-

lung an Unberechtigte (Abs 2 Nr 2); damit wird schon das Vorfeld der Anbahnung illegaler Geschäfte erfaßt (BT-Dr 10/7300 S 24; einschr Sch/Sch-Cramer 13). – Lagern, Be- und Verarbeiten oder sonstige Verwendung (Abs 3 Nr 1) § 9 AtG, zur Auslegung des weit zu verstehenden Verwendungsbegriffs können die Modalitäten des § 3 Nr 10 ChemG herangezogen werden (Bay NJW 95, 540; BT-Dr 12/192 S 24); beim Betrieb einer Anlage § 3 V BImSchG (2 zu § 325). – Abs 3 Nr 2 betrifft das unerlaubte **Befördern** gefährlicher Stoffe („Transportstrafrecht"; eingehend Wiedemann, Der Gefahrguttransport-Tatbestand im neuen Umweltstrafrecht – § 328 III Nr 2 StGB –, 1995); die Vorschrift ist in Abweichung von § 330 I S 1 Nr 4 aF kein Sonderdelikt (diff Wiedemann aaO S 74, 89 und 347), Täter kann vielmehr jeder sein, der in den Transportvorgang eingeschaltet und Adressat der einschlägigen verwaltungsrechtlichen Pflichten (dazu 2) ist (BT-Dr 12/192 S 24); die im einzelnen genannten Tathandlungen (Befördern usw; dazu näher Bottke TranspR aaO [vgl 2] S 394) sollen den Beförderungsvorgang im ganzen erfassen, also nicht nur die Ortsveränderung, sondern auch Übernahme und Ablieferung des Gutes, Vorbereitungs- und Abschlußhandlungen sowie vorübergehende Aufenthalte während der Beförderung (BT-Dr 8/2382 S 24; s auch § 2 II GBG). – Als Folge der Tathandlungen nach Abs 3 Nr 1 und 2 muß eine **konkrete Gefahr** für die genannten Objekte eintreten (dazu 6 zu § 325 a). Bei Abs 3 Nr 1 sind auch Gefahren innerhalb der Anlage erfaßt (Bay NJW 95, 540 mit zust Anm Heine JR 96, 300).

5. Für **Vorsatz** und **Fahrlässigkeit** (Abs 5) hinsichtlich Abs 1, 2 gelten die Ausführungen unter 16 zu § 325 sinngemäß, hinsichtlich Abs 3 die unter 27–30 zu § 315 c. – Die Strafbarkeit des **Versuchs** (Abs 4) gilt für Abs 1–3; bei Abs 3 ist Vorsatz auch hinsichtlich der Gefährdung erforderlich (Horn SK 12). 5

6. Besonders schwere Fälle § 330. 6

7. Tateinheit ua möglich mit §§ 310 b, 311 a–d (aM Sch/Sch-Cramer 28: §§ 310 b, 311 a gehen vor), 326 I Nr 3, 327; bei Abs 3 Nr 2 ua mit §§ 211 ff, 223 ff, 303. § 27 ChemG tritt kraft ausdrücklicher Anordnung in Abs 6 hinter § 328 als subsidiär zurück. 7

8. Tätige Reue (in den Fällen der Abs 1–3 sowie weitergehend in den Fällen des Abs 5) § 330 b. 8

9. Einziehung § 330 c. 9

§ 329 Gefährdung schutzbedürftiger Gebiete

(1) **Wer entgegen einer auf Grund des Bundes-Immissionsschutzgesetzes erlassenen Rechtsverordnung über ein Gebiet, das eines besonderen Schutzes vor schädlichen Umwelteinwirkungen durch Luftverunreinigungen oder Geräusche bedarf oder in dem während austauscharmer Wetterlagen ein starkes Anwachsen schädlicher Umwelteinwirkungen durch Luftverunreinigungen zu befürchten ist,**

Anlagen innerhalb des Gebiets betreibt, wird mit Freiheitsstrafe bis zu drei Jahren oder mit Geldstrafe bestraft. Ebenso wird bestraft, wer innerhalb eines solchen Gebiets Anlagen entgegen einer vollziehbaren Anordnung betreibt, die auf Grund einer in Satz 1 bezeichneten Rechtsverordnung ergangen ist. Die Sätze 1 und 2 gelten nicht für Kraftfahrzeuge, Schienen-, Luft- oder Wasserfahrzeuge.

(2) **Wer entgegen einer zum Schutz eines Wasser- oder Heilquellenschutzgebietes erlassenen Rechtsvorschrift oder vollziehbaren Untersagung**

1. **betriebliche Anlagen zum Umgang mit wassergefährdenden Stoffen betreibt,**
2. **Rohrleitungsanlagen zum Befördern wassergefährdender Stoffe betreibt oder solche Stoffe befördert oder**
3. **im Rahmen eines Gewerbebetriebes Kies, Sand, Ton oder andere feste Stoffe abbaut,**

wird mit Freiheitsstrafe bis zu drei Jahren oder mit Geldstrafe bestraft. Betriebliche Anlage im Sinne des Satzes 1 ist auch die Anlage in einem öffentlichen Unternehmen.

(3) **Wer entgegen einer zum Schutz eines Naturschutzgebietes, einer als Naturschutzgebiet einstweilig sichergestellten Fläche oder eines Nationalparks erlassenen Rechtsvorschrift oder vollziehbaren Untersagung**

1. **Bodenschätze oder andere Bodenbestandteile abbaut oder gewinnt,**
2. **Abgrabungen oder Aufschüttungen vornimmt,**
3. **Gewässer schafft, verändert oder beseitigt,**
4. **Moore, Sümpfe, Brüche oder sonstige Feuchtgebiete entwässert,**
5. **Wald rodet,**
6. **Tiere einer im Sinne des Bundesnaturschutzgesetzes besonders geschützten Art tötet, fängt, diesen nachstellt oder deren Gelege ganz oder teilweise zerstört oder entfernt,**
7. **Pflanzen einer im Sinne des Bundesnaturschutzgesetzes besonders geschützten Art beschädigt oder entfernt oder**
8. **ein Gebäude errichtet**

und dadurch den jeweiligen Schutzzweck nicht unerheblich beeinträchtigt, wird mit Freiheitsstrafe bis zu fünf Jahren oder mit Geldstrafe bestraft.

(4) **Handelt der Täter fahrlässig, so ist die Strafe**

1. **in den Fällen der Absätze 1 und 2 Freiheitsstrafe bis zu zwei Jahren oder Geldstrafe,**
2. **in den Fällen des Absatzes 3 Freiheitsstrafe bis zu drei Jahren oder Geldstrafe.**

Fassung des 31. StÄG (6 a vor § 324).

1. Die Vorschrift dient dem **Schutz von Gebieten, die durch schädliche Umwelteinwirkungen in besonderem Maße beeinträchtigt** werden können (BT-Dr 12/192 S 25; zu den geschützten Rechtsgütern 7 vor § 324). Da es auf eine Umweltgefährdung oder -schädigung nicht ankommt, ist die Tat **abstraktes Gefährdungsdelikt** (32 vor § 13). 1

2. Übereinstimmende Voraussetzung aller Tatbestände ist **verwaltungsrechtlich unzulässiges Handeln;** erforderlich ist die Zuwiderhandlung gegen eine speziell zum Schutz des jeweils betroffenen Gebietes erlassene Rechtsvorschrift oder gegen einen darauf beruhenden vollziehbaren Verwaltungsakt (dazu 4–10 zu § 325). Im einzelnen: 2

a) Abs 1: Ermächtigung der Landesregierungen zum Erlaß von Rechtsverordnungen nach Satz 1 in § 49 I, II BImSchG. – Rechtsverordnungen für Gebiete, die eines besonderen Schutzes gegen Immissionen bedürfen, fehlen noch. – Sog Smog-Verordnungen gibt es in den meisten Bundesländern (Nachw bei Göhler [Lexikon] 154 G). 3

b) Abs 2: Wasserschutzgebiet § 19 WHG. **Heilquellenschutzgebiete** bestimmen sich nach Landesrecht (Nachw bei Gieseke 111–116 zu § 19 WHG). Soweit landesrechtliche Vorschriften nur das Errichten von Anlagen untersagen, deckt das Verbot auch das daraus folgende, allein tatbestandsmäßige Betreiben (BT-Dr 8/2382 S 21). Die ergänzte **Nr 2** knüpft an neuere Schutzanordnungen der Länder an, die auch den Transport wassergefährdender Stoffe in dem geschützten Gebiet untersagen (BT-Dr 12/192 S 26). – Im Gegensatz zu Abs 2 aF wird auch der Verstoß gegen eine Untersagungsverfügung erfaßt, sofern sie nur auch das Ziel des Gebietsschutzes vor gefährlichen Eingriffen verfolgt; dies kann bei Verfügungen auf der Grundlage zB der §§ 19 e II S 5, 35 II WHG der Fall sein (BT-Dr 12/192 S 25). 4

c) Abs 3: Naturschutzgebiet § 13 BNatSchG. **Als Naturschutzgebiet einstweilig sichergestellte Fläche** § 12 III Nr 2 BNatSchG. **Nationalpark** § 14 BNatSchG. Landschaftsschutzgebiete, Naturparke und geschützte Landschaftsbestandteile im Sinne der §§ 15, 16, 18 BNatSchG werden nicht erfaßt. – **Eingriffe** in die geschützten Gebiete sind in den landesrechtlichen Nachfolgegesetzen des RNatSchG (den Naturschutz- oder Landschaftspflegegesetzen) oder in darauf beruhenden Rechtsverordnungen (Nachw bei Göhler [Lexikon] 552) in unterschiedlichem Umfang untersagt oder können auf deren Grundlage im Einzelfall durch Verwaltungsakt untersagt werden. Abs 3 erfaßt von diesen, den landesrechtlichen Schutzvorschriften widersprechenden Eingriffen diejenigen **einheitlich,** die typischerweise die geschützten Gebiete gefährden können (BT-Dr 8/2382 S 22). 5

3. Zu den **Tathandlungen:** 6

a) Abs 1: Betreiben einer Anlage 2 zu § 325; jedoch kommen hier wegen der Beschränkung auf Rechtsverordnungen nach § 49 BImSchG nur solche nach § 3 V aaO in Frage (BT-Dr 8/3633 S 31).

Errichten der Anlage genügt nicht (dazu § 62 I Nr 8 BImSchG). Zum Ausschluß der Verkehrsfahrzeuge 2 zu § 325.

7 **b) Abs 2: Betreiben von Anlagen** (Nr 1, 2) 2 zu § 325; ergänzend Bay JR 95, 36 mit Anm Sack. – **Betriebliche Anlagen** (Nr 1) sind solche, die nicht lediglich dem Privatgebrauch, sondern einem Betrieb (15 zu § 11) dienen, also auch einem öffentlichen Unternehmen (S 2) oder einem nichtgewerblichen Betrieb, etwa einer Arztpraxis (Czychowski ZfW 80, 205, 209). – **Anlagen zum Umgang mit wassergefährdenden Stoffen** (Nr 1) § 19 g I WHG; dabei sind hier nach § 19 g V WHG unter wassergefährdenden Stoffen solche zu verstehen, die geeignet sind, nachhaltig, dh in erheblichem Umfang und für längere Dauer, die Beschaffenheit des Wassers nachteilig zu verändern (beachte auch die Lagerverordnungen der Länder, Nachw bei Göhler [Lexikon] 904 D; 4, 5 zu § 324). – **Rohrleitungsanlagen zum Befördern wassergefährdender Stoffe** (Nr 2 Alt 1) § 19 a WHG. – **Befördern** wassergefährdender **Stoffe** (Nr 2 Alt 2) erfaßt den Transport zB in Tanklastzügen (BT-Dr 12/192 S 26). – **Abbau von festen Stoffen** (Nr 3) wird nur im Rahmen eines Gewerbebetriebs (nicht jedes Betriebs, auch nicht eines öffentlichen Unternehmens; zw) erfaßt (zu den Gründen der Beschränkung BT-Dr 8/2382 S 21). – Die Beschränkung der Tathandlungen auf innerhalb des Gebietes vorgenommene Handlungen ist durch die Neufassung entfallen, so daß auch Einwirkungen von außerhalb in das Schutzgebiet erfaßt sind (BT-Dr 12/192 S 25).

8 **c) Abs 3:** Der **Katalog der Eingriffe** (Nr 1–8) **ist abschließend.** Erforderlich ist ferner eine **nicht unerhebliche Beeinträchtigung des jeweiligen Schutzzweckes** im Sinne von § 12 II BNatSchG, der durch die Schutzanordnungen der Länder (Nachw bei Göhler [Lexikon] 552 II C) präzisiert wird; die Beeinträchtigung darf nicht nur eine vorübergehende Störung sein, sondern muß eine gewisse Intensität aufweisen, die das Eintreten konkreter Gefahren für die in der Schutzanordnung näher beschriebenen Güter wahrscheinlich macht (BT-Dr 12/192 S 27). – Abs 3 nF erfaßt auch Einwirkungen von außerhalb in das geschützte Gebiet (zB durch ein am Rande des Naturschutzgebietes errichtetes Gebäude, das dessen Grundwasserspiegel senkt).

9 **4.** Für den **Vorsatz** (bedingter genügt) und die Fahrlässigkeit (Abs 4) gelten die Ausführungen unter 16 zu § 325 sinngemäß. Bei der Zuwiderhandlung gegen eine Rechtsvorschrift (vgl 2) muß der Vorsatz die Merkmale der VO, zB das Vorliegen einer austauscharmen Wetterlage, umfassen, nicht dagegen die Existenz der VO (Koch/Scheuing-Weber 92 vor § 62 BImSchG mwN).

10 **5.** Besonders schwere Fälle § 330.

11 **6. Tateinheit** ua möglich zwischen Abs 1 und §§ 325, 327 II, zwischen Abs 2 und §§ 324, 326 I, 327 II sowie zwischen Abs 3 und § 324.

12 **7.** Einziehung (in den Fällen der Abs 1, 2 oder 3, letzterer auch iVm Abs 4) § 330 c.

§ 330 Besonders schwerer Fall einer Umweltstraftat

In besonders schweren Fällen wird eine vorsätzliche Tat nach den §§ 324 bis 329 mit Freiheitsstrafe von sechs Monaten bis zu zehn Jahren bestraft. Ein besonders schwerer Fall liegt in der Regel vor, wenn der Täter

1. den Tod oder eine schwere Gesundheitsschädigung eines Menschen leichtfertig verursacht,

2. die Gefahr des Todes oder einer schweren Gesundheitsschädigung eines Menschen oder die Gefahr einer Gesundheitsschädigung einer großen Zahl von Menschen verursacht,

3. ein Gewässer, den Boden oder ein Schutzgebiet im Sinne des § 329 Abs. 3 derart beeinträchtigt, daß die Beeinträchtigung nicht, nur mit außerordentlichem Aufwand oder erst nach längerer Zeit beseitigt werden kann,

4. die öffentliche Wasserversorgung gefährdet,

5. einen Bestand von Tieren oder Pflanzen der vom Aussterben bedrohten Arten nachhaltig schädigt oder

6. aus Gewinnsucht handelt.

Fassung des 31. StÄG (6 a vor § 324).

1. Die auf dem 31. StÄG beruhende grundlegende Umgestaltung des § 330 hat die in ihrer Struktur unübersichtliche und auch nicht widerspruchsfreie Vorschrift über „Schwere Umweltgefährdung" durch eine übersichtlichere und elastische Lösung ersetzt, die keine Erfolgsqualifizierungen und selbständige Tatbestände, sondern nur die Bildung einer erhöhten Strafrahmenstufe in besonders schweren Fällen einer Umweltstraftat vorsieht. – Zur Regelbeispieltechnik 11–21 zu § 46. 1

2. Die Regelbeispiele (S 2): 2

a) Nr 1: Leichtfertigkeit 55 zu § 15. Bei vorsätzlicher Verursachung liegt idR ein unbenannter besonders schwerer Fall vor (für die Anwendung der Nr 1 Koch/Scheuing-Weber 13). **Tod** 4 vor § 211. **Schwere Gesundheitsschädigung** setzt keine schwere Körperverletzung (§ 224) voraus, sondern liegt etwa auch vor bei der Gefahr des Eintritts einer langwierigen ernsten Krankheit oder der Gefahr der erheblichen Beeinträchtigung der Arbeitskraft für eine lange Zeit (BT-Dr 12/192 S 28).

b) Nr 2: Die **große Zahl** erfordert weniger Menschen als in § 311 a (dort 5) vorausgesetzte unübersehbare Zahl; in diesem Fall reicht die Verursachung der Gefahr einer einfachen Gesundheitsschädigung (5 zu § 223). Zur konkreten Gefahr 21, 22 zu § 315 c; zu ihrer Verursachung 27 zu § 315 c. 3

c) Nr 3: Beeinträchtigung, dh nachteilige Veränderung (für Gewässer vgl 4, 5 zu § 324) der genannten Umweltschutzobjekte; **Gewäs-** 4

ser 2 zu § 324, **Boden** 2 zu § 324 a, **Schutzgebiet** im Sinne des § 329 III (dort 5). Mit der Einschränkung auf **nicht, nur mit außerordentlichem Aufwand oder erst nach längerer Zeit behebbare** Beeinträchtigungen sollen nur besonders schwerwiegende Beeinträchtigungen erfaßt werden. Ein unbenannter besonders schwerer Fall kann vorliegen, wenn Gewässer oder der Boden so beeinträchtigt sind, daß sie auf längere Zeit nicht mehr wie bisher oder geplant genutzt werden können (BT-Dr 12/192 S 28; Möhrenschlager NStZ 94, 566, 568; vgl § 330 II Nr 1 aF).

5 **d) Nr 4: Gefährdung der öffentlichen Wasserversorgung,** dh die ständige Versorgung anderer mit Trink- oder Brauchwasser in einem bestimmten Versorgungsgebiet, also nicht die private oder betriebliche Eigenversorgung.

6 **e) Nr 5: Nachhaltige Schädigung eines Bestandes von Tieren oder Pflanzen der vom Aussterben bedrohten Arten** im Sinne von § 20 e I S 2, III S 2 BNatSchG, § 1 BArtSchV (Nachw bei Göhler [Lexikon] 552 I C); Bestand 6 a zu § 326.

7 **f) Nr 6:** Handeln **aus Gewinnsucht** 5 zu § 235.

8 **3. Tateinheit** ua möglich mit §§ 211 ff, 223 ff, 303, 319, 330 a. Zwischen den in Satz 1 genannten Grundtatbeständen und § 330 gibt es bei Handlungseinheit **keine Konkurrenz** (18 zu § 46). § 27 ChemG tritt kraft ausdrücklicher Anordnung in Abs 6 hinter § 330 als subsidiär zurück.

9 **4.** Tätige Reue ist in § 330 b für die Fälle des § 330 **nicht** mehr vorgesehen, doch kann die Ausübung tätiger Reue zB bei Satz 2 Nr 2 zur Nichtanwendung des Regelbeispiels führen (BT-Dr 12/192 S 29; Koch/Scheuing-Weber 6).

§ 330 a Schwere Gefährdung durch Freisetzen von Giften

(1) **Wer Stoffe, die Gifte enthalten oder hervorbringen können, verbreitet oder freisetzt und dadurch die Gefahr des Todes oder einer schweren Gesundheitsschädigung eines anderen oder die Gefahr einer Gesundheitsschädigung einer großen Zahl von Menschen verursacht, wird mit Freiheitsstrafe von sechs Monaten bis zu zehn Jahren bestraft.**

(2) **Der Versuch ist strafbar.**

(3) **Wer in den Fällen des Absatzes 1 die Gefahr fahrlässig verursacht, wird mit Freiheitsstrafe bis zu fünf Jahren oder mit Geldstrafe bestraft.**

(4) **Wer in den Fällen des Absatzes 1 leichtfertig handelt und die Gefahr fahrlässig verursacht, wird mit Freiheitsstrafe bis zu drei Jahren oder mit Geldstrafe bestraft.**

Fassung des 31. StÄG (6 a vor § 324).

1. Die Vorschrift enthält einen auf das Freisetzen von Giften beschränkten Tatbestand allgemeiner **Lebensgefährdung.** Die Tat ist **konkretes Gefährdungsdelikt** (32 vor § 13; Kindhäuser, Helmrich-FS, S 967, 981). 1

2. Stoffe, die Gifte (2 zu § 229; zur Maßgeblichkeit dieser engen Auslegung BT-Dr 12/192 S 28) **enthalten** oder **hervorbringen,** dh Stoffe, die erst durch den Kontakt mit den Umweltmedien aufgrund chemischer Reaktionen giftig werden (Möhrenschlager NStZ 94, 566, 568). 2

3. Verbreiten und Freisetzen, untereinander nicht abgrenzbare Begriffe, setzen voraus, daß durch positives Tun oder Geschehenlassen in Garantenstellung (6 zu § 13; LG Frankfurt ZUR 94, 33, 37) eine Lage geschaffen wird, in der sich Gift ganz oder wenigstens zum Teil unkontrollierbar in der Umwelt ausbreiten kann (LG Frankfurt ZUR 94, 33, 37 mit Anm Schulz ZUR 94, 26, 29; enger noch LG Frankfurt NStZ 90, 592; nach Hilgendorf, Strafrechtliche Produzentenhaftung in der „Risikogesellschaft", 1993, S 169, reicht es, daß die freigesetzten Gifte „fast jeder Einwirkungsmöglichkeit" der Verantwortlichen entzogen waren). Die Handlungsmodalität ist unerheblich; in Frage kommen daher nicht nur Einbringen giftiger Stoffe in Gewässer, Ablassen giftiger Dämpfe in die Luft, Versprühen oder Ausstreuen von Giftstoffen zur Schädlingsbekämpfung, sondern auch sachwidriges Lagern, Beseitigen (beachte auch § 326 I Nr 1) oder sogar bloßes Liegenlassen von Gift. Auslegen eines Rattenköders scheidet wegen der Kontrollierbarkeit des Vorgangs idR aus (BT-Dr 8/2382 S 26); dagegen soll das Vergiften von Lebensmitteln erfaßt sein (BT-Dr 12/192 S 28). 3

4. Zu der als **Folge** der Tathandlung erforderlichen **konkreten Gefahr** 21, 22 zu § 315 c; 3 zu § 250. Zur schweren Gesundheitsschädigung und zur Gesundheitsschädigung einer großen Zahl von Menschen 2, 3 zu § 330. 4

5. Abs 1 erfordert für Tathandlung und Gefährdung **Vorsatz** (bedingter genügt). **Abs 3** läßt nur für die Gefährdung **Fahrlässigkeit** (35 zu § 15) genügen (LG Frankfurt ZUR 94, 33, 37), ändert also am Vorsatzerfordernis für die Tathandlung nichts (krit Laufhütte DRiZ 89, 337, 339); dagegen verlangt **Abs 4** für die Tathandlung Leichtfertigkeit (55 zu § 15). Zur Behandlung dieser Vorsatz-Fahrlässigkeitskombination als Vorsatztat 23–25 zu § 11; 1 zu § 23; 7 zu § 26. 5

6. Behördliche Erlaubnis (25 vor § 32) scheidet als Rechtfertigungsgrund aus, weil die vorausgesetzte schwere Gefährdung nicht erlaubnisfähig ist und daher auch nicht durch die Erlaubnis zur Verursachung von Immissionen gedeckt werden kann (BT-Dr 8/2382 S 25; Dölling JZ 85, 461, 469; Bloy ZStW 100, 485, 501; str); die Einwilligung des allein Gefährdeten kann die Tat rechtfertigen (Koch/Scheuing-Weber 18 mwN). 6

7 **7. Tateinheit** ua möglich mit §§ 211, 212, 222, 223 ff, 229, 230, 324 ff. Hinter § 319 (1. Alternative) tritt die Vorschrift zurück (Lauf-hütte/Möhrenschlager ZStW 92, 912, 935; Hilgendorf aaO [vgl 3] S 170; zw). § 27 ChemG tritt kraft ausdrücklicher Anordnung in Abs 6 hinter § 330 a als subsidiär zurück.

8 **8.** Tätige Reue (in den Fällen des Abs 1 und 3 sowie weitergehend in den Fällen des Abs 4) § 330 b.

§ 330 b Tätige Reue

(1) **Das Gericht kann in den Fällen des § 325 a Abs. 2, des § 326 Abs. 1 bis 3, des § 328 Abs. 1 bis 3 und des § 330 a Abs. 1 und 3 die Strafe nach seinem Ermessen mildern (§ 49 Abs. 2) oder von Strafe nach diesen Vorschriften absehen, wenn der Täter freiwillig die Gefahr abwendet oder den von ihm verursachten Zustand beseitigt, bevor ein erheblicher Schaden entsteht. Unter denselben Voraussetzungen wird der Täter nicht nach § 325 a Abs. 3 Nr. 2, § 326 Abs. 5, § 328 Abs. 5 und § 330 a Abs. 4 bestraft.**

(2) **Wird ohne Zutun des Täters die Gefahr abgewendet oder der rechtswidrig verursachte Zustand beseitigt, so genügt sein freiwilliges und ernsthaftes Bemühen, dieses Ziel zu erreichen.**

Fassung des 31. StÄG (6 a vor § 324).

1 **1.** Allgemein zur **tätigen Reue** 29 zu § 24.

2 **2.** Die Vorschrift gilt nach **Abs 1 S 1** nicht nur für die konkreten Gefährdungstatbestände der §§ 325 a II, 328 III und 330 a, sondern erfaßt auch die abstrakten Gefährdungsdelikte der §§ 326, 328 I, II (Möhrenschlager NStZ 94, 566, 568). Abzuwenden (dazu 3 zu § 311 c) ist in den ersteren Fällen die bereits eingetretene, in den Tatbeständen als Erfolg beschriebene Gefahr; wird schon der Eintritt der konkreten Gefahr verhindert, so kommt Versuch mit Rücktritt nach § 24 in Frage. In den letzteren Fällen ist der abstrakte Gefahrenzustand bzw der gefahrenträchtige Zustand abzuwenden; dies kann zB dadurch geschehen, daß der unbefugt abgelagerte gefährliche Abfall (§ 326) durch den Täter oder ein von ihm beauftragtes Unternehmen ordnungsgemäß beseitigt wird. In allen Fällen darf noch kein erheblicher Schaden wie zB eine Verunreinigung der Umweltmedien oder Gesundheitsschäden eingetreten sein. Ein weitere Schäden verhinderndes Handeln des Täters nach diesem Zeitpunkt kann bei der Strafzumessung berücksichtigt werden. – **Abs 1 S 2** regelt die tätige Reue bei fahrlässigen Handlungen, die zu Gefährdungen führen, mit der im Vergleich zu Satz 1, der nur eine fakultative Strafaufhebung in der Form des Absehens von Strafe und eine fakultative Strafmilderung nach Ermessen gewährt, weitergehenden Rechtsfolge der obligatorischen Nichtstrafbarkeit.

3 **3.** Die tätige Reue schließt Bestrafung nach anderen Vorschriften nicht aus (23 zu § 24).

§ 330 c Einziehung

Ist eine Straftat nach den §§ 326, 327 Abs. 1 oder 2, §§ 328, 329 Abs. 1, 2 oder 3, dieser auch in Verbindung mit Abs. 4, begangen worden, so können

1. Gegenstände, die durch die Tat hervorgebracht oder zu ihrer Begehung oder Vorbereitung gebraucht worden oder bestimmt gewesen sind, und

2. Gegenstände, auf die sich die Tat bezieht,

eingezogen werden. § 74 a ist anzuwenden.

Fassung des 31. StÄG (6 a vor § 324).

1 **1.** § 330 c ist eine besondere Vorschrift im Sinne des § 74 IV, welche die **Einziehung** über § 74 I hinaus zuläßt. Die Voraussetzungen des § 74 II, III müssen daher erfüllt sein. **Satz 1 Nr 1** erweitert die Einziehung von Tatprodukten und Tatmitteln auf Fahrlässigkeitstaten (zB § 326 V); ebenso **Satz 1 Nr 2** (zB bei § 329 IV), der außerdem als Beziehungsgegenstände weitere Anlagen und andere gefährliche Stoffe als das bisherige Recht erfaßt (BT-Dr 12/192 S 30). **Satz 2** erklärt § 74 a für anwendbar, so daß Sachen in täterfremdem Eigentum wie zB angemietete oder geleaste Tatwerkzeuge oder Anlagen erfaßt sind (Schall/Schreibauer NuR 96, 440, 442).

2 2. Im übrigen vgl §§ 74–74 c, 74 e–76 a. – Zu den Möglichkeiten der Gewinnabschöpfung (Verfall, §§ 73 ff) im Umweltstrafrecht Franzheim wistra 86, 253.

§ 330 d Begriffsbestimmungen

Im Sinne dieses Abschnitts ist

1. ein Gewässer:
ein oberirdisches Gewässer, das Grundwasser und das Meer;

2. eine kerntechnische Anlage:
eine Anlage zur Erzeugung oder zur Bearbeitung oder Verarbeitung oder zur Spaltung von Kernbrennstoffen oder zur Aufarbeitung bestrahlter Kernbrennstoffe;

3. ein gefährliches Gut:
ein Gut im Sinne des Gesetzes über die Beförderung gefährlicher Güter und einer darauf beruhenden Rechtsverordnung und im Sinne der Rechtsvorschriften über die internationale Beförderung gefährlicher Güter im jeweiligen Anwendungsbereich;

4. eine verwaltungsrechtliche Pflicht:
eine Pflicht, die sich aus
a) einer Rechtsvorschrift,
b) einer gerichtlichen Entscheidung,
c) einem vollziehbaren Verwaltungsakt,
d) einer vollziehbaren Auflage oder

e) einem öffentlich-rechtlichen Vertrag, soweit die Pflicht auch durch Verwaltungsakt hätte auferlegt werden können,

ergibt und dem Schutz vor Gefahren oder schädlichen Einwirkungen auf die Umwelt, insbesondere auf Menschen, Tiere oder Pflanzen, Gewässer, die Luft oder den Boden, dient;

5. ein Handeln ohne Genehmigung, Planfeststellung oder sonstige Zulassung:

auch ein Handeln auf Grund einer durch Drohung, Bestechung oder Kollusion erwirkten oder durch unrichtige oder unvollständige Angaben erschlichenen Genehmigung, Planfeststellung oder sonstigen Zulassung.

Fassung des 31. StÄG (6 a vor § 324); Berichtigung von Nr 5 durch Gesetz vom 20. 2. 95 (BGBl I 249).

1 **1. Nr 1** (Gewässer) 2 zu § 324 und 6 zu § 326; (Meer) 2 a zu § 324 und 3 zu § 5.

2 **2. Nr 2:** Zu der Begriffsbestimmung beachte § 7 AtG; BT-Dr III/759 S 22.

3 **3. Nr 3:** (Gefährliches Gut) 3 zu § 328.

4 **4. Nr 4** enthält eine Rahmenregelung zur Klärung des Begriffs **„verwaltungsrechtliche Pflicht"** (6–10 zu § 325). Es geht immer um Pflichten, die dem Schutz vor schädlichen Einwirkungen auf die Umwelt dienen, doch kann der Schutzzweck der jeweiligen Umweltstraftat auf den Schutz vor Einwirkungen auf bestimmte Umweltmedien oder Rechtsgüter beschränkt sein (BT-Dr 12/192 S 31). Die Pflichten müssen hinreichend bestimmt umschrieben werden, wofür allgemeine Programmsätze nicht ausreichen (Möhrenschlager NStZ 94, 513, 515).

5 **5. Nr 5** stellt rechtsmißbräuchliche Handlungen einem Handeln **ohne Genehmigung, Planfeststellung** oder **sonstige Zulassung** gleich (10 zu § 324). Diese Regelung gilt nur für die im 28. Abschnitt des BT enthaltenen Straftaten gegen die Umwelt (Paetzold NStZ 96, 170); sie ist hinsichtlich der rechtsmißbräuchlichen Verhaltensweisen abschließend (Sch/Sch-Cramer 25). – Sonstige Zulassung erfordert das Vorliegen eines Verwaltungsaktes mit gestattender Wirkung, zB die Erlaubnis oder Bewilligung nach §§ 7, 8 WHG (Paetzold aaO).

29. Abschnitt. Straftaten im Amt

Vorbemerkung

1 **1.** Den Tatbeständen dieses Abschnitts liegen überwiegend, jedoch nicht ausschließlich (zB §§ 353 b II, 353 d, 356) Handlungen von **Amtsträgern** oder anderen amtsnahen Personen (3–17 zu § 11) zugrunde (zusf Geppert Jura 81, 42; Rspr-Übersicht bei Wagner JZ 87, 594, 658, 705; krit Dedes, Lackner-FS, S 787).

2. Das **eigentliche Amtsdelikt** (zB §§ 331, 332, 343–345, 348) ist echtes Sonderdelikt (33 vor § 13). **Täter** (auch Mittäter und mittelbarer Täter) kann daher nur die im Tatbestand genannte Amts- oder amtsnahe Person sein. Die Amtseigenschaft ist hier strafbegründendes besonderes persönliches Merkmal nach § 28 I (BGHSt 5, 75, 81), so daß Teilnahme (Anstiftung und Beihilfe) eines Nichtamtsträgers möglich, aber milder zu bestrafen ist (krit, im Ergebnis jedoch zust Langer, Das Sonderverbrechen, 1972, S 480; Meyer GA 79, 252, 269; Schmidhäuser Stub 10/38). – Beim **uneigentlichen Amtsdelikt** (unechtes Sonderdelikt; zB § 340) wirkt die Amtseigenschaft nur strafschärfend, so daß der Extraneus nach § 28 II aus dem Grundtatbestand (zB § 223) bestraft wird (hM; krit Wagner, Amtsverbrechen, 1975, S 386; s auch Hirsch ZStW 88, 752, 775, 780). – Die Amtsträgereigenschaft ist kein besonderes persönliches Merkmal nach § 14 I (dort 12; Lenckner ZStW 106, 502, 544). – Zur Frage, ob und unter welchen Voraussetzungen die **Einwilligung** des von der Tat Betroffenen rechtfertigende Wirkung hat, Wagner aaO S 354, 360; Amelung, Dünnebier-FS, S 487 (eingehend Amelung, Die Einwilligung in die Beeinträchtigung eines Grundrechtsgutes, 1981, S 63, 70, alle mwN; str). 2

§ 331 Vorteilsannahme

(1) **Ein Amtsträger oder ein für den öffentlichen Dienst besonders Verpflichteter, der einen Vorteil als Gegenleistung dafür fordert, sich versprechen läßt oder annimmt, daß er eine Diensthandlung vorgenommen hat oder künftig vornehme, wird mit Freiheitsstrafe bis zu zwei Jahren oder mit Geldstrafe bestraft.**

(2) **Ein Richter oder Schiedsrichter, der einen Vorteil als Gegenleistung dafür fordert, sich versprechen läßt oder annimmt, daß er eine richterliche Handlung vorgenommen hat oder künftig vornehme, wird mit Freiheitsstrafe bis zu drei Jahren oder mit Geldstrafe bestraft. Der Versuch ist strafbar.**

(3) **Die Tat ist nicht nach Absatz 1 strafbar, wenn der Täter einen nicht von ihm geforderten Vorteil sich versprechen läßt oder annimmt und die zuständige Behörde im Rahmen ihrer Befugnisse entweder die Annahme vorher genehmigt hat oder der Täter unverzüglich bei ihr Anzeige erstattet und sie die Annahme genehmigt.**

1. Den Tatbeständen gegen Bestechlichkeit und Bestechung (§§ 331–335 a) liegt ein **komplexes Rechtsgut** zugrunde (str). Geschützt ist das **Vertrauen in die Unkäuflichkeit von Trägern staatlicher Funktionen und damit zugleich in die Sachlichkeit staatlicher Entscheidungen** (BGHSt 15, 88, 96; Jescheck LK 17 vor § 331; Lenckner ZStW 106, 502, 539; str), allerdings nicht um seiner selbst willen, sondern um sicherzustellen, daß die Verfälschung des Staatswillens verhütet, die Lauterkeit der Amtsausübung gewährleistet 1 und die Autorität staatlichen Handelns nicht erschüttert wird. Eine Reduzierung des Strafgrundes auf den einen oder anderen dieser Zwecke würde eine widerspruchsfreie Erklärung der Gesamtregelung in Frage stellen (zum Rechtsgut Dornseifer JZ 73, 267, 269; Loos, Welzel-FS, S 879; Sturm JZ 75, 6, 13; Dölling JuS 81, 570, 572 und 61. DJT, Bd I, Teil C S 50; Geerds JR 81, 301; Amelung, Dünnebier-FS, S 487, 505; Schönherr, Vorteilsgewährung und Bestechung als Wirtschaftsstraftaten, 1985, S 23, 286; Hardtung, Erlaubte Vorteilsannahme, 1994, S 40; Schlüchter, Geerds-FS, S 713; Haft NJW 95, 1113, 1115; Schwieger, Der Vorteilsbegriff in den Bestechungsdelikten des StGB, 1996, S 37, 90; Jaques, Die Bestechungstatbestände unter besonderer Berücksichtigung des Verhältnisses der §§ 331 ff StGB zu § 12 UWG, 1996, S 36, 63, alle mwN). – Zur **Reform** der Bestechungsdelikte Gribl, Der Vorteilsbegriff bei den Bestechungsdelikten, 1993, S 150; Jaques aaO S 240. – Eine Erweiterung und Verschärfung des Bestechungsstrafrechts steht im Rahmen der Bekämpfung der **Korruption** unmittelbar bevor; es liegen mehrere Entwürfe eines KorruptionsbekämpfungsG von Abgeordneten und Fraktionen (BT-Dr 13/5584), der BReg (BR-Dr 553/96), des BRates (BT-Dr 13/3353) sowie der Länder Bayern (BR-Dr 571/95) und Berlin (BR-Dr 298/95) vor, in denen ua eine Anhebung der Strafrahmen und eine Einschränkung der Unrechtsvereinbarung (vgl 10) vorgesehen sind. Auch der 61. DJT hat sich mit der Korruption und dabei auch mit der Änderung der §§ 331–335 a befaßt (vgl das Gutachten Dölling, Bd I, Teil C, S 48–80; die Vorschläge des DJT sind in NJW 96, 2996 abgedruckt). Aus der Reformliteratur zur Korruptionsbekämpfung vgl ua Braun NJ 96, 450; Geerds JR 96, 309; Hettinger NJW 96, 2263; Kerner/Rixen GA 96, 355; König DRiZ 96, 357; Littwin ZRP 96, 308; Möhrenschlager JZ 96, 822; Ostendorf NKrimPol 96, 16; Ransiek StV 96, 446; Schaupensteiner NStZ 96, 409 und Kriminalistik 96, 237; Duttge ZRP 97, 72.

2 **2. Täter** nach Abs 1 kann nur ein Amtsträger (3–11 zu § 11; s auch § 48 I WStG) oder ein für den öffentlichen Dienst besonders Verpflichteter (13–17 zu § 11) sein, Täter nach Abs 2 nur ein Richter (12 zu § 11) oder ein Schiedsrichter, dh eine Person, die aufgrund eines Schiedsvertrages (§ 1025 ZPO) oder eines ihm gleichstehenden Begründungsaktes (§ 1048 ZPO) zur Entscheidung einer Rechtsstreitigkeit berufen ist, also nicht der Schiedsgutachter und der Schiedsmann (Jescheck LK 21). Die Tat ist eigentliches Amtsdelikt (2 vor § 331). – Als **Vorteilsgeber** kommt jedermann, uU also auch ein Amtsträger (Frankfurt NJW 89, 847), in Frage.

3 **3. Tathandlungen nach Abs 1** sind das Fordern, Sichversprechenlassen oder Annehmen eines Vorteils als Gegenleistung für eine geschehene oder künftige Diensthandlung (zur inneren Verknüpfung dieser Elemente Kuhlen NStZ 88, 433).

4 **a)** aa) **Vorteil** ist eine Zuwendung, auf die die Amtsperson keinen Rechtsanspruch hat (hM; vgl etwa Hardtung aaO [vgl 1] S 54; einschr

Schwieger aaO [vgl 1] S 183, 214; krit Dornseifer JZ 73, 267) und die ihre wirtschaftliche, rechtliche oder auch nur persönliche Lage objektiv meßbar verbessert (hM; vgl etwa BGHSt 31, 264, 279; Dölling aaO [vgl 1 Gutachten] S 66 und Schlüchter, Geerds-FS, S 713, 716 mit Kasuistik; einen rechtsgutsbezogenen Vorteilsbegriff entwickelt Schwieger aaO S 114, 157 und 214: Besserstellung, bei der der Eindruck entsteht, als habe der Amtsträger bei der Amtshandlung nicht mehr objektiv handeln können; vgl auch Jaques aaO [vgl 1] S 131). Ein solcher Vorteil kann schon im Abschluß eines Vertrages liegen, der Zuwendungen an die Amtsperson zur Folge hat, und zwar selbst dann, wenn damit nur die vertragsmäßige (in der Vornahme von Diensthandlungen bestehende) Tätigkeit des Empfängers angemessen entgolten werden soll (BGH aaO mit krit Anm Dingeldey NStZ 84, 503, 505). Beim Austausch von Leistungen, die nur zum Teil Diensthandlungen sind, kann der Vorteil auch in dem Mehrwert des Empfangenen bestehen.

bb) Meist handelt es sich um **Geschenke.** Jedoch ist ein Vermö- 5
gensvorteil nicht unbedingt erforderlich (NJW 59, 346; str). Deshalb wird auch die Gewährung des Geschlechtsverkehrs und die Duldung sexueller Handlungen erfaßt (NJW 89, 914; StV 94, 527; Gribl aaO [vgl 1] S 7; Schwieger aaO [vgl 1] S 174, alle mwN). Die flüchtige Zärtlichkeit genügt aber nicht (MDR 60, 63); nach der Rspr soll es auch nicht ausreichen, wenn lediglich ein Séparée in einer Bar als bloße Gelegenheit zu sexuellem Kontakt zur Verfügung gestellt wird (so NJW 89, 914; mit Recht abl Bottke JR 89, 432; Geppert JK § 332/4). Dagegen soll die Befriedigung des Ehrgeizes oder der Eitelkeit als Vorteil in Frage kommen (BGHSt 14, 123, 128; Zweibrücken JR 82, 381 mit Anm Geerds; krit Analyse der Rspr bei Gribl aaO [vgl 1] S 9), was im Hinblick auf das Erfordernis objektiver Meßbarkeit der Besserstellung (vgl 4) Zweifel erweckt (Wagner JZ 87, 594, 602; Jescheck LK 9). – Der Vorteil braucht ferner kein dauernder zu sein (BGHSt 15, 286) und nicht notwendig zu Lasten des Zuwendenden zu gehen; es genügt, daß aus dessen Verhalten dem Empfänger der Vorteil zukommt oder zukommen soll, zB: der Leihwagen; die Gewährung eines Darlehens (GA 59, 176); die Stundung einer Forderung (BGHSt 16, 40); die bezahlte Nebenbeschäftigung (BGHSt 18, 263); die Sicherung einer ungerechtfertigt günstigen beruflichen Situation (probl NJW 85, 2654, 2656 mit abl Bespr Marcelli NStZ 85, 500 und Wagner JZ 87, 594, 603); die Gewährung aus dem Erlös einer Straftat, an welcher der Empfänger durch seine Diensthandlung mitgewirkt hat (BGHSt 20, 1; NJW 87, 1340 mit Anm Letzgus NStZ 87, 309). Gleichzeitige Förderung dienstlicher Belange räumt den Vorteil nicht aus (Oldenburg NdsRpfl 50, 179; str). An ihm fehlt es jedoch, wenn der Täter sich einen Gewinn erst selbst aus der Diensthandlung verschaffen will (BGHSt 1, 182; vgl jedoch StV 94, 186), wenn er zu einem Gelage vollwertig beisteuert (GA 67, 154) oder wenn er die Zuwendung nur als Mittel zur Ausführung der Diensthandlung erhält (Zweibrücken aaO).

6 cc) Der Vorteil muß die **Amtsperson selbst** besserstellen (hM; vgl BGHSt 35, 128 mit Bespr Kuhlen NStZ 88, 433 und Tenckhoff JR 89, 33; Schlüchter, Geerds-FS, S 713, 719, alle mwN; anders Rudolphi NJW 82, 1417; zweifelnd Haffke, in: Tondorf [Hrsg], Staatsdienst und Ethik, 1995, S 11, 28). Die Zuwendung zugunsten eines **Dritten** (nachdrücklich für deren Einbeziehung Gribl aaO [vgl 1] S 14, 93 mit zust Bespr Otto GA 94, 186; ebenso de lege ferenda Dölling aaO [vgl 1 Gutachten] S 67), namentlich eines Angehörigen, genügt daher nur, wenn sie die Amtsperson irgendwie, mindestens mittelbar, besserstellt (BGH aaO; Düsseldorf NJW 87, 1213, beide mwN); ob das bei der Vereinbarung von Spenden zugunsten politischer Parteien oder anderer Organisationen zu bejahen ist, hängt von den Umständen und namentlich auch davon ab, welche Anforderungen an die objektive Meßbarkeit der Besserstellung (vgl 4) gestellt werden (grundsätzlich verneinend Kaiser NJW 81, 321; bejahend Scheu NJW 81, 1195; offen gelassen in BGH aaO; s auch Dencker NStZ 82, 154; Rudolphi, Kuhlen und Tenckhoff aaO; str).

7 **b) Fordern** ist einseitiges Verlangen, sei es auch in versteckter Form (einschr Jescheck LK 4); auf Zustimmung des Aufgeforderten kommt es nicht an, auch nicht darauf, ob dieser den objektiven Sinn der Forderung überhaupt versteht oder ob er ihm erkennbar ist (BGHSt 10, 237, 240; str). – **Sich versprechen lassen** ist die Annahme eines auch nur bedingten Angebots der späteren Zuwendung (RGSt 57, 28; s auch MDR 89, 82 mwN); Angebot und Annahme können stillschweigend erklärt werden. – **Annehmen** ist das tatsächliche Empfangen des angebotenen Vorteils mit dem Willen der Ausnutzung im eigenen Interesse (RGSt 58, 263, 266; zur Abhängigkeit dieses „Vorteilswillens" vom Vorteilsbegriff Küper BT S 301). Dabei braucht das Angebot des Vorteils nicht freiwillig zu sein; auch dessen Erlangung durch Willensbeugung kommt in Frage (Jescheck LK 10 mwN; str). Das Behalten eines zunächst gutgläubig angenommenen Vorteils genügt (BGHSt 15, 88; Köln MDR 60, 156); die Erklärung eines Genehmigungsvorbehalts schließt ein Annehmen nicht aus (Hardtung aaO [vgl 1] S 167). Nicht angenommen wird ein Vorteil, der nur an eine andere Amtsperson weitergeleitet werden soll (BGHSt 14, 123, 127) oder der nur als Beweismittel entgegengenommen wird (BGHSt 15, 88, 97).

8 **c)** aa) **Diensthandlung** entspricht der „in das Amt einschlagenden Handlung" im Sinne des § 331 aF (BT-Dr 7/550 S 271). Sie ist eine Handlung, die in den Kreis der Obliegenheiten gehört, die der Amtsperson übertragen sind, und die von ihr in dienstlicher Eigenschaft vorgenommen wird (BGHSt 31, 264, 280; Ebert GA 79, 361, beide mwN); bloß vorbereitende, unterstützende oder beratende Tätigkeit kann daher genügen (BGHSt 3, 143). Nach nicht ganz unproblematischer (Art 103 II GG) Rspr und hM erfordert teleologische Auslegung, auch solche Tätigkeiten einzubeziehen, mit denen der Täter sein Amt dazu mißbraucht, eine straf- oder dienstrechtlich verbotene Handlung

vorzunehmen, die ihm gerade seine Dienststellung ermöglicht (NJW 87, 1340 mit Anm Letzgus NStZ 87, 309; anders Ebert aaO; Wagner JZ 87, 594, 598; Jescheck LK 3, alle mwN; zw). Darüber hinaus ist jedoch die im früheren Recht entwickelte negative Abgrenzung, daß jede Handlung ausreiche, die ihrer Natur nach mit dem Amt in einer nicht nur äußerlich losen Beziehung stehe und nicht völlig außerhalb des dienstlichen Aufgabenbereichs liege (BGHSt 14, 123; Hamm NJW 73, 716), mit der Neufassung durch das EGStGB („Diensthandlung") nicht mehr vereinbar (offen gelassen in BGHSt 31, 264, 280; weiter Frankfurt NJW 89, 847). Der Vornahme einer Diensthandlung steht ihre Unterlassung gleich (§ 335). Auf die konkrete Zuständigkeit nach der Geschäftsverteilung kommt es nicht an (BGHSt 16, 37; aM Tröndle 5).

bb) Nicht einschlägig sind **Privathandlungen** der Amtsperson 9 (Schlüchter, Geerds-FS, S 713, 720), auch wenn sie bei Gelegenheit einer Diensthandlung (zB Gefälligkeitsbesorgungen des Schaffners), während der Dienstzeit (GA 66, 377 betr Privatunterricht) oder unter Ausnutzung der im Dienst erworbenen Kenntnisse (GA 62, 214; s auch BGHSt 31, 264, 281; Geerds JR 82, 384, 386; Wagner JZ 87, 594, 602) vorgenommen werden oder als unerlaubte Nebenbeschäftigung eine Dienstpflichtverletzung enthalten (BGHSt 18, 59). Die außerdienstliche Anfertigung zB von Bauzeichnungen ist auch dann keine Diensthandlung, wenn die Amtsperson später hiermit dienstlich befaßt wird (BGHSt 18, 263); die Bezahlung der Nebentätigkeit kann aber ein Vorteil sein, der im Hinblick auf jene künftige Diensthandlung gegeben wird (BGH aaO).

d) „Als Gegenleistung dafür" setzt ein der Tathandlung zugrun- 10 deliegendes, also nicht erst nachträglich entstehendes (NJW 85, 391) Beziehungsverhältnis (nicht notwendig ein Austauschverhältnis, M-Schroeder/Maiwald BT 2 78/15) dergestalt voraus, daß der Vorteil dem Empfänger um einer bestimmten geschehenen oder künftigen Diensthandlung willen (oder einer Mehrzahl von ihnen) zugute kommen soll (NStZ 94, 488 mit zust Anm Maiwald); es genügt nicht, daß lediglich die Begleitumstände der Diensthandlung (zB höfliches Verhalten der Amtsperson) den Grund für die Zuwendung bilden (BGHSt 39, 45). – Mit diesem gegenüber § 331 aF neuen Merkmal wird die Rspr zum früheren Recht bestätigt, nach der das Sichversprechenlassen und das Annehmen Teil einer **Unrechtsvereinbarung** sind und das Fordern auf eine solche gerichtet ist (BGHSt 15, 88, 97; Frankfurt NJW 89, 847; Schlüchter, Geerds-FS, S 713, 721; eingehend Kuhlen NStZ 88, 433 und Gribl aaO [vgl 1] S 126, 149, der hierin einen Ansatzpunkt zur Ausgrenzung geringfügiger [§ 248 a] Zuwendungen sieht; krit dazu Otto GA 94, 186, 188). Bei letzterem muß der Täter die Diensthandlung als Äquivalent anbieten, während in den beiden anderen Fällen eine, sei es auch nur stillschweigende (Frankfurt NStZ 89, 76), Übereinkunft zwischen den Parteien über das Äquivalenzverhältnis erforderlich ist (BGHSt 10, 241; bei Holtz MDR 90, 888; Düsseldorf NJW 87,

1213 mit Anm Geerds JR 87, 169; aM Sch/Sch-Cramer 27, 28). Ferner muß die Diensthandlung **bestimmt,** wenn auch noch nicht in allen Einzelheiten konkretisiert sein; dafür genügt es, daß deren Umrisse insoweit erkennbar sind, als die Amtsperson innerhalb eines bestimmten Aufgabenbereichs in einer bestimmten Richtung tätig werden soll (BGHSt 32, 290; NStZ 89, 74; wistra 91, 220; NStZ 94, 488 mit zust Anm Maiwald; StV 94, 243; krit Haffke aaO [vgl 6] S 34, alle mwN; str). An dem Beziehungsverhältnis fehlt es bei Zuwendungen, die nur allgemein mit Rücksicht auf die Dienststellung der Amtsperson oder nur aus Anlaß oder bei Gelegenheit einer Diensthandlung gemacht werden (BGHSt 39, 45 mit Bespr Wagner, JZ 93, 473, Geerds JR 93, 211 und Otto JK 4, alle mwN). Ob das zutrifft, hängt von den Vorstellungen der auf beiden Seiten Beteiligten (BGH aaO mwN; str) und der gesamten Interessenlage ab; bei Höflichkeiten und Gefälligkeiten bilden der Umfang des Zugewendeten, die Verkehrssitte und die gesellschaftlichen Formen wichtige Anhaltspunkte (BGHSt 15, 239, 251). Zu den Problemen, die die Feststellung der Unrechtsvereinbarung in der Praxis aufwirft, und für deren Auflockerung Dölling aaO (vgl 1 Gutachten) S 62 mwN.

11 **e)** In allen Begehungsformen ist unerheblich, ob es **tatsächlich zu der Diensthandlung gekommen ist;** auch wenn der Täter nur vortäuscht, daß er die Diensthandlung vorgenommen habe oder daß er sie vornehmen werde, hat er eine Unrechtsvereinbarung, die den Kern des tatbestandlichen Unrechts bildet, getroffen oder (im Falle des Forderns) erstrebt (vgl 10). Da das durch die §§ 331, 332 geschützte Vertrauen in die Unkäuflichkeit von Amtsträgern (vgl 1) nicht durch die Vornahme oder das Unterbleiben der Diensthandlung, sondern allein durch die Unrechtsvereinbarung über sie erschüttert wird, ist es sinnwidrig, die Diensthandlung als solche auch objektiv zur Tatbestandsvoraussetzung zu machen (Kuhlen NStZ 88, 433, 435). Für den Fall der künftigen Diensthandlung ist das unbestritten (5 zu § 332). Entgegen dem insoweit mißverständlichen Wortlaut („vorgenommen hat") gilt das aber auch für die in der Vergangenheit liegende Diensthandlung (Geerds JR 81, 301; Wagner JZ 87, 594, 598; Jescheck LK 14; aM BGHSt 29, 300; Dölling JuS 81, 570, 572; Maiwald NJW 81, 2777; Gülzow MDR 82, 802; Jaques aaO [vgl 1] S 165, alle mwN). Da sie den spezifischen Deliktsunwert – im Falle der pflichtwidrigen Diensthandlung auch den des § 332 (aM Wagner aaO) – verwirklicht, wird ihre Einbeziehung vom Schutzzweck getragen (Schwieger aaO [vgl 1] S 91; aM Maiwald aaO); hier steht der äußerst mögliche Wortsinn (6 zu § 1) nicht entgegen, weil sich der Tatbestand zwanglos als eine im Indikativ ausgedrückte Beschreibung der Unrechtsvereinbarung verstehen läßt, für die das tatsächliche Vorliegen der Diensthandlung unerheblich ist (Kuhlen aaO; aM BGH aaO).

12 **4.** Die **Tathandlungen nach Abs 2** unterscheiden sich von denen des Abs 1 nur dadurch, daß sie sich auf eine **richterliche Handlung**

beziehen, dh auf eine Handlung, deren Vornahme in den Bereich derjenigen Pflichten fällt, die durch die richterliche Unabhängigkeit geschützt sind (BT-Dr 7/550 S 271; aM Sch/Sch-Cramer 11). Die Handlung ist häufig, aber nicht notwendig (zB schnelle Terminsanberaumung), zugleich eine Rechtsbeugung (§ 336). – Nimmt ein Richter im Rahmen seiner dienstlichen Obliegenheiten eine nichtrichterliche Handlung gegen Belohnung vor (zB im Bereich der Justizverwaltung), so fällt er als Amtsträger unter Abs 1.

5. Der **Vorsatz** (bedingter genügt) setzt Bedeutungskenntnis (14 zu § 15) nicht nur für die einzelnen normativen Begriffe des Abs 1 voraus, sondern auch für das erforderliche Beziehungsverhältnis zwischen den Tathandlungen einerseits und den abhängigen Elementen des Vorteils, der Diensthandlung und der Gegenleistung andererseits (dazu 4–6, 8, 10). – Der Wille, eine angenommene Sache unter einer bestimmten, hinsichtlich ihres Eintritts noch ungewissen Bedingung zurückzugeben, ist für den Vorsatz unerheblich (GA 63, 147). Irrt die Amtsperson über den Wert eines Vorteils und hält sie deshalb das Verhalten des anderen für eine bloße Gefälligkeit, so liegt Tatbestandsirrtum vor; ein Verbotsirrtum dagegen, wenn sie den Wert kennt und die Annahme irrig als verkehrsüblich (vgl 10) ansieht (Pister NJW 63, 2137; aM Neustadt NJW 63, 1633; zw). Zum Irrtum über die behördliche Genehmigung vgl 18. 13

6. a) Die **behördliche Genehmigung nach Abs 3** (krit zu deren Tauglichkeit zur Begrenzung der Bestechungsstrafbarkeit Gribl aaO [vgl 1] S 115) bildet – mindestens idR (beachte 16) – einen **Rechtfertigungsgrund** (BGHSt 31, 264, 285; diff Hardtung aaO [vgl 1] S 127). Ein bloßer Entschuldigungs- oder persönlicher Strafausschließungsgrund scheidet schon deshalb aus, weil die ausdrückliche Billigung rechtswidriger Akte durch staatliche Behörden allgemeinen Rechtsgrundsätzen widersprechen würde. Der Grund für die Genehmigungsfähigkeit grundsätzlich unerwünschter Vorteilsannahmen liegt darin, daß in gewissen Fällen auch das staatliche Interesse für die Belassung des Vorteils sprechen kann, zB wenn es sich empfiehlt, einer allgemein als unverfänglich empfundenen Verkehrssitte nicht den Boden zu entziehen (Neujahrsgeschenke für den Postboten, den Müllfahrer usw), das achtenswerte Motiv einer Vorteilsgewährung zu respektieren (etwa Dankbarkeit für Lebensrettung durch einen Polizeibeamten) oder andersartigen Gebräuchen im Ausland bei internationalen Verhandlungen oder im diplomatischen Dienst Rechnung zu tragen (Blei JA 74, 377, 379). Eine so begründete Genehmigung hat rechtfertigende Wirkung (hM; anders Winkelbauer NStZ 88, 201, 202). Ob andere Fallgruppen eine Erklärung als Tatbestandsausschluß erfordern, ist zweifelhaft; jedenfalls scheiden bloße Gefälligkeiten und verkehrsübliche Zuwendungen von geringem Wert zwar nicht schon deshalb aus, weil sie keinen Vorteil bedeuten (so aber Kaiser NJW 81, 321), wohl idR aber, weil es an dem erforderlichen Äquivalenzverhältnis (vgl 10) fehlt; überdies läßt sich ihre Straflosigkeit auch mit Sozialadäquanz (29 vor § 32; Hardtung aaO [vgl 14

1] S 71; Wessels BT 1 Rdn 1063) erklären (krit Wagner JZ 87, 594, 604; Gribl aaO [vgl 1] S 97, 105 und 112 mit insoweit krit Bespr Otto GA 94, 186, 188; Roxin AT I 10/40).

15 **b) Nicht genehmigungsfähig** sind die Annahme vom Täter geforderter Vorteile in den Fällen des Abs 1 und die Annahme jeglicher Vorteile in denen des Abs 2 (Hardtung aaO [vgl 1] S 115); sie sind stets rechtswidrig.

16 **c)** Die Genehmigung kann vor der Tathandlung ausdrücklich oder stillschweigend, allgemein (krit Geerds JR 83, 465, 467; Jutzi NStZ 91, 105, 108) oder für den Einzelfall erteilt werden. Hierher gehört auch der Fall, daß die Amtsperson die Annahme des Vorteils, wozu sie grundsätzlich verpflichtet ist, bei noch fehlender Genehmigung von deren Erteilung abhängig gemacht hat (BT-Dr 7/550 S 272). Wird für eine solche Annahme die Genehmigung versagt, so ist der Tatbestand nicht erfüllt, wenn der Vorteil zurückgegeben wird; im Behalten würde dagegen die endgültige rechtswidrige Annahme liegen (BT-Dr aaO). Zweifelhaft sind Rechtsnatur und Grenzen der Genehmigung in Fällen, in denen eine Annahme unter Vorbehalt aus besonderen Gründen untunlich (zB bei entgegenstehenden Gepflogenheiten im diplomatischen Verkehr) oder nicht möglich war (zB bei Einladungen zum Essen oder Theaterbesuch). Hier kann die Rechtmäßigkeit aus dogmatischen Gründen nicht von einer nachträglichen Genehmigung abhängig gemacht werden (Sch/Sch-Cramer 49; aM Tröndle 21). In solchen Fällen ist die Annahme vielmehr gerechtfertigt, wenn sie genehmigungsfähig ist (ähnlich Hardtung aaO [vgl 1] S 206, der von einer mutmaßlichen Genehmigung spricht), wenn nach der Praxis der Genehmigungsbehörde in Fällen vergleichbarer Art die Genehmigung erteilt zu werden pflegt und wenn der Täter in der Absicht handelt, unverzüglich Anzeige zu erstatten (ähnlich Sch/Sch-Cramer 49; weiter Maiwald JuS 77, 353, 357 und Otto GK 2 S 511). Sind diese Voraussetzungen erfüllt, so ist die nachträgliche Versagung der Genehmigung wirkungslos (aM Tröndle 21).

17 **d) Zuständige Behörde** ist bei Beamten die vorgesetzte Dienstbehörde, bei Angestellten und Arbeitern des öffentlichen Dienstes der öffentlich-rechtliche Arbeitgeber (Jutzi NStZ 91, 105); bei privatrechtlich organisierten Unternehmen der staatlichen Daseinsvorsorge (9 zu § 11) dürfte ebenfalls der Arbeitgeber genehmigungsbefugt sein (Jutzi aaO S 108; zw). Im übrigen ist die Genehmigung **nur wirksam,** wenn die Behörde „im Rahmen ihrer Befugnisse" gehandelt hat. Die Grenzen der Befugnis werden durch das Recht des öffentlichen Dienstes (vgl zB § 70 BBG) bestimmt (Geerds JR 83, 465, 468; Hardtung aaO [vgl 1] S 149, beide mwN). Es kommt dabei nicht allein auf die verwaltungsrechtliche Bestandskraft der Genehmigung an (aM Sch/Sch-Cramer 51). Für den Strafrichter unbeachtlich sind neben nichtigen und erschlichenen Genehmigungen auch solche, die von einer konkret unzuständigen Behörde erteilt worden sind, wobei die (sachliche oder örtliche)

Unzuständigkeit auch darauf beruhen kann, daß der Sachverhalt nicht genehmigungsfähig oder die Genehmigungsbefugnis der Behörde gegenständlich begrenzt war (BT- Dr 7/550 S 272; Hardtung aaO S 88; Otto GK 2 S 511; Tröndle 19; zw). Die Richtigkeit der Ermessensausübung ist dagegen nicht nachprüfbar.

e) Die **irrige Annahme,** die erforderliche Genehmigung sei erteilt, 18
ist idR ein Erlaubnistatbestandsirrtum (BGHSt 31, 264, 286; 9–16 zu § 17); das gilt auch, weil die Genehmigung hier als normatives Element des Erlaubnistatbestandes zu deuten ist (vgl 6 zu § 15), für den Fall, daß der Täter nur die Tragweite der Genehmigung verkannt, namentlich eine unwirksame Genehmigung für wirksam gehalten hat (BGH aaO mit abl Anm Geerds JR 83, 465 und Dingeldey NStZ 84, 503, 505; krit Otto, Meyer-GedSchr, S 583, 594; zw).

7. Der **Vorteilsgeber** ist nicht wegen Teilnahme an der Tat nach 19
§ 331 strafbar, wenn er sich auf die Rolle des Partners beschränkt. Das folgt daraus, daß die §§ 331, 332 einerseits und die §§ 333, 334 andererseits die Strafbarkeit jeweils des Empfängers und des Gebers selbständig und abschließend regeln (BGHSt 37, 207, 212 mwN). Zur Vermeidung von Wertungswidersprüchen bedürfen auch die Möglichkeiten der Teilnahme Dritter folgender Einschränkungen: Wer auf seiten nur eines Partners teilnimmt, ist nicht zugleich Teilnehmer an der Tat des anderen Partners, auch wenn er weiß und will, daß seine Handlung (unmittelbar oder mittelbar) beide Taten fördert (so für die Beihilfe auf seiten des Vorteilsgebers BGH aaO). Auch wenn der Dritte auf seiten des Empfängers (oder auf beiden Seiten) teilnimmt, bleibt er straflos, wenn eine Tat nach § 331 in § 333 keine Entsprechung hat (Jescheck LK 12 zu § 333 mwN). Im übrigen wird die für den teilnehmenden Dritten maßgebende Strafdrohung durch die für den Geber geltende begrenzt, weil das Unrecht des Dritten nicht schwerer wiegen kann als das des Gebers. Die im Schrifttum überwiegende Meinung, daß der Dritte stets nach den Strafrahmen der §§ 333, 334 zu bestrafen sei (so Jescheck aaO; Sch/Sch-Cramer 12–15 zu § 334, alle mwN), geht zu weit, weil sie in Einzelfällen infolge der Anwendbarkeit des § 28 I den Dritten auch benachteiligen kann (dazu Bell MDR 79, 719).

8. Tateinheit ua möglich mit § 263; wird der Vorteil erpresserisch 20
abgefordert, auch mit § 253 (BGHSt 9, 245; str). Hinter den Qualifikationstatbeständen des § 332 (dort 2) tritt die Vorschrift zurück; jedoch ist Tateinheit möglich, wenn sich die Tathandlung zugleich auf pflichtwidrige und andere Diensthandlungen bezieht (Jescheck LK 30; aM Sch/Sch-Cramer 5 und 55; zw). Zum Verhältnis der verschiedenen Tatmodalitäten vgl NStZ 95, 92 (zu § 12 UWG) und Sch/Sch-Cramer 56.

9. Die **Verjährung** beginnt idR mit der Annahme des Vorteils (2 zu 21
§ 78 a), spätestens mit dem Ausscheiden aus dem Amt (BGHSt 11,

345); bei einem Darlehen mit dessen Auszahlung, ohne Rücksicht darauf, wie lange es der Amtsperson belassen wird (BGHSt 16, 207). – Zum **Verfall des Empfangenen** §§ 73–73 e.

§ 332 Bestechlichkeit

(1) **Ein Amtsträger oder ein für den öffentlichen Dienst besonders Verpflichteter, der einen Vorteil als Gegenleistung dafür fordert, sich versprechen läßt oder annimmt, daß er eine Diensthandlung vorgenommen hat oder künftig vornehme und dadurch seine Dienstpflichten verletzt hat oder verletzen würde, wird mit Freiheitsstrafe von sechs Monaten bis zu fünf Jahren, in minder schweren Fällen mit Freiheitsstrafe bis zu drei Jahren oder mit Geldstrafe bestraft. Der Versuch ist strafbar.**

(2) **Ein Richter oder Schiedsrichter, der einen Vorteil als Gegenleistung dafür fordert, sich versprechen läßt oder annimmt, daß er eine richterliche Handlung vorgenommen hat oder künftig vornehme und dadurch seine richterlichen Pflichten verletzt hat oder verletzen würde, wird mit Freiheitsstrafe von einem Jahr bis zu zehn Jahren, in minder schweren Fällen mit Freiheitsstrafe von sechs Monaten bis zu fünf Jahren bestraft.**

(3) **Falls der Täter den Vorteil als Gegenleistung für eine künftige Handlung fordert, sich versprechen läßt oder annimmt, so sind die Absätze 1 und 2 schon dann anzuwenden, wenn er sich dem anderen gegenüber bereit gezeigt hat,**

1. bei der Handlung seine Pflichten zu verletzen oder,

2. soweit die Handlung in seinem Ermessen steht, sich bei Ausübung des Ermessens durch den Vorteil beeinflussen zu lassen.

1 **1.** Zum **geschützten Rechtsgut** 1 zu § 331.

2 **2.** Die Vorschrift enthält **Qualifikationstatbestände** zu § 331 I, II (NStZ 84, 24 mwN); sie setzt als Erschwerung voraus, daß der Täter durch die Dienst- (oder richterliche) Handlung seine **Dienstpflichten (oder richterlichen Pflichten) verletzt hat oder verletzen würde** (beachte auch § 48 II WStG). Vgl daher zunächst 2–12 zu § 331.

3 **3. a)** Eine **Verletzung der Dienstpflicht** setzt voraus, daß die Diensthandlung selbst (nicht nur die Vorteilsannahme) gegen ein auf Gesetz, Dienstvorschrift oder Einzelanordnung beruhendes Gebot oder Verbot verstößt (BGHSt 15, 88, 92). Soweit die hM auch straf- oder dienstrechtlich verbotene Handlungen als Diensthandlungen anerkennt (8 zu § 331), sind sie zugleich pflichtwidrig, zB wenn der Täter seine Schweigepflicht verletzt (BGHSt 4, 293; 14, 123; anders Ebert GA 79, 361 mwN), über dienstliche Vorgänge falsch aussagt (Celle NdsRpfl 49, 159) oder als Pfleger den Insassen einer Entziehungsanstalt pflichtwidrig alkoholische Getränke verschafft (NJW 83, 462 mit abl Bespr Amelung/Weidemann JuS 84, 595; zw). Die bevorzugte schnelle Erledigung

oder die Bearbeitung durch eine nach der Geschäftsverteilung unzuständige Amtsperson verletzt für sich allein die Dienstpflicht nicht (BGHSt 16, 37). Kann eine Amtsperson ausnahmsweise nach freiem Belieben darüber befinden, ob sie dienstlich tätig werden will, so fällt die Käuflichmachung einer solchen Handlung, wenn diese zulässig und, für sich gesehen, nicht pflichtwidrig ist, nur unter § 331 (BGHSt 3, 143).

b) Abs 3 bestätigt die Rspr zu § 332 aF, die es als **Unrechtsvereinbarung** über eine pflichtwidrige Diensthandlung ansieht, wenn die Amtsperson sich dem Partner gegenüber – sei es ausdrücklich oder stillschweigend – äußerlich bereit zeigt, bei Vornahme der künftigen Diensthandlung ihre Pflichten zu verletzen (Nr 1; probl NStZ 84, 24 mit krit Bespr Geppert JK § 331/2) oder, im Falle von Ermessenshandlungen, dem Vorteil Einfluß auf die Ermessensausübung einzuräumen (Nr 2; BGHSt 15, 88, 239, 352; StV 85, 146; krit Haffke, in: Tondorf [Hrsg], Staatsdienst und Ethik, 1995, S 11, 31); **Ermessenshandlung** ist eine Diensthandlung, bei deren Vornahme oder Unterlassung der Amtsperson ein Spielraum für die pflichtmäßige Wahl zwischen verschiedenen sachlichen Möglichkeiten eingeräumt ist (sog **Ermessensbeamter,** BT-Dr 7/550 S 274; Frankfurt NJW 90, 2074 mwN) – Die Neufassung läßt lediglich die praktisch bedeutungslose (BT-Dr aaO S 273) Frage offen, ob Gegenstand der hier vorausgesetzten Unrechtsvereinbarung wirklich eine pflichtwidrige Diensthandlung ist oder ob Abs 3 Fälle des Bereitzeigens einer solchen lediglich gleichstellt (krit Sch/Sch-Cramer 15, 16). Die frühere Rspr zur Strafbarkeit sowohl des gebundenen wie auch des Ermessensbeamten (zB JR 61, 508) ist daher nach wie vor verwertbar. 4

4. Die Tat ist mit dem Eingehen der Unrechtsvereinbarung oder dem Stellen einer darauf zielenden Forderung **vollendet** (BGHSt 15, 239; 11 zu § 331). Daher gehört namentlich die Ausführung der künftigen pflichtwidrigen Handlung nicht zum Tatbestand. Auch ist unerheblich, ob die Diensthandlung später wirklich vorgenommen wird und ob die Amtsperson überhaupt willens oder fähig ist, sie vorzunehmen (BGHSt 15, 88; 18, 263). Es genügt vielmehr die bloße Unrechtsvereinbarung, so daß der geheime Vorbehalt, keine pflichtwidrige Handlung vorzunehmen, ohne Bedeutung ist (hM; anders Geerds JR 81, 301; krit Maiwald JuS 77, 353). § 332 ist auch erfüllt, wenn nur die Amtsperson, nicht aber der Vorteilsgeber die Pflichtwidrigkeit der Diensthandlung erkennt (BGHSt 15, 352). 5

5. Zum **Vorsatz** (bedingter genügt) gehört vor allem das Bewußtsein, daß die Dienst- (oder richterliche) Handlung pflichtwidrig ist (NStZ 84, 24) oder daß ein Bereitzeigen im Sinne des Abs 3 vorliegt. Da für die Pflichtwidrigkeit keine Einigkeit über Inhalt und Grenzen der gebotenen Bedeutungskenntnis besteht (14 zu § 15), ist die Abgrenzung von Tatbestands- und Verbotsirrtümern sowie von Versuch und Wahndelikt in diesem Bereich problematisch (vgl Puppe GA 90, 145, 6

165; Jescheck LK 13, beide mwN). Die Vorstellungen des Täters über den näheren Inhalt der Diensthandlung und ihre Pflichtwidrigkeit brauchen sich mit denen seines Partners nicht zu decken (BGHSt 15, 352, 355); es hängt vielmehr von dem Vorstellungsinhalt jeweils des Vorteilsempfängers oder des Vorteilsgebers ab, ob sich der eine nach § 332 (uU nach § 331) und der andere nach § 334 (uU nach § 333) strafbar gemacht hat (vgl auch 4 zu § 334 sowie Sch/Sch-Cramer 10 zu § 334 mwN).

7 **6.** Eine **Rechtfertigung** der Tat durch behördliche Genehmigung (14–17 zu § 331) ist im Hinblick auf die Pflichtwidrigkeit der Diensthandlung nicht möglich (BT-Dr 7/550 S 272).

8 **7.** Der **Versuch** ist bei allen Begehungsformen mit Strafe bedroht, da die Tat nach Abs 2 Verbrechen ist (§ 23 I).

9 **8.** Zur **Teilnahme des Vorteilsgebers** 19 zu § 331. Die Unterstützung lediglich der pflichtwidrigen Diensthandlung (vgl 3) ist keine Teilnahme an der Tat (BGHSt 18, 263).

10 **9.** Bei der **Strafzumessung** wirken Mängel in der Dienstaufsicht, die noch nicht zu allgemeinen, über Pflichtverletzungen einzelner hinausreichenden Mißständen geführt haben, regelmäßig nicht strafmildernd (NJW 89, 1938 mit Anm Molketin wistra 90, 356).

11 **10.** Tateinheit ua möglich mit §§ 174 a, 174 b. Zwischen Bestechlichkeit und der pflichtwidrigen Handlung besteht idR Tatmehrheit (NJW 85, 2654, 2656 und 87, 1340; aM Köln JMBlNRW 50, 254; Letzgus NStZ 87, 309, 311; zw). Im übrigen gelten die Ausführungen unter 20 zu § 331 sinngemäß.

12 **11.** Verjährung 21 zu § 331. Verfall des Empfangenen §§ 73–73 e. Verlust der Amtsfähigkeit § 358.

§ 333 Vorteilsgewährung

(1) **Wer einem Amtsträger, einem für den öffentlichen Dienst besonders Verpflichteten oder einem Soldaten der Bundeswehr als Gegenleistung dafür, daß er eine in seinem Ermessen stehende Diensthandlung künftig vornehme, einen Vorteil anbietet, verspricht oder gewährt, wird mit Freiheitsstrafe bis zu zwei Jahren oder mit Geldstrafe bestraft.**

(2) **Wer einem Richter oder Schiedsrichter als Gegenleistung dafür, daß er eine richterliche Handlung künftig vornehme, einen Vorteil anbietet, verspricht oder gewährt, wird mit Freiheitsstrafe bis zu drei Jahren oder mit Geldstrafe bestraft.**

(3) **Die Tat ist nicht nach Absatz 1 strafbar, wenn die zuständige Behörde im Rahmen ihrer Befugnisse entweder die Annahme des Vorteils durch den Empfänger vorher genehmigt hat oder sie auf unverzügliche Anzeige des Empfängers genehmigt.**

1. Zum **geschützten Rechtsgut** 1 zu § 331. Die Vorschrift bildet das – allerdings im Anwendungsbereich stark verkürzte – Gegenstück zu § 331. 1

2. Täter kann jedermann sein (auch ein anderer Amtsträger, Frankfurt NStZ 89, 76). Die Tat kann nicht nur gegenüber den in §§ 331, 332 genannten Amtspersonen (2 zu § 331), sondern auch gegenüber Soldaten (§ 1 I SoldG) begangen werden. Dadurch entstehen für die Partner einer Unrechtsvereinbarung problematische Unterschiede in der Strafbarkeit, weil der einfache Soldat im Falle der Vorteilsannahme nicht mit Strafe bedroht ist (§ 48 I WStG; zu den nicht durchweg überzeugenden Gründen für diese Regelung BT-Dr 7/550 S 275). 2

3. Die **Tathandlungen** sind das teilweise Spiegelbild zu denen des § 331. 3

a) Das **Anbieten** entspricht dem Fordern (BGHSt 15, 88, 102; 7 zu § 331); es ist die auf Abschluß einer Unrechtsvereinbarung gerichtete ausdrückliche oder stillschweigende Erklärung (BGHSt 16, 40, 46; s auch Widmaier JuS 70, 241, 242), die auch in vorsichtig formulierten Fragen und Sondierungen bestehen kann (Hamm JMBlNRW 70, 190) und die zur Kenntnis der Amtsperson gelangen muß (str). Ob diese den Sinn versteht, ist unerheblich; es genügt, daß sie ihn verstehen soll (Jescheck LK 4 mwN). **Versprechen** entspricht dem Versprechenlassen, **Gewähren** dem Annehmen (7 zu § 331).

b) Beziehungsobjekt der Tathandlungen nach **Abs 1** sind nur **Ermessenshandlungen** (4 zu § 332), und zwar abweichend von § 331 I (dort 10) nur **künftige.** Wer allerdings, was idR zutrifft, mit der Möglichkeit rechnet, daß der Ermessensbeamte sich durch den Vorteil in der Ausübung seines Ermessens beeinflussen lassen wird, fällt unter § 334 I (dort 3). Deshalb wird zum Teil überhaupt bestritten, daß Abs 1 einen nennenswerten praktischen Anwendungsbereich hat (Dornseifer JZ 73, 267, 269; Schönherr, Vorteilsgewährung und Bestechung als Wirtschaftsstraftaten, 1985, S 287); dem steht jedoch die zweifelsfrei sinnvolle Auffangfunktion des Tatbestandes bei Nichtbeweisbarkeit des Vorsatzes nach § 334 I entgegen (BT-Dr 7/1261 S 21; Göhler Prot 7, 614; krit Haffke, in: Tondorf [Hrsg], Staatsdienst und Ethik, 1995, S 11, 32: strafprozeßrechtlich fragwürdig). 4

c) Gegenstand der Tathandlungen nach **Abs 2** kann nur eine **künftige richterliche Handlung** sein (12 zu § 331), gleichgültig jedoch, ob sie eine gebundene oder eine Ermessenshandlung ist. Die nachträgliche Gewährung von Vorteilen für pflichtmäßige richterliche Handlungen wird nicht erfaßt. 5

4. Der **Vorsatz** (bedingter genügt) muß im Falle des Abs 1 auch die Bedeutungskenntnis (14 zu § 15) einschließen, daß Gegenstand der Unrechtsvereinbarung eine Ermessenshandlung ist. Im übrigen gelten die Ausführungen unter 13 zu § 331 mit umgekehrtem Vorzeichen sinngemäß. 6

7 **5. Abs 3** bildet das Gegenstück zu § 331 III (dort 14–18). Ist die Vorteilsannahme **wirksam genehmigt,** so ist auch die Tat nach § 333 idR gerechtfertigt (beachte 16 zu § 331; ergänzend Hardtung, Erlaubte Vorteilsannahme, 1994, S 233). Für die Beurteilung eines Irrtums über die Genehmigung (18 zu § 331) sind nur die Vorstellungen des Täters, nicht die des Vorteilsempfängers erheblich (s auch Blei JA 74, 377, 382).

8 **6.** Der **Vorteilsempfänger** ist nicht wegen Teilnahme an der Tat nach § 333 strafbar. Er fällt nur unter § 331 oder unter § 48 I WStG (19 zu § 331); der einfache Soldat wird daher trotz Strafbarkeit des Vorteilsgebers nicht erfaßt (vgl 2).

9 **7. Tateinheit** mit § 334 ist möglich, wenn sich dieselbe Tathandlung auf pflichtwidrige und nichtpflichtwidrige Dienst- (richterliche) Handlungen bezieht.

§ 334 Bestechung

(1) **Wer einem Amtsträger, einem für den öffentlichen Dienst besonders Verpflichteten oder einem Soldaten der Bundeswehr einen Vorteil als Gegenleistung dafür anbietet, verspricht oder gewährt, daß er eine Diensthandlung vorgenommen hat oder künftig vornehme und dadurch seine Dienstpflichten verletzt hat oder verletzen würde, wird mit Freiheitsstrafe von drei Monaten bis zu fünf Jahren, in minder schweren Fällen mit Freiheitsstrafe bis zu zwei Jahren oder mit Geldstrafe bestraft.**

(2) **Wer einem Richter oder Schiedsrichter einen Vorteil als Gegenleistung dafür anbietet, verspricht oder gewährt, daß er eine richterliche Handlung**

1. **vorgenommen und dadurch seine richterlichen Pflichten verletzt hat oder**
2. **künftig vornehme und dadurch seine richterlichen Pflichten verletzen würde,**

wird in den Fällen der Nummer 1 mit Freiheitsstrafe von drei Monaten bis zu fünf Jahren, in den Fällen der Nummer 2 mit Freiheitsstrafe von sechs Monaten bis zu fünf Jahren bestraft. Der Versuch ist strafbar.

(3) **Falls der Täter den Vorteil als Gegenleistung für eine künftige Handlung anbietet, verspricht oder gewährt, so sind die Absätze 1 und 2 schon dann anzuwenden, wenn er den anderen zu bestimmen versucht, daß dieser**

1. **bei der Handlung seine Pflichten verletzt oder,**
2. **soweit die Handlung in seinem Ermessen steht, sich bei der Ausübung des Ermessens durch den Vorteil beeinflussen läßt.**

1 **1.** Zum **geschützten Rechtsgut** 1 zu § 331. Die Vorschrift bildet das Gegenstück zu § 332 (eingehend zu ihrer Bedeutung im Wirt-

schaftsleben Schönherr, Vorteilsgewährung und Bestechung als Wirtschaftsstraftaten, 1985).

2. a) Zum **Kreis der möglichen Bestechungsadressaten und zu den Tathandlungen nach Abs 1, 2** vgl 2, 3 zu § 333. Abweichend von der Vorteilsgewährung (§ 333), in Übereinstimmung aber mit der Bestechlichkeit (§ 332), kann sich die Tathandlung auf zurückliegende und künftige Diensthandlungen oder richterliche Handlungen jeder Art (10, 12 zu § 331) beziehen, sofern sie nur die dienstlichen oder richterlichen Pflichten verletzt haben oder verletzen würden (3, 4 zu § 332). Für das erforderliche Äquivalenzverhältnis (10 zu § 331) gilt nichts besonderes. 2

b) Abs 3 enthält eine mit § 332 III (dort 4) übereinstimmende Klarstellung zur Abgrenzung der Bestechung von der bloßen Vorteilsgewährung: Mit dem Anbieten, Versprechen oder Gewähren des Vorteils als Gegenleistung für eine künftige Dienst- (oder richterliche) Handlung muß lediglich der ausdrücklich oder stillschweigend unternommene – sei es auch erfolgslose – Versuch verbunden sein, in dem anderen den Entschluß zu verursachen (bestimmen, 2 zu § 26), bei einer gebundenen Diensthandlung seine Pflichten zu verletzen oder bei einer Ermessenshandlung dem Vorteil Einfluß auf die Ermessensausübung einzuräumen (BT-Dr 7/550 S 276). Daß der andere den Entschluß, zu dem er bestimmt werden sollte, ausführt oder zur Ausführung überhaupt fähig ist, gehört nicht zum Tatbestand. 3

3. Der **Vorsatz** (bedingter genügt) setzt vor allem das Bewußtsein des Täters voraus, daß die Dienst- (oder richterliche) Handlung im Sinne der Abs 1, 2 pflichtwidrig ist oder daß das Verhalten, zu dem der Partner bestimmt werden soll, den in Abs 3 beschriebenen Inhalt hat; auch im Hinblick auf dieses Bestimmen (vgl 3) genügt bedingter Vorsatz (hM). Im übrigen gelten die Ausführungen unter 6 zu § 332 sinngemäß. 4

4. Der **Vorteilsempfänger** ist nicht wegen Teilnahme nach § 334 strafbar; er fällt nur unter § 332 oder unter § 48 I, II WStG (19 zu § 331). 5

5. Eine tatbestandliche Handlungseinheit liegt nur dann vor, wenn der zu leistende Vorteil genau festgelegt wird, mag er auch in Teilleistungen zu erbringen sein (NStZ-RR 96, 354). Ist die der Amtsperson angesonnene Handlung eine Straftat, so kann die Anstiftung zu ihr (auch die erfolglose nach § 30 I, BGHSt 6, 308) mit § 334 in **Tateinheit** stehen. 6

§ 335 Unterlassen der Diensthandlung

Der Vornahme einer Diensthandlung oder einer richterlichen Handlung im Sinne der §§ 331 bis 334 steht das Unterlassen der Handlung gleich.

Die Vorschrift dient nur der Klarstellung. Daß eine Diensthandlung auch in einem **Unterlassen** bestehen kann, soweit es im inneren Zu- 1 sammenhang mit dem dienstlichen Aufgabenbereich steht, war auf der Grundlage des früheren Rechts – trotz Fehlens eines ausdrücklichen Hinweises im Gesetz – allgemeine Meinung (Jescheck LK 1).

§ 335 a Schiedsrichtervergütung

Die Vergütung eines Schiedsrichters ist nur dann ein Vorteil im Sinne der §§ 331 bis 334, wenn der Schiedsrichter sie von einer Partei hinter dem Rücken der anderen fordert, sich versprechen läßt oder annimmt oder wenn sie ihm eine Partei hinter dem Rükken der anderen anbietet, verspricht oder gewährt.

1 **1.** Die Vorschrift ergänzt die §§ 331 II, 332 II, 333 II, 334 II durch eine **Auslegungsregel** (zust Schwieger, Der Vorteilsbegriff in den Bestechungsdelikten des StGB, 1996, S 197, 215). Sie macht bei Taten von oder gegenüber Schiedsrichtern (2 zu § 331) den Begriff des Vorteils von einem zusätzlichen Merkmal abhängig, weil die Schiedsrichter idR für ihre Tätigkeit von den Parteien entschädigt werden (BT-Dr 7/550 S 276). **Vergütung** umfaßt daher aufgrund weiter Auslegung alle Vorteile, die als Gegenleistung (10 zu § 331) für die Schiedsrichtertätigkeit gewährt werden.

2 **2. Hinter dem Rücken der anderen Partei** bedeutet ohne deren Wissen und mit dem Willen, sie zu hintergehen (BT-Dr aaO).

§ 336 Rechtsbeugung

Ein Richter, ein anderer Amtsträger oder ein Schiedsrichter, welcher sich bei der Leitung oder Entscheidung einer Rechtssache zugunsten oder zum Nachteil einer Partei einer Beugung des Rechts schuldig macht, wird mit Freiheitsstrafe von einem Jahr bis zu fünf Jahren bestraft.

1 **1.** Die Vorschrift schützt die (inländische, 9 vor § 3) **Rechtspflege** in ihrer speziellen Aufgabe, **richtiges Recht** zu sprechen (Hupe, Der Rechtsbeugungsvorsatz, 1996, S 93); die damit verbundene Wahrung von Parteiinteressen ist nur ein Schutzreflex (näher Vormbaum, Der strafrechtliche Schutz des Strafurteils, 1987, S 321; krit Scholderer, Rechtsbeugung im demokratischen Rechtsstaat, 1993, S 302; str). Die Tat ist eigentliches Amtsdelikt (2 vor § 331) oder, soweit die Schiedsrichter einbezogen sind, echtes Sonderdelikt (33 vor § 13). Eingehend Seebode, Das Verbrechen der Rechtsbeugung, 1969; Schmidt-Speicher, Hauptprobleme der Rechtsbeugung, 1982; zusf Geppert Jura 81, 78; Behrendt JuS 89, 945.

2 **2. Täter** kann neben dem nur beispielhaft hervorgehobenen Richter (12 zu § 11) oder Schiedsrichter (2 zu § 331) jeder Amtsträger (3–11 zu § 11) sein. Abweichend vom früheren Recht (BGHSt 10, 294) wird auch der ehrenamtliche Richter erfaßt. – Daß der Amtsträger weisungsfrei tätig wird, also richterliche Unabhängigkeit genießt oder we-

nigstens in der Rechtssache unabhängig entscheiden kann, ist nicht unbedingt erforderlich (hM; vgl BGHSt 14, 147; 32, 357; anders Seebode JuS 69, 204, 206, alle mwN). Daher gehören auch die abhängigen Richter bei den Sonder- und Standgerichten der NS-Zeit, namentlich auch die des früheren Volksgerichtshofes, hierher (hM; vgl etwa NJW 68, 1339 und 71, 571; Spendel LK 15 mwN), obwohl diese Gerichte – jedenfalls zu einem erheblichen Teil – keine Gerichte im rechtsstaatlichen Sinne, sondern Terrorinstrumente zur Durchsetzung der NS-Willkürherrschaft gewesen sind (Rüping JZ 84, 816 und NJW 85, 2391; Sonnen NJW 85, 1065, alle mwN; beachte auch 11); ebenso gehören hierher die auf sozialistische Parteilichkeit verpflichteten Richter bei Sondergerichten in der ehemaligen DDR (Maiwald NJW 93, 1881, 1885; vgl 19 zu § 2).

3. **Rechtssache** ist eine Rechtsangelegenheit, bei der mehrere Be- 3
teiligte mit widerstreitenden rechtlichen Belangen einander gegenüberstehen können, wenn über sie nicht durch Verwaltungsmaßnahmen zu befinden, sondern in einem rechtlich vollständig geregelten Verfahren nach Rechtsgrundsätzen zu entscheiden ist (BGHSt 24, 326; Rspr-Übersicht bei Scholderer aaO [vgl 1] S 406). – Namentlich Angelegenheiten aller Zweige der **Gerichtsbarkeit** kommen in Frage. Der Nachlaßrichter (Rechtspfleger) leitet eine Rechtssache auch, wenn er die Vergütung des Nachlaßpflegers festsetzt (BGHSt 35, 224 mit Anm Otto JZ 88, 883); ebenso der Jugendrichter, wenn er Vollstreckungsentscheidungen nach § 83 JGG, nicht aber, wenn er als Vollstreckungs- oder Vollzugsleiter Verwaltungsmaßnahmen trifft (beachte auch Düsseldorf MDR 87, 604; Koblenz MDR 87, 605). – Erfaßt werden ferner rechtlich vollständig geregelte (rechtsförmliche) **Verfahren vor Verwaltungsbehörden,** in denen der Amtsträger wie ein Richter in vergleichbarer Aufgabenstellung und Position zu entscheiden hat (BGHSt 34, 146; s auch Wagner JZ 87, 658, beide mwN; str). Das trifft für gewöhnliche Verwaltungsverfahren nicht zu (Koblenz GA 87, 553 und MDR 94, 1104), zB auch nicht für Verwarnungsverfahren nach §§ 56–58 OWiG (Hamm NJW 79, 2114), für umweltrechtliche Genehmigungs- und sonstige Gestattungsverfahren (Frankfurt ZfW 88, 236, 243; Bickel NStZ 88, 181; Breuer NJW 88, 2072, 2084; aM LG Hanau NStZ 88, 179, 181, alle mwN), für Verfahren der Vollzugsbehörden, die Vollzugslockerungen betreffen (Laubenthal JuS 89, 827, 831; aM Rössner JZ 84, 1065, 1070) und für Steuerfestsetzungsverfahren nach §§ 85–100 AO (BGHSt 24, 326 mit krit Anm Bemmann JZ 72, 599) unter Einschluß des nachfolgenden Widerspruchsverfahrens (Celle NStZ 86, 513). Zu bejahen ist es nur für rechtsförmliche Verwaltungsverfahren, soweit in ihnen Entscheidungen wie in der Rechtsprechung zu treffen sind, wie zB im Disziplinarverfahren (RGSt 69, 213), im Bußgeldverfahren nach §§ 35 ff OWiG (Celle aaO; aM Scholderer aaO [vgl 1] S 420) oder im strafprozessualen Ermittlungsverfahren (BGHSt 32, 357; Spendel JR 85, 485), soweit es der StA nicht lediglich die

Vorbereitung des gerichtlichen Verfahrens, sondern Entscheidungen in der Sache selbst (zB Einstellung des Verfahrens oder Anklageerhebung) zuweist (BGHSt 38, 381 mit zust Anm Brammsen NStZ 93, 543, krit aber Seebode JR 94, 1; BGHSt 40, 169 und 272 mit Bespr Hohmann NJ 95, 128, Schoreit StV 95, 195 und Spendel JR 95, 214; BGHSt 41, 247; weiter Wagner aaO S 659 und Scholderer aaO S 421; aM Vormbaum, Der strafrechtliche Schutz des Strafurteils, 1987, S 339, der den Staatsanwalt als Täter ganz ausscheidet).

4 **4. Partei** ist jeder Beteiligte; zB in Strafsachen der Angeklagte (nicht sein Verteidiger), im Falle des § 387 ZPO der Zeuge.

5 **5. a) Rechtsbeugung** ist die Verletzung objektiven materiellen oder prozessualen Rechts, und zwar des Gesetzes-, Gewohnheits- oder überpositiven Rechts (objektive Theorie; vgl Bemmann GA 69, 65; Spendel NJW 71, 537, Peters-FS, S 163 und LK 36–41 mwN; ihr neigt auch die Rspr zu, Seebode JR 94, 1 mwN), nicht das Handeln des Täters gegen seine Rechtsüberzeugung (subjektive Theorie; vgl v Weber NJW 50, 272; Sarstedt, Heinitz-FS, S 427). Im neueren Schrifttum wird eine differenziertere Abgrenzung auf der Grundlage der richterlichen Amtspflichten empfohlen (vgl etwa Rudolphi ZStW 82, 610; Wagner, Amtsverbrechen, 1975, S 195; Schmidt-Speicher aaO [vgl 1] S 75, 80; Behrendt JuS 89, 945, 948; krit zur Pflichtwidrigkeitstheorie Scholderer aaO [vgl 1] S 288, 317, 334), vereinzelt aber auch der Theorienstreit überhaupt als bedeutungslos bezeichnet worden (Schreiber GA 72, 193). Im Hinblick auf die Schwere der Strafdrohung genügen aber nur solche Handlungen, mit denen sich der Amtsträger schwerwiegend vom Gesetz entfernt und sein Handeln als Staatsorgan nicht an Gesetz und Recht, sondern an seinen eigenen Maßstäben ausrichtet (BGHSt 32, 357, 360; 38, 381 mit krit Bespr Brammsen NStZ 93, 542 und Seebode JR 94, 1; Scheffler NZV 96, 479); diese im Schrifttum nicht unbestrittene (19 a zu § 2) Einschränkung hat der BGH bei der Beurteilung von Rechtsbeugungen durch Richter und Staatsanwälte in der DDR nach der ersten Grundsatzentscheidung (BGHSt 40, 30) in weiteren Entscheidungen durch Bildung von Fallgruppen schwerer Menschenrechtsverletzungen konkretisiert (näher dazu 19 zu § 2 mwN). – Rechtsbeugung kann, da sie als Tathandlung ähnlich wie die Untreue nur die Verletzung einer Rechtspflicht voraussetzt, gleichermaßen durch **Tun oder Unterlassen** begangen werden (beachte dazu 2 zu § 266; 18 zu § 13). Es kommen namentlich in Frage: Sachverhaltsverfälschung (NJW 60, 253; Deumeland ZfS 93, 139), uU auch durch Unterlassen von Maßnahmen, die der Aufklärung dienen (zu Versuchsbeginn und Vollendung der Unterlassungstat Schaffstein, Dreher-FS, S 147, 155 mwN); unrichtige Anwendung von Rechtsvorschriften (zB der Bestimmungen über die Öffentlichkeit, Wolf NJW 94, 681, 687); unzulässige Vereinbarungen mit den Parteien (zB Absprachen im Strafverfahren, Schünemann StV 94, 657, 660); Ermessensmißbrauch, namentlich bei der Strafzumessung (NJW 71,

571), aber auch bei der Wahl von prozessualen Entscheidungsalternativen (krit NStZ 88, 218 mit Anm Doller). Letztlich lassen sich alle Formen als falsche Rechtsanwendung verstehen und nicht scharf voneinander trennen (Spendel NJW 71, 537, 540; aM NJW 71, 751). In jedem Falle muß der Widerspruch zum Recht aber eindeutig sein, bei mehreren Interpretationsmöglichkeiten also die Grenze des Vertretbaren überschreiten (KG NStZ 88, 557; Scheffler aaO; Spendel LK 41 mwN). – Es genügt, wenn die Rechtsverletzung in irgendeinem Stadium des Verfahrens begangen wird, selbst wenn dies zur Erreichung einer vermeintlich richtigen oder gerechten (BGHSt 32, 357) Entscheidung geschieht und selbst wenn dadurch eine objektiv richtige Endentscheidung verursacht wird (RGSt 57, 31).

b) Bei **Leitung** oder **Entscheidung** einer Rechtssache ist die Rechtsbeugung begangen, wenn sie objektiv als eine auf der Leitungs- oder Entscheidungskompetenz des Amtsträgers beruhende Handlung erscheint (BGHSt 32, 357). 6

c) Als **schädlichen Erfolg** muß die Rechtsbeugung die Verbesserung (einschr dazu BGHSt 32, 357, 363) oder Verschlechterung der Lage einer Partei bewirken (Bemmann GA 69, 65, 69; Spendel JR 85, 485, 489, beide mwN). 7

6. a) Der **Vorsatz** muß namentlich die Verletzung des objektiven Rechts (vgl 5), das Element der Leitung oder Entscheidung einer Rechtssache (vgl 3, 6; BGHSt 32, 357, 360 mit Anm Fezer NStZ 86, 29) und deren begünstigende oder benachteiligende Wirkung für einen Beteiligten (RGSt 25, 276, 278) umfassen. Da der Widerspruch zum Recht Tatbestandsmerkmal ist, muß der Täter ihn als solchen erkennen (NStZ 88, 218); Rechtsblindheit kann hier – anders als beim Verbotsirrtum – nicht zur Strafbarkeit führen (bei Holtz MDR 78, 626; aM Spendel, Radbruch-GedSchr, S 312; zusf Seebode JuS 69, 204; Schreiber GA 72, 193, 198; s auch Müller NJW 80, 2390; Wassermann, Spendel-FS, S 629, 649; – aM jetzt auch bei der Beurteilung von Rechtsbeugungen durch Richter der DDR unter Distanzierung von der Rspr zu NS-Justizverbrechen BGHSt 41, 317 [mit Bespr Begemann NStZ 96, 389, Gritschneider NJW 96, 1239, Maiwald JZ 96, 866, Schmidt JuS 96, 558 und Spendel JR 96, 177]: Rechtsblindheit und politische Überzeugung schließe Vorsatz auch dann nicht aus, wenn der Täter glaubt, sich im Einklang mit Recht und Gesetz zu befinden); hat sich jedoch der Täter aufgrund seiner „besseren“ Überzeugung über die erkannte Wertung des Rechts hinweggesetzt, so läßt das den Vorsatz unberührt (näher Schmidt-Speicher aaO [vgl 1] S 108). 8

b) Bedingter Vorsatz genügt (hM; anders Krause NJW 77, 285; Müller aaO [vgl 8] ; mit Recht krit zu deren Argumenten Scholderer aaO [vgl 1] S 639 und Hupe aaO [vgl 1] S 66). Das ist früher von der Rspr (BGHSt 10, 294) gegen vielfältigen Widerspruch des Schrifttums verneint, durch das EGStGB (5 vor § 1) aber dadurch klargestellt wor- 9 den, daß die in der Regierungsvorlage enthaltenen Worte „absichtlich oder wissentlich" mit dem Ziel der Einbeziehung auch des bedingten Vorsatzes gestrichen worden sind (BT-Dr 7/1261 S 22). Inhalt und Grenzen des bedingten Vorsatzes der Rechtsbeugung näher zu klären, ist damit zur vordringlichen Aufgabe von Rspr und Lehre geworden (Maiwald JuS 77, 353, 357). Für § 336 aF war die Frage umstritten (vgl etwa Bemmann, Radbruch-GedSchr, S 309, GA 69, 65 und JZ 73, 547; Seebode JuS 69, 204 und ZRP 73, 239; Spendel NJW 71, 537, Heinitz-FS, S 445 und Peters-FS, S 163; Sarstedt, Heinitz-FS, S 427; zusf Hupe aaO S 29, alle mwN). Ihre Beantwortung hängt nicht nur von der Auslegung des objektiven Tatbestandes ab (vgl 5–7), sondern auch von der Abgrenzung des bedingten Vorsatzes gegenüber der bewußten Fahrlässigkeit (23–27 zu § 15). Nach keiner der danach möglichen Auffassungen ist bedingter Vorsatz schon dann zu bejahen, wenn der Richter Zweifel hat, ob sein Standpunkt der objektiven Rechtslage entspricht, sich trotz des Zweifels zu einer Entscheidung durchringt und sich mit der Möglichkeit abfindet, daß sein Ergebnis fehlerhaft sein könnte (näher dazu Frisch, Vorsatz und Risiko, 1983, S 364; Behrendt JuS 89, 945, 949; Scholderer aaO S 646; Hupe aaO S 77); hier wird wegen des Entscheidungszwangs, unter dem der Richter steht, mindestens zu fordern sein, daß er seine Rechtsanwendung auch für den Fall ihrer Fehlerhaftigkeit innerlich akzeptiert (hM; anders Sch/Sch-Cramer 7 mwN).

10 7. Für **Rechtfertigung und Entschuldigung** der Rechtsbeugung gelten die allgemeinen Regeln (beachte Bemmann RuP 69, 95).

11 8. Der Tatbestand der Rechtsbeugung hat auch eine **Schutzfunktion zugunsten des Richters.** Dieser kann zB wegen Mordes, Freiheitsberaubung oder Verfolgung Unschuldiger, begangen durch richterliche Tätigkeit, nur bestraft werden, wenn § 336 erfüllt ist (BGHSt 10, 294; Düsseldorf NJW 90, 1347 mit Bespr Hassemer JuS 90, 766; Hupe aaO [vgl 1] S 20; krit Begemann NJW 68, 1361; Wassermann RuP 92, 121, 128; zur Begr und dogmatischen Natur der „Sperrwirkung" als Rechtfertigungsgrund Schroeder GA 93, 389, 396, als mißbilligtes Risiko für leicht fahrlässige Amtspflichtwidrigkeit Neuheuser, Die Duldungspflicht gegenüber rechtswidrigem hoheitlichen Handeln im Strafrecht, 1996, S 55, 75); allerdings wird diese Begrenzungsfunktion umso bedeutungsloser, je weiter das Vorsatzerfordernis über die von der hM gezogenen Grenzen hinaus ausgelegt wird (vgl 9). Sie scheidet ganz aus, soweit bei Sonder- oder Standgerichten der NS-Zeit (möglicherweise auch bei den Gerichten der DDR in den sog Waldheimer Prozessen; dazu 19 b zu § 2) reine Scheinverfahren zur Verschleierung willkürlicher Machtsprüche durchgeführt worden sind; hier fehlen schon die Minimalvoraussetzungen jeglichen Verfahrens und damit die Qualität einer Rechtssache (BGHSt 2, 173, 176; Spendel, Klug-FS, S 375 und JuS 88, 856; krit zur Beurteilung von NS-Rechtsprechungsakten durch den BGH Dencker, in: Salje [Hrsg], Recht und Unrecht

im Nationalsozialismus, 1985, S 294; Spendel JZ 87, 581; Scholderer aaO [vgl 1] S 379).

9. Tateinheit ua möglich mit §§ 258 a, 343, 345. Zu § 332 dort 11; zu § 344 dort 9. Mehrfache Rechtsbeugungshandlungen zB eines Staatsanwalts in demselben Strafverfahren mit identischer Zielrichtung bilden eine einheitliche Tat (BGHSt 40, 169; 41, 247). 12

10. Verlust der Amtsfähigkeit § 358. 13

11. Der Anwendungsbereich des **partiell fortgeltenden § 238 I StGB/DDR** (5 zu § 3; krit Schneiders MDR 90, 1049, 1052; Eser GA 91, 241, 251) überschneidet sich mit dem ebenfalls im Beitrittsgebiet geltenden § 336 insofern, als einschlägige Taten häufig zugleich vollendete (§ 26) oder versuchte (§ 30 I) Anstiftung zur Rechtsbeugung sind. Da sich die Schutzzwecke der beiden Tatbestände nicht decken (einerseits Schutz der richterlichen Unabhängigkeit, andererseits Schutz der Rechtspflege vor Angriffen von innen), liegt bei solchem Zusammentreffen Tateinheit vor (11 zu § 52). – Zu den **DDR-Alttaten** 19 zu § 2. 14

§§ 337–339 *(weggefallen)*

§ 340 Körperverletzung im Amt

(1) **Ein Amtsträger, der während der Ausübung seines Dienstes oder in Beziehung auf seinen Dienst eine Körperverletzung begeht oder begehen läßt, wird mit Freiheitsstrafe von drei Monaten bis zu fünf Jahren bestraft. In minder schweren Fällen ist die Strafe Freiheitsstrafe bis zu fünf Jahren oder Geldstrafe.**

(2) **Bei gefährlicher Körperverletzung (§ 223 a) ist die Strafe Freiheitsstrafe von sechs Monaten bis zu fünf Jahren, in minder schweren Fällen Freiheitsstrafe bis zu fünf Jahren oder Geldstrafe. Bei besonders schwerer Körperverletzung in den Fällen des § 225 Abs. 1 ist die Strafe Freiheitsstrafe nicht unter einem Jahr, in minder schweren Fällen Freiheitsstrafe von sechs Monaten bis zu fünf Jahren. In den Fällen des § 225 Abs. 2 ist die Strafe Freiheitsstrafe nicht unter zwei Jahren, in minder schweren Fällen Freiheitsstrafe von einem Jahr bis zu fünf Jahren.**

Fassung des VerbrBG (4 vor § 38 und 1 vor § 223); krit zur Koordination mit §§ 223 ff Jungclaus NStZ 95, 582.

1. Qualifikationstatbestand zu §§ 223, 223 a, 225 (hM; anders Wagner ZRP 75, 273, der ein eigenständiges Amtsdelikt annimmt; krit Hirsch ZStW 88, 752, 775). Die Tat ist uneigentliches Amtsdelikt (2 vor § 331). 1

2. Der Amtsträger (3–11 zu § 11; s auch § 48 I WStG) muß stets **als solcher auftreten** und außerdem entweder **während** seines Dienstes oder **in Beziehung** auf ihn handeln; auch Handlungen während des Dienstes müssen in innerem Zusammenhang mit ihm stehen (Ame- 2 lung/Weidemann JuS 84, 597). Bei Ärzten in öffentlichen Krankenanstalten, die als solche Amtsträger sind (9 zu § 11), fehlt es für ihre Behandlungstätigkeit idR an diesem Zusammenhang (Karlsruhe NJW 83, 352 mit krit Bespr Wagner JZ 87, 594, 596). – **Begehenlassen** umfaßt sowohl Anstiftung und Beihilfe wie auch Zulassen trotz dienstlicher Verhinderungspflicht (OGH NJW 50, 196, 435).

3 **3.** Die Tat erfordert **Vorsatz** (bedingter genügt). Bei Fahrlässigkeit gilt nur § 230.

4 **4.** Die **Einwilligung** des Verletzten (§ 226 a) hat hier keine rechtfertigende Wirkung (BGHSt 12, 62, 70; NJW 83, 462 mit abl Bespr Amelung/Weidemann JuS 84, 595; Wagner JZ 87, 658, 662; krit Amelung, Die Einwilligung in die Beeinträchtigung eines Grundrechtsgutes, 1981, S 63, 70, alle mwN), es sei denn, daß ein Gesetz etwas anderes bestimmt (etwa in § 81 a I StPO) oder daß (zB bei Behandlung durch den Amtsarzt) kein staatliches Interesse betroffen ist (dazu Amelung, Dünnebier-FS, S 487 mwN; str). – Polizeiliche Zwangsmittel sind rechtmäßig nur aufgrund gesetzlicher Ermächtigung und nur im Rahmen des Verhältnismäßigkeitsgrundsatzes, der auch in den Landesgesetzen über Anwendung unmittelbaren Zwanges verankert ist (Bremen NJW 64, 735; Bay NStZ 88, 518; Karlsruhe NStZ-RR 97, 37); darüber hinausgehende Nothilfe ist nicht grundsätzlich ausgeschlossen (17 zu § 32; einschr Ebel, Kriminalistik 95, 825, 826). – Zum Züchtigungsrecht des Lehrers 11 zu § 223.

4 a **5.** Der **Versuch** der gefährlichen Körperverletzung ist mangels ausdrücklicher Strafbarkeitsanordnung für das Vergehen des Abs 2 S 1 nur nach § 223 a Abs 2 strafbar (Jungclaus NStZ 95, 582).

5 **6. Tateinheit** ua möglich mit §§ 224, 226; Abs 2 verdrängt §§ 223 a, 225 (Küpper BT 1 I 2/34). Im Falle des Begehenlassens wird § 357 verdrängt.

6 **7.** Die §§ 232, 233 (Strafantrag, Kompensation) sind nicht anwendbar. Verlust der Amtsfähigkeit § 358.

§§ 341, 342 *(weggefallen)*

§ 343 Aussageerpressung

(1) **Wer als Amtsträger, der zur Mitwirkung an**

1. einem Strafverfahren, einem Verfahren zur Anordnung einer behördlichen Verwahrung,

2. einem Bußgeldverfahren oder

3. einem Disziplinarverfahren oder einem ehrengerichtlichen oder berufsgerichtlichen Verfahren

berufen ist, einen anderen körperlich mißhandelt, gegen ihn sonst Gewalt anwendet, ihm Gewalt androht oder ihn seelisch quält, um

ihn zu nötigen, in dem Verfahren etwas auszusagen oder zu erklären oder dies zu unterlassen, wird mit Freiheitsstrafe von einem Jahr bis zu zehn Jahren bestraft.

(2) **In minder schweren Fällen ist die Strafe Freiheitsstrafe von sechs Monaten bis zu fünf Jahren.**

1 **1.** Die Vorschrift dient vornehmlich dem **Schutz der Rechtspflege.** Die Tat ist nach hM (anders Maiwald JuS 77, 353, 358; Sch/Sch-Cramer 1) eigentliches Amtsdelikt (2 vor § 331).

2 **2. Amtsträger** 3–11 zu § 11; s auch § 48 I WStG. Zum **Strafverfahren** gehören auch das polizeiliche und staatsanwaltschaftliche Ermittlungsverfahren selbst dann, wenn es noch nicht förmlich eingeleitet ist (bei Holtz MDR 80, 630), das Verfahren zur Anordnung einer Maßnahme im Sinne des § 11 I Nr 8 (zB §§ 413 ff, 440, 126 a StPO) und das Jugendstrafverfahren (§§ 43 ff JGG). – Der **Anordnung einer behördlichen Verwahrung** dienen namentlich die Verfahren zur Unterbringung Geistes- und Suchtkranker nach den Landesunterbringungsgesetzen und zur zwangsweisen Unterbringung nach § 37 II BSeuchG und § 18 II GeschlkrG. – **Bußgeldverfahren** §§ 35 ff OWiG. – **Disziplinarverfahren** zB nach der BDO und der WDO. – **Ehren- und berufsgerichtliche Verfahren** zB nach §§ 116 ff BRAO und §§ 89 ff StBerG. Nachforschungen lediglich zur Behebung eines polizeiwidrigen Zustandes gehören nicht hierher (BGHSt 6, 144). – **Täter** können namentlich Richter, Staatsanwälte, Hilfsbeamte der StA, Polizeibeamte, Verwaltungsbeamte und Disziplinarvorgesetzte sein, uU auch beamtete Ärzte, die das Vorliegen der Voraussetzungen landesrechtlicher Unterbringungsgesetze begutachten (str; vgl 2 zu § 344). – Es genügt deren allgemeine Zuständigkeit zur Vornahme der Untersuchungshandlung; auf die konkrete Zuständigkeit im Einzelfall kommt es nicht an (BT-Dr 7/550 S 278; s auch OGH NJW 50, 713).

3 **3.** Die **Tathandlungen:** Das **körperliche Mißhandeln** (4 zu § 223) kann uU auch ohne körperliche Berührung, zB durch lange Vernehmungen bei grellem Licht oder Unterbringung in Steh- oder Dunkelzellen geschehen (BT-Dr aaO [vgl 2]). – Der Begriff der **Gewalt** entspricht dem des § 240 (dort 5–10; BT-Dr aaO). – Drohung mit einer unzulässigen Festnahme kann als **Androhen** (11 zu § 240) **von Gewalt** genügen. – **Seelisches Quälen** ist das Zufügen länger dauernder oder sich ständig wiederholender seelischer Leiden, die über die unvermeidbare psychische Belastung durch das Verfahren hinausgehen (krit Maiwald JuS 77, 353, 358) und die seelischen Widerstandskräfte des Betroffenen zermürben (BT-Dr aaO). – **Nicht alle** unzulässigen Vernehmungsmethoden **nach § 136 a StPO** werden erfaßt, namentlich nicht Täuschungen und rechtswidrige Versprechungen.

4 **4.** Der **innere Tatbestand** erfordert neben dem Vorsatz die Absicht **(„um zu")** im Sinne zielgerichteten Wollens (20 zu § 15), das Opfer zu einer verfahrensrelevanten Aussage oder Erklärung, gleich welchen

Inhalts, oder zu deren Unterlassung zu nötigen (4 zu § 240); ob der Täter daneben noch andere Zwecke verfolgt und ob der Nötigungserfolg eintritt, ist unerheblich. Erfolgt die Erpressung ausschließlich zum Zwecke der Gefahrenabwehr, so fehlt die Absicht (Ebel, Kriminalistik 95, 825).

5 **5.** Zu **Abs 2** (minder schwere Fälle) 7–10 a zu § 46; 4 zu § 12.

6 **6. Tateinheit** ua möglich mit § 336. § 240 wird verdrängt. Mehrere Handlungen gegen verschiedene Personen sind keine fortgesetzte Tat (14 vor § 52).

7 **7.** Verlust der Amtsfähigkeit § 358.

§ 344 Verfolgung Unschuldiger

(1) **Wer als Amtsträger, der zur Mitwirkung an einem Strafverfahren, abgesehen von dem Verfahren zur Anordnung einer nicht freiheitsentziehenden Maßnahme (§ 11 Abs. 1 Nr. 8), berufen ist, absichtlich oder wissentlich einen Unschuldigen oder jemanden, der sonst nach dem Gesetz nicht strafrechtlich verfolgt werden darf, strafrechtlich verfolgt oder auf eine solche Verfolgung hinwirkt, wird mit Freiheitsstrafe von einem Jahr bis zu zehn Jahren, in minder schweren Fällen mit Freiheitsstrafe von drei Monaten bis zu fünf Jahren bestraft. Satz 1 gilt sinngemäß für einen Amtsträger, der zur Mitwirkung an einem Verfahren zur Anordnung einer behördlichen Verwahrung berufen ist.**

(2) **Wer als Amtsträger, der zur Mitwirkung an einem Verfahren zur Anordnung einer nicht freiheitsentziehenden Maßnahme (§ 11 Abs. 1 Nr. 8) berufen ist, absichtlich oder wissentlich jemanden, der nach dem Gesetz nicht strafrechtlich verfolgt werden darf, strafrechtlich verfolgt oder auf eine solche Verfolgung hinwirkt, wird mit Freiheitsstrafe von drei Monaten bis zu fünf Jahren bestraft. Satz 1 gilt sinngemäß für einen Amtsträger, der zur Mitwirkung an**

1. einem Bußgeldverfahren oder

2. einem Disziplinarverfahren oder einem ehrengerichtlichen oder berufsgerichtlichen Verfahren

berufen ist. Der Versuch ist strafbar.

1 **1.** Die Vorschrift dient vornehmlich dem **Schutz der Rechtspflege.** Die Tat ist eigentliches Amtsdelikt (2 vor § 331).

2 **2.** Zum **Täterkreis** der Absätze 1, 2 und den einschlägigen Verfahren 2 zu § 343 (zum militärischen Disziplinarverfahren beachte § 39 WStG); auch beamtete Ärzte können an einem (landesrechtlichen) Unterbringungsverfahren zur Mitwirkung berufen sein; ihre Zuziehung als Sachverständige wird ebenfalls erfaßt (BT-Dr 7/550 S 280; aM Maiwald JuS 77, 353, 358; Geerds, Spendel-FS, S 503, 507; Tröndle 2, alle mwN), allerdings nur, wenn sie gesetzlich vorgeschrieben ist (Gep-

pert Jura 81, 82; Sch/Sch-Cramer 8 mwN; zw). – **Nicht freiheitsentziehende Maßnahmen** im Sinne der Absätze 1, 2 sind nicht nur Verfall, Einziehung und Unbrauchbarmachung (§§ 73 ff), sondern auch die Maßregeln der Besserung und Sicherung nach §§ 68–70 b; bei dem ganz unterschiedlichen Gewicht der nach Abs 2 einbezogenen Maßnahmen ist die Abstufung der Strafdrohungen in den Absätzen 1, 2 und die Erfassung auch geringfügiger Taten nicht durchgängig einleuchtend (krit Blei JA 74, 746; Geerds aaO S 504).

3. Unschuldig ist, wer die dem Verfahren zugrundegelegte Tat 3
nicht begangen hat oder wer nicht strafbar ist, weil ein Rechtfertigungs-, Entschuldigungs- oder Strafausschließungsgrund vorliegt oder weil die Tat nach §§ 3–7 dem deutschen Strafrecht nicht unterliegt; in Frage kommen auch Fälle minderen Unrechts (zB Raub statt Diebstahl; unbegründete Verfolgung wegen idealkonkurrierender Taten, bei Dallinger MDR 71, 896). – **„Strafrechtlich nicht verfolgt werden darf"** setzt das Vorliegen eines Hindernisses voraus, das der Strafverfolgung schlechthin entgegensteht (zB Verjährung, Fehlen des Strafantrags, Exterritorialität, Immunität, Rechtskraft usw); daß lediglich einzelne Verfolgungsmaßnahmen wegen Fehlens ihrer Prognosevoraussetzungen (zB „dringend verdächtig", § 112 I StPO; „genügender Anlaß" zur Klageerhebung, § 170 I StPO; „hinreichender" Tatverdacht, § 203 StPO) unzulässig sind, genügt nicht, weil dadurch der Schutzbereich des Verbrechenstatbestandes unangemessen erweitert würde (aM Langer JR 89, 95, 98). – Da Unschuld, wie sich aus dem Wort „sonst" ergibt, nur einen Unterfall des Verbots strafrechtlicher Verfolgung bildet, ist stets der **prozessuale Aspekt** ausschlaggebend. Aus welchen Gründen nicht verfolgt werden darf, ist unerheblich (Geerds aaO [vgl 2] S 510).

4. Die **Tathandlungen nach Abs 1 S 1, Abs 2: Strafrechtliche** 4
Verfolgung ist jedes dienstliche Tätigwerden im Rahmen eines Strafverfahrens (dazu Schroeder GA 85, 485), dessen Beginn schon mit der ersten Aufnahme polizeilicher Ermittlungen zusammenfällt. Es muß gegen eine bestimmte Person gerichtet sein und deren Bestrafung oder Maßregelung bezwecken; im Falle des selbständigen Verfahrens zur Anordnung von Verfall, Einziehung oder Unbrauchbarmachung (§ 76 a) genügt auch die Richtung gegen ein bestimmtes Objekt (BT-Dr 7/550 S 280; zw). – Mit dem Begriff des **Hinwirkens auf eine solche Verfolgung** sollen auch Amtsträger sicher erfaßt werden, die als Hilfsorgane handeln und nicht selbst Träger der Verfolgung sind (BT-Dr aaO; s auch Oldenburg MDR 90, 1135; Geerds aaO [vgl 2] S 509); ein Hinwirken liegt auch vor, wenn ein konkret unzuständiger Amtsträger (2 zu § 343) den nach der Geschäftsverteilung zuständigen zu Verfolgungsmaßnahmen veranlaßt. – Im Falle des **Abs 2 S 2** tritt an die Stelle der Verfolgung wegen einer Straftat oder rechtswidrigen Tat die wegen einer Ordnungswidrigkeit usw; hier kann die bloße Zusendung eines Anhörungsbogens genügen (LG Hechingen NJW 86, 1823).

5 **5.** Die **Tathandlung nach Abs 1 S 2** setzt voraus, daß der Täter zur Herbeiführung einer behördlichen Verwahrung dienstlich tätig wird oder auf eine solche hinwirkt, obwohl die gesetzlichen Voraussetzungen dazu nicht erfüllt sind, zB Abgabe eines unwahren amtsärztlichen Zeugnisses über den Geisteszustand zur Vorbereitung einer Unterbringung nach den einschlägigen Landesgesetzen.

6 **6.** Als **Vorsatz** genügt nur Absicht oder Wissentlichkeit (20–22 zu § 15). Daher muß es dem Täter entweder – sei es auch nur neben anderen Zwecken oder als Mittel zur Erreichung weiterer Zwecke (Mohrbotter JZ 69, 191) – darauf ankommen, daß die Verfolgung jemanden trifft, der nicht verfolgt werden darf (Herzberg JR 86, 6; weiter München NStZ 85, 549); oder er muß das der Verfolgung entgegenstehende Hindernis sicher kennen (Düsseldorf NJW 87, 2453 mit Bespr Langer JR 89, 95, beide mwN), was sich auch in der Überzeugung von ihrem Vorliegen ausdrücken kann. Im Falle der Absicht bedarf es dieses sicheren Wissens nicht; hier reicht bloße Möglichkeitsvorstellung aus (Jescheck LK 10; Sch/Sch-Cramer 19). Für die übrigen Tatbestandselemente (zB Berufung zur Mitwirkung an einem Verfahren) genügt bedingter Vorsatz (Geerds aaO [vgl 2] S 513).

7 **7.** Ist nach den **einschlägigen Verfahrensvorschriften** eine Untersuchung trotz Kenntnis der Unschuld einer Person zu führen oder weiterzuführen, zB nach Eröffnung des Hauptverfahrens, so sind Untersuchungshandlungen schon nicht tatbestandsmäßig, weil die prozessuale Zulässsigkeit den Ausschlag gibt (vgl 3; ebenso Wagner JZ 87, 658, 663; Geerds aaO [vgl 2] S 510, beide mwN). Der Annahme eines Rechtfertigungsgrundes in Grenzfällen (so die Voraufl) oder einer Begründung mit erlaubtem Risiko (so Herzberg JR 86, 6) oder mit Sozialadäquanz (so München NStZ 85, 549; krit Langer JR 89, 95) bedarf es nicht. – Zu umstrittenen Besonderheiten bei **nachrichtendienstlichem Handeln** von Behörden beachte die Nachw unter 17 vor § 32.

8 **8. Minder schwere Fälle** (Abs 1 S 1) 7–10 a zu § 46; 4 zu § 12.

9 **9.** Abs 1 **geht vor,** wenn die Herbeiführung einer Maßnahme nach Abs 2 im subjektiven Verfahren betrieben wird und die Tathandlung zugleich auch unbegründete Bestrafung bezweckt. – Mit § 336 ist **Tateinheit** möglich, weil die konkurrierenden Schutzzwecke sich nicht voll decken (Geppert Jura 81, 78, 83; Spendel LK 123 zu § 336; aM Geerds aaO [vgl 2] S 516; Jescheck LK 13; Sch/Sch-Cramer 22: Gesetzeskonkurrenz; zw), während § 164 wegen seines mit § 344 übereinstimmenden Schutzzwecks verdrängt wird (Oldenburg MDR 90, 1135).

10 **10.** Verlust der Amtsfähigkeit § 358.

§ 345 Vollstreckung gegen Unschuldige

(1) **Wer als Amtsträger, der zur Mitwirkung bei der Vollstreckung einer Freiheitsstrafe, einer freiheitsentziehenden Maßregel der Besserung und Sicherung oder einer behördlichen Verwahrung berufen ist, eine solche Strafe, Maßregel oder Verwahrung vollstreckt, obwohl sie nach dem Gesetz nicht vollstreckt werden darf, wird mit Freiheitsstrafe von einem Jahr bis zu zehn Jahren, in minder schweren Fällen mit Freiheitsstrafe von drei Monaten bis zu fünf Jahren bestraft.**

(2) **Handelt der Täter leichtfertig, so ist die Strafe Freiheitsstrafe bis zu einem Jahr oder Geldstrafe.**

(3) **Wer, abgesehen von den Fällen des Absatzes 1, als Amtsträger, der zur Mitwirkung bei der Vollstreckung einer Strafe oder einer Maßnahme (§ 11 Abs. 1 Nr. 8) berufen ist, eine Strafe oder Maßnahme vollstreckt, obwohl sie nach dem Gesetz nicht vollstreckt werden darf, wird mit Freiheitsstrafe von drei Monaten bis zu fünf Jahren bestraft. Ebenso wird bestraft, wer als Amtsträger, der zur Mitwirkung bei der Vollstreckung**

1. **eines Jugendarrestes,**
2. **einer Geldbuße oder Nebenfolge nach dem Ordnungswidrigkeitenrecht,**
3. **eines Ordnungsgeldes oder einer Ordnungshaft oder**
4. **einer Disziplinarmaßnahme oder einer ehrengerichtlichen oder berufsgerichtlichen Maßnahme**

berufen ist, eine solche Rechtsfolge vollstreckt, obwohl sie nach dem Gesetz nicht vollstreckt werden darf. Der Versuch ist strafbar.

1. Die Vorschrift schützt die **Rechtspflege** und daneben auch die persönliche Freiheit (Seebode StV 88, 119, 123 mwN); teils wird auch nur die Rechtspflege (zB Jescheck LK 1) oder nur die persönliche Freiheit (zB BGHSt 20, 64, 67; Franzheim GA 77, 69) als geschützt angesehen. Die Tat ist eigentliches Amtsdelikt (2 vor § 331). 1

2. Zum **Täterkreis** der Absätze 1–3 und zu den einschlägigen Verfahren 2 zu § 343; 2 zu § 344 (zur Vollstreckung im militärischen Bereich beachte § 48 WStG). **Freiheitsstrafe** ist auch die Ersatzfreiheitsstrafe, die Jugendstrafe und der Strafarrest (1 zu § 38); behördliche Verwahrung auch die UHaft (Franzheim GA 77, 69 mwN; str). **Ordnungsgeld** und Ordnungshaft sind namentlich in den Prozeßordnungen (zB §§ 51 I, 70 I StPO, §§ 380, 390 I, 409 I ZPO) angedroht. 2

3. Vollstrecken ist jedes dienstliche Tätigwerden oder pflichtwidrige Unterlassen, das den Erfolg der vollständigen oder teilweisen Vollziehung einer Rechtsfolge herbeiführt. Ob diese nicht (auch nicht mehr) vollstreckt werden darf, bestimmt sich nach den formellen Vollstreckungsvoraussetzungen des jeweils anwendbaren Prozeßrechts 3

(Hamm NStZ 83, 459 mit Anm Müller-Dietz, beide mwN). Auch die nach Rechtskraft eines Urteils, aber vor Einleitung von Vollstreckungsmaßnahmen vollzogene Haft erfüllt diese Voraussetzungen (hM; anders Seebode StV 88, 119 mwN; zw), nicht dagegen die unter Verletzung der Spezialitätsbindung im Auslieferungsverkehr durchgeführte Vollstreckung (Hermes NStZ 88, 396). Auf die materielle Richtigkeit der zugrundeliegenden Entscheidung kommt es – vom Fall der Nichtigkeit abgesehen (Maiwald JuS 77, 353, 359) – nicht an.

4 **4.** Abs 1, 3 erfordern **Vorsatz** (bedingter genügt). Zur **Leichtfertigkeit** (Abs 2) 55 zu § 15 (krit Reiß Rpfleger 76, 201; s auch Köln MDR 77, 66 mit Anm Reiß Rpfleger 76, 406).

5 **5.** Zu den **minder schweren Fällen** (Abs 1 S 1) 7–10 a zu § 46; 4 zu § 12.

6 **6. Tateinheit** ua möglich mit § 336. Gegenüber § 239 geht die Vorschrift vor (Gesetzeseinheit, 24 vor § 52).

7 **7.** Verlust der Amtsfähigkeit § 358.

§§ 346, 347 *(weggefallen)*

§ 348 Falschbeurkundung im Amt

(1) **Ein Amtsträger, der, zur Aufnahme öffentlicher Urkunden befugt, innerhalb seiner Zuständigkeit eine rechtlich erhebliche Tatsache falsch beurkundet oder in öffentliche Register, Bücher oder Dateien falsch einträgt oder eingibt, wird mit Freiheitsstrafe bis zu fünf Jahren oder mit Geldstrafe bestraft.**

(2) **Der Versuch ist strafbar.**

1 **1.** Die Vorschrift **bezweckt den Schutz des allgemeinen Vertrauens** in die Wahrheitspflicht der mit der Aufnahme öffentlicher Urkunden betrauten Amtspersonen (BGHSt 37, 207; Freund, Urkundenstraftaten, 1996, Rdn 300, beide mwN). Die Tat ist eigentliches Amtsdelikt (2 vor § 331); für den Nichtamtsträger gilt § 271.

2 **2. Täter** kann nur ein Amtsträger (3–11 zu § 11; s auch § 48 I, II WStG) sein, der nach Bundes- oder Landesrecht zur Aufnahme öffentlicher Urkunden befugt, dh berechtigt ist, durch schriftliche (oder elektronische) Festlegung einer vor ihm abgegebenen Erklärung, einer von ihm gemachten Wahrnehmung oder einer durch ihn oder vor ihm geschehenen Tatsache ein Beweismittel für und gegen jedermann zu schaffen (RGSt 61, 36; weiter Sch/Sch-Cramer 4; zusf Blei JA 69, 356).

3 **3.** Zu den **Voraussetzungen** der Falschbeurkundung (Grundfälle dazu bei Freund JuS 94, 305):

a) Der Amtsträger muß **sachlich und örtlich zuständig** sein (BGHSt 12, 85).

b) Die **Beurkundung** in einer öffentlichen Urkunde oder die **Eintragung oder Eingabe** in öffentliche Register, Bücher oder Dateien muß eine **rechtlich erhebliche Tatsache** mit **Beweiskraft für und gegen jedermann** festlegen (2–4 zu § 271). 4

aa) Neben Notaren, Standesbeamten und Richtern kommen auch andere Kategorien von Amtsträgern für Beurkundungen usw in Frage. So beurkundet zB: der Urkundsbeamte die Zeugengebührenberechnung; der Gerichtsvollzieher gemäß § 762 ZPO die Pfändung oder Verhaftung (Hamm NJW 59, 1333), aber nicht die freiwillige Zahlung (Frankfurt NJW 63, 773); der Polizeibeamte die nach § 158 I StPO vor ihm erstattete mündliche Anzeige, aber nicht die Zeugenaussage (Stuttgart NJW 56, 1082); der Wahlvorstand die Richtigkeit des Wahlergebnisses (RGSt 56, 387); und der Postbankbeamte die Ein- und Auszahlungen sowie deren Datum im Postsparbuch (Bay NJW 93, 2947, 2948). 5

bb) Die **rechtlich erhebliche Tatsache** muß aus der Beurkundung als ausdrücklicher und wenigstens konkludent erklärter Inhalt hervorgehen; sie darf sich nicht erst aus gedanklichen Schlußfolgerungen ergeben (Hamm DRZ 49, 116). Rechtliche Verfügungen und rechtliche Wertungen sowie alle Werturteile, namentlich Leumundszeugnisse, sind als solche keine Tatsachen (Köln JR 79, 255 mit krit Anm Puppe). Daher betrifft auch die vom Notar beurkundete Geschäftsfähigkeit des Erklärenden keine Tatsache (GA 64, 309). 6

cc) Der **öffentliche Glaube reicht ebenso weit** wie bei § 271 I (dort 3; s auch Bay NJW 90, 655 mwN). Tatsachen, die nur für den inneren Dienst vermerkt werden, scheiden danach aus (BGHSt 7, 94; Hamm MDR 74, 857; probl Celle NStZ 87, 282 mit krit Bespr Puppe JZ 91, 610). Im übrigen ist ebenso wie bei § 271 I (dort 3) eine nicht immer widerspruchsfreie **Kasuistik** entstanden: Beurkundet ein Notar bei Unterzeichnung des Protokolls über ein Rechtsgeschäft auch sein „Zugegensein“ bei Verlesung der Niederschrift, so nimmt dieses als rechtlich erhebliche Tatsache an der besonderen Beweiswirkung teil (BGHSt 26, 47). Entsprechendes gilt, wenn er eine „vor“ ihm vollzogene Unterschrift beglaubigt (Frankfurt NStZ 86, 121 mit Anm Pikart, beide mwN; zw); zwar ist die Anwesenheit des Notars keine Wirksamkeitsvoraussetzung der Beglaubigung, immerhin aber eine wichtige, durch die Soll-Vorschrift des § 40 III S 2 BeurkG auferlegte Pflicht (auf der Grundlage älterer Beurkundungsvorschriften anders BGHSt 22, 32 mit krit Bespr Heinitz JR 68, 307 und Tröndle GA 73, 321, 338). Ferner soll der Fleischbeschauer mit dem Tauglichkeitsstempel nicht nur dessen Erteilung beurkunden, sondern auch die Tatsache, daß er das Fleisch am vorgeschriebenen Ort untersucht hat (Karlsruhe Justiz 67, 152; aM Puppe JR 79, 256; zw). Dagegen soll sich beim Räumungsprotokoll des Gerichtsvollziehers der öffentliche Glaube nur auf Ort, Zeit und Gegenstand der Vollstreckungshandlung, nicht auch auf die ununterbrochene Anwesenheit des Gerichtsvollziehers beziehen (Bay NJW 92, 1841), ebenso bei der Ausfuhrbescheinigung eines Zollgrenz- 7 beamten nur auf ihre Richtigkeit, nicht auch auf die Erklärung des Beamten, die Bescheinigung sei aufgrund eigener Wahrnehmung erteilt worden (Bay NJW 90, 655).

8 **c) Falsch** beurkundet, eingetragen oder eingegeben ist eine Tatsache, wenn das mit öffentlichem Glauben Beurkundete usw nicht mit der Wirklichkeit übereinstimmt (Bay NJW 90, 655; 93, 2947, 2948; krit Freund aaO [vgl 1 „Urkundenstraftaten"] Rdn 316), der darauf abstellt, ob das Beurkundete von der dem Beamten verfügbaren Entscheidungsgrundlage abgedeckt ist). Das trifft zB auch zu bei Beglaubigung unrichtiger Abschriften (RGSt 64, 328) und Ausfertigung nicht vorhandener Urkunden (RGSt 71, 224). Bei der Beurkundung von Erklärungen kommt es nicht auf deren Wahrheit, sondern darauf an, ob sie so wie beurkundet abgegeben worden sind (NStZ 86, 550 mit Anm Schumann JZ 87, 522; krit Puppe JZ 91, 611). Bei der Beurkundung von Verwaltungsakten (zB der Fahrerlaubnis im Führerschein) kommt in Frage, daß der Amtsträger deshalb nicht falsch beurkundet, weil er zugleich den Verwaltungsakt in eigener Zuständigkeit wirksam – sei es auch materiell zu Unrecht – vorgenommen hat (BGHSt 37, 207 mwN); s auch Frankfurt NStZ 96, 234: wirksame, wenn auch pflichtwidrig erteilte Ausfuhrgenehmigung).

9 **d)** Zur **Vollendung** gehört, daß der Täter die Urkunde bewußt dem Rechtsverkehr zugänglich macht oder dies wenigstens gestattet (NJW 52, 1064; Röhmel JA 78, 199; enger Otto GK 2 S 371, alle mwN; str).

10 **4.** Der **Vorsatz** (bedingter genügt) muß namentlich den Widerspruch zur Wirklichkeit umfassen (Bay NJW 90, 655).

11 **5.** Die Vorschrift **verdrängt** § 271 (RGSt 60, 152, 154), nicht jedoch § 267 (hM; anders die Voraufl).

12 **6.** Verlust der Amtsfähigkeit § 358.

§§ 349–351 *(weggefallen)*

§ 352 Gebührenüberhebung

(1) **Ein Amtsträger, Anwalt oder sonstiger Rechtsbeistand, welcher Gebühren oder andere Vergütungen für amtliche Verrichtungen zu seinem Vorteil zu erheben hat, wird, wenn er Gebühren oder Vergütungen erhebt, von denen er weiß, daß der Zahlende sie überhaupt nicht oder nur in geringerem Betrag schuldet, mit Freiheitsstrafe bis zu einem Jahr oder mit Geldstrafe bestraft.**

(2) **Der Versuch ist strafbar.**

1 **1.** Die Vorschrift normiert einen privilegierenden Sondertatbestand des Betruges (BGHSt 2, 35; krit Keller JR 89, 77), schützt daher das **Vermögen** (Wagner, Amtsverbrechen, 1975, S 213). Die Tat ist eigentliches Amtsdelikt bzw echtes Sonderdelikt (2 vor § 331).

2. Täter können nur die genannten Amts- und Berufsträger sein, soweit sie kraft Gesetzes Gebühren oder Vergütungen zum eigenen Vorteil erheben dürfen (zur Erhebung für öffentliche Kassen § 353). – Als **Amtsträger** (3–11 zu § 11) kommen zB Notare, Gerichtsvollzieher und beamtete Tierärzte in Frage. **Anwalt** ist auch der Patentanwalt (zur Erstreckung auf Anwälte aus den EG-Staaten beachte den 2. Abschn des Ges vom 16. 8. 1980, BGBl I 1453, 1456). Bei den **sonstigen Rechtsbeiständen** kommt es nicht auf deren amtliche Eigenschaft an, so daß auch Prozeßagenten nach § 157 III ZPO und Rechtsbeistände, die nach dem RBerG zugelassen sind, erfaßt werden (Bay NJW 64, 2433; aM Frankfurt NJW 64, 2318). 2

3. a) Vergütung bedeutet Entgelt für eine amtliche Verrichtung. Die **Gebühr** ist nur ein Unterfall, besteht stets in Geld und ist durch eine Rechtsvorschrift festgelegt. Vergütungen des Vormunds, Betreuers oder Pflegers nach §§ 1836, 1908 e, 1908 h, 1915 BGB gehören nie (BGHSt 4, 233), Auslagen des Amtsträgers und Anwalts nur dann hierher, wenn sie tarifmäßig ohne Rücksicht auf die wirklichen Unkosten berechnet werden (RGSt 40, 378, 382); andere Auslagen können nur unter § 263 fallen. 3

b) Ob **Gebühren geschuldet** sind, bestimmt sich nach Kostenrecht, dessen Tragweite allerdings in Fällen „unrichtiger Sachbehandlung" umstritten ist (dazu Köln NJW 88, 503 mit Anm Keller JR 89, 77 beide mwN). – Beim **Anwalt** kommt in Frage, daß in zulässigen Honorarvereinbarungen **Vergütungen** festgesetzt werden, die über den Gebührenanspruch nach der BRAGO hinausgehen; sie werden von § 352 nicht erfaßt (Träger LK 12 mwN). Erhebt jedoch ein Anwalt aufgrund unzulässiger Honorarvereinbarung Zahlungen, die seinen Gebührenanspruch und eine in der gleichen Sache etwa bestehende zulässige Honorarvereinbarung überschreiten, so verwirklicht er den objektiven Tatbestand (Bay NJW 89, 2901; Karlsruhe NStZ 91, 239, beide mwN). 4

4. Erheben ist Erhalten in irgendeiner Form, sei es auf Anfordern oder Klage oder durch Aufrechnung (LM Nr 3). Anfordern und Klageerhebung sind idR Versuch (§ 22). – Durch die Tathandlung muß der Gebührenschuldner über die dem Täter zustehenden Ansprüche getäuscht werden (Bay NJW 90, 1001 mwN; zw); ob er auch irrt, ist unerheblich (Träger LK 19 mwN; str). 5

5. Bedingter **Vorsatz** genügt (hM). Betrugsabsicht ist die Regel, aber nicht notwendig (RGSt 18, 218, 222). 6

6. Dem § 263 **geht die Vorschrift vor** (Düsseldorf NJW 89, 2901); Tateinheit kommt hier nur in Frage, wenn zu der Täuschung über die Gebührenüberhebung eine zusätzliche Täuschung hinzukommt (BGHSt 2, 35; 4, 233, 236; Karlsruhe NStZ 91, 239 mwN). Mit § 266 ist **Tateinheit** möglich (NJW 57, 596); allerdings geht § 352 7 auch hier vor, wenn durch die Untreuehandlung lediglich dieselbe Pflicht verletzt wird (Köln NJW 88, 503; Karlsruhe aaO).

8 **7.** Verlust der Amtsfähigkeit § 358.

§ 353 Abgabenüberhebung; Leistungskürzung

(1) **Ein Amtsträger, der Steuern, Gebühren oder andere Abgaben für eine öffentliche Kasse zu erheben hat, wird, wenn er Abgaben, von denen er weiß, daß der Zahlende sie überhaupt nicht oder nur in geringerem Betrage schuldet, erhebt und das rechtswidrig Erhobene ganz oder zum Teil nicht zur Kasse bringt, mit Freiheitsstrafe von drei Monaten bis zu fünf Jahren bestraft.**

(2) **Ebenso wird bestraft, wer als Amtsträger bei amtlichen Ausgaben an Geld oder Naturalien dem Empfänger rechtswidrig Abzüge macht und die Ausgaben als vollständig geleistet in Rechnung stellt.**

1 **1.** Taten nach Abs 1, 2 sind **eigentliche Amtsdelikte** (2 vor § 331).

2 **2. Abs 1: Täter** kann nur ein Amtsträger (3–11 zu § 11) sein, der öffentlich-rechtliche Abgaben (auch Vorschüsse) – im Gegensatz zu § 352 – nicht für sich, sondern für eine Kasse des Bundes, eines Landes oder einer öffentlichen Körperschaft oder Anstalt zu erheben hat. Diese Befugnis muß auf einer Dienstvorschrift – nicht nur einer Übung – beruhen (LM Nr 2). – **Gebühren** setzen – anders als Steuern – eine Gegenleistung voraus; hierzu zählen auch alle amtlich festgelegten Tarife für Benützung öffentlich-rechtlicher Anstalten oder Einrichtungen, jedoch nicht die Fahrtauslagen zB des Gerichtsvollziehers (bei Herlan MDR 55, 651). – Zum **Erheben** (5 zu § 352) muß hinzukommen, daß die Abgabe nicht abgeliefert wird; das ist auch dann der Fall, wenn der Amtsträger sie nicht als solche, sondern zur Deckung von Fehlbeträgen der Kasse zuführt (Köln NJW 66, 1373).

3 **3. Abs 2: Täter** kann nur ein Amtsträger sein, der Sachwerte oder Geld amtlich ausgibt (RGSt 66, 246). Zu der verkürzten (oder ganz unterlassenen) Ausgabe muß das wahrheitswidrige Anrechnen hinzukommen.

4 **4.** In beiden Tatbeständen wird eine **Zueignung des Geldes** nicht vorausgesetzt. Mit § 246 kann sowohl Tateinheit wie Tatmehrheit bestehen (BGHSt 2, 35; NJW 61, 1171). – Betrug wird idR verdrängt; Tateinheit ist jedoch möglich, wenn zu der Täuschung über die Abgabenüberhebung eine zusätzliche Täuschung hinzukommt (BGHSt 2, 35; NJW 61, 1171).

5 **5.** Verlust der Amtsfähigkeit § 358.

§ 353 a Vertrauensbruch im auswärtigen Dienst

(1) **Wer bei der Vertretung der Bundesrepublik Deutschland gegenüber einer fremden Regierung, einer Staatengemeinschaft oder einer zwischenstaatlichen Einrichtung einer amtlichen Anweisung zuwiderhandelt oder in der Absicht, die Bundesregierung irrezuleiten, unwahre Berichte tatsächlicher Art erstattet, wird mit Freiheitsstrafe bis zu fünf Jahren oder mit Geldstrafe bestraft.**

(2) **Die Tat wird nur mit Ermächtigung der Bundesregierung verfolgt.**

1. Täter nach diesem sog „Arnimparagraphen" kann nur ein diplomatischer, nicht notwendig beamteter, Vertreter der Bundesrepublik sein. Der **Falschbericht** muß Tatsachen (3 zu § 186; 4 zu § 263) betreffen. 1

2. Der **Vorsatz** (bedingter genügt) muß beim Falschbericht mit der Absicht (iS zielgerichteten Wollens, 20 zu § 15) der Irreleitung verbunden sein. 2

3. Ermächtigung § 77 e. Verlust der Amtsfähigkeit § 358. 3

§ 353 b Verletzung des Dienstgeheimnisses und einer besonderen Geheimhaltungspflicht

(1) **Wer ein Geheimnis, das ihm als**

1. Amtsträger,

2. für den öffentlichen Dienst besonders Verpflichteten oder

3. Person, die Aufgaben oder Befugnisse nach dem Personalvertretungsrecht wahrnimmt,

anvertraut worden oder sonst bekanntgeworden ist, unbefugt offenbart und dadurch wichtige öffentliche Interessen gefährdet, wird mit Freiheitsstrafe bis zu fünf Jahren oder mit Geldstrafe bestraft. Hat der Täter durch die Tat fahrlässig wichtige öffentliche Interessen gefährdet, so wird er mit Freiheitsstrafe bis zu einem Jahr oder mit Geldstrafe bestraft.

(2) **Wer, abgesehen von den Fällen des Absatzes 1, unbefugt einen Gegenstand oder eine Nachricht, zu deren Geheimhaltung er**

1. auf Grund des Beschlusses eines Gesetzgebungsorgans des Bundes oder eines Landes oder eines seiner Ausschüsse verpflichtet ist oder

2. von einer anderen amtlichen Stelle unter Hinweis auf die Strafbarkeit der Verletzung der Geheimhaltungspflicht förmlich verpflichtet worden ist,

an einen anderen gelangen läßt oder öffentlich bekanntmacht und dadurch wichtige öffentliche Interessen gefährdet, wird mit Freiheitsstrafe bis zu drei Jahren oder mit Geldstrafe bestraft.

(3) **Der Versuch ist strafbar.**

(4) **Die Tat wird nur mit Ermächtigung verfolgt. Die Ermächtigung wird erteilt**

1. von dem Präsidenten des Gesetzgebungsorgans

a) in den Fällen des Absatzes 1, wenn dem Täter das Geheimnis während seiner Tätigkeit bei einem oder für ein Gesetzgebungsorgan des Bundes oder eines Landes bekanntgeworden ist,

b) in den Fällen des Absatzes 2 Nr. 1;

2. von der obersten Bundesbehörde

a) in den Fällen des Absatzes 1, wenn dem Täter das Geheimnis während seiner Tätigkeit sonst bei einer oder für eine Behörde oder bei einer anderen amtlichen Stelle des Bundes oder für eine solche Stelle bekanntgeworden ist,

b) in den Fällen des Absatzes 2 Nr. 2, wenn der Täter von einer amtlichen Stelle des Bundes verpflichtet worden ist;

3. von der obersten Landesbehörde in allen übrigen Fällen der Absätze 1 und 2 Nr. 2.

1 **1.** Die Vorschrift schützt das **öffentliche Interesse** (str) vor Gefahren, die aus der Verletzung der Amtsverschwiegenheit oder einer besonders auferlegten Geheimhaltungspflicht erwachsen (zur Verfassungsmäßigkeit des Abs 1 BVerfGE 28, 191 mit krit Anm Schmid JZ 70, 686).

2 **2.** Zum **Täterkreis:**

a) Täter nach Abs 1 können nur sein: Amtsträger (3–11 zu § 11), für den öffentlichen Dienst besonders Verpflichtete (13–17 zu § 11), Personen mit Aufgabenbereich im Personalvertretungsrecht (8 zu § 203) und Soldaten (§ 48 I, II WStG). Die Tat ist eigentliches Amtsdelikt (2 vor § 331).

3 **b) Täter nach Abs 2** kann nur sein, wer nach den Nummern 1, 2 besonders verpflichtet worden ist (echtes Sonderdelikt, 33 vor § 13; zusf zum Täterkreis Lüttger JZ 69, 578, 581).

4 aa) Die **Verpflichtung** bedarf einer außerstrafrechtlichen Rechtsgrundlage (für den BTag dessen Geheimschutzordnung) oder der Vereinbarung zwischen den Beteiligten. Sie muß von einer der in den Nummern 1, 2 genannten zuständigen Stellen auferlegt bzw durch Vereinbarung begründet sein und sich konkret – sei es auch nur in einer Sammelbezeichnung (BT-Dr 8/3067 S 8) – auf das Tatobjekt (dazu 9) beziehen. Wer nicht oder nicht wirksam verpflichtet ist, kann auch dann nicht Täter sein, wenn er eine Nachricht von einem Verpflichteten erlangt und weitergibt. – Die Verpflichtung ist strafbegründendes besonderes persönliches Merkmal nach § 28 I (hM).

5 bb) **Förmliche Verpflichtung** nach Nr 2 setzt Beurkundung oder Schriftform voraus (Tröndle 6; zw). Fehlt der erforderliche Hinweis auf die Strafbarkeit, so entfällt der Tatbestand.

3. Zur **Tathandlung nach Abs 1:** 6

a) Dienstgeheimnisse sind Tatsachen, Gegenstände oder Erkenntnisse, die nur einem begrenztem Personenkreis bekannt und zugänglich sind und ihrer Natur nach oder aufgrund einer Rechtsvorschrift oder besonderen Anordnung der Geheimhaltung bedürfen (RGSt 74, 110; s auch § 61 BBG). Das kann auch für Privatgeheimnisse (14 zu § 203) zutreffen. Unbestätigte Gerüchte beseitigen den Geheimnischarakter nicht (RGSt 62, 65, 70; s auch 6, 7 zu § 93). Beispiele: Ermittlungsverfahren (BGHSt 10, 276; Roxin NStZ 91, 153, 159; Dalbkermeyer, Der Schutz des Beschuldigten vor identifizierenden und tendenziösen Pressemitteilungen der Ermittlungsbehörden, 1994, S 63); Erlaß eines Haftbefehls (Oldenburg NdsRpfl 80, 226); dienstliche Beurteilungen (BGHSt 10, 108); Prüfungsaufgaben (BGHSt 11, 401); Codewörter für Halterabfragen beim Verkehrszentralregister (Zweibrücken NStZ 90, 495); Zusammenarbeit mit Nachrichtendiensten verbündeter Staaten (BGHSt 20, 342). Nach der Rspr soll das richterliche Beratungsgeheimnis nicht hierher gehören, weil es außerhalb des Schutzbereichs der Vorschrift liege (Düsseldorf NStZ 81, 25; s auch KG GA 87, 227, 229); diese Einschränkung findet jedoch im Gesetz keinen Ausdruck und ist auch durch teleologische Erwägungen nicht hinreichend begründbar (Wagner JZ 87, 658, 665; Träger LK 11; aM Sch/Sch-Lenckner 5, alle mwN; zw).

b) Anvertraut oder sonst bekannt geworden 16 zu § 203. Es 7
genügt ein innerer Zusammenhang mit dem Dienst **(„als“);** ob der Täter dienstlich mit dem Geheimnis befaßt war und wie er Kenntnis erlangt hat, ist unerheblich, ferner auch, ob er zur Zeit der Tat noch Amtsträger usw war (nach § 1 III WStG gilt das auch für Soldaten).

c) Offenbaren 17 zu § 203. 8

4. Zur **Tathandlung nach Abs 2:** 9

a) Gegenstände und Nachrichten umfassen alle tatsächlichen Vorgänge und Zustände, alle körperlichen Gegenstände und alle gedanklichen Sachverhalte sowie Nachrichten darüber (s auch 1 zu § 93). Die erforderliche Beschränkung wird erst dadurch erreicht, daß sich die besondere Verpflichtung konkret auf den Gegenstand oder die Nachricht beziehen muß (vgl 4).

b) An einen anderen gelangen lassen 3 zu § 94. 10

5. Die Tathandlungen nach den Absätzen 1, 2 (vgl 6–10) müssen ei- 11
ne **konkrete Gefahr** (21, 22 zu § 315 c; s auch Zweibrücken NStZ 90, 495 mit Anm Keller JR 91, 293) für **wichtige öffentliche Interessen** verursachen (BGHSt 11, 401; Düsseldorf NJW 89, 1872 mit krit Anm Krüger NStZ 90, 283, beide mwN); nach der in diesem Punkt nicht ganz einheitlichen Rspr soll eine Gefährdung öffentlicher Interessen auch dadurch möglich sein, daß die Tatsache des Geheimnisbruchs allgemein bekannt und dadurch das Vertrauen der Öffentlich-

keit in die Integrität der Verwaltung erschüttert wird (BGH aaO; Düsseldorf NStZ 85, 169 mit abl Anm Schumann; LG Kreuznach CR 91, 37; einschr Düsseldorf NJW 82, 2883; aM Wagner JZ 87, 658, 666; Sch/Sch-Lenckner 6, 6 a, alle mwN; zw). Identifizierende Pressemitteilungen der Strafverfolgungsbehörden können eine Gefährdung des ordnungsgemäßen Ermittlungsverfahrens wohl nur in Ausnahmefällen (zB bei sensationellen Kriminalfällen) bewirken (Dalbkermeyer aaO [vgl 6] S 62). – In Fällen des Abs 2 wird es an einer Gefährdung idR fehlen, wenn der Gegenstand oder die Nachricht nicht (oder nicht mehr) geheimhaltungsbedürftig ist (Lüttger GA 70, 129, 139); dann kommt jedoch untauglicher Versuch in Frage.

12 **6.** Für die Tathandlungen nach den Absätzen 1, 2 (vgl 6–10) ist **Vorsatz** (bedingter genügt) erforderlich, der sich nicht auf das Merkmal „unbefugt" (vgl 13), wohl aber auf die aus der Tathandlung folgende Gefährdung erstrecken muß (zum Gefährdungsvorsatz 28 zu § 15); die Gefahr kann jedoch in Fällen des Abs 1 – bei herabgesetzter Strafdrohung – auch fahrlässig (35 zu § 15) verursacht werden. Zur Behandlung der danach möglichen Vorsatz-Fahrlässigkeits-Kombination als Vorsatztat im Hinblick auf Versuch (Oldenburg NdsRpfl 80, 226, 227), Teilnahme, Einziehung usw 23–25 zu § 11; 1 zu § 23 (s Maiwald JuS 77, 353, 360).

13 **7. Unbefugt** ist jede Tat nach den Absätzen 1, 2, wenn kein Rechtfertigungsgrund vorliegt (hM). Ein solcher kommt – ebenso wie beim Offenbaren von Staatsgeheimnissen (4 zu § 95) – auch in Frage, wenn das Informationsinteresse der Öffentlichkeit gegenüber den gefährdeten öffentlichen Belangen überwiegt (BGHSt 20, 342; Laufhütte GA 74, 52, 60). – In Fällen des **Abs 1** kann die Befugnis im wesentlichen auf denselben Gründen beruhen wie bei § 203 (dort 18–25), ferner auf Erlaubnis des Vorgesetzten (§ 61 BBG). Für Aussagen vor Gericht beachte § 54 StPO, § 376 ZPO, § 28 II BVerfGG. Hat bei Offenbarung eines Privatgeheimnisses der Betroffene eingewilligt, so fehlt es – mindestens idR – schon an der Gefährdung eines öffentlichen Interesses; sollte dies ausnahmsweise nicht zutreffen, so hat die Einwilligung wegen des mitbetroffenen Rechtsguts der Allgemeinheit keine rechtfertigende Wirkung (13 vor § 32; aM Otto GK 2 S 466). – Zum **Irrtum** über die Befugnis gelten die Ausführungen unter 2 vor § 201 sinngemäß.

14 **8. Tateinheit** ua möglich mit §§ 98, 99, 203; wegen der verschiedenartigen Schutzrichtungen gilt das namentlich auch für Abs 1 im Verhältnis zu § 203 II. Mit §§ 94–96 kann Abs 1 tateinheitlich zusammentreffen, während Abs 2 verdrängt wird. Im übrigen geht Abs 1 dem Abs 2 vor (formelle Subsidiarität). Zu § 354 beachte dort 16.

15 **9.** Für die **Strafzumessung** gelten die Ausführungen unter 10 zu § 332 sinngemäß.

16 **10.** Ermächtigung (Abs 4) § 77 e. – Amtsfähigkeit (nur Abs 1) § 358.

§ 353 c *(weggefallen)*

§ 353 d Verbotene Mitteilungen über Gerichtsverhandlungen

Mit Freiheitsstrafe bis zu einem Jahr oder mit Geldstrafe wird bestraft, wer

1. **entgegen einem gesetzlichen Verbot über eine Gerichtsverhandlung, bei der die Öffentlichkeit ausgeschlossen war, oder über den Inhalt eines die Sache betreffenden amtlichen Schriftstücks öffentlich eine Mitteilung macht,**
2. **entgegen einer vom Gericht auf Grund eines Gesetzes auferlegten Schweigepflicht Tatsachen unbefugt offenbart, die durch eine nichtöffentliche Gerichtsverhandlung oder durch ein die Sache betreffendes amtliches Schriftstück zu seiner Kenntnis gelangt sind, oder**
3. **die Anklageschrift oder andere amtliche Schriftstücke eines Strafverfahrens, eines Bußgeldverfahrens oder eines Disziplinarverfahrens, ganz oder in wesentlichen Teilen, im Wortlaut öffentlich mitteilt, bevor sie in öffentlicher Verhandlung erörtert worden sind oder das Verfahren abgeschlossen ist.**

1. Die Vorschrift dient in allen Tatbeständen dem **Schutz der** 1
Rechtspflege (hM; für Nr 3 anders Waldner MDR 83, 424). Darüber hinaus bezweckt sie in den Nummern 1, 2 auch den Schutz derjenigen Interessen, die Gegenstand der ausfüllenden Rechtsvorschriften sind (Traeger LK 1), und in Nr 3 auch den Schutz des vom Verfahren Betroffenen vor vorzeitiger öffentlicher Bloßstellung (LG Mannheim NStZ-RR 96, 360; Többens GA 83, 97; Traeger LK 39; aM Sch/Sch-Lenckner 40, alle mwN; str).

2. a) Nr 1: Öffentliche Mitteilung ist nicht nur die wörtliche 2
oder vollständige, sondern jede Veröffentlichung über den sachlichen Inhalt der Gerichtsverhandlung oder des die Sache (nicht lediglich den Verfahrensgang) betreffenden amtlichen Schriftstücks. – **Gesetzliches Verbot** zB in § 174 II GVG; der die Öffentlichkeit ausschließende Beschluß muß rechtmäßig sein (Stapper ZUM 95, 590, 591 mwN; zw). – Bei Gerichtsverhandlungen muß die Öffentlichkeit durch **gerichtliche Anordnung** (zB nach § 172 GVG), nicht lediglich kraft Gesetzes (zB nach § 170 GVG, § 48 I JGG) ausgeschlossen gewesen sein (BT-Dr 7/550 S 283).

b) Nr 2: Schweigepflichten kann das Gericht nach § 174 III GVG 3
auferlegen; diese Auferlegung muß rechtmäßig sein (Stapper ZUM 95, 590, 592). Hier genügt als Tathandlung **unbefugtes Offenbaren** (17–26 zu § 203); bei gesetzlicher Aussagepflicht ist die Tat gerechtfertigt.

c) Nr 3: Anklageschrift § 200 StPO. Private **Schriftstücke** wer- 4
den nicht dadurch **amtlich,** daß sie von der Behörde (zB durch Beschlagnahme) zu den Strafakten genommen werden (AG Hamburg

NStZ 88, 411 mit Anm Strate; anders die hM; vgl Hamburg NStZ 90, 283 mit abl Anm Senfft StV 90, 411, alle mwN; zw). – **„Im Wortlaut öffentlich mitteilen“** 7 zu § 201. Die Einschränkung auf wortgetreue Wiedergabe bewirkt, daß öffentliche Erörterungen über den sachlichen Inhalt des Schriftstücks möglich bleiben; einerseits beeinträchtigen sie den in der Vorschrift hinreichend zum Ausdruck kommenden (aM LG Lüneburg NJW 78, 117) Schutzzweck, die Unbefangenheit der Verfahrensbeteiligten, namentlich der ehrenamtlichen Richter und Zeugen, zu wahren, nur in geringerem Maße (BT-Dr 7/550 S 283; krit Dalbkermeyer, Der Schutz des Beschuldigten vor identifizierenden und tendenziösen Pressemitteilungen der Ermittlungsbehörden, 1994, S 65; Sch/Sch-Lenckner 41) und andererseits wäre ihr vollständiger Ausschluß mit Art 5 GG schwerlich vereinbar (ähnlich Roxin NStZ 91, 153, 156, 159). – **Ganz oder in wesentlichen Teilen:** Die mitgeteilten Inhalte müssen mindestens so aussagekräftig sein, daß sie wesentliche Aspekte des Gesamtinhalts der amtlichen Schriftstücke zum Ausdruck bringen (Derksen NStZ 93, 311, 312). Mitteilung nur des Anklagesatzes genügt dazu idR nicht (Hamm NJW 77, 967; Köln JR 80, 473; aM Többens GA 83, 97, 108). – **Erörterung in öffentlicher Verhandlung** erfordert keine wörtliche Wiedergabe; der freie Vortrag des wesentlichen Inhalts genügt (BT-Dr aaO). – **Abschluß des Verfahrens** setzt idR eine rechtskräftige (Köln JR 80, 473 mit Anm Bottke), uU auch nur eine der Rechtskraft nicht fähige verfahrenserledigende Entscheidung (zB Einstellung durch die StA) voraus. – Wegen des vorrangig geschützten Allgemeininteresses (vgl 1) wirkt die **Einwilligung** des vom Verfahren Betroffenen nicht rechtfertigend (AG Nürnberg MDR 83, 424 mit abl Anm Waldner; verfassungsrechtliche Bedenken dagegen AG Weinheim NJW 94, 1543, 1545 mit Bespr Wilhelm NJW 94, 1520; vgl auch LG Mannheim NStZ-RR 96, 360). In Verfahren parlamentarischer Untersuchungsausschüsse ist die Verlesung amtlicher Schriftstücke dagegen gerechtfertigt, wenn sie für die Erfüllung des Untersuchungsauftrags unerläßlich ist (aM Derksen NStZ 93, 311, der schon die Tatbestandsmäßigkeit verneint). – **Kriminalpolitisch** ist die Nr 3 wenig sinnvoll (Bottke JR 80, 474; Schomburg ZRP 82, 142; Többens GA 83, 97, 109; Dalbkermeyer aaO S 64, 168; s aber auch Roxin aaO S 159); **verfassungsrechtlich** hält sie sich aber noch innerhalb des Spielraums gesetzgeberischen Ermessens (BVerfGE 71, 206 mit Anm Hoffmann-Riem JZ 86, 494; s auch Bottke aaO und Stapper ZUM 95, 590, 594 mwN).

5 **3.** Der **Vorsatz** (bedingter genügt) muß sich vor allem auf das gesetzliche Verbot (Nr 1), das gerichtliche Schweigegebot (Nr 2) oder den für den Tatbestand vorausgesetzten Verfahrensstand (Nr 3), nicht dagegen auf das Merkmal „unbefugt“ (Nr 2) beziehen (12, 13 zu § 353 b).

6 **4. Tateinheit** ua möglich mit §§ 203, 353 b I, ferner zwischen Nr 2 und § 353 b II (Möhrenschlager JZ 80, 161, 165; aM Lüttger JZ 69, 578, 583: Spezialität; zw).

§ 354 Verletzung des Post- und Fernmeldegeheimnisses

(1) **Wer unbefugt einem anderen eine Mitteilung über Tatsachen macht, die dem Post- und Fernmeldegeheimnis unterliegen und die ihm als Bedienstetem der Post bekanntgeworden sind, wird mit Freiheitsstrafe bis zu fünf Jahren oder mit Geldstrafe bestraft.**

(2) **Ebenso wird bestraft, wer als Bediensteter der Post unbefugt**

1. **eine Sendung, die der Post zur Übermittlung auf dem Post- oder Fernmeldeweg anvertraut worden und verschlossen ist, öffnet oder sich von ihrem Inhalt ohne Öffnung des Verschlusses unter Anwendung technischer Mittel Kenntnis verschafft,**
2. **eine der Post zur Übermittlung auf dem Post- oder Fernmeldeweg anvertraute Sendung unterdrückt oder**
3. **eine der in Absatz 1 oder in den Nummern 1 oder 2 bezeichneten Handlungen gestattet oder fördert.**

(3) **Die Absätze 1 und 2 gelten entsprechend für andere Personen, die**

1. **von der Post oder mit deren Ermächtigung mit postdienstlichen Verrichtungen betraut sind oder**
2. **eine für den öffentlichen Verkehr bestimmte Fernmeldeanlage betreiben, beaufsichtigen, bedienen oder sonst bei ihrem Betrieb tätig sind.**

Absatz 1 gilt entsprechend auch für Personen, die mit der Herstellung von Einrichtungen der Post oder einer nicht der Post gehörenden, dem öffentlichen Verkehr dienenden Fernmeldeanlage oder mit Arbeiten daran betraut sind.

(4) **Wer unbefugt einem anderen eine Mitteilung über Tatsachen macht, die ihm als außerhalb des Postbereichs tätigem Amtsträger auf Grund eines befugten Eingriffs in das Post- und Fernmeldegeheimnis bekanntgeworden sind, wird mit Freiheitsstrafe bis zu zwei Jahren oder mit Geldstrafe bestraft.**

(5) **Dem Post- und Fernmeldegeheimnis im Sinne der Absätze 1 und 4 unterliegen der Post- und Fernmeldeverkehr bestimmter Personen sowie der Inhalt von Postsendungen und Telegrammen und von solchen Gesprächen und Fernschreiben, die über dem öffentlichen Verkehr dienende Fernmeldeanlagen abgewickelt werden.**

Fassung: Abs 3 S 1 durch Art 4 Abs 19 PostStruktG geringfügig geändert. – Eine Anpassung der Vorschrift an die neue Terminologie des TKG steht aus.

1 **1.** Die Vorschrift schützt das **Post- und Fernmeldegeheimnis** (Art 10 GG; zusf Welp ArchPF 76, 763, 764; Gusy JuS 86, 89) sowie das öffentliche Interesse an der Sicherheit und Zuverlässigkeit des Post- und Fernmeldeverkehrs (Welp ArchPT 94, 5, 33).

2 2. Der **Täterkreis der Absätze 1, 2** umfaßt die Bediensteten der Post (in Fällen des Abs 1 auch ausgeschiedene) und bestimmte Gruppen postfremder Personen, deren Gleichstellung mit den Postbediensteten aus besonderen Gründen angezeigt ist. Im strengen Sinne ist daher die Tat nicht durchgängig ein Amtsdelikt. Jedoch beruht die Einbeziehung der nicht amtsnahen Personen auf einer vergleichbaren Pflichtenstellung, die den erweiterten Täterkreis in ähnlicher Weise wie den der Amtsdelikte charakterisiert (Maiwald JuS 77, 353, 361; Welp ArchPT 94, 5, 33; aM Sch/Sch-Lenckner 41; str). Die jeweilige Täterqualität ist daher besonderes persönliches Merkmal nach § 28 (Otto GK 2 S 129; beachte dazu 2 vor § 331).

3 **a) Bediensteter der Post (Absätze 1, 2)** ist der Postbeamte sowie der von der Post beschäftigte Angestellte oder Arbeiter.

4 **b)** Mit **postdienstlichen Verrichtungen betraut (Abs 3 S 1 Nr 1;** s auch § 5 PostG) sind andere (dh nicht bei der Post bedienstete) Personen, wenn sie in die Abwicklung des öffentlichen Post- oder Fernmeldeverkehrs irgendwie eingeschaltet sind, zB zur Postsackbeförderung eingesetzte Bedienstete der Bundesbahn oder Angehörige des Posthalters, die diesen gelegentlich vertreten (BT-Dr 7/550 S 285); auch die Wahrnehmung von Aufgaben des präventiven, nicht jedoch des repressiven Betriebsschutzes ist eine postdienstliche Verrichtung (Welp ArchPT 94, 5, 35).

5 **c)** Für den **öffentlichen Verkehr bestimmte Fernmeldeanlagen (Abs 3 S 1 Nr 2)** sind Telegrafen-, Funk- und Fernschreibeanlagen sowie Mailboxen (Palm/Roy NJW 96, 1791, 1797), soweit sie allgemeinen, sei es auch nach dem Benutzerkreis beschränkten, Nachrichtenverkehr vermitteln. Posteigene Anlagen scheiden hier regelmäßig aus, weil die dort Tätigen meist schon unmittelbar unter Abs 1, 2 fallen. Relevant ist die Tatbestandserweiterung dagegen für alle postfremden, dem öffentlichen Verkehr dienenden Anlagen, zB für die bundesbahneigenen Telegrafenanlagen, die auch Telegramme der Reisenden befördern, und die Seefunkstellen von Schiffen auf hoher See (BT-Dr 7/550 S 286), nicht dagegen für die lediglich behörden- oder betriebsinternen Nebenstellenanlagen (Schleswig SchlHA 82, 101). Ob auch die Fernschreibeeinrichtungen der Polizei hierher gehören (so zum früheren Recht Bay MDR 67, 689), hängt von der Einbeziehung auch öffentlichen Verkehrs in die Nachrichtenübermittlung ab.

6 **d) Mit der Herstellung von Posteinrichtungen usw oder mit Arbeiten daran betraut (Abs 3 S 2)** sind namentlich die Inhaber, Angestellten und Arbeiter von Privatfirmen, die Post- und Fernmeldeanlagen einrichten oder ausbessern, zB Brief- oder Paketsortiermaschinen (Welp ArchPT 94, 5, 35). Ihre Gleichstellung beschränkt sich auf Fälle des Abs 1 (krit Welp aaO S 37; Sch/Sch-Lenckner 34).

7 **3. Abs 1** schützt gegen das **Mitteilen von Tatsachen,** die dem Post- und Fernmeldegeheimnis unterliegen (vgl 13), an andere. Die Tat

ist echtes Sonderdelikt (vgl 2). – **Mitteilung über eine Tatsache** (3 zu § 186) macht, wer mit der Tendenz der Unterrichtung einem anderen, gleichgültig auf welche Weise, Kenntnis von der Tatsache verschafft oder wer mit derselben Tendenz einen Nachrichtenträger (zB Brief, Telegramm, Tonträger usw) so in den Wahrnehmungsbereich des anderen bringt, daß dieser Kenntnis nehmen kann (zw). – Zum Bekanntwerden im Zusammenhang mit dem Dienst **(„als“)** 7 zu § 353 b.

4. Abs 2 schützt die der Post anvertrauten Sendungen gegen Ausforschung und Unterdrückung. Die Tat ist unechtes Sonderdelikt (vgl 2), soweit sie zugleich die §§ 133, 202, 274 I Nr 1 verwirklicht, sonst echtes Sonderdelikt (hM zum früheren Recht). – Der **Täter** muß in innerem Zusammenhang mit seinem Dienst **(„als“),** nicht lediglich während der Dauer seines Dienstverhältnisses handeln (BT-Dr 7/550 S 285); einer dienstlichen Befassung mit der Sendung bedarf es dazu nicht. – **Sendung** ist jeder körperliche Gegenstand, der auf dem Post- oder Fernmeldeweg übermittelt wird, neben Briefen und Paketen zB auch Telegramme, Postanweisungen, Paketkarten, Empfängerabschnitte von Nachnahmeüberweisungen (Hamm NJW 80, 2320) und Zeitungen unter Kreuzband. – Der **Post anvertraut** sind Sendungen, die ordnungsmäßig in den Post- oder Fernmeldeverkehr gelangt sind, auch von der Post selbst abgesandte, sogar Fangbriefe (RGSt 65, 145); Einwurf in den Briefkasten oder Aushändigung an den Briefträger genügt. 8

a) Nr 1: Verschlossen, Öffnen und **unter Anwendung technischer Mittel Kenntnis verschaffen** 2–4 zu § 202; s auch BVerwG NJW 84, 2111 (aM Maiwald JuS 77, 353, 361, der das Merkmal „Kenntnis verschaffen“ selbständig auslegt). 9

b) Nr 2: Unterdrücken heißt, dem ordnungsmäßigen Postverkehr entziehen, auch wenn der dienstliche Gewahrsam bestehen bleibt (RGSt 52, 248) oder die Entziehung nur vorübergehend ist (Celle NJW 57, 1290 mwN), zB durch Verstecken im Sortierraum oder durch Ausschließen von der Zustellung (Köln NJW 87, 2596 mwN). Bloße Ordnungsverstöße gegen innerdienstliche Vorschriften genügen nicht, auch wenn sie verzögerlich wirken (Celle und Köln aaO). 10

c) Nr 3: Gestatten umfaßt einerseits die Anstiftung und andererseits schon das pflichtwidrige Unterlassen des Einschreitens, sofern der Täter tatsächliche Herrschaft über die Sendung hat (einschr Sch/Sch-Lenckner 26). – **Fördern** ist Hilfeleisten (2 zu § 27) durch positives Tun oder pflichtwidriges Unterlassen. – Die Vorschrift bewirkt, daß der nur gestattende oder helfende Bedienstete stets als Täter erfaßt wird und die Strafmilderung nach § 27 II S 2 entfällt. 11

5. Abs 4 erstreckt den Strafschutz über den postalischen Bereich hinaus. **Täter** können nur Amtsträger (3–11 zu § 11; s auch §§ 1 III, 48 I WStG) anderer Dienstbereiche sein; möglicherweise auch Angehörige einer postfremden Ermittlungsorganisation (Welp ArchPT 94, 5, 12

36; zw). Die Tat ist eigentliches Amtsdelikt (2 vor § 331). – **Auf Grund befugten Eingriffs** setzt voraus, daß eine dem Post- oder Fernmeldegeheimnis unterliegende Tatsache (vgl 13) in einem anderen Dienstbereich wegen Vorliegens eines Rechtfertigungsgrundes (zB bei Eingriffen nach §§ 99–100 b StPO) rechtmäßig bekannt geworden ist und der Täter von ihr im Zusammenhang mit seinem Dienst („als"; vgl 7 zu § 353 b) Kenntnis erlangt hat; daß er den befugten Eingriff selbst vorgenommen hat, ist nicht erforderlich (BT-Dr 7/550 S 286). Fehlt es an einem solchen Eingriff, so kommen die §§ 201, 202 in Frage.

13 **6. Abs 5:** Dem Post- und Fernmeldegeheimnis unterliegt nicht nur der Inhalt von Sendungen usw, sondern auch die bloße Tatsache, daß Post- oder Fernmeldeverkehr zwischen bestimmten Personen (auch juristischen Personen, Behörden oder sonstigen Stellen, BT-Dr 7/550 S 287) stattgefunden hat (BVerfGE 85, 386, 395; BGHSt 35, 32, 33, beide mwN); statistische Erhebungen ohne Offenlegung der Beteiligten bleiben daher möglich. Geschützt ist außerdem nur der Verkehr als solcher, also zB auch jede Sendung im Rahmen des Postgiro- oder Postsparkassenverkehrs, nicht dagegen der Guthabenstand beim Postgiroamt (BT-Dr aaO S 286) und die dort banktechnisch bearbeiteten und aufbewahrten Unterlagen gegen Offenbarung durch den kontoführenden Postbediensteten (LG Frankfurt NJW 80, 1478; Kurth NStZ 83, 541); insoweit sind die für das Postgirogeheimnis geltenden Regeln (§ 6 PostG) maßgebend (Kurth aaO).

14 **7.** Der **Vorsatz** (bedingter genügt) braucht den in allen Begehungsformen vorausgesetzten Mangel der Befugnis (vgl 15) nicht zu umfassen (6 zu § 15).

15 **8. Unbefugt** 13 zu § 353 b. Eine Befugnis kann sich hier namentlich aus §§ 99–100 b StPO, Art 1 § 1 G 10, § 12 FAG oder § 5 PostG, nicht dagegen aus der allgemeinen Zeugnispflicht ergeben (Kurth NStZ 83, 541 mwN). Auch die Anzeigepflicht nach § 138 StGB kommt in Frage (Welp ArchPF 76, 763, 784); Nothilfe (§ 32) und rechtfertigender Notstand (§ 34) scheiden dagegen zwar nicht notwendig (Karl JuS 92, 68; aM Welp aaO S 783, 787), aber doch in aller Regel aus (Sch/Sch-Lenckner 14 mwN; str). Die Beobachtung des Fernmeldeverkehrs durch Fangschaltungen oder Zählervergleichseinrichtungen zur Abwehr anonymer bedrohender oder belästigender Anrufe ist ein Grundrechtseingriff, für den es an einer gesetzlichen Ermächtigung fehlt, der aber für eine Übergangszeit noch zugelassen ist (BVerfGE 85, 386 mit Anm Gusy JZ 92, 1018; s auch NJW 93, 1212; Saarbrücken NStZ 91, 386 mit krit Anm Krehl; Karlsruhe NStZ 92, 401, alle mwN).

16 **9. Tateinheit** ua möglich zwischen den Absätzen 1, 3 und § 353 b I sowie zwischen den Absätzen 2, 3 und §§ 242, 246. Dagegen **treten zurück:** § 202 hinter Abs 2 Nr 1; § 203 II hinter den Absätzen 1, 3 (Sch/Sch-Lenckner 42; aM Tröndle 21); § 133 hinter Abs 2 Nr 2 (so

auch für § 133 III KG JR 77, 426; aM Sch/Sch-Lenckner 42; diff Tröndle 21; zw); § 357 hinter Abs 2 Nr 3 (Sch/Sch-Lenckner 25; aM Tröndle 7 zu § 357; zw). Zu § 332 dort 11; zu § 334 dort 6.

10. Kein Antragsdelikt. Zur Ergänzung vgl § 95 TKG, der § 18 FAG ersetzt. 17

§ 355 Verletzung des Steuergeheimnisses

(1) **Wer unbefugt**

1. Verhältnisse eines anderen, die ihm als Amtsträger

a) in einem Verwaltungsverfahren oder einem gerichtlichen Verfahren in Steuersachen,

b) in einem Strafverfahren wegen einer Steuerstraftat oder in einem Bußgeldverfahren wegen einer Steuerordnungswidrigkeit,

c) aus anderem Anlaß durch Mitteilung einer Finanzbehörde oder durch die gesetzlich vorgeschriebene Vorlage eines Steuerbescheids oder einer Bescheinigung über die bei der Besteuerung getroffenen Feststellungen

bekanntgeworden sind, oder

2. ein fremdes Betriebs- oder Geschäftsgeheimnis, das ihm als Amtsträger in einem der in Nummer 1 genannten Verfahren bekanntgeworden ist,

offenbart oder verwertet, wird mit Freiheitsstrafe bis zu zwei Jahren oder mit Geldstrafe bestraft.

(2) **Den Amtsträgern im Sinne des Absatzes 1 stehen gleich**

1. die für den öffentlichen Dienst besonders Verpflichteten,

2. amtlich zugezogene Sachverständige und

3. die Träger von Ämtern der Kirchen und anderen Religionsgesellschaften des öffentlichen Rechts.

(3) **Die Tat wird nur auf Antrag des Dienstvorgesetzten oder des Verletzten verfolgt. Bei Taten amtlich zugezogener Sachverständiger ist der Leiter der Behörde, deren Verfahren betroffen ist, neben dem Verletzten antragsberechtigt.**

1. Die Vorschrift schützt das **Geheimhaltungsinteresse des Steuerpflichtigen** und anderer zur Auskunft verpflichteter Personen sowie das **Allgemeininteresse an der Wirksamkeit des Besteuerungsverfahrens** (BVerfGE 67, 100, 139). Sie hat keinen Verfassungsrang (hM; vgl etwa Hamm NJW 81, 356). Die Tat ist keine Steuerstraftat im Sinne des § 369 AO (BT-Dr 7/1261 S 51); jedoch wird die Verletzung des Steuergeheimnisses auch in § 30 I–III AO ausdrücklich untersagt. 1

2. Täter können nur sein: Amtsträger (3–11 zu § 11), für den öffentlichen Dienst besonders Verpflichtete (13–17 zu § 11), amtlich zugezogene Sachverständige (§ 96 AO), ohne Rücksicht darauf, ob sie 2 öffentlich bestellt (4 zu § 132 a) oder sonst förmlich verpflichtet sind (BT-Dr 7/550 S 287), und Amtsträger von Religionsgesellschaften des öffentlichen Rechts. Die Tat ist eigentliches Amtsdelikt (vgl Maiwald JuS 77, 353, 362 mwN; 2 vor § 331; str).

3 3. a) **Verhältnisse** (Abs 1 Nr 1) sind alle für die steuerliche, finanzielle, wirtschaftliche oder persönliche Lage einer Person (nicht nur eines Steuerpflichtigen, Pfaff SchlHA 75, 142) erheblichen Umstände, ohne Rücksicht auf ihren Geheimnischarakter (Hamm NJW 81, 356; zusf Klein/Orlopp AO 3 zu § 30; krit Maiwald JuS 77, 353, 362; Blesinger wistra 91, 239). Auf ihre Relevanz für die Besteuerung kommt es grundsätzlich nicht an (Felix NJW 78, 2134, 2136); jedoch ist die Offenbarung lediglich des Namens eines Anzeigeerstatters in Steuerstraf- oder -bußgeldverfahren nicht tatbestandsmäßig (teleologische Reduktion), weil sie vom Schutzzweck der Vorschrift (vgl 1) nicht gedeckt wird und eine ungerechtfertigte Privilegierung gegenüber Anzeigeerstattern in anderen Verfahren bedeuten würde (KG NJW 85, 1971 mit krit Bespr Wagner JZ 87, 658, 668; aM Hetzer NJW 85, 2991; diff Blesinger wistra 91, 294, alle mwN; beachte auch BFH wistra 86, 29) – Das **Geschäfts- oder Betriebsgeheimnis** (Abs 1 Nr 2) ist – mindestens idR – nur ein Unterfall der Verhältnisse im Sinne der Nr 1 (näher Baumbach/Hefermehl, UWG, 16. Aufl 1990, 2–9 zu § 17); sicher einbezogen sind damit aber auch entsprechende Geheimnisse juristischer Personen.

4 **b)** Zum Bekanntwerden im Zusammenhang mit dem Dienst **(„als")** 7 zu § 353 b. – **Verfahren in Steuersachen** sind namentlich die Besteuerungsverfahren (einschl der gerichtlichen Nachprüfungsverfahren), die Steuern aller Art (auch der Gemeinden und Gemeindeverbände) betreffen können; erfaßt werden jedoch auch Verfahren, die keinen bestimmten Steuerpflichtigen betreffen, zB Verfahren zur Festlegung von Durchschnittssätzen (BT-Dr 7/550 S 287). – **Steuerstraf- und Bußgeldverfahren** §§ 369, 385, 409 AO; die Schweigepflicht trifft hier neben Richtern und Staatsanwälten uU auch Polizeibeamte. – Die **Mitteilung einer Finanzbehörde** kommt namentlich in Frage, wenn diese auf gesetzlicher Grundlage einer anderen Behörde Auskunft erteilt.

5 **4. Offenbaren** 17 zu § 203; auch Mitteilungen innerhalb des internen Dienstbereichs sind nicht grundsätzlich ausgeschlossen. **Verwerten** 4 zu § 204; nicht nur das Betriebs- oder Geschäftsgeheimnis ist gegen Verwertung geschützt, sondern nach Abs 1 Nr 1 zB auch das Erfindergeheimnis.

6 **5.** Der **Vorsatz** (bedingter genügt) braucht das Merkmal „unbefugt" (vgl 7) nicht zu umfassen (6 zu § 15).

7 **6. Unbefugt** 13 zu § 353 b. Die Befugnis ist in §§ 30 IV, V, 31 AO ausdrücklich geregelt (krit dazu Goll NJW 79, 90). Danach ist die Offenbarung zulässig (zusf Blesinger wistra 91, 239, 241 und 294): wenn

sie der Durchführung eines Verfahrens in Steuer-(auch Steuerstraf-) sachen (Abs 1 Nr 1 a, b) dient (Schomberg NJW 79, 526; diff Kohlmann, Spendel-FS, S 257, 263); wenn sie durch Gesetz ausdrücklich zugelassen ist (zB durch § 17 PaßG, §§ 76 ff AuslG), nicht dagegen durch § 4 I der Landespressegesetze, der nur ein begrenztes Informationsrecht der Presse gegenüber den Behörden vorsieht (Hamm NJW 81, 356 mwN); wenn der Betroffene zustimmt; oder wenn ein zwingendes, in § 30 IV Nr 5 a–c AO näher konkretisiertes öffentliches Interesse besteht (dazu Hamm aaO; Weyand NStZ 87, 399 und wistra 88, 9; krit Nieuwenhuis NJW 89, 280). Unter einschränkenden Voraussetzungen (§ 30 IV Nr 4 AO) besteht die Befugnis auch für Zwecke des allgemeinen Strafverfahrens (krit Reiß NJW 77, 1436). Außerdem dürfen vorsätzlich falsche Angaben unbeschränkt an die Strafverfolgungsbehörden (§ 30 V AO) und gewisse Besteuerungsgrundlagen an Körperschaften des öffentlichen Rechts und an Versicherungsträger weitergegeben werden (§ 31 AO). – Die Sonderregelung der AO schließt andere anerkannte Rechtfertigungsmöglichkeiten (8–29 vor § 32) nicht aus (Maiwald JuS 77, 353, 362; Goll aaO; str).

7. Tateinheit ua möglich mit § 353 b I und § 353 d (Schäfer LK 8
77; für § 353 d Nr 2 aM Sch/Sch-Lenckner 36; zw). Gegenüber §§ 203, 204 Spezialität (Schäfer aaO). Zu § 332 dort 11; zu § 334 dort 6.

8. Strafantrag (Abs 3) §§ 77–77 d. Dienstvorgesetzter 2 zu § 77 a. 9
Verletzter 6 zu § 77.

§ 356 Parteiverrat

(1) **Ein Anwalt oder ein anderer Rechtsbeistand, welcher bei den ihm in dieser Eigenschaft anvertrauten Angelegenheiten in derselben Rechtssache beiden Parteien durch Rat oder Beistand pflichtwidrig dient, wird mit Freiheitsstrafe von drei Monaten bis zu fünf Jahren bestraft.**

(2) **Handelt derselbe im Einverständnis mit der Gegenpartei zum Nachteil seiner Partei, so tritt Freiheitsstrafe von einem Jahr bis zu fünf Jahren ein.**

1. a) Der Tatbestand des Parteiverrats (Prävarikation) **schützt** neben 1
der Treupflicht gegenüber dem Auftraggeber vornehmlich **das Vertrauen in die Integrität der Rechtspflege, insbesondere der Rechtsbeistandschaft** (BGHSt 12, 96; 15, 332; ähnlich Aigner, Der Tatbestandskomplex „Dieselbe Rechtssache" im Straf- (§ 356 StGB) und Standesrechtlichen (§ 45 Nr 2 BRAO) Parteiverrat eine – Leerformel?, 1994, S 22).

b) Täter dieses ausgesprochenen Berufsvergehens (BGHSt 20, 41; 2
eingehend Geppert, Der strafrechtliche Parteiverrat, 1961; Dingfelder/Friedrich, Parteiverrat und Standesrecht, 1987, S 7; zusf Pfeiffer, Koch-

Festg, S 127; speziell zum Parteiverrat im Strafprozeß Dahs NStZ 91, 561) kann jeder Rechtsbeistand iwS sein, der zur geschäftsmäßigen Besorgung fremder Rechtsangelegenheiten im Inland (4 vor § 3) amtlich zugelassen ist (Hübner LK 11–32; zur Erstreckung auf Anwälte aus den EG-Staaten beachte den 2. Abschn des Ges vom 16. 8. 1980, BGBl I 1453, 1456). Beispiele: der Rechtsanwalt (zur Anwaltssozietät BGHSt 40, 188; Stuttgart NJW 86, 948 mit Anm Dahs JR 86, 349 und Gatzweiler NStZ 86, 413, alle mwN), jedoch nicht der Anwalt als Konkursverwalter (BGHSt 13, 231), als Vormund (BGHSt 24, 191), als Makler oder als Syndikus im Bereich seiner weisungsgebundenen Tätigkeit (Stuttgart NJW 68, 1975); der Patentanwalt; der Hochschullehrer nach § 138 StPO (hM; anders Pfeiffer aaO S 130; Hübner LK 30 mwN); der Prozeßagent nach § 157 ZPO; der Beistand nach dem RBerG (2 zu § 352; aM Bremen MDR 68, 343; str) und der Notar (Lüderssen, Triffterer-FS, S 343, der aber trotz der Aufzählung von tatbestandsmäßigen Pflichtverletzungen [vgl 7] die bisherige Nichtanwendung der Vorschrift auf Notare begrüßt). Soweit im folgenden vom Anwalt die Rede ist, gilt das auch für die anderen Rechtsbeistände.

3 2. **Anvertrauen** bedeutet hier Übertragung der Interessenwahrnehmung auf den Anwalt in seiner beruflichen Eigenschaft als unabhängiger Sachwalter (BGHSt 24, 191); rein private Beratung oder Hilfe scheidet daher aus (Pfeiffer aaO [vgl 2] S 131). Ob dem Anwalt Tatsachen oder sogar Geheimnisse mitgeteilt wurden, ist unerheblich (BGHSt 18, 192). Das Anvertrautsein endet nicht mit der Erledigung des Auftrags, selbst wenn der Anwalt bei dessen Ausführung nur einen Rat erteilt hatte (NJW 87, 335). – Es genügt, daß nur eine Partei anvertraut hat, der Anwalt aber im Interesse beider Parteien tätig geworden ist (BGHSt 20, 41; NStZ 85, 74). – Die dem Anwalt einer Sozietät anvertraute Sache ist idR der Sozietät im ganzen anvertraut (Stuttgart NJW 86, 948 mwN; einschr Dahs JR 86, 349); es ist aber auch möglich, eine Rechtssache nur einem Mitglied einer Anwaltssozietät anzuvertrauen (BGHSt 40, 188).

4 3. **Parteien** sind die an einer Rechtssache rechtlich beteiligten – nicht nur an deren Erledigung tatsächlich interessierten (RGSt 66, 316, 321; Zweibrücken NStZ 95, 35 mit insoweit krit Bespr Nibbeling JR 95, 479) – natürlichen oder juristischen Personen (Bay GA 72, 314). Partei ist schon, wer sich nur beraten läßt; zum Prozeß braucht es nicht zu kommen (AnwBl 62, 221).

5 4. **Rechtssachen** sind alle Angelegenheiten, sei es des Zivil-, Straf-, Verwaltungsrechts oder der freiwilligen Gerichtsbarkeit, bei denen mehrere Beteiligte vorkommen können, die widerstreitende Interessen verfolgen, über die nach Rechtsgrundsätzen zu entscheiden ist (BGHSt 18, 192; Düsseldorf NStZ-RR 96, 298). Ob es sich um **dieselbe Rechtssache** handelt, ist nach dem Interessenkreis zu beurteilen, den der Auftraggeber dem Anwalt anvertraut hat (BGHSt 5, 301). Dabei ist unerheblich, ob es sich um **ein** Verfahren oder um verschiedene han-

delt (BGHSt 18, 192); maßgeblich ist die Gesamtheit der Tatsachen und Interessen, die sachlich-rechtlich in Betracht kommen können (BGHSt 34, 190; NStZ 81, 479; Düsseldorf aaO; Koblenz NJW 85, 1177). Dieselbe Rechtssache kann zB vorliegen (vgl zu den folgenden Fallgruppen Aigner aaO [vgl 1] S 98): bei zwei aufeinanderfolgenden Scheidungsprozessen (BGHSt 17, 305; s aber BGHSt 18, 192); bei der Auseinandersetzung zwischen Miterben, denen der Anwalt zuvor gegenüber einem weiteren Miterben gedient hatte (Bay NJW 89, 2903); beim Verhältnis des Drittschuldners zum Pfändungsgläubiger einerseits und zum Schuldner andererseits (AnwBl 66, 397); bei der Verteidigung des Ehemannes in einem Prozeß wegen einer Sexualstraftat und der Vertretung der Ehefrau bei der folgenden Scheidung (Düsseldorf NJW 59, 1050); beim Strafverfahren und der damit zusammenhängenden Schadensersatzklage (GA 61, 203; Bay NJW 95, 606 mit krit Anm Ranft JR 96, 256); bei sich gegenseitig belastenden Mitbeschuldigten derselben Straftat (Stuttgart NStZ 90, 542 mit Anm Geppert, beide mwN; beachte jedoch NStZ 82, 465; str); bei einem einheitlichen Ermittlungsvorgang gegen mehrere Nebentäter, wenn die strafrechtliche Relevanz ihres Verhaltens in wechselseitiger Abhängigkeit steht (Oldenburg NStZ 89, 533); bei dem einen Freispruch erstrebenden Angeklagten und einem als Alternativtäter in Betracht kommenden Zeugen (Zweibrücken NStZ 95, 35 mit zust Bespr Dahs NStZ 95, 16 und Geppert JK 4); beim Wiederaufnahmeverfahren gegen den Angeklagten und dem Meineidsverfahren gegen einen Belastungszeugen (BGHSt 5, 301).

5. Dienen ist jede berufliche (BGHSt 20, 41; Zweibrücken StV 94, 6
487 [in NStZ 95, 35 nicht abgedruckt] mit krit Bespr Dahs NStZ 95, 16 und abl Bespr Geppert JK 4) Tätigkeit rechtlicher oder tatsächlicher Art, durch die das Interesse einer Partei durch Rat oder Beistand gefördert werden soll (BGHSt 7, 17; NStZ 85, 74; Düsseldorf NJW 89, 2901). Es ist auch durch Unterlassen (Bay NJW 59, 2223) oder durch Einsatz von Hilfskräften (Hübner LK 33) begehbar. – Der Anwalt muß **beiden** Parteien – nicht notwendig gleichzeitig – dienen; dient er zunächst der einen und danach der anderen, so ist das erste Dienen zwar nicht Tathandlung, aber Tatbestandsvoraussetzung (Stuttgart NJW 86, 948 mwN). – Der Tatbestand ist danach nicht erfüllt, wenn der Anwalt gegen einen früheren Auftraggeber eigene Interessen verfolgt (BGHSt 12, 96). Ob der in einer Sozietät tätig werdende Anwalt (vgl 3) der anderen Partei bereits gedient hat, bedarf selbständiger Prüfung, folgt also nicht zwingend aus dem Umstand, daß eine Sache der Sozietät anvertraut war (Stuttgart aaO; Dahs JR 86, 349; Pfeiffer aaO [vgl 2] S 135; aM Hübner LK 38, alle mwN; zw).

6. Pflichtwidrig dient der Anwalt, wenn er der anwaltlichen Be- 7
rufspflicht des § 45 Nr 2 BRAO zuwider tätig wird, also „wenn er eine andere Partei in derselben Rechtssache bereits im entgegengesetztem Interesse beraten oder vertreten hat“. Entscheidend ist dieses **entge-**

gengesetzte Interesse. Es ist Tatbestandselement des § 356 (BGHSt 5, 284; 7, 17; NStZ 82, 465); ob es vorliegt, ist objektiv zu bestimmen (Zweibrücken NStZ 95, 35 mit Bespr Dahs NStZ 95, 16, 17 und Nibbeling JR 95, 479, 481, der durch Abstellen auf den Parteiwillen zu einer restriktiven Auslegung der Pflichtwidrigkeit kommen will; Geppert NStZ 90, 542; diff Sch/Sch-Cramer 18, alle mwN), hängt aber von dem erteilten Auftrag ab (ähnlich Aigner aaO [vgl 1] S 170: subjektiv-objektives Verständnis). Der Gegensatz kann auch erst im Laufe eines Vorgangs entstehen (BGHSt 18, 192; Bay NJW 89, 2903 mit abl Anm Ranft JR 91, 164) und selbst dann gegeben sein, wenn der Anwalt im Rahmen beider Mandate denselben Rechtsstandpunkt vertritt (BGHSt 34, 190 mit Bespr Hassemer JuS 87, 412 und Dahs JR 87, 476). – Nicht pflichtwidrig ist das Bemühen um einen Ausgleich zwischen den Parteien; zu diesem Zweck darf der Anwalt auch mit der Gegenpartei in Verbindung treten. War er zuvor nicht für eine Partei, sondern zwischen ihnen als unparteiischer Mittler tätig, so kann er später im Hinblick auf die Möglichkeit, daß ihn diese Tätigkeit befangen gemacht hat, nicht eine Partei gegen die andere vertreten (LG Hamburg AnwBl 80, 120; Haffke, in: Duss-v Werdt ua [Hrsg], Mediation: Die andere Scheidung, 1995, S 65, 100; anders die Voraufl). – In Ausnahmefällen kann das Einverständnis des Auftraggebers (zur Einwilligung vgl 9) den Interessengegensatz als solchen beseitigen (BGHSt 15, 332; näher dazu Dahs NStZ 91, 561, 564). Die einverständliche Scheidung (§ 630 ZPO) gehört nicht hierher, weil die Struktur des Scheidungsverfahrens infolge des ihm zugrundeliegenden Allgemeininteresses an der Eheerhaltung auch für die Scheidungswilligen einen Interessengegensatz begründet (Hübner LK 83; einschr Bay NJW 81, 832 mit abl Anm Hübner JR 81, 430, zust aber Sch/Sch-Cramer 18; beachte auch NStZ 82, 331 und 85, 74; wistra 91, 221); dies schließt eine Beratung beider Parteien im Vorfeld des gerichtlichen Verfahrens mit dem Ziel einer einverständlichen Regelung der Trennungs- und Scheidefolgesachen nicht aus (Haffke aaO S 94).

8 **7.** Der **Vorsatz** (bedingter genügt) muß namentlich die Merkmale derselben Rechtssache und des Interessengegensatzes umfassen (BGHSt 15, 332; 18, 192; GA 61, 203). Erkennt der Anwalt sie nicht, so handelt er im Tatbestandsirrtum. Hält er jedoch trotz dieser Erkenntnis sein Handeln nur für nicht pflichtwidrig, etwa weil er die Begriffe derselben Rechtssache oder des Interessengegensatzes zu eng auslegt oder weil er der Einwilligung des Auftraggebers irrig die Pflichtwidrigkeit beseitigende Wirkung beimißt, so handelt er im Subsumtionsirrtum, der als solcher unbeachtlich ist, aber einen Verbotsirrtum begründen kann (BGHSt 7, 17; 7, 261; 15, 332; krit Puppe NK 73 zu § 16; eingehend Dingfelder/Friedrich aaO [vgl 2] S 75). Dieser Irrtum wird als unvermeidbar nur angesehen, wenn der Anwalt die Rechtslage selbst sorgfältig geprüft (Bay NJW 95, 606 mit krit Anm Ranft JR 96, 256; Sch/Sch-Cramer 23) oder den Kammervorstand (BGHSt 18, 192) oder

einen erfahrenen Kollegen (AnwBl 62, 221) oder Richter (2 StR 729/67 v 29. 3. 1968) um Rat gefragt hat (zur Irrtumsrechtsprechung bei § 356 Geppert MDR 60, 623; Gutmann AnwBl 63, 90; krit Dahs NStZ 91, 561, 565).

8. Eine **Einwilligung** des Auftraggebers in die pflichtwidrige Handlung hat im Hinblick auf das vornehmlich geschützte Allgemeininteresse (vgl 1) keine rechtfertigende Wirkung (13 vor § 32). Ein anderer Rechtfertigungsgrund liegt regelmäßig nicht vor (zur Notwehr BGHSt 34, 190). 9

9. Teilnehmer ist regelmäßig nicht, wer dem Täter lediglich eine (falsche) Rechtsauskunft (vgl 8) erteilt hat (NJW 92, 3047 mit zust Bespr Wolff-Reske, Berufsbedingtes Verhalten als Problem mittelbarer Erfolgsverursachung, 1995, S 50, 176: berufsrollenwahrendes Verhalten). – **Notwendige,** daher straflose, **Teilnahme** (12 vor § 25) begeht die Partei, die die pflichtwidrigen Dienste lediglich annimmt (hM; vgl Hübner LK 153 mwN; anders Sowada, Die „notwendige Teilnahme" als funktionales Privilegierungsmodell im Strafrecht, 1992, S 212); jedoch liegt Anstiftung oder Beihilfe vor, wenn sie die Tat durch ein Sonderhonorar (RGSt 71, 114) oder eine andere Unterstützungshandlung aktiv fördert. § 28 I ist anwendbar (Rudolphi SK 33). 10

10. Abs 2 qualifiziert die Tat zum Verbrechen (3 zu § 12); weil nur zusätzliche (erschwerende) Umstände die Strafschärfung tragen, liegt kein eigenständiges Delikt vor (Hübner LK 148; offen gelassen in NJW 64, 2428; zw). – **Einverständnis** erfordert Schädigungsbewußtsein sowohl des Anwalts (Düsseldorf NJW 89, 2901) als auch der Gegenpartei (NStZ 81, 479); es liegt im allgemeinen vor, wenn die Gegenpartei die auf Schädigung der „eigenen" Partei gerichteten Beistandsleistungen widerspruchslos annimmt (Hübner LK 149). Handeln **zum Nachteil** erfordert nicht den Eintritt eines Schadens (hM; vgl Hübner LK 150 mwN), auch nicht notwendig bestimmten Benachteiligungswillen (so aber Hübner LK 151 mwN; offen gelassen in NJW 64, 2428); es genügt vielmehr, wenn der Anwalt im Hinblick auf die Verschlechterung der Rechts- oder Prozeßlage seines Auftraggebers bedingt vorsätzlich handelt (Sch/Sch-Cramer 26 mwN). – Zur **Strafzumessung** beachte Köln NStZ 82, 382. 11

§ 357 Verleitung eines Untergebenen zu einer Straftat

(1) **Ein Vorgesetzter, welcher seine Untergebenen zu einer rechtswidrigen Tat im Amt verleitet oder zu verleiten unternimmt oder eine solche rechtswidrige Tat seiner Untergebenen geschehen läßt, hat die für diese rechtswidrige Tat angedrohte Strafe verwirkt.**

(2) **Dieselbe Bestimmung findet auf einen Amtsträger Anwendung, welchem eine Aufsicht oder Kontrolle über die Dienstgeschäfte eines anderen Amtsträgers übertragen ist, sofern die von diesem letzteren Amtsträger begangene rechtswidrige Tat die zur Aufsicht oder Kontrolle gehörenden Geschäfte betrifft.**

1 **1.** Die Vorschrift beruht auf dem Gedanken, daß der vorgesetzte oder beaufsichtigende Amtsträger (3–11 zu § 11) **verpflichtet** ist, in seinem Dienstbereich die Begehung rechtswidriger Taten der ihm nachgeordneten Amtsträger zu **verhindern. Täter** und Untergebener (Abs 1) oder Beaufsichtigter (Abs 2) müssen Amtsträger sein (OGH NJW 50, 435). Die Tat ist eigentliches Amtsdelikt (2 vor § 331).

2 **2. Rechtswidrige Tat** 18 zu § 11; 1 zu § 29; jedoch genügt hier nach dem Schutzzweck der Vorschrift auch eine unvorsätzliche Tat des Untergebenen, wenn der Vorgesetzte wegen Fehlens der erforderlichen Täterqualität nicht selbst mittelbarer Täter sein kann (Rogall GA 79, 11, 24 mwN; str). Sie braucht keine Tat im Sinne des 29. Abschnitts zu sein; es genügt, wenn der Untergebene sie in Ausübung seines Dienstes begangen hat oder begehen sollte (BGHSt 3, 349; NJW 59, 584, 585). In Abs 2 umfaßt die „begangene“ Handlung auch die noch zu begehende (hM).

3 **3. Verleiten** ist erfolgreiches Bestimmen (2 zu § 26), gleichgültig durch welches Mittel (OGHSt 2, 23); **Unternehmen** (19 zu § 11) bezieht den Versuch des Verleitens ein. Tätige Reue kann beim Unternehmen des Verleitens in analoger Anwendung der §§ 83 a, 316 a II zur Strafmilderung oder zum Absehen von Strafe führen (Berz, Stree/Wessels-FS, S 331, 335; anders Weber ZStW Beiheft 87, 12; zw). – Zum **Geschehenlassen** gehört, daß der Vorgesetzte zur Verhinderung nicht nur verpflichtet, sondern auch tatsächlich in der Lage ist (Bay 51, 174, 199); erfaßt wird nicht nur die Beihilfe durch Unterlassen, sondern auch die tätige Förderung (BGHSt 3, 349, 352).

4 **4.** Die Bedeutung der Vorschrift besteht vor allem darin, daß der Täter – falls er nicht ohnehin Mittäter oder mittelbarer Täter der von dem Untergebenen begangenen Tat ist – nicht nur als Teilnehmer oder erfolgloser Anstifter (§§ 26, 27, 30), sondern **wie ein Täter** bestraft wird (Konnivenz). Damit wird eine Milderung nach § 27 II S 2 oder § 30 I S 2 ausgeschlossen.

5 **5.** Zur **Konkurrenz** mit § 354 II Nr 3 dort 16. Verlust der **Amtsfähigkeit** § 358.

§ 358 Nebenfolgen

Neben einer Freiheitsstrafe von mindestens sechs Monaten wegen einer Straftat nach den §§ 332, 336, 340, 343, 344, 345 Abs. 1 und 3, §§ 348, 352 bis 353 b Abs. 1, 354, 355 und 357 kann das Gericht die Fähigkeit, öffentliche Ämter zu bekleiden (§ 45 Abs. 2), aberkennen.

1 Vgl 4 zu § 45. Die Vorschrift bezieht sich nur auf die Amtsfähigkeit, nicht die Wählbarkeit und das Stimmrecht.

§§ 359–370 *(weggefallen)*

Anhang

I. Einführungsgesetz zum Strafgesetzbuch (EGStGB)

Vom 2. März 1974 (BGBl I 469), letztes ÄndG v 16. 6. 1995 (BGBl I 818)

– Auszug –

Erster Abschnitt. Allgemeine Vorschriften

Erster Titel. Sachliche Geltung des Strafgesetzbuches

Art. 1 Geltung des Allgemeinen Teils

(1) Die Vorschriften des Allgemeinen Teils des Strafgesetzbuches gelten für das bei seinem Inkrafttreten bestehende und das zukünftige Bundesrecht, soweit das Gesetz nichts anderes bestimmt.

(2) Die Vorschriften des Allgemeinen Teils des Strafgesetzbuches gelten auch für das bei seinem Inkrafttreten bestehende und das zukünftige Landesrecht. Sie gelten nicht, soweit das Bundesrecht besondere Vorschriften des Landesrechts zuläßt und das Landesrecht derartige Vorschriften enthält.

Art. 1 a Anwendbarkeit der Vorschriften über die Sicherungsverwahrung[1]

Die Vorschriften des Strafgesetzbuches über die Sicherungsverwahrung finden auf die im Geltungsbereich des Strafgesetzbuches nach dem 1. August 1995 begangenen Taten uneingeschränkt, im übrigen Anwendung,

1. wenn der Täter eine vorsätzliche Straftat, wegen der er
   a) im Fall des § 66 Abs. 1 des Strafgesetzbuches zu zeitiger Freiheitsstrafe von mindestens zwei Jahren verurteilt wird,
   b) im Fall des § 66 Abs. 2 des Strafgesetzbuches zeitige Freiheitsstrafe von mindestens einem Jahr verwirkt hat,

   nach dem 1. August 1995 begangen hat oder
2. soweit sie bereits vor dem 1. August 1995 anwendbar gewesen sind.

Art. 1 b Anwendbarkeit der Vorschriften des internationalen Strafrechts[1]

Soweit das deutsche Strafrecht auf im Ausland begangene Taten Anwendung findet und unterschiedliches Strafrecht im Geltungsbereich dieses Ge-

---

[1] IdF des Ges v 16. 6. 1995 (BGBl I 818).

setzes gilt, finden diejenigen Vorschriften Anwendung, die an dem Ort gelten, an welchem der Täter seine Lebensgrundlage hat.

Art. 2 Vorbehalte für das Landesrecht

Die Vorschriften des Allgemeinen Teils des Strafgesetzbuches lassen Vorschriften des Landesrechts unberührt, die bei einzelnen landesrechtlichen Straftatbeständen

1. den Geltungsbereich abweichend von den §§ 3 bis 7 des Strafgesetzbuches bestimmen oder
2. unter besonderen Voraussetzungen Straflosigkeit vorsehen.

Art. 3 Zulässige Rechtsfolgen bei Straftaten nach Landesrecht

(1) Vorschriften des Landesrechts dürfen bei Straftaten keine anderen Rechtsfolgen vorsehen als

1. Freiheitsstrafe bis zu zwei Jahren und wahlweise Geldstrafe bis zum gesetzlichen Höchstmaß (§ 40 Abs. 1 Satz 2, Abs. 2 Satz 3 des Strafgesetzbuches),
2. Einziehung von Gegenständen.

(2) Vorschriften des Landesrechts dürfen

1. weder Freiheitsstrafe noch Geldstrafe allein und
2. bei Freiheitsstrafe kein anderes Mindestmaß als das gesetzliche (§ 38 Abs. 2 des Strafgesetzbuches) und kein niedrigeres Höchstmaß als sechs Monate

androhen.

Art. 4 Verhältnis des Besonderen Teils zum Bundes- und Landesrecht

(1) Die Vorschriften des Besonderen Teils des Strafgesetzbuches lassen die Strafvorschriften des Bundesrechts unberührt, soweit sie nicht durch dieses Gesetz aufgehoben oder geändert werden.

(2) Die Vorschriften des Besonderen Teils des Strafgesetzbuches lassen auch die Straf- und Bußgeldvorschriften des Landesrechts unberührt, soweit diese nicht eine Materie zum Gegenstand haben, die im Strafgesetzbuch abschließend geregelt ist.

(3) Die Vorschriften des Strafgesetzbuches über Betrug, Hehlerei und Begünstigung lassen die Vorschriften des Landesrechts unberührt, die bei Steuern oder anderen Abgaben

1. die Straf- und Bußgeldvorschriften der Abgabenordnung für anwendbar erklären oder
2. entsprechende Straf- und Bußgeldtatbestände wie die Abgabenordnung enthalten; Artikel 3 bleibt unberührt.

(4) Die Vorschriften des Strafgesetzbuches über Diebstahl, Hehlerei und Begünstigung lassen die Vorschriften des Landesrechts zum Schutze von

Feld und Forst unberührt, die bestimmen, daß eine Tat in bestimmten Fällen, die unbedeutend erscheinen, nicht strafbar ist oder nicht verfolgt wird.

(5) Die Vorschriften des Strafgesetzbuches über Hausfriedensbruch, Sachbeschädigung und Urkundenfälschung lassen die Vorschriften des Landesrechts zum Schutze von Feld und Forst unberührt, die

1. bestimmte Taten nur mit Geldbuße bedrohen oder
2. bestimmen, daß eine Tat in bestimmten Fällen,
   a) die unbedeutend erscheinen, nicht strafbar ist oder nicht verfolgt wird, oder
   b) die geringfügig erscheinen, nur auf Antrag oder nur dann verfolgt wird, wenn die Strafverfolgungsbehörde wegen des besonderen öffentlichen Interesses an der Strafverfolgung ein Einschreiten von Amts wegen für geboten hält.

Zweiter Abschnitt. Allgemeine Anpassung von Strafvorschriften

Art. 10 Geltungsbereich

(1) Die Vorschriften dieses Abschnitts gelten für die Strafvorschriften des Bundesrechts, soweit sie nicht durch Gesetz besonders geändert werden.

(2) Die Vorschriften gelten nicht für die Strafdrohungen des Wehrstrafgesetzes und des Zivildienstgesetzes.

Art. 11 Freiheitsstrafdrohungen

Droht das Gesetz Freiheitsstrafe mit einem besonderen Mindestmaß an, das einen Monat oder weniger beträgt, so entfällt die Androhung dieses Mindestmaßes.

Art. 12 Geldstrafdrohungen

(1) Droht das Gesetz neben Freiheitsstrafe ohne besonderes Mindestmaß wahlweise keine Geldstrafe an, so tritt neben die Freiheitsstrafe die wahlweise Androhung der Geldstrafe. Dies gilt auch, wenn die Androhung des besonderen Mindestmaßes der Freiheitsstrafe nach Artikel 11 entfällt.

(2) An die Stelle einer neben Freiheitsstrafe wahlweise angedrohten Geldstrafe von unbeschränkter Höhe oder mit einem besonderen Höchstmaß oder mit einem Höchstmaß, das in dem Mehrfachen, Einfachen oder Bruchteil eines bestimmten Betrages besteht, tritt Geldstrafe mit dem gesetzlichen Höchstmaß (§ 40 Abs. 1 Satz 2, Abs. 2 Satz 3 des Strafgesetzbuches), soweit Absatz 4 nichts anderes bestimmt.

(3) Ist Geldstrafe neben Freiheitsstrafe vorgeschrieben oder zugelassen, so entfällt diese Androhung.

(4) Droht das Gesetz Freiheitsstrafe bis zu sechs Monaten an, so beträgt das Höchstmaß einer wahlweise angedrohten Geldstrafe einhundertachtzig Tagessätze. Dies gilt auch, wenn sich die wahlweise Androhung der Geldstrafe aus Absatz 1 ergibt.

Art. 13 Umwandlung von Übertretungen und leichten Vergehen in Ordnungswidrigkeiten

Soweit Vorschriften für einen bestimmten Tatbestand Geldstrafe oder Freiheitsstrafe mit einem niedrigeren Höchstmaß als sechs Monate, allein oder nebeneinander, androhen, sind die Vorschriften mit der Maßgabe anzuwenden, daß die Handlung als Ordnungswidrigkeit mit einer Geldbuße bis zu tausend Deutsche Mark und, soweit eine höhere Geldstrafe als tausend Deutsche Mark angedroht ist, mit einer Geldbuße bis zu zehntausend Deutsche Mark geahndet werden kann.

Siebenter Abschnitt. Ergänzende strafrechtliche Regelungen

Art. 293 Abwendung der Vollstreckung der Ersatzfreiheitsstrafe[1]

(1) Die Landesregierungen werden ermächtigt, durch Rechtsverordnung Regelungen zu treffen, wonach die Vollstreckungsbehörde dem Verurteilten gestatten kann, die Vollstreckung einer Ersatzfreiheitsstrafe nach § 43 des Strafgesetzbuches durch freie Arbeit abzuwenden. Soweit der Verurteilte die freie Arbeit geleistet hat, ist die Ersatzfreiheitsstrafe erledigt. Die Arbeit muß unentgeltlich sein; sie darf nicht erwerbswirtschaftlichen Zwecken dienen. Die Landesregierungen können die Ermächtigung durch Rechtsverordnung auf die Landesjustizverwaltungen übertragen.

(2) Durch die freie Arbeit wird kein Arbeitsverhältnis im Sinne des Arbeitsrechts und kein Beschäftigungsverhältnis im Sinne der Sozialversicherung, einschließlich der Arbeitslosenversicherung, oder des Steuerrechts begründet. Die Vorschriften über den Arbeitsschutz finden sinngemäße Anwendung.

(3) Absatz 2 gilt entsprechend für freie Arbeit, die auf Grund einer Anordnung im Gnadenwege ausgeübt wird.

Art. 295 Aufsichtsstellen bei Führungsaufsicht

(1) Die Aufsichtsstellen (§ 68 a des Strafgesetzbuches) gehören zum Geschäftsbereich der Landesjustizverwaltungen.

---

[1] IdF des 23. StÄG v 13. April 1986 (BGBl I 393, 396). Das OrgKG v 15. Juli 1992 (BGBl I 1302, 1311) hat in Abs 1 S 1 nach dem Wort „Ersatzfreiheitsstrafe" die Worte „nach § 43 des Strafgesetzbuches" eingefügt.

(2) Die Aufgaben der Aufsichtsstelle werden von Beamten des höheren Dienstes, von staatlich anerkannten Sozialarbeitern oder Sozialpädagogen oder von Beamten des gehobenen Dienstes wahrgenommen. Der Leiter der Aufsichtsstelle muß die Befähigung zum Richteramt besitzen oder ein Beamter des höheren Dienstes sein. Die Leitung der Aufsichtsstelle kann auch einem Richter übertragen werden.[1]

Art. 296 Einfuhr von Zeitungen und Zeitschriften

§ 86 Abs. 1 des Strafgesetzbuches ist nicht anzuwenden auf Zeitungen und Zeitschriften, die außerhalb des räumlichen Geltungsbereiches dieses Gesetzes in ständiger, regelmäßiger Folge erscheinen und dort allgemein und öffentlich vertrieben werden.

Art. 297 Verbot der Prostitution

(1) Die Landesregierung kann zum Schutze der Jugend oder des öffentlichen Anstandes

1. für das ganze Gebiet einer Gemeinde bis zu fünfzigtausend Einwohnern,
2. für Teile des Gebiets einer Gemeinde über zwanzigtausend Einwohnern oder eines gemeindefreien Gebiets,
3. unabhängig von der Zahl der Einwohner für öffentliche Straßen, Wege, Plätze, Anlagen und für sonstige Orte, die von dort aus eingesehen werden können, im ganzen Gebiet oder in Teilen des Gebiets einer Gemeinde oder eines gemeindefreien Gebiets

durch Rechtsverordnung verbieten, der Prostitution nachzugehen. Sie kann das Verbot nach Satz 1 Nr. 3 auch auf bestimmte Tageszeiten beschränken.

(2) Die Landesregierung kann diese Ermächtigung durch Rechtsverordnung auf eine oberste Landesbehörde oder höhere Verwaltungsbehörde übertragen.

(3) Wohnungsbeschränkungen auf bestimmte Straßen oder Häuserblocks zum Zwecke der Ausübung der Prostitution (Kasernierungen) sind verboten.

Achter Abschnitt. Schlußvorschriften

Art. 309 Verfolgungs- und Vollstreckungsverjährung

(1) Die Vorschriften des neuen Rechts über die Verfolgungs- und Vollstreckungsverjährung (§§ 78 bis 79b des Strafgesetzbuches, §§ 31 bis 34 des Gesetzes über Ordnungswidrigkeiten) gelten auch für Taten, die vor dem 1. Januar 1975 begangen worden sind, soweit die Absätze 2 bis 4 nichts anderes bestimmen.

(2) Für Unterbrechungshandlungen, die vor dem 1. Januar 1975 vorgenommen sind, gilt das bisherige Recht.

---

[1] Abs. 2 idF des ÄndG zum EGStGB vom 15. 8. 1974 (BGBl I 1942).

(3) Soweit die Verjährungsfristen des bisherigen Rechts kürzer sind als die des neuen Rechts, gelten die des bisherigen Rechts.

(4) Ist die Verjährung der Verfolgung oder der Vollstreckung vor dem 1. Januar 1975 unterbrochen worden, so verjährt die Verfolgung oder Vollstreckung, abweichend von § 78c Abs. 3 Satz 2, § 79 des Strafgesetzbuchs, § 33 Abs. 3 Satz 2, § 34 des Gesetzes über Ordnungswidrigkeiten, frühestens mit dem Ablauf der von der letzten Unterbrechungshandlung an zu berechnenden Verjährungsfrist.

(5) Bei der Berechnung der Verjährungsfrist nach § 1 Abs. 1 Satz 1 des Gesetzes über die Berechnung strafrechtlicher Verjährungsfristen vom 13. April 1965 (Bundesgesetzbl. I S. 315), geändert durch das Erste Gesetz zur Reform des Strafrechts vom 25. Juni 1969 (Bundesgesetzbl. I S. 645), ist § 78 Abs. 4 des Strafgesetzbuches entsprechend anzuwenden.

Art. 315 Geltung des Strafrechts für in der Deutschen Demokratischen Republik begangenen Taten[1]

(1) Auf vor dem Wirksamwerden des Beitritts in der Deutschen Demokratischen Republik begangene Taten findet § 2 des Strafgesetzbuches mit der Maßgabe Anwendung, daß das Gericht von Strafe absieht, wenn nach dem zur Zeit der Tat geltenden Recht der Deutschen Demokratischen Republik weder eine Freiheitsstrafe noch eine Verurteilung auf Bewährung noch eine Geldstrafe verwirkt gewesen wäre. Neben der Freiheitsstrafe werden die Unterbringung in der Sicherungsverwahrung sowie die Führungsaufsicht nach § 68 Abs. 1 des Strafgesetzbuches nicht angeordnet. Wegen einer Tat, die vor dem Wirksamwerden des Beitritts begangen worden ist, tritt Führungsaufsicht nach § 68f des Strafgesetzbuches nicht ein.

(2) Die Vorschriften des Strafgesetzbuches über die Geldstrafe (§§ 40 bis 43) gelten auch für die vor dem Wirksamwerden des Beitritts in der Deutschen Demokratischen Republik begangenen Taten, soweit nachfolgend nichts anderes bestimmt ist. Die Geldstrafe darf nach Zahl und Höhe der Tagessätze insgesamt das Höchstmaß der bisher angedrohten Geldstrafe nicht übersteigen. Es dürfen höchstens dreihundertsechzig Tagessätze verhängt werden.

(3) Die Vorschriften des Strafgesetzbuches über die Aussetzung eines Strafrestes sowie den Widerruf ausgesetzter Strafen finden auf Verurteilungen auf Bewährung (§ 33 des Strafgesetzbuches der Deutschen Demokratischen Republik) sowie auf Freiheitsstrafen Anwendung, die wegen vor dem Wirksamwerden des Beitritts in der Deutschen Demokratischen Republik begangener Taten verhängt worden sind, soweit sich nicht aus den Grundsätzen des § 2 Abs. 3 des Strafgesetzbuches etwas anderes ergibt.

(4) Die Absätze 1 bis 3 finden keine Anwendung, soweit für die Tat das Strafrecht der Bundesrepublik Deutschland schon vor dem Wirksamwerden des Beitritts gegolten hat.

---

[1] IdF des Ges v 23. 9. 1990 (BGBl II 885, 954).

Art. 315a Verfolgungs- und Vollstreckungsverjährung für in der Deutschen Demokratischen Republik verfolgte und abgeurteilte Taten[1]

(1) Soweit die Verjährung der Verfolgung oder der Vollstreckung nach dem Recht der Deutschen Demokratischen Republik bis zum Wirksamwerden des Beitritts nicht eingetreten war, bleibt es dabei. Dies gilt auch, soweit für die Tat vor dem Wirksamwerden des Beitritts auch das Strafrecht der Bundesrepublik Deutschland gegolten hat. Die Verfolgungsverjährung gilt als am Tag des Wirksamwerdens des Beitritts unterbrochen; § 78c Abs. 3 des Strafgesetzbuches bleibt unberührt.

(2) Die Verfolgung von Taten, die vor Ablauf des 31. Dezember 1992 in dem in Artikel 3 des Einigungsvertrages genannten Gebiet begangen worden sind und die im Höchstmaß mit Freiheitsstrafe von mehr als einem Jahr bis zu fünf Jahren bedroht sind, verjährt frühestens mit Ablauf des 31. Dezember 1997, die Verfolgung der in diesem Gebiet vor Ablauf des 2. Oktober 1990 begangenen und im Höchstmaß mit Freiheitsstrafe bis zu einem Jahr oder mit Geldstrafe bedrohten Taten frühestens mit Ablauf des 31. Dezember 1995.

(3) Verbrechen, die den Tatbestand des Mordes (§ 211 des Strafgesetzbuches) erfüllen, für welche sich die Strafe jedoch nach dem Recht der Deutschen Demokratischen Republik bestimmt, verjähren nicht.

Art. 315b Strafantrag bei in der Deutschen Demokratischen Republik begangenen Taten[2]

Die Vorschriften des Strafgesetzbuches über den Strafantrag gelten auch für die vor dem Wirksamwerden des Beitritts in der Deutschen Demokratischen Republik begangenen Taten. War nach dem Recht der Deutschen Demokratischen Republik zur Verfolgung ein Antrag erforderlich, so bleibt es dabei. Ein vor dem Wirksamwerden des Beitritts gestellter Antrag bleibt wirksam. War am Tag des Wirksamwerdens des Beitritts das Recht, einen Strafantrag zu stellen, nach dem bisherigen Recht der Deutschen Demokratischen Republik bereits erloschen, so bleibt es dabei. Ist die Tat nach den Vorschriften der Bundesrepublik Deutschland nur auf Antrag verfolgbar, so endet die Antragsfrist frühestens am 31. Dezember 1990.

Art. 315c Anpassung der Strafdrohungen[2]

Soweit Straftatbestände der Deutschen Demokratischen Republik fortgelten, treten an die Stelle der bisherigen Strafdrohungen die im Strafgesetzbuch vorgesehenen Strafdrohungen der Freiheitsstrafe und der Geldstrafe.

---

[1] Abs 1 S 1, 3 idF des Ges v 23. 9. 1990 (BGBl II 885, 954). Abs 1 S 2 idF des VerjährungsG. Abs 2, 3 durch 2. VerjährungsG angefügt; nach dessen Art 2 gelten die beiden Absätze nicht für Taten, deren Verfolgung bei Inkrafttreten des 2. VerjährungsG bereits verjährt war.

[2] IdF des Ges v 23. 9. 1990 (BGBl II 885, 954).

Die übrigen Strafdrohungen entfallen. § 10 Satz 2 des 6. Strafrechtsänderungsgesetzes der Deutschen Demokratischen Republik bleibt jedoch unberührt. Die Geldstrafe darf nach Art und Höhe der Tagessätze insgesamt das Höchstmaß der bisher angedrohten Geldstrafe nicht übersteigen. Es dürfen höchstens dreihundertsechzig Tagessätze verhängt werden.

Art. 316 Übergangsvorschrift zum Dreiundzwanzigsten Strafrechtsänderungsgesetz[1]

(1) § 67 Abs. 4 und § 67d Abs. 5 des Strafgesetzbuches finden keine Anwendung auf Unterbringungen, die vor dem 1. Mai 1986 angeordnet worden sind; für die Anrechnung der Zeit des Vollzugs der Maßregel auf die Strafe gilt das bisherige Recht.

(2) Ist jemand vor dem 1. Mai 1986 zu mehreren lebenslangen Freiheitsstrafen oder zu lebenslanger und zeitiger Freiheitsstrafe verurteilt worden, so ist § 460 der Strafprozeßordnung sinngemäß anzuwenden, wenn nach neuem Recht auf eine lebenslange Freiheitsstrafe als Gesamtstrafe erkannt worden wäre.

Art. 326 Inkrafttreten; Übergangsfassungen[2]

(1) Dieses Gesetz tritt am 1. Januar 1975 in Kraft, soweit nichts anderes bestimmt ist.

(2) bis (5) ...

II. Vertrag zwischen der Bundesrepublik Deutschland und der Deutschen Demokratischen Republik über die Herstellung der Einheit Deutschlands (Einigungsvertrag)

Vom 31. 8. 1990 (BGBl II 885, 889)

– Auszug –

1. Anlage I, Kapitel III, Sachgebiet C (BGBl II 954).

a) Abschnitt I – Auszug –

Von dem Inkrafttreten des Bundesrechts gemäß Artikel 8 des Vertrages sind ausgenommen:

1. Fünftes Gesetz zur Reform des Strafrechts vom 18. Juni 1974 (BGBl I S 1297), zuletzt geändert durch Artikel 3 und 4 des Gesetzes vom 18. Mai 1976 (BGBl I S 1213).
2. ...

---

[1] IdF des 23. StÄG v 13. April 1986 (BGBl I 393, 396).
[2] Gilt nicht im Beitrittsgebiet (Anh II 1 c).

b) Abschnitt II – Auszug –

Bundesrecht wird wie folgt aufgehoben, geändert oder ergänzt:

1. Das Einführungsgesetz zum Strafgesetzbuch vom 2. März 1974 (BGBl I S 469), zuletzt geändert durch Artikel 4 des Gesetzes vom 13. April 1986 (BGBl I S 393), wird wie folgt geändert:
(Die Änderungen sind in den Text des EGStGB [Anh I] eingearbeitet).

c) Abschnitt III – Auszug –

Bundesrecht tritt in dem in Artikel 3 des Vertrages genannten Gebiet mit folgenden Maßgaben in Kraft:

1. Strafgesetzbuch in der Fassung der Bekanntmachung vom 10. März 1987 (BGBl I S 945, 1160), zuletzt geändert durch Artikel 1 des Gesetzes vom 26. 6. 1990 (BGBl I S 1163),
mit folgender Maßgabe:
§ 5 Nr. 8, soweit dort § 175 genannt ist, § 5 Nr. 9, die Vorschriften über die Sicherungsverwahrung, §§ 144, 175, 182, 218 bis 219 d und 236 sind nicht anzuwenden.[1]
2. Einführungsgesetz zum Strafgesetzbuch vom 2. März 1974 (BGBl I S 469), zuletzt geändert durch Artikel 4 des Gesetzes vom 13. April 1986 (BGBl I S. 393),
mit folgender Maßgabe:
Artikel 14 bis 292, 298 bis 306, 312 bis 314, 317 bis 319 und 322 bis 326 sind nicht anzuwenden.

1. Anlage II, Kapitel III, Sachgebiet C (BGBl II 1168)

a) Abschnitt I – Auszug –

Folgendes Recht der Deutschen Demokratischen Republik bleibt in Kraft:

1. §§ 84, 149, 153 bis 155, 238 des Strafgesetzbuchs der Deutschen Demokratischen Republik – StGB – vom 12. Januar 1968 in der Neufassung vom 14. Dezember 1988 (GBl I 1989 Nr 3 S 33), geändert durch das 6. Strafrechtsänderungsgesetz vom 29. Juni 1990 (GBl I Nr 39 S 526)[2]
2. §§ 8 bis 10 des 6. Strafrechtsänderungsgesetzes der Deutschen Demokratischen Republik vom 29. Juni 1990 (GBl I Nr 39 S 526).
3. …
4. § 1 Abs 2 bis § 4 Abs 1 sowie § 5 des Gesetzes über die Unterbrechung der Schwangerschaft vom 9. März 1972 (GBl I Nr 5 S 89).[3]

---

[1] Die für § 5 Nr 8, §§ 175, 182 und 218–219 d geltenden Maßgaben sind durch das 29. StÄG und das SFHG aufgehoben.
[2] § 149 aufgehoben durch Art 3 des 29. StÄG. §§ 153–155 aufgehoben durch Art 16 SFHG.
[3] Die Vorschriften des Gesetzes über die Unterbrechung der Schwangerschaft und der Durchführungsbestimmung dazu sind aufgehoben durch Art 16 SFHG.

5. § 1 bis § 4 Abs 2 Satz 1 sowie § 4 Abs 3 bis § 9 der Durchführungsbestimmung zum Gesetz über die Unterbrechung der Schwangerschaft vom 9. März 1972 (GBl II Nr 12 S 149).[1]

b) Abschnitt II

Folgendes Recht der Deutschen Demokratischen Republik bleibt mit folgender Änderung in Kraft:

§ 191 a des Strafgesetzbuches der Deutschen Demokratischen Republik – StGB – vom 12. Januar 1968 in der Neufassung vom 14. Dezember 1988 (GBl I 1989 Nr 3 S 33), geändert durch das 6. Strafrechtsänderungsgesetz vom 29. Juni 1990 (GBl I Nr 39 S 526). § 191 a wird wie folge gefaßt: *(weggefallen)*.[2]

III. Fortgeltendes Recht der Deutschen Demokratischen Republik im Beitrittsgebiet

unter Beschränkung auf die im Strafgesetzbuch geregelten Materien und unter Ausscheidung der Vorschriften, die nach dem Beitritt durch den gesamtdeutschen Gesetzgeber aufgehoben worden sind oder sonst ihre Bedeutung verloren haben (vgl Anh II 2).

1. Strafgesetzbuch der Deutschen Demokratischen Republik v 12. 1. 1968 idF v 14. 12. 1988 (GBl I 1989 Nr 3 S 33), zuletzt geändert durch das 6. StÄG v 29. 6. 1990 (GBl I Nr 39 S 526).

§ 84 Ausschluß der Verjährung für Verbrechen gegen den Frieden, die Menschlichkeit und die Menschenrechte und Kriegsverbrechen

Verbrechen gegen den Frieden, die Menschlichkeit und die Menschenrechte und Kriegsverbrechen unterliegen nicht den Bestimmungen dieses Gesetzes über die Verjährung.

§ 238 Beeinträchtigung richterlicher Unabhängigkeit

(1) Wer auf einen Richter, einen Schöffen oder ein Mitglied eines gesellschaftlichen Gerichtes Einfluß nimmt, um sie zu einer ihre Rechtspflichten verletzenden gerichtlichen Entscheidung zu veranlassen, wird mit Freiheitsstrafe bis zu zwei Jahren, Verurteilung auf Bewährung oder mit Geldstrafe bestraft.

(2) Ebenso wird bestraft, wer einen Richter, einen Schöffen oder ein Mitglied eines gesellschaftlichen Gerichtes wegen einer von ihm getroffenen gerichtlichen Entscheidung beleidigt, verleumdet oder bedroht.

---

[1] Die Vorschriften des Gesetzes über die Unterbrechung der Schwangerschaft und der Durchführungsbestimmung dazu sind aufgehoben durch Art 16 SFHG.

[2] § 191 a aufgehoben durch Art 12 des 31. StÄG.

(3) Wer die Tat nach Absatz 1 unter Mißbrauch seiner staatlichen Befugnisse, unter Anwendung von Gewalt oder Androhung von Gewalt oder eines anderen erheblichen Nachteils begeht, wird mit Freiheitsstrafe bis zu fünf Jahren bestraft.

(4) Der Versuch nach den Absätzen 1 und 3 ist strafbar.

2. 6. Strafrechtsänderungsgesetz der Deutschen Demokratischen Republik v 29. 6. 1990 (GBl I Nr 39 S 526).

§ 8 Verwirklichung früherer Strafentscheidungen und Beendigung von Strafverfahren bei Wegfall der strafrechtlichen Verantwortlichkeit

(durch die Entwicklung überholt)

§ 9 *(durch die Entwicklung überholt)*

§ 10

Soweit vor Inkrafttreten dieses Gesetzes Straftaten nach den Vorschriften der §§ 165, 166 Absatz 1 Ziffer 1 und Absatz 2, 167 bis 171, 173 Absatz 1 Ziffern 1 und 3, Absätze 2 und 3, sowie 214 begangen und Strafverfahren eingeleitet wurden, sind in diesen Fällen die vorgenannten Bestimmungen der Entscheidung über die strafrechtliche Verantwortlichkeit weiterhin zugrunde zu legen. Zusätzlich zu einer Verurteilung wegen verbrecherischen Vertrauensmißbrauchs ist unter den im Gesetz genannten Voraussetzungen der Ausspruch und die Verwirklichung einer Vermögenseinziehung gemäß § 57 StGB weiterhin zulässig.

(Die Vorschrift betrifft nur Taten, die vor Inkrafttreten des 6. StÄG/DDR [am 1. 7. 1990] begangen wurden. Die angeordnete Fortgeltung von § 165 [Vertrauensmißbrauch], § 166 I Nr 1, II, 167 [Wirtschaftsschädigung], §§ 168–171 [Schädigung des Tierbestandes; Wirtschafts- und Entwicklungsrisiko; Verletzung der Preisbestimmungen; Falschmeldung und Vorteilserschleichung], § 173 I Nr 1, 3, II, III [Spekulation], § 214 [Beeinträchtigung staatlicher oder gesellschaftlicher Tätigkeit] und § 57 [Vermögenseinziehung] für den Fall, daß bei Inkrafttreten des Gesetzes bereits ein Strafverfahren eingeleitet war, ist verfassungsrechtlich problematisch [krit LG Berlin DtZ 91, 217; Schneiders MDR 90, 1049, 1052; Grünwald StV 91, 31, 32; Peter/Volk JR 91, 89; Eser GA 91, 241, 259; Karpenstein JuS 91, 1005; Luther DtZ 91, 433, 434; Geppert Jura 91, 610, 614; zust Baumann NStZ 94, 546]. Da die Vorschrift in der Praxis bisher keine ins Gewicht fallende Bedeutung erlangt hat, wird auf den Abdruck der Verweisungsvorschriften verzichtet).

IV. Gesetz zur Vermeidung und Bewältigung von Schwangerschaftskonflikten (Schwangerschaftskonfliktgesetz – SchKG)

idF des Art 1 des SFHG v 27. 7. 1992 (BGBl I S 1398), geändert durch Art 1 des SFHÄndG v 21. 8. 1995 (BGBl I S 1050).

– Auszug –

Abschnitt 1. Aufklärung, Verhütung, Familienplanung und Beratung

§ 1 Aufklärung

(1) Die für gesundheitliche Aufklärung und Gesundheitserziehung zuständige Bundeszentrale für gesundheitliche Aufklärung erstellt unter Beteiligung der Länder und in Zusammenarbeit mit Vertretern der Familienberatungseinrichtungen aller Träger zum Zwecke der gesundheitlichen Vorsorge und der Vermeidung und Lösung von Schwangerschaftskonflikten Konzepte zur Sexualaufklärung, jeweils abgestimmt auf die verschiedenen Alters- und Personengruppen.

(2) Die Bundeszentrale für gesundheitliche Aufklärung verbreitet zu den in Absatz 1 genannten Zwecken die bundeseinheitlichen Aufklärungsmaterialien, in denen Verhütungsmethoden und Verhütungsmittel umfassend dargestellt werden.

(3) Die Aufklärungsmaterialien werden unentgeltlich an Einzelpersonen auf Aufforderung, ferner als Lehrmaterial an schulische und berufsbildende Einrichtungen, an Beratungsstellen sowie an alle Institutionen der Jugend- und Bildungsarbeit abgegeben.

§ 2 Beratung

(1) Jede Frau und jeder Mann hat das Recht, sich zu den in § 1 Abs. 1 genannten Zwecken in Fragen der Sexualaufklärung, Verhütung und Familienplanung sowie in allen eine Schwangerschaft unmittelbar oder mittelbar berührenden Fragen von einer hierfür vorgesehenen Beratungsstelle informieren und beraten zu lassen.

(2) Der Anspruch auf Beratung umfaßt Informationen über

1. Sexualaufklärung, Verhütung und Familienplanung,
2. bestehende familienfördernde Leistungen und Hilfen für Kinder und Familien, einschließlich der besonderen Rechte im Arbeitsleben,
3. Vorsorgeuntersuchungen bei Schwangerschaft und die Kosten der Entbindung,
4. soziale und wirtschaftliche Hilfen für Schwangere, insbesondere finanzielle Leistungen sowie Hilfen bei der Suche nach Wohnung, Arbeits- oder Ausbildungsplatz oder deren Erhalt,

5. die Hilfsmöglichkeiten für behinderte Menschen und ihre Familien, die vor und nach der Geburt eines in seiner körperlichen, geistigen oder seelischen Gesundheit geschädigten Kindes zur Verfügung stehen,
6. die Methoden zur Durchführung eines Schwangerschaftsabbruchs, die physischen und psychischen Folgen eines Abbruchs und die damit verbundenen Risiken,
7. Lösungsmöglichkeiten für psychosoziale Konflikte im Zusammenhang mit einer Schwangerschaft,
8. die rechtlichen und psychologischen Gesichtspunkte im Zusammenhang mit einer Adoption.

Die Schwangere ist darüber hinaus bei der Geltendmachung von Ansprüchen sowie bei der Wohnungssuche, bei der Suche nach einer Betreuungsmöglichkeit für das Kind und bei der Fortsetzung ihrer Ausbildung zu unterstützen. Auf Wunsch der Schwangeren sind Dritte zur Beratung hinzuzuziehen.

(3) Zum Anspruch auf Beratung gehört auch die Nachbetreuung nach einem Schwangerschaftsabbruch oder nach der Geburt des Kindes.

§ 3 Beratungsstellen

Die Länder stellen ein ausreichendes Angebot wohnortnaher Beratungsstellen für die Beratung nach § 2 sicher. Dabei werden auch Beratungsstellen freier Träger gefördert. Die Ratsuchenden sollen zwischen Beratungsstellen unterschiedlicher weltanschaulicher Ausrichtung auswählen können.

§ 4 Öffentliche Förderung der Beratungsstellen

(1) Die Länder tragen dafür Sorge, daß den Beratungsstellen nach den §§ 3 und 8 für je 40.000 Einwohner mindestens eine Beraterin oder ein Berater vollzeitbeschäftigt oder eine entsprechende Zahl von Teilzeitbeschäftigten zur Verfügung steht. Von diesem Schlüssel soll dann abgewichen werden, wenn die Tätigkeit der Beratungsstellen mit dem vorgesehenen Personal auf Dauer nicht ordnungsgemäß durchgeführt werden kann. Dabei ist auch zu berücksichtigen, daß Schwangere in angemessener Entfernung von ihrem Wohnort eine Beratungsstelle aufsuchen können.

(2) Die zur Sicherstellung eines ausreichenden Angebotes nach den §§ 3 und 8 erforderlichen Beratungsstellen haben Anspruch auf eine angemessene öffentliche Förderung der Personal- und Sachkosten.

(3) Das Nähere regelt das Landesrecht.

Abschnitt 2. Schwangerschaftskonfliktberatung

§ 5 Inhalt der Schwangerschaftskonfliktberatung

(1) Die nach § 219 des Strafgesetzbuches notwendige Beratung ist ergebnisoffen zu führen. Sie geht von der Verantwortung der Frau aus. Die Beratung soll ermutigen und Verständnis wecken, nicht belehren oder bevormunden. Die Schwangerschaftskonfliktberatung dient dem Schutz des ungeborenen Lebens.

(2) Die Beratung umfaßt:

1. das Eintreten in eine Konfliktberatung; dazu wird erwartet, daß die schwangere Frau der sie beratenden Person die Gründe mitteilt, derentwegen sie einen Abbruch der Schwangerschaft erwägt; der Beratungscharakter schließt aus, daß die Gesprächs- und Mitwirkungsbereitschaft der schwangeren Frau erzwungen wird;
2. jede nach Sachlage erforderliche medizinische, soziale und juristische Information, die Darlegung der Rechtsansprüche von Mutter und Kind und der möglichen praktischen Hilfen, insbesondere solcher, die die Fortsetzung der Schwangerschaft und die Lage von Mutter und Kind erleichtern;
3. das Angebot, die schwangere Frau bei der Geltendmachung von Ansprüchen, bei der Wohnungssuche, bei der Suche nach einer Betreuungsmöglichkeit für das Kind und bei der Fortsetzung ihrer Ausbildung zu unterstützen, sowie das Angebot einer Nachbetreuung.

Die Beratung unterrichtet auf Wunsch der Schwangeren auch über die Möglichkeiten, ungewollte Schwangerschaften zu vermeiden.

§ 6 Durchführung der Schwangerschaftskonfliktberatung

(1) Eine ratsuchende Schwangere ist unverzüglich zu beraten.

(2) Die Schwangere kann auf ihren Wunsch gegenüber der sie beratenden Person anonym bleiben.

(3) Soweit erforderlich, sind zur Beratung im Einvernehmen mit der Schwangeren

1. andere, insbesondere ärztlich, fachärztlich, psychologisch, sozialpädagogisch, sozialarbeiterisch oder juristisch ausgebildete Fachkräfte,
2. Fachkräfte mit besonderer Erfahrung in der Frühförderung behinderter Kinder und
3. andere Personen, insbesondere der Erzeuger sowie nahe Angehörige,

hinzuziehen.

(4) Die Beratung ist für die Schwangere und die nach Absatz 3 Nr. 3 hinzugezogenen Personen unentgeltlich.

§ 7 Beratungsbescheinigung

(1) Die Beratungsstelle hat nach Abschluß der Beratung der Schwangeren eine mit Namen und Datum versehene Bescheinigung darüber auszustellen, daß eine Beratung nach den §§ 5 und 6 stattgefunden hat.

(2) Hält die beratende Person nach dem Beratungsgespräch eine Fortsetzung dieses Gesprächs für notwendig, soll diese unverzüglich erfolgen.

(3) Die Ausstellung einer Beratungsbescheinigung darf nicht verweigert werden, wenn durch eine Fortsetzung des Beratungsgesprächs die Beachtung der in § 218 a Abs. 1 des Strafgesetzbuches vorgesehenen Fristen unmöglich werden könnte.

§ 8 Schwangerschaftskonfliktberatungsstellen

Für die Beratung nach den §§ 5 und 6 haben die Länder ein ausreichendes plurales Angebot wohnortnaher Beratungsstellen sicherzustellen. Diese Beratungsstellen bedürfen besonderer staatlicher Anerkennung nach § 9. Als Beratungsstellen können auch Einrichtungen freier Träger und Ärzte anerkannt werden.

§ 9 Anerkennung von Schwangerschaftskonfliktberatungsstellen

Eine Beratungsstelle darf nur anerkannt werden, wenn sie die Gewähr für eine fachgerechte Schwangerschaftskonfliktberatung nach § 5 bietet und zur Durchführung der Schwangerschaftskonfliktberatung nach § 6 in der Lage ist, insbesondere

1. über hinreichend persönlich und fachlich qualifiziertes und der Zahl nach ausreichendes Personal verfügt,
2. sicherstellt, daß zur Durchführung der Beratung erforderlichenfalls kurzfristig eine ärztlich, fachärztlich, psychologisch, sozialpädagogisch, sozialarbeiterisch oder juristisch ausgebildete Fachkraft hinzugezogen werden kann,
3. mit allen Stellen zusammenarbeitet, die öffentliche und private Hilfen für Mutter und Kind gewähren, und
4. mit keiner Einrichtung, in der Schwangerschaftsabbrüche vorgenommen werden, derart organisatorisch oder durch wirtschaftliche Interessen verbunden ist, daß hiernach ein materielles Interesse der Beratungseinrichtung an der Durchführung von Schwangerschaftsabbrüchen nicht auszuschließen ist.

§ 10 Berichtspflicht und Überprüfung der Schwangerschaftskonfliktberatungsstellen

(1) Die Beratungsstellen sind verpflichtet, die ihrer Beratungstätigkeit zugrundeliegenden Maßstäbe und die dabei gesammelten Erfahrungen jährlich in einem schriftlichen Bericht niederzulegen.

(2) Als Grundlage für den schriftlichen Bericht nach Absatz 1 hat die beratende Person über jedes Beratungsgespräch eine Aufzeichnung zu fertigen. Diese darf keine Rückschlüsse auf die Identität der Schwangeren und der zum Beratungsgespräch hinzugezogenen weiteren Personen ermöglichen. Sie hält den wesentlichen Inhalt der Beratung und angebotene Hilfsmaßnahmen fest.

(3) Die zuständige Behörde hat mindestens im Abstand von drei Jahren zu überprüfen, ob die Voraussetzungen für die Anerkennung nach § 9 noch vorliegen. Sie kann sich zu diesem Zweck die Berichte nach Absatz 1 vorlegen lassen und Einsicht in die nach Absatz 2 anzufertigenden Aufzeichnungen nehmen. Liegt eine der Voraussetzungen des § 9 nicht mehr vor, ist die Anerkennung zu widerrufen.

§ 11 Übergangsregelung

Die Anerkennung einer Beratungsstelle auf Grund II.4 der Entscheidungsformel des Urteils des Bundesverfassungsgerichts vom 28. Mai 1993 (BGBl. I S. 820) steht einer Anerkennung auf Grund der §§ 8 und 9 dieses Gesetzes gleich.

Abschnitt 3. Vornahme von Schwangerschaftsabbrüchen

§ 12 Weigerung

(1) Niemand ist verpflichtet, an einem Schwangerschaftsabbruch mitzuwirken.

(2) Absatz 1 gilt nicht, wenn die Mitwirkung notwendig ist, um von der Frau eine anders nicht abwendbare Gefahr des Todes oder einer schweren Gesundheitsschädigung abzuwenden.

§ 13 Einrichtungen zur Vornahme von Schwangerschaftsabbrüchen

(1) Ein Schwangerschaftsabbruch darf nur in einer Einrichtung vorgenommen werden, in der auch die notwendige Nachbehandlung gewährleistet ist.

(2) Die Länder stellen ein ausreichendes Angebot ambulanter und stationärer Einrichtungen zur Vornahme von Schwangerschaftsabbrüchen sicher.

§ 14 Bußgeldvorschriften

(1) Ordnungswidrig handelt, wer entgegen § 13 Abs. 1 einen Schwangerschaftsabbruch vornimmt.

(2) Die Ordnungswidrigkeit kann mit einer Geldbuße bis zu zehntausend Deutsche Mark geahndet werden.

Sachverzeichnis

Die fett gedruckten arabischen Zahlen bezeichnen die Paragraphen des StGB; soweit fett gedruckte römische Zahlen oder Hinweise auf Nummern folgen, handelt es sich um die Absätze und Nummern der Paragraphen. „Vor" mit darauffolgender fetter Zahl verweist auf die Vorbemerkung vor dem bezeichneten Paragraphen. Die mageren Zahlen beziehen sich auf die Erläuterungen nach ihren jeweiligen Randzahlen. Die Zahlen und Buchstaben nach „Anh I" verweisen auf die im Anhang abgedruckten Artikel des EGStGB, die Zahlen und Buchstaben nach „Anh II" und „Anh III" auf die jeweiligen Untergliederungen.